CARTÓRIOS

TITULAR DE DELEGAÇÕES DE NOTAS E DE REGISTRO

edital sistematizado

COLEÇÃO **EDITAL SISTEMATIZADO**

Leonardo Garcia
Roberval Rocha

CART

Baseado na metodologia
Questão vem primeiro

CARTÓRIOS

TITULAR DE DELEGAÇÕES DE NOTAS E DE REGISTRO

edital sistematizado

3ª edição | revista atualizada ampliada

2019

EDITORA JusPODIVM
www.editorajuspodivm.com.br

EDITORA
*Jus*PODIVM
www.editorajuspodivm.com.br

Rua Território Rio Branco, 87 – Pituba – CEP: 41830-530 – Salvador – Bahia
Tel: (71) 3045.9051
• Contato: https://www.editorajuspodivm.com.br/sac

Capa: Ana Caquetti

Diagramação: Luiz Fernando Romeu *(lfnando_38@hotmail.com)*

ISBN: 978-85-442-0896-0

3.ª ed., *2.ª tir.:* abril/2019.

APRESENTAÇÃO

O objetivo do ***Edital Sistematizado Cartórios*** (Titular de Delegações de Notas e de Registro) é fornecer ferramentas úteis, objetivas e sistemáticas para a preparação ao concurso, um dos certames jurídicos dos mais difíceis e concorridos do país.

O livro condensa os tópicos previstos na maioria dos editais, separando-os por ramo do direito e por assunto, e os contempla com:

- questões objetivas e discursivas;
- súmulas (STF e STJ);
- enunciados do CJF (Direito Civil, Direito Processual Civil e Direito Comercial);
- seleção de informativos resumidos e recentes (STF e STJ);
- temas de repercussão geral e de recursos repetitivos resumidos e recentes;
- enunciados CNB (Congresso Notarial Brasileiro);
- texto das principais inovações legislativas ocorridas nos últimos dois anos.

Assim, de modo estruturado e pedagógico, o candidato terá a oportunidade de estudar minuciosamente a jurisprudência e as súmulas aplicáveis dos Tribunais Superiores referentes aos pontos dos editais, e, principalmente, detectar se, e como, os assuntos foram exigidos nas provas anteriores.

Os Informativos dos Tribunais foram selecionados dentre os noticiados nos últimos doze meses, com maior probabilidade de serem cobrados nas provas, assim como os temas de repercussão geral e de recursos repetitivos dos últimos três anos.

Em relação às questões de provas, foi elaborado um ***Raio-X*** da incidência nos pontos dos editais, demonstrando a frequência com que os tópicos de estudo são mais, ou menos, exigidos, possibilitando melhor estratégia de direcionamento e abordagem dos conteúdos. Já a ***Suma dos Temas*** indica exatamente as matérias mais abordadas e permite concentrar esforços e atenção sobre essas "preferidas" das bancas organizadoras, principalmente na "reta final" dos concursos.

As questões objetivas **não são comentadas** e visam estimular o leitor a **treinar para as provas**. As questões discursivas são apresentadas também com esse intuito e não contêm gabaritos oficiais das bancas (que normalmente não divulgam "espelhos" para esse tipo de teste).

Esperamos, assim, propiciar ao leitor melhores condições na árdua preparação para ocupar os tão almejados cargos nas carreiras mais prestigiadas do serviço público brasileiro.

Contem sempre conosco.

LEONARDO GARCIA | **ROBERVAL ROCHA**

METODOLOGIA "QUESTÃO VEM PRIMEIRO"

A Coleção Editais Sistematizados foi confeccionada com base na metodologia de estudo ***Questão Vem Primeiro***, criada pelo Prof. Leonardo Garcia e aprimorada pelo Prof. Roberval Rocha. Consiste no método mais moderno e eficaz para a preparação de concursos públicos.

Quebrando o paradigma da utilização de questões de concursos "para treinar" o que foi estudado, a metodologia de estudo ***Questão Vem Primeiro*** propõe justamente o contrário do que muito estudante e candidato à concurso faz (utiliza as questões de concursos após o estudo de determinada matéria para verificar se o conteúdo foi apreendido e se o candidato consegue acertar as questões).

Antes de qualquer estudo (ainda que se trate de matérias que o candidato nunca estudou, nem mesmo na graduação), a metodologia propõe a leitura de questões anteriormente à leitura sobre o assunto. Uma leitura simples, verificando quais temas foram cobrados e como foram elaborados os enunciados das questões e suas alternativas, sem a ansiedade de ter que acertar a questão (até porque, como mencionado, muitas vezes sequer o candidato estudou a matéria).

Por isso, o objetivo desta coleção não foi comentar as questões. Com este propósito, a Editora possui outros livros e coleções. Como salientado, a metodologia ***Questão Vem Primeiro*** utiliza as questões para direcionar e ajudar o candidato à estudar focado para concursos.

Nada melhor do que as próprias questões de concursos para direcionar o estudo dos candidatos à concursos públicos. O erro na metodologia antiga era que o candidato estudava uma matéria sem saber ao certo o que deveria ser absorvido, quais os pontos mais importantes, quais as pegadinhas que precisam ser alertadas etc.

Lendo as questões anteriormente, o candidato naturalmente começa a perceber em seus estudos o que deve ser guardado, o que é importante e até mesmo começa a visualizar possíveis questões de concursos públicos futuras.

A Coleção Editais Sistematizados visa justamente contemplar um acervo relevante dos últimos certames das carreiras e das bancas examinadoras, separando as questões por tópicos constantes nos editais, ou seja, por assuntos cobrados. Além disso, facilitando ainda mais o estudo do candidato, a coleção contém gráficos e raio x dos pontos mais cobrados, já indicando o que deve ser priorizado nos estudos. A indicação das matérias e dos temas que devem ser priorizados no estudo é fundamental para um estudo focado e de sucesso.

Utilize a metodologia ***Questão Vem Primeiro*** em seus estudos e descubra como isso pode ser um grande aliado em sua preparação.

Baseado na metodologia Questão vem primeiro

SUMÁRIO

RAIO-X DOS CONCURSOS

1. TABELA DOS ÚLTIMOS CONCURSOS REALIZADOS

A tabela abaixo indica os concursos ocorridos nos últimos anos, por estado, e a respectiva organizadora do certame.

Tabela 01

	2018	2017	2016	2015	2014	2013	2012	2011	2010	2009
PR					IBFC					
SC							TJ			
RS				Faurgs		Ieses				
ES						Cespe				
MG	Consul.	Consul.	Consul.	Consul.	Consul.		Fumarc	Fundep		
RJ		Cetro					Cetro			
SP	Vunesp		Vunesp		Vunesp		Vunesp	Vunesp		Vunesp
DF					Cespe					
GO										
MS					Ieses					Vunesp
MT					FMP					
AL										
BA						Cespe				
CE	Ieses							Ieses		
MA			Ieses					Ieses		
PB					Ieses					
PE						FCC				
PI						Cespe				
RN							Ieses			
SE					Cespe					
AC										
AM	Ieses									
AP								FCC		
PA			Ieses							
RO		Ieses					Ieses			
RR						Cespe				
TO										

2. QUANTITATIVO ANUAL DOS ÚLTIMOS CONCURSOS REALIZADOS

A distribuição abaixo indica quais foram os quantitativos de concursos da carreira, por ano, na última década.

Distribuição 01

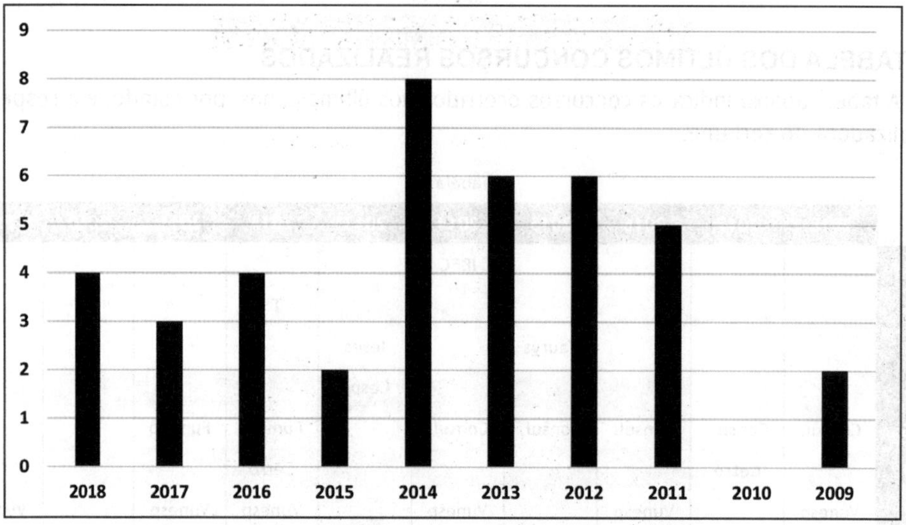

3. TABELA DOS ÚLTIMOS CONCURSOS POR ORGANIZADORA

A tabela abaixo indica quais foram as instituições que organizaram os últimos certames dessa carreira.

Tabela 02

ORGANIZADORA	CONCURSOS
Cespe	6
Cetro	2
Consulplan	5
Faurgs	1
FCC	2
FMP	1
Fumarc	1
Fundep	1
IBFC	1
Ieses	12
TJ	1
Vunesp	7
TOTAL	40

4. TABELA CRONOLÓGICA DOS ÚLTIMOS CONCURSOS REALIZADOS

A tabela abaixo indica qual foi o ano do último concurso da carreira e a respectiva organizadora, por unidade federativa.

Tabela 03

UF	ANO	ORGANIZADORA
AM	2018	Ieses
CE	2018	Ieses
MG	2018	Consulplan
SP	2018	Vunesp
RJ	2017	Cetro
RO	2017	Ieses
MA	2016	Ieses
PA	2016	Ieses
RS	2015	Faurgs
DF	2014	Cespe
MS	2014	Ieses
MT	2014	FMP
PB	2014	Ieses
PR	2014	IBFC
SE	2014	Cespe
BA	2013	Cespe
ES	2013	Cespe
PE	2013	FCC
PI	2013	Cespe
RR	2013	Cespe
RN	2012	Ieses
SC	2012	TJ
AP	2011	FCC
GO	2008	UFG
TO	2008	Funiversa
AC	2006	Cespe
AL	-	-

5. MAPA CRONOLÓGICO DOS ÚLTIMOS CONCURSOS REALIZADOS

Neste mapa, o gradiente permite identificar quais os estados estão mais próximos de organizar concursos da carreira, tendo em vista o ano de realização do último certame, conforme visto na tabela acima.

Tabela 04

ANOS
Últimos 2 anos
De 3 a 4 anos
De 5 a 6 anos
Mais de 6 anos

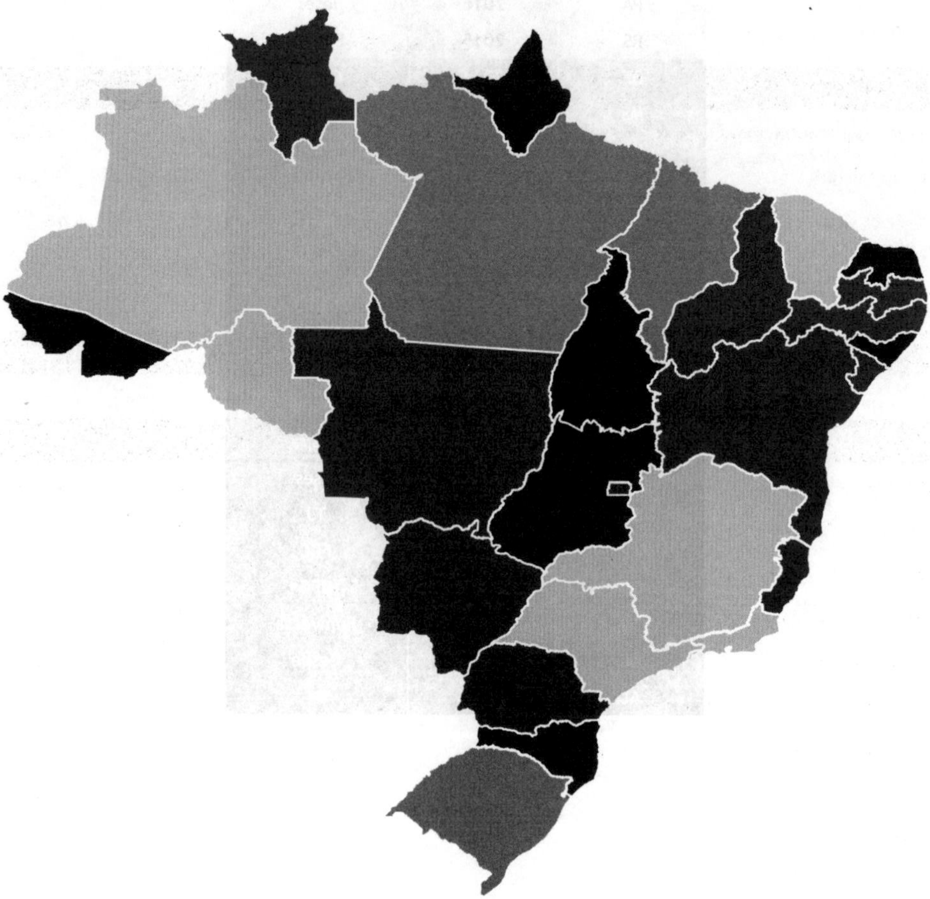

1. RAIO-X DAS QUESTÕES

1. QUESTÕES POR DISCIPLINA E TEMA

A seguir, são apresentadas as tabelas de **Raio-X**, que servem para orientar o estudo a ser desenvolvido, descortinando o grau de exigência e a frequência com que certos temas são explorados nos concursos públicos para ingresso nesta carreira jurídica.

As tabelas indicam o número total de questões objetivas e as respectivas percentagens de distribuição nas disciplinas abordadas nos concursos. Ao final, consta, também, a distribuição das questões discursivas.

Tabela 05

1. REGISTROS PÚBLICOS

ASSUNTOS	QUESTÕES	%
1. Lei dos Registros Públicos	612	56,5%
2. Lei dos Cartórios	122	11,3%
3. Lei do Protesto de Títulos e Documentos	137	12,7%
4. Leis/Normas Especiais	168	15,5%
5. Teoria e Princípios	44	4,1%
TOTAL	1083	100%

2. DIREITO ADMINISTRATIVO

ASSUNTOS	QUESTÕES	%
1. Agentes Públicos	50	13,5%
2. Atos Administrativos	43	11,6%
3. Bens Públicos	17	4,6%
4. Controle da Administração Pública	32	8,6%
5. Entes da Administração	29	7,8%
6. Intervenção do Estado na Propriedade	22	5,9%
7. Licitações e Contratos	57	15,4%
8. Processo Administrativo	24	6,5%
9. Responsabilidade Civil do Estado	14	3,8%
10. Serviços Públicos	32	8,6%
11. Teoria e Princípios	50	13,5%
TOTAL	370	100%

3. DIREITO CIVIL

ASSUNTOS	QUESTÕES	%
1. Das Pessoas	65	9,2%
2. Dos Bens	21	3,0%
3. Dos Fatos Jurídicos	89	12,5%
4. Do Direito das Obrigações	138	19,4%
5. Do Direito das Coisas	109	15,4%
6. Do Direito de Família	99	13,9%
7. Do Direito das Sucessões	89	12,5%
8. Das Disposições Finais e Transitórias	1	0,1%
9. Leis Especiais	99	13,9%
TOTAL	710	100%

4. DIREITO COMERCIAL

ASSUNTOS	QUESTÕES	%
1. Do Empresário	29	7,1%
2. Da Empresa Individual de Responsabilidade Limitada	15	3,7%
3. Da Sociedade	139	34,2%
4. Do Estabelecimento	16	3,9%
5. Dos Institutos Complementares	30	7,4%
6. Contratos Mercantis/Bancários	11	2,7%
7. Lei de Recuperação e Falência	54	13,3%
8. Dos Títulos de Crédito	88	21,7%
9. Leis Especiais	21	5,2%
10. Teoria e Princípios	3	0,7%
TOTAL	406	100%

5. DIREITO CONSTITUCIONAL

ASSUNTOS	QUESTÕES	%
1. Dos Princípios Fundamentais	17	3,9%
2. Dos Direitos e Garantias Fundamentais	57	13,2%
3. Da Organização do Estado	32	7,4%
4. Da Organização dos Poderes	116	26,9%
5. Da Defesa do Estado e das Instituições Democráticas	16	3,7%
6. Da Tributação e do Orçamento	7	1,6%
7. Da Ordem Econômico e Financeira	21	4,9%
8. Da Ordem Social	44	10,2%
9. Disposições Constitucionais Gerais	3	0,7%
10. ADCT	1	0,2%
11. Ações Constitucionais	51	11,8%
12. Controle de Constitucionalidade	25	5,8%
13. Teoria Constitucional	42	9,7%
TOTAL	432	100%

6. DIREITO PENAL

ASSUNTOS	QUESTÕES	%
1. Da Aplicação da Lei Penal	13	4,9%
2. Do Crime	29	11,0%
3. Da Imputabilidade Penal	4	1,5%
4. Do Concurso de Pessoas	8	3,0%
5. Das Penas	28	10,6%
6. Das Medidas de Segurança	11	4,2%
7. Da Extinção da Punibilidade	12	4,5%
8. Dos Crimes contra a Pessoa	9	3,4%
9. Dos Crimes contra o Patrimônio	24	9,1%
10. Dos Crimes contra a Propriedade Imaterial	1	0,4%
11. Dos Crimes contra a Dignidade Sexual	2	0,8%
12. Dos Crimes contra a Família	3	1,1%
13. Dos Crimes contra a Fé Pública	16	6,1%
14. Dos Crimes contra a Administração Pública	39	14,8%
15. Leis Especiais	47	17,8%
16. Teoria e Princípios	18	6,8%
TOTAL	264	100%

7. DIREITO PROCESSUAL CIVIL

ASSUNTOS	QUESTÕES	%
1. Das Normas Processuais Civis	8	2,6%
2. Da Função Jurisdicional	27	8,8%
3. Dos Sujeitos do Processo	37	12,1%
4. Dos Atos Processuais	28	9,2%
5. Da Tutela Provisória	19	6,2%
6. Da Formação, da Suspensão e da Extinção...	2	0,7%
7. Do Processo de Conhecimento e do Cumprimento...	87	28,4%
8. Do Processo de Execução	15	4,9%
9. Dos Processos nos Tribunais e dos Meios...	47	15,4%
10. Disposições Finais e Transitórias	3	1,0%
11. Lei Especiais	21	6,9%
12. Teoria e Princípios	12	3,9%
TOTAL	306	100%

8. DIREITO PROCESSUAL PENAL

ASSUNTOS	QUESTÕES	%
1. Disposições Preliminares	4	1,7%
2. Do Inquérito Policial	21	9,1%
3. Da Ação Penal/Civil	36	15,7%
4. Da Competência	15	6,5%
5. Das Questões e Processos Incidentes	6	2,6%
6. Da Prova	14	6,1%
7. Dos Sujeitos do Processo	10	4,3%
8. Da Prisão, das Medidas Cautelares e da Liberdade...	22	9,6%
9. Das Citações e Intimações	1	0,4%
10. Da Sentença	18	7,8%
13. Das Nulidades e dos Recursos em Geral	18	7,8%
14. Disposições Gerais	1	0,4%
15. Teoria e Princípios	11	4,8%
16. Leis Especiais	53	23,0%
TOTAL	230	100%

9. DIREITO TRIBUTÁRIO

ASSUNTOS	QUESTÕES	%
1. Competência Tributária	23	6,2%
2. Espécies de Tributo	58	15,7%
3. Legislação Tributária	15	4,1%
4. Obrigação Tributária	43	11,6%
5. Crédito Tributário	65	17,6%
6. Administração Tributária	10	2,7%
7. Impostos Federais	29	7,8%
8. Impostos Estaduais	32	8,6%
9. Impostos Municipais	41	11,1%
10. Normas Constitucionais	54	14,6%
TOTAL	370	100%

10. CONHECIMENTOS GERAIS

ASSUNTOS	QUESTÕES	%
1. Artes	16	10,1%
2. Atualidades	67	42,1%
3. Economia	22	13,8%
4. Geografia	16	10,1%
5. História	30	18,9%
6. Informática	6	3,8%
7. Temas Laborais	2	1,3%
TOTAL	159	100%

11. TODAS AS DISCIPLINAS (OBJETIVAS)

ASSUNTOS	QUESTÕES	%
1. Registros Públicos	1083	25,0%
2. Direito Administrativo	370	8,5%
3. Direito Civil	710	16,4%
4. Direito Comercial	406	9,4%
5. Direito Constitucional	432	10,0%
6. Direito Penal	264	6,1%
7. Direito Processual Civil	306	7,1%
8. Direito Processual Penal	230	5,3%
9. Direito Tributário	370	8,5%
10. Conhecimentos Gerais	159	3,7%
TOTAL	4330	100%

12. TODAS AS DISCIPLINAS (DISCURSIVAS)

ASSUNTOS	QUESTÕES	%
1. Registros Públicos	65	38,2%
2. Direito Administrativo	12	7,1%
3. Direito Civil	40	23,5%
4. Direito Comercial	17	10,0%
5. Direito Constitucional	4	2,4%
6. Direito Penal	6	3,5%
7. Direito Processual Civil	8	4,7%
8. Direito Processual Penal	4	2,4%
9. Direito Tributário	14	8,2%
10. Conhecimentos Gerais	0	0,0%
TOTAL	170	100%

2. ANÁLISE GRÁFICA DAS DISTRIBUIÇÕES

Adiante, é feita uma análise gráfica das informações contidas nas tabelas de **Raio-X** apresentadas no tópico anterior, objetivando traduzir visualmente a importância dos conteúdos mais explorados nas provas.

Os gráficos individualizam os dados de cada matéria, em relação às questões objetivas. Ao final, dois gráficos condensando todas as disciplinas: um, em relação às questões objetivas; outro, em relação às discursivas.

2.1. Registros Públicos

É a disciplina mais versada nos editais, verdadeiro cerne destes concursos, e envolve os três principais diplomas normativos da carreira: a "Lei dos Registros Públicos", a "Lei dos Cartórios" e a "Lei do Protesto de Títulos e Documentos", assim como teoria e leis especiais correlatas.

O conjunto dessas três leis centrais suporta **80%** dos conteúdos das provas. Mas, o destaque absoluto é para a LRP, com **mais da metade** das questões. Deve-se observar que os títulos "Do Registro de Pessoas Naturais" e "Do Registro de Imóveis", dessa lei, concentram a maior parte das matérias mais cobradas nas questões.

A teoria notarial e registral é o ponto menos abordado em concursos recentes.

Gráfico 01

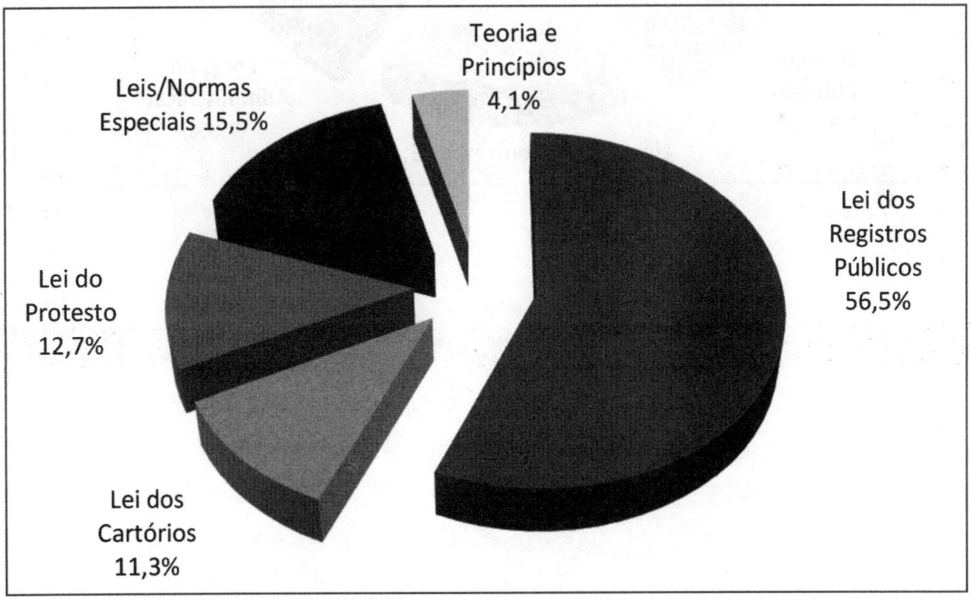

2.2. Direito Administrativo

Os conteúdos de direito administrativo encontram-se **equitativamente distribuídos**, sem concentrações expressivas em determinados assuntos.

Mesmo assim, merecem atenção os pontos referentes a "Licitações e Contratos", "Agentes Públicos", "Teoria e Princípios", e "Atos Administrativos", que, juntos, respondem por **mais da metade** das questões deste tópico.

Assuntos menos explorados: "Intervenção do Estado na Propriedade", "Bens Públicos" e "Responsabilidade Civil do Estado".

Gráfico 02

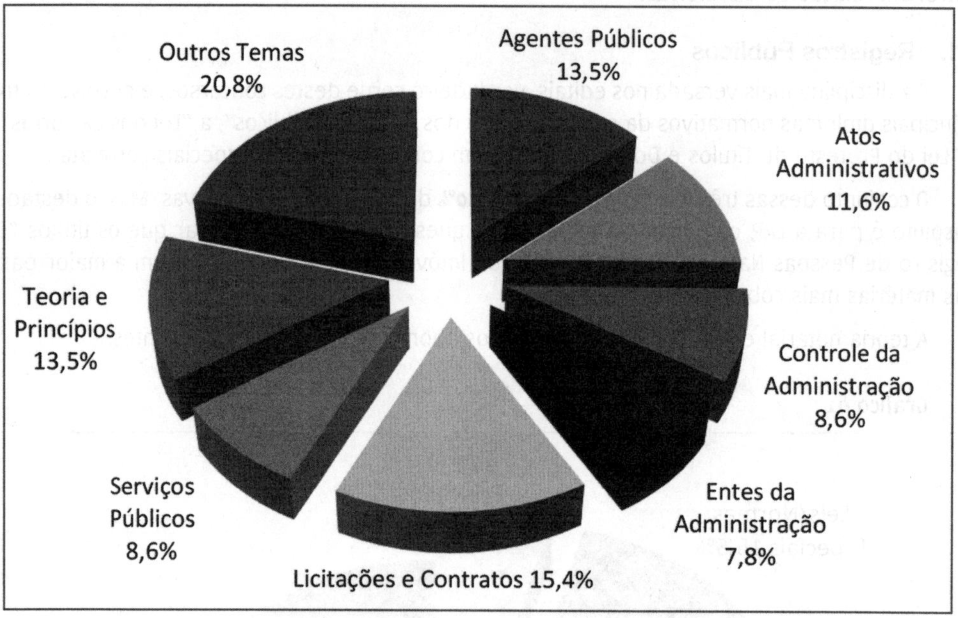

2.3. Direito Civil

É a segunda disciplina mais exigida nos editais desta carreira, com destaque para os seguintes pontos: "Direito das Obrigações", "Direito das Coisas" e "Direito de Família", que concentram o grosso dos temas versados nas provas, com **quase metade** das questões objetivas. Obrigações, por exemplo, é assunto que, por si só, abarca **quase 20%** do conteúdo das provas.

As "Disposições Finais e Transitórias" do CC/2002 praticamente não foram abordadas em concursos recentes. Outro tópico do código **raramente pedido em prova** é: "Dos Bens".

Convém observar que as questões referentes ao direito de empresa foram deslocadas para capítulo próprio: Direito Empresarial.

Gráfico 03

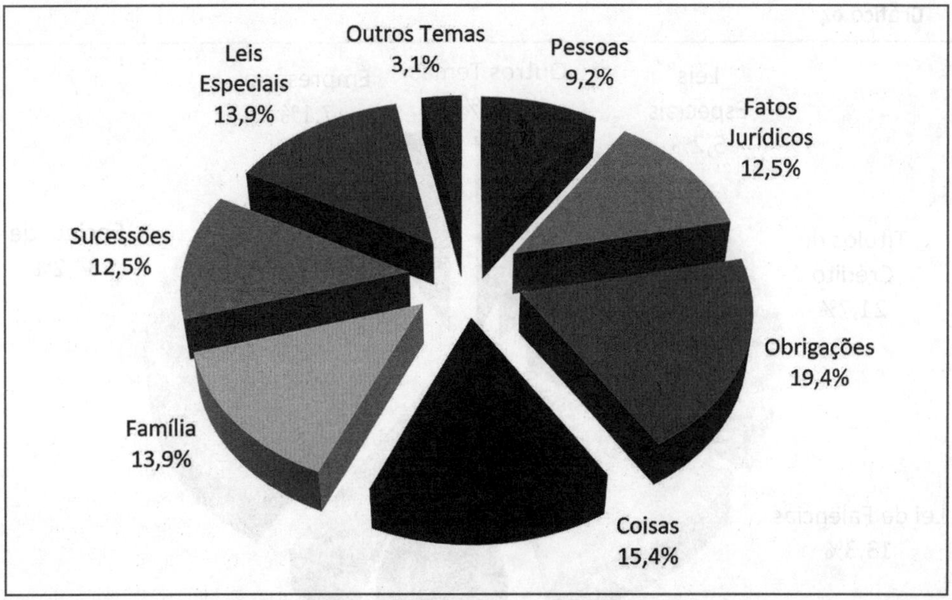

2.4. Direito Comercial

A disciplina é muito concentrada em poucos tópicos.

Aqui, o tema mais exigido diz respeito aos tipos societários (subtópico de Direito de Empresa, do Código Civil de 2002), que responde por aproximadamente **35%** das questões. Destaque, também, para "Títulos de Crédito" e para a "Lei de Recuperação Judicial, Extrajudicial e Falência", com parcelas parecidas de conteúdo exploradas nos certames, concentrando identicamente, mais **35% do conteúdo** que cai nos concursos.

Tópicos do CC/2002 com **poucas questões nas últimas provas**: "Da Empresa Individual de Responsabilidade Limitada" (EIRELI) e "Do Estabelecimento". O mesmo se pode dizer sobre contratos mercantis/bancários e sobre teoria e princípios.

Gráfico 04

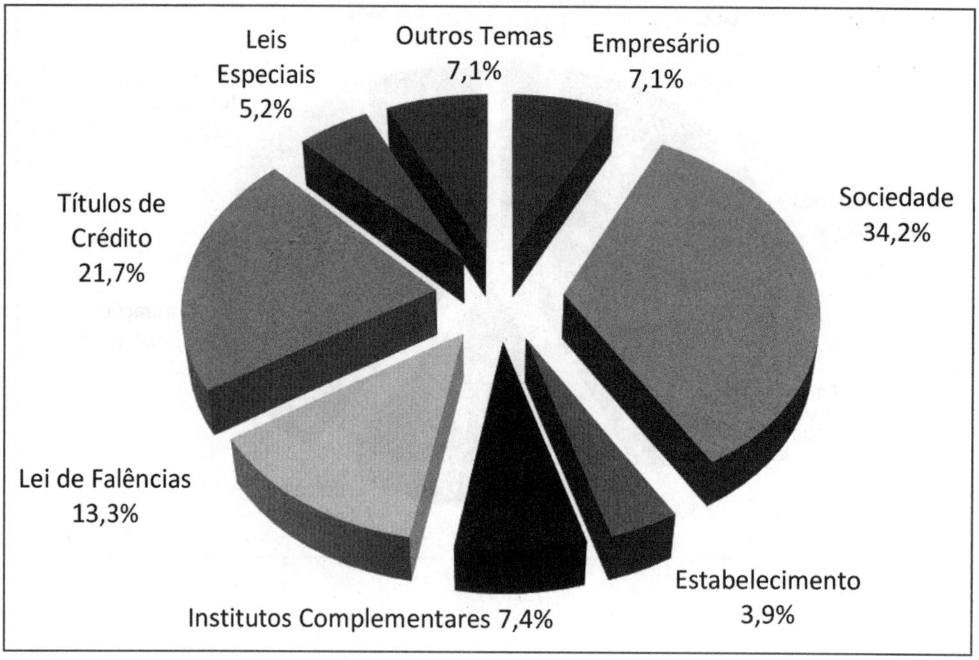

2.5. Constitucional

É a terceira disciplina em número de questões objetivas.

Nas matérias constitucionais, importante ressaltar a exigência de muitos conhecimentos afetos ao capítulo "Da Organização dos Poderes", que abarca **pouco mais de 1/4 do conteúdo**., e ao tópico "Direitos e Garantias Fundamentais". O direito processual constitucional (ações e remédios constitucionais) também é amplamente explorado pelas bancas organizadoras. Juntas, essese três pontos representam **mais da metade** das provas.

Pontos da CF/88 **sem muita relevância em termos de número de questões**: "Da Tributação e do Orçamento", "Das Disposições Constitucionais Gerais" e o "Ato das Disposições Constitucionais Transitórias".

As questões referentes a direito tributário encontram-se em capítulo próprio, e, por isso, não são contabilizadas nesse levantamento.

Gráfico 05

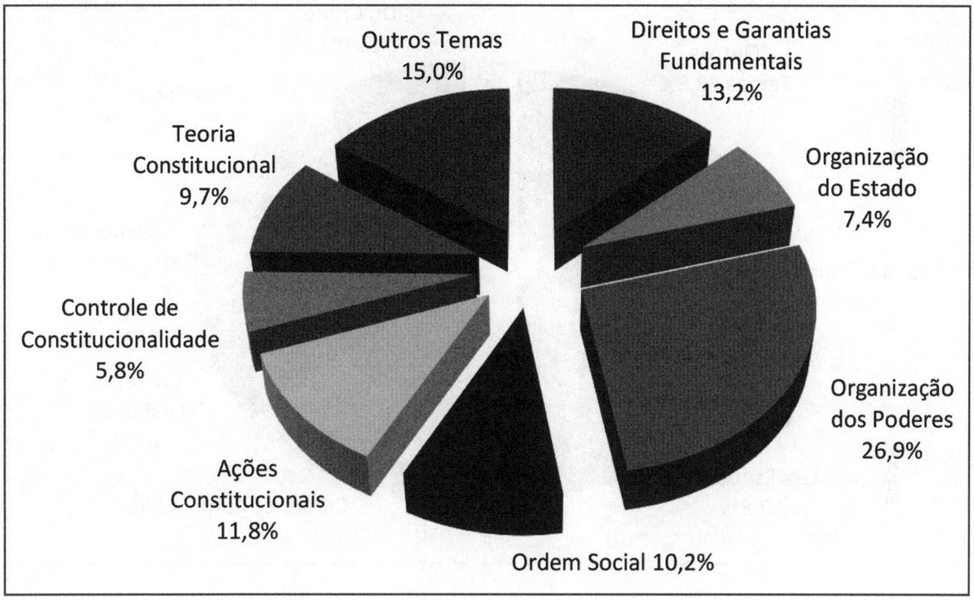

2.6. Direito Penal

O ponto forte na matéria tem sido as "Parte Especial" do Código Penal (crimes em espécie), de onde são extraídas **mais de um terço das questões** das provas. Juntamente com outros títulos do Códex, a saber, "Do Crime", e "Das Penas", somam **mais da metade** daquilo que vem sendo exigido nos certames.

"Leis Penais Especiais" também é peça importante na montagem da estratégia de estudos. Apesar de conter assuntos pulverizados em inúmeros diplomas, agrega uma **grande quantidade das questões** das provas.

Por fim, alguns títulos da Parte Especial do CP praticamente **"passam em branco"** nas provas, com diminuto número de questões objetivas registradas nos últimos concursos: "Dos Crimes contra a Família", "Dos Crimes contra a Dignidade Sexual" e "Dos Crimes contra a Propriedade Imaterial".

Gráfico 06

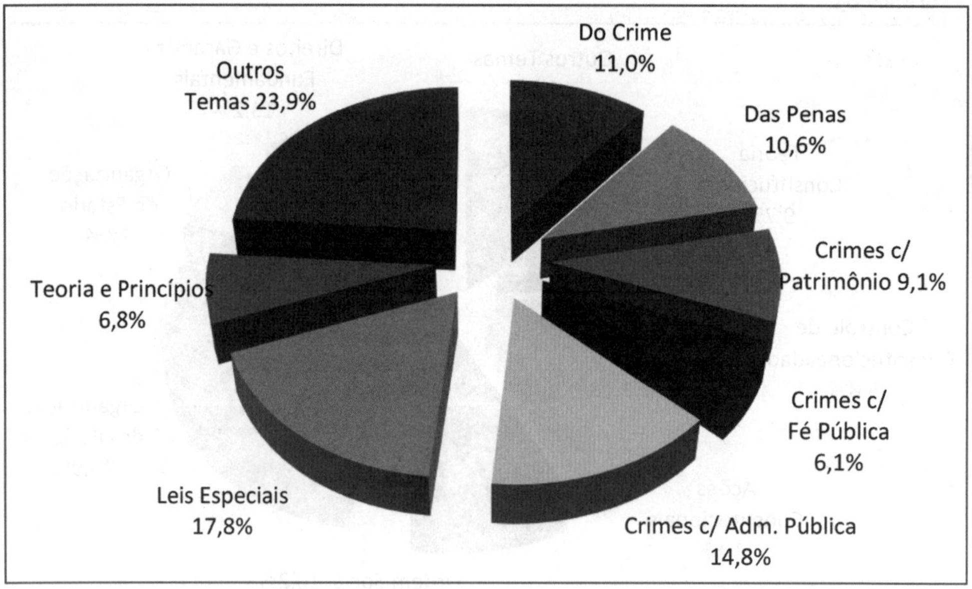

2.7. Direito Processual Civil

Em tema de processo civil, **quase um terço** das questões cobradas em concursos jurídicos versavam sobre o mais extenso dos livros do NCPC: "Do Processo de Conhecimento e do Cumprimento de Sentença". Portanto, o leitor deve dar atenção aos conteúdos dos títulos que o compõem: "Do Procedimento Comum", "Do Cumprimento da Sentença" e "Dos Procedimentos Especiais".

Juntos, os Livros "Dos Processos nos Tribunais e dos Meios de Impugnação das Decisões Judiciais", da parte especial, e "Dos Sujeitos do Processo", da parte geral, também originam muito material de prova, quase **30% dos conteúdos**.

Já os livros do NCPC intitulados "Das Normas Processuais Civis", "Da Formação, da Suspensão e da Extinção do Processo", e "Disposições Finais e Transitórias" são **pouco explorados** pelas bancas. O mesmo se diz da parte mais doutrinária (Teoria e Princípios).

Convém registrar que as questões referentes ao direito processual constitucional (ações constitucionais) encontram-se inseridas no capítulo Direito Constitucional.

Gráfico 07

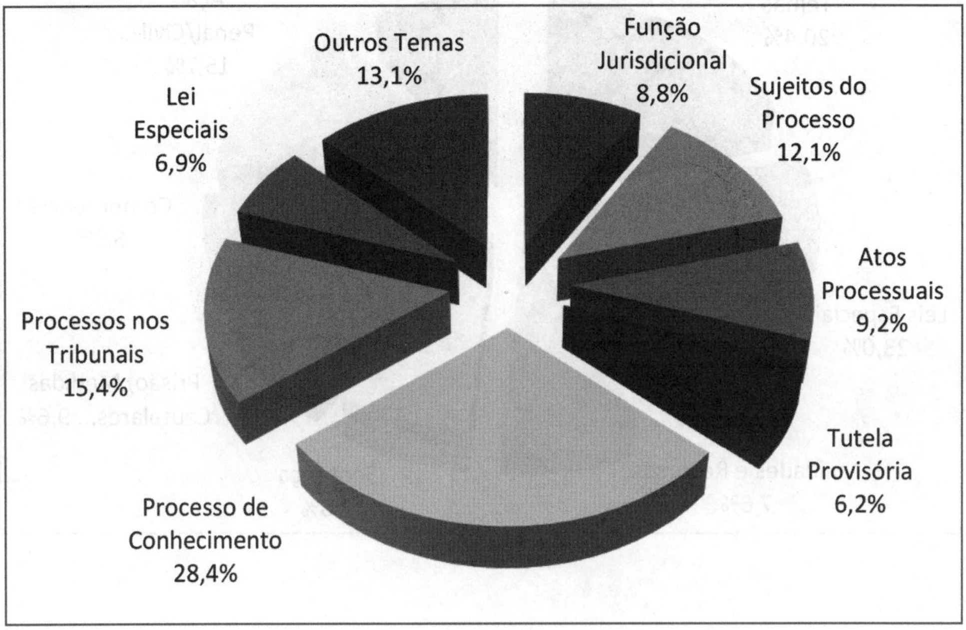

2.8. Direito Processual Penal

"Leis Especiais", com **quase um quarto** das questões, é o ponto mais focado nos concursos. Ainda assim, basicamente tudo que se refere a esse ponto origina-se de apenas dois diplomas: Lei de Execução Penal e Lei dos Juizados Especiais.

Os títulos principais do Código de Processo Penal são explorados de maneira mais ou menos homogênea nestes concursos, distribuindo as questões num largo espectro de assuntos. Mesmo assim, quatro pontos do CPP devem ser destacados: "Do Inquérito Policial" "Da Ação Penal", "Da Ação Civil", "Da Prisão, das Medidas Cautelares e da Liberdade Provisória", que juntam **35% das questões.**

Tópicos do CPP que **não são muito abordados** nos concursos: "Disposições Preliminares", "Das Questões e Processos Incidentes", "Das Citações e Intimações" e "Disposições Gerais".

Gráfico 08

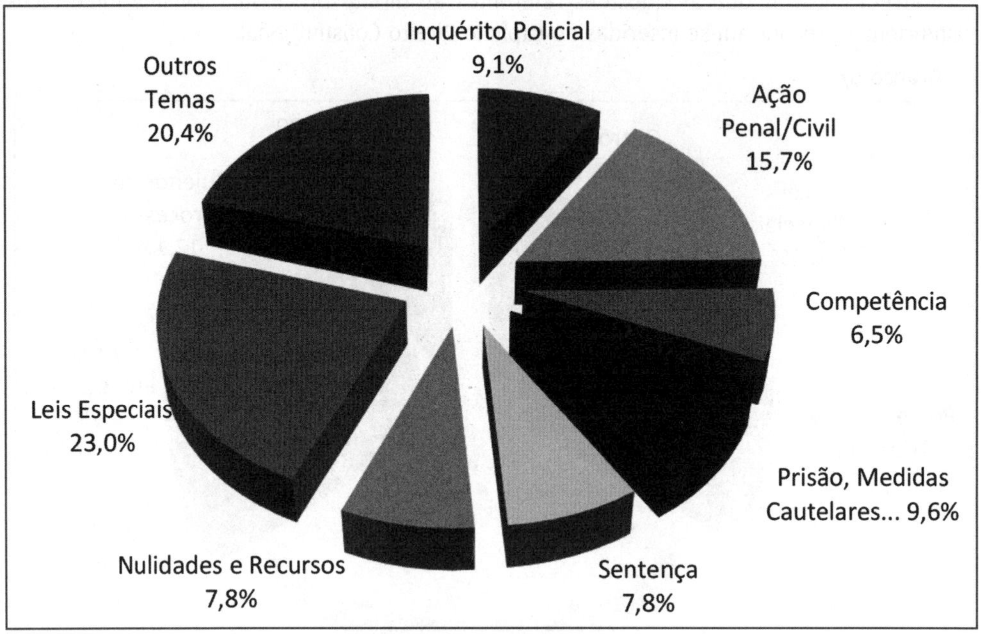

2.9. Direito Tributário

Dois pontos do Código Tributário Nacional ("Obrigação Tributária" e "Crédito Tributário), aliados às normas da CF/88 sobre tributação, abarcam **mais de 40% das questões** dessa disciplina.

"Espécies de Tributo" e os impostos (federais, estaduais e municipais) também são importantes tópicos de estudo.

Os temas **menos questionados** pelas bancas organizadoras são "Legislação Tributária" e "Administração Tributária", ambos, títulos do CTN.

Gráfico 09

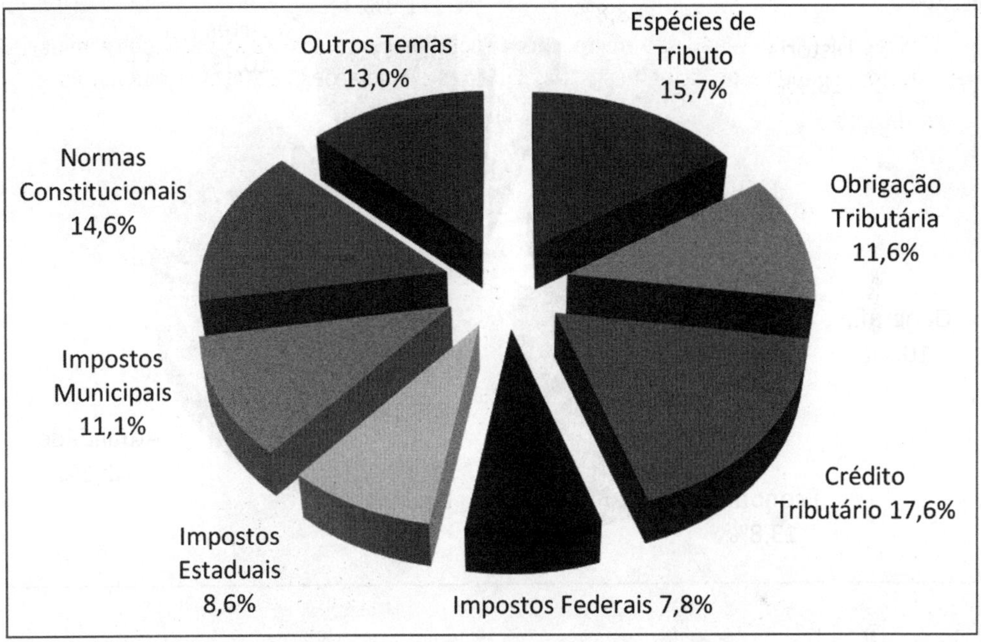

2.10. Conhecimentos Gerais

É matéria pouco abordada no que toca ao número de questões.

As "Atualidades" e o estudo de "História" dominam em quantidade: correspondem a **60%** do total dessa parte de estudo.

Pontos que **raramente caem nas provas:** informática e temas laborais.

Gráfico 10

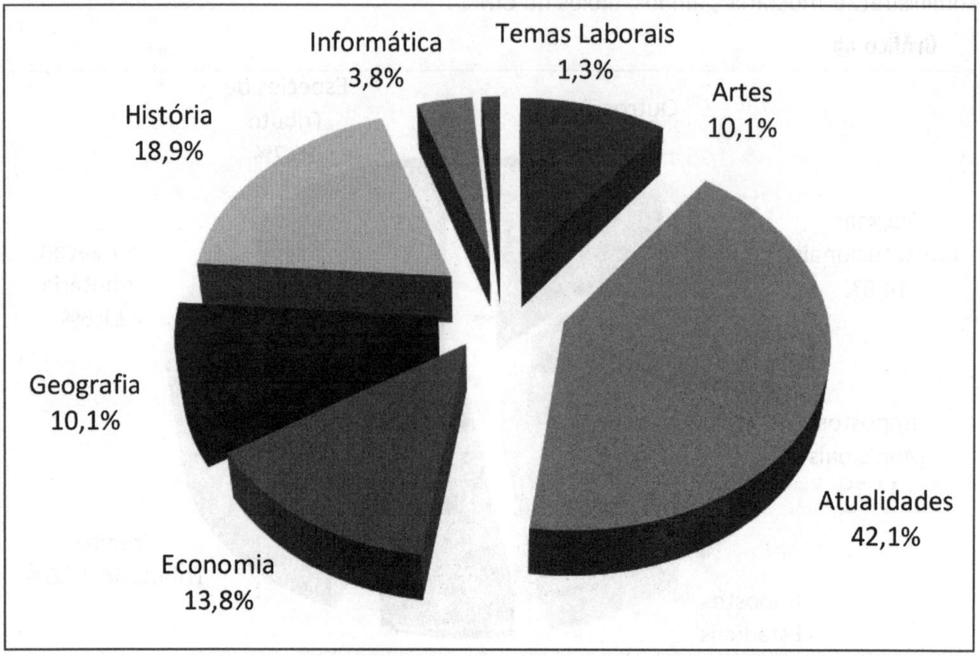

2.11. Todas as Disciplinas (Objetivas)

Dentre as disciplinas exigidas nos certames, nota-se, por óbvio, **preponderância absoluta** da temática registral e notarial, seguida das disciplinas Direito Constitucional, Direito Civil e Direito Comercial. Portanto, é um dos raros concursos em que o direito privado ultrapassa o direito público em termos percentuais de abordagem de conteúdo.

Direito Penal, Direito Processual Penal e Conhecimentos Gerais são os temas **menos cobrados** na primeira fase.

Gráfico 11

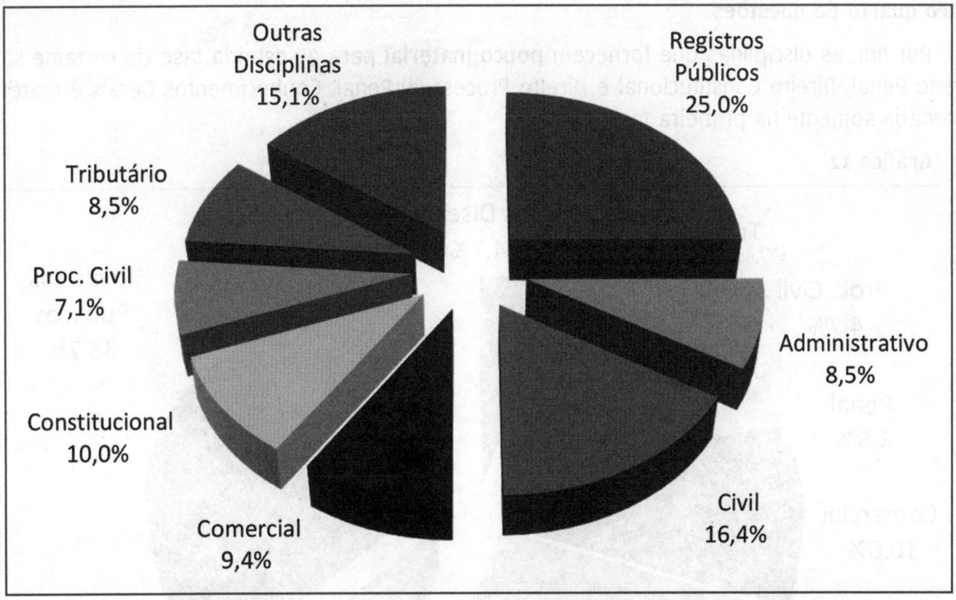

2.12. Todas as Disciplinas Discursivas

O livro traz questões discursivas para exemplificar ao leitor como elas exploram os conteúdos exigido nos editais.

Pela própria natureza desse concurso, o Direito Registral e Notarial domina a cena, com **mais de 40% das questões** discursivas na segunda fase. Outra disciplina que tem muito peso nas provas dissertativas é Direito Civil, com aproximadamente **um quarto das questões**.

Máxima atenção com Direito Comercial, Direito Tributário e Direito Administrativo, e, que, nessa ordem, são as outas disciplinas mais cobradas nestes tipos de teste, correspondendo a **outro quarto de questões.**

Por fim, as disciplinas que fornecem **pouco material** para a segunda fase do certame são: Direito Penal, Direito Constitucional e Direito Processual Penal. Conhecimentos Gerais é matéria abordada somente na primeira fase.

Gráfico 12

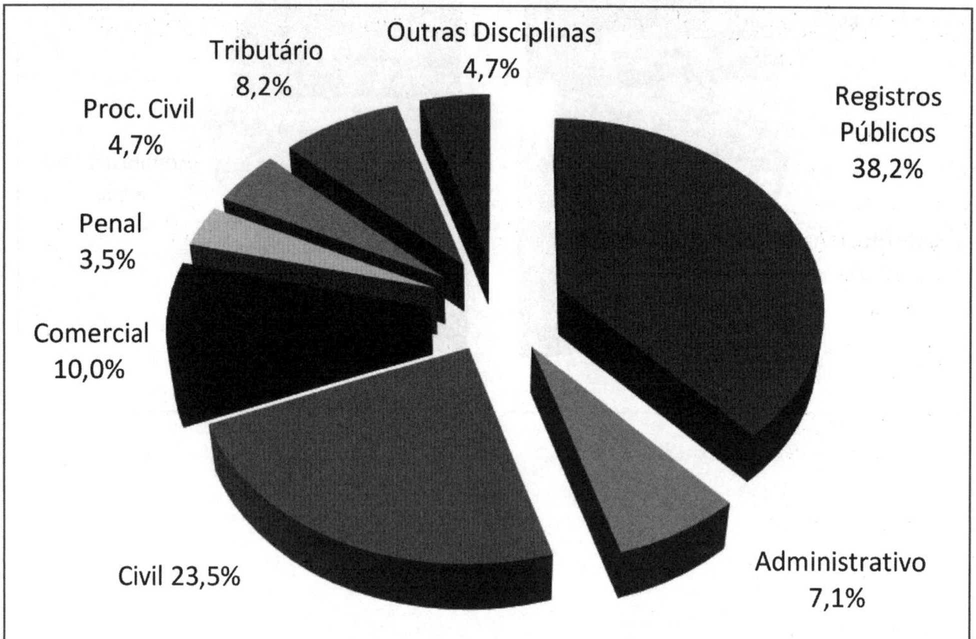

SUMA DOS TEMAS

1. TEMAS DAS PROVAS OBJETIVAS

A tabela abaixo indica visualmente o **grau de exigência** dos tópicos de cada disciplina. As questões objetivas são totalizadas por símbolos. Cada um dos símbolos utilizados agrega um conjunto de até cinco questões.

O gradiente/simbologia indica o número acumulado de questões em cada item, evidenciando o perfil estatístico que as bancas organizadoras adotam na feitura das provas.

Tabela 06

CAPÍTULO / TÓPICOS	QUESTÕES
1. REGISTROS PÚBLICOS	
1. Lei dos Registros Públicos	○○○○○○●●●ϟϟϟ💣💣💣☢☢☢☠☠☠
2. Lei dos Cartórios	○○○○○○●●●ϟϟϟ💣💣💣☢☢☢☠☠☠...
3. Lei do Protesto Títulos/Documentos	○○○○○○●●●ϟϟϟ💣💣💣☢☢☢☠☠☠...
4. Leis/Normas Especiais	○○○○○○●●●ϟϟϟ💣💣💣☢☢☢☠☠☠...
5. Teoria e Princípios	○○○○○○●●●
2. DIREITO ADMINISTRATIVO	
1. Agentes Públicos	○○○○○○●●●ϟ
2. Atos Administrativos	○○○○○○●●●
3. Bens Públicos	○○○○
4. Controle da Administração Pública	○○○○○○●
5. Entes da Administração	○○○○○○
6. Intervenção do Estado na Propriedade	○○○○○
7. Licitações e Contratos	○○○○○○●●●ϟϟϟ
8. Processo Administrativo	○○○○○
9. Responsabilidade Civil do Estado	○○○
10. Serviços Públicos	○○○○○○●
11. Teoria e Princípios	○○○○○○●●●ϟ
3. DIREITO CIVIL	
1. Das Pessoas	○○○○○○●●●ϟϟϟ💣
2. Dos Bens	○○○○○
3. Dos Fatos Jurídicos	○○○○○○●●●ϟϟϟ💣💣💣☢☢☢
4. Do Direito das Obrigações	○○○○○○●●●ϟϟϟ💣💣💣☢☢☢☠☠☠...
5. Do Direito das Coisas	○○○○○○●●●ϟϟϟ💣💣💣☢☢☢☠☠☠...
6. Do Direito de Família	○○○○○○●●●ϟϟϟ💣💣💣☢☢☢☠☠
7. Do Direito das Sucessões	○○○○○○●●●ϟϟϟ💣💣💣☢☢☢
8. Das Disposições Finais e Transitórias	○
9. Leis Especiais	○○○○○○●●●ϟϟϟ💣💣💣☢☢☢☠☠

4. DIREITO COMERCIAL	
1. Do Empresário	○○○○○○
2. Da Empresa Individual de Resp. Ltda.	○○○
3. Da Sociedade	○○○○○○●●●⚡⚡⚡💣💣💣☢☢☢☠☠☠...
4. Do Estabelecimento	○○○○
5. Dos Institutos Complementares	○○○○○○
6. Contratos Mercantis/Bancários	○○○
7. Lei de Recuperação e Falência	○○○○○○●●●⚡⚡
8. Dos Títulos de Crédito	○○○○○○●●●⚡⚡⚡💣💣💣☢☢☢
9. Leis Especiais	○○○○○
10. Teoria e Princípios	○

5. DIREITO CONSTITUCIONAL	
1. Dos Princípios Fundamentais	○○○○
2. Dos Direitos e Garantias Fundamentais	○○○○○○●●●⚡⚡
3. Da Organização do Estado	○○○○○○●
4. Da Organização dos Poderes	○○○○○○●●●⚡⚡⚡💣💣💣☢☢☢☠☠☠...
5. Da Defesa Estado/Inst. Democráticas	○○○○
6. Da Tributação e do Orçamento	○○
7. Da Ordem Econômico e Financeira	○○○○○
8. Da Ordem Social	○○○○○○●●●
9. Disposições Constitucionais Gerais	○
10. ADCT	○
11. Ações Constitucionais	○○○○○○●●●⚡⚡
12. Controle de Constitucionalidade	○○○○○
13. Teoria Constitucional	○○○○○○●●●

6. DIREITO PENAL	
1. Da Aplicação da Lei Penal	○○○
2. Do Crime	○○○○○○
3. Da Imputabilidade Penal	○
4. Do Concurso de Pessoas	○○
5. Das Penas	○○○○○○
6. Das Medidas de Segurança	○○○
7. Da Extinção da Punibilidade	○○○
8. Dos Crimes c/ Pessoa	○○
9. Dos Crimes c/ Patrimônio	○○○○○
10. Dos Crimes c/ Propriedade Imaterial	○
11. Dos Crimes c/ Dignidade Sexual	○
12. Dos Crimes c/ Família	○
13. Dos Crimes c/ Fé Pública	○○○○
14. Dos Crimes c/ Administração Pública	○○○○○○●●
15. Leis Especiais	○○○○○○●●●⚡
16. Teoria e Princípios	○○○○

7. DIREITO PROCESSUAL CIVIL	
1. Das Normas Processuais Civis	○○
2. Da Função Jurisdicional	○○○⭘⭘⭘
3. Dos Sujeitos do Processo	○○○⭘⭘⭘●●
4. Dos Atos Processuais	○○○⭘⭘⭘
5. Da Tutela Provisória	○○○⭘
6. Da Formação, da Suspensão...	○
7. Do Processo de Conhecimento...	○○○⭘⭘⭘●●●⚡⚡⚡💣💣💣☢☢☢
8. Do Processo de Execução	○○○
9. Dos Processos nos Tribunais...	○○○⭘⭘⭘●●●⚡
10. Disposições Finais e Transitórias	○
11. Lei Especiais	○○○⭘⭘
12. Teoria e Princípios	○○○

8. DIREITO PROCESSUAL PENAL	
1. Disposições Preliminares	○
2. Do Inquérito Policial	○○○⭘⭘
3. Da Ação Penal/Civil	○○○⭘⭘⭘●●
4. Da Competência	○○○
5. Das Questões e Processos Incidentes	○○
6. Da Prova	○○○
7. Dos Sujeitos do Processo	○○
8. Da Prisão, das Medidas Cautelares...	○○○⭘⭘
9. Das Citações e Intimações	○
10. Da Sentença	○○○⭘
13. Das Nulidades e dos Recursos...	○○○⭘
14. Disposições Gerais	○
15. Teoria e Princípios	○○○
16. Leis Especiais	○○○⭘⭘⭘●●●⚡⚡

9. DIREITO TRIBUTÁRIO	
1. Competência Tributária	○○○⭘⭘
2. Espécies de Tributo	○○○⭘⭘⭘●●●⚡⚡⚡
3. Legislação Tributária	○○○
4. Obrigação Tributária	○○○⭘⭘⭘●●●
5. Crédito Tributário	○○○⭘⭘⭘●●●⚡⚡⚡💣
6. Administração Tributária	○○
7. Impostos Federais	○○○⭘⭘⭘
8. Impostos Estaduais	○○○⭘⭘⭘●
9. Impostos Municipais	○○○⭘⭘⭘●●●
10. Normas Constitucionais	○○○⭘⭘⭘●●●⚡⚡

10. CONHECIMENTOS GERAIS	
1. Artes	○○○○
2. Atualidades	○○○○○○●●●ϟϟϟ💣💣
3. Economia	○○○○○
4. Geografia	○○○○
5. História	○○○○○○
6. Informática	○○
7. Temas Laborais	○

2. TEMAS MAIS EXIGIDOS

No texto do livro foram ressaltados os **temas mais exigidos nas provas objetivas**. São verdadeiros pontos-chave de estudo que merecem toda atenção e análise do leitor. Todos sinalizados em realce:

◎ ATENÇÃO: ESTE TEMA É MUITO EXIGIDO NOS CONCURSOS!

Abaixo, uma tabela-resumo desses verdadeiros **"temas sensíveis"** dos concursos organizados pela Banca. São **30** tópicos, que agregam **1144** questões e, estatisticamente, representam **mais de um quarto** do conteúdo desses certames.

Tabela 07

CAPÍTULO / TÓPICOS	QUESTÕES
1. REGISTROS PÚBLICOS	
1. LRP... 1.2. Pessoas Naturais... 1.2.4. Do Nascimento	60
1. LRP... 1.3. Pessoas Jurídicas. 1.3.1. Da Escrituração	39
1. LRP... 1.4. Títulos e Documentos... 1.4.1. Das Atribuições	40
1. LRP... 1.4. Títulos e Documentos...1.4.4. Da Ordem do Serviço	28
1. LRP... 1.5. Imóveis... 1.5.2. Da Escrituração	29
1. LRP... 1.5. Imóveis... 1.5.3. Do Processo do Registro	55
2. Lei dos Cartórios... 2.1.2. Dos Notários e Registradores	28
3. Lei do Protesto... 3.1. Da Competência e das Atribuições	27
5. Teoria e Princípios... 5.2. Temas Esparsos	27
2. DIREITO ADMINISTRATIVO	
1. Agentes Públicos... 1.1. Disposições Gerais	31
11. Teoria e Princípios... 11.2. Princípios	33
3. DIREITO CIVIL	
1. Das Pessoas... 1.1. Das Pessoas Naturais	31
6. Do Direito de Família... 6.1.1. Do Casamento	35
7. Do Direito das Sucessões... 7.3. Da Sucessão Testamentária	42
4. DIREITO COMERCIAL	
3. Da Sociedade... 3.3.2. Limitada, Anônima, Dep. de Autorização	67
7. Lei de Recuperação e Falência... 7.1. Falência	32
8. Dos Títulos de Crédito... 8.4. Espécies	51

5. DIREITO CONSTITUCIONAL	
4. Da Organização dos Poderes... 4.1.1. Do Congresso	28
6. DIREITO PENAL	
2. Do Crime	29
5. Das Penas	28
14. Dos Crimes contra a Administração Pública	39
8. DIREITO PROCESSUAL PENAL	
3. Da Ação Penal/Civil	36
9. DIREITO TRIBUTÁRIO	
2. Espécies de Tributo	58
4. Obrigação Tributária	43
7. Impostos Federais	29
8. Impostos Estaduais	32
9. Impostos Municipais	41
10. Normas Constitucionais... 10.3. Limitações e Princípios	29
10. CONHECIMENTOS GERAIS	
2. Atualidades	67
5. História	30

3. GRUPOS DE TEMAS QUE MAIS CONCENTRAM QUESTÕES

Muitas vezes, revisões de véspera ou estudos focados para maximizar resultados exigem dos candidatos que procurem o **"mapa da mina"** das provas que vão enfrentar.

Pensando nisso, a tabela abaixo agrega os pontos de estudo mais relevantes de cada uma das disciplinas presentes no livro, indicando os temas principais que se deve abordar para resolver aquilo que "mais cai" nos concursos.

Demonstra o percentual representativo do somatório das questões destes pontos principais na matéria em estudo e leva o leitor "direto ao que interessa" para atingir a maior pontuação possível nas provas.

Tabela 08

CAPÍTULO / TÓPICOS		%
1. REGISTROS PÚBLICOS		
1. Lei dos Registros Públicos	=	56,5%
2. DIREITO ADMINISTRATIVO		
1. Agentes Públicos + 7. Licitações e Contratos + 11. Teoria e Princípios	=	42,4%
3. DIREITO CIVIL		
4. Do Direito das Obrigações + 5. Do Direito das Coisas + 6. Do Direito de Família	=	48,7%
4. DIREITO COMERCIAL		
3. Da Sociedade + 8. Dos Títulos de Crédito	=	55,9%

5. DIREITO CONSTITUCIONAL		
2. Dos Direitos e Garantias Fundamentais + 4. Da Organização dos Poderes	=	40,0%
6. DIREITO PENAL		
2. Do Crime + 14. Dos Crimes contra a Administração Pública + 15. Leis Especiais	=	43,6%
7. DIREITO PROCESSUAL CIVIL		
7. Do Processo de Conhecimento e do Cumprimento... + 9. Dos Processos nos Tribunais e dos Meios...	=	43,8%
8. DIREITO PROCESSUAL PENAL		
3. Da Ação Penal/Civil + 8. Da Prisão, das Medidas Cautelares e da Liberdade... + 16. Leis Especiais	=	48,3%
9. DIREITO TRIBUTÁRIO		
2. Espécies de Tributo + 5. Crédito Tributário + 10. Normas Constitucionais	=	47,8%
10. CONHECIMENTOS GERAIS		
2. Atualidades	=	42,1%
11. TODAS AS DISCIPLINAS (OBJETIVAS)		
1. Registros Públicos + 3. Direito Civil	=	41,4%
12. TODAS AS DISCIPLINAS (DISCURSIVAS)		
1. Registros Públicos + 3. Direito Civil	=	61,8%

4. "TOP 5"

No texto do livro foram ressaltados os **conjuntos de temas mais exigidos nas provas objetivas**. São aglomerados de temas afins cujos conteúdos representam grandes porções daquilo que as provas exigem em determinadas disciplinas:

Tabela 09

ORDEM	CAPÍTULO	TÓPICOS	QUESTÕES
1º	Registros Públicos	1. Lei dos Registros Públicos	612
2º	Registros Públicos	4. Leis/Normas Especiais	168
3º	Registros Públicos	3. Lei do Protesto Títulos/Doctos.	137
4º	Direito Comercial	3. Da Sociedade	139
5º	Direito Civil	4. Do Direito das Obrigações	138

Todos marcados em quadros de atenção:

◉ TOP 5: 1º LUGAR ENTRE OS MAIORES AGREGADOS DE QUESTÕES DO LIVRO!

1. REGISTROS PÚBLICOS

⚠ VOLUME DE QUESTÕES

Muito Alto

1. LEI DOS REGISTROS PÚBLICOS (LEI 6.015/73)

⦿ TOP 5: 1º LUGAR ENTRE OS MAIORES AGREGADOS DE QUESTÕES DO LIVRO!

1.1. Das Disposições Gerais

1.1.1. Das Atribuições

✱ ENUNCIADOS CNB

CNB **Enunciado 4/2016.** Quando a parte estiver acompanhada de advogado, o tabelião deverá verificar a regularidade da inscrição na OAB e a representação, que poderá ser "apud acta".

✱ INFORMATIVOS

STJ **Anulatória. Reivindicatória. Imóvel. Ilegitimidade. Parte.** "In casu", a controvérsia cinge-se em definir se é possível aplicar das regras do litisconsórcio necessário, bem como desmembrar as ações anulatória e reivindicatória propostas na origem, a fim de evitar a extinção do processo sem julgamento de mérito. Conforme os arts. 1º e 2º da Lei de Registros Públicos (Lei 6.015/73), o registro de imóveis é encargo a ser cumprido por serventuário privativo nomeado de acordo com as resoluções sobre a divisão de organização judiciária dos Estados. A leitura a "contrario sensu" dessas disposições leva à inarredável conclusão de que qualquer discussão acerca da regularidade do registro deve ser ajuizada contra o referido serventuário, ou seja, contra o oficial do registro respectivo. Contudo, na hipótese em questão, os autores, ora recorrentes, ajuizaram a ação de anulação de registro c/c reivindicatória do imóvel tão somente em face dos particulares, ora recorridos; não houve, em momento algum, a inclusão dos oficiais de registro dos cartórios envolvidos. Assim, não há razão para afastar as conclusões do acórdão quanto à extinção do processo sem julgamento de mérito, pois os réus apontados pelos recorrentes são partes ilegítimas para figurar no polo passivo da ação; não observada, portanto, uma das condições previstas no art. 267, VI, do CPC. Disso decorre serem inaplicáveis as regras do litisconsórcio, tal como pretendido pelos recorrentes. Para considerar a viabilidade do desmembramento, imperioso seria, antes de tudo, que a ação a qual se pretende desmembrar tivesse sido ajuizada contra partes legítimas, para verificação do cumprimento das condições da ação. Necessária, ainda, seria a verificação da existência de causa para ambos os pedidos, o que, como asseverado pelo acórdão recorrido, não se justificaria na reivindicatória, pois não se discutiu o negócio jurídico que levou ao registro do imóvel, mas eventual erro ou má-fé a gerar a duplicidade do registro. Como visto, o ajuizamento deu-se, exclusivamente, contra parte ilegítima (os particulares), tendo causa de pedir que não autoriza o pedido de anulação do registro nem o de reivindicação do imóvel. REsp 855.574, Rel. Min. Nancy Andrighi, 27.10.09. 3ª T. (Info 413)

✱ QUESTÕES DISCURSIVAS

01. **(Vunesp/TJ/SP/Cartórios/2014)** Discorra a respeito do conceito de autenticação.

02. **(IBFC/TJ/PR/Cartórios/Remoção/2014)** Fé pública: qual é o seu significado, a sua característica, a sua finalidade e o seu principal efeito?

✱ QUESTÕES OBJETIVAS

01. **(Ieses/TJ/RO/Cartórios/Ingresso/2017)** Assinale a alternativa correta:

a) o Registro Torrens tem sua origem nas obras do publicista Andrés Bello Torrens, destinando-se (o registro) à regularização do grave problema urbano de falta de habitação digna à população carente, fenômeno ocorrido em vários países da América do Sul, inclusive o Brasil.

b) os serviços concernentes aos Registros Públicos, estabelecidos pela legislação civil para autenticidade, segurança e eficácia dos atos jurídicos, ficam sujeitos ao regime estabelecido na Lei n. 6.015/1973.

c) conforme definido na Lei n. 6.015/1973, é anulável o registro lavrado fora das horas regulamentares ou em dias em que não houver expediente, sendo civil e criminalmente responsável o oficial que der causa à anulabilidade.

d) consideram-se registráveis, na dicção da Lei n. 6.015/1973, exclusivamente os direitos reais reipersecutórios.

02. **(Ieses/TJ/PB/Cartórios/Remoção/2014)** De acordo com a Lei Geral dos Registros Públicos, os serviços concernentes aos Registros Públicos visão dar:

a) autenticidade, segurança e eficiência dos fatos jurídicos.

b) autenticidade, segurança e eficácia dos fatos jurídicos.

c) autenticidade, segurança e eficácia dos atos jurídicos.

d) autenticidade, segurança e eficiência dos atos jurídicos.

03. **(Ieses/TJ/RO/Cartórios/Ingresso/2017)** Assinale a alternativa correta:

a) notário, ou tabelião, e oficial de registro, ou registrador, são profissionais do direito, dotados de fé pública, a quem é concedido o exercício da atividade notarial e de registro.

b) aos notários compete, com exclusividade, reconhecer firmas.

c) aos notários compete, com exclusividade, autenticar cópias.

d) serviços notariais e de registro são os de organização técnica e administrativa destinados a garantir a publicidade, autenticidade, segurança e eficácia dos atos jurídicos.

1.1.2. Da Escrituração

*** QUESTÕES OBJETIVAS**

04. **(Cespe/TJ/ES/Cartórios/Remoção/2013)** Consoante as regras de escrituração estabelecidas na Lei n. 6.015/1973, quando um livro, no registro de pessoas físicas, for identificado como 1-A:

a) esse livro deve destinar-se ao registro de casamentos em cartório e aos casamentos religiosos com efeitos civis.

b) o próximo livro deve ser identificado como 2-B.

c) o próximo livro deve ser identificado como 2-A.

d) o próximo livro deve ser identificado como 1-B.

e) esse livro deve destinar-se apenas ao registro de casamentos em cartório.

05. **(Ieses/TJ/PB/Cartórios/Remoção/2014)** Quando a escrituração nos Registros Públicos for feita em livros, estes deverão observar as seguistes regras:

I. os números de ordem dos registros não serão interrompidos no fim de cada livro, mas continuarão, indefinidamente, nos seguintes da mesma espécie.

II. considerando a quantidade dos registros o juiz competente poderá autorizar a diminuição do número de páginas dos livros respectivos, até a terça parte do consignado nesta lei.

III. no fim de cada livro os números de ordem dos registros serão interrompidos, iniciando-se nova numeração com a indicação da espécie registral na capa do livro.

IV. os livros notariais, nos modelos existentes, em folhas fixas ou soltas, serão também abertos, numerados, autenticados e encerrados pelo tabelião, que determinará a respectiva quantidade a ser utilizada, de acordo com a necessidade do serviço.

A sequência correta é:

a) apenas as assertivas III e IV estão corretas.

b) apenas as assertivas II e III estão corretas.

c) apenas as assertivas I, II e IV estão corretas.

d) as assertivas I, II, III e IV estão corretas.

06. **(Cespe/TJ/SE/Cartórios/Remoção/2014)** Acerca de lavratura, retificação e outros atos afetos a escrituras públicas, assinale a opção correta:

a) para a preservação do princípio da continuidade, os notários materializarão atos relativos a imóveis somente se o título anterior estiver averbado ou registrado na tábula predial.

b) o tabelião deverá comunicar à Secretaria da Receita Federal, mediante preenchimento da Declaração sobre Operação Imobiliária (DOI), as alienações ou aquisições de imóveis, desde que o valor fiscal da operação imobiliária ou o informado pelas partes seja superior a trinta salários mínimos.

c) se houver necessidade de retificar erro material em escritura pública e o interessado não concordar com exigência do tabelionato – no sentido de que se façam presentes todas as pessoas que estiveram no ato da celebração do negócio instrumentalizado –, o juiz competente, uma vez provocado, poderá entregar prestação jurisdicional retificadora em substituição à atuação do notário.

d) não há óbice a que o tabelião lavre escritura de aquisição de área rural por pessoa jurídica estrangeira que não tenha licença para funcionamento no Brasil, desde que seja transcrito o ato que concedeu autorização para a aquisição da gleba, bem como sejam apresentados os atos constitutivos do adquirente, observados os demais requisitos legais.

e) de acordo com julgado do STJ, a lavratura de escritura pública é essencial à validade do ato praticado por viúva consistente na cessão gratuita, em favor dos herdeiros do falecido, de sua meação sobre imóvel inventariado cujo valor supere trinta salários mínimos, motivo por que se afigura insuficiente, para tanto, a redução a termo do ato nos autos do inventário.

07. (Ieses/TJ/RO/Cartórios/Remoção/2017) A Lei de Registros Públicos (Lei 6.015/73) não se aplica ao:

a) registro de títulos e documentos.

b) registro de imóveis.

c) registro de propriedade industrial.

d) registro civil de pessoas naturais e de pessoas jurídicas.

08. (Ieses/TJ/CE/Cartórios/Remoção/2018) Sobre o procedimento de escrituração previsto na Lei dos Registros Públicos (Lei n. 6.015/73) pode-se afirmar:

I. a escrituração será feita em livros encadernados, que obedecerão aos modelos anexos a Lei n. 6.015/73, sujeitos à correição da autoridade judiciária competente.

II. para facilidade do serviço podem os livros ser escriturados mecanicamente, em folhas soltas, obedecidos os modelos aprovados pela autoridade judiciária competente.

III. considerando a quantidade dos registros o Juiz poderá autorizar a diminuição do número de páginas dos livros respectivos, até a terça parte do consignado na Lei n. 6.015/73.

IV. os números de ordem dos registros poderão ser interrompidos no fim de cada livro, reiniciando a numeração nos seguintes da mesma espécie.

A sequência correta é:

a) as assertivas I, II, III e IV estão corretas.

b) apenas a assertiva II está incorreta.

c) apenas as assertivas I, II e III estão corretas.

d) apenas as assertivas II e IV estão corretas.

09. (Vunesp/TJ/SP/Cartórios/Remoção/2014) Quanto aos livros obrigatórios, é correto afirmar que:

a) o termo de abertura deverá conter o número do livro, o fim a que se destina, o número de folhas que contém, o Juízo Corregedor Permanente que fiscaliza o cartório e o nome do delegado do serviço notarial e de registro responsável.

b) o desaparecimento ou a danificação de qualquer livro deverá ser imediatamente comunicada ao Juiz Corregedor Permanente e ao Procurador Geral de Justiça.

c) serão abertos, numerados, autenticados e encerrados pelo notário ou registrador, podendo ser utilizado, para tal fim, processo mecânico de autenticação previamente aprovado pela autoridade judiciária competente.

d) a responsabilidade pela escrituração do livro Registro Diário da Receita e da Despesa é direta do notário ou registrador e do contador que assinou o livro com o titular da delegação.

10. (Consulplan/TJ/MG/Cartórios/Ingresso/2015) Quanto à escrituração, nos Serviços Notariais e de Registro, é correto afirmar que:

a) os livros de registro, bem como as fichas que os substituam, em qualquer hipótese, somente sairão da respectiva serventia mediante autorização judicial.

b) o livro poderá ultrapassar o limite de folhas de modo a permitir a finalização do último ato praticado, fazendo constar da folha de encerramento menção à sua data e natureza.

c) os livros em folhas soltas terão 300 (trezentas) folhas numeradas, em tamanho padronizado pela serventia, recomendando-se o uso dos tamanhos Ofício ou A4.

d) o preposto não poderá assinar os termos de abertura e encerramento dos livros Notariais e de Registro, sendo essa competência exclusiva dos respectivos titulares ou responsáveis pela serventia.

1.1.3. Da Ordem do Serviço

✱ QUESTÕES OBJETIVAS

11. **(FCC/TJ/PE/Cartórios/Remoção/2013)** A respeito da Ordem do Serviço, prevista na Lei n. 6.015/73, analise as afirmações abaixo.

I. todos os títulos, apresentados no horário regulamentar e que não forem registrados até a hora do encerramento do serviço e o pedido de registro civil das pessoas naturais fora do horário de expediente, serão registrados somente no dia seguinte, no primeiro horário.

II. será nulo o registro lavrado fora das horas regulamentares ou em dias em que não houver expediente, salvo nos atos de registro civil das pessoas naturais, sendo civil e criminalmente responsável o oficial que der causa à nulidade.

III. somente exigência fiscal, ou dívida, obstará a apresentação de um título e o seu lançamento do protocolo com o respectivo número de ordem, nos casos em que da precedência decorra prioridade de direitos para o apresentante.

Está correto o que se afirma apenas em:

a) I e III.
b) II.
c) II e III.
d) III.
e) I.

12. **(Ieses/TJ/RN/Cartórios/Remoção/2012)** As anotações e as averbações obrigatórias serão praticadas:

a) apenas por ordem judicial, a requerimento verbal ou escrito dos interessados e, ainda, a requerimento do Ministério Público, quando a lei autorizar.
b) com a necessidade do reconhecimento de firma do documento, quando exigido pelo juiz.
c) sem a necessidade do reconhecimento de firma do documento.
d) independentemente de qualquer determinação judicial, dos interessados ou do Ministério Público.

13. **(Ieses/TJ/RO/Cartórios/Remoção/2017)** O registro lavrado fora das horas regulamentares ou em dias em que não houver expediente será considerado:

a) válido.
b) nulo.
c) impróprio.
d) incompleto.

14. **(Ieses/TJ/PB/Cartórios/Remoção/2014)** Segundo a Lei dos Registros Públicos, salvo as anotações e as averbações obrigatórias, os atos do registro serão praticados:

I. a requerimento verbal ou escrito dos interessados.

II. a requerimento do delegado da polícia civil no curso do inquérito policial.

III. por ordem judicial.

IV. a requerimento do ministério público, quando a lei autorizar.

A sequência correta é:

a) apenas as assertivas I, III e IV estão corretas.
b) as assertivas I, II, III e IV estão corretas.
c) apenas as assertivas II e IV estão corretas.
d) apenas as assertivas II e III estão corretas.

15. **(Ieses/TJ/CE/Cartórios/Remoção/2018)** O registro lavrado fora das horas regulamentares ou em dias em que não houver expediente será:

a) anulável.
b) válido.
c) nulo.
d) considerado como registro parcial, devendo ser homologado em Juízo.

16. **(Ieses/TJ/AM/Cartórios/Remoção/2018)** Salvo as anotações e as averbações obrigatórias, os atos do registro serão praticados:

I. a requerimento do Ministério Público, quando a lei autorizar.

II. a requerimento verbal ou escrito dos interessados.

III. por ordem judicial.

IV. a requerimento da Ordem dos Advogados, quando a lei autorizar.

A sequência correta é:

a) apenas as assertivas II e IV estão corretas.
b) apenas a assertiva IV está incorreta.
c) apenas as assertivas II, III e IV estão corretas.
d) as assertivas I, II, III e IV estão corretas.

17. **(Ieses/TJ/AM/Cartórios/Remoção/2018)** O registro lavrado fora das horas regulamentares ou em dias em que não houver expediente será considerado:

a) nulo.
b) anulável.
c) validado.
d) ratificado.

18. **(Vunesp/TJ/SP/Cartórios/Ingresso/2018)** Tendo em vista as peculiaridades do Registro Civil das Pessoas Naturais, é correto afirmar, em relação ao expediente regulamentar, que:

a) os mandados atinentes às sentenças que constituírem vínculo de adoção, que não forem registrados até a hora de encerramento dos serviços, terão o seu cumprimento, obrigatoriamente, adiado para o dia útil seguinte, a fim de garantir a sua publicidade.
b) quando a celebração do casamento for em edifício particular, ficará este de portas abertas durante o ato, sendo defeso em lei a sua realização após às vinte e duas horas.
c) será nulo o ato lavrado em feriado, uma vez que a prática evidencia o desrespeito a uma das solenidades essenciais para sua validade.
d) se considera válido o ato lavrado fora das horas regulamentares ou em dias em que não houve expediente.

19. **(Cespe/TJ/SE/Cartórios/Remoção/2014)** No que diz respeito à LRP, assinale a opção correta:

a) os serviços notariais serão prestados nos horários estabelecidos pelo tabelião, atendidas as peculiaridades locais, começando e terminando nas mesmas horas em todos os dias úteis.
b) os emolumentos devem ser estabelecidos de acordo com o custo efetivo dos serviços prestados, e corresponder à remuneração adequada destes, podendo ser fixados em valor determinado ou em percentual sobre o valor do negócio jurídico objeto do serviço.
c) conforme a lei em apreço, o serviço do registro civil de pessoas naturais deve funcionar todos os dias, ou seja, tanto nos dias úteis, quanto, em regime de plantão, nos sábados, domingos e feriados.
d) a delegação para o exercício de atividade notarial e de registro, para a qual se exigem a aprovação em concurso de provas e títulos, capacidade civil plena, diploma de bacharel em direito, quitação com as obrigações eleitorais e militares, pode ser outorgada a brasileiros e estrangeiros.
e) de acordo com a quantidade de registros costumeiramente demandados em um ofício de notas, o oficial de registro poderá solicitar, e o juiz autorizar, a ampliação do número de páginas dos livros de escrituração, até o dobro do consignado em lei.

1.1.4. Da Publicidade

✱ INOVAÇÕES LEGISLATIVAS

▲ LRP. Título I – Das Disposições Gerais, Capítulo IV – Da Publicidade

▲ Art. 19. § 4º As certidões de nascimento mencionarão a data em que foi feito o assento, a data, por extenso, do nascimento e, ainda, expressamente, a naturalidade. (Modificações: Lei 13.484/17)

✱ QUESTÕES DISCURSIVAS

03. **(IBFC/TJ/PR/Cartórios/Remoção/2014)** Dissertar sobre o princípio da publicidade no registro de títulos e documentos, abordando o conceito, a finalidade, as espécies, a obrigatoriedade do registro e as consequências da ausência do registro e a sua exceção.

✱ QUESTÕES OBJETIVAS

20. **(FCC/TJ/PE/Cartórios/Ingresso/2013)** Sobre a publicidade, a Lei n. 6.015/73 dispõe:

I. os oficiais e os encarregados das repartições em que se façam os registros são obrigados a lavrar certidão do que lhes for requerido e a fornecer às partes as informações solicitadas, nos termos da lei.
II. qualquer pessoa pode requerer certidão do registro sem informar ao oficial ou ao funcionário o motivo ou interesse do pedido e, em qualquer caso, a certidão será lavrada independentemente de despacho judicial.
III. a certidão deverá mencionar o livro de registro ou o documento arquivado no cartório e será lavrada em inteiro teor, em resumo, ou em relatório, conforme quesitos, e devidamente autenticada pelo oficial ou seus substitutos legais, não podendo ser retardada por mais de 3 (três) dias.

Está correto o que se afirma apenas em:

a) I.
b) II e III.
c) II.

d) I e III.

e) III.

21. **(TJ/SC/Cartórios/Ingresso/2012)** Segundo a Lei n. 6.015/1973, nas disposições gerais, no que tange à publicidade, conservação e responsabilidade, é correto afirmar:

a) os livros de registro, bem como as fichas que os substituam, somente sairão do respectivo cartório mediante autorização administrativo-tributária ou judicial.

b) o antigo cartório deve entregar o arquivo ao novo cartório criado por lei assim que ele for instalado.

c) os oficiais são civil e criminalmente responsáveis por todos os prejuízos que, pessoalmente ou pelos prepostos ou substitutos que indicarem, causarem, por culpa ou dolo, aos interessados no registro.

d) qualquer pessoa pode requerer certidão do registro desde que comprove o interesse do pedido ao oficial ou ao funcionário do cartório.

e) o acesso ou envio de informações aos registros públicos, quando forem realizados por meio da rede mundial de computadores (internet), deverão ser assinados com uso de certificado digital, que atenderá os requisitos da Infraestrutura de Chaves Públicas Brasileira – ICP.

22. **(Ieses/TJ/RN/Cartórios/Remoção/2012)** Sobre as certidões:

a) as certidões de nascimento mencionarão, obrigatoriamente, apenas a data em que foi feito a assento.

b) nas certidões de registro civil, não se mencionará, em nenhuma hipótese, a circunstância de ser legítima, ou não, a filiação.

c) as certidões extraídas dos registros públicos deverão ser fornecidas em papel e mediante escrita que permitam a sua reprodução por fotocópia, vedado outro processo equivalente.

d) a certidão, de inteiro teor, poderá ser extraída por meio datilográfico ou reprográfico, mas as do Registro Civil das Pessoas Naturais mencionarão, sempre, a data em que foi lavrado o assento e serão manuscritas ou datilografadas e, no caso de adoção de papéis impressos, os claros serão preenchidos também em manuscrito ou datilografados.

23. **(FCC/TJ/PE/Cartórios/Remoção/2013)** Quanto ao Registro Civil das Pessoas Naturais é correto afirmar:

a) apenas as serventias situadas nas sedes das comarcas são obrigadas a manter o Livro "E" para inscrição das emancipações, interdições, ausências, tutelas, curatelas, os traslados ou registros de nascimentos, casamentos e óbitos de estrangeiros.

b) se houver dados que não possam ser mencionados, é vedada certidão de inteiro teor, salvo se for requerida pelo próprio interessado, por procurador com poderes especiais ou por determinação judicial, esclarecendo-se tal circunstância no termo.

c) a declaração de nascimento pode ser feita por qualquer pessoa idônea, não havendo precedência na ordem legal para os declarantes.

d) não cabe ao oficial registrador empreender diligência para comprovar a veracidade da declaração de nascimento a ele formulada, respondendo o declarante civil e criminalmente por eventual declaração falsa.

e) para o registro de nascimento, além da declaração de nascido vivo daquele cujo parto tenha ocorrido com assistência médica, são imprescindíveis duas testemunhas maiores e capazes.

24. **(FMP/TJ/MT/Cartórios/Ingresso/2014)** Sobre a publicidade no Registro Civil das Pessoas Naturais, de acordo com a Lei 6.015/73, assinale a afirmativa correta:

a) nas certidões de Registro Civil, não se mencionará a circunstância de ser legítima, ou não, a filiação, nem a requerimento do próprio interessado, salvo em virtude de determinação judicial.

b) qualquer pessoa pode requerer certidão do Registro Civil, devendo, no entanto, informar por escrito, ao oficial ou ao funcionário o motivo ou interesse do pedido.

c) o acesso ou envio de informações ao registro civil, quando forem realizados por meio da rede mundial de computadores (internet) poderão ser assinados, a critério do registrador, com uso de certificado digital, que atenderá os requisitos estabelecidas pelo Conselho Nacional de Justiça.

d) nas certidões extraídas pelo registro civil aos reconhecidamente pobres, isentas de emolumentos, fica proibida a inserção de expressões que indiquem condição de pobreza ou semelhantes.

e) havendo qualquer espécie de alteração posterior ao ato cuja certidão é pedida, deve o registrador mencioná-la somente quando solicitado pelo próprio interessado ou por determinação judicial, fazendo constar que a certidão envolve elementos de averbação a margem do termo.

25. **(Consulplan/TJ/MG/Cartórios/Remoção/2016)** Segundo o art. 19, da Lei n. 6.015/73, "A certidão será lavrada em inteiro teor, em resumo, ou em relatório conforme quesitos e devidamente autenticada pelo oficial ou seus substitutos legais, não podendo ser retardada por mais de (__) dias. Assinale a alternativa que completa corretamente o enunciado:

a) 10 (dez)
b) 5 (cinco)
c) 2 (dois)
d) 3 (três)

26. **(Ieses/TJ/MS/Cartórios/Remoção/2014)** De acordo com a Lei dos Registros Públicos, uma certidão poderá ser lavrada no seguinte formato:

a) inteiro teor, resumo, relatório.
b) inteiro teor, ementa, relatório.
c) completa, parcial, ementa.
d) completa, simples, resumo.

27. **(Consulplan/TJ/MG/Cartórios/Remoção/2014)** No sistema de publicidade registral brasileiro adotou-se o modelo segundo o qual a transferência da propriedade imobiliária se dá pelo registro do título, reportando-se a um negócio jurídico denominado de "acordo-causal" (art. 1.245, CC 02). Confere destaque à segurança jurídica, de modo que nenhuma alteração de direito se faça sem a vontade do titular do domínio. Sem prejuízo, em relação à proteção conferida ao terceiro de boa-fé pelo Direito Formal (segurança dinâmica do comércio), analise as seguintes afirmações:

I. o registro do título causal é convalidante, pois inverte o ônus da prova por parte de quem pretenda impugná-lo em juízo, de modo que se torna eficaz desde o momento em que se apresentar o título ao oficial do registro, e este o prenotar no protocolo (art. 1.246, CC 02).
II. em proteção ao terceiro de boa-fé, a Lei dos Registros Públicos determina em suas disposições gerais (art. 21), que requerida uma certidão, cabe ao delegado estendê-la de forma a abranger qualquer alteração posterior e, se concernente for a ônus de imóvel, o seu conteúdo deverá alcançar, de ofício, os ônus inscritos após o requerimento.
III. o terceiro de boa-fé não fica em plano inferior, pois "Se o teor do registro não exprimir a verdade, poderá o interessado reclamar que se retifique ou anule." (art. 1.247, CC 02).

Está correto o que se afirma em:

a) I apenas.
b) II apenas.
c) II e III apenas.
d) I e III apenas.

28. **(Ieses/TJ/RO/Cartórios/Remoção/2017)** De acordo com a Lei de Registros Públicos (Lei 6.015/73) pode-se afirmar:

I. qualquer pessoa pode requerer certidão do registro sem informar ao oficial ou ao funcionário o motivo ou interesse do pedido.
II. quando o interessado no registro for o oficial encarregado de fazê-lo ou algum parente seu, em grau que determine impedimento, o ato incumbe ao substituto legal do oficial.
III. o acesso ou envio de informações aos registros públicos, quando forem realizados por meio da rede mundial de computadores (internet) deverão ser assinados com uso de certificado digital, que atenderá os requisitos da Infraestrutura de Chaves Públicas Brasileira – ICP.
IV. a certidão será lavrada em inteiro teor, em resumo, ou em relatório, conforme quesitos, e devidamente autenticada pelo oficial ou seus substitutos legais, não podendo ser retardada por mais de 15 (quinze) dias.

Pode-se afirmar que:

a) apenas as assertivas I e IV estão corretas.
b) as assertivas I, II, III e IV estão corretas.
c) apenas a assertiva II está correta.
d) a assertiva IV está incorreta.

29. **(Ieses/TJ/CE/Cartórios/Remoção/2018)** No tocante a publicidade prevista na Lei dos Registros Públicos (Lei n. 6.015/73), relativamente à certidão do registro, está correto afirmar:

a) a certidão do registro somente será concedida a pessoa a que se refere o registro.
b) qualquer pessoa pode requerer certidão do registro desde que informe verbalmente ao oficial ou ao funcionário o motivo ou interesse do pedido.
c) qualquer pessoa pode requerer certidão do registro desde que informe por escrito ao oficial

ou ao funcionário o motivo ou interesse do pedido.

d) qualquer pessoa pode requerer certidão do registro sem informar ao oficial ou ao funcionário o motivo ou interesse do pedido.

30. **(Ieses/TJ/AM/Cartórios/Remoção/2018)** De acordo com Lei 6.015/73, que dispõe sobre os registros públicos é correto afirmar, exceto:

a) a certidão de nascimento mencionará sempre à data em que foi lavrado o assento.

b) é facultado o fornecimento de certidão de inteiro teor, mediante reprodução por sistema autorizado em lei.

c) sempre que houver qualquer alteração posterior ao ato cuja certidão é pedida, deve o oficial mencioná-la, obrigatoriamente, não obstante as especificações do pedido, sob pena de responsabilidade civil e penal.

d) qualquer pessoa pode requerer certidão do registro, desde que informe ao oficial ou ao funcionário o motivo ou interesse do pedido.

31. **(Ieses/TJ/RO/Cartórios/Remoção/2017)** Nas certidões de registro civil, em especial certidões de nascimento, não mencionará:

a) a circunstância de ser legítima, ou não, a filiação, salvo a requerimento do próprio interessado, ou em virtude de determinação judicial.

b) a data em que foi feito a assento.

c) expressamente, o lugar onde o fato houver ocorrido.

d) a data, por extenso, do nascimento.

32. **(Cetro/TJ/RJ/Cartórios/Remoção/2017)** Plínio, 18 anos e filho adotivo, e Vitória, 16 anos e filha de relação extramarital, comparecem ao Cartório de Pessoas Naturais com o intuito de obter informações relativas à filiação. Tendo-se por base o texto constitucional e a legislação federal e estadual do Rio de Janeiro acerca do tema, assinale a alternativa correta:

a) no fornecimento de certidão do mandado que determinou o registro de concessão de adoção e da certidão de nascimento de Plínio, deve contar a origem do ato.

b) Plínio, já detendo certidão de nascimento com o registro dos nomes dos pais adotivos, quando movido por razões econômicas, somente poderá acessar informações sobre a paternidade biológica mediante consentimento expresso da mãe.

c) Plínio, filho adotado "à brasileira" por marido de sua mãe, ainda que detenha o nome do pai adotivo, não está impedido de saber a veracidade de sua paternidade biológica.

d) a certidão de teor de registro de nascimento de Vitória somente pode ser expedida em seu favor sem restrição de tempo e idade.

e) a certidão de nascimento de Vitória traz, conforme determinação legal, a identificação do reconhecimento de paternidade.

33. **(Consulplan/TJ/MG/Cartórios/Ingresso/2017)** João decidiu celebrar um contrato com Maria, contudo decidiram assinar o documento eletronicamente com uso de certificado digital, com a utilização de processo de certificação disponibilizado pela ICPBrasil. Após, o arquivo eletrônico foi diretamente apresentado na Serventia. Assinale a alternativa que contém o procedimento correto que José, oficial da serventia, deverá adotar:

a) José deverá recusar o documento, pois este não contém a imagem da assinatura física dos signatários.

b) José deverá aceitar o documento se as assinaturas eletrônicas forem válidas ao tempo de sua assinatura e tenham sido feitas por processo de certificação digital disponibilizada pela ICPBrasil.

c) José deverá recusar o documento, pois o recebimento de documento com assinatura por meio de certificado digital necessita de regulamentação.

d) José somente poderá aceitar o documento se as partes o imprimirem e apresentarem fisicamente na Serventia.

1.1.5. Da Conservação

✱ QUESTÕES OBJETIVAS

34. **(Ieses/TJ/RN/Cartórios/Remoção/2012)** Os livros de registro e as fichas substitutivas desses mesmos livros:

a) jamais sairão do respectivo cartório, pena de responsabilidade civil e criminal do oficial.

b) jamais sairão do respectivo cartório, pena de responsabilidade administrativa do oficial.

c) poderão sair do respectivo cartório mediante requisição do Ministério Público, pena de crime de desobediência.

d) somente sairão do respectivo cartório mediante autorização judicial.

35. **(Cespe/TJ/SE/Cartórios/Remoção/2014)** De acordo com a Lei n. 6.015/1973, assinale a opção correta a respeito da publicidade e conservação dos registros públicos:

a) os livros de registro somente podem ser retirados do cartório mediante autorização judicial.

b) considerando o conteúdo da certidão a ser lavrada, o oficial poderá exigir a demonstração de interesse pessoal do requerente.

c) é facultado ao oficial mencionar qualquer alteração posterior ao ato do qual seja pedida certidão, a despeito das especificações do pedido.

d) as certidões de registro civil deverão mencionar a circunstância de ser legítima ou não a filiação.

e) enquanto não for instalado novo cartório criado por lei, os registros continuarão a ser feitos no cartório que tiver sofrido o desmembramento, devendo ser repetidos no novo ofício, após a instalação deste.

36. **(Ieses/TJ/PB/Cartórios/Remoção/2014)** Quando a lei criar novo cartório, e enquanto este não for instalado, os registros continuarão a ser feitos no cartório que sofreu o desmembramento, não sendo necessário repeti-los no novo ofício. Porém, no tocante aos registros arquivados é correto afirmar:

a) será encaminhado ao novo cartório uma cópia de todo o arquivo do cartório antigo.

b) o arquivo do antigo cartório continuará a pertencer-lhe.

c) o arquivo do antigo cartório será encaminhado ao novo cartório.

d) o arquivo do antigo cartório será inutilizado no prazo de 30 anos da data da criação do novo cartório.

37. **(Vunesp/TJ/SP/Cartórios/Remoção/2014)** Os livros, fichas, documentos, papéis, microfilmes e sistemas de computação deverão permanecer sempre sob a guarda e responsabilidade do titular de serviço notarial ou de registro, que zelará por sua ordem, segurança e conservação. Se houver necessidade de serem periciados:

a) o perito poderá retirar os documentos para a necessária perícia, mediante carga e termo de responsabilidade a ser assinado perante o titular da serventia.

b) o exame deverá ocorrer no presença do juiz corregedor permanente, em dia e hora adrede designados, com ciência do titular da serventia.

c) o exame deverá ocorrer na própria sede do serviço, em dia e hora adrede designados, com ciência do titular e autorização do juízo competente.

d) os documentos deverão ser encaminhados para a autoridade competente, a quem será transferida a guarda e a responsabilidade, que cessarão com a restituição dos originais ao titular de serviço notarial ou de registro.

38. **(Ieses/TJ/RO/Cartórios/Remoção/2017)** Os livros e papéis pertencentes ao arquivo do cartório:

a) ali permanecerão por trinta anos.

b) ali permanecerão indefinidamente.

c) ali permanecerão por um século.

d) ali permanecerão por cinquenta anos.

39. **(Consulplan/TJ/MG/Cartórios/Remoção/2017)** Acerca da gestão dos arquivos cartoriais, assinale a alternativa correta:

a) os arquivos das Serventias Extrajudiciais não são arquivos públicos, por não terem sido produzidos por órgãos públicos de âmbito federal, estadual do Distrito Federal e Municipal, mas são arquivos privados de interesse público e social, nos termos da Lei Federal n. 8.159/91.

b) quando a lei criar novo cartório, e enquanto este não for instalado, os registros continuarão a ser feitos no cartório que sofreu o desmembramento, não sendo necessário repeti-los no novo ofício. O arquivo do antigo cartório continuará a pertencer-lhe.

c) o Conselho Nacional de Justiça, por meio do Provimento n. 50, vedou, a qualquer tempo, o descarte de quaisquer documentos que tenham instruído registro em Serventia Extrajudicial.

d) é vedado que o arquivo da serventia, físico ou eletrônico, seja mantido fora da Serventia extrajudicial.

40. **(Ieses/TJ/CE/Cartórios/Remoção/2018)** Sobre a conservação dos livros de registro:

I. os livros de registro não sairão do respectivo cartório.

II. os livros de registro poderão sair do respectivo cartório por autorização judicial.

III. os livros de registro poderão sair do respectivo cartório sempre que o oficial entender, eis que são de livre circulação.

IV. os livros de registro poderão sair do respectivo cartório ocorrendo força maior.

A sequência correta é:

a) apenas as assertivas I, II e IV estão corretas.

b) apenas as assertivas III e IV estão corretas.

c) apenas a assertiva II está incorreta.

d) as assertivas I, II, III e IV estão corretas.

41. **(Ieses/TJ/AM/Cartórios/Remoção/2018)** No que se refere a conservação dos livros e documentos arquivados em cartório podemos afirmar que:

I. os papéis referentes ao serviço do registro serão arquivados em cartório mediante a utilização de processos racionais que facilitem as buscas, facultada a utilização de microfilmagem e de outros meios de reprodução autorizados em lei.

II. quando a lei criar novo cartório, e enquanto este não for instalado, os registros continuarão a ser feitos no cartório que sofreu o desmembramento, não sendo necessário repeti-los no novo ofício.

III. os livros e papéis pertencentes ao arquivo do cartório ali permanecerão por tempo determinado.

IV. os livros de registro não sairão do respectivo cartório, salvo por autorização judicial, ou ocorrendo força maior.

A sequência correta é:

a) as assertivas I, II, III e IV estão corretas.

b) apenas a assertiva IV está incorreta.

c) apenas as assertivas I, II e IV estão corretas.

d) apenas as assertivas I e IV estão corretas.

42. **(Ieses/TJ/AM/Cartórios/Remoção/2018)** No que diz respeito ao registro de imóveis é correto afirmar, exceto:

a) na designação genérica de registro, consideram-se englobadas a inscrição e a transcrição a que se referem as leis civis.

b) os atos relativos a vias férreas serão registrados na circunscrição imobiliária onde se situe o imóvel.

c) os registros relativos a imóveis situados em comarcas ou circunscrições limítrofes, que serão feitos em todas elas, devendo os Registros de Imóveis fazer constar dos registros tal ocorrência.

d) o desmembramento territorial posterior ao registro exige sua repetição no novo cartório.

1.1.6. Da Responsabilidade

»» ***Vide item "Da Responsabilidade Civil e Criminal", da Lei dos Cartórios.***

1.2. Do Registro de Pessoas Naturais

1.2.1. Disposições Gerais

*** INOVAÇÕES LEGISLATIVAS**

▲ LRP. Título II – Do Registro de Pessoas Naturais, Capítulo I – Disposições Gerais

▲ Art. 29. § 3º Os ofícios do registro civil das pessoas naturais são considerados ofícios da cidadania e estão autorizados a prestar outros serviços remunerados, na forma prevista em convênio, em credenciamento ou em matrícula com órgãos públicos e entidades interessadas. § 4º O convênio referido no § 3º deste artigo independe de homologação e será firmado pela entidade de classe dos registradores civis de pessoas naturais de mesma abrangência territorial do órgão ou da entidade interessada. (Modificações: Lei 13.484/17)

*** INFORMATIVOS**

STF **ADI e gratuidade de certidão** A atividade desenvolvida pelos titulares das serventias de notas e registros, embora seja análoga à atividade empresarial, sujeita-se a um regime de direito público. Não ofende o princípio da proporcionalidade lei que isenta os "reconhecidamente pobres" do pagamento dos emolumentos devidos pela expedição de registro civil de nascimento e de óbito, bem como a primeira certidão respectiva. ADI 1800, Rel. Acd. Min. Ricardo Lewandowski, 11.6.2007. Plenário. (Info 471)

*** QUESTÕES DISCURSIVAS**

04. **(Vunesp/TJ/SP/Cartórios/2014)** Dissertação. Da função do registro civil das pessoas naturais: competência, prazos e requisitos na lavratura dos atos de: nascimento, casamento, óbito, averbação e anotação.

05. **(Cespe/TJ/PI/Cartórios/2013)** "A dignidade da pessoa humana é prevista, no texto constitucional, como um dos fundamentos da República Federativa do Brasil, sendo a erradicação da pobreza e da marginalização e a redução das desigualdades sociais e regionais apresentadas entre seus objetivos fundamentais". Considerando que o fragmento de texto acima tem caráter unicamente motivador, discorra sobre a gratuidade do serviço de registro civil. Ao elaborar seu texto, aborde, necessariamente, os seguintes aspectos: (i) relação entre o princípio da isonomia e a pobreza; (ii) fundamentos constitucionais e legais da gratuidade no serviço de registro civil; (iii) hipóteses normativas constitucionais e legais que ensejam a concessão da gratuidade no serviço de registro civil.

* QUESTÕES OBJETIVAS

43. **(Cespe/TJ/ES/Cartórios/Ingresso/2013)** Assinale a opção correta no que se refere à união estável e ao registro civil das pessoas naturais:

a) a declaração de união estável por sentença judicial deve ser averbada na certidão de nascimento dos interessados, como forma de tornar pública a relação.

b) a união estável deve ser registrada no registro civil das pessoas naturais, devendo os interessados, independentemente da sua condição financeira, recolher os emolumentos previstos em lei.

c) a união estável deve ser registrada no registro civil das pessoas naturais, não havendo cobrança de emolumentos aos que comprovadamente não puderem arcar com o custo do serviço.

d) a união estável somente será registrada no registro civil das pessoas naturais caso seja declarada por sentença judicial.

e) a união estável não consta do rol de atos que devem ser registrados no registro civil das pessoas naturais, devendo nele ser registrada, entretanto, a conversão da união estável em casamento.

44. **(FCC/TJ/PE/Cartórios/Ingresso/2013)** Considerando-se o Registro Civil das Pessoas Naturais é correto afirmar:

a) são atos de registro "strictu sensu" as alterações ou abreviaturas de nomes.

b) não serão cobrados emolumentos pelo registro civil de nascimento e pelo assento de óbito, bem como pela primeira certidão respectiva.

c) os fatos concernentes ao registro civil que se derem a bordo dos navios de guerra serão registrados imediatamente e comunicados oportunamente ao registro civil da sede da Capital do Estado-Membro respectivo para os assentamentos, notas ou averbações.

d) os assentos de nascimento, óbito e casamento de brasileiros em país estrangeiro serão considerados autênticos após homologação pelo Superior Tribunal de Justiça.

e) a opção de nacionalidade de filho de brasileiro ou brasileira, nascido no estrangeiro, deve ser feita no prazo de até dois anos depois de atingida a maioridade.

45. **(Ieses/TJ/RS/Cartórios/Ingresso/2013)** O registro de nascimento feito após o decurso do prazo legal deve seguir os ditames da Lei de Registros Públicos (LRP). Em vista disso, marque a alternativa incorreta:

a) o requerimento do registro de nascimento tardio será assinado por 2 (duas) testemunhas.

b) o Serviço Registral das Pessoas Naturais do lugar da residência do interessado será o competente para registrar o assento de nascimento.

c) o oficial do registro civil poderá exigir prova suficiente quando suspeitar da falsidade do declarante.

d) somente haverá dispensa da multa aos comprovadamente pobres, nos termos do artigo 30 da LRP.

46. **(Ieses/TJ/RN/Cartórios/Remoção/2012)** Os fatos concernentes ao registro civil, que se derem a bordo dos navios de guerra e mercantes, em viagem, e no exército, em campanha:

a) serão imediatamente registrados e comunicados em tempo oportuno, por cópia autêntica, ao oficial do cartório mais próximo do local de embarque.

b) serão imediatamente registrados e comunicados em tempo oportuno, por cópia autêntica, aos respectivos Ministérios, a fim de que, através do Ministério da Justiça, sejam ordenados os assentamentos, notas ou averbações nos livros competentes das circunscrições a que se referirem.

c) serão imediatamente registrados e comunicados em tempo oportuno, por cópia autêntica, ao oficial do cartório do domicílio do interessado.

d) serão imediatamente registrados e comunicados em tempo oportuno, por cópia autêntica, ao oficial do cartório mais próximo do local de desembarque.

47. **(Ieses/TJ/RN/Cartórios/Remoção/2012)** Os assentos de nascimento, óbito e de casamento de brasileiros em país estrangeiro:

a) serão, em qualquer hipótese, transladados para os cartórios de Ofício do domicílio do registrado, mesmo quando tiverem de produzir efeito apenas no exterior.

b) apenas serão considerados autênticos, nos termos da lei do lugar em que forem feitos, legalizadas as certidões pelos cônsules ou quando por estes tomados, nos termos do regulamento consular, sem a necessidade de serem encaminhados ao oficial do cartório da capital do Distrito Federal.

c) serão, em qualquer hipótese, transladados para os cartórios de Ofício do domicílio do registrado, quando tiverem de produzir efeito no País, ou não.

d) serão considerados autênticos, nos termos da lei do lugar em que forem feitos, legalizadas as certidões pelos cônsules ou quando por estes tomados, nos termos do regulamento consular.

48. **(Ieses/TJ/PB/Cartórios/Remoção/2014)** Os fatos concernentes ao registro civil, que se derem a bordo dos navios de guerra e mercantes, em viagem, e no exército, em campanha, serão imediatamente registrados e comunicados em tempo oportuno, por cópia autêntica, aos respectivos Ministérios, a fim de que, sejam ordenados os assentamentos, notas ou averbações nos livros competentes das circunscrições a que se referirem, através do:

a) Ministério da Defesa.

b) Ministério da Justiça.

c) Ministério das Relações Exteriores.

d) Chefe da Casa Civil.

49. **(Consulplan/TJ/MG/Cartórios/Remoção/2015)** São atribuições do oficial de registro Civil das Pessoas Naturais, exceto:

a) averbar a adoção, no registro de nascimento de pessoa maior.

b) registrar a adoção no Livro A.

c) sempre que realizar algum registro ou averbação, averbá-lo nos atos anteriores, fazendo remissões recíprocas.

d) registrar as sentenças de alteração do estado civil de casal estrangeiro cujo casamento tenha sido contraído no exterior.

50. **(Ieses/TJ/PB/Cartórios/Remoção/2014)** É competente para a inscrição da opção de nacionalidade o cartório da residência do optante, ou de seus pais. Porém, se forem residentes no estrangeiro, far-se-á o registro:

a) na Embaixada mais próxima da residência.

b) no Consulado mais próximo da residência.

c) no Distrito Federal.

d) na sede do Ministério das Relações Exteriores.

51. **(Ieses/TJ/RO/Cartórios/Ingresso/2017)** Assinale a alternativa correta:

a) as retificações ao registro de nascimento podem ser feitas em qualquer tempo e momento, desde que autorizada pelo oficial competente.

b) os livros de registro serão divididos em quatro partes, sendo na da esquerda lançado o número de ordem e na central o assento, ficando na da direita e no verso espaço para as notas, averbações e retificações.

c) os cartórios de registros públicos deverão afixar, em local de grande visibilidade, que permita fácil leitura e acesso ao público, quadros contendo tabelas atualizadas das custas e emolumentos, além de informações claras sobre a gratuidade.

d) as declarações de nascimento feitas após o decurso do prazo legal serão registradas no lugar de escolha do interessado.

52. **(Ieses/TJ/RO/Cartórios/Remoção/2017)** Os fatos concernentes ao registro civil, que se derem a bordo dos navios de guerra e mercantes, em viagem, e no exército, em campanha, serão:

a) impreterivelmente registrados e comunicados no prazo de quinze dias úteis, por cópia autêntica, aos respectivos Ministérios, a fim de que, através do Ministério da Justiça, sejam ordenados os assentamentos, notas ou averbações nos livros competentes das circunscrições a que se referirem.

b) impreterivelmente registrados e comunicados no prazo de quinze dias, por cópia autêntica, aos respectivos Ministérios, a fim de que, através do Ministério da Justiça, sejam ordenados os assentamentos, notas ou averbações nos livros competentes das circunscrições a que se referirem.

c) impreterivelmente registrados e comunicados no prazo de trinta dias, por cópia autêntica, aos respectivos Ministérios, a fim de que, através do Ministério da Justiça, sejam ordenados os assentamentos, notas ou averbações nos livros competentes das circunscrições a que se referirem.

d) imediatamente registrados e comunicados em tempo oportuno, por cópia autêntica, aos respectivos Ministérios, a fim de que, através do Ministério da Justiça, sejam ordenados os assentamentos, notas ou averbações nos livros competentes das circunscrições a que se referirem.

53. **(Ieses/TJ/RO/Cartórios/Ingresso/2017)** Assinale a alternativa correta:

a) devem ser registrados no registro civil de pessoas naturais os casamentos, nascimentos e óbitos.

b) devem ser registrados no registro civil de pessoas naturais os nascimentos, casamentos e os atos constitutivos das pessoas jurídicas de direito privado.

c) devem ser registrados no registro civil de pessoas naturais os nascimentos, casamentos e os estatutos dos partidos políticos.

d) devem ser registrados no registro civil de pessoas naturais os nascimentos, óbitos e dissolução de sociedade empresarial.

54. **(Ieses/TJ/RO/Cartórios/Ingresso/2017)** Em relação ao Registro Civil de Pessoas Naturais é correto afirmar:

a) os estatutos das pessoas jurídicas de direito privado devem ser registrados no Registro civil de Pessoas Naturais.

b) os nascimentos devem ser averbados no Registro Civil de Pessoas Naturais.

c) não serão cobrados emolumentos pelo registro civil de nascimento e pelo assento de óbito, bem como pela primeira certidão respectiva.

d) o estado de pobreza será comprovado por declaração emitida pela Receita Federal.

55. **(Ieses/TJ/CE/Cartórios/Remoção/2018)** Serão registrados no registro civil de pessoas naturais:

I. as interdições.

II. as sentenças declaratórias de ausência.

III. as opções de nacionalidade.

IV. as sentenças que deferirem a legitimação adotiva.

A sequência correta é:

a) apenas a assertiva II está incorreta.

b) as assertivas I, II, III e IV estão corretas.

c) apenas as assertivas III e IV estão corretas.

d) apenas as assertivas I, II e IV estão corretas.

56. **(Ieses/TJ/CE/Cartórios/Remoção/2018)** É competente para a inscrição da opção de nacionalidade:

a) exclusivamente cartório da residência do optante.

b) em todo e qualquer caso far-se-á o registro no Distrito Federal.

c) privativamente o cartório da residência de seus pais.

d) o cartório da residência do optante, ou de seus pais.

57. **(Ieses/TJ/PB/Cartórios/Remoção/2014)** Para a Lei dos Registros Públicos no que se refere aos reconhecidamente pobres:

I. estão isentos de pagamento de emolumentos pelas certidões extraídas pelo cartório de registro civil.

II. o estado de pobreza será comprovado por declaração do próprio interessado ou a rogo, tratando-se de analfabeto, neste caso, acompanhada da assinatura de duas testemunhas.

III. estão isentos de pagamento de emolumentos pelas primeiras vias das certidões extraídas pelo cartório de registro civil, não se aplicando essa condição aos demais pedidos, como por exemplo, a segunda via da certidão de casamento.

IV. é proibida a inserção nas certidões expedidas gratuitamente aos reconhecidamente pobres de expressões que indiquem condição de pobreza ou semelhantes.

A sequência correta é:

a) apenas as assertivas III e IV estão corretas.

b) apenas as assertivas II e III estão corretas.

c) apenas as assertivas I, II e IV estão corretas.

d) as assertivas I, II, III e IV estão corretas.

58. **(Cespe/TJ/DFT/Cartórios/Remoção/2014)** Acerca das averbações e anotações, assinale a opção correta:

a) o registro de interdição deve ser efetivado mediante mandado de averbação no registro de nascimento da pessoa interditada.

b) segundo a ordem constitucional vigente, é possível o traslado de assento de nascimento de filho de brasileiro nascido no exterior e registrado em consulado brasileiro, considerado brasileiro nato, independentemente de opção futura pela nacionalidade brasileira.

c) a averbação somente se realiza por determinação judicial, com audiência do MP, por força de mandado judicial.

d) em caso de perda da nacionalidade brasileira, a averbação poderá ser realizada mediante comunicação do Ministério da Justiça, ou a requerimento de interessado, em petição instruída mediante portaria específica.

e) em razão do princípio da continuidade, não é possível a averbação do divórcio à margem do registro de casamento do indivíduo caso haja anotação de sua morte.

59. **(Vunesp/TJ/SP/Cartórios/Remoção/2016)** Serão registrados e averbados, respectivamente, no Registro Civil das Pessoas Naturais:

a) os casamentos e os nascimentos.

b) as escrituras de adoção e as emancipações.

c) as opções de nacionalidade e as alterações de nomes.

d) os casamentos e as interdições.

60. **(Ieses/TJ/PB/Cartórios/Remoção/2014)** São considerados exemplos de registros realizados no registro civil de pessoas naturais:

I. os nascimentos, casamentos e óbitos.

II. as emancipações e instituições de associações sem fins lucrativos.

III. as interdições e as sentenças declaratórias de ausência.

IV. as opções de nacionalidade.

A sequência correta é:

a) apenas as assertivas II e III estão corretas.

b) apenas as assertivas I, III e IV estão corretas.

c) apenas as assertivas II e IV estão corretas.

d) as assertivas I, II, III e IV estão corretas.

61. **(Cespe/TJ/DFT/Cartórios/Remoção/2014)** Em relação ao registro civil das pessoas naturais, assinale a opção correta:

a) filho de mãe brasileira nascido no estrangeiro que venha a residir no Brasil, antes de completar a maioridade, poderá requerer, no juízo de seu domicílio, o registro do termo de nascimento.

b) não devem ser cobrados emolumentos pelo registro civil de nascimento, sendo legal, entretanto, a cobrança dos custos decorrentes da retirada da primeira certidão respectiva.

c) o registro da opção de nacionalidade de filho de pai ou de mãe brasileiros nascido no estrangeiro poderá ser realizado em qualquer ofício de registro civil de pessoa natural, devendo a respectiva inscrição ser realizada no livro de cento e cinquenta folhas designado pela letra "E".

d) criança nascida de mãe brasileira durante viagem em navio mercante deve ser registrada, quando do retorno ao Brasil, no 1º Ofício de Registro das Pessoas Civis do Distrito Federal.

e) para que a união estável produza efeitos perante terceiros, deve-se averbar, no registro civil das pessoas naturais, a sentença judicial que a tenha reconhecido.

62. **(Ieses/TJ/MS/Cartórios/Remoção/2014)** Serão registrados em registro público:

I. os nascimentos, casamentos e óbitos.

II. a emancipação por outorga dos pais ou por sentença do juiz.

III. a interdição por incapacidade absoluta ou relativa.

IV. a sentença declaratória de ausência e de morte presumida.

A sequência correta é:

a) apenas as assertivas I e II estão corretas.

b) as assertivas I, II, III e IV estão corretas.

c) apenas a assertiva III está correta.

d) apenas as assertivas I e IV estão corretas.

63. **(Ieses/TJ/AM/Cartórios/Remoção/2018)** Serão registrados no registro civil de pessoas naturais, entre outros:

I. as sentenças declaratórias de ausência.

II. os atos constitutivos e os estatutos dos partidos políticos.

III. os nascimentos, casamentos e óbitos.

IV. as emancipações e as interdições.

A sequência correta é:

a) apenas as assertivas II e IV estão corretas.

b) apenas a assertiva II está incorreta.

c) apenas as assertivas I, II e III estão corretas.

d) as assertivas I, II, III e IV estão corretas.

64. **(Ieses/TJ/AM/Cartórios/Remoção/2018)** No tocante ao Registro de Pessoas Naturais podemos afirmar que:

I. a testemunha para os assentos de registro deve satisfazer às condições exigidas pela lei civil, sendo admitido apenas parente, em qualquer grau, do registrado.

II. a certidão relativa ao nascimento de filho legitimado por subsequente matrimônio deverá ser fornecida sem o teor da declaração ou averbação a esse respeito, como se fosse legítimo; na certidão de casamento também será omitida a referência àquele filho, salvo havendo em qualquer dos casos, determinação judicial, deferida em favor de quem demonstre legítimo interesse em obtê-la.

III. antes da assinatura dos assentos, serão estes lidos às partes e às testemunhas, do que se fará menção.

IV. se os declarantes, ou as testemunhas não puderem, por quaisquer circunstâncias assinar, far-se-á declaração no assento, assinando a rogo outra pessoa e tomando-se a impressão dactiloscópica da que não assinar, à margem do assento.

A sequência correta é:

a) apenas a assertiva I está incorreta.
b) apenas as assertivas I, II e III estão corretas.
c) as assertivas I, II, III e IV estão corretas.
d) apenas as assertivas II e IV estão corretas.

65. **(Vunesp/TJ/SP/Cartórios/Ingresso/2018)** Considerando as particularidades entre os registros e as averbações, é correto afirmar que serão registrados no Registro Civil das Pessoas Naturais:

a) os casamentos, as sentenças declaratórias de ausência e morte presumida e a nomeação de tutor.
b) os óbitos, as opções de nacionalidade e os atos que reconhecerem a filiação.
c) as interdições, os traslados de assentos lavrados no estrangeiro e em consulados brasileiros e a sentença que determinar a extinção do poder familiar.
d) os nascimentos, as conversões das uniões estáveis em casamento e as emancipações.

1.2.2. Da Escrituração e Ordem de Serviço

✱ QUESTÕES DISCURSIVAS

06. **(Cespe/TJ/PI/Cartórios/2013)** "Os principais fatos da vida civil de uma pessoa natural, como o nascimento, o casamento e o óbito, são registrados pelos oficiais de registro civil das pessoas naturais, profissionais que prestam serviços notariais e de registro, em caráter privado, por delegação do poder público, e cujas atividades e responsabilidades são regulamentadas pela Lei n. 8.935/1994 (Lei dos Cartórios) e pela Lei n. 6.015/1973 (Lei de Registros Públicos)". Considerando que o fragmento de texto acima tem caráter unicamente motivador, discorra sobre os serviços de registro e averbação no registro civil de pessoas naturais. Ao elaborar seu texto, atenda, necessariamente, ao que se pede a seguir. (i) Estabeleça a diferença entre registro público e averbação. (ii) Cite três situações em que seja obrigatório o registro e três em que seja obrigatória a averbação. (iii) Indique, com fundamento na legislação pertinente, quem pode realizar a averbação, de modo geral, onde e como esse serviço deve ser feito.

✱ QUESTÕES OBJETIVAS

66. **(Ieses/TJ/RS/Cartórios/Ingresso/2013)** Uma mãe encontra-se em trabalho de parto de trigêmeos: A, B e C. O gêmeo A nasce com vida e morre após alguns minutos. O gêmeo B nasce morto. E o gêmeo C nasce com vida. Marque a alternativa que se apresenta correta sobre os registros a serem elaborados:

a) deverá ser feito um registro no Livro "A" e um no Livro "C", para o gêmeo A; um registro no livro "C auxiliar", para o gêmeo B e somente um registro no Livro "A", para o gêmeo C.
b) todos os gêmeos deverão ter registro no Livro "A".
c) os gêmeos A e B terão registros somente no Livro "C auxiliar".
d) deverá ser feito um registro no Livro "A" e um no Livro "C auxiliar", para o gêmeo A; um registro no Livro "C", para o gêmeo B e somente um registro de nascimento para o gêmeo C.

67. **(Cespe/TJ/ES/Cartórios/Remoção/2013)** No que tange aos efeitos, no Brasil, dos fatos e atos jurídicos ocorridos e celebrados no exterior, assinale a opção correta:

a) o filho de brasileiro, nascido no exterior, deverá, dentro do prazo decadencial de quatro anos, depois de atingida a maioridade civil, requerer opção de nacionalidade derivada, perante a justiça federal.
b) na hipótese de ajuizamento de impugnação à concessão de nacionalidade derivada, eventual diligência judicial de verificação de livro ou documento deverá ser precedida de intimação pessoal, por mandado judicial, do oficial do registro, para a apresentação dos livros em juízo.
c) as alterações posteriores ao registro realizado pelo consulado brasileiro em país estrangeiro serão admitidas, desde que as anotações sejam

subscritas pelos interessados e por duas testemunhas, em virtude dos princípios do saneamento e do aproveitamento dos atos registrais.

d) a testemunha para os assentos de registro civil de pessoa natural, em sede de repartição consular em país estrangeiro, deve satisfazer as condições exigidas pela lei civil, que admite, para exercer esse mister, o parente, em qualquer grau, do registrado.

e) o casamento de brasileiro, celebrado em país estrangeiro, perante a autoridade consular, deverá ser registrado em cento e vinte dias, a contar do retorno, ao Brasil, de pelo menos um dos cônjuges, no cartório do respectivo domicílio ou do município em que passarem a residir, sob pena de invalidade do ato no território nacional.

68. **(Vunesp/TJ/SP/Cartórios/Ingresso/2016)** Os registros de casamento religioso para efeitos civis, natimorto, óbito, união estável e proclamas devem ser feitos, respectivamente, em que livros do Registro Civil das Pessoas Naturais?

a) "B", "C", "C Auxiliar", "D" e "E".

b) "B", "C", "C", "B" e "D".

c) "B Auxiliar", "C Auxiliar","C", "E" e "D".

d) "B Auxiliar", "C Auxiliar", "C", "B" e "D Auxiliar".

69. **(Vunesp/TJ/SP/Cartórios/Remoção/2014)** Como devem ser elaborados os índices dos respectivos livros pelo oficial do registro civil das Pessoas Naturais?

a) a cada um dos livros exigidos pela Lei dos Registros Públicos, inclusive o Livro Protocolo de Entrada, corresponderá um índice alfabético dos assentos lavrados, pelos nomes das pessoas a quem se referirem, o qual, a critério do oficial, poderá ser organizado pelo sistema de fichas ou exclusivamente por meio eletrônico.

b) a cada um dos livros exigidos pela Lei dos Registros Públicos, com exceção do Livro Protocolo de Entrada, corresponderá um índice alfabético dos assentos lavrados, pelos nomes das pessoas a quem se referirem, bem como pelo número de cadastro no Ministério da Fazenda (CPF), o qual, a critério do oficial, poderá ser organizado pelo sistema de fichas ou exclusivamente por meio eletrônico.

c) a cada um dos livros exigidos pela Lei dos Registros Públicos, com exceção do Livro Protocolo de Entrada, corresponderá um índice alfabético dos assentos lavrados, pelos nomes das pessoas a quem se referirem, o qual, a critério do oficial, poderá ser organizado pelo sistema de fichas ou exclusivamente por meio eletrônico.

d) a cada um dos livros exigidos pela Lei dos Registros Públicos corresponderá um índice alfabético dos assentos lavrados, pelos nomes das pessoas a quem se referirem, o qual, a critério do oficial, poderá ser organizado pelo sistema de fichas ou por meio eletrônico, se autorizado pelo Juiz Corregedor Permanente.

70. **(Ieses/TJ/PB/Cartórios/Remoção/2014)** A testemunha para os assentos de registro deve satisfazer às condições exigidas pela lei civil:

a) sendo admitido o parente, em qualquer grau, do registrado.

b) não sendo admitido o parente, em qualquer grau, do registrado.

c) sendo admitido o parente do registrado de segundo grau em diante.

d) sendo admitido o parente do registrado apenas em grau colateral.

71. **(Vunesp/TJ/SP/Cartórios/Remoção/2014)** Se alguém não puder ou não souber assinar:

a) uma pessoa capaz, designada pelo titular da serventia, o fará, devendo os notários e registradores declarar essa ocorrência no ato.

b) deverão participar do ato pelo menos duas testemunhas que o conheçam e atestem sua identidade, devendo os notários e registradores declarar essa ocorrência no ato.

c) é desnecessária a assinatura do ato, bastando a declaração dos notários e registradores dessa ocorrência, eis que revestida da competente fé-pública.

d) uma pessoa capaz e a seu rogo o fará, devendo os notários e registradores declarar essa ocorrência no ato.

72. **(Consulplan/TJ/MG/Cartórios/Remoção/2017)** Segundo a Lei de Registros Públicos, em cada cartório do Registro Civil de Pessoas Naturais, haverá os seguintes livros:

a) "A" – de registro de nascimento; "B" – de registro de casamento; "B Auxiliar" – de registro de casamento religioso para efeitos civis; "C" – de registro de óbitos; "C Auxiliar" – de registro de natimortos; "D" – de registro de proclamas; "E" – de registro de atos relativos ao estado civil.

b) "A" – de registro de nascimento; "B" – de registro de adoção; "C" – de registro de casamento religioso para efeitos civil; "D" – de averbação de separação e divórcio.

c) "A" – de registro de nascimento; "B" – de registro de casamento; "B Auxiliar" – de registro de casamento religioso para efeitos civis; "C" – de registro de óbitos; "C Auxiliar" – de registro de natimortos; "D" – de registro de proclamas.

d) "A" – de registro de nascimento; "B" – de registro de casamento; "B Auxiliar" – de registro de casamento religioso para efeitos civis; "C" – de registro de óbitos; "D" – de registro de proclama; "E" – de registro de atos relativos ao estado civil.

73. **(Ieses/TJ/RO/Cartórios/Remoção/2017)** Para a escrituração cartorária, o livro "C Auxiliar", refere-se:

a) ao livro de registro de casamento de menor incapaz.
b) ao livro de registro de casamento religioso para efeitos civis.
c) ao livro de registro de natimortos.
d) ao livro de registro de proclama.

74. **(Ieses/TJ/RO/Cartórios/Remoção/2017)** Para a escrituração cartorária, o livro "A", refere-se:

a) ao livro de registro de proclama.
b) ao livro de registro de nascimento.
c) ao livro de registro de óbito.
d) ao livro de registro de casamento.

75. **(Ieses/TJ/RO/Cartórios/Ingresso/2017)** O Livro D do Registro Civil de Pessoas Naturais é destinado ao registro:

a) casamento.
b) nascimento.
c) proclamas.
d) registro de óbito.

76. **(Ieses/TJ/RO/Cartórios/Remoção/2017)** Serão averbados no registro civil de pessoas naturais, exceto:

a) os atos judiciais ou extrajudiciais de reconhecimento de filhos ilegítimos.
b) as escrituras de adoção e os atos que a dissolverem.
c) as sentenças que deferirem a legitimação adotiva.
d) os casamentos de que resultar a legitimação de filhos havidos ou concebidos anteriormente.

77. **(Ieses/TJ/RO/Cartórios/Remoção/2017)** Serão registrados no registro civil de pessoas naturais, exceto:

a) as interdições.
b) as emancipações.
c) as sentenças declaratórias de ausência.
d) as alterações ou abreviaturas de nomes.

78. **(Ieses/TJ/CE/Cartórios/Remoção/2018)** Os livros de registro serão divididos em três partes:

a) sendo na da central lançado o número de ordem e na esquerda o assento, ficando na da direita espaço para as notas, averbações e retificações.
b) sendo na da esquerda lançado o número de ordem e na central o assento, ficando na da direita espaço para as notas, averbações e retificações.
c) sendo na da direita lançado o número de ordem e na esquerda o assento, ficando na da esquerda espaço para as notas, averbações e retificações.
d) sendo na da direita lançado o número de ordem e na central o assento, ficando na da esquerda espaço para as notas, averbações e retificações.

79. **(Vunesp/TJ/SP/Cartórios/Ingresso/2016)** Os livros do Registro Civil das Pessoas Naturais são divididos:

a) em três partes, sendo na esquerda lançado o assento, na central as notas, averbações e retificações, ficando na da direita espaço para o número de ordem.
b) em três partes, sendo na esquerda lançado o número de ordem, na central o assento, averbações e retificações, e na da direita as notas.
c) em três partes, sendo na esquerda lançado o número de ordem e na central o assento, ficando na da direita espaço para as notas, averbações e retificações.
d) em duas partes, sendo na esquerda lançado o número de ordem e assento e na direita as notas, averbações e retificações.

80. **(Vunesp/TJ/SP/Cartórios/Ingresso/2016)** São classificadores exclusivos do Registro Civil das Pessoas Naturais:

a) de cópias das relações de comunicações expedidas em meio físico referentes ao óbito, união estável e casamento, de declarações de nascidos vivos e de guias de recolhimento ao IPESP e IAMSPE.

b) de petições de registro tardio, de cópias dos ofícios expedidos e de declarações de nascidos fora de maternidades ou estabelecimentos hospitalares.

c) de atestados e declarações de óbito, de guias de recolhimento ao IPESP e IAMSPE e de comprovantes de entrega dos pagamentos aos credores.

d) de declarações de nascidos vivos, de atestados e declarações de óbito e de segundas vias dos demonstrativos de atos gratuitos para compensação perante a entidade gestora.

81. **(Ieses/TJ/AM/Cartórios/Ingresso/2018)** Assinale a alternativa correta em relação aos livros do cartório de registro civil de pessoas naturais:

a) no Livro C deve ser feito o de registro de casamento.

b) no Livro A deve ser feito o registro de nascimento.

c) no Livro B deve ser feito registro de casamento Religioso para Efeitos Civis.

d) no Livro D "Auxiliar "deve ser feito o registro de proclama.

82. **(Ieses/TJ/AM/Cartórios/Ingresso/2018)** Assinale a alternativa correta:

a) o registro do edital de casamento não necessita conter todas as indicações quanto à época de publicação e aos documentos apresentados, bem como no caso de edital remetido por outro oficial processante.

b) o Livro C Auxiliar do cartório de registro civil é destinado ao registro de óbitos.

c) a testemunha para os assentos de registro civil deve satisfazer às condições exigidas pela lei civil, sendo vedado o parente, em qualquer grau, do registrado.

d) no cartório de registro civil os livros de registro serão divididos em três partes, sendo na da esquerda lançado o número de ordem e na central o assento, ficando na da direita espaço para as notas, averbações e retificações.

83. **(Ieses/TJ/AM/Cartórios/Remoção/2018)** Haverá em cada cartório de registro de pessoas naturais os seguintes livros, todos com trezentas (300) folhas cada um:

a) Livro A (registro de nascimento); Livro B (registro de proclama); Livro C (registro de casamento); Livro D (registro de óbitos).

b) Livro A (registro de nascimento); Livro B (registro de óbitos); Livro C (registro de casamento); Livro D (registro de proclama)

c) Livro A (registro de nascimento); Livro B (registro de casamento); Livro C (registro de óbitos); Livro D (registro de proclama).

d) Livro A (registro de nascimento); Livro B (registro de casamento); Livro C (registro de proclama); Livro D (registro de óbitos).

1.2.3. Das Penalidades

✱ QUESTÕES OBJETIVAS

84. **(TJ/SC/Cartórios/Remoção/2012)** Assinale a alternativa incorreta. O requerimento de registro de nascimento tardio deverá ser assinado por duas testemunhas e será instruído com os documentos abaixo enumerados:

a) declaração de nascido vivo, se houver, ou de documento fornecido e firmado pelo representante legal do estabelecimento de saúde em que ocorreu o parto.

b) cópia da certidão de casamento ou óbito dos avós.

c) cópia da certidão de batismo do registrado, se houver.

d) cópia da certidão de casamento ou nascimento dos pais.

e) cópia de documento de identificação dos pais, entre outros.

85. **(Ieses/TJ/RN/Cartórios/Remoção/2012)** A respeito das declarações de nascimento, pode-se dizer que:

a) se o oficial do registro civil recusar fazer ou retardar qualquer registro, averbação ou anotação, bem como o fornecimento de certidão, as partes prejudicadas poderão queixar-se à autoridade judiciária, a qual, ouvindo o acusado, decidirá dentro de dez dias.

b) o requerimento será assinado por duas testemunhas, podendo exigir o oficial, caso suspeite de falsidade, prova suficiente do fato; e não se considerando satisfeito, encaminhará o caso ao juiz, que deliberará a respeito.

c) o oficial deverá lavrar o assento dentro em três dias, sob pena de pagar multa correspondente a um salário mínimo da região.

d) o requerimento será assinado por duas testemunhas, podendo exigir o oficial, caso suspeite de falsidade, prova suficiente do fato; e não se considerando satisfeito, poderá negar o registro.

86. **(Cespe/TJ/ES/Cartórios/Ingresso/2013)** Suponha que um casal residente na comarca de Colatina/ES, após cem dias do nascimento do seu filho, dirija-se à comarca de Vitória/ES, local do parto, para realizar o registro civil de nascimento da criança. Nessa situação hipotética:

a) esgotado o prazo para o registro do nascimento, o requerimento do registro deverá ser assinado por duas testemunhas, bem como instruído com a prova inequívoca da veracidade da alegação.

b) tanto o cartório de Vitória/ES, lugar de ocorrência do parto, quanto o de Colatina/ES são competentes para o registro do nascimento.

c) sendo a comarca de Vitória/ES territorialmente incompetente para o registro de nascimento da criança, o ato, se efetivado, deverá ser declarado nulo de pleno direito, dada a aplicação analógica do regramento previsto para o registro de imóveis.

d) embora o cartório de Vitória/ES seja incompetente para o registro de nascimento da criança, o oficial de registro civil não poderá recusar a lavratura do ato, dada a sua função de prestador de serviço público.

e) embora a comarca de Vitória/ES seja territorialmente incompetente para o registro de nascimento, o ato de registro deve ser considerado válido, gerando apenas consequências no âmbito disciplinar ao oficial de registro.

87. **(Ieses/TJ/RN/Cartórios/Remoção/2012)** Sobre o mapa dos nascimentos, casamentos e óbitos, é incorreto afirmar:

a) os mapas dos nascimentos deverão ser remetidos ao Ministério da Saúde, que tomará as medidas cabíveis de remessa aos órgãos públicos interessados no cruzamento das informações do registro civil e da declaração de nascido vivo conforme o regulamento, com o objetivo de integrar a informação e promover a busca ativa de nascimentos.

b) os oficiais que, no prazo legal, não remeterem os mapas, incorrerão na multa de um a cinco salários mínimos da região, que será cobrada como dívida ativa da União, sem prejuízo da ação penal que no caso couber.

c) a Fundação Instituto Brasileiro de Geografia e Estatística fornecerá mapas para a execução do disposto neste artigo, podendo requisitar aos oficiais do registro que façam as correções que forem necessárias.

d) os oficiais do registro civil remeterão à Fundação Instituto Brasileiro de Geografia e Estatística, dentro dos primeiros oito dias dos meses de janeiro, abril, julho e outubro de cada ano, um mapa dos nascimentos, casamentos e óbitos ocorridos no trimestre anterior.

88. **(Ieses/TJ/RO/Cartórios/Ingresso/2017)** Assinale a alternativa incorreta:

a) se o oficial do registro civil recusar fazer ou retardar qualquer registro, averbação ou anotação, bem como o fornecimento de certidão, as partes prejudicadas poderão queixar-se à autoridade judiciária, a qual, ouvindo o acusado, decidirá dentro de cinco (5) dias.

b) o oficial do Registro Civil, se suspeitar da falsidade de declaração, poderá exigir manifestação da autoridade judicial sobre a suspeita de falsidade.

c) os pedidos de certidão feitos por via postal, telegráfica ou bancária serão obrigatoriamente atendidos pelo oficial do registro civil, satisfeitos os emolumentos devidos.

d) os oficiais do registro civil remeterão à Fundação Instituto Brasileiro de Geografia e Estatística, dentro dos primeiros oito dias dos meses de janeiro, abril, julho e outubro de cada ano, um mapa dos nascimentos, casamentos e óbitos ocorridos no trimestre anterior.

1.2.4. Do Nascimento

⊙ ATENÇÃO: ESTE TEMA É MUITO EXIGIDO NOS CONCURSOS!

✱ INOVAÇÕES LEGISLATIVAS

▲ LRP. Título II – Do Registro de Pessoas Naturais, Capítulo IV – Do Nascimento

▲ Art. 54. O assento do nascimento deverá conter: (...). 9º) os nomes e prenomes, a profissão e a residência das duas testemunhas do assento, quando se tratar de parto ocorrido sem assistência médica em residência ou fora de unidade hospitalar ou casa de saúde; 10) o número de identificação da Declaração de Nascido Vivo, com controle do dígito verificador, exceto na hipótese de registro tardio previsto no art. 46 desta Lei; e 11) a naturalidade do registrando. (...). § 4º A naturalidade poderá ser do Município em que ocorreu o nascimento ou do Município de residência da mãe do registrando na data do nascimento, desde que localizado em território nacional, e a opção caberá ao declarante no ato de registro do nascimento. (Modificações: Lei 13.484/17)

* INFORMATIVOS

STJ Alteração de registro civil após aquisição de dupla cidadania. O brasileiro que adquiriu dupla cidadania pode ter seu nome retificado no registro civil do Brasil, desde que isso não cause prejuízo a terceiros, quando vier a sofrer transtornos no exercício da cidadania por força da apresentação de documentos estrangeiros com sobrenome imposto por lei estrangeira e diferente do que consta em seus documentos brasileiros. Isso porque os transtornos que vem sofrendo ao exercitar sua cidadania em razão de a sua documentação oficial estar com nomes distintos constitui justo motivo para se flexibilizar a interpretação dos arts. 56 e 57 da Lei 6.015/73 (Lei dos Registros Públicos), na linha da sedimentada jurisprudência do STJ. REsp 1.310.088, Rel. Acd. Min. Paulo de Tarso Sanseverino, DJ 19.8.2016. 3ª T. (Info 588)

STJ Ação de retificação de registro de nascimento. Troca de prenome e do sexo (gênero). Pessoa transexual. Cirurgia de transgenitalização. Desnecessidade. O direito dos transexuais à retificação do prenome e do sexo/gênero no registro civil não é condicionado à exigência de realização da cirurgia de transgenitalização. REsp 1.626.739, Rel. Min. Luis Felipe Salomão, DJ 1.8.2017. 4ª T. (Info 608)

STJ Restabelecimento de nome do solteiro. Falecimento do cônjuge. Possibilidade. É admissível o restabelecimento do nome de solteiro na hipótese de dissolução do vínculo conjugal pelo falecimento do cônjuge. REsp 1.724.718, Rel. Min. Nancy Andrighi, DJ 29.5.2018. 3ª T. (Info 627)

STJ Exclusão dos sobrenomes paternos em razão do abandono pelo genitor. Pode ser deferido pedido formulado por filho que, no primeiro ano após atingir a maioridade, pretende excluir completamente de seu nome civil os sobrenomes de seu pai, que o abandonou em tenra idade. REsp 1.304.718, Rel. Min. Paulo de Tarso Sanseverino, DJ 5.2.2015. 3ª T. (Info 555)

STJ Retificação do sobrenome dos filhos em razão de divórcio. É admissível a averbação, no registro de nascimento do filho, da alteração do sobrenome de um dos genitores que, em decorrência do divórcio, optou por utilizar novamente o nome de solteiro, contanto que ausentes quaisquer prejuízos a terceiros. REsp 1.279.952, Rel. Min. Ricardo Villas Bôas Cueva, DJ 12.2.2015. 3ª T. (Info 555)

STJ Direito civil. Alteração do assento registral de nascimento. União estável. Inclusão do sobrenome do companheiro. É possível a alteração de assento registral de nascimento para a inclusão do patronímico do companheiro na constância de uma união estável, em aplicação analógica do art. 1.565, § 1º, do CC, desde que seja feita prova documental da relação por instrumento público e nela haja anuência do companheiro cujo nome será adotado. O art. 57, § 2º, da Lei 6.015/73 outorgava, nas situações de concubinato, tão somente à mulher a possibilidade de averbação do patronímico do companheiro sem prejuízo dos apelidos próprios – entenda-se, sem a supressão de seu próprio sobrenome –, desde que houvesse impedimento legal para o casamento, não havendo específica regulação quanto à adoção de sobrenome pelo companheiro (união estável). A imprestabilidade desse dispositivo legal para balizar os pedidos de adoção de sobrenome dentro de uma união estável, situação completamente distinta daquela para a qual foi destinada a referida norma, reclama a aplicação analógica das disposições específicas do Código Civil relativas à adoção de sobrenome dentro do casamento, porquanto se mostra claro o elemento de identidade entre os institutos e a parelha "ratio legis" relativa à união estável com aquela que orientou o legislador na fixação dentro do casamento da possibilidade de acréscimo do sobrenome de um dos cônjuges ao do outro. REsp 1.206.656, Rel. Min. Nancy Andrighi, j. 16.10.2012. 3ª T. (Info 506)

STJ Nulidade registro civil. Paternidade socioafetiva. A Turma entendeu que o êxito em ação negatória de paternidade, consoante os princípios do CC/02 e da CF/88, depende da demonstração, a um só tempo, da inexistência da origem biológica e de que não tenha sido constituído o estado de filiação, fortemente marcado pelas relações socioafetivas e edificado na convivência familiar. No caso em comento, as instâncias ordinárias reconheceram a paternidade socioafetiva existente entre as partes há mais de trinta anos. Dessarte, apesar do resultado negativo do exame de DNA, não há como acolher o pedido de anulação do registro civil de nascimento por vício de vontade. REsp 1.059.214, Min. Luis F. Salomão, j. 16.2.2012. 4ª T. (Info 491)

STJ Sobrenome. Supressão. Negado provimento ao recurso interposto pela família judaica que pretendia suprimir o patronímico paterno sob a alegação de que o referido sobrenome não a identificava como pertencente ao judaísmo. O art. 56 da Lei 6.015/73 (Lei dos Registros Públicos) é norma cogente e estabelece a imutabilidade do apelido de família como garantia de segurança jurídica, porquanto ele constitui sinal identificador da origem do indivíduo. Salientou que o patronímico, antes de pertencer à pessoa, pertence a um grupo familiar com história e reputação próprias, e a impossibilidade de sua supressão está relacionada à necessidade de preservação dos direitos de personalidade. Asseverou, ainda, que as consequências desse ato poderiam ser especialmente prejudiciais aos filhos no futuro, que não teriam qualquer elemento hábil a vinculá-los à família paterna. Por fim, consignou que o art. 1.565, § 1º, do CC/02 não permite a supressão ou substituição do nome dos nubentes, mas apenas faculta a qualquer deles o acréscimo do sobrenome do outro. REsp 1.189.158, Rel. Min. Nancy Andrighi, j. 14.12.2010. 3ª T. (Info 460)

✱ QUESTÕES DISCURSIVAS

07. **(Cespe/TJ/ES/Cartórios/Ingresso/2013)** Joana namorava José, quando ficou grávida. Ao ser comunicado da gravidez, José rompeu o namoro. Três meses depois, Joana reconciliou-se com Antônio, seu antigo noivo, que lhe prometeu assumir o nascituro. No dia em que nasceu a criança, Antônio foi ao cartório de registro civil das pessoas naturais e, de posse da declaração de nascido vivo fornecida pela maternidade, declarou que o recém-nascido Vítor era seu filho e de Joana. O registro de nascimento foi lavrado nesses termos. Na maioridade, Vítor descobriu que José, e não Antônio, era seu pai biológico e, então, ajuizou ação de reconhecimento de paternidade. Com base na situação hipotética apresentada e no disposto na legislação de regência, disserte sobre os procedimentos de registro civil das pessoas naturais, esclarecendo, necessariamente, se houve alguma irregularidade no registro de Vítor a ser imputada ao oficial de registro civil e se a paternidade socioafetiva poderá ser alterada. Discorra, ainda, sobre as consequências da decisão tomada no âmbito da ação de reconhecimento de paternidade para o registro civil de Vítor.

✱ QUESTÕES OBJETIVAS

89. **(Consulplan/TJ/MG/Cartórios/Ingresso/2018)** "João e Isabela nasceram em Teófilo Otoni/MG no ano 2000 e tiveram o ato de nascimento registrado em cartório daquela cidade. Aos 17 anos, domiciliado em Belo Horizonte/MG, ele foi emancipado por outorga dos pais. Depois, João e Isabela, ambos com 17 anos, casaram-se entre si (sem provimento jurisdicional algum acerca desse casamento) e migraram do Brasil para os Estados Unidos da América, onde passaram a trabalhar em empresa privada daquele país (nenhum deles a serviço do Brasil). Em razão da emigração, deixaram de ter domicílio no Brasil. Em 2018, tiveram um filho comum naquele país e registraram seu nascimento no Consulado Brasileiro na cidade de Boston. Isabela aproveitou o comparecimento ao consulado e firmou, perante o cônsul, procuração pública em que outorgou poderes para que o mandatário a representasse no Brasil em ato pelo qual o pai dela lhe doaria um imóvel na cidade de Teófilo Otoni/MG." Referido filho de João e Isabela:

a) é brasileiro nato, independentemente de ingressar no Brasil e fazer opção pela nacionalidade brasileira, e a certidão do registro de nascimento realizado no consulado deve ser trasladado no Livro "E" do 1º Ofício de Registro Civil de Pessoas Naturais do Distrito Federal, e do traslado e da respectiva certidão deverão constar a seguinte observação: "Brasileiro nato", conforme os termos da alínea c do inciso I do art. 12, in limine, da Constituição Federal.
b) é estadunidense, já que nascido em solo dos Estados Unidos da América e filho de brasileiros que não estavam a serviço do Brasil, mas pode vir a adquirir a nacionalidade brasileira nata, sob condição de vir a residir no Brasil e fazer a opção pela nacionalidade, mediante processo judicial, que terá curso na Justiça Federal. E uma vez obtida a nacionalidade brasileira, a sentença será trasladada no Livro "E" do 1º Ofício de Registro Civil de Pessoas Naturais da comarca de residência.
c) tem dupla nacionalidade nata, brasileira e estadunidense, e o registro de nascimento consular deverá ser trasladado no Livro "E" do 1º Ofício de Registro Civil de Pessoas Naturais do Distrito Federal, sendo imprescindível, para essa trasladação, o prévio apostilamento do documento nos Estados Unidos da América, por tratar-se de documento produzido no estrangeiro e em razão de aquele país ser signatário da Convenção sobre a Eliminação da Exigência de Legalização de Documentos Públicos Estrangeiros, celebrada na Haia, em 5 de outubro de 1961 (Convenção da Apostila).

d) pode adquirir a nacionalidade brasileira nata, subordinada à condição de residir no Brasil e realizar a opção mediante processo judicial na Justiça Federal, mas antes mesmo de ingressar no Brasil, o registro de nascimento consular pode ser trasladado no 1º Ofício de Registro Civil das Pessoas Naturais do Distrito Federal e deverá constar da respectiva certidão do traslado a seguinte observação: "Nos termos do artigo 12, inciso I, alínea "c", in fine, da Constituição Federal, a confirmação da nacionalidade brasileira depende de residência no Brasil e de opção, depois de atingida a maioridade, em qualquer tempo, pela nacionalidade brasileira, perante a Justiça Federal".

90. **(Consulplan/TJ/MG/Cartórios/Remoção/2018)** No que tange ao assento de nascimento, nos termos da Lei nº 6.015/73, analise as afirmativas a seguir.

I. o nome do pai constante da Declaração de Nascido Vivo não constitui prova ou presunção da paternidade, somente podendo ser lançado no registro de nascimento quando verificado nos termos da legislação civil vigente.

II. nos nascimentos frutos de partos sem assistência de profissionais da saúde ou parteiras tradicionais, a Declaração de Nascido Vivo será emitida pelos Oficiais de Registro Civil que lavrarem o registro de nascimento, sempre que haja demanda das Secretarias Estaduais ou Municipais de Saúde para que realizem tais emissões.

III. quando o declarante não indicar o nome completo, o oficial lançará adiante do prenome escolhido sempre o nome do pai, e na falta, o da mãe, se forem conhecidos e não o impedir a condição de ilegitimidade, salvo reconhecimento no ato.

IV. a naturalidade poderá ser do Município em que ocorreu o nascimento ou do Município de residência do pai do registrando na data do nascimento, desde que localizado em território nacional, e a opção caberá ao declarante no ato de registro do nascimento.

Estão corretas as afirmativas:

a) I, II, III e IV.
b) I e II, apenas.
c) III e IV, apenas.
d) I, II e IV, apenas.

91. **(FCC/TJ/PE/Cartórios/Ingresso/2013)** No registro de nascimento da pessoa natural:

a) o prazo para declaração pelo pai é de 15 dias, que pode ser ampliado em até três meses para lugares a mais de trinta quilômetros de distância da sede do Registro Civil.
b) o assento de nascimento, no Registro Civil, de indígena não integrado à sociedade é obrigatório nos termos da Resolução Conjunta n. 3 do Conselho Nacional de Justiça e do Conselho Nacional do Ministério Público.
c) não é possível a realização de seu assento nas dependências do Registro Civil sem a declaração de nascido vivo.
d) o assento de nascimento precisa conter os nomes e prenomes dos avós paternos e maternos.
e) a alteração do nome pode ser feita, como regra, pelo interessado, pessoalmente ou por procurador, a qualquer tempo, depois da maioridade.

92. **(Cespe/TJ/ES/Cartórios/Remoção/2013)** A respeito de nacionalidade e de registro público, assinale a opção correta:

a) a Lei de Registros Públicos e a Constituição Federal vigente adotam o sistema misto de determinação de nacionalidade originária, ao privilegiar o local do nascimento da pessoa, critério territorial, e a sua descendência, aspecto sanguíneo.
b) o registro civil de estrangeiro naturalizado brasileiro deverá conter expressa referência ao ato jurídico que o determinou e aos impedimentos ao exercício profissional relativos a categorias profissionais, essas definidas em decreto do Ministério da Justiça.
c) o ordenamento jurídico brasileiro adota o sistema de atribuição de nacionalidade originária, determinada pelo estado em que nasceu o indivíduo, relativizando a nacionalidade dos genitores.
d) o sistema brasileiro de determinação da nacionalidade originária consagra o critério absoluto do "ius sanguinis", de modo que é considerado brasileiro apenas o filho de um indivíduo assim registrado.
e) o filho de brasileiro ou brasileira nascido fora do território nacional deverá pleitear, para o reconhecimento da naturalização ou da naturalidade secundária, a declaração em sede de procedimento de jurisdição voluntária.

93. **(Ieses/TJ/RS/Cartórios/Ingresso/2013)** A Lei de Registros Públicos (LRP) disciplina a possibilidade de alteração do nome da pessoa natural. Assinale a alternativa correta:

a) a alteração posterior de nome, somente por exceção e motivadamente, após audiência do Ministério Público, será permitida por sentença do juiz a que estiver sujeito o registro, arquivando-se o mandado e publicando-se a alteração pela imprensa, ressalvada a hipótese do artigo 110.

b) no caso do artigo 110 da LRP, entendendo o órgão do Ministério Público que o pedido não exige maior indagação, requererá ao juiz a distribuição dos autos sob o rito sumaríssimo.

c) o artigo 110 da LRP será utilizado para alteração do nome civil, nos casos em que se exijam maiores indagações sobre a necessidade de correção.

d) a pessoa natural, no primeiro ano após ter atingido a maioridade civil poderá pessoalmente, mas não por procurador, por ser ato personalíssimo, alterar o nome, desde que não prejudique os apelidos de família.

94. **(FCC/TJ/PE/Cartórios/Remoção/2013)** Sobre o assento de nascimento é correto afirmar:

a) a mulher solteira, separada, divorciada ou viúva, que viva com homem solteiro, separado, divorciado ou viúvo, poderá requerer ao juiz competente que seja averbado, no seu registro de nascimento, o patronímico do companheiro, sem prejuízo dos apelidos próprios, de família.

b) o registro de nascimento é lavrado de acordo com a DNV (Declaração de Nascido Vivo) instituída pelo Ministério da Saúde, devidamente preenchida e firmada pelo responsável da unidade de saúde onde ocorreu o parto, devendo a via destinada ao cartório ser retida pelo oficial do registro e dispensa testemunhas mesmo se o parto ocorreu sem assistência médica.

c) o registro deve ser efetuado em até 15 (quinze) dias do nascimento, no cartório situado no lugar em que ocorreu o parto ou no lugar da residência dos pais. Após quinze dias do nascimento, o registro deve obrigatoriamente ser lavrado no lugar do nascimento do registrando.

d) as declarações de nascimento feitas após o decurso do prazo legal serão apresentadas diretamente ao oficial do registro civil do lugar de residência do interessado ou do nascimento do registrando.

e) é permitido legitimar e reconhecer filho no ato do casamento, com a averbação da alteração do patronímico materno decorrente deste no termo de nascimento de filho, bem como na respectiva certidão.

95. **(Cespe/TJ/ES/Cartórios/Remoção/2013)** Uma pessoa colabora com a apuração de determinado crime e, depois, passa a ser ameaçada em razão desse fato. Nesse caso:

a) o Ministério Público (MP) deverá, necessariamente, ser ouvido para a alteração do nome da pessoa.

b) a hipótese de alteração de nome não se aplica-se a pessoa for a estrangeira domiciliada no Brasil.

c) a alteração do nome dependerá sempre de autorização judicial, nesse e em todos os casos admitidos pela legislação.

d) o ordenamento brasileiro impede a alteração do prenome dessa pessoa posto que livremente colaborou para a elucidação do crime.

e) a averbação no registro de origem deverá conter o nome alterado, mesmo que o juiz autorize a alteração do nome da pessoa.

96. **(Cespe/TJ/PI/Cartórios/Ingresso/2013)** Assinale a opção correta acerca dos registros públicos, de acordo com o entendimento do STJ:

a) admite-se a alteração do registro de nascimento para inclusão do sobrenome do companheiro, mediante comprovação da união estável, por instrumento público, e anuência do companheiro cujo nome será adotado.

b) é reconhecida a possibilidade de alteração do prenome em caso de cirurgia de transgenitalização, sendo, contudo, vedada a retificação do sexo no assento de nascimento.

c) a ação de retificação de registro civil é a via correta para correção, na certidão de casamento, da atividade profissional.

d) atingida a maioridade civil, o indivíduo terá prazo de um ano para alterar seu nome, ficando, a partir dessa data, impedido de fazê-lo, ainda que presente razão suficiente para gerar exceções à regra.

e) menores, ainda que devidamente representados ou assistidos por seus pais, não podem postular retificação no registro civil, mesmo que por justo motivo.

97. **(Faurgs/TJ/RS/Cartórios/Ingresso/2015)** Assinale a alternativa que apresenta afirmação correta com relação às regras da Lei n. 6.015/1973:

a) o prenome é definitivo, não sendo admitida a sua substituição.

b) o prenome é definitivo, admitindo-se, todavia, a sua substituição por apelidos públicos notórios.

c) a substituição do prenome é admitida em razão de fundada coação ou ameaça decorrente da colaboração com a apuração de crime, por determinação do Ministro da Justiça.

d) a substituição do prenome é admitida em razão de suspeita de coação decorrente da colaboração com a apuração de crime, por determinação do Ministro da Justiça.

98. **(Faurgs/TJ/RS/Cartórios/Remoção/2015)** Conforme previsto na Lei n. 6.015/1973, todo nascimento que ocorrer no território nacional deverá ser dado a registro, no lugar em que tiver ocorrido o parto ou no lugar da residência dos pais, dentro do prazo de:

a) dez dias, que será ampliado em até seis meses para os lugares distantes mais de cem quilômetros da sede do cartório.

b) quinze dias, que será ampliado em até três meses para os lugares distantes mais de trinta quilômetros da sede do cartório.

c) trinta dias, que será ampliado em até seis meses para os lugares distantes mais de cinquenta quilômetros da sede do cartório.

d) trinta dias, que será ampliado em até seis meses para os lugares distantes mais de sessenta quilômetros da sede do cartório.

99. **(Faurgs/TJ/RS/Cartórios/Remoção/2015)** Assinale a alternativa que apresenta afirmação correta a respeito da disciplina sobre a declaração de nascimento, nos termos da Lei n. 6.015/1973:

a) quando o oficial tiver motivo para duvidar da declaração, deverá solicitar mandado de averiguação na casa do recém-nascido para verificar a sua existência, ou exigir a atestação do médico ou parteira que tiver assistido o parto, ou o testemunho de duas pessoas que não forem os pais e tiverem visto o recém-nascido.

b) quando o oficial tiver motivo para duvidar da declaração, poderá ir à casa do recém-nascido verificar a sua existência, ou exigir a atestação do médico ou parteira que tiver assistido o parto, ou o testemunho de duas pessoas que não forem os pais e tiverem visto o recém-nascido.

c) quando o oficial tiver motivo para duvidar da declaração, poderá ir à casa do recém-nascido verificar a sua existência, ou exigir a atestação do médico ou parteira que tiver assistido o parto, ou o testemunho de três pessoas que não forem os pais e tiverem visto o recém-nascido.

d) quando o oficial tiver motivo para duvidar da declaração, poderá ir à casa do recém-nascido verificar a sua existência, ou exigir a atestação do médico ou parteira que tiver assistido o parto, ou o testemunho de quatro pessoas que não forem os pais e tiverem visto o recém-nascido.

100. **(Cespe/TJ/BA/Cartórios/Remoção/2013)** Assinale a opção correta acerca de nome, prenome e sobrenome, de acordo com a Lei n. 6.015/1973 e com a doutrina de referência:

a) um jovem pode, após ter atingido a idade de dezesseis anos, alterar seu nome pessoalmente ou por intermediação de procurador.

b) a anulação ou declaração de nulidade do casamento não é hipótese de alteração de sobrenome.

c) a alteração posterior de nome, por ser processada em segredo de justiça, não é publicada na imprensa.

d) a substituição do prenome por apelidos públicos notórios é vedada no sistema brasileiro.

e) o enteado pode requerer à justiça que, no registro de seu nascimento, seja averbado o nome de família de seu padrasto.

101. **(Consulplan/TJ/MG/Cartórios/Remoção/2016)** Nos termos da Lei n. 6.015, de 31.12.1073, é correto afirmar:

a) os oficias de registro civil remeterão à Fundação Instituto Brasileiro de Geografia e Estatística, dentro dos primeiros 8 (oito) dias úteis dos meses de janeiro, abril, julho e outubro de cada ano, um mapa dos nascimentos, casamentos e óbitos ocorridos no trimestre anterior.

b) no caso de ter a criança nascido morta, será o registro feito no livro "C", com os elementos que couberem.

c) a testemunha para os assentos de registro deve satisfazer às condições exigidas pela lei civil, sendo admitido somente parente colateral de 3º grau do registrando.

d) as declarações de nascimento feitas após o decurso do prazo legal serão registradas no lugar de residência do interessado.

102. **(Ieses/TJ/PA/Cartórios/Remoção/2016)** Um dos direitos personalíssimos de toda pessoa é o direito ao nome, nele compreendidos o prenome e o sobrenome, ou nome de família. Com relação ao registro do nome, assinale a alternativa correta:

a) efetuado o registro, a alteração do nome ocorrerá mediante ordem judicial ou requerimento administrativo do interessado que o fará quando o nome o expuser ao ridículo.

b) quando o declarante não informar o nome completo, o oficial de registro acrescerá, ao prenome escolhido, apenas o sobrenome do pai.

c) a análise do prenome será feita pelo oficial de registro que buscará atender à grafia correta do nome, de acordo com a língua portuguesa, ressalvada a possibilidade do nome de origem estrangeira e desde que respeitada sua grafia de origem.

d) na composição do nome não poderão ser utilizados sobrenomes de ascendentes que não constem dos nomes dos pais, mesmo que comprovada a relação de parentesco.

103. **(Ieses/TJ/MS/Cartórios/Remoção/2014)** Maria deu à luz a dois meninos, gêmeos univitelinos ou idênticos. A mãe pretende dar o mesmo prenome para os dois. Qual deve ser o procedimento cartorial no caso de gêmeos?

a) será admitido que gêmeos idênticos tenham o prenome igual, sem mais observações, pois com o passar do tempo as diferenças físicas iram automaticamente distingui-los.

b) a lei de registro Público não prevê a possibilidade de que gêmeos tenham o prenome igual.

c) os gêmeos que tiverem o prenome igual deverão ser inscritos com duplo prenome ou nome completo diverso, de modo que possam distinguir-se.

d) os gêmeos que tiverem o prenome igual deverão ser inscritos em livro especial (Livro 3), com a anotação de numeração por ordem de nascimento. Exemplo: Pedro I e Pedro II.

104. **(Vunesp/TJ/SP/Cartórios/Ingresso/2016)** Em relação à Declaração de Nascido Vivo – DNV, é correto afirmar que:

a) se houver divergência entre o genitor indicado na DNV e o declarado perante o oficial de registro Civil das Pessoas Naturais nos termos da lei, prevalece este último, sem necessidade de retificação da DNV.

b) a DNV não poderá ser preenchida por parteira, devendo sempre constar o nome do médico que a preencheu e o número de sua inscrição no Conselho Regional de Medicina.

c) os Oficiais do Registro Civil das Pessoas Naturais fornecerão à Secretaria Municipal de Saúde a segunda via da DNV no caso de parto sem assistência médica.

d) o assento de nascimento sempre deverá conter o número da DNV, ainda que lavrado sob a forma de registro tardio.

105. **(IBFC/TJ/PR/Cartórios/Remoção/2014)** Quanto ao Registro de Nascimento, assinale a proposição correta:

a) estão entre os requisitos para o registro de nascimento o sexo do registrando, o número da declaração de nascido vivo, a cor, o nome e o prenome atribuídos à criança.

b) os oficiais do registro civil não registrarão prenomes suscetíveis de expor ao ridículo os seus portadores. Quando os pais não se conformarem com a recusa do oficial, este submeterá por escrito o caso, mediante a cobrança dos emolumentos devidos, à decisão do Juiz competente.

c) quando o oficial tiver motivo para duvidar da declaração, poderá ir à casa do recém-nascido verificar a sua existência, ou exigir a atestação do médico ou da parteira que tiver assistido o parto, ou o testemunho de três pessoas que tiverem visto o recém-nascido.

d) os índios, enquanto não integrados, não estão obrigados a inscrição do nascimento. Este poderá ser feito em livro próprio do órgão federal de assistência aos índios.

106. **(Vunesp/TJ/SP/Cartórios/Remoção/2016)** Em relação ao registro de nascimento do indígena, assinale a alternativa correta:

a) é facultativo o assento de nascimento de indígena, integrado ou não, no Registro Civil das Pessoas Naturais.

b) aplica-se o procedimento de registro tardio para a lavratura de assento de nascimento de indígena requerido por representante da Fundação Nacional do Índio – FUNAI.

c) a etnia do registrando poderá ser lançada como sobrenome, se assim for solicitado.

d) é vedado constar do assento que o registrando é indígena.

107. **(Vunesp/TJ/SP/Cartórios/Remoção/2016)** A genitora poderá declarar a paternidade no registro de nascimento, independentemente da presença do genitor:

a) de filho havido na constância de seu casamento com o genitor, independentemente da data de sua celebração.

b) em até 300 (trezentos) dias do término de seu casamento com o genitor, em razão do falecimento deste, ainda que tenha contraído novas núpcias neste período.

c) após 180 (cento e oitenta) dias da celebração de seu casamento com o genitor em segundas núpcias, ainda que contraídas antes de 300 (trezentos) dias do término do casamento anterior.

d) se comprovada a união estável com o genitor, por escritura pública ou sentença declaratória registradas perante o oficial de registro Civil das Pessoas Naturais da Sede ou do 1º Subdistrito da Comarca.

108. **(Ieses/TJ/MS/Cartórios/Ingresso/2014)** Com relação ao prenome e aos apelidos de família:

I. o interessado, no primeiro ano após ter atingido a maioridade civil, poderá, pessoalmente ou por meio de procurador, alternar o nome e o patronímico.

II. a alteração posterior de nome, somente por exceção e motivadamente, após audiência do Ministério Público, será permitida por sentença do juiz a que estiver sujeito o registro, arquivando-se o mandado e publicando-se a alteração pela imprensa.

III. é possível a averbação, também, do nome abreviado, usado como firma comercial registrada ou em qualquer atividade comercial.

IV. o enteado ou a enteada, havendo motivo ponderável, poderá requerer ao juiz competente que, no registro de nascimento, seja averbado o nome de família de seu padrasto ou de sua madrasta, desde que estes concordem expressamente, sem prejuízo de seus apelidos de família:

a) todas as alternativas estão corretas.

b) somente as alternativas I e III estão corretas.

c) somente as alternativas II e IV estão corretas.

d) somente as alternativas II, III e IV estão corretas.

109. **(Ieses/TJ/PB/Cartórios/Ingresso/2014)** Havendo duplicidade de registros de nascimento relativos a mesma pessoa, porém, com genitores diversos, é possível o cancelamento administrativo do último registro realizado pelo oficial de registro Civil das Pessoas Naturais?

a) não, pois a matéria somente poderia ser analisada e decidida em ação judicial, porquanto está relacionada à filiação e anulação do segundo registro de nascimento implicaria na desconstituição da relação de paternidade.

b) sim, porque a Lei de Registros Públicos impede que uma mesma pessoa seja registrada duas vezes.

c) sim, desde que autorizado pelo juiz corregedor da serventia extrajudicial.

d) sim, desde que o requerimento de cancelamento do registro de nascimento seja formulado pelo próprio registrado ou pela genitora do incapaz.

110. **(Ieses/TJ/PB/Cartórios/Ingresso/2014)** Analise as seguintes proposições:

I. serão registrados no oficial de registro civil de pessoas naturais: nascimentos, casamentos, óbitos, escrituras públicas de adoção, atos judiciais ou extrajudiciais de reconhecimento de filhos ilegítimos.

II. os assentos de nascimento e casamento de brasileiros em país estrangeiro serão considerados autênticos, salvo o de óbito, nos termos da lei do local onde realizados, legalizadas as certidões pelo respectivo Cônsul, ou quando, por estes tomados, em conformidade com o regulamento consular.

III. o Registro Civil de Pessoas Naturais terá os seguintes livros de registros: A – nascimento; B – casamento; B Auxiliar – casamento religioso para efeitos civis; C – óbitos; C Auxiliar – Natimortos; D – Proclamas.

IV. a certidão relativa ao nascimento de filho legitimado por subsequente matrimônio deverá ser fornecida sem o teor da declaração ou averbação do fato, como se fosse legítimo. Na certidão de casamento também será omitida a referência àquele filho, salvo se houver, em qualquer dos casos, determinação judicial, concedida em favor de quem demonstrar legítimo interesse em obtê-la:

a) as alternativas II e IV estão incorretas.

b) as alternativas III e IV estão incorretas.

c) as alternativas I e II estão incorretas.

d) as alternativas I, II e III estão incorretas.

111. **(Ieses/TJ/PB/Cartórios/Remoção/2014)** Para fins de registro civil de nascimento, o nome do pai constante da Declaração de Nascido Vivo:

a) constitui prova da paternidade.
b) não constitui prova ou presunção da paternidade, somente podendo ser lançado no registro de nascimento quando verificado nos termos da legislação civil vigente.
c) constitui presunção da paternidade.
d) constitui suspeição da paternidade.

112. **(Ieses/TJ/PB/Cartórios/Remoção/2014)** Quanto ao requerimento de certidão de registro civil de nascimento, pode-se afirmar:

a) qualquer pessoa pode requerer certidão do registro sem informar ao oficial ou ao funcionário o motivo ou interesse do pedido.
b) é ato privativo do titular da certidão.
c) é ato exclusivo do titular da certidão.
d) os ascendentes em primeiro grau são os únicos que poderão requerer.

113. **(Ieses/TJ/PB/Cartórios/Remoção/2014)** Todo nascimento que ocorrer no território nacional deverá ser dado a registro, no lugar em que tiver ocorrido o parto ou no lugar da residência dos pais, dentro do prazo de quinze dias, que será ampliado em até três meses para os lugares distantes mais de:

a) vinte quilômetros da sede do cartório.
b) trinta quilômetros da sede do cartório.
c) cinquenta quilômetros da sede do cartório.
d) quarenta quilômetros da sede do cartório.

114. **(Ieses/TJ/PB/Cartórios/Remoção/2014)** O prenome será definitivo, admitindo-se, todavia, a sua substituição por apelidos públicos notórios, sendo necessário nestes casos:

a) um abaixo assinado contendo no mínimo 200 assinaturas de pessoas civilmente capazes que concordem com a substituição do prenome do interessado.
b) sentença judicial de juiz competente.
c) mera declaração da parte interessada.
d) sentença judicial de juiz competente, ouvido o Ministério Público.

115. **(Vunesp/TJ/SP/Cartórios/Ingresso/2014)** Quanto ao registro de nascimento, é correto afirmar:

a) o oficial deverá evitar os registros suscetíveis de expor a ridículo seus portadores, e, se houver insistência do interessado, submeter o caso às vias ordinárias, para decisão jurisdicional.
b) no caso de gêmeos, o oficial deverá declarar no assento especial de cada um a ordem do nascimento. Os gêmeos que tiverem prenome igual deverão, obrigatoriamente, ser inscritos com duplo prenome, de modo que possam distinguir-se.
c) poderão ser adotados sobrenomes do pai, da mãe ou de ambos, em qualquer ordem.
d) os Oficiais de Registro Civil deverão exigir a inclusão de mais de um sobrenome ao prenome dos filhos, a fim de se evitar prejuízos à pessoa, em razão da homonímia evidente.

116. **(Vunesp/TJ/SP/Cartórios/Remoção/2014)** Quanto à competência territorial para os assentos de nascimento, é correto afirmar que:

a) o nascimento será dado a registro, exclusivamente, no lugar em que tiver ocorrido o parto, no entanto os registros fora do prazo serão efetuados no Registro Civil das Pessoas Naturais do lugar da residência do interessado.
b) o nascimento será dado a registro no lugar em que tiver ocorrido o parto ou no lugar de residência dos pais, no entanto os registros fora do prazo serão efetuados no Registro Civil das Pessoas Naturais do lugar da residência do interessado.
c) o nascimento será dado a registro no oficial Registro Civil das Pessoas Naturais de livre escolha dos pais, no entanto os registros fora do prazo serão efetuados no Registro Civil das Pessoas Naturais do lugar da residência do interessado.
d) o nascimento será dado a registro no lugar em que tiver ocorrido o parto ou no mesmo oficial de registro Civil das Pessoas Naturais do registro do casamento dos pais, se estes forem casados. No entanto, os registros fora do prazo serão efetuados no Registro Civil das Pessoas Naturais do lugar da residência do interessado.

117. **(Vunesp/TJ/SP/Cartórios/Remoção/2014)** No registro de filhos havidos fora do casamento, não serão considerados o estado civil e, ou, eventual parentesco dos genitores, cabendo ao oficial velar unicamente pelo atendimento da declaração por eles manifestada e a uma das seguintes formalidades:

a) apenas a mãe comparece com declaração de duas testemunhas com firma reconhecida indicando o nome do pai, para efetuar o assento, do qual constará o nome dos genitores e dos respectivos avós.

b) o pai comparece juntamente com o avô materno ao Registro Civil das Pessoas Naturais, para efetuar o assento, do qual constará o nome dos genitores e dos respectivos avós.

c) os genitores comparecem, pessoalmente, ou por intermédio de procurador com poderes específicos, ao Registro Civil das Pessoas Naturais, para efetuar o assento, do qual constará o nome dos genitores e dos respectivos avós.

d) qualquer interessado pode requerer o registro de nascimento desde que munido da Declaração de Nascido Vivo (DN), ou declaração médica que confirme a maternidade, com firma reconhecida.

118. **(Cespe/TJ/DFT/Cartórios/Ingresso/2014)** Um recém-nascido faleceu três horas após o parto, realizado em hospital localizado em município diverso do da residência dos pais, que, cinco dias após a ocorrência, resolveram registrar o nascimento do filho. Nessa situação hipotética, a competência para o registro é:

a) concorrente, dos ofícios de registro civil das pessoas naturais do local do parto ou da residência dos pais, devendo o assento ser lavrado no livro "C Auxiliar", com os elementos cabíveis.

b) concorrente, dos ofícios de registro civil das pessoas naturais do local do parto ou da residência dos pais, que deverão lavrar dois assentos: o de nascimento e o de óbito, com os elementos cabíveis e com remissões recíprocas.

c) exclusiva do ofício de registro civil das pessoas naturais do local do parto, devendo o assento ser lavrado no livro "C Auxiliar", com os elementos cabíveis.

d) exclusiva do ofício de registro civil das pessoas naturais do domicílio dos pais, devendo ser lavrados dois assentos: o de nascimento e o de óbito, com os elementos cabíveis e com remissões recíprocas.

e) exclusiva do ofício de registro civil das pessoas naturais do local do domicílio dos pais, devendo o assento ser lavrado no livro "C Auxiliar", com os elementos cabíveis.

119. **(Cespe/TJ/DFT/Cartórios/Remoção/2014)** Assinale a opção correta quanto ao nascimento:

a) quando um parto ocorre sem assistência de profissionais da saúde ou de parteiras tradicionais, o oficial de registro civil encarregado do caso deve solicitar emissão de declaração de nascido vivo à secretaria distrital.

b) as declarações de nascimentos feitas após o decurso do prazo legal devem ser registradas mediante despacho do juiz competente do lugar da residência do interessado, mas a intervenção judicial é dispensada se o registrando tiver menos de doze anos de idade.

c) em geral, a competência para o registro de nascimento é concorrente entre o local de nascimento e a residência dos pais; entretanto, após o decurso do prazo legal, essa competência é exclusiva do lugar da residência do interessado.

d) se o oficial do cartório tiver dúvida da declaração de nascimento efetivada pelo pai dentro do prazo legal, deve requerer a juiz providências cabíveis para esclarecimento do fato gerador da dúvida se o parto não tiver sido assistido por médico ou parteira.

e) no caso de criança falecida até trinta minutos após o parto, o nascimento deve ser registrado no "Livro C Auxiliar", e não há necessidade, portanto, de lavratura de dois assentos, o de nascimento e o de óbito.

120. **(Cespe/TJ/SE/Cartórios/Ingresso/2014)** Com relação ao registro civil de nascimento, assinale a opção correta:

a) não está sujeito a registro o nascimento de criança que nasceu morta ou morreu no ato ou logo após o parto.

b) adquirida a maioridade civil, independentemente de motivação, o interessado poderá pleitear, junto ao tabelionato de registro civil, que o oficial proceda à modificação no seu nome de família ou prenome. Caso o pleito ocorra dentro do prazo máximo de um ano após a aquisição da maioridade, o oficial não poderá se recusar em proceder à modificação.

c) os oficiais de registro civil poderão se recusar a proceder ao registro de prenomes suscetíveis de expor ao ridículo os seus portadores.

d) a sentença que julga procedente ação de investigação de paternidade só alterará o assento de nascimento do investigante se este requerer alguma averbação.

e) o nascimento ocorrido em território nacional deverá ser registrado, dentro do prazo máximo de trinta dias, no lugar em que tiver ocorrido o parto ou no lugar da residência dos pais. Decorrido esse prazo, o registro dependerá de parecer do MP e de homologação judicial.

121. (Cespe/TJ/SE/Cartórios/Ingresso/2014) No que diz respeito aos registros civis de pessoas naturais, assinale a opção correta:

a) conforme a Lei Federal n. 8.560/1992, é vedada a realização de registro civil de nascimento apenas com a maternidade estabelecida.

b) em se tratando de registro de nascimento proveniente de ação de adoção de criança ou adolescente, o oficial de registro de nascimento deve anotar tal fato no assento de nascimento do referido menor, sob pena de incorrer em infração disciplinar.

c) para resguardar os direitos dos filhos legítimos, deve ser anotado, no registro do filho havido fora do casamento, que este foi decorrente de relação extraconjugal.

d) nas adoções de crianças recém-nascidas não registradas em nome dos pais biológicos, o registro será feito diretamente em nome dos pais adotivos.

e) havendo relação conjugal entre o pai e a mãe de uma criança, o seu registro de nascimento poderá ser feito unicamente com a presença da mãe, desde que esta indique o seu marido como pai do seu filho e apresente, ao oficial do cartório, certidão de casamento em que conste que as núpcias foram contraídas há mais de cento e oitenta dias.

122. (Consulplan/TJ/MG/Cartórios/Remoção/2015) Sobre o registro de nascimento e suas especificidades, analise as afirmativas abaixo:

I. o registro de nascimento realizado através de uma Unidade Interligada de Registro Civil nas Maternidades prescinde da assinatura do declarante.

II. os nascimentos ocorridos a bordo de aeronaves e veículos rodoviários serão lavrados no Livro "E" do 1º Ofício de Registro Civil da sede da comarca de desembarque ou, a critério dos pais, no domicílio deles.

III. os registros de nascimento de nascidos no território nacional em que ambos os genitores sejam estrangeiros e pelo menos um deles esteja a serviço de seu país serão efetuados no Livro "A" do 1º Ofício do Registro Civil das Pessoas Naturais da comarca, devendo constar do assento e da respectiva certidão a seguinte observação: "O registrando não possui a nacionalidade brasileira, conforme o art. 12, inciso I, alínea "a", in fine, da Constituição Federal."

Está incorreto o que se afirma em:

a) II e III, apenas:

b) I e III, apenas:

c) todas estão incorretas.

d) III, apenas.

123. (Consulplan/TJ/MG/Cartórios/Remoção/2017) Quanto ao registro de nascimento, assinale a proposição correta:

a) todo nascimento que ocorrer no território nacional deverá ser dado a registro, no lugar em que tiver ocorrido o parto ou no lugar da residência dos pais, dentro do prazo de quinze dias, que será ampliado em até três meses para os lugares distantes mais de cinquenta quilômetros da sede do cartório.

b) os oficiais do registro civil não registrarão prenomes suscetíveis de expor ao ridículo os seus portadores. Quando os pais não se conformarem com a recusa do oficial, este submeterá por escrito o caso, mediante os emolumentos devidos, à decisão do Juiz competente.

c) quando o oficial tiver motivo para duvidar da declaração, poderá ir à casa do recém-nascido verificar a sua existência, ou exigir a atestação do médico ou da parteira que tiver assistido o parto, ou o testemunho de três pessoas que tiverem visto o recém-nascido.

d) os índios, enquanto não integrados, não estão obrigados a inscrição do nascimento. Este poderá ser feito em livro próprio do órgão federal de assistência aos índios.

124. (Ieses/TJ/RO/Cartórios/Remoção/2017) O assento do nascimento deverá conter:

I. os nomes e prenomes, a profissão e a residência das duas testemunhas do assento, quando se tratar de parto ocorrido sem assistência médica em residência ou fora de unidade hospitalar ou casa de saúde.

II. o sexo do registrando.

III. o nome e o prenome, que forem postos à criança.

IV. o fato de ser gêmeo, quando assim tiver acontecido.

A sequência correta é:

a) as assertivas I, II, III e IV estão corretas.

b) apenas a assertiva II está correta.

c) a assertiva IV está incorreta.

d) apenas as assertivas I e IV estão corretas.

125. **(Ieses/TJ/RO/Cartórios/Remoção/2017)** O nome do pai constante da Declaração de Nascido Vivo:

a) constitui prova incontestável da paternidade, podendo ser lançado no registro de nascimento nos termos da legislação civil vigente.
b) não constitui prova ou presunção da paternidade, somente podendo ser lançado no registro de nascimento quando verificado nos termos da legislação civil vigente.
c) constitui prova da paternidade, quando acompanhada de declaração verbal da genitora, podendo ser lançado no registro de nascimento nos termos da legislação civil vigente.
d) constitui presunção da paternidade, podendo ser lançado no registro de nascimento nos termos da legislação civil vigente.

126. **(Ieses/TJ/RO/Cartórios/Remoção/2017)** Em relação ao registro das pessoas naturais e o prenome, pode-se afirmar:

I. o prenome será definitivo, não sendo admitido a sua substituição por apelidos públicos notórios.
II. no caso de gêmeos, será declarada no assento especial de cada um a ordem de nascimento.
III. serão obrigados a duplo prenome, ou a nome completo diverso, os irmãos a que se pretender dar o mesmo prenome.
IV. os gêmeos que tiverem o prenome igual deverão ser inscritos com duplo prenome ou nome completo diverso, de modo que possam distinguir-se.

A sequência correta é:

a) as assertivas I, II, III e IV estão corretas.
b) apenas as assertivas I e IV estão corretas.
c) a assertiva I está incorreta.
d) apenas a assertiva IV está correta.

127. **(Consulplan/TJ/MG/Cartórios/Ingresso/2017)** Acerca do registro de nascimento, assinale a alternativa correta:

a) caso o produto da concepção tenha sido expulso ou extraído do ventre materno sem vida, serão lavrados o registro de nascimento e, a seguir, o de óbito, com os elementos cabíveis e as remissões recíprocas.
b) se a criança falecer logo após o parto, tendo, no entanto, manifestado qualquer sinal de vida, o registro será lavrado no Livro "C Auxiliar", de registro de natimortos.
c) se a criança falecer logo após o parto, tendo, no entanto, manifestado qualquer sinal de vida, serão lavrados o registro de nascimento e, a seguir, o de óbito, com os elementos cabíveis e as remissões recíprocas.
d) se a criança falecer logo após o parto, tendo, no entanto, manifestado qualquer sinal de vida, será lavrado apenas o registro de óbito, fazendo-se constar de suas margens referência a esta circunstância.

128. **(Consulplan/TJ/MG/Cartórios/Remoção/2017)** Acerca do Registro Civil das Pessoas Naturais, assinale a alternativa correta:

a) o nome do pai constante da Declaração de Nascido Vivo – DNV não constitui prova ou presunção de paternidade, somente podendo este ser lançado no registro de nascimento quando verificado nos termos da legislação civil vigente.
b) presumem-se concebidos na constância do casamento os filhos nascidos cento e oitenta dias, pelo menos, depois de estabelecida a convivência conjugal, mas a filiação materna ou paterna não pode resultar de casamento declarado nulo.
c) quando o declarante não informar o nome completo, o oficial de registro acrescerá, ao prenome escolhido, o sobrenome da mãe e após o do pai, nesta ordem, observada a necessidade de se evitarem combinações que exponham ao ridículo.
d) a omissão do nome do recém-nascido constitui motivo para recusa, devolução ou solicitação de retificação da Declaração de Nascido Vivo – DNV por parte do Registrador Civil das Pessoas Naturais.

129. **(Consulplan/TJ/MG/Cartórios/Remoção/2017)** Sobre o registro tardio de nascimento, assinale a alternativa correta:

a) em caso de impedimento do pai e da mãe, o parente mais próximo, sendo maior, achando-se presente, é obrigado a fazer declaração de nascimento em 45 dias da data de nascimento; após este prazo deverá ser observado o procedimento devido a registro tardio de nascimento.
b) é impeditivo para o registro tardio de nascimento a ausência de fotografia do registrando, mesmo que fundamentada a impossibilidade de sua prestação.
c) sendo o registrando menor de 12 (doze) anos de idade, ficará dispensado o requerimento

escrito e o comparecimento das testemunhas se for apresentada pelo declarante a Declaração de Nascido Vivo - DNV instituída pela Lei n. 12.662, de 05 de junho de 2012.

d) o oficial, ou preposto que expressamente autorizar, realizará a entrevista das testemunhas em conjunto e reduzirá a termo as declarações colhidas.

130. **(Ieses/TJ/RO/Cartórios/Ingresso/2017)** Assinale a alternativa incorreta:

a) no caso de ter a criança nascido morta, será o registro feito no livro "C Auxiliar", com os elementos que couberem.

b) todo nascimento que ocorrer no território nacional deverá ser dado a registro, no lugar em que tiver ocorrido o parto ou no lugar da residência dos pais, dentro do prazo de quinze dias, que será ampliado em até três meses para os lugares distantes mais de trinta quilômetros da sede do cartório.

c) os índios, mesmo os não integrados, estão obrigados a inscrição do nascimento.

d) quando o oficial tiver motivo para duvidar da declaração, poderá ir à casa do recém-nascido verificar a sua existência, ou exigir a atestação do médico ou parteira que tiver assistido o parto, ou o testemunho de duas pessoas que não forem os pais e tiverem visto o recém-nascido.

131. **(Ieses/TJ/RO/Cartórios/Ingresso/2017)** Em relação ao natimorto, o livro correto para registro é:

a) Livro B Auxiliar.

b) Livro B.

c) Livro C.

d) Livro C Auxiliar.

132. **(Ieses/TJ/CE/Cartórios/Remoção/2018)** As certidões de nascimento mencionarão:

a) a data em que foi feito o assento, a data, por extenso, do nascimento e, ainda, expressamente, a naturalidade.

b) a data, por extenso, do nascimento, sendo dispensada a data em que foi feito o assento.

c) a data em que foi feito o assento, a data, por extenso, do nascimento, sendo dispensada a naturalidade.

d) unicamente a data, por extenso, do nascimento.

133. **(Consulplan/TJ/MG/Cartórios/Remoção/2014)** O nome civil integra o rol dos direitos da personalidade (artigos 16 a 19, CC 02). Nesse sentido, à luz da Lei dos Registros Públicos, analise as seguintes afirmações:

I. o sobrenome é imutável, pois pertence a todo grupo familiar, como entidade e qualquer alteração posterior somente será efetivada por exceção e motivadamente, após audiência do Ministério Público.

II. imutável é o prenome, admitindo-se em caráter excepcional, todavia, sua substituição por apelido público notório, mediante sentença.

III. o registro civil do natimorto é feito no Livro C – Auxiliar, contendo os elementos de registro de nascimento e do óbito, no que couber, facultado aos pais dar-lhe nome.

Está correto o que se afirma em:

a) I apenas.

b) I e II apenas.

c) III apenas.

d) I, II e III.

134. **(Vunesp/TJ/SP/Cartórios/Remoção/2016)** Assinale a alternativa correta. O filho de brasileiro ou brasileira, nascido no estrangeiro, e cujos pais não estejam ali a serviço do Brasil, desde que registrado em consulado brasileiro ou não registrado, venha a residir no território nacional, poderá requerer:

a) no juízo de seu domicílio, que se registre, no livro "E" do 1º oficial do registro civil, o termo de nascimento.

b) no Registro Civil de seu domicílio, que se registre, no livro "E" do 1º oficial do registro civil, o termo de nascimento.

c) no Registro Civil de seu domicílio, que se registre, no livro "A" do 1º oficial do registro civil, o termo de nascimento.

d) no juízo de seu domicílio, que se registre, no livro "A" do 1º oficial do registro civil, o termo de nascimento.

135. **(Cespe/TJ/SE/Cartórios/Remoção/2014)** Com relação ao registro e assento do nome de família, assinale a opção correta:

a) em caso de adoção, a sentença conferirá ao adotado o nome de família do adotante, sendo proibido alterar o prenome do adotado.

b) nos casamentos contraídos entre duas mulheres, as nubentes podem adotar os nomes de família de uma e de outra.

c) a sentença que declarar a emancipação disciplinará o nome e o prenome a ser adotado pelo emancipado, caso este assim o requeira.

d) depois de adotado o nome de família do cônjuge, tal nome torna-se imutável.

e) em se tratando de casamentos oriundos de relações heteroafetivas, a mulher pode adotar o nome de família do marido, sendo inadmissível que o marido adote o nome de família da mulher.

136. (Faurgs/TJ/RS/Cartórios/Remoção/2015) Assinale a alternativa que apresenta afirmação correta a respeito da disciplina sobre a alteração do nome, conforme a Lei n. 6.015/1973:

a) o interessado, no primeiro ano após ter atingido a maioridade civil, poderá, pessoalmente ou por procurador bastante, alterar o nome, desde que não prejudique os apelidos de família, averbando-se a alteração, que será publicada pela imprensa.

b) o interessado, nos dois primeiros anos após ter atingido a maioridade civil, poderá, pessoalmente ou por procurador bastante, alterar o nome, desde que não prejudique os apelidos de família, averbando-se a alteração, que será publicada pela imprensa.

c) o interessado, nos três primeiros anos após ter atingido a maioridade civil, poderá, pessoalmente ou por procurador bastante, alterar o nome, desde que não prejudique os apelidos de família, averbando-se a alteração, que será publicada pela imprensa.

d) a alteração, em qualquer tempo, somente é permitida por exceção e motivadamente, após audiência do Ministério Público.

137. (FMP/TJ/MT/Cartórios/Remoção/2014) Assinale a alternativa correta:

a) o enteado ou a enteada, havendo motivo ponderável, poderão requerer ao oficial competente que, no registro de nascimento, seja averbado o nome de família de seu padrasto ou de sua madrasta, desde que haja expressa concordância destes, substituindo-se os apelidos de família.

b) o prenome será definitivo, admitindo-se, apenas sua substituição por apelidos públicos notórios, sendo descabida qualquer retificação posterior.

c) sendo o prenome direito de personalidade, poderá o interessado capaz, a qualquer tempo, alterá-lo, desde que não prejudique os apelidos de família, mediante requerimento ao registrador civil.

d) os oficiais do registro civil deverão aconselhar os pais a não escolherem prenomes suscetíveis de expor ao ridículo os seus portadores, sendo, contudo, descabida a recusa do registro do prenome solicitado, quando não houver prejuízo aos apelidos de família.

e) é hipótese admitida a substituição do prenome em razão de fundada coação ou ameaça decorrente da colaboração com a apuração de crime, por determinação, em sentença, de juiz competente, ouvido o Ministério Público.

138. (Cespe/TJ/DFT/Cartórios/Remoção/2014) Considerando o entendimento do STJ, assinale a opção correta:

a) para que se reconheça a paternidade biológica de filho adotado conforme prática conhecida como "adoção à brasileira", admite-se o registro de dois pais, o biológico e o socioafetivo, na certidão de nascimento desse filho.

b) apesar de ser possível a averbação, no termo de nascimento do filho, da alteração ocorrida no patronímico materno em decorrência de casamento da mãe, não se permite a retirada de patronímico de ex-padrastro quando a mãe deixa de utilizar o nome de casada.

c) com fundamento no princípio da dignidade humana, o ordenamento jurídico brasileiro já admite a supressão de patronímico em razão de motivos religiosos.

d) aos cônjuges é permitido acrescer ao seu nome o sobrenome do outro mesmo após a data da celebração do casamento, o que deve ser feito mediante pedido ao oficial de registro civil da residência dos interessados.

e) o interessado pode requerer alteração de nome que comprovadamente o exponha ao ridículo mesmo quando já se tenha passado um ano da data em que atingiu a maioridade civil.

139. (FMP/TJ/MT/Cartórios/Ingresso/2014) Não constituem motivo para recusa, devolução ou solicitação de retificação da Declaração de Nascido Vivo – DNV, por parte do registrador civil das pessoas naturais, exceto:

a) equívocos ou divergências que comprometam a identificação da mãe.

b) omissão do nome do recém-nascido.

c) divergência parcial ou total entre o nome do recém-nascido constante da declaração e o escolhido em manifestação perante o registrador no momento do registro de nascimento, prevalecendo este último.

d) divergência parcial ou total entre o nome do pai constante da declaração e o verificado pelo registrador nos termos da legislação civil, prevalecendo este último.

e) omissão do nome do pai.

140. **(Cespe/TJ/BA/Cartórios/Ingresso/2013)** Em relação a nome, prenome e sobrenome, assinale a opção correta de acordo com a legislação e doutrina de referência:

a) caso a alteração de nome seja concedida em razão de fundada coação ou ameaça decorrente de colaboração com a apuração de crime, o nome alterado deve ser averbado no registro de origem, sob segredo de justiça.

b) o interessado, no primeiro ano após ter atingido a maioridade civil, pode, pessoalmente ou por procurador, alterar seu nome, desde que não prejudique os apelidos de família, averbando-se a alteração a ser publicada pela imprensa.

c) a alteração posterior de nome pode ser realizada por despacho judicial motivado, ouvido o MP.

d) nem o uso prolongado e constante de nome diverso nem a ocorrência de homonímia depreciativa configuram hipóteses de alteração do prenome.

e) o cônjuge ou companheiro viúvo não podem retirar o nome patronímico do falecido consorte ou companheiro.

141. **(Ieses/TJ/AM/Cartórios/Ingresso/2018)** Em relação ao nascimento, assinale a alternativa correta:

a) tratando-se de registro de nascimento fora do prazo legal o oficial, em caso de dúvida, poderá requerer ao Juiz as providências que forem cabíveis para esclarecimento do fato.

b) todo nascimento que ocorrer no território nacional deverá ser dado a registro, no lugar em que tiver ocorrido o parto ou no lugar da residência dos pais, dentro do prazo de vinte dias, que será ampliado em até três meses para os lugares distantes mais de cinquenta quilômetros da sede do cartório.

c) os menores de vinte e um anos e maiores de dezesseis anos poderão, pessoalmente e isentos de multa, requerer o registro de seu nascimento.

d) os índios, quando estiverem integrados, não estão obrigados a inscrição do nascimento.

142. **(Ieses/TJ/AM/Cartórios/Remoção/2018)** No que se refere ao registro de nascimento, é correto afirmar, exceto:

a) a naturalidade poderá ser do Município em que ocorreu o nascimento ou do Município de residência da mãe do registrando na data do nascimento, desde que localizado em território nacional, e a opção caberá ao declarante no ato de registro do nascimento.

b) o nome do pai constante da declaração de nascido vivo constitui prova ou presunção da paternidade.

c) o interessado, no primeiro ano após ter atingido a maioridade civil, poderá, pessoalmente ou por procurador bastante, alterar o nome, desde que não prejudique os apelidos de família, averbando-se a alteração que será publicada pela imprensa.

d) no caso de gêmeos, será declarada no assento especial de cada um a ordem de nascimento. Os gêmeos que tiverem o prenome igual deverão ser inscritos com duplo prenome ou nome completo diverso, de modo que possam distinguir-se.

143. **(Ieses/TJ/AM/Cartórios/Remoção/2018)** No livro de nascimento, serão averbados:

I. as sentenças que declararem legítima a filiação.

II. as sentenças que julgarem ilegítimos os filhos concebidos na constância do casamento; assim como, o reconhecimento judicial ou voluntário dos filhos ilegítimos.

III. as escrituras de adoção e os atos que a dissolverem.

IV. a perda de nacionalidade brasileira, quando comunicada pelo Ministério da Justiça.

A sequência correta é:

a) apenas a assertiva IV está incorreta.

b) as assertivas I, II, III e IV estão corretas.

c) apenas as assertivas I e IV estão corretas.

d) apenas as assertivas I, II e IV estão corretas.

144. **(Vunesp/TJ/SP/Cartórios/Ingresso/2018)** A respeito do procedimento de registro tardio de nascimento, deverá o Registrador Civil processante:

a) quando ausente a identificação dos genitores, indeferir a adoção do sobrenome indicado pelo registrando.
b) lavrar o assento de nascimento com o estabelecimento da filiação materna e paterna, na hipótese de requerimento formulado pelo próprio registrando, mesmo sem anuência dos apontados pais.
c) nos casos em que os genitores forem absolutamente desconhecidos, lançar no respectivo assento os nomes fictícios de pai e de mãe.
d) lavrar o assento de nascimento sem a indicação de filiação, nas hipóteses em que não se verificarem os reconhecimentos espontâneos por parte dos genitores.

145. **(Vunesp/TJ/SP/Cartórios/Ingresso/2018)** No assento de nascimento, far-se-á referência:

a) ao número de inscrição, perante o Cadastro de Pessoas Físicas da Secretaria da Receita Federal do Brasil, daquele cujo assento se lavra.
b) no caso de filhos havidos fora do casamento, ao estado civil dos pais.
c) no caso de não comparecimento do pai, à indicação minuciosa dos dados relativos ao casamento deste com a mãe, desde que a filiação se presuma concebida na constância do matrimônio.
d) no caso de irmãos bilaterais não gêmeos, mas registrados na mesma ocasião, à respectiva ordem de nascimento em cada um dos assentos.

146. **(Vunesp/TJ/SP/Cartórios/Ingresso/2018)** A respeito da Declaração de Nascido Vivo, assinale a alternativa correta:

a) o nome do pai constante da Declaração de Nascido Vivo representa uma das formas legais de presunção da paternidade, entretanto, será qualificada como ineficaz, diante de negativa expressa da mãe na oportunidade do registro.
b) no registro de nascimento de criança com menos de 03 (três) anos de idade, nascida de parto sem assistência de profissional da saúde ou parteira, a Declaração de Nascido Vivo será preenchida pelo oficial de registro Civil que lavrará o assento de nascimento e será assinada também pelo declarante, dispensada a comunicação do ato ao Ministério Público.
c) o assento de nascimento deverá conter o número de identificação da Declaração de Nascido Vivo.
d) constitui motivo para recusa, devolução ou solicitação de retificação da Declaração de Nascido Vivo por parte do Registrador Civil, a omissão do nome do recém-nascido ou do nome do pai.

147. **(Vunesp/TJ/SP/Cartórios/Ingresso/2018)** De acordo com a disciplina que envolve o registro de nascimento, é correto afirmar que:

a) as declarações de nascimento feitas após o decurso do prazo legal somente serão registradas mediante o implemento de despacho do juiz corregedor permanente.
b) em caráter de exceção, permite-se a lavratura do assento em local diverso da ocorrência do parto ou da residência dos pais, sob a conjuntura do evento morte do registrando com idade inferior a 01 (um) ano.
c) o evento morte do registrando com idade inferior a 01 (um) ano não faz operar a atração da competência do assento de nascimento para o mesmo Registro Civil das Pessoas Naturais com atribuição para lavrar o óbito.
d) poderão ser adotados sobrenomes do pai, da mãe ou de ambos, sendo que o sobrenome da família materna deverá anteceder ao da linha paterna.

148. **(Consulplan/TJ/MG/Cartórios/Ingresso/2018)** "João e Isabela nasceram em Teófilo Otoni/MG no ano 2000 e tiveram o ato de nascimento registrado em cartório daquela cidade. Aos 17 anos, domiciliado em Belo Horizonte/MG, ele foi emancipado por outorga dos pais. Depois, João e Isabela, ambos com 17 anos, casaram-se entre si (sem provimento jurisdicional algum acerca desse casamento) e migraram do Brasil para os Estados Unidos da América, onde passaram a trabalhar em empresa privada daquele país (nenhum deles a serviço do Brasil). Em razão da emigração, deixaram de ter domicílio no Brasil. Em 2018, tiveram um filho comum naquele país e registraram seu nascimento no Consulado Brasileiro na cidade de Boston. Isabela aproveitou o comparecimento ao consulado e firmou, perante o cônsul, procuração pública em que outorgou poderes para que o mandatário a representasse no Brasil em ato pelo qual o pai dela lhe doaria um imóvel na cidade de Teófilo Otoni/MG." Acerca da emancipação de João, tem-se que, para sua hígida e regular constituição:

a) fora outorgada por escritura pública, registrada no Livro "E" do 1º Subdistrito do Registro Civil das Pessoas Naturais de Belo Horizonte/MG e anotada no assento de nascimento de João.

b) pode haver sido outorgada pelos pais de João mediante escritura pública lavrada em cartório de notas de qualquer comarca do país, com obrigatória participação de João, e o ato de emancipação teve de ser registrado no Livro "E" do 1º Ofício de Registro Civil das Pessoas Naturais de Brasília – DF e anotado no assento de nascimento de João.

c) pode haver sido outorgada pelos pais de João, mediante escritura pública lavrada em cartório de notas de qualquer comarca do país, com obrigatória participação de João, e o ato de emancipação teve de ser registrado no Livro "E" do 1º Ofício de Registro Civil das Pessoas Naturais de Teófilo Otoni/MG e anotado no assento de nascimento de João, no Livro "A" do Cartório de Registro Civil das Pessoas Naturais de Teófilo Otoni/MG.

d) pode haver sido outorgada pelos pais de João, mediante escritura pública lavrada em cartório de notas de qualquer comarca do país, na qual fora prescindível a participação do próprio João (que também ficara dispensado de confirmar o ato em outra escritura pública), e o ato de emancipação deve ser levado a registro no Livro "E" do 1º Subdistrito do Registro Civil das Pessoas Naturais de Belo Horizonte/MG e a registro no Livro "A" do mesmo Ofício do Registro Civil das Pessoas Naturais de Teófilo Otoni/MG em que se registrara o nascimento de João.

1.2.5. Da Habilitação para o Casamento

✱ QUESTÕES DISCURSIVAS

08. **(TJ/SC/Cartórios/2012)** Zilto, nascido em 27 de maio de 1993, namorava sua prima Morgara, nascida em 15 de julho de 1997, sendo ambos reconhecidamente pobres. Mantiveram relações sexuais e Morgara engravidou, aumentando o desejo, que já nutriam, de se casar. Entretanto, somente a mãe de Morgara consentiu no casamento, entendendo o pai que, apesar de grávida, a filha era muito jovem, recusando, por isso, o consentimento. Os namorados, pretendendo morar juntos, adquiriram bens móveis para o futuro lar. Na data aprazada para o matrimônio, o noivo, em razão de uma emergência informou que não poderia comparecer ao ato. Diante do caso discorra sobre os procedimentos necessários à concretização do matrimônio, neles compreendidos a(s) autorização(ões), impedimento(s), exigência e possibilidade de dispensa dos proclamas, regime de bens, selos, emolumentos e custas. Discorra, ainda, sobre a obrigatoriedade da presença física e simultânea dos contraentes.

09. **(Vunesp/TJ/SP/Cartórios/2011)** Indique as hipóteses de morte presumida. A morte presumida autoriza novo casamento da viúva, devendo o Oficial proceder à habilitação de casamento? A morte presumida pode ser reconhecida pelo Oficial no âmbito administrativo?

✱ QUESTÕES OBJETIVAS

149. **(Cespe/TJ/SE/Cartórios/Ingresso/2014)** Com relação a casamento e adoção, assinale a opção correta:

a) após a viuvez de sogro e nora, não há óbice quanto ao casamento entre ambos.

b) há vedação legal para que um cônjuge adote o filho do outro.

c) a celebração do casamento, quando realizada por oficial do registro civil, deve ser gratuita.

d) é obrigatória a intervenção do MP no processo de habilitação para o casamento.

e) não subsiste o impedimento para o casamento entre irmãos se um deles tiver sido submetido a adoção.

150. **(FCC/TJ/PE/Cartórios/Ingresso/2013)** Considerando-se a habilitação para o casamento, é correto afirmar:

a) o pedido de dispensa dos proclamas não pode ter por fundamento a ocorrência de crime contra a dignidade sexual.

b) se houver apresentação de impedimento, o oficial dará ciência do fato aos nubentes para que indiquem em dez dias provas que pretendam produzir.

c) o prazo para oposição por terceiros ao casamento é até o momento da sua celebração.

d) o casamento não pode ser celebrado em circunscrição diversa daquela da habilitação.

e) não cabe recurso nem mandado de segurança contra a decisão do juiz corregedor que julga a impugnação do Ministério Público à habilitação para o casamento.

151. **(Ieses/TJ/RN/Cartórios/Ingresso/2012)** Sobre a habilitação de casamento, assinale a alternativa incorreta:

a) o casamento religioso, celebrado sem a prévia habilitação perante o oficial de registros públicos, poderá ser registrado desde que apresentado pelos nubentes, com o requerimento do registro, a prova do ato religioso e os documentos exigidos pela lei civil, suprindo eles eventual falta de requisitos no termo da celebração.

b) a dispensa dos proclamas somente poderá ser feita mediante apreciação judicial do pedido, que indicará os motivos da urgência; e, havendo a necessidade de produção de provas, será dada ciência ao Promotor de Justiça para, depois, ser proferida sentença judicial.

c) havendo a apresentação de algum impedimento matrimonial, conceder-se-á aos nubentes o prazo de três dias para apresentarem prova em sentido contrário, sendo, então, os autos remetidos ao Ministério Público, que emitirá parecer, no prazo de cinco dias, cabendo ao juiz decidir em igual prazo.

d) a decisão judicial que analisa o pedido de impugnação formulado pelo Ministério Público é irrecorrível.

152. **(Faurgs/TJ/RS/Cartórios/Ingresso/2015)** A respeito das regras sobre habilitação para o casamento, assinale a alternativa que preenche, nos temos da Lei n. 6.015/1973, a lacuna no trecho abaixo. Decorrido o prazo de (__) dias a contar da afixação do edital em cartório, se não aparecer quem oponha impedimento nem constar algum dos que de ofício deva declarar, ou se tiver sido rejeitada impugnação do órgão do Ministério Público, o oficial do registro certificará a circunstância nos autos e entregará aos nubentes certidão de que estão habilitados para se casar dentro do prazo previsto em lei:

a) cinco (05)

b) dez (10)

c) quinze (15)

d) trinta (30).

153. **(Vunesp/TJ/SP/Cartórios/Remoção/2016)** Em relação aos documentos necessários ao procedimento de habilitação para o casamento, é correto afirmar que:

a) se na certidão de nascimento constar anotação de registro de união estável com pessoa diversa, será necessário providenciar o cancelamento desse registro.

b) na hipótese de contraente viúvo(a), fica dispensada a apresentação da certidão de óbito do cônjuge falecido, se constar anotação de seu falecimento na certidão de casamento apresentada.

c) o contraente estrangeiro poderá fazer prova de estado civil por declaração de testemunhas.

d) a petição pela qual os interessados requerem a habilitação pode ser assinada por procurador com poderes especiais, outorgados por instrumento público, com prazo não superior a 90 (noventa) dias.

154. **(Ieses/TJ/PB/Cartórios/Remoção/2014)** Na habilitação para o casamento, se houver apresentação de impedimento por terceiro, o oficial dará ciência do fato aos nubentes, para que indiquem prova que pretendam produzir no prazo de:

a) três dias.

b) cinco dias.

c) dez dias.

d) quinze dias.

155. **(Vunesp/TJ/SP/Cartórios/Remoção/2014)** O procedimento administrativo da habilitação para o casamento será feito pessoalmente perante o Registro Civil das Pessoas Naturais, com a audiência do Ministério Público. No caso de casamento de menores, é correto afirmar que:

a) o consentimento de pais, para que seus filhos menores possam contrair matrimônio, deverá ser dado em audiência perante o Ministério Público.

b) o consentimento de pais analfabetos, para que seus filhos menores possam contrair matrimônio, deverá ser dado por meio de procurador constituído por instrumento público; ou por termo de consentimento, nos autos da habilitação, subscrito por uma pessoa a rogo do analfabeto, comprovada a presença do declarante pela tomada de sua impressão digital ao pé do termo.

c) a habilitação de casamento de menores deve ser precedida da emancipação destes por concessão dos pais, ou de um deles na falta de outro, mediante instrumento público, independentemente de homologação judicial, ou por sentença do Juiz, ouvido o tutor, se o menor tiver 16 anos completos.

d) após requerida a habilitação de casamento, juntando toda a documentação exigida por lei, em se tratando de casamento de menores, é necessária a anuência expressa de seus pais, feita por instrumento público ou particular com firma reconhecida. Ouvido o Ministério Público, o oficial encaminhará o processo ao Juiz Corregedor Permanente que decidirá de plano, deferindo a publicação do edital.

156. (Cespe/TJ/SE/Cartórios/Remoção/2014) No que diz respeito a habilitação e registro de casamento, assinale a opção correta:

a) cabe ao oficial do cartório definir se dispensa ou não a publicação dos proclamas.
b) é legítima a impugnação ao pedido de habilitação para casamento quando houver impedimento para a contração das núpcias.
c) deferido o procedimento de habilitação para o casamento, os nubentes têm o prazo de um ano para a celebração do matrimônio; se não o fizessem, o casamento só poderá ocorrer depois de realizada nova habilitação.
d) quando o casamento for celebrado por ministro de confissão religiosa, o processo de habilitação será realizado na respectiva entidade religiosa a que pertence o celebrante.
e) a decisão do oficial de registro civil que rejeita processo de habilitação para o casamento é insuscetível de revisão.

157. (Consulplan/TJ/MG/Cartórios/Remoção/2015) O Casamento é um ato complexo composto, via de regra, pelo procedimento de habilitação, pela celebração e pela lavratura do registro. Sobre o ato de casamento é possível afirmar, exceto:

a) caso haja impugnação do oficial de registro, do Ministério Público ou de terceiro, uma vez dada ciência do fato aos contraentes para que indiquem as provas que pretendam produzir, serão os autos da habilitação submetidos ao juízo de direito competente no prazo de 3 (três) dias.
b) as testemunhas do procedimento de habilitação não serão, necessariamente, as mesmas da celebração do casamento e podem ser parentes dos contraentes, em qualquer grau. No casamento nuncupativo elas não podem ter parentesco com os nubentes em linha reta ou na colateral até o terceiro grau.
c) o casamento religioso celebrado sem as formalidades legais poderá ter efeitos civis se, a requerimento dos contraentes, for registrado, a qualquer tempo, no registro civil, mediante prévia habilitação.
d) até o momento da celebração do casamento, podem os contraentes alterar a opção pelo regime de bens ou pelo nome que passarão a usar, hipóteses em que os autos de habilitação retornarão ao Ministério Público.

158. (Ieses/TJ/MS/Cartórios/Ingresso/2014) É certo afirmar:

I. o requerimento de abertura de matrícula para Gleba Pública Federal na Amazônia Legal ainda não matriculada, de que figure como titular a União, ou de averbação de descrição georreferenciada de Gleba Pública Federal já registrada como de propriedade da União, tratados pelo provimento de n. 33 do CNJ, será formulado diretamente ao Juiz Federal, ou não havendo, ao Juiz de Direito, que após analisado e admitido o encaminhará para o oficial de registro de imóveis competente para a circunscrição em que situado o imóvel.
II. o uso de papel de segurança unificado, fornecido pela Casa da Moeda do Brasil, para a expedição de certidões de nascimento, casamento e óbito, é opcional.
III. é vedada às autoridades competentes a recusa de habilitação, celebração de casamento civil ou de conversão de união estável em casamento entre pessoas de mesmo sexo.
IV. os assentos de nascimento, casamento e óbito de brasileiros lavrados por autoridade estrangeira competente, que não tenham sido previamente registrados em repartição consular brasileira, somente poderão ser trasladados no Brasil se estiverem legalizados por autoridade consular brasileira que tenha jurisdição sobre o local em que foram emitidas.

Analisando as proposições, pode-se afirmar:

a) somente as proposições I e III estão corretas.
b) somente as proposições II e IV estão corretas.
c) somente as proposições III e IV estão corretas.
d) somente as proposições I e II estão corretas.

159. (Ieses/TJ/RO/Cartórios/Ingresso/2017) Em relação a habilitação para o casamento assinale a alternativa correta:

a) os autos da justificação serão encaminhados ao juízo competente para serem anexados ao processo da habilitação matrimonial.
b) se os nubentes residirem em diferentes distritos do Registro Civil, deverá ser escolhido o distrito no qual se publicará e se registrará o edital.
c) a dispensa de proclamas deve ser feita por meio de petição endereçada e fundamentada ao tabelião competente.

d) na habilitação para o casamento, os interessados, apresentando os documentos exigidos pela lei civil, requererão ao oficial do registro do distrito de residência de um dos nubentes, que lhes expeça certidão de que se acham habilitados para se casarem.

160. **(Ieses/TJ/CE/Cartórios/Ingresso/2018)** Assinale a alternativa correta:

a) o Ministério Público não se manifesta sobre o pedido de habilitação para o casamento.

b) se os nubentes residirem em diferentes distritos do Registro Civil, se publicará e se registrará o edital no registro do nubente mais velho.

c) o princípio da rogação(instância) não é aplicado ao registro civil de pessoas naturais.

d) quando o casamento se der em circunscrição diferente daquela da habilitação, o oficial do registro comunicará ao da habilitação esse fato, com os elementos necessários às anotações nos respectivos autos.

161. **(Vunesp/TJ/SP/Cartórios/Ingresso/2018)** A propósito da conversão da união estável em casamento, assinale a alternativa correta:

a) a união estável poderá converter-se em casamento mediante pedido dos companheiros ao Juiz Corregedor Permanente, independentemente de prévia habilitação para o casamento.

b) não se admite, para fins de registro, a conversão de união estável em casamento de pessoas do mesmo sexo.

c) o processo de habilitação se desenvolve sob o mesmo rito previsto para o casamento, devendo constar dos editais que se trata de conversão, seguindo-se a lavratura do respectivo assento independentemente de autorização do Juiz Corregedor Permanente, prescindindo o registro da celebração do matrimônio.

d) o assento de conversão da união estável em casamento será lavrado imediatamente após a celebração do matrimônio, com expressa indicação da data do início de seu estabelecimento.

162. **(Vunesp/TJ/SP/Cartórios/Ingresso/2018)** Apresentado requerimento de habilitação para o casamento, constatou-se que o nubente contava com dezessete anos de idade, mas tinha sido emancipado, enquanto que a nubente possuía dezessete anos, porém estava sob tutela. Nesse caso hipotético, no que concerne à autorização para contrair matrimônio, deve o oficial do cartório de Registro Civil exigir autorização:

a) dos genitores da nubente sob tutela ou ato judicial que a supra.

b) do tutor da nubente ou ato judicial que a supra.

c) dos genitores de ambos os nubentes ou ato judicial que a supra.

d) dos genitores do nubente emancipado, bem como de um curador especial nomeado para a nubente sob tutela ou ato judicial que a supra.

1.2.6. *Do Casamento*

✱ INOVAÇÕES LEGISLATIVAS

▲ LRP. Título II – Do Registro de Pessoas Naturais, Capítulo VI – Do Casamento

▲ Art. 70. Do matrimônio, logo depois de celebrado, será lavrado assento, assinado pelo presidente do ato, os cônjuges, as testemunhas e o oficial, sendo exarados: 1º) os nomes, prenomes, nacionalidade, naturalidade, data de nascimento, profissão, domicílio e residência atual dos cônjuges; (Modificações: Lei 13.484/17)

✱ QUESTÕES DISCURSIVAS

10. **(TJ/SC/Cartórios/Ingresso/2012)** Zilto, nascido em 27 de maio de 1993, namorava sua prima Morgara, nascida em 15 de julho de 1997, sendo ambos reconhecidamente pobres. Mantiveram relações sexuais e Morgara engravidou, aumentando o desejo, que já nutriam, de se casar. Entretanto, somente a mãe de Morgara consentiu no casamento, entendendo o pai que, apesar de grávida, a filha era muito jovem, recusando, por isso, o consentimento. Os namorados, pretendendo morar juntos, adquiriram bens móveis para o futuro lar. Na data aprazada para o matrimônio, o noivo, em razão de uma emergência informou que não poderia comparecer ao ato. Diante do caso discorra sobre os procedimentos necessários à concretização do matrimônio, neles compreendidos a(s) autorização(ões), impedimento(s), exigência e possibilidade de dispensa dos proclamas, regime de bens, selos, emolumentos e custas. Discorra, ainda, sobre a obrigatoriedade da presença física e simultânea dos contraentes.

✱ QUESTÕES OBJETIVAS

163. **(Consulplan/TJ/MG/Cartórios/Ingresso/2018)** "João e Isabela nasceram em Teófilo Otoni/MG no ano 2000 e tiveram o ato de nascimento registrado em cartório daquela cidade. Aos 17 anos, domiciliado em Belo Horizonte/MG, ele foi emancipado por outorga dos pais. Depois, João e Isabela, ambos com 17 anos, casaram-se entre si (sem provimento jurisdicional algum acerca desse casamento) e migraram do Brasil para os Estados Unidos da América, onde passaram a trabalhar em empresa privada daquele país (nenhum deles a serviço do Brasil). Em razão da emigração, deixaram de ter domicílio no Brasil. Em 2018, tiveram um filho comum naquele país e registraram seu nascimento no consulado brasileiro na cidade de Boston. Isabela aproveitou o comparecimento ao consulado e firmou, perante o cônsul, procuração pública em que outorgou poderes para que o mandatário a representasse no Brasil em ato pelo qual o pai dela lhe doaria um imóvel na cidade de Teófilo Otoni/MG." Para regular habilitação, celebração e registro do casamento entre João e Isabela:

a) dispensou-se autorização dos pais de Isabela, já que ela tinha idade núbil, mas o regime de bens teve de ser o da separação obrigatória de bens.
b) necessariamente, houve prévia autorização dos pais dela para casar-se, razão porque o casamento somente pode ter sido celebrado sob regime da separação obrigatória de bens.
c) dispensou-se autorização dos pais de Isabela, já que ela tinha idade núbil, e o regime de bens pode ter sido livremente escolhido, mediante lavratura de escritura pública de pacto antenupcial.
d) necessariamente, houve prévia autorização dos pais dela para casar-se e o casamento pode ter sido celebrado sob regime de bens livremente escolhido mediante lavratura de escritura pública de pacto antenupcial.

164. **(Ieses/TJ/RS/Cartórios/Remoção/2013)** Das alternativas abaixo qual não é obrigação do Registrador Civil das Pessoas Naturais trazidas pelo Código Civil de 2002?

a) esclarecer aos nubentes sobre os diversos regimes de bens.
b) esclarecer aos nubentes a respeito de fatos que podem ocasionar a invalidade do casamento.
c) declarar a existência de impedimento matrimonial de que tenha conhecimento.
d) declarar casados o homem e a mulher que manifestaram, perante o juiz, a sua vontade de estabelecer vínculo conjugal.

165. **(FCC/TJ/PE/Cartórios/Remoção/2013)** Quanto aos atos praticados pelo oficial do Registro Civil das Pessoas Naturais, é correto afirmar:

a) o assento da conversão da união estável em casamento será lavrado no Livro "B", exarando-se o determinado no art. 70, §§ 1º ao 8º e 10, da Lei n. 6.015/73, sem a indicação do nome e assinatura do presidente do ato, anotando-se no respectivo termo que se trata de conversão de união estável em casamento.
b) a Declaração de Óbito (DO) instituída pelo Ministério da Saúde é peça indispensável para a lavratura do assento do registro de óbito, devendo estar preenchida de forma completa, principalmente, no que se relaciona ao nome do falecido, sua qualificação, lugar do falecimento e a "causa mortis".
c) os assentos de nascimentos, casamentos e óbitos, no estrangeiro, pela autoridade diplomática brasileira nesses países, serão trasladados no Livro "E", do serviço de Registro Civil de Pessoas Naturais competente, para surtirem efeitos no Brasil, após homologação judicial.
d) para efeitos de averbação à margem do assento onde foi realizado o casamento se exigirá comprovante de prévio registro das sentenças de separação ou divórcio no Livro "E", da serventia de Registro Civil das Pessoas Naturais.
e) no assento de nascimento do indígena, integrado ou não, deve ser lançado, obrigatoriamente, o nome indígena do registrando, não se aplicando o artigo 55, parágrafo único, da Lei n. 6.015/73.

166. **(Faurgs/TJ/RS/Cartórios/Remoção/2015)** Assinale a alternativa que apresenta o número de testemunhas exigido pela Lei n. 6.015/1973 para a celebração de casamento, na hipótese de iminente risco de vida de algum dos contraentes, quando não for possível a presença da autoridade competente para presidir o ato:

a) duas.
b) quatro.
c) seis.
d) oito.

167. **(Vunesp/TJ/SP/Cartórios/Ingresso/2016)** Em relação aos traslados de assentos de brasileiros lavrados em país estrangeiro, é correto afirmar que:

a) antes de serem trasladados, os registros realizados em repartição estrangeira deverão ser traduzidos por tradutor público juramentado, legalizados por autoridade consular brasileira e registrados em cartório de Títulos e Documentos.

b) deverão ser registrados perante o oficial de registro Civil das Pessoas Naturais da Sede ou do 1º Subdistrito da Comarca do domicílio do interessado, no livro próprio de nascimento, casamento ou óbito, conforme o caso.

c) a omissão do regime de bens no assento de casamento não obstará o traslado deste.

d) deverá constar do assento do traslado de registro de nascimento, realizado em repartição estrangeira, a observação de que se trata de brasileiro nato, se o genitor brasileiro residir em território nacional.

168. **(Vunesp/TJ/SP/Cartórios/Ingresso/2016)** É elemento do assento de casamento:

a) livro, folha e número do termo do oficial de registro Civil das Pessoas Naturais em que registrada a união estável, em se tratando de registro de conversão de união estável em casamento.

b) a naturalidade dos genitores dos contraentes.

c) a indicação da autoridade celebrante, em se tratando de registro de casamento religioso para efeitos civis.

d) a data da dissolução do casamento anterior e o nome do cônjuge precedente, se for o caso.

169. **(Vunesp/TJ/SP/Cartórios/Ingresso/2014)** Quanto ao livro de registro de casamento, é correto afirmar que:

a) será averbada a sentença de nulidade ou de anulação de casamento, declarando-se a data em que o Juiz a proferiu, a sua conclusão, os nomes das partes e o trânsito em julgado.

b) o oficial do registro civil das Pessoas Naturais comunicará, dentro de 05 (cinco) dias, o lançamento da averbação ao tabelião que lavrou a escritura de separação ou divórcio consensuais mediante ofício sob registro postal.

c) o oficial do registro civil das Pessoas Naturais comunicará, dentro de 05 (cinco) dias, o lançamento da averbação ao Juiz que houver subscrito a carta de sentença ou mandado mediante ofício sob registro postal.

d) as sentenças de nulidade ou anulação de casamento não serão averbadas enquanto sujeitas a recurso com efeito suspensivo, devendo constar tal circunstância do mandado judicial.

170. **(Vunesp/TJ/SP/Cartórios/Remoção/2014)** Para ser efetuado o traslado de assento de casamento de brasileiro, ocorrido em país estrangeiro, o mesmo deverá ser requerido por um dos cônjuges ou por procurador, devendo ser apresentada, dentre outros documentos, a certidão de casamento emitida por autoridade consular brasileira ou certidão estrangeira de casamento legalizada por autoridade consular brasileira e traduzida por tradutor público juramentado. Caso não conste o regime de bens adotado pelos cônjuges na certidão de casamento apresentada, o oficial do registro civil das Pessoas Naturais deve:

a) trasladar o assento sem a menção ao regime de bens, devendo a averbação do regime ser requerida posteriormente, mediante autorização judicial.

b) trasladar o assento sem a menção ao regime de bens, podendo a averbação do regime ser requerida posteriormente, mediante apresentação de documentação comprobatória.

c) negar o traslado do assento de casamento sem a menção ao regime de bens, tendo em vista que é requisito do registro do assento de casamento, com base no artigo 1536 do Código Civil, a menção ao regime de bens escolhido pelos nubentes.

d) trasladar o assento de casamento constando o regime da comunhão parcial de bens, pois este é o regime legal, quando não adotado outro regime por meio de pacto antenupcial.

171. **(Cespe/TJ/DFT/Cartórios/Remoção/2014)** A respeito das disposições acerca do casamento, assinale a opção correta:

a) o oficial de registro civil das pessoas naturais tem competência para registrar casamento de pessoa em situação de iminente risco de vida, desde que não haja impedimento e desde que o ato seja confirmado, no prazo de cinco dias, por seis testemunhas.

b) em caso de crime contra os costumes, o oficial de registro civil pode celebrar o casamento entre vítima e autor, mas é necessário que ouça os contraentes de forma separada.

c) as condições suspensivas para o casamento não impedem o reconhecimento da união estável nem a conversão dessa relação em casamento.

d) na fase de habilitação de casamento, caso um dos nubentes resida no exterior, os proclamas devem ser publicados no 1º Ofício de Registro Civil das Pessoas Naturais do DF, e deve haver comprovação, pela autoridade estrangeira pertinente, da publicação dos proclamas.
e) o livro "B" destina-se ao registro de casamento e de casamento religioso para efeitos civis. Do livro "B auxiliar" devem constar os registros da conversão de união estável em casamento.

172. **(Cespe/TJ/DFT/Cartórios/Remoção/2014)** Em relação ao casamento, à união estável e ao divórcio, assinale a assertiva correta:

a) o casamento de menor de 16 anos é permitido no Brasil em situações especiais, como nos casos de gravidez da nubente.
b) os efeitos da emancipação do menor em decorrência de casamento têm início com o registro da certidão de casamento no livro de emancipações, interdições e ausências.
c) o registro de casamento de estrangeiro deve ser informado ao tribunal de justiça ao qual o ofício de registro civil das pessoas naturais esteja vinculado.
d) o registro civil do casamento religioso para efeitos civis, bem como a sua primeira certidão, são gratuitos.
e) para produzirem efeitos contra terceiros, as sentenças de divórcio devem ser averbadas no livro de registros de nascimento.

173. **(Vunesp/TJ/SP/Cartórios/Ingresso/2018)** Sobre o casamento, é correto afirmar que:

a) a escritura de pacto antenupcial deverá ser anexada aos autos da habilitação, devendo constar do respectivo assento de casamento somente a menção de sua existência, vedada a indicação do cartório em cujas notas foi lavrada.
b) qualquer dos nubentes, querendo, poderá acrescer ao seu o sobrenome do outro.
c) a dispensa dos proclamas, nos casos previstos em lei, será submetida à decisão do Registrador Civil processante, com a audiência obrigatória do Ministério Público.
d) o casamento pode celebrar-se mediante procuração com eficácia limitada ao prazo de 90 (noventa) dias, por instrumento público ou particular com firma reconhecida.

174. **(IBFC/TJ/PR/Cartórios/Remoção/2014)** Caso seja efetuado um registro de pacto antenupcial no Registro Auxiliar – Livro 3, em conformidade com a Lei 6.015/73, antes do casamento e este não vir a se realizar, o ato é considerado nulo. Entretanto, a sua extinção se dará:

a) a requerimento ao oficial por um dos nubentes.
b) a requerimento ao oficial por ambos os nubentes.
c) somente por via judicial.
d) "ex officio" pelo oficial, independente de requerimento.

1.2.7. Do Registro do Casamento Religioso para Efeitos Civis

*** QUESTÕES OBJETIVAS**

175. **(Ieses/TJ/RS/Cartórios/Remoção/2013)** Na legislação em vigor encontra-se disciplinado o registro do casamento religioso para efeitos civis. Assim, marque a alternativa incorreta:

a) o registro civil do casamento religioso deverá ser promovido dentro de 30 (trinta) dias de sua realização, mediante comunicação do celebrante ao ofício competente, ou por iniciativa de qualquer interessado, desde que haja sido homologada previamente a habilitação.
b) a habilitação pode ser prévia ou posterior à celebração do casamento pela autoridade ou ministro celebrante, porém, em qualquer caso, terá eficácia de 90 (noventa) dias, a contar da data em que foi extraído o certificado.
c) o registro do casamento religioso para efeitos civis produzirá efeitos jurídicos a contar da celebração do casamento.
d) o termo ou assento do casamento religioso será subscrito pela autoridade ou ministro que o celebrou, pelos nubentes e por duas testemunhas.

176. **(Cespe/TJ/DFT/Cartórios/Ingresso/2014)** Com base no disposto no Código Civil e na Lei n. 6.015/1973, assinale a opção correta:

a) o casamento civil será dissolvido pelo divórcio, que poderá ser realizado, quando consensual, pelo oficial de registro civil das pessoas naturais, mediante escritura pública.
b) o casamento religioso, celebrado sem prévia habilitação, poderá ser registrado, desde que seja processada, previamente ao registro, a habilitação, com a publicação dos editais e certificada a inexistência de impedimentos.

c) qualquer dos nubentes poderá acrescer ao seu sobrenome o do outro até o registro do matrimônio, não podendo fazê-lo posteriormente.

d) na hipótese de o casamento ocorrer em comarca distinta da de habilitação, o oficial de registro civil das pessoas naturais deverá cientificar o MP, que, em caso de dúvida, poderá exigir elementos de prova que demonstrem a inexistência de impedimentos para o casamento.

e) as causas suspensivas do casamento impedem a caracterização da união estável e, por conseguinte, a sua conversão em casamento.

177. **(Vunesp/TJ/SP/Cartórios/Remoção/2016)** Em relação ao registro do casamento religioso para efeitos civis, é correto afirmar que:

a) deverá ser registrado perante o oficial de registro Civil das Pessoas Naturais do lugar da celebração.

b) produz efeitos a partir da data de sua celebração.

c) o prazo para que o oficial de registro Civil das Pessoas Naturais realize o registro é de 5 (cinco) dias a partir da entrada do requerimento.

d) o termo do casamento religioso deverá ser assinado pelo celebrante, pelos nubentes e testemunhas, sendo exigido, para o seu registro, o reconhecimento das firmas do celebrante e das testemunhas.

178. **(FMP/TJ/MT/Cartórios/Ingresso/2014)** Sobre os registros, as averbações e as anotações no Registro Civil das Pessoas Naturais, assinale a afirmativa correta:

a) a sentença de anulação de um casamento, cujo registro foi lavrado no Livro B, será averbada no Livro B-auxiliar e anotada nos assentos de nascimento dos cônjuges, lavrados no Livro A.

b) o óbito, cujo registro foi lavrado no Livro C, será averbado no assento de nascimento, e anotado no assento de casamento, lavrados nos Livro A e D, respectivamente.

c) a emancipação, cujo registro foi lavrado no Livro E, será averbada no assento de nascimento e anotada no assento de casamento, lavrados nos Livros A e B, respectivamente.

d) o restabelecimento de uma sociedade conjugal, cujo registro de casamento religioso para efeitos civis foi lavrado no Livro B-auxiliar, será averbado no Livro B-auxiliar e anotado nos assentos de nascimento dos cônjuges, lavrados no Livro A.

e) o casamento, cujo registro foi lavrado no Livro B, será averbado nos assentos de nascimento e anotado nos assentos de óbito dos cônjuges, lavrados respectivamente nos livros A e C.

179. **(FMP/TJ/MT/Cartórios/Remoção/2014)** Assinale a alternativa correta acerca do registro do casamento religioso para efeitos civis:

a) o casamento religioso, que atender às exigências da lei para a validade do casamento civil, equipara-se a este, desde que registrado no registro próprio, no Livro B – Auxiliar, produzindo efeitos a partir da data de sua celebração.

b) o registro civil do casamento religioso deverá ser promovido no Livro B dentro de trinta dias de sua realização, mediante comunicação do celebrante ao ofício competente, desde que haja sido homologada previamente a habilitação.

c) o casamento religioso, celebrado sem as formalidades exigidas na lei, terá efeitos civis se, a requerimento do casal, for registrado no Livro B – Auxiliar, a qualquer tempo, ficando dispensada a habilitação perante a autoridade competente.

d) o casamento religioso deverá ser registrado no Livro B e terá os mesmos efeitos do casamento civil, desde que a habilitação, nos termos da lei, ocorra noventa dias antes da cerimônia religiosa.

e) será nulo o registro civil do casamento religioso devidamente realizado no Livro B – Auxiliar, se, depois dele, qualquer dos consorciados contrair com outrem casamento civil.

180. **(Vunesp/TJ/SP/Cartórios/Ingresso/2018)** Sobre o casamento religioso para efeitos civis, é correto afirmar que:

a) o registro no Livro B-Auxiliar produzirá efeitos jurídicos a contar da celebração do casamento.

b) o casamento religioso celebrado sem as formalidades exigidas pela lei civil jamais poderá ser registrado.

c) apresentado o termo do casamento religioso para fins de registro, o Registrador Civil deverá formalizar a lavratura do ato no prazo de 48 (quarenta e oito) horas.

d) o registro civil do casamento religioso deverá ser promovido dentro de 90 (noventa) dias de sua realização, desde que previamente certificada a habilitação. Expirado o prazo, ainda que se proceda a nova habilitação, o registro não poderá mais ser autorizado.

1.2.8. Do Casamento em Iminente Risco de Vida

✱ QUESTÕES OBJETIVAS

181. **(Ieses/TJ/RO/Cartórios/Remoção/2017)** Ocorrendo iminente risco de vida de algum dos contraentes, e não sendo possível a presença da autoridade competente para presidir o ato, o casamento poderá realizar-se:

a) na presença de seis testemunhas, que comparecerão, dentro de quinze dias, perante a autoridade judiciária mais próxima, a fim de que sejam reduzidas a termo suas declarações.

b) na presença de três testemunhas, que comparecerão, dentro de cinco dias, perante a autoridade judiciária mais próxima, a fim de que sejam reduzidas a termo suas declarações.

c) na presença de seis testemunhas, que comparecerão, dentro de cinco dias, perante a autoridade judiciária mais próxima, a fim de que sejam reduzidas a termo suas declarações.

d) na presença de cinco testemunhas, que comparecerão, dentro de dez dias, perante a autoridade judiciária mais próxima, a fim de que sejam reduzidas a termo suas declarações.

182. **(Ieses/TJ/RO/Cartórios/Ingresso/2017)** Assinale a alternativa correta:

a) ocorrendo iminente risco de vida de algum dos contraentes, e não sendo possível a presença da autoridade competente para presidir o ato, o casamento poderá realizar-se na presença de seis testemunhas, que comparecerão, dentro de 5 (cinco) dias, perante a autoridade judiciária mais próxima, a fim de que sejam reduzidas a termo suas declarações.

b) os assentos de óbitos de pessoas falecidas a bordo de navio brasileiro serão lavrados no Distrito Federal.

c) a cremação de cadáver será feita daquele que houver manifestado a vontade de ser incinerado ou por manifestação de vontades dos parentes próximos e se o atestado de óbito houver sido firmado por 2 (dois) médicos ou por 1 (um) médico legista.

d) não é necessário a inclusão do prenome e da profissão no assento de óbito.

183. **(Ieses/TJ/AM/Cartórios/Ingresso/2018)** Em relação ao casamento, assinale a alternativa correta:

a) o assento ou termo somente conterá a data da celebração, o lugar, o culto religioso, o nome do celebrante, sua qualidade, o cartório que expediu a habilitação, sua data, os nomes, profissões, residências, nacionalidades dos conjuges, não sendo a qualificação das testemunhas.

b) no casamento são necessárias cinco testemunhas para que o ato tenha validade.

c) o casamento religioso, celebrado sem a prévia habilitação, perante o oficial de registro público,não poderá ser registrado.

d) ocorrendo iminente risco de vida de algum dos contraentes, e não sendo possível a presença da autoridade competente para presidir o ato, o casamento poderá realizar-se na presença de seis testemunhas, que comparecerão, dentro de 5 (cinco) dias, perante a autoridade judiciária mais próxima, a fim de que sejam reduzidas a termo suas declarações.

1.2.9. Do Óbito

✱ INOVAÇÕES LEGISLATIVAS

▲ LRP. Título II – Do Registro de Pessoas Naturais, Capítulo IX – Do Óbito

▲ Art. 77. Nenhum sepultamento será feito sem certidão do oficial de registro do lugar do falecimento ou do lugar de residência do "de cujus", quando o falecimento ocorrer em local diverso do seu domicílio, extraída após a lavratura do assento de óbito, em vista do atestado de médico, se houver no lugar, ou em caso contrário, de duas pessoas qualificadas que tiverem presenciado ou verificado a morte. (Modificações: Lei 13.484/17)

✱ QUESTÕES OBJETIVAS

184. **(Consulplan/TJ/MG/Cartórios/Ingresso/2018)** Analise as afirmativas a seguir de acordo com a Lei nº 6.015/73.

I. nenhum sepultamento será feito sem certidão do oficial de registro do lugar do falecimento ou do lugar de residência do "de cujus", quando o falecimento ocorrer em local diverso do seu domicílio, extraída após a lavratura do assento de óbito, em vista do atestado de médico, se houver no lugar, ou em caso contrário, de duas pessoas qualificadas que tiverem presenciado ou verificado a morte.

II. a cremação de cadáver somente será feita daquele que houver manifestado a vontade de ser incinerado ou no interesse da saúde pública e se o atestado de óbito houver sido firmado por 2 (dois) médicos ou por 1 (um) médico legista e, no caso de morte violenta, depois de autorizada pela autoridade policial.

III. na impossibilidade de ser feito o registro dentro de 24 (vinte e quatro) horas do falecimento, pela distância ou qualquer outro motivo relevante, o assento será lavrado depois, com a maior urgência, e dentro do prazo de 15 (quinze) dias, que será ampliado em até 6 (seis) meses para os lugares distantes mais de 30 (trinta) quilômetros da sede do cartório.

IV. antes de proceder ao assento de óbito de criança de menos de 1 (um) ano, o oficial verificará se houve registro de nascimento, que, em caso de falta, será previamente feito.

Estão corretas as afirmativas:

a) I, II, III e IV.
b) I e II, apenas.
c) I e IV, apenas.
d) II e III, apenas.

185. **(Cespe/TJ/ES/Cartórios/Ingresso/2013)** Antônio sofreu acidente automobilístico na cidade de Vila Velha/ES e o corpo de bombeiros local, verificando a gravidade da situação, transportou Antônio à cidade de Guarapari/ES, local de seu domicílio. Apesar de todas as providências adotadas, verificou-se que Antônio falecera no local do acidente, tendo sido emitido atestado médico com a respectiva informação. Nessa situação hipotética, o registro de óbito deverá ser lavrado pelo oficial de registro da comarca de:

a) Guarapari/ES, local onde foi constatada a morte de Antônio, ou pelo oficial de registro da comarca de Vila Velha/ES, local onde ocorreu, de fato, a morte.
b) a comarca de Vila Velha/ES, lugar do óbito informado no atestado médico.
c) Guarapari/ES, local onde foi constatada a morte de Antônio.
d) Guarapari/ES, domicílio da família do falecido.
e) Guarapari/ES, comarca do hospital onde Antônio foi recebido, visto que a morte decorreu de acidente.

186. **(Cespe/TJ/PI/Cartórios/Remoção/2013)** A respeito do óbito, assinale a opção correta com base na Lei n. 6.015/1973 e demais normas aplicáveis à espécie:

a) o registrador não deve fazer constar no assento de óbito, mesmo diante de declaração de médico atestante, informação sobre a "causa mortis" que atente contra a dignidade do falecido e de seus familiares.
b) o traslado do assento de óbito de brasileiro ocorrido em país estrangeiro poderá ser realizado com a omissão de dados, sendo possível a posterior inserção das informações faltantes, por averbação, mediante autorização judicial.
c) o rol dos elementos que devem constar do assento de óbito é exemplificativo, de modo que cabe nele a inserção de informação acessória, voluntariamente prestada, acerca de eventual convivência comum do "de cujus" com terceiro.
d) é cabível procedimento de justificação judicial para o assento de óbito de pessoas desaparecidas em naufrágio, inundação, incêndio, terremoto ou qualquer outra catástrofe, se não for possível encontrar o cadáver para exame, sendo irrelevante a prova da presença de tais pessoas no local do desastre.
e) compete ao juízo do local do falecimento apreciar pedido de justificação de óbito.

187. **(FCC/TJ/PE/Cartórios/Ingresso/2013)** Com relação ao óbito é correto afirmar:

a) não é possível a lavratura do assento de óbito se não for localizado o cadáver.
b) o assentamento de óbito ocorrido em hospital, prisão ou outro qualquer estabelecimento público será feito, em falta de declaração de presentes, mediante justificação judicial.
c) na hipótese de calamidade pública é possível o sepultamento sem a certidão de óbito.
d) nos óbitos naturais ocorridos em localidades sem médico, a Declaração de Óbito será preenchida pelo titular do cartório.
e) o assento de óbito de criança de menos de um ano de idade prescinde da verificação de registro de nascimento.

188. **(Ieses/TJ/RN/Cartórios/Ingresso/2012)** Sobre o sepultamento e a cremação, assinale a afirmação incorreta:

a) nenhum sepultamento será feito sem certidão, do oficial de registro do lugar do falecimento, extraída após a lavratura do assento de óbito, em vista do atestado de médico, se houver no lugar, ou em caso contrário, de duas pessoas qualificadas que tiverem presenciado ou verificado a morte.

b) sendo o finado desconhecido, o assento deverá conter a informação "indigente", assim como: declaração de estatura ou medida, se for possível, cor, sinais aparentes, idade presumida, vestuário e qualquer outra indicação que possa auxiliar de futuro o seu reconhecimento; e, no caso de ter sido encontrado morto, serão mencionados esta circunstância e o lugar em que se achava e o da necropsia, se tiver havido.

c) a cremação de cadáver somente será feita daquele que houver manifestado a vontade de ser incinerado ou no interesse da saúde pública e se o atestado de óbito houver sido firmado por 2 (dois) médicos ou por 1 (um) médico legista e, no caso de morte violenta, depois de autorizada pela autoridade judiciária.

d) na impossibilidade de ser feito o registro dentro de 24 (vinte e quatro) horas do falecimento, pela distância ou qualquer outro motivo relevante, o assento será lavrado depois, com a maior urgência, e dentro dos prazos fixados na lei.

189. **(Faurgs/TJ/RS/Cartórios/Ingresso/2015)** Assinale a alternativa que apresenta afirmação correta a respeito da disciplina do Registro Civil das Pessoas Naturais na Lei n. 6.015/1973:

a) nenhum sepultamento pode ser feito sem certidão do oficial de registro do lugar do falecimento, extraída após a lavratura do assento de óbito, em vista do atestado de médico, se houver no lugar, ou, em caso contrário, de quatro pessoas qualificadas que tiverem presenciado ou verificado a morte.

b) nenhum sepultamento pode ser feito sem certidão do oficial de registro do lugar do falecimento, extraída após a lavratura do assento de óbito, em vista do atestado de médico, se houver no lugar, ou, em caso contrário, de duas pessoas qualificadas que tiverem presenciado ou verificado a morte.

c) nenhum sepultamento pode ser feito sem certidão do oficial de registro do lugar do falecimento, se houver no lugar, ou em vista de atestado de médico que tiver presenciado ou verificado a morte.

d) nenhum sepultamento pode ser feito sem certidão do oficial de registro do lugar do falecimento, extraída após a lavratura do assento de óbito, em vista do atestado de médico, se houver no lugar, ou, em caso contrário, de alvará judicial.

190. **(Faurgs/TJ/RS/Cartórios/Remoção/2015)** Assinale a alternativa que apresenta afirmação correta a respeito da disciplina sobre o Registro Civil das Pessoas Naturais na Lei n. 6.015/1973:

a) o oficial de registro civil comunicará o óbito à Receita Federal e à Secretaria de Segurança Pública da unidade da Federação que tenha emitido a cédula de identidade, exceto se, em razão da idade do falecido, essa informação for manifestamente desnecessária.

b) o oficial de registro civil comunicará o óbito à Receita Federal e à Secretaria de Segurança Pública da unidade da Federação que tenha emitido a cédula de identidade, independentemente da idade do falecido.

c) o oficial de registro civil deve comunicar o óbito ao Superior Tribunal Eleitoral, ao Instituto Nacional do Seguro Nacional e ao Ministério da Justiça.

d) o oficial de registro civil deve comunicar o óbito ao Instituto Nacional do Seguro Nacional, ao Ministério da Justiça e ao Ministério do Trabalho.

191. **(Ieses/TJ/MS/Cartórios/Remoção/2014)** No caso de uma criança morrer na ocasião do parto, tendo, entretanto, respirado: qual será o procedimento cartorário relacionado ao registro:

a) será dispensado tanto o assento de nascimento quanto o de óbito, havendo apenas registro de ocorrência hospitalar para fins estatísticos.

b) serão feitos os dois assentos, o de nascimento e o de óbito, com os elementos cabíveis e com remissões recíprocas.

c) será feito apenas o assento de óbito, com os elementos cabíveis e com remissões recíprocas.

d) será dispensado o assento de nascimento por se tratar de natimorto.

192. **(Vunesp/TJ/SP/Cartórios/Remoção/2016)** Dentre outros requisitos, o assento de óbito deve conter:

a) o fato de ser gêmeo, quando assim tiver acontecido.

b) os prenomes, os sobrenomes, a profissão, a naturalidade e a residência dos pais do morto.

c) o lugar do nascimento.

d) o número do procedimento administrativo da habilitação para o casamento, se casado.

193. **(Vunesp/TJ/SP/Cartórios/Remoção/2016)** Assinale a alternativa correta:

a) antes de proceder ao assento de óbito de pessoa de menos de um ano, o oficial verificará se houve registro de nascimento, o qual, se inexistente, será previamente feito no mesmo Registro Civil das Pessoas Naturais competente para a lavratura do assento de óbito, após autorização do Juiz Corregedor Permanente.

b) antes de proceder ao assento de óbito de pessoa de menos de um ano, o oficial verificará se houve registro de nascimento, o qual, se inexistente, será previamente feito no Registro Civil das Pessoas Naturais do domicílio dos pais, ainda que diverso do qual seria competente para a lavratura do óbito.

c) a lavratura do assento de óbito de pessoa de menos de um ano prescinde do registro de nascimento, desde que feito no cartório do domicílio da mãe.

d) antes de proceder ao assento de óbito de pessoa de menos de um ano, o oficial verificará se houve registro de nascimento, o qual, se inexistente, será previamente feito no mesmo Registro Civil das Pessoas Naturais competente para a lavratura do assento de óbito.

194. **(Vunesp/TJ/SP/Cartórios/Remoção/2016)** Quando o assento de óbito for posterior ao enterro e não houver atestado de médico ou de duas pessoas qualificadas:

a) assinarão, com a que fizer a declaração, duas testemunhas que tiverem assistido ao falecimento ou ao funeral e puderem atestar, por conhecimento próprio ou por informação que tiverem colhido, a identidade do cadáver.

b) assinará uma testemunha que tiver assistido ao falecimento ou ao funeral e puder atestar, por conhecimento próprio ou por informação que tiver colhido, a identidade do cadáver.

c) a lavratura do assento será precedida de decisão do Ministério Público.

d) assinarão, com a que fizer a declaração, três testemunhas que tiverem assistido ao falecimento ou ao funeral.

195. **(Ieses/TJ/MS/Cartórios/Ingresso/2014)** De acordo com a Lei de Registros Públicos, a cremação é possível:

a) o procedimento somente poderá ser realizado se houver autorização do oficial de registro Civil que, na hipótese de ocorrência de morte violenta, deverá requisitar autorização ao juiz competente.

b) se o falecido não tiver externado a vontade, o oficial de registro Civil não poderá autorizar a cremação, ainda que seja a vontade da família, exceto no interesse da saúde pública, por força de moléstia infectocontagiosa, independentemente de autorização judicial.

c) no interesse da saúde pública, em razão de epidemias por moléstias infectocontagiosas, desde que o atestado tenha sido subscrito por um médico ou por dois médicos legistas, havendo necessidade de autorização judicial.

d) se o falecido tiver externado a vontade, independentemente da existência de autorização judicial, desde que a interrupção da vida não tenha sido decorrente de morte violenta.

196. **(Ieses/TJ/PB/Cartórios/Remoção/2014)** O declarante do óbito poderá exigir que conste na certidão de óbito para fins de facilitação de posteriores encaminhamentos:

I. número de inscrição do PIS/Pasep.

II. número de inscrição no Instituto Nacional do Seguro Social – INSS e o número de benefício previdenciário – NB, no caso de condição de beneficiário.

III. número do título de eleitor.

IV. número e série da carteira de trabalho.

A sequência correta é:

a) apenas as assertivas III e IV estão corretas.

b) as assertivas I, II, III e IV estão corretas.

c) apenas as assertivas I e III estão corretas.

d) apenas as assertivas I, III e IV estão corretas.

197. **(Vunesp/TJ/SP/Cartórios/Ingresso/2014)** Quanto ao Registro Civil das Pessoas Naturais, assinale a alternativa correta:

a) serão registradas no Livro "E" do Registro Civil das Pessoas Naturais do 1º Subdistrito da Comarca, com relação aos menores nela domiciliados, emancipação por concessão dos pais, ou de um deles na falta do outro, mediante instrumento público ou particular, independentemente de homologação judicial, ou por sentença do Juiz, ouvido o tutor, se o menor tiver 16 anos completos.

b) antes de proceder ao assento de óbito de pessoa de menos de 1 (um) ano, o oficial verificará se houve registro de nascimento, o qual, se inexistente, será previamente feito, no mesmo Registro Civil das Pessoas Naturais competente para a lavratura do assento de óbito.

c) o registro das sentenças de declaração de morte presumida será feito no Livro "C" do Registro Civil das Pessoas Naturais do 1º Subdistrito da Comarca onde o ausente teve seu último domicílio.

d) o registro do contrato da união estável será lavrado no Livro "B", pelo oficial do registro civil das Pessoas Naturais da Sede, ou onde houver, no 1º Subdistrito da Comarca em que os companheiros têm ou tiveram seu último domicílio.

198. **(FMP/TJ/MT/Cartórios/Ingresso/2014)** Acerca do assento de óbito, assinale a afirmativa correta:

a) o assento de óbito somente poderá ser lavrado em vista de atestado de médico legista ou de dois médicos que tiverem verificado ou presenciado a morte.

b) o assento de óbito deverá ser assinado pelo médico legista que atestou o óbito ou por alguém a seu rogo, se não souber ou não puder assinar.

c) nenhum assento será lavrado após o sepultamento, salvo por autorização judicial, expedida após a oitiva de duas testemunhas que tiverem assistido ao falecimento ou ao funeral e puderem atestar, por conhecimento próprio ou por informação que tiverem colhido, a identidade do cadáver.

d) o assentamento de óbito ocorrido em hospital, prisão ou outro qualquer estabelecimento público será feito, em falta de declaração de parentes, segundo a declaração da respectiva administração, após autorização judicial.

e) sendo o finado desconhecido, o assento deverá conter declaração de estatura ou medida, se for possível, cor, sinais aparentes, idade presumida, vestuário e qualquer outra indicação que possa auxiliar de futuro o seu reconhecimento.

199. **(IBFC/TJ/PR/Cartórios/Ingresso/2014)** Sobre o óbito, marque a alternativa incorreta:

a) antes de proceder ao assento de óbito de criança de menos de 1 (um) ano, o oficial verificará se houve registro de nascimento, que, em caso de falta, será previamente feito.

b) a cremação de cadáver somente será feita daquele que houver manifestado a vontade de ser incinerado ou no interesse da saúde pública e se o atestado de óbito houver sido firmado por 2 (dois) médicos ou por 1 (um) médico legista e, no caso de morte violenta, depois de autorizada pela autoridade judiciária.

c) na impossibilidade de ser feito o registro dentro de 48 (quarenta e oito horas) do falecimento, pela distância ou qualquer outro motivo relevante, o assento será lavrado depois, com a maior urgência, e dentro dos prazos fixados no artigo 50.

d) o assento de óbito ocorrido em hospital, prisão ou outro qualquer estabelecimento público será feito, em falta de declaração de parentes, segundo a da respectiva administração, observadas as disposições dos artigos 80 a 83; e o relativo a pessoa encontrada acidental ou violentamente morta, segundo a comunicação, "ex officio", das autoridades policiais, às quais incumbe fazê-la logo que tenham conhecimento do fato.

200. **(Ieses/TJ/RO/Cartórios/Remoção/2017)** No caso de a criança morrer na ocasião do parto, tendo, entretanto, respirado, serão feitos:

a) o assento de natimorto.

b) apenas o assento de óbito, com os elementos cabíveis e com remissões recíprocas.

c) o assento de nascituro.

d) os dois assentos, o de nascimento e o de óbito, com os elementos cabíveis e com remissões recíprocas.

201. **(Ieses/TJ/RO/Cartórios/Remoção/2017)** Dentre outras informações, o assento de óbito deverá conter:

I. se era eleitor.

II. o prenome, nome, sexo, idade, cor, estado, profissão, naturalidade, domicílio e residência do morto.

III. se deixou filhos, nome e idade de cada um.

IV. se era filhado a partido político, indicando qual o partido e data de filiação.

A sequência correta é:

a) apenas as assertivas I e IV estão corretas.

b) apenas a assertiva II está correta.

c) a assertiva IV está incorreta.

d) as assertivas I, II, III e IV estão corretas.

202. **(Ieses/TJ/RO/Cartórios/Remoção/2017)** Sendo o finado desconhecido, o assento de óbito deverá conter, quando possível, dentre outras informações:

I. a declaração de estatura ou medida e a cor da pele.

II. sinais aparentes.

III. idade presumida.

IV. vestuário e qualquer outra indicação que possa auxiliar de futuro o seu reconhecimento.

A sequência correta é:

a) apenas as assertivas I e IV estão corretas.

b) a assertiva IV está incorreta.

c) apenas a assertiva II está correta.

d) as assertivas I, II, III e IV estão corretas.

203. **(Ieses/TJ/CE/Cartórios/Remoção/2018)** No caso de ter a criança nascido morta:

a) não será necessário o registro.

b) será o registro feito no livro "C Auxiliar".

c) a lei faculta o registro.

d) será o registro feito no livro "B".

204. **(Ieses/TJ/CE/Cartórios/Remoção/2018)** Dentre outros itens, o assento de óbito deverá conter obrigatoriamente:

I. a hora, se possível, dia, mês e ano do falecimento.

II. o prenome, nome, sexo, idade, cor, estado, profissão, naturalidade, domicílio e residência do morto.

III. a opção político partidária, se filiado em partido político.

IV. se a morte foi natural ou violenta e a causa conhecida, com o nome dos atestantes.

A sequência correta é:

a) apenas a assertiva III está incorreta.

b) as assertivas I, II, III e IV estão corretas.

c) apenas as assertivas III e IV estão corretas.

d) apenas as assertivas I, II e III estão corretas.

205. **(Ieses/TJ/CE/Cartórios/Ingresso/2018)** Assinale a alternativa correta:

a) o assento de óbito não pode ser realizado por analfabetos.

b) o assento de óbito deve conter a informação se a pessoa era filiada à partido político.

c) a cremação de cadáver somente será feita daquele que houver manifestado a vontade de ser incinerado ou no interesse da saúde pública e se o atestado de óbito houver sido firmado por 2 (dois) médicos ou por 1 (um) médico legista e, no caso de morte violenta, depois de autorizada pela autoridade judiciária.

d) os emolumentos relativos aos registros de óbito são fixados por lei federal.

206. **(Ieses/TJ/AM/Cartórios/Ingresso/2018)** Em relação ao óbito, assinale a alternativa incorreta:

a) o assento de óbito deverá conter o prenome, nome, sexo, idade, cor, estado, profissão, naturalidade, domicílio e residência do morto.

b) são obrigados a fazer declaração de óbitos o chefe de família, a respeito de sua mulher, filhos, hóspedes, agregados e fâmulos.

c) quando o assento for posterior ao enterro, faltando atestado de médico ou de duas pessoas qualificadas, assinarão, com a que fizer a declaração, duas testemunhas que tiverem assistido ao falecimento ou ao funeral e puderem atestar, por conhecimento próprio ou por informação que tiverem colhido, a identidade do cadáver.

d) o assento óbito deverá ser assinado pela pessoa que fizer a comunicação não podendo outra pessoa a seu rogo fazê-lo, sendo vedado o que analfabetos façam o assento.

207. **(Vunesp/TJ/SP/Cartórios/Ingresso/2018)** Em relação ao registro de óbito, assinale a proposição verdadeira:

a) a cremação de cadáver somente será feita daquele que houver manifestado a vontade de ser incinerado ou no interesse da saúde pública, sendo desnecessário que o atestado seja firmado por um médico legista.

b) em caso de natimorto, o registro será efetuado no Livro C-Auxiliar, vedada a atribuição de nome ao registrado.

c) o registro de óbito após o prazo legal e o registro de óbito de cadáver destinado ao estudo e pesquisa, por escola de medicina, dependem, obrigatoriamente, da autorização do Juiz Corregedor Permanente.

d) a competência para a lavratura do assento de óbito é exclusiva do Registro Civil do lugar do falecimento.

208. **(Cespe/TJ/DFT/Cartórios/Ingresso/2014)** Assinale a opção correta com base no disposto na Lei de Registros Públicos e na Lei n. 8.935/1994:

a) os filhos serão obrigados a fazer a declaração de óbito de seus pais, sendo facultada a nomeação de preposto para realização do referido ato.

b) as retificações no assento de óbito somente poderão ser realizadas mediante decisão judicial a ser proferida após a oitiva do MP.

c) caso o local do falecimento não seja o mesmo do domicílio, e os familiares, em razão da distância ou por qualquer outro motivo relevante, não puderem fazer a declaração de óbito no registro civil das pessoas naturais do lugar do falecimento, será possível a emissão do assento de óbito perante o oficial de registro do domicílio do falecido.

d) a certidão de óbito é gratuita, independentemente da situação financeira do requerente, e o oficial de registro civil das pessoas naturais que cobrar pelo referido documento poderá ser multado e perder o direito à compensação pelo fundo de ressarcimento dos atos gratuitos, mas não estará sujeito à perda da delegação, por se tratar de infração leve.

e) ocorrendo o falecimento de um dos cônjuges, o segundo casamento do sobrevivente somente poderá ser averbado no seu registro de nascimento após a anotação do óbito.

1.2.10. Da Emancipação, Interdição e Ausência

✱ QUESTÕES OBJETIVAS

209. **(Ieses/TJ/RN/Cartórios/Ingresso/2012)** Sujeitam-se a registro no cartório de registro civil de pessoas naturais:

a) os nascimentos, os casamentos, as sentenças que decidirem a nulidade ou anulação do casamento, o desquite e o restabelecimento da sociedade conjugal, os óbitos, as emancipações, as interdições, as sentenças declaratórias de ausência, as opções de nacionalidade e as sentenças que deferirem a adoção.

b) os nascimentos, os casamentos, as sentenças que decidirem a nulidade ou anulação do casamento, o divórcio e o restabelecimento da sociedade conjugal, os óbitos, as emancipações, as interdições, as sentenças declaratórias de ausência, as opções de nacionalidade e as sentenças que deferirem a adoção.

c) os nascimentos, os casamentos, os óbitos, as emancipações, as interdições, as sentenças declaratórias de ausência, as opções de nacionalidade e as sentenças que deferirem a adoção.

d) as sentenças que decidirem a nulidade ou anulação do casamento, o divórcio e o restabelecimento da sociedade conjugal; os atos judiciais ou extrajudiciais de reconhecimento de filhos; as escrituras de adoção e os atos que a dissolverem; e as alterações ou abreviaturas de nomes.

210. **(Cespe/TJ/PI/Cartórios/Ingresso/2013)** A respeito de escrituração dos livros do registro civil das pessoas naturais, assinale a opção correta:

a) a conversão da união estável em casamento deve ser lavrada no Livro E.

b) os casamentos celebrados no exterior por autoridade estrangeira e cujas certidões tenham sido legalizadas por cônsules devem ser transcritos no Livro B.

c) a sentença de morte presumida deve constar do Livro C.

d) tanto o registro de emancipação quanto o da interdição devem ser feitos no Livro E.

e) se uma criança morrer na ocasião do parto, tendo, entretanto, respirado, o registro deverá ser feito no Livro C auxiliar, com os elementos cabíveis.

211. **(Ieses/TJ/RN/Cartórios/Ingresso/2012)** A emancipação voluntária, outorgada pelo detentor do poder familiar àquele que possui, pelo menos, 16 anos de idade completos, terá seu registro feito, mediante:

a) trasladação da sentença oferecida em certidão ou do instrumento, limitando-se, se for de escritura pública, as referências da data, livro, folha e ofício em que for lavrada com dependência, em qualquer dos casos, da presença de testemunhas, mas com a assinatura do apresentante. Dele sempre constarão: data do registro e da emancipação; nome, prenome, idade, filiação, profissão, naturalidade e residência do emancipado; data e cartório em que foi registrado o seu nascimento; nome, profissão, naturalidade e residência dos pais ou do tutor.

b) trasladação da sentença oferecida em certidão, contendo as referências da data, livro, folha e ofício em que for lavrada sem dependência, em qualquer dos casos, da presença de testemunhas, mas com a assinatura do apresentante. Dele sempre constarão: data do registro e da emancipação; nome, prenome, idade, filiação, profissão, naturalidade e residência do emancipado; data e cartório em que foi registrado o seu nascimento; nome, profissão, naturalidade e residência dos pais ou do tutor.

c) trasladação da sentença oferecida em certidão ou do instrumento, limitando-se, se for de escritura pública, as referências da data, livro, folha e ofício em que for lavrada sem dependência, em qualquer dos casos, da presença de testemunhas, mas com a assinatura do apresentante. Dele sempre constarão: data do registro e da emancipação; nome, prenome, idade, filiação, profissão, naturalidade e residência do emancipado; data e cartório em que foi registrado o seu nascimento; nome, profissão, naturalidade e residência dos pais ou do tutor.

d) trasladação do instrumento, limitando-se a escritura pública às referências da data, livro, folha e ofício em que for lavrada sem dependência, em qualquer dos casos, da presença de testemunhas, mas com a assinatura do apresentante. Dele sempre constarão: data do registro e da emancipação; nome, prenome, idade, filiação, profissão, naturalidade e residência do emancipado; data e cartório em que foi registrado o seu nascimento; nome, profissão, naturalidade e residência dos pais ou do tutor.

212. (Cespe/TJ/ES/Cartórios/Ingresso/2013) Com relação ao registro dos atos de emancipação, interdição, ausência e morte presumida, assinale a opção correta:

a) é obrigatória a anotação dos atos de emancipação, interdição e ausência nos assentos de nascimento, sendo facultativa a anotação nos assentos de casamento.

b) a emancipação, ainda que concedida judicialmente, somente surtirá efeitos após ser registrada no registro civil das pessoas naturais da comarca do domicílio do menor.

c) embora não seja possível o registro da sentença declaratória de morte presumida, o oficial de registro civil das pessoas naturais, de forma a conferir publicidade perante terceiros, deverá proceder a anotação do ato nos registros de nascimento, casamento, bem como daquele que inscreveu a sentença de ausência.

d) o registro de emancipação por sentença judicial será sempre gratuito.

e) a sentença de interdição somente surtirá efeitos após a inscrição no registro civil das pessoas naturais.

213. (Cespe/TJ/ES/Cartórios/Remoção/2013) Acerca da interdição, do idoso e de sua proteção pela Lei de Registros Públicos, assinale a opção correta:

a) o cartório do último domicílio do ausente, declarado por sentença, é competente para a alienação de bens imóveis do ausente, observada a melhor avaliação apresentada por três imobiliárias.

b) o oficial de registro público tem o dever de anotar, de ofício, no assento de nascimento e, se houver, no de casamento do idoso, a existência de incapacidade civil decorrente de enfermidade psíquica comprovada por relatórios médicos, como forma de preservar os interesses e direitos patrimoniais do idoso.

c) se a pessoa interditada completar a idade de setenta anos, o notário deverá cassar, liminarmente, a procuração e a autorização outorgadas, expedindo-se as devidas comunicações ao juízo competente.

d) a sentença que decreta a interdição tem efeito "erga omnes" e deve ser observada pelos poderes públicos, admitindo-se, entretanto, a relativização pelo oficial de registro para a realização de negócio jurídico de compra e venda de imóvel, desde que o interditado seja assistido pelo curador, com base em documento médico inequívoco de reversão dos motivos que determinaram a interdição.

e) o registro das sentenças declaratórias de ausência, que nomearem curador, será feito no cartório do domicílio anterior do ausente, nos moldes da sentença de interdição, com inclusão de requisitos específicos, como o tempo de ausência até a data da sentença.

214. (Ieses/TJ/MS/Cartórios/Remoção/2014) Quando o juiz conceder emancipação ao relativamente incapaz, deverá comunicá-la, de ofício, ao oficial de registro, se não constar dos autos haver sido efetuado este dentro do prazo de:

a) vinte dias.

b) oito dias.

c) quinze dias.

d) dez dias.

215. (Ieses/TJ/MS/Cartórios/Ingresso/2014) Relativamente à emancipação, assinale a alternativa correta:

a) as emancipações legais e as judiciais serão registradas, em livro especial, no Cartório do 1º Ofício ou da 1ª Subdivisão Judiciária da Comarca.

b) quando o juiz conceder a emancipação deverá comunicá-la, de ofício, ao oficial de registro, se não constar dos autos do processo que foi realizado no prazo de 10 dias.

c) antes do registro, a emancipação, judicial ou voluntária, não produzirá efeito.

d) a emancipação concedida pelos pais do menor produzirá efeito imediato, independentemente de registro do instrumento público ou particular.

216. (FMP/TJ/MT/Cartórios/Remoção/2014) Acerca da emancipação no âmbito do Registro Civil das Pessoas Naturais, é correto afirmar que:

a) a emancipação por concessão dos pais, feita por escritura pública, será registrada, mediante trasladação, no Livro E, e a sua respectiva revogação será averbada também no Livro E.

b) a emancipação por concessão dos pais, feita por instrumento particular, será registrada, mediante declaração, no Livro E, hipótese em que deverá o registrador civil exigir o reconhecimento de firma das partes declarantes.

c) a emancipação por sentença judicial será registrada, mediante trasladação, no Livro E, dispensando-se, no assento, a presença de testemunhas, sendo que antes do registro não produzirá efeito.

d) a emancipação por sentença judicial será registrada, mediante trasladação, no Livro D, e deverá ser anotada no Livro A, no assento de nascimento.

e) a emancipação por concessão dos pais independe de homologação judicial, e seu registro no Livro D será feito por trasladação do instrumento público.

217. (Cespe/TJ/DFT/Cartórios/Ingresso/2014) Rafael casou-se, aos dezesseis anos, com Marina e, antes de ele completar a maioridade, o casal rompeu o vínculo matrimonial, divorciando-se consensualmente. Em face dessa situação hipotética, assinale a opção correta:

a) o menor casado só adquire capacidade plena após o registro da emancipação no ofício de registro civil das pessoas naturais, que não pode ser realizado após a dissolução do vínculo matrimonial.

b) o casamento não gera efeitos em relação à capacidade civil de Rafael, sendo ele, portanto, considerado relativamente incapaz para todos os efeitos legais.

c) dissolvido o matrimônio pelo divórcio, os efeitos da emancipação decorrente do casamento são revogados.

d) a incapacidade do menor casado somente cessará após o registro da emancipação no ofício de registro civil das pessoas naturais, que poderá ocorrer a qualquer tempo, ainda que dissolvido o matrimônio.

e) Rafael continuará sendo plenamente capaz, ainda que encerrado o vínculo matrimonial pelo divórcio.

218. (Consulplan/TJ/MG/Cartórios/Ingresso/2015) Acerca dos registros de Emancipação e de Interdição é correto afirmar, exceto:

a) o registro de emancipação tem natureza meramente declaratória.

b) o registro da interdição, assim como da Escritura Pública de Emancipação por ato voluntário dos pais, prescinde da assinatura do interessado.

c) a interdição provisória também será levada a registro.

d) tanto a interdição quanto a emancipação são levadas a registro no Livro "E" do 1º Ofício de Registro Civil das Pessoas Naturais de cada comarca em relação aos interditados ou aos menores nela residentes ou domiciliados.

219. (Consulplan/TJ/MG/Cartórios/Remoção/2015) Assinale a assertiva incorreta:

a) a habilitação para o casamento, o registro e a primeira certidão serão isentos de emolumentos e da Taxa de Fiscalização Judiciária a quem se declarar pobre sob as penas da lei, mas essa gratuidade não alcança as despesas com a publicação do edital de proclamas na imprensa local.

b) para cumprimento de mandado e alvará judicial expedido em favor de beneficiário da justiça gratuita, amparado pela Lei Federal n. 1.060/1950 quando a parte for representada por Defensor Público Estadual ou advogado dativo designado nos termos da Lei n. 13.166/1999, a isenção de emolumentos e da Taxa de Fiscalização Judiciária está condicionada a pedido formulado pela parte perante o oficial, no qual conste sua expressa declaração de que é pobre no sentido legal e de que não pagou honorários advocatícios.

c) o registro de interdição somente será gratuito aos beneficiários da justiça gratuita, amparados pela Lei Federal n. 1.060/1950.

d) o fornecimento de Certidão Negativa de Registro, para fins de usucapião, será gratuito para o pobre no sentido legal.

220. (Consulplan/TJ/MG/Cartórios/Ingresso/2017) Acerca do registro civil, é correto afirmar:

a) o casamento emancipa o menor e se no futuro o matrimônio for desfeito, a incapacidade será retomada, caso o emancipado ainda não tenha completado 18 anos.

b) a única espécie de emancipação que necessita de sentença judicial é a do menor sob tutela que possua 16 anos completos.
c) o menor, uma vez emancipado, torna-se capaz.
d) serão registrados os atos judiciais ou extrajudiciais de reconhecimento de filhos ilegítimos e as escrituras de adoção.

221. (Ieses/TJ/RO/Cartórios/Remoção/2017) A emancipação concedida por sentença judicial será anotada:
a) às expensas do interessado.
b) sempre de forma gratuita.
c) custeada pelo Ministério Público.
d) custeada pelo cartório que efetuar o registro de emancipação.

222. (Ieses/TJ/CE/Cartórios/Remoção/2018) No que se refere à emancipação concedida por sentença judicial é correto afirmar:
a) não há necessidade de anotação cartorial.
b) será anotada às expensas do interessado.
c) será anotada às expensas do Poder Judiciário do Estado em questão.
d) sempre será anotada sem ônus ao interessado.

223. (Ieses/TJ/AM/Cartórios/Ingresso/2018) Assinale a alternativa incorreta:
a) não serão cobrados emolumentos pelo registro civil de nascimento e pelo assento de óbito, bem como pela primeira certidão respectiva.
b) as emancipações devem ser averbadas no cartório de registro civil, com o benefício da gratuidade.
c) os reconhecidamente pobres estão isentos de pagamento de emolumentos pelas demais certidões extraídas pelo cartório de registro civil, sendo que o estado de pobreza será comprovado por declaração do próprio interessado ou a rogo, tratando-se de analfabeto, neste caso, acompanhada da assinatura de duas testemunhas.
d) é competente para a inscrição da opção de nacionalidade o cartório da residência do optante, ou de seus pais e se forem residentes no estrangeiro, far-se-á o registro no Distrito Federal.

224. (Ieses/TJ/AM/Cartórios/Ingresso/2018) Assinale a alternativa incorreta:
a) antes de registrada a sentença de interdição, não poderá o curador assinar o respectivo termo.
b) no cartório do 1º Ofício ou da 1ª subdivisão judiciária de cada comarca serão registrados, em livro especial, as sentenças de emancipação, bem como os atos dos pais que a concederem, em relação aos menores nela domiciliados.
c) quando o juiz conceder emancipação, deverá comunicá-la, de ofício, ao oficial de registro, se não constar dos autos haver sido efetuado este dentro de cinco dias.
d) antes do registro no cartorio de registro civil, a emancipação, em qualquer caso, não produzirá efeito.

1.2.11. Da Legitimação Adotiva

✱ ENUNCIADOS CNB

CNB **Enunciado 2/2017.** A filiação socioafetiva pode ser reconhecida por escritura pública, presentes o pai ou mãe reconhecedor e o filho reconhecido. Este reconhecimento também poderá ser feito pela unanimidade dos herdeiros daquele que a poderia ter reconhecido em vida, mas o inventário só pode ser lavrado após a sua averbação no registro civil das pessoas naturais.

✱ QUESTÕES DISCURSIVAS

11. (Vunesp/TJ/SP/Cartórios/2014) Maria José Sá Borges, casada, com 20 anos de idade, está registrada somente em nome da mãe, Joana Sá, no Registro Civil de Cotia, Estado de São Paulo, onde também se casou, em 2013, com João Borges. Agora, comparece ao Registro Civil das Pessoas Naturais de Cotia, Estado de São Paulo, com seu pai biológico, Irineu Soares, que pretende reconhecê-la como filha; mas sem a presença da mãe. Quais são as providências que devem ser adotadas pelo Oficial do Registro Civil das Pessoas Naturais para regularizar os registros?

12. (Cespe/TJ/SE/Cartórios/Ingresso/2014) Tendo recebido o diagnóstico de que estava com câncer em fase terminal, Jeremias, com setenta anos de idade, empresário da cidade de Aracaju/SE, sem sucessores, decidiu reconhecer a paternidade de filho havido na adolescência, registrado como Godofredo, na cidade de Nossa Senhora das Dores/SE, apenas em nome da mãe. Para tanto, Jeremias dirigiu-se ao Tabelionato de Registro Civil de Pessoas Naturais de Aracaju para efetivar o reconhecimento do vínculo de filiação, com vistas a possibilitar a sucessão legítima de seu patrimônio. Em face da situação hipotética apresentada, discorra sobre o(s) ato(s) a ser(em) praticado(s) pelo titular do Cartório de Registro Civil de Pessoas Naturais de Nossa Senhora das Dores/SE, abordando, necessariamente, os seguintes aspectos: (i) possibilidade da anotação do nome do pai: administrativamente ou por ordem judicial; (ii) (des)necessidade da anuência do filho; (iii) ato de averbação: finalidade, hipóteses de cabimento, procedimento; (iv) cartório responsável pela averbação; (v) providências a serem adotadas pelo cartório responsável pela averbação.

* QUESTÕES OBJETIVAS

225. **(Ieses/TJ/MS/Cartórios/Remoção/2014)** O vínculo da adoção constitui-se por sentença judicial, que será inscrita no registro civil mediante mandado do qual não se fornecerá certidão, sendo que a nova inscrição consignará:

a) o nome dos adotantes como pais, bem como o nome de seus ascendentes.
b) cláusula de adoção constando apenas o registro da sentença e o número do processo, comarca e vara de origem.
c) o nome dos adotantes como pais, sem registro de linha de ascendentes.
d) não fará menção do nome dos adotantes ou ao processo, comarca e vara de origem.

226. **(Ieses/TJ/MS/Cartórios/Remoção/2014)** A sentença de adoção conferirá ao adotado o nome do adotante; mas em relação ao prenome pode-se afirmar que:

I. não poderá ser modificado.
II. poderá ser modificado apenas se for vexatório ou causar constrangimento ao adotado, a pedido exclusivo do adotado.
III. poderá ser modificado a pedido de qualquer deles (adotante ou adotado).
IV. poderá ser modificado privativamente a pedido do adotado.

A sequência correta é:

a) as assertivas I, II, III e IV estão corretas.
b) apenas a assertiva III está correta.
c) apenas a assertiva I está correta.
d) apenas as assertivas II e IV estão corretas.

227. **(Vunesp/TJ/SP/Cartórios/Remoção/2016)** Em relação à adoção, é correto afirmar que:

a) serão registradas no livro de registro de nascimento, mediante mandado, as sentenças concessivas de adoção do menor ou maior.
b) na adoção unilateral do menor, deverá ser averbado o cancelamento do seu registro original de nascimento.
c) a adoção será objeto de registro ou averbação, conforme for determinado no mandado, sendo vedado ao oficial de registro Civil das Pessoas Naturais qualificar título judicial.
d) a adoção do maior será averbada no Registro Civil das Pessoas Naturais em que lavrados o seu nascimento e o seu casamento, quando for o caso.

228. **(Vunesp/TJ/SP/Cartórios/Remoção/2014)** Serão registradas no livro de registro de nascimento as sentenças concessivas de adoção do menor, mediante mandado. O oficial do registro civil das Pessoas Naturais, para efetuar o registro, deve observar os seguintes requisitos formais:

a) do assento, consignará o nome dos adotantes como pais, bem como o nome de seus ascendentes. A sentença conferirá ao adotado o nome do adotante e também poderá alterar o prenome do adotado. O registro de nascimento original será cancelado. O registro poderá ser lavrado no Cartório do Registro Civil do Município de residência do adotante e, por fim, o respectivo mandado judicial será arquivado ou microfilmado.
b) do assento, consignará o nome dos adotantes como pais, mantendo-se o nome dos ascendentes biológicos. A sentença conferirá ao adotado o nome do adotante e também poderá alterar o prenome do adotante. O registro de nascimento original será cancelado. O registro poderá ser lavrado no Cartório do Registro Civil do Município de residência do adotante e, por fim, o respectivo mandado judicial será arquivado ou microfilmado.
c) do assento, consignará o nome dos adotantes como pais, bem como o nome de seus ascendentes. A sentença conferirá ao adotado o nome do adotante, não podendo ser alterado o prenome do adotado. O registro de nascimento original será cancelado. O registro poderá ser lavrado no Cartório do Registro Civil do Município de residência do adotante e, por fim, o respectivo mandado judicial será arquivado ou microfilmado.

d) do assento, consignará o nome dos adotantes como pais, bem como o nome de seus ascendentes. A sentença conferirá ao adotado o nome do adotante e também poderá alterar o prenome do adotante. O registro de nascimento original será cancelado. O registro deverá ser lavrado no Cartório do Registro Civil do Município de nascimento do adotado e, por fim, o respectivo mandado judicial será arquivado ou microfilmado.

229. (Cespe/TJ/DFT/Cartórios/Remoção/2014) Com relação à adoção, assinale a opção correta:

a) dispensa-se o registro da adoção quando o menor tiver sido registrado fora do país.

b) o procedimento de adoção é imediatamente extinto quanto o adotante falece antes de prolatada a sentença de adoção.

c) é possível ao tutor adotar o tutelado quando não for ascendente ou irmão do adotado e quando não houver pendências financeiras em relação ao exercício da tutela.

d) o pai socioafetivo cujo nome conste do registro de nascimento de menor adotado pela prática conhecida como "adoção à brasileira" pode, segundo entendimento do STJ, ajuizar ação negatória de paternidade para retificar esse registro.

e) a adoção será registrada em livro próprio e anotada no registro de nascimento primitivo do adotado no prazo de cinco dias.

230. (Cespe/TJ/SE/Cartórios/Remoção/2014) No que diz respeito aos registros de adoção, assinale a opção correta:

a) no que se refere aos assentos de nascimento provenientes de adoção, não poderá constar nas certidões do registro nenhuma observação acerca da origem do ato.

b) transitada em julgado a sentença que julga procedente ação de adoção, o juiz oficiará o cartório de registro civil de pessoas naturais para que se proceda às retificações no registro original do adotado, de modo que sejam suprimidos os dados da família natural e registrados os dados da família substituta.

c) em caso de adoção internacional, só será permitida a saída do adotando do território nacional após o registro da sentença no cartório de registro civil de pessoas naturais.

d) é admissível a adoção de criança ou adolescente por procuração, desde que se trate de adoção judicial e a procuração tenha sido lavrada por instrumento público.

e) no caso de morte dos adotantes no prazo de um ano do trânsito em julgado da sentença que acolhe pedido de adoção, é admissível o restabelecimento do poder familiar dos pais naturais mediante averbação junto ao registro de nascimento do menor.

231. (Cespe/TJ/SE/Cartórios/Remoção/2014) Com relação ao registro civil de pessoas naturais, assinale a opção correta:

a) a sentença que julga procedente a ação de adoção deve ser averbada junto ao cartório de registro civil de pessoas naturais em que tiver sido registrado o nascimento do adotado.

b) se, após inequívoca manifestação de sua vontade, o adotante falecer, no curso do processo de adoção, o juiz poderá julgar procedente o pedido e, após o trânsito em julgado da sentença, poderá mandar que o oficial do registro civil de pessoas naturais proceda ao cancelamento do registro original e assente novo registro em que conste o falecido como adotante.

c) a interdição não fica sujeita ao registro se, na data da sentença, o interditado possuir idade superior a dezoito anos.

d) a emancipação, se proveniente de escritura pública, fica sujeita a averbação no cartório de registro civil; entretanto, a emancipação não se fará necessária se for proveniente de decisão judicial.

e) caso a mãe apresente documento que comprove a união estável mantida entre ela e o pai do seu filho, não poderá haver recusa em se proceder ao assento de nascimento da criança, mesmo que o pai não esteja presente perante o oficial do registro civil de pessoas naturais.

232. (Consulplan/TJ/MG/Cartórios/Remoção/2016) Sobre a adoção, assinale a alternativa correta:

a) os maiores de 18 anos podem ser adotados por meio de escritura pública, desde que plenamente capazes.

b) para a adoção de plenamente capazes por meio de escritura pública é indispensável que o adotante seja, no mínimo, 18 anos mais velho do que o adotado.

c) a adoção de capazes e de incapazes é regulada por legislação própria, sendo inadmissível a lavratura de escritura pública de adoção depois da entrada em vigor do Código Civil atual.

d) a escritura pública é documento formal e legítimo para a adoção de pessoas plenamente capazes, pela qual o tabelião observará os requisitos legais, notadamente 18 anos de diferença de idade entre adotante e adotado, interveniência do Ministério Público Estadual e manifestação inequívoca de vontade de adotar e de ser adotado.

233. (Cespe/TJ/DFT/Cartórios/Ingresso/2014) Assinale a opção correta a respeito das normas registrais relacionadas à adoção e à perda do poder familiar, bem como acerca das regras que regem o reconhecimento de paternidade e a adoção:

a) a paternidade de filho socioafetivo pode ser reconhecida na ata de casamento, sendo legal a averbação da alteração do patronímico materno no termo de nascimento do filho.

b) após a averbação da sentença que determina a perda do poder familiar dos pais do menor, o oficial de registro civil das pessoas naturais deverá cientificá-los para, no prazo de quinze dias, nomear o tutor da criança.

c) a sentença de adoção de menor deve ser averbada no registro original de nascimento, consignando-se nele os nomes dos pais adotivos como pais legítimos e procedendo-se à anotação da origem biológica do adotado.

d) segundo entendimento do STJ, é legítimo o direito do filho adotado conforme a prática conhecida como adoção à brasileira de ajuizar ação de reconhecimento de paternidade em face de seu pai biológico.

e) é facultado ao pai socioafetivo e sem qualquer vínculo biológico com o menor proceder, no prazo decadencial de dois anos, à retificação do registro de nascimento que ele próprio tenha registrado, com o fim de excluir a paternidade do menor.

234. (Ieses/TJ/PB/Cartórios/Ingresso/2014) Na adoção, a sentença conferirá ao adotando os apelidos de família do(s) adotante(s), podendo o mesmo pronunciamento judicial, ainda, com relação ao prenome, determinar:

a) a pedido do(s) adotante(s), em conjunto com o adotado, a modificação do prenome, averbando-se a modificação do prenome no registro de nascimento original.

b) a pedido do(s) adotante(s) ou do adotado a modificação do prenome, cancelando-se o registro de nascimento original.

c) a pedido do(s) adotante(s) ou do adotado a modificação do prenome, averbando-se a modificação no registro de nascimento original.

d) a pedido do(s) adotante(s), exclusivamente, a modificação do prenome, cancelando-se o registro de nascimento original.

235. (Ieses/TJ/AM/Cartórios/Ingresso/2018) Assinale a alternativa correta:

a) após proferida sentença de adoção já ocorre a produção de efeitos contra terceiros, independente da averbação no cartório.

b) feito o registro de adoção deverá ser feito processo judicial para o cancelamento do assento de nascimento original do menor.

c) serão registradas no registro de nascimentos as sentenças de legitimação adotiva, consignando-se nele os nomes dos pais adotivos como pais legítimos e os dos ascendentes dos mesmos se já falecidos, ou sendo vivos, se houverem, em qualquer tempo, manifestada por escrito sua adesão ao ato.

d) no livro de nascimento serao averbados os registros de óbito e de opção de nacionalidade.

1.2.12. Da Averbação

✱ INOVAÇÕES LEGISLATIVAS

▲ LRP. Título II – Do Registro de Pessoas Naturais, Capítulo XII – Da Averbação

▲ Art. 97. A averbação será feita pelo oficial do cartório em que constar o assento à vista da carta de sentença, de mandado ou de petição acompanhada de certidão ou documento legal e autêntico. Parágrafo único. Nas hipóteses em que o oficial suspeitar de fraude, falsidade ou má-fé nas declarações ou na documentação apresentada para fins de averbação, não praticará o ato pretendido e submeterá o caso ao representante do Ministério Público para manifestação, com a indicação, por escrito, dos motivos da suspeita. (Modificações: Lei 13.484/17)

✱ QUESTÕES OBJETIVAS

236. (Cespe/TJ/PI/Cartórios/Ingresso/2013) No que se refere aos registros, às averbações e às anotações relacionados às pessoas naturais, assinale a opção correta:

a) antes de averbadas, as sentenças já produzem efeitos contra terceiros.
b) a averbação é lavrada diretamente à margem do registro a que se refere e, por si só, já promove sua alteração jurídica.
c) as sentenças de nulidade ou anulação do casamento não serão averbadas enquanto estiverem sujeitas a recurso, a não ser que este seja recebido somente no efeito devolutivo.
d) registro é o ato principal lavrado em livro próprio, de conhecimento público e verdadeiro, porém transitório.
e) a anotação, referência a ato escriturado no cartório, consiste em remissões recíprocas dos registros e averbações, no caso de uma mesma serventia, com a finalidade de modificar ou cancelar o registro.

237. **(Ieses/TJ/RS/Cartórios/Remoção/2013)** Assinale a alternativa que contém somente atos de averbação no Registro Civil das Pessoas Naturais:

a) no assento de nascimento: inserção do nome abreviado usado como firma comercial registrada ou em qualquer atividade profissional; o restabelecimento da sociedade conjugal.
b) no assento de nascimento: alteração do nome, em razão de fundada coação ou ameaça decorrente da colaboração com a apuração de crime; perda do poder familiar.
c) no assento de nascimento: emancipação; acréscimo do sobrenome do companheiro.
d) no assento de casamento: divórcio judicial ou extrajudicial; óbito.

238. **(Cespe/TJ/PI/Cartórios/Remoção/2013)** No que se refere ao registro civil das pessoas naturais, assinale a opção correta à luz de julgados do STJ:

a) o erro a que tenha sido induzido o pai registral de criança nascida na constância do casamento dele com a genitora, com quem o suposto pai não tenha estreitado afetividade suficiente para desfrutar da paternidade socioafetiva (posse de estado de filho), desafia a eficácia constitutiva negativa de estado, com a consequente alteração do registro público de nascimento da criança, para fazer constar o nome do pai biológico, excluindo-se, consectariamente, o nome dos avós registrais paternos.
b) a legitimidade ordinária ativa da ação negatória de paternidade compete exclusivamente ao pai registral por ser ação de estado, que protege direitos personalíssimos e indisponíveis do genitor, mas comporta, excepcionalmente, sub-rogação ao avô paterno.
c) o registro civil tardio de nascimento de pessoa falecida, além de não encontrar abrigo no ordenamento jurídico pátrio, tem potencialidade de acarretar prejuízo a terceiros.
d) apesar de a lei não fazer nenhuma exigência de observância de determinada ordem no que tange aos apelidos de família do nome do indivíduo, o registrador deve observar os usos e costumes como fonte do direito, para o fim de zelar para que o sobrenome paterno seja o último na composição do nome da pessoa.
e) a opção da inclusão do sobrenome de um dos nubentes no nome do outro somente pode ser feita até lavratura do assento de casamento.

239. **(Cespe/TJ/SE/Cartórios/Remoção/2014)** No que concerne ao registro e averbação provenientes das ações de adoção de crianças e adolescentes no Brasil, assinale a opção correta:

a) havendo consentimento mútuo dos pais biológicos e dos pais adotivos, a adoção da criança ou adolescente pode ser realizada mediante escritura pública de adoção.
b) o juízo que julga procedente ação de adoção deve oficiar o cartório de registro civil de pessoas naturais em que foi registrado o nascimento do adotado para que se cancele o registro original e se elabore um novo registro com as informações do adotado e dos adotantes.
c) se os pais da criança ou do adolescente tiverem falecido ou tiverem sido destituídos do poder familiar, será admissível a adoção mediante escritura pública de adoção.
d) transitada em julgado a sentença de procedência do pedido dos avós de adoção de seus netos, o juiz mandará oficiar o cartório de registro civil de pessoas naturais para que o seu oficial proceda à retificação dos dados junto ao registro de nascimento do adotado.
e) considerando-se que o adotando tem direito de conhecer sua origem biológica, deve constar em seu registro de nascimento tanto os nomes dos pais biológicos quanto os nomes dos pais adotivos.

240. **(Ieses/TJ/RO/Cartórios/Remoção/2017)** Acerca das averbações, de acordo com a Lei de Registro Civil (Lei 6.015/73), afirma-se:

I. antes mesmo de averbadas, as sentenças relacionadas a registros civis produzirão efeito contra terceiros.

II. a averbação será feita à margem do assento e, quando não houver espaço, no livro corrente, com as notas e remissões recíprocas, que facilitem a busca.

III. a averbação será feita pelo oficial do cartório em que constar o assento à vista da carta de sentença, de mandado ou de petição acompanhada de certidão ou documento legal e autêntico, com audiência do Ministério Público.

IV. a averbação será feita mediante a indicação minuciosa da sentença ou ato que a determinar.

A sequência correta é:

a) apenas a assertiva III está correta.
b) as assertivas I, II, III e IV estão corretas.
c) apenas as assertivas I e IV estão corretas.
d) a assertiva I está incorreta.

241. **(Consulplan/TJ/MG/Cartórios/Ingresso/2017)** Quanto ao Registro Público, faz-se a averbação dos atos seguintes:

a) das sentenças que decretarem a nulidade ou anulação do casamento, o divórcio, a separação judicial e o restabelecimento da sociedade conjugal.
b) a emancipação por outorga dos pais ou por sentença do juiz.
c) a interdição por incapacidade absoluta ou relativa.
d) a sentença declaratória de ausência e de morte presumida.

242. **(Ieses/TJ/RO/Cartórios/Ingresso/2017)** Assinale a alternativa incorreta:

a) a averbação será feita mediante a indicação minuciosa da sentença ou ato que a determinar.
b) as sentenças de nulidade ou anulação de casamento serão averbadas mesmo enquanto sujeitas a recurso, qualquer que seja o seu efeito.
c) a averbação será feita à margem do assento e, quando não houver espaço, no livro corrente, com as notas e remissões recíprocas, que facilitem a busca.
d) no livro de casamento, será feita averbação da sentença de nulidade e anulação de casamento, bem como do desquite, declarando-se a data em que o Juiz a proferiu, a sua conclusão, os nomes das partes e o trânsito em julgado.

243. **(Vunesp/TJ/SP/Cartórios/Remoção/2014)** No caso de cancelamento de registro de nascimento por determinação judicial, fundado na lei de proteção a vítimas e testemunhas ameaçadas, qual o procedimento que o oficial do registro civil das Pessoas Naturais deverá adotar?

a) averbar o cancelamento, comunicar o Corregedor Permanente e alterar o índice.
b) averbar o cancelamento e comunicar o Ministério Público.
c) lavrar novo assento e atualizar as informações na Central (CRC), no prazo de 5 dias.
d) averbar o cancelamento e excluir as informações da Central (CRC), informando o motivo como "determinação judicial".

244. **(Cespe/TJ/SE/Cartórios/Remoção/2014)** Com relação à averbação junto ao registro civil de pessoas naturais, assinale a opção correta:

a) a sentença que decreta o divórcio está sujeita a averbação junto ao cartório de registro civil em que foi registrado o casamento, ainda que os cônjuges fixem residência em localidade diferente.
b) o óbito deve ser averbado junto ao cartório de registro civil em que se registrou o nascimento do morto.
c) a sentença que declara a interdição do incapaz deve ser averbada pelo oficial do registro civil da comarca em que se localiza a sede do juízo que declarou a interdição.
d) a sentença que declara a suspensão do poder familiar não está sujeita a averbação no assento de registro civil do menor cuja suspensão tiver sido decretada.
e) a escritura pública de reconhecimento de união estável está sujeita a averbação junto ao assento de nascimento dos conviventes.

245. **(Consulplan/TJ/MG/Cartórios/Remoção/2015)** Analise as assertivas abaixo:

I. a tutela, o reconhecimento de paternidade, a suspensão do poder familiar e a perda da nacionalidade brasileira são averbados à margem do registro de nascimento.

II. a guarda será registrada no Livro E do 1º Ofício de Registro Civil das Pessoas Naturais e somente será admitida a registro aquela deferida a quem não detenha o poder familiar.

III. para a lavratura do Registro de União Estável, quando o estado civil dos companheiros não constar da escritura pública, deverão ser exigidas e arquivadas as respectivas certidões de nascimento, ou de casamento com averbação do divórcio ou da separação judicial ou extrajudicial, ou de óbito do cônjuge se o companheiro for viúvo, exceto se mantidos esses assentos no Ofício de Registro Civil das Pessoas Naturais em que registrada a união estável, hipótese em que bastará a consulta direta pelo oficial de registro.

Está correto o que se afirma em:

a) II e III, apenas.

b) I e III, apenas.

c) I, II e III.

d) I, apenas.

246. **(Vunesp/TJ/SP/Cartórios/Remoção/2014)** Qual o procedimento que deverá ser adotado pelo oficial do registro civil das Pessoas Naturais, ao receber de uma mãe a solicitação de alteração do nome dela no registro de nascimento de seu filho menor, após seu casamento, tendo em vista que ela passou a adotar o patronímico do marido?

a) o oficial do registro civil das Pessoas Naturais deve averbar no assento de nascimento do filho a alteração requerida pelo interessado, após visto do Ministério Público.

b) o oficial do registro civil das Pessoas Naturais deve se negar a averbar no assento de nascimento do filho a alteração requerida pelo interessado, pois a alteração requerida não tem qualquer influência no assento de nascimento do filho.

c) o oficial do registro civil das Pessoas Naturais deve averbar no assento de nascimento do filho a alteração requerida pelo interessado, após petição homologada pelo Juiz Corregedor.

d) o oficial do registro civil das Pessoas Naturais deve averbar no assento de nascimento do filho a alteração requerida pelo interessado, independentemente de procedimento de retificação.

247. **(Ieses/TJ/CE/Cartórios/Ingresso/2018)** Assinale a alternativa correta:

a) no registro civil de pessoas naturais a averbação será feita pelo oficial do cartório em que constar o assento à vista da carta de sentença, de mandado ou de petição acompanhada de certidão ou documento legal e autêntico.

b) o reconhecimento judicial ou voluntário dos filhos ilegítimos será registrado no livro de nascimento.

c) as sentenças de nulidade ou anulação de casamento não serão registradas no registro civil de pessoas naturais enquanto sujeitas a recurso, qualquer que seja o seu efeito.

d) será também registrado, no registro civil das pessoas naturais, com as mesmas indicações e efeitos, o ato de restabelecimento de sociedade conjugal.

1.2.13. Das Anotações

✱ QUESTÕES OBJETIVAS

248. **(Cespe/TJ/ES/Cartórios/Remoção/2013)** No que concerne a fatos e atos jurídicos e suas implicações no registro civil das pessoas naturais, assinale a opção correta:

a) o óbito de determinado indivíduo, ocorrido em município diverso do de seu nascimento, deverá ser anotado em livro especial, com expressa menção a esse fato.

b) a declaração de ausência e de morte presumida deverá ser anotada nos registros de nascimento e de casamento, a requerimento escrito dos interessados, e assinada por duas testemunhas.

c) as emancipações promovidas por pais e por tutores poderão ser registradas mediante requerimento verbal ou escrito dos representantes legais.

d) a emancipação e a interdição são anotadas em remissões recíprocas nos assentos de nascimentos e de casamento.

e) o MP tem legitimidade para determinar a averbação e anotação em registro civil destinado à mudança do nome de indivíduo transexual, desde que essa seja fundada em procedimento administrativo, instaurado mediante inquérito civil público.

249. **(Consulplan/TJ/MG/Cartórios/Remoção/2017)** Analise as afirmativas e marque a alternativa correta:

a) o restabelecimento da sociedade conjugal poderá ser restabelecida com modificações.

b) são requisitos para a lavratura da escritura pública de separação. consensual: dois anos de casamento, ausência de filhos menores não emancipados ou incapazes do casal.

c) a averbação do restabelecimento da sociedade conjugal somente poderá ser efetivada depois da averbação da separação no registro civil, podendo ambas ser simultâneas.

d) a declaração dos cônjuges basta para a comprovação do implemento do lapso temporal da separação no divórcio direto.

1.2.14. Das Retificações, Restaurações e Suprimentos

*** INOVAÇÕES LEGISLATIVAS**

▲ LRP. Título II – Do Registro de Pessoas Naturais, Capítulo XIV – Das Retificações, Restaurações e Suprimentos

▲ Art. 110. O oficial retificará o registro, a averbação ou a anotação, de ofício ou a requerimento do interessado, mediante petição assinada pelo interessado, representante legal ou procurador, independentemente de prévia autorização judicial ou manifestação do Ministério Público, nos casos de: I – erros que não exijam qualquer indagação para a constatação imediata de necessidade de sua correção; II – erro na transposição dos elementos constantes em ordens e mandados judiciais, termos ou requerimentos, bem como outros títulos a serem registrados, averbados ou anotados, e o documento utilizado para a referida averbação e/ou retificação ficará arquivado no registro no cartório; III – inexatidão da ordem cronológica e sucessiva referente à numeração do livro, da folha, da página, do termo, bem como da data do registro; IV – ausência de indicação do Município relativo ao nascimento ou naturalidade do registrado, nas hipóteses em que existir descrição precisa do endereço do local do nascimento; V – elevação de Distrito a Município ou alteração de suas nomenclaturas por força de lei. §§ 1º a 4º (Revogados). § 5º Nos casos em que a retificação decorra de erro imputável ao oficial, por si ou por seus prepostos, não será devido pelos interessados o pagamento de selos e taxas. (Modificações: Lei 13.484/17)

*** INFORMATIVOS**

STJ **Homologação de acordo extrajudicial. Retificação de registo civil de menor. Procedimento legal. Requisitos. Apuração sobre erro ou falsidade do registro. Participação do Ministério Público. Prova pericial em juízo. Estudo psicossocial. Obrigatoriedade.** É inadmissível a homologação de acordo extrajudicial de retificação de registro civil de menor em juízo sem a observância dos requisitos e procedimento legalmente instituído para essa finalidade. REsp 1.698.717, Rel. Min. Nancy Andrighi, DJ 7.6.2018. 3ª T. (Info 627)

STJ **Jurisdição voluntária. Interesse do MP na interposição de recurso em ação de retificação de registro civil.** O Ministério Público tem interesse na interposição de recurso de apelação em face de sentença que, nos autos de ação de retificação de registro civil, julga procedente o pedido para determinar que seja acrescido ao final do nome do filho o sobrenome de seu genitor. REsp 1.323.677, Rel. Min. Nancy Andrighi, j. 5.2.2013. 3ª T. (Info 513)

STJ **Registro civil. Retificação para o nome de solteira da genitora.** É possível a alteração no registro de nascimento para dele constar o nome de solteira da genitora, excluindo o patronímico do ex-padrasto. REsp 1.072.402, Rel. Min. Luis Felipe Salomão, j. 4.12.2012. 4ª T. (Info 512)

STJ **Registros públicos. Possibilidade de inclusão de patronímico paterno no final do nome do filho, ainda que em ordem diversa daquela constante do nome do pai.** Admite-se, excepcional e motivadamente, após apreciação judicial, a retificação de registro civil para inclusão de patronímico paterno no final do nome do filho, ainda que em ordem diversa daquela constante do nome do pai, se comprovado que tal retificação se faz necessária para corresponder, adequadamente, à forma como aquele e sua família são conhecidos no meio social em que vivem. REsp 1.323.677, Rel. Min. Nancy Andrighi, j. 5.2.2013. 3ª T. (Info 513)

STJ **Acréscimo de sobrenome do cônjuge após a celebração do casamento.** Aos cônjuges é permitido incluir ao seu nome o sobrenome do outro, ainda que após a data da celebração do casamento, porém deverá ser por meio de ação judicial. O registro de nascimento da pessoa natural, com a identificação do nome civil, em regra é imutável. Contudo, a lei permite, em determinas ocasiões, sua alteração. Ao oficial de cartório somente é permitido alterar um nome, independente de ação judicial, nos casos previstos em lei, como é a hipótese do art. 1.565, § 1º do CC, o qual possibilita a inclusão do sobrenome de um dos nubentes no do outro, durante o processo de habilitação do casamento. A Turma entendeu que essa possibilidade deve-se estender ao período de convivência do casal, enquanto perdurar o vínculo conjugal. Porém, nesta hipótese, o nome deve ser acrescido por intermédio da ação de retificação de registros públicos, nos termos dos arts. 57

e 109 da Lei de Registros Públicos (Lei 6.015/73). REsp 910.094, Rel. Raul Araújo, j. 4.9.2012. 4ª T. (Info 503)

STJ **Direito civil. Registro civil. Retificação para o nome de solteira da genitora.** É possível a alteração no registro de nascimento para dele constar o nome de solteira da genitora, excluindo o patronímico do ex-padrasto. REsp 1.072.402, Rel. Min. Luis Felipe Salomão, j. 4.12.2012. 4ª T. (Info 512, 2013)

STJ **Direito civil. Registros públicos. Possibilidade de inclusão de patronímico paterno no final do nome do filho, ainda que em ordem diversa daquela constante do nome do pai.** Admite-se, excepcional e motivadamente, após apreciação judicial, a retificação de registro civil para inclusão de patronímico paterno no final do nome do filho, ainda que em ordem diversa daquela constante do nome do pai, se comprovado que tal retificação se faz necessária para corresponder, adequadamente, à forma como aquele e sua família são conhecidos no meio social em que vivem. REsp 1.323.677, Rel. Min. Nancy Andrighi, j. 5.2.2013. 3ª T. (Info 513, 2013)

STJ **Registro civil. Retificação. Profissão.** Trata-se de REsp em que se discute a possibilidade de, por meio da ação de retificação de registro civil, corrigir erro nos assentos de casamento da interessada referente à sua profissão. Entre as finalidades dos registros públicos, estão a preservação da eficácia, da autenticidade e a segurança dos atos jurídicos. Dessa forma, qualquer autorização judicial para retificar dados constantes de assentamento civil deve guardar conformidade com o princípio da verdade real, conferindo publicidade a situações efetivas e reais. Assim, entendeu que, se a pretensão da interessada é obter prova para requerimento de benefícios previdenciários no futuro, para tal objetivo deve valer-se de procedimento autônomo em via processual própria, utilizando-se, inclusive, do disposto na Súm. 242/STJ. Dessarte, consignou não ser possível que se permita desnaturar o instituto da retificação do registro civil, que, como é notório, serve para corrigir erros quanto a dados essenciais dos interessados, a saber, filiação, data de nascimento e naturalidade, e não quanto a circunstâncias absolutamente transitórias, como domicílio e profissão. Registrou, ademais, que, se o resultado da demanda traria consequências na órbita previdenciária, exigir-se-ia a prévia manifestação da respectiva autarquia acerca do pedido, por evidente interesse dela na solução da controvérsia. Ressaltou, por fim, que, se, de um lado, a regra contida no art. 109 da Lei 6.015/73 autoriza a retificação do registro civil, por outro lado, ressalva que essa retificação somente será permitida na hipótese de haver erro em sua lavratura. Desse modo, é mister a indispensável comprovação por prova idônea e segura da ocorrência de erro aparente de escrita ou de motivo superveniente legítimo apto a embasar o pedido de retificação, o que não ocorreu no caso. REsp 1.194.378, Rel. Min. Massami Uyeda, j. 15.2.2011. 3ª T. (Info 463)

STJ **Direito processual civil. Jurisdição voluntária. Interesse do MP na interposição de recurso em ação de retificação de registro civil.** O Ministério Público tem interesse na interposição de recurso de apelação em face de sentença que, nos autos de ação de retificação de registro civil, julga procedente o pedido para determinar que seja acrescido ao final do nome do filho o sobrenome de seu genitor. REsp 1.323.677, Rel. Min. Nancy Andrighi, j. 5.2.2013. 3ª T. (Info 513, 2013)

STJ **Registro civil. Retificação. Profissão.** Trata-se de REsp em que se discute a possibilidade de, por meio da ação de retificação de registro civil, corrigir erro nos assentos de casamento da interessada referente à sua profissão. Entre as finalidades dos registros públicos, estão a preservação da eficácia, da autenticidade e a segurança dos atos jurídicos. Dessa forma, qualquer autorização judicial para retificar dados constantes de assentamento civil deve guardar conformidade com o princípio da verdade real, conferindo publicidade a situações efetivas e reais. Assim, entendeu que, se a pretensão da interessada é obter prova para requerimento de benefícios previdenciários no futuro, para tal objetivo deve valer-se de procedimento autônomo em via processual própria, utilizando-se, inclusive, do disposto na Súm. 242/STJ. Dessarte, consignou não ser possível que se permita desnaturar o instituto da retificação do registro civil, que, como é notório, serve para corrigir erros quanto a dados essenciais dos interessados, a saber, filiação, data de nascimento e naturalidade, e não quanto a circunstâncias absolutamente transitórias, como domicílio e profissão. Registrou, ademais, que, se o resultado da demanda traria consequências na órbita previdenciária, exigir-se-ia a prévia manifestação da respectiva autarquia acerca do pedido, por evidente interesse dela na solução da controvérsia. Ressaltou, por fim, que, se, de um lado, a regra contida no art. 109 da Lei 6.015/73 autoriza a retificação do registro civil, por outro lado, ressalva que essa retificação somente será permitida na hipótese de haver erro em sua lavratura. Desse modo, é mister a indispensável comprovação por prova idônea e segura da ocorrência de erro aparente de escrita ou de motivo superveniente legítimo apto a embasar o pedido de retificação, o que não ocorreu no caso. REsp 1.194.378, Rel. Min. Massami Uyeda, j. 15.2.2011. 3ª T. (Info 463)

STJ Registro público. Retificação. Erro de grafia. Obtenção. Cidadania italiana. Trata-se de REsp em que a discussão cinge-se à apuração da necessidade da presença de todos os integrantes da família em juízo, para que se proceda à retificação do patronímico por erro de grafia. Os recorridos ajuizaram ação para obtenção de retificação de suas certidões de nascimento e casamento, bem como a de seus ascendentes, em relação aos quais se inclui a certidão de óbito, em virtude de erro de grafia nos patronímicos, o que, segundo afirmam, constitui um óbice à solicitação da cidadania italiana. Sobreveio sentença de procedência do pedido, promovendo as requeridas alterações. O MP interpôs recurso especial por entender que a mudança poderia causar desagregação nas anotações registrais uma vez que a decisão extrapola a esfera de interesse dos recorridos, alcançando os demais, os quais devem comparecer em juízo para assentir com a referida solicitação, sob pena de ruptura da cadeia familiar. A Turma entendeu que o justo motivo revela-se presente na necessidade de suprimento de incorreções na grafia do patronímico para a obtenção da cidadania italiana, sendo certo que o direito à dupla cidadania pelo "jus sanguinis" tem sede constitucional. A regra da inalterabilidade relativa do nome civil preconiza que o nome (prenome e sobrenome) estabelecido por ocasião do nascimento reveste-se de definitividade, admitindo-se sua modificação, excepcionalmente, nas hipóteses previstas em lei ou reconhecidas como excepcionais por decisão judicial, exigindo-se, para tanto, justo motivo e ausência de prejuízo a terceiros. Na hipótese, a ausência de prejuízo a terceiros advém do provimento do pedido dos recorridos – tanto pelo magistrado singular quanto pelo tribunal estadual –, sem que fosse feita menção à existência de qualquer restrição. Daí, desnecessária a inclusão de todos os componentes do tronco familiar no polo ativo da ação, uma vez que, sendo, via de regra, um procedimento de jurisdição voluntária, no qual não há lide nem partes, mas tão somente interessados, incabível falar em litisconsórcio necessário, máxime no polo ativo, em que sabidamente o litisconsórcio sempre se dá na forma facultativa. REsp 1.138.103, Rel. Min. Luis Salomão, j. 6.9.2011. 4ª T. (Info 482)

STJ Retificação. Registro civil. Prova. No trato de ação ajuizada para a retificação de registro civil lastreada na alegação de existir situação vexatória de prenome usual (no caso, "Terezinha"), diante da impugnação do MP ou de outro interessado, o juízo deve ater-se ao disposto no art. 109, § 1º, da Lei 6.015/73 e determinar a produção de prova. Na hipótese, a sentença e o acórdão recorrido pautaram-se somente em razões subjetivas para deferir a retificação, daí serem anulados a fim de que se possibilite a produção de prova, conforme pleiteado pelo MP. REsp 863.916, Rel. Min. Luis F. Salomão, j. 19.10.2010. 4ª T. (Info 452)

STJ Retificação. Registro. Nascimento. Trata-se de matéria inédita entre os julgamentos deste Superior Tribunal, em que menor, representada por sua mãe, pretende a retificação de seu registro de nascimento para acrescentar o patronímico de sua genitora, omisso na certidão, além de averbar a alteração para o nome de solteira da sua mãe, que voltou a usá-lo após a separação judicial e é grafado muito diferente daquele de casada, tudo no intuito de facilitar a identificação da criança no meio social e familiar. O pai da menor não se opôs, mas o MP recorreu quanto à averbação do nome da mãe concedida pelas instâncias ordinárias, uma vez que o registro de nascimento deve refletir a realidade da ocasião do parto, o que impediria tal averbação nos termos das Leis ns. 6.015/1973 e 8.560/1992. No caso dos autos, conforme comprovado nas instâncias de 1º e 2º grau, há a situação constrangedora de mãe e filha terem que portar cópia da certidão de casamento com a respectiva averbação para comprovarem a veracidade dos nomes na certidão de nascimento, bem como não existe prejuízo para terceiros, o que afastaria o pleito do MP. Os interesses da criança estariam acima do rigorismo dos registros públicos por força do Estatuto da Criança e do Adolescente (ECA). Ademais, essa é a solução mais harmoniosa e humanizada. Com essas considerações, entre outras, a Turma não conheceu do recurso do MP. REsp 1.069.864, Rel. Min. Nancy Andrighi, 18.12.08. 3ª T. (Info 381)

✱ QUESTÕES OBJETIVAS

250. (Consulplan/TJ/MG/Cartórios/Ingresso/2018) De acordo com a Lei nº 6.015/73, o oficial retificará o registro, a averbação ou a anotação, de ofício ou a requerimento do interessado, mediante petição assinada pelo interessado, representante legal ou procurador, independentemente de prévia autorização judicial ou manifestação do Ministério Público, nos casos de:

I. erros que não exijam qualquer indagação para a constatação imediata de necessidade de sua correção.

II. erro na transposição dos elementos constantes em ordens e mandados judiciais, termos ou requerimentos, bem como outros títulos a serem registrados, averbados ou anotados, e o documento utilizado para a referida averbação e/ou retificação ficará arquivado no registro no cartório.

III. ausência de indicação do Município relativo ao nascimento ou naturalidade do registrado, nas hipóteses em que existir descrição precisa do endereço do local do nascimento, bem como elevação de Distrito a Município ou alteração de suas nomenclaturas por força de lei.

IV. inexatidão da ordem cronológica e sucessiva referente à numeração do livro, da folha, da página, do termo, bem como da data do registro.

Estão corretas as afirmativas:

a) I, II, III e IV.
b) I e II, apenas.
c) I e IV, apenas.
d) II e III, apenas.

251. **(Cespe/TJ/ES/Cartórios/Remoção/2013)** Em relação ao registro de pessoas naturais, assinale a opção correta:

a) a certidão de adoção de adolescente será fornecida aos representantes legais, em requerimento escrito e fundamentado, observando-se a proteção do sigilo.

b) a retificação do registro civil por erro ou defeito verificado em momento posterior só poderá ser efetuada em cumprimento de sentença.

c) a Lei de Registros Públicos, no título concernente ao registro civil de pessoas naturais, prefigura rol taxativo, ou exaustivo, de registros e averbações.

d) a adoção de pessoa maior de dezoito anos será registrada mediante escritura pública, na presença de duas testemunhas.

e) a averbação de ato extrajudicial consensual que dissolve a adoção de pessoa maior e capaz deverá ser realizada com as remissões recíprocas, no assento de nascimento e no de casamento, se a pessoa for casada.

252. **(Cespe/TJ/PI/Cartórios/Remoção/2013)** Assinale a opção correta em relação a averbações, anotações, retificações, restaurações e suprimentos de assento civil das pessoas naturais:

a) a suspensão e a destituição do poder familiar deferidas judicialmente, mas em caráter liminar, não podem ser averbadas no assento de registro civil das pessoas naturais.

b) às anotações feitas nos registros de pessoas naturais não se aplicam o princípio da continuidade de registro.

c) se qualquer interessado ou o órgão do MP impugnar pedido de retificação, restauração ou suprimento, o juiz deverá determinar a produção da prova, dentro do prazo de dez dias, e, ouvidos, sucessivamente, em cinco dias, os interessados e o órgão do MP, decidir em dez dias.

d) se houver de ser cumprido em jurisdição diversa, o mandado destinado à retificação, restauração ou suprimentos de assentamento no registro civil deverá ser remetido, mediante mero ofício e sem necessidade de deprecata, ao juiz sob cuja jurisdição estiver o cartório do registro civil e, mediante a ordem "cumpra-se", deverá ser executado.

e) a sentença que defira ao transexual a alteração de sexo e prenome tem natureza constitutiva, razão por que enseja novo registro, pois a mera averbação malfere o princípio da dignidade da pessoa humana, visto que os dados do assento pretérito permaneceriam indeléveis.

253. **(Cespe/TJ/RR/Cartórios/Ingresso/2013)** No que diz respeito à mudança de nome de pessoa natural, assinale a opção correta de acordo com a Lei de Registros Públicos e a jurisprudência do STJ sobre o assunto:

a) o deferimento do pedido de mudança de nome de indivíduo transexual condiciona-se à comprovação de ter o interessado se submetido a prévia cirurgia de transgenitalização.

b) há erros do assentamento que podem ser corrigidos pelo oficial de registro no próprio cartório, mediante petição assinada pelo interessado, representante legal ou procurador, independentemente de pagamento de selos e taxas, após manifestação conclusiva do MP.

c) admite-se a substituição do prenome exclusivamente em razão de fundada coação ou ameaça à pessoa em decorrência de sua colaboração com a apuração de crime, por determinação, em sentença, de juiz competente, depois de ouvido o MP.

d) o interessado, no primeiro ano após ter atingido a maioridade civil, poderá, pessoalmente ou por procurador, alterar o nome, desde que não prejudique os apelidos de família, averbando-se a alteração que será publicada, por três vezes, pela imprensa.

e) qualquer alteração de nome, permitida somente por exceção e motivadamente, deve ser autorizada, após audiência do MP, por sentença do juiz a que estiver sujeito o registro.

254. **(Ieses/TJ/RN/Cartórios/Ingresso/2012)** Sobre as retificações:

a) somente caberá a impugnação pelo interessado, mas nunca pelo Ministério Público, porque se trata de questão de natureza personalíssima.

b) não cabe o cumprimento da decisão judicial em jurisdição diversa porque o juiz corregedor do cartório é sempre de idêntica jurisdição.

c) da decisão judicial caberá recurso, apenas no efeito devolutivo.

d) serão feitas à margem do registro, com as indicações necessárias, ou, quando for o caso, com a trasladação do mandado, que ficará arquivado. Contudo, não havendo espaço, far-se-á o transporte do assento, com as remissões a margem do registro original.

255. **(Consulplan/TJ/MG/Cartórios/Remoção/2015)** Sobre a transcrição de certidões de assentos de nascimento, casamento e óbito de brasileiros em país estrangeiro, é correto afirmar, exceto:

a) o traslado de certidões de assentos de nascimento, casamento e óbito de brasileiros lavrados em país estrangeiro será efetuado mediante apresentação de documentos originais. O arquivamento de tais documentos poderá ser feito por cópia reprográfica conferida pelo oficial de registro civil.

b) o oficial de registro civil não deverá efetuar o traslado das certidões de assentos de nascimento, casamento e óbito de brasileiros ocorridos em país estrangeiro quando o requerente relatar a eventual necessidade de retificação do seu conteúdo, devendo, primeiramente, efetuar a sua correção através de retificação administrativa, nos termos do artigo 110 da Lei n. 6.015/1973.

c) os oficiais de registro civil deverão observar a eventual existência de acordos multilaterais ou bilaterais, de que o Brasil seja parte, que prevejam a dispensa de legalização de documentos públicos originados em um Estado a serem apresentados no território do outro Estado, ou a facilitação dos trâmites para a sua legalização.

d) caso não conste o sobrenome do registrando no assento de nascimento ocorrido em país estrangeiro, faculta-se ao requerente a sua indicação, mediante declaração escrita que será arquivada.

256. **(Vunesp/TJ/SP/Cartórios/Remoção/2016)** Sobre a retificação de assento no Registro Civil relativa a erros que não exijam qualquer indagação para a constatação imediata de necessidade de sua correção, assinale a alternativa correta:

a) é isenta de selos e taxas, pode ser feita de ofício pelo registrador e não depende da participação do Ministério Público, que só é necessária no caso de correção em razão de elevação de distrito a município ou alteração de sua nomenclatura por força de lei.

b) não é isenta de selos e taxas, não pode ser feita de ofício pelo registrador e depende sempre da participação do Ministério Público ainda que se trate de correção em razão de elevação de distrito a município ou alteração de sua nomenclatura por força de lei.

c) é isenta de selos e taxas, pode ser feita de ofício pelo registrador mediante petição assinada pelo interessado e depende da participação do Ministério Público, a qual não é exigível no caso de correção em razão da elevação de distrito a município ou alteração de sua nomenclatura por força de lei.

d) não é isenta de selos e taxas, pode ser feita de ofício pelo registrador e prescinde da participação do Ministério Público, mesmo nos casos de correção em razão de elevação de distrito a município ou alteração de sua nomenclatura por força de lei.

257. **(Vunesp/TJ/SP/Cartórios/Ingresso/2014)** Quanto à escrituração dos livros do Registro Civil das Pessoas Naturais, é correto afirmar que:

a) os assentos serão escriturados seguidamente, em sequência cronológica de declarações, tendo cada um o seu número de ordem, que pode ser renovado a cada ano civil.

b) as anotações, averbações e retificações poderão ser lançadas no verso do assento.

c) ocorrendo omissões ou erros, respectivas adições ou emendas podem ser corrigidas de ofício pelo oficial do registro civil das Pessoas Naturais, mediante ata retificativa.

d) constarão dos índices os nomes de todos os integrantes dos assentos. Nos de casamento, os nomes dos contraentes e também o nome dos respectivos genitores.

258. (Vunesp/TJ/SP/Cartórios/Ingresso/2018) Levando em conta a escrituração dos livros pertencentes ao Registro Civil das Pessoas Naturais, assinale a alternativa correta:

a) se as circunstâncias exigirem a presença de testemunhas nos assentos, estas devem satisfazer as condições exigidas pela lei civil, não sendo admitidos os parentes do registrando.

b) os assentos serão escriturados seguidamente, em sequência cronológica de declarações, não sendo obrigatória a utilização de número de ordem para cada um deles.

c) é vedada a utilização de transporte para as averbações destinadas aos reconhecimentos de filiação.

d) na hipótese de uso de livro próprio destinado ao transporte de anotações e averbações, deverá o Registrador Civil escriturar as respectivas remissões junto aos assentos originários.

1.3. Do Registro Civil de Pessoas Jurídicas

1.3.1. Da Escrituração

◉ ATENÇÃO: ESTE TEMA É MUITO EXIGIDO NOS CONCURSOS!

✱ QUESTÕES DISCURSIVAS

13. (Vunesp/TJ/SP/Cartórios/2016) É apresentada para averbação, perante o Registro Civil das Pessoas Jurídicas, ata de assembleia de eleição de presidente e ratificação de atos administrativos anteriores. Constatou o oficial que não havia averbação das atas de assembleia e eleição de presidente da associação nos últimos dez anos, quando, pelo estatuto original, o mandato do presidente seria bienal. O requerente da averbação esclareceu que a entidade estava inativa há alguns anos e que agora surgiu intenção de retomada das atividades, sendo realizada a assembleia que elegeu novo presidente e ratificou os atos praticados nos últimos anos. Indaga-se a respeito da admissibilidade dessa averbação e procedimento adequado.

14. (Vunesp/TJ/SP/Cartórios/2011) É possível, no Registro Civil das Pessoas Jurídicas, a averbação de ata de Assembleia Geral de alteração estatutária, ratificada por escritura pública, de aprovação de transformação de uma associação, devidamente registrada, em fundação? Justifique.

✱ QUESTÕES OBJETIVAS

259. (Consulplan/TJ/MG/Cartórios/Ingresso/2018) "A empresa Limpa Tudo S/S tem sede na comarca de Além Mundo e resolveu instalar uma filial na Comarca de Mais Perto, ambas no mesmo Estado." Qual a providência a ser tomada com relação ao contrato social:

a) inscrever a constituição da filial no serviço de registro civil das pessoas jurídicas da sede da filial.

b) inscrever a constituição da filial no serviço de registro civil das pessoas jurídicas da sede da filial, sem qualquer interação com o registro da matriz.

c) inscrever a constituição da filial no serviço de registro civil das pessoas jurídicas da sede da matriz, sem qualquer interação com o registro da empresa criada.

d) inscrever a constituição da filial no serviço de registro civil das pessoas jurídicas da sede da matriz, levando a inscrição ao serviço da sede da filial com a comprovação da inscrição originária.

260. (Consulplan/TJ/MG/Cartórios/Remoção/2018) De acordo como a Lei nº 6.015/73, no registro civil das pessoas jurídicas serão matriculados(as):

a) os jornais e revistas, excluindo as publicações nacionais e internacionais.

b) as empresas que tenham por objeto o agenciamento de oficinas impressoras.

c) as oficinas impressoras de qualquer natureza, pertencentes exclusivamente a pessoas jurídicas.

d) as empresas de radiodifusão que mantenham serviços de notícias, reportagens, comentários, debates e entrevistas.

261. (Ieses/TJ/RN/Cartórios/Remoção/2012) No Registro Civil de Pessoas Jurídicas serão inscritos:

a) apenas os contratos, os atos constitutivos, o estatuto ou compromissos das sociedades civis, religiosas, pias, morais, científicas ou literárias, bem como o das fundações e das associações de utilidade pública; e as sociedades civis que revestirem as formas estabelecidas nas leis comerciais, salvo as anônimas; e os atos constitutivos e os estatutos dos partidos políticos; e o registro dos jornais, periódicos, oficinas impressoras, empresas de radiodifusão e agências de notícias.

b) apenas os contratos, os atos constitutivos, o estatuto ou compromissos das sociedades civis, religiosas, pias, morais, científicas ou literárias, bem como o das fundações e das associações de utilidade pública.

c) apenas os contratos, os atos constitutivos, o estatuto ou compromissos das sociedades civis, religiosas, pias, morais, científicas ou literárias, bem como o das fundações e das associações de utilidade pública; e as sociedades civis que revestirem as formas estabelecidas nas leis comerciais, salvo as anônimas; e os atos constitutivos e os estatutos dos partidos políticos.

d) apenas os contratos, os atos constitutivos, o estatuto ou compromissos das sociedades civis, religiosas, pias, morais, científicas ou literárias, bem como o das fundações e das associações de utilidade pública; e as sociedades civis que revestirem as formas estabelecidas nas leis comerciais, salvo as anônimas.

262. **(Cespe/TJ/ES/Cartórios/Ingresso/2013)** Com relação à escrituração no registro civil de pessoas jurídicas, assinale a opção correta:

a) o registro dos atos constitutivos de associação cujo objeto indique atividades que comprometam a moral e os bons costumes somente pode ser realizado se autorizado pela autoridade judiciária.

b) as sociedades anônimas devem ser registradas, em livro próprio, no registro civil de pessoas jurídicas, para os fins indicados.

c) o registro de autônomo que explore atividade econômica deve ser realizado no mesmo livro em que são lavrados os registros das associações públicas e privadas.

d) as sociedades civis e religiosas, as fundações, as associações, as empresas de radiodifusão e as agências de notícias devem ser inscritas no Livro A, que deve conter 300 folhas.

e) os jornais ou outras publicações periódicas devem ser matriculados no Livro B, devendo o pedido de matrícula ser instruído com documentos, entre outros, em que constem nome, idade, residência e prova da nacionalidade do seu diretor ou redator-chefe.

263. **(Ieses/TJ/RS/Cartórios/Ingresso/2013)** A respeito da competência e efeitos do Registro Civil de Pessoas Jurídicas, assinale a alternativa correta:

a) o registro dos estatutos dos partidos políticos, dos jornais, periódicos, oficinas impressoras e agências de notícias serão realizados no Livro B.

b) começa a existência legal das pessoas jurídicas de direito privado com a inscrição do ato constitutivo no respectivo registro, precedida, quando necessário, de autorização ou aprovação do Poder Executivo, averbando-se no registro todas as alterações por que passar o ato constitutivo.

c) para início de existência legal, devem ser registradas no Registro Civil e de Pessoas Jurídicas as associações, as sociedades simples, as fundações e, facultativamente, as cooperativas.

d) o registro do contrato social das sociedades simples no Registro de Títulos e Documentos, quando cumulado com o Registro Civil de Pessoas Jurídicas, gerando efeitos perante terceiros, também confere personalidade jurídica.

264. **(Cespe/TJ/ES/Cartórios/Remoção/2013)** Acerca de escrituração, assinale a opção correta, de acordo com a Lei de Registros Públicos:

a) as associações, constituídas mediante escritura pública ou testamento, devem ser inscritas no registro civil de pessoas jurídicas.

b) a personalidade civil das fundações inicia-se após aprovação pelo MP, sendo mera formalidade o registro do seu ato constitutivo.

c) todas as sociedades civis que se revestem das formas estabelecidas nas leis comerciais devem ser inscritas no registro civil de pessoas jurídicas.

d) para adquirirem personalidade jurídica, os atos constitutivos dos sindicatos devem ser inscritos no registro civil de pessoas jurídicas.

e) havendo dúvida acerca da licitude de uma associação, o oficial de registro negará sumariamente a sua inscrição.

265. **(Faurgs/TJ/RS/Cartórios/Ingresso/2015)** Conforme a Lei n. 6.015/1973, no Registro Civil de Pessoas Jurídicas, são inscritos:

a) os atos constitutivos das sociedades empresárias, religiosas, pias, morais, científicas ou literárias, bem como os das cooperativas e das associações de utilidade pública.

b) os atos constitutivos e os estatutos dos partidos políticos.
c) os contratos das sociedades civis que adotarem a forma estabelecida na Lei das Sociedades Anônimas.
d) os atos constitutivos das sociedades de advogados.

266. (Faurgs/TJ/RS/Cartórios/Remoção/2015) Assinale a alternativa que apresenta afirmação correta a respeito da disciplina do Registro Civil das Pessoas Jurídicas na Lei n. 6.015/1973:

a) quando o funcionamento da sociedade depender de aprovação da autoridade, sem esta, o registro ficará suspenso.
b) os oficiais farão índices, pela ordem cronológica e alfabética, de todos os registros e arquivamentos, podendo adotar o sistema de fichas, mas ficando sempre isentos de responsabilidade por qualquer erro ou omissão.
c) incumbe ao requerente do registro apresentar prova pré-constituída de que a pessoa jurídica não exercerá atividades contrárias à ordem pública ou social, à moral e aos bons costumes.
d) para o registro devem ser apresentadas duas vias do estatuto, compromisso ou contrato, pelas quais far-se-á o registro, mediante petição do representante legal da sociedade.

267. (Cespe/TJ/DFT/Cartórios/Remoção/2014) Considerando o disposto no Código Civil e na Lei n. 6.015/1973, assinale a opção correta no que se refere a escrituração e registro:

a) os efeitos do registro das sociedades simples retroagirão à data da constituição da sociedade, caso haja, no prazo de trinta dias, requerimento da inscrição do contrato social no registro civil das pessoas jurídicas.
b) a empresa individual de responsabilidade limitada deve ser escriturada no Livro A, que conterá trezentas folhas.
c) os atos constitutivos e os estatutos dos partidos políticos devem ser registrados em livro próprio, que conterá trezentas folhas.
d) caso o funcionamento de sociedade dependa de autorização do Poder Executivo, o oficial de registro civil das pessoas jurídicas poderá realizar o registro anteriormente à apresentação da autorização pelo interessado, que poderá fazê-lo no prazo de trinta dias, sob pena de cancelamento.
e) a personalidade jurídica da fundação constituída por negócio jurídico entre vivos inicia-se na dotação especial de bens livres, realizada mediante escritura pública.

268. (Vunesp/TJ/SP/Cartórios/Ingresso/2016) Em relação ao Registro Civil de Pessoas Jurídicas, é correto afirmar que:

a) como regra, os atos constitutivos de uma pessoa jurídica registrável somente podem ser registrados se estiverem visados por advogado, constituindo exceção à regra a hipótese de sociedade simples enquadrada como microempresa ou empresa de pequeno porte.
b) o registro dos atos constitutivos de uma fundação de direito privado somente pode ocorrer se autorizado pelo Ministério Público, salvo no caso de fundação previdenciária, em que deve haver autorização por órgão vinculado ao Ministério da Previdência Social, sendo dispensada a autorização em se tratando de ato de averbação.
c) na medida em que não há atribuição territorial dentro da mesma Comarca, é permitida a averbação de atos relativos a uma associação, ainda que o registro constitutivo não esteja registrado no mesmo Registro Civil de Pessoas Jurídicas, desde que esteja registrado na mesma Comarca.
d) é vedado o registro de pessoa jurídica com denominação idêntica a outra registrada na mesma Comarca, ainda que em outro Registro Civil das Pessoas Jurídicas, sendo possível, entretanto, o registro, se o nome for apenas semelhante, ainda que possa causar alguma dúvida aos usuários.

269. (Vunesp/TJ/SP/Cartórios/Ingresso/2016) No que concerne ao registro de um sindicato, no Registro Civil das Pessoas Jurídicas, é correto afirmar que:

a) deve ser feito após registro no Ministério do Trabalho, o qual confere representação sindical.
b) não é cabível ao oficial de registro exercer o controle do princípio da unicidade sindical.
c) a existência de registro no Ministério do Trabalho dispensa o registro no Registro Civil de Pessoas Jurídicas.
d) tem efeito meramente declaratório para efeitos civis.

270. (Vunesp/TJ/SP/Cartórios/Ingresso/2016) A respeito do registro e autenticação dos livros contábeis de pessoas jurídicas, é correto afirmar que:

a) a autenticação será efetuada com a microfilmagem do termo ou sua anotação no livro de registro, dispensando-se a adoção de livro especial.

b) há necessidade de requerimento escrito, com firma reconhecida, solicitando o registro.

c) poderão ser registrados e autenticados somente os livros contábeis obrigatórios.

d) não há necessidade de apresentação do livro anterior para registro do subsequente.

271. (Vunesp/TJ/SP/Cartórios/Remoção/2016) Integra a atribuição do Registrador Civil de Pessoas Jurídicas:

a) averbar as alterações dos estatutos das sociedades anônimas.

b) registrar os atos constitutivos dos sindicatos.

c) registrar e autenticar livros das pessoas jurídicas, ainda que registradas em outro Registro Civil das Pessoas Jurídicas, desde que na mesma Comarca.

d) registrar sociedades de advogados.

272. (Vunesp/TJ/SP/Cartórios/Remoção/2016) No Registro Civil de Pessoas Jurídicas:

a) os livros A e B poderão ser substituídos por sistema de microfilmagem, obedecidas as formalidades legais.

b) não haverá livro de protocolo.

c) os contratos, atos, estatutos ou publicações registrados deverão ser arquivados em papel, ainda que adotado o sistema de microfilmagem.

d) na qualificação registral, atentar-se-á apenas aos requisitos formais do documento, não sendo relevante se o objeto social é, por exemplo, contrário ao bem público, ou à moral e aos bons costumes.

273. (Consulplan/TJ/MG/Cartórios/Ingresso/2015) Analise as assertivas abaixo:

I. compete ao oficial do registro civil das pessoas jurídicas efetuar o registro dos contratos, atos constitutivos, estatutos ou compromissos das associações, fundações de direito privado, organizações religiosas, partidos políticos, sociedades simples e empresas individuais de responsabilidade limitada de natureza simples que tiverem suas sedes e filiais no âmbito territorial de sua atuação.

II. o oficial de registro das pessoas jurídicas que cumular as atribuições de registro de títulos e documentos, caso opte por adotar o Livro de Protocolo adotará livro único para as duas especialidades.

III. é vedado ao oficial do registro civil das pessoas jurídicas o registro de estatuto de fundação privada ou pública de natureza privada, ou a averbação de sua alteração, sem a devida aprovação ou anuência do Ministério Público.

Está correto o que se afirma em:

a) II e III, apenas.

b) I e III, apenas.

c) I, II e III.

d) I e II, apenas.

274. (Ieses/TJ/MS/Cartórios/Ingresso/2014) Relativamente ao Registro Civil de Pessoas Jurídicas:

I. não poderão ser registrados os atos constitutivos de pessoas jurídicas, quando o seu objeto ou circunstâncias relevantes indiquem destino ou atividades ilícitas ou contrárias, nocivas ou perigosas ao bem público, à segurança do Estado e da coletividade, à ordem pública ou social, à moral e aos bons costumes.

II. quando o objeto dos atos constitutivos de pessoas jurídicas ou circunstâncias relevantes indicarem destino ou atividades ilícitas ou contrárias, nocivas ou perigosas ao bem público, à segurança do Estado e da coletividade, à ordem pública ou social, à moral e aos bons costumes, o oficial Registrador, de ofício ou mediante provocação de qualquer autoridade, sobrestará o processo de registro, suscitando dúvida ao juiz competente.

III. a existência legal das pessoas jurídicas só tem início com o registro de seus atos constitutivos.

IV. os atos constitutivos e os estatutos dos partidos políticos não poderão ser objeto de inscrição no Registro Civil de Pessoas Jurídicas:

a) somente os itens I e II estão corretos.

b) somente os itens III e IV estão corretos.

c) somente os itens I, III e IV estão corretos.

d) somente os itens I, II e III estão corretos.

275. (Ieses/TJ/PB/Cartórios/Ingresso/2014) Examine as seguintes assertivas relativas ao Registro Civil de Pessoas Jurídicas:

I. no Livro "A" serão registrados os contratos, atos constitutivos e estatuto, ou compromissos das sociedades civis, religiosas, pias, morais, científicas ou literárias.

II. no registro civil das pessoas jurídicas serão matriculados: os jornais e demais publicações periódicas; oficinas impressoras de quaisquer natureza, pertencentes a pessoas naturais ou jurídicas; empresas de radiodifusão que mantenham serviços de notícias, reportagens, comentários, debates e entrevistas.

III. os oficiais providenciarão índices, pela ordem cronológica e alfabética, de todos os registros e arquivamentos, sendo vedada à adoção do sistema de fichas.

IV. é passível de inscrição no Registro Civil de Pessoas Jurídicas o estatuto das sociedades civis que estiverem revestidas das formas estabelecidas nas leis comerciais, salvo as anônimas:

a) somente os itens I, II e IV estão corretos.
b) as alternativas I, II, III e IV estão corretas.
c) somente os itens I e III estão corretos.
d) somente os itens III e IV estão corretos.

276. **(Ieses/TJ/PB/Cartórios/Remoção/2014)** No Registro Civil de Pessoas Jurídicas serão inscritos:

I. as sociedades civis que revestirem as formas estabelecidas nas leis comerciais, salvo as anônimas.

II. os contratos, os atos constitutivos, o estatuto ou compromissos das sociedades civis, religiosas, pias, morais, científicas ou literárias, bem como o das fundações e das associações de utilidade pública.

III. o ato constitutivo da Sociedade de Advogados.

IV. os atos constitutivos e os estatutos dos partidos políticos.

A sequência correta é:

a) as assertivas I, II, III e IV estão corretas.
b) apenas as assertivas I, II e IV estão corretas.
c) apenas as assertivas II e IV estão corretas.
d) apenas as assertivas I e II estão corretas.

277. **(Vunesp/TJ/SP/Cartórios/Ingresso/2014)** Para o registro dos atos constitutivos e suas respectivas alterações no oficial de registro Civil de Pessoas Jurídicas, é dispensado o visto do advogado devidamente identificado com seu nome e número de inscrição na OAB:

a) nas organizações religiosas.
b) nas sociedades simples enquadradas como ME ou EPP.
c) nas cooperativas.
d) nas fundações de direito privado.

278. **(Vunesp/TJ/SP/Cartórios/Ingresso/2014)** Consideram-se requisitos para o registro de uma "EIRELI", no oficial de registro Civil de Pessoas Jurídicas:

a) ser constituída por uma única pessoa e estar com o capital social, totalmente integralizado, não inferior a 50 vezes ao maior salário mínimo vigente no País, devendo ser utilizado o termo "EIRELI" após a denominação social da empresa.
b) ser constituída por uma única pessoa e estar com o capital social, totalmente integralizado, não inferior a 100 vezes ao maior salário mínimo vigente no País, devendo ser utilizado o termo "EIRELI" após a denominação social da empresa.
c) ser constituída por uma ou mais pessoas e estar com o capital social, totalmente integralizado, não inferior a 100 vezes ao maior salário mínimo vigente no País, devendo ser utilizado o termo "EIRELI" após a denominação social da empresa.
d) ser constituída por uma única pessoa, ter capital social não inferior a 100 vezes ao maior salário mínimo vigente no País, podendo o capital social ser integralizado no prazo máximo de 180 dias de sua constituição.

279. **(FMP/TJ/MT/Cartórios/Ingresso/2014)** Compete ao Registro Civil de Pessoas Jurídicas, exceto:

a) a averbação de alteração contratual de sociedade de responsabilidade limitada não empresária.
b) o registro dos atos constitutivos de sociedade anônima.
c) o registro do atos constitutivos de fundação instituída por testamento.
d) a averbação de alteração de ato constitutivo de organização religiosa.
e) o registro dos atos constitutivos e dos estatutos de partido político.

280. **(FMP/TJ/MT/Cartórios/Remoção/2014)** Considerando as normas legais aplicáveis à escrituração e à ordem de serviço no Registro Civil das Pessoas Naturais, é incorreto afirmar que:

a) o serviço de registro civil das pessoas naturais será prestado, também, nos sábados, domingos e feriados pelo sistema de plantão.
b) todos os títulos, apresentados no horário regulamentar e que não forem registrados até a

hora do encerramento do serviço, aguardarão o dia seguinte, no qual serão registrados, preferencialmente, aos apresentados nesse dia.

c) tendo havido no assento omissão ou erro de modo que seja necessário fazer adição ou emenda, estas serão feitas antes da assinatura ou ainda em seguida, mas antes de outro assento, sendo a ressalva novamente por todos assinada.

d) antes da assinatura dos assentos, serão estes lidos às partes e às testemunhas, do que se fará menção.

e) a testemunha para os assentos de registro deve satisfazer às condições exigidas pela lei civil, sendo admitido o parente, em qualquer grau, do registrado.

281. **(Vunesp/TJ/SP/Cartórios/Remoção/2014)** Uma Associação, desde 27.05.2003, data do fim dos mandatos dos primeiros administradores, encontra-se com a administração irregular, sem nenhum outro ato registral, em especial no que concerne às eleições das diretorias que sucederam a primeira. Agora, depois de longo período, pretende averbar a ata da assembleia geral por meio da qual, dentre outras deliberações, elegeu a nova diretoria, sem elo de continuidade entre a composição da última diretoria regular e a que ora se apresenta. Diante do citado documento, o oficial de registro de Pessoas Jurídicas deve:

a) negar a averbação da assembleia, indicando aos interessados que devem acionar a via jurisdicional para nomeação de um administrador provisório.

b) negar a averbação da assembleia, indicando aos interessados que devem acionar o Juiz Corregedor Permanente para nomeação de um administrador provisório.

c) elaborar nota de devolução, exigindo que os interessados publiquem edital para convocar os antigos administradores para a eleição da nova diretoria. Caso fique comprovado que estes não compareceram à assembleia, a eleição da nova administração poderá ser averbada.

d) averbar a ata de assembleia, tendo em vista que, no Registro Civil das Pessoas Jurídicas, não é aplicável o princípio da continuidade, sendo este um princípio aplicável somente ao registro de imóveis.

282. **(Cespe/TJ/SE/Cartórios/Ingresso/2014)** No que diz respeito ao registro civil das pessoas jurídicas, assinale a opção correta:

a) no Livro B, devem ser inscritos os contratos, os atos constitutivos, o estatuto ou os compromissos das sociedades civis, religiosas, pias, morais, científicas ou literárias, bem como os das fundações e das associações de utilidade pública.

b) é permitido o registro de sociedades sem que se especifique o prazo de sua duração.

c) no Livro A, devem ser inscritos os atos constitutivos e os estatutos dos partidos políticos.

d) o registro das pessoas jurídicas será realizado por intermédio de petição do representante legal ou de ofício, constatada a existência de sociedade de fato pelo oficial.

e) com relação à administração, admite-se a reforma de estatuto, contrato ou compromisso posteriormente ao seu registro, devendo essa possibilidade constar no registro.

283. **(Ieses/TJ/PA/Cartórios/Ingresso/2016)** No registro civil de pessoa jurídica:

a) as instituições eclesiásticas adquirem personalidade jurídica, passando a constituir pessoas jurídicas eclesiásticas, independentemente do registro de seus atos constitutivos no Registro Civil das Pessoas Jurídicas.

b) as sociedades simples são registráveis perante o Registro Civil de Pessoas Jurídicas e não perante a Junta Comercial.

c) quando constatada a quebra do princípio da continuidade junto ao Registro Civil das Pessoas Jurídicas, poderá ser regularizada a situação pelo Juízo Corregedor Permanente da Serventia, sendo dispensada a nomeação de administrador provisório.

d) as cooperativas não atendem os requisitos legais que caracterizam a atividade empresarial, o que impede, em regra, o ingresso de seus atos constitutivos no Registro Civil de Pessoas Jurídicas.

284. **(Vunesp/TJ/SP/Cartórios/Ingresso/2014)** Em 25.05.2002, foi constituída uma sociedade simples em que constavam no quadro societário João da Silva, com 40% do capital social, e sua mulher, Maria da Silva, com 60% do capital social, casados no regime da comunhão parcial de bens. Em 30.04.2007, foi averbada alteração do contrato social para indicar mudança do estado civil dos sócios para divorciados. É apresentada agora para registro uma alteração contratual onde João cede suas quotas para filha do casal, Maria Helena da

Silva, com 2 anos de idade. Ao qualificar o título, o oficial deve, dentre outros aspectos, verificar os seguintes requisitos formais:

a) na alteração contratual deve constar que a menor poderá exercer a administração, desde que representada por seus pais e que o capital social esteja totalmente integralizado.
b) na alteração contratual deve constar que a menor não poderá exercer a administração, que ela está sendo representada por seus pais, sendo que o capital social pode ou não estar totalmente integralizado, desde que garantido por caução.
c) na alteração contratual deve constar que a menor não poderá exercer a administração, devendo ser acompanhada de alvará judicial por se tratar de ato que excede a simples administração.
d) na alteração contratual deve constar que a menor não poderá exercer a administração, que ela está sendo representada por seus pais e que o capital social esteja totalmente integralizado.

285. **(Consulplan/TJ/MG/Cartórios/Ingresso/2017)** Quanto ao Registro Civil de Pessoas Jurídicas, todas as assertivas estão corretas, exceto:

a) serão inscritos os contratos, os atos constitutivos, o estatuto ou compromissos das sociedades civis, religiosas, pias, morais, científicas ou literárias, bem como o das fundações e das associações de utilidade pública.
b) são registradas as sociedades civis que revestirem as formas estabelecidas nas leis comerciais, salvo as anônimas,
c) serão inscritos os atos constitutivos e os estatutos dos partidos políticos.
d) o registro civil de pessoa jurídica será feito no Livro A, Livro B e Livro C.

286. **(Consulplan/TJ/MG/Cartórios/Ingresso/2017)** Devem, por regra, fazer o registro de seus atos constitutivos no Cartório de Registro Civil de Pessoas Jurídicas, exceto:

a) sociedades empresárias cujo objeto for serviços.
b) associações, inclusive esportivas.
c) fundações privadas, inclusive educacionais.
d) sociedades simples, não se aplicando a sociedades dvocatícias, cujo registro é junto à OAB.

287. **(Cetro/TJ/RJ/Cartórios/Ingresso/2017)** No Registro Civil das Pessoas Jurídicas, é vedado o registro ou a averbação

I. de quaisquer atos relativos às associações, às organizações religiosas, aos sindicatos, às fundações e às sociedades simples se os atos constitutivos não estiverem registrados no Serviço.
II. de sociedades de advogados, salvo aquelas que tenham objetivo jurídico-profissional de consultoria.
III. de organizações não governamentais que incluam ou reproduzam, em sua composição, siglas ou denominações de órgãos públicos da Administração Direta, com exceção de organismos nacionais e internacionais reconhecidos pela sua notoriedade.
IV. de atos constitutivos e suas alterações, de entidade que inclua, em seu respectivo objeto, firma ou denominação social, as expressões "investimento", sem determinar o ramo da atividade econômica ou sem indicar atividade que exija manifestação favorável de órgãos competentes, e "financiamento".
V. dos serviços concernentes ao Registro de Empresas, por constituir atribuição exclusiva das Juntas Comerciais.
VI. de ato relativo à convenção do condomínio, salvo as atas das assembleias ordinárias ou extraordinárias.

É correto o que está contido em:

a) I, II e V, apenas.
b) II, III e VI, apenas.
c) I, IV e V, apenas.
d) II, V e VI, apenas.
e) I, III e V, apenas.

288. **(Consulplan/TJ/MG/Cartórios/Ingresso/2017)** Em relação à escrituração dos atos relativos ao Registro Civil das Pessoas Jurídicas, assinale a alternativa correta:

a) o Livro de Protocolo servirá para apontamento de todos os títulos apresentados a registro, sendo de uso obrigatório por todas as serventias.
b) o oficial de registro das pessoas jurídicas, que cumular as atribuições de registro de títulos e documentos, deverá adotar um livro para cada uma das especialidades.
c) o Livro A destina-se ao registro de contratos, atos constitutivos, estatuto ou compromissos

das sociedades civis, religiosas, pias, morais, científicas ou literárias, fundações, associações de utilidade pública, sociedades simples ou empresárias, salvo as anônimas, bem como dos partidos políticos.

d) a transcrição dos Livros "A" e "B" poderá ser realizada em fichas, para cada pessoa jurídica, escrituradas manual ou eletronicamente, sendo cada lançamento associado às imagens dos documentos gravados digitalmente ou em microfilme, disponíveis para impressão.

289. **(Consulplan/TJ/MG/Cartórios/Remoção/2017)** Acerca da competência do oficial de registro civil das pessoas jurídicas, assinale a afirmativa correta:

a) compete-lhe registrar jornais, periódicos e oficinas impressoras, salvo as empresas de radiodifusão e agências de notícias.

b) compete-lhe averbar livros de associações, sociedades, organizações religiosas, fundações, condomínios e partidos políticos, arquivando fotocópias dos respectivos termos de abertura e de encerramento.

c) compete-lhe averbar os atos alterem a pessoa jurídica, mas não deve averbar atos que apenas afetem a pessoa jurídica.

d) compete-lhe o registro de sociedade simples, devendo obedecer às normas fixadas para Registro Público de Empresas Mercantis a cargo das Juntas Comerciais, se a sociedade simples adotar um dos tipos de sociedade empresária.

290. **(Ieses/TJ/RO/Cartórios/Ingresso/2017)** Assinale a alternativa correta:

a) o Livro B do Registro Civil de Pessoas Jurídicas deve conter 200 folhas e nele ser feita a matrícula dos jornais.

b) o Livro A do Registro Civil de Pessoas Jurídicas deve conter 200 folhas.

c) no Registro Civil de Pessoas Jurídicas serão inscritos os contratos, os atos constitutivos, o estatuto ou compromissos das sociedades civis.

d) quando o funcionamento da sociedade depender de aprovação da autoridade, mesmo sem essa aprovação poderá ser feito o registro.

291. **(Ieses/TJ/RO/Cartórios/Ingresso/2017)** Assinale a alternativa correta:

a) no Registro Civil de Pessoas Jurídicas havendo suspeita de atividades ilícitas só após concluído o processo é que o oficial poderá suscitar dúvida ao Juiz competente.

b) aos oficiais de Registro Civil de Pessoas Jurídicas é vedado a adoção do sistema de fichas.

c) a existência legal das pessoas jurídicas só começa com o registro de seus atos constitutivos.

d) as patentes, para obter proteção legal, devem ser registradas no Registro Civil de Pessoas Jurídicas.

292. **(Vunesp/TJ/SP/Cartórios/Remoção/2014)** No cancelamento de registro de associação civil, o oficial do Serviço de Registro Civil das Pessoas Jurídicas deve exigir, entre outras, a seguinte certidão:

a) certidão negativa do Fisco Estadual.

b) certidão negativa da Secretaria Municipal de Finanças ou órgão equivalente.

c) certidão negativa conjunta de débitos de Tributos Federais, expedida pela Justiça Federal.

d) certidão de regularidade perante o FGTS emitida pela Caixa Econômica Federal.

293. **(Ieses/TJ/AM/Cartórios/Remoção/2018)** Os atos constitutivos e os estatutos dos partidos políticos serão inscritos no:

a) registro civil de pessoas naturais.

b) tabelionato de protesto.

c) registro civil de pessoas jurídicas.

d) registro de títulos e documentos.

294. **(Ieses/TJ/CE/Cartórios/Remoção/2018)** No Registro Civil de Pessoas Jurídicas serão inscritos

I. os contratos, os atos constitutivos, o estatuto ou compromissos das sociedades civis, religiosas, pias, morais, científicas ou literárias, bem como o das fundações e das associações de utilidade pública.

II. os imóveis cujo domínio pertencer às pessoas jurídicas de direito privado.

III. as sociedades civis que revestirem as formas estabelecidas nas leis comerciais, salvo as anônimas.

IV. os atos constitutivos e os estatutos dos partidos políticos.

A sequência correta é:

a) as assertivas I, II, III e IV estão corretas.

b) apenas a assertiva II está incorreta.

c) apenas as assertivas II e IV estão corretas.

d) apenas as assertivas I, II e III estão corretas.

295. (Ieses/TJ/CE/Cartórios/Ingresso/2018) Assinale a alternativa correta:

a) no registro civil de pessoas jurídicas serão inscritos os contratos sociais das sociedades anônimas.

b) no registro civil de pessoas jurídicas serão inscritos os estatutos das autarquias e empresas públicas.

c) no registro civil de pessoas jurídicas serão inscritos os contratos, os atos constitutivos, o estatuto ou compromissos das sociedades civis, religiosas, pias, morais, científicas ou literárias, bem como o das fundações e das associações de utilidade pública.

d) no registro civil de pessoas jurídicas serão inscritos os atos constitutivos das pessoas jurídicas de direito público interno.

296. (Ieses/TJ/AM/Cartórios/Ingresso/2018) Em relação ao registro civil de pessoas jurídicas assinale a alternativa correta:

a) no registro civil de pessoas jurídicas serão inscritos os atos constitutivos e os estatutos das pessoas jurídicas de direito público interno.

b) no registro civil de pessoas jurídicas serão inscritos as sociedades civis que revestirem as formas estabelecidas nas leis comerciais, inclusive as anônimas.

c) poderão ser registrados os atos constitutivos de pessoas jurídicas, quando o seu objeto ou circunstâncias relevantes indiquem destino ou atividades ilícitos ou contrários, nocivos ou perigosos ao bem público, à segurança do Estado e da coletividade, à ordem pública ou social, à moral e aos bons costumes, desde que exista ordem juridicial.

d) quando o funcionamento da sociedade depender de aprovação da autoridade, sem esta não poderá ser feito o registro.

297. (Vunesp/TJ/SP/Cartórios/Ingresso/2018) No Registro Civil das Pessoas Jurídicas, exige-se, em regra, visto de advogado nos atos constitutivos, contratos sociais e estatutos das pessoas jurídicas. Em determinadas hipóteses, no entanto, essa providência pode ser dispensada para:

a) sociedades simples.

b) organizações religiosas.

c) associações.

d) fundações de direito privado.

1.3.2. *Da Pessoa Jurídica*

✻ INFORMATIVOS

STJ **Sindicato. Registro. MTE.** Cuida-se de mandado de segurança impetrado por sindicato dos trabalhadores em atividades, policiamento e fiscalização de trânsito de empresas e autarquias contra ato supostamente ilegal de secretário de estado que suspendeu o repasse mensal da contribuição facultativa descontada do salário de seus filiados, em razão de o impetrante não estar registrado no Ministério de Trabalho e Emprego (MTE). O TJ denegou a ordem; daí o RMS. O sindicato impetrante não pode receber as contribuições facultativas descontadas de seus filiados enquanto não for registrado, ainda que provisoriamente, no MTE, pois não se sabe se ele é o único sindicato a representar a categoria. Esse registro visa preservar o princípio da unicidade sindical, que não será observado se as entidades sindicais se registrarem somente nos cartórios civis de pessoa jurídica. Ademais, sem registro do sindicato no MTE, ele não pode ingressar em juízo na defesa de seus filiados. Diante do exposto, a Turma não proveu o recurso. RMS 31.070, Rel. Min. Castro Meira, j. 13.4.2010. 2ª T. (Info 430)

✻ QUESTÕES OBJETIVAS

298. (Cespe/TJ/ES/Cartórios/Remoção/2013) Acerca de penalidades, escrituração e ordem do serviço, assinale a opção correta:

a) para a matrícula de empresas noticiosas é exigido, além da designação da sede da administração, o nome, idade, residência e nacionalidade do redator-chefe responsável pelos serviços de notícias, reportagens, comentários, debates e entrevistas.

b) as empresas de radiodifusão que, embora estejam matriculadas no registro civil de pessoas jurídicas, não contenham na sua matrícula os nomes e as qualificações do proprietário, são consideradas clandestinas.

c) para efeito de registro, é facultativa nos estatutos a indicação do modo pelo qual se administra e representa a associação de forma ativa ou passiva.

d) para o registro civil das fundações, devem ser informados os nomes dos instituidores e dos membros da diretoria com indicação da nacionalidade, estado civil e profissão de cada um.

e) a falta de matrícula das oficinas impressoras acarreta inexistência legal da sociedade civil.

299. **(Cespe/TJ/PI/Cartórios/Remoção/2013)** No que tange à legalidade e aos efeitos da inscrição de atos no ofício do registro de pessoas jurídicas, assinale a opção correta:

a) é possível o registro, no ofício do registro de pessoas jurídicas, de sociedades civis cuja finalidade seja o desempenho da atividade de advocacia.

b) não deve ser rejeitada a inscrição de atos constitutivos de pessoas jurídicas e suas alterações, ainda que seu objeto indique a realização de atividades contrárias aos bons costumes, dado o registrador ater-se, no momento da qualificação, apenas aos aspectos formais do título.

c) o registro de sociedade independe de sua inscrição, ou da de seus associados, em órgãos de fiscalização profissional.

d) o registro do estatuto de partido político no registro de pessoas jurídicas assegura a essa organização social a exclusividade no uso de sua denominação, sigla e símbolos, vedando-se a utilização, por outros partidos, de variações de designação que venham a induzir ao erro ou à confusão de identificação.

e) é possível a inscrição de quaisquer atos relativos a associações, organizações religiosas, sindicatos, fundações e sociedades simples, ainda que os respectivos atos constitutivos não estejam registrados no ofício do registro.

1.3.3. Do Registro de Jornais, Oficinas Impressoras, Empresas de Radiodifusão e Agências de Notícias

✱ QUESTÕES OBJETIVAS

300. **(Faurgs/TJ/RS/Cartórios/Ingresso/2015)** Conforme a Lei n. 6.015/1973, no Registro Civil das Pessoas Jurídicas, são:

a) registradas as empresas que tenham por objeto o agenciamento de notícias.

b) matriculadas as empresas que tenham por objeto o agenciamento de notícias.

c) matriculadas as oficinas impressoras de qualquer natureza pertencentes apenas a pessoas naturais.

d) matriculadas as oficinas impressoras de qualquer natureza pertencentes apenas a pessoas jurídicas.

301. **(TJ/SC/Cartórios/Ingresso/2012)** Os jornais ou outras publicações periódicas devem ser matriculados no Registro Civil de Pessoas Jurídicas e o pedido de matrícula conterá as informações e será instruído com os documentos seguintes, exceto:

a) nome, idade, residência e prova da nacionalidade do proprietário.

b) nome, idade, residência e prova da nacionalidade do diretor ou redator-chefe.

c) título do jornal ou periódico, sede da redação, administração e oficinas impressoras, esclarecendo, quanto a estas, se são próprias ou de terceiros, e indicando, neste caso, os respectivos proprietários.

d) nome, idade, residência e prova de nacionalidade do jornalista responsável pelos serviços de notícias, reportagens, comentários, debates e entrevistas.

e) se propriedade de pessoa jurídica, exemplar do respectivo estatuto ou contrato social e nome, idade, residência e prova de nacionalidade dos diretores, gerentes e sócios da pessoa jurídica proprietária.

302. **(Cespe/TJ/PI/Cartórios/Ingresso/2013)** De acordo com a Lei de Registros Públicos, no pedido de matrícula de jornais e demais publicações periódicas, devem constar:

a) marca, modelo, ano e capacidade de impressão do equipamento de impressão.

b) endereço de localização e nome do proprietário das oficinas impressoras.

c) capacidade de impressão e endereço de localização das oficinas impressoras.

d) marca, modelo, ano e endereço de localização do equipamento de impressão.

e) marca, modelo, ano e nome do proprietário do equipamento de impressão.

303. **(FCC/TJ/PE/Cartórios/Remoção/2013)** Sobre o registro de jornais, oficinas, impressoras, empresas de radiodifusão e agência de notícias, a Lei Federal n. 6.015/73 dispõe que:

a) a falta de matrícula das declarações, exigidas pela referida lei, ou da averbação da alteração, será punida com multa que terá o valor de dez a vinte salários mínimos da região.

b) a sentença que impuser a multa fixará prazo, não inferior a dez dias, para matrícula ou alteração das declarações.

c) a multa será aplicada pela autoridade judiciária em representação feita pelo oficial, e cobrada por processo executivo, mediante ação do órgão competente.

d) se a matrícula ou alteração não for efetivada no prazo superior a dez dias, o juiz poderá impor nova multa, agravando-a de 100% (cem por cento) toda vez que seja ultrapassado de trinta dias o prazo assinalado na sentença.

e) considera-se clandestino o jornal, ou outra publicação periódica, não matriculado nos termos da lei ou de cuja matrícula não constem os nomes, declarações de bens e as qualificações de todos os funcionários e proprietários.

304. (Ieses/TJ/RN/Cartórios/Ingresso/2012) A falta do pedido de matrícula de jornais, oficinas impressoras, empresas de radiofusão e agências de notícias, assim como a ausência das declarações ou da averbação da alteração, importará:

a) na pena judicial de multa de meio a dois salários-mínimos, além da fixação do prazo de, pelo menos, 20 dias, para que se proceda a matrícula ou alteração das declarações.

b) na pena judicial de multa de meio a cinco salários-mínimos, além da fixação do prazo de até 20 dias, para que se proceda a matrícula ou alteração das declarações.

c) na pena judicial de multa de meio a dois salários-mínimos, além da fixação do prazo de até 20 dias, para que se proceda a matrícula ou alteração das declarações.

d) na pena judicial de multa de meio a três salários-mínimos, além da fixação do prazo de até 20 dias, para que se proceda a matrícula ou alteração das declarações.

305. (Cespe/TJ/ES/Cartórios/Ingresso/2013) Com base na lei que dispõe sobre os registros públicos, assinale a opção correta:

a) as oficinas de impressoras pertencentes a pessoas jurídica com finalidade mercantil devem ser matriculadas na junta comercial respectiva.

b) a existência legal das pessoas jurídicas se iniciará quinze dias após a inscrição de seus atos constitutivos no registro civil de pessoas jurídicas.

c) os atos constitutivos a serem registrados no registro civil de pessoas jurídicas deverão ser afixados no cartório durante quinze dias, de forma a permitir a qualquer interessado apresentar impugnação em relação à nocividade das atividades constantes no objeto da pessoa jurídica constituída.

d) o procedimento de matrícula é simplificado, em relação ao de registro, já que, para a matrícula, não é necessária a apresentação de duas vias do estatuto, compromisso ou contrato da pessoa jurídica.

e) os jornais e as publicações periódicas de cuja matrícula não constem os nomes e as qualificações do proprietário serão considerados clandestinos.

306. (Faurgs/TJ/RS/Cartórios/Remoção/2015) Assinale a alternativa que apresenta afirmação correta a respeito da disciplina do Registro Civil das Pessoas Jurídicas na Lei n. 6.015/1973:

a) a existência legal das pessoas jurídicas começa com a celebração de seus atos constitutivos pelos respectivos fundadores.

b) o oficial do registro deve indeferir de plano o registro dos atos constitutivos de pessoas jurídicas que indiquem atividades ou destino ilícitos.

c) para o registro das sociedades, fundações e partidos políticos, devem ser apresentadas cinco vias do contrato, estatuto ou compromisso.

d) no registro civil das pessoas jurídicas, serão matriculados os jornais e demais publicações periódicas.

307. (Vunesp/TJ/SP/Cartórios/Remoção/2016) Em relação ao pedido de matrícula de jornais, oficinas impressoras, empresas de radiodifusão e agências de notícias, é correto afirmar que os atos de alteração deverão ser averbados na matrícula:

a) no prazo de 30 (trinta) dias, sob pena de multa a ser aplicada pelo oficial de registro.

b) no prazo de 8 (oito) dias, sob pena de multa a ser aplicada pelo Juiz Corregedor Permanente, devendo o oficial de registro a ele representar.

c) no prazo de 8 (oito) dias, sob pena de multa a ser aplicada pelo oficial de registro.

d) no prazo de 30 (trinta) dias, sob pena de multa a ser aplicada pelo Juiz Corregedor Permanente, devendo o oficial de registro a ele representar.

308. (Cespe/TJ/SE/Cartórios/Remoção/2014) Com relação à matrícula de jornais, oficinas, impressoras, empresas de radiodifusão e agências de notícias, assinale a opção correta:

a) a falta de matrícula das declarações, exigidas no pedido de matrícula, ou da averbação da alteração será punida com multa, que será aplicada pelo oficial e cobrada por processo executivo.

b) se uma publicação periódica semanal for matriculada no registro civil das pessoas jurídicas sem a qualificação do seu diretor ou redator, tal ausência de informação caracterizará mera irregularidade, passível de sanção administrativa contra o oficial.

c) devem ser matriculadas no registro de pessoas jurídicas as oficinas impressoras de qualquer natureza que pertençam a pessoas jurídicas, facultando-se tal matrícula àquelas que pertençam a pessoas físicas.

d) o registro da matrícula da agência de notícias deve ser lançado no registro civil de pessoas jurídicas e na junta comercial.

e) se o proprietário do jornal for pessoa jurídica, o pedido de matrícula desse jornal deverá conter o exemplar do respectivo estatuto ou contrato social, além de nome, idade, residência e prova da nacionalidade dos diretores, do gerente e dos sócios da pessoa jurídica.

309. **(FMP/TJ/MT/Cartórios/Remoção/2014)** Acerca da escrituração no Registro Civil de Pessoas Jurídicas, assinale a afirmativa correta:

a) os jornais, periódicos, empresas de radiodifusão e agências de notícias serão matriculados no Livro B.

b) as oficinas impressoras serão matriculadas no Livro C.

c) os atos constitutivos das fundações e das sociedades empresárias serão registrados no Livro A.

d) os atos constitutivos das associações e dos partidos políticos serão registrados no Livro B.

e) o protocolo dos títulos apresentados será feito no Livro C.

310. **(Cespe/TJ/DFT/Cartórios/Ingresso/2014)** Ainda em relação ao registro civil das pessoas jurídicas, assinale a opção correta:

a) a lei confere às fundações instituídas por testamento a prerrogativa de não informar, no estatuto da entidade, se os membros respondem, ou não, subsidiariamente, pelas obrigações sociais.

b) constitui requisito para a matrícula de empresas de radiodifusão a indicação da forma como os sócios participarão dos lucros e perdas.

c) para a matrícula de empresa noticiosa, são exigidos, além da designação da sede da administração da entidade, o nome, a idade, a residência e prova da nacionalidade do redator-chefe responsável pelos serviços de notícias, reportagens, comentários, debates e entrevistas.

d) para o registro das associações, é necessária a apresentação de duas vias do estatuto da entidade, devendo uma delas ficar afixada no cartório de registro civil das pessoas jurídicas pelo prazo de vinte dias, de forma a permitir a qualquer interessado apresentar impugnação em relação à ilicitude das atividades constantes no seu objeto.

e) a matrícula dos jornais e demais publicações periódicas não objetiva conferir existência legal à pessoa jurídica, mas dar publicidade à existência de tais veículos de comunicação social, identificando o seu diretor ou redator e proprietários.

311. **(Cespe/TJ/DFT/Cartórios/Remoção/2014)** Com relação ao registro de jornais, oficinas impressoras, empresas de radiodifusão e agências de notícias, assinale a opção correta:

a) as empresas de radiodifusão constituídas como sociedade anônima não podem ser matriculadas no registro civil das pessoas jurídicas.

b) a ausência de matrícula das agências de notícias não implica sua clandestinidade.

c) o procedimento de matrícula dos jornais deve ser instruído mediante a publicação de editais em jornais de grande circulação ou na imprensa oficial, indicando-se o nome, a idade, a residência e a prova da nacionalidade do diretor ou redator-chefe.

d) as empresas distribuidoras de jornais, revistas e demais publicações periódicas devem ser matriculadas no registro civil das pessoas jurídicas.

e) a alteração do local das instalações de estúdio não deve ser averbada na matrícula constante do registro civil das pessoas jurídicas, dado não implicar modificação estatutária das empresas de radiodifusão.

312. **(Cespe/TJ/SE/Cartórios/Ingresso/2014)** Com relação ao registro de jornais, oficinas impressoras, empresas de radiodifusão e agências de notícias, assinale a opção correta:

a) em se tratando de jornais, considera-se inválido o registro de propriedade das oficinas impressoras pertencentes a terceiros.

b) admite-se o requerimento de averbação de pluralidade de declarações para fins de registro.

c) no registro civil das pessoas jurídicas, embora devam ser matriculadas as empresas que mantenham serviços de notícias, não devem ser matriculadas as que tenham por objeto o agenciamento dessas notícias.

d) considerando-se a liberdade de imprensa, não se admite, no registro de jornais, o nome do redator-chefe.

e) a alteração da sede da administração de empresa noticiosa deve ser averbada na respectiva matrícula no prazo de oito dias.

313. **(Ieses/TJ/AM/Cartórios/Ingresso/2018)** Assinale a alternativa correta:

a) não será considerado clandestino o jornal, ou outra publicação periódica, não matriculado de cuja matrícula não constem os nomes e as qualificações do proprietário.

b) no registro de partidos políticos não é necessário que na declaração conste se o estatuto é ou não reformável quanto a administração.

c) no pedido de matricula de jornas não é necessário apresentar documentos relativos a idade e residência do proprietário.

d) no registro civil das pessoas jurídicas serão matriculadas as oficinas impressoras de quaisquer naturezas, pertencentes a pessoas naturais ou jurídicas.

1.4. Do Registro de Títulos e Documentos

1.4.1. Das Atribuições

⊙ ATENÇÃO: ESTE TEMA É MUITO EXIGIDO NOS CONCURSOS!

✱ REPERCUSSÃO & REPETITIVOS

STJ **Repetitivo 530.** A notificação extrajudicial realizada e entregue no endereço do devedor, por via postal e com aviso de recebimento, é válida quando realizada por cartório de títulos e documentos de outra comarca, mesmo que não seja aquele do domicílio do devedor. (REsp 1184570, 9.5.2012)

STJ **Erro na indicação do credor fiduciário em notificação extrajudicial.** É nula a notificação extrajudicial realizada com o fim de constituir em mora o devedor fiduciante de imóvel, quando na referida comunicação constar nome diverso do real credor fiduciário. REsp 1.172.025, Rel. Min. Luis Felipe Salomão, 7.10.2014. 4ª T. (Info 550)

STJ **Alienação fiduciária. Busca. Apreensão. Notificação extrajudicial.** É válida a notificação extrajudicial efetivada por via postal no endereço do devedor por cartório de títulos e documentos de comarca diversa daquela em que ele é domiciliado. "In casu", trata-se da notificação necessária à comprovação da mora do recorrido para que o banco recorrente proponha a ação de busca e apreensão pelo inadimplemento do contrato de financiamento de automóvel garantido por alienação fiduciária. É inaplicável ao caso o precedente da 3ª T. deste STJ que consignou não ser válido o ato do tabelião praticado fora do município para o qual recebeu delegação, conforme estabelecido pelos arts. 8º, 9º e 12 da Lei 8.935/94, por entender que esses dispositivos referem-se apenas aos tabelionatos de notas e aos registros de imóveis e civis das pessoas naturais. Afirmou, portanto, não haver norma federal que limite territorialmente a prática dos atos registrais dos ofícios de títulos e documentos, não cabendo ao STJ conferir interpretação mais ampla àquele diploma legal – até porque, na notificação extrajudicial por via postal, não há necessidade de deslocamento do oficial do cartório. Asseverou, ademais, que o art. 130 da Lei 6.015/73 – o qual prevê o princípio da territorialidade – não alcança a notificação extrajudicial por não se tratar de ato tendente a dar conhecimento a terceiros e por ela não estar incluída no rol do art. 129 do mesmo diploma legal, dispositivo que enumera os atos sujeitos a registro no domicílio dos contratantes. REsp 1.237.699, Rel. Min. Luis Salomão, j. 22.3.2011. 4ª T. (Info 467)

STJ **Castelhano. Tradução juramentada. Certificado. Propriedade de veículo.** A Turma, prosseguindo o julgamento, decidiu que, para fins de prova no Brasil, os documentos oficiais passados por agentes públicos de países estrangeiros, mesmo que se trate do idioma castelhano, dependem de tradução, autenticação consular brasileira e registro no ofício de títulos e documentos (Lei n. 6.015/1973, art. 129, 6º), e, no caso, só se admite documento escrito em espanhol acompanhado de versão em vernáculo feita por tradutor juramentado (CPC, art. 157). Descabe a dispensa ainda que se trate de idioma de fácil compreensão para o juiz e o certificado de propriedade de automóvel estrangeiro sem autenticação notarial e consular não serve como prova para fins de ação indenizatória contra transportador. REsp 606.393, Rel. Min. Humberto Gomes de Barros, j. 19.5.2005. 3ª T. (Info 247)

STJ **Cessão. Crédito. Instrumento particular. Registro.** O recorrente ingressou na sociedade mediante aquisição das quotas sociais do então sócio por instrumento particular de cessão de crédito e, diante de diversos valores retirados pelos demais sócios, seria detentor de um crédito de cinquenta e cinco mil, oitocentos e setenta e oito reais. Requereu a condenação dos réus por perdas e danos pela retirada de dinheiro da sociedade sem a devida deliberação. O juízo da vara cível julgou o autor carecedor da ação por ilegitimidade de parte, ausência de interesse de agir e impossibilidade jurídica do pedido, e essa sentença foi mantida pelo tribunal a quo. No recurso, pretende o recorrente o reconhecimento da possibilidade jurídica do pedido de indenização, uma vez que houve notificação, via postal, da cessão do crédito do antigo cotista. Defende a tese de que a hipótese subsume-se à regra do art. 1.069 do CC/1916. Mas a Turma não conheceu do recurso, por entender que a possibilidade jurídica do pedido consiste na admissibilidade em abstrato da tutela pretendida, vale dizer, na ausência de vedação explícita no ordenamento jurídico para a concessão do provimento jurisdicional. Não havendo vedação normativa explícita para a cobrança de alegada cessão de crédito, a impossibilidade jurídica do pedido aventada pelo tribunal a quo há de ser afastada. No caso, se de ausência de provas da dívida se cogita, o caso seria de improcedência do pedido, e não de carência da ação. Porém, há óbice intransponível consistente na ilegitimidade passiva dos devedores para responder pela dívida em apreço. Isso porque, conforme o art. 1.067 do CC/1916, a cessão de crédito realizada por instrumento particular deve revestir-se das solenidades previstas no art. 135 do mesmo código, notadamente do registro público no cartório competente. É de mesmo sentido o art. 129, 9º, da Lei de Registros Públicos. Com efeito, uma vez que o documento relativo à cessão não produz efeitos em relação aos devedores, porque terceiros, é imperioso reconhecer a ilegitimidade passiva desses no presente feito. REsp 301.981, Rel. Min. Luis F. Salomão, 18.8.09. 4ª T. (Info 403)

STJ Embargos de terceiro. Cessão. Direitos. Registro. A questão posta no REsp cinge-se em saber se é necessário o registro da escritura pública de cessão de direitos hereditários, para que seja oponível a terceiros. Existe, na espécie, a peculiaridade de que a referida escritura foi lavrada em comarca distinta daquela na qual se processa o inventário, bem como da do domicílio das partes, e não foi noticiada, nos autos do inventário, a existência do instrumento de cessão. Desse modo, na hipótese, ressaltou que a cessão da universalidade de direitos hereditários não apresenta visibilidade alguma. Nada há, nos autos, a permitir a aferição de que os credores do herdeiro poderiam ter ciência do negócio jurídico de cessão. Asseverou que também não se sustenta o argumento de que apenas as cessões feitas por instrumento particular seriam passíveis de registro, dispensável para as cessões feitas por escritura pública, visto que o registro não é exigido apenas pelo art. 129 da Lei de Registros Públicos (LRP) como uma obrigação genérica. Também o art. 130 prevê regra específica a seu respeito, determinando que, dentro do prazo de vinte dias da data de sua assinatura pelas partes, todos os atos enumerados nos arts. 128 e 129 serão registrados no domicílio das partes contratantes e, quando residentes em circunscrições territoriais diversas, far-se-á o registro em todas elas. Assim, não basta meramente registrar o ato de cessão, deve-se registrá-lo no domicílio das partes. A escritura pública ora discutida não foi lavrada nem no domicílio do contratante nem no domicílio do contratado nem na comarca em que se processava o inventário. Logo, ainda que a lavratura do ato possa dar ao negócio alguma publicidade, ela não estaria de modo algum apta a suprir a finalidade do registro disposto na referida lei. Dessa forma, entendeu correto o acórdão recorrido, isso porque, sem o registro do contrato na cidade em que residem as partes e sem ao menos a informação tempestiva quanto à cessão no inventário dos bens objeto do negócio jurídico, não é possível afirmar a existência de qualquer ato que supra a necessidade de publicidade que a cessão deveria ter para que fosse oponível a terceiros. REsp 1.102.437, Rel. Min. Nancy Andrighi, j. 7.10.2010. 3ª T. (Info 450)

STJ Recurso repetitivo. Notificação extrajudicial. Cartório de comarca diversa. É válida a notificação extrajudicial realizada por via postal, com aviso de recebimento, no endereço do devedor, ainda que o título tenha sido apresentado em cartório de títulos e documentos situado em comarca diversa do domicílio daquele. REsp 1.184.570, Rel. Min. Maria I. Gallotti, j. 9.5.2012. 2ª S. (Info 497)

STJ Parceria agrícola. Contrato verbal. Alienação. Imóvel. Em ação de rescisão contratual de parceria rural c/c perdas e danos, o juiz acatou preliminar de ilegitimidade passiva "ad causam" do primeiro requerido e a rejeitou em relação ao segundo, sob o enfoque da ocorrência de sub-rogação por força de lei. Interposto agravo de instrumento, o Tribunal a quo manteve o agravante no pólo passivo da ação porque o adquirente fica sub-rogado nos direitos e obrigações do alienante, prevalecendo o art. 92, § 5º, do Estatuto da Terra e afirmou que o alienante não poderia ser excluído inicialmente até definir a existência do contrato verbal de parceria para, depois, verificar-se o impedimento de prosseguimento do negócio, bem como os eventuais danos. Para o Min. Relator, independentemente da existência de contrato expresso e do correspondente registro, não deve pairar dúvida de que, mesmo após a alienação do imóvel rural objeto da parceria agrícola, essa parceria permanecerá plenamente subsistente, sub-rogando o adquirente nos direitos e obrigações do alienante (§ 5º do art. 92 do Estatuto da Terra). Outrossim, a parceria agrícola é passível de ajuste nas formas escrita e verbal, não se inclui entre os documentos e contratos sujeitos a registro para produzir efeitos perante terceiros, conforme o disposto nos arts. 127, V, e 129 da Lei n. 6.015/1973. Isso posto, a Turma conheceu parcialmente do REsp, mas lhe negou provimento. REsp 721.231, Rel. Min. João Otávio de Noronha, j. 8.4.2008. 4ª T. (Info 351)

STJ **Veículo. Alienação fiduciária. Registro. Cartório.** Mesmo diante do disposto no § 1º do art. 1.361 do CC/2002, o registro do contrato de alienação fiduciária de veículo automotor no cartório de títulos e documentos (art. 129, inciso 5º, da Lei n. 6.015/1973) não é condição para a transferência da propriedade do bem ou requisito de validade do negócio jurídico, apenas lhe empresta certa publicidade e, posteriormente, efeito "erga omnes" (sua ausência chega até a poder causar a ineficácia do contrato perante o terceiro de boa-fé). Nesse contexto, a Súm. 92/STJ tem como essência a constatação de que a anotação da alienação no licenciamento do veículo é mais eficaz do que o registro do contrato no referido cartório. Sequer do Código de Trânsito Brasileiro (Lei n. 9.503/1997), no ponto em que disciplina a expedição do certificado de registro de veículo (arts. 122 e 124), consta como peça obrigatória a apresentação de tal contrato registrado. Então, conclui-se que a anotação da alienação fiduciária pela repartição competente para o licenciamento é suficiente para se ver cumprido o requisito da publicidade. Anote-se, outrossim, que, no caso, a questão quanto à inconstitucionalidade do art. 1.361, § 1º, do CC/2002 só foi formulada perante o Tribunal a quo em memoriais, na sustentação oral e, após, em embargos de declaração, daí não se configurar a alegada omissão (art. 535 do CPC). REsp 686.932, Rel. Min. Luiz Fux, j. 1.4.2008. 1ª T. (Info 350)

* ENUNCIADOS CNB

CNB **Enunciado 3/2014.** É possível a lavratura de escritura pública de nomeação de inventariante para cumprir obrigações de fazer deixadas pelo falecido.

CNB **Enunciado 8/2015.** A ata notarial para fins de usucapião tem conteúdo econômico.

CNB **Enunciado 1/2017.** A ata notarial para fins de usucapião extrajudicial tem conteúdo econômico.

CNB **Enunciado 4/2017.** A recomendação do CNJ aos tabeliães para que se abstenham de lavrar escrituras de convivência entre mais de duas pessoas não impede a lavratura das escrituras declaratórias de união poliafetiva em respeito à independência jurídica do tabelião.

CNB **Enunciado 1/2016.** Na ata notarial para usucapião, o tabelião deve atestar evidências do tempo da posse. Esta ação é requisito legal sacramental e não indica que o tabelião acompanhou a constatação todo o tempo. Por isso, a responsabilidade administrativa, civil e penal só pode ser oriunda da conduta dolosa.

* QUESTÕES DISCURSIVAS

15. **(Vunesp/TJ/SP/Cartórios/2018)** Discorra sobre a possibilidade, ou não, de reconhecimento da firma do emitente: (i) no cheque; (ii) na nota promissória.

16. **(Vunesp/TJ/SP/Cartórios/2014)** É possível a lavratura de uma escritura pública de locação? Caso afirmativo, como calcular os emolumentos e custas?

17. **(Vunesp/TJ/SP/Cartórios/2014)** O que diferencia escritura pública de ata notarial?

18. **(Vunesp/TJ/SP/Cartórios/2014)** Discorra acerca da escritura pública de diretiva antecipada de vontade.

19. **(Ieses/TJ/PB/Cartórios/2014)** Marciliano Dias comparece perante o 1º Tabelião de Notas de João Pessoa e relata ter sido testemunha de um crime, ocorrido no dia anterior. Por estar prestes a se mudar do país, solicita que seja lavrado ato que traga o relato dos fatos por ele presenciados. Qual a orientação deverá ser dada pelo tabelião no presente caso? Redija eventual ato cabível na hipótese, complementando os dados faltantes, e diga qual o valor que poderá lhe ser atribuído.

20. **(IBFC/TJ/PR/Cartórios/Ingresso/2014)** Quais são as funções do Registro de Títulos e Documentos? Qual é a diferença entre as funções do Registro de Títulos e Documentos e as funções do Registro Imobiliário?

21. **(Vunesp/TJ/SP/Cartórios/2012)** É possível o registro de convenção de condomínio edilício no Registro de Títulos e Documentos? Justifique.

* QUESTÕES OBJETIVAS

314. **(Consulplan/TJ/MG/Cartórios/Ingresso/2018)** "João e Isabela nasceram em Teófilo Otoni/MG no ano 2000 e tiveram o ato de nascimento registrado em cartório daquela cidade. Aos 17 anos, domiciliado em Belo Horizonte/MG, ele foi emancipado por outorga dos pais. Depois, João e Isabela, ambos com 17 anos, casaram-se entre si (sem provimento jurisdicional algum acerca desse casamento) e migraram do Brasil para os Estados Unidos da América, onde passaram a trabalhar em empresa privada daquele país (nenhum deles a serviço do Brasil). Em razão da emigração, deixaram de ter domicílio no Brasil. Em 2018, tiveram um filho comum naquele país e registraram seu nascimento no Consulado Brasileiro na cidade de Boston. Isabela aproveitou o comparecimento ao consulado e firmou, perante o cônsul, procuração pública em que outorgou poderes para que o mandatário a representasse no Brasil em ato pelo qual o pai dela lhe doaria um imóvel na cidade de Teófilo Otoni/MG." "O pai e a mãe de Isabela e a pessoa nomeada procuradora comparecem a um cartório de notas de Teófilo Otoni/MG, pretendendo lavrar uma escritura pública por meio da qual os pais doariam um imóvel à filha Isabela. Eles apresentam ao tabelião a procuração lavrada no Consulado Brasileiro de Boston, tendo como outorgante exclusivamente Isabela." Na hipótese:

a) o traslado da procuração haverá de ser previamente registrado em ofício de títulos e documentos; após, poder-se-á lavrar a escritura pública de doação em que Isabela, representada pelo procurador, figure como donatária do imóvel.

b) a escritura pública de doação pode ser lavrada, sem participação de João no ato, fazendo-se constar como donatária Isabela, casada com João (com qualificação completa de ambos), independentemente do regime de bens do casamento de João e Isabela.

c) considerando que João e Isabela são casados, Isabela não pode ser a única a figurar na escritura pública como donatária do imóvel, sendo então necessária a participação de João no ato – pessoalmente ou mesmo por procuração passada em outro instrumento.

d) a escritura pública de doação pode ser lavrada, e os pais de Isabela poderão até mesmo prever a incomunicabilidade da propriedade do imóvel a João, ainda que Isabela e João sejam casados sob regime da comunhão universal de bens; todavia, caso os pais de Isabela tenham outros filhos vivos, será obrigatória a participação deles na escritura, na qualidade de anuentes à doação.

315. **(Consulplan/TJ/MG/Cartórios/Ingresso/2018)** A Lei nº 6.015/73 informa as atribuições do Registro de Títulos e Documentos, dentre elas a saber:

I. contrato de parceria agrícola ou pecuária.

II. penhor rural e comum sobre coisas móveis.

III. facultativo, de quaisquer documentos, para sua conservação.

IV. instrumentos particulares, para a prova das obrigações convencionais de qualquer valor.

Estão corretas as afirmativas:

a) I, II, III e IV.

b) I e IV, apenas.

c) II e III, apenas.

d) I, III e IV, apenas.

316. **(Consulplan/TJ/MG/Cartórios/Remoção/2018)** Assinale a alternativa correta acerca de jurisprudência envolvendo serviço de notas e registros públicos:

a) a convenção de condomínio aprovada, desde que lavrado e assinado o documento correspondente, tem eficácia erga omnes antes do registro no cartório devido.

b) o registro em cartório de imóveis do compromisso de compra e venda de imóvel, em relação ao qual não foi lavrada escritura pública "definitiva", é condição para ajuizamento de ação de adjudicação compulsória em face do promitente-vendedor.

c) a impugnação fundamentada e a dúvida sobre área de imóvel que requeiram produção de prova não impedirão retificação administrativa do registro, se o registrador de imóveis intimar o engenheiro que elaborou a planta e o memorial descritivo para esclarecer as objeções indicadas.

d) segundo decisão do Superior Tribunal de Justiça – STJ, em julgamento sob a sistemática de recursos repetitivos, é válida a notificação realizada por cartório de registro de títulos e documentos, mediante remessa do documento de notificação, pelos Correios, a endereço localizado em município diverso da sede do cartório.

317. (Vunesp/TJ/SP/Cartórios/Remoção/2014) Estão sujeitos a registro, no Registro de Títulos e Documentos, para surtir efeitos em relação a terceiros:

a) o penhor comum sobre coisas móveis.
b) os contratos de locação de prédios, sem prejuízo do disposto do artigo 167, I, n. 3.
c) o contrato de parceria agrícola ou pecuária.
d) a caução de títulos de crédito pessoal e da dívida pública federal, estadual ou municipal, ou de Bolsa ao portador.

318. (Ieses/TJ/RN/Cartórios/Remoção/2012) Indique a afirmação que contém documento não passível de transcrição no Registro de Títulos e Documentos:

a) caução de títulos de crédito pessoal e da dívida pública federal, estadual ou municipal, ou de Bolsa ao portador.
b) penhor comum sobre coisas móveis e de anticrese.
c) mandado judicial de renovação do contrato de arrendamento para sua vigência, quer entre as partes contratantes, quer em face de terceiros.
d) contrato de penhor de animais.

319. (Ieses/TJ/RN/Cartórios/Ingresso/2012) Assinale a afirmativa incorreta:

a) nos contratos de parceria, o parceiro proprietário será considerado o credor.
b) o registro integral dos documentos consistirá na trasladação dos mesmos, com a mesma ortografia e pontuação, com referência às entrelinhas ou quaisquer acréscimos, alterações, defeitos ou vícios que tiver o original apresentado, e, bem assim, com menção precisa aos seus característicos exteriores e às formalidades legais, podendo a transcrição dos documentos mercantis, quando levados a registro, ser feita na mesma disposição gráfica em que estiverem escritos, se o interessado assim o desejar.
c) é cabível o registro resumido, que consistirá na declaração da natureza do título, do documento ou papel, valor, prazo, lugar em que tenha sido feito, nome e condição jurídica das partes, nomes das testemunhas, data da assinatura e do reconhecimento de firma por tabelião, se houver, o nome deste, o do apresentante, o número de ordem e a data do protocolo, e da averbação, a importância e a qualidade do imposto pago.
d) é cabível o registro do contrato de penhor, mas não cabe o registro de contrato de caução.

320. (Cespe/TJ/PI/Cartórios/Ingresso/2013) Considere que um cidadão pretenda levar três documentos ao registro de títulos e documentos: o termo de um penhor comum sobre uma coisa móvel; o termo de caução de um título de crédito pessoal; e o termo de uma escritura de união estável. Nessa situação, de acordo com a Lei de Registros Públicos, é prevista a transcrição:

a) do termo de caução de título de crédito pessoal e do termo de escritura de união, apenas.
b) dos três documentos.
c) do termo de penhor comum sobre coisa móvel e do termo de caução de título de crédito pessoal, apenas.
d) do termo de escritura de união estável, apenas.
e) do termo de penhor comum sobre coisa móvel e do termo de escritura de união estável, apenas.

321. (Cespe/TJ/PI/Cartórios/Remoção/2013) Acerca da escrituração e da ordem do serviço realizadas pelos cartórios de títulos e documentos, assinale a opção correta:

a) o registro de contratos de penhor, caução e parceria, que deve constar preferencialmente do Livro C, é feito mediante a declaração dos seguintes dados: nome, profissão e domicílio do credor e devedor, valor da dívida, juros, penas, vencimentos e especificações dos objetos apenhados, da pessoa depositária, da espécie do título e das condições do contrato, data e número de ordem.
b) o contrato cujo objeto seja a alienação, o usufruto ou o arrendamento do estabelecimento só produzirá efeitos quanto a terceiros depois de averbado à margem da inscrição do empresário ou da sociedade empresária no registro público de empresas mercantis e de publicado na imprensa oficial, não havendo, entretanto, óbice para o ingresso desse contrato no registro de títulos e documentos, para a sua conservação.
c) para que não haja prejuízo à unidade do protocolo e à numeração por ela estabelecida, é defeso o desdobramento dos livros para escrituração das várias espécies de atos.

d) o Livro A não poderá ser escriturado por meio digital.

e) o protocolo deve conter colunas para as seguintes anotações: número de ordem, continuando, indefinidamente, nos seguintes; dia, mês, hora e ano do lançamento; natureza do título e qualidade do lançamento; nome do apresentante; anotações e averbações.

322. (Ieses/TJ/RN/Cartórios/Ingresso/2012) Devem ser registrados no Cartório de Títulos e Documentos, para gerar efeitos em relação a terceiros, entre outros:

a) as cartas de fiança, em geral, feitas por instrumento particular, seja qual for a natureza do compromisso por elas abonado; os contratos de locação de serviços não atribuídos a outras repartições; e os instrumentos de cessão de direitos e de créditos, de sub-rogação e de dação em pagamento.

b) os documentos decorrentes de depósitos, ou de cauções feitos em garantia de cumprimento de obrigações contratuais, ainda que em separado dos respectivos instrumentos; o compromisso de compra e venda de imóvel; e as quitações, recibos e contratos de compra e venda de automóveis, bem como o penhor destes, qualquer que seja a forma que revistam.

c) os contratos de locação de prédios, o testamento público e todos os documentos de procedência estrangeira, acompanhados das respectivas traduções, para produzirem efeitos em repartições da União, dos Estados, do Distrito Federal, dos Territórios e dos Municípios ou em qualquer instância, juízo ou tribunal.

d) o pacto antenupcial, os contratos de locação de serviços não atribuídos a outras repartições e os contratos de compra e venda em prestações, com reserva de domínio ou não, qualquer que seja a forma de que se revistam, os de alienação ou de promessas de venda referentes a bens móveis e os de alienação fiduciária.

323. (Cespe/TJ/ES/Cartórios/Ingresso/2013) Consoante a Lei de Registros Públicos, para que surtam efeitos perante terceiros, devem-se submeter a registro no registro de títulos e documentos:

a) os contratos de parceria agrícola ou pecuária.

b) os contratos de penhor rural.

c) as cauções de títulos de crédito.

d) as cartas de fiança em geral, feitas por instrumento particular, seja qual for a natureza do compromisso por elas abonado.

e) os contratos de locação com cláusula de vigência para hipótese de alienação.

324. (Cespe/TJ/PI/Cartórios/Remoção/2013) No que se refere ao registro de contratos de alienação fiduciária e de arrendamento mercantil de veículos por oficial de registro de títulos e documentos, assinale a opção correta:

a) o oficial de registro de títulos e documentos do domicílio das partes contratantes é o competente para o registro, facultativo, de contrato de alienação fiduciária de veículo.

b) os oficiais de registro de títulos e documentos e as repartições de trânsito devem celebrar convênios com objetivo de facilitar o licenciamento de veículos.

c) o registro de contrato de alienação fiduciária de veículo é obrigatório, e o de arrendamento mercantil de veículo é facultativo.

d) o registro obrigatório de contrato de arrendamento mercantil de veículo compete ao oficial de registro de títulos e documentos do local onde estiver o bem, caso esteja em local distinto do domicílio das partes.

e) em 2012, o CNJ tornou obrigatório o registro de contrato de alienação fiduciária e de arrendamento mercantil de veículo.

325. (Cespe/TJ/PI/Cartórios/Remoção/2013) No que se refere aos documentos, instrumentos e papéis que podem constar do registro de títulos e documentos, assinale a opção correta:

a) a competência residual dos órgãos de registro de títulos e documentos para realizar quaisquer registros não atribuídos expressamente a outro ofício é criação doutrinária, cujos postulados não são extraídos de nenhuma norma expressa em legislação.

b) os contratos de locação devem constar do registro de títulos e documentos, a fim de conferirem efeitos à cláusula de vigência perante o adquirente do imóvel.

c) os instrumentos públicos, em nenhuma hipótese, constarão do registro de títulos e documentos.

d) para que surtam efeitos em relação a terceiros, os documentos decorrentes de depósitos ou de cauções feitos em garantia de cumprimento de obrigações contratuais, ainda que desacompanhados dos respectivos instrumentos principais, devem constar do registro de títulos e documentos.

e) de acordo com o entendimento do STJ, as notificações realizadas pelos cartórios de títulos e documentos devem obedecer ao princípio da territorialidade, que não pode ser mitigado.

326. (Faurgs/TJ/RS/Cartórios/Remoção/2015) Conforme a Lei n. 6.015/1973, estão sujeitos a registro, no Registro de Títulos e Documentos, para surtir efeitos em relação a terceiros:

a) os documentos decorrentes de depósitos, ou de cauções feitos em garantia de cumprimento de obrigações contratuais, desde que acompanhados dos respectivos instrumentos.

b) todos os documentos de procedência estrangeira, acompanhados das respectivas traduções, para produzirem efeitos em repartições da União, dos Estados, do Distrito Federal, dos Territórios e dos Municípios ou em qualquer instância, juízo ou tribunal.

c) os contratos de alienação ou de promessas de venda referentes a bens imóveis e os de alienação fiduciária.

d) os contratos de parceria agrícola ou pecuária.

327. (Faurgs/TJ/RS/Cartórios/Remoção/2015) Assinale a alternativa que apresenta afirmação correta a respeito da disciplina do registro de títulos e documentos prevista na Lei n. 6.015/1973:

a) o oficial deverá sobrestar o registro de título ou documento que não se revistam das formalidades legais.

b) se o oficial suspeitar de falsificação, poderá cancelar o registro depois de protocolado o documento.

c) as procurações deverão trazer reconhecidas as firmas dos outorgados.

d) o serviço das notificações e demais diligências poderá ser realizado por escreventes designados pelo oficial e autorizados pelo Juiz competente.

328. (Ieses/TJ/PA/Cartórios/Remoção/2016) O Ofício de Registro de títulos e documentos visam conferir autenticidade de data e conteúdo, segurança jurídica, publicidade, conservação e efeito "erga omnes", norteando-se pelos princípios gerais e ainda pelos seguintes princípios específicos:

a) conservatório, autenticidade de data, valor probante do original.

b) autenticidade de data, valor probante do original, prioridade, competência residual.

c) conservatório, autenticidade de data, valor probante do original, prioridade.

d) conservatório, autenticidade de data, valor probante do original, prioridade, competência residual.

329. (Consulplan/TJ/MG/Cartórios/Remoção/2014) O serviço de registro de títulos e documentos possui múltiplas e distintas atribuições. Nesse sentido, é correto afirmar:

a) quanto às espécies de lançamentos, admite as transcrições obrigatórias, inclusive para a conservação dos documentos, públicos ou particulares, e respectivos conteúdos.

b) em se tratando de documento público, não é admitido o registro, tendo em conta que a publicidade que lhe é inerente irradia-se a partir de sua origem. Assim, o registro é inócuo, dado que a regra dominante é a de que não é inscritível nenhum título ou direito que mediante a inscrição não se torne mais eficaz do que sem ela.

c) promove, em acréscimo, qualquer registro não atribuído expressamente a outro ofício ou serviço de diferente natureza, bem como desempenha a função adicional de arquivar originais ou fotocópias de título e documento, a pedido do interessado, podendo expedir certidão do registro integral, inclusive do registro da fotocópia, que terá o mesmo valor probante do original.

d) dado que a ordem de prioridade do apontamento no protocolo resguarda o interesse da parte e assegura, após realizado o registro, a oponibilidade a todos os terceiros, em observância ao referido princípio de ordem pública e natureza cogente, expressamente cominado ao serviço de registro de títulos e documentos (artigos 150, 151 e 153, todos da Lei dos Registros Públicos), o registro de promessa de compra e venda de bem imóvel, no aludido serviço, dentro do prazo de 20 dias da data assinalada no instrumento, será levado em conta na aferição da prioridade de registro posterior de tal título perante o cartório de registro de imóveis da respectiva circunscrição territorial, para todos os efeitos legais, pois o registro no serviço de títulos e documentos tem caráter supletivo.

330. (Vunesp/TJ/SP/Cartórios/Remoção/2016) No Registro de Títulos e Documentos será feito o registro de:

a) cartas de fiança feitas por instrumento público.

b) compra e venda em prestações de bens móveis, desde que haja reserva de domínio.
c) contratos de locação de imóveis urbanos, desde que não haja cláusula de vigência no caso de alienação da coisa locada.
d) promessa de venda de bens móveis.

331. (Vunesp/TJ/SP/Cartórios/Remoção/2016) O registro, no Registro de Títulos e Documentos, para surtir efeitos perante terceiros:

a) deve ser feito no domicílio de qualquer das partes.
b) pode ser feito no Registro de Títulos e Documentos de livre escolha do requerente.
c) deve ser feito no domicílio das partes contratantes e, quando residirem em circunscrições territoriais diversas, far-se-á o registro em todas.
d) será feito somente no domicílio do vendedor, no caso de contrato de compra e venda, ainda que seja o comprador domiciliado em circunscrição territorial diversa.

332. (Ieses/TJ/MS/Cartórios/Ingresso/2014) João vendeu imóvel de sua propriedade a Antônio, pelo preço de R$ 2.000.000,00, mediante instrumento particular de compra e venda. Na sequência, o mencionado título foi levado ao oficial de registro de Títulos e Documentos para exame e respectivo registro. Assinale, portanto, a alternativa correta:

a) o oficial Registrador não poderá, em nenhuma hipótese, registrar o instrumento particular, pois, os negócios jurídicos envolvendo imóveis devem ser formalizados somente por meio de escritura pública, lavrada em tabelionato de Notas e, o respectivo registro da transmissão, pelo oficial registro de imóveis.
b) o oficial Registrador poderá realizar o registro do mencionado instrumento particular apenas para fins de assegurar a autenticidade de data, segurança do negócio jurídico e conservação, mas a inscrição não suprirá a forma especial exigida pelo Novo Código Civil, nem o respectivo registro perante o registro de imóveis competente.
c) o oficial Registrador poderá registrar o instrumento particular, sem nenhuma restrição, porquanto o oficial de registro de Títulos e Documentos tem competência supletiva com relação aos demais cartórios.
d) o oficial Registrador poderá registrar o instrumento particular, em razão da competência supletiva, desde que providencie a comunicação da alienação ao registro de imóveis competente.

333. (Ieses/TJ/PB/Cartórios/Ingresso/2014) O Registro de Títulos e Documentos tem competência para registrar todas as situações abaixo relacionadas, com exceção de:

a) instrumentos de cessão de direitos e créditos.
b) quitações, recibos e contratos de compra e venda de automóveis.
c) contratos de penhor rural.
d) documentos de procedência estrangeira.

334. (Vunesp/TJ/SP/Cartórios/Ingresso/2014) Quanto à competência territorial para o registro no oficial de registro de Títulos e Documentos, assinale a alternativa correta em relação ao registro dos contratos de alienação fiduciária de bens móveis:

a) o oficial de registro de Títulos e Documentos da localização dos bens oferecidos em alienação fiduciária.
b) o oficial de registro de Títulos e Documentos da comarca de celebração do contrato.
c) o oficial de registro de Títulos e Documentos do domicílio do devedor.
d) o oficial de registro de Títulos e Documentos do domicílio do credor.

335. (Vunesp/TJ/SP/Cartórios/Remoção/2014) Qual o Registro Público competente para a constituição do penhor de quotas de uma sociedade empresária limitada?

a) o oficial de registro de Títulos e Documentos do domicílio dos sócios e/ou da sede da empresa.
b) a Junta Comercial onde se encontra registrado o contrato social da empresa.
c) a Junta Comercial onde se encontra registrado o contrato social da empresa e no Registro de Títulos e Documentos do domicílio dos sócios para a sua conservação.
d) o registro de imóveis da circunscrição da sede da empresa, no Livro 03, registro auxiliar.

336. (FMP/TJ/MT/Cartórios/Remoção/2014) Caberá ao Registro de Títulos e Documentos, exceto:

a) o registro dos instrumentos particulares para a prova das obrigações convencionais de qualquer valor.
b) o registro para a constituição de penhor rural.

c) o registro do contrato de parceria agrícola ou pecuária.
d) o registro facultativo de quaisquer documentos para sua conservação.
e) a realização de quaisquer registros não atribuídos expressamente a outro ofício.

337. (Cespe/TJ/DFT/Cartórios/Remoção/2014) Constituem documentos que devem ser registrados no ofício de registro de títulos e documentos para que gerem efeitos em relação a terceiros:

a) contratos de penhor rural.
b) convenções antenupciais.
c) contratos de promessa de cessão, com ou sem cláusula de arrependimento, que tenham por objeto imóveis não loteados e cujo preço tenha sido pago no ato de sua celebração.
d) cauções de títulos de crédito.
e) quitações e recibos de contratos de compra e venda de automóveis, qualquer que seja a forma que se revistam.

338. (Cespe/TJ/SE/Cartórios/Remoção/2014) De acordo com a LRP, assinale a opção correta a respeito do registro de títulos e documentos:

a) o instrumento de cessão de créditos deverá ser registrado no domicílio dos contratantes e, quando residam estes em circunscrições territoriais diversas, o registro deverá ser feito em todas elas.
b) o penhor industrial deverá ser objeto de transcrição no cartório de títulos e documentos.
c) o registro do contrato de alienação fiduciária de veículo automotor em cartório é requisito de validade desse negócio jurídico.
d) a ausência de registro de transferência implica a responsabilidade do antigo proprietário por dano resultante de acidente que envolva o veículo alienado.
e) a sub-rogação legal, assim como a convencional, sujeita-se ao registro no serviço de títulos e documentos para obter validade perante terceiros.

339. (Cespe/TJ/SE/Cartórios/Ingresso/2014) Com relação ao registro de títulos e documentos constantes na Lei de Registros Públicos, assinale a opção correta:

a) as certidões do registro integral dos títulos terão o mesmo valor probante dos originais, ainda que estes tenham sido considerados falsos por decisão judicial.
b) no registro de títulos e documentos, para a prova das obrigações convencionais acima de dez salários mínimos, será feita apenas a transcrição dos instrumentos particulares.
c) o penhor sobre os contratos de compra e venda de automóveis está sujeito a registro, no registro de títulos e documentos, a fim de que dele resultem efeitos para terceiros.
d) somente as partes do contrato podem levar a registro os contratos de penhor ou caução.
e) o registro com suspeita de falsificação de documento deverá ser impedido até que juiz competente delibere a respeito, não podendo o oficial adotar qualquer procedimento para a elucidação da dúvida.

340. (Cespe/TJ/SE/Cartórios/Ingresso/2014) A fim de que acarretem efeitos para terceiros, estão sujeitos a registro, no registro de títulos e documentos:

a) os contratos de trabalho a prazo certo.
b) as quitações, recibos e contratos de compra e venda de automóveis, bem como o penhor destes, desde que realizados por escritura pública.
c) os documentos decorrentes de depósitos, ou de cauções feitos em garantia de cumprimento de obrigações contratuais, desde que acompanhados dos respectivos instrumentos.
d) todos os documentos de procedência estrangeira, acompanhados das respectivas traduções, para produzirem efeitos em repartições da União, dos estados, do DF, dos territórios e dos municípios ou em qualquer instância, juízo ou tribunal.
e) os contratos de locação de serviços de mão de obra especializada, ainda que submetidos a registro em outras repartições.

341. (Ieses/TJ/PA/Cartórios/Ingresso/2016) Não se inclui nas atribuições do Registro de Títulos e Documentos:

a) caução de títulos de crédito pessoal e da dívida pública federal, estadual ou municipal, ou de Bolsa ao portador.
b) realização de quaisquer registros não atribuídos expressamente a outro ofício registral.
c) transcrição de instrumentos particulares, para a prova das obrigações convencionais de qualquer valor.

d) registro de escrituras de separação e divórcio, em que as partes sejam maiores e capazes.

342. **(Ieses/TJ/RO/Cartórios/Ingresso/2017)** Assinale a alternativa correta:

a) no Registro de Títulos e Documentos será feita a transcrição do penhor comum sobre coisas móveis.

b) no registro de Títulos e Documentos haverá, obrigatoriamente, os livros A, B, C, D, E e F, todos com 300 folhas.

c) no registro de Títulos e Documentos haverá o Livro A é destinado para trasladação integral de títulos e documentos, sua conservação e validade contra terceiros, ainda que registrados por extratos em outros livros.

d) no Registro de Títulos e Documentos será feita a transcrição das empresas de radiodifusão que mantenham serviços de notícias.

343. **(Consulplan/TJ/MG/Cartórios/Remoção/2016)** Segundo o art. 127, da Lei n. 6.015/73, no Registro de Títulos e Documentos será feita a transcrição, dentre outros, das seguintes espécies de documentos:

I. instrumentos particulares, para prova das obrigações convencionais de qualquer valor.

II. caução de títulos de crédito pessoal e da dívida pública federal, estadual ou municipal, ou de bolsa ao portador.

III. contrato de parceria agrícola ou pecuária.

IV. contratos de locação de prédios, nos quais tenha sido consignada cláusula de vigência no caso de alienação da coisa locada.

Está correto apenas o que se afirma em:

a) I.

b) I e III.

c) I e IV.

d) I, II e III.

344. **(Ieses/TJ/CE/Cartórios/Ingresso/2018)** Assinale a alternativa incorreta:

a) estão sujeitos a registro, no Registro de Títulos e Documentos, para surtir efeitos em relação a terceiros os contratos de locação de serviços não atribuídos a outras repartições.

b) estão sujeitos a registro, no Registro de Títulos e Documentos, para surtir efeitos em relação a terceiros as cartas de fiança, em geral, feitas por instrumento particular, seja qual for a natureza do compromisso por elas abonado.

c) no registro de títulos e documentos será feita a transcrição o penhor comum sobre coisas móveis.

d) no registro de títulos e documentos será feita a transcrição dos estatutos dos partidos políticos.

345. **(Ieses/TJ/CE/Cartórios/Ingresso/2018)** A empresa Bebidas Cearense Ltda., em processo de recuperação judicial, comparece perante o tabelião de notas para lavrar escritura pública de compra e venda de bem imóvel pertencente ao seu ativo circulante. Neste caso é correto afirmar:

a) é possível a alienação dos bens apenas se a parte alienante apresentar autorização judicial específica do juízo processante da recuperação. No ato notarial deverá ser mencionada a apresentação do alvará bem como deverão ser identificados os seus elementos essenciais, arquivando-se cópia na serventia.

b) como regra geral as empresas em recuperação judicial não sofrem restrições para a alienação de bens por escritura pública. Neste caso, considerando a natureza do bem e estando preenchidos os demais requisitos é possível a lavratura do ato notarial pretendido.

c) a condição jurídica da empresa em recuperação judicial impede, em qualquer hipótese, a alienação dos bens imóveis por instrumento particular.

d) deverá obrigatoriamente constar da escritura pública cláusula explicitando que o adquirente está ciente e concorda que, nos termos expressos da Lei 11.101 de 2005, poderá ser responsabilizado pelos débitos da alienante por sucessão quer seja no plano civil como também tributário.

346. **(Ieses/TJ/AM/Cartórios/Remoção/2018)** Estão sujeitos a registro, no registro de títulos e documentos, para surtir efeitos em relação a terceiros, entre outros:

I. os documentos decorrentes de depósitos, ou de cauções feitos em garantia de cumprimento de obrigações contratuais, ainda que em separado dos respectivos instrumentos.

II. os atos administrativos expedidos para cumprimento de decisões judiciais, sem trânsito em julgado, pelas quais for determinada a entrega, pelas alfândegas e mesas de renda, de bens e mercadorias procedentes do exterior.

III. as quitações, recibos e contratos de compra e venda de automóveis, bem como o penhor destes, qualquer que seja a forma que revistam.

IV. os contratos de locação de serviços não atribuídos a outras repartições.

A sequência correta é:

a) apenas as assertivas II e IV estão corretas.
b) apenas as assertivas I, II e III estão corretas.
c) as assertivas I, II, III e IV estão corretas.
d) apenas a assertiva II está incorreta.

347. **(Cespe/TJ/DFT/Cartórios/Ingresso/2014)** Para gerar efeitos em relação a terceiros, deve-se registrar no ofício de registro de títulos e documentos:

a) o contrato de compra e venda em prestações, com reserva de domínio ou não, qualquer que seja a forma de que se revista.
b) o contrato de parceria agrícola ou pecuária.
c) a anticrese, bem como o penhor comum, sobre coisas móveis.
d) o contrato de locação de prédios em que seja consignada cláusula de vigência na hipótese de alienação da coisa locada.
e) o contrato de compromisso de compra e venda, com ou sem cláusula de arrependimento, de imóveis não loteados cujo preço possa ser pago, de uma só vez, no ato da celebração contratual ou em prestações.

348. **(Vunesp/TJ/SP/Cartórios/Ingresso/2016)** Na hipótese de registro, no Registro de Títulos e Documentos, para surtir efeitos em relação a terceiros:

a) o documento deve ser apresentado para registro no prazo de 20 (vinte) dias da sua assinatura, e os efeitos registrais serão produzidos a partir da data de apresentação ao registro.
b) sendo o documento apresentado para registro dentro do prazo de 20 (vinte) dias de sua assinatura, o registro terá efeito constitutivo.
c) o documento pode ser apresentado para registro após o prazo de 20 (vinte) dias de sua assinatura, porém os efeitos registrais serão produzidos somente a partir da data da apresentação ao registro.
d) o documento pode ser apresentado para registro após o prazo de 20 (vinte) dias de sua assinatura, porém, nesse caso, o registro terá apenas efeito conservatório.

349. **(Consulplan/TJ/MG/Cartórios/Remoção/2018)** O diploma expedido por universidade particular brasileira, para efeito de apostilamento, é considerado:

a) documento privado, que pode ser apostilado, mediante prévio ato de reconhecimento de firma dos signatários e apostilamento, propriamente, das assinaturas desses signatários.
b) documento privado, que pode ser apostilado, mediante prévio ato de reconhecimento de firma dos signatários e apostilamento, propriamente, da assinatura do tabelião ou escrevente que praticou o ato de reconhecimento de firma.
c) documento público, que pode ser apostilado, mediante prévio reconhecimento de firma e verificação da qualidade da autoridade (sendo obrigatória a certificação no documento de que houve esse reconhecimento de firma), e devendo ser apostilada, propriamente, a assinatura do escrevente ou tabelião que reconheceu as firmas.
d) documento público, que pode ser apostilado, mediante prévio reconhecimento de firma e verificação da qualidade da autoridade (sendo dispensável a certificação no documento de que houve esse reconhecimento de firma), devendo ser apostiladas, propriamente, as assinaturas dos signatários do documento e não do tabelião ou escrevente que lhes reconheceu as firmas.

350. **(Consulplan/TJ/MG/Cartórios/Ingresso/2018)** "Comparece a um cartório de notas do estado de Minas Gerais um portador de uma certidão expedida pela Receita Federal do Brasil. A certidão está impressa em papel tamanho A4, é colorida, legível, completa, não contém rasura e contém o endereço eletrônico da página na internet de que fora extraída. O comparecente requer que seja praticado ato notarial de autenticação daquela cópia." Na hipótese:

a) o tabelião não poderá autenticar o documento, já que se trata de um original e não se autentica documento original.
b) o tabelião deverá acessar o documento eletrônico, pela internet, valendo-se do endereço contido na certidão apresentada, imprimi-lo e autenticar essa cópia que imprimir
c) o tabelião deverá orientar o comparecente que lance rubrica sobre aquele documento impresso (que então se tornará um original), extraia uma cópia xerográfica desse original e, em seguida, promova autenticação dessa cópia.
d) o tabelião não poderá autenticar a cópia e deverá orientar ao comparecente que lhe resta, para o fim pretendido, requerer tão somente

que seja praticado o ato de lavratura de ata notarial, pela qual o cartório de notas certificará a existência de documento em meio eletrônico com aquele conteúdo.

351. **(Consulplan/TJ/MG/Cartórios/Ingresso/2018)** "Pessoa capaz requer a um tabelião no estado de Minas Gerais a realização de ata notarial para comprovar um fato e paga os emolumentos correspondentes. Ao verificar os fatos, o tabelião se depara com situação que, a seu juízo, constitui conduta comissiva de crime de ação penal pública incondicionada. Então, o tabelião realiza a diligência e prepara o ato, narrando os fatos segundo seus sentidos. Após lavrar a ata notarial, o requerente recusa-se a assiná-la e manifesta que 'o documento contém narrativa de fatos contrários a seu interesse; se soubesse que seria assim, não teria pedido'." Na hipótese:

a) o tabelião deverá promover suscitação de dúvida notarial.

b) o tabelião deverá promover cancelamento da ata notarial no juízo de registros públicos e devolver os emolumentos correspondentes.

c) o tabelião não deverá concluir o ato, ante a manifestação tempestiva de desistência da parte, mas serão devidos os emolumentos, que então não serão devolvidos, e deverá comunicar o fato criminoso à autoridade policial ou ao Ministério Público.

d) o tabelião deverá concluir a lavratura da ata notarial e anotará, no campo destinado à assinatura do requerente, a circunstância de que ele recusara-se a assiná-la e deverá comunicar o suposto crime à autoridade policial ou ao Ministério Público e não devolverá os emolumentos.

352. **(Vunesp/TJ/SP/Cartórios/Ingresso/2014)** Sobre a lavratura dos atos notarias, assinale a alternativa correta:

a) se a assinatura da parte for ilegível, deverá ser lançado, pelo próprio subscritor, o seu nome por extenso e de forma legível.

b) pelo ato notarial incompleto não são devidos os emolumentos, restando proibido o fornecimento de certidão ou traslado, salvo ordem judicial.

c) o tabelião de notas, o substituto legal que lavrou escritura pública, as partes e as demais pessoas que compareceram a qualquer ato notarial assinarão somente na última página do instrumento.

d) na ausência de assinatura de uma das partes, o tabelião de notas declarará incompleta a escritura e consignará as assinaturas faltantes.

353. **(Cespe/TJ/DFT/Cartórios/Ingresso/2014)** Considere que José, domiciliado em Formosa/MG, adquira imóvel localizado em Brasília/DF, de propriedade de Rafael, domiciliado em São Paulo/SP, e que, em razão dos custos para a lavratura da escritura pública, os dois pretendam efetivar o ato em Valparaíso de Goiás. Nessa situação, de acordo com o disposto na Lei n. 6.015/1973, a escritura pública:

a) somente poderá ser lavrada em ofício de notas localizado no domicílio dos contratantes, ou seja, em Formosa/MG ou em São Paulo/SP.

b) somente poderá ser lavrada em ofício de notas localizado no domicílio do vendedor ou em Brasília/DF, local do bem negociado.

c) poderá ser lavrada em qualquer localidade escolhida pelos contratantes.

d) somente poderá ser lavrada em ofício de notas localizado no domicílio do comprador ou em Brasília/DF, local do bem negociado.

e) somente poderá ser lavrada em ofício de notas localizado em Brasília/DF, onde o bem foi negociado.

1.4.2. Da Escrituração

✱ ENUNCIADOS CNB

|CNB| **Enunciado 2/2016.** O apostilamento dos documentos natos eletrônicos requer a certificação mediante acesso à internet.

|CNB| **Enunciado 5/2015.** Nas diretivas antecipadas de vontade não se aplicam as solenidades relativas ao testamento.

✱ QUESTÕES DISCURSIVAS

22. **(Cespe/TJ/PI/Cartórios/2013)** Alex Marcos, brasileiro, solteiro, possuidor, de fato, do exercício pleno dos poderes inerentes à propriedade de um imóvel localizado no endereço X, em Teresina/PI, pretende transferir esse direito a Alexandre Silvério, brasileiro, solteiro, mediante o pagamento de R$ 100.000,00, a ser realizado à vista. Não existe contra Alex Marcos ou sobre o imóvel em questão qualquer ação judicial que possa viciar tal operação jurídica. Além disso, Alex afirma que se responsabiliza por eventuais débitos atrelados ao imóvel, como impostos, taxas ou tarifas. Com base nessa situação hipotética, redija, na qualidade de tabelião do cartório competente, da forma mais completa possível, a peça cartorial destinada à operação jurídica desejada pelos interessados, complementando o documento com os elementos legais exigíveis.

* QUESTÕES OBJETIVAS

354. (FCC/TJ/PE/Cartórios/Remoção/2013) A respeito dos livros utilizados no registro de Títulos e Documentos, a Lei n. 6.015/73 dispõe que haverá o:

a) Livro "B" – para inscrição, por extração, de títulos e documentos, a fim de surtirem efeitos em relação a terceiros e autenticação de data.

b) Livro "E" – protocolo para apontamentos de todos os títulos, documentos e papéis apresentados, diariamente, para serem registrados, ou averbados.

c) Livro "A" – índice remissivo de todos os registros e averbações.

d) Livro "C" – para trasladação integral de títulos e documentos, sua conservação e validade contra terceiros, ainda que registrados por extratos em outros livros.

e) Livro "D" – indicador pessoal, substituível pelo sistema de fichas, a critério e sob a responsabilidade do oficial.

355. (Ieses/TJ/RN/Cartórios/Ingresso/2012) Os livros de escrituração do Cartório de Títulos e Documentos são:

a) Livro A – protocolo para apontamentos de todos os títulos, documentos e papéis apresentados, diariamente, para serem registrados, ou averbados; para trasladação integral de títulos e documentos, sua conservação e validade contra terceiros, ainda que registrados por extratos em outros livros; Livro B – para inscrição, por extração, de títulos e documentos, a fim de surtirem efeitos em relação a terceiros e autenticação de data; Livro C – indicador pessoal, substituível pelo sistema de fichas, a critério e sob a responsabilidade do oficial, o qual é obrigado a fornecer, com presteza, LIVRO D – as certidões pedidas pelos nomes das partes que figurarem, por qualquer modo, nos livros de registros.

b) Livro A – protocolo para apontamentos de todos os títulos, documentos e papéis apresentados, diariamente, para serem registrados, ou averbados; Livro B – para trasladação integral de títulos e documentos, sua conservação e validade contra terceiros, ainda que registrados por extratos em outros livros; para inscrição, por extração, de títulos e documentos, a fim de surtirem efeitos em relação a terceiros e autenticação de data; Livro C – indicador pessoal, substituível pelo sistema de fichas, a critério e sob a responsabilidade do oficial, o qual é obrigado a fornecer, com presteza, as certidões pedidas pelos nomes das partes que figurarem, por qualquer modo, nos livros de registros.

c) Livro A – protocolo para apontamentos de todos os títulos, documentos e papéis apresentados, diariamente, para serem registrados, ou averbados; Livro B – para trasladação integral de títulos e documentos, sua conservação e validade contra terceiros, ainda que registrados por extratos em outros livros; Livro C – para inscrição, por extração, de títulos e documentos, a fim de surtirem efeitos em relação a terceiros e autenticação de data; Livro D – indicador pessoal, substituível pelo sistema de fichas, a critério e sob a responsabilidade do oficial, o qual é obrigado a fornecer, com presteza, as certidões pedidas pelos nomes das partes que figurarem, por qualquer modo, nos livros de registros.

d) Livro A – protocolo para apontamentos de todos os títulos, documentos e papéis apresentados, diariamente, para serem registrados, ou averbados; para trasladação integral de títulos e documentos, sua conservação e validade contra terceiros, ainda que registrados por extratos em outros livros; e Livro B – para inscrição, por extração, de títulos e documentos, a fim de surtirem efeitos em relação a terceiros e autenticação de data; indicador pessoal, substituível pelo sistema de fichas, a critério e sob a responsabilidade do oficial, o qual é obrigado a fornecer, com presteza, as certidões pedidas pelos nomes das partes que figurarem, por qualquer modo, nos livros de registros.

356. (Ieses/TJ/RN/Cartórios/Remoção/2012) Os livros do registro de Títulos e Documentos:

a) conterão 300 folhas, escrevendo-se na parte superior o título, a letra com o número e o ano em que começar, não cabendo o desdobramento dos livros de registro para escrituração das várias espécies de atos.

b) conterão 300 folhas, escrevendo-se na parte superior o título, a letra com o número e o ano em que começar, cabendo o desdobramento judicial dos livros de registro para escrituração das várias espécies de atos, sem prejuízo da unidade do protocolo e de sua numeração em ordem rigorosa.

c) conterão 200 folhas, escrevendo-se na parte superior o título, a letra com o número e o ano em que começar, não cabendo o desdobramento dos livros de registro para escrituração das várias espécies de atos.

d) conterão 200 folhas, escrevendo-se na parte superior o título, a letra com o número e o ano em que começar, cabendo o desdobramento judicial dos livros de registro para escrituração das várias espécies de atos, sem prejuízo da unidade do protocolo e de sua numeração em ordem rigorosa.

357. **(Cespe/TJ/ES/Cartórios/Remoção/2013)** Assinale a opção correta em relação a escrituração, transcrição e averbação dos títulos e documentos:

a) se no mesmo registro ou averbação figurar mais de uma pessoa, ativa ou passivamente, será lavrado um único indicador em nome do primeiro beneficiário, fazendo-se referência, na coluna das anotações, aos demais interessados.

b) feita e conferida a trasladação, na última linha, de maneira a não ficar espaço em branco, deve-se realizar seu encerramento. Depois disso, o oficial, seu substituto legal ou escrevente designado pelo oficial e autorizado pelo juiz competente, na hipótese de afastamento do primeiro, a rubricará.

c) o oficial de registro de títulos e documentos deve manter um livro com indicador pessoal, o qual será dividido alfabeticamente para a indicação do nome de todas as pessoas que, ativa ou passivamente, individual ou coletivamente, figurarem nos livros de registros e deverá conter, além dos nomes das pessoas, referências aos números de ordem e páginas dos outros livros e anotações.

d) os livros de registro para escrituração das várias espécies de atos contêm trezentas folhas e, em caso de afluência de serviços, o oficial de registro poderá realizar seu desdobramento sem prejuízo da unidade do protocolo e de sua numeração em ordem rigorosa.

e) quando da realização do registro integral de documentos, o oficial de registro deve reparar erros de ortografia e de pontuação do texto original, a fim de dar maior clareza e correção ao registro efetivado.

358. **(Cespe/TJ/ES/Cartórios/Ingresso/2013)** Em relação à escrituração, averbação e transcrição de títulos e documentos, assinale a opção correta:

a) em se tratando de contratos de parceria agrícola, não será possível estabelecer o credor e o devedor, devendo o registro ser feito com a declaração de ambos os parceiros.

b) é possível efetivar o registro por meio de microfilmagem, desde que, por lançamentos remissivos, com menção ao protocolo, ao nome dos contratantes, à data e à natureza dos documentos apresentados, sejam os microfilmes havidos como parte integrantes dos livros de registro, nos termos de abertura e encerramento.

c) no livro destinado ao protocolo devem constar apenas os apontamentos dos títulos, documentos e papéis apresentados para registro.

d) não é necessário constar, no indicador pessoal, o registro das pessoas que figurarem passivamente dos livros de registros.

e) dispensa-se o registro de documento impresso idêntico a outro já anteriormente registrado na íntegra.

359. **(FMP/TJ/MT/Cartórios/Ingresso/2014)** Acerca da escrituração no Registro de Títulos e Documentos, com base na Lei 6.015/73, assinale a afirmativa correta:

a) o Livro A é o protocolo no qual serão apontados os títulos, os documentos e os papéis apresentados, diariamente, para serem registrados, ou averbados, e o Livro C destina-se a inscrição, por extração, de títulos e documentos, salvo se já registrados no Livro B.

b) o Livro B, destina-se à trasladação integral de títulos e documentos, sua conservação e validade contra terceiros, desde que não registrados por extratos em outros livros, e o Livro D, que pode ser substituído pelo sistema de fichas, é o indicador pessoal.

c) o Livro B destina-se à trasladação integral de títulos e documentos, e, tratando-se de documento impresso, idêntico a outro já registrado na íntegra, no Livro C, poderá o registro limitar-se a consignar o nome das partes contratantes, as características do objeto e demais dados constantes dos claros preenchidos, fazendo-se remissão, quanto ao mais, àquele já registrado.

d) o Livro A é o protocolo, no qual se fará, em seguida ao registro, a remissão ao número da página do livro em que foi ele lançado, e o Livro C destina-se à inscrição, por extração, e os títulos, os documentos e os papéis escritos em língua estrangeira, uma vez adotados os caracteres comuns, poderão ser registrados no original, na forma resumida.

e) o Livro C destina-se à inscrição por extração, de títulos e documentos, e o Livro D é o indicador pessoal, e, se, no mesmo registro ou averbação, figurar mais de uma pessoa, ativa ou passivamente, o nome de cada uma será lançado distintamente, no indicador, com referência recíproca na coluna das anotações.

360. **(Cespe/TJ/DFT/Cartórios/Remoção/2014)** Com base no disposto na Lei n. 6.015/1973 e na Lei Federal n. 8.935/1994, assinale a opção correta acerca de registro de títulos e documentos:

a) caso figure mais de uma pessoa no documento a ser registrado, o nome de cada uma deverá ser anotado no Livro D, devendo ser lançado distintamente, no indicador, com referência recíproca na coluna das anotações.

b) tratando-se de transladação de registro integral de documento, o oficial de registro de títulos e documentos deve sanar os defeitos ou vícios ortográficos ou de pontuação dos originais apresentados.

c) os documentos e títulos apresentados no registro de títulos e documentos devem ser escriturados nos livros A, B, C e D, não havendo possibilidade de desdobramento desses livros.

d) o registro por microfilmagem é admitido somente mediante autorização judicial e desde que sejam os microfilmes havidos como partes integrantes dos livros de registro, nos seus termos de abertura e encerramento.

e) as procurações devem ser lavradas no registro de títulos e documentos bem como devem ser escrituradas no Livro B, destinado para a trasladação integral de documentos, sua conservação e declaração de validade contra terceiros.

361. **(Vunesp/TJ/SP/Cartórios/Remoção/2016)** Quanto aos livros obrigatórios do Registro de Títulos e Documentos, é correto afirmar que:

a) o Livro B não permite a utilização de pasta classificadora auxiliar.

b) o Livro D não poderá ser substituído por sistema informatizado.

c) não existe livro de protocolo, uma vez que não há princípio da continuidade no Registro de Títulos e Documentos.

d) para o Livro E, recomenda-se a adoção de sistema informatizado.

362. **(Ieses/TJ/MS/Cartórios/Ingresso/2014)** Examine as seguintes assertivas:

I. no Registro de Títulos e Documentos constará o Livro B destinado à trasladação integral de títulos e documentos, sua conservação e validade contra terceiros, ainda que registrados por extratos em outros livros.

II. todos os livros existentes no Registro de Títulos e Documentos serão formados com 300 (trezentas) folhas.

III. no Registro de Títulos e Documentos constará o Livro D, destinado à inscrição, por extração, de títulos e documentos, a fim de surtir efeitos em relação a terceiros e autenticação de data.

IV. o indicador pessoal será dividido alfabeticamente para a indicação do nome de todas as pessoas que, ativa ou passivamente, individual ou coletivamente, figurarem nos livros de registro e deverá conter, além dos nomes das pessoas, referências aos números de ordem e páginas de outros livros e anotações:

a) as alternativas I, II e III estão incorretas.

b) apenas a alternativa I está incorreta.

c) apenas a alternativa III está incorreta.

d) todas as alternativas estão incorretas.

363. **(Consulplan/TJ/MG/Cartórios/Remoção/2015)** São livros do Ofício de Registro de Títulos e Documentos, exceto:

a) Livro A – Protocolo.

b) Livro B – Registro integral.

c) Livro C – Registro por resumo ou extrato.

d) Livro D – Indicador real.

364. **(Ieses/TJ/PB/Cartórios/Remoção/2014)** Os livros de registro serão divididos em três partes:

a) na parte da esquerda será lançado o número de ordem e na direita o assento, ficando o centro reservado para as notas, averbações e retificações.

b) na parte da direita será lançado o número de ordem e na central o assento, ficando na da esquerda espaço para as notas, averbações e retificações.

c) na parte da esquerda será lançado o número de ordem e na central o assento, ficando na da direita espaço para as notas, averbações e retificações.
d) na parte da frente será lançado o número de ordem sendo em sua na central o assento, ficando na parte de trás para as notas, averbações e retificações.

365. **(Consulplan/TJ/MG/Cartórios/Ingresso/2017)** Quanto ao Registro de Títulos e Documentos, todas as assertivas estão corretas, exceto:

a) em tal serviço será feita a transcrição dos instrumentos particulares, para a prova das obrigações convencionais de qualquer valor.
b) será feito o registro do penhor comum sobre coisas móveis; da caução de títulos de crédito pessoal e da dívida pública federal, estadual ou municipal, ou de Bolsa ao portador.
c) será também feito o registro do contrato de parceria agrícola ou pecuária; do mandado judicial de renovação do contrato de arrendamento para sua vigência, quer entre as partes contratantes, quer em face de terceiros, sendo obrigatório o registro de quaisquer documentos, para sua conservação.
d) para surtir efeitos em relação a terceiros, deverão ser registrados os contratos de locação de prédios, sem prejuízo do disposto do artigo 167, I, n. 3, da Lei n. 6.015/73 e os documentos decorrentes de depósitos, ou de cauções feitos em garantia de cumprimento de obrigações contratuais, ainda que em separado dos respectivos instrumentos.

366. **(Consulplan/TJ/MG/Cartórios/Remoção/2017)** Assinale a alternativa incorreta, acerca dos livros que deverão ser mantidos nos tabelionatos de Notas:

a) livro de notas, para escrituras públicas em geral.
b) livro de testamentos, para lavratura de testamentos públicos e anotação da aprovação de testamentos cerrados.
c) livro de procurações, para lavratura de procurações e substabelecimentos.
d) indicador real, para repositório de todos os imóveis que figurarem nas escrituras públicas, em que foram objeto de alienação ou oneração.

367. **(Ieses/TJ/CE/Cartórios/Ingresso/2018)** Assinale a alternativa incorreta sobre o registro de títulos e documentos:

a) o Livro A de protocolo é destinado a trasladação integral de títulos e documentos.
b) na parte superior de cada página do livro do registro de títulos e documentos se escreverá o título, a letra com o número e o ano em que começar.
c) o Livro D – indicador pessoal, substituível pelo sistema de fichas, a critério e sob a responsabilidade do oficial, o qual é obrigado a fornecer, com presteza, as certidões pedidas pelos nomes das partes que figurarem, por qualquer modo, nos livros de registros.
d) o Juiz, em caso de afluência de serviço no registro de títulos e documentos, poderá autorizar o desdobramento dos livros de registro para escrituração das várias espécies de atos, sem prejuízo da unidade do protocolo e de sua numeração em ordem rigorosa.

368. **(Ieses/TJ/AM/Cartórios/Ingresso/2018)** Assinale a alternativa correta:

a) o testamento cerrado não precisa ser registrado nos livros do tabelionato de notas.
b) no tabelionato de notas os livros devem ter o termo de abertura, sendo uma faculdade do tabelião a existência ou não de termo de encerramento.
c) no tabelionato de notas, além dos livros obrigatórios, um dos livros que esta serventia deve conter é o livro de reconhecimento de firmas por autenticidade.
d) no tabelionato de notas o livro de protocolo não é obrigatório, sendo uma faculdade do tabelião sua existência na serventia.

369. **(Faurgs/TJ/RS/Cartórios/Ingresso/2015)** Assinale a alternativa que apresenta afirmação correta a respeito dos livros de registro de títulos e documentos previstos na Lei n. 6.015/1973:

a) o Livro A destina-se à trasladação integral de títulos e documentos, sua conservação e validade contra terceiros, ainda que registrados por extratos em outros livros.
b) o Livro A destina-se ao protocolo para apontamentos de todos os títulos, documentos e papéis apresentados, diariamente, para serem registrados ou averbados.
c) o Livro A destina-se à inscrição, por extração, de títulos e documentos, a fim de surtirem efeitos em relação a terceiros e autenticação de data.
d) o Livro A destina-se ao indicador pessoal, substituível pelo sistema de fichas, a critério e sob a responsabilidade do oficial.

370. **(Consulplan/TJ/MG/Cartórios/Remoção/2015)** Analise as assertivas abaixo sobre o tema "escrituras públicas de compra e venda de imóvel".

I. é imprescindível a outorga do cônjuge do alienante, salvo no regime da separação total de bens, assim entendida a separação de bens resultante de pacto antenupcial.

II. nas escrituras públicas de compra e venda envolvendo unidade autônoma de condomínio edilício, a prova de quitação das obrigações condominiais poderá ser realizada mediante declaração do próprio transmitente, na forma e sob as penas da lei.

III. havendo incidência de imposto de transmissão por ato "inter vivos", é indispensável a apresentação do comprovante de pagamento, mesmo que a lei municipal autorize o recolhimento após a lavratura.

A respeito das assertivas, assinale a opção correta:

a) todas as assertivas são corretas.
b) apenas as assertivas II e III são corretas.
c) apenas as assertivas I e III são corretas.
d) apenas as assertivas I e II são corretas.

1.4.3. Da Transcrição e da Averbação

✱ SÚMULAS

STF **Súm. 259.** Para produzir efeito em juízo não é necessária a inscrição, no registro público, de documentos de procedência estrangeira, autenticados por via consular.

STF **Súm. 489.** A compra e venda de automóvel não prevalece contra terceiros, de boa-fé, se o contrato não foi transcrito no registro de títulos e documentos.

✱ QUESTÕES DISCURSIVAS

23. **(IBFC/TJ/PR/Cartórios/Remoção/2014)** Em que consiste o ato de registro, o de averbação, o de retificação, o de extrato e o de traslado? Identifique em qual serviço é feita a escrituração por extrato e por trasladação.

✱ QUESTÕES OBJETIVAS

371. **(Ieses/TJ/RN/Cartórios/Remoção/2012)** O registro dos documentos deverá ser feito de maneira a abranger o seu conteúdo integral. Logo:

a) o registro resumido consistirá na declaração da natureza do título, do documento ou papel, valor, prazo, lugar em que tenha sido feito, bastando o nome e o reconhecimento de firma por tabelião.
b) o registro resumido consistirá na declaração da natureza do título, do documento ou papel, valor, prazo, lugar em que tenha sido feito, nome e condição jurídica das partes, nomes das testemunhas, data da assinatura e do reconhecimento de firma por tabelião, desde que conte com a autorização judicial, precedida de oitiva do Ministério Público.
c) o registro resumido consistirá na declaração da natureza do título, do documento ou papel, valor, prazo, lugar em que tenha sido feito, nome e condição jurídica das partes, nomes das testemunhas, data da assinatura e do reconhecimento de firma por tabelião, se houver, o nome deste, o do apresentante, o número de ordem e a data do protocolo, e da averbação, a importância e a qualidade do imposto pago, depois do que será datado e rubricado pelo oficial ou servidores (o oficial, seu substituto legal ou escrevente designado pelo oficial e autorizado pelo Juiz competente).
d) não se admitirá, em nenhuma hipótese, o registro resumido.

372. **(Faurgs/TJ/RS/Cartórios/Ingresso/2015)** Assinale a alternativa que apresenta tipo de transcrição que deve ser feito no Registro de Títulos e Documentos, conforme previsto na Lei n. 6.015/1973:

a) transcrição das cédulas de crédito rural.
b) transcrição dos contratos de penhor rural.
c) transcrição da instituição de bem de família.
d) transcrição do contrato de parceria agrícola.

373. **(Ieses/TJ/MS/Cartórios/Remoção/2014)** No Registro de Títulos e Documentos será feita a transcrição:

I. dos instrumentos particulares, para a prova das obrigações convencionais de qualquer valor.
II. do penhor comum sobre coisas móveis.
III. da caução de títulos de crédito pessoal e da dívida pública federal, estadual ou municipal, ou de Bolsa ao portador.
IV. do contrato de parceria agrícola ou pecuária.

A sequência correta é:

a) apenas as assertivas I e IV estão corretas.
b) apenas a assertiva III está correta.
c) as assertivas I, II, III e IV estão corretas.
d) apenas as assertivas I e II estão corretas.

374. (Ieses/TJ/RO/Cartórios/Remoção/2017) Não será objeto de transcrição junto ao Registro de Títulos e Documentos:

a) a matrícula de jornais e demais publicações periódicas.
b) o contrato de parceria agrícola ou pecuária.
c) os instrumentos particulares, para a prova das obrigações convencionais de qualquer valor.
d) o penhor comum sobre coisas móveis.

375. (Ieses/TJ/AM/Cartórios/Ingresso/2018) Leia atentamente as proposições abaixo e assinale a que se apresentar correta:

a) cabe ao oficial do Registro de Títulos e documentos recusar sumariamente o registro de documento de que tenha suspeita de falsificação, embora revestido de todas as formalidades legais.
b) deve ser considerada inválida a notificação extrajudicial realizada e entregue no endereço do devedor, por via postal e com aviso de recebimento, quando realizada por Cartório de Títulos e Documentos de outra comarca.
c) segundo a Lei de Registros Públicos, desde que prolongado o expediente além da hora regulamentar para o encerramento de atividade iniciada no período normal, admite-se a apresentação de novos títulos a registro.
d) no Registro de Títulos e Documentos será feita, entre outras atividades, a transcrição dos instrumentos particulares, para a prova das obrigações convencionais de qualquer valor.

376. (Ieses/TJ/AM/Cartórios/Remoção/2018) No Registro de Títulos e Documentos será feita a transcrição:

I. do penhor comum sobre coisas móveis.
II. dos instrumentos particulares, para a prova das obrigações convencionais de qualquer valor.
III. do contrato de parceria agrícola ou pecuária.
IV. da caução de títulos de crédito pessoal e da dívida pública federal, estadual ou municipal, ou de Bolsa ao portador.

A sequência correta é:

a) apenas as assertivas I, II e III estão corretas.
b) apenas a assertiva II está incorreta.
c) apenas as assertivas II e IV estão corretas.
d) as assertivas I, II, III e IV estão corretas.

377. (Ieses/TJ/AM/Cartórios/Remoção/2018) A transcrição de contratos de parcerias agrícola ou pecuária será realizada no:

a) registro de imóveis.
b) registro de títulos e documentos.
c) tabelionato de notas.
d) registro civil de pessoas jurídicas.

1.4.4. *Da Ordem do Serviço*

◉ ATENÇÃO: ESTE TEMA É MUITO EXIGIDO NOS CONCURSOS!

✱ INFORMATIVOS

STJ **Documento estrangeiro. Tradução. Meio. Prova.** Trata-se, na origem, de ação de cobrança contra seguradora lastreada em contrato de seguro – a seguradora, após o recorrente informar furto de veículo, recusou-se a pagar a indenização em razão de instrumento de compra e venda do veículo redigido em espanhol e realizado no Paraguai, com precisas informações do automóvel, como número do chassi e do motor, a que terceiros dificilmente teriam acesso. Assim, a Turma entendeu, entre outras questões, ao interpretar os arts. 157 do CPC e 224 do CC/02, que a finalidade da tradução do documento estrangeiro, para efeito de utilização como prova, está condicionada a sua compreensão pelo juiz e pelas partes. No caso, o documento fora redigido em espanhol, língua de fácil compreensão e com ele se visou à extração de conclusões que bastaria com uma simples leitura ("compra venta de um vehiculo") e de algarismos nele inscritos (números de chassi e motor). Assim, se a ausência de tradução do referido instrumento não compromete sua compreensão, não há por que concretizar a consequência da regra que a impõe, desconsiderando, sem motivo, importante meio de prova. Quanto aos arts. 129, § 6º, e 148 da Lei 6.015/73, em nenhum momento preestabelecem o valor probatório do documento estrangeiro ou limitam, nesse aspecto, a avaliação do magistrado. A exigência de registro neles disposto constitui condição, notadamente perante terceiros, para a eficácia das próprias obrigações objeto do documento redigido em língua estrangeira. Logo, concluiu que não se pode, em razão de simples ausência de tradução desnecessária e de registro irrelevante, ignorar importante prova documental, da qual pode ser inferida, segundo a livre apreciação do tribunal de origem, a prática de grave fraude contratual envolvendo seguro de automóvel. REsp 924.992, Rel. Min. Tarso Sanseverino, j. 19.5.2011. 3ª T. (Info 473)

* QUESTÕES OBJETIVAS

378. **(Consulplan/TJ/MG/Cartórios/Ingresso/2018)** Segundo a Lei nº 6.015/73 analise as afirmativas a seguir.

I. apresentado o título ou o documento para registro ou averbação, serão anotados, no protocolo, a data de sua apresentação, sob o número de ordem que se seguir imediatamente, a natureza do instrumento, a espécie de lançamento a fazer (registro integral ou resumido, ou averbação), o nome do apresentante, reproduzindo-se as declarações relativas ao número de ordem, à data, e à espécie de lançamento a fazer no corpo do título, do documento ou do papel.

II. os títulos, documentos e papéis escritos em língua estrangeira, uma vez adotados os caracteres comuns, poderão ser registrados no original, para o efeito da sua conservação ou perpetuidade. Para produzirem efeitos legais no País e para valerem contra terceiros, deverão, entretanto, ser vertidos em vernáculo e registrada a tradução, o que, também, se observará em relação às procurações lavradas em língua estrangeira.

III. o apontamento do título, documento ou papel no protocolo será feito, seguida e imediatamente um depois do outro. Sem prejuízo da numeração individual de cada documento, se a mesma pessoa apresentar simultaneamente diversos documentos de idêntica natureza, para lançamentos da mesma espécie, serão eles lançados no protocolo separadamente.

IV. o oficial deverá recusar registro a título e a documento que não se revistam das formalidades legais. Se tiver suspeita de falsificação, poderá o oficial sobrestar no registro, depois de protocolado o documento, até notificar o apresentante dessa circunstância; se este insistir, o registro será feito com essa nota, podendo o oficial, entretanto, submeter a dúvida ao Juiz competente, ou notificar o signatário para assistir ao registro, mencionando também as alegações pelo último aduzidas.

Estão corretas apenas as afirmativas:

a) I e II.
b) II e III.
c) III e IV.
d) I, II e IV.

379. **(Ieses/TJ/RN/Cartórios/Ingresso/2012)** A ordem de serviço:

a) decorre da apresentação de título ou documento para registro ou averbação, devendo conter: a natureza do instrumento, a espécie de lançamento a fazer (registro integral ou resumido, ou averbação), o nome do apresentante, reproduzindo-se as declarações relativas ao número de ordem, à data, e à espécie de lançamento a fazer no corpo do título, do documento ou do papel.
b) decorre da apresentação de título ou documento para registro, mas não para averbação, devendo conter: a natureza do instrumento, a espécie de lançamento a fazer (registro integral ou resumido), o nome do apresentante, reproduzindo-se as declarações relativas ao número de ordem, à data, e à espécie de lançamento a fazer no corpo do título, do documento ou do papel.
c) decorre da determinação formal dirigida pelo oficial a um serventuário.
d) decorre da determinação formal dirigida pelo oficial a todos seus respectivos serventuários.

380. **(FCC/TJ/PE/Cartórios/Remoção/2013)** Sobre os títulos, documentos e papéis escritos em língua estrangeira, analise as afirmações abaixo.

I. uma vez adotados os caracteres comuns, poderão ser registrados no original, para o efeito da sua conservação ou perpetuidade.

II. para produzirem efeitos legais no país e para valerem contra terceiros, deverão ser vertidos em vernáculo e registrada a tradução, o que, também, se observará em relação às procurações lavradas em língua estrangeira.

III. para o registro resumido, não há necessidade de tradução.

Está correto o que se afirma apenas em:

a) I.
b) II e III.
c) III.
d) I e II.
e) II.

381. (Cespe/TJ/ES/Cartórios/Remoção/2013) Considere que, no Cartório de Registro Civil de Títulos e Documentos da comarca de Vitória/ES, tenha sido apresentado instrumento de cessão de direitos redigido em língua estrangeira, em caracteres não comuns. Diante dessa situação, assinale a opção correta:

a) os documentos poderão ser registrados de forma resumida, mesmo que não haja tradução do referido documento.

b) o oficial de registro de títulos e documentos da comarca de Vitória/ES deverá negar o registro do documento, uma vez que a competência de registro de cessão de direitos é do registro de imóveis.

c) havendo tradução juramentada, será possível realizar o registro no original, para efeito de sua conservação, produzindo-se efeitos legais no país, bem como em relação a terceiros.

d) o referido documento poderá ser registrado para fins de conservação ou perpetuidade, mas não surtirá efeitos perante terceiros, ainda que haja tradução juramentada.

e) os documentos originais não poderão ser registrados, ainda que para conservação ou perpetuidade.

382. (Cespe/TJ/PI/Cartórios/Remoção/2013) No que concerne a habilitação, celebração, registro e validade do casamento, assinale a opção correta:

a) o casamento pode celebrar-se mediante procuração, por instrumento público, com poderes especiais, caso em que a eficácia do mandato não ultrapassará noventa dias, podendo ser revogado mediante instrumento particular.

b) é anulável o registro civil do casamento religioso se, antes dele, qualquer dos consorciados houver contraído casamento civil com outrem.

c) em caso de constituição de procurador, mediante instrumento em língua estrangeira, para fins de habilitação ou representação dos nubentes, serão necessárias a regularização consular e a tradução por tradutor juramentado, além de inscrição no registro de títulos e documentos.

d) em se tratando de habilitação de casamento de estrangeiro divorciado no exterior, é indispensável a homologação da sentença de divórcio, desde que o casamento anteriormente contraído no exterior não tenha sido com brasileiro.

e) o casamento religioso celebrado sem as formalidades legais terá efeitos civis se, a requerimento do casal ou qualquer interessado, for registrado, a qualquer tempo, no registro civil, mediante prévia habilitação perante a autoridade competente.

383. (Cespe/TJ/PI/Cartórios/Remoção/2013) Acerca do ingresso de documentos escritos em língua estrangeira no cartório de títulos e documentos, assinale a opção correta:

a) os documentos escritos em língua estrangeira e dotados de caracteres comuns produzem efeitos legais no Brasil e valem contra terceiros, independentemente de serem vertidos no vernáculo e de sua tradução ser registrada.

b) todos os documentos de procedência estrangeira, acompanhados das respectivas traduções, sujeitam-se a registro no registro de títulos e documentos para os devidos efeitos em relação a terceiros, não sendo obrigatória a realização desse registro para fins de produção de efeitos em repartições da União, dos estados, do DF, dos territórios e dos municípios, situação em que será suficiente a tradução por tradutor juramentado.

c) não é obrigatória a tradução, por tradutor juramentado, dos papéis, títulos e documentos de procedência estrangeira a serem inscritos no Livro C.

d) os documentos expedidos por autoridades de outros países, ainda que encaminhados por via diplomática, por governo estrangeiro ao governo brasileiro, sujeitam-se à legalização consular para terem efeito no Brasil.

e) os títulos, documentos e papéis escritos em árabe não poderão ser registrados no original, ainda que para sua mera conservação ou perpetuidade.

384. (FCC/TJ/PE/Cartórios/Remoção/2013) A Lei n. 6.015/73 no que se refere ao Registro de Títulos e Documentos dispõe que:

a) o oficial, salvo quando agir de má-fé, devidamente comprovada, não será responsável pelos danos decorrentes da anulação do registro, ou da averbação, por vício intrínseco ou extrínseco do documento, título ou papel, mas, tão somente, pelos erros ou vícios no processo de registro.

b) o registro e a averbação deverão ser feitos em até dez dias e, quando não o puderem ser, por acúmulo de serviço, o lançamento poderá ser prorrogado por mais dez dias, e sem prejuízo da ordem da prenotação.

c) o oficial não poderá recusar registro a título e a documento mesmo quando não se revistam das formalidades legais.

d) os títulos terão sempre um número diferente, segundo a ordem de apresentação, salvo quando se refiram à mesma pessoa.

e) o simples fato da apresentação de um título, documento ou papel, para registro ou averbação, constituirá, para o apresentante, direito sobre o mesmo, quando não seja o próprio interessado.

385. (Cespe/TJ/ES/Cartórios/Remoção/2013) Em relação às notificações e ao cancelamento dos títulos, assinale a opção correta:

a) as notificações e demais diligências podem ser realizadas por escrevente designado pelo oficial e autorizadas pelo juiz competente.

b) o cancelamento de título é sempre certificado na coluna das averbações do livro respectivo, não podendo o oficial de registro realizar novo registro destinado ao cancelamento de um título.

c) somente o credor da obrigação pode pleitear o cancelamento do registro de débito ou obrigação por ele registrada ou averbada.

d) o cancelamento do registro do título somente poderá ser realizado mediante autorização judicial.

e) o oficial de registro deverá avaliar, mediante o requerimento do apresentante, a necessidade de proceder à notificação do registro ou da averbação aos demais interessados que figurarem no título apresentado.

386. (Cespe/TJ/PI/Cartórios/Remoção/2013) A propósito dos atos que materializam negócios jurídicos que envolvam bens imóveis, assinale a opção correta:

a) a constituição de renda de bens imóveis ou móveis prescinde de instrumentalização por escritura pública.

b) para a lavratura de atos notariais relativos a imóveis, devem ser apresentados, entre outros, os documentos de identificação das partes e das demais pessoas que comparecerem ao ato de escritura pública, mesmo quando forem julgados desnecessários pelo tabelião.

c) para a lavratura de escrituras que impliquem a transferência de imóveis, serão exigidas as certidões referentes aos tributos que incidam sobre bem, ainda que o adquirente dispense a exibição dessas certidões.

d) caso alguém more em Recife/PE e esteja comprando um imóvel em Teresina/PI, cujo proprietário seja domiciliado em Brasília/DF, os envolvidos no ato comercial de compra e venda poderão escolher, para instrumentalizar o ato jurídico, um tabelião de Goiânia/GO, que poderá ir à residência de qualquer um dos contratantes para praticar o ato notarial.

e) os tabeliães e escrivães, na lavratura de escritura pública de compra e venda de imóveis bem como nos demais atos que praticarem, farão sempre referência ao livro e à folha do registro de títulos e documentos em que tenham sido trasladados os mandatos de origem estrangeira a que tenham de reportar-se.

387. (Faurgs/TJ/RS/Cartórios/Ingresso/2015) Assinale a alternativa que apresenta afirmação correta a respeito da disciplina do Registro de Títulos e Documentos prevista na Lei n. 6.015/1973:

a) os documentos escritos em língua estrangeira não podem ser registrados no original, nem mesmo para o efeito da sua conservação ou perpetuidade.

b) os documentos escritos em língua estrangeira produzem efeitos legais no País e valem contra terceiros, independentemente do registro da respectiva tradução.

c) as procurações lavradas em língua estrangeira produzem efeitos legais no País e valem contra terceiros, independentemente do registro da respectiva tradução.

d) os títulos, documentos e papéis escritos em língua estrangeira, uma vez adotados os caracteres comuns, podem ser registrados no original, para o efeito da sua conservação ou perpetuidade.

388. (Faurgs/TJ/RS/Cartórios/Ingresso/2015) Assinale a alternativa que apresenta afirmação correta a respeito da disciplina do registro de títulos e documentos prevista na Lei n. 6.015/1973:

a) os títulos terão sempre um número diferente, segundo a ordem de apresentação, ainda que se refiram à mesma pessoa.

b) os títulos terão sempre um número diferente, segundo a ordem de apresentação, exceto quando se referirem à mesma pessoa.

c) quando o registro e a averbação não puderem ser imediatos, por acúmulo de serviço, o lançamento será feito no prazo estritamente necessário, dispensada, neste caso, a ordem da prenotação.
d) onde terminar cada apontamento, será traçada uma linha diagonal, separando-o do anterior, sendo lavrado, no início do expediente diário, o termo de encerramento do próprio punho do oficial, por este datado e assinado.

389. **(Vunesp/TJ/SP/Cartórios/Ingresso/2014)** Dispõe o art. 160 da Lei n. 6.015/73: "O oficial será obrigado, quando o apresentante o requerer, a notificar do registro ou da averbação os demais interessados que figurarem no título, documento, o papel apresentado, e a quaisquer terceiros que lhes sejam indicados, podendo requisitar dos oficiais de registro em outros Municípios as notificações necessárias. Por esse processo, também poderão ser feitos avisos, denúncias e notificações, quando não for exigida a intervenção judicial". Diante da disposição desse artigo, quando é considerado perfeito o registro deste documento?
a) considera-se perfeito o registro do documento que dá origem a uma notificação após a averbação lavrada na coluna de anotações, à margem do respectivo registro do resultado da notificação.
b) considera-se perfeito o registro do documento que dá origem a uma notificação independentemente da averbação do cumprimento da diligência, ou da impossibilidade de sua realização.
c) considera-se perfeito o registro do documento que dá origem a uma notificação, quando esta for cumprida independentemente do seu resultado.
d) considera-se perfeito o registro do documento que dá origem a uma notificação após certificado o seu cumprimento.

390. **(Vunesp/TJ/SP/Cartórios/Remoção/2014)** Quanto às diligências a serem efetuadas nas notificações previstas no art. 160, da Lei n. 6.015/73, é correto afirmar que:
a) a primeira diligência não excederá o prazo de 15 dias, contados da data do registro do documento. Decorridos 30 dias e realizadas, no mínimo, 3 diligências para averbação do resultado positivo e 5 diligências para a averbação do resultado negativo.
b) a primeira diligência não excederá o prazo de 05 dias contados da data do registro do documento. Serão realizadas no mínimo 3 diligências para averbação do resultado positivo ou negativo.
c) a primeira diligência não excederá o prazo de 15 dias, contados da data da apresentação do documento para registro. Decorridos 30 dias e realizadas, no mínimo, 3 diligências, será averbado o resultado, positivo ou negativo, da notificação.
d) a primeira diligência não excederá o prazo de 30 dias, contados da data da apresentação do documento para registro. Serão realizadas no mínimo 3 diligências para averbação do resultado positivo ou negativo.

391. **(Vunesp/TJ/SP/Cartórios/Ingresso/2016)** Sobre o Registro de Títulos e Documentos, é correto asseverar que:
a) as procurações levadas a registro devem ter sua firma reconhecida, salvo se foram feitas por instrumento público notarial.
b) todas as folhas dos títulos e documentos levados a registro deverão ser rubricadas, sendo vedada a utilização de chancela mecânica.
c) há prazo de 15 (quinze) dias para a prática do ato de registro ou averbação, os quais não necessitam ser imediatos.
d) cabe suscitação de dúvida.

392. **(Consulplan/TJ/MG/Cartórios/Ingresso/2014)** Em relação ao documento estrangeiro, assinale a alternativa correta:
a) se algum dos comparecentes não souber a língua nacional e o tabelião ou oficial de registro não entender o idioma em que se expressa, participará do ato tradutor público como intérprete, ou, não o havendo na localidade, estando impedido, incomunicável ou impossibilitado de comparecer, participará outra pessoa capaz que, a critério do tabelião ou oficial de registro, tenha idoneidade e conhecimentos bastantes.
b) os documentos que tenham sido expedidos por autoridade pública do país estrangeiro ou que contenham a sua assinatura devem ser legalizados unicamente perante as Repartições Consulares do Ministério das Relações Exteriores no país de origem.
c) ficam dispensados de tradução por tradutor juramentado e inscrito na Junta Comercial, os documentos públicos ou particulares lavrados em embaixada ou consulado brasileiro no exterior,

bem como outros confeccionados em idioma de domínio do tabelião de notas.

d) ficam dispensados de tradução por tradutor público juramentado e inscrito na junta comercial, e de prévio registro na serventia de títulos e documentos, os documentos estrangeiros, a fim de produzir amplos e gerais efeitos em qualquer repartição brasileira, em juízo ou fora dele, nos termos do enunciado 259, da Súmula do STF.

393. (Cespe/TJ/DFT/Cartórios/Ingresso/2014) Acerca da ordem de serviço, assinale a opção correta:

a) os documentos originais em língua estrangeira e dotados de caracteres não comuns poderão ser registrados para fins de conservação ou perpetuidade.

b) apresentado o título sem as formalidades legais, o oficial de registro civil não poderá negar o registro, devendo sobrestar o registro e suscitar dúvida ao juiz competente, que deverá decidir a questão.

c) os títulos originais em língua estrangeira e dotados de caracteres não comuns poderão ser registrados desde que juntada tradução juramentada no registro de títulos e documentos, produzindo todos os efeitos legais no país, bem como perante terceiros.

d) o título levado a registro em língua estrangeira e com a adoção de caracteres comuns surtirá todos os efeitos legais no país, inclusive perante terceiros, independentemente de sua transcrição.

e) se, após a efetivação do registro, for declarada judicialmente a nulidade do título por falsificação e não houver qualquer erro no processo de registro nem comprovação de má-fé, não responderá o oficial pelos prejuízos suportados por terceiros em decorrência dos vícios identificados no documento.

394. (Cespe/TJ/DFT/Cartórios/Remoção/2014) No que se refere à ordem de serviço, assinale a opção correta:

a) os documentos originais redigidos em língua estrangeira, em caracteres comuns, podem ser registrados no original, produzindo-se todos os efeitos legais no país, inclusive em relação a terceiros, ainda que não haja o registro da tradução.

b) os documentos originais redigidos em língua estrangeira, em caracteres não comuns, não podem ser registrados no ofício de registro civil de títulos e documentos, mesmo que seja para conservação ou perpetuidade.

c) o oficial de registro civil de títulos e documentos não poderá exigir o reconhecimento de firma dos outorgantes para o registro de procurações efetivadas por instrumento particular.

d) mesmo em caso de incidente de falsidade dos originais levado em juízo, as certidões do registro integral de títulos têm o mesmo valor probante dos originais.

e) será admitida a apresentação de documento após a hora regulamentar, caso os títulos não implicarem obrigações a terceiros e caso o diário do protocolo, em razão do acúmulo de serviço, não tiver sido encerrado.

395. (Cespe/TJ/SE/Cartórios/Remoção/2014) Acerca de títulos, documentos e papéis escritos em língua estrangeira, assinale a opção correta:

a) o tradutor juramentado poderá ser dispensado, caso o oficial tenha conhecimento básico da língua estrangeira.

b) para o registro resumido, não há necessidade de tradução dos títulos, documentos ou papéis em língua estrangeira.

c) os títulos, documentos e papéis, uma vez adotados os caracteres comuns, devem ser registrados na sua língua original no Livro A.

d) o oficial poderá efetuar a correção de erro crasso de linguagem encontrado no texto a ser trasladado.

e) contrato firmado no exterior a ser cumprido no Brasil pode ser executado neste país se levado ao registro de títulos e documentos e vertido na língua pátria, por tradutor juramentado, o que, também, se observará em relação às procurações lavradas em língua estrangeira.

396. (Cespe/TJ/SE/Cartórios/Remoção/2014) Assinale a opção correta a respeito de registro civil da pessoa jurídica e registro de títulos e documentos:

a) de acordo com o entendimento do STJ, o registro de associação religiosa, nos termos da LRP, garante a proteção de seu nome.

b) a procuração deverá trazer reconhecida a firma do outorgante para registro no cartório de títulos e documentos, salvo se tiver sido conferida a advogado com poderes para o foro em geral.

c) a aquisição da personalidade jurídica da fundação se dará no momento da lavratura da escritura pública ou do testamento que a instituir.

d) a atribuição supletiva do registro de títulos e documentos em relação aos demais registros previstos na LRP impede que um instrumento, expressamente atribuído por sua natureza a outro ofício, seja lançado concomitantemente a registro no serviço específico por sua natureza e no registro de títulos e documentos.

e) o oficial poderá realizar diligências fora de sua base territorial, desde que isso lhe seja solicitado pela parte interessada.

397. **(Cespe/TJ/SE/Cartórios/Ingresso/2014)** No que tange ao entendimento jurisprudencial aplicável aos serviços de registros e de notas, assinale a opção correta:

a) o STJ, excepcionalmente, admite a juntada, em processo judicial, de documentos escritos em língua estrangeira, sem a necessidade da prévia tradução e inscrição no registro de títulos e documentos, o que mitiga o vigor das formalidades impostas pela Lei de Registros Públicos.

b) a impugnação fundamentada e a dúvida acerca da área de imóvel que requeiram produção de prova não obstarão a retificação administrativa do registro, se o oficial intimar o profissional subscritor da planta e do memorial descritivo para dirimir as objeções apontadas.

c) a convenção de condomínio aprovada tem, mesmo antes do registro, eficácia "erga omnes".

d) em relação a veículos automotores, considera-se menos eficaz o registro no órgão de licenciamento do que a anotação no serviço de títulos e documentos.

e) o registro, no álbum imobiliário, de compromisso de compra e venda de imóvel, em relação ao qual não foi passada escritura pública definitiva, é condição para o ajuizamento de ação de adjudicação compulsória.

398. **(Faurgs/TJ/RS/Cartórios/Remoção/2015)** São requisitos formais do ato notarial, quando não versar sobre bens imóveis:

a) a localidade e a data de sua realização, a cópia das certidões fiscais e a assinatura das partes e demais comparecentes, quando for o caso.

b) a redação na língua portuguesa, a nomeação ou qualificação das partes e demais comparecentes e a assinatura do tabelião ou seu substituto, encerrando o ato.

c) a redação na língua portuguesa, a localidade e a data de sua realização e a declaração do Imposto de Renda e Proventos de Qualquer Natureza das partes e demais comparecentes, quando for o caso.

d) a declaração do Imposto de Renda e Proventos de Qualquer Natureza das partes e demais comparecentes, a cópia das certidões fiscais e a assinatura do tabelião ou seu substituto, encerrando o ato.

399. **(Ieses/TJ/CE/Cartórios/Ingresso/2018)** Assinale a alternativa correta:

a) o oficial do registro de títulos e documentos não deverá recusar registro a título e a documento que não se revistam das formalidades legais.

b) após registrado não poderá ser feito o cancelamento de documento junto ao registro de títulos e documentos.

c) o registro de títulos de documentos funciona no regime de plantão aos finais de semana e nos feriados.

d) os títulos, documentos e papéis escritos em língua estrangeira, uma vez adotados os caracteres comuns, poderão ser registrados no original, para o efeito da sua conservação ou perpetuidade e para produzirem efeitos legais no País e para valerem contra terceiros, deverão, entretanto, ser vertidos em vernáculo e registrada a tradução, o que, também, se observará em relação às procurações lavradas em língua estrangeira.

400. **(Ieses/TJ/AM/Cartórios/Ingresso/2018)** Leia atentamente as proposições abaixo e assinale a que se apresentar incorreta:

a) nos termos da lei, o oficial de registro de Títulos e documentos é obrigado, quando o apresentante do título o requerer, a notificar do registro ou da averbação os demais interessados que nele figurarem e quaisquer terceiros que lhes sejam indicados, devendo requisitar dos oficiais de registro em outros municípios, as notificações necessárias.

b) o negócio jurídico que envolve direito obrigacional para a transmissão de bens móveis pode ser considerado válido entre as partes contratantes independente do registro no órgão competente.

c) o registro de documentos, para fins de conservação, é facultativo e não produz nenhum efeito em relação a Terceiros.

d) como regra geral, há três modalidades de publicidade previstas no ordenamento jurídico: a notificação, a publicação e o registro. A notificação leva o fato direta e pessoalmente ao conhecimento do destinatário. A publicação e o registro, por sua vez, são modos de publicidade impessoal e geral. A publicação diz respeito a atos regulamentares, tais como leis e atos administrativos, enquanto o registro confere publicidade a certos atos e negócios jurídicos, seja para a sua validade, eficácia ou segurança jurídica.

401. **(Ieses/TJ/PB/Cartórios/Ingresso/2014)** Sobre o Registro de Títulos e Documentos, examine as seguintes proposições:

I. o oficial deverá recusar o registro quando o título ou o documento não estiverem revestidos das formalidades legais.

II. se houver suspeita de falsificação, o oficial poderá sobrestar o registro, depois de protocolado o documento, até a notificação do apresentante de tal circunstância. Se houver insistência, o registro será realizado com a nota, podendo o oficial, entretanto, submeter a dúvida ao juiz competente, ou notificar o signatário para assistir ao registro, mencionando também as alegações pelo último aduzidas.

III. o oficial será responsável pelos danos causados a terceiros decorrentes de anulação de registro ou averbação, por vício intrínseco ou extrínseco do documento, título ou papel.

IV. o oficial não será obrigado a notificar a respeito do registro ou averbação os interessados que figurarem no título, documento ou papel apresentado, bem como terceiros eventualmente, indicados, sendo vedada a requisição de notificações por outros oficiais de registro situados em municípios diversos:

a) as alternativas I, III e IV estão incorretas.
b) as alternativas I e III estão incorretas.
c) as alternativas II e III estão incorretas.
d) as alternativas III e IV estão incorretas.

402. **(Ieses/TJ/MS/Cartórios/Ingresso/2014)** Documento redigido em língua estrangeira. Assinale a alternativa correta:

a) poderá ser registrado no Registro de Títulos e Documentos, produzindo efeitos legais no País e, também, contra terceiros, independentemente de tradução e registro, desde que ambas as partes constantes do documento tenham nacionalidade brasileira.

b) poderá ser registrado no Registro de Títulos e Documentos, no original, independentemente de tradução juramentada e registro, uma vez adotados os caracteres comuns, apenas para os fins de conservação ou perpetuidade, não produzindo efeitos legais no País.

c) não poderá ser registrado no Registro de Títulos e Documentos por expressa vedação legal.

d) poderá ser registrado no Registro de Títulos e Documentos, produzindo efeitos legais no País e, também, contra terceiros, independentemente de tradução juramentada e registro, desde que uma das partes constantes do documento tenha nacionalidade brasileira.

403. **(Faurgs/TJ/RS/Cartórios/Remoção/2015)** Assinale a alternativa que apresenta afirmação correta a respeito da disciplina do Registro de Títulos e Documentos prevista na Lei n. 6.015/1973:

a) o oficial responde objetivamente pelos danos decorrentes da anulação do registro por vício intrínseco ou extrínseco do documento.

b) o oficial nunca será responsável pelos danos decorrentes da anulação do registro, ou da averbação, por vício intrínseco ou extrínseco do documento.

c) o oficial, salvo quando agir de má-fé, devidamente comprovada, não será responsável pelos danos decorrentes da anulação do registro, ou da averbação, por vício intrínseco ou extrínseco do documento, título ou papel, mas, tão somente, pelos erros ou vícios no processo de registro.

d) o oficial responde pelos danos decorrentes da anulação do registro, ou da averbação, tão somente por vício intrínseco do documento.

404. **(Vunesp/TJ/SP/Cartórios/Remoção/2014)** Na hipótese de lavratura de escritura pública de venda e compra em que conste na matrícula imobiliária terreno e no documento fiscal do IPTU conste construção, deverá o tabelião:

a) lavrar a escritura, esclarecendo às partes da necessidade de averbação da construção ou aumento de área construída no registro imobiliário, mediante a apresentação dos documentos comprobatórios exigíveis.

b) lavrar a escritura normalmente sem mencionar a área construída do IPTU e sem considerar para fins de ITBI o valor venal referente à área construída.

c) exigir que o vendedor averbe a construção no registro de imóveis previamente à lavratura do ato notarial.

d) recusar a lavratura da escritura tendo em vista a impossibilidade de ingresso do título no fólio real.

405. (FMP/TJ/MT/Cartórios/Remoção/2014) Acerca dos procedimentos para a lavratura de escritura pública relativa a imóveis, é correto afirmar que:

a) será exigida a apresentação do documento comprobatório do pagamento do Imposto de Transmissão "inter vivos", porque cabe ao tabelião fiscalizar o recolhimento dos impostos incidentes sobre os atos que deve praticar, apenas quando os tributos forem da competência do município para o qual recebeu a delegação.

b) será exigida a apresentação do documento comprobatório do pagamento do Imposto de Transmissão mortis causa, porque cabe ao tabelião fiscalizar o recolhimento dos impostos incidentes sobre os atos que deve praticar, apenas quando os tributos forem da competência do estado para o qual recebeu a delegação.

c) será exigida a apresentação das certidões fiscais negativas referentes aos tributos que incidam sobre o imóvel, porque é dever do tabelião fiscalizar o recolhimento dos impostos incidentes sobre os atos que deve praticar.

d) será exigida certidão de ações reais e pessoais reipersecutórias, relativas ao imóvel, e a de ônus reais, expedidas pelo registro de imóveis competente; a existência de penhora, em qualquer caso, inviabiliza a lavratura de escritura.

e) será exigida a apresentação das certidões fiscais referentes aos tributos que incidam sobre o imóvel urbano, somente quando a escritura pública implique a transferência de domínio, e dita apresentação poderá ser dispensada pelo adquirente.

1.4.5. Do Cancelamento

✱ QUESTÕES OBJETIVAS

406. (Cespe/TJ/ES/Cartórios/Remoção/2013) Em relação às notificações e ao cancelamento dos títulos, assinale a opção correta:

a) as notificações e demais diligências podem ser realizadas por escrevente designado pelo oficial e autorizadas pelo juiz competente.

b) o cancelamento de título é sempre certificado na coluna das averbações do livro respectivo, não podendo o oficial de registro realizar novo registro destinado ao cancelamento de um título.

c) somente o credor da obrigação pode pleitear o cancelamento do registro de débito ou obrigação por ele registrada ou averbada.

d) o cancelamento do registro do título somente poderá ser realizado mediante autorização judicial.

e) o oficial de registro deverá avaliar, mediante o requerimento do apresentante, a necessidade de proceder à notificação do registro ou da averbação aos demais interessados que figurarem no título apresentado.

407. (Faurgs/TJ/RS/Cartórios/Remoção/2015) Assinale a alternativa que apresenta afirmação correta a respeito da disciplina do registro de títulos e documentos prevista na Lei n. 6.015/1973:

a) os requerimentos de cancelamento serão arquivados com os documentos que os instruírem.

b) as folhas do título, documento ou papel que tiver sido registrado e as das certidões somente serão rubricadas pelo oficial a pedido dos apresentantes.

c) as declarações no protocolo, bem como as dos registros e das averbações lançadas no título, documento ou papel, e as respectivas datas não podem ser apostas por carimbo.

d) o serviço das notificações e demais diligências poderá ser realizado por escreventes designados pelo Juiz competente.

408. (Consulplan/TJ/MG/Cartórios/Remoção/2016) O art. 164, da Lei n. 6.015/1973, estabelece que o cancelamento de registro poderá ser feito em determinadas espécies de documentos, os quais serão apresentados ao serviço registral, em virtude de

I. sentença.

II. documento autêntico de quitação.

III. ter completado a idade de 21 anos.

IV. exoneração do título registrado.

Está correto apenas o que se afirma em:

a) I e III.

b) III.

c) I, II e IV.

d) I e II.

409. (Ieses/TJ/MS/Cartórios/Remoção/2014) No tocante ao cancelamento de um registro público pode-se afirmar:

a) o cancelamento poderá ser feito em virtude de sentença ou de documento autêntico de quitação ou de exoneração do título registrado.

b) apenas poderá ocorrer o cancelamento por decisão do Supremo Tribunal Federal.

c) o cancelamento apenas poderá ser feito em virtude de sentença.

d) apenas poderá ocorrer o cancelamento por decisão do Superior Tribunal de Justiça.

410. (Cespe/TJ/DFT/Cartórios/Remoção/2014) Considerando que tenha sido apresentado ao oficial de registro civil de títulos e documentos pedido de cancelamento de título instruído mediante documento autêntico de quitação com firma reconhecida, assinale a opção correta:

a) o oficial de registro civil de títulos e documentos deverá notificar o credor da obrigação previamente à averbação do cancelamento, para que, no prazo de quinze dias, este se manifeste acerca da autenticidade do documento apresentado.

b) o oficial de registro civil de títulos e documentos negará de ofício o pedido, uma vez que o cancelamento pode ser realizado somente mediante sentença judicial.

c) o pedido de cancelamento prescinde da notificação do credor, devendo ser processado em um novo registro, independente de qualquer circunstância.

d) o cancelamento deve ser certificado, em regra, na coluna de averbações, podendo o oficial de registro civil de títulos e documentos proceder a novo registro, com referências recíprocas, quando não for suficiente o espaço na coluna de averbações.

e) o requerimento apresentado deve ser registrado em livro próprio, e os documentos devem ser averbados no livro no qual foi registrado o título.

411. (Ieses/TJ/AM/Cartórios/Ingresso/2018) Leia atentamente as proposições abaixo e assinale a que se apresentar incorreta:

a) no que concerne ao documento eletrônico, deve-se ter em mente o 'equivalente funcional', que por sua vez orienta no sentido de que, para ser considerado prova literal, o documento eletrônico deve exercer funções equivalentes ao escrito sobre suporte papel.

b) para fins de conservação, podem ser registrados nos Títulos de Documentos contratos sociais de sociedades, atas societárias ou estatutos, desde que já exista registro no Serviço de Registro Civil de Pessoas Jurídicas.

c) os livros de registro de Títulos e Documentos podem ser desmembrados, mediante autorização do Juiz Corregedor Permanente, para a escrituração das várias espécies de atos, sem prejuízo, porém, da unidade de protocolo e de sua numeração, com referências recíprocas.

d) o cancelamento do registro encetado perante o Registro de Títulos e Documentos exige exclusivamente um documento autêntico de quitação ou de exoneração do título registrado, emitido pelo credor.

1.5. Do Registro de Imóveis

1.5.1. Das Atribuições

✱ INOVAÇÕES LEGISLATIVAS

▲ LRP. Título V – Do registro de imóveis, Capítulo I – Das Atribuições

▲ Art. 167 – No registro de imóveis, além da matrícula, serão feitos. I – o registro: (...). 43. da Certidão de Regularização Fundiária (CRF); 44. da legitimação fundiária. (...). II – a averbação: (...). 31. da certidão de liberação de condições resolutivas dos títulos de domínio resolúvel emitidos pelos órgãos fundiários federais na Amazônia Legal. 32. do termo de quitação de contrato de compromisso de compra e venda registrado e do termo de quitação dos instrumentos públicos ou privados oriundos da implantação de empreendimentos ou de processo de regularização fundiária, firmado pelo empreendedor proprietário de imóvel ou pelo promotor do empreendimento ou da regularização fundiária objeto de loteamento, desmembramento, condomínio de qualquer modalidade ou de regularização fundiária, exclusivamente para fins de exoneração da sua responsabilidade sobre tributos municipais incidentes sobre o imóvel perante o Município, não implicando transferência de domínio ao compromissário comprador ou ao beneficiário da regularização. (Modificações: Lei 13.465/17)

▲ Art. 171. Os atos relativos a vias férreas serão registrados na circunscrição imobiliária onde se situe o imóvel. Parágrafo único. A requerimento do interessado, o oficial do cartório do registro de imóveis da circunscrição a que se refere o caput deste artigo abrirá a matrícula da área correspondente, com base em planta, memorial descritivo e certidão atualizada da matrícula ou da transcrição do imóvel, caso exista, podendo a apuração do remanescente ocorrer em momento posterior. (Modificações: Lei 13.465/17)

* INFORMATIVOS

STJ **Anulação. Compra e venda de imóvel. Terceiro de má-fé.** A recorrida celebrou contrato particular de permuta de imóveis com um consórcio de construtoras no qual asseverou que cederia um terreno e receberia em troca, após a construção do edifício, alguns apartamentos e lojas comerciais. Em outra cláusula, as partes estipularam condição resolutiva, com a determinação de que, em caso de inadimplemento, deveria ser restabelecido o status quo ante. Posteriormente, em cumprimento a uma terceira cláusula contratual, houve a outorga de escritura pública de compra e venda do terreno destinado à construção em face do consórcio, sem qualquer referência à citada cláusula resolutiva. As obras de construção do edifício não foram concluídas, ocorrendo o inadimplemento da avença. Apesar disso, a construção inconclusa foi vendida para a recorrente, sendo o imóvel registrado em seu nome. No intuito de desfazer o negócio jurídico, a recorrida propôs ação de rescisão do contrato de permuta de imóveis entabulado com o consórcio e anulação do contrato de compra e venda deste com a recorrente. Não houve prescrição ou decadência quadrienal da ação para anular o contrato de compra e venda realizado pela recorrente e pelo consórcio por vício de dolo, pois a ação foi proposta no mesmo ano do contrato que visa anular. Ademais, a presunção de veracidade dos registros imobiliários não é absolta, mas "juris tantum", admitindo-se prova em contrário da má-fé do terceiro adquirente. REsp 664.523, Rel. Min. Raul Araújo, j. 21.6.12. 4ª T. (Info 500)

STJ **REsp. AR. Fundamento. Acórdão recorrido.** Trata-se de remessa da Terceira Turma em que o espólio ajuizou ação para anular a primeira transação de venda de imóvel, obtendo a declaração da nulidade da escritura pública e o cancelamento dos registros de vendas em virtude de fraude. Os recorrentes (terceiros em relação à ação original) interpuseram ação rescisória, na qual sustentam que deveriam participar da ação original por serem litisconsortes necessários, além de afirmarem desconhecê-la em razão de não haver registro do litígio quando da aquisição do imóvel. O Min. Relator explicitou que a questão não envolve só a matéria de cabimento de recurso especial em ação rescisória, mas se trata de saber se se aplica à espécie o art. 47 do CPC (litisconsórcio necessário) ou o art. 42, § 3º, do mesmo diploma legal (substituição processual) como entendeu o acórdão recorrido. Prosseguindo o julgamento, a Corte Especial, por maioria, conheceu e proveu o recurso, determinando a rescisão do julgado rescindendo para que o processo seja anulado desde a decisão saneadora, a fim de que sejam citados os litisconsortes necessários e se prossiga no julgamento da causa, como de direito. Argumentou o Min. Relator que, quando existir violação literal da disposição de lei e o julgador, mesmo assim, não acolher a pretensão da rescisória com base no art. 485, V, do CPC, o acórdão estará contrariando aquele mesmo dispositivo ou a ele negando vigência, dando ensejo à interposição de REsp, com base na alínea a do permissivo constitucional, porquanto os temas envolvidos no acórdão rescindendo confundem-se com aqueles agitados no aresto proferido na ação rescisória. Outrossim, se o terceiro adquire bem e não há o registro do litígio conforme exige o art. 167 da Lei n. 6.015/1973, pode ser alcançado pela coisa julgada, portanto deve ser citado como litisconsorte passivo necessário. Ressaltou-se que a Corte Especial, em duas ocasiões, havia sufragado tese no sentido de que, em ação rescisória, não se pode limitar-se aos fundamentos da ação, ainda que essa seja lastreada em violação de lei, mas essas decisões foram tomadas por apertada maioria e na ausência de alguns de seus membros, mormente haja decisões em outras Turmas na tese ora firmada. REsp 476.665, Rel. Min. Antônio de Pádua Ribeiro, j. 1.12.2004. Corte Especial. (Info 231)

* QUESTÕES DISCURSIVAS

24. **(Ieses/TJ/PA/Cartórios/2016)** A Lei Federal n. 11.441/2007 alterou substancialmente a lei processual civil brasileira. A questão versa sobre o falecimento do "de cujus", com grande patrimônio, herdeiros maiores e capazes, bem como herdeiros menores e incapazes, solteiros, também casados (vê regime de bens, se necessidade do pacto antenupcial), então responda: Qual o título a ser apresentado ao Registrador? No caso, esse título será trasladado na esfera judicial ou administrativa? Quais os atos a serem praticados pelo Registrador levando em consideração que os imóveis partilhados ainda são transcritos (transcrição – sistema anterior) no registro de imóveis? Quais as peças obrigatórias que devem compor o formal de partilha, quais os tributos a serem pagos e apresentados termo de quitação, quais as certidões inerentes ao ato obrigatórias de apresentação, por fim como serão qualificados os proprietários e herdeiros de forma a atender a Lei n. 6.015/73.

25. **(Vunesp/TJ/SP/Cartórios/2016)** É possível o registro da usucapião tendo por objeto parcela de imóvel situado em loteamento irregular?

26. **(Cespe/TJ/DFT/Cartórios/Ingresso/2014)** No que se refere às proibições de dispor e o registro de imóveis, discorra sobre as espécies listadas abaixo, segundo sua natureza e finalidade, e cite um exemplo de incidência de cada uma delas: (i) proibições legais; (ii) proibições judiciais e administrativas; (iii) proibições voluntárias.

27. **(Ieses/TJ/RO/Cartórios/2012)** Recusada injustificadamente, pelo registrador imobiliário, a averbação de mudança de regime em bens matrimonial (LRP 167, II, 1, c/c CC/2002, 1.639, § 2º), na comarca devida (da circunscrição competente), cidadão interessado apresenta o respectivo mandado judicial ao registrador de títulos e documentos da mesma comarca (da circunscrição imobiliária competente), requerendo o registro conservatório do mandado para fins de segurança jurídica. Justifique o acolhimento ou não do pedido e redija a respectiva certidão resumida.

28. **(Ieses/TJ/RN/Cartórios/2012)** Ao 2º Serviço de registro de imóveis, da Capital, "A", empresário, apresenta requerimento escrito (com firmas reconhecidas), almejando registro de instrumento particular de partilha entre vivos, instrutório do citado requerimento, tendo como partes, "Z", genitora do apresentante, e por ele representada por, dentre outros atributos, figurar-se na qualidade de primogênito; mais ele, "A" ("in nomine proprio"), e ainda "B", "C" e "D", seus únicos irmãos bilaterais, todos maiores, casados, capazes, domiciliados no território nacional. Como objeto contratual se tem o conjunto de bens imóveis componentes da meação de "Z", viúva de "Y", com quem se matrimoniou em 1º de janeiro de 1970, e que ora está sob a curatela do apresentante, sendo igualmente beneficiária do sistema da Lei n. 10.741, de 1º de outubro de 2003. Articula "A", no requerimento, que o pedido de registro se limita aos ditos imóveis meeiros, sitos na circunscrição imobiliária requerida. "B" comparece ao ato representado por instrumento particular de indicação, formalizado mediante notificação extrajudicial, também anexada ao requerimento, e dirigida ao irmão "C", que o recepcionou por correio postado por registrador de títulos e documentos de comarca de Estado contíguo, a teor do art. 160 da Lei n. 6.015, de 1973. À luz do exposto, lavre o devido instrumento de exame de qualificação registral, informando com clareza, objetividade, e dentro do já conhecido limite espacial (de linhas), as razões jurídicas do provimento ou desprovimento do pedido "in casu", indicando os fundamentos legais (destacadamente os do sistema do Código Civil de 2002, e da Lei n. 6.015, de 1973), doutrinários e, ou, de direito jurisprudencial que lhes servem de supedâneo; finalmente, lavre ainda o(s) ato(s) procedimental(is) (registral) cabível(is).

* QUESTÕES OBJETIVAS

412. **(Cespe/TJ/RR/Cartórios/Ingresso/2013)** Considere que Carlos pretenda adquirir de Vagner, de forma onerosa, com pagamento à vista e quitação plena do preço, a propriedade de determinado imóvel por R$ 35.000,00. Em face dessa situação, sabendo que o salário mínimo vigente no Brasil é de R$ 678,00, assinale a opção correta:

a) o negócio entre Carlos e Vagner não seria possível se o bem imóvel em questão tivesse sido dado em qualquer tipo de hipoteca como garantia de dívida, situação que deveria constar da certidão de ônus reais referente a tal bem.

b) para a aquisição da propriedade, faz-se necessária a lavratura de escritura pública de compra e venda em tabelionato de notas de livre escolha das partes, bem como o registro do título aquisitivo em cartório de registro de imóveis competente.

c) carlos pode adquirir a propriedade do bem por escritura pública lavrada em tabelionato de notas ou por contrato particular assinado por duas testemunhas com as respectivas firmas reconhecidas por autenticidade, desde que, em ambos os casos, seja feito registro do título aquisitivo do imóvel no cartório em que esteja matriculado o bem.

d) se estiver no exterior, Carlos pode adquirir a propriedade do bem por meio da lavratura de escritura pública de compra e venda no consulado brasileiro, desde que o título aquisitivo seja registrado em ofício de registro de títulos e documentos do domicílio do comprador.

e) é suficiente para a aquisição da propriedade do bem que a compra e venda se efetive por meio de escritura pública perante um tabelião, a quem cabe verificar a regularidade na manifestação de vontades de Carlos e Vagner, o aperfeiçoamento do pagamento do preço e a quitação de débitos tributários.

413. **(Ieses/TJ/RS/Cartórios/Remoção/2013)** A respeito do Contrato de Locação no registro de imóveis, assinale a alternativa incorreta:

a) o Contrato de Locação poderá ser apresentado para averbação do direito legal de preferência do locatário, com vistas à aquisição do imóvel, em caso de alienação.

b) lavrado em instrumento particular, o Contrato de Locação deverá obedecer à tipicidade dos títulos aptos a gerar modificações no fólio real, inclusive no que se refere à assinatura de duas testemunhas e ao reconhecimento das assinaturas por tabelião de notas.

c) quando for pactuada no Contrato de Locação a cláusula de vigência, o ato correspondente, segundo a Lei 6.015/73, é de registro.

d) o Contrato de Locação contendo cláusula de vigência e preferência, quando apresentado ao registro de imóveis gerará um só ato na matrícula do imóvel.

414. **(Ieses/TJ/RS/Cartórios/Ingresso/2013)** Após protocolo e exame de Mandado de Penhora Trabalhista, verificou-se que o título apresentado atendeu perfeitamente ao princípio da especialidade objetiva. Todavia, após leitura da matrícula, foi constatado que o executado não é titular de direitos reais sobre o imóvel indicado, seu estado civil não foi indicado no título, o qual também não contém informação a respeito da nomeação de depositário. Com a comunicação da Nota Devolutiva, nova ordem judicial foi recebida, reiterando o mandado anteriormente protocolado, para cumprimento integral, sem suprir quaisquer das exigências apontadas na Nota Devolutiva, com a observação de que o descumprimento será considerado "crime de desobediência", sujeito também à pena de multa, na forma do art. 14 do Código de Processo Civil. Diante disso, o registrador deverá:

a) manter a exigência realizada, visto que a qualificação negativa de títulos de origem judicial não configura crime qualquer.

b) efetuar o registro, com fundamento no princípio da autotutela, corrigindo erro anterior, pois deveria ter franqueado acesso ao título desde o primeiro momento, eis que a penhora é ato para cuja prática a legislação dispensa o exame de qualificação.

c) efetuar o registro, reconhecendo a supremacia da hipoteticamente mais pálida das decisões jurisdicionais sobre a mais brilhante e admirável das decisões de caráter administrativo.

d) manter a exigência realizada e peticionar ao Juízo seu ingresso na relação processual, a fim de zelar pela regularidade dos registros.

415. **(FCC/TJ/PE/Cartórios/Ingresso/2013)** Será objeto de registro e averbação, respectivamente:

a) instituição do bem de família e servidão.

b) cédula hipotecária e alienação fiduciária em garantia de coisa imóvel.

c) permuta e cláusula de inalienabilidade.

d) contrato de promessa de compra e venda e cessão de direitos hereditários.

e) reserva legal e usufruto.

416. **(Ieses/TJ/RS/Cartórios/Remoção/2013)** De acordo com Ricardo Dip, "Diz-se qualificação registral (imobiliária) o juízo prudencial, positivo ou negativo, da potência de um título em ordem a sua inscrição predial, importando no império de seu registro ou de sua irregistração". Em vista disso, assinale a alternativa correta a respeito da atividade registral imobiliária:

a) apesar de ser fiscal do cumprimento de requisitos legais, a função social do oficial do registro de imóveis exige que ele, com razoabilidade, esteja pronto a abrir mão de certas formalidades e preciosismos da lei, facilitando o acesso dos títulos ao registro.

b) é adequado que oficial do registro de imóveis, no juízo de qualificação, atente para a lição dada por Serpa Lopes, para quem, "em matéria de registro de imóveis toda a interpretação deve tender para facilitar e não para dificultar o acesso dos títulos ao Registro, de modo que toda a propriedade imobiliária e todos os direitos sobre ela recaídos fiquem sob o amparo de regime do Registro Imobiliário e participem dos seus benefícios".

c) não é necessário que o juízo de qualificação seja exauriente, pois a urbanidade e presteza exigidas pela Lei 8.935/94 se aplicam apenas ao atendimento ao público.

d) nem todos os títulos apresentados ao registrador estão sujeitos a esse criterioso juízo de qualificação, especialmente porque há registros cujo efeito é apenas declaratório.

417. (Ieses/TJ/RS/Cartórios/Remoção/2013) A respeito do condomínio edilício, assinale a alternativa correta:

a) para o registro da instituição de condomínio, em matrícula que não informa a área superficial do imóvel, não há necessidade de averbá-la previamente, vez que as frações ideais são calculadas conforme a área construída.

b) é possível o registro de instituição de condomínio, em que uma vaga de garagem não tenha comunicação direta com a área de circulação comum, desde que com ela confronte outra vaga de garagem, do mesmo proprietário, esta com regular acesso ao logradouro público pela área comum.

c) nos termos do art. 169 da Lei 6.015/73, o registro da convenção condominial é obrigatório e deverá ser realizado no Livro de Registro Auxiliar.

d) os condomínios de casas geminadas, e apenas estes, de acordo com a Lei 4.591/64, podem ser registrados sem a existência de área comum.

418. (FMP/TJ/MT/Cartórios/Ingresso/2014) São atribuições do registro de imóveis, nos termos da Lei 6.015/73, exceto:

a) o registro dos contratos de locação de prédios, nos quais tenha sido consignada cláusula de vigência no caso de alienação da coisa locada, e a averbação da reserva legal.

b) o registro da alienação fiduciária em garantia de coisa imóvel, e a averbação das convenções antenupciais nos registros referentes a imóveis pertencentes a qualquer dos cônjuges, inclusive os adquiridos posteriormente ao casamento.

c) o registro das sentenças declaratórias de usucapião, e a averbação de contrato de locação, para os fins de exercício de direito de preferência.

d) o registro do contrato de concessão de direito real de uso de imóvel público, e a averbação das convenções de condomínio para que seja oponível contra terceiros.

e) o registro das convenções antenupciais, e a averbação "ex officio" dos nomes dos logradouros, decretados pelo poder público.

419. (FMP/TJ/MT/Cartórios/Ingresso/2014) Serão registradas no registro de imóveis competente, para terem eficácia contra terceiros, exceto:

a) a cédula rural pignoratícia, no da circunscrição em que esteja situado o imóvel de localização dos bens apenhados.

b) a cédula rural hipotecária, no da circunscrição em que esteja situado o imóvel hipotecado.

c) a cédula de crédito bancário, sem garantia real hipotecária, no do domicílio do emitente.

d) a cédula de crédito industrial, no da circunscrição em que esteja localizado o imóvel hipotecado dado em garantia.

e) a nota de crédito rural emitida por cooperativa, no do domicílio da emitente.

420. (Cespe/TJ/DFT/Cartórios/Remoção/2014) Acerca das atribuições e da competência do registro de imóveis, assinale a opção correta:

a) o contrato de promessa de compra e venda, visando à aquisição de imóvel, dotado ou não de cláusula de arrependimento, poderá ser registrado no cartório de registro de imóveis.

b) o cartório de registro de imóveis será competente para averbar as sentenças de separação judicial, de divórcio e de nulidade ou de anulação de casamento, quando, nas respectivas partilhas, existirem imóveis ou direitos reais sujeitos a registro.

c) o oficial de registro de imóveis deverá negar o registro de contrato particular, celebrado no âmbito do Sistema Financeiro de Habitação, cujo objeto seja a aquisição de imóvel, no valor de R$ 100.000,00, com operação de financiamento imobiliário efetivada por entidade autorizada a operar o referido sistema.

d) o registro de imóveis é competente para proceder ao registro de praças, ruas e áreas destinadas a edifícios públicos, constantes do projeto e do memorial descritivo de loteamentos urbanos.

e) o cartório de registro de imóveis é competente para o registro de escritura de cessão de direitos hereditários.

421. (Ieses/TJ/RO/Cartórios/Ingresso/2017) Assinale a alternativa correta:

a) conforme o estabelecido pela Lei n. 6.015/1973, no registro de imóveis, além da matrícula, será feito o registro das cédulas hipotecárias, bem como doutros atos ali elencados.

b) conforme o estabelecido pela Lei n. 6.015/1973, no registro de imóveis, além da matrícula, será feita a averbação das incorporações, instituições e convenções de condomínio, bem como doutros atos ali elencados.

c) conforme o estabelecido pela Lei n. 6.015/1973, no registro de imóveis, além da matrícula, será feita a averbação da alienação fiduciária em garantia de coisa imóvel, bem como doutros atos ali elencados.

d) conforme o estabelecido pela Lei n. 6.015/1973, no registro de imóveis, além da matrícula, será feito o registro dos termos administrativos ou das sentenças declaratórias da concessão de uso especial para fins de moradia, bem como de outros atos ali elencados.

422. **(Ieses/TJ/RO/Cartórios/Ingresso/2017)** Assinale a alternativa correta:

a) conforme expressa dicção empregada pela Lei n. 6.015/1973, devem ser registradas, em igualdade de condições, primeiramente as escrituras públicas nas quais os vendedores ou compradores possuam idade igual ou superior a 65 (sessenta e cinco) anos de idade, em obediência ao princípio da prioridade.

b) conforme expressa dicção empregada pela Lei n. 6.015/1973, na designação genérica de registro, consideram-se englobadas a inscrição e a transcrição a que se referem as leis civis.

c) pelo princípio da instância ou derrogação, os procedimentos de registros públicos iniciam-se, via de regra, a pedido do interessado, mas excepcionalmente pode o Registrador agir de ofício, sem provocação da parte o que ocorre, por exemplo, quando envolvido bem de menor de 16 anos de idade.

d) prevalecerão, para efeito de prioridade de registro, quando apresentados no mesmo dia, os títulos prenotados no Protocolo sob número de ordem mais alto, protelando-se o registro dos apresentados posteriormente, pelo prazo correspondente a, pelo menos, cinco dias úteis.

423. **(Ieses/TJ/RO/Cartórios/Ingresso/2017)** Assinale a alternativa correta:

a) enfiteuse e anticrese não podem ser registrados no registro de imóveis, pois não constam do rol taxativo previsto no artigo 167 da Lei n. 6.015/1973.

b) o restabelecimento da sociedade conjugal pode ser registrado no registro de imóveis, pois consta do rol taxativo previsto no artigo 167 da Lei n. 6.015/1973.

c) a legitimação de posse pode ser registrada no registro de imóveis, pois consta do rol taxativo previsto no artigo 167 da Lei n. 6.015/1973.

d) penhoras, arrestos e sequestros de imóveis não podem ser registrados no registro de imóveis, pois não constam do rol taxativo previsto no artigo 167 da Lei n. 6.015/1973.

424. **(Ieses/TJ/RO/Cartórios/Ingresso/2017)** Assinale a alternativa correta:

a) no registro de imóveis, além da matrícula, serão feitos a averbação da rerratificação do contrato de mútuo com pacto adjeto de hipoteca em favor de entidade integrante do Sistema Financeiro da Habitação, ainda que importando elevação da dívida, desde que mantidas as mesmas partes e que inexista outra hipoteca registrada em favor de terceiros.

b) os emolumentos devidos pelos atos relacionados com as aquisições imobiliárias para fins residenciais e comerciais, financiada pelo Sistema Financeiro da Habitação, serão reduzidos em 90% (noventa por cento).

c) as interpelações judiciais decorrentes da mora havida em imóveis financiados pelo SFH – Sistema Financeiro da Habitação – serão providenciadas pelo respectivo CRI – cartório de registro de imóveis –, e serão expedidas com antecedência mínima de 15 (quinze) dias úteis.

d) conforme redação da Lei dos Registros Públicos hoje vigente, nenhum ato relativo ao SFH – Sistema Financeiro da Habitação – deverá ser levado a registro no cartório de registro de imóveis, uma vez que tal averbação será providenciada direta e eletronicamente pela CEF – Caixa Econômica Federal –, de acordo com convênio firmado entre as entidades envolvidas, sem prejuízo dos emolumentos devidos, na proporção de 50% (cinquenta por cento) do valor do ato conforme a tabela definida por cada unidade da federação.

425. **(Ieses/TJ/CE/Cartórios/Remoção/2018)** Em se tratando de um imóvel pertencente a uma pessoa jurídica de direito privado, a servidão ambiental deverá ser averbada:

a) no Registro Civil de Pessoas Jurídicas.

b) no Registro de Títulos e Documentos.

c) no registro de imóveis.

d) no Registro civil de Pessoas Naturais.

426. **(Ieses/TJ/CE/Cartórios/Remoção/2018)** No Registro de Títulos e Documentos será feita a transcrição, exceto:

a) da perda de nacionalidade brasileira, quando comunicada pelo Ministério da Justiça.

b) do contrato de parceria agrícola ou pecuária.
c) do penhor comum sobre coisas móveis.
d) dos instrumentos particulares, para a prova das obrigações convencionais de qualquer valor.

427. (Ieses/TJ/CE/Cartórios/Remoção/2018) No registro de imóveis, além da matrícula, serão feitos os registros:

I. das hipotecas legais, judiciais e convencionais.
II. das penhoras, arrestos e sequestros de imóveis.
III. da instituição de bem de família.
IV. do penhor de máquinas e de aparelhos utilizados na indústria, instalados e em funcionamento, com os respectivos pertences ou sem eles.

A sequência correta é:

a) apenas as assertivas I, II e III estão corretas.
b) apenas a assertiva III está incorreta.
c) as assertivas I, II, III e IV estão corretas.
d) apenas as assertivas III e IV estão corretas.

428. (Ieses/TJ/CE/Cartórios/Remoção/2018) A enfiteuse e a anticrese serão levadas a registro:

a) no Registro de Títulos e Documentos.
b) no Registro Civil de Pessoas Jurídicas.
c) na Junta Comercial.
d) no registro de imóveis.

429. (Ieses/TJ/AM/Cartórios/Ingresso/2018) A respeito do tema "atribuições" no registro de imóveis, é correto afirmar:

a) no registro de imóveis, além da matrícula, serão feitos vários registros, como o registro, "ex offício", dos nomes dos logradouros, decretados pelo poder público.
b) no registro de imóveis, além da matrícula, serão feitos vários registros, como o registro das sentenças de separação judicial, de divórcio e de nulidade ou anulação de casamento, quando nas respectivas partilhas existirem imóveis ou direitos reais sujeitos a registro.
c) no registro de imóveis, além da matrícula, serão feitos vários registros, como o registro da instituição de bem de família.
d) no registro de imóveis, além da matrícula, serão feitas várias averbações, como a averbação das sentenças declaratórias de usucapião.

430. (Ieses/TJ/AM/Cartórios/Ingresso/2018) A respeito do tema "atribuições" no registro de imóveis, é correto afirmar:

a) no registro de imóveis, além da matrícula, serão feitas várias averbações, como a averbação da legitimação fundiária.
b) no registro de imóveis, além da matrícula, serão feitos vários registros, como o registro das hipotecas legais, judiciais e convencionais.
c) no registro de imóveis, além da matrícula, serão feitos vários registros, como o registro das servidões ambientais.
d) no registro de imóveis, além da matrícula, serão feitas várias averbações, como a averbação das servidões em geral.

431. (Ieses/TJ/AM/Cartórios/Remoção/2018) No registro de imóveis, além da matrícula, serão feitos o registro:

I. das rendas constituídas sobre imóveis ou a eles vinculadas por disposição de última vontade.
II. da instituição de bem de família.
III. das servidões em geral.
IV. dos instrumentos particulares, para a prova das obrigações convencionais de qualquer valor.

A sequência correta é:

a) as assertivas I, II, III e IV estão corretas.
b) apenas as assertivas I, II e IV estão corretas.
c) apenas a assertiva IV está incorreta.
d) apenas as assertivas I e II estão corretas.

432. (Ieses/TJ/MS/Cartórios/Ingresso/2014) Considerando a Lei Federal n. 6.015/73, um das hipóteses abaixo relacionadas não tem ingresso no registro de imóveis, por ausência de previsão legal:

a) o contrato de locação de prédios, nos quais tenha sido consignada cláusula de vigência.
b) escritura de pacto-antenupcial.
c) escritura de cessão de direitos hereditários.
d) citações de ações reais ou pessoais reipersecutórias, relativas a imóveis.

433. (Consulplan/TJ/MG/Cartórios/Ingresso/2014) Acerca da lavratura das escrituras públicas de cessão de direito à sucessão aberta, assinale a alternativa correta:

a) é prescindível a anuência do cônjuge do herdeiro cedente, salvo se o casamento for sob o regime da separação convencional de bens ou se, sob o regime da participação final nos aquestos, houver no pacto antenupcial expressa convenção de livre disposição dos bens particulares.
b) na escritura de cessão de direitos hereditários, o tabelião de notas fará constar que é facultado

ao cessionário habilitar o título no procedimento de inventário.

c) subordina-se à prévia autorização judicial, a cessão de bem da herança considerado singularmente se feita, em conjunto, por todos os herdeiros e pelo cônjuge meeiro, ou ainda pelo único herdeiro, hipótese em que deve constar da escritura que o cessionário está ciente dos riscos de a cessão ser absorvida por dívidas pendentes.

d) a escritura pública de cessão de direitos hereditários não é título hábil a registro no cartório de registro de imóveis, pois a herança se refere a um todo unitário e indivisível, até a partilha.

434. (Consulplan/TJ/MG/Cartórios/Remoção/2014) Em referência ao ingresso das cédulas de crédito no registro de imóveis, avalie as seguintes assertivas:

I. trata-se de um luxo de publicidade, pois se cuida de simples transcrição, cujo título, à ordem, pode circular por endosso, ao passo que, em alguns casos, o registro é cravado no cartório do domicílio do devedor, em detrimento do princípio da territorialidade do imóvel, o que não se compadece com a finalidade do registro, ou seja, a de imprimir segurança aos direitos reais.

II. no caso de hipoteca cedular sucessiva entre as mesmas partes, a primeira cédula hipotecária em que se contrata o financiamento será objeto de inscrição, mas a segunda, em que se contrata um financiamento adicional, fica sujeita apenas à averbação, a menos que se vinculem novos bens à garantia.

III. para o registro de cédulas de crédito rural é exigido o Certificado de Cadastro de Imóvel Rural (CCIR), expedido pelo Incra.

Está correto o que se afirma em:

a) I e II apenas.

b) II apenas.

c) II e III apenas.

d) III apenas.

435. (FMP/TJ/MT/Cartórios/Ingresso/2014) Relativamente aos princípios aplicáveis ao registro de imóveis, assinale a alternativa correta:

a) em atenção ao princípio da continuidade ou do trato sucessivo, na hipótese de instituição de usufruto, se o imóvel não estiver matriculado ou registrado em nome do usufrutuário, o registrador exigirá a prévia matrícula e o registro do título anterior.

b) pelo princípio da instância, cabe ao oficial do registro, recorrer da decisão que julgou procedente a dúvida suscitada.

c) na qualificação de uma escritura de doação, o registrador deverá observar, em razão da especialidade subjetiva, se o estado civil do doador coincide com o que consta na matrícula em que figura como proprietário.

d) em atenção ao princípio da rogação, descabe ao registrador realizar qualquer espécie de averbação ou retificação de seus registros sem o prévio requerimento do interessado.

e) por força do princípio da prioridade gradual, os mandados judiciais de penhoras prenotados no protocolo sob o número mais baixo, serão registrados com precedência, garantindo-se assim, a preferência de ordem material na execução do crédito.

436. (Ieses/TJ/MS/Cartórios/Remoção/2014) No registro de imóveis, além da matrícula, serão feitos, com exceção da:

a) comunicação de saída definitiva do país.

b) enfiteuse.

c) anticrese.

d) convenção antenupcial.

437. (Cespe/TJ/SE/Cartórios/Remoção/2014) Assinale a opção correta a respeito dos princípios do registro de imóveis:

a) conforme o princípio do saneamento, caso um documento de venda e compra ou doação maculado por defeito formal seja levado a registro e efetivamente registrado, o ato registral correspondente saneará tal defeito e convalidará o referido documento.

b) o princípio da tipicidade determina que o registrador imobiliário verifique se o título apresentado é passível de acesso ao sistema registral, assim como aos atos de averbação, estes estabelecidos em conformidade com rol taxativo previsto na LRP.

c) por força do princípio da eficácia predeterminada, o oficial de registro de imóveis deve estabelecer, no ato registral, se o efeito deste é meramente declaratório, constitutivo, para fins de conservação ou simplesmente para autenticação de data.

d) o princípio da sucedaneidade de órgãos estabelece que os atos de competência de uma serventia podem ser realizados por outra, com o objetivo de aproveitamento e economia no sistema registral.

e) de acordo com o princípio da cindibilidade, ao receber um documento que represente negócio jurídico no qual conste mais de um imóvel para registro, em que apenas alguns imóveis estejam aptos ao ato registral, o oficial de registro poderá promover a cisão dos atos enquanto não forem regularizados os defeitos verificados.

1.5.2. *Da Escrituração*

◉ ATENÇÃO: ESTE TEMA É MUITO EXIGIDO NOS CONCURSOS!

✱ INOVAÇÕES LEGISLATIVAS

▲ LRP. Título V - Do registro de imóveis, Capítulo II - Da Escrituração

▲ Art. 176. § 9º A instituição do direito real de laje ocorrerá por meio da abertura de uma matrícula própria no registro de imóveis e por meio da averbação desse fato na matrícula da construção-base e nas matrículas de lajes anteriores, com remissão recíproca. (Modificações: Lei 13.465/17)

▲ Art. 176. (...). § 1º (...). II - (...). 6) tratando-se de imóvel em regime de multipropriedade, a indicação da existência de matrículas, nos termos do § 10 deste artigo; (...). § 10. Quando o imóvel se destinar ao regime da multipropriedade, além da matrícula do imóvel, haverá uma matrícula para cada fração de tempo, na qual se registrarão e averbarão os atos referentes à respectiva fração de tempo, ressalvado o disposto no § 11 deste artigo. § 11. Na hipótese prevista no § 10 deste artigo, cada fração de tempo poderá, em função de legislação tributária municipal, ser objeto de inscrição imobiliária individualizada. § 12. Na hipótese prevista no inciso II do § 1º do art. 1.358-N da Lei nº 10.406, de 10 de janeiro de 2002 (Código Civil), a fração de tempo adicional, destinada à realização de reparos, constará da matrícula referente à fração de tempo principal de cada multiproprietário e não será objeto de matrícula específica. (Modificações: Lei 13.777/18)

▲ Art. 178. (...). III - as convenções de condomínio edilício, condomínio geral voluntário e condomínio em multipropriedade; (...). (Modificações: Lei 13.777/18)

✱ QUESTÕES OBJETIVAS

438. **(Ieses/TJ/RS/Cartórios/Ingresso/2013)** Segundo o art. 1.227 do Código Civil, "direitos reais sobre imóveis constituídos, ou transmitidos por atos entre vivos, só se adquirem com o registro no cartório de registro de imóveis dos referidos títulos, salvo os casos expressos neste Código". Em vista disso, assinale a alternativa que contém a afirmação correta:

a) a cláusula de vigência pactuada em contrato de locação, uma vez registrada na forma do art. 167 da Lei 6.015/73, constitui direito real.

b) o registro de imóveis destina-se ao registro e averbação dos títulos ou atos ou fatos "inter vivos" ou "mortis causa", constitutivos, translativos ou extintivos de direitos reais, a fim de assegurar-lhes validade, eficácia "erga omnes" e disponibilidade.

c) de acordo com o art. 167 da Lei 6.015/73, a compra e venda pura e simples deverá ser objeto de registro, pois transmite a propriedade e constitui direito real, mas a compra e venda condicional será objeto de mera averbação.

d) o registro de imóveis é o repositório oficial dos direitos reais sobre imóveis, de forma que todo o ato de registro corresponde a um direito real, reservando-se as averbações a eventuais alterações que tais direitos possam experimentar no decorrer do tempo.

439. **(Cespe/TJ/PI/Cartórios/Remoção/2013)** Assinale a opção correta acerca das duas espécies de inscrições, o registro e a averbação, enumeradas no art. 172 da Lei n. 6.015/1973:

a) o registro da reserva legal no cadastro ambiental rural não desobriga a sua averbação no cartório de registro de imóveis.

b) a inscrição de loteamento ou desmembramento cujo projeto tenha sido aprovado em 10/1/2013 e submetido ao registro imobiliário em 9/8/2013 deve receber qualificação positiva.

c) a constituição de direito real de superfície, por tempo determinado ou indeterminado, e sua extinção devem ser averbadas no cartório de registro de imóveis.

d) o termo de securitização de créditos em que seja instituído o regime fiduciário previsto na Lei n. 9.514/1997 deve ser averbado nos registros de imóveis em que estejam matriculados os respectivos imóveis.

e) a transcrição integral da escritura de instituição do bem de família deve ser registrada no Livro n. 3, sem necessidade de averbação no Livro n. 2.

440. **(Cespe/TJ/PI/Cartórios/Ingresso/2013)** No que se refere à interpretação do rol de livros previstos na Lei de Registros Públicos, são facultativos, nas serventias de registro de imóveis, a manutenção e o preenchimento do livro de:

a) registro auxiliar.
b) indicador real.
c) indicador pessoal.
d) indicador do protocolo.
e) registro geral.

441. **(FCC/TJ/PE/Cartórios/Remoção/2013)** É correto afirmar:

a) a matrícula dos imóveis deve ser feita no Livro n. 1 do registro de imóveis e deve observar que, a cada imóvel, corresponderá uma única matrícula, que será aberta por ocasião do primeiro registro a ser feito na vigência da Lei n. 6.015/73.
b) não se exigirá, por ocasião da efetivação do registro do imóvel destacado de glebas públicas, a retificação do memorial descritivo da área remanescente, que somente ocorrerá a cada três anos, contados a partir do primeiro destaque, englobando todos os destaques ocorridos no período.
c) qualquer que seja o município, o projeto de loteamento e desmembramento deverá ser aprovado pela Prefeitura Municipal, ou do Distrito Federal quando for o caso, a quem compete também a fiscalização das diretrizes a que aludem os arts. 6º e 7º da Lei n. 6.766/79, sem exceção.
d) a aplicação do selo de autenticidade será feita de modo a gerar uma vinculação entre o selo e o respectivo ato ou documento, possibilitando identificar a que ato ou documento específico o selo se refere, ainda quando múltiplos os atos praticados num mesmo documento.
e) o reconhecimento de firma por autenticidade exige um livro próprio onde o signatário da firma lançará sua assinatura na presença do tabelião ou preposto designado, devendo tal livro ser levado ao local onde se colherá a assinatura cujo reconhecimento se pretende, sempre que for assim solicitado.

442. **(Cespe/TJ/ES/Cartórios/Remoção/2013)** Acerca da escrituração em relação ao registro imobiliário, assinale a opção correta:

a) na escrituração do livro de registro geral, é necessário constar a profissão do proprietário pessoa física.
b) na escrituração do livro de protocolo, não é necessário constar a natureza formal do título.
c) na escrituração do livro registro auxiliar, são registrados os contratos de locação urbana.
d) o livro indicador real deve apresentar o resumo de todos os registros efetuados no cartório.
e) o livro indicador pessoal deve conter os nomes que constam nas matrículas dos imóveis.

443. **(Cespe/TJ/PI/Cartórios/Ingresso/2013)** Caso seja protocolado, em cartório de registro de imóveis, um título que promova o destaque de uma parcela de uma gleba pública, o registrador deve, de acordo com a Lei de Registros Públicos, realizar a retificação do memorial descritivo da área remanescente:

a) somente após o registro do título.
b) após três anos do registro do título do primeiro destaque.
c) no mês seguinte ao do protocolo do título.
d) no ano seguinte ao do registro do próprio título.
e) juntamente com o registro do próprio título.

444. **(FCC/TJ/PE/Cartórios/Remoção/2013)** Apresentada uma cédula rural pignoratícia e hipotecária, o seu registro deverá acontecer junto ao Ofício do registro de imóveis da seguinte forma:

a) será feito o registro da cédula rural no Livro 3 – Registro Auxiliar e da hipoteca no Livro 2 – Registro Geral, ambos da circunscrição da situação do imóvel de localização dos bens apenhados e hipotecados.
b) a cédula rural será registrada no Livro 3 – Auxiliar, onde será em seguida feita uma averbação da hipoteca, ambos os atos na circunscrição da situação do imóvel de localização dos bens apenhados e hipotecados.
c) somente é feito o registro da cédula rural hipotecária, na medida em que a cédula rural pignoratícia só traz como garantia apenas bens móveis e semoventes, estranhos ao registro imobiliário.
d) será feita a averbação da cédula rural no Livro 2 – Registro Geral e registro da hipoteca no Livro 3 – Registro Auxiliar, ambos da circunscrição da situação do imóvel de localização dos bens apenhados e hipotecados.
e) será feito o registro da cédula rural no Livro 2 – Registro Geral nas serventias imobiliárias de todas circunscrições em que existam bens empenhados e hipotecados, sem prejuízo da averbação da hipoteca no Livro 2 – Registro Geral da circunscrição da situação do imóvel.

445. **(Cespe/TJ/PI/Cartórios/Remoção/2013)** No que tange a cédulas e notas de crédito, assinale a opção correta:

a) a cédula de produto rural, para ter eficácia contra terceiros, inscreve-se no cartório de registro de imóveis do local onde estiverem os produtos respectivos.
b) cédula de crédito comercial deve ser registrada no Livro n. 3 – Registro Auxiliar –, destinado ao registro dos atos que, sendo atribuídos ao registro de imóveis por disposição legal, não digam respeito diretamente a imóvel matriculado.
c) as inscrições das cédulas e as averbações posteriores serão efetuadas no prazo de três dias úteis a contar da apresentação do título, sob pena de responsabilidade civil e criminal do oficial encarregado de promover os atos necessários.
d) o prazo do penhor agrícola, que é de três anos, é prorrogável por até mais três, e o do penhor pecuário, de cinco anos, é prorrogável por até mais cinco, devendo tais prorrogações ser averbadas à margem das respectivas inscrições.
e) é necessária a prévia ciência do credor hipotecário, por escrito, para a venda de bens gravados por hipoteca cedular, conforme determina o Decreto-lei n. 167/1967.

446. **(Ieses/TJ/RN/Cartórios/Ingresso/2012)** O indicador pessoal:

a) será dividido alfabeticamente para a indicação do nome de todas as pessoas que, ativa ou passivamente, individual ou coletivamente, figurarem nos livros de registro e deverá conter, além dos nomes das pessoas, referências aos números de ordem e páginas dos outros livros e anotações.
b) o registro por microfilmagem é facultado ao interessado, pouco importando se o microfilme é parte integrante dos livros de registro, ou não.
c) deverá conter tantas menções pessoais quantas vezes a mesma pessoa for lançada nos livros de registro, não bastando a simples referência.
d) não admite a referência recíproca.

447. **(Vunesp/TJ/SP/Cartórios/Remoção/2016)** Sobre a escrituração eletrônica dos atos registrais imobiliários, na forma autorizada pela legislação, é correto afirmar que:

a) se entende por escrituração eletrônica a escrituração dos atos registrais em mídia totalmente eletrônica.
b) se trata da escrituração em folha de segurança, com a imagem digitalizada.
c) se entende como a escrituração feita, obrigatoriamente, tanto em papel de segurança como em mídia digital.
d) se trata de um sistema informático utilizado em Registros de Imóveis, que permite imprimir as matrículas em editor de texto próprio.

448. **(Vunesp/TJ/SP/Cartórios/Remoção/2016)** No que diz respeito aos princípios registrais imobiliários, é correto afirmar que:

a) a data da escritura pública e seu conteúdo não têm relevância para a prioridade registral.
b) a desapropriação amigável deve submeter-se à continuidade registral.
c) as prenotações sucessivas de títulos contraditórios cria uma fila de precedência, de modo a não correr o prazo de validade da prenotação subsequente, o qual somente correrá a partir da cessação dos efeitos da prenotação anterior.
d) não é possível o ingresso no registro de imóveis de uma escritura pública de compra e venda celebrada antes da entrada em vigor do Código Civil de 1916 sem que já exista matrícula do imóvel no Registro Imobiliário, na qual conste como proprietário o vendedor.

449. **(Ieses/TJ/MS/Cartórios/Ingresso/2014)** Examine as seguintes assertivas:

I. no registro de imóveis existem os seguintes livros: 1. Protocolo; 2. Registro Geral; 3. Registro Auxiliar; 4. Indicador Real; 5. Indicador Pessoal.
II. o Livro n. 1, Protocolo, terá por finalidade o apontamento de todos os títulos apresentados diariamente, ressalvados aqueles deixados apenas para exame e cálculos dos respectivos emolumentos.
III. o Livro n. 2, Registro Geral, é destinado, exclusivamente, à prática de atos de registro.
IV. o Livro n. 3, Registro Auxiliar, é destinado ao registros dos atos que, sendo atribuídos ao registro de imóveis por disposição legal, não digam respeito diretamente a imóvel matriculado:

a) apenas os itens I, II e IV estão corretos.
b) apenas os itens II, III e IV estão corretos.
c) apenas os itens I, II e III estão corretos.
d) todos os itens estão corretos.

450. **(Faurgs/TJ/RS/Cartórios/Ingresso/2015)** Assinale a alternativa que não apresenta requisito da escritura pública relativa a bem imóvel:

a) anotação sobre o pagamento do imposto de transmissão de bens imóveis e direitos a eles relativos ou do imposto de transmissão "causa mortis e doação", ou o reconhecimento da exoneração pela autoridade fazendária.

b) laudo técnico, formado por engenheiro com regular inscrição no órgão de fiscalização e controle da atividade profissional, acerca da situação do bem.

c) certidão de ações reais e pessoais reipersecutórias relativas ao imóvel e a de ônus reais, expedidas pelo registro de imóveis competente, emitida dentro do prazo de trinta dias.

d) prova de quitação das obrigações do alienante para com o respectivo condomínio, nas alienações e transferências de direitos de unidade ou declaração do alienante ou seu procurador, da inexistência de débitos, declaração esta que poderá ser substituída pela assunção expressa, por parte do adquirente, de eventuais débitos.

451. (Ieses/TJ/PB/Cartórios/Ingresso/2014) Examine as seguintes assertivas, relacionadas com o registro de imóveis e, em seguida, assinale a alternativa incorreta:

a) a União, os Estados e o Distrito Federal poderão solicitar ao registro de imóveis competente a abertura de matrícula de parte ou da totalidade de bens imóveis urbanos, sem registro anterior, cujo domínio tenha sido assegurado pela legislação.

b) em caso de permuta, e pertencendo os bens imóveis à mesma circunscrição, serão feitos os registros nas matrículas correspondentes, sob um único número de ordem no protocolo.

c) não serão registrados, no mesmo dia, títulos com características de direitos reais contraditórios sobre o mesmo bem imóvel.

d) o Livro n. 5 será o repositório de todos os bens imóveis que estiverem contidos nos demais livros, devendo constar a identificação, referência aos números de ordem de outros livros e anotações necessárias.

452. (Ieses/TJ/PB/Cartórios/Ingresso/2014) No registro de imóveis, o princípio da inscrição significa que:

a) as despesas com o registro são de inteira responsabilidade do apresentante do título que postulou a sua inscrição no fólio real.

b) o oficial Registrador poderá recusar o recebimento de título sem previsão legal, no Livro n. 1 da Serventia.

c) a constituição, transmissão e extinção de direitos reais sobre bens imóveis, por atos "inter vivos", somente se aperfeiçoa com o registro do respectivo título no fólio real.

d) o oficial Registrador não poderá recusar o recebimento de título, ainda que não tenha previsão legal, no Livro n. 1 da Serventia.

453. (Consulplan/TJ/MG/Cartórios/Ingresso/2014) A respeito do registro das cédulas de crédito no cartório de registro de imóveis, assinale a alternativa incorreta:

a) as Notas de Crédito Rural, Industrial, à Exportação e Comercial, representam promessa de pagamento em dinheiro, todavia desprovidas de garantia real, ancoradas apenas em garantias pessoais (fiança, aval ou caução). Segundo a lei material, distingue-se a Nota de Crédito Rural das demais pelo fato de que deva ser registrada no Livro 2 – Registro Geral, do registro de imóveis da circunscrição em que esteja situado o imóvel a cuja exploração se destina o financiamento cedular.

b) as Cédulas de Crédito Rural, Industrial, à Exportação, Comercial e a CPR que têm por lastro imóvel em hipoteca, são submetidas a registro no Livro 3 – Registro Auxiliar, e a hipoteca registrada no Livro 2 – Registro Geral.

c) as Cédulas de Crédito Rural, à Exportação, Comercial e a CPR, cuja garantia pactuada for o penhor, submetem-se a registro no Livro 3 – Registro Auxiliar, a que se destina o registro da própria cédula, sem prejuízo aos demais registros relativos à constituição das garantias prestadas.

d) com referência à Cédula de Crédito Industrial, será tão somente averbada a sua emissão no Livro 2 – Registro Geral do registro de imóveis. Previamente à averbação de sua emissão, registra-se a garantia real. Nesse caso específico, nenhum registro é cravado no Livro 3 – Registro Auxiliar.

454. (Consulplan/TJ/MG/Cartórios/Ingresso/2014) Quanto aos atos de tombamento de bens imóveis, requerido pelo órgão competente, federal, estadual ou municipal, do serviço de proteção ao patrimônio histórico e artístico, é correto afirmar:

a) serão registrados em seu inteiro teor no Livro n. 3 do cartório de registro de imóveis da respectiva circunscrição imobiliária, pura e simplesmente.

b) o ato de tombamento provisório é averbado na transcrição ou na matrícula correspondente do imóvel (art. 246, LRP), mesmo que inexista na matrícula a averbação de prédio ou outra acessão ou benfeitoria.

c) serão registrados em seu inteiro teor no Livro n. 3 do cartório de registro de imóveis da respectiva circunscrição imobiliária, além de averbada a circunstância à margem das transcrições ou nas matrículas respectivas, sempre com as devidas remissões.

d) os efeitos jurídicos do tombamento dependem de sua inscrição no registro de imóveis, pois sua inscrição tem efeito constitutivo, servindo para estabelecer a limitação ao direito de propriedade e conferir oponibilidade "erga omnes".

455. (Consulplan/TJ/MG/Cartórios/Ingresso/2015) Assinale a alternativa correta:

a) as escrituras e outros documentos públicos poderão ser remetidos pela internet diretamente pelo tabelião ou oficial de registro ou seus prepostos ao ofício de registro de imóveis, a outras serventias ou ao interessado.

b) certidão é o instrumento público mediante o qual é expedida a primeira cópia integral e fiel do teor de escritura pública, com a mesma data.

c) a certidão de inteiro teor pode ser extraída por qualquer meio reprográfico desde que assegurada a fidelidade da cópia ao original e indicada a localização do texto reproduzido. O traslado pode ser um resumo do assento.

d) da busca realizada, será entregue ao interessado comprovante da prática do ato, sempre que dela resultar o fornecimento de certidão.

456. (Ieses/TJ/RO/Cartórios/Ingresso/2017) Assinale a alternativa correta:

a) todos os atos enumerados no art. 167, da Lei n. 6.015/1973 (matrícula, registro e averbação) são obrigatórios e devem ser efetuados, sempre e sem exceções, no Cartório da situação do imóvel.

b) conforme a Lei n. 6.015/1973, o livro denominado Indicador Real serve como repositório de todos os imóveis que figurarem nos demais livros, devendo conter sua identificação, referência aos números de ordem dos outros livros e anotações necessárias.

c) pela nova redação dada à Lei n. 6.015/1973, 4 (quatro) são os Livros necessários ao registro de imóveis: n. 1, o Livro Protocolo; n. 2, o Livro de Registro Geral; n. 3, o Livro Indicador Real e, n. 4, o Livro Indicador Pessoal.

d) de acordo com a Lei n. 6.015/1973, o desmembramento territorial posterior ao registro exige sua repetição no novo cartório, o que deverá ser providenciado pelo interessado no prazo máximo de 01 (um) ano, a contar da data da publicação da lei que determinar o desmembramento, sob pena de multa.

457. (Ieses/TJ/RO/Cartórios/Ingresso/2017) Assinale a alternativa correta:

a) conforme previsto na Lei n. 6.015/1973, registrar-se-ão no Livro n. 4 – Indicador Real: a emissão de debêntures, sem prejuízo do registro eventual e definitivo, na matrícula do imóvel, da hipoteca, anticrese ou penhor que abonarem especialmente tais emissões, firmando-se pela ordem do registro a prioridade entre as séries de obrigações emitidas pela sociedade; as cédulas de crédito rural e de crédito industrial, sem prejuízo do registro da hipoteca cedular; as convenções de condomínio; o penhor de máquinas e de aparelhos utilizados na indústria, instalados e em funcionamento, com os respectivos pertences ou sem eles; as convenções antenupciais; os contratos de penhor rural; os títulos que, a requerimento do interessado, forem registrados no seu inteiro teor, sem prejuízo do ato, praticado no Livro n. 2.

b) conforme previsto na Lei n. 6.015/1973, somente as hipotecas legais e convencionais poderão ser levadas a registro, uma vez que a hipoteca judicial sujeita-se apenas à averbação.

c) conforme previsto na Lei n. 6.015/1973, as convenções de condomínio serão registradas no Livro n. 3 – Registro Auxiliar.

d) conforme previsto na Lei n. 6.015/1973 – no que toca ao Registro Imobiliário –, o Livro n. 1 (protocolo) possui os seguintes requisitos de escrituração: 1) a data; 2) o nome, domicílio e nacionalidade do transmitente, ou do devedor, e do adquirente, ou credor, bem como: a) tratando-se de pessoa física, o estado civil, a profissão e o número de inscrição no Cadastro de Pessoas Físicas do Ministério da Fazenda ou do Registro Geral da cédula de identidade, ou, à falta deste, sua filiação; b) tratando-se de pessoa jurídica, a sede social e o número de inscrição no Cadastro Geral de Contribuintes do Ministério da Fazenda; 3) o título da transmissão ou do ônus; 4) a forma do título, sua procedência e caracterização; 5) o valor do contrato, da coisa ou da dívida, prazo desta, condições e mais especificações, inclusive os juros, se houver.

458. (Ieses/TJ/RO/Cartórios/Ingresso/2017) Assinale a alternativa correta:

a) no registro de imóveis, o Livro Indicador Real não poderá ser substituído por fichas.

b) no registro de imóveis, o Livro Registro Auxiliar não poderá ser substituído por fichas.

c) no registro de imóveis, o Livro Registro Geral poderá ser substituído por fichas.

d) no registro de imóveis, o Livro Protocolo poderá ser substituído por fichas.

459. (Ieses/TJ/CE/Cartórios/Ingresso/2018) Acerca do registro de Laje, assinale a alternativa correta:

a) a instituição do direito real de laje implica em atribuição de fração ideal de terreno ao titular da laje ou a participação proporcional em áreas já edificadas.

b) em caso de alienação de qualquer das unidades sobrepostas, terão direito de preferência, em igualdade de condições com terceiros, os titulares da construção-base e da laje, nessa ordem, que serão cientificados por escrito para que se manifestem no prazo de trinta dias, salvo se o contrato dispuser de modo diverso.

c) a ruína da construção-base implica extinção do direito real de laje e afasta o direito a eventual reparação civil contra o culpado.

d) se houver mais de uma laje, terá preferência, sucessivamente, o titular das lajes descendentes e o titular das lajes ascendentes, assegurada a prioridade para a laje mais próxima à unidade sobreposta a ser alienada.

460. (Ieses/TJ/AM/Cartórios/Ingresso/2018) A respeito do tema "Livros no registro de imóveis", é correto afirmar:

a) o Livro n. 5 – Registro Auxiliar – dividido alfabeticamente, será o repositório dos nomes de todas as pessoas que, individual ou coletivamente, ativa ou passivamente, direta ou indiretamente, figurarem nos demais livros, fazendo-se referência aos respectivos números de ordem.

b) será registrada no Livro n. 3 – Indicador Real – a penhora judicial de máquinas e de aparelhos utilizados na indústria, instalados e em funcionamento, com os respectivos pertences ou sem eles.

c) o Livro n. 1 – Protocolo – servirá para apontamento de todos os títulos apresentados diariamente, inclusive daqueles apresentados apenas para exame e cálculo dos respectivos emolumentos, conforme nova dicção legal.

d) o Livro n. 4 – Indicador Real – será o repositório de todos os imóveis que figurarem nos demais livros, devendo conter sua identificação, referência aos números de ordem dos outros livros e anotações necessárias.

461. (Ieses/TJ/AM/Cartórios/Remoção/2018) Livro, presente no registro de imóveis, no qual será realizado o apontamento de todos os títulos apresentados diariamente para "matrícula, registro ou averbação". Esse livro determinará a quantidade e qualidade dos títulos, bem como a data de sua apresentação, o nome de apresentante e o número de ordem, que seguirá, indefinidamente, sem interrupção, nos livros da mesma espécie. A sentença acima refere-se ao livro:

a) Livro n. 1 – Indicador Real.

b) Livro n. 1 – Auxiliar.

c) Livro n. 1 – Protocolo.

d) Livro n. 1 – Registro Geral.

462. (Ieses/TJ/AM/Cartórios/Remoção/2018) Haverá, no registro de imóveis, os seguintes livros:

a) Livro n. 1 (Protocolo); Livro n. 2 (Registro Geral); Livro n. 3 (Registro Auxiliar); Livro n. 4 (Indicador Real); Livro n. 5 (Indicador Pessoal).

b) Livro n. 1 (Protocolo); Livro n. 2 (Registro Geral); Livro n. 3 (Registro Auxiliar); Livro n. 4 (Indicador Pessoal); Livro n. 5 (Indicador Real).

c) Livro n. 1 (Registro Geral); Livro n. 2 (Protocolo); Livro n. 3 (Registro Auxiliar); Livro n. 4 (Indicador Real); Livro n. 5 (Indicador Pessoal).

d) Livro n. 1 (Protocolo); Livro n. 2 (Registro Geral); Livro n. 3 (Indicador Pessoal); Livro n. 4 (Indicador Real); Livro n. 5 (Registro Auxiliar).

463. (Ieses/TJ/AM/Cartórios/Remoção/2018) Serão registrados no Livro n. 3 (registro auxiliar), junto ao registro de imóveis:

I. as convenções antenupciais.

II. o penhor comum sobre coisas móveis.

III. as cédulas de crédito rural e de crédito industrial, sem prejuízo do registro da hipoteca cedular.

IV. as convenções de condomínio.

A sequência correta é:

a) apenas as assertivas I, III e IV estão corretas.

b) apenas a assertiva IV está incorreta.

c) apenas as assertivas I e II estão corretas.

d) as assertivas I, II, III e IV estão corretas.

464. (Ieses/TJ/MS/Cartórios/Remoção/2014) A Lei 6.015/73 no tocante aos registros públicos conceitua como Livro n. 3 como o livro de Registro Auxiliar, o qual será destinado ao registro dos atos que, sendo atribuídos ao registro de imóveis por disposição legal, não digam respeito diretamente a imóvel matriculado. Serão registrados no Livro 3 – Registro Auxiliar, exceto:

I. títulos como o warrant e o conhecimento de depósito.

II. a emissão de debêntures, sem prejuízo do registro eventual e definitivo, na matrícula do imóvel, da hipoteca, anticrese ou penhor que abonarem especialmente tais emissões, firmando-se pela ordem do registro a prioridade entre as séries de obrigações emitidas pela sociedade.

III. as convenções de condomínio.

IV. o penhor de máquinas e de aparelhos utilizados na indústria, instalados e em funcionamento, com os respectivos pertences ou sem eles.

A sequência correta é:

a) as assertivas I, II, III e IV estão corretas.

b) apenas a assertiva I está correta.

c) apenas a assertiva III está correta.

d) apenas as assertivas I e IV estão corretas.

465. (Faurgs/TJ/RS/Cartórios/Ingresso/2015) Assinale a alternativa que apresenta afirmação correta a respeito da disciplina sobre os Livros de Registro Civil, previstos na Lei n. 6.015/1973:

a) o registro de casamentos é feito no Livro A.

b) o registro de nascimentos é feito no Livro B.

c) o registro de óbitos é feito no Livro B Auxiliar.

d) o registro de proclama é feito no Livro D.

466. (Ieses/TJ/PB/Cartórios/Ingresso/2014) Assinale a alternativa relacionada aos atos registrados no Livro n. 3 – Registro Auxiliar, do registro de imóveis, de acordo com a Lei Federal n. 6.015/73:

a) destaque de gleba pública originária e cédulas de crédito industrial.

b) convenção de condomínio e antenupcial.

c) extinção de ônus e direitos reais de imóveis e contrato de penhor rural.

d) loteamentos urbanos e rurais e citações de ações reais ou pessoais reipersecutórias.

1.5.3. Do Processo do Registro

⊙ ATENÇÃO: ESTE TEMA É MUITO EXIGIDO NOS CONCURSOS!

* INOVAÇÕES LEGISLATIVAS

▲ LRP. Título V – Do registro de imóveis, Capítulo III – Do Processo do Registro

▲ Art. 195-A. O Município poderá solicitar ao cartório de registro de imóveis competente a abertura de matrícula de parte ou da totalidade de imóveis públicos oriundos de parcelamento do solo urbano implantado, ainda que não inscrito ou registrado, por meio de requerimento acompanhado dos seguintes documentos: (...). IV – planta de parcelamento ou do imóvel público a ser registrado, assinada pelo loteador ou elaborada e assinada por agente público da prefeitura, acompanhada de declaração de que o parcelamento encontra-se implantado, na hipótese de este não ter sido inscrito ou registrado. (...). § 6º Na hipótese de haver área remanescente, a sua apuração poderá ocorrer em momento posterior. § 7º O procedimento definido neste artigo poderá ser adotado para abertura de matrícula de glebas municipais adquiridas por lei ou por outros meios legalmente admitidos, inclusive para as terras devolutas transferidas ao Município em razão de legislação estadual ou federal, dispensado o procedimento discriminatório administrativo ou judicial. § 8º O disposto neste artigo aplica-se, em especial, às áreas de uso público utilizadas pelo sistema viário do parcelamento urbano irregular. (Modificações: Lei 13.465/17)

▲ Art. 195-B. A União, os Estados e o Distrito Federal poderão solicitar ao registro de imóveis competente a abertura de matrícula de parte ou da totalidade de imóveis urbanos sem registro anterior, cujo domínio lhes tenha sido assegurado pela legislação, por meio de requerimento acompanhado dos documentos previstos nos incisos I, II e III do caput do art. 195-A, inclusive para as terras devolutas, dispensado o procedimento discriminatório administrativo ou judicial. § 1º Recebido o requerimento na forma prevista no caput deste artigo, o oficial do registro de imóveis abrirá a matrícula em nome do requerente, observado o disposto nos §§ 5º e 6º do art. 195-A. § 2º O Município poderá realizar, em acordo com o Estado, o procedimento de que trata este artigo e requerer, em nome deste, no registro de imóveis competente a abertura de matrícula de imóveis urbanos situados nos limites do respectivo território municipal. § 3º O procedimento de que trata este artigo poderá ser adotado pela União para o registro de imóveis rurais de sua propriedade, observado o disposto nos §§ 3º, 4º, 5º, 6º e 7º do art. 176 desta Lei. § 4º Para a abertura de matrícula em nome da União com base neste artigo, a comprovação de que trata o inciso II do caput do art. 195-A será realizada, no que couber, mediante o procedimento de notificação previsto nos arts. 12-A e 12-B do Decreto-Lei n. 9.760, de 5 de setembro de 1946, com ressalva quanto ao prazo para apresentação de eventuais impugnações, que será de quinze dias, na hipótese de notificação pessoal, e de trinta dias, na hipótese de notificação por edital. (Modificações: Lei 13.465/17)

▲ Art. 216-A. Sem prejuízo da via jurisdicional, é admitido o pedido de reconhecimento extrajudicial de usucapião, que será processado diretamente perante o cartório do registro de imóveis da comarca em que estiver situado o imóvel usucapiendo, a requerimento do interessado, representado por advogado, instruído com: I – ata notarial lavrada pelo tabelião, atestando o tempo de posse do requerente e de seus antecessores, conforme o caso e suas circunstâncias, aplicando-se o disposto no art. 384 da Lei n. 13.105, de 16 de março de 2015 (Código de Processo Civil); II – planta e memorial descritivo assinado por profissional legalmente habilitado, com prova de anotação de responsabilidade técnica no respectivo conselho de fiscalização profissional, e pelos titulares de direitos registrados ou averbados na matrícula do imóvel usucapiendo ou na matrícula dos imóveis confinantes; (...). § 2º Se a planta não contiver a assinatura de qualquer um dos titulares de direitos registrados ou averbados na matrícula do imóvel usucapiendo ou na matrícula dos imóveis confinantes, o titular será notificado pelo registrador competente, pessoalmente ou pelo correio com aviso de recebimento, para manifestar consentimento expresso em quinze dias, interpretado o silêncio como concordância. (...). § 6º Transcorrido o prazo de que trata o § 4º deste artigo, sem pendência de diligências na forma do § 5º deste artigo e achando-se em ordem a documentação, o oficial de registro de imóveis registrará a aquisição do imóvel com as descrições apresentadas, sendo permitida a abertura de matrícula, se for o caso. (...). § 11. No caso de o imóvel usucapiendo ser unidade autônoma de condomínio edilício, fica dispensado consentimento dos titulares de direitos reais e outros direitos registrados ou averbados na matrícula dos imóveis confinantes e bastará a notificação do síndico para se manifestar na forma do § 2º deste artigo. § 12. Se o imóvel confinante contiver um condomínio edilício, bastará a notificação do síndico para o efeito do § 2º deste artigo, dispensada a notificação de todos os condôminos. § 13. Para efeito do § 2º deste artigo, caso não seja encontrado o notificando ou caso ele esteja em lugar incerto ou não sabido, tal fato será certificado pelo registrador, que deverá promover a sua notificação por edital mediante publicação, por duas vezes, em jornal local de grande circulação, pelo prazo de quinze dias cada um, interpretado o silêncio do notificando como concordância. § 14. Regulamento do órgão jurisdicional competente para a correição das serventias poderá autorizar a publicação do edital em meio eletrônico, caso em que ficará dispensada a publicação em jornais de grande circulação. § 15. No caso de ausência ou insuficiência dos documentos de que trata o inciso IV do caput deste artigo, a posse e os demais dados necessários poderão ser comprovados em procedimento de justificação administrativa perante a serventia extrajudicial, que obedecerá, no que couber, ao disposto no § 5º do art. 381 e ao rito previsto nos arts. 382 e 383 da Lei n. 13.105, de 16 de março de 2015 (Código de Processo Civil). (Modificações: Lei 13.465/17)

* REPERCUSSÃO & REPETITIVOS

STJ **Repetitivo 39.** A mera existência de ação tendo por objeto a declaração de nulidade de registro imobiliário não é suficiente para se concluir pela ilegitimidade ativa daquele que, com base nesse mesmo registro, ajuíza ação reivindicatória. (REsp 990507, 10.11.2010)

* ENUNCIADOS CNB

CNB **Enunciado 8/2015.** A ata notarial para fins de usucapião tem conteúdo econômico.

CNB **Enunciado 1/2017.** A ata notarial para fins de usucapião extrajudicial tem conteúdo econômico.

* INFORMATIVOS

STJ **Descabimento de intervenção de terceiros em procedimento de dúvida registrária.** Não é cabível a intervenção de terceiros em procedimento de dúvida registral suscitada por oficial de registro de imóveis (arts. 198 a 207 da Lei 6.015/73). Isso porque inexiste previsão normativa nos aludidos dispositivos legais, que regulam o procedimento, sendo inviável a aplicação subsidiária dos arts. 56 a 80 do CPC/1973. RMS 39.236, Rel. Min. Marco Buzzi, DJ 3.5.2016. 4ª T. (Info 582)

STJ **Dúvida. Registro. Contrato. Arrendamento.** Na origem, trata-se de procedimento de dúvida suscitado por oficial de registro de imóveis relativo a pedido de registro de instrumento particular de contrato de arrendamento comercial de imóvel localizado em "shopping center", contendo cláusula de vigência em caso de alienação do imóvel locado, firmado entre os recorrentes. Segundo o oficial do registro de imóveis, a recusa em efetuar o registro deu-se em razão de a arrendadora não ser mais proprietária do imóvel locado. O tribunal "a quo" entendeu incabível o registro do contrato de arrendamento comercial sob pena de estar-se ferindo o princípio da continuidade registral. Noticiam os autos que as ora recorrentes, desde a impugnação ao procedimento de dúvida, alegam que não poderia ser negado o registro de contrato de arrendamento devido a supostos vícios na cadeia dominial e ofensa ao princípio da continuidade, pois tudo resultaria de regular cisão: a sociedade empresária proprietária do imóvel arrendado fora cindida, sendo que 50% passaram a pertencer a uma sociedade empresária e os outros 50%, a outra. Daí entenderem as recorrentes que não poderia ter sido negado o registro do contrato de arrendamento comercial sob a alegação de que o imóvel estaria registrado em nome de outras sociedades, visto que essas empresas eram sucessoras resultantes de cisão da própria empresa proprietária. Nesse contexto, para a tese vencedora, é relevante que o tribunal "a quo" examine a cisão, uma vez que, a princípio, ela poderia afastar eventual prejuízo ao princípio da continuidade dos registros públicos e, assim, possibilitar o registro do contrato de arrendamento celebrado entre a cindida e as recorrentes. Ressaltou-se ainda a importância de tal exame; pois, diante da transferência da propriedade decorrente de cisão e não de outra forma de alienação, o contrato de arrendamento talvez continue a vincular as entidades resultantes da cisão, as quais ficam sub-rogadas nos direitos e obrigações da cindida (arts. 229, 233 e 234 da Lei 6.404/76), o que não se daria no caso de sucessão decorrente de simples compra e venda de imóvel. Também, em se tratando de cisão, esclarece que talvez ainda haja, na hipótese, identidade entre a arrendadora originária e as atuais proprietárias do imóvel, o que garantiria, ao menos em tese, a observância da cadeia registral e, consequentemente, a possibilidade de averbação do contrato de arrendamento no registro de imóveis, a possibilitar às recorrentes a fruição de garantia semelhante à prevista na parte final do art. 8º da Lei 8.245/91. No entanto, o mesmo não ocorreria caso tivesse sido a transferência realizada a terceira pessoa, inteiramente estranha ao contrato de arrendamento comercial não oportunamente registrado. Diante do exposto, a Turma, ao prosseguir o julgamento, por maioria, deu provimento ao recurso por ofensa ao art. 535 do CPC, anulando o acórdão recorrido para que o tribunal "a quo" supra a omissão existente. Para a tese vencida, não houve ofensa ao art. 535 do CPC; não foram prequestionados os arts. 229, 233 e 234 da Lei 9.457/97, além de a divergência jurisprudencial não ter sido comprovada, ainda, incidiria a Súm. 7/STJ. REsp 731.762, Rel. Acd. Min. Raul Araújo, j. 28.6.2011. 4ª T. (Info 479)

STJ **Embargos. Terceiro. Defesa. Posse.** Trata-se de recurso contra acórdão de TJ que acolheu embargos de terceiro ao entendimento de que os efeitos da sentença proferida em ação revocatória ajuizada pela massa contra o comprador de imóvel não abrangem direito de terceiros que, de boa-fé, adquiriram unidades desse comprador antes da declaração da falência. A recorrente, massa falida, alega que a decisão violou os arts. 52, VII, 54 do DL 7.661/45 e 215 da Lei 6.015/73. O relator conhecia e dava provimento ao recurso para julgar improcedentes os embargos de terceiro, entendendo ter sido violado o art. 52 da Lei de Falências, que preleciona a ineficácia, em relação à massa, dos atos de disposição de bens da falida ou de constituição de ônus real, mormente se a venda pretérita foi tida por ineficaz em sentença transitada em julgado, como no caso. O voto vista, acolhia o entendimento esposado no parecer ministerial de que o art. 52, VII, da Lei Falimentar somente será aplicado quando se tratar de transferência efetivada após a decretação do sequestro ou da quebra; não, se operada durante o período suspeito da falência. No caso, os recorridos embargantes adquiriram os imóveis em 29.11.1991 e em 5.8.1993. A falência foi decretada em 19.12.1994 e o termo legal foi fixado na data de 16.11.1991. Enfatizou, ainda, o reconhecimento da boa-fé dos terceiros embargantes, que adquiriram as unidades residenciais de uma outra construtora, para a qual a posterior falida vendera os imóveis quase três anos antes da quebra. O uso dos embargos de terceiro é possível, a teor da Súm. 84/STJ, em defesa da posse, e os recorridos não participaram da ação revocatória, de sorte que a coisa julgada apenas se formou entre os litigantes. REsp 533.656, Rel. Acd. Min. Aldir Passarinho Jr., j. 6.4.2010. 4ª T. (Info 429)

STJ **Retificação. Área. Propriedade rural.** Trata-se de pedido de retificação de área em propriedade rural dos recorrentes, após um agrimensor ter constatado a diferença. No entanto, essa pretensão foi rechaçada nas instâncias ordinárias, devido à impugnação do MP estadual pelo fato de a área retificada ser o dobro da original. As retificações previstas no art. 213 da Lei 6.015/73 corrigem equívocos, imprecisões, contradições ou aperfeiçoam dados já constantes nos títulos de propriedade, por isso é de se presumir a boa-fé daquele que a requer. Além disso, é incontroverso nos autos que há anuência de todos os confrontantes, mesmo do antigo proprietário e alienante do imóvel. Também aponta que o voto do relator originário no TJ esclarece que o imóvel proveio de doação e desmembramento de área maior sem qualquer oposição dos interessados. Não há óbice à retificação de área, mesmo que substancial, mediante processo de jurisdição voluntária, quando a hipótese enquadrar-se na previsão do art. 213 da Lei 6.015/73. REsp 589.597, Rel. Min. Aldir Passarinho Jr., j. 17.6.2010. 4ª T. (Info 439)

* QUESTÕES DISCURSIVAS

29. **(Vunesp/TJ/SP/Cartórios/2018)** No registro de escritura de venda e compra relativa à aquisição de bem imóvel por empresa individual de responsabilidade limitada, quem deve figurar no fólio real? Justifique.

30. **(Consulplan/TJ/MG/Cartórios/Ingresso/2015)** Dissertação. O Novo Código de Processo Civil alterou o artigo 216-A da Lei de Registros Públicos, introduzindo a nova forma procedimental de ingresso da usucapião pela via extrajudicial, com isso, a posse ganhou destaque nas serventias extrajudiciais, sendo objeto exaustivo de estudo. Disserte sobre o instituto jurídico "posse", definindo a natureza jurídica quanto às teorias subjetiva e objetiva, qual a teoria adotada no Brasil, as várias espécies e classificação. Aponte, ainda, as formas de aquisição, transmissão e perda da posse, bem como seus efeitos e meios judiciais de proteção.

* QUESTÕES OBJETIVAS

467. **(FCC/TJ/PE/Cartórios/Remoção/2013)** Sobre a prenotação é correto afirmar que:

a) é realizada no Livro 2 do registro de imóveis.
b) é automática e obrigatória a partir do momento que o título é apresentado para exame e cálculo dos respectivos emolumentos.
c) não pode ser obstada em virtude de qualquer exigência fiscal ou dívida e, uma vez realizada, determina a prioridade do título e, por conseguinte, a preferência dos direitos reais.
d) o direito de preferência decorrente da prenotação é absoluto, não comportando exceção.
e) o direito de preferência é assegurado pela data da realização da escritura pública, independente da data de apresentação a registro.

468. **(Ieses/TJ/RS/Cartórios/Ingresso/2013)** Assinale a alternativa falsa a respeito do princípio da prioridade:

a) diz-se que um título foi prenotado quando, após o seu exame, verificou-se não ser possível o registro. Por isso, prenotação e "nota devolutiva" são expressões sinônimas.
b) o lançamento do título no Livro n. 1 não é mero passo inicial para o registro de um título transmissivo, pois gera direito ao apresentante, dando ao título apresentado, via de regra, prioridade sobre títulos apresentados posteriormente ao seu.
c) todos os títulos apresentados no cartório, com a finalidade de se obter o registro, devem ser escriturados no livro de protocolo, pouco importando se há incorreções ou irregularidades que, ao primeiro exame, obstariam o seu efetivo registro.
d) o princípio da prioridade significa que, num concurso de direitos reais sobre um imóvel, eles não ocupam todos o mesmo posto, mas se graduam ou classificam por uma relação de precedência fundada na ordem cronológica do seu aparecimento: "prior tempore, potior jure".

469. **(TJ/SC/Cartórios/Remoção/2012)** Em relação ao processo de registro na serventia registral imobiliária, assinale a alternativa correta:

a) o título de natureza particular apresentado em uma só via será arquivado em cartório, fornecendo o oficial, a pedido, certidão do mesmo.
b) no procedimento de suscitação de dúvida, caso o interessado tenha impugnado a dúvida, será ouvido o Ministério Público no prazo de quinze dias.
c) em caso de permuta, e pertencendo os imóveis à mesma circunscrição, serão feitos os registros nas matrículas correspondentes, sob dois números de ordem no Protocolo.
d) bloqueada a matrícula, o oficial não poderá mais nela praticar qualquer ato, salvo com

autorização judicial, não se permitindo também a prenotação de seus títulos aos interessados.

e) a suscitação de dúvida tem natureza administrativa, todavia como é julgada por sentença e faz coisa julgada material entre as partes, os interessados ficam impedidos de utilizar o processo judicial contencioso.

470. **(Cespe/TJ/ES/Cartórios/Remoção/2013)** Acerca do registro de imóveis estabelecido na Lei n. 6.015/1973, assinale a opção correta:

a) nada obsta o registro, no mesmo dia, de títulos pelos quais se constituam direitos reais contraditórios sobre o mesmo imóvel, haja vista o princípio da prioridade.

b) a escrituração do protocolo incumbirá tanto ao oficial titular quanto ao seu substituto legal, podendo ser feita, ainda, por escrevente auxiliar, mediante autorização do oficial titular ou do seu substituto legal.

c) o número de ordem determinará a prioridade do título, a qual, por sua vez, determinará a preferência dos direitos reais, salvo se apresentados pela mesma pessoa mais de um título simultaneamente.

d) o título de natureza particular apresentado em uma só via será arquivado em cartório e o oficial fornecerá, a pedido, certidão do título.

e) em caso de permuta, e encontrando-se os imóveis na mesma circunscrição, serão feitos os registros nas matrículas correspondentes, sob dois números de ordem no protocolo.

471. **(Cespe/TJ/PI/Cartórios/Ingresso/2013)** Em caso de outorga de imóvel, se este não estiver matriculado ou registrado em nome do outorgante, o oficial exigirá a prévia matrícula e o registro do título anterior, qualquer que seja a sua natureza, para dar cumprimento ao princípio da:

a) continuidade.

b) generalidade.

c) especialidade.

d) prioridade.

e) fé pública.

472. **(Cespe/TJ/ES/Cartórios/Ingresso/2013)** Acerca do procedimento da dúvida, assinale a opção correta:

a) não impugnada a dúvida, será o procedimento arquivado.

b) o início do processo judicial depende de haver exigências descabidas ao representante.

c) a dúvida consiste em um pedido de natureza judicial.

d) o juiz deve determinar a notificação do interessado, para impugnar a dúvida.

e) a dúvida não poderá ser suscitada de ofício pelo serventuário.

473. **(Cespe/TJ/PI/Cartórios/Remoção/2013)** Feita a prenotação, o oficial recusou-se a promover o registro sob o fundamento de que a carta de arrematação carecia da assinatura do juiz competente; no título (carta de arrematação), a executada figurava como separada judicialmente e, na matrícula, como casada no regime da comunhão universal de bens. A execução foi dirigida apenas contra um dos cônjuges, sem a inclusão do outro, com quem a executada fora casada no regime da comunhão universal de bens. Com base nessa situação hipotética, assinale a opção correta:

a) como o título emana de ordem judicial, o interessado poderá postular ao juiz que emitiu a carta de arrematação que determine a sua inscrição, caso em que ao registrador não restará alternativa senão ultimar o ato.

b) dadas as exigências postas, há expressa previsão legal a respeito da possibilidade de suscitação de dúvida inversa ou de ofício.

c) julgada procedente a dúvida em primeiro grau, o interessado, na fase recursal, não poderá juntar os documentos necessários para o cumprimento das exigências e a consequente inscrição do documento no fólio real.

d) deflagrado o procedimento de dúvida de registro, não traz nenhum reflexo à sua análise o fato de o interessado não se insurgir contra uma das exigências, que não seja por ele cumprida no prazo legal, já que o juiz deverá manifestar-se acerca dos demais óbices apresentados pelo registrador.

e) como o imóvel, registrado em nome de casal (casado pelo regime da comunhão universal de bens), foi arrematado em execução promovida tão somente contra um dos cônjuges, o ingresso da carta de arrematação no fólio malferirá os princípios da continuidade e da especialidade.

474. **(FCC/TJ/PE/Cartórios/Ingresso/2013)** O prazo de validade da prenotação:

a) será sempre de trinta dias, a contar do protocolo.

b) será de vinte dias para os contratos particulares com alienação fiduciária de bem imóvel pelo Sistema Financeiro de Habitação.

c) não pode ser interrompido, nem suspenso, ainda que por ordem judicial.
d) será de cinco dias no caso de registro de cédula de crédito rural.
e) tem os efeitos prorrogados até o julgamento de ação em que foi determinado o bloqueio da matrícula por ordem judicial.

475. **(Ieses/TJ/RS/Cartórios/Ingresso/2013)** Ao examinar escritura de Compra e Venda lavrada em 1980, em que João da Silva, qualificado segundo as exigências da Lei 6.015/73, vendeu o imóvel da transcrição n. 22 a Daniel de Deus, o oficial registrador verificou que tal transcrição apresenta como titular da propriedade João da Silva, sem quaisquer dados de qualificação, somente seu nome. Diante disso, a solução prevista pela Lei 6.015/73 é:

a) suscitar a dúvida "ex officio", a fim de que eventuais provas não documentais sejam produzidas no decurso do procedimento, decidindo, ao final, o juiz corregedor sobre a registrabilidade ou irregistrabilidade do título.
b) registrar a venda, realizando previamente as averbações necessárias de qualificação, à vista dos dados contidos no título transmissivo apresentado.
c) a qualificação negativa permanente, pela total impossibilidade de identificação do vendedor com o proprietário tabular, recomendando ao adquirente, se este preencher os requisitos, o ajuizamento da ação de usucapião.
d) a retificação do registro, pela inserção dos dados de qualificação pessoal de João da Silva, comprovada por documentos oficiais, ou mediante despacho judicial, quando houver necessidade de produção de outras provas.

476. **(Cespe/TJ/SE/Cartórios/Remoção/2014)** De acordo com a LRP, assinale a opção correta:

a) a figura do bloqueio judicial do registro imobiliário não é previsto no direito positivo, conquanto seja admitido pela doutrina e jurisprudência.
b) embora constitua procedimento administrativo especial, a suscitação de dúvida será decidida na esfera judicial, por meio de sentença com força de coisa julgada.
c) de acordo com a jurisprudência, o procedimento de dúvida inversa não é admissível, dada a ausência de previsão legal.
d) de acordo com o princípio da legitimação do registro, cada imóvel somente pode ter uma única matrícula perante o cartório de registro imobiliário.
e) a validade do assentamento provisório da prenotação expira no prazo de sessenta dias.

477. **(Consulplan/TJ/MG/Cartórios/Remoção/2016)** Quanto ao procedimento de suscitação de dúvida, assinale a única afirmação incorreta:

a) se o interessado não impugnar a dúvida no prazo legal, será ela, ainda assim, julgada por sentença.
b) impugnada a dúvida com os documentos que o interessado apresentar, o juiz decidirá a suscitação no prazo de dez dias, dispensada, nessa fase processual, a intervenção do Ministério Público.
c) se não forem requeridas diligências, o juiz proferirá decisão no prazo de quinze dias, com base nos elementos constantes dos autos.
d) da sentença, poderão interpor apelação, com o efeito devolutivo e suspensivo, o interessado, o Ministério Público e o terceiro prejudicado.

478. **(FMP/TJ/MT/Cartórios/Ingresso/2014)** Considerando a regulamentação do procedimento de dúvida na Lei 6.015/73, assinale a alternativa correta:

a) a decisão da dúvida tem natureza administrativa e não impede o uso do processo contencioso competente, desta forma, descabe ao interessado apelar da decisão que julgou improcedente a dúvida suscitada.
b) ainda que o interessado não impugne a dúvida no prazo de quinze dias, será ela julgada por sentença, e, em caso de improcedência, deverá o oficial proceder ao registro solicitado, averbando a referida sentença no Protocolo.
c) a ocorrência da dúvida será anotada no Protocolo, à margem da prenotação, e, transitada em julgado a decisão que julgou procedente a dúvida, dar-se-á ciência da decisão ao oficial, para que a consigne no Protocolo e cancele a prenotação.
d) cessarão automaticamente os efeitos da prenotação se, decorridos trinta dias do seu lançamento no Protocolo, o título não tiver sido registrado por omissão do interessado em atender às exigências legais, razão pela qual,

havendo suscitação de dúvida, esta deverá ser julgada dentro do referido prazo.

e) no processo de dúvida, serão devidas custas, a serem pagas pelo interessado, quando a dúvida for julgada improcedente.

479. (FMP/TJ/MT/Cartórios/Ingresso/2014) Em relação ao registro de imóveis, assinale a afirmativa correta:

a) o princípio da especialidade cede às normas referentes à compra e venda de imóveis "ad corpus" e "ad mensura".

b) o usucapião tabular (§ 5º do artigo 214 da Lei n. 6.015/73) somente pode ser suscitado pelo terceiro de boa-fé, assim entendida (a boa-fé) como o desconhecimento do vício nulificador do título translativo da propriedade registrado em nome deste, terceiro.

c) o registrador pode, "ex officio", independentemente de ação direta, depois de ouvidos os interessados, cancelar registro contaminado por nulidade de pleno direito.

d) prevalecerão, para efeito de prioridade de registro, quando apresentados no mesmo dia, os títulos que foram lavrados em primeiro lugar.

e) se o registrador entender, diante de uma situação de nulidade de pleno direito, que a superveniência de novos registros poderá causar danos de difícil reparação, deverá determinar, de ofício, a qualquer momento, ainda que sem a oitiva das partes, o bloqueio da matrícula do imóvel.

480. (Vunesp/TJ/SP/Cartórios/Ingresso/2014) Assinale a alternativa correta:

a) a ação de retificação, de jurisdição voluntária, objetiva a adequação do registro imobiliário à situação de fato em virtude de imprecisões, erros ou omissões tabulares, sendo vedada sua utilização como instrumento para aumentar os limites originários e confrontações do imóvel.

b) o Ministério Público não intervém no procedimento judicial de retificação de registro de imóvel.

c) no procedimento retificatório de jurisdição voluntária, a pretensão da parte autora será rejeitada pelo Juiz se a prova pericial concluir que a retificação é "intra muros" e que a área retificanda não interfere nos imóveis vizinhos ou em bens públicos.

d) se a escritura pública for omissa, imprecisa ou não exprimir a verdade, a retificação será feita pelo oficial do registro de imóveis competente, a requerimento do interessado, por meio do procedimento administrativo previsto no art. 213 da Lei n. 6.015/73, facultado ao interessado requerer a retificação por meio de procedimento judicial.

481. (Consulplan/TJ/MG/Cartórios/Remoção/2014) Por geminação de direitos no mesmo título considera-se (assinale a alternativa correta):

a) hipótese verificada quando, no mesmo título, se reunirem dois ou mais atos distintos, beneficiando um único titular, mas ligados entre si, caso em que se fará o registro de todos; configura procedimento de ofício do delegado do registro imobiliário, também denominado como princípio da voluntariedade da inscrição, pelo qual é admitida a atenuação da regra da provocação, a bem da boa ordem do serviço.

b) hipótese verificada quando, no mesmo título, se reunirem dois ou mais atos da mesma natureza jurídica, caso em que se fará o registro de todos; configura procedimento de ofício do delegado do registro imobiliário, também denominado como princípio da voluntariedade da inscrição, pelo qual é admitida a atenuação da regra da provocação, a bem da boa ordem do serviço.

c) hipótese verificada quando, no mesmo título, se reunirem dois ou mais atos distintos, mas ligados entre si, caso em que se fará o registro de todos, sob único número de ordem no protocolo. Configura procedimento de ofício do delegado do registro imobiliário, previsto em lei, conforme o disposto no art. 187 da Lei dos Registros Públicos.

d) hipótese verificada quando surgem no Protocolo títulos contraditórios sobre o mesmo e único imóvel, referentes a negócios jurídicos da mesma natureza e grau de preferência.

482. (Cespe/TJ/BA/Cartórios/Remoção/2013) A respeito do instituto da dúvida, assinale a opção correta:

a) impugnada a dúvida, a apelação é recebida apenas em seu efeito devolutivo.

b) o juiz competente para dirimir a dúvida será o que primeiro emitir despacho na ação de retificação de registro de imóveis.

c) transitada em julgado a decisão que julgar improcedente a dúvida, o interessado deverá apresentar novamente seus documentos com o respectivo mandado ou certidão de sentença, para que se proceda ao registro.

d) a dúvida é um pedido de natureza judicial que deve ser formulado pelo proprietário de título imobiliário.

e) suscitada a dúvida, o órgão do MP somente será ouvido em casos excepcionais.

483. **(Cespe/TJ/BA/Cartórios/Ingresso/2013)** Em relação aos procedimentos referentes à dúvida, assinale a opção correta:

a) transitada em julgado a decisão da dúvida julgada procedente, os documentos serão restituídos à parte.

b) no processo de dúvida, as custas devem ser pagas pelo interessado, independentemente de a dúvida ser julgada procedente ou não.

c) a decisão de dúvida tem natureza jurídica eminentemente judicial.

d) tais procedimentos relativos à impugnação da dúvida dispensam a oitiva do MP.

e) não havendo impugnação da dúvida no prazo de quinze dias, o processo será arquivado.

484. **(Cespe/TJ/DFT/Cartórios/Remoção/2014)** Suponha que, ao receber uma escritura pública de compra e venda para ser registrada, um oficial tenha constatado, em sede de qualificação do título, que o imóvel objeto do negócio jurídico não havia sido registrado em nome do vendedor, o qual possuía apenas o título aquisitivo sem registro. Nessa situação hipotética, o oficial do registro de imóveis, em atenção ao princípio da continuidade, deverá:

a) registrar o título, devendo averbar na matrícula do imóvel a inexistência de registro anterior.

b) qualificar negativamente o título e exigir que o imóvel seja registrado primeiro em nome do vendedor para, posteriormente, realizar o registro do imóvel em nome do apresentante adquirente.

c) qualificar negativamente o título, exigir que seja feita uma rerratificação da escritura pública para que conste o trespasse do imóvel e averbar este fato à margem do registro.

d) suscitar imediatamente dúvida acerca de tal situação ao juiz de direito competente e averbar este fato à margem do protocolo.

e) registrar, de ofício, o título aquisitivo do imóvel em nome do alienante, desde que, na escritura pública, o tabelião tenha informado que o vendedor é proprietário, comprovando este fato mediante apresentação de escritura pública.

485. **(Cespe/TJ/DFT/Cartórios/Remoção/2014)** O Condomínio Alfa, visando à aquisição das salas 504 e 505 do Edifício Alfa, protocolou escritura pública de compra e venda para registro no ofício de registro de imóveis de Taguatinga/DF. Ao analisar o título, o oficial de registro, mediante nota de devolução, informou que não seria possível atender o pleito, uma vez que o condomínio não era dotado de personalidade jurídica. Em face dessa situação hipotética, assinale a opção correta:

a) caso a dúvida registrária seja julgada improcedente, não serão devidas custas pelo interessado e pelo oficial de registro de imóveis.

b) o procedimento de dúvida, uma vez instaurado, deve ser encaminhado ao juízo competente após a certificação, no título, da prenotação e da suscitação de dúvida, para que o juízo intime o interessado a se manifestar no prazo de quinze dias.

c) caso o Condomínio Alfa discorde dos apontamentos realizados pelo oficial de registro de imóveis de Taguatinga, poderá contestar os argumentos devolutivos diretamente no juízo competente.

d) após ser notificado, o interessado terá o prazo de quinze dias para apresentar impugnação ao juízo competente, sob pena de sofrer os efeitos da revelia.

e) caso a dúvida registrária seja julgada improcedente em juízo, poderá o oficial de registro de imóveis interpor apelação, a qual será recebida nos efeitos suspensivo e devolutivo.

486. **(Ieses/TJ/PB/Cartórios/Remoção/2014)** Nos registros decorrentes de processo de parcelamento do solo ou de incorporação imobiliária, o registrador deverá fornecer o número do registro ao interessado ou a indicação das pendências a serem satisfeitas para sua efetivação, no prazo máximo de:

a) quinze dias.

b) oito dias.

c) dez dias.

d) sete dias.

487. **(Ieses/TJ/MS/Cartórios/Ingresso/2014)** A respeito do procedimento de dúvida registrária, assinale a alternativa correta:

a) a decisão proferida na dúvida tem natureza administrativa, impedindo o exercício do processo contencioso.

b) a parte interessada, a despeito da possibilidade de requerer a suscitação de dúvida ao oficial Registrador, não poderá impugná-la perante o Juízo competente, por se tratar de mero procedimento administrativo.

c) o juiz proferirá decisão com relação à dúvida registrária, no prazo de 15 dias, contra a qual não caberá a interposição de recurso.

d) o oficial Registrador deverá anotar no protocolo, à margem da prenotação, a ocorrência da dúvida.

488. **(Ieses/TJ/PB/Cartórios/Ingresso/2014)** Com relação à prenotação, assinale a alternativa correta:

a) cessarão os efeitos da prenotação na hipótese de a dúvida registral suscitada ter sido julgada improcedente pelo juiz competente.

b) cessarão automaticamente os efeitos da prenotação se, decorridos 30 (trinta) dias de seu lançamento no Protocolo, o título não tiver sido registrado por omissão do interessado em atender às exigências legais e normativas.

c) nos procedimentos de regularização fundiária de interesse social, os efeitos da prenotação cessarão decorridos 30 (trinta) dias de seu lançamento no protocolo.

d) não poderá ser prorrogada no caso de suscitação de dúvida registraria, salvo em casos excepcionais a critério do juiz competente.

489. **(Consulplan/TJ/MG/Cartórios/Ingresso/2017)** Quanto ao procedimento de dúvida nos termos da Lei n. 6.015/73, todas as assertivas estão corretas, exceto:

a) no procedimento de dúvida não se conformando o apresentante com a exigência do oficial, ou não a podendo satisfazer a exigência, será o título, a seu requerimento e com a declaração de dúvida, remetido ao juízo competente para dirimi-la.

b) se o interessado não impugnar a dúvida no prazo de 15 (quinze) dias, será ela, ainda assim, julgada por sentença, após ouvido o Ministério Público, no prazo de 10 (dez) dias.

c) no Protocolo, anotará o oficial, à margem da prenotação, a ocorrência da dúvida; após certificar, no título, a prenotação e a suscitação da dúvida, rubricará o oficial todas as suas folhas.

d) por fim, o oficial dará ciência dos termos da dúvida ao apresentante, fornecendo-lhe cópia da suscitação e notificando-o para impugná-la, perante o juízo competente.

490. **(Ieses/TJ/RO/Cartórios/Ingresso/2017)** Assinale a alternativa correta:

a) de acordo com a Lei n. 6.015/1973, a fim de preservar o princípio da prioridade, serão obrigatoriamente registrados, no mesmo dia, todos os títulos, mesmo quando constituam direitos reais contraditórios sobre o mesmo imóvel, devendo o tema, posteriormente ao registro, ser levado ao conhecimento da Corregedoria-Geral da Justiça, para sanar a contradição.

b) de acordo com a Lei n. 6.015/1973, o registro será feito pela simples exibição do título, mas sempre dependente da juntada contemporânea dos respectivos extratos, sob pela de nulidade.

c) de acordo com a Lei n. 6.015/1973 prevalecerão, para o efeito de prioridade de registro, quando apresentados no mesmo dia, os títulos prenotados no Protocolo sob número de ordem mais baixo, protelando-se o registro dos apresentados posteriormente, pelo prazo correspondente a, pelo menos, um dia útil.

d) conforme o disposto na Lei n. 6.015/1973, havendo exigência a ser satisfeita, o oficial indicá-la-á por escrito ou verbalmente, nesta última hipótese quando se tratar de imóvel de valor igual ou inferior a 100 (cem) salários mínimos nacionais. Não se conformando o apresentante com a exigência do oficial, ou não a podendo satisfazer, será o título, de ofício e com a declaração de dúvida firmada pelo Registrador, remetido ao juízo competente para dirimi-la.

491. **(Ieses/TJ/RO/Cartórios/Ingresso/2017)** Assinale a alternativa correta:

a) de acordo com o disposto na Lei n. 6.015/1973, a instituição do bem de família far-se-á por escritura pública ou declaração particular, afirmando o instituidor que determinado prédio se destina a domicílio de sua família e ficará isento de execução por dívida.

b) de acordo com o disposto na Lei n. 6.015/1973, a decisão judicial da dúvida possui natureza administrativa mas impede, nas hipóteses de denegação do pedido por absoluta impertinência, o uso do processo contencioso competente.

c) de acordo com o disposto na Lei n. 6.015/1973, para a inscrição do bem de família, o instituidor apresentará ao oficial do registro a escritura pública ou declaração particular de instituição, para que mande publicá-la na imprensa local em 3 (três) dias distintos, com intervalo de 15 (quinze) dias entre cada publicação e, à falta de imprensa local, na da Capital do Estado ou do Território.

d) de acordo com o disposto na Lei n. 6.015/1973, no processo de dúvida, somente serão devidas custas, a serem pagas pelo interessado, quando esta (a dúvida) for julgada procedente.

492. **(Ieses/TJ/CE/Cartórios/Ingresso/2018)** Sobre procedimento de suscitação de dúvida previsto no artigo 198 e seguintes da Lei n. 6.015/73 assinale a alternativa correta:

a) no processo, de dúvida, somente serão devidas custas, a serem pagas pelo interessado, quando a dúvida for julgada improcedente.

b) da sentença, poderão interpor apelação, com os efeitos devolutivo e suspensivo, o interessado, o registrador, o Ministério Público e o terceiro prejudicado.

c) se não forem requeridas diligências, o juiz proferirá decisão no prazo de dez dias, com base nos elementos constantes dos autos.

d) impugnada a dúvida com os documentos que o interessado apresentar, será ouvido o Ministério Público, no prazo de dez dias.

493. **(Consulplan/TJ/MG/Cartórios/Remoção/2017)** Quanto ao pedido de reconhecimento extrajudicial de usucapião, todas as assertivas estão corretas, exceto:

a) será processado diretamente perante o cartório do registro de imóveis da comarca em que estiver situado o imóvel usucapiendo, a requerimento do interessado, representado por advogado.

b) o pedido deve estar instruído com ata notarial lavrada pelo tabelião, atestando o tempo de posse do requerente e de seus antecessores, conforme o caso e suas circunstâncias.

c) o oficial de registro de imóveis promoverá a publicação de edital em jornal de grande circulação, onde houver, para a ciência de terceiros eventualmente interessados, que poderão se manifestar em 30 (trinta) dias.

d) deve-se instruir o pedido com o justo título ou quaisquer outros documentos que demonstrem a origem, a continuidade, a natureza e o tempo da posse, tais como o pagamento dos impostos e das taxas que incidirem sobre o imóvel.

494. **(Consulplan/TJ/MG/Cartórios/Ingresso/2017)** Quanto às retificações no registro de imóveis, todas as assertivas estão corretas, exceto:

a) a retificação administrativa deve ser feita diretamente no cartório de registro de imóveis, quando buscar a alteração de denominação de logradouro público, bem como alteração ou inserção que resulte de mero cálculo matemático feito a partir das medidas perimetrais constantes do registro.

b) se a planta não contiver a assinatura de qualquer um dos titulares de direitos reais e de outros direitos registrados ou averbados na matrícula do imóvel retificando ou na matrícula dos imóveis confinantes, esse será notificado pelo registrador competente, pessoalmente, para manifestar o seu consentimento em 15 (quinze) dias, interpretado o seu silêncio como concordância.

c) a notificação será dirigida ao endereço do confrontante constante do registro de imóveis, podendo ser dirigida ao próprio imóvel contíguo ou àquele fornecido pelo requerente; não sendo encontrado o confrontante ou estando em lugar incerto e não sabido, tal fato será certificado pelo oficial encarregado da diligência, promovendo-se a notificação do confrontante mediante edital.

d) o oficial retificará o registro ou a averbação de ofício ou a requerimento do interessado, no caso de inserção ou alteração de medida perimetral de que resulte, ou não, alteração de área, instruído com planta e memorial descritivo assinado por profissional legalmente habilitado, com prova de anotação de responsabilidade técnica no competente Conselho Regional de Engenharia e Arquitetura – CREA, bem assim pelos confrontantes.

495. **(Ieses/TJ/RO/Cartórios/Remoção/2017)** Sem prejuízo da via jurisdicional, é admitido o pedido de reconhecimento extrajudicial de usucapião, que será processado diretamente perante o cartório do registro de imóveis da comarca em que estiver situado o imóvel usucapiendo, a requerimento do interessado, sendo que nesta situação, a representação por advogado será:

a) dispensada.

b) recomendada.

c) obrigatória.

d) facultativa.

496. (Ieses/TJ/CE/Cartórios/Remoção/2018) O pedido de reconhecimento extrajudicial de usucapião será processado diretamente perante:

a) o cartório do Registro Civil de Pessoas Jurídicas da comarca em que estiver situado o imóvel usucapiendo, a requerimento do interessado, representado por advogado.

b) o cartório do registro de imóveis da comarca em que estiver situado o imóvel usucapiendo, a requerimento do interessado, representado por advogado.

c) o cartório de Registro de Títulos e Documentos da comarca em que estiver situado o imóvel usucapiendo, a requerimento do interessado, dispensada a presença do advogado.

d) o cartório do registro de imóveis da comarca em que estiver situado o imóvel usucapiendo, a requerimento do interessado, dispensada a presença do advogado.

497. (Ieses/TJ/CE/Cartórios/Remoção/2018) No caso de reconhecimento extrajudicial de usucapião a existência de ônus real ou de gravame na matrícula do imóvel usucapiendo:

a) converterá o reconhecimento de usucapião em procedimento judicial.

b) não impedirá o reconhecimento extrajudicial da usucapião.

c) impedirá o reconhecimento extrajudicial da usucapião.

d) suspenderá o reconhecimento extrajudicial da usucapião até a efetiva baixa do ônus real ou do gravame.

498. (Ieses/TJ/PB/Cartórios/Remoção/2014) Prevalecerão, para efeito de prioridade de registro, quando apresentados no mesmo dia, os títulos prenotados no Protocolo sob número de ordem mais baixo, protelando-se o registro dos apresentados posteriormente, pelo prazo correspondente a, pelo menos:

a) cinco dias úteis.

b) dois dias úteis.

c) vinte e Quatro horas.

d) um dia útil.

499. (Ieses/TJ/CE/Cartórios/Ingresso/2018) Quanto a usucapião extrajudicial ou administrativa assinale a alternativa correta:

a) o oficial do registro de imóveis exigirá, para o ato do registro da usucapião, o pagamento do Imposto de Transmissão de Bens Imóveis – ITBI ou certidão da Prefeitura dispensando o recolhimento do tributo.

b) o reconhecimento extrajudicial da usucapião de imóvel matriculado não extinguirá eventuais restrições administrativas nem gravames judiciais regularmente inscritos.

c) se a planta não contiver a assinatura de qualquer um dos titulares de direitos registrados ou averbados na matrícula do imóvel usucapiendo ou na matrícula dos imóveis confinantes, o titular será notificado pelo registrador competente, pessoalmente ou pelo correio com aviso de recebimento, para manifestar consentimento expresso em quinze dias, interpretado o silêncio como discordância.

d) o registro do reconhecimento extrajudicial da usucapião de imóvel sempre implica em abertura de nova matrícula.

500. (Ieses/TJ/CE/Cartórios/Ingresso/2018) Sobre o processo de registro nas serventias extrajudiciais de registro de imóveis assinale a alternativa correta:

a) se o imóvel não estiver matriculado ou registrado em nome do outorgante, o oficial exigirá a prévia transcrição e averbação do título anterior, qualquer que seja a sua natureza, para manter a continuidade do registro.

b) o número de ordem determinará a prioridade do título, e esta a preferência dos direitos reais, ainda que apresentados pela mesma pessoa mais de um título simultaneamente.

c) em caso de permuta, e pertencendo os imóveis à mesma circunscrição, serão feitos os registros nas matrículas correspondentes, sob dois números de ordem no Protocolo.

d) serão registrados, no mesmo dia, títulos pelos quais se constituam direitos reais contraditórios sobre o mesmo imóvel.

501. (Ieses/TJ/AM/Cartórios/Ingresso/2018) A respeito do tema "processo do registro" no registro de imóveis, é correto afirmar:

a) o número de ordem determinará a prioridade do título, e esta a preferência dos direitos reais, ainda que apresentados pela mesma pessoa mais de um título simultaneamente.

b) serão registrados, no mesmo dia, títulos pelos quais se constituam direitos reais, mesmo que contraditórios sobre o mesmo imóvel. Neste caso, deverá o Registrador ingressar com processo de dúvida.

c) o Protocolo será encerrado diariamente, exceto se houver prenotação pendente de análise pelo Registrador, hipótese na qual deverá o fato ser comunicado ao representante do Ministério Público do local onde localizado o imóvel, no prazo de 24 (vinte e quatro) horas.
d) em caso de permuta, e pertencendo os imóveis à mesma circunscrição, serão feitos os registros nas matrículas correspondentes, havendo um número de ordem no protocolo para cada imóvel, devendo ser registrado primeiro o imóvel de matrícula mais antiga.

502. **(Ieses/TJ/AM/Cartórios/Ingresso/2018)** A respeito do tema "processo de dúvida" no registro de imóveis, é correto afirmar:

a) é excepcionalmente dispensada a manifestação do Ministério Público quando a dúvida for impugnada por terceiro, pois aí se estabelece contraditório sobre bens disponíveis entre pessoas capazes, desaparecendo o interesse público a justificar a intervenção do "parquet".
b) a decisão da dúvida tem natureza administrativa e não impede o uso do processo contencioso competente.
c) no processo de dúvida sempre serão devidas custas judiciais, a serem pagas por aquele que as suscitar.
d) apenas o interessado e o Ministério Público poderão interpor recurso de apelação da sentença que decidir a dúvida.

503. **(Ieses/TJ/AM/Cartórios/Remoção/2018)** No que se refere ao processo de registro, realizado no registro de imóveis, é correto afirmar, exceto:

a) poderão ser registrados, no mesmo dia, títulos pelos quais se constituam direitos reais, contraditórios sobre o mesmo imóvel.
b) o título de natureza particular apresentado em uma só via será arquivado em cartório, fornecendo o oficial, a pedido, certidão do mesmo.
c) o número de ordem determinará a prioridade do título, e esta a preferência dos direitos reais, ainda que apresentados pela mesma pessoa mais de um título simultaneamente.
d) o registro será feito pela simples exibição do título, sem dependência de extratos.

504. **(Vunesp/TJ/SP/Cartórios/Ingresso/2018)** Na retificação extrajudicial da descrição do imóvel urbano, em que houver modificação das medidas perimetrais, em relação aos confrontantes que não manifestaram a anuência na planta:

a) independentemente de sua notificação, quando requerido pelo adquirente do imóvel, deverá ser notificado o proprietário tabular mesmo quando apresentado o título aquisitivo.
b) a necessidade de sua notificação deverá ser aferida pelo oficial, inclusive a municipalidade deverá ser sempre notificada na falta de seu consentimento na planta.
c) deverão todos ser notificados.
d) deverão ser notificados apenas aqueles das divisas alcançadas pelas alterações.

505. **(Consulplan/TJ/MG/Cartórios/Ingresso/2017)** Todas as assertivas estão corretas, exceto:

a) os Livros Registro Geral, Registro Auxiliar, Indicador Real e Indicador Pessoal poderão ser substituídos por fichas.
b) são disciplinados pela Lei 6.015/73 o registro civil de pessoas naturais, o registro civil de pessoas jurídicas, o registro de títulos e documentos e o registro de imóveis. Os demais registros reger-se-ão por leis próprias.
c) a decisão no procedimento da dúvida possui natureza administrativa e, portanto, suas sentenças ficam sujeitas aos efeitos da coisa julgada material.
d) qualquer pessoa pode requerer e obter certidão do registro sem informar ao oficial ou ao funcionário o motivo ou interesse do pedido, em todos os serviços registrais, ressalvadas hipóteses específicas no registro civil.

506. **(Ieses/TJ/MS/Cartórios/Ingresso/2014)** Analise as seguintes assertivas:

I. o oficial Registrador retificará o registro ou a averbação, de ofício ou a requerimento do interessado, na hipótese de omissão ou erro cometido na transposição de qualquer elemento do título.
II. o oficial Registrador retificará o registro ou a averbação, de ofício ou a requerimento do interessado, na hipótese de alteração de denominação de logradouro público, comprovada por documento oficial.
III. o oficial Registrador retificará o registro ou a averbação, de ofício ou a requerimento do interessado, no caso de alteração ou inserção que resulte de mero cálculo aritmético realizado a

partir das medidas perimetrais constantes do registro.

IV. o oficial Registrador retificará o registro ou a averbação, a requerimento do interessado, no caso de inserção ou alteração de medida perimetral de que resulte, ou não, alteração de área, instruído com planta e memorial descritivo assinado por profissional legalmente habilitado, com prova de anotação de responsabilidade técnica no competente Conselho Regional de Engenharia e Arquitetura – CREA, bem como pelos confrontantes:

a) todos os itens estão corretos.
b) somente os itens I e III estão corretos.
c) somente o item IV está correto.
d) somente os itens II e III estão corretos.

507. **(Consulplan/TJ/MG/Cartórios/Remoção/2018)** No que se refere a usucapião extrajudicial, julgue as seguintes proposições, de acordo com a Lei nº 6.015/73.

I. é admitido o pedido de reconhecimento extrajudicial de usucapião, que será processado diretamente perante o cartório do registro de imóveis da comarca em que estiver situado o imóvel usucapiendo, a requerimento do interessado, representado por advogado.

II. no caso de o imóvel usucapiendo ser unidade autônoma de condomínio edilício, fica dispensado consentimento dos titulares de direitos reais e outros direitos registrados ou averbados na matrícula dos imóveis confinantes e bastará a notificação do síndico para manifestar consentimento expresso em quinze dias, interpretado o silêncio como concordância.

III. o oficial de registro de imóveis dará ciência à União, ao Estado, ao Distrito Federal e ao Município, pessoalmente, por intermédio do oficial de registro de títulos e documentos, ou pelo correio com aviso de recebimento, para que se manifestem, em 15 (quinze) dias, sobre o pedido, interpretado o silêncio como discordância.

IV. se o imóvel confinante contiver um condomínio edilício, bastará a notificação do síndico para manifestar consentimento expresso em 15 (quinze) dias, dispensada a notificação de todos os condôminos.

Estão corretas apenas as proposições:

a) I e IV.
b) I, II e III.
c) I, II e IV.
d) II, III e IV.

508. **(Cespe/TJ/DFT/Cartórios/Remoção/2014)** A respeito da determinação de divisas de propriedades rurais, assinale a opção correta conforme a Lei de Registros Públicos:

a) se do estabelecimento de divisas decorrer redução da área de uma delas a menos do que a fração mínima, deverá ser requerida homologação judicial do acordo.
b) em regra, as partes podem convencionar o estabelecimento de divisas por escritura pública.
c) a regularização do registro deverá iniciar-se por meio de processo de retificação de registro.
d) caso uma das propriedades esteja em fronteira nacional, não será admissível o estabelecimento de divisas por escritura.
e) se do estabelecimento de divisas decorrer transferência de área, será necessária a formalização por sentença judicial.

509. **(Cespe/TJ/BA/Cartórios/Ingresso/2013)** De acordo com a Lei n. 6.015/1973, assinale a opção correta:

a) a anuência do confrontante que deixar de apresentar impugnação no prazo da notificação não pode ser presumida, devendo ser publicado o edital para notificação até três vezes.
b) é possível, em casos excepcionais, o registro de imóveis que não estejam matriculados.
c) a matrícula do imóvel promovida pelo titular do domínio direto não aproveita ao titular do domínio útil.
d) independentemente de retificação, dois ou mais confrontantes podem, por escritura pública, alterar as divisas entre si.
e) a regularização fundiária de interesse social realizada em zonas especiais de interesse social depende de retificação.

510. **(Vunesp/TJ/SP/Cartórios/Remoção/2014)** Foi apresentado, para registro, instrumento particular de distrato social devidamente registrado na Junta Comercial, no qual uma empresa transfere imóvel de seu patrimônio aos sócios. Na qualificação deste título, o oficial deve:

a) elaborar nota de devolução, exigindo escritura pública, com fundamento na inaplicabilidade do art. 64, da Lei n. 8.934/94, para todos os casos de registro de transmissão de propriedade.
b) registrar o título, tendo em vista que todos os instrumentos particulares registrados na Junta Comercial têm acesso ao registro imobiliário.

c) averbar o distrato social, tendo em vista que a transferência de imóvel de volta ao patrimônio dos sócios não se caracteriza como transmissão de propriedade sujeita a registro, sendo assim desnecessária a instrumentalização por escritura pública.

d) elaborar nota de devolução, exigindo escritura pública, com fundamento no artigo 108 do Código Civil.

511. (Consulplan/TJ/MG/Cartórios/Ingresso/2015) Sobre o processamento e o registro no ofício de registro de imóveis é incorreto afirmar:

a) é vedado o registro de qualquer título de alienação ou oneração das áreas do município, sem que, previamente, seja averbada, após regular processo legislativo, a respectiva desafetação e esteja a transação autorizada por lei.

b) o desmembramento de imóvel rural implicará alteração da área, localização ou descrição da reserva legal já averbada.

c) o requerimento e os documentos serão autuados pelo oficial de registro, na ordem estabelecida em lei, em processo que terá suas folhas numeradas e rubricadas; e, após o último documento integrante do processo, serão certificadas a data da apresentação do requerimento e, em seguida, sempre antes da publicação dos editais, a sua protocolização com o correspondente número de ordem.

d) as restrições presentes no loteamento, impostas pelo loteador ou pelo Poder Público, deverão ser, obrigatoriamente, mencionadas na matrícula-mãe e nas matrículas dos imóveis afetados, não cabendo ao oficial de registro, porém, fiscalizar a observância daquelas restrições.

512. (Vunesp/TJ/SP/Cartórios/Ingresso/2014) Quanto ao registro de sentença declaratória de usucapião de um imóvel rural com área de 50 hectares, proferida em 20.05.2012, tendo a ação sido ajuizada em 02.11.2010, considerando o princípio da especialidade objetiva, é correto afirmar que, para o registro desta usucapião:

a) o oficial deverá exigir que a descrição do imóvel contenha as coordenadas dos vértices definidores dos limites georreferenciadas e certificada pelo Incra, tendo em vista a data da propositura da ação.

b) o oficial deverá exigir que a descrição do imóvel contenha as coordenadas dos vértices definidores dos limites georreferenciadas e certificada pelo Incra, tendo em vista a data da sentença.

c) o oficial não necessitará exigir que a descrição do imóvel contenha as coordenadas dos vértices definidores dos limites georreferenciadas e certificada pelo Incra, tendo em vista a prorrogação do prazo, para 20.11.2019, de obrigatoriedade do georreferenciamento e certificação no Incra para imóveis com entre 25 e 100 hectares.

d) o oficial não poderá exigir que a descrição do imóvel contenha as coordenadas dos vértices definidores dos limites georreferenciadas e certificada pelo Incra, tendo em vista que usucapião trata-se de aquisição originária.

513. (IBFC/TJ/PR/Cartórios/Remoção/2014) O registrador de imóveis, nos títulos e documentos particulares, mesmo com força de escritura pública, apresentados para registro ou averbação:

a) dispensará o reconhecimento de firma se os interessados forem seus conhecidos e não tenha dúvida quanto ao negócio realizado.

b) exigirá o reconhecimento de firma, exceto quando se tratar de ato ou negócio submetido às regras do Sistema Financeiro da Habitação.

c) sempre exigirá que a firma esteja reconhecida independente da natureza e origem do documento ou título.

d) realizará o ato independente do reconhecimento de firma se as partes declararem por escrito, com confirmação de testemunhas, que as assinaturas lançadas no título ou documento são suas.

514. (Cespe/TJ/BA/Cartórios/Ingresso/2013) A respeito da retificação do registro de imóveis, é correto afirmar que o oficial deve retificar o registro ou averbação, de ofício ou a requerimento do interessado, quando houver:

a) omissão ou erro cometido na transposição de apenas elementos essenciais do título.

b) retificação que vise a indicação de trechos horizontais, ângulos oblíquos ou inserção de coordenadas geográficas, em que haja alteração das medidas perimetrais.

c) inserção ou modificação dos dados de qualificação pessoal das partes, comprovada por documentos pessoais ou mediante pedido de titular de outro cartório de registro de imóveis.

d) alteração de denominação de logradouro público comprovada por documento particular.

e) alteração ou inserção que resulte de mero cálculo matemático feito a partir das medidas perimetrais constantes do registro.

515. (Cespe/TJ/BA/Cartórios/Remoção/2013) No que se refere à retificação no registro de imóveis, assinale a opção correta:

a) o registro não pode ser retificado por força de ação de declaração de nulidade de ato jurídico.

b) o sistema normativo brasileiro proíbe retificação de registro de imóvel nos casos de indicação de confrontação.

c) o silêncio do confrontante notificado não constitui motivo para presunção legal de sua concordância com a retificação pedida em relação ao trecho da linha perimetral que lhe diga respeito.

d) para o pedido de retificação de registro de imóvel, é dispensável a juntada de memorial descritivo.

e) não havendo dúvida quanto à identificação do imóvel, o título anterior à retificação poderá ser levado a registro se o adquirente assim o requerer.

516. (Cespe/TJ/DFT/Cartórios/Remoção/2014) Em razão da alteração da organização judiciária do DF, foi criado novo ofício de registro de imóveis em Águas Claras, para realizar os registros de natureza imobiliária da referida região, o que anteriormente competia ao ofício de registro de imóveis de Taguatinga. Com base nessa situação hipotética, assinale a opção relativa às alterações posteriores a serem efetivadas na matrícula dos imóveis situados em Águas Claras e envolvidos na citada mudança de área atribuída às serventias imobiliárias:

a) as alterações posteriores efetivadas na matrícula dos imóveis situados em Águas Claras serão realizadas no cartório de registro de imóveis de Águas Claras, devendo o oficial solicitar ao cartório de registro de imóveis de Taguatinga a transferência formal da matrícula.

b) as alterações posteriores efetivadas na matrícula dos imóveis situados em Águas Claras serão realizadas no cartório de registro de imóveis de Águas Claras, devendo o oficial exigir certidão atualizada comprobatória do registro anterior e da existência ou inexistência de ônus reais.

c) as alterações posteriores efetivadas na matrícula dos imóveis situados em Águas Claras serão realizadas, a critério do interessado, no cartório de registro de imóveis de Taguatinga ou no cartório de registro de imóveis de Águas Claras.

d) as alterações posteriores efetivadas na matrícula dos imóveis situados em Águas Claras serão realizadas, obrigatoriamente, no cartório de registro de imóveis de Taguatinga, em decorrência da aplicação do princípio da prioridade.

e) as alterações posteriores efetivadas na matrícula dos imóveis situados em Águas Claras serão realizadas, obrigatoriamente, no cartório de registro de imóveis de Taguatinga, uma vez que é aplicável, ao presente caso, o princípio da continuidade dos registros.

517. (Cespe/TJ/SE/Cartórios/Remoção/2014) Com relação a registro de ônus e garantia real sobre bens, assinale a opção correta:

a) o penhor industrial averbado no registro de imóveis impede o devedor de dar diversa destinação aos bens empenhados, vendê-los ou alterar a sua substância sem a anuência do credor, sob pena de ser obrigado a trazer outros bens em sub-rogação dos anteriores.

b) no caso de sub-hipoteca sobre bem de devedor não insolvente, o credor da segunda hipoteca poderá executar o crédito, ainda que esteja vencida a primeira hipoteca, rateando-o com o credor da primeira hipoteca.

c) no caso em que o sequestro constitua medida judicial destinada à conservação de bem imóvel, desnecessário será o registro dessa medida para produzir efeitos de publicidade e oponibilidade perante terceiros.

d) no penhor agrícola, a posse dos bens empenhados é transferida ao credor, com a finalidade de deles extrair rendimentos destinados à quitação da dívida.

e) no caso de alienação, a cláusula de vigência de contrato de locação de prédio averbado na matrícula do imóvel será considerada nula perante o adquirente de boa-fé.

518. (Consulplan/TJ/MG/Cartórios/Remoção/2014) No procedimento administrativo de retificação de área de imóvel, apresentada impugnação, deve ser avaliada por meio de ato decisório racional, do qual constem expressamente as razões pelas quais foi a discordância classificada. Considera-se hipótese de impugnação infundada aquela em que:

a) o oficial de registro, em manifestação administrativa vinculada, assim reputar.

b) tenha exposição apenas sumária dos motivos da discordância manifestada.

c) o interessado se limite a dizer que a retificação causará avanço na sua propriedade, ou no espaço público, sem indicar, de forma plausível, onde e de que forma isso ocorrerá.

d) a impugnação possa ter algum fundamento, pois ao menos em tese sujeita a atingir direitos inscritos e (ou) de terceiros, não consistindo responsabilidade do oficial registrador proceder ao julgamento, daí porque cabe a remessa do processo ao juiz competente.

519. **(Vunesp/TJ/SP/Cartórios/Remoção/2014)** Ocorrida a transmissão do domínio de um confrontante de imóvel que se encontra em procedimento de retificação administrativa prenotado em Cartório, verificando o oficial que o atual proprietário não manifestou sua ciência, deve:

a) notificá-lo do procedimento para que se manifeste em 15 dias.

b) averbar a retificação administrativa sem a notificação do novo proprietário do imóvel confrontante, tendo em vista a prioridade da sua prenotação.

c) elaborar nota devolutiva, informando a mudança de titularidade do confrontante.

d) intimar o requerente e o profissional que assinou a planta e o memorial descritivo, a fim de se manifestarem no prazo de 05 dias.

520. **(Cespe/TJ/SE/Cartórios/Ingresso/2014)** Um oficial, para fins de registro no álbum imobiliário de carta de adjudicação de direitos referentes a imóvel, a qual foi extraída de autos de inventário, colocou, como exigências, a regularização do título para que se incluísse herdeiro que não figurou no processo de arrolamento e que não foi contemplado na divisão dos bens, e a retificação da qualificação de um dos interessados. Nessa situação hipotética:

a) no que tange à exigência de regularização do formal de partilha para incluir herdeiro não contemplado na divisão, apesar de o mandado judicial não estar imune à qualificação registrária, ele deve ser analisado tão só quanto à estrita regularidade formal, motivo pelo qual não cabe ao registrador imiscuir-se na legalidade sobre o mérito da decisão judicial.

b) diante da negativa do registrador, o interessado, a par de poder servir-se do procedimento de dúvida, poderá valer-se de nova decisão (que determine o registro) oriunda do juízo que expediu o formal de partilha, caso em que ao oficial não restará opção que não seja o acolhimento do título na tábula predial, porque, do contrário, estará exposto à prática de crime de desobediência.

c) a superveniência de nova ordem jurisdicional que revogue aquela que originou o título que caiu em exigências não ensejará o cancelamento da prenotação que lhe é anterior, mas imporá ao registrador a anotação da ocorrência.

d) a inscrição do título no fólio real, depois de superados os óbices, gerará presunção de propriedade juris et de jure.

e) se concordar parcialmente com os óbices, o interessado poderá requerer ao registrador que suscite procedimento de dúvida de registro, situação em que, diante do princípio da prioridade, é diferido a ele o cumprimento da exigência com a qual aquiesceu para momento posterior ao julgamento do aludido procedimento.

521. **(Cespe/TJ/BA/Cartórios/Ingresso/2013)** Ainda em relação ao registro de imóveis, assinale a opção correta:

a) nos atos a título gratuito, a retificação do registro não pode ser promovida pelo transferente, dada a exigência de prova de aceitação do beneficiado.

b) a retificação e a averbação do registro somente poderão ser provocadas pelo titular do título, sendo imprescindível a assinatura de testemunhas.

c) o oficial pode realizar diligências no imóvel para a constatação de sua situação em face dos confrontantes e localização na quadra.

d) as nulidades de pleno direito do registro, uma vez provadas, invalidam o ato de registro, desde que ajuizada a ação judicial competente.

e) o registro não pode ser retificado ou anulado por efeito do julgado sobre fraude à execução.

1.5.4. Das Pessoas

✱ QUESTÕES OBJETIVAS

522. **(Ieses/TJ/MS/Cartórios/Remoção/2014)** São considerados, para fins de escrituração, credores e devedores, respectivamente:

I. na constituição de renda, o beneficiário e o rendeiro censuário.

II. no usufruto, o usufrutuário e nu-proprietário.

III. na anticrese, o mutuante e mutuário.

IV. na enfiteuse, o senhorio e o enfiteuta.

A sequência correta é:

a) apenas as assertivas I e IV estão corretas.

b) apenas a assertiva III está correta.

c) apenas as assertivas I e II estão corretas.

d) as assertivas I, II, III e IV estão corretas.

523. (Ieses/TJ/AM/Cartórios/Ingresso/2018) A respeito do tema "das Pessoas" no registro de imóveis, é correto afirmar:

a) o registro do penhor rural independe do consentimento do credor hipotecário.

b) o registro e a averbação deverão ser provocados somente pela parte que demonstre verdadeiro interesse jurídico no ato, incumbindo-lhe as despesas respectivas.

c) na enfiteuse são considerados, para fins de escrituração, credores e devedores, respectivamente, o enfiteuta e o senhorio.

d) na anticrese são considerados, para fins de escrituração, credores e devedores, respectivamente, o mutuário e mutuante.

1.5.5. *Dos Títulos*

✱ INOVAÇÕES LEGISLATIVAS

▲ LRP. Título V – Do registro de imóveis, Capítulo V – Dos Títulos

▲ Art. 221. § 3º Fica dispensada a apresentação dos títulos previstos nos incisos I a V do caput deste artigo quando se tratar de registro do projeto de regularização fundiária e da constituição de direito real, sendo o ente público promotor da regularização fundiária urbana responsável pelo fornecimento das informações necessárias ao registro, ficando dispensada a apresentação de título individualizado, nos termos da legislação específica. (Modificações: Lei 13.465/17)

✱ QUESTÕES OBJETIVAS

524. (Ieses/TJ/RS/Cartórios/Ingresso/2013) Assinale a alternativa incorreta:

a) haja vista que o pedido de certidão não é título previsto no art. 221 da Lei 6.015/73, em nenhuma hipótese ele deverá ser lançado no protocolo, seja por falta de previsão normativa, seja porque o ato certificatório não gera registro ou averbação sobre a matrícula do imóvel.

b) a emissão de certidões a partir de requerimentos realizados por meio da rede mundial de computadores (internet) não depende exposição de motivos ou de interesse do requerente.

c) os pedidos de certidão por via postal, telegráfica, bancária ou correio eletrônico serão obrigatoriamente atendidos, satisfeitas as despesas postais, diligências para postagem, bem como os emolumentos devidos.

d) quando da expedição de certidões negativas de ônus e alienações, os registradores de imóveis deverão abster-se de ressalvar prenotações, caso não constem dos livros específicos. Em caso contrário, deverão as prenotações ser detalhadamente descritas no instrumento de certificação.

525. (Cespe/TJ/PI/Cartórios/Remoção/2013) O artigo 221, inciso II, da Lei n. 6.015/1973 estabelece como registráveis os escritos particulares autorizados em lei. Em relação a tais documentos e à sua qualificação, assinale a opção correta:

a) é possível a averbação de constituição de caução, no que diz respeito a imóvel alienado fiduciariamente, para a garantia de pagamento de locação, sem necessidade de anuência do credor fiduciário.

b) ao proceder à qualificação de instrumentos particulares, o oficial não deve observar, em essência, os mesmos princípios utilizados na análise para registro das escrituras públicas.

c) a formalização de venda, promessa de venda, cessão ou promessa de cessão relativas a imóvel financiado pelo Sistema Financeiro da Habitação dar-se-á com a interveniência obrigatória da instituição financiadora e a posterior transferência do financiamento respectivo.

d) nos casos em que for exigido o reconhecimento das firmas lançadas pelas partes em instrumento particular realizado por notário português, não há necessidade de nenhuma formalidade para sua validade no Brasil, sendo pertinente o registro no fólio real, se presentes os demais requisitos legais.

e) na alienação fiduciária de coisa imóvel, não há necessidade de aferição, pelo registrador, da presença de todos os requisitos formais relativos à legalidade do negócio jurídico.

526. (Cespe/TJ/RR/Cartórios/Ingresso/2013) Acerca dos princípios que regem o registro de imóveis, assinale a opção correta de acordo com a Lei de Registros Públicos e o Código Civil brasileiro:

a) os atos do registro só serão praticados por ordem judicial, a requerimento verbal ou escrito dos interessados, e a requerimento do MP, quando a lei autorizar. Com efeito, por força do princípio da instância ou rogação, ao registrador imobiliário é defesa a prática de anotações ou averbações de ofício.

b) na abertura de matrícula de imóvel público oriundo de parcelamento do solo urbano, havendo divergência nas medidas perimetrais de que resulte, ou não, alteração de área, a situação constante do registro ou da planta de parcelamento deve prevalecer sobre a situação de fato implantada do bem.

c) um dos princípios norteadores do registro imobiliário é o princípio da inscrição, segundo o qual, conforme brocardo popular, "quem não registra não é dono". Portanto, até mesmo nas hipóteses de usucapião, o usucapiente, para se considerar proprietário do bem usucapido, deve diligenciar em registrar a sentença constitutiva de usucapião.

d) em todas as escrituras e em todos os atos relativos a imóveis, bem como nas cartas de sentença e nos formais de partilha, o tabelião ou escrivão deve fazer referência à matrícula ou ao registro anterior, seu número e cartório.

e) ainda que o imóvel esteja matriculado, não se fará registro que dependa da apresentação de título anterior, de modo que se preserve a especialidade objetiva do registro.

527. **(FMP/TJ/MT/Cartórios/Remoção/2014)** Acerca dos títulos admitidos ao registro de imóveis, assinale a alternativa incorreta:

a) as escrituras públicas, inclusive as lavradas em consulados brasileiros, são títulos admitidos.

b) são títulos admitidos os atos autênticos de países estrangeiros, com força de instrumento público, legalizados e traduzidos na forma da lei, e registrados no Ofício do Registro de Títulos e Documentos.

c) as cartas de sentença, formais de partilha, certidões e mandados extraídos de autos de processo são títulos admitidos.

d) os escritos particulares autorizados em lei, assinados pelas partes e testemunhas são títulos admitidos, sendo desnecessário o reconhecimento de firma quando assinados na presença do registrador.

e) são títulos admitidos os contratos ou termos administrativos, assinados com a União, Estados, Municípios ou o Distrito Federal, no âmbito de programas de regularização fundiária e de programas habitacionais de interesse social, dispensado o reconhecimento de firma.

528. **(Ieses/TJ/AM/Cartórios/Remoção/2018)** Segundo a Lei 6.015/73, no que concerne ao capítulo de títulos, podemos afirmar que são admitidos a registro unicamente:

I. escritos particulares autorizado em lei, assinados pelas partes e testemunhas, com as firmas reconhecidas, exigindo-se o reconhecimento principalmente quando se tratar de atos praticados por entidades vinculadas ao Sistema Financeiro de Habitação.

II. escrituras públicas, exceto as lavradas em consulados brasileiros.

III. atos autênticos de países estrangeiros, com força de instrumento público, legalizados e traduzidos competentemente no idioma nacional e registrados no cartório de registro de títulos e documentos.

IV. cartas de sentença, mandados, formais de partilha e certidões extraídos de autos de processo.

A sequência correta é:

a) apenas a assertiva II está incorreta.

b) apenas as assertivas III e IV estão corretas.

c) as assertivas I, II, III e IV estão corretas.

d) apenas as assertivas I, II e III estão corretas.

529. **(Consulplan/TJ/MG/Cartórios/Remoção/2017)** Todas as assertivas estão certas, exceto. São admitidos no registro de imóveis:

a) escrituras públicas, inclusive as lavradas em consulados brasileiros.

b) escritos particulares autorizados em lei, assinados pelas partes e testemunhas, dispensado o reconhecimento de firma.

c) atos autênticos de países estrangeiros, com força de instrumento público, legalizados e traduzidos na forma da lei, e registrados no cartório do Registro de Títulos e Documentos, assim como sentenças proferidas por tribunais estrangeiros após homologação pelo Supremo Tribunal Federal; cartas de sentença, formais de partilha, certidões e mandados extraídos de autos de processo.

d) contratos ou termos administrativos, assinados com a União, Estados, Municípios ou o Distrito Federal, no âmbito de programas de regularização fundiária e de programas habitacionais de interesse social, dispensado o reconhecimento de firma.

530. **(Ieses/TJ/AM/Cartórios/Ingresso/2018)** A respeito do tema "normas referentes ao Sistema Financeiro da Habitação" no registro de imóveis, é correto afirmar:

a) no registro de imóveis, além da matrícula, será realizado o registro da re-ratificação do contrato de mútuo com pacto adjeto de hipoteca em favor de entidade integrante do Sistema Financeiro da Habitação, ainda que importando elevação da dívida, desde que mantidas as mesmas partes e que inexista outra hipoteca registrada em favor de terceiros.

b) serão admitidos a registro, dentre outras hipóteses previstas na legislação, os escritos particulares autorizados em lei, assinados pelas partes e testemunhas, com as firmas reconhecidas, dispensado o reconhecimento quando se tratar de atos praticados por entidades vinculadas ao Sistema Financeiro da Habitação.

c) os emolumentos devidos pelos atos relacionados com a primeira aquisição imobiliária para fins residenciais, financiada pelo Sistema Financeiro da Habitação, serão reduzidos em 90% (noventa por cento).

d) podem os tabeliães e oficiais de registro de imóveis lavrar ou registrar escritura ou escritos particulares autorizados por lei, mesmo que tenham por objeto imóvel hipotecado a entidade do Sistema Financeiro da Habitação, ou direitos a eles relativos, bastando para tanto comunicar o fato ao promotor de justiça da sede do local do imóvel.

1.5.6. Da Matrícula

✱ INOVAÇÕES LEGISLATIVAS

▲ LRP. Título V – Do registro de imóveis, Capítulo VI – Da Matrícula

▲ Art. 235-A. Fica instituído o Código Nacional de Matrícula (CNM) que corresponde à numeração única de matrículas imobiliárias em âmbito nacional. § 1º O CNM referente a matrícula encerrada ou cancelada não poderá ser reutilizado. § 2º Ato da Corregedoria Nacional de Justiça do Conselho Nacional de Justiça regulamentará as características e a forma de implementação do CNM. (Modificações: Lei 13.465/17)

✱ SÚMULAS

STJ **Súm. 449.** A vaga de garagem que possui matrícula própria no registro de imóveis não constitui bem de família para efeito de penhora.

✱ ENUNCIADOS CNB

CNB **Enunciado 3/2016.** A ata notarial para usucapião poderá ser feita com base na certidão negativa do registro de imóveis.

✱ QUESTÕES DISCURSIVAS

31. **(Consulplan/TJ/MG/Cartórios/Remoção/2014)** Como núcleo do registro imobiliário e principal inovação da Lei dos Registros Públicos, de 1973, cabe à matrícula, entre outros atributos, indicar a precisa individuação de cada imóvel, afastando qualquer dúvida em relação a outros imóveis, especialmente os vizinhos, com seus característicos e confrontações. Sua instituição visa permitir ao delegado do registro o efetivo controle da disponibilidade dos direitos reais, assim como outros, a esses equiparados. Disponibilidade quantitativa e qualitativa. Partindo desse ponto, discorra, fundamentadamente, sobre os seguintes aspectos: (i) esclareça o que se entende por repristinação do cancelamento da matrícula, seja quando o erro é proveniente do registro, seja quando oriundo do título. Aponte seus efeitos no assento propriamente dito; (ii) indique as diferenças jurídicas, seus efeitos e exemplos entre: cancelamento da matrícula e encerramento da matrícula. Tudo nas perspectivas da Lei 6.015/73 (especialmente diante de seu art. 252).

32. **(Consulplan/TJ/MG/Cartórios/Ingresso/2014)** Lei 6.015/73: "Art. 230. Se na certidão constar ônus, o oficial fará a matrícula, e, logo em seguida ao registro, averbará a existência do ônus, sua natureza e valor, certificando o fato no título que devolver à parte, o que ocorrerá, também, quando o ônus estiver lançado no próprio cartório". A propósito do dispositivo legal acima transcrito, discorra, fundamentadamente, sobre: (i) qual a razão de ser dessa norma e por que o registro no livro não é suficiente? (ii) a norma do art. 211 da Lei 6.015/73 é complementar ou representa ato de natureza jurídica distinta? (iii) existência de penhora registrada sobre imóvel impede sua alienação?

✱ QUESTÕES OBJETIVAS

531. **(Consulplan/TJ/MG/Cartórios/Ingresso/2018)** Em 1970, um casal faleceu, deixando a seus cinco filhos um imóvel rural de 500 hectares no município de Curvelo/MG. Os filhos promoveram processo judicial de inventário e partilha e registraram a transmissão "causa mortis" do bem no Cartório de Imóveis de Curvelo/MG. Cada filho adquiriu fração ideal de 1/5 (um quinto) sobre o imóvel, sem se especializar a gleba de cada um. Então, desde os anos 70 até hoje, 2018, eles passaram a exercer posse direta, ininterruptamente, sobre gleba que correspondia a cada fração ideal. Cada um cercou com arame a gleba que lhe correspondia e cada um passou a explorá-la economicamente: uns plantando eucalipto, outros, roça de milho e outro com atividade pecuária leiteira. Agora, em 2018, três dos cinco irmãos comparecem a um cartório de notas do estado de Minas Gerais e dizem ao tabelião: "1. que o irmão que explora atividade pecuária no imóvel (um dos ora comparecentes) pretende vender seu imóvel e encontrou um comprador para sua gleba de terras; 2. que esse pretenso comprador exige, para concretizar o negócio, que o imóvel tenha matrícula autônoma no cartório de imóveis (distinta da matrícula do imóvel maior); 3. que essa gleba a ser especializada confronta apenas exatamente com as duas glebas pertencentes aos dois irmãos comparecentes (não divide com as outras duas glebas pertencentes aos dois irmãos que não comparecem nem divide com imóvel externo); 4. que os outros dois irmãos (não comparecentes) manifestaram não se opor a essa individualização, mas que também não assinariam nada em cartório, não fariam ato algum para concretizar ou ajudar a individualização". Na hipótese:

a) diante da recusa de dois irmãos em participar de escritura de extinção de condomínio, restará como único meio de obter-se matrícula autônoma para a gleba a promoção de ação judicial ou de extinção de condomínio ou de usucapião.
b) diante da recusa de dois irmãos em participar de escritura de extinção de condomínio, restará como único meio de obter-se matrícula autônoma para a gleba a promoção de ação judicial de extinção de condomínio, não sendo juridicamente possível ação de usucapião.
c) será possível a individualização da gleba, com a consequente obtenção de matrícula autônoma, mediante lavratura de escritura pública da qual participem os três irmãos comparecentes, sendo dispensada a participação (ou mesmo a intimação) dos outros dois irmãos condôminos.
d) será possível a individualização da gleba, com a consequente obtenção de matrícula autônoma, mediante lavratura de escritura pública da qual participem obrigatoriamente os cinco irmãos, já que todos são condôminos no imóvel maior, e para extinguir-se um condomínio ou especializar-se a gleba de um dos coproprietários é indispensável a participação de todos, sob pena de ineficácia em face do que não participar.

532. **(Cespe/TJ/ES/Cartórios/Ingresso/2013)** Origina-se do cartório de registros:

a) escritura pública de compra e venda de bem imóvel.
b) certidão de protesto.
c) registro de protesto.
d) certidão de matrícula de imóvel.
e) ata notarial.

533. **(Cespe/TJ/ES/Cartórios/Ingresso/2013)** Assinale a opção correta, em relação aos atos de registros de imóveis:

a) transcrição é definida como o registro de instrumento, por determinação legal, para tornar um documento como de conhecimento do público.
b) a averbação é ato constitutivo de domínio.
c) é possível a abertura de matrícula de parte ideal de imóvel possuído em condomínio.
d) para o remembramento, é indispensável que as propriedades envolvidas sejam limítrofes.
e) não é possível a retificação, pelo oficial de registro, de erro que conste no teor de registro imobiliário.

534. **(Ieses/TJ/RS/Cartórios/Remoção/2013)** Com relação à matrícula e ao princípio da unitariedade, assinale a alternativa correta.

I. a todo imóvel deve corresponder uma única matrícula (ou seja, um imóvel não pode ser matriculado mais de uma vez) e a cada matrícula corresponde um único imóvel (isto é, não possível que a matrícula descreva mais de um imóvel).
II. matrícula é um ato de registro, no sentido estrito, que dá origem à individualidade do imóvel na sistemática registral brasileira.
III. ainda que o imóvel tenha passado a pertencer a outra circunscrição, além de averbações, é possível efetuar a abertura de matrícula para lotes, quando tal não tenha sido realizado imediatamente após o registro do loteamento.
IV. a matrícula será cancelada nas seguintes hipóteses: por decisão judicial; quando, em virtude

de alienação parcial, o imóvel for inteiramente transferido a outros proprietários; pela fusão:

a) a afirmação IV é verdadeira e as afirmações I, II e III são falsas.
b) a afirmação I é verdadeira.
c) apenas a afirmação IV é verdadeira.
d) a afirmação I é verdadeira e as afirmações II, III e IV são falsas.

535. **(Vunesp/TJ/SP/Cartórios/Ingresso/2016)** A matrícula de um imóvel:

a) pode ser cancelada pelo próprio oficial de registro, caso padeça de nulidade por vício do próprio processo registral.
b) não pode ser cancelada, podendo ter apenas seu conteúdo alterado.
c) somente pode ser cancelada por decisão judicial.
d) deverá ser cancelada em caso de fusão.

536. **(Vunesp/TJ/SP/Cartórios/Ingresso/2016)** Assinale a alternativa correta:

a) o imóvel enfitêutico não pode ser objeto de alienação fiduciária de bem imóvel sem que haja anuência do senhorio, de modo que não pode haver o seu registro sem tal requisito.
b) para o registro de um bem imóvel por usucapião não basta a descrição do imóvel no mandado judicial, devendo ser apresentados, conjuntamente, a planta e o memorial descritivo respectivos.
c) na alienação fiduciária de bem imóvel, após decorrido o prazo da intimação do devedor fiduciante sem purgação da mora, certificado tal fato pelo oficial, e cientificado o requerente, este terá o prazo de 160 dias para providenciar a consolidação da plena propriedade, findo o qual, deverá haver novo procedimento de execução extrajudicial.
d) um ato jurídico de divisão e extinção de condomínio imóvel deve ser registrado em cada matrícula aberta para cada uma das partes resultantes, devendo ainda ser averbado na matrícula originária, a qual deve ser encerrada.

537. **(Ieses/TJ/MS/Cartórios/Ingresso/2014)** Osmar, divorciado, alienou a Antônio Carlos, solteiro, o imóvel matriculado sob n. 00001, por meio de escritura pública de compra e venda. Na sequência, o contrato foi apresentado ao registro de imóveis competente e, na qualificação do título, o oficial Registrador constatou que o vendedor Osmar, na matrícula imobiliária, era casado com Rita, sob o regime da comunhão universal de bens, por força de convenção antenupcial. Diante disso, a escritura pública foi devolvida, exigindo o oficial Registrador a apresentação da carta de sentença ou escritura pública de divórcio, por força do princípio registrário da:

a) especialidade objetiva.
b) continuidade.
c) rogação.
d) especialidade subjetiva.

538. **(Consulplan/TJ/MG/Cartórios/Remoção/2014)** A respeito de tabulação de parte ideal de imóvel em condomínio comum, avalie as afirmações seguintes:

I. operação efetuada pelo oficial registrador, no âmbito de seu juízo prudencial, destinada a assegurar a indivisibilidade do módulo rural, de forma a deter a fragmentação imobiliária num tamanho mínimo de imóvel abaixo do qual este não daria produção econômica.
II. trata-se da qualificação empreendida pelo oficial registrador pela qual constata a indivisibilidade jurídica aderente ao imóvel, quer no caso de herança, quer no do módulo rural, no primeiro por motivo de ordem processual, no segundo por motivo de ordem econômica.
III. refere-se à parte ideal apresentada em cartório a exigir busca para recompor o condomínio ainda não matriculado, de modo a aclarar a descrição da gleba matriz e de todos os titulares de frações, como pressuposto à inauguração da matrícula.

Está correto o que se afirma em:

a) I apenas.
b) II e III apenas.
c) III apenas.
d) I, II e III.

539. **(Cespe/TJ/BA/Cartórios/Ingresso/2013)** No que concerne ao instituto da matrícula, assinale a opção correta:

a) a matrícula deve ser efetuada em consonância com os elementos constantes do título apresentado, desconsiderando-se qualquer registro anterior nele mencionado.
b) o sistema brasileiro consagrou o princípio da correspondência entre a unitariedade da matrícula e a especificidade do imóvel, relacionando-o com o princípio da singularidade.

c) fusão é a reunião de matrículas autônomas de imóveis não contíguos, pertencentes ao mesmo possuidor.

d) a unificação de matrículas de imóveis contíguos pertencentes a um só proprietário deve ser realizada por meio de ação judicial autônoma, segundo o STJ.

e) a existência de matrícula própria no registro de imóveis de uma vaga de garagem não é suficiente para que esta seja considerada bem de família para efeito de penhora.

540. (Cespe/TJ/SE/Cartórios/Remoção/2014) Acerca de modificações formais da base registral e do parcelamento do solo rural, assinale a opção correta:

a) a fusão de imóveis é possível mesmo que esses imóveis não sejam contíguos, mas eles devem pertencer a um único proprietário.

b) o sistema legal brasileiro admite o ingresso no fólio real de imóveis cuja área seja descontínua, desde que estes formem unidade orgânica em razão de exploração agrícola ou industrial.

c) o imóvel rural somente é passível de divisão em áreas de dimensão inferior à do módulo da propriedade rural para fins de exploração agrícola de subsistência.

d) na agregação de parte de outro imóvel do mesmo proprietário, contígua ao primeiro, ocorre o cancelamento da matrícula do imóvel agregado, urbano ou rural, independentemente da extensão da área.

e) na fusão de dois ou mais imóveis limítrofes pertencentes ao mesmo proprietário, é aberta uma nova matrícula para o imóvel resultante da fusão, cancelando-se as matrículas dos imóveis fundidos.

541. (Cespe/TJ/SE/Cartórios/Remoção/2014) Assinale a opção correta a respeito de registros de imóveis:

a) nos casos de imóveis públicos transmitidos aos particulares e de imóveis particulares transmitidos ao poder público, mediante desapropriação, não é obrigatória a inscrição no registro de imóveis.

b) em se tratando de unidades autônomas de condomínio edilício, o registro do ato de instituição de condomínio engloba em uma única matrícula a especificação de cada uma das unidades.

c) o registro de hipoteca de linha férrea, no direito brasileiro, recai sobre o imóvel demarcado na superfície terrestre, em qualquer município de suas estações.

d) havendo duas matrículas para o mesmo imóvel, verificada a venda em duplicidade, prevalecerá a escritura pública de compra e venda em face da prenotação de compromisso de compra e venda, ainda que anterior, não importando a ordem cronológica.

e) o fólio real e a unitariedade da matrícula determinam que toda mutação jurídica e real que se observar no imóvel deverá ser registrada na matrícula correspondente.

542. (Ieses/TJ/PB/Cartórios/Remoção/2014) Dois ou mais imóveis contíguos pertencentes ao mesmo proprietário, constantes em matrículas autônomas. A pedido do proprietário passam a compor uma matricula única, nova e com novo número. No caso apresentado teremos o movimento registral conhecido como:

a) alienação de matrícula.

b) substituição única de matricula.

c) enfiteuse.

d) fusão de matricula.

543. (Vunesp/TJ/SP/Cartórios/Ingresso/2014) Se o negócio jurídico pretendido pelas partes disser respeito a bem imóvel cujo título anterior não estiver transcrito ou registrado na matrícula, o tabelião deve:

a) recusar a lavratura da escritura.

b) lavrar a escritura, condicionando a expedição do traslado ao prévio registro do título anterior.

c) evitar lavrar o ato, e somente fazê-lo se a parte insistir na lavratura, com a observação de que o interessado está ciente da situação e de seus efeitos jurídicos, bem como assuma a responsabilidade pelo registro dos atos anteriores.

d) lavrar a escritura normalmente.

544. (FMP/TJ/MT/Cartórios/Remoção/2014) Sobre o cancelamento da matrícula, assinale a alternativa incorreta:

a) a matrícula será cancelada por força de decisão judicial que assim determine.

b) a matrícula será cancelada quando, em virtude de alienações parciais, o imóvel for inteiramente transferido a outros proprietários.

c) quando o registro anterior foi efetuado em outra circunscrição, a matrícula será aberta com os elementos constantes do título apresentado e da certidão atualizada daquele registro, cancelando-se a matrícula original.

d) quando dois ou mais imóveis contíguos pertencentes ao mesmo proprietário constarem de matrículas autônomas, poderá ser requerida a fusão dessas em uma só, de novo número, encerrando-se as primitivas.

e) quando dois imóveis, que estiverem registrados, um pelo sistema de transcrição e outro pelo sistema da matrícula, forem unificados, dar-se-á o cancelamento da matrícula original e, à margem da transcrição, será averbada a abertura da matrícula que os unificar.

545. **(Cespe/TJ/BA/Cartórios/Remoção/2013)** A respeito da matrícula de bens imóveis, assinale a opção correta:

a) se os imóveis forem contíguos e pertencerem a circunscrições diversas, a fusão e o desmembramento serão permitidos.

b) todos os imóveis de propriedade privada existentes no país devem ser objeto de matrícula, exceto os adquiridos antes do Código Civil de 1916.

c) a matrícula é o instituto que individualiza e caracteriza o imóvel, estremando-o de dúvida em relação a outros, de modo que, a partir dela, podem ser feitos registros que digam respeito ao bem.

d) a fusão de matrículas confere heterogeneidade jurídica a imóveis fisicamente contíguos, sendo uma forma direta de retificação das matrículas originais.

e) sendo do proprietário a legitimidade para a fusão, a contiguidade de áreas e a titularidade dominial heterogênea são condições básicas para o registro de fusões.

546. **(Consulplan/TJ/MG/Cartórios/Remoção/2015)** Analise as seguintes assertivas:

I. a matrícula será aberta com os elementos constantes do título apresentado e do registro anterior; e, no caso de este ter sido efetuado em outra circunscrição, deverá ser apresentada certidão atualizada do inteiro teor da matrícula, com certificação de ônus e ações, expedida com antecedência máxima de 30 (trinta) dias da data da prenotação.

II. a usucapião, a desapropriação, a regularização fundiária, as ações discriminatórias, em qualquer de suas formas, e as arrematações e adjudicações judiciais são modos de aquisição originária de propriedade, dispensando-se a observância ao princípio da continuidade.

III. entende-se por caracterização do imóvel apenas a indicação, as medidas e a área, não sendo considerados irregulares títulos que corrijam omissões ou que atualizem nomes de confrontantes, respeitado o princípio da continuidade.

Está correto o que se afirma em:

a) II e III, apenas.

b) I e III, apenas.

c) I, II e III.

d) I, apenas.

547. **(Ieses/TJ/RO/Cartórios/Ingresso/2017)** Assinale a alternativa correta:

a) conforme definido pela Lei n. 6.015/1973, são considerados, para fins de escrituração, credores e devedores, respectivamente: na constituição de renda, o rendeiro censuário e o beneficiário.

b) a matrícula será efetuada por ocasião do primeiro registro a ser lançado na vigência da Lei n. 6.015/1973, mediante os elementos constantes do título apresentado e do registro anterior nele mencionado.

c) de acordo com a Lei n. 6.015/1973, a matrícula somente poderá ser cancelada por decisão judicial.

d) o registro e a averbação poderão ser provocados somente pelas pessoas indicadas na Lei n. 6.015/1973 e por aquelas que demonstrem, via judicial, jurídico interesse no ato, incumbindo-lhes as despesas respectivas.

548. **(Ieses/TJ/CE/Cartórios/Remoção/2018)** Segundo a Lei dos Registros Públicos (Lei n. 6.015/73), o C. N. M. significa:

a) código nacional de matrícula, o qual corresponde à numeração única de matrículas imobiliárias em âmbito nacional.

b) código numérico municipal, o qual corresponde à numeração única de matrículas imobiliárias em âmbito municipal.

c) código nacional municipal, o qual corresponde a uma sequência de numeração única de matrículas imobiliárias para cada comarca instituída.

d) controle numérico matricular, o qual corresponde à numeração única de matrículas imobiliárias em âmbito estadual.

549. **(Ieses/TJ/RO/Cartórios/Remoção/2017)** Quando dois ou mais imóveis contíguos pertencentes ao mesmo proprietário, constarem de matrículas autônomas, pode ele requerer a (__) destas em uma só de novo número, encerrando-se as primitivas:

a) cisão.
b) incorporação.
c) transformação.
d) fusão.

550. **(Ieses/TJ/RO/Cartórios/Ingresso/2017)** Assinale a alternativa correta:

a) em obediência ao princípio da continuidade, revela-se impossível a abertura de matrícula autônoma de vaga de garagem se ausente registro antecedente descrevendo-a (a vaga de garagem).
b) é possível o registro de escritura pública de venda e compra de imóvel adquirido na constância de casamento no qual adotado o regime de separação obrigatória de bens, em qualquer caso, uma vez inexistente presunção de comunicação dos aquestos, sendo tal posição unânime na doutrina e tribunais.
c) a aplicação do princípio da legalidade registral só tem cabimento em se tratando da chamada dúvida inversa.
d) quando a descrição do imóvel referida na escritura pública de venda e compra é diversa daquela constante da matrícula do bem, há evidente ofensa ao princípio da especialidade subjetiva.

551. **(Cespe/TJ/DFT/Cartórios/Ingresso/2014)** No que se refere ao registro de imóveis, assinale a opção correta:

a) na hipótese de desmembramento, o imóvel objeto da matrícula deve ser dividido em dois ou mais imóveis, abrindo-se novas matrículas, sem o encerramento da matrícula do imóvel primitivo, de modo a se obstar fraude à lei de parcelamento do solo urbano.
b) em se tratando de gleba descontínua e constituindo as partes que a integram unidade orgânica, por exploração agrícola ou industrial, o imóvel deverá ser registrado em apenas uma matrícula, dado o princípio do unitarismo da matrícula e do fólio real.
c) em caso de fusão de dois ou mais imóveis limítrofes pertencentes ao mesmo proprietário, o agrupamento deve ser averbado nas matrículas dos imóveis fundidos.
d) ocorre agregação quando o imóvel recebe parte contígua de outro imóvel do mesmo proprietário, observado o patamar mínimo de área previsto em lei, mantendo-se as matrículas, com as averbações correspondentes à diminuição da área de um imóvel e acréscimo ao outro, com as modificações nos perímetros.
e) o imóvel rural pode sofrer vários desdobros, como a segregação de uma gleba maior para formar um ou mais imóveis novos, devendo, nesse caso, ser cancelada a matrícula do imóvel primitivo e abertas novas matrículas.

552. **(Ieses/TJ/AM/Cartórios/Ingresso/2018)** A respeito do tema "matrícula" no registro de imóveis, é correto afirmar:

a) é expressamente vedada a unificação de matrículas de 2 (dois) ou mais imóveis contíguos tendo por objeto a imissão provisória na posse registrada em nome da União, Estado, Município ou Distrito Federal, justamente em razão da provisoriedade – precariedade da imissão e do consequente registro.
b) se na certidão constar ônus, o oficial mesmo assim promoverá a matrícula, sendo hoje desnecessária a averbação do ônus, pois já formado o Cadastro Nacional Registral de Ônus instituído pelo CNJ, devendo constar do título que o oficial devolver à parte a observação de que podem existir ônus incidentes sobre o imóvel.
c) a matrícula será cancelada: por decisão judicial; quando, em virtude de alienações parciais, o imóvel for inteiramente transferido a outros proprietários; pela fusão, observado o disposto na Lei dos Registros Públicos.
d) quando dois ou mais imóveis contíguos pertencentes a proprietários distintos constarem de matrículas autônomas, podem eles requerer a fusão destas em uma só, de novo número, encerrando-se as primitivas, desde que os proprietários sejam parentes em linha reta até o 2º (segundo grau) e haja expressa e prévia concordância do representante do Ministério Público.

553. **(Ieses/TJ/AM/Cartórios/Remoção/2018)** Todo imóvel objeto de título apresentado em cartório para registro, deve estar matriculado no livro:

a) Livro n. 4 de Indicador real.
b) Livro n. 2 de Registro geral.
c) Livro n. 1 de Registro geral.
d) Livro n. 3 de Registro auxiliar.

554. (Vunesp/TJ/SP/Cartórios/Ingresso/2014) São requisitos para unificação de imóveis que pertencem a mais de um proprietário:

a) requerimento, acompanhado de memorial descritivo da área unificada recomendada a autorização municipal, podendo os imóveis ser contíguos ou não, pertencerem aos mesmos proprietários, com partes ideais idênticas em cada um dos imóveis que serão unificados.

b) requerimento, acompanhado de memorial descritivo da área unificada recomendada a autorização municipal, devendo os imóveis ser contíguos e pertencerem aos mesmos proprietários, não importando as partes ideais que cada um possui em cada imóvel que será unificado, desde que requerido por todos os proprietários.

c) requerimento, acompanhado de memorial descritivo da área unificada recomendada a autorização municipal, sendo os imóveis contíguos e pertencerem aos mesmos proprietários, não importando as partes ideais que cada proprietário possui nos imóveis que serão unificados.

d) requerimento, acompanhado de memorial descritivo da área unificada recomendada a autorização municipal, devendo os imóveis ser contíguos e pertencerem aos mesmos proprietários, com partes ideais idênticas em cada um dos imóveis que serão unificados.

1.5.7. Do Registro

✱ SÚMULAS

STF **Súm. 158.** Salvo estipulação contratual averbada no registro imobiliário, não responde o adquirente pelas benfeitorias do locatário.

STF **Súm. 442.** A inscrição do contrato de locação no registro de imóveis, para a validade da cláusula de vigência contra o adquirente do imóvel, ou perante terceiros, dispensa a transcrição no registro de títulos e documentos.

STF **Súm. 167.** Não se aplica o regime do Dec.-Lei 58, de 10.12.1937, ao compromisso de compra e venda não inscrito no registro imobiliário, salvo se o promitente vendedor se obrigou a efetuar o registro.

STF **Súm. 168.** Para os efeitos do Dec.-Lei 58, de 10.12.1937, admite-se a inscrição imobiliária do compromisso de compra e venda no curso da ação.

STJ **Súm. 76.** A falta de registro do compromisso de compra e venda de imóvel não dispensa a prévia interpelação para constituir em mora o devedor.

STJ **Súm. 84.** É admissível a oposição de embargos de terceiro fundados em alegação de posse advinda do compromisso de compra e venda de imóvel, ainda que desprovido do registro.

STJ **Súm. 239.** O direito à adjudicação compulsória não se condiciona ao registro do compromisso de compra e venda no cartório de imóveis.

STJ **Súm. 375.** O reconhecimento da fraude à execução depende do registro da penhora do bem alienado ou da prova de má-fé do terceiro adquirente.

STJ **Súm. 496.** Os registros de propriedade particular de imóveis situados em terrenos de marinha não são oponíveis à União.

✱ INFORMATIVOS

STJ **Competência. Anulação. Registro. Imóvel.** A Seção, ao conhecer do conflito positivo de competência instaurado em ação declaratória de nulidade de registro de imóvel ajuizada na Justiça comum estadual referente à arrematação promovida em execução trabalhista, declarou competente a Justiça do Trabalho por entender que o ato apontado como nulo ocorreu no juízo especializado, cabendo exclusivamente a ele, em processo próprio, a eventual desconstituição do julgado que homologou a referida arrematação. CC 86.065, Rel. Min. Luis Salomão, j. 13.12.2010. 2ª S. (Info 460)

✱ QUESTÕES OBJETIVAS

555. (Cespe/TJ/DFT/Cartórios/Remoção/2014) Assinale a opção correta a respeito do registro de imóveis:

a) a dúvida registrária configura procedimento administrativo suscitado pelo registrador, na fase de qualificação, na hipótese de títulos contraditórios, para o estabelecimento da ordem de preferência do registro.

b) por força dos princípios da unitariedade e do fólio real, o título não pode ser cindido, não sendo possível, portanto, averbar, a requerimento do interessado, mandado de penhora de imóvel em que conste a existência de construção não averbada na matrícula respectiva.

c) de acordo com o princípio da prioridade, o título apresentado em primeiro lugar no registro assegura a preferência na aquisição do direito real respectivo, desse modo, protocolada escritura de hipoteca em que seja mencionada a constituição de hipoteca anterior, não inscrita, será registrada a hipoteca posterior, que obterá preferência.

d) consoante o princípio da especialidade, a descrição do imóvel rural deve ser obtida a partir de memorial descritivo assinado por profissional habilitado, e os eventuais erros ou discrepâncias entre os limites reais do imóvel e os constantes da matrícula somente poderão ser retificados em ação demarcatória.

e) a retificação do registro por inexatidão causada por falsidade ou nulidade do registro ou do título que o fundamenta deverá ser declarada pelo juiz corregedor, em âmbito administrativo, somente quando for manifesta e não importar dano potencial a terceiros, ou quando houver consentimento de todos os interessados.

556. (Faurgs/TJ/RS/Cartórios/Ingresso/2015) Assinale a alternativa que apresenta afirmação correta a respeito da disciplina sobre registro de imóveis na Lei n. 6.015/1973:

a) a instituição de bem de família é objeto de averbação.

b) as hipotecas legais, judiciais e convencionais são objeto de averbação.

c) as servidões em geral são objeto de registro.

d) as servidões em geral são objeto de averbação.

557. (FMP/TJ/MT/Cartórios/Remoção/2014) Nos termos da Lei 6.015/73, é incorreto afirmar que o registrador de imóveis poderá retificar o registro ou a averbação:

a) de ofício, em caso de omissão ou erro cometido na transposição de qualquer elemento do título.

b) a requerimento do interessado, em caso de alteração ou inserção que resulte de mero cálculo matemático feito a partir das medidas perimetrais constantes do registro.

c) a requerimento do interessado, em caso de inserção ou modificação dos dados de qualificação pessoal das partes, comprovada por documentos oficiais.

d) de ofício, em caso de inserção ou alteração de medida perimetral de que resulte alteração de área.

e) de ofício, em caso de alteração de denominação de logradouro público, comprovada por documento oficial.

558. (Vunesp/TJ/SP/Cartórios/Remoção/2016) A imissão provisória na posse de bem imóvel, concedida em favor da União:

a) é registrável na matrícula do imóvel, mas a sua cessão ou promessa de cessão são averbáveis.

b) é averbável na matrícula do imóvel, da mesma forma que a sua cessão ou promessa de cessão.

c) é averbável na matrícula do imóvel, mas a sua cessão e promessa de cessão não têm previsão de registro ou averbação.

d) é registrável na matrícula do imóvel, da mesma forma que a sua cessão ou promessa de cessão.

559. (Cespe/TJ/DFT/Cartórios/Remoção/2014) Considerando as normas sobre ordem dos serviços contidas na Lei de Registros Públicos, assinale a opção correta:

a) título apresentado no horário regulamentar deve ser registrado, impreterivelmente, no mesmo dia.

b) os títulos apresentados apenas para o exame e o cálculo dos respectivos emolumentos devem, primeiramente, ser protocolizados.

c) o horário de funcionamento da serventia pode ser definido pelo notário ou registrador, desde que seja cumprida a carga horária diária estabelecida pela respectiva corregedoria.

d) o registro civil de pessoas naturais deve funcionar todos os dias, com exceção dos feriados nacionais.

e) caso um registrador de imóveis, com vistas a evitar o perecimento de um direito, protocolize e lavre um registro fora do horário regular de funcionamento, esse registro será considerado nulo.

560. (Ieses/TJ/MS/Cartórios/Ingresso/2014) No registro de imóveis, a prenotação de título tem por finalidade:

a) garantir prioridade de registro somente entre os títulos judiciais encaminhados pela parte interessada ou, diretamente, pelo Poder Judiciário.

b) assegurar prioridade de registro de título lançado no protocolo, cujo número de ordem recebido prevalecerá sobre outro gerado posteriormente, salvo se os referidos títulos tenham sido apresentados pela mesma pessoa.

c) assegurar a prioridade de registro de título lançado no protocolo, cujo número de ordem recebido prevalecerá sobre outro gerado posteriormente, ainda que os títulos tenham sido apresentados, simultaneamente, pelo mesmo interessado.

d) distribuir o serviço na serventia extrajudicial.

561. (Cespe/TJ/SE/Cartórios/Remoção/2014) Com relação a registros e averbações, assinale a opção correta:

a) na constituição de renda sobre imóvel, pode o credor exigir que o rendeiro preste garantia real, sendo necessário o registro para a produção de efeitos oponíveis perante terceiros.

b) as debêntures garantidas por hipoteca, penhor industrial ou anticrese sobre bens da sociedade ou oferecidos por terceiros não dependem de escritura no registro de imóveis, porquanto são de conhecimento presumido dos debenturistas.

c) averbada a construção e efetuado o registro da instituição do condomínio, estinguem-se as matrículas complementares, que são consolidadas em uma única matrícula, com a especificação e descrição das unidades autônomas construídas.

d) o direito de retrovenda é passível de cessão e transmissão "causa mortis", no prazo legal, independentemente de menção na escritura pública de compra e venda, por expressa disposição legal.

e) o direito real de habitação do cônjuge supérstite no imóvel de residência enquanto viver ou perdurar a viuvez, por constituir gravame, tem como requisito, para que produza efeitos "erga omnes", a averbação na matrícula do imóvel.

562. (Cespe/TJ/SE/Cartórios/Ingresso/2014) De acordo com o procedimento de retificação no registro de imóveis, assinale a opção correta:

a) havendo impugnação e se as partes não tiverem formalizado transação amigável para solucioná-la, o oficial de registro de imóveis deverá decidi-la de plano ou após instrução sumária.

b) as áreas públicas deverão ser demarcadas ou ter seus registros retificados conforme procedimento próprio da Lei n. 8.666/1990.

c) não são devidos custas ou emolumentos notariais ou de registro decorrentes de regularização fundiária de interesse social a cargo da administração pública.

d) o oficial retificará o registro ou a averbação de ofício ou a requerimento do interessado no caso de inserção ou alteração de medida perimetral de que resulte alteração de área.

e) se a planta não contiver a assinatura de algum confrontante, este será notificado; não sendo encontrado este ou estando ele em lugar incerto e não sabido, tal fato será certificado pelo oficial de justiça, promovendo-se a notificação do confrontante mediante edital, com o prazo de quinze dias, publicado por duas vezes em jornal local de grande circulação.

563. (Cespe/TJ/SE/Cartórios/Ingresso/2014) Com relação às proibições de dispor e ao registro de imóveis, assinale a opção correta:

a) as proibições de disposição de bens imóveis, sejam elas previstas em negócio jurídico gratuito ou decorrentes de administrativos ou de restrições legais, somente produzem efeitos em relação a terceiros se forem abrangidas pela publicidade registral.

b) por vedação legal expressa, os bens do ausente não podem ser alienados, hipotecados e(ou) desapropriados.

c) a cláusula de inalienabilidade de imóvel importa em impenhorabilidade e o bem clausulado não pode ser dado em garantia real, nem se comunica ao cônjuge.

d) a instituição de bem de família por testamento torna o imóvel inalienável e impenhorável, ainda que haja consentimento dos interessados e de seus representantes legais.

e) no ordenamento jurídico brasileiro, as proibições convencionais podem ser perpétuas ou temporárias, como nas hipóteses de fideicomisso e usufruto.

564. (Consulplan/TJ/MG/Cartórios/Remoção/2017) Caso seja efetuado um registro de pacto antenupcial no Registro Auxiliar – Livro 3, em conformidade com a Lei n. 6.015/1973, antes do casamento e este não vir a se realizar, o ato é considerado nulo. Entretanto, a sua extinção se dará:

a) a requerimento ao oficial por um dos nubentes.

b) a requerimento ao oficial por ambos os nubentes e 2 testemunhas.

c) somente por via judicial.

d) ex-officio pelo oficial, independente de requerimento.

565. (Ieses/TJ/RO/Cartórios/Ingresso/2017) Assinale a alternativa correta:

a) a reserva legal, para ser eficaz perante terceiros, necessita ser levada a registro no registro de imóveis onde localizado o imóvel ambientalmente protegido.

b) a instituição do bem de família deve ser anotada à margem da matrícula do imóvel, e tal anotação possui o mesmo valor jurídico de uma averbação, desde que anterior às dívidas contraídas pelo casal.

c) conforme o contido na Lei n. 6.015/1973, compete ao titular do registro de imóveis, além de promover a matrícula, registro e averbação, providenciar a interpelação extrajudicial de todos os proprietários dos imóveis cujas matrículas serão unificadas, em caso de desacordo entre eles.

d) no registro de imóveis serão feitos, nos termos da Lei n. 6.015/1973, o registro e a averbação dos títulos ou atos constitutivos, declaratórios, translativos e extintos de direitos reais sobre imóveis reconhecidos em lei, "intervivos" ou "mortis causa" quer para sua constituição, transferência e extinção, quer para sua validade em relação a terceiros, quer para a sua disponibilidade.

566. **(Ieses/TJ/RO/Cartórios/Ingresso/2017)** Assinale a alternativa correta:

a) de acordo com a Lei n. 6.015/1973, o registro de hipoteca convencional valerá pelo prazo de 30 (trinta) dias, findo o qual só será mantido o número anterior se reconstituída por novo título e novo registro.

b) de acordo com a Lei n. 6.015/1973, ainda que o imóvel esteja matriculado, não se fará registro que dependa da apresentação de título anterior, a fim de que se preserve a prioridade do registro.

c) de acordo com a Lei n. 6.015/1973, ainda que o imóvel esteja matriculado, não se fará registro que dependa da apresentação de título anterior, a fim de que se preserve a continuidade do registro.

d) de acordo com a Lei n. 6.015/1973, nenhum registro poderá ser feito sem que o imóvel a que se referir esteja matriculado, exceto quando se tratar de desapropriação de imóvel rural por interesse ou utilidade pública.

567. **(Ieses/TJ/RO/Cartórios/Remoção/2017)** No registro de imóveis, além da matrícula, serão feitos os registros de:

a) enfiteuse, anticrese, convenções antenupciais e as cédulas hipotecárias.

b) máquinas e equipamentos agrícolas, cédulas hipotecárias e anticrese.

c) enfiteuse, anticrese, convenções antenupciais e as cédulas de crédito rural.

d) enfiteuse, anticrese, convenções antenupciais e as baixas de pessoa jurídica enquadrada como EIRELI.

568. **(Consulplan/TJ/MG/Cartórios/Ingresso/2017)** Acerca do registro de imóveis, assinale a alternativa correta:

a) em caso de permuta, e pertencendo os imóveis à mesma circunscrição, serão feitos os registros nas matrículas correspondentes, sob números de ordem distintos e sucessivos no Protocolo.

b) os ônus sobre parte do imóvel, tais como servidão e superfície, serão registrados na matrícula do imóvel, vedada a abertura de matrícula para a parte onerada.

c) o ente público proprietário ou imitido na posse a partir de decisão proferida em processo judicial de desapropriação em curso poderá requerer a abertura de matrícula de parte de imóvel situado em área urbana ou de expansão urbana, salvo se o imóvel já estiver previamente matriculado, com base em planta e memorial descritivo, podendo a apuração de remanescente ocorrer em momento posterior.

d) o memorial descritivo de identificação de imóvel rural, nos termos do Decreto n. 4.449/02, que alterar a área do registro, resultará numa nova matrícula com encerramento da matrícula anterior no serviço de registro de imóveis competente; mas, se alterar o registro sem que esta alteração lhe afete a área registrada, será averbado na matrícula já existente.

569. **(Consulplan/TJ/MG/Cartórios/Ingresso/2017)** No registro de imóveis, além da matrícula, serão feitos o registro:

a) da alienação fiduciária em garantia de coisa imóvel e móvel.

b) dos contratos de compromisso de compra e venda de cessão deste e de promessa de cessão, com ou sem cláusula de arrependimento, sempre que tenham por objeto imóveis loteados ou não e cujo preço tenha sido pago no ato de sua celebração, ou deva sê-lo a prazo, de uma só vez ou em prestações.

c) da imissão provisória na posse, quando concedida à União, aos Estados, ao Distrito Federal, aos Municípios ou às suas entidades delegadas, e respectiva cessão e promessa de cessão.

d) dos julgados e atos jurídicos entre vivos que dividirem imóveis ou os demarcarem, ressalvados os casos de incorporação que resultarem em constituição de condomínio e atribuírem uma ou mais unidades aos incorporadores.

570. **(Ieses/TJ/AM/Cartórios/Ingresso/2018)** A respeito do tema "registro" no registro de imóveis, é correto afirmar:

a) a matrícula do imóvel promovida pelo titular do domínio direto aproveita ao titular do domínio útil, e vice-versa.

b) ainda que o imóvel esteja matriculado, não se fará registro que dependa da apresentação de título anterior, a fim de que se preserve a especialidade do registro.

c) o registro da penhora faz prova quanto à fraude de qualquer transação posterior, exceto se se tratar de terceiro de boa-fé, assim considerado aquele de pouca ou nenhuma instrução formal, a critério do representante do Ministério Público.

d) nenhum registro poderá ser feito sem que o imóvel a que se referir esteja matriculado, exceto se pendente processo de dúvida.

571. **(Ieses/TJ/PB/Cartórios/Ingresso/2014)** A respeito do registro eletrônico, assinale a alternativa incorreta:

a) os atos registrais praticados a partir da vigência da Lei Federal n. 6.015/73, estão dispensados de inserção no sistema de registro eletrônico.

b) os documentos eletrônicos apresentados aos serviços de registros públicos ou por eles expedidos deverão atender aos requisitos da Infraestrutura de Chaves Públicas Brasileira (ICP) e à arquitetura e-PING (Padrões de Interoperabilidade de Governo Eletrônico).

c) os serviços de registros públicos instituirão sistema de registro eletrônico, observados os prazos e condições previstas em regulamento.

d) os serviços de registros públicos disponibilizarão a recepção de títulos, o fornecimento de informações e certidões por meio eletrônico.

572. **(Cespe/TJ/SE/Cartórios/Remoção/2014)** Acerca de registro e matrícula, assinale a opção correta:

a) o direito de uso, por constituir liberalidade do titular do domínio, dispensa o registro na matrícula do imóvel, bastando, para a produção de seus efeitos jurídicos, o registro do contrato no registro de títulos e documentos.

b) o contrato de doação permite que se estabeleça cláusula de reversão no caso de morte do donatário anterior à do doador, em favor deste ou de terceiro.

c) o direito de superfície de imóvel urbano, temporário por sua natureza e por não implicar a transferência do domínio do imóvel, deve ser registrado no registro de títulos e documentos.

d) a aquisição de propriedade por desapropriação administrativa consensual com o particular configura exceção aos princípios da continuidade e da especialidade, devendo-se lavrar nova matrícula em favor da pessoa jurídica de direito público interno.

e) no contrato de alienação fiduciária em garantia, sob o sistema de financiamento imobiliário, o fiduciante, com o escopo de garantia, contrata a transferência, ao fiduciário, da propriedade resolúvel do imóvel, mediante ato registral levado a efeito no registro de imóveis.

573. **(Cespe/TJ/SE/Cartórios/Remoção/2014)** Assinale a opção correta relativamente ao registro de imóveis:

a) exige-se a retificação de registro no caso de adequação da descrição de imóvel urbano decorrente de transformação de coordenadas geodésicas entre os sistemas de georreferenciamento oficiais.

b) a matrícula de um imóvel será encerrada pela fusão, que ocorre quando há requerimento de uma só matrícula, com novo número, de dois ou mais imóveis contíguos com matrículas originariamente autônomas, pertencentes a diversos proprietários ou a um só proprietário.

c) de acordo com o princípio da verdade real, não se admite a presunção de anuência do confrontante que deixar de apresentar impugnação no prazo de notificação no processo de retificação de registro.

d) deve-se proceder à inscrição de único registro imobiliário nos casos de escrituras públicas de inventário e partilha e de separação ou divórcio em que o bem imóvel situe-se em condomínio.

e) dois ou mais confrontantes de bens imóveis poderão, por meio de escritura pública, alterar ou estabelecer as divisas entre si, desde que mediante processo de retificação do registro.

574. **(Cespe/TJ/DFT/Cartórios/Remoção/2014)** No que se refere aos princípios aplicáveis ao registro de imóveis, assinale a opção correta:

a) de acordo com o princípio da legitimidade, deve haver a individuação de tudo o que se lança no registro.

b) o registro configura a presunção legal da validade do ato registrado, em consonância com o princípio da inscrição.

c) de acordo com o princípio da publicidade, presume-se que o conteúdo do registro é exato e verdadeiro em decorrência da publicidade que lhe é dada.

d) segundo o princípio da especialidade, deve ser estabelecida uma efetiva conexão entre o registro e os diferentes negócios modificativos da situação jurídico-real por meio de assentamentos registrários.

e) o procedimento de registro inicia-se a pedido do interessado, conforme o princípio da prioridade.

575. **(Cespe/TJ/DFT/Cartórios/Remoção/2014)** Em relação aos princípios aplicáveis ao registro de imóveis, assinale a opção correta:

a) conforme o princípio da fé pública, aplicável sem restrições no ordenamento jurídico brasileiro, o conteúdo do registro possui presunção iuris et de iure, prevalecendo de forma absoluta em relação ao terceiro de boa-fé que, confiando nos assentos do registro de imóveis, celebrou o negócio jurídico com o titular aparente.

b) em decorrência do princípio da continuidade, antes do registro da escritura pública, o promissário comprador deverá registrar o contrato de promessa de compra e venda celebrado com o alienante.

c) dado o princípio da instância, os registros e averbações efetivados no Serviço de registro de imóveis serão realizados somente por provocação, não cabendo ao oficial a prática de ato de ofício.

d) devido à aplicabilidade do princípio da publicidade condicionada ao registro de imóveis, para a emissão de certidões, deve-se exigir dos interessados informações acerca do motivo ou interesse do pedido.

e) dado o princípio da inscrição, é necessário o registro do título pelo qual se formaliza a vontade de transferir, por ato "inter vivos", a propriedade de imóvel cujo valor é trinta vezes inferior ao maior salário-mínimo vigente no país.

1.5.8. Da Averbação e do Cancelamento

* ENUNCIADOS CJF

CJF **Civil 511.** Do leilão, mesmo que negativo, a que se refere o art. 27 da Lei n. 9.514/1997, será lavrada ata que, subscrita pelo leiloeiro, poderá ser averbada no registro de imóveis competente, sendo a transmissão da propriedade do imóvel levado a leilão formalizada mediante contrato de compra e venda.

* INFORMATIVOS

STJ **Denúncia, pelo comprador, de contrato de locação ainda vigente, sob a alegação de inexistência de averbação da avença na matrícula do imóvel.** O comprador de imóvel locado não tem direito a proceder à denúncia do contrato de locação ainda vigente sob a alegação de que o contrato não teria sido objeto de averbação na matrícula do imóvel se, no momento da celebração da compra e venda, tivera inequívoco conhecimento da locação e concordara em respeitar seus termos. REsp 1.269.476, Rel. Min. Nancy Andrighi, j. 5.2.2013. 3ª T. (Info 515)

STJ **MS. Lei em tese. Averbação. Incorporação de empresa.** O ato a ser praticado pelo oficial de registro de imóveis em caso de incorporação de empresa é a averbação, enquanto que, em se tratando de incorporação de bens, deve-se proceder ao registro (Lei 6.404/1976, arts. 98 e 234). RMS 18.698, Rel. Min. Eliana Calmon, j. 17.2.2005. 2ª T. (Info 235)

STJ **Protesto. Alienação. Bens. Averbação.** A averbação, no cartório de registro de imóveis, de protesto contra alienação de bem está dentro do poder geral de cautela do juiz (art. 798 do CPC) e se justifica pela necessidade de dar conhecimento do protesto a terceiros, prevenindo litígios e prejuízos para eventuais adquirentes. EREsp 696.603, Rel. Min. Luis F. Salomão, j. 24.3.2010. 2ª S. (Info 428)

* QUESTÕES DISCURSIVAS

33. **(Ieses/TJ/PB/Cartórios/2014)** José da Silva, titular de domínio do imóvel objeto da matrícula 1234, do 1º Registro de Imóveis de João Pessoa, entabulou com Francisco de Souza locação comercial, sendo estipuladas cláusulas de vigência e de preferência. O bem em questão foi declarado indisponível por ordem expedida por Juiz do Trabalho, no bojo de reclamação trabalhista movida em face de José da Silva, tendo sido regularmente averbada na matrícula. O contrato de locação foi apresentado para registro. Na posição de Registrador, elabore o ato compatível com a situação apresentada, justificando.

34. **(Cetro/TJ/RJ/Cartórios/Remoção/2012)** Explique sobre a possibilidade de o registrador, a requerimento do interessado, averbar mandado de penhora de imóvel no qual conste a existência de construção não averbada na respectiva matrícula, abordando, no que couber, os princípios registrais aplicados ao caso.

35. (Vunesp/TJ/SP/Cartórios/2012) "A" pretende a averbação do cancelamento administrativo de hipoteca instituída sobre imóvel matriculado na serventia predial "B", sob o argumento de que o credor hipotecário encontra-se em lugar ignorado e de que houve extinção da garantia real em virtude da prescrição da pretensão à cobrança da dívida a ela relacionada. Pode o oficial Registrador promover a averbação pretendida? Justifique.

* QUESTÕES OBJETIVAS

576. (Vunesp/TJ/SP/Cartórios/Remoção/2016) O exercício do direito de preferência pelo locatário que pretender haver o imóvel, mediante o depósito do preço e das despesas de transferência, pressupõe:

a) a averbação do contrato de locação junto à matrícula do imóvel no início da locação.

b) a formalização do contrato de locação por instrumento público.

c) a averbação do contrato de locação junto à matrícula do imóvel pelo menos 30 dias antes da alienação.

d) a manifestação de interesse na aquisição do imóvel, para o registrador, pelo menos 90 dias antes da alienação.

577. (Vunesp/TJ/SP/Cartórios/Ingresso/2016) No curso de cumprimento de sentença condenatória ao pagamento de quantia, o credor exequente requer a penhora de imóvel em relação ao qual o devedor é titular de direitos oriundos de compromisso particular de compra e venda não inscrito no registro de imóveis. A medida constritiva é:

a) totalmente inviável, pois que não tendo havido registro do bem em nome do devedor, os direitos oriundos de compromisso particular de compra e venda não inscrito no registro de imóveis não são dotados de expressão econômica.

b) totalmente viável, porque independentemente da inscrição do compromisso no registro de imóveis, o devedor já é tido como titular da propriedade sobre o bem, sendo, portanto, penhorável o imóvel e passível de averbação da dita penhora na matrícula.

c) viável em parte, admitindo-se tão somente a penhora dos direitos do executado sobre o imóvel, e vedada a averbação da penhora no registro de imóveis, por afronta ao princípio da continuidade registrária, já que o bem formalmente é propriedade de terceiro.

d) viável, desde que o credor apresente junto ao registro de imóveis cópia do auto ou termo de penhora sobre o imóvel, caso em que a penhora será averbada na matrícula, para presunção absoluta de conhecimento de terceiros.

578. (Cespe/TJ/PI/Cartórios/Ingresso/2013) De acordo com a Lei de Registros Públicos, é objeto de averbação:

a) o contrato de locação de prédio com cláusula de vigência para o caso de alienação da coisa locada.

b) a servidão.

c) a extinção de direito real por cancelamento.

d) o usufruto sobre imóvel quando não resultar do direito de família.

e) a hipoteca convencional.

579. (Cespe/TJ/PI/Cartórios/Remoção/2013) No que tange aos princípios informadores do registro de imóveis, assinale a opção correta:

a) segundo o princípio da prioridade, corolário da eficácia jurídica, os atos de registro e de averbação devem ser lançados em livro próprio para conferir-lhes segurança e oponibilidade perante terceiros.

b) segundo o princípio da legalidade, o registro tem efeito saneador, razão pela qual os títulos levados à tábula predial não devem estar inquinados diante da qualificação realizada pelo registrador.

c) de acordo com o princípio da concentração, nenhum fato ou ato jurídico que diga respeito à situação do imóvel ou a suas mutações subjetivas pode ficar indiferente à inscrição na matrícula.

d) conforme o princípio da instância, o registrador não atua de ofício, mas, exclusivamente, por requerimento expresso do interessado ou do MP.

e) consoante o princípio da especialidade objetiva e o da especialidade subjetiva, o imóvel, para efeito de registro público, deve ser plenamente identificado por meio de indicações exatas de suas medidas, características e confrontações.

580. (TJ/SC/Cartórios/Remoção/2012) Sobre o registro, averbação e cancelamento no registro de imóveis previstos na Lei de Registros Públicos (Lei n. 6.015/1973), assinale a alternativa incorreta:

a) as escrituras antenupciais serão registradas no Livro n. 3 do cartório do domicílio conjugal, sem prejuízo de sua averbação obrigatória no lugar da situação dos imóveis de propriedade do casal, ou dos que forem sendo adquiridos e sujeitos a regime de bens diverso do comum, com a declaração das respectivas cláusulas, para ciência de terceiros.
b) o registro da penhora faz prova quanto à fraude de qualquer transação posterior.
c) o contrato de locação, com cláusula expressa de vigência no caso de alienação do imóvel, registrado no Livro n. 2, consignará, também, o seu valor, a renda, o prazo, o tempo e o lugar do pagamento, bem como pena convencional.
d) ainda que o imóvel esteja matriculado, não se fará registro que dependa da apresentação de título anterior, a fim de que se preserve a continuidade do registro.
e) o registro, enquanto não cancelado, produz todos os efeitos legais salvo se, por outra maneira, se prove que o título está desfeito, anulado, extinto ou rescindido.

581. **(Faurgs/TJ/RS/Cartórios/Remoção/2015)** Assinale a alternativa que apresenta afirmação correta a respeito da disciplina sobre registro de imóveis na Lei n. 6.015/1973:
a) as cláusulas de inalienabilidade, impenhorabilidade e incomunicabilidade impostas a imóveis são objeto de registro.
b) as cédulas hipotecárias são objeto de registro.
c) a caução e a cessão fiduciária de direitos relativos a imóveis são objeto de registro.
d) as cláusulas de inalienabilidade, impenhorabilidade e incomunicabilidade impostas a imóveis são objeto de averbação.

582. **(Ieses/TJ/PB/Cartórios/Ingresso/2014)** Assinale a alternativa que corresponda, respectivamente, a atos de registro e averbação, no oficial de registro de imóveis:
a) instituição de bem de família e servidões em geral.
b) cessão de crédito imobiliário e extinção da concessão de direito real de uso.
c) cédulas hipotecárias e contrato de locação, para fins de exercício de direito de preferência.
d) cédulas de crédito rural e contrato de locação, para fins de exercício de direito de preferência.

583. **(Vunesp/TJ/SP/Cartórios/Ingresso/2014)** Em 20.08.2005, foi efetuado registro de uma Escritura Pública de Venda e Compra e constou do ato do registro que o casal adquirente adotou o regime da Comunhão Universal de Bens antes da Lei n. 6.515/77. Em 13.11.2013, o oficial do registro de imóveis que assumiu a delegação no 8º concurso, ao qualificar um requerimento de alteração de estado civil para Comunhão Parcial de Bens na vigência da Lei n. 6.515/77, constata que houve um erro no momento da prática do ato de registro, em 20.08.2005. Sendo assim, este oficial deve:
a) não praticar a averbação de alteração com base na certidão de casamento, tendo em vista que o erro foi imputável ao antigo oficial de registro, indicando ao interessado que deve acionar o Juiz Corregedor Permanente e requerer a retificação do registro.
b) não praticar a averbação de alteração com base na certidão de casamento, tendo em vista que alteração de regime de bens só poderá ser feita através de sentença judicial transitada em julgado.
c) praticar a averbação de correção com base no título que deu origem ao registro e não cobrar emolumentos em decorrência da prática do ato de retificação, tendo em vista que o erro foi imputável ao respectivo serviço de registro.
d) praticar a averbação de alteração com base na certidão de casamento e cobrar emolumentos, tendo em vista que o erro foi imputável ao antigo oficial de registro.

584. **(Ieses/TJ/RO/Cartórios/Ingresso/2017)** Assinale a alternativa correta:
a) conforme estabelecido pela Lei n. 6.015/1973 pode o terceiro de boa-fé, perante juízo arbitral, desde que demonstre real prejuízo, fazer prova da extinção dos ônus reais e promover, portanto, o cancelamento do seu registro.
b) conforme estabelecido pela Lei n. 6.015/1973 o registro, enquanto não cancelado, produz todos os efeitos legais ainda que, por outra maneira, se prove que o título está desfeito, anulado, extinto ou rescindido.
c) conforme estabelecido pela Lei n. 6.015/1973, serão registradas na matrícula as sub-rogações e outras ocorrências que, por qualquer modo, alterem o registro, exceto se, a critério do Registrador, implicarem prejuízo a terceiros de boa-fé.

d) conforme estabelecido pela Lei n. 6.015/1973, o cancelamento do registro pode ser feito em virtude de sentença, mesmo que ainda sujeita a recurso, por força do princípio da segurança jurídica.

585. **(Consulplan/TJ/MG/Cartórios/Remoção/2017)** São atos de averbação no registro de imóveis, exceto:

a) os contratos de locação de prédios, nos quais tenha sido consignada cláusula de vigência no caso de alienação da coisa locada.
b) o Termo de Securitização de créditos imobiliários, quando submetidos a regime fiduciário.
c) a notificação para parcelamento, edificação ou utilização compulsórios de imóvel urbano.
d) das cédulas hipotecárias.

586. **(Ieses/TJ/RO/Cartórios/Remoção/2017)** O cancelamento da servidão, quando o prédio dominante estiver hipotecado:

a) poderá ser feito a pedido do devedor.
b) só poderá ser feito com aquiescência do credor, expressamente manifestada.
c) não ocorrerá em hipótese alguma.
d) apenas ocorrerá por sentença judicial.

587. **(Cetro/TJ/RJ/Cartórios/Ingresso/2017)** De acordo com a jurisprudência do Superior Tribunal de Justiça, assinale a alternativa incorreta em relação à penhora:

a) quando incidente sobre bens imóveis, deve-se proceder à averbação da penhora no registro de imóveis, a fim de dar publicidade à constrição realizada e gerar presunção absoluta de seu conhecimento em relação a terceiros. Mas tal providência não constitui requisito integrativo do ato de penhora e, portanto, não interfere na questão relativa à preferência temporal das penhoras realizadas que, para esse efeito, contam-se a partir da data da expedição do respectivo termo de penhora.
b) a averbação da penhora na matrícula do imóvel determina o direito de preferência entre os credores quirografários, independentemente da ordem das penhoras efetuadas por juízos diversos.
c) a impenhorabilidade dos bens entregues em garantia hipotecária tanto em Cédula de Crédito Rural como em Cédula de Crédito Industrial tem sido relativizada pelo Superior Tribunal de Justiça, com admissão da penhora em execuções de créditos tributários e trabalhistas.
d) a Lei n. 8.009/1990, que tutela o bem de família, prevê a impenhorabilidade do imóvel destinado à família, contudo o Superior Tribunal de Justiça já decidiu sobre a possibilidade de penhora sobre parte do imóvel que exceder o necessário à moradia do devedor e de sua família, quando o imóvel for desmembrável e desde que este desmembramento não prejudique ou inviabilize a residência da família.
e) a cláusula testamentária de inalienabilidade não impede a penhora em execução contra o espólio, porém, não admite a penhora para garantir o pagamento das dívidas contraídas pelos herdeiros.

588. **(Cetro/TJ/RJ/Cartórios/Ingresso/2017)** Acerca de tópicos a serem observados quando de averbação, no cartório de registro de imóveis, do chamado patrimônio de afetação, assinale a alternativa correta:

a) a incorporação poderá ser submetida ao regime da afetação – terreno e as acessões objeto de incorporação imobiliária –, mantendo-se apartado do patrimônio do incorporador, mediante critério definido pelos condôminos e apresentado ao incorporador.
b) obsta a averbação do patrimônio de afetação a existência de ônus real constituído sobre o imóvel objeto da incorporação, ainda que para garantia de pagamento de sua aquisição.
c) a extinção do patrimônio de afetação somente pode se dar por liquidação deliberada em assembleia geral.
d) os bens e direitos integrantes do patrimônio de afetação são objeto de garantia real em operação de crédito atrelada à edificação imobiliária, desvinculado da obrigatoriedade de entrega das unidades autônomas.
e) os efeitos da decretação da falência do incorporador não atingem o patrimônio de afetação constituído, excluindo, portanto, da massa concursal, o terreno, as acessões e demais bens, direitos creditórios, obrigações e encargos à incorporação.

589. **(Ieses/TJ/CE/Cartórios/Remoção/2018)** Tratando-se de terra indígena com demarcação homologada:

a) a União promoverá o registro da área em seu nome.
b) o Município onde se encontra a terra indígena promoverá o registro da área em seu nome.

c) fica dispensado o registro da área.
d) a Unidade da Federação-UF onde se encontra a terra indígena promoverá o registro da área em seu nome.

590. (Ieses/TJ/CE/Cartórios/Ingresso/2018) Assinale a resposta correta sobre cancelamento de registro, conforme a Lei de Registros Públicos:

a) o cancelamento da servidão, quando o prédio dominante estiver hipotecado, independe da aquiescência do credor.
b) ao terceiro prejudicado é lícito, em juízo, fazer prova da extinção dos ônus, reais, e promover o cancelamento do seu registro.
c) a inscrição de incorporação ou loteamento só será cancelada a requerimento do incorporador ou loteador, enquanto nenhuma unidade ou lote for objeto de transação averbada, ou mediante o consentimento da maioria dos compromissários ou cessionários.
d) o cancelamento pode ser feito em virtude da sentença sujeita, ainda, a recurso.

591. (Ieses/TJ/AM/Cartórios/Ingresso/2018) A respeito do tema "averbação e cancelamento" no registro de imóveis, é correto afirmar:

a) o cancelamento poderá ser total ou parcial e referir-se a qualquer dos atos do registro.
b) o registro, enquanto não cancelado, produz todos os efeitos legais, exceto se restar provado que o título está desfeito, anulado, extinto ou rescindido.
c) far-se-á o cancelamento em cumprimento de decisão judicial, mesmo que não transitada em julgado, se a situação assim o exigir, com base na prudente análise do Registrador e após manifestação favorável do representante do Ministério Público.
d) ao terceiro prejudicado é lícito fazer prova da extinção dos ônus reais e promover o cancelamento do seu registro diretamente junto ao cartório de registro de imóveis da comarca onde localizado o bem, desde que haja expressa e prévia autorização do representante do Ministério Público para tanto.

592. (Cespe/TJ/SE/Cartórios/Ingresso/2014) Assinale a opção correta acerca de atos notariais provenientes de decisões judiciais:

a) na adjudicação, há transferência coativa da propriedade do imóvel levado a hasta pública ao terceiro interveniente ou adjudicante que apresentar a melhor oferta.
b) o sequestro configura medida judicial de natureza cautelar, de apreensão de bens imóveis do devedor, com o objetivo de garantir débito líquido e certo, somente oponível a terceiros após averbação no registro de imóveis.
c) a penhora de imóvel determinada judicialmente constitui óbice à alienação desse bem, por constituir medida restritiva ao domínio do proprietário.
d) nas ações reais, a exemplo das reivindicatórias, de manutenção e reintegração de posse e usucapião, diversamente das ações pessoais reipersecutórias, derivadas de relação obrigacional, a citação poderá ser registrada no Livro n. 2, na circunscrição imobiliária competente.
e) o assento, no registro de imóveis, de arrematação concretizada em carta de arrematação pressupõe a descrição do imóvel, com remissão à sua matrícula e registro; a cópia do auto de arrematação e a prova de quitação dos impostos.

593. (Vunesp/TJ/SP/Cartórios/Ingresso/2014) Nos títulos que versarem sobre separação, divórcio ou dissolução de união estável, e, com relação aos bens imóveis, não forem estes objeto de partilha, mas apenas ficar definido permanecerem, em sua totalidade, em comunhão, o oficial deve:

a) elaborar nota devolutiva do título, pois é obrigatório, no divórcio, decidir sobre a partilha de bens.
b) praticar um ato de registro partilhando 50% para cada cônjuge.
c) averbar na matrícula de cada imóvel constante da partilha a mudança do caráter jurídico, com a dissolução da sociedade conjugal e surgimento do condomínio "pro indiviso".
d) elaborar nota devolutiva do título, tendo em vista que não há ato para ser praticado com base na partilha, bastando ser averbada a separação ou o divórcio com base na certidão de casamento.

1.5.9. Do Bem de Família

✱ SÚMULAS

STJ **Súm. 449.** A vaga de garagem que possui matrícula própria no registro de imóveis não constitui bem de família para efeito de penhora.

✱ QUESTÕES DISCURSIVAS

36. **(Ieses/TJ/RO/Cartórios/2012)** João da Silva é casado pelo regime da comunhão universal de bens com Maria da Silva, e possuem 3 filhos menores de idade, sendo um deles lactente. João e Maria adquiriram por meio de um contrato particular de compra e venda uma casa de alvenaria, com 102 m2, localizada na rua das Flores, número 58, neste município. O imóvel está avaliado em R$ 120.000,00. Os vendedores, Mario Correa e Lucia Antônia (casados pelo regime de comunhão parcial de bens) mantinham um financiamento com a Construtora João de Barro Ltda, sendo que o valor total do imóvel foi financiado em 240 meses, resultando em uma prestação mensal de R$ 960,00. Mario e Lucia pagaram à Construtora João de Barro Ltda 20 prestações, todas dentro do prazo de vencimento. João e Maria no ato da compra pagaram para Mario e Lucia o valor de R$ 20.000,00 e assumiram perante a construtora João de Barro Ltda o cumprimento das demais parcelas mensais; nos mesmos termos em que havia sido negociado com Mario e Lucia, sendo que o imóvel fora gravado pelo instituto da hipoteca em favor da construtora. João e Maria realizaram assim o sonho da primeira casa própria. A construtora João de Barro Ltda também firmou o contrato particular de compra e venda como anuente e terceira interessada. O contrato foi devidamente registrado em cartório e a este foi dado publicidade, lançando-se a hipoteca sobre a matrícula do imóvel. Passados cerca de 8 meses, João e Maria deixaram de pagar as prestações mensais, e encontram-se atualmente inadimplentes com a Construtora João de Barro Ltda. A Construtora João de Barro Ltda ajuizou ação de execução em face de João e Maria. Nesta ação judicial a construtora requereu a penhora do imóvel em questão e a imediata adjudicação do bem em seu favor. João e Maria, por meio de seu advogado, argumentaram em Embargos à Execução que o imóvel em questão se trata de um bem de família e por tal motivo o imóvel seria impenhorável. Neste sentido: (a) Defina bem de família e sua forma de constituição, apresentado a base legal. (b) A tese de João e Maria deve prosperar judicialmente? Fundamente sua resposta.

✱ QUESTÕES OBJETIVAS

594. **(Consulplan/TJ/MG/Cartórios/Ingresso/2017)** Nos termos da Lei n. 6.015/73, todas as assertivas estão corretas, exceto:

a) o registro de incorporação ou loteamento só será cancelado a requerimento do incorporador ou loteador, enquanto nenhuma unidade ou lote for objeto de transação averbada, ou mediante o consentimento unanime dos compromissários ou cessionários.

b) a instituição do bem de família far-se-á por escritura pública ou testamento, declarando o instituidor que determinado prédio se destina a domicílio de sua família e ficará isento de execução por dívida.

c) requerida a inscrição de imóvel rural no Registro Torrens, em qualquer hipótese, será ouvido o órgão do Ministério Público, que poderá impugnar o registro por falta de prova completa do domínio ou preterição de outra formalidade legal.

d) na instituição do bem de família, em caso de reclamação, o despacho do Juiz será recorrível, podendo o reclamante recorrer à ação competente para anular a instituição.

595. **(Consulplan/TJ/MG/Cartórios/Remoção/2017)** Acerca do bem de família, assinale a alternativa correta:

a) a escritura de instituição de bem de família será registrada no Livro n. 2, sendo desnecessário seu registro no Livro n. 3, Registro Auxiliar.

b) na hipótese de o casal, ou entidade familiar, ser possuidor de vários imóveis utilizados como residência, a impenhorabilidade recairá sobre o de menor valor, salvo se outro tiver sido registrado, para esse fim, no registro de imóveis.

c) o terceiro não poderá igualmente instituir bem de família por testamento ou doação, ainda que haja aceitação expressa de ambos os cônjuges beneficiados ou da entidade familiar beneficiada.

d) o bem de família consistirá em prédio residencial urbano ou rural, com suas pertenças e acessórios, destinando-se em ambos os casos a domicílio familiar, mas não poderá abranger valores mobiliários.

596. **(Ieses/TJ/AM/Cartórios/Ingresso/2018)** A respeito do tema "bem de família" no registro de imóveis, é correto afirmar:

a) para a inscrição do bem de família, deverá o instituidor ingressar em juízo com ação constitutiva específica para tal fim, competindo ao Juiz de Direito mandar publicar edital com prazo de 20 (vinte) dias na imprensa local e, à falta, na da

Capital do Estado ou do Território, para ciência de terceiros interessados.

b) a instituição do bem de família far-se-á por escritura pública, declarando o instituidor que determinado prédio se destina a domicílio de sua família e ficará isento de execução por dívida.

c) quando o bem de família for instituído juntamente com a transmissão da propriedade (Decreto-Lei n. 3.200, de 19 de abril de 1941, art. 8º, § 5º), primeiramente far-se-á a inscrição da instituição para, após, promover o registro da transmissão ou, se for o caso, da matrícula.

d) a instituição do bem de família é insuscetível de dúvida perante o oficial do registro de imóveis, mas pode ser questionado diretamente perante o promotor de justiça, conforme estabelecido na Lei dos Registros Públicos.

597. **(Ieses/TJ/AM/Cartórios/Remoção/2018)** O ato realizado através escritura pública, onde declara o instituidor que determinado prédio se destina a domicílio de sua família e ficará isento de execução por dívida é denominado:

a) instituição do bem de família.

b) instituição de cláusula de inalienabilidade.

c) instituição de condição resolutiva.

d) instituição de condição suspensiva.

598. **(Consulplan/TJ/MG/Cartórios/Ingresso/2016)** A escritura pública é necessária para dar validade formal ao ato jurídico exigido por lei. Assinale a alternativa que não admite o ato por escritura pública:

a) contrato de alienação fiduciária pelo Sistema Financeiro de Imóveis (SFI).

b) restabelecimento da sociedade conjugal após separação.

c) cancelamento ou revogação do bem de família constituído voluntariamente.

d) constituição, transferência, modificação ou renúncia de direitos reais sobre imóveis de valor inferiores a trinta vezes o salário mínimo vigente no país.

1.5.10. Da Remição do Imóvel Hipotecado

*** QUESTÕES OBJETIVAS**

599. **(Consulplan/TJ/MG/Cartórios/Remoção/2014)** O que se entende por movimentação paralela da hipoteca? Avalie as seguintes afirmações feitas a esse respeito:

I. duas ou mais hipotecas constituídas sobre o mesmo imóvel, em diferentes graus, em favor de pessoa diversa.

II. quando se apresentar ao oficial do registro título de hipoteca que mencione a constituição de anterior, não registrada, sobrestará ele na inscrição da nova, depois de a prenotar, até 30 dias, aguardando que o interessado inscreva a precedente; esgotado o prazo, sem que se requeira a inscrição desta, a hipoteca ulterior será registrada e obterá preferência (art. 1.495, CC/02).

III. refere-se à cessão em garantia ou a título de caução do crédito hipotecário, e desde que excluída do álbum imobiliário, por ser reputada "coisa móvel", acarretaria a insegurança dos direitos e prejuízos a credores e terceiros.

Está correto o que se afirma em:

a) I e II apenas.

b) II e III apenas.

c) II apenas.

d) III apenas.

600. **(Consulplan/TJ/MG/Cartórios/Ingresso/2017)** Nos termos da Lei n. 6.015/73, todas as assertivas estão corretas, exceto:

a) para remir o imóvel hipotecado, o adquirente requererá, no prazo legal, a citação dos credores hipotecários propondo, para a remição, no mínimo, o preço por que adquiriu o imóvel.

b) na remição de hipoteca legal, em que haja interesse de incapaz, fica dispensada a intervenção do Ministério Público quando o incapaz for representado por seu responsável legal.

c) se, cancelado o registro, subsistirem o título e os direitos dele decorrentes, poderá o credor promover novo registro, o qual só produzirá efeitos a partir da nova data.

d) o cancelamento de hipoteca pode ser feito à vista de autorização expressa ou quitação outorgada pelo credor ou seu sucessor, em instrumento público ou particular.

601. **(Ieses/TJ/RO/Cartórios/Ingresso/2017)** Assinale a alternativa correta:

a) pelo princípio da unitariedade matricial, o registro deve obedecer à anterioridade lógico--disruptiva (objetiva e subjetiva), uma vez que o sistema registral brasileiro deriva da doutrina monista inspirada em Drago.

b) de acordo com a Lei n. 6.015/1973, na remição de hipoteca legal em que haja interesse de incapaz, não há necessidade de intervenção do Ministério Público, mas deve ser nomeado curador especial na hipótese de inexistir Defensoria Pública habilitada no local em que realizada a remição.

c) na licitação prevista na Lei n. 6.015/1973, no que se refere à remição do imóvel hipotecado, será preferido, em igualdade de condições, o lanço do adquirente.

d) de acordo com a Lei n. 6.015/1973, no que se refere à remissão do imóvel hipotecado, na falta de arrematante, o valor será o proposto pelo leiloeiro judicial.

602. **(Ieses/TJ/AM/Cartórios/Ingresso/2018)** A respeito do tema "remição do imóvel hipotecado" no registro de imóveis, é correto afirmar:

a) se o devedor, citado, comparecer e impugnar o preço oferecido, o Juiz mandará promover a licitação entre os devedores hipotecários e os fiadores, autorizando a venda extrajudicial a quem oferecer o maior preço.

b) as expressões "remissão" e "remição" são sinônimas, sendo utilizadas indistintamente pelo legislador da Lei dos Registros Públicos com o sentido de perdão da dívida.

c) é necessária a remição mesmo quando o credor assinar, com o vendedor, escritura de venda do imóvel gravado, a fim de evitar fraude contra os demais credores.

d) se o credor, citado, não se opuser à remição, ou não comparecer, lavrar-se-á termo de pagamento e quitação e o Juiz ordenará, por sentença, o cancelamento de hipoteca.

1.5.11. Do Registro Torrens

*** QUESTÕES OBJETIVAS**

603. **(Ieses/TJ/RO/Cartórios/Ingresso/2017)** Assinale a alternativa correta:

a) nos termos da Lei n. 6.015/1973, se o credor, intimado, não se opuser à remissão, ou não comparecer, lavrar-se-á termo de pagamento e quitação. Somente neste caso o Registrador procederá ao cancelamento de hipoteca, independentemente de ordem judicial.

b) nos termos da Lei n. 6.015/1973, quanto à remissão de imóvel hipotecado, para remitir o bem, o adquirente requererá, no prazo legal, a citação dos credores hipotecários propondo, para a remissão, no máximo, o preço pelo qual adquiriu o imóvel.

c) nos termos da Lei n. 6.015/1973, no que se refere ao Registro Torrens, transitada em julgado a sentença que deferir o pedido, o oficial inscreverá, na matrícula, o julgado que determinou a submissão do imóvel aos efeitos do mencionado registro (Registro Torrens), arquivando em cartório a documentação autuada.

d) nos termos da Lei n. 6.015/1973, o Registro Torrens diz respeito somente a imóveis urbanos e possui natureza eminentemente constitutiva e, por isso, diz-se que tal registro possui presunção juris tantum.

604. **(Ieses/TJ/AM/Cartórios/Ingresso/2018)** A respeito do tema "Registro Torrens", é correto afirmar:

a) regula o registro do título da propriedade urbana com até 60 m² (sessenta metros quadrados) e da pequena propriedade rural com área total de até um módulo rural, apta à reforma agrária, de conformidade com os critérios definidos em ato próprio a ser expedido pelo Presidente da República.

b) trata-se de instituto previsto no Código Civil brasileiro, criado pelo jurista Serpa Lopes em meados do século XX por conta dos problemas fundiários decorrentes da reforma agrária promovida pelo assim chamado Estado Novo. Por isso, prevê a lei ser o Registro Torrens obrigatório para imóveis, urbanos e rurais, que contenham área total superior a 1.000 (um mil) hectares.

c) da sentença que deferir, ou não, o pedido do Registro Torrens, cabe o recurso de apelação, com ambos os efeitos.

d) é dispensada decisão judicial determinando o Registro Torrens quando o parecer do Ministério Público for favorável à solicitação encaminhada pelo interessado, desde que acompanhada dos documentos necessários previstos em lei, conforme certidão expedida pelo registro de imóveis.

1.5.12. Do Registro da Regularização Fundiária Urbana

*** INOVAÇÕES LEGISLATIVAS**

▲ LRP. Título V – Do registro de imóveis, Capítulo XII – Do Registro Da Regularização Fundiária Urbana

▲ Art. 288-A. O procedimento de registro da regularização fundiária urbana observará o disposto em legislação específica. I a III (Revogados). §§ 1º a 4º (Revogados). (Modificações: Lei 13.465/17)

▲ Arts. 288-B a 288-G. (Revogados). (Modificações: Lei 13.465/17)

* QUESTÕES OBJETIVAS

605. (Ieses/TJ/RS/Cartórios/Remoção/2013) Sobre a Regularização Fundiária Urbana, prevista na Lei de Registros Públicos, assinale a alternativa correta:

a) as matrículas das áreas destinadas a uso público deverão ser abertas de ofício, com averbação das respectivas destinações e, se for o caso, das limitações administrativas e restrições convencionais ou legais.

b) à Regularização Fundiária Urbana corresponderá ato de registro em sentido estrito, o qual será requerido ao oficial do registro de imóveis, devidamente instruído, dentre outros documentos necessários, com autorização judicial.

c) a planta e o memorial descritivo exigidos para o registro da regularização fundiária a cargo da administração pública deverão ser assinados por profissional legalmente habilitado, sendo sempre indispensável a apresentação de anotação de responsabilidade técnica no competente Conselho Regional de Engenharia e Arquitetura – CREA.

d) em virtude de sua relevância social, a Regularização Fundiária não poderá ser implementada por etapas.

606. (FCC/TJ/PE/Cartórios/Ingresso/2013) O registro de regularização fundiária urbana, incluído no Capítulo XII da Lei n. 6.015/73 pela Lei n. 12.424/11:

a) deverá ser requerido diretamente ao oficial do registro de imóveis e será efetivado após manifestação judicial favorável.

b) só pode ser requerido pelos proprietários da gleba objeto de regularização.

c) é requisito para o registro da sentença de usucapião, da sentença declaratória ou da planta, elaborada para outorga administrativa, de concessão de uso especial para fins de moradia, referente a imóvel localizado na área a ser regularizada.

d) quando a cargo da administração pública, será feito com base em planta e memorial descritivo assinados por profissional legalmente habilitado, devendo ser apresentada a anotação de responsabilidade técnica no competente Conselho Regional de Engenharia e Arquitetura – CREA, mesmo que o responsável técnico seja servidor público.

e) será feito com base em planta e memorial descritivo referentes à totalidade da área objeto de regularização, que especifiquem as porções ainda não regularizadas, na hipótese da regularização fundiária implementada por etapas.

607. (Faurgs/TJ/RS/Cartórios/Remoção/2015) Assinale a alternativa que apresenta afirmação correta a respeito da disciplina sobre o registro da regularização fundiária urbana, incluída na Lei n. 6.015/73 pela Lei n. 12.424/2011:

a) o registro da regularização fundiária urbana de que trata a Lei n. 11.977/2009 (institui o Programa Minha Casa Minha Vida) deve ser requerido diretamente ao oficial do registro de imóveis e será efetivado independentemente de manifestação judicial.

b) o registro da sentença de usucapião, da sentença declaratória ou da planta, elaborada para outorga administrativa, da concessão de uso especial para fins de moradia, depende de aprovação de projeto de regularização fundiária.

c) no procedimento de demarcação urbanística, não se admite o registro de parcelamento decorrente de projeto de regularização fundiária quando a área parcelada, correspondente ao auto de demarcação urbanística, supere a área disponível nos registros anteriores.

d) na hipótese de o auto de demarcação urbanística incidir sobre imóveis ainda não matriculados, previamente à averbação, a matrícula a ser aberta deve refletir a situação registrada do imóvel, exigindo-se a retificação do memorial descritivo e a apuração de área remanescente.

608. (Cespe/TJ/BA/Cartórios/Remoção/2013) No que diz respeito às disposições da Lei n. 6.015/1973, assinale a opção correta:

a) o registro da regularização fundiária independe de manifestação judicial, podendo ser requerido diretamente ao oficial do registro de imóveis.

b) em consonância com o disposto na lei em apreço, os oficiais respondem objetivamente pelos danos causados aos interessados no registro.

c) em ação que vise à alteração do nome ou à retificação do registro civil, procedimento de jurisdição voluntária, é prescindível a intervenção do MP.

d) o registro civil de nascimento é gratuito apenas para os reconhecidamente pobres.

e) o enteado ou enteada poderá requerer que seja averbado, em substituição a seus apelidos de família, o nome de família de seu padrasto ou de sua madrasta.

609. **(Vunesp/TJ/SP/Cartórios/Ingresso/2016)** O procedimento registral de regularização fundiária:

a) requer um procedimento prévio e autônomo de retificação, caso a descrição da gleba constante do projeto de regularização e do memorial descritivo não coincida com a descrição constante na matrícula.

b) é uno, aplicando-se tanto à regularização de parcelamento de interesse social quanto ao de interesse específico.

c) não é possível quando incidir sobre dois ou mais imóveis, total ou parcialmente, de proprietários diversos, caso em que estará obstada a fusão das matrículas, devendo a regularização ser procedida judicialmente.

d) exige aprovação municipal, a qual corresponderá ao licenciamento urbanístico, bem como ao ambiental, se o Município tiver conselho de meio ambiente e órgão ambiental capacitado, cabendo ao oficial de registro analisar a composição do conselho de meio ambiente, e a capacitação do órgão ambiental.

610. **(Ieses/TJ/RO/Cartórios/Remoção/2017)** Nos procedimentos de regularização fundiária de interesse social, os efeitos da prenotação cessarão decorridos:

a) 30 (trinta) dias de seu lançamento no protocolo.

b) 90 (noventa) dias de seu lançamento no protocolo.

c) 45 (quarenta e cinco) dias de seu lançamento no protocolo.

d) 60 (sessenta) dias de seu lançamento no protocolo.

1.6. Das Disposições Finais e Transitórias

✱ QUESTÕES OBJETIVAS

611. **(Ieses/TJ/RS/Cartórios/Ingresso/2013)** Sobre os Emolumentos Registrais, assinale a alternativa correta, à luz da legislação federal.

I. a averbação da emissão da Cédula de Crédito Imobiliário e o registro da garantia do crédito respectivo, quando solicitados simultaneamente, serão considerados como ato único, para efeito de cobrança de emolumentos.

II. no "Programa Minha Casa, Minha Vida", os emolumentos correspondentes ao registro da alienação de imóvel e aos demais atos relativos ao primeiro imóvel residencial serão reduzidos em 80% (oitenta por cento), quando o imóvel for destinado a beneficiário com renda familiar mensal superior a 6 (seis) e até 10 (dez) salários mínimos.

III. após o registro da incorporação imobiliária, até a emissão da carta de habite-se, as averbações e registros relativos à pessoa do incorporador ou referentes a direitos reais de garantias, cessões ou demais negócios jurídicos que envolvam o empreendimento serão realizados na matrícula de origem do imóvel e em cada uma das matrículas das unidades autônomas eventualmente abertas, sendo consideradas, para efeito de cobrança de emolumentos, como ato de registro único, não importando a quantidade de unidades autônomas envolvidas ou de atos intermediários existentes.

IV. os emolumentos devidos pelos atos relacionados com a primeira aquisição imobiliária para fins residenciais, financiada pelo Sistema de Financiamento Imobiliário, serão reduzidos em 50% (cinquenta por cento):

a) todas as afirmações são verdadeiras.

b) as afirmações II, III e IV são verdadeiras.

c) as afirmações II e IV são falsas.

d) apenas a afirmação I é verdadeira.

612. **(Ieses/TJ/CE/Cartórios/Ingresso/2018)** Assinale a alternativa incorreta a respeito do registro no âmbito do SFH (Sistema Financeiro de Habitação):

a) é vedado aos tabeliães e aos oficiais de registro de imóveis, sob pena de responsabilidade, lavrar ou registrar escritura ou escritos particulares autorizados por lei, que tenham por objeto imóvel hipotecado a entidade do Sistema Financeiro da Habitação, ou direitos a eles relativos, sem que conste dos mesmos, expressamente, a menção ao ônus real e ao credor, bem como a comunicação ao credor, necessariamente feita pelo alienante, com antecedência de, no mínimo 30 (trinta) dias.

b) são admitidos a registro escritos particulares autorizados em lei, assinados pelas partes e testemunhas, com as firmas reconhecidas, dispensado o reconhecimento quando se tratar de atos praticados por entidades vinculadas ao Sistema Financeiro de Habitação.

c) os emolumentos devidos pelos atos relacionados com a primeira aquisição imobiliária para fins residenciais, financiada pelo Sistema Financeiro da Habitação, serão reduzidos em 50% (cinquenta por cento).

d) os contratos de que forem parte entidades que integrem o Sistema Financeiro de Habitação serão obrigatoriamente transcritos no cartório de registro de imóveis competente, dentro do prazo de 30 (trinta) dias.

2. LEI DOS CARTÓRIOS (LEI 8.935/94)

2.1. Dos Serviços Notariais e de Registros

2.1.1. Natureza e Fins

✱ QUESTÕES DISCURSIVAS

37. (Consulplan/TJ/MG/Cartórios/Ingresso/2014) O Presidente do Tribunal de Justiça do Estado de Minas Gerais emitiu Portaria reorganizando de forma administrativa serviços registrais e notariais do Estado, previamente criados por Lei Estadual, mediante acumulação e desacumulação de seus serviços. Esta modificação específica criou novos serviços registrais e notariais, ampliou a abrangência de alguns e restringiu a de outros, inclusive no que se refere a serviços que já estavam ocupados. Considerando que a medida em questão é inconstitucional: (i) explique, indicando o dispositivo constitucional violado, a inconstitucionalidade que está presente no ato; (ii) qual o instrumento legal é hábil a ser utilizado para se alterar a organização dos serviços registrais e notariais, possibilitando, inclusive, a criação de novos serviços? (iii) quem tem a competência para propor, de forma constitucionalmente válida, pelo instrumento correto, alteração na organização dos serviços registrais e notariais?

38. (Ieses/TJ/AM/Cartórios/2018) A Constituição de 1988 dispõe, no caput e §§ do seu art. 236, sobre os serviços notariais e de registro. Posteriormente ao advento da referida norma constitucional, tal dispositivo restou regulamentado pela Lei nº 8.935, de 18 de novembro de 1994 (Lei dos Notários e Registradores). Inclusive, o Supremo Tribunal Federal (STF) já discutiu sobre essa matéria em sede de controle concentrado de constitucionalidade (ADI 2415, Rel. min. Ayres Britto, julgada em 10.11.2011), quando restou assentado seu entendimento acerca dos serviços notariais e de registro. Anteriormente, o próprio STF já havia debatido acerca do tema, no julgamento da ADI nº 3.643, Rel. min. Ayres Britto, julgada em 08.11.2006. Levando em conta a ordem constitucional e infraconstitucional vigente, bem como o referido entendimento do STF, disserte sobre os seguintes temas: (i) Natureza e regime jurídico dos serviços notariais e de registro; (ii) Pontos essenciais acerca do regime de delegação previsto no caput do art. 236 da Constituição de 1988; (iii) Pontos essenciais sobre o regime de responsabilidade civil e criminal, bem como do regime de fiscalização a que são submetidos os serviços notariais e de registro; (iv) Regime de remuneração dos serviços notariais e de registro.

39. (Ieses/TJ/RO/Cartórios/2017) Os notários e registradores são dotados de fé pública, razão pela qual devem pautar-se pela correção em seu exercício profissional, cumprindo-lhes prestar os serviços a seu cargo de modo adequado, observando rigorosamente os deveres próprios da delegação pública de que estão investidos. Diante desta diretriz, responda quais princípios devem ser observados pelos notários e registradores, bem como o que deve ser entendido por "prestar os serviços a seu cargo de modo adequado".

40. (Cespe/TJ/RR/Cartórios/Ingresso/2013) "A conhecida palavra portuguesa 'cartório' finca raízes em boa fonte latina. Na Idade Média, os importantes documentos notariais, alguns apógrafos, outros originais, eram conglomerados em coleções denominadas cartulários – palavra que originou cartários, do baixo latim 'chartulatium', de 'chartula', que veio a nos dar a belíssima cartório. De pequenas coleções depositadas em igrejas, mosteiros, arquivos reais etc., muitas vezes em pequenos arquivos ou escritórios, a palavra sofreu mutações e, hoje, em plena maturidade, denomina a complexa instituição encarregada do registro público, que garante a publicidade, eficácia, autenticidade e segurança dos atos e negócios jurídicos." (Sergio Jacomino. Cadastro, registro e algumas confusões históricas. Internet: www.cefetes.br, com adaptações). "A razão de ser do notariado e dos registros públicos fundamenta-se nas exigências sociais advindas do crescimento populacional, da expansão das atividades comercias e dos avanços tecnológicos e sociais, que ensejam, a todo instante, adaptações nas práticas de realização de negócios. Os titulares dessas serventias estão intimamente ligados ao progresso e à intercomunicação do ser humano, em razão das atividades que exercem com o precípuo dever de oferecer perspectivas de atuações eficientes e contribuir decisivamente para o equilíbrio, a solidariedade e a paz social." (Kellen M. Bagatin e Armando D. Costa. Cartórios como empresas de serviço público ocupadas via concurso. In: Organização Sistêmica, vol. 2, n. 1, jul./dez./2012, p. 28. Internet: www.grupouninter.com.br, com adaptações). "A função dos notários se assemelha ao trabalho do mediador, já que a função notarial tem caráter preventivo à litigiosidade, intervindo o notário com o objetivo de evitar a lide, pacificando os interesses preventivamente. Eis aí uma diferença importante entre o notário e o mediador: este atua pós-conflito e aquele, preventivamente." (Clóvis Tenório Cavalcanti Neto. Linhas preliminares da atividade notarial. Internet: ‹http://jus.com.br›, com adaptações). Considerando que os fragmentos de texto apresentados acima têm caráter unicamente motivador, redija um texto dissertativo acerca do seguinte tema: "os serviços notariais e de registros: instrumentos de relevância social e histórica". Ao elaborar seu texto, aborde, necessariamente, os seguintes aspectos: (i) relação entre os serviços notariais e de registro e a vida social; (ii) serviços notariais e de registro como reflexo da evolução da sociedade; (iii) papel de registradores e notários como agentes de segurança social e jurídica.

* QUESTÕES OBJETIVAS

613. **(Consulplan/TJ/MG/Cartórios/Ingresso/2018)** Considere o texto acerca da bibliografia de Leonardo da Vinci para responder à questão. "Leonardo da Vinci teve a boa sorte de nascer fora do casamento. Caso contrário, provavelmente teria se tornado tabelião, assim como todo primogênito legítimo de sua família havia pelo menos cinco gerações. As raízes de sua família remontam ao começo do século XIV, quando seu tataravô Michele atuava como tabelião no vilarejo de Vinci, nas colinas da Toscana, cerca de trinta quilômetros a oeste de Florença. Com o crescimento da economia mercantil italiana, os tabeliães cumpriam um importante papel ao legitimar acordos comerciais, vendas de terras, testamentos e elaborar outros documentos jurídicos em latim, frequentemente enfeitando o texto com referências históricas e floreios literários. (...) Embora algumas guildas aceitassem os filhos ilegítimos de seus integrantes, esse não era o caso da 'Arte dei Giudici e Notai', a venerável guilda de juízes e tabeliães fundada em 1197, que o pai de Leonardo integrava. 'O tabelião cumpria os papéis de testemunha certificada e escrivão, escreveu Thomas Kuehn em 'Illegitimacy in Renasissance Florence'. 'Sua confiabilidade devia estar acima de qualquer suspeita. Ele tinha de ser alguém totalmente em sintonia com as regras da sociedade'. (...) Uma semana depois, Piero da Vinci (pai de Leonardo da Vinci) abandonou Caterina e o filho pequeno e voltou para Florença, onde, já na segunda-feira, retornou ao escritório a fim de atestar a autenticidade de documentos para os clientes." (Fonte: ISAACSON, Walter. Leonardo da Vinci. Ed. Intrísica, 2017.) Coteje a Lei nº 8.935/1994 (Lei dos Notários e Registradores) com os trechos transcritos da obra citada e assinale a alternativa que contém algum princípio, norma, função ou competência do tabelião brasileiro consagrado na Lei e não mencionado nos trechos da obra:

a) compete ao tabelião de notas autenticar cópias.
b) compete ao tabelião de notas autenticar fatos e lavrar atas notariais.
c) compete ao tabelião de notas lavrar escrituras públicas e testamentos públicos.
d) é dever do tabelião de notas proceder de forma a dignificar a função exercida, tanto nas atividades profissionais quanto na vida privada.

614. **(Cespe/TJ/PI/Cartórios/Remoção/2013)** Assinale a opção correta com referência aos serviços notariais e de registro:

a) aos notários e aos oficiais de registro não se aplica a legislação relativa aos crimes contra a administração pública, pois eles atuam em regime privado.
b) o notário e o registrador não podem impetrar "habeas corpus" em favor de determinado paciente, pois tal ato é incompatível com o exercício de sua atividade.
c) nos serviços de que forem titulares, o notário e o registrador não poderão praticar, pessoalmente, ato de interesse de seu cônjuge ou de parentes, na linha reta ou na colateral, consanguíneos ou afins, até o quarto grau.
d) o juiz corregedor permanente atua na esfera administrativa, não estando subordinado à corregedoria do estado, à Corregedoria Nacional e ao CNJ, razão por que pode ele, eventualmente, contrariar orientações emanadas de órgãos superiores.

e) o serviço de tabelionato se caracteriza, em linhas gerais, como a atividade de compatibilizar com a lei a vontade e a declaração das partes nos negócios jurídicos de seu interesse.

615. **(Ieses/TJ/MS/Cartórios/Remoção/2014)** O atendimento ao público dos Serviços notariais e de registro será, no mínimo, de:

a) quatro horas diárias.
b) oito horas diárias.
c) seis horas diárias.
d) sete horas diárias.

616. **(Vunesp/TJ/SP/Cartórios/Ingresso/2014)** Com relação aos serviços notariais e de registro, é incorreto afirmar que eles são destinados a garantir:

a) eficiência dos atos jurídicos.
b) segurança dos atos jurídicos.
c) publicidade dos atos jurídicos.
d) autenticidade dos atos jurídicos.

617. **(Ieses/TJ/AM/Cartórios/Remoção/2018)** Conforme dispõe a Lei 8.935/94 (Lei dos Cartórios), em seu artigo 1º, os serviços notariais e de registro são os de organização técnica e administrativa destinados a garantir, exceto:

a) segurança e eficácia dos atos jurídicos.
b) publicidade.
c) autenticidade.
d) impessoalidade.

2.1.2. *Dos Notários e Registradores*

⊙ ATENÇÃO: ESTE TEMA É MUITO EXIGIDO NOS CONCURSOS!

✱ ENUNCIADOS CNB

CNB **Enunciado 2/2015.** O Colégio Notarial do Brasil - Conselho Federal entende necessária a criação da colegiação legal obrigatória e submeterá proposta ao Poder Legislativo para estabelecer e regulamentar a colegiação.

✱ INFORMATIVOS

STJ **Tabelião. Ato. Outra comarca. Invalidade.** O ato do tabelião praticado na comarca na qual não tem delegação não tem validade, mesmo que a parte, por sua livre escolha, eleja-o para praticar o ato, tornando-se, assim, inoperante a constituição em mora. REsp 682.399, Rel. Min. Carlos Alberto Menezes Direito, j. 7.5.2007. 3ª T. (Info 319)

STJ **Testamento. Formalidades. Extensão.** Busca-se, no recurso, a nulidade de testamento, aduzindo o ora recorrente que a escritura não foi lavrada pelo oficial de cartório, mas por terceiro, bem como que as cinco testemunhas não acompanharam integralmente o ato. O tribunal "a quo" afirmou que não foi o tabelião que lavrou o testamento, mas isso foi feito sob sua supervisão, pois ali se encontrava, tendo, inclusive, lido e subscrito o ato na presença das cinco testemunhas. Ressaltou, ainda, que, diante da realidade dos tabelionatos, não se pode exigir que o próprio titular, em todos os casos, escreva, datilografe ou digite as palavras ditadas ou declaradas pelo testador. Daí, não há que declarar nulo o testamento que não foi lavrado pelo titular da serventia, mas possui os requisitos mínimos de segurança, de autenticidade e de fidelidade. Quanto à questão de as cinco testemunhas não terem acompanhado integralmente a lavratura de testamento, o TJ afirmou que quatro se faziam presentes e cinco ouviram a leitura integral dos últimos desejos da testadora, feita pelo titular da serventia. Assim, a Turma não conheceu do recurso por entender que o vício formal somente invalidará o ato quando comprometer sua essência, qual seja, a livre manifestação da vontade da testadora, sob pena de prestigiar a literalidade em detrimento da outorga legal à disponibilização patrimonial pelo seu titular. Não havendo fraude ou incoerência nas disposições de última vontade e não evidenciada incapacidade mental da testadora, não há falar em nulidade no caso. REsp 600.746, Rel. Min. Aldir Passarinho Jr., j. 20.5.2010. 4ª T. (Info 435)

✱ QUESTÕES OBJETIVAS

618. **(Ieses/TJ/RS/Cartórios/Remoção/2013)** Nos termos da Lei 8.935/1995, marque a alternativa correta:

a) o tabelião de notas não poderá praticar atos de seu ofício fora da Comarca para a qual recebeu delegação.
b) aos tabeliães de Notas compete, com exclusividade: lavrar escrituras e procurações públicas; lavrar testamentos públicos e aprovar o cerrado; lavrar atas notariais; reconhecer firmas; autenticar cópias.
c) aos tabeliães e oficiais de registro de contratos marítimos compete: lavrar os atos, contratos e instrumentos relativos a transações de embarcações a que as partes queiram dar forma legal de escrito particular.

d) aos notários compete: formalizar juridicamente a vontade das partes; autenticar atos.

619. (Cespe/TJ/ES/Cartórios/Ingresso/2013) A Lei n. 8.935/1994, que dispõe sobre os serviços notariais e de registro, atribui certas competências exclusivas ao tabelião de notas, entre as quais inclui-se a de:

a) autenticar cópias.
b) formalizar juridicamente a vontade das partes.
c) intervir nos atos e negócios jurídicos a que as partes queiram dar forma legal ou autenticidade.
d) intervir nos atos e negócios jurídicos a que as partes devam dar forma legal ou autenticidade.
e) autenticar fatos.

620. (Cespe/TJ/PI/Cartórios/Ingresso/2013) Aos tabeliães de notas, mas não aos notários, compete:

a) reconhecer firmas em documentos destinados a fins de direito marítimo.
b) intervir nos atos e negócios jurídicos aos quais as partes devam ou queiram dar forma legal ou autenticidade.
c) formalizar juridicamente a vontade das partes.
d) lavrar testamentos públicos.
e) autenticar fatos.

621. (Cespe/TJ/PI/Cartórios/Remoção/2013) Em relação às atas notariais, assinale a opção correta:

a) as assinaturas dos solicitantes são imprescindíveis para ultimação e eficácia da ata notarial.
b) ainda que a ata notarial contenha objeto meramente declaratório, não se admite a lavratura de nova ata com declaração retificadora.
c) o juiz não pode recusar a veracidade dos fatos materializados em ata notarial, uma vez que, apesar de não haver hierarquia entre os meios de prova, a lei confere ao documento público "valor probandi" em grau superior ao do documento particular.
d) o tabelião, na lavratura de escritura pública, age com margem de discricionariedade, mas, na ata notarial, deve evitar a emissão de juízo de valor, já que um dos princípios técnicos que a norteiam é o da imparcialidade.
e) a ata notarial tem natureza autenticatória, pois, além de registrar fatos com o escopo de proteção de direitos, modifica e institui outros direitos e obrigações.

622. (Cespe/TJ/ES/Cartórios/Remoção/2013) Admite-se a averbação de contratos, conforme a destinação destes, nos ofícios de registro:

a) de contratos marítimos, de imóveis, de títulos e documentos e civis das pessoas jurídicas e de distribuição de protesto.
b) de contratos marítimos, de imóveis, civis das pessoas naturais e de interdições e tutelas e de distribuição de protesto.
c) de contratos marítimos, de títulos e documentos e civis das pessoas jurídicas, civis das pessoas naturais e de interdições e tutelas, e de distribuição de protesto.
d) de imóveis, de registro de títulos e documentos e civis das pessoas jurídicas, de registro civis das pessoas naturais e de interdições e tutelas e de distribuição de protesto.
e) de contratos marítimos, de imóveis, de títulos e documentos e civis das pessoas jurídicas, civis das pessoas naturais e de interdições e tutelas.

623. (Cespe/TJ/PI/Cartórios/Ingresso/2013) De acordo com Lei Federal n. 8.935/1994, ao tabelião de protesto, no uso de suas atribuições, cabe:

a) receber o pagamento dos títulos protocolados, dar quitação, e averbar as sustações de protesto determinadas pelo Poder Judiciário.
b) indicar, na intimação, a conta bancária do credor, para pagamento do título, e averbar os cancelamentos de protesto.
c) receber o pagamento dos títulos protocolados, dar quitação e averbar os cancelamentos de protesto.
d) indicar, na intimação, a conta bancária do credor, para pagamento do título, e averbar as sustações de protesto determinadas pelo Poder Judiciário.
e) indicar, na intimação, a conta bancária do credor, para pagamento do título, e averbar as alterações necessárias para atualização dos registros efetuados.

624. (Ieses/TJ/RN/Cartórios/Ingresso/2012) Compete aos tabeliães de notas, com exclusividade:

a) lavrar escrituras e procurações, públicas e privadas; testamentos públicos e aprovar os cerrados e ológrafos; atas notariais; reconhecer firmas; e autenticar cópias.
b) lavrar escrituras e procurações, públicas; testamentos públicos e aprovar os cerrados e

ológrafos; atas notariais; reconhecer firmas; e autenticar cópias.

c) lavrar escrituras e procurações, públicas; testamentos públicos e aprovar os cerrados; atas notariais; reconhecer firmas; e autenticar cópias.

d) lavrar escrituras e procurações, públicas e privadas; testamentos públicos e aprovar os cerrados; atas notariais; reconhecer firmas; e autenticar cópias.

625. (Faurgs/TJ/RS/Cartórios/Remoção/2015) No que refere à atuação do tabelião de notas, assinale a alternativa que contém afirmação correta:

a) é livre às partes a escolha do tabelião de notas.

b) o tabelião de notas encarregado da formalização jurídica da vontade deve ser, necessariamente, aquele situado no domicílio das partes.

c) o tabelião de notas encarregado da formalização jurídica da vontade deve ser, necessariamente, aquele situado no local de situação dos bens objeto no negócio.

d) o tabelião de notas encarregado da formalização jurídica da vontade deve ser aquele situado no domicílio das partes ou no local de situação dos bens objeto no negócio.

626. (Vunesp/TJ/SP/Cartórios/Ingresso/2014) Aos tabeliães de notas compete com exclusividade, exceto:

a) lavrar testamentos públicos e aprovar os cerrados.

b) autenticar cópias.

c) lavrar escrituras e procurações públicas.

d) autenticar fatos.

627. (FMP/TJ/MT/Cartórios/Ingresso/2014) Sobre as atribuições e competências dos notários, a partir da Lei 8.935/94, assinale a afirmativa correta:

a) é livre a escolha do tabelião de notas pelas partes, e este poderá praticar atos de seu ofício dentro do Município para o qual recebeu a delegação, ainda que diverso do lugar de situação dos bens objeto do ato ou do negócio.

b) é livre a escolha do tabelião de notas pelas partes, razão pela qual este deverá praticar atos de seu ofício fora do Município para o qual recebeu delegação, sempre que solicitado, desde que no mesmo Estado da Federação.

c) não é livre a escolha do tabelião de notas pelas partes, nas hipóteses em que haja vinculação do notário ao lugar de situação dos bens objeto do ato ou negócio, mas as partes não estão adstritas à escolha do tabelião que atue no seu domicilio.

d) não é livre a escolha do tabelião de notas pelas partes, razão pela qual este não poderá praticar atos de seu ofício fora do Município para o qual recebeu delegação.

e) é livre a escolha do tabelião de notas pelas partes, podendo, no entanto, o notário praticar o ato solicitado apenas se o domicílio das partes ou o lugar de situação dos bens objeto do ato ou negócio seja o mesmo do Município para o qual recebeu a delegação.

628. (Cespe/TJ/SE/Cartórios/Ingresso/2014) A respeito dos serviços notariais e de registro previstos na Lei n. 8.935/1994, assinale a opção correta:

a) os notários e os oficiais de registro poderão contratar escreventes entre os limites de três e trinta e cinco – entre os quais deverá escolher seus substitutos – e auxiliares, todos como empregados, com remuneração ajustada conforme o regime da legislação do trabalho.

b) admite-se o exercício da atividade notarial ou de registro cumulativamente com o de qualquer cargo, emprego ou função pública.

c) serviços notariais e de registro são os serviços de organização técnica e administrativa destinados a garantir a publicidade, autenticidade, segurança, legitimidade e perfeição dos atos jurídicos.

d) não se admite que haja prestação de serviços notariais e de registro em dias e horários estabelecidos de acordo com as peculiaridades do local, devendo ser adotado o mesmo padrão em toda a comarca.

e) é facultado aos tabeliães de notas realizar todas as gestões e diligências necessárias ou convenientes ao preparo dos atos notariais, requerendo para tal o que couber, sem ônus maiores que os emolumentos devidos pelo ato.

629. (Faurgs/TJ/RS/Cartórios/Ingresso/2015) No que se refere às atribuições do notário, assinale a alternativa que apresenta afirmação correta:

a) aos notários é vedada a certificação digital de documentos eletrônicos.

b) os notários podem certificar digitalmente documentos eletrônicos, desde que se submetam às diretrizes da infraestrutura de chaves públicas brasileira.

c) os notários podem certificar digitalmente documentos eletrônicos apenas quando previamente autorizados pela Corregedoria-Geral da Justiça.

d) os notários podem certificar digitalmente documentos eletrônicos apenas quando previamente autorizados pelo Conselho Nacional de Justiça.

630. **(Faurgs/TJ/RS/Cartórios/Remoção/2015)** No que refere à competência do tabelião, assinale a alternativa que contém afirmação correta:

a) desde que devidamente autorizado pela Corregedoria-Geral de Justiça, o tabelião de notas poderá praticar atos de seu ofício fora do Município para o qual recebe delegação.

b) desde que devidamente autorizado pelo Juiz Diretor do Foro da Comarca, o tabelião de notas poderá praticar atos de seu ofício fora do Município para o qual recebe delegação.

c) desde que devidamente autorizado pelo Conselho Nacional de Justiça, o tabelião de notas poderá praticar atos de seu ofício fora do Município para o qual recebe delegação.

d) o tabelião de notas não poderá praticar atos de seu ofício fora do Município para o qual recebe delegação.

631. **(Ieses/TJ/MS/Cartórios/Remoção/2014)** Aos tabeliães de protesto de título compete privativamente:

I. protocolar de imediato os documentos de dívida, para prova do descumprimento da obrigação.

II. intimar os devedores dos títulos para aceitá-los, devolvê-los ou pagá-los, sob pena de protesto.

III. receber o pagamento dos títulos protocolizados, dando quitação.

IV. lavrar os atos, contratos e instrumentos relativos a transações de embarcações a que as partes devam ou queiram dar forma legal de escritura pública.

A sequência correta é:

a) apenas as assertivas I e II estão corretas.

b) apenas as assertivas I e IV estão corretas.

c) apenas as assertivas I, II e III estão corretas.

d) apenas a assertiva III está correta.

632. **(Consulplan/TJ/MG/Cartórios/Remoção/2015)** Todas as alternativas abaixo estão corretas, exceto:

a) compete privativamente aos oficiais de registro de distribuição proceder, quando previamente exigida, à distribuição equitativa pelos serviços da mesma natureza, registrando os atos praticados; em caso contrário, registrar as comunicações recebidas dos órgãos e serviços competentes.

b) compete privativamente aos tabeliães de distribuição efetuar as averbações e os cancelamentos de sua competência.

c) aos oficiais de títulos e documentos, civil das pessoas jurídicas, civil das pessoas naturais e de registro de imóveis compete a prática dos atos relacionados na legislação pertinente aos registros públicos, de que são incumbidos independentemente de prévia distribuição, mas sujeitos os oficiais de registro de imóveis e civil das pessoas naturais às normas que definirem as circunscrições geográficas.

d) tabelião, ou notário, e oficial de registro, ou registrador, são profissionais do direito dotados de fé pública, aos quais é delegado o exercício da atividade notarial e de registro.

633. **(Vunesp/TJ/SP/Cartórios/Remoção/2016)** O tabelião de notas, o registrador de imóveis e o registrador civil de pessoas jurídicas têm, respectivamente, atribuições para:

a) reconhecer firmas, registrar a alienação fiduciária em garantia de coisa imóvel e registrar o penhor comum sobre coisas móveis.

b) lavrar ata notarial, registrar loteamento e transcrever instrumento particular para a prova das obrigações convencionais de qualquer valor.

c) lavrar escritura pública, registrar o ato constitutivo dos partidos políticos e registrar o contrato de parceria agrícola.

d) lavrar escritura pública, registrar cédula de crédito rural e matricular jornal.

634. **(Consulplan/TJ/MG/Cartórios/Ingresso/2014)** Em relação ao tabelionato de Notas, assinale a alternativa correta:

a) o tabelião de notas, excluído o oficial de registro civil das pessoas naturais com atribuições notariais no exercício dessas atribuições, não poderá praticar atos notariais fora da serventia.

b) independentemente de prévia autorização, o tabelião de notas ou seu preposto poderá se deslocar para diligências necessárias à prática do ato, observados os limites do município para o qual recebeu a delegação.

c) é facultado ao tabelião de notas realizar as gestões e diligências necessárias ou convenientes ao preparo dos atos notariais, requerendo o que couber desde que sem ônus maiores que os emolumentos fixados em lei para a prática desses atos.

d) não é considerada diligência o deslocamento do tabelião de notas ou de seu preposto com a folha do livro, mediante controle interno na forma de protocolo e obedecido o disposto no § 1º deste artigo, para fins de coleta de assinaturas necessárias à conclusão do ato, em virtude de impossibilidade de comparecimento da parte à serventia, por impedimento legal ou por doença comprovada mediante atestado médico, que será arquivado.

635. **(Consulplan/TJ/MG/Cartórios/Remoção/2014)** No que respeita às atribuições notariais, assinale a alternativa correta:

a) presta assessoria jurídica imparcial às partes como profissional do direito que goza de independência e possui fé pública, bem como concebe forma jurídica à vontade por elas voluntariamente manifestada, razão pela qual invariavelmente dispensável é a atuação de advogado na produção de ato notarial.

b) autoriza e rediz o escrito que se converterá em instrumento público, observados os requisitos legais, dando-lhe forma pública, credibilidade e certeza jurídica quanto aos fatos narrados, ainda que não presenciados pelo notário.

c) conserva o instrumento autorizado e expede cópias.

d) prevê o exercício da presidência, mas não a polícia jurídica dos atos praticados em razão do seu ofício, submetidos que são tais atos à fiscalização do Poder Judiciário.

636. **(Vunesp/TJ/SP/Cartórios/Ingresso/2014)** Assinale a alternativa incorreta, quanto à atividade desenvolvida pelo tabelião, para a consecução do ato notarial:

a) atua de acordo com a práxis notarial.

b) deve se orientar pela prudência e pelo acautelamento.

c) deve se orientar pelos princípios e regras de direito.

d) atua na condição de assessor jurídico das partes.

637. **(FMP/TJ/MT/Cartórios/Remoção/2014)** Acerca dos atos notariais de reconhecimento de firma e de autenticação de cópias, assinale a afirmativa correta:

a) o ato notarial de reconhecimento de firma por autenticidade exige a identificação da pessoa natural que assinará o documento apresentado.

b) o ato notarial de autenticação de cópias exige a identificação da pessoa natural que apresenta o documento a ser fotocopiado e autenticado.

c) o ato notarial de autenticação de cópias exige que a cópia do documento apresentado pela pessoa natural tenha sido extraída dentro do tabelionato de Notas.

d) o ato notarial de reconhecimento de firma por semelhança exige a identificação da pessoa natural que apresenta o documento já assinado por terceiro.

e) o ato notarial de reconhecimento de firma por autenticidade não exige a identificação da pessoa natural que assinou o documento apresentado, se esta já tiver falecido.

638. **(Ieses/TJ/RO/Cartórios/Ingresso/2017)** Assinale a alternativa correta:

a) especificamente em relação aos notários e oficiais de registro, a responsabilidade civil só será discutida se comprovada a responsabilidade criminal, com sentença penal condenatória transitada em julgado.

b) de acordo com o disposto na Lei n. 8.935/1994, a responsabilidade criminal dos notários e oficiais de registro será individualizada, como ocorre quando da aplicação do Direito Penal aos demais agentes públicos, aplicando-se na integralidade a legislação relativa aos crimes contra a administração pública, por se tratar de atividade delegada.

c) é livre a escolha do tabelião de notas, qualquer que seja o domicílio das partes ou o lugar de situação dos bens objeto do ato ou negócio.

d) de acordo com o disposto na Lei n. 8.935/1994, a responsabilidade civil dos notários e oficiais de registro é subsidiária, não respondendo eles direta ou pessoalmente pelos prejuízos que causarem a terceiros, exceto nos casos de dolo direito.

639. **(Ieses/TJ/RO/Cartórios/Ingresso/2017)** Assinale a alternativa correta:

a) conforme dispõe a Lei n. 8.935/1994, aos notários compete intervir nos atos e negócios jurídicos a que as partes devam ou queiram dar forma legal ou autenticidade, autorizando a redação ou redigindo os instrumentos adequados, conservando os originais e expedindo cópias fidedignas de seu conteúdo.

b) conforme dispõe a Lei n. 8.935/1994, a autenticação de cópias por semelhança compete privativamente aos notários.

c) conforme dispõe a Lei n. 8.935/1994, a autenticação de cópias por autenticidade compete privativamente aos notários.

d) conforme dispõe a Lei n. 8.935/1994, lavrar testamentos públicos, dar fé dos testamentos particulares havendo interesse de menores, e aprovar os cerrados compete com exclusividade aos tabeliães de notas.

640. **(Consulplan/TJ/MG/Cartórios/Ingresso/2017)** Acerca da competência dos tabeliães, assinale a alternativa correta:

a) compete aos tabeliães, com exclusividade, lavrar escrituras públicas, procurações públicas e atas notariais, reconhecer firma e autenticar cópias.

b) compete aos tabeliães, com exclusividade, formalizar juridicamente a vontade das partes.

c) compete aos tabeliães, com exclusividade, formalizar os atos e negócios jurídicos que visem à constituição, transferência, modificação ou renúncia de direitos de valor superior a trinta vezes o maior salário mínimo vigente no País.

d) compete aos tabeliães, com exclusividade, autenticar fatos.

641. **(Ieses/TJ/RO/Cartórios/Ingresso/2017)** Assinale a alternativa correta:

a) aos tabeliães de notas compete, com exclusividade, intervir nos atos e negócios jurídicos a que as partes devam ou queiram dar forma legal ou autenticidade, autorizando a redação ou redigindo os instrumentos adequados, conservando os originais e expedindo cópias fidedignas de seu conteúdo.

b) aos notários compete formalizar juridicamente a vontade das partes.

c) aos tabeliães de notas compete, com exclusividade, autenticar fatos.

d) aos notários compete lavrar atas notariais.

642. **(Ieses/TJ/RO/Cartórios/Remoção/2017)** Aos tabeliães de notas compete com exclusividade, exceto:

a) lavrar testamentos públicos e aprovar os cerrados.

b) lavrar atas notariais.

c) lavrar o protesto, registrando o ato em livro próprio, em microfilme ou sob outra forma de documentação.

d) lavrar escrituras e procurações, públicas.

643. **(Ieses/TJ/RO/Cartórios/Remoção/2017)** No que se refere à definição do tabelião de notas competente:

a) o tabelião de notas sempre será o do lugar de situação dos bens objeto do ato ou negócio.

b) o tabelião de notas sempre será o do domicílio dos compradores, em se tratando de ato ou negócio que envolva bens imóveis.

c) o tabelião de notas sempre será o do domicílio das partes.

d) é livre a escolha do tabelião de notas, qualquer que seja o domicílio das partes ou o lugar de situação dos bens objeto do ato ou negócio.

644. **(Ieses/TJ/CE/Cartórios/Ingresso/2018)** Quanto ao regime jurídico dos notários e registradores é correto afirmar:

a) a atividade notarial e registral é incompatível com a advocacia, exceto quando o notário ou registrador atuar em causa própria.

b) o ingresso na atividade notarial e registral possui como requisito a formação superior em direito e três anos de prática jurídica.

c) em nenhuma hipótese é admitido o ingresso na atividade notarial e registral de profissionais que não possuam formação superior em direito.

d) o titular concursado de serventia extrajudicial exerce efetiva função pública, devendo ser respeitada a regra constitucional que veda a cumulação de cargos, empregos e funções públicas.

645. **(Ieses/TJ/AM/Cartórios/Remoção/2018)** Aos tabeliães de notas compete com exclusividade:

a) intervir nos atos e negócios jurídicos a que as partes devam ou queiram dar forma legal ou autenticidade, autorizando a redação ou redigindo os instrumentos adequados, conservando os originais e expedindo cópias fidedignas de seu conteúdo.

b) autenticar fatos.
c) lavrar atas notariais.
d) formalizar juridicamente a vontade das partes.

2.2. Das Normas Comuns

2.2.1. Do Ingresso na Atividade Notarial e de Registro

*** INOVAÇÕES LEGISLATIVAS**

▲ Lei dos Cartórios (Lei 8.935/94). Título II – Das Normas Comuns, Capítulo I – Do Ingresso na Atividade Notarial e de Registro

▲ Art. 18. Parágrafo único. Aos que ingressaram por concurso, nos termos do art. 236 da Constituição Federal, ficam preservadas todas as remoções reguladas por lei estadual ou do Distrito Federal, homologadas pelo respectivo Tribunal de Justiça, que ocorreram no período anterior à publicação desta Lei. (Modificações: Lei 13.489/17)

*** INFORMATIVOS**

STJ **Cartório. Vacância. Titular.** A impetrante, ora recorrente, insurgiu-se contra ato praticado pelo corregedor-geral do TJ que indeferiu seu pedido de efetivação no cargo de tabeliã titular de cartório, a teor do art. 208 da CF/1967. Alega, ainda, que, de acordo com o regimento interno daquele tribunal, os pedidos de efetivação e exoneração dos servidores do foro extrajudicial só devem ser analisados no plenário daquela corte. Quanto à possibilidade da efetivação no cargo que exerce interinamente, não é possível porque a vacância deu-se após a CF/1988, condicionando o ingresso na atividade notarial e de registro à prévia aprovação em concurso público. Por outro lado, o corregedor-geral tem competência para apreciar pedido de efetivação do substituto no cargo de titular de cartório, nos termos dos arts. 164, XIV, e 169 do RITJ. RMS 25.259, Rel. Min. Luiz Fux, 19.3.09. 1ª T. (Info 387)

STJ **Competência. Corregedor-geral. Concurso. Serventia.** A Turma entendeu inexistir direito líquido e certo do impetrante, à falta de prova pré-constituída, sobre a existência de vacância ou prévio exame de adequação econômico-financeira para realização de concurso público e provimento da serventia de registro civil de pessoas naturais, mormente quanto à alegada ofensa dos art. 66, § 2º, da ADCT da Constituição do Estado de Minas Gerais, art. 54 da Lei 9.784/99 e art. 16 da Lei 8.935/94, não invocados pela parte desde a inicial. Outrossim, é da competência do corregedor-geral de justiça a inclusão de serventias extrajudiciais em concurso público. RMS 22.863, Rel. Min. Humberto Martins, 14.4.09. 2ª T. (Info 390)

STJ **Investidura em cargo público** Tendo em vista a inconstitucionalidade, já declarada pelo STF, do art. 14 do ADCT da Constituição do Estado de Santa Catarina ("Fica assegurado aos substitutos das serventias, na vacância, a efetivação no cargo de titular, desde que, investidos na forma da lei, estejam em efetivo exercício, pelo prazo de três anos."), por ofensa à exigência de concurso para a investidura em cargo público, o Tribunal declarou a inconstitucionalidade da expressão "respeitadas as situações consolidadas", constante da EC 10 do mesmo Estado ("Respeitadas as situações consolidadas, fica suspensa a execução do artigo 14 do Ato das Disposições Constitucionais Transitórias da Constituição do Estado de Santa Catarina."). Considerou-se que a EC impugnada, a propósito de cumprir a decisão do STF, acabara por preservar os pretensos direitos daqueles que foram efetivados inconstitucionalmente como titulares durante a vigência do dispositivo transitório. ADI 1.573, Rel. Min. Sydney Sanches, 12.2.2003. Pleno. Info STF 297.

STJ **Titular de serventia e concurso público** Por ofensa ao § 3º do art. 236 da CF, que exige concurso público para o ingresso na atividade notarial e de registro, o Tribunal julgou procedente pedido formulado em ação direta ajuizada pelo Procurador-Geral da República para declarar a inconstitucionalidade do art. 2º, caput, e §§ 1º e 2º, da Lei 12.832/98, do Estado do Ceará, que assegura, aos titulares efetivos dos Ofícios de Registro Civil das Pessoas Naturais das Comarcas Vinculadas criadas por lei estadual, o direito de assumir, na mesma Comarca, e desde que haja vacância, a titularidade do 1º Ofício de Notas, Protestos, Registro de Títulos e Documentos e Civil das Pessoas Jurídicas e Registro Civil das pessoas naturais. ADI 3016, Rel. Min. Gilmar Mendes, 18.10.2006. Plenário. (Info 445)

STJ **MS. Cartório. Concurso.** Ocupante de titularidade de cartório em caráter precário (substituta designada) impetrou mandado de segurança pleiteando a exclusão daquela serventia de concurso de remoção para ingresso na via de concurso público de provas e títulos. Argumenta que aquele cartório fora incluído na lista das serventias que seriam ocupadas pelo critério de remoção, mas, como o cartório imediatamente superior na lista de preenchimento foi excluído do concurso de ingresso, alterou-se a situação da serventia. Note-se que o art. 16, parágrafo único, da Lei n. 8.935/1994 e o art. 23 da Lei estadual n. 11.183/1998 estabelecem os critérios que alternam o preenchimento de vagas em cartório pelo ingresso por concurso público de provas e títulos ou remoção de notário mediante concurso de títulos, sempre tomando por base a data da vacância da titularidade. No caso dos autos, houve decisão judicial que excluiu uma das serventias do concurso (ainda pendente de recurso no STF). Para o Min. Relator, a existência dessa decisão posterior, excluindo um dos cartórios do certame, não deve alterar a situação das demais serventias da lista publicada no diário oficial, sob pena de inviabilizar o seu provimento. Destaca que não há interesse jurídico da impetrante, uma vez que exerce titularidade precária e está em vias de perdê-la ou pelo ingresso por concurso público ou por remoção, ou ainda qualquer que seja a decisão do mandamus. Só há o mero interesse econômico de protelar a realização do certame, o que é incompatível com o princípio constitucional que estabelece a prévia aprovação em concurso público como forma de provimento de cargo e emprego público (art. 37, II, CF/1988). RMS 26.428, Rel. Min. Castro Meira, j. 5.8.2008. 2ª T. (Info 362)

STJ **MS. Cartório. Delegação. Aposentadoria.** A impetrante do "mandamus", antiga titular de cartório extrajudicial, insurge-se contra o ato do presidente do TJ, que, diante de sua aposentadoria voluntária, declarou a estatização da serventia e a vacância da titularidade. Alega, entre outros, sua vitaliciedade (CF/1967) e a incompetência da autoridade coatora para expedir tal ato. Sucede que o respectivo Conselho Superior de Magistratura, a autoridade competente, após a impetração do writ, ratificou o ato e aventou a perda de objeto do MS pela errônea indicação da autoridade coatora, o que foi acolhido pelo TJ quando do julgamento da ordem. Nesse contexto, a alegação de perda de objeto soa como "venire contra factum proprio", conduta vedada ao agente público em razão da aplicação, também na seara pública, do princípio da boa-fé objetiva (art. 2º, parágrafo único, IV, da Lei 9.784/99). Nem sequer se pode falar em aplicação da teoria da encampação, porque seus requisitos não estão presentes (vínculo hierárquico entre as autoridades, ausência de modificação de competência estabelecida na CF/1988 e manifestação a respeito do mérito nas informações prestadas). Porém, não há que confundir extinção da delegação, de iniciativa de lei do Poder Legislativo, com extinção de cargo ou ofício do Poder Judiciário. Dessa última não se trata no caso, tanto que foi declarada a vacância (existe, mas não está ocupado), situação que afasta a alegação de inconstitucionalidade formal da Lei 8.935/1994 (a de inconstitucionalidade material não pode ser conhecida dada a deficiência de sua fundamentação, o que impede sua exata compreensão). Anote-se, outrossim, que a delegação não é título de nobreza nem título acadêmico: ela existe não em função da pessoa, mas sim em função do interesse público primário, sendo até lógico existirem previsões legais que ensejam sua perda ou extinção, tal qual determina o art. 39, II, da Lei 8.935/1994, que prevê a extinção da delegação em casos de aposentação voluntária, o que se deu na hipótese. Por último, é de convir que, como consabido e sempre reiterado pela jurisprudência, não há direito adquirido perante estatuto. RMS 29.493, Rel. Min. Humberto Martins, 23.6.09. 2ª T. (Info 400)

STJ **Cartório. Vacância. Titular. Ilegalidade. Ato administrativo.** Na ação mandamental, o recorrente insurge-se contra o ato do vice-presidente do TJ-PR que aditou, no exercício da Presidência, o Decreto Judiciário n. 86/2004, deferindo a efetivação por delegação, a titular do cartório de Registro e Notas após o falecimento de seu marido, o titular da serventia. Argumentou o impetrante que, nos termos do art. 16 da Lei n. 8.935/1994, as vagas devem ser preenchidas, alternadamente, duas terças partes por concurso público e uma terça parte por meio de remoção, mediante concurso de títulos. Assim, a vacância deveria ensejar a abertura de concurso público. O Min. Relator observou que a Lei n. 8.935/1994, denominada Lei dos Cartórios, veio a lume no mundo jurídico para regulamentar o disposto no art. 236 da CF/1988. Em seu art. 14, I, prescreve que a delegação para o exercício da atividade notarial e de registro depende da habilitação em concurso de provas e títulos; em seu art. 16, prevê o preenchimento de um terço das vagas por meio de remoção, mediante concurso de títulos. Entendeu o Min. Relator haver ofensa aos princípios constitucionais e administrativos na expedição do Decreto Judiciário n. 86/2004, demonstrando evidente violação dos princípios da legalidade, moralidade e acessibilidade aos cargos públicos, nos quais se deve pautar a Administração Pública incondicionalmente e sem os quais o ato administrativo padece de ilegalidade. RMS 21.547, Rel. Min. José Delgado, j. 11.9.2007. 1ª T. (Info 331)

STJ **Concurso público. Notário. Diploma. Apresentação.** Nas inscrições provisórias ao concurso de oficial de cartório de registro de imóveis, a candidata já portava seu diploma de bacharela em Direito, porém ainda sem o devido registro. Quando da inscrição definitiva, exigida a apresentação do diploma, desse já constava tal registro. O MS impetrado pelo candidato ao final preterido veio sob a alegação de que a candidata aprovada em primeiro lugar não havia cumprido as exigências postas no edital, apesar de a comissão do concurso expressamente ter facultado a apresentação do diploma naqueles moldes. Diante disso, a Turma, ao prosseguir o julgamento, entendeu correto o ato da autoridade coatora, pois se amolda aos ditames do art. 14 da Lei n. 8.935/1994, que possibilita a apresentação do diploma registrado até o ato de delegação, pelo que descabida a exigência de apresentá-lo no ato da inscrição. Anotou-se que esse entendimento coaduna-se ao enunciado da Súm. 266-STJ. Todavia o Min. João Otávio de Noronha acompanhou a Turma quanto ao resultado, porém ao fundamento de que, quando exigida a apresentação do documento ao tempo da inscrição definitiva, conforme os ditames do próprio edital, esse já estava registrado. Anotou que o referido artigo da Lei n. 8.935/1994 não cuida de concurso público, mas sim do ato de delegação do exercício da atividade notarial e nem sequer a Súm. 266-STJ aplicar-se-ia ao caso. RMS 17.077, Rel. Min. Humberto Martins, j. 22.5.2007. 2ª T. (Info 321)

STJ Concurso público. Serviços notariais. Análise. Títulos. Cuida-se de mandado de segurança impetrado por candidato aprovado e classificado em concurso para provimento do Primeiro Ofício de Registros de Títulos e Documentos do Estado, contra ato dos presidentes do Conselho da Magistratura e da comissão examinadora, objetivando a pontuação de títulos relacionados com três aprovações em anteriores concursos públicos para provimento de cargos de serventias do foro extrajudicial (Serviços Notariais e de Registros Públicos). Na hipótese sub examine a definição acerca dos títulos considerados pela comissão foi realizada posteriormente à publicação do edital (24.12.1999), que previa inicialmente um ponto para cada aprovação em concurso público para carreira jurídica. O impetrante, conforme as certidões trazidas aos autos, logrou aprovação nos concursos para atividades notariais e de registro, privativas do bacharel em Direito, conforme exigência contida na Lei n. 8.935/1994. Lembrou o Min. Relator que a Quinta Turma deste Superior Tribunal, em julgamento de hipótese análoga sobre a legalidade das decisões proferidas pela comissão examinadora do concurso de ingresso nos Serviços Notariais e de Registros Públicos do Estado de Minas Gerais (Edital 1/99), publicadas em 6.2.2002, passando a considerar válidos somente os títulos obtidos até 15.2.2000, data de encerramento das inscrições provisórias no referido certame, e em 19.4.2002 restringiu, para efeitos de pontuação na aferição de títulos, o conceito de "carreiras jurídicas" adotando apenas as de magistrado, Ministério Público, defensor público, advogado/procurador aprovado em concurso público e delegado de Polícia. Decidiu a Quinta Turma que essas mencionadas exigências afrontam os princípios administrativos da moralidade e impessoalidade, máxime porque editadas após a divulgação do resultado das provas escritas e da apresentação dos títulos pelos candidatos. Isso posto, para o Min. Relator, "in casu", mercê de omisso o edital, a especificação das carreiras jurídicas adveio somente após a divulgação da primeira fase do certame, sendo certo que o impetrante, anteriormente já havia sido aprovado em carreira para a qual por lei e pela práxis são exigíveis conhecimentos jurídicos. A natureza do concurso torna inequívoco que os certames dos quais o impetrante participou têm relevância para a pontuação. RMS 22.209, Rel. Min. Luiz Fux, j. 14.8.2007. 1ª T. (Info 327)

STJ Concurso público. Serviços notariais e de registro. Auxiliar de cartório. Cuida-se de mandado de segurança impetrado contra o indeferimento de inscrição em concurso público para admissão como titular de serviços notariais e de registro sob o argumento de que o impetrante, na condição de auxiliar de cartório por mais de dez anos, estaria apto a participar do certame nos termos do art. 15, § 2º, da Lei n. 8.935/1994, não se aplicando as disposições do edital e da Lei estadual n. 12.919/1998 (art. 8º, § 2º), que, de forma explícita, só permitiam a inscrição daqueles com mais de dez anos de serviço como titular, substituto ou escrevente juramentado, excluídos os auxiliares de cartório. A Min. Relatora, após análise detida de decisões do STF e da legislação pertinente, concluiu que somente os escreventes (substitutos ou juramentados) é que podem exercer, dentro dos limites legais, atividades inerentes ao serviço notarial ou de registro e, portanto, tendo exercido a função por mais de dez anos, embora não sendo bacharéis em Direito, estão aptos a participar de concurso para provimento de vagas nos serviços notarias e de registros públicos, de acordo com a exceção prevista na Lei n. 8.935/1994. Assim sendo, independentemente da lei estadual, a qual apenas explicitou o que já estava previsto na lei federal, a conclusão a que se chega é que não poderia o recorrente, que não é bacharel em Direito, ser incluído naquela exceção para concorrer a uma vaga de titular, pelo fato de ser mero auxiliar sem função de substituição de notário ou de oficial de registro. RMS 18.498, Rel. Min. Eliana Calmon, j. 6.3.2007. 2ª T. (Info 312)

STJ Concurso. Serviço notarial. Titulação. Avaliação. Critérios. Descabe o reexame pelo Poder Judiciário de critérios de avaliação de titulação em concurso de provas e títulos para o ingresso de remoção em serviços notariais e registrais, fixados em edital de concurso público, por importar em indevida substituição à banca examinadora e em quebra de isonomia pela presunção de imparcialidade. RMS 24.973, Rel. Acd. Min. Luiz Fux, j. 4.10.2007. 1ª T. (Info 334)

STJ Remoção. Serventias notariais. Em ação de mandado de segurança coletivo, o Sindicato dos Notários e Registradores estadual insurgiu-se contra ato do presidente do TJ, que promoveu edital de concurso público de provas e títulos para preenchimento de serventias notariais pelo critério de ingresso e remoção de serventuários que já exerciam suas atividades. Isso posto, o Min. Relator, preliminarmente, considerou o Sindicato parte legítima para atuar no mandamus. Ademais, esclareceu que o preenchimento das vagas de serventias notariais pelo critério de remoção segue o disposto no art. 16 da Lei n. 10.506/2002, a qual alterou a Lei n. 8.935/1994, e exige que as vagas sejam preenchidas alternativamente, duas terças partes por concurso público de provas e títulos e uma terça parte por meio de remoção.... Assim, a exigência do edital de provas e títulos para o preenchimento de serventias por remoção extrapola a exigência legal. Aos notários que já realizaram concurso público para o ingresso na carreira, para remoção, basta a prova de títulos. Diante do exposto, a Turma deu provimento ao recurso ordinário para que o referido edital seja adaptado à citada lei, que exige, para a remoção que deve preencher uma terça parte das vagas, apenas o concurso de títulos. RMS 25.487, Rel. Min. José Delgado, j. 11.12.2007. 1ª T. (Info 342)

STJ Tabelião. Vacância. Titularidade. Caráter precário. A CF/1967, com a redação da EC 1/1967 e EC 22/1982, permitia que os substitutos das serventias extrajudiciais e do foro judicial se efetivassem como titulares se, em caso de vacância, contassem com mais de cinco anos de exercício, nessa condição e na mesma serventia, até 31.12.1983. Já o art. 236, § 3º, da CF/1988 exige a aprovação em concurso público para o ingresso no cargo de titular. Outrossim não há irregularidade em declaração de vacância de serventia se a titularidade do tabelionato não foi delegada ao substituto em caráter efetivo, mas sim em provisório (art. 39 da Lei n. 8.935/1994). Quanto à estabilidade extraordinária prevista no art. 19 do ADCT da CF/1988, não há como estendê-la a esses serventuários, pois as atividades cartorárias têm caráter de Direito Privado. RMS 15.513, Rel. Min. Paulo Medina, j. 17.2.2004. Sexta Turma. (Info 199).

STJ Tabelionato. Vacância. Antiguidade. Classe. Entrância. Deu-se a vacância do cartório de protesto de títulos da capital do Estado pela aposentadoria de seu titular. Houve, então, a efetivação do substituto mais antigo, que foi desconstituída por este Superior Tribunal, ao fundamento de que a vacância da serventia ocorrera já na vigência da CF/1988, não mais possuindo o substituto direito adquirido à titularidade efetiva, conforme cediça jurisprudência. Após, explicitou o STJ que o provimento da serventia deveria dar-se por remoção ou remoção-promoção, aplicando-se as normas locais vigentes à época da vacância (Lei estadual 5.256/66-RS). Aberto edital de remoção, o Conselho de Magistratura local considerou o ora litisconsorte passivo, tabelião do Ofício de Registros Especiais de comarca no interior, como sendo o mais antigo na classe e na entrância. Irresignado, o ora impetrante, tabelião de notas em outra comarca do interior, alega exercer de fato as funções de oficial de Registros Especiais, que englobaria a serventia de Protesto de Títulos, restando, inclusive, aprovado no concurso para provimento de tal cargo, o que o torna o mais antigo na classe dentre os que se apresentaram à remoção. Isso posto, a Turma, prosseguindo o julgamento, entendeu que, apesar de estar patente nos autos que o recorrente exerce de fato tais funções como oficial, resta que somente foi nomeado efetivamente para o tabelionato de Notas, não pertencendo à classe dos oficiais dos Registros Especiais ou tabeliães de Protesto, não fazendo jus a pleitear a remoção. RMS 13.553, Rel. Min. Gilson Dipp, j. 19.8.2004. Quinta Turma. (Info 218).

* QUESTÕES OBJETIVAS

646. (Cespe/TJ/PI/Cartórios/Remoção/2013) Assinale a opção correta a respeito do ingresso na atividade notarial e de registro:

a) ao concurso público poderão concorrer candidatos não bacharéis em direito que tenham completado, até a data da posse, dez anos de exercício em serviço notarial ou de registro.

b) haverá ofensa ao princípio da isonomia em edital que preveja a possibilidade de disputa no certame para uma única serventia.

c) de acordo com jurisprudência firmada pelo STJ, o diploma ou habilitação legal para o exercício do cargo deve ser exigido no ato da inscrição no certame.

d) podem ser titulares de delegação do exercício da atividade notarial e de registro os brasileiros natos e naturalizados, com idade mínima de dezoito anos, habilitados em concurso público de provas e títulos.

e) é necessária a participação nos concursos, em todas suas fases, da OAB, do MP, de um notário e de um registrador, até mesmo na elaboração do edital.

647. **(Cespe/TJ/RR/Cartórios/Ingresso/2013)** Ainda acerca dos serviços notariais e de registro, assinale a opção correta conforme a Lei n. 8.935/1994:

a) a participação em concurso público para o exercício de atividades notariais e de registro é restrita a brasileiros natos.

b) para o preenchimento das serventias por meio de concurso público de ingresso ou por concurso de remoção, utiliza-se como critério a data de vacância da titularidade das serventias; caso ocorra vacância de mais de uma serventia na mesma data, observa-se a da criação do serviço.

c) é vedada a participação, em concurso de remoção, de titulares que não comprovem o exercício da atividade notarial e de registro por mais de três anos.

d) as vagas relacionadas às atividades notariais e de registro devem ser preenchidas alternadamente da seguinte forma: dois terços por concurso público de provas e títulos e um terço por concurso de remoção, em tempo hábil o suficiente para impedir que serventias notariais ou de registro fiquem vagas por mais de três meses.

e) é permitida a participação, no concurso público de provas e títulos para o exercício de atividades notariais e de registro, de candidatos com formação em nível superior em qualquer área do conhecimento, desde que comprovem terem completado, até a data da publicação do resultado final do concurso, no mínimo, cinco anos de exercício em serviço notarial ou de registro.

648. **(FCC/TJ/PE/Cartórios/Ingresso/2013)** A respeito do ingresso na atividade notarial e de registro, é correto afirmar que:

a) os concursos serão realizados pelo Poder Executivo, com a participação, em todas as suas fases, da Ordem dos Advogados do Brasil, do Poder Judiciário, de um notário e de um registrador.

b) ao concurso público somente poderão concorrer candidatos bacharéis em direito.

c) as vagas serão preenchidas alternadamente, duas terças partes por provimento e uma terça parte por meio de remoção, não se permitindo que qualquer serventia notarial ou de registro fique vaga, sem abertura de concurso, por mais de seis meses.

d) ao concurso de remoção somente serão admitidos titulares que exerçam a atividade por mais de cinco anos.

e) a legislação federal disporá sobre as normas e os critérios para o concurso de remoção.

649. **(Vunesp/TJ/SP/Cartórios/Remoção/2016)** A Lei n. 8.935/94 estabelece os requisitos para a delegação do exercício da atividade notarial e registral. Assinale a alternativa que elenca corretamente alguns desses requisitos:

a) verificação de conduta condigna para o exercício da profissão, quitação com as obrigações eleitorais e militares e diploma de bacharel em direito, salvo se já completos dez anos em serviço notarial ou de registro.

b) aprovação em exame da Ordem dos Advogados do Brasil, nacionalidade brasileira e habilitação em concurso público de provas e títulos.

c) habilitação em concurso público de provas e títulos, habilitação em curso de registros públicos homologado pelo Conselho Nacional de Justiça (CNJ) e diploma de bacharel em direito.

d) habilitação em curso de registros públicos homologado pelo Conselho Nacional de Justiça (CNJ), verificação de conduta condigna para o exercício da profissão e diploma de bacharel em direito, salvo se já completos dez anos em serviço notarial ou de registro.

650. **(Cespe/TJ/BA/Cartórios/Remoção/2013)** Em relação aos cargos de notário e de registrador, assinale a opção correta com base na Lei dos Cartórios:

a) não é dever dos notários e dos oficiais de registro fiscalizar o recolhimento dos impostos incidentes sobre os atos que praticam, sendo tal ato da competência exclusiva do auditor fiscal do juízo.
b) os concursos para esses cargos devem ser realizados pelo Poder Judiciário, com a participação, em todas as suas fases, da defensoria pública do estado da Federação interessado.
c) ao concurso público para esses cargos poderão concorrer candidatos não bacharéis em direito que tenham completado, até a data da primeira publicação do edital do certame, dez anos de exercício em serviço notarial ou de registro.
d) ao concurso de remoção só serão admitidos titulares e substitutos que exerçam a atividade notarial ou de registro por mais de três anos.
e) o notário, assim como o registrador pode praticar, pessoalmente, no serviço de que seja titular, qualquer ato de seu interesse, se o fizer na presença de outro notário ou registrador que não seja seu parente na linha reta ou colateral até o terceiro grau.

651. **(Ieses/TJ/AM/Cartórios/Remoção/2018)** A delegação para o exercício da atividade notarial e de registro depende dos seguintes requisitos:

I. diploma de bacharel em direito; habilitação em concurso público de provas e títulos.
II. nacionalidade brasileira; capacidade civil.
III. quitação com as obrigações eleitorais e militares.
IV. verificação de conduta condigna para o exercício da profissão.

A sequência correta é:

a) apenas as assertivas I, II e III estão corretas.
b) apenas a assertiva II está incorreta.
c) apenas as assertivas II e IV estão corretas.
d) as assertivas I, II, III e IV estão corretas.

652. **(Ieses/TJ/RO/Cartórios/Remoção/2017)** A delegação para o exercício da atividade notarial e de registro depende dos seguintes requisitos:

I. habilitação em concurso público de provas e títulos.
II. nacionalidade brasileira e capacidade civil.
III. quitação com as obrigações eleitorais e militares.
IV. diploma de bacharel em direito ou em economia.

A sequência correta é:

a) apenas as assertivas I e III estão corretas.
b) apenas as assertivas I e II estão corretas.
c) as assertivas I, II, III e IV estão corretas.
d) a assertiva IV está incorreta.

653. **(Ieses/TJ/AM/Cartórios/Remoção/2018)** Ao concurso público poderão concorrer candidatos não bacharéis em direito que tenham completado, até a data da primeira publicação do edital do concurso de provas e títulos, quantos anos de exercício em serviço notarial ou de registro?

a) 25 (vinte e cinco) anos.
b) 15 (quinze) anos.
c) 20 (vinte) anos.
d) 10 (dez) anos.

654. **(Ieses/TJ/AM/Cartórios/Remoção/2018)** Ao concurso de remoção para outra serventia, somente serão admitidos titulares que exerçam a atividade por mais de:

a) 3 (três) anos.
b) 10 (dez) anos.
c) 5 (cinco) anos.
d) 2 (dois) anos.

655. **(Ieses/TJ/PA/Cartórios/Remoção/2016)** O exercício da atividade notarial ou de registro terá início dentro de:

a) 60 (sessenta) dias, improrrogáveis, contados da investidura.
b) 30 (trinta) dias da expedição do ato de outorga da delegação, prorrogável uma única vez, por igual período.
c) 30 (trinta) dias, improrrogáveis, contados da investidura.
d) 45 (quarenta e cinco) dias, improrrogáveis, contados da aprovação em concurso público.

2.2.2. *Dos Prepostos*

✱ INFORMATIVOS

STJ **ISS. Serviços de registros públicos, cartorários e notariais.** O art. 9º, § 1º, do DL 406/68 (que dispõe sobre o regime de tributação fixa do ISS) não se aplica aos serviços de registros públicos, cartorários e notariais, por não se tratar de prestação de serviços sob a forma de trabalho pessoal do próprio contribuinte, mas de atividade empresarial. Embora tais serviços sejam exercidos em caráter privado por delegação do Poder Público (art. 236 da CF/88), e esta seja feita em caráter pessoal, intransferível e haja responsabilidade pessoal dos titulares de serviços notariais e de registro, isso, por si só, não autoriza concluir que tais atividades sejam prestadas pessoalmente por eles, uma vez que têm a faculdade legal de contratar, para o desempenho de suas funções, escreventes, dentre eles escolhendo os substitutos, e auxiliares, como empregados (art. 20 da Lei 8.935/94). Por essas razões, não se mostra razoável conferir a benesse do § 1º do art. 9º do DL 406/68 aos serviços cartorários. REsp 1.185.119, Rel. Min. Benedito Gonçalves, j. 10.8.2010. 1ª T. (Info 442)

STJ Sucessão trabalhista. Tabeliães. Cartórios. A Turma decidiu que não cabe o exame, em sede de recurso especial, de pleito referente à ação de cobrança de créditos decorrentes de obrigações trabalhistas, na qual se pleiteia a compensação de dívidas devido à mudança de tabeliães de cartório, i. e., a sucessão de empregadores, "ex vi" dos arts. 10 e 448 da CLT. No caso, mesmo sob a direção de outro tabelião, a continuidade regular do serviço cartorário, mantidos os empregados que não foram demitidos no dia em que o novo titular do cartório assumiu a titularidade, não se configura a sucessão trabalhista, a menos que se verifiquem as cláusulas contratuais. REsp 654.942, Rel. Min. Aldir Passarinho Junior, j. 12.9.2006. 4ª T. (Info 296)

* QUESTÕES OBJETIVAS

656. **(Cespe/TJ/RR/Cartórios/Ingresso/2013)** Acerca dos serviços notariais e de registro, assinale a opção correta de acordo com a Lei n. 8.935/1994:

a) para o desempenho de suas funções, os notários e os oficiais de registro podem contratar, na condição de empregados, escreventes e auxiliares, com remuneração livremente ajustada e sob o regime da legislação do trabalho.

b) os serviços notariais e de registro são exercidos, em caráter privado, por delegação do Poder Executivo estadual ou do Distrito Federal.

c) excepcionalmente, nos municípios com população de até trinta mil habitantes, admite-se a participação de candidatos que comprovem possuir escolaridade mínima de segundo grau, ou habilitação equivalente, em concurso público de provas e títulos para ingresso nas atividades notariais e de registro.

d) é permitido a notários e oficiais de registro o exercício de mandatos eletivos e de cargos de ministro de Estado, secretário estadual e municipal ou de magistério, bem como cargo executivo em autarquias, sociedades de economia mista, empresas públicas e fundações, em âmbito federal, estadual e municipal.

e) considere que a população do município Y seja formada basicamente por pessoas de baixa renda. Suponha, ainda, que haja proposta de extinção dos serviços de registro civil das pessoas naturais justamente pela impossibilidade dessa população de arcar com as custas desses serviços. Nesse caso, a proposta deve ser abandonada, e o poder público deve passar a subvencionar tais serviços, já que a lei proíbe sua extinção.

657. **(FCC/TJ/PE/Cartórios/Ingresso/2013)** No Registro Civil das Pessoas Naturais:

a) os registradores civis devem obrigatoriamente manter unidade interligada que conecta estabelecimento de saúde aos serviços de registro civil para permitir a prática dos atos nos hospitais, sobretudo nas maternidades, conforme determina o Provimento n. 13 do Conselho Nacional de Justiça.

b) sempre que o oficial fizer registro ou averbação, deverá, no prazo de dez dias, anotá-los nos atos anteriores, com remissões recíprocas, se lançados em seu cartório, ou fazer comunicação ao oficial em cujo cartório estiverem os registros primitivos.

c) as sentenças de emancipação, bem como os atos dos pais que a concederem, assim como as interdições, serão obrigatoriamente registrados no livro "A" junto ao assento de nascimento no Cartório respectivo.

d) a restauração, suprimento ou retificação de assentamento no registro civil prescindem de decisão do juiz corregedor permanente e podem ser feitos de ofício pelo registrador ou a requerimento da parte, após manifestação conclusiva do Ministério Público.

e) o gerenciamento administrativo e financeiro dos serviços de registro é da responsabilidade exclusiva do respectivo titular, inclusive no que diz respeito à despesa de custeio, investimento e pessoal.

658. **(Consulplan/TJ/MG/Cartórios/Remoção/2015)** Os tabeliães e os oficiais de registro poderão, para o desempenho de suas funções, contratar escreventes, escolhendo dentre eles os substitutos, e auxiliares como empregados, com remuneração livremente ajustada e sob o regime da legislação do trabalho. Considerando esta faculdade legal, examine as assertivas abaixo:

I. os substitutos poderão, simultaneamente com o tabelião ou o oficial de registro, praticar todos os atos que lhe sejam próprios, exceto, nos tabelionatos de Notas, lavrar testamentos.

II. dentre os substitutos, um deles será designado pelo tabelião ou oficial de registro para responder pelo respectivo serviço nas ausências e nos impedimentos do titular, devendo tal designação ser comunicada ao Conselho Nacional de Justiça - CNJ.

III. os tabeliães e oficiais de registro responderão pelos danos que eles e seus prepostos causarem a terceiros na prática de atos próprios da serventia, assegurado aos primeiros o direito de regresso somente em caso de dolo dos prepostos.

É correto apenas o que se afirma em:

a) I.
b) II.
c) II e III.
d) I e II.

659. (Faurgs/TJ/RS/Cartórios/Ingresso/2015) Aos notários substitutos podem ser atribuídos todos os atos próprios dos notários titulares, exceto lavrar:

a) escrituras.
b) atas notariais.
c) testamentos.
d) procurações públicas.

660. (Vunesp/TJ/SP/Cartórios/Ingresso/2014) Quanto aos prepostos, é correto afirmar que:

a) dentre os substitutos, um deles será designado pelo juiz corregedor para responder pelo respectivo serviço nas ausências e nos impedimentos do titular.
b) os notários e os oficiais de registro poderão, para o desempenho de suas funções, contratar escreventes e auxiliares como empregados, com remuneração livremente ajustada e sob o regime da legislação do trabalho.
c) em cada serviço notarial ou de registro haverá tantos substitutos, escreventes e auxiliares quantos forem necessários, a critério do juiz corregedor.
d) os escreventes poderão praticar todos os atos próprios do serviço, inclusive a abertura e encerramento de livros.

661. (Cespe/TJ/DFT/Cartórios/Ingresso/2014) Com relação aos escreventes, auxiliares e prepostos, assinale a opção correta:

a) os auxiliares, contratados em conformidade com a legislação do trabalho, poderão, quando designados pelo notário ou oficial de registro, responder pelo respectivo serviço, nas ausências e impedimentos do titular.
b) conforme recente entendimento do STJ, são assegurados ao escrevente substituto e responsável pelo ofício em decorrência de aposentadoria do titular os direitos conferidos aos servidores públicos, incluindo-se o de prévio procedimento administrativo na aplicação de sanções disciplinares.
c) para que os escreventes substitutos possam praticar atos próprios do titular da serventia, os seus nomes devem ser previamente aprovados pelo juízo competente.
d) dada a relação de subordinação decorrente do vínculo trabalhista entre o titular da serventia e o seu substituto legal, a lei proíbe que este lavre os atos que aquele esteja impedido de lavrar.
e) conforme entendimento do STJ, ocorrendo a vacância do cargo do titular da serventia notarial ou de registro, deverá a autoridade judiciária competente designar, até o provimento do cargo vago por concurso público, o substituto mais antigo para responder temporariamente pelo serviço do expediente.

662. (Cespe/TJ/SE/Cartórios/Remoção/2014) Assinale a opção correta acerca do regime de pessoal dos serviços notariais e de registro:

a) os notários e oficiais de registro poderão, para o desenvolvimento de suas funções, contratar escreventes e auxiliares, entre os quais deverão escolher seus substitutos.
b) não poderão ser contratados prepostos de notários e oficiais de registro que sejam parentes, em linha reta ou colateral, até o terceiro grau, de desembargador integrante do tribunal de justiça do estado em que seja desempenhado o respectivo serviço notarial ou de registro.

c) compete exclusivamente ao notário ou oficial de registro o gerenciamento financeiro e administrativo dos respectivos serviços, ressalvada a observância do número máximo de escreventes e auxiliares, que deverá ser determinado pelo juízo competente.

d) os substitutos escolhidos pelos notários e oficiais de registro poderão praticar todos os atos que lhes sejam próprios, a exemplo da lavratura de assentos de nascimento e de óbito, testamentos e certidões do que lhes for requerido.

e) os notários e oficiais de registro podem contratar escreventes e auxiliares, sob o regime da legislação trabalhista, tendo como teto salarial o subsídio mensal dos ministros do STF.

663. (Consulplan/TJ/MG/Cartórios/Ingresso/2017) Nos termos da Lei n. 8.935/94, assinale a alternativa correta:

a) os notários e os oficiais de registro poderão, para o desempenho de suas funções, contratar escreventes, dentre eles escolhendo os substitutos, e auxiliares como empregados, com remuneração livremente ajustada e sob o regime da legislação do trabalho.

b) os notários e registradores têm direito de exercer opção, nos casos de desmembramento, desdobramento ou de extinção de sua serventia.

c) o exercício da atividade notarial e de registro é incompatível com o da advocacia, o da intermediação de seus serviços ou o de qualquer cargo, emprego ou função públicos, salvo se ocupante de cargo em comissão.

d) o gerenciamento administrativo e financeiro dos serviços notariais e de registro é da responsabilidade do titular e do respectivo substituto, inclusive no que diz respeito às despesas de custeio, investimento e pessoal, cabendo-lhe estabelecer normas, condições e obrigações relativas à atribuição de funções e de remuneração de seus prepostos de modo a obter a melhor qualidade na prestação dos serviços.

664. (Ieses/TJ/AM/Cartórios/Remoção/2018) Os notários e os oficiais de registro poderão, para o desempenho de suas funções, contratar escreventes, dentre eles escolhendo os substitutos, e auxiliares como empregados. A respeito destes prepostos é correto afirmar:

I. dentre os substitutos, um deles será designado pelo notário ou oficial de registro para responder pelo respectivo serviço nas ausências e nos impedimentos do titular.

II. em cada serviço notarial ou de registro haverá tantos substitutos, escreventes e auxiliares quantos forem necessários, a critério de cada notário ou oficial de registro.

III. os escreventes poderão praticar quaisquer atos, independente de autorização do notário ou o oficial de registro.

IV. os notários e os oficiais de registro encaminharão ao juízo competente os nomes dos substitutos.

A sequência correta é:

a) apenas as assertivas II e IV estão corretas.

b) apenas as assertivas II, III e IV estão corretas.

c) as assertivas I, II, III e IV estão corretas.

d) apenas a assertiva III está incorreta.

2.2.3. *Da Responsabilidade Civil e Criminal*

✱ ENUNCIADOS CNB

|CNB| **Enunciado 1/2016.** Na ata notarial para usucapião, o tabelião deve atestar evidências do tempo da posse. Esta ação é requisito legal sacramental e não indica que o tabelião acompanhou a constatação todo o tempo. Por isso, a responsabilidade administrativa, civil e penal só pode ser oriunda da conduta dolosa.

✱ INFORMATIVOS

STJ Interesse de agir em ação na qual se busque a responsabilização civil do Estado por fraude ocorrida em cartório de registro de imóveis. Deve ser extinto o processo, sem resolução do mérito, na hipótese de ação em que se pretenda obter do Estado, antes de declarada a nulidade do registro imobiliário, indenização por dano decorrente de alegada fraude ocorrida em cartório de registro de imóveis. REsp 1.366.587, Rel. Min. Benedito Gonçalves, j. 18.4.2013. 1ª T. (Info 523)

STJ Competência. Foro. Dano. Serviços notariais. Trata-se de saber qual o foro de competência a ser aplicado em ação de reparação de danos contra tabelião de Campinas que reconheceu como da autora firma de assinatura que não era do seu próprio punho. Proposta a ação em São Paulo, o juiz declinou de sua competência ao argumento de que a ação fundou-se no art. 94 do CPC – que determina a propositura de ação de direito pessoal no domicílio do réu. Inconformada com essa decisão, a autora invocou o CDC, arts. 2º, 3º, 101, I, e o art.

100, parágrafo único, do CPC e interpôs agravo de instrumento que restou negado no Tribunal a quo. Isso posto, a Turma, ao prosseguir o julgamento deu provimento ao recurso, reconhecendo como competente vara cível de São Paulo. Ressaltou-se que, no caso, não se aplica o Código de Defesa do Consumidor, pois não se trata de relação de consumo, mas de uma relação de serviço público. O notário ou tabelião de notas é um profissional do Direito, dotado de fé pública, a quem é delegado pelo poder público o exercício da atividade notarial. Explica o Min. Carlos Alberto Menezes Direito que esse ato de delegação é diferente daqueles em que as empresas trabalham por concessão de direito público, uma vez que é um serviço vinculado e fiscalizado diretamente pelo Estado. Assim, o usuário de serviço público tem um contrato sob a égide de Direito Público e não se aplica o art. 100, parágrafo único, do CPC, porque não se trata de delito extracontratual, mas de delito contratual, por isso se aplica a regra geral de competência. REsp 625.144, Rel. Min. Nancy Andrighi, j. 14.3.2006. 3ª T. (Info 277)

STJ Danos materiais. Titular. Cartório. É subsidiária a responsabilidade do Estado membro pelos danos materiais causados por titular de serventia extrajudicial, ou seja, aquele ente somente responde de forma subsidiária ao delegatário. Por outro lado, a responsabilidade dos notários equipara-se às das pessoas jurídicas de Direito Privado prestadoras de serviços públicos, pois os serviços notariais e de registros públicos são exercidos por delegação da atividade estatal (art. 236, § 1º, da CF/88), assim seu desenvolvimento deve dar-se por conta e risco do delegatário (Lei 8.987/95). Também o art. 22 da Lei 8.935/94, ao estabelecer a responsabilidade dos notários e oficiais de registro pelos danos causados a terceiros, não permite uma interpretação de que há responsabilidade solidária pura do ente estatal. Com esse entendimento, a Turma, ao prosseguir o julgamento, deu provimento ao recurso do Estado membro condenado a pagar R$ 115.072,36 por danos materiais imputados ao titular de cartório. REsp 1.087.862, Rel. Min. Herman Benjamin, j. 2.2.2010. 2ª T. (Info 421)

STJ Danos morais e materiais. Legitimidade. Cartório. Nos autos de ação de indenização por danos morais e materiais em desfavor de cartório, o juiz, ao apreciar preliminar de ilegitimidade passiva "ad causam" do cartório, suscitada na contestação, determinou, de ofício, a inclusão do nome da tabeliã (ora recorrente) no polo passivo da demanda, reconhecendo erro material. Isso posto, ressalta o Min. Relator que, não obstante o Tribunal a quo tenha reconhecido não ser o cartório parte no feito – (por se tratar de simples serventia onde ficam guardados os livros e os registros dos tabeliães e notários) destituído assim, de personalidade jurídica –, essas conclusões foram firmadas no reconhecimento de preclusão do direito da recorrente em questionar a inclusão do seu nome porquanto não foi objeto do agravo de instrumento que se limitou a tratar da exclusão do cartório. Sendo assim, não houve violação dos arts. 264 e 267, VI, § 3º, CPC. Por outro lado, o Relator observou que este Superior Tribunal já enfrentou a questão, considerando as serventias pessoas formais, tendo por isso qualidade de parte, no sentido processual, embora não detentoras de personalidade jurídica, tal como ocorre com o espólio, a massa falida, etc., que têm capacidade para estar em juízo. REsp 774.911, Rel. Min. João Otávio de Noronha, j. 18.10.2005. 2ª T. (Info 265)

STJ Direito administrativo. Notário. Acumulação indevida de cargo, emprego ou função pública. A atividade de notário é inacumulável com qualquer cargo, emprego ou função pública, ainda que em comissão, mesmo que o servidor esteja no gozo de férias ou licença remunerada. O status de servidor público, que não é desconfigurado pelo fato de o servidor estar no gozo de férias ou licenças, é incompatível com a atividade de notário nos termos do art. 25 da Lei 8.935/94. RMS 38.867, Rel. Min. Humberto Martins, j. 18.10.2012. 2ª T. (Info 508)

STJ Indenização. Danos morais. Tabeliã. Trata-se de ação de danos morais contra o estado-membro da Federação e tabeliã sucessora de cartório de registro geral de imóveis, por ter o tabelião anterior fornecido certidão de compra e venda que, posteriormente, tornou sem efeitos esses registros sem dar conhecimento aos adquirentes. O Tribunal a quo confirmou a decisão do juiz de excluir o estado do processo e de reconhecer que a tabeliã sucessora responde pelos atos do antigo tabelião. Isso posto, a Turma deu provimento ao recurso para julgar improcedente o pedido indenizatório, por acolher a preliminar de ilegitimidade passiva da tabeliã, ora recorrente. O Min. Relator, com ressalvas à sistemática da Turma, aplicando o direito à espécie quanto à improcedência do pedido, destacou que a jurisprudência deste Superior Tribunal firmou-se no sentido de que a responsabilidade civil por ato ilícito praticado pelo oficial do registro de imóveis é pessoal. Por isso o sucessor, o atual titular da serventia, não poderia responder por ato do tabelião anterior. Ressaltou, ainda, que o entendimento do STF é o mesmo desde a Constituição Federal de 1969, bem como na atual, os titulares de ofícios de justiça e de notas, quer do foro judicial quer do foro extrajudicial, eram servidores públicos e, por seus atos praticados nessa qualidade, respondia o Estado pelos danos causados a terceiros (art. 107 da CF/1969), embora não houvesse impedimento de que a vítima do dano acionasse, diretamente, o servidor público. REsp 696.989, Rel. Min. Castro Filho, j. 23.5.2006. 3ª T. (Info 286)

STJ **Prevaricação. Usurpação. Função pública. Tabelião.** O tabelião do cartório de ofício de notas forneceu à proprietária da empresa copiadora carimbos de autenticação pertencentes ao tabelionato, para que os utilizasse nas reproduções de documentos ali realizadas. Assim, o tabelião, em tese, praticou o delito de prevaricação (art. 319 do CP), bem como foi partícipe no delito de usurpação de função pública praticado por aquela proprietária (arts. 328 e 29 do mesmo código) segunda denunciada, visto ter colaborado, até materialmente, para a consecução do crime. REsp 688.339, Rel. Min. Gilson Dipp, j. 19.4.2005. 5ª T. (Info 243)

STJ **Responsabilidade. Cartório não oficializado.** É objetiva a responsabilidade do tabelião (art. 22 da Lei 8.935/94) pelos danos resultantes de sua atividade notarial e de registro exercida por delegação (art. 236, § 1º, da CF/88). O Estado apenas responde de forma subsidiária, sendo desnecessária sua denunciação à lide, sem prejuízo do direito de regresso em ação própria. No caso, houve transferência de imóvel mediante procuração falsa lavrada no cartório não oficializado de titularidade do recorrente, o que gerou sua condenação à indenização de danos morais e materiais. REsp 1.163.652, Rel. Min. Herman Benjamin, j. 1.6.2010. 2ª T. (Info 437)

STJ **Responsabilidade. Cartório. Venda. Imóvel. Erro. Pessoa.** O cartório de notas é parte legítima para responder à ação de indenização por danos materiais e morais na qual os autores alegam que, após imitidos na posse, constataram que o imóvel havia sido vendido pelo verdadeiro proprietário a terceiro. Sustentam que, quando da realização do seu negócio, cabia ao notário observar, com as devidas cautelas, a documentação apresentada pelos pseudovendedores, não deixando que falsificações grosseiras passassem despercebidas. REsp 476.532, Rel. Min. Ruy Rosado, j. 20.5.2003. 4ª T. Info STJ 173.

STJ **Responsabilidade civil. Cartório. Notário.** A questão consiste em saber se a responsabilidade civil por ato ilícito praticado por oficial de Registro de Títulos, Documentos e Pessoa Jurídica é pessoal; não podendo seu sucessor, ou seja, o atual oficial da serventia, que não praticou o ato ilícito, responder pelo dano em razão de ser delegatário do serviço público. Isso posto, a Turma deu parcial provimento ao recurso para reconhecer a ilegitimidade do recorrente para figurar no polo passivo da demanda e extinguir o feito sem resolução do mérito, ao argumento de que só poderia responder como titular do cartório aquele que efetivamente ocupava o cargo à época do fato reputado como ilícito e danoso, razão pela qual não poderia a responsabilidade ser transferida ao agente que o sucedeu, pois a responsabilidade, "in casu", há de ser pessoal. REsp 852.770, Rel. Min. Humberto Martins, j. 3.5.2007. 2ª T. (Info 319)

* QUESTÕES DISCURSIVAS

41. **(Consulplan/TJ/MG/Cartórios/Remoção/2017)** A responsabilidade civil dos notários e registradores é um tema que tem sido marcado, entre nós, por visões divergentes e distintos ângulos de análise. As abordagens jurisprudenciais, nas últimas décadas, em relação à matéria, também não traçaram linhas claras, e por isso muitas foram as respostas doutrinárias para as perguntas postas acerca do problema. Nem mesmo a modificação do artigo 22 da Lei n. 8.935 pela Lei n. 13.286/2016, parece ter resolvido definitivamente a questão. À vista do exposto, disserte sobre a responsabilidade civil de notários e registradores, à luz das teorias objetiva e subjetiva e a eventual incidência do Código de Defesa do Consumidor em relação aos serviços ofertados.

42. **(Ieses/TJ/CE/Cartórios/2018)** Disserte acerca do "regime jurídico dos serviços notariais e de registro" abordando, inclusive, à luz do entendimento hoje sedimentado no Supremo Tribunal Federal, como se opera a responsabilidade civil dos titulares desses serviços por eventuais danos causados a terceiros no exercício da atividade e, ainda, qual o seu sistema remuneratório (natureza e limites, se existentes). Neste último tópico, esclareça acerca da remuneração devida ao responsável interino pela serventia extrajudicial, isto é, se está ela (a remuneração) submetida ou não ao teto constitucional. Por fim, comente se a aposentadoria compulsória por idade alcança o titular dos serviços notariais e de registro, fundamentando adequadamente a sua resposta.

✻ QUESTÕES OBJETIVAS

665. (FCC/TJ/PE/Cartórios/Ingresso/2013) Sobre a responsabilidade dos notários e oficiais de registro, analise as afirmações abaixo.

I. o exercício da atividade notarial e de registro é incompatível com o da advocacia, o da intermediação de seus serviços ou o de qualquer cargo, emprego ou função públicos, ainda que em comissão.

II. os notários e oficiais de registro responderão pelos danos que eles e seus prepostos causem a terceiros, na prática de atos próprios da serventia, assegurado aos primeiros direito de regresso no caso de dolo ou culpa dos prepostos.

III. a responsabilidade civil depende da criminal, sendo que a responsabilidade criminal será individualizada, aplicando-se, no que couber, a legislação relativa aos crimes contra a administração pública.

Está correto o que se afirma apenas em:

a) II e III.
b) I.
c) III.
d) I e II.
e) II.

666. (Cespe/TJ/RR/Cartórios/Ingresso/2013) Acerca da responsabilidade jurídica decorrente das atividades notariais e de registro, assinale a opção correta:

a) conforme jurisprudência pacificada no STJ, a vítima de atos notariais e de registro pode optar por ajuizar ação diretamente contra o agente público (tabelião ou registrador) ou contra o ente estatal delegante.
b) por serem entidades dotadas de personalidade jurídica, os cartórios extrajudiciais devem figurar, nas ações de perdas e danos ajuizadas por usuários do serviço, no polo passivo da relação processual.
c) notários e registradores são diretamente responsáveis por danos que eles e seus prepostos causem a terceiros na prática de atos próprios da serventia, desde que a vítima prove culpa grave do prestador do serviço.
d) a absolvição de notário ou de registrador na esfera criminal implica, necessariamente, a impossibilidade de sua condenação na esfera civil.
e) os notários e oficiais de registro respondem por danos que eles e seus prepostos causem a terceiros, na prática de atos próprios da serventia, assegurado a eles o direito de regresso no caso de dolo ou culpa dos prepostos.

667. (Cespe/TJ/PI/Cartórios/Remoção/2013) Acerca da responsabilidade civil e criminal dos notários e oficiais de registro e seus prepostos, assinale a opção correta com base na Lei n. 8.935/1994:

a) em caso de dolo ou culpa do preposto, o notário responderá pelos danos causados a terceiros, assegurado seu direito de regresso.
b) a responsabilidade civil dependerá da criminal.
c) a individualização da responsabilidade do preposto isentará o notário da responsabilidade civil.
d) a responsabilidade criminal deve ser individualizada, aplicando-se, no que couber, a Lei de Improbidade Administrativa.
e) os oficiais de registro não são responsáveis pelos atos praticados por seus prepostos, ainda que esses atos sejam próprios da serventia.

668. (Cespe/TJ/PI/Cartórios/Remoção/2013) Assinale a opção correta com relação a aspectos institucionais dos serviços notariais:

a) a jurisprudência dominante configura-se no sentido de que os notários e registradores devam responder objetivamente pelos danos que, na prática de atos próprios da serventia, eles e seus prepostos causarem a terceiros.
b) a responsabilidade civil por dano causado a particular por ato de notário ou oficial de registro é pessoal; no entanto, observada a teoria do risco integral, não há impedimento para que o seu sucessor venha a responder pelo ilícito praticado.
c) não será válida a notificação extrajudicial destinada ao endereço do devedor, por via postal e com aviso de recebimento, com vistas à comprovação da mora nos contratos de alienação fiduciária em garantia, efetuada por cartório de títulos e documentos situado em comarca diversa da do domicílio do devedor.
d) há direito adquirido do substituto à investidura na titularidade do cartório, ainda que a vaga tenha surgido após a promulgação da CF.
e) aos notários e registradores aplica-se a aposentadoria compulsória aos setenta anos prevista para os servidores públicos.

669. (Ieses/TJ/RS/Cartórios/Ingresso/2013) Com relação à responsabilidade civil e criminal, assinale a correta:

a) os notários e oficiais de registro responderão pelos danos que eles causarem a terceiros, na prática de atos próprios da serventia; já com relação aos atos praticados pelos prepostos, eles não têm qualquer responsabilidade.
b) a responsabilização criminal será individualizada, aplicando-se, no que couber, a legislação relativa aos crimes contra a administração Pública. Essa individualização não exime os notários e os oficiais de registro de sua responsabilidade civil.
c) a responsabilização civil depende da criminal.
d) os notários e oficiais de registro responderão pelos danos que eles e seus prepostos causarem a terceiros, na prática de atos próprios da serventia, não sendo assegurado ao primeiro direito de regresso, em caso de culpa e dolo.

670. **(Vunesp/TJ/SP/Cartórios/Remoção/2014)** O art. 23 da Lei n. 8.935/94 afirma que a responsabilidade civil independe da criminal. Isso significa afirmar:

a) o processo administrativo disciplinar submete-se apenas ao processo criminal, enquanto não julgado definitivamente este último, aquele não pode ser decidido.
b) afirma-se, por este tratamento legislativo, a submissão do processo administrativo disciplinar às demais instâncias; portanto, se houver a instauração de processo criminal ou civil juntamente com o processo administrativo disciplinar é possível o regular prosseguimento deste último, mas o julgamento deve aguardar a solução definitiva do outro feito em curso, seja ele o civil ou o criminal.
c) há uma gradação de responsabilidade, primeiro a criminal, depois a civil e, por último, a administrativa, de modo que se houver a condenação na primeira esfera não se justificam as demais, ou se ocorrer a condenação apenas no processo civil restará prejudicado o processo administrativo.
d) a Lei n. 8.935/94 não exaure as instâncias de responsabilidade. Há ainda a responsabilidade administrativa que igualmente não se submete às demais, portanto, a existência de processo crime ou de processo civil de indenização não suspende a instauração, prosseguimento e julgamento do processo administrativo disciplinar.

671. **(Cespe/TJ/SE/Cartórios/Ingresso/2014)** Em relação à responsabilidade civil dos tabeliães de notas por danos causados a terceiros, assinale a opção correta de acordo com o STJ:

a) sendo a responsabilidade pessoal do tabelião, em caso de sucessão de delegatários na serventia, não pode o sucessor responder por ato ilícito do sucedido.
b) embora a responsabilidade do tabelião seja de caráter pessoal, em caso de sucessão de delegatários na serventia, é possível responder o sucessor solidariamente com o sucedido.
c) embora a responsabilidade do tabelião seja de caráter pessoal, havendo sucessão de delegatários na serventia, é possível responder o sucessor de forma subsidiária com o sucedido.
d) a responsabilidade é pessoal e irrestrita do tabelião que exerce a função delegada no momento da protocolização da demanda judicial, independentemente de quem exercia função na época dos fatos, já que se trata de atividade de risco.
e) sendo a responsabilidade pessoal do tabelião, é-lhe vedada a ação de regresso contra prepostos.

672. **(Ieses/TJ/PB/Cartórios/Ingresso/2014)** Com relação à responsabilidade civil e criminal dos Notários e Oficiais de Registro, assinale a alternativa correta.

I. os notários e oficiais de registro responderão pelos danos causados a terceiros, ainda que provocados por seus prepostos, na prática de atos próprios da serventia.
II. a responsabilidade penal será individualizada, não sendo aplicáveis as disposições relativas aos crimes contra a administração pública, porquanto as atividades notariais e registrais são exercidas em caráter privado.
III. a responsabilidade penal será individualizada, não eximindo os notários e oficiais de registro da responsabilidade civil.
IV. os notários e registradores terão assegurado o direito de regresso, mas, somente na hipótese de conduta dolosa do preposto:

a) somente os itens II e III estão corretos.
b) somente os itens I e III estão corretos.
c) somente o item IV está correto.
d) somente os itens I e II estão corretos.

673. **(Consulplan/TJ/MG/Cartórios/Ingresso/2017)** A respeito da Lei Federal n. 8.935/94, todas as assertivas estão erradas, exceto:

a) os Notários e Oficiais de Registro são civilmente responsáveis por todos os prejuízos que causarem a terceiros, na hipótese de culpa ou dolo, pessoalmente, pelos substitutos que designarem ou escreventes que autorizarem, assegurado o direito de regresso.

b) considerando que o Registrador e o Notário são agentes públicos, exercendo em caráter privado, função pública delegado pelo Estado, o prazo para o ajuizamento de eventual ação de reparação civil contra tais profissionais do direito é de 2 (dois) anos, contados da data de lavratura do ato registral ou notarial.

c) os Notários e Oficiais de Registro são civilmente responsáveis, por todos os prejuízos que causarem a terceiros, somente, na hipótese de conduta dolosa, pessoalmente, pelos substitutos que designarem ou escreventes que autorizarem, assegurado o direito de regresso.

d) a responsabilidade criminal será individualizada, aplicando-se, no que couber, a legislação relativa aos crimes contra a administração pública. A absolvição criminal implica em improcedência de infração administrativa pelo mesmo fato.

674. **(Ieses/TJ/RO/Cartórios/Ingresso/2017)** Assinale a alternativa correta:

a) conforme disposto na Lei n. 6.015/1973, qualquer pessoa pode requerer certidão do registro, devendo informar ao oficial ou ao funcionário o motivo ou interesse do pedido nos casos em que solicitada e deferida a isenção de emolumentos.

b) conforme disposto na Lei n. 8.935/1994, em relação à atividade dos notários e oficiais de registro, prescreve em três anos a pretensão de reparação civil, contado o prazo da data de lavratura do ato registral ou notarial.

c) a escritura pública de compra e venda de imóvel urbano popular financiado pelo Governo Federal, de acordo com a nova lei dos registros públicos já em vigor, será dispensada na hipótese de a renda familiar do adquirente ser igual ou inferior a ¼ (uma quarta parte) do salário mínimo, o que será devidamente certificado pelo Registrador.

d) conforme disposto em lei, em relação ao tabelionato de Notas, há apenas um único livro obrigatório – o Livro Protocolo –, pois os demais são auxiliares/facultativos.

675. **(Consulplan/TJ/MG/Cartórios/Remoção/2017)** Acerca da responsabilidade dos Notários e Registradores, assinale a alternativa correta:

a) a individualização da responsabilidade criminal não exime os notários e os oficiais de registro de sua responsabilidade civil.

b) a responsabilidade criminal será sempre individualizada, mas é aplicável aos notários e registradores a legislação relativa aos crimes contra a administração pública.

c) os notários e oficiais de registro são civilmente responsáveis por todos os prejuízos que causarem a terceiros, independentemente de culpa ou dolo, pessoalmente, pelos substitutos que designarem ou escreventes que autorizarem, assegurado o direito de regresso.

d) prescreve em quatro anos a pretensão de reparação civil, contado o prazo da data de lavratura do ato registral ou notarial.

676. **(Ieses/TJ/CE/Cartórios/Remoção/2018)** Além dos casos expressamente consignados, os oficiais são civilmente responsáveis por todos os prejuízos que, pessoalmente, ou pelos prepostos ou substitutos que indicarem ou causarem aos interessados no registro. Esta responsabilização ocorre:

a) exclusivamente nos casos de dolo eventual.

b) apenas nos casos de culpa.

c) apenas nos casos de dolo.

d) tanto nos casos de culpa, quanto nos casos de dolo.

677. **(Ieses/TJ/AM/Cartórios/Ingresso/2018)** Assinale a alternativa correta:

a) os tabeliães de protesto de títulos são civilmente responsáveis por todos os prejuízos que causarem, por culpa ou dolo, pessoalmente, pelos substitutos que designarem ou Escreventes que autorizarem, assegurado o direito de regresso.

b) pelos atos que praticarem em decorrência da Lei, os tabeliães de protesto perceberão, diretamente do Tribunal de Justiça do respectivo Estado, a título de remuneração, os emolumentos fixados na forma da lei estadual e de seus decretos regulamentadores.

c) no tabelionato de protesto não poderá ser exigido depósito prévio dos emolumentos e demais despesas devidas.

d) no tabelionato de Protesto o ato de digitalização e gravação eletrônica dos títulos e outros documentos é gratuito.

678. **(Ieses/TJ/AM/Cartórios/Remoção/2018)** A respeito da responsabilidade civil e criminal atribuída a notários e oficiais de registro podemos afirmar:

I. a responsabilidade criminal será individualizada, aplicando-se, no que couber, a legislação relativa aos crimes contra a administração pública.

II. prescreve em cinco anos a pretensão de reparação civil, contado o prazo da data de lavratura do ato registral ou notarial.

III. a responsabilidade civil depende diretamente da criminal.

IV. os notários e oficiais de registro são civilmente responsáveis por todos os prejuízos que causarem a terceiros, por culpa ou dolo, pessoalmente, pelos substitutos que designarem ou escreventes que autorizarem, assegurado o direito de regresso.

A sequência correta é:

a) apenas a assertiva III está incorreta.
b) as assertivas I, II, III e IV estão corretas.
c) apenas as assertivas II, III e IV estão corretas.
d) apenas as assertivas I e IV estão corretas.

679. **(Ieses/TJ/AM/Cartórios/Ingresso/2018)** Assinale a alternativa incorreta:

a) os notários são civilmente responsáveis por todos os prejuízos que causarem a terceiros, por culpa ou dolo, pessoalmente, pelos substitutos que designarem ou escreventes que autorizarem, assegurado o direito de regresso.
b) a responsabilidade criminal do notário será individualizada, aplicando-se, a legislação relativa aos crimes comuns e contra a administração pública.
c) prescreve em três anos a pretensão de reparação civil, contado o prazo da data de lavratura do ato notarial.
d) aos notários a responsabilidade civil independe da criminal.

680. **(Ieses/TJ/AM/Cartórios/Remoção/2018)** No que concerne às infrações disciplinares e penalidades a que se sujeitam os notários e os oficiais de registro, é correto afirmar:

I. quando, para a apuração de faltas imputadas a notários ou a oficiais de registro, for necessário o afastamento do titular do serviço, poderá ele ser suspenso, preventivamente, pelo prazo de trinta dias, prorrogável por mais trinta.

II. quando o caso configurar a perda da delegação, o juízo competente suspenderá o notário ou oficial de registro, até a decisão final, e designará interventor.

III. durante o período de afastamento, o titular perceberá dois terços da renda líquida da serventia; o outro um terço, será depositado em conta bancária especial, com correção monetária.

IV. as penas serão impostas pelo juízo competente, independentemente da ordem de gradação, conforme a gravidade do fato.

A sequência correta é:

a) apenas as assertivas II e IV estão corretas.
b) as assertivas I, II, III e IV estão corretas.
c) apenas as assertivas II, III e IV estão corretas.
d) apenas a assertiva III está incorreta.

2.2.4. *Das Incompatibilidades e dos Impedimentos*

✱ INFORMATIVOS

STF Cartórios e acumulação de atribuições Julgado improcedente o pedido formulado em ação direta ajuizada pelo Partido Trabalhista Brasileiro – PTB contra o art. 51 e seus §§ 1º e 2º da Lei 13.644/2000, resultantes de emenda parlamentar, que modifica o Código de Organização Judiciária do Estado de Goiás, dispondo sobre as acumulações dos serviços cartorários do mesmo Estado. Preliminarmente, o Tribunal, tendo em conta a orientação firmada na Corte no sentido de que a lei de iniciativa privativa de tribunal de justiça pode ser objeto de emenda parlamentar, desde que os dispositivos introduzidos no texto da lei não estejam destituídos de pertinência temática com o projeto original, afastou a alegada inconstitucionalidade formal por vício de iniciativa. Prosseguindo quanto ao mérito, considerou-se não caracterizada a afronta ao inc. XXV do art. 22 da CF, uma vez que a norma impugnada não dispôs sobre registros públicos, mas apenas cuidou de tema afeto à sua competência constitucional, na forma prevista no art. 96, II, b e d, da CF. Com relação à alegação de que a acumulação de atribuições prevista no § 1º do art. 51 ofenderia o art. 26, parágrafo único, da Lei federal 8.935/94, o Tribunal não conheceu da ação, já que eventual ofensa à Constituição se daria apenas de forma indireta, não ensejando, assim, margem ao controle abstrato de constitucionalidade. ADI 2350, Rel. Min. Maurício Corrêa, 25.3.2004. Pleno. (Info 341).

STJ Serventuário. Cartório. Precariedade. Trata-se da possibilidade ou não de a recorrente continuar no exercício do tabelionato de protesto de títulos assumido em acumulação ao tabelionato de registro civil de pessoas naturais. O Min. Relator aduziu que este Superior Tribunal pacificou entendimento de que somente há direito adquirido à efetivação na titularidade de cartório, nos termos do art. 208 da Constituição Federal de 1967 com a redação da EC n. 22/1982, se a vacância do cargo tiver ocorrido antes do advento da atual carta constitucional, que previu, em seu art. 236, § 3º, a necessidade de prévia aprovação em concurso público e de titularidade delegada em caráter efetivo. Esclareceu que não há que se falar em direito líquido e certo à efetivação da titularidade do tabelionato se a delegação deu-se em caráter precário. Nos termos do que dispõe o art. 26, caput e parágrafo único, da Lei n. 8.935/1994, a acumulação de serventias somente é admitida em caráter excepcional. Sendo assim, nenhum dispositivo legal ampara a pretensão da recorrente de continuar no exercício do tabelionato de protestos de títulos assumido em caráter precário, cumulativamente com o tabelionato de registro civil de pessoas naturais. RMS 20.866, Rel. Min. João Otávio de Noronha, j. 28.8.2007. 2ª T. (Info STJ329)

STJ Tabelião. Acumulação. Vereador. Afastado pelo STF o óbice legal imposto pelo art. 25, § 2º, da Lei 8.935/94, é possível a acumulação da atividade notarial com a função de vereador (art. 37, XVI, e art. 38, III, ambos da CF/1988). RMS 15.161, Rel. Min. Hamilton Carvalhido, j. 13.4.2004. Sexta Turma. (Info 205).

* QUESTÕES OBJETIVAS

681. **(TJ/SC/Cartórios/Remoção/2012)** Assinale a alternativa correta de acordo com a Lei n. 8.935/1994:

a) é um direito do notário e do registrador guardar sigilo sobre a documentação e os assuntos de natureza reservada de que tenham conhecimento em razão do exercício de sua profissão.
b) os notários e oficiais de registro responderão pelos danos que eles e seus prepostos causem a terceiros, na prática de atos próprios da serventia, assegurado aos primeiros o direito de regresso somente no caso de dolo dos prepostos.
c) a perda da delegação ocorrerá apenas após sentença judicial transitada em julgado.
d) no serviço de que é titular, o notário e o registrador não poderão praticar, pessoalmente, qualquer ato de seu interesse, ou de interesse de seu cônjuge ou de parentes, na linha reta, ou na colateral, consanguíneos ou afins, até o segundo grau.
e) o exercício da atividade notarial e de registro é incompatível com o da advocacia, o da intermediação de seus serviços ou o de qualquer cargo, emprego ou função públicos, ainda que em comissão.

682. **(Cespe/TJ/PI/Cartórios/Ingresso/2013)** O notário eleito vereador:

a) poderá cumular as atividades, se assim for autorizado pelo corregedor geral de justiça.
b) deverá afastar-se da atividade de notário na data da diplomação.
c) poderá exercer as duas funções, se o presidente do tribunal de justiça do Piauí assim autorizar.
d) deverá afastar-se da atividade de notário na data da posse.
e) poderá cumular as atividades se houver compatibilidade de horário.

683. **(Ieses/TJ/PA/Cartórios/Ingresso/2016)** Consoante disposição da Lei 8.935/1994, os delegatários dos serviços extrajudiciais:

a) estão impedidos de praticar pessoalmente atos de seu interesse, ou de interesse de seu cônjuge ou seus parentes, em linha reta ou colateral, consanguíneos ou afins, até o terceiro grau.
b) o gerenciamento administrativo e financeiros dos serviços notariais e de registro é de responsabilidade exclusiva do respectivo titular, salvo no que diz respeito às custas de custeio e remuneração de seus prepostos.
c) os substitutos indicados poderão, simultaneamente com o notário ou o oficial de registro, praticar todo e qualquer ato que lhes sejam próprios.
d) não podem assumir cargo público, salvo se em comissão.

684. **(Vunesp/TJ/SP/Cartórios/Remoção/2014)** Os artigos 25 e 27 da Lei n. 8.935/94 tratam de incompatibilidades e impedimentos dos serviços notariais e de registro. Especificamente o art. 25 dispõe: "O exercício da atividade notarial e de registro é incompatível com o da advocacia, o da intermediação de seus serviços ou o de qualquer cargo, emprego ou função públicos, ainda que em comissão", e o art. 27: "No serviço de que é titular, o notário e o registrador não poderão praticar, pessoalmente, qualquer ato de seu interesse, ou de interesse de seu cônjuge ou de parentes, na linha reta, ou na colateral, consanguíneos ou afins, até o terceiro grau". Sobre o regime jurídico administrativo previsto na Constituição Federal, é possível afirmar em relação a essas normas referidas que:

a) os arts. 25 e 27 refletem, primordialmente, os princípios da impessoalidade e da moralidade administrativa.
b) o art. 25 visa proteger, primordialmente, o princípio da eficiência, e o art. 27 versa sobre os princípios da impessoalidade e da moralidade administrativa.
c) o art. 25 refere-se principalmente à aplicação concreta do princípio da finalidade, e o art. 27 cuida do princípio da moralidade administrativa.
d) os arts. 25 e 27 prestigiam a proteção do princípio da boa-administração.

685. **(Consulplan/TJ/MG/Cartórios/Ingresso/2014)** Quanto às normas gerais aos serviços notariais e de registro, assinale a alternativa correta:

a) em Minas Gerais, o tabelionato de protesto e o Ofício de Registro de Distribuição funcionarão de segunda a sexta-feira e prestarão atendimento ao público nos horários das 9 (nove) às 12 (doze) horas e das 13 (treze) às 17 (dezessete) horas, cabendo a ambos os serviços disponibilizar os números de telefone para atendimento aos oficiais de justiça em diligência para cumprimento de mandados judiciais no período compreendido entre as 17 (dezessete) e as 18 (dezoito) horas.
b) os tabeliães e oficiais de registro gozam de independência no exercício de suas atribuições, têm direito à percepção dos emolumentos integrais pelos atos praticados na serventia e só perderão a delegação nas hipóteses previstas em lei, cabendo-lhes arguir suspeição por motivo de foro íntimo no tocante a ato de interesse de seu cônjuge, de parentes, na linha reta ou na colateral, consanguíneos ou afins, até o terceiro grau, situação em que o ato incumbe ao substituto legal.
c) os tabeliães e oficias de registro gozam de independência no exercício de suas atribuições, têm direito à percepção dos emolumentos integrais pelos atos praticados na serventia e só perderão a delegação nas hipóteses previstas em lei, cabendo-lhes arguir suspeição por motivo de foro íntimo no tocante a ato de interesse de seu cônjuge, de parentes, na linha reta ou na colateral, consanguíneos ou afins, até o terceiro grau, bem como em relação a amigo íntimo ou inimigo capital, situação em que o ato incumbe ao substituto legal.
d) compete aos tabeliães e oficiais de registro dar-se por impedido no tocante à prática de ato de interesse de seu cônjuge, de parentes, na linha reta ou na colateral, consanguíneos ou afins, até o terceiro grau, situação em que o ato incumbe ao substituto legal.

686. **(Ieses/TJ/PB/Cartórios/Ingresso/2014)** tabelião de notas adquiriu bem imóvel e pretende lavrar a escritura de compra e venda em sua própria serventia. É possível?

a) não, por expressa vedação legal.
b) sim, desde que a escritura seja confeccionada e subscrita pelo próprio notário.
c) sim, mas dependerá de autorização do juiz corregedor competente.
d) sim, desde que a escritura não seja confeccionada e subscrita pelo próprio tabelião de notas, mas por qualquer de seus prepostos desimpedidos.

687. **(Ieses/TJ/MS/Cartórios/Remoção/2014)** Sobre os notários e oficiais de registro pode-se afirmar:

I. os notários e oficiais de registro responderão pelos danos que eles e seus prepostos causem a terceiros, na prática de atos próprios da serventia, assegurado aos primeiros direito de regresso no caso de dolo ou culpa dos prepostos.
II. no serviço de que é titular, o notário e o registrador poderão praticar, pessoalmente, qualquer ato de seu interesse, ou de interesse de seu cônjuge ou de parentes, na linha reta, ou na colateral, consanguíneos ou afins, até o terceiro grau.
III. os notários e os oficiais de registro poderão, para o desempenho de suas funções, contratar escreventes, dentre eles escolhendo os substitutos, e auxiliares como empregados, com remuneração livremente ajustada e sob o regime da legislação do trabalho.
IV. o exercício da atividade notarial e de registro é incompatível com o da advocacia, o da intermediação de seus serviços ou o de qualquer cargo, emprego ou função públicos, ainda que em comissão.

A sequência correta é:

a) apenas as assertivas I e II estão corretas.
b) apenas as assertivas I, III e IV estão corretas.
c) apenas a assertiva III está correta.
d) apenas as assertivas II e IV estão corretas.

688. (Consulplan/TJ/MG/Cartórios/Remoção/2017) Consoante disposição da Lei n. 8.935/1994, quanto aos delegatários dos serviços extrajudiciais todas as assertivas estão corretas, exceto:

a) estão impedidos de praticar pessoalmente atos de seu interesse, ou de interesse de seu cônjuge ou seus parentes, em linha reta ou colateral, consanguíneos ou afins, até o terceiro grau.
b) o gerenciamento administrativo e financeiros dos serviços notariais e de registro é de responsabilidade exclusiva do respectivo titular, inclusive no que diz respeito às despesas de custeio, investimento e pessoal, cabendo-lhe estabelecer normas, condições e obrigações relativas à atribuição de funções e de remuneração de seus prepostos de modo a obter a melhor qualidade na prestação dos serviços.
c) os substitutos indicados poderão, simultaneamente com o notário ou o oficial de registro, praticar todo e qualquer ato que lhes sejam próprios, exceto no tabelionato de notas lavrar testamento.
d) não podem assumir cargo público, salvo se em comissão.

689. (Cetro/TJ/RJ/Cartórios/Remoção/2017) Getúlio, titular do registro das pessoas naturais de um pequeno município do interior, sem querer fugir de seu dever cívico, pensa seriamente em se lançar candidato a cargo eletivo, desde que, segundo ele, não fosse necessário se afastar de sua atividade. Quanto ao exposto, assinale a alternativa que apresenta o cargo eletivo que poderá ser pleiteado, com base no texto constitucional, na Lei n. 8.935/1994 e no entendimento do STJ acerca da matéria:

a) deputado federal ou estadual.
b) deputado federal, estadual e vereador.
c) deputado estadual e vereador, tão somente.
d) prefeito, tão somente.
e) vereador, tão somente.

690. (Consulplan/TJ/MG/Cartórios/Remoção/2017) São condutas vedadas ao tabelião de protesto, exceto:

a) reter o título ou documento de dívida ou dilatar o prazo para protesto a pedido das partes.
b) a recepção e protocolização de cheques quando estes tiverem sido devolvidos pelo estabelecimento bancário sacado por motivo de furto, roubo ou extravio das folhas ou dos talonários, nos casos dos motivos n. 20, n. 25, n. 28, n. 30 e n. 35 das normas expedidas pelo Banco Central do Brasil.
c) protocolizar título pagável ou indicado para aceite em praça não compreendida na circunscrição geográfica da respectiva serventia.
d) receber e protocolizar título ou documento de dívida, encaminhados pelo apresentante por via postal.

2.2.5. *Dos Direitos e Deveres*

✱ ENUNCIADOS CNB

CNB **Enunciado 1/2015.** Aplica-se o Código de Ética do Conselho Federal do Colégio Notarial do Brasil a todos os notários do país, o que deve ser observado por todas as seccionais do CNB.

✱ INFORMATIVOS

STJ **Serviços notariais e de registro: criação e desmembramento** Na linha do que decidido na ADI 3319 e na ADI 3331, e a fim de se evitarem prejuízos na prestação dos serviços notariais e de registro no Estado do Piauí, o Tribunal, resolvendo questão de ordem suscitada em ação direta de inconstitucionalidade proposta pela Associação dos Notários e Registradores do Brasil – ANOREG, concedeu liminar para suspender, com efeitos "ex tunc", o art. 12 da Resolução 4/2006 do Tribunal de Justiça local que, dispondo sobre a criação, o desmembramento e a não acumulação de serviços notariais e de registros extrajudiciais, fixou o prazo de 15 dias para que os titulares dos ofícios desmembrados exercessem o direito de opção previsto no art. 29, I, da Lei 8.935/94 ("São direitos do notário e do registrador: I – exercer opção, nos casos de desmembramento ou desdobramento de sua serventia;"), tendo tal prazo se esgotado em 24.4.2006. ADI 3705 QO, Rel. Min. Carlos Britto, 26.4.2006. Plenário. (Info 424)

STJ **ACP. Anulação da nomeação de notário. Restituição de valores.** Ação civil pública ajuizada pelo MP, com o objetivo de condenar os réus a restituírem, em favor do Estado do Rio de Janeiro, os valores recebidos a título de emolumentos e custas durante o exercício de suas funções em cartórios extrajudiciais, em face da anulação dos respectivos atos administrativos de nomeação. 2. O art. 28, da Lei 8.935/94, ao expressamente dispor que os notários e registradores possuem direito à percepção dos emolumentos integrais pelos atos praticados na serventia, evidencia que a remuneração dos cartórios não é paga pelos cofres públicos, mas sim pelos particulares usuários do serviço, através do pagamento de emolumentos e custas. 3. Assim, embora reconhecida a nulidade dos atos de designação dos réus, não é possível a pretensão de que os delegatários devolvam os valores recebidos, posto que os serviços notariais e de registro foram devidamente prestados aos usuários, além de que tal montante não pertence ao Estado. REsp 1.228.967, Rel. Min. Benedito Gonçalves, j. 7.8.12. 1ª T. (Info 501)

STJ **Protesto cambial. Nota promissória.** Não causa dano moral o oficial de registro que, em obediência a provimento do Tribunal de Justiça, registra protesto cambial, intimando apenas um dos emitentes de nota promissória (Dec. n. 2.044/1998). O protesto cambial não é dirigido contra qualquer pessoa. Seu objetivo é informar ao devedor que a cártula encontra-se em mão do oficial de registro, à espera de resgate. Seu único efeito é a constituição do devedor em mora, caso ele se mantenha inadimplente. O oficial de registro deve observar as normas técnicas baixadas pelo TJ (Lei n. 8.935/1984, art. 30, XIV). O emitente de nota promissória que não foi intimado do protesto não se considera em mora. Por isso não deve juros moratórios e, em contrapartida, não sofre dano moral. O advogado que deixa sem pagamento nota promissória vencida há dois meses, sem interpelar o banco credor nem propor consignação do valor necessário ao resgate do título não pode alegar dano moral, porque a nota foi protestada sem a intimação dele. REsp 400.401, Rel. Min. Humberto Gomes de Barros, j. 17.5.2005. 3ª T. (Info 247)

* QUESTÕES OBJETIVAS

691. **(FCC/TJ/PE/Cartórios/Remoção/2013)** A respeito da Ética Profissional dos notários e oficiais de registro analise as informações abaixo.

I. os notários e oficiais de registros podem conceder descontos nas custas e emolumentos visando a captar serviços notariais e registrais.

II. ressalvado o valor dos emolumentos, é vedado ao notário e ao oficial de registro, e seus prepostos, pleitear, solicitar, provocar, sugerir ou receber qualquer tipo de ajuda financeira, presente, benefício ou vantagem de qualquer espécie, para si, familiares ou qualquer pessoa, em virtude do cumprimento da função delegada.

III. permite-se, excepcionalmente, a prática de atos notariais fora da circunscrição geográfica para a qual o tabelião recebeu delegação e a instalação de sucursal ou de posto avançado fora da sede do serviço notarial.

Está correto o que se afirma apenas em:

a) II e III.

b) II.

c) III.

d) I e III.

e) I.

692. **(Ieses/TJ/RS/Cartórios/Remoção/2013)** São deveres dos notários, exceto:

a) proceder de forma a dignificar a função exercida, tanto nas atividades profissionais como na vida privada.

b) atender as partes com eficiência, urbanidade e presteza.

c) manter em ordem os livros, papéis e documentos de sua serventia, guardando-os em locais seguros.

d) organizar associações ou sindicatos de classe e deles participar.

693. **(FMP/TJ/MT/Cartórios/Ingresso/2014)** Sobre os direitos e os deveres dos notários e registradores, com base na Lei 8.935/94, assinale a afirmativa correta:

a) os notários e oficiais de registro não gozam de independência financeira no exercício de suas atribuições; assim, embora tenham direito à percepção dos emolumentos integrais pelos atos praticados na serventia, só poderão cobrar adicional do usuário havendo solicitação de urgência para a realização do serviço.

b) os notários e oficiais de registro gozam de independência no exercício de suas atribuições, tendo direito à percepção dos emolumentos integrais pelos atos praticados na serventia, e o dever de dar recibo dos emolumentos percebidos, mesmo que já afixada, em local visível, a tabela de emolumentos vigente.

c) os notários e oficiais de registro não gozam de qualquer espécie de independência no exercício de suas atribuições, razão pela qual devem observar as normas técnicas estabelecidas pelo juízo competente.

d) os notários e oficiais de registro gozam de independência no exercício de suas atribuições, tendo direito à percepção dos emolumentos integrais pelos atos praticados na serventia, e só perderão a delegação nas hipóteses expressamente previstas na Constituição Federal.

e) os notários e oficiais de registro gozam de independência no exercício de suas atribuições, sendo seu dever funcional organizar e participar das associações de classe, a fim de dignificar a função exercida, tanto nas atividades profissionais como na vida privada.

694. **(Vunesp/TJ/SP/Cartórios/Ingresso/2014)** O art. 28 da Lei n. 8.935/94 prescreve: "Os notários e oficiais de registro gozam de independência no exercício de suas atribuições, têm direito à percepção dos emolumentos integrais pelos atos praticados na serventia e só perderão a delegação nas hipóteses previstas em lei". Sobre a independência afirmada neste artigo, é correto dizer:

a) garante-se autonomia na forma de exercício dos serviços notariais e de registro, o que restringe o princípio da legalidade por ser possível, em busca da eficiência e da boa administração, dar primazia a ordens de serviço que se revelem mais práticas e atuais do que as regras previstas na Lei n. 8.935/94.

b) garante-se a possibilidade de os notários e registradores atuarem sem ter que responder a petições a ele formuladas quando entenderem que não são pertinentes, ou que não há respaldo jurídico ao que se postula, desde que em relação à Corregedoria do Tribunal de Justiça e ao Juiz Corregedor Permanente haja sempre pronta e integral resposta às inquirições formuladas.

c) assegura-se, por este artigo e pelo regime constitucional específico dos serviços notariais e de registro, notadamente ao se afirmar que essas atividades são exercidas em caráter privado (art. 236 da Constituição Federal), que existam significativas distinções em relação ao regime jurídico administrativo geral previsto no art. 37 da Constituição Federal, notadamente quanto ao regime de responsabilidade, em relação ao qual se aplica exclusivamente o Código Civil, e a remuneração percebida no exercício da função, o que conta com a proteção da privacidade tal como ocorre nas atividades particulares.

d) deve ser integralmente compatibilizada com o regime jurídico administrativo, pois se trata de delegação de serviço público, o que significa dizer que deve observar o princípio da legalidade, dentre outros princípios jurídicos do Direito Administrativo; por isso, as práticas cartorárias dos notários e dos registradores, e igualmente a sua remuneração, estão sujeitas ao conhecimento da sociedade civil.

695. **(Consulplan/TJ/MG/Cartórios/Remoção/2015)** São deveres dos tabeliães e dos oficiais de registro:

a) manter em ordem os livros, papéis e documentos de sua serventia, guardando-os em locais seguros, previamente aprovados pela direção do foro.

b) atender as partes com eficiência, urbanidade e presteza no prazo máximo de 15 (quinze) minutos, mediante senha ou outro meio de organização de filas.

c) guardar sigilo sobre a documentação e os assuntos de natureza reservada de que tenham conhecimento em razão do exercício de sua profissão.

d) facilitar, por todos os meios, o acesso à documentação existente pelas pessoas legalmente habilitadas e previamente autorizadas pela direção do foro.

696. **(Cespe/TJ/BA/Cartórios/Ingresso/2013)** Com base nas disposições da Lei dos Cartórios, assinale a opção correta:

a) os notários e os oficiais de registro estão sujeitos, pelas infrações que praticarem, à pena de suspensão por sessenta dias, prorrogável por mais sessenta.

b) o gerenciamento administrativo e financeiro dos serviços notariais e de registro é de responsabilidade concorrente do titular e do substituto do cartório.

c) os notários e oficiais de registro gozam de independência no exercício de suas atribuições, têm direito à percepção dos emolumentos integrais pelos atos praticados na serventia e só perderão a delegação nas hipóteses legalmente previstas.

d) o exercício da atividade notarial e de registro é incompatível com o da advocacia, o da intermediação de seus serviços ou o de qualquer cargo, emprego ou função públicos, exceto os em comissão.

e) a responsabilidade criminal dos notários e dos oficiais de registro será individualizada, aplicando-se, no que couber, a legislação relativa aos crimes contra o patrimônio.

697. (Ieses/TJ/MS/Cartórios/Ingresso/2014) Relativamente aos direitos e deveres dos notários e oficiais de registro, assinale a alternativa correta:

a) são deveres dos notários e oficiais registradores o atendimento prioritário de requisições de papéis, documentos, informações ou providências que lhe forem solicitadas pelas autoridades judiciárias ou administrativas para a defesa das pessoas jurídicas de direito público em juízo.
b) aos notários e registradores não será permitida a participação em associações ou sindicatos de classe.
c) havendo complexidade do serviço a ser executado, os notários e registradores poderão deixar de observar os prazos estabelecidos em lei para a prática dos atos do seu ofício.
d) emitir recibo dos emolumentos percebidos, desde que solicitado pelos interessados.

698. (Cespe/TJ/SE/Cartórios/Ingresso/2014) Acerca da atuação dos titulares dos serviços notariais, assinale a opção correta:

a) a perda da delegação do serviço notarial provocada por infrações disciplinares depende de representação firmada pelo desembargador corregedor do respectivo tribunal de justiça.
b) os titulares dos serviços notariais aprovados em concurso público estão sujeitos a proteção previdenciária própria dos servidores civis federais.
c) o titular do serviço notarial poderá exercer a advocacia, desde que seja para atuar em causa própria.
d) por se considerar que a atividade notarial é essencial ao exercício da cidadania, é vedado ao titular de serviço notarial organizar e participar de associações ou sindicatos de classe.
e) constitui um dos deveres do notário a guarda do sigilo acerca da documentação e dos assuntos de natureza reservada de que tenha conhecimento em razão do exercício de sua profissão.

699. (Consulplan/TJ/MG/Cartórios/Ingresso/2017) Acerca dos direitos e deveres de notários e oficiais de registro, assinale a alternativa correta:

a) os notários e registradores têm direito de exercer opção, nos casos de desmembramento, extinção ou desdobramento de sua serventia.
b) o exercício da atividade notarial e de registro é incompatível com o da advocacia, o da intermediação de seus serviços ou o de qualquer cargo, emprego ou função públicos, salvo se ocupante de cargo em comissão.
c) o notário e o registrador têm o dever de observar as normas técnicas estabelecidas pelo juízo competente.
d) em cada serviço notarial ou de registro haverá tantos escreventes e auxiliares quantos forem necessários e poderão ter até dois substitutos, a critério de cada notário ou oficial de registro.

700. (Ieses/TJ/RO/Cartórios/Remoção/2017) São deveres dos notários e dos oficiais de registro, exceto:

a) organizar associações ou sindicatos de classe e deles participar.
b) dar recibo dos emolumentos percebidos.
c) manter em ordem os livros, papéis e documentos de sua serventia, guardando-os em locais seguros.
d) atender as partes com eficiência, urbanidade e presteza.

701. (Ieses/TJ/AM/Cartórios/Ingresso/2018) Não constitui dever do notário ou registrador:

a) atender prioritariamente as requisições de papéis, documentos, informações ou providências que lhes forem solicitadas pelas autoridades judiciárias ou administrativas para a defesa das pessoas jurídicas de direito público em juízo.
b) guardar sigilo sobre a documentação e os assuntos de natureza reservada de que tenham conhecimento em razão do exercício de sua profissão.
c) exercer opção, nos casos de desmembramento ou desdobramento de sua serventia.
d) fiscalizar o recolhimento dos impostos incidentes sobre os atos que devem praticar.

702. (Ieses/TJ/AM/Cartórios/Remoção/2018) São deveres dos notários e dos oficiais de registro, exceto:

a) afixar em local visível, de fácil leitura e acesso ao público, as tabelas de emolumentos em vigor.
b) manter em ordem os livros, papéis e documentos de sua serventia, guardando-os em locais seguros.

c) organizar associações ou sindicatos de classe e deles participar.

d) encaminhar ao juízo competente as dúvidas levantadas pelos interessados, obedecida à sistemática processual fixada pela legislação respectiva.

2.2.6. *Das Infrações Disciplinares e das Penalidades*

✱ INFORMATIVOS

STJ **PAD. Ausência. Vícios. Perda. Tabelionato.** Não há vícios na "ata de correição ordinária" – documento que retrata os resultados dos trabalhos correcionais realizados nos serviços prestados pelos notários e registradores. No entendimento da douta maioria, a falta de oportunidade para o tabelião impugnar a referida ata no momento da sua elaboração não caracteriza vício no processo administrativo ulterior, na medida em que tais correções têm por objetivo tão somente constatar a regularidade ou não dos serviços prestados, e não decidir sobre eles. Não se trata de peça acusatória, não pode ser confundida com a portaria inaugural do procedimento administrativo instaurado após a realização dessa auditoria, o que faz com que o princípio do contraditório seja dispensável até mesmo porque a ampla defesa e o devido processo legal hão de ser observados no processo administrativo, como no caso ocorreu. Ademais, não há previsão legal para a existência de contraditório. De igual forma, não se vislumbra tenha faltado fundamentação na decisão que determinou o afastamento do recorrente durante o procedimento administrativo, mormente porque o juiz corregedor permanente fundamentou a medida imposta, deixando expresso na portaria inaugural que a intervenção mostrava-se indispensável para o restabelecimento da legalidade e da moralidade na unidade extrajudicial. Há, ainda, que considerar que a suspensão preventiva possui expressa previsão legal (art. 35, § 1º, e 36, caput, da Lei 8.935/94) e tem o escopo de impedir que o investigado venha a influir na apuração dos fatos, garantindo a regularidade das investigações realizadas no processo instaurado para a perda da delegação. No que diz respeito à extrapolação do prazo de 120 dias, previsto no art. 36 da referida lei, ficou decidido não ser causa de nulidade do procedimento administrativo investigatório de infrações que podem ensejar perda da delegação, como de fato acabou ocorrendo. Em tais hipóteses, aplica-se o disposto no art. 35, § 1º, da mesma lei, que permite o afastamento do notário até decisão final. Com relação às argumentações atinentes à inobservância do § 1º do art. 20; §§ 2º e 4º do art. 26; arts. 36 e 39, § 2º, todos da Lei 8.935/94, não se constata nenhuma ilegalidade na designação de terceiro interventor para responder pela serventia, mesmo havendo substituto mais antigo, filho do substituído, em face da aplicação dos princípios constitucionais da impessoalidade e da moralidade administrativa. Por último, inexiste irregularidade na decisão administrativa proferida com base em parecer elaborado pelo juiz auxiliar da corregedoria. A esse respeito, concluiu a Turma que o fato de o juiz parecerista ter participado da correição não importa dizer que seja ele parcial, até mesmo porque, como dito alhures, as correições têm por objetivo tão somente verificar/constatar a regularidade dos serviços prestados pelos notários e registradores, e não decidir sobre eles. Não se trata, portanto, de peça acusatória, não havendo falar em parcialidade do juiz que proferiu o parecer. RMS 32.910, Rel. Min. Benedito Gonçalves, j. 17.11.2011. 1ª T. (Info 487)

STJ **Titular. Cartório. Afastamento. Irregularidades.** No RMS, o recorrente alega violação de seu direito líquido e certo em razão de ter sido afastado de suas funções de titular de cartório de registro civil pelo juiz que determinou, "inaudita altera pars", o lacre do cartório, assim como nomeou interventor com a finalidade de apurar denúncias de irregularidades que supostamente o recorrente teria cometido contra a Administração Pública. A jurisprudência deste STJ firmou entendimento de que nada obsta o afastamento preventivo do titular de serviço notarial e de registro por prazo indeterminado, a teor do disposto nos arts. 35 e 36 da Lei 8.935/94, pois a suspensão preventiva não tem caráter punitivo, mas sim cautelar. Destacou ainda que o art. 35 da citada lei determina que a perda da delegação só se dará por meio de processo administrativo ou judicial, sempre observado o devido processo legal. Entretanto, ainda que não exista processo administrativo, a lei específica permite o afastamento preventivo do titular do cartório que prescinde do devido processo legal. Explica, no caso dos autos, que o juiz nomeou interventor e, em ação penal pública incondicionada que apura o crime de peculato supostamente cometido pelo recorrente, determinou seu afastamento por prazo indeterminado, nos termos dos arts. 35, § 1º, e 36 da Lei 8.935/94. Logo, não há ilegalidade no ato que afastou preventivamente o recorrente de suas funções para apurar os indícios das irregularidades constatadas no cartório. Por último, ressalta não caber o protesto pela juntada de documentos novos na estreita via do "mandamus"; pois, ainda que os documentos estivessem em poder da Administração Pública, deveria o impetrante requerer, na petição inicial, a sua apresentação nos termos do art. 6º, § 1º, da Lei 12.016/09. RMS 33.824, Rel. Min. Humberto Martins, j. 24.5.2011. 2ª T. (Info 474)

* QUESTÕES DISCURSIVAS

43. (IBFC/TJ/PR/Cartórios/Ingresso/2014) No caso de infrações disciplinares administrativas, previstas no artigo 31 da Lei 8.935/94, os notários e registradores estão sujeitos às penas previstas no artigo 32, da mesma lei. Indaga-se: (a) Quais são os parâmetros/critérios que devem ser observados para a aplicação das penas? (b) Especificamente, em relação à pena de multa, como é apurado o seu valor mínimo e máximo, indicando as fontes legais?

* QUESTÕES OBJETIVAS

703. (Ieses/TJ/RN/Cartórios/Ingresso/2012) Os notários e oficias de registro não podem cometer as seguintes condutas, consideras infrações disciplinares:

a) a inobservância das prescrições legais ou normativas; a conduta atentatória às instituições notariais e de registro; a cobrança indevida ou excessiva de emolumentos, ainda que sob a alegação de urgência; a violação do sigilo profissional; organizar associações ou sindicatos de classe e deles participar; o descumprimento de quaisquer dos deveres: manter em ordem os livros, papéis e documentos de sua serventia, guardando-os em locais seguros; atender as partes com eficiência, urbanidade e presteza; atender prioritariamente as requisições de papéis, documentos, informações ou providências que lhes forem solicitadas pelas autoridades judiciárias ou administrativas para a defesa das pessoas jurídicas de direito público em juízo; manter em arquivo as leis, regulamentos, resoluções, provimentos, regimentos, ordens de serviço e quaisquer outros atos que digam respeito à sua atividade; proceder de forma a dignificar a função exercida, tanto nas atividades profissionais como na vida privada; guardar sigilo sobre a documentação e os assuntos de natureza reservada de que tenham conhecimento em razão do exercício de sua profissão; afixar em local visível, de fácil leitura e acesso ao público, as tabelas de emolumentos em vigor; observar os emolumentos fixados para a prática dos atos do seu ofício; dar recibo dos emolumentos percebidos; observar os prazos legais fixados para a prática dos atos do seu ofício; fiscalizar o recolhimento dos impostos incidentes sobre os atos que devem praticar; facilitar, por todos os meios, o acesso à documentação existente às pessoas legalmente habilitadas; encaminhar ao juízo competente as dúvidas levantadas pelos interessados, obedecida a sistemática processual fixada pela legislação respectiva; observar as normas técnicas estabelecidas pelo juízo competente.

b) a inobservância das prescrições legais ou normativas; a conduta atentatória às instituições notariais e de registro; a cobrança indevida ou excessiva de emolumentos, ainda que sob a alegação de urgência; a violação do sigilo profissional; exercer opção, nos casos de desmembramento ou desdobramento de sua serventia; o descumprimento de quaisquer dos deveres: manter em ordem os livros, papéis e documentos de sua serventia, guardando-os em locais seguros; atender as partes com eficiência, urbanidade e presteza; atender prioritariamente as requisições de papéis, documentos, informações ou providências que lhes forem solicitadas pelas autoridades judiciárias ou administrativas para a defesa das pessoas jurídicas de direito público em juízo; manter em arquivo as leis, regulamentos, resoluções, provimentos, regimentos, ordens de serviço e quaisquer outros atos que digam respeito à sua atividade; proceder de forma a dignificar a função exercida, tanto nas atividades profissionais como na vida privada; guardar sigilo sobre a documentação e os assuntos de natureza reservada de que tenham conhecimento em razão do exercício de sua profissão; afixar em local visível, de fácil leitura e acesso ao público, as tabelas de emolumentos em vigor; observar os emolumentos fixados para a prática dos atos do seu ofício; dar recibo dos emolumentos percebidos; observar os prazos legais fixados para a prática dos atos do seu ofício; fiscalizar o recolhimento dos impostos incidentes sobre os atos que devem praticar; facilitar, por todos os meios, o acesso à documentação existente às pessoas legalmente habilitadas; encaminhar ao juízo competente as dúvidas levantadas pelos interessados, obedecida a sistemática processual fixada pela legislação respectiva; observar as normas técnicas estabelecidas pelo juízo competente.

c) a inobservância das prescrições legais ou normativas; a conduta atentatória às instituições notariais e de registro; a cobrança indevida ou excessiva de emolumentos, ainda que sob a alegação de urgência; a violação do sigilo profissional; o descumprimento de quaisquer dos deveres: manter em ordem os livros, papéis e documentos de sua serventia, guardando-os em locais seguros; atender as partes com eficiência, urbanidade e presteza; atender prioritariamente as requisições de papéis, documentos, informações ou providências que lhes forem solicitadas pelas autoridades judiciárias ou administrativas para a defesa das pessoas jurídicas de direito público em juízo; manter em arquivo as leis, regulamentos, resoluções, provimentos, regimentos, ordens de serviço e quaisquer outros atos que digam respeito à sua atividade; proceder de forma a dignificar a função exercida, tanto nas atividades profissionais como na vida privada; guardar sigilo sobre a documentação e os assuntos de natureza reservada de que tenham conhecimento em razão do exercício de sua profissão; afixar em local visível, de fácil leitura e acesso ao público, as tabelas de emolumentos em vigor; observar os emolumentos fixados para a prática dos atos do seu ofício; dar recibo dos emolumentos percebidos; observar os prazos legais fixados para a prática dos atos do seu ofício; fiscalizar o recolhimento dos impostos incidentes sobre os atos que devem praticar; facilitar, por todos os meios, o acesso à documentação existente às pessoas legalmente habilitadas; encaminhar ao juízo competente as dúvidas levantadas pelos interessados, obedecida a sistemática processual fixada pela legislação respectiva; observar as normas técnicas estabelecidas pelo juízo competente.

d) a inobservância das prescrições legais ou normativas; a conduta atentatória às instituições notariais e de registro; a cobrança indevida ou excessiva de emolumentos, ainda que sob a alegação de urgência; organizar associações ou sindicatos de classe e deles participar; e a violação do sigilo profissional.

704. **(Cespe/TJ/ES/Cartórios/Remoção/2013)** Assinale a opção correta no que diz respeito à divulgação, pelos profissionais que atuam no registro público, de informações de caráter sigiloso:

a) o tabelião ou registrador, ao divulgar a informação de caráter reservado, está atentando contra a ética profissional, mas não desrespeitando a lei.

b) a violação do sigilo de informações reservadas configura descumprimento de dever legal, mas não está sujeita a qualquer punição.

c) o sigilo violado de informações reservadas configura fato sujeito à punição, apesar de não configurar expresso descumprimento de dever imposto aos notários e aos registradores.

d) a violação do sigilo de informações reservadas configura descumprimento de dever imposto aos notários e aos registradores, estando sujeita a punição.

e) a informação dada ao tabelião ou registrador, apesar de ser reservada, ainda que de modo informal e sem ter de constar de ato notarial ou registral, passa a ter natureza pública.

705. **(Cespe/TJ/PI/Cartórios/Ingresso/2013)** Considerando que determinada pessoa tenha apresentado, perante o juiz competente, reclamação a respeito da cobrança indevida de custas e emolumentos do serviço notarial e de registro, assinale a opção correta:

a) aplicada a pena de multa pelo juiz, o delegado do serviço terá cinco dias para efetuar seu recolhimento, sob pena de perda da delegação.

b) o juiz somente poderá aplicar multa ao delegado do serviço se ele tiver recebido dolosamente as custas e os emolumentos indevidos.

c) seja em caso de dolo, seja em caso de culpa, o delegado do serviço notarial que tiver recebido indevidamente custas e emolumentos deverá ser punido com multa, independentemente da responsabilidade disciplinar.

d) a reclamação deve ser recebida mesmo que tenha sido apresentada verbalmente.

e) a decisão proferida pelo juiz após a oitiva do reclamado será irrecorrível.

706. **(Consulplan/TJ/MG/Cartórios/Remoção/2017)** Acerca das infrações disciplinares e das penalidades a que estão sujeitos notários e registradores, assinale a opção correta:

a) quando for necessário, para a apuração de faltas imputadas a notário ou registrador, o afastamento do titular do serviço, poderá ele ser suspenso, preventivamente; caso o juízo competente designe interventor para responder pela serventia durante o período de afastamento do titular, este perceberá dez por cento da renda líquida da serventia, devendo o restante ser depositado em conta bancária especial, com correção monetária. Absolvido o titular, receberá ele o montante dessa conta; se condenado, caberá esse montante ao interventor.

b) as penas relativas a infração disciplinar cometida na titularidade da serventia serão impostas pelo juízo competente, independentemente da ordem de gradação, conforme a gravidade do fato e o tempo de serviço do notário ou do registrador.

c) a pena de multa será aplicada em caso de reincidência ou de infração que configure falta grave.

d) os notários e os oficiais de registro estão sujeitos, assegurado o amplo direito de defesa, às seguintes penas pelas infrações que praticarem: repreensão, multa, suspensão por noventa dias, prorrogável por mais trinta, e perda da delegação.

707. **(Cespe/TJ/PI/Cartórios/Ingresso/2013)** Com base na Lei n. 8.935/1994, que trata de serviços notariais e de registro, assinale a opção correta:

a) se o titular do serviço for reincidente em infração disciplinar, o juízo competente poderá aplicar-lhe a pena de multa.

b) se, durante o período de apuração de transgressão disciplinar, o titular do serviço for afastado, ele receberá metade da renda líquida da serventia, sendo, ao final, restituído da outra metade, ainda que condenado.

c) a perda da delegação por transgressão disciplinar depende de decisão em sentença judicial transitada em julgado.

d) se a apuração de transgressão disciplinar resultar em pena, ela deverá ser aplicada pelo juízo competente, que seguirá a ordem de gradação das penalidades previstas.

e) se, para a apuração de transgressão disciplinar, houver necessidade do afastamento do titular do serviço, ele poderá ser suspenso, preventivamente, pelo tempo que o juiz julgar conveniente.

708. **(FCC/TJ/PE/Cartórios/Remoção/2013)** A respeito das sanções previstas na Lei n. 8.935/94, é correto afirmar:

a) tendo em vista o princípio da vitaliciedade, a perda da delegação dependerá de sentença judicial transitada em julgado, sendo ineficaz decisão decorrente de processo administrativo instaurado pelo juízo competente.

b) quando o caso configurar falta grave ou perda de delegação, o juízo competente suspenderá o notário ou oficial de registro por prazo não superior a noventa dias, designando um servidor da serventia para substituir o delegado suspenso.

c) o notário ou o oficial de registro perceberá integralmente as rendas da serventia durante seu afastamento para responder procedimento disciplinar.

d) durante o período de afastamento para apuração de faltas, o titular perceberá metade da renda líquida da serventia; outra metade será depositada em conta bancária especial, com correção monetária.

e) se o titular afastado da serventia for absolvido, perceberá a quantia depositada em conta bancária especial, mas, se for condenado, a referida quantia será convertida em renda da Fazenda Pública do Estado da circunscrição territorial da serventia.

709. **(Ieses/TJ/RN/Cartórios/Ingresso/2012)** Sobre a cobrança de emolumentos, assinale a alternativa incorreta:

a) o notário que descumprir a legislação, apondo na certidão qualquer referência ao estado de pobreza do solicitante, se sujeitará, de imediato, à pena de suspensão.

b) o estado de pobreza será comprovado por declaração do próprio interessado ou a rogo, tratando-se de analfabeto, neste caso, acompanhada da assinatura de duas testemunhas.

c) não serão cobrados pelo registro civil de nascimento e pelo assento de óbito, bem como pela primeira certidão respectiva.

d) os reconhecidamente pobres estão isentos de pagamento de emolumentos pelas certidões extraídas pelo cartório de registro civil.

710. **(Cespe/TJ/BA/Cartórios/Ingresso/2013)** De acordo com a Lei n. 8.935/1994, os notários e os oficiais de registro estão sujeitos, pelas infrações que praticarem, à pena de:

a) detenção por dez dias, prorrogável por mais dez.
b) perda da delegação.
c) impedimento de contratar com o poder público.
d) advertência por escrito.
e) prestação de serviços à comunidade local.

711. **(Vunesp/TJ/SP/Cartórios/Ingresso/2014)** Dispõe o art. 31 da Lei n. 8.935/94 as infrações disciplinares às quais se sujeitam os notários e os oficiais de registro, e no inciso I prescreve-se: "a inobservância das prescrições legais ou normativas". Pode-se afirmar a respeito deste inciso:

a) remete este inciso, necessariamente, aos demais incisos do mesmo artigo, e ainda a outros artigos da lei, mas não se pode admitir qualquer integração com normas infralegais, sob pena de violação dos princípios da legalidade e da tipicidade.
b) em si é suficiente e não depende de qualquer integração normativa, o que significa dizer que é possível a instauração de processo disciplinar exclusivamente com a sua referência. Nesse sentido, o que se deve observar é apenas a descrição detalhada do fato junto à Portaria que inaugura o processo disciplinar.
c) ainda que esta norma seja excessivamente vaga, um conceito jurídico amplamente indeterminado, mesmo assim é possível compreender, pela noção jurídica de supremacia especial, que as prescrições normativas referidas podem complementar-se em densidade jurídica, e deste modo atender ao princípio da tipicidade, com disposições de deveres mais particularizados por meio de provimentos, regulamentos e outras normas de serviços expedidas pela função correcional exercida pelos Tribunais de Justiça.
d) é inconstitucional esta disposição porque a vagueza de seu enunciado não permite qualquer interpretação conforme que justifique a sua permanência no sistema jurídico.

712. **(Ieses/TJ/MS/Cartórios/Remoção/2014)** Os notários e os oficiais de registro estão sujeitos, pelas infrações que praticarem, assegurado amplo direito de defesa, às seguintes penas:

I. repreensão.
II. perda da delegação.
III. reclusão e Multa.
IV. suspensão por noventa dias, prorrogável por mais trinta.

A sequência correta é:

a) apenas as assertivas I e II estão corretas.
b) apenas as assertivas II e III estão corretas.
c) apenas as assertivas I, II e IV estão corretas.
d) apenas a assertiva III está correta.

713. **(Ieses/TJ/PB/Cartórios/Ingresso/2014)** Todas as assertivas abaixo estão relacionadas, com exceção de uma, a infrações disciplinares, sujeitando os notários e oficiais de registro à imposição de penalidades. Assinale a alternativa incorreta:

a) cobrança indevida ou excessiva de emolumentos, exceto no caso de urgência declarada pela parte interessada.
b) inobservância das prescrições legais e normativas.
c) praticar conduta atentatória às instituições notariais e de registro.
d) deixar de fiscalizar o recolhimento de impostos incidentes sobre os atos de sua responsabilidade.

714. **(Vunesp/TJ/SP/Cartórios/Ingresso/2014)** Os notários e os oficiais de registro estão sujeitos, pelas infrações que praticarem, assegurado amplo direito de defesa, às seguintes penas:

a) advertência; multa; suspensão por noventa dias, prorrogável por mais trinta, e perda da delegação.
b) repreensão; multa; suspensão por noventa dias, prorrogável por mais trinta, e perda da delegação.
c) repreensão; multa; suspensão por quarenta e cinco dias, prorrogável por igual período, e perda da delegação.
d) advertência; repreensão; multa; suspensão por trinta dias, prorrogável por mais trinta, e perda da delegação.

715. **(Cespe/TJ/BA/Cartórios/Remoção/2013)** Acerca das penalidades aplicáveis aos notários e registradores, assinale a opção correta:

a) somente por meio de abertura de sindicância é possível a perda da delegação.
b) um notário que descumpra reiteradamente seus deveres deverá ser punido com suspensão.
c) um notário deve perceber dois terços da sua remuneração durante o período de afastamento para a apuração da falta que lhe seja imputada.

d) a pena de multa é aplicável em casos de falta grave.

e) a pena de repreensão deve ser aplicada em caso de reincidência de falta leve.

716. **(Cespe/TJ/SE/Cartórios/Ingresso/2014)** Preposto de cartório de notas, em conluio com o interessado que compareceu à serventia, extraiu, sem conhecimento do notário, traslado de escritura omisso sobre reserva de usufruto feita, no ato da doação, pelos doadores. Considerando o caso hipotético acima, assinale a opção correta:

a) a deflagração de procedimento administrativo disciplinar contra o tabelião prescinde da reiteração de condutas faltosas pelo empregado.

b) caso seja reconhecida a ausência de prática de ilícito administrativo pelo tabelião, este não poderá, por conta do mesmo fato, adotar providências administrativas (no âmbito da serventia) contra o seu preposto.

c) eventual prejudicado pelo ato poderá mover, em litisconsórcio passivo facultativo, ação judicial contra o cartório e o preposto responsável pela prática do ato.

d) a aplicação de penalidade ao notário pelo juiz corregedor, concluído e atendido o procedimento disciplinar regular, poderá ser compartilhada com o preposto que diretamente cometeu a falta.

e) caso haja necessidade de diligências judiciais ou extrajudiciais no livro do qual foi extraído o traslado, elas poderão ser realizadas no cartório, bem como em local indicado pela autoridade competente ou pelo interessado.

717. **(Ieses/TJ/AM/Cartórios/Remoção/2018)** Segundo a Lei n. 8.935/94, são consideradas infrações disciplinares as seguintes condutas praticadas por notários e os oficiais de registro:

I. a violação do sigilo profissional.

II. a inobservância das prescrições legais ou normativas.

III. a cobrança indevida ou excessiva de emolumentos, ainda que sob a alegação de urgência.

IV. a conduta atentatória às instituições notariais e de registro.

A sequência correta é:

a) apenas as assertivas II, III e IV estão corretas.

b) as assertivas I, II, III e IV estão corretas.

c) apenas as assertivas I e IV estão corretas.

d) apenas a assertiva III está incorreta.

718. **(Ieses/TJ/AM/Cartórios/Remoção/2018)** Segundo a Lei 8.935/94, que dispõe sobre serviços notariais e de registro, os notários e os oficiais de registro estão sujeitos, pelas infrações que praticarem, assegurado amplo direito de defesa, às seguintes penas, exceto:

a) repreensão; multa.

b) prisão.

c) suspensão por noventa dias, prorrogável por mais trinta.

d) perda da delegação.

719. **(Consulplan/TJ/MG/Cartórios/Remoção/2017)** Assinale a alternativa incorreta, acerca das penas que os notários e os oficiais de registro estão sujeitos, pelas infrações que praticarem:

a) perda da delegação.

b) aposentadoria compulsória.

c) repreensão.

d) suspensão por noventa dias, prorrogável por mais trinta.

720. **(Ieses/TJ/AM/Cartórios/Ingresso/2018)** Leia atentamente as proposições abaixo e assinale a que se apresentar correta:

a) nos termos da lei de regência, é quinquenal o prazo para deduzir pretensão ressarcitória em juízo, contra o notário ou oficial de registro.

b) no que concerne às infrações disciplinares e penalidades aplicáveis aos notários e oficiais de registro, a pena de multa tem lugar em caso de reincidência ou de infração que não configure falta mais grave.

c) os substitutos dos oficiais poderão, simultaneamente com o notário ou o oficial de registro, praticar todos os atos que lhe sejam próprios, inclusive, nos tabelionatos de notas, lavrar testamentos.

d) os oficiais de registro poderão, para o desempenho de suas funções, contratar escreventes, dentre eles escolhendo os substitutos, e auxiliares como empregados, com remuneração estipulada pelos órgãos competentes e sob o regime da legislação do trabalho.

2.2.7. Da Fiscalização pelo Poder Judiciário

✱ QUESTÕES OBJETIVAS

721. **(Cespe/TJ/PI/Cartórios/Remoção/2013)** De acordo com a Lei n. 8.935/1994, que dispõe sobre serviços notariais e de registro, assinale a opção correta:

a) quando, em termos ou papéis de que conhecer, o juiz verificar a existência da prática de crime de ação pública por notário ou registrador, ele deverá remeter a delegado de polícia as cópias e os documentos necessários para a instauração do inquérito policial.

b) os serviços de registros públicos serão prestados, também, nos sábados, domingos e feriados pelo sistema de plantão.

c) os chamados serviços extrajudiciais se dividem em dois grupos básicos, desdobrados em especialidades: serviços notariais, desempenhados por oficiais, e serviços de registro, exercidos por tabeliães.

d) a atividade de fiscalização do Poder Judiciário não se restringe à hipótese de apuração pertinente a notícia de irregularidade concreta.

e) não se admite procedimento apuratório precedente ao processo administrativo disciplinar, com vistas à colheita de esclarecimentos acerca de determinado fato ou imputação.

722. **(Cespe/TJ/SE/Cartórios/Remoção/2014)** Assinale a opção correta com relação aos direitos, deveres e responsabilidade dos tabeliães e oficiais de registro:

a) os atos notariais e de registro estão sujeitos a fiscalização judiciária, a cargo do juízo competente, que poderá determinar o afastamento cautelar do notário ou oficial de registro quando necessário para a apuração das faltas imputadas, sendo a renda líquida da serventia, nesse período, destinada ao interventor designado.

b) os serviços notariais e de registro estão submetidos a dupla fiscalização, pelo Poder Judiciário local e pelo Conselho Nacional de Justiça, de forma cumulativa.

c) conforme jurisprudência do STJ, o exercício da atividade notarial deve-se dar por conta e risco do delegatário, sendo subjetiva a responsabilidade deste.

d) o Código de Defesa do Consumidor não se aplica à atividade notarial, conforme reiteradas decisões do STJ.

e) o MP é responsável pelo estabelecimento de normas técnicas cuja observância constitui dever dos notários e oficiais de registro.

2.2.8. Da Extinção da Delegação

*** INFORMATIVOS**

STF Medida cautelar e provimento de serventias
A Turma negou referendo à decisão proferida pelo Min. Maurício Corrêa que, em face do que decidido pelo Plenário do STF na ADI (MC) 2.602-MG – no sentido de que os titulares de cartórios não estariam sujeitos à aposentadoria compulsória aos setenta anos de idade, após o advento da EC 20/98 –, deferira medida liminar para suspender a sessão de escolha das serventias pelos candidatos aprovados no 2º concurso de provas e títulos para outorga de delegações de registro do Estado de São Paulo. A Turma considerou inexistente a pretensão cautelar do Sindicato dos Notários e Registradores do Estado de SP, porquanto: a) alguns titulares de cartórios substituídos aposentaram-se antes da EC 20/98, b) outros ocupavam serventias que não integravam o objeto do concurso, carentes, portanto, de interesse processual para postular a sustação dos provimentos, c) com relação a uma das titulares, o pedido encontrava-se prejudicado, dada a concessão de medida cautelar individual e d) quanto a outro substituído, reconheceu-se a sucumbência pelo trânsito em julgado de decisão a ele contrária, em sede de mandado de segurança individual. Pet (QO) 2.915, Rel. Min. Sepúlveda Pertence, 15.4.2003. 1ª T. (Info 305)

STF Medida cautelar e reserva de serventia A Turma deferiu medida cautelar para atribuir efeito suspensivo a recurso extraordinário – no qual se discute a aplicabilidade, ou não, aos oficiais registradores e aos notários públicos, da aposentadoria compulsória por implemento de idade de que trata o art. 40, § 1º, II, da CF, com a redação dada pela EC 20/98 –, admitido por força de provimento de agravo de instrumento. Reconheceu-se presente o "periculum in mora" ante a instauração de concurso público para outorga de delegação de serventias no Estado de São Paulo, o que criaria situação de difícil reparação na hipótese de provimento do recurso extraordinário. Medida liminar deferida a fim de que se comunique ao Presidente do Tribunal de Justiça do Estado de São Paulo para que reserve a outorga da titularidade do 10º registro de imóveis da Capital do Estado, até o julgamento final do recurso extraordinário, esclarecendo-se, ainda, que a presente decisão não importa em reversão da requerente à posição que anteriormente ocupava. Pet (MC) 2.890, Rel. Min. Ellen Gracie, 18.3.2003. 1ª T. (Info 301)

STF Notários e registradores: aposentadoria I Deferida medida liminar em ação direta ajuizada pela Associação dos Notários e Registradores do Brasil – ANOREG/BR para suspender, "ex nunc", a eficácia do Provimento 55/2001 da Corregedoria-Geral de Justiça do Estado de Minas Gerais, que determina, aos juízes diretores de foro, a rigorosa fiscalização do implemento da idade de 70 anos dos oficiais de registro e tabeliães, bem como a expedição de ato de declaração de vacância do serviço notarial ou de registro. À primeira vista, o Tribunal reconheceu a relevância jurídica da argüição de inconstitucionalidade por ofensa ao art. 40, § 1º, II, da CF, que, na redação dada pela EC 20/98, aplica a aposentadoria compulsória apenas aos servidores titulares de cargos efetivos da União, dos Estados, do Distrito Federal e dos Municípios, incluídas suas autarquias e fundações. Entendeu-se presente seja o "periculum in mora", quanto aos notários e registradores que completarem setenta anos, seja a conveniência da administração pública, pelas conseqüências da cessação da delegação dos titulares no tocante à serventia e a seus empregados. ADI (MC) 2.602, Rel. Min. Moreira Alves, 3.4.2003. Pleno. (Info 303)

STF Notários e registradores: aposentadoria II Deferida medida liminar em ação direta ajuizada pela Associação dos Notários e Registradores do Brasil – ANOREG/BR para suspender, com efeito "ex tunc", a eficácia de dispositivos da Lei 3.893/2002, do Estado do Rio de Janeiro, que, ao dispor sobre a unificação e a reestruturação dos quadros de pessoal do Estado, estendem o regime de quadro único de cargos públicos efetivos do Poder Judiciário local ao pessoal não remunerado pelos cofres públicos em atuação em serventia extrajudicial. À primeira vista, o Tribunal reconheceu a plausibilidade jurídica da argüição de inconstitucionalidade por ofensa ao art. 236 e aos seus §§ 1º e 2º, da CF, que determinam sejam os serviços notariais e de registro exercidos em caráter privado e que reservam à lei federal regular tais atividades. Entendeu-se presente o "periculum in mora" haja vista o tumulto e os prejuízos que poderão advir, tanto para os particulares, quanto para o erário, da aplicação imediata da referida Lei, porquanto os serviços de notariado e registro são exercidos em caráter privado. Salientou-se, ainda, que o art. 40, § 1º, II, da CF, na redação dada pela EC 20/98, aplica a aposentadoria compulsória apenas aos servidores titulares de cargos efetivos da União, dos Estados, do Distrito Federal e dos Municípios, incluídas suas autarquias e fundações. ADI (MC) 2.891, Rel. Min. Sepúlveda Pertence, 4.6.2003. Pleno. (Info 311)

STF Serventia extrajudicial: aposentadoria compulsória e novo titular concursado. Por considerar que a decisão questionada se limitara a aplicar pacífica jurisprudência do STF, a Turma, em votação majoritária, recebeu embargos de declaração como agravo regimental e o denegou, à unanimidade, para manter a concessão da segurança. Impugnava-se, no caso, decisão monocrática do Min. Dias Toffoli que, ao prover recurso extraordinário do qual relator, declarara a nulidade de portaria que decretara a aposentadoria compulsória, aos 70 anos, de oficial de registro. Na ocasião, o relator salientara a inconstitucionalidade da aludida portaria, haja vista a orientação firmada pela Corte no julgamento da ADI 2602, em que assentada a inaplicabilidade da aposentação compulsória, prevista no art. 40, § 1º, II, da CF, a notários e registradores. O atual ocupante da serventia, ora embargante, alegava que: a) a decisão recorrida padecera de omissão, ao não se referir à questão concernente à situação dele, na condição de litisconsorte passivo necessário, que prestara concurso público e, assim, assumira a serventia; b) o impetrante – oficial registrador aposentado – não postulara a integração do concursado ao polo passivo da ação mandamental, o qual nela ingressara voluntariamente, depois de proferida sentença de primeiro grau denegatória da segurança. Pleiteava, ainda, a sua permanência na serventia, em respeito aos princípios da segurança jurídica, do direito adquirido e da boa-fé. Alegava que o embargado se insurgira apenas contra o ato de aposentadoria, mas não contra o concurso – por meio do qual aquele fora investido – que se seguira depois de declarada a vacância da serventia. Ademais, o embargante afirmava que, à época dos fatos, a jurisprudência do STF estaria consolidada no sentido da aplicação da aposentadoria compulsória aos 70 anos de idade aos titulares de serventia extrajudicial, sendo irrepreensível o ato que decretara tal aposentadoria. Argumentava, também, que o Min. Eros Grau, quando da análise da mencionada ADI, reconhecera não serem os notários e registradores detentores de cargo público, o que tornaria inviável a pretendida recondução a uma serventia já ocupada por concursado, e que a Lei 8.935/94 assim disporia, de modo a vedar tal reintegração administrativa. RE 556504 ED, Rel. Min. Dias Toffoli, 10.8.2010. 1ª T. (Info 595)

STF Serventia extrajudicial: aposentadoria compulsória e novo titular concursado. Inicialmente, rejeitou-se a apontada nulidade do feito, por ausência de citação do concursado na condição de litisconsorte passivo necessário, haja vista tratar-se de matéria de índole infraconstitucional, já devidamente decidida pelo STJ, detentor da competência constitucional para sua análise, não havendo que se falar em omissão do julgado. Asseverou-se que o agravado deveria ser reconduzido ao cargo que ocupava, cabendo ao agravante demandar contra o Estado. Reputou-se não haver se falar em ofensa ao princípio da boa-fé ou mesmo ao direito adquirido, pois o agravante pudera escolher dentre diversas serventias vagas, sendo lícito supor que procedera (ou deveria ter procedido) a uma ampla investigação sobre os diversos aspectos relacionados ao cartório em que pretendesse fazer incidir sua escolha. Além disso, observou-se que o agravante mantivera estreito contato com o agravado, com quem negociara diretamente a aquisição do mobiliário, não podendo alegar, destarte, que ignorava que este buscava a reversão do decreto da aposentadoria, o que afastaria eventual ofensa ao princípio da segurança jurídica. Destacou-se, ainda, que a ação mandamental fora impetrada logo após a decretação da aposentadoria, quando sequer havia sido conferida a outorga ao agravante, o que impediria, por conseguinte, que a impetração se voltasse contra este ato. Explicitou-se que a vacância decorrera diretamente da aposentadoria e a anulação desta, abarcaria, necessariamente, os atos que a seguiram, como decorrência lógica. Dessa forma, a outorga conferida ao agravante, não obstante derivada de regular aprovação em concurso público de títulos e provas, por estar sujeita ao resultado do julgamento do processo ajuizado pelo agravado, não poderia subsistir à nulidade do ato que concedera a aposentadoria. Reiterou-se que o embargante não possuiria direitos a serem resguardados no âmbito do referido "mandamus". Consignou-se, por fim, que a aludida ação direta reconhecera a inconstitucionalidade de ato similar ao objeto desta impetração, pouco importando, para a sorte da demanda, a natureza de detentor de cargo público, e que o disposto na Lei 8.935/94, acerca de "reintegração administrativa", não obstaria uma determinação de reintegração por ordem judicial, como a proferida neste feito. RE-ED 556504, Rel. Min. Dias Toffoli, 10.8.2010. 1ª T. (Info 595)

STJ **Desmembramento de serventias.** Na hipótese de desmembramento de serventias, não há necessidade de consulta prévia aos titulares atingidos pela medida. Não há direito adquirido ao não desmembramento de serviços notariais e de registro, conforme consolidado na Súm. 46/STF. Diante disso, outorgado o direito de opção e atendidos os demais ditames legais, não há cogitar violação do direito de defesa, do contraditório ou de outro princípio constitucional. RMS 41.465, Rel. Min. Humberto Martins, j. 3.9.2013. 2ª T. (Info 530)

STJ **Aposentadoria compulsória. Notários e registradores.** Trata-se da aplicação, por analogia, da regra do art. 40, II, da CF/1988, da aposentadoria compulsória aos 70 anos de idade aos notários e registradores. Note-se que, após a alteração introduzida pelo art. 40 da EC n. 20/1998, o STF deu nova conceituação de servidor público, como sendo o titular de cargo efetivo. Portanto só se destina a citada norma constitucional aos servidores em sentido estrito. A partir daí, o STF modificou o entendimento anterior, passando a considerar a inaplicabilidade da aposentadoria compulsória aos notários e registradores. O Min. Relator esclareceu, ainda, que os notários e registradores exercem função por delegação do Poder Público, em caráter privado, apesar da exigência de aprovação em concurso público de provas e títulos, que veio apenas como medida saneadora e moralizadora. Ressaltou, ainda, que hoje os últimos precedentes deste Superior Tribunal interpretam que os notários e registradores não estão submetidos à aposentadoria compulsória, mas somente à aposentadoria voluntária ou facultativa, conforme previsto no art. 30 da Lei n. 8.935/1994. RMS 20.325, Rel. Min. Paulo Medina, j. 11.10.2005. 6ª T. (Info 264)

STJ **MS. Cartório. Delegação. Aposentadoria.** A impetrante do "mandamus", antiga titular de cartório extrajudicial, insurge-se contra o ato do presidente do TJ, que, diante de sua aposentadoria voluntária, declarou a estatização da serventia e a vacância da titularidade. Alega, entre outros, sua vitaliciedade (CF/1967) e a incompetência da autoridade coatora para expedir tal ato. Sucede que o respectivo Conselho Superior de Magistratura, a autoridade competente, após a impetração do writ, ratificou o ato e aventou a perda de objeto do MS pela errônea indicação da autoridade coatora, o que foi acolhido pelo TJ quando do julgamento da ordem. Nesse contexto, a alegação de perda de objeto soa como "venire contra factum proprio", conduta vedada ao agente público em razão da aplicação, também na seara pública, do princípio da boa-fé objetiva (art. 2º, parágrafo único, IV, da Lei 9.784/99). Nem sequer se pode falar em aplicação da teoria da encampação, porque seus requisitos não estão presentes (vínculo hierárquico entre as autoridades, ausência de modificação de competência estabelecida na CF/1988 e manifestação a respeito do mérito nas informações prestadas). Porém, não há que confundir extinção da delegação, de iniciativa de lei do Poder Legislativo, com extinção de cargo ou ofício do Poder Judiciário. Dessa última não se trata no caso, tanto que foi declarada a vacância (existe, mas não está ocupado), situação que afasta a alegação de inconstitucionalidade formal da Lei 8.935/1994 (a de inconstitucionalidade material não pode ser conhecida dada a deficiência de sua fundamentação, o que impede sua exata compreensão). Anote-se, outrossim, que a delegação não é título de nobreza nem título acadêmico: ela existe não em função da pessoa, mas sim em função do interesse público primário, sendo até lógico existirem previsões legais que ensejam sua perda ou extinção, tal qual determina o art. 39, II, da Lei 8.935/1994, que prevê a extinção da delegação em casos de aposentação voluntária, o que se deu na hipótese. Por último, é de convir que, como consabido e sempre reiterado pela jurisprudência, não há direito adquirido perante estatuto. RMS 29.493, Rel. Min. Humberto Martins, 23.6.09. 2ª T. (Info 400)

STJ **Titularidade. Cartório. Irretroatividade. Lei.** A Turma rejeitou a preliminar de perda de objeto, por entender que o serventuário titular do cartório de registros e anexos, após a EC 20/1998, não está sujeito à aposentadoria compulsória. No mérito, deu provimento ao recurso, ao entender que, na época da instauração do processo administrativo disciplinar, não havia fundamento legal para a perda da delegação, o que veio acontecer apenas com a Lei 8.935/1994. Assim, violado o princípio da irretroatividade da lei nova. RMS 16.752, Rel. Min. Jorge Scartezzini, j. 9.12.2003. 5ª T. Info STJ 195.

STJ **Vacância. Morte. Notário. Efeitos.** A declaração de vacância (art. 39, § 3º, da Lei n. 8.935/1994) de notário ou oficial de registro é um ato administrativo meramente formal que declara um fato ocorrido anteriormente, qual seja, o falecimento do titular do cartório. Assim, a extinção da delegação ocorre com o evento morte, não com a declaração de vacância. Logo o ato da corregedoria que ofereceu a serventia do 11º Ofício de Registros de Imóveis do Rio de Janeiro aos candidatos do XXXVIII concurso público para admissão nas atividades notariais e registrais da Corregedoria Geral de Justiça daquele estado não ofende a Lei n. 8.935/1994 e tão pouco o item 8.1 do edital do concurso. RMS 24.928, Rel. Min. Eliana Calmon, j. 8.4.2008. 2ª T. (Info 351)

✱ QUESTÕES OBJETIVAS

723. **(FCC/TJ/PE/Cartórios/Ingresso/2013)** A Lei Federal n. 8.935/94 não dispõe expressamente que a delegação a notário ou a oficial de registro se extingue por:

a) morte ou invalidez.
b) aposentadoria facultativa.
c) aposentadoria compulsória.
d) renúncia ou perda da delegação, nos termos da lei.
e) descumprimento, comprovado, da gratuidade estabelecida em lei.

724. **(Cespe/TJ/PI/Cartórios/Remoção/2013)** Acerca dos prepostos dos notários e oficiais de registro, assinale a opção correta:

a) os substitutos somente poderão praticar os atos que o notário ou oficial de registro lhes autorizar.
b) se determinada serventia acumular as funções de notas, protesto de títulos, registro civil, títulos e documentos e pessoas jurídicas, seu titular deverá designar, no mínimo, cinco substitutos.
c) o escrevente pode, a depender da situação, praticar todos os atos próprios do notário ou registrador, exceto lavrar testamentos.
d) os escreventes e demais auxiliares dos cartórios extrajudiciais, contratados pelo regime celetista, são considerados servidores públicos estatutários e possuem estabilidade.
e) deverá ser designado para responder provisoriamente pelo serviço, até a realização de concurso público, o substituto mais antigo da serventia.

725. **(Ieses/TJ/MS/Cartórios/Remoção/2014)** Extinguir-se-á a delegação a notário ou a oficial de registro por:

I. morte.
II. aposentadoria facultativa.
III. invalidez.
IV. renúncia.

A sequência correta é:

a) apenas a assertiva I está correta.
b) as assertivas I, II, III e IV estão corretas.
c) apenas as assertivas I e IV estão corretas.
d) apenas as assertivas I e II estão corretas.

726. **(Consulplan/TJ/MG/Cartórios/Remoção/2015)** O término da delegação a notário ou a registrador acontece por extinção ou perda. A delegação se extingue por fatos próprios do delegatário e por fatos estranhos a ela. Marque a alternativa em que estão presentes apenas hipóteses de extinção de tal delegação:

a) morte, invalidez, renúncia, aposentadoria facultativa.
b) invalidez, aposentadoria compulsória, renúncia, perda da delegação.
c) aposentadoria compulsória, aposentadoria facultativa, remoção e renúncia.
d) remoção, invalidez, ausência, aposentadoria compulsória, aposentadoria facultativa.

727. **(Consulplan/TJ/MG/Cartórios/Remoção/2017)** Assinale a alternativa incorreta acerca dos fatos ensejadores da extinção da delegação ao tabelião de protesto de títulos e documentos de dívida:

a) invalidez.
b) descumprimento, comprovado, da gratuidade estabelecida na Lei nº 9.534, de 10 de dezembro de 1997.
c) renúncia.
d) morte.

728. **(Ieses/TJ/AM/Cartórios/Ingresso/2018)** Não ocorre a perda da delegação do notário ou oficial de registro por:

a) sentença judicial recorrível.
b) invalidez.
c) aposentadoria facultativa.
d) descumprimento, comprovado, da gratuidade estabelecida na Lei n. 9.534, de 10 de dezembro de 1997.

729. **(Cetro/TJ/RJ/Cartórios/Ingresso/2017)** Jonas participou de todas as fases de concurso para outorga de delegação de serventia cartorária extrajudicial garantida por decisão de caráter liminar, tendo, ao final, garantido classificação suficiente para obter a delegação de Registro Civil do Município Boca de Peixe. Como delegatário, Jonas nomeou a competente Assíria como sua oficial substituta para atuar em suas ausências e impedimentos. Passados alguns anos, a decisão judicial que garantia a delegação a Jonas foi revogada e o Tribunal de Justiça designou um terceiro para substituí-lo em vez de Assíria, substituta mais antiga. Com base nesses fatos e no que determina a Lei n. 8.935/1994 acerca da extinção da delegação, marque V para verdadeiro ou F para falso e, em seguida, assinale a alternativa que apresenta a sequência correta.

I. a decisão do TJ é equivocada porque Assíria tem direito a assumir como substituta mais antiga, ainda que a delegação de Jonas não seja efetiva, de acordo com a Lei.
II. à Assíria se aproveita de forma derivada a "teoria do fato consumado", embora, in casu, inaplicável a Jonas, delegatário afastado.
III. é assegurada a designação de Assíria, desconsiderando-se eventual precariedade de sua situação, e considerando-se o largo transcurso temporal, de acordo com jurisprudência do STJ.

a) F, F, F.
b) V, V, V.
c) V, F, F.
d) V, F, V.
e) F, V, V.

2.3. Das Disposições Gerais

✱ INFORMATIVOS

STF **Cartório. Área. Circunscrição. Sucursal.** O Tribunal a quo, em acórdão proferido em mandado de segurança, manteve a decisão do Conselho da Magistratura do TJ-PR que determinou o fechamento de cartório instalado fora dos limites territoriais para os quais seus tabeliães receberam delegação de serviço público. A Turma negou provimento ao recurso, ao entender não ser possível ao cartório instalar sucursais fora da circunscrição ou comarca para a qual recebeu delegação. RMS 14.616, Rel. Min. Teori Albino Zavascki, j. 3.2.2005. 1ª T. (Info 234)

STJ **Oficial. Registro. Substituição "pro tempore". Posse tardia. Indenização.** No caso dos autos, ante a renúncia do oficial de registro titular de cartório, o recorrente requereu ao TJ sua designação como oficial registrador "pro tempore", sendo indeferido seu pedido e designada outra pessoa para ocupar a função, o que culminou na impetração de mandado de segurança cujo recurso determinou que ele respondesse como substituto "pro tempore" do cartório até o preenchimento dessa vaga por certame público. Diante disso, ajuizou ação objetivando receber indenização pelo período em que não atuou como oficial da serventia extrajudicial, pedido julgado improcedente pelo tribunal "a quo". Portanto, a questão está em saber se o recorrente faz jus ao recebimento de indenização por danos materiais equivalente aos emolumentos que deixou de receber por não ter ocupado, temporariamente, a função de oficial de registro. No que tange à indenização, a parte não tem direito à remuneração não percebida, porquanto não realizada a respectiva prestação de serviço. Porém, faz jus à fixação de um valor que reflita o dano material alegado, desde a data em que deveria ter iniciado o exercício da função que fora obstado, de forma ilegal, pela Administração. Assim, na hipótese, o recorrente não faz jus aos danos materiais vinculados aos emolumentos que deixou de perceber, mas sim a uma indenização em decorrência do ato ilícito estatal. REsp 1.188.261, Rel. Min. Benedito Gonçalves, j. 22.3.2011. 1ª T. (Info 467)

* QUESTÕES OBJETIVAS

730. **(Consulplan/TJ/MG/Cartórios/Remoção/2018)** De acordo com a Lei nº 8.935/94, assinale a alternativa incorreta:

a) prescreve em 03 (três) anos a pretensão de reparação civil, contado o prazo da data de lavratura do ato registral ou notarial.

b) os notários e os oficiais de registro gozam de independência no exercício de suas atribuições, têm direito à percepção dos emolumentos integrais pelos atos praticados na serventia e só perderão a delegação nas hipóteses previstas em lei.

c) os notários e os oficiais de registro são civilmente responsáveis por todos os prejuízos que causarem a terceiros, por culpa ou dolo, pessoalmente, pelos substitutos que designarem ou escreventes que autorizarem, assegurado o direito de regresso.

d) incumbe aos notários e aos oficiais de registro praticar, com a aprovação da Corregedoria Geral de Justiça, todos os atos previstos em lei necessários à organização e execução dos serviços, podendo, ainda, adotar sistemas de computação, microfilmagem, disco ótico e outros meios de reprodução.

731. **(Cespe/TJ/PI/Cartórios/Ingresso/2013)** Suponha que determinada serventia acumule as funções de registro civil, de títulos e documentos e de pessoas jurídicas, e que seja ela a única a realizar tais funções em determinado município de significativa extensão territorial. Suponha, ainda, que, nesse município, haja dois distritos densamente povoados. Com base nessa situação hipotética e na Lei n. 8.935/1994, assinale a opção correta:

a) o cartório deve abrir sucursais em ambos os distritos, cada uma delas com a atribuição de executar apenas os serviços registrais da matriz que forem objeto de autorização específica concedida por ato do tribunal de justiça respectivo.

b) deve haver um cartório de registro com as três funções em cada uma das referidas sedes distritais.

c) deve haver um cartório de registro civil em cada uma das referidas sedes distritais, não havendo previsão para as demais funções registrais.

d) o cartório deve abrir sucursais em ambos os distritos, cada uma delas com a atribuição de executar todos os serviços registrais da matriz.

e) deve haver um cartório de registro de títulos e documentos em cada uma das referidas sedes distritais, não havendo previsão para as demais funções registrais.

732. **(Ieses/TJ/PB/Cartórios/Ingresso/2014)** A respeito da Lei Federal n. 8.935/94, examine as seguintes proposições:

I. cada serviço notarial ou de registro funcionará em um só local, vedada a instalação de sucursal.

II. verificada a absoluta impossibilidade de provimento, por meio de concurso público, a titularidade de serviço notarial ou de registro, por desinteresse ou inexistência de candidatos, o juízo competente poderá propor à respectiva autoridade a extinção do serviço e a anexação de suas atribuições a outro da mesma natureza mais próximo ou àquele localizado na sede do respectivo Município ou de Município contíguo.

III. são gratuitos os assentos do registro civil de nascimento e o de óbito, bem como, a primeira certidão respectiva.

IV. aos reconhecidamente pobres não serão cobrados emolumentos pelas certidões de registros de nascimento e óbito:

a) somente os itens I, II e III estão corretos.

b) somente os itens I, II e IV estão corretos.

c) somente os itens II e IV estão corretos.

d) os itens I, II, III e IV estão corretos.

733. **(Consulplan/TJ/MG/Cartórios/Remoção/2015)** A respeito do funcionamento das serventias notariais e de registo, é correto afirmar:

a) cada serviço notarial ou de registro funcionará em um só local, vedada a instalação de sucursal.
b) a mudança de endereço, número de telefone, endereço de correspondência eletrônica (e-mail) utilizado pela serventia deverá ser comunicada ao diretor do foro e à Corregedoria-Geral de Justiça no prazo de 15 (quinze) dias após a mudança ou alteração.
c) é facultado aos serviços notariais e de registro a publicidade ou propaganda em periódicos e revistas nacionais, desde que não tenham natureza jurídica.
d) é vedada a criação de sítios eletrônicos pelas serventias notariais e de registro sem prévia autorização da direção do foro.

734. **(Cespe/TJ/DFT/Cartórios/Ingresso/2014)** Considerando os direitos e deveres dos notários e registradores, bem como os impedimentos e as incompatibilidades do cargo, assinale a opção correta:

a) o exercício de mandato eletivo e da advocacia não são causas de impedimento à atividade de notário.
b) é legalmente assegurada aos notários e registradores a gratuidade do papel de segurança, a ser financiada pelo Conselho Nacional de Justiça, dada a imprescindibilidade da prática dos atos notariais.
c) a prática dos atos que, previstos em lei, sejam necessários à execução dos serviços de competência da serventia prescinde de autorização do juiz corregedor.
d) criado, por lei, novo ofício da mesma espécie em uma mesma comarca, os notários e os registradores devem permanecer na antiga serventia, não podendo passar a responder pelo ofício recém-criado.
e) o exercício da atividade notarial e de registro não é incompatível com os cargos de ministro de Estado e de secretário estadual, por serem exclusivamente comissionados.

3. LEI DO PROTESTO DE TÍTULOS E DOCUMENTOS (LEI 9.492/97)

◉ TOP 5: 3º LUGAR ENTRE OS MAIORES AGREGADOS DE QUESTÕES DO LIVRO!

✱ INOVAÇÕES LEGISLATIVAS

▲ Lei do Protesto de Títulos e Documentos (Lei 9.492/97): sem alterações em 2017/2018.

3.1. Da Competência e das Atribuições

◉ ATENÇÃO: ESTE TEMA É MUITO EXIGIDO NOS CONCURSOS!

✱ INFORMATIVOS

STJ **Cautelar. Sustação. Protesto. Cheque.** O REsp busca saber se é viável a arguição de prescrição do título em ação voltada contra esse protesto e ainda discute a possibilidade de revigoração do protesto sustado liminarmente, em virtude da prestação de contracautela consistente no depósito do valor consignado no cheque protestado. Não há óbice para que o devedor, ao se servir de ação destinada a obter a declaração de inexistência de relação jurídica e, consequentemente, o cancelamento do protesto, argua, a qualquer momento, a ocorrência de prescrição da própria dívida em proveito da sua pretensão. Observa que, com a prescrição da própria dívida, o crédito desveste-se da sua exigibilidade jurídica. Entretanto destaca que a eventual perda do atributo de executividade do cheque não importa o cancelamento do protesto (art. 1º da Lei 9.492/1997). A exigibilidade da dívida mencionada no título permanece, e a satisfação poderá ser buscada por outra via. Por outro lado, aponta ser inviável suscitar, na ação declaratória de inexigibilidade de relação jurídica e da sustação do protesto, a arguição de prescrição cambial. Outrossim, a improcedência do pleito de sustação de protesto e da declaração de inexigibilidade de relação jurídica não autoriza que a caução (valor do cheque) possa ser considerada como pagamento integral e idônea a coibir a restauração do protesto sustado liminarmente, pois o montante é bem maior (art. 19 da citada lei). REsp 369.470, Rel. Min. Massami Uyeda, 10.11.09. 3ª T. (Info 415)

STJ **Protesto. Contrato. Locação.** O contrato de locação não se sujeita a protesto por não lhe preexistirem as delimitações acerca da certeza, liquidez e exigibilidade. Na espécie, a recorrente impetrou, na origem, mandado de segurança a fim de anular o ato do corregedor-geral de Justiça estadual que tornou sem efeito a permissão anteriormente concedida aos tabeliães de protestos de letras e títulos da comarca da capital para que lavrassem protestos de contratos locatícios, cancelando aqueles protestos que haviam sido efetuados na vigência dessa permissão. RMS 17.400, Rel. Acd. Min. Adilson Macabu, j. 21.6.2011. 5ª T. (Info 478)

✱ QUESTÕES DISCURSIVAS

44. **(Vunesp/TJ/SP/Cartórios/2016)** É possível o protesto de decisão judicial interlocutória?

45. **(Ieses/TJ/PA/Cartórios/2016)** É possível considerar as sentenças arbitrais incluídas na expressão "cartas de sentença", prevista no inciso IV do artigo 221 da Lei n. 6.015, de 31 de dezembro de 1973? A sentença arbitral pode ser qualificada como "títulos e outros documentos de dívida" para fins de protesto, nos termos do artigo 1º da Lei n. 9.492, de 10 de setembro de 1997? Apresente os fundamentos legais que justificam sua resposta.

46. **(Vunesp/TJ/SP/Cartórios/2014)** É possível o protesto de sentença arbitral? Fundamente sua resposta.

47. **(Vunesp/TJ/SP/Cartórios/2016)** Analise a protestabilidade do contrato de factoring em desfavor do faturizado.

* QUESTÕES OBJETIVAS

735. **(Consulplan/TJ/MG/Cartórios/Ingresso/2018)** Acerca de protesto de títulos, é correto afirmar que:

a) a irregularidade substancial do título, a exemplo da prescrição, observada pelo tabelião, obstará o registro do protesto.

b) o protesto será tirado por falta de pagamento, de aceite ou de devolução. Porém em se tratando de letra de câmbio, poderá tirar protesto por falta de pagamento contra o sacado não aceitante.

c) tratando-se de títulos ou documentos de dívida sujeitos a qualquer tipo de correção, o pagamento será feito pela conversão vigorante no dia do pagamento, no valor indicado pelo apresentante.

d) protesto é o ato formal e solene pelo qual se prova a inadimplência e o descumprimento de obrigação originada em títulos e outros documentos de dívida, que podem ser expedidos por autarquias e fundações públicas.

736. **(TJ/SC/Cartórios/Ingresso/2012)** Sobre a sentença arbitral e o tabelionato de protestos , assinale a alternativa correta:

a) a sentença arbitral, mesmo contendo condenação líquida, necessita de homologação pelo Poder Judiciário, para possibilitar a apresentação para cobrança no tabelionato de protestos .

b) a sentença arbitral que contenha condenação líquida pode ser apresentada para cobrança no tabelionato de protestos .

c) a sentença arbitral, mesmo contendo condenação líquida, não pode ser apresentada para cobrança em tabelionato de protestos , por não se tratar de título de crédito ou documento de dívida.

d) a sentença arbitral que contenha condenação líquida, por constituir-se em título executivo judicial, não pode ser apresentada para cobrança em tabelionato de protestos .

e) a sentença arbitral, por constituir-se em título executivo extrajudicial, pode ser apresentada para cobrança em tabelionato de Notas.

737. **(Cespe/TJ/PI/Cartórios/Ingresso/2013)** A respeito do protesto de título cambial, assinale a opção correta:

a) é cabível o protesto de certidões de dívida ativa da União, estados e municípios.

b) é cabível o cancelamento do protesto pelo pagamento do título, mediante a apresentação, pelo devedor, no cartório de protestos, de cópias reprográficas dos títulos protestados, desde que devidamente autenticadas.

c) a intimação de pessoa física para o apontamento de protesto deve ser feita por edital se, tendo sido ela remetida com aviso de recebimento para o endereço do devedor, outra pessoa o tiver assinado.

d) cabe a sustação do protesto após a efetivação deste, por causa diversa do pagamento.

e) entre os efeitos do protesto cambiário inclui-se a suspenção da prescrição.

738. **(Ieses/TJ/RN/Cartórios/Ingresso/2012)** Compete privativamente ao tabelião de protesto de títulos:

a) na tutela dos interesses públicos e privados, a protocolização, a intimação, o acolhimento da devolução ou do aceite, o recebimento do pagamento, do título e de outros documentos de dívida, bem como lavrar e registrar o protesto ou acatar a desistência do credor em relação ao mesmo, proceder às averbações, prestar informações, estimular o acordo e fornecer certidões relativas a todos os atos praticados.

b) na tutela dos interesses públicos e privados, a protocolização, a intimação, o acolhimento da devolução ou do aceite, o recebimento do pagamento, do título e de outros documentos de dívida, bem como lavrar e registrar o protesto ou acatar a desistência do credor em relação ao mesmo, proceder às averbações, prestar informações e fornecer certidões relativas a todos os atos praticados.

c) na defesa exclusiva dos interesses públicos, a protocolização, a intimação, o acolhimento da devolução ou do aceite, o recebimento do pagamento, do título e de outros documentos de dívida, bem como lavrar e registrar o protesto ou acatar a desistência do credor em relação ao mesmo, proceder às averbações, prestar informações e fornecer certidões relativas a todos os atos praticados.

d) na defesa exclusiva dos interesses privados, a protocolização, a intimação, o acolhimento da devolução ou do aceite, o recebimento do pagamento, do título e de outros documentos de dívida, bem como lavrar e registrar o protesto ou acatar a desistência do credor em relação ao mesmo, proceder às averbações, prestar informações e fornecer certidões relativas a todos os atos praticados.

739. **(Ieses/TJ/PB/Cartórios/Ingresso/2014)** Assinale a alternativa na qual o protesto não é possível:

a) warrants.

b) títulos de crédito rural.

c) compromisso de ajustamento de conduta.

d) contrato de fomento mercantil, com cláusula "pro solvendo".

740. **(Consulplan/TJ/MG/Cartórios/Ingresso/2014)** No tocante às atribuições e competências dos oficiais de registros e tabeliães de protesto, assinale a alternativa correta:

a) cabe ao tabelião de protesto averbar, de ofício, as alterações necessárias para retificação dos registros efetuados e, mediante requerimento do interessado, as retificações de erros materiais do serviço.

b) havendo mais de um tabelião de protesto na mesma localidade, é facultativa a prévia distribuição dos títulos e outros documentos de dívida, obedecida a sistemática processual fixada pela legislação respectiva.

c) aos oficiais de registro de distribuição compete privativamente quando previamente exigida, proceder à distribuição equitativa pelos serviços de toda e qualquer natureza, registrando os atos praticados; em caso contrário, registrar as comunicações recebidas dos órgãos e serviços competentes.

d) aos oficiais de títulos e documentos, civil das pessoas jurídicas, civil das pessoas naturais e de registro de imóveis compete a prática dos atos relacionados na legislação pertinente aos registros públicos, de que são incumbidos independentemente de prévia distribuição, mas sujeitos os oficiais de registro de imóveis e civil das pessoas naturais às normas que definirem as circunscrições geográficas.

741. **(Consulplan/TJ/MG/Cartórios/Remoção/2014)** No que concerne aos tabelionatos de protesto e ofícios de registro de distribuição, avalie as seguintes assertivas:

I. o oficial de registro de distribuição providenciará a baixa do registro do protesto por ordem judicial, mediante certidão comprobatória do trânsito em julgado da respectiva decisão.

II. quando o apresentante do título for pessoa jurídica de direito público, o requerimento de protesto prescinde da informação se é para fins falimentares.

III. os títulos poderão ser levados a protesto, entre outros fins, para prova e publicidade da inadimplência, assegurada a autenticidade e segurança do ato; para fixação do termo inicial dos encargos, quando não houver prazo assinado; para interromper o prazo de prescrição; etc. O protesto é tirado contra a pessoa do devedor.

Está incorreto o que se afirma em:

a) I e II apenas.

b) II e III apenas.

c) III apenas.

d) I, II e III.

742. **(Vunesp/TJ/SP/Cartórios/Ingresso/2014)** Quanto ao local do protesto, assinale a alternativa correta:

a) o protesto especial para fins falimentares será lavrado na praça indicada pelo credor/apresentante.

b) somente podem ser protestados os títulos, as letras e os documentos pagáveis ou indicados para aceite nas praças localizadas no território do município.

c) quando não for requisito do título e não havendo indicação da praça de pagamento ou aceite, será considerada a praça do sacador ou credor.

d) os títulos executivos judiciais podem ser protestados na localidade de tramitação do processo ou na de domicílio do devedor.

743. (FMP/TJ/MT/Cartórios/Ingresso/2014) Sobre o protesto, com base na Lei 9.492/97, assinale a alternativa correta:

a) poderá ser tirado protesto por falta de pagamento de letra de câmbio contra o sacado não aceitante.

b) o protesto é o ato formal e solene pelo qual se prova a inadimplência e o descumprimento de obrigação originada em títulos e outros documentos de dívidas desde que prescritas.

c) o protesto por falta de aceite somente poderá ser efetuado antes do vencimento da obrigação e após o decurso do prazo legal para pagamento do título.

d) são títulos sujeitos a protesto as certidões de dívida ativa da União, dos Estados, do Distrito Federal, dos Municípios e das respectivas autarquias e fundações públicas.

e) após o vencimento, o protesto poderá ser efetuado por falta de aceite, de pagamento ou de devolução, vedada a recusa da lavratura e registro do protesto por motivo não previsto na lei cambial.

744. (Consulplan/TJ/MG/Cartórios/Ingresso/2016) A respeito do protesto e considerando a Lei n. 9.492/97, marque a afirmação correta:

a) o cancelamento do protesto, por qualquer motivo, somente pode ser realizado por determinação judicial.

b) o prazo de arquivamento é de dez anos para livros de protocolo e de registro de protesto e respectivos títulos.

c) o protesto é ato formal pelo qual se prova a inadimplência de uma obrigação cambiária e pode ser requerido para demonstrar a falta de pagamento, a falta de aceite ou a não devolução do título.

d) é vedado o protesto de títulos e outros documentos de dívida em moeda estrangeira, emitidos fora do Brasil, mesmo que acompanhados de tradução efetuada por tradutor juramentado.

745. (Consulplan/TJ/MG/Cartórios/Remoção/2014) A competência privativa para efetuar a protocolização, a intimação, o acolhimento da devolução ou do aceite, o recebimento do pagamento, do título e de outros documentos de dívida, bem como lavrar e registrar o protesto ou acatar a desistência do credor em relação ao mesmo, proceder às averbações, prestar informações e fornecer certidões relativas a todos os atos praticados, na forma da Lei n. 9.492, de 10 de setembro de 1997, é do:

a) tabelião do Cartório de Notas.

b) tabelião de Protesto de Títulos.

c) registrador do cartório de registro de imóveis.

d) tabelião do Cartório de Registro de Pessoas Jurídicas.

746. (Cespe/TJ/BA/Cartórios/Remoção/2013) No que se refere à Lei n. 9.492/1997, que dispõe sobre protesto de títulos e de outros documentos de dívida, assinale a opção correta:

a) antes da lavratura do protesto, não poderá o apresentante retirar o título ou documento de dívida.

b) incluem-se entre os títulos sujeitos a protesto as certidões de dívida ativa dos municípios e das suas respectivas autarquias e fundações públicas.

c) cabe ao tabelião de protesto investigar se ocorreu a prescrição ou caducidade de títulos e outros documentos de dívida protocolizados no cartório sob sua responsabilidade.

d) a legislação brasileira não prevê o protesto, em território nacional, de títulos emitidos em moeda estrangeira no exterior, caso em que o portador do título deve recorrer ao serviço consular do país de emissão.

e) o protesto deve ser registrado em até cinco dias úteis contados da protocolização do título ou documento de dívida no cartório.

747. (Vunesp/TJ/SP/Cartórios/Ingresso/2014) Não se pode(m) protestar:

a) o título de crédito emitido a partir dos caracteres criados em computador ou meio técnico equivalente.

b) as certidões de dívida ativa da União, dos Estados, do Distrito Federal e dos Municípios.

c) por falta de pagamento, a letra de câmbio contra o sacado não aceitante.

d) os títulos de crédito, bem como os documentos de dívida qualificados como títulos executivos, judiciais ou extrajudiciais.

748. (FMP/TJ/MT/Cartórios/Ingresso/2014) Acerca do exame dos títulos e dos documentos de dívida, é correto afirmar que cabe ao tabelião de protestos:

a) examinar os caracteres formais dos títulos e documentos de dívidas, bem como a ocorrência de prescrição e caducidade.

b) obstar o registro do protesto do título ou documento de dívida que apresente irregularidade formal.

c) investigar a ocorrência de caducidade do título ou documento de dívida apresentado.

d) examinar o cumprimento do negócio subjacente ao título ou documento de dívida apresentado.

e) obstar o registro do protesto do título ou documento de dívida que apresente qualquer irregularidade material, bem como procedimental.

749. **(Consulplan/TJ/MG/Cartórios/Ingresso/2015)** Os tabelionatos de protesto de títulos e outros documentos de dívida e os ofícios de registro de distribuição competem privativamente aos tabeliães de protesto de títulos e aos oficiais de registro de distribuição, e estão sujeitos ao regime jurídico estabelecido em lei. Consideradas tais competências, é correto afirmar:

a) compreendem-se na expressão "outros documentos de dívida" quaisquer documentos que expressem obrigação pecuniária ou não.

b) as sentenças cíveis condenatórias poderão ser protestadas mediante apresentação de certidão do respectivo juízo, do qual conste expressa menção ao trânsito em julgado, sendo responsabilidade do apresentante a indicação do valor a ser protestado.

c) verificada a existência de vício formal, o título ou o documento de dívida será devolvido ao apresentante, com anotação da irregularidade, sem prejuízo da cobrança de emolumentos ou de outras despesas.

d) no exame dos títulos e outros documentos de dívida, o tabelião de protesto deverá examinar os caracteres formais do documento e pesquisar sobre a verossimilhança da origem da dívida.

750. **(Ieses/TJ/PA/Cartórios/Remoção/2016)** Não compete aos tabeliães de notas:

a) lavrar testamentos públicos e aprovar os cerrados.

b) lavrar atas notariais.

c) lavrar o protesto, registrando o ato em livro próprio.

d) lavrar escrituras e procurações públicas.

751. **(Ieses/TJ/MS/Cartórios/Remoção/2014)** O protesto é o ato formal e solene pelo qual se prova a:

a) inadimplência e o descumprimento de obrigação originada em títulos e outros documentos de dívida.

b) mora em títulos e outros documentos de dívida.

c) hipossuficiência econômica do protestado perante a sociedade civil.

d) inadimplência e o descumprimento de obrigação originada em contratos públicos com origem na Lei 8.666/93.

752. **(Consulplan/TJ/MG/Cartórios/Remoção/2017)** Conforme dispõe a Lei Federal n. 9.492/1997, compete privativamente ao tabelião de protesto de títulos, na tutela dos interesses públicos e privados, exceto:

a) a protocolização de títulos e de outros documentos de dívida.

b) a intimação dos devedores.

c) lavrar e registrar o protesto.

d) a manutenção dos registros de protestos lavrados e cancelamentos averbados junto aos bancos de dados das entidades representativas da indústria e do comércio ou àquelas vinculadas à proteção do crédito.

753. **(Ieses/TJ/RO/Cartórios/Remoção/2017)** Considera-se como ato formal e solene pelo qual se prova a inadimplência e o descumprimento de obrigação originada em títulos e outros documentos de dívida:

a) execução.

b) escritura.

c) consignação.

d) protesto.

754. **(Ieses/TJ/RO/Cartórios/Remoção/2017)** Compete privativamente ao tabelião de protesto de títulos, na tutela dos interesses públicos e privados:

I. a protocolização, a intimação, o acolhimento da devolução ou do aceite e o recebimento do pagamento do título e de outros documentos de dívida.

II. lavrar e registrar o protesto.

III. o registro de ato constitutivo de pessoa jurídica de direito privado.

IV. acatar a desistência do credor em relação ao título.

A sequência correta é:

a) as assertivas I, II, III e IV estão corretas.

b) apenas a assertiva II está correta.

c) a assertiva III está incorreta.
d) apenas as assertivas I e IV estão corretas.

755. **(Ieses/TJ/RO/Cartórios/Remoção/2017)** Aos tabeliães de protesto de título compete privativamente:

I. autenticar cópias.
II. intimar os devedores dos títulos para aceitá-los, devolvê-los ou pagá-los, sob pena de protesto.
III. receber o pagamento dos títulos protocolizados, dando quitação.
IV. acatar o pedido de desistência do protesto formulado pelo apresentante.

A sequência correta é:

a) apenas as assertivas I e III estão corretas.
b) as assertivas II, III e IV estão corretas.
c) apenas a assertiva I está correta.
d) as assertivas I e II estão incorretas.

756. **(Ieses/TJ/AM/Cartórios/Remoção/2018)** O ato formal e solene pelo qual se prova a inadimplência e o descumprimento de obrigação originada em títulos e outros documentos de dívida é definido por lei como:

a) autenticação.
b) insolvência.
c) protesto.
d) endosso.

757. **(Ieses/TJ/AM/Cartórios/Ingresso/2018)** Assinale a alternativa correta:

a) não é possível o protesto das certidões de dívida ativa das autarquias municipais.
b) tratando-se de cheque, deverá o protesto ser lavrado no lugar do pagamento, devendo do referido cheque constar a prova de apresentação ao Banco sacado.
c) compete privativamente ao tabelião de protesto de títulos, na tutela dos interesses públicos e privados, a protocolização, a intimação, o acolhimento da devolução ou do aceite, o recebimento do pagamento, do título e de outros documentos de dívida, bem como lavrar e registrar o protesto ou acatar a desistência do credor em relação ao mesmo, proceder às averbações, prestar informações e fornecer certidões relativas a todos os atos praticados, na forma da Lei.
d) compete privativamente ao tabelião de protesto de títulos, na tutela dos interesses públicos e privados, a protocolização, a intimação, o acolhimento da devolução ou do aceite, o recebimento do pagamento, do título e de outros documentos de dívida, bem como lavrar e registrar o protesto e acatar a desistência do credor em relação ao mesmo, somente nos casos que fundamentada por decisão judicial.

758. **(Consulplan/TJ/MG/Cartórios/Remoção/2018)** Acerca do protesto de títulos e documentos de dívida, é correto afirmar:

a) o prazo de arquivamento é de 5 (cinco) anos para livros de protocolo e de 10 (dez) anos para os livros de registros de protesto e respectivos títulos.
b) o título do documento de dívida cujo protesto tiver sido sustado judicialmente só poderá ser pago, protestado ou retirado com autorização judicial. Revogada a ordem de sustação, é necessário se proceder a nova intimação do devedor.
c) a remessa da intimação poderá ser feita por portador do próprio tabelião, ou por qualquer outro meio, desde que o recebimento fique assegurado e comprovado através de protocolo, aviso de recepção (AR), email ou documento equivalente.
d) compete privativamente ao tabelião de protesto de títulos e aos seus respectivos serviços, eis que garantidores da autenticidade, publicidade, segurança e eficácia dos atos jurídicos, a protocolização, a intimação, o acolhimento da devolução ou do aceite, o recebimento do pagamento do título e de outros documentos de dívida.

759. **(Cespe/TJ/SE/Cartórios/Remoção/2014)** Acerca de protesto de títulos e seus efeitos, de intimação e de responsabilidade civil, assinale a opção correta à luz de julgados do STJ:

a) o protesto de cheque prescrito é indevido, uma vez que, por lhe faltar certeza e exigibilidade, ele não se amolda à expressão "outros documentos de dívida", a que alude a Lei n. 9.492/1997.
b) é possível o protesto da sentença condenatória transitada em julgado, ainda que ilíquida, desde que ela represente obrigação pecuniária certa e exigível.
c) o endosso na modalidade caução importa na desnecessidade do protesto, haja vista a ausência de direito de regresso contra o eminente. Sendo assim, a instituição financeira que

recebe título, via endosso pignoratício, está sujeita, juntamente com o tabelião, ao pagamento de indenização por eventuais danos causados a terceiro decorrentes de protesto indevido.

d) a triplicata de prestação de serviços, mesmo sem a comprovação de terem sido prestados e do respectivo aceite, serve para embasar o pedido de falência, desde que tenha sido protestada e o tabelionato, na notificação respectiva, tenha identificado a pessoa que a recebeu.

e) respondem solidariamente pelos danos decorrentes de protesto indevido o tabelião e o endossatário que receber, por endosso translativo, título de crédito contendo vício formal extrínseco ou intrínseco, ressalvado o direito de regresso do endossatário contra os endossantes e avalistas e do tabelião contra o preposto, caso este tenha agido com dolo ou culpa na análise dos elementos extrínsecos do título.

760. **(Vunesp/TJ/SP/Cartórios/Ingresso/2016)** No que diz respeito ao protesto por falta de aceite, é correto afirmar que:

a) vincula o sacado não aceitante.

b) garante ao portador do título, mesmo antes do vencimento, o exercício do direito de regresso contra os coobrigados.

c) é modalidade de protesto especial.

d) pode ser efetuado mesmo após o vencimento da obrigação.

761. **(Cespe/TJ/SE/Cartórios/Ingresso/2014)** Acerca de protesto de títulos e dos documentos de dívidas, assinale a opção correta conforme jurisprudência do STJ:

a) para ser protestado, o título deve ser certo e exigível, mas não há necessidade de que seja líquido, já que a liquidação pode se dar em momento posterior ao protesto.

b) as duplicatas virtuais, emitidas e recebidas por meio magnético ou de gravação eletrônica, podem ser protestadas por mera indicação.

c) na notificação do protesto, para requerimento de falência da empresa devedora, exige-se a identificação da pessoa que a recebeu, razão por que, nesses casos, não cabe intimação por edital, mesmo se houver recusa na aposição de assinatura na carta registrada.

d) na notificação do protesto, para requerimento de falência da empresa devedora, não se exige a identificação da pessoa que a recebeu.

e) após o pagamento do título pelo devedor, o ônus de requerer o cancelamento do protesto recai sobre o credor.

3.2. Da Ordem dos Serviços

✱ QUESTÕES OBJETIVAS

762. **(Ieses/TJ/RN/Cartórios/Ingresso/2012)** Sobre a apresentação de documento ao tabelião de protesto de títulos, é incorreto dizer:

a) o apresentante é responsável pelos dados fornecidos ao tabelião de protesto de títulos.

b) todos os documentos apresentados ou distribuídos no horário regulamentar serão protocolizados dentro de vinte e quatro horas, obedecendo à ordem cronológica de entrega.

c) o cheque poderá ser protestado no lugar do pagamento ou do domicílio do emitente.

d) admite-se a entrega de recibo resumido, indicativo do nome do título apresentado.

763. **(Cespe/TJ/ES/Cartórios/Ingresso/2013)** De acordo com a Lei n. 9.492/1997, que trata dos serviços concernentes ao protesto de títulos, a apresentação de cheque para protesto:

a) deverá ser feita perante o cartório de domicílio do banco respectivo.

b) deverá ser feita perante o cartório de domicílio do emitente.

c) poderá ser feita perante o cartório de domicílio do apresentante.

d) poderá ser feita perante o cartório de domicílio do emitente.

e) deverá ser feita perante o cartório de domicílio do apresentante.

764. **(Ieses/TJ/MS/Cartórios/Ingresso/2014)** Assinale a alternativa correta:

a) nas localidades onde houver mais de um tabelionato de Protesto, é facultativa a distribuição dos títulos e documentos de dívida.

b) tratando-se de cheque, poderá o protesto ser lavrado no lugar do pagamento ou do domicílio do emitente, devendo do referido documento constar a prova de apresentação ao Banco sacado, salvo se o protesto tenha por fim instruir outras medidas contra o estabelecimento de crédito.

c) o protesto será registrado dentro do prazo de 3 dias úteis, contados da intimação do devedor, incluindo-se o dia do começo e o do vencimento.

d) não é permitido o protesto de títulos e outros documentos de dívida em moeda estrangeira, emitidos fora do Brasil, ainda que acompanhados da respectiva tradução realizada por tradutor público juramentado.

765. (Vunesp/TJ/SP/Cartórios/Ingresso/2014) É inadmissível o protesto facultativo de cheque quando evidenciado o abuso de direito por parte do apresentante. Entre as circunstâncias a seguir indicadas, qual delas não está elencada como indiciária de abuso de direito?

a) indicação de endereço onde não reside o emitente, de modo a inviabilizar a sua intimação pessoal.
b) apresentação dos cheques por terceiros que não sejam seus beneficiários originais.
c) cheques devolvidos pelo banco sacado com fundamento nos motivos números 13, 23, 34 e 40, definidos pelo Banco Central do Brasil.
d) cheques de valores irrisórios ou que sejam expressos em unidade monetária que não seja o Real.

766. (Ieses/TJ/PA/Cartórios/Remoção/2016) Todos os títulos e documentos de dívida apresentados a protesto devem obedecer às regras do local de apresentação. No caso específico do o cheque este deverá ser apresentado:

a) de acordo com a livre escolha do beneficiário.
b) no lugar de pagamento ou no domicílio do emitente.
c) no domicílio do beneficiário.
d) no domicílio do sacado.

767. (Consulplan/TJ/MG/Cartórios/Remoção/2017) Acerca de Protesto de Títulos e outros documentos de dívida, assinale a alternativa correta:

a) todos os títulos e documentos de dívida protocolizados serão examinados em seus caracteres formais e terão curso se não apresentarem vícios e não estiverem prescritos.
b) não poderão ser protestados títulos e outros documentos de dívida em moeda estrangeira, emitidos fora do Brasil.
c) tratando-se de títulos ou documentos de dívida sujeitos a qualquer tipo de correção, o pagamento será feito pela conversão vigorante no dia do pagamento, calculada sobre valor indicado pelo apresentante.
d) tratando-se de cheque, poderá o protesto ser lavrado no lugar do pagamento ou do domicílio do emitente.

768. (Vunesp/TJ/SP/Cartórios/Remoção/2014) Em relação ao cheque, é correto afirmar que todas as assertivas estão corretas, com exceção de:

a) existindo endosso ou aval, o protesto desses cheques não dependerá de quaisquer intimações e, dos assentamentos do serviço de protesto de títulos, não deverão constar os nomes e números do CPFMF dos titulares da respectiva conta corrente bancária, anotando-se, nos campos próprios, que o emitente é desconhecido, e elaborando-se índice em separado, pelo nome do apresentante.
b) o cheque a ser protestado deve conter a prova da apresentação ao banco sacado e o motivo da recusa do pagamento, salvo se o protesto tiver por fim instruir medidas pleiteadas contra o estabelecimento de crédito.
c) é vedado o protesto de cheques devolvidos pelo banco sacado com fundamento nos motivos números 20, 25, 28, 30 e 35, definidos pelo Banco Central do Brasil, desde que os títulos não tenham circulado por meio de endosso, nem estejam garantidos por aval.
d) tratando-se de cheque, o protesto deverá ser lavrado exclusivamente no lugar do pagamento.

3.3. Da Distribuição

✻ QUESTÕES OBJETIVAS

769. (Cespe/TJ/ES/Cartórios/Remoção/2013) Suponha que seja criado, em município com apenas um tabelionato de protesto, novo tabelionato de mesma natureza. Nessa situação, de acordo com a Lei n. 9.492/1997:

a) a distribuição dos títulos deverá ser feita por meio de um serviço instalado e mantido pelos próprios tabeliães de protesto do município.
b) a distribuição dos títulos deverá ser feita por meio de um serviço instalado e mantido pelo sindicato dos notários e tabeliães.
c) deverá ser criado, juntamente com o tabelionato, um ofício distribuidor.
d) a distribuição dos títulos poderá ser feita por meio de um serviço instalado e mantido pelos próprios tabeliães de protesto ou por ofício distribuidor, mediante ato da corregedoria.

e) a distribuição dos títulos deverá ser feita por meio de um serviço instalado e mantido pela totalidade dos tabeliães do município.

770. **(Faurgs/TJ/RS/Cartórios/Ingresso/2015)** Nas localidades onde houver mais de um tabelionato de protesto de títulos:

a) fica a cargo da parte interessada a livre escolha do tabelionato.
b) caberá ao juiz da Comarca designar o tabelionato oficial.
c) cada tabelionato receberá atribuição sobre uma zona determinada da localidade, a ser feita pela Corregedoria-Geral de Justiça.
d) os títulos e documentos de dívida estarão sujeitos a prévia distribuição obrigatória.

771. **(Cespe/TJ/SE/Cartórios/Ingresso/2014)** Os títulos e documentos de dívida destinados a protesto:

a) somente estarão sujeitos à prévia distribuição nas localidades onde houver, no mínimo, vinte mil habitantes.
b) somente estarão sujeitos à prévia distribuição nas localidades onde houver, no mínimo, quinze mil habitantes.
c) somente estarão sujeitos à prévia distribuição obrigatória nas localidades onde houver mais de um tabelionato de protesto de títulos.
d) não estarão sujeitos à prévia distribuição, em qualquer hipótese.
e) somente estarão sujeitos à prévia distribuição nas localidades onde houver, no mínimo, trinta mil habitantes.

772. **(Ieses/TJ/PA/Cartórios/Remoção/2016)** Havendo mais de um tabelião de protesto na mesma localidade:

a) será obrigatório o encaminhamento para o tabelião de protesto localizado mais próximo ao endereço do devedor, em atendimento ao princípio da competência territorial.
b) será obrigatória a prévia distribuição dos títulos e outros documentos de dívida.
c) será obrigatório o encaminhamento para o tabelião de protesto localizado mais próximo ao endereço do credor, em atendimento ao princípio da competência territorial.
d) será livre a escolha do credor por qualquer tabelião de protesto da localidade.

773. **(Ieses/TJ/RO/Cartórios/Remoção/2017)** Havendo mais de um tabelião de protestos na mesma localidade:

a) será competente o tabelião de protestos mais próximo do domicilio do credor.
b) a prioridade será do tabelião com maior idade ou tempo de atuação na localidade.
c) será obrigatória a prévia distribuição dos títulos.
d) será competente o tabelião de protestos mais próximo do domicilio do devedor.

3.4. Da Apresentação e Protocolização

✱ REPERCUSSÃO & REPETITIVOS

STJ **Repetitivo 921.** É possível, à escolha do credor, o protesto de cédula de crédito bancário garantida por alienação fiduciária, no tabelionato em que se situa a praça de pagamento indicada no título ou no domicílio do devedor. (REsp 1398356, 24.2.2016)

✱ QUESTÕES DISCURSIVAS

48. **(Vunesp/TJ/SP/Cartórios/2014)** Em 25 de junho de 2014, Pablo Cesar comparece ao tabelionato e solicita o protesto do seguinte título de crédito: cheque n. 020, emitido por Ricardo dos Santos, datado de 8 de maio de 1994, no valor de CR$ 5.000,00 (cinco mil Cruzeiros Reais), e sacado contra o Banco do Brasil, nominal a Juan Diego, devidamente apresentado à compensação, devolvido por duas vezes, em 18 de maio e em 1º de junho de 1994, pelos motivos 11 e 12, respectivamente. O apresentante fez acompanhar uma declaração do banco sacado, com a comprovação do endereço do emitente em local diverso da comarca do tabelionato. Lavre o protesto do título ou redija a respectiva nota de devolução, fundamentando a razão de sua recusa.

✱ QUESTÕES OBJETIVAS

774. **(Consulplan/TJ/MG/Cartórios/Remoção/2018)** Apresentada a protesto nota promissória expedida na cidade de Las Vegas – Estados Unidos, com expressão monetária em dólar estadunidense, pagável em município do Brasil, em Minas Gerais, em domicílio do devedor brasileiro, na circunscrição do cartório de protestos:

a) o tabelião de protesto deve verificar se o título foi atingido pela prescrição ou pela decadência, qualificando, porém, apenas os aspectos formais do documento.

b) será possível o pagamento do título em cartório, no prazo legal, em moeda brasileira (Real) cabendo ao apresentante promover a conversão na data do pagamento.
c) será vedado o curso do título no tabelionato de protesto, porque presumidamente o negócio jurídico subjacente é dívida de jogo, vedado no sistema jurídico brasileiro.
d) será possível a lavratura do protesto, cabendo ao apresentante, entre outros procedimentos, expor a conversão para a moeda Real, na data de apresentação do título para protesto.

775. **(Cespe/TJ/ES/Cartórios/Ingresso/2013)** De acordo com a Lei n. 9.492/1997, protocolado o título, deve o tabelião examinar:

a) as características formais e materiais do título e obstar o registro do protesto, qualquer que seja a irregularidade material observada.
b) apenas as características formais do título e comunicar o fato ao juiz competente para decisão.
c) as características formais e materiais do título e obstar o registro do protesto, qualquer que seja a irregularidade formal observada.
d) apenas as características formais do título e obstar o registro do protesto, qualquer que seja a irregularidade formal observada.
e) apenas as características materiais do título e obstar o registro do protesto, qualquer que seja a irregularidade material observada.

776. **(FCC/TJ/PE/Cartórios/Remoção/2013)** O protesto de título emitido na Alemanha, em moeda estrangeira:

a) não pode ser realizado no Brasil.
b) pode ser livremente lavrado no Brasil, da forma como foi emitido, devendo ser o pagamento feito na moeda expressa no título.
c) deve estar acompanhado de tradução por tradutor juramentado e o pagamento deve ser feito em moeda corrente nacional convertida pelo câmbio da data da apresentação.
d) deve estar acompanhado de tradução por tradutor juramentado, homologação pelo Superior Tribunal de Justiça e pagamento em moeda corrente nacional convertida pelo câmbio do dia do efetivo pagamento.
e) deve ser autenticado pelo consulado brasileiro do lugar da emissão do título, acompanhado de tradução por tradutor juramentado e autorização judicial para protesto de valores em moeda estrangeira.

777. **(Cespe/TJ/ES/Cartórios/Remoção/2013)** Caso seja apresentado título para protesto em moeda estrangeira, emitido fora do Brasil e acompanhado de tradução realizada por tradutor público juramentado, deve o tabelião:

a) registrar o título, com sua descrição e tradução e, em caso de pagamento, exigir que este seja efetuado em moeda nacional, no valor do câmbio da data de apresentação do documento para protesto.
b) registrar o título, com sua descrição e tradução e, em caso de pagamento, exigir que este seja efetuado em moeda estrangeira.
c) registrar o título, com sua descrição e tradução e, em caso de pagamento, exigir que este seja efetuado em moeda nacional, no valor do câmbio do dia do pagamento.
d) registrar o título, com sua descrição e tradução e, em caso de pagamento, exigir que este seja efetuado em moeda nacional, no valor do câmbio do dia da intimação do devedor.
e) rejeitar o título.

778. **(Ieses/TJ/RS/Cartórios/Remoção/2013)** A Lei 9.492 de 1997 define a competência, regulamenta os serviços concernentes ao protesto de títulos e outros documentos de dívida. Diante disso, marque a alternativa correta, nos termos da citada lei:

a) na hipótese de protesto em que tenha figurado apresentante por endosso-mandato será suficiente, para o cancelamento do registro do protesto, a declaração de anuência passada pelo credor endossatário.
b) quando a intimação for efetivada excepcionalmente no último dia do prazo ou além dele, por motivo de força maior, o tríduo legal será retomado para que se possa registrar o protesto.
c) os títulos e documentos de dívida, após recepcionados e distribuídos, serão entregues no dia útil seguinte aos tabelionatos de Protesto, obedecidos os critérios de quantidade e qualidade.
d) os títulos ou documentos de dívida sujeitos a qualquer tipo de correção terão o pagamento feito pela conversão do dia da apresentação, no valor indicado pelo apresentante.

779. **(Cespe/TJ/ES/Cartórios/Ingresso/2013)** Caso determinado credor apresente para protesto documento de dívida emitido no Brasil, em reais, com cláusula de correção monetária, o devedor somente estará obrigado a pagar o valor:

a) corrigido até a data de apresentação do título para protesto.
b) corrigido até a data de registro do protesto do título, no caso de não ter ocorrido o pagamento no prazo.
c) corrigido até a data da intimação para pagamento do título.
d) corrigido até a data em que efetuar o pagamento do título.
e) nominal original do título.

780. **(Faurgs/TJ/RS/Cartórios/Remoção/2015)** Tratando-se de obrigação prescrita:

a) o tabelião de protestos deve, obrigatoriamente, reconhecer a prescrição, negando-se a dar seguimento ao procedimento do protesto.
b) o tabelião de protestos deverá intimar o devedor para que se manifeste sobre a ocorrência da prescrição.
c) o tabelião de protestos deve, obrigatoriamente, encaminhar a matéria à apreciação do juiz da Comarca.
d) não cabe ao tabelião de protestos investigar a ocorrência da prescrição.

781. **(Ieses/TJ/MS/Cartórios/Ingresso/2014)** É lícito ao tabelião de protesto investigar a respeito de ocorrência de prescrição ou caducidade de títulos e documentos de dívida protocolizados na serventia extrajudicial:

a) sim, o notário poderá investigar a ocorrência de prescrição ou caducidade, mas o registro não será obstado se o credor for previamente notificado pela serventia extrajudicial a respeito de tal fato para que, eventualmente, desista do protesto.
b) não, o notário somente poderá obstar o registro de protesto em razão de irregularidades formais encontradas no título, não lhe cabendo, contudo, investigar a respeito de eventual ocorrência de prescrição ou caducidade.
c) não, o notário não poderá perquirir sobre a ocorrência de prescrição ou caducidade de título, salvo se o devedor alegar tal fato para se eximir do cumprimento da obrigação.
d) sim, para evitar que o credor realize despesas desnecessárias com o pagamento de emolumentos decorrentes de registro de protesto de título que já prescreveu.

782. **(Vunesp/TJ/SP/Cartórios/Remoção/2014)** Em relação ao protesto de títulos, é correto afirmar que:

a) na qualificação dos títulos e outros documentos de dívida apresentados a protesto, cumpre ao tabelião de protesto de títulos examiná-los em seus caracteres formais, devendo, ainda, investigar a ocorrência da prescrição ou caducidade.
b) na qualificação dos títulos e outros documentos de dívida apresentados a protesto, cumpre ao tabelião de protesto de títulos examiná-los em seus caracteres formais e intrínsecos, não lhe cabendo, contudo, investigar a ocorrência da prescrição ou caducidade.
c) na qualificação dos títulos e outros documentos de dívida apresentados a protesto, cumpre ao tabelião de protesto de títulos examiná-los em seus caracteres formais, não lhe cabendo investigar a ocorrência da prescrição ou caducidade.
d) na qualificação dos títulos e outros documentos de dívida apresentados a protesto, cumpre ao tabelião de protesto de títulos examiná-los em seus caracteres formais e intrínsecos, devendo, ainda, investigar a ocorrência da prescrição ou caducidade, em razão do princípio de cautela, que deve nortear a atividade notarial.

783. **(Ieses/TJ/PA/Cartórios/Ingresso/2016)** Analise as assertivas abaixo e, de acordo com o que dispõe a legislação vigente, assinale a alternativa correta:

I. a recusa de pagamento de cheque comprovada por declaração escrita e datada do sacado sobre o título, indicando a data da apresentação, dispensa o protesto e produz os efeitos deste.
II. não poderão ser protestados títulos de dívida em moeda estrangeira, emitidos fora do Brasil.
III. não cabe ao tabelião investigar a prescrição ou caducidade do título apresentado para protesto.
IV. o protesto será tirado por falta de pagamento, aceite ou devolução, mas, após o vencimento, o protesto sempre será registrado por falta de pagamento:

a) todas as assertivas estão corretas.
b) todas as assertivas estão incorretas.
c) apenas a assertiva I está correta.
d) somente a assertiva II está incorreta.

784. **(Consulplan/TJ/MG/Cartórios/Ingresso/2017)** De acordo com a Lei n. 9.492, de 10 de setembro de 1997, que define competência, regulamenta os serviços concernentes ao protesto de títulos e outros documentos de dívida, assinale a alternativa correta:

a) o atendimento ao público, no tabelionato de protestos, será, no mínimo de cinco horas diárias.

b) o protesto será registrado dentro de três dias corridos contados da protocolização do título ou documento de dívida.

c) na contagem de prazo para o registro do protesto, inclui-se o dia da protocolização e exclui-se o do vencimento.

d) quando a intimação for efetivada excepcionalmente no último dia do prazo ou além dele, por motivo de força maior, o protesto será tirado no primeiro dia útil subsequente.

785. **(Ieses/TJ/RO/Cartórios/Ingresso/2017)** Em relação ao protesto, é correto afirmar:

a) não poderão ser protestados títulos e outros documentos de dívida em moeda estrangeira emitidos fora do Brasil.

b) o protesto será registrado dentro de cinco dias contados da protocolização do título ou documento de dívida.

c) o tabelião de protesto verificando a prescrição do título fará comunicação a autoridade judicial competente, para adoção das medidas judiciais cabíveis.

d) todos os títulos e documentos de dívida protocolizados para protesto serão examinados em seus caracteres formais e terão curso se não apresentarem vícios, não cabendo ao tabelião de protesto investigar a ocorrência de prescrição ou caducidade.

786. **(Ieses/TJ/RO/Cartórios/Remoção/2017)** Em relação aos documentos de dívida em moeda estrangeira emitidos fora do Brasil, pode-se afirmar:

a) poderão ser protestados, desde que acompanhados de tradução efetuada por tradutor público juramentado; e em caso de pagamento, este será efetuado em dólares americanos, admitido apenas o pagamento em espécie. Se o documento tiver sido emitido em moeda diversa, que não o Real, far-se-á a conversão em dólares americanos.

b) não poderão ser protestados.

c) poderão ser protestados, desde que acompanhados de tradução efetuada por tradutor público juramentado; e em caso de pagamento, este será efetuado em moeda corrente nacional, cumprindo ao apresentante a conversão na data de apresentação do documento para protesto.

d) poderão ser protestados, mesmo que desacompanhados de tradução; e em caso de pagamento, este será efetuado em moeda corrente nacional, cumprindo ao apresentante a conversão na data de apresentação do documento para protesto.

787. **(Ieses/TJ/CE/Cartórios/Ingresso/2018)** Assinale a alternativa incorreta:

a) tratando-se de cheque, poderá o protesto ser lavrado no lugar do pagamento ou do domicílio do emitente, devendo do referido cheque constar a prova de apresentação ao Banco sacado, salvo se o protesto tenha por fim instruir medidas pleiteadas contra o estabelecimento de crédito.

b) no tabelionato de protesto o atendimento ao público será de, no mínimo, seis horas diárias.

c) qualquer irregularidade formal observada pelo tabelião de protesto faz com ele suscite dúvida ao juiz corregedor.

d) todos os títulos e documentos de dívida protocolizados serão examinados em seus caracteres formais e terão curso se não apresentarem vícios, não cabendo ao tabelião de protesto investigar a ocorrência de prescrição ou caducidade.

788. **(Consulplan/TJ/MG/Cartórios/Remoção/2016)** Sátiro, menor com 13 (treze) anos, contraiu obrigação com Pífio, na qual se acordou que Sátiro pagaria a Pífio a quantia de R$2.000,00 (dois mil reais) no dia 30 (trinta) do mês de maio de 2010 (dois mil e dez). Representando a obrigação, foi emitida uma nota promissória sem número, pela qual no mesmo dia 30 de maio de 2010 Sátiro se pagaria a Pífio, em moeda corrente nacional, a quantia de R$2.000,00 (dois mil reais), na praça de Belo Horizonte, Minas Gerais. A nota promissória continha a assinatura do devedor, mas mostravase ausente a data de sua emissão. Diante disso:

a) o título não pode ser recepcionado pelo tabelionato de protestos pelo fato de o emitente ser menor (absolutamente incapaz) à época da sua emissão.

b) o título não pode ser recepcionado pelo tabelionato de protestos por lhe faltar a data de emissão.

c) o título pode ser recepcionado pelo tabelionato de protestos , eis que ausente qualquer vício formal.

d) o título não pode ser recepcionado pelo tabelionato de protestos por estar prescrito.

3.5. Do Prazo

✱ QUESTÕES OBJETIVAS

789. **(Consulplan/TJ/MG/Cartórios/Ingresso/2018)** O prazo para protesto será contado:

a) excluindo o dia da protocolização e incluindo o dia do vencimento.

b) excluindo o dia da protocolização e excluindo o dia do vencimento.

c) incluindo o do dia da protocolização e incluindo o dia do vencimento.

d) incluindo o do dia da protocolização e excluindo o dia do vencimento.

790. **(Faurgs/TJ/RS/Cartórios/Ingresso/2015)** Na generalidade dos casos, quando houver solicitação de certidão, o tabelião de protestos deverá expedi-la em, no máximo:

a) 5 (cinco) dias úteis.

b) 5 (cinco) dias corridos.

c) 3 (três) dias úteis.

d) 3 (três) dias corridos.

791. **(Faurgs/TJ/RS/Cartórios/Remoção/2015)** Contados da protocolização do título ou documento da dívida, o protesto deverá ser registrado dentro de:

a) 3 (três) dias úteis.

b) 3 (três) dias corridos.

c) 5 (cinco) dias úteis.

d) 5 (cinco) dias corridos.

792. **(Vunesp/TJ/SP/Cartórios/Ingresso/2014)** Quanto ao prazo do protesto, é correto afirmar:

a) quando a intimação for efetivada no último dia do prazo ou além dele, por motivo de força maior, o protesto será tirado no primeiro dia útil subsequente.

b) o protesto não será lavrado antes do prazo de 36 (trinta e seis) horas, contado da intimação do devedor.

c) no período de 20 de dezembro a 6 de janeiro, durante o qual haverá suspensão do expediente forense em razão do recesso de final de ano, o prazo do protesto será suspenso, voltando a fluir normalmente a partir do primeiro dia útil subsequente ao dia 6 de janeiro.

d) o prazo para tirada do protesto é de 3 (três) dias úteis, contados da intimação do devedor.

793. **(Ieses/TJ/MS/Cartórios/Remoção/2014)** A partir da protocolização do título ou documento de dívida o protesto será registrado dentro de:

a) sete dias úteis.

b) cinco dias úteis.

c) três dias úteis.

d) dois dias úteis.

794. **(Ieses/TJ/RO/Cartórios/Remoção/2017)** O protesto será registrado dentro de:

a) cinco dias contados da protocolização do título ou documento de dívida, excluindo-se o dia da protocolização e incluindo-se o do vencimento.

b) três dias úteis contados da protocolização do título ou documento de dívida, excluindo-se o dia da protocolização e incluindo-se o do vencimento.

c) cinco dias úteis contados da protocolização do título ou documento de dívida, excluindo-se o dia da protocolização e incluindo-se o do vencimento.

d) três dias úteis contados da protocolização do título ou documento de dívida, incluindo-se o dia da protocolização e excluindo-se o do vencimento.

3.6. Da Intimação

✱ REPERCUSSÃO & REPETITIVOS

STJ **Repetitivo 921.** O tabelião, antes de intimar o devedor por edital, deve esgotar os meios de localização, notadamente por meio do envio de intimação por via postal, no endereço fornecido por aquele que procedeu ao apontamento do protesto. (REsp 1398356, 24.2.2016)

✱ INFORMATIVOS

STJ **Falência. Protesto especial.** É cediço que a tentativa de notificação do protesto deve ser feita pessoalmente no endereço fornecido pelo apresentante e, para o caso de futuro requerimento de falência, deve constar a identificação de quem recebeu a intimação (Súm. 361-STJ). No caso dos autos, houve a recusa do recebimento de intimação no endereço fornecido, mas não houve a intimação por edital, tal como nesses casos apregoa expressamente o art. 15 da Lei 9.492/1997. Como não consta do instrumento de protesto a individualização de quem se recusou a assinar a carta registrada, é inviável reputar o protesto realizado como credenciado a amparar o pedido de falência e, ainda, diante da falta da intimação editalícia, também é forçoso reconhecer que, sem o protesto especial, assiste razão nesse ponto ao recorrente. Ademais, explica que o pedido de falência deve demonstrar que o devedor ostenta alguns sinais indicativos de insolvência previstos na legislação falimentar, pois a falência não pode ser tomada como simples ação de cobrança. É incensurável a decisão a quo que reputou como irrelevante o fato de a empresa credora requerer a falência apresentando apenas uma das 4 duplicatas (no valor de R$ 16.583,79) constitutivas da dívida, visto que poderá ser feita a investigação de sinais indicativos de falência pelo julgador, após o decote de eventual excesso no valor inadimplido, portanto não há iliquidez nessa hipótese. Ainda ressaltou que, se o devedor optar por afastar o pleito falimentar, poderá promover o depósito do valor que entender devido e questionar a quantia excedente (art. 98, parágrafo único, da Lei 11.101/05). Isso posto, a Turma conheceu em parte o recurso e, nessa parte, deu-lhe provimento. REsp 1.052.495, Rel. Min. Massami Uyeda, 8.9.09. 3ª T. (Info 406)

✱ QUESTÕES OBJETIVAS

795. **(FCC/TJ/PE/Cartórios/Remoção/2013)** Sobre o procedimento para protesto de título, é correto afirmar que:

a) é obrigação do apresentante informar o endereço do devedor, respondendo civilmente caso informe endereço errado por má-fé-

b) a intimação feita ao devedor pode ser pessoal, postal com aviso de recebimento ou por edital, devendo a intimação pessoal ou postal ser necessariamente na pessoa do devedor.

c) só será admitida a intimação postal quando frustrada a intimação pessoal.

d) a intimação por edital terá cabimento apenas quando o devedor se encontrar em local incerto e não sabido.

e) não compete ao tabelião de protesto qualificar o título apresentado quanto à sua legalidade.

796. **(Ieses/TJ/MS/Cartórios/Ingresso/2014)** Protocolizado o título ou documento de dívida, o tabelião de protesto expedirá intimação ao devedor, que será considerada cumprida após comprovação de sua entrega no endereço fornecido pelo apresentante:

a) a intimação por edital não será permitida quando, no endereço do devedor fornecido pelo apresentante, ninguém se dispuser a receber a aludida notificação.

b) a intimação poderá ser feita por edital que será afixado, exclusivamente, no tabelionato de Protesto.

c) a intimação, contudo, será realizada por edital se a pessoa indicada para aceitar ou pagar for desconhecida, sua localização incerta ou ignorada, for residente ou domiciliada fora da competência territorial do tabelionato, ou, ainda, ninguém se dispuser a receber a intimação no endereço fornecido pelo apresentante.

d) a intimação por edital é vedada por expressa disposição legal.

797. **(Consulplan/TJ/MG/Cartórios/Remoção/2016)** Comercial de Móveis Rústicos Limitada, com sede em Tiradentes, Minas Gerais, emite, diariamente, algumas dezenas de duplicatas mercantis e de prestação de serviços. Querendo protestar um cliente de Belo Horizonte, Minas Gerais, que deixou de pagar algumas duplicatas, procura o distribuidor de protestos da capital, a fim de protestar as mencionadas duplicatas mercantis, pagáveis na mesma praça da capital do Estado de Minas Gerais. Dispõe a Lei Federal n. 9.492, de 10 de setembro de 1997, que:

a) poderão ser recepcionadas as indicações a protestos das Duplicatas Mercantis, de Prestação de Serviços, de Letras de Câmbio, de Notas Promissórias e de Cédulas de Crédito Bancário, por meio magnético ou de gravação eletrônica de dados, sendo de inteira responsabilidade do apresentante os dados fornecidos, ficando a cargo dos tabelionatos a mera instrumentalização das mesmas.

b) poderão ser recepcionadas as indicações a protestos das Duplicatas Mercantis e de Prestação de Serviços, por meio magnético ou de gravação eletrônica de dados, sendo de inteira responsabilidade do apresentante os dados fornecidos, ficando a seu cargo a mera instrumentalização das mesmas.

c) quando a intimação for efetivada excepcionalmente no último dia do prazo ou além dele, por motivo de força maior, o protesto será tirado no primeiro dia útil subsequente.

d) revogada a ordem de sustação, proceder-se-á a nova intimação do devedor, sendo a lavratura e o registro do protesto efetivados até o primeiro dia útil subsequente ao do recebimento da revogação, salvo se a materialização do ato depender de consulta a ser formulada ao apresentante, caso em que o mesmo prazo será contado da data da resposta dada.

798. **(Consulplan/TJ/MG/Cartórios/Remoção/2017)** Acerca da intimação de protesto, assinale a alternativa correta:

a) a intimação do protesto, para requerimento de falência da empresa devedora, não exige a identificação da pessoa que a recebeu.

b) quando previamente autorizado pelo devedor, a intimação poderá ser entregue em endereço diverso daquele informado pelo apresentante, ainda que situado em circunscrição territorial diversa da do tabelionato de Protesto.

c) se a pessoa indicada para aceitar, devolver ou pagar for desconhecida ou sua localização for incerta, ignorada ou inacessível, a intimação será feita por edital.

d) o edital será afixado no tabelionato de protesto ou publicado pela imprensa local onde houver jornal de circulação diária.

799. **(Vunesp/TJ/SP/Cartórios/Ingresso/2016)** Com relação ao protesto especial para fins falimentares, é correto afirmar que:

a) a intimação do protesto, para requerimento da falência da empresa devedora, exige a identificação da pessoa que a recebeu, não sendo suficiente sua entrega no endereço fornecido pelo apresentante do título ou documento de dívida.

b) é necessário para a formulação do pedido de falência.

c) a competência territorial é a do tabelionato do lugar do pagamento, ainda que outro seja o local do principal estabelecimento do devedor.

d) pode ser lavrado independentemente do prévio cancelamento de um anterior protesto comum do mesmo título ou documento de dívida.

3.7. Da Desistência e Sustação do Protesto

*** REPERCUSSÃO & REPETITIVOS**

STJ **Repetitivo 902.** A legislação de regência estabelece que o documento hábil a protesto extrajudicial é aquele que caracteriza prova escrita de obrigação pecuniária líquida, certa e exigível. Portanto, a sustação de protesto de título, por representar restrição a direito do credor, exige prévio oferecimento de contracautela, a ser fixada conforme o prudente arbítrio do magistrado. (REsp 1340236, 14.10.2015)

*** QUESTÕES DISCURSIVAS**

49. **(Cespe/TJ/PI/Cartórios/2013)** Discorra sobre os procedimentos devidos em face da sustação judicial de um título, atendendo, necessariamente, ao que se pede a seguir. (i) Indique o local onde deve permanecer fisicamente o título e a finalidade de sua permanência nesse local. (ii) Esclareça se há necessidade de autorização judicial para o pagamento do título e para sua retirada. (iii) Esclareça se há necessidade de nova intimação para o pagamento do título, caso seja revogada a sustação judicial. (iv) Explique como deve proceder o tabelião no caso de a ordem de sustação se tornar definitiva.

*** QUESTÕES OBJETIVAS**

800. **(Ieses/TJ/RS/Cartórios/Ingresso/2013)** Nos termos da Lei 9.492 de 1997, marque alternativa a correta:

a) o título do documento de dívida cujo protesto tiver sido sustado judicialmente poderá ser pago ou retirado sem autorização judicial; porém, para que seja lavrado o protesto necessário, se faz autorização do Juízo que anteriormente determinou a sustação.

b) o título do documento de dívida cujo protesto tiver sido sustado judicialmente poderá ser pago sem autorização judicial; porém, para que seja retirado ou lavrado o protesto, necessário se faz autorização do Juízo que anteriormente determinou a sustação.

c) revogada a ordem de sustação judicial, não haverá necessidade de se proceder a nova intimação do devedor, sendo a lavratura e o registro do protesto efetivados até o primeiro dia útil subsequente ao do recebimento da revogação, salvo se a materialização do ato depender de consulta a ser formulada ao apresentante, caso em que o mesmo prazo será contado da data da resposta dada.

d) os mandados judiciais de sustação de protesto deverão ser devolvidos ao Juízo, juntamente com os respectivos documentos, no prazo de 3 (três) dias após o cumprimento da ordem de sustação pelo tabelião de protesto.

801. **(Cespe/TJ/PI/Cartórios/Remoção/2013)** Quanto à prática dos atos relativos ao protesto de títulos e documentos, assinale a opção correta:

a) os documentos de dívida poderão ser apresentados no original ou digitalizados eletronicamente, ressalvada a alegação motivada e fundamentada de adulteração antes ou durante o processo de digitalização, havendo, em qualquer hipótese, responsabilidade solidária do oficial e do apresentante quanto ao encaminhamento indevido de títulos que forem protestados.

b) as duplicatas de prestação de serviços advocatícios somente poderão ser protestadas se houver prova da efetiva prestação dos serviços.

c) revogada a ordem de sustação do protesto, não haverá necessidade de se proceder a nova intimação do devedor, sendo a lavratura e o registro do protesto efetivados até o primeiro dia útil subsequente ao do recebimento da revogação, salvo se a materialização do ato depender de consulta a ser formulada ao apresentante, caso em que o mesmo prazo será contado da data da resposta dada.

d) os títulos ou documentos de dívida cujo protesto seja judicialmente sustado devem ser remetidos pelo tabelionato ao juízo competente.

e) antes da lavratura do protesto, pode o apresentante retirar o título ou documento de dívida, sem a necessidade do pagamento de emolumentos ou quaisquer outras despesas.

802. **(Vunesp/TJ/SP/Cartórios/Remoção/2016)** Quanto à desistência e à sustação do protesto, assinale a alternativa correta:

a) a desistência não pode ser formalizada por meio eletrônico.

b) a retirada do título ou documento de dívida pelo apresentante, antes da lavratura do protesto, fica condicionada ao pagamento dos emolumentos e demais despesas.

c) os mandados de sustação de protesto, se apresentados depois de protestado o título ou documento de dívida, não podem ser qualificados como ordens judiciais de sustação dos efeitos do protesto, em atenção ao princípio da inércia notarial.

d) o cumprimento do mandado judicial de cancelamento do protesto depende do prévio pagamento das custas e dos emolumentos, mesmo se constar que a parte interessada é beneficiária da justiça gratuita.

803. **(Faurgs/TJ/RS/Cartórios/Remoção/2015)** O título cujo protesto tenha sido sustado judicialmente:

a) será imediatamente devolvido ao apresentante.

b) somente poderá ser pago com autorização judicial.

c) será imediatamente encaminhado à Corregedoria-Geral da Justiça.

d) será arquivado pelo tabelião de protestos.

804. **(Ieses/TJ/RO/Cartórios/Ingresso/2017)** Assinale a alternativa correta:

a) o protesto por falta de pagamento somente poderá ser efetuado antes do vencimento da obrigação e após o decurso do prazo legal para o aceite ou a devolução.

b) antes da lavratura do protesto, poderá o apresentante retirar o título ou documento de dívida, pagos os emolumentos e demais despesas.

c) o título do documento de dívida cujo protesto tiver sido sustado judicialmente poderá ser pago, protestado ou retirado sem autorização judicial.

d) poderá ser recusado pagamento oferecido dentro do prazo legal, mesmo que feito no tabelionato de protesto competente e no horário de funcionamento dos serviços.

3.8. Do Pagamento

✱ QUESTÕES DISCURSIVAS

50. **(TJ/SC/Cartórios/2012)** A empresa Suzuka & Tatu Ltda. encaminhou, em 2 de julho do corrente ano, 5 (cinco) duplicatas a protesto por falta de pagamento. O devedor Fera Toiota, no prazo legal, compareceu ao Cartório Ralei efetuando o adimplemento, em dinheiro, de todos os títulos, acrescidos dos emolumentos e demais despesas, incluindo-se juros e correção monetária, totalizando

R$ 10.553,00 (dez mil quinhentos e cinquenta e três reais), quando recebeu a respectiva quitação. O tabelião J. M. Triunfo somente em 16 de julho seguinte, décimo dia útil após a data do pagamento, colocou à disposição da empresa credora a soma de R$ 1.000,00 (mil reais), não efetuando até a presente data nenhum outro repasse. Diante de tal contexto, explique a responsabilidade civil do tabelião J. M. Triunfo, suas consequências e ações judiciais que possam ser propostas pelo credor Suzuka & Tatu Ltda. Na esfera criminal, praticou o tabelião J. M. Triunfo algum ilícito penal? Em caso positivo, indique o tipo; em caso negativo, discorra sobre a excludente de ilicitude, sempre fundamentando sua posição.

* QUESTÕES OBJETIVAS

805. (FCC/TJ/PE/Cartórios/Ingresso/2013) Quanto ao procedimento para protesto de título, é correto afirmar que:

a) o tabelião de protesto não pode aceitar título apresentado para protesto se houver prescrição ou decadência.
b) as irregularidades formais constantes do título não obstam o registro do protesto.
c) após o protocolo do título, o devedor deve ser intimado pessoalmente, não sendo permitida apenas a comprovação da entrega da intimação no endereço fornecido pelo apresentante, sob pena de nulidade do protesto.
d) o prazo para pagamento do título apresentado para protesto é de três dias corridos, a contar da data do protocolo, excluída esta da contagem.
e) o pagamento do título apresentado a protesto deve acontecer perante o tabelionato de protesto até antes da lavratura do registro de protesto; após este ato não cabe mais sua realização em cartório.

806. (Cespe/TJ/ES/Cartórios/Remoção/2013) O pagamento regular, em cartório, de título apresentado para protesto pressupõe a inclusão, no valor pago, além do valor original do título:

a) da correspondente correção monetária apenas, caso prevista, visto que as despesas e os emolumentos devem ser pagos pelo credor.
b) da correspondente correção monetária, e, ainda, dos emolumentos e das despesas cartorárias.
c) dos emolumentos e das despesas cartorárias.
d) da correspondente correção monetária, caso prevista, e dos emolumentos.
e) da correspondente correção monetária, caso prevista, e das despesas cartorárias.

807. (Ieses/TJ/PB/Cartórios/Ingresso/2014) Considerando as disposições da Lei Federal n. 9.492/97, assinale a alternativa incorreta:

a) do registro de protesto de títulos e documentos de dívida em moeda estrangeira, emitidos fora do Brasil, deverá constar, obrigatoriamente, a descrição do documento e sua respectiva tradução.
b) o atendimento ao público será, no mínimo, de seis horas diárias.
c) o pagamento de título ou documento de dívida apresentado para protesto poderá ser realizado no tabelionato de protesto competente ou, eventualmente, desde que dentro do prazo, no mais próximo da residência do devedor, no valor igual ao declarado pelo apresentante, acrescido de emolumentos e demais despesas.
d) compete, privativamente, ao tabelião de protesto de títulos, na tutela de interesses públicos e privados, a protocolização, intimação, acolhimento da devolução ou aceite, recebimento do pagamento do título e de outros documentos de dívida, bem como, lavrar e registrar o protesto ou acatar a desistência do credor com relação ao mesmo, proceder às averbações, prestar informações e fornecer certidões relativas a todos os atos praticados.

808. (Ieses/TJ/PB/Cartórios/Ingresso/2014) Examine as assertivas abaixo relacionadas:

I. antes da lavratura do protesto, poderá o apresentante retirar o título ou documento de dívida, independentemente do pagamento de emolumentos e demais despesas.
II. quando for adotado sistema de recebimento do pagamento por meio de cheque, ainda que de emissão de estabelecimento bancário, a quitação dada pelo tabelionato fica condicionada à efetiva liquidação.
III. quando do pagamento no tabelionato de protesto ainda subsistirem parcelas vincendas, dar-se-á quitação da parcela paga em apartado, retendo-se, contudo, o original até final quitação.
IV. não são devidos emolumentos pela averbação de retificação de erros materiais:

a) somente os itens II e IV estão corretos.
b) somente o item IV está correto.

c) somente os itens I e IV estão corretos.

d) somente os itens I, III e IV estão corretos.

809. **(Ieses/TJ/RO/Cartórios/Remoção/2017)** Quando do pagamento de uma dívida por título protestado, o tabelionato de protesto dará a respectiva quitação, e o valor devido será colocado à disposição do apresentante:

a) no primeiro dia útil subsequente ao do recebimento.

b) no dia do recebimento.

c) em cinco dias subsequentes ao do recebimento.

d) em dois dias úteis subsequentes ao do recebimento.

810. **(Ieses/TJ/AM/Cartórios/Remoção/2018)** O pagamento do título ou do documento de dívida apresentado para protesto será feito diretamente no tabelionato competente, no valor igual ao declarado pelo apresentante, acrescido dos emolumentos e demais despesas. No tocante a este pagamento é correto afirmar:

I. no ato do pagamento, o tabelionato de protesto dará a respectiva quitação, e o valor devido será colocado à disposição do apresentante no terceiro dia útil subsequente ao do recebimento.

II. quando do pagamento no tabelionato ainda subsistirem parcelas vincendas, será dada quitação da parcela paga em apartado, devolvendo-se o original ao apresentante.

III. não poderá ser recusado pagamento oferecido dentro do prazo legal, desde que feito no tabelionato de protesto competente e no horário de funcionamento dos serviços.

IV. quando for adotado sistema de recebimento do pagamento por meio de cheque, ainda que de emissão de estabelecimento bancário, a quitação dada pelo tabelionato fica condicionada à efetiva liquidação.

A sequência correta é:

a) apenas as assertivas II e IV estão corretas.

b) as assertivas I, II, III e IV estão corretas.

c) apenas a assertiva III está incorreta.

d) apenas as assertivas II, III e IV estão corretas.

3.9. Do Registro do Protesto

✱ ENUNCIADOS CJF

CJF **Comercial 70.** O prazo estabelecido no art. 21, § 1º, da Lei n. 9.492/97, para o protesto por falta de aceite é aplicável apenas na falta de disposição diversa contida em lei especial referente a determinado título de crédito (por exemplo, duplicatas). Aplica-se, portanto, a disposição contida no art. 44, 2ª alínea, da Lei Uniforme de Genebra, ao protesto por falta de aceite de letra de câmbio.

✱ INFORMATIVOS

STJ **Dano moral. Apontamento de título para protesto. Pessoa jurídica.** Nos termos da Lei 9.492/97, a fase preliminar em cartório de protesto, iniciada com a protocolização do título ou documento de dívida pelo credor, não gera, imediatamente, a lavratura do protesto, a qual será realizada em momento posterior, franqueada ao devedor a possibilidade de pagar a dívida ou pedir judicialmente a sustação. 2. "Nas hipóteses em que a notificação é feita diretamente no endereço indicado pelo apresentante, seja por portador do tabelionato, seja por correspondência registrada com aviso de recebimento, como é usual, não há qualquer publicidade do apontamento do título para protesto" (REsp 1017970,). 3. Nessas circunstâncias, em regra, não tendo sido efetivamente lavrado ou registrado o protesto do título, descabe indenização por dano moral. REsp 1.005.752, Rel. Min. Luis F. Salomão, j. 26.6.12. 4ª T. (Info 500)

✱ QUESTÕES DISCURSIVAS

51. **(Consulplan/TJ/MG/Cartórios/Remoção/2014)** Com base na Lei 9.492, de 10 de setembro de 1997, e considerando que o tabelião de protesto não conserva em seus arquivos gravação eletrônica da imagem, cópia reprográfica ou micrográfica do título ou documento de dívida, indique pelo menos quatro requisitos que o registro do protesto e seu instrumento deverão conter.

52. **(Ieses/TJ/RO/Cartórios/2017)** 1. A empresa "Três Amigos EIRELI", emitiu duas notas fiscais-faturas relativas a aquisição de diversos equipamentos de informática, através do pedido de compra e venda realizado pela empresa "Só eu só da Silva Informática EI". Com a extração das mencionadas notas e a respectiva entrega das mercadorias para a empresa Só eu só, a empresa Três Amigos gerou "dois" boletos bancários com vencimentos respectivos de trinta (30) e sessenta (60) dias, os quais restaram inadimplidos. Diante desse não pagamento e dos documentos aqui relatados o "Banco Banquinho Ltda.", através da autorização dada pela empresa Três amigos e do contrato bancário de prestação de serviços com ela firmado, protestou por indicação a empresa Só eu só, junto ao "tabelionato de Notas e Protestos de Títulos da Comarca de Não sei Aonde". Diante do caso acima narrado, pergunta-se: (a) Os protestos relatados estão corretos? Por que? (b) Diante dos fatos e dos atos narrados qual é a responsabilidade das pessoas jurídicas e dos seus sócios ou membros, sob a óptica societária? (c) Explique de forma fundamentada.

* QUESTÕES OBJETIVAS

811. (FCC/TJ/PE/Cartórios/Remoção/2013) Sobre o prazo para protesto, conforme previsto na Lei n. 9.492/97:

a) após o vencimento do título, o protesto só pode ser efetuado por falta de pagamento.
b) o protesto por falta de aceite pode ser efetuado a qualquer tempo, desde que haja comprovante de entrega da mercadoria.
c) após o vencimento e após o prazo para aceite, o protesto pode ser feito por falta de pagamento ou falta de aceite, a critério do credor.
d) somente enquanto não prescrito o título, pode ser feito o protesto por falta de pagamento ou por falta de aceite.
e) somente após trinta dias do vencimento é que o protesto pode ser feito por falta de pagamento.

812. (Cespe/TJ/ES/Cartórios/Ingresso/2013) De acordo com a Lei n. 9.492/1997, enseja o protesto de um título, além da falta de pagamento, a falta de:

a) avalista ou de aceite.
b) avalista ou de devolução.
c) aceite ou de devolução.
d) de aceite ou de fiador.
e) fiador ou de avalista.

813. (Cespe/TJ/ES/Cartórios/Ingresso/2013) O devedor, consoante a Lei n. 9.492/1997, é denominado:

a) emitente, no caso de notas promissórias e de cheques, e sacado, no caso das letras de câmbio e das duplicatas.
b) emitente, no caso de cheques e de letras de câmbio, e sacado, no caso das notas promissórias e das duplicatas.
c) emitente ou sacado, indistintamente, no caso de notas promissórias, de cheques, das letras de câmbio e das duplicatas.
d) emitente, no caso de notas promissórias e das letras de câmbio, e sacado, no caso dos cheques e das duplicatas.
e) emitente, no caso das letras de câmbio e das duplicatas, e sacado, no caso de notas promissórias e de cheques.

814. (Cespe/TJ/ES/Cartórios/Remoção/2013) Suponha que a lei determine que o prazo para aceite de certo título seja de trinta dias a partir da data de sua emissão, desde que enviado a aceite até quinze dias a partir de sua emissão, e que o título prescreva em três anos após seu vencimento. Suponha, ainda, que determinado título submetido a essas características tenha sido emitido em 7.10.2013, com vencimento para 7.12.2013, e que tenha sido enviado para aceite em 8.10.2013. Em face dessa situação hipotética, assinale a opção correta de acordo com o disposto na Lei n. 9.492/1997:

a) se, até o prazo mínimo de 7.11.2013, o devedor não aceitar o título, o credor pode promover o protesto por falta de aceite, até 7.12.2016.
b) se, até o prazo mínimo de 6.11.2013, o devedor não aceitar o título, o credor pode promover o protesto por falta de aceite, até 7.12.2013.
c) se, até o prazo mínimo de 6.11.2013, o devedor não aceitar o título, o credor pode promover o protesto por falta de pagamento, até 7.12.2016.
d) se, até o prazo mínimo de 7.11.2013, o devedor não aceitar o título, o credor pode promover o protesto por falta de pagamento, até 7.12.2016.
e) se, até o prazo mínimo de 6.11.2013, o devedor não aceitar o título, o credor pode promover o protesto por falta de aceite, até 7.12.2016.

815. (Cespe/TJ/ES/Cartórios/Remoção/2013) Suponha que um devedor receba duplicata para aceite e retenha o título, não procedendo à sua devolução dentro do prazo legal. Nessa situação hipotética, de acordo com o disposto na Lei n. 9.492/1997, o protesto poderá ser embasado:

a) nas indicações da duplicata, que se limitarão a conter os mesmos requisitos lançados pelo sacado ao tempo da emissão da duplicata, sendo vedadas as exigências de quaisquer formalidades que não estejam previstas na lei que regula a emissão e circulação das duplicatas.
b) na segunda via da duplicata, que se limitará a conter os mesmos requisitos lançados pelo

sacador ao tempo da emissão da duplicata, sendo permitidas outras exigências formais que o tabelião entenda necessárias, além das previstas na lei que regula a emissão e circulação das duplicatas.

c) na segunda via da duplicata, que se limitará a conter os mesmos requisitos lançados pelo sacado ao tempo da emissão da duplicata, sendo permitidas outras exigências formais que o tabelião entenda necessárias, além das previstas na lei que regula a emissão e circulação das duplicatas.

d) na segunda via da duplicata, que se limitará a conter os mesmos requisitos lançados pelo sacado ao tempo da emissão da duplicata, sendo vedadas as exigências de quaisquer formalidades que não estejam previstas na lei que regula a emissão e circulação das duplicatas.

e) nas indicações da duplicata, que se limitarão a conter os mesmos requisitos lançados pelo sacador ao tempo da emissão da duplicata, sendo vedadas as exigências de quaisquer formalidades que não estejam previstas na lei que regula a emissão e circulação das duplicatas.

816. **(Cespe/TJ/PI/Cartórios/Ingresso/2013)** Acerca da Lei n. 9.492/1997 (Lei de Protesto), que nomeia os devedores, em conformidade com a natureza do título de crédito, e estabelece normas sobre lavratura de protesto, assinale a opção correta:

a) o devedor de um cheque é o sacado, e o protesto por falta de pagamento contra ele pode ser tirado independentemente de seu aceite sobre o título.

b) o devedor de uma duplicata é o sacado, e o protesto por falta de pagamento contra ele somente pode ser tirado se ele tiver dado o aceite sobre o título.

c) o devedor de uma nota promissória é o emitente, e o protesto por falta de pagamento contra ele somente pode ser tirado se ele tiver dado o aceite sobre o título.

d) o devedor de uma letra de câmbio é o sacado, e o protesto por falta de pagamento contra ele pode ser tirado independentemente de seu aceite sobre o título.

e) o devedor de uma letra de câmbio é o sacado, e o protesto por falta de pagamento contra ele somente pode ser tirado se ele tiver dado o aceite sobre o título.

817. **(Cespe/TJ/PI/Cartórios/Remoção/2013)** Acerca do protesto de títulos cambiais e cambiariformes, assinale a opção correta:

a) não é necessário o protesto para se promover a execução do aceitante da letra de câmbio ou do emitente da nota promissória, bem como a de seus respectivos avalistas.

b) os protestos por falta de aceite e por falta de devolução não têm a mesma função probatória.

c) é permitido tirar protesto por falta de pagamento de letra de câmbio contra o sacado não aceitante.

d) o não exercício da faculdade de protestar duplicata por falta de aceite ou de devolução elide a possibilidade de protesto por falta de pagamento.

e) o protesto por falta de aceite aperfeiçoa o título, mas não vincula o não aceitante.

818. **(Vunesp/TJ/SP/Cartórios/Ingresso/2016)** Revogada a ordem judicial de sustação, a lavratura e o registro do protesto por falta de pagamento:

a) ficam condicionados ao decurso do prazo legal para tirada do protesto, a fluir por inteiro, independentemente de nova intimação.

b) devem ser efetivados até o primeiro dia útil subsequente ao do recebimento da ordem de revogação.

c) exigem nova intimação do devedor.

d) ficam condicionados ao decurso do prazo legal para tirada do protesto, autorizado o cômputo do tempo transcorrido antes da ordem de sustação.

819. **(Faurgs/TJ/RS/Cartórios/Ingresso/2015)** Assinale a alternativa que não apresenta requisito do registro do protesto de título ou documento de dívida:

a) comprovação da recusa do devedor em efetuar o pagamento.

b) data e número de protocolização.

c) nome do apresentante e seu endereço.

d) reprodução ou transcrição do documento ou das indicações feitas pelo apresentante e declarações nele inseridas.

820. **(Consulplan/TJ/MG/Cartórios/Ingresso/2014)** Sobre o protesto e com base na Lei n. 9.492, de 10 de setembro de 1997, é correto afirmar, exceto:

a) o protesto é um ato formal e solene pelo qual se prova a inadimplência e o descumprimento de obrigação originada em títulos e outros documentos de dívida.

b) o protesto será tirado por falta de pagamento, de aceite ou de devolução.

c) o protesto por falta de aceite somente poderá ser efetuado após o vencimento da obrigação e do decurso do prazo legal para o aceite ou a devolução.

d) quando o sacado retiver a letra de câmbio ou a duplicata enviada para aceite e não proceder à devolução dentro do prazo legal, o protesto poderá ser baseado na segunda via da letra de câmbio ou nas indicações da duplicata, que se limitarão a conter os mesmos requisitos lançados pelo sacador ao tempo da emissão da duplicata, vedada a exigência de qualquer formalidade não prevista na Lei que regula a emissão e circulação das duplicatas.

821. **(Cespe/TJ/SE/Cartórios/Ingresso/2014)** Assinale a opção correta acerca dos livros – sua escrituração e seu arquivamento – e da ordem do serviço:

a) os títulos serão registrados, preferencialmente, na ordem de apresentação, e o registro civil das pessoas naturais poderá ser adiado de um dia para outro.

b) os títulos apresentados para exame e cálculos de custas deverão ser apontados nos livros auxiliares de protocolo.

c) os registros dos protestos de títulos e outros documentos de dívida serão feitos no livro de protesto, que deve ser único, e no qual serão lavrados os termos dos protestos especiais para fins falimentares, por falta de pagamento, de aceite ou de devolução.

d) quando adotado o arquivamento de documentos sob a forma de microfilme ou em meio digital, o delegado manterá cópia de segurança na sede da unidade do serviço.

e) os livros do tabelionato não poderão permanecer fora da serventia, de um dia para outro, em nenhuma hipótese.

822. **(Cespe/TJ/SE/Cartórios/Ingresso/2014)** No que se refere ao protesto de títulos e aos documentos de dívida, assinale a opção correta:

a) em se tratando de letra de câmbio, após o vencimento, o protesto sempre será efetuado por falta de pagamento e, nesse caso, não poderá ser tirado contra o sacado não aceitante.

b) os tabeliães de protesto poderão adotar sistemas de computação, microfilmagem, gravação eletrônica de imagem e quaisquer outros meios de reprodução, desde que haja autorização judiciária.

c) poderão ser protestados títulos e outros documentos de dívida em moeda estrangeira emitidos no exterior, desde que acompanhados de tradução efetuada por tradutor público juramentado, podendo o pagamento ser feito em moeda estrangeira nesse caso.

d) no procedimento de protesto de títulos e documentos de dívida, a intimação por edital não é aceita.

e) caso a ordem de sustação judicial do protesto de determinado título ou documento de dívida, seja revogada, haverá necessidade de se proceder à nova intimação do devedor.

823. **(Consulplan/TJ/MG/Cartórios/Remoção/2015)** Avalie as assertivas abaixo acerca da lavratura e registro do protesto:

I. ao devedor é facultado o uso do contraprotesto, que consiste em apresentação de razões escritas para o não pagamento da dívida.

II. o contraprotesto impede o termo de lavratura do protesto.

III. havendo requerimento expresso do apresentante, o avalista do devedor a este será equiparado, devendo ser intimado e figurar no termo de lavratura e registro do protesto.

Estão corretas as assertivas:

a) I e II, apenas.

b) I e III, apenas.

c) II e III, apenas.

d) I, II, III e IV.

824. **(Consulplan/TJ/MG/Cartórios/Remoção/2015)** Considere a seguinte situação: "O tabelião de protesto recebeu mandado judicial de sustação do protesto em caráter liminar, entretanto o notário já havia lavrado e registrado o protesto, uma vez que escoara o prazo previsto na legislação para pagamento, aceite, devolução ou manifestação de recusa." Neste caso deverá o tabelião:

a) devolver o mandado ao juízo, certificando que o protesto já fora lavrado.

b) cancelar o protesto lavrado, tendo em vista a ordem judicial de sustação.

c) suspender, provisoriamente, os efeitos do protesto, anotando junto ao registro a suspensão.

d) intimar o apresentante do título para apresentar defesa escrita, no prazo de 3 (três) dias.

825. (Consulplan/TJ/MG/Cartórios/Ingresso/2017) Dispõe a Lei Federal 9.492/97, que o registro do protesto e seu instrumento deverão conter, exceto:

a) nome do credor e endereço.

b) nome, número do documento de identificação do devedor e endereço.

c) a aquiescência do portador ao aceite por honra.

d) indicação dos intervenientes voluntários e das firmas por eles honradas.

826. (Ieses/TJ/CE/Cartórios/Remoção/2018) De acordo com a Lei 9.492/1997 o protesto será registrado:

a) dentro de três dias úteis contados da protocolização do título ou documento de dívida.

b) dentro de vinte e quatro horas contadas da protocolização do título ou documento de dívida.

c) dentro de cinco dias contados da protocolização do título ou documento de dívida.

d) dentro de cinco dias úteis contados da protocolização do título ou documento de dívida.

827. (Cetro/TJ/RJ/Cartórios/Ingresso/2017) Acerca de temas relacionados ao protesto de títulos cambiais, assinale a alternativa correta:

a) com vista da economia processual, o tabelião pode, para efeito de protesto de título, se valer da intimação por edital, caso o devedor resida em município diverso do seu.

b) é possível o protesto de título executivo judicial, desde que a obrigação nele estampada se revista dos critérios de certeza, liquidez e exigibilidade, no entender do STJ.

c) é legítimo o protesto de título de cambial mesmo na hipótese de o pagamento ocorrer com atraso, de modo a proteger o direito do credor.

d) o protesto de Cédula de Crédito Bancário garantida por alienação fiduciária, de acordo com entendimento do STJ, deve ser efetuado na praça de pagamento indicada no título.

e) o cancelamento do protesto é ônus do credor quando este paga o título no próprio tabelionato de protesto de títulos, e do devedor, quando a este couber disponibilizar carta de anuência para ser apresentada perante o referido tabelionato.

828. (Consulplan/TJ/MG/Cartórios/Ingresso/2017) Acerca do Registro do Protesto, assinale a alternativa correta:

a) havendo aquiescência do portador ao aceite por honra, é desnecessário que esta conste do registro do protesto e de seu instrumento.

b) os devedores, assim compreendidos os emitentes de notas promissórias e cheques, os sacados nas letras de câmbio e duplicatas, bem como os indicados pelo apresentante ou credor como responsáveis pelo cumprimento da obrigação, não poderão deixar de figurar no termo de lavratura e registro de protesto.

c) o registro dos protestos lavrados será escriturado em um mesmo livro, independentemente do tipo de protesto, salvo se para fins falimentares.

d) o título do documento de dívida cujo protesto tiver sido sustado judicialmente só poderá ser pago, protestado ou retirado com autorização expressa do apresentante.

829. (Ieses/TJ/RO/Cartórios/Remoção/2017) Sobre o Registro do Protesto é incorreto afirmar:

a) o protesto por falta de aceite somente poderá ser efetuado antes do vencimento da obrigação e após o decurso do prazo legal para o aceite ou a devolução.

b) o deferimento do processamento de concordata impede o protesto.

c) não se poderá tirar protesto por falta de pagamento de letra de câmbio contra o sacado não aceitante.

d) os devedores, assim compreendidos os emitentes de notas promissórias e cheques, os sacados nas letras de câmbio e duplicatas, bem como os indicados pelo apresentante ou credor como responsáveis pelo cumprimento da obrigação, não poderão deixar de figurar no termo de lavratura e registro de protesto.

830. (Vunesp/TJ/SP/Cartórios/Ingresso/2016) No tocante ao protesto por falta de pagamento baseado em declarações substitutivas prestadas pelo portador da duplicata, assinale a alternativa correta:

a) exige-se o comprovante de recebimento da mercadoria que deu origem ao saque da duplicata mercantil.

b) as informações não podem ser encaminhadas por meio magnético.
c) pode ser tirado contra o sacado não aceitante.
d) sua admissibilidade é restrita às duplicatas mercantis.

831. (Cespe/TJ/SE/Cartórios/Remoção/2014) Alguns dias depois do vencimento da dívida, o credor emitiu duplicata mercantil e levou-a a protesto por falta de aceite e de pagamento, juntando prova da prestação dos correspondentes serviços. Apesar de declarar o endereço do devedor, não indicou a praça de pagamento ou de aceite do título. Em face dessa situação hipotética, assinale a opção correta:

a) tendo o credor apresentado prova da prestação dos serviços correspondentes à duplicata, é cabível o protesto por falta de aceite.
b) sendo a falta de aceite suficiente para seu registro, o protesto poderia ser registrado, ainda que não houvesse prova da prestação dos serviços.
c) caso o referido título recebesse juízo positivo de qualificação, o protesto calcado em inadimplemento somente poderia ser tirado no domicílio do sacado, dada a ausência da indicação da praça do pagamento.
d) caso o oficial, na qualificação, concluísse que o credor não exerceu, a tempo e modo, a faculdade de protestar a duplicata por falta de aceite, ficaria elidido o protesto por falta de pagamento.
e) não há impedimento legal para que a duplicata seja emitida em data posterior ao seu próprio vencimento, motivo por que tal fato, de maneira estanque, não obsta o registro do protesto.

3.10. Das Averbações e do Cancelamento

* REPERCUSSÃO & REPETITIVOS

STJ **Repetitivo 725.** No regime próprio da Lei 9.492/97, legitimamente protestado o título de crédito ou outro documento de dívida, salvo inequívoca pactuação em sentido contrário, incumbe ao devedor, após a quitação da dívida, providenciar o cancelamento do protesto. (REsp 1339436, 10.9.2014)

* INFORMATIVOS

STJ **Não cancelamento do protesto pela prescrição do título cambial.** A prescrição da pretensão executória de título cambial não enseja o cancelamento automático de anterior protesto regularmente lavrado e registrado. REsp 813.381, Rel. Min. Raul Araújo, DJ 20.5.2015. 4ª T. (Info 562)

STJ **Dano moral. Oficial. Cartório. Descumprimento. Ordem judicial.** A Turma decidiu que o oficial de cartório responde pelos danos morais causados em decorrência de descumprimento de ordem judicial. No caso, o oficial recusou-se a obedecer à determinação judicial de cancelamento do protesto, justificando-se na ausência do pagamento de emolumentos. Apesar da previsão do art. 26, § 3º, da Lei 9.492/97 – que exige o pagamento prévio dos emolumentos para o cancelamento do protesto –, por se tratar de ordem judicial impositiva, sem estabelecimento de qualquer condição para o seu implemento, não cabe ao oficial do cartório impor à parte interessada condição para o cumprimento da determinação. REsp 1.100.521, Rel. Min. Nancy Andrighi, j. 8.11.2011. 3ª T. (Info 487)

STJ **Direito civil. Protesto regular de título. Obrigação de cancelamento. Incumbência do devedor.** Protestado o título pelo credor em exercício regular de direito, incumbe ao devedor, principal interessado, promover o cancelamento do protesto após a quitação da dívida. O art. 26 da Lei 9.492/97 estabelece que o cancelamento do registro do protesto será solicitado, diretamente no tabelionato de protesto de títulos, por qualquer interessado mediante apresentação do documento protestado, cuja cópia ficará arquivada. Apesar de o dispositivo legal fazer referência a qualquer interessado, conforme a jurisprudência do STJ, a melhor interpretação é que o maior interessado é o devedor de modo a pesar sobre sua pessoa o ônus do cancelamento. REsp 1.015.152, Rel. Min. Luis F. Salomão, j. 9.10.12. 4ª T. (Info 506)

STJ **Inscrição. Nome. Serasa/SPC. Retirada. Restrição. Ônus. Credor. Devedor.** Pretende a recorrente seja restabelecida a sentença que condenou a recorrida ao pagamento de sete mil, quatrocentos e vinte e quatro reais por danos morais, em virtude de a credora não haver providenciado a baixa em cadastro de devedores e do cartório de protestos. O Min. Relator, inicialmente, entendeu ser preciso distinguir duas situações: uma quando, por iniciativa do credor, o registro negativo consta em cartório de protesto de títulos e outra, no caso de inclusão em órgãos cadastrais (Serasa, SPC, etc). Na primeira situação, quando se tratar de protesto de títulos, que é necessário para cobrança judicial da cártula, a responsabilidade de dar baixa no cartório é do devedor, não do credor. De acordo com o art. 26,

§§ 1º e 2º, da Lei n. 9.492/1997, qualquer interessado poderia promover a baixa do protesto cuja dívida já estivesse quitada. A segunda é diversa. Conforme a jurisprudência deste Superior Tribunal, a responsabilidade pela retirada do nome do devedor de cadastro de inadimplentes é do credor, se a ele deu causa, ou seja, se teve a iniciativa de promover a inscrição no órgão cadastral. Assim, se, após o pagamento, o banco não comunica o fato aos cadastros de crédito, fazendo perdurar a negativação além do tempo devido, deve por isso responder civilmente, em face da sua induvidosa negligência. Se tem o direito de apresentar a restrição – isso é verdadeiro –, não menos verdadeira é a sua obrigação de dar-lhe baixa após cessado o motivo que a instaurou. REsp 880.199, Rel. Min. Aldir Passarinho Junior, j. 25.9.2007. 4ª T. (Info 333)

STJ Protesto de título. Cancelamento após pagamento. Responsabilidade do devedor. A Turma, por maioria, firmou o entendimento de que, no caso de protesto regularmente lavrado, não é do credor a responsabilidade pela baixa do registro após a quitação da dívida. Nos termos do art. 26 da Lei 9.492/97, o cancelamento do registro de protesto pode ser solicitado pelo devedor ou qualquer garante da dívida que detenham a posse do título protestado ou da carta de anuência do credor, não importando se a relação que deu origem à cártula é de consumo. A relatora destacou que não se confunde o registro de dados de maus pagadores previsto no art. 43 do CDC com o de protesto de títulos. O caráter público por assemelhação conferido pelo § 4º do referido artigo a tais cadastros não os equipara, em natureza e finalidade, aos cartórios extrajudiciais, delegatários de atividade pública, sujeitos a rígida disciplina e fiscalização estatal. A atividade dos cartórios é pública por natureza e de caráter essencial ao regime legal dos títulos de crédito, não se alterando a disciplina dos atos concernentes ao protesto conforme esteja o título protestado vinculado ou não à relação de consumo subjacente. Assim, diante da existência de legislação específica, não há como transpor a disciplina do art. 43 do CDC para a atividade dos cartórios extrajudiciais. Diante dessas considerações, deu-se provimento ao recurso especial para restabelecer a sentença que julgou improcedente o pedido de condenação do credor por danos morais decorrente da manutenção do nome do devedor no cartório de protesto de título, mesmo após o pagamento do débito. REsp 1.195.668, Rel. Acd. Min. Maria I. Gallotti, j. 11.9.2012. 4ª T. (Info 504)

* QUESTÕES OBJETIVAS

832. **(Ieses/TJ/RS/Cartórios/Ingresso/2013)** Sobre o Princípio da Rogação ou Instância, marque a alternativa correta:

a) não há exceção ao Princípio da Rogação ou Instância para o tabelião de protesto.

b) aplica-se aos tabeliães de protesto e tem como exceção a possibilidade de averbação no instrumento de protesto da aquiescência do portador ao aceite por honra.

c) aplica-se aos tabeliães de protesto e tem como exceção a possibilidade de averbação de retificação de erros materiais que poderá ser efetuada de ofício pelo tabelião.

d) não tem aplicação para o tabelião de protesto.

833. **(Ieses/TJ/RN/Cartórios/Ingresso/2012)** Sobre a averbação de retificação e o cancelamento, no tabelionato de protesto de títulos:

a) na impossibilidade de apresentação do original do título ou documento de dívida protestado, será exigida a declaração de anuência, com identificação daquele que figurou no registro de protesto como credor, originário ou por endosso translativo, sendo desnecessária a firma reconhecida.

b) os erros materiais do serviço poderão ser retificados de ofício, sob responsabilidade do tabelião de protesto de títulos.

c) havendo o protesto em que tenha figurado apresentante por endosso-mandato, não será suficiente a declaração de anuência passada pelo credor endossante, cabendo a prova documental a este respeito.

d) o cancelamento do registro do protesto poderá ser pedido, exclusivamente, pelo devedor.

834. **(Cespe/TJ/ES/Cartórios/Ingresso/2013)** Se um credor encontrar erro material em instrumento de protesto e comunicar o fato ao tabelião que o expediu, deve o notário promover a retificação, sendo indispensável a apresentação:

a) do instrumento expedido, independentemente da apresentação dos documentos que comprovem o erro, admitida a cobrança de emolumentos.

b) do instrumento expedido e dos documentos que comprovem o erro, vedada a cobrança de emolumentos.

c) dos documentos que comprovem o erro, independentemente da apresentação do instrumento expedido, vedada a cobrança de emolumentos.

d) do instrumento expedido, independentemente da apresentação dos documentos que comprovem o erro, vedada a cobrança de emolumentos.

e) dos documentos que comprovem o erro, independentemente da apresentação do instrumento expedido, admitida a cobrança de emolumentos.

835. (FCC/TJ/PE/Cartórios/Ingresso/2013) Sobre o cancelamento do registro do protesto, analise as afirmações abaixo.

I. pode ser realizado de ofício pelo tabelião após cinco anos da lavratura do protesto.

II. depende de apresentação do título original protestado, cuja cópia ficará arquivada em cartório ou ainda de carta de anuência do credor, com firma reconhecida.

III. pode ser feito por ordem judicial ou por instrumento público, se por motivo diverso do pagamento.

IV. quando houver endosso translativo, a anuência tem que ser dada pelo endossatário.

Está correto o que se afirma apenas em:

a) I e II.
b) II e III.
c) III e IV.
d) I e III.
e) II e IV.

836. (Ieses/TJ/RS/Cartórios/Remoção/2013) Assinale a alternativa incorreta de acordo com a Lei 9.492 de 1997:

a) o cancelamento do registro do protesto poderá ser feito somente pelo tabelião titular ou por seus substitutos, tendo em vista que a referida Lei veda tal atribuição mesmo aos escreventes autorizados.

b) o tabelião de protesto poderá exigir depósito prévio dos emolumentos e demais despesas devidas, porém, nesse caso, deverá a importância antecipada ser reembolsada ao apresentante, por ocasião da prestação de contas, quando ressarcidas pelo devedor no tabelionato.

c) poderão ser fornecidas certidões de protestos, não cancelados, a quaisquer interessados, desde que requeridas por escrito. Porém, nas certidões não constarão os registros cujos cancelamentos tiverem sido averbados, salvo quando requerido, por escrito, pelo próprio devedor ou por ordem judicial.

d) o protesto por falta de aceite somente poderá ser efetuado antes do vencimento da obrigação e após o decurso do prazo legal para o aceite ou a devolução; por outro lado, após o vencimento o protesto sempre será efetuado por falta de pagamento.

837. (Ieses/TJ/RN/Cartórios/Remoção/2012) O cancelamento do registro do protesto:

a) em que tenha figurado apresentante por endosso-mandato, não será suficiente a declaração de anuência passada pelo credor endossante.

b) poderá ser solicitado, no caso de extinção judicial da obrigação, com a apresentação da certidão expedida pelo Juízo processante, com ou sem menção do trânsito em julgado, que substituirá o título ou o documento de dívida protestado.

c) se fundado em outro motivo que não no pagamento do título ou documento de dívida, será efetivado por determinação do tabelião, pagos os emolumentos devidos.

d) será solicitado diretamente no tabelionato de protesto de títulos, por qualquer interessado, mediante apresentação do documento protestado, cuja cópia ficará arquivada.

838. (Cespe/TJ/ES/Cartórios/Remoção/2013) Caso determinado título tenha sofrido endosso translativo e, depois, apresentado a protesto pelo credor originário, eventual cancelamento do protesto ocorrerá por solicitação:

a) do credor originário ou do endossatário, bastando apresentação de cópia do documento protestado.

b) de qualquer interessado, desde que apresente o próprio documento protestado, ou declaração de anuência do credor originário ou do endossatário.

c) do endossatário apenas, desde que apresente declaração de anuência do credor originário.

d) de qualquer interessado, mediante apresentação de cópia do documento protestado.

e) do credor originário apenas, desde que apresente o próprio documento protestado.

839. (Vunesp/TJ/SP/Cartórios/Ingresso/2016) Assinale a alternativa correta:

a) o protesto contra alienação de bens, o arrendamento e o comodato nunca são suscetíveis de averbação.

b) o protesto contra alienação de bens pode ser averbado na matrícula do imóvel desde que haja determinação expressa do juiz, consubstanciada em mandado dirigido ao oficial de registro.

c) o comodato é registrável no registro imobiliário, por conta do princípio da concentração.

d) o sequestro não tem previsão legal de ingresso no registro de imóveis.

840. **(Ieses/TJ/PA/Cartórios/Remoção/2016)** O cancelamento do registro do protesto compete ao tabelião, por seu substituto ou por escrevente autorizado. No caso de suspensão de efeitos ou de cancelamento de protesto, o tabelião:

a) não é responsável pela retirada do nome do devedor que tenha sido inserido em cadastro das entidades representativas do comércio e da indústria.

b) não é responsável pela retirada do nome do devedor que tenha sido inserido em cadastro das entidades representativas do comércio, apenas é responsável pelas entidades da indústria.

c) é responsável pela retirada do nome do devedor que tenha sido inserido em cadastro das entidades representativas do comércio e da indústria.

d) é responsável pela retirada do nome do devedor que tenha sido inserido em cadastro das entidades representativas do comércio.

841. **(Ieses/TJ/MS/Cartórios/Ingresso/2014)** Assinale a opção correta no que diz respeito à averbação de retificação de erro material, no tabelionato de protesto de títulos, de acordo com a Lei Federal n. 9.492/97:

a) poderá ser realizada, desde que a parte interessada requeira a correção e apresente, na mesma oportunidade, documento comprobatório do erro, sendo devidos os emolumentos por este ato.

b) poderá ser realizada, de ofício, pelo notário, ou a requerimento da parte interessada, sendo dispensável a apresentação do instrumento expedido, desde que comprovado documentalmente o erro, sendo indevidos os emolumentos.

c) poderá ser realizada, de ofício, pelo notário, ou a requerimento da parte interessada, sendo indispensável a apresentação do instrumento eventualmente expedido e dos documentos que comprovem o erro material, sendo indevidos emolumentos pelo ato.

d) poderá ser realizada, somente ex officio, quando o notário constatar o equívoco, na medida em que o erro material é insuscetível de causar prejuízo às partes interessadas e a terceiros.

842. **(Consulplan/TJ/MG/Cartórios/Remoção/2016)** Considerando as disposições da Lei n. 9.492, de 10 de setembro de 1997, que dispõe acerca dos serviços concernentes ao protesto de títulos e outros documentos de dívida, assinale a afirmação correta:

a) todos os títulos e documentos de dívida protocolizados serão examinados em seus caracteres formais e terão curso se não apresentarem vícios, cabendo ao tabelião de protesto investigar inclusive a ocorrência de prescrição ou caducidade.

b) é vedada a intimação do devedor por edital, mesmo se este for desconhecido ou sua localização for incerta ou ignorada.

c) os livros de Registros de Protestos somente poderão ser abertos e encerrados pelo tabelião titular.

d) a averbação de retificação de erros materiais pelo serviço poderá ser efetuada de ofício ou a requerimento do interessado, sob responsabilidade do tabelião de protesto, não sendo devidos emolumentos.

843. **(FMP/TJ/MT/Cartórios/Remoção/2014)** Sobre o cancelamento do registro do protesto, assinale a afirmativa correta:

a) deverá ser solicitado diretamente no tabelionato de protestos , apenas pelo devedor, mediante apresentação do documento protestado, bem como da comprovação do respectivo pagamento.

b) a impossibilidade de apresentação do original do título ou documento de dívida protestado inviabiliza o cancelamento do registro do protesto.

c) poderá ocorrer mediante a declaração de anuência, com identificação e firma reconhecida, daquele que figurou no registro de protesto como devedor ou seu avalista.

d) deverá ser feito apenas pelo tabelião ou por seu substituto.

e) poderá ser solicitado com a apresentação da certidão expedida pelo Juízo processante, com menção do trânsito em julgado, quando a extinção da obrigação decorrer de processo judicial.

844. **(Consulplan/TJ/MG/Cartórios/Remoção/2017)** O cancelamento do protesto será solicitado ao tabelião por qualquer interessado. Assinale a alternativa correta, em relação aos documentos que, quando apresentados, permitem a efetivação do cancelamento:

a) cópia autenticada por tabelião de notas, do título de crédito ou documento de dívida protestado.

b) declaração de anuência firmada pelo credor, originário ou por endosso mandato.

c) declaração de anuência firmada pelo apresentante.

d) ordem judicial de cancelamento.

845. (Ieses/TJ/CE/Cartórios/Ingresso/2018) Assinale a alternativa correta:

a) o cancelamento do registro do protesto, se fundado em outro motivo que não no pagamento do título ou documento de dívida, será efetivado por declaração de próprio punho firmada pelo apresentante, pagos os emolumentos devidos ao tabelião.

b) poderá ser tirado protesto por falta de pagamento de letra de câmbio contra o sacado não aceitante.

c) o cancelamento do registro do protesto será feito somente pelo tabelião titular, sendo vedado aos seus substitutos ou escrevente autorizado.

d) o cancelamento do registro do protesto será solicitado diretamente no tabelionato de protesto de títulos, por qualquer interessado, mediante apresentação do documento protestado, cuja cópia ficará arquivada.

846. (Ieses/TJ/AM/Cartórios/Ingresso/2018) Assinale a alternativa correta:

a) o cancelamento do registro do protesto, se fundado em outro motivo que não no pagamento do título ou documento de dívida, será efetivado de ofício ou por determinação judicial, isento do pagamento dos emolumentos devidos ao tabelião.

b) quando a extinção da obrigação decorrer de processo judicial, o cancelamento do registro do protesto poderá ser solicitado com a apresentação da certidão expedida pelo Juízo processante, com menção do trânsito em julgado, que substituirá o título ou o documento de dívida protestado.

c) o cancelamento do registro do protesto deverá feito pelo tabelião titular.

d) a averbação de retificação de erros materiais pelo serviço deverá ser a requerimento do interessado, sob responsabilidade do tabelião de protesto de títulos e com o pagamento dos emolumentos devidos.

847. (Ieses/TJ/AM/Cartórios/Ingresso/2018) Assinale a alternativa incorreta:

a) o cancelamento do protesto não poderá ser realizado pelo juiz corregedor permanente.

b) das certidões do tabelionato de protesto não constarão os registros cujos cancelamentos tiverem sido averbados, salvo por requerimento escrito do próprio devedor ou por ordem judicial.

c) é possível o protesto de contrato de honorários advocatícios.

d) o tabelião de protesto expedirá as certidões solicitadas dentro de cinco dias úteis, no máximo, que abrangerão o período mínimo dos cinco anos anteriores, contados da data do pedido, salvo quando se referir a protesto específico.

848. (Cespe/TJ/SE/Cartórios/Remoção/2014) Nos autos de ação de conhecimento, foi deferida ao autor, "inaudita altera pars", antecipação dos efeitos da tutela para sustação de protesto. O tabelião foi intimado da referida decisão, mediante mandado, depois que já havia protocolizado o título e intimado o devedor no seu domicílio. Com base nessa situação hipotética, assinale a opção correta:

a) transitada em julgado a sentença que extinguir o processo sem exame de mérito, se o credor não encetar outras medidas tendentes à cobrança da dívida, o registro do protesto não poderá, apenas com suporte nos referidos fatos, ser cancelado a pedido do devedor.

b) o pagamento da dívida referente ao título objeto da lide poderá ser efetuado perante o tabelionato, o que prescinde de autorização judicial, mas impõe a comunicação ao juízo competente, que extinguirá o feito diante da superveniente perda do interesse processual.

c) em decorrência do deferimento da sustação antes da citação no processo judicial, o apresentante poderá comparecer ao tabelionato e retirar o título ou documento de dívida, pagos os emolumentos e demais despesas, desde que formalize o pedido de desistência por escrito.

d) revogada a ordem de sustação, não há necessidade de se proceder a nova intimação do devedor, e a lavratura e o registro do protesto serão efetivados em até três dias úteis, contados da intimação do tabelião acerca da decisão prolatada nos autos judiciais, salvo se a materialização do ato depender de consulta a ser formulada ao apresentante, caso em que o mesmo prazo será contado da data da resposta dada.

e) sendo definitiva a ordem de sustação do protesto, o título ou o documento de dívida respectivo será arquivado no tabelionato se, transcorridos trinta dias, a parte autorizada judicialmente não comparecer para retirá-lo.

3.11. Das Certidões e Informações do Protesto

✱ QUESTÕES DISCURSIVAS

53. **(Ieses/TJ/RO/Cartórios/2012)** Explique o aceite de honra (ou aceite por honra) e redija certidão resumida de registro de protesto (de qualquer tipo, por falta de pagamento, de devolução ou por falta de aceite) contendo-o (o citado aceite).

✱ QUESTÕES OBJETIVAS

849. **(Cespe/TJ/ES/Cartórios/Ingresso/2013)** De acordo com a Lei n. 9.492/1997, ao emitir certidões, o tabelião deverá arrolar os protestos regularmente vigentes e:

a) fazer constar aqueles cujos cancelamentos tiverem sido averbados, mas que tiverem sido objeto de requerimento escrito do próprio credor.
b) omitir aqueles cujos cancelamentos tiverem sido averbados, independentemente das razões de cancelamento, ainda que tenham sido objeto de requerimento de divulgação escrito do próprio devedor.
c) omitir alguns daqueles cujos cancelamentos tiverem sido averbados, dependendo das razões de cancelamento.
d) omitir aqueles cujos cancelamentos tiverem sido averbados, a menos que haja requerimento expresso do solicitante da certidão.
e) fazer constar aqueles cujos cancelamentos tiverem sido averbados, desde que tenham sido objeto de requerimento escrito do próprio devedor ou de ordem judicial.

850. **(FCC/TJ/PE/Cartórios/Ingresso/2013)** Sobre as informações e certidões expedidas pelo tabelionato de Protesto, é correto afirmar que:

a) as certidões somente podem conter informações sobre protestos dos últimos 5 anos, sendo vedada a expedição de certidão por prazo superior.
b) poderão os tabelionatos fornecer certidão diária, na forma de relação, dos protestos tirados e dos cancelamentos efetuados a entidades representativas da indústria, do comércio e de proteção ao crédito.
c) as certidões deverão conter todos os registros de atos realizados no tabelionato, tais como: protestos tirados, apontamentos de títulos a protestar e títulos cancelados.
d) é permitida a emissão de certidão de protestos cancelados por requerimento escrito de qualquer interessado.
e) não é permitida a emissão de certidão de inteiro teor de protesto específico.

851. **(Cespe/TJ/ES/Cartórios/Remoção/2013)** De acordo com a Lei n. 9.492/1997, o fornecimento de certidões diárias com a relação de protestos constitui:

a) obrigação atribuída aos tabeliães de protesto, podendo as referidas certidões ser fornecidas aos órgãos de proteção ao crédito e às entidades representativas da indústria e do comércio.
b) faculdade conferida aos tabeliães de protesto, podendo as referidas certidões ser fornecidas aos órgãos de proteção ao crédito e aos órgãos de imprensa.
c) obrigação atribuída aos tabeliães de protesto, podendo as referidas certidões ser fornecidas aos órgãos de proteção ao crédito e às instituições financeiras.
d) faculdade conferida aos tabeliães de protesto, podendo as referidas certidões ser fornecidas aos órgãos de proteção ao crédito e às entidades representativas do comércio.
e) faculdade conferida aos tabeliães de protesto, podendo as referidas certidões ser fornecidas aos órgãos de proteção ao crédito e às instituições financeiras.

852. **(Vunesp/TJ/SP/Cartórios/Ingresso/2016)** Com relação às certidões e às informações do protesto, assinale a alternativa correta:

a) os tabeliães de protesto podem fornecer, a qualquer pessoa, certidões com referência aos protestos cancelados, desde que requeridas por escrito.
b) do livro protocolo serão prestadas informações e fornecidas certidões mediante pedido escrito de qualquer pessoa.
c) os tabeliães de protesto podem expedir certidão negativa, se a homonímia puder ser

verificada a partir de elementos de identificação que constem dos assentamentos.

d) o fornecimento de certidões de protestos não cancelados dispensa requerimento por escrito.

853. (Faurgs/TJ/RS/Cartórios/Ingresso/2015) Quem pode requerer a certidão de protesto não cancelado?

a) qualquer interessado.

b) apenas o credor.

c) apenas o credor e o devedor principal.

d) apenas o credor, o devedor principal e o avalista do título.

854. (Faurgs/TJ/RS/Cartórios/Remoção/2015) Quem pode solicitar certidão de título não protestado?

a) qualquer interessado.

b) apenas o credor.

c) o devedor.

d) o avalista.

855. (Ieses/TJ/PB/Cartórios/Ingresso/2014) Relativamente às certidões expedidas pelo tabelionato de protestos de Títulos e Documentos, todas as alternativas abaixo relacionadas estão incorretas, exceto:

a) o tabelião fornecerá às entidades representativas da indústria e comércio, ou àquelas vinculadas à proteção do crédito, quando solicitada, certidão diária, em forma de relação, dos protestos tirados e cancelamentos efetuados, com a nota de que se trata de informação reservada, da qual não se poderá dar publicidade pela imprensa, nem mesmo parcialmente.

b) mesmo que a homonímia puder ser verificada simplesmente pelo confronto do número de documento de identificação, o tabelião de protesto não expedirá certidão negativa, remetendo o caso, incontinente, ao juiz competente.

c) nas certidões deverão constar os registros cujos cancelamentos tiverem sido averbados, salvo se requerido diversamente pela parte solicitante.

d) o tabelião de protesto expedirá as certidões solicitadas dentro do prazo de três dias úteis, no máximo, abrangendo o período mínimo de cinco anos anteriores, contados da data do pedido, salvo quando se referir a protesto específico.

856. (FMP/TJ/MT/Cartórios/Remoção/2014) Sobre as certidões e as informações de protesto, com base na Lei 9.492/97, assinale a afirmativa correta:

a) as certidões, as informações e as relações serão elaboradas pelo nome dos devedores e abrangerão os protestos lavrados e registrados por falta de pagamento, de aceite ou de devolução, vedada a exclusão de protestos cancelados por ordem judicial.

b) poderão ser fornecidas certidões de protestos não cancelados a quaisquer interessados, desde que requeridas por escrito.

c) sempre que a homonímia puder ser verificada simplesmente pelo confronto do número de documento de identificação, o tabelião de protesto dará certidão positiva.

d) das certidões não constarão os registros cujos cancelamentos tiverem sido averbados, salvo por requerimento escrito do credor ou por ordem judicial.

e) o tabelião de protesto expedirá as certidões solicitadas dentro de cinco dias úteis, no mínimo, que abrangerão o período máximo dos cinco anos anteriores, contados da data do pedido, vedada certidão de protesto específico.

857. (Ieses/TJ/RO/Cartórios/Remoção/2017) As certidões expedidas pelos serviços de protesto de títulos, inclusive as relativas à prévia distribuição, no caso de pessoas físicas, deverão obrigatoriamente indicar:

I. nome do devedor e seu número no Registro Geral (R. G.) constante da Cédula de Identidade, ou seu número no Cadastro de Pessoas Físicas (C. P. F.).

II. endereço do credor.

III. endereço do devedor.

IV. endereço eletrônico e telefone de contato do devedor.

A sequência correta é:

a) apenas a assertiva I está correta.

b) apenas as assertivas I e IV estão corretas.

c) as assertivas I e II estão incorretas.

d) as assertivas I, II, III e IV estão corretas.

858. (Ieses/TJ/RO/Cartórios/Remoção/2017) Poderão ser fornecidas certidões de protestos não cancelados:

a) a quaisquer interessados, mediante solicitação oral em balcão de atendimento.

b) somente ao devedor.

c) somente ao credor.
d) a quaisquer interessados, desde que requeridas por escrito.

3.12. Dos Livros e Arquivos

✱ QUESTÕES OBJETIVAS

859. (TJ/SC/Cartórios/Remoção/2012) Assinale a alternativa incorreta. Os arquivos dos ofícios de registro de protesto de títulos deverão ser conservados nas serventias pelo menos durante os seguintes prazos:

a) em relação às intimações e editais referentes a títulos pagos ou retirados além do tríduo legal, por seis meses.
b) em relação aos documentos de cancelamento de protesto e às intimações e editais referentes a títulos protestados, por cinco anos.
c) em relação aos comprovantes de entrega de pagamentos aos credores, às solicitações de retirada dos apresentantes e comprovantes de devolução, por irregularidade, dos títulos e documentos de dívidas, por trinta dias.
d) em relação aos livros de protocolo, por três anos.
e) em relação aos livros de registros de protesto e respectivos títulos, por dez anos.

860. (Ieses/TJ/PA/Cartórios/Remoção/2016) Serão arquivados no tabelionato de protesto os seguintes documentos:

a) intimações; editais; documentos apresentados para averbações e cancelamento de protestos; mandados e ofícios judiciais; ordens de retirada de títulos pelo apresentante; comprovantes de entrega dos pagamentos aos credores.
b) intimações; editais; documentos apresentados para averbações e cancelamento de protestos; mandados e ofícios judiciais; ordens de retirada de títulos pelo apresentante; comprovantes de entrega dos pagamentos aos credores; comprovante de devolução dos títulos ou documentos de dívidas irregulares.
c) intimações; editais; documentos apresentados para averbações e cancelamento de protestos; mandados e ofícios judiciais; ordens de retirada de títulos pelo apresentante; comprovantes de entrega dos pagamentos aos credores; comprovante de devolução dos títulos ou documentos de dívidas irregulares; cópia do título ou documento de dívida protestado; requerimentos de certidão positiva, de inteiro teor.
d) documentos apresentados para averbações e cancelamento de protestos; mandados e ofícios judiciais; ordens de retirada de títulos pelo apresentante; comprovantes de entrega dos pagamentos aos credores; comprovante de devolução dos títulos ou documentos de dívidas irregulares; cópia do título ou documento de dívida protestado; requerimentos de certidão positiva, de inteiro teor.

861. (Consulplan/TJ/MG/Cartórios/Ingresso/2015) Acerca do protesto de títulos, analise as seguintes afirmativas:

I. compete privativamente ao tabelião de protesto de títulos, na tutela dos interesses públicos e privados, a protocolização, a intimação, o acolhimento da devolução ou do aceite, o recebimento do pagamento, do título e de outros documentos de dívida, bem como lavrar e registrar o protesto ou acatar a desistência do credor em relação ao mesmo, proceder às averbações, prestar informações e fornecer certidões relativas a todos os atos praticados.
II. tratando-se de cheque, poderá o protesto ser lavrado no lugar do pagamento ou do domicílio do emitente, devendo do referido cheque constar a prova de apresentação ao Banco sacado, salvo se o protesto tenha por fim instruir medidas pleiteadas contra o estabelecimento de crédito.
III. todos os títulos e documentos de dívida apresentados a protesto serão examinados em seus caracteres intrínsecos e extrínsecos e terão curso se não apresentarem vícios, devendo o tabelião de protesto investigar questões de mérito, tais como origem da dívida, falsidade, prescrição, decadência, dentre outros.
IV. poderão ser protestados títulos e outros documentos de dívida em moeda estrangeira, emitidos fora do Brasil, desde que acompanhados de tradução efetuada por tradutor público juramentado e, em caso de pagamento, este será efetuado em moeda corrente nacional ou em moeda estrangeira.
V. os arquivos nos tabelionatos de protestos deverão ser conservados, por pelo menos, durante os seguintes prazos: a) 1 (um) ano, para a intimações e editais correspondentes a documentos protestados e ordens de cancelamento; b) 6 (seis) meses, para as intimações e editais

correspondentes a documentos pagos ou retirados além do tríduo legal; c) (30) trinta dias, para os comprovantes de entrega de pagamento aos credores, para as solicitações de retirada dos apresentantes e para os comprovantes de devolução, por irregularidade, aos mesmos, dos títulos e documentos de dívidas.

Está correto apenas o que se afirma em:

a) I e V.
b) I, II e V.
c) II, III e IV.
d) II e IV.

862. **(Ieses/TJ/RO/Cartórios/Remoção/2017)** As intimações e editais correspondentes a documentos protestados e ordens de cancelamento deverão ser conservados em arquivo, pelo menos, durante o prazo de:

a) seis meses.
b) três anos.
c) cinco anos.
d) um ano.

863. **(Ieses/TJ/CE/Cartórios/Remoção/2018)** Os mandados judiciais de sustação de protesto deverão ser conservados, juntamente com os respectivos documentos, até:

a) a solução definitiva por parte do Juízo.
b) 05 (cinco) anos do recebimento do mandado judicial.
c) 30 (trinta) dias do recebimento do mandado judicial.
d) 120 (cento e vinte) dias do recebimento do mandado judicial.

864. **(Ieses/TJ/CE/Cartórios/Ingresso/2018)** Assinale a alternativa correta:

a) no tabelionato de protesto arquivos deverão ser conservados, pelo menos, durante o prazo de um ano, para as intimações e editais correspondentes a documentos pagos ou retirados além do tríduo legal.
b) no tabelionato de protesto os arquivos deverão ser conservados, pelo menos, durante o prazo de um ano, para as intimações e editais correspondentes a documentos protestados e ordens de cancelamento.
c) no tabelionato de protesto os arquivos deverão ser conservados, pelo menos, durante o prazo de seis, para os comprovantes de entrega de pagamento aos credores, para as solicitações de retirada dos apresentantes e para os comprovantes de devolução, por irregularidade, aos mesmos, dos títulos e documentos de dívidas.
d) no tabelionato de protesto os arquivos deverão ser conservados, pelo menos, durante o prazo de um ano para os mandados judiciais de sustação de protesto.

865. **(Ieses/TJ/AM/Cartórios/Ingresso/2018)** Assinale a alternativa incorreta:

a) no tabelionato de protesto o prazo de arquivamento é de três anos para livros de protocolo e de dez anos para os livros de registros de protesto e respectivos títulos.
b) no tabelionato de protesto o livro de Protocolo deverá ser escriturado mediante processo manual, em folhas soltas e com colunas destinadas às seguintes anotações: número de ordem, natureza do título ou documento de dívida, valor, apresentante, devedor e ocorrências.
c) os livros de Registros de Protesto serão abertos e encerrados pelo tabelião de protestos ou seus Substitutos, ou ainda por Escrevente autorizado, com suas folhas numeradas e rubricadas.
d) no tabelionato de protesto a escrituração do livro de protocolo será diária, constando do termo de encerramento o número de documentos apresentados no dia, sendo a data da protocolização a mesma do termo diário do encerramento.

3.13. Dos Emolumentos

››› ***Vide capítulo Lei de Normas Gerais sobre Emolumentos.***

✱ INFORMATIVOS

866. **(Vunesp/TJ/SP/Cartórios/Remoção/2014)** Em relação ao protesto de títulos, é correto afirmar que:

a) nos termos da Lei Federal n. 9.492/97, pelo ato de digitalização e gravação eletrônica dos títulos e outros documentos, serão cobrados os mesmos valores previstos na tabela de emolumentos para o ato de microfilmagem.
b) nos termos da Lei Federal n. 9.492/97, os tabeliães de protesto de títulos são civilmente responsáveis por todos os prejuízos que causarem, sendo sua responsabilidade subsidiária à do Estado.

c) pelos atos que praticarem em decorrência da Lei Federal n. 9.492/97, os tabeliães de protesto perceberão do Estado, a título de remuneração, os emolumentos fixados na forma da Lei Estadual e de seu decreto regulamentador.

d) diferentemente do que ocorre com o tabelião de notas, a Lei Federal n. 9.492/97 não permite ao tabelião de protesto que exija depósito prévio dos emolumentos e demais despesas.

3.14. Disposições Finais

* INFORMATIVOS

STJ **Legitimidade. Responsabilidade. Serviço notarial e de registro.** Os cartórios extrajudiciais, incluindo o de protesto de títulos, são instituições administrativas, ou seja, não têm personalidade jurídica e são desprovidos de patrimônio próprio, não se caracterizando, assim, como empresa ou entidade, o que afasta sua legitimidade passiva "ad causam" para responder pela ação de obrigação de fazer, no caso, cancelamento de protesto referente a duplicata. Por se tratar de serviço prestado por delegação de Estado, apenas a pessoa do titular do cartório responde por eventuais atos danosos, ou seja, aquele que efetivamente ocupava o cargo à época da prática do fato reputado como leviano, não podendo, dessa forma, transmitir a responsabilidade a seu sucessor. REsp 1.097.995, Rel. Min. Massami Uyeda, j. 21.9.2010. 3ª T. (Info 448)

STJ **Protesto cambial. Nota promissória.** Não causa dano moral o oficial de registro que, em obediência a provimento do Tribunal de Justiça, registra protesto cambial, intimando apenas um dos emitentes de nota promissória (Dec. n. 2.044/1998). O protesto cambial não é dirigido contra qualquer pessoa. Seu objetivo é informar ao devedor que a cártula encontra-se em mão do oficial de registro, à espera de resgate. Seu único efeito é a constituição do devedor em mora, caso ele se mantenha inadimplente. O oficial de registro deve observar as normas técnicas baixadas pelo TJ (Lei n. 8.935/1984, art. 30, XIV). O emitente de nota promissória que não foi intimado do protesto não se considera em mora. Por isso não deve juros moratórios e, em contrapartida, não sofre dano moral. O advogado que deixa sem pagamento nota promissória vencida há dois meses, sem interpelar o banco credor nem propor consignação do valor necessário ao resgate do título não pode alegar dano moral, porque a nota foi protestada sem a intimação dele. REsp 400.401, Rel. Min. Humberto Gomes de Barros, j. 17.5.2005. 3ª T. (Info 247)

STJ **Protesto irregular. Cheque roubado. Responsabilidade solidária.** Trata-se, na origem, de ação ordinária de reparação de danos na qual a recorrente alega que, após ter seu cheque roubado, registrou boletim de ocorrência dando conta do episódio e fez publicar o fato em jornal de grande circulação. Daí, o cartório de protesto de letras e outros títulos e a empresa comercial que recebeu o cheque como forma de pagamento tomaram conhecimento de que o cheque fora roubado. Assim, o protesto do título e a inscrição do nome da recorrente no Serasa não foram legítimos, causando-lhe transtorno e desassossego. Logo, por se tratar de ato ilícito, respondem os recorridos solidariamente pelos danos sofridos pela recorrente em razão do disposto no art. 1.518 do CC/1916 (atual art. 942 do CC/2002). REsp 1.001.503, Rel. Min. Aldir Passarinho Junior, j. 15.2.2011. 4ª T. (Info 463)

* QUESTÕES OBJETIVAS

867. **(Ieses/TJ/RN/Cartórios/Ingresso/2012)** Não havendo prazo assinado, a data do registro do protesto é:

a) proporciona ao devedor dilação de prazo para o pagamento, pena de incorrer em mora.

b) o termo inicial da exigibilidade formal do valor constante do título, sobre o qual haverá a posterior incidência de juros, taxas e atualizações monetárias sobre o valor da obrigação contida no título ou documento de dívida.

c) o termo inicial da incidência de juros, taxas e atualizações monetárias sobre o valor da obrigação contida no título ou documento de dívida.

d) constitui o devedor em mora, porém não lhe acarreta o pagamento de juros a correção monetária, senão após o termo final para adimplemento, fixado na notificação.

868. **(Cespe/TJ/PI/Cartórios/Remoção/2013)** Quanto aos títulos protestáveis, assinale a opção correta:

a) boletos de cobrança bancária vinculados a título virtual, ainda que acompanhados dos instrumentos de protesto por indicação e dos comprovantes de entrega da mercadoria ou da prestação dos serviços, não suprem a ausência física do título cambiário eletrônico, não podendo, portanto, aparelhar ação de execução, dado o princípio da cartularidade, expressamente previsto na legislação pátria.

b) o título de crédito incompleto ao tempo da emissão deve ser preenchido antes do protesto pelo portador de boa-fé, em conformidade com os ajustes realizados; o fato de o cheque incompleto no ato da emissão ser completado sem observância do convencionado com o emitente, entretanto, poderá ser oposto ao portador de boa-fé.

c) qualquer documento representativo de obrigação econômica pode ser levado a protesto para prova da inadimplência, para a fixação do termo inicial dos encargos (quando não houver prazo assinado) ou para a interrupção do prazo de prescrição.

d) os títulos estrangeiros emitidos em moeda estrangeira poderão ser protestados se estiverem acompanhados de tradução realizada por tradutor juramentado e desde que, conforme previsão da Lei n. 9.492/1997, tenham sido registrados no serviço de títulos e documentos.

e) no caso de protestos de títulos estrangeiros sujeitos a correção, o valor do débito deverá ser convertido para a moeda local, considerando-se o câmbio do dia do efetivo pagamento, de modo a evitar-se enriquecimento sem causa do devedor.

869. **(Ieses/TJ/MS/Cartórios/Remoção/2014)** Não havendo prazo assinado, o termo inicial da incidência de juros, taxas e atualizações monetárias sobre o valor da obrigação contida no título ou documento de dívida será:

a) a data da intimação do protesto.

b) a data do acolhimento da devolução.

c) a data do aceite.

d) a data do registro do protesto.

870. **(Ieses/TJ/RO/Cartórios/Ingresso/2017)** Assinale a alternativa correta:

a) os tabeliães de protesto de títulos são civilmente responsáveis por todos os prejuízos que causarem, por culpa ou dolo, pessoalmente, pelos substitutos que designarem ou Escreventes que autorizarem, assegurado o direito de regresso.

b) os mandados judiciais de sustação de protesto deverão ser conservados, juntamente com os respectivos documentos, até prazo a ser ficado por parte do Juízo ou tabelião competente.

c) no tabelionato de protesto o prazo de arquivamento é de três anos para livros de protocolo e livros de registros de protesto e respectivos títulos.

d) todo e qualquer ato praticado pelo tabelião de protesto será cotado, exceto quando solicitado por pessoa reconhecidamente carente.

871. **(Ieses/TJ/CE/Cartórios/Remoção/2018)** O termo inicial da incidência de juros, taxas e atualizações monetárias sobre o valor da obrigação contida no título ou documento de dívida protestado, será:

a) 30 (trinta) dias da data do registro do protesto.

b) 45 (quarenta e cinco) dias da data do registro do protesto.

c) sempre a data do registro do protesto.

d) não havendo prazo assinado, a data do registro do protesto.

4. LEIS/NORMAS ESPECIAIS

◉ TOP 5: 2º LUGAR ENTRE OS MAIORES AGREGADOS DE QUESTÕES DO LIVRO!

4.1. Declaração sobre Operações Imobiliárias

✱ INFORMATIVOS

STJ **Documentos cartoriais (DOI). Receita federal.** A Turma desproveu o recurso, ao entendimento de que, ante a exigência legal (DL 1.510/1976 art. 15, §§ 1º e 2º) que prevê procedimento administrativo informatizado para a comunicação dos documentos lavrados, anotados, averbados ou registrados por cartório de notas ou de registros de imóveis, títulos e documentos à Secretaria da Receita Federal, na forma magnética (disquetes), subsiste a multa por atraso, aplicada na entrega da Declaração de Operações Imobiliárias, em razão de a recorrida ter feito de forma diversa da exigida, não obstante a alegação de sua impossibilidade de fazê-lo, pela via da informática. REsp 492.141, Rel. Min. Humberto Gomes de Barros, j. 28.10.2003. 1ª T. Info STJ 189.

✱ QUESTÕES OBJETIVAS

872. **(Cespe/TJ/PI/Cartórios/Remoção/2013)** No que concerne à remuneração e fiscalização do recolhimento de tributos pelo notário, assinale a opção correta:

a) se o compromissário vendedor de imóvel, depois de receber integralmente o preço, falecer, sem ter outorgado a escritura pública ao compromissário comprador, o tabelião deverá, por ocasião da lavratura da escritura de inventário e partilha, exigir o prévio recolhimento do ITCMD e do ITBI relativos ao bem vendido.

b) a declaração sobre operações imobiliárias deverá ser apresentada sempre que ocorrer operação imobiliária de aquisição ou alienação, que pode ser realizada por pessoa física ou jurídica, independentemente de seu valor, e se os documentos forem lavrados, anotados, averbados, matriculados ou registrados no respectivo cartório, sendo dispensada sua emissão, entre outros casos, quando o imóvel financiado retornar ao agente financeiro.

c) as atividades notariais e de registro são funções públicas executadas por particulares mediante delegação do Estado, remuneradas com emolumentos, cuja natureza jurídica é de preço público, conforme entendimento jurisprudencial amalgamado pelo STF.

d) a gratuidade de justiça concedida em processo judicial não se estende à prática dos atos extrajudiciais de notários e de registradores, uma vez que os notários e oficiais de registro gozam de independência no exercício de suas atribuições e têm direito à percepção dos emolumentos integrais pelos atos praticados na serventia.

e) na hipótese de, no inventário extrajudicial, figurarem valores recebidos a título de seguro de vida por algum herdeiro, será impositiva a incidência de ITCMD.

873. **(FCC/TJ/PE/Cartórios/Remoção/2013)** A emissão de Declaração sobre Operações Imobiliárias – DOI:

a) é obrigação acessória que tem como sujeito passivo o oficial do registro de imóveis e o tabelião de notas, dentre outros.

b) é obrigação acessória que tem como sujeito passivo o alienante e o adquirente de imóvel rural, como forma de fiscalizar a incidência do Imposto sobre Propriedade Territorial Rural – ITR.

c) é obrigação principal conferida aos adquirentes de bens imóveis, como forma de fiscalizar o recolhimento do Imposto sobre a Renda incidente sobre o ganho de capital.

d) deve ser apresentada pelo adquirente conjuntamente com a Declaração de Ajuste Anual para fins de Imposto sobre a Renda.

e) está dispensada de ser emitida quando a transmissão imobiliária tiver caráter gratuito, pois, neste caso, não haverá ganho de capital pelo alienante.

874. **(Ieses/TJ/PB/Cartórios/Remoção/2014)** A Declaração sobre Operações Imobiliárias (DOI) deverá ser enviada a Receita Federal:

I. pelos serventuários da justiça responsáveis por Cartório de Notas, de registro de imóveis e de Títulos e Documentos.

II. pelas pessoas física e jurídicas compradas de imóveis urbanos ou rurais.

III. pelas pessoas física e jurídicas vendedoras de imóveis urbanos ou rurais.

IV. pelas pessoas físicas compradoras de imóveis urbanos.

A sequência correta é:

a) apenas as assertivas II e III estão corretas.

b) apenas a assertiva I está correta.

c) apenas as assertivas II e IV estão corretas.

d) as assertivas I, II, III e IV estão corretas.

875. **(Vunesp/TJ/SP/Cartórios/Ingresso/2016)** Os tabeliães de notas devem comunicar à Receita Federal do Brasil – RFB a lavratura de escritura:

a) de qualquer natureza que importe em aquisição de renda por pessoa física ou jurídica residente ou com sede no Brasil.

b) de alienação da qual decorra o recolhimento de imposto sobre ganho de capital.

c) lavrada com dispensa da certidão negativa de tributos federais.

d) de aquisição e alienação de bem imóvel.

4.2. Estatuto da Cidade (Lei 10.257/01)

✱ INOVAÇÕES LEGISLATIVAS

▲ Estatuto da Cidade (Lei 10.257/01)

▲ Capítulo I – Diretrizes Gerais

▲ Art. 2º. (...). XIX – garantia de condições condignas de acessibilidade, utilização e conforto nas dependências internas das edificações urbanas, inclusive nas destinadas à moradia e ao serviço dos trabalhadores domésticos, observados requisitos mínimos de dimensionamento, ventilação, iluminação, ergonomia, privacidade e qualidade dos materiais empregados. (Modificações: Lei 13.699/18)

▲ Capítulo II – Dos Instrumentos da Política Urbana, Seção V – Da usucapião Especial de Imóvel Urbano

▲ Art. 10. Os núcleos urbanos informais existentes sem oposição há mais de cinco anos e cuja área total dividida pelo número de possuidores seja inferior a duzentos e cinquenta metros quadrados por possuidor são suscetíveis de serem usucapidos coletivamente, desde que os possuidores não sejam proprietários de outro imóvel urbano ou rural. (Modificações: Lei 13.465/17)

▲ Capítulo V – Disposições Gerais

▲ Art. 46. O poder público municipal poderá facultar ao proprietário da área atingida pela obrigação de que trata o caput do art. 5º desta Lei, ou objeto de regularização fundiária urbana para fins de regularização fundiária, o estabelecimento de consórcio imobiliário como forma de viabilização financeira do aproveitamento do imóvel. § 1º Considera-se consórcio imobiliário a forma de viabilização de planos de urbanização, de regularização fundiária ou de reforma, conservação ou construção de edificação por meio da qual o proprietário transfere ao poder público municipal seu imóvel e, após a realização das obras, recebe, como pagamento, unidades imobiliárias devidamente urbanizadas ou edificadas, ficando as demais unidades incorporadas ao patrimônio público. § 2º O valor das unidades imobiliárias a serem entregues ao proprietário será correspondente ao valor do imóvel antes da execução das obras. § 3º A instauração do consórcio imobiliário por proprietários que tenham dado causa à formação de núcleos urbanos informais, ou por seus sucessores, não os eximirá das responsabilidades administrativa, civil ou criminal (Modificações: Lei 13.465/17)

✱ QUESTÕES OBJETIVAS

876. **(Consulplan/TJ/MG/Cartórios/Ingresso/2018)** No que concerne à Lei nº 10.257/01, assinale a afirmativa correta:

a) decorridos 10 (dez) anos de cobrança do IPTU progressivo sem que o proprietário tenha cumprido a obrigação de parcelamento, edificação ou utilização, o Município poderá proceder à desapropriação do imóvel, com pagamento em títulos da dívida pública.

b) o proprietário urbano poderá conceder a outrem o direito de superfície do seu terreno, sempre por tempo determinado, mediante escritura pública registrada no cartório de registro de imóveis. O direito de superfície abrange o direito de utilizar o solo, o subsolo ou o espaço aéreo relativo ao terreno, na forma estabelecida no contrato respectivo, atendida a legislação urbanística.

c) considera-se consórcio imobiliário a forma de viabilização de planos de urbanização, de regularização fundiária ou de reforma, conservação ou construção de edificação por meio da qual o proprietário transfere ao poder público municipal seu imóvel e, após a realização das obras, recebe, como pagamento, unidades imobiliárias devidamente urbanizadas ou edificadas, ficando as demais unidades incorporadas ao patrimônio público.

d) lei municipal específica para área incluída no plano diretor poderá determinar o parcelamento, a edificação ou a utilização compulsórios do solo urbano não edificado, subutilizado ou não utilizado, devendo fixar as condições e os prazos para implementação da referida obrigação, sendo o proprietário notificado pelo Poder Executivo municipal para o cumprimento da obrigação, devendo a notificação ser registrada no cartório de registro de imóveis.

877. **(Ieses/TJ/RS/Cartórios/Remoção/2013)** Assinale a alternativa incorreta:

a) recebida para registro uma escritura de compra venda celebrada em cumprimento a promessa de compra e venda não registrada, não será necessário registrar a promessa para a consecução do registro de transmissão da propriedade plena.

b) lei municipal poderá autorizar o proprietário de imóvel urbano, privado ou público, a exercer em outro local, ou alienar, mediante escritura pública, o direito de construir previsto no plano diretor, quando o referido imóvel for considerado necessário para fins de implantação de equipamentos urbanos e comunitários. A autorização concedida produzirá efeitos a partir da data do respectivo registro da matrícula do imóvel.

c) nos loteamentos populares, os compromissos de compra e venda, as cessões e as promessas de cessão valerão como título para o registro da propriedade do lote adquirido, quando acompanhados da respectiva prova de quitação.

d) é vedada a averbação da emissão de Cédula de Crédito Imobiliário com garantia real, quando houver prenotação ou registro de qualquer outro ônus real sobre os direitos imobiliários respectivos, inclusive penhora ou averbação de qualquer mandado ou ação judicial.

878. **(Cespe/TJ/PI/Cartórios/Ingresso/2013)** A Lei n. 10.257/2001, que estabelece as diretrizes gerais da política urbana, prevê, entre os instrumentos chamados jurídicos:

a) a contribuição de melhoria.
b) o zoneamento ambiental.
c) os planos de desenvolvimento econômico e social.
d) os incentivos e benefícios fiscais e financeiros.
e) as limitações administrativas.

879. **(Ieses/TJ/PB/Cartórios/Ingresso/2014)** A respeito da Lei Federal n. 10.257/2001, assinale a alternativa incorreta:

a) na ação de usucapião especial urbana é obrigatória a intervenção do Ministério Público.
b) o autor terá os benefícios da justiça e de assistência judiciária gratuita, exceto perante o oficial de registro de imóveis.
c) na ação judicial de usucapião especial de imóvel urbano, o rito processual a ser observado é o sumário.
d) são partes legítimas para a propositura da ação de usucapião especial urbana, o possuidor, isoladamente ou em litisconsórcio originário ou superveniente e os possuidores, em estado de composse.

880. **(Faurgs/TJ/RS/Cartórios/Remoção/2015)** Assinale a alternativa que apresenta afirmação correta em relação às regras instituídas pela Lei n. 10.257/2001:

a) a lei que instituir o plano diretor deverá ser revista, pelo menos, a cada quinze anos.
b) a elaboração do Estudo de Impacto de Vizinhança substitui a elaboração e a aprovação de estudo prévio de impacto ambiental.
c) as áreas em que incide o direito de preempção devem ser delimitadas por decreto do Prefeito Municipal.
d) o prazo de vigência do direito de preempção não pode ser superior a cinco anos, podendo ser renovado a partir de um ano após o decurso do prazo inicial de vigência.

881. **(Faurgs/TJ/RS/Cartórios/Ingresso/2015)** No que se refere à disciplina sobre direito de superfície na Lei n. 10.257/2001, a concessão do direito de superfície:

a) pode ser somente por tempo determinado.
b) pode ser por tempo determinado ou indeterminado.
c) somente pode ser gratuita.
d) somente pode ser onerosa.

882. **(Ieses/TJ/PB/Cartórios/Ingresso/2014)** De acordo com a Lei Federal n. 10.257/01, o direito de preempção confere ao Poder Público Municipal preferência para aquisição de imóvel urbano objeto de alienação onerosa entre particulares. Com relação ao assunto, assinale a alternativa incorreta:

a) o direito de preempção será exercido sempre que o Poder Público necessitar de área para a regularização fundiária e execução de programas e projetos habitacionais de interesse social.
b) o direito de preempção será exercido sempre que o Poder Público necessitar de área para a criação de espaços públicos de lazer e áreas verdes.
c) o proprietário deverá notificar a sua intenção de alienar o imóvel, para que o Município, no prazo máximo de 30 dias, manifeste, por escrito, eventual interesse na aquisição.
d) lei municipal, com fundamento no Plano Diretor, delimitará a área para a incidência do direito de preempção e fixará prazo de vigência, não superior a 10 anos, sendo vedada a renovação.

883. **(Cespe/TJ/DFT/Cartórios/Ingresso/2014)** Considere que Sílvio e Adriana, proprietários de pequeno imóvel rural de quarenta hectares no estado X, tenham-se mudado para o DF, onde ocupam, há dez anos, um imóvel urbano de duzentos metros quadrados, para moradia. Nessa situação hipotética, de acordo com a Lei n. 10.257/2001, Sílvio e Adriana:

a) poderão adquirir o imóvel urbano por usucapião, e seu herdeiro legítimo poderá continuar na posse, em caso de sucessão.
b) poderão adquirir o domínio do imóvel urbano por usucapião, desde que sejam casados.
c) estarão impedidos de adquirir o domínio do imóvel urbano por usucapião.
d) poderão adquirir o imóvel urbano por usucapião, desde que a ocupação tenha sido ininterrupta.
e) poderão adquirir o imóvel urbano por usucapião, independentemente de oposição no referido período.

884. **(Ieses/TJ/PB/Cartórios/Remoção/2014)** O Estatuto da Cidade prevê em seu texto a ordenação e controle do uso do solo, como forma de evitar:

I. a utilização inadequada dos imóveis urbanos.

II. a poluição e a degradação ambiental.

III. o parcelamento do solo, a edificação ou o uso excessivos ou inadequados em relação à infraestrutura urbana.

IV. a instalação de empreendimentos ou atividades que possam funcionar como polos geradores de tráfego, sem a previsão da infraestrutura correspondente.

A sequência correta é:

a) apenas as assertivas II e IV estão corretas.
b) apenas as assertivas I, II e IV estão corretas.
c) apenas as assertivas I e II estão corretas.
d) as assertivas I, II, III e IV estão corretas.

885. **(Ieses/TJ/PB/Cartórios/Remoção/2014)** De acordo com Estatuto da Cidade na ação judicial de usucapião especial de imóvel urbano, o rito processual a ser observado será:

a) o sumário.
b) o ordinário.
c) o previsto na Lei 9.099/95.
d) o Rito Especial.

886. **(Ieses/TJ/PA/Cartórios/Remoção/2016)** O plano diretor, aprovado por lei municipal, é um instrumento básico da política de desenvolvimento e expansão urbana. De acordo com o Estatuto da Cidade é correto afirmar:

I. o plano diretor deverá englobar o território do Município como um todo.

II. no processo de elaboração do plano diretor e na fiscalização de sua implementação, os Poderes Legislativo e Executivo municipais garantirão a promoção de audiências públicas e debates com a participação da população e de associações representativas dos vários segmentos da comunidade; a publicidade quanto aos documentos e informações produzidos e o acesso de qualquer interessado aos documentos e informações produzidos.

III. o plano diretor é parte integrante do processo de planejamento municipal, devendo o plano plurianual, as diretrizes orçamentárias e o orçamento anual incorporar as diretrizes e as prioridades nele contidas.

IV. a lei que instituir o plano diretor deverá ser revista, pelo menos, a cada quinze anos.

A sequência correta é:

a) apenas as assertivas I, II e III estão corretas.
b) as assertivas I, II, III e IV estão corretas.
c) apenas a assertiva III está correta.
d) apenas as assertivas I e IV estão corretas.

4.3. Estatuto da Terra (Lei 4.504/64)

* INOVAÇÕES LEGISLATIVAS

▲ Estatuto da Terra (Lei 4.504/64): sem alterações em 2017/2018.

* INFORMATIVOS

STJ **Parceria agrícola. Contrato verbal. Alienação. Imóvel.** Em ação de rescisão contratual de parceria rural c/c perdas e danos, o juiz acatou preliminar de ilegitimidade passiva "ad causam" do primeiro requerido e a rejeitou em relação ao segundo, sob o enfoque da ocorrência de sub-rogação por força de lei. Interposto agravo de instrumento, o Tribunal a quo manteve o agravante no pólo passivo da ação porque o adquirente fica sub-rogado nos direitos e obrigações do alienante, prevalecendo o art. 92, § 5º, do Estatuto da Terra e afirmou que o alienante não poderia ser excluído inicialmente até definir a existência do contrato verbal de parceria para, depois, verificar-se o impedimento de prosseguimento do negócio, bem como os eventuais danos. Para o Min. Relator, independentemente da existência de contrato expresso e do correspondente registro, não deve pairar dúvida de que, mesmo após a alienação do imóvel rural objeto da parceria agrícola, essa parceria permanecerá plenamente subsistente, sub-rogando o adquirente nos direitos e obrigações do alienante (§ 5º do art. 92 do Estatuto da Terra). Outrossim, a parceria agrícola é passível de ajuste nas formas escrita e verbal, não se inclui entre os documentos e contratos sujeitos a registro para produzir efeitos perante terceiros, conforme o disposto nos arts. 127, V, e 129 da Lei n. 6.015/1973. REsp 721.231, Rel. Min. João Otávio de Noronha, j. 8.4.2008. 4ª T. (Info 351)

* QUESTÕES OBJETIVAS

887. **(Consulplan/TJ/MG/Cartórios/Ingresso/2018)** De acordo com a Lei nº 4.504/64 assinale a alternativa incorreta:

a) o arrendatário, para iniciar qualquer cultura cujos frutos não possam ser recolhidos antes de terminado o prazo de arrendamento, deverá ajustar, previamente, com o arrendador a forma de pagamento do uso da terra por esse prazo excedente.

b) os compradores e promitentes compradores de parcelas resultantes de colonização oficial ou particular ficam isentos do pagamento dos tributos federais que incidam diretamente sobre o imóvel durante o período de 10 (dez) anos, a contar da data da compra ou compromisso.

c) no arrendamento rural os prazos de arrendamento terminarão sempre depois de ultimada a colheita, inclusive a de plantas forrageiras temporárias cultiváveis. No caso de retardamento da colheita por motivo de força maior, considerar-se-ão esses prazos prorrogados nas mesmas condições, até sua ultimação.

d) as normas gerais para a fixação do imposto sobre a propriedade territorial rural obedecerão a critérios de progressividade e regressividade, levando-se em conta os seguintes fatores: o valor da terra nua; a área do imóvel rural; o grau de utilização da terra na exploração agrícola, pecuária e florestal; o grau de eficiência obtido nas diferentes explorações; a área total, no País, do conjunto de imóveis rurais de um mesmo proprietário.

888. (Consulplan/TJ/MG/Cartórios/Remoção/2018) Dispõe a Lei Federal nº 4.504, de 30 de novembro de 1964, que a propriedade da terra desempenha integralmente a sua função social quando, simultaneamente obedecer às seguintes disposições, exceto:

a) mantém níveis satisfatórios de produtividade.

b) assegura a conservação dos recursos naturais.

c) favorece o bem-estar dos proprietários e dos trabalhadores que nela labutam, assim como de suas famílias.

d) não observa, necessariamente, as disposições legais que regulam as justas relações de trabalho entre os que a possuem e a cultivem.

889. (Consulplan/TJ/MG/Cartórios/Remoção/2018) Nos termos das Leis nº 4.504/64, 5.868/72 e 9.393/96, assinale a alterativa correta:

a) o imóvel rural não é divisível em áreas de dimensão inferior à constitutiva do módulo de propriedade rural e em caso de sucessão "causa mortis" e nas partilhas judiciais ou amigáveis, se poderão dividir imóveis em áreas inferiores às da dimensão do módulo de propriedade rural.

b) para fins de transmissão, a qualquer título, nenhum imóvel rural poderá ser desmembrado ou dividido em área de tamanho inferior à do módulo calculado para o imóvel ou da fração mínima de parcelamento, exceto os imóveis rurais cujos proprietários sejam enquadrados como agricultor familiar.

c) é obrigatória a comprovação do pagamento do Imposto Territorial Rural, referente aos 10 (dez) últimos exercícios, para serem praticados quaisquer dos atos previstos nos arts. 167 e 168 da Lei nº 6.015, de 31 de dezembro de 1973 (Lei dos Registros Públicos), ressalvados os casos em que a exigibilidade do imposto esteja suspensa, ou em curso de cobrança executiva em que tenha sido efetivada a penhora.

d) o contribuinte ou o seu sucessor comunicará ao órgão local da Secretaria da Receita Federal (SRF), por meio do Documento de Informação e Atualização Cadastral do ITR – DIAC, as informações cadastrais correspondentes a cada imóvel, bem como qualquer alteração ocorrida, na forma estabelecida pela Secretaria da Receita Federal, sendo obrigatória, no prazo de 90 (noventa) dias, contado de sua ocorrência, a comunicação das alterações ocorridas em virtude sucessão "causa mortis".

4.4. Lei de Aquisição de Imóvel Rural por Estrangeiro (Lei 5.709/71)

* INOVAÇÕES LEGISLATIVAS

▲ Lei de Aquisição de Imóvel Rural por Estrangeiro (Lei 5.709/71): sem alterações em 2017/2018.

* INFORMATIVOS

STJ **Usucapião de imóvel rural. Pessoa jurídica brasileira. Maioria do capital social controlado por estrangeiros. Lei 5.709/71. Requisitos especiais. Possibilidade jurídica do pedido.** É juridicamente possível a usucapião de imóveis rurais por pessoa jurídica brasileira com capital majoritariamente controlado por estrangeiros, desde que observadas as mesmas condicionantes para a aquisição originária de terras rurais por pessoas estrangeiras - sejam naturais, jurídicas ou equiparadas. REsp 1.641.038, Rel. Min. Nancy Andrighi, DJ 12.11.2018. 3ª T. (Info 637)

* QUESTÕES DISCURSIVAS

54. (Ieses/TJ/AM/Cartórios/2018) Da escritura relativa à aquisição de área rural, por pessoas físicas ou jurídicas estrangeiras, constará, obrigatoriamente: (...)?

* QUESTÕES OBJETIVAS

890. (Cespe/TJ/PI/Cartórios/Ingresso/2013) Em relação à pretensão de pessoa jurídica estrangeira instalar-se no Brasil para explorar atividade agropecuária, assinale a opção correta de acordo com a Lei n. 5.709/1971:

a) é necessária a obtenção de autorização para o funcionamento da pessoa jurídica no Brasil, além da comprovação de ser a atividade agropecuária objetivo estatutário e da aprovação do projeto de exploração da atividade pelo Ministério da Agricultura.

b) é necessária a obtenção de autorização para o funcionamento da pessoa jurídica no Brasil, além do registro, no Brasil, das patentes da tecnologia a ser aplicada na atividade agropecuária e da aprovação do respectivo projeto pelo Ministério da Agricultura.

c) a pessoa jurídica deve realizar depósito prévio de parte do valor a ser investido na atividade, sendo necessários a obtenção de autorização para o seu funcionamento no Brasil e o registro, em território brasileiro, das patentes da tecnologia a ser aplicada no desenvolvimento da atividade.

d) é necessária a obtenção de autorização para o funcionamento da pessoa jurídica no Brasil, além do depósito prévio de parte do valor a ser investido na atividade agropecuária e da aprovação do respectivo projeto pelo Ministério da Agricultura.

e) a pessoa jurídica deve realizar depósito prévio de parte do valor a ser investido, sendo necessárias a obtenção de autorização para o seu funcionamento no Brasil e a comprovação de ser a atividade agropecuária o objetivo estatutário.

891. (Ieses/TJ/RS/Cartórios/Ingresso/2013) Na aquisição de imóvel rural por pessoa estrangeira, física ou jurídica:

a) é da essência do ato a escritura pública.

b) em se tratando de imóvel com valor superior a trinta vezes o maior salário mínimo vigente no país, a escritura pública é essencial para a validade de negócio jurídico.

c) pode ser feito por instrumento particular.

d) em se tratando de imóvel com valor inferior a trinta vezes o maior salário mínimo vigente no país, a escritura pública é essencial para a validade de negócio jurídico.

892. (FCC/TJ/PE/Cartórios/Remoção/2013) Sobre a aquisição de imóveis rurais por estrangeiro, analise as afirmações abaixo.

I. é livre a aquisição de imóvel rural por pessoa jurídica estrangeira, qualquer que seja a área adquirida.

II. a soma das áreas rurais pertencentes a pessoas estrangeiras não pode ultrapassar um quarto da superfície do Município onde se situem.

III. a aquisição de imóvel rural não superior a três módulos de exploração indefinida por pessoa física estrangeira é livre, ressalvadas as exigências gerais determinadas em lei.

IV. nenhum estrangeiro pode ter mais do que cinquenta módulos rurais de exploração indefinida, em área contínua ou descontínua.

Está correto o que se afirma apenas em:

a) I e II.

b) III e IV.

c) I e III.

d) I, III e IV.

e) II, III e IV.

893. (Cespe/TJ/DFT/Cartórios/Ingresso/2014) Assinale a opção correta a respeito da aquisição, por estrangeiros, de terras rurais no Brasil:

a) não se admite a aquisição, por pessoa jurídica estrangeira, de imóvel situado em área considerada indispensável à segurança nacional.

b) a aquisição de imóvel por pessoa jurídica estrangeira deve ser instrumentalizada por contrato privado celebrado com a participação do Ministério da Justiça.

c) a aquisição de imóvel por estrangeiros somente é admissível a pessoas jurídicas.

d) as normas sobre essa matéria não se aplicam às pessoas jurídicas brasileiras de cujo capital participem pessoas jurídicas estrangeiras.

e) as pessoas jurídicas estrangeiras somente poderão adquirir imóveis rurais localizados no Brasil caso estes sejam destinados à implantação de projetos agrícolas, pecuários, industriais, ou de colonização, e desde que vinculados aos seus objetivos estatutários.

894. (FMP/TJ/MT/Cartórios/Remoção/2014) Acerca da aquisição de imóvel rural por estrangeiro, assinale a afirmativa correta:

a) na aquisição de imóveis rurais por estrangeiros, o direito real de propriedade será constituído somente após o devido registro do instrumento público no Livro Auxiliar de Aquisição de Imóveis Rurais por Estrangeiros.

b) na aquisição de imóvel rural por pessoa estrangeira, física ou jurídica, é da essência do ato a escritura pública, que deverá ser levada a registro no Livro 2 – Registro Geral para a constituição do direito de propriedade.

c) a aquisição de imóvel rural por estrangeiro não registrada no Livro 3 – Auxiliar, será nula de pleno direito, e o oficial de registro responderá civilmente pelos danos que causar aos contratantes.

d) a aquisição de imóvel rural por pessoa estrangeira, física ou jurídica, não poderá exceder a cinquenta módulos de exploração indefinida, em área contínua ou descontínua, e os Ofícios de registro de imóveis manterão cadastro especial para a constituição dessas aquisições.

e) a soma das áreas rurais pertencentes a pessoas estrangeiras, físicas ou jurídicas, não poderá ultrapassar a um quarto da superfície dos municípios onde se situem, comprovada pela certidão da matrícula expedida com base no Livro 3 – Auxiliar.

895. **(Faurgs/TJ/RS/Cartórios/Ingresso/2015)** Ressalvado o imóvel situado em área considerada indispensável à segurança nacional, a aquisição de imóvel rural por pessoa física estrangeira independe de autorização ou licença se tiver área não superior a:

a) 5 (cinco) módulos.

b) 4 (quatro) módulos.

c) 3 (três) módulos.

d) 2 (dois) módulos.

896. **(Vunesp/TJ/SP/Cartórios/Ingresso/2014)** Quanto à aquisição de imóvel rural por estrangeiro, assinale a alternativa correta:

a) a aquisição será livre, independentemente de autorização ou licença, se o imóvel contiver área não superior a 3 (três) módulos (MEI), qualquer que seja a sua localização.

b) a aquisição de mais de um imóvel rural com área não superior a 3 (três) módulos por pessoa física estrangeira residente no país dependerá de autorização do Incra.

c) a pessoa física estrangeira residente no país (portadora de RNE) somente pode adquirir imóvel rural que não exceda a 50 (cinquenta) módulos de exploração indefinida, em área contínua ou descontínua.

d) a aquisição de imóvel rural com área entre 3 (três) e 50 (cinquenta) módulos por pessoa física estrangeira residente no país dependerá de autorização do Incra e, se a área territorial exceder a 20 (vinte) módulos, de assentimento prévio da Secretaria Geral do Conselho de Segurança Nacional.

897. **(Consulplan/TJ/MG/Cartórios/Ingresso/2015)** Assinale a alternativa incorreta:

a) as restrições para aquisição de imóveis rurais por estrangeiros não se aplicam ao cidadão português declarado titular de direitos civis em igualdade de condições com os brasileiros (art. 12, § 1º, da Constituição da República) que poderá adquirir livremente imóveis rurais, desde que comprove essa condição perante o tabelião de notas ou o oficial de registro, consignando-se o fato no registro.

b) o oficial de registro de imóveis deverá enviar à Central Eletrônica de Atos Notariais e de Registro informações referentes aos atos relativos às aquisições de imóveis rurais por estrangeiros e indisponibilidades de bens efetivamente concretizadas. Todas essas informações serão disponibilizadas para consulta pública no sítio do Tribunal de Justiça de Minas Gerais.

c) é dever do oficial de registro de imóveis recusar o registro de título que não satisfaça os requisitos exigidos pela legislação, mesmo sendo consubstanciado em ordem judicial, sendo, todavia, vedado ao oficial de registro adentrar o mérito da decisão judicial proferida.

d) o procedimento administrativo de retificação será realizado perante o ofício de registro de imóveis que tiver praticado o ato a ser retificado, salvo se o imóvel tiver passado a pertencer a outra circunscrição, hipótese em que será aberta matrícula na nova serventia para nela ser procedida a retificação, comunicando-se à serventia de origem para baixa da matrícula anterior.

898. **(Vunesp/TJ/SP/Cartórios/Ingresso/2016)** Assinale a alternativa correta:

a) aos cidadãos portugueses aplicam-se as restrições à aquisição de imóvel rural por estrangeiro, salvo se tiver sido declarado em igualdade de condições com os brasileiros, mediante comprovação da carteira de identidade.

b) a pessoa física estrangeira, casada com brasileiro, está dispensada das restrições à aquisição de imóvel rural por estrangeiro.

c) o negócio jurídico de compra e venda em que um estrangeiro adquire imóvel rural deve ser instrumentalizado por escritura pública se o valor do imóvel ultrapassar 30 salários-mínimos.

d) as restrições à aquisição de imóvel rural por estrangeiro não se aplicam em caso de fusão de uma pessoa jurídica brasileira e uma pessoa jurídica estrangeira.

899. **(Ieses/TJ/PB/Cartórios/Remoção/2014)** A soma das áreas rurais pertencentes a pessoas estrangeiras, natural ou jurídica, em relação à área do município onde o imóvel se localiza, não poderá ultrapassar a:

a) um quinto da área do município onde o imóvel se situe.

b) metade da área do município onde o imóvel se situe.

c) um quarto da área do município onde o imóvel se situe.

d) não há restrição ou limite para a soma das áreas rurais pertencentes a pessoas estrangeiras.

900. **(Consulplan/TJ/MG/Cartórios/Remoção/2017)** Quanto a aquisição de imóveis rurais por estrangeiro, todas as assertivas estão corretas, exceto:

a) a aquisição de imóvel rural por pessoa física estrangeira não poderá exceder a 50 (cinquenta) módulos de exploração indefinida, em área contínua ou descontínua.

b) quando se tratar de imóvel com área não superior a 3 (três) módulos, a aquisição será livre, independendo de qualquer autorização ou licença, ressalvadas as exigências gerais determinadas em lei.

c) o Poder Executivo baixará normas para a aquisição de área compreendida entre 3 (três) e 50 (cinquenta) módulos de exploração indefinida.

d) nos loteamentos rurais efetuados por empresas particulares de colonização, a aquisição e ocupação de, no mínimo, 40% (trinta por cento) da área total serão feitas obrigatoriamente por brasileiros.

901. **(Cetro/TJ/RJ/Cartórios/Remoção/2017)** Em fevereiro de 2017, a ABC Ltda., pessoa jurídica constituída no Brasil, cuja maioria do capital social é de titularidade da XYZ Ltda., pessoa jurídica com sede em Londres, está interessada em adquirir uma propriedade rural em um município do estado do Rio de Janeiro com o intuito de investir na atividade agrícola. Antes de fechar o negócio, o representante da empresa consultou um advogado especializado para melhor abalizar a compra. Com base no que determina a Constituição Federal de 1988, a legislação federal e estadual pertinentes, assinale a alternativa correta:

a) a ABC Ltda. é considerada pessoa jurídica estrangeira para efeito da compra, portanto, a aquisição, mediante autorização do Ministério da Agricultura, limita-se a imóvel rural entre 03 e 50 módulos; em sendo o único estrangeiro no município proprietário de imóvel rural, a soma da área da propriedade rural não poderá ultrapassar 25% (vinte e cinco por cento) da superfície do município, comprovada por certidão emitida pelo registro de imóveis; e a aquisição deverá ser efetuada por meio de escritura pública, necessariamente.

b) a ABC Ltda. é considerada pessoa jurídica estrangeira para efeito da compra, portanto, a aquisição, mediante autorização do Ministério da Agricultura, limita-se a imóvel rural entre 03 e 50 módulos; em sendo o único estrangeiro no município proprietário de imóvel rural, a soma da área da propriedade rural não poderá ultrapassar 50% (cinquenta por cento) da superfície do município, comprovada por certidão emitida pelo registro de imóveis; e a aquisição poderá ser efetuada por meio de escritura pública ou privada.

c) a ABC Ltda. é considerada pessoa jurídica estrangeira para efeito da compra, portanto, a aquisição, sem a necessidade de autorização do Ministério da Agricultura, limita-se a imóvel rural de 50 módulos; em sendo o único estrangeiro no município proprietário de imóvel rural, a soma da área da propriedade rural não poderá ultrapassar 25% (vinte e cinco por cento) da superfície do município, comprovada por certidão emitida pelo registro de imóveis; e a aquisição deverá ser efetuada por meio de escritura pública, necessariamente.

d) a ABC Ltda. é considerada pessoa jurídica brasileira para efeito da compra, portanto, a aquisição, mediante autorização do Ministério da Agricultura, limita-se a imóvel rural entre 03 e 50 módulos, cuja soma da área da propriedade rural não poderá ultrapassar 30% (trinta por cento) da superfície do município, comprovada por certidão emitida pelo registro de imóveis;

e a aquisição deverá ser efetuada por meio de escritura pública ou privada.

e) a ABC Ltda. é considerada pessoa jurídica brasileira para efeito da compra, não havendo, portanto, a necessidade de autorização do Ministério da Agricultura acerca do limite de módulos do imóvel, cuja área total não poderá ultrapassar 25% (vinte e cinco por cento) da superfície do município, comprovada por certidão emitida pelo registro de imóveis; e a aquisição deverá ser efetuada por meio de escritura pública, necessariamente.

4.5. Lei de Condomínio em Edificações e Incorporações Imobiliárias (Lei 4.591/64)

▲ Art. 35-A. Os contratos de compra e venda, promessa de venda, cessão ou promessa de cessão de unidades autônomas integrantes de incorporação imobiliária serão iniciados por quadro-resumo, que deverá conter: I – o preço total a ser pago pelo imóvel; II – o valor da parcela do preço a ser tratada como entrada, a sua forma de pagamento, com destaque para o valor pago à vista, e os seus percentuais sobre o valor total do contrato; III – o valor referente à corretagem, suas condições de pagamento e a identificação precisa de seu beneficiário; IV – a forma de pagamento do preço, com indicação clara dos valores e vencimentos das parcelas; V – os índices de correção monetária aplicáveis ao contrato e, quando houver pluralidade de índices, o período de aplicação de cada um; VI – as consequências do desfazimento do contrato, seja por meio de distrato, seja por meio de resolução contratual motivada por inadimplemento de obrigação do adquirente ou do incorporador, com destaque negritado para as penalidades aplicáveis e para os prazos para devolução de valores ao adquirente; VII – as taxas de juros eventualmente aplicadas, se mensais ou anuais, se nominais ou efetivas, o seu período de incidência e o sistema de amortização; VIII – as informações acerca da possibilidade do exercício, por parte do adquirente do imóvel, do direito de arrependimento previsto no art. 49 da Lei nº 8.078, de 11 de setembro de 1990 (Código de Defesa do Consumidor), em todos os contratos firmados em estandes de vendas e fora da sede do incorporador ou do estabelecimento comercial; IX – o prazo para quitação das obrigações pelo adquirente após a obtenção do auto de conclusão da obra pelo incorporador; X – as informações acerca dos ônus que recaiam sobre o imóvel, em especial quando o vinculem como garantia real do financiamento destinado à construção do investimento; XI – o número do registro do memorial de incorporação, a matrícula do imóvel e a identificação do cartório de registro de imóveis competente; XII – o termo final para obtenção do auto de conclusão da obra (habite-se) e os efeitos contratuais da intempestividade prevista no art. 43-A desta Lei. § 1º Identificada a ausência de quaisquer das informações previstas no caput deste artigo, será concedido prazo de 30 (trinta) dias para aditamento do contrato e saneamento da omissão, findo o qual, essa omissão, se não sanada, caracterizará justa causa para rescisão contratual por parte do adquirente. § 2º A efetivação das consequências do desfazimento do contrato, referidas no inciso VI do caput deste artigo, dependerá de anuência prévia e específica do adquirente a seu respeito, mediante assinatura junto a essas cláusulas, que deverão ser redigidas conforme o disposto no § 4º do art. 54 da Lei nº 8.078, de 11 de setembro de 1990 (Código de Defesa do Consumidor). (Modificações: Lei 13.786/18)

▲ Art. 43-A. A entrega do imóvel em até 180 (cento e oitenta) dias corridos da data estipulada contratualmente como data prevista para conclusão do empreendimento, desde que expressamente pactuado, de forma clara e destacada, não dará causa à resolução do contrato por parte do adquirente nem ensejará o pagamento de qualquer penalidade pelo incorporador. § 1º Se a entrega do imóvel ultrapassar o prazo estabelecido no caput deste artigo, desde que o adquirente não tenha dado causa ao atraso, poderá ser promovida por este a resolução do contrato, sem prejuízo da devolução da integralidade de todos os valores pagos e da multa estabelecida, em até 60 (sessenta) dias corridos contados da resolução, corrigidos nos termos do § 8º do art. 67-A desta Lei. § 2º Na hipótese de a entrega do imóvel estender-se por prazo superior àquele previsto no caput deste artigo, e não se tratar de resolução do contrato, será devida ao adquirente adimplente, por ocasião da entrega da unidade, indenização de 1% (um por cento) do valor efetivamente pago à incorporadora, para cada mês de atraso, pro rata die, corrigido monetariamente conforme índice estipulado em contrato. § 3º A multa prevista no § 2º deste artigo, referente a mora no cumprimento da obrigação, em hipótese alguma poderá ser cumulada com a multa estabelecida no § 1º deste artigo, que trata da inexecução total da obrigação. (Modificações: Lei 13.786/18)

▲ Art. 67-A. Em caso de desfazimento do contrato celebrado exclusivamente com o incorporador, mediante distrato ou resolução por inadimplemento absoluto de obrigação do adquirente, este fará jus à restituição das quantias que houver pago diretamente ao incorporador, atualizadas com base no índice contratualmente estabelecido para a correção monetária das parcelas do preço do imóvel, delas deduzidas, cumulativamente: I - a integralidade da comissão de corretagem; II - a pena convencional, que não poderá exceder a 25% (vinte e cinco por cento) da quantia paga. § 1º Para exigir a pena convencional, não é necessário que o incorporador alegue prejuízo. § 2º Em função do período em que teve disponibilizada a unidade imobiliária, responde ainda o adquirente, em caso de resolução ou de distrato, sem prejuízo do disposto no caput e no § 1º deste artigo, pelos seguintes valores: I - quantias correspondentes aos impostos reais incidentes sobre o imóvel; II - cotas de condomínio e contribuições devidas a associações de moradores; III - valor correspondente à fruição do imóvel, equivalente à 0,5% (cinco décimos por cento) sobre o valor atualizado do contrato, pro rata die; IV - demais encargos incidentes sobre o imóvel e despesas previstas no contrato. § 3º Os débitos do adquirente correspondentes às deduções de que trata o § 2º deste artigo poderão ser pagos mediante compensação com a quantia a ser restituída. § 4º Os descontos e as retenções de que trata este artigo, após o desfazimento do contrato, estão limitados aos valores efetivamente pagos pelo adquirente, salvo em relação às quantias relativas à fruição do imóvel. § 5º Quando a incorporação estiver submetida ao regime do patrimônio de afetação, de que tratam os arts. 31-A a 31-F desta Lei, o incorporador restituirá os valores pagos pelo adquirente, deduzidos os valores descritos neste artigo e atualizados com base no índice contratualmente estabelecido para a correção monetária das parcelas do preço do imóvel, no prazo máximo de 30 (trinta) dias após o habite-se ou documento equivalente expedido pelo órgão público municipal competente, admitindo-se, nessa hipótese, que a pena referida no inciso II do caput deste artigo seja estabelecida até o limite de 50% (cinquenta por cento) da quantia paga. § 6º Caso a incorporação não esteja submetida ao regime do patrimônio de afetação de que trata a Lei nº 10.931, de 2 de agosto de 2004, e após as deduções a que se referem os parágrafos anteriores, se houver remanescente a ser ressarcido ao adquirente, o pagamento será realizado em parcela única, após o prazo de 180 (cento e oitenta) dias, contado da data do desfazimento do contrato. § 7º Caso ocorra a revenda da unidade antes de transcorrido o prazo a que se referem os §§ 5º ou 6º deste artigo, o valor remanescente devido ao adquirente será pago em até 30 (trinta) dias da revenda. § 8º O valor remanescente a ser pago ao adquirente nos termos do § 7º deste artigo deve ser atualizado com base no índice contratualmente estabelecido para a correção monetária das parcelas do preço do imóvel. § 9º Não incidirá a cláusula penal contratualmente prevista na hipótese de o adquirente que der causa ao desfazimento do contrato encontrar comprador substituto que o sub-rogue nos direitos e obrigações originalmente assumidos, desde que haja a devida anuência do incorporador e a aprovação dos cadastros e da capacidade financeira e econômica do comprador substituto. § 10. Os contratos firmados em estandes de vendas e fora da sede do incorporador permitem ao adquirente o exercício do direito de arrependimento, durante o prazo improrrogável de 7 (sete) dias, com a devolução de todos os valores eventualmente antecipados, inclusive a comissão de corretagem. § 11. Caberá ao adquirente demonstrar o exercício tempestivo do direito de arrependimento por meio de carta registrada, com aviso de recebimento, considerada a data da postagem como data inicial da contagem do prazo a que se refere o § 10 deste artigo. § 12. Transcorrido o prazo de 7 (sete) dias a que se refere o § 10 deste artigo sem que tenha sido exercido o direito de arrependimento, será observada a irretratabilidade do contrato de incorporação imobiliária, conforme disposto no § 2º do art. 32 da Lei nº 4.591, de 16 de dezembro de 1964. § 13. Poderão as partes, em comum acordo, por meio de instrumento específico de distrato, definir condições diferenciadas das previstas nesta Lei. § 14. Nas hipóteses de leilão de imóvel objeto de contrato de compra e venda com pagamento parcelado, com ou sem garantia real, de promessa de compra e venda ou de cessão e de compra e venda com pacto adjeto de alienação fiduciária em garantia, realizado o leilão no contexto de execução judicial ou de procedimento extrajudicial de execução ou de resolução, a restituição far-se-á de acordo com os critérios estabelecidos na respectiva lei especial ou com as normas aplicáveis à execução em geral. (Modificações: Lei 13.786/18)

* ENUNCIADOS CJF

CJF **Civil 323.** É dispensável a anuência dos adquirentes de unidades imobiliárias no "termo de afetação" da incorporação imobiliária.

CJF **Civil 324.** . É possível a averbação do termo de afetação de incorporação imobiliária (Lei n.

4.591/64, art. 31-B) a qualquer tempo, na matrícula do terreno, mesmo antes do registro do respectivo Memorial de Incorporação no Registro de Imóveis.

CJF Civil 326. . Propõe-se alteração do art. 31-A da Lei n. 4.591/64, que passaria a ter a seguinte redação: "Art. 31-A. O terreno e as acessões objeto de incorporação imobiliária, bem como os demais bens, direitos a ela vinculados, manter-se-ão apartados do patrimônio do incorporador e constituirão patrimônio de afetação, destinado à consecução da incorporação correspondente e à entrega das unidades imobiliárias aos respectivos adquirentes".

* INFORMATIVOS

STJ Incorporação imobiliária. Registro. Ausência. Multa. Art. 35, § 5º, da Lei 4.591/64. Ação do adquirente. Prescrição. Prazo decenal. Art. 205 do Código Civil. É decenal o prazo prescricional aplicável à ação do adquirente contra a incorporadora que visa a cobrança da multa prevista no art. 35, § 5º, da Lei 4.591/64. REsp 1.497.254, Rel. Min. Ricardo Villas Bôas Cueva, DJ 24.9.2018. 3ª T. (Info 633)

* INFORMATIVOS

STJ Incorporação imobiliária. Registro. Ausência. Multa. Art. 35, § 5º, da Lei 4.591/64. Ação do adquirente. Prescrição. Prazo decenal. Art. 205 do Código Civil. É decenal o prazo prescricional aplicável à ação do adquirente contra a incorporadora que visa a cobrança da multa prevista no art. 35, § 5º, da Lei 4.591/64. REsp 1.497.254, Rel. Min. Ricardo Villas Bôas Cueva, DJ 24.9.2018. 3ª T. (Info 633)

STJ Desnecessidade de notificação pessoal do devedor acerca do leilão previsto no art. 63, § 1º, da Lei de Incorporações. Nas execuções disciplinadas pela lei que regula as incorporações imobiliárias (Lei 4.591/64), não há necessidade de notificação da parte inadimplente da data e hora do leilão extrajudicial (art. 63, § 1º), quando existir autorização contratual para sua utilização e prévia interpelação do devedor com intuito de possibilitar a purgação da mora. REsp 1.399.024, Rel. Min. Luis Felipe Salomão, DJ 11.12.2015. 4ª T. (Info 574)

STJ Direito civil. Alienação de imóvel hipotecado por cédula de crédito rural. Anuência do credor hipotecário. O registro no cartório de imóveis da promessa de compra e venda de imóvel hipotecado por meio de cédula de crédito rural exige a prévia anuência por escrito do credor hipotecário. A hipoteca de imóvel, tratada nos arts. 809 a 851 do CC/1916 e atualmente nos arts. 1.473 a 1.505 do CC/02, não impede a alienação do bem, que é acompanhado pelo ônus real em todas as suas alienações, considerando o direito de sequela. Porém, em se tratando de hipoteca cedular, o art. 59 do DL 167/67 dispõe que "a venda dos bens apenhados ou hipotecados pela cédula de crédito rural depende de prévia anuência do credor, por escrito". Trata-se de norma específica que se destina a disciplinar o financiamento concedido para o implemento de atividade rural e, como tal, prevalece sobre a regra de caráter geral prevista no CC. Dessa forma, como no direito brasileiro apenas mediante o registro no cartório de imóveis da promessa de compra e venda celebrada com cláusula de irrevogabilidade e irretratabilidade é que o comprador adquire direito real sobre o imóvel (CC/02, art. 1.417; Lei 4.591/64, art. 32, § 2º), tal providência não pode ser tomada enquanto não houver a anuência dos credores hipotecários, nos específicos termos do art. 59 do DL 167/67. REsp 908.752, Rel. Min. Raul Araújo, j. 16.10.2012. 4ª T. (Info 506)

STJ Juros compensatórios ("juros no pé"). Incidência anterior à entrega das chaves. Compromisso de compra e venda. Não é abusiva a cláusula de cobrança de juros compensatórios incidentes em período anterior à entrega das chaves nos contratos de compromisso de compra e venda de imóveis em construção sob o regime de incorporação imobiliária. EREsp 670.117, Rel. Acd. Min. Antonio C. Ferreira, j. 13.6.12. 2ª S. (Info 499)

STJ Responsabilidade. Incorporação imobiliária. Construção. O incorporador, como impulsionador do empreendimento imobiliário em condomínio, atrai para si a responsabilidade pelos danos que possam advir da inexecução ou da má execução do contrato de incorporação, abarcando-se os danos resultantes de construção defeituosa (art. 31, §§ 2º e 3º, da Lei 4.591/64). Ainda que o incorporador não seja o executor direto da construção do empreendimento imobiliário, mas contrate construtor, permanece responsável juntamente com ele pela solidez e segurança da edificação (art. 618 do CC). REsp 884.367, Rel. Min. Raul Araújo, j. 6.3.12. 4ª T. (Info 492)

* QUESTÕES OBJETIVAS

902. **(Consulplan/TJ/MG/Cartórios/Ingresso/2018)** A Lei nº 4.591/64 dispõe sobre o condomínio em edificações e as incorporações imobiliárias. Conforme o exposto, analise as proposições a seguir.

I. a critério do incorporador, a incorporação poderá ser submetida ao regime da afetação, pelo qual o terreno e as acessões objeto de incorporação imobiliária, bem como os demais bens e direitos a ela vinculados, manter-se-ão apartados do patrimônio do incorporador e constituirão patrimônio de afetação, destinado à consecução da incorporação correspondente e à entrega das unidades imobiliárias aos respectivos adquirentes.

II. considera-se constituído o patrimônio de afetação mediante averbação, a qualquer tempo, no registro de imóveis, de termo firmado pelo incorporador e, quando for o caso, também pelos titulares de direitos reais de aquisição sobre o terreno e esta averbação não será obstada pela existência de ônus reais que tenham sido constituídos sobre o imóvel objeto da incorporação para garantia do pagamento do preço de sua aquisição ou do cumprimento de obrigação de construir o empreendimento.

III. os proprietários, promitentes compradores, cessionários ou promitentes cessionários dos direitos pertinentes à aquisição de unidades autônomas, em edificações a serem construídas, em construção ou já construídas, elaborarão, por escrito, a Convenção de condomínio, e deverão, também, por contrato ou por deliberação em assembleia, aprovar o Regimento Interno da edificação ou conjunto de edificações. Far-se-á o registro da Convenção no registro de imóveis, bem como a averbação das suas eventuais alterações.

IV. considera-se incorporação imobiliária a atividade exercida com o intuito de promover e realizar a construção, para alienação total ou parcial, de edificações ou conjunto de edificações compostas de unidades autônomas.

Estão corretas as proposições:

a) I, II, III e IV.
b) I e II, apenas.
c) II e III, apenas.
d) I, II e III, apenas.

903. **(Consulplan/TJ/MG/Cartórios/Remoção/2018)** Nos termos da Lei nº 4.591, de 16 de dezembro de 1964, assinale a afirmativa incorreta:

a) nos edifícios-garagem, às vagas não serão atribuídas frações ideais de terreno específicas.
b) cada unidade será assinalada por designação especial, numérica ou alfabética, para efeitos de identificação e discriminação.
c) a cada unidade caberá, como parte inseparável, uma fração ideal do terreno e coisas comuns, expressa sob forma decimal ou ordinária.
d) as edificações ou conjuntos de edificações, de um ou mais pavimentos, construídos sob a forma de unidades isoladas entre si, destinadas a fins residenciais ou não residenciais, poderão ser alienados, no todo ou em parte, objetivamente considerados, e constituirá, cada unidade, propriedade autônoma sujeita às limitações desta Lei.

904. **(Cespe/TJ/PI/Cartórios/Remoção/2013)** Acerca da incorporação imobiliária, assinale a opção correta:

a) é vedada a possibilidade de pessoa jurídica estrangeira realizar incorporação imobiliária no Brasil.
b) para fins de incorporação imobiliária, o proprietário do terreno é legalmente equiparado ao incorporador, razão por que sua responsabilidade é solidária em relação ao empreendimento imobiliário.
c) é inviável o registro de incorporação imobiliária de imóvel tombado.
d) o incorporador poderá fixar, para a efetivação da incorporação, prazo de carência de cento e oitenta dias, dentro do qual lhe será lícito desistir do empreendimento, desde que o faça mediante denúncia, por escrito, ao registro de imóveis e comunicação, também por escrito, a cada um dos adquirentes ou candidatos à aquisição, sob pena de não poder realizar novos empreendimentos sob incorporação imobiliária pelo prazo fixado em lei.
e) considera-se constituído o patrimônio de afetação mediante averbação no registro de imóveis, a qualquer tempo, de termo firmado pelo incorporador e, quando for o caso, também pelos titulares de direitos reais de aquisição sobre o terreno.

905. **(Cespe/TJ/ES/Cartórios/Ingresso/2013)** No que concerne a incorporação imobiliária, assinale a opção correta:

a) as taxas de manutenção criadas por associação de moradores podem ser impostas a proprietário de imóvel que não tenha se associado nem aderido ao ato de instituição do encargo.
b) não se considera abusiva a cláusula de cobrança de juros compensatórios incidentes em período anterior à entrega das chaves nos contratos de compromisso de compra e venda de imóveis em construção sob o regime de incorporação imobiliária.
c) se possuir certificado de quitação, o incorporador poderá negociar sobre unidades

autônomas, mesmo antes de ter arquivado a incorporação no ofício imobiliário competente.

d) ofende ao disposto no Código de Defesa do Consumidor a estipulação de rescisão automática do contrato em caso de inadimplência, pelo adquirente ou contratante, de três prestações do preço da construção.

e) dispensa-se plano aprovado para a caracterização de condomínio horizontal de casas, por haver presunção absoluta da intenção de edificação com finalidade habitacional.

906. **(Ieses/TJ/RS/Cartórios/Remoção/2013)** Ante as afirmações a seguir, assinale a alternativa correta.

I. o registro da incorporação será válido pelo prazo de 120 dias, findo o qual, se ela ainda não se houver concretizado, o incorporador só poderá negociar unidades depois de atualizar a documentação a que se refere o artigo 32 da Lei 4.591/64, revalidando o registro por igual prazo.

II. a existência de ônus fiscais ou reais, salvo os impeditivos de alienação, não impedem o registro da incorporação, que será feito com as devidas ressalvas, mencionando-se, em todos os documentos, extraídos do registro, a existência e a extensão dos ônus.

III. após a instituição do condomínio, já não será possível a fusão de duas unidades autônomas para a formação de uma só.

IV. aprovado o projeto da incorporação, o incorporador deverá submetê-lo ao registro imobiliário dentro de 180 (cento e oitenta) dias, sob pena de caducidade da aprovação, acompanhado do exemplar do contrato padrão de promessa de venda, ou de cessão ou de promessa de cessão, do qual constarão obrigatoriamente os requisitos da Lei 4.591/64:

a) todas as afirmações são verdadeiras.

b) as afirmações III e IV são falsas.

c) apenas a afirmação II é falsa.

d) as afirmações I, II e III são verdadeiras.

907. **(Vunesp/TJ/SP/Cartórios/Remoção/2014)** A partir de qual momento já é possível o registro da venda e compra da unidade futura de condomínio edilício?

a) a partir do registro da especificação de condomínio.

b) a partir do registro da incorporação do condomínio.

c) a qualquer momento, mesmo sem o registro da incorporação ou da especificação, desde que conste do título que a venda se trata de unidade futura e seja indicado o número desta.

d) a qualquer momento, mesmo sem o registro da incorporação ou da especificação, desde que conste do título a fração ideal que vincule a unidade futura.

908. **(Consulplan/TJ/MG/Cartórios/Remoção/2017)** Nos termos da Lei n. 4.591/1964, a iniciativa e a responsabilidade das incorporações imobiliárias caberão ao incorporador, que não poderá ser:

a) o proprietário do terreno, o promitente comprador, o cessionário deste ou promitente cessionário.

b) o construtor.

c) corretor de imóveis e o procurador com poderes especiais.

d) o ente da Federação imitido na posse a partir de decisão proferida em processo judicial de desapropriação em curso ou o cessionário deste, conforme comprovado mediante registro no registro de imóveis competente.

909. **(Cetro/TJ/RJ/Cartórios/Ingresso/2017)** Com relação ao patrimônio de afetação nas Incorporações Imobiliárias (Lei n. 4.591/1964), assinale a alternativa correta:

a) os bens e direitos integrantes do patrimônio de afetação poderão ser objeto de garantia real por créditos obtidos pela incorporadora para a efetivação dos empreendimentos que lançar no mercado imobiliário.

b) exclui-se do patrimônio de afetação o valor referente ao preço de alienação da fração ideal de terreno de cada unidade vendida, no caso de incorporação em que a construção seja contratada sob o regime por empreitada ou por administração.

c) é vedada a constituição de patrimônios de afetação separados para cada edifício de dois ou mais pavimentos, nos casos de empreendimentos que contenham mais de um deles.

d) configura-se óbice à averbação do patrimônio de afetação a existência de ônus reais que tenham sido constituídos sobre o imóvel objeto da incorporação para garantia do pagamento do preço de sua aquisição.

e) os efeitos da decretação de falência ou da insolvência civil do incorporador não atingem os patrimônios de afetação constituídos. Deste modo, havendo saldo positivo entre as receitas da incorporação e o custo de sua conclusão, o valor correspondente será destinado às obras de valorização do empreendimento, de acordo com projeto aprovado pela Comissão de Representantes.

910. (Vunesp/TJ/SP/Cartórios/Ingresso/2018) Em relação à incorporação imobiliária, é correto afirmar que:

a) o registro da hipoteca do terreno vinculada ao financiamento das obras é fato que caracteriza a concretização da incorporação.
b) o prazo de carência, dentro do qual é permitido ao incorporador desistir do empreendimento, é de 180 (cento e oitenta) dias, prorrogável uma só vez por igual período.
c) uma vez averbada a desistência da incorporação no registro de imóveis, diante de sua publicidade, é facultativo ao incorporador comunicar o fato aos eventuais adquirentes.
d) havendo o registro de escritura definitiva de compra e venda de fração ideal de terreno vinculada à futura unidade autônoma, o incorporador não mais poderá desistir do empreendimento, mesmo estando ainda no período de carência.

4.6. Lei de Normas Gerais sobre Emolumentos (Lei 10.169/00)

* ENUNCIADOS CNB

CNB **Enunciado 4/2015.** Requerida a ata notarial verbalmente ou por escrito e efetivada a constatação pelo tabelião, os emolumentos serão devidos, ainda que haja desistência ou arrependimento do requerente.

* INFORMATIVOS

STF **Serviços notariais e de registro: selo de controle dos atos e vício material** O Tribunal, por maioria, julgou procedente, em parte, pedido formulado em ação direta ajuizada pela Associação dos Notários e Registradores do Brasil – ANOREG/BR e declarou a inconstitucionalidade do § 1º do art. 2º da Lei 8.033/2003, do Estado do Mato Grosso, que institui selo de controle dos atos dos Serviços Notariais e de Registro, adiciona receita ao Fundo de Apoio ao Judiciário e dá outras providências (Lei 8.033/03, art. 2º: "§ 1º. A não-utilização do selo de controle de acordo com as regras fixadas nesta lei, acarretará a invalidade do ato."). Entendeu-se constitucional a iniciativa do Tribunal de Justiça na propositura da lei, uma vez que, na competência de iniciar o processo legislativo de organização de seus serviços, estaria implícito a de propor a fonte de custeio dos mesmos. Salientou-se que o selo instituído possui natureza jurídica de taxa, em razão do exercício do poder de polícia, sendo possível a destinação do produto de sua arrecadação a órgão público, inclusive ao próprio Judiciário, conforme orientação já fixada pelo Supremo e, ainda, que a lei impugnada atentou para a exata proporção da capacidade contributiva das respectivas serventias, conforme estabelece seu art. 8º, inexistindo, destarte, a alegada ofensa ao inciso IV do art. 150 da CF. Não obstante, considerou-se caracterizada a usurpação da competência privativa da União para dispor sobre registros públicos (CF, art. 22, XXV), haja vista que a instituição do selo de controle dos serviços notariais não poderia consistir em requisito de validade dos atos de criação, preservação, modificação e extinção de direitos e obrigações. ADI 3151, Rel. Min. Carlos Britto, 8.6.2005. Pleno. (Info 391)

STF **Serviços notariais e de registro e cobrança de emolumentos** O Tribunal, por maioria, não conheceu de ação direta de inconstitucionalidade proposta pela Associação dos Notários e Registradores do Brasil – ANOREG contra a Portaria 1-GP1/2004, do Presidente do Tribunal de Justiça do Estado de Sergipe, que impõe que o recolhimento dos emolumentos integrais dos serviços notariais e de registro seja feito, no Banco do Estado de Sergipe, por meio de boleto bancário emitido pelo sistema informatizado daquele Tribunal. Entendeu-se que a Portaria impugnada não retira seu fundamento de validade diretamente da CF, e sim dos dispositivos das leis federais e estadual pertinentes (Lei 8.935/94; Lei 10.169/2000; Lei 4.485/2001). Ademais, salientou-se que, não obstante os serviços notariais e de registro sejam exercidos em caráter privado, em razão de serem substancialmente públicos, se submetem à fiscalização pelo Poder Judiciário (CF, art. 236, § 1º). ADI 3132, Rel. Min. Sepúlveda Pertence, 15.2.2006. Pleno. (Info 416)

STJ **Cobrança pela inscrição de cédula de crédito rural em cartório.** Na cobrança para o registro de cédula de crédito rural, não se aplica o art. 34 do DL 167/67, e sim lei estadual que, em conformidade com a Lei 10.169/00, fixa valor dos respectivos emolumentos. REsp 1.142.006, Rel. Acd. Min. Regina Helena Costa, DJ 4.8.2016. 1ª T. (Info 587)

STJ **ACP. Anulação da nomeação de notário. Restituição de valores.** Trata-se de ação civil pública (ACP) ajuizada pelo Ministério Público, com o objetivo de condenar os recorridos a restituírem, em favor do Estado, os valores recebidos a título de emolumentos e custas durante o exercício de suas funções em cartórios extrajudiciais, em face da anulação dos respectivos atos administrativos de nomeação como notários, deduzindo-se desse valor apenas o relativo à média da remuneração mensal percebida pelos servidores nomeados a responder pelas serventias após a invalidação. A Turma entendeu que os recorridos não possuem obrigação de entregar aos cofres públicos os valores que receberam durante o período que exerceram as atividades cartorárias, posto que os atos e serviços cartorários foram devidamente praticados e os serviços regularmente prestados. Ademais, as remunerações dos notários não são pagas pelos cofres públicos, mas sim pelos particulares usuários do serviço, através do pagamento de emolumentos e custas, portanto, não houve prejuízo para a Administração Pública. Por último, manteve-se o entendimento de que as custas e os emolumentos constituem espécie tributária, não podendo o MP cobrar a sua restituição por intermédio de ACP, em face da regra do art. 1º, parágrafo único, da Lei 7.347/85. REsp 1.228.967, Rel. Min. Benedito Gonçalves, j. 7.8.2012. 1ª T. (Info 501)

STJ Direito tributário e processual civil. Inexistência de isenção da fazenda pública quanto ao pagamento dos emolumentos cartorários. A Fazenda Pública não é isenta do pagamento de emolumentos cartorários, havendo, apenas, o diferimento deste para o final do processo, quando deverá ser suportado pelo vencido. AgRg no REsp 1.276.844, Rel. Min. Napoleão Nunes Maia Filho, j. 5.2.2013. 1ª T. (Info 516, 2013)

* QUESTÕES DISCURSIVAS

55. **(Consulplan/TJ/MG/Cartórios/Ingresso/2014)** "A indiscutível relevância dos serviços cartorários exige esforços redobrados na compreensão do delineamento jurídico e do papel a ser desempenhado pelos emolumentos. A utilização dos emolumentos como contraprestação por um serviço prestado é facilmente percebida pela sistemática da Lei 8.935/94, que veda a imposição de novas despesas ao usuário em decorrência da realização das diligências necessárias ao preparo dos atos notariais; impõe aos notários e oficiais o dever de observar os emolumentos fixados para a prática dos atos do seu ofício; e veda a cobrança de emolumentos aos reconhecidamente pobres pelas certidões de nascimento e óbito." (Fonte: GARCIA, Emerson. Emolumentos Cartorários: delineamento de sua intangibilidade). Diante do exposto, responda: (i) os emolumentos relativos aos atos notariais e de serviço têm natureza jurídica de tributo? Qual espécie? Explique. (ii) qual a diferença entre a natureza jurídica dos emolumentos e da Taxa de Fiscalização Judiciária? Explique.

* QUESTÕES OBJETIVAS

911. **(Cespe/TJ/ES/Cartórios/Ingresso/2013)** De acordo com a Lei n. 10.169/2000, para a fixação de emolumentos a serem cobrados pela prática de atos específicos de cada serviço, relativos a situações jurídicas sem conteúdo financeiro, deverá ser levada em consideração a:

a) situação socioeconômica da região.
b) despesa que o cartório terá ao praticar o ato.
c) quantidade de atos praticados para o serviço anualmente no estado.
d) quantidade de atos praticados para o serviço anualmente em cada município.
e) situação demográfica da região.

912. **(FCC/TJ/PE/Cartórios/Ingresso/2013)** Segundo a Constituição Federal, os serviços notariais e de registro têm a seguinte característica:

a) a referida delegação tem caráter peculiar, por ser um instrumento contratual de privatização do exercício dessa atividade material e recair somente sobre a pessoa natural.
b) cuida-se de atividade privada cujo exercício jaz sob a exclusiva fiscalização do Poder Judiciário.
c) apesar do caráter privado, aplica-se o princípio da transparência, devendo as tabelas de emolumentos serem publicadas nos órgãos oficiais das respectivas unidades da Federação, observado o princípio da anterioridade.
d) a delegação em caráter privado permite a responsabilidade civil por danos morais e materiais, excluindo-se a responsabilidade objetiva.
e) as atividades notariais e de registro não se inscrevem no âmbito das remuneráveis por tarifa ou preço público, mas no círculo das que se pautam por uma tabela de emolumentos, jungidos estes a normas gerais que se editam por lei necessariamente estadual.

913. **(Cespe/TJ/PI/Cartórios/Remoção/2013)** À luz da Lei n. 10.169/2000, que estabelece normas gerais para a fixação de emolumentos relativos aos atos praticados pelos serviços notariais e de registro, assinale a opção correta:

a) se, por mera hipótese, uma norma válida, publicada em 5 de janeiro de 2012, tivesse estabelecido nova tabela para elevar os valore dos emolumentos, os cartórios somente poderiam cobrar os novos valores a partir de 2013.

b) o STJ possui firme entendimento de que a fazenda pública é isenta do pagamento de emolumentos cartorários.

c) os notários e registradores devem entregar recibo aos usuários dos serviços prestados, ou indicarem os respectivos valores dos emolumentos pagos, em conformidade com a tabela vigente ao tempo da prática do ato.

d) segundo o STF, os emolumentos possuem a natureza jurídica de tarifa.

e) o STF já decidiu que tanto a simples correção monetária dos valores anteriormente fixados a título de emolumentos, quanto o aumento das custas extrajudiciais, podem resultar de resolução do respectivo tribunal de justiça.

914. **(Cespe/TJ/PI/Cartórios/Ingresso/2013)** Os emolumentos extrajudiciais de serviços notariais e de registro público podem ser criados ou alterados, a qualquer tempo, pelos tribunais de justiça. Acerca desse assunto, assinale a opção correta:

a) incidem imposto sobre operações relativas à circulação de mercadorias e prestação de serviço de transporte interestadual e intermunicipal e de comunicação e contribuições parafiscais nos serviços notariais prestados e cobrados aos cidadãos.

b) as custas e os emolumentos extrajudiciais têm natureza tributária de taxas cobradas em razão do poder de polícia.

c) os emolumentos extrajudiciais podem ser criados pelos tribunais de justiça por provimentos gerais, independentemente da existência de lei que assim os defina.

d) para a criação e cobrança de emolumentos extrajudiciais, é necessário observar os princípios da anterioridade e da reserva legal.

e) a corregedoria dos tribunais tem a função de fiscalizar os serviços notariais e pode, por provimento, determinar e atualizar os valores dos serviços, independentemente de lei.

915. **(Cespe/TJ/PI/Cartórios/Ingresso/2013)** A legislação federal referente à fixação de emolumentos relativos aos atos praticados pelos serviços notariais e de registro prevê, expressamente, que aos emolumentos seja aplicado o princípio tributário da:

a) vedação ao confisco.

b) anterioridade.

c) uniformidade geográfica.

d) legalidade.

e) capacidade contributiva.

916. **(Ieses/TJ/MS/Cartórios/Remoção/2014)** Os Estados e o Distrito Federal fixarão o valor dos emolumentos relativos aos atos praticados pelos respectivos serviços notariais e de registro, podendo ser cobrado os emolumentos, salvo casos de hipossuficiência, com exceção:

a) emolumentos em decorrência da prática de os atos comuns aos vários tipos de serviços notariais e de registro, como por exemplo protocolização, intimação, protesto e registro do instrumento de protesto, quando houver, de qualquer título cambiário, inclusive certidão, além das despesas de edital, remessa postal e condução, sobre o valor do título.

b) emolumentos em decorrência de revogação de testamento ou codicilo.

c) emolumentos em decorrência de escritura de convenção de condomínio.

d) emolumentos em decorrência da prática de ato de retificação ou que teve de ser refeito ou renovado em razão de erro imputável aos respectivos serviços notariais e de registro.

917. **(Vunesp/TJ/SP/Cartórios/Ingresso/2016)** Em caso de alteração de tabela de emolumentos ou divulgação de novas tabelas, em relação aos atos notariais e de registro já solicitados, estas:

a) aplicam-se aos atos, mesmo que tenha havido depósito total ou parcial dos emolumentos.

b) não se aplicarão, apenas no caso de ter havido depósito total ou parcial dos emolumentos.

c) aplicam-se aos atos, desde que não tenha havido depósito total ou parcial dos emolumentos.

d) não se aplicarão, tenha havido ou não depósito total ou parcial dos emolumentos.

918. **(Vunesp/TJ/SP/Cartórios/Ingresso/2016)** Acerca da cobrança de emolumentos, assinale a alternativa correta:

a) o Estado de São Paulo e suas respectivas autarquias são isentos do pagamento de parcela dos emolumentos.

b) é lícito ao notário solicitar prévio pagamento de emolumentos, mesmo nas requisições judiciais.

c) é vedada a cobrança de emolumentos de ato de retificação cujo erro seja imputável ao respectivo serviço.

d) são gratuitas as certidões solicitadas no interesse de maiores de 60 anos.

919. (Ieses/TJ/MS/Cartórios/Ingresso/2014) A respeito da Lei Federal n. 10.169/00, assinale a alternativa incorreta:

a) é permitida ao Estado e ao Distrito Federal a fixação de emolumentos em percentual incidente sobre o valor do negócio jurídico objeto dos serviços notariais e de registro.

b) os valores dos emolumentos constarão de tabelas e serão expressos, apenas e tão-somente, em moeda corrente do país.

c) os Estados e o Distrito Federal fixarão o valor dos emolumentos relativos aos atos praticados pelos respectivos serviços notariais e de registro.

d) o valor dos emolumentos, quando for o caso, poderá sofrer reajuste, publicando-se as respectivas tabelas, até o último dia do ano, observado o princípio da anterioridade.

920. (Cespe/TJ/DFT/Cartórios/Ingresso/2014) Assinale a opção correta a respeito dos emolumentos pelos atos de notários e registradores:

a) serão reduzidos pela metade os valores dos emolumentos relativos à renovação de atos ou às escrituras de rerratificação, em decorrência de erros atribuíveis à serventia, sejam materiais, sejam resultantes de exigência legal.

b) os atos que, praticados pela serventia, não constem da tabela de emolumentos devem ser cobrados com base em preços compatíveis com seu efetivo custo e na suficiente remuneração dos serviços prestados.

c) a lei estadual ou distrital poderá fixar emolumentos em percentual incidente sobre o valor do negócio jurídico objeto dos serviços notariais e de registro.

d) segundo entendimento do STJ, é indevida a cobrança de emolumentos indispensáveis ao cumprimento de decisão proferida em processo judicial no qual se tenha concedido à parte o benefício da gratuidade de justiça.

e) os atos gratuitos praticados pelos notários e registradores serão compensados conforme lei criada no âmbito de competência dos estados e do DF.

921. (Ieses/TJ/MS/Cartórios/Ingresso/2014) É certo afirmar:

I. as custas judiciais possuem natureza tributária, qualificando-se como taxas remuneratórias de serviços públicos.

II. o recolhimento das custas dar-se-á mediante guia própria fornecida pelo banco oficial.

III. o fato gerador da taxa judiciária é a prestação de serviço público de natureza forense, a partir da distribuição da petição inicial, da interposição de recurso, do registro do incidente processual ou da distribuição de carta precatória ou rogatória.

IV. a ação popular não é isenta do recolhimento da taxa judiciária.

Analisando as proposições, pode-se afirmar:

a) somente as proposições I e III estão corretas.

b) somente as proposições II e IV estão corretas.

c) somente as proposições I e IV estão corretas.

d) somente as proposições II e III estão corretas.

922. (Cespe/TJ/SE/Cartórios/Ingresso/2014) Acerca dos emolumentos e custas percebidos pelos titulares ou responsáveis pelos serviços notariais e de registro, assinale a opção correta:

a) na esteira de entendimento do STF, não há incidência de ISSQN sobre a remuneração dos serviços notariais e de registro.

b) em relação aos emolumentos que lhe sejam devidos por microempresário ou empresa de pequeno porte, o tabelião do protesto que fizer incidir quaisquer acréscimos a título de taxas, custas e contribuições expor-se-á à deflagração de procedimento administrativo disciplinar, uma vez que essa situação seja devidamente comprovada na forma legal.

c) as atividades desempenhadas pelos oficiais dos serviços notariais e de registro são remuneradas pelos emolumentos e custas que percebem, motivo por que, devido ao caráter alimentar de tais verbas, estas estão sob o manto da impenhorabilidade em casos de execuções judiciais deflagradas contra os oficiais.

d) a gratuidade de justiça deferida em processo judicial não se estende à prática dos atos extrajudiciais de notários e de registradores, sendo estes os que têm direito à percepção dos emolumentos integrais pelos atos praticados na serventia.

e) a lavratura de escritura e demais atos notariais relativos a inventário, partilha, separação consensual ou divórcio consensual estará condicionada ao pagamento de emolumentos nos casos em que a parte estiver assistida por advogado constituído, ainda que ela se declare pobre sob as penas da lei.

923. **(FMP/TJ/MT/Cartórios/Remoção/2014)** Acerca dos emolumentos relativos aos serviços notarias e de registro, assinale a afirmativa correta:

a) de acordo com a Constituição Federal, a lei estadual estabelecerá as normas gerais para fixação de emolumentos relativos aos atos praticados pelos serviços notariais e de registro, bem como o valor dos respectivos emolumentos.

b) o valor fixado para os emolumentos deverá corresponder ao efetivo custo e à adequada e suficiente remuneração dos serviços prestados.

c) os notários e os registradores darão recibo dos emolumentos percebidos, sem prejuízo da indicação facultativa dos respectivos valores à margem do documento entregue ao interessado.

d) para a fixação do valor dos emolumentos, a lei levará em conta a natureza privada e o caráter social dos serviços notariais e de registro e, nos atos com conteúdo financeiro, as peculiaridades socioeconômicas de cada região.

e) os valores dos emolumentos constarão de tabelas e serão expressos em moeda corrente do País; os atos específicos dos vários tipos de serviços notariais e de registro serão remunerados por emolumentos comuns, fixados de modo uniforme.

4.7. Lei de Registro de Imóveis Rurais (Lei 6.739/79)

✱ INOVAÇÕES LEGISLATIVAS

▲ Lei de Registro Público de Imóveis Rurais (Lei 6.739/79): sem alterações em 2017/2018.

✱ QUESTÕES OBJETIVAS

924. **(Consulplan/TJ/MG/Cartórios/Ingresso/2015)** Sobre escrituras públicas que envolvam alienação de imóvel rural, é correto afirmar:

a) é obrigatória a referência à existência de reserva florestal que esteja averbada na matrícula do imóvel ou registrada em órgão competente, por meio de inscrição no Cadastro Ambiental Rural – CAR.

b) a apresentação do Certificado de Cadastro de Imóvel Rural – CCIR – somente é exigível para imóvel com área superior a 3,0 (três) hectares.

c) a aquisição de imóvel rural por pessoa jurídica estrangeira independe de autorização ou licença, desde que respeitado o máximo de 50 (cinquenta) módulos de exploração indefinida, sendo o valor do módulo fixado pelo Incra.

d) nos imóveis rurais cuja matrícula esteja pendente de abertura, possuindo apenas transcrição anterior, é necessário, antes de se lavrar a escritura de alienação, proceder primeiramente à abertura da matrícula na serventia imobiliária.

925. **(Consulplan/TJ/MG/Cartórios/Ingresso/2017)** Acerca do registro de imóveis, assinale a alternativa correta:

a) exigir-se-á, por ocasião da efetivação do registro do imóvel destacado de glebas públicas, a retificação do memorial descritivo da área remanescente.

b) prevalecerá para efeito de prioridade de registro a escritura pública prenotada no Protocolo sob número de ordem mais baixo, se duas escrituras forem apresentadas no mesmo dia; houverem sido lavradas na mesma data; constituírem direitos reais contraditórios sobre o mesmo imóvel; e, determinarem, taxativamente, a hora de sua lavratura.

c) o desmembramento territorial posterior ao registro exige sua repetição no novo cartório.

d) em se tratando de imóveis rurais, é obrigatória a apresentação do CCIR, transcrevendo-se na matrícula o código, o módulo rural e a fração mínima de parcelamento.

4.8. Lei de Parcelamento do Solo Urbano (Lei 6.766/79)

✱ INOVAÇÕES LEGISLATIVAS

▲ Capítulo I – Disposições Preliminares

▲ Art. 2º. § 7º O lote poderá ser constituído sob a forma de imóvel autônomo ou de unidade imobiliária integrante de condomínio de lotes. § 8º Constitui loteamento de acesso controlado a modalidade de loteamento, definida nos termos do § 1º deste artigo, cujo controle de acesso será regulamentado por ato do poder público Municipal, sendo vedado o impedimento de acesso a pedestres ou a condutores de veículos, não residentes, devidamente identificados ou cadastrados. (Incluídos p/ Lei nº 13.465/17)

▲ Capítulo II – Dos Requisitos Urbanísticos para Loteamento

▲ Art. 4º. § 4º No caso de lotes integrantes de condomínio de lotes, poderão ser instituídas limitações administrativas e direitos reais sobre coisa alheia em benefício do poder público, da população em geral e da proteção da paisagem urbana, tais como servidões de passagem, usufrutos e restrições à construção de muros. (Modificações: Lei 13.465/17)

▲ Capítulo VII – Dos Contratos

▲ Art. 26-A. Os contratos de compra e venda, cessão ou promessa de cessão de loteamento devem ser iniciados por quadro-resumo, que deverá conter, além das indicações constantes do art. 26 desta Lei: I – o preço total a ser pago pelo imóvel; II – o valor referente à corretagem, suas condições de pagamento e a identificação precisa de seu beneficiário; III – a forma de pagamento do preço, com indicação clara dos valores e vencimentos das parcelas; IV – os índices de correção monetária aplicáveis ao contrato e, quando houver pluralidade de índices, o período de aplicação de cada um; V – as consequências do desfazimento do contrato, seja mediante distrato, seja por meio de resolução contratual motivada por inadimplemento de obrigação do adquirente ou do loteador, com destaque negritado para as penalidades aplicáveis e para os prazos para devolução de valores ao adquirente; VI – as taxas de juros eventualmente aplicadas, se mensais ou anuais, se nominais ou efetivas, o seu período de incidência e o sistema de amortização; VII – as informações acerca da possibilidade do exercício, por parte do adquirente do imóvel, do direito de arrependimento previsto no art. 49 da Lei nº 8.078, de 11 de setembro de 1990 (Código de Defesa do Consumidor), em todos os contratos firmados em estandes de vendas e fora da sede do loteador ou do estabelecimento comercial; VIII – o prazo para quitação das obrigações pelo adquirente após a obtenção do termo de vistoria de obras; IX – informações acerca dos ônus que recaiam sobre o imóvel; X – o número do registro do loteamento ou do desmembramento, a matrícula do imóvel e a identificação do cartório de registro de imóveis competente; XI – o termo final para a execução do projeto referido no § 1º do art. 12 desta Lei e a data do protocolo do pedido de emissão do termo de vistoria de obras. § 1º Identificada a ausência de quaisquer das informações previstas no caput deste artigo, será concedido prazo de 30 (trinta) dias para aditamento do contrato e saneamento da omissão, findo o qual, essa omissão, se não sanada, caracterizará justa causa para rescisão contratual por parte do adquirente. § 2º A efetivação das consequências do desfazimento do contrato, mencionadas no inciso V do caput deste artigo, dependerá de anuência prévia e específica do adquirente a seu respeito, mediante assinatura junto a essas cláusulas, que deverão ser redigidas conforme o disposto no § 4º do art. 54 da Lei nº 8.078, de 11 de setembro de 1990 (Código de Defesa do Consumidor). (Modificações: Lei 13.786/18)

▲ Art. 32-A. Em caso de resolução contratual por fato imputado ao adquirente, respeitado o disposto no § 2º deste artigo, deverão ser restituídos os valores pagos por ele, atualizados com base no índice contratualmente estabelecido para a correção monetária das parcelas do preço do imóvel, podendo ser descontados dos valores pagos os seguintes itens: I – os valores correspondentes à eventual fruição do imóvel, até o equivalente a 0,75% (setenta e cinco centésimos por cento) sobre o valor atualizado do contrato, cujo prazo será contado a partir da data da transmissão da posse do imóvel ao adquirente até sua restituição ao loteador; II – o montante devido por cláusula penal e despesas administrativas, inclusive arras ou sinal, limitado a um desconto de 10% (dez por cento) do valor atualizado do contrato; III – os encargos moratórios relativos às prestações pagas em atraso pelo adquirente; IV – os débitos de impostos sobre a propriedade predial e territorial urbana, contribuições condominiais, associativas ou outras de igual natureza que sejam a estas equiparadas e tarifas vinculadas ao lote, bem como tributos, custas e emolumentos incidentes sobre a restituição e/ou rescisão; V – a comissão de corretagem, desde que integrada ao preço do lote. § 1º O pagamento da restituição ocorrerá em até 12 (doze) parcelas mensais, com início após o seguinte prazo de carência: I – em loteamentos com obras em andamento: no prazo máximo de 180 (cento e oitenta) dias após o prazo previsto em contrato para conclusão das obras; II – em loteamentos com obras concluídas: no prazo máximo de 12 (doze) meses após a formalização da rescisão contratual. § 2º Somente será efetuado registro do contrato de nova venda se for comprovado o início da restituição do valor pago pelo vendedor ao titular do registro cancelado na forma e condições pactuadas no distrato, dispensada essa comprovação nos casos em que o adquirente não for localizado ou não tiver se manifestado, nos termos do art. 32 desta Lei. § 3º O procedimento previsto neste artigo não se aplica aos contratos e escrituras de compra e venda de lote sob a modalidade de alienação fiduciária nos termos da Lei nº 9.514, de 20 de novembro de 1997. (Modificações: Lei 13.786/18)

▲ Art. 34. (...). § 2º No prazo de 60 (sessenta) dias, contado da constituição em mora, fica o loteador, na hipótese do caput deste artigo, obrigado a alienar o imóvel mediante leilão judicial ou extrajudicial, nos termos da Lei nº 9.514, de 20 de novembro de 1997. (Modificações: Lei 13.786/18)

▲ Art. 35. Se ocorrer o cancelamento do registro por inadimplemento do contrato, e tiver sido realizado o pagamento de mais de 1/3 (um terço) do preço ajustado, o oficial do registro de imóveis mencionará esse fato e a quantia paga no ato do cancelamento, e somente será efetuado novo registro relativo ao mesmo lote, mediante apresentação do distrato assinado pelas partes e a comprovação do pagamento da parcela única ou da primeira parcela do montante a ser restituído ao adquirente, na forma do art. 32-A desta Lei, ao titular do registro cancelado, ou mediante depósito em dinheiro à sua disposição no registro de imóveis. (...). § 3º A obrigação de comprovação prévia de pagamento da parcela única ou da primeira parcela como condição para efetivação de novo registro, prevista no caput deste artigo, poderá ser dispensada se as partes convencionarem de modo diverso e de forma expressa no documento de distrato por elas assinado. (Modificações: Lei 13.786/18)

▲ Art. 36-A. As atividades desenvolvidas pelas associações de proprietários de imóveis, titulares de direitos ou moradores em loteamentos ou empreendimentos assemelhados, desde que não tenham fins lucrativos, bem como pelas entidades civis organizadas em função da solidariedade de interesses coletivos desse público com o objetivo de administração, conservação, manutenção, disciplina de utilização e convivência, visando à valorização dos imóveis que compõem o empreendimento, tendo em vista a sua natureza jurídica, vinculam-se, por critérios de afinidade, similitude e conexão, à atividade de administração de imóveis. Parágrafo único. A administração de imóveis na forma do caput deste artigo sujeita seus titulares à normatização e à disciplina constantes de seus atos constitutivos, cotizando-se na forma desses atos para suportar a consecução dos seus objetivos. (Modificações: Lei 13.465/17)

✱ INFORMATIVOS

STJ **Competência para julgar recurso em impugnação a registro de loteamento urbano.** Compete à Corregedoria do Tribunal de Justiça ou ao Conselho Superior da Magistratura – e não a órgão jurisdicional de segunda instância do Tribunal de Justiça – julgar recurso intentado contra decisão de juízo que julga impugnação ao registo de loteamento urbano. REsp 1.370.524, Rel. Min. Marco Buzzi, DJ 27.10.2015. 4ª T. (Info 572)

STJ **Indenização por benfeitorias ou acessões realizadas sem licença.** Em ação que busque a rescisão de contrato de compra e venda de imóvel urbano, antes de afastar a indenização pelas benfeitorias ou acessões realizadas sem a obtenção de licença da prefeitura municipal (art. 34, parágrafo único, da Lei 6.766/79), é necessário apurar se a irregularidade é insanável. REsp 1.191.862, Rel. Min. Luis Felipe Salomão, 16.5.2014. 4ª T. (Info 542)

STJ **Reconhecimento da nulidade do contrato e seu efeito sobre ação ordinária de resolução de promessa de compra e venda de imóvel localizado em loteamento irregular.** Deve ser extinto sem resolução de mérito o processo decorrente do ajuizamento, por loteador, de ação ordinária com o intuito de, em razão da suposta inadimplência dos adquirentes do lote, rescindir contrato de promessa de compra e venda de imóvel urbano loteado sem o devido registro do respectivo parcelamento do solo, nos termos da Lei 6.766/79. REsp 1.304.370, Rel. Min. Paulo de Tarso Sanseverino, 24.4.2014. 3ª T. (Info 543)

STJ **Invasão de imóvel particular. Venda direta aos detentores. Parcelamento irregular e extorsão.** As supostas vítimas dos delitos de extorsão ocupavam a área de propriedade dos mandantes do paciente por força de invasão nela perpetrada em meados de 1975. 2. Para a configuração do crime previsto no art. 50, inc. I, da Lei 6.766/97 é necessário que o sujeito ativo realize modificações físicas na área a ser loteada ou desmembrada, ou ao menos dê início a tais alterações, sem que para tanto tenha autorização do órgão público competente, ou o faça em desacordo com a legislação aplicável. 3. A responsabilidade pelo fracionamento da área que é objeto da ação penal em apreço, de forma alguma, pode ser atribuída ao paciente, procurador dos legítimos proprietários, tendo em vista que restou incontroverso nos autos que a ocupação se deu na década 1970, à revelia destes, que buscaram no Poder Judiciário, por meio da ação cabível, a tutela do direito possessório que lhes foi tolhido. 4. O fracionamento narrado na denúncia teve início com a ocupação desordenada do solo, sem o consentimento dos seus proprietários, culminando na formação de uma verdadeira comunidade com as características de um bairro que se forma dentro da municipalidade. 5. Se o próprio Município, de forma comissiva, anuiu com a ocupação desordenada do solo, disponibilizando aos moradores as redes de água e energia elétrica e organizando a área ocupada em ruas, sequer se poderia falar em ofensa ao bem jurídico tutelado pela norma penal em comento. 6. Na conduta atribuída ao paciente não restou configurado um dos elementos constitutivos do tipo de extorsão, qual seja, a vantagem indevida que é fruto do constrangimento imposto ao sujeito passivo, pois representava os interesses dos legítimos proprietários da área ocupada, sendo-lhe lícito, portanto, propor uma contraprestação pecuniária para consolidar a propriedade em nome dos ocupantes. HC 121.718, Rel. Acd. Min. Jorge Mussi, j. 5.6.12. 5ª T. (Info 499)

STJ MS. Notário. Perda. Delegação. Loteamento irregular. É tido por pacificado, no âmbito do STJ, o entendimento de que o prazo decadencial do mandado de segurança não é interrompido ou suspenso pela formulação de pedido de reconsideração ou recurso administrativo, exceção que se faz apenas em casos de concessão de efeito suspensivo, tal como ocorrido na hipótese. Sucede que, no caso, o início da contagem desse prazo deve dar-se não do julgamento, mas da publicação do respectivo acórdão do Conselho da Magistratura estadual que confirmou a perda da delegação concedida ao notário, ora recorrente. Daí a necessidade de reformar a decisão atacada que havia reconhecido a decadência, para, então, por analogia, aqui se aplicar o disposto no art. 515, § 3º, do CPC, diante da presença de seus pressupostos. No processo administrativo, está demonstrado, à saciedade, que, em suma, o impetrante concorreu para a formação de um loteamento irregular (não autorizado ou sequer projetado) ao permitir e chancelar mais de duzentas escrituras de cessão de direitos possessórios, a possibilitar ao simples possuidor instituir loteamento, o que é vedado pela Lei n. 6.766/1979. Note-se que o disposto no art. 402, § 4º, da Consolidação Normativa da Corregedoria-Geral da Justiça do Estado do Rio de Janeiro também não socorre a pretensão do impetrante, visto que as escrituras em questão não foram lavradas com intuito de certificar a posse para fins de instrução de ação de usucapião. Assim, não há que se falar em direito líquido e certo a amparar a pretensão do impetrante de anular, revogar ou cassar o ato que decretou a perda da delegação. RMS 25.112, Rel. Min. Eliana Calmon, j. 15.4.2008. 2ª T. (Info. 352)

* QUESTÕES DISCURSIVAS

56. **(Vunesp/TJ/SP/Cartórios/2018)** Disserte ordenadamente sobre condomínio de lotes. Histórico. Definição. Constituição. Natureza da obrigação no rateio de despesas. Aspectos tributários. Comparação com o loteamento de acesso controlado.

* QUESTÕES OBJETIVAS

926. **(Consulplan/TJ/MG/Cartórios/Ingresso/2018)** De acordo com a Lei nº 6.766/79, assinale a alternativa correta:

a) o lote poderá ser constituído sob a forma de imóvel autônomo ou de unidade imobiliária integrante de condomínio de lotes.

b) aprovado o projeto de loteamento ou de desmembramento, o loteador deverá submetê-lo ao registro imobiliário dentro de 120 (cento e vinte) dias, sob pena de caducidade da aprovação.

c) somente será admitido o parcelamento do solo para fins urbanos em zonas urbanas, de expansão urbana ou de urbanização específica, assim definidas pelo plano diretor ou aprovadas por lei federal.

d) no caso de lotes integrantes de condomínio de lotes, não poderão ser instituídas limitações administrativas e direitos reais sobre coisa alheia em benefício do poder público, da população em geral e da proteção da paisagem urbana, tais como servidões de passagem, usufrutos e restrições à construção de muros.

927. **(Cespe/TJ/ES/Cartórios/Ingresso/2013)** A respeito de loteamento, assinale a opção correta:

a) sendo do município o dever de promover a realização de obras de infraestrutura em loteamento, ele não pode alegar o critério de oportunidade e conveniência para realizá-las.
b) aprovado o loteamento pela administração pública, automaticamente os bens destinados ao uso comum ou ao uso especial da municipalidade serão transferidos para o domínio público, independentemente de registro.
c) é solidária a responsabilidade dos adquirentes de lote pelo dano ambiental causado por loteamento impugnado em ação civil pública, se tiverem dado início à realização de obras no seu imóvel.
d) em se tratando de desapropriação, a fixação do valor da indenização tomando-se por base a existência de um loteamento não consolidado protege a boa-fé, razão por que não ofende a legislação de regência.
e) em loteamento urbano em área aberta, com acesso irrestrito à população e servida de vias públicas, a responsabilidade pela execução de serviços públicos é dos condôminos.

928. **(Cespe/TJ/PI/Cartórios/Remoção/2013)** Acerca do registro de loteamento, assinale a opção correta à luz da Lei n. 6.766/1979:

a) por ser o registro de loteamento direito do loteador após obter a aprovação, não é lícita a exigência de certidão de ações penais contra o loteador.
b) para ser dado início ao processo de registro do loteamento, o loteador deverá apresentar o documento original do ato de aprovação pela administração.
c) o cartório somente poderá exigir exemplar do contrato padrão de promessa de venda após o transcurso do prazo de impugnação do pedido de registro.
d) considerando que é exigida a aprovação prévia do loteamento pela administração, não poderá ser exigido histórico dos títulos de propriedade do imóvel.
e) será necessário que o loteador casado apresente declaração do cônjuge de que este consente com o registro do loteamento.

929. **(Ieses/TJ/RS/Cartórios/Ingresso/2013)** Através de Escritura Pública de Compra e Venda, foi alienado um terreno (Lote 10), com 360m². Todavia, ao examinar a matrícula indicada no título, o oficial constatou que a descrição tabular do imóvel correspondia à integralidade de uma Quadra, ou seja, "60 metros de frente para a Rua A, por 40 metros da frente aos fundos, em ambos os lados, confrontando pela direita com a Rua 1 e pela esquerda com a Rua 2, e 60 metros nos fundos, confrontando com a Rua B, com 2.400m²". Além disso, havia dois atos praticados na matrícula, a saber: a AV. 1 e a AV. 2, informando, respectivamente, que foi aberta matrícula individual para o Lote 1 e para o Lote 2. A partir dessas informações, assinale a alternativa correta:

a) o juízo de qualificação poderá ser positivo, desde que o interessado apresente, com o título, autorização municipal para abertura da matrícula do Lote 10, juntamente com trabalhos técnicos realizados por profissional, com a respectiva Anotação de Responsabilidade Técnica.
b) a qualificação do título deverá ser negativa, haja vista a irregularidade na prática dos atos que geraram a abertura das matrículas dos Lotes 1 e 2, em desacordo com a legislação aplicável ao parcelamento do solo urbano. A situação carece de intervenção judicial prévia, para regularização do registro e apuração de responsabilidade.
c) o juízo de qualificação deverá ser negativo, em razão da violação dos princípios da especialidade objetiva, legalidade e continuidade. A situação descrita exige prévia retificação, para apuração do remanescente, em razão das alienações parciais já realizadas e da individualização do Lote 10, através do parcelamento do solo urbano, na forma exigida pela Lei 6.766/79.
d) o juízo de qualificação deverá ser positivo, vez que a área do lote é superior à área mínima exigida pela Lei 6.766/79. Assim, à vista dos atos já praticados, o oficial deverá abrir a matrícula para o Lote 10, registrar a transmissão, e lançar sobre a "matrícula-mãe" a AV. 3, apenas para dar notícia de que houve abertura de matrícula autônoma para o transmitido.

930. **(Cespe/TJ/RR/Cartórios/Ingresso/2013)** Com base no que dispõe a Lei do Parcelamento Urbano, assinale a opção correta:

a) é desnecessária a oitiva do MP no procedimento previsto em lei para a efetivação do registro do loteamento.
b) as vias e as praças, os espaços livres e as áreas destinadas a edifícios públicos e outros equipamentos urbanos constantes do projeto e do memorial descritivo passam a integrar o domínio

do poder público a partir da data do requerimento administrativo, possuindo o registro do loteamento efeitos "ex tunc".

c) considera-se desmembramento a subdivisão de gleba em lotes destinados à edificação, com aproveitamento do sistema viário existente, desde que isso não implique abertura de novas vias e logradouros públicos nem prolongamento, modificação ou ampliação dos já existentes.

d) admite-se excepcionalmente, o parcelamento do solo em terrenos alagadiços e sujeitos a inundações antes de tomadas as providências para assegurar o escoamento das águas.

e) entre os requisitos exigidos para a criação de loteamentos, inclui-se a necessidade de que os lotes tenham área mínima de 300 m² e frente mínima de 15 m, salvo quando o loteamento se destinar à urbanização específica ou à edificação de conjuntos habitacionais de interesse social previamente aprovados pelos órgãos públicos competentes.

931. **(FCC/TJ/PE/Cartórios/Remoção/2013)** O registro de compromisso de compra e venda, cessão e promessa de cessão é admitido:

a) apenas em contratos vinculados ao Sistema Financeiro de Habitação, como título aquisitivo do direito real de propriedade.

b) apenas na hipótese de adjudicação judicial do imóvel quando o promitente vendedor ou cedente se recusa a formalizar o negócio definitivo por instrumento público.

c) diante da vinculação à cédula de crédito imobiliário ou quando existe pacto adjeto de alienação fiduciária de bem imóvel.

d) em contratos de aquisição de lote em loteamento, valendo como título para o registro da propriedade quando acompanhado da respectiva quitação.

e) em contratos que tenham por objeto imóveis com valor venal de até trinta salários mínimos, valendo como título aquisitivo do direito real de propriedade.

932. **(Ieses/TJ/RN/Cartórios/Remoção/2012)** Quanto aos contratos regulados pela Lei n. 6.766/79 (Parcelamento do Solo), é correto afirmar, exceto, que:

a) qualquer alteração ou cancelamento parcial do loteamento registrado dependerá de acordo entre o loteador e os adquirentes de lotes atingidos pela alteração.

b) os compromissos de compra e venda, as cessões ou promessas de cessão poderão ser feitos por escritura pública ou por instrumento particular.

c) se o credor das prestações se recusar recebê-las, ou furtar-se ao seu recebimento, será constituído em mora mediante notificação do oficial do registro de imóveis para vir receber as importâncias depositadas pelo devedor no próprio registro de imóveis.

d) são retratáveis, salvo em disposição contratual em contrário.

933. **(Ieses/TJ/RN/Cartórios/Ingresso/2012)** Quanto ao parcelamento do solo, é correto afirmar, exceto, que:

a) exclusivamente os Municípios poderão estabelecer normas complementares relativas ao parcelamento do solo.

b) aprovado o projeto de loteamento ou de desmembramento, o loteador deverá submetê-lo ao registro imobiliário dentro de 180 (cento e oitenta) dias, sob pena de caducidade da aprovação.

c) o loteamento deverá destinar as áreas destinadas ao sistema de circulação de forma proporcional à densidade de ocupação prevista pelo plano diretor ou aprovada por lei municipal para a zona em que se situem.

d) quando a área loteada estiver situada em mais de uma circunscrição imobiliária, o registro será requerido primeiramente perante aquela em que estiver localizada a maior parte da área loteada, e, sucessivamente, o em cada uma das demais.

934. **(Faurgs/TJ/RS/Cartórios/Remoção/2015)** Assinale a alternativa que apresenta afirmação correta a respeito da disciplina sobre parcelamento do solo urbano na Lei n. 6.766/1979:

a) aprovado o projeto de loteamento ou de desmembramento, o loteador deverá submetê-lo ao registro imobiliário dentro de 2 (dois) anos, sob pena de caducidade da aprovação.

b) é vedada a aprovação de projeto de loteamento e desmembramento em áreas de risco definidas como não edificáveis no plano diretor ou em legislação dele derivada.

c) não se admite, nos parcelamentos populares, a cessão da posse em que estiverem provisoriamente imitidas a União, Estados, Distrito Federal, Municípios e suas entidades delegadas.

d) em caso de rescisão por inadimplemento do adquirente, as benfeitorias necessárias ou úteis por ele levadas a efeito no imóvel deverão ser indenizadas, salvo disposição contratual em contrário.

935. **(Faurgs/TJ/RS/Cartórios/Ingresso/2015)** Assinale a alternativa que apresenta afirmação correta a respeito da disciplina sobre parcelamento do solo urbano na Lei n. 6.766/1979:

a) considera-se lote o terreno servido de infraestrutura básica cujas dimensões atendam aos índices urbanísticos definidos pelo plano diretor ou lei municipal para a zona em que se situe.

b) considera-se desmembramento a subdivisão de gleba em lotes destinados a edificação, com abertura de novas vias de circulação, de logradouros públicos ou prolongamento, modificação ou ampliação das vias existentes.

c) considera-se loteamento a subdivisão de gleba em lotes destinados a edificação, com aproveitamento do sistema viário existente, desde que não implique abertura de novas vias e logradouros públicos, nem prolongamento, modificação ou ampliação dos já existentes.

d) os Municípios com menos de cinco mil habitantes e aqueles cujo plano diretor contiver diretrizes de urbanização para a zona em que se situe o parcelamento poderão dispensar, por lei, a fase de fixação de diretrizes previstas nos arts. 6º e 7º da Lei n. 6.766/1979.

936. **(Cespe/TJ/BA/Cartórios/Remoção/2013)** Considerando o disposto no Código Civil e na Lei n. 6.766/1979, que trata do parcelamento do solo urbano, e o posicionamento adotado pelo STJ acerca dos direitos do promitente comprador, assinale a opção correta:

a) o promitente comprador pode reivindicar de terceiro o imóvel prometido à venda.

b) somente a hipoteca firmada entre a construtora e o agente financeiro antes da celebração da promessa de compra e venda terá eficácia perante os adquirentes do imóvel.

c) antes de pleitear a rescisão contratual por falta de pagamento, o promitente vendedor deverá constituir o devedor em mora por meio de prévia notificação, salvo se o compromisso de compra e venda não estiver registrado no cartório de imóveis.

d) o compromisso de compra e venda tem natureza de contrato preliminar, pois cria apenas a obrigação de se emitir a declaração de vontade correspondente ao contrato prometido.

e) o Código Civil estabelece que, por meio de promessa de compra e venda registrada no cartório de registro de imóveis, o promitente comprador adquire o direito real à aquisição do imóvel, razão por que o direito do promitente comprador à adjudicação compulsória se condiciona, segundo o STJ, ao registro do compromisso de compra e venda no cartório de imóveis.

937. **(Cespe/TJ/DFT/Cartórios/Ingresso/2014)** Incluem-se entre os equipamentos urbanos que, de acordo com a Lei n. 6.766/1979, constituem a infraestrutura básica dos parcelamentos os de:

a) energia elétrica.

b) saúde.

c) lazer.

d) educação.

e) cultura.

938. **(Cespe/TJ/DFT/Cartórios/Remoção/2014)** De acordo com o disposto na Lei n. 6.766/1979, na infraestrutura básica de parcelamento de solo urbano em zona habitacional declarada por lei zona de interesse social, deve haver:

a) escoamento de águas pluviais.

b) rede telefônica.

c) equipamentos públicos de lazer.

d) equipamentos públicos de educação.

e) gás canalizado.

939. **(Consulplan/TJ/MG/Cartórios/Ingresso/2016)** Considerando o que está estatuído na Lei n. 6.766, de 19/12/1979, que dispõe sobre o parcelamento do solo urbano, avalie as alternativas que seguem:

I. examinada a documentação e encontrada em ordem, o oficial do registro de imóveis encaminhará comunicação à Prefeitura e fará publicar, em resumo e com pequeno desenho de localização da área, edital do pedido de registro em 3 (três) dias consecutivos, podendo este ser impugnado no prazo de 20 (vinte) dias contados da data da última publicação.

II. considera-se desmembramento a subdivisão de gleba em lotes destinados a edificação, com aproveitamento do sistema viário existente, desde que não implique a abertura de novas vias e logradouros, nem prolongamento, modificação ou ampliação dos já existentes.

III. o Poder Público competente poderá complementarmente exigir, em cada loteamento, a reserva de faixa "non aedificandi" destinada a equipamentos urbanos.

IV. desde a data de registro do loteamento, passam a integrar o domínio do Município as vias e praças, os espaços livres e as áreas destinadas a edifícios públicos e outros equipamentos urbanos, constantes do projeto e do memorial descritivo.

Está correto o que se afirma em:

a) I, II, III e IV.
b) III e IV, apenas.
c) II, III e IV, apenas.
d) II e IV, apenas.

940. **(Vunesp/TJ/SP/Cartórios/Ingresso/2014)** A Lei n. 6.766/79 (Lei sobre o parcelamento do solo urbano) prevê como crime, no art. 50, I: "Dar início, de qualquer modo, ou efetuar loteamento ou desmembramento do solo para fins urbanos sem autorização do órgão público competente, ou em desacordo com as disposições desta Lei ou de outras normas pertinentes do Distrito Federal, Estados e Municípios". Tal crime pode ser classificado como:

a) formal, de dano e instantâneo de efeitos permanentes, no qual o sujeito passivo é o Município.
b) formal, de perigo e permanente, no qual o sujeito passivo é a Administração Pública.
c) material, de dano e permanente, no qual o sujeito passivo é o Estado.
d) formal, de perigo e instantâneo de efeitos permanentes, no qual o sujeito passivo é a Administração Pública.

941. **(Ieses/TJ/PA/Cartórios/Ingresso/2016)** Sobre a regularização fundiária urbana, não está correto afirmar que:

a) cabe ao Município estabelecer regras sobre procedimento ou regulamentação de regularização fundiária, sendo indispensável este regramento da sua implementação.
b) embora não conste expressamente na norma legal, o loteador clandestino ou irregular está legitimado para inicial o procedimento de regularização fundiária.
c) o Ministério Público tem legitimidade ativa para propor ação civil pública visando à regularização de loteamentos urbanos destinados à moradia popular.
d) o artigo 40 da Lei 6.766/79 confere ao Município o dever-poder de promover a regularização ou desmembramento dos loteamentos irregulares.

942. **(Ieses/TJ/PA/Cartórios/Ingresso/2016)** Na Regularização Fundiária:

a) não é dispensada a observância aos requisitos da Lei 6.766/79, mesmo nos casos de regularização fundiária de interesse social.
b) os procedimentos de regularização fundiária não possuem tramitação direta no ofício de imóveis.
c) a conversão da legitimação de posse em domínio depende sempre da intervenção judicial.
d) o registro é somente um dos aspectos, que, sob o enfoque do direito privado, compreende processo complexo que visa atribuir jurisdicidade a imóveis em situação ilegal ou informal.

943. **(FMP/TJ/MT/Cartórios/Remoção/2014)** Sobre o parcelamento do solo urbano, assinale a alternativa correta:

a) loteamento é a subdivisão de gleba em lotes destinados à edificação, com abertura de novas vias de circulação, de logradouros públicos ou prolongamento, modificação ou ampliação das vias existentes, e, desde a data de seu registro passam a integrar o domínio do município as vias e praças, os espaços livres e as áreas destinadas a edifícios públicos e outros equipamentos urbanos, constantes do projeto e do memorial descritivo.
b) desmembramento é a subdivisão de gleba em lotes destinados à edificação, sem a abertura de novas vias de circulação, com o aproveitamento, a modificação ou a ampliação do sistema viário já existente.
c) aprovado o projeto de loteamento ou de desmembramento, o loteador deverá submetê-lo ao registro imobiliário dentro de 120 dias, sob pena de caducidade da aprovação.
d) o registro do loteamento poderá ser cancelado a requerimento do loteador, com anuência da Prefeitura, enquanto nenhum lote houver sido objeto de contrato; após a negociação dos lotes, o cancelamento somente ocorrerá por decisão judicial.
e) nenhum lote poderá situar-se em mais de uma circunscrição imobiliária, razão pela qual é defeso ao interessado processar, ainda que

sucessivamente, perante diferentes circunscrições, pedidos de registro do mesmo loteamento, sendo nulos os atos praticados.

944. (Consulplan/TJ/MG/Cartórios/Remoção/2017) A respeito da Lei n. 6.766/1979, que trata do Parcelamento do Solo Urbano, todas as assertivas estão corretas, exceto:

a) desde a data de registro do loteamento, passam a integrar o domínio do Município as vias e praças constantes do projeto e do memorial descritivo.
b) quando a área loteada estiver situada em mais de uma circunscrição imobiliária, o registro deverá ser requerido primeiramente, indistintamente, em qualquer delas.
c) é possível o cancelamento do registro do loteamento a pedido do loteador, para o que será necessário que os adquirentes de lotes subscrevam também tal requerimento e que exista anuência do Poder Público afetado.
d) determina a lei em questão quanto aos contratos nela previstos, que são irretratáveis os compromissos de compra e venda, cessões e promessas cessão, os que atribuam direito a adjudicação compulsória e, estando registrados, confiram direito real oponível a terceiros.

945. (Cetro/TJ/RJ/Cartórios/Remoção/2017) Quanto ao cancelamento do registro do loteamento, analise as assertivas abaixo.

I. o registro do loteamento poderá ser cancelado a requerimento do loteador, com anuência da Prefeitura, ou do Distrito Federal quando for o caso, enquanto nenhum lote houver sido objeto de contrato.
II. a Prefeitura só poderá se opor ao pedido de cancelamento formulado pelo loteador se disto resultar inconveniente comprovado para o desenvolvimento urbano ou se já se tiver realizado qualquer melhoramento na área loteada ou adjacências.
III. diante do pedido de cancelamento formulado pelo loteador, após anuência da Prefeitura, ou do Distrito Federal quando for o caso, e desde que nenhum lote tenha sido objeto de contrato ou, se alienado, com a anuência do adquirente, o oficial do registro de imóveis fará publicar, em resumo, edital do pedido de cancelamento, podendo este ser impugnado no prazo de 30 (trinta) dias contados da data da última publicação. Findo esse prazo, com ou sem impugnação, o processo será remetido ao juiz competente para homologação do pedido de cancelamento, ouvido o Ministério Público.
IV. o pedido de cancelamento do registro do loteamento poderá ser feito a requerimento do loteador, com anuência da Prefeitura, ou do Distrito Federal quando for o caso, enquanto nenhum lote houver sido objeto de contrato. Ainda assim, será necessária a publicação do edital e homologação do juiz competente, ouvido o Ministério Público. A homologação do juiz será precedida de vistoria judicial destinada a comprovar a inexistência de adquirentes instalados na área loteada.

É correto o que se afirma em:

a) I e II, apenas.
b) III e IV, apenas.
c) I, III e IV, apenas.
d) II e III, apenas.
e) I, II, III e IV.

946. (Ieses/TJ/AM/Cartórios/Ingresso/2018) Quanto às disposições da Lei n. 6.766/79: uma vez aprovado o projeto de loteamento ou de desmembramento, o loteador deverá submetê-lo ao registro imobiliário no prazo fixado no art. 18 da Lei de Parcelamento do Solo Urbano, acompanhado dos documentos e providências listados nos incisos e parágrafos desse artigo, sob pena de caducidade da aprovação. Quanto o prazo fixado na Lei e aqui referido, assinale a alternativa correta:

a) o loteador deverá submetê-lo ao registro imobiliário dentro de 180 (cento e oitenta) dias.
b) o loteador deverá submetê-lo ao registro imobiliário dentro de 90 (noventa) dias.
c) o loteador deverá submetê-lo ao registro imobiliário dentro de 120 (cento e vinte) dias.
d) o loteador deverá submetê-lo ao registro imobiliário dentro de 60 (sessenta) dias.

947. (Ieses/TJ/CE/Cartórios/Ingresso/2018) A respeito do registro de loteamento, assinale a alternativa correta:

a) é defeso ao interessado processar simultaneamente, perante diferentes circunscrições, pedidos de registro do mesmo loteamento, sendo nulos os atos praticados com infração a esta norma.
b) examinada a documentação e encontrada em ordem, o oficial do registro de imóveis encaminhará comunicação à Prefeitura e fará publicar, em resumo e com pequeno desenho de localização da área, edital do pedido de registro em

2 (dois) dias consecutivos, podendo este ser impugnado prazo de 15 (quinze) dias contados da data da última publicação.

c) o processamento de loteamento e os contratos de depositados em Cartório poderão ser examinados por qualquer pessoa, a qualquer tempo, mediante pagamento a título de busca.

d) a existência de protestos, de ações pessoais, de ações penais e as referentes a crime contra o patrimônio e contra a administração, não impedirão o registro do loteamento se o requerente comprovar que esses protestos ou ações não poderão prejudicar os adquirentes dos lotes. Se o oficial do registro de imóveis julgar insuficiente a comprovação feita, suscitará a dúvida perante o juiz competente.

4.9. Lei de Requisitos para Escrituras Públicas (Lei 7.433/85)

* QUESTÕES DISCURSIVAS

57. **(Cespe/TJ/PI/Cartórios/2013)** Com base no que dispõe o Decreto Federal n. 93.240/1986 acerca da escritura de compra e venda de imóvel urbano, responda aos seguintes questionamentos. (i) Que certidões relacionadas ao imóvel são exigidas para a lavratura dessa escritura? (ii) O que deve fazer o tabelião com as respectivas certidões? (iii) É possível a dispensa de alguma(s) dessas certidões? Justifique sua resposta, discorrendo, se for o caso, sobre os efeitos da dispensa.

* QUESTÕES OBJETIVAS

948. **(Cespe/TJ/ES/Cartórios/Ingresso/2013)** Ainda que, em regra, para se lavrar a escritura de compra e venda de imóvel situado em um condomínio, seja necessário que não haja, sob o bem, dívidas de natureza tributária ou condominial atrasadas, a escritura poderá ser lavrada caso:

a) o vendedor assuma expressamente na escritura a obrigação de pagar as taxas condominiais atrasadas.

b) o vendedor assuma expressamente na escritura a obrigação de pagar as taxas condominiais e o IPTU atrasados.

c) o comprador assuma expressamente na escritura a obrigação de pagar as taxas condominiais e o IPTU atrasados.

d) o comprador assuma expressamente na escritura a obrigação de pagar o IPTU atrasado, não sendo necessária a assunção expressa em relação ao pagamento das taxas condominiais.

e) o vendedor assuma expressamente na escritura a obrigação de pagar o imposto predial e territorial urbano (IPTU) atrasado.

949. **(Ieses/TJ/RS/Cartórios/Ingresso/2013)** Nos termos da Lei 7.433/1985 e do Decreto 93.240/1986, assinale a alternativa correta:

a) o tabelião fica desobrigado de manter, em cartório, o original ou cópias autenticadas das certidões legalmente exigidas, desde que transcreva na escritura pública os elementos necessários à sua identificação, devendo, nesse caso, as certidões acompanharem o traslado da escritura.

b) o tabelião fica obrigado a manter, em cartório, o original ou cópias autenticadas das certidões legalmente exigidas, mesmo que transcreva na escritura pública os elementos necessários à sua identificação, devendo, nesse caso, as certidões acompanhar o traslado da escritura.

c) nas escrituras públicas relativas a imóveis rurais e imóveis urbanos, é imprescindível a descrição e caracterização do imóvel, ainda que constem esses elementos na certidão do Registro Imobiliário.

d) na lavratura de atos notarias, inclusive os relativos a imóveis, além dos documentos de identificação das partes, serão exigidos também os documentos que o tabelião achar convenientes.

4.10. Lei do Patrimônio de Afetação (Lei 10.931/04)

* ENUNCIADOS CJF

CJF **Civil 327.** Suprima-se o art. 9º da Lei n. 10.931/2004.

* QUESTÕES OBJETIVAS

950. **(Cespe/TJ/DFT/Cartórios/Remoção/2014)** Em relação ao registro do patrimônio de afetação, assinale a opção correta:

a) o patrimônio de afetação poderá ser instituído a qualquer tempo pelo incorporador, mediante averbação no registro de imóveis.

b) o patrimônio de afetação será extinto em caso de falência civil do incorporador, independentemente da vontade dos adquirentes.

c) instituído o condomínio da construção decorrente da extinção do patrimônio de afetação, a Comissão de Representantes ficará investida de mandato para firmar com os adquirentes, mesmo que comprovadamente inadimplentes, o contrato definitivo de compra e venda.

d) o patrimônio de afetação deverá ser instituído pelo incorporador, no momento do registro do memorial na matrícula do terreno, por meio de inscrição em cada uma das matrículas das unidades autônomas.

e) o patrimônio de afetação não poderá ser instituído na pendência de ônus reais que tenham sido constituídos sobre o imóvel objeto da incorporação.

951. **(Cespe/TJ/PI/Cartórios/Ingresso/2013)** Assinale a opção correta acerca do processo falimentar:

a) são ineficazes, perante a massa falida, registros de direitos reais e de transferência de propriedade entre vivos, por título oneroso ou gratuito, ou a averbação relativa a imóveis realizados durante o período suspeito, salvo se tiver havido prenotação anterior.

b) no caso de alienação da empresa do devedor, na modalidade de alienação em bloco dos seus estabelecimentos, havendo bens cuja transmissão dependa de registro público, o administrador deve obter, antes, autorização judicial para praticar os atos necessários ao registro.

c) é classificado como crédito com privilégio geral o valor não coberto pela alienação do bem dado em garantia hipotecária.

d) os contratos de locação são considerados resolvidos tão logo seja decretada a falência do locatário.

e) o patrimônio de afetação, devidamente constituído pela averbação no registro de imóveis, não é arrecadado em caso de falência do incorporador.

952. **(Ieses/TJ/RS/Cartórios/Ingresso/2013)** A respeito da Cédula de Crédito Bancário, é correto afirmar:

a) na Cédula de Crédito Bancário, pode ser dado imóvel em garantia real, hipoteca ou alienação fiduciária, cuja competência para a realização dos atos é da Serventia de registro de imóveis, devendo o oficial proceder ao registro apenas da garantia na matrícula do imóvel, sem qualquer assentamento no Registro Auxiliar.

b) a garantia da Cédula de Crédito Bancário poderá ser real ou fidejussória, pesar sobre bem imóvel ou móvel, e seu registro, em todos os casos, deverá ser realizado no registro de imóveis.

c) a Cédula de Crédito Bancário, disciplinada pela Lei 10.931/2004, é título de crédito hábil a gerar mutações jurídico-reais sobre imóveis e, uma vez recepcionada no livro de protocolo da serventia imobiliária, após exame positivo de qualificação, deverá ser registrada também no Livro 3.

d) quando a garantia da Cédula de Crédito Bancário for de alienação fiduciária de automóvel, além do registro obrigatório no Livro 3 do registro de imóveis, para constituição da garantia será também necessário o registro na Serventia de Registro de Títulos e Documentos, segundo dispõe o art. 1.361 do Código Civil.

953. **(FMP/TJ/MT/Cartórios/Ingresso/2014)** Sobre o patrimônio de afetação nas incorporações imobiliárias, assinale a afirmativa correta:

a) considera-se constituído mediante averbação, a qualquer tempo, no registro de imóveis, de termo firmado pelo incorporador e, quando for o caso, também pelos titulares de direitos reais de aquisição sobre o terreno.

b) a sua averbação será obstada pela existência de ônus reais que tenham sido constituídos sobre o imóvel objeto da incorporação para garantia do pagamento do preço de sua aquisição.

c) os efeitos da decretação da falência ou da insolvência civil do incorporador atingem o patrimônio de afetação constituído, e o terreno, as acessões e demais bens, direitos creditórios, obrigações e encargos objeto da incorporação passarão a integrar automaticamente a massa concursal.

d) o incorporador somente poderá negociar as unidades autônomas após ter averbado, no registro de imóveis competente, o patrimônio de afetação que se distinguirá de seu patrimônio pessoal.

e) será extinto, de pleno direito, pela revogação, em razão do esgotamento do prazo de validade do registro de incorporação, que será de 120 dias e não poderá ser prorrogado.

954. **(Faurgs/TJ/RS/Cartórios/Remoção/2015)** As letras de crédito imobiliário serão emitidas:

a) sob forma nominativa, podendo ser transferidas mediante endosso em branco.

b) sob forma nominativa, podendo ser transferidas apenas mediante endosso em preto.

c) sob forma nominativa ou ao portador.

d) sob forma nominativa, sendo intransferíveis.

955. **(Faurgs/TJ/RS/Cartórios/Remoção/2015)** Assinale a alternativa que apresenta afirmação correta a respeito da disciplina sobre cédula de crédito bancário:

a) a Cédula de Crédito Bancário não pode ser protestada por indicação.

b) a validade e eficácia da Cédula de Crédito Bancário depende de registro.

c) é dispensado o protesto das Cédulas de Crédito Bancário para garantir o direito de cobrança contra endossantes, seus avalistas e terceiros garantidores.

d) os bens constitutivos de garantia pignoratícia em favor de Cédula de Crédito Bancário não poderão permanecer sob a posse direta do emitente.

4.11. Lei do Registro Público de Empresas Mercantis (Lei 8.934/94)

* QUESTÕES DISCURSIVAS

58. **(FMP/TJ/MT/Cartórios/Ingresso/2014)** O Departamento Nacional de Registro de Comércio (DNRC) e as Juntas Comerciais constituem um sistema registral para os empresários. Nessa perspectiva, responda, fundamentadamente, às seguintes questões: (i) O que distingue o papel do DNRC e o das Juntas? (ii) Quais os principais atos praticados pelas Juntas? (iii) Qual a natureza dos atos de registro praticados pelas Juntas?

59. **(Ieses/TJ/RO/Cartórios/2012)** João Alves Morais é um reconhecido poeta e renomado pintor de tela a óleo em estilo renascentista. Seus quadros buscam inspiração em "Leonardo Da Vince" e já lhe renderam algumas centenas de milhares de reais. João sempre trabalha sozinho, não aceita a ajuda ou parceria de ninguém. A solidão também é sua fonte de inspiração. Pensando em sua profissionalização e na regularização de sua ocupação, João resolveu intitular-se "empresário das telas". No intuito de registrar-se com empresário João procurou o Registro Público de Empresas Mercantis, mas teve seu pedido negado. Pergunta-se: (i) legalmente, quem pode ser considerado empresário em nosso país? (ii) apresente o fundamento legal pelo qual João não pode ser considerado empresário.

* QUESTÕES OBJETIVAS

956. **(Consulplan/TJ/MG/Cartórios/Remoção/2016)** De acordo com a Lei n. 8.934, de 18 de novembro de 1994, que dispõe sobre o Registro Público de Empresas Mercantis e Atividades Afins e dá outras providências, o Departamento Nacional de Registro de Comércio (DNRC) tem por finalidade, exceto:

a) expedir carteiras de exercício profissional de pessoas legalmente inscritas no Registro Público de Empresas Mercantis e Atividades Afins.

b) estabelecer e consolidar, com exclusividade, as normas e diretrizes gerais do Registro Público de Empresas Mercantis e Atividades Afins.

c) estabelecer normas procedimentais de arquivamento de atos de firmas mercantis individuais e sociedades mercantis de qualquer natureza.

d) promover e efetuar estudos, reuniões e publicações sobre assuntos pertinentes ao Registro Público de Empresas Mercantis e Atividades Afins.

957. **(Consulplan/TJ/MG/Cartórios/Ingresso/2017)** De acordo com a Lei n. 8.934, de 18 de novembro de 1994, que dispõe sobre o Registro Público de Empresas Mercantis e atividades afins, assinale a alternativa incorreta:

a) são finalidades do registro público das empresas mercantis, dar garantia, publicidade, autenticidade, segurança e eficácia aos atos jurídicos das empresas mercantis.

b) haverá uma junta comercial em cada unidade federativa, com sede na capital e jurisdição na área da circunscrição territorial respectiva.

c) o Departamento Nacional de Registro do Comércio tem como uma de suas finalidades, solucionar dúvidas ocorrentes na interpretação das leis, regulamentos e demais normas relacionadas com o registro de empresas mercantis, baixando instruções para esse fim.

d) qualquer pessoa, desde que comprove interesse, poderá consultar os assentamentos existentes nas juntas comerciais e obter certidões, que serão fornecidas gratuitamente.

958. **(Ieses/TJ/RO/Cartórios/Remoção/2017)** De acordo com Lei n. 8.934/1994, a qual dispõe sobre o Registro Público de Empresas Mercantis e Atividades Afins, o nome empresarial obedecerá aos princípios:

a) da motivação e eficiência.
b) da veracidade e da novidade.
c) da legalidade e impessoalidade.
d) da razoabilidade e economicidade.

959. (Ieses/TJ/AM/Cartórios/Remoção/2018) Segundo dispõe a Lei n. 8.934, que concerne a juntas comerciais é correto afirmar, exceto:

a) a Junta Comercial do Distrito Federal é subordinada administrativa e tecnicamente ao governo da unidade federativa de sua jurisdição.
b) haverá uma junta comercial em cada unidade federativa, com sede na capital e jurisdição na área da circunscrição territorial respectiva.
c) as juntas comerciais poderão desconcentrar os seus serviços, mediante convênios com órgãos públicos e entidades privadas sem fins lucrativos, preservada a competência das atuais delegacias.
d) as juntas comerciais subordinam-se administrativamente ao governo da unidade federativa de sua jurisdição e, tecnicamente, ao Departamento Nacional de Registro do Comércio.

960. (Vunesp/TJ/SP/Cartórios/Ingresso/2018) No Registro Público Empresarial:

a) a sociedade que não proceder a qualquer arquivamento no período de 05 (cinco) anos consecutivos, deverá comunicar à Junta Comercial que deseja se manter em funcionamento.
b) as procurações e os atos levados a arquivamento nas Juntas Comerciais são dispensados de reconhecimento de firma.
c) expirado o prazo da sociedade celebrada por tempo determinado, a proteção ao nome empresarial caducará no prazo de 05 (cinco) anos.
d) as alterações contratuais poderão ser efetuadas por escritura pública ou instrumento particular, independentemente da forma adotada no ato constitutivo.

961. (Ieses/TJ/RO/Cartórios/Ingresso/2017) Assinale a alternativa correta:

a) as juntas comerciais autenticarão os instrumentos de escrituração das empresas mercantis e dos agentes auxiliares do comércio.
b) as juntas comerciais autenticarão as sentenças que declararem legítima a filiação.
c) as juntas comerciais autenticarão os estatutos jurídicos dos partidos políticos.
d) as juntas comerciais autenticarão a perda e a suspensão do pátrio poder.

962. (Ieses/TJ/RO/Cartórios/Remoção/2017) As juntas comerciais poderão ter uma assessoria técnica, com a competência de preparar e relatar os documentos a serem submetidos à sua deliberação, cujos membros deverão ser bacharéis em:

I. bacharéis em Direito.
II. economistas.
III. contadores.
IV. administradores.

A sequência correta é:

a) apenas as assertivas I e III estão corretas.
b) as assertivas I, II, III e IV estão corretas.
c) apenas a assertiva I está correta.
d) as assertivas I e II estão incorretas.

963. (Ieses/TJ/RO/Cartórios/Remoção/2017) Quem poderá consultar os assentamentos existentes nas juntas comerciais e obter certidões?

a) a consulta é ato privativo do Ministério Público.
b) qualquer pessoa, sem necessidade de provar interesse, mediante pagamento do preço devido.
c) apenas os sócios das Empresas Mercantis registradas.
d) qualquer pessoa, desde que comprove formalmente a necessidade e ou interesse, mediante pagamento do preço devido.

964. (FMP/TJ/MT/Cartórios/Ingresso/2014) Quanto aos atos registrários das Juntas, pode-se dizer que:

a) a matrícula é o registro a que se submetem os auxiliares do comércio.
b) a matrícula é o registro a que se submetem os dados relativos aos empresários pessoas físicas ou pessoas jurídicas.
c) a averbação é o ato pelo qual a Junta armazena, guarda ou conserva documento levado a registro.
d) o arquivamento é o ato pelo qual são registrados fatos relevantes ligados ao empresário pessoa física ou jurídica.
e) a autenticação não é ato praticado pela Junta Comercial.

965. (FMP/TJ/MT/Cartórios/Remoção/2014) É competência do Departamento Nacional de Regisrto de Comércio (DNRC):

a) organizar o Cadastro Nacional de Empresas Mercantis.
b) fixar os assentos dos usos e costumes mercantis.
c) efetuar a matrícula dos auxiliares do comércio.
d) autenticar os livros contábeis dos comerciantes.
e) proceder a inscrição dos empresários individuais e das sociedades.

966. (Cespe/TJ/BA/Cartórios/Ingresso/2013) Assinale a opção correta de acordo com a lei que regula o registro público de empresas:

a) entre as atribuições das juntas comerciais, inclui-se, além da precípua função de executar o registro do comércio, a de solucionar dúvidas decorrentes da interpretação de leis, regulamentos e demais normas relacionadas com o registro de empresas mercantis, por meio de instruções específicas.
b) o reconhecimento de firmas é dispensável nos atos levados ao registro público das empresas mercantis, salvo as procurações outorgadas por pessoas que se façam representar por outrem nos referidos atos.
c) o registro mercantil é público e qualquer pessoa tem o direito de consultar os seus assentamentos desde que comprove o seu interesse e efetue o pagamento dos emolumentos devidos.
d) a junta comercial não arquivará documentos de constituição ou alteração de sociedades comerciais de qualquer espécie ou modalidade em que figure como titular ou administrador cidadão que tenha sido indiciado pela prática de crime.
e) é possível a participação, no colégio de vogais da mesma junta comercial, de parentes afins até o segundo grau, por serem as juntas órgãos integrantes da administração estadual que desempenham função de natureza federal.

967. (Cespe/TJ/PI/Cartórios/Remoção/2013) A respeito do registro de empresas mercantis, assinale a opção correta:

a) o arquivamento de documentos relativos às atividades de leiloeiro, tradutores públicos, intérpretes comerciais, trapicheiros e administradores de armazéns gerais é um dos atos do registro público de empresas mercantis.
b) o cancelamento de registro de empresa, por inatividade, verificável após cinco anos sem qualquer arquivamento por parte do empresário, não acarreta a perda da proteção do nome empresarial.
c) a sociedade empresarial pode adotar o modelo das sociedades simples, caso em que o respectivo registro deverá ser feito no registro civil das pessoas jurídicas.
d) é desnecessário o reconhecimento de firmas dos sócios apostas no contrato social levado a registro no registro público de empresas mercantis.
e) para a obtenção de certidões relativas aos assentamentos do registro público do registro de empresas, é necessária a demonstração, pelo requerente, de legítimo interesse.

968. (Ieses/TJ/RS/Cartórios/Remoção/2013) A reunião de sociedades empresárias, com o objetivo de executar um empreendimento determinado na qual cada uma delas mantém sua autonomia, agindo e respondendo cada qual por suas obrigações, sem solidariedade e sem a criação de um novo sujeito de direito, mas contribuindo para as despesas comuns e deliberando sobre a administração do conjunto, caracteriza:

a) uma sociedade em conta de participação.
b) um grupo de sociedades, sem personalidade jurídica, sujeito a registro na Junta Comercial.
c) uma sociedade de propósito específico.
d) um consórcio, sem personalidade jurídica, mas que deve ser registrado na Junta Comercial.

969. (Ieses/TJ/RN/Cartórios/Remoção/2012) O Sistema Nacional de Registro de Empresas Mercantis (Sinrem) é composto pelos seguintes órgãos e funções:

a) o Departamento Nacional de Registro do Comércio, órgão central Sinrem, com funções supervisora, orientadora, coordenadora e normativa, no plano técnico; e supletiva, no plano administrativo; e as Juntas Comerciais, como órgãos locais, com funções apenas executoras dos serviços de registro.
b) o Departamento Nacional de Registro do Comércio, órgão central Sinrem, com funções supervisora, orientadora, coordenadora, no plano técnico, e não normativa; e obrigatória, no plano administrativo; e as Juntas Comerciais, como órgãos locais, com funções executora e administradora dos serviços de registro.
c) o Departamento Nacional de Registro do Comércio, órgão central Sinrem, com funções supervisora, orientadora, coordenadora e normativa,

no plano técnico; e supletiva, no plano administrativo; e as Juntas Comerciais, como órgãos locais, com funções executora e administradora dos serviços de registro.

d) o Departamento Nacional de Registro do Comércio, órgão central Sinrem, com funções supervisora, orientadora, coordenadora e normativa, no plano técnico; e obrigatória, no plano administrativo; e as Juntas Comerciais, como órgãos locais, com funções executora e administradora dos serviços de registro.

970. (Ieses/TJ/RN/Cartórios/Remoção/2012) Nas Juntas Comerciais, estão sujeitos ao regime de decisão colegiada:

a) o pedido de extinção da pessoa jurídica.

b) o pedido de alteração da sociedade cooperativa.

c) o pedido de transformação, incorporação, fusão e cisão de empresas mercantis.

d) o pedido de registro de pessoa jurídica.

971. (Ieses/TJ/RN/Cartórios/Remoção/2012) Sobre o exame de formalidades dos documentos apresentados à Junta Comercial, assinale a resposta incorreta:

a) verificada a existência de vício sanável, o processo será colocado em exigência.

b) verificada a existência de vício insanável, o requerimento será indeferido.

c) todo ato, documento ou instrumento apresentado a arquivamento será objeto de exame do cumprimento das formalidades legais pela junta comercial.

d) as exigências formuladas pela junta comercial deverão ser cumpridas em até quinze dias, contados da data da ciência pelo interessado ou da publicação do despacho.

972. (FCC/TJ/PE/Cartórios/Ingresso/2013) A sociedade empresária que não proceder a qualquer arquivamento no período de dez anos e não comunicar à Junta Comercial que deseja manter-se em funcionamento será considerada:

a) irregular.

b) inativa.

c) de fato.

d) anulável.

e) ilegal.

973. (TJ/SC/Cartórios/Ingresso/2012) Quanto aos serviços do registro público de empresas mercantis e atividades afins, é correto afirmar:

a) serão exercidos, em todo o território nacional, pelo SINREM, composto pelo DNRC, órgão central, com funções supervisora, orientadora, coordenadora e normativa, no plano técnico; e supletiva, no plano administrativo; e pelas Juntas Comerciais, como órgãos locais, com funções executora e administradora dos serviços de registro.

b) serão exercidos nos Estados pelo SIEREM, composto pelo DERC, órgão central, com funções supervisora, orientadora, coordenadora e normativa, no plano técnico; e supletiva, no plano administrativo; e pelas Juntas Comerciais, como órgãos locais, com funções executora e administradora dos serviços de registro.

c) serão exercidos, em todo o território nacional, pelo SIEREM, composto pelo DERC e pelas Juntas Comerciais, os quais, nos âmbitos federal e estaduais, possuem funções supervisora, orientadora, coordenadora e normativa, no plano técnico; e, no plano administrativo, com funções executora e administradora dos serviços de registro.

d) serão exercidos, em todo o território nacional, pelo SINREM, composto pelas Juntas Comerciais, com funções supervisora, orientadora, coordenadora e normativa, no plano técnico; e supletiva, no plano administrativo; e pelos DERCs, como órgãos locais, com funções executora e administradora dos serviços de registro.

e) serão exercidos, nacionalmente, pelo DNRC, e, no âmbito dos Estados e do Distrito Federal, pelas Juntas Comerciais, com funções supervisora, orientadora, coordenadora, normativa, executora e administradora dos serviços de registro.

974. (Ieses/TJ/PA/Cartórios/Remoção/2016) Não compete a junta comercial o registro relativo ao arquivamento:

a) das declarações de microempresa.

b) dos documentos relativos à constituição, alteração, dissolução e extinção de sociedade de advogados.

c) dos atos concernentes a empresas mercantis estrangeiras autorizadas a funcionar no Brasil.

d) dos documentos relativos à constituição, alteração, dissolução e extinção de firmas mercantis individuais, sociedades mercantis e cooperativas.

975. **(Ieses/TJ/CE/Cartórios/Remoção/2018)** O registro da matrícula e seu cancelamento, para os leiloeiros, tradutores públicos e intérpretes comerciais, trapicheiros e administradores de armazéns-gerais deve ser:

a) na Junta Comercial.
b) no Registro de Títulos e Documentos.
c) no Registro Civil de Pessoas Naturais.
d) no Registro Civil de Pessoas Jurídicas.

976. **(Ieses/TJ/CE/Cartórios/Remoção/2018)** As exigências formuladas pela Junta Comercial deverão ser cumpridas em até:

a) 45 (quarenta e cinco) dias, contados da data da ciência pelo interessado ou da publicação do despacho.
b) 20 (vinte) dias, contados da data da publicação do despacho.
c) 60 (sessenta) dias, contados da data da publicação do despacho.
d) 30 (trinta) dias, contados da data da ciência pelo interessado ou da publicação do despacho.

977. **(Ieses/TJ/CE/Cartórios/Ingresso/2018)** A respeito da competência das Juntas Comerciais para as autenticações, podemos afirmar:

I. as juntas comerciais autenticarão os instrumentos de escrituração das empresas mercantis e dos agentes auxiliares do comércio.
II. a autenticação dos documentos de empresas de qualquer porte realizada por meio de sistemas públicos eletrônicos dispensa qualquer outra.
III. os instrumentos autenticados, não retirados no prazo de 15 (quinze) dias, contados da sua apresentação, poderão ser eliminados.
IV. as juntas comerciais autenticarão as cópias dos documentos assentados.

A sequência correta é:

a) apenas a assertiva III está incorreta.
b) apenas as assertivas III e IV estão corretas.
c) apenas as assertivas I, II e III estão corretas.
d) as assertivas I, II, III e IV estão corretas.

978. **(Ieses/TJ/AM/Cartórios/Remoção/2018)** Os serviços do Registro Público de Empresas Mercantis e Atividades Afins serão exercidos, em todo o território nacional, de maneira uniforme, harmônica e interdependente, pelo Sistema Nacional de Registro de Empresas Mercantis (Sinrem), composto pelos seguintes órgãos:

I. juntas comerciais.
II. tabelionatos.
III. Departamento Nacional de Registro do Comércio.
IV. serventias.

A sequência correta é:

a) as assertivas I, II, III e IV estão corretas.
b) apenas as assertivas I e III estão corretas.
c) apenas a assertiva III está incorreta.
d) apenas as assertivas I, II e III estão corretas.

979. **(Ieses/TJ/AM/Cartórios/Remoção/2018)** Às Juntas Comerciais incumbe, entre outros:

I. estabelecer e consolidar, com exclusividade, as normas e diretrizes gerais do Registro Público de Empresas Mercantis e Atividades Afins.
II. estabelecer normas procedimentais de arquivamento de atos de firmas mercantis individuais e sociedades mercantis de qualquer natureza.
III. elaborar a tabela de preços de seus serviços, observadas as normas legais pertinentes.
IV. processar a habilitação e a nomeação dos tradutores públicos e intérpretes comerciais.

A sequência correta é:

a) apenas as assertivas III e IV estão corretas.
b) apenas a assertiva II está incorreta.
c) as assertivas I, II, III e IV estão corretas.
d) apenas as assertivas I, II e IV estão corretas.

980. **(Ieses/TJ/AM/Cartórios/Remoção/2018)** As juntas comerciais poderão ter uma assessoria técnica, com a competência de preparar e relatar os documentos a serem submetidos à sua deliberação, cujos membros deverão ser:

a) economistas, contadores, administradores ou bacharéis em direito.
b) economistas, contadores, bacharéis em direito ou bacharéis em ciências sociais.
c) administradores, economistas, bacharéis em direito ou bacharéis em ciências políticas.
d) economistas, contadores, administradores ou bacharéis em ciências políticas.

4.12. Lei do Sistema de Financiamento Imobiliário (Lei 9.514/97)

✱ ENUNCIADOS CJF

CJF **Civil 511.** Do leilão, mesmo que negativo, a que se refere o art. 27 da Lei n. 9.514/1997, será lavrada ata que, subscrita pelo leiloeiro, poderá ser averbada no registro de imóveis competente, sendo a transmissão da propriedade do imóvel levado a leilão formalizada mediante contrato de compra e venda.

CJF **Civil 567.** A avaliação do imóvel para efeito do leilão previsto no § 1º do art. 27 da Lei n. 9.514/1997 deve contemplar o maior valor entre a avaliação efetuada pelo município para cálculo do imposto de transmissão "inter vivos" (ITBI) devido para a consolidação da propriedade no patrimônio do credor fiduciário e o critério fixado contratualmente.

CJF **Civil 591.** A ação de reintegração de posse nos contratos de aliena-ção fiduciária em garantia de coisa imóvel pode ser proposta a partir da conso-lidação da propriedade do imóvel em poder do credor fiduciário e não apenas após os leilões extrajudiciais previstos no art. 27 da Lei 9.514/1997.

* INFORMATIVOS

STJ **Imóvel. Inadimplemento. Leilão. Suspensão. Credor. Reintegração. Posse.** Os dispositivos da Lei 9.514/97, notadamente seus arts. 26, 27, 30 e 37-A, comportam dupla interpretação: é possível dizer, por um lado, que o direito do credor fiduciário à reintegração da posse do imóvel alienado decorre automaticamente da consolidação de sua propriedade sobre o bem nas hipóteses de inadimplemento; ou é possível afirmar que referido direito possessório somente nasce a partir da realização dos leilões a que se refere o art. 27 da Lei 9.514/97. 2. A interpretação sistemática de uma Lei exige que se busque, não apenas em sua arquitetura interna, mas no sentido jurídico dos institutos que regula, o modelo adequado para sua aplicação. Se a posse do imóvel, pelo devedor fiduciário, é derivada de um contrato firmado com o credor fiduciante, a resolução do contrato no qual ela encontra fundamento torna-a ilegítima, sendo possível qualificar como esbulho sua permanência no imóvel. 3. A consolidação da propriedade do bem no nome do credor fiduciante confere-lhe o direito à posse do imóvel. Negá-lo implicaria autorizar que o devedor fiduciário permaneça em bem que não lhe pertence, sem pagamento de contraprestação, na medida em que a Lei 9.514/97 estabelece, em seu art. 37-A, o pagamento de taxa de ocupação apenas depois da realização dos leilões extrajudiciais. Se os leilões são suspensos, como ocorreu na hipótese dos autos, a lacuna legislativa não pode implicar a imposição, ao credor fiduciante, de um prejuízo a que não deu causa. REsp 1.155.716, Rel. Min. Nancy Andrighi, j. 13.3.12. 3ª T. (Info 493)

* QUESTÕES DISCURSIVAS

60. **(Vunesp/TJ/SP/Cartórios/2011)** Dissertação. Alienação fiduciária de bem imóvel (Lei n. 9.514/97) e hipoteca convencional (Código Civil): traços distintivos; posição jurídica das partes contratantes; alienação fiduciária de imóvel já anteriormente alienado fiduciariamente; repercussões dos institutos no Registro de Imóveis.

* QUESTÕES OBJETIVAS

981. **(Consulplan/TJ/MG/Cartórios/Ingresso/2018)** Segundo a Lei Federal nº 9.514/97, que dispõe sobre o Sistema de Financiamento Imobiliário, institui a alienação fiduciária de coisa imóvel e dá outras providências, vencida e não paga, no todo ou em parte, a dívida e constituído em mora o fiduciante, consolidar-se-á, nos termos da lei, a propriedade do imóvel em nome do fiduciário quando intimado pessoalmente o fiduciante ou seu representante legal ou procurador regularmente constituído, pelo oficial do registro de títulos e documentos:

a) não satisfizer, no prazo de 30 (trinta) dias, a prestação vencida e as que se vencerem até a data do pagamento, os juros convencionais, as penalidades e os demais encargos contratuais, os encargos legais, inclusive tributos, as contribuições condominiais imputáveis ao imóvel.

b) não satisfizer, no prazo de 20 (vinte) dias, a prestação vencida e as que se vencerem até a data do pagamento, os juros convencionais, os encargos legais, inclusive tributos, as contribuições condominiais imputáveis ao imóvel, além das despesas de cobrança e de intimação.

c) não satisfizer, no prazo de 10 (dez) dias, a prestação vencida e as que se vencerem até a data do pagamento, os juros convencionais, as penalidades e os demais encargos contratuais, os encargos legais, inclusive tributos, as contribuições condominiais imputáveis ao imóvel, além das despesas de cobrança e de intimação.

d) não satisfizer, no prazo de 15 (quinze) dias, a prestação vencida e as que se vencerem até a data do pagamento, os juros convencionais, as penalidades e os demais encargos contratuais, os encargos legais, inclusive tributos, as contribuições condominiais imputáveis ao imóvel, além das despesas de cobrança e de intimação.

982. **(Cespe/TJ/ES/Cartórios/Remoção/2013)** A respeito de compromisso irretratável de compra e venda, alienação fiduciária, Sistema Financeiro da Habitação (SFH), tombamento e remição do imóvel hipotecado, assinale a opção correta:

a) o contrato, de que for parte a entidade integrante do SFH que promoverá o empreendimento, poderá ser celebrado por instrumento particular, que terá caráter de escritura pública, ainda que não tenha sido escrito e assinado por notário.

b) após o registro no cartório de imóveis, os bens tombados em razão do interesse público, quer por sua vinculação a fatos memoráveis na história do Brasil, quer pelo seu excepcional valor arqueológico ou etnográfico, são inalienáveis.

c) a remição da hipoteca, que compete ao próprio devedor, ao credor da segunda hipoteca e ao adquirente do imóvel hipotecado, requer o pagamento integral da dívida cujo imóvel foi dado em garantia.

d) em se tratando de bem imóvel, a alienação fiduciária em garantia só poderá ser celebrada se o bem estiver concluído.

e) os compromissários-compradores possuem direito à adjudicação compulsória do imóvel, desde que registrado o contrato no ofício de imóveis.

983. **(Ieses/TJ/RN/Cartórios/Ingresso/2012)** Quanto ao Sistema de Financiamento Imobiliário, é correto afirmar, exceto, que:

a) o direito de uso especial para fins de moradia pode ser objeto da alienação fiduciária.

b) a cessão do crédito objeto da alienação fiduciária implicará a transferência, ao cessionário, de todos os direitos e obrigações inerentes à propriedade fiduciária em garantia.

c) as operações de financiamento imobiliário em geral poderão ser garantidas somente por garantia real.

d) constitui-se a propriedade fiduciária de coisa imóvel mediante registro, no competente registro de imóveis, do contrato que lhe serve de título.

984. **(Cespe/TJ/DFT/Cartórios/Ingresso/2014)** Apesar de os contratos do sistema de financiamento imobiliário estarem submetidos à regra de liberdade de disposição, a lei prevê como essencial a cláusula que:

a) proíba a capitalização dos juros.

b) imponha ao tomador do empréstimo a contratação de seguro contra o desemprego.

c) exija a concessão de desconto em caso de pagamento antecipado e integral do valor tomado.

d) determine a reposição integral do valor emprestado e respectivos critérios de reajuste.

e) estabeleça que o capital emprestado deva ser remunerado às taxas convencionadas no contrato.

985. **(Faurgs/TJ/RS/Cartórios/Remoção/2015)** Assinale a alternativa que completa as lacunas do trecho abaixo em conformidade com o regime da alienação fiduciária estabelecido na Lei n. 9.514/97. No prazo de (__) dias, a contar da data de liquidação da dívida, o fiduciário fornecerá o respectivo termo de quitação ao fiduciante, sob pena de multa em favor deste, equivalente a (__) por cento ao mês, ou fração sobre o valor do contrato:

a) cinco – dez.

b) dez – cinco.

c) quinze – um.

d) trinta – meio.

986. **(Vunesp/TJ/SP/Cartórios/Ingresso/2014)** Foi registrado um instrumento particular de mútuo com alienação fiduciária, para garantia da dívida de R$ 250.000,00, a serem pagos em 10 parcelas de R$ 25.000,00, vencendo a primeira em 15.01.2014 e as demais em igual dia dos meses subsequentes. Em 30.04.2014, tendo expirado o prazo de carência, foi prenotado requerimento do fiduciante para intimação do fiduciário, tendo em vista o não pagamento das parcelas vencidas em 15.03.2014 e 15.04.2014. Do demonstrativo de débitos, consta na projeção de valores para pagamento da dívida, além das parcelas já vencidas e não pagas, todas as demais previstas no contrato, tendo em vista que o inadimplemento acarretou vencimento antecipado da dívida. Diante de tal requerimento, o oficial deve:

a) proceder a intimação, indicando nesta apenas as parcelas que o oficial considera indiscutíveis.

b) elaborar Nota de Devolução ao fiduciante, pois o requerimento não é título hábil para proceder a intimação, devendo o próprio elaborar a intimação, sendo de sua inteira responsabilidade os valores cobrados do fiduciário.

c) proceder a intimação, tendo em vista que não cabe ao oficial examinar a regularidade do cálculo.

d) elaborar nota de devolução expondo que a Lei n. 9.514/97 só permite que sejam cobradas as prestações vencidas e as que vencerem até a data do pagamento, os juros convencionais, as penalidades e os demais encargos contratuais e legais, além das despesas de cobrança e de intimação.

987. **(Consulplan/TJ/MG/Cartórios/Remoção/2016)** Nos termos da Lei n. 9.514/97, a alienação fiduciária poderá ser contratada por pessoa física ou jurídica, não sendo privativa das entidades que operam no Sistema Financeiro Imobiliário – SFI, podendo ter como objeto, além da propriedade plena, outros direitos reais sobre bens imóveis. Assinale a alternativa que não permite gravar isoladamente com alienação fiduciária:

a) bens enfitêuticos.

b) o direito de uso especial para fins de moradia.

c) o direito real de uso, desde que suscetível de alienação.

d) o usufruto, a posse ou fruição assegurada por esse direito.

988. **(Faurgs/TJ/RS/Cartórios/Ingresso/2015)** Assinale a alternativa que apresenta afirmação correta a respeito da disciplina sobre a alienação fiduciária na Lei n. 9.514/97:

a) com a constituição da propriedade fiduciária, dá-se o desdobramento da posse, tornando-se o fiduciário possuidor direto e o fiduciante possuidor indireto da coisa imóvel.

b) a alienação fiduciária poderá ser contratada por pessoa física ou jurídica, sendo privativa das entidades que operam no Sistema de Financiamento Imobiliário.

c) vencida e não paga a dívida, no todo ou em parte, e constituído em mora o fiduciante, consolida-se a propriedade do imóvel em nome do fiduciário.

d) purgada a mora no registro de imóveis, resolve-se o contrato de alienação fiduciária.

989. **(Consulplan/TJ/MG/Cartórios/Remoção/2015)** Nos termos da Lei n. 9.514/97, havendo a purga da mora, o oficial do registro de imóveis entregará ao fiduciário as importâncias recebidas, deduzidas as despesas de cobrança e de intimação. Quanto ao prazo para entrega das importâncias ao fiduciário, é correto afirmar que deve ser realizada:

a) nos 3 (três) dias seguintes à purgação da mora.

b) nos 3 (três) dias seguintes à intimação para pagamento.

c) nos 15 (quinze) dias seguintes à purgação da mora.

d) nos 15 (quinze) dias seguintes à intimação para pagamento.

990. **(Consulplan/TJ/MG/Cartórios/Ingresso/2016)** Nos financiamentos pelo Sistema Financeiro Imobiliário – SFI, a lei obriga a contratação do seguro quanto aos riscos de morte ou invalidez permanente do devedor. Em caso de morte, o beneficiário será:

a) na ordem seguinte: os descendentes; os ascendentes; o cônjuge sobrevivente; os colaterais; os Municípios, o Distrito Federal ou a União.

b) na ordem seguinte: os ascendentes, em concorrência com o cônjuge; o cônjuge sobrevivente; os colaterais até quarto grau.

c) a instituição financeira ou o titular do crédito, que receberá o valor da indenização correspondente ao saldo devedor.

d) o codevedor.

991. **(Consulplan/TJ/MG/Cartórios/Ingresso/2015)** Nos termos da Lei n. 9514/97, com o pagamento da dívida e seus encargos, resolve-se a propriedade fiduciária do imóvel:

a) contar da data de liquidação da dívida, o fiduciário fornecerá o respectivo termo de quitação ao fiduciante, sob pena de multa em favor deste. Quanto ao prazo para entrega do termo de quitação, sem aplicação das sanções previstas, é correto afirmar que este deve ocorrer no prazo de:

a) 90 (noventa) dias, a contar da liquidação da dívida.

b) 60 (sessenta) dias, a contar da liquidação da dívida.

c) 30 (trinta) dias, a contar da liquidação da dívida.

d) 45 (quarenta e cinco) dias, a contar da liquidação da dívida.

992. **(Consulplan/TJ/MG/Cartórios/Ingresso/2015)** Nos termos da Lei n. 9.514/97, quanto à Alienação Fiduciária de Coisa Imóvel, é correto afirmar:

a) a alienação fiduciária poderá ser contratada por pessoa física ou jurídica, sendo privativa das entidades que operam no Sistema Financeiro Imobiliário – SFI e companhia autorizada para esse fim pelo BACEN.

b) os emolumentos devidos aos Cartórios de Registros de Imóveis para cancelamento do regime fiduciário e das garantias reais existentes serão cobrados como ato único.

c) as operações de financiamento imobiliário, no âmbito do Sistema Financeiro Imobiliário – SFI, serão reguladas pelo governo federal, fixando prazo e taxas de juros máximos para financiamento.

d) os atos e contratos de Alienação Fiduciária de Bens imóveis, no âmbito do Sistema Financeiro Imobiliário – SFI, serão celebrados por escritura pública, facultando instrumento particular somente quando inferior a 30 (trinta) salários-mínimos.

993. **(Vunesp/TJ/SP/Cartórios/Ingresso/2016)** Na execução para a cobrança do crédito hipotecário, vinculado ao SFH, a venda do imóvel hipotecado em praça pública deverá observar:

a) preço não inferior ao saldo devedor.

b) preço não inferior à avaliação do bem.

c) valor que não seja vil.

d) preço não inferior a 50% da avaliação do bem.

994. **(Ieses/TJ/CE/Cartórios/Remoção/2018)** As operações de financiamento imobiliário em geral, no âmbito do sistema financeiro imobiliário, serão livremente pactuadas pelas partes, observadas as seguintes condições essenciais:

I. contratação, pelos prestadores de financiamento, de seguros contra os riscos de morte e invalidez permanente.

II. reposição integral do valor emprestado e respectivo reajuste.

III. capitalização dos juros.

IV. remuneração do capital emprestado às taxas convencionadas no contrato.

A sequência correta é:

a) apenas as assertivas II e III estão corretas.

b) as assertivas I, II, III e IV estão corretas.

c) apenas as assertivas II, III e IV estão corretas.

d) apenas a assertiva III está incorreta.

995. **(Ieses/TJ/AM/Cartórios/Ingresso/2018)** Segundo a Lei n. 9.514/97, as operações de financiamento imobiliário em geral poderão ser garantidas por:

a) hipoteca; caução fidejussória; caução de direitos creditórios ou aquisitivos decorrentes de contratos de venda ou promessa de venda de imóveis; alienação fiduciária de coisa imóvel.

b) nenhuma das alternativas.

c) hipoteca; cessão fiduciária de direitos creditórios decorrentes de contratos de alienação de imóveis; caução de direitos creditórios ou aquisitivos decorrentes de contratos de venda ou promessa de venda de imóveis; alienação fiduciária de coisa imóvel.

d) hipoteca; cessão fiduciária de direitos creditórios decorrentes de contratos de alienação de imóveis; penhor; alienação fiduciária de coisa imóvel.

996. **(Vunesp/TJ/SP/Cartórios/Ingresso/2018)** Com referência ao crédito imobiliário, tendo como garantia a alienação fiduciária de um determinado imóvel, assinale a alternativa correta:

a) o credor fidúciario, mesmo não sendo instituição financeira, poderá emitir Cédula de Crédito Imobiliário (CCI) representativa desse crédito.

b) a Cédula de Crédito Imobiliário, quando não escritural, deverá ser emitida concomitantemente ao contrato de alienação fiduciária, devendo ainda ser subscrita pelo devedor fiduciante.

c) sendo o credor fiduciário uma instituição financeira autorizada pelo Banco Central do Brasil, poderá optar pela emissão de Letra de Crédito Imobiliário ou de Cédula de Crédito Imobiliário representativa desse crédito, implicando a transferência de qualquer um deles na automática transmissão da respectiva garantia ao cessionário, que ficará sub-rogado em todos os direitos decorrentes do referido crédito.

d) na hipótese de emissão de Cédula de Crédito Imobiliário, quando em forma escritural, todas as transferências deverão ser averbadas na matrícula, com a finalidade de se manter a continuidade nas sucessões dos direitos.

4.13. Lei do Inventário/Partilha/Separação/Divórcio Consensual (Lei 11.441/07)

* ENUNCIADOS CNB

CNB **Enunciado 1/2014.** É possível o inventário extrajudicial ainda que haja testamento, desde que previamente registrado em juízo ou homologado posteriormente pelo juízo competente.

CNB **Enunciado 2/2017.** A filiação socioafetiva pode ser reconhecida por escritura pública, presentes o pai ou mãe reconhecedor e o filho reconhecido. Este reconhecimento também poderá ser feito pela unanimidade dos herdeiros daquele que a poderia ter reconhecido em vida, mas o inventário só pode ser lavrado após a sua averbação no registro civil das pessoas naturais.

✱ QUESTÕES DISCURSIVAS

61. **(Vunesp/TJ/SP/Cartórios/2014)** Dissertação. Da partilha extrajudicial: conceito, requisitos, competência do tabelionato, critérios de cobrança, da nomeação de inventariante, inventário negativo, da sobrepartilha.

✱ QUESTÕES OBJETIVAS

997. **(Cespe/TJ/PI/Cartórios/Remoção/2013)** A respeito de procedimentos e normas referentes à lavratura de escrituras de separação, divórcio e inventários, assinale a opção correta:

a) não há impedimento legal para que um dos herdeiros acumule a função de advogado para representar outro herdeiro na escritura de inventário, desde que presentes os demais requisitos legais.

b) caso haja necessidade de sobrepartilha por escritura pública, esta deverá ser lavrada no mesmo tabelionato em que tiver sido feita a partilha, se ambas forem extrajudiciais.

c) é defeso o inventário extrajudicial conjunto de bens de casal cujos integrantes tenham falecido em momentos diferentes.

d) se apenas um dos herdeiros for menor no momento da abertura da sucessão e, posteriormente, esse herdeiro adquirir a capacidade de fato com a sua emancipação, não haverá óbice para a lavratura da escritura pública de inventário.

e) os herdeiros podem optar por lavrar a escritura de inventário em qualquer cartório de notas, desde que observados os limites territoriais do juízo competente, que é o do lugar da sucessão.

998. **(Cespe/TJ/ES/Cartórios/Remoção/2013)** Assinale a opção correta acerca da escritura pública de inventário e partilha:

a) essa espécie de escritura não é aplicável ao caso em que exista um único herdeiro maior e capaz.

b) exige-se, para a lavratura desse documento, a assistência de advogado indicado por instrumento público específico.

c) o advogado que figurar, na escritura, como assistente pode, também, comparecer como procurador, desde que de uma única parte.

d) dado o caráter simplificado dessa espécie de escritura, a descrição dos imóveis urbanos e rurais pode ser feita de forma resumida, não se fazendo, portanto, distinção entre as descrições dos dois tipos de imóveis.

e) esse tipo de escritura dispensa a indicação de herdeiro com os poderes de inventariante.

999. **(Ieses/TJ/RS/Cartórios/Remoção/2013)** Em Formal de Partilha expedido em 12.12.2008, foi declarado que o autor da herança, João da Silva, divorciado, faleceu em 5.5.2005. A atribuição dos bens aos "herdeiros" foi efetuada na seguinte proporção: (a) 25% para Ana; (b) 25% para José; (c) 12,5% para Patrícia; (d) 12,5% para Jonas; e) 25% para Amélia. Segundo petição contida no título, tal atribuição de quinhões aconteceu dessa forma porque um dos filhos de João faleceu em 6.5.2005, sendo chamados à sucessão Patrícia e Jonas, netos do autor da herança, pelo direito de representação. O oficial do registro de imóveis, ao examinar esse Formal de Partilha, deverá:

a) o título contém todas as peças obrigatórias de um Formal de Partilha e a decisão judicial já transitou em julgado, de forma que não pode ser reformada. Na qualificação de Títulos Judiciais, não cabe ao oficial de registro exercer exame para além dos requisitos formais do título.

b) redigir Nota Devolutiva, informando ao interessado sobre a impossibilidade de registro do Formal de Partilha, na condição em que se encontra, recomendando sua retificação, o que poderá se dar em juízo, ou de forma extrajudicial, através de Escritura Pública lavrada por tabelião de notas, se em conformidade com os dispositivos da Lei 11.441/07.

c) registrar a partilha, pois a atribuição dos quinhões obedece à ordem de vocação hereditária e à divisão legal da herança.

d) sabendo que o "título judicial submete-se à qualificação registrária (...), não incorrendo em qualquer exame de conteúdo da decisão judicial, sendo tão somente apreciadas as formalidades extrínsecas da ordem e da conexão dos dados do título com o registro", o oficial deverá realizar o registro da Partilha.

1000. **(Ieses/TJ/RS/Cartórios/Ingresso/2013)** José da Silva, nascido em 1/04/1947, casado com Maria da Silva pelo regime da comunhão universal de bens, faleceu em 1/01/2003, sem ascendentes vivos, netos, mas com dois filhos: a) João da Silva, casado pelo regime da comunhão universal de bens com Sabrina da Silva; b) Marcos da Silva, casado pelo regime da comunhão parcial de bens com Silvana da Silva. João da Silva, em decorrência do mesmo acidente de automóvel que resultou na morte de seu pai, faleceu apenas um dia depois, em 2/01/2003. Sendo essa a situação de uma escritura de inventário e partilha apresentada a registro, assinale a alternativa correta:

a) pelo princípio da saisine, João da Silva efetivamente adquiriu direitos em decorrência do óbito de seu pai. Dessa sorte, não possuindo outros bens além do seu quinhão na herança, poderá este ser partilhado juntamente com os bens do monte.

b) considerando o regime de bens do casamento de João da Silva com Sabrina da Silva, esta deverá integrar a relação de herdeiros de José da Silva, para receber o quinhão que lhe é devido.

c) uma vez que os óbitos ocorreram em razão do mesmo acidente de automóvel, operou-se a comoriência, de forma que, atribuída a meação ao cônjuge sobrevivente, os bens da herança deverão ser adjudicados ao herdeiro vivo, isto é, a Marcos da Silva, e o registro será realizado em seu nome.

d) eventual diferença entre a partilha e a atribuição dos quinhões definida em lei deverá ser interpretada como cessão de direitos hereditários, sendo necessário realizar, primeiramente, o registro da partilha e, na sequência, o registro da cessão dos direitos hereditários.

1001. **(Ieses/TJ/RS/Cartórios/Remoção/2013)** Para lavratura de escritura pública de divórcio:

a) a procuração deve ser por instrumento público com poderes especiais, descrição de cláusulas essenciais e validade de trinta dias.

b) não se admite a utilização de procuração para a lavratura de escritura pública de divórcio, por se tratar de ato personalíssimo.

c) a procuração deve ser por instrumento público com poderes especiais, descrição de cláusulas essenciais e validade de noventa dias.

d) a procuração pode ser por instrumento particular com poderes especiais, descrição de cláusulas essenciais e validade de trinta dias.

1002. **(Consulplan/TJ/MG/Cartórios/Remoção/2016)** "A escritura pública é o ato notarial mediante o qual o tabelião recebe manifestações de vontade endereçadas à criação de atos jurídicos" (Brandelli, Leonardo. Teoria geral do direito notarial. 2. ed. São Paulo: Saraiva, 2007. p. 273). Sobre a escritura pública, avalie as afirmações abaixo.

I. desde 2007, com a modificação do Código de Processo Civil operada pela Lei Federal n. 11.441, de 04 de janeiro de 2007, é possível a lavratura de escritura de guarda de menores, mediante a interveniência do Ministério Público Estadual.

II. é vedada a lavratura de escritura pública que tenha por objeto a guarda de crianças ou adolescentes para fins de adoção, ante o disposto no Estatuto da Criança e do Adolescente, devendo, nesses casos, serem os interessados orientados a procurar a vara da infância e juventude.

III. a escritura pública é o instrumento público notarial dotado de fé pública e força probante plena, em que são acolhidas declarações sobre atos jurídicos ou declarações de vontade inerentes a negócios jurídicos para as quais os participantes devam ou queiram dar essa forma legal.

Está correto o que se afirma em:

a) I, II e III.

b) I e II, apenas.

c) I, apenas.

d) II e III, apenas.

1003. **(Consulplan/TJ/MG/Cartórios/Ingresso/2015)** A respeito da escritura pública de inventário e partilha, é correto afirmar:

a) é facultada aos interessados a opção pela via judicial ou extrajudicial, podendo ser requerida a qualquer momento, a suspensão pelo prazo de 30 (trinta) dias ou a desistência do processo judicial para a lavratura da correspondente escritura pública.

b) é necessária a presença de advogado, que assim será nominado, munido de indispensável instrumento de mandato, ou do defensor público.

c) a escritura dependerá de homologação judicial quando houver necessidade de levantamento de valores junto à instituição financeira.

d) para a lavratura dos atos notariais de que trata a Lei n. 11.441, de 04 de janeiro de 2007, é livre a escolha do tabelião, desde que seja feita tal escolha dentre os existentes do local de domicílio do autor da herança.

1004. (Faurgs/TJ/RS/Cartórios/Remoção/2015) Assinale a alternativa que apresenta afirmação correta a respeito da disciplina da realização de inventário, partilha e divórcio consensual, instituída pela Lei n. 11.441/2007:

a) havendo testamento ou interessado incapaz, poderá fazer-se o inventário e a partilha por escritura pública, a qual constituirá título hábil para o registro imobiliário.

b) a escritura do divórcio consensual não depende de homologação judicial e constitui título hábil para o registro civil e o registro de imóveis.

c) o tabelião somente lavrará a escritura pública se todas as partes interessadas estiverem de comum acordo, sendo facultativa a assistência por advogado.

d) o divórcio consensual pode ser realizado por escritura pública, da qual constarão as disposições relativas à descrição e à partilha dos bens comuns e à pensão alimentícia dos filhos menores.

1005. (Ieses/TJ/MS/Cartórios/Ingresso/2014) Quanto à dissolução extrajudicial do casamento (Lei 11.441/07), observe as afirmativas abaixo:

I. havendo filhos menores de dezoito anos do casal divorciando será necessariamente feita via judicial.

II. a dissolução via extrajudicial é facultada quando não há bens a partilhar, tampouco serão fixados alimentos.

III. nada impede que seja feita a emancipação do filho adolescente, a partir dos dezesseis anos, para possibilitar aos pais a via extrajudicial de dissolução conjugal.

IV. na dissolução extrajudicial o casal divorciando pode prescindir da participação de advogado na escritura pública:

a) estão corretas as alternativas I e IV.

b) somente a alternativa I está correta.

c) as alternativas II e IV estão corretas.

d) somente a alternativa III está correta.

1006. (Ieses/TJ/MS/Cartórios/Ingresso/2014) Sobre inventário e partilha pode-se afirmar:

I. faculta-se aos herdeiros capazes e concordes a via do inventário extrajudicial, desde que não haja testamento do autor da herança e que a sucessão tenha sido aberta após a vigência da Lei 11.441/07, pois a lei que rege a sucessão é a que vigora na época de sua abertura (inteligência do artigo 1.787 do CC/02).

II. no direito brasileiro admite-se a partilha em vida, na forma do artigo 2.018 do Código Civil vigente, observadas as legítimas dos herdeiros necessários.

III. nada impede que o testador realize uma partilha em seu testamento, que deverá ser observada, desde que preserve as legítimas dos herdeiros necessários.

IV. ficam sujeitos a sobrepartilha os bens sonegados e quaisquer outros bens da herança de que se tiver ciência após a partilha, podendo haver mais de uma sobrepartilha:

a) apenas estão corretas as alternativas II e IV.

b) todas as alternativas estão corretas.

c) apenas estão corretas as alternativas I, II e III.

d) apenas estão corretas as alternativas II, III e IV.

1007. (Ieses/TJ/PB/Cartórios/Ingresso/2014) Sobre inventário e partilha extrajudicial (Lei 11.441/07) pode-se afirmar:

I. faculta-se a via extrajudicial quando todos os herdeiros forem capazes, concordes e inexistir testamento do autor da herança.

II. o inventário extrajudicial dispensa a intervenção de advogado na escritura pública.

III. a via extrajudicial é vedada às sucessões abertas antes da vigência da Lei 11.441/07 ou quando já em curso o inventário judicial.

IV. a escritura pública de inventário e partilha extrajudicial deverá ser levada ao Judiciário para a devida homologação:

a) estão corretas apenas as assertivas I, II e IV.

b) somente a assertiva I está correta.

c) estão corretas apenas as assertivas II e III.

d) estão corretas apenas as assertivas I e III.

1008. **(Ieses/TJ/PA/Cartórios/Ingresso/2016)** Quanto às escrituras públicas de inventário:

a) o ato notarial produz efeito desde logo, inclusive com relação a terceiros, independentemente dos registros em órgãos competentes, como registro de imóveis, Registro Civil, Junta Comercial, entre outros.

b) não cabe a nomeação de inventariante nesta modalidade administrativa.

c) tendo o falecimento ocorrido antes do advento da Lei 11.441/2007, não podem ser lavradas.

d) podem ser lavradas pelo notário de livre escolha da parte interessada, independentemente do domicílio do autor da herança, do local dos bens ou mesmo do local do óbito.

1009. **(Ieses/TJ/PA/Cartórios/Remoção/2016)** As escrituras públicas de inventário e partilha, de separação e de divórcio consensuais não dependem de homologação judicial e são títulos hábeis para o registro civil e o registro imobiliário, para a transferência de bens e direitos, bem como para promoção de todos os atos necessários à materialização das transferências de bens e levantamento de valores (junto ao Detran, Junta Comercial, Ofício de Registro Civil de Pessoas Jurídicas, instituições financeiras, companhias telefônicas e outros). Sobre a presença do advogado nestes casos pode-se afirmar:

I. é necessária a presença do advogado ou defensor público.

II. o advogado pode ser comum ou de cada uma das partes.

III. não poderá o advogado atuar em causa própria.

IV. o advogado que seja herdeiro ou legatário pode assistir o meeiro e os demais herdeiros ou legatários.

A sequência correta é:

a) apenas as assertivas I, II e IV estão corretas.

b) apenas as assertivas I, II e III estão corretas.

c) apenas a assertiva III está correta.

d) as assertivas I, II, III e IV estão corretas.

1010. **(Ieses/TJ/PA/Cartórios/Remoção/2016)** A respeito da escritura pública de inventário e partilha pode-se afirmar:

I. é admissível inventário negativo por escritura pública, ficando nesse caso dispensada a prévia remessa de declaração de bens à Secretaria de Estado de Fazenda.

II. pode ser retificada desde que haja o consentimento de todos os interessados.

III. havendo um só herdeiro, maior e capaz, com direito à totalidade da herança, não haverá partilha, lavrando-se a escritura de inventário e adjudicação dos bens.

IV. é exequível a lavratura de escritura pública de inventário e partilha referente a bens localizados no exterior.

A sequência correta é:

a) apenas a assertiva IV está correta.

b) apenas as assertivas I, II e IV estão corretas.

c) as assertivas I, II, III e IV estão corretas.

d) apenas as assertivas I, II e III estão corretas.

1011. **(Consulplan/TJ/MG/Cartórios/Ingresso/2015)** A respeito da possibilidade legal da realização de inventário e partilha pela via extrajudicial, assinale a alternativa correta:

a) o cônjuge do herdeiro deverá comparecer ao ato de lavratura da escritura pública de inventário e partilha, exceto, somente, se o casamento se der sob o regime de separação convencional de bens.

b) a meação de companheiro pode ser reconhecida na escritura pública de inventário desde que todos os herdeiros e interessados na herança estejam de acordo, e todas as partes sejam capazes.

c) não é possível a lavratura de escritura pública de inventário, quando houver testamento, mesmo que caduco ou declarado nulo.

d) a escritura pública de inventário e partilha pode ser lavrada a qualquer tempo, e poderá abranger quaisquer tipos de bens, inclusive bens localizados no exterior.

1012. **(Consulplan/TJ/MG/Cartórios/Remoção/2017)** Acerca da possibilidade de o inventário e partilha poderem ser feitos por escritura pública, assinale a alternativa correta:

a) não há sigilo nas escrituras públicas de separação e divórcio consensuais.

b) é necessário o registro de escritura pública separação consensual e o divórcio consensual no Livro "E" de Ofício de Registro Civil das Pessoas Naturais.

c) é inadmissível inventário negativo por escritura pública.

d) é permitida a lavratura de escritura pública de inventário e partilha referente a bens localizados no exterior.

1013. (Cetro/TJ/RJ/Cartórios/Remoção/2017) Sobre as escrituras públicas de inventário e partilha de que trata a Lei n. 11.441/2007, considerando as regras contidas na Resolução n. 35 do Conselho Nacional de Justiça, assinale a alternativa correta:

a) a meação de companheiro(a) pode ser reconhecida na escritura pública, pela maioria dos herdeiros, desde que todos, herdeiros e interessados na herança, sejam absolutamente capazes.

b) pode ser lavrada a escritura de inventário e partilha de todos os bens do "de cujus", ainda que situados no exterior, mas os tributos deverão ser recolhidos antes da lavratura da escritura.

c) o cessionário de direitos hereditários de determinado imóvel pode promover o inventário extrajudicial, dispensada a participação dos demais herdeiros, desde que o cessionário apresente ao tabelião de notas a escritura pública de cessão desses direitos.

d) é admissível a sobrepartilha por escritura pública, ainda que referente a inventário e partilha judiciais já findos, mesmo que o herdeiro, hoje maior e capaz, fosse menor ou incapaz ao tempo do óbito ou do processo judicial.

e) se as partes optaram pela via judicial, não será admitida a suspensão do prazo para a promoção do inventário e partilha pela via extrajudicial, mas se as partes desistirem da ação, poderão se valer da via extrajudicial (artigo 2º).

1014. (Cetro/TJ/RJ/Cartórios/Remoção/2017) No que se refere ao divórcio direto consensual por meio de serventia extrajudicial no estado do Rio de Janeiro, analise as assertivas abaixo.

I. na ocorrência de dúvida a respeito do cabimento da escritura, diante da existência de filho menor, o tabelião deverá suscitá-la diretamente ao Juízo competente em matéria de família.

II. havendo nascituro, será permitida a lavratura da escritura, desde que devidamente comprovada a prévia resolução judicial referente à guarda, à visitação e a alimentos, o que deverá ficar consignado no corpo da escritura.

III. a escritura pública de separação e divórcio consensual é coberta pela regra do segredo de justiça, válida para os casos "sub judice".

É correto o que se afirma em:

a) II, apenas.

b) II e III, apenas.

c) I, apenas.

d) I e II, apenas.

e) I e III, apenas.

1015. (Vunesp/TJ/SP/Cartórios/Remoção/2016) Quanto aos atos notariais, é correto afirmar que:

a) na escrituração dos livros, os números relativos à data da escritura, ao preço e ao registro ou matrícula no registro de imóveis devem ser escritos por extenso.

b) se qualquer dos comparecentes não souber a língua nacional, deverá comparecer tradutor público para servir de intérprete ou, não o havendo na localidade, outra pessoa capaz que, a juízo do tabelião, tenha idoneidade e conhecimento bastantes.

c) somente após comprovada a resolução prévia e judicial das questões referentes à pensão alimentícia, é que pode ser lavrada a escritura pública de separação e divórcio.

d) não há sigilo nas escrituras públicas de separação e divórcio consensuais.

1016. (Vunesp/TJ/SP/Cartórios/Remoção/2016) Quanto às escrituras de separação, divórcio, inventário e partilha, assinale a alternativa correta:

a) é necessária a presença de advogado, devendo constar sua nomeação e a qualificação completa, com menção ao número de registro e da secção da OAB, sendo permitida, em qualquer caso, a acumulação de funções de procurador e de advogado das partes.

b) o traslado da escritura pública de separação e divórcio consensuais será apresentado ao oficial de registro Civil do respectivo assento de casamento, para a averbação necessária, independentemente de autorização judicial, após manifestação conclusiva do Ministério Público.

c) se comprovada a resolução prévia de todas as questões referentes aos filhos menores (guarda, visitas e alimentos), após manifestação conclusiva do Ministério Público, o tabelião de notas poderá lavrar escrituras públicas de separação e divórcio consensuais.

d) as escrituras públicas de inventário e partilha, separação e divórcio consensuais não dependem de homologação judicial e são títulos hábeis para o registro civil e o registro imobiliário, para a transferência de bens e direitos, bem como para a promoção de todos os atos necessários à materialização das transferências de bens e levantamento de valores (Detran, Junta Comercial, Registro Civil de Pessoas Jurídicas, instituições financeiras, companhias telefônicas, etc.).

1017. (Vunesp/TJ/SP/Cartórios/Remoção/2016) Em relação ao inventário extrajudicial, é correto afirmar que:

a) a certidão negativa de tributos imobiliários pode ser dispensada pelos herdeiros, constando da escritura declaração de que se responsabilizam pelo pagamento dos débitos fiscais existentes.

b) a escritura deverá conter a descrição dos bens atribuídos aos herdeiros, dispensada a atribuição da meação ao cônjuge sobrevivente.

c) a apresentação de certidão positiva de débitos relativos a tributos federais em nome do "de cujus" impede a lavratura da escritura pública.

d) o tabelião de notas enviará à Secretaria da Fazenda do Estado de São Paulo, se requisitadas, informações relativas às escrituras públicas de inventário em que houver partilha de bens.

1018. (Vunesp/TJ/SP/Cartórios/Remoção/2014) No que concerne à lavratura de escritura pública de divórcio consensual, deverá o tabelião de notas exigir:

a) apresentação de documento hábil que comprove a ausência de processo preexistente no âmbito jurisdicional.

b) apresentação de requerimento solicitando o sigilo do ato notarial.

c) documentos necessários à comprovação da titularidade dos bens móveis e direitos, se houver.

d) apresentação de procuração lavrada no exterior, registrada no registro de imóveis, acompanhada da respectiva tradução, caso não redigida na língua nacional, no prazo de validade de até 60 dias.

1019. (Cespe/TJ/DFT/Cartórios/Remoção/2014) Acerca de inventário e partilha, assinale a opção correta:

a) para a lavratura de escritura de inventário, é essencial que as partes estejam assistidas por advogado, que pode ser comum ou individual.

b) não havendo testamento, é possível fazer o inventário por escritura, ainda que um dos interessados seja incapaz.

c) existindo testamento, é possível fazer o inventário por escritura, desde que não haja interessado incapaz.

d) concluída, a escritura de inventário e partilha amigável será submetida à autorização do juiz, sendo a sentença, em caso de autorização, título hábil para o registro imobiliário.

e) a partilha amigável celebrada por escritura deve ser imediatamente homologada pelo juiz, independentemente da quitação dos tributos incidentes, cuja prova será exigida pelo registro de imóveis competente.

1020. (Cespe/TJ/SE/Cartórios/Remoção/2014) Acerca da lavratura de escritura pública, assinale a opção correta:

a) a apresentação das certidões de ações reais e pessoais reipersecutórias, relativas ao imóvel, e a de ônus reais, expedidas pelo registro de imóveis competente, por serem dotadas de fé pública, eximirá o outorgante de declarar, na escritura pública, a existência de outras ações reais e pessoais reipersecutórias relativas ao imóvel e de outros ônus reais nele incidentes.

b) o tabelião, quando lavrar escritura pública de testamento que contenha disposições favoráveis a associação de caráter beneficente, deverá comunicar o fato, por escrito, à entidade favorecida.

c) o tabelião poderá lavrar escritura pública de transferência por alienação de usufruto de imóvel de valor superior a trinta vezes o maior salário mínimo vigente no país.

d) não é possível a alienação da nua propriedade e a constituição onerosa de usufruto por intermédio da mesma escritura pública, uma vez que são negócios jurídicos distintos.

e) não há óbice à lavratura de escritura pública de dissolução de união estável com partilha de bens, o que se aplica à união afetiva de casais homossexuais.

1021. (Vunesp/TJ/SP/Cartórios/Ingresso/2014) Quanto aos bens, nas escrituras de inventário, assinale a alternativa incorreta:

a) a cada bem do espólio deverá constar o respectivo valor atribuído pelas partes, além do valor venal, quando imóveis ou veículos automotores.

b) se bem imóvel descaracterizado na matrícula, por desmembramento ou expropriação parcial, o tabelião de notas deve exigir a prévia apuração do remanescente antes da realização da partilha.

c) os semoventes serão indicados em número, espécies, marcas e sinais distintivos.

d) no caso de bem imóvel demolido, com alteração de cadastro de contribuinte, de número do prédio e de nome de rua, é necessário mencionar no título a situação antiga e a atual, mediante apresentação do respectivo comprovante.

4.14. Programa Minha Casa Minha Vida (Lei 11.977/09)

✱ INFORMATIVOS

STJ **Capitalização anual de juros. Encargos mensais. Imputação do pagamento.** Para os contratos celebrados no âmbito do SFH, até a entrada em vigor da Lei 11.977/09, não havia regra especial a propósito da capitalização de juros, de modo que incidia a restrição da Lei de usura (art. 4º do Dec. 22.626/33). Para tais contratos não é válida a capitalização de juros vencidos e não pagos em intervalo inferior a um ano, permitida a capitalização anual, regra geral que independe de pactuação expressa. E, caso o pagamento mensal não seja suficiente para a quitação sequer dos juros, cumpre-se determinar o lançamento dos juros vencidos e não pagos em conta separada, sujeita apenas à correção monetária e à incidência anual de juros. Decidiu-se também que no SFH os pagamentos mensais devem ser imputados primeiramente aos juros e depois ao principal nos termos do disposto no art. 354 do CC/02 (art. 993 do CC/1916). Entendimento consagrado no REsp repetitivo 1194402. REsp 1.095.852, Rel. Min. Maria I. Gallotti, j. 14.3.12. 2ª S. (Info 494)

✱ QUESTÕES OBJETIVAS

1022. **(FCC/TJ/PE/Cartórios/Ingresso/2013)** A aquisição de imóveis pelo Sistema Financeiro de Habitação:

a) somente é admitida em programas de interesse social, por população de baixa renda, que tem assegurada isenção de emolumentos e taxa para registro.

b) assegura a redução em cinquenta por cento nos emolumentos devidos apenas pelos atos relacionados com a primeira aquisição imobiliária para fins residenciais.

c) garante redução em cinquenta por cento nos emolumentos e taxas devidos pelos atos relacionados com todas as aquisições imobiliárias para fins residenciais feitas por uma pessoa.

d) assegura redução de quarenta a setenta por cento em todas as despesas relacionadas com o registro imobiliário, desde que a pessoa apresente declaração de pobreza.

e) não garante qualquer redução de despesas relacionadas com o registro imobiliário do contrato para aquisição de imóvel residencial, salvo para as aquisições pelo programa Minha Casa Minha Vida.

1023. **(Ieses/TJ/PB/Cartórios/Remoção/2014)** A Lei n. 11.977, de 7 de julho de 2009, a qual instituiu o Programa Minha Casa, Minha Vida considera como imóvel novo a:

a) unidade habitacional com até 90 (noventa) dias de "habite-se", ou documento equivalente, expedido pelo órgão público municipal competente ou, nos casos de prazo superior, que não tenha sido habitada ou alienada.

b) unidade habitacional com até 180 (cento e oitenta) dias de "habite-se", ou documento equivalente, expedido pelo órgão público municipal competente ou que não tenha sido habitada por mais de 60 (sessenta dias).

c) unidade habitacional com até um ano de "habite-se", ou documento equivalente, expedido pelo órgão público municipal competente.

d) unidade habitacional com até 180 (cento e oitenta) dias de "habite-se", ou documento equivalente, expedido pelo órgão público municipal competente ou, nos casos de prazo superior, que não tenha sido habitada ou alienada.

1024. **(Consulplan/TJ/MG/Cartórios/Remoção/2017)** No âmbito do Programa Minha Casa Minha Vida PMCMV (Lei n. 11.977/2009), todas as assertivas são verdadeiras, exceto:

a) as condições de acessibilidade a todas as áreas públicas e de uso comum.

b) na ausência de legislação que estabeleça regra específica, será assegurado que do total de unidades habitacionais construídas no âmbito do PMCMV, em cada município, no mínimo 10% sejam adaptadas ao uso com pessoas com deficiência.

c) as condições de sustentabilidade das construções.

d) o uso de novas tecnologias construtivas.

1025. (Consulplan/TJ/MG/Cartórios/Remoção/2017) Acerca da competência do Registro de Títulos e Documentos, assinale a alternativa correta:

a) nos termos da Lei n. 11.795/2008, a anotação da alienação fiduciária de veículo automotor ofertado em garantia ao grupo de consórcio para produzir efeitos probatórios contra terceiros deve ser registrada no Ofício de Registro de Títulos e Documentos do domicílio do consorciado.

b) a constituição do patrimônio de afetação será feita por registro em cartório de registro de títulos e documentos, na hipótese de o mesmo vir a ser constituído para assumir o saldo devedor do financiamento imobiliário nas hipóteses de que trata a Lei Federal n. 11.977/09.

c) constitui-se o penhor de direito, ou o mercantil, mediante instrumento público ou particular, registrado no Registro de Títulos e Documentos.

d) constitui-se a propriedade fiduciária com o registro do contrato, inclusive se se tratar de veículo, celebrado por instrumento público ou particular, que lhe serve de título, no Registro de Títulos e Documentos do domicílio do devedor.

4.15. Provimentos/Resoluções do CNJ

* ENUNCIADOS CNB

CNJ Enunciado 4/2014. Os artigos 982 do CPC e 3º da Resolução 35 do CNJ referem-se inclusive aos bens móveis, de forma que as instituições financeiras devem acatar as escrituras públicas para fins de levantamento de valores, bem como a solicitação dos tabeliães de notas para expedir extrato de contas correntes de titularidade do "de cujus".

CNJ Enunciado 3/2015. Os notários devem fornecer as informações para a CENSEC, nos termos do Provimento 18/2012 do CNJ, com a finalidade de contribuir com a prevenção da lavagem de dinheiro e da corrupção.

CNJ Enunciado 4/2017. A recomendação do CNJ aos tabeliães para que se abstenham de lavrar escrituras de convivência entre mais de duas pessoas não impede a lavratura das escrituras declaratórias de união poliafetiva em respeito à independência jurídica do tabelião.

* QUESTÕES OBJETIVAS

1026. (Consulplan/TJ/MG/Cartórios/Ingresso/2018) O Conselho Nacional de Justiça (CNJ) foi o responsável por coordenar e regulamentar a aplicação da Convenção da Apostila da Haia no Brasil. O tratado assinado pelo Brasil tem o objetivo de agilizar e simplificar a legalização de documentos entre os 112 países signatários, permitindo o reconhecimento mútuo de documentos brasileiros no exterior e de documentos estrangeiros no Brasil. Tal tratado entrou em vigor em:

a) agosto de 2014.

b) agosto de 2015.

c) agosto de 2016.

d) agosto de 2017.

1027. (Cespe/TJ/PI/Cartórios/Ingresso/2013) Com base no Provimento n. 28/2013 do Conselho Nacional de Justiça, assinale a opção correta quanto ao registro tardio de nascimento por oficial de registro civil das pessoas naturais:

a) ainda que um oficial de registro suspeite de fraude, a ele é imposto encaminhar o requerimento do registro, cabendo exclusivamente ao juiz competente exigir provas que atestem sua veracidade.

b) não será possível o registro se do requerimento de registro não constarem os prenomes e os sobrenomes dos pais da pessoa a ser registrada.

c) o procedimento de registro tardio previsto no referido provimento aplica-se à lavratura de assento de indígena no registro civil das pessoas naturais.

d) o requerimento de registro de nascimento direcionado ao oficial de registro civil independe de testemunhas.

e) se o registrando for menor de doze anos de idade, será dispensado o requerimento escrito se o declarante apresentar declaração de nascido vivo.

1028. (Ieses/TJ/RS/Cartórios/Ingresso/2013) Assinale a alternativa correta, nos termos da Resolução 35 do Conselho Nacional de Justiça:

a) é admissível a escritura pública de inventário e partilha para o pagamento, aos dependentes ou sucessores, de valores não recebidos em vida pelos respectivos titulares.

b) é permitida a lavratura de escritura pública de inventário e partilha referente a bens localizados no exterior.

c) admitem-se inventário e partilha extrajudiciais com viúvo(a) ou herdeiro(s) capaz(es), inclusive por emancipação, representado(s) por procuração formalizada por instrumento público com poderes gerais, vedada a acumulação de funções de mandatário e de assistente das partes.

d) não é possível a promoção de inventário extrajudicial por parte de cessionário de direitos hereditários, mesmo na hipótese de cessão de parte de acervo, ainda que todos os herdeiros estejam presentes e concordes.

1029. (FCC/TJ/PE/Cartórios/Remoção/2013) Tendo-se em conta os atos notariais:

a) os procedimentos para a lavratura das escrituras de separação, divórcio, inventário e partilha extrajudicial, por via administrativa ou extrajudicial, conforme previsto na Lei n. 11.441/2007, deverão observar as normas da Resolução n. 35, de 24.04.2007 do Conselho Nacional de Justiça – CNJ e a opção pela via extrajudicial para a resolução consensual das matérias envolvidas admite a existência de interessados incapazes.

b) as escrituras públicas extrajudiciais de inventário e partilha, separação e divórcio consensuais dependem de homologação judicial e, depois de homologadas, constituem títulos hábeis para o registro civil e imobiliário, transferência de bens e direitos, bem como para promoção de todos os atos necessários para levantamento de valores e transferência de bens perante o Departamento Estadual de Trânsito – Detran, Junta Comercial, Registro Civil de Pessoas Jurídicas, instituições financeiras, empresas seguradoras e companhias telefônicas.

c) não se pode transferir o usufruto por alienação, mas o seu exercício, após instituído e registrado no cartório de imóveis competente, pode ceder-se, por meio de escritura pública, por título gratuito ou oneroso. Sendo o exercício do usufruto cedido gratuitamente, a escritura de cessão deve consignar o prévio recolhimento do Imposto de Transmissão "Causa Mortis" e Doação – ITCMD.

d) o valor dos emolumentos deverá corresponder ao efetivo custo e à adequada e suficiente remuneração dos serviços prestados, conforme estabelecido no parágrafo único, do artigo 1º, da Lei n. 10.169/2000, observando-se, quanto à sua fixação, as regras previstas no artigo 2º, da citada lei, permitida a fixação de emolumentos em percentual incidente sobre o valor do negócio jurídico objeto dos serviços notariais e de registro.

e) para fins de percepção das verbas previstas na Lei n. 6.858/80, que dispõe sobre o pagamento, aos dependentes ou sucessores, de valores devidos pelos empregadores aos empregados e os montantes das contas individuais do Fundo de Garantia do Tempo de Serviço – FGTS e do Fundo de Participação PIS-Pasep, não recebidos em vida pelos respectivos titulares, não é admissível a escritura pública de inventário e partilha extrajudiciais.

1030. (Vunesp/TJ/SP/Cartórios/Ingresso/2016) Segundo o Provimento n. 28/2013 do Conselho Nacional de Justiça, o registro de nascimento fora do prazo legal poderá ser realizado sem a presença de testemunhas:

a) se o registrando for menor de 3 anos.

b) se for apresentada a Declaração de Nascido Vivo – DNV.

c) se o registrando for menor de 12 anos e for apresentada a Declaração de Nascido Vivo – DNV.

d) se o registrando for menor de 18 anos e for apresentada a Declaração de Nascido Vivo – DNV.

1031. (Vunesp/TJ/SP/Cartórios/Ingresso/2016) Segundo o Provimento n. 16/2012 do Conselho Nacional de Justiça, para a averbação do reconhecimento espontâneo de paternidade de menor, declarado pelo genitor perante o oficial de registro Civil das Pessoas Naturais, na falta da mãe ou na impossibilidade de manifestação de vontade desta, é correto afirmar que:

a) o procedimento deverá ser encaminhado ao Juiz competente, que poderá autorizar a prática do ato.

b) o reconhecimento não poderá ser realizado extrajudicialmente.

c) o reconhecimento poderá ser realizado diretamente pelo oficial de registro Civil das Pessoas Naturais, com a presença de duas testemunhas que atestem a paternidade.

d) o reconhecimento poderá ser realizado diretamente pelo oficial de registro Civil das Pessoas Naturais, podendo o menor impugná-lo nos quatro anos que se seguirem à sua maioridade ou emancipação.

1032. (Ieses/TJ/PB/Cartórios/Ingresso/2014) Considerando a Resolução n. 35/07, do Conselho Nacional de Justiça:

I. para a lavratura dos atos notariais mencionados na Lei Federal n. 11.441/07, a escolha do tabelião de notas deverá observar as regras de competência do Código de Processo Civil.

II. as escrituras públicas de inventário e partilha, separação e divórcio consensual não dependem de homologação judicial e são títulos hábeis para o registro civil e o registro imobiliário, visando a transferência de bens e direitos, a promoção de todos os atos necessários à materialização das transferências de titularidade e levantamento de valores.

III. para a obtenção da gratuidade prevista na Lei Federal n. 11.441/07, é suficiente a mera declaração dos interessados de que não tem condições para arcar com os emolumentos, salvo se as partes estiverem assistidas por advogado constituído.

IV. é vedada ao tabelião a indicação de advogado às partes, que deverão comparecer ao ato notarial acompanhadas de profissional de sua confiança. Se as partes não dispuserem de condições econômicas para a contratação de advogado, o tabelião deverá recomendar-lhes a Defensoria Pública, onde houver, ou, na sua falta, a Seccional da Ordem dos Advogados do Brasil:

a) somente os itens II e IV estão corretos.
b) somente os itens III e IV estão corretos.
c) somente os itens I, II e IV estão corretos.
d) somente os itens I e II estão corretos.

1033. **(Cetro/TJ/RJ/Cartórios/Remoção/2017)** Quanto à indisponibilidade, conforme dispõe o Provimento n. 39/2014 do Conselho Nacional de Justiça (CNJ), assinale a alternativa correta:

a) antes da prática de qualquer ato notarial que tenha por objeto bens imóveis ou direitos a eles relativos, o tabelião de notas deverá consultar a base de dados da Central Nacional de Indisponibilidade de Bens (CNIB) e, se constatar ordem de indisponibilidade sobre a pessoa titular da propriedade ou outro direito real sobre imóvel que se pretende transmitir, não poderá lavrar a escritura pública.

b) em se tratando de escritura pública de procuração representativa de negócio jurídico que tenha por objeto a propriedade ou outro direito real sobre imóvel, não se faz necessária prévia consulta pelo tabelião de notas à base de dados da Central Nacional de Indisponibilidade de Bens (CNIB), pois a existência de indisponibilidade sobre os bens e direitos do outorgante não impede a lavratura da procuração.

c) o tabelião de notas, antes da prática de qualquer ato notarial que tenha por objeto bens imóveis ou direitos a eles relativos, nessa incluída a escritura pública de procuração e de testamento, deverá promover prévia consulta à base de dados da Central Nacional de Indisponibilidade de Bens (CNIB), consignando no ato notarial o resultado da pesquisa e o respectivo código gerado (hash), dispensado o arquivamento do resultado da pesquisa em meio físico ou digital.

d) antes da prática de qualquer ato notarial que tenha por objeto bens imóveis ou direitos a eles relativos, o tabelião de notas deverá orientar as partes sobre a possibilidade da dispensa à consulta na base de dados da Central Nacional de Indisponibilidade de Bens (CNIB) e, se as partes optarem por dispensar a prévia consulta, o tabelião de notas deverá consignar na escritura pública que as partes do negócio jurídico foram expressamente comunicadas que eventual existência da ordem de indisponibilidade poderá ter como consequência a impossibilidade de registro do direito no registro de imóveis, enquanto vigente a restrição.

e) o tabelião de notas, antes da prática de qualquer ato notarial que tenha por objeto bens imóveis ou direitos a eles relativos, exceto lavratura de testamento, deverá promover prévia consulta à base de dados da Central Nacional de Indisponibilidade de Bens (CNIB), consignando no ato notarial o resultado da pesquisa e o respectivo código gerado ("hash"), dispensado o arquivamento do resultado da pesquisa em meio físico ou digital.

1034. **(Cetro/TJ/RJ/Cartórios/Ingresso/2017)** O Provimento n. 53/2016 do Conselho Nacional de Justiça (CNJ) dispõe sobre a averbação direta por oficial de registro Civil das Pessoas Naturais da sentença estrangeira de divórcio consensual. Assinale a alternativa incorreta sobre a averbação dessa sentença:

a) depende de homologação pelo Superior Tribunal de Justiça a sentença estrangeira que tenha por objeto divórcio consensual qualificado, denominado como aquele que, além da dissolução do matrimônio, envolva disposição sobre guarda de filhos, alimentos e/ou partilha de bens.

b) independe de homologação pelo Superior Tribunal de Justiça a sentença estrangeira de divórcio consensual que homologue acordo dos cônjuges sobre partilha de bens, cujo casal declare que não tem filhos comuns ou, havendo, são absolutamente capazes.

c) independe de homologação pelo Superior Tribunal de Justiça a sentença estrangeira que tenha por objeto divórcio consensual simples ou puro, ou seja, aquele que envolva somente a dissolução do matrimônio e que não disponha sobre partilha de bens, guarda de filhos ou alimentos.

d) para averbação direta, o interessado deverá apresentar, no Registro Civil de Pessoas Naturais, junto ao assento de seu casamento, cópia integral da sentença estrangeira, bem como comprovação do trânsito em julgado, acompanhada de tradução oficial juramentada e de chancela consular.

e) havendo interesse em retomar o nome de solteiro, o interessado na averbação direta deverá demonstrar a existência de disposição expressa na sentença estrangeira, exceto quando a legislação estrangeira permitir a retomada, ou quando o interessado comprovar por documento do registro civil estrangeiro a alteração do nome.

1035. (Consulplan/TJ/MG/Cartórios/Ingresso/2017) O Provimento 39/2014 do Conselho Nacional de Justiça dispõe sobre a instituição e funcionamento da Central Nacional de Indisponibilidade de Bens – CNIB, sobre esta Central é correto afirmar:

a) os tabeliães de notas, os oficiais de registro civil com atribuição notarial, os registradores de títulos e documentos e os de imóveis, antes da prática de qualquer ato notarial ou registral que tenha por objeto bens imóveis ou direitos a eles relativos, exceto a lavratura de testamento, deverão consultar a base de dados da Central Nacional de Indisponibilidade de Bens – CNIB.

b) os tabeliães de notas e os oficiais de registro civil com atribuição notarial deverão consignar no ato notarial o resultado da pesquisa realizada no CNIB e o respectivo código gerado ("hash"), devendo ser arquivado o resultado da pesquisa em meio físico.

c) em caso de aquisição de imóvel por pessoa cujos bens foram atingidos por ordem de indisponibilidade deverá o oficial de registro de imóveis, imediatamente após o lançamento do registro do título aquisitivo na matrícula do imóvel, promover a averbação da indisponibilidade, devendo para tal consultar previamente o adquirente.

d) a existência de comunicação de indisponibilidade não impede a lavratura de escritura pública representativa de negócio jurídico tendo por objeto a propriedade ou outro direito real sobre imóvel de que seja titular a pessoa atingida pela restrição, nessa incluída a escritura pública de procuração, devendo constar na escritura pública, porém, que as partes do negócio jurídico foram expressamente comunicadas da existência da ordem de indisponibilidade que poderá ter como consequência a impossibilidade de registro do direito no registro de imóveis enquanto vigente a restrição.

1036. (Cetro/TJ/RJ/Cartórios/Ingresso/2017) Com base na legislação civil e nos provimentos do Conselho Nacional de Justiça, assinale a alternativa que está de acordo com as regras de competência territorial do Serviço de Registro de Títulos e Documentos:

a) o registro de penhor de veículo deverá ser feito apenas no Cartório de Títulos e Documentos do domicílio do credor.

b) o registro de locação de coisas móveis, para fins de cláusula de vigência, deverá ser registrado no Cartório de Títulos e Documentos onde está situada a coisa locada.

c) a compra e venda com reserva de domínio deverá ser registrada no Cartório de Títulos e Documentos do domicílio do vendedor ou do comprador, a critério das partes contratantes.

d) a alienação fiduciária de bem móvel infungível deverá ser registrada apenas no Cartório de Títulos e Documentos do domicílio do credor fiduciário.

e) o registro facultativo para conservação ou eficácia do contrato de alienação fiduciária de veículo deverá ser registrado no domicílio das partes contratantes.

1037. (Consulplan/TJ/MG/Cartórios/Remoção/2017) O Brasil aderiu à Convenção sobre a Eliminação da Exigência de Legalização de Documentos Públicos Estrangeiros, celebrada em Haia, em 5 de outubro de 1961. É a denominada convenção da Apostila que foi aprovada pelo Congresso Nacional, conforme Decreto Legislativo n. 148/2015; depositada perante o Ministério dos Negócios Estrangeiros do Reino dos Países Baixos, em 2 de dezembro de 2015; e, por fim, promulgada no plano interno conforme Decreto n. 8.660/2016. Neste contexto, o Conselho Nacional de Justiça expediu a Resolução 228. Sobre as normas citadas, assinale a alternativa correta:

a) as apostilas emitidas por países partes da Convenção da Apostila, excetuadas aquelas emitidas em data anterior à vigência referida Convenção no Brasil, serão aceitas em todo o território nacional a partir de 14 de agosto de 2016, em substituição à legalização diplomática ou consular.

b) as disposições de tratado, convenção ou acordo de que a República Federativa do Brasil seja parte e que tratem da simplificação ou dispensa do processo de legalização diplomática ou consular de documentos prevalecem sobre as disposições da Convenção da Apostila, mesmo que tais exigências sejam mais rigorosas que dispostas na referida convenção.

c) a apostila será emitida em meio eletrônico, mediante solicitação do signatário do documento ou de qualquer portador, atestando a autenticidade da assinatura, da função ou do cargo exercido pelo signatário do documento e, quando cabível, a autenticidade do selo ou do carimbo nele aposto.

d) no âmbito da Convenção de Haia, são considerados documentos públicos os documentos administrativos diretamente relacionados a operações comerciais ou aduaneiras.

1038. **(Consulplan/TJ/MG/Cartórios/Remoção/2017)** Acerca das normas relativas à manutenção e escrituração dos livros Diário Auxiliar, Visitas e Correições e Controle de Depósito Prévio, conforme disciplinado pelo Conselho Nacional de Justiça por meio do Provimento n. 45/2015, assinale a alternativa correta:

a) é responsabilidade direta do delegatário a escrituração dos livros Diário Auxiliar, Visitas e Correições e Controle de Depósito Prévio.

b) todos os delegatários deverão manter livro de Controle de Depósito Prévio, especialmente aberto para o controle das importâncias recebidas a título de depósito prévio, mesmo que não admitam o depósito prévio de emolumentos.

c) no Livro Diário Auxiliar, os lançamentos relativos a receitas compreenderão os emolumentos brutos recebidos em razão dos atos efetivamente praticados, incluídos valores que constituam receita devida diretamente ao Estado, ao Distrito Federal, ao Tribunal de Justiça, a outras entidades de direito, e aos fundos de renda mínima e de custeio de atos gratuitos, conforme previsão legal específica.

d) as despesas serão lançadas no dia em que se efetivarem e sempre deverão resultar da prestação do serviço delegado, sendo passíveis de lançamento no Livro Diário Auxiliar todas as despesas relativas a investimentos, custeio e pessoal, promovidas a critério do delegatário.

1039. **(Vunesp/TJ/SP/Cartórios/Ingresso/2018)** De acordo com o Provimento n. 62/2017, da Corregedoria Nacional da Justiça, o cadastramento e a prestação de serviços de apostilamento pelas serventias notariais e de registro são obrigatórios:

a) em todas as serventias.

b) em todas as serventias, com possibilidade de dispensa por motivos justificados.

c) nas Capitais dos Estados e no Distrito Federal, com possibilidade de dispensa por motivos justificados, e facultativos no interior.

d) nas Capitais dos Estados e no Distrito Federal e facultativos no interior.

4.16. Sistema Financeiro da Habitação

✱ SÚMULAS

STJ Súm. 31. A aquisição, pelo segurado, de mais de um imóvel financiado pelo Sistema Financeiro da Habitação, situados na mesma localidade, não exime a seguradora da obrigação de pagamento dos seguros.

STJ Súm. 199. Na execução hipotecária de crédito vinculado ao Sistema Financeiro da Habitação, nos termos da Lei n. 5.741/1971, a petição inicial deve ser instruída com, pelo menos, dois avisos de cobrança.

STJ Súm. 327. Nas ações referentes ao Sistema Financeiro da Habitação, a Caixa Econômica Federal tem legitimidade como sucessora do Banco Nacional da Habitação.

STJ Súm. 422. Os juros remuneratórios não estão limitados nos contratos vinculados ao Sistema Financeiro da Habitação.

STJ Súm. 450. Nos contratos vinculados ao SFH, a atualização do saldo devedor antecede sua amortização pelo pagamento da prestação.

STJ Súm. 454. Pactuada a correção monetária nos contratos do SFH pelo mesmo índice aplicável à caderneta de poupança, incide a taxa referencial (TR) a partir da vigência da Lei n. 8.177/1991.

STJ Súm. 473. O mutuário do SFH não pode ser compelido a contratar o seguro habitacional obrigatório com a instituição financeira mutuante ou com a seguradora por ela indicada.

STJ Súm. 586. A exigência de acordo entre o credor e o devedor na escolha do agente fiduciário aplica-se, exclusivamente, aos contratos não vinculados ao Sistema Financeiro da Habitação – SFH.

5. TEORIA

5.1. Princípios

*** QUESTÕES DISCURSIVAS**

62. **(Cespe/TJ/DFT/Cartórios/Remoção/2014)** "A atividade desempenhada pelos cartórios de registro de imóveis é de grande importância para garantir a segurança dos registros quanto à existência do imóvel, sua descrição e características, seu proprietário e possíveis ônus e gravames que limitem o direito de disposição sobre o bem, para conhecimento de terceiros. Os procedimentos do registro imobiliário são orientados por princípios jurídicos que devem ser observados em todos os atos de sua competência, de modo a assegurar o cumprimento da sua finalidade legal". (Ivanildo Figueiredo. Direito imobiliário. São Paulo: Atlas, 2010, p. 162, com adaptações). Considerando o texto acima como meramente motivador, disserte sobre os princípios – da legalidade, da continuidade, da especialidade, da instância, da prioridade, da legitimação registral e da unitariedade – que norteiam o registro imobiliário.

63. **(Vunesp/TJ/SP/Cartórios/2012)** Conceitue o princípio da legitimação registral ou presunção de exatidão.

64. **(Vunesp/TJ/SP/Cartórios/2012)** As aquisições originárias da propriedade imobiliária implicam geralmente na inauguração do fólio real e na absoluta inobservância do princípio da continuidade ou trato sucessivo. Assim considerando, é correto afirmar que esse fenômeno ocorre na usucapião, expropriação amigável e arrematação judicial? Justifique.

*** QUESTÕES OBJETIVAS**

1040. **(Cespe/TJ/ES/Cartórios/Ingresso/2013)** A desconformidade entre a descrição da coisa contida na escritura apresentada e a descrição constante do registro anterior impede o registro no ofício de imóveis porquanto infringe o princípio da:

a) legalidade.
b) prioridade.
c) unificação.
d) especialidade.
e) anterioridade.

1041. **(Cespe/TJ/PI/Cartórios/Ingresso/2013)** O princípio da publicidade, incidente sobre os serviços de registro imobiliário, tem natureza:

a) sempre passiva.
b) neutra.
c) sempre ativa.
d) em geral, ativa e, extraordinariamente, passiva.
e) em geral, passiva e, extraordinariamente, ativa.

1042. **(Vunesp/TJ/SP/Cartórios/Ingresso/2014)** De acordo com a ordem constitucional vigente, é correto afirmar que:

a) os serviços notariais e de registro são exercidos em caráter privado, por delegação do Poder Público, com fiscalização dos atos dos notários, dos oficiais de registro e de seus prepostos pelo Poder Judiciário.
b) os serviços notariais e de registro são exercidos em caráter público, com fiscalização dos atos dos notários, dos oficiais de registro e de seus prepostos pelo Poder Executivo.
c) os serviços notariais e de registro são exercidos em caráter público, com fiscalização dos atos dos notários, dos oficiais de registro e de seus prepostos pelo Poder Judiciário.
d) os serviços notariais e de registro são exercidos em caráter privado, por delegação do Poder Público, com fiscalização dos atos dos notários, dos oficiais de registro e de seus prepostos pelo Poder Executivo.

1043. **(Consulplan/TJ/MG/Cartórios/Remoção/2014)** Quanto aos princípios da função notarial, é correto afirmar:

a) o princípio da juridicidade não se aplica às outras atribuições em que se desdobra a atividade notarial, tais como o reconhecimento de firmas e autenticação de cópias.
b) o princípio da cautelaridade tem por fundamento a atuação do notário fora da lide, dado que sua atividade possui traço marcantemente consensual.
c) no notariado brasileiro vigora o princípio rogatório, pelo qual é vedado ao notário agir de ofício, restando condicionada sua atuação

profissional à provocação da parte interessada, exceto na hipótese do autorrequerimento.

d) o princípio da técnica tem aplicação apenas no desenvolvimento jurídico da função notarial, não se estendendo à organização interna do serviço, dado que a gestão é privada e se sujeita ao modelo definido pelo titular da delegação.

1044. (Vunesp/TJ/SP/Cartórios/Remoção/2014) Qual dos princípios a seguir não é próprio da atividade notarial?

a) princípio da publicidade.
b) princípio do contraditório.
c) princípio da unicidade do ato.
d) princípio da instância.

1045. (Ieses/TJ/PA/Cartórios/Ingresso/2016) Em relação aos princípios que regem a função notarial, está incorreto afirmar:

a) princípio da publicidade, pelo qual os atos notariais devem ser levados a conhecimento geral, de forma ilimitada.
b) princípio rogatório, que determina que o notário não pode agir de ofício, necessitando da provocação da parte interessada.
c) princípio da cautelaridade, que determina que a função notarial se desenvolva na esfera da realização voluntária do direito, prevenindo litígios.
d) princípio da imparcialidade, que determina que o tabelião esteja acima dos interesses das partes, sendo sua obrigação protegê-las com igualdade.

1046. (Ieses/TJ/PA/Cartórios/Remoção/2016) O serviço, a função e a atividade notarial e de registro se norteiam pelos princípios específicos de cada natureza notarial e registral, além dos seguintes princípios gerais:

I. da fé pública.
II. da publicidade.
III. da reserva de iniciativa, rogação ou instância.
IV. da oficialidade.

A sequência correta é:

a) apenas as assertivas I e IV estão incorretas.
b) apenas a assertiva III está correta.
c) apenas as assertivas I e III estão corretas.
d) as assertivas I, II, III e IV estão corretas.

1047. (Ieses/TJ/PA/Cartórios/Remoção/2016) O serviço, a função e a atividade notarial e de registro se norteiam pelos princípios específicos de cada natureza notarial e registral. Assinale a alternativa que representa os princípios gerais aplicáveis em conjunto com os específicos:

a) fé pública, publicidade, autenticidade, segurança, eficácia dos atos, oficialidade, reserva de iniciativa, legalidade.
b) fé pública, publicidade, autenticidade, segurança, eficácia dos atos, oficialidade, reserva de iniciativa.
c) fé pública, publicidade, autenticidade, segurança, oficialidade, reserva de iniciativa, legalidade.
d) publicidade, autenticidade, segurança, eficácia dos atos, oficialidade, reserva de iniciativa, legalidade.

1048. (Vunesp/TJ/SP/Cartórios/Remoção/2016) No que diz respeito aos princípios da especialidade e continuidade subjetivas, é correto afirmar que:

a) a ausência no título da profissão e residência do adquirente e do nome e qualificação de seu cônjuge não obstará o registro, desde que esses dados sejam comprovados por documentos oficiais e declaração de profissão e residência.
b) a ausência no título do nome e qualificação do cônjuge do adquirente obstará o registro.
c) é permitido, e recomendável, na identificação das partes, utilizar, junto com o nome civil correto, referências fáticas outras, ainda que não averbadas no Registro Civil de Pessoas Naturais e sem comprovação oficial, tais como, por exemplo, a expressão "que também assina e é conhecido".
d) é dispensável o número do CNPJ da pessoa jurídica, desde que o seu nome esteja correto.

1049. (Ieses/TJ/CE/Cartórios/Ingresso/2018) Em relação à principiologia notarial é incorreto afirmar:

a) o princípio da unicidade do ato ou unicidade instrumental, segundo o qual a lavratura do documento notarial não pode sofrer interrupções, tampouco mostrar-se descontínuo, impede que em qualquer escritura pública a assinatura das partes ou intervenientes ocorra em momentos temporais distintos.
b) aplicam-se também ao notário os princípios da segurança jurídica, eficácia, autenticidade e o da profilaxia jurídica.
c) o princípio da publicidade orienta a atividade notarial e é aplicado inclusive nos casos

envolvendo escrituras de separação e divórcio extrajudicial de acordo com o previsto na Resolução 35 do Conselho Nacional de Justiça.

d) o princípio rogatório contribuiu com a garantia da imparcialidade do notário e também veda práticas mercadológicas de captação de clientes.

1050. (Ieses/TJ/CE/Cartórios/Ingresso/2018) É exceção ao princípio da rogação:

a) da transferência, de imóvel a sociedade, quando integrar quota social.
b) do contrato de locação, para os fins de exercício de direito de preferência.
c) indicação ou atualização de confrontação.
d) reestabelecimento de sociedade conjugal.

1051. (Ieses/TJ/AM/Cartórios/Remoção/2018) O princípio que afirma que cada assento registral deve apoiar-se no anterior, formando um encadeamento histórico ininterrupto das titularidades jurídicas de cada imóvel, numa concatenação causal sucessiva na transmissão dos direitos imobiliários é intitulado de:

a) princípio da continuidade.
b) princípio da fé pública.
c) princípio da especialidade.
d) princípio da legalidade.

1052. (Ieses/TJ/AM/Cartórios/Ingresso/2018) A respeito do tema "princípios aplicáveis" ao registro de imóveis, é correto afirmar:

a) via de regra, o ato registral é de iniciativa exclusiva do interessado, vedado o ato "ex officio". A isso se denomina princípio da legalidade.
b) o sistema registral brasileiro adota a regra da presunção absoluta ("juris et de jure") do registro imobiliário, isto é, não pode o registro regularmente efetuado ser impugnado por quem quer que seja, judicial ou extrajudicialmente.
c) pelo princípio da instância, é exigida a plena e perfeita identificação do imóvel (urbano ou rural) e do titular do direito real nos documentos, através da indicação precisa das medidas, características e confrontações (requisito objetivo), bem como da qualificação completa dos interessados (requisito subjetivo).
d) pelo princípio da prioridade, num concurso de direitos reais sobre um mesmo imóvel, estes não ocupam o mesmo posto, mas se graduam ou classificam por uma relação de precedência fundada na ordem cronológica do seu aparecimento.

1053. (Ieses/TJ/AM/Cartórios/Ingresso/2018) No tocante aos princípios específicos que informam a atividade do Registro de Títulos e documentos, assinale a opção que ensejou larga controvérsia jurídica quanto à aplicação:

a) princípio da conservação.
b) princípio da territorialidade.
c) princípio da autenticidade da data.
d) princípio do valor probante de original.

1054. (Ieses/TJ/AM/Cartórios/Ingresso/2018) A respeito do tema "princípios aplicáveis" ao registro de imóveis, é correto afirmar:

a) o princípio da continuidade, também denominado por alguns juristas de princípio da individualização, corresponde à necessidade de determinar o imóvel como unidade registral do sistema em suas circunstâncias físicas e com os dados exigíveis para distingui-lo de qualquer outro.
b) o princípio da prioridade não mais vigora no direito registral brasileiro, sendo preferencial somente o registro dos direitos reais de bens imóveis pertencentes a cidadãos com mais de 80 (oitenta) anos de idade.
c) pelo princípio da especialidade, nenhum registro pode ser efetuado sem a prévia menção ao título anterior, pois legalmente imprescindível mostra-se o encadeamento entre assentos pertinentes a um dado imóvel e às partes nele interessadas.
d) ainda que o imóvel esteja matriculado, não se fará registro que dependa da apresentação de título anterior, a fim de que se preserve a continuidade do registro.

1055. (Ieses/TJ/AM/Cartórios/Remoção/2018) Por força de lei os notários ou tabeliões, assim como os oficiais de registro ou registradores possuem o poder de conferir a expressão da verdade, afirmando a certeza e a veracidade dos assentamentos que pratica e das certidões que expede. A esse princípio do direito registral é dado o nome de:

a) princípio da especialidade.
b) princípio da especialidade..
c) princípio da legalidade.
d) princípio da fé pública.

1056. (Ieses/TJ/PB/Cartórios/Ingresso/2014) Na qualificação de escritura pública de compra e venda de bem imóvel, o oficial registrador devolveu o aludido título extrajudicial em razão da existência de divergência entre a área do objeto do negócio jurídico e a descrição constante da matrícula imobiliária. Qual é o princípio registrário incidente no caso hipotético:

a) princípio da especialidade objetiva.
b) princípio da rogação.
c) princípio da continuidade.
d) princípio da fé pública registral.

5.2. Temas Esparsos

◉ ATENÇÃO: ESTE TEMA É MUITO EXIGIDO NOS CONCURSOS!

✱ QUESTÕES DISCURSIVAS

65. **(Vunesp/TJ/SP/Cartórios/2014)** Discorra a respeito da importância da intervenção notarial na prevenção de litígios.

✱ QUESTÕES OBJETIVAS

1057. **(Consulplan/TJ/MG/Cartórios/Ingresso/2018)** Em relação aos serviços notariais e de registro, é correto afirmar que:

a) os notários e registradores se incluem como órgãos do Poder Judiciário, na qualidade de delegados para a prática de serviço privado.
b) ao Conselho Nacional de Justiça cabe fixar as normas gerais e estabelecer os emolumentos relativos aos atos praticados pelos serviços notariais e de registro.
c) a delegação para o exercício dos serviços notariais e de registro pode recair sobre empresa ou pessoa mercantil, neste caso sendo necessária a adjudicação em processo licitatório.
d) a fiscalização judiciária dos atos notariais e de registro será exercida pelo Conselho Nacional de Justiça, sem prejuízo da competência correcional dos tribunais, sempre que necessário, ou mediante representação de qualquer interessado, quando da inobservância de obrigação legal por parte de notário ou de oficial de registro, ou de seus prepostos.

1058. **(FCC/TJ/PE/Cartórios/Ingresso/2013)** Ao ser apresentada para registro uma escritura pública de compra e venda, em sede de qualificação do título, constatou o oficial que o imóvel objeto do negócio jurídico não estava registrado em nome do vendedor, que possui apenas o título aquisitivo sem registro. Neste caso, deverá o oficial do registro de imóveis, em atenção ao princípio da continuidade:

a) registrar de ofício o título aquisitivo do imóvel em nome do alienante, desde que na escritura pública tenha o tabelião informado que o vendedor é proprietário, havendo comprovado tal fato mediante apresentação de escritura pública.
b) averbar à margem do registro que o imóvel havia sido adquirido pelo vendedor, que o registro não havia sido feito, mas que na escritura tal fato está certificado.
c) qualificar negativamente o título, exigindo que seja feita uma rerratificação da escritura pública, para que conste o trespasse do imóvel, averbando este fato à margem do registro.
d) qualificar negativamente o título, exigindo que seja feito primeiro o registro do imóvel em nome do vendedor para só depois realizar o registro do imóvel em nome do apresentante adquirente.
e) suscitar imediata dúvida ao juiz de direito competente acerca desta situação, averbando tal fato à margem do protocolo.

1059. **(Ieses/TJ/MS/Cartórios/Ingresso/2014)** Sobre a ata notarial, todas as assertivas abaixo estão corretas, exceto:

a) a ata notarial é documento produzido unilateralmente, de modo que não poderá ser utilizado como prova em processo judicial.
b) a ata notarial e a escritura pública são dotadas de fé pública, mas, têm finalidades distintas.
c) o notário deverá observar o princípio da rogação na lavratura das atas notariais.
d) de acordo com a doutrina, são espécies de atas notariais: atas de mera percepção de coisas, pessoas ou comportamento humano; atas de fé pública sobre os atos praticados pelo próprio notário; atas de juízo e qualificação; e, atas de manifestação.

1060. **(Ieses/TJ/RO/Cartórios/Ingresso/2017)** Assinale a alternativa correta:

a) de acordo com a Lei n. 6.015/1973, poderá o tabelião de notas, excepcionalmente e apenas nas hipóteses previstas nos respectivos Código de Normas Estaduais, praticar atos de seu ofício fora do Município para o qual recebeu a concessão.

b) é expressamente vedado o uso da ata notarial com o fim de perpetuar conteúdo de páginas da internet.

c) dá-se o reconhecimento de firma por semelhança quando o tabelião afirma que a assinatura é de determinada pessoa, pois o ato foi assinado na sua presença, após a pessoa ter sido identificada por ele.

d) diz-se que o notariado brasileiro é do tipo latino, exercendo ele (o tabelião) função pública em caráter privado, com remuneração direta pelos interessados, que se verifica com o pagamento dos emolumentos.

1061. (Consulplan/TJ/MG/Cartórios/Ingresso/2014) No sistema do notariado latino a função notarial compreende (assinale a alternativa correta):

a) a confecção de documentos a que a lei atribui um valor declarativo e um grau de certeza e segurança jurídica reforçados.

b) a prova documental é, por excelência, subordinada à prova oral e só é admitida quando tenha algum nexo com os fatos que se quer provar.

c) a autenticidade não abrange o conteúdo do negócio documentado a não ser entre as partes e seus herdeiros e só produz efeitos em relação a terceiros quanto à data.

d) o notário é funcionário do estado, integrando os quadros da administração pública, cuja condição peculiar não desbota sua importância, reconhecida como própria de um funcionário de alta responsabilidade.

1062. (Ieses/TJ/PA/Cartórios/Ingresso/2016) A função notarial:

a) possui conteúdo complexo e se desenvolve no âmbito das relações regulares do direito.

b) envolve a prática de atos com presunção de veracidade, atribuindo autenticidade formal aos documentos.

c) tem função de assessoramento, instruindo as partes sobre as possibilidades legais e suas consequências.

d) todas as alternativas estão corretas.

1063. (Ieses/TJ/RO/Cartórios/Ingresso/2017) Assinale a alternativa correta:

a) denomina-se traslado ou translado de escritura pública a via original deste documento que fica arquivada em livro próprio no cartório.

b) em razão do princípio da boa-fé, as certidões expedidas por tabeliães revestem-se de presunção absoluta, também chamada de "juris et de jure".

c) atualmente, coincidem os conceitos de certidão e traslado, pois ambas se destinam a documentar situação fática controvertida.

d) ata notarial possui várias acepções admitidas pela doutrina brasileira, podendo-se também afirmar como correta, dentre tantas outras, a seguinte: "ata notarial é registro de ato ou fato solicitado ao tabelião de notas por interessado, para que os transponha fielmente em palavras, indicando pessoas e ações que os caracterizam".

1064. (Ieses/TJ/CE/Cartórios/Ingresso/2018) A conduta do tabelião de Protesto que, de forma dolosa e reiterada, recebe e deixa de repassar, no prazo legal e em caráter definitivo, valores pertencentes aos apresentantes dos títulos (titulares do crédito) pode caracterizar:

a) apenas infração administrativa na hipótese de reparação integral dos danos às vítimas.

b) infração civil, penal, administrativa e até ato de improbidade.

c) infração penal e administrativa exclusivamente.

d) apenas crime de apropriação indébita.

1065. (Consulplan/TJ/MG/Cartórios/Ingresso/2014) Entre os principais sistemas de publicidade registral imobiliária incluem-se o francês, o alemão e aquele denominado misto, exatamente esse último adotado no Brasil, de acordo com o Código Civil, art. 1.245. Assim, é correto afirmar:

a) no sistema adotado no Brasil, o contrato é meio de transferir a propriedade, servindo a inscrição somente como meio de publicidade declarativa.

b) a inscrição, de caráter obrigatório, constitui meio de publicidade constitutiva, por força de um negócio jurídico abstrato. O registro não está vinculado ao negócio jurídico de que teve origem, de modo que a eficácia ou ineficácia desse negócio causal dele se desprende definitivamente.

c) atribui-se ao registro efeito constitutivo, além de obrigatório, todavia sem se afastar da natureza causal do título que lhe originou. Trata-se de um sistema substantivo ou material. O registro está vinculado ao negócio jurídico de que teve origem, de modo que a eficácia ou ineficácia desse negócio causal nele repercute. Por isso, é também denominado de negócio jurídico causal.

d) no sistema misto brasileiro, o registro torrens, cuja principal característica é gerar a presunção absoluta de validade do registro ("iuris et de iure"), tem caráter facultativo, mas pode ser destinado a qualquer imóvel, conforme regulado nos arts. 277 a 288, da Lei dos Registros Públicos.

1066. (Consulplan/TJ/MG/Cartórios/Ingresso/2014) Em relação aos sistemas de publicidade registral imobiliária, analise as seguintes afirmativas:

I. o cadastro consiste na base do sistema que considera o imóvel em si mesmo, acompanhando-o em suas sucessivas mutações.

II. no país de registro facultativo e que não possui cadastro, a base do sistema é a planta do imóvel.

III. a nossa legislação adotou um sistema misto, pois ao lado do Indicador Real estabeleceu o Indicador Pessoal.

Está o que se afirma em:

a) I e II apenas.
b) I e III apenas.
c) II e III apenas.
d) I, II e III.

1067. (Consulplan/TJ/MG/Cartórios/Ingresso/2014) Em relação aos elementos e função do sistema de publicidade registral, assinale a alternativa correta:

a) a publicidade registral pode apresentar duplo viés: principal e acessória, mas sempre operando efeitos retroativos ("ex tunc"), tal como se dá na ação de divisão para pôr fim ao condomínio indiviso, na inscrição do casamento religioso com efeitos civis e no reconhecimento de filhos havidos fora do casamento.

b) em geral, a publicidade de determinado ato ou relação jurídica, quando prevista em lei, é obrigatória e produz efeito constitutivo. Diz-se, então, que em relação a seus efeitos é provida de eficácia plena ou irrestrita.

c) o sistema de publicidade imanente aos serviços de registros apoia-se no exercício de atividade administrativa que tem por escopo assegurar o interesse que ressai dos negócios jurídicos de direito privado, compreendendo modalidade de administração de direito e de interesse privado.

d) a sentença declaratória de usucapião de bem imóvel ilustra situação de aquisição originária da propriedade, em que o registro é de índole constitutiva, produzindo efeitos "ex nunc".

1068. (Consulplan/TJ/MG/Cartórios/Ingresso/2014) Um bom sistema de Registros Públicos que resguarde a segurança jurídica e certeza como fatores que promovem o desenvolvimento econômico e social é de importância vital a toda nação com economia de mercado, não estratificada. Nesse sentido, é correto afirmar:

a) os Registros Públicos desempenham papel circunstancial na fundamentação econômica dos direitos de propriedade, bastando dispor de mecanismos para assimilar informações cadastrais imprescindíveis, como a área, confrontantes e localização do imóvel, a fim de cumprir com os seus objetivos precípuos.

b) a falta do cadastro e sua interconexão com o registro não interfere na segurança jurídica, dado que o modelo de registro imobiliário adotado no Brasil é exclusivamente de direitos, o que torna dispensável o completo gerenciamento territorial dos imóveis.

c) o clandestinismo jurídico, a exemplo dos denominados contratos de gaveta, ônus ocultos e gravames nebulosos, resulta na opacidade do registro, suscetível de afetar o direito de propriedade imobiliária, cuja função é irradiar publicidade a terceiros.

d) os fatos sujeitos pela lei a registro, e não registrados, são oponíveis a terceiros, a quem a lei atribui o ônus de provar a boa-fé.

1069. (Consulplan/TJ/MG/Cartórios/Ingresso/2014) Acerca do conceito de certidão de ato notarial, assinale a alternativa correta:

a) é o instrumento público mediante o qual é expedida a primeira cópia integral e fiel do teor de escritura pública, com a mesma data.

b) é cópia integral e fiel do teor de escrito existente em livro ou arquivo da serventia.

c) é o relato da realização de atos, conforme quesitos.

d) é o instrumento público expedido em razão do ofício.

1070. (Ieses/TJ/CE/Cartórios/Ingresso/2018) Assinale a alternativa correta:

a) conforme entendimento do STJ, a sentença que homologa acordo em separação ou divórcio e que contemple doação de imóvel não possui nessa parte eficácia de escritura pública.

b) a renúncia de direitos hereditários pode ser realizada sem escritura pública quando a herança for composta apenas por bens móveis.

c) o testamento vidual é uma espécie de testamento expressamente prevista no Código Civil e a sua eficácia é alcançada apenas após a morte do testador.

d) a fé pública notarial evidencia a força probante atribuída pela ordem jurídica aos atos praticados com intervenção do notário e garante certeza e autenticidade; trata-se de uma das características do sistema de notariado de tipo latino. A fé pública registral, por sua vez, representa existência e certeza de um direito real, bem como inexistência de fatos impeditivos ou proibitivos de disponibilidade.

1071. (Ieses/TJ/CE/Cartórios/Ingresso/2018) Acerca dos atos notariais é correto afirmar:

a) o testamento público não pode ser celebrado por relativamente incapaz maior de 16 e menor de 18 anos, sem a participação de assistente.

b) não é possível a lavratura de pacto antenupcial no regime da separação parcial de bens, mesmo quando os noivos pretendam alterar ou disciplinar algum aspecto específico do regime de bens, pois esta avença descaracterizaria preceito de ordem pública.

c) o aspecto temporal da emissão do documento é o critério essencial na diferenciação entre traslado e certidão.

d) os requisitos formais a serem observados pelo tabelião nas escrituras públicas e nas atas notariais são exatamente os mesmos, pois não há diferenças extrínsecas entre estes instrumentos públicos.

1072. (Ieses/TJ/AM/Cartórios/Ingresso/2018) Sobre o regime jurídico dos serviços notariais e de registro previsto na Constituição Federal, é correto afirmar:

a) os serviços notariais e de registro são serviços públicos, prestados ou diretamente pelo Estado ou indiretamente pelo regime de delegação (concessão ou permissão de serviço público), em quaisquer dos casos sempre exercidos em caráter público.

b) lei regulará as atividades, disciplinará a responsabilidade civil e criminal dos notários, dos oficiais de registro e de seus prepostos, e definirá a fiscalização de seus atos pelo Poder Judiciário.

c) lei complementar específica de cada Estado estabelecerá normas gerais para fixação de emolumentos relativos aos atos praticados pelos serviços notariais e de registro.

d) o ingresso na atividade notarial e de registro depende de concurso público de provas ou provas e títulos, vedado que qualquer serventia fique vaga, sem abertura de concurso de provimento ou de remoção, por mais de dois anos.

1073. (Ieses/TJ/AM/Cartórios/Ingresso/2018) Leia atentamente as proposições abaixo e assinale a que se apresentar correta:

a) embora tenha havido alguma controvérsia jurídica, entende a doutrina ser possível que o contrato de alienação fiduciária seja levado a registro perante o oficial do Registro de Títulos e Documentos competente, desde que, depois, este órgão encaminhe comunicação ao Detran respectivo.

b) consoante a moderna orientação jurídica a respeito do Registro de Títulos e Documentos, é possível nele observar os influxos do princípio da segurança jurídica, notadamente porque são aceitos a registro apenas os seguintes documentos: contratos de locação de prédios, ressalvado o registro, no registro de imóveis, dos contratos de locação que contenham cláusula de vigência na alienação da coisa locada; os documentos decorrentes de depósitos ou de cauções feitos em garantia de obrigações contratuais; cartas de fiança, em geral; contratos de compra e venda em prestações, com ou sem reserva de domínio, entre outros documentos exaustivamente previstos na Lei n. 6.015/73.

c) tendo em conta a competência atribuída ao oficial do Registro de Títulos e documentos, não lhe incumbe, por exemplo, a averbação da certidão de existência de ação ou fase executiva relativa a bens móveis de que é titular o devedor.

d) com exceção do cônjuge, não há impedimento para que o registrador pratique, pessoalmente, no serviço de que é titular, ato do interesse de parentes, na linha reta, ou na colateral, consangüíneos ou afins, até o terceiro grau.

1074. **(Ieses/TJ/PA/Cartórios/Ingresso/2016)** Sobre a reserva legal, não é correto afirmar:

a) a reserva legal das florestas, bem como de outros espaços protegidos, são meras limitações administrativas que não integram o direito de propriedade, sendo que seu ingresso no Registro e Imóveis cumpre apenas função de publicidade.

b) a nova legislação florestal inovou ao assegurar o uso econômico do imóvel de forma sustentável.

c) o novo código firmou de forma inequívoca a natureza real das obrigações ambientais.

d) o Código Florestal (Lei 12.651/2012) estabeleceu um novo tratamento jurídico para a averbação da reserva legal.

1075. **(Ieses/TJ/RO/Cartórios/Ingresso/2017)** Assinale a alternativa correta:

a) debate-se, ainda hoje, quanto à taxatividade ou não do elenco contido no artigo 167, inciso I, da Lei dos Registros Públicos (Lei n. 6.015/1973), mas a quase totalidade dos doutrinadores e dos Tribunais brasileiros entende que o rol ali contido é meramente exemplificativo, cabendo ao Registrador avaliar caso a caso se tal direito é ou não registrável. Em não havendo plena certeza, deverá o Registrador submeter a questão ao Poder Judiciário, pelo instrumento da dúvida.

b) as promessas de doação de bem imóvel, regra geral, não se submetem ao registro imobiliário, exceção feita exclusivamente à doação modal (ou com encargo), esta sim, registrável.

c) os direitos registráveis, na lição de vários doutrinadores, são taxativamente fixados pela lei e, pois, constituem "numerus clausus". Tal posição não é, entretanto, pacífica.

d) é unânime na doutrina e jurisprudência a não taxatividade legal dos direitos registráveis, ou seja, todo e qualquer direito (por exemplo o direito pessoal, real, coletivo, difuso, futuro) pode ser levado a registro junto ao CRI – cartório de registro de imóveis, desde que obedecidos os princípios informadores e pagos os emolumentos respectivos.

1076. **(Cespe/TJ/SE/Cartórios/Remoção/2014)** Acerca da teoria dos atos notariais e dos registros públicos, assinale a opção correta:

a) segundo jurisprudência do STF, os emolumentos devidos em razão de serviços notariais e de registro não têm natureza de tributo.

b) os atos notariais e de registro são dotados do atributo da presunção de veracidade, à semelhança do que ocorre com os atos administrativos.

c) dado o princípio da rogação ou instância, o sistema jurídico brasileiro não admite a prática de ato notarial ou de registro de ofício, sendo obrigatória a provocação prévia do interessado.

d) conforme previsto na Lei n. 6.015/1973, os serviços relacionados aos registros públicos foram estabelecidos pela legislação civil para conferir autenticidade, validade, eficácia e segurança aos atos jurídicos.

e) os emolumentos, que constituem a contraprestação pelos serviços prestados pelo notário e pelo oficial de registro, são fixados por lei federal.

1077. **(Vunesp/TJ/SP/Cartórios/Remoção/2014)** Em relação ao traslado, é correto afirmar que:

a) é cópia fiel da escritura lavrada no livro de notas.

b) é vedada a cobrança de traslados extras.

c) a Lei Federal n. 6.015/73 admite traslado parcial.

d) no ordenamento jurídico nacional, admite-se apenas o traslado em papel.

1078. **(Vunesp/TJ/SP/Cartórios/Ingresso/2016)** O notário, após a verificação das manifestações de vontade, mas antes das assinaturas, verifica que uma das partes não pode ou não sabe assinar. Deverá então:

a) por fim à lavratura do ato, declarando o mesmo incompleto.

b) solicitar que uma pessoa capaz assine a rogo, declarando tal ocorrência no ato notarial.

c) por fim à lavratura do ato, declarando o mesmo sem efeito.

d) recomendar que aponha a impressão datiloscópica.

1079. **(Vunesp/TJ/SP/Cartórios/Remoção/2016)** O notário, ao atender pessoa idosa, verifica que a mesma assina com dificuldade, demonstrando não saber ler ou escrever, acarretando a difícil compreensão de sua assinatura. Em tal caso, o tabelião:

a) solicitará a apresentação de atestado médico que assegure que o idoso se encontra com sua capacidade plena.

b) recomendará a utilização de impressão datiloscópica, identificando o nome da pessoa em torno da impressão.

c) solicitará que pessoa capaz assine a seu rogo.

d) obstará a realização do ato.

1080. (Faurgs/TJ/RS/Cartórios/Remoção/2015) Na lavratura de atos notariais, inclusive os relativos a imóveis, o tabelião consignará a apresentação:

a) do documento comprobatório do pagamento do Imposto de Transmissão "inter vivos", as certidões fiscais e as certidões de propriedade e de ônus reais.

b) do documento comprobatório do pagamento do Imposto de Transmissão "inter vivos" e as certidões fiscais, sendo dispensadas as certidões de propriedade e de ônus reais.

c) do documento comprobatório do pagamento do Imposto de Transmissão "inter vivos" e certidões de propriedade e de ônus reais, sendo dispensadas as certidões fiscais.

d) das certidões fiscais e das certidões de propriedade e de ônus reais, sendo dispensada a apresentação do documento comprobatório do pagamento do Imposto de Transmissão "inter vivos".

1081. (Consulplan/TJ/MG/Cartórios/Ingresso/2015) "Pode se dizer que a ata notarial, depois da escritura pública, é o ato notarial de maior relevância e, apesar, disso, não tem ela merecido entre nós a devida atenção, como, aliás, não tem merecido a devida atenção o direito notarial com um todo." (Brandelli, L. Teoria Geral do Direito Notarial. 2. ed. São Paulo: Saraiva, 2007, p. 245.) Em relação à ata notarial, é correto afirmar:

a) a ata notarial, dotada de fé pública e de força de prova pré-constituída, é ato exclusivo do tabelião, não podendo ser praticado por seus prepostos.

b) a ata notarial pode ter por objeto colher declaração testemunhal para fins de prova em processo administrativo ou judicial.

c) o conteúdo de uma ata notarial pode ser a manifestação de vontade das partes em negócio jurídico, desde que endereçada ao tabelião e destinada a concretizar o suporte fático abstrato descrito na norma jurídica.

d) em que pese o cunho probatório da ata notarial, esta não pode ter por objeto a descrição de um fato ilícito.

1082. (Consulplan/TJ/MG/Cartórios/Remoção/2018) Nos termos do art. 1º da Lei nº 6.858/1980, "os valores devidos pelos empregadores aos empregados e os montantes das contas individuais do Fundo de Garantia do Tempo de Serviço e do Fundo de Participação PIS-Pasep, não recebidos em vida pelos respectivos titulares, serão pagos, em quotas iguais, aos dependentes habilitados perante a Previdência Social ou na forma da legislação específica dos servidores civis e militares, e, na sua falta, aos sucessores previstos na lei civil, indicados em alvará judicial, independentemente de inventário ou arrolamento". Considerando tal dispositivo e os demais dispositivos legais de promoção de inventário e partilha extrajudicial, assinale a alternativa correta:

a) a escritura pública de inventário e partilha é juridicamente válida para o recebimento do FGTS – Fundo de Garantia por Tempo de Serviço, por herdeiros ou dependentes.

b) o fato de haver herdeiro com idade de 17 (dezessete) anos, mas emancipado, impede a realização de inventário e partilha por meio de escritura pública, restando às partes a via judicial.

c) em escritura de inventário e partilha, a divisão dos bens deixados pelo autor da herança terá de obedecer estritamente à ordem e forma de partilha previstas em leis que regulam a sucessão por morte, não podendo as partes dispor de forma diversa à prevista em lei.

d) se os herdeiros ou dependentes, maiores e capazes, não tiverem como demonstrar o saldo da conta de FGTS do autor da herança para promover escritura de inventário e partilha, restar-lhes-á, como meio de obter a informação acerca desse saldo (emissão de um extrato, por exemplo), o ajuizamento de ação em que requererão ordem judicial de entrega do extrato, já que não é juridicamente possível lavrar escritura prévia à própria escritura de inventário e partilha, por meio da qual se nomeie inventariante que, exibindo-a, requeira a emissão do extrato à Caixa Econômica Federal.

1083. **(Consulplan/TJ/MG/Cartórios/Remoção/2018)** Acerca do ato de reconhecimento de firma, é correto afirmar que:

a) no instrumento de contrato de fiança, é obrigatório o reconhecimento na modalidade "por autenticidade".

b) o tabelião, além de confrontar as assinaturas (a do documento com a do cartão), deve analisar se o signatário possui de fato poderes de presentar a pessoa jurídica em cujo nome firma o documento.

c) mesmo para praticar o ato na modalidade "por autenticidade", pode ser dispensado que o vendedor assine novamente o documento, quando ele comparece ao cartório portando esse documento já previamente assinado.

d) pode ser reconhecida firma de menor, com 17 (dezessete) anos, não emancipado, não assistido, já que, no ato do reconhecimento de firma, o tabelião de notas é responsável unicamente pela análise da assinatura constante do documento a ele apresentado.

2. DIREITO ADMINISTRATIVO

⚠ VOLUME DE QUESTÕES

Médio

1. AGENTES PÚBLICOS

1.1. Disposições Gerais

◉ ATENÇÃO: ESTE TEMA É MUITO EXIGIDO NOS CONCURSOS!

✱ SÚMULAS

STF **Súm. 22.** O estágio probatório não protege o funcionário contra a extinção do cargo.

STF **Súm. 36.** Servidor vitalício está sujeito a aposentadoria compulsória, em razão da idade.

STF **Súm. 39.** À falta de lei, funcionário em disponibilidade não pode exigir, judicialmente, o seu aproveitamento, que fica subordinado ao critério de conveniência da Administração.

STF **Súm. 46.** Desmembramento de serventia de justiça não viola o princípio de vitaliciedade do serventuário.

STF **Súm. 47.** Reitor de universidade não é livremente demissível pelo Presidente da República durante o prazo de sua investidura.

STJ **Súm. 137.** Compete à justiça comum estadual processar e julgar ação de servidor público municipal, pleiteando direitos relativos ao vínculo estatutário.

STJ **Súm. 173.** Compete à Justiça Federal processar e julgar o pedido de reintegração em cargo público federal, ainda que o servidor tenha sido dispensado antes da instituição do Regime Jurídico Único.

STJ **Súm. 346.** É vedada aos militares temporários, para aquisição de estabilidade, a contagem em dobro de férias e licenças não gozadas.

✱ REPERCUSSÃO & REPETITIVOS

STF **Repercussão Geral 57.** É constitucional a previsão legal que assegure, na hipótese de transferência "ex officio" de servidor, a matrícula em instituição pública, se inexistir instituição congênere à de origem. (RE 601580, 19.9.2018)

STF **Repercussão Geral 403.** É compatível com a CF a previsão legal que exija o transcurso de 24 (vinte e quatro) meses, contados do término do contrato, antes de nova admissão de professor temporário anteriormente contratado. (RE 635648, 14.6.2017)

STF **Repercussão Geral 541.** I. O exercício do direito de greve, sob qualquer forma ou modalidade, é vedado aos policiais civis e a todos os servidores públicos que atuem diretamente na área de segurança pública. II. É obrigatória a participação do Poder Público em mediação instaurada pelos órgãos classistas das carreiras de segurança pública, nos termos do art. 165 do NCPC, para vocalização dos interesses da categoria (ARE 654432, 5.4.2017)

STF **Repercussão Geral 544.** A justiça comum, federal ou estadual, é competente para julgar a abusividade de greve de servidores públicos celetistas da Administração pública direta, autarquias e fundações públicas. (RE 846854, 25.5.2017)

✱ INFORMATIVOS

STF **ADI e providências diante de greve de servidores públicos.** Julgado improcedente pedido em ADI contra decreto estadual que dispõe sobre as providências a serem adotadas em caso de paralisação de servidores públicos estaduais a título de greve. A norma impugnada determina: i) a convocação dos grevistas a reassumirem seus cargos; ii) a instauração de processo administrativo disciplinar; iii) o desconto em folha de pagamento dos dias de greve; e iv) a contratação temporária de servidores. Prevê, ainda, a exoneração dos ocupantes de cargo de provimento temporário e de função gratificada que participarem da greve. Trata-se de decreto de caráter autônomo, que disciplina, nos termos da competência reservada ao chefe do Poder Executivo pelo art. 84, IV, da CF, as consequências – estritamente administrativas – do ato de greve dos servidores públicos e as providências a serem adotadas pelos agentes públicos no sentido de dar continuidade aos serviços públicos. O decreto não cuida especificamente do direito de greve do servidor público, não regulamenta seu exercício e, ainda que o fizesse, essa matéria não está incluída entre aquelas tidas como de Direito do Trabalho, pois o vínculo do servidor com a Administração Pública não é de natureza trabalhista, mas estatutária. A norma impugnada está em consonância com a orientação fixada no julgamento do MI 708, que determinou, até a edição da legislação específica a que se refere o art. 37, VII, da CF, a aplicação das Leis 7.701/1988 e 7.783/1989 aos conflitos e às ações judiciais que envolvam a interpretação do direito de greve dos servidores públicos civis. No que se refere à possibilidade de contratação temporária excepcional, concluiu que o Poder Público tem o dever constitucional de prestar serviços essenciais que não podem ser interrompidos, e que a contratação, no caso, foi limitada ao período de duração da greve e apenas para garantir a continuidade dos serviços. Ademais, a jurisprudência do STF reconhece a inconstitucionalidade da contratação temporária excepcional para admissão de servidores para funções burocráticas ordinárias e permanentes. ADI 1335, Rel. Min. Cármen Lúcia, j. 13.6.2017. Pleno. (Info 906)

STJ **Servidor público. Pretensão de reintegração em cargo público. Afastamento motivado por perseguição política. Regime militar. Imprescritibilidade.** São imprescritíveis as ações de reintegração em cargo público quando o afastamento se deu em razão de atos de exceção praticados durante o regime militar. REsp 1.565.166, Rel. Min. Regina Helena Costa, DJ 2.8.2018. 1ª T. (Info 630)

STJ **Servidor público. Acumulação de cargos públicos remunerados. Área da saúde. Limitação da carga horária. Impossibilidade. Compatibilidade de horários. Requisito único. Aferição pela administração pública. Orientação do STF. AgR no RE 1.094.802-PE.** A acumulação de cargos públicos de profissionais da área de saúde, prevista no art. 37, XVI, da CF, não se sujeita ao limite de 60 horas semanais. REsp 1.746.784, Rel. Min. Og Fernandes, DJ 30.8.2018. 2ª T. (Info 632)

STJ **Servidor público. Médico do trabalho. Cargo de auditor-fiscal. Enquadramento. Cumulação com outro vínculo como médico. Impossibilidade.** O Auditor Fiscal do Trabalho, com especialidade em medicina do trabalho, não pode cumular o exercício do seu cargo com outro da área de saúde. 1ª T. REsp 1.460.331, Rel. Acd. Min. Gurgel de Faria, DJ 7.5.2018. (Info 625)

STJ **Servidor Público. Remoção de cônjuge a pedido. Acompanhamento. Art. 36, III, "a", da Lei 8.112/90.** O servidor público federal somente tem direito à remoção prevista no art. 36, parágrafo único, III, "a", da Lei 8.112/90, na hipótese em que o cônjuge/companheiro, também servidor, tenha sido deslocado de ofício, para atender ao interesse da Administração (nos moldes do inciso I do mesmo dispositivo). EREsp 1.247.360, Rel. Min. Benedito Gonçalves, DJ 29.11.2017. 1ª S. (Info 617)

* QUESTÕES OBJETIVAS

01. **(Consulplan/TJ/MG/Cartórios/Ingresso/2018)** Sobre os servidores públicos, assinale a afirmativa incorreta:

a) a alteração do regime jurídico adotado de celetista para estatutário dos municípios é defeso, ante o princípio de simetria a reger os entes da federação.

b) aos servidores públicos ocupantes de cargos comissionados de livre nomeação e exoneração vinculam-se ao regime geral de previdência social dos trabalhadores da iniciativa privada.

c) permanecem em vigência no ordenamento pátrio regra do regime jurídico único e planos de carreira para os servidores da administração pública direta, das autarquias e das fundações públicas, sendo vedada a adoção de sistema híbrido.

d) os empregados públicos estão submetidos ao regime jurídico celetista. Contudo, em virtude da atividade estatal por eles desempenhada e dos princípios inerentes à Administração Pública, não é possível que eles se submetam integralmente às regras aplicáveis aos trabalhadores da iniciativa privada.

02. **(Consulplan/TJ/MG/Cartórios/Ingresso/2018)** No que se refere ao servidor público, assinale a afirmativa incorreta:

a) a reintegração é a reinvestidura do servidor ao mesmo cargo de que fora demitido, uma vez reconhecida a ilegalidade da demissão.

b) o aproveitamento é o retorno obrigatório à atividade de servidor em disponibilidade em cargo de atribuições e vencimentos compatíveis com o anteriormente ocupado.

c) a recondução é o retorno do servidor estável ao cargo anteriormente ocupado em decorrência de inabilitação em estágio probatório relativo a outro cargo ou de reintegração do anterior ocupante.

d) a reversão é o retorno do servidor aposentado por invalidez em algum cargo vago existente na Administração Pública quando a junta médica concluir não perdurarem os motivos que ensejaram o afastamento para a inatividade.

03. **(Cespe/TJ/PI/Cartórios/Remoção/2013)** No que se refere à administração pública, assinale a opção correta:

a) o servidor público estável poderá perder o cargo mediante procedimento de avaliação periódica de desempenho, na forma de lei ordinária federal, assegurada ampla defesa.

b) as administrações tributárias da União, dos estados, do DF e dos municípios, que são essenciais ao funcionamento do Estado, devem ser exercidas por servidores de carreiras específicas, ter recursos prioritários para a realização de suas atividades e atuar de forma integrada, embora seja vedado o compartilhamento de cadastros entre elas.

c) a lei deve reservar percentual dos cargos e empregos públicos para idosos e pessoas portadoras de deficiência.

d) extinto o cargo ou declarada a sua desnecessidade, o servidor estável será aposentado com remuneração proporcional ao seu tempo de serviço.

e) é possível a acumulação remunerada de dois cargos ou empregos privativos de profissionais de saúde, com profissões regulamentadas, quando houver compatibilidade de horários.

04. **(TJ/SC/Cartórios/Remoção/2012)** Assinale a alternativa correta:

a) o agente político é só aquele servidor investido de função política decorrente de mandato eletivo alcançado pessoalmente, quer no Poder Legislativo quer no Executivo.

b) os delegatários de serviço público classificam-se dentro da estrutura da administração pública como servidores civis, pois atuam como órgãos estatais, mas sem vínculo de subordinação, porém sujeitos à fiscalização estatal, sem auferirem remuneração proveniente dos cofres públicos.

c) funcionário de fato é aquele que se apresenta, em vista de circunstâncias muito peculiares, como agente público, mas que, na realidade, não o é. Nesse caso, os atos praticados por esses agentes são considerados válidos em razão da aparência de legalidade de que se revestem e em nome do princípio da boa-fé do administrado e da segurança jurídica.

d) os serviços de registros públicos, cartorários e notariais são exercidos em caráter privativo por delegação do Poder Público, no qual seus titulares ocupam cargo público, sendo por isso considerados como servidores públicos.

e) os servidores públicos nem sempre são remunerados pelos cofres públicos.

05. **(TJ/SC/Cartórios/Ingresso/2012)** Assinale a alternativa correta:

a) os estrangeiros, assim como os brasileiros, no âmbito da administração pública direta e indireta, podem ocupar cargos, funções e empregos públicos sem qualquer restrição.

b) nos termos das regras constitucionais hoje vigentes, a criação, a transformação e a extinção de cargos, empregos e funções públicas nos três Poderes é da competência do Congresso Nacional, exercida por meio de lei, que será de iniciativa do Presidente da República.

c) observadas as disposições constitucionais vigentes e atendido o princípio da universalidade e o acesso de todos ao serviço público, a estipulação de limite de idade em editais de concursos públicos, independentemente da natureza do cargo a ser preenchido, apresenta-se como inconstitucional.

d) os cargos em comissão são aqueles editados em norma regulamentar de cada Poder da República como de livre nomeação ou exoneração. Impõe isso a crer que, em princípio, qualquer pessoa, mesmo que não seja servidor público de qualquer Poder, em quaisquer de suas três esferas, pode ser nomeada para exercer um cargo em comissão.

e) a contratação por tempo determinado, tal qual prevista sua possibilidade na Constituição Federal, é restrita para atender determinada situação temporária de excepcional interesse público. Assim, obrigatoriamente, têm que estar presentes para a contratação dois requisitos indispensáveis: situação temporária, o que significa por determinado intervalo de tempo, e que essa situação temporária seja de excepcionalidade, isso é, situações não comuns vividas pela administração pública contratante, não se enquadrando nessas exigências a contratação provisória com o fito de substituir servidores efetivos afastados por qualquer motivo, inclusive no gozo de férias e licença-prêmio, e outras situações plenamente previsíveis.

06. **(Ieses/TJ/RN/Cartórios/Remoção/2012)** Cargo público é o conjunto de atribuições e responsabilidades cometidas a um servidor, criado por lei, com denominação própria e remunerado pelos cofres públicos. A respeito do tema, assinale a alternativa correta:

a) de acordo com a Lei n. 8.112/90, o servidor público que for empossado e não iniciar suas atividades no prazo de 15 dias, prorrogável por igual período, será imediatamente exonerado do cargo.

b) segundo a Constituição Federal de 1988, o servidor que exerça funções equivalentes às de agente comunitário de saúde ou de agente de combate às endemias poderá perder o cargo em caso de descumprimento dos requisitos específicos para o seu exercício, fixados em lei.

c) a remuneração dos servidores públicos e seus subsídios poderão ser fixados ou alterados por decreto da Presidência da República.

d) os cargos de mandato, previamente fixados, poderão ser cassados em quaisquer casos, dependendo, exclusivamente, da vontade do administrador.

07. **(Ieses/TJ/RN/Cartórios/Remoção/2012)** Ao servidor público da administração direta, autárquica e fundacional, no exercício de mandato eletivo, não se aplica a seguinte disposição:

a) investido no mandato de Vereador, havendo compatibilidade de horários, o servidor público perceberá as vantagens de seu cargo, emprego ou função, sem prejuízo da remuneração do cargo eletivo.

b) tratando-se de mandato eletivo federal, estadual ou distrital, o servidor público ficará afastado de seu cargo, emprego ou função.

c) investido no mandato de Prefeito, o servidor público será afastado do cargo, emprego ou função, sendo-lhe facultado optar pela sua remuneração.

d) em qualquer caso que exija o afastamento do servidor público para o exercício de mandato eletivo, seu tempo de serviço não será contado para os efeitos legais.

08. **(Ieses/TJ/RN/Cartórios/Remoção/2012)** Ao servidor público da administração direta, autárquica e fundacional, no exercício de mandato eletivo, aplicam-se as seguintes disposições:

a) em qualquer caso que exija o afastamento para o exercício de mandato eletivo, seu tempo de serviço será contado para todos os efeitos legais, exceto para promoção por merecimento.

b) investido no mandato de Prefeito, será afastado do cargo, emprego ou função, sendo cumuladas as remunerações.

c) para efeito de benefício previdenciário, no caso de afastamento, os valores serão determinados como se suspenso estivesse.

d) tratando-se de mandato eletivo federal poderá o servidor cumular seu cargo, emprego ou função.

09. **(Vunesp/TJ/SP/Cartórios/Ingresso/2016)** O servidor público da Administração direta, autárquica e fundacional investido no mandato de Vereador:

a) será afastado do cargo, emprego ou função, sendo-lhe facultado optar pela remuneração.

b) acumulará as vantagens do cargo, emprego ou função e as remunerações do cargo eletivo, se houver compatibilidade de horários.

c) perderá o vínculo com a Administração Pública, obrigatoriamente.

d) perderá o vínculo com a Administração Pública, facultativamente.

10. **(Vunesp/TJ/SP/Cartórios/Remoção/2016)** Os cargos, empregos e funções públicas são acessíveis aos:

a) brasileiros natos e naturalizados.

b) brasileiros e aos estrangeiros, na forma da lei.

c) brasileiros natos, apenas.

d) brasileiros e aos estrangeiros com visto de permanência.

11. **(Faurgs/TJ/RS/Cartórios/Ingresso/2015)** Havendo disponibilidade de horários, um servidor público pode acumular, remuneradamente:

a) um cargo de enfermeiro no âmbito da Secretaria Estadual de Saúde do Estado do Rio Grande do Sul com outro cargo de enfermeiro no Hospital de Pronto-Socorro Municipal de Porto Alegre.

b) um cargo de fiscal de tributos estaduais com outro de auditor fiscal da Receita Federal do Brasil.

c) um cargo de Procurador da União com outro de advogado do Banco do Brasil S/A.

d) um cargo de Delegado de Polícia Estadual e outro de Delegado da Polícia Federal.

12. **(Ieses/TJ/PB/Cartórios/Ingresso/2014)** Ao servidor público da administração direta, autárquica e fundacional, no exercício de mandato eletivo, aplicam-se as seguintes disposições, exceto:

a) tratando-se de mandato eletivo federal, estadual ou distrital, ficará afastado de seu cargo, emprego ou função.

b) investido no mandato de Prefeito, será afastado do cargo, emprego ou função e remuneração.

c) investido no mandato de Vereador, havendo compatibilidade de horários, perceberá as vantagens de seu cargo, emprego ou função, sem prejuízo da remuneração do cargo eletivo.

d) para efeito de benefício previdenciário, no caso de afastamento, os valores serão determinados como se no exercício estivesse.

13. **(Ieses/TJ/PB/Cartórios/Ingresso/2014)** Assinale a alternativa correta:

a) a vedação a que cônjuges ou companheiros e parentes consanguíneos, afins ou por adoção, até o segundo grau, de titulares de cargo público ocupem cargos em comissão visa a assegurar, sobretudo, cumprimento ao princípio constitucional da isonomia, bem assim fazer valer os princípios da impessoalidade e moralidade na Administração Pública.

b) o princípio da autotutela obriga a Administração Pública Direta a fiscalizar a legalidade dos atos praticados pelas pessoas jurídicas integrantes da Administração Indireta (empresas públicas, sociedades de economia mista, autarquias e fundações públicas), em cumprimento ao que se denomina "controle finalístico".

c) pelo princípio da autoexecutoriedade, a Administração Pública pode e deve, ela própria, controlar os seus atos, mantendo-os ou não no mundo jurídico não se exigindo, para tanto, decisão judicial, ainda quando envolvidas questões de ilegalidade e nulidade.

d) a nomeação de cônjuge, companheiro ou parente em linha reta, colateral ou por afinidade, até o terceiro grau, inclusive, da autoridade nomeante ou de servidor da mesma pessoa jurídica investido em cargo de direção, chefia ou assessoramento, para o exercício de cargo em comissão ou de confiança ou, ainda, de função gratificada na administração pública direta e indireta em qualquer dos Poderes da União, dos Estados, do Distrito Federal e dos Municípios, compreendido o ajuste mediante designações recíprocas, viola a Constituição Federal.

14. **(Consulplan/TJ/MG/Cartórios/Ingresso/2014)** Em caso de extinção de cargo público , assinale a alternativa correta:

a) o servidor estável deve ser aproveitado, de forma adequada, em outro cargo.

b) o servidor estável deve ser reintegrado, de forma adequada, em outro cargo.

c) deve haver reversão do cargo do servidor estável.

d) o servidor estável deve ser reconduzido, de forma adequada, a outro cargo.

15. **(FMP/TJ/MT/Cartórios/Ingresso/2014)** Com relação ao regime jurídico constitucional dos agentes públicos é correto afirmar que:

a) o prazo de validade dos concursos públicos será de dois anos, sem possibilidade de prorrogação.

b) ao servidor ocupante de cargo público é reconhecido o direito ao Fundo de Garantia por Tempo de Serviço.

c) é garantido ao servidor público civil o direito à livre associação sindical.

d) a vedação de acumulação remunerada de cargos públicos não se estende às empresas públicas.

e) a aposentadoria compulsória ocorrerá aos setenta anos de idade, com proventos integrais.

16. **(IBFC/TJ/PR/Cartórios/Ingresso/2014)** Assinale a proposição correta, em relação aos servidores contratados pela Administração, por tempo determinado, mediante seleção pública simplificada, para atender a necessidade temporária de excepcional interesse público:

a) ocupam cargos públicos efetivos.

b) ocupam cargos públicos em comissão.

c) desempenham função pública.

d) ocupam empregos públicos.

17. **(Consulplan/TJ/MG/Cartórios/Remoção/2014)** No tocante à responsabilidade dos servidores públicos, é correto afirmar, exceto:

a) pode ser civil, penal e administrativa de forma independente uma da outra.

b) a responsabilidade civil do servidor reclama apuração por processo administrativo, assegurados o contraditório e a ampla defesa.

c) a responsabilidade civil-administrativa resulta, exclusivamente, de ato comissivo praticado no desempenho do cargo ou função.

d) a absolvição na esfera penal, por negativa do fato, afasta a responsabilização administrativa do servidor público.

18. (Consulplan/TJ/MG/Cartórios/Ingresso/2015) Quanto às normas constitucionais que regem a administração pública, é incorreto afirmar:

a) os cargos, empregos e funções públicas são inacessíveis aos estrangeiros.

b) é garantido ao servidor público civil o direito a livre associação sindical.

c) como condição para a aquisição da estabilidade do cargo do servidor público, é obrigatória a avaliação especial de desempenho por comissão instituída para essa finalidade.

d) extinto o cargo ou declarada sua desnecessidade, o servidor estável ficará em disponibilidade, com remuneração proporcional ao tempo de serviço, até seu adequado aproveitamento em outro cargo.

19. (Vunesp/TJ/SP/Cartórios/Remoção/2016) Invalidada por sentença judicial a demissão do servidor estável, será ele:

a) indenizado, e o eventual ocupante da vaga será vitaliciado no cargo.

b) reintegrado, e o eventual ocupante da vaga, se estável, reconduzido ao cargo de origem, sem direito a indenização, aproveitado em outro cargo ou posto em disponibilidade com remuneração proporcional ao tempo de serviço.

c) reintegrado, e o eventual ocupante da vaga, se estável, reconduzido ao cargo de origem, com direito a indenização, aproveitado em outro cargo ou posto em disponibilidade com remuneração proporcional ao tempo de serviço.

d) indenizado, e o eventual ocupante da vaga, se estável, reconduzido ao cargo de origem, sem direito a indenização, aproveitado em outro cargo ou posto em disponibilidade com remuneração proporcional ao tempo de serviço.

20. (Ieses/TJ/PA/Cartórios/Ingresso/2016) Assinale a alternativa correta:

a) os "servidores públicos" são uma espécie dentro do gênero "agentes políticos".

b) a efetivação em cargo de provimento temporário é o que se denomina "estabilidade".

c) após dois anos de efetivo exercício, subsequentes à nomeação por concurso de provas ou provas e títulos, goza o servidor público de estabilidade.

d) demissão é o desligamento do cargo com caráter sancionador. Corresponde a uma "expulsão", aplicável nas hipóteses legalmente prevista e, pois, não se confunde com exoneração.

21. (Vunesp/TJ/SP/Cartórios/Ingresso/2014) Com relação às disposições gerais atinentes à Administração Pública, sob o enfoque da Constituição Federal, pode-se afirmar corretamente que:

a) é possível, na forma da lei, a vinculação ou equiparação de quaisquer espécies remuneratórias para efeito de remuneração de pessoal do serviço público.

b) o prazo de validade do concurso público será de até dois anos, prorrogável sempre que necessário, no máximo duas vezes, na forma da lei.

c) a investidura em cargo ou emprego público sempre depende de aprovação prévia em concurso público exclusivamente de provas, de acordo com a natureza e a complexidade do cargo ou emprego, na forma prevista em lei, ressalvadas as nomeações para cargo em comissão declarado em lei de livre nomeação e exoneração.

d) o direito de greve será exercido nos termos e nos limites definidos em lei específica.

22. (Consulplan/TJ/MG/Cartórios/Remoção/2017) Em relação à acumulação de cargos, funções ou empregos na Administração Pública, assinale a alternativa correta:

a) aos mesários e aos jurados aplicam-se as proibições de acumulação de cargos, funções ou empregos, sob pena de ser violado o princípio da eficiência do serviço público.

b) é vedada a cumulação do cargo de médico de Secretaria Municipal de Saúde com o cargo de perita criminal do quadro da Polícia Civil, com especialidade em medicina veterinária, ambos obtidos mediante concurso público.

c) juízes e membros do Ministério Público, quando em disponibilidade, podem acumular seus cargos com qualquer outra função pública, além de uma de magistério em instituição pública ou privada.

d) é permitida a cumulação de emprego em duas sociedades de economia mista ou em duas empresas públicas ou em uma sociedade de economia mista e em uma empresa pública, desde que haja compatibilidade de horários.

23. (Consulplan/TJ/MG/Cartórios/Remoção/2017) A respeito dos servidores públicos, assinale a afirmativa correta:

a) é garantido aos servidores públicos civis e militares o direito à associação sindical.

b) a adesão de servidor público em estagiário probatório à greve, por mais de 30 (trinta) dias, constitui falta grave ou fato desabonador da conduta no serviço público a ensejar a sua imediata exoneração, após regular processo administrativo.

c) o ato de exoneração do servidor é meramente declaratório, podendo ocorrer após o prazo de três anos fixados para o estágio probatório, desde que as avaliações de desempenho sejam realizadas dentro do prazo constitucional.

d) a obrigatoriedade da realização de concurso público prevista na Constituição da República não se aplica para o provimento de cargos nas autarquias e sociedade de economia mista destinada a explorar atividade econômica.

24. (Ieses/TJ/CE/Cartórios/Remoção/2018) Ao servidor público da administração direta, autárquica e fundacional, no exercício de mandato eletivo, aplicam-se as seguintes disposições:

I. investido no mandato de Prefeito, será afastado do cargo, emprego ou função, sendo-lhe permitido perceber a soma de ambas remunerações.

II. tratando-se de mandato eletivo federal, estadual ou distrital, ficará afastado de seu cargo, emprego ou função.

III. investido no mandato de Vereador, havendo compatibilidade de horários, perceberá as vantagens de seu cargo, emprego ou função, sem prejuízo da remuneração do cargo eletivo.

IV. para efeito de benefício previdenciário, no caso de afastamento, os valores serão determinados como se no exercício estivesse.

A sequência correta é:

a) apenas as assertivas I, II e III estão corretas.

b) as assertivas I, II, III e IV estão corretas.

c) apenas as assertivas I e II estão corretas.

d) apenas a assertiva I está incorreta.

25. (Ieses/TJ/CE/Cartórios/Ingresso/2018) Assinale a única alternativa incorreta:

a) servidores públicos, em sentido amplo, são as pessoas físicas ou jurídicas que prestam serviços ao Estado e às entidades da Administração Indireta, com ou sem vínculo empregatício, mas sempre mediante remuneração paga pelos cofres públicos.

b) retrocessão é o direito que tem o expropriado de exigir de volta o seu imóvel caso o mesmo não tenha o destino para que se desapropriou.

c) servidão administrativa é o direito real de gozo, de natureza pública, instituído sobre imóvel de propriedade alheia, com base em lei, por entidade pública ou por seus delegados, em favor de um serviço público ou de um bem afetado a fim de utilidade pública.

d) ato administrativo é a declaração do Estado ou de quem o represente, que produz efeitos jurídicos imediatos, com observância da lei, sob regime jurídico de direito público e sujeita a controle pelo Poder Judiciário.

26. (Ieses/TJ/CE/Cartórios/Ingresso/2018) Assinale a única alternativa incorreta:

a) o conceito moderno de poder de polícia adotado no direito brasileiro afirma ser ele uma atividade do Estado, consistente em limitar o exercício dos direitos individuais em benefício do interesse público.

b) prescreve em cinco anos a ação punitiva da Administração Pública Federal, direta e indireta, no exercício do poder de polícia, objetivando apurar infração à legislação em vigor, contados da data da prática do ato ou, no caso de infração permanente ou continuada, do dia em que tiver cessado.

c) ao contrário do que ocorre no direito penal, em que a tipicidade é um dos princípios fundamentais, decorrente do postulado segundo o qual não há crime sem lei anterior que o preveja, no direito administrativo prevalece a atipicidade. Aqui, são muito poucas as infrações descritas na lei, como ocorre com o abandono do cargo. A maior parte delas fica sujeita à discricionariedade administrativa diante de cada caso concreto. É a autoridade julgadora que vai enquadrar o ilícito como "falta grave", "procedimento irregular", "ineficiência no serviço" etc.

d) o servidor público comissionado só perderá o cargo em virtude de sentença judicial transitada em julgado ou de processo administrativo disciplinar no qual lhe seja assegurada ampla defesa.

27. **(Ieses/TJ/AM/Cartórios/Ingresso/2018)** Conforme o disposto na Constituição Federal no Capítulo "Da Administração Pública", é incorreto afirmar:

a) a lei reservará percentual dos cargos e empregos públicos para as pessoas portadoras de deficiência e definirá os critérios de sua admissão.

b) o servidor público da administração direta, autárquica e fundacional, se investido no mandato de Prefeito, será afastado do cargo, emprego ou função, sendo-lhe facultado optar pela sua remuneração.

c) o servidor público estável somente perderá o cargo público em virtude de sentença judicial transitada em julgado, desde que assegurados o contraditório e a ampla defesa.

d) os atos de improbidade administrativa importarão a suspensão dos direitos políticos, a perda da função pública, a indisponibilidade dos bens e o ressarcimento ao erário, na forma e gradação previstas em lei, sem prejuízo da ação penal cabível.

28. **(Ieses/TJ/AM/Cartórios/Remoção/2018)** O servidor habilitado em concurso público e empossado em cargo de provimento efetivo adquirirá estabilidade no serviço público ao completar:

a) 2 (dois) anos de efetivo exercício.

b) 1 (um) ano de efetivo exercício.

c) 5 (cinco) anos de efetivo exercício.

d) 3 (três) anos de efetivo exercício.

29. **(Vunesp/TJ/SP/Cartórios/Ingresso/2018)** De acordo com a Constituição Federal, a respeito da Administração Pública direta e indireta de qualquer dos Poderes da União, dos Estados, do Distrito Federal e dos Municípios, assinale a alternativa correta:

a) a investidura em cargo ou emprego público se dá exclusivamente por aprovação prévia em concursos públicos de provas ou de provas e títulos.

b) para efeito de remuneração de pessoal do serviço público, é garantida a vinculação e equiparação dos cargos do Poder Executivo, do Poder Judiciário e do Poder Legislativo para quaisquer espécies remuneratórias.

c) o prazo de validade do concurso público é de dois anos, podendo ser prorrogado, pelo mesmo período, por duas vezes.

d) a vedação de acumulação de cargo público, bem como suas exceções, estende-se a empregos e funções e abrange autarquias, fundações, empresas públicas, sociedades de economia mista, suas subsidiárias e sociedades controladas, direta e indiretamente, pelo poder público.

30. **(Vunesp/TJ/SP/Cartórios/Ingresso/2018)** Com relação aos agentes públicos, é correto afirmar:

a) os servidores da administração pública direta, das autarquias e das fundações públicas são agentes públicos.

b) todos os agentes públicos são regidos pelo regime estatutário.

c) as pessoas jurídicas podem ser agentes públicos.

d) a regência pela legislação trabalhista exclui a situação jurídica de agente público.

31. **(Vunesp/TJ/SP/Cartórios/Ingresso/2018)** São agentes administrativos os:

a) senadores, os deputados e os juízes.

b) servidores investidos em cargos, empregos e funções públicas e os servidores contratados por tempo determinado.

c) militares e os vereadores municipais.

d) servidores investidos em cargos, empregos e funções públicas, os ministros e os secretários de estado.

1.2. Cargo em Comissão/Função de Confiança

✱ SÚMULAS

STF Súm. Vinculante 13. A nomeação de cônjuge, companheiro ou parente em linha reta, colateral ou por afinidade, até o terceiro grau, inclusive, da autoridade nomeante ou de servidor da mesma pessoa jurídica, investido em cargo de direção, chefia ou assessoramento, para o exercício de cargo em comissão ou de confiança, ou, ainda, de função gratificada na Administração Pública direta e indireta, em qualquer dos Poderes da União, dos Estados, do Distrito Federal e dos municípios, compreendido o ajuste mediante designações recíprocas, viola a Constituição Federal.

STF Súm. 8. Diretor de sociedade de economia mista pode ser destituído no curso do mandato.

STF **Súm. 25.** A nomeação a termo não impede a livre demissão, pelo Presidente da República, de ocupante de cargo dirigente de autarquia.

STJ **Súm. 218.** Compete à justiça dos estados processar e julgar ação de servidor estadual decorrente de direitos e vantagens estatutárias no exercício de cargo em comissão.

* REPERCUSSÃO & REPETITIVOS

STF **Repercussão Geral 763.** Os servidores ocupantes de cargo exclusivamente em comissão não se submetem à regra da aposentadoria compulsória prevista no art. 40, § 1º, II, da CF, a qual atinge apenas os ocupantes de cargo de provimento efetivo, inexistindo, também, qualquer idade limite para fins de nomeação a cargo em comissão. Ressalvados impedimentos de ordem infraconstitucional, não há óbice constitucional a que o servidor efetivo aposentado compulsoriamente permaneça no cargo comissionado que já desempenhava ou a que seja nomeado para cargo de livre nomeação e exoneração, uma vez que não se trata de continuidade ou criação de vínculo efetivo com a Administração. (RE 786540, 15.12.2016)

STF **Repercussão Geral 1010.** A criação de cargos em comissão somente se justifica para o exercício de funções de direção, chefia e assessoramento, não se prestando ao desempenho de atividades burocráticas, técnicas ou operacionais; tal criação deve pressupor a necessária relação de confiança entre a autoridade nomeante e o servidor nomeado; o número de cargos comissionados criados deve guardar proporcionalidade com a necessidade que eles visam suprir e com o número de servidores ocupantes de cargos efetivos no ente federativo que os criar; e as atribuições dos cargos em comissão devem estar descritas, de forma clara e objetiva, na própria lei que os instituir. (RE 1041210, 28.9.2018)

* QUESTÕES OBJETIVAS

32. **(Ieses/TJ/MS/Cartórios/Ingresso/2014)** Assinale a alternativa correta:

a) conforme uníssona doutrina e jurisprudência, a investidura de cargo ou emprego público pode ocorrer por demissão, exoneração ou dispensa do servidor.

b) é permitida, no caso de aposentadoria voluntária de servidor público e desde que haja interesse da Administração Pública, a reversão, isto é, o retorno à atividade do servidor aposentado, atendidas as seguintes condições: solicitação do inativo (estável quando na atividade), haja cargo vago e a aposentadoria tenha ocorrido nos 5 (cinco) anos anteriores à solicitação.

c) por expressa disposição constitucional, os cargos de chefia, destinados à direção do serviço público, devem ser obrigatoriamente preenchidos por servidores de carreira, de provimento efetivo, sob pena de pessoal e direta responsabilidade do agente político nomeante.

d) agentes Públicos são todas as pessoas jurídicas incumbidas, definitiva ou transitoriamente, do exercício de alguma função estatal.

33. **(Consulplan/TJ/MG/Cartórios/Ingresso/2017)** Quanto à criação, transformação e extinção de cargos públicos, é correto afirmar:

a) as funções de confiança são reservadas exclusivamente aos servidores ocupantes de cargo efetivo enquanto os cargos em comissão podem ser ocupados por pessoas que não pertencem aos quadros funcionais da Administração.

b) é constitucional a lei de iniciativa parlamentar que prevê a modificação da estrutura organizacional do quadro de cargos de apoio administrativo do Tribunal de Contas Estadual.

c) lei municipal pode autorizar o Prefeito a, por meio de decreto, criar cargos em comissão.

d) os empregos públicos da Administração Direta, autarquias, fundações de direito público, empresas públicas e sociedades de economia mista exigem a criação por meio de lei de iniciativa do Chefe do Poder Executivo.

1.3. Concurso Público

* INOVAÇÕES LEGISLATIVAS

▲ Lei de Contratação Temporária pelo Poder Público (Lei 8.745/93)

▲ Art. 2º Considera-se necessidade temporária de excepcional interesse público: (...). XII – admissão de profissional de nível superior especializado para atendimento a pessoas com deficiência, nos termos da legislação, matriculadas regularmente em cursos técnicos de nível médio e em cursos de nível superior nas instituições federais de ensino, em ato conjunto do Ministério do Planejamento, Desenvolvimento e Gestão e do Ministério da Educação. (Modificações: Lei 13.530/17)

✱ SÚMULAS

STF **Súm. Vinculante 43.** É inconstitucional toda modalidade de provimento que propicie ao servidor investir-se, sem prévia aprovação em concurso público destinado ao seu provimento, em cargo que não integra a carreira na qual anteriormente investido.

STF **Súm. Vinculante 44.** Só por lei se pode sujeitar a exame psicotécnico a habilitação de candidato a cargo público.

STF **Súm. 15.** Dentro do prazo de validade do concurso, o candidato aprovado tem o direito a nomeação, quando o cargo for preenchido sem observância da classificação.

STF **Súm. 16.** Funcionário nomeado por concurso tem direito a posse.

STF **Súm. 17.** A nomeação de funcionário sem concurso pode ser desfeita antes da posse.

STF **Súm. 683.** O limite de idade para a inscrição em concurso público só se legitima em face do art. 7º, XXX, da Constituição, quando possa ser justificado pela natureza das atribuições do cargo a ser preenchido.

STF **Súm. 684.** É inconstitucional o veto não motivado à participação de candidato a concurso público.

STJ **Súm. 266.** O diploma ou habilitação legal para o exercício do cargo deve ser exigido na posse e não na inscrição para o concurso público.

STJ **Súm. 377.** O portador de visão monocular tem direito de concorrer, em concurso público, às vagas reservadas aos deficientes.

STJ **Súm. 552.** O portador de surdez unilateral não se qualifica como pessoa com deficiência para o fim de disputar as vagas reservadas em concursos públicos.

✱ REPERCUSSÃO & REPETITIVOS

STF **Repercussão Geral 454.** A nomeação tardia de candidatos aprovados em concurso público, por meio de ato judicial, à qual atribuída eficácia retroativa, não gera direito às promoções ou progressões funcionais que alcançariam houvesse ocorrido, a tempo e modo, a nomeação. (RE 629392, 8.6.2017)

STF **Repercussão Geral 509.** A comprovação do triênio de atividade jurídica exigida para o ingresso no cargo de juiz substituto, nos termos do inc. I do art. 93 da CF, deve ocorrer no momento da inscrição definitiva no concurso público. (RE 655265, 13.4.2016)

STF **Repercussão Geral 838.** Editais de concurso público não podem estabelecer restrição a pessoas com tatuagem, salvo situações excepcionais em razão de conteúdo que viole valores constitucionais. (RE 898450, 17.8.2016)

STF **Repercussão Geral 916.** A contratação por tempo determinado para atendimento de necessidade temporária de excepcional interesse público realizada em desconformidade com os preceitos do art. 37, IX, da CF não gera quaisquer efeitos jurídicos válidos em relação aos servidores contratados, com exceção do direito à percepção dos salários referentes ao período trabalhado e, nos termos do art. 19-A da Lei 8.036/90, ao levantamento dos depósitos efetuados no FGTS. (RE 765320, 16.9.2016)

STF **Repercussão Geral 1009.** No caso de declaração de nulidade de exame psicotécnico previsto em lei e em edital, é indispensável a realização de nova avaliação, com critérios objetivos, para prosseguimento no certame. (RE 1133146, 21.9.2018)

✱ INFORMATIVOS

STJ **Concurso público. Candidatos aprovados fora do limite de vagas. Surgimento de novas vagas. Excepcionalidade do caso concreto. Manifestação inequívoca da administração sobre a necessidade de seu provimento. Ausência de prova de restrição orçamentária. Direito subjetivo à nomeação.** O candidato aprovado em concurso público fora do número de vagas tem direito subjetivo à nomeação caso surjam novas vagas durante o prazo de validade do certame, desde que haja manifestação inequívoca da administração sobre a necessidade de seu provimento e não tenha restrição orçamentária, ou qualquer obstáculo financeiro. MS 22.813, Rel. Min. Og Fernandes, DJ 22.6.2018. 1ª S. (Info 630)

STJ **Concurso público. Nomeação tardia. Erro reconhecido pela Administração. Indenização. Remuneração retroativa. Impossibilidade.** A nomeação tardia de candidatos aprovados em concurso público não gera direito à indenização, ainda que a demora tenha origem em erro reconhecido pela própria Administração Pública. REsp 1.238.344, Rel. Min. Sérgio Kukina, DJ 19.12.2017. 1ª T. (Info 617)

✱ QUESTÕES DISCURSIVAS

01. **(Consulplan/TJ/MG/Cartórios/Ingresso/2016)** O inciso IX do art. 37 da Constituição da República dispõe "in verbis": "(...) IX – a lei estabelecerá os casos de contratação por tempo determinado para atender a necessidade temporária de excepcional interesse público". Abalizada doutrina e o Supremo Tribunal Federal assentam que a contratação nessa hipótese deverá atender a determinados pressupostos essenciais. Quais são eles? Indique-os e discorra fundamentadamente sobre o tema.

* QUESTÕES OBJETIVAS

34. **(Ieses/TJ/AM/Cartórios/Remoção/2018)** Os concursos para ingresso na atividade notarial e de registro serão realizados pelo Poder Judiciário, com a participação, em todas as suas fases dos seguintes representantes, exceto:

a) Ordem dos Advogados do Brasil.
b) Presidente do Tribunal de Justiça.
c) 1 (um) notário e de 1 (um) registrador.
d) Ministério Público.

35. **(Cetro/TJ/RJ/Cartórios/Ingresso/2017)** Acerca da fiscalização e regulação incidente sobre os concursos públicos para outorga de delegações de serventias extrajudiciais, marque V para verdadeiro ou F para falso e, em seguida, assinale a alternativa que apresenta a sequência correta.

I. questionamento judicial de uma serventia afasta automaticamente a oferta desta em concurso público, sem necessidade de decisão expressa de exclusão.
II. a condução é de responsabilidade do Tribunal de Justiça, por meio da Comissão de Concurso, não cabendo ao CNJ fiscalizar seus atos, pelo viés disciplinar, por conta de inconsistências do Edital, sem indício de dolo por parte dos integrantes da referida Comissão.
III. o fato de uma serventia exibir o status de inativa não obstaculariza o seu oferecimento em concurso público "per se":

a) F, V, V.
b) V, F, F.
c) F, V, F.
d) V, F, V.
e) F, F, F.

36. **(Ieses/TJ/RS/Cartórios/Remoção/2013)** Assinale a alternativa correta:

a) é vedado ao servidor público civil o direito à livre associação sindical.
b) é vedado o direito de greve aos servidores públicos.
c) é vedado o acesso de estrangeiros aos cargos, empregos e funções públicas.
d) é vedado o ingresso em cargo público efetivo sem a prévia aprovação em concurso público.

37. **(Faurgs/TJ/RS/Cartórios/Remoção/2015)** No que se refere a servidores públicos, assinale a alternativa que contém afirmativa correta:

a) somente a investidura em cargo público depende de aprovação prévia em concurso público.
b) a aplicação aos servidores públicos dos direitos sociais esculpidos na Constituição Federal, face à natureza social desses direitos, é restrita aos servidores contratados pelo regime celetista.
c) o limite remuneratório constitucional dos servidores públicos aplica-se somente aos investidos em cargos da administração pública direta.
d) o prazo de validade do concurso público será de até dois anos, prorrogável uma vez, por igual período.

38. **(Faurgs/TJ/RS/Cartórios/Remoção/2015)** No que se refere a agentes públicos, assinale a alternativa que contém afirmativa correta:

a) em qualquer caso que exija o afastamento do cargo para exercício de mandato eletivo, o tempo de serviço do servidor público será contado para todos os efeitos legais, inclusive para promoções por merecimento.
b) o limite remuneratório de cargos ou empregos públicos permitido pela Constituição Federal não inclui a soma total dos proventos de inatividade percebida a título de proventos de inatividade.
c) segundo a norma constitucional federal, estável é o servidor público nomeado para cargo público de provimento efetivo em virtude de aprovação em concurso público, após três anos de efetivo exercício e cumpridos os requisitos avaliatórios.
d) ao Ministro de Estado, não compete praticar atos pertinentes às atribuições que lhe forem outorgadas ou delegadas pelo Presidente da República.

39. **(Ieses/TJ/PB/Cartórios/Ingresso/2014)** Assinale a alternativa correta:

a) o princípio ou atributo do ato administrativo denominado "autoexecutoriedade" deriva do assim chamado "poder extroverso". Este, por sua vez, significa que a Administração Pública, nos casos previstos em lei, pode praticar seus atos típicos independentemente de autorização judicial, uma vez que se presumem legítimos.

b) só por lei se pode sujeitar a exame psicotécnico a habilitação de candidato a cargo público.

c) "competência" é um dos elementos essenciais dos atos administrativos em geral e por isso não admite, em hipótese alguma, delegação ou avocação, podendo entretanto ser objeto de renúncia expressa pelo agente público, quando este se declarar suspeito ou impedido para atuar no caso concreto.

d) conforme atual entendimento do Supremo Tribunal Federal, é inconstitucional o estabelecimento de limite de idade para a inscrição em concurso público, mesmo que tal limite seja fixado levando em conta a natureza das atribuições do cargo a ser preenchido.

40. **(Consulplan/TJ/MG/Cartórios/Ingresso/2017)** Com relação à acessibilidade aos cargos públicos, é correto afirmar que:

a) os cargos de Presidente e Vice-Presidente da República, de Presidente do Senado Federal, de Presidente da Câmara dos Deputados, da carreira diplomática, de oficial das Forças Armadas e de Ministro do Supremo Tribunal podem ser preenchidos por brasileiros natos e naturalizados.

b) a Administração Pública, no uso do poder discricionário, pode estabelecer em edital os limites mínimo e máximo de idade para a inscrição em concurso público para quaisquer cargos.

c) o preenchimento dos cargos de agentes comunitários de saúde e agentes de combates às endemias pressupõe a submissão a concurso público de provas e títulos.

d) é facultada às universidades, às instituições de pesquisa científica e tecnológica a admissão de professores, técnicos e cientistas estrangeiros, na forma da lei.

1.4. Regras Previdenciárias

✱ SÚMULAS

STF **Súm. Vinculante 3.** Nos processos perante o Tribunal de Contas da União asseguram-se o contraditório e a ampla defesa quando da decisão puder resultar anulação ou revogação de ato administrativo que beneficie o interessado, excetuada a apreciação da legalidade do ato de concessão inicial de aposentadoria, reforma e pensão.

STF **Súm. Vinculante 33.** Aplicam-se ao servidor público, no que couber, as regras do regime geral da previdência social sobre aposentadoria especial de que trata o artigo 40, § 4º, inciso III da Constituição Federal, até a edição de lei complementar específica.

STF **Súm. Vinculante 55.** O direito ao auxílio-alimentação não se estende aos servidores inativos.

STF **Súm. 6.** A revogação ou anulação, pelo Poder Executivo, de aposentadoria, ou qualquer outro ato aprovado pelo Tribunal de Contas, não produz efeitos antes de aprovada por aquele tribunal, ressalvada a competência revisora do Judiciário.

STF **Súm. 10.** O tempo de serviço militar conta-se para efeito de disponibilidade e aposentadoria do servidor público estadual.

STF **Súm. 359.** Ressalvada a revisão prevista em lei, os proventos da inatividade regulam-se pela lei vigente ao tempo em que o militar, ou o servidor civil, reuniu os requisitos necessários.

STF **Súm. 567.** A Constituição, ao assegurar, no § 3º, do art. 102, a contagem integral do tempo de serviço público federal, estadual ou municipal para os efeitos de aposentadoria e disponibilidade não proíbe à União, aos Estados e aos Municípios mandarem contar, mediante lei, para efeito diverso, tempo de serviço prestado a outra pessoa de direito público interno.

STJ **Súm. 242.** Cabe ação declaratória para reconhecimento de tempo de serviço para fins previdenciários.

✱ REPERCUSSÃO & REPETITIVOS

STF **Repercussão Geral 163.** Não incide contribuição previdenciária sobre verba não incorporável aos proventos de aposentadoria do servidor público, tais como terço de férias, serviços extraordinários, adicional noturno e adicional de insalubridade. (RE 593068, 11.10.2018)

STF **Repercussão Geral 571.** Não se aplica a aposentadoria compulsória prevista no art. 40, § 1º, II, da CF aos titulares de serventias judiciais não estatizadas, desde que não sejam ocupantes de cargo público efetivo e não recebam remuneração proveniente dos cofres públicos. (RE 647827, 15.2.2017)

STF **Repercussão Geral 691.** Incide contribuição previdenciária sobre os rendimentos pagos aos exercentes de mandato eletivo, decorrentes da prestação de serviços à União, a estados e ao

Distrito Federal ou a municípios, após o advento da Lei 10.887/04, desde que não vinculados a regime próprio de previdência (RE 626837, 25.5.2017)

STF Repercussão Geral 754. Os efeitos financeiros das revisões de aposentadoria concedidas com base no art. 6º-A da EC 41/03, introduzido pela EC 70/12, somente se produzirão a partir da data de sua promulgação (30.3.2012). (RE 924456, 5.4.2017)

STF Repercussão Geral 888. É legítimo o pagamento do abono de permanência previsto no art. 40, § 19, da CF ao servidor público que opte por permanecer em atividade após o preenchimento dos requisitos para a concessão da aposentadoria voluntária especial (art. 40, § 4º, da Carta Magna). (ARE 954408, 15.4.2016)

STF Repercussão Geral 965. Para a concessão da aposentadoria especial de que trata o art. 40, § 5º, da CF, conta-se o tempo de efetivo exercício, pelo professor, da docência e das atividades de direção de unidade escolar e de coordenação e assessoramento pedagógico, desde que em estabelecimentos de educação infantil ou de ensino fundamental e médio. (RE 1039644, 13.10.2017)

* INFORMATIVOS

STF Guardas municipais e aposentadoria especial. Diante da ausência de legislação específica, não cabe ao Poder Judiciário garantir aposentadoria especial (CF, art. 40, § 4º, II) a guarda municipal. MI 6515, Rel. Min. Roberto Barroso, j. 20.6.2018. Pleno. (Info 907)

* QUESTÕES DISCURSIVAS

02. (Cespe/TJ/SE/Cartórios/Ingresso/2014) Considere que tenha sido ajuizada no Supremo Tribunal Federal (STF) ação direta de inconstitucionalidade (ADI) contra ato normativo estadual em que tenham sido determinadas a contribuição e a vinculação dos tabeliães de notas e oficiais registradores ao regime próprio dos servidores públicos para fins de aposentadoria, bem como a aposentadoria compulsória desses profissionais aos setenta anos de idade. Com base nessa situação hipotética, discorra, com fundamento na Constituição Federal e na jurisprudência do STF, sobre a constitucionalidade (ou inconstitucionalidade) das regras estabelecidas pela referida norma e sobre a atuação do Advogado-Geral da União no processamento e julgamento da ADI.

03. (FMP/TJ/MT/Cartórios/Ingresso/2014) "Art. 40. Aos servidores titulares de cargos efetivos da União, dos Estados, do Distrito Federal e dos Municípios, incluídas suas autarquias e fundações, é as-segurado regime de previdência de caráter contributivo e solidário, mediante contribuição do respectivo ente público, dos servidores ativos e inativos e dos pensionistas, observados critérios que preservem o equilíbrio financeiro e atuarial e o disposto neste artigo. (Redação da EC 41/2003) § 1º Os servidores abrangidos pelo regime de previdência de que trata este artigo serão aposentados, calculados os seus proventos a partir dos valores fixados na forma dos §§ 3º e 17: (Redação da EC 41/2003) II – compulsoriamente, aos setenta anos de idade, com proventos proporcionais ao tempo de contribuição; (Redação da EC 20/1998)". O disposto no artigo 40, § 1º, inciso II, da Constituição Federal acima reproduzido é aplicável aos notários e registradores, segundo o entendimento do STF?

* QUESTÕES OBJETIVAS

41. (Consulplan/TJ/MG/Cartórios/Ingresso/2018) Sobre o regime previdenciário do servidor público, assinale a afirmativa incorreta:

a) o tempo de serviço sem a efetiva ocorrência de contribuição não é computável, a não ser no caso de eventual direito adquirido.

b) é admitido que o servidor permaneça em cargo comissionado mesmo após atingida a data para a aposentadoria compulsória.

c) aos servidores públicos que estivessem no serviço público na data da promulgação da EC 41/2003 foram asseguradas a paridade e a integralidade.

d) a constituição consagra a chamada contagem recíproca entre os entes federativos de tempo de contribuição para fins de aposentadoria e adicionais.

42. (Ieses/TJ/RS/Cartórios/Ingresso/2013) Assinale a alternativa correta:

a) é vedada a instituição de regime de previdência complementar aos servidores titulares de cargos efetivos.

b) o regime previdenciário dos servidores titulares de cargos efetivos tem caráter contributivo, observando critérios que preservem o equilíbrio financeiro e atuarial.

c) o servidor aposentado por invalidez permanente terá proventos proporcionais ao tempo de contribuição, ainda que em decorrência de acidente em serviço.

d) ao ocupante exclusivamente de cargo em comissão, declarado em lei de livre nomeação e exoneração, é garantido o direito de inclusão no regime de previdência dos servidores públicos titulares de cargos efetivos.

43. (Consulplan/TJ/MG/Cartórios/Remoção/2014) Em relação às regras de aposentadoria estabelecidas no art. 40 da Constituição Federal, é correto afirmar, exceto:

a) aplica-se regra do regime geral de previdência social ao servidor ocupante de emprego público.

b) a aposentadoria voluntária de servidora estatutária titular de cargo efetivo, com proventos integrais, exige sejam cumpridas, de forma cumulativa, as seguintes condições: dez anos de efetivo exercício no serviço público; cinco anos no cargo efetivo em que se dará a aposentadoria; 55 anos de idade e 30 anos de contribuição.

c) os requisitos de idade e de tempo de contribuição serão reduzidos em 05 anos, com relação à aposentadoria voluntária, para o professor que comprove exclusivamente tempo de efetivo exercício das funções de magistério no ensino fundamental, médio e superior.

d) é assegurado o reajustamento dos benefícios previdenciários para preserva-lhes, em caráter permanente, o valor real, conforme critérios estabelecidos em lei.

1.5. Regras Remuneratórias

✱ SÚMULAS

STF **Súm. Vinculante 4.** Salvo os casos previstos na Constituição Federal, o salário mínimo não pode ser usado como indexador de base de cálculo de vantagem de servidor público ou de empregado, nem ser substituído por decisão judicial.

STF **Súm. Vinculante 15.** O cálculo de gratificações e outras vantagens do servidor público não incide sobre o abono utilizado para se atingir o salário mínimo.

STF **Súm. Vinculante 16.** Os artigos 7º, IV, e 39, § 3º (redação da EC 19/98), da Constituição, referem-se ao total da remuneração percebida pelo servidor público.

STF **Súm. Vinculante 37.** Não cabe ao Poder Judiciário, que não tem função legislativa, aumentar vencimentos de servidores públicos sob o fundamento de isonomia.

STF **Súm. Vinculante 42.** É inconstitucional a vinculação do reajuste de vencimentos de servidores estaduais ou municipais a índices federais de correção monetária.

STF **Súm. Vinculante 55.** O direito ao auxílio-alimentação não se estende aos servidores inativos.

STF **Súm. 567.** A Constituição, ao assegurar, no § 3º, do art. 102, a contagem integral do tempo de serviço público federal, estadual ou municipal para os efeitos de aposentadoria e disponibilidade não proíbe à União, aos Estados e aos Municípios mandarem contar, mediante lei, para efeito diverso, tempo de serviço prestado a outra pessoa de direito público interno.

STF **Súm. 678.** São inconstitucionais os incisos I e III do art. 7º da Lei 8.162/91, que afastam, para efeito de anuênio e de licença-prêmio, a contagem do tempo de serviço regido pela CLT dos servidores que passaram a submeter-se ao regime jurídico único.

STF **Súm. 679.** A fixação de vencimentos dos servidores públicos não pode ser objeto de convenção coletiva.

STF **Súm. 682.** Não ofende a Constituição a correção monetária no pagamento com atraso dos vencimentos de servidores públicos.

STJ **Súm. 97.** Compete à justiça do trabalho processar e julgar reclamação de servidor público relativamente a vantagens trabalhistas anteriores à instituição do Regime Jurídico Único.

STJ **Súm. 137.** Compete à justiça comum estadual processar e julgar ação de servidor público municipal, pleiteando direitos relativos ao vínculo estatutário.

STJ **Súm. 170.** Compete ao juízo onde primeiro for intentada a ação envolvendo acumulação de pedidos, trabalhista e estatutário, decidi-la nos limites da sua jurisdição, sem prejuízo do ajuizamento de nova causa, com o pedido remanescente, no juízo próprio.

STJ **Súm. 218.** Compete à justiça dos estados processar e julgar ação de servidor estadual decorrente de direitos e vantagens estatutárias no exercício de cargo em comissão.

STJ **Súm. 378.** Reconhecido o desvio de função, o servidor faz jus às diferenças salariais decorrentes.

* REPERCUSSÃO & REPETITIVOS

STF **Repercussão Geral 377.** Nos casos autorizados constitucionalmente de acumulação de cargos, empregos e funções, a incidência do art. 37, XI, da CF pressupõe consideração de cada um dos vínculos formalizados, afastada a observância do teto remuneratório quanto ao somatório dos ganhos do agente público. (RE 612975, 27.4.2017)

STF **Repercussão Geral 484.** O art. 39, § 4º, da CF não é incompatível com o pagamento de terço de férias e décimo terceiro salário. (RE 650898, 1.2.2017)

STF **Repercussão Geral 531.** A administração pública deve proceder ao desconto dos dias de paralisação decorrentes do exercício do direito de greve pelos servidores públicos, em virtude da suspensão do vínculo funcional que dela decorre, permitida a compensação em caso de acordo. O desconto será, contudo, incabível se ficar demonstrado que a greve foi provocada por conduta ilícita do Poder Público. (RE 693456, 27.10.2016)

STF **Repercussão Geral 921.** É vedada a cumulação tríplice de vencimentos e/ou proventos, ainda que a investidura nos cargos públicos tenha ocorrido anteriormente à EC 20/98. (ARE 848993, 7.10.2016)

* INFORMATIVOS

STF **Substitutos interinos das serventias extrajudiciais: submissão ao teto remuneratório constitucional.** Incide o teto remuneratório constitucional aos substitutos interinos de serventias extrajudiciais. MS 29.039, Rel. Min. Gilmar Mendes, j. 13.11.2018. 2ª T. (Info 923)\2018\

STF **Restituição de parcelas recebidas por boa-fé por ordem liminar revogada.** É desnecessária a devolução dos valores recebidos por liminar revogada, em razão de mudança de jurisprudência. Também é descabida a restituição de valores recebidos indevidamente, circunstâncias em que o servidor público atuou de boa-fé. A orientação ampara-se na confiança legítima que tinham os beneficiários de a pretensão ser acolhida e no lapso temporal transcorrido entre o deferimento da liminar e sua revogação. Os princípios da boa-fé e da segurança jurídica afastam o dever de restituição de parcelas recebidas por ordem liminar revogada. MS 32.185, Rel. Min. Marco Aurélio, j. 13.11.2018. 1ª T. (Info 923)

STJ **Adicional de Insalubridade. Reconhecimento pela Administração. Retroação dos efeitos do laudo pericial. Impossibilidade.** O termo inicial do adicional de insalubridade a que faz jus o servidor público é a data do laudo pericial. PUIL 413, Rel. Min. Benedito Gonçalves, DJ 18.4.2018. 1ª S. (Info 624)

STJ **Militar. Descontos em folha de pagamento. Limite de 70% das remunerações ou dos proventos. Medida Provisória n. 2.215-10/01. Norma específica.** Os descontos em folha, juntamente com os descontos obrigatórios, podem alcançar o percentual de 70% das remunerações ou dos proventos brutos dos servidores militares. EAREsp 272.665, Rel. Min. Mauro Campbell Marques, DJ 18.12.2017. 1ª S. (Info 618)

STJ **Ministério Público. Mandado de Segurança. Membro aposentado. Subsídio. VPNI. Limitação ao teto constitucional. Ausência de direito líquido e certo. Juízo de retratação.** Em adequação ao entendimento do STF, o direito à percepção de VPNI não impede a sua eventual absorção pelo subsídio e, do mesmo modo, não inviabiliza a aplicação do teto constitucional, que inclui a vantagem de caráter pessoal no cômputo da remuneração do servidor para observância do teto. RMS 33.744, Rel. Min. Benedito Gonçalves, DJ 19.4.2018. 1ª T. (Info 624)

* QUESTÕES OBJETIVAS

44. **(Ieses/TJ/RN/Cartórios/Remoção/2012)** Sobre a Administração Pública, está correta a seguinte afirmação:

a) é vedado ao servidor público civil o direito à livre associação sindical.
b) os acréscimos pecuniários percebidos por servidor público serão computados e acumulados para fins de concessão de acréscimos ulteriores.
c) é garantida a vinculação ou equiparação de quaisquer espécies remuneratórias para o efeito de remuneração de pessoal do serviço público.
d) os vencimentos dos cargos do Poder Legislativo e do Poder Judiciário não poderão ser superiores aos pagos pelo Poder Executivo.

45. **(Ieses/TJ/PB/Cartórios/Ingresso/2014)** Assinale a alternativa correta:

a) as Sociedades de Economia Mista que se destinam a explorar atividade econômica de natureza eminentemente privada, fora do regime de monopólio, não se encontram sujeitas ao princípio do concurso público para admissão de pessoal, pois assim expressamente autorizadas pela Constituição Federal.

b) de acordo com firme jurisprudência do Supremo Tribunal Federal, não há direito adquirido do servidor público a regime jurídico pertinente à composição dos vencimentos, desde que a eventual modificação introduzida por ato legislativo superveniente preserve o montante global da remuneração e, em consequência, não provoque decesso de caráter pecuniário.

c) conforme pacificado entendimento do Supremo Tribunal Federal, o direito ao auxílio-alimentação estende-se atualmente aos servidores inativos, desde que não percebam outra gratificação sob igual fundamento, pois tal caracterizaria cumulação indevida, expressamente vedada pela Constituição Federal por malferir o princípio da moralidade administrativa.

d) é hoje pacificado o entendimento, junto ao Supremo Tribunal Federal, no sentido de que possui direito subjetivo à nomeação o candidato aprovado dentro do número de vagas previstas no edital de concurso público. Todavia, de conformidade com decisões uníssonas e remansosas da mesma Corte de Justiça, o direito à nomeação não se estende ao candidato aprovado fora do número de vagas previstas no edital na hipótese em que surgirem novas vagas no prazo de validade do concurso.

46. **(Consulplan/TJ/MG/Cartórios/Ingresso/2014)** Em relação à remuneração dos servidores públicos, é correto afirmar, exceto:

a) somente poderá ser fixada ou alterada por lei específica, observada a iniciativa privativa em cada caso.

b) é assegurada a revisão geral e anual, sempre na mesma data e sem distinção de índices.

c) no âmbito do Poder Legislativo dos Estados e Distrito Federal, aplica-se como limite o subsídio dos Deputados Estaduais e Distritais.

d) as parcelas de caráter indenizatório previstas em lei serão computadas no teto remuneratório.

47. **(Ieses/TJ/MS/Cartórios/Ingresso/2014)** No que se refere a Administração Pública, de acordo com a CRFB/88, é correto afirmar:

a) os vencimentos dos cargos do Poder Legislativo e do Poder Judiciário não poderão ser superiores aos pagos pelo Poder Executivo.

b) é vedada a acumulação remunerada de cargos públicos mas a proibição de acumular não se estende a empregos e funções de sociedades de economia mista e sociedades controladas indiretamente pelo poder público.

c) é possível a vinculação ou equiparação de quaisquer espécies remuneratórias para o efeito de remuneração de pessoal do serviço público.

d) os acréscimos pecuniários percebidos por servidor público serão computados nem acumulados para fins de concessão de acréscimos ulteriores.

48. **(Ieses/TJ/MS/Cartórios/Remoção/2014)** Em regra geral é vedada a acumulação remunerada de cargos públicos. Poderá em alguns casos a lei permitir se houver compatibilidade de horários, como por exemplo, aquele mantiver a acumulação de:

a) um cargo de técnico ou científico civil e outro de militar de carreira nas Forças Armadas.

b) dois cargos de professor com dedicação exclusiva em Universidades Federais, desde que em unidades da Federação Distintas.

c) um cargo de professor com outro técnico ou científico.

d) um cargo de policial militar e outro de militar de carreira nas Forças Armadas.

49. **(Cespe/TJ/SE/Cartórios/Ingresso/2014)** Acerca da organização do Estado e da administração pública, assinale a opção correta de acordo com a CF e o entendimento do STF:

a) na hipótese de reconhecimento de nulidade de contratação de empregado público sem a prévia aprovação em concurso público, subsiste o direito do trabalhador ao depósito do FGTS referente ao período laborado.

b) é facultado ao vice-prefeito empregado em empresa pública o recebimento das vantagens de seu cargo, emprego ou função, sem prejuízo da remuneração pelo exercício do cargo eletivo, desde que haja compatibilidade de horários.

c) incide contribuição previdenciária sobre a parcela remuneratória referente ao terço constitucional pago ao servidor público em razão de suas férias.

d) a função social da propriedade é exemplo de princípio constitucional sensível, visto que sua violação enseja a intervenção da União em qualquer município da Federação.

e) lei estadual que estipule penalidade a quem seja flagrado em estado de embriaguez na condução de veículo automotor será considerada constitucional caso a sanção prevista na lei atenda ao princípio da proporcionalidade.

50. **(Faurgs/TJ/RS/Cartórios/Remoção/2015)** Tendo em vista a previsão do artigo 37, assinale a alternativa que contém afirmativa correta:

a) a vinculação ou equiparação de quaisquer espécies remuneratórias para o efeito de remuneração de pessoal do serviço público é vedada.

b) a proibição de acumular cargos estende-se a empregos e funções e abrange apenas as autarquias, as fundações, as empresas públicas e as sociedades de economia mista, sem afetar as sociedades controladas, direta ou indiretamente, pelo poder público.

c) os acréscimos pecuniários percebidos por servidor público serão computados, podendo ser acumulados para fins de concessão de acréscimos ulteriores.

d) o aprovado em concurso público de provas ou de provas e títulos, durante o prazo prorrogável previsto no edital de convocação, será convocado com prioridade sobre novos concursados para assumir cargo ou emprego.

2. ATOS ADMINISTRATIVOS

2.1. Atributos/Elementos

✱ QUESTÕES OBJETIVAS

51. **(Consulplan/TJ/MG/Cartórios/Remoção/2018)** Sobre o ato administrativo assinale a afirmativa incorreta:

a) a competência é elemento do ato administrativo e advém diretamente da lei, sendo intransferível e improrrogável, salvo a previsão legal de delegação ou avocação.

b) o silêncio continuado da Administração Pública tem um sentido específico interpretativo de indeferimento do pleito do particular, passível de aplicação no que se refere aos atos discricionários do Poder Público.

c) a competência resulta da lei e por ela é delimitada, muito embora a outorga de competência expressa a determinado agente importe deferimento a este último de poderes implícitos a ele dos meios necessários à realização dos fins previstos pela norma, sem que caracterize abuso de poder.

d) no elemento relativo à forma do ato, o silêncio da Administração Pública pode importar uma aceitação tácita, como na hipótese da ausência de aceite ou rejeição expressa de fatura por parte do parceiro público no prazo de 40 (quarenta) dias contado da data de vencimento, nos contratos de parcerias público-privadas.

52. **(Ieses/TJ/RN/Cartórios/Ingresso/2012)** Sobre o regime jurídico dos atos administrativos, assinale a alternativa correta:

a) a convalidação é o ato administrativo praticado pela Administração de tornar válido ato que apresente defeitos sanáveis, produzindo efeitos "ex nunc".

b) a autoexecutoriedade é o requisito do ato administrativo que possibilita a imediata e direta execução de certos atos pela própria Administração, independentemente de ordem judicial.

c) cabe reclamação ao Supremo Tribunal Federal para anular atos administrativos que contrariem súmula vinculante ou na hipótese de existência de repercussão geral.

d) o mérito do ato administrativo é aspecto pertinente apenas aos atos praticados no exercício de competência discricionária, relacionando-se com o motivo e o objeto de sua formação.

53. **(Ieses/TJ/RS/Cartórios/Remoção/2013)** Assinale a alternativa correta:

a) o ato administrativo padece de vício quanto ao sujeito, se o agente público excede os limites de sua competência, agindo em excesso de poder.

b) o ato administrativo padece de vício quanto ao motivo, quando o resultado alcançado viola o ordenamento jurídico.

c) o ato administrativo padece de vício quanto ao objeto, quando a causa jurídica eleita pelo agente público é inexistente ou inadequada.

d) o ato administrativo padece de vício de forma, quando o fim atingido é diverso daquele previsto no ordenamento jurídico.

54. **(Vunesp/TJ/SP/Cartórios/Ingresso/2016)** Assinale a alternativa correta sobre o ato administrativo:

a) competência, forma, finalidade, motivo e imperatividade são requisitos de validade do ato administrativo.

b) presunção de legitimidade, autoexecutoriedade, motivo e objeto são atributos do ato administrativo.

c) competência, forma, finalidade, motivo e objeto são requisitos de validade do ato administrativo.

d) competência, forma, finalidade, motivo e objeto são atributos do ato administrativo.

55. **(Ieses/TJ/MS/Cartórios/Ingresso/2014)** Assinale a alternativa incorreta:

a) fFormalismo moderado" é um dos princípios aplicáveis ao "processo administrativo", significando que meras irregularidades que não afetam interesses públicos ou privados não devem dar ensejo à nulidade de atos do processo.

b) os atos administrativos, regra geral, deverão ser motivados, com indicação dos fatos e dos fundamentos jurídicos, exceto quando decorram de reexame de ofício.

c) no tocante a direitos ou interesses difusos, as pessoas ou as associações legalmente constituídas são legitimadas para figurarem como interessados no processo administrativo.

d) no que se refere ao processo administrativo, não podem ser objeto de delegação, dentre outros, a edição de atos administrativos de caráter normativo.

56. **(Consulplan/TJ/MG/Cartórios/Ingresso/2014)** A presunção de legitimidade é uma das características do ato administrativo e produz como efeitos:

a) a presunção absoluta de validade e inversão ônus da prova.

b) a presunção relativa de validade e discricionariedade.

c) a autoexecutoriedade e inversão do ônus da prova.

d) a autoexecutoriedade e presunção absoluta de validade.

57. **(FMP/TJ/MT/Cartórios/Ingresso/2014)** Agentes da fiscalização sanitária de determinado município, após inspeção de rotina, constatam a utilização de produtos para o consumo humano armazenados de forma inadequada. Em face de tal circunstância, apreendem todo o estoque. À luz dos atributos dos atos administrativos, a apreensão efetuada pelos fiscais consiste na:

a) competência.

b) finalidade.

c) autoexecutoriedade.

d) imperatividade.

e) tipicidade.

58. **(FMP/TJ/MT/Cartórios/Remoção/2014)** Acerca do regime jurídico dos atos administrativos, considere as seguintes assertivas:

I. a teoria dos motivos determinantes é definida como aquela pela qual a validade de um ato administrativo motivado depende da existência ou veracidade dos motivos de fato alegados.

II. o plano da eficácia do ato administrativo está associado a sua conformidade ao ordenamento jurídico.

III. quanto à formação da vontade, os atos administrativos complexos possuem duas vontades homogêneas que se fundem em um único ato.

IV. a imperatividade está relacionada à estrutura do ato administrativo e diz respeito à imposição independentemente da vontade do destinatário.

Estão corretas, apenas as assertivas:

a) I e II.

b) I e III.

c) II e III.

d) II e IV.

e) III e IV.

59. **(Cespe/TJ/SE/Cartórios/Remoção/2014)** No que se refere aos atos administrativos, assinale a opção correta:

a) a admissão é o ato administrativo unilateral e discricionário por meio do qual a administração reconhece ao particular o direito à prestação de determinado serviço público.

b) a convalidação é o ato administrativo, praticado tanto pela administração como pelo administrado, por meio do qual é suprido o vício existente em um ato ilegal; os efeitos da convalidação são "ex nunc".

c) considera-se ato administrativo apenas o ato que produza efeitos jurídicos, sejam eles mediatos ou imediatos.

d) a imperatividade é atributo do ato administrativo decorrente do poder extroverso da administração pública: dado esse poder, os atos administrativos se impõem a terceiros, ainda que não haja concordância desses.

e) não se admite no ordenamento jurídico brasileiro que o silêncio se configure forma de ato administrativo.

60. **(Vunesp/TJ/SP/Cartórios/Remoção/2016)** O ato administrativo diferencia-se dos demais atos jurídicos:

a) pela finalidade pública.

b) pela unilateralidade.

c) pelo fim imediato de adquirir, resguardar, transferir, modificar ou extinguir direitos.

d) pela bilateralidade.

61. **(Cespe/TJ/DFT/Cartórios/Remoção/2014)** Acerca da administração pública, assinale a opção correta à luz do disposto na CF e da jurisprudência do STF:

a) exige-se a edição de lei formal, por cada ente da Federação, para que o nepotismo seja considerado ilícito, bem como para que sua prática seja coibida em cada ente.

b) é vedada a conversão em pecúnia de férias não usufruídas por servidor público que se torne inativo.

c) não se pode exigir idade mínima para o ingresso em concurso na carreira policial, uma vez que se proíbe a utilização de critérios de admissão discriminatórios por motivo de sexo, idade, cor ou estado civil.

d) a condenação de servidor por ato de improbidade administrativa implica a cassação de seus direitos políticos.

e) a dispensa unilateral de empregado de sociedade de economia mista que realiza serviço público deve ser feita de forma motivada.

62. **(Vunesp/TJ/SP/Cartórios/Remoção/2014)** A Administração Pública, em razão da recente emissão de uma certidão de dívida ativa contra um contribuinte, e porque se encontra na iminência de distribuição de uma ação de execução fiscal, envia solicitação ao cartório de registro de imóveis de bloqueio da matrícula de imóvel do respectivo contribuinte. Exposta essa situação, assinale a alternativa correta:

a) não se pode acusar a Administração Pública de desvio de finalidade porque lhe compete a satisfação dos créditos constituídos, no entanto, a situação relatada é ilegal porque apenas por determinação judicial é que poderia haver o respectivo bloqueio.

b) houve desvio de finalidade por parte da Administração Pública ao praticar atos incompatíveis com os fins que poderia alcançar nos termos de suas competências públicas.

c) a Administração Pública agiu corretamente porque ponderou os interesses em conflito – o seu direito de crédito e o direito de propriedade do contribuinte – e concluiu pela necessidade da medida descrita em razão dos interesses que ela representa, isto é, o interesse público.

d) a Administração Pública cumpre com o regime jurídico-administrativo; a única restrição que existe é mesmo a necessidade de o bloqueio fundamentar-se em decisão judicial, por isto é que se torna passível de invalidação no caso concreto.

63. **(Consulplan/TJ/MG/Cartórios/Ingresso/2017)** As hipóteses a seguir revelam exemplos de ato administrativo perpetrado pela Administração Pública, no exercício do poder de polícia, em que se evidencia o atributo da autoexecutoriedade, exceto:

a) execução de multa aplicada pelo Procon estadual à empresa fornecedora, por ela não adimplida, em razão de infração consumerista.

b) apreensão de alimentos impróprios para o consumo feita pela vigilância sanitária municipal em um estabelecimento comercial que funciona em imóvel locado pelo poder público municipal.

c) demolição de galpão construído para fins comerciais, edificado em área de risco, sujeita a desabamento.

d) interdição de estabelecimento fabril, localizado em distrito industrial, mas instalado sem o devido licenciamento.

2.2. Controle

✱ SÚMULAS

STF **Súm. Vinculante 3.** Nos processos perante o Tribunal de Contas da União asseguram-se o contraditório e a ampla defesa quando da decisão puder resultar anulação ou revogação de ato administrativo que beneficie o interessado, excetuada a apreciação da legalidade do ato de concessão inicial de aposentadoria, reforma e pensão.

STF **Súm. 346.** A Administração Pública pode declarar a nulidade dos seus próprios atos.

STF **Súm. 473.** A administração pode anular seus próprios atos, quando eivados de vícios que os tornam ilegais, porque deles não se originam direitos; ou revogá-los, por motivo de conveniência ou oportunidade, respeitados os direitos adquiridos, e ressalvada, em todos os casos, a apreciação judicial.

✱ QUESTÕES OBJETIVAS

64. **(Cespe/TJ/RR/Cartórios/Ingresso/2013)** Assinale a opção correta no que se refere aos atos administrativos:

a) o Poder Judiciário, após o início de procedimento licitatório seu, destinado à aquisição de computadores, poderá revogar os atos administrativos praticados, se entender ser conveniente e oportuno, no momento, não comprar tais bens.

b) o Poder Judiciário pode convalidar atos administrativos do Poder Executivo eivados de vício, desde que o vício seja sanável.

c) os atos administrativos praticados sob o regime de direito privado gozam de presunção de legitimidade.

d) dado o princípio da simetria, os atos administrativos discricionários praticados pelo Poder Executivo somente podem ser anulados pelo próprio Poder Executivo.

e) dado o atributo da autoexecutoriedade do ato administrativo, permite-se ao poder público, em caso de descumprimento, impor a terceiros meios indiretos de coerção que induzam à obediência ao ato.

65. **(FCC/TJ/PE/Cartórios/Remoção/2013)** Como consequência decorrente dos vícios, os atos administrativos podem ser:

a) nulos, sendo, no entanto, passíveis de convalidação, com base na discricionariedade da Administração.

b) anuláveis, passíveis de convalidação diante de vício de forma.

c) anuláveis, passíveis de convalidação por vício quanto ao motivo declarado.

d) nulos, passíveis de convalidação quando se tratar de vício de competência, ainda que exclusiva.

e) anuláveis, quando se tratar vício de finalidade, desde que a finalidade praticada também tenha sido pública.

66. **(TJ/SC/Cartórios/Remoção/2012)** Assinale a alternativa correta:

a) o ato administrativo pode ser revogado pelo Poder Judiciário.

b) a anulação do ato administrativo só pode ser declarada pela própria administração, através de seu controle interno.

c) o ato administrativo declarado nulo não cria situações jurídicas definitivas e não pode ser convalidado.

d) a anulação do ato administrativo opera efeitos "ex nunc".

e) o ato administrativo declarado nulo não gera direito e nem cria obrigações para as partes até o momento em que é reconhecida sua ilegalidade. Excepciona-se quanto a terceiros de boa-fé que tenham sido atingidos pelos efeitos do ato anulado, caso em que o ato nulo produz os mesmos efeitos como se legal fosse.

67. **(TJ/SC/Cartórios/Ingresso/2012)** A respeito da teoria dos atos administrativos, é correto afirmar:

a) a finalidade é classificada como um dos requisitos de validade do ato administrativo, cuja essência reside em não só atingir um fim de interesse público, mas também no interesse do governo, no sentido levar a cabo seu desiderato ideológico-partidário.

b) a competência constitui um dos requisitos de validade do ato administrativo, e singulariza-se pelo poder legal conferido em favor do agente público para o desempenho específico das atribuições de seu cargo, que diante de determinadas situações excepcionais podem ser renunciadas e não apenas delegadas.

c) o Poder Judiciário pode declarar a invalidade de um ato administrativo discricionário quando, analisando os termos desse ato, verificar que o motivo determinante distendido para sua edição não se apresenta justificável diante de sua ilegitimidade.

d) são os elementos motivo e objeto que permitem verificar se o ato administrativo é vinculado ou discricionário. Nos atos vinculados, o binômio motivo-objeto determina o denominado mérito administrativo, que deve estar presente intrinsecamente em todo ato administrativo.

e) todo ato administrativo em sua edição deve ser dotado de motivo. Qualquer ato que não contenha expressamente a motivação em sua edição é passível de ter reconhecida sua ilegitimidade por parte do Poder Judiciário, pois não basta o lastro de haver motivo para sua existência, mas sim que sua motivação seja exteriorizada no ato.

68. **(Ieses/TJ/PA/Cartórios/Ingresso/2016)** Assinale a alternativa correta:

a) a revogação do ato administrativo, mesmo quando legítima, sempre dá direito à indenização ao lesado, uma vez que constitucional a responsabilização do Estado por ato lícito.

b) para o moderno Direito Administrativo, motivo e motivação do ato administrativo veiculam a mesma ideia, isto é, são sinônimas em seus efeitos finais, pois ambas vinculam a Administração Pública e a sua inobservância implica na declaração de inexistência do ato.

c) o ato administrativo viciado não pode ser convalidado se já impugnado, administrativa ou judicialmente. Há, entretanto, uma exceção. É o caso da "motivação" de ato vinculado expedida tardiamente, após a impugnação do ato.

d) em relação aos atributos do ato administrativo, é correto afirmar-se que, modernamente, confundem-se a executoriedade e a exigibilidade pois ambas garantem, por si só, a possibilidade de coação material de execução do ato.

69. **(Consulplan/TJ/MG/Cartórios/Ingresso/2016)** Acerca do ato administrativo, assinale a opção correta:

a) a presunção de legitimidade implica reconhecer como absolutamente verdadeiros os fundamentos fáticos motivadores do ato.

b) o ato administrativo coletivo se verifica quando há manifestação da vontade de mais de um órgão da Administração Pública.

c) o silêncio da Administração Pública, em face da presunção de legalidade, exigibilidade e imperatividade, não gera efeitos jurídicos.

d) é nulo e de impossível convalidação o ato administrativo com objeto ilícito, ainda que praticado de boa-fé e sem desvio de poder.

70. **(Consulplan/TJ/MG/Cartórios/Ingresso/2016)** Quanto ao controle dos atos administrativos, é correto afirmar:

a) o princípio da razoabilidade não se insere na esfera de autonomia do Poder Judiciário na análise de conclusão de Processo Administrativo Disciplinar.

b) a Administração Pública, no exercício de autotutela, não poderá invalidar ato administrativo discricionário em razão da análise de seu mérito.

c) se cabe recurso administrativo com efeito suspensivo independentemente de caução, não cabe mandado de segurança contra o ato impugnado.

d) cabe mandado de segurança contra ato normativo identificado por sua flagrante inconveniência.

71. **(Vunesp/TJ/SP/Cartórios/Remoção/2016)** Sobre a anulação e revogação dos atos administrativos, assinale a alternativa correta:

a) a Administração deve anular seus próprios atos, quando eivados de vícios de legalidade, e pode revogá-los por motivo de conveniência ou oportunidade, ainda que em prejuízo dos direitos adquiridos.

b) a Administração deve anular seus próprios atos, por motivo de conveniência ou oportunidade, e pode revogá-los quando eivados de vícios de legalidade, respeitados os direitos adquiridos.

c) a Administração deve anular seus próprios atos, quando eivados de vícios de legalidade, e pode revogá-los por motivo de conveniência ou oportunidade, respeitados os direitos adquiridos.

d) a Administração pode revogar seus atos por motivo de conveniência ou oportunidade, respeitados os direitos adquiridos, mas tem de requerer ao Poder Judiciário a anulação deles em casos de vícios de legalidade.

72. **(Faurgs/TJ/RS/Cartórios/Remoção/2015)** No que se refere aos atos administrativos, assinale a alternativa que contém afirmativa correta:

a) a revogação, invalidação e convalidação de quaisquer atos administrativos é competência exclusiva do Poder Judiciário.

b) a Administração Pública deve anular seus atos, quando eivados de vício de legalidade, e pode revogá-los por motivos de conveniência ou oportunidade, respeitados os direitos adquiridos.

c) somente o Presidente da República, Governadores de Estado e do Distrito Federal e Prefeitos têm competência exclusiva para exercer a revogação de atos administrativos.

d) o direito da Administração de anular atos administrativos de que decorram efeitos favoráveis para os destinatários decai em 10 (dez) anos contados da data em que foram praticados, salvo comprovada má-fé.

73. **(Ieses/TJ/MS/Cartórios/Ingresso/2014)** Assinale a alternativa correta:

a) entidades Paraestatais são pessoas jurídicas de direito misto, público-privado, criadas normalmente por lei, autorizadas a prestar serviços ou realizar atividades de interesse coletivo ou público, exclusivos do Estado.

b) no que respeita à Administração Pública, a chamada "teoria do mandato" veio substituir, com inegável vantagem à coisa pública e principalmente ao administrado, a vetusta "teoria do órgão". Para esta ("teoria do órgão"), agora superada, e com base nos ensinamentos da doutrina alemã, há aí verdadeira relação de imputação entre a entidade estatal e seu representante.

c) é excepcionalmente permitida, desde que plenamente justificado em face da preservação do melhor interesse público previamente reconhecido pelo respectivo Tribunal de Contas, a avocação de atribuição que a lei expressamente confere a determinado órgão ou agente.

d) tem-se entendido possível, sem dissensões, a revisão hierárquica dos atos administrativos, mas somente enquanto o ato não se tornou definitivo para a Administração, ou não criou direito subjetivo para o particular.

74. (Ieses/TJ/MS/Cartórios/Ingresso/2014) Assinale a alternativa incorreta:

a) presunção de legitimidade e veracidade, imperatividade e autoexecutoriedade são atributos do ato administrativo.

b) ato administrativo abdicativo é aquele pelo qual o titular abre mão de um direito. A peculiaridade desse ato é seu caráter incondicionável e irretratável. Além disso, todo ato abdicativo a ser expedido pela Administração depende de autorização legislativa.

c) diante da nova orientação jurisprudencial adotada em uníssono pelo Supremo Tribunal Federal, pode o Poder Judiciário, em específicas situações, revogar atos administrativos inconvenientes ou até mesmo inoportunos, desde que o fundamento último da decisão revocatória seja a proteção da dignidade da pessoa humana.

d) ato administrativo composto é o que resulta da vontade única de um órgão, mas depende da verificação, por parte de outro, para se tornar exequível.

75. (Vunesp/TJ/SP/Cartórios/Ingresso/2014) Sobre o controle judicial dos atos da Administração Pública, é correto afirmar:

a) o momento para a prática de um ato administrativo de competência discricionária encontra-se sob a prerrogativa do gestor público de modo que não é obrigado a responder, caso provocado por um cidadão no exercício do direito de petição, da razão de não o ter realizado.

b) o mérito administrativo consiste no espaço de liberdade conferido ao administrador público imune a qualquer forma de controle, mesmo se constatada a ausência de proporcionalidade, sob pena de violação do princípio da separação dos Poderes.

c) os atos políticos, espécie de ato administrativo, são atos de competência discricionária que não admitem, em relação ao objeto e ao motivo, o controle judicial, ainda que sob o fundamento de ponderação da regra da proporcionalidade.

d) os atos de competência vinculada são integralmente sindicáveis, ao passo que os atos de competência discricionária o são em relação à competência, ao cumprimento do interesse público, aos motivos determinantes à prática do ato, à existência, clareza e suficiência da motivação e, mesmo em relação aos elementos do ato administrativo que tradicionalmente são assinalados como passíveis de discricionariedade, a exemplo da forma, do objeto, dos motivos de direito, é possível a verificação do atendimento das demais regras e princípios do regime jurídico-administrativo, pois é possível a redução a zero da discricionariedade ainda nestas últimas hipóteses.

76. (Consulplan/TJ/MG/Cartórios/Remoção/2016) Acerca do controle dos atos administrativos, é correto afirmar:

a) todos os atos administrativos sujeitam-se ao controle judicial.

b) nem todos os atos administrativos sujeitam-se ao controle de legalidade pelo Poder Judiciário.

c) o ato administrativo, ou a omissão da administração pública, que contrarie súmula vinculante, só pode ser alvo de reclamação no STF depois de esgotadas as vias administrativas.

d) é dispensável, para caracterizar o interesse de agir no "habeas data", a provocação prévia da via administrativa.

77. (Cespe/TJ/BA/Cartórios/Ingresso/2013) Em relação aos atos administrativos, assinale a opção correta:

a) são atributos de todos os atos administrativos a imperatividade e a presunção de legitimidade.

b) considera-se cassação do ato administrativo a sua extinção mediante ato vinculado e sancionatório quando o destinatário tenha descumprido as condições para desfrutar de determinada posição jurídica.

c) os atos administrativos perfeitos e inválidos não podem ser eficazes.

d) a proporcionalidade e a razoabilidade são elementos integrantes do mérito do ato administrativo, por isso se inserem no juízo de oportunidade e conveniência do administrador.

e) a revogação do ato administrativo é ato discricionário, sendo, portanto, desnecessária, em regra, a sua motivação expressa.

78. **(Consulplan/TJ/MG/Cartórios/Remoção/2014)** O Município de Belo Horizonte, em razão de ampliação de avenida, retirou a permissão para estabelecimento de uma banca de jornais lá fixada, sob o fundamento de que a avenida passaria no local. Quanto ao mencionado ato administrativo, só não é hipótese de:

a) cassação.
b) revogação.
c) conveniência e oportunidade.
d) extinção.

79. **(Consulplan/TJ/MG/Cartórios/Remoção/2017)** Em se tratando de ato administrativo, é correto afirmar que:

a) todo ato administrativo eficaz possui exequibilidade.
b) a ausência de motivação do ato administrativo configura vício insanável, uma vez que atinge o elemento motivo, indispensável às ações da administração pública.
c) são atributos de todos os atos administrativos a imperatividade e a presunção de legitimidade.
d) a aprovação e a homologação são atos de controle do ato administrativo; a primeira se realiza "a priori" ou "a posteriori" do ato administrativo e segunda, sempre "a posteriori" do ato administrativo.

80. **(Cetro/TJ/RJ/Cartórios/Remoção/2017)** Não cabe a revogação de ato administrativo pela própria Administração Pública para os casos indicados em uma das alternativas abaixo. Assinale-a:

a) quando o agente subordinado determina embargo da obra, ainda que a competência seja de superior hierárquico; e decreto expropriatório sem a indicação do bem a ser desapropriado.
b) punição sumária de servidor público, sem que se tenha instaurado o regular processo disciplinar; e deferimento de férias de funcionário quando este já as gozou.
c) deferimento de férias de funcionário quando este já as gozou; e adjudicação na licitação após celebrado o respectivo contrato.
d) decreto expropriatório sem a indicação do bem a ser desapropriado; e punição sumária de servidor público, sem que se tenha instaurado o regular processo disciplinar.
e) licença para construção, a qualquer tempo, não importando se a obra foi iniciada ou não; e deferimento de férias de funcionário quando este já as gozou.

81. **(Ieses/TJ/CE/Cartórios/Remoção/2018)** Conforme dispõe a legislação que regula o processo administrativo, o direito da administração pública de anular os atos administrativos de que decorram efeitos favoráveis para os destinatários decai em:

a) 5 (cinco) anos.
b) 1 (um) ano.
c) 2 (dois) anos.
d) 3 (três) anos.

82. **(Vunesp/TJ/SP/Cartórios/Ingresso/2018)** Quanto à revogação do ato administrativo, é correto afirmar:

a) ocorre diante de razões de ilegalidade do ato administrativo.
b) encerra a extinção de um ato administrativo válido por razões de conveniência e oportunidade.
c) seus efeitos são retroativos.
d) pode envolver atos administrativos que já produziram todos os seus efeitos.

2.3. Espécies

* QUESTÕES OBJETIVAS

83. **(Cespe/TJ/PI/Cartórios/Remoção/2013)** No que se refere aos atos administrativos, assinale a opção correta:

a) a apreensão de bens pela administração pública constitui exemplo de ato de gestão.
b) embora os atos complexos sejam formados pela conjugação de vontades de mais de um órgão ou agente, sua revogação pode concretizar-se com a manifestação de apenas um dos órgãos ou agentes nele envolvidos, sem a concordância dos demais.
c) se determinado imóvel for declarado de interesse social, para fins de reforma agrária, mediante resolução, em situação que contrarie disposição legal segundo a qual o ato deve ser praticado mediante decreto, o vício de forma será sanável, por configurar mera irregularidade passível de convalidação.
d) a demolição de obra que apresente risco iminente de desabamento e a cobrança de multa

são exemplos de atos administrativos caracterizados pela autoexecutoriedade.

e) ao aplicar sanção disciplinar a servidor público, a administração pública pratica, quanto aos efeitos, ato administrativo constitutivo.

84. **(Cespe/TJ/RR/Cartórios/Ingresso/2013)** Suponha que determinado cidadão que pretenda construir uma casa tenha sido informado pelo órgão estatal competente de que a administração deve, por meio de ato administrativo, consentir a construção, antes do início das obras. Nessa situação, o ato administrativo de consentimento a ser expedido pela administração é a:

a) permissão.

b) aprovação.

c) admissão.

d) autorização.

e) licença.

85. **(Ieses/TJ/RN/Cartórios/Remoção/2012)** Diversos são os atos administrativos que o agente público pode vir a praticar. Sobre suas espécies, assinale a alternativa incorreta:

a) deliberações são atos oriundos, em regra, de órgãos colegiados e normalmente representam a vontade majoritária de seus componentes.

b) autorização é ato administrativo discricionário e precário, de modo que, em regra, caso venha a ser revogada, não gerará direito a indenização.

c) a resolução pode estabelecer restrições não previstas em lei.

d) licença é ato vinculado que goza de presunção juris tantum de legitimidade e legalidade. Assim, em caso de prova robusta em sentido contrário, a licença poderá ser anulada.

86. **(Ieses/TJ/RN/Cartórios/Ingresso/2012)** Sobre os atos da administração, assinale a proposição correta:

a) são elementos do ato administrativo: competência do agente, objeto, forma, motivo e presunção de legitimidade.

b) os contratos de compra e venda e de locação são considerados atos privados da administração.

c) para caracterização do ato administrativo são necessários pelo menos três aspectos, a saber: (i) vontade do agente público ou de alguém dotado de prerrogativa deste; (ii) seu conteúdo deve produzir efeitos jurídicos com fins públicos ou privados; e (iii) sua categoria deve ser regida basicamente pelo direito público.

d) os agentes da administração são aqueles que, embora não integrem a estrutura funcional da Administração Pública, recebem a incumbência de exercê-lo. Por sua vez, os agentes delegatários são aqueles que integram os órgãos administrativos, bem como os que pertencem aos quadros da Administração Pública Indireta.

87. **(Cespe/TJ/DFT/Cartórios/Ingresso/2014)** No que concerne aos atos administrativos, assinale a opção correta:

a) é possível a revogação de ato administrativo enunciativo, como uma certidão, caso o ato seja conveniente e oportuno para a administração pública.

b) caso o particular obtenha licença para construir e deixe de cumprir as condições que a lei exige para tanto, deve a administração extinguir o referido ato administrativo por meio de cassação.

c) incorre no vício de desvio de poder o agente público que exceda os limites de sua competência ao aplicar a subordinado penalidade além dos imites de sua alçada.

d) a imposição e a execução de multa estabelecida pela administração pública a particular independem de decisão judicial, dado o atributo da autoexecutoriedade dos atos administrativos.

e) a falta de motivação do ato administrativo configura vício insanável, visto que atinge o elemento motivo, indispensável às ações da administração pública.

88. **(IBFC/TJ/PR/Cartórios/Remoção/2014)** Sobre a Administração Pública é correto afirmar:

a) os órgãos públicos são unidades de atuação administrativa dotadas de personalidade jurídica própria, destinadas à consecução de tarefas predeterminadas.

b) a hierarquia administrativa, que engloba, dentre outros, o poder de expedir ordens, poder de controle sobre os atos e atividades dos subordinados e o poder de revisão, incide em todas as instâncias administrativas, inclusive sobre as autarquias, em relação aos quais recebe o nome de "supervisão ministerial".

c) o ato de delegação de competência consiste na transferência de poderes e atribuições de um órgão a outro, com o objetivo de assegurar maior rapidez e objetividade às decisões, situando-as na proximidade dos fatos, pessoas ou problemas a atender.

d) a Administração casuística, assim entendida como a decisão de casos individuais, compete, em princípio, à estrutura central de decisão.

89. **(Cespe/TJ/SE/Cartórios/Ingresso/2014)** Acerca dos atos administrativos, assinale a opção correta:

a) pelo critério formal, são atos administrativos os editados pelos órgãos administrativos, excluindo-se dessa classificação todos os atos do Poder Legislativo e do Poder Judiciário.

b) a autoexecutoriedade é um atributo inerente aos atos administrativos, ainda que não haja previsão expressa em lei quanto à forma de execução de determinadas medidas.

c) a finalidade corresponde ao requisito do ato administrativo que serve de fundamento para a sua prática.

d) considera-se pendente o ato administrativo que não esteja apto a produzir efeitos jurídicos por não ter completado o seu ciclo de formação.

e) a anulação, que consiste no desfazimento do ato administrativo por ilegalidade, pode ser efetuada de ofício pela administração ou pelo Poder Judiciário.

90. **(Consulplan/TJ/MG/Cartórios/Ingresso/2017)** O ato administrativo que, ao apreciar requerimento de particular para porte de arma, o defere é:

a) licença.

b) permissão.

c) autorização.

d) alvará.

2.4. Prescrição/Decadência

* INOVAÇÕES LEGISLATIVAS

▲ Lei da Prescrição Quinquenal (Dec. 20.910/32): sem alterações em 2017/2018.

* SÚMULAS

STF **Súm. 383.** A prescrição em favor da Fazenda Pública recomeça a correr, por dois anos e meio, a partir do ato interruptivo, mas não fica reduzida aquém de cinco anos, embora o titular do direito a interrompa durante a primeira metade do prazo.

STF **Súm. 443.** A prescrição das prestações anteriores ao período previsto em lei não ocorre, quando não tiver sido negado, antes daquele prazo, o próprio direito reclamado, ou a situação jurídica de que ele resulta.

STJ **Súm. 85.** Nas relações jurídicas de trato sucessivo em que a Fazenda Pública figure como devedora, quando não tiver sido negado o próprio direito reclamado, a prescrição atinge apenas as prestações vencidas antes do quinquênio anterior à propositura da ação.

STJ **Súm. 467.** Prescreve em cinco anos, contados do término do processo administrativo, a pretensão da Administração Pública de promover a execução da multa por infração ambiental.

* REPERCUSSÃO & REPETITIVOS

STF **Repercussão Geral 666.** É prescritível a ação de reparação de danos à Fazenda Pública decorrente de ilícito civil. (RE 669069, 3.2.2016)

* QUESTÕES DISCURSIVAS

04. **(Consulplan/TJ/MG/Cartórios/Ingresso/2015)** Em recente julgado, o Supremo Tribunal Federal entendeu que: "é prescritível a ação de reparação de danos à Fazenda Pública decorrente de ilícito civil". Como fundamento, distinguiu-se o ilícito civil dos demais danos decorrentes de infrações ao direito público. Assim sendo, em comparação com os danos provocados por atos de improbidade, como fica a sistemática de reparação ao Erário no ordenamento jurídico pátrio?

* QUESTÕES OBJETIVAS

91. **(Consulplan/TJ/MG/Cartórios/Remoção/2018)** Sobre a extinção de direitos e poderes entre o particular e a Fazenda Pública é correto afirmar:

a) o prazo de prescrição da pretensão da ação que visa a reparação civil do particular em face da Administração Pública é de 3 (três) anos.

b) somente quando a infração disciplinar também tipificada como crime estiver sendo apurada em inquérito ou ação penal é que se aplicará o prazo prescricional da legislação penal.

c) a ação de desapropriação indireta do particular em face da Administração Pública prescreve em 20 (vinte) anos, em analogia ao decurso do prazo de usucapião extraordinário da lei civil.

d) a figura da prescrição administrativa intercorrente, embora tenha previsão doutrinária, deve ter sua aplicação afastada dos procedimentos administrativos, ante a ausência de previsão em normas específica, evitando que se inviabilize o poder de autotutela da Administração Pública.

92. **(Ieses/TJ/RO/Cartórios/Remoção/2017)** O direito da Administração de anular os atos administrativos de que decorram efeitos favoráveis para os destinatários decai em (___), contados da data em que foram praticados, salvo comprovada má-fé:

a) 3 (três) anos.
b) 5 (cinco) anos.
c) 1 (um) ano.
d) 2 (dois) anos.

2.5. Temas Esparsos

✱ QUESTÕES OBJETIVAS

93. **(Cespe/TJ/PI/Cartórios/Ingresso/2013)** A respeito dos atos administrativos, assinale a opção correta:

a) a ratificação é forma de convalidação de ato administrativo com vício sanável, produzindo efeitos a partir do momento em que seja sanado o vício.
b) considere que um governador de estado tenha delegado determinada competência a um secretário de Estado, que, no exercício da função delegada, emita ato ilegal. Nessa situação, a responsabilidade pela ilegalidade do ato deve recair apenas sobre a autoridade delegada.
c) ato administrativo editado com vício de finalidade pode ser convalidado pela mesma autoridade que o tenha emanado ou por superior hierárquico.
d) a venda de bem público pela administração, apesar de ser regida pelo direito público, coloca o particular em posição de igualdade com o poder público.
e) todos os atos da administração que produzem efeitos jurídicos, ainda que regidos pelo direito privado, são considerados atos administrativos.

3. BENS PÚBLICOS

✱ SÚMULAS

STF Súm. 340. Desde a vigência do Código Civil, os bens dominicais, como os demais bens públicos, não podem ser adquiridos por usucapião.

STF Súm. 477. As concessões de terras devolutas situadas na faixa de fronteira, feitas pelos Estados, autorizam, apenas, o uso, permanecendo o domínio com a União, ainda que se mantenha inerte ou tolerante, em relação aos possuidores.

STF Súm. 479. As margens dos rios navegáveis são domínio público, insuscetíveis de expropriação e, por isso mesmo, excluídas de indenização.

STF Súm. 480. Pertencem ao domínio e administração da União, nos termos dos artigos 4º, IV, e 186, da Constituição Federal de 1967, as terras ocupadas por silvícolas.

STF Súm. 650. Os incisos I e XI do art. 20 da Constituição Federal não alcançam terras de aldeamentos extintos, ainda que ocupadas por indígenas em passado remoto.

STJ Súm. 103. Incluem-se entre os imóveis funcionais que podem ser vendidos os administrados pelas Forças Armadas e ocupados pelos servidores civis.

STJ Súm. 238. A avaliação da indenização devida ao proprietário do solo, em razão de alvará de pesquisa mineral, é processada no juízo estadual da situação do imóvel.

STJ Súm. 619. A ocupação indevida de bem público configura mera detenção, de natureza precária, insuscetível de retenção ou indenização por acessões e benfeitorias.

✱ REPERCUSSÃO & REPETITIVOS

STF Repercussão Geral 676. A EC 46/05 não interferiu na propriedade da União, nos moldes do art. 20, VII, da CF, sobre os terrenos de marinha e seus acrescidos situados em ilhas costeiras sede de Municípios. (RE 636199, 27.4.2017)

✱ QUESTÕES DISCURSIVAS

05. **(Cespe/TJ/SE/Cartórios/Remoção/2014)** Com base em documento falsificado, J. S. adquiriu imóvel foreiro localizado em terreno acrescido de marinha, julgando que comprava bem de particular. No cartório onde foi feito o registro do imóvel, o notário não se deu conta da situação real do imóvel e seguiu normalmente os procedimentos de compra e venda de bens imóveis. Certo da situação regular do bem que pensava ter adquirido, J. S. passou a exercer posse sobre o imóvel. Considerando essa situação hipotética, analise o caso apresentado, abordando, com base no disposto na Constituição Federal, na legislação pertinente e na jurisprudência do STF, os seguintes aspectos: (i) responsabilidade civil do Estado em razão da falha na atuação notarial; (ii) regime jurídico/classificação do imóvel segundo a ordem jurídica vigente; (iii) possibilidade de usucapião de bens como o citado no caso concreto.

06. **(Ieses/TJ/RO/Cartórios/2012)** Carmen Almeida é proprietária de um terreno localizado a menos de 50 metros do mar continental. Ele é detentora de escritura pública a qual foi levada a registro na matrícula do imóvel junto ao Cartório de Registro Imobiliário de sua Cidade, porém sem a outorga formal da União, quanto ao domínio sobre o imóvel. Neste ano Carmen Almeida recebeu do Serviço do Patrimônio da União (SPU) uma notificação na qual constava sua obrigação de pagamento anual da taxa de ocupação. (a) qual o fundamento jurídico para a cobrança de tal taxa pela União? Apresente a base legal; (b) quais são os critérios legais de cobrança da taxa de ocupação pela União?

* QUESTÕES OBJETIVAS

94. **(Consulplan/TJ/MG/Cartórios/Remoção/2018)** Sobre o processo discriminatório judicial, assinale a afirmativa incorreta:

a) é direcionado contra aqueles que não atenderem ao edital de convocação ou notificação.

b) é promovido quando o processo administrativo for dispensado ou interrompido por absoluta ineficácia.

c) a demarcação da área será procedida, em execução definitiva da sentença, valendo esta, para efeitos de registro, como título de propriedade.

d) é acionado quando ocorrer alteração de divisas, ou transferências de benfeitorias a qualquer título, sem assentimento de algum dos entes federativos.

95. **(Ieses/TJ/RS/Cartórios/Ingresso/2013)** Assinale a alternativa correta:

a) os bens públicos de uso comum podem ser objeto de usucapião.

b) os bens públicos dominicais são inalienáveis.

c) os bens públicos de uso comum e os de uso especial são inalienáveis, enquanto conservarem a sua qualificação, na forma que a lei determinar.

d) os bens públicos de uso especial não podem ser alienados, ainda que sofram desafetação.

96. **(Ieses/TJ/RN/Cartórios/Remoção/2012)** A respeito dos Terrenos de Marinha, é correto afirmar, exceto, que:

a) a ocupação é uma espécie de contrato firmado com a União.

b) a enfiteuse é um contrato precário firmado com a União.

c) o laudêmio é pago em razão da transferência da titularidade de contratos como a ocupação e a enfiteuse.

d) a taxa de ocupação corresponde a um valor anual pago pelo ocupante.

97. **(Ieses/TJ/RN/Cartórios/Ingresso/2012)** Quanto aos bens imóveis de domínio da União, é correto afirmar, exceto, que:

a) caberá à SPU a incumbência de fiscalizar e zelar para que sejam mantidas a destinação e o interesse público, o uso e a integridade física dos imóveis pertencentes ao patrimônio da União.

b) a inscrição de ocupação, a cargo da Secretaria do Patrimônio da União, não pressupõe o uso efetivo do imóvel pelo ocupante.

c) a permissão de uso de bens imóveis de domínio da União é autorizada por ato do Secretário do Patrimônio da União, que poderá ser delegado aos titulares das delegacias estaduais.

d) os imóveis da união poderão ser cedidos gratuitamente a pessoas físicas ou jurídicas, em razão de interesse público ou social ou de aproveitamento econômico de interesse nacional.

98. **(FCC/TJ/PE/Cartórios/Remoção/2013)** A Administração Pública pretende alienar um prédio onde funciona uma Secretaria de Estado, uma vez que apurou que o valor de mercado do imóvel aumentou demasiadamente nos últimos 10 (dez) anos. Instada a se manifestar, a consultoria jurídica da Administração opinou pela ilegalidade da conduta, em razão da afetação do bem público. A orientação do órgão jurídico consultivo da Administração está:

a) incorreta, na medida em que os bens públicos de uso comum do povo podem ser desafetados e alienados, observado o procedimento legal.

b) correta, pois o imóvel público está ocupado por um órgão da Administração, só sendo possível a alienação mediante autorização judicial.

c) incorreta, na medida em que o bem público de uso especial pode ser desafetado e alienado, nos termos da lei, cabendo à Administração a prévia transferência das atividades desenvolvidas no imóvel para outras instalações, adequadas para tanto.

d) correta, na medida em que se trata de bem de uso comum do povo, inalienável, imprescritível e impenhorável.

e) incorreta, pois o bem público em questão é da espécie dominical, sendo passível de ser alienado, na forma da lei, somente sendo necessária a desafetação caso a afetação tenha se dado por texto expresso de lei.

99. **(FCC/TJ/PE/Cartórios/Ingresso/2013)** Considere as afirmações abaixo.

I. os bens dominicais não são passíveis de alienação, salvo se desafetados.

II. os bens de uso especial são aqueles de domínio privado do poder público, passíveis de alienação e oneração.

III. os bens de uso comum do povo são inalienáveis, impenhoráveis e imprescritíveis.

A respeito dos bens públicos, está correto o que se afirma apenas em:

a) III.
b) I.
c) II.
d) I e III.
e) I e II.

100. **(Faurgs/TJ/RS/Cartórios/Ingresso/2015)** Quanto à destinação, o prédio onde funciona o Tribunal de Justiça do Estado é classificado como:

a) bem de uso especial.
b) bem dominical.
c) bem de uso comum do povo.
d) bem disponível.

101. **(Ieses/TJ/MS/Cartórios/Ingresso/2014)** Assinale a alternativa incorreta:

a) mares, praias, rios, estradas, ruas e praças são exemplos de bens de uso comum do povo ou do domínio público.

b) no que respeita à utilização dos bens públicos, diz-se que a "cessão de uso" consiste na transferência gratuita da posse de um bem público de uma entidade ou órgão para outro, a fim de que o cessionário o utilize nas condições estabelecidas no respectivo termo, por tempo certo ou indeterminado.

c) no que respeita à alienação dos bens públicos, diz-se "investidura" a incorporação de uma área pública, isoladamente inconstruível, ao terreno particular confinante que ficou afastado do novo alinhamento em razão de alteração do traçado urbano. Este conceito se viu atualmente ampliado abrangendo, também, qualquer área inaproveitável isoladamente, remanescente ou resultante de obra pública, uma vez que esta pode também afetar os terrenos rurais. De toda sorte, a formalização da "investidura" se faz por escritura pública ou termo administrativo, sempre sujeitos a registro imobiliário.

d) no que respeita à utilização dos bens públicos, diz-se que a "permissão de uso" constitui ato unilateral, discricionário e precário pelo qual a Administração consente na prática de determinada atividade individual incidente sobre um bem público.

102. **(FMP/TJ/MT/Cartórios/Ingresso/2014)** O uso privativo de bens públicos pode ocorrer de forma privada por particulares mediante autorização de uso, permissão de uso ou concessão de uso. Acerca de tais institutos é correto afirmar que:

a) a autorização de uso é ato negocial, unilateral e discricionário e precário.

b) a autorização de uso é ato negocial, por prazo determinado, precedido de licitação, quando possível.

c) a permissão de uso é contrato administrativo, bilateral, por prazo indeterminado, precedido de licitação, quando possível.

d) a concessão de uso é ato negocial, precedido de licitação, quando possível, a título precário e gratuito.

e) a concessão de uso é contrato, precedido de licitação, quando possível, para que o beneficiário utilize o bem público de acordo com as suas conveniências.

103. **(FMP/TJ/MT/Cartórios/Remoção/2014)** Acerca do regime jurídico dos bens públicos e das formas de intervenção do Estado na propriedade privada, assinale a alternativa correta:

a) o domínio eminente é aquele exercido pelo Estado sobre todas as coisas de seu território; domínio público significa o domínio patrimonial dos bens pelo Estado.

b) a classificação dos bens públicos adotada pelo Código Civil leva em consideração o critério da titularidade.

c) os bens públicos dominiais podem ser adquiridos por usucapião.

d) a ocupação temporária de imóvel particular assegura indenização prévia.

e) a servidão administrativa somente pode ser instituída por lei.

104. (Cespe/TJ/BA/Cartórios/Ingresso/2013) No que se refere ao regime jurídico dos bens públicos, assinale a opção correta:

a) é vedada a utilização de bem público no interesse do particular.

b) é vedada a cobrança pela utilização de bens de uso comum do povo, uma vez que estes bens são destinados à utilização de toda a coletividade, independentemente de consentimento prévio da administração.

c) os bens públicos de uso comum do povo são considerados bens inalienáveis, por isso não podem ser desafetados, ao passo que os bens públicos de uso especial somente podem ser alienados se forem desafetados.

d) as terras devolutas são de propriedade da União.

e) a alienação de terras públicas com área superior a 2.500 ha deve ser previamente aprovada pelo Congresso Nacional.

105. (Consulplan/TJ/MG/Cartórios/Remoção/2016) Com relação aos bens públicos imóveis, é correto afirmar:

a) os imóveis públicos rurais, com área maior do que o módulo rural, sujeitam-se à prescrição aquisitiva.

b) a alienação de bens imóveis da Administração deverá ser objeto de prévio certame licitatório, por tomada de preços.

c) a afetação do bem público exige rigorismo formal e só poderá ser realizada de forma expressa, não se admitindo a tácita.

d) os bens de uso comum do povo, enquanto afetados ao Poder Público, não poderão ser objetos de alienação.

106. (Ieses/TJ/MS/Cartórios/Remoção/2014) Se por ato jurídico perfeito a administração pública determinar que um imóvel destinado à instalação de um hospital público deixa de ter essa função e passará a ser um bem disponível, pode-se afirmar que tal ato trata-se de:

a) incorporação.

b) usucapião Dominical.

c) desafetação.

d) desapropriação.

107. (Consulplan/TJ/MG/Cartórios/Remoção/2017) Com relação aos bens públicos, é correto afirmar que:

a) os bens dominicais, não estando afetados à finalidade pública específica, podem ser alienados por meio de institutos do direito privado (compra e venda, doação, permuta) ou do direito público (investidura, legitimação de posse e retrocessão).

b) a concessão de uso de bem público dispensa licitação.

c) compra, permuta ou doação com encargo de bens imóveis dependerá de interesse público devidamente justificado, prévia avaliação e de licitação na modalidade concorrência.

d) são classificados como bens de uso comum do povo aqueles de utilização pública a exemplo dos imóveis onde se encontram instaladas as repartições públicas da Administração municipal, estadual ou federal e os museus.

108. (Cetro/TJ/RJ/Cartórios/Ingresso/2017) Sobre o laudêmio, marque V para verdadeiro ou F para falso e, em seguida, assinale a alternativa que apresenta a sequência correta.

I. a transferência de domínio útil para integralização de capital social da empresa, em que pese ser ato oneroso, não é alcançado pela cobrança de laudêmio, de acordo com o entendimento jurisprudencial.

II. Na transferência do aforamento, a obrigação pelo recolhimento do laudêmio é do enfiteuta, podendo ser ajustada contratualmente, na relação de direito privado, a transferência do referido encargo.

III. A ausência de recolhimento de laudêmio configura irregularidade formal do contrato, não podendo atingir a essência do ato de compra e venda, dado que pode ser cobrado posteriormente por meio de ação executória própria:

a) V, F, F.

b) V, V, V.

c) V, F, V.

d) F, V, F.

e) F, F, V.

109. (Cetro/TJ/RJ/Cartórios/Remoção/2017) Acerca do instituto da desafetação de bens públicos, assinale a alternativa correta:

a) a desafetação de uma praça pública considerada como em estado de abandono é admitida desde que a alteração para dominial esteja vinculada à construção de edifício vinculado, necessariamente, à atividade governamental.

b) em ocorrendo a desafetação, admissível se faz a abertura de matrícula do imóvel que se torne dominial.

c) a desafetação para efeito de usucapião de escola pública desativada não depende de lei ou ato administrativo.

d) o tempo de posse de ocupante de terra pública exercido após a desafetação não o legitima a transferi-la a terceiro por meio de contrato de locação, dado que se trata de direito personalíssimo.

e) a desafetação, embora ato de mera administração, depende de autorização do Legislativo local para alienação do imóvel.

110. **(Vunesp/TJ/SP/Cartórios/Ingresso/2018)** Com relação aos bens públicos, assinale a alternativa correta:

a) os móveis das instalações físicas destinadas à prestação do serviço delegado extrajudicial de notas e registro são bens públicos.

b) os bens públicos não comportam a possibilidade de uso privativo por particulares.

c) a inalienabilidade do bem público é absoluta.

d) os bens públicos de uso especial não permitem oneração por meio de hipoteca.

4. CONTROLE DA ADMINISTRAÇÃO PÚBLICA

4.1. Disposições Gerais

*** INOVAÇÕES LEGISLATIVAS**

▲ Lei de Acesso à Informação (Lei 12.527/11): sem alterações em 2017/2018.

*** QUESTÕES OBJETIVAS**

111. **(Consulplan/TJ/MG/Cartórios/Ingresso/2018)** Considerando o tema relativo à aplicação da teoria do fato consumado perante a Administração Pública, analise as afirmativas a seguir.

I. para a Corte Especial do STJ não pode ser aplicada a teoria para consolidar remoção de servidor público destinada a acompanhamento de cônjuge, em hipótese que não se adequa à legalidade estrita, ainda que tal situação haja perdurado por vários anos em virtude de decisão liminar não confirmada por ocasião do julgamento de mérito.

II. o comportamento das partes pode influenciar na aplicação da teoria, de sorte que se o ato contrário à lei é praticado sem dolo e sem contestação de ninguém, vigorando por anos com aparência de legalidade, o ato deverá ser preservado em homenagem à segurança jurídica.

III. o comportamento das partes pode influenciar na aplicação da teoria, de forma que se o ato praticado é questionado pela Administração Pública, que, desde o início, defende ser irregular não se deve aplicar a teoria do fato consumado, mesmo que tenha transcorrido muitos anos.

IV. a aplicação dessa teoria para confirmar nomeações precárias, concedidas em sede liminar, quando é verificado ao fim do processo que o candidato não tinha o direito à nomeação, prejudica os demais concorrentes ao cargo público que superaram todas as fases, mas não foram nomeados por falta de vagas.

Estão corretas as afirmativas:

a) I, II, III e IV.

b) I e IV, apenas.

c) I, II e III, apenas.

d) II, III e IV, apenas.

112. **(Consulplan/TJ/MG/Cartórios/Remoção/2018)** Sobre o procedimento administrativo que dispõe sobre a mediação entre particulares como meio de solução de controvérsias e sobre a autocomposição de conflitos no âmbito da administração pública, é incorreto afirmar que:

a) pode ser objeto de mediação o conflito que verse sobre direitos disponíveis ou sobre direitos indisponíveis que admitam transação que deverá ser objeto de homologação pelo conciliador ou mediador indicado pelo Tribunal ou pelas partes.

b) ainda que haja processo arbitral ou judicial em curso, as partes poderão submeter-se à mediação, hipótese em que requererão ao juiz ou árbitro a suspensão do processo por prazo suficiente para a solução consensual do litígio, não cabendo recurso dessa decisão que suspende o processo.

c) as controvérsias jurídicas que envolvam a administração pública federal direta, suas autarquias e fundações poderão ser objeto de transação por adesão e implicará renúncia do interessado ao direito sobre o qual se fundamenta a ação ou o recurso, eventualmente pendentes, no que tange aos pontos compreendidos pelo objeto da resolução administrativa.

d) não havendo previsão contratual completa, deverão ser observados os critérios legais para a realização da primeira reunião de mediação dentre eles o aviso de que o não comparecimento da parte convidada à primeira reunião de mediação acarretará a assunção por parte desta de 50% (cinquenta por cento) das custas e honorários sucumbenciais caso venha a ser vencedora em procedimento arbitral ou judicial posterior, que envolva o escopo da mediação para a qual foi convidada.

113. **(Cespe/TJ/PI/Cartórios/Remoção/2013)** Acerca da organização administrativa e do controle da administração pública, assinale opção correta:

a) no exercício do controle externo, o Poder Legislativo é auxiliado pelo tribunal de contas, que tem competência para fiscalizar entidades públicas ou privadas que utilizem dinheiro público, salvo as entidades do Poder Judiciário, que se submetem a controle específico.

b) a supervisão ministerial exercida sobre as entidades descentralizadas que integram a administração pública é um dos meios do denominado controle administrativo.

c) não se admite o emprego de mandado de segurança preventivo com a finalidade de impedir a prática de determinado ato pela administração pública, já que, embora o mandado de segurança seja um dos instrumentos de controle da atuação administrativa, o controle judicial dos atos administrativos não pode ser prévio.

d) o conjunto de pessoas jurídicas autônomas criadas pelo Estado para o cumprimento de competências administrativas constitui a administração pública direta ou centralizada.

e) as autarquias, entidades integrantes da administração indireta, respondem objetivamente pelos prejuízos causados a terceiros por seus agentes, sendo vedada a responsabilização, ainda que subsidiária, da administração direta pelos prejuízos por elas causados.

114. **(Cespe/TJ/ES/Cartórios/Remoção/2013)** Com relação ao controle da administração pública, assinale a opção correta à luz da interpretação doutrinária do direito administrativo:

a) devido ao princípio da intranscendência das penas, na CF não é atribuída aos encarregados do controle interno responsabilidade solidária em relação às ilegalidades que deixarem de denunciar.

b) o controle externo não é uma decorrência da titularidade da competência administrativa, mas sim uma competência específica e diferenciada cuja instituição concreta decorre diretamente da CF.

c) a competência fiscalizatória do Poder Legislativo destina-se, em regra, a aferir a regularidade jurídico-formal dos atos administrativos, podendo, excepcionalmente, assumir feições políticas.

d) órgão dotado de competência específica de controle interno é investido de superioridade hierárquica sobre os demais, haja vista que é o responsável por detectar as irregularidades e realizar as necessárias punições.

e) de acordo com a CF, o Poder Executivo, o Legislativo e o Judiciário devem manter, de forma integrada, um sistema de controle interno com a finalidade de comprovar a legalidade e avaliar os resultados da aplicação de recursos públicos por entidades de direito privado.

115. **(Ieses/TJ/RS/Cartórios/Remoção/2013)** Assinale a alternativa correta:

a) o controle administrativo ocorre quando a Administração Pública revisa internamente seus próprios atos, em decorrência do poder de autotutela.

b) a Administração Pública não se sujeita a controle externo pelo Poder Legislativo.

c) os atos administrativos ilegais e ilegítimos são passíveis de revogação.

d) os atos administrativos legais e legítimos são passíveis de anulação.

116. **(FCC/TJ/PE/Cartórios/Remoção/2013)** Tecendo comparação entre a extensão do controle da Administração Pública realizado pelo Poder Judiciário e aquele realizado pelo Poder Legislativo, é correto afirmar que:

a) o controle realizado pelo Legislativo, inclusive com auxílio do Tribunal de Contas, pode abranger aspectos de legalidade e de mérito, podendo, inclusive, conforme o caso, adentrar alguns aspectos discricionários da atuação do Executivo.

b) o controle realizado pelo Judiciário abrange análise de aspectos discricionários e de legalidade, mas a competência para proferimento de decisão para anulação ou suspensão de atos do Executivo restringe-se ao controle de legalidade.

c) o controle realizado pelo Judiciário permite a sustação ou o desfazimento dos atos do Executivo, enquanto o controle realizado pelo Legislativo não permite essa ingerência, sendo necessária adoção da via judicial.

d) o controle realizado pelo Legislativo é essencialmente financeiro, realizado pelo Tribunal de Contas, não sendo permitido controle de natureza política, nem a apreciação "a priori" ou "a posteriori", por nenhuma de suas casas, de atos praticados pelo Executivo.

e) tanto o controle realizado pelo Judiciário, quanto o controle realizado pelo Legislativo, atendem ao princípio da inércia, dependendo de provocação do interessado direto ou do suposto prejudicado pelo ato sindicado.

117. **(FCC/TJ/PE/Cartórios/Ingresso/2013)** O Estado de Pernambuco desapropriou terreno próximo a área de manancial para a construção de complexo penitenciário e, em face da alegada urgência na conclusão do empreendimento, decorrente da necessidade de cumprimento de ordem judicial para desocupação de cadeias públicas, iniciou as obras antes da expedição da necessária licença ambiental. A referida conduta da Administração Pública é passível de controle:

a) administrativo, exclusivamente, por meio dos órgãos de licenciamento e fiscalização ambiental, que podem determinar a paralisação da obra e a reparação do dano.

b) administrativo e judicial, exclusivamente pelo Ministério Público, por meio de inquérito civil ou ação civil pública, podendo o Estado celebrar Termo de Ajustamento de Conduta.

c) judicial, por meio de ação civil pública, desde que caracterizada improbidade administrativa, ou, na hipótese de lesividade do ato, ação popular ou mandado de segurança.

d) administrativo, por meio de mandado de segurança, se caracterizada ilegalidade ou abuso de poder e judicial, por meio de ação civil pública, se caracterizada lesividade a interesse difuso ou coletivo.

e) judicial, por meio de ação popular, interposta por qualquer cidadão, quando caracterizada a ilegalidade e lesividade do ato ou ação civil pública, interposta pelo Ministério Público ou por outros legalmente legitimados.

118. **(Faurgs/TJ/RS/Cartórios/Remoção/2015)** No que se refere ao controle da Administração Pública, assinale a alternativa que contém afirmativa correta:

a) o controle da Administração Pública compete exclusivamente ao controle interno.

b) o controle interno da Administração Pública não mantém relações com o controle externo.

c) o controle interno da Administração Pública é uma atividade de natureza judicial pela sua relevância, objetivando o cumprimento das normas constitucionais e legais relativas à Administração Pública.

d) os Poderes Legislativo, Executivo e Judiciário manterão, de forma integrada, sistema de controle interno com a finalidade de, dentre outras funções, apoiar o controle externo no exercício de sua missão institucional.

119. **(Ieses/TJ/MS/Cartórios/Ingresso/2014)** Assinale a alternativa incorreta:

a) no que respeita ao controle legislativo da Administração Pública, dispõe a Constituição Federal ser da competência exclusiva do Congresso Nacional sustar os atos normativos do Poder Executivo que exorbitem do poder regulamentar ou dos limites de delegação legislativa.

b) no que respeita ao controle da Administração Pública, diz-se controle "finalístico" o que a norma legal estabelece às entidades autônomas, indicando a autoridade controladora, as faculdades a serem exercitadas e as finalidades objetivadas.

c) ação Popular é um instrumento de defesa dos interesses da coletividade, utilizável por qualquer de seus membros, no gozo de seus direitos cívicos e políticos. Por ela não se amparam direitos próprios mas, sim, interesses da comunidade.

d) os chamados "decretos legislativos" e as "resoluções das Mesas Diretoras", por se tratarem de atos emanados do Poder Legislativo, não se sujeitam ao controle judicial comum porque não se apresentam materialmente administrativos, em que pese vinculados ao regimento da Casa respectiva para sua emissão, pois é defeso ao Poder Judiciário imiscuir-se em questões "interna corporis", não administrativas, dos outros Poderes, sob pena de quebra do princípio constitucional da harmonia e independência dos Poderes.

120. (Vunesp/TJ/SP/Cartórios/Ingresso/2014) A respeito da denominada "discricionariedade técnica" da função administrativa, é correto afirmar:

a) define-se como uma competência discricionária do juiz que lhe confere a possibilidade de verificar a presença dos pressupostos das tutelas de urgência em pedidos de suspensão de eficácia de atos administrativos.
b) trata-se de uma competência discricionária do magistrado que consiste na prerrogativa de solicitar, se houver necessidade, pareceres técnicos ao esclarecimento do caso, o que repercute, em última análise, na definição do alcance do controle judicial sobre o ato administrativo impugnado.
c) são aspectos técnicos do exercício da função pública, o que significa dizer que por meio de informes de natureza técnica pertinentes ao caso, a exemplo de um laudo de engenharia sobre um imóvel, é possível o controle judicial.
d) não se aplica ao direito brasileiro este instituto porque representa uma contradição em termos com a noção jurídica por nós adotada de discricionariedade administrativa uma vez que esta competência não pode ser coarctada por critérios técnicos de outras áreas do conhecimento humano.

121. (FMP/TJ/MT/Cartórios/Remoção/2014) Considerando o regime jurídico aplicado ao controle a que os órgãos e entes da Administração Pública estão submetidos, assinale a opção correta:

a) as decisões do Tribunal de Contas de que resulte imputação de débito ou multa terão eficácia de título executivo.
b) as sanções por improbidade administrativa previstas na Lei n. 8.429, de 2/6/1992, têm natureza penal.
c) para efeitos de improbidade administrativa, aquele que exerce função pública, por designação, sem remuneração não é considerado agente público.
d) o sucessor daquele que causar lesão ao patrimônio público está sujeito às cominações da Lei de Improbidade Administrativa independente do valor da herança.
e) o Tribunal de Contas da União é órgão auxiliar do Poder Legislativo e vinculado a ele no exercício do controle externo.

122. (Cespe/TJ/BA/Cartórios/Remoção/2013) No que se refere ao controle da administração pública, assinale a opção correta:

a) de acordo com o STF, a CGU e o TCU agregam competências e atribuições, de forma harmoniosa, por serem órgãos de controle interno da administração pública, cada um com suas especificidades.
b) o controle social, como mecanismo de controle propriamente dito, pode ser exercido por intermédio do controle político ou do controle judicial, seja pela intervenção do sistema penal, administrativo, civil, seja pelo controle da improbidade administrativa.
c) a Lei de Responsabilidade Fiscal, instrumento de controle da administração pública, foi criada com o intuito de promover a transparência nas esferas políticas, embora não possa ser considerada instrumento de accountability, por ausência de conceitos a ela intrínsecos.
d) o controle exercido pela supervisão ministerial é feito por outra pessoa jurídica distinta daquela de que emana o ato, correspondendo, portanto, a controle externo, dada a inexistência de hierarquia entre as pessoas jurídicas envolvidas.
e) a imprensa não pode ser considerada instância natural de controle social sobre a administração pública.

123. (Cespe/TJ/SE/Cartórios/Remoção/2014) Com relação ao controle da administração pública, assinale a opção correta:

a) no exercício do controle financeiro sobre a administração pública, o Poder Legislativo pode, por meio da Câmara dos Deputados ou do Senado Federal, convocar ministro de Estado para, pessoalmente ou por meio de representante designado, prestar informações a respeito de determinado assunto.
b) conforme entendimento do STF, preenchidos concomitantemente os seguintes requisitos, é possível o controle judicial nas políticas públicas: natureza constitucional da política pública reclamada; existência de correlação entre a política pública reclamada e os direitos fundamentais; prova de omissão ou prestação deficiente e não justificada pela administração pública.
c) o "habeas corpus", por ter caráter essencialmente processual penal, não é considerado meio de provocação do controle judicial da administração pública.

d) controle interno consiste no controle exercido pela administração direta sobre os atos praticados por seus órgãos e pelas entidades da administração indireta.

e) os recursos administrativos, meios de que podem se valer os administrados para provocar o reexame, pela administração pública, de ato administrativo, não podem, conforme o STF, ser apreciados por autoridade que tenha participado anteriormente do processo objeto de recurso e que tenha nele proferido decisão desfavorável.

124. **(Consulplan/TJ/MG/Cartórios/Remoção/2014)** Em relação ao Controle da Administração Pública, é correto afirmar, exceto:

a) nos processos perante o Tribunal de Contas da União não são assegurados o contraditório e a ampla defesa na hipótese de apreciação da legalidade do ato de concessão inicial de aposentadoria, reforma e pensão.

b) é exemplo do controle externo a competência do Congresso Nacional de sustar os atos normativos do Poder Executivo que exorbitem do poder regulamentar ou dos limites de delegação legislativa.

c) configura exemplo do poder controlador privativo do Congresso Nacional autorizar operações externas de natureza financeira, de interesse da União, dos Estados, do Distrito Federal e dos Municípios.

d) é exemplo do poder controlador privativo do Senado Federal fixar, por proposta do Presidente da República, limites globais para o montante da dívida consolidada da União, dos Estados, do Distrito Federal e dos Municípios.

125. **(Vunesp/TJ/SP/Cartórios/Ingresso/2018)** Quanto ao controle da Administração Pública, é correto afirmar:

a) ao Poder Legislativo é vedado o controle sobre atos normativos do Poder Executivo que exorbitem do poder regulamentar ou dos limites de delegação legislativa.

b) o recurso administrativo não integra o controle administrativo da Administração.

c) não há previsão legal de controle administrativo financeiro do Poder Judiciário pelo Poder Legislativo.

d) o mandado de segurança e a ação popular são meios de controle judicial da Administração.

4.2. Improbidade Administrativa

✱ INOVAÇÕES LEGISLATIVAS

▲ Lei de Improbidade Administrativa (Lei 8.429/92).

▲ Art. 11. Constitui ato de improbidade administrativa que atenta contra os princípios da administração pública qualquer ação ou omissão que viole os deveres de honestidade, imparcialidade, legalidade, e lealdade às instituições, e notadamente: (...). X – transferir recurso a entidade privada, em razão da prestação de serviços na área de saúde sem a prévia celebração de contrato, convênio ou instrumento congênere, nos termos do parágrafo único do art. 24 da Lei 8.080, de 19 de setembro de 1990. (Modificações: Lei 13.650/18)

✱ REPERCUSSÃO & REPETITIVOS

STF **Repercussão Geral 897.** São imprescritíveis as ações de ressarcimento ao erário fundadas na prática de ato doloso tipificado na Lei de Improbidade Administrativa. (RE 852475, 8.8.2018)

✱ INFORMATIVOS

STF **Cabimento de reclamação e nepotismo.** A nomeação do cônjuge de prefeito para o cargo de secretário municipal, por se tratar de cargo público de natureza política, por si só, não caracteriza ato de improbidade administrativa. É cabível o ajuizamento de reclamação para impugnar acórdão do STJ que manteve decisão condenatória por ato de improbidade administrativa em desacordo com a Súm. Vinculante 13/STF. Rcl 22339 AgR/SP, Red. Acd. Min. Gilmar Mendes, j. 4.9.2018. 2ª T. (Info 914)

STF **Ação de improbidade administrativa: ministro de estado e foro competente.** Os agentes políticos, com exceção do Presidente da República, encontram-se sujeitos a duplo regime sancionatório, de modo que se submetem tanto à responsabilização civil pelos atos de improbidade administrativa quanto à responsabilização político-administrativa por crimes de responsabilidade. O foro especial por prerrogativa de função previsto na CF em relação às infrações penais comuns não é extensível às ações de improbidade administrativa. Pet 3240 A, Rel. Acd. Min. Roberto Barroso, j. 10.5.2018. Pleno. (Info 901)

✱ QUESTÕES DISCURSIVAS

07. **(Consulplan/TJ/MG/Cartórios/Remoção/2016)** Explique, justificadamente, a hipótese de reconhecimento do ato de improbidade praticado mediante culpa "strictu sensu", em face dos preceitos da Lei n. 8.429, de 02/06/1992.

08. (Cespe/TJ/DFT/Cartórios/Ingresso/2014) O Ministério Público Federal (MPF) ajuizou ação de improbidade administrativa contra determinados agentes públicos de autarquia federal e contra empresários que, embora não tivessem concorrido diretamente para a prática do ato de improbidade, teriam obtido benefício indireto dele. Na avaliação do MPF, mesmo não tendo auferido vantagens que caracterizassem enriquecimento ilícito nem praticado ato capaz de gerar lesão ao erário, os agentes públicos e os empresários envolvidos teriam agido de forma omissiva, violando os deveres de honestidade, imparcialidade e lealdade às instituições. Com base nessa situação hipotética, responda, com fundamento na legislação de regência, aos seguintes questionamentos: (i) O MPF tem legitimidade ativa para propor ação de improbidade, ou a competência pertence, no caso, apenas à autarquia federal lesada? (ii) Pessoas físicas que não se qualificam como agentes públicos podem ser considerados sujeitos ativos do ato de improbidade administrativa, mesmo tendo sido somente indiretamente beneficiadas? (iii) A omissão que viola os deveres de honestidade, imparcialidade e lealdade às instituições caracteriza ato de improbidade administrativa?

✱ QUESTÕES OBJETIVAS

126. (Consulplan/TJ/MG/Cartórios/Remoção/2018) Sobre a improbidade administrativa é incorreto afirmar:

a) as sanções previstas na lei de improbidade podem ser aplicadas cumulativamente ou não, alcançando agentes públicos e particulares beneficiários e partícipes.
b) a norma residual existente na lei de improbidade administrativa admite que mesmo não havendo enriquecimento ilícito ou prejuízo ao erário, ainda assim seja possível a responsabilização do agente.
c) ante ao princípio da legalidade, a improbidade administrativa caracteriza-se como sendo a conduta taxativamente tipificada que gera enriquecimento ilícito de agentes públicos no exercício de função pública ocasionando prejuízo ao erário.
d) as sanções relativas à perda da função pública, à suspensão dos direitos políticos e ao pagamento de multa civil estão sujeitas ao prazo prescricional de até 5 (cinco) anos após o término do exercício de mandato, de cargo em comissão ou de função de confiança.

127. (Cespe/TJ/ES/Cartórios/Ingresso/2013) No que se refere a improbidade administrativa, assinale a opção correta:

a) será punido com pena de demissão, a bem do serviço público, sem prejuízo de outras sanções, o agente público que se recusar a prestar declaração de seus bens dentro do prazo determinado.
b) qualquer pessoa poderá representar à autoridade administrativa competente, ainda que anonimamente, pedido de instauração de investigação de ato de improbidade.
c) para a caracterização de ato de improbidade administrativa, é imprescindível o dolo, ainda que genérico.
d) a gravidade dos ilícitos imputados ao agente público e a existência de robustos indícios contra ele justificam o seu afastamento do exercício do cargo, por via administrativa, desde que determinado pela autoridade administrativa competente.
e) não poderá haver a imposição de pena ao agente público pela prática de ato de improbidade que cause dano ao erário se o tribunal de contas tiver aprovado suas contas.

128. (Cespe/TJ/ES/Cartórios/Remoção/2013) O MP ajuizou ação civil por improbidade administrativa contra prefeito e contador, devido à contratação deste por aquele, sem a realização de prévia licitação. O MP registrou que ambos foram condenados criminalmente pela prática do ato doloso de fraude à licitação, tipificado no art. 90 da Lei n. 8.666/1993, com decisão já transitada em julgado, reconhecendo, contudo, que os serviços foram efetivamente prestados e pagos em conformidade com a média do mercado. O MP caracterizou os atos de improbidade como atentatórios aos princípios da administração pública. Os pedidos foram julgados procedentes e foi acolhida a tipificação proposta pelo MP. Com base nessa situação, assinale a opção correta à luz da jurisprudência dos tribunais superiores:

a) o MP é parte ilegítima para a propositura da referida ação, uma vez que o próprio município tem o dever de zelar por seu patrimônio, sendo a parte legitima para a propositura da ação de improbidade descrita.

b) para a condenação de réu por ato de improbidade na modalidade sob análise, basta a configuração do dolo genérico de praticar conduta que atente contra os princípios da administração pública.

c) é cabível a ação civil pública por improbidade contra o prefeito, conforme recente entendimento do STF.

d) caso seja imposta multa cível e os réus faleçam antes de pagá-la, a obrigação de pagar transmite-se aos sucessores dos réus, até o limite do valor da herança.

e) a ação não poderá tramitar no primeiro grau de jurisdição, haja vista o privilégio de foro dos prefeitos.

129. **(Cespe/TJ/RR/Cartórios/Ingresso/2013)** A pedido do juiz da comarca, um oficial registrador de determinado município transferiu a propriedade de um imóvel, mesmo havendo gravame sobre o bem. Os beneficiários desse ato foram o próprio juiz, vendedor do imóvel, e um corretor de imóveis, que pretendia transferir o imóvel para um cliente. Após investigação do MP, a fraude foi constatada e o registro, anulado. A corregedoria do tribunal de justiça instaurou procedimento disciplinar contra o juiz e o oficial registrador. Considerando a situação acima, assinale a opção correta à luz da Lei n. 8.429/1992 (Lei de Improbidade Administrativa):

a) o corretor de imóveis não pode ser sujeito passivo da ação de improbidade administrativa.

b) a perda da função pública, a multa e a suspensão dos direitos políticos, sanções previstas na referida lei, aplicam-se independentemente da efetiva ocorrência de dano ao patrimônio público.

c) as sanções cominadas pela referida lei são sempre supletivas e subsidiárias à responsabilização dos agentes nas esferas cível e criminal.

d) o oficial registrador não se sujeita às sanções previstas na referida lei, uma vez que seu contrato de trabalho é regido pelo regime previsto na Consolidação das Leis do Trabalho.

e) o juiz somente poderá perder o cargo por força de decisão judicial transitada em julgado na esfera criminal.

130. **(TJ/SC/Cartórios/Remoção/2012)** Assinale a alternativa correta:

a) o princípio da insignificância, aplicado ao juízo criminal, deve ser transladado para o juízo de responsabilização político-administrativa do cível quando verificado que o prefeito municipal, através de um contrato lesivo ao erário público, apropriou-se de duzentos reais pertencentes aos cofres públicos. Nesse caso, afasta-se a possibilidade de sancionar o agente político com as penas previstas na Lei de Improbidade Administrativa.

b) de acordo com as regras expostas na Lei de Improbidade Administrativa e sua interpretação doutrinária e jurisprudencial, não havendo enriquecimento ilícito e nem prejuízo ao erário, mas apenas ficando provada a inabilidade do administrador, não cabem as punições previstas na respectiva lei. A lei alcança apenas o administrador desonesto, não o inábil, despreparado, incompetente e desastrado. Portanto, é indispensável a má-fé do agente político naqueles atos potencialmente de improbidade que atentem contra os princípios da administração pública.

c) tanto a doutrina quanto a jurisprudência consolidada associam a improbidade administrativa à noção de desonestidade, de má-fé do agente público. Portanto, as condutas culposas que tenham proporcionado efetivo prejuízo ao erário público não dão ensejo às sanções descritas na Lei de Improbidade Administrativa.

d) a Lei n. 8.429/1992 é destinada a cobrar responsabilidade de agente público e daqueles que, de qualquer forma, ferem princípios constitucionais e legais, causando ou não lesão ao patrimônio público ou propiciando ou não enriquecimento ilícito. A expressão agente público é aberta, abrangendo todo aquele que exerce, ainda que transitoriamente ou sem remuneração, por eleição, nomeação, designação, contratação ou qualquer outra forma de investidura ou vínculo, mandato, cargo, emprego ou função na administração direta, indireta ou fundacional, de empresa incorporada ao patrimônio público ou de entidade para cuja criação ou custeio o erário haja concorrido ou concorra com mais de cinquenta por cento do patrimônio ou da receita anual. Assim, a caracterização legal é ampla, abrangendo todo aquele que, como preposto do Estado, exerce, a qualquer título, função pública, remunerada ou gratuita, transitória ou definitiva, porém não política.

e) a exemplo da responsabilização criminal, a responsabilização cível advinda de prática reconhecidamente lesiva ao patrimônio público e sancionada na forma prevista na Lei de Improbidade Administrativa é personalíssima, não obrigando, assim, o sucessor do causador da lesão ou daquele que enriquece ilicitamente a quaisquer das cominações nelas previstas.

131. **(Ieses/TJ/PA/Cartórios/Ingresso/2016)** Assinale a alternativa correta:

a) de acordo com o disposto na Lei Federal n. 8.666/1993, constitui crime admitir à licitação ou celebrar contrato com empresa ou profissional declarado inidôneo, sujeitando o infrator à pena de 3 (três) a 6 (seis) anos de reclusão e multa.

b) de acordo com o disposto na Lei Federal n. 12.016/2009 (mandado de segurança), o ingresso de litisconsorte ativo só será admitido após o despacho da petição inicial.

c) de acordo com o disposto na Lei Federal n. 9.784/1999, é dever da Administração, por seus agentes, proceder com lealdade, urbanidade e boa-fé.

d) de acordo com o disposto na Lei Federal n. 8.429/1992, frustrar a licitude de concurso público constitui ato de improbidade administrativa que atenta contra os princípios da administração pública.

132. **(Vunesp/TJ/SP/Cartórios/Ingresso/2016)** Nos termos da Lei n. 8.429/92, pode ser responsabilizado por ato de improbidade administrativa:

a) não apenas o agente público, mas também o particular ou o terceiro beneficiado pelo ato.

b) o representante da pessoa jurídica que receba subvenção, benefício ou incentivo de órgão público, se o instrumento formalizado entre as partes contiver previsão expressa de responsabilidade.

c) apenas o agente público enriquecido ilicitamente no exercício de mandato, cargo, emprego ou função pública.

d) o agente público, objetivamente, e seus prepostos de qualquer nível ou hierarquia, culposamente.

133. **(FMP/TJ/MT/Cartórios/Ingresso/2014)** Com relação ao regime jurídico da improbidade administrativa disciplinada pela Lei n. 8.429, de 02/06/1992 é correto afirmar que:

a) as penalidades previstas no artigo 12 têm natureza penal.

b) as ações destinadas a levar a efeitos as sanções previstas na lei são imprescritíveis.

c) o Ministério Público está legitimado para atuar no processo apenas como fiscal da lei, sob pena de nulidade.

d) a aplicação das sanções previstas na lei independe da aprovação ou rejeição das contas pelo órgão de controle interno ou pelo Tribunal ou Conselho de Contas.

e) o sucessor daquele que causar lesão ao patrimônio público ou se enriquecer ilicitamente está sujeito às cominações da lei independente do limite do valor da herança.

134. **(Cespe/TJ/SE/Cartórios/Remoção/2014)** À luz da jurisprudência do STJ, assinale a opção correta referente à ação de improbidade administrativa:

a) não deve ser recebida pelo Poder Judiciário petição inicial de ação de improbidade que contiver meros indícios de cometimento de atos de improbidade administrativa, dado o princípio "in dubio pro reo".

b) os conselheiros dos tribunais de contas dos estados possuem foro por prerrogativa de função em ações de improbidade administrativa.

c) o tribunal de justiça só pode reduzir o valor evidentemente excessivo da pena de multa por ato de improbidade administrativa se houver pedido expresso do apelante pleiteando a redução.

d) a declaração de indisponibilidade de bens pela prática de ato de improbidade administrativa que tenha causado lesão ao patrimônio público não está condicionada à demonstração da ocorrência de "periculum in mora".

e) não é possível a decretação da indisponibilidade e do sequestro de bens antes do recebimento da petição inicial da ação de improbidade administrativa.

135. **(Cespe/TJ/SE/Cartórios/Ingresso/2014)** No que concerne à improbidade administrativa, assinale a opção correta segundo as disposições da Lei n. 8.429/1992:

a) recebida a petição inicial da ação de improbidade administrativa, o juiz pode, em decisão fundamentada e no prazo legal, rejeitar a ação se estiver convencido da inexistência de improbidade.

b) diferentemente da suspensão dos direitos políticos, a perda da função pública só se efetiva com o trânsito em julgado da sentença condenatória.

c) não constitui ato de improbidade administrativa a omissão culposa que cause lesão ao erário, já que a lei exige a má-fé por parte do agente público.

d) notários e registradores não estão sujeitos às penalidades da lei em questão referentes a enriquecimento ilícito por não serem considerados agentes públicos para os fins dessa lei.

e) no caso de réu que ocupe cargo em comissão, a ação de improbidade administrativa deverá ser ajuizada dentro do prazo prescricional previsto em lei específica para faltas disciplinares puníveis com destituição do cargo em comissão.

136. (Vunesp/TJ/SP/Cartórios/Remoção/2014) Sobre a teoria geral da improbidade administrativa, assinale a alternativa correta:

a) a culpa é considerada possível à caracterização tanto do tipo infracional de prejuízo ao erário quanto ao de violação dos princípios da Administração Pública.

b) a prática de um ato, que simultaneamente tipifique improbidade administrativa e crime, implica em suspender a ação de improbidade até o julgamento definitivo da ação penal.

c) existe uma relação de subsunção entre os tipos de improbidade administrativa previstos como enriquecimento ilícito (art. 9º da Lei n. 8.429/92), prejuízo ao erário (art. 10) e violação aos princípios da Administração Pública (art. 11), portanto, praticado um ato que abstratamente considerado qualifica os três tipos, deve-se imputar apenas o mais grave, o enriquecimento ilícito.

d) improbidade administrativa é sinônimo de imoralidade administrativa.

137. (Consulplan/TJ/MG/Cartórios/Ingresso/2015) Quanto ao procedimento administrativo e do processo judicial, destinados a apurar e punir a prática de ato de improbidade, é correto afirmar:

a) apenas os agentes e órgãos públicos têm legitimidade para representar à autoridade administrativa competente para que seja instaurada investigação destinada a apurar a prática de ato administrativo.

b) a autoridade administrativa competente poderá rejeitar a representação. A decisão de rejeição obsta a representação ao Ministério Público.

c) a perda da função pública e a suspensão dos direitos políticos podem ser efetivadas antes do trânsito em julgado da sentença condenatória.

d) é dever da comissão processante dar conhecimento ao Ministério Público e ao Tribunal ou Conselho de Contas da existência de procedimento administrativo para apurar a prática de ato de improbidade.

138. (Vunesp/TJ/SP/Cartórios/Ingresso/2014) Sobre a teoria geral da improbidade administrativa, é correto afirmar:

a) consiste numa instância de responsabilidade pública destinada à imputação de sanções por prática de ilícitos cometidos por agentes públicos, desde que lotados em cargos públicos, com estabilidade ou em comissão, empregos públicos e, ainda, particulares em colaboração com o Estado, mas desta esfera são afastados os particulares que devem responder em ação própria de reparação por eventuais prejuízos causados.

b) cuida-se de instituto processual por meio do qual se apura a violação da moralidade administrativa, o enriquecimento ilícito, o prejuízo ao erário, além do descumprimento doloso de outros princípios do regime jurídico administrativo.

c) alinha-se direta e primordialmente ao princípio republicano, o que significa que, nesta instância de responsabilidade, a improbidade administrativa relaciona-se imediatamente com os deveres de transparência, prestação de contas e responsabilidade no exercício da função pública.

d) trata-se de responsabilidade jurídica de natureza penal na qual são atos típicos de improbidade administrativa o enriquecimento ilícito, o prejuízo ao erário e a violação aos princípios da Administração Pública.

139. (Consulplan/TJ/MG/Cartórios/Remoção/2017) Com relação à improbidade administrativa, com base no que estabelece a Lei n. 8.429, de 02/06/1992 (Lei de Improbidade Administrativa), considere as seguintes assertivas:

I. constitui crime a representação por ato de improbidade contra agente público ou terceiro beneficiário, quando o autor da denúncia o sabe inocente.

II. constitui ato de improbidade administrativa que atenta contra os princípios da administração pública deixar de prestar contas quando esteja obrigado a fazê-lo.

III. para ser considerado agente público, é necessário que suas atribuições no serviço público sejam exercidas de maneira não transitória, goze ou não de estabilidade o servidor, e que seja ele remunerado pelos cofres da administração direta, indireta ou fundacional.

Estão corretas as assertivas:

a) I e II, apenas.
b) II e III, apenas.
c) I e III, apenas.
d) I, II e III.

140. (Consulplan/TJ/MG/Cartórios/Ingresso/2017) Com relação à improbidade administrativa, assinale a alternativa correta:

a) a conduta caracterizadora de improbidade administrativa pode ensejar, entre outras consequências, a cassação dos direitos políticos do servidor reconhecido como responsável pela prática do ato viciado.
b) ajuizada a ação de improbidade, a autoridade administrativa competente determinará a suspensão do agente público do exercício do cargo, emprego ou função, por prazo não superior a 180 (cento e oitenta) dias, assegurada a remuneração proporcional ao tempo de serviço, nunca inferior a 30% de seus vencimentos líquidos.
c) o empregado de uma sociedade de economia mista que vier a se apropriar de bens integrantes do patrimônio dela poderá responder na esfera criminal por seu ato e também estará sujeito à ação por improbidade administrativa.
d) nenhuma pena passará da pessoa do condenado. Por isso, sobrevindo a morte de agente condenado por improbidade administrativa, seus sucessores e a herança deixada não podem ser atingidos pelas cominações da Lei de Improbidade Administrativa.

141. (Cetro/TJ/RJ/Cartórios/Remoção/2017) Em uma situação isolada, César, tabelião de ofício de notas, dolosamente deixou de recolher taxa judiciária incidente sobre a atividade notarial e registral, sendo tal situação descoberta por meio de correição realizada pela corregedoria. Após a correição, adveio condenação com perda da delegação, bem como ações civis de natureza civil e penal em face de César. Com base no caso e em observância dos controles administrativo e judicial incidentes sobre a atividade notarial e registral de acordo com o entendimento do STJ, assinale a alternativa correta:

a) A denúncia espontânea por parte de César, após correição realizada pela corregedoria, porém antes de ajuizamento da ação de improbidade administrativa, afasta, de imediato, a punibilidade penal e civil.
b) Uma vez que César exerce atividade pública em caráter privado, por delegação, afastada está a possibilidade jurídica de figurar no polo passivo da ação de improbidade administrativa, nos termos da Lei de Improbidade Administrativa (Lei n. 8.429/1992).
c) O fato de a fiscalização e de o procedimento de correição serem de competência da Corregedoria do Tribunal de Justiça afasta a eventual possibilidade de ajuizamento da ação em face de César perante juízo de primeiro grau jurisdicional.
d) Ainda que César possa figurar no polo passivo de ação contra atos de improbidade administrativa, a perda da delegação independe de prévia ação judicial, dada a independência existente entre as esferas administrativa, cível e penal.
e) Em havendo qualquer tipo de improcedência dos pedidos em face de César nas ações cível e penal, afastada estará, também, e de imediato, a imposição da sanção imposta em âmbito administrativo.

142. (Cetro/TJ/RJ/Cartórios/Remoção/2017) No que se refere à Lei n. 8.429/1992, que dispõe sobre improbidade administrativa, marque V para verdadeiro ou F para falso e, em seguida, assinale a alternativa que apresenta a sequência correta.

I. a prescrição na ação de improbidade administrativa se dá no mesmo prazo da lei penal, indicado como sendo da pena em abstrato, a contar da data em que o fato se tornou conhecido, no entendimento do STJ.

II. a cessação do mandato de Prefeito, no curso do processo de ação de improbidade administrativa, implica perda automática da prerrogativa de foro e deslocamento da causa para o juízo de primeiro grau, ainda que o fato que deu causa à demanda tenha ocorrido durante o exercício da função pública.

III. ainda que as sanções previstas na lei não consubstanciem risco à liberdade de locomoção, a natureza penal detida pela ação de improbidade administrativa torna elegível o seu trancamento via "habeas corpus", de acordo com o STF:

a) V, F, F.
b) V, V, F.
c) F, V, V.
d) F, F, F.
e) F, F, V.

5. ENTES DA ADMINISTRAÇÃO

5.1. Disposições Gerais

*** INOVAÇÕES LEGISLATIVAS**

▲ Lei de Organização da Administração Federal (DL 200/67): sem alterações em 2017/2018.

▲ Lei de Consórcios Públicos (Lei 11.107/05): sem alterações em 2017/2018.

*** INFORMATIVOS**

STF Fiscal de Rendas do Estado do Rio de Janeiro. Ação direta de inconstitucionalidade. Lei complementar estadual. Carreira de fiscal de renda estadual. Alterações por lei complementar estadual. Definição das funções privativas dos fiscais de renda. Ausência de ofensa ao princípio da eficiência. Inserção da expressão 'controle externo' em vários dispositivos impugnados por meio de emenda parlamentar. Inocorrência de aumento de despesa. Participação de membros do Ministério Público e da Assembleia Legislativa em órgão de assessoramento do Poder Executivo. Infringência ao princípio da separação de poderes. Participação, ainda, de representantes da OAB e do conselho regional de contabilidade. Interpretação conforme à constituição para retirar o caráter compulsório dessa participação. Procedimento investigatório instaurado pela corregedoria tributária de controle externo. Ausência de usurpação de prerrogativa da polícia civil ou de invasão de competência privativa da União para legislar sobre direito penal e processual penal. Estabelecimento de prazos prescricionais de cinco e dez anos para sanções disciplinares. Inexistência de ofensa aos princípios da proporcionalidade e da razoabilidade. ADI 2877, Rel. p/ ac. Min. Cármen Lúcia, j. 8.3.2018. Pleno. (Info 893)

*** QUESTÕES OBJETIVAS**

143. **(Consulplan/TJ/MG/Cartórios/Remoção/2018)** Sobre os tipos de atividade administrativa, no âmbito da intervenção econômica estatal, é incorreto afirmar:

a) o monopólio estatal não se confunde com o serviço público, porque não se destina a satisfazer de modo direito e imediatos direitos fundamentais.
b) a utilização da cláusula do relevante interesse coletivo abriga decisões políticas, cuja satisfação possa ser proporcionada pela atuação direta do Estado.
c) a União é titular das competências políticas e administrativas relacionadas com a promoção da segurança nacional, para fins de intervenção no domínio econômico.
d) a administração pública ante o princípio da eficiência não pode participar como sócia, ainda que de modo indireto de sociedade privada, a não ser que detenha seu controle.

144. **(Cespe/TJ/PI/Cartório/Remoção/2013)** No que se refere à estrutura da administração pública, aos agentes públicos e às atividades administrativas, assinale a opção correta:

a) quanto à posição hierárquica, consideram-se órgãos públicos superiores aqueles dotados de autonomia administrativa, financeira e técnica.
b) para a aplicação, no caso concreto, da teoria do órgão, cujo fundamento é o princípio da imputação volitiva concreta, é indispensável a presença de um agente público, legitimamente investido no exercício da atividade do órgão, não se compatibilizando essa teoria com a denominada função de fato ou com o exercício de atividade por agente de fato.
c) a atividade administrativa pode ser realizada independentemente dos parâmetros estabelecidos pela lei.
d) o princípio da publicidade, que rege o exercício das atividades administrativas, não autoriza a ação administrativa a divulgar informações de ofício, ainda que estas sejam de interesse público.
e) conforme a teoria do órgão, fundamentada na noção de imputação volitiva, os órgãos públicos, embora não sejam pessoas, podem exercer funções superiores de direção ou funções meramente executivas.

145. **(Cespe/TJ/PI/Cartórios/Ingresso/2013)** No estado X, as ações relativas à contratação e à aquisição de bens e serviços eram de responsabilidade de cada secretaria de Estado, na medida de sua necessidade. A fim de conferir maior economia e eficiência à gestão dos recursos públicos, o estado decidiu pela criação da Secretaria de Estado de Aquisições. Nessa situação hipotética, a decisão administrativa, nos termos da doutrina, caracteriza-se como:

a) desconcentração administrativa.
b) desvinculação administrativa.
c) descentralização administrativa.
d) centralização administrativa.
e) concentração administrativa.

146. **(Cespe/TJ/ES/Cartórios/Ingresso/2013)** No que se refere à organização da administração pública, assinale a opção correta:

a) a administração indireta compreende as autarquias, empresas públicas, sociedades de economia mista e consórcios públicos privados, mas não os consórcios públicos-públicos.
b) as pessoas jurídicas de direito público são investidas de competências políticas.
c) em nível constitucional, toda a competência administrativa é concentrada e centralizada.
d) lei estadual ou municipal que autorize a instituição de uma empresa estatal pode, também, criar regras específicas sobre sua forma societária.
e) a desconcentração pode se efetuar mediante a constituição de autarquias e empresas públicas.

147. **(Cespe/TJ/RR/Cartórios/Ingresso/2013)** A respeito da administração pública e de sua organização, assinale a opção correta:

a) a criação de território federal é um exemplo de descentralização territorial.
b) no caso de descentralização administrativa, o controle é feito por meio do poder hierárquico.
c) a desconcentração administrativa é feita por meio de contrato entre uma pessoa jurídica pública e uma pessoa jurídica privada.
d) constitui descentralização por serviço a delegação pelo poder público do serviço de transporte coletivo urbano a empresa do ramo previamente existente.
e) há desconcentração quando um ente federativo transfere a outro ente público parte da função administrativa a ele imputada.

148. **(FMP/TJ/MT/Cartórios/Remoção/2014)** A Lei n. 11.107 de 6/4/2005 e alterações dispõem sobre normas gerais de contratação de consórcios públicos. Acerca do regime jurídico instituído por essa lei, é correto afirmar que:

a) os consórcios públicos somente podem ser instituídos no âmbito da União.
b) os consórcios públicos somente poderão adquirir personalidade jurídica de direito público.
c) os consórcios públicos somente poderão adquirir personalidade jurídica de direito privado.
d) no caso de se revestir de personalidade jurídica de direito privado, não será obrigado a obedecer às normas de direito público no que concerne à licitação.
e) os consórcios públicos com personalidade jurídica de direito público integrarão a administração indireta de todos os entes da Federação consorciados.

149. **(Ieses/TJ/MS/Cartórios/Ingresso/2014)** Assinale a alternativa incorreta:

a) as administrações tributárias da União, dos Estados, do Distrito Federal e dos Municípios, atividades essenciais ao funcionamento do Estado, exercidas por servidores de carreiras específicas, terão recursos prioritários para a realização de suas atividades e atuarão de forma integrada, inclusive com o compartilhamento de cadastros e de informações fiscais, na forma da lei ou convênio.
b) a autonomia gerencial, orçamentária e financeira dos órgãos e entidades da administração direta e indireta não poderá ser ampliada.
c) ressalvados os casos especificados na legislação, as obras, serviços, compras e alienações serão contratados mediante processo de licitação pública que assegure igualdade de condições a todos os concorrentes, com cláusulas que estabeleçam obrigações de pagamento, mantidas as condições efetivas da proposta, nos termos da lei, o qual somente permitirá as exigências de qualificação técnica e econômica indispensáveis à garantia do cumprimento das obrigação.
d) somente por lei específica poderá ser criada autarquia e autorizada a instituição de empresa pública, de sociedade de economia mista e de fundação, cabendo à lei complementar, neste último caso, definir as áreas de sua atuação.

150. **(Cespe/TJ/BA/Cartórios/Ingresso/2013)** No tocante ao recurso hierárquico, à AGU, às responsabilidades do parecerista e do administrador público pelas manifestações exaradas e ao controle da atividade financeira do Estado, assinale a opção correta:

a) a AGU é o órgão responsável pelo assessoramento jurídico aos Poderes da União.
b) o STF possui o entendimento de que o advogado somente responde por parecer jurídico em que tenha se manifestado favoravelmente à prática de ato ilegal quando o parecer for obrigatório.
c) é vedado ao TCU o controle sobre a legitimidade dos gastos públicos, atribuição esta que é privativa do Congresso Nacional.
d) ainda que adote personalidade jurídica de direito privado, o consórcio público deve observar as normas de direito público no que concerne à realização de licitação, celebração de contratos, prestação de contas e admissão de pessoal.
e) o recurso hierárquico impróprio, assim como o pedido de revisão, é dirigido à mesma autoridade que proferiu a decisão recorrida.

151. **(Vunesp/TJ/SP/Cartórios/Ingresso/2018)** A promulgação de uma lei que estabelece a criação de uma autarquia com transferência de parte da competência da União para a pessoa jurídica criada envolve:

a) unificação de competências.
b) reunião de competências.
c) descentralização do poder.
d) desconcentração do poder.

5.2. Autarquias e Fundações

* SÚMULAS

1) Agências Executivas/Reguladoras

STJ **Súm. 506.** A Anatel não é parte legítima nas demandas entre a concessionária e o usuário de telefonia decorrentes de relação contratual.

2) Autarquias

STF **Súm. 25.** A nomeação a termo não impede a livre demissão, pelo Presidente da República, de ocupante de cargo dirigente de autarquia.

3) Conselhos de Fiscalização Profissional

STJ **Súm. 66.** Compete à Justiça Federal processar e julgar execução fiscal promovida por conselho de fiscalização profissional.

STJ **Súm. 79.** Os bancos comerciais não estão sujeitos a registro nos conselhos regionais de economia.

STJ **Súm. 120.** O oficial de farmácia, inscrito no Conselho Regional de Farmácia, pode ser responsável técnico por drogaria.

STJ **Súm. 275.** O auxiliar de farmácia não pode ser responsável técnico por farmácia ou drogaria.

STJ **Súm. 413.** O farmacêutico pode acumular a responsabilidade técnica por uma farmácia e uma drogaria ou por duas drogarias.

STJ **Súm. 561.** Os conselhos regionais de farmácia possuem atribuição para fiscalizar e autuar as farmácias e drogarias quanto ao cumprimento da exigência de manter profissional legalmente habilitado (farmacêutico) durante todo o período de funcionamento dos respectivos estabelecimentos.

4) Outros Temas

STJ **Súm. 324.** Compete à Justiça Federal processar e julgar ações de que participa a Fundação Habitacional do Exército, equiparada à entidade autárquica federal, supervisionada pelo Ministério do Exército.

STJ **Súm. 483.** O INSS não está obrigado a efetuar depósito prévio do preparo por gozar das prerrogativas e privilégios da Fazenda Pública.

* ENUNCIADOS CJF

CJF **Civil 8.** A constituição de fundação para fins científicos, educacionais ou de promoção do meio ambiente está compreendida no CC, art. 62, parágrafo único.

* INFORMATIVOS

STF **Agências reguladoras e função normativa.** As agências são dotadas de mecanismos para a regulação de setores específicos, o que inclui a competência para editar atos qualificados como normativos. Nesse contexto, o escopo do modelo regulatório adotado no Brasil não se reduz à regulação concorrencial, não se limitando à correção das chamadas "falhas de mercado". Pelo contrário, incorpora também instrumentos necessários para o atingimento de objetivos gerais de interesse público: regulação social, e não apenas econômica. São constitucionais os incs. III e XV do art. 7º da Lei 9.782/99, que atribuem competência à Anvisa para estabelecer normas, propor, acompanhar e executar as políticas, as diretrizes e as ações de vigilância sanitária; e proibir a fabricação, a importação, o armazenamento, a distribuição e a comercialização de produtos e insumos, em caso de violação da legislação pertinente ou de risco iminente à saúde.

ADI 4874, Rel. Min. Rosa Weber, j. 1º.2.2018. Pleno. (Info 889)

STJ Conselho de fiscalização profissional. Automóveis. Registro como veículos oficiais. Autorização legal. Ausência. Os conselhos de fiscalização profissional não possuem autorização para registrar os veículos de sua propriedade como oficiais. AREsp 1.029.385, Rel. Min. Gurgel de Faria, DJ 9.2.2018. 1ª T. (Info 619)

* QUESTÕES OBJETIVAS

152. **(Consulplan/TJ/MG/Cartórios/Ingresso/2016)** Em relação à organização dos entes da Administração Pública, é incorreto afirmar:

a) autonomia é a faculdade que alguns entes possuem de se organizarem juridicamente, de criarem direito próprio, assim reconhecidos pelo Estado e por ele adotados para fazerem parte de seu sistema jurídico.

b) diferentemente do que ocorre na desconcentração administrativa, na descentralização inexiste qualquer forma de hierarquia.

c) tutela administrativa é a condição vinculante entre o ente público criador e o autárquico.

d) há relação de subordinação entre a autarquia e a pessoa jurídica que a instituiu.

153. **(Cespe/TJ/BA/Cartórios/Ingresso/2013)** Em relação à competência administrativa, assinale a opção correta:

a) o desvio de poder ocorre quando o agente público atua fora ou além de sua competência.

b) o poder de avocar processos das autoridades subordinadas decorre implicitamente do poder hierárquico e, por isso, é possível a avocação de qualquer matéria, ainda que de competência exclusiva do subordinado.

c) admite-se a renúncia da competência de um órgão para outro, por ato administrativo, ainda que os órgãos não façam parte da mesma estrutura hierárquica.

d) o vício de competência não é passível de convalidação, visto que a competência administrativa é improrrogável.

e) a autoridade máxima de uma autarquia federal não pode delegar aos diretores da entidade, que lhe são hierarquicamente subordinados, a competência que lhe foi outorgada por lei para a regulamentação do funcionamento de cada uma das diretorias da autarquia.

154. **(Consulplan/TJ/MG/Cartórios/Ingresso/2017)** No que se refere às agências reguladoras, é correto afirmar:

a) o regime jurídico dos servidores das agências reguladoras é o celetista.

b) aos Estados e Municípios é vedada a criação de suas próprias agências reguladoras.

c) a criação das agências reguladoras pode se dar mediante decreto do Presidente da República.

d) os dirigentes das agências reguladoras são nomeados pelo Presidente da República, após aprovação prévia do Senado Federal, para cumprir mandato com prazo certo.

155. **(Consulplan/TJ/MG/Cartórios/Remoção/2017)** As agências reguladoras, como, por exemplo, a ANP – Agência Nacional do Petróleo e a ANATEL – Agência Nacional de Telecomunicações, vêm sendo criadas por leis esparsas e são classificadas como:

a) autarquias comuns.

b) autarquias de regime especial.

c) empresas públicas.

d) entidades paraestatais.

156. **(Ieses/TJ/RO/Cartórios/Remoção/2017)** As autarquias são criadas para executar atividades típicas da Administração Pública, que requeiram, para seu melhor funcionamento, gestão administrativa e financeira descentralizada. Esta criação destas entidades se dá através de:

a) decreto.

b) portaria.

c) lei.

d) resolução.

157. **(Consulplan/TJ/MG/Cartórios/Ingresso/2017)** José ingressou com ação de reparação de dano decorrente de acidente de trânsito contra a Fundação Palácio das Artes, entidade autorizada e criada pela Lei estadual/MG n. 5.455/70, e o processo foi distribuído para a 30ª Vara Cível da capital. A defesa da Fundação alegou em preliminar que o juízo cível era incompetente, já que se tratava de Fundação de Direito Público e deveria o processo ser remetido para a Vara da Fazenda Pública estadual. Diante do fato narrado, sobre a natureza jurídica da Fundação, é correto afirmar que:

a) deve ser declinada a competência para a Vara da Fazenda Pública estadual da capital já que se trata de uma Fundação de Direito Público, autorizada e criada pelo poder público estadual.

b) deve ser mantida a competência da 30ª Vara Cível de direito privado, já que não existe Fundação de Direito Público e tal ente não se confunde com as autarquias ou com as associações públicas.

c) pelo artigo 44 do Código Civil, são pessoas jurídicas de Direito Privado as sociedades e as fundações, de forma que este rol de entidades não permite criação de fundação de direito público, portanto competente o juízo da vara cível.

d) somente a União Federal pode instituir e manter Fundação de Direito Público, de forma que é ineficaz eventual Lei estadual que criou a Fundação estadual tida como de Direito Público, portanto competente para o processo o juízo da 30ª Vara Cível.

158. **(Ieses/TJ/CE/Cartórios/Remoção/2018)** A entidade dotada de personalidade jurídica de direito privado, sem fins lucrativos, criada em virtude de autorização legislativa, para o desenvolvimento de atividades que não exijam execução por órgãos ou entidades de direito público, com autonomia administrativa, patrimônio próprio gerido pelos respectivos órgãos de direção, e funcionamento custeado por recursos da União e de outras fontes é denominada de:

a) fundação pública.
b) sociedade de economia mista.
c) autarquia.
d) empresa pública.

159. **(Ieses/TJ/CE/Cartórios/Ingresso/2018)** Assinale a única alternativa correta:

a) o capital das autarquias é, regra geral, exclusivamente público, exceto nas hipóteses de autarquias sujeitas a regime especial por conta da Lei de Segurança Nacional, instituídas por lei complementar de iniciativa exclusiva do Presidente da República.

b) empresas públicas são pessoas jurídicas de direito público criadas por autorização legislativa específica, com capital predominante, mas não exclusivamente público, que têm por finalidade a execução de atividades econômicas ou serviços públicos de interesse da administração instituidora, devendo revestir a forma de sociedade anônima.

c) são características das sociedades de economia mista, dentre outras, a personalidade jurídica de direito privado e capital integralmente privado, admitindo qualquer forma societária prevista pelo direito brasileiro, sendo atualmente desnecessário que sua criação se dê por autorização legislativa específica, bastando sua previsão genérica no PPA – plano plurianual.

d) pode-se definir a fundação instituída pelo poder público como o patrimônio, total ou parcialmente público, dotado de personalidade jurídica, de direito público ou privado, e destinado, por lei, ao desempenho de atividades do Estado na ordem social, com capacidade de autoadministração e mediante controle da Administração Pública, nos limites da lei.

5.3. Empresas Públicas e Sociedades de Economia Mista

✱ INOVAÇÕES LEGISLATIVAS

▲ Estatuto Jurídico da Empresa Pública e da Sociedade de Economia Mista (Lei 13.303/16): sem alterações em 2017/2018.

✱ SÚMULAS

STF **Súm. 8.** Diretor de sociedade de economia mista pode ser destituído no curso do mandato.

STF **Súm. 508.** Compete à Justiça Estadual, em ambas as instâncias, processar e julgar as causas em que for parte o Banco do Brasil, S. A.

STF **Súm. 517.** As sociedades de economia mista só têm foro na Justiça Federal, quando a União intervém como assistente ou opoente.

STF **Súm. 556.** É competente a justiça comum para julgar as causas em que é parte sociedade de economia mista.

STJ **Súm. 42.** Compete à justiça comum estadual processar e julgar as causas cíveis em que é parte sociedade de economia mista e os crimes praticados em seu detrimento.

STJ **Súm. 333.** Cabe mandado de segurança contra ato praticado em licitação promovida por sociedade de economia mista ou empresa pública.

✱ QUESTÕES OBJETIVAS

160. **(TJ/SC/Cartórios/Remoção/2012)** Assinale a alternativa correta:

a) a sociedade de economia mista, conforme descrição constitucional, faz parte da administração pública indireta, porém é pessoa jurídica de direito privado, criada para a prestação de serviços públicos ou para a exploração de atividades econômicas, contando com capital misto e constituída somente sob a modalidade empresarial de sociedade anônima.

b) a administração pode anular seus próprios atos quando eivados de vícios que os tornem ilegais, porque deles não se originam direitos. Ainda que possa anular seus próprios atos, não pode a administração pública revogá-los. Nesse caso, é necessária a indispensabilidade de uma manifestação judicial. Por isso, o princípio da autotutela para a revogação do ato inconveniente e inoportuno praticado pela administração não lhe é aplicável.

c) a administração pública não está obrigada a motivar todos os atos que edita. A obrigatoriedade de motivação, segundo a Constituição Federal, é restrita às decisões judiciais e administrativas proferidas pelo Poder Judiciário.

d) o poder vinculado do agente público é aquele no qual ele fica relativamente preso ao enunciado da lei ou de ato normativo da administração pública, o que determina que, necessariamente, podem ser adotadas várias decisões administrativas, estabelecendo-se um comportamento relativo ao agente, porém todos eles vinculados aos termos da lei. O administrador público faz uma apreciação subjetiva, todavia dotada de uma pequena margem de liberdade para agir.

e) os atos administrativos ditos discricionários, por sua justificada razão, não estão atrelados à dependência de uma motivação como requisito indispensável de validade.

161. **(Cespe/TJ/DFT/Cartórios/Remoção/2014)** Assinale a opção correta acerca da administração pública:

a) os órgãos públicos, dotados de personalidade jurídica própria, são exemplos do instituto da descentralização administrativa.

b) de forma a tornar mais eficiente a sua atuação, o Estado pode criar, mediante lei, autarquias e fundações públicas, o que é realizado por desconcentração.

c) embora as autarquias sejam pessoas jurídicas de direito público, elas sujeitam-se à falência e não gozam de privilégios tributários.

d) as agências reguladoras – autarquias de regime especial com estabilidade e independência em relação ao ente que as criou – são responsáveis pela regulamentação, pelo controle e pela fiscalização de serviços públicos, atividades e bens transferidos ao setor privado.

e) as empresas públicas exploradoras de atividade econômica não se sujeitam ao controle externo realizado pelo Tribunal de Contas, haja vista que se submetem às regras do setor privado.

162. **(Ieses/TJ/RO/Cartórios/Ingresso/2017)** Sobre a Administração Pública na Constituição Federal, é correto afirmar:

a) as funções de confiança e os cargos em comissão destinam-se, preferencialmente, às atribuições de direção, chefia e assessoramento, bem como demais atribuições previstas em lei.

b) somente por lei específica poderá ser criada autarquia e autorizada a instituição de empresa pública, de sociedade de economia mista e de fundação, cabendo à lei complementar, neste último caso, definir as áreas de sua atuação.

c) todas as entidades da Administração Pública direta e indireta das diferentes esferas da Federação responderão pelos danos que seus agentes, nessa qualidade, causarem a terceiros, assegurado o direito de regresso contra o responsável nos casos de dolo ou culpa.

d) é vedada a contratação de pessoal, por tempo determinado, para atuação na Administração Pública, ainda que para atender a necessidade temporária de excepcional interesse público.

163. **(Ieses/TJ/AM/Cartórios/Ingresso/2018)** Sobre a Administração Pública na Constituição Federal, é incorreto afirmar:

a) somente por lei específica poderão ser criadas autarquias, empresas públicas, sociedades de economia mista e fundações, cabendo à lei complementar definir suas respectivas áreas de atuação.

b) as funções de confiança e os cargos em comissão destinam-se apenas às atribuições de direção, chefia e assessoramento.

c) a lei estabelecerá os casos de contratação por tempo determinado para atender à necessidade temporária de excepcional interesse público.

d) a publicidade dos atos, programas, obras, serviços e campanhas dos órgãos públicos deverá ter caráter educativo, informativo ou de orientação social, dela não podendo constar nomes, símbolos ou imagens que caracterizem promoção pessoal de autoridades ou servidores públicos.

164. **(Ieses/TJ/AM/Cartórios/Ingresso/2018)** Conforme a Lei n. 13.303/2016, que dispõe acerca do estatuto jurídico da empresa pública, da sociedade de economia mista e suas subsidiárias, é correto afirmar:

a) empresa pública é a entidade dotada de personalidade jurídica de direito privado, com criação autorizada por lei, sob a forma de sociedade anônima, cujas ações com direito a voto pertençam em sua maioria à União, aos Estados, ao Distrito Federal, aos Municípios ou a entidade da administração indireta.

b) o estatuto da empresa pública, da sociedade de economia mista e de suas subsidiárias deverá observar regras de governança corporativa, de transparência e de estruturas, práticas de gestão de riscos e de controle interno, composição da administração e, havendo acionistas, mecanismos para sua proteção, todos constantes da respectiva legislação.

c) é inexigível a realização de licitação por empresas públicas e sociedades de economia mista, para obras e serviços de engenharia de valor até R$ 100.000,00 (cem mil reais), desde que não se refiram a parcelas de uma mesma obra ou serviço ou ainda a obras e serviços de mesma natureza e no mesmo local que possam ser realizadas conjunta e concomitantemente.

d) sociedade de economia mista é a entidade dotada de personalidade jurídica de direito privado, com criação autorizada por lei e com patrimônio próprio, cujo capital social é integralmente detido pela União, pelos Estados, pelo Distrito Federal ou pelos Municípios.

165. **(Ieses/TJ/AM/Cartórios/Remoção/2018)** A entidade dotada de personalidade jurídica de direito privado, com patrimônio próprio e capital exclusivo da União, criado por lei para a exploração de atividade econômica que o governo seja levado a exercer por força de contingência ou de conveniência administrativa podendo revestir-se de qualquer das formas admitidas em direito é denominada de:

a) fundação pública.

b) sociedade de economia mista.

c) empresa pública.

d) autarquia.

5.4. Entes Paraestatais

✱ INOVAÇÕES LEGISLATIVAS

▲ Lei das Organizações da Sociedade Civil de Interesse Público (Lei 9.790/99): sem alterações em 2017/2018.

▲ Lei das Organizações Sociais (Lei 9.637/98): sem alterações em 2017/2018.

▲ Lei das Parcerias Voluntárias com Organizações da Sociedade Civil (Lei 13.019/14): sem alterações em 2017/2018.

✱ SÚMULAS

STF **Súm. 516.** O Serviço Social da Indústria (Sesi) está sujeito à jurisdição da Justiça Estadual.

✱ QUESTÕES OBJETIVAS

166. **(Consulplan/TJ/MG/Cartórios/Ingresso/2018)** Segundo as regras que regem as organizações da sociedade civil de interesse público é incorreto afirmar que:

a) são entidades que não integram a administração direta ou indireta do Estado.

b) são pessoas jurídicas de direito privado sem fins lucrativos instituídas para desempenhar serviços sociais não exclusivos do Estado.

c) não são passíveis de qualificação como Organizações da Sociedade Civil de Interesse Público as fundações, as sociedades civis ou as associações de direito privado criadas por órgão público ou por fundações públicas.

d) observado o princípio da universalização dos serviços e o respectivo âmbito de atuação, as organizações sociais que tenham por finalidade a promoção da assistência social poderão qualificar-se como Organizações da Sociedade Civil de Interesse Público.

167. **(Cespe/TJ/PI/Cartórios/Ingresso/2013)** Acerca da organização administrativa brasileira, assinale a opção correta:

a) segundo o STF, os agentes públicos de sociedade de economia mista, por serem submetidos ao regime celetista e vinculados a uma pessoa jurídica de direito privado, não se submetem ao teto salarial constitucional.

b) o SESI e o SESC, entidades paraestatais de direito privado, apesar de terem sido criadas por lei, não integram a administração indireta, atuando em colaboração com o Estado.

c) diferentemente das autarquias e fundações públicas, cuja composição do capital é exclusivamente pública, por exercerem funções estatais típicas, as sociedades de economia mista e as empresas públicas conjugam capital público e privado, sendo eminentemente empresarial a natureza de suas atividades.

d) as agências reguladoras e as agências executivas são autarquias criadas por lei pelo Estado, cuja finalidade precípua é o controle da atividade econômica exercida por prestadores de serviço público.

e) ao contrário dos municípios, os estados-membros poderão ter a sua administração indireta.

168. (Cespe/TJ/DFT/Cartórios/Ingresso/2014) No que se refere à administração pública, assinale a opção correta:

a) consoante o entendimento do STF, encontra fundamento constitucional a exigência legal de aprovação legislativa prévia para a exoneração de ocupante do cargo de presidente de autarquia.

b) por não se submeterem ao regime jurídico de direito público, as sociedades de economia mista exploradoras de atividade econômica estão dispensadas da realização de concurso público para a admissão de pessoal.

c) não se aplica às empresas públicas prestadoras de serviço público a responsabilidade civil objetiva pelos danos que seus agentes, nessa qualidade, causarem a terceiros.

d) a descentralização administrativa por meio de delegação de serviço público pode ocorrer por meio de contrato e pressupõe relação de hierarquia.

e) as entidades paraestatais, entes privados que não integram a administração pública direta e indireta, colaboram com o Estado no desempenho de atividades de interesse público, sem finalidade lucrativa, como os serviços sociais autônomos.

169. (FMP/TJ/MT/Cartórios/Ingresso/2014) Assinale a opção que contém ente que não integra a estrutura da Administração Pública Indireta:

a) autarquia.

b) fundação pública.

c) empresa pública.

d) sociedade de economia mista.

e) organização social.

170. (FMP/TJ/MT/Cartórios/Remoção/2014) Com relação à organização administrativa do Estado brasileiro, no final dos anos de 1990, foram instituídas as organizações sociais e as organizações da sociedade civil de interesse público. Acerca dessas entidades, é correto afirmar que:

a) ambas integram a estrutura da Administração Pública Indireta.

b) ambas são pessoas jurídicas de direito privado, sem fins lucrativos, instituídas por iniciativa de particulares para desempenhar as atividades especificadas em lei.

c) qualquer uma delas pode firmar contrato de gestão com o Poder Público para desenvolver atividades dirigidas ao ensino, à pesquisa científica, ao desenvolvimento tecnológico, dentre outras áreas, conforme especificado em lei.

d) a qualificação de uma entidade como organização social ou como organização da sociedade civil de interesse público é ato vinculado do Ministro da Justiça.

e) estão obrigadas a promover concurso público para a contratação de pessoal.

171. (Ieses/TJ/PA/Cartórios/Remoção/2016) A Lei 13.019 de 2014 estabelece o regime jurídico das parcerias entre a administração pública e as organizações da sociedade civil, em regime de mútua cooperação, para a consecução de finalidades de interesse público e recíproco. Referida lei prevê que o edital do chamamento público especificará, no mínimo:

a) o tipo de parceria a ser celebrada; objeto da parceria; as datas, os prazos, as condições, o local e a forma de apresentação das propostas; as datas e os critérios objetivos de seleção e julgamento das propostas, inclusive no que se refere à metodologia de pontuação e ao peso atribuído a cada um dos critérios estabelecidos, se for o caso; o valor previsto para a realização do objeto; as condições para interposição de recurso administrativo; a minuta do instrumento por meio do qual será celebrada a parceria; de acordo com as características do objeto da parceria, medidas de acessibilidade para pessoas com deficiência ou mobilidade reduzida e idosos.

b) a programação orçamentária que autoriza e fundamenta a celebração da parceria; o tipo de parceria a ser celebrada; as datas, os prazos, as condições, o local e a forma de apresentação das propostas; as datas e os critérios objetivos de seleção e julgamento das propostas, inclusive no que se refere à metodologia de pontuação e ao peso atribuído a cada um dos critérios estabelecidos, se for o caso; as condições para interposição de recurso administrativo; a minuta do instrumento por meio do qual será celebrada a parceria; de acordo com as características do objeto da parceria, medidas de acessibilidade para pessoas com deficiência ou mobilidade reduzida e idosos.

c) a programação orçamentária que autoriza e fundamenta a celebração da parceria; o tipo de parceria a ser celebrada; objeto da parceria; as datas, os prazos, as condições, o local e a forma de apresentação das propostas; as datas e os critérios objetivos de seleção e julgamento das propostas, inclusive no que se refere à metodologia de pontuação e ao peso atribuído a cada um dos critérios estabelecidos, se for o caso; o valor previsto para a realização do objeto; as condições para interposição de recurso administrativo; a minuta do instrumento por meio do qual será celebrada a parceria; de acordo com as características do objeto da parceria, medidas de acessibilidade para pessoas com deficiência ou mobilidade reduzida e idosos.

d) a programação orçamentária que autoriza e viabiliza a celebração da parceria; o tipo de parceria a ser celebrada; objeto da parceria; as datas, os prazos, as condições, o local e a forma de apresentação das propostas; as datas e os critérios de seleção e julgamento das propostas, inclusive no que se refere à metodologia de pontuação e ao peso atribuído a cada um dos critérios estabelecidos, se for o caso; o valor previsto para a realização do objeto; as condições para interposição de recurso administrativo; a minuta do instrumento por meio do qual será celebrada a parceria; de acordo com as características do objeto da parceria, medidas de acessibilidade para pessoas com deficiência ou mobilidade reduzida e idosos.

6. INTERVENÇÃO DO ESTADO NA PROPRIEDADE

6.1. Desapropriação

*** INOVAÇÕES LEGISLATIVAS**

▲ Lei de Desapropriação por Interesse Social (Lei 4.132/62): sem alterações em 2017/2018.

▲ Lei de Desapropriação por Utilidade Pública (DL 3.365/41)

▲ Art. 34-A. Se houver concordância, reduzida a termo, do expropriado, a decisão concessiva da imissão provisória na posse implicará a aquisição da propriedade pelo expropriante com o consequente registro da propriedade na matrícula do imóvel. § 1º A concordância escrita do expropriado não implica renúncia ao seu direito de questionar o preço ofertado em juízo. § 2º Na hipótese deste artigo, o expropriado poderá levantar 100% (cem por cento) do depósito de que trata o art. 33 deste Decreto-Lei. § 3º Do valor a ser levantado pelo expropriado devem ser deduzidos os valores dispostos nos §§ 1º e 2º do art. 32 deste Decreto-Lei, bem como, a critério do juiz, aqueles tidos como necessários para o custeio das despesas processuais. (Modificações: Lei 13.465/17)

*** SÚMULAS**

1) Correção Monetária

STF **Súm. 561.** Em desapropriação, é devida a correção monetária até a data do efetivo pagamento da indenização, devendo proceder-se à atualização do cálculo, ainda que por mais de uma vez.

STJ **Súm. 67.** Na desapropriação, cabe a atualização monetária, ainda que por mais de uma vez, independente do decurso de prazo superior a um ano entre o cálculo e o efetivo pagamento da indenização.

2) Honorários

STF **Súm. 378.** Na indenização por desapropriação incluem-se honorários do advogado do expropriado.

STF **Súm. 617.** A base de cálculo dos honorários de advogado em desapropriação é a diferença entre a oferta e a indenização, corrigidas ambas monetariamente.

STJ **Súm. 131.** Nas ações de desapropriação incluem-se no cálculo da verba advocatícia as parcelas relativas aos juros compensatórios e moratórios, devidamente corrigidas.

STJ **Súm. 141.** Os honorários de advogado em desapropriação direta são calculados sobre a diferença entre a indenização e a oferta, corrigidas monetariamente.

3) Juros

STF **Súm. 164.** No processo de desapropriação, são devidos juros compensatórios desde a antecipada imissão de posse, ordenada pelo juiz, por motivo de urgência.

STF **Súm. 416.** Pela demora no pagamento do preço da desapropriação não cabe indenização complementar além dos juros.

STF **Súm. 618.** Na desapropriação, direta ou indireta, a taxa dos juros compensatórios é de 12% (doze por cento) ao ano.

STJ **Súm. 12.** Em desapropriação, são cumuláveis juros compensatórios e moratórios.

STJ **Súm. 56.** Na desapropriação para instituir servidão administrativa são devidos os juros compensatórios pela limitação de uso da propriedade.

STJ **Súm. 69.** Na desapropriação direta, os juros compensatórios são devidos desde a antecipada imissão na posse e, na desapropriação indireta, a partir da efetiva ocupação do imóvel.

STJ **Súm. 70.** Os juros moratórios, na desapropriação direta ou indireta, contam-se desde o trânsito em julgado da sentença.

STJ **Súm. 102.** A incidência dos juros moratórios sobre os compensatórios, nas ações expropriatórias, não constitui anatocismo vedado em lei.

STJ **Súm. 113.** Os juros compensatórios, na desapropriação direta, incidem a partir da imissão na posse, calculados sobre o valor da indenização, corrigido monetariamente.

STJ **Súm. 114.** Os juros compensatórios, na desapropriação indireta, incidem a partir da ocupação, calculados sobre o valor da indenização, corrigido monetariamente.

STJ **Súm. 131.** Nas ações de desapropriação incluem-se no cálculo da verba advocatícia as parcelas relativas aos juros compensatórios e moratórios, devidamente corrigidas.

STJ **Súm. 408.** Nas ações de desapropriação, os juros compensatórios incidentes após a Medida Provisória n. 1.577, de 11.6.1997, devem ser fixados em 6% ao ano até 13.9.2001, e, a partir de então, em 12% ao ano, na forma da Súmula n. 618 do Supremo Tribunal Federal.

4) Outros Temas

STF **Súm. 23.** Verificados os pressupostos legais para o licenciamento da obra, não o impede a declaração de utilidade pública para desapropriação do imóvel, mas o valor da obra não se incluirá na indenização, quando a desapropriação for efetivada.

STF **Súm. 157.** É necessária prévia autorização do Presidente da República para desapropriação, pelos Estados, de empresa de energia elétrica.

STF **Súm. 476.** Desapropriadas as ações de uma sociedade, o poder desapropriante, imitido na posse, pode exercer, desde logo, todos os direitos inerentes aos respectivos títulos.

STF **Súm. 652.** Não contraria a Constituição o art. 15, § 1º, do DL. 3.365/41 (Lei da Desapropriação por Utilidade Pública).

STJ **Súm. 354.** A invasão do imóvel é causa de suspensão do processo expropriatório para fins de reforma agrária.

✱ INFORMATIVOS

STF **DL 3.365/1941: desapropriação e juros compensatórios** . Julgada parcialmente procedente ADI para: i) em relação ao "caput" do art. 15-A do DL 3.365/41, reconhecer a constitucionalidade do percentual de juros compensatórios de 6% a.a. para remuneração do proprietário pela imissão provisória do ente público na posse de seu bem; i-a) declarar a inconstitucionalidade do vocábulo "até"; i-b) dar interpretação conforme a Constituição ao "caput" do dispositivo, de maneira a incidir juros compensatórios sobre a diferença entre 80% do preço ofertado em juízo pelo ente público e o valor do bem fixado na sentença; ii) declarar a constitucionalidade dos §§ 1º e 2º do art. 15-A do DL 3.365/41; iii) declarar a constitucionalidade do § 3º do art. 15-A do DL 3.365/41; iv) declarar a inconstitucionalidade do § 4º do art. 15-A do DL 3.365/41; v) declarar a constitucionalidade da estipulação de parâmetros mínimo e máximo para a concessão de honorários advocatícios e a inconstitucionalidade da expressão "não podendo os honorários ultrapassar R$ 151.000,00 (cento e cinquenta e um mil reais)" prevista no § 1º do art. 27 do DL 3.365/41. ADI 2332, Rel. Min. Roberto Barroso, j. 17.5.2018. Pleno. (Info 902)

✱ QUESTÕES OBJETIVAS

172. **(Consulplan/TJ/MG/Cartórios/Remoção/2018)** Sobre o instituto da desapropriação, assinale a afirmativa correta:

a) a desapropriação por interesse social é aquela decretada para condicionar o uso da propriedade voltada ao bem-estar social, sendo da competência exclusiva da União.

b) a desapropriação por zona de área contígua necessária ao desenvolvimento da obra se destina a ampliar a área expropriada remanescente que, em razão da desvalorização e sub aproveitamento, deve ser abrangida na indenização ao expropriado.

c) o pagamento da indenização na ação de desapropriação, uma vez julgada favorável ao expropriado quanto ao valor justo a ser pago, deixa de ser prévia, na medida em que será feito na ordem de apresentação da requisição do precatório e à conta dos créditos respectivos.

d) a desapropriação decorrente do não cumprimento da função social do imóvel urbano é da competência dos municípios mediante pagamento de justa e prévia indenização, após a tentativa de que o proprietário regularize o imóvel e de instituição do imposto de propriedade territorial urbano progressivo.

173. **(Cespe/TJ/RR/Cartórios/Ingresso/2013)** Considerando o disposto no ordenamento jurídico, na doutrina e na jurisprudência, assinale a opção correta a respeito do regime das desapropriações:

a) o imóvel gravado com hipoteca não poderá ser desapropriado antes da quitação da dívida com o credor hipotecário.

b) no caso de desapropriação indireta, os juros compensatórios contam-se a partir do trânsito em julgado da sentença.

c) o poder público protegerá o patrimônio cultural brasileiro por meio de inventários, registros, vigilância e tombamento, sendo vedada a desapropriação para esse fim.

d) o município pode desapropriar bens de propriedade de empresa pública federal, desde que autorizado por decreto do presidente da República.

e) o prazo prescricional da ação de desapropriação indireta é de cinco anos.

174. **(FCC/TJ/PE/Cartórios/Remoção/2013)** O Estado pretende instalar um gasoduto e uma estação de odorização em perímetro de seu território, destinado à ampliação da rede de distribuição de gás natural para a região oeste. Parte do perímetro abrangido pela obra atinge imóvel de titularidade da União Federal, o qual, contudo, não está afetado a nenhum serviço ou utilidade pública. O Estado pretende desapropriar a parte do bem público federal necessária à obra, o que, de acordo com a legislação vigente:

a) é possível, desde que a declaração de utilidade pública se preste à instituição de servidão administrativa.

b) é possível, porque o bem está desafetado, desde que mediante autorização legislativa.

c) não é possível, uma vez que a legislação vigente não admite a desapropriação de bens de um ente federado por outro.

d) é possível, desde que a desapropriação seja viabilizada por meio judicial.

e) não é permitido aos Estados desapropriar bens da União Federal, devendo se valer de outras vias para a viabilização da obra pública.

175. **(TJ/SC/Cartórios/Ingresso/2012)** Assinale a alternativa incorreta:

a) os bens públicos são tradicionalmente classificados levando-se em conta três aspectos singulares: a titularidade, a destinação e a disponibilidade. Tendo presente o objeto a que se destinam, pode-se dizer que uma praça pública é considerada como bem de uso comum do povo.

b) os bens públicos são considerados bens imprescritíveis. Portanto, mesmo que considerada de fato e de direito, uma grande área de terra rural que se apresenta em situação de verdadeiro abandono, sem qualquer uso, sem fiscalização, é insuscetível de aquisição por meio da prescrição aquisitiva para fins de reforma agrária.

c) servidão administrativa ou pública é o direito real público que autoriza o Poder Público a usar da propriedade imóvel particular e pública para permitir a execução de obras e serviços de interesse coletivo, mediante indenização dos prejuízos efetivamente suportados pelo proprietário do imóvel atingido.

d) as margens dos rios navegáveis são de domínio público; insuscetíveis de expropriação e, por isso mesmo, excluídas de indenização.

e) na desapropriação, o Poder Público transfere para si a propriedade de terceiro por razões de utilidade pública, de necessidade pública ou de interesse social, mediante justa e prévia indenização. Os bens públicos, a despeito de suas características de inalienabilidade, impenhorabilidade, imprescritibilidade e não onerabilidade, são passíveis de expropriação, desde que se faça presente autorização legislativa para o ato. Portanto, é possível concluir que o Município possa, em situação de relevante valor social, em prol da mobilidade urbana citadina, desapropriar área de terra da União situada em centro urbano que se apresenta em desuso.

176. **(Vunesp/TJ/SP/Cartórios/Ingresso/2016)** Sobre a desapropriação, assinale a alternativa correta:

a) no processo judicial, a contestação só poderá versar sobre vício do processo judicial ou impugnação do preço.

b) em caso de segurança nacional, o Estado poderá desapropriar bens da União, ouvindo-se o Advogado Geral da União.

c) a construção de edifícios públicos não é uma das causas de utilidade pública para fins de desapropriação.

d) pode haver retrocessão no caso de imóvel desapropriado para implantação de parcelamento popular destinado às classes de menor renda.

177. **(Ieses/TJ/MS/Cartórios/Ingresso/2014)** Assinale a alternativa incorreta:

a) os bens das autarquias, fundações públicas, empresas estatais, concessionários e demais delegados dos serviços públicos são expropriáveis, independentemente de autorização legislativa.

b) no que se refere aos requisitos constitucionais exigidos para a desapropriação, é correto afirmar que a utilidade pública surge quando a Administração defronta situações de emergência que, para serem adequadamente resolvidas, exigem a transferência urgente de bens de terceiros para o seu domínio e uso imediato.

c) em se tratando de desapropriação, diz-se ocorrido o "interesse social" quando as circunstâncias impõem a distribuição ou o condicionamento da propriedade para seu melhor aproveitamento, utilização ou produtividade em benefício da coletividade ou categorias sociais merecedoras de amparo específico do Poder Público.

d) todos os bens e direitos patrimoniais prestam-se à desapropriação, inclusive o espaço aéreo e o subsolo. Entretanto, excluem-se desse despojamento compulsório os direitos personalíssimos bem como a moeda corrente do país, por constituir-se ela (a moeda) o próprio meio de pagamento da indenização.

178. **(Consulplan/TJ/MG/Cartórios/Ingresso/2014)** Consideram-se casos de interesse social para a desapropriação:

a) a proteção do solo e a preservação de cursos e mananciais de água e de reservas florestais.

b) a criação e melhoramento de centros de população e seu abastecimento regular de meios de subsistência.

c) a assistência pública, as obras de higiene e decoração, casas de saúde, clínicas, estações de clima e fontes medicinais.

d) a construção de edifícios públicos, monumentos comemorativos e cemitérios.

179. **(FMP/TJ/MT/Cartórios/Remoção/2014)** Acerca do regime jurídico do instituto da desapropriação, em face do que estabelecem a Constituição Federal e o Decreto 3365 de 21.6.1941, assinale a opção correta:

a) a desapropriação de imóvel urbano não utilizado somente poderá ocorrer mediante prévia e justa indenização. (artigo 182, § 4º, II, CF)

b) na desapropriação para fins de reforma agrária as benfeitorias úteis e necessárias poderão ser indenizadas em títulos da dívida agrária.

c) na ação de desapropriação a contestação só poderá versar sobre vício do processo judicial ou impugnação do preço.

d) a imissão provisória na posse somente poderá ocorrer após a apresentação do laudo pericial do perito designado pelo juiz.

e) declarada a utilidade pública, somente por ordem judicial as autoridades administrativas ficam autorizadas a penetrar nos prédios compreendidos na declaração.

180. **(Cespe/TJ/BA/Cartórios/Remoção/2013)** No que se refere à desapropriação e à intervenção do Estado no domínio econômico, assinale a opção correta:

a) pelo princípio da legalidade, cumpridos os requisitos normativos, os direitos patrimoniais, os bens móveis e imóveis, o subsolo e o espaço aéreo são passíveis de desapropriação.

b) podem ser desapropriados os bens públicos, sejam eles móveis de qualquer categoria, de uso comum do povo e de uso especial, sejam dominicais, excetuados os imóveis.

c) a União e os estados podem desapropriar para fins de reforma agrária.

d) os pressupostos das desapropriações urbanística e rural, previstas na CF, são meramente de utilidade pública.

e) pela função social da propriedade e por seu caráter constitucional, somente os entes federativos estão legitimados a desapropriar, em observância ao princípio da legalidade.

181. **(Vunesp/TJ/SP/Cartórios/Ingresso/2014)** O Governador do Estado expede Decreto-expropriatório que tem por objeto determinado imóvel de particular com o objetivo de servir como instalação de unidade administrativa de uma sociedade de economia mista que presta serviço público. Essa sociedade ingressa com a ação de desapropriação. Após a avaliação prévia do imóvel por perito judicial, depositado o valor indicado, a autora (sociedade de economia mista prestadora de serviço público) é imitida na posse do imóvel e inicia as suas funções. Após o devido processo legal, o processo é sentenciado com a fixação de um valor de indenização. Em grau de recurso, a decisão é mantida e, em execução de sentença, a sociedade de economia mista espontaneamente paga o saldo residual existente em favor do expropriado. Por último, registra-se a propriedade na matrícula do imóvel. Sobre esta situação narrada, assinale a alternativa correta:

a) a propriedade em favor da expropriante é condição à qualificação jurídica do imóvel como bem público de uso especial.

b) o imóvel torna-se bem público de uso especial a partir da imissão na posse e a propriedade é transferida à sociedade de economia mista com o pagamento integral do valor de indenização.

c) a propriedade do imóvel deve ser registrada em favor do Governo do Estado, pois apenas a posse pode ser reconhecida em benefício da sociedade de economia mista e, mesmo assim, enquanto afetado o bem ao serviço público por ela prestado.

d) o imóvel qualifica-se como bem público de uso geral com a imissão na posse; a partir do trânsito em julgado do processo torna-se bem público de uso especial, e com o registro na matrícula do imóvel é que se transfere a propriedade.

182. **(Ieses/TJ/CE/Cartórios/Remoção/2018)** Consideram-se casos de utilidade pública, para fins de desapropriação pela União, pelos Estados, Municípios, Distrito Federal e Territórios as seguintes situações:

I. a defesa do Estado.

II. o aproveitamento industrial das minas e das jazidas minerais, das águas e da energia hidráulica.

III. a segurança nacional.

IV. o funcionamento dos meios de transporte coletivo.

A sequência correta é:

a) apenas a assertiva II está incorreta.

b) apenas as assertivas I, II e III estão corretas.

c) as assertivas I, II, III e IV estão corretas.

d) apenas as assertivas II e IV estão corretas.

183. **(Ieses/TJ/AM/Cartórios/Ingresso/2018)** Sobre a intervenção administrativa na propriedade, é correto:

a) o tombamento é imposto por ato administrativo unilateral, de cunho singular, incidente sobre bens imóveis particulares, que uma vez tombados não poderão ser alienados pelo respectivo proprietário, ressalvada a hipótese de reversão administrativa ou judicial do ato de tombamento.

b) no caso do parcelamento e edificação compulsórios, esses institutos podem ser usados pelo Poder Público municipal e estadual na hipótese de o proprietário do imóvel não utilizado ou subutilizado questionar a aplicação do IPTU com alíquota progressiva no tempo ou a desapropriação para fins de reforma urbana.

c) a desapropriação indireta ocorre nos casos em que o Poder Público apreende bens ilegalmente comercializados, e também nos casos de expropriações de terras utilizadas para o cultivo de substâncias ilegais, situações em que a respectiva indenização ocorrerá mediante títulos da dívida pública.

d) compete à União desapropriar por interesse social, para fins de reforma agrária, o imóvel rural que não esteja cumprindo sua função social, mediante prévia e justa indenização em títulos da dívida agrária, com cláusula de preservação do valor real, resgatáveis no prazo de até vinte anos, a partir do segundo ano de sua emissão, e cuja utilização será definida em lei.

6.2. Outros Tipos de Intervenção

✱ INOVAÇÕES LEGISLATIVAS

▲ Lei de Tombamento (DL 25/37): sem alterações em 2017/2018.

✱ SÚMULAS

STJ **Súm. 56.** Na desapropriação para instituir servidão administrativa são devidos os juros compensatórios pela limitação de uso da propriedade.

* QUESTÕES OBJETIVAS

184. (Cespe/TJ/ES/Cartórios/Ingresso/2013) No que se refere ao tombamento, assinale a opção correta:

a) o ato de tombamento, seja ele provisório ou definitivo, contrapõe-se aos interesses da propriedade privada, limitando o exercício dos direitos inerentes ao bem em nome da função social, o que impede a construção de obra vizinha.

b) do tombamento, ato de reconhecimento do valor cultural de um bem, pautado na função social, não poderá decorrer prejuízo ao proprietário.

c) ainda que o proprietário não possua meios de efetivar a conservação do imóvel tombado e o poder público não execute as obras necessárias à sua conservação, não haverá lugar para pedido de cancelamento do ato de tombamento, dada sua natureza.

d) se destruir o bem tombado com a finalidade de lhe preservar o valor cultural, o proprietário deverá restituir a coisa ao status quo ante, vedada a conversão da obrigação em perdas e danos.

e) não sendo o instituto do tombamento provisório fase procedimental precedente do tombamento definitivo, sua caducidade, por excesso de prazo, não prejudica o definitivo.

185. (FCC/TJ/PE/Cartórios/Ingresso/2013) O tombamento constitui uma das formas de intervenção do Estado na propriedade, que tem por objetivo a proteção do patrimônio histórico e artístico:

a) importando a restrição ao exercício de todos os direitos inerentes ao domínio, quando compulsório.

b) sendo sempre compulsório quando incidente sobre bens particulares e voluntário quando se trate de bens de entidades públicas.

c) não podendo incidir sobre bens de origem estrangeira que pertençam a representações diplomáticas e consulares acreditadas no país.

d) recaindo somente sobre bens de propriedade privada, móveis ou imóveis, materiais ou imateriais, sendo vedado o tombamento de bens públicos.

e) podendo incidir sobre bens privados, nacionais ou estrangeiros, sendo compulsório na primeira hipótese e voluntário na segunda.

186. (Cespe/TJ/DFT/Cartórios/Ingresso/2014) Podem ser submetidas a tombamento pelo Brasil as obras de origem estrangeira que:

a) sejam importadas por empresas estrangeiras expressamente para adorno de seus estabelecimentos.

b) pertençam às representações diplomáticas ou consulares acreditadas no país.

c) sejam trazidas ao Brasil para exposições comemorativas.

d) pertençam a lojas comerciais de objetos históricos

e) pertençam a colecionadores brasileiros residentes no Brasil e sejam devidamente registradas.

187. (Cespe/TJ/BA/Cartórios/Ingresso/2013) Durante a realização de uma obra de canalização de esgoto realizada por autarquia estadual prestadora de serviços de saneamento básico, verificou-se a necessidade de a tubulação subterrânea passar por uma propriedade particular. Diante dessa situação hipotética, assinale a opção correta:

a) a passagem da tubulação subterrânea somente poderá ser feita mediante contrato administrativo de obra pública.

b) dada a importância da obra, a autarquia está autorizada a fazer requisição administrativa do imóvel para a instalação da tubulação.

c) caso o particular se oponha à obra, será necessária a desapropriação de toda a propriedade, ainda que a obra seja executada apenas em parte do imóvel, uma vez que a desapropriação deve alcançar a totalidade do bem.

d) pode-se instituir servidão sobre o imóvel, devendo a servidão ser inscrita no registro de imóveis para ter eficácia contra terceiros.

e) a instalação da tubulação poderá ser autorizada mediante ocupação temporária do imóvel.

188. (Cespe/TJ/ES/Cartórios/Remoção/2013) Com base na interpretação doutrinária do direito administrativo, assinale a opção correta no que diz respeito ao poder de polícia:

a) a discricionariedade, um dos atributos do poder de polícia, apresenta-se em maior ou menor grau em todos os atos administrativos que externam o exercício desse poder.

b) a limitação administrativa, mesmo que advinda de normas gerais e abstratas, decorre do poder de polícia propriamente dito.

c) uma das formas de extinção da servidão administrativa é a prescrição, incorrida em decorrência da não utilização.

d) o tombamento é ato administrativo de poder de polícia que, se incidido sobre imóveis, deve ser averbado ao lado da transcrição do domínio no registro de imóveis.

e) em sentido restrito, o poder de polícia constitui-se de atos do Poder Legislativo e do Executivo bem como consiste na atividade estatal que visa a condicionar a liberdade e a propriedade, ajustando-as aos interesses coletivos.

189. (Faurgs/TJ/RS/Cartórios/Remoção/2015) No que se refere à intervenção do Estado na propriedade, assinale a alternativa que contém afirmativa correta:

a) em todas as hipóteses de desapropriação de bens pelo Estado, o pagamento ao desapropriado será efetuado exclusivamente em dinheiro.

b) somente os bens privados de particulares poderão ser objeto de desapropriação.

c) na desapropriação para fins de reforma agrária por interesse social, as benfeitorias úteis e necessárias do imóvel desapropriado serão indenizadas em títulos da dívida agrária.

d) no caso de iminente perigo público, a autoridade competente poderá usar de propriedade particular, assegurada ao proprietário indenização ulterior, se houver dano.

190. (FMP/TJ/MT/Cartórios/Ingresso/2014) Em razão da execução das obras do metrô em uma determinada cidade, a Prefeitura local se viu obrigada a ocupar determinada propriedade contígua às obras pelo período de noventa dias, a fim de possibilitar a continuidade dos trabalhos. Nesse caso, a Prefeitura valeu-se do instituto da:

a) desapropriação.

b) tombamento.

c) servidão administrativa.

d) ocupação temporária.

e) limitação administrativa.

191. (Ieses/TJ/RO/Cartórios/Remoção/2017) Modalidade de intervenção estatal através da qual o Estado utiliza bens móveis, imóveis e serviços particulares em situação de perigo público iminente. O conceito acima descrito refere-se a:

a) tombamento.

b) servidão administrativa.

c) desapropriação.

d) requisição administrativa.

192. (Consulplan/TJ/MG/Cartórios/Ingresso/2017) Analise as seguintes assertivas sobre o tombamento e assinale a alternativa correta:

a) o proprietário do bem imóvel tombado, que desejar aliená-lo onerosamente, deverá oferecê-lo pelo mesmo preço à União, ao Estado e ao Município em que o bem se encontrar, propiciando que esses exerçam, dentro do prazo de trinta dias, o direito de preferência.

b) o tombamento consiste em restrição parcial ao direito de propriedade, na medida em que não impede ao proprietário o exercício dos direitos inerentes ao domínio e, em regra, não gera direito à indenização.

c) o tombamento é uma das formas de intervenção na propriedade por meio da qual o Poder Público visa proteger o patrimônio cultural brasileiro e incide apenas sobre bens imóveis e particulares.

d) o tombamento não gera restrições à vizinhança do imóvel tombado, uma vez que a limitação imposta pelo Poder Público é pessoal e intransferível.

193. (Consulplan/TJ/MG/Cartórios/Ingresso/2017) Em virtude da construção de um túnel subterrâneo para a passagem de dutos de cabeamento na cidade de Belo Horizonte, a Prefeitura Municipal se viu obrigada a usar terreno não edificado, particular e contíguo ao local de execução da obra, pelo período de noventa dias, para fins de movimentação de máquinas, equipamentos e materiais diversos, imprescindíveis ao andamento dos trabalhos. Para tal finalidade, a Prefeitura de Belo Horizonte, lançou mão do instituto:

a) da servidão administrativa.

b) do tombamento.

c) da ocupação temporária.

d) da requisição.

7. LICITAÇÕES E CONTRATOS

7.1. Contratos

*** INOVAÇÕES LEGISLATIVAS**

▲ Lei 8.666/93. Capítulo I – Das Disposições Gerais, Seção VI – Das Alienações

▲ Art. 17. A alienação de bens da Administração Pública, subordinada à existência de interesse público devidamente justificado, será precedida de avaliação e obedecerá às seguintes normas: I – quando imóveis, dependerá de autorização legislativa para órgãos da administração direta e entidades autárquicas e fundacionais, e, para todos, inclusive as entidades paraestatais, dependerá de avaliação prévia e de licitação na modalidade de concorrência, dispensada esta nos seguintes casos: (...). i) alienação e concessão de direito real de uso, gratuita ou onerosa, de terras públicas rurais da União e do Incra, onde incidam ocupações até o limite de que trata o § 1º do art. 6º da Lei 11.952, de 25 de junho de 2009, para fins de regularização fundiária, atendidos os requisitos legais; e (...). § 2º A Administração também poderá conceder título de propriedade ou de direito real de uso de imóveis, dispensada licitação, quando o uso destinar-se: (...). II – a pessoa natural que, nos termos de lei, regulamento ou ato normativo do órgão competente, haja implementado os requisitos mínimos de cultura, ocupação mansa e pacífica e exploração direta sobre área rural, observado o limite de que trata o § 1º do art. 6º da Lei 11.952, de 25 de junho de 2009; (Modificações: Lei 13.465/17)

✱ QUESTÕES OBJETIVAS

194. **(Consulplan/TJ/MG/Cartórios/Ingresso/2018)** Sobre os contratos administrativos regidos pela Lei nº 8.666/93, é incorreto afirmar que:

a) o restabelecimento da equação econômico-financeira depende da concretização de um evento anterior à proposta formulada, não culposo do contratado, identificável como causa do agravamento da posição do particular.

b) a majoração da carga tributária incidente diretamente na fase de execução da prestação objeto do contrato é causa apta a gerar efeitos jurídicos sobre o equilíbrio econômico-financeiro da contratação, a justificar o restabelecimento desta equação.

c) podem ser modificados por consenso entre as partes para restabelecer a relação econômico-financeira, quando sobrevirem fatos imprevisíveis, força maior, caso fortuito, fato príncipe e mesmo em casos previsíveis que tenham consequências incalculáveis.

d) podem ser modificados unilateralmente quando necessária a alteração do valor contratual em decorrência de acréscimo ou diminuição quantitativa do objeto, em até 25% (vinte e cinco por cento) do valor inicial atualizado do contrato no caso de serviços, compras ou obras, ficando o contratado obrigado a aceitá-la nas mesmas condições contratuais.

195. **(Consulplan/TJ/MG/Cartórios/Remoção/2018)** Analise as seguintes afirmativas sobre o regime de direito utilizado pela Administração Pública.

I. nas relações entre pessoas jurídicas de direito público, as prerrogativas e privilégios se presumem independentemente de previsão legal, diferentemente do direito comum de que a Administração participa aonde, no silêncio da lei, inexistem prerrogativas.

II. as derrogações do direito comum podem ter tal monta nas relações em que a Administração participa que o instituto pode assumir feição diversa mais próxima do direito público do que do direito privado.

III. não há limites para as derrogações do direito comum nas relações em que a Administração participa salvo se o regime jurídico privado seja imposto pela Constituição Federal.

IV. os serviços de telecomunicações são exemplos de serviços cujo regime jurídico é o de direito público a ser observado pela Administração Pública, cuja determinação vem da Constituição.

Estão corretas as afirmativas:

a) I, II, III e IV.
b) I e IV, apenas.
c) I, II e III, apenas.
d) II, III e IV, apenas.

196. **(Ieses/TJ/RS/Cartórios/Ingresso/2013)** Assinale a alternativa correta:

a) é vedada, em qualquer hipótese, a utilização de contrato verbal com a Administração Pública.

b) os contratos administrativos regem-se pelo direito público, aplicando-lhes, supletivamente, os princípios da teoria geral dos contratos e as disposições de direito privado.

c) para a rescisão dos contratos administrativos, não se aplica o caso fortuito ou a força maior.

d) o contrato administrativo poderá ser rescindido verbalmente pela administração pública, desde que observado o devido processo legal, assegurado o contraditório e a ampla defesa.

197. **(FCC/TJ/PE/Cartórios/Remoção/2013)** A propósito do regime jurídico dos contratos administrativos, é correto afirmar que o:

a) reequilíbrio econômico-financeiro do contrato é direito subjetivo do contratado, encontrando fundamento, inclusive, no caso da prestação de serviços públicos, no princípio da continuidade dos serviços públicos.
b) equilíbrio econômico-financeiro do contrato é direito subjetivo do contratado, que pode definir unilateralmente o mecanismo para a recomposição daquela equação, não cabendo à Administração discordar da forma, apenas do valor.
c) equilíbrio econômico-financeiro do contrato é definido anualmente, mediante verificação das condições de mercado, sendo permitido ao contratado exigir a alteração das condições contratadas para viabilizar a prestação material do objeto.
d) reequilíbrio econômico-financeiro é direito do contratado, que pode rescindir unilateralmente o contrato na hipótese de não restabelecimento daquela equação pela Administração Pública.
e) reequilíbrio econômico-financeiro é direito do contratado, que pode rescindir unilateralmente o contrato na hipótese de não restabelecimento daquela equação pela Administração Pública, desde que não se trate de prestação de serviços públicos, quando é necessária a via judicial para rescisão da avença.

198. **(FCC/TJ/PE/Cartórios/Ingresso/2013)** O Estado de Pernambuco contratou empreiteira para a realização de obras de grande vulto, consistentes na construção de uma ponte pênsil. No curso do contrato, a empreiteira contratada subcontratou empresa especializada para a execução da obra, alegando que não possuía a expertise necessária para realizar a totalidade do escopo dos serviços contratados, que se mostraram mais complexos do que avaliou quando da participação no prévio procedimento licitatório, o qual não previa a possibilidade de subcontratação. De acordo com os princípios e normas que regem os contratos administrativos:

a) a conduta do contratado afigura-se ilegal dada a natureza "intuito personae" do contrato administrativo que impede a transferência, total ou parcial, do seu objeto a terceiros, admitindo apenas a subcontratação parcial nos limites estabelecidos no edital e contrato.
b) a mutabilidade do contrato administrativo autoriza a substituição do contratado no curso do contrato, para garantir a melhor consecução de seu objeto, não havendo, pois, ilegalidade na conduta apontada.
c) a presença de cláusulas exorbitantes autoriza a Administração, a seu exclusivo critério, a transferir a execução do contrato a terceiro mais apto que o contratado, mediante subcontratação, não sendo, contudo, conferida ao contratado a mesma prerrogativa, afigurando-se ilegal a sua conduta.
d) o princípio da supremacia do interesse público sobre o privado pode ser invocado para justificar a licitude da conduta do contratado, desde que comprove que efetuou a subcontratação no interesse da Administração e que não auferiu qualquer proveito econômico indevido.
e) a natureza de contrato de adesão do contrato administrativo permite, a critério da Administração, a substituição do contratado no curso do contrato, de forma que a conduta descrita não padece de vício desde que tenha contado com a prévia anuência do Estado.

199. **(TJ/SC/Cartórios/Remoção/2012)** Assinale a alternativa incorreta:

a) a criação e a extinção de autarquia dependem de lei específica.
b) dever de probidade do agente público exige que o administrador público, no desempenho de suas atividades, atue sempre em consonância com os princípios da moralidade e honestidade administrativas.
c) provimento é o ato administrativo por meio do qual é preenchido cargo público, com a designação de seu titular. Os cargos públicos podem ser de provimento efetivo ou de provimento em comissão.
d) a autoexecutoriedade consiste na possibilidade que certos atos administrativos ensejam de imediata e direta execução pela própria administração, independentemente de ordem judicial.
e) os contratos administrativos nem sempre são formais, enquadrando-se os tipicamente administrativos na categoria de bilaterais, admitindo-se ao contratante discutir os termos da contratação, podendo sugerir alterações, supressões ou acréscimos às cláusulas já enredadas.

200. **(Ieses/TJ/PA/Cartórios/Remoção/2016)** O contrato administrativo pode ser entendido como ajuste estabelecido entre a Administração Pública e o particular regulado pelo direito público, tendo por objetivo alguma atividade que atenda o interesse público, nas condições fixadas pela própria Administração Pública. As características peculiares da relação jurídica gerada pelo contrato administrativo são:

a) informalidade sendo dispensável a instrumentalização do contrato com a observância de todos os requisitos externos e internos conforme previsto na Lei de Licitações; comutatividade pois as obrigações pactuadas entre os contratantes devem guardar relação de equivalência entre si; confiança recíproca pois destinado a averiguar qual das propostas é a mais vantajosa para o Estado; unilateralidade pois encerra sempre obrigações e direitos de apenas uma das partes; oneroso pois prevê a remuneração conforme a forma convencionada.

b) formalismo sendo indispensável a instrumentalização do contrato com a observância de todos os requisitos externos e internos conforme previsto na Lei de Licitações; comutatividade pois as obrigações pactuadas entre os contratantes devem guardar relação de equivalência entre si; confiança recíproca pois destinado a averiguar qual das propostas é a mais vantajosa para o Estado; bilateralidade pois encerra sempre obrigações e direitos recíprocos; oneroso pois prevê a remuneração conforme a forma convencionada.

c) informalidade sendo dispensável a instrumentalização do contrato com a observância de todos os requisitos externos e internos conforme previsto na Lei de Licitações; comutatividade pois as obrigações pactuadas entre os contratantes devem guardar relação de equivalência entre si; confiança recíproca pois destinado a averiguar qual das propostas é a mais vantajosa para o Estado; bilateralidade pois encerra sempre obrigações e direitos recíprocos; gratuito pois prevê o benefício para a administração pública.

d) informalidade sendo dispensável a instrumentalização do contrato com a observância de todos os requisitos externos e internos conforme previsto na Lei de Licitações; comutatividade pois as obrigações pactuadas entre os contratantes devem guardar relação de equivalência entre si; confiança recíproca pois destinado a averiguar qual das propostas é a mais vantajosa para o Estado; bilateralidade pois encerra sempre obrigações e direitos recíprocos; oneroso pois prevê a remuneração conforme a forma convencionada.

201. **(Ieses/TJ/PA/Cartórios/Ingresso/2016)** Assinale a alternativa correta:

a) é nulo e de nenhum efeito todo e qualquer contrato verbal firmado entre o particular e a Administração Pública, pois só se admite, em quaisquer hipóteses, em homenagem aos princípios da legalidade e impessoalidade, contrato escrito.

b) um dos mais importantes princípios constitucionais aplicáveis ao serviço público é o relativo à liberdade de contratar com a Administração Pública, ressalvadas as hipóteses de impedimento decorrentes da declaração anterior de inidoneidade.

c) equilíbrio econômico-financeiro (ou equação econômico-financeira) é a relação de igualdade formada, de um lado, pelas obrigações assumidas pelo contratante no momento do ajuste e, de outro lado, pela compensação econômica que lhe corresponderá.

d) de acordo com o moderno Direito Administrativo, de feição social e solidária, tem-se entendido que inaplicável a desafetação de bens públicos quando patente o prejuízo às comunidades carentes atingidas pelo ato, devendo daí intervir, obrigatoriamente, o Ministério Público e a Defensoria Pública.

202. **(Vunesp/TJ/SP/Cartórios/Remoção/2016)** Sobre os contratos administrativos, assinale a alternativa correta:

a) as cláusulas econômico-financeiras e monetárias não poderão ser alteradas sem prévia concordância do contratado.

b) é vedado o contrato verbal com a Administração.

c) a Administração pode, por meio de cláusula contratual, renunciar à prerrogativa de rescindir unilateralmente o contrato.

d) a declaração de nulidade do contrato administrativo não opera efeitos retroativos nem desconstitui os já produzidos.

203. **(Faurgs/TJ/RS/Cartórios/Ingresso/2015)** Assinale a alternativa que contém a afirmação correta sobre a alteração do contrato administrativo:

a) o contrato administrativo, por acordo das partes, pode sofrer alterações quando conveniente a substituição da garantia de execução.

b) em razão do princípio da moralidade, o contrato administrativo só pode sofrer alterações quantitativas.

c) em razão do princípio da continuidade do serviço público, o contrato administrativo só pode sofrer alterações qualitativas.

d) em razão do princípio da legalidade, o contrato administrativo não pode sofrer alterações.

204. (Ieses/TJ/MS/Cartórios/Ingresso/2014) Assinale a alternativa incorreta:

a) conforme entendimento unânime da doutrina e jurisprudência, as leis administrativas impõem a exigência de garantias a fim de assegurar a execução do contrato. Entretanto, por expressa disposição legal, não é necessário venha tal garantia prevista no edital ou convite, podendo ser exigida apenas quando da assinatura do contrato mas desde que represente, no máximo, 10% (dez por cento) do valor global avençado.

b) em relação ao recebimento do objeto do contrato, pode ele ser provisório ou definitivo. Aquele (provisório) é o que se efetua em caráter experimental, dentro de um período determinado, para a verificação da perfeição do objeto contatado. Durante este período, as garantias oferecidas à execução ficam retidas pela Administração contratante.

c) no que respeita à rescisão do contrato administrativo, pode ela se dar de forma "amigável". Por "rescisão amigável", então, entende-se a que se realiza por mútuo acordo das partes, para a extinção do contrato e acerto dos direitos dos distratantes. É feita, normalmente, nas hipóteses de inadimplência sem culpa e nas que autorizam a rescisão por interesse público.

d) ao contratar, reserva-se a Administração Pública, implicitamente, a faculdade de aplicar as penalidades contratuais e as legais, ainda que não previstas expressamente no contrato, independentemente de prévia intervenção do Poder Judiciário, salvo para as cobranças resistidas pelo particular contratante.

205. (Ieses/TJ/PB/Cartórios/Remoção/2014) Nos contratos celebrados pela Administração Pública com pessoas físicas ou jurídicas deverá constar necessariamente cláusula que declare competente o foro da sede da:

a) empresa Licitante.

b) prestação do Serviço ou realização da obra.

c) administração.

d) comarca de residência do sócio administrador da contratada.

206. (Ieses/TJ/PB/Cartórios/Remoção/2014) Dentro das definições jurídicas ligadas aos contratos administrativos oriundo de um certame, quando não houver convocação para a contratação, ficaram os licitantes liberados dos compromissos assumidos após o prazo de:

a) cento e vinte dias da data da entrega das propostas.

b) trinta dias da data da entrega das propostas.

c) sessenta dias da data da entrega das propostas.

d) noventa dias da data da entrega das propostas.

207. (Ieses/TJ/PB/Cartórios/Remoção/2014) O regime jurídico dos contratos administrativos instituído pela Lei 8.666/93 confere à Administração, em relação a eles, as seguintes prerrogativas, dentre outras:

I. rescindi-los, unilateralmente, nos casos especificados no inciso I do art. 79 da Lei 8.666/93.

II. aplicar sanções motivadas pela inexecução total ou parcial do ajuste.

III. fixar o prazo de vigência indeterminado nos contratos de interesse público.

IV. modificá-los, unilateralmente, para melhor adequação às finalidades de interesse público, respeitados os direitos do contratado.

A sequência correta é:

a) apenas as assertivas I, II e IV estão corretas.

b) apenas a assertiva III está correta.

c) apenas as assertivas III e IV estão corretas.

d) as assertivas I, II, III e IV estão corretas.

208. (Ieses/TJ/PB/Cartórios/Remoção/2014) Sobre a Execução dos Contratos Administrativos é correto afirmar:

I. o contrato deverá ser executado fielmente pelas partes, de acordo com as cláusulas avençadas e as normas desta Lei, respondendo cada uma pelas consequências de sua inexecução total ou parcial.

II. o contratante é responsável pelos encargos trabalhistas, previdenciários, fiscais e comerciais resultantes da execução do contrato.

III. o contratado deverá manter preposto, aceito pela Administração, no local da obra ou serviço, para representá-lo na execução do contrato.

IV. o contratado é obrigado a reparar, corrigir, remover, reconstruir ou substituir, às suas expensas, no total ou em parte, o objeto do contrato em que se verificarem vícios, defeitos ou incorreções resultantes da execução ou de materiais empregados.

A sequência correta é:

a) apenas as assertivas I, III e IV estão corretas.
b) as assertivas I, II, III e IV estão corretas.
c) apenas as assertivas II e IV estão corretas.
d) apenas a assertiva II está correta.

209. (Ieses/TJ/PB/Cartórios/Remoção/2014) Constituem motivos para rescisão do contrato administrativo:

I. a paralisação da obra, do serviço ou do fornecimento, sem justa causa e prévia comunicação à administração.
II. o não cumprimento de cláusulas contratuais, especificações, projetos ou prazos.
III. o cumprimento irregular de cláusulas contratuais, especificações, projetos e prazos.
IV. a lentidão do seu cumprimento, levando a administração a comprovar a impossibilidade da conclusão da obra, do serviço ou do fornecimento, nos prazos estipulados.

A sequência correta é:

a) apenas a assertiva II está correta.
b) apenas as assertivas I, III e IV estão corretas.
c) as assertivas I, II, III e IV estão corretas.
d) apenas as assertivas II e IV estão corretas.

210. (IBFC/TJ/PR/Cartórios/Remoção/2014) Relativamente aos contratos administrativos, é correto afirmar:

a) não há possibilidade de invocação da exceção do contrato não cumprido pelo contratado.
b) é vedada em qualquer hipótese a contratação verbal.
c) é obrigatória a prestação de garantia de execução do contrato pelo contratado.
d) é possível a rescisão amigável.

211. (Consulplan/TJ/MG/Cartórios/Remoção/2016) Eventualmente, há hipóteses em que se torna possível a rescisão do contrato administrativo, independentemente de culpa do contratado, por exemplo, em virtude de caso fortuito, ou força maior. Nessas hipóteses, fará ele jus a uma série de garantias e direitos de cunho patrimonial, exceto:

a) recebimento dos valores devidos em razão da execução do contrato até a data da rescisão.
b) recebimento da devolução da garantia.
c) recebimento do custo da desmobilização.
d) recebimento de multa compensatória, na razão do prazo contratual até a data da rescisão.

212. (Consulplan/TJ/MG/Cartórios/Ingresso/2015) Em relação às normas que regem os contratos administrativos, é incorreto afirmar:

a) as cláusulas econômico-financeiras e monetárias dos contratos administrativos poderão ser alteradas sem prévia concordância do contratado, pois constitui prerrogativa conferida à Administração pelo respectivo regime jurídico.
b) é vedado o contrato com prazo de vigência indeterminado.
c) a declaração de nulidade do contrato administrativo opera retroativamente impedindo os efeitos jurídicos que ele, ordinariamente, deveria produzir, além de desconstituir os já produzidos.
d) é cláusula necessária em todo contrato administrativo as garantias oferecidas para assegurar sua plena execução, quando exigidas.

213. (Consulplan/TJ/MG/Cartórios/Ingresso/2015) Quanto aos contratos administrativos, é incorreto afirmar:

a) os contratos administrativos regulam-se pelas cláusulas e pelos preceitos de direito público, sendo vedada a aplicação supletiva dos princípios da teoria geral dos contratos e as disposições de direito privado.
b) é cláusula necessária em todo contrato a vinculação ao edital de licitação.
c) a critério da autoridade competente, em cada caso, e desde que prevista no instrumento convocatório, poderá ser exigida prestação de garantia nas contratações de obras, serviços e compras.
d) a publicação resumida do instrumento de contrato ou de seus aditamentos na imprensa oficial é condição indispensável para sua eficácia.

214. (Consulplan/TJ/MG/Cartórios/Remoção/2015) Assinale a alternativa correta:

a) os contratos administrativos poderão ser alterados unilateralmente pela Administração quando necessária a modificação do regime de execução, bem como do modo de fornecimento, em face de verificação técnica da inaplicabilidade dos termos contratuais originários.

b) os contratos administrativos poderão ser alterados, exclusivamente por acordo das partes, quando houver modificação do projeto ou das especificações, para melhor adequação técnica aos seus objetivos.

c) o contratado é responsável pelos encargos trabalhistas, previdenciários, fiscais e comerciais resultantes da execução do contrato.

d) não constitui motivo parar rescisão do contrato a dissolução da sociedade ou o falecimento do contratado.

215. (Consulplan/TJ/MG/Cartórios/Remoção/2015) Quanto aos contratos administrativos, é incorreto afirmar:

a) os membros das Comissões de licitação responderão solidariamente por todos os atos praticados pela Comissão, mesmo havendo posição divergente e fundamentada, registrada em ata da reunião que tiver sido tomada a decisão.

b) a Administração não poderá celebrar o contrato com preterição da ordem de classificação das propostas ou com terceiros estranhos ao procedimento licitatório, sob pena de nulidade.

c) os contratos decorrentes de dispensa ou de inexigibilidade de licitação devem atender aos termos do ato que os autorizou e da respectiva resposta.

d) é cláusula necessária em todo contrato a que estabeleça a legislação aplicável à execução do contrato e especialmente os casos omissos.

216. (Consulplan/TJ/MG/Cartórios/Remoção/2015) Assinale a alternativa incorreta:

a) a rescisão do contrato poderá ser determinada por ato unilateral e escrito da Administração, na hipótese de alteração ou de modificação da finalidade ou da estrutura da empresa, que prejudique a execução do contrato.

b) a rescisão administrativa deverá ser precedida de autorização escrita e fundamentada da autoridade competente, não se exigindo tal autorização quando a rescisão for amigável.

c) a rescisão poderá ser amigável, por acordo entre as partes, reduzida a termo no processo da licitação, desde que haja conveniência para a Administração.

d) quando a rescisão ocorrer por razões de interesse público, de alta relevância e amplo conhecimento, sem que haja culpa do contratado, será este ressarcido dos prejuízos regularmente comprovados que houver sofrido.

217. (Ieses/TJ/PB/Cartórios/Ingresso/2014) Quando a Administração Pública pratica qualquer ação ou se omite impedindo, com isso, os trabalhos a cargo da parte contratada, vencedora da licitação como ocorre, por exemplo, quando não providencia as desapropriações necessárias, está-se diante de típico:

a) estado de perigo.

b) fato do príncipe.

c) fato da administração.

d) contrato administrativo nulo de pleno direito.

218. (FMP/TJ/MT/Cartórios/Remoção/2014) Com relação ao regime jurídico instituído pela Lei n. 8.666, de 21/6/1993 e alterações para os contratos administrativos é correto afirmar que:

a) é vedada a aplicação da teoria geral dos contratos e as disposições de direto civil.

b) em face das cláusulas exorbitantes, o contratado pode alterar unilateralmente o objeto do contrato.

c) no caso de obras é possível o acréscimo de 50% do valor inicial atualizado do contrato.

d) a instituição de novo tributo, quando ocorrido após a data da apresentação da proposta, de comprovada repercussão nos preços contratados implicará a revisão deste.

e) o contratado e o órgão público contratante são subsidiariamente responsáveis pelas obrigações pelos encargos trabalhistas, previdenciários, fiscais e comerciais resultantes da execução do contrato.

219. (Ieses/TJ/AM/Cartórios/Remoção/2018) Em conformidade com a Lei 8.666 que institui normas para licitações e contratos da Administração Pública, é correto afirmar:

I. obra – toda construção, reforma, fabricação, recuperação ou ampliação, realizada por execução direta ou indireta.

II. o contratado é responsável pelos encargos trabalhistas, previdenciários, fiscais e comerciais resultantes da execução do contrato.

III. concurso, leilão e concorrência são alguns exemplos de modalidade de licitação.

IV. a Administração Pública responde subsidiariamente com o contratado pelos encargos previdenciários resultantes da execução do contrato.

A sequência correta é:

a) apenas as assertivas II e IV estão corretas.

b) apenas a assertiva II está incorreta.

c) as assertivas I, II, III e IV estão corretas.

d) apenas as assertivas I, II e III estão corretas.

7.2. Licitações

7.2.1. Disposições Gerais

✱ INOVAÇÕES LEGISLATIVAS

▲ Lei 8.666/93. Capítulo II – Da Licitação, Seção IV – Do Procedimento e Julgamento

▲ Art. 40. § 5º A Administração Pública poderá, nos editais de licitação para a contratação de serviços, exigir da contratada que um percentual mínimo de sua mão de obra seja oriundo ou egresso do sistema prisional, com a finalidade de ressocialização do reeducando, na forma estabelecida em regulamento. (Modificações: 13.500/17)

▲ Lei do Regime Diferenciado de Contratações Públicas (Lei 12.462/11): sem alterações em 2017/2018.

✱ SÚMULAS

STJ **Súm. 333.** Cabe mandado de segurança contra ato praticado em licitação promovida por sociedade de economia mista ou empresa pública.

✱ INFORMATIVOS

STJ **Sociedade empresária em recuperação judicial. Participação em licitação. Possibilidade. Certidão de concordata. Previsão na Lei 8.666/93. Interpretação extensiva. Descabimento. Aptidão econômico-financeira. Comprovação. Necessidade.** Sociedade empresária em recuperação judicial pode participar de licitação, desde que demonstre, na fase de habilitação, a sua viabilidade econômica. AREsp 309.867, Rel. Min. Gurgel de Faria, DJ 8.8.2018. 1ª T. (Info 631)

STJ **Programa Minha Casa Minha Vida. Caráter social. Legislação própria. Rigorismo da Lei de Licitações afastado. Princípios da administração pública preservados.** As regras gerais previstas na Lei 8.666/93 podem ser flexibilizadas no Programa Minha Casa Minha Vida, por força do art. 4º, parágrafo único, da Lei 10.188/01, desde que se observem os princípios gerais da administração pública. REsp 1687381, Rel. Min. Francisco Falcão, DJ 23.4.2018. 2ª T. (Info 624)

✱ QUESTÕES OBJETIVAS

220. **(Cespe/TJ/PI/Cartórios/Remoção/2013)** Assinale a opção correta a respeito do instituto da licitação:

a) constatado vício de legalidade no procedimento licitatório, a administração pública deverá anular o certame, não sendo necessária, nesse caso, a concessão do contraditório e da ampla defesa aos eventuais interessados.

b) as razões de interesse público geradoras da revogação de procedimento licitatório devem originar-se de fato superveniente devidamente comprovado, pertinente e suficiente para conduzir à revogação, não sendo possível a revogação fundada em fato ocorrido antes do início do processo licitatório.

c) as hipóteses de inexigibilidade de licitação constam em rol taxativo na legislação de regência, ao contrário do que ocorre em relação aos casos de dispensa, enumerados de forma exemplificativa.

d) constitui hipótese de dispensa de licitação a contratação direta, pelo poder público, de pessoas físicas de baixa renda reconhecidas oficialmente como catadores de materiais recicláveis.

e) em se tratando de licitações internacionais na modalidade de concorrência, a administração pública não deve obediência ao princípio da igualdade, podendo oferecer garantias de pagamento distintas para licitantes brasileiros e estrangeiros.

221. **(Cespe/TJ/PI/Cartórios/Ingresso/2013)** Acerca das licitações, assinale a opção correta:

a) a revogação da licitação pelo Poder Judiciário pressupõe a existência de fatos supervenientes devidamente comprovados, pertinentes e que sejam suficientes para justificar o desfazimento da avença.

b) segundo entendimento do STJ, para a realização de licitação, não se exige a disponibilidade financeira, mas tão somente a previsão desses recursos na lei orçamentária.

c) considere que o estado X pretenda contratar uma renomada banda nacional para a realização de um espetáculo musical em comemoração ao aniversário do estado. Nessa hipótese, a contratação da banda pode ser feita por dispensa de licitação, por se tratar de profissionais do setor artístico consagrados pela opinião pública.

d) segundo entendimento do STJ, em caso de comprovada irregularidade fiscal de empresa contratada mediante licitação, é lícita a retenção do pagamento devido à contratada até a regularização desta perante o fisco, ainda que não haja a rescisão do contrato.

e) leilão é a modalidade licitatória destinada à venda de bens inservíveis para a administração ou legalmente apreendidos ou adquiridos por força de execução judicial, bem como para alienação de bens imóveis.

222. (Cespe/TJ/ES/Cartórios/Ingresso/2013) Acerca de licitações, assinale a opção correta:

a) é exaustivo o rol de hipóteses de inexigibilidade de licitação constante na legislação pertinente.

b) o licitante pode desistir da proposta, ainda que imotivadamente, até a fase de habilitação, exceto se se tratar da modalidade pregão.

c) a venda de imóveis que ingressem no patrimônio da administração pública mediante dação em pagamento é permitida apenas sob a modalidade de leilão, dependendo de prévia autorização legislativa.

d) adjudicado o objeto da licitação, se o vencedor recusar-se a firmar o contrato, os demais convocados poderão ser convocados para assinar o contrato, na forma das propostas que tiverem produzido.

e) a administração pode rejeitar pedido de habilitação de terceiro não convidado, mas cadastrado, se seu desempenho em contrato anterior tiver sido considerado insatisfatório.

223. (Cespe/TJ/RR/Cartórios/Ingresso/2013) Considerando a disciplina das licitações no ordenamento jurídico brasileiro, assinale a opção correta:

a) a licitação destina-se a garantir a observância do princípio constitucional da isonomia, a seleção da proposta mais vantajosa para a administração e a promoção do desenvolvimento nacional sustentável.

b) a legislação veda que se exija dos licitantes, na fase da habilitação, atestado de regularidade fiscal.

c) é inexigível a licitação para a aquisição ou restauração de obras de arte e objetos históricos, de autenticidade certificada, desde que compatíveis ou inerentes às finalidades do órgão ou entidade.

d) no caso de pregão, antes da etapa competitiva, o pregoeiro deverá verificar a aceitabilidade da proposta em função das exigências do edital.

e) entre os tipos de licitação expressamente previstos na legislação incluem-se a concorrência, a tomada de preços e o convite.

224. (Ieses/TJ/RN/Cartórios/Remoção/2012) De acordo com a Lei n. 8.666/93, para habilitação nas licitações não será exigido dos interessados o seguinte documento:

a) prova de regularidade para com a Fazenda Federal, Estadual e Municipal do domicílio ou sede do licitante, ou outra equivalente, na forma da lei.

b) prova de regularidade relativa à Seguridade Social e ao Fundo de Garantia por Tempo de Serviço (FGTS), demonstrando situação regular no cumprimento dos encargos sociais instituídos por lei.

c) prova de regularidade com a legislação ambiental, mediante apresentação de certidão expedida pelo Instituto Brasileiro do Meio Ambiente e dos Recursos Naturais Renováveis (Ibama) e pelo órgão estadual de meio ambiente, na forma da lei.

d) prova de inexistência de débitos inadimplidos perante a Justiça do Trabalho, mediante a apresentação de Certidão Negativa de Débitos Trabalhistas (CNDT).

225. (Ieses/TJ/PA/Cartórios/Ingresso/2016) Assinale a alternativa correta:

a) de acordo com o disposto na Lei Federal n. 4.717/1965 (ação popular), a sentença, quando não prolatada em audiência de instrução e julgamento, deverá ser proferida dentro de 60 (dias) dias do recebimento dos autos pelo juiz.

b) de acordo com o disposto na Lei Federal n. 7.347/1985, a ação civil poderá ter por objeto somente a condenação em dinheiro ou o cumprimento de obrigação de fazer.

c) de acordo com o disposto na Lei Federal n. 8.666/1993, nenhum prazo de recurso, representação ou pedido de reconsideração se inicia ou corre sem que os autos do processo estejam com vista franqueada ao interessado.

d) de acordo com o disposto na Lei Federal n. 12.965/2014, o provedor de conexão à internet será responsabilizado civilmente por danos decorrentes de conteúdo gerado por terceiros.

226. (Ieses/TJ/PB/Cartórios/Ingresso/2014) Assinale a alternativa correta:

a) ressalvados os casos especificados na legislação, as obras, serviços, compras e alienações serão contratados mediante processo de licitação pública que assegure igualdade de condições a todos os concorrentes, com cláusulas que estabeleçam obrigações de pagamento, mantidas as condições efetivas da proposta, nos termos da lei, o qual somente permitirá as exigências de qualificação técnica e econômica indispensáveis à garantia do cumprimento das obrigações.

b) a função híbrida, público-privada, dos serviços notariais, consoante uníssono entendimento do Supremo Tribunal Federal, descaracteriza a responsabilidade estatal pelas atividades exercidas pelos serventuários titulares de cartórios e registros extrajudiciais, uma vez que se trata de mera delegação.

c) a desafetação de bem público comum, ou seja, o seu trespasse para bem meramente dominical, dispensa prévia autorização em lei, bastando expedição de decreto do Poder Executivo devidamente fundamentado, no qual fique caracterizado o atendimento do interesse público e a preservação e proteção do meio ambiente.

d) de acordo com firme jurisprudência do Supremo Tribunal Federal, adotada após o episódio da construção do prédio do Tribunal Regional do Trabalho de São Paulo por valores superfaturados, possui o Tribunal de Contas da União poderes para sumária e cautelarmente anular ou sustar contratos administrativos, desde que haja indícios de fraude e perigo de dilapidação do patrimônio público.

227. **(FMP/TJ/MT/Cartórios/Ingresso/2014)** Nos termos da Lei n. 8.666, de 21/6/1993, que institui normas para licitações e contratos da Administração Pública, assinale a opção que contém um princípio aplicado às licitações, mas que não está expressamente positivado no artigo 3º da referida lei:

a) competitividade.

b) legalidade.

c) impessoalidade.

d) igualdade.

e) publicidade.

228. **(FMP/TJ/MT/Cartórios/Ingresso/2014)** Nos termos da Lei n. 8.666, de 21/6/1993, que institui normas para licitações e contratos da Administração Pública, acerca dos contratos administrativos assinale a opção correta:

a) não se aplicam as disposições de direito privado, mesmo que supletivamente.

b) a inadimplência do contratado com referência aos encargos fiscais gera responsabilidade da Administração Pública.

c) os contratos administrativos não poderão sofrer alterações, sob pena de violação ao princípio da vinculação ao instrumento convocatório.

d) a penalidade consistente na declaração de inidoneidade para licitar e contratar com a Administração Pública é de competência exclusiva do Ministro de Estado, do Secretário Estadual ou Municipal.

e) a aplicação da sanção consiste em multa que necessita de processo judicial.

229. **(Cespe/TJ/BA/Cartórios/Ingresso/2013)** No que diz respeito a licitação, assinale a opção correta:

a) é possível a prorrogação do contrato de fornecimento contínuo de bens, por iguais e sucessivos períodos, limitada a sessenta meses.

b) caso, ao final da licitação, os preços ofertados pelos licitantes não sejam compatíveis com os preços de mercado, a administração deverá anular a licitação.

c) não é possível a aquisição de maquinário, como computadores, mediante inexigibilidade de licitação, somente cabível para a contratação de serviços prestados por fornecedor exclusivo.

d) caso ao final da licitação, haja empate entre duas ou mais propostas, assegura-se preferência para os produtos ou serviços oferecidos por empresas integrantes do MERCOSUL.

e) é possível a indicação da marca dos produtos a serem adquiridos, desde que devidamente justificada.

230. **(Cespe/TJ/DFT/Cartórios/Ingresso/2014)** No que se refere à licitação, assinale a opção correta:

a) a inexigibilidade de licitação pode ser adotada em caso de inviabilidade de competição, como ocorre na contratação de serviços técnicos de publicidade e divulgação, de natureza singular, com empresa de notória especialização.

b) no procedimento licitatório, deve-se zelar pela transparência, salvo quanto ao conteúdo das propostas, que será sigiloso até a sua respectiva abertura.

c) de acordo com a Lei n. 8.666/1993, é permitido, como forma de estimular o desenvolvimento nacional, o estabelecimento de tratamento diferenciado de natureza comercial, legal, trabalhista, previdenciária entre empresas brasileiras e estrangeiras, independentemente do objeto licitado.

d) a modalidade legalmente exigida para a realização de licitação internacional pela administração pública é a concorrência, inclusive no caso de o órgão ou entidade possuir cadastro internacional de fornecedores ou quando não houver fornecedor do bem ou serviço no país

e) autarquia federal que pretenda contratar empresa para aprestação de serviço caracterizado como atividade econômica pode contratar, por dispensa de licitação, sociedade de economia mista desde que a entidade tenha sido criada para esse fim específico em data anterior à vigência da Lei n. 8.666/1993 e o preço contratado seja compatível com o praticado no mercado.

231. **(Cespe/TJ/SE/Cartórios/Remoção/2014)** Com relação às licitações (Lei n. 8.666/1993 e atualizações), assinale a opção correta:

a) a prestação de serviços públicos sob o regime de permissão, concessão ou autorização independe da realização de licitação.

b) o licitante que apresentar tempestivamente impugnação contra determinada restrição para a habilitação imposta no edital de licitação somente poderá participar do processo licitatório após o trânsito em julgado da decisão pertinente à referida impugnação.

c) é dispensável a licitação para a compra de imóvel destinado ao atendimento de finalidades precípuas da administração pública, se as necessidades de instalação condicionarem sua escolha e ainda que seu preço seja superior ao de mercado, desde que o imóvel seja adequado à destinação pretendida pela administração.

d) é possível a adoção da modalidade de licitação denominada tomada de preços caso os interessados apresentem comprovação das condições exigidas para o cadastramento até o terceiro dia posterior à data do recebimento das propostas, observada a necessária qualificação.

e) é vedada a inclusão, no edital de licitação, de exigências de habilitação para cujo atendimento os licitantes tenham de incorrer, antes da celebração do contrato, em custos não necessários.

232. **(Consulplan/TJ/MG/Cartórios/Remoção/2016)** A Administração Pública, quando contrata com terceiros, em regra, o faz através da licitação, nos termos definidos pela Lei n. 8.666/93. Todavia, esse certame não se destina a garantir:

a) a observância do princípio constitucional da isonomia.

b) a seleção da proposta mais vantajosa para a administração.

c) a promoção do desenvolvimento nacional sustentável.

d) a probidade administrativa, assegurada pelo sigilo da licitação.

233. **(Consulplan/TJ/MG/Cartórios/Ingresso/2015)** Quanto às licitações em geral, é incorreto afirmar:

a) a licitação não será sigilosa, sendo todos os atos de seu procedimento acessíveis ao público, inclusive o conteúdo das propostas antes da respectiva abertura.

b) em igualdade de condições, como critério de desempate, será assegurada preferência aos bens e serviços produzidos no País.

c) o procedimento licitatório caracteriza ato administrativo formal, seja ele praticado em qualquer esfera da Administração Pública.

d) todos os valores, preços e custos utilizados nas licitações terão como expressão monetária a moeda corrente nacional, ressalvadas as concorrências de âmbito internacional.

234. **(Consulplan/TJ/MG/Cartórios/Remoção/2015)** Assinale a alternativa incorreta:

a) não se subordinam ao regime da lei de licitações os fundos especiais.

b) a licitação será processada e julgada em estrita conformidade com os princípios básicos da legalidade, da impessoalidade, da moralidade, da igualdade, da publicidade, da probidade administrativa, da vinculação ao instrumento convocatório, do julgamento objetivo e dos que lhe são correlatos.

c) as compras, sempre que possível, deverão submeter-se às condições de aquisição e pagamento semelhantes às do setor privado.

d) nas compras deverá ser observada, ainda, a especificação completa do bem a ser adquirido sem indicação de marca.

235. **(Consulplan/TJ/MG/Cartórios/Remoção/2015)** Assinale a alternativa incorreta:

a) é vedado incluir no objeto da licitação a obtenção de recursos financeiros para sua execução, qualquer que seja a sua origem, exceto nos casos de empreendimentos executados e explorados sob o regime da concessão.

b) poderá participar indiretamente da licitação ou da execução de obra ou serviço e do fornecimento de bens a eles necessários, o autor do projeto, básico ou executivo, pessoa física ou jurídica.

c) nos projetos básicos e projetos executivos de obras e serviços será considerado ainda o impacto ambiental.

d) a Administração poderá conceder título de propriedade ou de direito real de uso de imóveis, dispensada licitação, quando o uso destinar-se a outro órgão ou entidade da Administração Pública, qualquer que seja a localização do imóvel.

236. **(Consulplan/TJ/MG/Cartórios/Remoção/2015)** Assinale a alternativa incorreta:

a) a rescisão do contrato pelo não cumprimento de cláusulas contratuais, especificações, projetos ou prazos, acarreta a assunção imediata do objeto do contrato, no estado e local em que se encontrar, por ato próprio da Administração.

b) os casos de rescisão contratual serão formalmente motivados nos autos do processo, assegurado o contraditório e a ampla defesa.

c) a pena de suspensão temporária de participação em licitação e impedimento de contratar com a Administração, por prazo não superior a 2 (dois) anos, só poderá ser aplicada em decisão judicial.

d) a recusa injustificada do adjudicatário em assinar o contrato, aceitar ou retirar o instrumento equivalente, dentro do prazo estabelecido pela Administração, caracteriza o descumprimento total da obrigação assumida, sujeitando-o às penalidades legalmente estabelecidas.

237. **(Consulplan/TJ/MG/Cartórios/Remoção/2014)** Quanto à licitação e aos contratos da Administração Pública, consoante o que dispõe a Lei n. 8.666/93, é correto afirmar, exceto:

a) o contratado, na execução do contrato, poderá subcontratar partes da obra, serviço ou fornecimento, até o limite admitido pela Administração.

b) nos casos de concessão de direito real de uso é cabível a modalidade de licitação denominada concorrência.

c) em igualdade de condições, como critério de desempate, será assegurada preferência, sucessivamente, aos bens e serviços produzidos no país e produzidos ou prestados por empresas brasileiras.

d) é nulo e de nenhum efeito, em qualquer hipótese, contrato verbal com a Administração.

238. **(Consulplan/TJ/MG/Cartórios/Remoção/2017)** Com relação ao tema Licitações, consoante a legislação de regência (Lei n. 8.666/1993), assinale a opção correta:

a) a pessoa jurídica de direito público atingida pelo fato ilícito tem legitimidade para instaurar inquérito penal, assegurado o contraditório, e propor a respectiva ação penal pública em relação aos crimes definidos na lei de licitações.

b) no caso da licitação do tipo "menor preço", entre os licitantes considerados qualificados a classificação se dará pela ordem crescente dos preços propostos, prevalecendo, no caso de empate, sucessivamente, as de maior índice de nacionalização, as que mais empregam mão de obra nacional e, persistindo o empate, sorteio em ato público convocado por edital.

c) em caso de imposição de sanção por inexecução total ou parcial do contrato, o pedido de reconsideração tem prazo de quinze dias úteis, podendo a autoridade competente, motivadamente e presentes razões de interesse público, suspender a execução da sanção imposta pelo prazo de até dois anos. Findo os quais, não mais perdurando os motivos determinantes da punição, será declarada a reabilitação da empresa ou do profissional contratado.

d) em caso de contratação de serviço técnico especializado, a administração pública só poderá fazê-lo desde que o autor ceda os direitos patrimoniais a ele relativos e a Administração possa utilizá-lo de acordo com o previsto no regulamento de concurso ou no ajuste para sua elaboração.

239. **(Consulplan/TJ/MG/Cartórios/Ingresso/2017)** Analise as seguintes assertivas relativas à licitação.

I. verificada a inabilitação de todos os licitantes ou a desclassificação de todas as propostas, a Administração poderá fixar aos licitantes o prazo de oito dias úteis para a apresentação de nova documentação ou de outras propostas escoimadas das causas que ocasionaram a desclassificação; fica facultada, no caso de convite, a redução deste prazo para três dias úteis.

II. é vedada a inclusão, no edital de licitação, de exigências de habilitação e de quesitos de pontuação técnica para cujo atendimento os licitantes tenham de incorrer em custos que não sejam necessários anteriormente à celebração do contrato.

III. a modalidade de licitação denominada pregão é aquela destinada à contratação de bens, obras e serviços de pequeno valor, nos termos da lei.

IV. é meramente exemplificativo o rol dos casos de dispensa ou inexigibilidade de licitação previstos na Lei n. 8.666/93.

Está correto apenas o que se afirma em:

a) I e IV.

b) I e II.

c) II e III.

d) III e IV.

240. **(Cetro/TJ/RJ/Cartórios/Ingresso/2017)** Microempresários e empresários de pequeno porte de determinado município correram ao cartório para solicitar cópias autenticadas de modo a participarem de processo de licitação e contratação com a Administração Pública local. Acerca deste caso, assinale a alternativa correta:

a) é facultativo o critério de limitação do valor do contrato em R$80.000,00.

b) a licitação e contratação de micro e pequenas empresas obedecem à limitação do valor do contrato em R$80.000,00 e, para aquisição de bens de natureza divisível, quota de até 25% (vinte e cinco por cento) do objeto do contrato.

c) a única obrigação a ser observada pela Administração Pública é o valor de R$80.000,00, sendo a ela facultado o estabelecimento de percentual de contratação anual de 25% (vinte e cinco por cento) das licitações.

d) é garantido às micro e pequenas empresas o percentual de contratação anual de 25% (vinte e cinco por cento) das licitações do órgão público.

e) em processo licitatório envolvendo micro e pequenas empresas para aquisição de obras e serviços à Administração Pública, é obrigatório exigir subcontratação de outras empresas do mesmo tipo.

7.2.2. *Dispensa/Inexigibilidade*

*** INOVAÇÕES LEGISLATIVAS**

▲ Lei 8.666/93. Capítulo II – Da Licitação, Seção I – Das Modalidades, Limites e Dispensa

▲ Art. 24. É dispensável a licitação: (...). XXXV – para a construção, a ampliação, a reforma e o aprimoramento de estabelecimentos penais, desde que configurada situação de grave e iminente risco à segurança pública. (Modificações: 13.500/17)

▲ Art. 26. Parágrafo único. O processo de dispensa, de inexigibilidade ou de retardamento, previsto neste artigo, será instruído, no que couber, com os seguintes elementos: I – caracterização da situação emergencial, calamitosa ou de grave e iminente risco à segurança pública que justifique a dispensa, quando for o caso; (...). (Modificações: 13.500/17)

*** QUESTÕES OBJETIVAS**

241. **(Consulplan/TJ/MG/Cartórios/Ingresso/2018)** Nos termos da Lei nº 8.666/93, há hipóteses em que é dispensável a licitação, situação que não está inserida em:

a) para a aquisição ou restauração de obras de arte e objetos históricos, de autenticidade certificada, desde que compatíveis ou inerentes às finalidades do órgão ou entidade.

b) para contratação de profissional de qualquer setor artístico, diretamente ou através de empresário exclusivo, desde que consagrado pela crítica especializada ou pela opinião pública.

c) quando não acudirem interessados à licitação anterior e esta, justificadamente, não puder ser repetida sem prejuízo para a Administração, mantidas, neste caso, todas as condições preestabelecidas.

d) para obras e serviços de engenharia de valor até 10% (dez por cento) do limite previsto na lei de licitações, desde que não se refiram a parcelas de uma mesma obra ou serviço ou ainda para obras e serviços da mesma natureza e no mesmo local que possam ser realizadas conjunta e concomitantemente.

242. **(Vunesp/TJ/SP/Cartórios/Ingresso/2016)** A licitação é dispensável:

a) para a contratação de profissional de setor artístico consagrado pela crítica especializada ou pela opinião pública.

b) para a aquisição de materiais que só possam ser fornecidos por produtor exclusivo.

c) na contratação de remanescente de obra, em consequência de rescisão contratual, desde que atendida a ordem de classificação da licitação anterior e aceitas as mesmas condições oferecidas pelo licitante vencedor.

d) para a contratação de serviços técnicos relativos à restauração de obras de arte com empresas de notória especialização.

243. **(Cespe/TJ/BA/Cartórios/Remoção/2013)** É dispensável a licitação na hipótese de:

a) venda de bens móveis produzidos ou comercializados por órgãos ou entidades da administração pública, em virtude de suas finalidades.

b) emergência ou de calamidade pública, desde que caracterizada urgência de atendimento de situação que possa ocasionar prejuízo ou comprometer a segurança de pessoas, obras, serviços, equipamentos e outros bens, públicos ou particulares.

c) contratação de serviços de natureza singular prestados por profissionais ou empresas de notória especialização.

d) contratação direta de profissional de qualquer setor artístico, desde que consagrado pela crítica especializada ou pela opinião pública.

e) dação em pagamento para a disposição de bens imóveis pela administração, desde que prevista ou autorizada em lei.

244. **(Consulplan/TJ/MG/Cartórios/Ingresso/2015)** É dispensável a licitação, exceto:

a) nos casos de guerra ou grave perturbação da ordem.

b) quando a União tiver que intervir no domínio econômico para regular preços ou normalizar o abastecimento.

c) quanto houver possibilidade de comprometimento da segurança nacional, nos casos estabelecidos em decreto do Presidente da República, ouvido o Conselho de Defesa Nacional.

d) para a aquisição, por pessoa jurídica de direito público interno, de bens produzidos ou serviços prestados por entidade privada que tenha sido constituída para esse fim específico.

245. **(Ieses/TJ/AM/Cartórios/Ingresso/2018)** Sobre as licitações e contratos administrativos, é correto afirmar:

a) segundo a Lei n. 8.666/1993, o instrumento de contrato é obrigatório nos casos de concorrência e de tomada de preços, bem como nas dispensas e inexigibilidades cujos preços estejam compreendidos nos limites destas duas modalidades de licitação, e facultativo nos demais em que a Administração puder substituí-lo por outros instrumentos hábeis, tais como carta-contrato, nota de empenho de despesa, autorização de compra ou ordem de execução de serviço.

b) no caso de atrasos de pagamento pela Administração Pública superiores a 90 (noventa) dias, o contratado poderá suspender o cumprimento do contrato, ainda que em casos de calamidade pública, grave perturbação da ordem interna ou guerra.

c) não se pode confundir a revisão do contrato administrativo com o seu reajuste, já que aquela somente é devida nos casos de contratações com prestações continuadas e nos termos previstos no edital e no contrato, segundo os prazos e índices lá estabelecidos.

d) segundo a Lei n. 8.666/1993, a concorrência, a tomada de preços, o convite, o concurso, o leilão e o pregão são tipos de licitação pública, cada um com suas peculiaridades e âmbitos de aplicação.

7.2.3. Modalidades

✱ INOVAÇÕES LEGISLATIVAS

▲ Lei do Pregão (Lei 10.520/02): sem alterações em 2017/2018.

✱ QUESTÕES OBJETIVAS

246. **(Cespe/TJ/ES/Cartórios/Remoção/2013)** Assinale a opção correta no que se refere a licitações com base na legislação de regência, na doutrina de referência e na jurisprudência do STJ:

a) a revogação do procedimento licitatório induz à do contrato.

b) os competidores têm direito a conhecer o resultado da licitação antes de sua homologação, razão pela qual devem ser ouvidos em contraditório, caso a administração decida revogar o certame.

c) caso, em procedimento licitatório, todas as propostas sejam desclassificadas por estar acima do valor de mercado, a administração poderá contratar diretamente com terceiro, desde que este apresente proposta mais vantajosa.

d) para participar em tomada de preço, o licitante não cadastrado prescinde de preencher todos os requisitos para o cadastramento, bastando que atenda às condições para a habilitação no certame.

e) na escolha da modalidade de licitação para contratos de duração continuada, deve-se considerar o preço do serviço no período efetivamente contratado, e não o valor por eventual prorrogação.

247. **(TJ/SC/Cartórios/Ingresso/2012)** Assinale a alternativa correta:

a) a modalidade de licitação através de pregão já estava prevista na Lei das Licitações (Lei n. 8.666/1993), a qual, todavia, por ter se tornado anacrônica e possuir regras mais dificultosas em razão de sua formalidade, foi novamente regulada pela Lei n. 10.520/2002, que consubstancia regras mais claras, precisas, modernas e menos burocratas que a legislação que se encontrava em vigor. Contudo, a Lei das Licitações, em casos específicos e desde que não contrarie a Lei do Pregão, pode ser aplicada subsidiariamente a essa modalidade.

b) o pregão é a modalidade de licitação utilizada para aquisição de bens em que os padrões de desempenho e qualidade possam ser objetivamente definidos pelo edital através de especificações editadas pela Associação Brasileira de Normas Técnicas – ABNT.

c) segundo a Lei n. 10.520/2002, o pregão é composto de três fases distintas, a saber: fase preparatória, fase de habilitação e a fase dita externa.

d) o pregão é uma modalidade de licitação que pode ser utilizada para compras e contratação de bens e serviços comuns efetuadas pelo sistema de registro de preços nos termos da Lei das Licitações (Lei n. 8.666/1993).

e) no pregão, segundo sua lei (Lei n. 10.520/2002), quem, convocado dentro do prazo de validade da sua proposta, não celebrar o contrato, deixar de entregar ou apresentar documentação falsa exigida para o certame, ensejar o retardamento da execução de seu objeto, não mantiver a proposta, falhar ou fraudar na execução do contrato, comportar-se de modo inidôneo ou cometer fraude fiscal ficará impedido de licitar e contratar com a pessoa jurídica licitante pelo prazo de cinco anos, sem prejuízo das multas previstas em edital e no contrato e das demais cominações legais.

248. **(Ieses/TJ/RN/Cartórios/Ingresso/2012)** O pregão é modalidade de licitação que se destina à aquisição de bens e serviços comuns, sem limite de valor, em que as propostas e os lances são realizados em sessão pública. Sobre o tema, assinale a alternativa incorreta:

a) aquele que não celebrar o contrato no prazo de validade ou não mantiver sua proposta, ficará impedido de licitar e contratar com a União, Estados, Distrito Federal e Municípios pelo prazo de até cinco anos, sem prejuízo de outras sanções.

b) caso o interessado não possa comparecer a sessão pública, poderá mandar representante, desde que comprove os poderes para prática dos atos.

c) o critério de julgamento é o de menor preço.

d) a publicação da convocação dos interessados deve ocorrer com antecedência mínima de 15 dias úteis em relação à data da apresentação das propostas.

249. **(FMP/TJ/MT/Cartórios/Remoção/2014)** Acerca da disciplina legal instituída pela Lei n. 10.520, de 17.7.2002, para a licitação na modalidade de pregão, é correto afirmar que:

a) sua concepção está relacionada ao modelo de administração pública burocrática.

b) a autoridade competente, na fase preparatória, designará, dentre os servidores do órgão ou entidade promotora da licitação, a Comissão de Licitação.

c) somente poderão apresentar oferta os licitantes habilitados.

d) para o julgamento e a classificação das propostas, será adotado o critério de melhor técnica e menor preço.

e) o prazo de validade das propostas será de sessenta dias, se outro não estiver fixado no edital.

250. **(Cetro/TJ/RJ/Cartórios/Remoção/2017)** Célio, que era funcionário de um oficialato, tornou-se pregoeiro de pregões eletrônicos (Lei n. 10.520/2002). No exercício de sua nova função, quando do julgamento de propostas apresentadas, deve observar uma série de pontos, inclusive o que corretamente consta de uma das alternativas abaixo. Assinale-a:

a) célio deve ter como critério seletivo o melhor preço, sem necessidade de observância de qualquer outro critério.
b) em tendo sido escolhido o vencedor do pregão, Célio não é mais autorizado a negociar diretamente, a fim de obter um preço ainda melhor.
c) uma vez abertos os envelopes das propostas, Célio tem o prazo de 3 (três) dias úteis para verificar se estão em conformidade com os requisitos do edital.
d) célio deve observar, como expressamente conceitua a lei, aceitabilidade como permissão de desclassificação apenas quando se verificar a inexequibilidade do preço ofertado.
e) sob orientação de Célio, após verificadas as propostas formais, oralmente, o participante da oferta com valor mais baixo e os de propostas com preço até 10% (dez por cento) superiores poderão fazer novos e sucessivos lances para se chegar ao vencedor final.

8. PROCESSO ADMINISTRATIVO

8.1. Processo Comum

✻ INOVAÇÕES LEGISLATIVAS

▲ Lei do Processo Administrativo Federal (Lei 9.784/99): sem alterações em 2017/2018.

✻ SÚMULAS

STF **Súm. Vinculante 21.** É inconstitucional a exigência de depósito ou arrolamento prévios de dinheiro ou bens para admissibilidade de recurso administrativo.

STF **Súm. 271.** Concessão de mandado de segurança não produz efeitos patrimoniais, em relação a período pretérito, os quais devem ser reclamados administrativamente ou pela via judicial própria.

STF **Súm. 346.** A Administração Pública pode declarar a nulidade dos seus próprios atos.

STF **Súm. 429.** A existência de recurso administrativo com efeito suspensivo não impede o uso do mandado de segurança contra omissão da autoridade.

STF **Súm. 430.** Pedido de reconsideração na via administrativa não interrompe o prazo para o mandado de segurança.

STF **Súm. 473.** A administração pode anular seus próprios atos, quando eivados de vícios que os tornam ilegais, porque deles não se originam direitos; ou revogá-los, por motivo de conveniência ou oportunidade, respeitados os direitos adquiridos, e ressalvada, em todos os casos, a apreciação judicial.

✻ QUESTÕES OBJETIVAS

251. **(Cespe/TJ/PI/Cartórios/Remoção/2013)** No que concerne ao processo administrativo, assinale a opção correta:

a) aplica-se ao processo administrativo o princípio da verdade formal, de acordo com o qual a administração deve decidir conforme as provas produzidas no processo administrativo, não podendo o administrador buscar a verdade material mediante a realização de outras provas.
b) tratando-se de processos administrativos, independentemente de sua natureza, considera-se atendido o princípio da publicidade mediante a publicação do ato na imprensa oficial, dispensando-se a comunicação pessoal de eventual interessado.
c) o processo administrativo caracteriza-se como não litigioso quando não apresenta conflito de interesses entre o Estado e um particular, a exemplo da sindicância administrativa.
d) a aplicação do princípio da oficialidade no âmbito dos processos administrativos depende de previsão legal específica.
e) o princípio do contraditório e da ampla defesa tem aplicação absoluta no processo administrativo, devendo ser observado nos processos administrativos litigiosos e nos não litigiosos.

252. **(Cespe/TJ/ES/Cartórios/Ingresso/2013)** A respeito do processo administrativo, assinale a opção correta:

a) a exigência de arrolamento prévio de bens é condição de admissibilidade de recursos administrativos na esfera fiscal.
b) tendo condenado o servidor à pena de demissão em processo administrativo, a administração deve aguardar, para aplicar a pena, decisão de ação penal que discuta as faltas disciplinares apuradas administrativamente, de modo a evitar custos de eventual reintegração do servidor.
c) o processo administrativo cuja decisão vincula os órgãos competentes é composto das seguintes fases, nessa ordem: instauração, relatório, defesa e julgamento.
d) o princípio da oficialidade aplica-se, no processo administrativo, à fase de instauração, razão

por que sua aplicação é mais ampla no processo administrativo que no processo judicial.

e) em se tratando de processo administrativo disciplinar, deve o servidor processado constituir advogado, devendo, caso não o faça, ser-lhe nomeado um defensor dativo, sob pena de anulação do processo.

253. (Vunesp/TJ/SP/Cartórios/Remoção/2016) De acordo com a Súmula Vinculante n. 21 do Supremo Tribunal Federal, a exigência de depósito ou arrolamento prévios de dinheiro ou bens para admissibilidade de recurso administrativo é:

a) inconstitucional.

b) constitucional.

c) vedada quando o devedor se encontra em comprovado estado de insolvência.

d) admitida nos casos de interesse da União.

254. (Faurgs/TJ/RS/Cartórios/Ingresso/2015) Pelo princípio da oficialidade, aplicado ao processo administrativo, fica estabelecido que:

a) a Administração tem poder para instaurar o processo administrativo "ex officio".

b) a Administração só pode instaurar o processo administrativo mediante provocação do administrado.

c) os atos da Administração têm presunção de legitimidade.

d) as decisões administrativas, uma vez proferidas, não podem ser objeto de recurso ou revisão.

255. (Faurgs/TJ/RS/Cartórios/Ingresso/2015) Assinale a alternativa que contém a afirmação correta sobre o processo administrativo:

a) o recurso administrativo terá sempre efeito suspensivo.

b) o recurso administrativo nunca terá efeito suspensivo.

c) o não conhecimento do recurso não impede a Administração de rever de ofício o ato ilegal, desde que não ocorrida preclusão administrativa.

d) dirigido o recurso à autoridade que proferiu a decisão, é vedada, em qualquer hipótese, a reconsideração.

256. (Ieses/TJ/PB/Cartórios/Remoção/2014) São legitimados como interessados no processo administrativo:

I. as pessoas ou as associações legalmente constituídas quanto a direitos ou interesses difusos.

II. pessoas físicas ou jurídicas que o iniciem como titulares de direitos ou interesses individuais ou no exercício do direito de representação.

III. as organizações e associações representativas, no tocante a direitos e interesses coletivos.

IV. aqueles que, sem terem iniciado o processo, têm direitos ou interesses que possam ser afetados pela decisão a ser adotada.

A sequência correta é:

a) apenas as assertivas II e IV estão corretas.

b) as assertivas I, II, III e IV estão corretas.

c) apenas a assertiva II está correta.

d) apenas as assertivas I, III e IV estão corretas.

257. (FMP/TJ/MT/Cartórios/Ingresso/2014) Com relação aos princípios que regem o processo administrativo, é correto afirmar que:

a) o princípio da publicidade é absoluto, por força do artigo 37, caput, da Constituição Federal.

b) o princípio da oficialidade assegura a possibilidade de instauração do processo por iniciativa da Administração Pública, independente de provocação do administrado.

c) o princípio do informalismo dispensa a obrigatoriedade de motivação das decisões proferidas nos processos administrativos.

d) o princípio da ampla defesa e do contraditório pode ser sacrificado em homenagem à supremacia do interesse público.

e) o princípio da pluralidade de instâncias não se aplica em razão da estrutura contida no poder hierárquico.

258. (Cespe/TJ/RR/Cartórios/Ingresso/2013) Com base no disposto na Lei n. 9.784/1999, que regula os processos administrativos, assinale a opção correta:

a) a competência, irrenunciável, pode ser delegada a outros órgãos ou titulares, ainda que estes não sejam hierarquicamente subordinados ao órgão originalmente competente, quando for conveniente, em razão de circunstâncias de índole técnica, social, econômica, jurídica ou territorial.

b) o não atendimento da intimação para ciência de decisão importa o reconhecimento da verdade dos fatos pelo administrado.

c) o andamento do processo administrativo deve ser feito mediante atuação do interessado, vedada a impulsão de ofício.

d) a edição de atos de caráter normativo poderá ser delegada, desde que a delegação se mostre conveniente, em razão de circunstâncias de índole técnica, social, econômica, jurídica ou territorial.

e) o descumprimento do regime de tramitação prioritária dos processos em que figurem como parte ou interessado maiores de sessenta anos de idade e portadores de deficiência física ou mental sujeitará o magistrado ou servidor público responsável às penalidades previstas em lei e à reparação das perdas e danos sofridos pelo beneficiado.

259. **(Ieses/TJ/PA/Cartórios/Remoção/2016)** A Lei 9.784 estabelece normas básicas sobre o processo administrativo no âmbito da Administração Federal direta e indireta, visando, em especial, à proteção dos direitos dos administrados e ao melhor cumprimento dos fins da Administração. De acordo com a citada lei têm legitimidade para interpor recurso administrativo:

a) aqueles cujos direitos ou interesses forem indiretamente afetados pela decisão recorrida; as organizações e associações representativas, no tocante a direitos e interesses coletivos; os cidadãos ou associações, quanto a direitos ou interesses difusos.

b) os titulares de direitos e interesses que forem parte no processo; aqueles cujos direitos ou interesses forem indiretamente afetados pela decisão recorrida; as organizações e associações representativas, no tocante a direitos e interesses coletivos; os cidadãos ou associações, quanto a direitos ou interesses difusos.

c) os titulares de direitos e interesses que forem parte no processo; aqueles cujos direitos ou interesses forem indiretamente afetados pela decisão recorrida; os cidadãos ou associações, quanto a direitos ou interesses difusos.

d) os titulares de direitos e interesses que forem parte no processo; aqueles cujos direitos ou interesses forem indiretamente afetados pela decisão recorrida; as organizações e associações representativas, no tocante a direitos e interesses coletivos.

260. **(Ieses/TJ/PA/Cartórios/Ingresso/2016)** Assinale a alternativa correta:

a) de acordo com o disposto na Lei Federal n. 8.429/1992, aceitar emprego, comissão ou exercer atividade de consultoria ou assessoramento para pessoa física ou jurídica que tenha interesse suscetível de ser atingido ou amparado por ação ou omissão decorrente das atribuições do agente público, durante a atividade constitui ato de improbidade administrativa que atenta contra os princípios da administração pública.

b) de acordo com o disposto na Lei Federal n. 4.717/1965 (ação popular), a sentença que, apreciando o fundamento de direito do pedido, julgar a lide manifestamente temerária, condenará o autor ao pagamento do dobro das custas e honorários advocatícios, estes limitados a 10% do valor da causa.

c) de acordo com o disposto na Lei Federal n. 9.784/1999, o administrado tem direito de formular, perante a Administração, alegações e apresentar documentos antes da decisão, os quais serão objeto de consideração pelo órgão competente.

d) de acordo com o disposto na Lei Federal n. 12.965/2014, o provedor de aplicações de internet constituído na forma de pessoa jurídica e que exerça essa atividade de forma organizada, profissionalmente e com fins econômicos deverá manter os respectivos registros de acesso a aplicações de internet, sob sigilo, em ambiente controlado e de segurança, pelo prazo de 2 (dois) anos, nos termos do regulamento.

261. **(Ieses/TJ/PB/Cartórios/Ingresso/2014)** Assinale a alternativa correta:

a) aos titulares de serventias cartoriais aplica-se o disposto no artigo 40, § 3º, inciso II da Constituição Federal, em sua redação atual, isto é, serão eles compulsoriamente aposentados aos 75 (setenta e cinco) anos de idade, com proventos proporcionais ao tempo de contribuição.

b) de acordo com atual entendimento do Supremo Tribunal Federal, as prorrogações dos contratos administrativos devem ser obrigatoriamente precedidas de licitação, sendo vedada a prorrogação por meio de termo aditivo, em homenagem aos princípios da moralidade e impessoalidade.

c) "controle finalístico" da Administração Pública é aquele que visa a comprovação da eficiência, do resultado, da conveniência ou oportunidade do ato controlado.

d) consoante pacífico entendimento esposado pelo Supremo Tribunal Federal, o disposto no artigo 54 da Lei n. 9.784/99, a revelar o prazo de decadência para a Administração Pública rever os próprios atos, por pressupor situação jurídica constituída, não se aplica à aposentadoria, porque esta reclama atos sequenciais. Ademais, o contraditório, base maior do devido processo legal, requer, a teor do disposto no inciso LV do artigo 5º da Constituição Federal, litígio ou acusação, não alcançando os atos sequenciais alusivos ao registro de aposentadoria.

262. (Ieses/TJ/PB/Cartórios/Ingresso/2014) Dentre os princípios da Administração Pública expressamente elencados no artigo 2º da Lei Federal n. 9.784/99, não se encontra o da:

a) proporcionalidade.
b) razoabilidade.
c) verdade sabida.
d) finalidade.

263. (FMP/TJ/MT/Cartórios/Remoção/2014) No âmbito da Administração Pública Federal, a Lei n. 9.784, de 29/1/1999, disciplina o processo administrativo. Com relação a tal disciplina legal, é correto afirmar que:

a) as pessoas jurídicas não estão legitimadas como interessadas no processo administrativo.
b) a competência é irrenunciável, não se admitindo a delegação ou avocação para a prática dos atos administrativos.
c) nas matérias nas quais a última palavra é do Poder Judiciário, a Administração Pública não tem o dever de decidir.
d) os atos administrativos deverão ser motivados quando imponham ou agravem deveres, encargos ou sanções.
e) em face do conteúdo jurídico do princípio da legalidade, não é possível a convalidação dos atos administrativos que apresentarem qualquer espécie de defeito.

264. (Cespe/TJ/BA/Cartórios/Ingresso/2013) Em relação ao processo administrativo regulamentado pela Lei n. 9.784/1999, assinale a opção correta:

a) inexistindo regra legal específica, o processo administrativo deverá ser iniciado perante a autoridade superior do órgão competente, à qual cabe proferir a decisão final.
b) no processo administrativo, vige o princípio da verdade formal.
c) em razão do princípio da oficialidade, é possível, mesmo após a desistência do interessado, a administração prosseguir com o processo, se assim julgar conveniente.
d) a existência de processo judicial impede a abertura de processo administrativo com o mesmo pedido, por ausência de interesse de agir da parte autora.
e) a extrapolação dos prazos previstos em lei é causa de nulidade relativa do processo, passível de convalidação caso não haja arguição da parte interessada, a despeito do prejuízo que lhe tenha sido causado.

265. (Cespe/TJ/DFT/Cartórios/Remoção/2014) No que diz respeito ao processo administrativo no âmbito da administração pública federal e à licitação, assinale a opção correta:

a) os processos administrativos sancionatórios podem ser revistos a qualquer tempo, inclusive para "reformatio in pejus", desde que tenham surgido fatos novos que justifiquem a inadequação da sanção aplicada.
b) o desatendimento da intimação em processo administrativo torna revel o administrado interessado, importando no reconhecimento da verdade dos fatos e, se for o caso, na renúncia do direito em discussão.
c) é inexigível a licitação para a contratação de empresa com notória especialização em perícia e avaliações em geral, desde que o serviço a ser realizado se caracterize como singular e a empresa seja a única do mercado a realizá-lo.
d) consoante o princípio da isonomia, é vedado aos agentes públicos estabelecer quaisquer tipos de margem de preferência nos processos licitatórios.
e) o servidor que tenha participado ou venha a participar como perito em um processo administrativo encontra-se impedido de atuar nesse processo.

8.2. Processo Disciplinar

✱ SÚMULAS

STF Súm. Vinculante 5. A falta de defesa técnica por advogado no processo administrativo disciplinar não ofende a Constituição.

STF Súm. 18. Pela falta residual, não compreendida na absolvição pelo juízo criminal, é admissível a punição administrativa do servidor público.

STF Súm. 19. É inadmissível segunda punição de servidor público, baseada no mesmo processo em que se fundou a primeira.

STF **Súm. 20.** É necessário processo administrativo, com ampla defesa, para demissão de funcionário admitido por concurso.

STF **Súm. 21.** Funcionário em estágio probatório não pode ser exonerado nem demitido sem inquérito ou sem as formalidades legais de apuração de sua capacidade.

STF **Súm. 55.** Militar da reserva está sujeito a pena disciplinar.

STF **Súm. 673.** O art. 125, § 4º, da Constituição, não impede a perda da graduação de militar mediante procedimento administrativo.

STJ **Súm. 591.** É permitida a "prova emprestada" no processo administrativo disciplinar, desde que devidamente autorizada pelo juízo competente e respeitados o contraditório e a ampla defesa.

STJ **Súm. 592.** O excesso de prazo para a conclusão do processo administrativo disciplinar só causa nulidade se houver demonstração de prejuízo à defesa.

STJ **Súm. 611.** Desde que devidamente motivada e com amparo em investigação ou sindicância, é permitida a instauração de processo administrativo disciplinar com base em denúncia anônima, em face do poder-dever de autotutela imposto à Administração.

* INFORMATIVOS

STJ **Processo administrativo disciplinar. Servidor do Poder Executivo Federal. Cessão para o Poder Legislativo. Pena de demissão. Competência correicional da Controladoria-Geral da União.** Compete ao Ministro de Estado Chefe da Controladoria-Geral da União a aplicação da penalidade de demissão a servidor do Poder Executivo Federal, independentemente de se encontrar cedido à época dos fatos para o Poder Legislativo Federal. MS 19.994, Rel. Min. Benedito Gonçalves, DJ 29.6.2018. 1ª S. (Info 629)

* QUESTÕES DISCURSIVAS

09. **(Cespe/TJ/DFT/Cartórios/Remoção/2014)** Após processo administrativo no qual lhe foi aplicada sanção disciplinar, determinado servidor ajuizou ação, sustentando a nulidade do processo em razão de não ter sido formalmente intimado, não ter tido o direito de apresentar alegações finais antes da decisão e não ter sido assistido por advogado em todas as fases processuais. A administração, por sua vez, argumentou que o servidor comparecera espontaneamente e tomara ciência do processo, embora tenha se recusado a assinar a intimação, e que a falta de defesa técnica por advogado fora de sua livre opção, não tendo havido, portanto, ofensa aos princípios do contraditório e da ampla defesa. A administração argumentou, ainda, que, ao se ter recusado a assinar a intimação, o servidor reconhecera implicitamente a verdade dos fatos e perdera o direito de formular alegações finais. Em face da situação hipotética acima apresentada, redija, à luz do disposto na legislação pertinente, texto dissertativo, respondendo, necessariamente, às seguintes indagações: (i) A ausência de intimação formal, em que pese o servidor ter comparecido espontaneamente, é causa de nulidade do processo? (ii) O fato de o servidor ter desatendido à intimação importa em reconhecimento da verdade dos fatos e em renúncia ao direito de formular alegações? (iii) A falta de defesa técnica por advogado no processo administrativo disciplinar ofende a Constituição Federal?

* QUESTÕES OBJETIVAS

266. **(Cespe/TJ/PI/Cartórios/Ingresso/2013)** Acerca dos poderes e deveres do administrador público e dos poderes administrativos, assinale a opção correta:

a) considere que determinado servidor cometa infração administrativa e, após o regular trâmite processual administrativo disciplinar, seja punido com suspensão pela autoridade competente. Nessa hipótese, a punição independe de decisão judicial visto que decorre diretamente do poder hierárquico da administração.

b) o poder regulamentar expressa uma função atípica e deve ser exercido privativamente pelos chefes de cada Poder, atendidos os limites constitucionais.

c) o poder de polícia reflete uma das mais importantes prerrogativas conferidas à administração, sendo exercido pela Polícia Federal no âmbito da União, e pela polícia civil no âmbito dos estados.

d) os poderes administrativos são faculdades outorgadas aos agentes públicos com a condicionante de beneficiarem a sociedade.

e) considere que um servidor cometa infração administrativa e, em razão disso, a autoridade administrativa o remova com a finalidade de puni-lo. Nessa situação, ainda que possua competência para o ato de remoção, a autoridade administrativa incorre em desvio de poder.

267. **(Ieses/TJ/RN/Cartórios/Ingresso/2012)** A ação punitiva do Estado deve ocorrer em certo lapso temporal, sob pena de estar abarcada pelo instituto da prescrição. A respeito do tema, assinale a alternativa incorreta:

a) a ação punitiva da Administração Pública Federal, direta e indireta, no exercício do poder de polícia, objetivando apurar infração à legislação em vigor, em regra, prescreve em cinco anos, contados da data em que tomou conhecimento da prática do ato.

b) em casos de infração permanente ou continuada, a prescrição somente começará a contar da data em que o ato tiver cessado.

c) se o ato administrativo constituir crime, o prazo prescricional será o mesmo da lei penal.

d) prescrevem em período superior a três anos os procedimentos administrativos paralisados que estão aguardando despacho ou julgamento da autoridade administrativa.

268. **(Ieses/TJ/PB/Cartórios/Ingresso/2014)** Assinale a alternativa correta:

a) para que ocorra a demissão de servidor público é necessário o devido processo administrativo em que se garanta o contraditório e a ampla defesa, exceto quando se tratar de servidor público não estável, sendo aí suficiente a confissão por escrito do servidor admitindo o cometimento de falta considerada gravíssima.

b) a Constituição do Brasil de 1988 instituiu, em favor dos indiciados em processo administrativo, a garantia do contraditório e da plenitude de defesa, com os meios e recursos a ela inerentes (art. 5º, IV). O legislador constituinte consagrou, em norma fundamental, um direito do servidor público oponível ao poder estatal. A explícita constitucionalização dessa garantia de ordem jurídica, na esfera do procedimento administrativo-disciplinar, representa um fator de clara limitação dos poderes da administração pública e de correspondente intensificação do grau de proteção jurisdicional dispensada aos direitos dos agentes públicos.

c) nos processos perante o Tribunal de Contas da União asseguram-se o contraditório e a ampla defesa quando da decisão puder resultar anulação ou revogação de ato administrativo que beneficie o interessado, inclusive quanto à apreciação da legalidade do ato de concessão inicial de aposentadoria, reforma e pensão.

d) motivo de conveniência ou oportunidade, respeitados os direitos adquiridos, e ressalvada, em todos os casos, a apreciação judicial; ou revogá-los, quando eivados de vícios que os tornam ilegais, porque deles não se originam direitos.

269. **(Vunesp/TJ/SP/Cartórios/Ingresso/2014)** É promulgada uma lei estadual que cria um órgão de controle interno da Administração Pública, com função de fiscalização e imposição de sanções. Prescreve-se a competência deste órgão para instaurar processos administrativos disciplinares, inclusive contra agentes públicos lotados junto a entes da Administração Pública Indireta. Diante desta situação jurídica, é correto afirmar:

a) não pode o órgão de controle criado indistintamente instaurar procedimentos disciplinares contra servidores que integram a Administração Pública Indireta do Estado porque, se assim ocorresse, haveria a violação da capacidade administrativa de cada pessoa jurídica. No entanto, é possível conferir interpretação conforme a norma e entender que apenas excepcionalmente, em decisão fundamentada, pode haver a avocação da competência de instaurar e julgar os respectivos processos administrativos.

b) a lei estadual que disciplina o controle deste novo órgão, tanto em relação à Administração Pública Direta quanto junto à Indireta, em qualquer situação jurídica de irregularidade, é legítima por se inserir na competência legislativa concorrente dos Estados, nos termos do art. 24, XI, da Constituição Federal.

c) o controle amplo, tal como afirmado, fundamenta-se no regime jurídico administrativo, sobretudo nos princípios da moralidade administrativa e da boa-administração, o que justifica, quando houver notícia de violação de princípios da Administração Pública, a pronta atuação do novo órgão de controle.

d) a lei é inconstitucional porque a competência legislativa para disciplinar o processo administrativo é privativa da União, nos termos do art. 22, I, e aos Estados apenas compete, no exercício de sua competência suplementar, tratar de procedimentos, conforme assevera o art. 24, XI, ambos da Constituição Federal.

270. **(Cespe/TJ/BA/Cartórios/Ingresso/2013)** Acerca do processo administrativo disciplinar, assinale a opção correta:

a) embora não haja, na Lei n. 8.112/1990, proibição à participação do servidor em sociedades comerciais ou civis, constitui, segundo essa norma, infração disciplinar passível de punição o fato de o servidor ser gerente ou administrador da sociedade.
b) de acordo com o entendimento do STF, é indelegável a competência para a aplicação de penalidades por faltas funcionais cometidas por servidores públicos.
c) em razão do princípio da legalidade, que subordina toda a atuação da administração, não se aplica ao processo administrativo disciplinar o princípio "pas de nullité sans grief", sendo considerado nulo todo processo disciplinar que não tenha observado as garantias legais, ainda que não tenha havido prejuízo para a defesa.
d) de acordo com o STF, a ausência de defesa técnica por advogado no processo administrativo disciplinar é causa de nulidade do processo.
e) a ausência de defesa do servidor no processo administrativo disciplinar acarreta a revelia, considerando-se verdadeiros os fatos que lhe sejam imputados.

271. **(Vunesp/TJ/SP/Cartórios/Remoção/2016)** A revisão administrativa da punição disciplinar de que não caiba mais recurso:

a) deve, sob pena de extinção, ser proposta dentro do prazo de dois anos contados da decisão que aplicou, em definitivo, a pena disciplinar.
b) é cabível contra todas as penas disciplinares, exceto a de perda de delegação.
c) é cabível a qualquer tempo se surgirem fatos ou circunstâncias ainda não apreciados, ou vícios insanáveis de procedimento, que possam justificar a redução ou a anulação da pena aplicada.
d) pode ter como fundamento a simples alegação da injustiça da decisão.

272. **(Vunesp/TJ/SP/Cartórios/Ingresso/2016)** De acordo com a Súmula Vinculante n. 5, do Supremo Tribunal Federal:

a) a falta de defesa técnica por advogado no processo administrativo disciplinar não ofende a Constituição apenas quando a pena aplicada foi a de advertência.
b) a falta de defesa técnica por advogado no processo administrativo disciplinar é causa de nulidade.
c) a falta de defesa técnica por advogado no processo administrativo disciplinar ofende a Constituição apenas quando a pena aplicada foi a de demissão.
d) a falta de defesa técnica por advogado no processo administrativo disciplinar não ofende a Constituição.

273. **(Cespe/TJ/BA/Cartórios/Remoção/2013)** No que diz respeito à sindicância patrimonial, assinale a opção correta:

a) na sindicância investigativa, da análise da evolução patrimonial do agente poderão ser extraídos suficientes indícios de incompatibilidade patrimonial capazes de culminar em penas disciplinares pela autoridade competente, a exemplo da demissão, ou na deflagração de ação de improbidade administrativa.
b) por oferecer garantia investigativa e procedimental, a investigação preliminar, de caráter sigiloso e não contraditório, é procedimento obrigatório antes da instauração da sindicância patrimonial.
c) a sindicância patrimonial é um procedimento inquisitorial, sigiloso e não punitivo no qual é garantido o direito ao contraditório e ao devido processo legal.
d) a sindicância patrimonial constitui procedimento investigativo com escopo delimitado e representa importante instrumento de apuração prévia de práticas corruptivas que envolvam servidores públicos, na hipótese em que o patrimônio destes aparente ser superior à renda licitamente auferida.
e) a sindicância patrimonial é um instrumento preliminar de apuração de infração administrativa que não se presta a apurar o enriquecimento ilícito.

274. **(Consulplan/TJ/MG/Cartórios/Ingresso/2017)** Foi instaurado processo disciplinar administrativo em desfavor de Tício, funcionário público, em razão de determinada conduta infrativa a ele atribuída. Ao ser instaurado o feito, considerando a possibilidade de o fato também caracterizar ilícito penal, a autoridade processante remeteu cópia ao Ministério Público, o qual ajuizou ação penal em face de Tício. No processo penal, ainda em curso o processo administrativo, Tício foi absolvido pelo Juízo Criminal, ao fundamento de insuficiência de provas quanto à concorrência do réu para a infração penal imputada. Essa decisão judicial:

a) deve prevalecer na esfera administrativa, acarretando o arquivamento do processo administrativo disciplinar por falta de justa causa, sem análise de mérito.

b) não impede o prosseguimento e julgamento do processo administrativo.

c) após transitar em julgado, acarreta a conclusão do processo administrativo disciplinar, que será decidido no mérito em favor do acusado.

d) uma vez transitada em julgado, deve prevalecer na esfera administrativa, acarretando o arquivamento do processo administrativo disciplinar por perda do objeto, sem análise de mérito.

9. RESPONSABILIDADE CIVIL DO ESTADO

* INFORMATIVOS

STJ Responsabilidade civil do Estado. Imposto de importação. Alteração de alíquotas. Indústria nacional. Impacto econômico-financeiro. Risco da atividade. Direito à manutenção do "status quo ante". Inexistência. Não se verifica o dever do Estado de indenizar eventuais prejuízos financeiros do setor privado decorrentes da alteração de política econômico-tributária, no caso de o ente público não ter se comprometido, formal e previamente, por meio de determinado planejamento específico. REsp 1.492.832, Rel. Min. Gurgel de Faria, DJ 1.10.2018. 1ª T. (Info 634)

STF Furto e responsabilidade civil de concessionária de serviços públicos. Existe reponsabilidade civil de pessoa jurídica de direito privado prestadora de serviço público em razão de dano decorrente de crime de furto praticado em suas dependências, nos termos do art. 37, § 6º, da CF. Há nexo causal entre a conduta omissiva (agir com o cuidado necessário quanto à vigilância no posto de pesagem, por ocasião do estacionamento obrigatório do veículo para lavratura do auto de infração), e o dano causado ao recorrente. Caracterizada a falha na prestação e organização do serviço. RE 598356, Rel. Min. Marco Aurélio, j. 8.5.2018. 1ª T. (Info 901)

STJ Companhia Brasileira de Liquidação e Custódia - CBLC. Negociação de ações mobiliárias. Uso de procuração pública falsa. Responsabilidade civil. Inexistência. A Companhia Brasileira de Liquidação e Custódia, atual BM&F Bovespa, não responde civilmente pelos prejuízos decorrentes da negociação de ações mobiliárias mediante uso de procuração pública falsa que não lhe foi apresentada. REsp 1.677.983, Rel. Min. Moura Ribeiro, DJ 2.8.2018. 3ª T. (Info 632)

* QUESTÕES OBJETIVAS

275. (Cespe/TJ/ES/Cartórios/Ingresso/2013) Acerca da responsabilidade civil do Estado, assinale a opção correta:

a) conforme a teoria do risco administrativo, dispensa-se a prova da culpa da administração, podendo o poder público, por sua vez, demonstrar a culpa da vítima para excluir ou atenuar a indenização.

b) a administração pública deve, obrigatoriamente, denunciar à lide seu preposto, ainda que apenas para suspender a contagem do prazo de prescrição da ação regressiva.

c) segundo a teoria do risco integral, consagrada na CF, a verificação da responsabilidade subjetiva do agente público é irrelevante para o eventual ressarcimento do particular.

d) sendo a obra pública considerada fato administrativo, o dano por ela causado não gera para a administração pública a responsabilidade civil objetiva estabelecida para o caso de dano advindo da prestação de serviços públicos.

e) de acordo com o entendimento dos tribunais superiores, a administração é obrigada a denunciar à lide o agente público causador do suposto dano.

276. (Cespe/TJ/ES/Cartórios/Remoção/2013) Com relação à responsabilidade civil do Estado, assinale a opção correta considerando a doutrina de referência:

a) o construtor particular de obra pública responde objetivamente por atos lesivos, na qualidade de delegado do poder público.

b) não cabe responsabilização objetiva pelos atos administrativos praticados por órgãos do Poder Judiciário e do Legislativo.

c) a ação regressiva não pode ser intentada contra herdeiros de servidor culpado, dado se fundar em ato ilícito atribuído ao "de cujus".

d) de acordo com a superada teoria da culpa administrativa, cabe ao particular comprovar a culpa subjetiva do servidor público, a fim de obter indenização por danos paga pela fazenda pública.

e) para que haja responsabilidade civil do Estado em caso de depredação por multidões, é necessário comprovar a culpa da administração.

277. (Ieses/TJ/RS/Cartórios/Remoção/2013) Assinale a alternativa correta:

a) as empresas privadas concessionárias de serviço público não responderão pelos danos que seus agentes, nessa qualidade, causarem a terceiros.
b) as pessoas jurídicas de direito público e as de direito privado prestadoras de serviços públicos responderão pelos danos que seus agentes, nessa qualidade, causarem a terceiros, afastado o direito de regresso contra o responsável, se não for caso de dolo ou culpa.
c) as pessoas jurídicas de direito público e as de direito privado que exercem atividade econômica responderão pelos danos que seus agentes, nessa qualidade, causarem a terceiros, assegurado o direito de regresso contra o responsável, nos casos de dolo ou culpa.
d) as pessoas jurídicas de direito público responderão pelos danos que seus agentes, nessa qualidade, causarem a terceiros, afastado o direito de regresso contra o responsável, nos casos de dolo ou culpa.

278. **(Ieses/TJ/RS/Cartórios/Ingresso/2013)** Assinale a alternativa correta:
a) não há responsabilidade do Estado por ato legislativo, ainda que se trate de lei inconstitucional.
b) a responsabilidade do Estado abrange apenas os danos materiais sofridos pela vítima do evento.
c) a responsabilidade do Estado independente da demonstração de culpa do agente público causador do dano, garantido o direito de regresso contra o responsável.
d) não há responsabilidade do Estado por omissão.

279. **(FCC/TJ/PE/Cartórios/Remoção/2013)** Em relação à responsabilidade civil do Estado e dos prestadores de serviços públicos, a Constituição Federal estabelece a modalidade:
a) objetiva de responsabilização para as pessoas jurídicas de direito público, para as de direito privado prestadoras de serviço público e para seus agentes.
b) objetiva de responsabilização para as pessoas jurídicas de direito privado prestadoras de serviço público e a responsabilidade subjetiva do agente público, que responde em caso de dolo ou culpa.
c) de responsabilidade subjetiva para os agentes públicos e para as pessoas jurídicas de direito privado prestadoras de serviço público, mantida a responsabilidade subsidiária do Poder Público.
d) de responsabilidade objetiva subsidiária do Poder Público, possibilitando-se o direito de regresso em face do agente responsável pelo ato causador do dano somente no caso de dolo quando se tratar de delegatário de serviço público.
e) de responsabilidade objetiva solidária entre as pessoas jurídicas de direito privado prestadoras de serviço público e seus agentes, quando estes tiverem atuado com dolo.

280. **(TJ/SC/Cartórios/Ingresso/2012)** Assinale a alternativa correta:
a) o caso fortuito ou a força maior, quando ocorrente sua comprovação em uma ação reparatória contra o Estado, exclui a condenação deste, uma vez que a ocorrência de natureza imprevisível e inevitável, absolutamente independente da vontade do agente público, rompe com o nexo de causalidade entre o evento danoso e o resultado dele.
b) tratando-se de responsabilidade civil do Estado, nos termos adotados pela Constituição Federal brasileira, a absolvição do servidor público em juízo criminal por possível ato praticado no exercício da atividade funcional, por falta de provas, impede a condenação do Estado em uma ação de reparação civil de danos materiais e morais em razão do mesmo fato apurado no juízo criminal no qual o servidor restou absolvido.
c) o Estado, uma vez condenado em ação em que se apura sua responsabilidade civil, não detém contra o servidor ação regressiva para recuperar aquilo que pagou à vítima lesada por ato de ofício praticado pelo servidor público.
d) na Teoria do Risco Integral, é indispensável a existência do evento danoso e do nexo causal para que surja a obrigação de indenizar para a administração pública, mesmo que o dano seja resultante de culpa exclusiva da vítima.
e) a responsabilidade civil das pessoas jurídicas de direito privado prestadoras de serviço público é subjetiva relativamente a terceiros usuários e não usuários do serviço, segundo se apura no preconizado pela Constituição Federal a respeito da responsabilização civil do Estado.

281. **(Faurgs/TJ/RS/Cartórios/Remoção/2015)** No que se refere à responsabilidade civil do

Estado, assinale a alternativa que contém afirmativa correta:

a) as pessoas jurídicas de direito público e as de direito privado prestadoras de serviços públicos responderão pelos danos que seus agentes, nessa qualidade, causarem a terceiros, assegurado o direito de regresso contra o responsável nos casos de dolo ou culpa.

b) o servidor público não será responsabilizado, em nenhuma hipótese, pelos danos causados a terceiros.

c) somente as pessoas jurídicas de direito público poderão ser responsabilizadas pelos danos causados por seus agentes, nessa qualidade, a terceiros.

d) exclusivamente os danos patrimoniais comprovados serão objeto de indenização pelas pessoas jurídicas de direito público.

282. (Vunesp/TJ/SP/Cartórios/Ingresso/2014) A respeito da teoria da imputação normativa aplicada à responsabilidade patrimonial do Estado, é correto afirmar:

a) deve ser considerada exclusivamente em relação aos atos da Administração Pública Direta, pois a delegação ou a outorga de um serviço público a particulares implica a incidência, ainda que não predominante, de elementos de responsabilidade do direito privado.

b) o nexo causal apurado não é exclusivamente sobre os fatos naturais, mas, antes e principalmente, refere-se à aferição da existência de uma competência pública prescritiva de um dever objetivo de evitar o resultado, independentemente de tratar-se da responsabilidade por ação ou por omissão.

c) é vinculada à denominada responsabilidade pela perda de uma chance com incidência tanto em relações jurídicas submetidas ao direito privado quanto às regidas pelo direito público.

d) aplica-se subsidiariamente à Administração Pública Direta sempre que o delegado do serviço público não apresente condições de sozinho reparar o dano.

283. (IBFC/TJ/PR/Cartórios/Ingresso/2014) Sobre responsabilidade civil do Estado, marque a proposição incorreta:

a) é impertinente a investigação da conduta da vítima ou de sua culpa, tendo em vista ser objetiva a responsabilidade do Estado.

b) a responsabilidade do Estado por erro judiciário independe de ter o Juiz atuado com dolo ou culpa.

c) o caso fortuito, a força maior e a conduta da vítima podem excluir total ou parcialmente a responsabilidade do Estado.

d) embora objetiva a responsabilidade do Estado, com base no nexo de causalidade, é subjetiva relativamente a este a responsabilidade do agente causador do dano, embasada no dolo e na culpa.

284. (Cespe/TJ/SE/Cartórios/Remoção/2014) Com relação à responsabilidade civil do Estado e à responsabilidade do delegado de serviço público, assinale a opção correta:

a) segundo o atual entendimento do STJ, ao Estado cabe indenizar, por danos materiais, a candidato aprovado em concurso púbico nomeado tardiamente em decorrência de decisão judicial.

b) consoante o STJ, na hipótese de condenação do Estado por impedir servidor público, em razão de interpretação equivocada, de continuar a exercer de forma cumulativa dois cargos públicos regularmente acumuláveis, deve-se aplicar a teoria da perda da chance na fixação do valor da indenização.

c) deve ser afastada a responsabilidade civil do notário absolvido na esfera criminal por inexistência do fato ou pela ausência de prova de autoria.

d) os registradores de feitos ajuizados não podem ser responsabilizados civilmente pelos danos causados a terceiros em decorrência da omissão, em sua certificação, das exigências relacionadas às certidões a serem expedidas pelos ofícios do registro de distribuição, serviços extrajudiciais, ou pelos distribuidores judiciais.

e) de acordo com o STF, os danos patrimoniais gerados pela intervenção do Estado em determinado setor impõem-lhe o dever de indenizar os prejuízos causados, em vista da adoção, no direito brasileiro, da teoria da responsabilidade objetiva do Estado com base no risco administrativo.

285. (Cespe/TJ/DFT/Cartórios/Remoção/2014) No que concerne à responsabilidade civil do Estado e ao controle da administração pública, assinale a opção correta:

a) no exercício da função administrativa, o Estado responde objetivamente tanto no caso de danos morais quanto no de danos materiais causados a terceiros por seus agentes.

b) apenas o Poder Executivo está obrigado a exercer o controle interno, dado consistir em função administrativa.

c) o controle judicial da administração pública pode ser realizado por provocação ou de ofício, podendo ser exercido por meio de mandado de segurança ou ação civil pública.

d) a teoria adotada no Brasil quanto aos casos de responsabilidade civil da administração pública é a do risco integral, segundo a qual a responsabilidade é objetiva, isto é, não depende da comprovação da culpa ou do dolo.

e) o controle judicial do poder disciplinar da administração pública é amplo, podendo o juiz considerar o mérito administrativo e determinar concretamente a sanção disciplinar aplicável ao caso.

286. **(Consulplan/TJ/MG/Cartórios/Remoção/2016)** Com relação à responsabilidade civil do Estado, é correto afirmar que:

a) não responde a Administração pela prática de ato ilícito, motivado e em estrita observância do princípio da legalidade.

b) a teoria do risco administrativo implica o reconhecimento da responsabilidade objetiva da Administração, ainda que em face de ato ilícito.

c) a culpa exclusiva da vítima, devidamente comprovada pelos meios admitidos, afasta a responsabilidade da Administração.

d) não cabe responsabilização do Estado por prejuízos causados em face da edição de lei, ainda que de efeitos concretos.

287. **(Vunesp/TJ/SP/Cartórios/Remoção/2014)** Sobre a teoria da responsabilidade patrimonial do Estado, pode-se afirmar:

a) há responsabilidade do Estado, ou de quem exerce em seu nome uma função pública, mesmo diante de atos lícitos, desde que o dano causado não afete indistintamente a toda sociedade, e sim a uma pessoa ou a um grupo determinável, e que o prejuízo reclamado não se possa qualificar como razoável pelo convívio em sociedade.

b) a responsabilidade do Estado por atos praticados por agentes privados que exercem a função pública por delegação é solidária, e caso indenize o particular, em relação a quem se reconhece judicialmente o dever de reparar o dano, deve o Estado, em ato subsequente, exercer o direito de regresso, desde que comprove a culpa do agente.

c) excludentes de responsabilidade, tais como força maior ou culpa exclusiva de terceiro, são irrelevantes à responsabilização do Estado porque prevalece a incidência da denominada teoria do risco integral.

d) a responsabilidade patrimonial do Estado incide em relação a atos e fatos submetidos à função administrativa, o que exclui, portanto, a função legislativa em razão de as normas editadas serem gerais e abstratas, salvo quando uma lei é promulgada para tratar de uma situação jurídica específica porque, neste caso, equipara-se, em conteúdo, a um ato administrativo.

288. **(Consulplan/TJ/MG/Cartórios/Remoção/2017)** A administração pública estatal foi condenada judicialmente por dano provocado a particular em razão de ato praticado por seu agente público (agindo nessa qualidade), ficando na hipótese evidenciado o seu direito de regresso. Quanto à ação regressiva, assinale a alternativa correta:

a) em caso de dolo do agente, a ação é imprescritível, podendo ser ajuizada a qualquer tempo.

b) em regra ela deve ser ajuizada, em atenção ao princípio da indisponibilidade.

c) deve ser ajuizada no prazo máximo de 2 anos a contar do trânsito em julgado da decisão condenatória.

d) é facultativo seu ajuizamento, uma vez que o direito de regresso pode ser exercido administrativamente, mediante desconto em folha do montante equivalente ao da condenação, incluindo custas e despesas processuais, em parcelas não superiores a 30% (trinta por cento) da remuneração do agente.

10. SERVIÇOS PÚBLICOS

10.1. Disposições Gerais

✱ SÚMULAS

STJ **Súm. 356.** É legítima a cobrança da tarifa básica pelo uso dos serviços de telefonia fixa.

STJ **Súm. 407.** É legítima a cobrança da tarifa de água, fixada de acordo com as categorias de usuários e as faixas de consumo.

STJ **Súm. 412.** A ação de repetição de indébito de tarifas de água e esgoto sujeita-se ao prazo prescricional estabelecido no Código Civil.

* QUESTÕES DISCURSIVAS

10. (Consulplan/TJ/MG/Cartórios/Remoção/2017) A prestação de serviços públicos pode ser interrompida ou suspensa? Justifique e fundamente sua resposta à luz da doutrina e da jurisprudência atual.

* QUESTÕES OBJETIVAS

289. (Consulplan/TJ/MG/Cartórios/Remoção/2018) Em relação aos serviços notariais e de registro, assinale a alternativa correta:

a) são exercidos em caráter público, por delegação do Poder Judiciário.

b) se inscrevem no âmbito das remuneráveis por tarifa ou preço público.

c) são atividades paraestatais cujo exercício privado jaz sob a exclusiva fiscalização do Poder Executivo.

d) o Estado responde objetivamente pelos danos causados a terceiros em decorrência da atividade notarial, cabendo direito de regresso contra o causador do dano em caso de dolo ou culpa.

290. (Cespe/TJ/ES/Cartórios/Remoção/2013) No que se refere a serviços públicos, sua delegação e seus usuários, assinale a opção correta com base na legislação de regência, na doutrina de referência e na jurisprudência do STJ:

a) entre os aspectos considerados na fixação da equação econômico-financeira do contrato de concessão inclui-se o prazo de duração.

b) à concessionária de serviços públicos essenciais exige-se o fornecimento de serviço continuado, sendo vedada por lei a interrupção desse serviço por inadimplência do usuário.

c) o sistema de regulação dos serviços públicos de titularidade do Estado prestados de forma indireta é incompatível com o sistema de proteção e defesa do consumidor, aplicado mediante o Código de Defesa do Consumidor.

d) é desnecessária a realização de licitação, caso a concessão de serviços públicos seja atribuída à entidade integrante da administração indireta.

e) a instituição de tarifa de serviço público sujeita-se ao princípio da estrita legalidade.

291. (Cespe/TJ/ES/Cartórios/Ingresso/2013) Em relação à delegação de serviços públicos, assinale a opção correta:

a) denomina-se encampação a extinção antecipada da concessão, por ato unilateral do poder concedente, de natureza sancionatória.

b) a anulação pode ocorrer independentemente da conduta do concessionário, já que se relaciona a evento ocorrido antes da formalização do contrato.

c) é inadmissível a utilização da arbitragem para a composição de litígios no âmbito de contratos de concessão, diante da indisponibilidade do interesse público.

d) a lei faculta ao poder concedente determinar que o licitante vencedor, no caso de consórcio, se constitua em empresa antes da celebração do contrato, independentemente de previsão no edital de licitação.

e) a intervenção consiste na assunção, pelo poder concedente, dos serviços públicos delegados, para garantir a regularidade dos serviços, até a extinção da concessão.

292. (Ieses/TJ/RS/Cartórios/Ingresso/2013) Assinale a alternativa correta:

a) o princípio da continuidade do serviço público determina que sua prestação deve ocorrer de maneira adequada e regular, sendo que os essenciais devem ser ininterruptos.

b) serviço público significa toda atividade prestada pelo Estado para a satisfação concreta dos interesses da Administração Pública.

c) o princípio da flexibilidade dos meios aos fins estabelece que o serviço público pode ser interrompido em caso de greve.

d) pelo princípio da isonomia, os usuários de serviço público não podem receber tratamento diferenciado, ainda que isso seja necessário para determinada prestação específica.

293. (Cespe/TJ/RR/Cartórios/Ingresso/2013) Suponha que, extinta a concessão de serviço público em razão do advento do termo do contrato, o poder concedente tenha decidido que os bens afetos ao serviço público, de propriedade do concessionário, seriam incorporados ao poder público. Nessa situação, considerando-se o disposto na Lei n. 8.987/1995, o instituto utilizado pelo poder concedente para incorporar os bens do concessionário ao patrimônio público denomina-se:

a) apropriação.

b) reversão.
c) encampação.
d) caducidade.
e) intervenção.

294. (FCC/TJ/PE/Cartórios/Remoção/2013) Tudo o que diz respeito à organização e ao funcionamento dos serviços públicos propriamente ditos, gerais ou locais, quer a Administração aja por via de contrato, quer proceda por via de autoridade, constitui uma operação administrativa que é pela sua natureza da competência administrativa. Esse famoso trecho da decisão do caso Terrier, julgado pelo Conselho de Estado Francês em 1903, possibilitou, juntamente com a decisão proferida no caso Blanco, o delineamento da noção de serviço público no direito francês, que influenciou o direito administrativo brasileiro. Sem prejuízo da evolução da noção de serviço público, pode-se identificar como presentes desde o trecho citado até em grande parte das conceituações atuais do instituto, inclusive por autores pátrios, os seguintes elementos, ainda que não concomitantes:

a) elemento formal, na medida em que o serviço público é regido exclusivamente pelo direito público; e elemento subjetivo, porque os serviços públicos devem ser prestados por pessoas jurídicas de direito público.
b) elemento subjetivo, diante da presença do Estado, direta ou indiretamente, porque é frequente a prestação de serviços públicos por pessoas jurídicas de direito privado; e elemento formal, que se expressa pela submissão ao regime de direito público, ainda que não exclusivamente.
c) elemento material, que se traduz pelas atividades qualificadas como serviços públicos pela lei; e elemento subjetivo, que se expressa pela necessidade da presença direta do Estado na prestação dos serviços públicos para assim serem qualificados.
d) elemento material, que se traduz por toda atividade desempenhada pelo Estado e que se preste ao atendimento de necessidades públicas, prescindindo de previsão legal expressa; e elemento formal, que admite a prestação do serviço mediante submissão a regime exclusivamente privado ou exclusivamente público.
e) elemento subjetivo, que se traduz na presença do Estado na relação jurídica de prestação de serviços públicos, direta ou indiretamente, nesse caso, desde que se trate de pessoa jurídica de direito público; e elemento material, que se traduz pelas atividades qualificadas como serviços públicos pela lei.

295. (FCC/TJ/PE/Cartórios/Ingresso/2013) As primeiras noções de serviço público surgiram na França com a denominada Escola do Serviço Público e, de acordo com os autores Leon Duguit e Roger Bonnard, abrangiam praticamente todas as funções do Estado. O conceito de serviço público foi sofrendo transformações no tempo e vários critérios têm sido adotados para classificá-lo, sendo correto afirmar que:

a) o conceito restrito de serviço público não engloba os serviços de natureza comercial e industrial prestados pelo Estado, ainda que erigidos à categoria de serviço público por lei.
b) o serviço público em seu conceito amplo corresponde a toda a atividade que o Estado exerce para cumprir os seus fins, excetuados os denominados serviços não exclusivos ou impróprios, passíveis de exploração por particulares mediante concessão ou permissão.
c) o conceito restrito de serviço público corresponde apenas aos denominados serviços públicos próprios ou exclusivos, exercidos obrigatoriamente de forma direta pelo Estado, com o objetivo de satisfazer concretamente às necessidades coletivas.
d) os serviços públicos não exclusivos do Estado são aqueles que, não obstante constituam obrigação do Estado para satisfação das necessidades coletivas, podem ser prestados por particulares mediante autorização e controle do Estado.
e) os serviços públicos exclusivos ou próprios são aqueles que somente podem ser prestados diretamente pelo Estado, dada a sua natureza essencial, e os não exclusivos são aqueles que podem ser prestados por particulares mediante concessão ou permissão.

296. (Ieses/TJ/PB/Cartórios/Ingresso/2014) Assinale a alternativa correta:

a) na hipótese de pagamento de valores indevidos realizado pela Administração Pública a crédito de um seu servidor, é lícito à Administração Pública promover a retificação de forma unilateral, sem necessidade de processo administrativo, em homenagem ao princípio da prevalência do interesse público.
b) a falta de defesa técnica por advogado no processo administrativo disciplinar ofende a

Constituição Federal, pois viola os princípios do devido processo legal e da ampla defesa material.

c) é hoje entendimento pacificado no Supremo Tribunal Federal ser inadmissível a utilização dos instrumentos típicos de controle da Administração Pública em relação a entidades privadas no exercício de funções públicas, pois tal contraria o princípio da estrita legalidade.

d) de conformidade com pacificado entendimento do Supremo Tribunal Federal, a atividade econômica em sentido amplo é gênero que compreende duas espécies, o serviço público e a atividade econômica em sentido estrito. Monopólio é de atividade econômica em sentido estrito, empreendida por agentes econômicos privados. A exclusividade da prestação dos serviços públicos é expressão de uma situação de privilégio. Monopólio e privilégio são distintos entre si; não se os deve confundir no âmbito da linguagem jurídica, qual ocorre no vocabulário vulgar. Os regimes jurídicos sob os quais em regra são prestados os serviços públicos importam em que essa atividade seja desenvolvida sob privilégio, inclusive, em regra, o da exclusividade.

297. (Cespe/TJ/DFT/Cartórios/Ingresso/2014) No tocante aos serviços públicos, assinale a opção correta:

a) a delegação de serviço público a particular por meio de permissão pode ser feita por dispensa de licitação, desde que a título precário.

b) são características da concessão de serviço público: licitação por meio de concorrência; exclusividade de concessão a pessoas jurídicas ou consórcios; e rescisão contratual unilateral.

c) os serviços notariais e de registro, embora públicos, são exercidos em caráter privado, por delegação do poder público mediante concessão, devendo ser precedidos de licitação.

d) a educação e a saúde são serviços públicos de titularidade não exclusiva do Estado, livres à iniciativa privada e submetidos ao controle inerente ao poder administrativo de polícia.

e) a aplicação de sanções, proibições e limitações a bens e atividades de particulares insere-se no conceito de serviço público.

298. (Cespe/TJ/DFT/Cartórios/Ingresso/2014) Em relação à improbidade administrativa e à proteção e à defesa do usuário de serviço público, assinale a opção correta:

a) a aplicação, ao gestor público, das penalidades decorrentes da prática de ato de improbidade administrativa depende da comprovação da ocorrência de dano ao erário e da não aprovação da prestação de contas pelo respectivo tribunal de contas.

b) para fins de aplicação das sanções de improbidade administrativa, não se considera agente público o servidor contratado por necessidade temporária de excepcional interesse público, dada a inexistência de vínculo estatutário deste com a administração pública.

c) a participação do usuário de serviço público na administração pública direta e indireta é garantida pela CF, devendo a lei regulamentar mecanismos de aferição da qualidade do serviço como reclamações, serviços de atendimento do usuário e avaliação periódica, externa e interna.

d) no que diz respeito à responsabilidade pela prática de ato de improbidade administrativa, não vigora o princípio da individualidade da pena, podendo o sucessor daquele que causar lesão ao patrimônio público ou enriquecer ilicitamente estar sujeito às cominações da lei além do limite do valor da herança.

e) o direito de acesso à informação dos usuários de serviço público aplica-se apenas aos casos de prestação direta do serviço pela administração pública.

299. (Cespe/TJ/SE/Cartórios/Remoção/2014) No que concerne à administração pública, seus órgãos e agentes, assinale a opção correta:

a) os notários e registradores são classificados como agentes particulares em colaboração com o Estado, por vontade própria.

b) o fomento, a polícia administrativa e o serviço público são abrangidos pela administração pública em sentido objetivo.

c) a administração pública em sentido estrito restringe-se às funções políticas e administrativas exercidas pelas pessoas jurídicas, por órgãos e agentes públicos.

d) os órgãos públicos possuem personalidade jurídica de direito público interno.

e) no direito brasileiro, adota-se a teoria da representação, formulada pelo alemão Otto Gierke, para a conceituação dos órgãos públicos.

300. (Cespe/TJ/DFT/Cartórios/Remoção/2014) Acerca de serviços públicos, assinale a opção correta:

a) a declaração de caducidade da concessão do serviço público configura-se quando a administração pública retoma o serviço durante o prazo de concessão, por motivo de interesse público, após prévia autorização legislativa e após a devida indenização à concessionária pelos prejuízos sofridos.

b) os serviços públicos compulsórios e gerais podem ser remunerados tanto por meio de tarifa quanto por meio de taxa.

c) após a reforma administrativa do Estado realizada pela Emenda Constitucional n. 19/1998, a CF autorizou a gestão associada na prestação de serviços públicos por meio de convênios de cooperação entre os entes federados, admitindo a transferência total ou parcial de encargos, serviços, pessoal e bens essenciais à continuidade dos serviços transferidos.

d) conforme determinação constitucional, os serviços públicos são de prestação obrigatória e exclusiva do Estado, não sendo permitida sua delegação a particulares.

e) a concessão de serviço público consiste na delegação, a título precário, mediante licitação, da prestação de serviços públicos, feita pelo poder concedente à pessoa jurídica que demonstre capacidade para seu desempenho, por sua conta e risco.

301. (Cespe/TJ/DFT/Cartórios/Remoção/2014) Assinale a opção correta no que se refere à improbidade administrativa e à proteção e defesa do usuário de serviço público:

a) de acordo com o princípio da continuidade do serviço público, a concessionária não poderá interromper o serviço, mesmo nos casos em que haja interesse da coletividade e inadimplemento do usuário.

b) tratando-se de prefeito, as ações de ressarcimento em virtude da prática de atos de improbidade administrativa prescrevem até cinco anos após o término do exercício do mandato.

c) a aplicação da pena de multa e de ressarcimento integral do dano em virtude da prática de ato de improbidade administrativa exemplifica o exercício do poder de polícia da administração pública.

d) o MP, a pessoa jurídica de direito público interessada e as associações são os únicos legitimados a ingressar com a ação principal no Poder Judiciário para a responsabilização por ato de improbidade administrativa.

e) desde que observadas as restrições estabelecidas constitucionalmente, é assegurado o direito de acesso dos usuários de serviço público aos respectivos registros administrativos e às informações sobre atos de governo.

302. (Cespe/TJ/SE/Cartórios/Ingresso/2014) Com relação à descentralização e à administração indireta, assinale a opção correta:

a) a descentralização por colaboração ocorre quando se transfere a execução de um serviço público a pessoa jurídica de direito privado já existente, conservando o poder público a titularidade desse serviço.

b) os consórcios públicos são considerados entidades da administração indireta, dotados de personalidade jurídica de direito público, integrantes de todos os entes da Federação consorciados.

c) as empresas públicas exploradoras de atividade econômica sujeitam-se ao regime jurídico próprio das empresas privadas, com exceção do que for concernente às obrigações comerciais.

d) as autarquias são entidades integrantes da administração indireta não sujeitas à tutela, tendo em vista a sua capacidade de autoadministração.

e) a descentralização pressupõe a existência de, pelo menos, dois órgãos ou pessoas jurídicas entre os quais se repartem as competências.

303. (Vunesp/TJ/SP/Cartórios/Remoção/2014) A respeito do serviço público, é correto afirmar:

a) há serviços públicos cuja titularidade é compartilhada com particulares por expressa determinação Constitucional, tal como a educação, saúde, previdência social e assistência social, quer dizer, mantém-se a natureza de serviços públicos mesmo quando ofertados por particulares; são os denominados serviços públicos não privativos do Estado.

b) a titularidade do serviço pode ser transferida a particulares, é a denominada privatização do serviço público.

c) por outorga do serviço público, entende-se a alienação da atividade que ocorre em favor de particulares ou por meio de concurso público, na hipótese das atividades notariais e de registro, ou por licitação nos demais casos.

d) a titularidade do serviço é sempre do Estado, apenas a execução é que pode, nos casos permitidos ou determinados pela Constituição Federal, ser assumida por um particular.

304. **(Ieses/TJ/MS/Cartórios/Ingresso/2014)** Assinale a alternativa correta:

a) o ingresso na atividade notarial e de registro depende de concurso público de provas e títulos, não se permitindo que qualquer serventia fique vaga, sem abertura de concurso de provimento ou de remoção, por mais de seis meses.

b) serviço Público Desconcentrado é todo aquele em que o Poder Público transfere sua titularidade ou, simplesmente, sua execução, por outorga ou delegação a autarquias, fundações, empresas estatais, empresas privadas ou particulares individualmente.

c) serviços Permitidos são aqueles nos quais o Poder Público, por ato unilateral, precário e discricionário, consente na sua execução por particular para atender a interesses coletivos instáveis ou emergência transitória, sendo tais serviços remunerados por tarifa arrecadada pela entidade permissionária.

d) a instituição, criação e organização das Autarquias somente se pode verificar por lei (formal e material) específica, sendo seus bens e rendas considerados patrimônio público.

305. **(Ieses/TJ/CE/Cartórios/Ingresso/2018)** Assinale a única alternativa correta:

a) a partir da vigência da lei das empresas públicas, sociedades de economia mista e de suas subsidiárias, desapareceram os institutos da descentralização e desconcentração, sendo vedada a transferência de competência de um órgão para outro, mesmo que pertencentes à mesma estrutura administrativa.

b) nos termos da Lei n. 8.987/1995, considera-se serviço público adequado aquele que satisfaz as condições de regularidade, continuidade, eficiência, segurança, atualidade, generalidade, cortesia na sua prestação e modicidade das tarifas.

c) o princípio da modicidade das tarifas públicas significa que todos os serviços públicos serão gratuitos e universais se não plenamente justificada a cobrança tarifária.

d) o princípio da mutabilidade não mais se aplica aos serviços públicos, daí serem atualmente vedadas por lei as chamadas "cláusulas exorbitantes".

306. **(Consulplan/TJ/MG/Cartórios/Ingresso/2018)** Sobre o instituto das parcerias público-privadas, assinale a afirmativa correta:

a) a constituição de sociedade de propósitos específicos é de caráter obrigatório, ressalvada a hipótese em que a Administração Pública seja titular da maioria do capital votante destas sociedades.

b) a previsão de contraprestação pecuniária do parceiro público ao parceiro privado é a diferenciação entre a concessão administrativa e a concessão patrocinada, ambas previstas como formas de parcerias público privadas.

c) a garantia do equilíbrio econômico-financeiro não é prevista expressamente na lei que rege o instituto; contudo é de ser admitida, na medida em que dentre as cláusulas que devem ser incluídas no contrato de parceria, estão aquelas relativas à repartição de riscos entre as partes e à forma de remuneração e de atualização dos valores contratuais.

d) a parceria público-privada é o contrato administrativo de concessão que tem por objetivo a execução de serviço público, precedida ou não de obra pública, remunerada mediante taxa paga pelo usuário e contraprestação pecuniária do parceiro público, ou a prestação de serviço de que a Administração Pública seja a usuária direta ou indireta, com ou sem execução de obra e fornecimento e instalação de bens, mediante contratação do parceiro público.

10.2. Autorização, Concessão, Delegação e Permissão

✱ INOVAÇÕES LEGISLATIVAS

▲ Lei de Concessão e Permissão da Prestação de Serviços Públicos (Lei 8.987/95).

▲ Art. 9º. § 5º A concessionária deverá divulgar em seu sítio eletrônico, de forma clara e de fácil compreensão pelos usuários, tabela com o valor das tarifas praticadas e a evolução das revisões ou reajustes realizados nos últimos cinco anos. (Modificações: Lei13.673/18)

▲ Lei de Outorga e Prorrogação das Concessões e Permissões de Serviços Públicos (Lei 9.074/95): sem alterações em 2017/2018.

▲ Lei da Parceria Público-Privada (Lei 11.079/04). Capítulo I – Disposições Preliminares

▲ Art. 2º. § 4º É vedada a celebração de contrato de parceria público-privada: I – cujo valor do contrato seja inferior a R$ 10.000.000,00 (dez milhões de reais); (...). (Modificações: Lei 13.529/17)

✱ SÚMULAS

STF **Súm. 510.** Praticado o ato por autoridade, no exercício de competência delegada, contra ela cabe o mandado de segurança ou a medida judicial.

✱ INFORMATIVOS

STJ **Franquias postais. Lei 11.668/08. Licitação. Necessidade. Encerramento de contratos vigentes antes das novas contratações. Impossibilidade. Decreto n. 6.639/08. Extrapolação do poder regulamentar. Violação ao princípio da legalidade.** Os contratos das Agências de Correios Franqueadas em vigor em 27.11.2007 que não sejam precedidos de licitação possuem eficácia até que as novas avenças sejam firmadas, ainda que descumprido o prazo estabelecido pelo art. 7º, parágrafo único, da Lei 11.668/08. AREsp 613239, Rel. Min. Benedito Gonçalves, DJ 16.11.2017. 1ª T. (Info 616)

✱ QUESTÕES OBJETIVAS

307. **(Cespe/TJ/RR/Cartórios/Ingresso/2013)** Considerando o disposto no ordenamento jurídico brasileiro a respeito das concessões e permissões de serviço público, assinale a opção correta:

a) a lei define concessão de serviço público como a delegação da prestação de serviços públicos, pelo poder concedente, à pessoa física ou jurídica que demonstre capacidade para seu desempenho, por sua conta e risco. A concessão deve se dar a título precário e mediante licitação.

b) o concessionário de serviço público atua em nome da administração pública, respondendo subsidiariamente por eventuais danos causados na execução do serviço.

c) a subconcessão do serviço público é expressamente vedada pelo ordenamento jurídico.

d) a caducidade da concessão ocorre quando há a retomada do serviço pelo poder concedente durante o prazo da concessão, por motivo de interesse público, mediante lei autorizativa específica e após prévio pagamento da indenização.

e) o poder concedente poderá, desde que previsto no edital de licitação, determinar que o licitante vencedor, no caso de consórcio, se constitua em empresa antes da celebração do contrato.

308. **(TJ/SC/Cartórios/Remoção/2012)** Assinale a alternativa correta:

a) toda concessão ou permissão pressupõe a prestação de serviço adequado ao pleno atendimento dos usuários. Não se caracteriza como descontinuidade do serviço público delegado através de concessão e permissão quando sua interrupção se dá em razão de situação de emergência ou após prévio aviso, quando motivado por razões de ordem técnica ou de segurança das instalações, e por inadimplemento do usuário, considerado o interesse da coletividade.

b) a permissão de serviço público será formalizada mediante contrato administrativo sinalagmático, após discutidas as cláusulas, o qual observará os termos da legislação que dispõe sobre o regime de concessão e permissão da prestação de serviços públicos, das demais normas pertinentes e do edital de licitação, inclusive quanto à precariedade e à revogabilidade unilateral do contrato pelo poder concedente.

c) as concessões e permissões sujeitar-se-ão somente à fiscalização pelo poder concedente responsável pela delegação.

d) incumbe ao Poder Público a prestação de serviços públicos, que será desenvolvida na forma da lei, diretamente ou sob regime de concessão ou permissão. A delegação do regime de concessão sempre será precedida de licitação, porém a autorização nem sempre, já que com base na conveniência e oportunidade, esta pode ser dispensada.

e) considera-se permissão de serviço público, segundo a lei, a delegação, a título precário, da realização de obras públicas e da prestação de serviços públicos, feita pelo poder concedente à pessoa física ou jurídica que demonstre capacidade para seu desempenho, por sua conta e risco.

309. **(Vunesp/TJ/SP/Cartórios/Remoção/2016)** A transferência da execução do serviço público por outorga pressupõe a existência de:

a) um contrato ou uma concessão.
b) um ato administrativo unilateral.
c) uma lei.
d) uma delegação da Administração Pública.

310. **(FMP/TJ/MT/Cartórios/Ingresso/2014)** Nos termos da Lei n. 8.987, de 13/2/1995, que dispõe sobre o regime de concessão e permissão da prestação de serviços públicos analise as seguintes assertivas:

I. a condenação transitada em julgado por sonegação de tributos pode levar à caducidade da concessão.
II. em caso de rescisão do contrato de concessão por iniciativa da concessionária, os serviços prestados poderão ser interrompidos ou paralisados por sua iniciativa.
III. permissão de serviço público é a delegação, a título precário, mediante licitação, da prestação de serviços públicos, feita pelo poder concedente à pessoa física ou jurídica que demonstre capacidade para seu desempenho, por sua conta e risco.
IV. incumbe à concessionária prestar contas da gestão do serviço ao poder concedente e aos usuários, nos termos definidos no contrato.

Estão corretas as alternativas:

a) I e III, apenas.
b) I e IV, apenas.
c) III e IV, apenas.
d) II, III e IV, apenas.
e) I, III e IV, apenas.

311. **(IBFC/TJ/PR/Cartórios/Ingresso/2014)** Quanto às concessões e permissões de serviço público, leia atentamente as afirmativas abaixo e assinale a incorreta:

a) no âmbito da Lei 8.987/1995, o concessionário será remunerado pela tarifa paga pelo usuário do serviço público, fixada pelo preço da proposta vencedora da licitação, não sendo possível a criação de tarifas diferenciadas em função das características técnicas e dos custos específicos provenientes do atendimento aos distintos segmentos de usuários.
b) por meio das concessões não há transferência da titularidade do serviço público privativo, mas apenas a outorga de sua execução aos particulares, que os exercem por sua conta e risco, nas hipóteses autorizadas por lei.
c) de acordo com a Lei 8.987/1995, no caso de extinção da concessão retornam ao poder concedente todos os bens reversíveis, direitos e privilégios transferidos ao concessionário, nos termos do edital e do contrato, com a imediata assunção do serviço pelo poder concedente.
d) a permissão de serviços públicos é feita a título precário, a pessoas físicas ou jurídicas que demonstrem capacidade por seu desempenho, por sua conta e risco, formalizada mediante contrato de adesão, conforme prevê a Lei 8.987/1995.

312. **(Cespe/TJ/BA/Cartórios/Remoção/2013)** A respeito das concessões e permissões de serviços públicos, assinale a opção correta:

a) as concessões são firmadas apenas com consórcios de empresas e as permissões, apenas com pessoas jurídicas.
b) o regime de concessão tem natureza onerosa; a permissão, por sua vez, pode ser realizada a título oneroso ou gratuito.
c) no regime de concessão, o prazo é determinado, já a permissão não comporta determinação de prazo de vigência.
d) o regime de concessão exige processo licitatório, ao passo que, para as permissões, a licitação é facultativa.
e) as concessões objetivam apenas matérias de cunho econômico e as permissões, matérias de âmbito administrativo e financeiro.

313. **(Cespe/TJ/BA/Cartórios/Remoção/2013)** Acerca das licitações e dos serviços públicos, assinale a opção correta:

a) a emissão culposa de parecer jurídico para dispensa de licitação, ainda que haja lesão ao erário, não configura improbidade administrativa, caso se comprove culpa leve.
b) a prestação de serviços públicos essenciais, contínuos ou não, é fator para considerar a licitação de alta complexidade técnica, para fins de exigências técnicas e de metodologia de execução.
c) a prestação de serviços públicos de forma associada nos termos do autorizado em contrato de consórcio público deve ser precedida de licitação, na celebração de contrato de programa com ente da Federação.
d) poderá ser inexigível a licitação na contratação do consórcio público pela administração direta dos entes da Federação consorciados.

e) a concessão de serviço público deve ser precedida de licitação pública; portanto, a sua prorrogação não razoável ofende exigência constitucional.

314. **(Cespe/TJ/SE/Cartórios/Ingresso/2014)** Acerca de serviço público, assinale a opção correta:

a) de acordo com o STJ, na hipótese de contrato de permissão de serviço de transporte público realizado sem prévia licitação, não há garantia da manutenção do equilíbrio econômico financeiro do contrato.

b) compete aos municípios a exploração direta ou por meio de concessão dos serviços de gás canalizado.

c) autorização, concessão e permissão são formas contratuais de delegação do serviço público.

d) as primeiras tentativas de conceituação de serviço público surgiram na Alemanha, com a Escola de Serviço Público, segundo a qual o conceito incluía as atividades materiais realizadas pelo Poder Executivo.

e) classificam-se como serviços públicos congênitos aqueles que, passíveis em tese de execução particular, são absorvidos pelo Estado em regime de concorrência com a iniciativa privada.

315. **(Vunesp/TJ/SP/Cartórios/Remoção/2016)** O artigo 236 da Constituição Federal de 1988 estabelece que os serviços notariais e de registro são exercidos em caráter privado, por delegação do Poder Público. O princípio do exercício privado da delegação está presente:

a) no capítulo do Poder Judiciário.

b) nas disposições constitucionais gerais.

c) no capítulo das Funções Essenciais à Justiça.

d) no capítulo da Ordem Social.

316. **(Consulplan/TJ/MG/Cartórios/Ingresso/2017)** Considere as assertivas abaixo:

I. a contraprestação da Administração Pública nos contratos de parceria público-privada poderá ser feita por outorga de direitos sobre bens públicos dominicais.

II. o prazo de vigência do contrato de parceria público-privada somente poderá ser estipulado em período inferior a 2 (dois) anos, se tiver por objeto obra certa, cujo valor global não ultrapasse R$ 20.000.000,00 (vinte milhões de reais).

III. incumbe ao poder concedente zelar pela boa qualidade do serviço, receber, apurar e solucionar queixas e reclamações dos usuários, que serão cientificados, em até trinta dias, das providências tomadas.

IV. a transferência de concessão ou do controle societário da concessionária, ainda que sem a prévia anuência do poder concedente, não implicará a caducidade da concessão.

Estão corretas:

a) somente I e II.

b) somente II e III.

c) somente I e III.

d) todas.

317. **(Consulplan/TJ/MG/Cartórios/Remoção/2017)** A Parceria Público Privada – PPP – é uma das principais ferramentas utilizadas pelo Governo para a realização de investimentos na área de infraestrutura. Por meio de uma PPP, a União, os Estados ou Municípios podem escolher e contratar empresas privadas, as quais serão responsáveis pela prestação de serviços de interesse público por prazo estabelecido. As cláusulas dos contratos de Parceria Público-Privada atenderão ao disposto no art. 23 da Lei n. 8.987, de 13 de fevereiro de 1995, no que couber, devendo também prever:

a) as penalidades aplicáveis à Administração Pública e ao parceiro privado em caso de inadimplemento contratual, fixadas sempre de forma proporcional à gravidade da falta cometida, e às obrigações assumidas.

b) o prazo de vigência do contrato, compatível com a amortização dos investimentos realizados, não inferior a 10 (dez), nem superior a 30 (trinta) anos, incluída eventual prorrogação.

c) os critérios intrínsecos e subjetivos de avaliação do desempenho do parceiro privado.

d) a vedação de realização de vistoria nos bens reversíveis, bem como o cronograma para o repasse ao parceiro privado das parcelas do aporte de recursos, cujo termo inicial será a disponibilização dos serviços.

318. **(Ieses/TJ/RO/Cartórios/Remoção/2017)** São motivos que autorizam a extinção do contrato de concessão segundo a Lei n. 8.987, de 13 de fevereiro de 1995:

I. rescisão, anulação.

II. falência ou extinção da empresa concessionária e falecimento ou incapacidade do titular, no caso de empresa individual.

III. encampação, caducidade.
IV. advento do termo contratual.

A sequência correta é:

a) apenas a assertiva IV está correta.
b) apenas as assertivas II, III, IV estão corretas.
c) apenas as assertivas II e IV estão corretas.
d) as assertivas I, II, III e IV estão corretas.

319. **(Ieses/TJ/CE/Cartórios/Ingresso/2018)** Assinale a única alternativa correta:

a) é dispensável a licitação para a construção, a ampliação, a reforma e o aprimoramento de estabelecimentos penais, desde que sejam situados em áreas de grande concentração populacional, nos termos da lei instituidora do Estatuto das Cidades.
b) nos termos da atual legislação, não é mais admitida a subconcessão, mesmo que prevista no contrato de concessão original então firmado mantendo-se, porém, aquelas contratadas anteriormente à vigência da lei proibitiva.
c) o regime jurídico dos contratos administrativos instituído pela Lei das Licitações confere à Administração, quando da rescisão do contrato, a prerrogativa de, em todos os casos, ocupar provisoriamente bens móveis, imóveis, pessoal e serviços vinculados ao objeto pactuado.
d) permissão de serviço público é a delegação, a título precário, mediante licitação, da prestação de serviços públicos, feita pelo poder concedente à pessoa física ou jurídica que demonstre capacidade para seu desempenho, por sua conta e risco.

320. **(Ieses/TJ/AM/Cartórios/Ingresso/2018)** Sobre o regime de concessão de serviço público previsto na Lei n. 8.987/1995, é incorreto afirmar:

a) ocorre a encampação do serviço público delegado quando o poder concedente, por motivo de interesse público, mediante autorização legislativa específica e após prévio pagamento de indenização, decide pela retomada do serviço público, durante o prazo da concessão.
b) a reversão no advento do termo contratual far-se-á com a indenização das parcelas dos investimentos vinculados a bens reversíveis, ainda não amortizados ou depreciados, que tenham sido realizados com o objetivo de garantir a continuidade e atualidade do serviço concedido.
c) poderá ocorrer a rescisão do contrato de concessão por iniciativa da concessionária, no caso de descumprimento das normas contratuais pelo poder concedente, mediante ação judicial especialmente intentada para esse fim.
d) no caso da delegação de serviço público, por meio de concessão, a caducidade consiste no retorno dos bens e serviços ao poder concedente, por conta do termo final do contrato.

11. TEORIA, PODERES E PRINCÍPIOS

11.1. Poderes

✱ SÚMULAS

STF Súm. Vinculante 38. É competente o município para fixar o horário de funcionamento de estabelecimento comercial.

STF Súm. Vinculante 49. Ofende o princípio da livre concorrência lei municipal que impede a instalação de estabelecimentos comerciais do mesmo ramo em determinada área.

STF Súm. 397. O poder de polícia da Câmara dos Deputados e do Senado Federal, em caso de crime cometido nas suas dependências, compreende, consoante o regimento, a prisão em flagrante do acusado e a realização do inquérito.

STF Súm. 419. Os municípios têm competência para regular o horário do comércio local, desde que não infrinjam leis estaduais ou federais válidas.

✱ QUESTÕES OBJETIVAS

321. **(Cespe/TJ/PI/Cartórios/Remoção/2013)** A respeito dos poderes e deveres do administrador público e dos poderes administrativos, assinale a opção correta:

a) no exercício do poder de polícia, pode a administração atuar tanto mediante a edição de atos normativos, de conteúdo abstrato, genérico e impessoal, quanto por intermédio de atos concretos, preordenados a determinados indivíduos.
b) caracteriza-se excesso de poder, uma das modalidades de abuso de poder, se o agente público, no exercício de sua competência, atua afastando-se do interesse público.
c) os agentes do poder público podem renunciar aos poderes administrativos a eles outorgados para o desempenho de atividades voltadas ao interesse da coletividade.

d) a conveniência e a oportunidade, elementos essenciais do poder discricionário, podem ser valoradas pelo administrador público no momento em que o ato é praticado, mas não posteriormente, quando de sua eventual revogação.

e) o poder hierárquico, consistente no escalonamento, em plano vertical, dos órgãos e agentes da administração pública, com a finalidade de organizar a função administrativa, serve de fundamento para a delegação, pelo agente, das competências exclusivas que lhe são atribuídas por lei.

322. **(Cespe/TJ/ES/Cartórios/Ingresso/2013)** A respeito do poder de polícia administrativa, assinale a opção correta:

a) a legislação considera a capacidade financeira do sujeito passivo tributário fator de mensuração do valor das taxas a serem cobradas pelo exercício do poder de polícia.

b) as taxas decorrentes do exercício do poder de polícia são fixadas de maneira a servir de incentivo ou desincentivo ao desempenho de determinada atividade, conforme seja ela desejável ou indesejável à coletividade.

c) no âmbito estadual, pode haver fixação de preços públicos para a remuneração de custos e despesas relacionados ao exercício do poder de polícia.

d) do poder de polícia administrativa decorre sempre a imposição de deveres de abstenção aos indivíduos, em benefício da coletividade.

e) a imposição coercitiva de deveres não pode ser exercida por terceiros que não sejam agentes públicos.

323. **(Ieses/TJ/RS/Cartórios/Remoção/2013)** Assinale a alternativa correta:

a) pelo poder de polícia, a Administração Pública limita direitos individuais em benefício do Estado.

b) pelo poder regulamentar, a Administração Pública complementa a disciplina da lei, editando atos legislativos e regulamentos.

c) pelo poder de polícia, a Administração Pública está autorizada a agir com discricionariedade e mitigar o princípio da legalidade.

d) pelo poder disciplinar, a Administração Pública apura infrações e aplica penalidades aos servidores públicos e a terceiros sujeitos à disciplina administrativa.

324. **(Cespe/TJ/RR/Cartórios/Ingresso/2013)** Acerca dos poderes da administração pública, assinale a opção correta:

a) segundo o STF, decreto autônomo que dispuser sobre a extinção de cargos públicos vagos será inconstitucional, por extrapolar os limites do poder regulamentar conferido ao chefe do Poder Executivo.

b) os atos administrativos praticados no exercício do poder de polícia caracterizam-se pela autoexecutoriedade, razão por que não são passíveis de questionamento perante o Poder Judiciário.

c) o regimento interno de um órgão é expressão do poder hierárquico desse órgão.

d) as sanções impostas pela administração aos particulares são exemplos de exercício do poder disciplinar.

e) o Conselho Administrativo de Defesa Econômica, mesmo sendo uma autarquia federal vinculada ao Ministério da Justiça, não está sujeito ao poder hierárquico desse ministério.

325. **(FCC/TJ/PE/Cartórios/Ingresso/2013)** Analise as situações abaixo descritas que correspondem ao exercício de poderes da Administração:

I. edição de decreto do Poder Executivo dispondo sobre a organização e funcionamento de órgãos administrativos.

II. declaração de inidoneidade de particular para participar de licitação ou contratar com a administração pública.

III. concessão de licença de instalação e funcionamento para estabelecimento comercial.

As situações descritas correspondem, respectivamente, aos poderes:

a) regulamentar, de polícia e normativo.

b) disciplinar, de polícia e regulamentar.

c) normativo, disciplinar e regulamentar.

d) normativo, disciplinar e de polícia.

e) hierárquico, disciplinar e regulamentar.

326. **(Ieses/TJ/RN/Cartórios/Remoção/2012)** Sobre o poder de polícia da Administração Pública, assinale a alternativa correta:

a) a polícia administrativa, essencialmente repressiva, tem por objeto limitar a liberdade e a propriedade.

b) o poder de polícia somente será legitimo se a lei que lhe dê suporte for constitucional.

c) é possível delegar as funções decorrentes do poder de polícia às pessoas da iniciativa privada mediante concessão, sendo vedado o uso do instituto da permissão para essa finalidade.
d) o poder de polícia não pode acarretar disciplina e restrições ao exercício de um direito fundamental.

327. (Vunesp/TJ/SP/Cartórios/Ingresso/2016) Em razão da impossibilidade de que as leis prevejam todas as contingências que possam surgir na sua execução, em especial nas diversas situações em que a Administração tiver que executar suas tarefas, devendo optar pela melhor solução, é necessária a utilização do poder administrativo denominado:

a) poder hierárquico.
b) poder regulamentar.
c) poder de polícia.
d) poder disciplinar.

328. (Faurgs/TJ/RS/Cartórios/Remoção/2015) No que se refere aos poderes da Administração Pública, assinale a alternativa que contém afirmativa correta:

a) é competência exclusiva do chefe do poder executivo condicionar ou restringir o uso e gozo de bens, atividades e direitos dos administrados.
b) limitar ou disciplinar o uso e gozo de bens, atividades e direitos dos administrados é exercício do poder de polícia administrativa.
c) somente o Poder Judiciário, pela relevância de suas funções jurisdicionais, tem competência para o exercício do poder de polícia administrativa.
d) o poder de polícia administrativa é exercido somente no âmbito da administração pública municipal, porque se restringe às questões locais.

329. (IBFC/TJ/PR/Cartórios/Remoção/2014) O balizamento ou a limitação dos direitos e liberdades individuais pela Administração Pública, em prol do interesse público, fundamenta-se no poder:

a) disciplinar.
b) regulamentar.
c) de polícia.
d) hierárquico.

330. (Cespe/TJ/BA/Cartórios/Ingresso/2013) No que se refere aos poderes administrativos, assinale a opção correta:

a) o poder regulamentar do Poder Executivo está sujeito a controle do Legislativo e do Judiciário.
b) o poder de polícia administrativa é discricionário, não sendo, por isso, passível de controle judicial o quantum da multa aplicada no exercício do poder de polícia.
c) o poder de polícia administrativa é autoexecutório quando houver proporcionalidade entre o ato ilícito praticado e a penalidade a ser aplicada.
d) o poder do superior hierárquico de decidir sobre os conflitos de competência entre os órgãos subordinados assim como os demais poderes administrativos deve ser expressamente previsto em lei.
e) o STF considera que o poder de polícia administrativa possa ser delegado a entidades privadas, desde que submetidas ao controle do poder concedente.

331. (Cespe/TJ/BA/Cartórios/Remoção/2013) No que concerne aos poderes da administração pública, assinale a opção correta:

a) conforme a doutrina majoritária, o poder regulamentar é conferido a todos os chefes dos poderes constituídos.
b) dado o princípio da legalidade, por meio do poder regulamentar podem ser realizados atos normativos primários e não primários ou concretos.
c) das faculdades implícitas do poder hierárquico decorre a delegação de rever os atos do superior.
d) por meio da avocação, substitui-se a competência do inferior hierárquico pela do superior hierárquico, com todas as consequências de uma substituição, inclusive a deslocação do juízo ou da instância em caso de demanda.
e) o poder disciplinar não pode ser exercido sobre servidor aposentado, dado o rompimento do vínculo funcional com a administração pública, independentemente do tempo do cometimento da ação ou omissão questionada do servidor.

332. (Cespe/TJ/DFT/Cartórios/Ingresso/2014) A respeito dos poderes administrativos, assinale a opção correta:

a) desde que haja previsão legal, é possível o exercício do poder de polícia, em especial a realização de atos coercitivos, por pessoa jurídica da iniciativa privada não integrante da administração pública.

b) o poder disciplinar e o hierárquico fundamentam a aplicação de sanção administrativa a particular que, contratado pela administração, descumpra obrigações contratuais.

c) insere-se no âmbito do poder regulamentar a competência privativa, não passível de delegação, do presidente da República para expedir decretos para a fiel execução das leis.

d) a interdição de estabelecimentos comerciais, a apreensão de mercadorias e a detenção de pessoas são exemplos de atos praticados pela administração pública no âmbito do poder de polícia.

e) dada a relação de hierarquia existente entre a União e autarquia federal, é possível a delegação a esta de parte da competência daquela, quando conveniente, em razão de circunstâncias de índole técnica, social, econômica, jurídica ou territorial.

333. **(Cespe/TJ/SE/Cartórios/Remoção/2014)** A respeito dos poderes da administração, assinale a opção correta:

a) no que diz respeito ao poder de polícia, entende o STJ que, na hipótese de determinado veículo ser retido apenas por transporte irregular de passageiro, a sua liberação não está condicionada ao pagamento de multas e despesas.

b) configura hipótese de desvio de poder a atuação do agente público que extrapole os limites de suas atribuições, previstas em lei.

c) de acordo com o STJ, fica caracterizado o poder discricionário da administração pública no ato administrativo de indeferimento de pleito de servidor para gozar de licença para tratar de interesse particular, sendo lícito o controle pelo Poder Judiciário na hipótese de manifesta ilegalidade, mas não na de motivação inidônea.

d) decorrente do poder hierárquico, a avocação temporária de competências pelo superior hierárquico é permitida sempre que ele entender ser ela conveniente.

e) no que tange ao poder disciplinar, entende o STJ ser obrigatória a intimação do interessado para apresentar alegações finais após o relatório final de processo administrativo disciplinar apresentado pela comissão processante, em respeito à ampla defesa e ao contraditório.

334. **(Cespe/TJ/DFT/Cartórios/Remoção/2014)** Com relação aos poderes administrativos, assinale a opção correta:

a) a polícia administrativa realiza atividades fiscalizatórias e repressivas e suas ações incidem sobre bens, serviços e pessoas.

b) ao buscar uma finalidade, ainda que de interesse público, alheia à categoria do ato que utilizou, o agente público competente incorre em excesso de poder.

c) os atos administrativos praticados no exercício do poder de polícia não são suscetíveis de controle judicial, uma vez que se caracterizam por coercibilidade e autoexecutoriedade.

d) a atividade da administração pública que, mediante atos normativos ou concretos, limita ou condiciona a liberdade e a propriedade dos indivíduos, de acordo com o interesse coletivo, refere-se ao exercício do poder regulamentar.

e) a avocação e a delegação de competência são atos administrativos praticados no exercício do poder hierárquico da administração pública.

335. **(Cespe/TJ/SE/Cartórios/Ingresso/2014)** Acerca dos poderes administrativos, assinale a opção correta:

a) se for causada por insuficiência de provas, a absolvição de servidor réu em ação penal aberta devido a fato apurado também em processo administrativo levará à absolvição desse servidor também no âmbito administrativo.

b) de acordo com o STJ, manifesta-se o poder discricionário quando o juiz impõe a pena ao condenado após sentença condenatória.

c) com relação a poder hierárquico, pode ser objeto de delegação pelo superior hierárquico a decisão referente a recursos administrativos.

d) o poder de polícia, em sua dupla acepção, restringe-se a atos do Poder Executivo.

e) a autorização de uso de bem público é ato praticado pela administração pública no exercício do poder vinculado.

336. **(Consulplan/TJ/MG/Cartórios/Remoção/2017)** Quanto ao poder de polícia, é correto afirmar que:

a) seu exercício não pode configurar fato gerador para cobrança de tributo.

b) seu exercício se dá a partir da ocorrência de um ilícito penal.

c) a coercibilidade é considerada pela doutrina como sendo um de seus atributos.

d) é caracterizado pela imprescritibilidade das sanções dele decorrentes.

337. **(Ieses/TJ/CE/Cartórios/Remoção/2018)** A atividade da administração pública que, limitando ou disciplinando direito, interesse ou liberdade, regula a prática de ato ou abstenção de fato, em razão de interesse público é denominada de:

a) poder de polícia.
b) poder discricionário.
c) poder disciplinar.
d) poder hierárquico.

11.2. Princípios

⊙ ATENÇÃO: ESTE TEMA É MUITO EXIGIDO NOS CONCURSOS!

✱ SÚMULAS

STF **Súm. Vinculante 13.** A nomeação de cônjuge, companheiro ou parente em linha reta, colateral ou por afinidade, até o terceiro grau, inclusive, da autoridade nomeante ou de servidor da mesma pessoa jurídica, investido em cargo de direção, chefia ou assessoramento, para o exercício de cargo em comissão ou de confiança, ou, ainda, de função gratificada na Administração Pública direta e indireta, em qualquer dos Poderes da União, dos Estados, do Distrito Federal e dos municípios, compreendido o ajuste mediante designações recíprocas, viola a Constituição Federal.

✱ QUESTÕES DISCURSIVAS

11. **(Cespe/TJ/RR/Cartórios/Ingresso/2013)** Disserte sobre os princípios da administração pública, abordando, especificamente, o princípio da boa-fé objetiva. Estabeleça a distinção entre boa-fé objetiva e boa-fé subjetiva e discorra sobre a aplicação do princípio da boa-fé objetiva na administração pública.

12. **(Ieses/TJ/RN/Cartórios/2012)** São princípios fundamentais de direito administrativo o princípio da legalidade e da igualdade. Assim, quando uma determinada lei dá tratamento diferenciado a um conjunto específico de cidadãos, por seu credo religioso, sua condição física ou pela natureza de sua atividade profissional não estaria colidindo diretamente com o princípio da igualdade em relação à sociedade em geral? Responda de modo discursivo a pergunta, justificando os argumentos de resposta.

✱ QUESTÕES OBJETIVAS

338. **(Ieses/TJ/RS/Cartórios/Remoção/2013)** Assinale a alternativa incorreta:

a) a moralidade, como princípio da Administração Pública, e como requisito de validade dos atos administrativos, tem a sua fonte por excelência no sistema de direito, sobretudo no ordenamento jurídico-constitucional.
b) a quebra da moralidade administrativa se caracteriza pela desarmonia entre a expressão formal do ato e a sua expressão real, criada e derivada de impulsos subjetivos viciados quanto aos motivos, ou à causa, ou à finalidade da atuação administrativa.
c) a administração pública direta e indireta de qualquer dos Poderes da União, dos Estados, do Distrito Federal e dos Municípios obedecerá aos princípios moralidade e da eficiência.
d) o Princípio Constitucional de Moralidade Administrativa não se estende aos atos praticados por entes de natureza privada que exercem função pública.

339. **(Ieses/TJ/RS/Cartórios/Ingresso/2013)** Em relação ao princípio da moralidade presente na Constituição da República Federativa do Brasil, é correto afirmar:

a) o princípio da moralidade opera apenas como princípio norteador da administração pública, não podendo ser utilizado como fundamento para anular atos administrativos lesivos ao erário.
b) ato lesivo à moralidade administrativa não pode ser anulado por meio de Ação Popular.
c) o Princípio da Moralidade, ainda que presente na Constituição, não possui força normativa.
d) a administração pública direta e indireta de qualquer dos Poderes da União, dos Estados, do Distrito Federal e dos Municípios obedecerá ao princípio da moralidade.

340. **(Ieses/TJ/RS/Cartórios/Ingresso/2013)** Assinale a alternativa correta:

a) a Administração Pública exerce a atividade estatal, desenvolvida sob regime jurídico específico, voltada para a realização e satisfação dos interesses coletivos.
b) o princípio da especialidade estabelece que a Administração Pública tem que atuar de maneira direta e centralizada no exercício de suas atividades.

c) a Administração Pública exerce o poder de polícia como atividade típica de limitação da autonomia privada, o que pode ser delegado a particulares.

d) o princípio da legalidade estabelece que a Administração Pública tem que atuar observando a supremacia do interesse público.

341. (Ieses/TJ/RS/Cartórios/Remoção/2013) Assinale a alternativa correta:

a) a Administração Pública não tem disponibilidade sobre o interesse público.

b) a Administração Pública somente pode revogar atos administrativos, sendo que a anulação apenas pode ocorrer por meio de controle judicial.

c) os atos administrativos são públicos, sendo vedada qualquer hipótese de sigilo.

d) os atos administrativos são públicos, sendo permitida a utilização da denominação pessoal do agente público.

342. (FCC/TJ/PE/Cartórios/Remoção/2013) O princípio da moralidade encontra previsão expressa na Constituição Federal, devendo a Administração Pública observá-lo na realização de todas as suas atividades. Como fundamento autônomo, direto e expresso para controle dos atos da Administração Pública, pode-se invocá-lo na utilização da seguinte medida judicial:

a) mandado de segurança, na medida em que a atuação em desacordo com a moralidade implica na prática de ato ilegal.

b) ação civil pública, na medida em que a atuação em desacordo com a moralidade pode implicar em prejuízos ao erário público, passíveis de serem recompostos por essa via.

c) mandado de segurança individual, tendo em vista que alteração legislativa incluiu a ofensa à moralidade administrativa como fundamento autônomo para o desfazimento do ato atacado.

d) ação popular, na medida que é possível pleitear a invalidação de atos praticados pelo poder público com base em ofensa à moralidade administrativa.

e) ação civil pública ou ação popular, pois ambas são instrumentos dispostos diretamente aos cidadãos para controle de atos praticados pelo poder público, ainda que não se identifique prejuízo direto ao autor da ação.

343. (Ieses/TJ/RN/Cartórios/Remoção/2012) O princípio constitucional da publicidade determina que todos os atos administrativos devam ser amplamente divulgados. A respeito desse princípio, assinale a alternativa incorreta:

a) negado o exercício do direito à informação, conforme o caso, os prejudicados poderão impetrar mandado de segurança ou "habeas data".

b) os órgãos públicos devem sempre fornecer as informações quando solicitadas.

c) mesmo que submetidas ao regime de direito privado, as empresas públicas e sociedades de economia mista devem respeitar o princípio da publicidade.

d) o administrador público que não se submeter ao princípio da publicidade poderá sofrer sanções.

344. (Consulplan/TJ/MG/Cartórios/Ingresso/2016) Quanto aos princípios administrativos e as prerrogativas da Administração Pública, é correto afirmar:

a) mesmo quando a Administração Pública atua despida da qualidade de poder público, investe-se das prerrogativas públicas.

b) quando a Administração Pública atua como agente econômico, submete-se ao regramento jurídico do direito privado.

c) não obstante sujeitar-se ao direito público quando atua despida do atributo de poder público, a Administração Pública não se obriga aos princípios que lhe são constitucionalmente imputados.

d) as pessoas jurídicas de direito privado não integrantes da Administração Pública não se sujeitam a regras do direito público, relativas ao Direito Administrativo.

345. (Consulplan/TJ/MG/Cartórios/Ingresso/2016) Ainda em relação aos princípios norteadores da Administração Pública, especificamente quanto ao sistema de solução de conflitos adotado pela legislação brasileira, é incorreto afirmar:

a) o sistema da unicidade da jurisdição administrativa é aquele em que apenas os litígios administrativos podem ser submetidos ao Poder Judiciário.

b) o sistema de unicidade de jurisdição é aquele em que todos os litígios podem ser submetidos ao Poder Judiciário.

c) a adoção do sistema de jurisdição única não obsta a solução de litígios na órbita administrativa.

d) ainda que o litígio esteja submetido à Administração, ao Poder Judiciário é dado apreciá-lo em sua inteireza.

346. (Consulplan/TJ/MG/Cartórios/Ingresso/2016) Com relação aos princípios que regem a Administração Pública, assinale a opção incorreta:

a) o princípio da eficiência administrativa revela-se quando a atividade estatal obedece à racionalização econômica.

b) em face do princípio da razoabilidade, admite-se o controle da discricionariedade administrativa pela via judicial.

c) não fere o princípio da publicidade, o ato processual praticado sob sigilo em preservação da segurança da sociedade, ou indispensável à defesa da intimidade.

d) o princípio da segurança jurídica apresenta-se como espécie de limitação ao princípio da legalidade, autorizando, assim, o prazo decadencial de cinco anos para convalidação de todos os atos administrativos que favoreçam o administrado, mesmo quando apresentem vício de legalidade e comprovada má-fé.

347. (Vunesp/TJ/SP/Cartórios/Ingresso/2016) O regime jurídico-administrativo caracteriza-se por:

a) priorizar o interesse do governante sobre a vontade dos governados, em proteção às minorias.

b) princípios específicos, como a supremacia e a indisponibilidade do interesse público.

c) um conjunto de normas e princípios próprios de direito público e de direito privado, considerando que a Administração Pública também celebra contratos típicos de direito privado.

d) estabelecer as prioridades da Administração Pública, de acordo com a plataforma política do eleito.

348. (Faurgs/TJ/RS/Cartórios/Ingresso/2015) Conforme o estabelecido na Lei n. 9.784, de 29 de janeiro de 1999, o princípio da segurança jurídica:

a) proíbe a revisão das decisões proferidas pela Administração Pública no âmbito dos processos administrativos disciplinares.

b) proíbe a Administração de anular, a qualquer tempo, os atos administrativos de que decorram efeitos favoráveis para os destinatários.

c) proíbe a aplicação retroativa de nova interpretação da norma administrativa.

d) permite a aplicação retroativa de nova interpretação, conforme critérios discricionários do administrador público.

349. (Consulplan/TJ/MG/Cartórios/Ingresso/2014) É correto afirmar que além dos princípios expressos no caput do art. 37 da Constituição Federal, a Administração Pública também se orienta pelos seguintes princípios:

a) legalidade, autotutela, indisponibilidade, continuidade dos serviços públicos e segurança jurídica.

b) supremacia do interesse público, autotutela, indisponibilidade, publicidade e continuidade dos serviços públicos.

c) supremacia do interesse público, autotutela, indisponibilidade, continuidade dos serviços públicos e segurança jurídica.

d) supremacia do interesse público, eficiência, indisponibilidade, continuidade dos serviços públicos e segurança jurídica.

350. (Vunesp/TJ/SP/Cartórios/Ingresso/2014) Em relação ao regime jurídico-administrativo, é correto afirmar:

a) o princípio da boa-administração define-se pela necessidade de a Administração Pública, e ainda de todos aqueles que exercem a função administrativa por delegação ou por outorga, cumprir com a eficiência no trato da gestão pública, em particular ainda com a necessidade de desenvolverem-se mecanismos de participação da população e transparência das informações, seja por ouvir o usuário do serviço público em ouvidorias especializadas, ou disponibilizar recursos que facilitem o acesso a informações, seja em relação à revisão e ajuste de formas de atendimento de acordo com as deficiências constatadas.

b) o princípio da moralidade administrativa não se confunde com a moral comum, por isso é possível entendê-lo como sinônimo de improbidade administrativa, o que conta, inclusive, com a possibilidade de sanções específicas, nos termos da Lei de Improbidade Administrativa (Lei n. 8.429/92).

c) o princípio da legalidade justifica o atributo da presunção de legitimidade dos atos administrativos, o que implica dizer que mesmo os fatos gerados pela Administração Pública, e por todos aqueles que exercem a função administrativa por delegação ou por outorga, gozam desta característica.

d) o princípio da impessoalidade encontra aplicação prática tanto em concursos públicos quanto no processo de licitação, mas não se aplica aos processos administrativos disciplinares.

351. **(Vunesp/TJ/SP/Cartórios/Remoção/2014)** Em relação ao regime jurídico-administrativo, pode-se afirmar que:

a) o princípio da finalidade não é previsto expressamente no art. 37 da Constituição Federal, de tal sorte, não se pode compreendê-lo como norma jurídica que compõe o regime jurídico-administrativo.

b) o princípio da proporcionalidade pode ser definido como a exigência de que as medidas e ações do administrador público observem padrões éticos prescritos no ordenamento jurídico.

c) o princípio da publicidade, ou dever de transparência, decorre do regime republicano, pois o Brasil define-se juridicamente como uma república federativa, o que significa dizer que todo aquele que exerce função pública deve prestar contas de suas atividades à sociedade.

d) o princípio da motivação define-se por exigir que todo e qualquer ato no exercício de uma função pública contenham um motivo.

352. **(FMP/TJ/MT/Cartórios/Remoção/2014)** A Súmula Vinculante n. 13 do Supremo Tribunal Federal veda o nepotismo nos Três Poderes, no âmbito da União, dos Estados e dos Municípios. O conteúdo de tal súmula está diretamente relacionado a quais princípios que regem a Administração Pública e que estão positivados no artigo 37, caput, da Constituição Federal?

a) proporcionalidade e impessoalidade.

b) razoabilidade e moralidade.

c) motivação e publicidade.

d) supremacia do interesse público e eficiência.

e) impessoalidade e moralidade.

353. **(IBFC/TJ/PR/Cartórios/Remoção/2014)** A doutrina e a jurisprudência reconhecem à Administração a faculdade de anular seus próprios atos, por vício de ilegalidade, ou revogá-los por razões de mérito. Essa possibilidade é inerente ao princípio da:

a) supremacia do interesse público sobre o particular.

b) autoexecutoridade.

c) autotutela.

d) imperatividade.

354. **(Cespe/TJ/DFT/Cartórios/Ingresso/2014)** Em relação ao regime jurídico-administrativo e aos princípios aplicáveis à administração pública, assinale a opção correta:

a) é obrigatória a observância do princípio da publicidade nos processos administrativos, mediante a divulgação oficial dos atos administrativos, inclusive os relacionados ao direito à intimidade.

b) a presunção de legitimidade dos atos administrativos, que impõe aos particulares o ônus de provar eventuais vícios existentes em tais atos, decorre do regime jurídico-administrativo aplicável à administração pública.

c) uma das exceções ao princípio da legalidade administrativa consiste na possibilidade de o presidente da República editar decreto para criar cargos ou funções públicas.

d) a violação do princípio da moralidade administrativa não pode ser fundamento exclusivo para o controle judicial realizado por meio de ação popular.

e) para que determinada conduta seja caracterizada como ato de improbidade administrativa violadora do princípio da impessoalidade, é necessária a comprovação do respectivo dano ao erário.

355. **(Cespe/TJ/SE/Cartórios/Remoção/2014)** Considerando os conceitos do direito administrativo e os princípios do regime jurídico-administrativo, assinale a opção correta:

a) o princípio da proteção à confiança legitima a possibilidade de manutenção de atos administrativos inválidos.

b) consoante o critério da administração pública, o direito administrativo é o ramo do direito que tem por objeto as atividades desenvolvidas para a consecução dos fins estatais, excluídas a legislação e a jurisdição.

c) adotando-se o critério do serviço público, define-se direito administrativo como o conjunto de princípios jurídicos que disciplinam a organização e a atividade do Poder Executivo e de órgãos descentralizados, além das atividades tipicamente administrativas exercidas pelos outros poderes.

d) são fontes primárias do direito administrativo os regulamentos, a doutrina e os costumes.

e) dado o princípio da supremacia do interesse público sobre o privado, é possível à administração pública, mediante portaria, impor vedações ou criar obrigações aos administrados.

356. **(Cespe/TJ/DFT/Cartórios/Remoção/2014)** No que se refere ao regime jurídico-administrativo e aos princípios aplicáveis à administração pública, assinale a opção correta:

a) a exigência de depósito prévio para a admissibilidade de recurso administrativo não viola o direito à ampla defesa.

b) no âmbito do processo administrativo, não se aplica a proibição de apresentação de provas obtidas por meios ilícitos.

c) segundo o princípio da publicidade, a administração pública deve ser transparente em sua atuação, devendo garantir o direito de acesso à informação dos administrados, independentemente de seu conteúdo.

d) o princípio da legalidade administrativa resume-se à observância da lei em sentido formal, não compreendendo os atos normativos de diferentes modalidades editados pelo próprio Poder Executivo.

e) de acordo com o princípio da finalidade, a interpretação da norma administrativa no âmbito do processo administrativo deve ser realizada da forma que melhor garanta o atendimento do fim público a que se dirige, sendo vedada a aplicação retroativa de nova interpretação.

357. **(Cespe/TJ/SE/Cartórios/Ingresso/2014)** A respeito dos princípios, das fontes e do conceito de direito administrativo, assinale a opção correta:

a) de acordo com o STF, os tratados internacionais de direito administrativo serão fontes do direito administrativo pátrio desde que sejam incorporados ao ordenamento jurídico interno mediante o mesmo procedimento previsto na CF para a incorporação dos tratados internacionais de direitos humanos.

b) o princípio administrativo da autotutela é considerado um princípio onivalente.

c) o princípio administrativo do interesse público é um princípio implícito da administração pública.

d) de acordo com o critério das relações jurídicas, o direito administrativo pode ser visto como o sistema dos princípios jurídicos que regulam a atividade do Estado para o cumprimento de seus fins.

e) consoante o critério da distinção entre atividade jurídica e social do Estado, o direito administrativo é o conjunto dos princípios que regulam a atividade jurídica não contenciosa do Estado e a constituição dos órgãos e meios de sua ação em geral.

358. **(Consulplan/TJ/MG/Cartórios/Remoção/2016)** Em relação aos princípios que regem a atuação da Administração Pública no Brasil, analise as afirmações a seguir:

I. o poder de polícia é expressão concretizada do princípio da supremacia do interesse público.

II. o princípio segundo o qual ao indivíduo é facultado fazer tudo o que a lei não proíbe, ou deixar de fazer o que a lei não impõe, na órbita privada, é correlato ao princípio da indisponibilidade do interesse público, que vincula a Administração.

III. são decorrências do princípio da indisponibilidade do interesse público a realização de concurso para admissão de pessoal permanente e a realização prévia de licitação para celebração de contratos administrativos.

IV. ao disciplinar a Administração Pública, a Constituição Federal não explicita os princípios do interesse público e da indisponibilidade do interesse público.

Está correto o que se afirma em:

a) II e III, apenas.

b) I, II e IV, apenas.

c) I, III e IV, apenas.

d) I, II, III e IV.

359. **(Consulplan/TJ/MG/Cartórios/Remoção/2014)** O art. 54 da Lei n. 9.784/1999 dispõe que "O direito da Administração de anular os atos administrativos de que decorram efeitos favoráveis para os destinatários decai em 5 (cinco) anos, contados da data em que foram praticados, salvo comprovada má-fé." É correto afirmar que referido dispositivo legal sobreleva o princípio da:

a) autotutela.

b) supremacia do interesse público.

c) legalidade.

d) segurança jurídica.

360. **(Ieses/TJ/PA/Cartórios/Remoção/2016)** Por princípio entendem-se as regras que servem de interpretação as demais normas jurídicas. Os princípios buscam sanar lacunas trazendo harmonia para o ordenamento jurídico. Os princípios constitucionais da administração pública estão previstos no artigo 37 da Constituição da República Federativa do Brasil, sendo eles:

a) legitimidade, impessoalidade, moralidade, publicidade, eficiência.
b) legalidade, pessoalidade, moralidade, publicidade, eficiência.
c) legalidade, impessoalidade, moralidade, publicidade, eficiência.
d) legitimidade, pessoalidade, moralidade, publicidade, eficiência.

361. **(Vunesp/TJ/SP/Cartórios/Remoção/2014)** Sobre o Direito Administrativo Sancionador, é correto afirmar:

a) não se admite, em processos disciplinares, a denominada motivação "per relationen", isto é, que um ato encampe a fundamentação de outro ato previamente praticado, a exemplo do acolhimento de parecer prévio, pois o dever constitucional de motivação dos atos administrativos impõe a obrigatoriedade ao agente público de motivar cada ato isoladamente considerado, independentemente da sequência procedimental na qual ele se insere.
b) deve observar o princípio da tipicidade quanto à definição das infrações administrativas, e incide tanto nas relações jurídicas de sujeição geral quanto nas relações de sujeição especial.
c) presenciado pelo agente público competente, ao julgamento do processo administrativo, o cometimento da infração administrativa, o seu testemunho deve ser exposto, sem prejuízo da oitiva do acusado e das testemunhas por ele eventualmente arroladas, e ainda ponderado por ocasião da decisão proferida.
d) observa o princípio da tipicidade e disciplina as relações de sujeição especial, a exemplo do vínculo entre os poderes concedente e o concessionário, e processos disciplinares; por outro lado, as relações de sujeição geral não se submetem ao Direito Administrativo Sancionador, mas sim a regime jurídico próprio.

362. **(FMP/TJ/MT/Cartórios/Ingresso/2014)** São princípios que regem a Administração Pública:

a) o da eficiência, o da formalidade, o da publicidade e o da pluralidade.
b) o da pluralidade, o da publicidade, o da formalidade e o da moralidade.
c) o da impessoalidade, o da eficiência, o da legalidade e o do sigilo.
d) o da legalidade, o da proporcionalidade, o da formalidade e o do sigilo.
e) o da moralidade, da impessoalidade, da publicidade e o da eficiência.

363. **(IBFC/TJ/PR/Cartórios/Remoção/2014)** Assinale a alternativa correta:

a) a investidura em cargo ou emprego público não depende de aprovação prévia em concurso público de provas ou de provas e títulos.
b) um dos princípios que rege a Administração Pública é o da eficiência.
c) ao servidor público civil não é garantido o direito a associação sindical.
d) são estáveis após quatro anos de efetivo exercício os servidores nomeados para cargo de provimento efetivo em virtude de concurso público.

364. **(Vunesp/TJ/SP/Cartórios/Ingresso/2014)** O artigo 37, caput, da Constituição Federal, dentre outros, estabelece como princípio da Administração Pública a moralidade. Com lastro em tal princípio, é possível o reconhecimento da invalidade de um ato formalmente aperfeiçoado de acordo com a lei, mas comprovadamente ofensivo à moralidade administrativa. O raciocínio ora exposto está:

a) parcialmente correto, na medida em que a anulação só ocorrerá se caracterizado efetivo prejuízo financeiro ao erário.
b) totalmente correto.
c) totalmente incorreto, visto ser impossível a anulação de ato produzido formalmente de acordo com a lei.
d) parcialmente correto, na medida em que o princípio da moralidade administrativa depende de lei complementar para sua aplicação, a ser elaborada.

365. **(Consulplan/TJ/MG/Cartórios/Ingresso/2017)** Quanto aos princípios do Direito Administrativo, assinale a alternativa correta:

a) o princípio da presunção de legitimidade dos atos administrativos envolve apenas os seus aspectos jurídicos, não alcançando os fatos nos quais esses atos se basearam.

b) apesar da existência do princípio da publicidade e do direito de acesso do cidadão a dados a seu respeito, nem toda informação pode ser transmitida ao interessado, mesmo que se relacione com sua pessoa.

c) a autotutela administrativa é considerada um princípio onivalente, uma vez que decorre da bipolaridade do Direito Administrativo.

d) pelo princípio da hierarquia, o direito de um cidadão individualmente considerado deve ceder aos interesses da coletividade, representada pela administração pública.

366. **(Ieses/TJ/RO/Cartórios/Remoção/2017)** A Administração Pública obedecerá, dentre outros, aos princípios da:

I. razoabilidade, proporcionalidade.

II. ampla defesa, contraditório.

III. legalidade, finalidade, motivação.

IV. insegurança jurídica, interesse público e eficiência.

A sequência correta é:

a) apenas a assertiva III está correta.

b) apenas as assertivas I, II e III, estão corretas.

c) as assertivas I, II, III e IV estão corretas.

d) apenas as assertivas II e IV estão corretas.

367. **(Ieses/TJ/RO/Cartórios/Ingresso/2017)** Sobre a Administração Pública na Constituição Federal, é correto afirmar:

a) a vedação à acumulação remunerada de cargos públicos, ressalvadas as exceções constitucionais e a situação da compatibilidade de horários, não se estende aos empregos e funções públicas, vez que se trata de norma legal restritiva de direitos e deve ser interpretada restritivamente.

b) é garantido a todos os servidores públicos o direito à livre associação sindical, sendo que o direito de greve será exercido nos termos e nos limites definidos em lei específica.

c) a publicidade dos atos, programas, obras, serviços e campanhas dos órgãos públicos deverá ter caráter educativo, informativo ou de orientação social, dela não podendo constar nomes, símbolos ou imagens que caracterizem promoção pessoal de autoridades ou servidores públicos.

d) o prazo de validade do concurso público será sempre de dois anos, prorrogável uma vez, por igual período, nos termos previstos pelo respectivo edital.

368. **(Ieses/TJ/CE/Cartórios/Remoção/2018)** Princípio inerente ao Estado democrático de direito e que está intimamente ligado à perspectiva de transparência, dever da administração pública e direito da sociedade. A sentença acima descreve qual princípio da administração pública?

a) princípio da razoabilidade.

b) princípio da publicidade.

c) princípio da impessoalidade.

d) princípio da eficiência.

369. **(Vunesp/TJ/SP/Cartórios/Ingresso/2018)** A Administração tem o dever de realizar o interesse público sem a promoção do servidor público ou autoridade que realizou o ato. Essa previsão, concernente ao regime jurídico administrativo, é conforme ao princípio da:

a) motivação.

b) publicidade.

c) supremacia do interesse público.

d) impessoalidade.

370. **(Vunesp/TJ/SP/Cartórios/Ingresso/2018)** Assinale a alternativa que é conforme ao regime jurídico administrativo:

a) para a satisfação de interesses coletivos, a Administração é impedida de limitar o exercício de direitos individuais.

b) o regime jurídico administrativo concede prerrogativas à Administração similares às existentes no regime de direito privado.

c) a Administração pode renunciar ao exercício de competências concedidas por lei.

d) a lei encerra o pressuposto, fundamento e limite da atividade administrativa.

3. DIREITO CIVIL

⚠ VOLUME DE QUESTÕES

Alto

1. DAS PESSOAS

1.1. Das Pessoas Naturais

◉ ATENÇÃO: ESTE TEMA É MUITO EXIGIDO NOS CONCURSOS!

✱ SÚMULAS

STJ **Súm. 387.** É lícita a cumulação das indenizações de dano estético e dano moral.

STJ **Súm. 403.** Independe de prova do prejuízo a indenização pela publicação não autorizada de imagem de pessoa com fins econômicos ou comerciais.

STJ **Súm. 525.** A Câmara de vereadores não possui personalidade jurídica, apenas personalidade judiciária, somente podendo demandar em juízo para defender os seus direitos institucionais.

✱ REPERCUSSÃO & REPETITIVOS

STF **Repercussão Geral 761.** O transgênero tem direito fundamental subjetivo à alteração de seu prenome e de sua classificação de gênero no registro civil, não se exigindo, para tanto, nada além da manifestação de vontade do indivíduo, o qual poderá exercer tal faculdade tanto pela via judicial como diretamente pela via administrativa; essa alteração deve ser averbada à margem do assento de nascimento, vedada a inclusão do termo "transgênero"; nas certidões do registro não constará nenhuma observação sobre a origem do ato, vedada a expedição de certidão de inteiro teor, salvo a requerimento do próprio interessado ou por determinação judicial; efetuando-se o procedimento pela via judicial, caberá ao magistrado determinar de ofício ou a requerimento do interessado a expedição de mandados específicos para a alteração dos demais registros nos órgãos públicos ou privados pertinentes, os quais deverão preservar o sigilo sobre a origem dos atos. (RE 670422, 15.8.2018)

✱ ENUNCIADOS CJF

1) Da Personalidade e da Capacidade

CJF **Civil 1.** A proteção que o Código defere ao nascituro alcança o natimorto no que concerne aos direitos da personalidade, tais como nome, imagem e sepultura.

CJF **Civil 2.** Sem prejuízo dos direitos da personalidade nele assegurados, o art. 2º do Código Civil não é sede adequada para questões emergentes da reprogenética humana, que deve ser objeto de um estatuto próprio.

CJF **Civil 3.** A redução do limite etário para a definição da capacidade civil aos 18 anos não altera o disposto no art. 16, I, da Lei n. 8.213/91, que regula a específica situação de dependência econômica para fins previdenciários e outras situações similares de proteção, previstas em legislação especial.

CJF **Civil 272.** Não é admitida em nosso ordenamento jurídico a adoção por ato extrajudicial, sendo indispensável a atuação jurisdicional, inclusive para a adoção de maiores de dezoito anos.

CJF **Civil 273.** Tanto na adoção bilateral quanto na unilateral, quando não se preserva o vínculo com qualquer dos genitores originários, deverá ser averbado o cancelamento do registro originário de nascimento do adotado, lavrando-se novo registro. Sendo unilateral a adoção, e sempre que se preserve o vínculo originário com um dos genitores, deverá ser averbada a substituição do nome do pai ou da mãe natural pelo nome do pai ou da mãe adotivos.

CJF **Civil 397.** A emancipação por concessão dos pais ou por sentença do juiz está sujeita a desconstituição por vício de vontade.

CJF **Civil 530.** A emancipação, por si só, não elide a incidência do Estatuto da Criança e do Adolescente.

2) Dos Direitos da Personalidade

CJF **Civil 4.** O exercício dos direitos da personalidade pode sofrer limitação voluntária, desde que não seja permanente nem geral.

CJF **Civil 5.** (1) As disposições do art. 12 têm caráter geral e aplicam-se inclusive às situações previstas no art. 20, excepcionados os casos expressos de legitimidade para requerer as medidas nele estabelecidas; (2) As disposições do art. 20 do novo Código Civil têm a finalidade específica de regrar a projeção dos bens personalíssimos nas situações nele enumeradas. Com exceção dos casos expressos de legitimação que se conformem com a tipificação preconizada nessa norma, a ela podem ser aplicadas subsidiariamente as regras instituídas no art. 12.

CJF **Civil 6.** A expressão "exigência médica", contida no art. 13, refere-se tanto ao bem-estar físico quanto ao bem-estar psíquico do disponente.

CJF **Civil 139.** Os direitos da personalidade podem sofrer limitações, ainda que não especificamente previstas em lei, não podendo ser exercidos com abuso de direito de seu titular, contrariamente à boa-fé objetiva e aos bons costumes.

CJF **Civil 140.** A primeira parte do art. 12 do Código Civil refere-se às técnicas de tutela específica, aplicáveis de ofício, enunciadas no art. 461 do Código de Processo Civil, devendo ser interpretada com resultado extensivo.

CJF **Civil 274.** Os direitos da personalidade, regulados de maneira não exaustiva pelo Código Civil, são expressões da cláusula geral de tutela da pessoa humana, contida no art. 1º, III, da Constituição (princípio da dignidade da pessoa humana). Em caso de colisão entre eles, como nenhum pode sobrelevar os demais, deve-se aplicar a técnica da ponderação.

CJF **Civil 275.** O rol dos legitimados de que tratam os arts. 12, parágrafo único, e 20, parágrafo único, do Código Civil também compreende o companheiro.

CJF **Civil 276.** O art. 13 do Código Civil, ao permitir a disposição do próprio corpo por exigência médica, autoriza as cirurgias de transgenitalização, em conformidade com os procedimentos estabelecidos pelo Conselho Federal de Medicina, e a consequente alteração do prenome e do sexo no Registro Civil.

CJF **Civil 277.** O art. 14 do Código Civil, ao afirmar a validade da disposição gratuita do próprio corpo, com objetivo científico ou altruístico, para depois da morte, determinou que a manifestação expressa do doador de órgãos em vida prevalece sobre a vontade dos familiares, portanto, a aplicação do art. 4º da Lei n. 9.434/97 ficou restrita à hipótese de silêncio do potencial doador.

CJF **Civil 278.** A publicidade que venha a divulgar, sem autorização, qualidades inerentes a determinada pessoa, ainda que sem mencionar seu nome, mas sendo capaz de identificá-la, constitui violação a direito da personalidade.

CJF **Civil 279.** A proteção à imagem deve ser ponderada com outros interesses constitucionalmente tutelados, especialmente em face do direito de amplo acesso à informação e da liberdade de imprensa. Em caso de colisão, levar-se-á em conta a notoriedade do retratado e dos fatos abordados, bem como a veracidade destes e, ainda, as características de sua utilização (comercial, informativa, biográfica), privilegiando-se medidas que não restrinjam a divulgação de informações.

CJF **Civil 398.** As medidas previstas no art. 12, parágrafo único, do Código Civil podem ser invocadas por qualquer uma das pessoas ali mencionadas de forma concorrente e autônoma.

CJF **Civil 399.** Os poderes conferidos aos legitimados para a tutela "post mortem" dos direitos da personalidade, nos termos dos arts. 12, parágrafo único, e 20, parágrafo único, do CC, não compreendem a faculdade de limitação voluntária.

CJF **Civil 400.** Os parágrafos únicos dos arts. 12 e 20 asseguram legitimidade, por direito próprio, aos parentes, cônjuge ou companheiro para a tutela contra a lesão perpetrada "post mortem".

CJF **Civil 401.** Não contraria os bons costumes a cessão gratuita de direitos de uso de material biológico para fins de pesquisa científica, desde que a manifestação de vontade tenha sido livre e esclarecida e puder ser revogada a qualquer tempo, conforme as normas éticas que regem a pesquisa científica e o respeito aos direitos fundamentais.

CJF **Civil 402.** O art. 14, parágrafo único, do Código Civil, fundado no consentimento informado, não dispensa o consentimento dos adolescentes para a doação de medula óssea prevista no art. 9º, § 6º, da Lei n. 9.434/1997 por aplicação analógica dos arts. 28, § 2º (alterado pela Lei n. 12.010/2009), e 45, § 2º, do ECA.

CJF **Civil 403.** O direito à inviolabilidade de consciência e de crença, previsto no art. 5º, VI, da Constituição Federal, aplica-se também à pessoa que se nega a tratamento médico, inclusive transfusão de sangue, com ou sem risco de morte, em razão do tratamento ou da falta dele, desde que observados os seguintes critérios: a) capacidade civil plena, excluído o suprimento pelo representante ou assistente; b) manifestação de vontade livre, consciente e informada; e c) oposição que diga respeito exclusivamente à própria pessoa do declarante.

CJF **Civil 404.** A tutela da privacidade da pessoa humana compreende os controles espacial, contextual e temporal dos próprios dados, sendo necessário seu expresso consentimento para tratamento de informações que versem especialmente o estado de saúde, a condição sexual, a origem racial ou étnica, as convicções religiosas, filosóficas e políticas.

CJF **Civil 405.** As informações genéticas são parte da vida privada e não podem ser utilizadas para fins diversos daqueles que motivaram seu armazenamento, registro ou uso, salvo com autorização do titular.

CJF **Civil 531.** A tutela da dignidade da pessoa humana na sociedade da informação inclui o direito ao esquecimento.

CJF **Civil 532.** É permitida a disposição gratuita do próprio corpo com objetivos exclusivamente científicos, nos termos dos arts. 11 e 13 do Código Civil.

CJF **Civil 533.** O paciente plenamente capaz poderá deliberar sobre todos os aspectos concernentes a tratamento médico que possa lhe causar risco de vida, seja imediato ou mediato, salvo as situações de emergência ou no curso de procedimentos médicos cirúrgicos que não possam ser interrompidos.

CJF **Civil 576.** O direito ao esquecimento pode ser assegurado por tutela judicial inibitória.

CJF **Civil 613.** A liberdade de expressão não goza de posição preferencial em relação aos direitos da personalidade no ordenamento jurídico brasileiro.

3) Da Ausência

CJF **Civil 97.** No que tange à tutela especial da família, as regras do Código Civil que se referem apenas ao cônjuge devem ser estendidas à situação jurídica que envolve o companheirismo, como por exemplo na hipótese de nomeação de curador dos bens do ausente (art. 25 do Código Civil).

CJF **Civil 614.** Os efeitos patrimoniais da presunção de morte posterior à declaração da ausência são aplicáveis aos casos do art. 7º, de modo que, se o presumivelmente morto reaparecer nos dez anos seguintes à abertura da sucessão, receberá igualmente os bens existentes no estado em que se acharem.

✱ INFORMATIVOS

STJ **Ação de divórcio. Exclusão de patronímico adotado pela cônjuge por ocasião do casamento. Revelia. Manifestação expressa da vontade. Necessidade. Direito da Personalidade. Indisponibilidade.** A revelia em ação de divórcio na qual se pretende, também, a exclusão do patronímico adotado por ocasião do casamento não significa concordância tácita com a modificação do nome civil. REsp 1.732.807, Rel. Min. Nancy Andrighi, DJ 17.8.2018. 3ª T. (Info 631)

STJ **Ação de obrigação de fazer. Provedor de aplicação de pesquisa na internet. Proteção a dados pessoais. Desvinculação entre nome e resultado de pesquisa. Direito ao esquecimento. Possibilidade.** É possível determinar o rompimento do vínculo estabelecido por provedores de aplicação de busca na internet entre o nome de prejudicado, utilizado como critério exclusivo de busca, e a notícia apontada nos resultados. REsp 1.660.168, Rel. Acd. Min. Marco Aurélio Bellizze, DJ 5.6.2018. 3ª T. (Info 628)

✱ QUESTÕES DISCURSIVAS

01. (Consulplan/TJ/MG/Cartórios/Remoção/2014) Uma grande inovação no Código Civil de 2002 foi, sem nenhuma dúvida, a inclusão de um capítulo específico sobre os direitos da personalidade. Diferentemente do Código Civil de 1916, a nova legislação busca a preservação do indivíduo, em sintonia com a Constituição da República, e não apenas do patrimônio. Os artigos 11 a 21 tratam dos "Direitos da Personalidade", consagrando-os como intransmissíveis e irrenunciáveis, salvo exceções da lei. Cite quatro outras características desses direitos da personalidade. Explique, também, qual foi a teoria adotada pelo Código Civil Brasileiro para sua tipificação.

02. (Vunesp/TJ/SP/Cartórios/2016) Dissertação. Fim da existência da pessoa natural. Conceito, efeitos jurídicos e publicidade. Morte certa. Morte presumida. Morte presumida sem decretação de ausência. Morte presumida com decretação de ausência.

✱ QUESTÕES OBJETIVAS

01. (Consulplan/TJ/MG/Cartórios/Ingresso/2018) A emancipação produz o efeito de:

a) início da maioridade civil.

b) início da personalidade jurídica

c) antecipação da aquisição da capacidade de fato.

d) suprir a autorização dos representantes legais dos menores para o casamento.

02. **(Consulplan/TJ/MG/Cartórios/Ingresso/2018)** Nos termos do Código Civil – Lei nº 10.406, de 10 de janeiro de 2002 – são absolutamente incapazes de exercer pessoalmente os atos da vida civil os menores de:

a) 16 anos.

b) 17 anos.

c) 18 anos.

d) 20 anos.

03. **(Consulplan/TJ/MG/Cartórios/Ingresso/2018)** Somente não são incapazes, relativamente a certos atos ou à maneira de os exercer:

a) os pródigos.

b) os ébrios habituais e os viciados em tóxico.

c) os maiores de 16 (dezesseis) e menores de 18 (dezoito) anos.

d) aqueles que, por causa apenas permanente, não puderem exprimir sua vontade.

04. **(Consulplan/TJ/MG/Cartórios/Remoção/2018)** Em relação aos direitos da personalidade, assinale a afirmativa incorreta:

a) o pseudônimo adotado para atividades lícitas não goza da proteção que se dá ao nome.

b) ninguém pode ser constrangido a submeter-se, com risco de vida, a tratamento médico ou a intervenção cirúrgica.

c) é válida, com objetivo científico, ou altruístico, a disposição gratuita do próprio corpo, no todo ou em parte, para depois da morte.

d) com exceção dos casos previstos em lei, os direitos da personalidade são intransmissíveis e irrenunciáveis, não podendo o seu exercício sofrer limitação voluntária.

05. **(TJ/SC/Cartórios/Remoção/2012)** Enquanto não atingida a maioridade civil, o homem e a mulher com dezesseis anos de idade, para casar, dependem da autorização:

a) somente do pai, mesmo viva a mãe.

b) somente da mãe, mesmo vivo o pai.

c) do juiz, mesmo vivos os pais não divergentes.

d) do representante legal, se divergentes os pais.

e) de ambos os pais ou do representante legal.

06. **(Cespe/TJ/RR/Cartórios/Ingresso/2013)** Acerca da pessoa natural e da pessoa jurídica, assinale a opção correta:

a) segundo o entendimento majoritário do STJ, a ordem constitucional consagra o direito ao conhecimento da origem genética, mas restringe o seu alcance às pessoas tuteladas pelo ECA.

b) a proteção que o Código Civil/2002 confere ao nascituro alcança o natimorto no que concerne aos direitos da personalidade, tais como nome, imagem e sepultura.

c) as pessoas jurídicas de direito privado sem fins lucrativos não estão incluídas no conceito de abuso da personalidade jurídica e, portanto, não sofrem incidência da chamada teoria da desconsideração da personalidade jurídica.

d) os partidos políticos são pessoas jurídicas de direito público interno.

e) a pessoa física é o ente dotado de estrutura e complexidade biopsicológica, capaz de praticar os atos da vida civil. Nesse contexto, é correto afirmar que o Código Civil/2002 ainda trata da pessoa física como o ente biologicamente criado, não englobando, portanto, os métodos artificiais de criação, como a fertilização in vitro e a inseminação artificial.

07. **(Consulplan/TJ/MG/Cartórios/Ingresso/2016)** Pais resolvem emancipar voluntariamente o filho, menor púbere. Após desentendimento familiar, os pais, arrependidos, resolvem revogar o ato. Quanto ao caso, é correto afirmar:

a) a emancipação voluntária é ato revogável pela via judicial ou extrajudicial. Pela via extrajudicial requer anuência do emancipado, e seus efeitos ficam pendentes ao registro no cartório de registro civil de pessoas naturais, em regra, efeito "ex tunc".

b) a emancipação voluntária é ato revogável pela via judicial ou extrajudicial. Pela via extrajudicial, não requer anuência do emancipado, e seus efeitos ficam pendente ao registro no cartório de registro civil de pessoas naturais, em regra, efeito "ex tunc".

c) a emancipação voluntária é ato revogável pela via judicial. Seus efeitos ficam pendente ao registro no cartório de registro civil de pessoas naturais, em regra, efeito "ex nunc".

d) é irrevogável a emancipação feita por outorga dos pais.

08. **(Consulplan/TJ/MG/Cartórios/Remoção/2016)** Quanto à emancipação, assinale a afirmação correta:

a) a emancipação é o ato pelo qual o relativamente incapaz adquire a capacidade civil plena. A sua concessão depende de autorização dos pais e se estende para todos os atos da vida civil, eleitoral e criminal.

b) pela emancipação extingue-se o poder familiar.

c) o maior de dezesseis e menor de dezoito anos emancipado pode ser mandatário, mas o mandante não tem ação contra ele, senão as aplicáveis às obrigações contraídas por menores.

d) é defesa a emancipação do menor tutelado.

09. **(Consulplan/TJ/MG/Cartórios/Remoção/2014)** De acordo com o Código Civil brasileiro, marque a alternativa correta:

a) o doador pode fixar prazo ao donatário, para declarar se aceita ou não a liberalidade. Desde que o donatário, ciente do prazo, não faça, dentro dele, a declaração, entender-se-á que aceitou, mesmo se a doação for sujeita a encargo.

b) se o donatário for absolutamente incapaz, dispensa-se a aceitação, desde que se trate de doação pura.

c) o doador pode estipular que os bens doados voltem ao seu patrimônio, se sobreviver ao donatário. Pode prevalecer cláusula de reversão em favor de terceiro.

d) a doação feita em contemplação do merecimento do donatário perde o caráter de liberalidade.

10. **(Cespe/TJ/ES/Cartórios/Ingresso/2013)** Considerando a proteção jurídica conferida ao nome civil, direito da personalidade, assinale a opção correta:

a) em relação às pessoas físicas, o nome é indisponível e transmissível.

b) o nome dado às pessoas jurídicas é um direito prescritível, podendo o titular perdê-lo pelo seu não uso.

c) a imutabilidade absoluta é a principal característica do nome civil.

d) o nome produz efeitos "erga omnes" e é obrigatório.

e) o nome dado às pessoas jurídicas é exclusivo e insuscetível de desapropriação pelo poder público.

11. **(Consulplan/TJ/MG/Cartórios/Remoção/2016)** Em relação ao direito de personalidade, assinale a afirmação incorreta:

a) as pessoas, naturais ou jurídicas, são os sujeitos dos direitos subjetivos: são entes dotados de personalidade. Apesar disso, o fato de serem sujeitos de direitos, enquanto categoria, não impede de serem tratados como objeto.

b) como regra, os sujeitos de direitos têm como característica fundamental a personalidade. Mas nem sempre é assim. Há alguns sujeitos de direito despidos de personalidade.

c) quanto ao morto, não se pode exigir que cesse a ameaça, ou a lesão a direito, haja vista que o direito da personalidade cessa com a morte da pessoa natural.

d) para Teoria Concepcionista, o nascituro já tem personalidade desde a concepção, apenas adquirindo capacidade, a partir do nascimento com vida. Nesse sentido, quem é concebido já é pessoa, mas a capacidade só advém do nascimento com vida.

12. **(Vunesp/TJ/SP/Cartórios/Ingresso/2016)** A emancipação voluntária dos menores púberes sob poder familiar:

a) depende de homologação judicial, se decorrente da manifestação de apenas um dos pais, que então a concedeu na falta do outro.

b) é revogável e pode ser formalizada por instrumento particular.

c) exige instrumento público e independe de homologação judicial.

d) é vedada pelo ordenamento jurídico, que autoriza apenas a dos menores impúberes.

13. **(Consulplan/TJ/MG/Cartórios/Remoção/2014)** Sobre os direitos da personalidade, é correto afirmar, exceto:

a) ninguém pode ser constrangido a submeter-se, com risco de vida, a tratamento médico ou a intervenção cirúrgica.

b) toda pessoa tem direito ao nome, nele compreendidos o prenome e o sobrenome.

c) sem autorização, não se pode usar o nome alheio em propaganda comercial.

d) o pseudônimo, mesmo adotado para atividades lícitas, não goza da proteção que se dá ao nome.

14. **(Cespe/TJ/SE/Cartórios/Remoção/2014)** No que diz respeito à capacidade civil, aos direitos da personalidade, às associações e aos negócios jurídicos, assinale a opção correta:

a) o cônjuge sobrevivente ou qualquer parente em linha reta, ou colateral até o quarto grau, tem legitimidade, de forma concorrente e autônoma, para exigir que cesse a ameaça, ou a lesão, a direito da personalidade do parente falecido.

b) as informações genéticas são parte da vida privada e não podem ser utilizadas para fins diversos dos que motivem seu armazenamento, registro ou uso, ainda que haja autorização do titular.

c) dissolvida a associação, o remanescente do seu patrimônio líquido deve ser destinado a entidade de fins não econômicos designada no estatuto, ou, omisso este, a instituição municipal, estadual ou federal, independentemente de ulterior deliberação dos associados para destinar o patrimônio social a alguma outra entidade que também persiga fins não econômicos.

d) os negócios jurídicos devem ser interpretados conforme a boa-fé e os usos do lugar onde sejam celebrados, contudo as práticas habitualmente adotadas entre as partes contratantes não podem influenciar a interpretação da avença.

e) a emancipação por sentença do juiz não está sujeita à desconstituição por vício de vontade.

15. **(Cespe/TJ/SE/Cartórios/Remoção/2014)** De acordo com o regramento e a jurisprudência pertinente, assinale a opção correta a respeito da proteção ao nome civil:

a) não se admite a averbação de nome abreviado utilizado pelo interessado na sua atividade profissional.

b) exige-se a prévia declaração judicial da existência de união estável para que se possa requerer o acréscimo do patronímico do companheiro.

c) admite-se a averbação do nome alterado em razão de ameaça decorrente de colaboração com a apuração de crime, independentemente da cessação da ameaça.

d) a alteração do nome poderá ocorrer até o primeiro ano após o interessado ter atingido a maioridade civil, podendo, inclusive, atingir os apelidos de família.

e) conforme entendimento do STJ, na hipótese de alteração de prenome em razão de mudança de sexo aprovada judicialmente, deve ficar averbado no livro cartorário pertinente que as modificações procedidas decorreram de decisão judicial.

16. **(Cespe/TJ/SE/Cartórios/Ingresso/2014)** A respeito das ações de investigação de paternidade e alimentos, assinale a opção correta com base na jurisprudência dominante do STJ:

a) transmitem-se aos herdeiros do devedor de alimentos as prestações vencidas e não pagas, na força da herança, extinguindo-se a obrigação alimentar em virtude da morte.

b) o adimplemento da maioridade faz cessar automaticamente a obrigação do genitor de prestar alimentos ao filho.

c) por tratar de direito personalíssimo, a ação de investigação de paternidade é imprescritível, sendo a sentença de cunho declaratório.

d) o direito próprio e personalíssimo de pleitear a declaração do parentesco não vai além do primeiro grau e, portanto, os netos não podem requerê-la em face do avô, ou dos herdeiros deste.

e) é incabível relativizar a coisa julgada em ação de investigação de paternidade com sentença definitiva, ainda que não tenha sido realizado exame pericial de DNA.

17. **(Ieses/TJ/PA/Cartórios/Ingresso/2016)** Quanto ao nome da pessoa natural, não é certo afirmar que:

a) não é possível a retificação do nome diretamente no registro civil, mesmo que se trate de erro de grafia.

b) a lei estabelece a obrigatoriedade do nome e do registro civil, sendo este declaratório e não constitutivo.

c) o nome é imutável, admitindo exceção, desde que justificada, sendo vedado o registro de prenomes que possam expor ao ridículo seus portadores.

d) o nome integra o rol dos direitos da personalidade, constituindo direito subjetivo absoluto e oponível "erga omnes".

18. **(Cespe/TJ/SE/Cartórios/Ingresso/2014)** Assinale a opção correta com relação ao nome e prenome das pessoas naturais:

a) é atribuição unicamente dos pais o registro civil de nascimento de seu filho.

b) quando do registro, o oficial de registro civil não poderá intervir na sua indicação.

c) não há óbice legal para que os filhos havidos fora do casamento adotem o nome de família do pai.

d) conforme a Lei de Registros Públicos, o nome é imutável.

e) uma vez adquirida a maioridade civil, admite-se um único pedido de alteração ou substituição de nome sem que haja motivação.

19. (Vunesp/TJ/SP/Cartórios/Ingresso/2014) A proteção que o Código Civil brasileiro defere ao nascituro (art. 2º), desde a sua concepção:

a) só diz respeito a direitos patrimoniais.

b) alcança também o natimorto no que concerne aos direitos da personalidade, tais como nome, imagem e sepultura.

c) pressupõe, obrigatoriamente e sempre, o nascimento com vida, assim demonstrado pelo exame médico-legal conhecido por docimasia.

d) não alcança o natimorto.

20. (FCC/TJ/PE/Cartórios/Remoção/2013) No tocante à ausência, é correto afirmar que:

a) a sentença que determinar a abertura da sucessão provisória só produzirá efeitos noventa dias após sua publicação pela imprensa, a partir dos quais se procederá à abertura do testamento, se houver, e ao inventário e partilha dos bens, como se o ausente fosse falecido.

b) a declaração de morte presumida pressupõe necessariamente a decretação da ausência.

c) arrecadados os bens do ausente, de imediato poderão os interessados requerer que se declare a ausência e que se abra provisoriamente a sucessão.

d) pode-se requerer a sucessão definitiva se houve prova de que o ausente conta oitenta anos de idade e que de cinco anos datam as últimas notícias dele.

e) os imóveis do ausente só poderão ser alienados por ordem judicial, podendo porém seu curador gravá-los livremente, em prol de uma administração eficiente dos bens.

21. (Consulplan/TJ/MG/Cartórios/Ingresso/2016) Quanto à ausência, é incorreto afirmar:

a) segundo o Código Civil, será nomeado curador do ausente o cônjuge ou o companheiro, por interpretação analógica e sistemática, os pais, ou os descendentes, nesta ordem.

b) a declaração de ausência será facultada por processo judicial ou por escritura pública. Por instrumento público, os requisitos, são: a) a inexistência de filhos menores ou incapazes; b) a observância do prazo de três anos de ausência; c) assistência de advogado, e o ato notarial levado a registro no Cartório de Registro Civis das Pessoas Naturais.

c) os herdeiros, para se imitirem na posse dos bens do ausente, darão garantias da restituição deles, mediante penhores ou hipotecas equivalentes aos quinhões respectivos.

d) pode-se requerer a sucessão definitiva, provando-se que o Ausente conta com 80 anos de idade, e que de cinco datam as últimas notícias dele.

22. (Faurgs/TJ/RS/Cartórios/Remoção/2015) No caso de alguém desaparecer em campanha, ou for feito prisioneiro, e não for encontrado até dois anos após o término da guerra:

a) pode ser declarada a sua morte presumida, sem declaração de ausência.

b) deve ser declarada sua ausência, com a designação de curador para os bens do ausente.

c) deve ser aberta a sucessão provisória.

d) pode ser aberta a sucessão definitiva, uma vez declarada a ausência.

23. (Consulplan/TJ/MG/Cartórios/Ingresso/2016) Quanto ao estado civil, é incorreto afirmar:

a) o direito brasileiro classifica as pessoas segundo seu estado civil, que se divide em estado familiar, político, individual.

b) é indisponível no sentido de que não se pode renunciar a ele, não se pode transferi-lo a outra pessoa, mas não é imutável.

c) intrinsecamente, o estado é indivisível, indisponível e imprescritível.

d) as classificações das pessoas em estado são de ordem privada, uma vez que as designações interessam apenas ao particular, não produz efeito contra todos.

24. (Consulplan/TJ/MG/Cartórios/Remoção/2017) São relativamente incapazes, exceto:

a) os ébrios habituais.

b) os maiores de 16 (dezesseis) anos e menores de 18 (dezoito) anos estabelecidos comercialmente com economia própria.

c) os pródigos.

d) os viciados em tóxicos.

25. (Ieses/TJ/RO/Cartórios/Remoção/2017) Conforme preconiza o Código Civil brasileiro, no que se refere à curadoria dos bens do ausente é correto afirmar:

I. o juiz, que nomear o curador, fixar-lhe-á os poderes e obrigações, conforme as circunstâncias, observando, no que for aplicável, o disposto a respeito dos tutores e curadores.

II. o cônjuge do ausente, sempre que não esteja separado judicialmente, ou de fato por mais de três anos antes da declaração da ausência, será o seu legítimo curador.

III. também se declarará à ausência, e se nomeará curador, quando o ausente deixar mandatário que não queira ou não possa exercer ou continuar o mandato, ou se os seus poderes forem insuficientes.

IV. desaparecendo uma pessoa do seu domicílio sem dela haver notícia, se não houver deixado representante ou procurador a quem caiba administrar-lhe os bens, o juiz, a requerimento de qualquer interessado ou do Ministério Público, declarará a ausência, e nomear-lhe-á curador.

A sequência correta é:

a) apenas a assertiva III está correta.
b) apenas as assertivas I e IV estão corretas.
c) as assertivas I, II, III e IV estão corretas.
d) a assertiva II está incorreta.

26. **(Ieses/TJ/RO/Cartórios/Ingresso/2017)** Sobre as pessoas naturais, responda de acordo com o Código Civil:

I. há comoriência quando dois ou mais indivíduos falecerem na mesma ocasião, não se podendo averiguar quem faleceu primeiro, presumindo simultaneamente mortos

II. os ébrios habituais e os viciados em tóxico são incapazes relativamente a certos atos, ou a maneira de os exercer.

III. a personalidade inicia no nascimento com vida, sendo resguardados os direitos do nascituro desde a concepção, e termina com a morte.

Assinale a alternativa correta:

a) apenas a assertiva II é verdadeira.
b) todas as assertivas são verdadeiras.
c) apenas as assertivas I e III são verdadeiras.
d) apenas a assertiva I é verdadeira.

27. **(Ieses/TJ/CE/Cartórios/Remoção/2018)** São incapazes, relativamente a certos atos ou à maneira de os exercer:

I. os pródigos.

II. os menores de 16 (dezesseis) anos.

III. os ébrios habituais e os viciados em tóxico.

IV. aqueles que, por causa transitória ou permanente, não puderem exprimir sua vontade.

A sequência correta é:

a) apenas a assertiva II está incorreta.
b) apenas as assertivas I e IV estão corretas.
c) apenas as assertivas I, II e IV estão corretas.
d) as assertivas I, II, III e IV estão corretas.

28. **(Ieses/TJ/CE/Cartórios/Remoção/2018)** A menoridade cessa aos dezoito anos completos, quando a pessoa fica habilitada à prática de todos os atos da vida civil, contudo, a incapacidade cessará, para os menores pelo(a):

I. exercício de emprego público efetivo.

II. concessão dos pais, ou de um deles na falta do outro, mediante instrumento público, independentemente de homologação judicial, ou por sentença do juiz, ouvido o tutor, se o menor tiver dezesseis anos completos.

III. colação de grau em curso de ensino superior.

IV. casamento.

A sequência correta é:

a) apenas as assertivas I e IV estão corretas.
b) apenas as assertivas I, II e IV estão corretas.
c) apenas a assertiva II está incorreta.
d) as assertivas I, II, III e IV estão corretas.

29. **(Ieses/TJ/CE/Cartórios/Remoção/2018)** No tocante aos direitos da personalidade, segundo o Código Civil, é correto afirmar, exceto:

a) em se tratando de morto, terá legitimação para requerer que cesse a ameaça, ou a lesão, a direito da personalidade, e reclamar perdas e danos o cônjuge sobrevivente, ou qualquer parente em linha reta, ou colateral até o segundo grau.
b) o pseudônimo adotado para atividades lícitas goza da proteção que se dá ao nome.
c) sem autorização, não se pode usar o nome alheio em propaganda comercial.
d) é válida, com objetivo científico, ou altruístico, a disposição gratuita do próprio corpo, no todo ou em parte, para depois da morte.

30. **(Ieses/TJ/CE/Cartórios/Ingresso/2018)** Em relação à ausência, responda:

I. decorrido um ano da arrecadação dos bens do ausente, ou, se ele deixou representante ou procurador, em se passando três anos, poderão os interessados requerer que se declare a ausência e se abra provisoriamente a sucessão.

II. dez anos depois de passada em julgado a sentença que concede a abertura da sucessão provisória, poderão os interessados requerer a sucessão definitiva.

III. pode-se requerer a sucessão definitiva, também, provando-se que o ausente conta oitenta anos de idade, e que de cinco datam as últimas notícias dele.

Assinale a correta:

a) todas as assertivas são verdadeiras.
b) apenas as assertivas I e III são verdadeiras.
c) apenas a assertiva I é verdadeira.
d) apenas a assertiva II é verdadeira.

31. **(Consulplan/TJ/MG/Cartórios/Ingresso/2017)** Comoriência ocorre quando:

a) pessoas tomam ciência de uma dívida após notificação.
b) pessoas falecem no mesmo momento.
c) pessoas herdam com o mesmo percentual.
d) pessoas nascem no mesmo momento.

1.2. Das Pessoas Jurídicas

✱ SÚMULAS

STJ **Súm. 227.** A pessoa jurídica pode sofrer dano moral.

✱ ENUNCIADOS CJF

1) Disposições Gerais

CJF **Civil 7.** Só se aplica a desconsideração da personalidade jurídica quando houver a prática de ato irregular, e limitadamente, aos administradores ou sócios que nela hajam incorrido.

CJF **Civil 51.** A teoria da desconsideração da personalidade jurídica – "disregard doctrine" fica positivada no novo Código Civil, mantidos os parâmetros existentes nos microssistemas legais e na construção jurídica sobre o tema.

CJF **Civil 141.** A remissão do art. 41, parágrafo único, do CC às "pessoas jurídicas de direito público, a que se tenha dado estrutura de direito privado", diz respeito às fundações públicas e aos entes de fiscalização do exercício profissional.

CJF **Civil 142.** Os partidos políticos, os sindicatos e as associações religiosas possuem natureza associativa, aplicando-se-lhes o Código Civil.

CJF **Civil 143.** A liberdade de funcionamento das organizações religiosas não afasta o controle de legalidade e legitimidade constitucional de seu registro, nem a possibilidade de reexame pelo Judiciário da compatibilidade de seus atos com a lei e com seus estatutos.

CJF **Civil 144.** A relação das pessoas jurídicas de Direito Privado, constante do art. 44, incs. I a V, do Código Civil, não é exaustiva.

CJF **Civil 145.** O art. 47 não afasta a aplicação da teoria da aparência.

CJF **Civil 146.** Nas relações civis, interpretam-se restritivamente os parâmetros de desconsideração da personalidade jurídica previstos no art. 50 (desvio de finalidade social ou confusão patrimonial). (Este Enunciado não prejudica o enunciado n. 7).

CJF **Civil 280.** Por força do art. 44, § 2º, consideram-se aplicáveis às sociedades reguladas pelo Livro II da Parte Especial, exceto às limitadas, os arts. 57 e 60, nos seguintes termos: a) Em havendo previsão contratual, é possível aos sócios deliberar a exclusão de sócio por justa causa, pela via extrajudicial, cabendo ao contrato disciplinar o procedimento de exclusão, assegurado o direito de defesa, por aplicação analógica do art. 1.085; b) As deliberações sociais poderão ser convocadas pela iniciativa de sócios que representem 1/5 (um quinto) do capital social, na omissão do contrato. A mesma regra aplica-se na hipótese de criação, pelo contrato, de outros órgãos de deliberação colegiada.

CJF **Civil 281.** A aplicação da teoria da desconsideração, descrita no art. 50 do Código Civil, prescinde da demonstração de insolvência da pessoa jurídica.

CJF **Civil 282.** O encerramento irregular das atividades da pessoa jurídica, por si só, não basta para caracterizar abuso de personalidade jurídica.

CJF **Civil 283.** É cabível a desconsideração da personalidade jurídica denominada "inversa" para alcançar bens de sócio que se valeu da pessoa jurídica para ocultar ou desviar bens pessoais, com prejuízo a terceiros.

CJF **Civil 284.** As pessoas jurídicas de direito privado sem fins lucrativos ou de fins não econômicos estão abrangidas no conceito de abuso da personalidade jurídica.

CJF **Civil 285.** A teoria da desconsideração, prevista no art. 50 do Código Civil, pode ser invocada pela pessoa jurídica em seu favor.

CJF Civil 286. Os direitos da personalidade são direitos inerentes e essenciais à pessoa humana, decorrentes de sua dignidade, não sendo as pessoas jurídicas titulares de tais direitos.

CJF Civil 406. A desconsideração da personalidade jurídica alcança os grupos de sociedade quando presentes os pressupostos do art. 50 do Código Civil e houver prejuízo para os credores até o limite transferido entre as sociedades.

CJF Comercial 9. Quando aplicado às relações jurídicas empresariais, o art. 50 do Código Civil não pode ser interpretado analogamente ao art. 28, § 5º, do CDC ou ao art. 2º, § 2º, da CLT.

2) Das Associações

CJF Civil 280. Por força do art. 44, § 2º, consideram-se aplicáveis às sociedades reguladas pelo Livro II da Parte Especial, exceto às limitadas, os arts. 57 e 60, nos seguintes termos: a) Em havendo previsão contratual, é possível aos sócios deliberar a exclusão de sócio por justa causa, pela via extrajudicial, cabendo ao contrato disciplinar o procedimento de exclusão, assegurado o direito de defesa, por aplicação analógica do art. 1.085; b) As deliberações sociais poderão ser convocadas pela iniciativa de sócios que representem 1/5 (um quinto) do capital social, na omissão do contrato. A mesma regra aplica-se na hipótese de criação, pelo contrato, de outros órgãos de deliberação colegiada.

CJF Civil 407. A obrigatoriedade de destinação do patrimônio líquido remanescente da associação a instituição municipal, estadual ou federal de fins idênticos ou semelhantes, em face da omissão do estatuto, possui caráter subsidiário, devendo prevalecer a vontade dos associados, desde que seja contemplada entidade que persiga fins não econômicos.

CJF Civil 534. As associações podem desenvolver atividade econômica, desde que não haja finalidade lucrativa.

CJF Civil 577. A possibilidade de instituição de categorias de associados com vantagens especiais admite a atribuição de pesos diferenciados ao direito de voto, desde que isso não acarrete a sua supressão em relação a matérias previstas no art. 59 do CC.

CJF Civil 615. As associações civis podem sofrer transformação, fusão, incorporação ou cisão.

3) Das Fundações

CJF Civil 8. A constituição de fundação para fins científicos, educacionais ou de promoção do meio ambiente está compreendida no CC, art. 62, parágrafo único.

CJF Civil 9. O art. 62, parágrafo único, deve ser interpretado de modo a excluir apenas as fundações de fins lucrativos.

CJF Civil 10. Em face do princípio da especialidade, o art. 66, § 1º, deve ser interpretado em sintonia com os arts. 70 e 178 da LC n. 75/93.

CJF Civil 147. A expressão "por mais de um Estado", contida no § 2º do art. 66, não exclui o Distrito Federal e os Territórios. A atribuição de velar pelas fundações, prevista no art. 66 e seus parágrafos, ao MP local isto é, dos Estados, DF e Territórios onde situadas não exclui a necessidade de fiscalização de tais pessoas jurídicas pelo MPF, quando se tratar de fundações instituídas ou mantidas pela União, autarquia ou empresa pública federal, ou que destas recebam verbas, nos termos da Constituição, da LC n. 75/93 e da Lei de Improbidade.

✱ QUESTÕES DISCURSIVAS

03. **(Cetro/TJ/RJ/Cartórios/Remoção/2012)** Descreva o que se entende por Teoria Maior e Teoria Menor da Desconsideração da Personalidade Jurídica.

✱ QUESTÕES OBJETIVAS

32. **(Consulplan/TJ/MG/Cartórios/Ingresso/2018)** São pessoas jurídicas de direito privado:

a) as associações; as sociedades; as fundações; as agências reguladoras; os partidos políticos; as empresas individuais de responsabilidade limitada.

b) as associações; as sociedades; as autarquias; as organizações religiosas; os partidos políticos; as empresas individuais de responsabilidade limitada.

c) as associações; as sociedades; as fundações; as organizações religiosas; os partidos políticos; as empresas individuais de responsabilidade limitada.

d) as associações; as sociedades; as fundações; as organizações religiosas; os estados estrangeiros; as empresas individuais de responsabilidade limitada.

33. **(Consulplan/TJ/MG/Cartórios/Ingresso/2018)** A anulação da constituição das pessoas jurídicas de direito privado, por defeito do ato respectivo, tem prazo de:

a) prescrição de 3 (três) anos.
b) prescrição de 5 (cinco) anos.
c) decadência de 3 (três) anos.
d) decadência de 5 (cinco) anos.

34. **(Consulplan/TJ/MG/Cartórios/Ingresso/2018)** Assinale a alternativa correta:

a) podem testar somente os maiores de 18 (dezoito) anos.
b) o Juiz poderá reconhecer, de ofício, da prescrição, bem como da decadência.
c) para os negócios jurídicos são irrelevantes a boa-fé e os usos do lugar de sua realização.
d) constituem-se as associações pela união de pessoas que se organizem para fins não econômicos.

35. **(Consulplan/TJ/MG/Cartórios/Ingresso/2018)** O início da existência legal das pessoas jurídicas de direito privado se dá com:

a) a publicação da lei que a institui.
b) a promulgação da lei que a institui.
c) a celebração formal do ato constitutivo.
d) a inscrição do ato constitutivo no registro respectivo, precedida quando necessário, de autorização ou aprovação do Poder Executivo, averbando-se no registro todas as alterações por que passar o ato constitutivo.

36. **(Cespe/TJ/ES/Cartórios/Ingresso/2013)** No que se refere ao patrimônio das pessoas jurídicas, assinale a opção correta:

a) para que haja a desconsideração da personalidade jurídica, é indispensável que se demonstre o desvio de finalidade ou a confusão patrimonial, mesmo em se tratando de relações regidas pelo CDC.
b) para a comprovação do requisito da confusão patrimonial, exige-se demonstração de má-fé, elemento subjetivo, dos sócios.
c) a desconsideração da personalidade jurídica não pode ser admitida com fulcro na violação dos estatutos ou do contrato social.
d) só se aplica a desconsideração da personalidade jurídica quando comprovada a prática de ato irregular e, limitadamente, aos administradores ou sócios que nela hajam incorrido.
e) no Código Civil brasileiro, adota-se a teoria menor da desconsideração da pessoa jurídica, ao passo que, no Código de Defesa do Consumidor (CDC), é adotada a teoria maior da desconsideração.

37. **(Cespe/TJ/ES/Cartórios/Remoção/2013)** Assinale a opção correta com relação às normas atinentes às pessoas jurídicas e a suas diversas formas de organização:

a) a massa falida, o espólio e o condomínio, por serem considerados entes despersonalizados, não podem ser considerados pessoas jurídicas.
b) o cancelamento do registro civil da pessoa jurídica em processo de liquidação poderá ser promovido antes de encerrada a liquidação.
c) as entidades sindicais, em regra, não se sujeitam ao mesmo regramento jurídico das associações.
d) os estatutos sociais das fundações deverão ser aprovados pelo MP, que, por isso, não tem a prerrogativa de elaborá-los diretamente.
e) o registro civil da pessoa jurídica tem efeito retroativo para tornar válidos os atos praticados nos sessenta dias anteriores à assinatura dos documentos.

38. **(Ieses/TJ/RS/Cartórios/Remoção/2013)** Em relação à teoria da desconsideração da personalidade jurídica, assinale a proposição correta:

a) a teoria pode ser aplicada em caso de abuso da personalidade jurídica, caracterizado pelo inadimplemento obrigacional, desvio de finalidade ou confusão patrimonial.
b) a desconsideração da personalidade jurídica não será aplicada quando houver falência ou estado de insolvência do devedor.
c) pode o juiz, a requerimento da parte, ou pelo Ministério Público, quando lhe couber, aplicar a teoria para estender aos bens particulares dos sócios ou administradores da pessoa jurídica os efeitos de certas e determinadas relações de obrigações.
d) as sociedades integrantes de grupos societários e as consorciadas são subsidiariamente responsáveis pelas obrigações decorrentes de relações de consumo.

39. **(Ieses/TJ/PA/Cartórios/Remoção/2016)** Segundo a classificação apresentada pelo Código Civil vigente, são pessoas jurídicas de direito privado:

I. partidos políticos.
II. organizações religiosas.
III. autarquias.
IV. associações, sociedades, fundações e empresas individuais de responsabilidade limitada.

A sequência correta é:

a) as assertivas I, II, III e IV estão corretas.

b) apenas as assertivas I e IV estão corretas.

c) apenas a assertiva IV está correta.

d) apenas as assertivas I, II e IV estão corretas.

40. (Consulplan/TJ/MG/Cartórios/Remoção/2016) Quanto ao regime da pessoa jurídica, marque a afirmação incorreta:

a) as sociedades são grupos de pessoas que se reúnem para realização de empreendimento qualquer. São, assim, pessoas colegiadas, podendo ser simples ou empresária.

b) as fundações públicas são patrimônio público ao qual a lei confere personalidade. São, por isso, pessoas não colegiadas.

c) as fundações privadas são constituídas por acervo patrimonial particular, ao qual a lei confere personalidade, daí serem pessoas não colegiadas.

d) empresa pública tem natureza peculiar, em nenhuma hipótese aceitando a forma não colegiada, e são pessoas jurídicas de Direito Público.

41. (Faurgs/TJ/RS/Cartórios/Ingresso/2015) A existência legal das pessoas jurídicas de direito privado começa:

a) com a aprovação do estatuto social.

b) com a inscrição do ato constitutivo no respectivo registro.

c) com a aprovação da lei autorizativa da sua constituição.

d) com a concessão do alvará pelo Poder Público.

42. (Ieses/TJ/MS/Cartórios/Remoção/2014) O direito de anular a constituição das pessoas jurídicas de direito privado, por defeito do ato respectivo, contado o prazo da publicação de sua inscrição no registro:

a) prescreve em cinco anos.

b) decai em cinco anos.

c) decai em três anos.

d) decai em dez anos.

43. (Consulplan/TJ/MG/Cartórios/Ingresso/2014) Começa a existência legal das pessoas jurídicas de direito privado com a inscrição do ato constitutivo no respectivo registro. O registro declarará, exceto:

a) a denominação, os fins, a sede, o tempo de duração e o fundo social, quando houver.

b) o nome e a individualização dos fundadores ou instituidores, e dos diretores.

c) as disposições para liquidação da pessoa jurídica.

d) se o ato constitutivo é reformável no tocante à administração, e de que modo.

44. (Vunesp/TJ/SP/Cartórios/Remoção/2014) A respeito das pessoas jurídicas, conforme disposição expressa prevista no Código Civil, é correto afirmar:

a) no geral, as pessoas jurídicas de direito público interno são civilmente responsáveis por atos dos seus agentes que, nessa qualidade, causem danos a terceiros, ressalvado direito regressivo contra os causadores do dano apenas em caso de dolo ou fraude.

b) aqueles a quem o instituidor cometer a aplicação do patrimônio, em tendo ciência do encargo, formularão logo, de acordo com as suas bases, o estatuto da fundação projetada, submetendo-o, em seguida, à aprovação do Ministério Público, com recurso ao juiz.

c) começa a existência legal das pessoas jurídicas de direito privado com a formalização, por instrumento particular, do contrato social ou estatuto, uma vez que o registro, neste caso, é meramente declaratório.

d) em caso de abuso da personalidade jurídica, caracterizado pelo desvio de finalidade, ou pela confusão patrimonial, pode o juiz decidir, de ofício, a requerimento da parte, ou do Ministério Público, mesmo quando não lhe couber intervir no processo, que os efeitos de certas e determinadas relações de obrigações sejam estendidos aos bens particulares dos administradores ou sócios da pessoa jurídica.

45. (Cespe/TJ/BA/Cartórios/Ingresso/2013) No que se refere às pessoas jurídicas, assinale a opção correta:

a) personalidade é atributo da dignidade do homem, motivo pelo qual a pessoa jurídica não tem personalidade.

b) a constituição de associação para fins não econômicos implica direitos e obrigações recíprocas aos associados.

c) a personalidade jurídica das sociedades civis poderá ser anulada ou extinta pelo Poder Judiciário quando se verificar abuso do direito de personalidade com vistas a atingir os bens dos sócios ou administradores.

d) caso não haja cláusula estatutária sobre a destinação dos bens em caso de extinção da fundação, ocorrendo a inutilidade da referida pessoa jurídica, o patrimônio da entidade deverá reverter ao instituidor, ou aos seus sucessores.
e) a existência de organizações religiosas vincula-se à inscrição do ato constitutivo em cartório de registro de pessoas jurídicas.

46. (FCC/TJ/PE/Cartórios/Ingresso/2013) Em relação às associações, é correto afirmar:

a) a exclusão do associado depende unicamente das disposições estatutárias, podendo ocorrer por ato imotivado dos órgãos deliberativos, se assim dispuser o estatuto.
b) os associados devem ter iguais direitos e, em consequência, é vedado que se estabeleçam no estatuto categorias com vantagens especiais.
c) como regra, a qualidade de associado é transmissível livremente.
d) entre os associados, são estabelecidos direitos e obrigações recíprocos.
e) compete privativamente à assembleia geral, especialmente convocada para esses fins, destituir os administradores e alterar o estatuto associativo.

47. (FCC/TJ/PE/Cartórios/Remoção/2013) Sob pena de nulidade, o estatuto das associações conterá:

I. a denominação, os fins e a sede da associação, bem como os requisitos para a admissão, demissão e exclusão dos associados.
II. os direitos e deveres dos associados, bem como as fontes de recursos para manutenção das associações.
III. o modo de constituição e de funcionamento dos órgãos deliberativos, bem como a forma de gestão administrativa e de aprovação das contas associativas.

Está correto o que consta em:

a) I, II e III.
b) II e III, apenas.
c) I e II, apenas.
d) I e III, apenas.
e) II, apenas.

48. (Ieses/TJ/MS/Cartórios/Remoção/2014) No caso das associações civis, compete privativamente à assembleia geral:

I. indicar o conselho fiscal.
II. destituir os administradores.
III. alterar o estatuto.
IV. contrair financiamentos em nome da associação.

A sequência correta é:

a) apenas as assertivas II e III estão corretas.
b) apenas as assertivas I e IV estão corretas.
c) apenas a assertiva III está correta.
d) as assertivas I, II, III e IV estão corretas.

49. (FMP/TJ/MT/Cartórios/Ingresso/2014) Quanto às pessoas jurídicas, assinale a afirmativa correta:

a) quando insuficientes para constituir a fundação, os bens a ela destinados serão convertidos em títulos da dívida pública até que, aumentados com os rendimentos, perfaçam capital bastante.
b) para criar uma fundação, far-lhe-á o seu instituidor, por instrumento público ou instrumento particular firmado na presença de cinco testemunhas, e nesta última hipótese o valor do acervo patrimonial não pode ser superior a quarenta salários mínimos, dotação especial de bens, especificando o fim a que se destina e declarando, se quiser, a maneira de administrá-la.
c) aplica-se a doutrina do "disregard legal entity" quando, a requerimento dos credores, se constatar a insuficiência do patrimônio da pessoa jurídica para satisfazer obrigações líquidas e certas, vencidas e vincendas.
d) constituem-se as associações pela união de pessoas que se organizam para fins não econômicos, inexistindo, entre os associados, direitos e obrigações recíprocos, nem intenção de dividir resultados.
e) começa a existência legal das pessoas jurídicas de direito privado com a elaboração, via escritura pública ou instrumento particular firmado por duas testemunhas, dos respectivos atos constitutivos.

50. (FCC/TJ/PE/Cartórios/Remoção/2013) Em relação às fundações, é correto afirmar que:

a) constituídas por negócio jurídico entre vivos, a transferência da propriedade sobre os bens dotados é obrigatória após a morte do instituidor, somente.
b) só podem elas ser constituídas para fins religiosos, econômicos, morais, culturais, assistenciais ou esportivos.

c) quando os bens destinados a constituí-las forem insuficientes, em regra voltarão ao instituidor, se vivo, ou serão transferidos aos herdeiros deste, se falecido.

d) para serem criadas, seu instituidor fará, por escritura pública ou testamento, dotação especial de bens livres, especificando o fim a que se destinam e declarando, se quiser, a maneira de administrá-la.

e) tornadas ilícita, impossível ou inútil sua finalidade, serão extintas e, em regra, seu patrimônio será incorporado ao Estado-membro em que sediadas.

51. **(FMP/TJ/MT/Cartórios/Remoção/2014)** No que diz com as pessoas jurídicas, assinale a afirmativa correta:

a) o ato de dotação ou instituição de uma fundação, que compreende a reserva ou a destinação de bens livres, com a indicação dos fins a que se destinam e a maneira de administrá-los, somente pode ser feito por ato "inter vivos", mediante escritura pública.

b) se a pessoa designada pelo instituidor não elaborar o estatuto no prazo de 180 dias, o Ministério Público deverá ajuizar ação civil pública objetivando destinar os bens instituídos a outra fundação que se proponha a fim igual ou semelhante.

c) a regularização da sociedade de fato, com o registro de seu ato constitutivo, produz efeitos pretéritos, retroagindo estes ao período anterior, em que permaneceu como sociedade irregular.

d) compete privativamente à assembleia geral nas associações, independentemente do que dispuser o estatuto, como expressão máxima do espírito democrático que deve animar as pessoas jurídicas de tal natureza, eleger os administradores pelo voto direto e secreto.

e) os fins e os objetivos da fundação, depois de instituída, não podem ser modificados nem mesmo pela vontade unânime de seus dirigentes.

52. **(Cespe/TJ/DFT/Cartórios/Ingresso/2014)** Em relação à forma de constituição, aquisição de personalidade jurídica, controle e extinção das fundações, assinale a opção correta:

a) no atual Código Civil, não se admite revogação de fundação, por testamento posterior, para a instituição de herdeiro.

b) as fundações públicas com personalidade de direito privado ingressam no mundo jurídico mediante autorização legislativa, enquanto as fundações de direito privado adquirem personalidade por meio de inscrição de seu estatuto no registro civil das pessoas jurídicas, podendo ambas serem extintas por decisão da maioria de seus membros.

c) as fundações instituídas como autarquias pelo poder público estão sujeitas ao controle financeiro e orçamentário do MPF e dos MPs estaduais, conforme o âmbito de sua atuação.

d) pode-se instituir fundação, como disposição de última vontade, por testamento público, cerrado ou particular, observados, em cada caso, os requisitos legais.

e) a escritura pública firmada pelo instituidor da fundação não pode ser retificada no que diz respeito à composição dos órgãos de administração.

53. **(Cespe/TJ/DFT/Cartórios/Ingresso/2014)** Acerca da desconsideração da personalidade jurídica, assinale a opção correta:

a) configurado o ilícito praticado por sociedade em detrimento do consumidor, as sociedades consorciadas e as coligadas respondem solidária e objetivamente pelo evento danoso.

b) no Código Civil brasileiro, é prevista a desconsideração da personalidade jurídica em caso de abuso caracterizado pelo desvio de finalidade ou confusão patrimonial, de modo a assegurar ao credor acesso aos bens particulares dos administradores e sócios da empresa para a satisfação de seu crédito.

c) por ausência de previsão legal, a atividade que favorece o enriquecimento dos sócios em prejuízo econômico da sociedade não enseja a desconsideração da personalidade jurídica se a obrigação creditícia não decorrer de relação de consumo.

d) no Código de Defesa do Consumidor, é prevista a desconsideração da autonomia da pessoa jurídica nos casos de práticas abusivas, infração da lei, fato ou ato ilícito, desde que se configure fraude ou abuso de direito.

e) não incide a hipótese de desconsideração da personalidade jurídica nos casos de encerramento ou inatividade da empresa jurídica por má administração do fornecedor, em prejuízo do consumidor.

54. **(Consulplan/TJ/MG/Cartórios/Ingresso/2017)** Em relação às Associações, assinale a alternativa correta:

a) com o registro do estatuto social no Registro Civil das Pessoas Jurídicas criam-se direitos e obrigações recíprocas entre os associados.

b) se o associado for titular de quota ou fração ideal do patrimônio da associação, a transferência daquela não importará, de per si, na atribuição da qualidade de associado ao adquirente ou ao herdeiro, salvo disposição diversa do estatuto.

c) o estatuto social deverá prever que os associados têm direitos iguais, não se admitindo a instituição de categorias com vantagens especiais.

d) a destituição dos administradores de associação depende decisão tomada em assembleia geral, especialmente convocada para esse fim, cujo quórum será de três quartos dos associados.

55. **(Consulplan/TJ/MG/Cartórios/Ingresso/2017)** Para a constituição de uma associação são necessários, por regra, o mínimo de quantos associados e em quais condições?

a) 1 associado, obrigatoriamente pessoa física.

b) 2 associados, com direitos iguais, embora o estatuto possa instituir categorias de associados com vantagens especiais.

c) 1 associado, podendo ser pessoa física ou jurídica.

d) 2 associados, com direitos iguais, sendo vedado ao estatuto instituir qualquer forma de vantagem especial para categorias de associados.

56. **(Consulplan/TJ/MG/Cartórios/Remoção/2017)** Em relação às Fundações, é correto afirmar:

a) para criar uma fundação, o seu instituidor fará, por escritura pública ou testamento, dotação especial de bens livres, especificando o fim a que se destina, e declarando, necessariamente, a maneira de administrá-la.

b) constituída a fundação por negócio jurídico entre vivos, o instituidor é obrigado a transferir-lhe a propriedade, ou outro direito real, sobre os bens dotados, salvo se vier a revogar a escritura pública que a instituíra.

c) para que se possa alterar o estatuto da fundação é mister que a reforma: seja deliberada por dois terços dos competentes para gerir e representar a fundação; não contrarie ou desvirtue o fim desta; seja aprovada pelo órgão do Ministério Público no prazo máximo de 45 (quarenta e cinco) dias, findo o qual ou no caso de o Ministério Público a denegar, poderá o juiz supri-la, a requerimento do interessado.

d) quando insuficientes para constituir a fundação, os bens a ela destinados serão, se de outro modo não dispuser o instituidor, incorporados a pessoa jurídica sem fins lucrativos que se proponha a fim igual ou semelhante.

57. **(Ieses/TJ/CE/Cartórios/Remoção/2018)** São pessoas jurídicas de direito público interno:

a) as associações.

b) as autarquias, inclusive as associações públicas.

c) as fundações.

d) os partidos políticos.

1.3. Do Domicílio

✱ SÚMULAS

STF **Súm. 363.** A pessoa jurídica de direito privado pode ser demandada no domicílio da agência, ou estabelecimento, em que se praticou o ato.

✱ ENUNCIADOS CJF

CJF **Civil 408.** Para efeitos de interpretação da expressão "domicílio" do art. 7º da Lei de Introdução às Normas do Direito Brasileiro, deve ser considerada, nas hipóteses de litígio internacional relativo a criança ou adolescente, a residência habitual destes, pois se trata de situação fática internacionalmente aceita e conhecida.

✱ QUESTÕES OBJETIVAS

58. **(Consulplan/TJ/MG/Cartórios/Ingresso/2018)** Conforme o Código Civil em vigência, é considerado como domicílio necessário do incapaz:

a) o lugar onde for encontrado.

b) o lugar designado judicialmente.

c) o domicílio do seu representante ou assistente.

d) o lugar onde estabelece a sua residência com ânimo definitivo.

59. **(Consulplan/TJ/MG/Cartórios/Ingresso/2018)** Assinale a alternativa incorreta:

a) o domicílio do itinerante é o local onde for encontrado.

b) tem domicílio necessário o incapaz, o servidor público, o militar, o marítimo e o preso.

c) domicílio de eleição é o local onde a pessoa escolhe para exercer o seu direito de voto, normalmente coincidente com o local de residência da pessoa física.

d) o domicílio compõe-se de dois elementos: o elemento objetivo, que é o local onde a pessoa se fixa, e o subjetivo, consistente na vontade de permanecer com ânimo definitivo.

60. **(Consulplan/TJ/MG/Cartórios/Ingresso/2018)** Tendo a pessoa natural diversas residências onde, por mera liberalidade, alternadamente viva, considerar-se-á:

a) que ela não tem domicílio.

b) seu domicílio qualquer uma delas.

c) seu domicílio apenas o local onde exerce sua profissão.

d) seu domicílio apenas a última residência estabelecida em ordem cronológica, independentemente de sua vontade.

61. **(FCC/TJ/PE/Cartórios/Remoção/2013)** No tocante ao domicílio é correto afirmar:

a) se a pessoa tiver diversas residências, onde viva alternadamente, considerar-se-á seu domicílio a mais antiga.

b) têm domicílio necessário o incapaz, o servidor público, o militar, o marítimo e o preso.

c) ter-se-á por domicílio da pessoa natural, que não tenha residência habitual, a capital do lugar onde for encontrada.

d) as relações concernentes à profissão, salvo quanto aos casos legalmente previstos, não têm qualquer repercussão no tocante ao domicílio da pessoa natural.

e) muda-se o domicílio, automaticamente, com a transferência de residência da pessoa natural.

62. **(Consulplan/TJ/MG/Cartórios/Remoção/2016)** Quanto ao domicílio e residência, assinale a afirmação incorreta:

a) residência é o lugar em que a pessoa se fixa, ainda que temporariamente. Possui elemento objetivo: lugar em que a pessoa se fixa.

b) o direito brasileiro veda em qualquer espécie a pluralidade de domicílios, o legislador pátrio priorizou a segurança jurídica nas relações, determinando domicílio único.

c) domicílio é o lugar em que a pessoa se fixa com vontade de permanecer em definitivo. A definição conduz a dois elementos, um objetivo: lugar que a pessoa se fixa. Outro subjetivo, denomina-se "animus manendi", ou vontade de permanecer.

d) o agente diplomático do Brasil, que, citado no estrangeiro, alegar extraterritorialidade sem designar onde tem, no país, o seu domicílio, poderá ser demandado no Distrito Federal ou no último ponto do território brasileiro onde o teve.

63. **(Consulplan/TJ/MG/Cartórios/Remoção/2015)** Domicílio é de grande importância no direito, sendo o local em que a pessoa jurídica ou natural responde por suas obrigações. Quanto ao domicílio necessário, é correto afirmar que:

a) é o lugar onde se fixa residência com ânimo definitivo.

b) é aquele que a lei impõe a determinado grupo de pessoas.

c) é aquele que pode ser ajustado entre as partes nos contratos escritos.

d) é o lugar onde funcionam as respectivas diretorias e administrações das pessoas jurídicas.

64. **(Ieses/TJ/MS/Cartórios/Remoção/2014)** Ter-se-á por domicílio da pessoa natural:

I. aquela que não tenha residência habitual, o lugar onde for encontrada.

II. o lugar onde ela estabelece a sua residência com ânimo definitivo.

III. quanto às relações concernentes à profissão, o lugar onde esta é exercida.

IV. se caso estive presa, será o local onde cumpre a sentença.

A sequência correta é:

a) apenas as assertivas I e II estão corretas.

b) apenas a assertiva III está correta.

c) as assertivas I, II, III e IV estão corretas.

d) apenas as assertivas I e IV estão corretas.

65. **(Vunesp/TJ/SP/Cartórios/Remoção/2014)** Em relação ao domicílio da pessoa natural, assinale a alternativa correta:

a) o domicílio do incapaz é o lugar em que for encontrado.

b) o domicílio do marítimo é o porto em que o navio estiver atracado.

c) o domicílio do preso é o local da sua última residência no país.

d) o agente diplomático do Brasil, que, citado no estrangeiro, alegar extraterritorialidade sem designar onde tem, no país, o seu domicílio, poderá ser demandado no Distrito Federal ou no último ponto do território brasileiro onde o teve.

2. DOS BENS

✱ SÚMULAS

1) Bens Públicos

STF Súm. 340. Desde a vigência do Código Civil, os bens dominicais, como os demais bens públicos, não podem ser adquiridos por usucapião.

STF Súm. 477. As concessões de terras devolutas situadas na faixa de fronteira, feitas pelos Estados, autorizam, apenas, o uso, permanecendo o domínio com a União, ainda que se mantenha inerte ou tolerante, em relação aos possuidores.

STF Súm. 479. As margens dos rios navegáveis são domínio público, insuscetíveis de expropriação e, por isso mesmo, excluídas de indenização.

STF Súm. 480. Pertencem ao domínio e administração da União, nos termos dos artigos 4º, IV, e 186, da Constituição Federal de 1967, as terras ocupadas por silvícolas.

STF Súm. 650. Os incisos I e XI do art. 20 da Constituição Federal não alcançam terras de aldeamentos extintos, ainda que ocupadas por indígenas em passado remoto.

STJ Súm. 496. Os registros de propriedade particular de imóveis situados em terrenos de marinha não são oponíveis à União.

STJ Súm. 619. A ocupação indevida de bem público configura mera detenção, de natureza precária, insuscetível de retenção ou indenização por acessões e benfeitorias.

2) Cláusula de Inalienabilidade/Incomunicabilidade

STF Súm. 49. A cláusula de inalienabilidade inclui a incomunicabilidade dos bens.

✱ ENUNCIADOS CJF

CJF Civil 11. Não persiste no novo sistema legislativo a categoria dos bens imóveis por acessão intelectual, não obstante a expressão "tudo quanto se lhe incorporar natural ou artificialmente", constante da parte final do art. 79 do CC.

CJF Civil 287. O critério da classificação de bens indicado no art. 98 do Código Civil não exaure a enumeração dos bens públicos, podendo ainda ser classificado como tal o bem pertencente a pessoa jurídica de direito privado que esteja afetado à prestação de serviços públicos.

CJF Civil 288. A pertinência subjetiva não constitui requisito imprescindível para a configuração das universalidades de fato e de direito.

CJF Civil 535. Para a existência da pertença, o art. 93 do Código Civil não exige elemento subjetivo como requisito para o ato de destinação.

✱ QUESTÕES OBJETIVAS

66. **(Consulplan/TJ/MG/Cartórios/Ingresso/2018)** Uma casa modular, que pode ser retirada de seus alicerces, para ser fixada em local diferente do original, sem perder sua natureza e finalidade é considerada:

a) bem imóvel.
b) bem semovente.
c) bem móvel por natureza.
d) bem móvel por antecipação.

67. **(Consulplan/TJ/MG/Cartórios/Ingresso/2018)** Os bens naturalmente divisíveis podem tornar-se indivisíveis:

a) apenas por decisão judicial.
b) por vontade das partes, não podendo exceder de 5 (cinco) anos a indivisão estabelecida pelo doador ou pelo testador.
c) por vontade das partes, que não poderão acordá-la por prazo maior de 5 (cinco) anos, insuscetível de prorrogação ulterior.
d) por disposição expressa de lei ou pela vontade das partes, desde que, neste caso, o prazo de obrigatoriedade da indivisão não ultrapasse 10 (dez) anos.

68. **(Cespe/TJ/ES/Cartórios/Ingresso/2013)** Considerando a ampla proteção jurídica conferida aos bens no Código Civil, assinale a opção correta:

a) os bens incorpóreos podem ser defendidos por meio da tutela possessória.
b) consideram-se benfeitorias os acréscimos sobrevindos ao bem, ainda que em decorrência de fenômenos da natureza.
c) os direitos autorais são bens móveis.
d) tanto os bens móveis quanto os imóveis podem ser objeto de mútuo.
e) o direito à sucessão aberta é considerado bem móvel.

69. **(FCC/TJ/PE/Cartórios/Ingresso/2013)** No tocante aos bens, é correto afirmar:

a) perdem o caráter de imóveis as edificações separadas do solo e removidas para outro local, ainda que conservando sua unidade.

b) consideram-se imóveis, para efeitos legais, os direitos reais sobre imóveis e as ações que os asseguram, bem como o direito à sucessão aberta.

c) tornam-se móveis os materiais provisoriamente separados de um prédio, para nele se reempregarem.

d) são bens consumíveis aqueles cujo uso importa destruição imediata da própria substância, salvo se destinados à alienação.

e) constitui universalidade de direito a pluralidade de bens singulares que, pertinentes à mesma pessoa, tenham destinação unitária.

70. **(Ieses/TJ/RN/Cartórios/Ingresso/2012)** Assinale a alternativa correta:

a) em regra, os bens móveis e imóveis podem ser fungíveis.

b) a construção realizada sobre bem imóvel é bem autônomo, sendo possível que a propriedade da construção seja de titular distinto do proprietário do imóvel.

c) os bens consumíveis não estão sujeitos à regulação pelo Código Civil.

d) os direitos hereditários são considerados bens imóveis e, portanto, os atos de disposição relativos a estes direitos devem seguir as formalidades exigidas para os bens imóveis.

71. **(Ieses/TJ/PA/Cartórios/Remoção/2016)** São considerados bens móveis para efeitos legais, exceto:

a) as energias que tenham valor econômico.

b) o direito à sucessão aberta.

c) os direitos pessoais de caráter patrimonial e respectivas ações.

d) os direitos reais sobre objetos móveis e as ações correspondentes.

72. **(Consulplan/TJ/MG/Cartórios/Remoção/2015)** Nos termos do Código Civil, consideram-se imóveis para os efeitos legais, ou não perdem o caráter de imóveis, exceto:

a) os direitos reais sobre imóveis e as ações que os asseguram.

b) o direito à sucessão aberta.

c) as energias que tenham valor econômico.

d) os materiais provisoriamente separados de um prédio, para nele se reempregarem.

73. **(Ieses/TJ/MS/Cartórios/Remoção/2014)** São exemplos de bens públicos:

I. rios, mares, estradas, ruas e praças.

II. estradas, ruas e coletivos urbanos.

III. a sede do Supremo Tribunal Federal.

IV. logradouros em geral.

A sequência correta é:

a) apenas as assertivas I, III e IV estão corretas.

b) apenas a assertiva I está correta.

c) apenas as assertivas I e II estão corretas.

d) apenas a assertiva II está correta.

74. **(Ieses/TJ/PB/Cartórios/Remoção/2014)** As águas públicas de uso comum, bem como o seu álveo, pertencem a União:

I. quando marítimas.

II. quando sirvam de limites a dois ou mais municípios.

III. quando percorram parte dos territórios de dois ou mais estados.

IV. quando sirvam de limites entre dois ou mais estados.

A sequência correta é:

a) as assertivas I, II, III e IV estão corretas.

b) apenas as assertivas I, III e IV estão corretas.

c) apenas a assertiva I está correta.

d) apenas as assertivas II e IV estão corretas.

75. **(Consulplan/TJ/MG/Cartórios/Remoção/2014)** Sobre os Bens Públicos, marque a alternativa correta:

a) não dispondo a lei em contrário, consideram-se dominicais os bens pertencentes às pessoas jurídicas de direito público a que se tenha dado estrutura de direito privado.

b) os bens públicos dominicais não podem ser alienados.

c) os bens públicos estão sujeitos a usucapião.

d) o uso comum dos bens públicos não pode ser retribuído.

76. **(FMP/TJ/MT/Cartórios/Ingresso/2014)** Quanto aos bens, assinale a afirmativa correta:

a) não perdem o caráter de imóveis as edificações que, separadas do solo, mas conservando a sua unidade, foram removidas para outro local.

b) o princípio de que o acessório segue o principal aplica-se, como regra geral, às pertenças.

c) consideram-se benfeitorias os melhoramentos e acréscimos sobrevindos ao bem, sem a intervenção do proprietário, possuidor ou detentor.

d) a "res derelicta" é coisa sem dono, porque nunca foi apropriada, como a caça solta ou o pescado, mas pode sê-lo, pois se acha à disposição de quem a encontrar ou coletar, embora essa apropriação possa sofrer restrições de natureza ambiental.

e) é considerado bem móvel o direito à sucessão aberta na hipótese do acervo patrimonial deixado pelo "de cujus" ser constituído apenas de bens móveis.

77. **(FMP/TJ/MT/Cartórios/Remoção/2014)** Quanto aos bens, assinale a afirmativa correta:

a) as apólices da dívida pública são bens móveis, mas passaram a ser tratadas como imóveis por disposição do atual Código Civil, desde que oneradas com a cláusula de inalienabilidade, que pode ocorrer por doação ou testamento.

b) a classificação dos bens em públicos e privados assentou-se no critério subjetivo da titularidade, sendo que os bens públicos são divididos em: uso comum do povo e dominiais. Exemplo clássico dos bens de uso comum do povo são as ruas e praças; dos bens dominiais são os prédios utilizados ao funcionamento de uma determinada pessoa jurídica de direito público interno.

c) a diferença nuclear entre frutos naturais e industriais é a presença ou ausência da periodicidade de reprodução. Enquanto os frutos naturais nascem e renascem da coisa sem desfalcar a sua substância, os frutos industriais dela se retiram ao mesmo passo que diminuem de quantidade.

d) existe correlação absoluta entre as coisas fungíveis e consumíveis.

e) a universalidade de fato é a pluralidade de bens singulares que, pertinentes à mesma pessoa, tenham destinação unitária, e os bens que formam tal "universitas facti" podem ser objeto de relações jurídicas próprias.

78. **(Cespe/TJ/SE/Cartórios/Ingresso/2014)** Acerca dos bens considerados em si mesmos e dos reciprocamente considerados, assinale a opção correta:

a) desde que separados do bem principal, os frutos e os produtos podem ser objeto de negócio jurídico.

b) não se pode, por simples negócio jurídico, alterar a característica da divisibilidade do bem.

c) o direito à sucessão aberta será considerado bem móvel se o acervo deixado pelo falecido for composto apenas por bens móveis.

d) os materiais separados de um prédio em decorrência de demolição readquirem a qualidade de bens móveis.

e) são considerados bens fungíveis os móveis e os imóveis que possam ser substituídos por outros da mesma espécie, qualidade e quantidade.

79. **(Ieses/TJ/PA/Cartórios/Ingresso/2016)** A cláusula de inalienabilidade de bem imóvel:

a) não pode ser retirada de comum acordo entre doador e donatário, mesmo quando estabelecida por escritura pública.

b) impede que o imóvel seja legado em testamento.

c) obsta que o imóvel seja locado.

d) pode ter a sub-rogação autorizada judicialmente.

80. **(Consulplan/TJ/MG/Cartórios/Ingresso/2017)** Uma caixa de pregos e uma caixa de bombons são bens:

a) fungíveis e infungíveis, respectivamente.

b) infungíveis e fungíveis, respectivamente.

c) infungíveis.

d) fungíveis.

81. **(Ieses/TJ/RO/Cartórios/Ingresso/2017)** Em relação aos bens, responda de acordo com o Código Civil:

I. os bens infungíveis são aqueles móveis ou imóveis que podem substituir-se por outros da mesma espécie, qualidade e quantidade.

II. os bens naturalmente divisíveis não podem tornar-se indivisíveis por vontade das partes.

III. o direito à sucessão aberta é considerado bem imóvel para os efeitos legais.

Assinale a alternativa correta:

a) todas as assertivas são verdadeiras.

b) apenas as assertivas I e III são verdadeiras.

c) apenas a assertiva III é verdadeira.

d) apenas as assertivas I e II são verdadeiras.

82. **(Ieses/TJ/RO/Cartórios/Remoção/2017)** Consideram-se bens imóveis para os efeitos legais:

I. o direito à sucessão aberta.

II. os direitos pessoais de caráter patrimonial e respectivas ações.

III. as energias que tenham valor econômico.

IV. os direitos reais sobre imóveis e as ações que os asseguram.

A sequência correta é:

a) apenas a assertiva III está incorreta.

b) as assertivas I, II, III e IV estão corretas.

c) apenas as assertivas I e IV estão corretas.

d) apenas a assertiva II está correta.

83. **(Ieses/TJ/CE/Cartórios/Remoção/2018)** Bens móveis que podem substituir-se por outros da mesma espécie, qualidade e quantidade são classificados como:

a) bens fungíveis.

b) bens divisíveis.

c) bens consumíveis.

d) bens singulares.

84. **(Ieses/TJ/CE/Cartórios/Remoção/2018)** Consideram-se bens imóveis para os efeitos legais:

I. as energias que tenham valor econômico.

II. os direitos pessoais de caráter patrimonial e respectivas ações.

III. o direito à sucessão aberta.

IV. as edificações que, separadas do solo, mas conservando a sua unidade, forem removidas para outro local.

A sequência correta é:

a) as assertivas I, II, III e IV estão corretas.

b) apenas a assertiva II está incorreta.

c) apenas as assertivas I, II e IV estão corretas.

d) apenas as assertivas III e IV estão corretas.

85. **(Ieses/TJ/AM/Cartórios/Remoção/2018)** São móveis os bens suscetíveis de movimento próprio, ou de remoção por força alheia, sem alteração da substância ou da destinação econômico-social. São exemplos de bem móveis, exceto:

a) os direitos pessoais de caráter patrimonial e respectivas ações.

b) o direito à sucessão aberta.

c) as energias que tenham valor econômico.

d) os direitos reais sobre objetos móveis e as ações correspondentes.

86. **(Ieses/TJ/AM/Cartórios/Ingresso/2018)** Em relação aos bens, responda as questões:

I. são benfeitorias os melhoramentos ou acréscimos sobrevindos ao bem, com ou sem a intervenção do proprietário, possuidor ou detentor.

II. somente após separados do bem principal, os frutos e produtos podem ser objeto de negócio jurídico.

III. os negócios jurídicos que dizem respeito ao bem principal abrangem as pertenças, salvo se o contrário resultar da lei, da manifestação de vontade, ou das circunstâncias do caso.

Assinale a correta:

a) todas as assertivas são falsas.

b) apenas as assertivas I e III são verdadeiras.

c) apenas a assertiva I é verdadeira.

d) todas as assertivas são verdadeiras.

3. DOS FATOS JURÍDICOS

3.1. Do Negócio Jurídico

3.1.1. Disposições Gerais

✱ ENUNCIADOS CJF

CJF Civil 289. O valor de 30 salários mínimos constante no art. 108 do Código Civil brasileiro, em referência à forma pública ou particular dos negócios jurídicos que envolvam bens imóveis, é o atribuído pelas partes contratantes e não qualquer outro valor arbitrado pela Administração Pública com finalidade tributária.

CJF Civil 409. Os negócios jurídicos devem ser interpretados não só conforme a boa-fé e os usos do lugar de sua celebração, mas também de acordo com as práticas habitualmente adotadas entre as partes.

CJF Civil 421. Os contratos coligados devem ser interpretados segundo os critérios hermenêuticos do Código Civil, em especial os dos arts. 112 e 113, considerada a sua conexão funcional.

✱ QUESTÕES DISCURSIVAS

04. **(Faurgs/TJ/RS/Cartórios/2015)** Conceitue a conversão do negócio jurídico e explique os seus requisitos.

✱ QUESTÕES OBJETIVAS

87. **(Ieses/TJ/RS/Cartórios/Remoção/2013)** Os negócios jurídicos entre vivos, sem prazo:

a) são inexigíveis, porque não há prazo de vencimento da obrigação.

b) são exequíveis desde logo, salvo se a execução tiver de ser feita em lugar diverso ou depender de tempo.

c) são exequíveis, mas dependem de constituição em mora, mediante interpelação judicial ou extrajudicial.

d) são ineficazes.

88. **(Ieses/TJ/RS/Cartórios/Remoção/2013)** No que se refere ao negócio jurídico:

I. a impossibilidade inicial do objeto não invalida o negócio jurídico, se for relativa ou se cessar antes de realizada a condição a que ele estiver subordinado.

II. a validade da declaração de vontade não dependerá de forma especial.

III. a escritura pública é essencial à validade dos negócios jurídicos que visem à constituição, transferência, modificação ou renúncia de direitos reais sobre imóveis de valor superior a trinta vezes o maior salário mínimo vigente no País.

IV. a manifestação de vontade subsiste, ainda que o seu autor haja feito a reserva mental de não querer o que manifestou, mesmo se dela o destinatário tinha conhecimento.

São verdadeiras as afirmativas:

a) I e II, somente.

b) II, III e IV.

c) I, II e IV.

d) I, II e III.

89. **(Consulplan/TJ/MG/Cartórios/Remoção/2015)** Nos termos do Código Civil, "Não dispondo a lei em contrário, a escritura pública é essencial à validade dos negócios jurídicos que visem à constituição, transferência, modificação ou renúncia de direitos reais sobre imóveis de valor superior a trinta vezes o maior salário mínimo vigente no País". Excluindo as diversas leis que excepcionam a regra do Código Civil, havendo venda somente da fração do imóvel, e se o valor da parte fracionada for inferior a 30 salários-mínimos, quanto à faculdade de o instrumento ser público ou particular, é correto afirmar:

a) deve-se verificar o valor do imóvel inteiro e não parte ou fração vendida.

b) deve-se verificar o valor da fração ou parte vendida, facultando neste caso, instrumento particular quando o valor da parte fracionada for inferior a 30 (trinta) salários-mínimos, desde que observado o Código de Defesa do Consumidor.

c) deve-se verificar o valor da fração, facultando instrumento público ou particular quando superior a 30 (trinta) salários-mínimos.

d) deve-se verificar o valor da fração, não podendo vender nova fração no período inferior a 90 (noventa) dias a contar do registro, se optarem por instrumento particular, a fim de não configurar fraude a lei.

90. **(Vunesp/TJ/SP/Cartórios/Ingresso/2018)** O silêncio circunstanciado:

a) é vedado no ordenamento jurídico pátrio.

b) implica na ausência de vontade e, por via de consequência, na inexistência do negócio jurídico.

c) pode produzir efeitos jurídicos.

d) ocorre quando o declarante omite sua vontade real ao celebrar um negócio jurídico.

3.1.2. Da Representação, Da Condição, do Termo e do Encargo

* SÚMULAS

STJ Súm. 35. Incide correção monetária sobre as prestações pagas, quando de sua restituição, em virtude da retirada ou exclusão do participante de plano de consórcio.

STJ Súm. 176. É nula a cláusula contratual que sujeita o devedor à taxa de juros divulgada pela Anbid/Cetip.

* QUESTÕES OBJETIVAS

91. **(Vunesp/TJ/SP/Cartórios/Ingresso/2018)** Com relação ao instituto da representação, assinale a alternativa correta:

a) a representação pode ter origem na lei ou na manifestação de vontade do representado.

b) a representação também ocorre no caso da entrega de um documento por um colaborador, no qual o interessado haja declarado sua vontade.

c) a representação legal pressupõe uma declaração de vontade unilateral do representado.

d) a extinção da representação voluntária ou convencional por ato unilateral do representante é denominada revogação.

92. **(Ieses/TJ/RS/Cartórios/Remoção/2013)** A assertiva "quando a revender pagarei pela coisa adquirida" representa:

a) encargo.

b) condição simplesmente potestativa.

c) condição resolutiva.

d) condição suspensiva.

93. **(Ieses/TJ/RS/Cartórios/Ingresso/2013)** Assinale a alternativa incorreta:

a) invalidam os negócios jurídicos que lhes são subordinados as condições ilícitas, ou de fazer coisa ilícita.

b) subordinando-se a eficácia do negócio jurídico à condição suspensiva, não se terá adquirido o direito, enquanto esta não se verificar.

c) têm-se por inexistentes as condições impossíveis, quando suspensivas.

d) têm-se por inexistentes as condições impossíveis, quando resolutivas.

94. **(Faurgs/TJ/RS/Cartórios/Ingresso/2015)** Em uma relação jurídica vitalícia, a morte da parte a quem se dirige a vitaliciedade é:

a) condição.

b) termo.

c) encargo.

d) fato que não pode constar de cláusula contratual, por proibição legal.

95. **(Consulplan/TJ/MG/Cartórios/Ingresso/2015)** "Manoel morreu, deixando seus bens a Ana Luiza, desde que esta, recebida a herança, construísse uma creche, no prazo de 2 (dois) anos. Caso não a construísse, perderia os bens para Alexandre." Trata-se no caso de:

a) condição resolutiva.

b) encargo.

c) condição suspensiva.

d) termo final.

96. **(Consulplan/TJ/MG/Cartórios/Ingresso/2015)** O representante do incapaz não pode praticar atos, tais como:

a) aplicações financeiras em geral.

b) alugar imóveis do incapaz.

c) vender a produção agrícola de uma fazenda do incapaz.

d) perdoar dívidas em nome do incapaz.

97. **(Ieses/TJ/MS/Cartórios/Remoção/2014)** Os poderes de representação poderão ser conferidos:

a) exclusivamente por lei.

b) privativamente e exclusivamente pelo interessado.

c) exclusivamente por sentença judicial.

d) por lei ou pelo interessado.

98. **(Consulplan/TJ/MG/Cartórios/Ingresso/2014)** De acordo com o Código Civil brasileiro, é correto afirmar:

a) têm-se por inexistentes as condições impossíveis, quando resolutivas, e as de não fazer coisa impossível.

b) se alguém dispuser de uma coisa sob condição suspensiva, e, pendente esta, fizer quanto àquela novas disposições, estas terão valor, realizada a condição, mesmo se com ela forem incompatíveis.

c) se for suspensiva a condição, vigorará o negócio jurídico, podendo exercer-se desde a conclusão deste o direito por ele estabelecido.

d) ao titular do direito eventual, nos casos de condição suspensiva, não é permitido praticar os atos mesmo que destinados a conservá-lo.

99. **(Vunesp/TJ/SP/Cartórios/Remoção/2014)** O encargo, nos negócios jurídicos:

a) não suspende nem a aquisição e nem o exercício do direito, salvo quando expressamente imposto ao negócio jurídico, pelo disponente, como condição suspensiva.

b) mesmo sendo ilícito ou impossível, não invalida o negócio, quando constituir o motivo determinante da liberalidade.

c) tem o efeito, sempre, de suspender a aquisição e o exercício do direito.

d) salvo disposição em contrário, suspende só o exercício do direito, enquanto permanecer pendente, mas não a sua aquisição pelo titular.

100. **(Ieses/TJ/PA/Cartórios/Remoção/2016)** A cláusula que, derivando exclusivamente da vontade das partes, subordina o efeito do negócio jurídico a evento futuro e incerto é classificada como:

a) delegação.

b) encargo.

c) termo.

d) condição.

101. **(Faurgs/TJ/RS/Cartórios/Remoção/2015)** As condições resolutivas impossíveis, ou de não fazer coisa impossível, têm-se por:

a) nulas.

b) anuláveis.

c) inexistentes.

d) válidas.

102. **(Cespe/TJ/SE/Cartórios/Ingresso/2014)** Com relação a negócios jurídicos, seus defeitos e validades, assinale a opção correta:

a) o termo inicial e a condição suspensiva suspendem o exercício e a aquisição do direito.
b) o erro de manifestação da vontade na indicação da pessoa ou da coisa enseja a anulação do negócio jurídico, mesmo que pelo seu contexto ou por suas circunstâncias tanto a pessoa como a coisa possam ser identificadas.
c) será válido o negócio jurídico sob condição suspensiva se antes do implemento dessa condição a prestação, inicialmente impossível, tornar-se possível.
d) considera-se absolutamente nulo o negócio jurídico praticado por pessoa com capacidade relativa ou mesmo aquele contaminado por vício de consentimento, como o erro, o dolo e a coação.
e) denomina-se condição a cláusula que subordina o efeito do negócio jurídico a evento futuro e certo.

103. **(Ieses/TJ/PA/Cartórios/Ingresso/2016)** Sobre a representação prevista no Código Civil, responda:

I. é anulável o negócio jurídico que o representante celebrar consigo mesmo, salvo se expressamente permitido por lei ou pelo representado.
II. caso o representante substabeleça seus poderes, poderá celebrar negócios com o substabelecido sem que esteja sujeito a anulação e independente de permissão expressa da lei ou do representado.
III. o negócio concluído pelo representante em conflito de interesses com o representado é anulável, independente do conhecimento de quem celebrou o negócio com o representante.

Assinale a correta:

a) todas as assertivas são verdadeiras.
b) apenas as assertivas I e III são verdadeiras.
c) apenas a assertiva I é verdadeira.
d) apenas a assertiva III é verdadeira.

104. **(Ieses/TJ/CE/Cartórios/Remoção/2018)** A cláusula que, derivando exclusivamente da vontade das partes, subordina o efeito do negócio jurídico a evento futuro e incerto é intitulada de:

a) condição.
b) cláusula leonina.
c) termo.
d) encargo.

3.1.3. Dos Defeitos

*** SÚMULAS**

STJ **Súm. 195.** Em embargos de terceiro não se anula ato jurídico, por fraude contra credores.

*** ENUNCIADOS CJF**

1) Do Erro ou Ignorância

CJF **Civil 12.** Na sistemática do art. 138, é irrelevante ser ou não escusável o erro, porque o dispositivo adota o princípio da confiança.

2) Do Estado de Perigo

CJF **Civil 148.** Ao "estado de perigo" (art. 156) aplica-se, por analogia, o disposto no § 2º do art. 157.

3) Da Lesão

CJF **Civil 149.** Em atenção ao princípio da conservação dos contratos, a verificação da lesão deverá conduzir, sempre que possível, à revisão judicial do negócio jurídico e não à sua anulação, sendo dever do magistrado incitar os contratantes a seguir as regras do art. 157, § 2º, do Código Civil de 2002.

CJF **Civil 150.** A lesão de que trata o art. 157 do Código Civil não exige dolo de aproveitamento.

CJF **Civil 290.** A lesão acarretará a anulação do negócio jurídico quando verificada, na formação deste, a desproporção manifesta entre as prestações assumidas pelas partes, não se presumindo a premente necessidade ou a inexperiência do lesado.

CJF **Civil 291.** Nas hipóteses de lesão previstas no art. 157 do Código Civil, pode o lesionado optar por não pleitear a anulação do negócio jurídico, deduzindo, desde logo, pretensão com vista à revisão judicial do negócio por meio da redução do proveito do lesionador ou do complemento do preço.

CJF **Civil 410.** A inexperiência a que se refere o art. 157 não deve necessariamente significar imaturidade ou desconhecimento em relação à prática de negócios jurídicos em geral, podendo ocorrer também quando o lesado, ainda que estipule contratos costumeiramente, não tenha conhecimento específico sobre o negócio em causa.

4) Da Fraude Contra Credores

CJF **Civil 151.** O ajuizamento da ação pauliana pelo credor com garantia real (art. 158, § 1º) prescinde de prévio reconhecimento judicial da insuficiência da garantia.

CJF **Civil 292.** Para os efeitos do art. 158, § 2º, a anterioridade do crédito é determinada pela causa que lhe dá origem, independentemente de seu reconhecimento por decisão judicial.

✱ QUESTÕES OBJETIVAS

105. (Consulplan/TJ/MG/Cartórios/Ingresso/2018) Assinale a alternativa incorreta:

a) a fundação pode ser criada por testamento particular.

b) não vicia o negócio jurídico a coação exercida por terceiro.

c) o negócio jurídico nulo não pode ser ratificado pelas partes.

d) a simulação é causa de anulabilidade do negócio jurídico no Código Civil de 1916 e de nulidade no de 2002.

106. (Ieses/TJ/RS/Cartórios/Remoção/2013) A respeito dos defeitos do negócio jurídico:

I. configura-se estado de perigo quando alguém, sob premente necessidade, ou por inexperiência, se obriga a prestação manifestamente desproporcional ao valor da prestação.

II. ocorre lesão quando uma pessoa, premida por necessidade, para salvar-se de grave dano conhecido pela outra parte, assume obrigação excessivamente onerosa.

III. a lesão de que trata o artigo 157 do Código Civil não exige dolo de aproveitamento.

IV. nas hipóteses de lesão, pode o lesionado optar por não pleitear a anulação do negócio jurídico, deduzindo, desde logo, pretensão com vista à revisão judicial do negócio, por meio da redução do proveito do lesionador ou do complemento do preço.

V. a lesão acarretará a anulação do negócio jurídico, quando verificada, na formação deste, a desproporção manifesta entre as prestações assumidas pelas partes, não se presumindo a premente necessidade ou a inexperiência do lesado.

São verdadeiras as afirmativas:

a) I, II, somente.

b) III e IV, somente.

c) IV e V, somente.

d) III, IV e V, somente.

107. (Ieses/TJ/RS/Cartórios/Ingresso/2013) Sobre os defeitos do negócio jurídico, é correto afirmar:

I. o erro é substancial quando interessa à natureza do negócio, ao objeto principal da declaração, ou a alguma das qualidades a ele essenciais.

II. o falso motivo vicia a declaração de vontade, ainda que não conste expressamente como razão determinante.

III. o dolo acidental só obriga à satisfação das perdas e danos, e é acidental quando, a seu despeito, o negócio seria realizado, embora por outro modo.

IV. não pode ser anulado o negócio jurídico por dolo de terceiro quando a parte a quem dele se aproveite tiver conhecimento.

Estão corretas as afirmativas:

a) II e IV, somente.

b) I, II e III, somente.

c) I e III, somente.

d) III e IV, somente.

108. (Cespe/TJ/PI/Cartórios/Remoção/2013) Em uma relação negocial, a ocorrência de comportamento que, rompendo com o valor da confiança, surpreenda uma das partes, deixando-a em situação de injusta desvantagem, caracteriza o que a doutrina prevalente denomina:

a) “supressio”.

b) “venire contra factum proprium”.

c) “tu quoque”.

d) “exceptio doli”.

e) “surrectio”.

109. (Cespe/TJ/PI/Cartórios/Ingresso/2013) O fato de determinada pessoa obrigar-se, por inexperiência, a prestação manifestamente desproporcional ao valor da prestação oposta configura:

a) erro substancial.

b) simulação.

c) lesão.

d) estado de perigo.

e) abuso de direito.

110. (Ieses/TJ/RN/Cartórios/Remoção/2012) Assinale a correta:

a) o estado de perigo somente se configura se o grave dano for conhecido da outra parte e a obrigação for excessivamente onerosa.

b) o erro substancial torna o negócio invalido ainda que a outra parte se ofereça para cumprir o negócio de acordo com a real vontade do que incorreu em erro.

c) o negócio jurídico nulo pode ser confirmado pelas partes.

d) o negócio jurídico simulado é passível de anulação pelos prejudicados, mas subsistirá o dissimulado se for válido na forma e substancia.

111. (TJ/SC/Cartórios/Ingresso/2012) O silêncio intencional de uma das partes a respeito de fato ou qualidade que a outra parte haja ignorado, nos negócios jurídicos bilaterais, constitui omissão dolosa quando:

a) o dolo for acidental.

b) a omissão for acidental.

c) houver prova de que sem a omissão não teria sido celebrado.

d) o negócio teria sido celebrado independentemente da omissão.

e) somente na hipótese de ocorrer dolo de terceiro.

112. (Ieses/TJ/PA/Cartórios/Remoção/2016) É manifesta a ocorrência de vício no consentimento, quando uma pessoa, sob premente necessidade, ou por inexperiência, se obriga a prestação manifestamente desproporcional ao valor da prestação oposta. O defeito do negócio jurídico acima disposto é classificado como:

a) dolo.

b) erro.

c) lesão.

d) estado de perigo.

113. (Consulplan/TJ/MG/Cartórios/Ingresso/2015) "Marcela, de boa – fé, adquiriu um imóvel de Aline. Pagou à vista, o justo preço de mercado. Nada havia que desabonasse Aline; nenhuma restrição havia na certidão do imóvel. Posteriormente, veio a ser acionada por Luciano, que pleiteava a anulação da venda, alegando ser credor de Aline, que não lhe pagava o que devia, apesar de ter recebido várias cartas de cobrança." Diante disto, aponte a alternativa que indica a ação a ser proposta por Luciano e a decisão judicial mais adequada para o caso:

a) ação reipersecutória, sendo o pedido julgado procedente por ter-se configurado a fraude de execução.

b) ação pauliana, sendo o pedido julgado procedente por ter-se configurado a fraude contra credores.

c) ação reipersecutória, sendo o pedido julgado improcedente por não se ter configurado a fraude de execução.

d) ação pauliana, sendo o pedido julgado improcedente por não se ter configurado fraude contra credores oponível contra terceiros adquirentes de boa-fé.

114. (Consulplan/TJ/MG/Cartórios/Ingresso/2015) "Carlos, jogador de futebol, famoso por ostentar relógios de luxo, ofertou ao seu amigo Antônio uma réplica como se fosse uma joia. Na aquisição, Antônio pagou preço de mercado. Posteriormente quis certificar-se da legitimidade da peça, e só então, tomou conhecimento que se tratava de uma simples réplica de latão." Diante do caso, é correto afirmar que se trata de:

a) vício do negócio jurídico.

b) vício redibitório.

c) risco de evicção.

d) uma relação de consumo, sendo regulada pelo Código de Defesa do Consumidor.

115. (FMP/TJ/MT/Cartórios/Remoção/2014) Negócio jurídico. Defeitos. Quando alguém faz doação patrimonial a outrem, supondo que este, em tempos idos, lhe havia doado uma medula óssea, o que não ocorreu, protagoniza:

a) erro substancial que interessa à natureza do ato ("error in ipso negotia").

b) erro sobre o objeto principal da declaração ("error in ipso corpore rei").

c) erro sobre alguma das qualidades essenciais do objeto principal da declaração ("error in substantia").

d) erro quanto à pessoa.

e) erro acidental.

116. (Cespe/TJ/BA/Cartórios/Ingresso/2013) André, sabendo que não conseguiria honrar o pagamento das parcelas contratuais de empréstimo contraído, transferiu um terreno, único bem que possuía em seu nome, para o seu irmão, Rafael, antes que a instituição financeira buscasse judicialmente o cumprimento da obrigação. Rafael, por sua vez, visando não correr o risco de perder o imóvel, alienou o bem a Rogério, que, não sabendo da situação narrada, adquiriu-o de boa-fé. Após a conclusão do negócio, Rafael repassou toda a quantia percebida a André. Em face dessa situação hipotética, assinale a opção correta em relação ao negócio jurídico:

a) conforme orientação do STJ, caso ajuizada a ação pauliana pela instituição financeira, Rogério se manteria no bem e Rafael seria condenado a pagar, solidariamente com André, a indenização à instituição financeira no valor do bem transferido fraudulentamente.
b) segundo entendimento consolidado do STJ, a fraude contra credores acarreta a anulação do negócio jurídico, independentemente da boa-fé do adquirente, que poderá, entretanto, ajuizar ação regressiva contra aquele que se beneficiou do negócio jurídico, no caso André.
c) de acordo com o entendimento do STJ, para a validade do negócio jurídico efetuado, além da boa-fé do adquirente, é necessária a inscrição do ato negocial no Registro de Títulos e Documentos.
d) é cabível o ajuizamento de ação pauliana contra André, Rafael e Rogério, por terem celebrado negócio jurídico fraudulento.
e) consoante entendimento do STJ, o negócio jurídico deve ser anulado, independentemente da boa-fé de Rogério, devendo este ser ressarcido por André e Rafael, que responderão de forma solidária pela dívida.

117. **(Cespe/TJ/BA/Cartórios/Remoção/2013)** Acerca dos negócios jurídicos, assinale a opção correta:

a) a simulação resultante do conluio entre os contratantes não pode ser alegada por um deles como causa de nulidade do negócio jurídico.
b) é irrelevante a reserva mental desconhecida pelo destinatário da declaração de vontade.
c) são ilícitas as condições meramente potestativas.
d) configura o estado de perigo, que torna anulável o negócio jurídico, o fato de uma pessoa sob premente necessidade se obrigar a prestação manifestamente desproporcional ao valor da prestação oposta.
e) para anular negócio jurídico em decorrência da lesão, exige-se a configuração do dolo de aproveitamento.

118. **(Vunesp/TJ/SP/Cartórios/Ingresso/2014)** Os negócios jurídicos contaminados pela fraude contra credores são:

a) nulos, quando se tratar de negócio de transmissão de bens a título gratuito, e anuláveis, quando a título oneroso.
b) nulos de pleno direito.
c) ineficazes, frente aos credores do disponente que já tiverem agido em Juízo, para a cobrança.
d) anuláveis.

119. **(Faurgs/TJ/RS/Cartórios/Ingresso/2015)** Quando uma pessoa, sob premente necessidade, ou por inexperiência, se obriga a prestação manifestamente desproporcional ao valor da prestação oposta, ocorre:

a) a lesão.
b) o estado de perigo.
c) o dolo, na sua forma subjetiva.
d) o erro.

120. **(Ieses/TJ/RO/Cartórios/Ingresso/2017)** Sobre os defeitos do negócio jurídico, responda de acordo com o Código Civil:

I. o erro de cálculo em um negócio jurídico não autoriza a sua anulação, mas tão somente a retificação da declaração da vontade.
II. os negócios jurídicos podem ser anulados em razão do dolo de uma das partes, ainda que o dolo não tenha sido a causa do negócio.
III. o negócio jurídico celebrado com coação pode ser anulado, se tal coação incutir ao paciente fundado temor de dano iminente e considerável à sua pessoa, à sua família ou aos seus bens, ou mesmo a pessoa não pertencente à família, caso em que o juiz decidirá se houve coação conforme as circunstâncias.

Assinale a alternativa correta:

a) apenas as assertivas I e III são verdadeiras.
b) apenas as assertivas I e II são verdadeiras.
c) apenas a assertiva II é verdadeira.
d) todas as assertivas são verdadeiras.

121. **(Ieses/TJ/CE/Cartórios/Remoção/2018)** O vício de consentimento configurado quando alguém, sob premente necessidade, ou por inexperiência, se obriga a prestação manifestamente desproporcional ao valor da prestação oposta estamos é intitulado de:

a) dolo.
b) lesão.
c) estado de perigo.
d) coação.

122. **(Ieses/TJ/CE/Cartórios/Ingresso/2018)** A respeito dos defeitos do negócio jurídico, responda:

I. o dolo acidental ocorre quando, a seu despeito, o negócio seria realizado, embora por outro modo, e não anula o negócio, nem obriga a perdas e danos.

II. em relação ao erro, o falso motivo só vicia a declaração de vontade quando expresso como razão determinante.

III. configura-se a lesão quando alguém, premido da necessidade de salvar-se, ou a pessoa de sua família, de grave dano conhecido pela outra parte, assume obrigação excessivamente onerosa.

Assinale a correta:

a) todas as assertivas são falsas.
b) todas as assertivas são verdadeiras.
c) apenas a assertiva II é verdadeira.
d) apenas as assertivas I e II são verdadeiras.

123. (Consulplan/TJ/MG/Cartórios/Remoção/2018) Nos negócios jurídicos em geral, o dolo acidental:

a) gera a nulidade do negócio jurídico.
b) gera a inexistência do negócio jurídico.
c) gera a anulabilidade do negócio jurídico.
d) apenas obriga à satisfação das perdas e danos.

3.1.4. Da Invalidade

*** ENUNCIADOS CJF**

CJF **Civil 13.** O aspecto objetivo da convenção requer a existência do suporte fático no negócio a converter-se.

CJF **Civil 152.** Toda simulação, inclusive a inocente, é invalidante.

CJF **Civil 153.** Na simulação relativa, o negócio simulado (aparente) é nulo, mas o dissimulado será válido se não ofender a lei nem causar prejuízos a terceiros.

CJF **Civil 293.** Na simulação relativa, o aproveitamento do negócio jurídico dissimulado não decorre tão-somente do afastamento do negócio jurídico simulado, mas do necessário preenchimento de todos os requisitos substanciais e formais de validade daquele.

CJF **Civil 294.** Sendo a simulação uma causa de nulidade do negócio jurídico, pode ser alegada por uma das partes contra a outra.

CJF **Civil 536.** Resultando do negócio jurídico nulo consequências patrimoniais capazes de ensejar pretensões, é possível, quanto a estas, a incidência da prescrição.

CJF **Civil 537.** A previsão contida no art. 169 não impossibilita que, excepcionalmente, negócios jurídicos nulos produzam efeitos a serem preservados quando justificados por interesses merecedores de tutela.

CJF **Civil 538.** No que diz respeito a terceiros eventualmente prejudicados, o prazo decadencial de que trata o art. 179 do Código Civil não se conta da celebração do negócio jurídico, mas da ciência que dele tiverem.

CJF **Civil 545.** O prazo para pleitear a anulação de venda de ascendente a descendente sem anuência dos demais descendentes e/ou do cônjuge do alienante é de 2 (dois) anos, contados da ciência do ato, que se presume absolutamente, em se tratando de transferência imobiliária, a partir da data do registro de imóveis.

CJF **Civil 578.** Sendo a simulação causa de nulidade do negócio jurídico, sua alegação prescinde de ação própria.

CJF **Civil 616.** Os requisitos de validade previstos no Código Civil são aplicáveis aos negócios jurídicos processuais, observadas as regras processuais pertinentes.

*** QUESTÕES DISCURSIVAS**

05. (Vunesp/TJ/SP/Cartórios/2016) Distinção entre incapacidade e falta de legitimação nos negócios jurídicos.

*** QUESTÕES OBJETIVAS**

124. (Consulplan/TJ/MG/Cartórios/Ingresso/2018) Assinale a alternativa correta:

a) admite-se a nomeação conjunta de tutor, para filhos menores, pelo casal, em cédula testamentária única.
b) um imóvel instituído convencionalmente como bem de família isenta o prédio da execução de qualquer dívida posterior ao ato da instituição do bem.
c) a anulação do negócio jurídico poderá ser evitada se a parte favorecida oferecer suplemento suficiente à outra parte ou se a parte favorecida concordar com a redução do proveito obtido.

d) em relação ao contrato de locação de imóvel não residencial, dissolvida a sociedade locatária por morte de um dos sócios, não há previsão legal para o exercício do direito de renovação do contrato de locação do imóvel para os sócios restantes.

125. **(Consulplan/TJ/MG/Cartórios/Remoção/2018)** Nos termos do Código Civil em vigência, a validade dos negócios jurídicos:

a) não exige agente capaz

b) independe, via de regra, de sua forma.

c) somente se verifica se a manifestação de vontade for formal.

d) de regra se verifica se a manifestação de vontade for feita por escrito.

126. **(Ieses/TJ/RS/Cartórios/Remoção/2013)** Quanto à representação:

I. é anulável o negócio jurídico que o representante celebrar consigo mesmo, no seu interesse ou por conta de outrem, salvo se o permitir o representado.

II. é anulável o negócio concluído pelo representante, em conflito de interesses com o representando, sendo de cento de vinte dias o prazo de decadência para pleitear-se tal anulação, a contar da conclusão do negócio.

III. é nula a obrigação cambial assumida por procurador do mutuário vinculado ao mutuante, no exclusivo interesse deste.

São verdadeiras as afirmativas:

a) I, somente.

b) I, II e III.

c) III, somente.

d) I e III, somente.

127. **(Cespe/TJ/ES/Cartórios/Remoção/2013)** Levando-se em conta a anulabilidade do negócio jurídico, assinale a opção correta:

a) é defeso às partes sanar o vício anulável, cabendo essa atribuição ao Poder Judiciário.

b) o negócio jurídico anulável poderá ser reconhecido de ofício ou a pedido do MP.

c) a decisão judicial que decreta a anulação de um ato jurídico produz efeito "ex tunc" em relação às partes.

d) o reconhecimento da anulabilidade aproveita a todos os interessados, independentemente de a terem alegado.

e) o negócio anulável está sujeito à conversão substancial em outro negócio cujos pressupostos tenham sido atendidos.

128. **(FCC/TJ/PE/Cartórios/Remoção/2013)** No que tange à invalidade do negócio jurídico é correto afirmar que:

a) é nulo o negócio jurídico simulado, bem como ineficazes os praticados em estado de perigo ou mediante coação.

b) o negócio jurídico nulo confirma-se, podendo convalescer pelo decurso do tempo.

c) respeitada a intenção das partes, a invalidade parcial de um negócio jurídico não o prejudicará na parte válida, se esta for separável; a invalidade da obrigação principal implica a das obrigações acessórias, mas a destas não induz a da obrigação principal.

d) quando a anulabilidade do ato resultar da falta de autorização de terceiro, será o ato insuscetível de confirmação posterior.

e) a anulabilidade tem efeito imediato e retroativo à época em que realizado o ato.

129. **(FCC/TJ/PE/Cartórios/Ingresso/2013)** Quanto à invalidade do negócio jurídico é correto afirmar:

a) o negócio jurídico anulável pode ser pronunciado de ofício e pode ser alegado por qualquer interessado, bem como pelo Ministério Público.

b) o negócio jurídico anulável não se confirma, nem se convalesce pelo decurso do tempo.

c) é anulável o negócio jurídico simulado, subsistindo o que se dissimulou, se válido for na substância e na forma.

d) a invalidade do instrumento induz à do negócio jurídico, ainda que este possa provar-se por outro meio.

e) o negócio jurídico é nulo quando for preterida alguma solenidade que a lei considere essencial para sua validade, bem como se a lei taxativamente o declarar nulo, ou proibir-lhe a prática, sem cominar sanção.

130. **(Consulplan/TJ/MG/Cartórios/Remoção/2016)** A celebrou com B contrato particular definitivo de Compra e Venda de imóvel. Entretanto, as partes negligenciaram, por falta de conhecimento, a obrigatoriedade do instrumento público. A respeito desse caso, marque a alternativa correta, quanto à nulidade, motivo e consequência:

a) o negócio jurídico será nulo de pleno direito, haja vista ter preterido solenidade que a lei considere essencial para a sua validade. Não havendo, portanto, salvamento para o negócio jurídico nulo.

b) o negócio jurídico será nulo, evidente o objetivo de fraudar lei imperativa. Não havendo, portanto, salvamento para o negócio jurídico nulo.

c) o negócio jurídico será nulo, por não revestir a forma prescrita em lei. Não havendo, portanto, salvamento para o negócio jurídico nulo.

d) o negócio jurídico que desprezou a forma prescrita em lei é nulo. Se, porém, o negócio jurídico nulo contiver os requisitos de outro, subsistirá este quando o fim a que visavam as partes permitir supor que o teriam querido, se houvessem previsto a nulidade.

131. **(Consulplan/TJ/MG/Cartórios/Remoção/2016)** São efeitos civis do jogo tolerado e proibido, exceto:

a) inexigível o mútuo contraído no ato de jogar para pagar dívida de jogo.

b) a invalidade de dívida de jogo não é oponível a terceiro de boa-fé.

c) a soma entregue a terceiro para ser paga ao ganhador não pode ser exigida.

d) a inexigibilidade da dívida de jogo não atinge contrato que tenha por objeto encobrir ou reconhecer a obrigação.

132. **(Vunesp/TJ/SP/Cartórios/Ingresso/2016)** A simulação:

a) leva à anulação, e não à nulidade do negócio jurídico, salvo se absoluta, quando será possível a conversão substancial, em prestígio do princípio da conservação.

b) relativa, ainda que maliciosa, não impede a subsistência do negócio dissimulado, se válido for na substância e na forma.

c) ainda que maliciosa, não pode ser declarada de ofício pelo juiz nem ser invocada pelos simuladores.

d) é espécie de defeito do negócio jurídico, pouco importando se maliciosa ou inocente.

133. **(Faurgs/TJ/RS/Cartórios/Ingresso/2015)** É nulo o negócio jurídico onde ocorra:

a) lesão.

b) dolo.

c) erro.

d) simulação.

134. **(Faurgs/TJ/RS/Cartórios/Remoção/2015)** É anulável o negócio jurídico em que se verifique:

a) simulação.

b) ilicitude do seu objeto.

c) dolo, quando for a sua causa.

d) não revestir a forma prescrita em lei.

135. **(Consulplan/TJ/MG/Cartórios/Remoção/2015)** Nos termos do código civil, será causa de anulabilidade:

a) o contrato de compra e venda, quando se deixa ao arbítrio exclusivo de uma das partes a fixação do preço.

b) a venda de ascendente a descendente.

c) a doação de todos os bens sem reserva de parte, ou renda suficiente para a subsistência do doador.

d) a estipulação contratual que exclua qualquer sócio de participar dos lucros e das perdas.

136. **(Ieses/TJ/MS/Cartórios/Ingresso/2014)** Assinale a alternativa correta:

a) as condições puramente potestativas são lícitas, salvo nos contratos de adesão.

b) as condições ilícitas ou de fazer coisa ilícita invalidam o negócio jurídico.

c) as condições física ou juridicamente impossíveis, quando suspensivas, consideram-se não escritas e o negócio jurídico é válido.

d) a condição suspensiva suspende o exercício, mas não a aquisição do direito.

137. **(Vunesp/TJ/SP/Cartórios/Remoção/2014)** Se ambas as partes procederem com dolo na conclusão de um negócio jurídico:

a) só pode pedir-lhe a invalidação a parte que tiver agido com dolo acidental, contra a que tiver obrado com dolo essencial.

b) nenhuma delas pode alegá-lo para anular o negócio, ou reclamar indenização, ainda que se trate de dolo meramente acidental.

c) qualquer uma delas pode pedir-lhe a invalidação, mas a indenização só é cabível contra a parte que tiver agido com dolo essencial.

d) qualquer uma delas pode alegá-lo para anular o negócio ou reclamar indenização.

138. **(Cespe/TJ/BA/Cartórios/Ingresso/2013)** João, pai de Sílvio e de Carla, vendeu um apartamento a Sílvio, sem o consentimento válido de Carla, que, à época da alienação, tinha quatorze anos de idade. Nessa situação hipotética:

a) o oficial de registro de imóveis deve opor-se ao registro, suscitando a falta de anuência dos demais herdeiros.

b) sendo os pais os responsáveis pela representação dos filhos absolutamente incapazes, presume-se o consentimento de Carla pela decisão de João de alienar o imóvel a Sílvio.

c) cabe o ajuizamento de ação anulatória da venda, haja vista a ausência do consentimento de Carla, sendo o prazo prescricional iniciado somente após a morte de João, com a abertura da sucessão.

d) para que a venda seja anulada, Carla deverá comprovar a efetiva ocorrência de prejuízo, não se admitindo, nesse caso, a alegação de presunção do prejuízo em face de sua menoridade.

e) a venda do imóvel ficará pendente de condição suspensiva, qual seja, o consentimento de Carla, que só será possível após sua maioridade civil.

139. **(Ieses/TJ/MS/Cartórios/Remoção/2014)** Quanto o negócio for concluído pelo representante que estive em conflito de interesses com o representado, e se tal fato era ou devia ser do conhecimento de quem com aquele tratou, o negócio será:

a) nulo.

b) válido por seus efeitos até o instante em que o terceiro de boa-fé tive conhecimento do conflito de interesses com o representado.

c) anulável.

d) válido tendo em vista a boa-fé de terceiros.

140. **(Ieses/TJ/PB/Cartórios/Ingresso/2014)** Assinale a alternativa correta:

a) o negócio jurídico simulado é nulo, não sendo permitido sequer o aproveitamento do ato dissimulado.

b) a nulidade do negócio jurídico somente pode ser alegada pelos interessados.

c) as partes podem confirmar o negócio jurídico nulo, salvo direito de terceiro.

d) há simulação nos negócios jurídicos em que os instrumentos particulares forem antedatados ou pós-datados.

141. **(Cespe/TJ/PI/Cartórios/Remoção/2013)** Caso uma pessoa faça declaração enganosa de vontade com o objetivo de produzir efeito diverso daquele claramente indicado, configurar-se-á um(a):

a) reserva mental.

b) dolo.

c) simulação.

d) fraude.

e) erro essencial.

142. **(Ieses/TJ/RS/Cartórios/Remoção/2013)** Sobre a simulação:

I. haverá simulação nos negócios jurídicos, quando os instrumentos particulares firmados entre as partes forem antedatados, ou pós-datados.

II. haverá simulação nos negócios jurídicos, quando aparentarem conferir ou transmitir direitos a pessoas diversas daquelas às quais realmente se conferem, ou transmitem.

III. na simulação relativa, o negócio simulado é nulo, mas o dissimulado será válido e aproveitável, se não ofender a lei nem causar prejuízos a terceiros e preencher os requisitos substanciais e formais de validade daquele.

IV. o efeito da declaração de nulidade do negócio jurídico simulado é ex tunc, ressalvando-se os direitos de terceiros de boa-fé, em face dos contratantes.

Aponte as afirmativas corretas:

a) III e IV, somente.

b) II, III e IV, apenas.

c) I, II, III e IV.

d) I e II, somente.

3.2. Dos Atos Jurídicos

✱ QUESTÕES OBJETIVAS

143. **(FCC/TJ/PE/Cartórios/Ingresso/2013)** Em face do entendimento sumulado:

a) o direito de uso de linha telefônica não pode ser usucapido.

b) em embargos de terceiro não se anula ato jurídico por fraude contra credores.

c) o direito a adjudicação compulsória condiciona-se ao registro do compromisso de compra e venda no Cartório Imobiliário.

d) a ausência de registro de transferência implica a responsabilidade do antigo proprietário por dano resultante de acidente que envolva o veículo alienado.

e) é admissível o interdito proibitório para a proteção do direito autoral.

144. **(Consulplan/TJ/MG/Cartórios/Remoção/2015)** É exemplo de ato jurídico com forma defesa em lei:

a) a compra e venda de imóveis.

b) os atos notariais.

c) o testamento conjuntivo.

d) o codicilo.

3.3. Dos Atos Ilícitos

* SÚMULAS

STJ **Súm. 43.** Incide correção monetária sobre dívida por ato ilícito a partir da data do efetivo prejuízo.

* ENUNCIADOS CJF

CJF **Civil 37.** A responsabilidade civil decorrente do abuso do direito independe de culpa, e fundamenta-se somente no critério objetivo-finalístico.

CJF **Civil 159.** O dano moral, assim compreendido todo o dano extrapatrimonial, não se caracteriza quando há mero aborrecimento inerente a prejuízo material.

CJF **Civil 411.** O descumprimento de contrato pode gerar dano moral quando envolver valor fundamental protegido pela Constituição Federal de 1988.

CJF **Civil 412.** As diversas hipóteses de exercício inadmissível de uma situação jurídica subjetiva, tais como "supressio", "tu quoque", "surrectio" e "venire contra factum proprium", são concreções da boa-fé objetiva.

CJF **Civil 413.** Os bons costumes previstos no art. 187 do CC possuem natureza subjetiva, destinada ao controle da moralidade social de determinada época, e objetiva, para permitir a sindicância da violação dos negócios jurídicos em questões não abrangidas pela função social e pela boa-fé objetiva.

CJF **Civil 414.** A cláusula geral do art. 187 do Código Civil tem fundamento constitucional nos princípios da solidariedade, devido processo legal e proteção da confiança e aplica-se a todos os ramos do direito.

CJF **Civil 539.** O abuso de direito é uma categoria jurídica autônoma em relação à responsabilidade civil. Por isso, o exercício abusivo de posições jurídicas desafia controle independentemente de dano.

CJF **Civil 550.** A quantificação da reparação por danos extrapatrimoniais não deve estar sujeita a tabelamento ou a valores fixos.

CJF **Civil 551.** Nas violações aos direitos relativos a marcas, patentes e desenhos industriais, será assegurada a reparação civil ao seu titular, incluídos tanto os danos patrimoniais como os danos extrapatrimoniais.

CJF **Civil 617.** O abuso do direito impede a produção de efeitos do ato abusivo de exercício, na extensão necessária a evitar sua manifesta contrariedade à boa-fé, aos bons costumes, à função econômica ou social do direito exercido.

3.4. Da Prescrição e da Decadência

* SÚMULAS

STF **Súm. 149.** É imprescritível a ação de investigação de paternidade, mas não o é a de petição de herança.

STF **Súm. 150.** Prescreve a execução no mesmo prazo de prescrição da ação.

STF **Súm. 154.** Simples vistoria não interrompe a prescrição.

STF **Súm. 383.** A prescrição em favor da Fazenda Pública recomeça a correr, por dois anos e meio, a partir do ato interruptivo, mas não fica reduzida aquém de cinco anos, embora o titular do direito a interrompa durante a primeira metade do prazo.

STF **Súm. 443.** A prescrição das prestações anteriores ao período previsto em lei não ocorre, quando não tiver sido negado, antes daquele prazo, o próprio direito reclamado, ou a situação jurídica de que ele resulta.

STJ **Súm. 101.** A ação de indenização do segurado em grupo contra a seguradora prescreve em um ano.

STJ **Súm. 106.** Proposta a ação no prazo fixado para o seu exercício, a demora na citação, por motivos inerentes ao mecanismo da Justiça, não justifica o acolhimento da arguição de prescrição ou decadência.

STJ **Súm. 229.** O pedido do pagamento de indenização à seguradora suspende o prazo de prescrição até que o segurado tenha ciência da decisão.

STJ **Súm. 278.** O termo inicial do prazo prescricional, na ação de indenização, é a data em que o segurado teve ciência inequívoca da incapacidade laboral.

STJ **Súm. 412.** A ação de repetição de indébito de tarifas de água e esgoto sujeita-se ao prazo prescricional estabelecido no Código Civil.

STJ **Súm. 85.** Nas relações jurídicas de trato sucessivo em que a Fazenda Pública figure como devedora, quando não tiver sido negado o próprio direito reclamado, a prescrição atinge apenas as prestações vencidas antes do quinquênio anterior à propositura da ação.

STJ Súm. 547. Nas ações em que se pleiteia o ressarcimento dos valores pagos a título de participação financeira do consumidor no custeio de construção de rede elétrica, o prazo prescricional é de vinte anos na vigência do Código Civil de 1916. Na vigência do Código Civil de 2002, o prazo é de cinco anos se houver previsão contratual de ressarcimento e de três anos na ausência de cláusula nesse sentido, observada a regra de transição disciplinada em seu art. 2.028.

* REPERCUSSÃO & REPETITIVOS

STF Repercussão Geral 666. É prescritível a ação de reparação de danos à Fazenda Pública decorrente de ilícito civil. (RE 669069, 3.2.2016)

STJ Repetitivo 610. Na vigência dos contratos de plano ou de seguro de assistência à saúde, a pretensão condenatória decorrente da declaração de nulidade de cláusula de reajuste nele prevista prescreve em 20 anos (art. 177 do CC/1916) ou em 3 anos (art. 206, § 3º, IV, do CC/02), observada a regra de transição do art. 2.028 do CC/02. (REsp 1360969, 10.8.2016)

STJ Repetitivo 932. O prazo prescricional para as ações de repetição de indébito relativo às tarifas de serviços de água e esgoto cobradas indevidamente é de: (a) 20 anos, na forma do art. 177 do CC/1916; ou (b) 10 anos, tal como previsto no art. 205 do CC/02, observando-se a regra de direito intertemporal, estabelecida no art. 2.028 do CC/02. (EREsp 1532514, 10.5.2017)

STJ Repetitivo 949. Na vigência do CC/02, é quinquenal o prazo prescricional para que o condomínio geral ou edifício (horizontal ou vertical) exercite a pretensão de cobrança da taxa condominial ordinária ou extraordinária constante em instrumento público ou particular, a contar do dia seguinte ao vencimento da prestação. (REsp 1483930, 23.11.2016)

* ENUNCIADOS CJF

1) Da Prescrição

1.1) Disposições Gerais

CJF Civil 14. (1) O início do prazo prescricional ocorre com o surgimento da pretensão, que decorre da exigibilidade do direito subjetivo; (2) O art. 189 diz respeito a casos em que a pretensão nasce imediatamente após a violação do direito absoluto ou da obrigação de não fazer.

CJF Civil 154. O juiz deve suprir de ofício a alegação de prescrição em favor do absolutamente incapaz.

CJF Civil 155. O art. 194 do Código Civil de 2002, ao permitir a declaração "ex officio" da prescrição de direitos patrimoniais em favor do absolutamente incapaz, derrogou o disposto no § 5º do art. 219 do CPC.

CJF Civil 295. A revogação do art. 194 do Código Civil pela Lei n. 11.280/2006, que determina ao juiz o reconhecimento de ofício da prescrição, não retira do devedor a possibilidade de renúncia admitida no art. 191 do texto codificado.

CJF Civil 415. O art. 190 do Código Civil refere-se apenas às exceções impróprias (dependentes/não autônomas). As exceções propriamente ditas (independentes/autônomas) são imprescritíveis.

CJF Civil 579. Nas pretensões decorrentes de doenças profissionais ou de caráter progressivo, o cômputo da prescrição iniciar-se-á somente a partir da ciência inequívoca da incapacidade do indivíduo, da origem e da natureza dos danos causados.

CJF Civil 581. Em complemento ao Enunciado 295, a decretação "ex officio" da prescrição ou da decadência deve ser precedida de oitiva das partes.

1.2) Das Causas que Impedem ou Suspendem a Prescrição

CJF Civil 156. Desde o termo inicial do desaparecimento, declarado em sentença, não corre a prescrição contra o ausente.

CJF Civil 296. Não corre a prescrição entre os companheiros, na constância da união estável.

1.3) Das Causas que Interrompem a Prescrição

CJF Civil 416. A propositura de demanda judicial pelo devedor, que importe impugnação do débito contratual ou de cártula representativa do direito do credor, é causa interruptiva da prescrição.

CJF Civil 417. O art. 202, I, do CC deve ser interpretado sistematicamente com o art. 219, § 1º, do CPC, de modo a se entender que o efeito interruptivo da prescrição produzido pelo despacho que ordena a citação é retroativo até a data da propositura da demanda.

1.4) Dos Prazos da Prescrição

CJF Civil 418. O prazo prescricional de três anos para a pretensão relativa a aluguéis aplica-se aos contratos de locação de imóveis celebrados com a administração pública.

CJF Civil 419. O prazo prescricional de três anos para a pretensão de reparação civil aplica-se tanto à responsabilidade contratual quanto à responsabilidade extracontratual.

CJF Civil 420. Não se aplica o art. 206, § 3º, V, do Código Civil às pretensões indenizatórias decorrentes de acidente de trabalho, após a vigência da Emenda Constitucional n. 45, incidindo a regra do art. 7º, XXIX, da Constituição da República.

CJF Civil 580. É de três anos, pelo art. 206, § 3º, V do CC, o prazo prescricional para a pretensão indenizatória da seguradora contra o causador de dano ao segurado, pois a seguradora sub-roga-se em seus direitos.

* INFORMATIVOS

STJ Compromisso de compra e venda. Imóvel na planta. Restituição dos valores pagos pela intermediação. Prescrição. Termo inicial. Data do efetivo pagamento. O termo inicial da prescrição da pretensão de restituição dos valores pagos parceladamente a título de comissão de corretagem é a data do efetivo pagamento (desembolso total). REsp 1.724.544, Rel. Min. Moura Ribeiro, DJ 8.10.2018. 3ª T. (Info 634)

STJ Responsabilidade civil contratual e extracontratual. Regimes jurídicos distintos. Prescrição. Unificação. Impossibilidade. É decenal o prazo prescricional aplicável às hipóteses de pretensão fundamentadas em inadimplemento contratual. EREsp 1.280.825, Rel. Min. Nancy Andrighi, DJ 2.8.2018. 2ª S. (Info 632)

STJ Ação indenizatória. Defeitos aparentes da obra. Art. 26 do CDC. Prazo decadencial. Inaplicabilidade à pretensão indenizatória. Sujeição a prazo prescricional. Art. 205 do CC/02. Aplica-se o prazo prescricional do art. 205 do CC/02 às ações indenizatórias por danos materiais decorrentes de vícios de qualidade e de quantidade do imóvel adquirido pelo consumidor, e não o prazo decadencial estabelecido pelo art. 26 do CDC. REsp 1.534.831, Rel. Acd. Min. Nancy Andrighi, DJ 2.3.2018. 3ª T. (Info 620)

STJ Ação monitória. Prescrição. Interrupção. Ato inequívoco pelo devedor que reconheça direito. Pedido de prazo. Análise de documentos. Dívida não reconhecida. O pedido de concessão de prazo para analisar documentos com o fim de verificar a existência de débito não tem o condão de interromper a prescrição. REsp 1.677.895, Rel. Min. Nancy Andrighi, DJ 8.2.2018. 3ª T. (Info 619)

* QUESTÕES DISCURSIVAS

06. **(FMP/TJ/MT/Cartórios/Ingresso/2014)** Explique a diferença entre prescrição e decadência.

* QUESTÕES OBJETIVAS

145. **(Ieses/TJ/RS/Cartórios/Remoção/2013)** Corre normalmente a prescrição:

a) pendendo condição suspensiva.
b) pendendo ação de evicção.
c) contra o sucessor, se iniciada a contagem do prazo contra a pessoa titular falecida.
d) entre ascendentes e descendentes, durante o poder familiar.

146. **(Ieses/TJ/RS/Cartórios/Remoção/2013)** Prescreve em cinco anos:

a) a pretensão de reparação civil.
b) a pretensão para receber prestações vencidas de rendas temporárias ou vitalícias.
c) a pretensão do vencedor para haver do vencido o que despendeu em juízo.
d) a pretensão de ressarcimento de enriquecimento sem causa.

147. **(Ieses/TJ/RS/Cartórios/Ingresso/2013)** Assinale a alternativa correta:

a) é de dois anos o prazo de decadência para pleitear-se a anulação do negócio jurídico, contado, no caso de erro, dolo, estado de perigo ou lesão, do dia em que se realizou o negócio.
b) quando a lei dispuser que determinado ato é anulável, sem estabelecer prazo para pleitear-se a anulação, será ele de quatro anos, a contar da data da conclusão do ato.
c) é de quatro anos o prazo de decadência para pleitear-se a anulação do negócio jurídico, contado, no caso de fraude contra credores, do dia em que se realizou o negócio jurídico, e, no de atos de incapazes, do dia em que cessar a incapacidade.
d) é de quatro anos o prazo de prescrição para pleitear-se a anulação do negócio jurídico, contado, no caso de coação, do dia em que ele iniciou.

148. **(Ieses/TJ/RS/Cartórios/Ingresso/2013)** A respeito da prescrição:

I. não corre a prescrição entre ascendentes e descendentes, durante o poder familiar, nem entre os cônjuges, na constância da sociedade conjugal.

II. não corre a prescrição pendendo ação de evicção.

III. a interrupção da prescrição, que somente poderá ocorrer uma vez, dar-se-á por despacho do juiz, mesmo incompetente, que ordenar a citação, se o interessado a promover no prazo e na forma da lei processual, bem como por qualquer ato judicial que constitua em mora o devedor ou ato inequívoco, ainda que extrajudicial, que importe reconhecimento do direito pelo devedor.

IV. a prescrição interrompida recomeça a correr da data do ato que a interrompeu, ou do último ato do processo para a interromper, descontando-se, entretanto, o período já transcorrido.

V. a interrupção da prescrição por um credor aproveita aos outros.

Aponte as assertivas corretas:

a) I, III e V, somente.
b) I, II, IV e V, somente.
c) I, II e V, somente.
d) I, II e III, somente.

149. **(Ieses/TJ/RS/Cartórios/Ingresso/2013)** Prescreve em um ano:

a) a pretensão de restituição de lucros ou dividendos recebidos de má-fé, correndo o prazo da data em que foi deliberada a distribuição.
b) a pretensão dos tabeliães, auxiliares da justiça, serventuários judiciais, árbitros, peritos e procuradores judiciais, pela percepção de emolumentos, custas e honorários.
c) a pretensão relativa a aluguéis de prédios urbanos.
d) a pretensão dos credores não pagos, contra os sócios ou acionistas, e os liquidantes, contado o prazo da publicação da ata de encerramento da liquidação da sociedade.

150. **(Ieses/TJ/RN/Cartórios/Ingresso/2012)** Assinale a alternativa incorreta:

a) a interrupção da prescrição somente pode se dar uma vez.
b) apesar de previstos em lei, os prazos prescricionais podem ser alterados por vontade das partes.
c) não corre prescrição entre cônjuges, na constância da sociedade conjugal.
d) se ocorrer a interrupção da prescrição, começa a correr novamente da data que a interrompeu.

151. **(Consulplan/TJ/MG/Cartórios/Remoção/2016)** Em sede de justiça gratuita, considerando ausência de previsão expressa na norma de gratuidade para o ato, havendo fortes indícios e elementos probatórios que desmentem a hipossuficiência do requerente, revelando, acima de qualquer dúvida razoável, que a parte possui condições financeiras para arcar com as custas e emolumentos devidos ao Estado e ao serventuário extrajudicial, estando o notário inconformado com o pedido de justiça gratuita e, querendo pleitear em juízo os emolumentos, sabendo da perda da pretensão pelo lapso temporal, nos termos do código civil, é correto afirmar:

a) prescreve em cinco anos a pretensão dos tabeliães, pela percepção de emolumentos.
b) prescreve em um ano a pretensão dos tabeliães, pela percepção de emolumentos.
c) decai em cinco anos a pretensão dos tabeliães, pela percepção de emolumentos.
d) não corre prescrição para ação de cobrança de emolumentos.

152. **(Faurgs/TJ/RS/Cartórios/Ingresso/2015)** Assinale a alternativa que apresenta afirmação correta a respeito da disciplina da Prescrição no Código Civil:

a) a exceção prescreve no mesmo prazo em que a pretensão.
b) a renúncia da prescrição deve ser expressa, e só valerá, sendo feita, com prejuízo de terceiro, depois que a prescrição se consumar.
c) os prazos de prescrição podem ser alterados por acordo das partes.
d) a prescrição pode ser alegada, em qualquer grau de jurisdição, pela parte a quem prejudica.

153. **(Ieses/TJ/MS/Cartórios/Remoção/2014)** Para fins de prazo civil considera-se meado:

a) em qualquer mês, o seu décimo quinto dia, com exceção do mês de fevereiro, o qual será considerado o décimo quarto dia.
b) a metade do prazo que a lei prever.
c) em qualquer mês, o dia quinze, independentemente de que o vencimento venha a cair em feriado.
d) em qualquer mês, o seu décimo quinto dia, e se dia do vencimento cair em feriado,

considerar-se-á prorrogado o prazo até o seguinte dia útil.

154. **(Ieses/TJ/PB/Cartórios/Ingresso/2014)** Assinale a alternativa correta:

a) uma vez interrompido o prazo decadencial por ato do interessado, a contagem do prazo flui do ponto onde parou.

b) é nula a renúncia à prescrição legal.

c) a prescrição pode ser suspensa ou interrompida mais de uma vez, desde que se configurem as hipóteses legais.

d) o prazo decadencial não corre contra os absolutamente incapazes.

155. **(Ieses/TJ/PB/Cartórios/Remoção/2014)** Segundo o disposto no Código Civil de 2002, não corre a prescrição:

I. entre os cônjuges, na constância da sociedade conjugal.

II. entre ascendentes e descendentes, durante o poder familiar.

III. entre tutelados ou curatelados e seus tutores ou curadores, durante a tutela ou curatela.

IV. contra os que se acharem servindo nas Forças Armadas, em tempo de guerra.

A sequência correta é:

a) apenas a assertiva III está correta.

b) as assertivas I, II, III e IV estão corretas.

c) apenas as assertivas I e III estão corretas.

d) apenas as assertivas I, II e III estão corretas.

156. **(Consulplan/TJ/MG/Cartórios/Ingresso/2014)** De acordo com o Código Civil brasileiro não corre a prescrição, exceto:

a) entre os cônjuges, na constância da sociedade conjugal.

b) entre ascendentes e descendentes, durante o poder familiar.

c) entre tutelados ou curatelados e seus tutores ou curadores, durante a tutela ou curatela.

d) contra os que, por deficiência mental, tenham o discernimento reduzido.

157. **(Consulplan/TJ/MG/Cartórios/Remoção/2014)** De acordo com o Código Civil brasileiro, marque a alternativa correta:

a) de forma geral, aplicam-se à decadência as normas que impedem, suspendem ou interrompem a prescrição.

b) não se aplica à decadência a regra que impede ou suspende o prazo em favor do absolutamente incapaz.

c) é nula a renúncia à decadência fixada em lei.

d) não pode o juiz, de ofício, conhecer da decadência.

158. **(FMP/TJ/MT/Cartórios/Remoção/2014)** No que diz com a prescrição e decadência, assinale a afirmativa correta:

a) os prazos de prescrição podem ser alterados por acordo das partes.

b) a interrupção da prescrição produzida contra o devedor principal não prejudica o fiador, pois existe, em casos tais, o benefício de ordem.

c) se o direito em discussão é indivisível, a interrupção da prescrição por um dos credores a todos aproveita.

d) a decadência fixada em lei, tal como a prescrição, em homenagem ao princípio da autonomia da vontade das partes, é renunciável.

e) a decadência legal e a convencional devem ser conhecidas de ofício pelo juiz.

159. **(Cespe/TJ/BA/Cartórios/Remoção/2013)** Considerando o que dispõe a Lei de Introdução às Normas do Direito Brasileiro e os dispositivos do Código Civil que tratam da prescrição e decadência, assinale a opção correta:

a) a suspensão da prescrição em favor de um dos credores solidários só aproveitará aos outros se a obrigação for indivisível.

b) excepcionalmente, admite-se a alteração do prazo prescricional por acordo das partes.

c) a renúncia à prescrição e à decadência pode ser expressa ou tácita e só valerá se for realizada sem prejuízo a terceiro.

d) é vedado ao julgador fazer uso da analogia para decidir a causa.

e) a lei em apreço estabelece, como regra, a repristinação das leis, que ocorre quando a lei revogada se restaura por ter a lei revogadora perdido a vigência.

160. **(Cespe/TJ/SE/Cartórios/Ingresso/2014)** Maria ajuizou ação de execução de título extrajudicial contra Antônio visando receber crédito decorrente de duplicatas vencidas e, anteriormente, protestadas. Antônio foi citado e o processo foi suspenso por não terem sido encontrados bens penhoráveis do devedor. Tendo a situação hipotética acima descrita como referência inicial, assinale a opção correta acerca da prescrição e das causas de sua suspensão ou interrupção:

a) não corre a prescrição contra os absolutamente e os relativamente incapazes.

b) as partes, desde que em comum acordo de vontades, poderão alterar os prazos prescricionais.

c) se tiver sido proferido por juiz incompetente, o despacho que ordenar a citação do réu não poderá ser causa de interrupção da prescrição.

d) iniciada a execução e citado o devedor, interrompe-se o prazo prescricional, cuja contagem deve recomeçar por inteiro, iniciando-se a fluência do novo prazo a partir do último ato desse processo.

e) promovidos atos de defesa de seu direito pelo credor, como o protesto e o ajuizamento da ação, ocorre a interrupção da prescrição, não podendo ser atribuído ao devedor qualquer ato interruptivo.

161. **(Consulplan/TJ/MG/Cartórios/Ingresso/2016)** Segundo o Código Civil brasileiro em vigor, uma das causas de interrupção da prescrição é o protesto cambial. Sobre a interrupção da prescrição no mesmo diploma legal, é correto afirmar que:

a) pode dar-se somente uma vez.

b) a apresentação do título de crédito em juízo de inventário não a interrompe.

c) atos judiciais que constituam em mora o devedor não a interrompem.

d) o título de crédito em branco mas assinado pelo emitente ou pelo devedor obsta a interrupção da prescrição.

162. **(Faurgs/TJ/RS/Cartórios/Remoção/2015)** Assinale a alternativa que apresenta afirmação correta a respeito da disciplina da Prescrição no Código Civil:

a) não corre a prescrição, pendendo condição resolutiva.

b) a prescrição não se interrompe por protesto cambial.

c) a interrupção produzida contra o principal devedor prejudica o fiador.

d) a prescrição somente pode ser interrompida pelo devedor.

163. **(Vunesp/TJ/SP/Cartórios/Ingresso/2014)** De acordo com o Código Civil, prescreve em um ano:

a) a pretensão de cobrança de dívidas líquidas constantes de instrumento público ou particular.

b) a pretensão para haver juros, dividendos ou quaisquer prestações acessórias, pagáveis, em períodos não maiores de um ano, com capitalização ou sem ela.

c) a pretensão para haver prestações alimentares, a partir da data em que se vencerem.

d) a pretensão dos tabeliães, auxiliares da justiça, serventuários judiciais, árbitros e peritos, pela percepção de emolumentos, custas e honorários.

164. **(Consulplan/TJ/MG/Cartórios/Remoção/2017)** Prescreve em 03 (três) anos, exceto:

a) a pretensão de haver prestações alimentares, a partir da data em que vencer cada uma delas.

b) a pretensão de reparação civil.

c) a pretensão de ressarcimento de enriquecimento sem causa.

d) a pretensão relativa a aluguéis de prédios urbanos e rústicos.

165. **(Ieses/TJ/RO/Cartórios/Ingresso/2017)** Em relação à prescrição e decadência, responda de acordo com o Código Civil:

I. a interrupção da prescrição e da decadência pode ocorrer mais de uma vez no curso do prazo.

II. a interrupção do prazo prescricional por um dos credores solidários aproveita aos outros.

III. a interrupção da prescrição produzida contra o principal devedor não prejudica o fiador.

Assinale a alternativa correta:

a) apenas as assertivas I e III são verdadeiras.

b) apenas as assertivas I e II são verdadeiras.

c) apenas a assertiva II é verdadeira.

d) todas as assertivas são verdadeiras.

166. **(Ieses/TJ/RO/Cartórios/Remoção/2017)** De acordo com as disposições gerais do capítulo do Código civil que trata da prescrição é correto afirmar exceto:

a) a prescrição iniciada contra uma pessoa continua a correr contra o seu sucessor.

b) a renúncia da prescrição pode ser expressa ou tácita, e só valerá, sendo feita, sem prejuízo de terceiro, depois que a prescrição se consumar; tácita é a renúncia quando se presume de fatos do interessado, incompatíveis com a prescrição.

c) os prazos de prescrição podem ser alterados por acordo das partes.

d) a prescrição pode ser alegada em qualquer grau de jurisdição, pela parte a quem aproveita.

167. **(Cetro/TJ/RJ/Cartórios/Remoção/2017)** De acordo com o que dispõe o Código Civil e o entendimento jurisprudencial do STJ acerca do instituto da prescrição, assinale a alternativa correta:

a) a pretensão condenatória decorrente de declaração de nulidade de cláusula de reajuste em contrato de plano ou de seguro de assistência à saúde é de 5 (cinco) anos.

b) o prazo prescricional para condomínio cobrar dívida líquida constante de instrumento público ou particular é de 5 (cinco) anos, a contar do dia seguinte ao vencimento da prestação.

c) é de 5 (cinco) anos o prazo prescricional para repetição de indébito de contrato de Cédula de Crédito Rural, conforme entendimento do STJ.

d) o prazo para ajuizamento de ação monitória em face de emitente de nota promissória com ou sem força executiva é de 3 (três) anos, a contar do dia seguinte ao vencimento do título.

e) em havendo instrumento de confissão de dívida, o prazo prescricional envolvido é de 3 (três) anos.

168. **(Ieses/TJ/CE/Cartórios/Ingresso/2018)** Em relação à prescrição, assinale a correta:

a) a renúncia da prescrição pode ser expressa ou tácita, e só valerá, sendo feita, sem prejuízo de terceiro, antes que a prescrição se consumar.

b) a renúncia da prescrição pode ser expressa ou tácita, e só valerá, sendo feita, sem prejuízo de terceiro, depois que a prescrição se consumar.

c) a renúncia da prescrição somente pode ser expressa, e só valerá, sendo feita, sem prejuízo de terceiro, depois que a prescrição se consumar.

d) a renúncia da prescrição somente pode ser expressa, e só valerá, sendo feita, sem prejuízo de terceiro, antes que a prescrição se consumar.

169. **(Vunesp/TJ/SP/Cartórios/Ingresso/2018)** É causa impeditiva da prescrição:

a) o início ou continuação do cumprimento da pena.

b) a reincidência.

c) o recebimento da denúncia ou da queixa.

d) o cumprimento da pena, pelo agente, no estrangeiro.

3.5. Da Prova

✱ SÚMULAS

STF Súm. 259. Para produzir efeito em juízo não é necessária a inscrição, no registro público, de documentos de procedência estrangeira, autenticados por via consular.

STF Súm. 261. Para a ação de indenização, em caso de avaria, é dispensável que a vistoria se faça judicialmente.

✱ ENUNCIADOS CJF

CJF Civil 157. O termo "confissão" deve abarcar o conceito lato de depoimento pessoal, tendo em vista que este consiste em meio de prova de maior abrangência, plenamente admissível no ordenamento jurídico brasileiro.

CJF Civil 158. A amplitude da noção de "prova plena" (isto é, "completa") importa presunção relativa acerca dos elementos indicados nos incisos do § 1º, devendo ser conjugada com o disposto no parágrafo único do art. 219.

CJF Civil 297. O documento eletrônico tem valor probante, desde que seja apto a conservar a integridade de seu conteúdo e idôneo a apontar sua autoria, independentemente da tecnologia empregada.

CJF Civil 298. Os arquivos eletrônicos incluem-se no conceito de "reproduções eletrônicas de fatos ou de coisas", do art. 225 do Código Civil, aos quais deve ser aplicado o regime jurídico da prova documental.

✱ QUESTÕES OBJETIVAS

170. **(FMP/TJ/MT/Cartórios/Remoção/2014)** A validade da declaração de vontade não dependerá de forma especial, senão quando a lei expressamente a exigir. A escritura pública é exigida para:

a) o inventário extrajudicial e para a instituição de fundação.

b) a instituição do bem de família e para a emancipação por concessão dos pais.

c) o pacto antenupcial e para a revogação do mandato para celebração do casamento.

d) o testamento e para a cessão de direitos hereditários.

e) o reconhecimento de filho e para a concessão de direito de superfície.

171. **(Vunesp/TJ/SP/Cartórios/Ingresso/2014)** Quanto à lavratura dos atos notariais, assinale a alternativa incorreta:

a) se qualquer dos comparecentes não souber a língua nacional, ainda que o tabelião entenda o idioma em que se expressa, deverá comparecer tradutor público para servir de intérprete ou, não o havendo na localidade, outra pessoa capaz, que tenha idoneidade e conhecimento bastantes.

b) a escrituração far-se-á apenas em cor azul ou preta indelével.

c) os atos notariais, redigidos obrigatoriamente na língua nacional, serão manuscritos, datilografados ou impressos nos livros de notas.

d) na escrituração dos livros, os números relativos à data da escritura e ao preço devem ser escritos por extenso.

172. **(FMP/TJ/MT/Cartórios/Ingresso/2014)** Sobre a escritura pública, assinale a afirmativa correta:

a) a escritura deverá conter, dentre outros requisitos, o reconhecimento da identidade e da capacidade das partes presentes e das que estiverem representadas por mandatário.

b) a escritura será redigida na língua nacional, todavia, se qualquer dos comparecentes não souber a língua nacional, e o tabelião não entender o idioma em que se expressa, deverá ser apresentada tradução pública registrada no Registro de Títulos e Documentos competente.

c) a escritura deverá conter, dentre outros requisitos, a assinatura das partes e dos demais comparecentes. Todavia, se algum comparecente não puder ou não souber escrever, outra pessoa capaz assinará por ele, a seu rogo.

d) nas escrituras relativas a imóveis deverá ser exigido o comprovante do pagamento do Imposto sobre a Transmissão de Bens Imóveis e de Direitos a eles relativos, quando incidente sobre o ato, salvo se a parte adquirente o dispensar, hipótese em que responderá, nos termos da lei, pelo pagamento dos débitos fiscais existentes.

e) nas escrituras relativas a imóveis deverá ser exigida certidão de ações reais e pessoais reipersecutórias, relativas ao imóvel, e a de ônus reais, expedidas pelo registro de imóveis competente, cujo prazo de validade, para este fim, será de trinta dias, prorrogáveis por mais trinta, a critério do tabelião.

173. **(Ieses/TJ/RS/Cartórios/Remoção/2013)** Além de outros requisitos previstos em lei especial, a escritura pública conterá:

a) nome, nacionalidade, estado civil, profissão, domicílio e residência das partes e demais comparecentes, com a indicação, quando necessário, do regime de bens do casamento, nome do cônjuge, filiação e nomes dos filhos.

b) manifestação de vontade das partes e dos intervenientes, não sendo necessária a leitura do ato a ser assinado.

c) a data e o lugar de sua realização; reconhecimento da identidade e capacidade das partes e de quantos hajam comparecido ao ato.

d) assinatura dos demais comparecentes e das partes, encerrando o ato.

174. **(Consulplan/TJ/MG/Cartórios/Remoção/2015)** Conforme o Código Civil, salvo o negócio a que se impõe forma especial, o fato jurídico pode ser provado mediante:

a) confissão, documento, inspeção, presunção e perícia.

b) documento, inspeção, testemunha, presunção e perícia.

c) confissão, documento, testemunha, presunção e perícia.

d) confissão, documento, testemunha, inspeção e perícia.

175. **(Consulplan/TJ/MG/Cartórios/Ingresso/2016)** No que tange ao valor probante de documentos, é correto afirmar:

a) o instrumento particular, feito e assinado, ou somente assinado por quem esteja na livre disposição e administração de seus bens, prova as obrigações convencionais de qualquer valor; mas os seus efeitos, bem como os da cessão, não se operam, a respeito de terceiros, antes de registrado no registro público.

b) terão força probante de cópia autenticada os traslados e as certidões, extraídos por tabelião ou oficial de registro, de instrumentos ou documentos lançados em suas notas.

c) estão sujeitos a registro, no Registro de Títulos e Documentos, para surtir efeitos em relação aos seus signatários, os documentos decorrentes de depósitos, ou de cauções feitos em garantia de cumprimento de obrigações contratuais, ainda que em separados dos respectivos instrumentos.

d) a cópia fotográfica de documento conferida por tabelião de notas valerá como prova de declaração da vontade, mas, impugnada sua autenticidade, deverá ser suscitada a dúvida perante o juiz diretor do foro.

4. DO DIREITO DAS OBRIGAÇÕES

⊙ TOP 5: 5º LUGAR ENTRE OS MAIORES AGREGADOS DE QUESTÕES DO LIVRO!

4.1. Das Modalidades

✱ ENUNCIADOS CJF

1) Das Obrigações de Dar

CJF Civil 15. As disposições do art. 236 do novo Código Civil também são aplicáveis à hipótese do art. 240, "in fine".

CJF Civil 160. A obrigação de creditar dinheiro em conta vinculada de FGTS é obrigação de dar, obrigação pecuniária, não afetando a natureza da obrigação a circunstância de a disponibilidade do dinheiro depender da ocorrência de uma das hipóteses previstas no art. 20 da Lei n. 8.036/90.

2) Das Obrigações Divisíveis e Indivisíveis

CJF Civil 540. Havendo perecimento do objeto da prestação indivisível por culpa de apenas um dos devedores, todos respondem, de maneira divisível, pelo equivalente e só o culpado, pelas perdas e danos.

3) Das Obrigações Solidárias

CJF Comercial 22. Não se presume solidariedade passiva (art. 265 do Código Civil) pelo simples fato de duas ou mais pessoas jurídicas integrarem o mesmo grupo econômico.

CJF Civil 347. A solidariedade admite outras disposições de conteúdo particular além do rol previsto no art. 266 do Código Civil.

CJF Civil 348. O pagamento parcial não implica, por si só, renúncia à solidariedade, a qual deve derivar dos termos expressos da quitação ou, inequivocadamente, das circunstâncias do recebimento da prestação pelo credor.

CJF Civil 349. Com a renúncia da solidariedade quanto a apenas um dos devedores solidários, o credor só poderá cobrar do beneficiado a sua quota na dívida; permanecendo a solidariedade quanto aos demais devedores, abatida do débito a parte correspondente aos beneficiados pela renúncia.

CJF Civil 350. A renúncia à solidariedade diferencia-se da remissão, em que o devedor fica inteiramente liberado do vínculo obrigacional, inclusive no que tange ao rateio da quota do eventual codevedor insolvente, nos termos do art. 284.

CJF Civil 351. A renúncia à solidariedade em favor de determinado devedor afasta a hipótese de seu chamamento ao processo.

✱ QUESTÕES OBJETIVAS

176. **(Cespe/TJ/PI/Cartórios/Remoção/2013)** Acerca das obrigações solidárias, assinale a opção correta:

a) a solidariedade, que não prevalece no âmbito interno da relação jurídica, manifesta-se apenas nas relações externas.

b) cada devedor solidário responderá pelo débito integral, mas cada credor só poderá exigi-lo no todo se houver estipulação contratual expressa nesse sentido.

c) na solidariedade, há presunção legal de que cada obrigado se responsabiliza pelos atos dos demais obrigados, mas a convenção poderá dispor em contrário.

d) na solidariedade passiva, se um dos credores remitir o débito em favor de um dos devedores, haverá renúncia à solidariedade.

e) havendo pluralidade de credores, poderá cada um deles exigir a dívida inteira, mas o devedor que pagar se desonerará pagando a um, dando este caução de ratificação dos outros credores.

177. **(Ieses/TJ/RN/Cartórios/Remoção/2012)** Nas modalidades de obrigações, assinale a assertiva incorreta:

a) nas obrigações de não fazer, em caso de urgência, poderá o credor desfazer ou mandar desfazer, independentemente de autorização judicial, sem prejuízo do ressarcimento devido.

b) a solidariedade não se presume; resulta da lei ou da vontade das partes.

c) nas obrigações alternativas, a escolha cabe ao credor, se outra coisa não se estipulou.

d) nas obrigações de dar coisa incerta, a coisa incerta será indicada, ao menos, pelo gênero e pela quantidade.

178. **(TJ/SC/Cartórios/Ingresso/2012)** Na obrigação de dar coisa incerta, se determinada pelo gênero e pela quantidade, a escolha pertence:

a) ao credor, sendo o devedor obrigado a prestar a coisa melhor.
b) ao devedor, podendo escolher a coisa que melhor lhe aprouver.
c) ao devedor, se o contrário não resultar do título da obrigação.
d) sempre ao credor, escolhendo a que melhor lhe aprouver.
e) sempre ao devedor, não sendo este obrigado a prestar a melhor, nem podendo dar a pior.

179. **(Ieses/TJ/PA/Cartórios/Remoção/2016)** Nas obrigações alternativas, a escolha cabe ao devedor, se outra coisa não se estipulou. No que diz respeito a este instituto do Código Civil é correto afirmar:

I. se o título deferir a opção a terceiro, e este não quiser, ou não puder exercê-la, caberá ao juiz a escolha se não houver acordo entre as partes.
II. quando a obrigação for de prestações periódicas, a faculdade de opção não poderá ser exercida em cada período.
III. no caso de pluralidade de optantes, não havendo acordo unânime entre eles, decidirá o juiz, findo o prazo por este assinado para a deliberação.
IV. pode o devedor obrigar o credor a receber parte em uma prestação e parte em outra.

A sequência correta é:

a) apenas a assertiva IV está correta.
b) as assertivas I, II, III e IV estão corretas.
c) apenas as assertivas I e III estão corretas.
d) apenas as assertivas I, II e IV estão corretas.

180. **(Ieses/TJ/PA/Cartórios/Ingresso/2016)** Sobre as obrigações em geral, assinale a alternativa correta:

a) como regra, os acessórios não estão abrangidos na obrigação de dar coisa certa, salvo se o contrário resultar do título ou das circunstâncias.
b) nas obrigações alternativas de prestação periódica, a faculdade de escolha pode ser exercida a cada prestação.
c) a indivisibilidade da obrigação se mantém ainda que a obrigação se resolva em perdas e danos.
d) nas obrigações de dar coisa incerta, não pode o devedor alegar perda ou deterioração da coisa, independente da ciência do credor sobre a concentração.

181. **(Faurgs/TJ/RS/Cartórios/Ingresso/2015)** Nas obrigações alternativas, se outra coisa não se estipular, a escolha:

a) cabe ao juiz.
b) não pode ser atribuída a terceiro.
c) cabe ao credor.
d) cabe ao devedor.

182. **(Faurgs/TJ/RS/Cartórios/Ingresso/2015)** Na solidariedade passiva, impossibilitando-se a prestação por culpa exclusiva de um dos devedores:

a) subsiste para todos o encargo de pagar o equivalente, mas pelas perdas e danos só responde o culpado.
b) subsiste para todos o encargo de pagar o equivalente, mais as perdas e danos.
c) somente o devedor culpado responde pelo pagamento do equivalente, mas pelas perdas e danos respondem todos os devedores.
d) somente o devedor culpado responde pelo pagamento do equivalente, mais as perdas e danos.

183. **(Faurgs/TJ/RS/Cartórios/Remoção/2015)** Nas obrigações alternativas, se uma de duas prestações não puder ser objeto de obrigação ou se for tornada inexequível:

a) a obrigação será inválida.
b) a obrigação ficará extinta.
c) a obrigação será tida por inexistente.
d) subsistirá o débito quanto à outra.

184. **(Faurgs/TJ/RS/Cartórios/Remoção/2015)** No que se refere à solidariedade passiva, é correto afirmar que:

a) todos os devedores respondem pelos juros da mora, ainda que a ação tenha sido proposta somente contra um; mas o culpado responde aos outros pela obrigação acrescida.
b) apenas o devedor culpado pelo atraso responde pelos juros da mora.
c) todos os devedores respondem pelos juros da mora, ainda que a ação tenha sido proposta somente contra um, repartindo-se entre todos o montante da obrigação acrescida.
d) apenas o devedor culpado pelo atraso responde pelos juros da mora, que poderá exigir a participação dos demais em ações regressivas.

185. **(Ieses/TJ/MS/Cartórios/Ingresso/2014)** Sobre as obrigações, responda:

I. as obrigações de não fazer são extintas se a abstenção do ato se tornar impossível sem culpa do devedor.
II. nas obrigações de dar coisa certa, se a coisa se perder sem culpa do devedor antes da tradição, a obrigação fica resolvida para ambas as partes.
III. nas obrigações de restituir coisa certa, se a coisa se perder sem culpa do devedor antes da tradição, o credor sofrerá a perda e a obrigação se resolverá.
IV. nas obrigações de dar coisa incerta não há que se falar em perda da coisa antes da escolha.

Assinale a correta:

a) todas as assertivas são verdadeiras.
b) apenas as assertivas I, II e IV são verdadeiras.
c) apenas as assertivas II, III e IV são verdadeiras.
d) apenas as assertivas I, II e III são verdadeiras.

186. **(Consulplan/TJ/MG/Cartórios/Ingresso/2014)** Sobre solidariedade ativa, é correto afirmar:

a) se um dos credores solidários falecer deixando herdeiros, cada um destes terá direito a exigir e receber a quota do crédito que corresponder ao seu quinhão hereditário, mesmo se a obrigação for indivisível.
b) convertendo-se a prestação em perdas e danos, subsiste, para todos os efeitos, a solidariedade.
c) o julgamento contrário a um dos credores solidários atinge os demais.
d) o julgamento favorável a um dos credores solidários em nenhum caso aproveita aos demais.

187. **(Consulplan/TJ/MG/Cartórios/Remoção/2014)** Sobre solidariedade passiva, conforme dispõe o Código Civil brasileiro, é correto afirmar, exceto:

a) o pagamento parcial feito por um dos devedores e a remissão por ele obtida não aproveitam aos outros devedores, senão até à concorrência da quantia paga ou relevada.
b) impossibilitando-se a prestação por culpa de um dos devedores solidários, subsiste para todos o encargo de pagar o equivalente; mas pelas perdas e danos só responde o culpado.
c) se a dívida solidária interessar exclusivamente a um dos devedores, responderá este por toda ela para com aquele que pagar.
d) no caso de rateio entre os codevedores, não contribuirão os exonerados da solidariedade pelo credor, nem mesmo pela parte que na obrigação incumbia ao insolvente.

188. **(Cespe/TJ/BA/Cartórios/Remoção/2013)** Considerando o que dispõe o Código Civil acerca da obrigação de dar e restituir, assinale a opção correta:

a) a obrigação de dar coisa certa só abrangerá os acessórios se isso for expressamente convencionado pelas partes.
b) quando se tratar de obrigação de restituir, o credor deve indenizar as benfeitorias realizadas sem despesa do devedor.
c) o devedor obrigado a dar coisa incerta não poderá alegar perda ou deterioração da coisa antes da escolha, ainda que demonstre a existência de força maior ou caso fortuito.
d) se, antes da tradição, houver deterioração ou perda da coisa a ser restituída, sem culpa do devedor, a obrigação se resolverá.
e) em se tratando de obrigação de restituir ou dar coisa certa, constatada a deterioração da coisa, sem culpa do devedor, o credor poderá resolver a obrigação.

189. **(Cespe/TJ/BA/Cartórios/Remoção/2013)** No que se refere a obrigações solidárias, assinale a opção correta:

a) a obrigação solidária não pode ser pura e simples para um dos cocredores ou codevedores e condicional, ou a prazo, para o outro.
b) se o credor cobrar antecipadamente a dívida em razão da falência de um dos codevedores, o débito será considerado vencido em relação aos demais devedores solidários.
c) não subsistirá a solidariedade se a obrigação solidária for convertida em perdas e danos.
d) em se tratando de solidariedade passiva, o credor tem a faculdade de exigir e receber de qualquer dos codevedores, parcial ou integralmente, a dívida comum. Caso haja pagamento parcial, todos os demais codevedores continuarão obrigados solidariamente pelo valor remanescente.
e) em se tratando de solidariedade ativa, a morte de um dos credores romperá a solidariedade e impedirá que seus herdeiros exijam a quota do crédito que corresponderia a seu quinhão hereditário.

190. **(Cespe/TJ/DFT/Cartórios/Remoção/2014)** No que diz respeito às obrigações em relação à pluralidade de sujeitos e solidariedade, assinale a opção correta:

a) o ordenamento jurídico civil brasileiro consagra o princípio da presunção da solidariedade, em garantia ao adimplemento da obrigação e proteção do crédito.

b) na solidariedade ativa, a suspensão da prescrição em favor de um dos credores aproveita os demais, e a renúncia da prescrição em face de um dos credores não alcança os demais.

c) a obrigação solidária passiva impõe ao credor a exigência ou a reclamação integral do débito, ainda que em face de apenas um dos codevedores, sob pena de extinção da solidariedade.

d) a solidariedade, cuja fonte é o próprio título que vincula as partes obrigadas, tem natureza subjetiva, não se baseando em negócio jurídico ou norma legal.

e) na obrigação indivisível, cada codevedor está obrigado pela dívida toda; entretanto, o devedor que pagar a dívida sub-roga-se no direito do credor em relação aos demais coobrigados.

191. (IBFC/TJ/PR/Cartórios/Remoção/2014) Assinale a assertiva incorreta:

a) em relação às obrigações com termo, o direito brasileiro acata o princípio do "dies interpellat pro homine".

b) num contrato com cláusula de arras, a parte inocente pelo descumprimento pode pedir indenização suplementar, desde que prove prejuízo maior que o valor das arras.

c) salvo disposição em contrário ou determinação legal, as obrigações são portáveis.

d) a cláusula penal pode ser estipulada no próprio contrato ou em ato posterior.

192. (Cespe/TJ/DFT/Cartórios/Ingresso/2014) Com base no direito das obrigações, assinale a opção correta acerca dos elementos acidentais e condicionais:

a) em se tratando de obrigação modal, diversamente da condição suspensiva, as partes subordinam os efeitos do ato negocial a um acontecimento futuro e certo.

b) as obrigações mistas, que decorrem da vontade de um contratante e da atuação especial da outra parte, são admissíveis por não invalidarem o negócio jurídico.

c) em contrato de compra e venda, pendente condição suspensiva, não há direito adquirido ao cumprimento da obrigação enquanto não seja implementada a cláusula firmada pelos contraentes.

d) no caso de a eficácia do negócio jurídico estar vinculada a evento futuro e incerto, verificado o pagamento da prestação antes do implemento da condição, se esta não se realizar, extingue-se a obrigação, não cabendo direito à restituição.

e) na hipótese de compra e venda de imóvel rural sob a condição, em termo estabelecido, de o contrato se resolver se não for efetivado saneamento público básico, caso não se efetive a condição, dissolve-se a obrigação, e não há efeito retroativo, remanescendo os direitos reais concedidos na sua pendência até a desconstituição judicial.

193. (Consulplan/TJ/MG/Cartórios/Remoção/2017) As obrigações solidárias, não podem:

a) ser solidárias ativas.

b) ser solidárias passivas.

c) ser presumidas.

d) ser renunciadas.

194. (Ieses/TJ/AM/Cartórios/Remoção/2018) Conforme preconiza o Código Civil brasileiro, no que se refere a obrigações solidárias, é correto afirmar:

I. há solidariedade, quando na mesma obrigação concorre mais de um credor, ou mais de um devedor, cada um com direito, ou obrigado, à dívida toda.

II. importará renúncia da solidariedade à propositura de ação pelo credor contra um ou alguns dos devedores.

III. cada um dos credores solidários tem direito a exigir do devedor o cumprimento da prestação por inteiro.

IV. o credor não pode renunciar à solidariedade em favor de um, de alguns ou de todos os devedores.

A sequência correta é:

a) apenas as assertivas II e IV estão incorretas.

b) apenas as assertivas I e II estão corretas.

c) apenas a assertiva IV está correta.

d) as assertivas I, II, III e IV estão corretas.

4.2. Da Transmissão

✱ ENUNCIADOS CJF

CJF **Civil 16.** O art. 299 do Código Civil não exclui a possibilidade da assunção cumulativa da dívida quando dois ou mais devedores se tornam responsáveis pelo débito com a concordância do credor.

CJF Civil 352. Salvo expressa concordância dos terceiros, as garantias por eles prestadas se extinguem com a assunção de dívida; já as garantias prestadas pelo devedor primitivo somente são mantidas no caso em que este concorde com a assunção.

CJF Civil 353. A recusa do credor, quando notificado pelo adquirente de imóvel hipotecado, comunicando-lhe o interesse em assumir a obrigação, deve ser justificada.

CJF Civil 422. A expressão "garantias especiais" constante do art. 300 do CC/2002 refere-se a todas as garantias, quaisquer delas, reais ou fidejussórias, que tenham sido prestadas voluntária e originariamente pelo devedor primitivo ou por terceiro, vale dizer, aquelas que dependeram da vontade do garantidor, devedor ou terceiro para se constituírem.

CJF Civil 423. O art. 301 do CC deve ser interpretado de forma a também abranger os negócios jurídicos nulos e a significar a continuidade da relação obrigacional originária em vez de "restauração", porque, envolvendo hipótese de transmissão, aquela relação nunca deixou de existir.

CJF Civil 424. A comprovada ciência de que o reiterado pagamento é feito por terceiro no interesse próprio produz efeitos equivalentes aos da notificação de que trata o art. 303, segunda parte.

CJF Civil 618. O devedor não é terceiro para fins de aplicação do art. 288 do Código Civil, bastando a notificação prevista no art. 290 para que a cessão de crédito seja eficaz perante ele.

* QUESTÕES OBJETIVAS

195. **(Vunesp/TJ/SP/Cartórios/Ingresso/2014)** Conforme o Código Civil, é correto afirmar:

a) se a substituição do devedor vier a ser anulada, restaura-se o débito, inclusive as garantias prestadas por terceiros, independentemente da ciência dos vícios geradores da invalidade.

b) é facultado ao terceiro assumir a obrigação do devedor, sem o consentimento expresso do credor, ficando sempre exonerado o devedor primitivo, ainda que no caso de insolvência.

c) o credor pode ceder o seu crédito, se a isso não se opuser a natureza da obrigação, a lei, ou a convenção com o devedor, sendo que a cláusula proibitiva da cessão não poderá ser oposta ao cessionário de boa-fé, se não constar do instrumento da obrigação.

d) é ineficaz, em relação a terceiros, a transmissão de um crédito que não for obrigatoriamente realizada por instrumento público.

196. **(Ieses/TJ/AM/Cartórios/Ingresso/2018)** Sobre a transmissão das obrigações, assinale a correta:

a) na cessão de crédito, o cedente não responde pela solvência do devedor, salvo estipulação em contrário.

b) na cessão de crédito não se abrangem os seus acessórios, salvo disposição em contrário.

c) na assunção de dívida, o novo devedor pode opor ao credor as exceções pessoais que competiam ao devedor primitivo.

d) o cessionário somente poderá exercer os atos conservatórios do direito após o conhecimento da cessão de crédito pelo devedor.

4.3. Do Adimplemento e Extinção

* ENUNCIADOS CJF

1) Do Pagamento

CJF Civil 425. O pagamento repercute no plano da eficácia, e não no plano da validade, como preveem os arts. 308, 309 e 310 do Código Civil.

CJF Civil 17. A interpretação da expressão "motivos imprevisíveis", constante do art. 317 do novo Código Civil, deve abarcar tanto causas de desproporção não previsíveis como também causas previsíveis, mas de resultados imprevisíveis.

CJF Civil 18. A "quitação regular", referida no art. 319 do novo Código Civil, engloba a quitação dada por meios eletrônicos ou por quaisquer formas de "comunicação à distância", assim entendida aquela que permite ajustar negócios jurídicos e praticar atos jurídicos sem a presença corpórea simultânea das partes ou de seus representantes.

2) Da Novação

CJF Civil 547. Na hipótese de alteração da obrigação principal sem o consentimento do fiador, a exoneração deste é automática, não se aplicando o disposto no art. 835 do Código Civil quanto à necessidade de permanecer obrigado pelo prazo de 60 (sessenta) dias após a notificação ao credor, ou de 120 (cento e dias) dias no caso de fiança locatícia.

3) Da Compensação

CJF Civil 19. A matéria da compensação, no que concerne às dívidas fiscais e parafiscais de Estados, do Distrito Federal e de Municípios, não é regida pelo art. 374 do Código Civil.

* QUESTÕES OBJETIVAS

197. **(Consulplan/TJ/MG/Cartórios/Remoção/2018)** Quitação – no contrato de compra e venda de imóvel, mediante pagamento do preço a prazo – é:

a) a forma pela qual o devedor paga o preço, por exemplo, mediante emissão de TED – Transferência Eletrônica Disponível.

b) o próprio adimplemento de uma obrigação: ou pelo comprador, de pagar o preço, ou pelo vendedor, de transferir a propriedade do imóvel.

c) a declaração firmada por uma parte de que recebeu a prestação da outra, por exemplo: do vendedor de que recebeu o pagamento do preço devido pelo comprador.

d) o pagamento das parcelas do preço da compra e venda devidas pelo comprador ao vendedor, e pode ser integral (ato de pagar todo o preço devido) ou parcial (ato de pagar parte do preço devido).

198. **(Ieses/TJ/RS/Cartórios/Ingresso/2013)** A respeito da disciplina do direito das obrigações e da resolução por onerosidade excessiva:

I. a teoria da imprevisão deve ser comprovada por quem alega, com base na alteração superveniente das circunstâncias fáticas, ainda que a parte tenha dado causa à inexecução de forma culposa.

II. a menção à imprevisibilidade e à extraordinariedade, insertas no art. 478 do Código Civil, deve ser interpretada não somente em relação ao fato que gere o desequilíbrio, mas também em relação às consequências que ele produz.

III. a expressão "extrema vantagem", contida no artigo 478 do Código Civil, deve ser interpretada como elemento acidental da alteração de circunstâncias, que comporta a incidência da resolução ou revisão do negócio, por onerosidade excessiva, independentemente de sua demonstração plena.

IV. o fato extraordinário e imprevisível causador de onerosidade excessiva é aquele que não está coberto objetivamente pelos riscos próprios da contratação.

São verdadeiras as afirmativas:

a) I, II e III.

b) II e IV, somente.

c) III e IV, somente.

d) II, III e IV.

199. **(Cespe/TJ/PI/Cartórios/Ingresso/2013)** Considere que Sérgio, pai de Mauro, se reúna com o credor deste e ambos deliberem que a dívida de Mauro seja substituída por um débito de Sérgio. Nessa situação, configura-se a ocorrência de:

a) confusão.

b) remissão.

c) sub-rogação.

d) assunção de dívida.

e) novação.

200. **(Ieses/TJ/PA/Cartórios/Remoção/2016)** São consideradas hipóteses de novação, exceto:

a) quando o credor recebe o pagamento de terceiro e expressamente lhe transfere todos os seus direitos.

b) quando, em virtude de obrigação nova, outro credor é substituído ao antigo, ficando o devedor quite com este.

c) quando o devedor contrai com o credor nova dívida para extinguir e substituir a anterior.

d) quando novo devedor sucede ao antigo, ficando este quite com o credor.

201. **(Ieses/TJ/PB/Cartórios/Ingresso/2014)** Em relação ao adimplemento das obrigações, assinale a alternativa correta:

a) não é válido convencionar pagamento de obrigação em ouro, salvo previsão em lei especial.

b) não é possível a correção da prestação contratada, ainda que por motivos imprevisíveis sobrevenha manifesta desproporção entre o valor da prestação devida e do momento de sua execução.

c) não é lícito estipular o aumento progressivo de prestações sucessivas.

d) o credor não é obrigado a receber prestação diversa da que lhe é devida, salvo se for mais valiosa.

202. **(Vunesp/TJ/SP/Cartórios/Remoção/2014)** A respeito do pagamento, conforme disposição expressa prevista no Código Civil, é correto afirmar:

a) o credor é obrigado a receber prestação diversa da que lhe é devida, quando for comprovadamente mais valiosa.

b) o pagamento feito por terceiro, com oposição do devedor, obriga a reembolsar aquele que pagou, se o devedor tinha meios para ilidir a ação.

c) o terceiro não interessado, que paga a dívida em seu próprio nome, tem direito a reembolsar-se do que pagar, mas não se sub-roga nos direitos do credor.

d) se o devedor pagar ao credor, apesar de intimado da penhora feita sobre o crédito, ou da impugnação oposta por terceiros, o pagamento não valerá contra estes, que poderão constranger o devedor a pagar de novo, sem a possibilidade de regresso contra o credor.

203. **(Consulplan/TJ/MG/Cartórios/Ingresso/2016)** Morrendo o credor, tornando-se o devedor seu único herdeiro, é correto afirmar que houve:

a) compensação.

b) remissão.

c) confusão.

d) novação.

204. **(Consulplan/TJ/MG/Cartórios/Ingresso/2017)** José deve a João a importância de R$100,00 (cem reais). Pedro, pai de José, procura João e paga o referido débito. Considerando que todos são maiores e capazes, marque a alternativa correta:

a) José continua devedor de João, pois Pedro é terceiro não interessado.

b) João não poderia receber o pagamento de Pedro.

c) José não é mais devedor de João.

d) Pedro, como terceiro não interessado, não poderia pagar a dívida.

205. **(Ieses/TJ/AM/Cartórios/Remoção/2018)** Quando duas pessoas forem ao mesmo tempo credoras e devedoras uma da outra, as duas obrigações extinguem-se, até onde se igualarem. A este instituto do direito civil damos o nome de:

a) imputação do pagamento.

b) novação.

c) dação em pagamento.

d) compensação.

206. **(Vunesp/TJ/SP/Cartórios/Ingresso/2018)** O ato da criação de uma obrigação com a finalidade de extinguir uma obrigação antiga encerra:

a) novação.

b) transação.

c) imputação em pagamento.

d) compensação.

4.4. Do Inadimplemento

✱ SÚMULAS

1) Da Mora

CJF **Civil 619.** A interpelação extrajudicial de que trata o parágrafo único do art. 397 do Código Civil admite meios eletrônicos como e-mail ou aplicativos de conversa on-line, desde que demonstrada a ciência inequívoca do interpelado, salvo disposição em contrário no contrato.

CJF **Civil 619.** A interpelação extrajudicial de que trata o parágrafo único do art. 397 do Código Civil admite meios eletrônicos como e-mail ou aplicativos de conversa on-line, desde que demonstrada a ciência inequívoca do interpelado, salvo disposição em contrário no contrato.

2) Da Mora na Alienação Fiduciária

STJ **Súm. 72.** A comprovação da mora é imprescindível à busca e apreensão do bem alienado fiduciariamente.

STJ **Súm. 245.** A notificação destinada a comprovar a mora nas dívidas garantidas por alienação fiduciária dispensa a indicação do valor do débito.

3) Correção Monetária

STJ **Súm. 43.** Incide correção monetária sobre dívida por ato ilícito a partir da data do efetivo prejuízo.

STJ **Súm. 362.** A correção monetária do valor da indenização do dano moral incide desde a data do arbitramento.

4) Juros Moratórios

STF **Súm. 163.** Salvo contra a Fazenda Pública, sendo a obrigação ilíquida, contam-se os juros moratórios desde a citação inicial para a ação.

STF **Súm. 254.** Incluem-se os juros moratórios na liquidação, embora omisso o pedido inicial ou a condenação.

STF **Súm. 412.** No compromisso de compra e venda com cláusula de arrependimento, a devolução do sinal, por quem o deu, ou a sua restituição em dobro, por quem o recebeu, exclui indenização maior a título de perdas e danos, salvo os juros moratórios e os encargos do processo.

STJ **Súm. 54.** Os juros moratórios fluem a partir do evento danoso, em caso de responsabilidade extracontratual.

STJ **Súm. 379.** Nos contratos bancários não regidos por legislação específica, os juros moratórios poderão ser convencionados até o limite de 1% ao mês.

5) Outros Temas

STJ **Súm. 76.** A falta de registro do compromisso de compra e venda de imóvel não dispensa a prévia interpelação para constituir em mora o devedor.

STJ **Súm. 380.** A simples propositura da ação de revisão de contrato não inibe a caracterização da mora do autor.

* ENUNCIADOS CJF

1) Disposições Gerais

CJF **Civil 426.** Os honorários advocatícios previstos no art. 389 do Código Civil não se confundem com as verbas de sucumbência, que, por força do art. 23 da Lei n. 8.906/1994, pertencem ao advogado.

CJF **Civil 443.** O caso fortuito e a força maior somente serão considerados como excludentes da responsabilidade civil quando o fato gerador do dano não for conexo à atividade desenvolvida.

CJF **Civil 548.** Caracterizada a violação de dever contratual, incumbe ao devedor o ônus de demonstrar que o fato causador do dano não lhe pode ser imputado.

2) Da Mora

CJF **Civil 162.** A inutilidade da prestação que autoriza a recusa da prestação por parte do credor deverá ser aferida objetivamente, consoante o princípio da boa-fé e a manutenção do sinalagma, e não de acordo com o mero interesse subjetivo do credor.

CJF **Civil 354.** A cobrança de encargos e parcelas indevidas ou abusivas impede a caracterização da mora do devedor.

CJF **Civil 427.** É válida a notificação extrajudicial promovida em serviço de registro de títulos e documentos de circunscrição judiciária diversa da do domicílio do devedor.

3) Das Perdas e Danos

CJF **Civil 161.** Os honorários advocatícios previstos nos arts. 389 e 404 do Código Civil apenas têm cabimento quando ocorre a efetiva atuação profissional do advogado.

CJF **Civil 163.** A regra do art. 405 do novo Código Civil aplica-se somente à responsabilidade contratual, e não aos juros moratórios na responsabilidade extracontratual, em face do disposto no art. 398 do novo CC, não afastando, pois, o disposto na Súmula 54 do STJ.

CJF **Civil 428.** Os juros de mora, nas obrigações negociais, fluem a partir do advento do termo da prestação, estando a incidência do disposto no art. 405 da codificação limitada às hipóteses em que a citação representa o papel de notificação do devedor ou àquelas em que o objeto da prestação não tem liquidez.

4) Dos Juros Legais

CJF **Civil 20.** A taxa de juros moratórios a que se refere o art. 406 é a do art. 161, § 1º, do Código Tributário Nacional, ou seja, 1% (um por cento) ao mês. A utilização da taxa SELIC como índice de apuração dos juros legais não é juridicamente segura, porque impede o prévio conhecimento dos juros; não é operacional, porque seu uso será inviável sempre que se calcularem somente juros ou somente correção monetária; é incompatível com a regra do art. 591 do novo Código Civil, que permite apenas a capitalização anual dos juros, e pode ser incompatível com o art. 192, § 3º, da Constituição Federal, se resultarem juros reais superiores a 12% (doze por cento) ao ano.

CJF **Civil 164.** Tendo a mora do devedor início ainda na vigência do Código Civil de 1916, são devidos juros de mora de 6% ao ano até 10 de janeiro de 2003; a partir de 11 de janeiro de 2003 (data de entrada em vigor do novo Código Civil), passa a incidir o art. 406 do Código Civil de 2002.

5) Da Cláusula Penal

CJF **Civil 165.** Em caso de penalidade, aplica-se a regra do art. 413 ao sinal, sejam as arras confirmatórias ou penitenciais.

CJF **Civil 354.** A cobrança de encargos e parcelas indevidas ou abusivas impede a caracterização da mora do devedor.

CJF **Civil 355.** Não podem as partes renunciar à possibilidade de redução da cláusula penal se ocorrer qualquer das hipóteses previstas no art. 413 do Código Civil, por se tratar de preceito de ordem pública.

CJF **Civil 356.** Nas hipóteses previstas no art. 413 do Código Civil, o juiz deverá reduzir a cláusula penal de ofício.

CJF **Civil 357.** O art. 413 do Código Civil é o que complementa o art. 4º da Lei n. 8.245/91. Revogado o Enunciado 179 da III Jornada.

CJF **Civil 358.** O caráter manifestamente excessivo do valor da cláusula penal não se confunde com a alteração de circunstâncias, a excessiva onerosidade e a frustração do fim do negócio jurídico, que podem incidir autonomamente e possibilitar sua revisão para mais ou para menos.

CJF **Civil 359.** A redação do art. 413 do Código Civil não impõe que a redução da penalidade seja proporcionalmente idêntica ao percentual adimplido.

CJF **Civil 429.** As multas previstas nos acordos e convenções coletivas de trabalho, cominadas para impedir o descumprimento das disposições normativas constantes desses instrumentos, em razão da negociação coletiva dos sindicatos e empresas, têm natureza de cláusula penal e, portanto, podem ser reduzidas pelo Juiz do Trabalho quando cumprida parcialmente a cláusula ajustada ou quando se tornarem excessivas para o fim proposto, nos termos do art. 413 do Código Civil.

CJF **Comercial 67.** Na locação "built to suit", é válida a estipulação contratual que estabeleça cláusula penal compensatória equivalente à totalidade dos alugueres a vencer, sem prejuízo da aplicação do art. 416, parágrafo único, do Código Civil.

* INFORMATIVOS

STJ **Juros moratórios. Termo final. Efetivo pagamento da indenização. Bloqueio judicial de bens. Medida constritiva de natureza preventiva.** A mera notícia de decisão judicial determinando a indisponibilidade forçada dos bens do réu, no cerne de outro processo, com objeto e partes distintas, não possui o condão de interromper a incidência dos juros moratórios. REsp 1.740.260, Rel. Min. Ricardo Villas Bôas Cueva, DJ 29.6.2018. 3ª T. (Info 629)

STJ **Cláusula penal. Controle judicial. Norma de ordem pública. Redução de ofício. Possibilidade.** Constatado o caráter manifestamente excessivo da cláusula penal contratada, o magistrado deverá, independentemente de requerimento do devedor, proceder à sua redução. REsp 1.447.247, Rel. Min. Luis Felipe Salomão, DJ 4.6.2018. 4ª T. (Info 627)

* QUESTÕES OBJETIVAS

207. **(Ieses/TJ/RS/Cartórios/Remoção/2013)** Assinale a alternativa incorreta em relação às arras:

a) se no contrato for estipulado o direito de arrependimento para qualquer das partes, as arras terão função unicamente indenizatória, de modo que quem as deu perdê-las-á em benefício da outra parte, e quem as recebeu devolvê-las-á, mais o equivalente.

b) no compromisso de compra e venda com cláusula de arrependimento, a devolução do sinal, por quem o deu, ou a sua restituição em dobro, por quem o recebeu, não exclui a indenização maior a título de perdas e danos, mais juros moratórios e os encargos do processo.

c) a parte inocente pode pedir indenização suplementar, se provar maior prejuízo, valendo as arras como taxa mínima.

d) a parte inocente pode exigir a execução do contrato, mais perdas e danos, valendo as arras como o mínimo da indenização.

208. **(Cespe/TJ/RR/Cartórios/Ingresso/2013)** No que se refere aos direitos das obrigações, assinale a opção correta:

a) para ter direito a exigir a pena convencional, o credor deve alegar e provar o prejuízo.

b) a obrigação de ônus real é aquela que, sem perder a característica de direito pessoal, também é oponível a terceiros, em razão de seu registro, a exemplo do contrato de locação, quando registrado em cartório.

c) o elemento imaterial das obrigações é o vínculo jurídico dos sujeitos ao objeto, tendo sido adotada, no ordenamento jurídico brasileiro, a teoria dualista ou binária, segundo a qual esse vínculo tem duas relações: a primeira, relativa ao dever do sujeito passivo de satisfazer a prestação em face do devedor, e a segunda, relacionada à autorização dada pela lei ao credor que tenha experimentado o inadimplemento de constranger o patrimônio do devedor.

d) considere que João deva entregar a Pedro, Jorge e Tiago um cavalo cujo valor equivalha a R$ 30.000,00 e que Pedro remita o débito. Nesse caso, Jorge e Tiago, ao exigir o cavalo, não são obrigados a indenizar João, em dinheiro, pela parte que Pedro lhe tenha perdoado.

e) em regra, o pagamento feito pelo devedor de boa-fé ao credor putativo é válido, salvo se, posteriormente, for provado que este não era o verdadeiro credor.

209. **(Cespe/TJ/SE/Cartórios/Remoção/2014)** Com relação ao direito das obrigações, assinale a opção correta:

a) caso a substituição do devedor seja declarada nula de pleno direito, restaura-se o débito, com todas as suas garantias, inclusive as prestadas por terceiro, independentemente de este conhecer o vício que inquine a obrigação.

b) no contrato de adesão, o prejuízo comprovado do aderente que exceder ao previsto na cláusula penal compensatória poderá ser exigido pelo credor, desde que assim tenham convencionado as partes.

c) os contratos coligados não se sujeitam às regras hermenêuticas do Código Civil.

d) de acordo com os termos expressos no Código Civil, o pagamento repercute no plano da eficácia, e não no da validade.

e) é válida a notificação extrajudicial promovida em serviço de registro de títulos e documentos de circunscrição judiciária diversa da do domicílio do devedor.

210. **(Consulplan/TJ/MG/Cartórios/Remoção/2017)** João Silva contratou com a Construtora Alfa a promessa de compra e venda de um imóvel, na planta, pelo valor de R$ 350.000,00, sendo paga a entrada de R$ 50.000,00 e mais 30 parcelas mensais R$ 10.000,00. O imóvel deveria ser entregue em 30 meses, após assinatura do contrato, sem nenhum prazo de carência. Convencionou-se, ainda, que, em caso de atraso na entrega do imóvel, a construtora pagaria uma pena/multa mensal de 0,5% (meio por cento) do valor do contrato até que se efetivasse a entrega das chaves. O promitente comprador pagou todas as parcelas nas respectivas datas de vencimento. No entanto, vencido o prazo, a construtora não entregou o imóvel, deixando o comprador sem a sonhada moradia. Então, João Silva, após notificar a construtora, e, sem resposta, ingressou em juízo com ação pedindo lucros cessantes em valor de aluguel de 1% do valor do contrato e mais perdas e danos. Neste caso, é correto afirmar que:

a) os pedidos de lucros cessantes e perdas e danos podem ser acolhidos, já que a pena convencional contratada não suprime outros direitos do comprador lesado.

b) o comprador lesado tem direito não só às parcelas de lucros cessantes e perdas e danos, mas também à pena convencional, de forma cumulada, vez que a reparação deve ser da forma mais ampla possível em favor da parte inocente.

c) não tem direito às parcelas reclamadas, já que houve antes entre as partes o arbitramento prévio e expresso de pena convencional para o caso de mora da construtora.

d) o comprador lesado não tem direito às parcelas reclamadas de perdas e danos e lucros cessantes, mas tem direito de pedir que a pena convencional lhe seja paga em dobro, porque se trata de relação de consumo e notificou a parte ré, constituindo esta em mora.

211. **(Consulplan/TJ/MG/Cartórios/Ingresso/2017)** José da Silva firmou contrato de promessa de compra e venda de imóvel na planta com a construtora Alfa, onde seria edificado um prédio de 10 andares, com 20 unidades de apartamentos. Foi fixado valor total do imóvel em R$ 200.000,00, com pagamento de entrada R$ 10.000,00 e o saldo devedor em 36 parcelas iguais e mensais e previsto para 3 anos a entrega da posse do imóvel ao promitente comprador, após aquela contratação. Não havia no contrato cláusula sobre desistência ou arrependimento. Dezoito meses após assinar o contrato, por questão de foro íntimo, José da Silva notificou a construtora, dizendo que estava desistindo da compra e venda e pediu a devolução do que já havia pago, ressalvando que concordava em pagar uma multa de 10% sobre o valor contratado pela rescisão de sua iniciativa. A construtora o contranotificou, dizendo que o contrato não tinha cláusula prévia de desistência, portanto não concordava com aquele ato, e frisou que já havia feito muitos investimentos, e que a saída de um comprador desequilibraria o seu orçamento, e isso ainda prejudicaria outros compradores, portanto era ato que não cabia retratação, sob pena de insegurança jurídica e prejuízo à parte inocente. Diante dessa situação, é correto afirmar:

a) a desistência não pode prevalecer, porque as partes não contrataram cláusula expressa nesse sentido, e a forma de agir do promitente comprador gera insegurança jurídica, podendo ele apenas transferir os direitos do contrato para outro interessado, nas mesmas condições, para não prejudicar o promitente vendedor.

b) não pode no caso prevalecer a desistência, porque ela colide com o princípio do "pacta sunt servenda", não há um motivo razoável para o ato, e fere de boa fé objetiva, sendo que a parte contrária nada concorreu para o evento.

c) a desistência do negócio é um direito potestativo do promitente comprador, que não depende de concordância da parte contrária, arcando apenas o desistente com as consequências de seu ato, como multa ou outros encargos.

d) se não foi contratado o direito de desistência do negócio jurídico, e já transcorrido longo período, no caso 18 meses, não cabe denúncia do contrato, até porque ainda que seja evento em relação de consumo, não se trata de venda de fornecimento de produtos e serviços ocorrida fora do estabelecimento comercial, especialmente por telefone ou a domicílio.

212. (Ieses/TJ/CE/Cartórios/Ingresso/2018) Em relação a clausula penal, assinale a correta:

a) não é possível instituir cláusula penal em ato posterior ao da obrigação.

b) a clausula penal instituída em ato posterior à obrigação não pode referir-se à simplesmente a mora, mas pode referir-se inexecução completa.

c) a clausula penal instituída em ato posterior à obrigação pode referir-se à inexecução completa, ou simplesmente à mora.

d) a clausula penal instituída em ato posterior à obrigação não pode referir-se à inexecução completa, mas pode referir-se simplesmente à mora.

213. (Vunesp/TJ/SP/Cartórios/Ingresso/2018) Com relação à mora, é correto afirmar:

a) havendo retardo no cumprimento da obrigação, sempre estará caracterizada a mora.

b) o cumprimento integral e tempestivo da obrigação pode configurar mora na hipótese de o devedor, culposamente, cumprir a obrigação fora do lugar ou de forma diversa do estabelecido.

c) por regra de boa-fé objetiva, a purgação da mora sempre é possível, ainda que a prestação seja inútil ao credor.

d) o instituto da mora não se aplica ao credor.

4.5. Dos Contratos em Geral

* SÚMULAS

STF **Súm. 335.** É válida a cláusula de eleição do foro para os processos oriundos do contrato.

STJ **Súm. 181.** É admissível ação declaratória, visando a obter certeza quanto à exata interpretação de cláusula contratual.

STJ **Súm. 286.** A renegociação de contrato bancário ou a confissão da dívida não impede a possibilidade de discussão sobre eventuais ilegalidades dos contratos anteriores.

* REPERCUSSÃO & REPETITIVOS

STJ **Repetitivo 908.** Impossibilidade de revisão de cláusulas contratuais em ação de prestação de contas. (REsp 1497831, 14.9.2016)

* ENUNCIADOS CJF

1) Disposições Gerais

1.1) Preliminares

CJF **Civil 21.** A função social do contrato, prevista no art. 421 do novo Código Civil, constitui cláusula geral, a impor a revisão do princípio da relatividade dos efeitos do contrato em relação a terceiros, implicando a tutela externa do crédito.

CJF **Civil 22.** A função social do contrato, prevista no art. 421 do novo Código Civil, constitui cláusula geral, que reforça o princípio de conservação do contrato, assegurando trocas úteis e justas.

CJF **Civil 23.** A função social do contrato, prevista no art. 421 do novo Código Civil, não elimina o princípio da autonomia contratual, mas atenua ou reduz o alcance desse princípio quando presentes interesses metaindividuais ou interesse individual relativo à dignidade da pessoa humana.

CJF **Civil 24.** Em virtude do princípio da boa-fé, positivado no art. 422 do novo Código Civil, a violação dos deveres anexos constitui espécie de inadimplemento, independentemente de culpa.

CJF **Civil 25.** O art. 422 do Código Civil não inviabiliza a aplicação, pelo julgador, do princípio da boa-fé nas fases pré e pós-contratual.

CJF **Civil 26.** A cláusula geral contida no art. 422 do novo Código Civil impõe ao juiz interpretar e, quando necessário, suprir e corrigir o contrato segundo a boa-fé objetiva, entendida como a exigência de comportamento leal dos contratantes.

CJF **Civil 27.** Na interpretação da cláusula geral da boa-fé, deve-se levar em conta o sistema do Código Civil e as conexões sistemáticas com outros estatutos normativos e fatores metajurídicos.

CJF **Civil 166.** A frustração do fim do contrato, como hipótese que não se confunde com a impossibilidade da prestação ou com a excessiva onerosidade, tem guarida no direito brasileiro pela aplicação do art. 421 do Código Civil.

CJF **Civil 167.** Com o advento do Código Civil de 2002, houve forte aproximação principiológica entre esse Código e o Código de Defesa do Consumidor, no que respeita à regulação contratual, uma vez que ambos são incorporadores de uma nova teoria geral dos contratos.

CJF Civil 168. O princípio da boa-fé objetiva importa no reconhecimento de um direito a cumprir em favor do titular passivo da obrigação.

CJF Civil 169. O princípio da boa-fé objetiva deve levar o credor a evitar o agravamento do próprio prejuízo.

CJF Civil 170. A boa-fé objetiva deve ser observada pelas partes na fase de negociações preliminares e após a execução do contrato, quando tal exigência decorrer da natureza do contrato.

CJF Civil 171. O contrato de adesão, mencionado nos arts. 423 e 424 do novo Código Civil, não se confunde com o contrato de consumo.

CJF Civil 172. As cláusulas abusivas não ocorrem exclusivamente nas relações jurídicas de consumo. Dessa forma, é possível a identificação de cláusulas abusivas em contratos civis comuns, como, por exemplo, aquela estampada no art. 424 do Código Civil de 2002.

CJF Civil 360. O princípio da função social dos contratos também pode ter eficácia interna entre as partes contratantes.

CJF Civil 361. O adimplemento substancial decorre dos princípios gerais contratuais, de modo a fazer preponderar a função social do contrato e o princípio da boa-fé objetiva, balizando a aplicação do art. 475.

CJF Civil 362. A vedação do comportamento contraditório ("venire contra factum proprium") funda-se na proteção da confiança, tal como se extrai dos arts. 187 e 422 do Código Civil.

CJF Civil 363. Os princípios da probidade e da confiança são de ordem pública, estando a parte lesada somente obrigada a demonstrar a existência da violação.

CJF Civil 364. No contrato de fiança é nula a cláusula de renúncia antecipada ao benefício de ordem quando inserida em contrato de adesão.

CJF Civil 546. O § 2º do art. 787 do Código Civil deve ser interpretado em consonância com o art. 422 do mesmo diploma legal, não obstando o direito à indenização e ao reembolso.

CJF Civil 582. Com suporte na liberdade contratual e, portanto, em concretização da autonomia privada, as partes podem pactuar garantias contratuais atípicas.

CJF Civil 621. Os contratos coligados devem ser interpretados a partir do exame do conjunto das cláusulas contratuais, de forma a privilegiar a finalidade negocial que lhes é comum.

1.2) Da Formação dos Contratos

CJF Civil 173. A formação dos contratos realizados entre pessoas ausentes, por meio eletrônico, completa-se com a recepção da aceitação pelo proponente.

CJF Civil 430. No contrato de adesão, o prejuízo comprovado do aderente que exceder ao previsto na cláusula penal compensatória poderá ser exigido pelo credor independentemente de convenção.

CJF Civil 431. A violação do art. 421 conduz à invalidade ou à ineficácia do contrato ou de cláusulas contratuais.

CJF Civil 432. Em contratos de financiamento bancário, são abusivas cláusulas contratuais de repasse de custos administrativos (como análise do crédito, abertura de cadastro, emissão de fichas de compensação bancária, etc.), seja por estarem intrinsecamente vinculadas ao exercício da atividade econômica, seja por violarem o princípio da boa-fé objetiva.

CJF Civil 433. A cláusula de renúncia antecipada ao direito de indenização e retenção por benfeitorias necessárias é nula em contrato de locação de imóvel urbano feito nos moldes do contrato de adesão.

CJF Civil 434. A ausência de denunciação da lide ao alienante, na evicção, não impede o exercício de pretensão reparatória por meio de via autônoma.

CJF Civil 435. O contrato de promessa de permuta de bens imóveis é título passível de registro na matrícula imobiliária.

CJF Civil 436. A cláusula resolutiva expressa produz efeitos extintivos independentemente de pronunciamento judicial.

1.3) Dos Vícios Redibitórios

CJF Civil 28. O disposto no art. 445, §§ 1º e 2º, do Código Civil reflete a consagração da doutrina e da jurisprudência quanto à natureza decadencial das ações edilícias.

CJF Civil 174. Em se tratando de vício oculto, o adquirente tem os prazos do caput do art. 445 para obter redibição ou abatimento de preço, desde que os vícios se revelem nos prazos estabelecidos no parágrafo primeiro, fluindo, entretanto, a partir do conhecimento do defeito.

CJF **Civil 583.** O art. 441 do Código Civil deve ser interpretado no sentido de abranger também os contratos aleatórios, desde que não inclua os elementos aleatórios do contrato.

1.4) Do Contrato Preliminar

CJF **Civil 30.** A disposição do parágrafo único do art. 463 do novo Código Civil deve ser interpretada como fator de eficácia perante terceiros.

2) Do Distrato

CJF **Civil 584.** Desde que não haja forma exigida para a substância do contrato, admite-se que o distrato seja pactuado por forma livre.

3) Da Extinção do Contrato

3.1) Da Cláusula Resolutiva

CJF **Civil 31.** As perdas e danos mencionadas no art. 475 do novo Código Civil dependem da imputabilidade da causa da possível resolução.

CJF **Civil 361.** O adimplemento substancial decorre dos princípios gerais contratuais, de modo a fazer preponderar a função social do contrato e o princípio da boa-fé objetiva, balizando a aplicação do art. 475.

CJF **Civil 437.** A resolução da relação jurídica contratual também pode decorrer do inadimplemento antecipado.

CJF **Civil 548.** Caracterizada a violação de dever contratual, incumbe ao devedor o ônus de demonstrar que o fato causador do dano não lhe pode ser imputado.

CJF **Civil 586.** Para a caracterização do adimplemento substancial (tal qual reconhecido pelo Enunciado 361 da IV Jornada de Direito Civil – CJF), levam-se em conta tanto aspectos quantitativos quanto qualitativos.

3.2) Da Exceção de Contrato não Cumprido

CJF **Civil 438.** A exceção de inseguridade, prevista no art. 477, também pode ser oposta à parte cuja conduta põe manifestamente em risco a execução do programa contratual.

3.3) Da Resolução por Onerosidade Excessiva

CJF **Civil 175.** A menção à imprevisibilidade e à extraordinariedade, insertas no art. 478 do Código Civil, deve ser interpretada não somente em relação ao fato que gere o desequilíbrio, mas também em relação às consequências que ele produz.

CJF **Civil 176.** Em atenção ao princípio da conservação dos negócios jurídicos, o art. 478 do Código Civil de 2002 deverá conduzir, sempre que possível, à revisão judicial dos contratos e não à resolução contratual.

CJF **Civil 365.** A extrema vantagem do art. 478 deve ser interpretada como elemento acidental da alteração de circunstâncias, que comporta a incidência da resolução ou revisão do negócio por onerosidade excessiva, independentemente de sua demonstração plena.

CJF **Civil 366.** O fato extraordinário e imprevisível causador de onerosidade excessiva é aquele que não está coberto objetivamente pelos riscos próprios da contratação.

CJF **Civil 367.** Em observância ao princípio da conservação do contrato, nas ações que tenham por objeto a resolução do pacto por excessiva onerosidade, pode o juiz modificá-lo equitativamente, desde que ouvida a parte autora, respeitada a sua vontade e observado o contraditório.

CJF **Civil 439.** A revisão do contrato por onerosidade excessiva fundada no Código Civil deve levar em conta a natureza do objeto do contrato. Nas relações empresariais, observar-se-á a sofisticação dos contratantes e a alocação de riscos por eles assumidas com o contrato.

CJF **Civil 440.** É possível a revisão ou resolução por excessiva onerosidade em contratos aleatórios, desde que o evento superveniente, extraordinário e imprevisível não se relacione com a álea assumida no contrato.

* INFORMATIVOS

STJ **Contrato de crédito consignado em folha de pagamento. Falecimento de consignante. Extinção da dívida. Ausência de previsão legal.** O falecimento do consignante não extingue a dívida decorrente de contrato de crédito consignado em folha de pagamento. REsp 1.498.200, Rel. Min. Nancy Andrighi, DJ 7.6.2018. 3ª T. (Info 627)

STJ **Compra e venda de veículo com intermediação. Impossibilidade de transferência da propriedade pela adquirente. Bloqueio judicial. Existência de gravame. Resolução do contrato. Evicção.** Caracteriza-se evicção a inclusão de gravame capaz de impedir a transferência livre e desembaraçada de veículo objeto de negócio jurídico de compra e venda. REsp 1.713.096, Rel. Min. Nancy Andrighi, DJ 23.2.2018. 3ª T. (Info 621)

* QUESTÕES DISCURSIVAS

07. **(Consulplan/TJ/MG/Cartórios/Ingresso/2014)** O Código Civil brasileiro consagra em seus artigos 436/438 a "Estipulação em Favor de Terceiro". Responda qual a natureza jurídica desse ato negocial e quais são seus requisitos: subjetivo e objetivo.

* QUESTÕES OBJETIVAS

214. **(TJ/SC/Cartórios/Ingresso/2012)** Sobre os contratos é correto afirmar:

a) os contratantes são obrigados a guardar os princípios da boa-fé e da probidade apenas na conclusão dos contratos.
b) quando de adesão, as cláusulas ambíguas ou contraditórias se interpretam em favor do estipulante.
c) são lícitas as cláusulas de renúncia antecipada a direitos pelo aderente nos contratos de adesão.
d) é ilícita a estipulação de contratos atípicos, mesmo observadas as normas gerais fixadas pelo Código Civil.
e) a função social do contrato limita a liberdade de contratar.

215. **(Ieses/TJ/RS/Cartórios/Ingresso/2013)** Sobre os contratos em geral, assinale a assertiva incorreta:

a) a função social do contrato, prevista no art. 421 do Código Civil, constitui cláusula geral que impõe a revisão do princípio da relatividade dos efeitos do contrato em relação a terceiros, implicando a tutela externa do crédito.
b) a vedação do comportamento contraditório ("venire contra factum proprium") funda-se na proteção da confiança, conforme se infere dos arts. 187 e 422 do Código Civil.
c) a função social do contrato eliminou o alcance do princípio da autonomia contratual, quando presentes interesses metaindividuais ou interesse individual relativo à dignidade da pessoa humana.
d) na interpretação da cláusula geral de boa-fé, deve-se levar em conta o sistema do Código Civil e as conexões sistemáticas com outros estatutos normativos e fatores metajurídicos.

216. **(Ieses/TJ/RS/Cartórios/Remoção/2013)** Nos contratos de execução continuada, se a prestação de uma das partes se tornar excessivamente onerosa, com extrema vantagem para a outra, em virtude de acontecimentos extraordinários e imprevisíveis, poderá o devedor pedir a resolução do contrato ou a sua revisão. Nesse contexto, a expressão "extrema vantagem" deve ser interpretada como:

a) elemento substancial.
b) elemento acidental.
c) elemento endógeno.
d) elemento exógeno.

217. **(Vunesp/TJ/SP/Cartórios/Ingresso/2016)** O contrato preliminar, tal como regulado no Código Civil:

a) prescinde da observância da forma prescrita para o contrato definitivo.
b) pode deixar para o futuro, na promessa de venda, a determinação do preço.
c) é privado de efeito, enquanto não levado ao registro competente.
d) não admite cláusula de arrependimento, considerada ineficaz, quando prevista.

218. **(Ieses/TJ/PB/Cartórios/Ingresso/2014)** Sobre os contratos, responda:

I. a cláusula de retrovenda é clausula especial aposta no Contrato de Compra e Venda de imóvel, e reserva ao vendedor o direito de recobrar o imóvel no prazo de 3 anos, restituindo o preço e reembolsando as despesas do comprador.
II. o direito de retrato é personalíssimo, não podendo ser cedido, nem transmitido a herdeiros e legatários.
III. o direito de retratação poderá ser exercido ainda que o imóvel já tenha sido alienado a terceiro:

a) apenas as assertivas I e III são verdadeiras.
b) apenas as assertivas I e II são verdadeiras.
c) apenas a assertiva II é verdadeira.
d) todas as assertivas são verdadeiras.

219. **(Consulplan/TJ/MG/Cartórios/Ingresso/2014)** Sobre o contrato com pessoa a declarar, marque a alternativa correta:

a) a indicação da pessoa que irá adquirir os direitos e assumir obrigações deve ser comunicada à outra parte no momento da conclusão do contrato.
b) se a pessoa a nomear era incapaz ou insolvente no momento da nomeação, o contrato

produzirá seus efeitos entre os contratantes originários.

c) a aceitação da pessoa nomeada não necessita revestir-se da mesma forma que as partes usaram para o contrato.

d) a pessoa nomeada adquire os direitos e assume as obrigações decorrentes do contrato a partir da aceitação.

220. **(TJ/SC/Cartórios/Ingresso/2012)** Quanto à formação dos contratos, é correto afirmar:

a) se, feita com prazo determinado, não for imediatamente aceita.

b) se aceita fora do prazo, com adições, restrições ou modificações, não importa em nova proposta.

c) considera-se existente a aceitação da proposta se concomitante a ela chegar retratação do aceitante.

d) se o negócio for daqueles em que não é costume a aceitação expressa, ou o proponente a tiver dispensado, reputar-se-á anulado o contrato.

e) deixa de ser obrigatória a proposta se, antes dela, ou simultaneamente, chegar ao conhecimento da outra parte a retratação do proponente.

221. **(Consulplan/TJ/MG/Cartórios/Ingresso/2016)** A promete a B que C irá prestar-lhe serviço, e B, com base nesse compromisso, celebra contrato. Marque a opção que corresponde ao caso:

a) promessa de fato de terceiro.

b) estipulação em favor de terceiro.

c) contrato com pessoa a declarar.

d) cessão da posição contratual.

222. **(Ieses/TJ/RS/Cartórios/Remoção/2013)** Em relação aos vícios redibitórios:

I. é inaplicável a disposição do artigo 441 do Código Civil, concernente aos vícios redibitórios, às doações onerosas.

II. são duas as ações edilícias: a redibitória e a estimatória.

III. a ação "quanti minoris" acarreta a redibição do contrato.

IV. a ação redibitória consiste na resolução do contrato.

V. na ação redibitória, se o alienante conhecia o vício ou defeito da coisa, o adquirente fará jus à restituição do que pagou com perdas e danos.

Estão corretas as afirmativas:

a) I, II, IV e V.

b) III e V, somente.

c) I e III, somente.

d) II, IV e V, somente.

223. **(Ieses/TJ/RS/Cartórios/Ingresso/2013)** Assinale a alternativa incorreta:

a) o alienante responde pela evicção, mesmo se a aquisição tiver se realizado em hasta pública.

b) o evicto tem direito à restituição integral do preço que pagou e à indenização dos frutos que tiver sido obrigado a restituir.

c) as partes não podem excluir a responsabilidade pela evicção.

d) em respeito ao princípio da boa-fé, se o adquirente sabia que a coisa era litigiosa, não poderá demandar pela evicção.

224. **(TJ/SC/Cartórios/Ingresso/2012)** Assinale a alternativa incorreta:

a) o adquirente decai do direito de obter a redibição ou abatimento no preço no prazo de trinta dias se a coisa for móvel, e de um ano se for imóvel, contado da entrega efetiva.

b) se já estava na posse da coisa móvel ou imóvel, o prazo conta-se da alienação, só que, neste caso, reduzido à metade.

c) se, por sua natureza, o vício só puder ser conhecido mais tarde, o prazo contar-se-á do momento em que o adquirente dele tiver ciência, até o prazo máximo de 180 dias, em se tratando de bens móveis.

d) as partes, por cláusula expressa, não podem reforçar, diminuir ou excluir a responsabilidade pela evicção.

e) se, por sua natureza, o vício só puder ser conhecido mais tarde, o prazo contar-se-á do momento em que o adquirente dele tiver ciência, até o prazo máximo de um ano, em se tratando de bens imóveis.

225. **(Consulplan/TJ/MG/Cartórios/Ingresso/2016)** Nos termos do Código Civil, quanto ao vício redibitório, é correto afirmar:

a) a coisa recebida em virtude de doações pura e simples pode ser enjeitada por vícios ou defeitos ocultos, que a tornem imprópria ao uso a que é destinada, ou lhe diminuam o valor.

b) a coisa recebida em virtude de contrato comutativo não pode ser enjeitada por vícios ou defeitos ocultos, mesmo que a tornem imprópria ao uso a que é destinada, ou lhe diminuam o valor.

c) a coisa recebida em virtude de contrato aleatório pode ser enjeitada por vícios ou defeitos ocultos, que a tornem imprópria ao uso a que é destinada, ou lhe diminuam o valor.

d) a coisa recebida em virtude de doações onerosas pode ser enjeitada por vícios ou defeitos ocultos, que a tornem imprópria ao uso a que é destinada, ou lhe diminuam o valor.

226. **(Consulplan/TJ/MG/Cartórios/Remoção/2015)** A garantia contra evicção e vícios redibitórios vigora em todos os contratos abaixo, à exceção do contrato de:

a) dação em pagamento.

b) compra e venda.

c) permuta.

d) doação pura e simples.

227. **(Vunesp/TJ/SP/Cartórios/Remoção/2014)** Em relação à evicção, assinale a alternativa correta:

a) não obstante à cláusula, que exclui a garantia contra a evicção, se esta se der, tem direito o evicto de receber o preço que pagou pela coisa evicta, se não soube do risco da evicção, ou, dele informado, não o assumiu.

b) não podem as partes, nem por cláusula expressa, reforçar ou diminuir a responsabilidade pela evicção.

c) a caracterização da evicção só se dará pela perda definitiva da propriedade por sentença judicial.

d) nos contratos onerosos, o alienante responde pela evicção, mas esta garantia não subsiste se a aquisição se tenha realizada em hasta pública.

228. **(Vunesp/TJ/SP/Cartórios/Remoção/2014)** A propósito dos contratos, assinale a alternativa correta:

a) tanto a cláusula resolutiva expressa, quanto a tácita, para operarem os seus efeitos, dependem de interpelação judicial.

b) no contrato aleatório, por dizer respeito a coisas ou fatos futuros, se não vierem eles a existir, o contrato simplesmente se resolve, com o retorno das partes ao "statu quo ante", ainda que um dos contratantes tenha assumido esse risco, em razão do princípio que veda o enriquecimento sem causa de qualquer contratante.

c) a venda de ascendente a descendente é nula de pleno direito, ainda que hajam nela consentido, expressamente, os outros descendentes e o cônjuge do alienante.

d) se o estipulante não der execução ao contrato preliminar, poderá a outra parte considerá-lo desfeito, e pedir perdas e danos.

229. **(Faurgs/TJ/RS/Cartórios/Ingresso/2015)** Assinale a afirmativa correta quanto à participação de terceiros em relações negociais:

a) o que estipula em favor de terceiro não pode exigir o cumprimento da obrigação.

b) na estipulação em favor de terceiro, se ao terceiro, em favor de quem se fez o contrato, se deixar o direito de reclamar-lhe a execução, ainda assim poderá o estipulante exonerar o devedor.

c) aquele que tiver prometido fato de terceiro responderá por perdas e danos quando este não o executar.

d) na estipulação em favor de terceiro, o estipulante não pode reservar-se o direito de substituir o terceiro designado no contrato.

230. **(Ieses/TJ/RS/Cartórios/Remoção/2013)** As partes celebraram instrumento particular de promessa de compra e venda, e o promitente-devedor se encontra em dificuldades financeiras e pretende interromper a execução do contrato. Assim, este poderá postular:

a) a revogação do contrato.

b) a resilição do contrato.

c) a resolução do contrato.

d) a rescisão do contrato.

231. **(FCC/TJ/PE/Cartórios/Ingresso/2013)** De acordo com o Código Civil, em relação aos contratos, é correto afirmar que:

a) nos contratos onerosos, o alienante responde pela evicção, salvo se a aquisição se houver realizado em hasta pública.

b) a coisa recebida em virtude de contrato comutativo ou aleatório pode ser enjeitada por vícios ou defeitos ocultos, que a tornem imprópria ao uso a que é destinada, ou lhe diminua o valor.

c) nos contratos de execução continuada ou diferida, se a prestação de umas das partes se tornar excessivamente onerosa, com extrema vantagem a outra, em virtude de acontecimentos extraordinários e imprevisíveis, poderá o devedor pedir resolução do contrato, o que poderá ser evitado se, proposta a ação, o réu oferecer-se a modificar equitativamente as condições do contrato.

d) a cláusula resolutiva expressa opera em regra condicionada à interpelação judicial.

e) no contrato com pessoa a declarar, se a pessoa a nomear era incapaz ou insolvente no momento da nomeação, o contrato não produzirá quaisquer efeitos, invalidando-se.

232. (Cespe/TJ/DFT/Cartórios/Ingresso/2014) Acerca da extinção dos contratos, assinale a opção correta:

a) em se tratando de contrato de execução continuada, as prestações efetivadas na relação de consumo não são restituídas, porquanto a resolução não tem efeito relativamente ao passado.

b) em regra, a morte de um dos contratantes acarreta a dissolução do contrato por inexecução involuntária, sob o fundamento de caso fortuito e força maior.

c) admite-se a inscrição, nas apólices de seguro, de cláusulas de rescisão unilateral e de exclusão de sua eficácia, por conveniência da seguradora, com fundamento em fato superveniente.

d) nos contratos solenes, é possível a previsão de cláusulas de arrependimento, mediante ressarcimento dos prejuízos consistente na guarda das arras recebidas e perdas e danos.

e) a resolução por inexecução voluntária implica a extinção retroativa do contrato, opera ex tunc caso este seja de execução única, desconstitui os efeitos jurídicos produzidos e determina a restituição das prestações cumpridas.

233. (Ieses/TJ/RO/Cartórios/Ingresso/2017) É certo afirmar:

I. aleatório é o contrato quando os contratantes celebram uma relação em que recebem a vantagem e prestam a obrigação, consistente em coisa certa e determinada, embora sem escapar aos riscos relativos à mesma, nem à oscilação sobre o seu valor.

II. os contratos coligados também são chamados de "união de contratos", mas não surge a unidade em uma única figura, ou seja, em um único instrumento, permanecendo autônomos quanto aos seus efeitos, mas com dependência recíproca.

III. o contrato comutativo pode ser definido como aquele no qual uma ou ambas as prestações apresentam-se incertas, porquanto a sua quantidade ou extensão fica na dependência de um fato futuro e imprevisível, o que torna viável venha ocorrer uma perda, ou um lucro para uma das partes.

IV. o contrato misto resulta da combinação de elementos de diferentes contratos, formando nova espécie contratual não esquematizada na lei. Analisando as proposições, pode-se afirmar:

a) somente as proposições III e IV estão corretas.

b) somente as proposições II e IV estão corretas.

c) somente as proposições I e III estão corretas.

d) somente as proposições I e II estão corretas.

234. (Consulplan/TJ/MG/Cartórios/Remoção/2017) Pedro Bento, comprador, firmou escritura de compra e venda de um lote urbano com José da Silva, vendedor, com valor de R$ 100.000,00, a ser pago em 50 parcelas mensais e sucessivas e reajustáveis com base na variação anual do salário mínimo. O contrato tem cláusula de objeto, valor, parcelas, foro, entrega da posse no ato, proibição de arrependimento, valor de cada parcela e forma de reajuste. Depois, Pedro Bento entrou em juízo pedindo a revisão da forma de reajuste do contrato, porque viola o artigo 7º, IV da Constituição Federal, sugerindo ao Juiz da causa a substituição da correção das parcelas pelo índice do IPCA, frisando que quer manter as demais cláusulas do contrato, inclusive já está na posse do imóvel e que discute apenas a incidência de reajuste com base em salário mínimo. José da Silva contestou, dizendo ou vale todo contrato ou então tudo é nulo, não concordando com apenas a mudança de uma cláusula. No caso, a solução adequada é:

a) deferir o pedido do autor, alterando a cláusula do reajuste de vinculação a salário mínimo para o IPCA e mantendo-se todas as demais cláusulas.

b) deferir o pedido do autor, mantendo cláusula do reajuste de vinculação a salário mínimo para o IPCA e alterando-se as demais cláusulas.

c) indeferir todo o pedido do autor, não por nulidade e, sim, porque embora a Constituição Federal proíba a vinculação em contrato de compra e venda a salário mínimo, no caso, o documento foi assinado em ato bilateral, na autonomia da vontade, não cabendo ao juiz interferir na pendência.

d) indeferir o pedido, já que o ato foi firmado mediante Escritura Pública, não pode haver mais discussão entre os firmatários do documento ou fracionamento de cláusula, e ambas as partes agiram de boa-fé, que, no caso, é presumida.

235. **(Ieses/TJ/RO/Cartórios/Remoção/2017)** Segundo o Código Civil vigente a liberdade de contratar será exercida em razão e nos limites da função social do contrato. A respeito do tema podemos afirmar:

I. nos contratos de adesão, são anuláveis as cláusulas que estipulem a renúncia antecipada do aderente a direito resultante da natureza do negócio.

II. é defeso às partes estipular contratos atípicos, mesmo que observadas as normas gerais fixadas no Código Civil.

III. não pode ser objeto de contrato a herança de pessoa viva.

IV. quando houver no contrato de adesão cláusulas ambíguas ou contraditórias, dever-se-á adotar a interpretação mais favorável ao aderente.

A sequência correta é:

a) apenas as assertivas II, III, IV estão corretas.
b) apenas as assertivas III e IV estão corretas.
c) as assertivas I, II, III e IV estão corretas.
d) apenas a assertiva IV está correta.

236. **(Ieses/TJ/RO/Cartórios/Ingresso/2017)** É certo afirmar:

I. de regra a declaração da vontade depende de forma especial.

II. unilaterais ou benéficos são os contratos em que apenas uma das partes se obriga em face da outra.

III. o Código Civil prevê que o mero silêncio da parte ao contratar sempre importará em consentimento.

IV. a validade do negócio jurídico requer agente capaz, objeto lícito, possível, determinado ou determinável e forma prescrita ou não defesa em lei.

Analisando as proposições, pode-se afirmar:

a) somente as proposições I e III estão corretas.
b) somente as proposições II e IV estão corretas.
c) somente as proposições I e II estão corretas.
d) somente as proposições III e IV estão corretas.

4.6. Das Várias Espécies de Contrato

4.6.1. Compra e Venda; Troca ou Permuta; Contrato Estimatório

✱ SÚMULAS

STF Súm. 412. No compromisso de compra e venda com cláusula de arrependimento, a devolução do sinal, por quem o deu, ou a sua restituição em dobro, por quem o recebeu, exclui indenização maior a título de perdas e danos, salvo os juros moratórios e os encargos do processo.

STF Súm. 413. O compromisso de compra e venda de imóveis, ainda que não loteados, dá direito à execução compulsória, quando reunidos os requisitos legais.

STF Súm. 489. A compra e venda de automóvel não prevalece contra terceiros, de boa-fé, se o contrato não foi transcrito no registro de títulos e documentos.

STJ Súm. 76. A falta de registro do compromisso de compra e venda de imóvel não dispensa a prévia interpelação para constituir em mora o devedor.

STJ Súm. 308. A hipoteca firmada entre a construtora e o agente financeiro, anterior ou posterior à celebração da promessa de compra e venda, não tem eficácia perante os adquirentes do imóvel.

✱ ENUNCIADOS CJF

1) Da Compra e Venda

CJF Civil 177. Por erro de tramitação, que retirou a segunda hipótese de anulação de venda entre parentes (venda de descendente para ascendente), deve ser desconsiderada a expressão "em ambos os casos", no parágrafo único do art. 496.

CJF Civil 178. Na interpretação do art. 528, devem ser levadas em conta, após a expressão "a benefício de", as palavras "seu crédito, excluída a concorrência de", que foram omitidas por manifesto erro material.

CJF Civil 368. O prazo para anular venda de ascendente para descendente é decadencial de dois anos (art. 179 do Código Civil).

CJF Civil 441. Na falta de acordo sobre o preço, não se presume concluída a compra e venda. O parágrafo único do art. 488 somente se aplica se houverem diversos preços habitualmente praticados pelo vendedor, caso em que prevalecerá o termo médio.

CJF **Civil 545.** O prazo para pleitear a anulação de venda de ascendente a descendente sem anuência dos demais descendentes e/ou do cônjuge do alienante é de 2 (dois) anos, contados da ciência do ato, que se presume absolutamente, em se tratando de transferência imobiliária, a partir da data do registro de imóveis.

CJF **Civil 592.** O art. 519 do Código Civil derroga o art. 35 do Decreto-Lei n. 3.365/1941 naquilo que ele diz respeito a cenários de tredestinação ilícita. Assim, ações de retrocessão baseadas em alegações de tredestinação ilícita não precisam, quando julgadas depois da incorporação do bem desapropriado ao patrimônio da entidade expropriante, resolver-se em perdas e danos.

CJF **Civil 623.** Ainda que sejam muitos os condôminos, não há direito de preferência na venda da fração de um bem entre dois coproprietários, pois a regra prevista no art. 504, parágrafo único, do Código Civil, visa somente a resolver eventual concorrência entre condôminos na alienação da fração a estranhos ao condomínio.

2) Do Contrato Estimatório

CJF **Civil 32.** No contrato estimatório (art. 534), o consignante transfere ao consignatário, temporariamente, o poder de alienação da coisa consignada com opção de pagamento do preço de estima ou sua restituição ao final do prazo ajustado.

* INFORMATIVOS

STJ **Rescisão contratual. Compra e venda de imóvel. Inadimplemento do vendedor. Pagamento de aluguéis pelo tempo de permanência. Cabimento. Vedação ao enriquecimento sem causa.** É devida a condenação ao pagamento de taxa de ocupação (aluguéis) pelo período em que o comprador permanece na posse do bem imóvel, no caso de rescisão do contrato de promessa de compra e venda, independentemente de ter sido o vendedor quem deu causa ao desfazimento do negócio. REsp 1.613.613, Rel. Min. Ricardo Villas Bôas Cueva, DJ 18.6.2018. 3ª T. (Info 629)

STJ **Alienação judicial de bem objeto de compromisso de compra e venda. Possibilidade jurídica do pedido. Concordância do promitente-vendedor. Condição.** É juridicamente possível o pedido de alienação judicial de bem imóvel objeto de compromisso de compra e venda. 3ª T. REsp 1.501.549, Rel. Min. Nancy Andrighi, DJ 11.5.2018. (Info 625)

STJ **Compra e venda de imóvel. Atraso na entrega. Lucros cessantes. Cabimento. Prejuízo presumido.** O atraso na entrega do imóvel enseja pagamento de indenização por lucros cessantes durante o período de mora do promitente vendedor, sendo presumido o prejuízo do promitente comprador. 2ª S. EREsp 1.341.138, Rel. Min. Maria Isabel Gallotti, DJ 22.5.2018. (Info 626)

* QUESTÕES DISCURSIVAS

08. **(Cespe/TJ/SE/Cartórios/Remoção/2014)** Paulo prometeu a João a venda de imóvel urbano não loteado, com direito de arrependimento, mediante o pagamento de 50% do valor do bem a título de entrada e o restante em sessenta parcelas mensais fixas. Com o pagamento da entrada, João foi imitido na posse do imóvel e tomou a providência de efetuar, na matrícula do imóvel, o registro do instrumento particular que materializara a intenção das partes. O ajuste entre os dois vinha sendo normalmente cumprido até que João, em razão de dificuldade financeira superveniente, deixou de pagar as duas últimas parcelas acordadas. Já quando houve atraso do pagamento da primeira delas, Paulo apresentou notificação extrajudicial a João, cientificando-lhe da pronta resilição contratual. Diante dessa situação hipotética, redija texto dissertativo acerca do acordo entre Paulo e João, com base na legislação e na doutrina relativa aos contratos. Em seu texto, aborde, necessariamente (e, preferencialmente, na ordem estabelecida), os seguintes aspectos: (i) possibilidade da resilição contratual desejada por Paulo; (ii) promessa de compra e venda como espécie de contrato preliminar; (iii) eficácia obrigacional e eficácia real da promessa de compra e venda no caso em tela; (iv) princípios da função social dos contratos e da boa-fé objetiva aplicados à situação.

* QUESTÕES OBJETIVAS

237. **(Consulplan/TJ/MG/Cartórios/Ingresso/2018)** Em relação à compra e venda, assinale a alternativa correta:

a) só pode ter por objeto coisa atual, proibido a transação sobre coisas futuras.

b) é válido o contrato se for deixada ao arbítrio exclusivo de uma das partes a fixação do preço, desde que as partes sejam maiores e capazes.

c) quando pura, o contrato respectivo considerar-se-á consumado, obrigatório e perfeito, desde que as partes acordarem no objeto e no preço.

d) uma vez estabelecida, automaticamente transfere o domínio da coisa ao comprador, que se obriga ao pagamento do preço em dinheiro, independentemente de qualquer outra providência.

238. (Ieses/TJ/RS/Cartórios/Remoção/2013) "A" vendeu por escritura pública um imóvel rural a sua neta "B", sem que os outros descendentes e seu cônjuge houvessem consentindo nisso, expressamente. Diante da situação fática, julgue o item correto:

a) a venda será anulável.
b) a venda será ineficaz.
c) a venda será inexistente.
d) a venda será nula.

239. (Ieses/TJ/RS/Cartórios/Ingresso/2013) Sobre a escritura pública de permuta, é correto afirmar:

a) é ineficaz a troca de valores desiguais entre ascendentes e descendentes, sem consentimento dos outros descendentes e do cônjuge do alienante.
b) aplicam-se integralmente à troca as disposições relativas à Compra e venda.
c) é anulável a troca de valores desiguais entre ascendentes e descendentes, sem consentimento dos outros descendentes e do cônjuge do alienante.
d) não se aplicam à troca as disposições referentes à Compra e Venda.

240. (Ieses/TJ/RS/Cartórios/Remoção/2013) Sobre a promessa de compra e venda:

I. nos contratos de compra e venda de móveis ou imóveis, mediante pagamento em prestações, bem como nas alienações fiduciárias em garantia, consideram-se nulas de pleno direito as cláusulas que estabeleçam a perda total das prestações pagas em benefício do credor que, em razão do inadimplemento, pleitear a resolução do contrato e a retomada do produto alienado.
II. no compromisso de compra e venda subentende-se a condição resolutiva da legitimidade e validade do título de domínio.
III. o direito à adjudicação compulsória, quando exercido em face do promitente vendedor, não se condiciona ao registro da promessa de compra no cartório de registro imobiliário.

São afirmativas corretas:

a) I e II, somente.
b) I e II e III.
c) III, somente.
d) II e III, somente.

241. (Ieses/TJ/RS/Cartórios/Ingresso/2013) Com relação ao contrato de compra e venda:

I. a retrovenda é cláusula especial para a compra e venda, que consiste na faculdade que o vendedor de coisa imóvel tem, de poder se reservar quanto ao direito de recobrar a coisa no prazo decadencial máximo de três anos, desde que restitua o preço recebido e reembolse as despesas do comprador.
II. a venda feita a contento do comprador entende-se realizada sob condição resolutiva, ainda que a coisa lhe tenha sido entregue, não se aperfeiçoando enquanto o vendedor não manifestar seu agrado.
III. a preempção impõe ao comprador a obrigação de oferecer ao vendedor a coisa que aquele vai vender, ou dar em pagamento, para que este use de seu direito de prelação na compra, tanto por tanto.
IV. na venda de coisa móvel, por meio da cláusula especial de retrovenda, pode o vendedor reservar para si a propriedade, até que o preço esteja integralmente pago.

São incorretas as afirmativas:

a) II e IV, somente.
b) III e IV, apenas.
c) I, III e IV.
d) I, II e III, somente.

242. (FCC/TJ/PE/Cartórios/Remoção/2013) No tocante à compra e venda, é correto afirmar que:

a) salvo convenção em contrário, o comprador responde por todos os débitos que gravem a coisa até o momento da tradição.
b) até o momento da tradição, os riscos da coisa correm por conta do comprador, e os do preço por conta do vendedor.
c) é defeso que a fixação do preço possa ser deixada ao arbítrio de terceiro que os próprios contratantes designarem ou prometerem designar.
d) é nula a venda de ascendente a descendente, salvo se os outros descendentes e o cônjuge do alienante expressamente houverem consentido.
e) a tradição da coisa vendida, na falta de estipulação expressa, dar-se-á no lugar onde ela se encontrava, ao tempo da venda.

243. (Ieses/TJ/RN/Cartórios/Remoção/2012) Do contrato de compra e venda, qual assertiva está correta:

a) o prazo para anular venda de ascendente para descendente é decadencial de dois anos.

b) é nula a venda de ascendente a descendente, salvo se os outros descendentes e o cônjuge do alienante expressamente houverem consentido.

c) o prazo para declarar nula venda de ascendente para descendente é prescricional de dois anos.

d) não sendo a venda a crédito, o vendedor é obrigado a entregar a coisa antes de receber o preço.

244. (Ieses/TJ/PA/Cartórios/Remoção/2016) No tocante as cláusulas especiais da compra e venda é correto afirmar:

I. o vendedor de coisa imóvel pode reservar-se o direito de recobrá-la no prazo máximo de decadência de dois anos, restituindo o preço recebido e reembolsando as despesas do comprador, inclusive as que, durante o período de resgate, se efetuaram com a sua autorização escrita, ou para a realização de benfeitorias necessárias.

II. o direito de retrato, que é cessível e transmissível a herdeiros e legatários, poderá ser exercido contra o terceiro adquirente.

III. na venda de coisa móvel, pode o vendedor reservar para si a propriedade, até que o preço esteja integralmente pago.

IV. estipulado o pagamento por intermédio de estabelecimento bancário, caberá a este efetuá-lo contra a entrega dos documentos, sem obrigação de verificar a coisa vendida, pela qual não responde.

A sequência correta é:

a) apenas as assertivas II, III e IV estão corretas.

b) as assertivas I, II, III e IV estão corretas.

c) apenas as assertivas I e III estão corretas.

d) apenas a assertiva IV está correta.

245. (Ieses/TJ/PA/Cartórios/Ingresso/2016) Sobre o contrato de compra e venda, responda em conformidade com o Código Civil:

I. não é lícita a compra e venda de bens entre cônjuges casados em regime de comunhão, parcial ou universal.

II. a cláusula de retrovenda pode ser aposta em bens móveis e imóveis.

III. a fixação do preço pode ser deixada ao arbítrio de terceiro.

Assinale a alternativa correta:

a) apenas a assertiva III é verdadeira.

b) todas as assertivas são falsas.

c) apenas as assertivas I e II são verdadeiras.

d) apenas as assertivas I e III são verdadeiras.

246. (Consulplan/TJ/MG/Cartórios/Ingresso/2016) Nos contratos de compra e venda, aparecem cláusulas fora do comum, extraordinárias. Assinale a alternativa incorreta, cuja cláusula não corresponda à sua definição:

a) retrovenda – é a cláusula pela qual o vendedor se reserva no direito de adquirir a coisa do comprador, restituindolhe o preço mais as despesas. Esta cláusula só tem valor se o objeto do contrato for imóvel.

b) venda a contento – chama-se venda a contento o contrato de compra e venda subordinado à condição de ficar desfeito se a coisa, objeto do contrato, não for do agrado do comprador. Esta cláusula nunca será presumida.

c) reserva de domínio – é cláusula que garante ao vendedor a propriedade da coisa móvel já entregue ao comprador até o pagamento total do preço. A cláusula será sempre escrita.

d) preempção – é cláusula que proíbe o comprador de alienar o bem até o cumprimento total de uma obrigação. Esta cláusula só tem valor se o objeto do contrato for imóvel, e fica vinculada à quitação total das notas promissórias em caráter "pro solvendo".

247. (Faurgs/TJ/RS/Cartórios/Ingresso/2015) Assinale a afirmativa correta em relação a contratos de compra e venda:

a) na compra e venda, salvo cláusula em contrário, ficarão as despesas da escritura e do registro a cargo do vendedor, e a cargo do comprador as da tradição.

b) na compra e venda, é lícito às partes fixar o preço em função de índices ou parâmetros, desde que suscetíveis de objetiva determinação.

c) no contrato de compra e venda, é válida a cláusula que deixa ao arbítrio exclusivo de uma das partes a fixação do preço.

d) na compra e venda, até o momento da tradição, os riscos da coisa correm por conta do comprador, e os do preço por conta do vendedor.

248. (Ieses/TJ/PB/Cartórios/Remoção/2014) O vendedor de coisa imóvel pode reservar-se o direito de recobrá-la no prazo máximo de decadência de três anos, restituindo o preço recebido e reembolsando as despesas do comprador, inclusive as que, durante o período de resgate, se efetuaram com a sua autorização escrita, ou para a realização de benfeitorias necessárias. O dispositivo transcrito a cima refere-se a qual instituto do direito civil?

a) retrovenda.
b) venda a contento.
c) venda com reserva de domínio.
d) venda sobre documentos.

249. (Consulplan/TJ/MG/Cartórios/Ingresso/2014) Com relação às cláusulas especiais à compra e venda, especificamente sobre a preempção ou preferência, conforme disciplina o Código Civil brasileiro, é correto afirmar:

a) quando o direito de preempção for estipulado a favor de dois ou mais indivíduos em comum, só pode ser exercido em relação à coisa no seu todo. Se alguma das pessoas, a quem ele toque, perder ou não exercer o seu direito, poderão as demais utilizá-lo na forma sobredita.
b) o direito de preferência pode ser cedido a terceiros.
c) o vendedor não pode exercer o seu direito de prelação, intimando o comprador, quando lhe constar que este vai vender a coisa.
d) responderá por perdas e danos o comprador, se alienar a coisa sem ter dado ao vendedor ciência do preço e das vantagens que por ela lhe oferecem. O adquirente responderá subsidiariamente se tiver procedido de má-fé.

250. (Consulplan/TJ/MG/Cartórios/Remoção/2014) As afirmativas abaixo, sobre o contrato de compra e venda, são verdadeiras, exceto:

a) a compra e venda, quando pura, considerar-se-á obrigatória e perfeita, desde que as partes acordarem no objeto e no preço.
b) a fixação do preço pode ser deixada ao arbítrio de terceiro, que os contratantes logo designarem ou prometerem designar. Se o terceiro não aceitar a incumbência, ficará sem efeito o contrato, salvo quando acordarem os contratantes designar outra pessoa.
c) é nula a venda de ascendente a descendente, salvo se os outros descendentes e o cônjuge do alienante expressamente houverem consentido.
d) a tradição da coisa vendida, na falta de estipulação expressa, dar-se-á no lugar onde ela se encontrava, ao tempo da venda.

251. (Vunesp/TJ/SP/Cartórios/Remoção/2014) Sobre o contrato de compra e venda, assinale a alternativa correta:

a) se, na venda de um imóvel, se estipular o preço por medida de extensão, ou se determinar a respectiva área, e esta não corresponder, em qualquer dos casos, às dimensões dadas, o comprador terá o direito de exigir o complemento da área, e, não sendo isso possível, o de reclamar a resolução do contrato ou abatimento proporcional ao preço.
b) não obstante o prazo ajustado para o pagamento, se antes da tradição o comprador cair em insolvência ou for condenado ao pagamento de quantia em dinheiro, poderá o vendedor sobrestar na entrega da coisa, até que o comprador lhe dê caução de pagar no tempo ajustado.
c) salvo cláusula em contrário, ficarão as despesas de escritura e registro a cargo do vendedor, e, a cargo do comprador, as da tradição.
d) é lícito às partes fixar o preço em função de índices ou parâmetros suscetíveis de objetiva determinação, assim como ao arbítrio exclusivo de uma das partes.

252. (Vunesp/TJ/SP/Cartórios/Remoção/2014) Duas sendo as promessas de compra e venda sobre o mesmo imóvel:

a) produz efeitos aquela que foi registrada no Ofício Imobiliário, mas pode o outro promitente comprador averbar, na matrícula do imóvel, a pretensão que passa a ter contra o vendedor.
b) é de se observar, à validade e prevalência delas, a respectiva ordem cronológica, em homenagem ao princípio "prior in tempore, potior in jure".
c) produz efeitos, simplesmente, a que foi registrada no Ofício Imobiliário, devendo o outro promitente comprador exercer sua pretensão diretamente contra o promitente vendedor, pois nenhuma pretensão lhe assiste contra o Ofício Imobiliário.
d) ao oficial registrador compete cancelar, de ofício, o registro da promessa de compra e venda mais moderna, e registrar a mais antiga, em atenção ao princípio da boa-fé objetiva.

253. (IBFC/TJ/PR/Cartórios/Ingresso/2014) Assinale a assertiva incorreta:

a) o direito brasileiro admite a compra e venda com reserva de domínio para os bens móveis e imóveis.

b) a alienação fiduciária em garantia pode recair sobre bens móveis e imóveis.

c) a compra e venda de ascendente para descendente é anulável, salvo se houver concordância dos demais descendentes e do cônjuge do vendedor.

d) é nula a aquisição, pelo tutor, dos bens confiados à sua guarda e administração.

254. (Vunesp/TJ/SP/Cartórios/Ingresso/2014) De acordo com o Código Civil, é correto afirmar que:

a) no contrato de permuta, é nula de pleno direito a troca de imóveis com valores desiguais entre ascendentes e descendentes, sem consentimento dos outros descendentes e do cônjuge do alienante, ainda que casado sob o regime da separação obrigatória.

b) em caso de preempção, responderá por perdas e danos o comprador, se alienar a coisa sem ter dado ao vendedor ciência do preço e das vantagens que por ela lhe oferecem, assim como o adquirente, solidariamente, se tiver procedido de má-fé.

c) na venda de coisa móvel ou imóvel, com reserva de domínio, pode o vendedor reservar para si a propriedade, sob condição resolutiva, até que o preço esteja integralmente pago.

d) o vendedor de coisa imóvel ou móvel pode reservar-se o direito de recobrá-la no prazo máximo de decadência de cinco anos, restituindo o preço recebido e reembolsando as despesas do comprador, inclusive as que, durante o período de resgate, se efetuaram com a sua autorização escrita, ou para a realização de benfeitorias necessárias.

255. (Ieses/TJ/RO/Cartórios/Ingresso/2017) É certo afirmar:

I. nos contratos de compra e venda de bens móveis e imóveis, admite-se que a venda ocorra de forma "ad mensuram" ou "ad corpus".

II. são características do contrato de compra e venda: a bilateralidade; a consensualidade; a onerosidade; geralmente, a comutatividade; e a instantaneidade.

III. a venda com reserva de domínio é cláusula especial do contrato de compra e venda pela qual o comprador assume a posse da coisa, mas só se torna seu proprietário após pagar o preço integral.

IV. as cláusulas especiais do contrato de compra e venda previstas no Código Civil são cláusulas obrigatórias por rigor legal, sendo, opcionais, somente naqueles negócios que a própria lei criar a exceção.

Analisando as proposições, pode-se afirmar:

a) somente as proposições I e III estão corretas.

b) somente as proposições II e IV estão corretas.

c) somente as proposições I e IV estão corretas.

d) somente as proposições II e III estão corretas.

256. (Consulplan/TJ/MG/Cartórios/Ingresso/2017) José da Silva firmou um contrato de promessa de compra e venda de uma área rural de 500 hectares com Geraldo Coelho. Meses depois, feita a quitação, foi lavrada e devidamente assinada e registrada a Escritura Pública de compra e venda. Seis meses depois, José da Silva descobriu que aquele imóvel estava sendo avaliado pela Incra para fins de desapropriação já há mais de um ano e que isso lhe foi omitido pelo vendedor. Diante disso, ingressou com uma ação de rescisão (resolução) do contrato de promessa de compra e venda contra Geraldo Coelho, alegando que houve vício no negócio e que queria devolver o imóvel e receber o seu dinheiro de volta. Diante dessa situação, é correto afirmar que:

a) é possível a resolução (rescisão) do contrato pelo princípio da boa-fé objetiva, uma vez que, nos termos do artigo 422 do CC, "Os contratantes são obrigados a guardar, assim na conclusão do contrato, como em sua execução, os princípios de probidade e boa-fé" e isso faltou ao vendedor.

b) não é caso de rescisão do contrato de promessa de compra e venda, pois foi substituído pela escritura de venda e compra, aquele contrato está resolvido, pois atingiu o seu objetivo, que era justamente a transferência de propriedade imóvel, com o registro de escritura de venda e compra no cartório competente.

c) é viável a rescisão, já que a lavratura e assinatura com registro da escritura pública não elimina os efeitos do contrato de promessa de compra e venda, pelo contrário, é um ato derivado deste que foi o primeiro documento firmado entre as partes, portanto prevalece como meio legal de se restabelecer o estado anterior.

d) tem direito à rescisão contratual e a devolução do valor pago, porque foi induzido a erro e, assim, deve prevalecer o princípio de acesso à justiça e nenhuma lesão de direito está imune à apreciação do poder judiciário.

4.6.2. Doação; Locação de Coisas; Empréstimo

* SÚMULAS

STF Súm. 492. A empresa locadora de veículos responde, civil e solidariamente com o locatário, pelos danos por este causados a terceiro, no uso do carro locado.

STJ Súm. 26. O avalista do título de crédito vinculado a contrato de mútuo também responde pelas obrigações pactuadas, quando no contrato figurar como devedor solidário.

* ENUNCIADOS CNB

CNB Enunciado 2/2014. Nas escrituras de doação não é necessário justificar a imposição de cláusulas restritivas sobre a legítima. A necessidade de indicação de justa causa (CC art. 1.848) limita-se ao testamento, não se estendendo às doações.

* ENUNCIADOS CJF

1) Da Doação

CJF Civil 549. A promessa de doação no âmbito da transação constitui obrigação positiva e perde o caráter de liberalidade previsto no art. 538 do Código Civil.

CJF Civil 33. O novo Código Civil estabeleceu um novo sistema para a revogação da doação por ingratidão, pois o rol legal previsto no art. 557 deixou de ser taxativo, admitindo, excepcionalmente, outras hipóteses.

CJF Civil 622. Para a análise do que seja bem de pequeno valor, nos termos do que consta do art. 541, parágrafo único, do Código Civil, deve-se levar em conta o patrimônio do doador.

2) Da Locação de Coisas

CJF Civil 180. A regra do parágrafo único do art. 575 do novo CC, que autoriza a limitação pelo juiz do aluguel-pena arbitrado pelo locador, aplica-se também ao aluguel arbitrado pelo comodante, autorizado pelo art. 582, 2ª parte, do novo CC.

3) Do Empréstimo

CJF Civil 34. No novo Código Civil, quaisquer contratos de mútuo destinados a fins econômicos presumem-se onerosos (art. 591), ficando a taxa de juros compensatórios limitada ao disposto no art. 406, com capitalização anual.

* INFORMATIVOS

STJ Contrato de mútuo com pacto adjeto de hipoteca. Credor hipotecário. Interesse de agir. Ajuizamento de execução para a observância de padrões construtivos. Possibilidade. O credor hipotecário tem interesse de agir para propor ação em face do mutuário visando ao cumprimento de cláusula contratual que determina a observância dos padrões construtivos do loteamento. REsp 1.400.607, Rel. Min. Luis Felipe Salomão, DJ 26.6.2018. 4ª T. (Info 628)

* QUESTÕES DISCURSIVAS

09. **(Ieses/TJ/CE/Cartórios/2018)** Marcelo, viúvo, deseja realizar a doação de um imóvel para seu filho Fernando, solteiro. Este imóvel representa 45% do seu patrimônio total. Além de Fernando, Marcelo é pai de Julia e André. Responda os questionamentos de Marcelo, indicando a possibilidade de realização da vontade do doador nos limites legais, e nominando o instituto jurídico aplicável: (i) Marcelo pode doar este imóvel na integralidade para Fernando? (ii) Os demais filhos, Julia e André, devem obrigatoriamente anuir no ato? (iii) Fernando terá que apresentar à colação este bem quando do falecimento de Marcelo? Tem como afastar esta obrigação? (iv) Marcelo ouviu falar sobre a clausula de reversão. Explique o que é, e se pode ser incluída nesta doação.

10. **(Faurgs/TJ/RS/Cartórios/2015)** Alice, viúva, possuía R$ 60.000,00 de patrimônio e realizou duas doações sucessivas a amigos, por instrumento particular. A primeira doação foi feita a Pedro, no montante de R$ 10.000,00, e a segunda, a Carlos, no valor de R$ 40.000,00. Ela realizou as doações depois de nascido o seu único herdeiro necessário, o filho Eduardo. (a) No caso enunciado, a liberdade de doar de Alice deve ser restringida? (b) Em caso afirmativo, denomine a restrição específica aplicável, apresentando o conceito desta e a consequência legal prevista. (c) Em caso negativo, fundamente a sua resposta.

11. (Cespe/TJ/RR/Cartórios/Ingresso/2013) Paulo é divorciado e tem dois filhos, Pedro e José, maiores de idade e solteiros. José, o filho mais novo, servidor público, adquiriu o seu próprio imóvel e Pedro, o mais velho, mora de aluguel e ainda não conseguiu constituir patrimônio algum. Paulo, preocupado com o futuro de Pedro, pretende doar-lhe o imóvel em que mora, almejando, contudo, a garantia de que o beneficiado não venderá o bem, pelo menos, enquanto ele, Paulo, estiver vivo. Contando com o apoio de José às suas pretensões, Paulo e Pedro procuraram o titular do tabelionato de Notas da Comarca de Boa Vista/RR e lhe expuseram a pretensão de celebrar um ato notarial. Com base nessa situação hipotética, redija, da forma mais completa possível, o documento adequado à pretensão das partes, complementando-o com os elementos legalmente exigíveis.

* QUESTÕES OBJETIVAS

257. (Consulplan/TJ/MG/Cartórios/Remoção/2018) Para que um pai, casado sob regime da comunhão parcial de bens, doe um imóvel exclusivo seu, a um de seus 3 (três) filhos, sendo certo que esse imóvel sairá de sua metade disponível:

a) é dispensável a anuência do cônjuge do pai e dos irmãos do donatário.

b) é indispensável a anuência do cônjuge do pai, mas dispensável a dos irmãos do donatário.

c) é necessária a anuência do cônjuge do pai e dos irmãos do donatário e do cônjuge de cada um dos irmãos.

d) é dispensável a anuência do cônjuge do pai, mas indispensável a dos irmãos e do cônjuge de cada um dos irmãos.

258. (Consulplan/TJ/MG/Cartórios/Remoção/2018) "Augusto comparece a um cartório de notas do estado de Minas Gerais e diz pretender doar sua casa ao filho recém-nascido de um professor seu, muito querido. Augusto é solteiro, nunca teve filho e não tem nenhum ascendente vivo." Considerando essa situação, assinale a alternativa correta:

a) mesmo que se trate de doação pura, haverá requisito essencial de validade que o filho do professor manifeste aceitação por meio de quem lhe detém o poder familiar (no caso, seu pai).

b) doação de uma casa é contrato de transmissão de bem imóvel que somente pode ser realizado (formalizado, instrumentalizado) por meio de escritura pública, independentemente do valor desse imóvel.

c) a doação será inoficiosa (doação universal) e, portanto, nula em relação à metade do imóvel, tanto que excede o que Augusto poderia dispor mediante testamento no momento da lavratura da escritura de doação.

d) é juridicamente possível que Augusto estabeleça na escritura de doação que, em caso de morte do filho do professor (beneficiário da doação) antes da morte dele (Augusto), a casa volte a pertencer ao doador; a essa disposição dá-se o nome de cláusula de reversão, que não pode ser instituída em favor de terceiro.

259. (TJ/SC/Cartórios/Remoção/2012) Sobre a doação, é correto afirmar:

a) o doador não pode fixar prazo para o donatário declarar se aceita ou não a liberalidade.

b) ocorre quando uma pessoa, por liberalidade, transfere do seu patrimônio bens ou vantagens para outra pessoa.

c) a doação feita em contemplação do merecimento do donatário perde o caráter de liberalidade.

d) a doação deve ser feita sempre por escritura pública.

e) mesmo com a tradição de bens móveis de pequeno valor, não vale a doação verbal.

260. (Consulplan/TJ/MG/Cartórios/Ingresso/2015) "Mariana, maior e capaz, decide doar por instrumento público uma fazenda agrícola em favor de seu irmão, Bernardo, maior e capaz. No instrumento público, Mariana grava o encargo para que Bernardo doe a primeira colheita à certa instituição de caridade. Bernardo, por sua vez, aceita formalmente a doação e, poucos meses depois, cumpre o encargo, doando toda colheita à instituição de caridade. Seis meses após o cumprimento do encargo, Mariana toma conhecimento que seu irmão vem cometendo graves injúrias a seu respeito, quanto à sua condição de idosa e deficiente, nas redes sociais." A respeito da situação narrada, conforme o Código Civil, é correto afirmar que:

a) a revogação deverá ser pleiteada dentro de 5 (cinco) anos, a contar de quando chegue ao conhecimento do doador o fato que a autorizar, e de ter sido o donatário o seu autor.

b) única hipótese admitida em lei para revogação é atentado contra a vida do doador ou cometer crime de homicídio doloso contra ele.

c) não se revogam por ingratidão as doações oneradas com encargo já cumprido.

d) não cabe revogação quando o ofendido for o cônjuge, ascendente, descendente, ainda que adotivo, ou irmão do doador.

261. (Ieses/TJ/MS/Cartórios/Ingresso/2014) Sobre a doação, responda as questões:

I. a doação pura e simples presume-se aceita se, após fixado prazo pelo doador ao donatário para declarar o aceite, o donatário permanecer silente.

II. a doação inoficiosa é válida se houver a concordância de todos os possíveis herdeiros necessários do doador.

III. a doação universal é válida se o doador não tiver, à época, possíveis herdeiros necessários.

Assinale a correta:

a) as assertivas I e III são verdadeiras.

b) apenas a assertiva II é verdadeira.

c) apenas a assertiva I é verdadeira.

d) todas as assertivas são verdadeiras.

262. (Ieses/TJ/PB/Cartórios/Ingresso/2014) Assinale a alternativa correta:

I. a doação feita de ascendentes a descendentes é considerada adiantamento de legítima, e devem ser apresentadas à colação no momento da abertura da sucessão, sob pena de sonegação.

II. a colação pode ser dispensada se o doador determinar no próprio título da liberalidade tal dispensa, não sendo permitido a inclusão posterior da dispensa de colação em testamento.

III. se houver a renúncia dos direitos hereditários, o renunciante não precisa conferir as doações recebidas em vida para o fim de repor o que exceder a parte disponível:

a) apenas a assertiva I é verdadeira.

b) apenas a assertiva II é verdadeira.

c) apenas as assertivas I e III são verdadeiras.

d) todas as assertivas são verdadeiras.

263. (Ieses/TJ/PA/Cartórios/Ingresso/2016) A doação de imóvel com cláusula de reversão significa:

a) que o imóvel não se comunicará caso o donatário de casar.

b) nenhuma das respostas está correta.

c) que o bem não pode ser vendido.

d) que o imóvel volta ao patrimônio do doador se o donatário falecer primeiro.

264. (Cespe/TJ/DFT/Cartórios/Remoção/2014) Ao fazer uma doação de determinado bem, o doador estabeleceu cláusula em que o donatário deve declarar se aceita ou não a liberalidade. Nessa situação hipotética, de acordo com o Código Civil:

a) se a doação for sujeita a encargo, a aceitação deverá ser sempre expressa.

b) a aceitação deverá ser sempre expressa, a menos que se trate de bem condicionado.

c) se a doação for sujeita a termo, a aceitação deverá ser expressa.

d) caso a doação seja de bem imóvel, a aceitação deverá ser sempre expressa.

e) caso a doação seja de quantia em dinheiro, a aceitação deverá ser sempre tácita.

265. (Consulplan/TJ/MG/Cartórios/Ingresso/2016) Dentre as alternativas abaixo, relativamente ao pagamento das dívidas deixadas pelo falecido, autor da herança, apenas uma é incorreta. Assinale-a:

a) antes da partilha, poderão os credores do espólio requerer ao juízo do inventário o pagamento das dívidas vencidas e exigíveis; a petição, acompanhada de prova literal da dívida, será distribuída por dependência e autuada em apenso aos autos do processo de inventário.

b) os donatários serão chamados a pronunciar-se sobre a aprovação das dívidas, ainda que não haja possibilidade de resultar delas a redução das liberalidades, atendendo-se ao devido processo legal.

c) separados os bens, tantos quantos forem necessários para o pagamento dos credores habilitados, o juiz mandará aliená-los, observando-se as disposições legais relativas à expropriação.

d) concordando as partes com o pedido, o juiz, ao declarar habilitado o credor, mandará que se faça a separação de dinheiro ou, em sua falta, de bens suficientes para o pagamento.

266. (Consulplan/TJ/MG/Cartórios/Remoção/2017) As doações podem ser revogadas por ingratidão, exceto:

a) as feitas para determinado casamento.

b) se cometeu contra o doador ofensa física.

c) se injuriou ou caluniou gravemente o doador.

d) se, podendo ministrá-los, recusou ao doador os alimentos de que este necessitava.

267. (Cetro/TJ/RJ/Cartórios/Ingresso/2017) No que se refere ao instituto da doação, assinale a alternativa correta:

a) somente pode ser considerado fraude de execução a doação de imóvel ao descendente quando já há sentença judicial em demanda capaz de reduzir o devedor e seu descendente à insolvência.

b) não configura mero ato de liberalidade a promessa de doação aos filhos como condição para realização de acordo de bens homologado por sentença nos autos do divórcio consensual dos pais, detendo, ele, a mesma eficácia da escritura pública de doação.

c) o prazo decadencial para que o cônjuge exerça o direito potestativo de invalidar a doação realizada pelo outro sem a sua autorização, quando esta era necessária, é de 2 (dois) anos a contar da separação de fato da sociedade conjugal.

d) a revogação de doação por ingratidão obedece a rol taxativo indicado no Código Civil, conforme jurisprudência do STJ.

e) bem imóvel gravado com cláusula de incomunicabilidade e recebido por doação pelo "de cujus" afeta a vocação hereditária do cônjuge sobrevivente.

268. (Ieses/TJ/RO/Cartórios/Remoção/2017) Considera-se doação o contrato em que uma pessoa, por liberalidade, transfere do seu patrimônio bens ou vantagens para o de outra. São corretas as sentenças abaixo exceto:

a) o doador pode estipular que os bens doados voltem ao seu patrimônio, se sobreviver ao donatário.

b) a doação far-se-á por escritura pública ou instrumento particular.

c) a doação do cônjuge adúltero ao seu cúmplice pode ser anulada pelo outro cônjuge, ou por seus herdeiros necessários, até cinco anos depois de dissolvida a sociedade conjugal.

d) o doador pode fixar prazo ao donatário, para declarar se aceita ou não a liberalidade. Desde que o donatário, ciente do prazo, não faça, dentro dele, a declaração, entender-se-á que aceitou, se a doação não for sujeita a encargo.

269. (Ieses/TJ/MS/Cartórios/Ingresso/2014) Assinale a correta:

a) o comodato é o empréstimo gratuito de coisas fungíveis e infungíveis.

b) pelo contrato de depósito o depositário se responsabiliza por guardar coisas móveis infungível apenas.

c) o contrato de locação caracteriza-se pela cessão onerosa do uso e gozo de determinado bem, móvel ou imóvel, fungível ou infungível.

d) o mútuo é contrato de empréstimo de coisas fungíveis apenas, podendo ter fins econômicos através da cobrança de juros.

270. (Ieses/TJ/PB/Cartórios/Remoção/2014) Segundo o ordenamento jurídico civilista, o ato de empréstimo gratuito de coisa não fungível, que se perfaz através da tradição do objeto é definido como:

a) mútuo.

b) depósito voluntário.

c) comodato.

d) doação.

271. (Ieses/TJ/RO/Cartórios/Ingresso/2017) É certo afirmar:

I. as pessoas capazes de contratar poderão valer-se da arbitragem para dirimir litígios relativos a direitos patrimoniais disponíveis e indisponíveis.

II. se, durante a locação, se deteriorar a coisa alugada, sem culpa do locatário, a este caberá pedir redução proporcional do aluguel, ou resolver o contrato, caso já não sirva a coisa para o fim a que se destinava.

III. por regra geral prevista no Código Civil, o aval posterior ao vencimento do título de crédito produz os mesmos efeitos do anteriormente dado.

IV. consideram-se imóveis para os efeitos legais: os direitos reais e pessoais sobre imóveis e as ações que os asseguram; o direito à sucessão aberta.

Analisando as proposições, pode-se afirmar:

a) somente as proposições II e III estão corretas.

b) somente as proposições I e IV estão corretas.

c) somente as proposições II e IV estão corretas.

d) somente as proposições I e III estão corretas.

4.6.3. Prestação de Serviço; Empreitada; Depósito

✱ SÚMULAS

STF **Súm. Vinculante 25.** É ilícita a prisão civil de depositário infiel, qualquer que seja a modalidade do depósito.

STJ **Súm. 130.** A empresa responde, perante o cliente, pela reparação de dano ou furto de veículo ocorridos em seu estacionamento.

✱ ENUNCIADOS CJF

1) Da Prestação de Serviço

CJF **Civil 541.** O contrato de prestação de serviço pode ser gratuito.

CJF **Comercial 32.** Nos contratos de prestação de serviços nos quais as partes contratantes são empresários e a função econômica do contrato está relacionada com a exploração de atividade empresarial, as partes podem pactuar prazo superior a quatro anos, dadas as especificidades da natureza do serviço a ser prestado, sem constituir violação do disposto no art. 598 do Código Civil.

CJF **Comercial 33.** Nos contratos de prestação de serviços nos quais as partes contratantes são empresários e a função econômica do contrato está relacionada com a exploração de atividade empresarial, é lícito às partes contratantes pactuarem, para a hipótese de denúncia imotivada do contrato, multas superiores àquelas previstas no art. 603 do Código Civil.

2) Da Empreitada

CJF **Civil 181.** O prazo referido no art. 618, parágrafo único, do CC, refere-se unicamente à garantia prevista no "caput", sem prejuízo de poder o dono da obra, com base no mau cumprimento do contrato de empreitada, demandar perdas e danos.

CJF **Comercial 34.** Com exceção da garantia contida no artigo 618 do Código Civil, os demais artigos referentes, em especial, ao contrato de empreitada (arts. 610 a 626) aplicar-se-ão somente de forma subsidiária às condições contratuais acordadas pelas partes de contratos complexos de engenharia e construção, tais como EPC, EPC-M e Aliança.

✱ QUESTÕES OBJETIVAS

272. **(Consulplan/TJ/MG/Cartórios/Ingresso/2016)** No que tange à guarda e à conservação de bens penhorados, arrestados, sequestrados ou arrecadados serão confiadas a depositário ou a administrador, julgue as afirmações a seguir:

I. por seu trabalho o depositário ou o administrador perceberá remuneração que o juiz fixar, levando em conta a situação dos bens, o tempo do serviço e às dificuldades de sua execução, não podendo extrapolar o limite de cinco por cento sobre o valor total dos bens.

II. o juiz poderá nomear um ou mais prepostos por indicação do depositário ou do administrador.

III. o depositário ou o administrador responderá pelos prejuízos que, por dolo ou culpa, causar à parte, perdendo a remuneração que lhe foi arbitrada, embora seja-lhe assegurado o direito de haver o que legitimamente despendeu no exercício do encargo.

IV. o depositário infiel responde civilmente pelos prejuízos causados, sem prejuízo de sua responsabilidade penal e da imposição de sanção por ato atentatório à dignidade da justiça.

Está correto o que se afirma em:

a) I, II e III, apenas.
b) II, III e IV, apenas.
c) II e III, apenas.
d) I, II, III e IV.

273. **(Consulplan/TJ/MG/Cartórios/Ingresso/2017)** José da Silva contratou a Construtora Beta para edificar sua casa em um lote de terreno urbano. Foi feito contrato escrito, fixando o preço do serviço, mão de obra e materiais por responsabilidade da construtora e prazo de sua conclusão e providências junto à Prefeitura, para fins de documentação, sem nada dispor sobre responsabilidade técnica, segurança ou qualidade da obra ou seus materiais. Terminada a obra, aprovada com "habite-se" pela Prefeitura e entregue a casa ao contratante José da Silva sem nenhuma ressalva ou reclamação. Quinze meses depois daquele ato de conclusão e entrega da obra, o imóvel começou a dar defeito, com rachaduras em paredes e piso cedendo, ficando a casa insegura para fins de moradia. Diante desses fatos, é correto afirmar que:

a) o empreiteiro é responsável pela solidez e segurança das construções, ainda que não conste cláusula contratual neste sentido.
b) não responde o construtor pelos danos que apareceram no imóvel, porque foi feita a entrega ao contratante, e sem nenhuma ressalva ou

reclamação, além do que a Prefeitura emitiu o habite-se, com efetiva presunção de observância de todas as normas técnicas que regem a segurança de edificações.

c) está prescrito o direito de reclamar, porque passaram mais de 12 meses entre entrega do imóvel ao contratante e a reclamação sobre os alegados danos.

d) não responde o construtor porque não contratou nenhuma responsabilidade civil após a entrega da obra ao contratante, sendo ato jurídico perfeito, que não pode ser revisto, sob pena de se criar insegurança jurídica.

4.6.4. Mandato; Comissão; Agência e Distribuição

✱ SÚMULAS

STJ Súm. 60. É nula a obrigação cambial assumida por procurador do mutuário vinculado ao mutuante, no exclusivo interesse deste.

STJ Súm. 476. O endossatário de título de crédito por endosso-mandato só responde por danos decorrentes de protesto indevido se extrapolar os poderes de mandatário.

✱ ENUNCIADOS CJF

1) Da Comissão

CJF Comercial 68. No contrato de comissão com cláusula "del credere", responderá solidariamente com o terceiro contratante o comissário que tiver cedido seus direitos ao comitente, nos termos da parte final do art. 694 do Código Civil.

2) Do Mandato

CJF Civil 182. O mandato outorgado por instrumento público previsto no art. 655 do CC somente admite substabelecimento por instrumento particular quando a forma pública for facultativa e não integrar a substância do ato.

CJF Civil 183. Para os casos em que o parágrafo primeiro do art. 661 exige poderes especiais, a procuração deve conter a identificação do objeto.

CJF Civil 184. Da interpretação conjunta desses dispositivos, extrai-se que o mandatário tem o direito de reter, do objeto da operação que lhe foi cometida, tudo o que lhe for devido em virtude do mandato, incluindo-se a remuneração ajustada e o reembolso de despesas.

3.2) Da Agência e Distribuição

CJF Comercial 31. O contrato de distribuição previsto no art. 710 do Código Civil é uma modalidade de agência em que o agente atua como mediador ou mandatário do proponente e faz jus à remuneração devida por este, correspondente aos negócios concluídos em sua zona. No contrato de distribuição autêntico, o distribuidor comercializa diretamente o produto recebido do fabricante ou fornecedor, e seu lucro resulta das vendas que faz por sua conta e risco.

✱ QUESTÕES OBJETIVAS

274. (Consulplan/TJ/MG/Cartórios/Ingresso/2018) Em relação ao mandato, assinale a alternativa correta:

a) quando o mandato for outorgado por instrumento público, não se poderá substabelecer por instrumento particular.

b) a morte do mandante não faz cessar imediatamente o mandato quando o negócio já houver começado e houver perigo na demora.

c) o terceiro com quem o mandatário tratar os negócios do mandante não poderá exigir que a procuração traga a firma reconhecida.

d) a conclusão do negócio atribuído ao mandatário não é causa determinante para a cessação do mandato, em razão da relação de imputação.

275. (Consulplan/TJ/MG/Cartórios/Ingresso/2018) A procuração lavrada em cartório de notas:

a) jamais poderá conter outorga de poderes para o representante celebrar negócio jurídico consigo, que seria negócio nulo.

b) dispensa a prova dos poderes outorgados ao representante, uma vez que lavrada em instrumento público, o que leva à presunção absoluta de conhecimento dos poderes.

c) tem por efeito que as declarações do representante, ainda que excedam os poderes outorgados, vincularão o representado, pois o terceiro terá sempre condições de extrair certidão da procuração pública.

d) poderá levar à anulação do negócio jurídico celebrado pelo representante, caso se prove que ele agiu em conflito de interesses com o outorgante, se tal fato era ou deveria ser do conhecimento de terceiro que com aquele contratou.

276. **(Consulplan/TJ/MG/Cartórios/Remoção/2018)** Assinale a alternativa correta acerca das procurações:

a) em regra, a procuração em causa própria extingue-se com a morte do mandante.

b) silente o instrumento de procuração sobre a possibilidade de substabelecimento, a presunção é de sua vedação.

c) cartório de notas – por ser válida, eficaz e legítima – deve lavrar uma procuração em que o mandante confira ao mandatário poderes para doar imóvel a pessoa livremente escolhida pelo procurador.

d) a procuração para venda de imóvel não será classificada como procuração em causa própria, ainda que por meio dela sejam outorgados poderes para transferência do bem para o próprio outorgado ou para terceiros por ele indicados, se não contiver o preço da compra e venda.

277. **(Cespe/TJ/PI/Cartórios/Remoção/2013)** Em relação aos mandatos, assinale a opção correta:

a) o maior de dezesseis e menor de dezoito anos de idade não emancipado pode ser mandatário, mediante assistência e instrumento público, mas o mandante não tem ação contra ele senão de conformidade com as regras gerais, aplicáveis às obrigações contraídas por menores.

b) os sócios da sociedade podem outorgar mandato para se fazerem representar nos atos sociais, inclusive nos de administração, sendo-lhes vedado, porém, outorgar poderes que digam respeito ao encerramento da empresa.

c) o mandatário com poderes para alienar bens do mandante não poderá adquiri-los, mas poderá vendê-los para seu cônjuge.

d) a morte do mandante comunicada ao tabelião pelo mandatário ou por outra pessoa, comprovada por documento oficial, deve receber igual tratamento.

e) quando o mandante constituir procurador para representá-lo em compra e venda de imóveis, deverá fazê-lo, sempre, mediante lavratura de instrumento público.

278. **(Ieses/TJ/RS/Cartórios/Ingresso/2013)** Aponte a proposição incorreta:

a) o mandato outorgado por instrumento público previsto no art. 655 do Código Civil admite substabelecimento por instrumento particular, quando a forma pública for facultativa e não integrar a substância do ato.

b) conferido o mandato com a cláusula "em causa própria", sua revogação não terá eficácia, nem se extinguirá pela morte de qualquer das partes, ficando o mandatário dispensado de prestar contas, e podendo transferir para si os bens móveis ou imóveis objeto do mandato.

c) quando a cláusula de irrevogabilidade for condição de um negócio bilateral, ou tiver sido estipulada no exclusivo interesse do mandatário, a revogação do mandato será ineficaz.

d) por ser uma forma de representação jurídica voluntária, o mandato não admite cláusula de irrevogabilidade.

279. **(Consulplan/TJ/MG/Cartórios/Remoção/2016)** São características do mandato "in rem suam" ou "in rem propriam", exceto:

a) possui natureza jurídica de negócio jurídico translativo de direitos.

b) responsabilidade do mandatário pela evicção.

c) revogabilidade e prestação de contas.

d) os herdeiros do mandatário, caso este faleça, sub-rogamse no crédito.

280. **(Consulplan/TJ/MG/Cartórios/Remoção/2016)** A, solteiro, confere a B mandato para vender imóvel em seu nome. Passado um tempo, A veio a se casar, em regime de comunhão parcial de bens, tendo B ciência dos fatos. Quanto ao mandato no caso vertente, nos termos do Código Civil, é correto afirmar:

a) o casamento do mandante acarreta mudança de estado civil, que faz cessar o mandato, inabilitando o mandatário para o uso dos poderes outorgados.

b) casando em regime de comunhão parcial de bens, os poderes serão mantidos. É dispensada a outorga do cônjuge para alienar os bens adquiridos antes do matrimônio.

c) o casamento do mandante acarreta mudança de estado civil, contudo, não cessa o mandato. Extinção do mandato se dá exclusivamente pela revogação, pela renúncia, pela morte ou interdição de uma das partes, pelo término do prazo ou pela conclusão do negócio.

d) nada obsta a venda de imóvel por mandato outorgado anterior ao matrimônio de bens particulares. O casamento do mandante acarreta apenas mudança de estado civil, que não faz cessar o mandato. Podendo o mandatário alienar livremente o bem independente da outorga.

281. (FCC/TJ/PE/Cartórios/Remoção/2013) Quanto aos atos dos tabeliães de notas, é correto afirmar:

a) uma mesma pessoa não poderá praticar atos notariais, simultaneamente, como representante do outorgante e do outorgado, se os interesses das partes forem aparentemente conflitantes, mesmo que investido de poderes específicos ou especiais de mandatário pelas partes a serem representadas.

b) sendo dois ou mais mandatários nomeados no mesmo instrumento, com declaração de que são mandatários conjuntos, não terá eficácia o ato praticado sem a interferência de todos, salvo havendo ratificação, que valerá a partir de sua realização.

c) outorgado o mandato com a cláusula "em causa própria", a sua revogação não terá eficácia, mas se extinguirá pela morte de qualquer das partes, ficando o mandatário ou procurador dispensado de prestar contas, mas impedido de transferir para si os bens móveis ou imóveis objeto do mandato, resolvendo-se em perdas e danos.

d) o mandato em termos gerais só confere ao procurador outorgado poderes de administração. Para fins de alienar, dispor, transferir domínio, direito e ação, hipotecar, gravar ou praticar quaisquer outros atos que exorbitem da administração ordinária, depende a procuração de poderes especiais, com expressa menção e referência aos bens móveis e imóveis que poderão ser alienados ou gravados pelo mandatário.

e) ata notarial é a narração real de fatos verificados pessoal e exclusivamente pelo tabelião e conterá: local, data de sua lavratura e hora; nome e qualificação do solicitante; narração circunstanciada dos fatos; declaração de haver sido lida ao solicitante e, sendo o caso, às testemunhas; assinatura do solicitante ou de alguém a seu rogo e, sendo o caso, das testemunhas; assinatura e sinal público do tabelião.

282. (Consulplan/TJ/MG/Cartórios/Remoção/2016) Maria Clara pede a Vitória que vá até a venda da esquina e entregue ao vendedor certa soma de dinheiro que lhe devia. Vitória entregará o dinheiro e pegará recibo. Nisto consiste a tarefa e nada mais. É correto afirmar que houve:

a) mero serviço de núncio.

b) contrato de mandato.

c) contrato de prestação de serviço.

d) contrato de depósito.

283. (Vunesp/TJ/SP/Cartórios/Remoção/2016) Assinale a alternativa correta:

a) a procuração, porque encontra na confiança seu traço distintivo, não pode conter cláusula de irrevogabilidade, a ser considerada ineficaz, se estabelecida.

b) a adoção de criança e adolescente pode ser objeto de procuração.

c) a procuração deve respeitar a forma exigida por lei para os atos e negócios jurídicos a serem praticados, nada obstante negócio jurídico preparatório.

d) a procuração, instrumento do mandato, disciplina a relação interna do mandante e do mandatário; rege as obrigações de um e de outro.

284. (Consulplan/TJ/MG/Cartórios/Remoção/2015) A procuração é o instrumento do mandato. A outorga do mandato está sujeita à forma exigida por lei para o ato a ser praticado. Contudo, se, pelo valor do imóvel, a transação puder ser feita por instrumento particular, mas as partes, por opção, resolverem celebrá-la por escritura pública, havendo no caso outorga de procuração, relativo ao caso, é correto afirmar:

a) admite-se somente por instrumento particular.

b) admite-se somente por instrumento público.

c) admite-se por instrumento público ou particular.

d) admite-se mandato verbal quando o valor da transação for inferior a trinta salários-mínimos.

285. (Consulplan/TJ/MG/Cartórios/Remoção/2015) "João celebrou contrato de mandato com Pedro, outorgando-lhe poderes para transferir documentos de seu veículo para Luana, pois o mesmo já estava alienado a ela, inclusive quitado, sendo sabido da condição frágil de saúde de Luana, que, em fase terminal, seria hospitalizada. Pedro, ainda dentro do cartório de notas, preste a assinar o documento de transferência, recebe a notícia da morte de João e que seus herdeiros estão em lugar incerto e não sabido, o que pode acarretar em longa demora na efetivação da transferência do documento do bem e sua regularização no órgão de trânsito." Diante dos fatos, é correto afirmar:

a) por ter caráter pessoal, com o advento do falecimento de qualquer uma das partes, cessarão todos os efeitos do instrumento de mandato, em qualquer hipótese.

b) embora ciente da morte, deve o mandatário concluir o negócio já começado, se houver perigo na demora.

c) embora ciente da morte, os herdeiros devem concluir o negócio já começado, independente da abertura legal do inventário.

d) a herança responde pelo pagamento das dívidas do falecido, devendo o interessado habilitar seus créditos, a fim de obter adimplemento da obrigação.

286. (Cespe/TJ/SE/Cartórios/Remoção/2014) A respeito dos contratos e da responsabilidade civil, assinale a opção correta:

a) o mandato outorgado por instrumento público somente admite substabelecimento por instrumento particular quando a forma pública for facultativa e não integrar a substância do ato.

b) as agremiações esportivas são responsáveis, de forma subjetiva, por danos causados a terceiros pelas torcidas organizadas, quando, de qualquer modo, as financiem ou custeiem, direta ou indiretamente, total ou parcialmente.

c) o contrato de promessa de permuta de bens imóveis não é título passível de registro na matrícula imobiliária.

d) a exceção de inseguridade não pode ser oposta à parte cuja conduta ponha em risco manifesto a execução do programa contratual.

e) de acordo com o Código Civil de 2002, é nula a venda, sem o devido consentimento, de ascendente a descendente, o que finda a discussão travada pela doutrina e pela jurisprudência acerca da natureza jurídica da consequência do vício.

287. (FMP/TJ/MT/Cartórios/Remoção/2014) Sobre procurações e substabelecimentos, assinale a afirmativa correta:

a) o substabelecimento lavrado por instrumento público deve ser assinado pelo substabelecido na presença do tabelião.

b) pelo princípio da atração das formas, a procuração por instrumento público deve ser substabelecida por instrumento público, enquanto a procuração por instrumento particular deve ser substabelecida por instrumento particular.

c) todas as pessoas capazes são aptas para dar procuração mediante instrumento particular, que valerá desde que tenha a assinatura do outorgante, hipótese em que o terceiro com quem o mandatário tratar poderá exigir que a procuração traga a firma reconhecida.

d) a outorga do mandato está sujeita à forma exigida por lei para o ato a ser praticado, daí por que não se admite procuração pública para que seja firmado pelo mandatário um compromisso particular de compra e venda.

e) a revogação da procuração pública deverá ser lavrada no mesmo tabelionato em que foi lavrada a dita procuração, sob pena de não valer contra terceiros.

288. (Cespe/TJ/SE/Cartórios/Ingresso/2014) Acerca da elaboração de procurações para os atos da vida civil, assinale a opção correta:

a) menor com dezessete anos de idade tem capacidade para ser mandatário, mesmo sem auxílio de assistente.

b) se, de determinada procuração, constar vedação expressa de substabelecimento e ainda assim o procurador mandatário substabelecer, o mandante responde pelos atos do substabelecido, independentemente de posterior ratificação.

c) é vedado ao terceiro exigir reconhecimento de firma para que procuração por instrumento particular produza efeitos contra ele.

d) se uma procuração for pública, seu substabelecimento deve ser também de natureza púbica, mesmo que o ato a ser praticado seja particular.

e) a procuração que outorga mandato em termos gerais confere poderes de administração, que incluem poderes para alienar, hipotecar ou transigir.

289. (Ieses/TJ/AM/Cartórios/Ingresso/2018) Sobre o contrato de mandato, responda as questões:

I. o mandato pode ser conferido com clausula de irrevogabilidade.

II. conferido o mandato com a cláusula "em causa própria", a sua revogação não terá eficácia, nem se extinguirá pela morte de qualquer das partes, ficando o mandatário dispensado de prestar contas, e podendo transferir para si os bens móveis ou imóveis objeto do mandato, obedecidas as formalidades legais.

III. se o mandato for outorgado por duas ou mais pessoas, e para negócio comum, cada uma ficará solidariamente responsável ao mandatário por todos os compromissos e efeitos do mandato, salvo direito regressivo, pelas quantias que pagar, contra os outros mandantes.

Assinale a correta:

a) apenas a assertiva II é verdadeira.

b) apenas as assertivas I e II são verdadeiras.

c) todas as assertivas são verdadeiras.

d) todas as assertivas são falsas.

4.6.5. Corretagem; Transporte; Seguro

*** SÚMULAS**

1) Do Seguro

STF Súm. 188. O segurador tem ação regressiva contra o causador do dano, pelo que efetivamente pagou, até o limite previsto no contrato de seguro.

STF Súm. 257. São cabíveis honorários de advogado na ação regressiva do segurador contra o causador do dano.

STJ Súm. 101. A ação de indenização do segurado em grupo contra a seguradora prescreve em um ano.

STJ Súm. 229. O pedido do pagamento de indenização à seguradora suspende o prazo de prescrição até que o segurado tenha ciência da decisão.

STJ Súm. 246. O valor do seguro obrigatório deve ser deduzido da indenização judicialmente fixada.

STJ Súm. 278. O termo inicial do prazo prescricional, na ação de indenização, é a data em que o segurado teve ciência inequívoca da incapacidade laboral.

STJ Súm. 402. O contrato de seguro por danos pessoais compreende os danos morais, salvo cláusula expressa de exclusão.

STJ Súm. 465. Ressalvada a hipótese de efetivo agravamento do risco, a seguradora não se exime do dever de indenizar em razão da transferência do veículo sem a sua prévia comunicação.

STJ Súm. 529. No seguro de responsabilidade civil facultativo, não cabe o ajuizamento de ação pelo terceiro prejudicado direta e exclusivamente em face da seguradora do apontado causador do dano.

STJ Súm. 537. Em ação de reparação de danos, a seguradora denunciada, se aceitar a denunciação ou contestar o pedido do autor, pode ser condenada, direta e solidariamente junto com o segurado, ao pagamento da indenização devida à vítima, nos limites contratados na apólice.

STJ Súm. 610. O suicídio não é coberto nos dois primeiros anos de vigência do contrato de seguro de vida, ressalvado o direito do beneficiário à devolução do montante da reserva técnica formada.

STJ Súm. 616. A indenização securitária é devida quando ausente a comunicação prévia do segurado acerca do atraso no pagamento do prêmio, por constituir requisito essencial para a suspensão ou resolução do contrato de seguro.

STJ Súm. 620. A embriaguez do segurado não exime a seguradora do pagamento da indenização prevista em contrato de seguro de vida.

2) Do Transporte

STF Súm. 161. Em contrato de transporte, é inoperante a cláusula de não indenizar.

STF Súm. 187. A responsabilidade contratual do transportador, pelo acidente com o passageiro, não é elidida por culpa de terceiro, contra o qual tem ação regressiva.

STJ Súm. 145. No transporte desinteressado, de simples cortesia, o transportador só será civilmente responsável por danos causados ao transportado quando incorrer em dolo ou culpa grave.

*** ENUNCIADOS CJF**

1) Da Corretagem

CJF Comercial 36. O pagamento da comissão, no contrato de corretagem celebrado entre empresários, pode ser condicionado à celebração do negócio previsto no contrato ou à mediação útil ao cliente, conforme os entendimentos prévios entre as partes. Na ausência de ajuste ou previsão contratual, o cabimento da comissão deve ser analisado no caso concreto, à luz da boa-fé objetiva e da vedação ao enriquecimento sem causa, sendo devida se o negócio não vier a se concretizar por fato atribuível exclusivamente a uma das partes.

2) Do Transporte

CJF Civil 369. Diante do preceito constante no art. 732 do Código Civil, teleologicamente e em uma visão constitucional de unidade do sistema, quando o contrato de transporte constituir uma relação de consumo, aplicam-se as normas do Código de Defesa do Consumidor que forem mais benéficas a este.

CJF Civil 559. Observado o Enunciado 369 do CJF, no transporte aéreo, nacional e internacional, a responsabilidade do transportador em relação aos passageiros gratuitos, que viajarem por cortesia, é objetiva, devendo atender à integral reparação de danos patrimoniais e extrapatrimoniais.

CJF Civil 559. Observado o Enunciado 369 do CJF, no transporte aéreo, nacional e internacional, a responsabilidade do transportador em relação aos passageiros gratuitos, que viajarem por cortesia, é objetiva, devendo atender à integral reparação de danos patrimoniais e extrapatrimoniais.

3) Do Seguro

3.1) Disposições Gerais

CJF Civil 185. A disciplina dos seguros do Código Civil e as normas da previdência privada que impõem a contratação exclusivamente por meio de entidades legalmente autorizadas não impedem a formação de grupos restritos de ajuda mútua, caracterizados pela autogestão.

CJF Civil 370. Nos contratos de seguro por adesão, os riscos predeterminados indicados no art. 757, parte final, devem ser interpretados de acordo com os arts. 421, 422, 424, 759 e 799 do Código Civil e 1º, inc. III, da Constituição Federal.

CJF Civil 371. A mora do segurado, sendo de escassa importância, não autoriza a resolução do contrato, por atentar ao princípio da boa-fé objetiva.

CJF Civil 372. Em caso de negativa de cobertura securitária por doença pré-existente, cabe à seguradora comprovar que o segurado tinha conhecimento inequívoco daquela.

CJF Civil 376. Para efeito de aplicação do art. 763 do Código Civil, a resolução do contrato depende de prévia interpelação.

CJF Civil 542. A recusa de renovação das apólices de seguro de vida pelas seguradoras em razão da idade do segurado é discriminatória e atenta contra a função social do contrato.

CJF Civil 543. Constitui abuso do direito a modificação acentuada das condições do seguro de vida e de saúde pela seguradora quando da renovação do contrato.

CJF Civil 585. Impõe-se o pagamento de indenização do seguro mesmo diante de condutas, omissões ou declarações ambíguas do segurado que não guardem relação com o sinistro.

3.2) Do Seguro de Dano

CJF Civil 373. Embora sejam defesos pelo § 2º do art. 787 do Código Civil, o reconhecimento da responsabilidade, a confissão da ação ou a transação não retiram ao segurado o direito à garantia, sendo apenas ineficazes perante a seguradora.

CJF Civil 544. O seguro de responsabilidade civil facultativo garante dois interesses, o do segurado contra os efeitos patrimoniais da imputação de responsabilidade e o da vítima à indenização, ambos destinatários da garantia, com pretensão própria e independente contra a seguradora.

CJF Civil 546. O § 2º do art. 787 do Código Civil deve ser interpretado em consonância com o art. 422 do mesmo diploma legal, não obstando o direito à indenização e ao reembolso.

CJF Civil 552. Constituem danos reflexos reparáveis as despesas suportadas pela operadora de plano de saúde decorrentes de complicações de procedimentos por ela não cobertos.

3.3) Do Seguro de Pessoa

CJF Civil 186. O companheiro deve ser considerado implicitamente incluído no rol das pessoas tratadas no art. 790, parágrafo único, por possuir interesse legítimo no seguro da pessoa do outro companheiro.

CJF Civil 187. No contrato de seguro de vida, presume-se, de forma relativa, ser premeditado o suicídio cometido nos dois primeiros anos de vigência da cobertura, ressalvado ao beneficiário o ônus de demonstrar a ocorrência do chamado "suicídio involuntário".

CJF Civil 374. No contrato de seguro, o juiz deve proceder com equidade, atentando às circunstâncias reais, e não a probabilidades infundadas, quanto à agravação dos riscos.

CJF Civil 375. No seguro em grupo de pessoas, exige-se o quórum qualificado de 3/4 do grupo, previsto no § 2º do art. 801 do Código Civil, apenas quando as modificações impuserem novos ônus aos participantes ou restringirem seus direitos na apólice em vigor.

CJF Civil 542. A recusa de renovação das apólices de seguro de vida pelas seguradoras em razão da idade do segurado é discriminatória e atenta contra a função social do contrato.

* INFORMATIVOS

STJ Contrato de seguro de vida em grupo. Caráter temporário. Ausência de formação de reserva matemática. Regime financeiro de repartição simples. Cláusula de não renovação. Ausência de abusividade.

Nos contratos de seguro de vida em grupo não há direito à renovação da apólice sem a concordância da seguradora ou à restituição dos prêmios pagos em contraprestação à cobertura do risco no período delimitado no contrato. REsp 1.569.627, Rel. Min. Maria Isabel Gallotti, DJ 2.4.2018. 2ª S. (Info 622)

STJ Seguro de vida. Acidente de trânsito. Embriaguez do segurado. Exclusão de cobertura. Vedação. É vedada a exclusão de cobertura de seguro de vida em razão da embriaguez do segurado. EREsp 973.725, Rel. Min. Lázaro Guimarães, DJ 2.5.2018. 2ª S. (Info 625)

STJ Seguro de vida em grupo e acidentes pessoais. Aposentadoria por invalidez. Presunção relativa da incapacidade. Perícia médica. Necessidade. A aposentadoria por invalidez permanente concedida pelo INSS não confere ao segurado o direito automático de receber indenização de seguro contratado com empresa privada, sendo imprescindível a realização de perícia médica para atestar o grau de incapacidade e o correto enquadramento na cobertura contratada. EREsp 1508190, Rel. Min. Ricardo Villas Bôas Cueva, DJ 20.11.2017. 2ª S. (Info 616)

* QUESTÕES OBJETIVAS

290. **(Consulplan/TJ/MG/Cartórios/Ingresso/2017)** José da Silva colocou uma casa de sua propriedade à venda. Antônio Pedro e Paulo Nogueira, corretores autônomos, passando pelo local viram a placa de "vende-se" e procuraram individualmente o dono José da Silva e ofereceram os serviços de intermediação. José Silva concordou, mas não deu exclusividade para nenhum deles, combinando percentual de 4% sobre valor, em caso de venda, como remuneração. Então ambos os corretores colocam os números de seus telefones ao lado da placa "vende-se". Maria Pia passou pelo local, viu os números de telefones e ligou para Antônio Pedro, agendando visita ao imóvel. Foi ao local, tirou fotos, gostou muito, perguntou preço, fez proposta de compra, mas não fechou o negócio no ato, porque o corretor ficou de conversar com o proprietário. Passados 15 dias, Maria Pia ligou para Antônio Pedro para saber notícia do imóvel, mas não conseguiu o contato com o corretor, pois todas as ligações davam ocupadas ou fora de área. Então, como tinha outro telefone na placa, ligou para Paulo Nogueira, que passou as informações complementares e tirou as dúvidas que Maria Pia tinha, mostrou-lhe a documentação, tudo legal, dispensando nova visita ao imóvel, porque já o conhecia. Então, fechou o negócio de compra e venda, assinou contrato e pagou ao proprietário o valor e entrou na posse do imóvel. A comissão de corretagem foi paga a Paulo Nogueira. Antônio Pedro, posteriormente, viu que a placa "vende-se" foi retirada do local e que havia nova moradora no imóvel. Ela lhe contou o ocorrido e Antônio Pedro entende que tem direito à comissão de corretagem. A esse respeito, marque a afirmativa correta:

a) Antônio Pedro não tem nenhum direito à comissão de corretagem porque quando foi procurado pela compradora não foi encontrado, deixando de dar assistência à cliente, portanto, por sua culpa exclusiva, não foi fechado o negócio com sua intermediação e pelo Código Civil a remuneração é devida ao corretor que, efetivamente, tenha conseguido o resultado previsto no contrato de mediação.

b) Antônio Pedro não tem direito à corretagem, já que não tinha cláusula de exclusividade com o proprietário e isso ficou muito claro no documento que assinou, e sendo pessoa do ramo, presume-se conhecer sua atividade e o risco de não estar sempre à disposição do cliente interessado na compra do imóvel.

c) Antônio Pedro tem direito à comissão de corretagem, mas apenas parcialmente, pelo serviço que prestou na venda do imóvel, sendo o contato inicial na aproximação das partes compradora e vendedor do bem.

d) Antônio Pedro tem direito de receber todo o valor da corretagem porque, sem sua participação, o negócio não teria ocorrido e a entrada de Paulo Nogueira no negócio foi sem ética profissional e a lei não pode tutelar quem usurpa a clientela de outrem, porque isso gera concorrência desleal, ferindo a boa-fé objetiva.

291. **(Consulplan/TJ/MG/Cartórios/Remoção/2017)** De acordo com a legislação, pelo contrato de corretagem, uma pessoa, não ligada a outra em virtude de mandato, de prestação de serviços ou por qualquer relação de dependência, obriga-se a obter para a segunda um ou mais negócios, conforme as instruções recebidas. E para efeito de remuneração do corretor, é correto dizer que a remuneração do corretor:

a) será sempre fixada em lei, já que se trata de uma profissão devidamente regulamentada, e tem suas normas próprias e como toda remuneração é de ordem pública, portanto devem se seguidas.

b) se não estiver fixada em lei, nem ajustada entre as partes, será arbitrada segundo a natureza do negócio e os usos locais.

c) será sempre contratual, já que a lei não cuidou de sua remuneração, sendo profissão autônoma, exercida de forma livre, como todo profissional liberal.

d) é contratual, e se não se chegar a um acordo sobre o seu valor ou se divergirem as partes após conclusão do serviço contratado, deve-se pedir o arbitramento em juízo ou em Câmaras Arbitrais.

292. **(Consulplan/TJ/MG/Cartórios/Remoção/2017)** José Silva contratou com a Construtora Beta a compra de imóvel "na planta", unidade 201, do Edifício Urandi, que estava sendo lançado nesta capital com ampla divulgação. Dentre as cláusulas do contrato padrão já impresso, constou que José Silva pagaria uma entrada de R$ 10.000,00, mais 6 parcelas intermediárias de R$ 3.000,00 e o saldo de R$ 100.000,00 seria financiado junto ao SFH. Continha, ainda, uma cláusula no mesmo contrato, mas separada e destacada, de que pagaria, ainda, José Silva o valor fixo de R$ 1.500,00 a título de corretagem, sendo que a Corretora Alfa estava instalada no canteiro de obras do local, onde seria erigida a edificação, a qual foi efetivamente paga naquele ato ao corretor, que se apresentou como preposto da Alfa. No entanto, José Silva sentiu-se lesado em pagar aquela comissão de corretagem, que chamou de abusiva e colidente com o Código de Defesa do Consumidor, e ingressou em juízo com pedido de sua nulidade e devolução do valor pago. Para o caso, assinale a afirmativa correta:

a) é válida a cláusula que transfere ao consumidor o pagamento da comissão de corretagem, já que expressamente contratada e de forma destacada.

b) é nula a cláusula de comissão de corretagem, já que camuflada para onerar o comprador, vez que o serviço foi prestado no próprio canteiro de obras, portanto obrigação seria da Construtora.

c) a cláusula relativa à comissão de corretagem somente seria válida se lançada em outro instrumento de contrato, o que naquele caso não ocorreu, portanto nula, já que constituiu em "venda casada", o que é vedado pelo Código de Defesa do Consumidor.

d) é nula de pleno direito a cláusula relativa à comissão de corretagem já que lançada em contrato de adesão, estava impressa quando na negociação, sem margem para discussão, o que colide com as normas protetivas do Código de Defesa do Consumidor.

293. **(Cetro/TJ/RJ/Cartórios/Remoção/2017)** Átila e Doroteia, planejando a vida a dois, visitam um estande de vendas de unidades autônomas de uma planta predial vinculada a uma incorporação imobiliária. Por gostarem do projeto arquitetônico e da vizinhança, firmaram contrato de promessa de compra e venda, o qual previa, dentre outros pontos, que a obrigação de pagar a comissão de corretagem é do promitente-comprador, bem como estaria embutido no valor do contrato a cobrança de Serviço de Assessoria Técnico-Imobiliária (SATI). Considerando o caso acima, marque V para verdadeiro ou F para falso e, em seguida, assinale a alternativa que apresenta a sequência correta.

I. é válida a obrigação de pagar a comissão de corretagem pelo promitente-comprador referente à unidade autônoma vinculada à incorporação imobiliária, desde que previamente informado.

II. dado que o contrato de corretagem configura vínculo jurídico acessório e direto do contrato de compra e venda da unidade autônoma, necessariamente, devem participar do contrato de corretagem o comitente-comprador, o corretor e o terceiro, o vendedor.

III. a cobrança de SATI em alienação de unidades autônomas em regime de incorporação imobiliária somente pode ser considerada abusiva na hipótese de o serviço ser desvinculado do contrato celebrado:

a) F, V, F.

b) F, V, V.

c) V, F, F.

d) F, F, V.

e) V, F, V.

294. **(Cespe/TJ/RR/Cartórios/Ingresso/2013)** No que tange aos contratos, assinale a opção correta:

a) o comodato, empréstimo gratuito de coisas fungíveis, perfaz-se com a tradição do objeto.

b) em contrato de seguro, não é possível a estipulação contratual para garantia de risco proveniente de ato doloso do segurado.

c) o contrato de fiança deve ser elaborado por escrito, admitindo o Código Civil/2002, quando necessária, a interpretação extensiva.

d) ocorrido o enriquecimento sem causa, é devida a restituição do valor indevido ao lesado mesmo nos casos em que a lei prevê outros meios para o ressarcimento do prejuízo sofrido.

e) o maior de dezesseis anos de idade e o menor de dezoito anos de idade não emancipado não podem ser mandatários.

295. **(Consulplan/TJ/MG/Cartórios/Remoção/2017)** No contrato de seguro (artigos 757 e 758 do CC), quando se usa o termo "prêmio", tem-se a exegese ou significado de que:

a) é a indenização ou reparação que o segurado tem direito em caso de sinistro.

b) é o valor ou prestação paga pelo segurado para ter a proteção da seguradora.

c) é a indenização que o segurado tem com base no que consta da apólice e a esta vinculando os riscos contratados.

d) é um bônus que a seguradora concede ao segurado, quando se renova o contrato, em que o cliente não fez uso do seguro no ano anterior.

4.6.6. *Jogo e Aposta; Fiança; Transação*

✱ SÚMULAS

1) Da Fiança

STJ Súm. 214. O fiador na locação não responde por obrigações resultantes de aditamento ao qual não anuiu.

STJ Súm. 268. O fiador que não integrou a relação processual na ação de despejo não responde pela execução do julgado.

STJ Súm. 332. A fiança prestada sem autorização de um dos cônjuges implica a ineficácia total da garantia.

✱ ENUNCIADOS CJF

1) Da Fiança

CJF Civil 364. No contrato de fiança é nula a cláusula de renúncia antecipada ao benefício de ordem quando inserida em contrato de adesão.

CJF Civil 547. Na hipótese de alteração da obrigação principal sem o consentimento do fiador, a exoneração deste é automática, não se aplicando o disposto no art. 835 do Código Civil quanto à necessidade de permanecer obrigado pelo prazo de 60 (sessenta) dias após a notificação ao credor, ou de 120 (cento e dias) dias no caso de fiança locatícia.

2) Da transação

CJF Civil 442. A transação, sem a participação do advogado credor dos honorários, é ineficaz quanto aos honorários de sucumbência definidos no julgado.

✱ QUESTÕES OBJETIVAS

296. **(Ieses/TJ/PA/Cartórios/Ingresso/2016)** Sobre a fiança prevista no Código Civil, assinale a alternativa correta:

a) pode garantir obrigações nulas.

b) pode ser estipulada ainda que contra a vontade do devedor.

c) não pode ser de valor inferior à obrigação principal.

d) pode ser por escrito ou verbal.

297. **(Consulplan/TJ/MG/Cartórios/Ingresso/2016)** Assinale a alternativa em que todos os caracteres jurídicos estão presentes no contrato de fiança:

a) típico, gratuito, unilateral, aleatório.

b) atípico, oneroso, bilateral, comutativo.

c) nominado, oneroso, bilateral, aleatório.

d) inominado, gratuito, unilateral, comutativo.

298. **(Ieses/TJ/PB/Cartórios/Remoção/2014)** Pelo contrato de fiança, uma pessoa garante satisfazer ao credor uma obrigação assumida pelo devedor, caso este não a cumpra. Sobre este instituto do Código Civil é correto afirmar:

I. a fiança dar-se-á por escrito, porém admite interpretação extensiva.

II. pode-se estipular a fiança, ainda que sem consentimento do devedor ou contra a sua vontade.

III. as dívidas futuras podem ser objeto de fiança; mas o fiador, neste caso, não será demandado senão depois que se fizer certa e líquida a obrigação do principal devedor.

IV. as obrigações nulas não são suscetíveis de fiança, exceto se a nulidade resultar apenas de incapacidade pessoal do devedor.

A sequência correta é:

a) apenas a assertiva III está correta.

b) apenas as assertivas II, III e IV estão corretas.

c) apenas as assertivas I e II estão corretas.

d) as assertivas I e IV estão corretas.

299. **(Ieses/TJ/AM/Cartórios/Remoção/2018)** Pelo contrato de fiança, uma pessoa garante satisfazer ao credor uma obrigação assumida pelo devedor, caso este não a cumpra. Em relação a esta matéria é correto afirmar:

a) não se pode estipular a fiança sem consentimento do devedor ou contra a sua vontade.

b) não sendo limitada, a fiança compreenderá todos os acessórios da dívida principal, excluindo-se apenas as despesas judiciais, desde a citação do fiador.

c) se o fiador se tornar insolvente ou incapaz, não poderá o credor exigir que seja substituído.

d) a fiança dar-se-á por escrito, e não admite interpretação extensiva.

4.7. Dos Atos Unilaterais

✱ SÚMULAS

STJ **Súm. 322.** Para a repetição de indébito, nos contratos de abertura de crédito em conta corrente, não se exige a prova do erro.

✱ ENUNCIADOS CJF

CJF **Civil 35.** A expressão "se enriquecer à custa de outrem" do art. 884 do novo Código Civil não significa, necessariamente, que deverá haver empobrecimento.

CJF **Civil 36.** O art. 886 do novo Código Civil não exclui o direito à restituição do que foi objeto de enriquecimento sem causa nos casos em que os meios alternativos conferidos ao lesado encontram obstáculos de fato.

CJF **Civil 188.** A existência de negócio jurídico válido e eficaz é, em regra, uma justa causa para o enriquecimento.

CJF **Civil 551.** Nas violações aos direitos relativos a marcas, patentes e desenhos industriais, será assegurada a reparação civil ao seu titular, incluídos tanto os danos patrimoniais como os danos extrapatrimoniais.

CJF **Civil 620.** A obrigação de restituir o lucro da intervenção, entendido como a vantagem patrimonial auferida a partir da exploração não autorizada de bem ou direito alheio, fundamenta-se na vedação do enriquecimento sem causa.

✱ INFORMATIVOS

STJ **Uso indevido de imagem. Fins comerciais. Enriquecimento sem causa. Dever de restituição. Lucro da intervenção. Forma de quantificação.** Cabe ao perito, na fase de liquidação da sentença, a tarefa de encontrar o melhor método de quantificação do que foi auferido, sem justa causa, às custas do uso não autorizado de imagem em campanha publicitária, observados os seguintes critérios: a) apuração do "quantum debeatur" com base no denominado lucro patrimonial; b) delimitação do cálculo ao período no qual se verificou a indevida intervenção no direito de imagem; c) aferição do grau de contribuição de cada uma das partes mediante abatimento dos valores correspondentes a outros fatores que contribuíram para a obtenção do lucro, tais como a experiência do interventor, suas qualidades pessoais e as despesas realizadas; e d) distribuição do lucro obtido com a intervenção proporcionalmente à contribuição de cada partícipe da relação jurídica. REsp 1.698.701, Rel. Min. Ricardo Villas Bôas Cueva, DJ 8.10.2018. 3ª T. (Info 634)

4.8. Da Responsabilidade Civil

✱ SÚMULAS

1) Acidente de Trabalho

STF **Súm. 35.** Em caso de acidente do trabalho ou de transporte, a concubina tem direito de ser indenizada pela morte do amásio, se entre eles não havia impedimento para o matrimônio.

STF **Súm. 314.** Na composição do dano por acidente do trabalho, ou de transporte, não é contrário à lei tomar para base da indenização o salário do tempo da perícia ou da sentença.

2) Acidente de Trânsito

STJ **Súm. 132.** A ausência de registro da transferência não implica a responsabilidade do antigo proprietário por dano resultante de acidente que envolva o veículo alienado.

STJ **Súm. 145.** No transporte desinteressado, de simples cortesia, o transportador só será civilmente responsável por danos causados ao transportado quando incorrer em dolo ou culpa grave.

3) Cálculo da Indenização

STF **Súm. 314.** Na composição do dano por acidente do trabalho, ou de transporte, não é contrário à lei tomar para base da indenização o salário do tempo da perícia ou da sentença.

STF **Súm. 490.** A pensão correspondente à indenização oriunda de responsabilidade civil deve ser calculada com base no salário-mínimo vigente ao tempo da sentença e ajustar-se-á às variações ulteriores.

STF Súm. 562. Na indenização de danos materiais decorrentes de ato ilícito cabe a atualização de seu valor, utilizando-se, para esse fim, dentre outros critérios, os índices de correção monetária.

STJ Súm. 43. Incide correção monetária sobre dívida por ato ilícito a partir da data do efetivo prejuízo.

STJ Súm. 54. Os juros moratórios fluem a partir do evento danoso, em caso de responsabilidade extracontratual.

STJ Súm. 246. O valor do seguro obrigatório deve ser deduzido da indenização judicialmente fixada.

STJ Súm. 313. Em ação de indenização, procedente o pedido, é necessária a constituição de capital ou caução fidejussória para a garantia de pagamento da pensão, independentemente da situação financeira do demandado.

STJ Súm. 362. A correção monetária do valor da indenização do dano moral incide desde a data do arbitramento.

4) Contratos de Locação/Seguro/Transporte

STF Súm. 35. Em caso de acidente do trabalho ou de transporte, a concubina tem direito de ser indenizada pela morte do amásio, se entre eles não havia impedimento para o matrimônio.

STF Súm. 161. Em contrato de transporte, é inoperante a cláusula de não indenizar.

STF Súm. 187. A responsabilidade contratual do transportador, pelo acidente com o passageiro, não é elidida por culpa de terceiro, contra o qual tem ação regressiva.

STF Súm. 188. O segurador tem ação regressiva contra o causador do dano, pelo que efetivamente pagou, até o limite previsto no contrato de seguro.

STF Súm. 492. A empresa locadora de veículos responde, civil e solidariamente com o locatário, pelos danos por este causados a terceiro, no uso do carro locado.

5) Dano Moral

STJ Súm. 37. São cumuláveis as indenizações por dano material e dano moral oriundos do mesmo fato.

STJ Súm. 227. A pessoa jurídica pode sofrer dano moral.

STJ Súm. 281. A indenização por dano moral não está sujeita à tarifação prevista na Lei de Imprensa.

STJ Súm. 326. Na ação de indenização por dano moral, a condenação em montante inferior ao postulado na inicial não implica sucumbência recíproca.

STJ Súm. 362. A correção monetária do valor da indenização do dano moral incide desde a data do arbitramento.

STJ Súm. 370. Caracteriza dano moral a apresentação antecipada de cheque pré-datado.

STJ Súm. 385. Da anotação irregular em cadastro de proteção ao crédito, não cabe indenização por dano moral, quando preexistente legítima inscrição, ressalvado o direito ao cancelamento.

STJ Súm. 387. É lícita a cumulação das indenizações de dano estético e dano moral.

STJ Súm. 388. A simples devolução indevida de cheque caracteriza dano moral.

STJ Súm. 402. O contrato de seguro por danos pessoais compreende os danos morais, salvo cláusula expressa de exclusão.

STJ Súm. 403. Independe de prova do prejuízo a indenização pela publicação não autorizada de imagem de pessoa com fins econômicos ou comerciais.

STJ Súm. 420. Incabível, em embargos de divergência, discutir o valor de indenização por danos morais.

STJ Súm. 624. É possível cumular a indenização do dano moral com a reparação econômica da Lei n. 10.559/2002 (Lei da Anistia Política).

6) Instituições Financeiras

STF Súm. 28. O estabelecimento bancário é responsável pelo pagamento de cheque falso, ressalvadas as hipóteses de culpa exclusiva ou concorrente do correntista.

STJ Súm. 479. As instituições financeiras respondem objetivamente pelos danos gerados por fortuito interno relativo a fraudes e delitos praticados por terceiros no âmbito de operações bancárias.

7) Lei de Imprensa

STJ Súm. 221. São civilmente responsáveis pelo ressarcimento de dano, decorrente de publicação pela imprensa, tanto o autor do escrito quanto o proprietário do veículo de divulgação.

STJ Súm. 281. A indenização por dano moral não está sujeita à tarifação prevista na Lei de Imprensa.

8) Título de Crédito

STJ Súm. 475. Responde pelos danos decorrentes de protesto indevido o endossatário que recebe por endosso translativo título de crédito contendo vício formal extrínseco ou intrínseco, ficando ressalvado seu direito de regresso contra os endossantes e avalistas.

STJ **Súm. 476.** O endossatário de título de crédito por endosso-mandato só responde por danos decorrentes de protesto indevido se extrapolar os poderes de mandatário.

9) Outros Temas

STF **Súm. 159.** Cobrança excessiva, mas de boa fé, não dá lugar às sanções do art. 1.531 do Código Civil.

STF **Súm. 491.** É indenizável o acidente que cause a morte de filho menor, ainda que não exerça trabalho remunerado.

STJ **Súm. 529.** No seguro de responsabilidade civil facultativo, não cabe o ajuizamento de ação pelo terceiro prejudicado direta e exclusivamente em face da seguradora do apontado causador do dano.

STJ **Súm. 130.** A empresa responde, perante o cliente, pela reparação de dano ou furto de veículo ocorridos em seu estacionamento.

* REPERCUSSÃO & REPETITIVOS

STF **Repercussão Geral 666.** É prescritível a ação de reparação de danos à Fazenda Pública decorrente de ilícito civil. (RE 669069, 3.2.2016)

STJ **Repetitivo 983.** Nos casos de violência contra a mulher praticados no âmbito doméstico e familiar, é possível a fixação de valor mínimo indenizatório a título de dano moral, desde que haja pedido expresso da acusação ou da parte ofendida, ainda que não especificada a quantia, e independentemente de instrução probatória. (REsp 1643051, 28.2.2018)

* ENUNCIADOS CJF

1) Da Obrigação de Indenizar

CJF **Civil 38.** A responsabilidade fundada no risco da atividade, como prevista na segunda parte do parágrafo único do art. 927 do novo Código Civil, configura-se quando a atividade normalmente desenvolvida pelo autor do dano causar a pessoa determinada um ônus maior do que aos demais membros da coletividade.

CJF **Civil 39.** A impossibilidade de privação do necessário à pessoa, prevista no art. 928, traduz um dever de indenização equitativa, informado pelo princípio constitucional da proteção à dignidade da pessoa humana. Como consequência, também os pais, tutores e curadores serão beneficiados pelo limite humanitário do dever de indenizar, de modo que a passagem ao patrimônio do incapaz se dará não quando esgotados todos os recursos do responsável, mas se reduzidos estes ao montante necessário à manutenção de sua dignidade.

CJF **Civil 40.** O incapaz responde pelos prejuízos que causar de maneira subsidiária ou excepcionalmente, como devedor principal, na hipótese do ressarcimento devido pelos adolescentes que praticarem atos infracionais, nos termos do art. 116 do Estatuto da Criança e do Adolescente, no âmbito das medidas socioeducativas ali previstas.

CJF **Civil 41.** A única hipótese em que poderá haver responsabilidade solidária do menor de 18 anos com seus pais é ter sido emancipado nos termos do art. 5º, parágrafo único, inc. I, do novo Código Civil.

CJF **Civil 42.** O art. 931 amplia o conceito de fato do produto existente no art. 12 do Código de Defesa do Consumidor, imputando responsabilidade civil à empresa e aos empresários individuais vinculados à circulação dos produtos.

CJF **Civil 43.** A responsabilidade civil pelo fato do produto, prevista no art. 931 do novo Código Civil, também inclui os riscos do desenvolvimento.

CJF **Civil 44.** Na hipótese do art. 934, o empregador e o comitente somente poderão agir regressivamente contra o empregado ou preposto se estes tiverem causado dano com dolo ou culpa.

CJF **Civil 45.** No caso do art. 935, não mais se poderá questionar sobre a existência do fato ou sobre quem seja o seu autor se essas questões se acharem categoricamente decididas no juízo criminal.

CJF **Civil 189.** Na responsabilidade civil por dano moral causado à pessoa jurídica, o fato lesivo, como dano eventual, deve ser devidamente demonstrado.

CJF **Civil 190.** A regra do art. 931 do novo CC não afasta as normas acerca da responsabilidade pelo fato do produto previstas no art. 12 do CDC, que continuam mais favoráveis ao consumidor lesado.

CJF **Civil 191.** A instituição hospitalar privada responde, na forma do art. 932 III do CC, pelos atos culposos praticados por médicos integrantes de seu corpo clínico.

CJF **Civil 377.** O art. 7º, inc. XXVIII, da Constituição Federal não é impedimento para a aplicação do disposto no art. 927, parágrafo único, do Código Civil quando se tratar de atividade de risco.

CJF Civil 378. Aplica-se o art. 931 do Código Civil, haja ou não relação de consumo.

CJF Civil 443. O caso fortuito e a força maior somente serão considerados como excludentes da responsabilidade civil quando o fato gerador do dano não for conexo à atividade desenvolvida.

CJF Civil 444. A responsabilidade civil pela perda de chance não se limita à categoria de danos extrapatrimoniais, pois, conforme as circunstâncias do caso concreto, a chance perdida pode apresentar também a natureza jurídica de dano patrimonial. A chance deve ser séria e real, não ficando adstrita a percentuais apriorísticos.

CJF Civil 445. O dano moral indenizável não pressupõe necessariamente a verificação de sentimentos humanos desagradáveis como dor ou sofrimento.

CJF Civil 446. A responsabilidade civil prevista na segunda parte do parágrafo único do art. 927 do Código Civil deve levar em consideração não apenas a proteção da vítima e a atividade do ofensor, mas também a prevenção e o interesse da sociedade.

CJF Civil 447. As agremiações esportivas são objetivamente responsáveis por danos causados a terceiros pelas torcidas organizadas, agindo nessa qualidade, quando, de qualquer modo, as financiem ou custeiem, direta ou indiretamente, total ou parcialmente.

CJF Civil 448. A regra do art. 927, parágrafo único, segunda parte, do CC aplica-se sempre que a atividade normalmente desenvolvida, mesmo sem defeito e não essencialmente perigosa, induza, por sua natureza, risco especial e diferenciado aos direitos de outrem. São critérios de avaliação desse risco, entre outros, a estatística, a prova técnica e as máximas de experiência.

CJF Civil 449. A indenização equitativa a que se refere o art. 928, parágrafo único, do Código Civil não é necessariamente reduzida sem prejuízo do Enunciado n. 39 da I Jornada de Direito Civil.

CJF Civil 450. Considerando que a responsabilidade dos pais pelos atos danosos praticados pelos filhos menores é objetiva, e não por culpa presumida, ambos os genitores, no exercício do poder familiar, são, em regra, solidariamente responsáveis por tais atos, ainda que estejam separados, ressalvado o direito de regresso em caso de culpa exclusiva de um dos genitores.

CJF Civil 451. A responsabilidade civil por ato de terceiro funda-se na responsabilidade objetiva ou independente de culpa, estando superado o modelo de culpa presumida.

CJF Civil 452. A responsabilidade civil do dono ou detentor de animal é objetiva, admitindo-se a excludente do fato exclusivo de terceiro.

CJF Civil 453. Na via regressiva, a indenização atribuída a cada agente será fixada proporcionalmente à sua contribuição para o evento danoso.

CJF Civil 454. O direito de exigir reparação a que se refere o art. 943 do Código Civil abrange inclusive os danos morais, ainda que a ação não tenha sido iniciada pela vítima.

CJF Civil 551. Nas violações aos direitos relativos a marcas, patentes e desenhos industriais, será assegurada a reparação civil ao seu titular, incluídos tanto os danos patrimoniais como os danos extrapatrimoniais.

CJF Civil 553. Nas ações de responsabilidade civil por cadastramento indevido nos registros de devedores inadimplentes realizados por instituições financeiras, a responsabilidade civil é objetiva.

CJF Civil 554. Independe de indicação do local específico da informação a ordem judicial para que o provedor de hospedagem bloqueie determinado conteúdo ofensivo na internet.

CJF Civil 555. "Os direitos de outrem" mencionados no parágrafo único do art. 927 do Código Civil devem abranger não apenas a vida e a integridade física, mas também outros direitos, de caráter patrimonial ou extrapatrimonial.

CJF Civil 556. A responsabilidade civil do dono do prédio ou construção por sua ruína, tratada pelo art. 937 do CC, é objetiva.

CJF Civil 557. Nos termos do art. 938 do CC, se a coisa cair ou for lançada de condomínio edilício, não sendo possível identificar de qual unidade, responderá o condomínio, assegurado o direito de regresso.

CJF Civil 558. São solidariamente responsáveis pela reparação civil, juntamente com os agentes públicos que praticaram atos de improbidade administrativa, as pessoas, inclusive as jurídicas, que para eles concorreram ou deles se beneficiaram direta ou indiretamente.

CJF Civil 562. Aos casos do art. 931 do Código Civil aplicam-se as excludentes da responsabilidade objetiva.

CJF **Civil 587.** O dano à imagem restará configurado quando presente a utilização indevida desse bem jurídico, independentemente da concomitante lesão a outro direito da personalidade, sendo dispensável a prova do prejuízo do lesado ou do lucro do ofensor para a caracterização do referido dano, por se tratar de modalidade de dano "in re ipsa".

CJF **Civil 588.** O patrimônio do ofendido não pode funcionar como parâmetro preponderante para o arbitramento de compensação por dano extrapatrimonial.

CJF **Civil 589.** A compensação pecuniária não é o único modo de reparar o dano extrapatrimonial, sendo admitida a reparação "in natura", na forma de retratação pública ou outro meio.

CJF **Civil 590.** A responsabilidade civil dos pais pelos atos dos filhos menores, prevista no art. 932, inc. I, do Código Civil, não obstante objetiva, pressupõe a demonstração de que a conduta imputada ao menor, caso o fosse a um agente imputável, seria hábil para a sua responsabilização.

2) Da Indenização

CJF **Civil 46.** A possibilidade de redução do montante da indenização em face do grau de culpa do agente, estabelecida no parágrafo único do art. 944 do novo Código Civil, deve ser interpretada restritivamente, por representar uma exceção ao princípio da reparação integral do dano.

CJF **Civil 47.** O art. 945 do Código Civil, que não encontra correspondente no Código Civil de 1916, não exclui a aplicação da teoria da causalidade adequada.

CJF **Civil 48.** O parágrafo único do art. 950 do novo Código Civil institui direito potestativo do lesado para exigir pagamento da indenização de uma só vez, mediante arbitramento do valor pelo juiz, atendidos os arts. 944 e 945 e a possibilidade econômica do ofensor.

CJF **Civil 192.** Os danos oriundos das situações previstas nos arts. 949 e 950 do Código Civil de 2002 devem ser analisados em conjunto, para o efeito de atribuir indenização por perdas e danos materiais, cumulada com dano moral e estético.

CJF **Civil 379.** O art. 944, caput, do Código Civil não afasta a possibilidade de se reconhecer a função punitiva ou pedagógica da responsabilidade civil.

CJF **Civil 380.** Atribui-se nova redação ao Enunciado n. 46 da I Jornada de Direito Civil, com a supressão da parte final: não se aplicando às hipóteses de responsabilidade objetiva.

CJF **Civil 381.** O lesado pode exigir que a indenização, sob a forma de pensionamento, seja arbitrada e paga de uma só vez, salvo impossibilidade econômica do devedor, caso em que o juiz poderá fixar outra forma de pagamento, atendendo à condição financeira do ofensor e aos benefícios resultantes do pagamento antecipado.

CJF **Civil 455.** Embora o reconhecimento dos danos morais se dê, em numerosos casos, independentemente de prova ("in re ipsa"), para a sua adequada quantificação, deve o juiz investigar, sempre que entender necessário, as circunstâncias do caso concreto, inclusive por intermédio da produção de depoimento pessoal e da prova testemunhal em audiência.

CJF **Civil 456.** A expressão "dano" no art. 944 abrange não só os danos individuais, materiais ou imateriais, mas também os danos sociais, difusos, coletivos e individuais homogêneos a serem reclamados pelos legitimados para propor ações coletivas.

CJF **Civil 457.** A redução equitativa da indenização tem caráter excepcional e somente será realizada quando a amplitude do dano extrapolar os efeitos razoavelmente imputáveis à conduta do agente.

CJF **Civil 458.** O grau de culpa do ofensor, ou a sua eventual conduta intencional, deve ser levado em conta pelo juiz para a quantificação do dano moral.

CJF **Civil 459.** A conduta da vítima pode ser fator atenuante do nexo de causalidade na responsabilidade civil objetiva.

CJF **Civil 460.** A responsabilidade subjetiva do profissional da área da saúde, nos termos do art. 951 do Código Civil e do art. 14, § 4º, do Código de Defesa do Consumidor, não afasta a sua responsabilidade objetiva pelo fato da coisa da qual tem a guarda, em caso de uso de aparelhos ou instrumentos que, por eventual disfunção, venham a causar danos a pacientes, sem prejuízo do direito regressivo do profissional em relação ao fornecedor do aparelho e sem prejuízo da ação direta do paciente, na condição de consumidor, contra tal fornecedor.

CJF **Civil 551.** Nas violações aos direitos relativos a marcas, patentes e desenhos industriais, será assegurada a reparação civil ao seu titular, incluídos tanto os danos patrimoniais como os danos extrapatrimoniais.

CJF **Civil 560.** No plano patrimonial, a manifestação do dano reflexo ou por ricochete não se restringe às hipóteses previstas no art. 948 do Código Civil.

CJF **Civil 561.** No caso do art. 952 do Código Civil, se a coisa faltar, dever-se-á, além de reembolsar o seu equivalente ao prejudicado, indenizar também os lucros cessantes.

CJF **Civil 629.** A indenização não inclui os prejuízos agravados, nem os que poderiam ser evitados ou reduzidos mediante esforço razoável da vítima. Os custos da mitigação devem ser considerados no cálculo da indenização.

CJF **Civil 630.** Culpas não se compensam. Para os efeitos do art. 945 do Código Civil, cabe observar os seguintes critérios: (i) há diminuição do quantum da reparação do dano causado quando, ao lado da conduta do lesante, verifica-se ação ou omissão do próprio lesado da qual resulta o dano, ou o seu agravamento, desde que (ii) reportadas ambas as condutas a um mesmo fato, ou ao mesmo fundamento de imputação, conquanto possam ser simultâneas ou sucessivas, devendo-se considerar o percentual causal do agir de cada um.

CJF **Civil 631.** Como instrumento de gestão de riscos na prática negocial paritária, é lícita a estipulação de cláusula que exclui a reparação por perdas e danos decorrentes do inadimplemento (cláusula excludente do dever de indenizar) e de cláusula que fixa valor máximo de indenização (cláusula limitativa do dever de indenizar).

✱ INFORMATIVOS

STJ **Ação de indenização por danos morais. Partida de futebol. Agressões físicas e verbais. Responsabilidade civil configurada. Competência da Justiça Comum. Punição aplicada também na esfera da Justiça Desportiva. Irrelevância.** Agressões físicas e verbais perpetradas por jogador profissional contra árbitro de futebol, na ocasião de disputa de partida de futebol, constituem ato ilícito indenizável na Justiça Comum, independentemente de eventual punição aplicada na esfera da Justiça Desportiva. REsp 1.762.786, Rel. Min. Ricardo Villas Bôas Cueva, DJ 26.10.2018. 3ª T. (Info 637)

STJ **Advogado. Mandato. Descumprimento. Abuso de poder. Responsabilidade civil. Configuração. Anulação prévia do ato praticado. Desnecessidade.** A responsabilidade pelos danos decorrentes do abuso de poder pelo advogado-mandatário independe da prévia anulação judicial do ato praticado. REsp 1.750.570, Rel. Min. Ricardo Villas Bôas Cueva, DJ 14.9.2018. 3ª T. (Info 633)

STJ **Responsabilidade civil da transportadora. Ato libidinoso praticado contra passageira no interior de trem. Dano moral configurado. Fortuito interno. Conexidade com a atividade de transporte de pessoas.** A concessionária de transporte ferroviário pode responder por dano moral sofrido por passageira, vítima de assédio sexual, praticado por outro usuário no interior do trem. REsp 1.662.551, Rel. Min. Nancy Andrighi, DJ 25.6.2018. 3ª T. (Info 628)

STJ **Responsabilidade civil. Cancelamento de voo. Substituição por transporte via terrestre (ônibus). Roubo de passageiros durante o trajeto. Fortuito externo. Ausência. Culpa concorrente da transportadora. Alteração substancial e unilateral do contrato.** A alteração substancial e unilateral do contrato firmado de transporte aéreo para terrestre impede a utilização da excludente de fortuito externo para eximir a empresa de transporte aéreo da responsabilidade civil por danos causados por roubo ao ônibus. REsp 1.728.068, Rel. Min. Marco Aurélio Bellizze, DJ 8.6.2018. 3ª T. (Info 627)

STJ **Ação indenizatória. Danos morais decorrentes de colisão de veículos. Acidente sem vítima. Dano moral "in re ipsa". Afastamento.** Os danos decorrentes de acidentes de veículos automotores sem vítimas não caracterizam dano moral "in re ipsa". REsp 1.653.413, Rel. Min. Marco Aurélio Bellizze, DJ 8.6.2018. 3ª T. (Info 627)

STJ **Responsabilidade civil do médico. Inadimplemento do dever de informação. Especialização da informação e de consentimento específico. Necessidade. Ofensa ao direito à autodeterminação. Dano extrapatrimonial. Configuração.** A inobservância do dever de informar e de obter o consentimento informado do paciente viola o direito à autodeterminação e caracteriza responsabilidade extracontratual. REsp 1.540.580, Rel. Acd. Min. Luis Felipe Salomão, DJ 4.9.2018. 4ª T. (Info 632)

STJ **Danos morais. Pessoa jurídica. Natureza "in re ipsa". Impossibilidade. Comprovação necessária.** O dano moral sofrido pela pessoa jurídica não se configura "in re ipsa", o que não obsta, contudo, que sua comprovação ocorra por meio da utilização de presunções e regras de experiência no julgamento da controvérsia. REsp 1.564.955, Rel. Min. Nancy Andrighi, DJ 15.2.2018. 3ª T. (Info 619)

✱ QUESTÕES OBJETIVAS

300. **(Consulplan/TJ/MG/Cartórios/Ingresso/2018)** Durante o parto, o recém-

-nascido sofreu lesões físicas decorrentes da atuação médica. Nesse caso, é correto afirmar que é responsabilidade civil do médico:

a) inexiste.
b) é subjetiva.
c) é sempre objetiva, por tratar-se de uma atividade de risco.
d) é de regra objetiva, por se tratar de uma relação de consumo.

301. (Cespe/TJ/RR/Cartórios/Ingresso/2013) Com referência à responsabilidade civil, assinale a opção correta com base na jurisprudência do STJ:

a) a correção monetária do valor da indenização do dano moral incide desde a data do arbitramento desse valor.
b) a responsabilidade civil por ato ilícito praticado por oficial de registro não é pessoal; assim, o seu sucessor, ou seja, o atual oficial da serventia, que não praticou o ato, pode responder solidariamente pelo dano por ser delegatário do serviço público.
c) uma instituição financeira pode ser responsabilizada por assalto sofrido por correntista em via pública, isto é, fora das dependências da agência bancária, após a retirada, na agência, de valores em espécie, mesmo que não tenha havido qualquer falha determinante para a ocorrência do sinistro no sistema de segurança da instituição, fato que caracteriza a responsabilidade objetiva.
d) em se tratando de transporte desinteressado, de simples cortesia, o transportador será responsabilizado por danos causados ao transportado, ainda que incorrer em culpa leve.
e) a publicação não autorizada, com fins econômicos ou comerciais, de imagem de pessoa dá ensejo ao dano moral "in re ipsa", ou seja, é necessária a prova do prejuízo.

302. (FCC/TJ/PE/Cartórios/Ingresso/2013) Em relação à responsabilidade civil do incapaz, é correto afirmar que:

a) como a obrigação de indenizar depende de ação ou omissão voluntária do agente, e o incapaz não possui o discernimento necessário, não será ele responsabilizado em nenhuma hipótese.
b) é subsidiária e mitigada, só tendo lugar se os seus responsáveis legais não tiverem obrigação de indenizar, no caso concreto, ou não dispuserem de meios suficientes. A indenização então fixada será equitativa e não terá lugar se privar do necessário o incapaz ou as pessoas que dele dependam.
c) o incapaz sempre é responsável direto e solidário com seus representantes legais, pois o direito civil atual leva em conta preponderantemente a figura da vítima e não a do causador do dano, mostrando-se irrelevante se possui ele ou não discernimento suficiente quanto à ilicitude de sua conduta.
d) apenas o relativamente incapaz será responsabilizado, de modo solidário com seus representantes legais mas com a fixação do montante indenizatório obedecendo à equidade.
e) tanto o absoluta como o relativamente incapaz serão responsabilizados, subsidiariamente em relação a seus responsáveis legais mas sem limitação quanto ao montante indenizatório devido.

303. (FCC/TJ/PE/Cartórios/Remoção/2013) No tocante à responsabilidade civil, é correto afirmar:

a) o dono de edifício ou construção responde objetiva e automaticamente pelos danos que resultem de sua ruína, independentemente de aferição de culpa ou nexo causal.
b) profissionais liberais respondem subjetivamente como regra geral, na prestação de seus serviços, respondendo objetivamente nas relações de consumo.
c) é absoluta a regra de que a indenização mede-se tão só pela extensão do dano.
d) o dono, ou detentor, do animal ressarcirá o dano por este causado, desde que a vítima comprove a culpa daquele na guarda do animal.
e) ressalvados casos previstos em leis especiais, os empresários individuais e as empresas respondem independentemente de culpa pelos danos causados pelos produtos postos em circulação.

304. (Ieses/TJ/RN/Cartórios/Ingresso/2012) Sobre a responsabilidade Civil dos notários e registradores, assinale a assertiva correta:

a) os notários e oficiais de registro responderão pelos danos que eles e seus prepostos causem a terceiros, na prática de atos próprios da serventia, assegurado aos primeiros direito de regresso no caso de dolo ou culpa dos prepostos.

b) a responsabilidade civil sempre depende da criminal, diante de sua fé pública.

c) os notários e oficiais de registro responderão pelos danos que eles e seus prepostos causem a terceiros, na prática de atos próprios da serventia, assegurado aos primeiros direito de regresso no caso apenas de dolo dos prepostos.

d) os notários e oficiais de registro responderão pelos danos que eles e seus prepostos causem a terceiros, na prática de atos próprios da serventia, assegurado aos primeiros direito de regresso no caso apenas de culpa dos prepostos.

305. (Ieses/TJ/MS/Cartórios/Ingresso/2014) Sobre a responsabilidade civil, responda:

a) o dono do animal que causar danos responde por estes ainda que prove força maior.

b) o incapaz não pode responder diretamente pelos prejuízos que causar, ainda que as pessoas que por ele respondam não tenham obrigação de fazê-lo ou não disponham de meios suficientes para tanto.

c) a responsabilidade dos pais pelos atos de seus filhos menores é subjetiva.

d) não é ato ilícito a deterioração ou destruição de coisa alheia a fim de remover perigo iminente; no entanto, se o dono da coisa não foi o culpado pelo perigo, terá direito à indenização do prejuízo sofrido por aquele que destruiu seu bem.

306. (FMP/TJ/MT/Cartórios/Ingresso/2014) Quanto à responsabilidade civil, assinale a afirmativa correta:

a) o agente que, estando em situação de legítima defesa, causa ofensa a terceiro, por erro na execução, não responde pela indenização do dano, ainda que provada sua culpa.

b) a legítima defesa putativa exime o agente de indenizar os danos causados.

c) a obrigação de reparar o dano independe de prova de culpa quando o autor, em razão da sua atividade, criar um risco maior para terceiros.

d) não se admite na esfera cível, tal como na esfera penal, para fins de fixação da indenização, a compensação de culpas.

e) o empregador é responsável pelo dano mesmo se a vítima sabia que o preposto procedia fora de suas funções.

307. (Cespe/TJ/BA/Cartórios/Ingresso/2013) Joaquim conduzia normalmente seu veículo em via de mão dupla quando foi obrigado a desviar do carro de Paulo, que dirigia imprudentemente. Em razão desse fato, o veículo de Joaquim entrou na contramão e atingiu Pedro, que dirigia uma motocicleta. Em decorrência do acidente, uma das pernas de Pedro foi amputada, tendo ele ajuizado ação de indenização contra Joaquim para o ressarcimento dos prejuízos sofridos. Em relação a essa situação hipotética, assinale a opção correta:

a) sendo ilícita a conduta de Joaquim, este deve indenizar Pedro pelos danos suportados, podendo, regressivamente, cobrar os referidos valores de Paulo, haja vista a relação da conduta deste com o fato ocorrido.

b) embora a conduta de Joaquim seja lícita, visto que amparada pelo estado de necessidade, ele deve indenizar Pedro pelos danos suportados, podendo, regressivamente, cobrar os referidos valores de Paulo.

c) ainda que a conduta de Joaquim seja lícita, porque amparada pelo estado de necessidade, ele deve indenizar Pedro pelos danos suportados, não podendo, regressivamente, cobrar os referidos valores de Paulo.

d) amparada pelo estado de necessidade, a conduta de Joaquim é considerada lícita, razão pela qual não terá o dever de indenizar Pedro.

e) por ser ilícita a conduta de Joaquim, este deve indenizar Pedro pelos danos suportados, não sendo possível, regressivamente, cobrar os referidos valores de Paulo, uma vez que não há relação da conduta deste com o fato ocorrido.

308. (Cespe/TJ/DFT/Cartórios/Remoção/2014) Em relação à responsabilidade civil contratual e extracontratual, assinale a opção correta:

a) a decisão que julga extinta a punibilidade pela prescrição, decadência, perempção e pelo perdão aceito pelo ofendido elide a pretensão indenizatória no juízo cível.

b) há presunção de responsabilidade civil pelo fato da coisa inanimada contra o titular do domínio ou possuidor, pelos danos que a coisa causar a terceiros, o que somente poderá eximir-se se demonstrados culpa exclusiva da vítima, caso fortuito ou força maior.

c) em se tratando de evento danoso pelo fato da coisa, comprovada a existência de culpa concorrente de ambos, lesado e agente causador do dano, ou de culpa presumida do proprietário ou possuidor, haverá divisão de responsabilidade, mesmo que privado da guarda, por transferência da posse jurídica ou furto da coisa.

d) tem responsabilidade subjetiva perante terceiros o tutor em relação ao ato ilícito praticado pelo tutelado que estiver sob sua autoridade e em sua companhia, fazendo-se necessária a comprovação de culpa in vigilando, ou negligência, por encerrar a tutela munus público.

e) o ato praticado em legítima defesa, estado de necessidade e no exercício regular de direito, reconhecido em sentença penal excludente de ilicitude, não exime o agente da responsabilidade civil de reparação do dano.

309. (FMP/TJ/MT/Cartórios/Remoção/2014) No que diz com a responsabilidade civil, assinale a afirmativa correta:

a) no contrato de transporte, em homenagem ao princípio da autonomia da vontade e tendo como supedâneo entendimento sumulado do Supremo Tribunal Federal, é lícita a chamada cláusula de não indenizar.

b) a absolvição na esfera penal, por não constituir crime o fato imputado ao réu, exclui a responsabilidade civil, fazendo coisa julgada na esfera cível.

c) o fato de terceiro exime o causador direto do dano, se este obrou com culpa leve, do dever de reparar os prejuízos causados à vítima.

d) no transporte desinteressado, de simples cortesia, de acordo com entendimento sumulado do Superior Tribunal de Justiça, o transportador só será civilmente responsável por danos causados ao transportado quando incorrer em dolo ou culpa grave.

e) a obrigação assumida pelo médico em relação à terapia e ao tratamento do enfermo, tendo como lastro a culpa aquiliana, é, como regra geral, de resultado.

310. (Cespe/TJ/BA/Cartórios/Remoção/2013) Considerando a jurisprudência do STJ acerca da responsabilidade civil, assinale a opção correta:

a) a indenização por dano moral abrange a reparação do dano estético, que não pode ser indenizado separadamente.

b) os shopping centers estão obrigados a reparar o dano decorrente de furto de veículo ocorrido em seu estacionamento privado, salvo se comprovarem que o consumidor não efetuou compra alguma.

c) o caso fortuito ou a força maior constituem excludentes de responsabilidade, motivo por que a instituição bancária não responde pelos danos causados ao consumidor, em razão de abertura de conta-corrente por terceiro mediante a utilização de documentos falsos.

d) configura, em regra, hipótese de fortuito externo ao contrato de transporte o roubo de carga a ser transportada, ficando, pois, nesse caso, excluída a responsabilidade da transportadora.

e) a obrigação do médico, em regra, é de meio, salvo quando se tratar de cirurgião plástico que realize procedimento para fins meramente estéticos. Nesse caso excepcional, por se tratar de obrigação de resultado, haverá presunção iuris et iuris da culpa do profissional.

311. (Ieses/TJ/RO/Cartórios/Ingresso/2017) É certo afirmar:

I. salvo as exceções expressamente previstas em lei, as perdas e danos devidos ao credor abrangem, além do que ele efetivamente perdeu, o que razoavelmente deixou de lucrar.

II. a cláusula penal deve ser estipulada conjuntamente com a obrigação e nunca em ato posterior, devendo referir-se à inexecução completa da obrigação, à de alguma cláusula especial ou simplesmente à mora.

III. diante da responsabilidade civil, o direito de exigir reparação e a obrigação de prestá-la não se transmitem com a herança.

IV. ressalvados os casos previstos em lei especial, os empresários individuais e as empresas respondem independentemente de culpa pelos danos causados pelos produtos postos em circulação.

Analisando as proposições, pode-se afirmar:

a) somente as proposições I e IV estão corretas.

b) somente as proposições I e III estão corretas.

c) somente as proposições II e III estão corretas.

d) somente as proposições II e IV estão corretas.

4.9. Das Preferências e Privilégios Creditórios

✱ QUESTÕES OBJETIVAS

312. (IBFC/TJ/PR/Cartórios/Remoção/2014) Acerca das preferências e privilégios creditórios, assinale a proposição incorreta:

a) procede-se a declaração de insolvência toda vez que as dívidas excedam à importância dos bens do devedor.

b) a discussão entre credores deve versar exclusivamente sobre a preferência entre eles disputadas, mas não alcança a discussão sobre nulidade, simulação, fraude ou falsidade das dívidas ou contratos.

c) não havendo título legal de preferência, terão os credores igual direito sobre os bens do devedor comum.

d) os títulos legais de preferência são os privilégios e os direitos reais.

313. (IBFC/TJ/PR/Cartórios/Ingresso/2014) Acerca das preferências e privilégios, assinale a incorreta:

a) o crédito real prefere ao pessoal de qualquer espécie.

b) o crédito pessoal privilegiado prefere ao simples.

c) o crédito privilegiado especial prefere ao geral.

d) o privilégio especial compreende todos os bens sujeitos ao pagamento do crédito que lhe favorece, e o geral compreende todos os bens não sujeitos a crédito real nem a privilégio especial.

5. DO DIREITO DAS COISAS

5.1. Da Posse

*** SÚMULAS**

STF **Súm. 415.** Servidão de trânsito não titulada, mas tomada permanente, sobretudo pela natureza das obras realizadas, considera-se aparente, conferindo direito a proteção possessória.

STF **Súm. 487.** Será deferida a posse a quem, evidentemente, tiver o domínio, se com base neste for ela disputada.

STJ **Súm. 619.** A ocupação indevida de bem público configura mera detenção, de natureza precária, insuscetível de retenção ou indenização por acessões e benfeitorias.

*** ENUNCIADOS CJF**

1) Da Posse e sua Classificação

CJF **Civil 76.** O possuidor direto tem direito de defender a sua posse contra o indireto, e este contra aquele (art. 1.197, "in fine", do novo Código Civil).

CJF **Civil 237.** É cabível a modificação do título da posse "interversio possessionis" na hipótese em que o até então possuidor direto demonstrar ato exterior e inequívoco de oposição ao antigo possuidor indireto, tendo por efeito a caracterização do "animus domini".

CJF **Civil 301.** É possível a conversão da detenção em posse, desde que rompida a subordinação, na hipótese de exercício em nome próprio dos atos possessórios.

CJF **Civil 302.** Pode ser considerado justo título para a posse de boa-fé o ato jurídico capaz de transmitir a posse "ad usucapionem", observado o disposto no art. 113 do Código Civil.

CJF **Civil 303.** Considera-se justo título para presunção relativa da boa-fé do possuidor o justo motivo que lhe autoriza a aquisição derivada da posse, esteja ou não materializado em instrumento público ou particular. Compreensão na perspectiva da função social da posse.

CJF **Civil 492.** A posse constitui direito autônomo em relação à propriedade e deve expressar o aproveitamento dos bens para o alcance de interesses existenciais, econômicos e sociais merecedores de tutela.

CJF **Civil 493.** O detentor (art. 1.198 do Código Civil) pode, no interesse do possuidor, exercer a autodefesa do bem sob seu poder.

CJF **Civil 563.** O reconhecimento da posse por parte do Poder Público competente anterior à sua legitimação nos termos da Lei n. 11.977/2009 constitui título possessório.

2) Da Aquisição da Posse

CJF **Civil 77.** A posse das coisas móveis e imóveis também pode ser transmitida pelo constituto possessório.

CJF **Civil 236.** Considera-se possuidor, para todos os efeitos legais, também a coletividade desprovida de personalidade jurídica.

CJF **Civil 494.** A faculdade conferida ao sucessor singular de somar ou não o tempo da posse de seu antecessor não significa que, ao optar por nova contagem, estará livre do vício objetivo que maculava a posse anterior.

3) Dos Efeitos da Posse

CJF **Civil 78.** Tendo em vista a não recepção, pelo novo Código Civil, da "exceptio proprietatis" (art. 1.210, § 2º) em caso de ausência de prova suficiente para embasar decisão liminar ou sentença final ancorada exclusivamente no "ius possesionis", deverá o pedido ser indeferido e julgado improcedente, não obstante eventual alegação e demonstração de direito real sobre o bem litigioso.

CJF **Civil 79.** A "exceptio proprietatis", como defesa oponível às ações possessórias típicas, foi abolida pelo Código Civil de 2002, que estabeleceu a absoluta separação entre os juízos possessório e petitório.

CJF **Civil 80.** É inadmissível o direcionamento de demanda possessória ou ressarcitória contra terceiro possuidor de boa-fé, por ser parte passiva ilegítima, diante do disposto no art. 1.212 do novo Código Civil. Contra o terceiro de boa-fé cabe tão-somente a propositura de demanda de natureza real.

CJF **Civil 81.** O direito de retenção previsto no art. 1.219 do CC, decorrente da realização de benfeitorias necessárias e úteis, também se aplica às acessões (construções e plantações) nas mesmas circunstâncias.

CJF **Civil 238.** Ainda que a ação possessória seja intentada além de "ano e dia" da turbação ou esbulho, e, em razão disso, tenha seu trâmite regido pelo procedimento ordinário (CPC, art. 924), nada impede que o juiz conceda a tutela possessória liminarmente, mediante antecipação de tutela, desde que presentes os requisitos autorizadores do art. 273, I ou II, bem como aqueles previstos no art. 461-A e §§, todos do CPC.

CJF **Civil 239.** Na falta de demonstração inequívoca de posse que atenda à função social, deve-se utilizar a noção de "melhor posse", com base nos critérios previstos no parágrafo único do art. 507 do CC/1916.

CJF **Civil 302.** Pode ser considerado justo título para a posse de boa-fé o ato jurídico capaz de transmitir a posse "ad usucapionem", observado o disposto no art. 113 do Código Civil.

CJF **Civil 495.** No desforço possessório, a expressão "contanto que o faça logo" deve ser entendida restritivamente, apenas como a reação imediata ao fato do esbulho ou da turbação, cabendo ao possuidor recorrer à via jurisdicional nas demais hipóteses.

* QUESTÕES DISCURSIVAS

12. **(Vunesp/TJ/SP/Cartórios/2014)** O que é interversão do título de posse?

13. **(FMP/TJ/MT/Cartórios/Ingresso/2014)** Dissertação. Posse e detenção. (i) De acordo com a teoria objetiva da posse, consagrada no atual Código Civil, existe diferença ontológica entre posse e detenção? (ii) Pode o detentor exercer autotutela da posse? Explique. (iii) Quais são os efeitos do desdobramento da posse? (iv) O que é posse jurídica e qual é o seu efeito substancial?

* QUESTÕES OBJETIVAS

314. **(Consulplan/TJ/MG/Cartórios/Ingresso/2017)** A lesão à posse pode se dar pela turbação ou pelo esbulho, a que correspondem as ações de manutenção e ou reintegração, respectivamente. A esse respeito, é correto afirmar:

a) a ação de interdito proibitório é cabível em caso de ameaça de lesão à posse, seja por esbulho ou por turbação.
b) no esbulho há mais que mera ameaça, o que justificaria o interdito proibitório, mas não chega haver a perda da posse.
c) as ações possessórias visam à tutela jurisdicional da posse, sendo classificadas conforme a intensidade da agressão: a ação de reintegração de posse é cabível em caso de turbação, entendida como incômodo ao exercício da posse.
d) a ação de manutenção de posse é cabível em caso de esbulho, que pressupõe a perda da posse.

315. **(Consulplan/TJ/MG/Cartórios/Ingresso/2018)** Assinale a afirmativa incorreta:

a) o possuidor de má-fé tem direito a ser ressarcido pelas benfeitorias necessárias.
b) ao sucessor singular não é facultado unir sua posse à do antecessor para os efeitos legais.
c) a aquisição originária da propriedade decorre de um fato jurídico, livre de ônus ou gravame.
d) a aquisição derivada é aquela pela qual a autonomia das partes transfere a propriedade de uma pessoa para outra, através de certas formalidades e solenidades exigidas por lei.

316. **(Consulplan/TJ/MG/Cartórios/Ingresso/2018)** Considera-se possuidor de boa-fé:

a) o que se mantiver na posse a qualquer título.
b) apenas aquele que ostenta título de domínio.

c) aquele que ignora o vício, ou o obstáculo que impede a aquisição da coisa.

d) todo aquele que a obteve sem violência ou que não a exerce de modo clandestino.

317. **(Consulplan/TJ/MG/Cartórios/Remoção/2018)** Sobre a aquisição da posse, assinale a alternativa incorreta:

a) a posse transmite-se aos herdeiros ou legatários do possuidor com os mesmos caracteres.

b) induzem posse os atos de mera permissão ou tolerância assim como autorizam a sua aquisição os atos violentos, ou clandestinos.

c) adquire-se a posse desde o momento em que se torna possível o exercício, em nome próprio, de qualquer dos poderes inerentes à propriedade.

d) posse pode ser adquirida pela própria pessoa que a pretende ou por seu representante; por terceiro sem mandato, dependendo de ratificação.

318. **(Ieses/TJ/RS/Cartórios/Remoção/2013)** São direitos reais, exceto:

a) a propriedade, a posse e a habitação.

b) o penhor, a hipoteca e a anticrese.

c) a superfície, as servidões, o usufruto e o uso.

d) a habitação e o direito do promitente comprador do imóvel.

319. **(Consulplan/TJ/MG/Cartórios/Remoção/2016)** Segundo a Lei n. 10.406/2002, são direitos reais, exceto:

a) o uso.

b) a superfície.

c) enfiteuse.

d) anticrese.

320. **(Cespe/TJ/PI/Cartórios/Remoção/2013)** Assinale a opção correta acerca da posse e dos direitos reais:

a) o direito real de servidão de trânsito exige a demonstração do encravamento do imóvel dominante por parte do interessado.

b) é possível o reconhecimento da usucapião do usufruto de um bem imóvel àquele que o possua por longo tempo, ainda que não lhe adquira a propriedade.

c) é lícito a um dos compossuidores transformar a comunhão "pro indiviso" em posse individual "pro diviso" por sua simples iniciativa.

d) o compromisso de compra e venda só será considerado apto a ensejar a aquisição da propriedade por usucapião se tiver sido registrado.

e) o registro da escritura de compra e venda de imóvel confere a condição de proprietário ao comprador com caráter "ex tunc".

321. **(Faurgs/TJ/RS/Cartórios/Ingresso/2015)** Assinale a alternativa que apresenta afirmação correta a respeito da disciplina da Posse no Código Civil:

a) considera-se possuidor todo aquele que tem de direito algum dos poderes inerentes à propriedade.

b) é de boa-fé a posse que não for violenta, clandestina ou precária.

c) é justa a posse, se o possuidor ignora o vício ou o obstáculo que impede a aquisição da coisa.

d) salvo prova em contrário, entende-se manter a posse o mesmo caráter com que foi adquirida.

322. **(Faurgs/TJ/RS/Cartórios/Remoção/2015)** Assinale a alternativa que apresenta afirmação correta a respeito da disciplina da Posse no Código Civil:

a) o possuidor tem direito a ser mantido na posse em caso de esbulho, restituído no de turbação, e segurado no de violência iminente.

b) a alegação de propriedade, ou de outro direito sobre a coisa, obsta a manutenção ou reintegração na posse.

c) o possuidor turbado, ou esbulhado, poderá manter-se ou restituir-se por sua própria força a qualquer tempo.

d) o possuidor de boa-fé tem direito, enquanto ela durar, aos frutos percebidos.

323. **(Ieses/TJ/MS/Cartórios/Remoção/2014)** Sobre os efeitos da posse pode-se afirmar:

I. o possuidor de boa-fé tem direito à indenização das benfeitorias necessárias e úteis, bem como, quanto às voluptuárias, se não lhe forem pagas, a levantá-las, quando o puder sem detrimento da coisa, e poderá exercer o direito de retenção pelo valor das benfeitorias necessárias e úteis.

II. o possuidor de boa-fé responde pela perda ou deterioração da coisa, a que não der causa.

III. o possuidor de má-fé responde por todos os frutos colhidos e percebidos, bem como pelos que, por culpa sua, deixou de perceber, desde o momento em que se constituiu de má-fé; tem direito às despesas da produção e custeio.

IV. o possuidor de má-fé responde pela perda, ou deterioração da coisa, ainda que acidentais, salvo se provar que de igual modo se teriam dado, estando ela na posse do reivindicante.

A sequência correta é:

a) as assertivas I, II, III e IV estão corretas.
b) apenas as assertivas I e IV estão corretas.
c) apenas as assertivas I, III e IV estão corretas.
d) apenas as assertivas I e II estão corretas.

324. (Consulplan/TJ/MG/Cartórios/Ingresso/2014) Sobre os efeitos da posse, segundo dispõe o Código Civil brasileiro, é correto afirmar, exceto:

a) quando mais de uma pessoa se disser possuidora, manter-se-á provisoriamente a que tiver a coisa, se não estiver manifesto que a obteve de alguma das outras por modo vicioso.
b) o possuidor de boa-fé tem direito, enquanto ela durar, aos frutos percebidos. Os frutos pendentes ao tempo em que cessar a boa-fé devem ser restituídos, depois de deduzidas as despesas da produção e custeio; devem ser também restituídos os frutos colhidos com antecipação.
c) ao possuidor de má-fé serão ressarcidas somente as benfeitorias necessárias; assistindo-lhe o direito de retenção pela importância destas.
d) os frutos naturais e industriais reputam-se colhidos e percebidos, logo que são separados; os civis reputam-se percebidos dia por dia.

325. (Vunesp/TJ/SP/Cartórios/Remoção/2014) Assinale a alternativa correta:

a) o sistema jurídico nacional não admite o ajuizamento de ação publiciana, definida como uma espécie de ação reivindicatória sem título, disponível em favor do possuidor "ad usucapionem" que já adquiriu originariamente a propriedade pelo decurso do prazo de usucapião, porém ainda não obteve a declaração judicial por sentença e, posteriormente, perdeu a posse para um terceiro.
b) em relação ao princípio da legalidade e sobre os títulos submetidos ao sistema registrário, pode-se afirmar que a sentença de adjudicação compulsória, por ser fonte de mutação jurídico-real, pode ser classificada como título impróprio, ao passo que o mandado de penhora constitui título próprio.
c) a posse precária é imprestável para usucapião não porque é injusta, mas porque o precarista não tem "animus domini", uma vez que reconhece a supremacia e o melhor direito de terceiro sobre a coisa; caso, porém, não reconheça ou deixe de reconhecer essa posição e revele isso de modo inequívoco e claro ao titular de domínio, para que este possa reagir e retomar a coisa, nasce, nesse momento, o prazo para usucapião, porque o requisito do elemento subjetivo (ânimo de dono) estará então presente.
d) mesmo após a vigência da legislação que instituiu o sistema matricular e sua consequente continuidade, é possível, atualmente, formalizar o ato de transcrição em decorrência da usucapião de bem imóvel.

326. (FMP/TJ/MT/Cartórios/Ingresso/2014) Quanto aos efeitos da posse, assinale a afirmativa correta:

a) o possuidor de boa-fé responde pela perda, ou deterioração, da coisa, ainda que acidentais e mesmo que não tenha dado causa.
b) ao possuidor de má-fé serão ressarcidas as benfeitorias necessárias, não lhe assistindo, todavia, o direito de retenção pela importância destas, nem o de levantar as voluptuárias.
c) o reivindicante, obrigado a indenizar as benfeitorias ao possuidor de boa-fé, tem o direito de optar entre o seu valor atual ou o de seu custo.
d) o possuidor de boa-fé poderá exercer o direito de retenção pelo valor das benfeitorias necessárias, úteis e voluptuárias.
e) o possuidor de boa-fé tem direito aos frutos percebidos, inclusive os pendentes, colhidos ao tempo em que cessou a boa-fé.

327. (FMP/TJ/MT/Cartórios/Remoção/2014) Quanto à posse, assinale a afirmativa correta:

a) as benfeitorias compensam-se com os danos, e só obrigam ao ressarcimento se, ao tempo da evicção, ainda existirem.
b) a posse de boa-fé é necessariamente justa.
c) atos de mera permissão e tolerância caracterizam posse direta.
d) somente a posse de má-fé se transmite aos herdeiros e legatários do possuidor com os mesmos caracteres.
e) o possuidor com justo título tem em seu favor a presunção absoluta de boa-fé.

328. **(IBFC/TJ/PR/Cartórios/Remoção/2014)** Em relação aos efeitos da posse, assinale a proposição incorreta:

a) o possuidor tem direito a ser mantido na posse em caso de turbação, restituído no caso de esbulho, e segurado de violência iminente, se tiver justo receio de ser molestado.

b) quando mais de uma pessoa se disser possuidora, manter-se-á provisoriamente a que tiver a coisa, se não estiver manifesto que a obteve de alguma das outras por modo vicioso.

c) o possuidor pode intentar a ação de esbulho, ou a de indenização, contra terceiro, que recebeu a coisa esbulhada sabendo que o era.

d) o possuidor de boa-fé responde pela perda ou deterioração da coisa, mesmo que não tenha dado causa.

329. **(IBFC/TJ/PR/Cartórios/Ingresso/2014)** Sobre o direito possessório, assinale a proposição correta:

a) a posse direta, de pessoa que tem a coisa em seu poder, temporariamente, em virtude de direito pessoal, ou real, não anula a indireta, de quem aquela foi havida, não podendo o possuidor direto defender a sua posse contra o indireto.

b) se duas ou mais pessoas possuírem coisa indivisa, poderá cada uma exercer sobre ela atos possessórios, contanto que não excluam os dos outros compossuidores.

c) se duas ou mais pessoas possuírem coisa indivisa, nenhuma poderá exercer a posse sobre ela, porque exclui a dos outros compossuidores.

d) considera-se detentor da coisa aquele que exerce a posse em seu próprio nome, mas em cumprimento a ordem de terceiros.

330. **(Cespe/TJ/SE/Cartórios/Ingresso/2014)** Assinale a opção correta a respeito de posse e propriedade:

a) a clandestinidade da posse é considerada um vício relativo, uma vez que a posse é adquirida via processo de ocultamento em relação àquele contra quem é praticado o apossamento, embora seja pública para os demais.

b) há presunção absoluta de que a posse do imóvel abrange as coisas móveis que nele estiverem.

c) o proprietário do solo poderá opor-se a todas as atividades que sejam realizadas tanto no espaço aéreo como no subsolo correspondente ao solo de sua propriedade.

d) não havendo registro da propriedade de determinadas terras, existe em favor do Estado a presunção iuris tantum de que sejam essas terras devolutas, caso em que se dispensa a prova da titularidade pública do bem e consideram-se as terras imóveis inalcançáveis pela usucapião.

e) é justa a posse que não seja violenta, clandestina ou precária, incluindo-se na noção de violência o temor reverencial.

331. **(Vunesp/TJ/SP/Cartórios/Ingresso/2014)** Assinale a alternativa correta:

a) ao possuidor de má-fé serão ressarcidas somente as benfeitorias necessárias e úteis, não lhe assistindo o direito de retenção pela importância destas, nem o de levantar as voluptuárias.

b) a posse fundada no "jus possidendi" (autônoma) é desprovida de título e tem origem em uma situação de fato apenas, não se confundindo com a posse "jus possessionis", também denominada causal.

c) a posse, qualificada como o exercício de fato de algum dos poderes inerentes à propriedade, produz efeitos jurídicos relevantes, notadamente a legítima defesa, o desforço imediato, o manuseio dos interditos possessórios, o direito de retenção, a indisponibilidade do bem possuído e a aquisição da propriedade pela usucapião.

d) entende-se por fâmulo da posse a situação jurídica do sujeito que, achando-se em relação de dependência ou na condição de subordinado, detém a coisa em nome do proprietário ou possuidor.

332. **(Consulplan/TJ/MG/Cartórios/Ingresso/2017)** João Silva é detentor, como fâmulo da posse de seu primo José Silva, de um imóvel rural (sítio de 5 hectares) há mais 20 anos, e quando foi notificado pelo proprietário que lhe pedia para devolver o imóvel, ingressou com uma ação de usucapião, alegando posse vintenária, ininterrupta e pacífica, portanto, segundo ele, com requisitos para fins da prescrição aquisitiva. Em relação a esse caso hipotético, é correto afirmar:

a) tendo ficado na posse pacífica e sem interrupção do imóvel por mais de 20 anos, é perfeitamente possível pedir a declaração de domínio via usucapião, quer por ação direita quer por via de exceção.

b) pelo princípio da função social da propriedade, ao ficar na posse do imóvel de forma pacífica e sem interrupção por mais de 20 anos, é viável arguir com êxito em ação direta ou em defesa a exceção de usucapião.

c) como fâmulo da posse, tem mera detenção, de forma que não pode arguir usucapião, independentemente do lapso temporal da posse.

d) desde que não tenha João Silva nenhum outro imóvel em seu nome, tem ele o direito de usucapir o imóvel em questão em face da posse pacífica e sem interrupção.

333. **(Consulplan/TJ/MG/Cartórios/Ingresso/2017)** Acerca da posse, nos termos do Código Civil, é correto afirmar:

a) o possuidor de má-fé responde pela perda, ou deterioração da coisa, ainda que acidentais, salvo se provar que de igual modo se teriam dado, estando ela na posse do reivindicante.

b) ao possuidor de má-fé não serão ressarcidas as benfeitorias necessárias; mas lhe assiste o direito de retenção pela importância destas, e pode levantar as voluptuárias.

c) as benfeitorias não se compensam com os danos, e só obrigam ao ressarcimento se ao tempo da evicção ainda existirem.

d) o reivindicante, obrigado a indenizar as benfeitorias ao possuidor de má-fé, tem o direito de optar entre o seu valor atual e o seu custo; ao possuidor de boa-fé indenizará pelo valor da data da turbação ou esbulho.

334. **(Consulplan/TJ/MG/Cartórios/Remoção/2017)** De acordo com o Código Civil, são direitos reais, exceto:

a) o uso.

b) a concessão de uso especial para fins de moradia.

c) o penhor.

d) a posse.

335. **(Consulplan/TJ/MG/Cartórios/Ingresso/2017)** Nos termos do Código Civil, a posse pode ser adquirida:

a) somente pela própria pessoa, já que se trata de direito pessoal próprio e fático.

b) somente pela própria pessoa que a pretende ou por seu representante.

c) pela própria pessoa que a pretende ou por seu representante e, ainda, por terceiro sem mandato, e sem maior formalidade, porque trata-se de questão eminentemente fática.

d) pela própria pessoa que a pretende ou por seu representante e por terceiro sem mandato, dependendo de ratificação.

336. **(Ieses/TJ/RO/Cartórios/Ingresso/2017)** É certo afirmar:

I. a posse somente pode ser adquirida pela própria pessoa que a pretende ou por seu representante.

II. considera-se possuidor todo aquele que tem de fato o exercício, pleno ou não, de algum dos poderes inerentes à propriedade.

III. o título de domínio e a concessão de uso serão conferidos ao homem ou à mulher, ou a ambos, devendo ser considerado o seu estado civil.

IV. a propriedade do solo abrange a do espaço aéreo e subsolo correspondentes, em altura e profundidade úteis ao seu exercício, não podendo o proprietário opor-se a atividades que sejam realizadas, por terceiros, a uma altura ou profundidade tais, que não tenha ele interesse legítimo em impedi-las.

Analisando as proposições, pode-se afirmar:

a) somente as proposições I e II estão corretas.

b) somente as proposições II e IV estão corretas.

c) somente as proposições III e IV estão corretas.

d) somente as proposições I e III estão corretas.

337. **(Ieses/TJ/AM/Cartórios/Remoção/2018)** Todo aquele que, não sendo proprietário rural nem urbano, possuir como sua, por (___) anos ininterruptos, sem oposição, área rural contínua, não excedente de 25 (vinte e cinco) hectares, e a houver tornado produtiva com seu trabalho e nela tiver sua morada, adquirir-lhe-á o domínio, independentemente de justo título e boa-fé, podendo requerer ao juiz que assim o declare por sentença, a qual servirá de título para transcrição no registro de imóveis:

a) 5 (cinco) anos.

b) 10 (dez) anos.

c) 25 (vinte e cinco) anos.

d) 15 (quinze) anos.

338. **(Vunesp/TJ/SP/Cartórios/Ingresso/2018)** Com relação à posse, é correto afirmar:

a) a posse não pode ser adquirida por representante do possuidor ante a necessidade de atos materiais de apreensão da coisa.

b) posse precária é a exercida de forma velada, sem publicidade, não ostensiva.

c) mesmo tendo o possuidor de boa-fé tomado conhecimento inequívoco da existência de vício na aquisição de sua posse, esta permanece de boa-fé, em consideração ao momento de sua aquisição.

d) a denominada posse violenta tem natureza jurídica de detenção.

5.2. Da Propriedade

5.2.1. Da Propriedade em Geral

*** ENUNCIADOS CJF**

CJF Civil 49. A regra do art. 1.228, § 2º, do novo Código Civil interpreta-se restritivamente, em harmonia com o princípio da função social da propriedade e com o disposto no art. 187.

CJF Civil 82. É constitucional a modalidade aquisitiva de propriedade imóvel prevista nos §§ 4º e 5º do art. 1.228 do novo Código Civil.

CJF Civil 83. Nas ações reivindicatórias propostas pelo Poder Público, não são aplicáveis as disposições constantes dos §§ 4º e 5º do art. 1.228 do novo Código Civil.

CJF Civil 84. A defesa fundada no direito de aquisição com base no interesse social (art. 1.228, §§ 4º e 5º, do novo Código Civil) deve ser arguida pelos réus da ação reivindicatória, eles próprios responsáveis pelo pagamento da indenização.

CJF Civil 240. A justa indenização a que alude o parágrafo 5º do art. 1.228 não tem como critério valorativo, necessariamente, a avaliação técnica lastreada no mercado imobiliário, sendo indevidos os juros compensatórios.

CJF Civil 241. O registro da sentença em ação reivindicatória, que opera a transferência da propriedade para o nome dos possuidores, com fundamento no interesse social (art. 1.228, § 5º), é condicionada ao pagamento da respectiva indenização, cujo prazo será fixado pelo juiz.

CJF Civil 304. São aplicáveis as disposições dos §§ 4º e 5º do art. 1.228 do Código Civil às ações reivindicatórias relativas a bens públicos dominicais, mantido, parcialmente, o Enunciado 83 da I Jornada de Direito Civil, no que concerne às demais classificações dos bens públicos.

CJF Civil 305. Tendo em vista as disposições dos §§ 3º e 4º do art. 1.228 do Código Civil, o Ministério Público tem o poder-dever de atuação nas hipóteses de desapropriação, inclusive a indireta, que envolvam relevante interesse público, determinado pela natureza dos bens jurídicos envolvidos.

CJF Civil 306. A situação descrita no § 4º do art. 1.228 do Código Civil enseja a improcedência do pedido reivindicatório.

CJF Civil 307. Na desapropriação judicial (art. 1.228, § 4º), poderá o juiz determinar a intervenção dos órgãos públicos competentes para o licenciamento ambiental e urbanístico.

CJF Civil 308. A justa indenização devida ao proprietário em caso de desapropriação judicial (art. 1.228, § 5º) somente deverá ser suportada pela Administração Pública no contexto das políticas públicas de reforma urbana ou agrária, em se tratando de possuidores de baixa renda e desde que tenha havido intervenção daquela nos termos da lei processual. Não sendo os possuidores de baixa renda, aplica-se a orientação do Enunciado 84 da I Jornada de Direito Civil.

CJF Civil 309. O conceito de posse de boa-fé de que trata o art. 1.201 do Código Civil não se aplica ao instituto previsto no § 4º do art. 1.228.

CJF Civil 310. Interpreta-se extensivamente a expressão "imóvel reivindicado" (art. 1.228, § 4º), abrangendo pretensões tanto no juízo petitório quanto no possessório.

CJF Civil 311. Caso não seja pago o preço fixado para a desapropriação judicial, e ultrapassado o prazo prescricional para se exigir o crédito correspondente, estará autorizada a expedição de mandado para registro da propriedade em favor dos possuidores.

CJF Civil 496. O conteúdo do art. 1.228, §§ 4º e 5º, pode ser objeto de ação autônoma, não se restringindo à defesa em pretensões reivindicatórias.

CJF Civil 507. Na aplicação do princípio da função social da propriedade imobiliária rural, deve ser observada a cláusula aberta do § 1º do art. 1.228 do Código Civil, que, em consonância com o disposto no art. 5º, inciso XXIII, da Constituição de 1988, permite melhor objetivar a funcionalização mediante critérios de valoração centrados na primazia do trabalho.

*** QUESTÕES OBJETIVAS**

339. **(Ieses/TJ/RS/Cartórios/Ingresso/2013)** A respeito da propriedade:

I. a propriedade do solo abrange a do espaço aéreo e subsolo correspondentes, podendo o proprietário opor-se a atividades que sejam realizadas por terceiros a qualquer altura e profundidade.

II. aquele que, por dez anos, sem interrupção nem oposição, possuir como seu um imóvel e lá houver estabelecido sua moradia habitual, adquire-lhe a propriedade, independentemente de título de boa-fé, podendo requerer ao juiz que assim o declare por sentença, a qual servirá de título para registro no cartório de registro de imóveis.

III. quando a posse ocorre sobre área superior aos limites legais, não é possível a aquisição pela via da usucapião especial, ainda que o pedido restrinja a dimensão do que se quer usucapir.

IV. a modalidade de usucapião prevista no art. 1.240-A do Código Civil (popularmente denominada de usucapião conjugal ou pró-família) pressupõe a propriedade comum do casal e compreende todas as formas de família ou entidades familiares, inclusive homoafetivas.

V. os bens dominicais podem ser adquiridos por usucapião, mas os demais bens públicos, não.

São afirmativas corretas:

a) IV e V, apenas.

b) I, II, III e V, apenas.

c) II, III e IV, apenas.

d) I, III e IV, somente.

340. **(Ieses/TJ/PA/Cartórios/Ingresso/2016)** A propriedade do solo prevista no Código Civil abrange:

I. as jazidas, minas e recursos minerais.

II. o espaço aéreo e o subsolo, em altura e profundidade úteis ao seu exercício.

III. os sítios arqueológicos.

Assinale a alternativa correta:

a) apenas as assertivas I e II são verdadeiras.

b) apenas a assertiva I é verdadeira.

c) todas as assertivas são verdadeiras.

d) apenas a assertiva II é verdadeira.

341. **(FMP/TJ/MT/Cartórios/Remoção/2014)** Quanto à propriedade, assinale a afirmativa correta:

a) a chamada aquisição da propriedade por interesse social (artigo 1.228, §§ 4º e 5º, do Código Civil) dispensa pagamento do preço e registro do título, aperfeiçoando-se, tal como o usucapião, no último dia do prazo previsto no seu suporte fático.

b) embora resolvida a propriedade pelo implemento da condição ou pelo advento do termo, os direitos reais concedidos na sua pendência permanecem hígidos.

c) no condomínio voluntário, a maioria simples dos condôminos pode alterar a destinação da coisa comum e dar posse, uso e gozo dela a terceiros.

d) o proprietário do solo tem o direito de explorar os recursos minerais de emprego imediato na construção civil, ainda que submetidos à transformação industrial.

e) quando se resolve a propriedade por fato alheio ao título, a revogação tem efeito "ex nunc".

342. **(IBFC/TJ/PR/Cartórios/Ingresso/2014)** Relativamente à propriedade, assinale a proposição verdadeira:

a) o proprietário tem a faculdade de usar, gozar e dispor da coisa, e o direito de reavê-la do poder de quem quer que injustamente a possua ou a detenha, desde que esteja na posse da coisa.

b) o proprietário pode ser privado da coisa, nos casos de desapropriação, por necessidade pública, interesse social, em caso de perigo público iminente e nas situações de invasão por movimentos sociais.

c) a propriedade do solo abrange a do espaço aéreo e subsolo correspondente, em altura e profundidade úteis ao seu exercício, não podendo o proprietário opor-se a atividades que sejam realizadas por terceiros a uma altura ou profundidades tais, que não tenha ele interesse legítimo em impedi-las.

d) a profundidade do solo abrange as jazidas, minas e demais recursos naturais e os potenciais de energia hidráulica.

343. **(Vunesp/TJ/SP/Cartórios/Remoção/2016)** Assinale a alternativa correta:

a) não se admite a extinção da propriedade imóvel pela renúncia.

b) caracteriza-se a aluvião quando, por força violenta, uma porção de terra se destacar de um prédio e se juntar a outro, e a aquisição de sua propriedade puder ser reconhecida diretamente no Registro Imobiliário.

c) não se admite a extinção da propriedade imóvel pelo abandono.

d) as plantações e construções são do proprietário do terreno, não importando para tanto quem as plantou ou construiu, sendo exceção a hipótese de a construção ou a plantação exceder consideravelmente o valor do terreno, e haver boa-fé daquele que plantou ou construiu, caso em que adquirirá a propriedade do solo, mediante pagamento de valor acordado ou fixado judicialmente.

344. **(Ieses/TJ/PB/Cartórios/Remoção/2014)** Consideram-se águas pluviais, as que procedem imediatamente das chuvas, sendo que estas pertencem:

a) ao dono do prédio onde caírem diretamente.

b) ao município.

c) ao Estado, como unidade da Federação.

d) a União Federal.

5.2.2. *Da Aquisição/Perda da Propriedade*

✱ SÚMULAS

STF **Súm. 237.** O usucapião pode ser arguido em defesa.

STF **Súm. 340.** Desde a vigência do Código Civil, os bens dominicais, como os demais bens públicos, não podem ser adquiridos por usucapião.

STF **Súm. 391.** O confinante certo deve ser citado pessoalmente para a ação de usucapião.

STJ **Súm. 11.** A presença da União ou de qualquer de seus entes, na ação de usucapião especial, não afasta a competência do foro da situação do imóvel.

STJ **Súm. 193.** O direito de uso de linha telefônica pode ser adquirido por usucapião.

✱ ENUNCIADOS CNB

CNB **Enunciado 7/2015.** A ata notarial para fins de usucapião extrajudicial, prevista no inciso I do artigo 216-A do Código de Processo Civil, deve conter todas as informações e constatações possíveis para comprovar a existência da posse.

CNB **Enunciado 1/2016.** Na ata notarial para usucapião, o tabelião deve atestar evidências do tempo da posse. Esta ação é requisito legal sacramental e não indica que o tabelião acompanhou a constatação todo o tempo. Por isso, a responsabilidade administrativa, civil e penal só pode ser oriunda da conduta dolosa.

✱ ENUNCIADOS CJF

1) Da Aquisição da Propriedade

1.1) Da Usucapião

CJF **Civil 85.** Para efeitos do art. 1.240, caput, do novo Código Civil, entende-se por "área urbana" o imóvel edificado ou não, inclusive unidades autônomas vinculadas a condomínios edilícios.

CJF **Civil 86.** A expressão "justo título", contida nos arts. 1.242 e 1.260 do CC, abrange todo e qualquer ato jurídico hábil, em tese, a transferir a propriedade, independentemente de registro.

CJF **Civil 312.** Observado o teto constitucional, a fixação da área máxima para fins de usucapião especial rural levará em consideração o módulo rural e a atividade agrária regionalizada.

CJF **Civil 313.** Quando a posse ocorre sobre área superior aos limites legais, não é possível a aquisição pela via da usucapião especial, ainda que o pedido restrinja a dimensão do que se quer usucapir.

CJF **Civil 314.** Para os efeitos do art. 1.240, não se deve computar, para fins de limite de metragem máxima, a extensão compreendida pela fração ideal correspondente à área comum.

CJF **Civil 315.** O art. 1.241 do Código Civil permite que o possuidor que figurar como réu em ação reivindicatória ou possessória formule pedido contraposto e postule ao juiz seja declarada adquirida, mediante usucapião, a propriedade imóvel, valendo a sentença como instrumento para registro imobiliário, ressalvados eventuais interesses de confinantes e terceiros.

CJF **Civil 317.** A "accessio possessionis", de que trata o art. 1.243, primeira parte, do Código Civil, não encontra aplicabilidade relativamente aos arts. 1.239 e 1.240 do mesmo diploma legal, em face da normatividade do usucapião constitucional urbano e rural, arts. 183 e 191, respectivamente.

CJF **Civil 497.** O prazo, na ação de usucapião, pode ser completado no curso do processo, ressalvadas as hipóteses de má-fé processual do autor.

CJF **Civil 498.** A fluência do prazo de 2 anos previsto pelo art. 1.240-A para a nova modalidade de usucapião nele contemplada tem início com a entrada em vigor da Lei n. 12.424/2011.

CJF Civil 500. A modalidade de usucapião prevista no art. 1.240-A do Código Civil pressupõe a propriedade comum do casal e compreende todas as formas de família ou entidades familiares, inclusive homoafetivas.

CJF Civil 501. As expressões "ex-cônjuge" e "ex-companheiro", contidas no art. 1.240-A do Código Civil, correspondem à situação fática da separação, independentemente de divórcio.

CJF Civil 502. O conceito de posse direta referido no art. 1.240-A do Código Civil não coincide com a acepção empregada no art. 1.197 do mesmo Código.

CJF Civil 564. As normas relativas à usucapião extraordinária (art. 1.238, caput, CC) e à usucapião ordinária (art. 1.242, caput, CC), por estabelecerem redução de prazo em benefício do possuidor, têm aplicação imediata, não incidindo o disposto no art. 2.028 do Código Civil.

CJF Civil 569. No caso do art. 1.242, parágrafo único, a usucapião, como matéria de defesa, prescinde do ajuizamento da ação de usucapião, visto que, nessa hipótese, o usucapiente já é o titular do imóvel no registro.

CJF Civil 594. É possível adquirir a propriedade de área menor do que o módulo rural estabelecido para a região, por meio da usucapião especial rural.

CJF Civil 595. O requisito "abandono do lar" deve ser interpretado na ótica do instituto da usucapião familiar como abandono voluntário da posse do imóvel somado à ausência da tutela da família, não importando em averiguação da culpa pelo fim do casamento ou união estável.

CJF Civil 596. O condomínio edilício pode adquirir imóvel por usucapião.

1.2) Da Aquisição pelo Registro do Título

CJF Civil 87. Considera-se também título translativo, para fins do art. 1.245 do novo Código Civil, a promessa de compra e venda devidamente quitada (arts. 1.417 e 1.418 do CC e § 6º do art. 26 da Lei n. 6.766/79).

CJF Civil 503. É relativa a presunção de propriedade decorrente do registro imobiliário, ressalvado o sistema Torrens.

CJF Civil 624. A anulação do registro, prevista no art. 1.247 do Código Civil, não autoriza a exclusão dos dados invalidados do teor da matrícula.

1.3) Da Aquisição por Acessão

CJF Civil 318. O direito à aquisição da propriedade do solo em favor do construtor de má-fé (art. 1.258, parágrafo único) somente é viável quando, além dos requisitos explícitos previstos em lei, houver necessidade de proteger terceiros de boa-fé.

2) Da Perda da Propriedade

CJF Civil 242. A aplicação do art. 1.276 depende do devido processo legal, em que seja assegurado ao interessado demonstrar a não cessação da posse.

CJF Civil 243. A presunção de que trata o § 2º do art. 1.276 não pode ser interpretada de modo a contrariar a norma-princípio do art. 150, IV, da Constituição da República.

CJF Civil 316. Eventual ação judicial de abandono de imóvel, caso procedente, impede o sucesso de demanda petitória.

CJF Civil 565. Não ocorre a perda da propriedade por abandono de resíduos sólidos, que são considerados bens socioambientais, nos termos da Lei n. 12.305/2012.

* INFORMATIVOS

STJ Usucapião extraordinária. Prescrição aquisitiva. Prazo. Implementação. Curso da demanda. Possibilidade. Fato superveniente. Art. 462 do CPC/73. Contestação. Interrupção da posse. Inexistência. É possível o reconhecimento da usucapião de bem imóvel com a implementação do requisito temporal no curso da demanda. REsp 1.361.226, Rel. Min. Ricardo Villas Bôas Cueva, DJ 9.8.2018. 3ª T. (Info 630)

* QUESTÕES DISCURSIVAS

14. **(FMP/TJ/MT/Cartórios/Remoção/2014)** Dissertação. Usucapião familiar. O candidato deverá discorrer sobre os elementos estruturais desse novel suporte fático, em especial a referência à posse direta, além da questão da propriedade condominial.

15. **(Cetro/TJ/RJ/Cartórios/Remoção/2012)** Explique sobre a possibilidade de usucapião decorrente de abandono do lar, enumerando as condições.

16. **(Ieses/TJ/RN/Cartórios/2012)** Qual a natureza da usucapião quanto ao seu modo de aquisição da propriedade? Existe divergência a este respeito? De que modo tal natureza e a eventual divergência atuam sobre o registro da propriedade e constrições anteriores existentes?

* QUESTÕES OBJETIVAS

345. (Consulplan/TJ/MG/Cartórios/Ingresso/2018) Assinale a alternativa incorreta:

a) aquele que, contínua e incontestadamente, com justo título e boa-fé, o possuir por 10 (dez) anos adquire a propriedade do imóvel.

b) os direitos reais sobre coisas imóveis, quando constituídos, ou transmitidos por atos entre vivos, só se adquirem com a tradição.

c) a posse é adquirida desde o momento em que se torna possível o exercício, em nome próprio, de qualquer dos poderes inerentes à propriedade.

d) aquele que, por 15 (quinze) anos, sem interrupção nem oposição, possuir como seu um imóvel, adquire-lhe a propriedade, independentemente de títulos e boa-fé.

346. (Cespe/TJ/ES/Cartórios/Ingresso/2013) No que se refere ao direito de propriedade, assinale a opção correta:

a) no Código Civil, são enumerados quatro modos de aquisição de propriedade imobiliária: sucessão, usucapião, acessão e transcrição.

b) o título aquisitivo de propriedade constitui direito real mesmo antes de ser registrado.

c) a detecção de eventual vício no negócio jurídico poderá, a qualquer tempo, justificar a invalidação do registro do bem imóvel.

d) cancelado o registro, poderá o proprietário reivindicar o imóvel, desde que demonstre que o tenha adquirido de boa-fé.

e) o casamento pela comunhão universal de bens não é considerado modo aquisitivo de propriedade imobiliária.

347. (Cespe/TJ/ES/Cartórios/Remoção/2013) José outorgou a João uma escritura de compra e venda de imóvel e, dias depois, outorgou outra escritura referente ao mesmo imóvel a Maria, que, imediatamente, registrou a sua escritura, antes de João tomar uma iniciativa nesse sentido. Considerando essa situação hipotética, assinale a opção correta:

a) o registro efetivado em favor de Maria é nulo e não produz efeitos entre as partes nem perante terceiros.

b) João só terá direito a ressarcimento por perdas e danos, consolidando-se a propriedade de Maria.

c) o tabelião do cartório de registro de imóveis poderá, de ofício, anular o registro efetivado por Maria, caso tome conhecimento da escritura outorgada anteriormente a João.

d) João poderá pedir judicialmente a anulação do registro do imóvel efetuado por Maria, independentemente de demonstrada a má-fé dessa adquirente.

e) João poderá valer-se de medidas judiciais possessórias para resguardar o seu direito real sobre o imóvel.

348. (Ieses/TJ/RN/Cartórios/Remoção/2012) Quanto à usucapião especial é correto afirmar, exceto, que:

a) o prazo da prescrição aquisitiva é de 5 anos, inclusive aos imóveis rurais com área superior a 25 hectares, independentemente do tamanho do módulo rural.

b) a usucapião especial poderá ser invocada como matéria de defesa, valendo a sentença que a reconhecer como título para transcrição no registro de imóveis.

c) a usucapião especial abrange, inclusive, as terras devolutas, podendo ser reconhecida administrativamente.

d) a usucapião especial não depende de justo título ou boa-fé.

349. (Consulplan/TJ/MG/Cartórios/Ingresso/2016) São espécies de Usucapião previstas no Código Civil, exceto:

a) usucapião rural – também denominada "pro labore", tem como requisitos a posse como sua por 5 (cinco) anos ininterruptos e sem oposição, de área rural não superior a cinquenta hectares, desde que já não seja possuidor de qualquer outro imóvel, seja este rural ou urbano.

b) usucapião extrajudicial – tem como requisitos a posse ininterrupta de 15 (quinze) anos, exercida de forma mansa e pacífica com ânimo de dono, que poderá ser reduzida para 10 (dez) anos nos casos em que o possuidor estabelecer no imóvel a sua moradia habitual ou nele tiver realizado obras e serviços de caráter produtivo.

c) usucapião ordinária – tem como requisitos a posse contínua, exercida de forma mansa e pacífica pelo prazo de 10 (dez) anos, o justo título e a boa fé, reduzindo esse prazo pela metade no caso de o imóvel ter sido adquirido onerosamente, com base no registro constante em cartório, cancelada posteriormente, desde que os possuidores nele tiverem estabelecido a sua moradia, ou realizado investimentos de interesse social e econômico.

d) usucapião urbana – também denominada de "pro misero" ou pró-moradia, tem como requisitos a posse sem oposição de área urbana de até duzentos e cinquenta metros quadrados, por 5 (cinco) anos ininterruptos, utilizando-a como moradia sua ou de sua família, sendo vedada a posse de qualquer outro imóvel.

350. (Consulplan/TJ/MG/Cartórios/Ingresso/2016) O rompimento da barragem de Fundão destruiu o distrito de Bento Rodrigues, Mariana, Minas Gerais, e deixou mais de 900 pessoas desabrigadas, causando grande impacto social na vida daquelas pessoas. Além dos impactos ambientais e sociais, diversos outros danos foram causados, inclusive aos proprietários de áreas ribeirinhas. Supondo que os fatos tenham ocorrido por força natural, como abalo sísmico, e que tenha deslocado uma porção de terras de um imóvel a outro, aderindo-se de maneira definitiva às margens do outro, nos termos do código civil, quanto à forma de acessão de imóvel a imóvel, é correto afirmar que o proprietário ribeirinho:

a) torna-se dono do acréscimo por avulsão, desde que indenize o proprietário das terras perdidas. Não havendo indenização, concede a lei ao dono do prédio desfalcado o direito de, em um ano, reivindicar as terras perdidas, se for possível retorná-las.

b) torna-se dono do acréscimo por aluvião, desde que indenize o proprietário das terras perdidas. Não havendo indenização, concede a lei ao dono do prédio desfalcado o direito de, em três anos, reivindicar as terras perdidas, se for possível retorná-las.

c) torna-se dono do acréscimo por abandono álveo, sem indenização.

d) torna-se dono do acréscimo pela aluvião. Os acréscimos formados, por depósitos e aterros naturais ao longo das margens das correntes, ou pelo desvio das águas destas, pertencem aos donos dos terrenos marginais, sem indenização.

351. (Vunesp/TJ/SP/Cartórios/Remoção/2016) Assinale a alternativa correta:

a) o preenchimento das condições da usucapião de imóvel impedirá a decretação da nulidade do registro por vício do procedimento registral.

b) as causas que obstam, suspendem ou interrompem a prescrição não se aplicam à usucapião.

c) para a usucapião, não se admite a "accessio possessionis".

d) é de 10 (dez) anos o prazo da usucapião consumada em razão de aquisição de imóvel de maneira onerosa, com base no registro constante do respectivo cartório, cancelado posteriormente, tendo os possuidores no imóvel estabelecido moradia ou realizado investimentos de interesse social e econômico.

352. (Faurgs/TJ/RS/Cartórios/Ingresso/2015) Assinale a alternativa que apresenta afirmação correta a respeito da disciplina sobre Usucapião no Código Civil:

a) aquele que, por cinco anos, sem interrupção, nem oposição, possuir como seu um imóvel adquire-lhe a propriedade, independentemente de título e boa-fé.

b) aquele que, não sendo proprietário de imóvel rural ou urbano, possua como sua, por cinco anos ininterruptos, sem oposição, área de terra em zona rural não superior a vinte e cinco hectares adquirir-lhe-á a propriedade.

c) aquele que exercer, por dois anos, ininterruptamente e sem oposição, posse direta, com exclusividade, sobre imóvel urbano de até 250 m2 (duzentos e cinquenta metros quadrados) cuja propriedade divida com ex-cônjuge ou ex-companheiro que abandonou o lar, utilizando-o para sua moradia ou de sua família, adquirir-lhe-á o domínio integral, desde que não seja proprietário de outro imóvel urbano ou rural.

d) aquele que exercer, por, no mínimo, cinco anos, ininterruptamente e sem oposição, posse direta, com exclusividade, sobre imóvel urbano de até 150 m2 (cento e cinquenta metros quadrados) cuja propriedade divida com ex-cônjuge ou ex-companheiro que abandonou o lar, utilizando-o para sua moradia ou de sua família, adquirir-lhe-á o domínio integral, desde que não seja proprietário de outro imóvel urbano ou rural.

353. (Ieses/TJ/PB/Cartórios/Remoção/2014) Será considerado usucapião urbano quando o agente interessado possuir, como sua uma área urbana, por cinco anos ininterruptamente e sem oposição, utilizando-a para sua moradia ou de sua família, desde que não seja proprietário de outro imóvel urbano ou rural, e condicionado o tamanho máximo da área urbana usucapível de:

a) duzentos e cinquenta metros quadrados.
b) duzentos e vinte e cinco metros quadrados.
c) trezentos metros quadrados.
d) duzentos metros quadrados.

354. **(Ieses/TJ/PB/Cartórios/Remoção/2014)** A lei prevê que no caso de alguém exercer, durante um período de tempo de modo ininterrupto e sem oposição, posse direta, com exclusividade, sobre imóvel urbano de até 250m² (duzentos e cinquenta metros quadrados) cuja propriedade divida com ex-cônjuge ou ex-companheiro que abandonou o lar, utilizando-o para sua moradia ou de sua família, adquirir-lhe-á o domínio integral, desde que não seja proprietário de outro imóvel urbano ou rural. O período de tempo a que se refere o presente caso relatado será de:

a) cinco anos.
b) dez anos.
c) dois anos.
d) vinte anos.

355. **(Vunesp/TJ/SP/Cartórios/Remoção/2014)** Assinale a alternativa correta:

a) de acordo com o sistema jurídico brasileiro, adquire-se a propriedade imobiliária por meio do registro do título de transferência junto ao cartório de registro de imóveis, da acessão, da usucapião, da escritura pública e da transmissão automática dos direitos hereditários (princípio da saisine).
b) na aquisição originária do domínio, não há qualquer relação negocial ou obrigacional entre o adquirente e o proprietário, de modo que a propriedade é adquirida sem os vícios originários que existiam sobre ela, ao passo que, na aquisição derivada, existe um vínculo jurídico causal entre o proprietário e o adquirente.
c) não dispondo a lei em contrário, a escritura pública é essencial à validade dos negócios jurídicos que visem à constituição, transferência, modificação ou renúncia de direitos reais sobre imóveis de valor superior a cinquenta vezes o maior salário mínimo vigente no País.
d) o imóvel urbano que o proprietário abandonar, com a intenção de não mais o conservar em seu patrimônio, e que se não encontrar na posse de outrem, poderá ser arrecadado, como bem vago, e passar, três anos depois, à propriedade da União; presumir-se-á de modo absoluto a intenção de abandonar, quando, cessados os atos de posse, deixar o proprietário de satisfazer os ônus fiscais.

356. **(FMP/TJ/MT/Cartórios/Ingresso/2014)** Quanto ao usucapião, assinale a afirmativa correta:

a) não é possível levar-se a efeito "acessio possessionis" a título singular no usucapião familiar.
b) no usucapião rural (artigo 1.239 do Código Civil), a dimensão da área usucapienda, a fim de permitir sua exploração econômica em regime de economia familiar, não pode ser inferior à área do módulo rural aplicável à espécie, na forma da legislação específica.
c) tratando-se de usucapião urbano individual (artigo 1.240 do Código Civil), em razão do espírito social que dessa norma se extrai, desde que observada a dimensão máxima para a área prescribenda de 250,00 m2 (duzentos e cinquenta metros quadrados), os bens dominicais podem ser usucapidos.
d) a ação reivindicatória manejada pelo proprietário registral e julgada improcedente tem o condão, em razão do aperfeiçoamento da citação, de quebrar, em relação ao suporte fático do usucapião esgrimido, o chamado requisito da pacificidade, além de inibir o "animus domini".
e) o usucapião extraordinário geral (artigo 1.238, caput, do Código Civil), em razão do prazo prescricional aquisitivo dilatado, dispensa justo título, boa-fé e "animus domini".

357. **(FMP/TJ/MT/Cartórios/Remoção/2014)** Quanto ao usucapião, assinale a afirmativa correta:

a) o usucapião rural (artigo 1.239, caput, do Código Civil) é personalíssimo, pois exige que o possuidor, por seu exclusivo trabalho, torne a gleba produtiva.
b) para fins de "accessio possessionis" a título singular, a escritura pública não é da substância do ato.
c) o usucapião familiar (artigo 1.240-A do Código Civil) pode ser manejado por qualquer um dos cônjuges, desde que tenha posse exclusiva, e a área não seja superior a 500,00m² (quinhentos metros quadrados).
d) o usucapião ordinário geral (artigo 1.242, caput, do Código Civil), por exigir justo título, dispensa o requisito da pacificidade.
e) a redução do prazo para o usucapião extraordinário privilegiado no tempo (artigo 1.238,

parágrafo único, do Código Civil) opera-se quando o imóvel houver sido adquirido onerosamente, com base no registro constante do respectivo cartório, cancelado posteriormente.

358. (Cespe/TJ/BA/Cartórios/Ingresso/2013) Em relação à usucapião, assinale a opção correta:

a) aquele que conservar a posse em nome do proprietário poderá, após quinze anos sem interrupção, adquirir a propriedade do bem, e, inclusive, realizar requerimento ao juiz que assim o declare por sentença, a qual servirá de título para o registro no cartório de registro de imóveis.

b) aquele que possuir coisa móvel como sua, durante três anos, contínua e ininterruptamente e sem oposição, com justo título e boa-fé, adquirir-lhe-á a propriedade.

c) em se tratando de usucapião ordinária, o justo título pode ser substituído pela boa-fé, sendo ambos requisitos alternativos dessa modalidade derivada de aquisição da propriedade.

d) adquirida a propriedade por meio de usucapião especial e existindo direito real de garantia sobre o imóvel, o gravame subsistirá em razão de a natureza da obrigação ser propter rem.

e) o imóvel cujo proprietário seja menor de dezesseis anos de idade é passível de aquisição por usucapião, modo originário de aquisição, adquirindo o possuidor a coisa sem qualquer limitação imposta ao antigo proprietário.

359. (Vunesp/TJ/SP/Cartórios/Ingresso/2014) Assinale a alternativa correta:

a) denomina-se usucapião tabular a forma de aquisição da propriedade imobiliária pelo exercício da posse qualificada, contínua e incontestadamente, com ânimo de dono, justo título e boa-fé, por cinco anos, se o imóvel houver sido adquirido, onerosamente, com base no registro constante do respectivo cartório, cancelado posteriormente, desde que os possuidores nele tiverem estabelecido a sua moradia, ou realizado investimentos de interesse social e econômico.

b) o devedor considerado inadimplente e constituído formalmente em mora poderá adquirir o domínio do imóvel objeto do contrato descumprido, se possuir área urbana de até duzentos e cinquenta metros quadrados, por cinco anos ininterruptamente, utilizando-a para sua moradia ou de sua família, mesmo durante o curso do processo judicial ou extrajudicial movido pelo credor.

c) nas ações de usucapião extraordinária, especial e ordinária, o possuidor pode, para o fim de contar o tempo exigido pela prescrição aquisitiva, acrescentar à sua posse aquela exercida pelos antecessores e herdeiros do titular tabular, contanto que todas sejam contínuas e pacíficas.

d) o artigo 1.240-A do Código Civil, aplicável retroativamente à sua vigência, prevê modalidade especial de usucapião em favor daquele que exercer, por 3 (três) anos ininterruptamente e sem oposição, posse direta, com exclusividade, sobre imóvel urbano de até 250 m2 (duzentos e cinquenta metros quadrados) cuja propriedade divida com ex-cônjuge ou ex-companheiro que abandonou o lar, utilizando-o para sua moradia ou de sua família, desde que não seja proprietário de outro imóvel urbano ou rural.

360. (Vunesp/TJ/SP/Cartórios/Ingresso/2014) Assinale a alternativa correta:

a) quando a coisa for indivisível, e os consortes não quiserem adjudicá-la a um só, indenizando os outros, será vendida e repartido o apurado, preferindo-se, na venda, em condições iguais de oferta, o condômino ao estranho, e entre os condôminos o de quinhão maior, mesmo que outro tenha realizado benfeitorias mais valiosas.

b) não é admitida a renúncia da parte ideal pelo condômino, ainda que para se eximir do pagamento das despesas e dívidas.

c) por ser fonte de litígio, será lícito ao condômino exigir, a qualquer tempo, a divisão da coisa comum, desde que não haja acordo estipulando a indivisibilidade por prazo não maior de dez anos, vedada a prorrogação ulterior e ressalvada a possibilidade da divisão judicial antes do prazo acordado, a requerimento de qualquer interessado e se graves as razões apresentadas.

d) se o teor do registro não exprimir a verdade, poderá o interessado reclamar que se retifique ou anule e, uma vez cancelado, poderá o proprietário reivindicar o imóvel, independentemente da boa-fé ou do título do terceiro adquirente, salvo se decorrido o prazo de usucapião tabular.

361. (Vunesp/TJ/SP/Cartórios/Ingresso/2016) Em relação aos direitos reais imobiliários, é correto dizer que:

a) a data da constituição entre vivos de um direito real imobiliário é a do registro, e não a do protocolo no registro de imóveis.

b) a aquisição de usufruto pela usucapião se dá somente com o registro no registro de imóveis.

c) o promitente comprador, com contrato registrado no registro de imóveis, é titular de um direito obrigacional com eficácia real.

d) enquanto não for promovida, por ação própria, a decretação de invalidade do registro, e o respectivo cancelamento, o adquirente continua a ser havido como dono do imóvel.

362. (FMP/TJ/MT/Cartórios/Ingresso/2014) Quanto ao direito de propriedade, assinale a afirmativa correta:

a) aquele que semeia, planta ou edifica em terreno alheio perde, em proveito do proprietário, as sementes, plantas e construções, mas será, necessária e invariavelmente, indenizado pelo preço de custo das acessões.

b) é pressuposto para chamada aquisição da propriedade por interesse social prevista nos §§ 4º e 5º do artigo 1.228 do Código Civil a hipossuficiência econômica dos adquirentes.

c) presume-se de forma relativa a intenção do proprietário de abandonar o imóvel urbano, que não se encontra na posse de outrem, quando, cessados os atos de posse, deixar de satisfazer os ônus fiscais.

d) a perda da propriedade imobiliária pelo renunciante não repristina a titularidade pelo anterior dono, aquele que lhe transmitiu a propriedade, e nem há transmissão a qualquer pessoa.

e) aquele que edificou com material próprio em terreno alheio, ainda que de má-fé, adquire a propriedade do solo se o valor da construção for superior ao do terreno e se o trabalho de construção se fez na presença do proprietário e sem impugnação sua.

363. (Cespe/TJ/BA/Cartórios/Remoção/2013) Assinale a opção correta acerca do usufruto e da perda da propriedade:

a) o Código Civil veda a transferência do usufruto por alienação e, consequentemente, impede que o usufrutuário ceda, a título oneroso, o exercício do direito ao usufruto.

b) constatada a hipótese de abandono de imóvel urbano prevista no Código Civil, a perda da propriedade é automática.

c) é prevista no Código Civil a extinção do usufruto pelo não uso do bem por dez anos contínuos.

d) segundo o entendimento sumulado do STJ, na desapropriação indireta, os juros compensatórios são devidos desde a ocupação e os moratórios, somente a partir do trânsito em julgado.

e) o bem gravado com usufruto é inalienável e impenhorável.

364. (Consulplan/TJ/MG/Cartórios/Ingresso/2015) A propriedade dos automóveis só se adquire após:

a) a transferência do registro de propriedade perante o Detran.

b) o pagamento do preço.

c) a tradição.

d) o registro do contrato de compra e venda no cartório de títulos e documentos.

365. (Vunesp/TJ/SP/Cartórios/Ingresso/2018) Configurado o inequívoco abandono pelo proprietário de bem imóvel com valor superior a trinta salários-mínimos, nos termos do Código Civil, é correto afirmar:

a) a perda da propriedade por abandono não tem aplicação com relação aos imóveis com valor superior a trinta salários-mínimos.

b) a perda da propriedade imóvel somente ocorrerá após o registro do abandono no registro de imóveis.

c) a eficácia do abandono dependerá da concordância do Município, do Distrito Federal ou da União, conforme a localização do imóvel.

d) há perda da propriedade.

5.2.3. *Dos Direitos de Vizinhança*

✱ SÚMULAS

STF **Súm. 120.** Parede de tijolos de vidro translúcido pode ser levantada a menos de metro e meio do prédio vizinho, não importando servidão sobre ele.

✱ ENUNCIADOS CJF

CJF **Civil 319.** A condução e a solução das causas envolvendo conflitos de vizinhança devem guardar estreita sintonia com os princípios constitucionais da intimidade, da inviolabilidade da vida privada e da proteção ao meio ambiente.

CJF **Civil 88.** O direito de passagem forçada, previsto no art. 1.285 do CC, também é garantido nos casos em que o acesso à via pública for insuficiente ou inadequado, consideradas inclusive as necessidades de exploração econômica.

CJF **Civil 244.** O art. 1.291 deve ser interpretado conforme a Constituição, não sendo facultada a poluição das águas, quer sejam essenciais ou não às primeiras necessidades da vida.

CJF **Civil 245.** Muito embora omisso acerca da possibilidade de canalização forçada de águas por prédios alheios, para fins da agricultura ou indústria, o art. 1.293 não exclui a possibilidade da canalização forçada pelo vizinho, com prévia indenização aos proprietários prejudicados.

CJF **Civil 597.** A posse impeditiva da arrecadação, prevista no art. 1.276 do Código Civil, é efetiva e qualificada por sua função social.

CJF **Civil 598.** Na redação do art. 1.293, "agricultura e indústria" não são apenas qualificadores do prejuízo que pode ser causado pelo aqueduto, mas também finalidades que podem justificar sua construção.

✱ QUESTÕES OBJETIVAS

366. **(Consulplan/TJ/MG/Cartórios/Ingresso/2017)** José da Silva, morador e possuidor do imóvel da Rua Espinosa, 55 é "vizinho de muro" de Pedro Souza, que é dono/proprietário de imóvel na mesma rua no n. 57. A casa de Pedro está sem cuidados, com escoras na parede e na laje, e ele de lá mudou-se por recomendação do corpo de bombeiros, que fez vitoria e concluiu não ter o imóvel "segurança para moradia". Ocorre que não deu nenhuma satisfação ao vizinho José da Silva e simplesmente afastou-se do endereço. Nesse caso, é correto afirmar:

a) José da Silva não tem direito a exigir de Pedro a demolição, ou a reparação do imóvel vizinho e nem que lhe preste caução pelo dano iminente, já que são imóveis separados por muro, cada um tem a sua escritura e respectiva matrícula, não se comunicando as propriedades.

b) José da Silva tem direito apenas de exigir a reparação do imóvel vizinho, já que não lhe é dado juridicamente interferir sobre demolição de bem alheio e somente o Poder Público Municipal tem Poder de Polícia para impor esse sanção.

c) José da Silva tem direito a exigir de Pedro a demolição, ou a reparação do imóvel vizinho ou, então, que lhe preste caução pelo dano iminente.

d) José da Silva somente teria direito a exigir de Pedro a demolição, ou a reparação do imóvel vizinho ou então que lhe preste caução pelo dano iminente do bem, se comprovasse que o vizinho agiu com dolo ou culpa nos danos e avarias que o imóvel apresenta.

5.2.4. Do Condomínio

✱ INOVAÇÕES LEGISLATIVAS

▲ CC/2002. Título III – Da Propriedade, Capítulo VII – Do Condomínio Edilício, Seção IV – Do Condomínio de Lotes

▲ Art. 1.358-A. Pode haver, em terrenos, partes designadas de lotes que são propriedade exclusiva e partes que são propriedade comum dos condôminos. § 1º A fração ideal de cada condômino poderá ser proporcional à área do solo de cada unidade autônoma, ao respectivo potencial construtivo ou a outros critérios indicados no ato de instituição. § 2º Aplica-se, no que couber, ao condomínio de lotes o disposto sobre condomínio edilício neste Capítulo, respeitada a legislação urbanística. § 3º Para fins de incorporação imobiliária, a implantação de toda a infraestrutura ficará a cargo do empreendedor. (Modificações: Lei 13.465/17)

▲ Capítulo VII-A – Do Condomínio em Multipropriedade: novo capítulo (Modificações: Lei 13.777/18).

✱ SÚMULAS

STJ **Súm. 260.** A convenção de condomínio aprovada, ainda que sem registro, é eficaz para regular as relações entre os condôminos.

STJ **Súm. 478.** Na execução de crédito relativo a cotas condominiais, este tem preferência sobre o hipotecário.

✱ REPERCUSSÃO & REPETITIVOS

STJ **Repetitivo 949.** Na vigência do CC/02, é quinquenal o prazo prescricional para que o condomínio geral ou edifício (horizontal ou vertical) exercite a pretensão de cobrança da taxa condominial ordinária ou extraordinária constante em instrumento público ou particular, a contar do dia seguinte ao vencimento da prestação. (REsp 1483930, 23.11.2016)

✱ ENUNCIADOS CJF

1) Do Condomínio Edilício

CJF **Civil 89.** O disposto nos arts. 1.331 a 1.358 do novo Código Civil aplica-se, no que couber, aos condomínios assemelhados, tais como loteamentos fechados, multipropriedade imobiliária e clubes de campo.

CJF Civil 90. Deve ser reconhecida personalidade jurídica ao condomínio edilício.

CJF Civil 91. A convenção de condomínio, ou a assembleia geral, podem vedar a locação de área de garagem ou abrigo para veículos a estranhos ao condomínio.

CJF Civil 92. As sanções do art. 1.337 do novo Código Civil não podem ser aplicadas sem que se garanta direito de defesa ao condômino nocivo.

CJF Civil 96. Alteração do § 1º do art. 1.336 do CC, relativo a multas por inadimplemento no pagamento da contribuição condominial, para o qual se sugere a seguinte redação: "Art. 1.336.. § 1º O condômino que não pagar sua contribuição ficará sujeito aos juros moratórios convencionados ou, não sendo previstos, de um por cento ao mês, e multa de até 10% sobre o ou eventual risco de emendas sucessivas que venham a desnaturá-lo ou mesmo inibir a sua entrada em vigor". Não obstante, entendeu a Comissão da importância de aprimoramento do texto legislativo, que poderá, perfeitamente, ser efetuado durante a vigência do próprio Código, o que ocorreu, por exemplo, com o diploma de 1916, com a grande reforma verificada em 1919.

CJF Civil 246. Fica alterado o Enunciado n. 90, com supressão da parte final: "nas relações jurídicas inerentes às atividades de seu peculiar interesse". Prevalece o texto: "Deve ser reconhecida personalidade jurídica ao condomínio edilício".

CJF Civil 247. No condomínio edilício é possível a utilização exclusiva de área "comum" que, pelas próprias características da edificação, não se preste ao "uso comum" dos demais condôminos.

CJF Civil 248. O quorum para alteração do regimento interno do condomínio edilício pode ser livremente fixado na convenção.

CJF Civil 320. O direito de preferência de que trata o art. 1.338 deve ser assegurado não apenas nos casos de locação, mas também na hipótese de venda da garagem.

CJF Civil 328. Propõe-se a supressão do inciso V do art. 1.334 do Código Civil.

CJF Civil 504. A escritura declaratória de instituição e convenção firmada pelo titular único de edificação composta por unidades autônomas é título hábil para registro da propriedade horizontal no competente registro de imóveis, nos termos dos arts. 1.332 a 1.334 do Código Civil.

CJF Civil 505. É nula a estipulação que, dissimulando ou embutindo multa acima de 2%, confere suposto desconto de pontualidade no pagamento da taxa condominial, pois configura fraude à lei (Código Civil, art. 1.336, § 1º), e não redução por merecimento.

CJF Civil 508. Verificando-se que a sanção pecuniária mostrou-se ineficaz, a garantia fundamental da função social da propriedade (arts. 5º, XXIII, da CRFB e 1.228, § 1º, do CC) e a vedação ao abuso do direito (arts. 187 e 1.228, § 2º, do CC) justificam a exclusão do condômino antissocial, desde que a ulterior assembleia prevista na parte final do parágrafo único do art. 1.337 do Código Civil delibere a propositura de ação judicial com esse fim, asseguradas todas as garantias inerentes ao devido processo legal.

CJF Civil 566. A cláusula convencional que restringe a permanência de animais em unidades autônomas residenciais deve ser valorada à luz dos parâmetros legais de sossego, insalubridade e periculosidade.

CJF Civil 625. A incorporação imobiliária que tenha por objeto o condomínio de lotes poderá ser submetida ao regime do patrimônio de afetação, na forma da lei especial.

* INFORMATIVOS

STJ Condomínio horizontal. Shopping center. Cláusula de convenção de condomínio. Uso exclusivo de partes de área comum. Possibilidade. A cláusula prevista em convenção de condomínio de shopping center, permitindo a alguns condôminos – lojistas – o uso, gozo e fruição de áreas comuns, não é, em regra, nula. REsp 1.677.737, Rel. Min. Paulo de Tarso Sanseverino, DJ 29.6.2018. 3ª T. (Info 629)

STJ Ação de cobrança. Cotas condominiais. Obrigação "propter rem". Legitimidade da arrendatária de imóvel para figurar no polo passivo da demanda juntamente com o proprietário. A ação de cobrança de débitos condominiais pode ser proposta contra o arrendatário do imóvel. REsp 1.704.498, Rel. Min. Nancy Andrighi, DJ 24.4.2018. 3ª T. (Info 624)

* QUESTÕES OBJETIVAS

367. **(FCC/TJ/PE/Cartórios/Ingresso/2013)** "A todo tempo será lícito ao condômino exigir a divisão da coisa comum, respondendo o quinhão de cada um pela sua parte nas despesas da divisão. § 1º Podem os condôminos acordar que fique indivisa a coisa comum por prazo não maior de cinco anos, suscetível de prorrogação ulterior. § 2º Não poderá exceder de dez anos a indivisão estabelecida pelo doador ou pelo testador. § 3º A requerimento de qualquer interessado e se graves razões o aconselharem, pode o juiz determinar a divisão da coisa comum antes do prazo." Este enunciado, relativo ao condomínio no Código Civil, é composto por três parágrafos. Correspondem efetivamente ao texto legal:

a) os três parágrafos.
b) apenas os §§ 1º e 3º.
c) apenas os §§ 2º e 3º.
d) apenas os §§ 1º e 2º.
e) apenas o § 1º.

368. **(Ieses/TJ/MS/Cartórios/Ingresso/2014)** Sobre o condomínio, responda as questões:

I. no condomínio voluntário, cada condômino é obrigado, na proporção de sua parte, a concorrer para as despesas de conservação ou divisão da coisa, e a suportar os ônus a que estiver sujeita.
II. se o condômino renunciar à sua parte ideal, poderá eximir-se do pagamento das despesas e dívidas da coisa.
III. o condômino que assume o pagamento das dívidas do condômino renunciante adquire a sua parte ideal na proporção dos pagamentos que fizer.

Assinale a correta:

a) todas as assertivas são verdadeiras.
b) todas as assertivas são falsas.
c) apenas a assertiva II é verdadeira.
d) apenas as assertivas I e II são verdadeiras.

369. **(Cespe/TJ/RR/Cartórios/Ingresso/2013)** A respeito do direito das coisas, assinale a opção correta:

a) a venda realizada por quem não seja dono não transfere a propriedade, exceto se o adquirente estiver de boa-fé.
b) em condomínio edilício, as partes suscetíveis de utilização independente, tais como apartamentos, escritórios, salas, lojas e sobrelojas, com as respectivas frações ideais no solo e nas outras partes comuns, sujeitam-se à propriedade exclusiva, podendo ser alienadas e gravadas livremente por seus proprietários, exceto os abrigos para veículos, que não poderão ser alienados ou alugados a pessoas estranhas ao condomínio, salvo autorização expressa na convenção de condomínio.
c) o penhor rural constitui instrumento público ou particular, devendo ser registrado em cartório de títulos e documentos.
d) em relação ao fundamento jurídico da propriedade, prevalece a teoria da lei, defendida por Montesquieu, segundo a qual a propriedade é instituição do direito positivo, ou seja, existe porque a lei a criou e a garante.
e) a usucapião é modo de aquisição da propriedade e de outros direitos reais pela posse prolongada da coisa, desde que respeitados os requisitos legais, bastando, para a configuração da usucapião tabular, basta o registro do título e o decurso do prazo de cinco anos antes de o registro ser cancelado.

370. **(Ieses/TJ/RN/Cartórios/Ingresso/2012)** Do condomínio edilício, assinale a assertiva correta:

a) para ser oponível contra terceiros, a convenção do condomínio não necessita ser registrada no cartório de registro de imóveis, necessitando apenas estar disponível aos proprietários de suas unidades imobiliárias.
b) qualquer unidade imobiliária pode ser privada do acesso ao logradouro público.
c) a convenção de condomínio aprovada, ainda que sem registro, é eficaz para regular as relações entre os condôminos.
d) o terraço de cobertura é parte comum, devendo sempre constar na escritura de constituição do condomínio tal fato.

371. **(FCC/TJ/PE/Cartórios/Remoção/2013)** Em relação ao condomínio edilício, analise as afirmações abaixo.

I. a cada unidade imobiliária caberá, como parte inseparável, uma fração ideal no solo e nas outras partes comuns, que será identificada em forma decimal ou ordinária no instrumento de instituição do condomínio.
II. nenhuma unidade imobiliária pode ser privada do acesso ao logradouro público.
III. o terraço de cobertura é parte exclusiva, salvo disposição contrária da escritura de constituição do condomínio.

Está correto o que se afirma em:

a) II e III, apenas.
b) I, apenas.
c) I e II, apenas.
d) I, II e III.
e) I e III, apenas.

372. (Vunesp/TJ/SP/Cartórios/Ingresso/2016) É correto asseverar, acerca do condomínio, que:

a) a convenção do condomínio dever ser registrada no registro de imóveis, com eficácia constitutiva.
b) no condomínio edilício, salvo a unidade do zelador, nenhuma outra pode ser privada de acesso à via pública.
c) a cada unidade imobiliária caberá, como parte inseparável, uma fração ideal no solo e nas demais partes comuns.
d) no condomínio geral, cada condômino pode usar a coisa no limite proporcional de sua parte ideal.

373. (Ieses/TJ/PB/Cartórios/Remoção/2014) No caso dos condomínios compete ao síndico:

I. convocar a assembleia dos condôminos.
II. realizar o seguro da edificação.
III. elaborar o orçamento da receita e da despesa relativa a cada biênio, dando parecer sobre as suas contas.
IV. dar imediato conhecimento à assembleia da existência de procedimento judicial ou administrativo, de interesse do condomínio:

a) apenas a assertiva III está correta.
b) as assertivas I e III estão corretas.
c) apenas as assertivas I, II e IV estão corretas.
d) apenas a assertivas I está correta.

374. (Consulplan/TJ/MG/Cartórios/Remoção/2014) Sobre o condomínio edilício, nos termos do Código Civil brasileiro, analise as seguintes afirmações:

I. as despesas relativas a partes comuns de uso exclusivo de um condômino, ou de alguns deles, incumbem a quem delas se serve.
II. a realização de obras no condomínio, se voluptuárias, depende do voto de dois terços dos condôminos.
III. o adquirente de unidade responde pelos débitos do alienante, em relação ao condomínio, salvo multas e juros moratórios.

Está correto somente o que se afirma em:

a) I.
b) II.
c) I e II.
d) I e III.

375. (Vunesp/TJ/SP/Cartórios/Remoção/2014) Assinale a alternativa correta:

a) por não se tratar de obrigação "propter rem", o adquirente de unidade autônoma do condomínio edilício não responde pelos débitos do alienante, devidos ao condomínio, inclusive multas e juros moratórios.
b) no condomínio edilício, as partes suscetíveis de utilização independente, tais como apartamentos, escritórios, salas, lojas e sobrelojas, com as respectivas frações ideais no solo e nas outras partes comuns, sujeitam-se à propriedade exclusiva, podendo ser alienadas e gravadas livremente por seus proprietários, inclusive os abrigos para veículos, que sempre poderão ser alienados ou alugados a pessoas estranhas ao condomínio, tendo em vista o caráter absoluto do direito de propriedade.
c) é obrigatório o seguro de toda a edificação contra o risco de incêndio ou destruição, total ou parcial, bem como sobre os prejuízos causados pelo furto de veículos ou de objetos no interior do condomínio, pois a responsabilidade civil se aproxima das regras previstas no Código de Defesa do Consumidor e o condômino, ao alocar o veículo, transfere a sua guarda à administração, aplicando-se as regras do contrato de depósito.
d) institui-se o condomínio edilício por ato entre vivos ou testamento, registrado no cartório de registro de imóveis, devendo constar daquele ato, além do disposto em lei especial, a discriminação e individualização das unidades de propriedade exclusiva, estremadas uma das outras e das partes comuns, a determinação da fração ideal atribuída a cada unidade, relativamente ao terreno e partes comuns e o fim a que as unidades se destinam.

376. (Consulplan/TJ/MG/Cartórios/Ingresso/2017) No condomínio edilício, são direitos dos condôminos, exceto:

a) em dar a sua unidade destinação diversa da estipulada.
b) fruir livremente das suas unidades.
c) usar as partes comuns, conforme sua destinação, desde que não exclua a utilização dos demais possuidores.

d) participar das assembleias e votar nas deliberações, desde que estejam quites com as contribuições para as despesas.

377. **(Consulplan/TJ/MG/Cartórios/Remoção/2017)** Acerca do condomínio edilício, assinale a alterativa correta:

a) depende da aprovação de 2/3 (dois terços) dos votos dos condôminos a alteração da convenção; a mudança da destinação do edifício, ou da unidade imobiliária, depende da aprovação pela unanimidade dos condôminos.

b) a convenção que constitui o condomínio edilício deve ser subscrita pelos titulares de, no mínimo, cinquenta por cento das frações ideais e torna-se, desde logo, obrigatória para os titulares de direito sobre as unidades, ou para quantos sobre elas tenham posse ou detenção.

c) institui-se o condomínio edilício por ato entre vivos, registrado no cartório de registro de imóveis, não podendo ser constituído por testamento.

d) as partes suscetíveis de utilização independente sujeitam-se a propriedade exclusiva, podendo ser alienadas e gravadas livremente por seus proprietários a quem quer que seja, inclusive os abrigos para veículos, se silente a convenção de condomínio.

378. **(Consulplan/TJ/MG/Cartórios/Remoção/2017)** Quanto às despesas de condomínio e deveres dos condôminos, na forma do artigo 1.336 do Código Civil, é correto afirmar que:

a) o condômino que não pagar a sua contribuição ficará sujeito aos juros moratórios de 1% ao mês, já que não pode convenção de condomínio impor taxa de juros para caso de mora, sob pena de estar legislando, e mais a multa de 2% sobre o débito.

b) o condômino que não pagar a sua contribuição ficará sujeito aos juros moratórios de um por cento ao mês e multa de até 10% sobre o débito, multa esta se prevista na Convenção de Condomínio.

c) o condômino que não pagar a sua contribuição ficará sujeito aos juros moratórios convencionados ou, não sendo previstos, os de um por cento ao mês e multa de até 10% sobre o débito, já que não se trata de relação de consumo e, sim, de legislação específica sobre condomínio.

d) o condômino que não pagar a sua contribuição ficará sujeito aos juros moratórios convencionados, se previstos na Convenção de Condomínio, se aprovada esta com as formalidades e requisitos legais, e mais multa de até dois por cento sobre o débito.

379. **(Ieses/TJ/RO/Cartórios/Remoção/2017)** São atribuições dos síndicos de condomínios edilícios, entre outras:

I. realizar o seguro da edificação.

II. elaborar o orçamento da receita e da despesa relativa a cada ano.

III. convocar a assembléia dos condôminos.

IV. cobrar dos condôminos as suas contribuições, bem como impor e cobrar as multas devidas.

A sequência correta é:

a) apenas as assertivas II, III, IV estão corretas.

b) apenas as assertivas II e IV estão corretas.

c) as assertivas I, II, III e IV estão corretas.

d) apenas a assertiva IV está correta.

380. **(Consulplan/TJ/MG/Cartórios/Ingresso/2017)** Nos termos do Código Civil, relativamente ao condomínio, não constituem direitos do condômino:

a) usar, fruir e livremente dispor das suas unidades.

b) usar das partes comuns, conforme a sua destinação, e contanto que não exclua a utilização dos demais compossuidores.

c) votar nas deliberações da assembleia e delas participar, estando quite.

d) contribuir para as despesas do condomínio na proporção das suas frações ideais, salvo disposição em contrário na convenção.

381. **(Consulplan/TJ/MG/Cartórios/Remoção/2017)** Nos termos do Código Civil, relativamente a condomínio, não constituem deveres do condômino:

a) não realizar obras que comprometam a segurança da edificação.

b) não alterar a forma e a cor da fachada, das partes e esquadrias externas.

c) contribuir para as despesas do condomínio e apenas na proporção das suas frações ideais.

d) dar às suas partes a mesma destinação que tem a edificação, e não as utilizar de maneira prejudicial ao sossego, salubridade e segurança dos possuidores, ou aos bons costumes.

382. **(Cetro/TJ/RJ/Cartórios/Remoção/2017)** A presença da filha de Aurélio foi restringida no playground do condomínio onde moram por conta de imposição decorrente da convenção condominial contra reiterada inadimplência das despesas condominiais, situação vivenciada por Aurélio. Com base nisso e no que dispõe a legislação acerca do instituto do condomínio, analise as assertivas abaixo.

I. as quotas condominiais detêm força de título extrajudicial no eventual manejo de ação executiva contra Aurélio, bem como a própria unidade condominial de Aurélio pode ser objeto de constrição judicial, sem possibilidade de alegar a impenhorabilidade de bem de família.

II. na instauração de permanente situação de inadimplência por parte de Aurélio, o condomínio, mediante deliberação de 3/4 (três quartos) dos condôminos restantes, pode impor a ele, com base na gravidade e repetição da conduta, multa pecuniária correspondente até o quíntuplo ou até o décuplo do valor da respectiva quota condominial.

III. o uso das partes comuns do condomínio não decorre da situação de adimplência das despesas condominiais por parte dos condôminos.

É correto o que se afirma em:

a) I e II, apenas.
b) II e III, apenas.
c) I, apenas.
d) II, apenas.
e) I, II e III.

383. **(Ieses/TJ/AM/Cartórios/Ingresso/2018)** Em relação ao condomínio, assinale a correta:

a) não pode o condômino eximir-se do pagamento das despesas e dívidas, renunciando à parte ideal.
b) não podem os condôminos acordar que fique indivisa a coisa comum por prazo determinado, sendo lícito exigir a divisão da coisa comum a qualquer tempo.
c) o condomínio de coisa indivisível não pode vender a sua parte a estranhos, se outro consorte a quiser, tanto por tanto. Sendo muitos os condôminos, preferirá o que tiver benfeitorias de maior valor e, na falta de benfeitorias, o de quinhão maior.
d) cada condômino pode usar da coisa conforme sua destinação, sobre ela exercer todos os direitos compatíveis com a indivisão, reivindicá-la de terceiro, defender a sua posse e alhear a respectiva parte ideal, ou gravá-la., bem como dar posse, uso ou gozo dela a estranhos, independente do consenso dos outros.

5.2.5. *Da Propriedade Resolúvel/Fiduciária*

✱ SÚMULAS

STJ **Súm. 28.** O contrato de alienação fiduciária em garantia pode ter por objeto bem que já integrava o patrimônio do devedor.

STJ **Súm. 72.** A comprovação da mora é imprescindível à busca e apreensão do bem alienado fiduciariamente.

STJ **Súm. 92.** A terceiro de boa-fé não é oponível a alienação fiduciária não anotada no certificado de registro do veículo automotor.

STJ **Súm. 245.** A notificação destinada a comprovar a mora nas dívidas garantidas por alienação fiduciária dispensa a indicação do valor do débito.

STJ **Súm. 384.** Cabe ação monitória para haver saldo remanescente oriundo de venda extrajudicial de bem alienado fiduciariamente em garantia.

✱ ENUNCIADOS CJF

CJF **Civil 506.** Estando em curso contrato de alienação fiduciária, é possível a constituição concomitante de nova garantia fiduciária sobre o mesmo bem imóvel, que, entretanto, incidirá sobre a respectiva propriedade superveniente que o fiduciante vier a readquirir, quando do implemento da condição a que estiver subordinada a primeira garantia fiduciária; a nova garantia poderá ser registrada na data em que convencionada e será eficaz desde a data do registro, produzindo efeito "ex tunc".

CJF **Civil 509.** A resolução da propriedade, quando determinada por causa originária, prevista no título, opera "ex tunc" e "erga omnes"; se decorrente de causa superveniente, atua "ex nunc" e "inter partes".

✱ QUESTÕES DISCURSIVAS

17. **(Vunesp/TJ/SP/Cartórios/2016)** Dissertação. Propriedade resolúvel: (i) conceito e características; (ii) propriedade fiduciária no Código Civil e legislação especial; (iii) propriedade aparente; (iv) efeitos da resolução da propriedade quanto ao proprietário e terceiros.

* QUESTÕES OBJETIVAS

384. **(TJ/SC/Cartórios/Remoção/2012)** Sobre a alienação fiduciária, é correto afirmar:

a) no caso de inadimplemento da obrigação, poderá o devedor vender a coisa a terceiros e aplicar o preço da venda no pagamento total ou parcial da dívida.

b) é válida a cláusula que autoriza o proprietário fiduciário a ficar com a coisa alienada em garantia, se a dívida não for paga no seu vencimento.

c) a busca e a apreensão decorrente de contrato garantido por alienação fiduciária tem natureza cautelar, ficando na dependência da propositura de ação principal.

d) transfere ao credor o domínio resolúvel e a posse indireta, tornando-se o devedor possuidor direto e depositário da coisa móvel.

e) a mora somente será comprovada por carta registrada expedida por intermédio de Cartório de Títulos e Documentos.

385. **(Vunesp/TJ/SP/Cartórios/Ingresso/2014)** Assinale a alternativa correta:

a) o Código Civil admite o pacto comissório que autoriza o proprietário fiduciário a ficar definitivamente com a coisa alienada em garantia, se a dívida não for paga no vencimento.

b) com a constituição da propriedade fiduciária, dá-se o desdobramento da posse, tornando-se o fiduciário possuidor direto e o fiduciante possuidor indireto da coisa móvel ou imóvel.

c) constitui-se a propriedade fiduciária da coisa móvel infungível com o registro do contrato, celebrado por instrumento público ou particular, que lhe serve de título, no Registro de Títulos e Documentos do domicílio do devedor, ou, em se tratando de veículos, na repartição competente para o licenciamento, fazendo-se a anotação no certificado de registro.

d) o contrato de alienação fiduciária de coisa imóvel deve ser celebrado somente por escritura pública para viabilizar o registro perante o cartório de registro de imóveis, uma vez que ocorre a transferência da propriedade resolúvel como forma de garantia ao credor fiduciário.

386. **(Cespe/TJ/DFT/Cartórios/Ingresso/2014)** Acerca dos contratos empresariais e dos títulos de crédito de fomento à atividade empresarial, assinale a opção correta:

a) no momento da averbação, na matrícula do imóvel, da cédula de crédito imobiliário, que representa crédito imobiliário garantido por direito real, o oficial de registro deverá verificar se o devedor do crédito imobiliário representado na cédula autorizou o credor a emiti-la.

b) a hipoteca cedular constituída na cédula de produto rural ou na cédula de crédito bancário dispensa a averbação do título na matrícula do imóvel hipotecado, até mesmo para a produção de efeitos contra terceiros.

c) o mútuo de dinheiro ou mútuo feneratício é espécie de contrato de empréstimo em que a posse do dinheiro é transferida do mutuante para o mutuário, mantendo o primeiro a propriedade sobre a quantia entregue, que deverá ser integralmente devolvida pelo mutuário, acrescida de juros.

d) segundo o Código Civil, o registro do contrato de alienação fiduciária em garantia de veículo na repartição competente para o seu licenciamento produz o desdobramento da posse sobre o bem alienado, ficando o devedor com a posse direta, e o credor, com a posse indireta e a propriedade resolúvel sobre o veículo.

e) de acordo com a jurisprudência do STJ, o contrato de seguro por danos pessoais compreende os danos morais, independentemente de cláusula expressa de exclusão.

5.3. Da Superfície, Das Servidões

* SÚMULAS

1) Das Servidões

STF **Súm. 120.** Parede de tijolos de vidro translúcido pode ser levantada a menos de metro e meio do prédio vizinho, não importando servidão sobre ele.

STF **Súm. 415.** Servidão de trânsito não titulada, mas tomada permanente, sobretudo pela natureza das obras realizadas, considera-se aparente, conferindo direito a proteção possessória.

* ENUNCIADOS CJF

1) Da Superfície

CJF **Civil 93.** As normas previstas no Código Civil sobre direito de superfície não revogam as relativas a direito de superfície constantes do Estatuto da Cidade (Lei n. 10.257/2001) por ser instrumento de política de desenvolvimento urbano.

CJF **Civil 94.** As partes têm plena liberdade para deliberar, no contrato respectivo, sobre o rateio dos encargos e tributos que incidirão sobre a área objeto da concessão do direito de superfície.

CJF **Civil 249.** A propriedade superficiária pode ser autonomamente objeto de direitos reais de gozo e de garantia, cujo prazo não exceda a duração da concessão da superfície, não se lhe aplicando o art. 1.474.

CJF **Civil 250.** Admite-se a constituição do direito de superfície por cisão.

CJF **Civil 321.** Os direitos e obrigações vinculados ao terreno e, bem assim, aqueles vinculados à construção ou à plantação formam patrimônios distintos e autônomos, respondendo cada um dos seus titulares exclusivamente por suas próprias dívidas e obrigações, ressalvadas as fiscais decorrentes do imóvel.

CJF **Civil 322.** O momento da desapropriação e as condições da concessão superficiária serão considerados para fins da divisão do montante indenizatório (art. 1.376), constituindo-se litisconsórcio passivo necessário simples entre proprietário e superficiário.

CJF **Civil 510.** Ao superficiário que não foi previamente notificado pelo proprietário para exercer o direito de preferência previsto no art. 1.373 do CC é assegurado o direito de, no prazo de seis meses, contado do registro da alienação, adjudicar para si o bem mediante depósito do preço.

CJF **Civil 568.** O direito de superfície abrange o direito de utilizar o solo, o subsolo ou o espaço aéreo relativo ao terreno, na forma estabelecida no contrato, admitindo-se o direito de sobrelevação, atendida a legislação urbanística.

2) Das Servidões

CJF **Civil 251.** O prazo máximo para o usucapião extraordinário de servidões deve ser de 15 anos, em conformidade com o sistema geral de usucapião previsto no Código Civil.

* QUESTÕES OBJETIVAS

387. **(Consulplan/TJ/MG/Cartórios/Ingresso/2018)** A servidão aparente, sem título:

a) não pode ser adquirida por usucapião.

b) pode ser adquirida por usucapião, desde que a posse seja exercida pelo prazo de 10 (dez) anos.

c) pode ser adquirida por usucapião, desde que a posse seja exercida pelo prazo de 5 (cinco) anos.

d) pode ser adquirida por usucapião, desde que a posse seja exercida pelo prazo de 20 (vinte) anos.

388. **(FCC/TJ/PE/Cartórios/Remoção/2013)** Sobre o direito de superfície, é correto afirmar que:

a) não pode ser constituído por pessoa jurídica de direito público interno, por ser restrito a particulares.

b) constitui-se por ato formal, mediante escrito público ou particular que se registrará no Cartório Imobiliário.

c) é intransferível a terceiros.

d) impede a alienação do imóvel, pelo concedente, durante o prazo de sua vigência.

e) ao término da concessão, como regra geral, o concedente recebe o terreno, plantação ou construção, independentemente de indenização, passando a ter sobre eles a propriedade plena.

389. **(Ieses/TJ/PB/Cartórios/Remoção/2014)** Conforme o disposto no Código Civil de 2002, são elencados de forma taxativa os seguintes direitos reais:

I. a anticrese, o penhor, a hipoteca.

II. a superfície, as servidões, a habitação.

III. a propriedade, o uso, o usufruto.

IV. o direito do promitente comprador do imóvel, a concessão de uso especial para fins de moradia, a concessão de direito real de uso.

A sequência correta é:

a) apenas a assertiva III está correta.

b) as assertivas I, II, III e IV estão corretas.

c) apenas as assertivas I, II e III estão corretas.

d) apenas as assertivas I e III estão corretas.

390. **(Cespe/TJ/SE/Cartórios/Remoção/2014)** Acerca do direito das coisas, assinale a opção correta:

a) a propriedade superficiária pode ser autonomamente objeto de direitos reais de gozo e garantia, cujo prazo não exceda a duração da concessão da superfície.

b) o regramento relativo ao direito de retenção não é aplicável às acessões realizadas em bem imóvel.

c) a extinção do usufruto pelo não uso ocorre após o transcurso do prazo de dez anos.

d) a posse das coisas móveis não pode ser transmitida pelo constituto possessório.

e) o direito à adjudicação compulsória exercido em face do promitente vendedor está condicionado ao registro da promessa de compra e venda no cartório de registro imobiliário.

391. **(FCC/TJ/PE/Cartórios/Ingresso/2013)** Sobre a servidão é correto afirmar que:

a) se de trânsito, não titulada, mas tornada permanente, sobretudo pela natureza das obras realizadas, considera-se aparente, conferindo direito à proteção possessória.

b) é constituída no prédio dominante, ao qual onera.

c) uma vez constituída, pode ser removida livremente, desde que por conta de quem pleitear a remoção.

d) pode ser ampliada para finalidade diversa da qual instituída, se houver justificativa idônea.

e) só fundamentadamente poderá o dono do prédio serviente embaraçar o legítimo exercício da servidão.

392. **(Ieses/TJ/RN/Cartórios/Ingresso/2012)** Sobre as Servidões, assinale a assertiva incorreta:

a) restringir-se-á o exercício da servidão às necessidades do prédio dominante, evitando-se, quando possível, agravar o encargo ao prédio serviente.

b) o dono do prédio serviente não poderá embaraçar de modo algum o exercício legítimo da servidão.

c) mesmo nas desapropriações, a servidão, uma vez registrada, só se extingue, com respeito a terceiros, quando cancelada.

d) uma das formas de extinção da servidão, ficando ao dono do prédio serviente a faculdade de fazê-la cancelar, mediante prova da extinção, se dá pelo não uso, durante 10 (dez) anos contínuos.

393. **(Vunesp/TJ/SP/Cartórios/Ingresso/2016)** Uma servidão de passagem instituída em favor de imóvel encravado:

a) será extinta se passar a existir acesso à via pública, podendo a extinção ser efetivada diretamente no Registro Imobiliário, sem intervenção judicial.

b) não se extingue pelo não uso.

c) não será extinta tão só pelo surgimento de acesso à via pública.

d) extingue-se pelo não uso, durante o prazo de 5 (cinco) anos contínuos.

394. **(Vunesp/TJ/SP/Cartórios/Remoção/2016)** Sobre o direito de servidão, é correto afirmar que:

a) não pode ser extinto unilateralmente, por simples renúncia.

b) pode ser resgatado pelo dono do prédio serviente.

c) não exige, para o seu cancelamento, a anuência do credor, caso o imóvel dominante esteja hipotecado.

d) não é passível de usucapião.

5.4. Do Usufruto, Do Uso, Da Habitação

✱ ENUNCIADOS CJF

CJF Civil 252. A extinção do usufruto pelo não uso, de que trata o art. 1.410, inc. VIII, independe do prazo previsto no art. 1.389, inc. III, operando-se imediatamente. Tem-se por desatendida, nesse caso, a função social do instituto.

✱ QUESTÕES OBJETIVAS

395. **(Cespe/TJ/PI/Cartórios/Ingresso/2013)** Acerca do usufruto, assinale a opção correta:

a) pode-se penhorar o exercício do usufruto ainda que os frutos advindos dessa cessão não possuam expressão econômica imediata.

b) ex-cônjuge que ocupa imóvel doado aos filhos pode ser compelido a pagar ao outro ex-cônjuge o equivalente a 50% do valor de locação do imóvel, pelo usufruto, em caráter exclusivo, do bem pertencente à prole.

c) o Código Civil não autoriza a extinção do usufruto pelo não uso ou pela não fruição do bem sobre o qual ele recai, em razão da função social.

d) o STJ reconhece que a renúncia do usufruto efetuada pelo executado constitui fraude à execução, por frustrar a penhora.

e) o fato de o viúvo ser beneficiário de testamento do cônjuge falecido elide o usufruto vidual, que depende da situação financeira do cônjuge sobrevivente.

396. **(Vunesp/TJ/SP/Cartórios/Ingresso/2016)** Quanto ao direito real de usufruto, é correto afirmar que:

a) não se estende aos acessórios da coisa.
b) pode recair em um patrimônio inteiro.
c) pode ser transferido por alienação.
d) constituído em favor de duas ou mais pessoas, não se extingue em relação a cada uma das que falecerem, salvo estipulação expressa em sentido contrário.

397. **(Ieses/TJ/PB/Cartórios/Ingresso/2014)** Assinale a alternativa correta:

I. o usufruto em imóvel pode ser instituído apenas no momento em que se realiza uma doação.
II. o usufruto não pode ser alienado, mas o seu exercício pode ser objeto de cessão.
III. o usufrutuário pode arrendar o imóvel objeto do usufruto, devendo reverter a renda ao proprietário.
IV. o direito real de habitação permite ao titular deste direito alugar o imóvel objeto deste direito ou nele morar com sua família:

a) apenas a assertiva III é verdadeira.
b) apenas a assertiva II é verdadeira.
c) todas as assertivas são verdadeiras.
d) apenas as assertivas I e III são verdadeiras.

398. **(Cespe/TJ/BA/Cartórios/Ingresso/2013)** Em relação aos direitos reais de gozo, fruição e garantia, assinale a opção correta:

a) é defeso ao oficial do cartório de registro de imóveis o registro de venda de imóvel quando a hipoteca que recair sobre o bem instituir cláusula de inalienabilidade.
b) bem imóvel dado em anticrese não pode ser objeto de hipoteca, exceto em favor do credor anticrético.
c) por ser vinculada à propriedade do imóvel, a propriedade superficiária não pode ser autonomamente objeto de direitos reais de garantia, ao contrário da hipoteca.
d) conforme entendimento do STJ, o usufruto é inalienável e impenhorável, admitindo-se, todavia, a penhora dos frutos decorrentes do instituto.
e) definido o local destinado à passagem forçada (servidão legal), o dono do prédio dominante não poderá removê-la para outro local, salvo mediante autorização expressa do proprietário do prédio serviente.

399. **(Ieses/TJ/PA/Cartórios/Ingresso/2016)** Na instituição de usufruto:

a) o usufrutuário não está autorizado a dar o imóvel objeto do usufruto em locação, salvo se expressamente disposto no ato constitutivo.
b) existe a possibilidade de ingresso do título de promessa de usufruto no fólio real.
c) o usufrutuário, que agindo culposamente, tenta alienar ou não presta manutenção adequada ao bem, dá causa à extinção do usufruto.
d) a causa extintiva produz efeito desde logo, mesmo antes do cancelamento no registro de imóveis.

400. **(Cespe/TJ/SE/Cartórios/Ingresso/2014)** Assinale a opção correta acerca do usufruto:

a) o usufruto, de regra, é temporário, mediante termo ou condição, exceto quando estabelecido em favor de pessoa jurídica, cuja estipulação não tem prazo de duração.
b) o usufruto vitalício instituído em testamento pode incidir sobre a universalidade do patrimônio, de modo que os herdeiros necessários somente poderão exercer o direito de usar, gozar e dispor dos bens herdados após a morte do usufrutuário.
c) da inalienabilidade do usufruto resulta a impossibilidade de transmissão pelo usufrutuário do direito real ao titular do domínio.
d) o usufruto, direito essencialmente temporal, não permite constituição sob condição resolutória.
e) o termo é elemento constitutivo do tipo legal do usufruto, não se admitindo o usufruto sucessivo mediante a transmissão a eventual herdeiro usufrutuário existente à época de sua instituição.

401. **(IBFC/TJ/PR/Cartórios/Ingresso/2014)** Assinale a assertiva incorreta:

a) o usufrutuário tem direito à posse, uso, administração e percepção dos frutos.
b) incumbem ao usufrutuário os tributos devidos pela posse ou rendimento da coisa usufruída.
c) o usufrutuário tem a posse indireta da coisa, enquanto o nu proprietário tem a posse direta.
d) entre as hipóteses de extinção do usufruto estão a morte do usufrutuário e a renúncia.

402. **(Vunesp/TJ/SP/Cartórios/Ingresso/2018)** Com relação ao usufruto, é correto afirmar:

a) o usufruto não pode ter por objeto bens consumíveis ou fungíveis.
b) o direito de usufruto não pode ser adquirido por usucapião.

c) no usufruto simultâneo ou conjuntivo, o direito de acrescer entre os usufrutuários, ocorrendo o falecimento de um deles, depende de estipulação expressa.
d) o exercício do usufruto é impenhorável.

5.5. Do Direito do Promitente Comprador

* SÚMULAS

STJ **Súm. 239.** O direito à adjudicação compulsória não se condiciona ao registro do compromisso de compra e venda no cartório de imóveis.

* ENUNCIADOS CJF

CJF **Civil 95.** O direito à adjudicação compulsória (art. 1.418 do novo Código Civil), quando exercido em face do promitente vendedor, não se condiciona ao registro da promessa de compra e venda no cartório de registro imobiliário (Súmula n. 239 do STJ).

CJF **Civil 253.** O promitente comprador, titular de direito real (art. 1.417), tem a faculdade de reivindicar de terceiro o imóvel prometido à venda.

5.6. Do Penhor, da Hipoteca e da Anticrese

* SÚMULAS

STJ **Súm. 308.** A hipoteca firmada entre a construtora e o agente financeiro, anterior ou posterior à celebração da promessa de compra e venda, não tem eficácia perante os adquirentes do imóvel.

STJ **Súm. 478.** Na execução de crédito relativo a cotas condominiais, este tem preferência sobre o hipotecário.

* ENUNCIADOS CJF

CJF **Civil 626.** Não afronta o art. 1.428 do Código Civil, em relações paritárias, o pacto marciano, cláusula contratual que autoriza que o credor se torne proprietário da coisa objeto da garantia mediante aferição de seu justo valor e restituição do supérfluo (valor do bem em garantia que excede o da dívida).

* QUESTÕES DISCURSIVAS

18. **(Vunesp/TJ/SP/Cartórios/2014)** Dissertação. Direitos reais de garantia: características, hipoteca, anticrese, penhor, conceito, modalidades, constituição, extinção.

* QUESTÕES OBJETIVAS

403. **(Consulplan/TJ/MG/Cartórios/Ingresso/2018)** Assinale a afirmativa correta:

a) a utilização do solo e do espaço aéreo é ilimitada pelo proprietário.
b) adquire-se a propriedade móvel com o título translativo respectivo.
c) o usufruto é transmissível "causa mortis" e isenta de tributação a transmissão.
d) na hipoteca, garante a obrigação principal tudo que possa ser extraível da coisa hipotecada, como valor econômico.

404. **(Consulplan/TJ/MG/Cartórios/Remoção/2018)** O penhor que recai sobre título de crédito constitui-se mediante:

a) instrumento público ou endosso pignoratício, com a tradição do título ao credor.
b) instrumento particular ou endosso pignoratício, com a tradição do título ao credor.
c) instrumento público ou particular ou endosso pignoratício, com a tradição do título ao credor.
d) instrumento público ou particular ou endosso pignoratício, sem a tradição do título ao credor.

405. **(Cespe/TJ/ES/Cartórios/Remoção/2013)** No que concerne aos direitos reais de garantia, assinale a opção correta:

a) os sucessores do devedor poderão remir parcialmente a hipoteca na proporção de seus quinhões.
b) são características dos direitos reais de garantia a sequela, a excussão e a indivisibilidade.
c) a preferência a outros credores no pagamento das dívidas garantidas por penhor, anticrese ou hipoteca restringe-se ao credor hipotecário.
d) as garantias reais têm preferência em relação às despesas de condomínio incidentes sobre o imóvel.
e) é possível a instituição de cláusula, por ocasião da constituição do débito, que autorize o credor pignoratício a ficar com o objeto da garantia, se a dívida não for paga na data do vencimento.

406. **(FCC/TJ/PE/Cartórios/Remoção/2013)** No tocante aos direitos reais de garantia, analise as afirmações abaixo.

I. o credor anticrético tem direito a reter em seu poder o bem, enquanto a dívida não for paga.

Extingue-se esse direito decorridos quinze anos da data de sua constituição.

II. a coisa comum a dois ou mais proprietários não pode ser dada em garantia real, na sua totalidade, sem o consentimento de todos, mas cada um pode individualmente dar em garantia real a parte que tiver nessa coisa comum.

III. nos casos de perecimento da coisa dada em garantia, esta se sub-rogará na indenização do seguro, ou no ressarcimento do dano, conforme o caso, em benefício do credor, a quem assistirá sobre ela preferência até seu completo reembolso.

Está correto o que se afirma em:

a) I e II, apenas.
b) III, apenas.
c) I, II e III.
d) II e III, apenas.
e) I e III, apenas.

407. **(FCC/TJ/PE/Cartórios/Ingresso/2013)** Em relação aos direitos reais de garantia, é correto afirmar que:

a) a dívida considera-se extinta se o bem dado em garantia real perecer sem culpa do devedor.
b) os bens dados em garantia real podem ficar com o credor, por exigência deste, se a dívida não for paga no vencimento.
c) até o pagamento da dívida, os bens móveis empenhados ficam sempre na posse do credor pignoratício.
d) os sucessores do devedor não podem remir parcialmente o penhor ou a hipoteca na proporção dos seus quinhões, devendo fazê-lo no todo e ficando, a partir de então, sub-rogados nos direitos do credor pelas quotas que houverem satisfeito.
e) o pagamento parcial da hipoteca exonera a garantia na mesma proporção do montante pago pelo devedor, como regra geral.

408. **(Ieses/TJ/PA/Cartórios/Ingresso/2016)** Sobre penhor, anticrese e hipoteca, responda:

I. é nula cláusula que proíbe ao proprietário alienar imóvel hipotecado.

II. como regra, no penhor pignoratício a coisa empenhada fica na posse do credor.

III. se a dívida garantida não for paga no vencimento, o credor está autorizado a ficar com o objeto de garantia.

IV. somente os bens hipotecados ou penhorados garantem o pagamento da dívida e despesas judiciais, não remanescendo responsabilidade pessoal do devedor caso não sejam suficientes para tanto:

a) apenas a assertiva III é verdadeira.
b) apenas as assertivas I e II são verdadeiras.
c) todas as assertivas são verdadeiras.
d) apenas as assertivas I, III e IV são verdadeiras.

409. **(Vunesp/TJ/SP/Cartórios/Ingresso/2016)** Com relação aos direitos reais de garantia, assinale a alternativa correta:

a) um imóvel dado em hipoteca para garantir cédula rural hipotecária pode ser livremente alienado, independentemente de anuência do credor, uma vez que é nula cláusula que proíba o proprietário de alienar o bem dado em garantia.
b) constitui-se o penhor industrial mediante a transferência efetiva da posse, devendo seu instrumento ser registrado em Registro de Título e Documentos com efeito declarativo.
c) a hipoteca não pode ter por objeto a propriedade superficiária.
d) o penhor agrícola, para sua constituição, deve ser registrado no registro de imóveis da circunscrição em que estiverem situadas as coisas empenhadas.

410. **(Consulplan/TJ/MG/Cartórios/Remoção/2015)** É garantia que impede a alienação do bem a terceiros:

a) penhor.
b) hipoteca.
c) alienação fiduciária.
d) anticrese.

411. **(Consulplan/TJ/MG/Cartórios/Ingresso/2014)** Sobre penhor, anticrese e hipoteca, nos termos do Código Civil brasileiro, considere as seguintes afirmações:

I. o credor anticrético tem direito a reter em seu poder o bem, enquanto a dívida não for paga; extingue-se esse direito decorridos quinze anos da data de sua constituição.

II. é anulável a cláusula que autoriza o credor pignoratício, anticrético ou hipotecário a ficar com o objeto da garantia, se a dívida não for paga no vencimento.

III. os sucessores do devedor podem remir parcialmente o penhor ou a hipoteca na proporção dos seus quinhões.

Está correto apenas o que se afirma em:

a) I.
b) II.
c) I e II.
d) I e III.

412. (Cespe/TJ/SE/Cartórios/Ingresso/2014) No que se refere aos atos pertinentes à constituição de direito real sobre imóvel alheio, assinale a opção correta:

a) a renda constituída sobre imóvel consubstancia direito real de fruição sobre coisa alheia, que incide sobre imóvel de terceiro, afetado ao pagamento de uma renda, mediante ato "inter vivos", desde que registrado no Livro n. 2.
b) a extinção do direito real de anticrese ocorre em razão do pagamento do débito; pelo término do seu prazo legal; pelo perecimento do bem anticrético; pela desapropriação; pela renúncia e pela excussão de outros valores, quando o anticresista não opuser seu direito de retenção.
c) a constituição de enfiteuse é possível por ato "inter vivos" ou "causa mortis", caso em que a matrícula do imóvel aproveita ao titular do domínio útil e ao foreiro.
d) a servidão predial consiste em direito real de fruição sobre imóvel alheio de caráter acessório, divisível e alienável somente após o prazo fixado por vontade das partes.
e) a ausência de registro impede que o usufruto estabelecido por ato "inter vivos", "causa mortis" ou usufruto legal se constitua como direito real e obsta ao seu titular ação e direito de sequela.

413. (Consulplan/TJ/MG/Cartórios/Remoção/2014) As afirmativas abaixo sobre penhor rural são verdadeiras, exceto:

a) o penhor agrícola e o penhor pecuário não podem ser convencionados por prazos superiores aos das obrigações garantidas.
b) se o prédio estiver hipotecado, o penhor rural não poderá constituir-se sem a anuência do credor hipotecário.
c) constitui-se o penhor rural mediante instrumento público ou particular, registrado no cartório de registro de imóveis da circunscrição em que estiverem situadas as coisas empenhadas.
d) tem o credor direito a verificar o estado das coisas empenhadas, inspecionando-as onde se acharem, por si ou por pessoa que credenciar.

414. (Ieses/TJ/RS/Cartórios/Ingresso/2013) Em relação ao direito das coisas:

I. é nula a cláusula que autoriza o proprietário fiduciário a ficar com a coisa alienada em garantia, se a dívida não for paga no vencimento.
II. é nula a cláusula que autoriza o credor pignoratício ou hipotecário a ficar com o objeto da garantia, se a dívida não for paga no vencimento; mas após o vencimento, poderá o devedor dar a coisa em pagamento da dívida.
III. constitui-se o penhor industrial, ou o mercantil, mediante instrumento público ou particular, registrado no cartório de registro de imóveis da circunscrição onde estiverem situadas as coisas empenhadas.
IV. é nula a cláusula que proíbe ao proprietário alienar imóvel hipotecado, mas é possível convencionar-se que vencerá o crédito hipotecário, se o imóvel for alienado.
V. a hipoteca firmada entre a construtora e o agente financeiro, anterior ou posterior à celebração da promessa de compra e venda, tem plena eficácia perante os adquirentes do imóvel.

São incorretas as afirmativas:

a) III e IV, apenas.
b) V, apenas.
c) IV e V, somente.
d) I e II, somente.

415. (Cespe/TJ/PI/Cartórios/Ingresso/2013) No que se refere aos direitos reais de garantia, assinale a opção correta:

a) o Código Civil veda a instituição de nova hipoteca sob o imóvel hipotecado.
b) é vedado ao absolutamente incapaz hipotecar imóvel de sua titularidade.
c) a hipoteca é incompatível com o cumprimento de obrigações de fazer.
d) terreno gravado por hipoteca não poderá ser edificado.
e) o bem de família, a despeito de sua impenhorabilidade, pode ser objeto de hipoteca convencional.

416. (Consulplan/TJ/MG/Cartórios/Ingresso/2016) Em se tratando de direito real e direito real de garantia, de acordo com o disposto no Código Civil brasileiro, avalie os conceitos que seguem:

I. contrato em que o devedor entrega um imóvel ao credor, transferindo-lhe o direito de auferir os frutos e rendimentos desse mesmo imóvel para compensar a dívida; consignação de rendimento.

II. é o direito real limitado, imobiliário, impessoal, acessório, indivisível, permanente, impresumível, que impõe a um imóvel um ônus em proveito de outro prédio, contíguo ou não, de donos diferentes.

III. é Direito Real de Garantia sobre bem imóvel e móveis infungíveis, que dispensando a tradição, mantém o devedor na posse do bem, exigindo-se tão somente a solenidade do registro, e não a tradição.

IV. o credor pignoratício tem o direito de guardar a coisa, mas ele não pode ficar com a coisa para si, em virtude de vedar a legislação pátria o instituto da cláusula comissória.

V. consiste na transferência feita por um devedor ao credor de propriedade resolúvel e da posse indireta de um bem móvel infungível ou de um bem imóvel.

Assinale a alternativa cuja correspondência entre os institutos de direito real e seu conceito esteja correta:

a) anticrese, servidão, hipoteca, penhor, alienação fiduciária.
b) usufruto, servidão, penhor, alienação fiduciária, hipoteca.
c) anticrese, usufruto, penhor, alienação fiduciária, hipoteca.
d) enfiteuse, anticrese, hipoteca, penhor, alienação fiduciária.

417. **(Vunesp/TJ/SP/Cartórios/Remoção/2016)** Ocorre a perempção da hipoteca convencional no prazo de:

a) 20 (vinte) anos.
b) 10 (dez) anos.
c) 30 (trinta) anos.
d) 50 (cinquenta) anos.

418. **(IBFC/TJ/PR/Cartórios/Remoção/2014)** Assinale a assertiva incorreta:

a) o domínio útil pode ser objeto de hipoteca.
b) é nula a cláusula que proíbe ao proprietário alienar imóvel hipotecado.
c) o perecimento da coisa extingue a hipoteca.
d) somente em favor do mesmo credor pode ser constituída nova hipoteca sobre imóvel já hipotecado.

419. **(Consulplan/TJ/MG/Cartórios/Remoção/2017)** São direitos do credor pignoratício, exceto:

a) reter a coisa empenhada, até que o indenizem das despesas devidamente justificadas.
b) ser ressarcido do prejuízo que houver sofrido por vício da coisa empenhada.
c) vender a coisa empenhada, independentemente de autorização judicial.
d) apropriar-se dos frutos da coisa empenhada que se encontra em seu poder.

420. **(Consulplan/TJ/MG/Cartórios/Ingresso/2017)** Os contratos de penhor, anticrese ou hipoteca declararão, sob pena de não terem eficácia, os requisitos abaixo, exceto:

a) o valor do crédito, sua estimação, ou valor máximo.
b) cláusula expressa de impenhorabilidade e inalienabilidade.
c) o prazo fixado para pagamento e a taxa dos juros, se houver.
d) o bem dado em garantia com as suas especificações.

421. **(Ieses/TJ/AM/Cartórios/Ingresso/2018)** Em relação ao penhor, assinale a correta:

a) os sucessores do devedor podem remir parcialmente o penhor ou a hipoteca na proporção dos seus quinhões.
b) o credor pignoratício tem direito a apropriar-se dos frutos da coisa empenhada que se encontra em seu poder.
c) a propriedade superveniente não torna eficaz as garantias reais estabelecidas por quem não era dono.
d) caso excutido o penhor, e o produto não bastar para pagamento da dívida e despesas judiciais, não continuará o devedor obrigado pelo restante.

422. **(Vunesp/TJ/SP/Cartórios/Ingresso/2018)** No âmbito dos direitos reais de garantia previstos no Código Civil, é correto afirmar que o direito de preferência:

a) é absoluto, não sofrendo exceções por outras leis.
b) não é uma característica presente em todos os direitos reais de garantia.
c) é extinto, caso o devedor venha a cair em insolvência ou falir.
d) encerra a noção do vínculo real a que se prende.

5.7. Da Laje

✻ INOVAÇÕES LEGISLATIVAS

▲ CC/2002. Título XI – Da Laje

▲ Art. 1.225. São direitos reais: (...). XII – a concessão de direito real de uso; e XIII – a laje. (Modificações: Lei 13.465/17)

▲ Art. 1.510-A. O proprietário de uma construção-base poderá ceder a superfície superior ou inferior de sua construção a fim de que o titular da laje mantenha unidade distinta daquela originalmente construída sobre o solo. § 1º O direito real de laje contempla o espaço aéreo ou o subsolo de terrenos públicos ou privados, tomados em projeção vertical, como unidade imobiliária autônoma, não contemplando as demais áreas edificadas ou não pertencentes ao proprietário da construção-base. § 2º O titular do direito real de laje responderá pelos encargos e tributos que incidirem sobre a sua unidade. § 3º Os titulares da laje, unidade imobiliária autônoma constituída em matrícula própria, poderão dela usar, gozar e dispor. § 4º A instituição do direito real de laje não implica a atribuição de fração ideal de terreno ao titular da laje ou a participação proporcional em áreas já edificadas. § 5º Os Municípios e o Distrito Federal poderão dispor sobre posturas edilícias e urbanísticas associadas ao direito real de laje. § 6º O titular da laje poderá ceder a superfície de sua construção para a instituição de um sucessivo direito real de laje, desde que haja autorização expressa dos titulares da construção-base e das demais lajes, respeitadas as posturas edilícias e urbanísticas vigentes. (Modificações: Lei 13.465/17)

▲ Art. 1.510-B. É expressamente vedado ao titular da laje prejudicar com obras novas ou com falta de reparação a segurança, a linha arquitetônica ou o arranjo estético do edifício, observadas as posturas previstas em legislação local. (Modificações: Lei 13.465/17)

▲ Art. 1.510-C. Sem prejuízo, no que couber, das normas aplicáveis aos condomínios edilícios, para fins do direito real de laje, as despesas necessárias à conservação e fruição das partes que sirvam a todo o edifício e ao pagamento de serviços de interesse comum serão partilhadas entre o proprietário da construção-base e o titular da laje, na proporção que venha a ser estipulada em contrato. § 1º São partes que servem a todo o edifício: I – os alicerces, colunas, pilares, paredes-mestras e todas as partes restantes que constituam a estrutura do prédio; II – o telhado ou os terraços de cobertura, ainda que destinados ao uso exclusivo do titular da laje; III – as instalações gerais de água, esgoto, eletricidade, aquecimento, ar condicionado, gás, comunicações e semelhantes que sirvam a todo o edifício; e IV – em geral, as coisas que sejam afetadas ao uso de todo o edifício. § 2º É assegurado, em qualquer caso, o direito de qualquer interessado em promover reparações urgentes na construção na forma do parágrafo único do art. 249 deste Código. (Modificações: Lei 13.465/17)

▲ Art. 1.510-D. Em caso de alienação de qualquer das unidades sobrepostas, terão direito de preferência, em igualdade de condições com terceiros, os titulares da construção-base e da laje, nessa ordem, que serão cientificados por escrito para que se manifestem no prazo de trinta dias, salvo se o contrato dispuser de modo diverso. § 1º O titular da construção-base ou da laje a quem não se der conhecimento da alienação poderá, mediante depósito do respectivo preço, haver para si a parte alienada a terceiros, se o requerer no prazo decadencial de cento e oitenta dias, contado da data de alienação. § 2º Se houver mais de uma laje, terá preferência, sucessivamente, o titular das lajes ascendentes e o titular das lajes descendentes, assegurada a prioridade para a laje mais próxima à unidade sobreposta a ser alienada. (Modificações: Lei 13.465/17)

▲ Art. 1.510-E. A ruína da construção-base implica extinção do direito real de laje, salvo: I – se este tiver sido instituído sobre o subsolo; II – se a construção-base não for reconstruída no prazo de cinco anos. Parágrafo único. O disposto neste artigo não afasta o direito a eventual reparação civil contra o culpado pela ruína. (Modificações: Lei 13.465/17)

✻ ENUNCIADOS CJF

CJF **Civil 627.** O direito real de laje é passível de usucapião.

CJF **Proc. Civil 150.** Aplicam-se ao direito de laje os arts. 791, 804 e 889, III, do CPC.

6. DO DIREITO DE FAMÍLIA

6.1. Do Direito Pessoal

6.1.1. Do Casamento

© ATENÇÃO: ESTE TEMA É MUITO EXIGIDO NOS CONCURSOS!

✻ SÚMULAS

STF **Súm. 305.** Acordo de desquite ratificado por ambos os cônjuges não é retratável unilateralmente.

✱ ENUNCIADOS CJF

1) Das Disposições Gerais

CJF **Civil 601.** É existente e válido o casamento entre pessoas do mesmo sexo.

2) Da Capacidade para o Casamento

CJF **Civil 512.** O art. 1.517 do Código Civil, que exige autorização dos pais ou responsáveis para casamento, enquanto não atingida a maioridade civil, não se aplica ao emancipado.

CJF **Civil 329.** A permissão para casamento fora da idade núbil merece interpretação orientada pela dimensão substancial do princípio da igualdade jurídica, ética e moral entre o homem e a mulher, evitando-se, sem prejuízo do respeito à diferença, tratamento discriminatório.

3) Dos Impedimentos

CJF **Civil 98.** O inc. IV do art. 1.521 do novo Código Civil deve ser interpretado à luz do Decreto-Lei n. 3.200/41 no que se refere à possibilidade de casamento entre colaterais de 3º grau.

4) Das Causas Suspensivas

CJF **Civil 330.** As causas suspensivas da celebração do casamento poderão ser arguidas inclusive pelos parentes em linha reta de um dos nubentes e pelos colaterais em segundo grau, por vínculo decorrente de parentesco civil.

5) Do Processo de Habilitação para o Casamento

CJF **Civil 120.** Proposição sobre o art. 1.526: Proposta: deverá ser suprimida a expressão "será homologada pelo juiz" no art. 1.526, o qual passará a dispor: "Art. 1.526. A habilitação de casamento será feita perante o oficial do Registro Civil e ouvido o Ministério Público."

CJF **Civil 513.** O juiz não pode dispensar, mesmo fundamentadamente, a publicação do edital de proclamas do casamento, mas sim o decurso do prazo.

6) Da Invalidade do Casamento

CJF **Civil 332.** A hipótese de nulidade prevista no inc. I do art. 1.548 do Código Civil se restringe ao casamento realizado por enfermo mental absolutamente incapaz, nos termos do inc. II do art. 3º do Código Civil.

7) Da Eficácia do Casamento

CJF **Civil 99.** O art. 1.565, § 2º, do Código Civil não é norma destinada apenas às pessoas casadas, mas também aos casais que vivem em companheirismo, nos termos do art. 226, caput, §§ 3º e 7º, da Constituição Federal de 1988, e não revogou o disposto na Lei n. 9.263/96.

8) Da Dissolução da Sociedade e do Vínculo Conjugal

CJF **Civil 100.** Na separação, recomenda-se apreciação objetiva de fatos que tornem evidente a impossibilidade da vida em comum.

CJF **Civil 121.** Proposição sobre o art. 1.571, § 2º. Proposta: dissolvido o casamento pelo divórcio direto ou por conversão, no que diz respeito ao sobrenome dos cônjuges, aplica-se o disposto no art. 1.578.

CJF **Civil 122.** Proposta: dar ao art. 1.572, caput, a seguinte redação: "Qualquer dos cônjuges poderá propor a ação de separação judicial, com fundamento na impossibilidade da vida em comum."

CJF **Civil 123.** Proposta: revogar o art. 1.573. (Prejudicado pelo Enunciado n. 254).

CJF **Civil 124.** Proposição sobre o art. 1.578. Proposta: Alterar o dispositivo para: "Dissolvida a sociedade conjugal, o cônjuge perde o direito à utilização do sobrenome do outro, salvo se a alteração acarretar: I – evidente prejuízo para a sua identificação; II – manifesta distinção entre o seu nome de família e o dos filhos havidos da união dissolvida; III – dano grave reconhecido na decisão judicial." e, por via de consequência, estariam revogados os §§ 1º e 2º do mesmo artigo.

CJF **Civil 254.** Formulado o pedido de separação judicial com fundamento na culpa (art. 1.572 e/ou art. 1.573 e incisos), o juiz poderá decretar a separação do casal diante da constatação da insubsistência da comunhão plena de vida (art. 1.511) que caracteriza hipótese de "outros fatos que tornem evidente a impossibilidade da vida em comum" sem atribuir culpa a nenhum dos cônjuges.

CJF **Civil 255.** Não é obrigatória a partilha de bens na separação judicial.

CJF **Civil 514.** A Emenda Constitucional n. 66/2010 não extinguiu o instituto da separação judicial e extrajudicial.

CJF **Civil 515.** Pela interpretação teleológica da Emenda Constitucional n. 66/2010, não há prazo mínimo de casamento para a separação consensual.

CJF **Civil 516.** Na separação judicial por mútuo consentimento, o juiz só poderá intervir no limite da preservação do interesse dos incapazes ou de um dos cônjuges, permitida a cindibilidade dos pedidos com a concordância das partes, aplicando-se esse entendimento também ao divórcio.

CJF **Civil 517.** A Emenda Constitucional n. 66/2010 extinguiu os prazos previstos no art. 1.580 do Código Civil, mantido o divórcio por conversão.

CJF **Civil 571.** Se comprovada a resolução prévia e judicial de todas as questões referentes aos filhos menores ou incapazes, o tabelião de notas poderá lavrar escrituras públicas de dissolução conjugal.

CJF **Civil 602.** Transitada em julgado a decisão concessiva do divórcio, a expedição do mandado de averbação independe do julgamento da ação originária em que persista a discussão dos aspectos decorrentes da dissolução do casamento.

9) Da Proteção da Pessoa dos Filhos

CJF **Civil 101.** Sem prejuízo dos deveres que compõem a esfera do poder familiar, a expressão "guarda de filhos", à luz do art. 1.583, pode compreender tanto a guarda unilateral quanto a compartilhada, em atendimento ao princípio do melhor interesse da criança.

CJF **Civil 102.** A expressão "melhores condições" no exercício da guarda, na hipótese do art. 1.584, significa atender ao melhor interesse da criança.

CJF **Civil 333.** O direito de visita pode ser estendido aos avós e pessoas com as quais a criança ou o adolescente mantenha vínculo afetivo, atendendo ao seu melhor interesse.

CJF **Civil 334.** A guarda de fato pode ser reputada como consolidada diante da estabilidade da convivência familiar entre a criança ou o adolescente e o terceiro guardião, desde que seja atendido o princípio do melhor interesse.

CJF **Civil 336.** O parágrafo único do art. 1.584 aplica-se também aos filhos advindos de qualquer forma de família.

CJF **Civil 337.** O fato de o pai ou a mãe constituírem nova união não repercute no direito de terem os filhos do leito anterior em sua companhia, salvo quando houver comprometimento da sadia formação e do integral desenvolvimento da personalidade destes.

CJF **Civil 338.** A cláusula de não tratamento conveniente para a perda da guarda dirige-se a todos os que integrem, de modo direto ou reflexo, as novas relações familiares.

CJF **Civil 518.** A Lei n. 11.698/2008, que deu nova redação aos arts. 1.583 e 1.584 do Código Civil, não se restringe à guarda unilateral e à guarda compartilhada, podendo ser adotada aquela mais adequada à situação do filho, em atendimento ao princípio do melhor interesse da criança e do adolescente. A regra aplica-se a qualquer modelo de família. Atualizados os Enunciados ns. 101 e 336 em razão de mudança legislativa, agora abrangidos por este enunciado.

CJF **Civil 603.** A distribuição do tempo de convívio na guarda compartilhada deve atender precipuamente ao melhor interesse dos filhos, não devendo a divisão de forma equilibrada, a que alude o § 2º do art. 1.583 do Código Civil, representar convivência livre ou, ao contrário, repartição de tempo matematicamente igualitária entre os pais.

CJF **Civil 604.** A divisão, de forma equilibrada, do tempo de convívio dos filhos com a mãe e com o pai, imposta na guarda compartilhada pelo § 2º do art. 1.583 do Código Civil, não deve ser confundida com a imposição do tempo previsto pelo instituto da guarda alternada, pois esta não implica apenas a divisão do tempo de permanência dos filhos com os pais, mas também o exer-cício exclusivo da guarda pelo genitor que se encontra na companhia do filho.

CJF **Civil 605.** A guarda compartilhada não exclui a fixação do regime de convivência.

CJF **Civil 606.** O tempo de convívio com os filhos "de forma equilibrada com a mãe e com o pai" deve ser entendido como divisão proporcional de tempo, da forma que cada genitor possa se ocupar dos cuidados pertinentes ao filho, em razão das peculiaridades da vida privada de cada um.

CJF **Civil 607.** A guarda compartilhada não implica ausência de pagamento de pensão alimentícia.

* QUESTÕES OBJETIVAS

423. **(Consulplan/TJ/MG/Cartórios/Ingresso/2018)** São impedidos de casar:

a) os parentes colaterais até o quarto grau.
b) os afins em linha reta e em linha colateral.
c) o adotante com quem foi cônjuge do adotado e o adotado com quem o foi do adotante.
d) o divorciado, enquanto não houver sido homologada ou decidida a partilha dos bens do casal.

424. **(TJ/SC/Cartórios/Remoção/2012)** Sobre o casamento é incorreto afirmar:

a) é civil e gratuita sua celebração.
b) estabelece comunhão plena de vida, com base na igualdade de direitos e deveres dos cônjuges.

c) estabelece comunhão total ou parcial de vida, de acordo com o regime escolhido.
d) realiza-se no momento em que o homem e a mulher manifestam, perante o juiz, sua vontade de estabelecer vínculo conjugal e o juiz os declara casados.
e) o registro do religioso submete-se aos mesmos requisitos exigidos para o civil.

425. **(FCC/TJ/PE/Cartórios/Ingresso/2013)** Em relação ao casamento, é correto afirmar:

a) não pode casar o divorciado, enquanto não houver sido homologada ou decidida a partilha dos bens do casal, podendo o ato ser anulado por seu ex-cônjuge.
b) o casamento religioso, que atender às exigências da lei para a validade do casamento civil, equipara-se a este, desde que registrado no registro próprio, data a partir da qual produzirá efeitos.
c) os impedimentos matrimoniais podem ser opostos, até cinco dias após a publicação dos proclamas, por qualquer pessoa capaz.
d) é defeso a qualquer pessoa, de direito público ou privado, interferir na comunhão de vida instituída pela família por meio do casamento.
e) é nulo o casamento realizado por vício da vontade, se houve por parte de um dos nubentes, ao consentir, erro essencial quanto à pessoa do outro.

426. **(Vunesp/TJ/SP/Cartórios/Remoção/2016)** Ao alcançar a idade núbil, os noivos:

a) passam a gozar de capacidade plena para o casamento, independentemente de qualquer autorização de terceiros.
b) passam a gozar de capacidade para o casamento, mediante autorização dos pais ou representantes legais.
c) atingem a maioridade e a capacidade plena para todos os atos da vida civil.
d) atingem a capacidade para o requerimento de habilitação para o casamento, mas não para o casamento em si.

427. **(Consulplan/TJ/MG/Cartórios/Ingresso/2015)** Segundo o Código Civil, são impedidos de casar, exceto:

a) os ascendentes com os descendentes, seja o parentesco natural ou civil.
b) o adotado com o filho do adotante.
c) o adotante com quem foi cônjuge do adotado e o adotado com quem o foi do adotante.
d) os colaterais em quarto grau.

428. **(Ieses/TJ/PB/Cartórios/Remoção/2014)** Segundo o Código Civil de 2002, são impedidas de casar as seguintes pessoas:

I. os ascendentes com os descendentes, seja o parentesco natural ou civil, os afins em linha reta, o adotado com o filho do adotante, as pessoas casadas.
II. o adotante com quem foi cônjuge do adotado e o adotado com quem o foi do adotante, os irmãos, unilaterais ou bilaterais, e demais colaterais, até o quarto grau inclusive.
III. o cônjuge sobrevivente com o condenado por homicídio ou tentativa de homicídio contra o seu consorte.
IV. o viúvo ou a viúva que tiver filho do cônjuge falecido, enquanto não fizer inventário dos bens do casal e der partilha aos herdeiros.

A sequência correta é:

a) apenas as assertivas I, II e III estão corretas.
b) as assertivas I, II, III e IV estão corretas.
c) apenas as assertivas I e III estão corretas.
d) apenas a assertiva III está correta.

429. **(Vunesp/TJ/SP/Cartórios/Remoção/2014)** Sobre o instituto do casamento, assinale a alternativa correta:

a) o casamento não pode ser realizado por procuração com poderes especiais, ainda que por instrumento público.
b) o suprimento judicial de idade é previsto em favor de pessoa sem idade núbil, em razão de gravidez ou para evitar a imposição de pena criminal, ao passo que o suprimento judicial do consentimento viabiliza o casamento de pessoa com idade núbil, em caso de denegação injusta de qualquer um dos pais, de ambos, ou do representante legal.
c) a solenidade realizar-se-á na sede do cartório, com toda publicidade, a portas abertas, presentes quatro testemunhas se algum dos contraentes não souber ou não puder escrever, sob pena de nulidade do ato.
d) quando algum dos contraentes estiver em iminente risco de vida, não obtendo a presença da autoridade à qual incumba presidir o ato, nem a de seu substituto, poderá o casamento ser celebrado na presença de oito testemunhas, que com os nubentes não tenham parentesco em linha reta, ou, na colateral, até segundo grau.

430. **(Consulplan/TJ/MG/Cartórios/Remoção/2016)** Segundo o Código Civil brasileiro em vigor, os impedimentos ao casamento podem ser opostos até o momento da celebração do casamento e por qualquer pessoa capaz. A respeito dos impedimentos, assinale a alternativa correta:

a) o oficial de registro não pode declarar a existência de impedimento, caso o conheça, cabendo a incumbência ao juiz de paz que deverá fazê-lo independentemente de provocação.

b) o juiz e o oficial de registro, tendo conhecimento da existência de algum impedimento, são obrigados a declarálo.

c) o oficial de registro não pode declarar a existência de impedimento, caso o conheça, cabendo a incumbência ao juiz de paz que somente poderá fazê-lo mediante provocação.

d) o oficial de registro e o juiz de paz não podem declarar a existência de impedimento ao casamento, caso o conheçam.

431. **(Consulplan/TJ/MG/Cartórios/Ingresso/2016)** "Mas, as solenidades do moderno casamento civil se destinam exclusivamente a patentear a gravidade e a importância do ato, bem como assegurar, de modo iniludível e com a maior publicidade, a livre vontade dos contraentes, uma vez reconhecida a sua capacidade matrimonial" (Espinola, Eduardo. A família no direito civil brasileiro. Rio de Janeiro: Gazeta Judiciária, 1954. p. 103). Sobre a celebração do casamento, assinale a alternativa correta, segundo o Código Civil em vigor:

a) a solenidade do casamento realizar-se-á na sede do cartório, com toda publicidade, a portas abertas, presentes pelo menos duas testemunhas, parentes ou não dos contraentes, ou, querendo as partes e consentindo a autoridade celebrante, noutro edifício público ou particular.

b) embora seja prática corrente, não há previsão legal de celebração de casamento fora da serventia, respondendo o oficial civil e administrativamente pelo seu descumprimento.

c) a celebração de casamento fora da serventia é prevista no Código Civil que, no entanto, exige a presença de quatro testemunhas para cada cônjuge.

d) a celebração de casamento de pessoa que não saiba ler, nem escrever, exige suprimento do consentimento, a ser promovido perante o Juízo de Família do domicílio do nubente.

432. **(Consulplan/TJ/MG/Cartórios/Ingresso/2016)** De acordo com o Código Civil em vigor, é correto afirmar:

a) o requerimento de habilitação para o casamento será firmado por ambos os nubentes, de próprio punho, ou, a seu pedido, por procurador, e deve ser instruído com os documentos previstos em lei.

b) é mera faculdade do oficial do registro esclarecer os nubentes a respeito dos fatos que podem ocasionar a invalidade do casamento, bem como sobre os diversos regimes de bens, pois se trata de norma pela qual ninguém pode alegar desconhecimento.

c) o casamento religioso, cuja validade é independente do casamento civil e deve atender aos interesses do culto que o realiza, não se equipara àquele, mesmo que registrado perante o oficial do registro civil de pessoas naturais.

d) é válido o registro civil do casamento religioso se, antes dele, qualquer dos consorciados houver contraído com outrem casamento civil.

433. **(Ieses/TJ/PA/Cartórios/Ingresso/2016)** O processo de habilitação para o casamento civil:

a) constitui ato preparatório para a realização do casamento e o pedido deve ser materializado pelos nubentes, não sendo admitida a representação por procurador.

b) perde a eficácia em não sendo realizado o casamento, bem como se decorrido o prazo decadencial de 90 dias de sua homologação.

c) tendo como nubente relativamente incapaz em razão da idade, sempre será necessária a autorização judicial.

d) tem prazo fixado de 15 dias para eventual impugnação do edital de proclamas, que poderá ser dispensado ou abreviado pelo Registador em casos fundamentados de necessidade.

434. **(Ieses/TJ/RN/Cartórios/Ingresso/2012)** Assinale a alternativa correta:

a) o casamento civil pode ser celebrado por autoridade religiosa.

b) a celebração do casamento civil é gratuita apenas para os que declararem a pobreza, sob as penas da lei.

c) o casamento celebrado em iminente risco de vida poderá ser celebrado na presença de seis testemunhas, que deverão em 10 dias comparecer no cartório de registro civil para que seja realizado o seu registro.

d) o casamento civil somente poderá ser celebrado em prédio particular se houver justificativa.

435. **(Vunesp/TJ/SP/Cartórios/Ingresso/2016)** É correto afirmar que, no Brasil:

a) a celebração do casamento é gratuita, por imperativo constitucional.

b) o casamento civil é uma garantia da laicidade do Estado, vedada qualquer outra forma de casamento.

c) o casamento de absolutamente incapaz, em razão da idade, é necessariamente nulo, em proteção à pessoa.

d) os nubentes devem requerer pessoalmente a habilitação para o casamento, vedado requerimento por procuração.

436. **(Consulplan/TJ/MG/Cartórios/Remoção/2016)** Sobre o casamento por procuração, assinale a alternativa correta, segundo os dispositivos do Código Civil em vigor:

a) não se permite celebração do casamento por procuração.

b) o casamento pode celebrar-se mediante procuração, por instrumento público ou particular, cuja procuração será irrevogável.

c) a eficácia do mandato outorgado para casar não ultrapassará noventa dias.

d) não se opera revogação de procuração outorgada por escritura pública, apenas de procuração outorgada por instrumento particular.

437. **(Ieses/TJ/RS/Cartórios/Remoção/2013)** Sobre o casamento:

I. o prazo para ser intentada ação de anulação do casamento, se houver coação, é de 4 anos a contar da data da celebração, e de 3 anos, na hipótese de erro essencial.

II. não devem casar o viúvo ou a viúva que tiver filho do cônjuge falecido, enquanto não fizer inventário dos bens do casal e der partilha aos herdeiros.

III. não pode casar a viúva, até dez meses depois do começo da viuvez.

IV. as causas suspensivas da celebração do casamento podem ser arguidas apenas pelos parentes em linha reta de um dos nubentes, sejam consanguíneos ou afins.

São verdadeiras as afirmativas:

a) III e IV, apenas.

b) I, II e IV, apenas.

c) I e II, somente.

d) I, II e III, somente.

438. **(FCC/TJ/PE/Cartórios/Remoção/2013)** Em relação ao casamento é correto afirmar:

a) a sentença que decretar a nulidade do casamento produzirá efeitos a partir da data em que transitar em julgado, sem retroagir.

b) o prazo para ser intentada qualquer ação de anulação de casamento é o de dois anos, a contar da data de sua celebração.

c) é nulo o casamento em virtude de coação, quando o consentimento de um ou de ambos os cônjuges houver sido captado mediante fundado temor de mal considerável e iminente para a vida, a saúde e a honra, sua ou de seus familiares.

d) embora anulável ou mesmo nulo, se contraído de boa-fé por ambos os cônjuges, o casamento, tanto quanto a estes como aos filhos, produz todos os efeitos até o dia da sentença anulatória.

e) é anulável o casamento contraído pelo enfermo mental sem o necessário discernimento para os atos da vida civil, bem como por infringência a impedimento.

439. **(Ieses/TJ/RN/Cartórios/Remoção/2012)** Assinale a correta:

a) quando a separação do casal foi feita através da via judicial, não é possível o divórcio através de escritura pública, mesmo se consensual e sem filhos menores.

b) o casamento civil pode ser celebrado através de procuração, pública ou particular, com poderes especiais e com validade de 90 dias.

c) não é possível anular o casamento por motivo de idade se deste resultou gravidez.

d) não é permitido no direito brasileiro o casamento entre primos, mas estes podem viver em união estável.

440. **(Ieses/TJ/PA/Cartórios/Ingresso/2016)** Sobre a validade do casamento, responda:

I. o casamento celebrado com pessoa divorciada que ainda não realizou a partilha dos bens do casamento anterior é anulável.

II. não pode ser anulado por motivo de idade o casamento do qual resultou gravidez.

III. o casamento realizado sob erro essencial quanto a pessoa do cônjuge é anulável, ainda que haja coabitação após a ciência do vício.

Assinale a alternativa correta:

a) apenas a assertiva II é verdadeira.

b) todas as assertivas são verdadeiras.

c) apenas as assertivas I e II são verdadeiras.

d) apenas as assertivas I e III são verdadeiras.

441. (Consulplan/TJ/MG/Cartórios/Remoção/2016) Casamento na festa junina, em que o casal não tem nenhum vínculo, é casamento:

a) nuncupativo.

b) nulo.

c) inexistente.

d) putativo.

442. (Vunesp/TJ/SP/Cartórios/Ingresso/2016) A declaração de nulidade do casamento importa:

a) a preservação da filiação apenas em relação ao genitor que estiver de boa-fé.

b) a preservação da filiação materna ou paterna, desde que presentes as condições do casamento putativo.

c) a nulidade da filiação, em observância à regra de que atos nulos não se convalescem e não são aptos a produzir atos válidos.

d) a preservação da filiação materna ou paterna, mesmo que ausentes as condições do casamento putativo.

443. (Consulplan/TJ/MG/Cartórios/Remoção/2014) Sobre o casamento, nos termos do Código Civil brasileiro, analise as seguintes afirmações:

I. quando o casamento for anulado por culpa de um dos cônjuges, este incorrerá na perda de todas as vantagens havidas do cônjuge inocente.

II. não pode casar o divorciado, enquanto não houver sido homologada ou decidida a partilha dos bens do casal.

III. embora anulável ou mesmo nulo, se contraído de boa-fé por ambos os cônjuges, o casamento, em relação a estes como aos filhos, produz todos os efeitos até o dia da sentença anulatória.

Está correto somente o que se afirma em:

a) I.

b) II.

c) I e II.

d) I e III.

444. (Cespe/TJ/BA/Cartórios/Ingresso/2013) Em relação ao direito de família, assinale a opção correta:

a) o adultério da mulher, se confessado, ilide a presunção de paternidade decorrente do casamento.

b) a dissolução do casamento por morte de um dos cônjuges faz cessar o direito do cônjuge sobrevivo de ajuizar ação declaratória de nulidade do vínculo matrimonial.

c) ainda que transcrito no registro civil, é anulável o casamento celebrado por juiz de paz fora de sua competência territorial.

d) é nulo o pacto antenupcial formalizado mediante contrato com firma reconhecida, ainda que na presença de testemunhas.

e) a validade da união estável está condicionada à sua inscrição no registro civil de pessoas naturais.

445. (Cespe/TJ/DFT/Cartórios/Remoção/2014) Acerca do casamento, assinale a opção correta:

a) é possível a anulação de casamento, sob o fundamento de erro essencial quanto à pessoa, em caso de impotência coeundi do cônjuge, por impossibilitar a realização da finalidade do matrimônio, ainda que tenha havido coabitação anterior à celebração do casamento e por mais de três anos após essa celebração.

b) o casamento nulo ou anulável produz todos os efeitos até o dia da sentença anulatória se ambos os cônjuges o contraíram de boa-fé.

c) sobrevindo prole, não podem ser anulados os efeitos civis do casamento celebrado em infringência a impedimento dirimente decorrente de má-fé de ambos os cônjuges.

d) é válido o casamento nuncupativo realizado perante o oficial do registro, em caso de interditado portador de moléstia grave, na presença de duas testemunhas e do curador.

e) o casamento religioso celebrado sem a observância das formalidades legais, das causas suspensivas e da capacidade matrimonial poderá ser inscrito no registro civil, no prazo estabelecido no Código Civil, mediante requerimento do celebrante ou dos interessados.

446. (Vunesp/TJ/SP/Cartórios/Ingresso/2014) Assinale a alternativa correta:

a) basta o adultério da mulher, desde que confessado judicialmente, para ilidir a presunção legal da paternidade gerada pelo casamento.

b) o domicílio do casal será escolhido por ambos os cônjuges, mas um e outro podem ausentar-se do domicílio conjugal para atender a encargos públicos, ao exercício de sua profissão, ou a interesses particulares relevantes, pelo prazo máximo de sessenta dias, sob pena de abandono.

c) a alteração não autorizada ou o descumprimento imotivado de cláusula de guarda, unilateral ou compartilhada, poderá implicar a redução de prerrogativas atribuídas ao seu detentor, inclusive quanto ao número de horas de convivência com o filho, sendo vedada a utilização da ata notarial em matéria de direito de família.

d) a sentença que decretar a nulidade do casamento retroagirá à data da sua celebração, sem prejudicar a aquisição de direitos, a título oneroso, por terceiros de boa-fé, nem a resultante de sentença transitada em julgado.

447. **(Cespe/TJ/PI/Cartórios/Ingresso/2013)** Declarada a ausência de pessoa casada que tenha desaparecido de seu domicílio sem deixar vestígio e que não tenha deixado representante ou procurador a quem caiba administrar-lhe os bens:

a) após o trânsito em julgado da sucessão definitiva, o domínio dos bens do ausente transferidos aos sucessores deixará de se revestir de condição resolutiva.

b) o vínculo conjugal estará dissolvido mesmo antes do trânsito em julgado da sentença da sucessão definitiva.

c) a lei que regerá a sucessão do ausente será a vigente na data da comprovação da ausência, de forma que a declaração de ausência tem efeitos retroativos.

d) os bens imóveis do ausente poderão ser hipotecados ou alienados sem autorização judicial, desde que caracterizada sua ruína.

e) o cônjuge que for sucessor provisório do ausente deverá capitalizar metade dos frutos e rendimentos dos bens que lhe couber e prestar anualmente contas ao juiz competente.

448. **(TJ/SC/Cartórios/Remoção/2012)** O casamento válido só se dissolve:

a) pela separação judicial.

b) pela separação de corpos.

c) pela inexistência de coabitação.

d) pela morte de um dos cônjuges ou pelo divórcio.

e) por motivo de força maior.

449. **(Ieses/TJ/RN/Cartórios/Remoção/2012)** Quanto ao casamento e a sociedade conjugal é correto afirmar, exceto:

a) o casamento é dissolvido apenas pelo divórcio.

b) a anulação do casamento põe fim à sociedade conjugal.

c) o término da sociedade conjugal não permite que o cônjuge contraia novas núpcias.

d) a separação judicial põe fim à sociedade conjugal, mas não ao casamento.

450. **(Vunesp/TJ/SP/Cartórios/Remoção/2016)** O divórcio extingue o casamento e possibilita:

a) novo casamento, incondicionalmente.

b) novo casamento, desde que não esteja pendente causa suspensiva.

c) o retorno ao estado civil original, como consequência da extinção do vínculo do matrimônio.

d) novo casamento entre as mesmas pessoas, dispensada nova habilitação.

451. **(Cespe/TJ/DFT/Cartórios/Ingresso/2014)** Assinale a opção em que é apresentada condição legal para o divórcio de um casal, de forma consensual, por meio de escritura pública:

a) as partes devem ser assistidas por advogado, seja comum, seja individual.

b) a escritura deve ser homologada pelo juiz competente.

c) havendo filhos menores, deve-se determinar, na escritura, a forma de exercer a guarda compartilhada.

d) o casamento das partes deve ter sido realizado em cartório situado na mesma comarca da serventia de notas em que se fará a escritura de divórcio.

e) o casal deve estar separado de fato há mais de dois anos.

452. **(Consulplan/TJ/MG/Cartórios/Remoção/2016)** Sobre a retratação do nubente prevista no Código Civil, assinale a alternativa correta:

a) recusada a afirmação da vontade de casar, é inadmissível a sua retratação.

b) uma vez declarado pelo nubente que a sua vontade não é livre, nem espontânea, inadmissível se mostra a sua retratação.

c) o nubente que, por algum dos fatos mencionados no caput do art. 1.538, do Código Civil, der causa à suspensão do ato, não será admitido a retratar-se no mesmo dia.

d) suspensa a celebração do casamento, a retratação será possível mediante novo processo de habilitação e não poderá ocorrer em prazo menor do que de quinze dias.

453. **(Consulplan/TJ/MG/Cartórios/Remoção/2017)** É anulável o casamento, exceto:

a) do incapaz de consentir ou manifestar, de modo inequívoco, o consentimento.
b) por infringência de impedimento.
c) por incompetência da autoridade celebrante.
d) de quem não completou a idade mínima para casar.

454. **(Ieses/TJ/RO/Cartórios/Ingresso/2017)** São impedidos de contrair casamento, de acordo com o Código Civil:

I. os parentes por afinidade em linha reta entre si, independente do limite de grau
II. os irmãos, bilaterais ou unilaterais entre si.
III. as pessoas divorciadas que ainda não realizaram a partilha dos bens do casamento anterior.

Assinale a alternativa correta:

a) apenas as assertivas I e II são verdadeiras.
b) todas as assertivas são verdadeiras.
c) apenas a assertiva II é verdadeira.
d) apenas as assertivas I e III são verdadeiras.

455. **(Ieses/TJ/RO/Cartórios/Remoção/2017)** Segundo a legislação civilista brasileira, no que corresponde ao instituto do casamento podemos afirmar, exceto:

a) o casamento religioso, que atender às exigências da lei para a validade do casamento civil, equipara-se a este, desde que registrado no registro próprio, produzindo efeitos a partir da data de sua celebração.
b) o casamento é civil e sua celebração é onerosa.
c) é defeso a qualquer pessoa, de direito público ou privado, interferir na comunhão de vida instituída pela família.
d) o casamento estabelece comunhão plena de vida, com base na igualdade de direitos e deveres dos cônjuges.

456. **(Ieses/TJ/CE/Cartórios/Remoção/2018)** Em relação ao tema pacto antenupcial, podemos afirmar, exceto:

a) as convenções antenupciais não terão efeito perante terceiros, senão depois de registradas, em livro especial, pelo oficial do registro de imóveis do domicílio dos cônjuges.
b) é anulável o pacto antenupcial se não for feito por escritura pública, e ineficaz se não lhe seguir o casamento.
c) no pacto antenupcial, que adotar o regime de participação final nos aqüestos, poder-se-á convencionar a livre disposição dos bens imóveis, desde que particulares.
d) a eficácia do pacto antenupcial, realizado por menor, fica condicionada à aprovação de seu representante legal, salvo as hipóteses de regime obrigatório de separação de bens.

457. **(Ieses/TJ/AM/Cartórios/Ingresso/2018)** Sobre o casamento, responda as questões:

I. a eficácia da habilitação será de noventa dias, a contar da data em que foi realizado o requerimento.
II. o nubente que não estiver em iminente risco de vida poderá fazer-se representar no casamento nuncupativo.
III. caso a celebração do casamento seja suspensa ante a recusa solene da vontade de um dos contraentes, não é possível a retratação no mesmo dia.

Assinale a correta:

a) apenas a assertiva II é verdadeira.
b) todas as assertivas são falsas.
c) apenas as assertivas II e III são verdadeiras.
d) todas as assertivas são verdadeiras.

6.1.2. *Das Relações de Parentesco*

*** INOVAÇÕES LEGISLATIVAS**

▲ CC/2002. Livro IV – Do Direito de Família, Título I – Do Direito Pessoal, Subtítulo II – Das Relações de Parentesco, Capítulo V – Do Poder Familiar, Seção III – Da Suspensão e Extinção do Poder Familiar

▲ Art. 1.638. Perderá por ato judicial o poder familiar o pai ou a mãe que: (...) V – entregar de forma irregular o filho a terceiros para fins de adoção. (...). Parágrafo único. Perderá também por ato judicial o poder familiar aquele que: I – praticar contra outrem igualmente titular do mesmo poder familiar: a) homicídio, feminicídio ou lesão corporal de natureza grave ou seguida de morte, quando se tratar de crime doloso envolvendo violência doméstica e familiar ou menosprezo ou discriminação à condição de mulher; b) estupro ou outro crime contra a dignidade sexual sujeito à pena de reclusão; II

– praticar contra filho, filha ou outro descendente: a) homicídio, feminicídio ou lesão corporal de natureza grave ou seguida de morte, quando se tratar de crime doloso envolvendo violência doméstica e familiar ou menosprezo ou discriminação à condição de mulher; b) estupro, estupro de vulnerável ou outro crime contra a dignidade sexual sujeito à pena de reclusão. (Modificações: Leis 13.509/17 e 13.715/18)

* SÚMULAS

STF **Súm. 149.** É imprescritível a ação de investigação de paternidade, mas não o é a de petição de herança.

STJ **Súm. 277.** Julgada procedente a investigação de paternidade, os alimentos são devidos a partir da citação.

STJ **Súm. 301.** Em ação investigatória, a recusa do suposto pai a submeter-se ao exame de DNA induz presunção "juris tantum" de paternidade.

* REPERCUSSÃO & REPETITIVOS

STF **Repercussão Geral 622.** A paternidade socioafetiva, declarada ou não em registro público, não impede o reconhecimento do vínculo de filiação concomitante baseado na origem biológica, com os efeitos jurídicos próprios. (RE 898060, 21.9.2016)

* ENUNCIADOS CNB

CNB **Enunciado 2/2017.** A filiação socioafetiva pode ser reconhecida por escritura pública, presentes o pai ou mãe reconhecedor e o filho reconhecido. Este reconhecimento também poderá ser feito pela unanimidade dos herdeiros daquele que a poderia ter reconhecido em vida, mas o inventário só pode ser lavrado após a sua averbação no registro civil das pessoas naturais.

* ENUNCIADOS CJF

1) Disposições Gerais

CJF **Civil 103.** O Código Civil reconhece, no art. 1.593, outras espécies de parentesco civil além daquele decorrente da adoção, acolhendo, assim, a noção de que há também parentesco civil no vínculo parental proveniente quer das técnicas de reprodução assistida heteróloga relativamente ao pai (ou mãe) que não contribuiu com seu material fecundante, quer da paternidade socioafetiva, fundada na posse do estado de filho.

CJF **Civil 256.** A posse do estado de filho (parentalidade socioafetiva) constitui modalidade de parentesco civil.

CJF **Civil 519.** O reconhecimento judicial do vínculo de parentesco em virtude de socioafetividade deve ocorrer a partir da relação entre pai(s) e filho(s), com base na posse do estado de filho, para que produza efeitos pessoais e patrimoniais.

CJF **Civil 608.** É possível o registro de nascimento dos filhos de pessoas do mesmo sexo originários de reprodução assistida, diretamente no Cartório do Registro Civil, sendo dispensável a propositura de ação judicial, nos termos da regulamentação da Corregedoria local.

2) Da Filiação

CJF **Civil 104.** No âmbito das técnicas de reprodução assistida envolvendo o emprego de material fecundante de terceiros, o pressuposto fático da relação sexual é substituído pela vontade (ou eventualmente pelo risco da situação jurídica matrimonial) juridicamente qualificada, gerando presunção absoluta ou relativa de paternidade no que tange ao marido da mãe da criança concebida, dependendo da manifestação expressa (ou implícita) da vontade no curso do casamento.

CJF **Civil 105.** As expressões "fecundação artificial", "concepção artificial" e "inseminação artificial" constantes, respectivamente, dos incs. III, IV e V do art. 1.597, deverão ser interpretadas como "técnica de reprodução assistida".

CJF **Civil 106.** Para que seja presumida a paternidade do marido falecido, será obrigatório que a mulher, ao se submeter a uma das técnicas de reprodução assistida com o material genético do falecido, esteja na condição de viúva, sendo obrigatório, ainda, que haja autorização escrita do marido para que se utilize seu material genético após sua morte.

CJF **Civil 107.** Finda a sociedade conjugal, na forma do art. 1.571, a regra do inc. IV somente poderá ser aplicada se houver autorização prévia, por escrito, dos ex-cônjuges, para a utilização dos embriões excedentários, só podendo ser revogada até o início do procedimento de implantação desses embriões.

CJF **Civil 108.** No fato jurídico do nascimento, mencionado no art. 1.603, compreende-se, à luz do disposto no art. 1.593, a filiação consanguínea e também a socioafetiva.

CJF **Civil 109.** A restrição da coisa julgada oriunda de demandas reputadas improcedentes por insuficiência de prova, não deve prevalecer para inibir a busca da identidade genética pelo investigando.

CJF Civil 126. Proposição sobre o art. 1.597, incs. III, IV e V. Proposta: alterar as expressões "fecundação artificial", "concepção artificial" e "inseminação artificial" constantes, respectivamente, dos incs. III, IV e V do art. 1.597 para "técnica de reprodução assistida".

CJF Civil 127. Proposição sobre o art. 1.597, inc. III. Proposta: alterar o inc. III para constar "havidos por fecundação artificial homóloga".

CJF Civil 128. Proposição sobre o art. 1.597, inc. IV. Proposta: Revogar o dispositivo.

CJF Civil 129. Proposição para inclusão de um artigo no final do Cap. II, Subtítulo II, Cap. XI, Título I, do Livro IV, com a seguinte redação: Art. 1.597-A. "A maternidade será presumida pela gestação. Parágrafo único: Nos casos de utilização das técnicas de reprodução assistida, a maternidade será estabelecida em favor daquela que forneceu o material genético, ou que, tendo planejado a gestação, valeu-se da técnica de reprodução assistida heteróloga."

CJF Civil 130. Proposição sobre o art. 1.601. Redação proposta: "Cabe ao marido o direito de contestar a paternidade dos filhos nascidos de sua mulher, sendo tal ação imprescritível. § 1º. Não se desconstituirá a paternidade caso fique caracterizada a posse do estado de filho. § 2º. Contestada a filiação, os herdeiros do impugnante têm direito de prosseguir na ação."

CJF Civil 257. As expressões "fecundação artificial", "concepção artificial" e "inseminação artificial", constantes, respectivamente, dos incs. III, IV e V do art. 1597 do Código Civil, devem ser interpretadas restritivamente, não abrangendo a utilização de óvulos doados e a gestação de substituição.

CJF Civil 258. Não cabe a ação prevista no art. 1.601 do Código Civil se a filiação tiver origem em procriação assistida heteróloga, autorizada pelo marido nos termos do inc. V do art. 1.597, cuja paternidade configura presunção absoluta.

CJF Civil 339. A paternidade socioafetiva, calcada na vontade livre, não pode ser rompida em detrimento do melhor interesse do filho.

CJF Civil 520. O conhecimento da ausência de vínculo biológico e a posse de estado de filho obstam a contestação da paternidade presumida.

CJF Civil 521. Qualquer descendente possui legitimidade, por direito próprio, para propor o reconhecimento do vínculo de parentesco em face dos avós ou de qualquer ascendente de grau superior, ainda que o pai não tenha iniciado a ação de prova da filiação em vida.

CJF Civil 632. Nos casos de reconhecimento de multiparentalidade paterna ou materna, o filho terá direito à participação na herança de todos os ascendentes reconhecidos.

CJF Civil 633. É possível ao viúvo ou ao companheiro sobrevivente, o acesso à técnica de reprodução assistida póstuma - por meio da maternidade de substituição, desde que haja expresso consentimento manifestado em vida pela sua esposa ou companheira.

3) Do Reconhecimento dos Filhos

CJF Civil 570. O reconhecimento de filho havido em união estável fruto de técnica de reprodução assistida heteróloga "a patre" consentida expressamente pelo companheiro representa a formalização do vínculo jurídico de paternidade-filiação, cuja constituição se deu no momento do início da gravidez da companheira.

4) Da Adoção

CJF Civil 110. É inaplicável o § 2º do art. 1.621 do novo Código Civil às adoções realizadas com base no Estatuto da Criança e do Adolescente.

CJF Civil 111. A adoção e a reprodução assistida heteróloga atribuem a condição de filho ao adotado e à criança resultante de técnica conceptiva heteróloga; porém, enquanto na adoção haverá o desligamento dos vínculos entre o adotado e seus parentes consanguíneos, na reprodução assistida heteróloga sequer será estabelecido o vínculo de parentesco entre a criança e o doador do material fecundante.

CJF Civil 259. A revogação do consentimento não impede, por si só, a adoção, observado o melhor interesse do adotando.

5) Do Poder Familiar

CJF Civil 112. Em acordos celebrados antes do advento do novo Código, ainda que expressamente convencionado que os alimentos cessarão com a maioridade, o juiz deve ouvir os interessados, apreciar as circunstâncias do caso concreto e obedecer ao princípio "rebus sic stantibus".

CJF Civil 335. A guarda compartilhada deve ser estimulada, utilizando-se, sempre que possível, da mediação e da orientação de equipe interdisciplinar.

✱ INFORMATIVOS

STJ Maternidade socioafetiva "post mortem". Reconhecimento da relação de filiação após falecimento de pessoa maior. Imprescindibilidade do consentimento. Art. 1.614 do Código Civil. Respeito à memória e a imagem póstumas. É imprescindível o consentimento de pessoa maior para o reconhecimento de filiação "post mortem". REsp 1.688.470, Rel. Min. Nancy Andrighi, DJ 13.4.2018. 3ª T. (Info 623)

✱ QUESTÕES DISCURSIVAS

19. **(Vunesp/TJ/SP/Cartórios/2018)** Disserte ordenadamente sobre filiação. Conceito. Presunção legal da paternidade. Ação negatória de paternidade e maternidade. Reconhecimento de filhos.

20. **(Cetro/TJ/RJ/Cartórios/Ingresso/2012)** Explique o que se entende por filiação socioafetiva, apontando, pelo menos, 3 (três) referências do Código Civil à opção por esse paradigma.

21. **(Cetro/TJ/RJ/Cartórios/Remoção/2012)** João, com 15 (quinze) anos de idade, pretende reconhecer como seu filho José, de 3 (três) meses. Explique sobre a possibilidade de tal reconhecimento.

✱ QUESTÕES OBJETIVAS

458. **(Ieses/TJ/RN/Cartórios/Remoção/2012)** Assinale a alternativa correta:

a) o poder familiar dos pais poderá ser transferido aos avós através de ação judicial, justificando-se as razões.

b) os menores de dezoito anos não emancipados serão colocados sob a curatela de um responsável, caso seus pais não possam exercer o poder familiar, por morte ou perda judicial.

c) as presunções de paternidade existentes para filhos de mulheres casadas são em regra relativas, salvo quando se tratar de filho concebido por inseminação artificial heteróloga autorizada pelo marido.

d) o filho, ainda que maior de idade, poderá ser reconhecido pelo pai com ou sem o seu consentimento.

459. **(Ieses/TJ/RN/Cartórios/Ingresso/2012)** Assinale a alternativa correta:

a) o reconhecimento de filho feito por escritura pública pode ser revogado a qualquer tempo, desde que o registro civil ainda não tenha sido feito.

b) a lei presume que os filhos de mulheres casadas são do marido, podendo o nome do pai/marido ser registrado apenas com a apresentação da certidão de casamento, mesmo sem a sua presença no ato.

c) se a mulher ficar viúva durante a gestação, terá que realizar exame de DNA após o nascimento do filho para provar que é de seu marido.

d) os filhos havidos de relações extraconjugais somente podem ser reconhecidos se houver a concordância do cônjuge traído.

460. **(Cespe/TJ/SE/Cartórios/Remoção/2014)** Com relação ao direito de família, assinale a opção correta:

a) na união estável, o regime patrimonial deve obedecer à norma vigente no início da relação afetiva, salvo contrato escrito.

b) a posse do estado de filho constitui modalidade de parentesco civil.

c) as expressões fecundação artificial, concepção artificial e inseminação artificial, utilizadas no Código Civil, devem ser interpretadas extensivamente para abranger as hipóteses de utilização de óvulos doados e de gestação de substituição.

d) de acordo com o Código Civil, não é possível o reconhecimento da validade e eficácia da renúncia do direito a alimento manifestada por ocasião do divórcio (direto ou indireto) ou da dissolução da união estável, visto que tal direito é irrenunciável, conquanto possa não ser exercido pelo credor.

e) ainda que superada causa suspensiva para a celebração de casamento, não é possível a alteração do regime da separação obrigatória de bens.

461. **(Cespe/TJ/RR/Cartórios/Ingresso/2013)** Em relação ao direito de família, assinale a opção correta:

a) o casamento celebrado no Brasil prova-se pela certidão do registro, sendo tal regra absoluta, ou seja, em caso de falta ou perda do registro civil, não se admite nenhuma outra espécie de prova.

b) é anulável o casamento contraído por enfermo mental sem o necessário discernimento para os atos da vida civil.

c) o reconhecimento dos filhos havidos fora do casamento pode ser feito por escritura pública ou por escrito particular, a ser arquivado em cartório.

d) novo casamento do cônjuge devedor dos alimentos pode extinguir a obrigação alimentar constante da sentença de divórcio.

e) é ineficaz o pacto antenupcial que não for realizado mediante escritura pública.

462. (Ieses/TJ/PA/Cartórios/Remoção/2016) O reconhecimento dos filhos havidos fora do casamento é irrevogável e será feito:

I. por testamento, ainda que incidentalmente manifestado.

II. no registro do nascimento.

III. por manifestação direta e expressa perante o juiz, ainda que o reconhecimento não haja sido o objeto único e principal do ato que o contém.

IV. por escritura pública ou escrito particular, a ser arquivado em cartório.

A sequência correta é:

a) as assertivas I, II, III e IV estão corretas.

b) apenas as assertivas I e IV estão corretas.

c) apenas as assertivas I, III e IV estão corretas.

d) apenas a assertiva IV está correta.

463. (Cespe/TJ/DFT/Cartórios/Remoção/2014) No que se refere ao reconhecimento de paternidade de filho tido fora do casamento, assinale a opção correta à luz do Código Civil:

a) o reconhecimento pode ser formalizado por escritura pública mesmo antes do nascimento do filho.

b) o reconhecimento pode ser revogado, ainda que tenha sido feito por manifestação direta e expressa perante um juiz.

c) o reconhecimento pode ser revogado se tiver sido feito por escritura pública.

d) não se admite o reconhecimento de filho por meio de manifestação incidental em testamento.

e) o reconhecimento pode ser revogado, se tiver sido feito por escrito particular arquivado em cartório.

464. (Vunesp/TJ/SP/Cartórios/Ingresso/2016) Assinale a alternativa correta a respeito dos bens dos filhos sujeitos ao poder familiar:

a) os genitores têm obrigação de prestar contas da administração e usufruto dos bens, cabendo ação de prestação de contas proposta pelo filho menor, caso em que será nomeado curador em razão do conflito de interesses.

b) a alienação de imóvel do filho dependerá de autorização judicial e será realizada em hasta pública.

c) o pai não tem direito ao usufruto e administração dos bens adquiridos pelo filho antes do reconhecimento.

d) é nula a estipulação, em doação de terceiro em favor do filho menor, de cláusula que exclua o usufruto dos genitores sobre o bem doado.

465. (Vunesp/TJ/SP/Cartórios/Remoção/2016) A adoção de maiores de 18 anos:

a) pode ser feita diretamente no cartório extrajudicial, considerando a capacidade plena de todos os envolvidos.

b) depende de intervenção do poder público e de sentença declaratória.

c) depende de intervenção do poder público e de sentença constitutiva.

d) foi revogada pelo Estatuto da Criança e do Adolescente, que apenas regula a adoção de menores de 18 anos.

466. (Consulplan/TJ/MG/Cartórios/Remoção/2015) Segundo o Código Civil, poderá ser estipulada a guarda compartilhada dos filhos menores, exceto se:

a) requerida por consenso pelo pai e pela mãe.

b) decretada pelo juiz mesmo sem o pedido dos genitores.

c) requerida pelo pai ou pela mãe individualmente.

d) manifestado por um dos genitores que não deseja a guarda do menor.

467. (Vunesp/TJ/SP/Cartórios/Remoção/2014) Segundo disposição expressa do Código Civil, é correto afirmar:

a) é admissível alteração do regime de bens, por meio de escritura pública, ressalvados os direitos de terceiros.

b) se o pai, ou a mãe, abusar de sua autoridade, faltando aos deveres a eles inerentes ou arruinando os bens dos filhos, cabe ao juiz, requerendo algum parente, ou o Ministério Público, adotar a medida que lhe pareça reclamada pela segurança do menor e seus haveres, até suspendendo o poder familiar, quando convenha.

c) não havendo convenção, ou sendo ela nula ou ineficaz, vigorará, quanto aos bens entre os cônjuges, o regime da comunhão universal.

d) é anulável o pacto antenupcial se não for feito por escritura pública, e inexistente se não lhe seguir o casamento.

468. **(Cespe/TJ/BA/Cartórios/Ingresso/2013)** Assinale a opção correta no que se refere à adoção:

a) a adoção à brasileira, assim como a adoção legal, tem aptidão de romper os vínculos civis entre o filho e os pais biológicos, não sendo possível restabelecer os consectários legais da paternidade biológica, como os registrais, os patrimoniais e os hereditários.

b) a adoção "intuitu personae" e a promovida por escritura pública são mecanismos que fortalecem esse instituto, na medida em que conferem maior dignidade e proteção à criança e ao adolescente.

c) em se tratando de adoção à brasileira, é permitida a declaração da nulidade do registro pelo pai-adotante, independentemente da constituição do vínculo de socioafetividade com o adotado.

d) na adoção realizada por escritura pública, mesmo havendo vínculo socioafetivo entre o filho e o pai adotante, é permitido ao filho ter acesso a sua verdade biológica, podendo pleitear, judicialmente, o reconhecimento do vínculo biológico de parentesco.

e) a adoção faz cessar os vínculos jurídico-legais entre a criança e os parentes consanguíneos.

469. **(Cespe/TJ/DFT/Cartórios/Remoção/2014)** No que se refere ao instituto da adoção, assinale a opção correta:

a) verificado o óbito do adotante no curso do procedimento de adoção, ainda que manifestada a vontade do adotante, de forma inequívoca, impõe-se a declaração de perda de objeto do pedido.

b) em se tratando de adoção de maiores de dezoito anos, admite-se o procedimento por ato extrajudicial perante o registro civil de pessoas naturais, com assistência de advogado, ou por meio de sentença constitutiva.

c) a lei veda que tutor com vínculo de parentesco em segundo grau colateral com o tutelado o adote, ainda que prestadas as contas de sua administração.

d) configura requisito essencial à adoção o prévio estágio de convivência, excetuando-se a hipótese de a criança adotanda encontrar-se sob a guarda de fato dos adotantes.

e) o avô detentor da guarda de neta adolescente tem legitimidade para adotá-la, dispensando-se o estágio de convivência.

470. **(Consulplan/TJ/MG/Cartórios/Remoção/2017)** Francisco é filho do irmão do pai de Manoel e o Alair é irmão do avô de Manoel, logo, o Francisco e o Alair são parentes de Manoel, respectivamente, de:

a) terceiro e quarto graus.

b) terceiro e terceiro graus.

c) quarto e terceiro graus.

d) quarto e quarto graus.

471. **(Consulplan/TJ/MG/Cartórios/Ingresso/2017)** O reconhecimento de filho é ato personalíssimo. Sobre o tema marque a alternativa correta:

a) o reconhecimento dos filhos havidos fora do casamento poderá ser feito por escritura pública ou escrito particular, a ser arquivado em cartório; mas, este reconhecimento não pode preceder o nascimento do filho.

b) o reconhecimento de filho não pode ser revogado, salvo quando feito em testamento.

c) o reconhecimento de filho, sendo irrevogável, independe de consentimento do filho maior.

d) o reconhecimento de filho por pessoa relativamente incapaz independe de assistência de seus pais, tutor ou curador.

472. **(Ieses/TJ/RO/Cartórios/Ingresso/2017)** Presumem-se do marido de acordo com o Código Civil, os filhos:

I. nascidos 180 dias, pelo menos, após o estabelecimento da sociedade conjugal

II. havidos, a qualquer tempo, quando se tratar de embriões excedentários, decorrentes de concepção artificial homóloga

III. havidos por inseminação artificial heteróloga, desde que tenha prévia autorização do marido.

Assinale a alternativa correta:

a) apenas a assertiva I é verdadeira.

b) apenas as assertivas I e III são verdadeiras.

c) apenas as assertivas I e II são verdadeiras.

d) todas as assertivas são verdadeiras.

473. **(Consulplan/TJ/MG/Cartórios/Remoção/2017)** Em decorrência da evolução histórica nas relações familiares, o pátrio poder perdeu força e foi substituído pelo poder familiar que constitui um conjunto de direitos e deveres exercidos igualmente pelos pais. Dentre os efeitos do poder familiar, está o da guarda dos filhos menores ou maiores incapazes. Com relação à guarda dos filhos, está correto afirmar:

a) a guarda unilateral é atribuída somente à mãe ou quem a substitua e pode ser requerida ou determinada pelo juiz.
b) a guarda alternada consiste naquela em que há revezamento dos genitores, por períodos determinados e equânimes, na guarda exclusiva da prole e está expressamente previsto em nosso ordenamento jurídico.
c) a guarda compartilhada caracteriza-se pela responsabilização conjunta e o exercício de direitos e deveres do pai e da mãe que não vivam sob o mesmo teto, sobre os filhos menores ou incapazes.
d) a guarda pode ser exercida por terceiro, por determinação judicial, isentando os pais de prestar assistência, uma vez que o poder familiar não continua presente, ainda que tenha ocorrido sua destituição.

474. (Ieses/TJ/RO/Cartórios/Ingresso/2017) Em relação poder familiar, responda de acordo com o Código Civil:

I. o consentimento para mudar a residência permanente dos filhos menores para outro município deve ser dado por ambos os pais, na constância do poder familiar
II. o consentimento para viajar ao exterior pode ser dado pelo genitor que detiver a guarda, não sendo exercida de maneira compartilhada.
III. o poder familiar não se extingue caso o filho seja emancipado antes dos 18 anos.

Assinale a alternativa correta:

a) todas as assertivas são verdadeiras.
b) apenas a assertiva I é verdadeira.
c) apenas as assertivas I e II são verdadeiras.
d) apenas as assertivas I e III são verdadeiras.

475. (Ieses/TJ/AM/Cartórios/Ingresso/2018) A respeito do reconhecimento de filhos, responda:

I. o reconhecimento pode preceder o nascimento do filho ou ser posterior ao seu falecimento, se ele deixar descendentes.
II. o filho maior pode ser reconhecido independentemente do seu consentimento.
III. o reconhecimento não pode ser revogado, exceto quando feito em testamento.

Assinale a correta:

a) apenas a assertiva II é verdadeira.
b) apenas a assertiva I é verdadeira.
c) apenas as assertivas I e III são verdadeiras.
d) todas as assertivas são verdadeiras.

476. (Vunesp/TJ/SP/Cartórios/Ingresso/2018) A presunção de paternidade dos filhos concebidos na constância do casamento, prevista no artigo 1.597 do Código Civil:

a) tem caráter absoluto em relação ao pai e relativo em relação a terceiros.
b) configura-se para os havidos a qualquer tempo, quando se tratar de embriões excedentários decorrentes de concepção artificial heteróloga.
c) é estabelecida para os havidos por fecundação artificial homóloga, mesmo que falecido o marido.
d) é estabelecida para os havidos por inseminação artificial heteróloga, desde que haja prévia autorização do marido e mediante comprovação de que esse seja incapaz de procriar.

6.2. Do Direito Patrimonial

6.2.1. Do Regime de Bens

✱ SÚMULAS

STF **Súm. 377.** No regime de separação legal de bens, comunicam-se os adquiridos na constância do casamento.

STJ **Súm. 197.** O divórcio direto pode ser concedido sem que haja prévia partilha dos bens.

STJ **Súm. 134.** Embora intimado da penhora em imóvel do casal, o cônjuge do executado pode opor embargos de terceiro para defesa de sua meação.

STJ **Súm. 332.** A fiança prestada sem autorização de um dos cônjuges implica a ineficácia total da garantia.

✱ ENUNCIADOS CJF

CJF **Civil 113.** É admissível a alteração do regime de bens entre os cônjuges, quando então o pedido, devidamente motivado e assinado por ambos os cônjuges, será objeto de autorização judicial, com ressalva dos direitos de terceiros, inclusive dos entes públicos, após perquirição de inexistência de dívida de qualquer natureza, exigida ampla publicidade.

CJF Civil 114. O aval não pode ser anulado por falta de vênia conjugal, de modo que o inc. III do art. 1.647 apenas caracteriza a inoponibilidade do título ao cônjuge que não assentiu.

CJF Civil 125. Proposição sobre o art. 1.641, inc. II. Redação atual: "da pessoa maior de sessenta anos". Proposta: revogar o dispositivo.

CJF Civil 131. Proposta a seguinte redação ao § 2º do mencionado art. 1.639: "É inadmissível a alteração do regime de bens entre os cônjuges, salvo nas hipóteses específicas definidas no artigo 1.641, quando então o pedido, devidamente motivado e assinado por ambos os cônjuges, será objeto de autorização judicial, apurada a procedência das razões invocadas e ressalvados os direitos de terceiros, inclusive dos entes públicos, após perquirição de inexistência de dívida de qualquer natureza, exigida ampla publicidade".

CJF Civil 132. Outorga Conjugal em Aval. Suprimir as expressões "ou aval" do inc. III do art. 1.647 do novo Código Civil.

CJF Civil 260. A alteração do regime de bens prevista no § 2º do art. 1.639 do Código Civil também é permitida nos casamentos realizados na vigência da legislação anterior.

CJF Civil 261. A obrigatoriedade do regime da separação de bens não se aplica a pessoa maior de sessenta anos, quando o casamento for precedido de união estável iniciada antes dessa idade.

CJF Civil 262. A obrigatoriedade da separação de bens, nas hipóteses previstas nos incs. I e III do art. 1.641 do Código Civil, não impede a alteração do regime, desde que superada a causa que o impôs.

CJF Civil 331. O estatuto patrimonial do casal pode ser definido por escolha de regime de bens distinto daqueles tipificados no Código Civil (art. 1.639 e parágrafo único do art. 1.640), e, para efeito de fiel observância do disposto no art. 1.528 do Código Civil, cumpre certificação a respeito, nos autos do processo de habilitação matrimonial.

CJF Civil 340. No regime da comunhão parcial de bens é sempre indispensável a autorização do cônjuge, ou seu suprimento judicial, para atos de disposição sobre bens imóveis.

CJF Civil 609. O regime de bens no casamento somente interfere na concorrência sucessória do cônjuge com descendentes do falecido.

CJF Civil 634. É lícito aos que se enquadrem no rol de pessoas sujeitas ao regime da separação obrigatória de bens (art. 1.641 do Código Civil) estipular, por pacto antenupcial ou contrato de convivência, o regime da separação de bens, a fim de assegurar os efeitos de tal regime e afastar a incidência da Súmula 377 do STF.

CJF Civil 635. O pacto antenupcial e o contrato de convivência podem conter cláusulas existenciais, desde que estas não violem os princípios da dignidade da pessoa humana, da igualdade entre os cônjuges e da solidariedade familiar.

* INFORMATIVOS

STJ Casamento contraído sob causa suspensiva. Separação obrigatória de bens (CC/1916, art. 258, II; CC/02, art. 1.641, II). Partilha. Bens adquiridos onerosamente. Necessidade de prova do esforço comum. Pressuposto da pretensão. Moderna compreensão da Súmula 377/STF. No regime de separação legal de bens, comunicam-se os adquiridos na constância do casamento, desde que comprovado o esforço comum para sua aquisição. EREsp 1.623.858, Rel. Min. Lázaro Guimarães, DJ 30.5.2018. 2ª S. (Info 628)

STJ Divórcio Consensual. Acordo sobre partilha de bens. Homologação por sentença. Posterior ajuste consensual acerca da destinação dos bens. Violação à coisa julgada. Inocorrência. Convenção sobre partilha de bens privados e disponíveis. Partes maiores e capazes. Possibilidade. A coisa julgada material formada em virtude de acordo celebrado por partes maiores e capazes, versando sobre a partilha de bens imóveis privados e disponíveis e que fora homologado judicialmente por ocasião de divórcio consensual, não impede que haja um novo acordo sobre o destino dos referidos bens. REsp 1.623.475, Rel. Min. Nancy Andrighi, DJ 20.4.2018. 3ª T. (Info 624)

* QUESTÕES DISCURSIVAS

22. **(Vunesp/TJ/SP/Cartórios/2018)** Nas hipóteses em que se impõe o regime de separação obrigatória de bens, podem os nubentes, por pacto antenupcial, fixar a incomunicabilidade absoluta dos aquestos, afastando a incidência da Súmula 377 do STF? Explique.

23. **(Ieses/TJ/PB/Cartórios/2014)** O pacto antenupcial é importante instrumento regulamentador dos efeitos patrimoniais do casamento.

Sobre o pacto, responda: (i) Ao elaborar o pacto, podem os nubentes optar por mesclar regras dos regimes de bens expressamente tipificados no Código Civil, de forma a optar por regime misto? (ii) É possível modificar o regime de bens eleito pelo pacto antenupcial na constância do casamento? Indique o procedimento para tal alteração, e se os efeitos da modificação serão "ex tunc" ou "ex nunc", fundamentando.

24. **(Cetro/TJ/RJ/Cartórios/Remoção/2012)** Em sua Serventia comparece um casal que pretende se casar, mas que em razão da idade, estando um deles com mais de 70 (setenta) anos, estão sujeitos ao regime legal. De comum acordo, pretendem realizar um pacto antenupcial que estabeleça expressamente que, em hipótese nenhuma, os bens adquiridos por qualquer um deles isoladamente será comunicado ao outro. Diante do exposto, discorra acerca da possibilidade de lavratura do pacto antenupcial em favor dos noivos.

* QUESTÕES OBJETIVAS

477. **(Cespe/TJ/ES/Cartórios/Ingresso/2013)** A respeito da sociedade conjugal, assinale a opção correta:

a) o pacto antenupcial não terá validade entre as partes nem perante terceiros se não for registrado em cartório imobiliário.
b) os salários percebidos pelos cônjuges em contraprestação ao trabalho não se comunicam no regime de comunhão parcial.
c) o cartório imobiliário perante o qual deve ser registrado o pacto antinupcial é o do domicílio dos nubentes, e não o do lugar em que estejam registrados seus bens.
d) a autorização do cônjuge é indispensável para a alienação ou gravação de ônus real dos bens imóveis, independentemente do regime de bens do casamento.
e) para a locação de imóvel urbano por mais de cinco anos, impõe-se a concordância de ambos os cônjuges.

478. **(FCC/TJ/PE/Cartórios/Remoção/2013)** No regime de participação final dos aquestos:

a) se um dos cônjuges solveu uma dívida do outro com bens do seu patrimônio, o valor do pagamento deve ser atualizado e imputado, na data da dissolução do casamento, à meação do outro cônjuge.
b) integram o patrimônio comum os bens que cada cônjuge possuía ao casar e os por ele ou ela adquiridos, a qualquer título, na constância do casamento.
c) pelas dívidas posteriores ao casamento, contraídas por um dos cônjuges, respondem ambos solidariamente, salvo prova de não terem revertido em prol do casal.
d) os bens imóveis são de propriedade de ambos os cônjuges, ainda que no registro conste o nome de um só deles.
e) o direito à meação é renunciável e cessível na vigência deste regime patrimonial.

479. **(FCC/TJ/PE/Cartórios/Ingresso/2013)** No regime de comunhão parcial:

a) entram na comunhão os bens adquiridos por fato eventual, com ou sem o concurso do trabalho ou despesa anterior, bem como as benfeitorias em bens particulares de cada cônjuge.
b) excluem-se da comunhão os bens adquiridos na constância do casamento por título oneroso, se a aquisição se deu em nome de um dos cônjuges.
c) são comunicáveis os bens cuja aquisição tiver por título uma causa anterior ao casamento.
d) a anuência de ambos os cônjuges é desnecessária para os atos, a título gratuito, que impliquem cessão do uso ou gozo dos bens comuns.
e) a administração e a disposição dos bens constitutivos do patrimônio particular competem a ambos os cônjuges, salvo convenção diversa em pacto antenupcial.

480. **(TJ/SC/Cartórios/Remoção/2012)** No regime da comunhão parcial de bens, comunicam-se os bens que sobrevierem ao casal na constância do casamento, salvo:

a) os adquiridos na constância do casamento por título oneroso, em nome somente de um dos cônjuges.
b) os adquiridos com valores exclusivamente pertencentes a um dos cônjuges em sub-rogação dos bens particulares.
c) os bens de uso pessoal, os livros e os instrumentos de profissão.
d) os bens que cada cônjuge possuía ao casar.
e) os que lhe sobrevierem por doação ou sucessão e os sub-rogados em seu lugar.

481. **(Ieses/TJ/RN/Cartórios/Remoção/2012)** Assinale a correta:

a) na união estável não é possível a escolha do regime de bens, devendo sempre ser no regime de comunhão parcial.
b) os divorciados que ainda não fizeram a partilha dos bens do casamento anterior não poderão realizar pacto antenupcial, sendo obrigados a casar no regime da separação legal.
c) a alteração dos regimes de bens é possível durante o casamento, mediante elaboração de nova escritura de pacto antenupcial.
d) no regime de comunhão parcial não se comunicam os bens recebidos por herança, e nem os frutos destes percebidos durante o casamento.

482. (Vunesp/TJ/SP/Cartórios/Remoção/2016) O pacto antenupcial, em essência, é um negócio:
a) jurídico solene, de eficácia subordinada.
b) formal, extrajudicial e imutável.
c) jurídico solene, que produz efeitos logo após a ratificação do instrumento pelos cônjuges, devidamente orientados pelo Notário.
d) jurídico solene, de eficácia plena, desde sua celebração.

483. (Faurgs/TJ/RS/Cartórios/Ingresso/2015) Assinale a alternativa que apresenta afirmação correta a respeito da disciplina do regime da comunhão parcial de bens no Código Civil:
a) entram na comunhão os bens que cada cônjuge possuir ao casar, e os que lhe sobrevierem, na constância do casamento, por doação ou sucessão.
b) entram na comunhão os bens de uso pessoal, os livros e instrumentos de profissão.
c) entram na comunhão os proventos do trabalho pessoal de cada cônjuge.
d) entram na comunhão os bens adquiridos na constância do casamento por título oneroso, ainda que só em nome de um dos cônjuges.

484. (Faurgs/TJ/RS/Cartórios/Remoção/2015) Assinale a alternativa que apresenta afirmação correta a respeito da disciplina do regime de bens no casamento prevista no Código Civil:
a) podem os cônjuges, independentemente de autorização um do outro, comprar, ainda a crédito, as coisas necessárias à economia doméstica.
b) é admissível alteração do regime de bens, mediante requerimento ao oficial do Registro Civil em pedido motivado de ambos os cônjuges.
c) não havendo convenção, vigorará, quanto aos bens entre os cônjuges, o regime da comunhão universal.
d) é obrigatório o regime da separação de bens no casamento da pessoa maior de sessenta anos.

485. (Faurgs/TJ/RS/Cartórios/Remoção/2015) Assinale a alternativa que apresenta afirmação correta a respeito da disciplina do regime de bens no Código Civil:
a) no caso de bens adquiridos pelo trabalho conjunto, terá cada um dos cônjuges uma quota igual no condomínio ou no crédito por aquele modo estabelecido.
b) o direito à meação é renunciável, cessível ou penhorável na vigência do regime matrimonial.
c) a administração dos bens é exclusiva de cada cônjuge, que os poderá livremente alienar, se forem imóveis.
d) as dívidas de um dos cônjuges, quando superiores à sua meação, obrigam ao outro, ou a seus herdeiros.

486. (Consulplan/TJ/MG/Cartórios/Ingresso/2015) No regime de comunhão parcial de bens, comunicam-se os bens que sobrevierem ao casal, na constância do casamento, exceto:
a) os bens adquiridos na constância do casamento por título oneroso, em nome de um dos cônjuges.
b) os bens adquiridos por fato eventual.
c) os bens adquiridos por doação, herança ou legado, em favor de apenas um dos cônjuges.
d) os frutos dos bens particulares de cada cônjuge, percebidos na constância do casamento.

487. (Consulplan/TJ/MG/Cartórios/Remoção/2015) Quanto ao Regime de Bens dos cônjuges estabelecido no Código Civil, é correto afirmar que:
a) o regime de bens entre os cônjuges começa a vigorar desde a habilitação para o processo do casamento.
b) o regime de bens pode ser alterado posteriormente à celebração do casamento, mediante a lavratura de escritura pública em tabelionato de Notas por ambos os cônjuges.
c) é obrigatório o regime da separação de bens no casamento de pessoa de 65 (sessenta e cinco) anos.

d) nenhum dos cônjuges pode, sem autorização do outro, exceto no regime da separação absoluta, prestar fiança ou aval.

488. **(Ieses/TJ/MS/Cartórios/Ingresso/2014)** Sobre os regimes de bens no Brasil pode-se afirmar:

a) o regime legal/supletivo para o casamento e para a união estável – comunhão parcial de bens – aplica-se na ausência ou obscuridade do pacto antenupcial ou do contrato de convivência.

b) aplica-se o regime obrigatório – separação de bens – aos maiores de 60 (sessenta) anos, aos que casarem em inobservância às causas suspensivas ou que precisarem de autorização judicial para o casamento.

c) o regime de bens no casamento vigora a partir da confecção da escritura pública de pacto antenupcial, podendo ser alterado por nova escritura pública, desde que requerida a modificação por ambos os cônjuges.

d) o pacto antenupcial que estabelecer o regime da participação final nos aquestos não poderá dispor acerca da necessidade ou não de outorga conjugal para a prática de atos que importem alienação de bens imóveis, matéria afeta exclusivamente ao regramento legal.

489. **(Ieses/TJ/MS/Cartórios/Ingresso/2014)** No regime da comunhão universal de bens, integram a massa de bens comuns:

I. os bens recebidos por doação ou sucessão, ainda que em nome de um só dos cônjuges.

II. os bens e as dívidas anteriores ao casamento, salvo expressas exceções legais.

III. os bens doados ou herdados com cláusula de inalienabilidade.

IV. os objetos de uso pessoal:

a) somente a alternativa I está correta.

b) a única assertiva correta é a IV.

c) somente a assertiva III está correta.

d) estão corretas as assertivas I e II.

490. **(Ieses/TJ/MS/Cartórios/Ingresso/2014)** No regime da comunhão parcial de bens não entram para o acervo comum do casal:

I. os bens recebidos em doação ou herdados por um só dos cônjuges.

II. os bens adquiridos onerosamente na constância do casamento em nome de um só dos cônjuges.

III. os bens adquiridos em sub-rogação a outros particulares ou comprovadamente adquiridos com os proventos de um só dos cônjuges, ainda que na constância do casamento.

IV. os frutos e rendimentos dos bens particulares, assim como as benfeitorias feitas em bens próprios de um dos cônjuges, ainda que feitas na constância do casamento:

a) está correta a assertiva IV.

b) está correta a assertiva I.

c) estão corretas as assertivas I, II e III.

d) estão corretas as assertivas I e III.

491. **(Ieses/TJ/PB/Cartórios/Ingresso/2014)** Quanto ao pacto antenupcial, observe as afirmativas abaixo:

I. deve ser feito por escritura pública ou escrito particular e anteceder à celebração do casamento.

II. optando os nubentes pelo regime legal – comunhão parcial de bens – não se mostra necessária a confecção de pacto antenupcial.

III. o regime de bens poderá ser alterado a qualquer tempo na vigência do casamento, mediante a confecção de nova escritura pública.

IV. o regime de bens determinado na escritura pública de pacto antenupcial somente se torna oponível a terceiros após registro, em livro especial, pelo oficial do registro de imóveis do domicílio dos cônjuges:

a) estão corretas apenas as alternativas II, III e IV.

b) estão corretas apenas as alternativas I, II e IV.

c) estão corretas apenas as alternativas II e IV.

d) estão corretas apenas as alternativas I e III.

492. **(Ieses/TJ/PB/Cartórios/Ingresso/2014)** Sobre os regimes de bens no Brasil pode-se afirmar:

I. no regime da separação de bens não se comunicam os adquiridos onerosamente na constância do casamento, salvo quando registrados na forma de condomínio.

II. na comunhão universal integram a massa de bens comuns os recebidos em doação ou sucessão ainda que por apenas um dos cônjuges.

III. no regime da participação final nos aquestos presumem-se da propriedade do cônjuge devedor os bens móveis.

IV. na comunhão parcial de bens excluem-se da comunhão os frutos e rendimentos dos bens particulares:

a) estão corretas apenas as assertivas I, II e III.
b) estão corretas apenas as assertivas II, III e IV.
c) estão corretas apenas as assertivas I e IV.
d) todas as assertivas estão corretas.

493. (Ieses/TJ/PB/Cartórios/Ingresso/2014) Acerca da necessidade de outorga conjugal para alienar ou gravar de ônus real os bens imóveis; pleitear, como autor ou réu, acerca desses bens ou direitos; prestar fiança ou aval (art. 1.647 do CC/02), pode-se afirmar:

a) pode ser expressamente dispensada no pacto antenupcial, seja qual for o regime de bens escolhido pelo casal.
b) é dispensada, por força de lei, aos casados pelo regime de separação total de bens.
c) no regime de comunhão parcial de bens exige-se a outorga para a disposição incidente sobre os bens comuns, dispensando-se quanto aos bens próprios.
d) é sempre exigida, para a validade do ato praticado, no regime de participação final nos aquestos.

494. (Consulplan/TJ/MG/Cartórios/Remoção/2014) Sobre o regime da comunhão parcial de bens, é correto afirmar que estão incluídos na comunhão:

a) os bens adquiridos por fato eventual, com ou sem o concurso de trabalho ou despesa anterior.
b) as pensões, meios-soldos, montepios e outras rendas semelhantes.
c) as obrigações provenientes de atos ilícitos, salvo reversão em proveito do casal.
d) os bens adquiridos com valores exclusivamente pertencentes a um dos cônjuges em sub-rogação dos bens particulares.

495. (Cespe/TJ/BA/Cartórios/Ingresso/2013) Ricardo e Tatiana casaram-se em 13/2/1984, tendo o casal optado pelo regime de comunhão universal de bens. Em 2010, dada a divergência conjugal quanto à condução financeira da família, Tatiana decidiu alterar o regime de bens inicialmente estabelecido, uma vez que tal alteração não prejudicaria direitos de terceiros. Em relação a essa situação hipotética, assinale a opção correta:

a) a alteração do regime de bens poderá ser realizada independentemente da situação financeira dos cônjuges e da existência de eventuais dívidas contraídas pelo casal.
b) não será possível a alteração do regime de bens do casamento, celebrado na vigência do Código Civil de 1916, quando imperava o princípio da imutabilidade do regime de bens.
c) para a alteração do regime de bens do casal, será necessária, além do consentimento dos cônjuges, a autorização judicial.
d) a alteração pretendida poderá ser realizada no cartório de registro civil de pessoas naturais, mediante averbação na certidão de casamento, desde que o pedido seja formalizado por Ricardo e Tatiana.
e) caso existam motivos relevantes para a alteração do regime de bens, o juiz poderá dispensar a autorização de Ricardo.

496. (Consulplan/TJ/MG/Cartórios/Ingresso/2017) Nos termos do Código Civil, é correto afirmar:

a) as relações na União estável e concubinato são eventuais.
b) apenas na União Estável é aplicável, no que couber, o regime de comunhão parcial de bens.
c) apenas no Concubinato é aplicável, no que couber, o regime de comunhão parcial de bens.
d) união estável e concubinato são consideradas entidades familiares.

497. (Consulplan/TJ/MG/Cartórios/Ingresso/2017) José casou-se com Maria, adotando o casal regime de comunhão parcial de bens e, já casados, Maria comprou e quitou um veículo. Na constância do casamento, José veio a ser condenado civilmente em danos morais por agressão física a terceira pessoa. A vítima da agressão, na execução da sentença, pediu a penhora de 50% do carro de Maria, já que não encontrou nenhum bem em nome de José para garantir a condenação. É correto afirmar que:

a) como o ato ilícito foi cometido na constância do casamento e da mesma forma a compra do carro, o veículo de Maria pode ter 50% penhorado para satisfazer a dívida de seu marido.
b) a penhora deve ser indeferida, já que a obrigação é proveniente de ato ilícito e não foi em proveito do casal.
c) a comunhão de bens do casal adquiridos na constância do casamento somente é aplicada para casos que envolvam imóveis, de forma que não pode ser a penhora realizada.
d) a penhora pode ser efetuada nos 50% que seria a meação do marido, em razão do regime de

casamento e da data da aquisição do bem, já que se trata de obrigação decorrente de sentença judicial e a questão de bens entre marido e mulher não pode prejudicar direito do credor.

498. **(Ieses/TJ/CE/Cartórios/Remoção/2018)** No regime de comunhão parcial, comunicam-se os bens que sobrevierem ao casal, na constância do casamento, contudo, excluem-se da comunhão:

I. os bens adquiridos com valores exclusivamente pertencentes a um dos cônjuges em sub-rogação dos bens particulares.

II. as pensões, meios-soldos, montepios e outras rendas semelhantes.

III. as benfeitorias em bens particulares de cada cônjuge.

IV. os proventos do trabalho pessoal de cada cônjuge.

A sequência correta é:

a) as assertivas I, II, III e IV estão corretas.
b) apenas as assertivas I, II e IV estão corretas.
c) apenas as assertivas I e IV estão corretas.
d) apenas a assertiva I está incorreta.

499. **(Ieses/TJ/CE/Cartórios/Ingresso/2018)** Sobre o regime de bens no casamento, responda as questões:

I. as pessoas divorciadas, que ainda não realizaram a partilha dos bens do casamento anterior, estão sujeitas ao regime de separação legal de bens.

II. no regime de comunhão universal não se comunicam os bens doados com cláusula de incomunicabilidade, nem os frutos destes bens.

III. no regime de separação de bens, ambos os cônjuges são obrigados a contribuir para as despesas do casal na proporção dos rendimentos de seu trabalho e de seus bens, salvo estipulação em contrário no pacto antenupcial.

Assinale a correta:

a) todas as assertivas são verdadeiras.
b) todas as assertivas são falsas.
c) apenas as assertivas I e III são verdadeiras.
d) apenas a assertiva II é verdadeira.

500. **(Ieses/TJ/AM/Cartórios/Remoção/2018)** É obrigatório o regime da separação de bens no casamento:

I. de todos os que dependerem, para casar, de suprimento judicial.

II. da pessoa maior de 70 (setenta) anos.

III. das pessoas que o contraírem com inobservância das causas suspensivas da celebração do casamento.

IV. de pessoas maiores de dezesseis e menores de dezoito anos, em que os pais não autorizem o casamento.

A sequência correta é:

a) apenas as assertivas I e II estão corretas.
b) as assertivas I, II, III e IV estão corretas.
c) apenas as assertivas II e IV estão incorretas.
d) apenas a assertiva IV está correta.

501. **(Vunesp/TJ/SP/Cartórios/Ingresso/2018)** Tulio e Lívia possuem, respectivamente, sessenta e cinquenta e quatro anos de idade e celebraram pacto antenupcial, no qual adotaram o regime da participação final nos aquestos. Convencionaram, nesse pacto, a dispensa da autorização conjugal para a livre disposição dos bens imóveis particulares. O referido pacto antenupcial é:

a) válido.
b) ineficaz.
c) nulo.
d) anulável.

502. **(Ieses/TJ/CE/Cartórios/Remoção/2018)** Podem os cônjuges, independentemente de autorização um do outro:

I. comprar, ainda a crédito, as coisas necessárias à economia doméstica.

II. prestar fiança ou aval.

III. obter, por empréstimo, as quantias que a aquisição de coisas necessárias à economia doméstica, possam exigir.

IV. alienar ou gravar de ônus real os bens imóveis.

A sequência correta é:

a) apenas a assertiva IV está incorreta.
b) as assertivas I, II, III e IV estão corretas.
c) apenas as assertivas I e III estão corretas.
d) apenas as assertivas I, II e IV estão corretas.

6.2.2. Do Usufruto e da Administração dos Bens de Filhos Menores

✱ INFORMATIVOS

STJ Ação de prestação de contas. Demanda ajuizada pelo filho em desfavor da mãe. Condição de administradora de seus bens por ocasião de sua

menoridade. Art. 1.689, I e II do CC/02. Causa de pedir fundada em abuso de direito. Pedido juridicamente possível. Caráter excepcional. A ação de prestação de contas ajuizada pelo filho em desfavor dos pais é possível quando a causa de pedir estiver relacionada com suposto abuso do direito ao usufruto legal e à administração dos bens dos filhos. REsp 1.623.098, Rel. Min. Marco Aurélio Bellizze, DJ 23.3.2018. 3ª T. (Info 622)

6.2.3. Dos Alimentos

*** SÚMULAS**

STF **Súm. 226.** Na ação de desquite, os alimentos são devidos desde a inicial e não da data da decisão que os concede.

STJ **Súm. 1.** O foro do domicílio ou da residência do alimentando é o competente para a ação de investigação de paternidade, quando cumulada com a de alimentos.

STJ **Súm. 277.** Julgada procedente a investigação de paternidade, os alimentos são devidos a partir da citação.

STJ **Súm. 309.** O débito alimentar que autoriza a prisão civil do alimentante é o que compreende as três prestações anteriores ao ajuizamento da execução e as que se vencerem no curso do processo.

STJ **Súm. 358.** O cancelamento de pensão alimentícia de filho que atingiu a maioridade está sujeito à decisão judicial, mediante contraditório, ainda que nos próprios autos.

STJ **Súm. 596.** A obrigação alimentar dos avós tem natureza complementar e subsidiária, somente se configurando no caso de impossibilidade total ou parcial de seu cumprimento pelos pais.

STJ **Súm. 621.** Os efeitos da sentença que reduz, majora ou exonera o alimentante do pagamento retroagem à data da citação, vedadas a compensação e a repetibilidade.

*** ENUNCIADOS CJF**

CJF **Civil 133.** Proposição sobre o art. 1.702. Proposta: Alterar o dispositivo para: "Na separação judicial, sendo um dos cônjuges desprovido de recursos, prestar-lhe-á o outro pensão alimentícia nos termos do que houverem acordado ou que vier a ser fixado judicialmente, obedecidos os critérios do art. 1.694".

CJF **Civil 134.** Proposição sobre o art. 1.704, caput. Proposta: Alterar o dispositivo para: "Se um dos cônjuges separados judicialmente vier a necessitar de alimentos, e não tiver parentes em condições de prestá-los, nem aptidão para o trabalho, o ex-cônjuge será obrigado a prestá-los, mediante pensão a ser fixada pelo juiz, em valor indispensável à sobrevivência". Revoga-se, por consequência, o parágrafo único do art. 1.704.

CJF **Civil 263.** O art. 1.707 do Código Civil não impede seja reconhecida válida e eficaz a renúncia manifestada por ocasião do divórcio (direto ou indireto) ou da dissolução da "união estável". A irrenunciabilidade do direito a alimentos somente é admitida enquanto subsista vínculo de direito de família.

CJF **Civil 264.** Na interpretação do que seja procedimento indigno do credor, apto a fazer cessar o direito a alimentos, aplicam-se, por analogia, as hipóteses dos incs. I e II do art. 1.814 do Código Civil.

CJF **Civil 265.** Na hipótese de concubinato, haverá necessidade de demonstração da assistência material prestada pelo concubino a quem o credor de alimentos se uniu.

CJF **Civil 341.** Para os fins do art. 1.696, a relação socioafetiva pode ser elemento gerador de obrigação alimentar.

CJF **Civil 342.** Observadas as suas condições pessoais e sociais, os avós somente serão obrigados a prestar alimentos aos netos em caráter exclusivo, sucessivo, complementar e não solidário, quando os pais destes estiverem impossibilitados de fazê-lo, caso em que as necessidades básicas dos alimentandos serão aferidas, prioritariamente, segundo o nível econômico-financeiro dos seus genitores.

CJF **Civil 344.** A obrigação alimentar originada do poder familiar, especialmente para atender às necessidades educacionais, pode não cessar com a maioridade.

CJF **Civil 345.** O "procedimento indigno" do credor em relação ao devedor, previsto no parágrafo único do art. 1.708 do Código Civil, pode ensejar a exoneração ou apenas a redução do valor da pensão alimentícia para quantia indispensável à sobrevivência do credor.

CJF **Civil 522.** Cabe prisão civil do devedor nos casos de não prestação de alimentos gravídicos estabelecidos com base na Lei n. 11.804/2008, inclusive deferidos em qualquer caso de tutela de urgência.

CJF **Civil 523.** O chamamento dos codevedores para integrar a lide, na forma do art. 1.698 do Código Civil, pode ser requerido por qualquer das partes, bem como pelo Ministério Público, quando legitimado.

CJF **Civil 572.** Mediante ordem judicial, é admissível, para a satisfação do crédito alimentar atual, o levantamento do saldo de conta vinculada ao FGTS.

CJF **Civil 573.** Na apuração da possibilidade do alimentante, observar-se-ão os sinais exteriores de riqueza.

* INFORMATIVOS

STJ **Ação de alimentos. Diferença de valor ou percentual entre filhos. Possibilidade. Excepcionalidade. Necessidades distintas entre os alimentandos. Capacidades de contribuições diferenciadas dos genitores.** Excepcionalmente, é admissível a fixação de alimentos em valores ou em percentuais diferentes entre os filhos. REsp 1.624.050, Rel. Min. Nancy Andrighi, DJ 22.6.2018. 3ª T. (Info 628)

STJ **Prisão civil. Débito alimentar incontroverso. Teoria do adimplemento substancial. Não aplicabilidade pela via estreita do "writ".** A teoria do adimplemento substancial não tem incidência nos vínculos jurídicos familiares, revelando-se inadequada para solver controvérsias relacionadas a obrigações de natureza alimentar. HC 439.973, Rel. Acd. Min. Antonio Carlos Ferreira, DJ 4.9.2018. 4ª T. (Info 632)

STJ **Ação de oferta de alimentos. Participação nos lucros e resultados. Integração na base de cálculo da verba alimentar. Acréscimo patrimonial decorrente do contrato de trabalho. Incremento da possibilidade do alimentante.** Os valores recebidos a título de participação nos lucros e resultados integram a base de cálculo dos alimentos estabelecidos em porcentagem fixa do salário líquido do alimentante. REsp 1.561.097, Rel. Acd. Min. Marco Buzzi, DJ 2.3.2018. 4ª T. (Info 620)

* QUESTÕES OBJETIVAS

503. (Consulplan/TJ/MG/Cartórios/Ingresso/2014) Sobre alimentos, nos termos do que dispõe o Código Civil brasileiro, marque a alternativa correta:

a) se o parente, que deve alimentos em primeiro lugar, não estiver em condições de suportar totalmente o encargo, serão chamados a concorrer os de grau imediato; sendo várias as pessoas obrigadas a prestar alimentos, todas devem concorrer na proporção dos respectivos recursos, mas intentada ação contra uma delas, as demais não serão chamadas a integrar a lide.

b) a obrigação de prestar alimentos não se transmite aos herdeiros do devedor.

c) se o cônjuge declarado culpado vier a necessitar de alimentos, e não tiver parentes em condições de prestá-los, nem aptidão para o trabalho, o outro cônjuge será obrigado a assegurá-los, fixando o juiz o valor indispensável à sobrevivência.

d) o concubinato do credor não faz cessar o dever de prestar alimentos.

504. (Cespe/TJ/BA/Cartórios/Remoção/2013) Acerca de alimentos, assinale a opção correta com base nos dispositivos do Código Civil e na jurisprudência do STJ:

a) a obrigação dos avós de prestar alimentos aos netos é sucessiva e complementar, podendo o alimentado, diante do mero inadimplemento da prestação alimentícia pelo genitor, pleitear alimentos diretamente dos avós.

b) o dever do pai, de prestar alimentos ao filho, extingue-se automaticamente, tão logo este atinja a maioridade.

c) o décimo terceiro salário e o adicional de férias só integrarão a base de cálculo da pensão alimentícia se houver prévia pactuação nesse sentido.

d) o Código Civil reconhece o direito de os companheiros pedirem uns aos outros alimentos de que necessitem, estabelecendo, contudo, que a constituição de nova união pelo companheiro alimentante ou pelo alimentado implica exclusão do dever de alimentar.

e) de acordo com o Código Civil, é vedado ao credor renunciar o direito de alimentos, entretanto, considera-se válida e eficaz a renúncia manifestada por um dos cônjuges por ocasião do divórcio, pois a irrenunciabilidade prevalece apenas enquanto subsista o vínculo de direito de família.

505. (Ieses/TJ/CE/Cartórios/Ingresso/2018) Sobre alimentos, responda:

I. com relação ao credor cessa o direito a alimentos, se tiver procedimento indigno em relação ao devedor.

II. com o casamento, a união estável ou o concubinato do credor, cessa o dever de prestar alimentos.

III. os alimentos serão apenas os indispensáveis à subsistência, quando a situação de necessidade resultar de culpa de quem os pleiteia.

Assinale a correta:

a) todas as assertivas são verdadeiras.

b) apenas a assertiva II é verdadeira.

c) apenas a assertiva I é verdadeira.

d) apenas as assertivas I e III são verdadeiras.

6.2.4. *Do Bem de Família*

*** SÚMULAS**

STJ **Súm. 205.** A Lei 8.009/1990 aplica-se à penhora realizada antes de sua vigência.

STJ **Súm. 364.** O conceito de impenhorabilidade de bem de família abrange também o imóvel pertencente a pessoas solteiras, separadas e viúvas.

STJ **Súm. 449.** A vaga de garagem que possui matrícula própria no registro de imóveis não constitui bem de família para efeito de penhora.

STJ **Súm. 486.** É impenhorável o único imóvel residencial do devedor que esteja locado a terceiros, desde que a renda obtida com a locação seja revertida para a subsistência ou a moradia da sua família.

STJ **Súm. 549.** É válida a penhora de bem de família pertencente a fiador de contrato de locação.

*** ENUNCIADOS CJF**

CJF **Civil 325.** É impenhorável, nos termos da Lei n. 8.009/90, o direito real de aquisição do devedor fiduciante.

CJF **Civil 628.** Os patrimônios de afetação não se submetem aos efeitos de recuperação judicial da sociedade instituidora e prosseguirão sua atividade com autonomia e incomunicáveis em relação ao seu patrimônio geral, aos demais patrimônios de afetação por ela constituídos e ao plano de recuperação até que extintos, nos termos da legislação respectiva, quando seu resultado patrimonial, positivo ou negativo, será incorporado ao patrimônio geral da sociedade instituidora.

*** INFORMATIVOS**

STF **Impenhorabilidade do bem de família e contratos de locação comercial.** Não é penhorável o bem de família do fiador, no caso de contratos de locação comercial. RE 605709, Rel. Acd. Min. Rosa Weber, j. 12.6.2018. 1ª T. (Info 906)

STJ **Bem imóvel. Alienação fiduciária em garantia. Direitos do devedor fiduciante. Penhora. Impossibilidade. Bem de família legal. Lei 8.009/90.** Os direitos do devedor fiduciante sobre imóvel objeto de contrato de alienação fiduciária em garantia possuem a proteção da impenhorabilidade do bem de família legal. REsp 1.677.079, Rel. Min. Ricardo Villas Bôas Cueva, DJ 1.10.2018. 3ª T. (Info 635)

STJ **Responsabilidade do condomínio por danos a terceiro. Obrigação do condômino em sua cota-parte. Fato anterior à constituição da propriedade. Dívida "propter rem". Penhorabilidade do bem de família. Possibilidade.** É possível a penhora de bem de família de condômino, na proporção de sua fração ideal, se inexistente patrimônio próprio do condomínio, para responder por dívida oriunda de danos a terceiros. REsp 1.473.484, Rel. Min. Luis Felipe Salomão, DJ 23.8.2018. 4ª T. (Info 631)

*** QUESTÕES DISCURSIVAS**

25. (Consulplan/TJ/MG/Cartórios/Ingresso/2017) Em momentos de crise econômica, alguns institutos do direito são muito procurados, pois visam proteger e garantir ao menos uma habitação para as famílias endividadas. Esse é o caso do instituto do bem de família. Disserte, fundamentadamente, acerca do bem de família legal, do bem de família voluntário, suas diferenças, instituição, requisitos, objeto e peculiaridades junto aos registros públicos.

26. (Ieses/TJ/PB/Cartórios/2014) Como se dá a instituição e quais os efeitos do bem de família convencional? Qual a importância e abrangência do instituto, considerando o panorama jurídico atual?

*** QUESTÕES OBJETIVAS**

506. (Cespe/TJ/PI/Cartórios/Remoção/2013) Assinale a opção correta a respeito do bem de família:

a) por ostentar natureza protetiva da entidade familiar, a legislação atinente ao bem de família é suscetível de interpretação extensiva.

b) o STJ admite a constrição sobre bem de família dado em hipoteca como garantia de dívida contraída por terceiro.

c) o bem de família no qual resida a entidade familiar pode ter sua indisponibilidade decretada em ação de improbidade administrativa.
d) o fato de a entidade familiar não utilizar o único imóvel como residência o descaracteriza automaticamente como bem de família.
e) a impenhorabilidade do bem de família será oponível ainda que o empréstimo que tenha dado origem à penhora tenha sido revertido em proveito da entidade familiar.

507. **(FCC/TJ/PE/Cartórios/Remoção/2013)** Analise as seguintes assertivas sobre os bens de família:

I. o único imóvel residencial do devedor que esteja locado a terceiros é impenhorável, desde que a renda obtida com a locação seja revertida para a subsistência da família ou para o pagamento de outra moradia.
II. o conceito de impenhorabilidade de bem de família abrange também o imóvel pertencente a pessoas solteiras, separadas e viúvas.
III. a vaga de garagem que possui matrícula própria no registro de imóveis não constitui bem de família para efeito de penhora.

De acordo com o entendimento sumulado do Superior Tribunal de Justiça está correto o que se afirma em:

a) II, apenas.
b) I e II, apenas.
c) II e III, apenas.
d) I e III, apenas.
e) I, II e III.

508. **(Ieses/TJ/RN/Cartórios/Ingresso/2012)** Exclui-se a impenhorabilidade do bem de família nos seguintes casos, exceto:

a) para cobrança de impostos, predial ou territorial, taxas e contribuições devidas em função do imóvel familiar.
b) créditos decorrentes de direitos trabalhistas e previdenciários dos trabalhadores da obra do bem de família.
c) obrigação garantida por hipoteca do imóvel bem de família.
d) quando o imóvel bem de família for demasiadamente valioso.

509. **(Vunesp/TJ/SP/Cartórios/Remoção/2016)** A instituição do bem de família sobre um terço do patrimônio líquido, por ato de vontade, nos moldes do Código Civil:

a) deverá ser formalizada necessariamente por escritura pública, levada a registro no registro de imóveis.
b) afasta as regras sobre a impenhorabilidade do imóvel residencial estabelecidas em lei especial.
c) produz efeitos temporalmente ilimitados, salvo se novo título for levado ao Registro, modificando o conteúdo anterior.
d) terá forma solene e dependerá do registro do título no registro de imóveis para sua constituição.

510. **(Consulplan/TJ/MG/Cartórios/Remoção/2014)** Sobre o bem de família, nos termos da Lei 8.009/90, analise as seguintes afirmações:

I. a impenhorabilidade é oponível em qualquer processo de execução civil, fiscal, previdenciária, trabalhista ou de outra natureza, salvo se movido por obrigação decorrente de fiança concedida em contrato de locação.
II. a impenhorabilidade é oponível em qualquer processo de execução civil, fiscal, previdenciária, trabalhista ou de outra natureza, salvo se movido para execução de sentença penal condenatória a ressarcimento de bens.
III. na hipótese de o casal, ou entidade familiar, ser possuidor de vários imóveis utilizados como residência, a impenhorabilidade recairá sobre o de maior valor, salvo se outro tiver sido registrado, para esse fim, no registro de imóveis e na forma do art. 70 do Código Civil.

Está correto apenas o que se afirma em:

a) I.
b) II.
c) I e II.
d) I e III.

511. **(Cespe/TJ/BA/Cartórios/Ingresso/2013)** Considerando que um casal com dois filhos possua diversos imóveis residenciais e comerciais e resida no imóvel residencial de maior valor, assinale a opção correta, em relação à impenhorabilidade do referido imóvel:

a) o bem de família é isento de execução por dívidas posteriores à sua instituição, não sendo possível a penhora por dívidas decorrentes de fiança em contrato de locação.
b) mediante escritura pública, o casal poderá instituir o imóvel como bem de família e incluir quantia monetária aplicada em poupança, cuja renda será utilizada na sua conservação e no sustento da família, desde que esses valores

não ultrapassem um terço do patrimônio líquido existente ao tempo da instituição do bem de família.

c) a impenhorabilidade do referido imóvel somente poderá ser constituída mediante doação do imóvel aos filhos com cláusula de inalienabilidade, que compreende as de impenhorabilidade e incomunicabilidade.

d) não é possível estabelecer a impenhorabilidade do imóvel de maior valor, pois, para tanto, seria necessário considerá-lo bem de família, o que só é permitido em relação ao imóvel residencial de menor valor.

e) caso o imóvel de maior valor seja instituído como bem de família, o casal deverá residir no imóvel para que ele seja impenhorável, não sendo mantida tal condição no caso de locação do imóvel a terceiros, mesmo que a renda obtida com a locação seja revertida para a subsistência ou moradia da família.

512. **(Ieses/TJ/PA/Cartórios/Ingresso/2016)** O bem de família convencional:

a) não é requisito essencial para a instituição a condição de titular de domínio, com título aquisitivo devidamente registrado.

b) não se exige que o bem esteja a salvo de ônus e gravames.

c) diante da nova dimensão do conceito de entidade familiar, pode ser instituído pelos cônjuges, pelo separado judicialmente ou de fato, pelo viúvo ou por solteiro.

d) é possível a constituição por condômino, qualquer que seja a modalidade de condomínio.

513. **(Consulplan/TJ/MG/Cartórios/Remoção/2017)** José da Silva e sua mulher foram fiadores de João Mafra em contrato de locação, com cláusula expressa de renúncia a benefício de ordem. No curso do contrato, João Mafra deixou de pagar os aluguéis e encargos. Então, o locador entrou com despejo e cobrança de aluguéis e ganhou a causa, com condenação solidária do locador e fiadores em pagar as parcelas vencidas e encargos locatícios. Na fase de cumprimento de sentença, o locador indicou à penhora a casa de moradia do casal fiador, único bem que possuíam e sem executar o locatário. Foi, então, feita a penhora. O casal entrou com impugnação ao cumprimento de sentença, alegando impenhorabilidade, na forma da Lei n. 8.009/90 e que deveria, antes, também ter se esgotado a procura de bens para penhora do locatário. A esse respeito, é correto afirmar:

a) a penhora do imóvel não pode ser efetivada, já que o contrato de locação não está acima do que dispõe a lei que protege o bem de família.

b) a penhora do imóvel não pode ser deferida porque é inconstitucional norma ou contrato que autorize penhora de imóvel residencial único do casal, já que a moradia se trata de um direito social previsto no artigo 6º da CF/88.

c) a penhora do imóvel somente poderia ser efetivada se antes se esgotasse a procura de bens do devedor/afiançado e frustrada a busca, já que ele é o devedor principal da obrigação executada.

d) a penhora do imóvel residencial, ainda que único bem do fiador, pode ser efetivada porque se trata de fiança locatícia.

514. **(Ieses/TJ/CE/Cartórios/Ingresso/2018)** Sobre a instituição do bem de família, responda as questões:

I. o terceiro poderá instituir bem de família por testamento ou doação, dependendo a eficácia do ato da aceitação expressa de ambos os cônjuges beneficiados ou da entidade familiar beneficiada.

II. dissolvida a sociedade conjugal pela morte de um dos cônjuges, o sobrevivente poderá pedir a extinção do bem de família, se for o único bem do casal.

III. extingue-se, igualmente, o bem de família com a morte de ambos os cônjuges e a maioridade dos filhos, desde que não sujeitos a curatela.

Assinale a correta:

a) apenas a assertiva II é verdadeira.

b) apenas as assertivas I e II são verdadeiras.

c) todas as assertivas são verdadeiras.

d) todas as assertivas são falsas.

6.3. Da União Estável

✱ SÚMULAS

STF **Súm. 382.** A vida em comum sob o mesmo teto, "more uxorio", não é indispensável à caracterização do concubinato.

✱ ENUNCIADOS CNB

CNB **Enunciado 4/2017.** A recomendação do CNJ aos tabeliães para que se abstenham de lavrar escrituras de convivência entre mais de duas pessoas não impede a lavratura das escrituras declaratórias de união poliafetiva em respeito à independência jurídica do tabelião.

* ENUNCIADOS CJF

CJF Civil 115. Há presunção de comunhão de aquestos na constância da união extramatrimonial mantida entre os companheiros, sendo desnecessária a prova do esforço comum para se verificar a comunhão dos bens.

CJF Civil 135. Proposição sobre o art. 1.726: Proposta: a união estável poderá converter-se em casamento mediante pedido dos companheiros perante o Oficial do Registro Civil, ouvido o Ministério Público.

CJF Civil 346. Na união estável o regime patrimonial obedecerá à norma vigente no momento da aquisição de cada bem, salvo contrato escrito.

CJF Civil 524. As demandas envolvendo união estável entre pessoas do mesmo sexo constituem matéria de direito de família.

CJF Civil 526. É possível a conversão de união estável entre pessoas do mesmo sexo em casamento, observados os requisitos exigidos para a respectiva habilitação.

* INFORMATIVOS

STJ Dissolução de união estável. Animal de estimação. Aquisição na constância do relacionamento. Intenso afeto dos companheiros pelo animal. Direito de visitas. Possibilidade. Análise do caso concreto. Necessidade. Na dissolução de entidade familiar, é possível o reconhecimento do direito de visita a animal de estimação adquirido na constância da união estável, demonstrada a relação de afeto com o animal. REsp 1.713.167, Rel. Min. Luis Felipe Salomão, DJ 9.10.20184ª T. (Info 634)

STJ Dissolução de união estável. Partilha de bens. Companheiro sexagenário. Súm. 377/STF. Bens adquiridos na constância da união estável. Partilha igualitária. Demonstração do esforço comum dos companheiros para legitimar a divisão. Necessidade. Prêmio de loteria. Fato eventual ocorrido na constância da união estável. Necessidade de meação. O prêmio de loteria, recebido por ex-companheiro sexagenário, durante a relação de união estável, deve ser objeto de meação entre o casal. REsp 1.689.152, Rel. Min. Luis Felipe Salomão, DJ 22.11.2017. 4ª T. (Info 616)

* QUESTÕES DISCURSIVAS

27. **(Cespe/TJ/SE/Cartórios/Remoção/2014)** Carlos e Maria ajuizaram pedido de conversão de união estável em casamento. Em seu pedido, declararam o início da convivência em 1999, que comprovaram mediante apresentação de escritura pública lavrada no ano de 2007, na qual não havia nenhuma disposição de cunho patrimonial. Tendo em vista que a convivência perdura até o momento, os dois almejam a procedência do pedido com atribuição de efeitos "ex tunc" à sentença. Com base na situação hipotética descrita, discorra sobre a conversão da união estável em casamento, abordando, necessariamente, os seguintes aspectos: (i) tratamento dado à conversão da união estável em casamento pelo Código Civil de 2002; (ii) efeitos patrimoniais da conversão; (iii) correntes doutrinárias aplicáveis ao caso.

28. **(Cespe/TJ/ES/Cartórios/Ingresso/2013)** João e Maria, brasileiros, aposentados, casados sob o regime de comunhão universal de bens anteriormente à vigência da Lei n. 6.515/1977, pretendem doar a seus filhos, Ricardo e Roberta, ambos brasileiros, imóvel urbano situado na Av. A, n. 111, ap. 111, na cidade X, no estado Y. O casal informou que o imóvel valia R$ 120.000,00, embora, no carnê do imposto pago, constasse o valor tributável de R$ 160.000,00. Ricardo, casado com Ana sob o regime de comunhão parcial de bens posteriormente à vigência da Lei n. 6.515/1977, não tem filhos, e Roberta, que vive em união estável com Felipe desde 2011, ainda que não haja nenhum ajuste escrito sobre o relacionamento, reside com ele no mesmo imóvel onde moram os doadores e também não tem filhos. Os doadores desejam favorecer, com a doação do imóvel, apenas seus próprios filhos, não tendo a intenção de estender o benefício a Ana ou a Felipe. Além disso, o casal deseja que o imóvel fique a salvo de eventuais penhoras e que os donatários sejam impedidos de vender o bem durante a vida do doador supérstite, que deve residir no imóvel até sua morte. Eles requerem, ainda, que, caso sobrevivam aos filhos, o bem retorne ao patrimônio deles, doadores. João, Maria, seus filhos e o cônjuge de sua filha procuraram o titular do tabelionato de notas da comarca na qual residem e lhe expuseram a pretensão de celebrar atos notariais. Com base nessa situação hipotética, redija, na condição de tabelião do cartório de notas, da forma mais completa possível, a escritura pública de doação (ato 1) e a escritura pública declaratória de reconhecimento de união estável de Roberta e Felipe, com adoção do regime de separação total de bens (ato 2), complementando os documentos com os elementos legais exigíveis.

29. (Cespe/TJ/ES/Cartórios/Remoção/2013) Quando faleceu, Joaquim vivia com Mara. O casal, que teve dois filhos, nunca se casou nem lavrou escritura de união estável. Os dois filhos eram maiores de idade à época do óbito. Joaquim registrou em cartório testamento deixando 50% de seu patrimônio a Mara. Diante dessa situação hipotética, redija um texto dissertativo respondendo, de forma fundamentada, aos seguintes questionamentos: (1º) É possível fazerem-se o inventário e o reconhecimento de união estável em cartório extrajudicial? (2º) O reconhecimento da união estável resultará em vantagem patrimonial para Mara?

* QUESTÕES OBJETIVAS

515. (Vunesp/TJ/SP/Cartórios/Ingresso/2016) O reconhecimento da união estável como entidade familiar, configurada na convivência pública, contínua e duradoura:

a) pressupõe a inexistência de impedimentos para o casamento e a separação de fato, se a pessoa for casada, não bastando que a união seja constituída com o objetivo de constituição de família.
b) pressupõe tão somente que a união seja constituída com o objetivo de constituição de família, devendo a lei facilitar sua conversão em casamento.
c) independe do estado civil e da situação de fato de seus membros.
d) pressupõe a inexistência de impedimentos e de causas suspensivas do casamento, não bastando que a união seja constituída com o objetivo de constituição de família.

516. (Cetro/TJ/RJ/Cartórios/Ingresso/2017) Sobre temas relacionados à união estável, ao matrimônio e aos reflexos patrimoniais decorrentes, assinale a alternativa correta.

I. a jurisprudência dos tribunais superiores reconhece a relação concubinária não eventual, simultânea ao casamento, independentemente da existência de prova da separação de fato.
II. o namoro qualificado havido antes da celebração do matrimônio se confunde com o instituto da união estável com a mera coabitabilidade, não havendo a necessidade de o relacionamento projetar para o futuro o propósito de constituir uma entidade familiar, no entender do STJ.
III. as verbas percebidas por um dos cônjuges na constância do matrimônio, sob o regime de comunhão parcial, transmutam-se em bem comum, mesmo que não tenham sido utilizadas na aquisição de qualquer bem móvel ou imóvel.
IV. é válida a cláusula que atribui eficácia retroativa ao regime de bens pactuado em escritura pública de reconhecimento de união estável quando de seu rompimento.

É correto o que se afirma em:

a) I e II, apenas.
b) III e IV, apenas.
c) III, apenas.
d) IV, apenas.
e) II e III, apenas.

517. (Cetro/TJ/RJ/Cartórios/Remoção/2017) Com a morte de seu companheiro Otaviano, Olívia é convidada pelos herdeiros a se retirar da casa onde reside, em município do estado do Rio de Janeiro, e que era de propriedade do "de cujus". Com base no caso, à Olívia, na qualidade de companheira do "de cujus", é correto afirmar que:

a) não confere o direito real de habitação, dado que a este somente poderá se valer o cônjuge supérstite e para os casos para os quais ainda se aplicam o antigo Código Civil.
b) se confere o direito real de habitação nos moldes do estabelecido no Código Civil, não podendo, no entanto, tal direito ser lançado na matrícula do imóvel perante a serventia extrajudicial competente.
c) não se confere o direito real de habitação, dado que a este somente poderá se valer o cônjuge supérstite, ainda que não exista revogação do que dispõe a Lei da União Estável (Lei n. 9.278/1996) pelo Código Civil, prevalecendo o disposto neste último.
d) se confere o direito real de habitação apenas para os casos constituídos sob vigência da Lei da União Estável (Lei n. 9.278/1996), qual seja, até a superveniência do Código Civil, independentemente da necessidade de ser lançado na matrícula do imóvel perante a serventia extrajudicial competente.
e) se confere o direito real de habitação, dado que não existe revogação do que dispõe a Lei da União Estável (Lei n. 9.278/1996) pelo Código Civil e, na omissão deste último acerca da matéria, prevalece o princípio da especialidade; tal

direito pode ser lançado na matrícula do imóvel perante a serventia extrajudicial competente.

6.4. Da Tutela e da Curatela e da Tomada de Decisão Apoiada

* ENUNCIADOS CJF

CJF **Civil 136.** Proposição sobre o art. 1.736, inc. I. Proposta: revogar o dispositivo.

CJF **Civil 528.** É válida a declaração de vontade expressa em documento autêntico, também chamado "testamento vital", em que a pessoa estabelece disposições sobre o tipo de tratamento de saúde, ou não tratamento, que deseja no caso de se encontrar sem condições de manifestar a sua vontade.

CJF **Civil 574.** A decisão judicial de interdição deverá fixar os limites da curatela para todas as pessoas a ela sujeitas, sem distinção, a fim de resguardar os direitos fundamentais e a dignidade do interdito (art. 1.772).

CJF **Civil 636.** O impedimento para o exercício da tutela do inc. IV do art. 1.735 do Código Civil pode ser mitigado para atender ao princípio do melhor interesse da criança.

CJF **Civil 637.** Admite-se a possibilidade de outorga ao curador de poderes de representação para alguns atos da vida civil, inclusive de natureza existencial, a serem especificados na sentença, desde que comprovadamente necessários para proteção do curatelado em sua dignidade.

CJF **Civil 638.** A ordem de preferência de nomeação do curador do art. 1.775 do Código Civil deve ser observada quando atender ao melhor interesse do curatelado, considerando suas vontades e preferências, nos termos do art. 755, II, e § 1º, do CPC.

CJF **Civil 639.** A opção pela tomada de decisão apoiada é de legitimidade exclusiva da pessoa com deficiência. A pessoa que requer o apoio pode manifestar, antecipadamente, sua vontade de que um ou ambos os apoiadores se tornem, em caso de curatela, seus curadores.

CJF **Civil 640.** A tomada de decisão apoiada não é cabível, se a condição da pessoa exigir aplicação da curatela.

* INFORMATIVOS

STJ **Curatela. Cônjuge. Regime da comunhão absoluta de bens. Dever de prestar contas. Desnecessidade. Exceções. Indícios de malversação dos bens. Bens incomunicáveis.** O magistrado poderá decretar a prestação de contas pelo cônjuge curador, resguardando o interesse prevalente do curatelado e a proteção especial do interdito quando: a) houver qualquer indício ou dúvida de malversação dos bens do incapaz, com a periclitação de prejuízo ou desvio de seu patrimônio, no caso de bens comuns; e b) se tratar de bens incomunicáveis, excluídos da comunhão, ressalvadas situações excepcionais. REsp 1.515.701, Rel. Min. Luis Felipe Salomão, DJ 31.10.2018. 4ª T. (Info 637)

* QUESTÕES OBJETIVAS

518. **(Consulplan/TJ/MG/Cartórios/Ingresso/2017)** Marque a opção que foi inovada com o advento da Lei n. 13.105/2015:

a) o tutor ou curador deve prestar o compromisso por termo em livro rubricado pelo juiz e a assunção da administração dos bens do incapaz, a partir de então, pelo tutor/curador.

b) a prestação de compromisso poderá ser procedida através de registro eletrônico, desde que adotado de autenticação perante o tribunal ao qual subordinado o juízo.

c) o juiz terá de decidir, de plano, acerca do pedido de escusa apresentado pelo tutor ou curador no desígnio de eximirem-se do encargo. Não o admitindo, impõe-se o exercício até que sobrevenha a dispensa por sentença transitada em julgado.

d) tanto o tutor quanto o curador têm a obrigação de prestar contas relativas ao exercício do seu múnus, o que deve ser procedido nos próprios autos em que nomeados. A não prestação das contas sujeita-os à remoção do encargo.

519. **(Ieses/TJ/RO/Cartórios/Remoção/2017)** Tutela é o encargo atribuído pela Justiça a um adulto capaz, para que proteja, zele, guarde, oriente, responsabilize-se e administre os bens de crianças e adolescentes cujos pais são falecidos ou estejam ausentes até que completem 18 anos de idade. A este respeito é correto afirmar:

a) o direito de nomear tutor compete a qualquer um dos pais, separadamente.

b) aos irmãos órfãos dar-se-ão tantos tutores quanto bastarem.

c) é anulável a nomeação de tutor pelo pai ou pela mãe que, ao tempo de sua morte, não tinha o poder familiar.

d) as crianças e os adolescentes cujos pais forem desconhecidos, falecidos ou que tiverem sido suspensos ou destituídos do poder familiar terão tutores nomeados pelo Juiz ou serão incluídos em programa de colocação familiar.

520. **(Ieses/TJ/AM/Cartórios/Ingresso/2018)** A respeito da curatela, responda:

I. não corre prescrição entre curatelados e seus curadores, durante a curatela.

II. há impedimento matrimonial entre o tutor e os seus descendentes, ascendentes, irmãos, cunhados ou sobrinhos, com a pessoa curatelada, enquanto não cessar a curatela, e não estiverem saldadas as respectivas contas.

III. quando o curador for o cônjuge e o regime de bens do casamento for de comunhão universal, não será obrigado à prestação de contas, salvo determinação judicial.

Assinale a correta:

a) apenas as assertivas I e III são verdadeiras.
b) apenas a assertiva II é verdadeira.
c) todas as assertivas são verdadeiras.
d) apenas as assertivas I e II são verdadeiras.

521. **(Vunesp/TJ/SP/Cartórios/Ingresso/2018)** Assinale a alternativa correta a respeito da tomada de decisão apoiada:

a) terceiro com quem a pessoa apoiada mantenha relação negocial pode solicitar aos apoiadores que contra-assinem o contrato, especificando, por escrito, suas respectivas funções em relação ao apoiado.
b) antes da apreciação do pedido de tomada de decisão apoiada, é imprescindível a realização de perícia por equipe multidisciplinar, podendo ser dispensada, a critério do magistrado, a oitiva pessoal do requerente e das pessoas que lhe prestarão apoio.
c) é um procedimento que implica em uma restrição da capacidade civil do autor do pedido, seja com relação à sua pessoa, seja com relação aos seus bens.
d) os apoiadores da pessoa com deficiência serão por ela indicados, com observância do rol previsto no artigo 1.775 do Código Civil e passarão a representá-la nos atos da vida civil.

7. DO DIREITO DAS SUCESSÕES

7.1. Da Sucessão em Geral

✱ INOVAÇÕES LEGISLATIVAS

▲ CC/2002. Livro V – Do Direito das Sucessões, Título I – Da Sucessão em Geral, Capítulo V – Dos Excluídos da Sucessão

▲ Art. 1.815. (...). § 1º O direito de demandar a exclusão do herdeiro ou legatário extingue-se em quatro anos, contados da abertura da sucessão. § 2º Na hipótese do inciso I do art. 1.814, o Ministério Público tem legitimidade para demandar a exclusão do herdeiro ou legatário. (Modificações: Lei 13.532/17)

✱ SÚMULAS

STF **Súm. 149.** É imprescritível a ação de investigação de paternidade, mas não o é a de petição de herança.

✱ REPERCUSSÃO & REPETITIVOS

STF **Repercussão Geral 498.** É inconstitucional a distinção de regimes sucessórios entre cônjuges e companheiros prevista no art. 1.790 do CC/02, devendo ser aplicado, tanto nas hipóteses de casamento quanto nas de união estável, o regime do art. 1.829 do CC/02. (RE 646721, 10.5.2017)

✱ ENUNCIADOS CJF

1) Disposições Gerais

CJF **Civil 525.** Os arts. 1.723, § 1º, 1.790, 1.829 e 1.830 do Código Civil admitem a concorrência sucessória entre cônjuge e companheiro sobreviventes na sucessão legítima, quanto aos bens adquiridos onerosamente na união estável.

CJF **Civil 641.** A decisão do Supremo Tribunal Federal que declarou a inconstitucionalidade do art. 1.790 do Código Civil não importa equiparação absoluta entre o casamento e a união estável. Estendem-se à união estável apenas as regras aplicáveis ao casamento que tenham por fundamento a solidariedade familiar. Por outro lado, é constitucional a distinção entre os regimes, quando baseada na solenidade do ato jurídico que funda o casamento, ausente na união estável.

2) Da Herança e de sua Administração

CJF **Civil 266.** Aplica-se o inc. I do art. 1.790 também na hipótese de concorrência do companheiro sobrevivente com outros descendentes comuns, e não apenas na concorrência com filhos comuns.

CJF Civil 343. A transmissibilidade da obrigação alimentar é limitada às forças da herança.

3) Da Vocação Hereditária

CJF Civil 267. A regra do art. 1.798 do Código Civil deve ser estendida aos embriões formados mediante o uso de técnicas de reprodução assistida, abrangendo, assim, a vocação hereditária da pessoa humana a nascer cujos efeitos patrimoniais se submetem às regras previstas para a petição da herança.

CJF Civil 268. Nos termos do inc. I do art. 1.799, pode o testador beneficiar filhos de determinada origem, não devendo ser interpretada extensivamente a cláusula testamentária respectiva.

CJF Civil 269. A vedação do art. 1.801, inc. III, do Código Civil não se aplica à união estável, independentemente do período de separação de fato (art. 1.723, § 1º).

4) Da Aceitação e Renúncia da Herança

CJF Civil 575. Concorrendo herdeiros de classes diversas, a renúncia de qualquer deles devolve sua parte aos que integram a mesma ordem dos chamados a suceder.

5) Dos Excluídos da Sucessão

CJF Civil 116. O Ministério Público, por força do art. 1.815 do novo Código Civil, desde que presente o interesse público, tem legitimidade para promover ação visando à declaração da indignidade de herdeiro ou legatário.

* QUESTÕES DISCURSIVAS

30. **(Ieses/TJ/AM/Cartórios/2018)** No tocante a crescente evolução do direito brasileiro nas relações de parentesco, em especial, sobre a temática da adoção e, ainda, acerca das diretrizes legais que regulamentam as sucessões, julgue e fundamente conforme a legislação vigente, (correto ou errado), os questionamentos abaixo arrolados: (i) É permitida a adoção de maior de 18 (dezoito) anos, mediante escritura pública, legalmente reconhecida nesse caso como "adoção simples", restando assim, desnecessário processo judicial e sentença constitutiva; (ii) É vedado ao testador, independentemente de justa causa, a aposição de cláusulas restritivas como: inalienabilidade, impenhorabilidade e incomunicabilidade, nos bens da legítima.

* QUESTÕES OBJETIVAS

522. **(Ieses/TJ/PA/Cartórios/Remoção/2016)** Em relação à escritura pública de cessão de direitos hereditários, a renúncia de direitos hereditários somente pode ser feita pura e simples, em favor:

a) do monte-mor.

b) do cônjuge.

c) do herdeiro incapaz.

d) dos ascendentes.

523. **(Consulplan/TJ/MG/Cartórios/Remoção/2018)** A escritura pública de cessão de direitos hereditários:

a) terá por objeto ato jurídico unilateral quando contiver renúncia a direito hereditário em favor de pessoa específica.

b) pode ter por objeto a cessão, gratuita ou onerosa, de direitos hereditários sobre um veículo automotor que era de propriedade do autor da herança, se feita, em conjunto, por todos os herdeiros e pelo cônjuge meeiro.

c) pode ter por objeto a cessão, gratuita ou onerosa, de direitos hereditários sobre um veículo automotor que era de propriedade do autor da herança, ainda que feita apenas por um dos herdeiros, já que, pelo sistema brasileiro, transmite-se a propriedade aos herdeiros no momento da morte (princípio da saisine) e em consagração de um dos elementos da propriedade: o direito de dispor do bem.

d) não pode ter por objeto a cessão de direitos hereditários sobre um veículo automotor que era de propriedade do autor da herança, mesmo que feita em conjunto por todos os herdeiros e pelo cônjuge meeiro, em razão de disposição normativa da Corregedoria-Geral de Justiça de Minas Gerais de que é ineficaz a cessão, pelo coerdeiro, de seu direito hereditário sobre qualquer bem da herança considerado singularmente.

524. **(Consulplan/TJ/MG/Cartórios/Ingresso/2018)** O companheiro sobrevivente:

a) é herdeiro necessário.

b) é herdeiro, aplicando-se-lhe a regra própria de sucessão do companheiro, distinta da sucessão entre cônjuges.

c) não é herdeiro necessário, portanto, não tendo o autor da herança deixado descendente nem ascendente vivo, a herança será deferida ao colateral de até quarto grau, em prejuízo do companheiro sobrevivente.

d) é herdeiro, mas não necessário, e, portanto, serão válidas e eficazes as disposições testamentárias do autor da herança que, mesmo não tendo deixado descendente nem ascendente, haja excluído o companheiro, por inteiro, da herança.

525. **(Consulplan/TJ/MG/Cartórios/Remoção/2018)** Em relação à sucessão provisória, assinale a afirmação incorreta:

a) findo o prazo a que se refere o art. 26, do Código Civil, e não havendo interessados na sucessão provisória, cumpre ao Ministério Público requerê-la ao juízo competente.

b) os herdeiros, para se imitirem na posse dos bens do ausente, não darão garantias da restituição deles, mediante penhores ou hipotecas equivalentes aos quinhões respectivos.

c) não comparecendo herdeiro ou interessado para requerer o inventário até 30 (trinta) dias depois de passar em julgado a sentença que mandar abrir a sucessão provisória, proceder-se-á à arrecadação dos bens do ausente pela forma estabelecida nos arts. 1.819 a 1.823 do Código Civil.

d) a sentença que determinar a abertura da sucessão provisória só produzirá efeito 180 (cento e oitenta) dias depois de publicada pela imprensa; mas, logo que passe em julgado, proceder-se-á à abertura do testamento, se houver, e ao inventário e partilha dos bens, como se o ausente fosse falecido.

526. **(Consulplan/TJ/MG/Cartórios/Remoção/2018)** Assinale a alternativa incorreta:

a) o direito de representação dá-se na linha reta descendente, mas nunca na ascendente.

b) o renunciante à herança de uma pessoa não poderá representá-la na sucessão de outra.

c) na linha transversal, somente se dá o direito de representação em favor dos filhos de irmãos do falecido, quando com irmãos deste concorrerem.

d) dá-se o direito de representação, quando a lei chama certos parentes do falecido a suceder em todos os direitos, em que ele sucederia, se vivo fosse.

527. **(Consulplan/TJ/MG/Cartórios/Remoção/2018)** É incorreto afirmar que são excluídos da sucessão os herdeiros ou legatários:

a) em qualquer dos casos de indignidade, não sendo necessária a declaração por sentença.

b) que, por violência ou meios fraudulentos, inibirem ou obstarem o autor da herança de dispor livremente de seus bens por ato de última vontade.

c) que houverem acusado caluniosamente em juízo o autor da herança ou incorrerem em crime contra a sua honra, ou de seu cônjuge ou companheiro.

d) que houverem sido autores, coautores ou partícipes de homicídio doloso, ou tentativa deste, contra a pessoa de cuja sucessão se tratar, seu cônjuge, companheiro, ascendente ou descendente.

528. **(Ieses/TJ/RS/Cartórios/Remoção/2013)** Quanto ao direito das sucessões, assinale a opção correta:

a) a exclusão do herdeiro ou legatário, em qualquer dos casos de indignidade, será declarada por sentença, e o direito de demandar a exclusão do indigno extingue-se em dois anos, contados da abertura da sucessão.

b) o credor que se sentir prejudicado pela renúncia do herdeiro poderá, mediante autorização do juiz, aceitar a herança em nome do renunciante. Quitadas as dívidas do renunciante, e se houver saldo, prevalece a renúncia quanto ao remanescente, que será devolvido aos demais herdeiros.

c) considere que o autor da herança seja casado pelo regime da separação de bens e não tenha deixado descendentes, deixando o cônjuge sobrevivente, e, como ascendentes, os pais e a avó materna. Nessa hipótese, serão chamados a suceder os ascendentes, por direito próprio, e a herança será dividida em três partes iguais.

d) havendo herdeiros legítimos, o autor da herança poderá dispor por testamento da metade de seu patrimônio, pois a outra parte será necessariamente entregue aos herdeiros, desde que não haja cláusula testamentária de deserdação.

529. **(TJ/SC/Cartórios/Remoção/2012)** São herdeiros necessários:

a) os colaterais até o 3º grau.

b) os descendentes, os ascendentes e o cônjuge.

c) os afins até o 3º grau.

d) somente os descendentes.

e) somente o cônjuge.

530. **(Consulplan/TJ/MG/Cartórios/Remoção/2016)** João era casado com Maria, sob o regime de separação total de bens. João veio a falecer deixando quatro filhos e, como herança, um único apartamento, que estava em seu nome e onde ele morava com a esposa. Quanto aos direitos do cônjuge sobrevivente, assinale a afirmação correta:

a) ao cônjuge sobrevivente, qualquer que seja o regime de bens, será assegurado, sem prejuízo da participação que lhe caiba na herança, o direito real de habitação relativamente ao imóvel destinado à residência da família, desde que seja o único daquela natureza a inventariar.

b) ao cônjuge sobrevivente, qualquer que seja o regime de bens, será assegurado, sem prejuízo da participação que lhe caiba na herança, o usufruto relativamente ao imóvel destinado à residência da família, independentemente de ser instituído, desde que seja o único daquela natureza a inventariar.

c) ao cônjuge sobrevivente, exclusivo aos casados sob o regime de comunhão total de bens, será assegurado, sem prejuízo da participação que lhe caiba na herança, o direito real de habitação relativamente ao imóvel destinado à residência da família, desde que seja o único daquela natureza a inventariar.

d) sem prévia intuição por parte do falecido do ônus, no respectivo cartório registro de imóveis, o cônjuge sobrevivente, qualquer que seja o regime de bens, não terá assegurado o direito real de habitação. Independentemente de o imóvel ser destinado à residência da família, mesmo que seja o único daquela natureza a inventariar. Contudo, sem prejuízo da participação que lhe caiba na herança.

531. **(Vunesp/TJ/SP/Cartórios/Ingresso/2016)** A renúncia da herança:

a) é irrevogável e deve constar de instrumento público, instrumento particular ou termo judicial.

b) é revogável e deve constar de instrumento público ou termo judicial.

c) é irrevogável e deve constar de instrumento público ou termo judicial.

d) é revogável e deve constar de instrumento público, instrumento particular ou termo judicial.

532. **(Vunesp/TJ/SP/Cartórios/Ingresso/2016)** O montante que compõe a legítima dos herdeiros necessários, na doação e no testamento, será verificado no momento:

a) da abertura da sucessão.

b) da liberalidade e da elaboração, respectivamente.

c) da abertura da sucessão e da liberalidade, respectivamente.

d) da liberalidade e da abertura da sucessão, respectivamente.

533. **(Vunesp/TJ/SP/Cartórios/Remoção/2016)** O direito à sucessão aberta pode ser objeto de cessão, bem como o quinhão de que disponha o coerdeiro. No tocante ao bem da herança considerado singularmente:

a) é admissível a cessão apenas por escritura pública.

b) é admissível a cessão por escritura pública ou instrumento particular.

c) é ineficaz a cessão, pelo coerdeiro.

d) é admissível a cessão, por instrumento particular, sobre imóveis de valor inferior a trinta vezes o maior salário-mínimo vigente no país.

534. **(Vunesp/TJ/SP/Cartórios/Remoção/2016)** Cinco herdeiros são chamados à herança em quinhões iguais, no equivalente de um quinto para cada, pela mesma disposição testamentária. Se qualquer deles não puder ou não quiser aceitá-la, a sua parte:

a) acrescerá à dos coerdeiros.

b) acrescerá à dos coerdeiros, salvo o direito do substituto.

c) será destinada por direito de representação.

d) será levada aos herdeiros legítimos, salvo o direito do substituto.

535. **(Faurgs/TJ/RS/Cartórios/Ingresso/2015)** Assinale a alternativa que apresenta afirmação correta a respeito da disciplina das Sucessões no Código Civil:

a) a sucessão abre-se no lugar onde for registrado o óbito do autor da herança.

b) a herança defere-se como um todo unitário, salvo se forem vários os herdeiros.

c) regula a sucessão e a legitimação para suceder a lei vigente ao tempo da partilha.

d) é ineficaz a cessão, pelo coerdeiro, de seu direito hereditário sobre qualquer bem da herança considerado singularmente.

536. **(Ieses/TJ/MS/Cartórios/Ingresso/2014)** Acerca da cessão e da renúncia de quinhão hereditário é correto afirmar:

a) a renúncia pode ter efeito "ex nunc", desde que expressamente ajustada essa hipótese na escritura pública.

b) a renúncia de um coerdeiro pode ser condicionada à aceitação dos demais.

c) na renúncia translativa (com indicação expressa do beneficiário) não se observa a incidência dupla de ITCMD, porquanto se trata de hipótese de não aceitação por parte do renunciante.

d) na cessão de quinhão hereditário, seja gratuita ou onerosa, como ato de disposição patrimonial, pressupõe uma anterior aceitação e, por isso, além da incidência de imposto ao cedente (ITCMD), importa em pagamento de tributo também pelo cessionário (ITCMD ou ITBI). Por outro lado, na renúncia pura e simples ao renunciante não compete pagamento de imposto ITCMD.

537. **(Ieses/TJ/PB/Cartórios/Ingresso/2014)** Acerca da aceitação, cessão e renúncia de quinhão hereditário é correto afirmar:

I. a renúncia pode ser expressa ou tácita, mas a cessão deve ser sempre manifestada expressamente por escritura pública.

II. a aceitação, uma vez manifestada, não pode ser retratada, embora seja possível a anulação, provando-se vício do consentimento.

III. a renúncia translativa equivale à cessão do direito hereditário para fins tributários.

IV. não se admite a aceitação ou a renúncia em parte da herança:

a) todas as assertivas estão corretas.

b) estão corretas apenas as assertivas I, II e IV.

c) estão corretas apenas as assertivas II, III e IV.

d) estão corretas apenas as assertivas I e IV.

538. **(Ieses/TJ/PB/Cartórios/Remoção/2014)** Segundo o ordenamento civilista brasileiro, em matéria de direito das sucessões, não podem ser nomeados herdeiros nem legatários:

I. a pessoa que, a rogo, escreveu o testamento, nem o seu cônjuge ou companheiro, ou os seus ascendentes e irmãos.

II. as testemunhas do testamento.

III. o concubino do testador casado, salvo se este, sem culpa sua, estiver separado de fato do cônjuge há mais de cinco anos.

IV. o tabelião, civil ou militar, ou o comandante ou escrivão, perante quem se fizer, assim como o que fizer ou aprovar o testamento.

A sequência correta é:

a) apenas as assertivas I e III estão corretas.

b) apenas as assertivas I, II e III estão corretas.

c) apenas a assertiva III está correta.

d) as assertivas I, II, III e IV estão corretas.

539. **(Vunesp/TJ/SP/Cartórios/Ingresso/2014)** Não dispondo a lei de modo contrário, a escritura pública é da substância do ato:

a) na cessão dos direitos à sucessão aberta, assim como do quinhão de que disponha o coerdeiro.

b) nas convenções de condomínio edilício, em que haja atribuições de frações ideais do terreno.

c) no compromisso de compra e venda relativo a imóveis loteados urbanos.

d) nos contratos de compra e venda de imóveis com alienação fiduciária.

540. **(Consulplan/TJ/MG/Cartórios/Ingresso/2017)** Em relação à renúncia da herança, não é correto afirmar que:

a) pode ser prévia à abertura da sucessão.

b) é irrevogável.

c) somente pode ser feita por instrumento público ou termo judicial.

d) não é admitida parcialmente.

541. **(Ieses/TJ/RO/Cartórios/Remoção/2017)** São excluídos da sucessão os herdeiros ou legatários:

I. que houverem acusado caluniosamente em juízo o autor da herança.

II. que, por violência ou meios fraudulentos, inibirem ou obstarem o autor da herança de dispor livremente de seus bens por ato de última vontade.

III. que houverem sido autores, co-autores ou partícipes de homicídio culposo, ou tentativa deste, contra a pessoa de cuja sucessão se tratar, seu cônjuge, companheiro, ascendente ou descendente.

IV. que incorrerem em crime contra honra do autor da herança, ou de seu cônjuge ou companheiro.

A sequência correta é:

a) as assertivas I, II, III e IV estão corretas.

b) apenas a assertiva II está correta.

c) apenas as assertivas I e IV estão corretas.

d) a assertiva III está incorreta.

542. **(Vunesp/TJ/SP/Cartórios/Ingresso/2018)** No que concerne à deserdação e à exclusão por indignidade, é correto afirmar:

a) na exclusão por indignidade, os fatos que a fundamentam não podem ser posteriores à morte do autor da herança.
b) se a deserdação não se concretizar por ser nulo o testamento que a contempla, e a causa invocada pelo testador for causa também de exclusão por indignidade, poderá ser proposta ação para exclusão do herdeiro indigno.
c) a deserdação e a exclusão por indignidade atingem herdeiros necessários e testamentários.
d) todos os motivos que ensejam a deserdação configuram causas que servem de fundamento para a exclusão por indignidade.

7.2. Da Sucessão Legítima

* ENUNCIADOS CJF

CJF **Civil 117.** O direito real de habitação deve ser estendido ao companheiro, seja por não ter sido revogada a previsão da Lei n. 9.278/96, seja em razão da interpretação analógica do art. 1.831, informado pelo art. 6º, caput, da CF/88.

CJF **Civil 270.** O art. 1.829, inc. I, só assegura ao cônjuge sobrevivente o direito de concorrência com os descendentes do autor da herança quando casados no regime da separação convencional de bens ou, se casados nos regimes da comunhão parcial ou participação final nos aquestos, o falecido possuísse bens particulares, hipóteses em que a concorrência se restringe a tais bens, devendo os bens comuns (meação) ser partilhados exclusivamente entre os descendentes.

CJF **Civil 271.** O cônjuge pode renunciar ao direito real de habitação, nos autos do inventário ou por escritura pública, sem prejuízo de sua participação na herança.

CJF **Civil 527.** Na concorrência entre o cônjuge e os herdeiros do "de cujus", não será reservada a quarta parte da herança para o sobrevivente no caso de filiação híbrida.

CJF **Civil 610.** Nos casos de comoriência entre ascendente e descendente, ou entre irmãos, reconhece-se o direito de representação aos descendentes e aos filhos dos irmãos.

CJF **Civil 642.** Nas hipóteses de multiparentalidade, havendo o falecimento do descendente com o chamamento de seus ascendentes à sucessão legítima, se houver igualdade em grau e diversidade em linha entre os ascendentes convocados a herdar, a herança deverá ser dividida em tantas linhas quantos sejam os genitores.

* INFORMATIVOS

STJ **Direito das sucessões. Direito real de habitação. Art. 1.831 do Código Civil. União estável reconhecida. Companheiro sobrevivente. Patrimônio. Inexistência de outros bens. Irrelevância.** O reconhecimento do direito real de habitação, a que se refere o artigo 1.831 do Código Civil, não pressupõe a inexistência de outros bens no patrimônio do cônjuge/companheiro sobrevivente. REsp 1.582.178, Rel. Min. Ricardo Villas Bôas Cueva, DJ 14.9.2018. 3ª T. (Info 633)

STJ **União estável. Vocação hereditária. Partilha. Companheiro. Exclusividade. Colaterais. Afastamento. Arts. 1.838 e 1.839 do CC/02. Incidência.** Na falta de descendentes e ascendentes, será deferida a sucessão por inteiro ao cônjuge ou companheiro sobrevivente, não concorrendo com parentes colaterais do "de cujus". REsp 1.357.117, Rel. Min. Ricardo Villas Bôas Cueva, DJ 26.3.2018. 3ª T. (Info 622)

* QUESTÕES DISCURSIVAS

31. **(Ieses/TJ/CE/Cartórios/2018)** O Sr. Carlos faleceu, no dia 30 de maio de 2018, deixando bens, e sem testamento. O Sr. Carlos era casado com a Sra. Sônia no regime de separação absoluta de bens. O Sr. Carlos deixou cinco filhos: Ana, Ricardo e Pedro, filhos do casamento anterior, com a Sra. Joana; e Paula e Carla, filhas havidas do casamento com a Sra. Sônia, com quem viveu até sua morte. Todos os filhos são maiores e capazes. O filho Ricardo, no entanto, faleceu em dezembro de 2017, já tendo sido finalizado o seu inventário. Ricardo era casado em comunhão universal com Helena, e não deixou filhos. A mãe de Ricardo, Sra. Joana, ainda é viva. Com base nisto, responda como será a sucessão, fundamentando: (i) A Sra. Sônia é herdeira ou meeira do patrimônio? (ii) Como será a divisão entre os herdeiros do Sr. Carlos? Indique o quinhão devido. (iii) Em relação ao filho Ricardo, o que acontece com o seu quinhão?

32. **(Ieses/TJ/RO/Cartórios/2017)** O Sr. André faleceu em 12 de agosto de 2017, abrindo a sua sucessão. Não tinha descendentes, nem ascendentes vivos, não era casado e não vivia em união estável. Seus únicos parentes eram Ana, Joana e Catarina, irmãs de sua mãe, e Roberto, irmão de seu pai. Ana e Joana são solteiras e não têm filhos; Catarina faleceu em 2016, deixando três filhos maiores e solteiros, Pedro, Ricardo e Sandro, e o viúvo Gentil, com quem foi casada em comunhão universal. Roberto é casado com Sandra em separação total de bens. Com base nisso, identifique os herdeiros de André, indicando a classe, título e grau e o quinhão de cada um respondendo de maneira fundamentada a participação ou não de cada uma das pessoas indicadas nesta questão.

33. (Vunesp/TJ/SP/Cartórios/2016) Em tema de sucessão hereditária, o nosso ordenamento jurídico admite a imposição de cláusula de inalienabilidade perpétua? Justifique.

* QUESTÕES OBJETIVAS

543. (Consulplan/TJ/MG/Cartórios/Remoção/2018) Assinale a afirmativa correta:

a) na linha descendente, os filhos sucedem por cabeça, e os outros descendentes, por cabeça ou por estirpe, se estiverem no mesmo grau.

b) concorrendo à herança do falecido irmãos bilaterais com irmãos unilaterais, cada um destes herdará um terço do que cada um daqueles herdar.

c) em concorrência com os descendentes (art. 1.829, inciso I) caberá ao cônjuge quinhão igual ao dos que sucederem por cabeça, podendo a sua quota ser inferior à quarta parte da herança, se for ascendente dos herdeiros com que concorrer.

d) ao cônjuge sobrevivente, qualquer que seja o regime de bens, será assegurado, sem prejuízo da participação que lhe caiba na herança, o direito real de habitação relativamente ao imóvel destinado à residência da família, desde que seja o único daquela natureza a inventariar.

544. (Ieses/TJ/RS/Cartórios/Ingresso/2013) Em relação ao direito das sucessões:

I. por se tratar o testamento de ato personalíssimo, pode o testador indicar os bens e valores que devem compor os quinhões hereditários, deliberando ele próprio a partilha, que prevalecerá em qualquer hipótese.

II. a partilha, uma vez feita e julgada, só é anulável pelos vícios e defeitos que invalidam, em geral, os negócios jurídicos, extinguindo-se em dois anos o direito de anulá-la.

III. defere-se a sucessão legítima aos descendentes, em concorrência com o cônjuge sobrevivente, salvo se casado este com o falecido no regime da comunhão universal, ou no da separação obrigatória de bens; ou se, no regime da comunhão parcial, o autor da herança não houver deixado bens particulares.

IV. concorrendo à herança do falecido irmãos bilaterais com irmãos unilaterais, cada um destes herdará metade do que cada um daqueles herdar.

Aponte as afirmativas corretas:

a) II e III, somente.

b) III e IV, apenas.

c) I, II e III, somente.

d) II e IV, apenas.

545. (Ieses/TJ/PA/Cartórios/Ingresso/2016) Em relação à sucessão legítima prevista no Código Civil, responda:

I. na classe dos descendentes, o grau mais próximo exclui o mais remoto, sendo concedido direito de representação somente até o quarto grau.

II. entre os colaterais, a sucessão se defere até o terceiro grau, sendo concedido direito de representação.

III. na classe dos ascendentes, o grau mais próximo exclui o mais remoto, não sendo concedido direito de representação.

Assinale a alternativa correta:

a) apenas a assertiva III é verdadeira.

b) apenas a assertiva II é verdadeira.

c) todas as assertivas são verdadeiras.

d) apenas as assertivas I e III são verdadeiras.

546. (Consulplan/TJ/MG/Cartórios/Ingresso/2016) A tinha três filhos, B, C e D. B tinha dois filhos, E e F. C tinha um filho, G, e D não tinha filhos. Primeiro morreu B. Depois morreu A e por último morreu C. Quanto à sucessão dos descendentes, assinale a alternativa correta, de como será distribuída a herança de A:

a) um terço para D, que recebe por cabeça. Um terço para os filhos de B, que recebem por estirpe e por direito de transmissão. O último terço irá para o filho de C, que herda por estirpe e por direito de representação.

b) um terço para D, que recebe por cabeça. Um terço para os filhos de B, que recebem por estirpe e por direito de representação. O último terço irá para o filho de C, que herda por estirpe e por direito de transmissão.

c) um terço para D, que recebe por cabeça. Dois terços distribuídos igualmente entre os filhos de B e C, que herdam por cabeça por se acharem no mesmo grau.

d) um terço para D, que recebe por estirpe. Dois terços distribuídos igualmente entre os filhos de B e C, que herdam por estirpe e direito de representação.

547. **(Consulplan/TJ/MG/Cartórios/Remoção/2016)** Supondo que A seja órfão de pais, solteiro, sem descendentes e venha a falecer, deixando vivos seus avós paternos e seu avô materno, marque a opção correta, quanto à sucessão dos ascendentes:

a) há direito de representação na linha ascendente, ficando 50% para a linha materna e 50% para a linha paterna.
b) não há direito de representação na linha ascendente, ficando 50% para a linha materna e 50% para a linha paterna.
c) não há direito de representação na linha ascendente, ficando 33,33% para os avós em linhas iguais.
d) será por estirpe, ficando 33,33% para os avós em linhas iguais.

548. **(Cespe/TJ/BA/Cartórios/Remoção/2013)** Antônio, nascido em 1940, teve um único filho com sua primeira esposa e, em 2012, casou-se pela segunda vez. Em janeiro de 2013, ele doou a um de seus netos, José, um imóvel. Em março do mesmo ano, um mês antes do óbito de seu filho, Antônio faleceu. Com base nessa situação hipotética, assinale a opção correta:

a) se todos os herdeiros fossem capazes, poderia ser realizada, por escritura pública, partilha amigável, cuja eficácia depende de posterior homologação judicial.
b) um dos netos de Antônio poderia ser excluído da sucessão por indignidade, mas não deserdado, se desamparasse o avô enfermo.
c) tendo o novo Código Civil incluído o cônjuge como herdeiro necessário, na sucessão legítima, a viúva de Antônio concorrerá com os netos do falecido.
d) José, herdeiro necessário de Antônio, não precisará levar à colação, no inventário de seu avô, o imóvel que lhe foi doado em janeiro de 2013.
e) Antônio não poderia nomear herdeiro testamentário sob condição.

549. **(Vunesp/TJ/SP/Cartórios/Ingresso/2014)** Quanto às cláusulas restritivas de inalienabilidade, impenhorabilidade e incomunicabilidade, sobre os bens da legítima:

a) pode o testador impô-las livremente, sem qualquer justificativa prévia.
b) pode o testador impô-las, desde que declare justa causa no próprio testamento.
c) só são imponíveis se precedidas de autorização judicial.
d) é vedada a imposição de cláusulas restritivas aos bens da legítima, só cabíveis quanto à parte disponível do testador.

550. **(Ieses/TJ/PB/Cartórios/Ingresso/2014)** Sobre o direito de representação na sucessão é correto afirmar:

a) não se representa herdeiro excluído da sucessão por deserdação ou indignidade.
b) o direito de representação limita-se aos parentes na linha reta.
c) não se reconhece o direito de representação aos descendentes de herdeiro renunciante.
d) admite-se o direito de representação ao cônjuge do herdeiro pré-morto, se casado com o falecido pelo regime da comunhão universal de bens.

551. **(Cespe/TJ/SE/Cartórios/Ingresso/2014)** Acerca do direito das sucessões, assinale a opção correta:

a) aceita-se a renúncia à herança em parte, sob condição ou a termo, devendo essa renúncia constar de instrumento público ou termo judicial.
b) a indignidade declarada por sentença e em ação própria alcança a pessoa do excluído e seus descendentes.
c) o direito de representação é possível na linha transversal, em favor dos sobrinhos do falecido, quando estes concorrem com irmãos do "de cujus".
d) é válido o testamento celebrado por testador que não tenha pleno discernimento no momento da lavratura, uma vez que não se exige, para a validade do documento, a manifestação perfeita da vontade, mas somente a exata compreensão de suas disposições.
e) sendo uma das formalidades essenciais ao testamento a sua leitura, pelo testador, às testemunhas, o testamento particular não pode ser escrito em língua estrangeira.

552. **(Consulplan/TJ/MG/Cartórios/Remoção/2017)** Joana é casada com Paulo sob o regime de separação obrigatória de bens e está grávida de 08 (oito) meses do primeiro filho do casal, que se chamará Francisco. Joana não tem pais vivos e Roberto e Carla são os pais do Paulo. Poucos dias antes do nascimento da criança, o Paulo falece.

A criança nasceu morta. Em relação ao patrimônio do Paulo, assinale a alternativa correta:

a) Joana herdará sozinha.
b) apenas Roberto e Carla herdarão.
c) os pais de Paulo herdarão 2/3 (dois terços) e Joana herdará 1/3 (um terço).
d) os pais de Paulo herdarão 1/3 (um terço) e Joana herdará 2/3 (dois terços).

553. **(Ieses/TJ/CE/Cartórios/Ingresso/2018)** Sr. José faleceu hoje. Era viúvo, e não vivia em união estável. Ele teve três filhos: Ricardo, já falecido em 2015; André e Rita. Ricardo foi casado em comunhão universal com Ana, e teve dois filhos, atualmente maiores de idade. André é divorciado, e tem três filhos, todos maiores. Rita é solteira. Com base neste problema, responda:

I. por se tratar de sucessão de descendentes, é possível a representação do filho Ricardo, pré--morto. Neste caso, seus representantes serão a viúva Ana, e os seus dois filhos.
II. caso André decida não aceitar a herança, seus filhos irão receber por representação.
III. Rita é irmã unilateral de Ricardo e André. Neste caso, ela deve receber metade do que couber a cada um deles.
IV. por serem representantes do herdeiro Ricardo, seus filhos não podem renunciar a herança.

Assinale a correta:

a) apenas as assertivas II, III e IV são verdadeiras.
b) apenas as assertivas I, II e IV são verdadeiras.
c) todas as assertivas são falsas.
d) apenas as assertivas I, II e III são verdadeiras.

554. **(Ieses/TJ/AM/Cartórios/Ingresso/2018)** A respeito da sucessão legítima, assinale a incorreta:

a) na sucessão colateral, se concorrem filhos de irmãos bilaterais com filhos de irmãos unilaterais, cada um destes herdará a metade do que herdar cada um daqueles.
b) o direito de representação dá-se na linha reta descendente, mas nunca na ascendente.
c) ao cônjuge sobrevivente, exceto no regime de separação de bens, será assegurado, sem prejuízo da participação que lhe caiba na herança, o direito real de habitação relativamente ao imóvel destinado à residência da família, desde que seja o único daquela natureza a inventariar.
d) entre os ascendentes, havendo igualdade em grau e diversidade em linha, os ascendentes da linha paterna herdam a metade, cabendo a outra aos da linha materna.

555. **(Vunesp/TJ/SP/Cartórios/Ingresso/2018)** Pompeu era solteiro, não vivia em união estável e faleceu sem deixar ascendentes ou descendentes e testamento. Entretanto, deixou um tio materno, dois irmãos germanos, um irmão unilateral e um sobrinho – filho de um irmão unilateral premorto. O acervo hereditário corresponde ao montante em pecúnia de R$ 300.000,00 (trezentos mil reais). Nesse caso, assinale a alternativa correta referente à divisão do acervo hereditário:

a) cada um dos irmãos germanos receberá R$ 100.000,00 (cem mil reais), o irmão unilateral receberá R$ 50.000,00 (cinquenta mil reais) e o sobrinho R$ 50.000,00 (cinquenta mil reais).
b) cada um dos irmãos e o tio materno receberão, respectivamente, R$ 75.000,00 (setenta e cinco mil reais).
c) cada um dos irmãos receberá um quinhão de R$ 100.000,00 (cem mil reais).
d) cada um dos irmãos germanos receberá R$ 100.000,00 (cem mil reais), o irmão unilateral r eceberá R$ 50.000,00 (cinquenta mil reais), o tio materno e o sobrinho receberão, respectivamente, R$ 25.000,00 (vinte e cinco mil reais) cada um.

7.3. Da Sucessão Testamentária

ATENÇÃO: ESTE TEMA É MUITO EXIGIDO NOS CONCURSOS!

*** ENUNCIADOS CNB**

CNB **Enunciado 2/2014.** Nas escrituras de doação não é necessário justificar a imposição de cláusulas restritivas sobre a legítima. A necessidade de indicação de justa causa (CC art. 1.848) limita-se ao testamento, não se estendendo às doações.

CNB **Enunciado 5/2015.** Nas diretivas antecipadas de vontade não se aplicam as solenidades relativas ao testamento.

*** ENUNCIADOS CJF**

CJF **Civil 118.** O testamento anterior à vigência do novo Código Civil se submeterá à redução prevista no § 1º do art. 1.967 naquilo que atingir a porção reservada ao cônjuge sobrevivente, elevado que foi à condição de herdeiro necessário.

CJF Civil 528. É válida a declaração de vontade expressa em documento autêntico, também chamado "testamento vital", em que a pessoa estabelece disposições sobre o tipo de tratamento de saúde, ou não tratamento, que deseja no caso de se encontrar sem condições de manifestar a sua vontade.

CJF Civil 529. O fideicomisso, previsto no art. 1.951 do Código Civil, somente pode ser instituído por testamento.

CJF Civil 611. O testamento hológrafo simplificado, previsto no art. 1.879 do Código Civil, perderá sua eficácia se, nos 90 dias subsequentes ao fim das circunstâncias excepcionais que autorizaram a sua confecção, o disponente, podendo fazê-lo, não testar por uma das formas testamentárias ordinárias.

CJF Civil 643. O rompimento do testamento (art. 1.973 do Código Civil) se refere exclusivamente às disposições de caráter patrimonial, mantendo-se válidas e eficazes as de caráter extrapatrimonial, como o reconhecimento de filho e o perdão ao indigno.

* INFORMATIVOS

STJ Artigo 1.911 do CC/2002. Interpretação. Cláusula de inalienabilidade. Maior amplitude. Pressuposição "ex vi lege" de impenhorabilidade e incomunicabilidade. Cláusula de impenhorabilidade e/ou incomunicabilidade. Pressuposição de cláusula de inalienabilidade. Inviabilidade. A melhor interpretação do caput do art. 1.911 do CC/2002 é aquela que conduz ao entendimento de que: a) há possibilidade de imposição autônoma das cláusulas de inalienabilidade, impenhorabilidade e incomunicabilidade, a critério do doador/instituidor; b) uma vez aposto o gravame da inalienabilidade, pressupõe-se, "ex vi lege", automaticamente, a impenhorabilidade e a incomunicabilidade; c) a inserção exclusiva da proibição de não penhorar e/ou não comunicar não gera a presunção da inalienabilidade; d) a instituição autônoma da impenhorabilidade não pressupõe a incomunicabilidade e vice-versa. REsp 1.155.547, Rel. Min. Marco Buzzi, DJ 09.11.2018. 4ª T. (Info 637)

* QUESTÕES DISCURSIVAS

34. **(Ieses/TJ/PA/Cartórios/2016)** O Sr. Pedro, nascido em 1945, pretende elaborar um testamento público para disposição de seu patrimônio e outros direitos após a morte. Apresenta declaração médica de sanidade física e mental. Sr. Pedro é viúvo, e não possui nenhum descendente reconhecido até então, mas desconfia ter um filho, que jamais o procurou para reconhecimento e registro. Seus ascendentes já estão falecidos, e Pedro tem três irmãos bilaterais, todos vivos. Pretende deixar todo seu patrimônio a dois sobrinhos (filhos de um de seus irmãos), Ronaldo e Ricardo. Afirma que tem os sobrinhos como filhos, e gostaria que, na falta de um dos sobrinhos, o outro recebesse a totalidade dos bens. Com base nestes fatos, responda os questionamentos do Sr. Pedro, indicando o fundamento jurídico-legal: (a) Pedro pode dispor da totalidade do patrimônio para os sobrinhos? (b) Ao nomear os sobrinhos, Pedro deve indicar os bens que são destinados a cada um, ou quinhão de cada um? (c) Como deve ser redigida a cláusula para que haja o direito de acrescer entre os sobrinhos? (d) Se após a morte o suposto filho de Pedro entrar com pedido de reconhecimento, e tal pedido for reconhecido judicialmente, qual os efeitos sobre as disposições testamentárias? Há algo que Pedro possa fazer para evitar este efeito?

35. **(Vunesp/TJ/SP/Cartórios/2016)** Dissertação. Do testamento público: (i) conceito; (ii) efeitos; (iii) natureza jurídica; (iv) capacidade ativa e elaborativa; (v) limites à liberdade de testar; (vi) testamentaria; (vii) pactos sucessórios; (viii) direito de acrescer e justa causa nas cláusulas restritivas.

36. **(Cetro/TJ/RJ/Cartórios/Remoção/2012)** Uma senhora (X) idosa, que vive sozinha, lhe procura para a feitura de um testamento, pois é intenção dela, quando de seu falecimento, deixar os seus únicos bens para a igreja (Y) que ela frequenta quase todos os dias. Os bens são um pequeno apartamento em que mora, no valor de R$120.000,00 (cento e vinte mil reais), e um galpão industrial, no valor de R$1.800.000,00 (um milhão e oitocentos mil reais), que está locado e cujo aluguel é a sua principal fonte de renda, ao lado da pequena pensão de viúva. Não tem a referida senhora ascendentes ou descendentes, mas tem um sobrinho de paradeiro ignorado com quem ela não cultiva laços afetivos. Comparecem à Serventia as testemunhas e também o testamenteiro, este por ela escolhido entre os frequentadores da mesma igreja. Ao testamenteiro, pessoa da total confiança da testadora, ela quer conceder a posse e a administração da herança. Considerando a situação narrada, elabore o ato notarial adequado e justifique os emolumentos cobrados. Os dados não fornecidos no enunciado acima devem ser criados pelo próprio candidato para que a escritura fique completa, com todos os elementos necessários de acordo com as leis e demais normas, inclusive administrativas.

37. (Cetro/TJ/RJ/Cartórios/Remoção/2012) Disserte sobre as possíveis nulidades testamentárias.

* QUESTÕES OBJETIVAS

556. (Consulplan/TJ/MG/Cartórios/Remoção/2018) São testamentos ordinários, exceto:

a) o militar.
b) o público.
c) o cerrado.
d) o particular.

557. (Ieses/TJ/PA/Cartórios/Remoção/2016) Sobre o testamento, assinale a alternativa incorreta:

a) quem não saiba ou não possa ler somente poderá dispor de seus bens em testamento cerrado.
b) o indivíduo inteiramente surdo, sabendo ler, lerá o seu testamento, e, se não souber, designará quem o leia em seu lugar, presentes as testemunhas.
c) é proibido o testamento conjuntivo, seja simultâneo, recíproco ou correspectivo.
d) toda pessoa maior de 16 (dezesseis) anos pode dispor, por testamento, da totalidade dos seus bens disponíveis, ou de parte deles, para depois de sua morte.

558. (Consulplan/TJ/MG/Cartórios/Remoção/2018) São requisitos essenciais do testamento público, exceto:

a) ser escrito apenas manualmente.
b) ser o instrumento, em seguida à leitura, assinado pelo testador, pelas testemunhas e pelo tabelião.
c) lavrado o instrumento, ser lido em voz alta pelo tabelião ao testador e a duas testemunhas, a um só tempo; ou pelo testador, se o quiser, na presença destas e do oficial.
d) ser escrito por tabelião ou por seu substituto legal em seu livro de notas, de acordo com as declarações do testador, podendo este servir-se de minuta, notas ou apontamentos.

559. (Consulplan/TJ/MG/Cartórios/Remoção/2018) Em relação às disposições testamentárias, é nula a disposição, exceto:

a) que se refira a pessoa incerta, cuja identidade não se possa averiguar.
b) que deixe a arbítrio do herdeiro, ou de outrem, fixar o valor do legado.
c) que institua herdeiro ou legatário sob a condição captatória de que este disponha, também por testamento, em benefício do testador, ou de terceiro.
d) em favor de pessoa incerta que deva ser determinada por terceiro, dentre duas ou mais pessoas mencionadas pelo testador, ou pertencentes a uma família, ou a um corpo coletivo, ou a um estabelecimento por ele designado.

560. (Consulplan/TJ/MG/Cartórios/Remoção/2018) Assinale a alternativa incorreta:

a) podem testar somente os maiores de 18 (dezoito) anos.
b) a incapacidade superveniente do testador não invalida o testamento.
c) o testamento do incapaz não se valida com a superveniência da capacidade.
d) além dos incapazes, não podem testar os que, no ato de fazê-lo, não tiverem pleno discernimento.

561. (Consulplan/TJ/MG/Cartórios/Remoção/2018) Assinale a alternativa correta:

a) a legítima dos herdeiros necessários poderá ser incluída no testamento.
b) o testamento é ato personalíssimo, não podendo ser mudado a nenhum tempo.
c) toda pessoa capaz pode dispor, por testamento, da totalidade dos seus bens, ou de parte deles, para depois de sua morte.
d) não são válidas as disposições testamentárias de caráter não patrimonial, ainda que o testamento somente a elas se tenha limitado.

562. (Consulplan/TJ/MG/Cartórios/Remoção/2018) Acerca de testamento, assinale a alternativa correta:

a) segundo jurisprudência do STJ, não se pode mitigar a cláusula de inalienabilidade, mediante, por exemplo, autorização de venda do imóvel gravado, sob pena de afronta à vontade do testador.
b) tendo três filhos, o testador pode dispor que deixa metade da herança a um desses filhos e pode gravá-la com cláusula de inalienabilidade, hipótese em que estará dispensado de declarar a justa causa para tanto.
c) o cego pode testar sob duas formas de testamento público: o testamento público propriamente

(estritamente público); o testamento cerrado (forma de testamento público, em sentido lato, já que aprovado em cartório de notas).

d) segundo jurisprudência do STJ, na hipótese de um testador que já tenha filho no momento do testamento e venha a ter outro filho, após o testamento, reconhecido por ele, essa superveniência de filho (sobrevivente ao autor da herança) deverá implicar rompimento geral do testamento, por disposição legal, espécie de revogação tácita pela superveniência de fato que retira a eficácia da disposição patrimonial.

563. (Ieses/TJ/PB/Cartórios/Ingresso/2014) João e Maria, casados sob o regime da comunhão universal de bens, anteriormente à vigência da Lei Federal n. 6.515/77, compareceram ao tabelionato de Notas para a lavratura das disposições de última vontade. Em entrevista, manifestaram ao notário à vontade de se tornarem reciprocamente herdeiros um do outro, em instrumento único, considerando que são legalmente casados. Tal ato jurídico é possível? Assinale a alternativa correta:

a) é possível a celebração de testamento público recíproco, em razão do regime de bens do casamento.

b) a lei veda, expressamente, o testamento conjuntivo, seja simultâneo, recíproco ou correspectivo.

c) não há vedação legal para o acolhimento da vontade manifestada pelo casal.

d) é possível a lavratura do testamento público no caso hipotético apresentado, porquanto o direito brasileiro admite o pacto sucessório.

564. (Consulplan/TJ/MG/Cartórios/Ingresso/2015) "João, a bordo de navio nacional, acompanhado de Patrícia, tabeliã de notas, e Pedro, oficial do cartório de títulos e documentos, diante do surgimento de risco de vida e da impossibilidade de desembarque em algum porto onde possa testar na forma ordinária, resolve fazê-lo de forma que corresponda ao testamento público ou ao cerrado." Diante do exposto, compete a lavratura do ato:

a) à tabeliã de notas, transcrevendo o ato em livro próprio, nos 90 (noventa) dias subsequentes ao seu desembarque em terra.

b) à tabeliã de notas, e levado ao ofício de registro de contratos marítimos.

c) ao oficial de Títulos e Documentos, por se tratar de ato excepcional.

d) ao comandante do navio, e o registro do testamento será feito no diário de bordo.

565. (Ieses/TJ/RS/Cartórios/Ingresso/2013) Com relação a testamento público, assinale a alternativa incorreta:

a) se o testador não souber, ou não puder assinar, o tabelião ou seu substituto legal assim o declarará, assinando, neste caso, pelo testador, e, a seu rogo, uma das testemunhas instrumentárias.

b) será o instrumento, em seguida à leitura, assinado pelo testador, pelas testemunhas e pelo tabelião.

c) o indivíduo inteiramente surdo, sabendo ler, lerá o seu testamento, e, se não souber, designará quem o leia em seu lugar, presentes as testemunhas.

d) o tabelião de notas pode lavrar o testamento de duas pessoas em um único ato.

566. (Cespe/TJ/PI/Cartórios/Ingresso/2013) A respeito de testamento, assinale a opção correta:

a) caracteriza vício a entrega de minuta de testamento antes de sua leitura e assinatura, ainda que o autor da herança, após a sua leitura, tenha ratificado o seu conteúdo na presença das cinco testemunhas necessárias e do tabelião.

b) se um descendente superveniente – filho havido fora do casamento conhecido pelo testador – nascer após a escritura do testamento, deverá haver o rompimento deste, espécie de revogação tácita pela superveniência de fato que retira a eficácia da disposição patrimonial.

c) a constatação de vício formal, por si só, não deve ensejar a invalidação do ato, máxime se demonstrada a capacidade mental do testador, por ocasião do ato.

d) ainda que a escritura pública de testamento reflita as disposições de última vontade do testador, o testamento será nulo se alguma das testemunhas presentes no momento, por exemplo, um funcionário do cartório em que tenha sido lavrado o testamento, tiver assinado o ato sem assistir à manifestação do testador, seja este capaz ou incapaz.

e) de acordo com o STJ, não é possível o abrandamento das cláusulas de inalienabilidade, incomunicabilidade e impenhorabilidade impostas por testamento para autorizar a alienação de imóvel gravado, por afronta às disposições de última vontade do testador.

567. (FCC/TJ/PE/Cartórios/Remoção/2013) Em relação ao testamento é correto afirmar que:

a) a legítima dos herdeiros necessários não poderá ser incluída no testamento.

b) é defeso o testamento conjuntivo, permitido porém o recíproco ou correspectivo.

c) as disposições testamentárias de caráter não patrimonial são válidas, a não ser que o testador tenha se limitado a elas.

d) embora ato personalíssimo, a revogação do testamento exige fundamentação idônea quanto às razões que a determinaram.

e) são modalidades de testamento especial o marítimo, o militar e o cerrado.

568. (FCC/TJ/PE/Cartórios/Ingresso/2013) Em relação ao testamento e à capacidade para testar, analise as afirmações abaixo.

I. toda pessoa capaz, bem como os maiores de dezesseis anos, podem dispor, por testamento, da totalidade de seus bens, ou de parte deles, para depois de sua morte.

II. extingue-se no prazo decadencial de quatro anos o direito de impugnar a validade do testamento, contado o prazo da data de seu registro.

III. a incapacidade superveniente do testador não invalida o testamento, nem o testamento do incapaz é validado com a superveniência da capacidade.

Está correto o que se afirma em:

a) I, II e III.

b) II e III, apenas.

c) II, apenas.

d) I e III, apenas.

e) I e II, apenas.

569. (Ieses/TJ/RN/Cartórios/Remoção/2012) Sobre a sucessão testamentária, assinale a assertiva correta:

a) é permitido o testamento conjuntivo, seja simultâneo, recíproco ou correspectivo.

b) o testamento é ato personalíssimo, não podendo ser alterado posteriormente pelo testador.

c) extingue-se em 10 (dez) anos o direito de impugnar a validade do testamento, contado o prazo da data do seu registro.

d) podem testar os maiores de 16 (dezesseis) anos.

570. (Ieses/TJ/PA/Cartórios/Ingresso/2016) Em relação à elaboração de testamento, responda:

I. a nomeação de herdeiro pode ser pura e simples, ou por certo motivo.

II. podem ser chamados a suceder as pessoas jurídicas, cuja organização, sob qualquer forma, seja determinada pelo testador.

III. não é possível a nomeação de herdeiro à termo, ou sob condição.

Assinale a alternativa correta:

a) apenas a assertiva I é verdadeira.

b) apenas as assertivas I e III são verdadeiras.

c) apenas a assertiva II é verdadeira.

d) todas as assertivas são verdadeiras.

571. (Vunesp/TJ/SP/Cartórios/Ingresso/2016) Sobre o testamento, é correto afirmar que:

a) não possuem capacidade testamentária o cego, o analfabeto e o surdo.

b) é por natureza revogável, no exercício da autonomia privada, salvo quanto ao reconhecimento de filhos, ainda que incidentalmente manifestado.

c) a revogação do testamento correspectivo exige manifestação de vontade de ambos os testadores.

d) é possível ao testador gravar livremente os bens da legítima com cláusula de inalienabilidade.

572. (Vunesp/TJ/SP/Cartórios/Remoção/2016) No capítulo relativo à capacidade testamentária ativa, é correto afirmar que:

a) as pessoas podem testar a partir dos 18 anos.

b) a incapacidade superveniente do testador invalida o testamento.

c) a outorga de procuração para realização de testamento deve ser realizada na forma pública.

d) o testamento do incapaz não se valida com a superveniência de capacidade.

573. (Consulplan/TJ/MG/Cartórios/Ingresso/2015) Um testamento, sem cláusula expressa de substituição, cujos herdeiros venham a falecer antes do testador:

a) perde a validade.

b) torna-se nulo.

c) torna-se anulável.

d) perde a eficácia.

574. (Consulplan/TJ/MG/Cartórios/Remoção/2015) "Em 2006, Olavo, que não tinha herdeiros necessários, lavrou um testamento público contemplando como sua herdeira universal Maria. Em 2007, arrependido, Olavo revogou o testamento de 2006, lavrando novo testamento nomeando como seu herdeiro universal Mário, sem cláusula expressa de substituição. Em 2009, Mário faleceu, deixando seu neto Pedro. No mês de setembro de 2011, faleceu Olavo, deixando seu sobrinho Lucas, como único parente vivo." Assinale a alternativa que indique a quem caberá a herança de Olavo:

a) Maria.
b) Lucas.
c) Pedro.
d) a herança será vacante.

575. (Cespe/TJ/SE/Cartórios/Remoção/2014) No dia 20 de agosto de 1989, foi lavrado testamento público em que o testador, entre outras disposições, estabeleceu, sem exteriorização de justa causa, cláusula de inalienabilidade e impenhorabilidade sobre os bens da legítima. O óbito do testador ocorreu no dia 16 de maio de 2012. Com base nessa situação hipotética, assinale a opção correta em relação aos efeitos e à validade da declaração de última vontade:

a) a cláusula de inalienabilidade será perpétua se houver disposição testamentária a respeito, motivo pelo qual o notário, na lavratura de atos notariais correlatos, deverá observar o imperativo da cláusula restritiva.
b) não haveria necessidade de se declinar justa causa relativa às cláusulas restritivas, tampouco cogitar-se de aditamento do testamento para incluí-la, caso tais cláusulas fossem concebidas pelo autor da herança a fim de se alcançar somente herdeiros testamentários.
c) como efeito da cláusula de inalienabilidade e impenhorabilidade imposta, é impossível a constrição judicial dos bens por ela gravados, se se tratar de dívidas do autor da herança ou de seus herdeiros.
d) dado que o testamento é a forma mais solene de expressão da vontade íntima do ser humano, os herdeiros deverão aditá-lo para nele constar a justa causa da cláusula de inalienabilidade e impenhorabilidade aposta à legítima.
e) o testamento e suas demais disposições não subsistirão se, na forma e prazos legais, não forem devidamente aditados para que se declare a justa causa da cláusula aposta à legítima.

576. (Ieses/TJ/PB/Cartórios/Ingresso/2014) Acerca do testamento, analise as afirmativas a seguir:

I. o testamento nuncupativo faz-se ordinariamente, na forma oral, caso o testador corra risco de vida.
II. o testador que não possuir herdeiros necessários pode dispor de todos os seus bens por testamento a quem lhe aprouver.
III. o testamento particular, escrito de próprio punho e assinado pelo testador, poderá, em circunstâncias excepcionais declaradas na cédula, prescindir de testemunhas, ficando a critério do juiz a sua confirmação.
IV. admite-se a proposta de partilha feita pelo testador na própria cédula, que deverá prevalecer se observadas as legítimas dos herdeiros necessários:

a) estão corretas todas as assertivas.
b) estão corretas apenas as assertivas II, III e IV.
c) estão corretas apenas as assertivas II e IV.
d) estão corretas apenas as assertivas I, II e III.

577. (Consulplan/TJ/MG/Cartórios/Ingresso/2014) Sobre Sucessão Testamentária, nos termos do Código Civil brasileiro, considere as seguintes afirmativas:

I. o testamento cerrado pode ser escrito mecanicamente, desde que seu subscritor numere e autentique, com a sua assinatura, todas as páginas.
II. se forem determinados os quinhões de uns e não os de outros herdeiros, distribuir-se-á por igual a estes últimos o que restar, depois de completas as porções hereditárias dos primeiros.
III. a incapacidade superveniente do testador não invalida o testamento, mas o testamento do incapaz se valida com a superveniência da capacidade.

Está correto apenas o que se afirma em:

a) I.
b) II.
c) I e II.
d) I e III.

578. (Consulplan/TJ/MG/Cartórios/Remoção/2014) Sobre Direito das Sucessões, nos termos do Código Civil brasileiro, analise as seguintes assertivas:

I. não pode dispor de seus bens em testamento cerrado quem não saiba ou não possa ler.

II. o legado de crédito, ou de quitação de dívida, terá eficácia somente até a importância desta, ou daquele, ao tempo da morte do testador.

III. concorrendo com ascendente em qualquer grau, ao cônjuge tocará um terço da herança; caber-lhe-á a metade desta se houver um só ascendente.

Está correto apenas o que se afirma em:

a) I.

b) II.

c) I e II.

d) I e III.

579. **(Consulplan/TJ/MG/Cartórios/Remoção/2014)** Ainda sobre o Direito de Sucessões, é correto afirmar, exceto:

a) caducará o testamento marítimo, ou aeronáutico, se o testador não morrer na viagem, nem nos trinta dias subsequentes ao seu desembarque em terra, onde possa fazer, na forma ordinária, outro testamento.

b) é nula a disposição testamentária que favoreça irmãos ou ascendentes da pessoa que, a rogo, escreveu o testamento.

c) salvo se houver justa causa, declarada no testamento, não pode o testador estabelecer cláusula de inalienabilidade, impenhorabilidade, e de incomunicabilidade, sobre os bens da legítima.

d) somente com expressa declaração de causa pode a deserdação ser ordenada em testamento.

580. **(FMP/TJ/MT/Cartórios/Ingresso/2014)** Em relação às sucessões, assinale a afirmativa correta:

a) o testamento do incapaz se valida com a superveniência da capacidade.

b) são válidas as disposições testamentárias de caráter não patrimonial, ainda que o testador somente a elas se tenha limitado.

c) é proibido o testamento conjuntivo na forma simultânea, mas se admite na forma recíproca, com a instituição de benefícios mútuos, de modo que o sobrevivente recolha a herança do outro.

d) o codicilo é meio idôneo para efetuar deserdações e legar imóveis urbanos, com área não superior a 250,00m² (duzentos e cinquenta metros quadrados).

e) é válida a disposição que institua herdeiro ou legatário sob a condição captatória, no sentido de que este disponha, também por testamento, em benefício de terceiro, sendo vedado, entretanto, dispor em prol do testador.

581. **(FMP/TJ/MT/Cartórios/Remoção/2014)** No que diz com o Direito das Sucessões, assinale a afirmativa correta:

a) o testamento cerrado pode ser escrito pelo testador, ou por outra pessoa, a seu rogo, devendo ser assinado pelo testador ou, se este não souber ou não puder fazê-lo, pela pessoa que lho escreveu.

b) a entrega do testamento cerrado ao tabelião constitui ato personalíssimo do testador, não se admitindo, por isso, a utilização de portador, mandatário ou representante para tal desiderato.

c) o testamento particular deve ser escrito de próprio punho pelo testador e em língua nacional, sob pena de nulidade.

d) o poder de o testador revogar o testamento, no todo ou em parte, no que diz com as disposições patrimoniais, é revogável.

e) os incapazes podem testar por testamento público.

582. **(IBFC/TJ/PR/Cartórios/Remoção/2014)** Assinale a alternativa correta:

a) a existência de testamento, mesmo que todos os herdeiros sejam maiores e capazes, impede a realização de inventário extrajudicial.

b) o direito brasileiro proíbe o testamento recíproco, mas permite o testamento correspectivo.

c) o codicilo pode ser realizado mediante escritura pública ou escrito particular; neste último caso deverá ser subscrito por duas testemunhas.

d) não é válida nomeação de herdeiro sob condição.

583. **(Cespe/TJ/DFT/Cartórios/Ingresso/2014)** Conforme disposições do Código Civil, o testamento:

a) representa título de garantia no que se refere a prazo em favor de devedores do falecido.

b) não é meio de instituição de condomínio edilício.

c) não é meio de constituição de servidão.

d) não é meio de nomeação de tutor para os filhos menores, por um dos pais, em caso de não sobrevivência do outro.

e) pode conter dotação especial de bens livres, para criação de uma fundação.

584. **(FMP/TJ/MT/Cartórios/Ingresso/2014)** Acerca do testamento, assinale a afirmativa correta:

a) deve o tabelião atentar que podem testar os maiores de dezesseis anos, hipótese em que, lavrado o instrumento, este deverá ser lido em voz alta pelo tabelião ao testador, ao seu assistente legal e a duas testemunhas, a um só tempo; ou pelo testador, se o quiser, na presença de todos os comparecentes.

b) no testamento cerrado, deve o tabelião atentar que o indivíduo inteiramente surdo, sabendo ler, lerá o seu testamento, e, se não o souber, designará quem o leia em seu lugar, presentes as testemunhas.

c) deve o tabelião atentar que, salvo se houver justa causa, declarada no testamento, não pode o testador que não possui herdeiros necessários, estabelecer cláusula de inalienabilidade, impenhorabilidade e de incomunicabilidade sobre os bens legados.

d) deve o tabelião atentar que o testamento que contiver um reconhecimento de filho, não poderá ser integralmente anulado, exceção à regra de que, sendo o testamento um ato personalíssimo, pode ser mudado a qualquer tempo.

e) deve o tabelião atentar que toda pessoa capaz pode dispor, por testamento, da totalidade dos seus bens, ou de parte deles, para depois de sua morte, todavia é proibido o testamento conjuntivo, seja simultâneo, recíproco ou correspectivo.

585. **(Cespe/TJ/SE/Cartórios/Ingresso/2014)** Considerando que Paulo e Pedro procurem um tabelionato de notas com o objetivo de registrarem sua vontade em testamentos cerrados, pretendendo Pedro fazer o documento em língua italiana e Paulo reconhecer um filho por via testamentária, assinale a opção correta:

a) os dois podem optar pela elaboração de um testamento conjuntivo, seja simultâneo, recíproco ou correspectivo.

b) sendo a revogabilidade uma característica dos testamentos, até mesmo o reconhecimento do filho, por Paulo, pode ser revogado.

c) os testamentos feitos por Pedro e Paulo devem ser invalidados se, após sua realização, ocorrer circunstância que torne os testadores incapazes.

d) nos testamentos, é possível haver previsões de cunho não patrimonial, desde que o testador não se limite a elas.

e) o testamento cerrado de Pedro pode ser feito em língua estrangeira por ele mesmo ou por alguém a seu rogo.

586. **(Faurgs/TJ/RS/Cartórios/Remoção/2015)** Assinale a alternativa que apresenta afirmação correta a respeito da disciplina das Sucessões no Código Civil:

a) é eficaz o legado de coisa certa que não pertença ao testador no momento da abertura da sucessão.

b) não o declarando expressamente o testador, reputar-se-á compensação da sua dívida o legado que ele faça ao credor.

c) se aquele que legar um imóvel lhe ajuntar depois novas aquisições, estas se compreendem no legado, salvo expressa declaração em contrário do testador.

d) o legado de alimentos abrange o sustento, a cura, o vestuário e a casa, enquanto o legatário viver, além da educação, se ele for menor.

587. **(Cespe/TJ/SE/Cartórios/Remoção/2014)** A respeito do direito das sucessões, assinale a opção correta:

a) o cônjuge que, nos autos do inventário, renunciar ao direito real de habitação, perde o direito de participação na herança.

b) existindo interesse público, o MP tem legitimidade para promover ação, com vistas à declaração da indignidade de legatário.

c) a instituição de cláusula revocatória invalida o testamento.

d) na concorrência entre o cônjuge e os herdeiros do "de cujus", deve ser reservada a quarta parte da herança para o sobrevivente no caso de filiação híbrida.

e) não há previsão, no Código Civil brasileiro, para a realização de testamento vital.

588. **(Consulplan/TJ/MG/Cartórios/Remoção/2017)** São requisitos essenciais de testamento cerrado, exceto:

a) o testador deve saber ler e escrever.

b) o testador dever entregar o testamento (a cédula) pessoalmente ao tabelião ou ao substituto legal deste.
c) o testamento deve ser escrito exclusivamente em língua nacional.
d) o testador pode ser surdo-mudo.

589. **(Consulplan/TJ/MG/Cartórios/Ingresso/2017)** São testamentos ordinários, exceto:

a) o cerrado.
b) o conjuntivo.
c) o público.
d) o particular.

590. **(Consulplan/TJ/MG/Cartórios/Ingresso/2017)** Recebendo testamento cerrado, o juiz, se não achar vício externo que o torne suspeito de nulidade ou falsidade, o abrirá e mandará que o escrivão o leia em presença do apresentante. Todas as opções estão corretas, exceto:

a) do termo de abertura constarão o nome do apresentante e como ele obteve o testamento, a data e o lugar do falecimento do testador, com as respectivas provas, e qualquer circunstância digna de nota.
b) depois de ouvido o Ministério Público, não havendo dúvidas a serem esclarecidas, o juiz mandará registrar, arquivar e cumprir o testamento.
c) se não houver testamenteiro nomeado ou se ele estiver ausente ou não aceitar o encargo, o juiz nomeará testamenteiro dativo, observando-se a preferência legal.
d) o testamenteiro se desincumbe de prestar contas em juízo do que recebeu e despendeu, após lavratura do termo.

591. **(Cetro/TJ/RJ/Cartórios/Ingresso/2017)** No tocante ao instituto do testamento, marque V para verdadeiro ou F para falso e, em seguida, assinale a alternativa que apresenta a sequência correta.

I. a elaboração do testamento particular, no entendimento do STJ, deve se revestir inteiramente das formalidades prescritas na lei civil, inclusive assinatura do testador e testemunhas idôneas.
II. a morte prévia de irmão do testador, sem a existência de cláusula de reversão do quinhão no bojo do testamento e ausência de herdeiros necessários, por si só, determina que tal parcela do patrimônio deva ser arrecadada como herança jacente, sem necessidade de apreciação das demais disposições testamentárias.
III. não há prejuízo o fato de o pai socioafetivo não ter interesse em figurar da certidão de nascimento da criança, uma vez que tal fato não afeta a possibilidade de ele, a qualquer tempo, dispor de seu patrimônio, na forma da lei, por meio de testamento em favor do menor:

a) V, F, F.
b) V, V, F.
c) V, V, V.
d) F, V, F.
e) F, F, V.

592. **(Consulplan/TJ/MG/Cartórios/Remoção/2017)** Acerca do testamento, assinale a alternativa correta:

a) se o testador não souber, ou não puder assinar, o tabelião ou seu substituto legal assim o declarará, assinando, neste caso, pelo testador, e, a seu rogo, um dos herdeiros.
b) o erro na designação da pessoa do herdeiro, do legatário, ou da coisa legada anula a disposição, ainda que pelo contexto do testamento, por outros documentos, ou por fatos inequívocos, se puder identificar a pessoa ou coisa a que o testador queria referir-se.
c) a revogação do testamento poderá ser lavrada por qualquer tabelionato de Notas, de livre escolha do testador, sem qualquer vinculação à serventia em que tenha praticado o ato a ser revogado.
d) o testamento cerrado não pode ser escrito em língua estrangeira.

593. **(Ieses/TJ/CE/Cartórios/Remoção/2018)** Toda pessoa capaz pode dispor, por testamento, da totalidade dos seus bens, ou de parte deles, para depois de sua morte. Em relação a matéria testamento, podemos afirmar:

I. extingue-se em três anos o direito de impugnar a validade do testamento, contado o prazo da data do seu registro.
II. o testamento é ato personalíssimo, podendo ser mudado a qualquer tempo.
III. são válidas as disposições testamentárias de caráter não patrimonial, ainda que o testador somente a elas se tenha limitado.
IV. a legítima dos herdeiros necessários poderá ser incluída no testamento.

A sequência correta é:

a) apenas as assertivas I, II e III estão corretas.

b) as assertivas I, II, III e IV estão corretas.

c) apenas a assertiva III está incorreta.

d) apenas as assertivas II e III estão corretas.

594. (Ieses/TJ/AM/Cartórios/Ingresso/2018) Sobre testamento, responda:

I. por meio de testamento é possível instituir legado de usufruto em favor de pessoa indicada pelo testador.

II. no caso de instituição de legado de usufruto sem fixação de tempo, entende-se deixado ao legatário por toda a sua vida.

III. se o legado for de coisa que se determine pelo gênero, será o mesmo cumprido, ainda que tal coisa não exista entre os bens deixados pelo testador.

IV. as despesas e os riscos da entrega do legado correm à conta do legatário, se não dispuser diversamente o testador.

Assinale a correta:

a) todas as assertivas são verdadeiras.

b) apenas as assertivas I, II e III são verdadeiras.

c) apenas as assertivas II, III e IV são verdadeiras.

d) apenas as assertivas I, II e IV são verdadeiras.

595. (Ieses/TJ/AM/Cartórios/Remoção/2018) Segundo a legislação civilista brasileira, no que corresponde ao instituto da sucessão testamentária podemos afirmar, exceto:

a) toda pessoa capaz pode dispor, por testamento, da totalidade dos seus bens, ou de parte deles, para depois de sua morte.

b) extingue-se em cinco anos o direito de impugnar a validade do testamento, contado o prazo da data do seu registro.

c) a legítima dos herdeiros necessários poderá ser incluída no testamento.

d) o testamento é ato personalíssimo, podendo ser mudado a qualquer tempo.

596. (Vunesp/TJ/SP/Cartórios/Ingresso/2018) A substituição compendiosa é:

a) a concorrência da substituição ordinária e da substituição recíproca.

b) aquela em que o testador determina que certa parte de seu patrimônio ou um ou mais bens dele destacado fiquem sob a confiança de um herdeiro instituído, sobre o qual pesará a obrigação de transmitir o conteúdo da deixa testamentária a um outro herdeiro ou legatário.

c) aquela em que o testador designa vários substitutos simultâneos ao herdeiro instituído.

d) a concorrência da substituição vulgar e da substituição fideicomissária.

597. (Cespe/TJ/DFT/Cartórios/Ingresso/2014) A respeito da substituição fideicomissária, assinale a opção correta:

a) a capacidade testamentária passiva do fiduciário e do fideicomissário é apurada na abertura da sucessão, e não no momento da morte do fideicomitente.

b) renunciando o fideicomissário à substituição da herança do legado ao tempo da abertura da sucessão, a propriedade consolida-se em favor do fiduciário.

c) a substituição fideicomissária caracteriza-se pela simultaneidade e dupla liberalidade ao fiduciário, que recebe o usufruto dos bens herdados, e o fideicomissário, desde logo, a propriedade.

d) a instituição de fideicomisso em dupla vocação, para beneficiar dois herdeiros existentes ao tempo da abertura da sucessão visa ao atendimento da vontade do testador, fideicomitente, de transmitir herança ou legado a duas pessoas na ordem hereditária.

e) constitui requisito à configuração da substituição fideicomissária a eventualidade da vocação do fideicomissário, porquanto, até a substituição, o fiduciário será o proprietário sob condição resolutiva, e o fideicomissário o será sob condição suspensiva.

7.4. Do Inventário e da Partilha

✱ ENUNCIADOS CNB

CNB **Enunciado 1/2014.** É possível o inventário extrajudicial ainda que haja testamento, desde que previamente registrado em juízo ou homologado posteriormente pelo juízo competente.

CNB **Enunciado 3/2014.** É possível a lavratura de escritura pública de nomeação de inventariante para cumprir obrigações de fazer deixadas pelo falecido.

CNB **Enunciado 4/2014.** Os artigos 982 do CPC e 3º da Resolução 35 do CNJ referem-se inclusive aos bens móveis, de forma que as instituições financeiras devem acatar as escrituras públicas para fins de levantamento de valores, bem como a solicitação dos tabeliães de notas para expedir extrato de contas correntes de titularidade do "de cujus".

CNB Enunciado 5/2014. É possível a nomeação de inventariante para o fim de pagamento do imposto "causa mortis" e com base nesse documento as instituições financeiras poderão debitar o valor do referido imposto da conta corrente do falecido.

CNB Enunciado 2/2017. A filiação socioafetiva pode ser reconhecida por escritura pública, presentes o pai ou mãe reconhecedor e o filho reconhecido. Este reconhecimento também poderá ser feito pela unanimidade dos herdeiros daquele que a poderia ter reconhecido em vida, mas o inventário só pode ser lavrado após a sua averbação no registro civil das pessoas naturais.

CNB Enunciado 3/2017. É possível a nomeação de inventariante para todos os atos preparatórios à realização do inventário, inclusive o levantamento de valores para pagamento de tributos e emolumentos. Com base neste documento, as instituições financeiras poderão debitar os valores da conta corrente do falecido para permitir a quitação dos tributos do autor da herança e incidentes sobre a sucessão.

* ENUNCIADOS CJF

CJF Civil 119. Para evitar o enriquecimento sem causa, a colação será efetuada com base no valor da época da doação, nos termos do caput do art. 2.004, exclusivamente na hipótese em que o bem doado não mais pertença ao patrimônio do donatário. Se, ao contrário, o bem ainda integrar seu patrimônio, a colação se fará com base no valor do bem na época da abertura da sucessão, nos termos do art. 1.014 do CPC, de modo a preservar a quantia que efetivamente integrará a legítima quando esta se constituiu, ou seja, na data do óbito (resultado da interpretação sistemática do art. 2.004 e seus parágrafos, juntamente com os arts. 1.832 e 884 do Código Civil).

CJF Civil 600. Após registrado judicialmente o testamento e sendo todos os interessados capazes e concordes com os seus termos, não havendo conflito de interesses, é possível que se faça o inventário extrajudicial.

CJF Civil 612. O prazo para exercer o direito de anular a partilha amigável judicial, decorrente de dissolução de sociedade conjugal ou de união estável, extingue-se em 1 (um) ano da data do trânsito em julgado da sentença homologatória, consoante dispõem o art. 2.027, parágrafo único, do Código Civil de 2002, e o art. 1.029, parágrafo único, do Código de Processo Civil (art. 657, parágrafo único, do Novo CPC).

CJF Civil 644. Os arts. 2.003 e 2.004 do Código Civil e o art. 639 do CPC devem ser interpretados de modo a garantir a igualdade das legítimas e a coerência do ordenamento. O bem doado, em adiantamento de legítima, será colacionado de acordo com seu valor atual na data da abertura da sucessão, se ainda integrar o patrimônio do donatário. Se o donatário já não possuir o bem doado, este será colacionado pelo valor do tempo de sua alienação, atualizado monetariamente.

* INFORMATIVOS

STJ Ação de inventário. Suspensão. Possibilidade. Regularização dos bens imóveis. Averbação. Condicionante razoável. É legítima a decisão judicial que determina a averbação, no respectivo registro, das modificações realizadas em bens imóveis submetidos à partilha como condição de procedibilidade da ação de inventário. 3ª T. REsp 1.637.359, Rel. Min. Nancy Andrighi, DJ 11.5.2018. (Info 625)

STJ Sucessão. Bens à colação. Valor dos bens doados. Valor atribuído no ato de liberalidade com correção monetária até a data da sucessão. Aplicação do art. 2.004, caput, do CC/02. O valor de colação dos bens doados deverá ser aquele atribuído ao tempo da liberalidade, corrigido monetariamente até a data da abertura da sucessão. REsp 1.166.568, Rel. Min. Lázaro Guimarães, DJ 15.12.2017. 4ª T. (Info 617)

* QUESTÕES OBJETIVAS

598. **(Consulplan/TJ/MG/Cartórios/Remoção/2018)** Assinale a alternativa correta:

a) a sentença que se proferir na ação de sonegados aproveita apenas aos herdeiros.

b) a pena de sonegados só se pode requerer e impor em ação movida pelos herdeiros, exclusivamente.

c) desde a assinatura do compromisso até a homologação da partilha, a administração da herança será exercida pelo inventariante.

d) se não se restituírem os bens sonegados, por já não os ter o sonegador em seu poder, não pagará ele a importância dos valores que ocultou, nem perdas e danos.

599. **(Consulplan/TJ/MG/Cartórios/Remoção/2018)** Assinale a alternativa incorreta:

a) será sempre judicial a partilha, se os herdeiros divergirem, assim como se algum deles for incapaz.

b) no partilhar os bens, não será observada a maior igualdade possível quanto ao seu valor, natureza e qualidade.

c) é válida a partilha feita por ascendente, por ato entre vivos ou de última vontade, contanto que não prejudique a legítima dos herdeiros necessários.

d) se os herdeiros forem capazes, poderão fazer partilha amigável, por escritura pública, termo nos autos do inventário, ou escrito particular, homologado pelo juiz.

600. **(Cespe/TJ/PI/Cartórios/Remoção/2013)** Com referência a sucessão, inventário e partilha, assinale a opção correta:

a) a constatação de vício formal no testamento público acarretará a invalidade do ato, haja vista que a formalidade lhe é legalmente imposta.

b) romper-se-á o testamento já registrado em cartório se sobrevier ao testador outro descendente depois da lavratura do ato.

c) o ato de disposição patrimonial da meação da viúva em favor dos herdeiros configura verdadeira renúncia à herança e depende da abertura da sucessão.

d) os herdeiros serão responsáveis pelo pagamento das dívidas do falecido até o momento em que for realizada a partilha.

e) além do herdeiro que não aponta a existência de bens do acervo, poderá ser tido como sonegador o herdeiro que não apontar a existência de locação de bem arrolado no inventário.

601. **(Vunesp/TJ/SP/Cartórios/Remoção/2016)** No tema relativo ao instituto da colação, assinale a alternativa correta:

a) são dispensadas da colação as doações que o doador determinar saiam da parte disponível, contanto que não a excedam, computado o seu valor ao tempo da doação.

b) são dispensadas da colação as doações que o doador determinar saiam da parte disponível, contanto que não a excedam, computado o seu valor ao tempo da abertura da sucessão.

c) a dispensa da colação só poderá ser prevista no próprio título de liberalidade.

d) o tabelião deverá obstar a doação de bens que ultrapasse o valor da legítima dos herdeiros necessários.

602. **(Faurgs/TJ/RS/Cartórios/Remoção/2015)** Assinale a alternativa que apresenta afirmação correta a respeito da disciplina das Sucessões no Código Civil:

a) havendo herdeiros necessários, o testador não pode dispor da herança.

b) o direito à sucessão aberta, bem como o quinhão de que disponha o coerdeiro, não pode ser objeto de cessão por escritura pública.

c) até a partilha, o direito dos coerdeiros, quanto à propriedade e posse da herança, será indivisível, e regular-se-á pelas normas relativas ao condomínio.

d) os direitos, conferidos ao herdeiro em consequência de substituição ou de direito de acrescer, presumem-se abrangidos pela cessão feita anteriormente.

603. **(Consulplan/TJ/MG/Cartórios/Ingresso/2015)** "João faleceu, deixando dois imóveis de mesmo valor e dois filhos, Lucas e Júlia. Na partilha, o imóvel da rua x ficou para Lucas, enquanto o imóvel da rua y, para Júlia." Nesse caso, é correto afirmar que:

a) a propriedade dos imóveis só se transmitiu com a partilha.

b) a propriedade dos imóveis só se transmitiu com o registro do formal de partilha.

c) cada filho terá direito a romper o testamento, uma vez que não foi respeitada a legítima.

d) a propriedade dos imóveis se transmitiu com a morte e se individualizou com a partilha.

604. **(Ieses/TJ/MS/Cartórios/Ingresso/2014)** Analise as assertivas abaixo sobre colação e assinale a alternativa correta ao final:

I. sujeitam-se à colação as doações feitas em adiantamento de legítima que, no entanto, somente podem ser equacionadas no inventário judicial.

II. as doações que saíram da parte disponível do sucedido não se sujeitam à colação, mas sim à nulidade da parte que eventualmente exceder o disponível (doação inoficiosa).

III. não são passíveis de colação os gastos ordinários do ascendente para com o descendente enquanto sob seu poder familiar, mesmo que desigual em relação aos demais irmãos e coerdeiros.

IV. o herdeiro donatário que descumpre obrigação de colacionar sujeita-se à pena de sonegação:

a) apenas estão corretas as assertivas I, II e III.

b) apenas estão corretas as assertivas II e IV.

c) apenas estão corretas as assertivas II, III e IV.

d) todas as assertivas estão corretas.

605. (Cespe/TJ/DFT/Cartórios/Ingresso/2014) Acerca da partilha de bens na sucessão, assinale a opção correta:

a) as liberalidades e doações recebidas deverão ser colacionadas nos autos de inventário pelos herdeiros descendentes, ascendentes e pelos que renunciaram à herança ou foram dela excluídos por indignidade ou deserção.

b) a partilha pode ser realizada de forma consensual, ou extrajudicial, quando houver acordo entre os herdeiros, mediante escritura pública, por termos nos autos de inventário, em qualquer caso, de negócio jurídico plurilateral, sendo essencial a assinatura do instrumento por todos os interessados e do curador do interditado, se houver.

c) a ação de declaração de nulidade relativa da partilha ajuizada dentro do prazo legal da rescisão da partilha consensual e do trânsito em julgado da sentença de partilha judicial, em caso de declaração de procedência do pedido, determina nova partilha, dispensando-se, entretanto, aos herdeiros a reposição de frutos e rendimentos auferidos até a anulação.

d) da partilha deverá constar auto de orçamento, incluídos os nomes do autor da herança, do inventariante, do cônjuge sobrevivente, dos herdeiros, dos legatários e dos credores admitidos, bem como o ativo, o passivo e o líquido partível, e o valor de cada quinhão.

e) por ser livre a manifestação de vontade na sucessão legítima ou testamentária, os atos jurídicos de aceitação e renúncia de herança podem ser retratados até a apresentação das últimas declarações nos autos da ação de inventário.

606. (Cespe/TJ/DFT/Cartórios/Remoção/2014) No que se refere à sobrepartilha, no âmbito do direito das sucessões, assinale a opção correta:

a) verificado o estado de indivisão de bens, é necessária a proposição de outro processo de inventário e partilha, observado o prazo prescricional da ação.

b) pelo princípio da eventualidade, admite-se a sobrepartilha do espólio somente no caso de bens sonegados que foram descobertos após a partilha da herança.

c) não é obrigatório que bens remotos da sede do juízo do inventário, litigiosos ou de liquidação morosa ou difícil fiquem para sobrepartilha, podendo os herdeiros e o cônjuge meeiro, se houver, concordar que sejam partilhados ou permaneçam indivisos.

d) na hipótese de o cônjuge herdeiro sobrevivente falecer antes da partilha dos bens do premorto, os bens omitidos no inventário não poderão ser descritos e partilhados no inventário do consorte herdeiro supérstite, não se admitindo inventário conjunto ou cumulativo.

e) realizado o inventário perante o juízo de direito da vara de órfãos e sucessões, a sobrepartilha, por sua natureza complementar, somente poderá ser realizada via judicial, em petição protocolada nos próprios autos, ainda que os interessados sejam capazes e concordes.

607. (Cespe/TJ/SE/Cartórios/Ingresso/2014) João, casado, faleceu deixando dois filhos, viúva, vários credores e quatro apartamentos, inclusive um localizado nos Estados Unidos da América. Os bens deixados foram suficientes para solver as dívidas, e os interessados no inventário são todos capazes. Com base nessa situação, assinale a opção correta de acordo com os procedimentos a serem adotados na realização de inventário e partilha extrajudicial:

a) como os interessados no inventário de João são capazes, o tabelião não pode se negar a lavrar a escritura, mesmo que haja dúvidas sobre a declaração de vontade dos herdeiros ou fundadas suspeitas de fraude.

b) os interessados no inventário devem optar pelo tabelião do foro do domicílio do autor da herança, uma vez que se aplicam ao caso as regras previstas no CPC.

c) caso haja advogado constituído para a realização do inventário e da partilha extrajudiciais, fica afastada a possibilidade de direito à gratuidade da escritura de inventário.

d) como João tinha dívidas, fica vedada a lavratura de escritura pública de inventário e partilha, ainda que os bens deixados sejam suficientes para o pagamento dos credores.

e) é vedada a lavratura de escritura pública de inventário e partilha dada a existência de bem localizado no exterior.

608. (Cespe/TJ/SE/Cartórios/Remoção/2014) Acerca das escrituras de separação, de divórcio e de inventário e partilha, assinale a opção correta:

a) o recolhimento dos tributos incidentes deve anteceder a lavratura da escritura, contudo, isentar-se-á do recolhimento aquele beneficiado por assistência judiciária em escritura pública.

b) o cessionário de direitos hereditários pode promover inventário extrajudicial, mesmo na hipótese de cessão de parte do acervo, desde que todos os herdeiros estejam presentes e concordes.

c) admite-se a lavratura de escritura pública de inventário e partilha de bens localizados fora do Brasil.

d) é obrigatório o comparecimento pessoal das partes por ocasião da lavratura de escritura pública de separação e divórcio consensuais, não se admitindo fazerem-se elas representar por mandatários, ainda que o instrumento seja público.

e) o consentimento de um dos interessados é suficiente para que a escritura pública seja retificada.

609. (Consulplan/TJ/MG/Cartórios/Ingresso/2017) O requerimento de inventário e de partilha incumbe a quem estiver na posse e na administração do espólio. O requerimento será instruído com a certidão de óbito do autor da herança. Têm, contudo, legitimidade concorrente, exceto:

a) o cônjuge ou companheiro supérstite.

b) o herdeiro.

c) o testamenteiro.

d) de ofício pelo juiz.

610. (Ieses/TJ/CE/Cartórios/Ingresso/2018) Em relação a sonegação, responda:

I. só se pode arguir de sonegação o inventariante depois de encerrada a descrição dos bens, com a declaração, por ele feita, de não existirem outros por inventariar e partir.

II. a pena de sonegadas independe de ação própria, podendo ser aplicada no inventário mediante requerimento fundamentado formulado pelos herdeiros.

III. está sujeito à pena de sonegação o herdeiro que deixar de apresentar bens que deveria colacionar.

Assinale a correta:

a) apenas as assertivas I e III são verdadeiras.

b) apenas as assertivas I e II são verdadeiras.

c) apenas a assertiva II é verdadeira.

d) todas as assertivas são verdadeiras.

8. DAS DISPOSIÇÕES FINAIS E TRANSITÓRIAS

✱ SÚMULAS

STF Súm. 122. O enfiteuta pode purgar a mora enquanto não decretado o comisso por sentença.

STF Súm. 169. Depende de sentença a aplicação da pena de comisso.

STF Súm. 170. É resgatável a enfiteuse instituída anteriormente à vigência do Código Civil.

✱ ENUNCIADOS CJF

CJF Civil 50. A partir da vigência do novo Código Civil, o prazo prescricional das ações de reparação de danos que não houver atingido a metade do tempo previsto no Código Civil de 1916 fluirá por inteiro, nos termos da nova lei (art. 206).

CJF Civil 73. Não havendo a revogação do art. 1.160 do Código Civil, nem a modificação do § 2º do art. 1.158 do mesmo diploma, é de interpretar-se este dispositivo no sentido de não aplicá-lo à denominação das sociedades anônimas e sociedades Ltda., já existentes, em razão de se tratar de direito inerente à sua personalidade.

CJF Civil 74. Apesar da falta de menção expressa, como exigido pelas LCs 95/98 e 107/2001, estão revogadas as disposições de leis especiais que contiverem matéria regulada inteiramente no novo Código Civil, como, v. g., as disposições da Lei n. 6.404/76, referente à sociedade comandita por ações, e do Decreto n. 3.708/1919, sobre sociedade de responsabilidade limitada.

CJF Civil 75. A disciplina de matéria mercantil no novo Código Civil não afeta a autonomia do Direito Comercial.

CJF Civil 137. Proposta: alteração do art. 2.044 para que o prazo da "vacatio legis" seja alterado de 1 (um) para 2 (dois) anos.

CJF **Civil 260.** A alteração do regime de bens prevista no § 2º do art. 1.639 do Código Civil também é permitida nos casamentos realizados na vigência da legislação anterior.

CJF **Civil 299.** Iniciada a contagem de determinado prazo sob a égide do Código Civil de 1916, e vindo a lei nova a reduzi-lo, prevalecerá o prazo antigo, desde que transcorrido mais de metade deste na data da entrada em vigor do novo Código. O novo prazo será contado a partir de 11 de janeiro de 2003, desprezando-se o tempo anteriormente decorrido, salvo quando o não aproveitamento do prazo já decorrido implicar aumento do prazo prescricional previsto na lei revogada, hipótese em que deve ser aproveitado o prazo já decorrido durante o domínio da lei antiga, estabelecendo-se uma continuidade temporal.

CJF **Civil 300.** A lei aplicável aos efeitos atuais dos contratos celebrados antes do novo Código Civil será a vigente na época da celebração; todavia, havendo alteração legislativa que evidencie anacronismo da lei revogada, o juiz equilibrará as obrigações das partes contratantes, ponderando os interesses traduzidos pelas regras revogada e revogadora, bem como a natureza e a finalidade do negócio.

CJF **Civil 394.** Ainda que não promovida a adequação do contrato social no prazo previsto no art. 2.031 do Código Civil, as sociedades não perdem a personalidade jurídica adquirida antes de seu advento.

CJF **Civil 395.** A sociedade registrada antes da vigência do Código Civil não está obrigada a adaptar seu nome às novas disposições.

CJF **Civil 396.** A capacidade para contratar a constituição da sociedade submete-se à lei vigente no momento do registro.

*** QUESTÕES OBJETIVAS**

611. **(Cetro/TJ/RJ/Cartórios/Ingresso/2017)** Um casal de idosos, casados sob o regime de comunhão universal de bens, procura o Cartório de Notas com o intuito de obter cópias autenticadas do contrato social de uma empresa limitada em que constam como sócios, esta constituída ainda na década de 1990. Acerca do tema, assinale a alternativa correta:

a) o contrato social apresentado pelos idosos, casados sob o regime de comunhão universal de bens, configura ato jurídico perfeito, uma vez que foi constituído antes do Código Civil de 2002, portanto, válido, ajustando-se às normas deste último no que se refere às formalidades contábeis, por exemplo.
b) o contrato social apresentado pelos idosos, casados sob o regime de comunhão universal de bens, configura ato jurídico perfeito, uma vez que foi constituído antes do Código Civil de 2002; com isso, tanto para a constituição da sociedade quanto para as formalidades contábeis, por exemplo, continuam a obedecer à legislação anterior em sua integralidade.
c) o contrato social apresentado pelos idosos, constituído antes do Código Civil de 2002, somente seria considerado ato jurídico perfeito se eles fossem casados sob a modalidade de separação obrigatória de bens.
d) o contrato social é irregular, dado que, com o advento do Código Civil de 2002, o casal tinha de ter alterado o seu regime de bens para o regime de comunhão parcial de bens.
e) o contrato social é nulo, uma vez que com o Código Civil de 2002, a empresa deveria ter sido dissolvida.

9. LEIS ESPECIAIS

9.1. Código de Defesa do Consumidor (Lei 8.078/90)

9.1.1. Disposições Gerais, Dos Direitos Básicos

*** SÚMULAS**

STJ **Súm. 297.** O Código de Defesa do Consumidor é aplicável às instituições financeiras.

STJ **Súm. 506.** A Anatel não é parte legítima nas demandas entre a concessionária e o usuário de telefonia decorrentes de relação contratual.

STJ **Súm. 563.** O Código de Defesa do Consumidor é aplicável às entidades abertas de previdência complementar, não incidindo nos contratos previdenciários celebrados com entidades fechadas.

STJ **Súm. 602.** O Código de Defesa do Consumidor é aplicável aos empreendimentos habitacionais promovidos pelas sociedades cooperativas.

STJ **Súm. 608.** Aplica-se o Código de Defesa do Consumidor aos contratos de plano de saúde, salvo os administrados por entidades de autogestão.

*** REPERCUSSÃO & REPETITIVOS**

STF Repercussão Geral 210. Nos termos do art. 178 da CF, as normas e os tratados internacionais limitadores da responsabilidade das transportadoras aéreas de passageiros, especialmente as Convenções de Varsóvia e Montreal, têm prevalência em relação ao CDC. (RE 636331, 25.5.2017)

✱ ENUNCIADOS CJF

CJF Comercial 9. Quando aplicado às relações jurídicas empresariais, o art. 50 do Código Civil não pode ser interpretado analogamente ao art. 28, § 5º, do CDC ou ao art. 2º, § 2º, da CLT.

CJF Comercial 19. Não se aplica o Código de Defesa do Consumidor às relações entre sócios/acionistas ou entre eles e a sociedade.

CJF Comercial 20. Não se aplica o Código de Defesa do Consumidor aos contratos celebrados entre empresários em que um dos contratantes tenha por objetivo suprir-se de insumos para sua atividade de produção, comércio ou prestação de serviços.

✱ INFORMATIVOS

STJ Ação indenizatória. Extravio de bagagem. Responsabilidade das transportadoras aéreas de passageiros. Indenização tarifada. Preponderância das Convenções de Varsóvia e Montreal em relação ao CDC. Em adequação ao entendimento do STF, é possível a limitação, por legislação internacional espacial, do direito do passageiro à indenização por danos materiais decorrentes de extravio de bagagem. REsp 673.048, Rel. Min. Marco Aurélio Bellizze, DJ 18.5.2018. 3ª T. (Info 626)

✱ QUESTÕES DISCURSIVAS

38. **(Cespe/TJ/PI/Cartórios/2013)** "Nos artigos 2º, caput, e 3º do Código de Defesa do Consumidor (CDC), são apresentados, respectivamente, os conceitos de consumidor padrão e fornecedor de serviços ou produtos. De acordo com o mesmo diploma legal, as normas que regem o direito do consumidor incidem diretamente sobre os órgãos públicos ou sobre suas empresas, concessionárias, permissionárias e demais modalidades de empreendimento de caráter público. O tema sempre gerou discussões doutrinárias e jurisprudenciais, que desencadearam o surgimento de três interpretações: (i) a extensiva; (ii) a de que a prestação do serviço deve ser remunerada e (iii) a de que os serviços custeados por tributos não estão sob a incidência do CDC. Tal divergência também é aplicada aos serviços notariais e de registro, uma vez que o artigo 236 da Constituição Federal estabelece que as atividades devem ser exercidas em caráter privado, por delegação do poder público, enquadrando-se, por conseguinte, no conceito abrangente de serviços públicos". Com base nas informações do texto acima, disserte sobre as correntes atualmente existentes acerca da matéria, abordando, necessariamente, os fundamentos jurídicos que as amparam e a possibilidade de aplicação do CDC aos serviços públicos e às atividades praticadas por notários e registradores.

39. **(Cetro/TJ/RJ/Cartórios/Ingresso/2012)** José foi até o Cartório de Protestos e Títulos de Florença Carioca para realizar o pagamento de um título, no qual figura como devedor. Enquanto aguardava ser atendido, resolveu fazer uma reclamação nos seguintes termos: "É um absurdo ter que esperar para ser atendido." O Sr. Pedro, que atendia o balcão, respondeu para José nos seguintes termos: "Caloteiro tem mais é que esperar mesmo". Diante do narrado acima, discorra sobre a possibilidade de José fazer um pedido de indenização ao Cartório com fundamento no Código de Defesa do Consumidor, focalizando, no que couber, sobre as controvérsias referentes ao tema.

✱ QUESTÕES OBJETIVAS

612. **(Cespe/TJ/ES/Cartórios/Remoção/2013)** A respeito do sistema de financiamento imobiliário e dos contratos imobiliários, assinale a opção correta:

a) o STJ firmou o entendimento de que é possível a utilização da taxa referencial na atualização do saldo devedor de contrato vinculado ao SFH.

b) de acordo com o STJ, não há limitação legal à taxa de juros remuneratórios prevista na Lei de Usura no contrato de financiamento imobiliário vinculado ao sistema de carteira hipotecária livre.

c) de acordo com entendimento pacificado no STJ, a capitalização mensal de juros remuneratórios é admissível nos contratos de financiamento imobiliário.

d) o STJ firmou entendimento no sentido de que é ilegal responsabilizar os mutuários finais pelos resíduos dos saldos devedores existentes.

e) o entendimento jurisprudencial do STJ se pacificou no sentido de que não se aplica o Código de Defesa do Consumidor aos contratos regidos pelas regras do SFH.

613. **(Ieses/TJ/AM/Cartórios/Ingresso/2018)** O art. 2º , caput, do Código de Defesa do Consumidor dispõe que "Consumidor é toda pessoa física ou jurídica que adquire ou utiliza produto ou serviço como destinatário final". Ainda acerca da figura do Consumidor, e também segundo o disposto na Lei n. 8.078/90, assinale a alternativa correta:

a) segundo a Lei n. 8.078/90 em sede de Responsabilidade Civil pelo Fato do Produto e do Serviço as vítimas do evento danoso não são equiparadas aos consumidores.

b) equipara-se a consumidor todas as vítimas do evento que implique Responsabilidade Civil por vício do Produto e do Serviço.

c) equipara-se a consumidor a coletividade de pessoas, ainda que indetermináveis, tenham ou não intervindo nas relações de consumo.

d) equipara-se a consumidor a coletividade de pessoas, ainda que indetermináveis, que haja intervindo nas relações de consumo.

614. **(Ieses/TJ/PA/Cartórios/Remoção/2016)** O consumidor pode desistir do contrato, sempre que a contratação de fornecimento de produtos e serviços ocorrer fora do estabelecimento comercial, especialmente por telefone ou a domicílio, no prazo de:

a) 07 dias a contar de sua assinatura ou do ato de recebimento do produto ou serviço.

b) 15 dias a contar de sua assinatura ou do ato de recebimento do produto ou serviço.

c) 30 dias a contar de sua assinatura ou do ato de recebimento do produto ou serviço.

d) 60 dias a contar de sua assinatura ou do ato de recebimento do produto ou serviço.

615. **(Consulplan/TJ/MG/Cartórios/Ingresso/2016)** Pelo site de uma loja virtual, Carine adquiriu uma batedeira, parcelando diversas vezes no cartão de crédito. Ao receber o produto, embora tenha constatado ser de boa qualidade, concluiu que agiu compulsivamente. Por esta razão, no dia em que o recebeu, contatou o serviço de assistência ao consumidor (SAC), postulando o desfazimento do negócio, e que a transação não seja lançada na fatura. Nos termos do Código Defesa do Consumidor, a loja virtual:

a) deverá aceitar a batedeira. O consumidor tem o direito de se arrepender de uma compra, no entanto, sendo de sua responsabilidade informar individualmente ao fornecedor e à instituição financeira ou administradora de cartão de crédito o seu arrependimento, para o estorno do valor pago pela mercadoria adquirida.

b) não terá que desfazer o negócio, pois o direito de arrependimento garante apenas a troca do bem, não a devolução das quantias pagas. Caso a loja resolva desfazer, considera-se mera liberalidade.

c) deverá aceitar a batedeira, cancelar junto à operadora ou que seja efetivado o estorno do valor atualizado, caso o lançamento na fatura já tenha sido realizado.

d) não terá que desfazer o negócio, tendo em vista que o Código de Defesa do Consumidor garante o direito de arrependimento somente em virtude de vícios ou defeitos.

616. **(Consulplan/TJ/MG/Cartórios/Ingresso/2017)** Stanislau, após fazer pesquisa de preços, acabou comprando uma geladeira e dividiu o pagamento da mesma em 24 prestações iguais e mensais de R$200,00 reais. Pagou corretamente todas as prestações e após 20 dias do último pagamento recebeu um boleto da loja cobrando-lhe R$500,00 a título de encargos moratórios, sendo que o boleto deveria ser pago em 48 horas, sob pena de remessa do nome do Stanislau para os órgãos de proteção de crédito. Com receio de "sujar" o seu nome, Stanislau efetuou o pagamento. Nos exatos termos da Lei n. 8.078/90 (Código de Defesa do Consumidor), Stanislau:

a) não terá nenhum valor a ser ressarcido.

b) receberá o valor de R$500,00, acrescido de correção monetária e juros legais, salvo hipótese de erro justificável.

c) receberá o valor de R$1.000,00, acrescido de correção monetária e juros legais, salvo hipótese de erro justificável.

d) receberá o valor de R$1.500,00, acrescido de correção monetária e juros legais, salvo hipótese de erro justificável.

617. **(Ieses/TJ/AM/Cartórios/Ingresso/2018)** Segundo a Lei n. 8.078/90, são Direitos Básicos do Consumidor:

I. a educação e divulgação sobre o consumo adequado dos produtos e serviços, asseguradas a liberdade de escolha e a igualdade nas contratações.

II. a informação adequada e clara sobre os diferentes produtos e serviços, com especificação correta de quantidade, características, composição, qualidade, tributos incidentes e preço, bem como sobre os riscos que apresentem.

III. a adequada e eficaz prestação dos serviços públicos em geral.

É correto o que se afirma em:

a) apenas as assertivas I e III.

b) apenas as assertivas I e II.

c) as assertivas I, II e III.

d) apenas as assertivas II e III.

618. **(Ieses/TJ/RN/Cartórios/Ingresso/2012)** Considerem-se as seguintes afirmações quanto aos direitos do consumidor:

I. Informação precisa é aquela exata e definida, que esteja vinculada ao produto ou serviço de forma física ou visual, sem embaraço físico ou visual.

II. A necessidade de cálculos para compreensão do serviço ou produto não fere o direito do consumidor à informação clara.

III. Consumidor hipossuficiente é apenas aquele em desvantagem econômica perante o prestador de serviço ou o comerciante de um produto.

Diante de tais afirmações, é correto afirmar que:

a) Apenas o item I está correto.

b) Apenas o item II está correto.

c) Os itens I e III estão corretos.

d) Os itens I e II estão corretos.

9.1.2. *Da Qualidade de Produtos e Serviço*

✱ INOVAÇÕES LEGISLATIVAS

▲ CDC. Título I – Dos Direitos do Consumidor, Capítulo IV – Da Qualidade de Produtos e Serviços, da Prevenção e da Reparação dos Danos, Seção I – Da Proteção à Saúde e Segurança

▲ Art. 8º (...). § 1º Em se tratando de produto industrial, ao fabricante cabe prestar as informações a que se refere este artigo, através de impressos apropriados que devam acompanhar o produto. § 2º O fornecedor deverá higienizar os equipamentos e utensílios utilizados no fornecimento de produtos ou serviços, ou colocados à disposição do consumidor, e informar, de maneira ostensiva e adequada, quando for o caso, sobre o risco de contaminação. (Modificações: Lei 13.486/17)

✱ SÚMULAS

1) Da Responsabilidade pelo Fato/Vício

STF **Súm. 28.** O estabelecimento bancário é responsável pelo pagamento de cheque falso, ressalvadas as hipóteses de culpa exclusiva ou concorrente do correntista.

STJ **Súm. 479.** As instituições financeiras respondem objetivamente pelos danos gerados por fortuito interno relativo a fraudes e delitos praticados por terceiros no âmbito de operações bancárias.

STJ **Súm. 595.** As instituições de ensino superior respondem objetivamente pelos danos suportados pelo aluno/consumidor pela realização de curso não reconhecido pelo Ministério da Educação, sobre o qual não lhe tenha sido dada prévia e adequada informação.

2) Da Decadência e da Prescrição

STJ **Súm. 412.** A ação de repetição de indébito de tarifas de água e esgoto sujeita-se ao prazo prescricional estabelecido no Código Civil.

STJ **Súm. 477.** A decadência do art. 26 do CDC não é aplicável à prestação de contas para obter esclarecimentos sobre cobrança de taxas, tarifas e encargos bancários.

✱ ENUNCIADOS CJF

CJF **Civil 552.** Constituem danos reflexos reparáveis as despesas suportadas pela operadora de plano de saúde decorrentes de complicações de procedimentos por ela não cobertos.

✱ INFORMATIVOS

STJ **Responsabilidade civil e consumidor. Crime de roubo. Emprego de arma de fogo. "Drive-thru" de lanchonete. Fortuito interno. Súm. 130/STJ. Aplicabilidade.** A lanchonete responde pela reparação de danos sofridos pelo consumidor que foi vítima de crime ocorrido no "drive-thru" do estabelecimento comercial. REsp 1.450.434, Rel. Min. Luis Felipe Salomão, DJ 9.11.2018. 4ª T. (Info 637)

STJ **Bancorbrás. Hotel conveniado. Má prestação de serviço. Solidariedade entre todos os integrantes da cadeia de fornecimento de serviços. Legitimidade passiva "ad causam".** A Bancorbrás é parte legítima para figurar no polo passivo de ação indenizatória de dano moral decorrente de defeito do serviço prestado por hotel integrante de sua rede conveniada. REsp 1.378.284, Rel. Min. Luis Felipe Salomão, DJ 7.3.2018. 4ª T. (Info 620)

STJ **Aquisição de pacote de biscoito com corpo estranho no recheio de um dos biscoitos. Não ingestão. Levar à boca. Exposição do consumidor a risco concreto de lesão à saúde e segurança. Fato do produto. Existência de dano moral.** O simples "levar à boca" do alimento industrializado com corpo estranho gera dano moral "in re ipsa", independentemente de sua ingestão. REsp 1.644.405, Rel. Min. Nancy Andrighi, DJ 17.11.2017. 3ª T. (Info 616)

STJ **Vício do produto. Reparação em 30 dias. Dever de sanação do comerciante, assistência técnica ou diretamente do fabricante. Direito de escolha do consumidor.** Cabe ao consumidor a escolha para exercer seu direito de ter sanado o vício do produto em 30 dias – levar o produto ao comerciante, à assistência técnica ou diretamente ao fabricante. REsp 1.634.851, Rel. Min. Nancy Andrighi, DJ 15.2.2018. 3ª T. (Info 619)

STJ **Contrato de mútuo garantido por penhor de joias subtraídas na constância do contrato. Falha no serviço. Ação de indenização. Prescrição quinquenal. Art. 27 do CDC.** As pretensões indenizatórias decorrentes do furto de joias, objeto de penhor em instituição financeira, prescrevem em 5 anos, de acordo com o disposto no art. 27 do CDC. REsp 1.369.579, Rel. Min. Luis Felipe Salomão, DJ 23.11.2017. 4ª T. (Info 616)

STJ **Consórcio de empresas. Relação de consumo. Solidariedade. Art. 28, § 3º, do CDC. Interpretação restritiva. Correlação com as obrigações resultantes do objeto do consórcio. Necessidade.** Há solidariedade entre as sociedades consorciadas em relação às obrigações derivadas de relação de consumo desde que essas obrigações guardem correlação com a esfera de atividade do consórcio. REsp 1.635.637, Rel. Min. Nancy Andrighi, DJ 21.9.2018. 3ª T. (Info 633)

* QUESTÕES DISCURSIVAS

40. **(Consulplan/TJ/MG/Cartórios/Ingresso/2016)** João Silva, que sempre teve aparente boa saúde, participava de uma festa de aniversário familiar, quando sofreu mal súbito. Socorrido a tempo pelo SAMU, com primeiros socorros, foi levado ao Hospital São Geraldo, que fazia parte de seu seguro saúde, onde teve de se submeter a uma cirurgia de emergência para retirada da vesícula biliar, sendo operado pela equipe do cirurgião Dr. Joaquim, do corpo clínico daquele nosocômio, que tinha título de especialista em cirurgia, cardiologia e clínica geral. Tudo correu bem no ato cirúrgico. Ocorre que, quando foi levado para a sala de repouso, o paciente sofreu um infarto fulminante, voltou de imediato para o bloco cirúrgico e, no curso no novo procedimento operatório, veio ele a óbito. A família de João Silva ingressou com ação de indenização por danos materiais e morais contra o médico e o hospital, já que o paciente estava sob a responsabilidade de ambos os réus e a eles cabia zelar pela saúde, bem-estar e segurança do paciente. Com base no caso narrado, disserte acerca da obrigação de meio e da obrigação de resultado, com enfoque para sua natureza jurídica, seu conceito e a responsabilidade civil do médico e do hospital frente ao Código Civil e Código de Defesa do Consumidor e, ao final, fundamente se deveriam ser condenados ambos os réus, apenas um deles ou nenhum deles.

* QUESTÕES OBJETIVAS

619. **(Cespe/TJ/RR/Cartórios/Ingresso/2013)** Em relação ao disposto no CDC, no ECA, no Estatuto do Idoso e na Lei de Locação de Imóveis Urbanos, assinale a opção correta:

a) a sentença judicial que autorizar adoção de criança ou adolescente deve ser inscrita no registro civil mediante mandado do qual se fornecerá certidão a quem assim o requerer.

b) considera-se prioritária, em qualquer instância, a tramitação dos processos e procedimentos judiciais, bem como a execução dos atos e diligências judiciais, em que figure como parte ou interveniente pessoa com idade igual ou superior a sessenta anos de idade, cessando a prioridade com a morte do beneficiado, mesmo que este deixe cônjuge maior de sessenta anos de idade.

c) o contrato de locação tem caráter pessoal, de modo que, com a morte do locador, a locação não se transmite aos herdeiros.

d) em se tratando de responsabilidade pelo fato do produto, o comerciante será responsável pela reparação dos danos quando, por exemplo, não conservar adequadamente os produtos perecíveis.

e) a reclamação comprovadamente formulada pelo consumidor perante o fornecedor de produtos e serviços não tem poder para obstar a decadência.

620. **(Ieses/TJ/RN/Cartórios/Remoção/2012)** Quanto à responsabilidade pelo serviço, é correto afirmar:

a) o prestador responsabiliza-se por todos os danos decorrentes do evento, mesmo que tais vítimas não sejam consumidores.
b) o profissional liberal responde objetivamente pelos serviços que prestar.
c) o surgimento de nova técnica torna defeituoso o serviço já prestado.
d) a época em que o serviço foi prestado não é relevante para constatação do defeito.

621. **(FCC/TJ/PE/Cartórios/Remoção/2013)** Paulo adquiriu um veículo novo de uma determinada concessionária situada em Recife. Após vinte dias da retirada do automóvel da referida concessionária este apresentou problemas no câmbio. As fornecedoras (fabricante e concessionária) terão o prazo máximo de trinta dias para sanar o vício sem comprometer a qualidade ou características do produto, prazo este que:

a) poderá ser reduzido pelas partes e jamais ampliado.
b) não poderá ser reduzido ou ampliado pelas partes.
c) poderá ser reduzido ou ampliado pelas partes, não podendo ser inferior a sete nem superior a cento e oitenta dias.
d) poderá ser reduzido ou ampliado pelas partes, não podendo ser inferior a quinze nem superior a noventa dias.
e) poderá ser reduzido ou ampliado pelas partes, não podendo ser inferior a dez nem superior a sessenta dias.

622. **(Ieses/TJ/AM/Cartórios/Remoção/2018)** Os fornecedores respondem solidariamente pelos vícios de quantidade do produto sempre que, respeitadas as variações decorrentes de sua natureza, seu conteúdo líquido for inferior às indicações constantes do recipiente, da embalagem, rotulagem ou de mensagem publicitária, podendo o consumidor exigir, alternativamente e à sua escolha:

I. o abatimento proporcional do preço.
II. complementação do peso ou medida.
III. a substituição do produto por outro da mesma espécie, marca ou modelo, sem os aludidos vícios.
IV. a restituição imediata da quantia paga, monetariamente atualizada, sem prejuízo de eventuais perdas e danos.

A sequência correta é:

a) apenas a assertiva IV está correta.
b) as assertivas I, II, III e IV estão corretas.
c) apenas as assertivas I e II estão corretas.
d) apenas as assertivas II e IV estão incorretas.

623. **(Ieses/TJ/RO/Cartórios/Ingresso/2017)** É certo afirmar:

I. vícios redibitórios e vícios de qualidade e quantidade tratam da mesma espécie de defeito.
II. a estipulação em favor de terceiro é o negócio jurídico por meio do qual se ajusta uma vantagem pecuniária em prol de pessoa que não o celebra, mas se restringe a colher seus benefícios.
III. a lei consumerista adotou o mesmo critério do Código Civil, uma vez que estabelece que os prazos de reclamação pelo vício intrínseco são de natureza decadencial, pouco importando se o pedido deduzido em juízo será o da redibição ou da estimação.
IV. uma das regras básicas da promessa de fato de terceiro é de que uma vez notificado, o terceiro deve declarar se concorda ou não em integrar o vínculo, na condição de devedor de uma obrigação de fazer.

Analisando as proposições, pode-se afirmar:

a) somente as proposições II e IV estão corretas.
b) somente as proposições III e IV estão corretas.
c) somente as proposições I e III estão corretas.
d) somente as proposições I, e II estão corretas.

624. **(Consulplan/TJ/MG/Cartórios/Remoção/2018)** Em sede do Código de Defesa do Consumidor, o prazo para reclamar sobre vício oculto de produto durável é de:

a) 30 (trinta) dias a contar da entrega do produto.
b) 90 (noventa) dias a contar da aquisição do produto.
c) 45 (quarenta e cinco) dias a contar da entrega do produto.
d) 90 (noventa) dias a contar do momento em que ficar evidenciado o defeito.

625. **(Faurgs/TJ/RS/Cartórios/Remoção/2015)** A prescrição da pretensão à reparação pelos danos causados por fato do produto ou do serviço prevista na legislação de proteção e defesa do consumidor, iniciando-se o prazo do conhecimento do dano e de sua autoria, se dá em:

a) cinco anos.
b) três anos.
c) um ano.
d) seis meses.

626. **(Consulplan/TJ/MG/Cartórios/Remoção/2017)** Nos termos do Código de Proteção do Consumidor, o direito de reclamar pelos vícios aparentes ou de fácil constatação caduca em:

a) quarenta e cinco dias, tratando-se de fornecimento de serviço e de produtos não duráveis.

b) trinta dias, tratando-se de fornecimento de serviço e de produtos não duráveis.

c) cento e vinte dias, tratando-se de fornecimento de serviço e de produtos duráveis.

d) cento e oitenta dias, tratando-se de fornecimento de serviço e de produtos não duráveis.

627. **(Ieses/TJ/RO/Cartórios/Remoção/2017)** O direito de reclamar pelos vícios aparentes ou de fácil constatação presentes em produtos ou serviços caduca em:

a) 30 (trinta) dias, para serviço e de produtos não duráveis e 90 (noventa) dias, para serviço e de produtos duráveis.

b) 45 (quarenta e cinco) dias, para serviço e de produtos não duráveis e 90 (noventa) dias, para serviço e de produtos duráveis.

c) 30 (trinta) dias, para serviço e de produtos não duráveis e 60 (sessenta) dias, para serviço e de produtos duráveis.

d) 90 (noventa) dias, para serviço e de produtos não duráveis e 180 (cento e oitenta) dias, para serviço e de produtos duráveis.

9.1.3. Das Práticas Comerciais

✱ INOVAÇÕES LEGISLATIVAS

▲ CDC. Título I – Dos Direitos do Consumidor, Capítulo V – Das Práticas Comerciais, Seção IV – Das Práticas Abusivas

▲ Art. 39. É vedado ao fornecedor de produtos ou serviços, dentre outras práticas abusivas: (...) XIV – permitir o ingresso em estabelecimentos comerciais ou de serviços de um número maior de consumidores que o fixado pela autoridade administrativa como máximo. (Modificações: Lei 13.425/17)

✱ SÚMULAS

1) Das Práticas Abusivas

STJ **Súm. 532.** Constitui prática comercial abusiva o envio de cartão de crédito sem prévia e expressa solicitação do consumidor, configurando-se ato ilícito indenizável e sujeito à aplicação de multa administrativa.

STJ **Súm. 609.** A recusa de cobertura securitária, sob a alegação de doença preexistente, é ilícita se não houve a exigência de exames médicos prévios à contratação ou a demonstração de má-fé do segurado.

2) Da Cobrança de Dívidas

STF **Súm. 159.** Cobrança excessiva, mas de boa fé, não dá lugar às sanções do art. 1.531 do Código Civil.

3) Dos Bancos de Dados e Cadastros de Consumidores

STJ **Súm. 323.** A inscrição do nome do devedor pode ser mantida nos serviços de proteção ao crédito até o prazo máximo de cinco anos, independentemente da prescrição da execução.

STJ **Súm. 359.** Cabe ao órgão mantenedor do cadastro de proteção ao crédito a notificação do devedor antes de proceder à inscrição.

STJ **Súm. 385.** Da anotação irregular em cadastro de proteção ao crédito, não cabe indenização por dano moral, quando preexistente legítima inscrição, ressalvado o direito ao cancelamento.

STJ **Súm. 404.** É dispensável o aviso de recebimento (AR) na carta de comunicação ao consumidor sobre a negativação de seu nome em bancos de dados e cadastros.

STJ **Súm. 548.** Incumbe ao credor a exclusão do registro da dívida em nome do devedor no cadastro de inadimplentes no prazo de cinco dias úteis, a partir do integral e efetivo pagamento do débito.

STJ **Súm. 550.** A utilização de escore de crédito, método estatístico de avaliação de risco que não constitui banco de dados, dispensa o consentimento do consumidor, que terá o direito de solicitar esclarecimentos sobre as informações pessoais valoradas e as fontes dos dados considerados no respectivo cálculo.

STJ **Súm. 572.** O Banco do Brasil, na condição de gestor do Cadastro de Emitentes de Cheques sem Fundos (CCF), não tem a responsabilidade de notificar previamente o devedor acerca da sua inscrição no aludido cadastro, tampouco legitimidade passiva para as ações de reparação de danos fundadas na ausência de prévia comunicação.

✱ REPERCUSSÃO & REPETITIVOS

STJ **Repetitivo 699.** Na hipótese de débito estrito de recuperação de consumo efetivo por fraude no aparelho medidor atribuída ao consumidor, desde que apurado em observância aos princípios do contraditório e da ampla defesa, é possível o corte administrativo do fornecimento do serviço de energia elétrica, mediante prévio aviso ao consumidor, pelo inadimplemento do consumo recuperado correspondente ao período de 90 dias anterior à constatação da fraude, contanto que executado o corte em até 90 dias após o vencimento do débito, sem prejuízo do direito de a concessionária utilizar os meios judiciais ordinários de cobrança da dívida, inclusive antecedente aos mencionados 90 dias de retroação. (REsp 1412433, 28.9.2018)

STJ **Repetitivo 915.** Em relação ao sistema "credit scoring", o interesse de agir para a propositura da ação cautelar de exibição de documentos exige, no mínimo, a prova de: i) requerimento para obtenção dos dados ou, ao menos, a tentativa de fazê-lo à instituição responsável pelo sistema de pontuação, com a fixação de prazo razoável para atendimento; e ii) que a recusa do crédito almejado ocorreu em razão da pontuação que lhe foi atribuída pelo sistema "scoring". (REsp 1304736, 24.2.2016)

STJ **Repetitivo 922.** A inscrição indevida comandada pelo credor em cadastro de inadimplentes, quando preexistente legítima anotação, não enseja indenização por dano moral, ressalvado o direito ao cancelamento. Inteligência da Súm. 385/STJ. (REsp 1386424, 27.4.2016)

STJ **Repetitivo 939.** Legitimidade passiva "ad causam" da incorporadora, na condição de promitente-vendedora, para responder pela restituição ao consumidor dos valores pagos a título de comissão de corretagem e de taxa de assessoria técnico-imobiliária, nas demandas em que se alega prática abusiva na transferência desses encargos ao consumidor. (REsp 1551951, 24.8.2016)

* INFORMATIVOS

STJ **Ação de obrigação de fazer. Corretora de criptomoedas. Rescisão unilateral do contrato de conta-corrente. Prévia e regular notificação realizada pela instituição financeira. Inexistência de prática comercial abusiva ou exercício abusivo do direito.** O encerramento de conta-corrente usada na comercialização de criptomoedas, observada a prévia e regular notificação, não configura prática comercial abusiva ou exercício abusivo do direito. REsp 1.696.214, Rel. Min. Marco Aurélio Bellizze, DJ 16.10.2018. 3ª T. (Info 636)

STJ **Contrato de transporte aéreo de pessoas. Trechos de ida e volta adquiridos conjuntamente. Não comparecimento do passageiro para o trecho de ida ("no show"). Cancelamento de viagem de volta. Conduta abusiva.** É abusiva a prática comercial consistente no cancelamento unilateral e automático de um dos trechos da passagem aérea, sob a justificativa de não ter o passageiro se apresentado para embarque no voo antecedente. REsp 1.595.731, Rel. Min. Luis Felipe Salomão, DJ 1.2.2018. 4ª T. (Info 618)

STJ **Responsabilidade civil. Indenização por danos morais. Empréstimo bancário. Mútuo feneratício. Desconto das parcelas. Conta-corrente em que depositado o salário. Ausência de ato ilícito. Súm. 603/STJ. Interpretação. Cancelamento.** É lícito o desconto em conta-corrente bancária comum, ainda que usada para recebimento de salário, das prestações de contrato de empréstimo bancário livremente pactuado, sem que o correntista, posteriormente, tenha revogado a ordem. REsp 1.555.722, Rel. Min. Lázaro Guimarães, DJ 25.9.2018. 2ª S. (Info 634)

STJ **Cartão de crédito. Cláusulas abusivas. Compartilhamento de dados pessoais. Necessidade de opção por sua negativa. Desrespeito aos princípios da transparência e confiança.** É abusiva e ilegal cláusula prevista em contrato de prestação de serviços de cartão de crédito que autoriza o banco contratante a compartilhar dados dos consumidores com outras entidades financeiras ou mantenedoras de cadastros positivos e negativos de consumidores, sem que seja dada opção de discordar daquele compartilhamento. REsp 1.348.532, Rel. Min. Luis Felipe Salomão, DJ 30.11.2017. 4ª T. (Info 616)

STJ **Responsabilidade civil. Indenização por danos morais. Empréstimo bancário. Mútuo feneratício. Desconto das parcelas. Conta-corrente em que depositado o salário. Ausência de ato ilícito. Súm. 603/STJ. Interpretação. Cancelamento.** É lícito o desconto em conta-corrente bancária comum, ainda que usada para recebimento de salário, das prestações de contrato de empréstimo bancário livremente pactuado, sem que o correntista, posteriormente, tenha revogado a ordem. REsp 1.555.722, Rel. Min. Lázaro Guimarães, DJ 25.9.2018. 2ª S. (Info 634)

STJ **Cartão de crédito. Cláusulas abusivas. Compartilhamento de dados pessoais. Necessidade de opção por sua negativa. Desrespeito aos princípios da transparência e confiança.** É abusiva e ilegal cláusula prevista em contrato de prestação de serviços de cartão de crédito que autoriza o banco contratante a compartilhar dados dos consumidores com outras entidades financeiras ou mantenedoras de cadastros positivos e negativos de consumidores, sem que seja dada opção de discordar daquele compartilhamento. REsp 1.348.532, Rel. Min. Luis Felipe Salomão, DJ 30.11.2017. 4ª T. (Info 616)

STJ Inscrição indevida em cadastro de inadimplentes. Multa cominatória fixada em demanda pretérita. Descumprimento. Dano moral configurado. Cumulação. Possibilidade. É cabível o pedido de indenização por danos morais em razão de descumprimento de ordem judicial em demanda pretérita envolvendo as mesmas partes, na qual foi fixada multa cominatória. REsp 1.689.074, Rel. Min. Moura Ribeiro, DJ 18.10.2018. 3ª T. (Info 636)

STJ Entidades mantenedoras de cadastros de proteção ao crédito. Princípio da veracidade da informação. Art. 43 do CDC. Prazos de manutenção de informação no cadastro de inadimplentes. Informação decorrente de protesto de títulos. Informação do prazo de vencimento da dívida. Necessidade. Responsabilidade da instituição arquivista. As entidades mantenedoras de cadastros de proteção ao crédito não devem incluir em sua base de dados informações coletadas dos cartórios de protestos sem a informação do prazo de vencimento da dívida, sendo responsáveis pelo controle de ambos os limites temporais estabelecidos no art. 43 da Lei 8.078/90. REsp 1.630.889, Rel. Min. Nancy Andrighi, DJ 21.9.2018. 3ª T. (Info 633)

STJ Entidades mantenedoras de cadastros de proteção ao crédito. Princípio da finalidade. Princípio da veracidade da informação. Art. 43, § 1º, do CDC. Prazo de manutenção de informação no cadastro de inadimplentes. Termo inicial. O termo inicial do prazo máximo de cinco anos que o nome de devedor pode ficar inscrito em órgão de proteção ao crédito é o dia seguinte à data de vencimento da dívida. REsp 1.630.889, Rel. Min. Nancy Andrighi, DJ 21.9.2018. 3ª T. (Info 633)

✱ QUESTÕES OBJETIVAS

628. (Cespe/TJ/BA/Cartórios/Remoção/2013) Considerando a jurisprudência do STJ acerca das relações de consumo e dos direitos do consumidor, assinale a opção correta:

a) por ser absoluta a proteção ao consumidor, a abusividade de cláusula inserida em contrato bancário pode ser reconhecida de ofício pelo julgador.

b) afastar-se-á a aplicação do CDC quando o produto for adquirido para a implementação de atividade econômica, sendo irrelevante o fato de eventualmente estar caracterizada a hipossuficiência econômica do adquirente.

c) cabe ao órgão mantenedor do cadastro de proteção ao crédito enviar ao consumidor carta, com aviso de recebimento, acerca da negativação de seu nome em bancos de dados e cadastros.

d) independentemente da prescrição da pretensão executória, a inscrição do nome do devedor pode ser mantida nos serviços de proteção ao crédito até o prazo de cinco anos.

e) ainda que preexista anotação legítima, o consumidor tem direito à indenização por dano moral decorrente de anotação irregular em cadastro de proteção ao crédito.

629. (Ieses/TJ/AM/Cartórios/Ingresso/2018) Acerca da Publicidade e sua disciplina na Lei n. 8.078/90, considere as seguintes afirmações:

I. é enganosa, dentre outras a publicidade discriminatória de qualquer natureza, a que incite à violência, explore o medo ou a superstição, se aproveite da deficiência de julgamento e experiência da criança, desrespeita valores ambientais, ou que seja capaz de induzir o consumidor a se comportar de forma prejudicial ou perigosa à sua saúde ou segurança.

II. a publicidade é enganosa por omissão quando deixar de informar sobre dado essencial do produto ou serviço.

III. o ônus da prova da veracidade e correção da informação ou comunicação publicitária cabe a quem as patrocina. A experiência comum, não se costuma assinar, como livros empresariais e assentos domésticos.

É correto o que se afirma em:

a) apenas as assertivas II e III.

b) as assertivas I, II e III.

c) apenas as assertivas I e III.

d) apenas as assertivas I e II.

9.1.4. *Da Proteção Contratual*

✱ SÚMULAS

STJ Súm. 302. É abusiva a cláusula contratual de plano de saúde que limita no tempo a internação hospitalar do segurado.

STJ **Súm. 322.** Para a repetição de indébito, nos contratos de abertura de crédito em conta corrente, não se exige a prova do erro.

STJ **Súm. 381.** Nos contratos bancários, é vedado ao julgador conhecer, de ofício, da abusividade das cláusulas.

STJ **Súm. 597.** A cláusula contratual de plano de saúde que prevê carência para utilização dos serviços de assistência médica nas situações de emergência ou de urgência é considerada abusiva se ultrapassado o prazo máximo de 24 horas contado da data da contratação.

* INFORMATIVOS

STJ **Plano de assistência à saúde. Atendimento ambulatorial. Urgência e emergência. Cobertura limitada a 12 horas. Abusividade da cláusula contratual. Inocorrência. Súm. 302/STJ. Inaplicabilidade.** O teor da Súm. 302/STJ, que dispõe ser abusiva a cláusula contratual de plano de saúde que limita no tempo a internação hospitalar do segurado, refere-se, expressamente, à segmentação hospitalar, e não à ambulatorial. REsp 1.764.859, Rel. Min. Marco Aurélio Bellizze, DJ 8.11.2018. 3ª T. (Info 637)

* QUESTÕES OBJETIVAS

630. **(Consulplan/TJ/MG/Cartórios/Ingresso/2014)** Sobre as normas do contrato de adesão, previstas no Código de Defesa do Consumidor, é correta a afirmação, exceto:

a) a inserção de cláusula no formulário não desfigura a natureza de adesão do contrato.

b) nos contratos de adesão não se admite cláusula resolutória.

c) contrato de adesão é aquele cujas cláusulas tenham sido aprovadas pela autoridade competente ou estabelecidas unilateralmente pelo fornecedor de produtos ou serviços, sem que o consumidor possa discutir ou modificar substancialmente seu conteúdo.

d) as cláusulas que implicarem limitação de direito do consumidor deverão ser redigidas com destaque, permitindo sua imediata e fácil compreensão.

631. **(Consulplan/TJ/MG/Cartórios/Ingresso/2017)** Em relação aos contratos que regulam as relações de consumo, é correto afirmar, exceto:

a) as cláusulas contratuais serão interpretadas de maneira mais favorável ao consumidor.

b) as declarações de vontade constantes de escritos particulares, recibos e pré-contratos relativos às relações de consumo vinculam o fornecedor.

c) a garantia legal é complementar à contratual e será conferida mediante termo escrito.

d) o consumidor pode desistir do contrato, no prazo de 7 dias a contar de sua assinatura ou do ato de recebimento do produto ou serviço, sempre que a contratação de fornecimento de produtos e serviços ocorrer fora do estabelecimento comercial, especialmente por telefone ou a domicílio.

632. **(Consulplan/TJ/MG/Cartórios/Remoção/2017)** Quanto ao contrato de adesão, previsto no artigo 54, do Código de Defesa do Consumidor, Lei n. 8.078/90, é correto afirmar que:

a) nos contratos de adesão não se admite cláusula resolutória.

b) nos contratos de adesão não há necessidade de os escritos serem redigidos com caracteres ostensivos e legíveis, e nem há necessidade de se observar tamanho da fonte ou corpo desta.

c) as cláusulas que implicarem limitação de direito do consumidor deverão ser redigidas da mesma forma que as demais, já que a fácil compreensão se apura é com a leitura e não com a redação.

d) a inserção de cláusula no formulário não desfigura a natureza de adesão do contrato.

633. **(Consulplan/TJ/MG/Cartórios/Remoção/2017)** José da Silva adquiriu imóvel na planta da Construtora Alfa em prestações mensais, combinando além de pagamento de uma entrada e saldo devedor a ser financiado pelo SFH. O contrato previa multa de 2%, mais juros de mora e correção monetária pelo IPCA contra José da Silva, em caso de inadimplência, sendo redigida essa cláusula de forma clara e destacada. Mas o contrato não tinha nenhuma cláusula equivalente contra a Construtora, para caso de inadimplência desta. Como José da Silva atrasou algumas parcelas, a empresa fez a cobrança da multa de 2%, e José pagou. No entanto, a empresa não entregou o imóvel no prazo fixado, mesmo após o prazo de tolerância contratado de 60 dias. José, então, lhe cobrou a mesma multa, e a empresa disse que o contrato não dispunha nada nesse sentido, portanto, não era devida a parcela. Nesse caso, é correto afirmar que:

a) mesmo não tendo previsão de multa contratual para a inadimplência da construtora, é ela devida, face à reciprocidade de obrigações que deve haver entre os contratantes, para efetivo equilíbrio das obrigações.

b) como não tem previsão contratual, não é possível fazer extensão de obrigação, sob pena de violar a liberdade de contratar e também pelo princípio do pacta sunt servanda.

c) como a cláusula foi redigida de forma clara e direta, conhecida pelo consumidor quando assinou o contrato, não pode dizer que foi prejudicado, ou que faltou transparência.

d) não é devida a multa, porque a inadimplência de José da Silva foi sobre pagamento de parcelas e a inadimplência da construtora decorreu na demora de entrega do imóvel, portanto, situações fáticas diferentes, não comportando interpretação extensiva.

634. (Cetro/TJ/RJ/Cartórios/Remoção/2017) Um funcionário da serventia extrajudicial apareceu na sala do chefe para pedir uma opinião acerca de uma minuta de contrato por adesão envolvendo relação de consumo que alguém deixou para autenticar firma. De acordo com o entendimento do STJ acerca do tema, assinale a alternativa correta:

a) há nulidade da cláusula mesmo se o fornecedor demonstrar que não impôs a utilização compulsória.

b) a cláusula compromissória é inválida mesmo com a apresentação de consentimento por parte do consumidor em qualquer momento do procedimento arbitral.

c) a cláusula compromissória prevista no referido contrato somente terá eficácia se o consumidor der início ao procedimento arbitral ou se vier a ratificar posteriormente a sua instituição quando instalado concretamente o litígio.

d) para o caso de contrato por adesão envolvendo relação de consumo, dispensa-se a avaliação de eventual existência de vulnerabilidade do consumidor.

e) de acordo com recente entendimento do STJ, o CDC se opõe à utilização de arbitragem na resolução de conflitos envolvendo relação de consumo.

635. (Ieses/TJ/CE/Cartórios/Remoção/2018) A modalidade de informação ou comunicação de caráter publicitário, inteira ou parcialmente falsa, ou, por qualquer outro modo, mesmo por omissão, capaz de induzir em erro o consumidor a respeito da natureza, características, qualidade, quantidade, propriedades, origem, preço e quaisquer outros dados sobre produtos e serviços é considerada pelo Código de Defesa do Consumidor como:

a) enganosa.

b) arbitrária.

c) dissimulada.

d) abusiva.

636. (Ieses/TJ/AM/Cartórios/Remoção/2018) Contrato de adesão é aquele cujas cláusulas tenham sido aprovadas pela autoridade competente ou estabelecidas unilateralmente pelo fornecedor de produtos ou serviços, sem que o consumidor possa discutir ou modificar substancialmente seu conteúdo. No que se refere a este instituto de direito podemos afirmar:

I. as cláusulas que implicarem limitação de direito do consumidor deverão ser redigidas com destaque, permitindo sua imediata e fácil compreensão.

II. nos contratos de adesão não se admite cláusula resolutória.

III. a inserção de cláusula no formulário desfigura a natureza de adesão do contrato.

IV. os contratos de adesão escritos serão redigidos em termos claros e com caracteres ostensivos e legíveis, cujo tamanho da fonte não será inferior ao corpo doze, de modo a facilitar sua compreensão pelo consumidor.

A sequência correta é:

a) apenas a assertiva IV está incorreta.

b) as assertivas I, II, III e IV estão corretas.

c) apenas as assertivas I e IV estão corretas.

d) apenas as assertivas II e IV estão incorretas.

9.1.5. *Das Sanções Administrativas, Das Infrações Penais*

✱ INOVAÇÕES LEGISLATIVAS

▲ CDC. Título II – Das Infrações Penais

▲ Art. 65. Executar serviço de alto grau de periculosidade, contrariando determinação de autoridade competente: Pena – Detenção de seis meses a dois anos e multa. § 1º As penas deste artigo são aplicáveis sem prejuízo das correspondentes à lesão corporal e à morte. § 2º A prática do disposto no inciso XIV do art. 39 desta Lei também caracteriza o crime previsto no caput deste artigo. (Modificações: Lei 13.425/17)

* SÚMULAS

STJ **Súm. 285.** Nos contratos bancários posteriores ao Código de Defesa do Consumidor incide a multa moratória nele prevista.

STJ **Súm. 543.** Na hipótese de resolução de contrato de promessa de compra e venda de imóvel submetido ao Código de Defesa do Consumidor, deve ocorrer a imediata restituição das parcelas pagas pelo promitente comprador – integralmente, em caso de culpa exclusiva do promitente vendedor/construtor, ou parcialmente, caso tenha sido o comprador quem deu causa ao desfazimento.

* QUESTÕES OBJETIVAS

637. **(Consulplan/TJ/MG/Cartórios/Remoção/2015)** É circunstância agravante dos crimes tipificados no Código de Defesa do Consumidor (Lei n. 8.078/1990):

a) ocasionarem os crimes pequeno dano coletivo.
b) quando os crimes forem cometidos por servidor público.
c) quando os crimes forem cometidos em detrimento de pessoa portadora de deficiência motora.
d) serem os crimes cometidos em época de suave crise econômica.

638. **(Cetro/TJ/RJ/Cartórios/Ingresso/2017)** No que se refere aos crimes contra as relações de consumo, de acordo com o entendimento jurisprudencial do STJ, assinale a alternativa correta:

a) o fato de o agente ser sócio-proprietário de estabelecimento onde se verificou a ocorrência do delito é suficiente para que seja, contra ele, oferecida denúncia, dado que responde solidariamente.
b) ter em depósito para venda mercadoria imprópria para consumo constitui crime formal, de perigo abstrato, sendo suficiente, para a sua aplicação, a complementação legal do Código de Defesa do Consumidor referente ao tipo penal.
c) a configuração de crime contra a relação de consumo, por exemplo, exposição à venda de produto impróprio ao consumo, necessita da demonstração inequívoca da impropriedade do produto por meio de exame de corpo de delito direto.
d) o laudo de constatação de autoridade sanitária é meio suficiente para determinação da ocorrência do crime contra as relações de consumo.
e) a denúncia, para os casos de crime contra as relações de consumo, pode ser oferecida em descrição constante de auto de infração lavrado por autoridade tributária, no formato de prova emprestada.

9.1.6. Da Defesa em Juízo

* SÚMULAS

STF **Súm. Vinculante 27.** Compete à Justiça Estadual julgar causas entre consumidor e concessionária de serviço público de telefonia, quando a Anatel não seja litisconsorte passiva necessária, assistente, nem opoente.

STJ **Súm. 489.** Reconhecida a continência, devem ser reunidas na justiça federal as ações civis públicas propostas nesta e na justiça estadual.

STJ **Súm. 601.** O Ministério Público tem legitimidade ativa para atuar na defesa de direitos difusos, coletivos e individuais homogêneos dos consumidores, ainda que decorrentes da prestação de serviço público.

* REPERCUSSÃO & REPETITIVOS

STF **Repercussão Geral 499.** A eficácia subjetiva da coisa julgada formada a partir de ação coletiva, de rito ordinário, ajuizada por associação civil na defesa de interesses dos associados, somente alcança os filiados, residentes no âmbito da jurisdição do órgão julgador, que o fossem em momento anterior ou até a data da propositura da demanda, constantes da relação jurídica juntada à inicial do processo de conhecimento. (RE 612043, 10.5.2017)

* INFORMATIVOS

STJ **Competência. Plano de saúde coletivo. Entidade de autogestão vinculada ao empregador. Manutenção do ex-empregado. Natureza predominantemente civil do litígio. Justiça comum estadual.** Compete à Justiça comum estadual o julgamento de demanda com natureza predominantemente civil entre ex-empregado aposentado ou demitido sem justa causa e operadoras de plano de saúde na modalidade autogestão vinculadas ao empregador. CC 157.664, Rel. Min. Nancy Andrighi, DJ 25.5.2018. 2ª S. (Info 627)

STJ **Ação civil pública. Compra e venda realizada pela internet. Atraso na entrega. Demora na restituição do valor pago pelo consumidor arrependido. Imposição por sentença coletiva de cláusula**

penal. Ausência de previsão legal ou contratual. Inexistência no contrato de multa em prol do fornecedor passível de inversão. Em compras realizadas na internet, o fato de o consumidor ser penalizado com a obrigação de arcar com multa moratória, prevista no contrato com a financeira, quando atrasa o pagamento de suas faturas de cartão de crédito não autoriza a imposição, por sentença coletiva, de cláusula penal ao fornecedor de bens móveis, nos casos de atraso na entrega da mercadoria e na demora de restituição do valor pago quando do exercício do direito do arrependimento. REsp 1.412.993, Rel. Acd. Min. Maria Isabel Gallotti, DJ 7.6.2018. 4ª T. (Info 628)

STJ **Ação civil pública. Direito transindividual do consumidor. Abusividade de cláusula contida em contrato de compra e venda de imóvel. Legitimidade ativa do Ministério Público.** O Ministério Público possui legitimidade ativa para postular em juízo a defesa de direitos transindividuais de consumidores que celebram contratos de compra e venda de imóveis com cláusulas pretensamente abusivas. EREsp 1.378.938, Rel. Min. Benedito Gonçalves, DJ 27.6.2018. Corte Especial. (Info 629)

STJ **Ação civil pública. Cobrança de tarifa de renovação de cadastro bancário. Interesses Individuais Homogêneos. Município. Legitimidade ativa. Pertinência temática e representação adequada presumidas.** Município tem legitimidade "ad causam" para ajuizar ação civil pública em defesa de direitos consumeristas questionando a cobrança de tarifas bancárias. 3ª T. REsp 1.509.586, Rel. Min. Nancy Andrighi, DJ 18.5.2018. (Info 626)

* QUESTÕES OBJETIVAS

639. **(FCC/TJ/PE/Cartórios/Ingresso/2013)** Na ação que tenha por objeto o cumprimento de obrigação de fazer ou não fazer para a defesa dos direitos e interesses protegidos pelo Código de Defesa do Consumidor, o juiz concederá a tutela específica da obrigação ou determinará providências que assegurem o resultado prático equivalente ao do adimplemento. A conversão da obrigação em perdas e danos será admissível se:

a) for impossível a tutela específica, apenas.
b) por elas optar o autor, apenas.
c) por elas optar o autor ou se impossível a tutela específica ou a obtenção do resultado prático equivalente.
d) for impossível a obtenção do resultado prático equivalente, apenas.
e) for impossível a tutela específica ou obtenção do resultado prático equivalente, apenas.

9.2. Estatuto da Criança e do Adolescente (Lei 8.069/90)

* INOVAÇÕES LEGISLATIVAS

▲ O ECA sofreu inúmeras alterações legislativas em decorrência das Leis 13.436/17, 13.438/17, 13.440/17, 13.441/17, 13.509/17, 13.715/18, 13.798/19, ao qual se remete à leitura.

* ENUNCIADOS CNB

CNB **Enunciado 6/2015.** Nas autorizações para a viagem de menores, recomenda-se o reconhecimento de firma por autenticidade da assinatura dos responsáveis legais.

* QUESTÕES OBJETIVAS

640. **(Consulplan/TJ/MG/Cartórios/Remoção/2018)** A colocação de criança e adolescente em família substituta estrangeira:

a) é absolutamente vedada.
b) é admitida em todas as modalidades
c) constitui medida excepcional, somente admissível na modalidade de guarda.
d) constitui medida excepcional, somente admissível na modalidade de adoção.

641. **(Cespe/TJ/PI/Cartórios/Ingresso/2013)** Com base nas disposições do Estatuto da Criança e do Adolescente, assinale a opção correta:

a) a adoção, para cuja consecução é admitida a utilização de procuração por instrumento público, é medida irrevogável.
b) a competência para processar e julgar as ações conexas de interesse de menor é, em princípio, do foro do domicílio do réu.
c) a colocação de criança ou adolescente em família substituta far-se-á mediante guarda, tutela ou adoção, independentemente da situação jurídica da criança ou do adolescente.
d) a guarda obriga a prestação de assistência material, moral e educacional à criança ou ao adolescente, o que confere ao seu detentor o direito de opor-se a terceiros, salvo com relação aos pais.

e) o deferimento da tutela pressupõe a prévia destituição do poder familiar e não implica necessariamente o dever de guarda.

642. (Cespe/TJ/ES/Cartórios/Ingresso/2013) Constituir-se-á apenas por sentença judicial:

a) a sobrepartilha.
b) o restabelecimento de sociedade conjugal.
c) a adoção de menor.
d) a separação de sociedade conjugal.
e) o inventário negativo.

643. (Cespe/TJ/ES/Cartórios/Ingresso/2013) No que se refere à adoção, assinale a opção correta:

a) o registro original da criança adotada não será cancelado, devendo-se, contudo, anotar a existência do novo registro, que poderá ser lavrado no cartório do registro civil da residência do adotante.
b) a adoção depende do consentimento dos pais ou do representante legal do adotando, sendo este dispensado em relação à criança ou ao adolescente cujos pais tenham sido destituídos do poder familiar.
c) para a salvaguarda de direitos, poderá ser fornecida, a critério do órgão do MP ou da autoridade judiciária, certidão dos registros que forem efetuados em decorrência de sentença concessiva de adoção.
d) a adoção produz seus efeitos a partir do registro da sentença no cartório de registro civil das pessoas naturais, salvo quando nuncupativa.
e) admite-se adoção realizada por procuração, desde que lavrada por instrumento público.

644. (Cespe/TJ/ES/Cartórios/Remoção/2013) Com base no disposto no Estatuto da Criança e do Adolescente, assinale a opção correta à luz da jurisprudência dos tribunais superiores:

a) ao adolescente que praticar ato infracional análogo ao tráfico de drogas deverá ser imposta a medida socioeducativa de internação.
b) em se tratando de procedimento para aplicação de medida socioeducativa, se o menor infrator confessar a prática do ato a ele imputado, será desnecessária a produção de outras provas.
c) para a decretação da regressão da medida socioeducativa, é desnecessária a oitiva do menor infrator.
d) o instituto da prescrição penal não se aplica às medidas socioeducativas.
e) em regra, as ações conexas de interesse do menor infrator devem ser processadas e julgadas no foro do domicílio do detentor de sua guarda.

645. (Ieses/TJ/PA/Cartórios/Remoção/2016) Julgue as assertivas abaixo de acordo com o Estatuto da Criança e do Adolescente (ECA):

I. a tutela será deferida, nos termos da lei civil, a pessoa de até 18 (dezoito) anos incompletos.
II. é possível a adoção por procuração.
III. a colocação em família substituta estrangeira constitui medida excepcional, somente admissível na modalidade de adoção.
IV. podem adotar os maiores de 18 (dezoito) anos, independentemente do estado civil.

A sequência correta é:

a) as assertivas I, II, III e IV estão corretas.
b) apenas as assertivas I, III e IV estão corretas.
c) apenas a assertiva IV está correta.
d) apenas as assertivas II e IV estão corretas.

646. (Faurgs/TJ/RS/Cartórios/Ingresso/2015) Assinale a alternativa que apresenta afirmação correta em relação às regras previstas na Lei n. 8.069/90:

a) considera-se criança a pessoa até doze anos de idade completos, e adolescente aquela entre doze e dezoito anos de idade.
b) a colocação em família substituta estrangeira constitui medida excepcional, preferencialmente admissível na modalidade de adoção.
c) o adotante há de ser, pelo menos, quatorze anos mais velho do que o adotando.
d) a internação, antes da sentença, pode ser determinada pelo prazo máximo de quarenta e cinco dias.

647. (Faurgs/TJ/RS/Cartórios/Ingresso/2015) Assinale a alternativa que apresenta afirmação correta em relação às regras previstas na Lei n. 8.069/90:

a) o Conselho Tutelar é órgão permanente e autônomo, jurisdicional, encarregado pela sociedade de zelar pelo cumprimento dos direitos da criança e do adolescente, definidos nessa Lei.
b) o Conselho Tutelar é composto de 5 (cinco) membros, escolhidos pela população local para mandato de 4 (quatro) anos, permitida 1

(uma) recondução, mediante novo processo de escolha.

c) o Conselho Tutelar é composto de 4 (quatro) membros, escolhidos pela população local para mandato de 5 (cinco) anos, permitida 1 (uma) recondução.

d) o Conselho Tutelar é composto de 5 (cinco) membros, escolhidos pela população local para mandato de 5 (cinco) anos, vedada a recondução.

648. **(Faurgs/TJ/RS/Cartórios/Remoção/2015)** Assinale a alternativa que apresenta afirmação correta em relação às regras previstas na Lei n. 8.069/90:

a) o vínculo da adoção constitui-se por sentença judicial, que será inscrita no registro civil mediante mandado, do qual se fornecerá certidão.

b) é proibido qualquer trabalho a menores de doze anos de idade, salvo na condição de aprendiz.

c) o adolescente apreendido por força de ordem judicial será, desde logo, encaminhado à autoridade judiciária.

d) a curatela pode ser deferida à pessoa de até 18 (dezoito) anos incompletos.

649. **(Ieses/TJ/MS/Cartórios/Ingresso/2014)** Quanto ao Estatuto da Criança e do Adolescente é correto afirmar:

a) a prestação de serviço comunitário, uma das medidas sócio educativas, consiste na realização de tarefas gratuitas de interesse geral por período não excedente a 1 (um) ano, junto a entidades assistenciais, hospitais, escolas e outros estabelecimentos.

b) considera-se criança, para os efeitos da Lei, a pessoa até doze anos de idade incompleto, e adolescente entre doze e dezoito anos de idade.

c) são penalmente inimputáveis os menores de 18 (dezoito) anos, sujeitos às medidas previstas nesta Lei. Para os efeitos do Estatuto da Criança e do Adolescente deve ser considerada a idade do adolescente na data da sentença.

d) o adolescente apreendido por força de ordem judicial será, desde logo, encaminhado à autoridade policial.

650. **(Ieses/TJ/MS/Cartórios/Remoção/2014)** Para o Estatuto da Criança e Adolescente considera-se criança a pessoa até:

a) doze anos de idade incompletos.

b) quatorze anos de idade incompletos.

c) oito anos de idade incompletos.

d) dez anos de idade incompletos.

651. **(Ieses/TJ/MS/Cartórios/Remoção/2014)** Para o Estatuto da Criança e Adolescente considera-se adolescente a pessoa que se encontra com idade:

a) entre treze e dezoito anos de idade.

b) entre dez e dezoito anos de idade.

c) entre quatorze e dezoito anos de idade.

d) entre doze e dezoito anos de idade.

652. **(Consulplan/TJ/MG/Cartórios/Ingresso/2016)** Segundo a Lei n. 8.069/1990, o prazo máximo e improrrogável para a conclusão do procedimento de apuração de ato infracional atribuído a adolescente, estando este internado provisoriamente, será de:

a) 122 (cento e vinte e dois dias).

b) 90 (noventa dias).

c) 61 (sessenta e um dias).

d) 45 (quarenta e cinco dias).

653. **(Consulplan/TJ/MG/Cartórios/Remoção/2016)** Segundo a Lei n. 8.069/90, constituem crimes, exceto:

a) submeter criança sob sua vigilância a vexame.

b) deixar a autoridade competente, sem justa causa, de ordenar a imediata liberação de adolescente, tão logo tenha conhecimento da ilegalidade da apreensão.

c) registrar, por qualquer meio, cena pornográfica envolvendo criança.

d) privar o adolescente de sua liberdade, procedendo à sua apreensão estando em flagrante de ato infracional.

654. **(Cespe/TJ/DFT/Cartórios/Ingresso/2014)** A respeito dos crimes previstos no ECA, bem como dos crimes contra a propriedade intelectual, tráfico de entorpecentes, de trânsito e contra o meio ambiente, assinale a opção correta:

a) segundo a jurisprudência predominante do STJ, a conduta daquele que, com o intuito de lucro, vender cópia de obra intelectual ou fonograma reproduzido com violação do direito de autor, sem a expressa autorização dos titulares dos direitos, não pode ser considerada materialmente típica, por ser contrária ao princípio da adequação social.

b) o bem jurídico tutelado pela lei que trata dos crimes ambientais é o meio ambiente, cuja proteção constitui direito de natureza difusa assegurado pela CF, que confere especial relevo à questão ambiental, não sendo, portanto, possível a aplicação do princípio da insignificância em favor de pessoa sem antecedentes criminais que seja surpreendida pela fiscalização do Instituto Brasileiro do Meio Ambiente e dos Recursos Naturais Renováveis no momento em que comece a pescar com petrecho de uso proibido, ainda que em área de pesca permitida.

c) réu condenado pelos crimes de tráfico e de associação ao tráfico de entorpecentes, ainda que primário e de bons antecedentes, não pode, segundo a jurisprudência do STJ, beneficiar-se da aplicação de causa especial de diminuição de pena do tráfico privilegiado.

d) em atenção ao princípio da lesividade, o direito penal somente pode sancionar condutas que afetem um bem jurídico de forma concreta, por essa razão é essencial à configuração do crime de embriaguez ao volante a demonstração da potencialidade lesiva da conduta do agente.

e) de acordo com o entendimento consolidado do STJ, requer-se, para a configuração do crime de corrupção de menores previsto no ECA, a existência de prova a respeito da efetiva corrupção do menor.

655. **(Consulplan/TJ/MG/Cartórios/Remoção/2017)** A criança ou o adolescente podem ser retirados da convivência familiar e colocados em família substituta. A família substituta é aquela que advém por meio da:

a) curatela e guarda.

b) guarda e adoção, exclusivamente.

c) guarda, adoção, tutela e, excepcionalmente, curatela.

d) guarda, tutela e adoção.

656. **(Consulplan/TJ/MG/Cartórios/Ingresso/2017)** Analise as afirmativas abaixo

I. os pais que arruinarem os bens dos filhos podem sofrer suspensão do poder familiar.

II. o poder familiar é exercido em igualdade de condições entre a mãe e o pai, sendo que as pendências serão resolvidas judicialmente.

III. a falta ou carência de recursos materiais é motivo suficiente para a suspensão ou perda do poder familiar.

Está correto apenas o que se afirma em:

a) I e II.

b) I e III.

c) II.

d) II e III.

657. **(Consulplan/TJ/MG/Cartórios/Ingresso/2017)** As regras do Estatuto da Criança e do Adolescente podem ser aplicadas:

a) às crianças e, excepcionalmente, aos adolescentes.

b) apenas às crianças e aos adolescentes.

c) excepcionalmente aos adultos com idade entre 18 e 21 anos.

d) somente às crianças e aos adolescentes, mas jamais aos adultos.

658. **(Consulplan/TJ/MG/Cartórios/Ingresso/2017)** No que toca ao Estatuto da Criança e do Adolescente – Lei n. 8.069/1990, analise as seguintes assertivas, e assinale a alternativa correta:

I. a remissão prevista no Estatuto da Criança e do Adolescente pode ser aplicada em qualquer fase do procedimento menorista, mas uma vez iniciado o procedimento, não prescinde de comprovação da materialidade e da autoria do ato infracional, pois implica em reconhecimento de antecedentes infracionais.

II. não ocorre violação dos princípios do contraditório e da ampla defesa quando a proposta de remissão oferecida pelo Ministério Público é homologada antes da oitiva do adolescente.

III. não há constrangimento ilegal quando a remissão é cumulada com medida de internação, desde que aplicada pelo Juiz, após iniciado o procedimento, pois esse instituto pode ser aplicado juntamente com outras medidas que não impliquem restrição da liberdade do menor, nos exatos termos do art. 127 do Estatuto da Criança e do Adolescente.

IV. a medida aplicada por força da remissão poderá ser revista judicialmente, a qualquer tempo, mediante pedido expresso do adolescente ou de seu representante legal ou do Ministério Público, uma vez que não se trata de medida definitiva, estando sujeita a revisões, de acordo com o comportamento do menor.

Está correto apenas o que se afirma em:

a) I e II.

b) II e III.

c) I e IV.

d) II e IV.

659. **(Cetro/TJ/RJ/Cartórios/Ingresso/2017)** Uma serventia extrajudicial que cuida do registro civil de pessoas naturais recebe um ofício judicial solicitando informação acerca do registro de nascimento de uma criança. Do que se depreende do teor do referido ofício, é uma ação penal referente a envio de criança ao exterior, tipo penal tratado pelo ECA (Estatuto da Criança e do Adolescente – Lei Federal n. 8.069/1990). Acerca do referido tipo penal, assinale a alternativa correta:

a) é punível tanto aquele que promove ou quanto o que auxilia o envio de criança para o exterior, com intuito de lucro, independentemente da finalidade do envio, para fins lícitos ou ilícitos.

b) o tipo penal estabelecido no ECA é da modalidade material, ou seja, necessita do efetivo envio da criança ao exterior para que se dê a consumação.

c) aquele que auxilia nos atos destinados ao envio de criança ao exterior, sem observação das formalidades legais, incorre em tipo penal diverso, todavia, daquele estabelecido no ECA.

d) o mero uso de passaporte falso perante autoridade de imigração estrangeira com a intenção de reunir a família no exterior se enquadra no tipo penal estabelecido pelo ECA.

e) a utilização de fraude para o envio de criança para o exterior configura falsidade material e ideológica empregada contra a Administração Pública e seus agentes, tão somente.

660. **(Ieses/TJ/AM/Cartórios/Ingresso/2018)** Acerca da disciplina e das disposições da Lei n. 8.069/90, considere as seguintes afirmações:

I. considera-se criança, para os efeitos desta Lei, a pessoa até doze anos de idade incompletos, e adolescente aquela entre doze e vinte e um anos de idade.

II. o reconhecimento do estado de filiação é direito personalíssimo, indisponível e imprescritível, podendo ser exercitado contra os pais ou seus herdeiros, sem qualquer restrição, observado o segredo de Justiça.

III. a guarda obriga a prestação de assistência material, moral e educacional à criança ou adolescente, conferindo a seu detentor o direito de opor-se a terceiros, inclusive aos pais, e confere à criança ou adolescente a condição de dependente, para todos os fins e efeitos de direito, exceto previdenciários.

Esta integralmente correto o que se afirma em:

a) apenas a assertiva III.

b) apenas a assertiva I.

c) apenas a assertiva II.

d) as assertivas I, II e III.

661. **(Ieses/TJ/AM/Cartórios/Ingresso/2018)** Relativamente à figura jurídica da adoção e sua disciplina segundo o disposto na Lei n. 8.069/90, considere as seguintes afirmações:

I. a adoção é medida excepcional e irrevogável, à qual se deve recorrer apenas quando esgotados os recursos de manutenção da criança ou adolescente na família natural ou extensa, na forma do parágrafo único do art. 25 da Lei 8.069/90.

II. é vedada a adoção por procuração.

III. podem adotar os maiores de 18 (dezoito) anos, independentemente do estado civil.

Esta integralmente correto o que se afirma em:

a) apenas as assertivas I e III.

b) apenas as assertivas I e II.

c) nenhuma das alternativas.

d) as assertivas I, II e III.

662. **(Ieses/TJ/AM/Cartórios/Ingresso/2018)** Relativamente ao conselho tutelar e sua disciplina segundo o disposto na Lei n. 8.069/90, considere as seguintes afirmações:

I. o Conselho Tutelar é órgão permanente e autônomo, não jurisdicional, encarregado pela sociedade de zelar pelo cumprimento dos direitos apenas dos adolescentes, conforme definido nesta Lei.

II. para a candidatura a membro do Conselho Tutelar, serão exigidos os seguintes requisitos: reconhecida idoneidade moral; idade superior a vinte e um anos; residir no município.

III. para a candidatura a membro do Conselho Tutelar, serão exigidos os seguintes requisitos: reconhecida idoneidade moral; idade superior a dezoito anos; residir no município.

Esta integralmente correto o que se afirma em:

a) apenas as assertivas I e III.

b) apenas a assertiva II.

c) apenas a assertiva III.

d) as assertivas I, II e III.

663. **(Ieses/TJ/AM/Cartórios/Remoção/2018)** Conforme preconiza a Lei n. 8.069/90 (Estatuto da Criança e do Adolescente) no que diz respeito ao instituto da adoção, é correto afirmar:

a) podem adotar os maiores de 21 (vinte e um) anos, desde que casados ou vivam em união estável.
b) podem adotar os maiores de 18 (dezoito) anos, desde que casados ou vivam em união estável.
c) podem adotar os maiores de 18 (dezoito) anos, independentemente do estado civil.
d) podem adotar os maiores de 21 (vinte e um) anos, independentemente do estado civil.

9.3. Estatuto do Idoso (Lei 10.741/03)

* INOVAÇÕES LEGISLATIVAS

▲ Estatuto do Idoso (Lei 10.741/03)

▲ Título I – Disposições Preliminares

▲ Art. 3º. § 1º A garantia de prioridade compreende: (...). § 2º Dentre os idosos, é assegurada prioridade especial aos maiores de oitenta anos, atendendo-se suas necessidades sempre preferencialmente em relação aos demais idosos. (Modificações: Lei 13.466/17)

▲ Título II – Dos Direitos Fundamentais, Capítulo IV – Do Direito à Saúde

▲ Art. 15. § 7º Em todo atendimento de saúde, os maiores de oitenta anos terão preferência especial sobre os demais idosos, exceto em caso de emergência. (Modificações: Lei 13.466/17).

▲ Título II – Dos Direitos Fundamentais, Capítulo V – Da Educação, Cultura, Esporte e Lazer

▲ Art. 25. As instituições de educação superior ofertarão às pessoas idosas, na perspectiva da educação ao longo da vida, cursos e programas de extensão, presenciais ou a distância, constituídos por atividades formais e não formais. Parágrafo único. O poder público apoiará a criação de universidade aberta para as pessoas idosas e incentivará a publicação de livros e periódicos, de conteúdo e padrão editorial adequados ao idoso, que facilitem a leitura, considerada a natural redução da capacidade visual. (Modificações: Lei 13.535/17)

▲ Título V – Do Acesso à Justiça, Capítulo I – Disposições Gerais

▲ Art. 71. § 5º Dentre os processos de idosos, dar-se-á prioridade especial aos maiores de oitenta anos. (Modificações: Lei 13.466/17).

* QUESTÕES OBJETIVAS

664. **(Consulplan/TJ/MG/Cartórios/Remoção/2017)** Em relação ao Estatuto do Idoso (Lei n. 10.741/2003), é correto afirmar:

a) nos programas habitacionais, públicos ou privados subsidiados com recursos públicos, o idoso goza de prioridade na aquisição de imóvel para residência própria, observada a reserva de pelo menos 2% (dois por cento) das unidades habitacionais residenciais para o atendimento aos idosos.
b) ao idoso, com idade superior a 60 (sessenta) anos, fica assegurada a gratuidade do transporte coletivo público urbanos e semiurbanos.
c) o atendimento preferencial imediato e individualizado ao idoso será realizado junto aos órgãos públicos, sendo facultativo nos órgãos privados.
d) na admissão do idoso em qualquer trabalho ou emprego, é vedada a discriminação e a fixação de limite máximo de idade, inclusive para concurso, ressalvados os casos em que a natureza do cargo exigir.

665. **(Consulplan/TJ/MG/Cartórios/Remoção/2017)** É obrigação assegurar ao idoso, com absoluta prioridade, a efetivação de direitos à vida, à saúde, à alimentação, à educação, à cultura, ao esporte, ao lazer, ao trabalho, à cidadania, à liberdade, à dignidade, ao respeito e à convivência familiar e comunitária. Assim, tais obrigações são:

a) da família e poder público.
b) da comunidade e poder público.
c) da família, sociedade e comunidade.
d) da sociedade, da família, do poder público e da comunidade.

666. **(Consulplan/TJ/MG/Cartórios/Ingresso/2017)** Ao idoso que esteja no domínio das suas faculdades mentais é assegurado o direito de optar pelo tratamento de saúde que for reputado mais favorável. Porém, não estando o idoso em condições de proceder a opção, está será feita

I. pelo vizinho ou amigo próximo, caso o idoso não tenha familiares.
II. pelo médico, quando ocorrer iminente risco de vida e não houver tempo hábil para consultar o curador ou familiar.

III. pelos familiares, quando o idoso não tiver curador ou este não puder ser contatado em tempo hábil.

Completa corretamente o enunciado:

a) somente a afirmação III.
b) as afirmações I e III.
c) as afirmações II e III.
d) todas as afirmações.

667. (Consulplan/TJ/MG/Cartórios/Ingresso/2017) Nos termos do Estatuto do Idoso, as entidades governamentais de atendimento que descumprirem as suas determinações ficarão sujeitas às seguintes penalidades, exceto:

a) multa.
b) advertência.
c) afastamento provisório de seus dirigentes.
d) afastamento definitivo de seus dirigentes.

9.4. Lei de Alienação Fiduciária em Garantia (DL 911/69)

✱ QUESTÕES OBJETIVAS

668. (Consulplan/TJ/MG/Cartórios/Remoção/2017) Quanto à constituição em mora em contrato de Alienação Fiduciária, regida pelo Decreto-lei n. 911/69, é correto afirmar:

a) a mora decorrerá do simples vencimento do prazo para pagamento e poderá ser comprovada por carta registrada com aviso de recebimento, não se exigindo que a assinatura constante do referido aviso seja a do próprio destinatário.
b) a mora decorrerá do simples vencimento do prazo para pagamento e poderá ser comprovada por carta registrada com aviso de recebimento, mas se exigindo que a assinatura constante do referido aviso seja a do próprio destinatário.
c) a mora decorrerá do simples vencimento do prazo para pagamento e deverá ser comprovada por notificação feita através de Cartório de Títulos e Documentos, estabelecido na Comarca onde mora ou reside o devedor.
d) a mora decorrerá do simples vencimento do prazo para pagamento e deverá ser comprovada mediante notificação feita através de Cartório de Títulos e Documentos, de qualquer localidade, desde que o devedor a receba pessoalmente.

669. (Ieses/TJ/AM/Cartórios/Ingresso/2018) Relativamente a figura jurídica da Alienação Fiduciária e ao seu procedimento, previstos no Decreto-Lei n. 911/69, assinale a alternativa correta:

a) o pedido de recuperação judicial ou extrajudicial pelo devedor nos termos da Lei n. 11.101, de 9 de fevereiro de 2005, impede a distribuição e a busca e apreensão do bem.
b) da sentença proferida no respectivo feito cabe apelação com efeitos suspensivo e devolutivo.
c) os procedimentos previstos no caput do art. 2 do Decreto-Lei n. 911/69 e no seu § 2º não se aplicam às operações de arrendamento mercantil previstas na forma da Lei n. 6.099, de 12 de setembro de 1974.
d) a mora decorrerá do simples vencimento do prazo para pagamento e poderá ser comprovada por carta registrada com aviso de recebimento, não se exigindo que a assinatura constante do referido aviso seja a do próprio destinatário.

670. (Consulplan/TJ/MG/Cartórios/Remoção/2016) A respeito do instituto da alienação fiduciária em garantia, previsto no Decreto-Lei n. 911, de 01 de outubro de 1969, marque a afirmação correta:

a) a alienação fiduciária em garantia somente se prova por escrito e seu instrumento, público ou particular, qualquer que seja o seu valor, será obrigatoriamente arquivado, por cópia ou microfilme, no tabelionato de Notas do domicílio do credor, sob pena de não valer contra terceiros.
b) é válida a cláusula que autoriza o proprietário fiduciário a ficar com a coisa alienada em garantia, se a dívida não for paga no seu vencimento.
c) no caso de inadimplemento ou mora nas obrigações contratuais garantidas mediante alienação fiduciária, o proprietário fiduciário ou credor poderá vender a coisa a terceiros, independentemente de leilão, hasta pública, avaliação prévia ou qualquer outra medida judicial ou extrajudicial, salvo disposição expressa em contrário prevista no contrato, devendo aplicar o preço da venda no pagamento de seu crédito e das despesas decorrentes e entregar ao devedor o saldo apurado, se houver, com a devida prestação de contas.
d) a mora decorrerá do simples vencimento do prazo para pagamento e deverá ser comprovada por notificação pessoal do devedor,

realizada pelo oficial do Registro de Títulos e Documentos.

671. (Consulplan/TJ/MG/Cartórios/Remoção/2017) De acordo com o Decreto-Lei n. 911, de 1º de outubro de 1969, que dispõe sobre a alienação fiduciária, assinale a alternativa correta:

a) a alienação fiduciária somente se prova por escrito e seu instrumento, público ou particular, qualquer que seja o seu valor, será obrigatoriamente arquivado, por cópia ou microfilme, no tabelionato de Notas do domicílio do credor, sob pena de não valer contra terceiros.

b) é nula a cláusula que autoriza o proprietário fiduciário a ficar com a coisa alienada em garantia, se a dívida não for paga no seu vencimento.

c) a mora decorrerá do simples vencimento do prazo para pagamento e poderá ser comprovada por carta registrada expedida por intermédio do cartório de Títulos e Documentos ou pelo protesto do título, a critério do credor.

d) é vedada a apreciação de pedido de busca e apreensão em plantão judiciário.

672. (Consulplan/TJ/MG/Cartórios/Ingresso/2017) Pelo Decreto-Lei n. 911/69, que rege a Alienação Fiduciária em Garantia, após deferida e cumprida a medida liminar de busca e apreensão, é correto afirmar:

a) quinze dias após executada a liminar, consolidar-se-ão a propriedade e a posse plena e exclusiva do bem no patrimônio do credor fiduciário, cabendo às repartições competentes, quando for o caso, expedir novo certificado de registro de propriedade em nome do credor, ou de terceiro por ele indicado, livre do ônus da propriedade fiduciária.

b) no prazo de cinco dias, o devedor fiduciante poderá pagar a integralidade da dívida pendente, segundo os valores apresentados pelo credor fiduciário na inicial, hipótese na qual o bem lhe será restituído livre do ônus.

c) o devedor fiduciante apresentará resposta, defesa ou contestação no prazo de cinco dias da execução da liminar.

d) se o devedor optar em pagar a integralidade da dívida no prazo fixado pelo Decreto-Lei n. 911/69, não poderá apresentar resposta, defesa ou contestação, porque reconheceu a dívida, ficando preclusa a oportunidade de discutir a obrigação contratada com o agente financeiro.

673. (Consulplan/TJ/MG/Cartórios/Remoção/2017) Sobre a alienação fiduciária de bens imóveis, assinale a afirmativa correta:

a) a alienação fiduciária não poderá ser contratada por pessoa física, sendo privativa das entidades que operam no Sistema Financeiro Imobiliário.

b) a alienação fiduciária poderá ter como objeto o direito real de uso, desde que suscetível de alienação, mas não poderá ter como objeto o direito de uso especial para fins de moradia.

c) o contrato que serve de título ao negócio fiduciário conterá o valor do principal da dívida, o prazo, dentre outros requisitos; mas não necessita conter a indicação, para efeito de venda em público leilão, do valor do imóvel e dos critérios para a respectiva revisão.

d) vencida e não paga, no todo ou em parte, a dívida e constituído em mora o fiduciante, consolidar-se-á a propriedade do imóvel em nome do fiduciário; mas, purgada a mora no registro de imóveis, convalescerá o contrato de alienação fiduciária.

674. (Consulplan/TJ/MG/Cartórios/Ingresso/2016) Determinada construtora resolve incorporar, permitindo-lhe, assim, vender imóveis na planta, ou seja, alienar futura unidade autônoma. Contudo, não possuindo a totalidade dos recursos financeiros para tocar as obras, buscou linha de crédito junto a certa instituição financeira. No entanto, para liberação do empréstimo, a instituição financeira exigiu do incorporador algumas garantias para concessão do crédito. Quanto às possíveis garantias exigidas pela instituição financeira, uma não satisfaz o incorporador, haja vista que inviabilizaria por total as vendas de fração ideal vinculada à futura unidade autônoma até a liquidação total da dívida. A garantia que não permite ao construtor alienar os imóveis antes da liquidação da dívida é:

a) fiança dos sócios.

b) alienação fiduciária em garantia do terreno e das benfeitorias realizadas.

c) hipoteca do terreno e das benfeitorias realizadas.

d) penhor dos recebíveis de créditos futuros.

675. (Vunesp/TJ/SP/Cartórios/Ingresso/2018) Em relação à cobrança das prestações vencidas do contrato de alienação fiduciária de imóvel, é correto afirmar que:

a) não cabe ao oficial de registro de imóveis fazer a intimação por hora certa, caso em que o credor fiduciário deverá requerê-la por via judicial.
b) quando o fiduciante for domiciliado em comarca diversa à da situação do imóvel, a intimação deverá ser sempre feita pelo oficial de registro de títulos e documentos da comarca do domicílio de quem deva recebê-la.
c) nos condomínios edilícios ou outras espécies de conjuntos imobiliários com controle de acesso, a intimação poderá ser feita ao funcionário da portaria responsável pelo recebimento da correspondência.
d) a intimação será feita pessoalmente ao fiduciante, ou ao seu representante legal ou procurador regularmente constituído, exceto nos casos de suspeita motivada de ocultação ou quando se encontrar em lugar ignorado, incerto ou inacessível, hipóteses em que a intimação será, respectivamente, feita por hora certa ou por edital.

676. (Ieses/TJ/PA/Cartórios/Ingresso/2016) Sobre a alienação fiduciária de bens imóveis:
a) a alienação fiduciária de bens imóveis constitui-se mediante registro do contrato na matrícula do imóvel que a tem por objeto, por se tratar de direito real.
b) o contrato que o estabelece deve adotar sempre a forma pública para ter ingresso no fólio registral.
c) o fiduciário poderá ceder o crédito objeto da alienação fiduciária, o que implicará a cessão da propriedade fiduciária, independentemente do registro no cartório de registro de imóveis.
d) o registro de contrato de locação de imóvel alienado fiduciariamente independe, em qualquer que seja o prazo fixado, da anuência do credor fiduciário.

677. (FCC/TJ/PE/Cartórios/Remoção/2013) No que se refere à alienação fiduciária em garantia de bens imóveis, é incorreto afirmar:
a) constitui-se a propriedade fiduciária de coisa imóvel mediante registro, no competente registro de imóveis, do contrato que lhe serve de título.
b) a alienação fiduciária de bens imóveis poderá ter por objeto o direito real de uso, desde que suscetível de alienação.
c) constatado o inadimplemento contratual, antes da consolidação da propriedade do imóvel em nome do fiduciário, o fiduciante será intimado, a requerimento do fiduciário, pelo oficial do competente registro de imóveis, a satisfazer, no prazo de trinta dias, a prestação vencida e as que se vencerem até a data do pagamento, com os demais encargos contratuais.
d) no prazo de trinta dias, a contar da data de liquidação da dívida, o fiduciário fornecerá o respectivo termo de quitação ao fiduciante, sob pena de multa em favor deste, equivalente a meio por cento ao mês, ou fração, sobre o valor do contrato.
e) nas hipóteses em que a quitação da dívida decorrer da portabilidade do financiamento para outra instituição financeira, não será emitido o termo de quitação cabendo, quanto à alienação fiduciária, a mera averbação da sua transferência.

9.5. Lei de Direitos Autorais (Lei 9.610/98)

* SÚMULAS

STJ **Súm. 63.** São devidos direitos autorais pela retransmissão radiofônica de músicas em estabelecimentos comerciais.

STJ **Súm. 261.** A cobrança de direitos autorais pela retransmissão radiofônica de músicas, em estabelecimentos hoteleiros, deve ser feita conforme a taxa média de utilização do equipamento, apurada em liquidação.

STJ **Súm. 502.** Presentes a materialidade e a autoria, afigura-se típica, em relação ao crime previsto no artigo 184, § 2º, do CP, a conduta de expor à venda CDs e DVDs piratas.

STJ **Súm. 574.** Para a configuração do delito de violação de direito autoral e a comprovação de sua materialidade, é suficiente a perícia realizada por amostragem do produto apreendido, nos aspectos externos do material, e é desnecessária a identificação dos titulares dos direitos autorais violados ou daqueles que os representem.

* INFORMATIVOS

STJ **Ação indenizatória. Documentário biográfico. Dano moral. Não configuração. Representação do autor da demanda por ator contratado. Autorização prévia. Desnecessidade. Uso indevido da imagem. Não ocorrência. Súm. 403/STJ. Inaplicabilidade.** A Súm. 403/STJ é inaplicável às hipóteses de representação da imagem de pessoa como coadjuvante em obra biográfica audiovisual que tem por objeto a história profissional de terceiro. REsp 1.454.016, Rel. Acd. Min. Ricardo Villas Bôas Cueva, DJ 12.3.2018. 3ª T. (Info 621)

✻ QUESTÕES OBJETIVAS

678. **(Ieses/TJ/PA/Cartórios/Remoção/2016)** São consideradas obras intelectuais protegidas pela legislação sobre direitos autorais, exceto:

a) as obras dramáticas e dramático-musicais.

b) os esquemas, planos ou regras para realizar atos mentais, jogos ou negócios.

c) as ilustrações, cartas geográficas e outras obras da mesma natureza.

d) as obras audiovisuais, sonorizadas ou não, inclusive as cinematográficas.

679. **(Ieses/TJ/PA/Cartórios/Remoção/2016)** O exercício dos direitos morais sobre a obra audiovisual cabe:

a) exclusivamente ao diretor.

b) ao Autor.

c) aos patrocinadores.

d) aos artistas intérpretes.

680. **(Faurgs/TJ/RS/Cartórios/Remoção/2015)** Qual, dentre as situações abaixo, não depende de autorização prévia e expressa do autor de obra intelectual?

a) a reprodução, em um só exemplar, de pequenos trechos, para uso privado do copista, desde que feita por este, sem o intuito de lucro.

b) a adaptação, o arranjo musical e outras transformações.

c) a tradução para outro idioma.

d) a inclusão em base de dados, o armazenamento em computador e a microfilmagem.

681. **(Cetro/TJ/RJ/Cartórios/Remoção/2017)** Carlos recebeu uma boa proposta para cessão parcial de seus direitos de autor sobre uma obra que lhe foi encomendada. Acerca de como proceder no caso e com base no que dispõe a Lei Federal n. 9.610/1998, analise as assertivas abaixo.

I. é condição "sine qua non", para proteção legal referente aos direitos autorais, que Carlos efetue o registro de sua obra.

II. a cessão parcial dos direitos de autor de Carlos deverá ser efetuada por escrito, presumidamente onerosa, pelo período máximo de 5 (cinco) anos.

III. a averbação da cessão dos direitos de Carlos deve ser posta à margem do registro das obras na Biblioteca Nacional, obrigatoriamente, sendo o registro do instrumento em Cartório de Títulos e Documentos complemento facultativo.

É correto o que se afirma em:

a) II, apenas.

b) II e III, apenas.

c) I, II e III.

d) I e II, apenas.

e) I e III, apenas.

9.6. Lei de Introdução às Normas do Direito Brasileiro (DL 4.657/42)

✻ ENUNCIADOS CJF

CJF **Civil 408.** Para efeitos de interpretação da expressão "domicílio" do art. 7º da Lei de Introdução às Normas do Direito Brasileiro, deve ser considerada, nas hipóteses de litígio internacional relativo a criança ou adolescente, a residência habitual destes, pois se trata de situação fática internacionalmente aceita e conhecida.

✻ INOVAÇÕES LEGISLATIVAS

▲ Lei de Introdução às Normas do Direito Brasileiro (DL 4.657/42).

▲ Art. 20. Nas esferas administrativa, controladora e judicial, não se decidirá com base em valores jurídicos abstratos sem que sejam consideradas as consequências práticas da decisão. Parágrafo único. A motivação demonstrará a necessidade e a adequação da medida imposta ou da invalidação de ato, contrato, ajuste, processo ou norma administrativa, inclusive em face das possíveis alternativas.

▲ Art. 21. A decisão que, nas esferas administrativa, controladora ou judicial, decretar a invalidação de ato, contrato, ajuste, processo ou norma administrativa deverá indicar de modo expresso suas consequências jurídicas e administrativas. Parágrafo único. A decisão a que se refere o caput deste artigo deverá, quando for o caso, indicar as condições para que a regularização ocorra de modo proporcional e equânime e sem prejuízo aos interesses gerais, não se podendo impor aos sujeitos atingidos ônus ou perdas que, em função das peculiaridades do caso, sejam anormais ou excessivos.

▲ Art. 22. Na interpretação de normas sobre gestão pública, serão considerados os obstáculos e as dificuldades reais do gestor e as exigências das políticas públicas a seu cargo, sem prejuízo dos direitos dos administrados. § 1º Em decisão sobre regularidade de conduta ou validade de ato, contrato, ajuste, processo ou norma administrativa, serão consideradas as circunstâncias práticas que houverem imposto, limitado ou condicionado a ação do agente. § 2º Na aplicação de sanções, serão consideradas a natureza e a gravidade da infração cometida, os danos que dela provierem para a administração pública, as circunstâncias agravantes ou atenuantes e os antecedentes do agente. § 3º As sanções aplicadas ao agente serão levadas em conta na dosimetria das demais sanções de mesma natureza e relativas ao mesmo fato.

▲ Art. 23. A decisão administrativa, controladora ou judicial que estabelecer interpretação ou orientação nova sobre norma de conteúdo indeterminado, impondo novo dever ou novo condicionamento de direito, deverá prever regime de transição quando indispensável para que o novo dever ou condicionamento de direito seja cumprido de modo proporcional, equânime e eficiente e sem prejuízo aos interesses gerais.

▲ Art. 24. A revisão, nas esferas administrativa, controladora ou judicial, quanto à validade de ato, contrato, ajuste, processo ou norma administrativa cuja produção já se houver completado levará em conta as orientações gerais da época, sendo vedado que, com base em mudança posterior de orientação geral, se declarem inválidas situações plenamente constituídas. Parágrafo único. Consideram-se orientações gerais as interpretações e especificações contidas em atos públicos de caráter geral ou em jurisprudência judicial ou administrativa majoritária, e ainda as adotadas por prática administrativa reiterada e de amplo conhecimento público.

▲ Art. 25. (Vetado).

▲ Art. 26. Para eliminar irregularidade, incerteza jurídica ou situação contenciosa na aplicação do direito público, inclusive no caso de expedição de licença, a autoridade administrativa poderá, após oitiva do órgão jurídico e, quando for o caso, após realização de consulta pública, e presentes razões de relevante interesse geral, celebrar compromisso com os interessados, observada a legislação aplicável, o qual só produzirá efeitos a partir de sua publicação oficial. § 1º O compromisso referido no caput deste artigo: I – buscará solução jurídica proporcional, equânime, eficiente e compatível com os interesses gerais; II – (Vetado); III – não poderá conferir desoneração permanente de dever ou condicionamento de direito reconhecidos por orientação geral; IV – deverá prever com clareza as obrigações das partes, o prazo para seu cumprimento e as sanções aplicáveis em caso de descumprimento. § 2º (Vetado).

▲ Art. 27. A decisão do processo, nas esferas administrativa, controladora ou judicial, poderá impor compensação por benefícios indevidos ou prejuízos anormais ou injustos resultantes do processo ou da conduta dos envolvidos. § 1º A decisão sobre a compensação será motivada, ouvidas previamente as partes sobre seu cabimento, sua forma e, se for o caso, seu valor. § 2º Para prevenir ou regular a compensação, poderá ser celebrado compromisso processual entre os envolvidos.

▲ Art. 28. O agente público responderá pessoalmente por suas decisões ou opiniões técnicas em caso de dolo ou erro grosseiro.

▲ Art. 29. Em qualquer órgão ou Poder, a edição de atos normativos por autoridade administrativa, salvo os de mera organização interna, poderá ser precedida de consulta pública para manifestação de interessados, preferencialmente por meio eletrônico, a qual será considerada na decisão.§ 1º A convocação conterá a minuta do ato normativo e fixará o prazo e demais condições da consulta pública, observadas as normas legais e regulamentares específicas, se houver.

▲ Art. 30. As autoridades públicas devem atuar para aumentar a segurança jurídica na aplicação das normas, inclusive por meio de regulamentos, súmulas administrativas e respostas a consultas. Parágrafo único. Os instrumentos previstos no caput deste artigo terão caráter vinculante em relação ao órgão ou entidade a que se destinam, até ulterior revisão. (Modificações: Lei 13.655/18)

* QUESTÕES OBJETIVAS

682. **(Cespe/TJ/RR/Cartórios/Ingresso/2013)** Em relação à Lei de Introdução às Normas do Direito Brasileiro, assinale a opção correta:

a) o direito pátrio admite o instituto da "vacatio legis", aplicável a todos os atos normativos, inclusive aos decretos e regulamentos.

b) em regra, a equidade revela-se um método de integração das normas jurídicas.

c) aplica-se a Lei da Nacionalidade para regular as questões relacionadas ao nome, começo e fim da personalidade, capacidade e direitos de família.

d) a antiga Lei de Introdução ao Código Civil mudou de nome, passando a denominar-se Lei de Introdução às Normas do Direito Brasileiro. Em que pese tal aspecto, esse diploma normativo continua sendo um apêndice do Código Civil de 2002.

e) no que diz respeito à vigência normativa, é correto afirmar que, com a promulgação, a lei passa a existir e a ser válida.

683. (FMP/TJ/MT/Cartórios/Ingresso/2014) Quanto à lei (aplicação, interpretação, eficácia no tempo e no espaço) e fontes de direito, assinale a afirmativa correta:

a) a duração da "vacatio legis" no direito positivo pátrio sujeita-se, como regra geral, ao princípio do prazo progressivo.

b) a lei revogadora de outra lei revogadora tem o efeito repristinatório, de pleno direito, sobre a velha lei abolida, independentemente de disposição explícita neste sentido.

c) a derrogação de uma lei não implica o fenecimento desta, mas é amputada nas partes ou dispositivos atingidos, e apenas estes perdem a obrigatoriedade.

d) a equidade é um processo de raciocínio lógico pelo qual o juiz estende um preceito legal a casos não diretamente compreendidos na descrição legal.

e) a capacidade para receber por testamento apura-se pela lei do tempo em que praticado o ato.

684. (Cespe/TJ/PI/Cartórios/Ingresso/2013) A respeito do conflito das leis no tempo, assinale a opção correta:

a) o princípio do direito adquirido se direciona ao legislador, não ao juiz.

b) no silêncio do texto legal, a retroatividade da lei será mínima.

c) direito adquirido é o que está consumado segundo a lei vigente ao tempo em que se efetuou.

d) a lei nova não se aplicará a relações nascidas sob a vigência da lei antiga.

e) a lei pode retroagir para atingir fatos já consumados.

685. (Cespe/TJ/ES/Cartórios/Remoção/2013) No que se refere à aplicação da lei estrangeira, assinale a opção correta:

a) a lei do lugar de domicílio do estrangeiro se aplica aos bens móveis que o proprietário tiver consigo ou que se destinarem ao transporte para outros lugares.

b) a regra do estatuto pessoal é inaplicável às pessoas jurídicas.

c) aplica-se a lei do domicílio do proprietário às relações de posse sobre bens imóveis.

d) a regra do estatuto pessoal define que a norma legal do lugar de nascimento do estrangeiro será observada quanto ao começo e ao fim da personalidade, ao nome, à capacidade e aos direitos de família.

e) o direito internacional público regula a matéria atinente à aplicação de lei estrangeira.

686. (FCC/TJ/PE/Cartórios/Remoção/2013) A repristinação legal no direito brasileiro:

a) não se admite em nenhuma hipótese.

b) é admitida, excepcionalmente, desde que por disposição expressa nesse sentido.

c) admite-se como regra geral.

d) implica a revogação da lei anterior pela posterior.

e) tem como decorrência lógica a temporariedade de lei que passa a vigorar.

687. (FCC/TJ/PE/Cartórios/Ingresso/2013) No tocante à aplicação e vigência da lei é correto afirmar que:

a) nos Estados estrangeiros, a obrigatoriedade da lei brasileira, quando admitida, inicia-se três meses depois de oficialmente publicada.

b) salvo disposição em sentido contrário, a lei começa a vigorar em todo o país imediatamente após sua publicação oficial.

c) não se admite a repristinação legal em nenhuma hipótese.

d) as correções a texto de lei já em vigor consideram-se meras inserções textuais, sem modificações de sua vigência, em nenhuma hipótese.

e) lei nova, que estabeleça disposições gerais ou especiais a par das já existentes, modifica ou revoga a lei anterior, conforme o caso.

688. (Vunesp/TJ/SP/Cartórios/Ingresso/2014) Ressalvada disposição expressa em contrário, a lei revogada:

a) sempre se restaura em suas disposições especiais, descartadas as gerais.
b) só se restaura se assim vier a ser declarado pelo Supremo Tribunal Federal.
c) não se restaura por ter a lei revogadora perdido a vigência.
d) se restaura por ter a lei revogadora perdido a vigência.

689. (Ieses/TJ/RO/Cartórios/Ingresso/2017) A Lei de Introdução regula as questões relativas à aplicabilidade de normas relativas às questões familiares e sucessórias de estrangeiros no Brasil. Com base nisso, responda as questões:

I. o regime de bens, legal ou convencional, obedece às regras do país em que tiverem os nubentes domicílio, e, se este for diverso, o do primeiro domicílio conjugal.
II. a sucessão de bens de estrangeiros, situados no país, obedecerá à lei do país em que era domiciliado, independentemente da existência ou não de filhos ou cônjuge brasileiro.
III. caso o casamento seja realizado no Brasil, as regras de impedimentos e formalidades da celebração serão as da lei brasileira.

Assinale a correta:

a) todas as assertivas são verdadeiras.
b) todas as assertivas são falsas.
c) apenas a assertiva III é verdadeira.
d) apenas as assertivas I e III são verdadeiras.

690. (Ieses/TJ/CE/Cartórios/Remoção/2018) Considerando o disposto na Lei de Introdução às Normas do Direito Brasileiro, podemos afirmar que:

I. não se destinando à vigência temporária, a lei terá vigor até que outra a modifique ou revogue.
II. as correções a texto de lei já em vigor consideram-se lei nova.
III. a lei nova, que estabeleça disposições gerais ou especiais a par das já existentes, revoga a lei anterior.
IV. a Lei em vigor terá efeito imediato e geral, respeitados o ato jurídico perfeito, o direito adquirido e a coisa julgada.

A sequência correta é:

a) as assertivas I, II, III e IV estão corretas.
b) apenas a assertiva I está incorreta.
c) apenas as assertivas I, II e IV estão corretas.
d) apenas as assertivas I e IV estão corretas.

691. (Ieses/TJ/AM/Cartórios/Remoção/2018) Conforme preconiza a Lei de Introdução às Normas do Direito Brasileiro, é correto afirmar:

I. ninguém se escusa de cumprir a lei, alegando que não a conhece.
II. salvo disposição contrária, a lei começa a vigorar em todo o país noventa dias depois de oficialmente publicada.
III. na aplicação da lei, o juiz atenderá aos fins sociais a que ela se dirige e às exigências do bem comum.
IV. as correções a texto de lei já em vigor consideram-se lei nova.

A sequência correta é:

a) apenas as assertivas I e IV estão corretas.
b) apenas a assertiva III está correta.
c) as assertivas I, II, III e IV estão corretas.
d) apenas a assertiva II está incorreta.

692. (Ieses/TJ/AM/Cartórios/Remoção/2018) Segundo a Lei de Introdução às Normas do Direito Brasileiro será executada no Brasil a sentença proferida no estrangeiro, que reúna os seguintes requisitos, exceto:

a) haver sido proferida por juiz competente e terem sido as partes citadas ou haver-se legalmente verificado à revelia.
b) ter passado em julgado e estar revestida das formalidades necessárias para a execução no lugar em que foi proferida.
c) estar traduzida por intérprete autorizado.
d) ter sido homologada pelo Superior Tribunal de Justiça.

9.7. Lei de Investigação de Paternidade (Lei 8.560/92)

* QUESTÕES OBJETIVAS

693. (Cespe/TJ/PI/Cartórios/Remoção/2013) Assinale a opção correta com referência aos direitos da personalidade:

a) em regra, não há autorização tácita para o uso de direito da personalidade, mas tem entendido o STJ que a autorização para ser fotografado inclui a publicação da fotografia.
b) o direito à privacidade integra o rol dos direitos da personalidade, atraindo suas características essenciais, razão por que ele é absoluto, imprescritível e inalienável.

c) a recusa a submeter-se a exame de DNA ordenado por juiz pode suprir a prova que se pretendia obter e pode ser considerada abuso do direito à integridade física.

d) mesmo garantindo a integridade física, o Código Civil não proíbe a ablação do corpo humano realizada em transexuais em face da proteção aos direitos da personalidade.

e) porquanto o direito ao uso do próprio nome tem o objetivo de proteger direito inalienável, há sobre tal direito exclusividade absoluta do titular.

694. (Ieses/TJ/RS/Cartórios/Ingresso/2013) Assinale a alternativa correta nos termos da Lei 8.560 de 1992:

a) na ação de investigação de paternidade, todos os meios legais, bem como os moralmente legítimos, serão hábeis para provar a verdade dos fatos.

b) é vedado o direito de averbar alteração do patronímico materno, em decorrência do casamento, no termo de nascimento do filho.

c) é facultado legitimar e reconhecer filho na ata do casamento.

d) o reconhecimento dos filhos havidos fora do casamento é irrevogável, exceto quando feito incidentalmente em testamento.

695. (Cespe/TJ/PI/Cartórios/Remoção/2013) Considerando que um menor de idade tenha sido registrado apenas com a maternidade estabelecida, sem obtenção, à época, do reconhecimento de paternidade pelo procedimento previsto na Lei n. 8.560/1992, assinale a opção correta:

a) se, em serventia diversa daquela do registro de nascimento, a mãe preencher termo com os elementos para identificação do genitor, isso será suficiente para que o registrador expeça nova certidão e a anexe ao termo.

b) se, após notificação, o pai negar a paternidade, o representante do MP poderá propor ação de investigação de paternidade, dispensável se a criança tiver sido encaminhada para adoção.

c) será vedado à mãe apontar, posteriormente, o suposto pai perante o oficial de registro de pessoas naturais.

d) o reconhecimento de filho por pessoa relativamente incapaz dependerá de assistência de seus pais, tutor ou curador.

e) se houvesse suspeita de fraude no registro do menor, o oficial de registro deveria praticar o ato, comunicando apenas suas suspeitas ao juiz.

696. (TJ/SC/Cartórios/Remoção/2012) Sobre a Lei n. 8.560/1992 é correto afirmar:

a) é possível legitimar e reconhecer filho na ata do casamento.

b) o reconhecimento dos filhos havidos fora do casamento é irrevogável e será feito no registro de nascimento; por escritura pública ou escrito particular, a ser arquivado em cartório; por testamento, ainda que incidentalmente manifestado, e por manifestação expressa e direta perante o juiz, ainda que o reconhecimento não haja sido o objeto único e principal do ato que o contém.

c) é vedado o direito de averbar alteração do patronímico materno, em decorrência do casamento, no termo de nascimento do filho.

d) no registro de nascimento far-se-á referência à natureza da filiação, à sua ordem em relação a outros irmãos do mesmo prenome, exceto gêmeos, ao lugar e cartório do casamento dos pais e ao estado civil destes.

e) os registros de nascimento, anteriores à data da entrada em vigor da presente lei, não poderão ser retificados por decisão judicial.

697. (Faurgs/TJ/RS/Cartórios/Remoção/2015) Assinale a alternativa que apresenta afirmação correta a respeito da disciplina sobre reconhecimento de filhos na Lei n. 8.560/1992:

a) em registro de nascimento de menor apenas com a maternidade estabelecida, o oficial deverá averiguar a identidade do suposto pai.

b) é vedado legitimar e reconhecer filho na ata do casamento.

c) o filho maior pode ser reconhecido sem o seu consentimento.

d) na hipótese de concepção decorrente de relação extraconjugal, tal circunstância deverá constar na certidão de nascimento.

9.8. Lei de Locações de Imóveis Urbanos (Lei 8.245/91)

✱ INOVAÇÕES LEGISLATIVAS

▲ Lei de Locações de Imóveis Urbanos (Lei 8.245/91): sem alterações em 2017/2018.

✱ SÚMULAS

STF **Súm. 158.** Salvo estipulação contratual averbada no registro imobiliário, não responde o adquirente pelas benfeitorias do locatário.

STF Súm. 374. Na retomada para construção mais útil, não é necessário que a obra tenha sido ordenada pela autoridade pública.

STF Súm. 409. Ao retomante, que tenha mais de um prédio alugado, cabe optar entre eles, salvo abuso de direito.

STF Súm. 410. Se o locador, utilizando prédio próprio para residência ou atividade comercial, pede o imóvel locado para uso próprio, diverso do que tem o por ele ocupado, não está obrigado a provar a necessidade, que se presume.

STF Súm. 410. Se o locador, utilizando prédio próprio para residência ou atividade comercial, pede o imóvel locado para uso próprio, diverso do que tem o por ele ocupado, não está obrigado a provar a necessidade, que se presume.

STF Súm. 411. O locatário autorizado a ceder a locação pode sublocar o imóvel.

STF Súm. 442. A inscrição do contrato de locação no registro de imóveis, para a validade da cláusula de vigência contra o adquirente do imóvel, ou perante terceiros, dispensa a transcrição no registro de títulos e documentos.

STF Súm. 449. O valor da causa, na consignatória de aluguel, corresponde a uma anuidade.

STF Súm. 483. É dispensável a prova da necessidade, na retomada do prédio situado em localidade para onde o proprietário pretende transferir residência, salvo se mantiver, também, a anterior, quando dita prova será exigida.

STF Súm. 486. Admite-se a retomada para sociedade da qual o locador, ou seu cônjuge, seja sócio, com participação predominante no capital social.

STJ Súm. 214. O fiador na locação não responde por obrigações resultantes de aditamento ao qual não anuiu.

STJ Súm. 268. O fiador que não integrou a relação processual na ação de despejo não responde pela execução do julgado.

STJ Súm. 335. Nos contratos de locação, é válida a cláusula de renúncia à indenização das benfeitorias e ao direito de retenção.

* ENUNCIADOS CJF

CJF Comercial 67. Na locação "built to suit", é válida a estipulação contratual que estabeleça cláusula penal compensatória equivalente à totalidade dos aluguéres a vencer, sem prejuízo da aplicação do art. 416, parágrafo único, do Código Civil.

* INFORMATIVOS

STJ Compra e venda de imóvel. Prévio contrato de locação. Manutenção pelo adquirente. Cláusula de vigência. Registro de imóveis. Averbação. Imprescindibilidade. A averbação do contrato com cláusula de vigência no registro de imóveis é imprescindível para que a locação possa ser oposta ao adquirente. REsp 1.669.612, Rel. Min. Ricardo Villas Bôas Cueva, DJ 14.8.2018. 3ª T. (Info 632)

STJ Locação. Imóvel não residencial. Parcelamento de débitos fiscais pelo locatário. Ajuizamento de ação renovatória. Possibilidade. A certidão de parcelamento fiscal é suficiente para suprir a exigência prevista no inciso III do art. 71 da Lei 8.245/91 (Lei de Locações) para efeito do ajuizamento de ação renovatória de locação empresarial. REsp 1.698.814, Rel. Min. Paulo de Tarso Sanseverino, DJ 29.6.2018. 3ª T. (Info 629)

* QUESTÕES OBJETIVAS

698. **(Cespe/TJ/ES/Cartórios/Remoção/2013)** Determinado imóvel urbano está alugado e o locador deseja vendê-lo antes do prazo final do contrato de locação. Nesse caso:

a) a preferência do locatário sobrepõe-se à do condômino, nos casos em que houver condomínio no imóvel.
b) o direito de preferência incidirá sobre a totalidade dos bens que sejam objeto da alienação, no caso de haver alienação de mais de uma unidade imobiliária.
c) o locador não tem legitimidade para o registro do contrato de locação com cláusula de vigência, em caso de alienação.
d) o locatário deverá exercer seu direito de preempção no prazo de sessenta dias.
e) o locatário preterido no seu direito de preferência poderá reclamar do alienante perdas e danos, independentemente de o contrato de locação ter sido averbado no cartório de imóveis antes da alienação.

699. **(FCC/TJ/PE/Cartórios/Remoção/2013)** No que concerne à Lei de Locações, é incorreto afirmar:

a) julgada procedente a ação de despejo por falta de pagamento, o juiz determinará a expedição de mandado de despejo, que conterá o prazo de 30 (trinta) dias para a desocupação voluntária.

b) salvo disposição contratual em contrário, qualquer das garantias da locação se estende até a efetiva devolução do imóvel, ainda que prorrogada a locação por prazo indeterminado, por força da referida Lei.

c) na locação não residencial o locador não estará obrigado a renovar o contrato se o imóvel vier a ser utilizado para transferência de fundo de comércio existente há mais de um ano, sendo detentor da maioria do capital o descendente do locador.

d) o término do prazo de locação para temporada, tendo sido proposta a ação de despejo em até trinta dias após o vencimento do contrato, autoriza a concessão, pelo Magistrado, da liminar de desocupação em 15 (quinze) dias, independentemente da oitiva da parte contrária, exigindo-se, contudo, a caução equivalente a 3 meses de aluguel.

e) na ação de despejo por falta de pagamento, efetuada a purga da mora, se o locador alegar que a oferta não é integral, justificando a diferença, o locatário poderá complementar o depósito no prazo de 10 (dez) dias, contado da intimação, que poderá ser dirigida ao locatário ou diretamente ao patrono deste, por carta ou publicação no órgão oficial, a requerimento do locador.

700. **(FCC/TJ/PE/Cartórios/Ingresso/2013)** A ação renovatória de locação, preenchidos os requisitos legais, não pode ser ajuizada:

a) pelos sucessores da locação.

b) pelos cessionários da locação.

c) pelo sócio sobrevivente, quando, dissolvida a sociedade comercial pela morte de um dos sócios, continuar no mesmo ramo.

d) por sociedade civil com fim lucrativo regularmente constituída.

e) pelo locatário, no caso de sublocação total do imóvel.

701. **(Consulplan/TJ/MG/Cartórios/Remoção/2014)** Sobre o que dispõe a Lei n. 8.245/1991, é correta a afirmação:

a) o direito de preferência do locatário caducará se não manifestada, de maneira inequívoca, sua aceitação integral à proposta, no prazo de cento e oitenta dias.

b) considera – se locação não residencial quando o locatário for pessoa jurídica e o imóvel destinar – se ao uso de seus titulares, diretores, sócios, gerentes, executivos ou empregados.

c) entende-se por despesa ordinária de condomínio a constituição de fundo de reserva.

d) não havendo acordo, o locador ou locatário, após dois anos de vigência do contrato ou do acordo anteriormente realizado, poderão pedir revisão judicial do aluguel, a fim de ajustá-lo ao preço de mercado.

702. **(Vunesp/TJ/SP/Cartórios/Remoção/2014)** Na ação renovatória de contrato de locação, desejando o proprietário exercer o direito de retomada do imóvel para seu próprio uso, deverá fazê-lo:

a) por intermédio de reconvenção.

b) ajuizando ação própria, distribuída livremente.

c) mediante pedido contraposto de retomada deduzido na própria contestação, dada a natureza dúplice da ação.

d) mediante o ajuizamento, por dependência, de ação própria.

703. **(Cespe/TJ/BA/Cartórios/Ingresso/2013)** Tendo por base a jurisprudência do STJ no que concerne à locação de imóveis urbanos, a direitos reais, títulos de crédito e prescrição e decadência, assinale a opção correta:

a) o particular que tenha imóvel localizado em terreno de marinha e cuja propriedade tenha sido estabelecida em cartório de registro de imóveis será considerado proprietário, inclusive, em face de eventual oposição da União.

b) caso o devedor efetue a quitação da dívida após o protesto do título, a responsabilidade por promover o cancelamento do protesto é do credor.

c) a pretensão de recebimento de valores pagos que não tenham sido restituídos em face de rescisão judicial de contrato de promessa de compra e venda de imóvel submete-se ao prazo prescricional de três anos, por constituir pretensão de reparação civil.

d) julgada improcedente a ação renovatória da locação, o locatário deverá desocupar o imóvel imediatamente, sob pena de pagamento de multa diária.

e) em contrato de locação celebrado em 14.4.2010, os efeitos da fiança permanecerão válidos, mesmo sem cláusula expressa, após a prorrogação do prazo contratual por prazo indeterminado.

704. **(Consulplan/TJ/MG/Cartórios/Remoção/2017)** No contrato de locação, pode o locador exigir do locatário, num mesmo contrato, as seguintes modalidades de garantia, exceto:

a) fiança.

b) cessão fiduciária de quotas de fundo de investimento.

c) caução.

d) seguro de fiança locatícia e caução.

705. **(Consulplan/TJ/MG/Cartórios/Ingresso/2017)** Apesar da Lei de Locação, continuam os seguintes tipos de locações sendo regidos pelo Código Civil, exceto:

a) imóveis de propriedade da União.

b) imóveis de propriedade do Estado-membro.

c) imóveis de propriedade das fundações privadas.

d) vagas autônomas de garagem.

706. **(Consulplan/TJ/MG/Cartórios/Ingresso/2017)** Acerca de locação, é correto afirmar:

a) considera-se locação residencial quando o locatário for pessoa jurídica e o imóvel destina-se ao uso dos seus titulares, diretores, sócios, gerentes e empregados.

b) nas locações residenciais ajustadas por escrito e por prazo inferior a trinta meses, a resolução do contrato ocorrerá findo o prazo estipulado, independentemente de notificação ou aviso.

c) o locatário somente terá direito à renovação do contrato nas locações de imóveis destinados ao comércio, se o contrato a renovar tenha sido celebrado por escrito e com prazo determinado.

d) a locação residencial prosseguirá automaticamente com o cônjuge ou companheiro(a) que permanecer no imóvel, em caso de separação de fato ou dissolução de união estável, devendo a sub-rogação ser comunicada por escrito ao locador e fiador, se esta foi a modalidade de garantia locatícia.

707. **(Consulplan/TJ/MG/Cartórios/Ingresso/2017)** Quanto à locação urbana, regida pela Lei n. 8.245/91, é correto afirmar que:

a) é cabível a medida liminar de despejo em caso de falta de pagamento, independentemente de caução, desde que provada a mora do locatário.

b) é cabível a medida liminar de despejo em caso de falta de pagamento, independentemente de caução, desde que provada a mora do locatário e que não tenha nenhuma garantia em favor do locador.

c) não há previsão específica na Lei n. 8.245/91 de concessão de medida liminar em despejo por falta de pagamento, mas são aplicadas subsidiariamente as normas do CPC para tal fim.

d) é cabível medida liminar de despejo em caso de contrato sem nenhuma garantia, desde que o locador preste caução em juízo de valor equivalente a 3 meses do valor da locação.

708. **(Consulplan/TJ/MG/Cartórios/Remoção/2017)** Quanto à locação urbana, regida pela Lei n. 8.245/91, é lícito ao locador pedir ao locatário as seguintes modalidades de garantias:

a) caução cumulada com um seguro residencial.

b) fiança cumulada com uma caução.

c) cessão fiduciária de quotas de fundo de investimento.

d) seguro de fiança locatícia com caução de bens móveis ou imóveis.

709. **(Consulplan/TJ/MG/Cartórios/Remoção/2017)** Sobre as ações de despejo fundadas na falta de pagamento de aluguel e acessórios da locação, assinale a única afirmativa incorreta:

a) o pedido de rescisão da locação poderá ser cumulado com o pedido de cobrança dos aluguéis e acessórios da locação.

b) conceder-se-á liminar para desocupação em 15 (quinze) dias, independente da audiência da parte contrária e desde que prestada a caução no valor equivalente a 3 (três) meses de aluguel, mesmo se o contrato estiver garantido por fiança.

c) o locatário e o fiador poderão evitar a rescisão da locação purgando a mora, no prazo de 15 (quinze) dias, contados da citação.

d) julgada procedente a ação, o mandado de despejo conterá o prazo de 15 (quinze) dias, se entre a citação e a sentença de primeira instância houver decorrido mais de 04 (quatro) meses.

710. **(Vunesp/TJ/SP/Cartórios/Ingresso/2018)** Sobre as ações de despejo decorrentes de locação de imóvel residencial urbano, é correto afirmar que:

a) se fundadas em falta de pagamento, caberá liminar para desocupação se o contrato trouxer somente a fiança como garantia.

b) a execução provisória do despejo por infração legal ou contratual dependerá de caução, real ou fidejussória, não inferior a seis meses nem superior a doze meses do aluguel.

c) devem sempre estar instruídas com a prova da propriedade do imóvel ou do compromisso, ainda que seja por denúncia vazia.

d) é competente para conhecer e julgar tais ações o foro do lugar da situação do imóvel, salvo se outro houver sido eleito no contrato.

4. DIREITO COMERCIAL

VOLUME DE QUESTÕES

Médio-Alto

1. DO EMPRESÁRIO

1.1. Da Caracterização e da Inscrição

✱ ENUNCIADOS CJF

CJF Civil 53. Deve-se levar em consideração o princípio da função social na interpretação das normas relativas à empresa, a despeito da falta de referência expressa.

CJF Civil 54. É caracterizador do elemento empresa a declaração da atividade-fim, assim como a prática de atos empresariais.

CJF Civil 193. O exercício das atividades de natureza exclusivamente intelectual está excluído do conceito de empresa.

CJF Civil 194. Os profissionais liberais não são considerados empresários, salvo se a organização dos fatores da produção for mais importante que a atividade pessoal desenvolvida.

CJF Civil 195. A expressão "elemento de empresa" demanda interpretação econômica, devendo ser analisada sob a égide da absorção da atividade intelectual, de natureza científica, literária ou artística, como um dos fatores da organização empresarial.

CJF Civil 198. A inscrição do empresário na Junta Comercial não é requisito para a sua caracterização, admitindo-se o exercício da empresa sem tal providência. O empresário irregular reúne os requisitos do art. 966, sujeitando-se às normas do Código Civil e da legislação comercial, salvo naquilo em que forem incompatíveis com a sua condição ou diante de expressa disposição em contrário.

CJF Civil 199. A inscrição do empresário ou sociedade empresária é requisito delineador de sua regularidade, e não da sua caracterização.

CJF Civil 200. É possível a qualquer empresário individual, em situação regular, solicitar seu enquadramento como microempresário ou empresário de pequeno porte, observadas as exigências e restrições legais.

CJF Civil 201. O empresário rural e a sociedade empresária rural, inscritos no registro público de empresas mercantis, estão sujeitos à falência e podem requerer concordata.

CJF Civil 202. O registro do empresário ou sociedade rural na Junta Comercial é facultativo e de natureza constitutiva, sujeitando-o ao regime jurídico empresarial. É inaplicável esse regime ao empresário ou sociedade rural que não exercer tal opção.

CJF Civil 465. A "transformação de registro" prevista no art. 968, § 3º, e no art. 1.033, parágrafo único, do Código Civil não se confunde com a figura da transformação de pessoa jurídica.

CJF Civil 466. Para fins do direito falimentar, o local do principal estabelecimento é aquele de onde partem as decisões empresariais, e não necessariamente a sede indicada no registro público.

✱ QUESTÕES OBJETIVAS

01. **(Consulplan/TJ/MG/Cartórios/Remoção/2018)** Considera-se empresário:

a) aquele que exerce atividade comercial ou industrial.

b) aquele que exerce atividade exclusivamente artística.

c) aquele que exerce atividade exclusivamente científica.

d) aquele que exerce atividade exclusivamente intelectual.

02. **(Consulplan/TJ/MG/Cartórios/Remoção/2018)** Assinale a alternativa correta quanto ao exercício de empresa:

a) o sócio incapaz pode exercer a administração da sociedade.

b) poderá o incapaz continuar a empresa antes exercida quando capaz.

c) a continuidade do exercício empresarial do incapaz prescinde de autorização judicial.

d) se exercer atividade de empresário, mesmo legalmente impedido, responderá pelas obrigações contraídas.

03. **(Ieses/TJ/RS/Cartórios/Remoção/2013)** Sobre o empresário:

I. ao empresário individual regularmente inscrito é permitido alienar ou gravar de ônus real o imóvel incorporado à empresa, desde que exista, se for o caso, prévio registro de autorização conjugal no Cartório de Imóveis, devendo tais requisitos constar do instrumento de alienação ou de instituição do ônus real, com a consequente averbação do ato à margem de sua inscrição no Registro Público de Empresas Mercantis.

II. quanto às obrigações decorrentes de sua atividade, o empresário individual responderá primeiramente com os bens vinculados à exploração de sua atividade econômica.

III. o registro do empresário ou sociedade rural na Junta Comercial é facultativo e de natureza constitutiva, sujeitando-o ao regime jurídico empresarial.

IV. não estão sujeitos à falência o empresário rural e a sociedade empresária rural, ainda que inscritos no registro público de empresas mercantis.

Estão corretas as afirmativas:

a) I, III e IV, apenas.

b) II e III, somente.

c) I, II e III, apenas.

d) I e II, apenas.

04. **(Ieses/TJ/RN/Cartórios/Ingresso/2012)** Quanto ao empresário e a empresa, é correto afirmar, exceto, que:

a) como organizada, entende-se aquela atividade em que o empresário articula capital, mão-de-obra, insumos e tecnologia.

b) o profissionalismo é requisito que qualifica o empresário.

c) o médico que presta seus serviços é empresário, pois, mesmo que não exerça uma atividade organizada com a contratação de colaboradores, exerce tal atividade de forma profissional.

d) o conceito de empresa remete à atividade, e não à sociedade.

05. **(Consulplan/TJ/MG/Cartórios/Remoção/2016)** Sobre o conceito de empresário e sua capacidade, e à luz do Código Civil brasileiro, é correto afirmar:

a) considera-se empresário quem exerce profissionalmente atividade econômica organizada para a produção ou circulação de bens ou de serviços.

b) a pessoa legalmente impedida de exercer atividade própria de empresário, se a exercer, não responderá pelas obrigações contraídas.

c) poderá o incapaz, mesmo sem assistência, continuar a empresa antes exercida por ele enquanto capaz, por seus pais ou pelo autor da herança.

d) o empresário casado necessita de outorga conjugal, qualquer que seja o regime de bens, para alienar os imóveis que integram o patrimônio da empresa ou graválos de ônus real.

06. **(Vunesp/TJ/SP/Cartórios/Ingresso/2016)** Sobre o empresário individual, assinale a alternativa correta:

a) é a pessoa jurídica com um só sócio que exerce atividade econômica para produção ou circulação de bens ou serviços, de maneira habitual e com intuito de lucro.

b) é a pessoa física que exerce o comércio ou a indústria em seu próprio nome, em caráter habitual e com intuito de lucro.

c) a figura de empresário individual foi extinta com a Lei n. 12.441/11, que instituiu a EIRELI (empresa individual de responsabilidade limitada).

d) é a pessoa física que exerce atividade econômica, para produção ou circulação de bens ou serviços, de maneira habitual e com intuito de lucro.

07. **(Consulplan/TJ/MG/Cartórios/Ingresso/2014)** Sobre o empresário e com base no Código Civil (Lei 10.406, de 10 de janeiro de 2002), assinale a alternativa correta:

a) considera-se empresário quem exerce, mesmo que esporadicamente, atividade econômica organizada para produção ou circulação de bens ou serviços.

b) não é obrigatória a inscrição do empresário no Registro Público de Empresas Mercantis da respectiva sede, antes do início de sua atividade.

c) a inscrição do empresário far-se-á mediante requerimento que contenha: o seu nome, nacionalidade, domicílio, estado civil e, se casado, o regime de bens; a firma, com a respectiva assinatura autógrafa; o capital; o objeto e a sede da empresa.

d) o empresário que instituir sucursal, filial ou agência, em lugar sujeito à jurisdição de outro Registro Público de Empresas Mercantis, neste não precisa também inscrevê-la, pois é suficiente a inscrição averbada no Registro Público de Empresas Mercantis da respectiva sede.

08. **(Consulplan/TJ/MG/Cartórios/Ingresso/2014)** Com base no Código Civil (Lei 10.406, de 10 de janeiro de 2002), considera-se empresário:

a) quem exerce profissão de natureza intelectual, de natureza científica, literária ou artística, ainda com o concurso de auxiliares ou colaboradores, com fins lucrativos, mesmo se o exercício da profissão constituir elemento de empresa.

b) quem exerce profissionalmente atividade econômica organizada para a produção ou a circulação de bens ou de serviços.

c) o preposto permanente no exercício da empresa, mesmo que esta não seja uma atividade econômica organizada.

d) toda pessoa física ou jurídica que tenha feito a sua inscrição no Registro Público de Empresas Mercantis depois do início de sua atividade.

09. **(Vunesp/TJ/SP/Cartórios/Ingresso/2014)** Assinale a alternativa correta:

a) o empresário individual não é considerado pessoa jurídica mesmo após o registro de comércio competente.

b) os sócios de sociedades empresariais são sempre considerados empresários para os efeitos legais.

c) o empresário individual tem sua responsabilidade limitada ao total do capital social.

d) o empresário individual necessita mencionar no seu contrato social os administradores da empresa, que devem ser ao menos dois, e o prazo de seu mandato.

10. **(FMP/TJ/MT/Cartórios/Remoção/2014)** Não sofrem restrições para serem empresários:

a) o falido.

b) os leiloeiros públicos.

c) os funcionários públicos.

d) os produtores rurais.

e) as sociedades cooperativas.

11. **(FMP/TJ/MT/Cartórios/Remoção/2014)** Não constitui obrigação do empresário:

a) inscrever-se perante a Junta Comercial.

b) constituir sociedade.

c) elaborar balanços periódicos.

d) manter a escrituração de livros.

e) comunicar periodicamente, caso não faça arquivamentos na Junta, a sua condição de empresário ativo.

12. **(IBFC/TJ/PR/Cartórios/Remoção/2014)** Sobre empresário, assinale a correta:

a) equipara-se à empresário quem exerce profissão intelectual de natureza literária ou artística.

b) não é obrigatória a inscrição do empresário no Registro Público de Empresas Mercantis, antes do início de sua atividade.

c) a inscrição do empresário poderá ser feita alternativamente ao registro Público de Empresas Mercantis ou no registro de Títulos e Documentos, porque possuem a mesma finalidade, que é dar publicidade dos atos.

d) a pessoa legalmente impedida de exercer a atividade própria de empresário, mas mesmo assim a exerce responderá pelas obrigações contraídas.

13. **(Cespe/TJ/BA/Cartórios/Ingresso/2013)** No que diz respeito à empresa e ao estabelecimento, assinale a opção correta:

a) a sub-rogação do adquirente, com caráter pessoal, nos contratos de exploração atinentes ao estabelecimento adquirido, incluído o contrato de locação, é a regra geral.

b) ao empresário individual regularmente inscrito é vedado alienar ou gravar de ônus real o imóvel incorporado à empresa.

c) o nome de domínio integra o estabelecimento empresarial como bem corpóreo para todos os fins de direito.

d) o empresário individual que exerce profissionalmente atividade econômica organizada para a produção ou a circulação de bens ou serviços deve responder pelas dívidas contraídas por essa atividade, primeiramente com os bens vinculados à exploração de sua atividade econômica.

e) o capital da empresa individual de responsabilidade limitada subscrito e efetivamente integralizado sujeita-se à influência decorrente de ulteriores alterações no salário mínimo.

14. **(Cespe/TJ/SE/Cartórios/Remoção/2014)** Em relação à atividade empresarial, assinale a opção correta:

a) ainda que o corretor de seguros seja profissional liberal, a atividade que ele exerce não é intelectual, mas empresarial.

b) se um profissional intelectual contratar auxiliares para o desempenho de sua atividade, essa atividade passa a ser considerada atividade empresarial.

c) a atividade empresarial é personalíssima, por não admitir, via de regra, a fungibilidade do devedor quanto à sua prestação.

d) o registro de determinada atividade empresarial na junta comercial representa uma autorização estatal para a constituição de empresa e a formação de pessoa jurídica.

e) a atividade intelectual, diferentemente da atividade empresarial, visa ao lucro, e seu desenvolvimento requer a instalação de estabelecimento.

15. **(Vunesp/TJ/SP/Cartórios/Remoção/2016)** Considera-se juridicamente empresa:

a) a atividade economicamente organizada exercida pelo empresário.

b) o fundo de comércio das entidades empresariais.

c) as sociedades empresárias registradas devidamente no Registro de Comércio.

d) as sociedades unipessoais que exerçam atividade econômica para produção ou circulação de bens ou serviços, de maneira habitual e com intuito de lucro.

16. **(Consulplan/TJ/MG/Cartórios/Remoção/2017)** Nos termos do Código Civil marque a afirmativa incorreta acerca da definição de empresário:

a) é aquele que exerce profissionalmente atividade econômica organizada para a produção ou a circulação de bens ou de serviços.

b) é aquele que exerce profissionalmente atividades em cooperativas sendo um dos cooperados.

c) é aquele cuja atividade rural constitua sua principal profissão, desde que seja inscrito no Registro Público de Empresas Mercantis da respectiva sede.

d) é aquele que exerce atividade empresarial individual de responsabilidade limitada, por uma única pessoa titular da totalidade do capital social.

17. **(Consulplan/TJ/MG/Cartórios/Ingresso/2017)** De acordo com o Código Civil, assinale a afirmativa correta sobre a constituição do empresário e da sociedade empresária:

a) é facultativa a inscrição do empresário no Registro Público de Empresas Mercantis da respectiva sede antes do início de suas atividades.

b) decai em cinco anos o direito de anular a constituição das pessoas jurídicas de direito privado, por defeito do ato respectivo, contado o prazo da publicação de sua inscrição no registro.

c) o processo de abertura, registro, alteração e baixa do microempreendedor individual, bem como qualquer exigência para o início de seu funcionamento deverão ter trâmite especial e simplificado.

d) o empresário que instituir sucursal, filial ou agência em lugar sujeito à jurisdição de outro Registro de Empresas Mercantis, deverá inscrevê-la apenas no Registro da empresa sede.

18. **(Consulplan/TJ/MG/Cartórios/Remoção/2017)** O Código Civil brasileiro adotou, de forma indireta, uma definição para o termo jurídico "empresa". Levando em conta, esta definição, amplamente aceita e adotada pela doutrina pátria, a palavra-chave que está presente nesta definição é:

a) atividade.

b) pessoa.

c) coisa.

d) instituição.

19. **(Consulplan/TJ/MG/Cartórios/Ingresso/2017)** Segundo o Código Civil, considera-se Empresário:

a) quem exerce profissionalmente atividade com fins lucrativos, independentemente da atividade.

b) quem exerce profissionalmente atividade econômica organizada para a produção ou a circulação de bens ou de serviços.

c) quem seja sócio controlador de Sociedades Anônimas.

d) quem exerce, ainda que não profissionalmente, atividade com fins lucrativos, organizada, para a execução de serviços, produção de produtos industrializados ou participando da cadeia de circulação destes produtos.

20. **(Ieses/TJ/RO/Cartórios/Remoção/2017)** Considera-se (___) quem exerce profissionalmente atividade econômica organizada para a produção ou a circulação de bens ou de serviços:

a) empresário.
b) vendedor.
c) empresa.
d) sociedade.

1.2. Da Capacidade

✱ ENUNCIADOS CJF

CJF Civil 197. A pessoa natural, maior de 16 e menor de 18 anos, é reputada empresário regular se satisfizer os requisitos dos arts. 966 e 967; todavia, não tem direito a concordata preventiva, por não exercer regularmente a atividade por mais de dois anos.

CJF Civil 203. O exercício da empresa por empresário incapaz, representado ou assistido somente é possível nos casos de incapacidade superveniente ou incapacidade do sucessor na sucessão por morte.

CJF Civil 204. A proibição de sociedade entre pessoas casadas sob o regime da comunhão universal ou da separação obrigatória só atinge as sociedades constituídas após a vigência do Código Civil de 2002.

CJF Civil 205. Adotar as seguintes interpretações ao art. 977: (1) a vedação à participação de cônjuges casados nas condições previstas no artigo refere-se unicamente a uma mesma sociedade; (2) o artigo abrange tanto a participação originária (na constituição da sociedade) quanto a derivada, isto é, fica vedado o ingresso de sócio casado em sociedade de que já participa o outro cônjuge.

CJF Civil 467. A exigência de integralização do capital social prevista no art. 974, § 3º, não se aplica à participação de incapazes em sociedades anônimas e em sociedades com sócios de responsabilidade ilimitada nas quais a integralização do capital social não influa na proteção do incapaz.

✱ QUESTÕES OBJETIVAS

21. **(IBFC/TJ/PR/Cartórios/Ingresso/2014)** Sobre o empresário assinale a afirmação incorreta:

a) faculta-se aos cônjuges contratar sociedade entre si ou com terceiros, desde que tenham casado no regime de comunhão universal de bens.
b) faculta-se aos cônjuges contratar sociedade, entre si ou com terceiros, desde que não tenham casado no regime de comunhão universal de bens, ou no da separação obrigatória.
c) o empresário casado pode, sem a outorga conjugal, qualquer que seja o regime de bens, alienar os imóveis que integram o patrimônio da empresa ou gravá-los de ônus real.
d) serão também arquivados no Registro Público de Empresas Mercantis, os pactos e declarações antenupciais do empresário, o título de doação, herança ou legados, de bens clausulados de incomunicabilidade ou inalienabilidade.

22. **(Ieses/TJ/RS/Cartórios/Ingresso/2013)** Assinale a alternativa incorreta:

a) faculta-se aos cônjuges contratar sociedade, entre si ou com terceiros, desde que não tenham casado no regime da comunhão universal de bens, ou no da separação obrigatória.
b) sem a outorga conjugal, o empresário casado não pode alienar os imóveis que integrem o patrimônio da empresa ou gravá-los de ônus real, qualquer que seja o regime de bens.
c) a vedação contida no artigo 977, do Código Civil, quanto à participação de cônjuges casados numa mesma sociedade, abrange tanto a participação originária quanto a derivada.
d) a proibição de sociedade entre pessoas casadas sob o regime da comunhão universal ou da separação obrigatória só atinge as sociedades constituídas após a vigência do Código Civil de 2002.

23. **(Cespe/TJ/DFT/Cartórios/Remoção/2014)** Acerca do direito de empresa, assinale a opção correta:

a) são efeitos jurídicos da recuperação judicial da sociedade empresária a sujeição de todos os créditos existentes na data do pedido, mesmo as não vencidas, e os créditos com garantia fiduciária de móveis ou imóveis e de arrendador mercantil.
b) na ordem civil vigente, admite-se o exercício de atividade empresarial pelo absoluta ou relativamente incapaz, mediante representação ou assistência, para preservar a continuidade da empresa, antes por ele exercida, quanto capaz, ou por seus pais, de quem se tenha tornado sucessor por ato "inter vivos" ou sucessão "causa mortis", desde que haja autorização judicial.
c) o empresário individual ou singular deve estar legalmente autorizado a exercer a atividade econômica organizada para a produção e circulação de bens e(ou) serviços, todavia a ausência de inscrição no registro público de empresas mercantis da respectiva sede não descaracteriza a regularidade da atividade empresarial.

d) a sociedade não personificada, na qualidade de sociedade em comum ou sociedade em conta de participação, embora destituída do caráter de pessoa jurídica de direito privado, não possui capacidade processual para mover ações, como autor, e figurar no polo passivo, tampouco requerer a falência de seu credor.

e) a ausência de registro da sociedade empresária acarreta o impedimento para o exercício regular da atividade econômica empresarial, restrições legais e administrativas, processuais e mercantis, não se sujeitando, contudo, à responsabilidade ilimitada e subsidiária pelas obrigações assumidas.

24. **(Faurgs/TJ/RS/Cartórios/Remoção/2015)** Assinale a alternativa que contém afirmativa correta sobre a capacidade do empresário e os livros empresariais:

a) o livro de registros de duplicatas é obrigatório para todos os empresários.

b) menor de dezesseis anos pode ser sócio de sociedade por quotas de responsabilidade limitada, desde que não possua poderes de administração, esteja devidamente representado e de que o capital social esteja totalmente integralizado.

c) se o representante legal de empresário individual acometido de doença mental que o torne absolutamente incapaz estiver impedido, por lei, de exercer atividade empresarial, o juiz determinará, necessariamente, o encerramento dessa atividade.

d) em matéria de prova, há contra o empresário uma presunção absoluta decorrente de sua escrituração.

25. **(Consulplan/TJ/MG/Cartórios/Remoção/2014)** Sobre a capacidade do empresário e com base no Código Civil (Lei n. 10.406, de 10 de janeiro de 2002), é correto afirmar, exceto:

a) podem exercer a atividade de empresário os que estiverem em pleno gozo da capacidade civil e não forem legalmente impedidos.

b) a pessoa legalmente impedida de exercer atividade própria de empresário, se a exercer, não responderá pelas obrigações contraídas.

c) o empresário casado pode, sem necessidade de outorga conjugal, qualquer que seja o regime de bens, alienar os imóveis que integrem o patrimônio da empresa ou gravá-los de ônus real.

d) a sentença que decretar ou homologar a separação judicial do empresário e o ato de reconciliação não podem ser opostos a terceiros, antes de arquivados e averbados no Registro Público de Empresas Mercantis.

26. **(Cespe/TJ/DFT/Cartórios/Remoção/2014)** Com base nos aspectos gerais do direito de empresa, assinale a opção correta:

a) o arquivamento dos atos constitutivos da firma individual ou da sociedade na junta comercial tem efeito constitutivo da qualidade de empresário.

b) a sociedade empresária que não leve seus atos constitutivos ao registro competente ficará impedida de pedir recuperação judicial ou extrajudicial, bem como de ser submetida à falência.

c) o Código Civil, embora seja considerado uma tentativa de unificação do direito privado no Brasil, obteve sucesso apenas parcial, o que se verifica pela manutenção, em seu texto, da distinção entre empresários comerciantes e empresários civis.

d) caso um empresário seja interditado em razão de seu vício em tóxicos e seja considerado relativamente incapaz para a prática dos atos da vida civil, ele poderá, com a assistência de seus representantes legais, continuar a empresa antes exercida, entretanto a Junta Comercial poderá exigir que o capital da sociedade empresária seja totalmente integralizado antes do registro de qualquer alteração contratual da sociedade.

e) os conceitos de empresário individual e de microempresário são equivalentes.

27. **(Vunesp/TJ/SP/Cartórios/Ingresso/2016)** Segundo o Código Civil:

a) os bens empregados na atividade empresarial do empresário individual representam garantia dos credores, portanto não podem ser alienados sem anuência destes.

b) o empresário individual casado só precisa de anuência do cônjuge para alienar bens imóveis empregados na atividade empresarial se o regime for de comunhão universal.

c) o empresário individual casado pode alienar bens imóveis que integrem o patrimônio da empresa sem outorga conjugal.

d) o empresário individual casado precisa de anuência do cônjuge para alienar bens imóveis empregados na atividade empresarial.

28. **(Consulplan/TJ/MG/Cartórios/Ingresso/2017)** Possui(em) capacidade para ser empresário, exceto:

a) os que estiverem em pleno gozo da capacidade civil e não forem legalmente impedidos.

b) o incapaz, desde que representado ou assistido, poderá continuar a empresa antes exercida por ele enquanto capaz.

c) faculta-se aos cônjuges contratar sociedade, entre si ou com terceiros, desde que não tenham casado no regime da comunhão universal de bens, ou no da separação obrigatória.

d) o falido não reabilitado.

29. **(Faurgs/TJ/RS/Cartórios/Remoção/2015)** Assinale a alternativa que contém afirmativa correta sobre o regime jurídico do empresário e do estabelecimento empresarial:

a) aquele que exerce, profissionalmente e com intuito de lucro, atividade de natureza científica não é considerado empresário, desde que a atividade por ele realizada não constitua elemento de empresa.

b) a continuação da atividade empresarial por empresário ou sócio incapaz não depende de autorização judicial.

c) os bens que o incapaz já possuía, ao tempo da sucessão ou da interdição, desde que estranhos ao acervo da empresa, não serão atingidos pelas dívidas contraídas em favor desta última.

d) o contrato de compra e venda do complexo de bens materiais ou imateriais, organizado para o exercício da atividade econômica ou da empresa, denomina-se trespasse, equivalendo à cessão de quotas sociais e à alienação de controle de sociedade anônima.

2. DA EMPRESA INDIVIDUAL DE RESPONSABILIDADE LIMITADA

✱ ENUNCIADOS CJF

CJF Comercial 3. A empresa individual de responsabilidade limitada – EIRELI não é sociedade unipessoal, mas um novo ente, distinto da pessoa do empresário e da sociedade empresária.

CJF Comercial 4. Uma vez subscrito e efetivamente integralizado, o capital da empresa individual de responsabilidade limitada não sofrerá nenhuma influência decorrente de ulteriores alterações no salário mínimo.

CJF Comercial 5. Quanto às obrigações decorrentes de sua atividade, o empresário individual tipificado no art. 966 do Código Civil responderá primeiramente com os bens vinculados à exploração de sua atividade econômica, nos termos do art. 1.024 do Código Civil.

CJF Comercial 6. O empresário individual regularmente inscrito é o destinatário da norma do art. 978 do Código Civil, que permite alienar ou gravar de ônus real o imóvel incorporado à empresa, desde que exista, se for o caso, prévio registro de autorização conjugal no Cartório de Imóveis, devendo tais requisitos constar do instrumento de alienação ou de instituição do ônus real, com a consequente averbação do ato à margem de sua inscrição no Registro Público de Empresas Mercantis

CJF Comercial 62. O produtor rural, nas condições mencionadas do art. 971 do CCB, pode constituir EIRELI.

CJF Civil 468. A empresa individual de responsabilidade limitada só poderá ser constituída por pessoa natural.

CJF Civil 469. A empresa individual de responsabilidade limitada (EIRELI) não é sociedade, mas novo ente jurídico personificado.

CJF Civil 470. O patrimônio da empresa individual de responsabilidade limitada responderá pelas dívidas da pessoa jurídica, não se confundindo com o patrimônio da pessoa natural que a constitui, sem prejuízo da aplicação do instituto da desconsideração da personalidade jurídica.

CJF Civil 471. Os atos constitutivos da EIRELI devem ser arquivados no registro competente, para fins de aquisição de personalidade jurídica. A falta de arquivamento ou de registro de alterações dos atos constitutivos configura irregularidade superveniente.

CJF Civil 472. É inadequada a utilização da expressão "social" para as empresas individuais de responsabilidade limitada.

CJF Civil 473. A imagem, o nome ou a voz não podem ser utilizados para a integralização do capital da EIRELI.

✱ QUESTÕES DISCURSIVAS

01. **(FMP/TJ/MT/Cartórios/Remoção/2014)** Disserte sobre a empresa individual de responsabilidade limitada, enfocando os seguintes pontos:

(i) natureza jurídica; (ii) forma de constituição; (iii) capital social; (iv) extinção.

02. **(TJ/SC/Cartórios/Ingresso/2012)** Disserte sobre o registro da propriedade imobiliária do empresário individual e da empresa individual de responsabilidade limitada. Aborde o conceito e características do empresário individual e da empresa individual de responsabilidade limitada; o fundamento da capacidade de aquisição de direitos reais sobre bens imóveis e o procedimento registral relacionado à aquisição destes direitos e a sua penhora.

* QUESTÕES OBJETIVAS

30. **(Consulplan/TJ/MG/Cartórios/Remoção/2018)** Referente à empresa individual de responsabilidade limitada é correto afirmar que:

a) a pessoa natural que constituir empresa individual de responsabilidade limitada poderá figurar em no máximo 3 (três) empresas dessa modalidade.

b) o nome empresarial não necessariamente deverá ser formado pela inclusão da expressão "EIRELI" após a firma ou a denominação social da empresa individual de responsabilidade limitada.

c) a empresa individual de responsabilidade limitada não poderá resultar da concentração das quotas de outra modalidade societária num único sócio, independentemente das razões que motivaram tal concentração.

d) a empresa individual de responsabilidade limitada será constituída por uma única pessoa titular da totalidade do capital social, devidamente integralizado, que não será inferior a 100 (cem) vezes o maior salário-mínimo vigente no País.

31. **(Ieses/TJ/RS/Cartórios/Ingresso/2013)** A respeito da empresa individual de responsabilidade limitada, assinale a opção incorreta:

a) a empresa individual de responsabilidade limitada será constituída por uma única pessoa titular da totalidade do capital social, devidamente integralizado, cujo valor não pode ser superior a cem vezes o maior salário-mínimo vigente no país.

b) o patrimônio da empresa individual de responsabilidade limitada responderá pelas dívidas da pessoa jurídica, não se confundindo com o patrimônio da pessoa natural que a constituiu, sem prejuízo da aplicação do instituto da desconsideração da personalidade jurídica.

c) a empresa individual de responsabilidade limitada não é sociedade unipessoal, mas um novo ente, distinto da pessoa do empresário e da sociedade empresária.

d) a empresa individual de responsabilidade limitada só poderá ser constituída por pessoa natural.

32. **(Faurgs/TJ/RS/Cartórios/Ingresso/2015)** Assinale a alternativa que apresenta afirmação correta a respeito da disciplina da empresa individual de responsabilidade limitada no Código Civil:

a) o capital social mínimo é de 20 (vinte) vezes o salário-mínimo vigente no País.

b) o capital social mínimo é de 25 (vinte e cinco) vezes o salário-mínimo vigente no País.

c) o capital social mínimo é de 50 (cinquenta) vezes o salário-mínimo vigente no País.

d) o capital social mínimo é de 100 (cem) vezes o salário-mínimo vigente no País.

33. **(Faurgs/TJ/RS/Cartórios/Remoção/2015)** As empresas individuais de responsabilidade limitada:

a) não têm personalidade jurídica.

b) têm a mesma personalidade da pessoa natural responsável pela sua constituição.

c) são pessoas jurídicas de direito privado.

d) são pessoas jurídicas de direito público.

34. **(Ieses/TJ/MS/Cartórios/Ingresso/2014)** Analise as assertivas abaixo e, de acordo com o que dispõe a legislação vigente, assinale a alternativa correta:

I. o empresário cuja atividade rural constitua sua principal profissão deverá, obrigatoriamente, inscrever-se no Registro Público de Empresas Mercantis, observando-se, para tanto, as formalidades legais.

II. o empresário individual é pessoa jurídica.

III. o nome empresarial da EIRELI – empresa individual de responsabilidade limitada pode ser firma ou denominação social.

IV. o sócio administrador de uma sociedade empresária é considerado juridicamente: empresário:

a) todas as assertivas estão corretas.

b) as assertivas III e IV estão corretas.

c) todas as assertivas estão incorretas.

d) apenas a assertiva III está correta.

35. **(Vunesp/TJ/SP/Cartórios/Remoção/2016)** A EIRELI pode ser representada nos atos negociais:

a) pelo instituidor da EIRELI ou quem ele designar.
b) por seu administrador nomeado pelo sócio majoritário.
c) pelo instituidor ou demais sócios com direito a voto.
d) somente por seu sócio majoritário, já que os poderes são indelegáveis.

36. **(Faurgs/TJ/RS/Cartórios/Remoção/2015)** De acordo com o Código Civil, aplicam-se, à empresa individual de responsabilidade limitada, no que couber, as regras previstas para as:

a) sociedades simples.
b) sociedades limitadas.
c) sociedades em nome coletivo.
d) sociedades anônimas.

37. **(Consulplan/TJ/MG/Cartórios/Ingresso/2014)** Sobre as empresas individuais de responsabilidade limitada e com base no Código Civil (Lei 10.406, de 10 de janeiro de 2002), assinale a afirmativa incorreta:

a) a empresa individual de responsabilidade limitada também poderá resultar da concentração das quotas de outra modalidade societária num único sócio, independentemente das razões que motivaram tal concentração.
b) a pessoa natural que constituir empresa individual de responsabilidade limitada somente poderá figurar em uma única empresa dessa modalidade.
c) a empresa individual de responsabilidade limitada será constituída por pelo menos duas pessoas, ambas titulares da totalidade do capital social, devidamente integralizado, que não será inferior a 100 (cem) vezes o maior salário-mínimo vigente no País.
d) poderá ser atribuída à empresa individual de responsabilidade limitada constituída para a prestação de serviços de qualquer natureza a remuneração decorrente da cessão de direitos patrimoniais de autor ou de imagem, nome, marca ou voz de que seja detentor o titular da pessoa jurídica, vinculados à atividade profissional.

38. **(Vunesp/TJ/SP/Cartórios/Remoção/2014)** Segundo a legislação civil em vigor, no que diz respeito à empresa individual de responsabilidade limitada (EIRELI), é incorreto afirmar:

a) ela pode usar tanto de firma quanto de denominação social, seguida da designação EIRELI.
b) tem o capital subscrito inteiramente por uma única pessoa e a responsabilidade dela vai até o limite do capital social.
c) a pessoa natural que constituir EIRELI somente poderá ter duas empresas dessa modalidade.
d) aplicam-se à EIRELI, subsidiariamente, as regras da sociedade limitada.

39. **(Cespe/TJ/SE/Cartórios/Ingresso/2014)** Com relação à EIRELI, às sociedades empresárias e aos atos pertinentes a juntas comerciais, assinale a opção correta à luz da legislação pertinente ao direito empresarial:

a) caso um dos dois sócios de uma sociedade venha a falecer e o outro não consiga encontrar outro sócio nos cento e oitenta dias seguintes ao óbito, o sócio remanescente não terá opção a não ser dissolver a sociedade por falta da pluralidade de sócios.
b) para efeitos burocráticos e tributários, como no caso do SIMPLES Nacional, a EIRELI não pode ser tida como microempresa.
c) qualquer pessoa, sem precisar justificar interesse, tem direito de consultar os registros de uma junta comercial e requerer a expedição de certidões mediante pagamento do preço devido.
d) a constituição de sucursal deve ser averbada no registro público de empresas mercantis em que foi inscrita a sede da empresa, o que dispensa nova inscrição no local do estabelecimento secundário.
e) o nome empresarial de uma EIRELI pode ser formado pela firma da empresa seguida pela expressão EIRELI, mas o uso da denominação social na formação desse nome é vedado por lei.

40. **(Cetro/TJ/RJ/Cartórios/Ingresso/2017)** Em avaliando documentação referente a uma Empresa Individual de Responsabilidade Limitada (EIRELI), o tabelião deparou-se com as situações apresentadas nas assertivas abaixo. Analise-as.

I. a imagem, o nome ou a voz não podem ser utilizados para a integralização do capital da EIRELI.
II. de acordo com a lei que institui a EIRELI, a subscrição e integralização de seu capital social não podem ser atreladas ao salário mínimo vigente no país.
III. somente o patrimônio social da EIRELI responde pelas suas dívidas, não se confundindo, em

qualquer situação, com o patrimônio da pessoa natural que a constitui, conforme descrito em sua declaração anual de bens.

É correto o que se afirma em:

a) III, apenas.

b) II, apenas.

c) I e II, apenas.

d) I, apenas.

e) I e III, apenas.

41. **(Consulplan/TJ/MG/Cartórios/Ingresso/2017)** O Capital Social mínimo exigido para o registro de uma EIRELI (Empresa Individual de Responsabilidade Limitada) é, em salários mínimos:

a) 30.

b) 50.

c) 100.

d) 120.

42. **(Cetro/TJ/RJ/Cartórios/Remoção/2017)** Conforme sabido, diariamente, o cartório recebe ofícios judiciais informando acerca da decretação de falência e/ou insolvência civil, bem como solicitando eventual providência a ser tomada. Recebeu-se, recentemente, no mesmo dia, ofícios referentes a: i) sociedade de economia mista; ii) sociedade uniprofissional; iii) cooperativa; iv) EIRELI (Empresa Individual de Responsabilidade Ltda.); e v) comandita por ações. Assinale a alternativa que apresenta corretamente quais dessas empresas se submetem ao regime falimentar da Lei n. 11.101/2005:

a) sociedade de economia mista e sociedade uniprofissional.

b) cooperativa e EIRELI.

c) EIRELI e comandita por ações.

d) comandita por ações e sociedade de economia mista.

e) sociedade uniprofissional e cooperativa.

43. **(Ieses/TJ/CE/Cartórios/Ingresso/2018)** Analise as assertivas abaixo e, de acordo com o que dispõe o Código Civil brasileiro vigente, assinale a alternativa correta:

I. o empresário individual poderá admitir sócios e, então, solicitar ao Registro Público de Empresas Mercantis a transformação do seu registro de empresário para sociedade empresária.

II. a pessoa natural não poderá figurar em mais de uma empresa individual de responsabilidade limitada ao mesmo tempo.

III. o incapaz, desde que devidamente assistido ou representado, poderá dar continuidade a empresa antes exercida por seu pai, independentemente de autorização judicial.

IV. não poderão contratar sociedade, entre si ou com terceiros, os cônjuges casados no regime de comunhão parcial de bens ou no de separação obrigatória:

a) as assertivas I e II estão corretas.

b) apenas a assertiva I está correta.

c) todas as assertivas estão corretas.

d) apenas a assertiva III está incorreta.

44. **(Vunesp/TJ/SP/Cartórios/Ingresso/2018)** A empresa individual de responsabilidade limitada será constituída por uma única pessoa titular da totalidade do capital social, devidamente integralizado, que não será inferior a:

a) 100 (cem) vezes o maior salário-mínimo vigente no país.

b) 20 (vinte) vezes o maior salário-mínimo vigente no país.

c) 10 (dez) vezes o maior salário-mínimo vigente no país.

d) 40 (quarenta) vezes o maior salário-mínimo vigente no país.

3. DA SOCIEDADE

⊙ TOP 5: 4º LUGAR ENTRE OS MAIORES AGREGADOS DE QUESTÕES DO LIVRO!

3.1. Disposições Gerais

✱ ENUNCIADOS CJF

CJF Comercial 13. A decisão que decretar a dissolução parcial da sociedade deverá indicar a data de desligamento do sócio e o critério de apuração de haveres.

CJF Comercial 16. O adquirente de cotas ou ações adere ao contrato social ou estatuto no que se refere à cláusula compromissória (cláusula de arbitragem) nele existente; assim, estará vinculado à previsão da opção da jurisdição arbitral, independentemente de assinatura e/ou manifestação específica a esse respeito.

CJF Comercial 19. Não se aplica o Código de Defesa do Consumidor às relações entre sócios/acionistas ou entre eles e a sociedade.

CJF Civil 57. A opção pelo tipo empresarial não afasta a natureza simples da sociedade.

CJF Civil 196. A sociedade de natureza simples não tem seu objeto restrito às atividades intelectuais.

CJF Civil 207. A natureza de sociedade simples da cooperativa, por força legal, não a impede de ser sócia de qualquer tipo societário, tampouco de praticar ato de empresa.

CJF Civil 382. Nas sociedades, o registro observa a natureza da atividade (empresarial ou não art. 966); as demais questões seguem as normas pertinentes ao tipo societário adotado (art. 983). São exceções as sociedades por ações e as cooperativas (art. 982, parágrafo único).

CJF Civil 474. Os profissionais liberais podem organizar-se sob a forma de sociedade simples, convencionando a responsabilidade limitada dos sócios por dívidas da sociedade, a despeito da responsabilidade ilimitada por atos praticados no exercício da profissão.

CJF Civil 475. Considerando ser da essência do contrato de sociedade a partilha do risco entre os sócios, não desfigura a sociedade simples o fato de o respectivo contrato social prever distribuição de lucros, rateio de despesas e concurso de auxiliares.

CJF Civil 476. Eventuais classificações conferidas pela lei tributária às sociedades não influem para sua caracterização como empresárias ou simples, especialmente no que se refere ao registro dos atos constitutivos e à submissão ou não aos dispositivos da Lei n. 11.101/2005.

CJF Civil 477. O art. 983 do Código Civil permite que a sociedade simples opte por um dos tipos empresariais dos arts. 1.039 a 1.092 do Código Civil. Adotada a forma de sociedade anônima ou de comandita por ações, porém, ela será considerada empresária.

* QUESTÕES DISCURSIVAS

03. (Consulplan/TJ/MG/Cartórios/Ingresso/2017) São requisitos comuns à generalidade dos contratos: agente capaz, objeto lícito, possível, determinado ou determinável e forma prescrita ou não defesa em lei, conforme art. 104, CC. Para a constituição de qualquer sociedade, outros quatro requisitos são indispensáveis. Discorra acerca desses requisitos.

* QUESTÕES OBJETIVAS

45. (Ieses/TJ/RS/Cartórios/Remoção/2013) Quanto ao regime jurídico das sociedades:

I. no caso de morte de sócio, liquidar-se-á sua quota, salvo se o contrato dispuser de modo diferente, se os sócios remanescentes optarem pela dissolução da sociedade ou se, por acordo com os herdeiros, regular-se a substituição do sócio falecido.

II. além dos casos previstos na lei ou no contrato, qualquer sócio pode retirar-se da sociedade; se de prazo indeterminado, mediante notificação aos demais sócios, com antecedência mínima de sessenta dias; se de prazo determinado, provando justa causa judicialmente.

III. pode o sócio ser excluído judicialmente, mediante iniciativa da maioria dos demais sócios, por falta grave no cumprimento de suas obrigações, ou, ainda, por incapacidade superveniente.

IV. a retirada, exclusão ou morte do sócio, não o exime, ou a seus herdeiros, da responsabilidade pelas obrigações sociais anteriores, até dois anos após averbada a resolução da sociedade.

Estão corretas as afirmativas:

a) III e IV, apenas.
b) I, II, III e IV.
c) II e III, somente.
d) I, III e IV, apenas.

46. (Ieses/TJ/RS/Cartórios/Ingresso/2013) A respeito da administração das sociedades:

I. responde por perdas e danos o sócio que, tendo em alguma operação interesse contrário ao da sociedade, participar de deliberação que a aprove, graças a seu voto.

II. a distribuição de lucros ilícitos ou fictícios acarreta a responsabilidade solidária dos administradores que a realizarem e dos sócios que os receberem, conhecendo ou devendo conhecer-lhes a ilegitimidade.

III. os administradores respondem solidariamente perante a sociedade e os terceiros prejudicados, por culpa no desempenho de suas funções.

IV. a teoria "ultra vires", positivada no inciso III do parágrafo único do artigo 1.015 do Código Civil, deve ser aplicada com temperamentos à luz da teoria da aparência e do primado da boa-fé objetiva, de modo a prestigiar a segurança do tráfego negocial:

a) estão corretas as proposições I, II, III e IV.
b) estão corretas apenas as proposições I, II e III.

c) estão incorretas as proposições II e IV.
d) estão corretas apenas as proposições I e II.

47. (Vunesp/TJ/SP/Cartórios/Ingresso/2016) As sociedades empresariais podem ser:

a) anônimas ou ilimitadas.
b) simples e cooperativas.
c) personificadas e não personificadas.
d) simples e limitadas.

48. (Consulplan/TJ/MG/Cartórios/Ingresso/2014) Analise as seguintes afirmativas:

I. o Novo Código Civil (Lei 10.406, de 10 de janeiro de 2002) revogou todo o Código Comercial (Lei 556, de 25 de junho 1850).

II. regem-se os títulos de crédito pelo disposto no Novo Código Civil (Lei 10.406, de 10 de janeiro de 2002), ficando sem efeito qualquer outra disposição diversa.

III. salvo disposição em contrário, aplicam-se aos empresários e sociedades empresárias as disposições de lei não revogadas pelo Novo Código Civil (Lei 10.406, de 10 de janeiro de 2002), referentes a comerciantes, ou a sociedades comerciais, bem como a atividades mercantis.

A partir da análise das afirmativas acima e com base no Novo Código Civil (Lei 10.406, de 10 de janeiro de 2002), está correto somente o que se afirma em:

a) I.
b) I e III.
c) III.
d) I e II.

49. (Vunesp/TJ/SP/Cartórios/Ingresso/2014) Assinale a alternativa correta:

a) na sociedade em nome coletivo, sociedade em comandita simples e comandita por ações, e na sociedade por ações a responsabilidade dos sócios é limitada ao montante do capital social.
b) a chamada sociedade de propósito específico não é um tipo societário definido no Código Civil, assim ela pode tomar qualquer das formas das sociedades regulares ali previstas.
c) nas sociedades limitadas, a administração obrigatoriamente tem de ser feita por administradores sócios e a responsabilidade dos sócios é limitada ao montante do capital social.
d) na sociedade simples, a administração é feita conjuntamente pelos sócios e a responsabilidade deles é limitada ao montante do capital social.

50. (IBFC/TJ/PR/Cartórios/Remoção/2014) Assinale a incorreta:

a) celebram contrato de sociedade as pessoas que reciprocamente se obrigam a contribuir, com bens ou serviços, para o exercício de atividade econômica e a partilhar entre si os resultados.
b) a atividade empresarial deve ser duradoura, não podendo se restringir à realização de um ou mais negócios determinados.
c) considera-se sociedade empresária aquela que tem por objetivo o exercício de atividade própria de empresário, sujeito a registro, e sociedade simples as demais.
d) independentemente de seu objeto, considera-se empresária a sociedade por ações e simples a cooperativa.

51. (Cespe/TJ/DFT/Cartórios/Ingresso/2014) A respeito do empresário e das sociedades empresárias, assinale a opção correta:

a) enquanto não registrado seu estatuto social, a sociedade por ações rege-se pelas regras do Código Civil aplicáveis à sociedade em comum e, subsidiariamente, no que com elas forem compatíveis, pelas normas da sociedade simples.
b) a existência da sociedade irregular pode ser comprovada por qualquer modo lícito de prova, seja por terceiros que negociarem com a sociedade, seja pelos sócios, no âmbito de suas relações recíprocas ou com terceiros.
c) nos termos do Código Civil, sociedade empresária difere de empresa: a primeira é o sujeito de direito; a segunda, o objeto de direito.
d) não há óbice a que uma pessoa natural constitua mais de uma empresa individual de responsabilidade limitada, pois essa modalidade de pessoa jurídica foi criada para incentivar a formalização da atividade econômica no Brasil.
e) o empresário casado tem liberdade para realizar ampla gama de atos e negócios jurídicos no exercício da empresa, excetuando-se os que envolvam a alienação dos bens imóveis que integram o patrimônio da empresa, sendo, para tanto, necessária a outorga do cônjuge.

52. (Cespe/TJ/SE/Cartórios/Remoção/2014) Assinale a opção correta em relação ao direito societário:

a) o contrato social das sociedades em comandita simples deve distinguir sócio comanditário e sócio comanditado; este, pessoa física ou jurídica, tem responsabilidade limitada ao valor de suas cotas.

b) a firma da sociedade em nome coletivo é formada pelo nome civil de todos os sócios ou de pelo menos um deles, seguido de "e companhia" ou "e cia.", denominação que implica responsabilidade ilimitada e solidária de todos os sócios, que, contudo, não se estende aos administradores profissionais contratados.

c) havendo conflito de interesses entre sócio e sociedade, aquele deve abster-se de votar, sob pena de responder por perdas e danos caso o seu voto seja decisivo para aprovar a deliberação.

d) são idênticas as causas de dissolução de pleno direito de sociedade simples e de sociedade empresária.

e) pode ser excluído da sociedade o sócio que pratique falta grave definida como tal no contrato social ou, ainda, o que se torne incapaz de pagar os seus haveres para com a sociedade, desde que mediante deliberação da integralidade dos demais sócios.

53. (Vunesp/TJ/SP/Cartórios/Remoção/2016) De ordinário, os bens do ativo permanente de uma sociedade empresarial somente podem ser alienados com anuência:

a) do sócio controlador e de um administrador.

b) da maioria do capital social.

c) de pelo menos dois administradores.

d) de todos os sócios.

54. (Consulplan/TJ/MG/Cartórios/Ingresso/2017) Os cônjuges podem contratar entre si sociedade:

a) independentemente do regime de casamento adotado.

b) desde que não tenham casado no regime de separação de bens, seja este obrigatório ou voluntário.

c) em nenhum caso, independentemente do regime de casamento adotado.

d) desde que não tenham casado no regime de comunhão universal de bens ou no de separação obrigatória.

55. (Consulplan/TJ/MG/Cartórios/Remoção/2016) Os bens particulares dos sócios não respondem pelas dívidas da sociedade, senão nos casos previstos em lei. Sobre o tema, analise as afirmações seguintes:

I. o sócio réu, quando responsável pelo pagamento da dívida da sociedade, tem o direito de exigir que primeiro sejam excutidos os bens da sociedade.

II. incumbe ao sócio que alegar o benefício de ordem quanto à excussão de bens, nomear quantos bens da sociedade situados na mesma comarca, livres e desembaraçados bastarem para pagar o débito.

III. o sócio que pagar a dívida não poderá executar a sociedade nos autos do mesmo processo, devendo intentar ação específica para o exercício de sua pretensão.

IV. para a desconsideração da personalidade jurídica é obrigatória a adoção do respectivo incidente, aplicando-se-lhe o devido processo legal.

Está correto o que se afirma em:

a) I e II, apenas.

b) II, III e IV, apenas.

c) I, II e IV, apenas.

d) I, II, III e IV.

56. (Ieses/TJ/CE/Cartórios/Remoção/2018) Dissolve-se a sociedade quando ocorrer:

I. o vencimento do prazo de duração, salvo se, vencido este e sem oposição de sócio, não entrar a sociedade em liquidação, caso em que se prorrogará por tempo indeterminado.

II. a falta de pluralidade de sócios, não reconstituída no prazo de cento e oitenta dias.

III. o consenso de três quartos dos sócios.

IV. a extinção, na forma da lei, de autorização para funcionar.

A sequência correta é:

a) apenas a assertiva II está incorreta.

b) apenas as assertivas I, II e IV estão corretas.

c) as assertivas I, II, III e IV estão corretas.

d) apenas as assertivas II e III estão corretas.

3.2. Da Sociedade não Personificada

✱ ENUNCIADOS CJF

CJF Civil 58. A sociedade em comum compreende as figuras doutrinárias da sociedade de fato e da irregular.

CJF Civil 208. As normas do Código Civil para as sociedades em comum e em conta de participação são aplicáveis independentemente de a atividade dos sócios, ou do sócio ostensivo, ser ou não própria de empresário sujeito a registro (distinção feita pelo art. 982 do Código Civil entre sociedade simples e empresária).

CJF Civil 209. O art. 986 deve ser interpretado em sintonia com os arts. 985 e 1.150, de modo a ser considerada em comum a sociedade que não tenha seu ato constitutivo inscrito no registro próprio ou em desacordo com as normas legais previstas para esse registro (art. 1.150), ressalvadas as hipóteses de registros efetuados de boa-fé.

CJF Civil 210. O patrimônio especial a que se refere o art. 988 é aquele afetado ao exercício da atividade, garantidor de terceiro, e de titularidade dos sócios em comum, em face da ausência de personalidade jurídica.

CJF Civil 211. Presume-se disjuntiva a administração dos sócios a que se refere o art. 989.

CJF Civil 212. Embora a sociedade em comum não tenha personalidade jurídica, o sócio que tem seus bens constritos por dívida contraída em favor da sociedade, e não participou do ato por meio do qual foi contraída a obrigação, tem o direito de indicar bens afetados às atividades empresariais para substituir a constrição.

✱ QUESTÕES DISCURSIVAS

04. **(Ieses/TJ/RN/Cartórios/2012)** "A", empresário holandês, domiciliado em Amsterdã, apresenta-se, em idioma inglês, a tabelião de notas de Natal, RN, declarando que, se encontra temporariamente a negócios no Brasil, no município e comarca de Apui, AM, ao amparo de visto de turista, e, diante disto, deseja lavrar escritura pública de sociedade em conta de participação, cujo contrato social, considerando a sua natureza, conterá como sócio o senhor "B", brasileiro, empresário, casado, domiciliado em Manaus, AM, portador de CPF n. "y", na condição de administrador e responsável individual do empreendimento de incorporação imobiliária já encetado na capital amazonense, e que já recebe financiamento por ativos particulares do senhor "A", mediante remessa de conta do exterior por sistema dólar-cabo. Requer o senhor "A", ademais, que a aspirada escritura averbe o senhor "B" como o promitente de cláusula "pro amico eligendo", que "A" faz adjuntar na qualidade de "stipulans". Pede, ainda, "B", que se insira cláusula acessória de inalienabilidade gravada sobre os bens que tocarem ao nomeado ("electus"), na futura escritura de aceitação ("electio amici"). Pede afinal o envio da escritura, uma vez finalizada, ao respectivo registro de Pessoas Jurídicas para o assento devido. À luz do exposto, disserte com clareza, objetividade, e dentro do já conhecido limite espacial (de linhas), sobre as razões jurídicas do provimento ou desprovimento do pedido "in casu", indicando os fundamentos legais, doutrinários e, ou, de direito jurisprudencial que lhes servem de supedâneo, e, finalmente, lavrando o instrumento próprio (termo, ou razões, de não escrituração) ou a escritura solicitada.

✱ QUESTÕES OBJETIVAS

57. **(Ieses/TJ/PA/Cartórios/Ingresso/2016)** Analise a alternativa incorreta de acordo com o que dispõe o Código Civil brasileiro sobre a sociedades:

a) a inscrição do contrato social da sociedade em conta de participação em qualquer registro não confere personalidade jurídica à sociedade.
b) na sociedade em comum todos os bens sociais respondem pelos atos de gestão, sendo inoponível perante terceiros, ainda que levado ao conhecimento prévio destes, qualquer pacto limitativo de poderes.
c) a especialização patrimonial da sociedade em conta de participação somente produz efeitos em relação aos sócios desta.
d) a constituição da sociedade em conta de participação independe de qualquer formalidade.

58. **(Faurgs/TJ/RS/Cartórios/Ingresso/2015)** Assinale a alternativa que apresenta afirmação correta a respeito da disciplina das sociedades em comum no Código Civil:

a) a sociedade adquire personalidade jurídica com a assinatura de seus atos constitutivos.
b) enquanto não inscritos os atos constitutivos, a sociedade se rege pelas normas da sociedade simples e subsidiariamente pelas normas da sociedade em comum.
c) os sócios da sociedade em comum respondem solidária e limitadamente pelas obrigações sociais.
d) os bens e dívidas sociais constituem patrimônio especial, do qual os sócios são titulares em comum.

59. **(Consulplan/TJ/MG/Cartórios/Remoção/2014)** À luz do Código Civil (Lei 10.406, de 10 de janeiro de 2002), são sociedades personificadas, exceto:

a) sociedade em comandita simples.

b) sociedade em conta de participação.

c) sociedade em comandita por ações.

d) sociedade anônima.

60. **(Ieses/TJ/RS/Cartórios/Remoção/2013)** Classificam-se como sociedade não personificada:

a) a simples.

b) a cooperativa e a sociedade em conta de participação.

c) a sociedade em comum e a sociedade em conta de participação.

d) a cooperativa e a em comandita simples.

61. **(FMP/TJ/MT/Cartórios/Ingresso/2014)** No que se refere ao Direito de Empresas, assinale a afirmativa correta:

a) a pessoa natural que constituir empresa individual de responsabilidade limitada poderá figurar em mais de uma empresa dessa modalidade.

b) faculta-se aos cônjuges contratar sociedade, entre si ou com terceiro, qualquer que seja o regime de bens.

c) o contrato social da sociedade em conta de participação regularmente registrado no Cartório de Registro de Títulos e Documentos confere personalidade jurídica à referida sociedade.

d) o empresário casado pelo regime da comunhão universal de bens depende da outorga conjugal para alienar os imóveis que integram o patrimônio da empresa ou gravá-lo de ônus real.

e) na sociedade em conta de participação, a atividade constitutiva do objeto social é exercida unicamente pelo sócio ostensivo, em seu nome individual e sob sua própria e exclusiva responsabilidade, participando os demais dos resultados correspondentes.

62. **(Faurgs/TJ/RS/Cartórios/Remoção/2015)** Assinale a alternativa que apresenta afirmação correta a respeito da disciplina das sociedades no Código Civil:

a) os sócios da sociedade em comum, nas relações entre si ou com terceiros, podem provar a existência da sociedade de qualquer modo.

b) os bens da sociedade em comum respondem pelos atos de gestão praticados por qualquer dos sócios, sendo vedado pacto limitativo de poderes entre os sócios.

c) a constituição da sociedade em conta de participação independe de qualquer formalidade e pode provar-se por todos os meios de direito.

d) na sociedade em conta de participação, a atividade constitutiva do objeto social é exercida unicamente pelo sócio participante.

63. **(Faurgs/TJ/RS/Cartórios/Remoção/2015)** Assinale a alternativa que apresenta afirmação correta a respeito da disciplina da sociedade em conta de participação no Código Civil:

a) a falência do sócio participante acarreta a dissolução da sociedade em conta de participação.

b) falindo o sócio ostensivo, o contrato social fica sujeito às normas que regulam os efeitos da falência nos contratos bilaterais do falido.

c) salvo estipulação em contrário, o sócio participante não pode admitir novo sócio sem o consentimento expresso dos demais.

d) a liquidação da sociedade em conta de participação rege-se pelas normas relativas à prestação de contas, na forma da lei processual.

64. **(Consulplan/TJ/MG/Cartórios/Ingresso/2015)** A respeito da sociedade não personificada e de acordo com o disposto no Código Civil, marque a alternativa incorreta:

a) na sociedade em comum os sócios, nas relações entre si ou com terceiros, somente por escrito podem provar a existência da sociedade, mas os terceiros podem prová-la de qualquer modo.

b) na sociedade em comum todos os sócios respondem solidária e ilimitadamente pelas obrigações sociais, excluído do benefício de ordem, aquele que contratou pela sociedade.

c) a constituição da sociedade em conta de participação independe de qualquer formalidade e pode provar-se por todos os meios de direito.

d) na sociedade em conta de participação o contrato social produz efeito somente entre os sócios, porém, a eventual inscrição de seu instrumento em qualquer registro confere personalidade jurídica à sociedade.

65. **(Faurgs/TJ/RS/Cartórios/Ingresso/2015)** Assinale a alternativa que apresenta afirmação correta a respeito da disciplina das sociedades no Código Civil:

a) na sociedade em conta de participação, somente o sócio ostensivo obriga-se perante terceiro.
b) a constituição da sociedade em conta de participação depende de formalidades e pode ser provada somente por escrito.
c) a inscrição do instrumento constitutivo da sociedade em conta de participação em qualquer registro confere personalidade jurídica à sociedade.
d) na sociedade em conta de participação, o sócio participante não pode tomar parte nas relações do sócio ostensivo com terceiros, sob pena de responder subsidiariamente com este pelas obrigações em que intervier.

66. **(Consulplan/TJ/MG/Cartórios/Ingresso/2017)** É uma forma societária não personificada:
a) sociedade em conta de participação.
b) sociedade simples.
c) sociedade em comandita simples.
d) sociedade em nome coletivo.

67. **(Ieses/TJ/CE/Cartórios/Remoção/2018)** Modalidade de sociedade na qual a atividade constitutiva do objeto social é exercida unicamente pelo sócio ostensivo, em seu nome individual e sob sua própria e exclusiva responsabilidade, participando os demais dos resultados correspondentes. A este tipo de sociedade se dá o nome de:
a) sociedade em conta de participação.
b) sociedade em comum.
c) sociedade personificada.
d) empresa individual de responsabilidade limitada.

3.3. Da Sociedade Personificada

3.3.1. Simples, Nome Coletivo, Comandita Simples

✱ ENUNCIADOS CJF

1) Da Sociedade Simples

1.1) Do Contrato Social

CJF Comercial 10. Nas sociedades simples, os sócios podem limitar suas responsabilidades entre si, à proporção da participação no capital social, ressalvadas as disposições específicas.

CJF Civil 206. A contribuição do sócio exclusivamente em prestação de serviços é permitida nas sociedades cooperativas (art. 1.094, I) e nas sociedades simples propriamente ditas (art. 983, 2ª parte).

CJF Civil 213. O art. 997, inc. II, não exclui a possibilidade de sociedade simples utilizar firma ou razão social.

CJF Civil 215. A sede a que se refere o caput do art. 998 poderá ser a da administração ou a do estabelecimento onde se realizam as atividades sociais.

CJF Civil 383. A falta de registro do contrato social (irregularidade originária art. 998) ou de alteração contratual versando sobre matéria referida no art. 997 (irregularidade superveniente art. 999, parágrafo único) conduzem à aplicação das regras da sociedade em comum (art. 986).

CJF Civil 384. Nas sociedades personificadas previstas no Código Civil, exceto a cooperativa, é admissível o acordo de sócios, por aplicação analógica das normas relativas às sociedades por ações pertinentes ao acordo de acionistas.

CJF Civil 385. A unanimidade exigida para a modificação do contrato social somente alcança as matérias referidas no art. 997, prevalecendo, nos demais casos de deliberação dos sócios, a maioria absoluta, se outra mais qualificada não for prevista no contrato.

CJF Civil 478. A integralização do capital social em bens imóveis pode ser feita por instrumento particular de contrato social ou de alteração contratual, ainda que se trate de sociedade sujeita ao registro exclusivamente no registro civil de pessoas jurídicas.

CJF Civil 479. Na sociedade simples pura (art. 983, parte final, do CC/2002), a responsabilidade dos sócios depende de previsão contratual. Em caso de omissão, será ilimitada e subsidiária, conforme o disposto nos arts. 1.023 e 1.024 do CC/2002.

1.2) Dos Direitos e Obrigações dos Sócios

CJF Civil 216. O quorum de deliberação previsto no art. 1.004, parágrafo único, e no art. 1.030 é de maioria absoluta do capital representado pelas quotas dos demais sócios, consoante a regra geral fixada no art. 999 para as deliberações na sociedade simples. Esse entendimento aplica-se ao art. 1.058 em caso de exclusão de sócio remisso ou redução do valor de sua quota ao montante já integralizado.

CJF Comercial 63. O nu-proprietário de quotas ou ações gravadas com usufruto, quando não regulado no respectivo ato institutivo, pode exercer o direito de fiscalização da sociedade.

1.3) Da Administração

CJF Comercial 11. A regra do art. 1.015, parágrafo único, do Código Civil deve ser aplicada à luz da teoria da aparência e do primado da boa-fé objetiva, de modo a prestigiar a segurança do tráfego negocial. As sociedades se obrigam perante terceiros de boa-fé.

CJF Civil 59. Os sócios-gestores e os administradores das empresas são responsáveis subsidiária e ilimitadamente pelos atos ilícitos praticados, de má gestão ou contrários ao previsto no contrato social ou estatuto, consoante estabelecem os arts. 990, 1.009, 1.016, 1.017 e 1.091, todos do Código Civil.

CJF Civil 60. As expressões de peita ou suborno do § 1º do art. 1.011 do novo Código Civil devem ser entendidas como corrupção, ativa ou passiva.

CJF Civil 218. Não são necessárias certidões de nenhuma espécie para comprovar os requisitos do art. 1.011 no ato de registro da sociedade, bastando declaração de desimpedimento.

CJF Civil 219. Está positivada a teoria "ultra vires" no direito brasileiro, com as seguintes ressalvas: (a) o ato "ultra vires" não produz efeito apenas em relação à sociedade; (b) sem embargo, a sociedade poderá, por meio de seu órgão deliberativo, ratificá-lo; (c) o Código Civil amenizou o rigor da teoria "ultra vires", admitindo os poderes implícitos dos administradores para realizar negócios acessórios ou conexos ao objeto social, os quais não constituem operações evidentemente estranhas aos negócios da sociedade; (d) não se aplica o art. 1.015 às sociedades por ações, em virtude da existência de regra especial de responsabilidade dos administradores (art. 158, II, Lei n. 6.404/76).

CJF Civil 220. É obrigatória a aplicação do art. 1.016 do Código Civil de 2002, que regula a responsabilidade dos administradores, a todas as sociedades limitadas, mesmo àquelas cujo contrato social preveja a aplicação supletiva das normas das sociedades anônimas.

1.4) Das Relações com Terceiros

CJF Civil 61. O termo "subsidiariamente", constante do inc. 8º do art. 997 do Código Civil, deverá ser substituído por "solidariamente" a fim de compatibilizar esse dispositivo com o art. 1.023 do mesmo Código.

CJF Civil 386. Na apuração dos haveres do devedor, por consequência da liquidação de suas quotas na sociedade, não devem ser consideradas eventuais disposições contratuais restritivas à determinação de seu valor.

CJF Civil 387. A opção entre fazer a execução recair sobre o que ao sócio couber no lucro da sociedade, ou na parte que lhe tocar em dissolução, orienta-se pelos princípios da menor onerosidade e da função social da empresa.

CJF Civil 388. O disposto no art. 1.026 do Código Civil não exclui a possibilidade de o credor fazer recair a execução sobre os direitos patrimoniais da quota de participação que o devedor possui no capital da sociedade.

CJF Civil 389. Quando se tratar de sócio de serviço, não poderá haver penhora das verbas descritas no art. 1.026, se de caráter alimentar.

1.5) Da Resolução da Sociedade em Relação a um Sócio

CJF Civil 62. Com a exclusão do sócio remisso, a forma de reembolso das suas quotas, em regra, deve-se dar com base em balanço especial, realizado na data da exclusão.

CJF Civil 67. A quebra do "affectio societatis" não é causa para a exclusão do sócio minoritário, mas apenas para dissolução (parcial) da sociedade.

CJF Civil 221. Diante da possibilidade de o contrato social permitir o ingresso na sociedade do sucessor de sócio falecido, ou de os sócios acordarem com os herdeiros a substituição de sócio falecido, sem liquidação da quota em ambos os casos, é lícita a participação de menor em sociedade limitada, estando o capital integralizado, em virtude da inexistência de vedação no Código Civil.

CJF Civil 391. A sociedade limitada pode adquirir suas próprias quotas, observadas as condições estabelecidas na Lei das Sociedades por Ações.

CJF Civil 481. O insolvente civil fica de pleno direito excluído das sociedades contratuais das quais seja sócio.

CJF Civil 482. Na apuração de haveres de sócio retirante de sociedade holding ou controladora, deve ser apurado o valor global do patrimônio, salvo previsão contratual diversa. Para tanto, deve-se considerar o valor real da participação da holding ou controladora nas sociedades que o referido sócio integra.

1.6) Da Dissolução

CJF Civil 67. A quebra do "affectio societatis" não é causa para a exclusão do sócio minoritário, mas apenas para dissolução (parcial) da sociedade.

CJF Civil 483. Admite-se a transformação do registro da sociedade anônima, na hipótese do art. 206, I, d, da Lei n. 6.404/1976, em empresário individual ou empresa individual de responsabilidade limitada.

CJF Civil 487. Na apuração de haveres de sócio retirante (art. 1.031 do CC), devem ser afastados os efeitos da diluição injustificada e ilícita da participação deste na sociedade.

2) Da Sociedade em Nome Coletivo

CJF Civil 63. Suprimir o art. 1.043 ou interpretá-lo no sentido de que só será aplicado às sociedades ajustadas por prazo determinado.

3) Da Sociedade em Comandita Simples

CJF Civil 489. No caso da microempresa, da empresa de pequeno porte e do microempreendedor individual, dispensados de publicação dos seus atos (art. 71 da Lei Complementar n. 123/2006), os prazos estabelecidos no Código Civil contam-se da data do arquivamento do documento (termo inicial) no registro próprio.

* QUESTÕES DISCURSIVAS

05. **(Cetro/TJ/RJ/Cartórios/Ingresso/2012)** Antônio pretende constituir uma sociedade simples com João, sendo que a participação de cada um no capital social foi delimitada em 50% (cinquenta por cento). Nas tratativas, João pretende integralizar a sua parte no capital social transmitindo os direitos decorrentes de um usufruto sobre um imóvel locado, cujo aluguel reverteria em favor da sociedade. Desta forma, discorra sobre a possibilidade e a forma adequada de realizar tal integralização, se possível.

* QUESTÕES OBJETIVAS

68. **(Ieses/TJ/RS/Cartórios/Remoção/2013)** Quanto às sociedades simples:

I. a pretensão de cooperativa ser sócia de determinado tipo societário não encontra autorização na ordem jurídica nacional, já que sua natureza de sociedade simples a impede de ser sócia de qualquer tipo societário.

II. segundo a jurisprudência, caso o administrador de uma sociedade simples aliene bens dessa sociedade, exorbitando os poderes de seu mandato, o ato será anulado e o adquirente terá direito de exigir perdas e danos desse administrador, mas não da sociedade.

III. na sociedade simples pura, a responsabilidade dos sócios depende de previsão contratual. Na omissão, será limitada e subsidiária.

IV. nas sociedades simples, os sócios podem limitar suas responsabilidades entre si, na exata proporção da participação no capital social, ressalvas as disposições específicas:

a) as proposições III e IV estão incorretas.

b) somente as proposições II, III e IV estão corretas.

c) somente as proposições II e IV estão corretas.

d) somente as proposições I e III estão corretas.

69. **(Ieses/TJ/RS/Cartórios/Remoção/2013)** A sociedade simples pode ser dissolvida judicialmente, a requerimento de qualquer dos sócios, quando:

a) ocorrer discordância entre os sócios, quanto à administração social.

b) apenas quando se verificar o exaurimento da finalidade social.

c) ocorrer ilicitude de sua atividade.

d) anulada sua constituição, exaurido o fim social, ou verificada sua inexequibilidade.

70. **(Ieses/TJ/RS/Cartórios/Ingresso/2013)** Em relação às sociedades simples, assinale a alternativa correta:

a) o sócio, cuja contribuição consista em serviços, não pode, salvo convenção em contrário, empregar-se em atividade estranha à sociedade, sob pena de ser privado de seus lucros e dela excluído.

b) as obrigações dos sócios terminam quando a sociedade se tornar inativa.

c) as modificações do contrato social, que tenham por objeto as prestações a que se obrigou o sócio, cuja contribuição consista em serviços, dependem da aprovação da maioria absoluta dos votos.

d) nos sessenta dias subsequentes à sua constituição, a sociedade deverá requerer a inscrição do contrato social no Registro Civil das Pessoas Jurídicas do local de sua sede.

71. **(Ieses/TJ/RS/Cartórios/Ingresso/2013)** Considerando as disposições gerais do direito de empresa, quanto às sociedades, é correto afirmar:

I. nas sociedades, o registro observa a natureza da atividade, se empresarial ou não; as demais questões seguem as normas pertinentes ao tipo societário adotado, sendo exceções as sociedades por ações e as cooperativas, que são consideradas empresárias, independentemente de seu objeto.

II. a natureza de sociedade simples da cooperativa, por força legal, a impede de ser sócia de qualquer tipo societário, pois não pratica ato de empresa.

III. nas sociedades simples, os sócios não podem limitar suas responsabilidades entre si, à proporção da participação no capital social, ressalvadas as disposições específicas.

IV. a adoção pelo tipo empresarial afasta a natureza simples da sociedade.

V. a contribuição do sócio exclusivamente em prestação de serviços é permitida nas sociedades cooperativas e nas sociedades simples propriamente ditas.

São verdadeiras as afirmativas:

a) I e II, somente.
b) V, apenas.
c) III e IV, somente.
d) III e V, somente.

72. **(Ieses/TJ/RN/Cartórios/Remoção/2012)** Quanto à Sociedade Simples, pode-se afirmar, exceto, que:

a) a Sociedade Simples pura poderá ser dissolvida por consenso dos sócios ou por maioria absoluta, caso seja a sociedade constituída por prazo indeterminado.
b) a responsabilidade dos sócios na Sociedade Simples pura é obrigatoriamente subsidiária.
c) na Sociedade Simples limitada, a responsabilidade de cada sócio é restrita ao valor de suas quotas, mas todos respondem solidariamente pela integralização do capital social.
d) na Sociedade Simples limitada às deliberações infringentes do contrato ou da lei tornam ilimitada a responsabilidade dos que expressamente as aprovaram.

73. **(Faurgs/TJ/RS/Cartórios/Ingresso/2015)** Assinale a alternativa que apresenta afirmação correta a respeito da disciplina da sociedade simples no Código Civil:

a) nos dez dias subsequentes à sua constituição, a sociedade deverá requerer a inscrição do contrato social no Registro Civil das Pessoas Jurídicas do local de sua sede.
b) a modificação da denominação da sociedade depende do consentimento de todos os sócios.
c) as obrigações dos sócios começam a partir do registro do contrato e terminam quando liquidada a sociedade.
d) a cessão de quota, sem a correspondente modificação do contrato social com o consentimento dos demais sócios, terá eficácia perante a sociedade.

74. **(Faurgs/TJ/RS/Cartórios/Ingresso/2015)** Assinale a alternativa que apresenta afirmação correta a respeito da disciplina da sociedade simples no Código Civil:

a) os herdeiros do cônjuge de sócio, ou o cônjuge do que se separou judicialmente, podem exigir, desde logo, a parte que lhes couber na quota social, bem como concorrer à divisão periódica dos lucros, até que se liquide a sociedade.
b) além dos casos previstos na lei ou no contrato, qualquer sócio pode retirar-se da sociedade; se de prazo indeterminado, mediante notificação aos demais sócios, com antecedência mínima de trinta dias; se de prazo determinado, alegando justa causa.
c) o sócio pode ser excluído judicialmente, mediante iniciativa de qualquer outro sócio, por falta grave no cumprimento de suas obrigações, ou, ainda, por incapacidade superveniente.
d) a distribuição de lucros ilícitos ou fictícios acarreta responsabilidade solidária dos administradores que a realizarem e dos sócios que os receberem, conhecendo ou devendo conhecer-lhes a ilegitimidade.

75. **(Faurgs/TJ/RS/Cartórios/Ingresso/2015)** Assinale a alternativa que apresenta afirmação correta a respeito da disciplina das sociedades simples no Código Civil:

a) são irrevogáveis os poderes do sócio investido na administração por cláusula expressa do contrato social, salvo justa causa, reconhecida extrajudicialmente a pedido de, no mínimo, dois terços dos sócios.
b) o credor particular de sócio não pode, na insuficiência de outros bens do devedor, fazer recair a execução sobre o que a este couber nos lucros da sociedade.
c) os bens particulares dos sócios não podem ser executados por dívidas da sociedade, senão depois de executados os bens sociais.
d) o sócio admitido em sociedade já constituída exime-se das dívidas sociais anteriores à admissão.

76. **(FMP/TJ/MT/Cartórios/Remoção/2014)** No que diz com o Direito de Empresas, assinale a afirmativa correta:

a) na sociedade em comum, espécie de sociedade não personificada, todos os sócios respondem solidária e limitadamente pelas obrigações sociais.

b) na sociedade simples, o cedente responde solidariamente com o cessionário, perante a sociedade e terceiros, pelas obrigações que tinha como sócio até dois anos depois de averbada a modificação do contrato.

c) na sociedade em comandita simples, salvo disposição em contrário no contrato social, o sócio comanditário, necessariamente pessoa física, é o responsável pela gestão e tem o nome na firma social, sendo obrigado solidária e limitadamente, no valor da sua quota, pelas obrigações sociais.

d) na sociedade limitada, quando contrato social for omisso no ponto, o sócio pode ceder a sua quota, total ou parcialmente, a quem seja sócio ou terceiro, se não houver oposição de titulares de mais da metade do capital social.

e) na sociedade em comandita por ações, a assembleia geral pode, mesmo não tendo o consentimento dos diretores, mudar o objeto essencial da sociedade, aumentar o capital social e criar debêntures.

77. **(Ieses/TJ/PA/Cartórios/Ingresso/2016)** Analise as assertivas abaixo e, de acordo com o que dispõe a legislação vigente sobre a sociedade simples, regidas pelas normas que lhe são próprias, assinale a alternativa correta:

I. se o contrato social for omisso, os atos de administração da sociedade deverão ser praticados em conjunto pelos os sócios.

II. os atos de competência conjunta de administradores poderão ser praticados sem o conjunto de todos, em situações de urgência, cujo retardo ou omissão podem provocar danos graves ou irreparáveis à sociedade.

III. a administração da sociedade cabe apenas às pessoas naturais.

IV. a modificação do capital social depende do consentimento de todos os sócios:

a) apenas a assertiva I está correta.

b) todas as assertivas estão corretas.

c) apenas as assertivas I e IV estão incorretas.

d) apenas a assertiva IV está incorreta.

78. **(Faurgs/TJ/RS/Cartórios/Remoção/2015)** Assinale a alternativa que apresenta afirmação correta a respeito da disciplina da sociedade simples no Código Civil:

a) até três anos depois de averbada a modificação do contrato, responde o cedente solidariamente com o cessionário, perante a sociedade e terceiros, pelas obrigações que tinha como sócio.

b) os sócios são obrigados, na forma e prazo previstos, às contribuições estabelecidas no contrato social, e aquele que deixar de fazê-lo nos quinze dias seguintes ao da notificação pela sociedade responderá perante esta pelo dano emergente da mora.

c) o sócio cuja contribuição consista em serviços pode, salvo convenção em contrário, empregar-se em atividade estranha à sociedade, sob pena de ser privado de seus lucros e dela excluído.

d) é nula a estipulação contratual que exclua qualquer sócio de participar dos lucros e das perdas.

79. **(Faurgs/TJ/RS/Cartórios/Remoção/2015)** Assinale a alternativa que apresenta afirmação correta a respeito da disciplina das sociedades simples no Código Civil:

a) a retirada, exclusão ou morte do sócio não o exime, ou a seus herdeiros, da responsabilidade pelas obrigações sociais anteriores, até cinco anos após averbada a resolução da sociedade.

b) para formação da maioria absoluta, são necessários votos correspondentes à metade do capital.

c) se a administração competir separadamente a vários administradores, cada um pode impugnar operação pretendida por outro, cabendo a decisão aos sócios, por maioria de votos.

d) a administração da sociedade, nada dispondo o contrato social, compete conjuntamente a cada um dos sócios.

80. **(Consulplan/TJ/MG/Cartórios/Ingresso/2015)** A respeito da sociedade simples e de acordo com o disposto no Código Civil, marque a alternativa correta:

a) as obrigações dos sócios começam imediatamente com o contrato, se este não fixar outra data, e terminam quando, liquidada a sociedade, se extinguirem as responsabilidades sociais.

b) a administração da sociedade, nada dispondo o contrato social, compete conjuntamente a todos os sócios.

c) o sócio, admitido em sociedade já constituída, se exime das dívidas sociais anteriores à admissão.

d) os herdeiros do cônjuge de sócio, ou o cônjuge do que se separou judicialmente, podem exigir desde logo a parte que lhes couber na quota social, não necessitando concorrer à divisão periódica dos lucros, até que se liquide a sociedade.

81. **(Ieses/TJ/MS/Cartórios/Ingresso/2014)** Analise as assertivas abaixo e, de acordo com o que dispõe o Código Civil brasileiro vigente, assinale a alternativa correta:

I. a sociedade simples que adotar um dos tipos de sociedade empresária deverá ser registrada no Registro Público de Empresas Mercantis.

II. a denominação da sociedade simples se equipara ao nome empresarial.

III. considera-se gerente o administrador da sociedade devidamente designado nos termos da lei.

IV. o nome empresarial não pode ser objeto de alienação:

a) apenas as assertivas I e III estão incorretas.

b) apenas a assertiva I está incorreta.

c) apenas a assertiva IV está correta.

d) apenas as assertivas I e II estão corretas.

82. **(Ieses/TJ/PB/Cartórios/Ingresso/2014)** Analise as assertivas abaixo e, de acordo com o que dispõe a legislação vigente, assinale a alternativa correta:

I. a sociedade simples poderá adotar a forma de sociedade limitada.

II. a sociedade em conta de participação não possui personalidade jurídica, ainda que o respectivo contrato seja levado ao registro.

III. as cooperativas são consideradas sociedades simples, independentemente do seu objeto.

IV. a operação de transformação da sociedade não modifica os direitos dos credores:

a) apenas as assertiva II e III estão incorretas.

b) todas as assertivas estão corretas.

c) apenas a assertiva II está incorreta.

d) apenas a assertiva IV está incorreta.

83. **(Consulplan/TJ/MG/Cartórios/Ingresso/2014)** Conforme dispõe o Código Civil (Lei 10.406, de 10 de janeiro de 2002), a sociedade simples se constitui mediante contrato escrito, particular ou público, e nos trinta dias subsequentes à sua inscrição a sociedade deverá requerer a inscrição do contrato social no:

a) registro de imóveis de sua sede se houver bens imóveis compondo o capital social.

b) cartório de títulos e documentos do domicílio do sócio administrador.

c) registro civil das pessoas jurídicas do local de sua sede.

d) registro civil de pessoas naturais do domicílio do sócio administrador.

84. **(IBFC/TJ/PR/Cartórios/Ingresso/2014)** Assinale a proposição verdadeira, acerca da sociedade simples:

a) a sociedade simples, tal qual a em conta de participação, poderá ser constituída mediante contrato escrito, particular ou público, e deve ser registrado perante o Registro Público de Empresas Mercantis.

b) a sociedade simples deverá requerer inscrição do contrato social no Registro de Títulos e Documentos, no prazo de até 60 (sessenta) dias de sua constituição.

c) a sociedade simples deverá requerer a inscrição de seu contrato social no Registro Civil de Pessoas Jurídicas do local de sua sede, nos 30 (trinta) dias subsequentes à sua constituição.

d) a sociedade simples que instituir sucursal, filial ou agência na circunscrição de outro Registro Público de Empresas Mercantis, neste deverão também inscrevê-la, com a prova da inscrição originária.

85. **(Cespe/TJ/BA/Cartórios/Remoção/2013)** Assinale a opção correta em relação ao direito societário:

a) é vedado ao comanditário ser constituído procurador da sociedade em comandita simples.

b) os sócios de uma sociedade limitada não são obrigados a repor lucros e quantias retiradas quando tais lucros ou quantias se distribuírem com prejuízo do capital.

c) nos trinta dias subsequentes à constituição de uma sociedade simples, essa sociedade deverá requerer a inscrição do contrato social no registro civil das pessoas jurídicas do local de sua sede.

d) a sociedade em comandita por ações tem o capital dividido em ações, é regida pelas normas relativas à sociedade anônima e opera necessariamente sob denominação.

e) na sociedade simples, os herdeiros do cônjuge de sócio podem exigir desde logo a parte que lhes couber na quota social.

86. **(Consulplan/TJ/MG/Cartórios/Ingresso/2017)** Um contrato social de uma Sociedade Simples não determina qualquer quórum especial para a alteração do contrato social. Neste caso, querendo os sócios alterarem o contrato social, para que um sócio que tenha 25% passe a ter 30% das quotas e outro que tenha 35% passe a ter, também, 30%, o quórum necessário para esta modificação será:

a) maioria simples dos sócios.

b) unanimidade dos sócios.

c) 2/3 do capital social.

d) apenas a aquiescência dos dois sócios envolvidos.

87. **(Consulplan/TJ/MG/Cartórios/Remoção/2017)** A Sociedade Simples deverá requerer a inscrição do contrato social no Registro Civil das Pessoas Jurídicas, no local de sua sede, no prazo máximo de quantos dias da sua constituição?

a) 10.

b) 15.

c) 30.

d) 60.

88. **(Ieses/TJ/AM/Cartórios/Remoção/2018)** Segundo o Código Civil brasileiro é correto afirmar quanto aos direitos e obrigações dos sócios de sociedades simples:

I. o sócio não pode ser substituído no exercício das suas funções, sem o consentimento dos demais sócios, expresso em modificação do contrato social.

II. a cessão total ou parcial de quota, sem a correspondente modificação do contrato social com o consentimento dos demais sócios, não terá eficácia quanto a estes e à sociedade.

III. as obrigações dos sócios começam imediatamente com o contrato, se este não fixar outra data, e terminam quando, liquidada a sociedade, se extinguirem as responsabilidades sociais.

IV. até três anos depois de averbada a modificação do contrato, responde o cedente solidariamente com o cessionário, perante a sociedade e terceiros, pelas obrigações que tinha como sócio.

A sequência correta é:

a) apenas as assertivas II e IV estão incorretas.

b) apenas as assertivas I e IV estão corretas.

c) as assertivas I, II, III e IV estão corretas.

d) apenas a assertiva IV está incorreta.

89. **(Ieses/TJ/AM/Cartórios/Remoção/2018)** Segundo o Código Civil brasileiro é correto afirmar quanto aos direitos e obrigações dos sócios de sociedades simples:

I. o sócio não pode ser substituído no exercício das suas funções, sem o consentimento dos demais sócios, expresso em modificação do contrato social.

II. a cessão total ou parcial de quota, sem a correspondente modificação do contrato social com o consentimento dos demais sócios, não terá eficácia quanto a estes e à sociedade.

III. as obrigações dos sócios começam imediatamente com o contrato, se este não fixar outra data, e terminam quando, liquidada a sociedade, se extinguirem as responsabilidades sociais.

IV. até três anos depois de averbada a modificação do contrato, responde o cedente solidariamente com o cessionário, perante a sociedade e terceiros, pelas obrigações que tinha como sócio.

A sequência correta é:

a) apenas as assertivas II e IV estão incorretas.

b) apenas as assertivas I e IV estão corretas.

c) as assertivas I, II, III e IV estão corretas.

d) apenas a assertiva IV está incorreta.

90. **(Faurgs/TJ/RS/Cartórios/Remoção/2015)** Assinale a alternativa que apresenta afirmação correta a respeito da disciplina da sociedade em nome coletivo no Código Civil:

a) pessoas físicas e jurídicas podem tomar parte na sociedade em nome coletivo, respondendo todos os sócios, solidária e limitadamente, pelas obrigações sociais.

b) a sociedade em nome coletivo pode adotar firma ou denominação social.

c) a administração da sociedade compete, preferencialmente, a sócios, sendo o uso da firma, nos limites do contrato, privativo dos que tenham os necessários poderes.

d) sem prejuízo da responsabilidade perante terceiros, podem os sócios, no ato constitutivo, ou por unânime convenção posterior, limitar entre si a responsabilidade de cada um.

91. **(Vunesp/TJ/SP/Cartórios/Remoção/2014)** As sociedades empresariais regulares, no Direito Brasileiro, podem adotar os seguintes tipos:

a) sociedade simples, sociedade em nome coletivo, sociedade em comandita simples e por ações, sociedade limitada, sociedade por ações.

b) sociedade em nome coletivo, sociedade em comandita simples e comandita por ações, sociedade limitada, sociedade por ações.

c) sociedade em nome coletivo, sociedade em comum, sociedade cooperativa, sociedade limitada, sociedade por ações.

d) sociedade em nome coletivo, sociedade em comandita por ações, sociedade limitada, sociedade de propósito específico, sociedade por ações.

92. **(IBFC/TJ/PR/Cartórios/Remoção/2014)** Em relação à sociedade em nome coletivo, assinale a proposição correta:

a) na sociedade em nome coletivo podem tomar parte pessoas físicas e jurídicas, respondendo todos os sócios, solidária e ilimitadamente pelas obrigações sociais.

b) na sociedade em nome coletivo os sócios não podem eximir-se da responsabilidade perante terceiros; igualmente, não podem limitar, no contrato social, entre si a responsabilidade de cada um.

c) o credor particular de sócio não pode, antes de dissolver a sociedade em nome coletivo, pretender a liquidação da cota do devedor.

d) a administração da sociedade em nome coletivo compete a todos os sócios, bem assim o uso da firma, posto que todos possuem os necessários poderes, que é a sua característica.

93. **(Vunesp/TJ/SP/Cartórios/Ingresso/2016)** Sociedade em comandita simples é aquela:

a) que possui duas espécies de sócios, uma com responsabilidade limitada ao valor da quota social e outra com responsabilidade ilimitada.

b) em que todos os sócios têm responsabilidade limitada ao valor de suas quotas.

c) que possui duas espécies de sócios, uma com responsabilidade limitada ao valor do capital social e outra com responsabilidade ilimitada.

d) em que todos os sócios têm responsabilidade limitada ao valor do capital social.

3.3.2. Limitada, Anônima, Dependente de Autorização

⊙ ATENÇÃO: ESTE TEMA É MUITO EXIGIDO NOS CONCURSOS!

✱ INOVAÇÕES LEGISLATIVAS

▲ CC. Livro II – Do Direito de Empresa, Título II – Da Sociedade, Capítulo IV – Da Sociedade Limitada, Seção III – Da Administração

▲ Art. 1.063. (...). § 1º Tratando-se de sócio nomeado administrador no contrato, sua destituição somente se opera pela aprovação de titulares de quotas correspondentes a mais da metade do capital social, salvo disposição contratual diversa. (...). (Modificações: Lei 13.792/18)

▲ Seção V – Das Deliberações dos Sócios (arts. 1.071 a 1.080)

▲ Art. 1.076. Ressalvado o disposto no art. 1.061, as deliberações dos sócios serão tomadas: (...). (Modificações: Lei 13.792/18)

▲ Seção VII – Da Resolução da Sociedade em Relação a Sócios Minoritários (arts. 1.085 a 1.086)

▲ Art. 1.085. (...). Parágrafo único. Ressalvado o caso em que haja apenas dois sócios na sociedade, a exclusão de um sócio somente poderá ser determinada em reunião ou assembleia especialmente convocada para esse fim, ciente o acusado em tempo hábil para permitir seu comparecimento e o exercício do direito de defesa. (Modificações: Lei 13.792/18)

✱ SÚMULAS

STJ **Súm. 389.** A comprovação do pagamento do "custo do serviço" referente ao fornecimento de certidão de assentamentos constantes dos livros da companhia é requisito de procedibilidade da ação de exibição de documentos ajuizada em face da sociedade anônima.

STJ **Súm. 551.** Nas demandas por complementação de ações de empresas de telefonia, admite-se a condenação ao pagamento de dividendos e juros sobre capital próprio independentemente de pedido expresso. No entanto, somente quando previstos no título executivo, poderão ser objeto de cumprimento de sentença.

✱ ENUNCIADOS CJF

1) Da Sociedade Limitada

1.1) Disposições Preliminares

CJF Civil 65. A expressão "sociedade limitada", tratada no art. 1.052 e seguintes do novo Código Civil, deve ser interpretada "stricto sensu", como "sociedade por quotas de responsabilidade limitada".

CJF Civil 214. As indicações contidas no art. 997 não são exaustivas, aplicando-se outras exigências contidas na legislação pertinente para fins de registro.

CJF Civil 217. Com a regência supletiva da sociedade limitada, pela Lei das Sociedades por Ações, ao sócio que participar de deliberação na qual tenha interesse contrário ao da sociedade aplicar-se-á o disposto no art. 115, § 3º, da Lei n. 6.404/76. Nos demais casos, aplica-se o disposto no art. 1.010, § 3º, se o voto proferido foi decisivo para a aprovação da deliberação, ou o art. 187 (abuso do direito), se o voto não tiver prevalecido.

CJF Civil 222. O art. 997, V, não se aplica a sociedade limitada na hipótese de regência supletiva pelas regras das sociedades simples.

CJF Civil 223. O parágrafo único do art. 1.053 não significa a aplicação em bloco da Lei n. 6.404/76 ou das disposições sobre a sociedade simples. O contrato social pode adotar, nas omissões do Código sobre as sociedades limitadas, tanto as regras das sociedades simples quanto as das sociedades anônimas.

1.2) Das Quotas

CJF Comercial 12. A regra contida no art. 1.055, § 1º, do Código Civil deve ser aplicada na hipótese de inexatidão da avaliação de bens conferidos ao capital social; a responsabilidade nela prevista não afasta a desconsideração da personalidade jurídica quando presentes seus requisitos legais.

CJF Comercial 18. O capital social da sociedade limitada poderá ser integralizado, no todo ou em parte, com quotas ou ações de outra sociedade, cabendo aos sócios a escolha do critério de avaliação das respectivas participações societárias, diante da responsabilidade solidária pela exata estimação dos bens conferidos ao capital social, nos termos do art. 1.055, § 1º, do Código Civil.

CJF Comercial 12. A regra contida no art. 1.055, § 1º, do Código Civil deve ser aplicada na hipótese de inexatidão da avaliação de bens conferidos ao capital social; a responsabilidade nela prevista não afasta a desconsideração da personalidade jurídica quando presentes seus requisitos legais.

CJF Civil 224. A solidariedade entre os sócios da sociedade limitada pela exata estimação dos bens conferidos ao capital social abrange os casos de constituição e aumento do capital e cessa após cinco anos da data do respectivo registro.

CJF Civil 225. Sociedade limitada. Instrumento de cessão de quotas. Na omissão do contrato social, a cessão de quotas sociais de uma sociedade limitada pode ser feita por instrumento próprio, averbado junto ao registro da sociedade, independentemente de alteração contratual, nos termos do art. 1.057 e parágrafo único do Código Civil.

CJF Civil 391. A sociedade limitada pode adquirir suas próprias quotas, observadas as condições estabelecidas na Lei das Sociedades por Ações.

1.3) Da Administração

CJF Civil 66. A teor do § 2º do art. 1.062 do Código Civil, o administrador só pode ser pessoa natural.

CJF Comercial 64. Criado o conselho de administração na sociedade limitada, não regida supletivamente pela Lei de Sociedade por Ações (art. 1.053, parágrafo único, do Código Civil) e, caso não haja regramento específico sobre o órgão no contrato, serão aplicadas, por analogia, as normas da sociedade anônima.

1.4) Das Deliberações dos Sócios

CJF Civil 226. A exigência da presença de três quartos do capital social, como quorum mínimo de instalação em primeira convocação, pode ser alterada pelo contrato de sociedade limitada com até dez sócios, quando as deliberações sociais obedecerem à forma de reunião, sem prejuízo da observância das regras do art. 1.076 referentes ao quorum de deliberação.

CJF Civil 227. O quorum mínimo para a deliberação da cisão da sociedade limitada é de três quartos do capital social.

CJF Civil 228. As sociedades limitadas estão dispensadas da publicação das demonstrações financeiras a que se refere o § 3º do art. 1.078. Naquelas de até dez sócios, a deliberação de que trata o art. 1.078 pode dar-se na forma dos §§ 2º e 3º do art. 1072, e a qualquer tempo, desde que haja previsão contratual nesse sentido.

CJF Civil 229. A responsabilidade ilimitada dos sócios pelas deliberações infringentes da lei ou do contrato torna desnecessária a desconsideração da personalidade jurídica, por não constituir a autonomia patrimonial da pessoa jurídica escudo para a responsabilização pessoal e direta.

CJF Civil 392. Nas hipóteses do art. 1.077 do Código Civil, cabe aos sócios delimitarem seus contornos para compatibilizá-los com os princípios da preservação e da função social da empresa, aplicando-se, supletiva (art. 1.053, parágrafo único) ou analogicamente (art. 4º da LICC), o art. 137, § 3º, da Lei das Sociedades por Ações, para permitir a reconsideração da deliberação que autorizou a retirada do sócio dissidente.

CJF Civil 484. Quando as deliberações sociais obedecerem à forma de reunião, na sociedade limitada com até 10 (dez) sócios, é possível que a representação do sócio seja feita por outras pessoas além das mencionadas no § 1º do art. 1.074 do Código Civil (outro sócio ou advogado), desde que prevista no contrato social.

CJF Civil 485. O sócio que participa da administração societária não pode votar nas deliberações acerca de suas próprias contas, na forma dos arts. 1.071, I, e 1.074, § 2º, do Código Civil.

1.5) Do Aumento e da Redução do Capital

CJF Civil 489. No caso da microempresa, da empresa de pequeno porte e do microempreendedor individual, dispensados de publicação dos seus atos (art. 71 da Lei Complementar n. 123/2006), os prazos estabelecidos no Código Civil contam-se da data do arquivamento do documento (termo inicial) no registro próprio.

1.6) Da Resolução da Sociedade em Relação a Sócios Minoritários

CJF Comercial 17. Na sociedade limitada com dois sócios, o sócio titular de mais da metade do capital social pode excluir extrajudicialmente o sócio minoritário desde que atendidas as exigências materiais e procedimentais previstas no art. 1.085, caput e parágrafo único, do CC.

CJF Civil 67. A quebra do "affectio societatis" não é causa para a exclusão do sócio minoritário, mas apenas para dissolução (parcial) da sociedade.

2) Da Sociedade Anônima

CJF Comercial 14. É vedado aos administradores de sociedades anônimas votarem para aprovação/rejeição de suas próprias contas, mesmo que o façam por interposta pessoa.

CJF Comercial 15. O vocábulo "transação", mencionado no art. 183 § 1º, d, da Lei das S. A., deve ser lido como sinônimo de "negócio jurídico", e não no sentido técnico que é definido pelo Capítulo XIX do Título VI do Livro I da Parte Especial do Código Civil brasileiro.

CJF Comercial 16. O adquirente de cotas ou ações adere ao contrato social ou estatuto no que se refere à cláusula compromissória (cláusula de arbitragem) nele existente; assim, estará vinculado à previsão da opção da jurisdição arbitral, independentemente de assinatura e/ou manifestação específica a esse respeito.

CJF Comercial 19. Não se aplica o Código de Defesa do Consumidor às relações entre sócios/acionistas ou entre eles e a sociedade.

CJF Civil 68. Suprimir os arts. 1.088 e 1.089 do novo Código Civil em razão de estar a matéria regulamentada em lei especial.

CJF Civil 230. A fusão e a incorporação de sociedade anônima continuam reguladas pelas normas previstas na Lei n. 6.404/76, não revogadas pelo Código Civil (art. 1.089), quanto a esse tipo societário.

CJF Comercial 65. O mandatário do sócio residente ou domiciliado no exterior (art. 119 da Lei 6.404/1976) não é responsável pelas obrigações de seu mandante.

CJF Comercial 66. A limitação de distribuição de dividendos periódicos de que trata o art. 204, § 1º da Lei das Sociedades por Ações refere-se ao lucro distribuível, reconhecido em balanço intermediário levantado conforme o estatuto social, e não à antecipação do pagamento de dividendos por conta do lucro cuja existência é provável, nos termos da legislação tributária.

3) Da Sociedade Dependente de Autorização

CJF Civil 486. A sociedade estrangeira pode, independentemente de autorização do Poder Executivo, ser sócia em sociedades de outros tipos além das anônimas.

✱ INFORMATIVOS

STJ Ação de cobrança. Distribuição de lucro. Sociedade empresária limitada. Ilegitimidade passiva do sócio não configurada. Citação da sociedade. Desnecessidade. Na ação de cobrança, é desnecessária a citação da sociedade empresária se todos os que participam do quadro social integram a lide. REsp 1.731.464, Rel. Min. Moura Ribeiro, DJ 1.10.2018. 3ª T. (Info 635)

STJ Sociedade limitada. Ação de dissolução parcial. Sócio majoritário. Prática de falta grave. Exclusão. Iniciativa dos sócios minoritários. Dispensa da maioria de capital social. Possibilidade. O quórum deliberativo para exclusão judicial do sócio majoritário por falta grave no cumprimento de suas obrigações deve levar em conta a maioria do capital social de sociedade limitada, excluindo-se do cálculo o sócio que se pretende jubilar. REsp 1.653.421, Rel. Min. Ricardo Villas Bôas Cueva, DJ 13.11.2017. 3ª T. (Info 616)

STJ Ação regressiva. Condenação ao pagamento de diferença de ações. Debêntures conversíveis em ação preferencial. Cisão parcial. Dívidas próprias de natureza societária. Cabe ação de regresso para ressarcimento de condenação relativa a obrigações tipicamente societárias suportada exclusivamente por empresa cindida contra empresa resultante da cisão parcial, observando-se a proporção do patrimônio recebido. REsp 1.642.118, Rel. Acd. Min. Marco Aurélio Bellizze, DJ 20.2.2018. 3ª T. (Info 619)

* QUESTÕES DISCURSIVAS

06. **(Ieses/TJ/PA/Cartórios/2016)** Sendo omisso o contrato social de determinada sociedade limitada, explique as regras aplicáveis para a modificação do contrato social, apontando todas as possibilidades e respectivas formalidades que necessitam ser adotadas.

07. **(Faurgs/TJ/RS/Cartórios/2015)** Alberto, brasileiro, solteiro, menor de idade e emancipado, Bruno, brasileiro, solteiro, maior de idade e capaz, e Carlos, brasileiro, solteiro, menor de idade e absolutamente incapaz, resolvem celebrar entre si contrato de sociedade limitada. Dentre as diversas cláusulas e condições do contrato social estabelecido entre os três, estão: (a) o capital social será de R$ 30 mil, dividido em 30 mil quotas, subscrevendo cada sócio 10 mil quotas e integralizando-as no ato; Carlos integraliza as suas através de dinheiro, e Alberto e Bruno, através de bens incorpóreos, cuja avaliação é realizada pelos próprios sócios, dispensando-se laudo pericial; (b) a administração da sociedade competirá exclusivamente a Alberto, que terá poderes para realizar todos os atos de gestão; (c) Bruno e Carlos participarão no resultado da empresa na proporção de 50% (cinquenta por cento) cada, e Alberto receberá, a título de "pro labore", a remuneração fixa de R$ 5.000,00 (cinco mil reais) por mês; (d) as quotas poderão ser vendidas a terceiros estranhos ao quadro social sem a anuência dos demais sócios e sem que se observe direito de preferência. Apenas Carlos foi representado por seus pais no ato, tendo os demais firmado pessoalmente o contrato social. Considerando-se os fatos acima narrados e de acordo com a legislação vigente, indique se existe(m) nulidade(s) ou anulabilidade(s) no negócio jurídico celebrado por Alberto, Bruno e Carlos, e, em caso positivo, qual o seu fundamento.

08. **(Ieses/TJ/PB/Cartórios/2014)** O artigo 1.054 do Código Civil prescreve que o contrato social da sociedade limitada mencionará, no que couber, as indicações do artigo 997 do mesmo diploma. Indique quais os pontos do artigo 997 são incompatíveis com a sociedade limitada e que, portanto, não podem ou não necessitam compor o contrato social deste tipo societário. Justifique cada um deles.

* QUESTÕES OBJETIVAS

94. **(Consulplan/TJ/MG/Cartórios/Remoção/2018)** A sociedade limitada não é obrigada a adotar denominação integrada com a palavra final "limitada" ou "Ltda.", contudo a ausência desta denominação final acarretará:

a) a responsabilidade solidária e ilimitada dos administradores que assim empregarem a firma ou a denominação da sociedade.

b) a responsabilidade solidária e ilimitada do administrador principal que assim empregar a firma ou a denominação da sociedade.

c) a responsabilidade solidária e limitada dos administradores que assim empregarem a firma ou a denominação da sociedade.

d) a responsabilidade subjetiva e ilimitada dos administradores que assim empregarem a firma ou a denominação da sociedade.

95. **(Cespe/TJ/ES/Cartórios/Ingresso/2013)** No que se refere à regulamentação geral das empresas, inclusive das sociedades anônimas do Código Civil, assinale a opção correta:

a) na denominação da sociedade anônima, pode constar expressão de fantasia ou nome de acionista, fundador ou terceiro que tenha concorrido para o êxito da empresa, além do nome companhia ou da expressão sociedade anônima, empregados no início ou no final.

b) o ordenamento jurídico brasileiro não admite sociedade unipessoal.

c) a inscrição do empresário no registro público de empresas mercantis é condição necessária para a aquisição da qualidade de empresário.

d) embora haja, no Código Civil de 2002, seções dedicadas às sociedades em nome coletivo, em conta de participação e comandita simples, nele não é prevista a regulamentação das sociedades de capital e indústria, anteriormente reguladas no Código Comercial, não sendo possível, portanto, sua constituição.

e) dada a responsabilização solidária dos sócios de sociedades limitadas pela integralização do capital social, verificada a inadimplência de qualquer dos sócios, pode o que já integralizou suas cotas ser compelido ao pagamento da dívida do sócio remisso, independentemente de decretação de falência da sociedade.

96. **(Ieses/TJ/RS/Cartórios/Remoção/2013)** Sobre as sociedades limitadas, é correto afirmar:

a) quando a sociedade for composta de 10 ou mais quotistas, será obrigatória a instituição de conselho fiscal com 3 ou mais membros.

b) o administrador pode não ser quotista, mas sua designação dependerá de aprovação unânime dos sócios, quando o capital não estiver integralizado.

c) o capital social divide-se em quotas iguais, divisíveis ou indivisíveis.

d) a aprovação do balanço patrimonial do resultado econômico da sociedade, sem reserva, exonera a responsabilidade dos sócios, irrevogavelmente.

97. **(Ieses/TJ/RS/Cartórios/Ingresso/2013)** A respeito da sociedade por quotas de responsabilidade limitada, assinale a alternativa incorreta:

a) o capital social da sociedade limitada poderá ser integralizado, no todo ou em parte, com quotas ou ações de outra sociedade.

b) a aprovação, sem reserva, do balanço patrimonial e do de resultado econômico, salvo erro, dolo ou simulação, exonera de responsabilidade os membros da administração. Havendo erro, dolo ou simulação, extingue-se em quatro anos o direito de anular a aprovação.

c) o quorum mínimo para deliberação da cisão da sociedade limitada é de três quartos do capital social.

d) na sociedade limitada com dois sócios, o sócio titular de mais da metade do capital social pode excluir extrajudicialmente o sócio minoritário, desde que atendidas as exigências materiais e procedimentais previstas na lei.

98. **(Cespe/TJ/RR/Cartórios/Ingresso/2013)** Assinale a opção correta em relação às sociedades limitadas:

a) tratando-se de sociedade limitada com dois sócios, para excluir da sociedade o sócio minoritário, o sócio titular de mais da metade do capital social deve acionar o Poder Judiciário.

b) o adquirente de cotas adere à cláusula de arbitragem do contrato social, estando, assim, vinculado à jurisdição arbitral nele prevista, independentemente de assinatura e(ou) manifestação específica a esse respeito.

c) a empresa individual de responsabilidade limitada é sociedade limitada unipessoal, ente distinto tanto da pessoa do empresário quanto da sociedade empresária.

d) em decorrência da teoria do diálogo das fontes, aplica-se o Código de Defesa do Consumidor, de forma subsidiária, às relações entre sócios cotistas ou entre eles e a sociedade.

e) salvo estipulação em contrário no contrato social, o sócio poderá ceder sua cota a qualquer pessoa, independentemente da anuência dos demais sócios, que não poderão opor-se à cessão.

99. **(FCC/TJ/PE/Cartórios/Ingresso/2013)** O contrato social da sociedade limitada mencionará:

a) as pessoas naturais ou jurídicas incumbidas da administração da sociedade.

b) as quotas, com ou sem valor nominal, de cada sócio no capital social.

c) se os sócios respondem, ou não, subsidiariamente, pelas obrigações sociais.

d) a firma social ou denominação, integradas pela palavra final "limitada".

e) as prestações a que se obriga o sócio, cuja contribuição consista em serviços.

100. **(TJ/SC/Cartórios/Ingresso/2012)** De acordo com o § 3º do art. 1.158 do Código Civil, a omissão da palavra "limitada" determina a responsabilidade solidária e ilimitada dos administradores que assim empregarem a firma ou a denominação da sociedade. Esta disposição constitui exemplo do seguinte princípio:

a) veracidade.

b) novidade.

c) ubiquidade.

d) adequação Social.

e) solidariedade.

101. (Faurgs/TJ/RS/Cartórios/Ingresso/2015) Assinale a alternativa que apresenta afirmação correta a respeito da disciplina da sociedade limitada no Código Civil:

a) na sociedade limitada, a responsabilidade de cada sócio é restrita ao valor de suas quotas, mas todos respondem solidariamente pela integralização do capital social.
b) a sociedade limitada rege-se supletivamente pelas normas da sociedade em nome coletivo.
c) o contrato social não poderá prever a regência supletiva da sociedade limitada pelas normas da sociedade anônima.
d) no contrato da sociedade limitada, é vedada a adoção de firma social.

102. (Faurgs/TJ/RS/Cartórios/Ingresso/2015) Assinale a alternativa que apresenta afirmação correta a respeito da disciplina da sociedade limitada no Código Civil:

a) a quota é indivisível em relação à sociedade, mesmo para efeito de transferência.
b) no caso de condomínio de quota, os direitos a ela inerentes podem ser exercidos por qualquer condômino.
c) na omissão do contrato, o sócio pode ceder sua quota, total ou parcialmente, a quem seja sócio, independentemente de audiência dos outros sócios.
d) na omissão do contrato, o sócio pode ceder sua quota a quem seja sócio, se não houver oposição de titulares de mais de um quarto do capital social.

103. (Faurgs/TJ/RS/Cartórios/Ingresso/2015) Assinale a alternativa que apresenta afirmação correta a respeito da disciplina da sociedade limitada no Código Civil:

a) é obrigatória a instituição de conselho fiscal composto de, pelo menos, dois membros e respectivos suplentes.
b) é facultativa a instituição de conselho fiscal composto de dois membros e respectivos suplentes.
c) é obrigatória a instituição de conselho fiscal composto de três membros e respectivos suplentes.
d) é facultativa a instituição de conselho fiscal composto de três ou mais membros e respectivos suplentes.

104. (Ieses/TJ/PA/Cartórios/Ingresso/2016) Analise a alternativa incorreta de acordo com o que dispõe o Código Civil brasileiro sobre a sociedade limitada:

a) omisso o contrato social, o sócio poderá ceder suas quotas a quem seja sócio, independentemente do consentimento dos demais sócios.
b) a sociedade limitada poderá ser regida supletivamente pelas normas que regem a sociedade anônima, se e somente se estiver expressamente previsto no contrato social.
c) o instrumento de alteração do contrato social poderá ser levado para registro, sem a necessidade de deliberação em assembleia ou reunião, caso tenha sido regularmente assinado por todos os sócios.
d) a aprovação do balanço patrimonial e do resultado econômico, ainda que sem ressalvas, poderá ser anulada a qualquer tempo, uma vez demonstrados e comprovados vícios de qualquer natureza.

105. (Consulplan/TJ/MG/Cartórios/Ingresso/2016) Com relação às sociedades personificadas, e considerando o Código Civil, assinale a afirmação incorreta:

a) a sociedade simples que instituir sucursal, filial ou agência na circunscrição de outro Registro Civil das Pessoas Jurídicas, neste deverá também inscrevê-la, com a prova da inscrição originária.
b) as obrigações dos sócios começam imediatamente com o contrato, se este não fixar outra data, e terminam quando, liquidada a sociedade, se extinguirem as responsabilidades sociais.
c) o sócio, cuja contribuição consista em serviços, não pode, salvo convenção em contrário, empregar-se em atividade estranha à sociedade, sob pena de ser privado de seus lucros e dela excluído.
d) em hipótese alguma a sociedade limitada empresária poderá reduzir o seu capital.

106. (Consulplan/TJ/MG/Cartórios/Ingresso/2016) Em relação à Sociedade Limitada, considerando os ditames do Código Civil brasileiro, é correto afirmar:

a) na sociedade limitada, a responsabilidade de cada sócio é restrita ao valor de suas quotas, mas todos respondem solidariamente pela integralização do capital social.

b) independem da deliberação dos sócios, a aprovação das contas da administração e a destituição dos administradores.

c) a deliberação em assembleia será obrigatória se o número de sócios for superior a 20 (vinte).

d) a assembleia dos sócios instala-se com a presença, em primeira convocação, de titulares de no mínimo metade do capital social, e, em seguida, com qualquer número.

107. (Vunesp/TJ/SP/Cartórios/Remoção/2016) O administrador de sociedade limitada pode ser:

a) incapaz, desde que representado por seu responsável.

b) pessoa física maior e capaz, desde que seja sócio.

c) estrangeiro, desde que tenha visto de residente e preste caução.

d) pessoa física maior e capaz, sócio ou não.

108. (Faurgs/TJ/RS/Cartórios/Remoção/2015) Assinale a alternativa que apresenta afirmação correta a respeito da disciplina da sociedade limitada no Código Civil:

a) o capital social divide-se em quotas, iguais ou desiguais, cabendo uma ou diversas a cada sócio.

b) pela exata estimação de bens conferidos ao capital social, respondem solidariamente todos os sócios, até o prazo de três anos da data do registro da sociedade.

c) a quota é indivisível em relação à sociedade, mesmo para efeito de transferência.

d) admite-se, na sociedade limitada, contribuição que consista em prestação de serviços.

109. (Faurgs/TJ/RS/Cartórios/Remoção/2015) Assinale a alternativa que apresenta afirmação correta a respeito da disciplina da sociedade limitada no Código Civil:

a) a sociedade limitada é administrada por uma ou mais pessoas, sempre designadas no contrato social.

b) a administração atribuída no contrato a todos os sócios se estende, de pleno direito, aos que posteriormente adquiram essa qualidade.

c) a designação de administradores não sócios depende de aprovação de 2/3 (dois terços) dos sócios, no mínimo, enquanto o capital não estiver integralizado.

d) a designação de administradores não sócios depende de aprovação da unanimidade dos sócios, enquanto o capital não estiver integralizado.

110. (Faurgs/TJ/RS/Cartórios/Remoção/2015) Assinale a alternativa que preenche a lacuna do trecho a seguir em conformidade com o Código Civil, no que diz respeito à disciplina da sociedade limitada. É assegurado, aos sócios minoritários que representarem pelo menos (___) do capital social, o direito de eleger, separadamente, um dos membros do conselho fiscal e o respectivo suplente:

a) um quinto.

b) um quarto.

c) um terço.

d) metade.

111. (Consulplan/TJ/MG/Cartórios/Remoção/2015) A respeito da sociedade limitada, marque a opção correta:

a) as quotas da sociedade limitada podem ser iguais ou desiguais, mas são indivisíveis em relação à sociedade, salvo para efeito de transferência.

b) na sociedade limitada, cujo contrato social é omisso em relação à disciplina da alienação das quotas sociais, o sócio não pode ceder as suas quotas a estranhos ou a outros membros da sociedade, sendo-lhe permitido retirar-se da sociedade apenas nas hipóteses em que a lei lhe confere o chamado direito de regresso.

c) o uso da firma ou denominação social é privativa dos administradores que tenham os necessários poderes, bem como dos sócios titulares da maioria das quotas que compõem o capital social.

d) a estipulação contratual que exclua o sócio de participar dos lucros e das perdas é ineficaz em relação aos demais sócios.

112. (Ieses/TJ/MS/Cartórios/Ingresso/2014) Analise as assertivas abaixo e, de acordo com o que dispõe o Código Civil brasileiro sobre sociedade limitada, assinale a alternativa correta:

I. o administrador pode ser designado em ato em separado do contrato social.

II. é vedada a contribuição do sócio que consista em prestação de serviços.

III. a instituição do conselho fiscal é facultativa.

IV. a condição de sócio é adquirida pela integralização do capital social:

a) apenas a assertiva IV está incorreta.

b) todas as assertivas estão corretas.

c) apenas a assertiva IV está correta.

d) apenas as assertivas III e IV estão corretas.

113. **(Ieses/TJ/MS/Cartórios/Remoção/2014)** As deliberações dos sócios, em sociedade limitada, serão tomadas em reunião ou em assembleia, conforme previsto no contrato social, devendo ser convocadas pelos administradores nos casos previstos em lei ou no contrato, sendo que a deliberação em assembleia será obrigatória se o número dos sócios for superior a:

a) vinte.

b) cinco.

c) cem.

d) dez.

114. **(Ieses/TJ/PB/Cartórios/Ingresso/2014)** Analise a alternativa correta de acordo com o que dispõe o Código Civil brasileiro sobre sociedade limitada:

a) o sócio que integralizou totalmente suas cotas com dinheiro não responde pela exata estimação dos bem conferidos ao capital social pelos demais sócios para a integralização de suas respectivas cotas.

b) todos os sócios responderão solidariamente pela integralização do capital social, mesmo aqueles que já integralizaram suas quotas subscritas.

c) na insuficiência de bens da sociedade, o sócio que não integralizar o capital social responderá ilimitadamente pelas obrigações sociais.

d) na omissão do contato social, o sócio só poderá ceder suas cotas para estranhos mediante a concordância de todos os demais sócios.

115. **(Ieses/TJ/PB/Cartórios/Remoção/2014)** Em relação à administração da sociedade limitada renúncia de administrador torna-se eficaz:

a) em relação à sociedade, desde o momento em que esta toma conhecimento da comunicação escrita do renunciante; e, em relação a terceiros, após a averbação e publicação.

b) em relação à sociedade e a terceiros após quinze dias da publicação do ato de averbação da comunicação escrita do renunciante.

c) em relação à sociedade e a terceiros no ato de averbação e publicação da comunicação escrita do renunciante.

d) em relação à sociedade e a terceiros desde o momento em que esta toma conhecimento da comunicação escrita do renunciante.

116. **(Ieses/TJ/PB/Cartórios/Remoção/2014)** O administrador não sócio da sociedade limitada designado em ato separado investir-se-á no cargo mediante termo de posse no livro de atas da administração, sendo que para que surta seus efeitos legais, o referido termo deverá ser assinado no prazo máximo de:

a) sessenta dias seguintes à designação.

b) trinta dias seguintes à designação.

c) dez dias seguintes à designação.

d) quinze dias seguintes à designação.

117. **(Ieses/TJ/PB/Cartórios/Remoção/2014)** No que se refere às sociedades limitadas, dependerão da deliberação dos sócios, além de outras matérias indicadas na lei ou no contrato, os seguintes atos:

I. a aprovação das contas da administração.

II. a designação dos administradores, quando feita em ato separado.

III. a incorporação, a cisão e a dissolução da sociedade, ou a cessação do estado de liquidação.

IV. o pedido de concordata.

A sequência correta é:

a) apenas as assertivas I, II e IV estão corretas.

b) as assertivas I, II, III e IV estão corretas.

c) apenas as assertivas II e III estão corretas.

d) apenas a assertiva III está correta.

118. **(Ieses/TJ/PB/Cartórios/Remoção/2014)** Na sociedade limitada à designação de administradores não sócios dependerá de aprovação da unanimidade dos sócios, enquanto o capital não estiver integralizado, e após sua integralização dependerá de:

a) 1/3 (um terço), no mínimo.

b) 1/4 (um quarto), no mínimo.

c) 2/3 (dois terços), no mínimo.

d) 1/2 (metade), no mínimo.

119. **(Vunesp/TJ/SP/Cartórios/Ingresso/2014)** Sobre a sociedade de responsabilidade limitada, é correto afirmar que:

a) se aplicam às sociedades limitadas subsidiariamente as regras da sociedade em comandita por ações.
b) tem o capital subscrito por pelo menos um dos sócios e a responsabilidade dos sócios vai até o limite do capital social.
c) os sócios responderão solidariamente pelo que faltar para integralizar o capital social.
d) ela pode não usar razão social, somente a denominação social, seguida da designação LTDA.

120. **(Vunesp/TJ/SP/Cartórios/Ingresso/2014)** No tocante às sociedades empresárias, é correto afirmar que:

a) a sociedade em conta de participação não existe mais no Direito brasileiro.
b) a desconsideração da pessoa jurídica não pode ser aplicada às sociedades anônimas em face do grande número de acionistas.
c) o contrato social deve designar quem é o acionista controlador em cada sociedade.
d) os administradores da sociedade limitada podem ser pessoas que não sejam sócios.

121. **(Vunesp/TJ/SP/Cartórios/Ingresso/2014)** Assinale a alternativa correta:

a) a sociedade limitada somente poderá estar representada no ato pelo administrador se ele for também sócio dela.
b) em caso de outorga de escritura, por ser ato de pública forma, a sociedade limitada tem de estar representada por, pelo menos, dois administradores.
c) numa escritura em que compareça como outorgante ou outorgada uma sociedade limitada é necessário exigir a presença de pelo menos o sócio controlador.
d) o administrador de sociedade limitada poderá representar a sociedade desde que o ato esteja dentro de seus poderes conforme contrato social.

122. **(FMP/TJ/MT/Cartórios/Ingresso/2014)** As sociedades limitadas, subsidiariamente:

a) regem-se sempre pelas regras das Sociedades Anônimas caso não haja referência expressa no contrato social.
b) se regidas pelas regras das Sociedades Anônimas, permitem a dissolução parcial imotivada.
c) se regidas pelas regras das Sociedades Anônimas, permitem a retenção total dos lucros.
d) regem-se pelas regras da sociedade simples apenas se expressamente previsto no contrato social.
e) regem-se pelas regras das Sociedades Anônimas apenas se expressamente previsto no contrato social.

123. **(FMP/TJ/MT/Cartórios/Remoção/2014)** As sociedades limitadas:

a) devem ter no mínimo dois diretores.
b) devem sempre ter Conselho de Administração.
c) não comportam a formação de Conselho Fiscal.
d) necessitam da unanimidade dos votos para alterar o contrato social.
e) permitem a exclusão de sócio minoritário sem processo judicial.

124. **(Cespe/TJ/SE/Cartórios/Remoção/2014)** Em relação à sociedade limitada, assinale a opção correta:

a) por força de lei, ao menos uma vez por ano deve haver reunião ou assembleia dos sócios, sendo ilícita a dispensa de sua realização.
b) as deliberações dos sócios devem ser tomadas em reunião ou assembleia, conforme o que estiver previsto no contrato social, independentemente do número de sócios.
c) a ata da assembleia deve ser anotada no livro de atas, facultando-se aos administradores a apresentação de uma cópia autenticada do documento ao Registro Público de Empresas Mercantis.
d) o sócio não pode votar matéria que lhe diga respeito diretamente, salvo na qualidade de mandatário de outro sócio.
e) as deliberações tomadas em assembleia ou reunião vinculam todos os sócios, ainda que ausentes ou dissidentes, salvo em relação ao que for decidido contrariamente à lei ou ao contrato.

125. **(Consulplan/TJ/MG/Cartórios/Remoção/2017)** A limitação da responsabilidade de um sócio, em uma sociedade limitada, por regra, é:

a) capital social total prometido pela sociedade e ainda não integralizado de forma solidária entre os sócios.
b) capital social individualmente prometido por casa sócio e ainda não integralizado de forma subsidiária para os demais sócios.

c) o capital social prometido, independentemente de estar integralizado ou não, sendo obrigação dos sócios integralizar novamente, caso a sociedade não tenha patrimônio em caso de falência.

d) o capital real que a sociedade tiver, não sendo relevante o capital integralizado ou não. Os sócios jamais são obrigados a completar o capital social, salvo existência de crime falimentar.

126. **(Consulplan/TJ/MG/Cartórios/Ingresso/2017)** Pedro, sócio minoritário em uma Sociedade Limitada, integralizou R$10.000,00, sua parte do capital social, referente a 10% do capital social. Os demais sócios desta sociedade não integralizaram os 90% restantes do capital e a sociedade é devedora de quantia superior a R$ 100.000,00. Relativamente à responsabilidade de Pedro por esta dívida, uma vez que a sociedade não possui qualquer patrimônio, é correto afirmar que ele:

a) não é responsável por nenhuma divida, por regra, visto que já integralizou sua cota parte, não respondendo, salvo fraude, pelo descumprimento da obrigação de seus sócios.

b) é responsável solidário aos demais sócios, por regra, até o valor total da dívida, visto que a não integralização gera, por mandamento legal expresso, a desconsideração automática da responsabilidade jurídica.

c) é responsável subsidiariamente aos seus sócios, por regra, até o valor do capital social prometido, podendo invocar o benefício de ordem, para que primeiro sejam cobrados os sócios, visto que ele já havia integralizado o capital social.

d) é responsável solidário aos demais sócios, por regra, até o valor integral do capital social prometido, podendo regressar por este valor contra os sócios, caso venha a pagar.

127. **(Consulplan/TJ/MG/Cartórios/Remoção/2017)** Carlomíndio quer ser sócio de uma sociedade limitada, que é composta, atualmente, por outros 2 sócios, com 50% do capital social cada um, sendo estes Mervivaldo e Adinalberto. O primeiro, Mervivaldo, deseja vender suas quotas para Carlomíndio e o segundo não quer Carlomíndio como seu novo sócio. Considerando que não há qualquer cláusula no contrato social que fale da alienação de quotas da sociedade, é correto afirmar que:

a) Adinalberto não poderá impedir a venda, visto que no contrato social não há qualquer determinação sobre o mérito.

b) como Adinalberto possui mais do que 1/4 do capital social, ele pode se opor a esta transferência e a mesma não poderá, pelo texto de lei, ser realizada.

c) Adinalberto pode obrigar Carlomíndio a comprar, também suas quotas, nas mesmas condições que vai fazê-lo de Mervivaldo.

d) Adinalberto terá o direito legal expresso de preferência para a aquisição das quotas. Caso não o exerça, não poderá obstar a venda.

128. **(Vunesp/TJ/SP/Cartórios/Ingresso/2018)** Na sociedade limitada, os poderes do sócio, conferidos por ato separado, são:

a) revogáveis, a qualquer tempo, mediante deliberação dos sócios tomada pelos votos correspondentes a, no mínimo, dois terços do capital social, salvo se o contrato exigir quórum mais elevado.

b) revogáveis, a qualquer tempo, mediante deliberação dos sócios tomada pela maioria de votos dos presentes, salvo se o contrato exigir quórum mais elevado.

c) irrevogáveis, salvo justa causa, reconhecida judicialmente, a pedido de qualquer dos sócios.

d) revogáveis, a qualquer tempo, mediante deliberação dos sócios tomada pelos votos correspondentes a mais da metade do capital social, salvo se o contrato exigir quórum mais elevado.

129. **(Ieses/TJ/RS/Cartórios/Remoção/2013)** A sociedade de capital autorizado pode ser caracterizada como:

a) uma companhia que contém em seu estatuto previsão de aumento de capital até um determinado valor, sem que, para tanto, seja necessária alteração estatutária.

b) uma sociedade limitada que atua na bolsa de valores com permissão para possuir capital inferior ao fixado pela Comissão de Valores Mobiliários.

c) uma sociedade que necessita de autorização do Estado para funcionar.

d) uma sociedade anônima que tem seu capital parcialmente subscrito com autorização para a subscrição ulterior de ações até o valor do capital estatutário.

130. **(Cespe/TJ/PI/Cartórios/Remoção/2013)** Assinale a opção correta a respeito das relações entre sociedades anônimas:

a) caso controladora e controladas se unam em grupo de sociedades, haverá o surgimento de uma nova pessoa jurídica de propósito específico.

b) a coligação de sociedades anônimas se dá quando uma delas titulariza direitos que lhe assegurem, permanentemente, preponderância nas deliberações sociais e poder de eleição da maioria dos administradores.

c) presume-se que uma sociedade é controladora de outra quando titulariza ao menos 20% do capital votante da controlada.

d) é lícita a Constituição de subsidiária integral por qualquer sociedade estrangeira.

e) entre sociedades que se unam em consórcio não há presunção de solidariedade pelas obrigações assumidas por cada uma em razão do empreendimento comum.

131. **(Ieses/TJ/RS/Cartórios/Remoção/2013)** Para alienação de ações de titularidade do Estado numa sociedade anônima, quais condições devem ser observadas?

a) cabe exclusivamente à União Federal a iniciativa de lei que autorize a alienação das ações em virtude das regras constitucionais de competência.

b) não há necessidade de fixação de preço mínimo das ações porque a sociedade de economia mista se sujeita às normas de mercado, mas é necessária a autorização por lei para a realização da alienação.

c) é imprescindível a prévia autorização da Assembleia Geral da Sociedade de Economia Mista, mediante quórum qualificado.

d) o preço mínimo de alienação das ações deverá ser fixado por lei, depois de criteriosa avaliação patrimonial da empresa.

132. **(Ieses/TJ/RS/Cartórios/Remoção/2013)** Está correto afirmar, quanto às sociedades anônimas de capital fechado:

a) a alteração do objeto da companhia não confere ao acionista o direito de retirada.

b) a assembleia que tem por objetivo a reforma do estatuto somente será instalada com a presença de acionistas representativos de dois terços das ações com direito a voto.

c) os acionistas que também são administradores devem comparecer à assembleia geral ordinária para prestar os esclarecimentos sobre as demonstrações financeiras apresentadas, mas não poderão votar a respeito delas, quer como procuradores, quer como acionistas.

d) o administrador da companhia deve empregar cuidado e diligência na gestão dos negócios, considerando os interesses do grupo ou classe de acionista que o elegeu.

133. **(Ieses/TJ/RS/Cartórios/Remoção/2013)** A respeito do regime jurídico das sociedades anônimas:

I. as preferências ou vantagens das ações preferenciais podem consistir em prioridade na distribuição de dividendo, fixo ou mínimo, ou em prioridade no reembolso do capital, com prêmio ou sem ele; ou, ainda, em ambas as preferências e vantagens acumuladas.

II. nas companhias objeto de desestatização poderá ser criada ação preferencial de classe especial, de propriedade exclusiva do ente desestatizante, à qual o estatuto social poderá conferir os poderes que especificar, inclusive o poder de veto às deliberações da assembleia-geral, nas matérias que especificar.

III. o estatuto pode assegurar a uma ou mais classes de ações preferenciais o direito de eleger, em votação em separado, um ou mais membros dos órgãos de administração, sendo que o estatuto pode subordinar as alterações estatutárias que especificar, em assembleia especial, a aprovação dos titulares de uma ou mais classes preferenciais.

IV. a debênture poderá assegurar ao seu titular juros fixos ou variáveis, participações no lucro da companhia e prêmio de reembolso.

São afirmativas corretas:

a) I e II, apenas.

b) I e III, apenas.

c) II e III, somente.

d) I, II, III e IV.

134. **(Cespe/TJ/RR/Cartórios/Ingresso/2013)** Assinale a opção correta com relação às sociedades anônimas:

a) quanto aos direitos e obrigações, as ações classificam-se como ordinárias, preferenciais ou de fruição, sendo as ações ordinárias da companhia fechada e as ações preferenciais da companhia aberta e fechada apenas de uma classe.

b) o vencimento da debênture deve constar da escritura de emissão e do certificado, podendo a companhia estipular amortizações parciais de cada série, criar fundos de amortização e reservar-se o direito de resgate antecipado, parcial ou total, dos títulos da mesma série; contudo, não poderá a debênture assegurar ao seu titular participação no lucro da companhia.

c) não se admite que os administradores de sociedades anônimas votem para a aprovação ou a rejeição de suas próprias contas, ainda que o façam por interposta pessoa.

d) a constituição da companhia por subscrição particular do capital pode ser feita por deliberação dos subscritores em assembleia-geral ou por escritura pública, considerando-se fundadores todos os subscritores. Essa representação na escritura pública por procurador com poderes especiais é chamada pela doutrina de serviços de "underwriting".

e) na sistemática da legislação acionária, admite-se a emissão de ações sem valor nominal, cujo preço será fixado, na constituição da companhia, pelos fundadores e, no aumento de capital, pela assembleia-geral ou pelo conselho de administração, vedando-se, contudo, a emissão de novas ações emitidas pela companhia com valor superior ao valor nominal.

135. (FCC/TJ/PE/Cartórios/Remoção/2013) Na sociedade anônima somente podem ser eleitas para o Conselho Fiscal pessoas naturais, residentes no país, diplomadas em curso de nível universitário, ou que tenham exercido, por prazo mínimo de 3 (três) anos, cargo de administrador de empresa ou de conselheiro fiscal. Nas localidades em que não houver pessoas habilitadas, em número suficiente, para o exercício da função, poderá dispensar a companhia da satisfação dos requisitos acima referidos:

a) a Assembleia Geral Ordinária.

b) o Juiz de Direito.

c) a Assembleia Geral Extraordinária.

d) o Conselho de Administração.

e) a Junta Comercial.

136. (FCC/TJ/PE/Cartórios/Ingresso/2013) Consoante expressa previsão da Lei n. 6.404/76, realizada a conferência de bem imóvel para a integralização de capital social na constituição de sociedade anônima, será o documento hábil para a transferência, por transcrição no registro de imóveis a:

a) escritura pública de incorporação do imóvel conferido.

b) certidão dos atos constitutivos da companhia, passada pelo Registro do Comércio em que foram arquivados.

c) ata da assembleia de avaliação do imóvel conferido.

d) ata da assembleia de constituição da companhia.

e) escritura pública de constituição da companhia.

137. (Vunesp/TJ/SP/Cartórios/Remoção/2014) Na conferência de imóveis no capital social de sociedades anônimas, pode-se afirmar:

a) incide imposto "inter vivos" calculado sobre o montante do capital social.

b) incide imposto "inter vivos" calculado sobre o montante do capital aumentado.

c) há isenção do imposto "inter vivos", observadas as condições legais.

d) incide imposto "inter vivos" calculado sobre o valor venal do imóvel.

138. (Vunesp/TJ/SP/Cartórios/Ingresso/2016) As sociedades por ações podem ser:

a) anônimas, de capital aberto ou fechado, e subsidiária integral.

b) anônimas, de capital aberto em pregão ou em balcão, e em comandita simples.

c) anônimas, de capital e indústria, e em comandita por ações.

d) anônimas, de capital aberto ou fechado, e em comandita por ações.

139. (Consulplan/TJ/MG/Cartórios/Remoção/2015) Analise as assertivas abaixo:

I. é correto afirmar que, nas sociedades anônimas, o estatuto poderá prever que determinadas classes de ações ordinárias e de ações preferenciais tenham direito de voto restrito.

II. o conselho de administração de uma sociedade anônima terá, dentre outras competências, a eleição da diretoria.

III. as partes beneficiárias são títulos negociáveis, sem valor nominal, emitidos por uma sociedade por ações, que atribuem aos seus titulares o direito a um crédito eventual, consistente na participação nos lucros anuais.

IV. a ação de responsabilidade civil contra o administrador de uma sociedade por ações pode ser promovida por acionistas que representem pelo menos 5% (cinco por cento) do capital social, desde que a assembleia geral delibere não a promover.

V. em relação às debêntures, é correto afirmar que não podem ser conversíveis em ações, pois são títulos de dívida.

Estão corretas somente as assertivas:

a) I, II e III.
b) II, IV e V.
c) II e III e V.
d) II, III e IV.

140. **(Consulplan/TJ/MG/Cartórios/Remoção/2014)** Sobre a sociedade anônima e com base na Lei 6.404, de 15 de dezembro de 1976, assinale a afirmativa incorreta:

a) a companhia ou sociedade anônima terá o capital dividido em ações, e a responsabilidade dos sócios ou acionistas será limitada ao preço de emissão das ações subscritas ou adquiridas.
b) pode ser objeto da companhia qualquer empresa de fim lucrativo, não contrário à lei, à ordem pública e aos bons costumes.
c) qualquer que seja o objeto, a companhia é mercantil e se rege pelas leis e usos do comércio.
d) a sociedade será designada por firma ou denominação acompanhada das expressões "companhia", ou "sociedade anônima", podendo ser por extenso ou abreviadamente e ambas utilizadas no início ou ao final.

141. **(Vunesp/TJ/SP/Cartórios/Remoção/2014)** Ao lavrar uma escritura em que compareça como outorgante uma sociedade anônima, no tocante à representação, o notário deve observar:

I. se o acionista controlador autorizou a prática do ato pela sociedade.
II. se a reunião de diretores, regularmente convocada, autorizou a prática do ato a ser formalizado na escritura.
III. a quem os estatutos sociais outorgam poderes de representação da sociedade para a prática do ato.
IV. quem foi eleito na assembleia competente como representante da companhia.

Em relação a tais assertivas, é correto afirmar:

a) apenas I está correta.
b) apenas III e IV estão corretas.
c) I, II, III e IV estão corretas.
d) apenas II está correta.

142. **(Vunesp/TJ/SP/Cartórios/Remoção/2014)** Para constituir uma subsidiária integral de uma sociedade anônima, além das demais formalidades, é necessário:

a) o notário lavrar uma ata notarial, comparecendo na assembleia geral dos acionistas que deliberar sobre a criação da subsidiária integral.
b) lavrar a ata da assembleia geral que deliberou a constituição da subsidiária integral, dando-lhe, pois, pública forma e transcrevendo o estatuto social.
c) lavrar uma escritura de constituição da subsidiária integral após verificação dos poderes dos representantes legais e sua conformidade com o estatuto.
d) apenas arquivar a ata da assembleia geral da sociedade anônima que criou a subsidiária integral, com cópia dos estatutos sociais e da ata de eleição da diretoria.

143. **(FMP/TJ/MT/Cartórios/Remoção/2014)** Em se tratando de sociedades anônimas:

a) as ações preferenciais não podem exceder a 75% do capital social.
b) as ações ordinárias podem ter uma classe especial sem direito a voto.
c) as ações ordinárias podem ter uma classe especial conversível em ações preferenciais.
d) as ações preferenciais diferenciam-se das ordinárias porque aquelas não podem ter direito a voto.
e) as ações preferenciais diferenciam-se das ordinárias porque estas podem não ter direito a voto.

144. **(Cespe/TJ/SE/Cartórios/Remoção/2014)** Conforme a legislação de regência e a jurisprudência do STJ, assinale a opção correta acerca das sociedades anônimas:

a) as ações ordinárias não conferem direito de voto ao seu titular, razão por que não lhe possibilitam o alcance do controle da sociedade anônima.
b) seguradoras, bancos, sociedades com ações em bolsa e distribuidoras de títulos e valores mobiliários devem, necessariamente, adotar a forma de sociedade por ações.

c) a expressão sociedade anônima está relacionada ao fato, ainda hoje verificável no Brasil, de serem muitas as ações emitidas ao portador.

d) os bônus de subscrição podem ser emitidos caso a companhia tenha um limite de aumento de capital social já autorizado no estatuto, servindo tais valores mobiliários para a obtenção de captação prévia.

e) as sociedades anônimas podem ser constituídas por instrumento privado, salvo nos casos em que o capital social seja integralizado com imóveis, quando será obrigatório o instrumento público.

145. **(Cespe/TJ/SE/Cartórios/Ingresso/2014)** Conforme a legislação vigente e a jurisprudência do STJ, assinale a opção correta acerca de sociedades anônimas:

a) o conselho de administração é órgão de deliberação colegiada de existência obrigatória nas sociedades anônimas, cuja representação é atribuição privativa de seus diretores.

b) por ser o órgão máximo da sociedade por ações, a assembleia geral pode deliberar por suprimir o direito dos acionistas à preferência na subscrição de ações da companhia.

c) para a caracterização de abuso de poder pelo acionista controlador de sociedade anônima, são necessárias a prova da intenção de prejudicar a companhia ou os minoritários e a prova do dano.

d) é permitido o acúmulo dos cargos de diretor e de conselheiro de administração, mas, no máximo, um terço dos membros do conselho de administração podem ser eleitos como diretores.

e) a lei pertinente impõe que, antes de abrir-se a assembleia geral, os acionistas assinem o livro de presença, decorrendo daí a impossibilidade de os acionistas votarem a distância.

146. **(Cespe/TJ/DFT/Cartórios/Ingresso/2014)** Com relação às sociedades por ações, assinale a opção correta:

a) a emissão de debêntures por sociedades por ações é documentada em escritura de emissão, que contém os direitos conferidos aos investidores, suas garantias e demais cláusulas ou condições. Nos termos da Lei das Sociedades por Ações, essa escritura deve ser levada a registro apenas perante a Comissão de Valores Mobiliários, que conferirá a publicidade necessária ao documento.

b) os titulares de debêntures conversíveis em ações, enquanto puderem exercer seu direito à conversão, têm a prerrogativa de vetar eventual alteração do estatuto da companhia para mudar o objeto da sociedade, para criar ações preferenciais ou para modificar as vantagens das existentes, em prejuízo das ações em que são conversíveis as debêntures. Esse direito de veto pode ser exercido pelo agente fiduciário ou em assembleia especial dos debenturistas.

c) o acordo de acionistas sobre o exercício do direito de voto e do poder de controle em uma companhia torna-se obrigatório para a sociedade quando arquivado em sua sede, podendo ser invocado pelo acionista para eximi-lo de responsabilidade por eventuais danos causados pelos votos proferidos ou pelo controle exercido em conformidade com o acordado.

d) a responsabilidade de cada acionista é limitada ao preço de emissão das ações por ele subscritas ou adquiridas, mas todos os acionistas respondem solidariamente pela integralização do capital social.

e) os subscritores ou acionistas que contribuem com bens para a formação do capital social respondem perante a companhia de forma idêntica à do vendedor; caso contribuam com créditos, responderão pela existência do crédito, mas não pela solvência do devedor.

147. **(Cespe/TJ/DFT/Cartórios/Remoção/2014)** Tendo como referência a disciplina legal aplicável às sociedades por ações, assinale a opção correta:

a) caso venha a adquirir uma quantidade de ações que, segundo as normas expedidas pela Comissão de Valores Mobiliários, impeça a liquidez de mercado das ações remanescentes, o acionista controlador de uma companhia aberta pode ser obrigado a realizar oferta pública para a aquisição da totalidade das ações da companhia.

b) como a regra da não diluição é direito essencial do acionista, o acionista minoritário terá direito de preferência para a subscrição do aumento de capital decorrente da conversão de debêntures conversíveis em ações, ainda que lhe tenha sido dada a preferência para aquisição das debêntures no ato de sua emissão.

c) os acionistas de uma companhia que tenha emitido debêntures ainda em vigor podem levar adiante o processo de cisão da sociedade, independentemente da vontade dos debenturistas, a menos que as debêntures tenham cláusula de conversão em ações.

d) a definição de sociedade coligada presente na Lei de Sociedade por Ações está vinculada pela sociedade investidora à titularidade de 10% (dez por cento) ou mais do capital da investida, sem que essa participação resulte em controle.

e) por poderem contribuir para a pulverização do capital necessário ao empreendedorismo no país, as sociedades por ações são admitidas como formas jurídicas de empresas de pequeno porte.

148. **(Consulplan/TJ/MG/Cartórios/Remoção/2017)** Considerando a Lei n. 6.404, de 15 de dezembro de 1976, que dispõe sobre as sociedades por ações, assinale a alternativa incorreta:

a) a denominação da companhia, enquanto não concluído o seu processo de constituição, deverá ser aditada pela expressão "em organização".

b) os fundadores e as instituições financeiras que participarem da constituição da companhia por subscrição pública, responderão no âmbito das respectivas atribuições, pelos prejuízos resultantes da inobservância de preceitos legais.

c) os fundadores entregarão aos primeiros administradores eleitos, os papéis, documentos e livros pertinentes à constituição da companhia ou de propriedade desta.

d) se a companhia tiver sido constituída por escritura pública, deverão ser arquivados no Registro do Comércio, além da certidão do instrumento; um exemplar do estatuto social assinado por todos os subscritores; a relação completa, autenticada pelos fundadores ou pelo presidente da assembleia, dos subscritores do capital social; duplicata das atas das assembleias realizadas para a avaliação de bens, quando for o caso e duplicata da ata da assembleia geral dos subscritores que houver deliberado a constituição da companhia.

149. **(Consulplan/TJ/MG/Cartórios/Remoção/2017)** Segundo a Lei n. 6.404/1976, os principais órgãos da companhia são a assembleia geral, o conselho de administração, a diretoria e o conselho fiscal. Assinale abaixo, a definição que não condiz com a definição de cada órgão:

a) assembleia geral é o órgão máximo da sociedade anônima, de caráter deliberativo, que reúne todos os acionistas com ou sem direito a voto.

b) o conselho de administração é órgão colegiado, de caráter deliberativo, ao qual a lei atribui parcela de competência da assembleia geral, com vistas a agilizar a tomada de decisões de interesse da companhia. Este órgão é obrigatório nas sociedades anônimas abertas, nas de capital autorizado e nas de economia mista.

c) a diretoria é órgão de representação legal da companhia e de execução das deliberações da assembleia geral e do conselho de administração. O estatuto deverá prever, que o prazo de duração do mandato dos diretores será de quatro anos, não sendo permitida a reeleição.

d) o conselho fiscal é órgão destinado à fiscalização dos órgãos de administração, atribuição que exerce para a proteção dos interesses da companhia e de todos os acionistas.

150. **(Consulplan/TJ/MG/Cartórios/Ingresso/2017)** Considerando a Lei n. 6.404, de 15 de dezembro de 1976, que dispõe sobre as sociedades por ações, assinale a alternativa correta:

a) a constituição da companhia depende da subscrição, pelo menos por sete pessoas, de todas as ações em que se divide o capital social fixado no estatuto.

b) nenhuma companhia poderá funcionar sem que sejam arquivados e publicados seus atos constitutivos.

c) a incorporação de imóveis para a formação do capital social exige escritura pública.

d) o subscritor não pode se fazer representar na assembleia geral de constituição por procurador com poderes especiais.

151. **(Consulplan/TJ/MG/Cartórios/Ingresso/2017)** Valores Mobiliários são títulos de investimento que a sociedade anônima emite para a obtenção dos recursos de que necessita. Segundo a Lei n. 6.404/1976, a companhia poderá emitir os seguintes valores mobiliários, exceto:

a) warrants autônomos.

b) ações.

c) debêntures.

d) bônus de subscrição.

152. **(Cetro/TJ/RJ/Cartórios/Ingresso/2017)** Em análise de documentos referentes a sociedades anônimas em cartório de Títulos e Documentos, foram verificadas as situações indicadas nas alternativas abaixo. Assinale a correta:

a) sociedade anônima de capital aberto pode ser constituída tanto por meio de ato estatutário quanto por escritura pública lavrada perante cartório, não havendo impedimento, pelo formato do ato constitutivo, para que suas ações sejam negociadas em mercado de Bolsa.

b) em havendo interesse por parte da companhia de capital fechado em abrir seu capital, ela deverá abrir mão da firma social adotada.

c) em remanescendo menos de 5% (cinco por cento) do total das ações quando de uma oferta pública para fechamento de capital, a assembleia geral pode deliberar o resgate dessas ações pelo valor da oferta, sob a condição de depositar o valor de resgate em instituição financeira autorizada pela Comissão de Valores Mobiliários (CVM), à disposição de seus titulares.

d) o critério legal referendado pela Comissão de Valores Mobiliários (CVM), para definição de preço da oferta pública para cancelamento de registro de companhia aberta para negociação de ações de sua emissão, é o de preço de mercado.

e) a abertura de capital de uma sociedade anônima é definida pelos sócios em assembleia geral, havendo, posteriormente, a mera necessidade de comunicação da deliberação assemblear à Comissão de Valores Mobiliários (CVM) e à Bolsa de Valores.

153. **(Consulplan/TJ/MG/Cartórios/Ingresso/2017)** Faça o julgamento das seguintes afirmativas:

I. ações preferenciais sem direito a voto não podem ser admitidas à negociação no mercado de valores mobiliários em nenhum caso.

II. ações preferenciais nunca possuem direito a voto.

III. uma das vantagens expressamente prevista em lei, relativa às ações preferenciais, é que esta preferência pode ser a prioridade no reembolso do capital, com prêmio ou sem ele.

Está correto apenas o que se afirma em:

a) I e III.

b) III.

c) II.

d) I e II.

154. **(Consulplan/TJ/MG/Cartórios/Remoção/2017)** Quanto às partes beneficiárias em uma Sociedade por Ações, marque a alternativa correta:

a) partes beneficiárias conferem aos seus titulares direito eventual de crédito contra a companhia, constante na participação nos lucros anuais.

b) não podem ser emitidas por companhias fechadas, apenas pelas abertas.

c) podem conferir direitos exclusivos aos acionistas da S/A, inclusive o direito de fiscalização e voto.

d) o prazo de validade deste título é, por força legal, sempre de 10 anos.

155. **(Cetro/TJ/RJ/Cartórios/Remoção/2017)** Em análise de documentação, na serventia extrajudicial envolvendo alterações societárias, verificou-se a ocorrência de situações indicadas nas alternativas abaixo. Diante do exposto, assinale aquela cujo teor é correto:

a) conforme a Lei das Sociedades Anônimas, na incorporação, diferentemente da fusão, extingue-se a sociedade incorporada, sem o surgimento de uma nova sociedade.

b) o pedido de mudança de registro de sociedade para empresário individual decorrente da concentração de todas as quotas nas mãos do sócio remanescente configura hipótese de transformação da pessoa jurídica.

c) a deliberação referente à transformação do tipo societário exige votação por maioria simples, de acordo com a Lei das Sociedades Anônimas, independentemente de constar tal item no contrato ou estatuto social da empresa.

d) a convalidação de assinatura falsificada do sócio controlador e a ausência de vício no objeto da cessão de quotas sociais afastam a necessidade de renovação de registro do referido ato perante a Junta Comercial.

e) para o caso de fusão entre sociedade limitada e sociedade cooperativa, aplica-se, pela especialidade, a Lei das Sociedades Anônimas.

156. **(Cetro/TJ/RJ/Cartórios/Remoção/2017)** Foi recebida, no Cartório de Títulos e Documentos, uma notificação extrajudicial a ser entregue a uma Sociedade Anônima com ações listadas em Bolsa de Valores. Em leitura rápida do documento, viu-se que o notificante dizia ser detentor de ações preferenciais com os dados indicados nas assertivas abaixo. Acerca do tema, marque V para verdadeiro ou F para falso e, em seguida, assinale a alternativa que apresenta a sequência correta.

I. as ações preferenciais sem direito de voto adquirem o exercício desse direito caso a companhia deixe de pagar os dividendos fixos ou mínimos a que fizerem jus no prazo superior de 3 (três) exercícios consecutivos.

II. os titulares de ações preferenciais sem direito a voto, ou com voto restrito, têm direito a eleger, em votação em separado, 1 (um) membro e respectivo suplente ao Conselho Fiscal da companhia.

III. as ações preferenciais detêm prioridade na distribuição de dividendo, fixo ou mínimo, ou prioridade no reembolso do capital, com ou sem prêmio, não podendo, no entanto, haver acumulação dessas preferências ou vantagens:

a) F, F, F.
b) V, V, F.
c) V, V, V.
d) F, V, V.
e) F, F, V.

157. **(Ieses/TJ/CE/Cartórios/Ingresso/2018)** Analise as assertivas abaixo e, de acordo com o que dispõe a Lei das Sociedades Anônimas (Lei 6.404/76) vigente, assinale a alternativa correta:

I. se o estatuto social for omisso, os titulares de ações preferenciais não terão direito de voto.

II. o conselho de administração é órgão da administração de existência obrigatória e a diretoria órgão da administração de existência facultativa, de acordo com a organização da companhia.

III. só poderão exercer cargos de diretor pessoais naturais, brasileiros ou estrangeiros, residentes no país.

IV. o acionista só responde pelos danos causados pelo exercício abusivo do direito de voto, caso seu voto haja prevalecido:

a) as assertivas I e IV estão corretas.
b) as assertivas II e III estão corretas.
c) apenas a assertiva III está correta.
d) todas as assertivas estão corretas.

158. **(Consulplan/TJ/MG/Cartórios/Ingresso/2015)** Em relação à sociedade dependente de autorização, e de acordo com o disposto do Código Civil, é correto afirmar, exceto:

a) a competência para autorização será sempre do Poder Executivo Federal.
b) na falta de prazo estipulado em lei ou em ato do poder público, será considerada caduca a autorização se a sociedade não entrar em funcionamento nos doze meses seguintes à respectiva publicação.
c) é nacional a sociedade organizada de conformidade com a lei brasileira e que tenha no País a sede de sua administração.
d) as modificações no contrato ou no estatuto da sociedade estrangeira não dependem da aprovação do Poder Executivo para produzir efeitos em território nacional.

159. **(Ieses/TJ/MS/Cartórios/Remoção/2014)** Após a leitura do capítulo XI, do Código Cível Brasileiro, o qual trata da Sociedade Dependente de Autorização, conclui-se que a sociedade estrangeira, qualquer que seja o seu objeto, não poderá funcionar no País, ainda que por estabelecimentos subordinados (podendo, todavia, ressalvados os casos expressos em lei, ser acionista de sociedade anônima brasileira) sem prévia autorização:

a) do Supremo Tribunal Federal.
b) do Poder Executivo.
c) da Junta Comercial do Estado da Federação onde irá sediar-se.
d) do Superior Tribunal de Justiça.

160. **(Consulplan/TJ/MG/Cartórios/Ingresso/2014)** Sobre a sociedade estrangeira e com base no Código Civil (Lei n. 10.406, de 10 de janeiro de 2002), assinale a alternativa correta:

a) a sociedade estrangeira, qualquer que seja o seu objeto, não pode, sem autorização do Poder Executivo, funcionar no País, ainda que por estabelecimentos subordinados, podendo, todavia, ressalvados os casos expressos em lei, ser acionista de sociedade anônima brasileira.
b) é facultado ao Poder Legislativo, em especial à Câmara dos Deputados, para conceder autorização para a sociedade estrangeira funcionar no País, estabelecer condições convenientes à defesa dos interesses nacionais.
c) a sociedade estrangeira autorizada a funcionar no País pode iniciar sua atividade mesmo antes de inscrita no registro próprio do lugar em que se deva estabelecer.
d) a sociedade estrangeira autorizada a funcionar ficará sujeita apenas às leis do seu país de origem, não se sujeitando às leis e aos tribunais

brasileiros, quanto aos atos ou operações praticados no Brasil.

3.3.3. Comandita por Ações, Cooperativa, Coligadas

✱ ENUNCIADOS CJF

1) Da Sociedade em Comandita por Ações

CJF Civil 59. Os sócios-gestores e os administradores das empresas são responsáveis subsidiária e ilimitadamente pelos atos ilícitos praticados, de má gestão ou contrários ao previsto no contrato social ou estatuto, consoante estabelecem os arts. 990, 1.009, 1.016, 1.017 e 1.091, todos do Código Civil.

2) Da Sociedade Cooperativa

CJF Civil 69. As sociedades cooperativas são sociedades simples sujeitas a inscrição nas juntas comerciais.

CJF Civil 206. A contribuição do sócio exclusivamente em prestação de serviços é permitida nas sociedades cooperativas (art. 1.094, I) e nas sociedades simples propriamente ditas (art. 983, 2ª parte).

✱ QUESTÕES OBJETIVAS

161. **(Ieses/TJ/RS/Cartórios/Remoção/2013)** São características da sociedade cooperativa, exceto:

a) indivisibilidade do fundo de reserva entre os sócios, ainda que em caso de dissolução da sociedade.

b) direito de cada sócio a um só voto nas deliberações, tenha ou não capital a sociedade, e qualquer que seja o valor de sua participação.

c) variabilidade, ou dispensa do capital social.

d) a intransferibilidade das quotas do capital a terceiros estranhos à sociedade, salvo por herança.

162. **(Ieses/TJ/PA/Cartórios/Ingresso/2016)** Assinale a alternativa incorreta de acordo com o que dispõe as legislações que regem as cooperativas:

a) as quotas do capital das cooperativas poderão ser transferidas para terceiros nos termos regulados pelo Estatuto.

b) a responsabilidade dos sócios poderá ser limitada ou ilimitada, dependendo do caso.

c) o quórum para as deliberações na Assembleia Geral é determinado com base no número de sócios e não na participação no capital social.

d) uma das características das cooperativas é a variabilidade do seu capital social.

163. **(Vunesp/TJ/SP/Cartórios/Remoção/2016)** No tocante às sociedades cooperativas:

a) cada sócio tem direito a tantos votos quantas quotas tiver na sociedade.

b) elas não podem ter atividades lucrativas.

c) o capital é variável, podendo inclusive ser dispensado.

d) na omissão do contrato social, aplicam-se as disposições da lei de sociedades por ações.

164. **(Consulplan/TJ/MG/Cartórios/Remoção/2015)** A respeito das sociedades cooperativas, marque a opção correta:

a) o capital social de uma sociedade cooperativa é obrigatório.

b) constitui-se em característica da sociedade cooperativa a intransferibilidade das quotas do capital a terceiros estranhos à sociedade, ainda que por herança.

c) na sociedade cooperativa cada sócio terá direito a voto proporcionalmente à sua participação no capital da sociedade.

d) o capital social de uma sociedade cooperativa será considerado para a distribuição dos resultados, proporcionalmente às quotas subscritas e integralizadas pelo sócio.

165. **(Ieses/TJ/MS/Cartórios/Remoção/2014)** São características da sociedade cooperativa:

I. concurso de sócios em número mínimo necessário a compor a administração da sociedade, sem limitação de número máximo.

II. limitação do valor da soma de quotas do capital social que cada sócio poderá tomar.

III. direito de cada sócio a um só voto nas deliberações, tenha ou não capital a sociedade, e qualquer que seja o valor de sua participação.

IV. divisibilidade do fundo de reserva entre os sócios, mesmo em caso de dissolução da sociedade.

A sequência correta é:

a) apenas as assertivas I e IV estão corretas.

b) apenas as assertivas I, II e III estão corretas.

c) as assertivas I, II, III e IV estão corretas.

d) apenas as assertivas I e II estão corretas.

166. (FMP/TJ/MT/Cartórios/Ingresso/2014) Não é considerada empresarial a atividade:

a) desenvolvida por uma sociedade anônima.
b) organizada que negocie bens imóveis.
c) exercida por sociedades de economia mista ou empresa pública.
d) organizada sob a forma de cooperativa.
e) desenvolvida pelas sociedades de economia mista e empresas públicas.

167. (Consulplan/TJ/MG/Cartórios/Remoção/2016) Podem ser consideradas sociedades empresárias, exceto:

a) sociedade comandita simples.
b) sociedade comandita por ações.
c) sociedade anônima.
d) sociedade cooperativa.

168. (Cespe/TJ/ES/Cartórios/Ingresso/2013) Assinale a opção correta a respeito das condições de validade para a constituição do grupo societário:

a) a sociedade controladora, independentemente de sua nacionalidade, deve ter filial no país.
b) a partir da constituição do grupo societário, a representação das sociedades participantes do grupo passa a ser exercida pela sociedade de comando, vedada cláusula em contrário.
c) a convenção de constituição do grupo societário pode conter cláusula em que seja vedado o exercício do direito de recesso.
d) não é necessária a alteração contratual das sociedades participantes para o fim de obtenção do arquivamento de constituição do grupo societário.
e) o arquivamento da convenção de constituição do grupo societário deve ser feito nas juntas do local de sede da sociedade controladora e de todas as suas filiadas.

3.3.4. *Da Liquidação*

* ENUNCIADOS CJF

CJF Civil 489. No caso da microempresa, da empresa de pequeno porte e do microempreendedor individual, dispensados de publicação dos seus atos (art. 71 da Lei Complementar n. 123/2006), os prazos estabelecidos no Código Civil contam-se da data do arquivamento do documento (termo inicial) no registro próprio.

* QUESTÕES OBJETIVAS

169. (Cespe/TJ/ES/Cartórios/Ingresso/2013) Decretada a intervenção ou a liquidação extrajudicial, o interventor ou o liquidante comunicará ao registro público competente a indisponibilidade de bens, competindo a este, relativamente a esses bens:

a) autorizar o registro de transferência de propriedade de veículos automotores.
b) indeferir o registro de qualquer forma de reorganização societária, inclusive mediante incorporação, fusão ou cisão.
c) negar o arquivamento de atos ou contratos que importem em transferência de cotas sociais, ações ou partes beneficiárias.
d) fazer transcrições, inscrições ou averbações de documentos públicos ou particulares de todos os submetidos à restrição imposta pelo Banco Central do Brasil.
e) processar o registro de transferência de bens de propriedade de pessoa física.

170. (Cespe/TJ/ES/Cartórios/Remoção/2013) No que se refere aos efeitos da intervenção ou liquidação extrajudicial, assinale a opção correta:

a) se forem objeto de contrato de alienação, de promessa de compra e venda e de cessão de direito, os bens cujos instrumentos tenham sido levados ao competente registro público anteriormente à data da decretação da intervenção ou da liquidação extrajudicial serão atingidos pela indisponibilidade de bens.
b) decretada a intervenção ou a liquidação extrajudicial, o interventor ou o liquidante deverá comunicar ao registro público competente a indisponibilidade de bens, ficando a autoridade competente autorizada, apenas, a fazer transcrições, inscrições ou averbações de documentos públicos ou particulares.
c) é vedado aos oficiais dos registros de imóveis e demais competentes proceder ao registro de cessão de ativo a terceiros, ou qualquer forma de organização ou reorganização da sociedade para continuação geral ou parcial do negócio ou atividade da liquidanda.
d) a indisponibilidade de bens na liquidação extrajudicial não impede a alienação de controle, cisão, fusão ou incorporação da instituição submetida aos regimes de intervenção, liquidação

extrajudicial ou administração especial temporária.

e) a decretação da liquidação extrajudicial produzirá, de imediato, a suspensão das ações e execuções iniciadas sobre direitos e interesses relativos ao acervo da entidade liquidanda, não impedindo, no entanto, que quaisquer outras sejam intentadas, enquanto durar a liquidação.

171. **(Cespe/TJ/ES/Cartórios/Remoção/2013)** Assinale a opção correta no que se refere a empresário, operações societárias e dissolução, liquidação e extinção das sociedades:

a) cisão é o processo pelo qual a sociedade transfere parcelas de seu patrimônio para duas ou mais sociedades preexistentes ou constituídas para tal fim.

b) a incorporação, fusão e cisão só podem ser operadas entre tipos societários iguais.

c) embora o Código Civil determine a dissolução, de pleno direito, das sociedades limitadas pela decretação da falência, tal norma não condiz com a natureza da quebra que representa, apenas e tão somente, sua liquidação, sendo possível a continuação dos negócios uma vez pagos os credores.

d) a absorção de empresa individual por parte de sociedade implica típico processo de incorporação.

e) a personalidade jurídica do empresário individual e da sociedade empresária decorre da inscrição de seus atos no órgão de registro.

172. **(Ieses/TJ/RS/Cartórios/Remoção/2013)** Sobre a dissolução da sociedade:

I. a quebra do "affectio societatis" não é causa para a exclusão do sócio minoritário, mas apenas para a dissolução parcial da sociedade.

II. dissolve-se de pleno direito a sociedade quando exaurido o fim social, ou verificada a sua inexequibilidade.

III. a sociedade pode ser dissolvida judicialmente, a requerimento de qualquer dos sócios, quando exaurido o fim social ou verificada sua inexequibilidade.

IV. a falta de pluralidade de sócios, não reconstituída no prazo de cento e oitenta dias, dissolve a sociedade:

a) apenas as proposições II e IV estão corretas.

b) apenas a proposição III está correta.

c) apenas as proposições I, II e IV estão corretas.

d) apenas as proposições I, III e IV estão corretas.

173. **(Ieses/TJ/RS/Cartórios/Ingresso/2013)** Dissolve-se de pleno direito a sociedade, quando:

a) ocorrer a deliberação dos sócios, por maioria absoluta, na sociedade de prazo indeterminado.

b) exaurido o fim social.

c) verificada a sua inexequibilidade.

d) anulada a sua constituição.

174. **(Ieses/TJ/RS/Cartórios/Ingresso/2013)** Assinale a alternativa correta.

I. dissolve-se a sociedade quando ocorrer, dentre outras hipóteses, a falta de pluralidade de sócios, não sendo ela reconstituída no prazo de cento e oitenta dias, permitindo-se que o sócio remanescente requeira no Registro Público de Empresas Mercantis a transformação do registro da sociedade para empresário individual, observado, no que couber, o regime jurídico de transformação das sociedades, estabelecido no Código Civil.

II. o empresário casado sob regime de comunhão universal pode alienar, ou gravar de ônus, imóvel integrante do patrimônio da empresa, sem outorga uxória.

III. na sociedade simples pura, a responsabilidade dos sócios depende de previsão contratual. Em caso de omissão, será sempre limitada e subsidiária:

a) as proposições II e III estão incorretas.

b) somente a proposição III está correta.

c) somente a proposição I está correta.

d) somente as proposições I e II estão corretas.

175. **(Ieses/TJ/RS/Cartórios/Ingresso/2013)** Assinale a alternativa incorreta:

a) em regra, é livre a retirada de sócio nas sociedades limitadas e anônimas fechadas, por prazo indeterminado, desde que tenham integralizado a respectiva parcela do capital, operando-se a denúncia.

b) nos casos resolução da sociedade em relação a um sócio, o valor da quota deste, considerada pelo montante efetivamente realizado, liquidar-se-á, em regra, com base na situação patrimonial da sociedade, à época do efetivo pagamento verificado, e balanço especialmente levantado.

c) na apuração de haveres do sócio, por consequência da liquidação de suas quotas na sociedade, para pagamento a seu credor, não devem ser consideradas eventuais disposições contratuais relativas à determinação de seu valor.

d) na apuração de haveres não prevalece o balanço não aprovado pelo sócio falecido, excluído ou que se retirou.

176. (Cespe/TJ/SE/Cartórios/Ingresso/2014) Com relação ao direito societário e considerando a legislação em vigor e a jurisprudência do STJ, assinale a opção correta:

a) na sociedade em comandita por ações, que opera apenas sob firma, há conselhos de administração e fiscal, e seus acionistas respondem ilimitada e solidariamente pelas dívidas da companhia.

b) na sociedade em comum, a responsabilidade dos sócios é ilimitada e solidária, respondendo aquele que contratou em nome da sociedade com todo o seu patrimônio pessoal assim que esgotado o patrimônio especial.

c) é impenhorável a sede do estabelecimento comercial por força do princípio da preservação da empresa.

d) a dissolução integral da sociedade implica, via de regra, a extinção de sua personalidade jurídica.

e) o liquidante da sociedade pode ser sócio ou não, administrador da sociedade ou não, mas, se não for o próprio administrador, é necessário que sua nomeação seja averbada no registro próprio.

3.3.5. Da Transformação/Incorporação/Fusão/Cisão

* ENUNCIADOS CJF

CJF Civil 70. As disposições sobre incorporação, fusão e cisão previstas no Código Civil não se aplicam às sociedades anônimas. As disposições da Lei n. 6.404/76 sobre essa matéria aplicam-se por analogia às demais sociedades naquilo em que o Código Civil for omisso.

CJF Civil 231. A cisão de sociedades continua disciplinada na Lei n. 6.404/76, aplicável a todos os tipos societários, inclusive no que se refere aos direitos dos credores. Interpretação dos arts. 1.116 a 1.122 do Código Civil.

CJF Civil 232. Nas fusões e incorporações entre sociedades reguladas pelo Código Civil, é facultativa a elaboração de protocolo firmado pelos sócios ou administradores das sociedades; havendo sociedade anônima ou comandita por ações envolvida na operação, a obrigatoriedade do protocolo e da justificação somente a ela se aplica.

* QUESTÕES OBJETIVAS

177. (Ieses/TJ/RS/Cartórios/Ingresso/2013) Assinale a alternativa correta:

a) a incorporação determina a extinção das sociedades absorvidas, formando-se uma nova sociedade, que a elas sucederá nos direitos e obrigações.

b) o ato de transformação da sociedade depende de sua liquidação, e obedecerá aos preceitos reguladores da constituição e inscrição próprios do tipo em que vai converter-se.

c) na fusão, uma ou várias sociedades são absorvidas por outra, que lhes sucede em todos os direitos e obrigações.

d) nas fusões e incorporações entre sociedades reguladas pelo Código Civil, é facultativa a elaboração de protocolo firmado pelos sócios ou administradores das sociedades; havendo sociedade anônima ou comandita por ações envolvidas na operação, a obrigatoriedade do protocolo e da justificação somente a ela se aplica.

178. (Ieses/TJ/MS/Cartórios/Remoção/2014) Após a leitura do enunciado apresentado a seguir, identifique a afirmação correta: "Movimento de conversão das sociedades empresariais em que uma ou várias sociedades são absorvidas por outra, que lhes sucede em todos os direitos e obrigações, devendo todas aprová-la, na forma estabelecida para os respectivos tipos". O texto acima se refere a:

a) fusão.

b) falência.

c) incorporação.

d) cisão.

179. (Ieses/TJ/MS/Cartórios/Remoção/2014) No movimento empresarial conceituado legalmente como fusão as sociedades que se unem, para formar sociedade nova, serão:

a) revogadas.

b) suspensas.

c) incorporadas.

d) extintas.

180. (Ieses/TJ/PB/Cartórios/Remoção/2014) Ato em que uma ou várias sociedades são absorvidas por outra, que lhes sucede em todos os direitos e obrigações, devendo todas aprová-la, na forma estabelecida para os respectivos tipos. Qual dos institutos do direito empresarial corresponde à descrição supracitada?

a) transformação.
b) cisão.
c) incorporação.
d) fusão.

181. (IBFC/TJ/PR/Cartórios/Remoção/2014) Em relação à incorporação da sociedade, assinale a incorreta:

a) na incorporação, uma ou várias sociedades são absorvidas por outra, que lhes sucede em todos os direitos e obrigações, devendo todos aprová-la na forma estabelecida para os respectivos tipos.
b) a deliberação dos sócios da sociedade incorporada deverá aprovar as bases da operação e o projeto de reforma do ato constitutivo.
c) a sociedade que houver de ser incorporada tomará conhecimento desse ato e, se o aprovar, autorizará os administradores a praticar o necessário à incorporação, inclusive a subscrição de bens pelo valor da diferença que se verificar entre o ativo e o passivo.
d) a deliberação dos sócios da sociedade incorporadora compreenderá a nomeação dos peritos para a avaliação do patrimônio bruto da sociedade, que tenha de ser incorporada.

182. (Ieses/TJ/RO/Cartórios/Remoção/2017) O instituto civilista que autoriza que uma ou várias sociedades sejam absorvidas por outra, que lhes sucede em todos os direitos e obrigações é chamado de:

a) cisão.
b) incorporação.
c) transformação.
d) fusão.

183. (Ieses/TJ/CE/Cartórios/Remoção/2018) O ato que determina a extinção das sociedades que se unem, para formar sociedade nova, que a elas sucederá nos direitos e obrigações é definido pelo Código Civil como:

a) transformação.
b) cisão.
c) fusão.
d) incorporação.

4. DO ESTABELECIMENTO

* SÚMULAS

STF Súm. 419. Os municípios têm competência para regular o horário do comércio local, desde que não infrinjam leis estaduais ou federais válidas.

STF Súm. Vinculante 38. É competente o município para fixar o horário de funcionamento de estabelecimento comercial.

STF Súm. Vinculante 49. Ofende o princípio da livre concorrência lei municipal que impede a instalação de estabelecimentos comerciais do mesmo ramo em determinada área.

* ENUNCIADOS CJF

CJF Comercial 7. O nome de domínio integra o estabelecimento empresarial como bem incorpóreo para todos os fins de direito.

CJF Comercial 8. A sub-rogação do adquirente nos contratos de exploração atinentes ao estabelecimento adquirido, desde que não possuam caráter pessoal, é a regra geral, incluindo o contrato de locação.

CJF Comercial 58. O empresário individual casado é o destinatário da norma do art. 978 do CCB e não depende da outorga conjugal para alienar ou gravar de ônus real o imóvel utilizado no exercício da empresa, desde que exista prévia averbação de autorização conjugal à conferência do imóvel ao patrimônio empresarial no cartório de registro de imóveis, com a consequente averbação do ato à margem de sua inscrição no registro público de empresas mercantis.

CJF Comercial 59. A mera instalação de um novo estabelecimento, em lugar antes ocupado por outro, ainda que no mesmo ramo de atividade, não implica responsabilidade por sucessão prevista no art. 1.146 do CCB.

CJF Civil 233. A sistemática do contrato de trespasse delineada pelo Código Civil nos arts. 1.142 e ss., especialmente seus efeitos obrigacionais, aplica-se somente quando o conjunto de bens transferidos importar a transmissão da funcionalidade do estabelecimento empresarial.

CJF **Civil 234.** Quando do trespasse do estabelecimento empresarial, o contrato de locação do respectivo ponto não se transmite automaticamente ao adquirente.

CJF **Civil 393.** A validade da alienação do estabelecimento empresarial não depende de forma específica, observado o regime jurídico dos bens que a exijam.

CJF **Civil 488.** Admite-se a penhora do website e de outros intangíveis relacionados com o comércio eletrônico.

CJF **Civil 490.** A ampliação do prazo de 5 (cinco) anos de proibição de concorrência pelo alienante ao adquirente do estabelecimento, ainda que convencionada no exercício da autonomia da vontade, pode ser revista judicialmente, se abusiva.

* QUESTÕES OBJETIVAS

184. **(Ieses/TJ/RS/Cartórios/Ingresso/2013)** Sobre as sociedades estrangeiras:

I. a sociedade estrangeira, qualquer que seja seu objeto, não pode funcionar no país sem autorização do Poder Legislativo.

II. a sociedade estrangeira poderá funcionar no país por estabelecimentos subordinados.

III. a sociedade estrangeira poderá ser acionista de sociedade anônima brasileira, ressalvados os casos expressos em lei.

IV. a sociedade estrangeira pode, independentemente de autorização, ser sócia em sociedades de outros tipos, além das anônimas.

V. a sociedade estrangeira autorizada a funcionar no país é obrigada a ter permanentemente representante no Brasil, com poderes para resolver quaisquer questões e receber citação judicial pela sociedade.

Aponte as afirmativas corretas:

a) I, II, III e IV, apenas.
b) I, II e V, apenas.
c) V, apenas.
d) III, IV e V, apenas.

185. **(Ieses/TJ/RS/Cartórios/Remoção/2013)** Em relação ao estabelecimento empresarial:

I. considera-se estabelecimento todo o complexo de bens organizado, para exercício da empresa, por empresário, ou por sociedade empresária.

II. o contrato que tenha por objeto a alienação ou arrendamento do estabelecimento só produzirá efeitos quanto a terceiros depois de averbado à margem da inscrição do empresário, ou da sociedade empresária, no Registro Público de Empresas Mercantis, e de publicado na imprensa oficial.

III. a sistemática do contrato de trespasse estabelecida nos artigos 1.142 e seguintes do Código Civil, especialmente quanto a seus efeitos obrigacionais, aplica-se somente quando o conjunto de bens transferidos importar a transmissão da funcionalidade do estabelecimento empresarial.

IV. a sub-rogação do adquirente nos contratos de exploração atinentes ao estabelecimento adquirido, desde que não possuam caráter pessoal, é a regra geral, incluindo o contrato de locação.

São afirmativas corretas:

a) I, II, III e IV.
b) I, II e III, apenas.
c) I e IV, somente.
d) II, III e IV, apenas.

186. **(Ieses/TJ/RS/Cartórios/Ingresso/2013)** Assinale a alternativa correta:

a) o nome de domínio não integra o estabelecimento empresarial.
b) o estabelecimento empresarial é integrado por bens corpóreos e incorpóreos do patrimônio da empresa e de seus sócios.
c) estabelecimento empresarial é definido como o local em que o empresário exerce seu comércio.
d) estabelecimento empresarial é sinônimo de fundo de comércio e se caracteriza como conjunto de bens de que se utiliza o empresário para exercer sua atividade.

187. **(Cespe/TJ/RR/Cartórios/Ingresso/2013)** Considerando que determinada sociedade limitada, de maneira regular e respeitando as determinações legais, tenha alienado o seu estabelecimento empresarial, por meio de contrato comumente conhecido por trespasse, assinale a opção correta:

a) a partir de sua instituição, o contrato de trespasse produzirá efeitos quanto a terceiros.
b) caso não haja, no contrato, a cláusula de não concorrência, o alienante poderá fazer concorrência ao adquirente a partir da data da alienação.
c) após a alienação do estabelecimento, a responsabilidade pelo pagamento dos débitos a

vencer existentes no momento do trespasse caberá apenas ao adquirente.

d) mesmo que ao alienante não restem bens para solver o seu passivo, a eficácia da alienação do estabelecimento não dependerá do pagamento de todos os credores, ou do consentimento destes, através de notificações.

e) a responsabilidade pelo pagamento dos débitos contabilizados anteriormente à alienação caberá ao adquirente do estabelecimento empresarial.

188. **(TJ/SC/Cartórios/Ingresso/2012)** No tocante ao estabelecimento empresarial, é correto afirmar:

a) constitui apenas o local onde o empresário ou a sociedade empresária exerce sua atividade.

b) constitui todo complexo de bens organizado, ressalvados os bens imateriais, para exercício da empresa, por empresário ou por sociedade empresária.

c) constitui-se apenas no local onde o empresário exerce suas atividades empresariais e na denominação da empresa.

d) constitui-se, de acordo com o Código Civil, apenas no local onde o empresário exerce sua atividade, na denominação da empresa e nos bens imobilizados pertencentes ao empresário ou à sociedade empresária.

e) constitui todo complexo de bens organizado, para exercício da empresa, por empresário ou por sociedade empresária.

189. **(Ieses/TJ/MS/Cartórios/Ingresso/2014)** Analise as assertivas abaixo e, de acordo com o que dispõe o Código Civil brasileiro vigente, assinale a alternativa correta:

I. além dos débitos de natureza fiscal e trabalhista, o adquirente do estabelecimento responde pelos demais débitos do alienante, anteriores à transferência, regularmente contabilizados.

II. se o empresário constituir estabelecimento secundário em lugar sujeito à jurisdição de outro Registro Público de Empresas Mercantis deverá, obrigatoriamente, inscrevê-lo na sede deste estabelecimento secundário e, facultativamente, no Registro Público de Empresas Mercantis do lugar da respectiva sede.

III. o contrato de trepasse do estabelecimento que não é levado para a publicação na imprensa oficial e averbação junto aos atos constitutivos do empresário é nulo de pleno direito.

IV. na omissão do contrato de trespasse, a transferência do estabelecimento importa a sub-rogação do adquirente em todos os contratos celebrados pelo alienante:

a) as assertivas I e IV estão corretas.

b) apenas a assertiva II está incorreta.

c) apenas a assertiva I está correta.

d) todas as assertivas estão incorretas.

190. **(Cespe/TJ/SE/Cartórios/Remoção/2014)** No que se refere aos atos unilaterais, títulos de crédito e direito de empresa, assinale a opção correta:

a) as disposições do Código Civil relativas aos títulos de crédito não são aplicáveis aos regulados por leis especiais, mesmo na hipótese de omissão ou lacuna.

b) para fins do direito falimentar, o local do principal estabelecimento é aquele de onde partem as decisões empresariais, e não necessariamente a sede indicada no registro público.

c) ao incapaz, por meio de representante ou devidamente assistido, é permitido continuar a empresa antes exercida por ele enquanto capaz, por seus pais ou pelo autor de herança, exigindo-se, contudo, a integralização do capital social, em se tratando de sociedade anônima e sociedades com sócios de responsabilidade ilimitada.

d) a empresa individual de responsabilidade limitada constitui nova espécie de sociedade.

e) não cabe restituição por enriquecimento se a lei conferir ao lesado outros meios para se ressarcir do prejuízo sofrido, ainda que existam obstáculos de fato.

191. **(Faurgs/TJ/RS/Cartórios/Ingresso/2015)** No que diz respeito ao Direito Empresarial e ao estabelecimento e livros empresariais, assinale a alternativa que contém a afirmativa correta:

a) não é possível excluir os bens incorpóreos utilizados pelo empresário na consecução de sua atividade da noção de estabelecimento empresarial.

b) segundo a teoria dos "Perfis de Empresa", desenvolvida pelo jurista italiano Alberto Asquini e amplamente difundida no Direito Brasileiro, a noção de empresa, analisada sob o prisma do chamado "Perfil Objetivo", é identificada com a atividade empresarial propriamente dita.

c) a "Teoria dos Atos de Comércio" encontrou positivação expressa no Código Comercial Brasileiro de 1850.

d) a exibição total dos livros empresariais não é admitida, nem mesmo por determinação judicial, na análise de questões envolvendo administração ou gestão à conta de outrem.

192. (Faurgs/TJ/RS/Cartórios/Remoção/2015) Assinale a alternativa que contém afirmativa incorreta quanto ao empresário ou ao estabelecimento empresarial:

a) salvo disposição em contrário, o trespasse importa a sub-rogação do adquirente nos contratos estipulados para exploração do estabelecimento.

b) o adquirente do estabelecimento responde pelo pagamento dos débitos anteriores à sua transferência, desde que esses sejam regularmente contabilizados, continuando o devedor primitivo subsidiariamente obrigado, pelo prazo de um ano, a partir de publicação do arquivamento da alteração contratual no registro público de empresas.

c) o empresário individual não dependerá de outorga conjugal para alienar imóvel utilizado no exercício da empresa, desde que exista prévia autorização do cônjuge referente à destinação do imóvel ao patrimônio empresarial.

d) a inscrição de sociedade que tenha por objeto social a exploração de atividade agropecuária no Registro Público de Empresas é facultativa.

193. (Ieses/TJ/MS/Cartórios/Remoção/2014) Em matéria empresarial todo complexo de bens organizado, para exercício da empresa, por empresário, ou por sociedade empresária será denominado:

a) complexo Empresarial.

b) estabelecimento.

c) sociedade.

d) empresa.

194. (Ieses/TJ/PB/Cartórios/Ingresso/2014) Analise as assertivas abaixo e, de acordo com o que dispõe a legislação vigente, assinale a alternativa correta:

I. o adquirente do estabelecimento empresarial, além das dívidas fiscais e contratos de trabalho, responde pelos débitos anteriores à transferência, desde que regularmente contabilizados.

II. na ausência de disposição contratual diversa, o arrendante de estabelecimento empresarial não poderá fazer concorrência ao arrendatário durante o prazo do contrato.

III. é inválido o contrato de trespasse do estabelecimento que não for averbado à margem da inscrição do empresário no Registro Público de Empresas Mercantis.

IV. o estabelecimento empresarial pode ser dividido em quotas, iguais ou desiguais, cabendo uma ou mais a cada sócio:

a) apenas a assertiva III está incorreta.

b) todas as assertivas estão corretas.

c) apenas as assertivas I e II estão corretas.

d) todas as assertivas estão incorretas.

195. (Consulplan/TJ/MG/Cartórios/Ingresso/2014) Sobre o estabelecimento empresarial e com base no Código Civil (Lei 10.406, de 10 de janeiro de 2002), assinale a alternativa correta:

a) considera-se estabelecimento todo complexo de bens organizado, para exercício da empresa, por empresário, ou por sociedade empresária.

b) o estabelecimento não pode ser objeto unitário de direitos e tampouco de negócios jurídicos, translativos ou constitutivos, que sejam compatíveis com sua natureza.

c) o contrato que tenha por objeto a alienação, o usufruto ou arrendamento do estabelecimento, não produzirá efeitos quanto a terceiros mesmo depois de averbado à margem da inscrição do empresário, ou da sociedade empresária, no Registro Público de Empresas Mercantis.

d) se ao alienante não restarem bens suficientes para solver o seu passivo, a eficácia da alienação do estabelecimento dependerá somente do consentimento dos credores com garantia real, mas desde que seja apenas de modo expresso e no prazo de 60 (sessenta) dias a partir da alienação.

196. (FMP/TJ/MT/Cartórios/Ingresso/2014) Quanto ao estabelecimento, é correto dizer que:

a) constitui uma universalidade de direito e de fato.

b) a sua alienação depende do pagamento dos credores do alienante sob pena de ser considerado ato falimentar.

c) a sua alienação presume um dever de não concorrência por cinco anos após a sua transferência.

d) a cessão dos créditos referentes ao estabelecimento produz efeitos perante os devedores após a averbação da transferência à inscrição no Registro Público respectivo.

e) a averbação da alienação no Registro Público respectivo dispensa a publicação da transferência.

197. **(Consulplan/TJ/MG/Cartórios/Remoção/2017)** O adquirente do estabelecimento empresarial responde pelo pagamento dos débitos anteriores à transferência, desde que regularmente contabilizados. Por qual prazo continua o devedor primitivo solidariamente obrigado quanto aos créditos vencidos e os por vencer?

a) 2 anos da publicação ou do vencimento.

b) 3 anos da publicação ou do vencimento.

c) 1 ano da publicação ou do vencimento.

d) 5 anos da publicação ou do vencimento.

198. **(Cetro/TJ/RJ/Cartórios/Remoção/2017)** Acerca do estabelecimento empresarial, de acordo com o Código Civil e a jurisprudência do STJ, assinale a alternativa correta:

a) considera-se estabelecimento empresarial o ponto, bem imaterial, em que o empresário exerce sua atividade.

b) a sede de uma sociedade empresarial não só pertence ao patrimônio da sociedade como também sempre integra o estabelecimento empresarial, dado que está afetada ao exercício de sua atividade-fim.

c) é composto por patrimônio material (bens corpóreos essenciais à exploração comercial) e imaterial (bens e direitos industriais).

d) mercadorias em estoque não constituem elemento material de um estabelecimento empresarial, haja vista que não são consideradas parte do patrimônio de afetação.

e) a filial de uma sociedade empresarial não constitui parte do acervo patrimonial de uma empresa, sendo entendida, portanto, como estabelecimento empresarial distinto e independente para qualquer efeito.

199. **(Ieses/TJ/AM/Cartórios/Remoção/2018)** O complexo de bens organizado, para exercício da empresa, por empresário, ou por sociedade empresária é chamado de:

a) estabelecimento.

b) estoque.

c) empresário.

d) empresa.

5. DOS INSTITUTOS COMPLEMENTARES

5.1. Do Registro

»» ***Vide capítulo Registros Públicos – Leis/Normas Especiais – Lei do Registro Público de Empresas Mercantis.***

✱ ENUNCIADOS CJF

CJF Civil 55. O domicílio da pessoa jurídica empresarial regular é o estatutário ou o contratual, em que indicada a sede da empresa, na forma dos arts. 968, IV, e 969, combinado com o art. 1.150, todos do Código Civil.

CJF Civil 209. O art. 986 deve ser interpretado em sintonia com os arts. 985 e 1.150, de modo a ser considerada em comum a sociedade que não tenha seu ato constitutivo inscrito no registro próprio ou em desacordo com as normas legais previstas para esse registro (art. 1.150), ressalvadas as hipóteses de registros efetuados de boa-fé.

✱ QUESTÕES DISCURSIVAS

09. **(Consulplan/TJ/MG/Cartórios/Ingresso/2016)** As sociedades, para adquirirem existência legal, devem levar a registro seus atos constitutivos. Tal registro pode ser realizado na Junta Comercial ou no Cartório de Registro Civil das Pessoas Jurídicas. Aponte, de forma fundamentada e justificada, onde as diversas formas societárias devem fazer seu registro e os critérios para registro em um local e em outro.

✱ QUESTÕES OBJETIVAS

200. **(Consulplan/TJ/MG/Cartórios/Ingresso/2018)** "João e Maria criaram a empresa de prestação de serviços 'A Bruxa Doce', porém não levaram os atos constitutivos a registro no prazo previsto em lei." Diante dessa situação hipotética, assinale a alternativa correta:

a) passado o prazo de 30 (trinta) dias, o registro somente produzirá efeito a partir da data de sua concessão.

b) passado o prazo de 90 (noventa) dias, o registro somente produzirá efeito a partir da data de sua concessão.

c) passado o prazo de 60 (sessenta) dias, o registro somente produzirá efeito a partir da data de sua concessão.

d) passado o prazo de 45 (quarenta e cinco) dias, o registro somente produzirá efeito a partir da data de sua concessão.

201. (Cespe/TJ/PI/Cartórios/Remoção/2013) Com relação à disciplina jurídica do empresário no direito brasileiro, assinale a opção correta:

a) limitam-se a duas o número de empresas individuais de responsabilidade limitada que podem ser constituídas por uma única pessoal natural.
b) dada a natureza civil da atividade rural, não se admite a inscrição daquele que a exerce profissionalmente no registro público de empresas mercantis.
c) no interesse do incapaz que obtiver autorização judicial para continuar o exercício de empresa, poderá o juiz autorizar, também, o respectivo curador ou tutor, que seja impedido legalmente de exercer atividade empresarial, para representá-lo nos atos respectivos.
d) é cabível o registro, como empresário, do menor com mais de dezesseis anos de idade que se tenha emancipado com fundamento na obtenção de economia própria pelo exercício de atividade comercial.
e) a contratação de sociedade empresarial entre cônjuges é admitida, salvo nos casos de o regime de casamento ser o de comunhão parcial.

202. (Cespe/TJ/PI/Cartórios/Ingresso/2013) Assinale a opção correta a respeito do empresário:

a) a cooperativa é, por força de lei, considerada empresária.
b) o empresário deve registrar-se no registro público de empresas mercantis, para o exercício regular da atividade econômica a que se propõe.
c) o sócio da sociedade empresária é considerado empresário.
d) considera-se empresário aquele que pratica atos com finalidade lucrativa de natureza intelectual, científica, literária ou artística.
e) a sociedade simples é, por força de lei, considerada empresária.

203. (Cespe/TJ/PI/Cartórios/Ingresso/2013) No que se refere ao registro público de empresas mercantis, assinale a opção correta:

a) a junta comercial não pode negar arquivamento a documento mercantil que contrarie os bons costumes, visto que lhe cabe tão somente o exame da regularidade e formalidade dos documentos.
b) o ato de constituição de sociedade apresentado a registro trinta dias depois de sua assinatura passa a ter eficácia a partir da data do despacho que o conceder.
c) o registro de sociedades anônimas pode ser deferido por decisão singular do presidente da junta comercial.
d) o Departamento Nacional do Registro do Comércio tem função primordial de natureza administrativa relativa aos serviços de registro público de empresas mercantis.
e) as juntas comerciais têm função coordenadora e normativa dos serviços de registro público de empresas mercantis.

204. (Ieses/TJ/RS/Cartórios/Ingresso/2013) Assinale a assertiva correta:

a) a inscrição do empresário na Junta Comercial é requisito para a sua caracterização, não se admitindo o exercício da empresa sem tal providência.
b) o Sistema Nacional de Registro do Comércio é formado pela Junta Comercial e pelo Registro Civil de Pessoa Jurídica.
c) a inscrição do empresário ou sociedade empresária no Registro Público de Empresas Mercantis é requisito delineador de sua regularidade, e não de sua caracterização.
d) a inscrição do empresário individual no Registro Público de Empresas Mercantis é facultativa.

205. (Cespe/TJ/RR/Cartórios/Ingresso/2013) De acordo com o entendimento do STJ acerca do registro de empresa, assinale a opção correta:

a) as exigências documentais para o arquivamento dos atos no registro de comércio, elencadas na Lei de Registro de Empresa, não são taxativas, cabendo à junta comercial requerer a inclusão de outros documentos que julgue necessários.
b) é ilegal o ato de exoneração de vogal da junta comercial de um estado expedido pelo governador com base em decreto estadual que preveja, em seus artigos, a substituição do vogal nas vagas destinadas aos estados-membros antes do término do mandato, ainda que o referido membro não tenha praticado conduta incompatível com a dignidade do cargo ou em razão de ausências injustificadas.

c) as juntas comerciais não têm competência para impor multas ou destituir cargo de preposto de leiloeiro público oficial, conforme o disposto na Lei de Registro de Empresas.

d) o julgamento do crime de falsidade ideológica configurado na utilização indevida de nome como sócio de pessoa jurídica, sem qualquer relação com a empresa, é de competência da justiça federal, visto que os serviços prestados pelas juntas comerciais, apesar de mantidas e criadas pelos estados, são de natureza federal, estando elas vinculadas ao Ministério da Indústria e Comércio.

e) a lei de registro de empresa prevê a possibilidade de o regimento interno da junta comercial de um estado ser aprovado pelo respectivo governador, podendo, assim, um decreto estadual modificá-lo e alterar os requisitos para a nomeação de vogais.

206. **(Ieses/TJ/RN/Cartórios/Remoção/2012)** Assinale a alternativa incorreta:

a) expirado o prazo da sociedade celebrada por tempo determinado, esta perderá a proteção do seu nome empresarial.

b) os atos levados a arquivamento nas juntas comerciais são dispensados de reconhecimento de firma, inclusive quando se tratar de procuração.

c) a firma individual ou a sociedade que não proceder a qualquer arquivamento no período de dez anos consecutivos deverá comunicar à junta comercial que deseja manter-se em funcionamento.

d) a reativação da empresa obedecerá aos mesmos procedimentos requeridos para sua constituição.

207. **(Consulplan/TJ/MG/Cartórios/Ingresso/2016)** Considerando as disposições do Código Civil, é correto afirmar:

a) Pneus Santa Rita Ltda. tem como objeto social a prestação de serviços automotivos e comercialização de pneus. O registro de seu ato constitutivo e dos demais atos societários deve ser realizado no Registro Civil de Pessoas Jurídicas.

b) o objeto social da Escola Aprender S.A. é o ensino elementar e a prestação de serviços educacionais. O registro do seu ato constitutivo e dos demais atos societários deve ser realizado no Registro Público de Empresas Mercantis a cargo das Juntas Comerciais.

c) José da Silva exerce atividade de comercialização de produtos químicos e materiais de laboratório. Para ser empresário individual deve inscrever-se no Registro Civil de Pessoas Físicas.

d) Cooperativa de Crédito dos Produtores Rurais do Norte de Minas, com sede em Montes Claros, deve ter seu ato constitutivo e demais atos societários registrados no Registro Público de Empresas Mercantis da cidade de Belo Horizonte.

208. **(Faurgs/TJ/RS/Cartórios/Ingresso/2015)** Assinale a alternativa que contém afirmativa correta quanto ao registro público do empresário:

a) o arquivamento é ato submetido à decisão colegiada no âmbito do Registro Público de Empresas.

b) incumbe às juntas comerciais, em seu conjunto, estabelecer e consolidar as normas e diretrizes gerais do Registro Público de Empresas.

c) no âmbito das Juntas Comerciais, o Pedido de Reconsideração é cabível para o fim de obter a revisão de despachos, singulares ou do Plenário, que formulem exigências para o deferimento do arquivamento e será apresentado no prazo para cumprimento da exigência para apreciação pela autoridade recorrida em 3 (três) dias úteis ou 5 (cinco) dias úteis, respectivamente.

d) de acordo com o ordenamento jurídico brasileiro vigente, o arquivamento dos livros empresariais é um dos atos praticados pelo Registro Público de Empresas.

209. **(Ieses/TJ/PB/Cartórios/Ingresso/2014)** Analise as assertivas abaixo e, de acordo com o que dispõe a legislação vigente, assinale a alternativa correta:

I. o registro é declaratório para a condição de sociedade e constitutivo para a condição de personalidade jurídica.

II. o exercício de atividade médica caracteriza-se como profissão intelectual e, portanto, não é considerada empresária, independentemente da forma com a atividade é exercida e organizada.

III. a pessoa física capaz pode ser sócia de mais de uma sociedade, mas titular de apenas uma EIRELI – empresa individual de responsabilidade limitada.

IV. o empresário individual poderá admitir sócios e requerer ao Registro Público de Empresas

Mercantis a transformação do seu registro para sociedade, obedecidas as demais formalidades legais:

a) as assertivas II e IV estão incorretas.

b) apenas a assertiva II está incorreta.

c) todas as assertivas estão incorretas.

d) todas as assertivas estão corretas.

210. **(Ieses/TJ/PB/Cartórios/Ingresso/2014)** Analise as assertivas abaixo e, de acordo com o que dispõe o Código Civil brasileiro vigente, assinale a alternativa correta:

I. os prepostos só respondem solidariamente com o proponente, perante terceiros, pela prática de atos dolosos.

II. ressalvadas as disposições especiais de lei, o ato sujeito a registro poderá ser oposto a terceiro se este o conhecia, mesmo antes do cumprimento das respectivas formalidades.

III. na omissão ou demora das pessoas obrigadas em lei, qualquer interessado poderá requerer o registro competente dos atos constitutivos da sociedade.

IV. salvo exceção expressa, as publicações dos editais de convocação de assembleia de sociedade limitada nacional serão feitas no órgão oficial da União ou do Estado e em jornal de grande circulação:

a) todas as assertivas estão corretas.

b) apenas a assertiva I está incorreta.

c) apenas as assertivas III e IV estão incorretas.

d) apenas as assertivas II e III estão incorretas.

211. **(Ieses/TJ/PB/Cartórios/Remoção/2014)** É obrigatória a inscrição do empresário no Registro Público de Empresas Mercantis da respectiva sede, antes do início de sua atividade, exceto, quando tratar-se de:

a) sociedade simples.

b) sociedade em comandita por ações.

c) sociedade anônima.

d) EIRELI.

212. **(IBFC/TJ/PR/Cartórios/Ingresso/2014)** Quanto ao registro da sociedade empresarial é incorreto afirmar:

a) o empresário e a sociedade empresária vinculam-se ao Registro Público de Empresas Mercantis a cargo das Juntas Comerciais, e a sociedade simples ao Registro Civil de Pessoas Jurídicas, o qual deverá obedecer às normas fixadas para aquele registro se a sociedade simples adotar um dos tipos de sociedade empresária.

b) o registro de atos sujeitos à formalidade exigida será requerido pela pessoa obrigada em lei, e, no caso de omissão ou demora, pelo sócio ou qualquer interessado.

c) os documentos necessários ao registro deverão ser apresentados no prazo de 90 (noventa) dias, contado da data da lavratura dos respectivos atos.

d) as pessoas obrigadas a requerer o registro responderão por perdas e danos, em caso de omissão ou demora.

5.2. Do Nome Empresarial

✱ ENUNCIADOS CJF

CJF Comercial 1. Decisão judicial que considera ser o nome empresarial violador do direito de marca não implica a anulação do respectivo registro no órgão próprio nem lhe retira os efeitos, preservado o direito de o empresário alterá-lo.

CJF Comercial 2. A vedação de registro de marca que reproduza ou imite elemento característico ou diferenciador de nome empresarial de terceiros, suscetível de causar confusão ou associação (art. 124, V, da Lei n. 9.279/1996), deve ser interpretada restritivamente e em consonância com o art. 1.166 do Código Civil.

CJF Civil 71. Suprimir o artigo 1.160 do Código Civil por estar a matéria regulada mais adequadamente no art. 3º da Lei n. 6.404/76 (disciplinadora das S. A.) e dar nova redação ao § 2º do art. 1.158, de modo a retirar a exigência da designação do objeto da sociedade.

CJF Civil 72. Suprimir o art. 1.164 do novo Código Civil.

CJF Civil 491. A proteção ao nome empresarial, limitada ao Estado-Membro para efeito meramente administrativo, estende-se a todo o território nacional por força do art. 5º, XXIX, da Constituição da República e do art. 8º da Convenção Unionista de Paris.

✱ QUESTÕES DISCURSIVAS

10. **(Consulplan/TJ/MG/Cartórios/Remoção/2017)** São espécies de nome empresarial a firma individual, a firma social e a denominação. A partir dessa premissa, apresente o conceito de cada uma delas, bem como um exemplo de cada nome empresarial e a respectiva sociedade empresarial ou empresário a que pertence.

* QUESTÕES OBJETIVAS

213. **(Ieses/TJ/RS/Cartórios/Remoção/2013)** Quanto ao nome empresarial, assinale a alternativa correta:

a) o nome empresarial obedecerá aos princípios da veracidade e novidade.

b) a proteção ao nome empresarial decorrerá do seu registro no Instituto Nacional de Propriedade Industrial.

c) o nome empresarial pode ser objeto de alienação.

d) a sociedade em conta de participação pode ter firma ou denominação.

214. **(Ieses/TJ/RS/Cartórios/Ingresso/2013)** Assinale a alternativa correta:

a) a firma e a denominação são espécies de nome empresarial.

b) título de estabelecimento e nome empresarial são expressões sinônimas.

c) o nome empresarial pode ser objeto de alienação, pois compõe o pleno universal do estabelecimento comercial.

d) o nome empresarial e a marca se reportam aos mesmos objetos semânticos.

215. **(Consulplan/TJ/MG/Cartórios/Ingresso/2016)** Assinale a alternativa correta, cujo enunciado contenha nome comercial que está em conformidade com o Código Civil:

a) Antônio Santos e Francisco Lacerda são sócios em uma sociedade em conta de participação, cujo nome empresarial é Santos & Lacerda, Comércio de Pedras Preciosas Ltda.

b) Márcia Flores e Adriana Dias são sócias em uma sociedade limitada, cujo objeto social é o comércio de roupas e sua denominação é Floricultura Flores e Dias Ltda.

c) Roberto Carlos e Carlos Roberto são sócios de uma sociedade limitada, cujo objeto é a compra e venda de veículos automotivos, sendo sua denominação Roberto & Carlos Ltda.

d) Ana Silveira e Maria Andrade são acionistas da companhia cuja denominação é Tecelagem Santa Clara S.A.

216. **(Consulplan/TJ/MG/Cartórios/Remoção/2016)** A respeito do nome empresarial e à luz do Código Civil brasileiro, é correto afirmar:

a) a sociedade em que houver sócios de responsabilidade ilimitada operará sob firma e denominação, na qual somente o nome daqueles poderão figurar, bastando para formá-la aditar ao nome de um deles, a expressão "e companhia" ou sua abreviatura.

b) pode a sociedade limitada adotar firma ou denominação, integradas pela palavra final "limitada" ou a sua abreviatura.

c) a sociedade cooperativa funciona sob firma integrada pelo vocábulo "cooperativa".

d) a sociedade em conta de participação funciona sob firma ou denominação, integrada pela palavra final "em conta de participação".

217. **(Faurgs/TJ/RS/Cartórios/Ingresso/2015)** Assinale a alternativa que contém afirmativa incorreta quanto ao regime jurídico do estabelecimento empresarial:

a) em matéria de nome empresarial, não são exclusivas, para fins de proteção, palavras ou expressões que denotem termos técnicos, científicos, literários e artísticos do vernáculo nacional ou estrangeiro.

b) o princípio da veracidade garante, ao primeiro a registrar o nome empresarial, o direito de utilizá-lo, impedindo que terceiros o façam sem o seu consentimento.

c) a proteção ao nome empresarial decorre, automaticamente, do ato de inscrição de empresário ou do arquivamento de ato constitutivo de sociedade empresária, bem como de sua alteração nesse sentido, e circunscreve-se à unidade federativa de jurisdição da junta comercial que o tiver procedido.

d) caso o estabelecimento empresarial venha a ser alienado, o adquirente pode utilizar o nome do alienante, observados os seguintes requisitos: o contrato deve permitir a utilização do nome do alienante pelo adquirente; o nome do alienante deve ser precedido do nome do adquirente; e deve constar a qualificação do adquirente na condição de sucessor do alienante.

218. **(Ieses/TJ/MS/Cartórios/Remoção/2014)** A respeito do nome empresarial é correto afirmar:

I. a sociedade cooperativa funciona sob denominação integrada pelo vocábulo "cooperativa".

II. a sociedade anônima opera sob denominação designativa do objeto social, integrada pelas expressões "sociedade anônima" ou "companhia", por extenso ou abreviadamente.

III. a sociedade em conta de participação funciona sob denominação integrada pelo vocábulo "sociedade em conta de participação".

IV. a sociedade em comandita por ações pode, em lugar de firma, adotar denominação designativa do objeto social, aditada da expressão "comandita por ações".

A sequência correta é:

a) apenas as assertivas I, II e IV estão corretas.

b) apenas as assertivas I e III estão corretas.

c) as assertivas I, II, III e IV estão corretas.

d) apenas as assertivas I e II estão corretas.

219. (Consulplan/TJ/MG/Cartórios/Ingresso/2014) A respeito do nome empresarial e com base no Código Civil (Lei n. 10.406, de 10 de janeiro de 2002), assinale a afirmativa correta:

a) pode a sociedade limitada adotar firma ou denominação, integradas pela palavra final "limitada" ou a sua abreviatura.

b) o empresário opera somente sob denominação constituída por seu nome, completo ou abreviado, aditando-lhe, se quiser, designação mais precisa da sua pessoa ou do gênero de atividade.

c) a sociedade em que houver sócios de responsabilidade ilimitada somente operará sob denominação, na qual poderão figurar também os nomes dos sócios de responsabilidade limitada, bastando para formá-la aditar ao nome de um deles a expressão "e companhia" ou sua abreviatura.

d) a omissão da palavra "limitada" é irrelevante para determinar a responsabilidade solidária e ilimitada dos administradores que assim empregarem a firma ou denominação da sociedade.

220. (FMP/TJ/MT/Cartórios/Ingresso/2014) A proteção do nome comercial do empresário no território nacional depende de inscrição:

a) na Junta Comercial do Estado em que se localiza o seu estabelecimento principal.

b) na Junta Comercial de todos os Estados da Federação, independentemente da existência de estabelecimento.

c) na Junta Comercial de todos os Estados da Federação em que se localizarem seus estabelecimentos.

d) na Junta Comercial do Estado do local do seu estabelecimento principal e de inscrição do empresário no Departamento Nacional de Registro do Comércio.

e) no Departamento Nacional de Registro de Comércio.

221. (FMP/TJ/MT/Cartórios/Remoção/2014) Quanto à denominação social é correto dizer-se que:

a) deverá obrigatoriamente ser adotada pelas sociedades de responsabilidade limitada.

b) deve conter o nome dos sócios ou, ao menos de um, seguido da expressão "& cia".

c) deve conter o objeto social desenvolvido pela sociedade.

d) não pode ser adotada pelas sociedades de responsabilidade limitada por serem sociedades de pessoas.

e) não pode ser adotada pela empresa individual de responsabilidade limitada – EIRELI.

222. (Cespe/TJ/BA/Cartórios/Remoção/2013) Assinale a opção correta acerca de nome empresarial:

a) o nome de sócio que vier a falecer, for excluído ou se retirar de uma sociedade, pode ser conservado na firma social dessa sociedade.

b) para os efeitos legais, o nome empresarial não se equipara à denominação das sociedades simples, associações e fundações.

c) a sociedade com sócios de responsabilidade ilimitada deve operar sob denominação, na qual os nomes desses sócios podem figurar com exclusividade, bastando, para formá-la, a adição da expressão "e companhia" ou sua abreviatura ao nome de um deles.

d) a sociedade cooperativa funciona sob denominação acrescida do vocábulo "cooperativa".

e) a sociedade em conta de participação pode ter firma ou denominação.

223. (Consulplan/TJ/MG/Cartórios/Ingresso/2017) A respeito do nome empresarial, assinale a alternativa correta:

a) o empresário individual, a sociedade em nome coletivo e a comandita simples podem adotar em seu nome, a firma ou a denominação.

b) a sociedade comandita por ações somente poderá adotar em seu nome a denominação.

c) a sociedade empresária de qualquer tipo que tenha ingressado em juízo com a medida de recuperação judicial deve acrescer ao seu nome, em todos os atos, contratos e documentos, a expressão "em Recuperação Judicial".

d) a empresa individual de responsabilidade limitada adotará em seu nome apenas a firma.

224. **(TJ/SC/Cartórios/Remoção/2012)** Quanto aos princípios que norteiam a formação do nome empresarial, é correto afirmar que a regra que exige que o nome de empresário deve distinguir-se de qualquer outro já inscrito no mesmo registro (art. 1.163 do Código Civil) constitui exemplo do seguinte princípio:

a) ubiquidade.
b) veracidade.
c) novidade.
d) alteridade.
e) primariedade.

5.3. Dos Prepostos

* QUESTÕES OBJETIVAS

225. **(Ieses/TJ/MS/Cartórios/Remoção/2014)** O preposto permanente no exercício da empresa, na sede desta, ou em sucursal, filial ou agência, é considerado à luz do Código Civil, como:

a) gerente.
b) supervisor Legal.
c) procurador.
d) interventor.

226. **(Faurgs/TJ/RS/Cartórios/Remoção/2015)** Assinale a alternativa que contém afirmativa correta relativamente ao estabelecimento empresarial, aos livros empresariais e auxiliadores do empresário:

a) o adquirente de estabelecimento empresarial, por ato entre vivos, é legalmente impedido de usar o nome do alienante, mesmo tendo sido observados os seguintes requisitos: o contrato deve permitir a utilização do nome do alienante pelo adquirente; o nome do alienante deve ser precedido do nome do adquirente; e deve constar a qualificação do adquirente na condição de sucessor do alienante.
b) o preponente responde com o gerente pelos atos que este pratique em seu próprio nome, mas à conta daquele.
c) os livros empresariais possuem as funções administrativa, documental e fiscal, sendo o diário livro empresarial especial obrigatório.
d) o preposto pode, independentemente de autorização escrita, fazer-se substituir no desempenho da preposição, não respondendo pessoalmente pelos atos do substituto e pelas obrigações por ele contraídas.

5.4. Da Escrituração

* SÚMULAS

STF Súm. 260. O exame de livros comerciais, em ação judicial, fica limitado às transações entre os litigantes.

STF Súm. 390. A exibição judicial de livros comerciais pode ser requerida como medida preventiva.

STJ Súm. 389. A comprovação do pagamento do "custo do serviço" referente ao fornecimento de certidão de assentamentos constantes dos livros da companhia é requisito de procedibilidade da ação de exibição de documentos ajuizada em face da sociedade anônima.

* ENUNCIADOS CJF

CJF Civil 235. O pequeno empresário, dispensado da escrituração, é aquele previsto na Lei n. 9.841/99.

* QUESTÕES OBJETIVAS

227. **(Faurgs/TJ/RS/Cartórios/Ingresso/2015)** Assinale a alternativa que contém afirmativa correta quanto aos livros empresariais:

a) atualmente, os livros empresariais possuem as funções administrativa, documental e fiscal, sendo o Diário e Livro de Registro de Duplicatas os únicos livros empresariais comuns obrigatórios.
b) o arquivamento do contrato social de uma sociedade por quotas de responsabilidade limitada perante a Junta Comercial competente, dentro de 45 (quarenta e cinco) dias contados de sua assinatura, produzirá eficácia retroativa.
c) há, contra o empresário, uma presunção relativa decorrente de sua escrituração, a qual admite prova em contrário a ser produzida pelo próprio empresário, por qualquer meio admitido em direito.
d) o Livro de Registro de Duplicatas é um exemplo de livro empresarial facultativo.

228. **(Consulplan/TJ/MG/Cartórios/Ingresso/2015)** Analise as assertivas abaixo:

I. podem os cônjuges celebrar sociedade entre si, desde que o regime de bens do casamento não seja o da separação facultativa ou da participação final nos aquestos.

II. quanto à alienação de um estabelecimento comercial, é correto afirmar que o adquirente do estabelecimento não ficará sub-rogado no pagamento das dívidas anteriores à alienação.

III. os efeitos do arquivamento de documentos no registro de comércio retroagem à data de sua assinatura, desde que apresentados à Junta Comercial no prazo de 30 (trinta) dias.

IV. devem ser mantidos por qualquer sociedade anônima, obrigatoriamente, os livros diário, e de transferência de ações nominativas.

V. João, José e Manoel são sócios da sociedade denominada "João e José Comércio de Alimentos Ltda." O fato de o nome de Manoel não constar do nome empresarial é compatível com o regime aplicável à sociedade limitada, em que a firma pode ser composta pelo nome de um ou mais sócios.

A partir da análise, está correto o que se afirma em:

a) I, III e V, apenas.
b) III, IV e V, apenas.
c) IV e V, apenas.
d) I, II, III, IV e V.

229. (FMP/TJ/MT/Cartórios/Ingresso/2014) Quanto aos livros comerciais é correto dizer:

a) sempre fazem prova a favor do empresário.
b) não podem assumir a forma de fichas ou microfilmagem.
c) sempre fazem prova contra o empresário.
d) devem ser guardados por cinco anos.
e) devem obedecer a requisitos intrínsecos como os definidos na técnica contábil.

6. CONTRATOS MERCANTIS/BANCÁRIOS

* SÚMULAS

1) Arrendamento Mercantil

STJ **Súm. 138.** O ISS incide na operação de arrendamento mercantil de coisas móveis.

STJ **Súm. 293.** A cobrança antecipada do valor residual garantido (VRG) não descaracteriza o contrato de arrendamento mercantil.

STJ **Súm. 369.** No contrato de arrendamento mercantil (leasing), ainda que haja cláusula resolutiva expressa, é necessária a notificação prévia do arrendatário para constituí-lo em mora.

STJ **Súm. 564.** No caso de reintegração de posse em arrendamento mercantil financeiro, quando a soma da importância antecipada a título de valor residual garantido (VRG) com o valor da venda do bem ultrapassar o total do VRG previsto contratualmente, o arrendatário terá direito de receber a respectiva diferença, cabendo, porém, se estipulado no contrato, o prévio desconto de outras despesas ou encargos pactuados.

2) Alienação Fiduciária

STJ **Súm. 28.** O contrato de alienação fiduciária em garantia pode ter por objeto bem que já integrava o patrimônio do devedor.

STJ **Súm. 72.** A comprovação da mora é imprescindível à busca e apreensão do bem alienado fiduciariamente.

STJ **Súm. 92.** A terceiro de boa-fé não é oponível a alienação fiduciária não anotada no certificado de registro do veículo automotor.

STJ **Súm. 245.** A notificação destinada a comprovar a mora nas dívidas garantidas por alienação fiduciária dispensa a indicação do valor do débito.

STJ **Súm. 384.** Cabe ação monitória para haver saldo remanescente oriundo de venda extrajudicial de bem alienado fiduciariamente em garantia.

3) Contratos Bancários

3.1) Código de Defesa do Consumidor

STJ **Súm. 285.** Nos contratos bancários posteriores ao Código de Defesa do Consumidor incide a multa moratória nele prevista.

STJ **Súm. 297.** O Código de Defesa do Consumidor é aplicável às instituições financeiras.

STJ **Súm. 477.** A decadência do art. 26 do CDC não é aplicável à prestação de contas para obter esclarecimentos sobre cobrança de taxas, tarifas e encargos bancários.

STJ **Súm. 479.** As instituições financeiras respondem objetivamente pelos danos gerados por fortuito interno relativo a fraudes e delitos praticados por terceiros no âmbito de operações bancárias.

3.2) Comissão de Permanência

STJ **Súm. 30.** A comissão de permanência e a correção monetária são inacumuláveis.

STJ **Súm. 294.** Não é potestativa a cláusula contratual que prevê a comissão de permanência, calculada pela taxa média de mercado apurada pelo Banco Central do Brasil, limitada à taxa do contrato.

STJ Súm. 296. Os juros remuneratórios, não cumuláveis com a comissão de permanência, são devidos no período de inadimplência, à taxa média de mercado estipulada pelo Banco Central do Brasil, limitada ao percentual contratado.

STJ Súm. 472. A cobrança de comissão de permanência - cujo valor não pode ultrapassar a soma dos encargos remuneratórios e moratórios previstos no contrato - exclui a exigibilidade dos juros remuneratórios, moratórios e da multa contratual.

3.3) Conta Corrente

STJ Súm. 247. O contrato de abertura de crédito em conta corrente, acompanhado do demonstrativo de débito, constitui documento hábil para o ajuizamento da ação monitória.

STJ Súm. 259. A ação de prestação de contas pode ser proposta pelo titular de conta corrente bancária.

STJ Súm. 300. O instrumento de confissão de dívida, ainda que originário de contrato de abertura de crédito, constitui título executivo.

STJ Súm. 322. Para a repetição de indébito, nos contratos de abertura de crédito em conta corrente, não se exige a prova do erro.

3.4) Juros

STJ Súm. 379. Nos contratos bancários não regidos por legislação específica, os juros moratórios poderão ser convencionados até o limite de 1% ao mês.

STJ Súm. 530. Nos contratos bancários, na impossibilidade de comprovar a taxa de juros efetivamente contratada - por ausência de pactuação ou pela falta de juntada do instrumento aos autos -, aplica-se a taxa média de mercado, divulgada pelo Bacen, praticada nas operações da mesma espécie, salvo se a taxa cobrada for mais vantajosa para o devedor.

STJ Súm. 539. É permitida a capitalização de juros com periodicidade inferior à anual em contratos celebrados com instituições integrantes do Sistema Financeiro Nacional a partir de 31/3/2000 (MP 1.963-17/00, reeditada como MP 2.170-36/01), desde que expressamente pactuada.

STJ Súm. 541. A previsão no contrato bancário de taxa de juros anual superior ao duodécuplo da mensal é suficiente para permitir a cobrança da taxa efetiva anual contratada.

3.5) Tarifas

STJ Súm. 565. A pactuação das tarifas de abertura de crédito (TAC) e de emissão de carnê (TEC), ou outra denominação para o mesmo fato gerador, é válida apenas nos contratos bancários anteriores ao início da vigência da Resolução-CMN n. 3.518/2007, em 30.4.2008.

STJ Súm. 566. Nos contratos bancários posteriores ao início da vigência da Resolução-CMN n. 3.518/2007, em 30.4.2008, pode ser cobrada a tarifa de cadastro no início do relacionamento entre o consumidor e a instituição financeira.

3.6) Outros Temas

STJ Súm. 286. A renegociação de contrato bancário ou a confissão da dívida não impede a possibilidade de discussão sobre eventuais ilegalidades dos contratos anteriores.

STJ Súm. 298. O alongamento de dívida originada de crédito rural não constitui faculdade da instituição financeira, mas direito do devedor, nos termos da lei.

STJ Súm. 381. Nos contratos bancários, é vedado ao julgador conhecer, de ofício, da abusividade das cláusulas.

4) Outros Contratos Mercantis

STF Súm. 151. Prescreve em um ano a ação do segurador sub-rogado para haver indenização por extravio ou perda de carga transportada por navio.

STJ Súm. 109. O reconhecimento do direito a indenização, por falta de mercadoria transportada via marítima, independe de vistoria.

STJ Súm. 371. Nos contratos de participação financeira para a aquisição de linha telefônica, o Valor Patrimonial da Ação (VPA) é apurado com base no balancete do mês da integralização.

* ENUNCIADOS CJF

1) Disposições Gerais sobre Contratos Empresariais

CJF Comercial 20. Não se aplica o Código de Defesa do Consumidor aos contratos celebrados entre empresários em que um dos contratantes tenha por objetivo suprir-se de insumos para sua atividade de produção, comércio ou prestação de serviços.

CJF Comercial 21. Nos contratos empresariais, o dirigismo contratual deve ser mitigado, tendo em vista a simetria natural das relações interempresariais.

CJF Comercial 23. Em contratos empresariais, é lícito às partes contratantes estabelecer parâmetros objetivos para a interpretação dos requisitos de revisão e/ou resolução do pacto contratual.

CJF **Comercial 24.** Os contratos empresariais coligados, concretamente formados por unidade de interesses econômicos, permitem a arguição da exceção de contrato não cumprido, salvo quando a obrigação inadimplida for de escassa importância.

CJF **Comercial 25.** A revisão do contrato por onerosidade excessiva fundada no Código Civil deve levar em conta a natureza do objeto do contrato. Nas relações empresariais, deve-se presumir a sofisticação dos contratantes e observar a alocação de riscos por eles acordada.

CJF **Comercial 26.** O contrato empresarial cumpre sua função social quando não acarreta prejuízo a direitos ou interesses, difusos ou coletivos, de titularidade de sujeitos não participantes da relação negocial.

CJF **Comercial 27.** Não se presume violação à boa-fé objetiva se o empresário, durante as negociações do contrato empresarial, preservar segredo de empresa ou administrar a prestação de informações reservadas, confidenciais ou estratégicas, com o objetivo de não colocar em risco a competitividade de sua atividade.

CJF **Comercial 28.** Em razão do profissionalismo com que os empresários devem exercer sua atividade, os contratos empresariais não podem ser anulados pelo vício da lesão fundada na inexperiência.

CJF **Comercial 29.** Aplicam-se aos negócios jurídicos entre empresários a função social do contrato e a boa-fé objetiva (arts. 421 e 422 do Código Civil), em conformidade com as especificidades dos contratos empresariais.

2) Contratos Empresariais em Espécie

2.1) Arrendamento Mercantil

CJF **Comercial 38.** É devida devolução simples, e não em dobro, do valor residual garantido (VRG) em caso de reintegração de posse do bem objeto de arrendamento mercantil celebrado entre empresários.

2.2.) Corretagem

CJF **Comercial 36.** O pagamento da comissão, no contrato de corretagem celebrado entre empresários, pode ser condicionado à celebração do negócio previsto no contrato ou à mediação útil ao cliente, conforme os entendimentos prévios entre as partes. Na ausência de ajuste ou previsão contratual, o cabimento da comissão deve ser analisado no caso concreto, à luz da boa-fé objetiva e da vedação ao enriquecimento sem causa, sendo devida se o negócio não vier a se concretizar por fato atribuível exclusivamente a uma das partes.

2.3) Derivativos

CJF **Comercial 35.** Não haverá revisão ou resolução dos contratos de derivativos por imprevisibilidade e onerosidade excessiva (arts. 317 e 478 a 480 do Código Civil).

2.4) Distribuição

CJF **Comercial 31.** O contrato de distribuição previsto no art. 710 do Código Civil é uma modalidade de agência em que o agente atua como mediador ou mandatário do proponente e faz jus à remuneração devida por este, correspondente aos negócios concluídos em sua zona. No contrato de distribuição autêntico, o distribuidor comercializa diretamente o produto recebido do fabricante ou fornecedor, e seu lucro resulta das vendas que faz por sua conta e risco.

2.5) Empreitada

CJF **Comercial 34.** Com exceção da garantia contida no artigo 618 do Código Civil, os demais artigos referentes, em especial, ao contrato de empreitada (arts. 610 a 626) aplicar-se-ão somente de forma subsidiária às condições contratuais acordadas pelas partes de contratos complexos de engenharia e construção, tais como EPC, EPC-M e Aliança.

2.6) Prestação de Serviços

CJF **Comercial 32.** Nos contratos de prestação de serviços nos quais as partes contratantes são empresários e a função econômica do contrato está relacionada com a exploração de atividade empresarial, as partes podem pactuar prazo superior a quatro anos, dadas as especificidades da natureza do serviço a ser prestado, sem constituir violação do disposto no art. 598 do Código Civil.

CJF **Comercial 33.** Nos contratos de prestação de serviços nos quais as partes contratantes são empresários e a função econômica do contrato está relacionada com a exploração de atividade empresarial, é lícito às partes contratantes pactuarem, para a hipótese de denúncia imotivada do contrato, multas superiores àquelas previstas no art. 603 do Código Civil.

2.7) Shopping Center

CJF **Comercial 30.** Nos contratos de "shopping center", a cláusula de fiscalização das contas do lojista é justificada desde que as medidas fiscalizatórias não causem embaraços à atividade do lojista.

2.8) Transporte Aéreo Internacional

CJF Comercial 37. Aos contratos de transporte aéreo internacional celebrados por empresários aplicam-se as disposições da Convenção de Montreal e a regra da indenização tarifada nela prevista (art. 22 do Decreto n. 5.910/2006).

✱ INFORMATIVOS

STJ Busca e apreensão. Caminhão. Garantia fiduciária. Inadimplemento de contrato de empréstimo. Equipamento de monitoramento. Pertença. Restituição ao devedor. Necessidade. O equipamento de monitoramento acoplado em caminhão é qualificado como pertença e pode ser retirado pelo devedor fiduciante que o colocou. REsp 1.667.227, Rel. Min. Marco Aurélio Bellizze, DJ 29.6.2018. 3ª T. (Info 629)

STJ Contrato de arrendamento mercantil (leasing). Descaracterização. Prazo mínimo de vigência. Vida útil do bem arrendado. Fica descaracterizado o contrato de arrendamento mercantil (leasing) se o prazo de vigência do acordo celebrado não respeitar o período mínimo estabelecido com base na vida útil do bem arrendado. REsp 1.569.840, Rel. Min. Francisco Falcão, DJ 27.8.2018. 2ª T. (Info 632)

STJ Contratos coligados. Abertura de crédito e swap. Princípio da gravitação jurídica. Compromisso arbitral. Extensão da eficácia. Possibilidade. Reconhecida a coligação contratual, é possível a extensão da cláusula compromissória prevista no contrato principal de abertura de crédito aos contratos de swap. REsp 1.639.035, Rel. Min. Paulo de Tarso Sanseverino, DJ 15.10.2018. 3ª T. (Info 635)

STJ Contrato de participação financeira em empresa de telefonia. Complementação de ações. Planta Comunitária de Telefonia - PCT. Critério do balancete mensal. Súm. 371/STJ. Inaplicabilidade. O critério do balancete mensal, previsto na Súm. 371/STJ, é inaplicável aos contratos de participação financeira em empresa de telefonia celebrados na modalidade PCT. REsp 1.742.233, Rel. Min. Paulo de Tarso Sanseverino, DJ 8.10.2018. 3ª T. (Info 634)

✱ QUESTÕES OBJETIVAS

230. **(TJ/SC/Cartórios/Ingresso/2012)** Acerca da alienação fiduciária de bem imóvel assinale a alternativa correta:

a) a cessão do crédito objeto da alienação fiduciária implicará a transferência, ao cessionário, de todos os direitos e obrigações inerentes à propriedade fiduciária em garantia.

b) a alienação fiduciária poderá ser contratada por pessoa física ou jurídica, sendo privativa das entidades que operam no Sistema Financeiro Imobiliário – SFI.

c) com a constituição da propriedade fiduciária, dá-se o desdobramento da posse, tornando-se o fiduciante possuidor indireto e o fiduciário possuidor direto da coisa imóvel.

d) decorrido o prazo de 15 dias sem a purgação da mora, o oficial do competente registro de imóveis, certificando esse fato, promoverá o registro, na matrícula do imóvel, da consolidação da propriedade em nome do fiduciário, à vista da prova do pagamento, por este, do imposto de transmissão "inter vivos" e, se for o caso, do laudêmio.

e) a propriedade superficiária não pode ser objeto de alienação fiduciária em garantia.

231. **(Cespe/TJ/RR/Cartórios/Ingresso/2013)** A respeito dos contratos mercantis, assinale a opção correta:

a) a cláusula especial de retrovenda assegura ao vendedor, nos contratos de compra e venda de bem móvel ou imóvel, o direito de recomprar o bem vendido restituindo o preço recebido e reembolsando as despesas do comprador, inclusive as que, durante o período de resgate, tenham sido feitas com a sua autorização escrita ou para a realização de benfeitorias necessárias.

b) em se tratando de contrato de corretagem celebrado entre empresários, o pagamento da comissão não poderá ser condicionado à celebração do negócio previsto no contrato ou à mediação útil ao cliente, mesmo que estipulado entre as partes.

c) os direitos titularizados pelo criador de um software são tutelados pela legislação de direitos industriais, incumbindo ao Instituto Nacional da Propriedade Industrial o registro dos contratos de transferência de tecnologia, para que produzam efeitos em relação a terceiros.

d) o contrato de concessão mercantil relativo a veículos automotores de vias terrestres é atípico, sendo as partes livres para estipular as suas cláusulas contratuais, o que configura contrato de distribuição-intermediação.

e) em caso de reintegração de posse do bem objeto de arrendamento mercantil celebrado entre empresários, a devolução do valor residual garantido é devida na forma simples, e não em dobro.

232. **(Cespe/TJ/PI/Cartórios/Ingresso/2013)** No que diz respeito aos contratos bancários, assinale a opção correta:

a) se o contratante recebe as faturas mensais do cartão de crédito, falta-lhe interesse processual para, por meio de ação de prestação de contas, procurar averiguar os encargos que lhe são cobrados.

b) caso seja vinculada a contrato de abertura de crédito, a cédula de crédito bancário não tem eficácia de título executivo extrajudicial, pelo fato de a liquidação respectiva ser feita unilateralmente pelo credor.

c) no contrato de mútuo para aquisição de bem imóvel garantido por alienação fiduciária, o oficial do registro de imóveis competente deve averbar a consolidação da propriedade tão logo constatada a não purgação da mora pelo devedor.

d) no desconto bancário de cheque, havendo cessão de crédito do beneficiário ao banco, a cessão só terá eficácia se o emitente do cheque dela for notificado.

e) para a obtenção de reintegração de posse decorrente de inadimplemento de contrato de arrendamento mercantil, é desnecessária a constituição do devedor em mora caso haja, no contrato, cláusula resolutiva expressa operante na hipótese de inadimplemento.

233. **(Cespe/TJ/ES/Cartórios/Remoção/2013)** Assinale a opção correta no que se refere a contratos bancários e contratos bancários impróprios:

a) considere que um fiduciante tenha sido intimado por oficial do registro de imóveis em decorrência de mora relativa a alienação fiduciária em garantia de bem imóvel. Considere, ainda, que não tendo se verificado a purgação da mora no prazo, o oficial tenha certificado esse fato. Nessa situação, o oficial deverá promover, imediatamente, a averbação, na matrícula do imóvel, da consolidação da propriedade em nome do fiduciário, diante da prova do pagamento, pelo fiduciário, do imposto de transmissão "inter vivos".

b) o mútuo bancário distingue-se do mútuo civil pela participação de instituição financeira como mutuante e, principalmente, pela ausência de limitação dos juros bancários.

c) é vedada a utilização de transmissão eletrônica para a efetivação do contrato de desconto bancário.

d) o termo de quitação do contrato de leasing dispensa o carimbo de liquidada ou sem efeito na nota promissória vinculada ao contrato e emitida pelo arrendatário, se houver.

e) no contrato de seguro, caso se verifique sinistro enquanto o segurado estiver em mora, admite-se o pagamento de indenização, tão logo seja purgada a mora.

234. **(Ieses/TJ/RN/Cartórios/Remoção/2012)** Quanto aos contratos mercantis é correto afirmar, exceto, que:

a) o consentimento das partes, a coisa e o preço são requisitos essenciais aos contratos mercantis de compra e venda.

b) as relações negociais se caracterizam por mercantis quando envolvem empresários como seus sujeitos.

c) a alienação fiduciária, cujo contrato pode ser classificado como contrato bancário impróprio, pode ter por objeto bem móvel ou imóvel.

d) o código de defesa do consumidor não se aplicará aos contratos mercantis, independentemente das partes envolvidas.

235. **(Cespe/TJ/PI/Cartórios/Remoção/2013)** Com relação aos contratos mercantis, assinale a opção correta:

a) na falência do representado, as comissões devidas ao representante gozam de privilégio geral sobre os bens, ainda não entregues aos compradores, que tenham sido vendidos com intermediação do representante.

b) no contrato de franquia, não é essencial a cessão do direito de uso de marca ou patente.

c) no caso de falência do comprador, é cabível a devolução, ao vendedor, da mercadoria vendida a crédito nos quinze dias anteriores à decretação da falência, contados estes da remessa da mercadoria.

d) distingue-se o contrato de concessão mercantil do contrato estimatório pelo fato de o concessionário alienar coisa própria e o outorgado alienar coisa alheia.

e) o comissário pode exercer o direito de retenção, para o reembolso das despesas feitas e das comissões que lhe sejam devidas, sobre os bens do comitente falido que detenha em razão do contrato de comissão.

236. (Cespe/TJ/BA/Cartórios/Ingresso/2013) A respeito dos contratos mercantis, assinale a opção correta:

a) em se tratando de obrigação inadimplida de escassa importância, os contratos empresariais coligados, concretamente formados por unidade de interesses econômicos, permitem a arguição da exceção de contrato não cumprido.

b) os contratos empresariais podem ser anulados pelo vício da lesão fundada na inexperiência.

c) aplica-se o disposto no CDC aos contratos entre empresários em que um dos contratantes tenha por objetivo suprir-se de insumos para a atividade de produção, comércio ou prestação de serviços.

d) não se presume ato de violação à boa-fé objetiva o fato de o empresário, durante as negociações do contrato empresarial, preservar segredo de empresa ou administrar a prestação de informações reservadas, confidenciais ou estratégicas, com o objetivo de não colocar em risco a competitividade de sua atividade.

e) em contratos empresariais, é defeso às partes contratantes estabelecer parâmetros objetivos para a interpretação dos requisitos de revisão do pacto contratual.

237. (Cespe/TJ/SE/Cartórios/Ingresso/2014) Quanto aos contratos mercantis e com base na legislação vigente e na jurisprudência do STJ, assinale a opção correta:

a) no seguro pessoal, há liberdade de contratação quanto ao valor segurado, mas não quanto à contratação de mais de um seguro com diversos seguradores para cobrir o mesmo interesse.

b) na representação comercial, em caso de falência do representado, os créditos devidos aos representantes são quirografários, pois não há relação de emprego entre as partes.

c) as empresas de fomento mercantil, por serem instituições financeiras, são obrigadas a manter sigilo sobre suas operações.

d) na concessão mercantil, a concessionária obriga-se a comercializar veículos automotores novos ou usados produzidos exclusivamente pela montadora concedente.

e) no caso de acidente com morte que enseje pagamento de cobertura de seguro de vida, a seguradora não pode sub-rogar-se nos direitos e ações do beneficiário contra o terceiro causador do sinistro.

238. (Cetro/TJ/RJ/Cartórios/Ingresso/2017) Sobre os contratos bancários, assinale a alternativa correta:

a) é legítima a cobrança de tarifas de abertura de crédito e emissão de carnê, sem necessidade de indicação expressa no contrato bancário, uma vez que a cobrança dessas tarifas está incutida na natureza da atividade bancária.

b) na ausência de fixação de taxa de juros remuneratórios em contrato de mútuo com disponibilização imediata de capital, prevalecerá a taxa média de mercado, independentemente de ser a mais vantajosa para o cliente.

c) dado que aos contratos bancários aplica-se o Código de Defesa do Consumidor (CDC), por ser norma de ordem pública, é facultado ao julgador conhecer, de ofício, abusividade de cláusula neles prevista.

d) cláusula de cobrança de comissão de permanência é admitido apenas no período de inadimplência, bem como não cumula com os encargos normais do contrato, bem como de mora.

e) com base no texto constitucional, as taxas de juros reais aplicadas no mercado não podem ser superiores a 12% (doze por cento) ao ano, sendo crime de usura a cobrança de juros acima deste limite.

239. (Consulplan/TJ/MG/Cartórios/Ingresso/2017) José Representações Ltda. tem contrato de Representação comercial com Iogurtes Ltda., e fez para esta várias vendas a diversos supermercados em área de sua atuação, mas depois a contratante Iogurtes cancelou as vendas, alegando problemas de logísticas. No contrato entre as partes, havia cláusula determinado que, se canceladas as vendas por qualquer motivo, não seriam devidas as comissões. Mas José Representações Ltda. insiste em receber os seus alegados créditos a título de comissões, entrando com cobrança em juízo. Sobre esse caso hipotético, marque a afirmativa correta:

a) pode a empresa deixar de pagar as comissões já que tem contrato com cláusula expressa assim autorizando, e a lei não interfere nessa relação contratual privada.

b) pode a empresa deixar de pagar a comissão somente se notificou o Representante Comercial de sua intenção de não mais manter as vendas, porque neste caso não ficou em mora e nem causou surpresa ao contratado.

c) a lei de representação comercial não trata desse assunto especificamente, de forma que tem de se aplicar regras gerais do Código Civil para ser dirimido o conflito de interesse.
d) não pode a empresa que contrata o Representante Comercial deixar de pagar as comissões em caso de cancelamento das vendas, sendo ineficaz a cláusula contratual firmada.

240. (Cetro/TJ/RJ/Cartórios/Remoção/2017) Uma duplicata foi apresentada para protesto por uma empresa especializada em fomento mercantil ("factoring") no cartório. Sobre o referido tipo contratual, analise as assertivas abaixo.

I. a atividade de factoring não se confunde com a de agiotagem, uma vez que a primeira é atividade desenvolvida por instituição devidamente autorizada pelo Banco Central a desenvolver serviços de administração de crédito, e as operações realizadas podem ser constantes ou esporádicas.
II. diferentemente do fomento mercantil convencional, o "maturity factoring" é aquele em que há a antecipação dos valores referentes aos créditos do ente faturizado.
III. em um contrato de faturização, a cláusula de totalidade é aquela que possibilita ao faturizador, dentre os créditos do faturizado, escolher os que irá garantir.

É correto o que se afirma em:

a) I, apenas.
b) I e II, apenas.
c) I, II e III.
d) II, apenas.
e) III, apenas.

7. LEI DE RECUPERAÇÃO E FALÊNCIA (LEI 11.101/05)

✱ INOVAÇÕES LEGISLATIVAS

▲ Lei de Recuperação Judicial, Extrajudicial e Falência (Lei 11.101/05): sem alterações em 2017/2018.

7.1. Falência

◉ ATENÇÃO: ESTE TEMA É MUITO EXIGIDO NOS CONCURSOS!

✱ SÚMULAS

1) Crimes Falimentares

STF **Súm. 592.** Nos crimes falimentares, aplicam-se as causas interruptivas da prescrição, previstas no Código Penal.

2) Regras Processuais

STJ **Súm. 25.** Nas ações da Lei de Falências, o prazo para a interposição de recurso conta-se da intimação da parte.

STJ **Súm. 264.** É irrecorrível o ato judicial que apenas manda processar a concordata preventiva.

STJ **Súm. 480.** O juízo da recuperação judicial não é competente para decidir sobre a constrição de bens não abrangidos pelo plano de recuperação da empresa.

3) Requerimento de Falência

STJ **Súm. 29.** No pagamento em juízo para elidir falência, são devidos correção monetária, juros e honorários de advogado.

STJ **Súm. 248.** Comprovada a prestação dos serviços, a duplicata não aceita, mas protestada, é título hábil para instruir pedido de falência.

STJ **Súm. 361.** A notificação do protesto, para requerimento de falência da empresa devedora, exige a identificação da pessoa que a recebeu.

4) Restituição de Adiantamento de Contrato de Câmbio

STF **Súm. 193.** Para a restituição prevista no art. 76, parágrafo 2, da Lei de Falências, conta-se o prazo de quinze dias da entrega da coisa e não da sua remessa.

STF **Súm. 417.** Pode ser objeto de restituição, na falência, dinheiro em poder do falido, recebido em nome de outrem, ou do qual, por lei ou contrato, não tivesse ele a disponibilidade.

STF **Súm. 495.** A restituição em dinheiro da coisa vendida a crédito, entregue nos quinze dias anteriores ao pedido de falência ou de concordata, cabe, quando, ainda que consumida ou transformada, não faça o devedor prova de haver sido alienada a terceiro.

STJ **Súm. 36.** A correção monetária integra o valor da restituição, em caso de adiantamento de câmbio, requerida em concordata ou falência.

STJ **Súm. 133.** A restituição da importância adiantada, a conta de contrato de câmbio, independe de ter sido a antecipação efetuada nos quinze dias anteriores ao requerimento da concordata.

STJ **Súm. 307.** A restituição de adiantamento de contrato de câmbio, na falência, deve ser atendida antes de qualquer crédito.

* REPERCUSSÃO & REPETITIVOS

STJ Repetitivo 976. A competência para processar e julgar demandas cíveis com pedidos ilíquidos contra massa falida, quando em litisconsórcio passivo com pessoa jurídica de direito público, é do juízo cível no qual for proposta a ação de conhecimento, competente para julgar ações contra a Fazenda Pública, de acordo as respectivas normas de organização judiciária. (REsp 1643856, 13.12.2017)

* ENUNCIADOS CJF

CJF Comercial 42. O prazo de suspensão previsto no art. 6º, § 4º, da Lei n. 11.101/2005 pode excepcionalmente ser prorrogado, se o retardamento do feito não puder ser imputado ao devedor.

CJF Comercial 43. A suspensão das ações e execuções previstas no art. 6º da Lei n. 11.101/2005 não se estende aos coobrigados do devedor.

CJF Comercial 45. O magistrado pode desconsiderar o voto de credores ou a manifestação de vontade do devedor, em razão de abuso de direito.

CJF Comercial 47. Nas alienações realizadas nos termos do art. 60 da Lei n. 11.101/2005, não há sucessão do adquirente nas dívidas do devedor, inclusive nas de natureza tributária, trabalhista e decorrentes de acidentes de trabalho.

CJF Comercial 48. A apuração da responsabilidade pessoal dos sócios, controladores e administradores feita independentemente da realização do ativo e da prova da sua insuficiência para cobrir o passivo, prevista no art. 82 da Lei n. 11.101/2005, não se refere aos casos de desconsideração da personalidade jurídica.

CJF Comercial 49. Os deveres impostos pela Lei n. 11.101/2005 ao falido, sociedade limitada, recaem apenas sobre os administradores, não sendo cabível nenhuma restrição à pessoa dos sócios não administradores.

CJF Comercial 50. A extensão dos efeitos da quebra a outras pessoas jurídicas e físicas confere legitimidade à massa falida para figurar nos polos ativo e passivo das ações nas quais figurem aqueles atingidos pela falência.

CJF Comercial 51. O saldo do crédito não coberto pelo valor do bem e/ou da garantia dos contratos previstos no § 3º do art. 49 da Lei n. 11.101/2005 é crédito quirografário, sujeito à recuperação judicial.

CJF Comercial 56. A Fazenda Pública não possui legitimidade ou interesse de agir para requerer a falência do devedor empresário.

CJF Comercial 72. A legitimidade do Ministério Público para propor e conduzir a ação de responsabilidade de que trata o art. 46 da Lei n. 6.024/1974 não cessa com a decretação da falência da instituição submetida a regime especial, porquanto o art. 47 da mencionada lei foi revogado tacitamente pelo art. 7º, II, da Lei n. 9.447/1997.

CJF Comercial 73. Para que seja preservada a eficácia do disposto na parte final do § 2º do artigo 6º da Lei n. 11.101/05, é necessário que, no juízo do trabalho, o crédito trabalhista para fins de habilitação seja calculado até a data do pedido da recuperação judicial ou da decretação da falência, para não se ferir a "par condicio creditorum" e observarem-se os arts. 49, "caput", e 124 da Lei n. 11.101/2005.

CJF Comercial 75. Havendo convenção de arbitragem, caso uma das partes tenha a falência decretada: (i) eventual procedimento arbitral já em curso não se suspende e novo procedimento arbitral pode ser iniciado, aplicando-se, em ambos os casos, a regra do art. 6º, § 1º, da Lei n. 11.101/2005; e (ii) o administrador judicial não pode recusar a eficácia da cláusula compromissória, dada a autonomia desta em relação ao contrato.

CJF Comercial 80. Para classificar-se credor, em pedido de habilitação, como privilegiado especial, em razão do art. 83, IV, "d" da Lei de Falências, exige-se, cumulativamente, que: (a) esteja vigente a LC 147/2014 na data em que distribuído o pedido de recuperação judicial ou decretada a falência do devedor; (b) o credor faça prova de que, no momento da distribuição do pedido de recuperação judicial ou da decretação da falência, preenchia os requisitos legais para ser reconhecido como microempreendedor individual, microempresa ou empresa de pequeno porte.

* INFORMATIVOS

STJ Inadimplemento de títulos de créditos. Pedido de falência. Art. 94, I da Lei 11.101/05. Contrato com cláusula compromissória. Instauração prévia do juízo arbitral. Desnecessidade. A existência de cláusula compromissória não afeta a executividade do título de crédito inadimplido e não impede a deflagração do procedimento falimentar, fundamentado no art. 94, I, da Lei 11.101/05. REsp 1.733.685, Rel. Min. Raul Araújo, DJ 12.11.2018. 4ª T. (Info 637)

STJ Falência. DL 7.661/45. Encargos da massa. Ordem de preferência. Redação original dos arts. 186 a 188 do CTN. Preferência dos créditos fiscais vencidos antes da falência. Os encargos da massa não preferem os créditos tributários nas falências processadas sob a égide do DL 7.661/45. EREsp 1.162.964, Rel. Min. Humberto Martins, DJ 13.11.2018. Corte Especial. (Info 637)

STJ Massa falida do banco depositário. Arrecadação de saldo. Cabimento. Pedido de restituição de quantia depositada por correntista. Patrimônio de Afetação. Art. 119, IX, da Lei 11.101/05. Contrato de trust. Ausência de previsão legal. Inaplicabilidade da Súm. 417/STF. Não é cabível a restituição de quantia em dinheiro que se encontra depositada em conta corrente de banco falido, em razão de contrato de trust. REsp 1.438.142, Rel. Min. Paulo de Tarso Sanseverino, DJ 9.8.2018. 3ª T. (Info 631)

STJ Sentença trabalhista condenatória. Crédito previdenciário reconhecido. Título executivo judicial. Falência do empregador. Pedido de habilitação do crédito. Possibilidade. Certidão de dívida ativa. Dispensabilidade. É desnecessária a apresentação de CDA para habilitação, em processo de falência, de crédito previdenciário resultante de decisão judicial trabalhista. REsp 1.591.141, Rel. Min. Paulo de Tarso Sanseverino, DJ 18.12.2017. 3ª T. (Info 618)

* QUESTÕES OBJETIVAS

241. **(Cespe/TJ/ES/Cartórios/Remoção/2013)** A Lei de Falências e Recuperação Judicial dispõe a respeito dos limites de incidência dos seus efeitos em relação ao tratamento conferido aos credores. Acerca desse assunto, assinale a opção correta:

a) a decretação da falência acarreta a necessária suspensão de todas as ações e execuções contra o falido bem como o lacramento do estabelecimento.

b) os créditos derivados da legislação do trabalho, em sua totalidade, são classificados e pagos em primeiro lugar, iniciada a fase do pagamento.

c) a decretação da falência de sociedade de responsabilidade mista acarreta a falência de todos os seus sócios.

d) embora a lei falimentar não abranja as instituições financeiras e as cooperativas de crédito, a falência poderá ser decretada no curso de intervenção ou liquidação extrajudicial, a pedido do interventor ou liquidante.

e) os credores trabalhistas e fiscais sujeitam-se aos termos e condições de todos os tipos de recuperação judicial e extrajudicial.

242. **(Cespe/TJ/RR/Cartórios/Ingresso/2013)** Com relação à recuperação judicial, à extrajudicial e à falência do empresário e da sociedade empresária, assinale a opção correta:

a) compete ao juízo falimentar deixar de conceder, com fundamento na análise econômico-financeira do plano de recuperação aprovado pelos credores, a recuperação judicial ou a sua homologação extrajudicial.

b) a responsabilidade pessoal dos sócios de responsabilidade limitada, dos controladores e dos administradores da sociedade falida, estabelecida nas respectivas leis, será apurada no próprio juízo da falência, independentemente da realização do ativo e da prova da sua insuficiência para cobrir o passivo, aplicando-se aos casos de desconsideração da personalidade jurídica.

c) o deferimento do processamento da recuperação judicial enseja o cancelamento da negativação do nome do devedor nos órgãos de proteção ao crédito e nos tabelionatos de protestos.

d) a extensão dos efeitos da falência a outras pessoas jurídicas e físicas confere legitimidade à massa falida para figurar nos polos ativo e passivo das ações nas quais figurem os atingidos pela falência.

e) a decretação da falência ou o deferimento do processamento da recuperação judicial suspende o curso da prescrição e de todas as ações e execuções em face do devedor e dos seus coobrigados.

243. **(FCC/TJ/PE/Cartórios/Remoção/2013)** As instituições financeiras estão sujeitas à falência perante a Justiça Estadual no caso de:

a) impontualidade de título executivo com valor que ultrapasse o equivalente a 40 (quarenta) salários-mínimos na data do pedido de falência.

b) executada, por qualquer quantia líquida, não pague, não deposite e não nomeie bens suficientes dentro do prazo legal.

c) realizar ou, por atos inequívocos, tentar realizar, com o objetivo de retardar pagamentos ou fraudar credores, negócio simulado ou alienação de parte ou da totalidade de seu ativo a terceiro, credor ou não.

d) processo de liquidação extrajudicial, a pedido do liquidante, autorizado pelo Banco Central do Brasil, quando o seu ativo não for suficiente para cobrir pelo menos a metade do valor dos créditos quirografários, ou quando houver fundados indícios de crimes falimentares.

e) descumprimento das normas referentes à conta de Reservas Bancárias mantidas no Banco Central do Brasil.

244. (FCC/TJ/PE/Cartórios/Ingresso/2013) Na alienação judicial de imóvel realizada no processo de falência, o arrematante:

a) responderá como sucessor de todas as obrigações do devedor.

b) responderá apenas como sucessor nas obrigações tributárias.

c) responderá apenas como sucessor nas obrigações trabalhistas.

d) responderá apenas como sucessor nas obrigações por acidentes do trabalho.

e) não será sucessor nas obrigações do devedor, inclusive as de natureza tributária, as derivadas da legislação do trabalho e as decorrentes de acidentes de trabalho.

245. (TJ/SC/Cartórios/Ingresso/2012) A sentença que decreta a falência tem natureza:

a) declaratória.

b) constitutiva.

c) mandamental.

d) cautelar.

e) executória.

246. (Consulplan/TJ/MG/Cartórios/Ingresso/2016) De acordo com a Lei n. 11.101/2005, indique a opção que corresponde a um crédito extraconcursal:

a) custas judiciais relativas às ações e execuções em que a massa tenha sido vencida.

b) saldos de créditos não cobertos pelo produto da alienação dos bens vinculados ao seu pagamento.

c) multas por infração ao Código de Postura Municipal do local do principal estabelecimento do devedor.

d) créditos dos sócios e dos administradores sem vínculo empregatício.

247. (Consulplan/TJ/MG/Cartórios/Ingresso/2015) Em relação à falência e de acordo com o que dispõe a Lei n. 11.101/05, é correto afirmar, exceto:

a) o crédito trabalhista cedido a terceiro será considerado quirografário.

b) dentro do prazo de contestação, o devedor poderá pleitear sua recuperação judicial.

c) não será decretada a falência de sociedade anônima após liquidado e partilhado seu ativo nem do espólio após 01 (um) ano da morte do devedor.

d) citado, o devedor deverá apresentar contestação no prazo de 15 (quinze) dias.

248. (Consulplan/TJ/MG/Cartórios/Remoção/2015) Em relação à revogação de atos praticados antes da falência, marque a opção correta:

a) são revogáveis os atos praticados com a intenção de prejudicar credores, sendo necessária a prova do conluio fraudulento entre devedor e o terceiro que com ele contratar e o efetivo prejuízo sofrido pela massa falida.

b) a ação revocatória deverá ser proposta pelo administrador judicial, por qualquer credor ou pelo Ministério Público no prazo de 2 (dois) anos contados da decretação da falência.

c) o juiz, na ação revocatória, poderá, de ofício ordenar, como medida preventiva, o sequestro dos bens retirados do patrimônio do devedor que estejam em poder de terceiros.

d) a sentença que julgar procedente a ação revocatória determinará o retorno dos bens à massa falida em espécie, com todos os acessórios, ou o valor de mercado, acrescidos das perdas e danos. Desta decisão cabe o recurso de agravo.

249. (Consulplan/TJ/MG/Cartórios/Remoção/2015) Em relação à Lei n. 11.101/05, marque a opção correta:

a) a habilitação dos créditos em falência é providência que compete ao credor, em petição dirigida ao juiz da causa.

b) na falência consideram-se créditos extraconcursais e serão pagos com precedência sobre a ordem de classificação os créditos tributários, independentemente de sua natureza e tempo de constituição, excetuadas as multas tributárias.

c) os procedimentos de recuperação judicial e extrajudicial têm em comum a necessidade de o devedor ser empresário idôneo, assim entendido, dentre outros requisitos, aquele que não obteve nos últimos 5 (cinco) anos recuperação judicial.

d) após a concessão da recuperação judicial pelo juiz competente, caso o devedor deixe de cumprir as obrigações previstas no plano de reestruturação das dívidas, o juiz poderá convolar a recuperação judicial em falência, mediante prévia aprovação da Assembleia de Credores, na qual não votarão os credores porventura satisfeitos.

250. **(Consulplan/TJ/MG/Cartórios/Remoção/2015)** Ainda sobre a Lei n. 11.101/05, marque a opção correta:

a) o plano de recuperação judicial deverá ser apresentado no prazo assinado pelo juiz, não superior a 120 (cento e vinte) dias.

b) quem por dolo requerer a falência de outrem será condenado, na sentença que julgar improcedente o pedido, a indenizar o devedor, apurando-se as perdas e danos em liquidação de sentença.

c) o processo de recuperação judicial aplica-se a qualquer tipo de sociedade.

d) a decretação da falência de empresário individual extingue automaticamente todos os contratos de que for parte.

251. **(Consulplan/TJ/MG/Cartórios/Remoção/2014)** Com base na Lei n. 11.101, de 9 de fevereiro de 2005, podem requerer a falência do devedor, exceto:

a) o próprio devedor, na forma da lei.

b) o cônjuge sobrevivente, qualquer herdeiro do devedor ou o inventariante.

c) somente o credor com garantia real.

d) o cotista ou o acionista do devedor na forma da lei ou do ato constitutivo da sociedade.

252. **(FMP/TJ/MT/Cartórios/Remoção/2014)** A falência pode ser requerida:

a) por impontualidade do devedor desde que o credor tenha título executivo protestado e acima de 40 salários mínimos.

b) por ausência de pagamento, depósito ou garantia da execução fundada em título executivo superior a 40 salários mínimos.

c) por fato considerado pela lei de falências como ato de falência desde que antes tenha havido a execução da dívida que se quer cobrar.

d) por impontualidade do devedor desde que o credor tenha título executivo protestado, independentemente do valor da dívida.

e) por fato considerado pela lei de falências como ato de falência desde que o credor seja empresário.

253. **(IBFC/TJ/PR/Cartórios/Remoção/2014)** Acerca das sociedades assinale a proposição incorreta:

a) o ato de transformação independe da dissolução ou da liquidação e obedecerá aos preceitos reguladores da constituição e inscrição próprios do tipo em que vai converter-se.

b) a transformação depende do consentimento de todos os sócios, salvo se prevista no ato constitutivo, caso em que o dissidente poderá retirar-se da sociedade, aplicando-se no silêncio do estatuto ou do contrato social, o disposto no artigo 1031 do Código Civil.

c) a transformação não modificará nem prejudicará, em qualquer caso, os direitos dos credores.

d) a falência da sociedade transformada produzirá efeitos em relação a todos os sócios, independentemente do tipo anterior a que estariam sujeitos, se a pedirem os titulares de créditos anteriores à transformação.

254. **(Cespe/TJ/BA/Cartórios/Remoção/2013)** Assinale a opção correta considerando a Lei n. 11.101/2005, que regula a recuperação judicial e extrajudicial e a falência do empresário e da sociedade empresária:

a) ainda que desaprovadas as contas, o administrador judicial deve receber remuneração pelo seu trabalho.

b) no comitê de credores, é vedada a participação de representante de credores quirografários e de credores com privilégios gerais.

c) na recuperação judicial, os titulares de créditos retardatários têm sempre direito a voto nas deliberações da assembleia geral de credores.

d) a legislação brasileira prevê que o administrador judicial deve ser profissional idôneo e veda o desempenho dessa função por pessoa jurídica.

e) na falência, o administrador judicial não pode, sem autorização judicial, após ouvidos o comitê de credores e o devedor no prazo comum de dois dias, transigir sobre obrigações e direitos da massa falida e conceder abatimento de dívidas, ainda que estas sejam consideradas de difícil recebimento.

255. (Cespe/TJ/DFT/Cartórios/Remoção/2014) Acerca do direito falimentar, assinale a opção correta:

a) a restituição à instituição financeira das importâncias entregues ao falido a título de adiantamento a contrato de câmbio para exportação precede, em decorrência da importância para a mobilização do crédito ao setor exportador e do risco que pode trazer ao sistema financeiro, até mesmo aos créditos trabalhistas de natureza salarial vencidos nos três meses anteriores à falência.

b) a aprovação do plano de recuperação judicial apresentado pelo devedor depende dos votos favoráveis de credores que representem mais da metade do valor total dos créditos e que estejam presentes à assembleia geral, computados os votos dos credores de cada classe de forma proporcional ao valor de seu crédito.

c) diante da inércia do órgão regulador competente, o juiz pode decretar a falência de uma instituição financeira.

d) no quadro de credores de uma instituição financeira submetida ao regime de liquidação extrajudicial, os titulares de créditos decorrentes de acidente do trabalho precedem os credores hipotecários, que, por sua vez, antecedem os detentores de créditos garantidos por meio de alienação fiduciária.

e) o administrador judicial não poderá arrecadar os valores de aplicações do falido mantidas em uma instituição financeira se esta mantiver com o falido acordo de compensação e liquidação de obrigações, e o crédito da instituição contra o falido tiver valor superior ao das referidas aplicações.

256. (Cespe/TJ/DFT/Cartórios/Remoção/2014) Assinale a opção correta acerca das sociedades empresárias:

a) historicamente, as sociedades por ações no direito brasileiro, que surgiram para possibilitar, mediante captação da poupança popular, a execução dos grandes empreendimentos necessários ao desenvolvimento do país, foram precedidas pelas sociedades limitadas.

b) a responsabilidade do sócio quotista da sociedade limitada restringe-se ao preço da quota social por ele subscrita, cabendo apenas aos sócios inadimplentes a responsabilidade pelo capital social não integralizado.

c) a doutrina do direito societário aprova o tratamento dado pelo Código de Defesa do Consumidor à desconsideração da personalidade jurídica dos fornecedores de produtos e serviços, visto que, nesse tratamento, são alcançadas a objetividade e a precisão almejadas pela teoria da desconsideração.

d) o exercício de atividade empresarial é vedado às sociedades em conta de participação, dado que os demais agentes do mercado precisam ter segurança quanto à identidade das pessoas que participam da empresa, o que não é possível nessa espécie de sociedade.

e) a decretação da falência do sócio oculto de uma sociedade em conta de participação não produz a resolução, de pleno direito, do contrato de participação, podendo o administrador judicial do falido, mediante autorização do comitê de credores, caso este exista, exigir que o contrato seja cumprido, como forma de aumentar os ativos destinados ao pagamento dos credores.

257. (Consulplan/TJ/MG/Cartórios/Remoção/2017) Acerca da recuperação judicial, extrajudicial e falência do empresário e da sociedade empresária, assinale a alternativa correta, nos termos da Lei n. 11.101, de 09 de fevereiro de 2005:

a) a Lei n. 11.101/2005 não se aplica à cooperativa de crédito, consórcio e sociedade de capitalização.

b) a decretação da falência interrompe o curso da prescrição e de todas as ações e execuções em face do devedor, inclusive aquelas dos credores particulares do sócio solidário.

c) os títulos e documentos que legitimam os créditos poderão ser exibidos em cópias simples, no procedimento de habilitação de créditos.

d) os credores terão o prazo de 10 (dez) dias, contados da publicação do edital de processamento da recuperação judicial, para apresentar ao administrador judicial suas habilitações ou suas divergências em relação aos créditos relacionados.

258. (Consulplan/TJ/MG/Cartórios/Remoção/2017) Em conformidade com a Lei n. 11.101/2005, assinale a alternativa correta, no que se refere à ordem de classificação dos créditos na falência:

a) extraconcursais; derivados da legislação trabalhista até 150 (cento e cinquenta) salários mínimos por credor e os decorrentes de acidente de trabalho; garantia real; tributários, excetuadas as multas; privilégio especial; privilégio geral; quirografários; multas contratuais; subordinados.

b) derivados da legislação trabalhista até 150 (cento e cinquenta) salários mínimos por credor e os decorrentes de acidente de trabalho; tributário, excetuadas as multas; garantia real; privilégio especial; privilégio geral; extraconcursais; quirografários; multas contratuais; subordinados.

c) extraconcursais; derivados da legislação trabalhista até 150 (cento e cinquenta) salários mínimos por credor e os decorrentes de acidente de trabalho; tributário, excetuadas as multas; garantia real; privilégio geral; privilégio especial; quirografários; subordinados; multas contratuais.

d) derivados da legislação trabalhista até 150 (cento e cinquenta) salários mínimos por credor e os decorrentes de acidente de trabalho; extraconcursais; garantia real; tributários, excetuadas as multas; privilégio geral; privilégio especial; quirografários; multas contratuais; subordinados.

259. **(Consulplan/TJ/MG/Cartórios/Remoção/2017)** Segundo a Lei n. 11.101/2005, podem requerer a falência do devedor, exceto:

a) o próprio devedor.

b) terceiro interessado, mesmo não sendo credor do devedor.

c) o cônjuge sobrevivente, qualquer herdeiro do devedor ou o inventariante.

d) o cotista ou acionista do devedor.

260. **(Consulplan/TJ/MG/Cartórios/Remoção/2017)** De acordo com a Lei n. 11.101/2005, são efeitos específicos da condenação por crime previsto nesta legislação, exceto:

a) a inabilitação para o exercício de atividade empresarial.

b) o impedimento para o exercício de cargo ou função em conselho de administração, diretoria ou gerência das sociedades sujeitas à Lei n. 11.101/2005.

c) a impossibilidade de gerir empresa por mandato ou por gestão de negócio.

d) o impedimento para o exercício da função de administrador judicial ou membro do Comitê de credores.

261. **(Consulplan/TJ/MG/Cartórios/Ingresso/2017)** Segundo a Lei n. 11.101/2005, são considerados atos de falência, exceto:

a) proceder à liquidação precipitada dos ativos ou lançar mão de meio ruinoso ou fraudulento para realizar pagamentos.

b) praticar negócio simulado com o objetivo de retardar pagamentos ou fraudar credores.

c) transferir o estabelecimento a terceiro, credor ou não, sem o consentimento de todos os credores, mesmo havendo bens suficientes para solver seu passivo.

d) deixar de cumprir, no prazo estabelecido, obrigação assumida no plano de recuperação judicial.

262. **(Consulplan/TJ/MG/Cartórios/Ingresso/2017)** Segundo a Lei n. 11.101/2005, extinguem-se as obrigações do falido, exceto:

a) o pagamento de todos os créditos.

b) o pagamento, depois de realizado todo o ativo, de mais de 60% (sessenta por cento) dos créditos quirografários.

c) o decurso do prazo de 5 (cinco) anos, contado do encerramento da falência, se o falido não tiver sido condenado pela prática de crime falimentar.

d) o decurso do prazo de 10 (dez) anos, contado do encerramento da falência, se o falido tiver sido condenado por crime falimentar.

263. **(Consulplan/TJ/MG/Cartórios/Ingresso/2017)** Aplica-se a Lei de Falência a:

a) instituições financeiras.

b) sociedades operadoras de planos de saúde.

c) sociedades seguradoras.

d) empresário Individual de Responsabilidade Limitada.

264. **(Consulplan/TJ/MG/Cartórios/Remoção/2017)** No que tange à falência, marque a opção correta:

a) caso não existam títulos protestados contra o réu, não é possível a decretação de falência.

b) caso o réu faça o depósito elisivo, nos termos da lei e nos valores corretos, o proceso falimentar irá continuar. Entretanto, não poderá ser decretada a falência ao final.

c) caso o autor faça o pedido falimentar de maneira vil, sabendo que o réu não se encontra insolvente, o réu poderá pleitear uma indenização. Entretanto, esta requer processo separado autônomo, cuja competência não é necessariamente do juiz da falência.

d) o prazo legal para a defesa em um processo falimentar segue a regra geral do CPC, sendo de 15 dias úteis.

265. **(Ieses/TJ/RO/Cartórios/Remoção/2017)** Será decretada a falência do devedor que sem relevante razão de direito, não paga, no vencimento, obrigação líquida materializada em título ou títulos executivos protestados cuja soma ultrapasse o equivalente a:

a) 60 (sessenta) salários-mínimos na data do pedido de falência.

b) 30 (trinta) salários-mínimos na data do pedido de falência.

c) 50 (cinquenta) salários-mínimos na data do pedido de falência.

d) 40 (quarenta) salários-mínimos na data do pedido de falência.

266. **(Consulplan/TJ/MG/Cartórios/Ingresso/2017)** Sobre a Lei de Falências (Lei n. 11.101/05), assinale a afirmativa correta:

a) para o recebimento de denúncia por crime falimentar é exigida a prolação de sentença que decreta a falência, concede a recuperação judicial ou concede a recuperação extrajudicial.

b) compete ao Juiz da Falência o recebimento da denúncia por crime falimentar.

c) o prazo prescricional dos crimes falimentares é de dois anos, contados do trânsito em julgado da sentença de falência.

d) a Lei n. 11.101/05 se aplica à sociedade de economia mista.

267. **(Consulplan/TJ/MG/Cartórios/Remoção/2017)** Quanto a Lei de Falências, assinale a alternativa incorreta:

a) a prática de ato fraudulento que possa resultar prejuízo aos credores depois da sentença de falência não é crime.

b) os administradores e conselheiros de fato e de direito, bem como o administrador judicial, equiparam-se ao devedor ou falido para todos os efeitos penais decorrentes da Lei de Falências, na medida de sua culpabilidade.

c) após a intimação da sentença de falência, o Ministério Público poderá aguardar a apresentação da exposição circunstanciada do administrador judicial para oferecimento da denúncia e oferecê-la, no prazo de 15 (quinze) dias.

d) a divulgação de informação falsa sobre devedor em recuperação judicial, com a finalidade de levá-lo a falência ou obter vantagem é tipificada como crime na lei falimentar.

268. **(Ieses/TJ/RO/Cartórios/Remoção/2017)** Quem praticar, antes ou depois da sentença que decretar a falência, conceder a recuperação judicial ou homologar a recuperação extrajudicial, ato fraudulento de que resulte ou possa resultar prejuízo aos credores, com o fim de obter ou assegurar vantagem indevida para si ou para outrem, pratica crime e esta sujeito a:

a) pena – reclusão, de 3 (três) a 6 (seis) anos, e multa.

b) pena – reclusão, de 6 (seis) a 9 (nove) meses, e multa.

c) pena – reclusão, de 6 (seis) a 9 (nove) anos, e multa.

d) pena – reclusão, de 1 (um) a 3 (três) anos, e multa.

269. **(Ieses/TJ/CE/Cartórios/Ingresso/2018)** Analise as assertivas abaixo e, de acordo com o que dispõe a lei de falências e recuperação de empresas (Lei 11.101/2005) vigente, assinale a alternativa correta:

I. nas falências de sociedade limitada, são considerados falidos a sociedade e os seus sócios.

II. as obrigações civis do falido só se extinguem mediante o pagamento de todos os créditos.

III. na falência do espólio, ficará suspenso o processo de inventário, cabendo ao administrador judicial a realização de atos pendentes em relação aos direitos e obrigações da massa falida.

IV. a falência do locador não resolve o contrato de locação:

a) todas as assertivas estão corretas.

b) as assertivas III e IV estão corretas.

c) apenas a assertiva II está incorreta.

d) apenas a assertiva III está correta.

270. **(Ieses/TJ/AM/Cartórios/Remoção/2018)** A Lei n. 11.101, disciplina a recuperação judicial, a recuperação extrajudicial e a falência do empresário e da sociedade empresária. Estão fora do alcance da referida Lei as seguintes instituições:

I. empresa pública e sociedade de economia mista.

II. instituição financeira pública ou privada, cooperativa de crédito, consórcio.

III. entidade de previdência complementar, sociedade operadora de plano de assistência à saúde, sociedade seguradora.

IV. sociedade de capitalização e outras entidades legalmente equiparadas.

A sequência correta é:

a) apenas as assertivas II e IV estão incorretas.

b) apenas as assertivas I e IV estão corretas.

c) apenas a assertiva IV está incorreta.

d) as assertivas I, II, III e IV estão corretas.

271. **(Consulplan/TJ/MG/Cartórios/Ingresso/2016)** Sobre o tema Falência e Recuperação Judicial e Extrajudicial, e considerando a Lei n. 11.101/2005, marque a afirmação correta:

a) a Lei n. 11.101/2005 não se aplica a empresa pública e sociedade de economia mista.

b) o juiz fixará o valor e a forma de pagamento da remuneração do administrador judicial. No entanto, por tratar-se de verba alimentar, mesmo em caso de desaprovação de suas contas, o administrador judicial terá direito a essa remuneração.

c) até mesmo as obrigações a título gratuito são exigíveis do devedor, na recuperação judicial ou na falência.

d) os créditos trabalhistas cedidos a terceiros conservam sua natureza de oriundos da legislação do trabalho e mantém sua preferência na classificação dos créditos na falência.

272. **(Consulplan/TJ/MG/Cartórios/Remoção/2017)** O protesto para fins falimentares, para que produza o efeito desejado em relação à ação falimentar, deve ter o seu valor, ou a soma dos valores, caso seja mais do que um título:

a) igual a 40 salários mínimos vigentes no momento do pedido de falência.

b) superior a 40 salários mínimos vigentes no momento do pedido de falência.

c) superior a 40 salários mínimos vigentes no momento da lavratura do protesto.

d) igual a 40 salários mínimos vigentes no momento da lavratura do protesto.

7.2. Recuperação Judicial/Extrajudicial

* SÚMULAS

STJ **Súm. 480.** O juízo da recuperação judicial não é competente para decidir sobre a constrição de bens não abrangidos pelo plano de recuperação da empresa.

STJ **Súm. 581.** A recuperação judicial do devedor principal não impede o prosseguimento das ações e execuções ajuizadas contra terceiros devedores solidários ou coobrigados em geral, por garantia cambial, real ou fidejussória.

* ENUNCIADOS CJF

CJF **Comercial 44.** A homologação de plano de recuperação judicial aprovado pelos credores está sujeita ao controle judicial de legalidade.

CJF **Comercial 46.** Não compete ao juiz deixar de conceder a recuperação judicial ou de homologar a extrajudicial com fundamento na análise econômico-financeira do plano de recuperação aprovado pelos credores.

CJF **Comercial 52.** A decisão que defere o processamento da recuperação judicial desafia agravo de instrumento.

CJF **Comercial 53.** A assembleia geral de credores para deliberar sobre o plano de recuperação judicial é una, podendo ser realizada em uma ou mais sessões, das quais participarão ou serão considerados presentes apenas os credores que firmaram a lista de presença encerrada na sessão em que instalada a assembleia geral.

CJF **Comercial 54.** O deferimento do processamento da recuperação judicial não enseja o cancelamento da negativação do nome do devedor nos órgãos de proteção ao crédito e nos tabelionatos de protestos.

CJF **Comercial 55.** O parcelamento do crédito tributário na recuperação judicial é um direito do contribuinte, e não uma faculdade da Fazenda Pública, e, enquanto não for editada lei específica, não é cabível a aplicação do disposto no art. 57 da Lei n. 11.101/2005 e no art. 191-A do CTN.

CJF **Comercial 57.** O plano de recuperação judicial deve prever tratamento igualitário para os membros da mesma classe de credores que possuam interesses homogêneos, sejam estes delineados em função da natureza do crédito, da importância do crédito ou de outro critério de similitude justificado pelo proponente do plano e homologado pelo magistrado.

CJF **Comercial 74.** Embora a execução fiscal não se suspenda em virtude do deferimento do processamento da recuperação judicial, os atos que importem em constrição do patrimônio do devedor devem ser analisados pelo juízo recuperacional, a fim de garantir o princípio da preservação da empresa.

CJF **Comercial 76.** Nos casos de emissão de títulos de dívida pela companhia recuperanda, na qual exista agente fiduciário ou figura similar representando uma coletividade de credores, caberá ao agente fiduciário o exercício do voto em assembleia-geral de credores, nos termos e mediante as autorizações previstas no documento de emissão, ressalvada a faculdade de qualquer investidor final pleitear ao juízo da recuperação o desmembramento do direito de voz e voto em assembleia para exercê-los individualmente, unicamente mediante autorização judicial.

CJF **Comercial 77.** As alterações do plano de recuperação judicial devem ser submetidas à assembleia geral de credores, e a aprovação obedecerá ao quórum previsto no art. 45 da Lei n. 11.101/05, tendo caráter vinculante a todos os credores submetidos à recuperação judicial, observada a ressalva do art. 50, § 1º, da Lei n. 11.101/05, ainda que propostas as alterações após dois anos da concessão da recuperação judicial e desde que ainda não encerrada por sentença.

CJF **Comercial 78.** O pedido de recuperação judicial deve ser instruído com a relação completa de todos os credores do devedor, sujeitos ou não à recuperação judicial, inclusive fiscais, para um completo e adequado conhecimento da situação econômico-financeira do devedor.

CJF **Comercial 79.** O requisito do inc. III do § 1º do art. 58 da Lei n. 11.101 aplica-se a todas as classes nas quais o plano de recuperação judicial não obteve aprovação nos termos do art. 45 desta Lei.

CJF **Comercial 81.** Aplica-se à recuperação judicial, no que couber, o princípio da "par condicio creditorum".

CJF **Proc. Civil 113.** As disposições previstas nos arts. 190 e 191 do CPC poderão ser aplicadas ao procedimento de recuperação judicial.

* INFORMATIVOS

STJ **Recuperação judicial. Artigo 49, § 3º, "in fine", da Lei 11.101/05. Garantia fiduciária. Bem de capital. Definição.** Para efeito de aplicação do final do § 3º do artigo 49 da Lei n. 11.101/05, "bem de capital" é o bem corpóreo (móvel ou imóvel) utilizado no processo produtivo da empresa recuperanda e que não seja perecível nem consumível. REsp 1.758.746, Rel. Min. Marco Aurélio Bellizze, DJ 1.10.2018. 3ª T. (Info 634)

STJ **Recuperação judicial. Suspensão do processo até o trânsito em julgado da ação de soerguimento. Não cabimento. Razoabilidade não verificada. Ofensa ao princípio da preservação da empresa. Inocorrência.** Ação de compensação por danos morais movida contra empresa em recuperação judicial não deve permanecer suspensa até o trânsito em julgado da decisão final proferida no processo de soerguimento. REsp 1.710.750, Rel. Min. Nancy Andrighi, DJ 18.5.2018. 3ª T. (Info 627)

STJ **Recuperação Judicial. Relação de créditos. Edital. Publicação na imprensa oficial. Obrigatoriedade. Art. 191 da Lei 11.101/05.** É imprescindível a publicação na imprensa oficial do edital previsto no art. 7º, § 2º, da Lei 11.101/05. REsp 1.758.777, Rel. Min. Nancy Andrighi, DJ 13.9.2018. 3ª T. (Info 633)

STJ **Ação de compensação por danos morais. Devedor em recuperação judicial. Constituição do crédito. Evento danoso ocorrido em momento anterior ao pedido recuperacional. Submissão aos efeitos da recuperação judicial. Sentença condenatória proferida posteriormente. Irrelevância.** O crédito derivado de fato ocorrido em momento anterior àquele em que requerida a recuperação judicial deve sujeitar-se ao plano de soerguimento da sociedade devedora. 3ª T. REsp 1.727.771, Rel. Min. Nancy Andrighi, DJ 18.5.2018. (Info 626)

* QUESTÕES DISCURSIVAS

11. **(Vunesp/TJ/SP/Cartórios/2018)** A respeito da cessão fiduciária de recebíveis, discorra sobre sua forma de constituição, natureza do eventual registro e seus efeitos na recuperação judicial.

12. **(Consulplan/TJ/MG/Cartórios/Remoção/2016)** Dissertação. O periódico "El País – Brasil" publicou em 27 de junho de 2016: "Governo brasileiro teme 'efeito Oi' no mercado. Nos primeiros cinco meses deste ano, o número de pedidos de recuperações judiciais foi quase o dobro (95,1% maior) do que o registrado no mesmo período do ano passado". (Disponível em: http://brasil.elpais.com/brasil/2016/06/23/economia/1466714653_565261.html.) À luz da Constituição da República de 1988 e da Lei n. 11.101, de 9 de fevereiro de 2005, disserte acerca dos princípios constitucionais não escritos da Função Social e da Preservação da Empresa, relacionando-os com os institutos da Recuperação Judicial, Extrajudicial e da Falência, fazendo um paralelo com a manutenção dos interesses dos credores, na satisfação do crédito.

* QUESTÕES OBJETIVAS

273. (Cespe/TJ/PI/Cartórios/Remoção/2013) Lucas e Jorge são credores de Cavalcante e Irmãos Sociedade Ltda., o primeiro por um cheque no valor equivalente a dez salários mínimos e o segundo, também pelo valor de dez salários mínimos, decorrente de condenação em processo judicial motivada por acidente de trabalho. O cheque foi devolvido por falta de fundos e a decisão judicial não foi cumprida, não tendo sido encontrados bens passíveis de penhora. Lucas e Jorge, em processos separados, pediram a decretação da falência da devedora. Esta fez pedido de recuperação judicial, mas não efetuou o depósito do valor cobrado. O juiz extinguiu, em razão do valor, o processo de Lucas, mas não o de Jorge, e, tendo em vista a falta de depósito elisivo nesse processo, indeferiu o pedido de processamento da recuperação judicial, decretando, então, a falência da devedora, que, ato contínuo, apresentou recurso de agravo de instrumento. Com referência a essa situação hipotética, assinale a opção correta:

a) o recurso correto contra a decisão do juiz seria o de apelação, que seria recebido em ambos os efeitos.
b) o juiz agiu incorretamente ao indeferir, com o fundamento exposto, o processamento do pedido de recuperação judicial.
c) mantida a falência, o crédito de Lucas deve ser pago antes dos créditos trabalhistas.
d) o juiz agiu incorretamente, pois deveria ter determinado a reunião dos dois processos, para que o valor das execuções perfizesse o valor mínimo que autorizaria o pedido de falência.
e) o juiz, já que não havia litisconsórcio entre Lucas e Jorge, deveria ter extinguido ambos os processos pelo mesmo fundamento.

274. (Cespe/TJ/ES/Cartórios/Remoção/2013) Credores empresários que apresentam dificuldades financeiras podem requerer, em juízo, a homologação de plano de recuperação judicial. A respeito desse assunto, assinale a opção correta:

a) será deferida a recuperação extrajudicial, desde que 50% deles sejam signatários do plano.
b) a sentença de homologação do plano de recuperação extrajudicial constitui título executivo judicial.
c) na hipótese de não homologação do plano de recuperação extrajudicial, o devedor não poderá apresentar novo pedido.
d) é vedada, em qualquer circunstância, a inclusão de credor por adiantamento de contrato de câmbio para a exportação no plano de recuperação extrajudicial.
e) o plano de recuperação extrajudicial que incluir credor proprietário fiduciário de bens móveis ou imóveis deverá conter a descrição dos bens dados em garantia.

275. (FCC/TJ/PE/Cartórios/Ingresso/2013) Não se submete aos efeitos da recuperação judicial o crédito do titular de cessão fiduciária de crédito, com o prevalecimento dos direitos de propriedade do credor cessionário fiduciário, desde que, antes do pedido de recuperação o respectivo contrato, celebrado por instrumento público ou particular, esteja registrado no Registro:

a) de títulos e documentos do domicílio do devedor.
b) de títulos e documentos do domicílio do credor.
c) civil das pessoas jurídicas da sede social da sociedade devedora.
d) público de empresas mercantis competente.
e) de imóveis da sede social da devedora.

276. (Ieses/TJ/RN/Cartórios/Ingresso/2012) Quanto à recuperação judicial é correto afirmar, exceto, que:

a) o empresário individual está excluído da Lei de Recuperação de Empresas, eis que os dispositivos dedicam-se às sociedades empresárias.
b) as instituições financeiras, públicas ou privadas, estão incluídas na Lei de Recuperação de Empresas.
c) o devedor não poderá desistir do pedido de recuperação judicial após o deferimento de seu processamento, salvo se obtiver aprovação da desistência na assembleia-geral de credores.
d) o juiz poderá decretar a falência durante o processo de recuperação judicial por deliberação da assembleia-geral de credores.

277. (Consulplan/TJ/MG/Cartórios/Ingresso/2016) De acordo com a Lei n. 11.101/2005, não pode ser incluído no plano de recuperação extrajudicial o crédito:

a) trabalhista.
b) quirografário.
c) com garantia real.
d) subordinado.

278. (Consulplan/TJ/MG/Cartórios/Remoção/2016) De acordo com a Lei n. 11.101/2005, que regula a recuperação judicial, a extrajudicial e a falência do empresário e da sociedade empresária, são requisitos necessários para o pedido de recuperação judicial, exceto:

a) o devedor, no momento do pedido, exercer regularmente suas atividades há mais de 2 (dois) anos.
b) o devedor, no momento do pedido, não possuir títulos protestados.
c) o devedor, no momento do pedido, não ter há menos de 5 (cinco) anos, obtido concessão de recuperação judicial.
d) o devedor, no momento do pedido, não ter sido condenado ou não ter, como administrador ou sócio controlador, pessoa condenada por qualquer dos crimes previstos na Lei n. 11.101/2005.

279. (Consulplan/TJ/MG/Cartórios/Ingresso/2015) Sobre a Lei n. 11.101/05, é correto afirmar:

a) em relação à recuperação judicial de empresa, os crimes previstos na lei respectiva são de ação penal pública condicionada à representação dos credores.
b) o plano de recuperação judicial poderá prever prazo superior a 01 (um) ano para pagamento dos créditos derivados da legislação do trabalho ou decorrentes de acidente do trabalho vencidos até a data do pedido de recuperação judicial.
c) não estão sujeitos aos efeitos do plano de recuperação judicial os créditos titularizados pelo arrendador mercantil e pelo promitente vendedor de bem imóvel cujo contrato contenha cláusula de irrevogabilidade.
d) tendo sido decretada a falência de uma empresa, entre os efeitos decorrentes estão aqueles quanto aos bens do falido. Nesse caso o falido perde a disposição, a administração, bem como a propriedade de seus bens.

280. (Consulplan/TJ/MG/Cartórios/Remoção/2014) Analise as seguintes afirmativas:

I. não são exigíveis do devedor, na recuperação judicial ou na falência, as obrigações a título gratuito e as despesas que os credores fizerem para tomar parte na recuperação judicial ou na falência, salvo as custas judiciais decorrentes de litígio com o devedor.
II. a decretação da falência ou o deferimento do processamento da recuperação judicial suspende o curso da prescrição e de todas as ações e execuções em face do devedor, inclusive aquelas dos credores particulares do sócio solidário.
III. na recuperação judicial, os titulares de créditos retardatários, excetuados os titulares de créditos derivados da relação de trabalho, não terão direito a voto nas deliberações da assembleia geral de credores.

A partir da análise e com base na Lei n. 11.101, de 9 de fevereiro de 2005, estão corretas as afirmativas:

a) I, II, e III.
b) I e II apenas.
c) II e III apenas.
d) I e III apenas.

281. (FMP/TJ/MT/Cartórios/Ingresso/2014) Na Recuperação Judicial, a aprovação do Plano de Recuperação depende:

a) de aprovação em separado de cada classe de créditos.
b) da unanimidade de votação em cada classe de créditos.
c) da unanimidade dos credores trabalhistas e de maioria dos demais.
d) de aprovação dos credores e do administrador judicial.
e) de aprovação de unanimidades dos credores tributários.

282. (FMP/TJ/MT/Cartórios/Remoção/2014) A Recuperação Judicial:

a) abrange todas as dívidas do empresário.
b) por ser destinada a preservar a empresa, pode ser requerida por quem não é empresário comerciante.
c) não atinge os créditos trabalhistas.
d) não atinge os créditos tributários.
e) não atinge os créditos inferiores a 40 salários mínimos.

283. (Cespe/TJ/BA/Cartórios/Ingresso/2013) Com relação à falência e à recuperação judicial e extrajudicial, assinale a opção correta:

a) o saldo do crédito não coberto pelo valor do bem ou da garantia no arrendamento mercantil não será considerado crédito quirografário, sujeito à recuperação judicial.

b) o controle judicial de legalidade não se aplica à homologação de plano de recuperação judicial aprovado pelos credores.

c) é vedado ao magistrado desconsiderar, em razão de abuso de direito, o voto de credores ou a manifestação de vontade do devedor.

d) nas alienações judiciais de filiais ou de unidades produtivas isoladas do devedor, haverá sucessão do adquirente nas dívidas do devedor, inclusive nas de natureza tributária, trabalhista e nas decorrentes de acidentes de trabalho.

e) no processo de recuperação judicial, a suspensão do curso da prescrição e de todas as ações e execuções em face do devedor, inclusive das dos credores particulares do sócio solidário, poderá excepcionalmente ser prorrogada se o retardamento do feito não puder ser imputado ao devedor.

284. (Cespe/TJ/DFT/Cartórios/Ingresso/2014) A respeito do direito falimentar, assinale a opção correta:

a) os registros de direitos reais por título oneroso ou gratuito realizados após a decretação da falência são ineficazes em relação à massa falida, independentemente do momento da prenotação.

b) por constituir matéria de interesse privado, a ineficácia dos atos do falido em relação à massa não pode ser declarada de ofício pelo juiz.

c) o crédito da instituição financeira decorrente do adiantamento a contrato de câmbio para exportação é extraconcursal, devendo, portanto, ser pago com precedência sobre os demais créditos contra a massa falida da empresa exportadora.

d) por nortear o regime falimentar em vigor, o princípio da preservação da empresa torna obrigatório a todos os credores do devedor o plano de recuperação extrajudicial assinado por credores que representem mais de três quintos de todos os créditos por ele abrangidos

e) não estão sujeitas à recuperação judicial nem à recuperação extrajudicial as sociedades empresárias constituídas sob a forma de sociedade de economia mista ou de empresas públicas.

285. (Cespe/TJ/SE/Cartórios/Remoção/2014) Em relação a falência e recuperação de empresas, assinale a opção correta:

a) consoante a teoria da aparência, a notificação do protesto, para requerimento de falência de empresa devedora, dispensa a identificação da pessoa que a recebeu.

b) o deferimento da recuperação judicial ou a decretação da falência interrompe o prazo prescricional e as ações e execuções judiciais contra o devedor, ressalvadas as ações trabalhistas e execuções fiscais.

c) contra a massa falida não se exigem juros vencidos após a decretação da falência se previstos em contrato, devendo ser pagos apenas os decorrentes de lei, ainda que o ativo apurado não baste para o pagamento dos credores subordinados.

d) as companhias aéreas podem falir, não estando, entretanto, sujeitas à recuperação judicial.

e) as pessoas que desenvolvem atividades rurais somente estarão sujeitas ao regime de falência e recuperação se efetuada sua inscrição no registro público de empresas mercantis.

286. (Cespe/TJ/SE/Cartórios/Ingresso/2014) Assinale a opção correta com relação à recuperação de empresas e à falência:

a) a ação revocatória por ineficácia deve ser proposta pelo administrador judicial, por qualquer credor ou pelo MP em até três anos contados da decretação da falência.

b) ocorrendo o leilão por lances orais, a alienação do ativo deve ocorrer pelo maior valor oferecido, desde que igual ou superior ao valor de avaliação.

c) para qualquer modalidade de realização do ativo, é desnecessária a apresentação de certidões negativas pela massa falida.

d) o juízo da recuperação judicial é competente para decidir sobre a constrição de todos os bens da empresa, inclusive aqueles que não estejam abrangidos pelo plano de recuperação.

e) após a decretação da falência, o exercício do direito de retenção sobre os bens sujeitos a arrecadação dependerá de autorização do administrador judicial.

287. **(Consulplan/TJ/MG/Cartórios/Ingresso/2017)** Considerando a Lei n. 11.101/2005, assinale a alternativa incorreta em relação à recuperação judicial:

a) poderá requerer a recuperação judicial o devedor que, no momento do pedido, exerça regularmente suas atividades há mais de 2 (dois) anos.
b) estão sujeitos à recuperação judicial todos os créditos existentes na data do pedido.
c) constituem meios de recuperação judicial, dentre outros, a alteração do controle societário, a constituição de sociedade de credores e a administração compartilhada.
d) rejeitado o plano de recuperação judicial pela assembleia geral de credores, o juiz decretará a falência do devedor.

288. **(Consulplan/TJ/MG/Cartórios/Ingresso/2017)** Segundo a Lei n. 11.101/2005, é atribuição do Comitê de Credores, na recuperação judicial, exceto:

a) fiscalizar as atividades e examinar as contas do administrador judicial.
b) comunicar ao juiz, caso detecte violação dos direitos ou prejuízo aos interesses dos credores.
c) aprovar, rejeitar ou modificar o plano de recuperação judicial apresentado pelo credor.
d) requerer ao juiz a convocação da assembleia geral de credores.

289. **(Cetro/TJ/RJ/Cartórios/Ingresso/2017)** Ao se dirigir ao cartório para mais um dia de trabalho, o Notário depara-se com a seguinte notícia no celular: "Tribunal concede recuperação judicial a conglomerado econômico situado no Rio de Janeiro, inclusive para suas subsidiárias estrangeiras". Tomando-se por base o caso, marque V para verdadeiro ou F para falso e, em seguida, assinale a alternativa que apresenta a sequência correta.

I. A recuperação judicial alcança tanto os bens e créditos existentes em território nacional quanto aqueles que estiverem em nome das empresas subsidiárias no exterior, desde que não haja ação em trâmite perante tribunal estrangeiro, de modo a evitar litispendência relacionada à questão falimentar.
II. O processamento de recuperação judicial de grupo transnacional não consta da lei falimentar brasileira, devendo tal lacuna legislativa ser sanada por meio do uso da equidade.
III. a recuperação judicial não pode alcançar subsidiárias que são constituídas para estruturar financiamento da controladora nacional, emissão de títulos e otimização de garantias na contratação de financiamento no exterior, dado que fogem da atividade principal da recuperanda:

a) V, F, V.
b) V, V, F.
c) F, F, V.
d) V, F, F.
e) F, V, F.

290. **(Ieses/TJ/CE/Cartórios/Ingresso/2018)** Analise as assertivas abaixo e, de acordo com o que dispõe a lei de falências e recuperação de empresas (Lei 11.101/2005) vigente, assinale a alternativa correta:

I. a recuperação judicial pode ser requerida por empresário individual, por EIRELI – empresa individual de responsabilidade limitada ou por sociedade, simples ou empresária.
II. após a concessão da recuperação judicial, o devedor poderá alienar ou onerar bens ou direitos de seu ativo permanente previamente relacionados no plano de recuperação judicial.
III. após o deferimento da recuperação judicial, o administrador judicial assume a condução dos negócios, cabendo ao devedor, se desejar, exercer a fiscalização.
IV. o devedor permanecerá em recuperação judicial durante o período até o cumprimento de todas as obrigações do plano de recuperação judicial homologado judicialmente:

a) apenas as assertivas III está incorreta.
b) todas as assertivas estão incorretas.
c) apenas a assertiva II está correta.
d) todas as assertivas estão corretas.

291. **(Ieses/TJ/AM/Cartórios/Ingresso/2018)** Relativamente à disciplina e às disposições da Lei n. 11.101/05, considere as seguintes afirmações:

I. a recuperação judicial tem por objetivo viabilizar a superação da situação de crise econômico-financeira do devedor, a fim de permitir a manutenção da fonte produtora, do emprego dos trabalhadores e dos interesses dos credores, promovendo, assim, a preservação da empresa, sua função social e o estímulo à atividade econômica.

II. segundo o disposto no art. 48 da Lei que regula a recuperação judicial, a extrajudicial e a falência do empresário e da sociedade empresária (Lei n. 11.101/05), poderá requerer recuperação judicial o devedor que, no momento do pedido, exerça regularmente suas atividades há mais de 2 (dois) anos.

III. estão sujeitos à recuperação judicial todos os créditos existentes na data do pedido, desde que vencidos.

Esta integralmente correto o que se afirma em:

a) apenas as assertivas I e III.
b) nenhuma das assertivas.
c) apenas as assertivas I e II.
d) as assertivas I, II e III.

292. **(Vunesp/TJ/SP/Cartórios/Ingresso/2018)** O devedor poderá requerer a homologação do plano de recuperação extrajudicial que obriga a todos os credores por ele abrangidos, desde que assinado por credores que representem mais de:

a) 3/4 (três quartos) de todos os créditos de cada espécie por ele abrangidos.
b) 3/5 (três quintos) de todos os créditos de cada espécie por ele abrangidos.
c) metade de todos os créditos de cada espécie por ele abrangidos.
d) 2/3 (dois terços) de todos os créditos de cada espécie por ele abrangidos.

293. **(Consulplan/TJ/MG/Cartórios/Ingresso/2016)** Assinale a afirmação correta acerca da disciplina da recuperação judicial, extrajudicial e da falência do empresário e da sociedade empresária, levando-se em consideração os ditames da Lei n. 11.101/05:

a) o plano de recuperação judicial da microempresa e da empresa de pequeno porte abrange apenas créditos derivados da legislação do trabalho, créditos com garantia real e tributários.
b) a despesa relativa à remuneração do administrador judicial e de seus auxiliares será arcada pelo Comitê de Credores.
c) a recuperação judicial tem por objetivo viabilizar a superação da situação de crise econômico-financeira do devedor, a fim de permitir a manutenção da fonte produtora, do emprego dos trabalhadores e dos interesses dos credores, promovendo, assim, a preservação da empresa, sua função social e o estímulo à atividade econômica.
d) a decretação da falência do espólio não suspende o processo de inventário, cabendo ao administrador judicial a realização de atos pendentes em relação aos direitos e obrigações da massa falida.

294. **(Consulplan/TJ/MG/Cartórios/Ingresso/2015)** A respeito da recuperação judicial, extrajudicial e da falência, e com base na Lei n. 11.101/05, é correto afirmar, exceto:

a) a decretação da falência ou o deferimento do processamento da recuperação judicial interrompe o curso da prescrição e suspende todas as ações e execuções em face do devedor.
b) na classificação dos créditos na falência, os créditos decorrentes da legislação do trabalho, limitados a 150 (cento e cinquenta) salários-mínimos por credor e os decorrentes de acidente de trabalho preferem aos créditos tributários, mas estes não preferem aos créditos com garantia real até o limite do valor do bem gravado.
c) a sentença no procedimento de falência do devedor ordenará ao falido que apresente, no prazo máximo de 5 (cinco) dias, relação nominal dos credores, indicando endereço, importância, natureza e classificação dos respectivos créditos, se essa já não se encontrar nos autos, sob pena de desobediência.
d) não é ato que enseja a decretação de falência do devedor empresário a existência de um único protesto de título de crédito sacado contra o devedor, em quantia inferior a 40 (quarenta) salários-mínimos na data do pedido de falência.

8. DOS TÍTULOS DE CRÉDITO

8.1. Disposições Gerais

✱ SÚMULAS

STF **Súm. 189.** Avais em branco e superpostos consideram-se simultâneos e não sucessivos.

STF **Súm. 387.** A cambial emitida ou aceita com omissões, ou em branco, pode ser completada pelo credor de boa-fé antes da cobrança ou do protesto.

STF **Súm. 600.** Cabe ação executiva contra o emitente e seus avalistas, ainda que não apresentado o cheque ao sacado no prazo legal, desde que não prescrita a ação cambiária.

STJ **Súm. 26.** O avalista do título de crédito vinculado a contrato de mútuo também responde pelas obrigações pactuadas, quando no contrato figurar como devedor solidário.

STJ **Súm. 60.** É nula a obrigação cambial assumida por procurador do mutuário vinculado ao mutuante, no exclusivo interesse deste.

STJ **Súm. 248.** Comprovada a prestação dos serviços, a duplicata não aceita, mas protestada, é título hábil para instruir pedido de falência.

STJ **Súm. 361.** A notificação do protesto, para requerimento de falência da empresa devedora, exige a identificação da pessoa que a recebeu.

STJ **Súm. 475.** Responde pelos danos decorrentes de protesto indevido o endossatário que recebe por endosso translativo título de crédito contendo vício formal extrínseco ou intrínseco, ficando ressalvado seu direito de regresso contra os endossantes e avalistas.

STJ **Súm. 476.** O endossatário de título de crédito por endosso-mandato só responde por danos decorrentes de protesto indevido se extrapolar os poderes de mandatário.

* ENUNCIADOS CJF

CJF **Comercial 39.** Não se aplica a vedação do art. 897, parágrafo único, do Código Civil, aos títulos de crédito regulados por lei especial, nos termos do seu art. 903, sendo, portanto, admitido o aval parcial nos títulos de crédito regulados em lei especial.

CJF **Comercial 69.** Prescrita a pretensão do credor à execução de título de crédito, o endossante e o avalista, do obrigado principal ou de coobrigado, não respondem pelo pagamento da obrigação, salvo em caso de locupletamento indevido.

CJF **Civil 52.** As disposições relativas aos títulos de crédito do Código Civil aplicam-se àqueles regulados por leis especiais, no caso de omissão ou lacuna.

CJF **Civil 461.** As duplicatas eletrônicas podem ser protestadas por indicação e constituirão título executivo extrajudicial mediante a exibição pelo credor do instrumento de protesto, acompanhado do comprovante de entrega das mercadorias ou de prestação dos serviços.

CJF **Civil 462.** Os títulos de crédito podem ser emitidos, aceitos, endossados ou avalizados eletronicamente, mediante assinatura com certificação digital, respeitadas as exceções previstas em lei.

CJF **Civil 463.** A prescrição da pretensão executória não atinge o próprio direito material ou crédito, que podem ser exercidos ou cobrados por outra via processual admitida pelo ordenamento jurídico.

CJF **Civil 464.** As disposições relativas aos títulos de crédito do Código Civil aplicam-se àqueles regulados por leis especiais, no caso de omissão ou lacuna.

* QUESTÕES OBJETIVAS

295. **(Consulplan/TJ/MG/Cartórios/Remoção/2018)** A ausência de qualquer dos requisitos legais para a caracterização do título de crédito:

a) não retira sua validade e invalida o negócio jurídico de origem.
b) retira sua validade como título de crédito e invalida o negócio jurídico de origem.
c) retira sua validade como título de crédito e não invalida o negócio jurídico de origem.
d) não retira sua validade como título de crédito e não invalida o negócio jurídico de origem.

296. **(TJ/SC/Cartórios/Remoção/2012)** Sobre o título de crédito, é correto afirmar:

a) a omissão de qualquer requisito legal que tire ao escrito a sua validade como título de crédito implica a inviabilidade do negócio jurídico que lhe deu origem.
b) é o documento necessário ao exercício do direito literal e autônomo nele contido, desde que preencha os requisitos da lei.
c) é a prazo de apresentação o título de crédito que não contenha indicação do vencimento.
d) o título de crédito pode ser reivindicado do portador que o adquiriu de boa-fé e na conformidade das normas que disciplinam a sua circulação.
e) o pagamento de título de crédito que contenha obrigação de pagar soma determinada não pode ser garantido por aval.

297. **(TJ/SC/Cartórios/Ingresso/2012)** São títulos de crédito:

a) aval, letra de câmbio, cheque e duplicata.
b) letra de câmbio, nota promissória, cheque e duplicata.
c) letra de câmbio, nota promissória, cheque e endosso.
d) nota promissória, cheque, protesto e duplicata.

e) nota promissória, cheque, letra de câmbio e fiança.

298. **(Ieses/TJ/RN/Cartórios/Ingresso/2012)** Quanto aos títulos de crédito, é correto afirmar, exceto, que:

a) o que não se encontra expressamente consignado no título de crédito não interfere na relação jurídico-cambial.

b) duas obrigações que estejam representadas pelo mesmo título de crédito continuam autônomas entre si.

c) em regra, o credor de um título de crédito que quiser exercer seu direito quanto ao título deverá ter a posse da cártula.

d) o título de crédito é a própria obrigação pecuniária.

299. **(Cespe/TJ/PI/Cartórios/Remoção/2013)** No que se refere à obrigatoriedade e aos efeitos do protesto e do apontamento, assinale a opção correta:

a) ainda que se trate de inscrição decorrente de dados públicos, como os dados de cartórios de protesto de títulos, a ausência de comunicação da inscrição ao consumidor enseja dano moral.

b) aplicam-se à cédula de crédito rural, à nota promissória rural e à duplicata rural, no que forem cabíveis, as normas de direito cambial, inclusive quanto ao aval, sendo, porém, dispensado o protesto para assegurar o direito de regresso contra endossantes e seus avalistas.

c) o vendedor somente poderá executar a cláusula de reserva de domínio após constituir o comprador em mora, o que ocorre obrigatoriamente mediante protesto do título.

d) o protesto será tirado, ainda que verificada qualquer irregularidade formal, após a protocolização do título.

e) conforme entendimento do STJ, a protocolização do título ou documento de dívida, em cartório, pelo credor, na fase preliminar de protesto, gera, por si só, direito à indenização por danos morais, se inexistente a dívida.

300. **(Ieses/TJ/RS/Cartórios/Ingresso/2013)** Em relação aos títulos de crédito:

I. as duplicatas eletrônicas podem ser protestadas por indicação e constituirão título executivo extrajudicial, mediante a exibição pelo credor do instrumento de protesto, acompanhado do comprovante de entrega das mercadorias ou de prestação dos serviços.

II. os títulos de crédito podem ser emitidos, aceitos, endossados ou avalizados eletronicamente, mediante assinatura com certificação digital, respeitadas as exceções previstas em lei.

III. o aval posterior ao vencimento produz os mesmos efeitos do anteriormente dado, não sendo, em regra, admitido aval parcial, exceto para os títulos de crédito regulados em lei especial.

IV. é válido o endosso parcial.

V. a cláusula constitutiva de penhor, lançada no endosso, confere ao endossatário o exercício dos direitos inerentes ao título.

São verdadeiras as afirmativas:

a) I, II, III e IV, somente.

b) I, II, III e V, apenas.

c) III, IV e V, somente.

d) IV e V, apenas.

301. **(Ieses/TJ/RS/Cartórios/Remoção/2013)** Considerando a teoria geral dos títulos de crédito, assinale a alternativa incorreta:

a) são princípios cambiários: cartularidade, autonomia e literalidade.

b) em função da cartularidade inerente aos títulos de crédito que se permite sua ampla negociabilidade, cabe somente ao credor que o tenha consigo a prerrogativa de sua cobrança.

c) como consequência do subprincípio da abstração, é possível afirmar que o título de crédito se desvincula completamente da causa que lhe deu origem, independentemente de ter ou não circulado, sendo possível sustentar que o devedor original jamais poderá se escusar ao pagamento, sob a alegação de que o portador deixou de cumprir com sua obrigação.

d) os títulos de crédito não precisam necessariamente representar uma operação mercantil de crédito.

302. **(Cespe/TJ/PI/Cartórios/Remoção/2013)** Assinale a opção correta acerca de títulos de crédito:

a) se, em execução de cédula de crédito bancário, for cobrado valor em desacordo com o valor nela expresso, será cabível o abatimento, na própria execução, do mesmo valor cobrado em excesso, como sanção ao exequente.

b) o endossante da letra de arrendamento mercantil não responde por seu pagamento, salvo estipulação expressa em contrário.

c) a nota de crédito industrial deve ser emitida com garantia real.

d) o aval parcial no cheque é nulo.

e) o portador pode recusar o pagamento parcial da duplicata.

303. (Cespe/TJ/ES/Cartórios/Remoção/2013) Acerca dos princípios gerais dos títulos de crédito, assinale a opção correta:

a) defesas com base em exceções pessoais podem ser opostas, pelo sacado, em letra de câmbio, a partir de sua emissão.

b) o título de crédito será tido como inválido caso se verifique que um dos coobrigados cambiais seja absolutamente incapaz.

c) o endossante que, em ação regressiva, efetuar o pagamento de título de crédito pode acionar seu endossatário para haver dele aquilo que pagou.

d) a ação intentada contra um dos coobrigados não impede que outros sejam acionados, mesmo os posteriores àquele que foi acionado em primeiro lugar.

e) em face do princípio da literalidade, é inválido o aceite ou o aval dado em documento separado.

304. (Consulplan/TJ/MG/Cartórios/Ingresso/2015) Sobre título de crédito, avalie:

I. o credor de um título de crédito não pode recusar o pagamento parcial no seu vencimento.

II. pode ser omitida a data de vencimento do título de crédito.

III. são títulos de crédito que contêm ordem de pagamento o warrant e partes beneficiárias.

IV. o aval posterior ao vencimento não produz efeitos.

V. considera-se não escrita a cláusula proibitiva de endosso no título de crédito.

Estão corretas as assertivas:

a) I e II, apenas.

b) I, II e IV, apenas.

c) I, II e V, apenas.

d) I, II, III, IV e V.

305. (Consulplan/TJ/MG/Cartórios/Remoção/2015) Em relação aos títulos de crédito, marque a opção correta:

a) com a morte ou a superveniente incapacidade do endossante, perde-se a eficácia do endosso-mandato.

b) a omissão de qualquer requisito legal, que tire ao escrito sua validade como título de crédito, implica a invalidade do negócio jurídico que lhe deu origem.

c) enquanto o título de crédito estiver em circulação, só ele poderá ser dado em garantia, ou ser objeto de medidas judiciais, e não, separadamente, os direitos ou mercadorias o que representa.

d) no título de crédito à ordem admite-se o endosso parcial.

306. (Consulplan/TJ/MG/Cartórios/Remoção/2015) Sobre os títulos de créditos, marque a opção correta:

a) podem ser reivindicados do portador que os adquiriu de boa-fé.

b) o possuidor de título dilacerado, identificável, tem direito de obter do emitente a substituição, devolvendo o título e pagando as despesas.

c) o proprietário, que perder ou extraviar o título, ou for injustamente desapossado dele, poderá obter novo título em juízo, porém não poderá impedir que sejam pagos a outrem capital e rendimentos.

d) o aval a um título de crédito deve ser prestado através de documento específico para essa finalidade.

307. (Consulplan/TJ/MG/Cartórios/Ingresso/2014) Sobre os títulos de crédito e com base no Código Civil (Lei 10.406, de 10 de janeiro de 2002), assinale a alternativa correta:

a) o título de crédito, documento necessário ao exercício do direito literal e autônomo nele contido, somente produz efeito quando preencha os requisitos da lei.

b) o título de crédito não precisa conter a data da emissão, basta a indicação precisa dos direitos que confere, e a assinatura do emitente.

c) é a prazo o título de crédito que não contenha indicação de vencimento.

d) considera-se lugar de emissão e de pagamento, quando não indicado no título, o domicílio do avalista.

308. (Consulplan/TJ/MG/Cartórios/Remoção/2014) Sobre os títulos de crédito e com base no Código Civil (Lei 10.406, de 10 de janeiro de 2002), assinale a alternativa incorreta:

a) consideram-se não escritas no título a cláusula de juros, a proibitiva de endosso, a excludente de responsabilidade pelo pagamento ou por despesas, a que dispense a observância de termos e formalidade prescritas, e a que, além dos limites fixados em lei, exclua ou restrinja direitos e obrigações.

b) o título de crédito, incompleto ao tempo da emissão, não pode ser preenchido posteriormente e por isso é irrelevante a conformidade com os ajustes realizados entre as partes.

c) a transferência do título de crédito implica a de todos os direitos que lhe são inerentes.

d) o pagamento de título de crédito, que contenha obrigação de pagar soma determinada, pode ser garantido por aval.

309. **(Cespe/TJ/BA/Cartórios/Remoção/2013)** Assinale a opção correta quanto às disposições do Código Civil sobre títulos de crédito:

a) o título de crédito poderá ser reivindicado do portador que o adquirir de boa-fé e de acordo com as normas que disciplinam a sua circulação.

b) considerar-se-á lugar de emissão e de pagamento do título, quando não indicado em seu conteúdo, o domicílio do sacado.

c) a omissão de qualquer requisito legal, que tire ao escrito a sua validade como título de crédito, implicará a invalidade do negócio jurídico que lhe der origem.

d) aquele que, sem ter poderes, ou excedendo os que tiver, lançar a sua assinatura em título de crédito como mandatário ou representante de terceiro ficará pessoalmente obrigado, e, se pagar o título, terá os mesmos direitos que teria o suposto mandante ou representado.

e) a transferência do título de crédito não resulta na transferência de todos os direitos inerentes a essa espécie de título.

310. **(Consulplan/TJ/MG/Cartórios/Remoção/2017)** João Lima recebeu uma promissória do emitente e devedor Pedro Silva, que não foi paga, mas não a executou e nem a protestou. Passados 6 anos da data do vencimento do título, o credor entrou com uma ação monitória de cobrança, visando receber seu crédito. Pedro Silva, em embargos, alegou somente a tese de prescrição, sem maior detalhe ou especificação. João Lima, em resposta aos embargos, disse que não ocorreu prescrição, já que o prazo de cobrança somente teria iniciado após os 3 anos para a ação de execução, que se somariam aos anos subsequentes, ou seja, a prescrição seria em 8 anos, ou então em 10 anos, já que se trata de direito pessoal, sem prazo específico na lei para fins de prescrição. É correto afirmar que:

a) o prazo prescricional para ajuizamento de ação de cobrança ou monitória em face do emitente de nota promissória sem força executiva é de 8 anos, já que o credor tem antes o prazo de 3 anos para promover a execução do título, prazo que não é computado para dar início ao procedimento monitório ou de cobrança, portanto não prescrita a pretensão.

b) o prazo prescricional para ajuizamento de ação de cobrança ou monitória em face do emitente de nota promissória sem força executiva é quinquenal, a contar do dia seguinte ao vencimento do título, portanto prescrita a pretensão.

c) o prazo prescricional para ajuizamento de ação de cobrança ou monitória em face do emitente de nota promissória sem força executiva é de 10 anos (decenal), já que o Código Civil não fixou especificamente prazo menor, portanto não prescrita a pretensão.

d) o prazo prescricional para ajuizamento de ação monitória ou de cobrança em face do emitente de nota promissória sem força executiva é de 3 anos, já se discute a pretensão de ressarcimento de valor em pretensão que envolve enriquecimento sem causa, portanto prescrita a pretensão.

311. **(Ieses/TJ/RO/Cartórios/Remoção/2017)** Segundo institui o Código Civil brasileiro, o título de crédito, documento necessário ao exercício do direito literal e autônomo nele contido, somente produz efeito quando preencha os requisitos da lei. Acerca do tema podemos afirmar, exceto:

a) deve o título de crédito conter a data da emissão, a indicação precisa dos direitos que confere, e a assinatura do emitente.

b) a omissão de qualquer requisito legal, que tire ao escrito a sua validade como título de crédito, implica a invalidade do negócio jurídico que lhe deu origem.

c) é à vista o título de crédito que não contenha indicação de vencimento.

d) considera-se lugar de emissão e de pagamento, quando não indicado no título, o domicílio do emitente.

312. **(Consulplan/TJ/MG/Cartórios/Remoção/2016)** Em resposta à proposição abaixo, assinale a única alternativa correta. Em se tratando de penhora de crédito representado por letra de câmbio, nota promissória, duplicata, cheque ou outros títulos far-se-á pela apreensão do documento, esteja ou não este em poder do executado:

a) se o terceiro negar o débito em conluio com o executado, a quitação que este lhe der não conduzirá à fraude à execução.
b) o terceiro não se exonerará da obrigação pelo simples depósito em juízo da importância da dívida.
c) se o título não for apreendido, mas o terceiro confessar a dívida, será este tido como depositário da importância.
d) a requerimento do exequente, o juiz determinará o comparecimento, em audiência especialmente designada, do executado e do terceiro, a fim de lhes tomar os depoimentos, visando constituir o objeto da obrigação a ser cumprida pelo devedor ou pelo terceiro em favor do credor desprovido do título exequendo.

313. **(Ieses/TJ/CE/Cartórios/Ingresso/2018)** Analise as assertivas abaixo e, de acordo com o que dispõe a legislação vigente, assinale a alternativa correta:

I. para a validade do aval, é suficiente a simples assinatura do avalista no anverso do título.
II. o endosso parcial é nulo.
III. são inválidos os títulos de crédito que não indicarem o local de pagamento.
IV. é válido o título de crédito que não contenha a indicação do vencimento, considerando-se à vista o seu vencimento:

a) apenas a assertiva IV está correta.
b) apenas a assertivas III está incorreta.
c) apenas a assertiva I está correta.
d) todas as assertivas estão incorretas.

314. **(Faurgs/TJ/RS/Cartórios/Remoção/2015)** Assinale a alternativa que apresenta afirmação correta a respeito da disciplina dos Títulos de Crédito ao Portador no Código Civil:

a) é válido o título ao portador emitido sem autorização de lei especial.
b) o proprietário que perder ou extraviar título ou for injustamente desapossado dele poderá exigir do devedor um novo título.
c) a transferência de título ao portador se faz por simples evicção.
d) o devedor só poderá opor ao portador exceção fundada em direito pessoal ou em nulidade de sua obrigação.

315. **(Consulplan/TJ/MG/Cartórios/Remoção/2017)** Acerca do protesto de duplicata, assinale a alternativa correta:

a) o fato de não ter sido exercida a faculdade de protestar o título, por falta de aceite ou de devolução, elide a possibilidade de protesto por falta de pagamento.
b) comprovada a prestação dos serviços, a duplicata não aceita, mas protestada, é título hábil para instruir pedido de falência.
c) a duplicata é protestável por falta de pagamento, mas não por falta de aceite.
d) o portador que não tirar o protesto da duplicata, em forma regular e dentro do prazo de 30 (trinta) dias, manterá o direito de regresso contra os endossantes e respectivos avalistas.

316. **(Cetro/TJ/RJ/Cartórios/Ingresso/2017)** Sobre o protesto das cédulas de crédito, assinale a alternativa incorreta:

a) o protesto das Cédulas de Crédito Rural é sempre facultativo, até mesmo para executar endossante e seus avalistas.
b) o protesto da Cédula de Produto Rural é facultativo contra avalistas e endossantes.
c) a Cédula de Crédito Bancário poderá ser protestada por indicação, desde que o credor apresente declaração de posse da sua única via negociável.
d) o protesto da Cédula de Crédito Bancário é sempre facultativo para garantir o direito de cobrança contra endossantes, seus avalistas e terceiros garantidores.
e) o protesto da Cédula de Crédito Industrial e o da Cédula de Crédito Comercial são facultativos.

317. **(Ieses/TJ/PA/Cartórios/Ingresso/2016)** Sobre o protesto, está incorreto afirmar que:

a) o tabelião pode se recusar a protestar o título, cabendo ao apresentante exigir que exponha suas justificativas por escrito.
b) não constitui efeito do protesto a garantia do endossatário do direito de regresso contra o endossante e os seus avalistas.
c) dispensa-se a intimação do sacado ou aceitante na hipótese de constar no título declaração inequívoca da recusa do aceite ou do pagamento.

d) em regra o protesto é gratuito para o credor, que só arcará com as custas, despesas e emolumentos, se desistir do ato ou ficar vencido em processo judicial que determinar o seu cancelamento.

8.2. Do Aval

✱ QUESTÕES OBJETIVAS

318. **(Faurgs/TJ/RS/Cartórios/Ingresso/2015)** Assinale a alternativa que apresenta afirmação correta a respeito da disciplina dos Títulos de Crédito no Código Civil:

a) a omissão de qualquer requisito legal que tire ao escrito a sua validade como título de crédito implica a invalidade do negócio jurídico que lhe deu origem.
b) o título de crédito pode ser reivindicado do portador que o adquiriu de boa-fé e na conformidade das normas que disciplinam a sua circulação.
c) é vedado o aval parcial.
d) é nulo o aval posterior ao vencimento.

319. **(Vunesp/TJ/SP/Cartórios/Remoção/2014)** Assinale a alternativa correta:

a) ao dar um aval, o avalista garante a obrigação cambiária mesmo que a obrigação avalizada seja nula.
b) o empresário individual devidamente registrado na Junta Comercial competente torna-se uma pessoa jurídica.
c) a responsabilidade dos sócios na sociedade limitada vai até o montante do capital social; isso significa que em qualquer hipótese serão eles convocados para repor o capital social até o valor declarado no contrato social.
d) a declaração antenupcial do empresário deve ser arquivada somente no registro público do comércio, a cargo das Juntas Comerciais.

320. **(Cespe/TJ/SE/Cartórios/Remoção/2014)** A respeito do direito cambiário, assinale a opção correta:

a) o protesto, realizado pelo tabelião de protestos de títulos, é requisito para a execução judicial de títulos de crédito contra o devedor principal.
b) para propor ação de regresso pelo pagamento de duplicata, aquele que tenha efetuado o pagamento deve observar a ordem em que os demais coobrigados figurem no título, assim como o prazo prescricional de um ano, a contar da data em que o pagamento tenha sido efetuado.
c) em atendimento ao princípio da cartularidade, sem a duplicata original não poderá ser proposta a execução do título.
d) o título nominativo com cláusula à ordem circula mediante tradição e cessão de crédito, ao passo que o título nominativo com cláusula não à ordem circula mediante tradição e endosso.
e) o aval é uma garantia cambial fidejussória e autônoma com relação à obrigação do avalizado: a invalidade da obrigação principal não invalida a obrigação do avalista, salvo se decorrer de vício de forma.

321. **(Ieses/TJ/AM/Cartórios/Remoção/2018)** De acordo com os preceitos do direito civilista relacionados aos títulos de créditos é correto afirmar, exceto:

a) é à vista o título de crédito que não contenha indicação de vencimento.
b) deve o título de crédito conter a data da emissão, a indicação precisa dos direitos que confere, e a assinatura do emitente.
c) a transferência do título de crédito implica a de todos os direitos que lhe são inerentes.
d) o pagamento de título de crédito, que contenha obrigação de pagar soma determinada, não pode ser garantido por aval.

322. **(Consulplan/TJ/MG/Cartórios/Remoção/2016)** Sobre os títulos de crédito e com base no Código Civil brasileiro, é correto afirmar:

a) o pagamento de título de crédito, que contenha obrigação de pagar soma determinada, pode ser garantido por aval.
b) o avalista, na falta de indicação, não pode ser equiparado ao emitente ou devedor final.
c) o aval somente pode ser dado no verso do próprio título, sob pena de invalidade da garantia.
d) o aval posterior ao vencimento não produz os mesmos efeitos do anteriormente dado.

323. **(Vunesp/TJ/SP/Cartórios/Remoção/2016)** Sendo nula a emissão do título de crédito, de ordinário:

a) fica vedada a circulação do título.
b) o aval regularmente dado no título também é nulo.

c) a circulação do título convalida qualquer nulidade.

d) o aval regularmente dado no título não perde seu efeito.

8.3. Do Endosso

*** QUESTÕES OBJETIVAS**

324. **(TJ/SC/Cartórios/Remoção/2012)** Quanto ao endosso é correto afirmar:

a) é título de crédito.

b) é ato cambiário pelo qual um terceiro se responsabiliza pelo pagamento da obrigação constante no título de crédito.

c) é ato formal pelo qual se atestam fatos relevantes para a relação cambial.

d) é ato pelo qual se aperfeiçoa a vênia conjugal para a validade do título de crédito.

e) é ato cambiário mediante o qual o credor do título de crédito transmite seus direitos a outrem.

325. **(Faurgs/TJ/RS/Cartórios/Ingresso/2015)** Assinale a alternativa que apresenta afirmação correta a respeito da disciplina dos Títulos de Crédito à Ordem no Código Civil:

a) a transferência por endosso completa-se com a assinatura do endossante no título.

b) com a morte ou a superveniente incapacidade do endossante, o endosso-mandato perde eficácia.

c) aquele que paga o título não está obrigado a verificar a regularidade da série de endossos, mas sim a autenticidade das assinaturas.

d) a aquisição de título à ordem, por meio diverso do endosso, tem efeito de cessão civil.

326. **(Cespe/TJ/BA/Cartórios/Remoção/2013)** No que concerne aos títulos de crédito e aos contratos, assinale a opção correta:

a) a propositura de ação de revisão de contrato descaracteriza a mora do autor.

b) é vedado às partes excluir a responsabilidade por evicção.

c) verificada onerosidade excessiva, não será possível pleitear a revisão do contrato, pois o Código Civil somente prevê expressamente a possibilidade de resolução do contrato nessa hipótese.

d) o endossatário que receber título de crédito por endossomandato não responderá pelos danos decorrentes do protesto indevido, salvo se extrapolar os poderes de mandatário ou se praticar ato culposo próprio.

e) não obstante os princípios da autonomia e abstração aplicáveis aos títulos de crédito, a nota promissória, vinculada a contrato de abertura de crédito ou à confissão de dívida, segundo o entendimento sumulado do STJ, não goza de autonomia.

327. **(Ieses/TJ/PA/Cartórios/Remoção/2016)** Sobre o endosso na letra de câmbio pode-se afirmar:

I. é possível o endosso parcial da letra de câmbio, especificando a parcela.

II. para a validade do endosso, é suficiente a simples assinatura do próprio punho do endossador ou do mandatário especial, no verso da letra.

III. é possível o endosso e com ele se transmite a propriedade da letra de câmbio.

IV. a cláusula "por procuração", lançada no endosso, indica o mandato com todos os poderes, salvo o caso de restrição, que deve ser expressa no mesmo endosso.

A sequência correta é:

a) apenas as assertivas II, III e IV estão corretas.

b) apenas a assertiva I está correta.

c) as assertivas I, II, III e IV estão corretas.

d) apenas as assertivas I e II estão corretas.

328. **(Ieses/TJ/PB/Cartórios/Remoção/2014)** O endosso é o instituto cambiário abstrato e formal, decorrente de declaração unilateral de vontade, que confere circulação ao título de crédito. Em relação a este ato cambiário podemos afirmar que:

I. o endosso deve ser lançado pelo endossante no verso ou anverso do próprio título.

II. a transferência por endosso completa-se com a tradição do título.

III. considera-se não escrito o endosso cancelado, total ou parcialmente.

IV. considera-se legítimo possuidor o portador do título à ordem com série regular e ininterrupta de endossos, ainda que o último seja em branco.

A sequência correta é:

a) as assertivas I, II, III e IV estão corretas.

b) apenas a assertiva III está correta.

c) apenas as assertivas I, II e IV estão corretas.

d) apenas as assertivas II e III estão corretas.

329. **(Vunesp/TJ/SP/Cartórios/Remoção/2014)** Em matéria de títulos de crédito, segundo o Código Civil, o título nominativo pode ser transferido:

a) somente se tiver anuência de todos os coobrigados.
b) somente mediante cessão civil, sem efeitos cambiais.
c) somente se tiver anuência do devedor principal.
d) por endosso, desde que contenha o nome do endossatário.

330. **(Cespe/TJ/DFT/Cartórios/Ingresso/2014)** Assinale a opção correta acerca dos títulos de crédito, de acordo com a jurisprudência do STF e do STJ:

a) é permitido ao credor de contrato de mútuo garantido por nota promissória avalizada buscar a responsabilização do avalista pelos encargos contratuais, ainda que esses encargos não constem na nota promissória e o avalista não haja firmado o contrato de mútuo como devedor solidário.
b) em razão da natureza do contrato de mandato, em nenhuma hipótese, o endossatário que receber o título de crédito com endosso-mandato será responsabilizado pelos danos decorrentes do protesto indevido da cártula.
c) o endossatário que receber por endosso translativo título de crédito formalmente viciado responderá pelos danos decorrentes do protesto indevido da cártula, podendo exercer seu direito de regresso contra os demais coobrigados no título.
d) não se admite que o credor, ainda que de boa-fé, complete uma nota promissória emitida com omissões ou em branco antes do protesto, sob pena de desnaturação do título de crédito, uma vez que incumbe exclusivamente ao emitente da nota promissória o seu preenchimento.
e) o credor de cheque sem força executiva tem prazo de dez anos, contatos do dia seguinte ao do vencimento do título, para ajuizamento da ação monitória contra o emitente do documento.

331. **(Cespe/TJ/DFT/Cartórios/Remoção/2014)** Assinale a opção correta com base em contratos bancários e títulos de crédito:

a) o processo de anulação de letra de câmbio visa proteger o sacador contra eventual responsabilização por adulterações que tenham sido realizadas no título.
b) a cédula de crédito bancário é título de crédito emitido pelo estabelecimento bancário e representa promessa de pagamento em dinheiro, decorrente de operação de crédito, de qualquer modalidade.
c) é característica do desconto bancário a ausência de responsabilidade do descontário, ou mutuário, pela solvabilidade do devedor principal do título descontado.
d) o STJ tem jurisprudência consolidada no sentido de que, dadas as características e a natureza do contrato de mandato, não é possível responsabilizar a instituição financeira que leva a protesto um título com vício formal recebido por endosso-mandato.
e) o endosso da Letra de Arrendamento Mercantil, emitida por sociedades de arrendamento mercantil, não cria para o endossante responsabilidade pelo pagamento do título, salvo estipulação em contrário.

8.4. Espécies

◎ ATENÇÃO: ESTE TEMA É MUITO EXIGIDO NOS CONCURSOS!

✱ INOVAÇÕES LEGISLATIVAS

▲ Lei da Duplicata Escritural (Lei 13.775/18): nova lei.

✱ SÚMULAS

1) Cheque

STF **Súm. 28.** O estabelecimento bancário é responsável pelo pagamento de cheque falso, ressalvadas as hipóteses de culpa exclusiva ou concorrente do correntista.

STF **Súm. 600.** Cabe ação executiva contra o emitente e seus avalistas, ainda que não apresentado o cheque ao sacado no prazo legal, desde que não prescrita a ação cambiária.

STJ **Súm. 299.** É admissível a ação monitória fundada em cheque prescrito.

STJ **Súm. 370.** Caracteriza dano moral a apresentação antecipada de cheque pré-datado.

STJ **Súm. 388.** A simples devolução indevida de cheque caracteriza dano moral.

STJ **Súm. 503.** O prazo para ajuizamento de ação monitória em face do emitente de cheque sem força executiva é quinquenal, a contar do dia seguinte à data de emissão estampada na cártula.

STJ Súm. 531. Em ação monitória fundada em cheque prescrito, ajuizada contra o emitente, é dispensável a menção ao negócio jurídico subjacente à emissão da cártula.

2) Cédula de Crédito Rural

STJ Súm. 16. A legislação ordinária sobre crédito rural não veda a incidência da correção monetária.

STJ Súm. 93. A legislação sobre cédulas de crédito rural, comercial e industrial admite o pacto de capitalização de juros.

3) Duplicata

STJ Súm. 248. Comprovada a prestação dos serviços, a duplicata não aceita, mas protestada, é título hábil para instruir pedido de falência.

3) Nota Promissória

STJ Súm. 258. A nota promissória vinculada a contrato de abertura de crédito não goza de autonomia em razão da iliquidez do título que a originou.

STJ Súm. 504. O prazo para ajuizamento de ação monitória em face do emitente de nota promissória sem força executiva é quinquenal, a contar do dia seguinte ao vencimento do título.

* REPERCUSSÃO & REPETITIVOS

STJ Repetitivo 942. Em qualquer ação utilizada pelo portador para cobrança de cheque, a correção monetária incide a partir da data de emissão estampada na cártula, e os juros de mora a contar da primeira apresentação à instituição financeira sacada ou câmara de compensação. (REsp 1556834, 22.6.2016)

STJ Repetitivo 945. I. a pactuação da pós-datação de cheque, para que seja hábil a ampliar o prazo de apresentação à instituição financeira sacada, deve espelhar a data de emissão estampada no campo específico da cártula; II. sempre será possível, no prazo para a execução cambial, o protesto cambiário de cheque, com a indicação do emitente como devedor. (REsp 1423464, 27.4.2016)

* ENUNCIADOS CJF

CJF Comercial 40. O prazo prescricional de 6 (seis) meses para o exercício da pretensão à execução do cheque pelo respectivo portador é contado do encerramento do prazo de apresentação, tenha ou não sido apresentado ao sacado dentro do referido prazo. No caso de cheque pós-datado apresentado antes da data de emissão ao sacado ou da data pactuada com o emitente, o termo inicial é contado da data da primeira apresentação.

CJF Comercial 41. A cédula de crédito bancário é título de crédito dotado de força executiva, mesmo quando representativa de dívida oriunda de contrato de abertura de crédito bancário em conta-corrente, não sendo a ela aplicável a orientação da Súmula 233 do STJ.

CJF Comercial 71. A prescrição trienal da pretensão à execução, em face do emitente e seu avalista, de nota promissória à vista não apresentada a pagamento no prazo legal ou fixado no título, conta-se a partir do término do referido prazo.

CJF Civil 461. As duplicatas eletrônicas podem ser protestadas por indicação e constituirão título executivo extrajudicial mediante a exibição pelo credor do instrumento de protesto, acompanhado do comprovante de entrega das mercadorias ou de prestação dos serviços.

* QUESTÕES DISCURSIVAS

13. **(Consulplan/TJ/MG/Cartórios/Ingresso/2014)** Com base na Lei 5.474, de 18 de junho de 1968, indique pelo menos dois motivos pelos quais o sacado poderá deixar de aceitar uma duplicata de prestação de serviços.

14. **(Consulplan/TJ/MG/Cartórios/Remoção/2017)** Em uma letra de câmbio, Juca é o sacado, Marta é a tomadora e Hugo, o sacador. Na hipótese de a letra de câmbio não ser aceita, ou não ser paga (considere as duas hipóteses), responda: (a) Quem pode protestar esta letra de câmbio? (b) Supondo que cada um destes tenha residência em cidades diferentes e o local de pagamento seja em uma quarta cidade, onde será feito o protesto? (c) A letra de câmbio tem sua previsão em mais de um instrumento legal. Indique a ordem de aplicação subsidiária dessas normas legais. (d) Por que o Código Civil, sendo a lei mais nova, não se aplica às letras de câmbio de forma direta, tendo revogado as leis anteriores? Justifique.

15. **(Cespe/TJ/PI/Cartórios/2013)** José é credor quirografário de Antônio da quantia de R$ 100.000,00, representada por nota promissória emitida em 1.6.2013 e vencimento previsto para 30.8.2013. Antônio, proprietário do imóvel onde reside com a sua família e de uma edificação comercial avaliada em R$ 350.000,00, acedeu, em 30.7.2013, aos propósitos de Manuel e lhe transferiu a propriedade desse último imóvel a título de dação em pagamento para a quitação de uma dívida no valor de R$ 200.000,00, que venceria em 30.11.2013. Por fim, em razão da obrigação devida por Antônio a José não ter sido paga no seu respectivo vencimento, este apresentou a nota promissória para protesto por falta de pagamento, mas até a presente data não sobreveio quitação. Com base na situação hipotética apresentada, redija texto dissertativo, propondo a solução para o litígio apresentado em relação ao direito de crédito de José em relação a Antônio. Analise as condutas de Antônio e Manuel e aborde, necessariamente, os seguintes aspectos: (i) espécie de fraude praticada por Antônio e Manuel; (ii) conceito da fraude praticada; (iii) natureza jurídica do ato; (iv) pressupostos ou requisitos fáticos necessários à configuração da fraude; (v) efeitos da fraude no plano da eficácia do negócio jurídico em relação ao credor José; (vi) medida judicial para atacar a fraude.

16. **(Vunesp/TJ/SP/Cartórios/2018)** Disserte a respeito da duplicata e a teoria geral dos títulos de crédito. Requisitos, características, remessa e devolução. Cobrança e protesto. Duplicata virtual. Função dos títulos de crédito na economia moderna.

* QUESTÕES OBJETIVAS

332. **(Cespe/TJ/SE/Cartórios/Ingresso/2014)** Considerando que a empresa A tenha emitido letra de câmbio à vista, com todos os requisitos legais, a fim de que a empresa B pague R$ 100.000,00 à empresa C, assinale a opção correta acerca do protesto de letras de câmbio:

a) para que a empresa C exerça seu direito de crédito contra a empresa A, o protesto é necessário, salvo se existir no título a cláusula sem despesas.

b) para que a empresa C exerça seu direito de crédito contra a empresa A, o protesto é facultativo, uma vez que se trata da empresa que sacou o título.

c) para que a empresa C exerça seu direito de crédito contra a empresa B, o protesto é necessário, salvo se existir no título a cláusula sem despesas.

d) nesse caso, o protesto será facultativo tanto para que a empresa C exerça seu direito de crédito contra a empresa A quanto contra a empresa B, salvo se existir no título a cláusula sem despesas.

e) nesse caso, o protesto será necessário tanto para que a empresa.

c) exerça seu direito de crédito contra a empresa A, quanto contra a empresa B, desde que exista no título a cláusula sem despesas.

333. **(Consulplan/TJ/MG/Cartórios/Ingresso/2018)** Com relação à duplicata é correto afirmar que:

a) é protestável por falta de aceite ou de pagamento.

b) o protesto será tirado na praça de pagamento escolhida pelo portador.

c) para que o protesto seja tirado, em todos os casos, é necessária a apresentação da duplicata ou da triplicata.

d) o portador que não tirar o protesto da duplicata no prazo legal perderá o direito de regresso contra os endossantes e respectivos avalistas.

334. **(Consulplan/TJ/MG/Cartórios/Ingresso/2018)** Em caso de uma letra de câmbio preenchida com valor em algarismo diferente do valor indicado por extenso será considerado o valor por extenso:

a) dispensando a anuência do credor.

b) dispensando a anuência das partes.

c) dispensando a anuência do devedor.

d) não dispensando a anuência das partes.

335. **(Consulplan/TJ/MG/Cartórios/Ingresso/2018)** No que tange à Cédula de Crédito Bancário, Lei nº 10.931/04, assinale a alternativa correta:

a) a Cédula de Crédito Bancário em favor de instituição domiciliada no exterior deverá ser emitida em moeda nacional.

b) a Cédula de Crédito Bancário somente poderá ser emitida com garantia real ou fidejussória, cedularmente constituída.

c) a instituição credora deve integrar o Sistema Financeiro Nacional, sendo admitida a emissão da Cédula de Crédito Bancário em favor de instituição domiciliada no exterior, desde que a obrigação esteja sujeita exclusivamente à lei e ao foro brasileiro.

d) a Cédula de Crédito Bancário é título de crédito emitido, por pessoa física ou jurídica, em favor de instituição financeira ou de entidade a esta equiparada, representando ordem de pagamento em dinheiro, decorrente de operação de crédito, de qualquer modalidade.

336. **(Consulplan/TJ/MG/Cartórios/Remoção/2018)** Sobre a letra de câmbio, assinale a alternativa correta:

a) será pagável à vista a letra que indicar a época do vencimento.

b) deve ser apresentada ao sacado ou ao aceitante para o pagamento, no lugar designado e no dia do vencimento.

c) o portador é obrigado a receber o pagamento antes do vencimento da letra sob pena de ser responsabilizado por eventual atraso.

d) sobrevindo caso fortuito ou força maior, a apresentação deve ser feita logo que cessar o impedimento sob pena de perder o portador o direito de regresso contra o sacador, endossadores e avalistas.

337. **(Consulplan/TJ/MG/Cartórios/Remoção/2018)** A respeito da nota promissória, assinale a alternativa correta:

a) é obrigatória a indicação alternativa de local de pagamento.

b) a denominação "nota promissória" não é requisito essencial do título.

c) pode ser emitida "ao portador" porém não pode ser omitido o nome a quem deve ser paga.

d) é um título de crédito que representa uma promessa de pagamento feita pelo devedor em favor do credor.

338. **(Consulplan/TJ/MG/Cartórios/Remoção/2018)** Sendo o endosso "em branco" inserido no cheque, assinale a alternativa correta:

a) ao endossante é vedado proibir novo endosso.

b) ao portador é proibido transferir o cheque a um terceiro.

c) ao endossante é proibido endossar novamente o cheque.

d) ao portador é permitido endossar novamente o cheque, em branco ou a outra pessoa.

339. **(Consulplan/TJ/MG/Cartórios/Remoção/2018)** Sobre a Cédula de Crédito Bancário, está incorreta a seguinte afirmativa:

a) a constituição da garantia poderá ser feita na própria Cédula de Crédito Bancário ou em documento separado, neste caso fazendo-se, na Cédula, menção a tal circunstância.

b) a constituição de garantia da obrigação representada pela Cédula de Crédito Bancário é disciplinada por esta Lei, sendo aplicáveis as disposições da legislação comum ou especial que não forem com ela conflitantes.

c) o bem constitutivo da garantia deverá ser descrito e individualizado de modo que permita sua fácil identificação, e a descrição não poderá ser substituída pela remissão a documento ou certidão expedida por entidade competente.

d) a garantia da Cédula de Crédito Bancário poderá ser fidejussória ou real, neste último caso constituída por bem patrimonial de qualquer espécie, disponível e alienável, móvel ou imóvel, material ou imaterial, presente ou futuro, fungível ou infungível, consumível ou não, cuja titularidade pertença ao próprio emitente ou a terceiro garantidor da obrigação principal.

340. **(Cespe/TJ/ES/Cartórios/Remoção/2013)** Acerca de cédulas de crédito rural e comercial, assinale a opção correta:

a) as cédulas de crédito comercial podem ser sacadas ainda que fora de uma circunstância ou pressuposto fático que a lei estabeleça.

b) a impenhorabilidade conferida ao bem dado em garantia na cédula de crédito rural pode ser relativizada após a vigência do contrato de financiamento.

c) não são nulas as garantias, reais ou pessoais, prestadas por terceiros em cédula de crédito rural hipotecária sacada por pessoa física.

d) o reconhecimento, por decisão judicial, de alongamento de dívida de cédula de crédito rural implica a suspensão do processo de execução.

e) não serão registradas cédulas de crédito rural nas quais seja permitida a capitalização mensal dos juros, ainda que pactuada independentemente da data de emissão do título.

341. **(Cespe/TJ/ES/Cartórios/Remoção/2013)** No que concerne às cédulas de crédito comercial, industrial e rural, assinale a opção correta:

a) a aplicação de crédito decorrente da operação de empréstimo para atividade comercial ou de prestação de serviços deverá ser acompanhada do necessário orçamento.

b) é anulável a inscrição de cédula de crédito garantida por alienação fiduciária, da qual constem bens que sejam objetos de uma mesma garantia em cédula inscrita anteriormente.

c) para a emissão de nova cédula, os bens onerados por penhor cedular não podem ser objeto de nova garantia enquanto a anterior não for paga.

d) as cédulas de crédito comercial são títulos de crédito representativos de operações de empréstimo concedidas por instituições financeiras a pessoa física ou jurídica que se dedique à atividade comercial ou de prestação de serviços, aplicando-se, subsidiariamente, as normas relativas às cédulas de crédito rural.

e) a cédula de crédito industrial, representativa de financiamento à atividade industrial, deverá fazer menção ao orçamento a ela vinculado.

342. **(Faurgs/TJ/RS/Cartórios/Ingresso/2015)** Assinale a alternativa que apresenta afirmação correta a respeito da disciplina sobre Cédula de Crédito Bancário:

a) a Cédula de Crédito Bancário é título de crédito emitido por instituição financeira ou por entidade a esta equiparada em favor de pessoa física ou jurídica.

b) a Cédula de Crédito Bancário é transferível mediante endosso em preto, devendo o endossatário ser instituição financeira ou entidade a ela equiparada.

c) a Cédula de Crédito Bancário poderá ser emitida, com ou sem garantia, real ou fidejussória, cedularmente constituída.

d) na Cédula de Crédito Bancário, poderão ser pactuados juros sobre a dívida, vedada a capitalização.

343. **(Cespe/TJ/BA/Cartórios/Ingresso/2013)** Com relação à cédula de crédito bancário, assinale a opção correta:

a) a cédula de crédito bancário somente será válida e eficaz após o devido registro no cartório de títulos e documentos.

b) a cédula de crédito bancário, assim como as cédulas de crédito rural e industrial, deve ser obrigatoriamente vinculada a um contrato de financiamento para atividade produtiva.

c) as normas atinentes às letras de câmbio e notas promissórias poderão ser aplicadas supletivamente à cédula de crédito bancário.

d) a cédula de crédito bancário deve preencher, desde a sua criação, os requisitos impostos pela lei, não sendo possíveis aditivos ou retificações após a sua emissão.

e) após a emissão do certificado das cédulas de crédito bancário, estas não poderão ser objeto de penhora por obrigação do seu titular.

344. **(Cespe/TJ/DFT/Cartórios/Remoção/2014)** Assinale a opção correta relativamente aos títulos de crédito:

a) com o objetivo de proteger a confiança dos credores que adquirirem o título de crédito, a legislação brasileira veda a concessão de aval em data posterior à do vencimento da cártula.

b) de acordo com a jurisprudência do STJ, o empresário que apresente cheque pós-datado antes da data acordada com o emitente não estará sujeito ao pagamento de indenização por danos morais, devido ao fato de o cheque constituir ordem de pagamento à vista.

c) o STJ admite que o credor de nota promissória sem força executiva ajuíze, em até dez anos após a data de vencimento do título, ação monitória em face do emitente.

d) a jurisprudência do STJ admite que, nas cédulas de crédito rural, comercial e industrial, seja pactuada a capitalização de juros.

e) a abstração é um princípio característico dos títulos de crédito, segundo o qual as diferentes obrigações assumidas no título não são vinculadas, ou seja, são independentes entre si.

345. **(Cespe/TJ/SE/Cartórios/Ingresso/2014)** Acerca de direito cambiário, assinale a opção correta:

a) a apresentação antecipada do cheque pré-datado não configura dano moral, dado que o cheque é uma ordem de pagamento à vista.

b) a cédula de crédito industrial é uma promessa de pagamento em dinheiro, sem garantia real, exigível pela soma dela constante além de juros, comissão de fiscalização, se houver, e demais despesas que o credor fizer para segurança e realização do seu direito creditório.

c) tanto as cédulas quanto as notas de crédito rural devem ser inscritas em cartório do registro de imóveis para ganharem eficácia quanto a terceiros.

d) a nota de crédito bancário é um título de crédito emitido pelo tomador de empréstimo em favor de instituição financeira, decorrente de operação de crédito de qualquer espécie, que deve ser paga em moeda nacional.

e) na execução de título de crédito, a cobrança do valor principal deve ser acrescida de juros e correção monetária, podendo ainda a ela ser adicionado valor de eventual pedido de indenização ou multa de mora.

346. **(Consulplan/TJ/MG/Cartórios/Ingresso/2016)** No que tange ao Decreto-Lei n. 167, de 14/02/1967 (Cédula Rural), avalie as seguintes alternativas:

I. a cédula de crédito rural poderá ser aditada, ratificada e retificada por meio de menções adicionais e de aditivos, datados e assinados somente pelo emitente.

II. o oficial recusará efetuar a inscrição se já houver registro anterior no grau de prioridade declarado no texto da cédula, considerando-se anulável o ato que infringir este dispositivo.

III. podem ser objeto de hipoteca cedular imóveis urbanos e rurais.

IV. o financiamento rural concedido pelos órgãos integrantes do sistema nacional de crédito rural e pessoa física ou jurídica poderá efetivar-se por meio das cédulas de crédito rural previstas no Decreto-Lei n. 167, de 14/02/1967.

Está correto o que se afirma em:

a) I, II, III e IV.
b) III e IV, apenas.
c) I, III e IV, apenas.
d) II e IV, apenas.

347. **(Vunesp/TJ/SP/Cartórios/Remoção/2016)** Relativamente às cédulas de crédito, assinale a alternativa correta:

a) para o registro das cédulas de crédito industrial, rural, à exportação e comercial, bem como de seus aditivos, é indispensável o reconhecimento de firmas.
b) a emissão e a negociação de cédula de crédito imobiliário independem de autorização do devedor do crédito imobiliário que ela representa.
c) a cédula de crédito industrial hipotecária será registrada no livro 2, de registro geral.
d) a cédula de crédito rural pignoratícia não é registrável no registro de imóveis, devendo ser inscrita no Registro de Títulos e Documentos.

348. **(Consulplan/TJ/MG/Cartórios/Remoção/2016)** No que diz respeito ao Decreto-Lei n. 167, de 14/02/1967 (Cédula Rural) e Decreto-Lei n. 413 de 09/01/1969 (Cédula de Crédito Industrial), avalie as seguintes afirmações:

I. a cédula de crédito industrial pode ser garantida por penhor cedular, hipoteca cedular e alienação fiduciária.

II. a cédula de crédito industrial é promessa de pagamento em dinheiro, com garantia real, cedularmente constituída e a cédula de crédito rural é promessa de pagamento em dinheiro, sem ou com garantia real cedularmente constituída.

III. a nota de crédito industrial é promessa de pagamento em dinheiro, sem garantia real.

IV. a venda dos bens apenhados ou hipotecados pela cédula de crédito rural depende de prévia anuência do credor, por escrito.

Está correto o que se afirma em:

a) II, III e IV, apenas.
b) III e IV, apenas.
c) I, II, III e IV.
d) II e IV, apenas.

349. **(Cespe/TJ/PI/Cartórios/Remoção/2013)** Considerando a legislação e o entendimento do STJ e do CNJ sobre o protesto de cheques, assinale a opção correta:

a) legitimamente protestado o cheque, caberá ao devedor que pagar posteriormente a dívida o ônus de providenciar a baixa do protesto em cartório, salvo nos casos em que a relação jurídica subjacente seja de consumo.
b) apresentado o cheque a protesto, não se exigirá comprovação do endereço do emitente, independentemente da data da sua emissão.
c) conforme o STJ, a despeito da intrínseca relação entre o emitente e a instituição financeira, é dispensável, para o protesto, a prévia apresentação do cheque ao banco sacado, sendo essa uma condição exigível somente para fins de execução judicial do título.
d) é vedado o apontamento de cheques quando eles tiverem sido devolvidos pelo banco sacado por motivo de furto, roubo ou extravio das folhas ou talonários, contanto que não tenham circulado por meio de endosso, nem estejam garantidos por aval, hipóteses em que se procede ao protesto sem fazer constar os dados do emitente da cártula.
e) ainda que o cheque levado a protesto possua força executiva, a interrupção da prescrição diz respeito ao prazo quinquenal da ação de cobrança de dívidas líquidas constantes de instrumento público ou particular.

350. **(Cespe/TJ/ES/Cartórios/Ingresso/2013)** Em relação ao protesto, assinale a opção correta com base na lei que dispõe sobre o cheque:

a) o instrumento de protesto, depois de registrado, deve ser entregue ao portador legitimado, ainda que desapossado do cheque e que este esteja na posse de terceiro de boa-fé.

b) dada a solidariedade cambial, o protesto contra o emitente implica, obrigatoriamente, o protesto contra seu avalista.

c) o cheque deverá ser levado a protesto, inexistindo hipótese de dispensa, antes de expirado o prazo durante o qual se admite a apresentação do título, ou seja, antes de seis meses contados do fim do prazo de apresentação.

d) o protesto de cheque é vedado caso o portador o apresente sem endosso que o identifique.

e) o protesto é condição inarredável para a execução do cheque contra quaisquer dos membros da cadeia cambial.

351. (Ieses/TJ/PA/Cartórios/Remoção/2016) No tocante ao cheque pode-se afirmar:

I. considera-se não escrita a estipulação de juros inserida no cheque.

II. as obrigações contraídas no cheque são autônomas e independentes.

III. indicada a quantia mais de uma vez, quer por extenso, quer por algarismos, prevalece, no caso de divergência, a indicação da maior quantia.

IV. o emitente garante o pagamento, considerando-se não escrita a declaração pela qual se exima dessa garantia.

A sequência correta é:

a) apenas as assertivas I, II e IV estão corretas.

b) apenas a assertiva I está correta.

c) apenas as assertivas I e III estão corretas.

d) as assertivas I, II, III e IV estão corretas.

352. (Consulplan/TJ/MG/Cartórios/Ingresso/2015) A respeito do cheque, é correto afirmar:

a) o cheque visado é aquele sacado por instituição financeira e que não admite devolução por insuficiência de fundos.

b) um cheque com aval simples e transferido por endosso é devolvido sem pagamento pela instituição financeira, por insuficiência de fundos. Seu portador terá seis meses a contar da data da segunda apresentação para inciar execução baseada no título.

c) no cheque o endosso parcial deve ser considerado anulável, se submetendo a condição.

d) o cheque apresentado a pagamento antes do dia indicado como data da emissão é pagável no dia da apresentação.

353. (Consulplan/TJ/MG/Cartórios/Ingresso/2014) São requisitos específicos do cheque, previstos na Lei n. 7.357, de 2 de setembro de 1985, exceto:

a) a denominação "cheque" inscrita no contexto do título e expressa na língua em que este é regido.

b) a ordem incondicional de pagar quantia determinada e o nome do banco ou da instituição financeira que deve pagar.

c) a indicação do lugar de pagamento, da data, do lugar de emissão e a assinatura do emitente, ou de seu mandatário com poderes especiais.

d) a assinatura do avalista, que pode ser por chancela mecânica ou processo equivalente.

354. (Cespe/TJ/BA/Cartórios/Remoção/2013) Assinale a opção correta com respeito ao disposto na Lei de Cheques (Lei n. 7.357/1985):

a) a aposição de visto, certificação ou outra declaração equivalente obriga o sacado a debitar à conta do emitente a quantia indicada no cheque e a reservá-la em benefício do portador legitimado, durante o prazo de apresentação, ficando exonerado o emitente.

b) não se admite no Brasil o pagamento de cheque no domicílio de terceiro.

c) o cheque pagável a pessoa nomeada, com a cláusula expressa não à ordem, é transmissível por via de endosso.

d) a aposição de assinatura de pessoa em cheque cria obrigações para o signatário, mesmo que o cheque contenha assinatura de pessoas incapazes de se obrigar por cheque, ou assinaturas falsas.

e) no que se refere ao cheque, o aceite tem o condão de criar vínculo entre o assinante e a obrigação cambial, desde que seguidas algumas formalidades, como a aposição da data e da assinatura do aceitante no anverso do cheque.

355. (Ieses/TJ/RS/Cartórios/Remoção/2013) Sobre debênture, está correto afirmar:

a) é um título emitido por sociedade anônima e sociedade comandita por ações e confere aos seus titulares direito de crédito, sendo facultada a previsão de garantia real ou flutuante.

b) é um título emitido por sociedade anônima e sociedade comandita por ações e confere aos seus titulares direito de crédito, sem privilégio ou garantia contra elas.

c) é título emitido somente por sociedade anônima e confere aos seus titulares direito de crédito contra ela.
d) é um título emitido somente por sociedade anônima e confere aos seus titulares direito de crédito contra ela, vedada sua conversão em ações.

356. (Vunesp/TJ/SP/Cartórios/Ingresso/2016) Considere as seguintes afirmações, assinalando a correta:

a) as debêntures são títulos emitidos pelas sociedades anônimas que conferem um direito de crédito ao seu titular.
b) as ações preferenciais são aquelas que dão origem às debêntures.
c) as debêntures podem ser emitidas por escrituras públicas lavradas no Registro do Comércio.
d) as debêntures não podem ser convertidas em ações.

357. (Cespe/TJ/RR/Cartórios/Ingresso/2013) No que se refere aos títulos de crédito comercial, industrial, rural, bancário e à letra de arrendamento mercantil, assinale a opção correta:

a) o endossante da letra de arrendamento mercantil, título nominativo, de livre negociação e endossável, responde, em qualquer relação comercial, pelo seu pagamento, independentemente de estipulação nesse sentido.
b) entre os títulos de crédito comercial inclui-se o warrant, título representativo da mercadoria depositada, a qual pode ser transferida com o endosso do título.
c) a duplicata rural é título causal, fundado em operações de compra e venda de natureza rural contratadas a prazo e não constitutivas de financiamento no âmbito do crédito rural.
d) a nota de crédito industrial é título causal, constituído mediante promessa de pagamento, em decorrência de financiamento no mercado financeiro, e que ostenta, obrigatoriamente, garantia real, incorporada à própria cártula.
e) o certificado de depósito bancário é título causal, emitido por instituição financeira, relativo ao depósito em garantia de títulos ou de valores mobiliários, que permanecem no estabelecimento bancário, como lastro da operação, até a devolução do certificado.

358. (Cespe/TJ/RR/Cartórios/Ingresso/2013) A respeito de duplicata e endosso, assinale a opção correta:

a) o STJ entende que os boletos de cobrança bancária vinculados a duplicata virtual, devidamente acompanhados dos instrumentos de protesto por indicação e dos comprovantes de entrega da mercadoria ou da prestação dos serviços, não suprem a duplicata eletrônica em meio físico, não constituindo, portanto, títulos executivos extrajudiciais.
b) o aceite ordinário do título ocorre no caso de o devedor/comprador receber, sem reclamação e sem recusa formal, portanto, as mercadorias adquiridas enviadas pelo credor/vendedor.
c) o endosso impróprio, ou seja, aquele feito após o protesto ou após o prazo para a realização do protesto, não produz os efeitos ordinários de um endosso, caracterizando mera cessão civil de crédito.
d) em se tratando de endosso em preto, aquele que não identifica o endossatário, o endossante assina no verso do título, sem identificar o endossante, o que permite a circulação do título.
e) a emissão de duplicata é admitida somente para fins de documentação das relações jurídicas preestabelecidas em compra e venda mercantil ou em contrato de prestação de serviços.

359. (FCC/TJ/PE/Cartórios/Remoção/2013) Nos termos da Lei n. 5.474/68, a emissão da duplicata e da triplicata é:

a) facultativa em ambas hipóteses.
b) obrigatória, nas duas hipóteses.
c) obrigatória apenas a duplicata se o contrato de compra e venda for com prazo não inferior a 30 (trinta) dias.
d) obrigatória e facultativa, respectivamente.
e) facultativa e obrigatória, respectivamente.

360. (FCC/TJ/PE/Cartórios/Remoção/2013) O protesto é indispensável para:

a) execução de cheque prescrito.
b) execução de nota promissória que não traz algum dos elementos essenciais.
c) assegurar o direito de regresso contra os endossantes do cheque.
d) assegurar o direito de crédito contra os endossantes e seus avalistas na duplicata.
e) cobrar o devedor principal e seu avalista nos títulos com cláusula "sem despesa".

361. (Ieses/TJ/PA/Cartórios/Ingresso/2016) Analise as assertivas abaixo e, de acordo com o que dispõe a legislação vigente que regula a duplicata, assinale a alternativa correta:

I. é dispensado o protesto para a execução do sacado de duplicata aceita.

II. é obrigatório o protesto da duplicata para o exercício do direito de direito regresso em face dos endossantes e respectivos avalistas.

III. como regra, o aceite da duplicata pelo sacado é obrigatório, só podendo não ser realizado nas hipóteses expressas previstas na lei.

IV. a cobrança judicial da duplicata pode ser promovida em face de todos os coobrigados, observando-se sempre a ordem em que figurem o título:

a) apenas as assertivas I e III estão incorretas.

b) todas as assertivas estão corretas.

c) somente a assertiva IV está incorreta.

d) todas as assertivas estão incorretas.

362. **(Consulplan/TJ/MG/Cartórios/Ingresso/2016)** Em relação ao instituto da duplicata e considerando a Lei n. 5.474/68, marque a afirmação incorreta:

a) uma só duplicata pode corresponder a mais de uma fatura.

b) a duplicata é título de crédito causal que encontra origem em contrato de compra e venda mercantil ou de prestação de serviços.

c) nos contratos de compra e venda mercantil, o devedor poderá deixar de aceitar a duplicata por avaria ou não recebimento das mercadorias, quando não expedidas ou não entregues por sua conta e risco; por vícios, defeitos e diferenças na qualidade ou na quantidade das mercadorias, devidamente comprovadas; e por divergência nos prazos ou nos preços ajustados.

d) se o credor não realizar o protesto por falta de aceite ou pela não devolução do título, ainda assim poderá realizar o protesto por falta de pagamento.

363. **(Consulplan/TJ/MG/Cartórios/Ingresso/2015)** Sobre as duplicatas, analise as seguintes afirmativas:

I. não se admite a emissão de duplicata mercantil com a cláusula "não à ordem".

II. no pagamento da duplicata mercantil poderão ser deduzidos quaisquer créditos a favor do devedor resultantes de devolução de mercadorias, diferenças de preço, enganos verificados, pagamentos por conta e outros motivos assemelhados, desde que devidamente autorizados.

III. o comprador somente poderá deixar de aceitar a duplicata mercantil por motivo de avaria ou não recebimento das mercadorias, quando não expedidas ou não entregues por sua conta e risco; por vícios, defeitos e diferenças na qualidade ou na quantidade das mercadorias, devidamente comprovadas; e quando houver divergência nos prazos ou nos preços ajustados.

IV. a pretensão à execução da duplicata prescreve em um ano contra o sacado, o endossante e seus respectivos avalistas, contados da data do protesto.

V. o portador que não tirar o protesto da duplicata, em forma regular e dentro do prazo de 10 (dez) dias, contado da data de seu vencimento, perderá o direito de regresso contra os endossantes e respectivos avalistas.

Estão corretas as afirmativas:

a) I, II e III, apenas.

b) II, III e IV, apenas.

c) I e III, apenas.

d) I, II, III, IV e V.

364. **(Consulplan/TJ/MG/Cartórios/Ingresso/2014)** Nos termos do artigo 15, da Lei n. 5.474, de 18 de julho de 1968, que dispõe sobre a duplicata e dá outras providências, a cobrança judicial de duplicata ou triplicata será efetuada de conformidade com o processo aplicável aos títulos executivos extrajudiciais, previsto no Livro II do Código de Processo Civil. Nos termos do citado dispositivo, a duplicata ou triplicata não aceita somente será passível de cobrança pelo processo de execução desde que, cumulativamente:

a) haja sido protestada e esteja acompanhada de documento hábil comprobatório da entrega e recebimento da mercadoria.

b) haja sido protestada; esteja acompanhada de documento hábil comprobatório da entrega e recebimento da mercadoria; e o sacado não tenha, comprovadamente, recusado o aceite, no prazo, nas condições e pelos motivos previstos nos arts. 7º e 8º da Lei 5.474/68.

c) esteja acompanhada de documento hábil comprobatório da entrega e recebimento da mercadoria e o sacado não tenha, comprovadamente, recusado o aceite, no prazo, nas condições e pelos motivos previstos nos arts. 7º e 8º da Lei 5.474/68.

d) haja sido protestada e o sacado não tenha, comprovadamente, recusado o aceite, no prazo, nas condições e pelos motivos previstos nos arts. 7º e 8º da Lei 5.474/68.

365. (Consulplan/TJ/MG/Cartórios/Remoção/2014) Sobre o protesto da duplicata e com base na Lei n. 5.474 de 18 de julho de 1968, é correto afirmar, exceto:

a) o fato de não ter sido exercida a faculdade de protestar o título, por falta de aceite ou de devolução, elide a possibilidade de protesto por falta de pagamento.

b) a duplicata é protestável por falta de aceite, de devolução ou de pagamento.

c) o protesto será tirado na praça de pagamento constante do título.

d) por falta de aceite, de devolução ou de pagamento, o protesto será tirado, conforme o caso, mediante apresentação da duplicata, da triplicata, ou, ainda, por simples indicações do portador, na falta de devolução do título.

366. (Consulplan/TJ/MG/Cartórios/Remoção/2014) Sobre o protesto da duplicata e com base na Lei 5.474 de 18 de julho de 1968, assinale a afirmativa correta. O prazo para o portador tirar o protesto da duplicata, a fim de não perder o direito de regresso contra os endossantes e respectivos avalistas, conforme a Lei n. 5.474, de 18 de julho de 1968, é de:

a) trinta dias, contados da data de seu vencimento.

b) dez dias, contados da data de seu recebimento na praça de pagamento.

c) três dias, contados da intimação do protesto.

d) quinze dias, contados da data de sua emissão.

367. (Cespe/TJ/RR/Cartórios/Ingresso/2013) Acerca de letra de câmbio e nota promissória, assinale a opção correta:

a) sendo o aceite da letra de câmbio uma faculdade do sacado, não é necessário que ele justifique a sua recusa, mas esta produzirá efeitos para o sacador e para o tomador, uma vez que ocorrerá o vencimento antecipado do título, podendo o tomador exigir do sacador o seu imediato pagamento.

b) de acordo com o STF, a letra de câmbio e a nota promissória emitidas ou aceitas com omissões, ou em branco, não poderão ser completadas pelo credor antes da cobrança ou do protesto, ainda que de boa-fé.

c) para promover a execução contra o aceitante da letra de câmbio ou contra o emitente da nota promissória, bem como contra seus respectivos avalistas, o credor deverá, ainda que presentes os requisitos de liquidez, certeza e exigibilidade, promover o protesto da cártula, por se tratar de uma ação direta, e não de regresso.

d) a letra de câmbio a certo termo da data vence após determinado prazo, que é estipulado pelo sacador quando da emissão da letra de câmbio e começa a correr a partir do aceite.

e) por serem aplicáveis às notas promissórias as regras sobre aceite, tais como, prazo de respiro e cláusula não-aceitável, poderá a nota ser sacada a certo termo da vista.

368. (Ieses/TJ/RN/Cartórios/Remoção/2012) Quanto aos títulos de crédito, é correto afirmar, exceto, que:

a) o endosso em branco transforma a letra nominativa em título ao portador.

b) o sacado de um cheque não possui obrigação cambial.

c) na duplicata mercantil, pode acontecer a recusa do aceite por divergência no prazo ou preço estipulado.

d) a nota promissória e a letra de câmbio possuem a mesma natureza e, por isso, as normas relativas às letras de câmbio aplicam-se sem exceção à nota promissória.

369. (Ieses/TJ/PA/Cartórios/Remoção/2016) O pagamento de uma letra de câmbio:

a) dependente do aceite e pode ser garantido por aval.

b) independente do aceite e do endosso, não havendo possibilidade de pode ser garantido por aval.

c) independente do aceite e do endosso, e pode ser garantido por aval.

d) dependente do aceite e pode ser garantido por fiança.

370. (Ieses/TJ/PA/Cartórios/Ingresso/2016) Analise a alternativa correta de acordo com a legislação vigente que rege a nota promissória, a letra de câmbio, o cheque e a duplicata. Dentre os referidos títulos de crédito (nota promissória, letra de câmbio, cheque e duplicata) são denominados ordem de pagamento:

a) apenas a letra de câmbio e o cheque.

b) a nota promissória, a letra de câmbio, a duplicata e o cheque.

c) apenas o cheque.

d) apenas a letra de câmbio, a duplicata e o cheque.

371. (Consulplan/TJ/MG/Cartórios/Ingresso/2016) De acordo com o Decreto 57.663/66 (Lei Uniforme de Genebra), em relação ao aceite nas letras de câmbio, é correto afirmar:

a) a letra pode ser apresentada, até o vencimento, ao aceite do sacado, no seu domicílio, pelo portador ou até por um simples detentor.

b) é vedado ao sacado riscar o aceite já dado, mesmo antes da restituição da letra.

c) o sacador, em hipótese alguma, não pode proibir na própria letra a sua apresentação ao aceite.

d) o aceite é puro e simples, razão pela qual, o sacado não pode limitá-lo a uma parte da importância sacada.

372. (Consulplan/TJ/MG/Cartórios/Ingresso/2016) Segundo o Decreto n. 57.663/66 (Lei Uniforme de Genebra), são requisitos da nota promissória, exceto:

a) a expressão "nota promissória" e o nome da pessoa a quem ou a ordem de quem deve ser paga.

b) a indicação do lugar em que se efetuar o pagamento.

c) a época do pagamento.

d) o aval e aceite do título.

373. (Consulplan/TJ/MG/Cartórios/Remoção/2017) De acordo com a Lei Uniforme de Genebra (Decreto n. 57.663, de 24 de janeiro de 1966), assinale a alternativa incorreta, no que se refere à letra de câmbio:

a) a taxa de juros deve ser indicada na letra; na falta de indicação, a cláusula de juros é considerada como não escrita.

b) se na letra a indicação da quantia a satisfazer se achar feita por mais de uma vez, quer por extenso, quer em algarismos, e houver divergências entre as diversas indicações, prevalecerá a que se achar feita pela quantia superior.

c) se a letra contém assinaturas de pessoas incapazes de se obrigarem por elas, assinaturas falsas, assinaturas de pessoas fictícias, ou assinaturas que por qualquer outra razão não poderiam obrigar as pessoas que assinaram a letra, ou em nome das quais ela foi assinada, as obrigações dos outros signatários nem por isso deixam de ser válidas.

d) se uma letra incompleta no momento de ser passada tiver sido completada contrariamente aos acordos realizados, não pode a inobservância desses acordos ser motivo de oposição ao portador, salvo se este tiver adquirido a letra de má-fé ou, adquirindo-a, tenha cometido uma falta grave.

374. (Consulplan/TJ/MG/Cartórios/Ingresso/2017) De acordo com a Lei Uniforme de Genebra (Decreto n. 57.663, de 24 de janeiro de 1966), assinale a opção incorreta em relação aos prazos prescricionais da letra de câmbio:

a) todas as ações contra o aceitante relativas a letras prescrevem em 3 (três) anos a contar do seu vencimento.

b) as ações do portador contra os endossantes e contra o sacador prescrevem em um ano, a contar da data do protesto feito em tempo útil, ou da data do vencimento, se se tratar de letra que contenha cláusula "sem despesas".

c) as ações dos endossantes uns contra os outros e contra o sacador prescrevem em 6 (seis) meses a contar do dia em que o endossante pagou a letra ou em que ele próprio foi acionado.

d) a interrupção da prescrição produz efeito em relação a todos os coobrigados.

375. (Consulplan/TJ/MG/Cartórios/Ingresso/2017) Em uma nota promissória, lê-se a seguinte frase na promessa, escrita em próprio punho, em uma folha de papel, logo em baixo do título em negrito "Nota Promissória". "Por esta, compromete-se Lindomário Sindovaldo Arcanjo dos Sonhos de Nossa Senhora, CPF 12.345.678-00, a pagar a quantia de quinze mil reais, em moeda corrente, em favor de Perfelinda Rosamélia do Coração de Maria, CPF 01.234.567-89". Na nota, também constam o valor em numerais a ser pago, data e local da assinatura da nota e data e local do pagamento. Nenhum outro dado, além destes. Assim sendo, é correto afirmar:

a) a nota não é válida, é um requisito da mesma que exista a expressão "Nota Promissória" no texto da promessa.

b) a nota é válida, estão presentes todos os requisitos da mesma.

c) a nota não é válida, posto que não consta o endereço do emitente.

d) a nota não é válida, a promissória é um título formal e só é válida se emitida em formulário próprio e nunca feita inteiramente de próprio punho.

376. **(Consulplan/TJ/MG/Cartórios/Remoção/2017)** Em uma letra de câmbio, Pedrita mandou Barney pagar uma determinada quantia para Fredd, que, por sua vez, através de endosso, transferiu a letra para Vilma. Levando em conta esta estrutura da letra, são respectivamente sacador e endossante:

a) Barney e Fredd.
b) Pedrita e Vilma.
c) Barney e Vilma.
d) Pedrita e Fredd.

377. **(Cetro/TJ/RJ/Cartórios/Remoção/2017)** Sobre diferentes espécies de títulos de créditos, os quais sempre aparecem na rotina de um cartório, assinale a alternativa correta:

a) a nota de crédito comercial possui garantia real, incorporada à própria cártula.
b) tanto a cédula quanto a nota de crédito industrial são resultantes de financiamento obtido diretamente pelas empresas, sem intermediação do mercado financeiro, exibindo, ambas, garantia real.
c) a emissão da cédula de produto rural se restringe à aquisição de insumos agrícolas e financiamento da safra com o pagamento antecipado do preço.
d) a cédula de crédito bancário detém força executiva mesmo quando representativa de dívida decorrente de contrato de abertura de crédito bancário em conta-corrente.
e) a emissão da letra e da cédula hipotecária pode ser realizada tanto por instituição financeira quanto por associação de poupança e empréstimo, mediante garantia do governo federal.

378. **(Ieses/TJ/CE/Cartórios/Ingresso/2018)** Analise as assertivas abaixo e, de acordo com o que dispõe a legislação vigente, assinale a alternativa correta:

I. é nulo o cheque emitido com estipulação de juros.
II. como regra, é facultativo o aceite na duplicata.
III. a nota promissória emitida com cláusula não á ordem circula com efeitos de cessão de crédito.
IV. a nota promissória à vista tem o seu vencimento no ato da emissão do título:

a) todas as assertivas estão incorretas.
b) apenas a assertiva III está correta.
c) todas as assertivas estão corretas.
d) apenas a assertiva II está incorreta.

379. **(Vunesp/TJ/SP/Cartórios/Ingresso/2018)** O portador do cheque:

a) não pode recusar pagamento parcial, e, nesse caso, o sacado pode exigir que esse pagamento conste do cheque e que o portador lhe dê a respectiva quitação.
b) pode recusar pagamento parcial, mas, caso seja feito, o sacado deve exigir que esse pagamento conste do cheque e que o portador lhe dê a respectiva quitação.
c) pode recusar pagamento parcial, mas, caso seja feito, o sacado pode exigir que esse pagamento conste do cheque e que o portador lhe dê a respectiva quitação.
d) não pode recusar pagamento parcial, e, nesse caso, o sacado deve exigir que esse pagamento conste do cheque e que o portador lhe dê a respectiva quitação.

380. **(Consulplan/TJ/MG/Cartórios/Remoção/2015)** Analise as assertivas abaixo:

I. é correto afirmar que o cheque administrativo é aquele em que o emitente, para fins de liquidez e tranquilidade do beneficiário, solicita do sacado que aponha visto ou certificado, bem como reserve o valor.
II. a prescrição da duplicata ocorre contra o sacado e respectivos avalistas, em 03 (três) anos, contados da data do protesto.
III. a nota promissória pode ser passada à vista, a dia certo e a tempo certo de data.
IV. o endosso transmite a propriedade da letra de câmbio. Para a validade do endosso, é suficiente a simples assinatura do próprio punho do endossador ou do mandatário especial, no verso da letra. O endossatário pode completar este endosso.
V. o portador de uma letra de câmbio é obrigado a receber o pagamento parcial, ao tempo do vencimento do título.

Estão corretas as assertivas:

a) I e V, apenas.
b) II, III e V, apenas.
c) III, IV e V, apenas.
d) I, II, III, IV e V.

381. (Consulplan/TJ/MG/Cartórios/Ingresso/2017) Acerca da cédula de crédito bancário, assinale a alternativa correta:

a) a cédula de crédito bancário não poderá ser emitida em moeda estrangeira.

b) a cédula de crédito bancário poderá ser protestada por indicação, desde que o credor apresente declaração de posse da sua única via negociável.

c) não será admitido o protesto parcial da cédula de crédito bancário.

d) é indispensável o protesto da cédula de crédito bancário para garantir o direito de cobrança contra endossantes, seus avalistas e terceiros garantidores.

382. (Consulplan/TJ/MG/Cartórios/Remoção/2018) Nos termos da Lei nº 8.929/94 e do Decreto-Lei nº 167/67, analise as proposições a seguir.

I. as cédulas de crédito rural bem como as de produto rural poderão ser aditadas, ratificadas e retificadas por meio de menções adicionais e de aditivos, datados e assinados pelo emitente e pelo credor.

II. antes da liquidação da cédula rural, não poderão os bens apenhados ser removidos das propriedades nela mencionadas, sob qualquer pretexto e para onde quer que seja, sem prévio consentimento escrito do credor.

III. a Cédula de Produto Rural, para ter eficácia contra terceiros, inscreve-se no cartório de registro de imóveis do domicílio do emitente. Em caso de hipoteca e penhor, a Cédula de Produto Rural deverá também ser averbada na matrícula do imóvel hipotecado e no Cartório de localização dos bens apenhados.

IV. para a inscrição da Cédula de Produto Rural, o apresentante de título oferecerá, com o original da cédula, cópia tirada em impresso idêntico ao da cédula com a declaração impressa "Via não negociável", em linhas paralelas transversais.

Estão corretas apenas as seguintes proposições:

a) I e IV.

b) I, II e III.

c) I, II e IV.

d) II, III e IV.

9. LEIS ESPECIAIS

9.1. Estatuto da Microempresa e da EPP (LC 123/06)

✱ ENUNCIADOS CJF

CJF Civil 489. No caso da microempresa, da empresa de pequeno porte e do microempreendedor individual, dispensados de publicação dos seus atos (art. 71 da Lei Complementar n. 123/2006), os prazos estabelecidos no Código Civil contam-se da data do arquivamento do documento (termo inicial) no registro próprio.

✱ QUESTÕES OBJETIVAS

383. (Ieses/TJ/RN/Cartórios/Remoção/2012) Quanto às microempresas e empresas de pequeno porte, é correto afirmar, exceto, que:

a) as microempresas e as empresas de pequeno porte, nos termos da legislação civil, acrescentarão à sua firma ou denominação as expressões "Microempresa" ou "Empresa de Pequeno Porte".

b) as microempresas e as empresas de pequeno porte são obrigadas a realizar todas as reuniões e assembleias previstas na legislação civil.

c) sobre os emolumentos do tabelião não incidirão quaisquer acréscimos a título de taxas, custas e contribuições para o Estado ou Distrito Federal ou fundos especiais do Tribunal de Justiça.

d) o cancelamento do registro de protesto, fundado no pagamento do título, será feito independentemente de declaração de anuência do credor, salvo no caso de impossibilidade de apresentação do original protestado.

384. (Ieses/TJ/RN/Cartórios/Ingresso/2012) Assinale a alternativa correta:

a) a adoção do Simples Nacional é compulsória para as microempresas e para as empresas de pequeno porte.

b) a empresa que aufira, em cada ano-calendário anterior, receita bruta igual ou inferior a R$ 4.000.000,00 (quatro milhões e seiscentos mil reais) pode optar pelo Simples Nacional.

c) a arrecadação dos tributos abrangidos pelo Simples Nacional é realizada de forma discricionária.

d) compete a Lei Complementar a definição de tratamento diferenciado e favorecido para as microempresas e para as empresas de pequeno porte.

385. **(Consulplan/TJ/MG/Cartórios/Remoção/2016)** A respeito da microempresa e da empresa de pequeno porte e com base na Lei Complementar n. 123, de 14 de dezembro de 2006, que instituiu o Estatuto Nacional da Microempresa e da Empresa de Pequeno Porte, é correto afirmar:

a) as microempresas e as empresas de pequeno porte, em razão de seu tratamento diferenciado, simplificado e favorecido, sempre serão desobrigadas da realização de reuniões e assembleias em qualquer das situações previstas na legislação civil, as quais serão substituídas por deliberação representativa do primeiro número inteiro superior à metade do capital social.

b) as microempresas e as empresas de pequeno porte, nos termos da legislação civil, acrescentarão à sua firma ou denominação as expressões "Microempresa" ou "Empresa de Pequeno Porte", ou suas respectivas abreviações, "ME" ou "EPP", sendo facultativa a inclusão do objeto da sociedade.

c) as microempresas e as empresas de pequeno porte, em razão de sua reduzida estrutura organizacional e da presunção de sua hipossuficiência, não devem se utilizar dos institutos de conciliação prévia, mediação e arbitragem para a solução de seus conflitos.

d) a pessoa jurídica que exerça atividade de corretora ou de distribuidora de títulos, valores mobiliários e câmbio, de empresa de arrendamento mercantil, de seguros privados e de capitalização ou de previdência complementar poderá se beneficiar do tratamento jurídico previsto no estatuto em apreço.

386. **(Cespe/TJ/DFT/Cartórios/Ingresso/2014)** A respeito do Estatuto Nacional da Microempresa e da Empresa de Pequeno Porte, assinale a opção correta:

a) as microempresas e as empresas de pequeno porte são definidas em função da receita bruta auferida em cada ano-calendário: as primeiras, as que auferem receita bruta até R$ 360.000,00; as últimas, as que auferem receita bruta superior a R$ 360.000,00 e igual ou inferior a R$ 3.600.000,00, podendo tais valores ser alterados pelo Poder Executivo, mediante decreto do presidente da República.

b) a sociedade que inicie suas atividades como microempresa e exceda, no ano-calendário, o limite de receita bruta previsto no estatuto para as microempresas passará à condição de empresa de pequeno porte a partir do mês subsequente ao da ocorrência do excesso.

c) a empresa individual de responsabilidade limitada que inicie suas atividades como microempresa em agosto de 2013 e, em setembro de 2015, se transforme em sociedade por ações perderá, a partir de janeiro de 2016, o direito ao tratamento jurídico diferenciado, previsto no estatuto, bem como ao SIMPLES Nacional.

d) a pessoa jurídica que participar do capital de outra pessoa jurídica não poderá beneficiar-se do tratamento jurídico diferenciado previsto no estatuto, a menos que, entre outras hipóteses, essa participação ocorra no capital de cooperativa de crédito, ou de outras sociedades ou associações cujo objetivo social seja a defesa exclusiva dos interesses econômicos das microempresas e empresas de pequeno porte.

e) esse diploma legal, que estabelece importantes medidas de incentivo a essas empresas, tais como os regimes favorecidos e simplificados de arrecadação de impostos e contribuições da União, dos estados e dos municípios, de cumprimento de obrigações trabalhistas e previdenciárias e de acesso a crédito e ao mercado, não trata da simplificação ou desoneração do registro dessas empresas perante os órgãos públicos competentes.

387. **(Ieses/TJ/CE/Cartórios/Ingresso/2018)** Analise a alternativa correta de acordo com o que dispõe a legislação vigente. São requisitos para que uma sociedade, regularmente registrada, seja considerada microempresa:

a) tenha no máximo um único estabelecimento e, cumulativamente, no máximo dois sócios.

b) tenha no máximo um único estabelecimento e, cumulativamente, aufira, em cada ano calendário, receita bruta anual igual ou inferior a R$ 360.000,00 (trezentos e sessenta mil reais).

c) tenha no máximo um único estabelecimento.

d) aufira, em cada ano calendário, receita bruta anual igual ou inferior a R$ 360.000,00 (trezentos e sessenta mil reais).

9.2. Lei de Propriedade Industrial (Lei 9.279/96)

✱ INOVAÇÕES LEGISLATIVAS

▲ Lei de Propriedade Industrial (Lei 9.279/96): sem alterações em 2017/2018.

* SÚMULAS

STJ **Súm. 143.** Prescreve em cinco anos a ação de perdas e danos pelo uso de marca comercial.

* ENUNCIADOS CJF

CJF **Comercial 1.** Decisão judicial que considera ser o nome empresarial violador do direito de marca não implica a anulação do respectivo registro no órgão próprio nem lhe retira os efeitos, preservado o direito de o empresário alterá-lo.

CJF **Comercial 2.** A vedação de registro de marca que reproduza ou imite elemento característico ou diferenciador de nome empresarial de terceiros, suscetível de causar confusão ou associação (art. 124, V, da Lei n. 9.279/1996), deve ser interpretada restritivamente e em consonância com o art. 1.166 do Código Civil.

CJF **Comercial 60.** Os acordos e negócios de abstenção de uso de marcas entre sociedades empresárias não são oponíveis em face do Instituto Nacional de Propriedade Industrial – INPI, sem prejuízo de os litigantes obterem tutela jurisdicional de abstenção entre eles na Justiça Estadual.

CJF **Civil 551.** Nas violações aos direitos relativos a marcas, patentes e desenhos industriais, será assegurada a reparação civil ao seu titular, incluídos tanto os danos patrimoniais como os danos extrapatrimoniais.

* REPERCUSSÃO & REPETITIVOS

STJ **Repetitivo 950.** As questões acerca do "trade dress" (conjunto-imagem) dos produtos, concorrência desleal, e outras demandas afins, por não envolverem registro no INPI e cuidando de demanda entre particulares, são inequivocamente de competência da justiça estadual, já que não afetam interesse institucional da autarquia federal. No entanto, compete à Justiça Federal, em ação de nulidade de registro de marca, com a participação do INPI, impor ao titular a abstenção do uso, inclusive no tocante à tutela provisória. (REsp 1527232, 13.12.2017)

* INFORMATIVOS

STJ **Propriedade industrial. Uso indevido de marca de empresa. Dano moral. Aferição "in re ipsa".** O dano moral por uso indevido da marca é aferível "in re ipsa". REsp 1.327.773, Rel. Min. Luis Felipe Salomão, DJ 15.2.2018. 5ª T. (Info 619)

* QUESTÕES DISCURSIVAS

17. **(Cetro/TJ/RJ/Cartórios/Ingresso/2012)** Em relação ao Registro de Títulos e Documentos, considere a apresentação para registro um contrato de licença de invenção patenteada entre duas empresas que estão negociando tecnologia. Explique se é correto afirmar que o registro é suficiente para gerar efeitos para terceiros.

* QUESTÕES OBJETIVAS

388. **(Cespe/TJ/PI/Cartórios/Remoção/2013)** Assinale a opção correta a respeito da propriedade industrial:

a) para gozar do monopólio da utilização da marca, o proprietário deve obter, no Instituto Nacional de Propriedade Industrial, a concessão de privilégio a ela relativa.
b) são patenteáveis, como invenção, as teorias científicas.
c) constitui violação ao direito conferido pela patente a fabricação, sem autorização, de produto de acordo com patente de processo ou de produto que tiver sido colocado no mercado interno diretamente pelo titular da patente.
d) é de dez anos o prazo de prescrição da pretensão para se obter indenização em razão da violação de direito de propriedade industrial.
e) distingue-se o direito de propriedade industrial do direito do autor pela função do respectivo registro, sendo este constitutivo no primeiro caso e no segundo, não.

389. **(Cespe/TJ/ES/Cartórios/Ingresso/2013)** É suscetível de registro no Instituto Nacional da Propriedade Industrial (INPI)

a) desenho industrial considerado original e que dele resulte configuração visual distintiva em relação a outros objetos anteriores.
b) substância físico-química ou parte de seres vivos.
c) indicação geográfica constituída por nome geográfico de uso comum designando produto ou serviço.
d) invenção ou modelo de utilidade de descobertas, teorias científicas e métodos matemáticos.
e) marca que empregue sinal ou expressão apenas como meio de propaganda.

390. **(Cespe/TJ/PI/Cartórios/Ingresso/2013)** No que concerne à propriedade industrial, assinale a opção correta:

a) não se considera invenção nem modelo de utilidade o programa de computador em si.

b) a marca de certificação é utilizada para identificar produtos ou serviços de membros de determinada coletividade.

c) a proteção conferida por lei às invenções, considerada direito emanado da personalidade do inventor, independe de registro junto ao INPI.

d) sobrevindo a extinção do registro da propriedade junto ao INPI, eventual processo administrativo que seja instaurado, antes da extinção, com o fim de declarar sua nulidade, deve ser também extinto, cabendo ao interessado o recurso às vias judiciais para a obtenção de indenização.

e) a partir do registro da marca, o seu titular pode impedir sua utilização em livro científico, ainda que tal publicação não tenha conotação comercial.

391. (Cespe/TJ/RR/Cartórios/Ingresso/2013) Com relação a propriedade industrial e direitos autorais, assinale a opção correta:

a) para a proteção dos direitos industriais de um eletrodoméstico, por exemplo, é necessário haver não só registrabilidade, mas também patenteabilidade.

b) a proteção aos direitos autorais abrange a ideia relacionada à obra, de modo que um artista não pode, por exemplo, pintar um quadro com motivos florais parecidos com os existentes em obra de arte de outro artista.

c) os direitos autorais relativos a uma obra de arte garantem sua exploração, com exclusividade, àquele que primeiramente requerer o privilégio.

d) um eletrodoméstico com configuração visual inovadora não pode ser considerado obra de arte, para efeitos de proteção de direitos autorais, dadas sua função utilitária e a possibilidade de que seja industrializado.

e) tanto o direito autoral quanto o direito industrial efetivam-se com a edição de ato administrativo de natureza constitutiva.

392. (Ieses/TJ/RN/Cartórios/Ingresso/2012) Quanto à Propriedade Industrial, regulada pela Lei n. 9.279/96, pode-se afirmar, exceto, que:

a) é patenteável a invenção que atenda aos requisitos de novidade, atividade inventiva e aplicação industrial.

b) teorias científicas ou métodos matemáticos não podem ser considerados invenções ou modelo de utilidade.

c) se dois ou mais autores tiverem realizado a mesma invenção ou modelo de utilidade, de forma independente, o direito de obter patente será assegurado àquele que provar o depósito mais antigo, independentemente das datas de invenção ou criação.

d) não é dada ao requerente a presunção de legitimidade para obter patente.

393. (TJ/SC/Cartórios/Remoção/2012) De acordo com a Lei n. 9.279/1996, os requisitos da patenteabilidade são:

a) aplicabilidade, veracidade e novidade.

b) credencialidade, alteridade e aplicabilidade.

c) novidade, atividade inventiva e aplicação industrial.

d) naturalidade, veracidade e aplicação industrial.

e) cambialidade, permeabilidade e exclusividade.

394. (Ieses/TJ/PA/Cartórios/Remoção/2016) A patente de invenção e a de modelo de utilidade vigorará data de depósito respectivamente pelos prazos de:

a) 30 (trinta) e 20 (vinte) anos.

b) 20 (vinte) e 15 (quinze) anos.

c) 20 (vinte) e 10 (dez) anos.

d) 25 (vinte e cinco) e 15 (quinze) anos.

395. (Ieses/TJ/PA/Cartórios/Remoção/2016) De acordo com a lei que regula os direitos e obrigações relativos à propriedade industrial, a ação para reparação de dano causado ao direito de propriedade industrial prescreve em:

a) 06 (seis) meses.

b) 05 (cinco) anos.

c) 02 (dois) anos.

d) 03 (três) anos.

396. (Cespe/TJ/BA/Cartórios/Ingresso/2013) Em relação à propriedade industrial e aos direitos autorais, assinale a opção correta:

a) são obras intelectuais protegidas as criações do espírito, expressas por qualquer meio ou fixadas em qualquer suporte, tangível ou intangível, conhecido ou que se invente no futuro, como o aproveitamento industrial ou comercial das ideias contidas nas obras.

b) a vedação de registro de marca que reproduza ou imite elemento característico ou diferenciador de nome empresarial de terceiros, suscetível de causar confusão ou associação deve ser interpretada restritivamente e em consonância com o Código Civil.

c) os artistas intérpretes ou executantes não são tutelados pelas normas de regência dos direitos autorais.

d) a violação do direito de marca implica a anulação do registro do nome empresarial no órgão próprio e a retirada dos efeitos da constituição da sociedade empresária.

e) o direito autoral não protege quem adapta, traduz, arranja ou orquestra obra caída em domínio público.

397. (Cespe/TJ/BA/Cartórios/Remoção/2013) A respeito da Lei de Propriedade Industrial (Lei n. 9.279/1996), assinale a opção correta:

a) as descobertas, as teorias científicas e os métodos matemáticos são considerados por lei invenção ou modelo de utilidade.

b) a patente de modelo de utilidade deve vigorar pelo prazo de vinte anos, e a de invenção pelo prazo quinze anos contados da data de depósito.

c) consideram-se bens imóveis os direitos de propriedade industrial.

d) não será considerada como estado da técnica a divulgação de invenção ou modelo de utilidade que ocorra nos doze meses anteriores à data de depósito ou à data de prioridade do pedido de patente, se promovida pelo inventor.

e) se dois ou mais autores tiverem realizado a mesma invenção ou modelo de utilidade, de forma independente, o direito de obter patente deverá ser assegurado ao que primeiro provar ter inventado ou criado o produto, independentemente da prova da data do depósito.

398. (Cespe/TJ/DFT/Cartórios/Ingresso/2014) Considerando a proteção conferida na legislação brasileira à propriedade industrial e aos direitos autorais, assinale a opção correta:

a) os princípios da especialidade e da territorialidade, aplicáveis à proteção das marcas, são relativizados, respectivamente, nos casos de marcas de alto renome, que obtêm proteção em todos os ramos de atividade, e de marcas notoriamente conhecidas, que gozam de proteção independentemente de estarem previamente depositadas ou registradas no Brasil.

b) é patenteável, como modelo de utilidade, a concepção puramente abstrata da qual possa ser desenvolvido um objeto de uso prático, suscetível de aplicação industrial, e cuja nova forma acarrete melhoria funcional.

c) das decisões adotadas nos vários procedimentos realizados perante o INPI cabe recurso, em última instância administrativa, ao ministro de Estado do Desenvolvimento, Indústria e Comércio Exterior.

d) enquanto o registro de um programa de computador é constitutivo do direito de proteção estatal da propriedade intelectual sobre a obra, o registro de um desenho industrial tem caráter meramente declaratório e de publicidade, não causando sua ausência prejuízo ao exercício dos direitos de propriedade sobre o desenho.

e) os prazos legais de proteção à propriedade intelectual sobre um programa de computador e a uma patente de invenção são idênticos.

399. (Cespe/TJ/SE/Cartórios/Remoção/2014) Com base no disposto na Lei n. 9.279/1996, assinale a opção correta acerca da propriedade industrial e do Instituto Nacional da Propriedade Industrial (INPI):

a) a marca de certificação é usada para identificar os produtos ou serviços provenientes de membros de determinada entidade, como a marca de certificação de origem controlada.

b) todos os direitos de propriedade industrial são considerados bens móveis, sendo cabível ação judicial para reparação de dano causado a tais direitos, com prazo prescricional de cinco anos.

c) a lei impede que o INPI indefira de ofício pedido de registro de marca que reproduza ou imite, no todo ou em parte, marca notoriamente conhecida.

d) o registro da propriedade industrial não se extingue pela falta de pagamento da retribuição quinquenal.

e) os programas de computador são protegidos pela referida lei.

400. (Cespe/TJ/SE/Cartórios/Ingresso/2014) Com base nas disposições da Lei n. 9.279/1996, assinale a opção correta acerca de propriedade industrial:

a) a criação de marcas comerciais olfativo-aromáticas é amparada pela lei brasileira, o que viabiliza o registro de fragrâncias que identifiquem estabelecimentos comerciais.

b) o prazo de vigência de um registro de marca é de dez anos, contados da data da concessão do registro e, a partir de então, prorrogável por quinquênios sucessivos.

c) constituem espécies de indicação de procedência a indicação geográfica e a denominação de origem.

d) ao registro de desenho industrial não cabe o direito de prioridade, pois o requerimento no exterior não produz efeitos de depósito nacional.

e) o titular da patente tem direito de pleitear indenização contra quem explorar indevidamente o objeto patenteado, inclusive em relação a período anterior à própria concessão da patente.

401. **(Ieses/TJ/CE/Cartórios/Ingresso/2018)** Analise as assertivas abaixo e, de acordo com o que dispõe a legislação vigente, assinale a alternativa correta:

I. os pedidos de patente, de um modo geral, serão mantidos em sigilo até a efetiva concessão da respectiva patente.

II. o depositante da patente, mesmo antes da efetiva concessão, poderá celebrar contrato de licença para exploração.

III. são patenteáveis, atendidos os requisitos legais, a invenção, o modelo de utilidade e a marca.

IV. as obas literárias não são consideradas invenção nem modelo de utilidade:

a) apenas a assertiva III está incorreta.

b) as assertivas II e IV estão corretas.

c) as assertivas I e II estão corretas.

d) apenas a assertiva II está incorreta.

402. **(Ieses/TJ/AM/Cartórios/Remoção/2018)** Conforme dispõe a Lei n. 9.279 (regula direitos e obrigações relativos à propriedade industrial), a proteção dos direitos relativos à propriedade industrial, considerado o seu interesse social e o desenvolvimento tecnológico e econômico do País, efetua-se mediante:

I. repressão às falsas indicações geográficas, assim como, repressão à concorrência.

II. concessão de registro de marca.

III. concessão de registro de desenho indústria.

IV. concessão de patentes de invenção e de modelo de utilidade.

A sequência correta é:

a) apenas as assertivas II, III e IV estão corretas.

b) apenas as assertivas I e III estão incorretas.

c) apenas a assertiva III está incorreta.

d) as assertivas I, II, III e IV estão corretas.

403. **(Ieses/TJ/PA/Cartórios/Ingresso/2016)** Assinale a alternativa correta de acordo com o que dispõe a legislação vigente:

a) a licença do uso da marca produzirá efeitos perante terceiros a partir da data do pedido de averbação no INPI – Instituto Nacional de Propriedade Industrial.

b) o prazo de vigência do registro da marca é improrrogável.

c) o pedido de registro marca poderá ser cedido, mesmo antes da concretização do registro, desde que o cessionário atenda aos requisitos legais para requerer tal registro.

d) o contrato de licença de uso da marca precisa estar averbado no INPI para efeito de validade de prova do uso.

10. TEORIA

✱ QUESTÕES OBJETIVAS

404. **(TJ/SC/Cartórios/Remoção/2012)** No tocante às fontes do Direito Comercial, é correto afirmar:

a) as fontes do direito comercial na atualidade são a Constituição Federal, o Código Civil, a legislação esparsa e os usos e costumes mercantis, haja vista que o Código Comercial foi revogado.

b) as fontes do direito comercial na atualidade são a Constituição Federal, o Código Civil, o Código Comercial, a legislação esparsa e os usos e costumes mercantis.

c) as fontes do direito comercial na atualidade são a Constituição Federal, o Código Comercial, a legislação esparsa e os usos e costumes mercantis.

d) as fontes do direito comercial na atualidade são a Constituição Federal, o Código Civil, o Código Penal, a legislação esparsa e os usos e costumes mercantis, haja vista que o Código Comercial foi revogado.

e) as fontes do direito comercial na atualidade são a Constituição Federal, o Código Civil, o Código Comercial e as legislações esparsas, vedada a utilização de usos e costumes em matéria mercantil.

405. (Ieses/TJ/RS/Cartórios/Remoção/2013) São princípios do direito comercial, exceto:

a) princípio da liberdade de associação e da autotutela administrativa.

b) princípio da preservação da empresa e princípio da autonomia patrimonial da sociedade empresária.

c) princípio majoritário das deliberações sociais e da proteção ao sócio minoritário.

d) princípio da liberdade de iniciativa, da liberdade de concorrência e da função social da empresa.

406. (Ieses/TJ/RS/Cartórios/Ingresso/2013) Assinale a alternativa correta:

a) a sociedade de natureza simples tem seu objeto restrito às atividades intelectuais.

b) os profissionais liberais não são considerados empresários mesmos se a organização dos fatores de produção for mais importante que a atividade pessoal desenvolvida.

c) a expressão "elemento de empresa" demanda interpretação econômica, devendo ser analisada sob a égide da absorção da atividade intelectual, de natureza científica, literária ou artística, como um dos fatores da organização empresarial.

d) o exercício das atividades de natureza exclusivamente intelectual está incluído no conceito de empresa.

5. DIREITO CONSTITUCIONAL

⚠ VOLUME DE QUESTÕES

Médio-Alto

1. DOS PRINCÍPIOS FUNDAMENTAIS

* QUESTÕES OBJETIVAS

01. (FCC/TJ/PE/Cartórios/Remoção/2013) O regime democrático tem como fundamento ontológico a dignidade da pessoa humana e, no âmbito teleológico, o bem comum, no sentido do bem de todos naquilo que temos em comum, sem nenhuma forma de discriminação. Neste contexto, torna-se fundamental o princípio da igualdade. Considerando a arquitetura constitucional brasileira sobre os direitos fundamentais individuais, é correto afirmar:

a) as comissões parlamentares de inquérito têm poderes de investigação próprio das autoridades judiciais, podendo determinar a violação de domicílio ou a interceptação de correspondência.

b) em suas relações internacionais, aplica-se o princípio de repúdio ao racismo, de modo que, a liberdade de expressão, prevista como direito fundamental, pode sofrer limitações de caráter moral e jurídico.

c) as comunicações telemáticas podem ser interceptadas, sem ordem prévia judicial.

d) a liberdade religiosa inclui a liberdade de crença e do exercício do respectivo culto, motivo pelo qual há imunidade de impostos sobre os templos, alcançando o comércio de artigos religiosos e, na esfera educacional, o ensino religioso tem matrícula facultativa.

e) para evitar possíveis constrangimentos, a pessoa civilmente identificada, não será submetida a identificação criminal, salvo se for analfabeto. A identificação civil poder ser atestada pela apresentação da carteira de identidade, carteira de trabalho, carteira profissional, passaporte, carteira de identificação funcional ou outro documento público que permita a identificação do indiciado.

02. (Consulplan/TJ/MG/Cartórios/Remoção/2014) É incorreto afirmar que a República Federativa do Brasil tem como fundamento:

a) o desenvolvimento nacional.

b) os valores sociais do trabalho e da livre iniciativa.

c) a cidadania.

d) o pluralismo político.

03. (Ieses/TJ/PA/Cartórios/Remoção/2016) A Federação ou também chamada de Estado Federal é forma adotada pela República Federativa do Brasil desde a proclamação da República em 1889, e encontram-se fundamentado nas coletividades regionais e políticas autônomas, denominadas Estados, insere-se neste contexto o Distrito Federal e os municípios, esta é a base do Princípio Federalista. Assinale a alternativa que demonstra todas as características do princípio anteriormente citado:

a) descentralização política ou repartição constitucional de competências, repartição constitucional de rendas, participação da vontade das entidades locais; possibilidade de autoconstituição; autonomia administrativa; autonomia política.

b) repartição constitucional de rendas e participação da vontade das entidades locais, repartição constitucional de competências, autonomia administrativa.

c) a descentralização política ou repartição constitucional de competências e a autonomia política.

d) autonomia administrativa e autonomia política.

04. (Ieses/TJ/PA/Cartórios/Ingresso/2016) A República Federativa do Brasil rege-se nas suas relações internacionais pelos seguintes princípios, exceto:

a) concessão de asilo político.
b) independência nacional.
c) repúdio ao terrorismo e ao racismo.
d) intervenção em países em guerra.

05. **(Faurgs/TJ/RS/Cartórios/Ingresso/2015)** Tendo em vista as normas previstas sob o Título Dos Princípios Fundamentais, assinale a alternativa que contém assertiva correta:

a) a construção de uma sociedade livre, justa e solidária, o repúdio ao racismo e a prevalência dos direitos humanos constam entre os objetivos fundamentais da República Federativa do Brasil.
b) a independência nacional constitui um dos fundamentos da República Federativa do Brasil, e a erradicação da pobreza corresponde a um dos objetivos fundamentais da mesma.
c) a defesa da paz está entre os princípios que regem as relações internacionais da República Federativa do Brasil, mas a não intervenção não consta entre esses princípios.
d) a garantia do desenvolvimento nacional constitui um dos objetivos fundamentais da República Federativa do Brasil, assim como a redução das desigualdades sociais e regionais.

06. **(Ieses/TJ/MS/Cartórios/Remoção/2014)** Segundo a Constituição Federal de 1988, a República Federativa do Brasil, formada pela união indissolúvel dos Estados e Municípios e do Distrito Federal, constitui-se em Estado Democrático de Direito e tem como alguns de seus fundamentos:

a) a cidadania, os valores sociais do trabalho e da livre iniciativa, o pluralismo político.
b) a soberania, a dignidade da pessoa humana, construção de uma sociedade livre, justa e solidária.
c) a soberania, os valores sociais do trabalho e da livre iniciativa, promoção do bem de todos, sem preconceitos de origem, raça, sexo, cor, idade e quaisquer outras formas de discriminação.
d) dignidade da pessoa humana, o pluralismo político, erradicação da pobreza e a marginalização e redução das desigualdades sociais e regionais.

07. **(FMP/TJ/MT/Cartórios/Ingresso/2014)** A República Federativa do Brasil rege-se nas suas relações internacionais por princípios. Um desses é:

a) o repúdio ao terrorismo e ao racismo.
b) a defesa dos Estados americanos.
c) o respeito aos direitos naturais.
d) a laicidade dos Estados.
e) a soberania do Conselho de Segurança da ONU.

08. **(Consulplan/TJ/MG/Cartórios/Ingresso/2015)** Quanto aos fundamentos, objetivos e princípios da República Federativa do Brasil, é incorreto afirmar:

a) não constitui como fundamento da República Federativa o pluralismo político.
b) garantir o desenvolvimento nacional é objetivo fundamental da República Federativa.
c) a República Federativa rege-se nas suas relações internacionais pelo princípio da cooperação entre os povos para o progresso da humanidade.
d) a República Federativa do Brasil buscará a integração econômica, política, social e cultural dos povos da América Latina, visando à formação de uma comunidade latino-americana de nações.

09. **(Vunesp/TJ/SP/Cartórios/Ingresso/2014)** Assinale a alternativa que compreende todos os fundamentos da República brasileira, como tais expressamente referidos pela Constituição Federal:

a) cidadania, dignidade da pessoa humana, valores sociais do trabalho e pluralismo político.
b) soberania, cidadania e dignidade da pessoa humana.
c) soberania, dignidade da pessoa humana, valores sociais do trabalho e da propriedade e pluralismo político.
d) soberania, cidadania, dignidade da pessoa humana, valores sociais do trabalho e da livre iniciativa e pluralismo político.

10. **(Consulplan/TJ/MG/Cartórios/Ingresso/2017)** São fundamentos da República Federativa do Brasil, exceto:

a) o pluralismo político.
b) a soberania.
c) a cidadania.
d) a erradicação da pobreza e da marginalização e a redução das desigualdades sociais e regionais.

11. **(Ieses/TJ/RO/Cartórios/Ingresso/2017)** Conforme prevê a Constituição Federal, é correto afirmar que a República Federativa do Brasil constitui-se em Estado Democrático de Direito e tem como fundamentos:

a) a soberania; a prevalência dos direitos humanos; a dignidade da pessoa humana; os valores sociais do trabalho e da livre iniciativa; a defesa da paz.

b) a soberania; a cidadania; a dignidade da pessoa humana; os valores sociais do trabalho e da livre iniciativa; o pluralismo político.

c) a soberania; a prevalência dos direitos humanos; a dignidade da pessoa humana; a solução pacífica dos conflitos; o pluralismo político.

d) a soberania; a garantia do desenvolvimento nacional; a dignidade da pessoa humana; os valores sociais do trabalho e da livre iniciativa; a defesa da paz.

12. (Ieses/TJ/RO/Cartórios/Remoção/2017) A República Federativa do Brasil, formada pela união indissolúvel dos Estados e Municípios e do Distrito Federal, constitui-se em Estado Democrático de Direito e tem como fundamentos, exceto:

a) os valores sociais do trabalho e da livre iniciativa.

b) bipartidarismo.

c) a dignidade da pessoa humana.

d) a soberania e a cidadania.

13. (Consulplan/TJ/MG/Cartórios/Remoção/2017) Constituem objetivos fundamentais da República do Brasil, exceto:

a) a construção de uma sociedade livre, justa e solidária.

b) a garantia do desenvolvimento nacional, a erradicação da pobreza e da marginalização e a redução das desigualdades sociais e regionais.

c) a promoção do bem de todos, sem preconceito de origem, raça, sexo, cor idade e quaisquer outras formas de discriminação.

d) a defesa da paz, o repúdio ao terrorismo e a independência nacional.

14. (Ieses/TJ/CE/Cartórios/Remoção/2018) Constituem objetivos fundamentais da República Federativa do Brasil:

I. promover o bem de todos, sem preconceitos de origem, raça, sexo, cor, idade e quaisquer outras formas de discriminação.

II. erradicar a pobreza e a marginalização e reduzir as desigualdades sociais e regionais.

III. construir uma sociedade livre, justa e solidária.

IV. garantir o desenvolvimento nacional.

A sequência correta é:

a) apenas as assertivas I, II e III estão corretas.

b) apenas a assertiva II está incorreta.

c) as assertivas I, II, III e IV estão corretas.

d) apenas as assertivas II e IV estão corretas.

15. (Ieses/TJ/CE/Cartórios/Remoção/2018) A República Federativa do Brasil rege-se nas suas relações internacionais pelos seguintes princípios, exceto:

a) independência nacional.

b) igualdade entre os Estados.

c) intervenção quando necessário.

d) concessão de asilo político.

16. (Ieses/TJ/AM/Cartórios/Ingresso/2018) Conforme o disposto na Constituição Federal no Título I "Dos Princípios Fundamentais", é incorreto afirmar:

a) dentre os objetivos fundamentais da República Federativa do Brasil estão construir uma sociedade livre, justa e solidária; garantir o desenvolvimento nacional; erradicar a pobreza e a marginalização e reduzir as desigualdades sociais e regionais.

b) no âmbito das suas relações internacionais, são princípios regentes da República Federativa do Brasil, dentre outros, a independência nacional; a prevalência dos direitos humanos; a autodeterminação dos povos; a defesa da paz; o repúdio ao terrorismo e ao racismo.

c) no âmbito dos objetivos fundamentais da República Federativa do Brasil estão, dentre outros, os de construir uma sociedade livre, justa e solidária; erradicar a pobreza e a marginalização e reduzir as desigualdades sociais e regionais; promover o bem de todos, sem preconceitos de origem, raça, sexo, cor, idade e quaisquer outras formas de discriminação.

d) a República Federativa do Brasil, formada pela união indissolúvel dos Estados e Municípios e do Distrito Federal, constitui-se em Estado Democrático de Direito e tem como fundamentos a independência nacional; a defesa da paz; a dignidade da pessoa humana; os valores sociais do trabalho e da livre iniciativa; o pluralismo político.

17. (Ieses/TJ/AM/Cartórios/Remoção/2018) A República Federativa do Brasil, formada pela união indissolúvel dos Estados e Municípios e do Distrito Federal, constitui-se em Estado Democrático de Direito e tem como fundamentos, exceto:

a) a dignidade da pessoa humana.

b) os valores sociais do trabalho e da livre iniciativa.

c) a soberania e a cidadania.

d) o monismo político.

2. DOS DIREITOS E GARANTIAS FUNDAMENTAIS

2.1. Dos Direitos e Deveres Individuais e Coletivos

✱ SÚMULAS

STF **Súm. Vinculante 1.** Ofende a garantia constitucional do ato jurídico perfeito a decisão que, sem ponderar as circunstâncias do caso concreto, desconsidera a validez e a eficácia de acordo constante de termo de adesão instituído pela Lei Complementar 110/2001.

STF **Súm. Vinculante 11.** Só é lícito o uso de algemas em casos de resistência e de fundado receio de fuga ou de perigo à integridade física própria ou alheia, por parte do preso ou de terceiros, justificada a excepcionalidade por escrito, sob pena de responsabilidade disciplinar, civil e penal do agente ou da autoridade e de nulidade da prisão ou do ato processual a que se refere, sem prejuízo da responsabilidade civil do Estado.

STF **Súm. Vinculante 14.** É direito do defensor, no interesse do representado, ter acesso amplo aos elementos de prova que, já documentados em procedimento investigatório realizado por órgão com competência de polícia judiciária, digam respeito ao exercício do direito de defesa.

STF **Súm. Vinculante 21.** É inconstitucional a exigência de depósito ou arrolamento prévios de dinheiro ou bens para admissibilidade de recurso administrativo.

STF **Súm. Vinculante 25.** É ilícita a prisão civil de depositário infiel, qualquer que seja a modalidade do depósito.

STF **Súm. Vinculante 28.** É inconstitucional a exigência de depósito prévio como requisito de admissibilidade de ação judicial na qual se pretenda discutir a exigibilidade de crédito tributário.

STF **Súm. Vinculante 45.** A competência constitucional do tribunal do júri prevalece sobre o foro por prerrogativa de função estabelecido exclusivamente pela constituição estadual.

STF **Súm. 1.** É vedada a expulsão de estrangeiro casado com brasileira, ou que tenha filho brasileiro, dependente da economia paterna.

STF **Súm. 421.** Não impede a extradição a circunstância de ser o extraditado casado com brasileira ou ter filho brasileiro.

STF **Súm. 654.** A garantia da irretroatividade da lei, prevista no art. 5º, XXXVI, da Constituição da República, não é invocável pela entidade estatal que a tenha editado.

STF **Súm. 704.** Não viola as garantias do juiz natural, da ampla defesa e do devido processo legal a atração por continência ou conexão do processo do corréu ao foro por prerrogativa de função de um dos denunciados.

STJ **Súm. 280.** O art. 35 do Decreto-lei n. 7.661, de 1945, que estabelece a prisão administrativa, foi revogado pelos incisos LXI e LXVII do art. 5º da Constituição Federal de 1988.

STJ **Súm. 419.** Descabe a prisão civil do depositário judicial infiel.

✱ REPERCUSSÃO & REPETITIVOS

STF **Repercussão Geral 832.** O parlamentar, na condição de cidadão, pode exercer plenamente seu direito fundamental de acesso a informações de interesse pessoal ou coletivo, nos termos do art. 5º, XXXIII, da CF e das normas de regência desse direito. (RE 865401, 25.4.2018)

STF **Repercussão Geral 925.** A execução provisória de acórdão penal condenatório proferido em grau recursal, ainda que sujeito a recurso especial ou extraordinário, não compromete o princípio constitucional da presunção de inocência afirmado pelo art. 5º, LVII, da CF. (ARE 964246, 11.11.2016)

✱ INFORMATIVOS

STJ **Fotografia de morto: Súm. 279/STF e liberdade de imprensa.** Não procede pedido de indenização por danos morais formulado por familiares de pessoa morta em tiroteio ocorrido em via pública, que teve divulgada fotografia do local da cena do crime com a imagem da vítima ensanguentada em seu veículo, sem os devidos cuidados de edição. Supera-se a aplicação da Súm 279/STF por se considerar que a resolução da controvérsia é eminentemente de direito e independe do reexame do conjunto fático-probatório. Desde a sentença de primeira instância, ficou assentado que o feito comportava julgamento antecipado, sem dilação probatória, por serem os fatos incontroversos. O juiz se substituiu ao jornalista e ao jornal para impor o que considerava desnecessário. Realizou, dessa forma, inequivocamente, restrição censória ao agir da imprensa. Inexiste qualquer comprovação da inocorrência do fato. O que se discutiu foi apenas o não sombreamento que teria sido necessário na análise subjetiva do julgador. Não há qualquer dado no processo a revelar irregular ou abusivo exercício da liberdade de imprensa. ARE 892127 AgR, Rel. Min. Cármen Lúcia, j. 23.10.2018. 2ª T. (Info 921)

STF Reclamação: ADPF 130/DF e censura. O STF tem sido mais flexível na admissão de reclamação em matéria de liberdade de expressão, em razão da persistente vulneração desse direito na cultura brasileira, inclusive por via judicial. No julgamento da ADPF 130, o STF proibiu enfaticamente a censura de publicações jornalísticas, bem como tornou excepcional qualquer tipo de intervenção estatal na divulgação de notícias e de opiniões. A liberdade de expressão desfruta de uma posição preferencial no Estado democrático brasileiro, por ser uma pré-condição para o exercício esclarecido dos demais direitos e liberdades. Eventual uso abusivo da liberdade de expressão deve ser reparado, preferencialmente, por meio de retificação, direito de resposta ou indenização. Ao determinar a retirada de matéria jornalística de sítio eletrônico de meio de comunicação, a decisão reclamada violou essa orientação. Rcl 22328, Rel. Min. Roberto Barroso, j. 6.3.2018. 1ª T. (Info 893)

STF Cabimento de reclamação: censura e liberdade de expressão. A decisão reclamada determinou, cautelarmente, a retirada de matéria de "blog" jornalístico, bem como a proibição de novas publicações, por haver considerado a notícia ofensiva à honra de delegado da polícia federal. A determinação de retirada de matéria jornalística afronta a liberdade de expressão e de informação, além de constituir censura prévia. Essas liberdades ostentam preferência em relação ao direito à intimidade, ainda que a matéria tenha sido redigida em tom crítico. A ADPF 130 (sobre a Lei de Imprensa) pode ser utilizada como parâmetro para ajuizamento de reclamação que verse sobre conflito entre a liberdade de expressão e de informação e a tutela das garantias individuais relativas aos direitos de personalidade. Rcl 28747, Rel. Acd. Min. Luiz Fux, j. 5.6.2018. 1ª T. (Info 905)

STF Incitação à discriminação religiosa e liberdade de expressão. A incitação ao ódio público contra quaisquer denominações religiosas e seus seguidores não está protegida pela cláusula constitucional que assegura a liberdade de expressão. RHC 146303, Rel. Acd. Min. Dias Toffoli, j. 6.3.2018. 2ª T. (Info 893)

STF ADI: proselitismo e liberdade de expressão. É inconstitucional (afronta os arts. 5º, IV, VI e IX, e 220, da CF) o § 1º do art. 4º da Lei 9.612/98, que proíbe, no âmbito da programação das emissoras de radiodifusão comunitária, a prática de proselitismo, ou seja, a transmissão de conteúdo tendente a converter pessoas a uma doutrina, sistema, religião, seita ou ideologia. A liberdade de pensamento inclui o discurso persuasivo, o uso de argumentos críticos, o consenso e o debate público informado e pressupõe a livre troca de ideias e não apenas a divulgação de informações. ADI 2.566, Rel. Acd. Min. Edson Fachin, j. 16.5.2018. Pleno. (Info 902)

STF Transgêneros e direito à alteração no registro civil. O direito à igualdade sem discriminações abrange a identidade ou a expressão de gênero. A identidade de gênero é manifestação da própria personalidade e, como tal, cabe ao Estado apenas o papel de reconhecê-la, nunca de constituí-la. A pessoa não deve provar o que é, e o Estado não deve condicionar a expressão da identidade a qualquer tipo de modelo, ainda que meramente procedimental. ADI 4275, Rel. Acd. Min. Edson Fachin, j. 28.2 e 1º.3.2018. Pleno. (Info 892)

* QUESTÕES DISCURSIVAS

01. (Vunesp/TJ/SP/Cartórios/2014) É possível, de acordo com a atual ordem constitucional brasileira, restringir o direito de reunião em locais abertos ao público?

* QUESTÕES OBJETIVAS

18. (Consulplan/TJ/MG/Cartórios/Ingresso/2018) Em relação aos direitos e garantias fundamentais, assinale a alternativa correta:

a) é absolutamente livre a manifestação do pensamento, não sendo vedado o anonimato.

b) não é reconhecido aos transgêneros o direito à substituição de prenome e sexo diretamente no registro civil.

c) a garantia do voto secreto, entendida como elemento fundamental do sistema democrático, não pode ser suprimida por meio de emenda.

d) a Constituição não excepciona do dever geral de informar a hipótese de informações imprescindíveis à segurança da sociedade e do Estado, sendo inadmitido o sigilo.

19. **(Consulplan/TJ/MG/Cartórios/Remoção/2018)** Em relação aos direitos e garantias fundamentais, assinale a alternativa correta:

a) a emenda que suprima a independência de um dos Poderes ou que lhe estorve a autonomia é imprópria.

b) a referência feita a Deus no Preâmbulo tem caráter normativo e compromete o princípio da neutralidade religiosa do Estado, obstacularizando a liberdade de não aderir a religião alguma.

c) ofende o princípio da proporcionalidade lei que isenta os "reconhecidamente pobres" do pagamento dos emolumentos devidos pela expedição de registro civil de nascimento e de óbito, bem como a primeira certidão respectiva.

d) a inviolabilidade da intimidade, da vida privada, da honra e da imagem das pessoas é assegurada como direito absoluto, devendo ser considerada ilegítima qualquer hipótese de intervenção ou ponderação no âmbito de proteção do direito de privacidade.

20. **(Cespe/TJ/PI/Cartórios/Ingresso/2013)** Assinale a opção correta de acordo com a Convenção Americana sobre Direitos Humanos (Pacto de São José da Costa Rica):

a) a pena de morte não deve ser aplicada em nenhuma hipótese, mesmo nos países que ainda não a tenham abolido.

b) mesmo que manifeste a intenção de defender-se a si próprio, todo acusado da prática de um delito terá direito irrenunciável de ser assistido por um defensor proporcionado pelo Estado, remunerado ou não.

c) toda pessoa acusada de um delito tem direito à comunicação prévia e pormenorizada da acusação formulada, salvo nos casos de crime de terrorismo, quando a comunicação colocar em risco as investigações dos fatos, os interesses da justiça ou a segurança nacional.

d) o processo penal, em qualquer hipótese, deve ser público.

e) o direito à vida deve ser protegido por lei e, em geral, a partir do momento da concepção.

21. **(Ieses/TJ/RS/Cartórios/Ingresso/2013)** Assinale a alternativa correta quanto aos Direitos e Garantias Fundamentais presentes na Constituição da República Federativa do Brasil:

a) a Constituição assegura o direito de resposta, proporcional ao agravo, sem considerar, contudo, a indenização por dano material ou moral.

b) a liberdade de associação se dá somente mediante autorização judicial.

c) a igualdade entre homens e mulheres, tanto de direitos quantos de obrigações, ocorre sempre nos termos Constituição da República Federativa do Brasil.

d) a Constituição assegura a todos, mediante o pagamento de taxas, a obtenção de certidões em repartições públicas, para defesa de direitos e esclarecimento de situações de interesse pessoal.

22. **(Ieses/TJ/PA/Cartórios/Ingresso/2016)** Sobre os direitos e deveres individuais e coletivos é incorreto afirmar que:

a) será concedida extradição de estrangeiro por crime político ou de opinião.

b) é plena a liberdade de associação para fins lícitos, vedada a de caráter paramilitar.

c) a prática do racismo constitui crime inafiançável e imprescritível, sujeito à pena de reclusão, nos termos da lei.

d) a lei não prejudicará o direito adquirido, o ato jurídico perfeito e a coisa julgada.

23. **(Vunesp/TJ/SP/Cartórios/Ingresso/2016)** Sobre os direitos fundamentais, é correto afirmar que:

a) podem ser suprimidos, desde que se faça por emenda constitucional, aprovada em dois turnos em cada casa do Congresso Nacional, exigindo-se o quórum qualificado de três quintos.

b) se estendem exclusivamente aos brasileiros e estrangeiros residentes no Brasil.

c) são previstos exaustivamente na Constituição da República.

d) as normas que os definem têm aplicação imediata.

24. **(Vunesp/TJ/SP/Cartórios/Ingresso/2016)** São direitos fundamentais previstos no art. 5º da Constituição Federal:

a) a soberania, a cidadania, a dignidade da pessoa humana, os valores sociais do trabalho e da livre iniciativa, e o pluralismo político.

b) o devido processo legal, a gratuidade do registro civil de nascimento para os reconhecidamente pobres, a livre manifestação do pensamento, e a inversão do ônus da prova em favor do consumidor, quando verossímeis os fatos alegados ou for ele hipossuficiente.

c) a razoável duração do processo, a propositura de ação privada para os crimes de ação pública, quando esta não for intentada no prazo legal, a ação de "habeas data", e a prestação de assistência religiosa nas entidades civis e militares de internação coletiva.

d) a ação de "habeas corpus", a liberdade de associação, a vedação no processo das provas obtidas por meios ilícitos, a erradicação da pobreza, e a soberania.

25. **(Vunesp/TJ/SP/Cartórios/Ingresso/2016)** A duração razoável do processo:

a) é garantia fundamental prevista na Constituição Federal, aplica-se no âmbito judicial e administrativo, e tem aplicação imediata.

b) é garantia fundamental prevista na Constituição Federal, aplica-se apenas no âmbito judicial, e tem aplicação imediata.

c) não é garantia fundamental prevista na Constituição Federal, aplica-se no âmbito judicial e administrativo, e tem aplicação imediata.

d) é garantia fundamental prevista na Constituição Federal, aplica-se apenas no âmbito judicial, e não tem aplicação imediata.

26. **(Vunesp/TJ/SP/Cartórios/Remoção/2016)** Sobre o direito de reunião previsto no art. 5º, XVI, da Constituição Federal, é correto afirmar que todos podem reunir-se pacificamente:

a) em locais abertos ao público, independentemente de autorização, desde que não frustrem outra reunião anteriormente convocada para o mesmo local, sendo apenas exigido prévio aviso à autoridade competente.

b) sem armas, em locais abertos ao público, independentemente de autorização, desde que não frustrem outra reunião anteriormente convocada para o mesmo local, sendo apenas exigido prévio aviso à autoridade competente.

c) sem armas, em locais abertos ao público, mediante prévia autorização, desde que não frustrem outra reunião anteriormente convocada para o mesmo local, sendo apenas exigido prévio aviso à autoridade competente.

d) sem armas, em locais abertos ou não ao público, independentemente de autorização, desde que não frustrem outra reunião anteriormente convocada para o mesmo local, sendo apenas exigido prévio aviso à autoridade competente.

27. **(Faurgs/TJ/RS/Cartórios/Remoção/2015)** Sobre os direitos e deveres individuais e coletivos, previstos no art. 5º, assinale a alternativa que contém assertiva correta:

a) é livre a manifestação do pensamento, sendo vedado o anonimato, assim como é livre o exercício de qualquer trabalho, ofício ou profissão, independentemente de qualificações profissionais estabelecidas em lei.

b) é inviolável o sigilo da correspondência e das comunicações telegráficas, de dados e das comunicações telefônicas, salvo por ordem judicial, para fins de investigação criminal ou de instrução processual de qualquer natureza.

c) é assegurada a prestação de assistência religiosa nas entidades civis e militares de internação e também o acesso de todos à informação, sendo revelada a fonte, mesmo quando necessário o sigilo da mesma em razão do exercício profissional.

d) é garantido o direito de reunião exercido pacificamente, em locais públicos, independentemente de autorização, sem frustrar outra reunião anteriormente convocada para o mesmo local, sendo exigido prévio aviso à autoridade competente.

28. **(Ieses/TJ/MS/Cartórios/Remoção/2014)** No que tange aos dos direitos e deveres individuais e coletivos fixados no artigo quinto da Constituição Federal de 1988 pode-se afirmar:

I. é garantida a livre a expressão da atividade intelectual, artística, científica e de comunicação, independentemente de censura ou licença.

II. será livre a locomoção no território nacional em tempo de paz, podendo qualquer pessoa, nos termos da lei, nele entrar, permanecer ou dele sair com seus bens.

III. é defeso a livre a manifestação do pensamento.

IV. será assegurado o direito de resposta, proporcional ao agravo, além da indenização por dano material, moral ou à imagem.

A sequência correta é:

a) apenas as assertivas I, II e IV estão corretas.

b) apenas as assertivas I e III estão corretas.

c) as assertivas I, II, III e IV estão corretas.

d) apenas as assertivas III e IV estão corretas.

29. **(Vunesp/TJ/SP/Cartórios/Remoção/2014)** A Constituição Federal protege a casa do indivíduo, considerando-a asilo inviolável, ninguém nela podendo penetrar sem o consentimento do morador. Tal afirmação está:

a) totalmente correta.
b) parcialmente correta, visto que a própria Constituição Federal prevê as seguintes exceções a essa regra: hipóteses de flagrante delito ou desastre, ou para prestar socorro, ou, durante o dia, por determinação judicial.
c) parcialmente correta, visto que a própria Constituição Federal prevê as seguintes exceções a essa regra: hipóteses de flagrante relacionado a crime hediondo ou desastre, ou para prestar socorro, ou, durante o dia, por determinação judicial.
d) parcialmente correta, visto que a própria Constituição Federal prevê as seguintes exceções a essa regra: hipóteses de flagrante delito ou desastre, ou para prestar socorro, ou, inclusive durante a noite, por determinação judicial.

30. **(FMP/TJ/MT/Cartórios/Ingresso/2014)** A respeito dos direitos fundamentais elencados no art. 5º da CF/88, assinale a alternativa correta:

a) é plena a liberdade de associação para quaisquer fins.
b) é assegurado a todos o acesso à informação, sendo vedado o sigilo da fonte.
c) é livre a manifestação do pensamento, sendo vedado o anonimato.
d) sob nenhuma hipótese pode o sigilo da correspondência ser violado.
e) o Estado prestará assistência jurídica gratuita a todos.

31. **(FMP/TJ/MT/Cartórios/Remoção/2014)** São proibido(a)s, segundo o art. 5º da Constituição Federal:

a) a greve em período superior a 180 dias e a interrupção de serviços essenciais.
b) o racismo e o terrorismo.
c) a manifestação sem aviso prévio e o anonimato.
d) o abandono da família e as penas cruéis.
e) a prática de racismo e ação de grupos armados.

32. **(IBFC/TJ/PR/Cartórios/Ingresso/2014)** Assinale a alternativa correta:

a) o mandado de segurança, considerado ação constitucional, cabe para proteger direito ilíquido e certo.
b) são a todos assegurados, independentemente do pagamento de taxas, o direito de petição aos Poderes Públicos em defesa de direitos ou contra ilegalidade ou abuso de poder.
c) somente aos brasileiros natos, no âmbito judicial e administrativo, são assegurados a razoável duração do processo e os meios que garantam a celeridade de sua tramitação.
d) as normas definidoras dos direitos e garantias fundamentais têm aplicação mediata.

33. **(Cespe/TJ/BA/Cartórios/Ingresso/2013)** Considerando as normas constitucionais sobre direitos e garantias fundamentais, assinale a opção correta:

a) a casa é asilo inviolável do indivíduo, ninguém nela podendo penetrar sem consentimento do morador, salvo em caso de flagrante delito ou desastre, ou para prestar socorro, ou, durante o dia ou à noite, por determinação judicial.
b) todos podem reunir-se pacificamente, sem armas, em locais abertos ao público, desde que não frustrem outra reunião anteriormente convocada para o mesmo local e mediante prévia permissão da autoridade competente.
c) a pequena propriedade rural, assim definida em lei, desde que trabalhada pela família, não será objeto de penhora, salvo se para pagamento de débitos decorrentes de sua atividade produtiva.
d) é assegurado, nos termos da lei, aos criadores, aos intérpretes e às respectivas representações sindicais e associativas o direito de fiscalização do aproveitamento econômico das obras que criarem ou de que participarem.
e) é livre a manifestação do pensamento, permitido o anonimato.

34. **(Cespe/TJ/BA/Cartórios/Ingresso/2013)** Ainda com relação aos direitos e garantias fundamentais, assinale a opção correta:

a) todos têm direito de receber dos órgãos públicos informações de seu interesse particular, ou de interesse coletivo ou geral, que serão prestadas no prazo da lei, sob pena de responsabilidade, independentemente de qualquer ressalva.
b) a sucessão de bens de estrangeiros situados no país será regulada pela lei brasileira em benefício do cônjuge ou dos filhos brasileiros, ainda que lhes seja mais favorável a lei pessoal do "de cujus".
c) a lei assegura aos autores de inventos industriais o privilégio temporário para a sua

utilização, nunca inferior a cinquenta anos, bem como proteção às criações industriais, à propriedade das marcas, aos nomes de empresas e a outros signos distintivos, tendo em vista o interesse social e o desenvolvimento tecnológico e econômico do país.

d) nenhuma pena passará da pessoa do condenado, podendo a obrigação de reparar o dano e a decretação do perdimento de bens serem, nos termos da lei, estendidas aos sucessores e contra eles executadas, até o limite do valor do patrimônio transferido.

e) é a todos assegurada, desde que mediante o pagamento de taxa de serviço, a obtenção de certidões em repartições públicas, para defesa de direitos e esclarecimento de situações de interesse pessoal.

35. **(Cespe/TJ/DFT/Cartórios/Ingresso/2014)** A respeito dos direitos e garantias fundamentais e dos direitos sociais, assinale a opção correta de acordo com a jurisprudência do STF:

a) lei que trata da realização de pesquisas com células-tronco embrionárias viola o direito à vida e, assim, a ordem constitucional vigente.

b) a instituição, pelos estados, de piso salarial regional para o trabalhador viola norma da CF.

c) a utilização de critérios distintos para a promoção de integrantes do sexo feminino e do masculino de corpo militar viola o princípio constitucional da isonomia.

d) a exigência legal de depósito prévio do valor correspondente à multa administrativa, como condição de admissibilidade de recurso administrativo, é considerada inconstitucional.

e) o foro por prerrogativa de função, mesmo quando estabelecido exclusivamente por constituição estadual, prevalece sobre a competência do tribunal do júri, prevista na CF.

36. **(Vunesp/TJ/SP/Cartórios/Ingresso/2014)** A Constituição Federal, na parte em que trata dos direitos e garantias fundamentais, especificamente nos direitos e deveres individuais e coletivos, estabelece a gratuidade para os reconhecidamente pobres, na forma da lei:

a) somente do registro civil de nascimento.

b) somente da certidão de óbito.

c) somente do registro civil de nascimento e da certidão de óbito.

d) somente do registro civil de nascimento e da certidão de casamento.

37. **(Ieses/TJ/RO/Cartórios/Ingresso/2017)** Sobre os direitos e garantias fundamentais previstos pela Constituição Federal, é correto afirmar:

a) a todos os litigantes, exceto no âmbito administrativo, são assegurados a razoável duração do processo e os meios que garantam a celeridade de sua tramitação.

b) é livre o exercício de qualquer trabalho, ofício ou profissão, vedada a fixação de restrições ou exigências de qualificação profissional diversas daquelas já estabelecidas pela norma constitucional.

c) aos litigantes, em processo judicial ou administrativo, e aos acusados em geral são assegurados o contraditório e ampla defesa, com os meios e recursos a ela inerentes.

d) é livre a manifestação de pensamento, constitucionalmente assegurado o anonimato para proteção geral dos cidadãos contra retaliações em virtude de eventuais denúncias.

38. **(Ieses/TJ/CE/Cartórios/Remoção/2018)** Todos são iguais perante a lei, sem distinção de qualquer natureza, garantindo-se aos brasileiros e aos estrangeiros residentes no País a inviolabilidade do direito à vida, à liberdade, à igualdade, à segurança e à propriedade. No que diz respeito ao artigo 5º da CF/88 é correto afirmar:

I. é livre a criação de associações e, na forma da lei, a de cooperativas independem de autorização, sendo permitida a interferência estatal em seu funcionamento.

II. são invioláveis a intimidade, a vida privada, a honra e a imagem das pessoas, assegurado o direito a indenização pelo dano material ou moral decorrente de sua violação.

III. é livre a manifestação do pensamento, sendo consentido o anonimato.

IV. é garantido o direito de propriedade.

A sequência correta é:

a) apenas as assertivas II e IV estão corretas.

b) apenas a assertiva II está incorreta.

c) as assertivas I, II, III e IV estão corretas.

d) apenas as assertivas I, II e III estão corretas.

39. **(Ieses/TJ/CE/Cartórios/Remoção/2018)** Conforme dispõe a Constituição Federal de 1988 em seu artigo 5º, podemos afirmar que são gratuitas as ações de:

I. "habeas corpus".

II. "habeas data".

III. mandado de segurança.

IV. mandado de injunção.

A sequência correta é:

a) apenas a assertiva IV está incorreta.

b) apenas as assertivas I e II estão corretas.

c) as assertivas I, II, III e IV estão corretas.

d) apenas as assertivas I, II e III estão corretas.

40. **(Ieses/TJ/CE/Cartórios/Ingresso/2018)** Todos são iguais perante a lei, sem distinção de qualquer natureza, garantindo-se aos brasileiros e aos estrangeiros residentes no País a inviolabilidade do direito à vida, à liberdade, à igualdade, à segurança e à propriedade. Neste sentido, de acordo com a Constituição da República Federativa do Brasil de 1988 é incorreto afirmar que:

a) é inviolável o sigilo da correspondência e das comunicações telegráficas, de dados e das comunicações telefônicas, salvo, no último caso, por ordem judicial, nas hipóteses e na forma que a lei estabelecer para fins de investigação criminal ou instrução processual penal.

b) é livre a expressão da atividade intelectual, artística, científica e de comunicação, independentemente de censura ou licença.

c) é assegurada, nos termos da lei, a prestação de assistência religiosa nas entidades civis e militares de internação coletiva.

d) é livre a manifestação do pensamento, sendo resguardado o anonimato.

41. **(Ieses/TJ/AM/Cartórios/Ingresso/2018)** Conforme o disposto na Constituição Federal no Título II "Dos Direitos e Garantias Fundamentais", é correto afirmar:

a) aos litigantes e aos acusados em geral, exceto no âmbito administrativo, são assegurados o contraditório e ampla defesa, com os meios e recursos a ela inerentes.

b) todos os brasileiros têm direito a receber dos órgãos públicos informações de seu interesse particular, ressalvadas aquelas de interesse coletivo ou geral ou cujo sigilo seja imprescindível à segurança da sociedade e do Estado.

c) ninguém será privado de direitos por motivo de crença religiosa ou de convicção filosófica ou política, ainda que as invocar para eximir-se de obrigação legal a todos imposta e recusar-se a cumprir prestação alternativa, se fixada em lei complementar específica.

d) os tratados e convenções internacionais sobre direitos humanos que forem aprovados, em cada Casa do Congresso Nacional, em dois turnos, por três quintos dos votos dos respectivos membros, serão equivalentes às emendas constitucionais.

2.2. Dos Direitos Sociais

* SÚMULAS

STF Súm. Vinculante 4. Salvo os casos previstos na Constituição Federal, o salário mínimo não pode ser usado como indexador de base de cálculo de vantagem de servidor público ou de empregado, nem ser substituído por decisão judicial.

STF Súm. Vinculante 6. Não viola a Constituição da República o estabelecimento de remuneração inferior ao salário mínimo para os praças prestadores de serviço militar inicial.

STF Súm. 675. Os intervalos fixados para descanso e alimentação durante a jornada de seis horas não descaracterizam o sistema de turnos ininterruptos de revezamento para o efeito do art. 7º, XIV, da Constituição.

STF Súm. 677. Até que lei venha a dispor a respeito, incumbe ao Ministério do Trabalho proceder ao registro das entidades sindicais e zelar pela observância do princípio da unicidade.

* REPERCUSSÃO & REPETITIVOS

STF Repercussão Geral 782. Os prazos da licença adotante não podem ser inferiores aos prazos da licença gestante, o mesmo valendo para as respectivas prorrogações. Em relação à licença adotante, não é possível fixar prazos diversos em função da idade da criança adotada. (RE 778889, 10.3.2016)

* QUESTÕES OBJETIVAS

42. **(Ieses/TJ/RS/Cartórios/Remoção/2013)** Assinale a alternativa correta:

a) todos têm direito a receber dos órgãos públicos, independentemente de seu conteúdo, informações de seu interesse particular, ou de interesse coletivo ou geral, que serão prestadas no prazo da lei, sob pena de responsabilidade.

b) são assegurados a todos, mediante o pagamento das respectivas taxas, a obtenção de certidões em repartições públicas, para defesa de direitos e esclarecimento de situações de interesse pessoal.

c) são direitos dos trabalhadores urbanos e rurais, além de outros que visem à melhoria de sua condição social, o seguro-desemprego, em caso de desemprego involuntário, o fundo de garantia do tempo de serviço e o piso salarial proporcional à extensão e à complexidade do trabalho.

d) as entidades associativas não têm legitimidade para representar seus filiados judicial ou extrajudicialmente.

43. **(Ieses/TJ/PA/Cartórios/Ingresso/2016)** Quanto aos direitos dos trabalhadores urbanos e rurais é correto afirmar que a:

a) remuneração do trabalho diurno superior à do noturno.

b) remuneração do serviço extraordinário superior, no mínimo, em cinquenta por cento à do normal.

c) gozo de férias anuais remuneradas com, pelo menos, um quarto a mais do que o salário normal.

d) jornada de oito horas para o trabalho realizado em turnos ininterruptos de revezamento.

44. **(Vunesp/TJ/SP/Cartórios/Remoção/2014)** Assinale a alternativa em plena harmonia com a Constituição Federal no que tange a direito dos trabalhadores urbanos e rurais:

a) irredutibilidade do salário, nunca admitida sua diminuição.

b) remuneração pelo serviço extraordinário, que deve ser pelo menos um terço superior à do normal.

c) assistência gratuita aos filhos e dependentes desde o nascimento até cinco anos de idade em creches e pré-escolas.

d) seguro-desemprego em qualquer hipótese.

45. **(FMP/TJ/MT/Cartórios/Ingresso/2014)** Assinale a alternativa correta:

a) o rol de direitos sociais nos incisos do art. 7º e seguintes é exaustivo.

b) é vedada a redução salarial do trabalhador sob qualquer hipótese.

c) é assegurado ao trabalhador o gozo de férias anuais remuneradas com, no mínimo, um terço a mais do que os salário normal.

d) a licença à gestante, sem prejuízo do emprego e do salário, será de, no mínimo cento e oitenta dias.

e) não é assegurado constitucionalmente o direito à licença-paternidade.

46. **(FMP/TJ/MT/Cartórios/Remoção/2014)** São direitos sociais dos trabalhadores rurais e urbanos:

a) a remuneração do trabalho noturno superior à do diurno.

b) a proteção do salário na forma da lei, constituindo crime sua retenção culposa.

c) a jornada de trabalho de quarenta horas semanais.

d) jornada de trabalho de oito horas para o trabalho realizado em turnos ininterruptos de revezamento.

e) remuneração do serviço extraordinário, no mínimo, com valor proporcional ao normal.

47. **(Cespe/TJ/BA/Cartórios/Remoção/2013)** No que se refere à CF, ao poder constituinte e aos direitos e garantias fundamentais, assinale a opção correta:

a) o direito à licença-paternidade garantido no texto constitucional é matéria inserida no âmbito da reserva legal absoluta, pois somente pode ser disciplinado por lei.

b) o sigilo de comunicações telefônicas previsto na CF abrange o conteúdo das conversas e os registros a elas relativos, tais como dia, horário e duração de chamadas.

c) não há, na ordem constitucional brasileira, a possibilidade de privação de direitos políticos em razão de crença ou convicção filosófica do indivíduo.

d) uma Constituição editada por meio de outorga não decorre da vontade popular, mas da manifestação de vontade de um agente revolucionário, razão pela qual não é uma forma de expressão do poder constituinte originário.

e) o exercício do poder constituinte derivado reformador sujeitase a limitações expressamente previstas na CF, mas não a limitações implícitas.

48. **(Consulplan/TJ/MG/Cartórios/Remoção/2017)** A Constituição Federal do Brasil veda o trabalho do menor de 16 anos; porém, permite que o maior de 14 anos exerça o trabalho na condição de aprendiz. Assim, o aprendiz:

a) não pode trabalhar em horário e locais que não permitem sua frequência na escola.

b) pode realizar qualquer tipo de trabalho, desde que seja até às 23 horas.

c) pode realizar trabalho em local insalubre, desde que devidamente autorizado pelos pais ou responsável.

d) pode realizar excepcionalmente e desde que autorizado pelos pais ou responsável, trabalho após às 23 horas.

49. **(Cetro/TJ/RJ/Cartórios/Ingresso/2017)** Pedro, ao receber e-mail com newsletter do Sindicato vinculado à sua nova atividade, deparou-se com itens que lhe chamaram a atenção, os quais estão indicados nas alternativas abaixo. Em consonância com o texto constitucional, assinale a alternativa correta:

a) devido à natureza da atividade desenvolvida pelas serventias extrajudiciais, o STF entendeu que é permitida a participação de representante do Estado-membro nas negociações entre as entidades sindicais de trabalhadores e empregadores para atualização de piso salarial.

b) a participação de sindicato na Mesa Nacional de Negociação Permanente é vinculada à escolha entre seus pares, não havendo limitação quanto à sua amplitude territorial.

c) o registro da entidade sindical no Registro Civil das Pessoas Jurídicas exclui a necessidade de submissão de registro perante o Ministério do Trabalho, bastando a mera informação para validade do registro.

d) é imprescindível a comprovação da situação funcional de cada substituído, tanto na fase de conhecimento quanto de liquidação e execução, nas ações em que o sindicato aja como substituto processual.

e) o entendimento do STF é de que a contribuição sindical é devida por servidor público, independentemente de haver lei específica regulamentando a sua instituição.

2.3. Da Nacionalidade

✱ QUESTÕES OBJETIVAS

50. **(Consulplan/TJ/MG/Cartórios/Ingresso/2018)** Em relação aos direitos de nacionalidade, assinale a alternativa incorreta:

a) não será concedida extradição de estrangeiro por crime político ou de opinião.

b) não impede a extradição a circunstância de ser o extraditando casado com brasileira ou ter filho brasileiro.

c) o brasileiro naturalizado poderá ser extraditado em caso de crime comum praticado antes da naturalização ou, na forma da lei, de comprovado envolvimento em tráfico ilícito de entorpecentes e drogas afins.

d) a Constituição considera brasileiros natos todos os nascidos no Brasil, ainda que de pais estrangeiros, bem como os nascidos no estrangeiro, de pai e mãe brasileiros, desde que ambos estejam a serviço do Brasil.

51. **(Consulplan/TJ/MG/Cartórios/Remoção/2018)** Em relação aos direitos de nacionalidade, assinale a alternativa incorreta:

a) a disciplina sobre emigração e imigração, entrada, extradição e expulsão de estrangeiro é da competência legislativa privativa da União.

b) não impede a extradição a possibilidade de aplicação das penas de morte e de prisão perpétua, ainda que proibidas pela ordem constitucional brasileira.

c) nenhum brasileiro será extraditado, salvo o naturalizado, em caso de crime comum, praticado antes da naturalização, ou de comprovado envolvimento em tráfico ilícito de entorpecentes e drogas afins, na forma da lei.

d) a propriedade de empresa jornalística e de radiodifusão sonora e de sons e imagens é privativa de brasileiros natos ou naturalizados há mais de 10 (dez) anos, ou de pessoas jurídicas constituídas sob as leis brasileiras e que tenham sede no País.

52. **(FCC/TJ/PE/Cartórios/Remoção/2013)** Quanto aos requisitos para obtenção da nacionalidade brasileira é correto afirmar:

a) os nascidos no estrangeiro, de pai ou mãe brasileira, desde que sejam registrados em repartição brasileira competente ou venham a residir na República Federativa do Brasil podem optar, a qualquer tempo, até atingirem a maioridade, pela nacionalidade brasileira.

b) pendente a nacionalidade brasileira do extraditando da homologação judicial "ex tunc" da opção já manifestada, suspende-se o processo extradicional.

c) são privativos de brasileiro nato os cargos de Presidente e Vice-Presidente da República, Presidente da Câmara dos Deputados, Presidente do Senado Federal, Ministro do Supremo Tribunal Federal, da carreira diplomática, de oficial de Forças Armadas, do Ministro de Estado de

Defesa, Ministros de Estado e Ministros do Tribunal de Contas da União.

d) a garantia da não extradição aplica-se integralmente aos brasileiros natos e naturalizados, diante do princípio da igualdade.

e) os estrangeiros de qualquer nacionalidade residentes no Brasil há mais de quinze anos ininterruptos, sem condenação criminal e com idoneidade moral podem requerer a nacionalidade brasileira, com exceção dos originários de língua portuguesa, em que se exige somente cinco anos.

53. **(TJ/SC/Cartórios/Ingresso/2012)** Assinale a alternativa correta:

a) o devido processo legal só é garantido àqueles procedimentos judiciais e administrativos nos quais há a possibilidade de privação de liberdade.

b) aos litigantes em processo judicial ou administrativo e aos acusados em geral são assegurados o contraditório e a ampla defesa, irrestritamente.

c) o direito de petição, garantia fundamental, é assegurado a todos, porém somente àqueles reconhecidamente carentes é dada a isenção do pagamento de taxas.

d) o mandado de segurança coletivo pode ser impetrado por qualquer partido político.

e) o brasileiro naturalizado pode ser extraditado caso se comprove seu envolvimento em tráfico ilícito de entorpecentes e drogas afins.

54. **(Ieses/TJ/RN/Cartórios/Remoção/2012)** É errado afirmar:

a) são privativos de brasileiro nato os cargos da carreira diplomática.

b) são privativos de brasileiro nato os cargos da Câmara dos Deputados.

c) será declarada a perda da nacionalidade do brasileiro que adquirir outra nacionalidade, salvo nos casos de reconhecimento de nacionalidade originária pela lei estrangeira.

d) será declarada a perda da nacionalidade do brasileiro que adquirir outra nacionalidade, salvo nos casos de imposição de naturalização, pela norma estrangeira.

55. **(Consulplan/TJ/MG/Cartórios/Remoção/2014)** A respeito das garantias constitucionais, assinale a alternativa correta:

a) a sucessão de bens de estrangeiros situados no País será sempre regulada pela lei brasileira em benefício do cônjuge ou dos filhos brasileiros.

b) no caso de iminente perigo público, a autoridade competente poderá usar de propriedade particular, assegurado ao proprietário indenização ulterior, em razão do uso.

c) o brasileiro naturalizado será extraditado por envolvimento comprovado em tráfico ilícito de entorpecentes e drogas afins, independente de ter sido praticado antes da naturalização.

d) a tortura e a ação de grupos armados contra ordem constitucional são crimes inafiançáveis e imprescritíveis.

56. **(Consulplan/TJ/MG/Cartórios/Remoção/2014)** Relativamente à nacionalidade, é correto afirmar:

a) não é permitido a brasileiro naturalizado há 06 anos ser proprietário de empresa de radiodifusão.

b) é brasileiro nato o nascido no estrangeiro de pai brasileiro e mãe estrangeira.

c) são privativos de brasileiros natos os cargos de Presidente, Vice-Presidente da República; Presidente da Câmara dos Deputados; Presidente do Senado Federal; Ministros dos Tribunais Superiores; Diplomatas de carreira; oficial das Forças Armadas e Ministro de Estado da Defesa.

d) será declarada a perda da nacionalidade do brasileiro que adquirir outra nacionalidade em decorrência de reconhecimento de nacionalidade originária pela lei estrangeira.

57. **(Ieses/TJ/PA/Cartórios/Remoção/2016)** A Nacionalidade representa o vínculo jurídico político que liga o indivíduo a um Estado. A República Federativa do Brasil reconhece formas originárias e derivadas de reconhecimento de nacionalidade. Pode-se afirmar quanto à nacionalidade brasileira:

a) "jus soli", neste sistema a nacionalidade originária se estabelece pelo local do nascimento dos pais, independentemente da nacionalidade dos pais.

b) "jus domicili", temos a hipótese do filho de brasileiros que nasce no exterior e que vem residir no Brasil antes de atingir a maioridade; na nacionalidade secundária o domicílio é elemento assegurador da naturalização.

c) "jus sanguinis": provém da antiguidade o sistema pelo qual os filhos adquirem a nacionalidade de seus pais. Neste sistema o filho adquire a nacionalidade que os pais tinham à época do seu nascimento, sendo afetado por eventuais mudanças de nacionalidade que posteriormente ocorram a seus pais.

d) a nacionalidade originária se materializa por meio de dois critérios que incidem no momento do nascimento: o jus soli (nacionalidade do país em que nasce) e o jus sanguinis (aquisição da nacionalidade dos pais à época do nascimento).

58. (Vunesp/TJ/SP/Cartórios/Ingresso/2016) Aos portugueses serão atribuídos os direitos:

a) inerentes ao brasileiro nato.

b) inerentes ao brasileiro naturalizado.

c) inerentes aos do brasileiro, quando tiverem residência permanente no Brasil e havendo reciprocidade no ordenamento português ao brasileiro.

d) correspondentes aos do brasileiro nato, quando tiverem residência permanente no Brasil e havendo reciprocidade no ordenamento português.

59. (Vunesp/TJ/SP/Cartórios/Remoção/2016) Assinale a alternativa correta:

a) será declarada a perda da nacionalidade do brasileiro que adquirir outra nacionalidade, inclusive nos casos de reconhecimento de nacionalidade originária pela lei estrangeira.

b) é vedado estabelecer distinção entre brasileiros natos e naturalizados, salvo nos casos previstos em lei, para resguardo da segurança nacional.

c) os filhos de estrangeiros nascidos no Brasil serão, em qualquer hipótese, considerados brasileiros natos.

d) são considerados brasileiros natos os nascidos no estrangeiro, de pai ou mãe brasileira, desde que qualquer deles esteja a serviço da República Federativa do Brasil.

60. (Vunesp/TJ/SP/Cartórios/Remoção/2016) São privativos de brasileiros natos os seguintes cargos:

a) de Presidente da República, de Ministro do Superior Tribunal de Justiça e de Ministro do Supremo Tribunal Federal.

b) de Vice-Presidente da República, de Ministro de Estado da Defesa e de Ministro do Supremo Tribunal Federal.

c) de oficial das Forças Armadas, de Presidente do Senado e de Ministro de Estado da Justiça.

d) de Carreira Diplomática, de Presidente do Superior Tribunal de Justiça e de Presidente da Câmara dos Deputados.

61. (Ieses/TJ/PB/Cartórios/Remoção/2014) Segundo o que dispõe a Carta Magna de 1988, em matéria de nacionalidade é correto afirmar que são privativos de brasileiro nato os seguintes cargos exceto:

a) de Ministro do Supremo Tribunal Federal, da carreira diplomática.

b) de Presidente da Câmara dos Deputados, de Presidente do Senado Federal.

c) de Presidente, Vice-Presidente da República.

d) de oficial das Forças Armadas, de Ministro da Justiça.

62. (Vunesp/TJ/SP/Cartórios/Remoção/2014) Assinale a alternativa correta:

a) são brasileiros natos os nascidos no estrangeiro de pai brasileiro ou de mãe brasileira, desde que sejam registrados em repartição brasileira competente ou venham a residir da República Federativa do Brasil e optem, no prazo de um ano, depois de atingida a maioridade, pela nacionalidade brasileira.

b) são brasileiros natos os nascidos na República Federativa do Brasil, ainda que de pais estrangeiros, mesmo que eles estejam a serviço de seu país.

c) são brasileiros naturalizados os que, na forma da lei, adquiram a nacionalidade brasileira, exigidas aos originários de países de língua portuguesa apenas residência por um ano ininterrupto e idoneidade moral.

d) são brasileiros naturalizados os estrangeiros de qualquer nacionalidade residentes na República Federativa do Brasil há pelo menos dez anos ininterruptos e sem condenação penal, desde que requeiram a nacionalidade brasileira.

63. (Cespe/TJ/SE/Cartórios/Remoção/2014) De acordo com a jurisprudência do STF acerca dos direitos e garantias fundamentais, assinale a opção correta:

a) entidade de classe somente pode impetrar mandado de segurança coletivo em favor de seus associados se for por eles expressamente autorizada.

b) o aproveitamento, em processo administrativo disciplinar, de prova licitamente obtida mediante interceptação telefônica autorizada judicialmente em investigação criminal ou ação penal é inconstitucional.

c) o cancelamento de naturalização obtida pela via administrativa somente pode ser feito mediante processo judicial.

d) os direitos e garantias fundamentais considerados cláusulas pétreas pela CF restringem-se àqueles expressamente previstos em seu rol de direitos e garantias individuais e coletivos, não abrangendo, portanto, os denominados direitos políticos.

e) constatada a insuficiência do depósito prévio na desapropriação por utilidade pública, a diferença do valor depositado para imissão na posse deve ser paga imediatamente em dinheiro, não podendo ser paga, portanto, por meio de precatório.

64. **(Consulplan/TJ/MG/Cartórios/Remoção/2015)** São brasileiros natos, exceto:

a) os nascidos na República Federativa do Brasil, ainda que de pais estrangeiros, desde que estes não estejam a serviço de seu país.

b) os nascidos na República Federativa do Brasil, ainda que de pais estrangeiros, desde que estes estejam a serviço de seu país.

c) os nascidos no estrangeiro, de pai brasileiro ou mãe brasileira, desde que qualquer deles esteja a serviço da República Federativa do Brasil.

d) os nascidos no estrangeiro de pai brasileiro ou mãe brasileira, desde que sejam registrados em repartição brasileira competente ou venham a residir na República Federativa do Brasil e optem, em qualquer tempo, depois de atingida a maioridade, pela nacionalidade brasileira.

65. **(Consulplan/TJ/MG/Cartórios/Remoção/2017)** David nasceu em país estrangeiro, mas reside no Brasil há mais de 15 (quinze) anos ininterruptos e adquiriu a nacionalidade brasileira. Com base nesses dados, é correto dizer que, necessariamente:

a) o país de origem de David é de língua portuguesa.

b) mesmo sabendo ler e escrever a língua portuguesa, David não poderá se eleger para a Câmara dos Deputados.

c) David não poderá ocupar cargo de Ministro de Estado.

d) David não poderá ocupar cargo de Ministro do STF.

66. **(Cetro/TJ/RJ/Cartórios/Remoção/2017)** No que se refere ao tema da nacionalidade, nos moldes do disposto na Constituição Federal de 1988, assinale a alternativa correta:

a) aquele que nasce no Brasil, ainda que um dos pais esteja a serviço de seu país, é brasileiro nato, dado que prevalece a regra do "jus solis".

b) dentre as hipóteses facilitadas de aquisição da nacionalidade brasileira explícitas na Constituição Federal de 1988, está a do estrangeiro que faz curso superior em estabelecimento nacional de ensino.

c) é competente o Ministro da Justiça para rever ato de naturalização que foi cancelado, administrativa ou judicialmente.

d) o brasileiro nascido no exterior, filho de pai e mãe brasileiros, vindo a residir no Brasil, somente pode optar, por conta de seu caráter personalíssimo, pela nacionalidade brasileira depois de atingir a maioridade.

e) o sistema constitucional brasileiro admite a aquisição da nacionalidade, com efeito direto e imediato, por meio do matrimônio.

67. **(Ieses/TJ/CE/Cartórios/Remoção/2018)** São privativos de brasileiro nato os seguintes cargos, exceto:

a) da carreira diplomática.

b) de presidente de partido político.

c) de Ministro do Supremo Tribunal Federal.

d) de Presidente e Vice-Presidente da República.

68. **(Ieses/TJ/AM/Cartórios/Remoção/2018)** São brasileiros natos:

I. os nascidos no estrangeiro de pai brasileiro ou de mãe brasileira, desde que sejam registrados em repartição brasileira competente ou venham a residir na República Federativa do Brasil e optem, em qualquer tempo, depois de atingida a maioridade, pela nacionalidade brasileira.

II. os que, na forma da lei, adquiram a nacionalidade brasileira, exigidas aos originários de países de língua portuguesa apenas residência por um ano ininterrupto e idoneidade moral.

III. os nascidos na República Federativa do Brasil, ainda que de pais estrangeiros, desde que estes não estejam a serviço de seu país.

IV. os nascidos no estrangeiro, de pai brasileiro ou mãe brasileira, desde que qualquer deles esteja a serviço da República Federativa do Brasil.

A sequência correta é:

a) apenas as assertivas I, II e III estão corretas.
b) apenas as assertivas II e IV estão corretas.
c) apenas a assertiva II está incorreta.
d) as assertivas I, II, III e IV estão corretas.

2.4. Dos Direitos Políticos

✻ INOVAÇÕES LEGISLATIVAS

▲ Constituição Federal (CF/88)

▲ Art. 17. (...). § 1º É assegurada aos partidos políticos autonomia para definir sua estrutura interna e estabelecer regras sobre escolha, formação e duração de seus órgãos permanentes e provisórios e sobre sua organização e funcionamento e para adotar os critérios de escolha e o regime de suas coligações nas eleições majoritárias, vedada a sua celebração nas eleições proporcionais, sem obrigatoriedade de vinculação entre as candidaturas em âmbito nacional, estadual, distrital ou municipal, devendo seus estatutos estabelecer normas de disciplina e fidelidade partidária. (...). § 3º Somente terão direito a recursos do fundo partidário e acesso gratuito ao rádio e à televisão, na forma da lei, os partidos políticos que alternativamente: I – obtiverem, nas eleições para a Câmara dos Deputados, no mínimo, 3% (três por cento) dos votos válidos, distribuídos em pelo menos um terço das unidades da Federação, com um mínimo de 2% (dois por cento) dos votos válidos em cada uma delas; ou II – tiverem elegido pelo menos quinze Deputados Federais distribuídos em pelo menos um terço das unidades da Federação. (...). § 5º Ao eleito por partido que não preencher os requisitos previstos no § 3º deste artigo é assegurado o mandato e facultada a filiação, sem perda do mandato, a outro partido que os tenha atingido, não sendo essa filiação considerada para fins de distribuição dos recursos do fundo partidário e de acesso gratuito ao tempo de rádio e de televisão. (Modificações: EC 97/17)

✻ SÚMULAS

STF **Súm. Vinculante 18.** A dissolução da sociedade ou do vínculo conjugal, no curso do mandato, não afasta a inelegibilidade prevista no § 7º do artigo 14 da Constituição Federal.

TSE **Súm. 6.** São inelegíveis para o cargo de Chefe do Executivo o cônjuge e os parentes, indicados no § 7º do art. 14 da Constituição Federal, do titular do mandato, salvo se este, reelegível, tenha falecido, renunciado ou se afastado definitivamente do cargo até seis meses antes do pleito.

TSE **Súm. 9.** A suspensão de direitos políticos decorrente de condenação criminal transitada em julgado cessa com o cumprimento ou a extinção da pena, independendo de reabilitação ou de prova de reparação dos danos.

TSE **Súm. 13.** Não é autoaplicável o § 9º, art. 14, da Constituição, com a redação da Emenda Constitucional de Revisão n. 4/94.

✻ INFORMATIVOS

STF **Mandatos consecutivos de prefeito e inelegibilidade.** A vedação ao exercício de três mandatos consecutivos de prefeito pelo mesmo núcleo familiar aplica-se na hipótese em que tenha havido a convocação do segundo colocado nas eleições para o exercício de mandato-tampão. RE 1128439, Rel. Min. Celso de Mello, j. 23.10.2018. 2ª T. (Info 921)

STF **Cancelamento de título de eleitor: revisão eleitoral e biometria.** É válido o cancelamento do título do eleitor que, convocado por edital, não comparecer ao processo de revisão eleitoral, em virtude do que dispõe o art. 14, caput, e § 1º da CF. ADPF 541-MC, Rel. Min. Roberto Barroso, j. 26.9.2018. Pleno. (Info 917)

TSE **Analfabetismo e causa de inelegibilidade.** As causas de inelegibilidade, dentre as quais se inclui o analfabetismo previsto no art. 14, § 4º, da CF, são interpretadas restritivamente. O teste de alfabetização aplicado no âmbito desta Especializada deve ser aplicada sem causar constrangimento e de forma a beneficiar o candidato, suprindo a falta de documento comprobatório, vedada a sua utilização para desconstituir as provas de instrução apresentadas. RO 0602475-18, Rel. Min. Luís Roberto Barroso, j. 18.9.2018. (Info 13)

TSE **Eleição suplementar e prazo para desincompatibilização, filiação partidária e domicílio eleitoral.** Deve ser flexibilizado, nas eleições suplementares, o prazo de desincompatibilização previsto no § 6º do art. 14 da CF, bem como os prazos mínimos de filiação partidária e de domicílio eleitoral. RO 0600086-33, Rel. Min. Tarcisio Vieira de Carvalho Neto, j. 29.5.2018. (Info 8)

TSE **"Impeachment" e inabilitação para a função pública.** A questão em tela se cinge a saber se cabe ao TSE extrair da condenação de "impeachment" pelo Senado Federal sanção cuja aplicação foi expressamente afastada por aquela Casa Legislativa, qual seja, a inabilitação para o exercício de função pública pelo prazo de oito anos. A Justiça Eleitoral não tem competência para analisar o acerto ou o desacerto da decisão proferida pelo órgão competente, consoante a Súm. 41/TSE. Compete exclusivamente ao STF exame a respeito da constitucionalidade do fracionamento das sanções decorrentes de condenação por crime de responsabilidade à luz do art. 52, parágrafo único, da CF. A causa de inelegibilidade prevista no art. 1º, I, c, da LC 64/90 não se aplica ao cargo de Presidente, porquanto se refere à perda de cargo eletivo em virtude de processo de impeachment instaurado contra o chefe do Poder Executivo estadual, distrital ou municipal. A condenação por crime de responsabilidade não atrai a inelegibilidade prevista no art. 1º, I, e, da LC 64/90, uma vez que não possui natureza de "decisão transitada em julgado ou proferida por órgão judicial colegiado". RO 0602388-25, Rel. Min. Luís Roberto Barroso, j. 4.10.2018. (Info 14)

TSE **Realização de entrevista com os candidatos mais bem colocados em pesquisa eleitoral e inexistência de tratamento privilegiado.** O convite por emissora de televisão para participação em entrevista dirigido apenas aos cinco candidatos mais bem colocados nas pesquisas eleitorais não viola a legislação eleitoral, visto que consubstancia o exercício do direito de informação e o da liberdade de imprensa, garantidos pela CF, além de não configurar tratamento privilegiado. Rp 0601024-78, Rel. Min. Sérgio Banhos, sessão de 11.9.2018 (Info 13)

* QUESTÕES OBJETIVAS

69. **(Cespe/TJ/ES/Cartórios/Remoção/2013)** Acerca de direitos políticos, assinale a opção correta:

a) é condição de elegibilidade, na forma da lei, a idade mínima de vinte e um anos para vereador.
b) o mandato eletivo poderá ser impugnado ante a justiça federal no prazo de quinze dias contados da diplomação.
c) o militar alistável que tiver menos de dez anos de serviço poderá ser eleito, contudo, deverá afastar-se da atividade exercida no serviço militar.
d) o alistamento eleitoral e o voto são obrigatórios para os maiores de dezesseis anos.
e) não podem alistar-se como eleitores os estrangeiros, os brasileiros naturalizados e, durante o período do serviço militar obrigatório, os conscritos.

70. **(FCC/TJ/PE/Cartórios/Ingresso/2013)** Como regra geral, a Constituição Federal veda a cassação dos direitos políticos, reconhecendo-os como verdadeiros direitos públicos subjetivos que prescrevem o modo de atuação da soberania popular, porém, em determinados casos, existe a previsão da perda destes direitos. Em relação à perda dos direitos políticos é correto afirmar:

a) a Justiça Estadual tem competência para decretar a perda ou cancelamento da naturalização por sentença transitada em julgado, hipótese em que o indivíduo não poderá alistar-se como eleitor ou pleitear votos eletivos.
b) a deliberação que decreta a alteração de qualificação do cidadão brasileiro em estrangeiro com fundamento na aquisição de outra nacionalidade, por naturalização voluntária, não pode ser reconhecida por decisão administrativa.
c) a recusa de cumprir obrigação a todos imposta, por escusa de consciência, acarreta a inelegibilidade do indivíduo, quando não houver previsão legal de prestação alternativa.
d) ocorre na hipótese de reconhecimento da improbidade administrativa pelo Poder Judiciário, fato que pode acarretar também a perda da função pública, a indisponibilidade de bens e o ressarcimento ao erário, na forma e gradação previstas em lei.
e) pode-se extrair do texto constitucional, implicitamente, que se for anulado o procedimento de naturalização, por erro, dolo, coação, fraude ou simulação, judicialmente, o indivíduo volta a ser estrangeiro, perdendo os direitos ativos e passivos.

71. **(TJ/SC/Cartórios/Remoção/2012)** Assinale a alternativa correta:

a) são inelegíveis, no território de jurisdição do titular, o cônjuge e os parentes consanguíneos ou afins, até o segundo grau ou por adoção, do Presidente da República, de Governador de Estado ou Território e do Distrito Federal, de Prefeito ou de quem os haja substituído dentro dos seis meses anteriores ao pleito, salvo se já titular de mandato eletivo e candidato à reeleição.
b) a lei que alterar o processo eleitoral entrará em vigor na data de sua publicação, aplicando-se, indistintamente, a todas as eleições subsequentes.
c) os partidos políticos só adquirem personalidade jurídica após o registro de seus estatutos junto ao Tribunal Superior Eleitoral.
d) após a diplomação, o mandato eletivo não poderá mais ser impugnado junto à Justiça Eleitoral.

e) a condenação em ação civil pública em que se apura improbidade administrativa pode submeter o condenado à imposição da cassação de seus direitos políticos.

72. **(Consulplan/TJ/MG/Cartórios/Remoção/2015)** Quanto aos direitos políticos, assinale a alternativa incorreta:

a) o alistamento eleitoral e o voto são facultativos aos maiores de 70 (setenta) anos.
b) a soberania popular será exercida pelo sufrágio universal e pelo voto direto e secreto, com valor igual para todos, mediante plebiscito, referendo, e iniciativa popular.
c) é vedado à União, aos Estados, ao Distrito Federal e aos Municípios recusar fé aos documentos públicos.
d) é vedada a cassação de direitos políticos, cuja perda ou suspensão ocorrerá tão somente na hipótese de improbidade administrativa.

73. **(Ieses/TJ/RO/Cartórios/Remoção/2017)** A soberania popular será exercida pelo sufrágio universal e pelo voto direto e secreto, com valor igual para todos, e, nos termos da lei, mediante:

I. plebiscito.
II. iniciativa popular.
III. eleições indiretas.
IV. referendo.

A sequência correta é:

a) apenas a assertiva III está correta.
b) as assertivas I, II, III e IV estão corretas.
c) a assertiva II está incorreta.
d) apenas as assertivas I, II e IV estão corretas.

74. **(Ieses/TJ/RO/Cartórios/Remoção/2017)** O alistamento eleitoral e o voto são obrigatórios para:

a) os maiores de dezesseis e menores de dezoito anos.
b) os maiores de setenta anos.
c) os maiores de dezoito anos.
d) os analfabetos.

3. DA ORGANIZAÇÃO DO ESTADO

3.1. Da Organização Político-Administrativa

✱ QUESTÕES OBJETIVAS

75. **(FCC/TJ/PE/Cartórios/Remoção/2013)** Em relação a possibilidade de aplicação do conceito de federação assimétrica ao Brasil, é correto afirmar:

a) a concepção inclui a ideia de simetria de fato entre os componentes da federação, como a criação de regiões de desenvolvimento.
b) o conceito compreende a noção da simetria de direito para corrigir e compensar a estrutura da federação, v. g., a fixação de benefícios legais na área tributária.
c) a diferença entre os entes federados no Brasil pode ocorrer tanto na área social, como na econômica.
d) os elementos da federação assimétrica não são aplicáveis à realidade nacional diante da determinação constitucional que a federação é indissolúvel, não há permissão a secessão.
e) a assimetria somente pode ser transitória e pressupõe um tratamento desigual para corrigir desigualdades.

76. **(Vunesp/TJ/SP/Cartórios/Remoção/2014)** A organização político-administrativa brasileira compreende:

a) apenas a União e os Estados, todos autônomos, nos termos da Constituição Federal.
b) apenas a União, os Estados e o Distrito Federal, todos autônomos, nos termos da Constituição Federal.
c) apenas a União, os Estados, o Distrito Federal, os Territórios e os Municípios, todos autônomos, nos termos da Constituição Federal.
d) apenas a União, os Estados, o Distrito Federal e os Municípios, todos autônomos, nos termos da Constituição Federal.

3.2. Da União

✱ SÚMULAS

1) Bens

STF Súm. 477. As concessões de terras devolutas situadas na faixa de fronteira, feitas pelos Estados, autorizam, apenas, o uso, permanecendo o domínio com a União, ainda que se mantenha inerte ou tolerante, em relação aos possuidores.

STF Súm. 479. As margens dos rios navegáveis são domínio público, insuscetíveis de expropriação e, por isso mesmo, excluídas de indenização.

STF Súm. 480. Pertencem ao domínio e administração da União, nos termos dos artigos 4º, IV, e 186, da Constituição Federal de 1967, as terras ocupadas por silvícolas.

STF Súm. 650. Os incisos I e XI do art. 20 da Constituição Federal não alcançam terras de aldeamentos extintos, ainda que ocupadas por indígenas em passado remoto.

2) Competência Legislativa

STF **Súm. Vinculante 2.** É inconstitucional a lei ou ato normativo estadual ou distrital que disponha sobre sistemas de consórcios e sorteios, inclusive bingos e loterias.

STF **Súm. Vinculante 39.** Compete privativamente à União legislar sobre vencimentos dos membros das polícias civil e militar e do corpo de bombeiros militar do Distrito Federal.

STF **Súm. Vinculante 46.** A definição dos crimes de responsabilidade e o estabelecimento das respectivas normas de processo e julgamento são da competência legislativa privativa da União.

STJ **Súm. 19.** A fixação do horário bancário, para atendimento ao público, é da competência da União.

* INFORMATIVOS

STF **Ação direta de inconstitucionalidade: piso salarial e competência delegada.** É inconstitucional lei estadual que dispõe sobre o piso salarial do fisioterapeuta e do terapeuta ocupacional. Por ser de iniciativa parlamentar, a norma ultrapassa os limites da competência legislativa delegada aos estados e ao DF, nos termos do art. 22, I e parágrafo único, da CF, por meio da LC 103/00. A extrapolação dos limites representa usurpação da competência da União. ADI 5344 MC, Rel. Min. Edson Fachin, j. 11.10.2018. (Info 919)

* QUESTÕES OBJETIVAS

77. **(Faurgs/TJ/RS/Cartórios/Ingresso/2015)** Tendo em vista a redação do artigo 22, assinale a alternativa que contém uma competência legislativa privativa da União:

a) estabelecer diretrizes e bases da educação nacional.
b) instituir sistema nacional de gerenciamento de recursos hídricos.
c) instituir diretrizes para o desenvolvimento urbano.
d) estabelecer princípios e diretrizes para o sistema nacional de viação.

78. **(FMP/TJ/MT/Cartórios/Ingresso/2014)** É de competência exclusiva da União:

a) zelar pela guarda da Constituição, das leis e das instituições democráticas.
b) cuidar da saúde e da assistência pública.
c) preservar as florestas, a fauna e a flora.
d) estabelecer e implantar política de educação para a segurança do trânsito.
e) legislar sobre transporte.

79. **(Cespe/TJ/BA/Cartórios/Remoção/2013)** No que se refere à organização do Estado brasileiro, assinale a opção correta:

a) as matérias inseridas na competência legislativa dos estadosmembros constam de rol taxativo expressamente previsto na CF.
b) uma lei estadual que disponha sobre regras gerais de registros públicos no âmbito do estado-membro será inconstitucional, já que tal matéria está inserida no rol das competências legislativas privativas da União.
c) a proteção de documentos, obras e bens de valor histórico insere-se no rol das competências materiais exclusivas da União.
d) uma lei estadual que tenha estabelecido regras sobre o funcionamento e o processo do juizado de pequenas causas deve ser considerada inconstitucional por invadir competência privativa da União.
e) uma lei estadual que disponha sobre regras relativas à criação ou supressão de distritos deve ser invalidada porque essa é matéria de competência exclusiva do ente municipal.

80. **(Consulplan/TJ/MG/Cartórios/Remoção/2016)** À União compete legislar, exclusivamente, sobre:

a) trânsito.
b) matéria processual.
c) previdência social.
d) defesa da saúde.

81. **(Consulplan/TJ/MG/Cartórios/Remoção/2015)** Assinale a alternativa incorreta:

a) são bens da União os recursos minerais, inclusive os do subsolo.
b) compete à União e aos Estados legislar concorrentemente sobre desapropriação.
c) incluem-se entre os bens dos Estados as águas superficiais ou subterrâneas, fluentes, emergentes e em depósito, ressalvadas, neste caso, na forma da lei, as decorrentes de obras da União.

d) para manter a integridade nacional, a União poderá intervir nos Estados e no Distrito Federal.

82. **(Consulplan/TJ/MG/Cartórios/Ingresso/2015)** Assinale a alternativa correta:

a) compete, privativamente, à União legislar sobre direito tributário, financeiro, penitenciário, econômico e urbanístico.

b) compete à União, aos Estados e ao Distrito Federal legislar concorrentemente sobre procedimentos em matéria processual.

c) o Presidente da República não ficará suspenso de suas funções nas hipóteses de infrações penais comuns, ainda que recebida a denúncia ou queixa-crime pelo Supremo Tribunal Federal.

d) a competência correicional e disciplinar do Conselho Nacional de Justiça é residual à dos Tribunais.

83. **(Ieses/TJ/CE/Cartórios/Remoção/2018)** Compete privativamente à União legislar sobre:

a) produção e consumo.

b) proteção à infância e à juventude.

c) orçamento.

d) nacionalidade, cidadania e naturalização.

3.3. Dos Estados Federados

✱ SÚMULAS

STF Súm. Vinculante 2. É inconstitucional a lei ou ato normativo estadual ou distrital que disponha sobre sistemas de consórcios e sorteios, inclusive bingos e loterias.

STF Súm. Vinculante 45. A competência constitucional do tribunal do júri prevalece sobre o foro por prerrogativa de função estabelecido exclusivamente pela constituição estadual.

STF Súm. Vinculante 46. A definição dos crimes de responsabilidade e o estabelecimento das respectivas normas de processo e julgamento são da competência legislativa privativa da União.

✱ QUESTÕES OBJETIVAS

84. **(TJ/SC/Cartórios/Ingresso/2012)** Assinale a alternativa correta:

a) a lei orgânica municipal não deve observar o princípio de simetria com respeito aos princípios inscritos na Constituição Federal e na Constituição Estadual do respectivo Estado a que pertence seu território.

b) a Constituição autoriza os Municípios com uma população superior a 100 (cem) mil habitantes a criar um Tribunal de Contas.

c) compete aos Municípios legislar somente sobre assuntos de interesses locais.

d) aos Estados pertencem as terras devolutas indispensáveis à defesa das fronteiras. Porém, as fortificações e construções militares pertencem à União.

e) segundo a Constituição Federal, os Estados organizam-se e regem-se pelas Constituições e leis que adotarem, observados os princípios presentes na Carta da República, sendo-lhes reservadas as competências que não lhes sejam vedadas pela Constituição.

85. **(Vunesp/TJ/SP/Cartórios/Ingresso/2016)** Assinale a alternativa correta:

a) a competência da União para legislar sobre normas gerais não exclui a competência suplementar dos Estados, cuidando-se de exercício da competência supletiva.

b) aos Estados-membros são reservadas as competências que não lhe sejam vedadas pela Constituição, cuidando-se aí de expressão da competência denominada remanescente ou reservada.

c) inexistindo lei federal sobre normas gerais, em matéria de competência legislativa concorrente, fica obstada a competência legislativa dos Estados sobre o tema.

d) em matéria de competência legislativa concorrente entre União, Estados e Distrito Federal, os Municípios não detêm competência legislativa suplementar.

3.4. Dos Municípios

✱ SÚMULAS

STF Súm. Vinculante 38. É competente o município para fixar o horário de funcionamento de estabelecimento comercial.

STF Súm. Vinculante 49. Ofende o princípio da livre concorrência lei municipal que impede a instalação de estabelecimentos comerciais do mesmo ramo em determinada área.

STF Súm. 419. Os municípios têm competência para regular o horário do comércio local, desde que não infrinjam leis estaduais ou federais válidas.

STF Súm. 702. A competência do Tribunal de Justiça para julgar prefeitos restringe-se aos crimes de competência da justiça comum estadual; nos demais casos, a competência originária caberá ao respectivo tribunal de segundo grau.

STF **Súm. 703.** A extinção do mandato do prefeito não impede a instauração de processo pela prática dos crimes previstos no art. 1º do DL 201/67.

STJ **Súm. 208.** Compete à Justiça Federal processar e julgar prefeito municipal por desvio de verba sujeita a prestação de contas perante órgão federal.

STJ **Súm. 209.** Compete à Justiça Estadual processar e julgar prefeito por desvio de verba transferida e incorporada ao patrimônio municipal.

* INFORMATIVOS

STF **Competência legislativa municipal: interesse local e defesa do consumidor.** Os municípios detêm competência para legislar sobre assuntos de interesse local, ainda que, de modo reflexo, tratem de direito comercial ou do consumidor. Inexiste critério objetivo que possa balizar se a matéria normatizada transcende o interesse local. Nessas circunstâncias, há de se prestigiar a vereança local, que bem conhece a realidade e as necessidades da comunidade. É constitucional lei municipal que proíbe a conferência de produtos, após o cliente efetuar o pagamento nas caixas registradoras das empresas instaladas na cidade, e prevê sanções administrativas em caso de descumprimento. A norma local questionada se insere na competência legislativa municipal, porque diz respeito à proteção das relações de consumo dos seus munícipes. Ela tem por objetivo evitar o constrangimento dos particulares e de lhes proporcionar maior conforto, haja vista que impede a dupla conferência das mercadorias e evita o enfrentamento de várias filas. O bem-estar dos consumidores não tem relação com a atividade-fim das instituições, razão pela qual não se constata a violação do art. 22, I, da CF. RE 1.052.719 AgR, Rel. Min. Ricardo Lewandowski, j. 25.9.2018. 2ª T. (Info 917)

STF **Lei municipal e competência privativa.** Compete privativamente à União legislar sobre sistemas de consórcio e sorteios, nos termos do art. 22, XX, da CF. É inconstitucional lei municipal que estabelece como serviço público municipal, o concurso de prognósticos de múltiplas chances. ADPF 337, Rel. Min. Marco Aurélio, j. 17.10.2018. Pleno. (Info 920)

* QUESTÕES OBJETIVAS

86. **(Cespe/TJ/ES/Cartórios/Ingresso/2013)** Com relação às normas constitucionais relativas à estrutura e à competência dos entes federados e à intervenção federal, assinale a opção correta:

a) a CF veda expressamente a divisão do Distrito Federal e dos territórios em municípios.

b) a União só pode intervir nos estados e no Distrito Federal para repelir invasão de uma unidade da Federação em outra, desde que haja requisição do STF para tanto.

c) ao Distrito Federal são atribuídas as competências legislativas reservadas aos estados e municípios, mas, no que se refere à competência tributária, são-lhes atribuídas apenas as competências correspondentes às dos estados, e não às dos municípios.

d) incluem-se entre os bens dos estados todas as ilhas fluviais e lacustres existentes em seu território ou em zonas limítrofes com outros países.

e) compete aos municípios promover, no que lhes couber, adequado ordenamento territorial, mediante planejamento e controle do uso, do parcelamento e da ocupação do solo urbano.

87. **(Ieses/TJ/RN/Cartórios/Ingresso/2012)** É incorreto afirmar:

a) os Territórios Federais integram a União.

b) a criação, a incorporação, a fusão e o desmembramento de Municípios depende de consulta prévia, mediante plebiscito, às populações dos Municípios envolvidos, após divulgação dos Estudos de Viabilidade Municipal.

c) os Estados podem incorporar-se entre si, subdividir-se ou desmembrar-se para se anexarem a outros, ou formarem novos Estados ou Territórios Federais, mediante aprovação da população diretamente interessada, através de plebiscito, e do Congresso Nacional, por lei complementar.

d) a criação, a incorporação, a fusão e o desmembramento de Municípios, far-se-ão por Lei Complementar Federal.

88. **(Cespe/TJ/BA/Cartórios/Remoção/2013)** Com relação às vias públicas, aos cemitérios públicos e ao poder de polícia, assinale a opção correta:

a) no exercício do poder de polícia, atos normativos podem ser emitidos para a administração das vias públicas, com estabelecimento e definição prévios de infração administrativa.

b) no exercício do poder de polícia, a administração de cemitério público pode, com vistas à otimização do espaço, exumar corpos a fim de que os restos mortais possam ser transformados em cinzas.

c) a organização das necrópoles compete ao município, e não ao estado, podendo existir lei municipal que autorize a concessão de direito real de uso, bem como sua inscrição e registro em cartório competente.

d) a exumação de um corpo constitui ato administrativo vinculado e bilateral, e o descumprimento de seus requisitos ou formalidades gera responsabilidade civil do Estado.

e) na realização de manifestações públicas em vias públicas, o poder de polícia pode vedar a utilização de carros, aparelhos e objetos sonoros em prol da coletividade e do bem comum.

89. **(Ieses/TJ/PB/Cartórios/Remoção/2014)** A política de desenvolvimento urbano, executada pelo Poder Público municipal, conforme diretrizes gerais fixadas em lei, tem por objetivo ordenar o pleno desenvolvimento das funções sociais da cidade e garantir o bem-estar de seus habitantes. Sobre o tema é correto afirmar:

I. o plano diretor, aprovado pela Câmara Municipal, obrigatório para cidades com mais de trinta mil habitantes, é o instrumento básico da política de desenvolvimento e de expansão urbana.

II. a propriedade urbana cumpre sua função social quando atende às exigências fundamentais de ordenação da cidade expressas no plano diretor.

III. as desapropriações de imóveis urbanos serão feitas com prévia e justa indenização em dinheiro.

IV. é facultado ao Poder Público municipal, mediante lei específica para área incluída no plano diretor, exigir, nos termos da lei federal, do proprietário do solo urbano não edificado, subutilizado ou não utilizado, que promova seu adequado aproveitamento.

A sequência correta é:

a) as assertivas I, II, III e IV estão corretas.

b) apenas a assertiva IV está correta.

c) apenas as assertivas I e II estão corretas.

d) apenas as assertivas II, III e IV estão corretas.

90. **(IBFC/TJ/PR/Cartórios/Remoção/2014)** Assinale a alternativa incorreta:

a) os atos de improbidade administrativa importarão a suspensão dos direitos políticos, a perda da função pública, a indisponibilidade dos bens e o ressarcimento ao erário.

b) o servidor público estável somente perderá o cargo em virtude de sentença judicial transitada em julgado; mediante processo administrativo em que lhe seja assegurada a ampla defesa ou mediante procedimento de avaliação periódica de desempenho, na forma da lei complementar, assegurada a ampla defesa.

c) constitui crime de responsabilidade do Presidente da Câmara Municipal o gasto de mais de 70% de sua receita com folha de pagamento, incluído o gasto com o subsídio de seus Vereadores.

d) é autorizada a criação de Tribunais, Conselhos ou órgãos de Contas Municipais.

91. **(Consulplan/TJ/MG/Cartórios/Ingresso/2017)** Suponha que um novo município foi criado por lei estadual em Minas Gerais. Conforme a Constituição da República, assinale a opção correta:

a) tendo tramitado o projeto e sido promulgada a lei em ano que antecede ao das eleições municipais, a lei de criação desse município afronta diretamente a Constituição da República, na medida em que já se tinha expirado o período estabelecido para tal fim.

b) a Lei Estadual é inconstitucional porque a Constituição da República não prevê a "criação", mas apenas as figuras da incorporação, fusão e desmembramento de municípios.

c) é vedada a criação de Tribunal, Conselho ou órgão de Contas nesse novo município.

d) sua Câmara Municipal não poderá gastar mais de setenta por cento de sua receita corrente líquida com folha de pagamento de pessoal, excluído o gasto com o subsídio de seus Vereadores.

92. **(Consulplan/TJ/MG/Cartórios/Ingresso/2017)** Em termos de competência legislativa, é correto dizer, com o abono do STF, que:

a) os Municípios têm autonomia para regular o horário do comércio local, desde que não infrinjam leis estaduais ou federais válidas.

b) a imposição legal de um limite ao tempo de espera em fila dos usuários dos serviços prestados pelos cartórios constitui matéria relativa à disciplina dos registros públicos, falecendo aos Municípios competência legislativa para dispor sobre o tema.

c) por tratar de tema de interesse local, não padece de inconstitucionalidade a lei municipal que, na hipótese de transporte urbano clandestino de passageiros, impõe sanção mais gravosa que a prevista no Código de Trânsito Brasileiro.

d) os Estados-membros não têm competência para explorar e regulamentar a prestação de serviços de transporte intermunicipal que, por se tratar de serviço público de interesse local, trata-se de tema albergado pela competência legislativa dos Municípios.

3.5. Do Distrito Federal e dos Territórios

* SÚMULAS

STF **Súm. Vinculante 2.** É inconstitucional a lei ou ato normativo estadual ou distrital que disponha sobre sistemas de consórcios e sorteios, inclusive bingos e loterias.

STF **Súm. Vinculante 39.** Compete privativamente à União legislar sobre vencimentos dos membros das polícias civil e militar e do corpo de bombeiros militar do Distrito Federal.

STF **Súm. 642.** Não cabe ação direta de inconstitucionalidade de lei do Distrito Federal derivada da sua competência legislativa municipal.

* QUESTÕES OBJETIVAS

93. **(Consulplan/TJ/MG/Cartórios/Remoção/2014)** Compete à União, aos Estados e ao Distrito Federal legislar concorrentemente sobre:

a) previdência social, proteção e defesa da saúde, proteção à infância e à juventude, assistência jurídica e Defensoria Pública.

b) custas dos serviços forenses, registros públicos, orçamento, produção e consumo.

c) proteção e integração social das pessoas portadoras de deficiência, seguridade social, previdência social, juntas comerciais e orçamento.

d) propaganda comercial, responsabilidade por dano ao meio ambiente, ao consumidor, a bens e direitos de valor artístico, estético, histórico, turístico e paisagístico.

94. **(Ieses/TJ/MS/Cartórios/Ingresso/2014)** De acordo com a CRFB/88, no que se refere a organização do Estado, é correto afirmar:

a) os Territórios poderão ser divididos em Municípios.

b) o Distrito Federal, autorizada sua divisão em Municípios, reger-se-á por lei orgânica, votada em dois turnos com interstício mínimo de dez dias, e aprovada por dois terços da Câmara Legislativa, que a promulgará, atendidos os princípios estabelecidos nesta Constituição.

c) as contas do Governo do Território serão submetidas ao Congresso Nacional, dispensada manifestação do Tribunal de Contas da União vez que não integrantes da Federação.

d) ao Distrito Federal são atribuídas as competências legislativas reservadas apenas aos Municípios.

95. **(Ieses/TJ/PB/Cartórios/Ingresso/2014)** No que se trata da Organização dos Poderes, é incorreto afirmar:

a) cada Território elegerá oito Deputados.

b) a representação de cada Estado e do Distrito Federal será renovada de quatro em quatro anos, alternadamente, por um e dois terços.

c) cada Estado e o Distrito Federal elegerão três Senadores, com mandato de oito anos.

d) o Senado Federal compõe-se de representantes dos Estados e do Distrito Federal, eleitos segundo o princípio majoritário. Cada Senador será eleito com dois suplentes.

96. **(Cespe/TJ/DFT/Cartórios/Remoção/2014)** Assinale a opção correta acerca das normas constitucionais referentes ao DF:

a) de acordo com o STF, o DF tem plena autonomia para instituir gratificações a seus bombeiros e policiais militares.

b) o DF possui competência para instituir imposto sobre transmissão "causa mortis" e doação de bens ou direitos, devendo, todavia, respeitar a alíquota máxima para o tributo fixada pelo Senado Federal.

c) o DF rege-se por lei orgânica aprovada por dois terços dos membros de sua Câmara Legislativa, na qual se deve tratar da organização de seus Poderes Executivo, Legislativo e Judiciário.

d) o DF pode legislar, de forma concorrente com a União, sobre registros públicos.

e) a Mesa da Câmara Legislativa do Distrito Federal não possui legitimidade ativa para propor ação declaratória de constitucionalidade.

97. **(Consulplan/TJ/MG/Cartórios/Remoção/2017)** Sobre a competência legislativa, assinale a alternativa correta:

a) à União, aos Estados e ao Distrito Federal compete legislar concorrentemente sobre educação, ensino, desporto, ciência e tecnologia, pesquisa, desenvolvimento e inovação.

b) a União é competente para fixar o horário de funcionamento dos postos de gasolina situados nos municípios.

c) à União e ao Distrito Federal compete legislar concorrentemente sobre os vencimentos dos membros das polícias civil e militar e do corpo de bombeiros militar do Distrito Federal.

d) é competência comum da União, dos Estados e do Distrito Federal legislar concorrentemente sobre sistemas de consórcios e sorteios.

3.6. Da Intervenção

✱ SÚMULAS

STF Súm. 360. Não há prazo de decadência para a representação de inconstitucionalidade prevista no art. 8º, parágrafo único, da Constituição Federal.

STF Súm. 614. Somente o Procurador-Geral da Justiça tem legitimidade para propor ação direta interventiva por inconstitucionalidade de lei municipal.

✱ QUESTÕES OBJETIVAS

98. **(Cespe/TJ/PI/Cartórios/Ingresso/2013)** Acerca dos institutos da intervenção federal e estadual, assinale a opção correta com base na CF:

a) a União intervirá nos estados sempre que ocorrer grave comprometimento da ordem pública e tal intervenção deverá necessariamente ser precedida de solicitação do chefe do Poder Executivo estadual.

b) é necessária a apreciação do decreto de intervenção pelo Congresso Nacional ou pela assembleia legislativa, que devem ser convocados extraordinariamente caso não estejam funcionando.

c) cabe intervenção da União nos estados ou no DF caso haja necessidade de repelir invasão estrangeira ou invasão de uma unidade da Federação em outra, devendo haver prévia solicitação do Poder Legislativo estadual para a execução dessa medida excepcional.

d) o decreto de intervenção deve necessariamente especificar a amplitude, o prazo e as condições de execução, indicar obrigatoriamente o interventor e ser submetido, no prazo de quarenta e oito horas, ao Congresso Nacional ou à assembleia legislativa, conforme o caso.

e) a possibilidade de intervenção do estado nos municípios que o compõem restringe-se à inexistência de prestação de contas em conformidade com a lei.

99. **(TJ/SC/Cartórios/Remoção/2012)** Assinale a alternativa correta:

a) uma vez decretada a intervenção no Estado ou no Município, as autoridades afastadas em razão dessa intervenção não voltam a desempenhar suas funções, mesmo quando cessados os motivos que a determinaram.

b) cada Território elegerá seis Deputados.

c) o Estado não intervirá em seus Municípios, nem a União nos Municípios localizados em Território Federal, exceto quando não tiver sido aplicado o mínimo exigido da receita municipal na manutenção e desenvolvimento do ensino e nas ações e serviços públicos de saúde.

d) os servidores públicos aprovados em concurso público são considerados estáveis após dois anos de efetivo exercício no cargo em que se investiram.

e) a concessão de anistia é ato exclusivo do Presidente da República e, por tal, não se encontra a concessão incluída nas atribuições reservadas ao Congresso Nacional.

100. **(Vunesp/TJ/SP/Cartórios/Ingresso/2016)** A intervenção federal é a supressão excepcional e temporária da autonomia do Estado-membro que:

a) dependerá de requisição do Supremo Tribunal Federal, Superior Tribunal de Justiça ou Tribunal Superior Eleitoral no caso de coação contra o Poder Judiciário.

b) compete privativamente ao Presidente da República, que a determinará via decreto, em qualquer caso, independentemente de provocação de outros Poderes da República.

c) implicará automaticamente a definitiva destituição das autoridades estaduais responsáveis de seus respectivos cargos.

d) dependerá de provimento, pelo Supremo Tribunal Federal, de representação do Procurador-Geral da República, no caso de recusa à execução de lei federal.

101. **(Ieses/TJ/MS/Cartórios/Ingresso/2014)** A União intervirá nos Estados para:

a) garantir o livre exercício de qualquer dos Poderes nas unidades da Federação.

b) reorganizar as finanças de qualquer unidade da Federação.

c) por temor a qualquer comprometimento da ordem pública.
d) repelir qualquer invasão de unidade da Federação.

102. **(Ieses/TJ/MS/Cartórios/Ingresso/2014)** No que se refere ao decreto de intervenção, é incorreto afirmar:

a) a decretação da intervenção dependerá no caso de desobediência à ordem ou decisão judiciária, de requisição do Supremo Tribunal Federal, do Superior Tribunal de Justiça ou do Tribunal Superior Eleitoral.
b) cessados os motivos da intervenção, as autoridades afastadas de seus cargos a estes voltarão, salvo impedimento legal.
c) o decreto de intervenção, que especificará a amplitude, o prazo e as condições de execução e que, se couber, nomeará o interventor, será submetido à apreciação do Congresso Nacional ou da Assembleia Legislativa do Estado, no prazo de cento e vinte dias.
d) se não estiver funcionando o Congresso Nacional ou a Assembleia Legislativa, far-se-á convocação extraordinária, no mesmo prazo de vinte e quatro horas.

103. **(FMP/TJ/MT/Cartórios/Remoção/2014)** Com base na estrutura federativa brasileira, é correto afirmar que se trata de hipótese de intervenção espontânea aquela feita para:

a) garantir o livre exercício de qualquer dos Poderes nas Unidades da Federação.
b) pôr termo a grave comprometimento de ordem pública.
c) prover a execução de lei federal.
d) assegurar a observância dos direitos da pessoa humana.
e) assegurar a autonomia municipal.

104. **(IBFC/TJ/PR/Cartórios/Remoção/2014)** Sobre a intervenção é correto afirmar:

a) a União poderá intervir nos Estados e no Distrito Federal para assegurar a observância dos direitos da pessoa humana.
b) os Estados e o Distrito Federal podem intervir na União para pôr termo a grave comprometimento da ordem pública.
c) o Estado intervirá nos seus Municípios quando forem prestadas as contas na forma da lei.
d) cessada a intervenção, em nenhum caso as autoridades afastadas retornarão aos seus cargos.

105. **(Cespe/TJ/DFT/Cartórios/Ingresso/2014)** Com base nos dispositivos constitucionais referentes à estrutura e à competência dos entes federados e à intervenção federal, assinale a opção correta:

a) ao legislar sobre transporte coletivo municipal de passageiros, o município exerce sua competência legislativa residual.
b) a moralidade e a eficiência da administração pública estão entre os denominados princípios constitucionais sensíveis, que, uma vez violados, possibilitam a intervenção federal nos estados.
c) a intervenção federal da União nos estados estará sempre sujeita ao controle político do Congresso Nacional, que apreciará o decreto interventivo.
d) a CF prevê hipótese de intervenção federal em município.
e) a fusão de municípios deverá ser feita por lei estadual, após aprovação das câmaras municipais dos entes envolvidos.

106. **(Consulplan/TJ/MG/Cartórios/Remoção/2016)** A Constituição da República brasileira, ao tratar da organização do Estado, admite a intervenção dos Estados nos Municípios, quando verificada a seguinte hipótese:

a) não tiver sido aplicado o mínimo exigido da receita municipal na manutenção e desenvolvimento do ensino, nas ações e serviços de saúde e na segurança pública.
b) comprovada a existência de recurso orçamentário, deixar de ser paga, por dois anos consecutivos, a dívida fundada.
c) para prover a execução de lei federal, ordem ou decisão judicial.
d) não forem prestadas as contas, na forma da legislação atinente à espécie.

4. DA ORGANIZAÇÃO DOS PODERES

4.1. Do Poder Legislativo

4.1.1. Do Congresso

ATENÇÃO: ESTE TEMA É MUITO EXIGIDO NOS CONCURSOS!

SÚMULAS

STF **Súm. 245.** A imunidade parlamentar não se estende ao corréu sem essa prerrogativa.

STF Súm. 397. O poder de polícia da Câmara dos Deputados e do Senado Federal, em caso de crime cometido nas suas dependências, compreende, consoante o regimento, a prisão em flagrante do acusado e a realização do inquérito.

* QUESTÕES OBJETIVAS

107. **(Cespe/TJ/PI/Cartórios/Ingresso/2013)** Considerando as normas constitucionais vigentes, assinale a opção correta:

a) é possível a sustação do curso de processo cível em que parlamentar figure no polo passivo, ficando, contudo, o prazo prescricional suspenso enquanto perdurar o mandato político.

b) divulgado o resultado das eleições, os candidatos eleitos não poderão ser presos, salvo se flagrados em prática criminosa para a qual seja prevista pena mínima que exceda a quatro anos.

c) o recebimento de denúncia-crime contra congressistas, ocorrida a qualquer tempo, implica automática comunicação à casa legislativa de referência, para o devido exame da questão e, conforme o caso, a sustação do curso da ação penal.

d) a inviolabilidade penal dos deputados e dos senadores por opiniões, palavras e votos garante-lhes, em qualquer hipótese, o livre exercício de seus mandatos, ainda que haja constrangimento de autoridades causado por críticas dirigidas ao desempenho de suas atribuições.

e) o sigilo da fonte previsto no texto constitucional como garantia para o livre exercício do mandato parlamentar não abrange as hipóteses em que a informação recebida envolva questão de segurança nacional.

108. **(TJ/SC/Cartórios/Ingresso/2012)** Assinale a alternativa correta:

a) compete, privativamente, ao Senado Federal eleger os membros do Conselho da República, que é órgão superior de consulta do Presidente da República.

b) compete, exclusivamente, à Câmara dos Deputados a organização administrativa, judiciária, do Ministério Público e da Defensoria Pública da União e dos Territórios, e a organização judiciária do Ministério Público e da Defensoria Pública do Distrito Federal.

c) cabe ao Senado Federal processar e julgar os Ministros do Supremo Tribunal Federal, os membros do Conselho Nacional de Justiça e do Conselho Nacional do Ministério Público, o Procurador-Geral da República e o Advogado-Geral da União nos crimes de responsabilidade.

d) aos Deputados e Senadores é reservada a garantia da liberdade de expressão, sendo por isso dito invioláveis penalmente quanto a quaisquer de suas opiniões, palavras e votos; contudo, eles respondem civilmente pelas consequências dessas mesmas opiniões, palavras e votos.

e) desde a expedição do diploma, os membros do Congresso Nacional não poderão ser presos, salvo em flagrante de crime afiançável.

109. **(Cespe/TJ/RR/Cartórios/Ingresso/2013)** Acerca dos poderes do Estado, assinale a opção correta:

a) apenas o brasileiro nato, maior de vinte e um anos de idade e no pleno exercício de seus direitos políticos pode ser nomeado ministro de Estado.

b) a Câmara dos Deputados compõe-se de representantes do povo, eleitos pelo sistema proporcional, em cada estado, em cada território e no Distrito Federal.

c) o Congresso Nacional desenvolve suas atividades por legislaturas com duração de um ano.

d) o presidente da República não sofrerá nenhuma sanção se ausentar do país por mais de quinze dias, sem prévia autorização do Congresso Nacional.

e) cabe ao Conselho de Segurança Nacional opinar sobre a decretação do estado de sítio.

110. **(Ieses/TJ/RS/Cartórios/Remoção/2013)** Assinale a alternativa correta, quanto aos Poderes Executivo, legislativo e Judiciário:

a) a lei de organização judiciária das unidades federativas será de iniciativa exclusiva do Superior Tribunal de Justiça.

b) os pagamentos devidos pelas Fazendas Públicas Federal, Estaduais, Distrital e Municipais, em virtude de sentença judicial, far-se-ão independentemente de sua natureza e de ordem cronológica de apresentação dos precatórios.

c) compete ao Congresso Nacional sustar os atos normativos do Poder Executivo que exorbitem do poder regulamentar. Essa regra constitucional visa manter a independência e a harmonia entre os Poderes da República.

d) compete aos tribunais, com sanção do poder executivo, organizar suas secretarias e serviços auxiliares e os dos juízos que lhes forem vinculados, velando pelo exercício da atividade correicional respectiva.

111. **(Ieses/TJ/PA/Cartórios/Ingresso/2016)** Sobre o Poder Legislativo é correto afirmar que:

a) nenhuma das unidades da Federação terá menos de 4 (quatro) ou mais de 80 (oitenta) deputados.

b) a Câmara dos Deputados compõe-se de representantes do povo, eleitos, segundo o princípio majoritário.

c) o Senado Federal compõe-se de representantes dos Estados e do Distrito Federal, eleitos, segundo o sistema proporcional.

d) salvo disposição constitucional em contrário, as deliberações de cada Casa (Câmara dos Deputados e Senado Federal) e de suas Comissões serão tomadas por maioria dos votos, presente a maioria absoluta de seus membros.

112. **(Vunesp/TJ/SP/Cartórios/Remoção/2016)** Processar e julgar os membros do Conselho Nacional de Justiça nos crimes de responsabilidade é atribuição:

a) privativa do Superior Tribunal de Justiça.

b) privativa do Supremo Tribunal Federal.

c) do Congresso Nacional.

d) privativa do Senado Federal.

113. **(Ieses/TJ/MS/Cartórios/Ingresso/2014)** Sobre deputados e senadores, de acordo com a CRFB/88, é correto afirmar:

a) os Deputados e Senadores não serão obrigados a testemunhar sobre informações recebidas ou prestadas em razão do exercício do mandato, nem sobre as pessoas que lhes confiaram ou deles receberam informações.

b) desde a expedição do diploma, os membros do Congresso Nacional não poderão ser presos.

c) recebida a denúncia contra o Senador ou Deputado, por crime ocorrido antes da diplomação, o Supremo Tribunal Federal dará ciência à Casa respectiva, que, por iniciativa de partido político nela representado e pelo voto de seus membros, poderá, até a decisão final, sustar o andamento da ação.

d) a incorporação às Forças Armadas de Deputados e Senadores, embora militares e ainda que em tempo de guerra, independerá de prévia licença da Casa respectiva.

114. **(Ieses/TJ/MS/Cartórios/Ingresso/2014)** De acordo com a CRFB/88, assinale a afirmativa incorreta:

a) perderá o mandato o Deputado ou Senador que deixar de comparecer, em cada sessão legislativa, ainda que de licença, à terça parte das sessões ordinárias da Casa a que pertencer.

b) os Deputados e Senadores não poderão desde a expedição do diploma firmar ou manter contrato com pessoa jurídica de direito público, autarquia, empresa pública, sociedade de economia mista ou empresa concessionária de serviço público, salvo quando o contrato obedecer a cláusulas uniformes.

c) os Deputados e Senadores não poderão desde a posse ser proprietários, controladores ou diretores de empresa que goze de favor decorrente de contrato com pessoa jurídica de direito público, ou nela exercer função remunerada.

d) as imunidades de Deputados ou Senadores subsistirão durante o estado de sítio, só podendo ser suspensas mediante o voto de dois terços dos membros da Casa respectiva, nos casos de atos praticados fora do recinto do Congresso Nacional, que sejam incompatíveis com a execução da medida.

115. **(Ieses/TJ/PB/Cartórios/Ingresso/2014)** Assinale a alternativa correta:

a) a Câmara dos Deputados compõe-se de representantes do povo, eleitos, pelo sistema majoritário, em cada Estado, em cada Território e no Distrito Federal.

b) cada legislatura terá a duração de um ano.

c) o número total de Deputados, bem como a representação por Estado e pelo Distrito Federal, será estabelecido por lei ordinária, proporcionalmente à população, procedendo-se aos ajustes necessários, no ano anterior às eleições, para que nenhuma daquelas unidades da Federação tenha menos de oito ou mais de setenta Deputados.

d) o Poder Legislativo é exercido pelo Congresso Nacional, que se compõe da Câmara dos Deputados e do Senado Federal.

116. **(Ieses/TJ/PB/Cartórios/Ingresso/2014)** Quanto aos deputados e senadores, de acordo com a CRFB/88, é correto afirmar:

a) compete privativamente à Câmara dos Deputados autorizar, por dois terços de seus membros, a instauração de processo contra o Presidente e o Vice-Presidente da República e os Ministros de Estado.

b) compete privativamente ao Congresso Nacional processar e julgar o Presidente e o Vice-Presidente da República nos crimes de responsabilidade, bem como os Ministros de Estado e os Comandantes da Marinha, do Exército e da Aeronáutica nos crimes da mesma natureza conexos com aqueles.

c) os Deputados e Senadores são invioláveis, apenas penalmente, por quaisquer de suas opiniões, palavras e votos.

d) os Deputados e Senadores, desde a expedição do diploma, serão submetidos a julgamento perante o Congresso Nacional.

117. **(Ieses/TJ/PB/Cartórios/Remoção/2014)** A partir que momento os membros do Congresso Nacional não poderão ser presos, salvo em flagrante de crime inafiançável:

a) desde a inscrição de sua candidatura.

b) desde sua eleição, com o pleito homologado de Tribunal Superior Eleitoral.

c) trinta dias a contar da data da homologação do resultado da eleição pelo Tribunal Superior Eleitoral.

d) desde a expedição do diploma.

118. **(FMP/TJ/MT/Cartórios/Ingresso/2014)** Assinale a alternativa correta:

a) o Senado Federal compõe-se de representantes dos Estados e do Distrito Federal, eleitos segundo o princípio proporcional.

b) a Câmara dos Deputados compõe-se de representantes dos Estados e do Distrito Federal, eleitos segundo o princípio proporcional, sendo vedada aos territórios a eleição de um deputado.

c) a representação de cada Estado perante o Senado Federal será renovada a cada quatro anos, alternadamente, com metade dos representantes sendo eleitos a cada vez.

d) cada senador será eleito com dois suplentes.

e) o Distrito Federal não elege senador.

119. **(FMP/TJ/MT/Cartórios/Ingresso/2014)** A denominada cláusula de reserva jurisdicional faz que uma Comissão Parlamentar de Inquérito possua limites de atuação. Um desses limites é:

a) determinar a realização de perícias necessárias à instrução da investigação sob a tutela da CPI.

b) quebrar sigilo fiscal no âmbito da CPI.

c) determinar buscas imprescindíveis para a investigação realizada pela CPI.

d) convocar Ministros de Estado para prestarem esclarecimentos de assuntos relativos à CPI.

e) determinar a quebra do sigilo das comunicações telefônicas.

120. **(FMP/TJ/MT/Cartórios/Remoção/2014)** A imunidade material:

a) é limitada, no caso dos vereadores.

b) é limitada, no caso dos deputados federais.

c) é limitada, no caso dos deputados estaduais.

d) é limitada, no caso dos senadores.

e) é limitada, no caso dos deputados distritais.

121. **(FMP/TJ/MT/Cartórios/Remoção/2014)** Compete privativamente à Câmara dos Deputados:

a) processar e julgar o Presidente da República nos crimes de responsabilidade.

b) autorizar a instauração de processo contra o Presidente da República.

c) fixar limites globais para o montante da dívida consolidada da União, dos Estados e dos Municípios.

d) suspender a execução de lei declarada inconstitucional por decisão definitiva do Supremo Tribunal Federal.

e) a homologação de sentenças estrangeiras.

122. **(IBFC/TJ/PR/Cartórios/Remoção/2014)** Assinale a alternativa correta:

a) o Senado Federal compõe-se de representantes dos Estados e do Distrito Federal eleitos segundo o princípio proporcional.

b) a denominada imunidade formal é aquela em que os deputados e senadores são invioláveis, civil e penalmente, por quaisquer de suas opiniões, palavras e votos.

c) segundo entendimento do Supremo Tribunal Federal, o parlamentar que se licenciar para o exercício de outro cargo fora do Parlamento, apesar de não perder o mandato, perderá as imunidades parlamentares.

d) as comissões parlamentares de inquérito não detêm poderes de investigação próprios das autoridades judiciais.

123. **(Cespe/TJ/BA/Cartórios/Ingresso/2013)** Considerando as normas constitucionais sobre o Poder Legislativo, assinale a opção correta:

a) salvo disposição constitucional em contrário, as deliberações de cada Casa do Congresso Nacional e de suas comissões serão tomadas por maioria dos votos, presente a maioria relativa de seus membros.
b) compete privativamente à Câmara dos Deputados autorizar, por dois terços de seus membros, a instauração de processo contra ministro de Estado.
c) a Câmara dos Deputados e o Senado Federal poderão convocar ministro de Estado para prestar, pessoalmente, informações sobre assunto previamente determinado, exigido para tanto aprovação da Presidência da República.
d) o número total de deputados será estabelecido, assim como a representação por estado e pelo DF, por lei complementar, proporcionalmente ao respectivo produto interno bruto, procedendo-se aos ajustes necessários, no ano anterior às eleições, para que nenhuma daquelas unidades da Federação tenha menos de oito ou mais de setenta deputados.
e) cada território elegerá até seis deputados.

124. **(Cespe/TJ/BA/Cartórios/Remoção/2013)** Assinale a opção correta no que se refere ao Poder Legislativo:

a) uma lei estadual de iniciativa parlamentar que dispuser sobre provimento de cargos integrantes do Poder Executivo estadual será válida por obedecer ao princípio da simetria entre matéria e iniciativa legislativa.
b) embora qualquer CPI tenha poderes próprios da autoridade judicial, a lei proíbe a esse tipo de colegiado o uso de condução coercitiva para a oitiva de indiciados.
c) no exercício de sua competência constitucional, uma CPI pode decidir por invasão domiciliar para a obtenção de provas ou coibição de ato criminoso, independentemente de autorização judicial, desde que a invasão seja realizada durante o dia.
d) por estar limitado ao exercício de fiscalização contábil, financeira, orçamentária e patrimonial, o TCU não pode aplicar sanções aos responsáveis por ilegalidade de despesa sem autorização prévia do Poder Judiciário.
e) as opiniões, as palavras e os votos de um parlamentar não o sujeitam a responsabilização criminal, civil ou disciplinar.

125. **(Cespe/TJ/SE/Cartórios/Remoção/2014)** Com base no disposto na CF, assinale opção correta:

a) ainda que assegure a liberdade de crença religiosa, a CF prevê que o ensino religioso é disciplina de matrícula obrigatória nas escolas públicas de ensino fundamental.
b) cabe exclusivamente ao presidente da República editar medidas provisórias, de modo que é manifestamente inconstitucional a previsão, em constituição estadual, de edição de medida provisória por governador.
c) a aquisição de personalidade jurídica por partido político ocorre no momento do registro de seus estatutos no Tribunal Superior Eleitoral.
d) os municípios estão autorizados a criar guardas municipais para a realização de policiamento ostensivo nos termos da lei local.
e) ofenderá a CF a decisão do plenário da Câmara dos Deputados que, com base no princípio majoritário, rejeitar a criação de comissão parlamentar de inquérito para apurar fato certo e determinado, objeto de requerimento de um terço dos membros da referida casa legislativa.

126. **(Consulplan/TJ/MG/Cartórios/Ingresso/2015)** É da competência exclusiva do congresso, sem exigência da sanção do Presidente da República, exceto:

a) aprovar o estado de defesa e a intervenção federal, autorizar o estado de sítio, ou suspender qualquer uma dessas medidas.
b) apreciar os atos de concessão e renovação de concessão de emissoras de rádio e televisão.
c) aprovar, previamente, a alienação ou concessão de terras públicas com área superior a 2.500 (dois mil e quinhentos) hectares.
d) dispor sobre organização administrativa, judiciária, do Ministério Público e da Defensoria Pública da União e dos Territórios e organização judiciária e do Ministério Público do Distrito Federal.

127. **(Cespe/TJ/DFT/Cartórios/Remoção/2014)** Com base no disposto na CF e na jurisprudência do STF, assinale a opção correta referente à organização dos poderes do Estado:

a) em nenhuma hipótese, a matéria constante de projeto de lei rejeitado poderá constituir objeto de novo projeto na mesma sessão legislativa.
b) cabe ao estado-membro, em sua constituição estadual, disciplinar a eleição do novo titular do Poder Executivo estadual, em caso de vacância de governador e de vice-governador de um estado, observados o princípio da simetria e o

modelo previsto na CF para o Poder Executivo federal.

c) a exoneração, de ofício, realizada anteriormente ao término do mandato de procurador-geral da República é de competência privativa do Senado Federal e deve ser aprovada, em votação secreta, por maioria absoluta.

d) proposta de emenda à constituição que vise acabar com o poder de veto do presidente da República no processo legislativo não pode ser objeto de controle pelo STF, porque, no direito brasileiro, o Poder Judiciário não realiza controle preventivo de constitucionalidade.

e) os comandantes da Marinha, do Exército e da Aeronáutica são sempre julgados pelo Senado Federal, no caso de crime de responsabilidade, e pelo STF, no caso de crime comum.

128. **(Ieses/TJ/MS/Cartórios/Ingresso/2014)** É da competência exclusiva do Congresso Nacional:

a) resolver sobre todos os tratados, acordos ou atos internacionais.

b) autorizar, independente do período, o Presidente e o Vice-Presidente da República a se ausentarem do País.

c) aprovar o estado de defesa e a intervenção federal, autorizar o estado de sítio, ou suspender qualquer uma dessas medidas.

d) declarar guerra, celebrar a paz e permitir que forças estrangeiras transitem pelo território nacional ou nele permaneçam temporariamente.

129. **(Ieses/TJ/MS/Cartórios/Remoção/2014)** É da competência exclusiva do Congresso Nacional, com exceção de:

a) aprovar, por maioria absoluta e por voto secreto, a exoneração, de ofício, do Procurador-Geral da República antes do término de seu mandato.

b) aprovar o estado de defesa e a intervenção federal, autorizar o estado de sítio, ou suspender qualquer uma dessas medidas.

c) mudar temporariamente sua sede.

d) autorizar o Presidente da República a declarar guerra, a celebrar a paz, a permitir que forças estrangeiras transitem pelo território nacional ou nele permaneçam temporariamente, ressalvados os casos previstos em lei complementar.

130. **(Ieses/TJ/PB/Cartórios/Ingresso/2014)** É da competência exclusiva do Congresso Nacional, exceto:

a) apreciar os atos de concessão e renovação de concessão de emissoras de rádio e televisão.

b) fiscalizar e controlar, diretamente, ou por qualquer de suas Casas, os atos do Poder Executivo, incluídos os da administração indireta.

c) julgar anualmente as contas prestadas pelo Presidente da República e apreciar os relatórios sobre a execução dos planos de governo.

d) sustar, mediante sua discricionariedade, todo e qualquer ato normativo do Poder Executivo.

131. **(Consulplan/TJ/MG/Cartórios/Remoção/2017)** Quanto aos Deputados Estaduais e Vereadores, é correto afirmar:

a) o subsídio dos Deputados Estaduais será fixado por lei de iniciativa do Governador de Estado, na razão de, no máximo 65% (sessenta e cinco por cento) daquele estabelecido, em espécie, para os Deputados Federais.

b) o total da despesa com a remuneração dos Vereadores não poderá ultrapassar o montante de 10% (dez por cento) da receita do Município.

c) o número de Deputados à Assembleia Legislativa corresponderá ao triplo da representação do Estado na Câmara dos Deputados e, atingido o número de trinta e seis, será acrescido de tantos quantos forem os Deputados Federais acima de doze.

d) os subsídios dos Vereadores serão fixados por lei de iniciativa do Prefeito Municipal em cada legislatura para a subsequente, observado o que dispõe a Constituição da República e, ainda, os critérios estabelecidos na respectiva Lei Orgânica e os limites máximos previstos na Constituição da República.

132. **(Ieses/TJ/RO/Cartórios/Ingresso/2017)** A Câmara dos Deputados deu início ao processo que determinará se o Supremo Tribunal Federal (STF) poderá ou não investigar o presidente Michel Temer pelo crime de corrupção passiva, a partir da denúncia apresentada pela Procuradoria-Geral da República (PGR). A Constituição Federal determina que, para ser autorizada a abertura da investigação contra um presidente da República, são necessários:

a) três quintos dos membros da casa.

b) três quartos dos membros da casa.

c) dois terços dos membros da casa.

d) um terço dos membros da Casa.

133. **(Consulplan/TJ/MG/Cartórios/Remoção/2017)** Considerando as regras constitucionais que disciplinam o foro privilegiado que detêm Deputados e Senadores, assinale a afirmativa correta:

a) os membros do Congresso Nacional poderão ser presos em flagrante pela prática de contravenções penais tipificadas na Lei n. 3.688/41.

b) nos casos de prisão em flagrante por crime afiançável, independerá de autorização da Casa respectiva para instauração de inquérito policial.

c) no caso de prisão em flagrante dos membros do Congresso Nacional, por crime inafiançável, a manutenção da prisão dependerá de deliberação da Casa respectiva, pelo voto da maioria de seus membros.

d) o recebimento da denúncia pelo STF contra Deputados e Senadores depende de autorização da Casa respectiva.

134. **(Ieses/TJ/CE/Cartórios/Remoção/2018)** O Senado Federal compõe-se de representantes dos Estados e do Distrito Federal, eleitos segundo o princípio majoritário. Segundo a CF/88 cada Estado e o Distrito Federal elegerão:

a) 2 (dois) senadores.

b) 4 (quatro) senadores.

c) 3 (três) senadores.

d) 5 (cinco) senadores.

4.1.2. Do Processo Legislativo

✱ SÚMULAS

STF **Súm. Vinculante 54.** A medida provisória não apreciada pelo Congresso Nacional podia, até a Emenda Constitucional 32/2001, ser reeditada dentro do seu prazo de eficácia de trinta dias, mantidos os efeitos de lei desde a primeira edição.

✱ REPERCUSSÃO & REPETITIVOS

STF **Repercussão Geral 917.** Não usurpa competência privativa do Chefe do Poder Executivo lei que, embora crie despesa para a Administração, não trata da sua estrutura ou da atribuição de seus órgãos nem do regime jurídico de servidores públicos (art. 61, § 1º, II, a, c e e, da CF). (ARE 878911, 30.9.2016)

✱ INFORMATIVOS

STF **ADI: constituição estadual, iniciativa popular para emendas e repasse do ICMS.** A iniciativa popular de emenda à Constituição do estado é compatível com a CF (par. ún. do art. 1º, incs. II e III do art. 14 e o inc. XV do art. 49). A Constituição amapaense densifica a ampliação daquilo que a CF não prevê expressamente. Trata-se de certa democratização no processo de reforma das regras constitucionais estaduais. No tocante à simetria, revelou não ser obstativa ante a ausência de regra clara que afaste a faculdade de o estado aumentar os mecanismos de participação direta. ADI 825, Rel. Min. Alexandre de Moraes, j. 25.10.2018. Pleno. (Info 921)

STF **Vício de iniciativa e fonte de custeio.** A CF somente veda ao Poder Legislativo formalizar emendas a projetos de iniciativa exclusiva se delas resultar aumento de despesa pública ou se elas forem totalmente impertinentes à matéria versada no projeto. No caso, não houve aumento de despesa – pois o pagamento dos benefícios de aposentadoria e pensão já vinha sendo suportado pelo Tesouro estadual –, nem impertinência temática da emenda parlamentar em relação ao projeto de lei apresentado pelo Executivo. ADI 3628, Rel. Min. Dias Toffoli, j. 8.3.2018. Pleno. (Info 893)

STF **Magistratura: norma estadual e alteração no projeto original.** A ausência de pertinência temática de emenda da casa legislativa em projeto de lei de iniciativa exclusiva leva a concluir-se pela inconstitucionalidade formal. ADI 1834, Rel. Min. Marco Aurélio, j. 8.3.2018. Pleno. (Info 893)

✱ QUESTÕES OBJETIVAS

135. **(Consulplan/TJ/MG/Cartórios/Ingresso/2018)** Em relação ao processo legislativo, assinale a alternativa correta:

a) a emenda à Constituição será promulgada pelo Presidente da República, com o respectivo número de ordem.

b) poderá ser objeto de deliberação a proposta de emenda tendente a abolir o voto direto, secreto, universal e periódico.

c) a matéria constante de proposta de emenda rejeitada ou havida por prejudicada não pode ser objeto de nova proposta na mesma sessão legislativa.

d) a proposta de emenda à Constituição será discutida e votada em única sessão conjunta do Congresso Nacional, considerando-se aprovada se obtiver dois terços dos votos dos seus membros.

136. **(Consulplan/TJ/MG/Cartórios/Remoção/2018)** Em relação ao processo legislativo, assinale a alternativa correta:

a) a iniciativa para a proposta da emenda é mais ampla que a das leis, sendo os deputados e senadores únicos legitimados para apresentação de proposta em ambos os casos.

b) o veto é relativo, podendo ser rejeitado pelo voto da maioria relativa dos membros da Câmara dos Deputados e do Senado Federal em sessão conjunta, em escrutínio secreto.

c) a proposta de emenda da Constituição será discutida e votada pelo Congresso Nacional, considerando-se aprovada se obtiver maioria absoluta dos votos dos respectivos membros.

d) a iniciativa popular pode ser exercida pela apresentação à Câmara dos Deputados de projeto de lei subscrito por, no mínimo, 1% (um por cento) do eleitorado nacional, distribuído pelo menos por 5 (cinco) Estados, com não menos de 0,3% (três décimos por cento) dos eleitores de cada um deles.

137. **(Cespe/TJ/ES/Cartórios/Remoção/2013)** No que se refere ao processo legislativo estabelecido na CF, assinale a opção correta:

a) a iniciativa popular pode ser exercida pela apresentação à Câmara dos Deputados de projeto de lei subscrito por, no mínimo, 1% do eleitorado nacional, distribuído pelo menos por cinco estados, com, pelo menos, 0,3% dos eleitores de cada um deles.

b) é vedada a edição de medidas provisórias acerca de matéria relativa a direito tributário.

c) o processo legislativo compreende, entre outros atos normativos, a elaboração de decreto-lei.

d) a CF poderá ser emendada mediante proposta do ministro da Justiça.

e) a proposta de emenda constitucional será discutida e votada em cada Casa do Congresso Nacional, em dois turnos, considerando-se aprovada se obtiver, em ambos, a maioria absoluta dos votos dos respectivos membros.

138. **(TJ/SC/Cartórios/Ingresso/2012)** Assinale a alternativa correta:

a) segundo o processo legislativo descrito na Constituição Federal, as leis delegadas são elaboradas pelo Presidente da República, que deverá, por sua vez, solicitar a delegação ao Congresso Nacional. Contudo, não serão objeto de delegação os atos de competência exclusiva do Congresso Nacional, os de competência privativa da Câmara dos Deputados ou do Senado Federal e as matérias reservadas à lei complementar.

b) por disposição expressa constitucional, o Presidente da República pode considerar o projeto de lei, no todo ou em parte, inconstitucional ou contrário ao interesse público, oportunidade em que o vetará total ou parcialmente, e o veto parcial, caso ocorrente, poderá abranger somente expressões. Neste caso, para esse fim terá o prazo de quinze dias úteis, contados da data do recebimento, e comunicará, dentro de 48 horas, ao Presidente do Senado Federal, os motivos do veto.

c) as comissões parlamentares de inquérito, que terão poderes de investigação próprios das autoridades judiciais, além de outros previstos nos regimentos das respectivas Casas, serão criadas pela Câmara dos Deputados e pelo Senado Federal, em conjunto ou separadamente, mediante requerimento de um terço de seus membros, para a apuração de fato determinado e por prazo certo, detendo em razão de suas conclusões competência de impor responsabilidade criminal e civil aos investigados.

d) os decretos legislativos, restritos ao ambiente do Congresso Nacional, segundo a Constituição Federal, não fazem parte do processo legislativo.

e) as leis complementares exigem quórum qualificado, por isso são aprovadas, após discussão e votação, em dois turnos, com maioria simples nas duas casas legislativas.

139. **(Ieses/TJ/PA/Cartórios/Ingresso/2016)** A emenda à Constituição da República Federativa do Brasil será promulgada:

a) exclusivamente pela Presidência da Câmara dos Deputados.

b) pela Presidência da República.

c) exclusivamente pela Presidência do Senado Federal.

d) pelas Mesas da Câmara dos Deputados e do Senado Federal, com o respectivo número de ordem.

140. **(Ieses/TJ/PA/Cartórios/Ingresso/2016)** A iniciativa popular pode ser exercida pela apresentação à Câmara dos Deputados de projeto de lei subscrito por, no mínimo, (__) do eleitorado nacional, distribuído pelo menos por (__) Estados, com não menos de três décimos por cento dos eleitores de cada um deles:

a) três por cento; oito.

b) um por cento; cinco.

c) dois por cento; sete.

d) cinco por cento; dez.

141. **(Consulplan/TJ/MG/Cartórios/Ingresso/2016)** Em caso de relevância e urgência, o Presidente da República poderá editar medidas provisórias com força de lei, salvo quando tratar sobre a matéria:

a) orçamentária.

b) tributária.

c) planos plurianuais.

d) civil.

142. **(Vunesp/TJ/SP/Cartórios/Ingresso/2016)** Sobre o processo legislativo, é correto afirmar que:

a) o veto presidencial pode ser rejeitado pelo voto de dois terços dos Deputados e Senadores.

b) a elaboração de lei delegada pelo Presidente da República depende de decreto legislativo autorizativo, editado pelo Congresso Nacional e que especificará seu conteúdo e os termos de seu exercício, sem sujeição do projeto ao Congresso Nacional.

c) matéria constante de projeto de lei rejeitado não poderá, em qualquer hipótese, constituir objeto de novo projeto na mesma sessão legislativa.

d) entre outras matérias, é vedada a edição de Medida Provisória sobre a organização do Poder Judiciário e do Ministério Público, a carreira e a garantia de seus membros.

143. **(Vunesp/TJ/SP/Cartórios/Remoção/2016)** Sobre a medida provisória, é correto afirmar que:

a) não pode versar sobre matéria reservada à lei complementar.

b) tem sua votação iniciada no Senado Federal.

c) pode versar sobre matéria relativa a direito eleitoral.

d) perde a eficácia se não for convertida em lei no prazo de 45 dias, prorrogável por mais duas vezes por igual período, devendo o Poder Judiciário disciplinar, por resolução, as relações jurídicas dela decorrentes.

144. **(Faurgs/TJ/RS/Cartórios/Ingresso/2015)** Sobre os atos normativos e seus respectivos processos legislativos, de acordo com os artigos 59 a 69, assinale a alternativa que contém afirmativa correta:

a) caberá à comissão mista de Deputados e Senadores examinar as medidas provisórias e sobre elas emitir parecer antes de serem apreciadas, em sessão conjunta, pelo Congresso Nacional.

b) a proposta de emenda constitucional será discutida e votada em cada Casa do Congresso Nacional, em dois turnos, considerando-se aprovada se obtiver, em ambos, três quintos dos votos dos presentes na sessão.

c) a Constituição poderá ser emendada mediante proposta de mais da metade das Assembleias Legislativas das unidades da Federação, manifestando-se, cada uma delas, pela maioria relativa de seus membros.

d) o projeto de lei aprovado por uma Casa do Congresso Nacional será revisto pela outra, em um só turno de discussão e votação, e enviado à sanção ou promulgação, se a Casa revisora o aprovar, devendo voltar à Casa iniciadora, se a Casa revisora o rejeitar.

145. **(Ieses/TJ/PB/Cartórios/Remoção/2014)** Segundo o ordenamento jurídico pátrio, a Constituição Federal poderá ser emendada mediante proposta:

a) de dois terços, no mínimo, dos membros da Câmara dos Deputados e do Senado Federal.

b) de três quintos, no mínimo, dos membros da Câmara dos Deputados ou do Senado Federal.

c) de um terço, no mínimo, dos membros da Câmara dos Deputados ou do Senado Federal.

d) de um quarto, no mínimo, dos membros da Câmara dos Deputados e do Senado Federal.

146. **(Ieses/TJ/PB/Cartórios/Remoção/2014)** O processo legislativo compreende a elaboração de:

I. emendas à Constituição.

II. medidas provisórias, leis complementares.

III. decretos legislativos, resoluções.

IV. leis delegadas, leis ordinárias.

A sequência correta é:

a) apenas as assertivas II e IV estão corretas.

b) as assertivas I, II, III e IV estão corretas.

c) apenas as assertivas I e II estão corretas.

d) apenas a assertiva IV está correta.

147. **(Vunesp/TJ/SP/Cartórios/Ingresso/2014)** Assinale a alternativa em consonância com a Constituição Federal:

a) a Constituição Federal poderá ser emendada mediante proposta de um terço, no mínimo, dos membros da Câmara dos Deputados ou do Senado Federal, do Presidente da República ou de mais da metade das Assembleias Legislativas das unidades da Federação, manifestando-se, cada uma delas, pela maioria relativa de seus membros.
b) a iniciativa popular pode ser exercida pela apresentação à Câmara dos Deputados de projeto de lei subscrito por, no mínimo, um por cento do eleitorado nacional, distribuído pelo menos por dez Estados, com não menos de três décimos por cento dos eleitores de cada um deles.
c) dispor sobre limites globais e condições para as operações de crédito externo e interno da União, dos Estados, do Distrito Federal e dos Municípios, de suas autarquias e demais entidades controladas pelo Poder Público federal compreende competência privativa da Câmara dos Deputados, a excluir, portanto, a sanção do Presidente da República.
d) o Senado Federal é formado por representantes dos Estados e do Distrito Federal, eleitos segundo o princípio majoritário, observando-se que cada senador será eleito com um suplente.

148. **(Consulplan/TJ/MG/Cartórios/Ingresso/2015)** Assinale a alternativa incorreta:

a) conceder-se-á "habeas data" para a retificação de dados, quando não se prefira fazê-lo por processo sigiloso, judicial ou administrativo.
b) são gratuitos para os reconhecidamente pobres, na forma da lei, o registro civil de nascimento e a certidão de óbito.
c) os tratados e convenções internacionais sobre direitos humanos serão equivalentes às emendas constitucionais, desde que aprovados, em cada Casa do Congresso Nacional, em dois turnos, pela maioria simples dos votos dos respectivos membros.
d) qualquer cidadão é parte legítima para propor ação popular que vise a anular ato lesivo ao patrimônio público, à moralidade administrativa, ao meio ambiente e ao patrimônio histórico e cultural.

149. **(Consulplan/TJ/MG/Cartórios/Ingresso/2015)** Assinale a alternativa incorreta:

a) é vedada a edição de medidas provisórias sobre matéria relativa a organização do Poder Judiciário e do Ministério Público, a carreira e a garantia de seus membros.
b) a matéria constante de proposta de emenda rejeitada ou havida por prejudicada pode ser objeto de nova proposta na mesma sessão legislativa.
c) a matéria constante de projeto de lei rejeitado somente poderá constituir objeto de novo projeto, na mesma sessão legislativa, mediante proposta da maioria absoluta dos membros de quaisquer das Casas do Congresso Nacional.
d) é vedada a reedição, na mesma sessão legislativa, de medida provisória que tenha sido rejeitada ou que tenha perdido sua eficácia por decurso de tempo.

150. **(Faurgs/TJ/RS/Cartórios/Remoção/2015)** Levando em consideração a redação do artigo 60, constante sob o Título Da Organização dos Poderes, assinale a alternativa que contém assertiva correta:

a) a proposta de emenda não será objeto de deliberação se tendente a abolir a forma republicana de governo e a separação dos poderes.
b) a emenda à Constituição será promulgada pela Mesa da Câmara dos Deputados ou pela Mesa do Senado Federal.
c) a proposta de emenda será votada em cada Casa do Congresso Nacional, em dois turnos, considerando-se aprovada se obtiver, em ambos, três quintos dos votos dos presentes.
d) a Constituição não poderá ser emendada na vigência de estado de defesa, de estado de sítio ou de intervenção federal nos Estados.

151. **(Ieses/TJ/CE/Cartórios/Ingresso/2018)** De acordo com a Constituição da República Federativa do Brasil de 1988, é incorreto afirmar:

a) a União não intervirá nos Estados nem no Distrito Federal, exceto para, dentre outras hipóteses taxativas, prover a execução de lei federal, ordem ou decisão judicial.
b) o Estado não intervirá em seus Municípios, nem a União nos Municípios localizados em Território Federal, exceto quando, dentre outras hipóteses taxativas, deixar de ser paga, sem motivo de força maior, por dois anos consecutivos, a dívida fundada.
c) a União não intervirá nos Estados nem no Distrito Federal, exceto para, dentre outras hipóteses taxativas, reorganizar as finanças da unidade da Federação que suspender o pagamento da

dívida fundada por mais de dois anos consecutivos, salvo motivo de força maior.

d) o decreto que se limita a suspender a execução do ato impugnado, requer prévia apreciação pelo Congresso Nacional ou pela Assembleia Legislativa.

4.1.3. *Da Fiscalização Contábil, Financeira e Orçamentária*

✱ SÚMULAS

STF **Súm. Vinculante 3.** Nos processos perante o Tribunal de Contas da União asseguram-se o contraditório e a ampla defesa quando da decisão puder resultar anulação ou revogação de ato administrativo que beneficie o interessado, excetuada a apreciação da legalidade do ato de concessão inicial de aposentadoria, reforma e pensão.

STF **Súm. 6.** A revogação ou anulação, pelo Poder Executivo, de aposentadoria, ou qualquer outro ato aprovado pelo Tribunal de Contas, não produz efeitos antes de aprovada por aquele tribunal, ressalvada a competência revisora do Judiciário.

STF **Súm. 248.** É competente, originariamente, o Supremo Tribunal Federal, para mandado de segurança contra ato do Tribunal de Contas da União.

STF **Súm. 347.** O Tribunal de Contas, no exercício de suas atribuições, pode apreciar a constitucionalidade das leis e dos atos do Poder Público.

STF **Súm. 653.** No Tribunal de Contas estadual, composto por sete conselheiros, quatro devem ser escolhidos pela Assembleia Legislativa e três pelo chefe do Poder Executivo estadual, cabendo a este indicar um dentre auditores e outro dentre membros do Ministério Público, e um terceiro à sua livre escolha.

✱ REPERCUSSÃO & REPETITIVOS

STF **Repercussão Geral 157.** O parecer técnico elaborado pelo Tribunal de Contas tem natureza meramente opinativa, competindo exclusivamente à Câmara de Vereadores o julgamento das contas anuais do Chefe do Poder Executivo local, sendo incabível o julgamento ficto das contas por decurso de prazo. (RE 729744, 10.8.2016)

✱ INFORMATIVOS

STF **Fundação Banco do Brasil e fiscalização do TCU.** Por possuírem caráter eminentemente público, os recursos provenientes do Banco do Brasil (BB) destinados à Fundação Banco do Brasil (FBB) se submetem à fiscalização do TCU. MS 32703, Rel. Min. Dias Tóffoli, j. 10.4.2018. 2ª T. (Info 897)

✱ QUESTÕES OBJETIVAS

152. **(Consulplan/TJ/MG/Cartórios/Remoção/2018)** Assinale a alternativa correta:

a) o Conselho Nacional de Justiça é dotado de competência jurisdicional, além de possuir atribuições de natureza administrativa.

b) a Constituição Federal torna a investigação criminal exclusividade da polícia e afasta os poderes de investigação do Ministério Público.

c) a atividade notarial e de registro, sujeita a regime jurídico de caráter público, é essencialmente similar da exercida por servidores públicos.

d) nos processos perante o Tribunal de Contas da União asseguram-se o contraditório e a ampla defesa quando da decisão puder resultar anulação ou revogação de ato administrativo que beneficie o interessado, excetuada a apreciação da legalidade do ato de concessão inicial de aposentadoria, reforma e pensão.

153. **(TJ/SC/Cartórios/Remoção/2012)** Assinale a alternativa correta:

a) a pessoa física que utilize, arrecade, guarde, gerencie ou administre dinheiros, bens e valores públicos ou pelos quais a União responda, ou que, em nome desta, assuma obrigações de natureza pecuniária, está dispensada de prestar contas. Essa obrigação – a de prestar contas – é restrita às pessoas jurídicas e ainda públicas.

b) em caso de impedimento do Presidente e do Vice-Presidente, ou vacância dos respectivos cargos, serão sucessivamente chamados ao exercício da Presidência o Presidente do Senado Federal, o da Câmara dos Deputados e o do Supremo Tribunal Federal.

c) por não fazer parte do Poder Legislativo, o presidente da República não detém competência para iniciar o processo legislativo.

d) segundo a Constituição Federal, são crimes de responsabilidade os atos praticados pelo Presidente da República que atentem contra a Constituição Federal. Na ocorrência de um crime de responsabilidade, considera-se admitida a acusação contra o Presidente da República por dois terços da Câmara dos Deputados, sendo ele submetido a julgamento perante o Supremo Tribunal Federal.

e) a fiscalização contábil, financeira, orçamentária, operacional e patrimonial da União e das entidades da administração direta e indireta, quanto à legalidade, legitimidade, economicidade, aplicação das subvenções e renúncia de receitas, será exercida pelo Congresso Nacional, mediante controle externo. Especificamente, esse controle será exercido com o auxílio do Tribunal de Contas da União, sendo que suas decisões de que resulte imputação de débito ou multa terão eficácia de título executivo.

154. **(Cespe/TJ/RR/Cartórios/Ingresso/2013)** No que concerne à organização político-administrativa do Estado e à administração pública, assinale a opção correta:

a) compete ao Tribunal de Contas da União, ao auxiliar o Congresso Nacional no exercício do controle externo, julgar as contas dos administradores e demais responsáveis por dinheiros, bens e valores públicos da administração direta e indireta, incluídas as fundações e sociedades instituídas e mantidas pelo poder público federal, e as contas dos que derem causa a perda, extravio ou outra irregularidade de que resulte prejuízo ao erário, bem como aplicar aos responsáveis, em caso de ilegalidade de despesa ou irregularidade de contas, as sanções previstas em lei, entre as quais se inclui multa proporcional ao dano causado ao erário.

b) a imunidade parlamentar material sofre condicionamentos normativos que a subordinam a critérios de espacialidade no que se refere aos crimes contra a honra.

c) o ordenamento jurídico-constitucional admite o direito de secessão ao ente federativo.

d) a União pode intervir diretamente nos municípios situados no âmbito territorial dos estados-membros da Federação.

e) a competência dos municípios para legislar sobre assuntos de interesse local e promover o adequado ordenamento territorial urbano afasta a incidência das normas estaduais expedidas com base na competência concorrente para legislar sobre direito urbanístico, meio ambiente e patrimônio turístico e paisagístico.

155. **(Cespe/TJ/DFT/Cartórios/Ingresso/2014)** No que se refere ao Poder Legislativo e aos tribunais de contas, assinale a opção correta:

a) a autorização de operações externas de natureza financeira de interesse do DF é de competência privativa do Senado Federal, sem sanção presidencial.

b) a iniciativa de leis sobre matéria tributária é privativa do chefe do Poder Executivo de cada ente federativo, conforme reiterado entendimento do STF.

c) o veto presidencial a projeto de lei somente pode ser rejeitado pela manifestação da maioria absoluta dos deputados e senadores, em deliberação realizada de forma secreta.

d) em razão da denominada imunidade formal, os membros do Congresso Nacional são invioláveis, civil e penalmente, por quaisquer de suas opiniões, palavras e votos, desde que proferidos no exercício de suas funções parlamentares.

e) o Tribunal de Contas da União tem a competência de apreciar e julgar anualmente as contas prestadas pelo presidente da República e por demais responsáveis por dinheiros, bens e valores públicos da administração direta e indireta da União.

156. **(Faurgs/TJ/RS/Cartórios/Ingresso/2015)** Compete ao Congresso Nacional, no exercício do controle da Administração Pública:

a) emitir parecer prévio sobre as contas do Presidente da República.

b) julgar, anualmente, as contas do Presidente da República.

c) julgar as contas de todos os administradores públicos.

d) apreciar os atos de admissão de pessoal, concessões de aposentadorias, reformas e pensões.

157. **(Ieses/TJ/RO/Cartórios/Remoção/2017)** O prazo para o Tribunal de Contas promover a citação ou audiência de responsáveis arrolados em processo de prestação de contas, ou tomada de contas, ou inspeção, sob a pena de responsabilidade solidária, no caso de prestação de contas, será de:

a) um ano, a contar do ato ordinatório da despesa.

b) seis meses, a contar do ato ordinatório da despesa.

c) um ano, a contar da entrada do processo no Tribunal.

d) dois anos, a contar da entrada do processo no Tribunal.

4.2. Do Poder Executivo

✱ INFORMATIVOS

STF **Imunidade formal do Presidente da República e aplicabilidade a codenunciados.** A imunidade formal prevista no art. 51, I, e no art. 86, "caput", da CF, tem por finalidade tutelar o exercício regular dos cargos de Presidente da República e de Ministro de Estado, razão pela qual não é extensível a codenunciados que não se encontram investidos em tais funções. Inq 4483 AgR-2º e Inq 4327 AgR-2º, Rel. Min. Edson Fachin, j. 19.12.2017. Pleno. (Info 888)

✱ QUESTÕES OBJETIVAS

158. **(Cespe/TJ/PI/Cartórios/Remoção/2013)** Considerando o disposto na CF sobre o presidente da República, assinale a opção correta:

a) se, antes de realizado o segundo turno, ocorrer morte, desistência ou impedimento legal de candidato, convocar-se-á primeiramente, entre os remanescentes, o mais idoso.

b) se, decorridos cinco dias da data fixada para a posse, o presidente ou o vice-presidente da República, salvo motivo de força maior, não tiver assumido o cargo, este será declarado vago.

c) em caso de impedimento do presidente e do vice-presidente da República, ou vacância desses cargos, serão sucessivamente chamados ao exercício da presidência o presidente da Câmara dos Deputados, o do Senado Federal e o do STF.

d) a eleição do presidente e do vice-presidente da República realizar-se-á, simultaneamente, no segundo domingo de outubro, em primeiro turno, e no último domingo de outubro, em segundo turno, se houver, do ano anterior ao do término do mandato presidencial vigente.

e) será considerado eleito presidente o candidato que, registrado por partido político, obtiver a maioria absoluta de votos, computados os em branco.

159. **(TJ/SC/Cartórios/Remoção/2012)** Assinale a alternativa correta:

a) a Constituição Federal poderá ser emendada mediante proposta de dois terços, no mínimo, dos membros da Câmara dos Deputados e do mínimo de dois quintos dos membros do Senado Federal.

b) a iniciativa das leis complementares e ordinárias cabe, exclusivamente, a qualquer membro ou Comissão da Câmara dos Deputados, do Senado Federal ou do Congresso Nacional e ao Presidente da República.

c) a Constituição Federal pode ser emendada, sendo que sua proposta será discutida e votada em cada Casa do Congresso Nacional, em dois turnos, considerando-se aprovada se obtiver, em ambos, quatro quintos dos votos dos respectivos membros.

d) cabe ao Presidente da República decretar estado de defesa, ouvidos o Conselho da República e o Conselho de Defesa Nacional, com o fim de preservar ou prontamente restabelecer, em locais restritos e determinados, a ordem pública ou a paz social ameaçadas por grave e iminente instabilidade institucional ou atingidas por calamidades de grandes proporções na natureza, oportunidade em que não se admite, durante sua vigência, a emenda da Constituição Federal.

e) em caso de relevância e urgência, o Presidente da República poderá adotar medidas provisórias, com força de lei, devendo submetê-las de imediato ao Congresso Nacional, sendo autorizada sua edição sobre matérias reservadas a lei complementar.

160. **(Ieses/TJ/PA/Cartórios/Ingresso/2016)** Compete privativamente ao Presidente da República, exceto:

a) vetar projetos de lei, total ou parcialmente.

b) decretar o estado de defesa e o estado de sítio.

c) suspender a execução, no todo ou em parte, de lei declarada inconstitucional por decisão definitiva do Supremo Tribunal Federal.

d) iniciar o processo legislativo, na forma e nos casos previstos pela Constituição.

161. **(FMP/TJ/MT/Cartórios/Remoção/2014)** Assinale a alternativa correta:

a) os deputados e senadores são inimputáveis penalmente.

b) em caso de impedimento do Presidente da República, será chamado ao exercício o Presidente da Câmara dos Deputados.

c) caso o Presidente da República e o Vice-Presidente , sem licença do Congresso Nacional, ausentarem-se do país por período superior a quinze dias, estes perderão os cargos respectivos.

d) o Presidente da República somente ficará suspenso de suas funções em caso de crime de responsabilidade.

e) compete comumente ao Presidente da República e ao Congresso Nacional a convocação do Conselho da República.

162. **(FMP/TJ/MT/Cartórios/Remoção/2014)** Sobre o Conselho da República, assinale a afirmativa correta:

a) trata-se de órgão consultivo do Presidente da República para assuntos orçamentários.

b) foi substituído, na Constituição Federal de 1988, sendo agora denominado Conselho de Defesa Nacional.

c) compete a ele pronunciar-se sobre a possibilidade de intervenção federal ou decretação de estado de defesa.

d) tem papel deliberativo a respeito da decretação de estado de sítio, sendo suas decisões tomadas por maioria simples.

e) tem papel deliberativo a respeito da decretação de estado de defesa, sendo suas decisões tomada por maioria absoluta.

163. **(Cespe/TJ/BA/Cartórios/Ingresso/2013)** Em relação ao disposto na CF a respeito da administração pública, assinale a opção correta:

a) os vencimentos dos cargos do Poder Legislativo e do Poder Judiciário não poderão ser superiores aos pagos pelo Poder Executivo.

b) é vedada a vinculação ou a equiparação de quaisquer espécies remuneratórias para o efeito de remuneração de pessoal do serviço público, ressalvada a efetuada entre os membros do MP e do Poder Judiciário.

c) os acréscimos pecuniários percebidos por servidor público serão computados para fins de concessão de acréscimos ulteriores.

d) somente por lei específica poderá ser criada empresa pública, sociedade de economia mista e fundação e autorizada a instituição de autarquia, cabendo à lei complementar, nesse último caso, definir as áreas de sua atuação.

e) é garantido ao servidor público militar o direito à livre associação sindical.

164. **(Cespe/TJ/BA/Cartórios/Remoção/2013)** Assinale a opção correta a respeito da administração pública e do Poder Executivo:

a) o vínculo estabelecido entre servidor temporário e a administração pública tem caráter trabalhista, razão pela qual é regido pela CLT.

b) as sociedades de economia mista estão isentas da aplicação das regras relativas ao teto remuneratório do servidor público, ainda que recebam recursos da União para seu custeio, pois são pessoas jurídicas de direito privado.

c) caso um presidente da República seja acusado da prática de crimes comuns, a abertura de ação penal contra ele dependerá de prévia autorização da Câmara dos Deputados.

d) para que ocorra a suspensão do presidente da República do exercício de suas funções no caso de acusação por crime de responsabilidade exige-se prévia decisão do STF.

e) a empresa pública que, no exercício de sua atividade econômica, causar prejuízo a terceiro deverá responder objetivamente pelo dano.

165. **(Consulplan/TJ/MG/Cartórios/Remoção/2016)** São crimes de responsabilidade do Presidente da República os atos que atentem contra a Constituição Federal, e especialmente, contra:

a) o exercício dos direitos individuais.

b) a ordem tributária.

c) a segurança externa.

d) o livre exercício da Controladoria Geral.

166. **(Ieses/TJ/MS/Cartórios/Remoção/2014)** O Conselho de Defesa Nacional é órgão de consulta do Presidente da República nos assuntos relacionados com a soberania nacional e a defesa do Estado democrático, e dele participam como membros natos:

I. o Vice-Presidente da República, Presidente do Senado Federal.

II. o Ministro da Justiça, Ministro de Estado da Defesa.

III. os Comandantes da Marinha, do Exército e da Aeronáutica, Ministro do Planejamento.

IV. o Presidente da Câmara dos Deputados, Ministro das Relações Exteriores.

A sequência correta é:

a) apenas as assertivas I e II estão corretas.

b) as assertivas I, II, III e IV estão corretas.

c) apenas a assertiva III está correta.

d) apenas as assertivas II e IV estão incorretas.

167. **(Consulplan/TJ/MG/Cartórios/Ingresso/2017)** O Conselho de Defesa Nacional é órgão de consulta do Presidente da República nos assuntos relacionados com a soberania nacional e a defesa do Estado democrático, e dele participam

I. o Vice-Presidente da República.

II. 6 (seis) cidadãos brasileiros natos, com mais de 35 (trinta e cinco) anos de idade, sendo três eleitos pelo Senado Federal e três eleitos pela Câmara dos Deputados, todos com mandato de três anos, permitida uma recondução.

III. o Presidente da Câmara dos Deputados e o Presidente do Senado Federal.

IV. o Chefe da Casa Civil, os líderes da maioria e da minoria no Senado Federal e na Câmara dos Deputados, os Ministros da Justiça, de Estado da Defesa, das Relações Exteriores, do Planejamento, os Comandantes da Marinha, do Exército e da Aeronáutica os Governadores de Estado.

Está correto apenas o que se afirma em:

a) I e II.

b) I e III.

c) II e III.

d) II e IV.

168. **(Consulplan/TJ/MG/Cartórios/Remoção/2017)** Sobre o Conselho da República e o Conselho de Defesa Nacional, assinale a afirmação correta:

a) o Presidente da República pode convocar Ministro de Estado, Secretário de Estado ou Prefeito para participar de reunião do Conselho da República, quando constar da pauta questão relacionada com o respectivo Ministério, Secretaria ou Município.

b) o Conselho da República é órgão superior de consulta do Presidente da República e a ele compete o estudo, a proposição e o acompanhamento de iniciativas necessárias a garantir a independência nacional e a defesa do Estado democrático e o pronunciamento sobre intervenção federal, estado de defesa e estado de sítio, questões relevantes para a estabilidade das instituições democráticas.

c) o Vice-Presidente da República, o Presidente da Câmara dos Deputados, o Presidente do Senado Federal, o Ministro da Justiça e o Ministro do Planejamento participam como membros natos de ambos os Conselhos.

d) entre as atribuições do Conselho de Defesa Nacional está a de propor os critérios e condições de utilização de áreas indispensáveis à segurança do território nacional e opinar sobre seu efetivo uso, especialmente na faixa de fronteira e nas relacionadas com a preservação e exploração dos recursos naturais de qualquer tipo.

169. **(Consulplan/TJ/MG/Cartórios/Ingresso/2017)** Considerando as regras constitucionais que disciplinam o foro privilegiado do Presidente da República, Deputados e Senadores, assinale a afirmativa incorreta:

a) o recebimento de denúncia contra Senador ou Deputado pelo Supremo Tribunal Federal independe de autorização da Casa respectiva.

b) o partido político poderá propor a sustação do andamento da ação penal instaurada perante o STF contra Deputados e Senadores, desde que seja a proposta aprovada por maioria dos membros da Casa.

c) o Presidente da República ficará suspenso de suas funções por 180 dias, após o recebimento da denúncia contra pelo STF pela prática de crime comum cometido no exercício da função.

d) a instauração de inquérito contra o Presidente da República pela prática de crime comum praticado no exercício da função presidencial depende de autorização de 2/3 dos membros da Câmara.

170. **(Consulplan/TJ/MG/Cartórios/Ingresso/2017)** Em relação à eleição do Presidente da República, é correto afirmar que:

a) será considerado eleito Presidente o candidato que, registrado por partido político, obtiver a maioria absoluta de votos, computados os em branco e os nulos.

b) se, antes de realizado o segundo turno, ocorrer morte, desistência ou impedimento legal de candidato, convocar-se-á, dentre os remanescentes, o mais idoso.

c) em caso de impedimento ou vacância dos cargos de Presidente e Vice-Presidente da República serão chamados ao exercício da Presidência o Presidente da Câmara dos Deputados, o do Senado Federal e o do Supremo Tribunal Federal.

d) a eleição do Presidente da República importará a do Vice-Presidente com ele registrado, e ambos, sem licença da Câmara dos Deputados, não poderão se ausentar do País por período superior a dez dias, sob pena de perda do cargo.

171. **(Ieses/TJ/RO/Cartórios/Remoção/2017)** Dentro das atuais prerrogativas de foro, os governadores estaduais são originalmente julgados pelo(s):

a) tribunais de justiça de seus estados.

b) Supremo Tribunal Federal.

c) tribunal regional federal de sua região.
d) Superior Tribunal de Justiça.

4.3. Do Poder Judiciário

4.3.1. Disposições Gerais

✱ SÚMULAS

1)Garantias dos Juízes

STF **Súm. 40.** A elevação da entrância da comarca não promove automaticamente o juiz, mas não interrompe o exercício de suas funções na mesma comarca.

STF **Súm. 731.** Para fim da competência originária do Supremo Tribunal Federal, é de interesse geral da magistratura a questão de saber se, em face da Loman, os juízes têm direito à licença-prêmio.

2)Quinto Constitucional

STF **Súm. 627.** No mandado de segurança contra a nomeação de magistrado da competência do Presidente da República, este é considerado autoridade coatora, ainda que o fundamento da impetração seja nulidade ocorrida em fase anterior do procedimento.

STF **Súm. 628.** Integrante de lista de candidatos a determinada vaga da composição de tribunal é parte legítima para impugnar a validade da nomeação de concorrente.

3)Precatórios

STF **Súm. Vinculante 17.** Durante o período previsto no parágrafo 1º do artigo 100 da Constituição, não incidem juros de mora sobre os precatórios que nele sejam pagos.

STF **Súm. Vinculante 47.** Os honorários advocatícios incluídos na condenação ou destacados do montante principal devido ao credor consubstanciam verba de natureza alimentar cuja satisfação ocorrerá com a expedição de precatório ou requisição de pequeno valor, observada ordem especial restrita aos créditos dessa natureza.

STF **Súm. 655.** A exceção prevista no art. 100, caput, da Constituição, em favor dos créditos de natureza alimentícia, não dispensa a expedição de precatório, limitando-se a isentá-los da observância da ordem cronológica dos precatórios decorrentes de condenações de outra natureza.

STJ **Súm. 144.** Os créditos de natureza alimentícia gozam de preferência, desvinculados os precatórios da ordem cronológica dos créditos de natureza diversa.

STJ **Súm. 311.** Os atos do Presidente do Tribunal que disponham sobre processamento e pagamento de precatório não têm caráter jurisdicional.

4)Reserva de Plenário

STF **Súm. Vinculante 10.** Viola a cláusula de reserva de plenário (CF, art. 97) a decisão de órgão fracionário de tribunal que, embora não declare expressamente a inconstitucionalidade de lei ou ato normativo do Poder Público, afasta a sua incidência no todo ou em parte.

5)Separação de Poderes

STF **Súm. Vinculante 37.** Não cabe ao Poder Judiciário, que não tem função legislativa, aumentar vencimentos de servidores públicos sob o fundamento de isonomia.

✱ REPERCUSSÃO & REPETITIVOS

STF **Repercussão Geral 509.** A comprovação do triênio de atividade jurídica exigida para o ingresso no cargo de juiz substituto, nos termos do inc. I do art. 93 da CF, deve ocorrer no momento da inscrição definitiva no concurso público. (RE 655265, 13.4.2016)

✱ INFORMATIVOS

STF **Empresa pública e precatórios.** Não se submetem ao regime de precatório as empresas públicas dotadas de personalidade jurídica de direito privado com patrimônio próprio e autonomia administrativa que exerçam atividade econômica sem monopólio e com finalidade de lucro. RE 892727, Rel. Acd. Min. Rosa Weber, j. 7.8.2018. 1ª T. (Info 910)

STF **Empresas Públicas e execução de débitos via precatório.** As empresas públicas e sociedades de economia mista não têm direito à prerrogativa de execução via precatório. RE 851711 AgR, Rel. Min. Marco Aurélio, j. 12.12.2017. 1ª T. (Info 888)

STF **Lei estadual e requisição de pequeno valor.** O art. 87 do ADCT não delimita um piso, irredutível, para o pagamento dos débitos dos estados e dos municípios por meio de RPV. Portanto, é lícito aos entes federados fixar o valor máximo para essa especial modalidade de pagamento, desde que se obedeça ao princípio constitucional da proporcionalidade. ADI 4332, Rel. Min. Alexandre de Moraes, j. 7.2.2017. Pleno. (Info 890)

STJ **Execução contra a Fazenda Pública. RPV. Juros de mora. Período compreendido entre a data da elaboração da conta de liquidação e a expedição**

do requisitório. Incidência. Julgamento proferido pelo STF no RE n. 579.431/RS, em regime de repercussão geral. Art. 1.030, II, do CPC/15. Juízo de retratação. Em adequação ao entendimento do STF, a Corte Especial do STJ adota orientação jurisprudencial no sentido de que incidem juros da mora no período compreendido entre a data da realização dos cálculos e a da requisição ou do precatório. EREsp 1.150.549, Rel. Min. Og Fernandes, DJ 12.12.2017. Corte Especial. (Info 617)

* QUESTÕES OBJETIVAS

172. **(Cespe/TJ/RR/Cartórios/Ingresso/2013)** Considerando os contornos constitucionais dos poderes do Estado, a competência de cada um desses poderes e os direitos e as garantias constitucionais, assinale a opção correta:

a) nas comarcas onde não forem instituídas varas do trabalho, a jurisdição trabalhista será exercida pelos juízes federais.

b) o cancelamento de súmula vinculante somente pode ser requerido pelo procurador-geral da República.

c) a independência judicial constitui um direito fundamental do cidadão.

d) o ingresso no cargo de ministro do STF é feito por nomeação do presidente da República, aprovada a escolha por maioria simples do Senado Federal, entre cidadãos com mais de trinta e cinco anos de idade e menos de sessenta e cinco anos de idade, de notável saber jurídico e ilibada reputação.

e) o princípio do juiz natural, por ter foro constitucional, aplica-se ao juízo arbitral.

173. **(Ieses/TJ/PA/Cartórios/Ingresso/2016)** O poder de fiscalização, atribuído ao Poder Judiciário pela Constituição Federal:

a) a aplicação das medidas disciplinares guarda correspondência primordialmente retributiva com o fato da infração.

b) o juízo competente poderá instaurar o procedimento disciplinário mediante representação de qualquer interessado.

c) a imposição de penas disciplinares aos notários e registradores só podem ser feita em processos judiciais.

d) não inclui a tarefa de apuração das infrações disciplinares e apenamento disciplinar dos notários e registradores.

174. **(Faurgs/TJ/RS/Cartórios/Ingresso/2015)** O Estatuto da Magistratura deve observar determinados princípios previstos no artigo 93, constante sob o Título Da Organização dos Poderes. À luz de tais princípios, assinale a alternativa que contém assertiva correta:

a) o ato de remoção do magistrado, por interesse público, fundar-se-á em decisão por voto da maioria simples do respectivo tribunal e do Conselho Nacional de Justiça, assegurada ampla defesa.

b) todos os julgamentos dos órgãos do Poder Judiciário serão públicos, e serão fundamentadas todas as decisões, sob pena de nulidade, podendo o juiz, independentemente de lei, limitar a presença, em determinados atos, às próprias partes e a seus advogados, ou somente a estes.

c) a atividade jurisdicional será ininterrupta, sendo permitidas férias coletivas nos juízos e tribunais de segundo grau, funcionando, nos dias em que não houver expediente forense normal, com juízes em plantão permanente.

d) nos tribunais com número superior a vinte e cinco julgadores, poderá ser constituído órgão especial, com o mínimo de onze e o máximo de vinte e cinco membros, provendo-se metade das vagas por antiguidade.

175. **(Ieses/TJ/PB/Cartórios/Ingresso/2014)** De acordo com a CRFB/88, assinale a alternativa incorreta:

a) as custas e emolumentos serão destinados preferencialmente ao custeio dos serviços afetos às atividades específicas da Justiça.

b) ao Poder Judiciário é assegurada autonomia administrativa e financeira.

c) a União, no Distrito Federal e nos Territórios, e os Estados criarão justiça de paz, remunerada, composta de cidadãos eleitos pelo voto direto, universal e secreto, com mandato de quatro anos e competência para, na forma da lei, celebrar casamentos, verificar, de ofício ou em face de impugnação apresentada, o processo de habilitação e exercer atribuições conciliatórias, sem caráter jurisdicional, além de outras previstas na legislação.

d) a União, no Distrito Federal e nos Territórios, e os Estados criarão juizados especiais, providos por juízes togados, ou togados e leigos, competentes para a conciliação, o julgamento e a execução de causas cíveis de menor complexidade e infrações penais de menor potencial ofensivo, mediante os procedimentos oral e sumaríssimo, permitidos, nas hipóteses previstas em lei, a transação e o julgamento de recursos por turmas de juízes de primeiro grau.

176. (Ieses/TJ/PB/Cartórios/Ingresso/2014) Sobre os precatórios, é correto afirmar:

a) o Presidente do Tribunal competente que, por ato comissivo ou omissivo, retardar ou tentar frustrar a liquidação regular de precatórios incorrerá em crime de responsabilidade e responderá, também, perante o Conselho Nacional de Justiça.

b) os débitos de natureza alimentícia compreendem aqueles decorrentes de salários, vencimentos, proventos, pensões e suas complementações serão pagos com preferência sobre todos os demais débitos, salvo fiscais.

c) os pagamentos devidos pelas Fazendas Públicas Federal, Estaduais, Distrital e Municipais, em virtude de sentença judiciária, far-se-ão preferencialmente na ordem cronológica de apresentação dos precatórios e à conta dos créditos respectivos.

d) os débitos de natureza alimentícia cujos titulares tenham 60 (sessenta) anos de idade ou mais na data de expedição do precatório, ou sejam portadores de doença grave, definidos na forma da lei, serão pagos integralmente com preferência sobre todos os demais.

177. (Consulplan/TJ/MG/Cartórios/Ingresso/2014) Em relação ao Poder Judiciário, é correto afirmar, exceto:

a) é assegurada autonomia administrativa e financeira, sendo que os tribunais elaborarão suas propostas orçamentárias dentro dos limites estipulados com os demais Poderes na lei de diretrizes orçamentárias.

b) é da competência da Justiça Federal processar e julgar os crimes contra a organização do trabalho.

c) o Conselho Nacional de Justiça, assegurada ampla defesa, pode rever, de ofício, os processos disciplinares de juízes e membros de tribunais julgados há menos de um ano.

d) os Tribunais de Justiça podem, com aprovação da maioria absoluta do órgão especial e por razões de conveniência e oportunidade, criar e extinguir cargos de seus serviços auxiliares.

178. (Cespe/TJ/BA/Cartórios/Ingresso/2013) A respeito do Poder Judiciário, assinale a opção correta:

a) as decisões administrativas dos tribunais devem ser motivadas e tomadas em sessão pública; as decisões disciplinares devem ser aprovadas pelo voto de, no mínimo, dois terços de seus membros.

b) a promoção de juiz por merecimento requer dois anos de exercício na respectiva entrância, devendo o juiz integrar a primeira quinta parte da lista de antiguidade desta, salvo se não houver com tais requisitos quem aceite o lugar vago.

c) aos servidores é conferida delegação para a prática de atos de administração e decisórios de menor monta.

d) a atividade jurisdicional será ininterrupta, sendo vedadas férias coletivas nos tribunais superiores.

e) o Estatuto da Magistratura Nacional deve ser regulado por lei complementar federal, de iniciativa do CNJ.

179. (Cespe/TJ/BA/Cartórios/Remoção/2013) Acerca do Poder Judiciário no ordenamento jurídico constitucional brasileiro, assinale a opção correta:

a) o Conselho Nacional de Justiça não tem competência para conhecer de reclamações contra serventias e órgãos prestadores de serviços notariais e de registro.

b) se um magistrado de segundo grau descumprir decisão proferida pelo STJ, o interessado deverá apresentar reclamação perante o STF.

c) caso uma autarquia federal manifeste interesse em ação que tramite na justiça estadual por meio de pedido de ingresso no feito, a decisão quanto ao interesse da entidade caberá à justiça federal e não ao juiz de direito que originalmente era responsável pela ação.

d) a cláusula de reserva de plenário não incide no controle abstrato de normas, mas apenas no controle difuso de constitucionalidade, quando a inconstitucionalidade da lei ou ato normativo for arguida perante um tribunal como questão incidente.

e) considere que o advogado-geral da União tenha praticado ato considerado danoso a indivíduo, que decide impetrar mandado de segurança contra tal ato. Nesse caso, a ação deve ser ajuizada perante o STF, que é o órgão competente para processar e julgar o feito.

180. (Cespe/TJ/DFT/Cartórios/Ingresso/2014) Com referência ao Poder Judiciário, assinale a opção correta de acordo com o disposto na CF e o entendimento do STF:

a) o princípio constitucional da publicidade alcança somente as audiências e sessões de julgamento do Poder Judiciário, razão pela qual pode a lei determinar, por exemplo, que todas as ações em curso nas varas criminais tramitem em segredo de justiça.

b) os juízes de paz integram o Poder Judiciário e, por esse motivo, a eles é vedado receber, a qualquer título ou pretexto, custas ou participação em processo.

c) o STF é o órgão do Poder Judiciário competente para processar notificação judicial de ministro de Estado vinculada a futura ação de improbidade administrativa.

d) se, ao ajuizar ação popular, um cidadão incluir ministro de Estado no polo passivo da demanda, a ação deverá ser encaminhada ao STJ, órgão do Judiciário com competência originária nesse caso.

e) é vedado a membro do Poder Judiciário exercer a advocacia, em qualquer juízo ou tribunal, antes de decorridos três anos de seu afastamento do cargo, seja por aposentadoria ou por exoneração.

181. **(Cespe/TJ/SE/Cartórios/Remoção/2014)** Com base nas normas constitucionais referentes ao Poder Judiciário, assinale a opção correta:

a) o afastamento, por órgão fracionário de tribunal, da incidência de norma prevista em lei federal não se submete à cláusula de reserva de plenário prevista na CF.

b) a Justiça Federal possui competência para julgar litígio entre a União e Estado estrangeiro.

c) nos termos da CF, no que se refere ao dispêndio de recursos públicos, a administração financeira do Poder Judiciário se submete à fiscalização e ao controle de legalidade dos tribunais de contas.

d) súmulas de efeito vinculante para os órgãos do Poder Judiciário e a administração pública direta e indireta podem ser aprovadas por qualquer tribunal superior mediante decisão de dois terços de seus membros, sendo assegurada a possibilidade de revisão ou cancelamento da súmula.

e) a organização do Poder Judiciário e o regime jurídico de seus membros devem ser disciplinados no Estatuto da Magistratura, estabelecido em lei ordinária de iniciativa do STF, observadas as normas na CF.

182. **(Cespe/TJ/SE/Cartórios/Remoção/2014)** Assinale a opção correta acerca da organização da carreira, dos direitos, das garantias e das prerrogativas da magistratura:

a) o magistrado da justiça de primeiro grau adquire vitaliciedade após dois anos de exercício, e os ministros de tribunais superiores que não sejam egressos da magistratura de primeiro grau adquirem-na com a posse no cargo de ministro.

b) conforme entendimento do STF, o princípio da irredutibilidade de vencimentos implica a impossibilidade de redução de proventos de aposentadoria, ainda que esta tenha sido concedida em desacordo com a lei.

c) um desembargador do TJSE que se tenha afastado do cargo por aposentadoria ou exoneração não poderá exercer a advocacia antes de decorridos três anos desse fato.

d) de acordo com o STF, a garantia da inamovibilidade é reconhecida ao magistrado titular, mas não ao substituto.

e) a promoção por merecimento de magistrado de entrância para entrância ocorrerá após três anos de exercício na respectiva entrância.

183. **(Cespe/TJ/SE/Cartórios/Ingresso/2014)** Assinale a opção correta acerca da organização da carreira, dos direitos, das garantias e prerrogativas da magistratura:

a) será feito por critérios de antiguidade e merecimento, aplicados de forma alternada e apurados na última ou única entrância, o acesso dos magistrados aos tribunais de segundo grau.

b) o STF entende que mandato previsto em lei para a ocupação da titularidade de vara especializada em crimes organizados não viola a garantia da inamovibilidade do magistrado.

c) conforme julgado do STF, viola a garantia da inamovibilidade o aproveitamento de magistrado em disponibilidade não punitiva no mesmo local e em cargo idêntico ao que ele ocupava.

d) não se considera vedado ao magistrado o exercício de cargo de magistério superior, público ou particular, para ministrar aulas de biologia.

e) a CF exige que o juiz titular ou substituto resida na comarca, não havendo hipótese de exceção a essa regra.

184. **(Faurgs/TJ/RS/Cartórios/Remoção/2015)** Assinale a alternativa que contém afirmativa correta com relação a precatórios, à luz do artigo 100, constante sob o Título Da Organização dos Poderes:

a) é facultada ao credor, independentemente de autorização em lei da entidade federativa devedora, a entrega de créditos em precatórios para compra de imóveis públicos.

b) a seu critério exclusivo e na forma de lei, a União poderá assumir débitos oriundos de precatórios de Estados, Distrito Federal e Municípios, refinanciando-os diretamente.

c) o credor poderá ceder a terceiros, total ou parcialmente, seus créditos em precatórios, estando tal procedimento condicionado à concordância do devedor.

d) o Presidente de Tribunal competente que, por ato comissivo, tentar frustrar a liquidação regular de precatórios incorrerá em crime de responsabilidade e responderá exclusivamente perante o Conselho Nacional de Justiça.

185. **(Vunesp/TJ/SP/Cartórios/Ingresso/2014)** A Constituição Federal, em seu artigo 93, estabelece que lei complementar, de iniciativa do Supremo Tribunal Federal, disporá sobre o Estatuto da Magistratura, observados determinados princípios. Assinale a alternativa que expõe, de forma correta, um desses princípios:

a) nunca será promovido o juiz que retiver autos em seu poder além do prazo legal, não podendo devolvê-los ao cartório sem o devido despacho ou decisão.

b) promoção de entrância para entrância, alternadamente, por antiguidade e merecimento, observando-se, dentre outros fatores, a obrigatoriedade da promoção do juiz que figure por três vezes consecutivas ou cinco alternadas em lista de merecimento.

c) os servidores receberão delegação para a prática de atos de administração, de atos de mero expediente e para a prolação de decisões interlocutórias.

d) acesso aos tribunais de segundo grau por antiguidade ou indicação do Supremo Tribunal Federal, alternadamente.

186. **(Ieses/TJ/PB/Cartórios/Ingresso/2014)** Sobre os juízes e magistratura é correto afirmar, exceto:

a) os juízes gozam da garantia da vitaliciedade, que, no primeiro grau, só será adquirida após dois anos de exercício, dependendo a perda do cargo, nesse período, de deliberação do tribunal a que o juiz estiver vinculado, e, nos demais casos, de sentença judicial transitada em julgado.

b) aos juízes é vedado exercer, ainda que em disponibilidade, outro cargo ou função, salvo uma de magistério; receber, a qualquer título ou pretexto, custas ou participação em processo.

c) aos juízes é vedado exercer a advocacia no juízo ou tribunal do qual se afastou, antes de decorridos dois anos do afastamento do cargo por aposentadoria ou exoneração.

d) aos juízes é vedado dedicar-se à atividade político-partidária; receber, a qualquer título ou pretexto, auxílios ou contribuições de pessoas físicas, entidades públicas ou privadas, ressalvadas as exceções previstas em lei.

187. **(Consulplan/TJ/MG/Cartórios/Ingresso/2017)** Considere as assertivas abaixo:

I. nos termos da Constituição da República, é prioritária a distribuição de processos judiciais de natureza registral, cujo trâmite deve ocorrer em regime de plantão mesmo no período de férias coletivas do juízo ou tribunal competente.

II. o Ministério Público estadual tem por chefe o Procurador-Geral de Justiça, nomeado pelo Chefe do Poder Executivo do Estado dentre integrantes da carreira, maiores de trinta e cinco anos, após a aprovação de seu nome pela maioria absoluta dos membros do Assembleia Legislativa estadual, para mandato de dois anos, permitida a recondução.

III. está previsto na Constituição da República o princípio da Magistratura segundo o qual o número de juízes da unidade jurisdicional deve ser proporcional à efetiva demanda judicial e à respectiva população.

IV. o Tribunal de Justiça do Estado de Minas Gerais é competente para processar e julgar originariamente o Vice-Governador e Advogado-Geral do Estado nos crimes comuns, ressalvada a competência das justiças especializadas.

Está correto apenas o que se afirma em:

a) I e II.

b) I e III.

c) II e IV.

d) III e IV.

188. **(Consulplan/TJ/MG/Cartórios/Ingresso/2017)** Ao Corregedor Nacional de Justiça, dentre outras atribuições, compete:

a) receber as reclamações e denúncias de qualquer interessado, relativas aos órgãos prestadores de serviços notariais e de registro que atuem por delegação do poder público ou oficializados.

b) instaurar sindicância ou processo disciplinar com base em reclamações e denúncias de qualquer interessado, ainda que anônimas ou prescritas.

c) requisitar servidores do Poder Judiciário, do Tribunal de Contas da União, dos Estados e do Distrito Federal, para tarefa especial e prazo certo, para exercício na Corregedoria Nacional de Justiça, podendo delegar-lhes atribuições nos limites legais.

d) exercer a presidência do Conselho Nacional de Justiça nas ausências e impedimentos de seu Presidente.

189. **(Consulplan/TJ/MG/Cartórios/Ingresso/2017)** Em relação ao Poder Judiciário estadual, é correto afirmar:

a) não compete à Constituição Estadual estabelecer o número de juízes e desembargadores.

b) a competência do Tribunal de Justiça deve ser definida em lei de sua iniciativa privativa.

c) em decorrência dos princípios da imparcialidade e da inércia judicial, é vedado ao juiz fazer-se presente no local do litígio.

d) o Tribunal de Justiça instalará a justiça itinerante, para fins de conciliação e prevenção de litígios, sendo vedada a realização de audiências em processos contenciosos e demais funções privativas da atividade jurisdicional.

4.3.2. *Do Supremo Tribunal Federal*

✱ SÚMULAS

1) Ação Rescisória

STF **Súm. 249.** É competente o Supremo Tribunal Federal para a ação rescisória quando, embora não tendo conhecido do recurso extraordinário, ou havendo negado provimento ao agravo, tiver apreciado a questão federal controvertida.

STF **Súm. 515.** A competência para a ação rescisória não é do Supremo Tribunal Federal, quando a questão federal, apreciada no recurso extraordinário ou no agravo de instrumento, seja diversa da que foi suscitada no pedido rescisório.

2) Competência

STF **Súm. 503.** A dúvida, suscitada por particular, sobre o direito de tributar, manifestado por dois Estados, não configura litígio da competência originária do Supremo Tribunal Federal.

STF **Súm. 691.** Não compete ao Supremo Tribunal Federal conhecer de "habeas corpus" impetrado contra decisão do relator que, em "habeas corpus" requerido a tribunal superior, indefere a liminar.

STF **Súm. 731.** Para fim da competência originária do Supremo Tribunal Federal, é de interesse geral da magistratura a questão de saber se, em face da Loman, os juízes têm direito à licença-prêmio.

✱ QUESTÕES OBJETIVAS

190. **(Cespe/TJ/PI/Cartórios/Ingresso/2013)** Em relação ao controle da constitucionalidade pelo STF, assinale a opção correta:

a) compete ao STF julgar, mediante recurso extraordinário, as causas decididas em única ou última instância quando a decisão recorrida entender válida lei local contestada em face de lei federal.

b) toda decisão que for proferida pelo STF em ação direta de inconstitucionalidade e em mandado de segurança coletivo produzirá eficácia geral e efeito vinculante relativamente aos órgãos do Poder Judiciário e à administração pública direta e indireta, nas esferas federal, estadual e municipal.

c) estão entre os legitimados a propor a ação direta de inconstitucionalidade e a ação declaratória de constitucionalidade o presidente da República, o procurador-geral da República, o advogado-geral da União e o partido político com representação no Congresso Nacional.

d) declarada a inconstitucionalidade por omissão de medida para tornar efetiva a norma constitucional, deve-se dar ciência ao Poder competente para a adoção das providências necessárias e, em se tratando de órgão administrativo, para fazê-lo em sessenta dias, contados da publicação do respectivo acórdão no Diário da Justiça da União.

e) o STF, sempre de ofício e mediante dois terços de seus membros, após reiteradas decisões sobre matéria constitucional, poderá aprovar súmula que, a partir de sua publicação na imprensa oficial, terá efeito vinculante em relação ao próprio Poder Judiciário e também em relação aos órgãos da administração direta ou indireta, nas esferas federal, estadual e municipal.

191. (Consulplan/TJ/MG/Cartórios/Ingresso/2018) Em relação aos Tribunais de Contas e ao Conselho Nacional de Justiça, assinale a alternativa correta:

a) o Conselho Nacional de Justiça, no exercício de suas funções jurisdicionais, pode apreciar e realizar o controle incidental de constitucionalidade dos atos administrativos.

b) o Tribunal de Contas do Estado de Minas Gerais, com sede na Capital do Estado, é composto de nove Conselheiros e tem quadro próprio de pessoal e jurisdição em todo o território do Estado.

c) os Tribunais de Contas da União, Estados e do Distrito Federal são órgãos auxiliares do Executivo no cumprimento do controle interno do patrimônio e fiscalização dos recursos públicos de referidos entes.

d) compete ao Conselho Nacional de Justiça receber e conhecer das reclamações contra atos praticados por serventias e órgãos prestadores de serviços notariais e de registro que atuem por delegação do poder público ou oficializados, sem prejuízo da competência disciplinar e correicional dos tribunais.

192. (FCC/TJ/PE/Cartórios/Ingresso/2013) Uma das inovações introduzidas pela Emenda Constitucional n. 45/2004 foi a criação do Conselho Nacional de Justiça (CNJ). Sobre o CNJ é correto afirmar:

a) dentre seus 15 componentes, encontram-se o Presidente do Supremo Tribunal Federal, um juiz estadual indicado pelo Superior Tribunal de Justiça, um juiz de Tribunal Regional Federal indicado pelo Supremo Tribunal Federal, um juiz federal indicado pelo Superior Tribunal de Justiça e um juiz de Tribunal Regional do Trabalho indicado pelo Tribunal Superior do Trabalho.

b) participam da composição do CNJ, com mandato de dois anos, admitida uma recondução, um membro do Ministério Público da União, indicado pelo Procurador-Geral da República, um membro do Ministério Público estadual, escolhido pelo Procurador-Geral de Justiça, dentre os nomes indicados pelo órgão competente de cada instituição estadual, dois advogados, indicados pelo Conselho Federal da Ordem dos Advogados do Brasil, e dois cidadãos, de notável saber jurídico e reputação ilibada, indicados um pela Câmara dos Deputados e outro pelo Senado Federal.

c) compete ao CNJ rever, de ofício ou mediante provocação, os processos administrativos disciplinares e judiciais de juízes e membros de tribunais julgados há menos de um ano, com a finalidade de verificar a aplicação das penas de crime contra a administração pública ou de abuso de autoridade.

d) compete ao CNJ o controle da atuação administrativa e financeira do Poder Judiciário e do cumprimento dos deveres funcionais dos juízes.

e) compete ao CNJ elaborar relatório anual, propondo as providências que julgar necessárias, sobre a situação do Poder Judiciário no país e as atividades do Conselho, o qual deve integrar mensagem do Presidente da República a ser remetida ao Congresso Nacional, por ocasião da abertura da sessão legislativa.

193. (Ieses/TJ/RS/Cartórios/Remoção/2013) Assinale a alternativa correta:

a) a aprovação, revisão ou cancelamento de súmula vinculante poderá ser provocada por qualquer interessado, desde que haja pertinência temática com sua atividade profissional.

b) compete ao Conselho Nacional de justiça receber e conhecer das reclamações contra membros ou órgãos do Poder Judiciário, inclusive contra seus serviços auxiliares, serventias e órgãos prestadores de serviços notariais e de registro que atuem por delegação do poder público ou oficializados, sem prejuízo da competência disciplinar e correicional dos tribunais.

c) compete ao Ministro Corregedor do Conselho Nacional de Justiça receber as reclamações e denúncias relativas aos magistrados e aos serviços judiciários, desde que o reclamante esteja efetivamente registrado no cadastro do respectivo Conselho.

d) o ato administrativo que contrariar o conteúdo de súmula vinculante poderá ser anulado mediante reclamação ao Superior Tribunal de Justiça.

194. (Ieses/TJ/PA/Cartórios/Ingresso/2016) O Conselho Nacional de Justiça compõe-se de (___) membros com mandato de (___) anos, admitida uma recondução:

a) 13 (treze); 3 (três).

b) 15 (quinze); 2 (dois).

c) 17 (dezessete); 3 (três).

d) 11 (onze); 2 (dois).

195. (Ieses/TJ/MS/Cartórios/Ingresso/2014) Assinale a alternativa correta:

a) os Ministros do Supremo Tribunal Federal serão nomeados pelo Presidente da República, depois de aprovada a escolha pela maioria absoluta do Congresso Nacional.

b) compete ao Supremo Tribunal Federal processar e julgar, originariamente a ação direta de inconstitucionalidade de lei ou ato normativo municipal e a ação declaratória de constitucionalidade de lei ou ato normativo federal.

c) compete ao Supremo Tribunal Federal, processar e julgar, nas infrações civis o Presidente da República, o Vice-Presidente, os membros do Congresso Nacional, seus próprios Ministros e o Procurador-Geral da República.

d) o Supremo Tribunal Federal compõe-se de onze Ministros, escolhidos dentre cidadãos com mais de trinta e cinco e menos de sessenta e cinco anos de idade.

196. (Vunesp/TJ/SP/Cartórios/Remoção/2014) Assinale a alternativa correta com relação ao Supremo Tribunal Federal:

a) é composto de onze Ministros, escolhidos dentre cidadãos com mais de trinta e menos de sessenta e cinco anos de idade, de notável saber jurídico e reputação ilibada.

b) os Ministros do Supremo Tribunal Federal são nomeados pelo Presidente da República, depois de aprovada a escolha pela maioria absoluta da Câmara dos Deputados e do Senado Federal.

c) possui a competência de processar e julgar, originariamente, a ação em que todos os membros da magistratura sejam direta ou indiretamente interessados, e aquela em que mais da metade dos membros do tribunal de origem estejam impedidos ou sejam direta ou indiretamente interessados.

d) possui a competência para a homologação de sentenças estrangeiras e para a concessão de "exequatur" às cartas rogatórias.

197. (FMP/TJ/MT/Cartórios/Ingresso/2014) Compete ao Supremo Tribunal Federal:

a) processar e julgar, originariamente, nos crimes comuns, os governadores dos Estados e do Distrito Federal.

b) processar e julgar, originariamente, o mandado de segurança que tenha por objeto ato de Ministro de Estado.

c) homologar sentença penal estrangeira.

d) processar e julgar, originariamente, as causas e os conflitos entre os Estados e a União.

e) processar e julgar, originariamente, os conflitos de atribuições entre autoridades judiciárias e administrativas da União.

198. (Cespe/TJ/SE/Cartórios/Ingresso/2014) Acerca do Poder Judiciário, do Poder Legislativo e dos tribunais de contas, assinale a opção correta:

a) de acordo com a CF, é proibida a edição de medida provisória que institua ou majore impostos.

b) de acordo com o STF, o MP que atua em tribunal de contas estadual possui legitimidade para executar as decisões do respectivo tribunal que resultem em imputação de débito ou multa, pois essas decisões têm eficácia de título executivo.

c) deputado federal que for investido no cargo de secretário de Estado perderá automaticamente seu mandato.

d) o presidente da República participa do processo legislativo de elaboração de emenda constitucional, devendo sancioná-la ou vetá-la no prazo de quinze dias úteis contados da data de seu recebimento.

e) compete ao STF processar e julgar, em sede originária, mandados de segurança e "habeas corpus" impetrados contra CPIs constituídas no âmbito do Congresso Nacional ou em qualquer de suas Casas.

199. (Consulplan/TJ/MG/Cartórios/Remoção/2015) Quanto às normas que dispõem sobre a organização dos poderes, assinale a alternativa correta:

a) compete privativamente à Câmara dos Deputados processar e julgar o Presidente e o Vice-Presidente da República nos crimes de responsabilidade.

b) compete privativamente ao Senado Federal processar e julgar os Ministros do Supremo Tribunal Federal, os membros do Conselho Nacional de Justiça e do Conselho Nacional do Ministério Público, o Procurador-Geral da República e o Advogado-Geral da União nos crimes comuns e de responsabilidade.

c) compete ao Supremo Tribunal Federal processar e julgar, originariamente, nas infrações penais comuns, o Presidente da República, o

Vice-Presidente, os membros do Congresso Nacional, seus próprios Ministros e o Procurador-Geral da República.

d) não pode propor a ação direta de inconstitucionalidade e a ação declaratória de constitucionalidade a confederação sindical ou entidade de classe de âmbito nacional.

4.3.3. *Do Conselho Nacional de Justiça*

✱ SÚMULAS

STF **Súm. 649.** É inconstitucional a criação, por constituição estadual, de órgão de controle administrativo do Poder Judiciário do qual participem representantes de outros poderes ou entidades.

✱ INFORMATIVOS

STF **Controle jurisdicional dos atos do Conselho Nacional de Justiça.** O controle dos atos do CNJ pelo STF somente se justifica se houver inobservância do devido processo legal, exorbitância das competências do Conselho e injuridicidade ou irrazoabilidade manifesta do ato impugnado. MS 28.495, Rel. Acd. Min. Roberto Barroso, j. 13.11.2018. 1ª T. (Info 923)

STF **Redistribuição de cargos efetivos e competência do CNJ.** O inc. I do art. 6º da Res. 146/2012/CNJ estabelece que "o cargo ocupado somente poderá ser redistribuído se o servidor preencher cumulativamente os seguintes requisitos: I – tempo mínimo de 36 meses de exercício no cargo a ser redistribuído". A jurisprudência do STF assentou a competência do CNJ para regulamentar questões afetas ao aprimoramento da gestão do Poder Judiciário. A redistribuição de cargos deve atender aos interesses da Administração Pública e observar os princípios da impessoalidade, da moralidade, da eficiência e do concurso público. A exigência de prazo de 36 meses de exercício do cargo a ser redistribuído coaduna-se com a natureza jurídica do instituto da redistribuição e com as normas regedoras do provimento de cargos públicos no Poder Judiciário. ADI 4938, Rel. Min. Cármen Lúcia, j. 26.4.2018. Pleno. (Info 899)

STF **CNJ: falta de quórum e avocação de processo administrativo.** Mandado de segurança contra decisão do CNJ que (i) anulou o julgamento do Processo Administrativo Disciplinar realizado no tribunal de origem, em que se aplicou a penalidade de aposentadoria compulsória a magistrado; (ii) avocou o processo para posterior julgamento pelo CNJ e (iii) manteve o afastamento cautelar do magistrado. Não há ilegalidade no ato coator, tendo em vista que o CNJ possui competência constitucional para avocar processos disciplinares em curso, assim como para rever, de ofício ou mediante provocação, os processos disciplinares de juízes e membros de tribunais julgados há menos de um ano. MS 35100, Rel. Acd. Min. Roberto Barroso, j. 8.5.2018. 1ª T. (Info 901)

4.3.4. *Do Superior Tribunal de Justiça*

✱ SÚMULAS

1) Competência Cível Originária

STJ **Súm. 41.** O Superior Tribunal de Justiça não tem competência para processar e julgar, originariamente, mandado de segurança contra ato de outros tribunais ou dos respectivos órgãos.

STJ **Súm. 177.** O Superior Tribunal de Justiça é incompetente para processar e julgar, originariamente, mandado de segurança contra ato de órgão colegiado presidido por ministro de Estado.

STJ **Súm. 236.** Não compete ao Superior Tribunal de Justiça dirimir conflitos de competência entre juízes trabalhistas vinculados a tribunais regionais do trabalho diversos.

✱ QUESTÕES OBJETIVAS

200. **(Cespe/TJ/PI/Cartórios/Ingresso/2013)** Assinale a opção correta com base nas normas constitucionais acerca do Poder Judiciário:

a) compete concorrentemente ao CNJ propor a criação de varas judiciárias especializadas.

b) são recorríveis todas as decisões do Tribunal Superior Eleitoral, especialmente as denegatórias de "habeas data" ou de mandado de segurança coletivo.

c) cabe a lei complementar de iniciativa do CNJ dispor sobre o Estatuto da Magistratura, a forma de ingresso na carreira da magistratura, bem como os critérios de promoção e aposentadoria de seus membros.

d) as decisões administrativas em procedimentos disciplinares nos tribunais devem ser sempre motivadas, ocorrer em sessões públicas e ser aprovadas pelo voto de dois terços dos membros presentes na sessão de julgamento do órgão plenário.

e) compete ao STJ processar e julgar originariamente, nos crimes comuns, os membros do MPU que oficiem nos tribunais.

201. **(Consulplan/TJ/MG/Cartórios/Ingresso/2016)** Quanto ao sistema de controle de constitucionalidade das leis, em face da orientação da Constituição da República brasileira, é correto afirmar:

a) ao Tribunal de Justiça é defeso declarar a inconstitucionalidade de lei federal.

b) ao Supremo Tribunal Federal cabe conhecer e julgar ADI contra lei federal, estadual e municipal.

c) ao Superior Tribunal de Justiça compete a homologação de sentença estrangeira que não contrarie as normas de ordem pública e a soberania nacional.

d) aos juízes de direito em estágio probatório, é defeso exercer o controle de constitucionalidade.

202. **(Consulplan/TJ/MG/Cartórios/Remoção/2017)** Assinale a alternativa correta:

a) o Ministro Corregedor do Conselho Nacional de Justiça fica excluído da distribuição de processos no Superior Tribunal de Justiça, competindo-lhe, além de outras atribuições, requisitar e designar magistrados, delegando-lhes atribuições, e requisitar servidores de juízos ou tribunais, inclusive nos Estados, Distrito Federal e Territórios.

b) compete ao Conselho Nacional de Justiça o controle da atuação administrativa e financeira das instituições que exercem funções essenciais à Justiça, assim definidas na Constituição da República.

c) compete ao STJ processar e julgar, originariamente, conflito de competência instaurado entre o Tribunal Superior Eleitoral e o Tribunal de Justiça do Estado de Minas Gerais.

d) compete ao STJ processar e julgar, originariamente, as ações contra o Conselho Nacional de Justiça que tenham por fundamento o descumprimento de tratado ou lei federal.

203. **(Consulplan/TJ/MG/Cartórios/Ingresso/2017)** No que diz respeito ao Superior Tribunal de Justiça, é correta a seguinte assertiva:

a) o Superior Tribunal de Justiça compõe-se, de no máximo, 33 (trinta e três) ministros.

b) um ministro do Superior Tribunal de Justiça indicado pelo Supremo Tribunal Federal comporá o Conselho Nacional de Justiça.

c) o Superior Tribunal de Justiça indicará um juiz para compor o Conselho Nacional do Ministério Público.

d) ao Superior Tribunal de Justiça compete julgar, originariamente, os "habeas corpus", quando a autoridade coatora for juiz federal e a extradição solicitada por Estado estrangeiro.

204. **(Vunesp/TJ/SP/Cartórios/Ingresso/2018)** A respeito do Superior Tribunal de Justiça, é correto afirmar que:

a) um terço dos Ministros é composto por juízes dos Tribunais Regionais Federais, indicados em lista tríplice elaborada pelo Superior Tribunal de Justiça.

b) os Ministros são nomeados pelo Presidente da República, dentre brasileiros com mais de quarenta e menos de sessenta anos de idade, de notável saber jurídico e reputação ilibada, depois de aprovada a escolha pela maioria relativa do Senado Federal.

c) um quinto dos Ministros é composto, em partes iguais, de advogados e membros do Ministério Público Federal, Estadual e Distrital, alternadamente.

d) dois quintos dos Ministros é composto por desembargadores dos Tribunais de Justiça, indicados em lista tríplice elaborada pelo próprio Superior Tribunal de Justiça.

4.3.5. *Dos Tribunais e dos Juízes*

* SÚMULAS

1) Do TST, dos TRT's e dos Juízes do Trabalho

STF **Súm. Vinculante 22.** A Justiça do Trabalho é competente para processar e julgar as ações de indenização por danos morais e patrimoniais decorrentes de acidente de trabalho propostas por empregado contra empregador, inclusive aquelas que ainda não possuíam sentença de mérito em primeiro grau quando da promulgação da Emenda Constitucional n. 45/04.

STF **Súm. Vinculante 23.** A Justiça do Trabalho é competente para processar e julgar ação possessória ajuizada em decorrência do exercício do direito de greve pelos trabalhadores da iniciativa privada.

STF **Súm. 433.** É competente o Tribunal Regional do Trabalho para julgar mandado de segurança contra ato de seu presidente em execução de sentença trabalhista.

STF **Súm. 736.** Compete à Justiça do Trabalho julgar as ações que tenham como causa de pedir o descumprimento de normas trabalhistas relativas à segurança, higiene e saúde dos trabalhadores.

STJ **Súm. 10.** Instalada a junta de conciliação e julgamento, cessa a competência do juiz de direito em matéria trabalhista, inclusive para a execução das sentenças por ele proferidas.

STJ **Súm. 180.** Na lide trabalhista, compete ao tribunal regional do trabalho dirimir conflito de competência verificado, na respectiva região, entre juiz estadual e junta de conciliação e julgamento.

STJ **Súm. 225.** Compete ao tribunal regional do trabalho apreciar recurso contra sentença proferida por órgão de primeiro grau da justiça trabalhista, ainda que para declarar-lhe a nulidade em virtude de incompetência.

STJ **Súm. 367.** A competência estabelecida pela EC n. 45/2004 não alcança os processos já sentenciados.

2) Dos Tribunais e Juízes Eleitorais

STF **Súm. 72.** No julgamento de questão constitucional, vinculada a decisão do Tribunal Superior Eleitoral, não estão impedidos os ministros do Supremo Tribunal Federal que ali tenham funcionado no mesmo processo, ou no processo originário.

STJ **Súm. 368.** Compete à justiça comum estadual processar e julgar os pedidos de retificação de dados cadastrais da justiça eleitoral.

STJ **Súm. 374.** Compete à justiça eleitoral processar e julgar a ação para anular débito decorrente de multa eleitoral.

3) Dos Tribunais e Juízes dos Estados

STF **Súm. Vinculante 27.** Compete à Justiça Estadual julgar causas entre consumidor e concessionária de serviço público de telefonia, quando a Anatel não seja litisconsorte passiva necessária, assistente, nem opoente.

STF **Súm. 330.** O Supremo Tribunal Federal não é competente para conhecer de mandado de segurança contra atos dos tribunais de justiça dos Estados.

STF **Súm. 498.** Compete à justiça dos Estados, em ambas as instâncias, o processo e o julgamento dos crimes contra a economia popular.

STF **Súm. 516.** O Serviço Social da Indústria (Sesi) está sujeito à jurisdição da Justiça Estadual.

STF **Súm. 522.** Salvo ocorrência de tráfico com o exterior, quando, então, a competência será da Justiça Federal, compete à justiça dos Estados o processo e o julgamento dos crimes relativos a entorpecentes.

STF **Súm. 555.** É competente o tribunal de justiça para julgar conflito de jurisdição entre juiz de direito do Estado e a justiça militar local.

STF **Súm. 702.** A competência do tribunal de justiça para julgar prefeitos restringe-se aos crimes de competência da justiça comum estadual; nos demais casos, a competência originária caberá ao respectivo tribunal de segundo grau.

STJ **Súm. 34.** Compete à Justiça Estadual processar e julgar causa relativa a mensalidade escolar, cobrada por estabelecimento particular de ensino.

STJ **Súm. 42.** Compete à justiça comum estadual processar e julgar as causas cíveis em que é parte sociedade de economia mista e os crimes praticados em seu detrimento.

STJ **Súm. 55.** Tribunal regional federal não é competente para julgar recurso de decisão proferida por juiz estadual não investido de jurisdição federal.

STJ **Súm. 224.** Excluído do feito o ente federal cuja presença levara o juiz estadual a declinar da competência, deve o juiz federal restituir os autos e não suscitar conflito.

STJ **Súm. 238.** A avaliação da indenização devida ao proprietário do solo, em razão de alvará de pesquisa mineral, é processada no juízo estadual da situação do imóvel.

STJ **Súm. 270.** O protesto pela preferência de crédito, apresentado por ente federal em execução que tramita na Justiça Estadual, não desloca a competência para a Justiça Federal.

STJ **Súm. 363.** Compete à Justiça Estadual processar e julgar a ação de cobrança ajuizada por profissional liberal contra cliente.

STJ **Súm. 368.** Compete à justiça comum estadual processar e julgar os pedidos de retificação de dados cadastrais da justiça eleitoral.

STJ **Súm. 505.** A competência para processar e julgar as demandas que têm por objeto obrigações decorrentes dos contratos de planos de previdência privada firmados com a Fundação Rede Ferroviária de Seguridade Social – Refer é da justiça estadual.

4) Dos Tribunais e Juízes Militares

STJ **Súm. 53.** Compete à justiça comum estadual processar e julgar civil acusado de prática de crime contra instituições militares estaduais.

STJ **Súm. 78.** Compete à justiça militar processar e julgar policial de corporação estadual, ainda que o delito tenha sido praticado em outra unidade federativa.

STJ **Súm. 90.** Compete à Justiça Estadual militar processar e julgar o policial militar pela prática do crime militar, e à comum pela prática do crime comum simultâneo àquele.

* SÚMULAS

STF Súm. Vinculante 22. A Justiça do Trabalho é competente para processar e julgar as ações de indenização por danos morais e patrimoniais decorrentes de acidente de trabalho propostas por empregado contra empregador, inclusive aquelas que ainda não possuíam sentença de mérito em primeiro grau quando da promulgação da Emenda Constitucional n. 45/04.

STF Súm. Vinculante 23. A Justiça do Trabalho é competente para processar e julgar ação possessória ajuizada em decorrência do exercício do direito de greve pelos trabalhadores da iniciativa privada.

STF Súm. 433. É competente o Tribunal Regional do Trabalho para julgar mandado de segurança contra ato de seu presidente em execução de sentença trabalhista.

STF Súm. 736. Compete à Justiça do Trabalho julgar as ações que tenham como causa de pedir o descumprimento de normas trabalhistas relativas à segurança, higiene e saúde dos trabalhadores.

STJ Súm. 10. Instalada a junta de conciliação e julgamento, cessa a competência do juiz de direito em matéria trabalhista, inclusive para a execução das sentenças por ele proferidas.

STJ Súm. 180. Na lide trabalhista, compete ao tribunal regional do trabalho dirimir conflito de competência verificado, na respectiva região, entre juiz estadual e junta de conciliação e julgamento.

STJ Súm. 225. Compete ao tribunal regional do trabalho apreciar recurso contra sentença proferida por órgão de primeiro grau da justiça trabalhista, ainda que para declarar-lhe a nulidade em virtude de incompetência.

STJ Súm. 367. A competência estabelecida pela EC n. 45/2004 não alcança os processos já sentenciados.

STF Súm. 72. No julgamento de questão constitucional, vinculada a decisão do Tribunal Superior Eleitoral, não estão impedidos os ministros do Supremo Tribunal Federal que ali tenham funcionado no mesmo processo, ou no processo originário.

STJ Súm. 368. Compete à justiça comum estadual processar e julgar os pedidos de retificação de dados cadastrais da justiça eleitoral.

STJ Súm. 374. Compete à justiça eleitoral processar e julgar a ação para anular débito decorrente de multa eleitoral.

STF Súm. Vinculante 27. Compete à Justiça Estadual julgar causas entre consumidor e concessionária de serviço público de telefonia, quando a Anatel não seja litisconsorte passiva necessária, assistente, nem opoente.

STF Súm. 330. O Supremo Tribunal Federal não é competente para conhecer de mandado de segurança contra atos dos tribunais de justiça dos Estados.

STF Súm. 498. Compete à justiça dos Estados, em ambas as instâncias, o processo e o julgamento dos crimes contra a economia popular.

STF Súm. 516. O Serviço Social da Indústria (Sesi) está sujeito à jurisdição da Justiça Estadual.

STF Súm. 522. Salvo ocorrência de tráfico com o exterior, quando, então, a competência será da Justiça Federal, compete à justiça dos Estados o processo e o julgamento dos crimes relativos a entorpecentes.

STF Súm. 555. É competente o tribunal de justiça para julgar conflito de jurisdição entre juiz de direito do Estado e a justiça militar local.

STF Súm. 702. A competência do tribunal de justiça para julgar prefeitos restringe-se aos crimes de competência da justiça comum estadual; nos demais casos, a competência originária caberá ao respectivo tribunal de segundo grau.

STJ Súm. 34. Compete à Justiça Estadual processar e julgar causa relativa a mensalidade escolar, cobrada por estabelecimento particular de ensino.

STJ Súm. 42. Compete à justiça comum estadual processar e julgar as causas cíveis em que é parte sociedade de economia mista e os crimes praticados em seu detrimento.

STJ Súm. 55. Tribunal regional federal não é competente para julgar recurso de decisão proferida por juiz estadual não investido de jurisdição federal.

STJ Súm. 224. Excluído do feito o ente federal cuja presença levara o juiz estadual a declinar da competência, deve o juiz federal restituir os autos e não suscitar conflito.

STJ Súm. 238. A avaliação da indenização devida ao proprietário do solo, em razão de alvará de pesquisa mineral, é processada no juízo estadual da situação do imóvel.

STJ Súm. 270. O protesto pela preferência de crédito, apresentado por ente federal em execução que tramita na Justiça Estadual, não desloca a competência para a Justiça Federal.

STJ Súm. 363. Compete à Justiça Estadual processar e julgar a ação de cobrança ajuizada por profissional liberal contra cliente.

STJ Súm. 368. Compete à justiça comum estadual processar e julgar os pedidos de retificação de dados cadastrais da justiça eleitoral.

STJ Súm. 505. A competência para processar e julgar as demandas que têm por objeto obrigações decorrentes dos contratos de planos de previdência privada firmados com a Fundação Rede Ferroviária de Seguridade Social – Refer é da justiça estadual.

STJ Súm. 53. Compete à justiça comum estadual processar e julgar civil acusado de prática de crime contra instituições militares estaduais.

STJ Súm. 78. Compete à justiça militar processar e julgar policial de corporação estadual, ainda que o delito tenha sido praticado em outra unidade federativa.

STJ Súm. 90. Compete à Justiça Estadual militar processar e julgar o policial militar pela prática do crime militar, e à comum pela prática do crime comum simultâneo àquele.

✱ QUESTÕES OBJETIVAS

205. (Consulplan/TJ/MG/Cartórios/Ingresso/2016) Compete aos Juízes Federais processar e julgar os crimes:

a) contra a organização do trabalho.

b) de racismo, tortura e tráfico internacional de entorpecentes.

c) praticados a bordo de aeronaves em território nacional.

d) praticados por indígenas.

206. (Ieses/TJ/RS/Cartórios/Ingresso/2013) Assinale a alternativa correta quanto à organização do Poder Judiciário:

a) compete aos juízes estaduais processar e julgar as causas em que a União, entidade autárquica ou empresa pública federal forem interessadas na condição de autoras, rés, assistentes ou oponentes, exceto as de falência.

b) cabe aos Estados a instituição de representação de inconstitucionalidade de leis ou atos normativos estaduais ou municipais, em face da Constituição Estadual, sendo permitida a atribuição da legitimação para agir a um único órgão.

c) a competência dos Tribunais de Justiça Estaduais é definida na Constituição do respectivo Estado, sendo a lei de organização judiciária de iniciativa exclusiva do Tribunal de Justiça.

d) o Tribunal de Justiça não poderá funcionar descentralizadamente, por meio Câmaras regionais.

207. (Cespe/TJ/DFT/Cartórios/Remoção/2014) À luz do disposto na CF e na jurisprudência do STF, assinale a opção correta com relação ao Poder Judiciário:

a) o STJ deve compor-se de um terço de membros egressos dos tribunais regionais federais e de um terço de membros egressos dos tribunais de justiça, devendo todos ser originariamente magistrados da carreira.

b) o Conselho Nacional de Justiça deve ser presidido por membro do STF indicado pelo respectivo tribunal e que irá compor o referido conselho após a aprovação de seu nome pelo Senado Federal.

c) a justiça do trabalho não tem competência para julgar ações penais condenatórias.

d) o julgamento de "habeas data" contra atos do Tribunal de Contas da União compete, originariamente, ao STJ.

e) em todos os órgãos do Poder Judiciário, deve ser ininterrupta a atividade jurisdicional, sendo vedadas as férias coletivas.

4.4. Das Funções Essenciais à Justiça

✱ SÚMULAS

1) Do Ministério Público

STF **Súm. 643.** O Ministério Público tem legitimidade para promover ação civil pública cujo fundamento seja a ilegalidade de reajuste de mensalidades escolares.

STJ **Súm. 189.** É desnecessária a intervenção do Ministério Público nas execuções fiscais.

STJ **Súm. 329.** O Ministério Público tem legitimidade para propor ação civil pública em defesa do patrimônio público.

STJ **Súm. 601.** O Ministério Público tem legitimidade ativa para atuar na defesa de direitos difusos, coletivos e individuais homogêneos dos consumidores, ainda que decorrentes da prestação de serviço público.

2) Da Defensoria Pública

STJ **Súm. 533.** Para o reconhecimento da prática de falta disciplinar no âmbito da execução penal, é imprescindível a instauração de procedimento administrativo pelo diretor do estabelecimento prisional, assegurado o direito de defesa, a ser realizado por advogado constituído ou defensor público nomeado.

STJ **Súm. 594.** O Ministério Público tem legitimidade ativa para ajuizar ação de alimentos em proveito de criança ou adolescente independentemente do exercício do poder familiar dos pais, ou do fato de o menor se encontrar nas situações de risco descritas no art. 98 do Estatuto da Criança e do Adolescente, ou de quaisquer outros questionamentos acerca da existência ou eficiência da Defensoria Pública na comarca.

* REPERCUSSÃO & REPETITIVOS

STF **Repercussão Geral 262.** O Ministério Público é parte legítima para ajuizamento de ação civil pública que vise o fornecimento de remédios a portadores de certa doença. (RE 605533, 15.8.2018)

STF **Repercussão Geral 561.** O Ministério Público é parte legítima para o ajuizamento de ação coletiva que visa anular ato administrativo de aposentadoria que importe em lesão ao patrimônio público. (RE 409356, 25.10.2018)

STF **Repercussão Geral 946.** Os Ministérios Públicos dos Estados e do Distrito Federal têm legitimidade para propor e atuar em recursos e meios de impugnação de decisões judiciais em trâmite no STF e no STJ, oriundos de processos de sua atribuição, sem prejuízo da atuação do Ministério Público Federal. (RE 985392, 26.5.2017)

STJ **Repetitivo 766.** O Ministério Público é parte legítima para pleitear tratamento médico ou entrega de medicamentos nas demandas de saúde propostas contra os entes federativos, mesmo quando se tratar de feitos contendo beneficiários individualizados, porque se refere a direitos individuais indisponíveis, na forma do art. 1º da Lei 8.625/93. (REsp 1682836, 25.4.2018)

* QUESTÕES OBJETIVAS

208. **(Cespe/TJ/PI/Cartórios/Ingresso/2013)** Assinale a opção correta com base no que dispõe a CF acerca do MP:

a) o MP abrange o MPU, que, por sua vez, compreende o Ministério Público Federal, o MP do Trabalho, o MP Militar e o MP com atuação no Tribunal de Contas da União, e, ainda, o MP dos estados e do DF.

b) o MP deve promover privativamente a ação penal pública e, concorrentemente, a ação civil pública para a defesa dos direitos individuais disponíveis, especialmente, no que se refere à cobrança de taxas, impostos ou contribuições de melhoria.

c) o chefe do MPU é o procurador-geral da República, nomeado, pelo presidente da República, entre os integrantes da carreira maiores de trinta e cinco anos de idade, após a aprovação de seu nome pelo Senado Federal, para o mandato de dois anos, sendo permitida a recondução sem qualquer limitação.

d) não compete ao MP a elaboração de sua proposta orçamentária, visto que tal iniciativa é exclusiva do chefe do Poder Executivo federal ou estadual, conforme o caso.

e) entre os princípios institucionais do MP incluem-se a unidade e a independência funcional, sendo-lhe vedado promover o inquérito civil e a ação civil pública para a proteção de interesses difusos.

209. **(Cespe/TJ/RR/Cartórios/Ingresso/2013)** Em relação ao MP e à advocacia pública, assinale a opção correta:

a) aos membros do MP não é vedado exercer a atividade político-partidária.

b) o princípio da ampla defesa materializa-se no procedimento administrativo apenas com a possibilidade de assistência de advogado legalmente constituído.

c) a atuação da Advocacia-Geral da União limita-se ao contencioso judicial.

d) em sede de controle concentrado de constitucionalidade de norma federal ou estadual frente à CF, pode o advogado-geral da União manifestar-se pela inconstitucionalidade da referida norma.

e) o fundamento constitucional do princípio do promotor natural assenta-se nas cláusulas da independência funcional e na inamovibilidade dos membros do MP.

210. **(Cespe/TJ/ES/Cartórios/Ingresso/2013)** Acerca das funções essenciais à justiça, assinale a opção correta:

a) é função institucional do MP defender judicialmente os direitos e interesses das populações indígenas.

b) a CF assegura às defensorias públicas estaduais autonomia funcional e administrativa, mas não lhes garante a iniciativa de sua proposta orçamentária.

c) a norma constitucional que assegura a inviolabilidade do advogado por seus atos e manifestações no exercício da profissão é de eficácia plena e de caráter absoluto e não contida, uma vez que não se subordina a limites estabelecidos por norma infraconstitucional.

d) o advogado-geral da União é livremente nomeado, pelo presidente da República, entre os integrantes das carreiras da Advocacia-Geral da União, com mais de dez anos de efetivo exercício no cargo e maiores de trinta e cinco anos de idade.

e) a CF prevê expressamente que o procurador-geral da República seja nomeado pelo presidente da República entre integrantes de lista tríplice votada pelos membros da carreira do Ministério Público da União, após a aprovação de seu nome pela maioria absoluta dos membros do Senado Federal.

211. (IBFC/TJ/PR/Cartórios/Ingresso/2014) Assinale a alternativa correta:

a) um dos princípios institucionais do Ministério Público é a divisibilidade.

b) aos membros do Ministério Público é vedado o exercício da advocacia.

c) para o ingresso na carreira da Defensoria Pública da União é desnecessário o concurso público.

d) o advogado é dispensável à administração da justiça.

212. (Cespe/TJ/BA/Cartórios/Ingresso/2013) No tocante às funções essenciais à justiça, assinale a opção correta com base na CF:

a) o MPU é chefiado pelo procurador-geral de justiça, nomeado pelo presidente da República entre integrantes da carreira, maiores de trinta e cinco anos de idade, após a aprovação de seu nome pela maioria absoluta dos membros do Senado Federal, para mandato de dois anos, permitida a recondução.

b) as funções do MP dos estados só podem ser exercidas por integrantes da carreira, que deverão residir na comarca da respectiva lotação, salvo autorização do respectivo governador.

c) o Conselho Nacional do Ministério Público compõe-se de dezessete membros nomeados pelo presidente da República.

d) o MPU compreende, apenas, os Ministérios Públicos Federal, do Trabalho e o Militar.

e) veda-se aos novos membros do Ministério Público o exercício da advocacia.

213. (Cespe/TJ/PI/Cartórios/Remoção/2013) Acerca do disposto na CF a respeito da advocacia pública e da DP, assinale a opção correta:

a) os procuradores dos estados e do DF deverão ser remunerados exclusivamente por subsídio fixado em parcela única.

b) a DP é instituição essencial à função jurisdicional do Estado, incumbindo-lhe a orientação jurídica e a defesa, em todos os graus, daqueles que não quiserem pagar por um advogado.

c) a AGU tem por chefe o procurador-geral da República, de livre nomeação pelo presidente da República entre cidadãos maiores de trinta anos, de notável saber jurídico e reputação ilibada.

d) na execução da dívida ativa de natureza tributária, a representação da União caberá à PGF.

e) a CF assegura autonomia funcional e administrativa à DPU, mas não às DPs estaduais.

214. (Cespe/TJ/BA/Cartórios/Remoção/2013) No que se refere à AGU e à PGFN, assinale a opção correta:

a) por possuírem quadro e estrutura próprios, as consultorias jurídicas dos ministérios são órgãos autônomos, desvinculados da AGU.

b) um advogado da União pode ser designado para atuar e representar cartório de registro público, que constitui serventia de delegação de serviço público.

c) o advogado-geral da União pode designar procurador da fazenda nacional para representar a União junto aos tribunais de justiça estaduais.

d) a PGFN, como órgão de direção superior da AGU, subordina-se, técnica e juridicamente, ao advogado-geral da União.

e) diferentemente dos pareceres do advogado-geral da União aprovados pelo presidente da República e devidamente publicados, as súmulas da AGU não têm caráter obrigatório no que se refere aos cartórios de registros públicos.

215. (FMP/TJ/MT/Cartórios/Remoção/2014) Sobre a Defensoria Pública, assinale a afirmativa correta:

a) sua atuação é exclusiva e restrita ao âmbito judicial, sendo vedada a atuação administrativa e a orientação extrajudicial por parte de seus advogados.

b) as Defensorias Públicas dos Estados são partes integrantes da Defensoria Pública da União sendo a esta subordinada.

c) a Constituição Federal de 1988 define a Defensoria Pública como instituição integrante do poder judiciário, sendo, dessa forma, assegurada sua autonomia em relação ao poder executivo.

d) a Constituição Federal de 1988 define a Defensoria Pública como instituição essencial à função jurisdicional do Estado.

e) o Chefe da Defensoria Pública da União, chamado de Advogado-Geral da União, é nomeado pelo Presidente da República, livremente, dentre os integrantes da categoria maiores de trinta e cinco anos, de notável saber jurídico e reputação ilibada.

216. **(Cespe/TJ/BA/Cartórios/Remoção/2013)** A respeito das funções essenciais à justiça, assinale a opção correta:

a) de acordo com entendimento do STF, a autonomia funcional e administrativa da defensoria pública estadual não afasta a subordinação hierárquica do órgão ao chefe do Poder Executivo estadual.

b) membros do MP que estiverem em disponibilidade estão autorizados a exercer outra função pública, além do magistério.

c) a CF atribui ao MP, em caráter privativo, a titularidade para a propositura de ação penal, a promoção de inquérito civil e a defesa judicial de direitos e interesses das populações indígenas.

d) a PGFN tem competência para realizar cobrança, judicial ou amigável, de créditos de natureza fiscal da União.

e) insere-se entre as competências funcionais do advogado-geral da União previstas na CF o ajuizamento de ação direta de inconstitucionalidade que tenha por objeto leis ou atos normativos federais.

217. **(Cespe/TJ/DFT/Cartórios/Remoção/2014)** Assinale a opção correta a respeito das denominadas funções essenciais à justiça:

a) segundo o STF, a imunidade profissional assegurada ao advogado não impede que ele seja processado por crime de desacato decorrente de ato ou manifestação no exercício de sua profissão.

b) a garantia da inamovibilidade é conferida, de forma expressa, pela CF aos procuradores dos estados e do DF.

c) o MP possui, conforme disposto na CF, a função institucional de representar judicialmente entidades públicas que não tiverem corpo jurídico próprio.

d) o advogado-geral da União é nomeado pelo presidente da República, após aprovação de seu nome pela maioria absoluta dos membros do Senado Federal, para mandato de dois anos, sendo permitida sua recondução para o mesmo cargo.

e) de acordo com a CF, o Ministério Público Eleitoral compõe-se de membros do Ministério Público Federal e do Ministério Público Estadual.

218. **(Cespe/TJ/SE/Cartórios/Remoção/2014)** No que se refere às funções essenciais à justiça, assinale a opção correta de acordo com a CF:

a) de acordo com a CF, a representação judicial dos estados, do Distrito Federal e dos municípios cabe exclusivamente aos procuradores organizados em carreira, dependendo o ingresso nessa carreira de aprovação em concurso público de provas e títulos.

b) as defensorias públicas dos estados, do Distrito Federal e da União possuem autonomia funcional e administrativa, sendo-lhes assegurada a iniciativa de suas propostas orçamentárias na forma estabelecida na CF.

c) cabe ao Ministério Público Federal representar a União na execução de sua dívida ativa de natureza tributária.

d) a CF estabelece um rol exemplificativo de funções institucionais do MP, como, por exemplo, a função de promover, privativamente, as ações civil e penal públicas, na forma da lei.

e) à imunidade profissional do advogado não se podem aplicar restrições de qualquer natureza.

219. **(Cespe/TJ/SE/Cartórios/Ingresso/2014)** Com base no que dispõe o texto constitucional acerca das funções essenciais à justiça, assinale a opção correta:

a) às procuradorias estaduais são asseguradas autonomia funcional e administrativa, bem como a iniciativa de sua proposta orçamentária dentro dos limites estabelecidos na lei de diretrizes orçamentárias.

b) os membros do Conselho Nacional do Ministério Público oriundos do MP devem ser indicados pelo procurador-geral da República, que submeterá sua indicação à aprovação do Senado Federal.

c) aos membros das defensorias públicas da União, do DF e dos estados é assegurada a garantia da inamovibilidade, sendo-lhes vedado o exercício da advocacia fora de suas atribuições institucionais.

d) é assegurada ao MP, no uso de seus direitos institucionais, a prerrogativa de requisitar diretamente à Receita Federal e às instituições financeiras documentos fiscais e bancários sigilosos.

e) as atividades de consultoria e assessoramento jurídico do TCU são da competência da AGU.

220. **(Consulplan/TJ/MG/Cartórios/Ingresso/2015)** Quanto às normas constitucionais que regem o Poder Judiciário e as funções essenciais à justiça é correto afirmar:

a) compete ao Superior Tribunal de Justiça processar e julgar, originariamente, os mandados de segurança decididos em única instância pelos Tribunais Regionais Federais ou pelos Tribunais dos Estados, do Distrito Federal e Territórios, quando concessiva a decisão.

b) os Tribunais de Justiça dos Estados não poderão funcionar descentralizadamente.

c) o chefe do Ministério Público da União é o Procurador-Geral da República, nomeado pelo Presidente da República dentre os integrantes da carreira, maiores de 35 (trinta e cinco) anos, após a aprovação de seu nome pela maioria absoluta dos membros do Senado Federal, para mandato de dois 2 (dois) anos, permitida uma recondução.

d) os Ministérios Públicos dos Estados e o do Distrito Federal e Territórios formarão lista tríplice dentre os integrantes da carreira, na forma da lei respectiva, para escolha de seu Procurador-Geral, que será nomeado pelo Chefe do Poder Executivo, para mandato de dois anos, permitida uma recondução.

221. **(Consulplan/TJ/MG/Cartórios/Remoção/2017)** Em relação às funções essenciais da Justiça, marque a afirmativa correta:

a) membro do Ministério Público Estadual pode exercer o cargo de Secretário Estadual.

b) aos Procuradores do Estado pode, segundo a Constituição Estadual, ser conferida prerrogativa de foro especial.

c) à União compete organizar e manter a Defensoria Pública do Distrito Federal e dos Territórios.

d) as Defensorias Públicas Estaduais e as Procuradorias Estaduais têm autonomia funcional e administrativa.

222. **(Consulplan/TJ/MG/Cartórios/Ingresso/2017)** O Ministério Público é instituição permanente, essencial à função jurisdicional do Estado, incumbindo-lhe a defesa da ordem jurídica, do regime democrático e dos interesses sociais e individuais indisponíveis. Sobre a instituição e seus membros é correto afirmar:

a) os Promotores de Justiça, dentro de suas esferas de atribuições, têm legitimidade para impetrar mandado de segurança e "habeas corpus", inclusive perante os tribunais locais, desde que o ato ou a omissão ilegais advenham de juízo de primeira instância em processo em que funcione.

b) na ação popular e no mandado de segurança coletivo, o Ministério Público é parte pública autônoma, incumbindo-lhe velar pela regularidade do processo e, em caso de abandono dessas ações, deverá promover o seu andamento, em lugar do autor/impetrante omisso.

c) o Procurador-Geral da República possui legitimidade ativa para impetrar mandado de segurança em face do Conselho Nacional de Justiça que tenha por objeto o questionamento de decisão que reconheça a prescrição punitiva de outro membro da Instituição em processo disciplinar administrativo.

d) o Ministério Público da União compreende: o Ministério Público Federal, o Ministério Público Militar, o Ministério Público do Trabalho, o Ministério Público do Distrito Federal e dos Territórios e o Ministério Público junto ao Tribunal de Contas da União.

5. DA DEFESA DO ESTADO E DAS INSTITUIÇÕES DEMOCRÁTICAS

5.1. Do Estado de Defesa e do Estado de Sítio

✱ QUESTÕES OBJETIVAS

223. **(Cespe/TJ/ES/Cartórios/Remoção/2013)** Assinale a opção correta no que diz respeito à defesa do Estado e das instituições democráticas, conforme disposição constitucional:

a) permite-se a incomunicabilidade do preso na vigência do estado de defesa.

b) cessado o estado de sítio, seus efeitos poderão perdurar por até sessenta dias.

c) a CF admite restrições ao direito de sigilo de comunicação telegráfica e telefônica durante o estado de defesa.

d) o presidente da República depende de autorização prévia para decretar o estado de defesa.

e) na vigência do estado de defesa, a prisão ou detenção de qualquer pessoa não poderá ser superior a dez dias, salvo quando autorizada pelo Congresso Nacional.

224. **(TJ/SC/Cartórios/Remoção/2012)** Assinale a alternativa correta:

a) é função essencial institucional do Ministério Público, privativamente, a promoção de ação civil pública para a proteção do patrimônio público e social, do meio ambiente e de outros interesses difusos e coletivos.

b) o Presidente da República pode, ouvidos o Conselho da República e o Conselho de Defesa Nacional, solicitar ao Congresso Nacional autorização para decretar o estado de sítio nos casos de declaração de estado de guerra ou resposta a agressão armada estrangeira.

c) o advogado é indispensável à administração da justiça, sendo inviolável por seus atos e manifestações no exercício da profissão; em razão disso não responde, civil e penalmente, pelos atos praticados no exercício da defesa dos interesses de seu cliente.

d) as guardas municipais, quando criadas, exercem a atribuição de preservação da ordem pública e da incolumidade das pessoas e do patrimônio.

e) o "habeas corpus" é uma garantia fundamental. E como garantia de primeira dimensão, observando-se a universalidade, que é uma das características da fundamentalidade, é assegurado a todos os brasileiros, inclusive aos militares nos casos que envolvem o conteúdo de mérito e de forma de punições disciplinares castrenses.

225. **(Ieses/TJ/PA/Cartórios/Remoção/2016)** Por Estado de Sítio entende-se a situação de comoção interna ou externa sofrida pelo Estado, que enseja a suspensão temporária de garantias individuais, a fim de preservar a ordem constituída, que se encontra perturbada por motivo de comoção grave de repercussão nacional ou por situação de beligerância com Estado estrangeiro. Referida situação acarreta a suspensão temporária e localizada das garantias individuais. Assinale a alternativa incorreta que não representa uma medida a ser tomada no curso do Estado de Sítio:

a) restrições relativas à inviolabilidade da correspondência, ao sigilo das comunicações, à prestação de informações e à liberdade de imprensa, radiodifusão e televisão, na forma da lei.

b) detenção em edifício não destinado a acusados ou condenados por crimes comuns.

c) suspensão da liberdade de reunião; intervenção nas empresas de serviços privados; requisição de bens.

d) obrigação de permanência em localidade determinada.

226. **(Faurgs/TJ/RS/Cartórios/Ingresso/2015)** Quanto ao Estado de Defesa e ao Estado de Sítio, disciplinados sob o Título Da Defesa do Estado e das Instituições Democráticas, assinale a alternativa que contém assertiva incorreta:

a) o Presidente da República deve ouvir o Conselho da República e o Conselho de Defesa Nacional previamente à decretação do Estado de Defesa e do Estado de Sítio.

b) o Estado de Defesa exige autorização prévia do Congresso Nacional para sua decretação, enquanto que o Estado de Sítio exige comunicação posterior à sua decretação.

c) a Mesa do Congresso Nacional designará Comissão composta de cinco de seus membros para acompanhar e fiscalizar a execução das medidas referentes ao Estado de Defesa e ao Estado de Sítio.

d) o tempo de duração do Estado de Defesa não será superior a 30 dias, podendo ser prorrogado uma vez, por igual período, se persistirem as razões que justificaram a sua decretação.

227. **(Ieses/TJ/MS/Cartórios/Remoção/2014)** O Presidente da República pode, ouvidos o Conselho da República e o Conselho de Defesa Nacional, decretar estado de defesa para preservar ou prontamente restabelecer, em locais restritos e determinados, a ordem pública ou a paz social ameaçadas por grave e iminente instabilidade institucional ou atingidas por calamidades de grandes proporções na natureza. Durante este período poderão vigorar medidas coercitivas, dentre as seguintes:

I. restrições aos direitos de reunião, ainda que exercida no seio das associações.
II. sigilo de correspondência, sigilo de comunicação telegráfica e telefônica, detenção em edifício não destinado a acusados ou condenados por crimes comuns.
III. ocupação e uso temporário de bens e serviços públicos, na hipótese de calamidade pública, respondendo a União pelos danos e custos decorrentes.
IV. obrigação de permanência em localidade determinada, busca e apreensão em domicílio.

A sequência correta é:

a) as assertivas I, II, III e IV estão corretas.
b) apenas as assertivas II e IV estão incorretas.
c) apenas as assertivas I e II estão corretas.
d) apenas a assertiva III está correta.

228. **(Vunesp/TJ/SP/Cartórios/Ingresso/2014)** O estado de defesa delimitado na Constituição Federal prevê:

a) ocupação e uso temporário de bens e serviços públicos, na hipótese de calamidade pública, respondendo a União pelos danos e custos decorrentes.
b) encaminhamento obrigatório por parte do Presidente da República do ato que decretar o estado de defesa ou sua prorrogação, com a respectiva justificação, para eventual aprovação, ao Supremo Tribunal Federal, dentro do prazo de vinte e quatro horas.
c) tempo de duração não superior a trinta dias, admitidas prorrogações por igual prazo, se persistirem as razões que justificaram a sua decretação.
d) a possibilidade de restrição apenas aos direitos de reunião, ainda que exercida no seio das associações.

229. **(FMP/TJ/MT/Cartórios/Remoção/2014)** A respeito do Estado de Defesa, assinale a afirmativa correta:

a) é vedada a restrição ao direito de reunião.
b) a incomunicabilidade do preso poderá ser decretada por período não superior a dez dias.
c) decretado o estado de defesa pelo Presidente da República, o Congresso Nacional decidirá a respeito do ato e de sua justificação por meio de votação de maioria simples.
d) poderá ser decretada como medida coercitiva a restrição ao direito de sigilo de correspondência.
e) rejeitado o decreto pelo Congresso Nacional, este será submetido ao pleno do Supremo Tribunal Federal.

230. **(Cespe/TJ/BA/Cartórios/Ingresso/2013)** Assinale a opção correta acerca da defesa do Estado e das instituições democráticas:

a) o presidente da República, ao solicitar autorização para prorrogar o estado de sítio, deve relatar os motivos determinantes do pedido, devendo o Congresso Nacional decidir por maioria absoluta.
b) a mesa da Câmara dos Deputados, ouvidos os líderes partidários, deve designar comissão composta de cinco de seus membros para acompanhar e fiscalizar a execução das medidas referentes ao estado de defesa e ao estado de sítio.
c) no decreto de instituição do estado de defesa, podem-se determinar restrições aos direitos de sigilo de correspondência, mas não ao sigilo de comunicação telefônica.
d) durante a vigência do estado de defesa, a prisão ou a detenção de qualquer pessoa não poderá ser superior a dez dias, salvo se autorizada pelo presidente da República.
e) a decretação de estado de defesa pelo presidente da República depende de prévia autorização da Câmara dos Deputados.

231. **(Cespe/TJ/DFT/Cartórios/Remoção/2014)** Considerando os dispositivos constitucionais referentes à defesa do Estado e das instituições democráticas, assinale a opção correta:

a) em caso de calamidade de grandes proporções na natureza, pode o presidente da República decretar, em local restrito e determinado, o estado de sítio.
b) a decretação do estado de defesa pelo presidente da República deve ser precedida de autorização do Congresso Nacional.
c) o município está constitucionalmente autorizado a criar guarda municipal para que exerça a função de polícia judiciária em assuntos de interesse local.
d) o estabelecimento de remuneração inferior ao salário mínimo às praças prestadoras de serviço militar inicial está em consonância com o texto constitucional.
e) a impossibilidade de a CF sofrer alterações durante o estado de defesa configura uma limitação material ao poder constituinte reformador.

232. **(Cespe/TJ/SE/Cartórios/Ingresso/2014)** Considerando as normas constitucionais vigentes no ordenamento jurídico brasileiro, assinale a opção correta:

a) segundo o STF, é permitida às universidades públicas a cobrança de taxa de matrícula a seus alunos.

b) a União deve sempre repassar aos municípios a totalidade da arrecadação do ITR referente aos imóveis neles situados.

c) a ocorrência de calamidade de graves proporções na natureza é motivo para o presidente da República decretar estado de defesa por um período máximo de trinta dias, prorrogável, uma única vez, por igual período.

d) lei complementar de iniciativa do Poder Executivo deve estabelecer, a cada quatro anos, o plano plurianual com diretrizes, objetivos e metas da administração pública federal para suas despesas.

e) a União pode contratar empresa particular para a realização de lavra e enriquecimento de minérios e minerais nucleares, excetuados os radioisótopos.

233. **(Consulplan/TJ/MG/Cartórios/Remoção/2016)** Na vigência do estado de sítio, decretado em virtude de comoção grave de repercussão nacional, poderão ser tomadas as seguintes medidas contra as pessoas, exceto:

a) restrições relativas ao sigilo das comunicações.

b) restrições relativas à inviolabilidade das correspondências.

c) restrições relativas à liberdade de imprensa.

d) restrição à difusão autorizada pela Casa do pronunciamento de parlamentares.

234. **(Ieses/TJ/AM/Cartórios/Remoção/2018)** A fim de preservar ou prontamente restabelecer, em locais restritos e determinados, a ordem pública ou a paz social ameaçadas por grave e iminente instabilidade institucional ou atingidas por calamidades de grandes proporções na natureza o Presidente da República pode decretar o chamado:

a) estado de necessidade.

b) estado de exceção.

c) estado de defesa.

d) estado de sítio.

235. **(Vunesp/TJ/SP/Cartórios/Ingresso/2018)** O Presidente da República pode, ouvidos o Conselho da República e o Conselho de Defesa Nacional, decretar estado de defesa nas seguintes hipóteses:

a) no caso de comoção grave de repercussão nacional ou ocorrência de fatos que comprovem a ineficácia de medida tomada durante o estado de sítio.

b) para restabelecer, em locais restritos e determinados, a ordem pública ou a paz social ameaçadas por grave e iminente instabilidade institucional ou atingidas por calamidade de grandes proporções da natureza.

c) no caso de declaração de guerra ou resposta à agressão armada estrangeira.

d) para restabelecer a ordem pública ou a paz social, ameaçadas por grave e iminente instabilidade institucional, e no caso da ocorrência de fatos que comprovem a ineficácia de medida tomada durante o estado de sítio.

5.2. Das Forças Armadas

✱ SÚMULAS

STF **Súm. Vinculante 6.** Não viola a Constituição da República o estabelecimento de remuneração inferior ao salário mínimo para os praças prestadores de serviço militar inicial.

STF **Súm. 10.** O tempo de serviço militar conta-se para efeito de disponibilidade e aposentadoria do servidor público estadual.

STF **Súm. 55.** Militar da reserva está sujeito a pena disciplinar.

STF **Súm. 673.** O art. 125, § 4º, da Constituição, não impede a perda da graduação de militar mediante procedimento administrativo.

STF **Súm. 674.** A anistia prevista no art. 8º do ADCT não alcança os militares expulsos com base em legislação disciplinar ordinária, ainda que em razão de atos praticados por motivação política.

✱ QUESTÕES OBJETIVAS

236. **(FMP/TJ/MT/Cartórios/Ingresso/2014)** A respeito das Forças Armadas, assinale a afirmativa correta:

a) não cabe "habeas corpus" em relação a punições disciplinares militares.

b) é vedada ao militar, em serviço ativo, a filiação partidária, salvo se esta tiver ocorrido em momento anterior ao ingresso dele nas Forças Armadas.

c) o militar em atividade que tomar posse em cargo público permanente será imediatamente exonerado.

d) ao militar é permitida a sindicalização, sendo vedada, contudo, a greve.

e) as mulheres, a partir da CF/88, não são mais isentas do serviço militar obrigatório em tempo de paz.

5.3. Da Segurança Pública

✱ INOVAÇÕES LEGISLATIVAS

▲ Lei de Organização dos Órgãos de Segurança Pública (Lei 13.675/18): nova lei.

✱ QUESTÕES OBJETIVAS

237. (Consulplan/TJ/MG/Cartórios/Ingresso/2017) Nos termos da Constituição da República, assinale a alternativa correta:

a) a segurança pública tem por objeto a preservação da ordem pública e da incolumidade das pessoas e do patrimônio, sendo exercida, dentre outros órgãos, através do Ministério Público militar.

b) incumbe à polícia federal, à polícia rodoviária federal e à polícia ferroviária federal exercer, com exclusividade, as funções de polícia judiciária da União.

c) as polícias militares e corpos de bombeiros militares de Minas Gerais, forças auxiliares e reserva do Exército, subordinam-se, juntamente com as polícias civis, aos Governador do Estado.

d) em caso de incêndio florestal, catástrofe ou epidemia que coloque em risco a população local, incumbe à Força Nacional planejar e coordenar as atividades de defesa civil a serem executadas pelas polícias florestais e guardas municipais.

238. (Ieses/TJ/RO/Cartórios/Remoção/2017) A segurança pública, constitucionalmente no Estado de Rondônia, é exercida para preservação da ordem pública e da incolumidade das pessoas e do patrimônio, através dos seguintes órgãos, exceto:

a) Polícia Militar.

b) Forças Armadas.

c) Corpo de Bombeiros Militar.

d) Polícia Civil.

6. DA TRIBUTAÇÃO E DO ORÇAMENTO

»» *Vide capítulo Direito Tributário.*

✱ INFORMATIVOS

STF **ADI e vinculação de receitas de impostos.** São inconstitucionais as normas que estabelecem vinculação de parcelas das receitas tributárias a órgãos, fundos ou despesas, por desrespeitarem a vedação contida no art. 167, IV, da CF. ADI 553, Rel. Min. Cármen Lúcia, j. 13.6.2018. Pleno. (Info 906)

✱ QUESTÕES OBJETIVAS

239. (Cespe/TJ/PI/Cartórios/Remoção/2013) Assinale a opção correta acerca do disposto na CF sobre orçamentos:

a) os recursos que, em decorrência de veto, emenda ou rejeição do projeto de LOA, ficarem sem despesas correspondentes não poderão ser utilizados mediante créditos especiais ou suplementares.

b) leis de iniciativa parlamentar estabelecerão o plano plurianual, as diretrizes orçamentárias e os orçamentos anuais.

c) a lei de diretrizes orçamentárias estabelecerá, de forma regionalizada, as diretrizes, os objetivos e as metas da administração pública federal para as despesas de capital e outras delas decorrentes e para as relativas aos programas de duração continuada.

d) o Poder Executivo publicará, até trinta dias após o encerramento de cada bimestre, relatório resumido da execução orçamentária.

e) a LOA não compreenderá o orçamento da seguridade social.

240. (Cespe/TJ/PI/Cartórios/Ingresso/2013) No que se refere a orçamento, assinale a opção correta de acordo com a CF:

a) os recursos que, em decorrência de veto, emenda ou rejeição do projeto de lei orçamentária anual, ficarem sem despesas correspondentes poderão ser utilizados, conforme o caso, como créditos especiais ou suplementares, desde que prévia e especificadamente autorizado pelo Poder Legislativo.

b) é vedado ao Poder Executivo vincular receita de impostos a órgão, fundo ou despesa, salvo quando se tratar de destinação de recursos para as atividades esportivas realizadas em instituições públicas de ensino superior.

c) é de iniciativa do Poder Legislativo a edição de leis relativas ao plano plurianual e aos orçamentos anuais, que deverão ser estritamente observados pelos Poderes Executivo e Judiciário.
d) as normas de gestão financeira e patrimonial da administração direta e indireta, bem como as condições para a instituição e funcionamento dos fundos devem ser estabelecidas por meio de lei ordinária.
e) ao presidente da República é conferido o poder de enviar mensagem ao Congresso Nacional para propor modificação nos projetos relativos ao plano plurianual e ao orçamento anual, ainda que iniciada a votação na Comissão Mista Permanente, formada com o propósito de avaliar tais projetos.

241. **(Cespe/TJ/ES/Cartórios/Remoção/2013)** Considerando as normas constitucionais a respeito de finanças públicas, assinale a opção correta:

a) é vedado ao Banco Central do Brasil conceder, direta ou indiretamente, empréstimos a órgão ou entidade que não seja instituição financeira, exceto ao Tesouro Nacional.
b) a Constituição Federal de 1988 (CF) determina que a emissão e o resgate de títulos da dívida pública sejam tratados por lei complementar.
c) os projetos de lei do plano plurianual, das diretrizes orçamentárias e do orçamento anual serão enviados pelo Congresso Nacional ao presidente da República, nos termos de lei complementar.
d) o Banco Central do Brasil não poderá comprar e vender títulos de emissão do Tesouro Nacional.
e) a competência da União para emitir moeda será exercida exclusivamente pelo Tesouro Nacional.

242. **(Cespe/TJ/RR/Cartórios/Ingresso/2013)** Assinale a opção correta à luz da Lei de Responsabilidade Fiscal (Lei Complementar n. 101/2000):

a) na receita corrente líquida não serão computadas as receitas patrimoniais, industriais, agropecuárias e de serviços.
b) considera-se dívida pública consolidada o montante total, apurado sem duplicidade, das obrigações financeiras do ente da Federação assumidas em virtude de leis, contratos, convênios ou tratados e da realização de operações de crédito, para amortização em prazo superior a doze meses.
c) os atos que provoquem aumento da despesa com pessoal e não atendam aos requisitos da referida lei podem ser revogados pelos órgão de controle, desde que garantidos a ampla defesa e o contraditório.
d) o dispositivo dessa lei que veda a realização de operação de crédito entre entes da Federação, diretamente ou por intermédio de fundo, autarquia, fundação ou empresa estatal, ofende o princípio federativo, visto que atinge a autonomia dos estados-membros.
e) os gastos com gratificações, adicionais e horas extras não são considerados despesas com pessoal.

243. **(FCC/TJ/PE/Cartórios/Remoção/2013)** O plano plurianual e as diretrizes orçamentárias são leis de iniciativa:

a) do Poder Legislativo, através de Comissão da Câmara dos Deputados.
b) do Poder Legislativo, através de Comissão do Senado Federal.
c) do Poder Judiciário.
d) do Poder Executivo.
e) concorrente dos Poderes Executivo e Legislativo.

244. **(FCC/TJ/PE/Cartórios/Ingresso/2013)** O exercício financeiro, a vigência, os prazos, a elaboração e a organização do plano plurianual, da lei de diretrizes orçamentárias e da lei orçamentária anual devem ser regulamentados por lei complementar. É correto afirmar:

a) referidas leis são de iniciativa exclusiva do Congresso Nacional.
b) o Presidente da República pode solicitar a delegação para elaboração dessas leis ao Congresso Nacional através da chamada delegação "externa corporis".
c) o quórum de votação ou instalação da sessão de votação da lei ordinária é o mesmo exigido na lei complementar, sendo que na fase da votação, a lei complementar exige quórum de maioria absoluta, enquanto a lei ordinária, quórum simples.
d) a lei pode ter iniciativa comum, do Presidente da República, de qualquer membro ou Comissão da Câmara dos Deputados ou do Senado.
e) pode ser editada por Medida Provisória, caso caracterizada a relevância e urgência, para realização da legislação.

245. **(FMP/TJ/MT/Cartórios/Remoção/2014)** A Lei Complementar n. 101 de 4/5/2000, denominada Lei de Responsabilidade Fiscal, estabelece normas de finanças públicas voltadas para a responsabilidade na gestão fiscal. Acerca de seu regime jurídico considere as seguintes assertivas:

I. a lei de diretrizes orçamentárias a que se refere o artigo 165, § 2º, da Constituição Federal disporá também sobre o equilíbrio entre receitas e despesas.

II. constituem requisitos essenciais da responsabilidade na gestão fiscal a instituição, a previsão e a efetiva arrecadação de todos os tributos da competência constitucional do ente da Federação.

III. a criação de ação governamental que acarrete aumento da despesa será acompanhado de estimativa do impacto orçamentário-financeiro no exercício em que deva entrar em vigor e nos dois subsequentes.

IV. é nulo de pleno direito o ato de que resulte aumento da despesa com pessoal expedido nos 180 dias anteriores ao final do mandato do titular do respectivo Poder.

Estão corretas as assertivas:

a) I e II, apenas.
b) I, II, III e IV.
c) I, III e IV, apenas.
d) II, III e IV, apenas.
e) III e IV, apenas.

7. DA ORDEM ECONÔMICO E FINANCEIRA

7.1. Dos Princípios Gerais da Atividade Econômica

*** SÚMULAS**

STF **Súm. Vinculante 38.** É competente o município para fixar o horário de funcionamento de estabelecimento comercial.

STF **Súm. Vinculante 49.** Ofende o princípio da livre concorrência lei municipal que impede a instalação de estabelecimentos comerciais do mesmo ramo em determinada área.

*** REPERCUSSÃO & REPETITIVOS**

STF **Repercussão Geral 210.** Nos termos do art. 178 da CF, as normas e os tratados internacionais limitadores da responsabilidade das transportadoras aéreas de passageiros, especialmente as Convenções de Varsóvia e Montreal, têm prevalência em relação ao CDC. (RE 636331, 25.5.2017)

STF **Repercussão Geral 525.** São inconstitucionais as leis que obrigam os supermercados ou similares à prestação de serviços de acondicionamento ou embalagem das compras, por violação ao princípio da livre iniciativa (CF, arts. 1º, IV, e 170). (RE 839950, 24.10.2018)

*** INFORMATIVOS**

STF **ADI e meia-entrada para jovens.** Julgada improcedente ADI contra lei estadual que assegura meia-entrada para jovens. União, Estados e DF podem atuar sobre o domínio econômico, por possuírem competência concorrente. Ademais, diante da inexistência de lei federal sobre a matéria, o ente exerceu a competência legislativa plena, para atender às suas peculiaridades. A realização dos fundamentos do art. 1º e dos objetivos do art. 3º da CF exige a atuação do Estado sobre o domínio econômico, intervenção não só adequada, mas indispensável à consolidação e preservação do sistema capitalista de mercado. Se de um lado a CF assegura a livre iniciativa, de outro determina ao Estado a adoção de providências tendentes a garantir o efetivo exercício do direito à educação, à cultura e ao desporto. Na composição entre esses princípios e regras, há de ser preservado o interesse da coletividade. ADI 2163, Rel. p/ ac. Min. Ricardo Lewandowski, j. 12.4.2018. Pleno. (Info 897)

*** SÚMULAS**

STF **Súm. Vinculante 38.** É competente o município para fixar o horário de funcionamento de estabelecimento comercial.

*** QUESTÕES OBJETIVAS**

246. **(Ieses/TJ/RS/Cartórios/Remoção/2013)** Assinale a alternativa correta:

a) a Constituição da República Federativa do Brasil exige autorização para exercício de qualquer atividade econômica.

b) incumbe ao Poder Público, a prestação de serviços públicos, na forma da lei, diretamente ou sob regime de concessão, permissão ou autorização, independentemente de licitação.

c) como agente normativo e regulador da atividade econômica, o Estado exercerá as funções de fiscalização, incentivo e planejamento, sendo este determinante tanto para o setor público quanto para o setor privado.

d) são princípios da Ordem Econômica, presentes na Constituição da República Federativa do Brasil, a livre concorrência e o tratamento favorecido para as empresas de pequeno porte constituídas sob as leis brasileiras e que tenham sua sede e administração no País.

247. (Cespe/TJ/RR/Cartórios/Ingresso/2013) Considerando as normas constitucionais vigentes no ordenamento jurídico brasileiro, assinale opção correta:

a) defere-se o usucapião urbano àquele que detiver a posse de área urbana de até 250 m2, por três anos e sem oposição, utilizando-a como sua moradia ou de sua família, e desde que não seja proprietário de outro imóvel urbano ou rural.

b) compete privativamente à União legislar sobre normas de direito econômico.

c) matéria relativa às finanças públicas deve ser veiculada por lei ordinária.

d) incumbe ao Poder Executivo publicar o relatório resumido da execução orçamentária no prazo de dez dias após o encerramento de cada bimestre.

e) a atuação do Estado brasileiro na atividade econômica é supletiva, devendo ele agir como agente normativo e regulador, funções que se corporificam na fiscalização, no incentivo e no planejamento.

248. (Cespe/TJ/RR/Cartórios/Ingresso/2013) Assinale a opção correta com base no regramento constitucional:

a) na ação popular, o MP deve opinar pela procedência do pedido, em qualquer hipótese.

b) o impetrante do "habeas data" deve recolher as custas processuais, conforme as normas administrativas de organização judiciária.

c) consideram-se atos de autoridade, passíveis de mandado de segurança, os praticados por pessoas ou instituições particulares cuja atividade seja apenas autorizada pelo poder público, como as organizações hospitalares, os estabelecimentos bancários e as instituições de ensino.

d) o princípio da integração do mercado interno ao patrimônio nacional é constitucional impositivo, de caráter constitucional conformador.

e) o exercício do sufrágio é facultativo para os maiores de setenta anos de idade, o que acarreta restrição à elegibilidade preexistente.

249. (Cespe/TJ/ES/Cartórios/Ingresso/2013) Considerando os dispositivos constitucionais e a jurisprudência sumulada do STF acerca da ordem econômica e financeira, incluindo-se seus princípios gerais, as disposições acerca de política urbana, política agrícola, fundiária e sistema financeiro nacional, assinale a opção correta:

a) o monopólio da União, em relação às jazidas de petróleo, engloba a pesquisa e a lavra e, em relação às jazidas de gás natural e outros hidrocarbonetos fluidos, refere-se apenas à lavra.

b) mesmo antes da Emenda Constitucional n. 29/2000, lei municipal que estabelecesse alíquotas progressivas para o IPTU, ainda que com o fim de assegurar o cumprimento da função social da propriedade urbana, seria constitucional.

c) ofende o princípio da livre concorrência lei municipal que impeça a instalação de estabelecimentos comerciais do mesmo ramo em determinada área.

d) ressalvados os casos previstos na CF, a exploração direta de atividade econômica pelo Estado só é permitida se necessária aos imperativos da segurança nacional, nos termos de lei complementar.

e) estão elencadas expressamente na CF, entre os princípios da ordem econômica, a livre concorrência e a defesa do meio ambiente, mas não a propriedade privada.

250. (Ieses/TJ/RN/Cartórios/Ingresso/2012) De acordo com a Constituição da República Federativa do Brasil de 1988 é incorreto afirmar:

a) a lei disciplinará, com base no interesse nacional, os investimentos de capital estrangeiro, incentivará os reinvestimentos e regulará a remessa de lucros.

b) incumbe ao Poder Público, diretamente ou sob regime de concessão ou permissão, sempre através de licitação, a prestação de serviços públicos.

c) dependerá de concessão o aproveitamento do potencial de energia renovável de capacidade reduzida.

d) as empresas públicas e as sociedades de economia mista não poderão gozar de privilégios fiscais não extensivos às do setor privado.

251. (Ieses/TJ/PA/Cartórios/Remoção/2016) A República Federativa do Brasil é disciplinada, no que tange sua ordem econômica, por um conjunto de princípios expressos no art. 170 da

Constituição Federal de 1988, que assim expressa: "a ordem econômica, fundada na valorização do trabalho humano e na livre iniciativa, tem por fim assegurar a todos existência digna, conforme os ditames da justiça social (...)". Assinale a alternativa que representa os princípios norteadores da ordem econômica de acordo com o citado artigo da Constituição Federal:

a) soberania nacional; propriedade pública; função social da propriedade; livre concorrência; defesa do consumidor; defesa do meio ambiente; redução das desigualdades regionais e sociais; busca de pleno emprego; tratamento favorecido para as empresas de pequeno porte constituídas sob as leis brasileiras e que tenham sua sede e administração no País.

b) soberania nacional; propriedade privada; função social da propriedade; livre concorrência; defesa do consumidor; redução das desigualdades regionais e sociais; busca de pleno emprego; tratamento favorecido para as empresas de pequeno porte constituídas sob as leis brasileiras e que tenham sua sede e administração no País.

c) soberania nacional; propriedade privada; função social da propriedade; livre concorrência; defesa do meio ambiente; redução das desigualdades regionais e sociais; busca de pleno emprego; tratamento favorecido para as empresas de pequeno porte constituídas sob as leis brasileiras e que tenham sua sede e administração no País.

d) soberania nacional; propriedade privada; função social da propriedade; livre concorrência; defesa do consumidor; defesa do meio ambiente; redução das desigualdades regionais e sociais; busca de pleno emprego; tratamento favorecido para as empresas de pequeno porte constituídas sob as leis brasileiras e que tenham sua sede e administração no País.

252. **(Faurgs/TJ/RS/Cartórios/Remoção/2015)** Tendo em vista as normas previstas sob o Título Da Ordem Econômica e Financeira, assinale a alternativa que contém assertiva correta:

a) segundo o artigo 173, a exploração direta de atividade econômica pelo Estado é permitida em qualquer caso, principalmente quando necessária aos imperativos da segurança nacional.

b) conforme o artigo 170, estão, entre os fundamentos da Ordem Econômica, a valorização do trabalho humano e o desenvolvimento nacional, tendo por fim assegurar a todos existência digna.

c) de acordo com o artigo 174, o Estado é agente normativo e regulador da economia e deve exercer as funções de fiscalização, incentivo e planejamento.

d) com base nos incisos do artigo 170, constam, entre os princípios a serem observados na Ordem Econômica, a função social da propriedade, a erradicação da pobreza e a defesa do consumidor.

253. **(FMP/TJ/MT/Cartórios/Ingresso/2014)** São princípios gerais da atividade econômica brasileira:

a) a propriedade democrática, a soberania nacional e a livre-concorrência.

b) a defesa do consumidor, a igualdade salarial e a liberdade do consumo.

c) a redução das desigualdades regionais e sociais, a propriedade comunitária e a igualdade salarial.

d) o tratamento favorecido para as empresas de pequeno porte, a igualdade salarial e a propriedade democrática.

e) a defesa do consumidor, a defesa do meio ambiente e a livre-concorrência.

254. **(Cespe/TJ/BA/Cartórios/Ingresso/2013)** Considerando o disposto na CF acerca da ordem econômica e financeira, assinale a opção correta:

a) não é permitido contrato entre a União e empresas privadas para a realização do transporte marítimo do petróleo bruto de origem nacional.

b) há previsão constitucional para que recursos arrecadados com a contribuição de intervenção no domínio econômico relativa às atividades de importação ou comercialização de petróleo e seus derivados sejam destinados ao financiamento de programas de infraestrutura de transportes.

c) as empresas públicas e as sociedades de economia mista poderão gozar de privilégios fiscais não extensivos às do setor privado.

d) depende de autorização ou concessão o aproveitamento do potencial de energia renovável de capacidade reduzida.

e) são vedados o transporte e a utilização de quaisquer materiais radioativos no território nacional.

255. **(Cespe/TJ/BA/Cartórios/Remoção/2013)** Assinale a opção correta a respeito da ordem econômica, financeira e social e do Sistema Financeiro Nacional:

a) não há vedação constitucional à destinação de recursos públicos para a subvenção de instituições privadas de saúde com fins lucrativos, uma vez que tais instituições participam de forma complementar do Sistema Único de Saúde.
b) segundo a CF, a União e os estados-membros têm competência para instituir contribuições de intervenção no domínio econômico.
c) o Sistema Financeiro Nacional, nos termos da CF, deve ser regulado por lei complementar única, aplicável em todo o território nacional.
d) embora detenha o monopólio da refinação do petróleo natural ou estrangeiro, a União pode contratar empresa privada para realizar tal atividade, desde que observadas as condições estabelecidas em lei.
e) o aproveitamento do potencial de energia renovável, ainda que de capacidade reduzida, depende de autorização ou concessão da União.

256. **(Ieses/TJ/RO/Cartórios/Remoção/2017)** A ordem econômica, fundada na valorização do trabalho humano e na livre iniciativa, tem por fim assegurar a todos existência digna, conforme os ditames da justiça social, observados os seguintes princípios, entre outros:

I. defesa do consumidor.
II. propriedade privada.
III. tratamento favorecido para as empresas de pequeno porte constituídas sob as leis brasileiras e que tenham sua sede e administração no País.
IV. livre concorrência.

A sequência correta é:

a) as assertivas I, II, III e IV estão corretas.
b) apenas as assertivas II e IV estão corretas.
c) apenas as assertivas II, III, IV estão corretas.
d) apenas a assertiva IV está correta.

257. **(Cetro/TJ/RJ/Cartórios/Ingresso/2017)** Acerca da aplicação dos princípios da livre iniciativa e da livre concorrência, constantes da ordem econômica (artigo 170 da Constituição Federal de 1988), assinale a alternativa correta:

a) os princípios da livre iniciativa e da livre concorrência não se aplicam, direta ou indiretamente, à atividade notarial e registral.
b) o princípio da livre concorrência é imperativo de ordem constitucional que conduz e coincide, necessariamente, com a livre iniciativa.
c) o serviço de transporte coletivo de passageiros é típico serviço público em que o princípio da livre iniciativa se expressa como faculdade de explorar a atividade econômica a título privado.
d) a fixação de preços em valores abaixo do mercado pelo Estado, ainda que em desconformidade com a regulação setorial, não representa desrespeito ao princípio da livre iniciativa, uma vez que é instrumento superior de política pública.
e) a validade dos programas de ações afirmativas do Estado, operados por ato de adesão ou voluntário, ou vinculação forçada, depende da observância do princípio da livre iniciativa.

7.2. Da Política Urbana, Da Política Agrícola e Fundiária e Da Reforma Agrária

✱ SÚMULAS

STJ **Súm. 354.** A invasão do imóvel é causa de suspensão do processo expropriatório para fins de reforma agrária.

✱ QUESTÕES OBJETIVAS

258. **(Cespe/TJ/PI/Cartórios/Remoção/2013)** Assinale a opção correta com relação à política urbana, agrícola e fundiária e à reforma agrária:

a) cabe à lei ordinária estabelecer procedimento contraditório especial, de rito sumário, para o processo judicial de desapropriação.
b) compete aos municípios desapropriar por interesse social, para fins de reforma agrária, o imóvel rural que não esteja cumprindo sua função social, mediante prévia e justa indenização em títulos da dívida agrária.
c) o plano diretor, aprovado pela câmara municipal, obrigatório para cidades com mais de dez mil habitantes, é o instrumento básico da política de desenvolvimento e de expansão urbana.
d) são isentas de impostos municipais as operações de transferência de imóveis desapropriados para fins de reforma agrária.
e) aquele que possuir como sua área urbana de até quinhentos metros quadrados, por cinco anos, ininterruptamente e sem oposição, utilizando-a para sua moradia ou de sua família, adquirir-lhe-á o domínio, desde que não seja proprietário de outro imóvel urbano ou rural.

259. (Ieses/TJ/RS/Cartórios/Remoção/2013) Assinale a alternativa correta:

a) compete à União, aos Estados e ao Distrito Federal legislar concorrentemente sobre desapropriação.

b) a desapropriação por interesse social, para fins de reforma agrária, é de competência exclusiva da União.

c) a desapropriação por utilidade pública é de competência exclusiva da União.

d) o prazo de caducidade do decreto de utilidade pública é de 2 (dois) anos para que seja promovida a desapropriação.

260. (TJ/SC/Cartórios/Remoção/2012) Assinale a alternativa correta:

a) as glebas de qualquer região do País onde forem localizadas culturas ilegais de plantas psicotrópicas serão imediatamente expropriadas e especificamente destinadas ao assentamento de colonos, para o cultivo de produtos alimentícios e medicamentosos. Ordinariamente, conforme preconiza a garantia fundamental, a desapropriação se faz mediante justa e prévia indenização em dinheiro, porém neste caso a desapropriação se fará com pagamento mediante prévia e justa indenização em títulos da dívida agrária, com cláusula de preservação do valor real, resgatáveis no prazo de até vinte anos, a partir do segundo ano de sua emissão, e cuja utilização será definida em lei.

b) a Constituição Federal brasileira assegura que compete ao Poder Público desapropriar por interesse social, para fins de reforma agrária, o imóvel rural que não esteja cumprindo sua função social, mediante prévia e justa indenização em títulos da dívida agrária, com cláusula de preservação do valor real, com prazo de resgate de até dez anos, em parcelas anuais, iguais e sucessivas, assegurados o valor real da indenização e os juros legais.

c) a Constituição Federal concebe que as desapropriações de imóveis urbanos serão feitas com prévia e justa indenização em dinheiro; no entanto, é facultado ao Município, mediante lei específica para área incluída no plano diretor, exigir, nos termos do Estatuto da Cidade, do proprietário do solo urbano não edificado, subutilizado ou não utilizado, que promova seu adequado aproveitamento, sob pena de, em último caso, não sendo suficiente o parcelamento do solo urbano e nem a aplicação do Imposto Predial, Territorial e Urbano – IPTU progressivo no tempo, ocorrer a desapropriação com pagamento mediante títulos da dívida pública de emissão previamente aprovada pelo Senado Federal, com prazo de resgate de até dez anos, em parcelas anuais, iguais e sucessivas, assegurados o valor real da indenização e os juros legais.

d) quando houver a desapropriação para fins de reforma agrária, as benfeitorias úteis e necessárias serão indenizadas mediante prévia e justa indenização em títulos da dívida agrária, com cláusula de preservação do valor real.

e) é insuscetível de desapropriação para fins de reforma agrária a propriedade produtiva, assim definida em lei, desde que seu proprietário não possua outra.

261. (TJ/SC/Cartórios/Remoção/2012) Assinale a alternativa correta:

a) os imóveis urbanos são submetidos a duas ordens de desapropriação. Uma está subordinada a prévia e justa indenização em dinheiro, e outra, com caráter nitidamente punitivo, fica caracterizada quando o imóvel urbano apresenta-se não edificado, subutilizado ou não utilizado. Nesse caso, o pagamento se dá mediante títulos da dívida pública de emissão previamente aprovada pelo Senado Federal, com prazo de resgate de até dez anos, em parcelas anuais, iguais e sucessivas, assegurados o valor real da indenização e os juros legais.

b) a Constituição Federal garante que as empresas públicas e as sociedades de economia mista, por pertencerem à administração pública indireta, contarão com o gozo de privilégios fiscais, porém esses mesmos privilégios não são extensivos às empresas ou sociedades pertencentes ao setor privado.

c) ao Poder Público, observados os princípios ditados na Constituição Federal e com base em lei, incumbe a prestação de serviços públicos, direta ou indiretamente. Quando o serviço for prestado de forma direta, caberá à administração pública direta, por sua estrutura orgânica, desempenhá-lo, cabendo à administração indireta a prestação de serviços públicos sob o regime de concessão ou permissão, independentemente de licitação.

d) a política de desenvolvimento urbano executada pelo Poder Público municipal, conforme as regras ditadas em nível nacional pelo Estatuto da Cidade, tem por objetivo ordenar o pleno desenvolvimento das funções sociais da cidade e garantir o bem-estar de seus habitantes. O plano diretor, lei municipal, constitui um instrumento básico da política de desenvolvimento e de expansão urbana, que em observância à competência legislativa municipal descrita na Constituição Federal, ante a autonomia municipal, não tem a obrigação de guardar correspondência com as diretrizes gerais fixadas em lei trazidas no Estatuto da Cidade.

e) a propriedade rural atende à função social que está instada a desempenhar quando observa, alternativamente, independentemente de qualquer subordinação legal ulterior que poderá definir critérios e graus de exigência, o requisito do aproveitamento racional adequado do imóvel e a exploração que favoreça o bem-estar dos proprietários e dos trabalhadores.

262. **(Ieses/TJ/RN/Cartórios/Remoção/2012)** É facultado ao Poder Público municipal, mediante lei específica para área incluída no plano diretor, exigir, nos termos da lei federal, do proprietário do solo urbano não edificado, subutilizado ou não utilizado, que promova seu adequado aproveitamento, sob pena:

a) desapropriação com pagamento mediante títulos da dívida pública, com prazo de resgate de até vinte anos, em parcelas anuais, iguais e sucessivas.

b) de parcelamento ou edificação negociados.

c) imposto sobre a propriedade predial e territorial urbana regressivo no tempo.

d) desapropriação com pagamento mediante títulos da dívida pública, assegurados o valor real da indenização e os juros legais.

263. **(Vunesp/TJ/SP/Cartórios/Remoção/2014)** A política de desenvolvimento urbano, de acordo com a Constituição Federal, executada pelo Poder Público municipal, conforme diretrizes gerais fixadas em lei, tem por objetivo ordenar o pleno desenvolvimento das funções sociais da cidade e garantir o bem-estar de seus habitantes. Nesse contexto, assinale a alternativa correta:

a) a propriedade urbana cumpre sua função social quando atende às exigências fundamentais de ordenação da cidade expressas no Plano Diretor.

b) o Plano Diretor, instrumento básico da política de desenvolvimento e de expansão urbana, a ser aprovado pela Câmara Municipal, é sempre obrigatório.

c) as desapropriações de imóveis urbanos, como regra geral, serão feitas com prévia e justa indenização mediante entrega ao expropriado de títulos da dívida pública.

d) é facultado ao Poder Público municipal, mediante lei específica para área incluída no Plano Diretor, exigir, nos termos da lei federal, do proprietário do solo urbano não edificado, subutilizado ou não utilizado, que promova seu adequado aproveitamento, sob pena de, sucessivamente, parcelamento ou edificação compulsórios, imposto sobre a propriedade predial e territorial urbana progressivo no tempo e desapropriação com pagamento mediante títulos da dívida pública de emissão previamente aprovada pelo Senado Federal, com prazo de resgate de até dez anos, em parcelas anuais, iguais e sucessivas, assegurado o valor real da indenização, sem os juros legais.

264. **(Consulplan/TJ/MG/Cartórios/Ingresso/2015)** Quanto às normas constitucionais que regem a política agrícola e fundiária e da reforma agrária, é correto afirmar:

a) os imóveis públicos poderão ser adquiridos por usucapião.

b) as terras públicas e devolutas são incompatíveis com o plano nacional de reforma agrária.

c) os beneficiários da distribuição de imóveis rurais pela reforma agrária receberão títulos de domínio ou de concessão de uso, inegociáveis pelo prazo de 10 (dez) anos.

d) sobre as operações de transferência de imóveis desapropriados para fins de reforma agrária incidem apenas impostos municipais.

265. **(Consulplan/TJ/MG/Cartórios/Remoção/2015)** Quanto às políticas urbana e rural, é incorreto afirmar:

a) o plano diretor, aprovado pela Câmara Municipal, obrigatório para cidades com mais de vinte mil habitantes, é o instrumento básico da política de desenvolvimento e de expansão urbana.

b) as desapropriações de imóveis urbanos serão feitas com prévia e justa indenização em dinheiro.

c) a desapropriação por interesse social, para fins de reforma agrária, de imóvel que não esteja cumprindo sua função social, far-se-á mediante prévia e justa indenização em títulos da dívida agrária, inclusive das benfeitorias úteis e necessárias, com cláusula de preservação do valor real.

d) são insuscetíveis de desapropriação para fins de reforma agrária a pequena e média propriedade rural, assim definida em lei, desde que seu proprietário não possua outra, bem como a propriedade produtiva.

266. (Vunesp/TJ/SP/Cartórios/Ingresso/2018) A respeito da Ordem Econômica e Financeira estabelecida na Constituição da República, assinale a resposta correta:

a) aquele que possuir como sua área de terra, em zona rural, não superior a quarenta hectares, por dez anos, ininterruptamente e sem oposição, tornando-a produtiva por seu trabalho ou de sua família, tendo nela sua moradia, adquirir-lhe-á o seu domínio, desde que não seja proprietário de outro imóvel rural ou urbano.

b) as empresas públicas e as sociedades de economia mista poderão gozar de privilégios fiscais não extensivos às do setor privado, na forma da lei.

c) o plano diretor, aprovado pela Câmara Municipal, obrigatório para cidades com mais de vinte mil habitantes, é o instrumento básico da política de desenvolvimento e de expansão urbana.

d) aquele que possuir como sua área urbana de até duzentos e cinquenta metros quadrados, por dez anos, ininterruptamente e sem oposição, utilizando-a como sua moradia ou de sua família, adquirir-lhe-á o domínio, desde que não seja proprietário de outro imóvel urbano ou rural.

7.3. Do Sistema Financeiro Nacional

* SÚMULAS

STF Súm. Vinculante 7. A norma do parágrafo 3º do artigo 192 da Constituição, revogada pela Emenda Constitucional 40/2003, que limitava a taxa de juros reais a 12% ao ano, tinha sua aplicabilidade condicionada à edição de lei complementar.

8. DA ORDEM SOCIAL

8.1. Da Seguridade Social

* INFORMATIVOS

STF Planos e seguros privados de assistência à saúde e ressarcimento ao SUS. É constitucional o ressarcimento previsto no art. 32 da Lei 9.656/98, o qual é aplicável aos procedimentos médicos, hospitalares ou ambulatoriais custeados pelo SUS e posteriores a 4.6.1998, assegurados o contraditório e a ampla defesa, no âmbito administrativo, em todos os marcos jurídicos. RE 597064, Rel. Min. Gilmar Mendes, j. 7.2.2018. Pleno. (Info 890)

* REPERCUSSÃO & REPETITIVOS

STF Repercussão Geral 173. Os estrangeiros residentes no país são beneficiários da assistência social prevista no art. 203, V, da CF, uma vez atendidos os requisitos constitucionais e legais. (RE 587970, 20.4.2017)

STF Repercussão Geral 345. É constitucional o ressarcimento previsto no art. 32 da Lei 9.656/98, o qual é aplicável aos procedimentos médicos, hospitalares ou ambulatoriais custeados pelo SUS e posteriores a 4.6.1998, assegurados o contraditório e a ampla defesa, no âmbito administrativo, em todos os marcos jurídicos. (RE 597064, 7.2.2018)

STF Repercussão Geral 479. No atual estágio do conhecimento científico, que indica ser incerta a existência de efeitos nocivos da exposição ocupacional e da população em geral a campos elétricos, magnéticos e eletromagnéticos gerados por sistemas de energia elétrica, não existem impedimentos, por ora, a que sejam adotados os parâmetros propostos pela Organização Mundial de Saúde, conforme estabelece a Lei 11.934/09. (RE 627189, 8.6.2016)

STJ Repetitivo 106. A concessão dos medicamentos não incorporados em atos normativos do SUS exige a presença cumulativa dos seguintes requisitos: i) Comprovação, por meio de laudo médico fundamentado e circunstanciado expedido por médico que assiste o paciente, da imprescindibilidade ou necessidade do medicamento, assim como da ineficácia, para o tratamento da moléstia, dos fármacos fornecidos pelo SUS; ii) incapacidade financeira de arcar com o custo do medicamento prescrito; iii) existência de registro do medicamento na Anvisa, observados os usos autorizados pela agência. Modula-se os efeitos do presente repetitivo de forma que os requisitos acima elencados sejam exigidos de forma cumulativa somente quanto aos processos distribuídos a partir da data da publicação do acórdão embargado, ou seja, 4.5.2018. (EDcl no REsp 1657156, 21.9.2018)

STJ Repetitivo 766. O Ministério Público é parte legítima para pleitear tratamento médico ou entrega de medicamentos nas demandas de saúde propostas contra os entes federativos, mesmo quando se tratar de feitos contendo beneficiários individualizados, porque se refere a direitos individuais indisponíveis, na forma do art. 1º da Lei 8.625/93. (REsp 1682836, 25.4.2018)

* QUESTÕES OBJETIVAS

267. **(Cespe/TJ/ES/Cartórios/Ingresso/2013)** No que concerne à defesa do Estado e das instituições democráticas e da ordem social, assinale a opção correta:

a) é vedada a participação direta ou indireta de empresas ou capitais estrangeiros na assistência à saúde no país, ressalvados os casos legalmente previstos.
b) cabe ao presidente da República decretar o estado de sítio, devendo, para tanto, ouvir o STF, a quem compete definir os termos da decretação.
c) a CF prevê expressamente a possibilidade de impetração de "habeas corpus" em caso de punições disciplinares militares.
d) mesmo em tempo de paz, a CF submete todos os brasileiros ao serviço militar obrigatório, independentemente de gênero, profissão de fé ou razões de consciência.
e) a CF afasta expressamente a uniformidade e a equivalência dos benefícios e serviços às populações urbanas e rurais, uma vez que o conjunto de benefícios e serviços garantidos às populações rurais é mais restrito.

268. **(TJ/SC/Cartórios/Ingresso/2012)** Assinale a alternativa incorreta:

a) a propriedade de empresa jornalística e de radiodifusão sonora e de sons e imagens é privativa de brasileiros natos ou naturalizados há mais de dez anos, ou de pessoas jurídicas constituídas sob as leis brasileiras e que tenham sede no País. Em qualquer caso, pelo menos 70% do capital total e do capital votante das empresas jornalísticas e de radiodifusão sonora e de sons e imagens deverá pertencer, direta ou indiretamente, a brasileiros natos ou naturalizados há mais de dez anos, que exercerão obrigatoriamente a gestão das atividades e estabelecerão o conteúdo da programação.
b) o Estado garantirá a todos o pleno exercício dos direitos culturais e acesso às fontes da cultura nacional, e apoiará e incentivará a valorização e a difusão das manifestações culturais, protegendo as manifestações das culturas populares, indígenas e afro-brasileiras e das de outros grupos participantes do processo civilizatório nacional.
c) a previdência social será organizada sob a forma de regime geral, de caráter contributivo e de filiação obrigatória, observados critérios que preservem o equilíbrio financeiro e atuarial, e atenderá, entre outros, nos termos da lei, à cobertura dos eventos de doença, invalidez, morte e idade avançada.
d) a assistência social será prestada pelo Poder Público a quem dela necessitar, desde que o necessitado tenha contribuído para a seguridade social pelo período mínimo de 10 anos.
e) a saúde é direito de todos e dever do Estado, garantido mediante políticas sociais e econômicas que visem à redução do risco de doença e de outros agravos e ao acesso universal e igualitário às ações e serviços para sua promoção, proteção e recuperação.

269. **(Ieses/TJ/RN/Cartórios/Ingresso/2012)** De acordo com a Constituição da República Federativa do Brasil de 1988, sobre Seguridade Social e Saúde é incorreto afirmar:

a) serão destinados recursos públicos para auxílios ou subvenções às instituições privadas com fins lucrativos.
b) a assistência à saúde é livre à iniciativa privada.
c) as instituições privadas poderão participar de forma complementar do sistema único de saúde, mediante contrato de direito público ou convênio, tendo preferência as entidades filantrópicas e as sem fins lucrativos.
d) a pessoa jurídica em débito com o sistema da seguridade social não poderá receber do Poder Público benefícios ou incentivos fiscais.

270. **(Consulplan/TJ/MG/Cartórios/Remoção/2014)** Acerca da seguridade social, é correto afirmar, exceto:

a) será financiada, também, por contribuições sociais do importador de bens ou serviços do exterior.
b) a pessoa jurídica em débito com o sistema da seguridade social poderá receber incentivos fiscais do Poder Público, como estabelecido em lei.
c) as receitas dos Estados, do Distrito Federal e dos Municípios destinadas à seguridade social

constarão dos respectivos orçamentos, não integrando o orçamento da União.

d) tem como objetivo, dentre outros, a seletividade.

271. (Consulplan/TJ/MG/Cartórios/Ingresso/2016) No Brasil, a organização da seguridade social terá por objetivo:

a) uniformidade de benefícios entre populações rurais e urbanas.

b) atualidade do valor dos benefícios.

c) equidade da base de financiamento.

d) diversidade na forma de participação de custeio.

272. (Vunesp/TJ/SP/Cartórios/Remoção/2014) A previdência social, de acordo com a Constituição Federal, será organizada sob a forma de regime geral, de caráter contributivo e de filiação obrigatória, observados critérios que preservem o equilíbrio financeiro e atuarial, fixadas, dentre outras, as seguintes regras:

a) é permitida a filiação ao regime geral de previdência social, como segurado facultativo, de pessoa participante de regime próprio de previdência.

b) para efeito de aposentadoria, é assegurada a contagem recíproca do tempo de contribuição na administração pública e na atividade privada, rural e urbana, hipótese em que os diversos regimes de previdência social se compensarão financeiramente, segundo critérios estabelecidos em lei.

c) a gratificação natalina dos aposentados e pensionistas terá por base o valor médio dos proventos pagos no decorrer do ano de referência, na forma da lei.

d) todos os salários de contribuição considerados para o cálculo de benefício serão devidamente atualizados de acordo com a variação do maior índice vigente no período de um ano, na forma de lei complementar, esta revista a cada dois anos.

273. (FMP/TJ/MT/Cartórios/Remoção/2014) Em relação aos objetivos da assistência social, assinale a afirmativa correta:

a) a promoção da integração ao mercado de trabalho e a descentralização das atividades assistenciais.

b) o amparo às crianças e adolescentes carentes e a promoção da integração ao mercado de trabalho.

c) a proteção à família e a participação da comunidade nas decisões relativas à assistência social.

d) a proteção à velhice e o atendimento integral de suas necessidades.

e) a proteção à maternidade e a preservação dos direitos da paternidade.

274. (Ieses/TJ/MS/Cartórios/Remoção/2014) O servidor civil ocupante de cargo efetivo ou o militar da União, dos Estados, do Distrito Federal ou dos Municípios, bem como o das respectivas autarquias e fundações, são excluídos do Regime Geral de Previdência Social consubstanciado nesta Lei, desde que amparados por regime próprio de previdência social; porém se caso o servidor ou o militar venham a exercer, concomitantemente, uma ou mais atividades abrangidas pelo Regime Geral de Previdência Social, este se tornará:

a) segurado especial em relação a essas atividades.

b) contribuinte individual em relação a essas atividades.

c) segurado obrigatório em relação a essas atividades.

d) segurado facultativo em relação a essas atividades.

275. (Ieses/TJ/MS/Cartórios/Remoção/2014) O ministro de confissão religiosa e o membro de instituto de vida consagrada, de congregação ou de ordem religiosa poderá buscar a condição de segurado da Previdência Social:

a) como empregado doméstico.

b) como contribuinte individual.

c) como trabalhador avulso.

d) como segurado especial.

276. (Ieses/TJ/MS/Cartórios/Remoção/2014) Todo aquele que exercer, concomitantemente, mais de uma atividade remunerada sujeita ao Regime Geral de Previdência Social é obrigatoriamente filiado em relação a cada uma delas e deverá contribuir da seguinte forma:

a) contribuir apenas na atividade remunerada que exercer a mais tempo, pois esta será considerada a ocupação principal.

b) contribuição única calculada sobre o valor total de sua remuneração, o fazendo por via de GPS-Guia de Previdência Social.

c) em cada atividade remunerada segundo regra específica, observado o teto de contribuição do INSS e sua tabela de alíquotas de contribuição.

d) contribuir apenas na atividade remunerada que perceber a maior remuneração, pois esta será considerada a ocupação principal.

277. (Ieses/TJ/MS/Cartórios/Remoção/2014) Não integram o salário-de-contribuição para os fins Previdenciários, exclusivamente, com exceção:

a) das importâncias recebidas a título de ganhos eventuais e os abonos expressamente desvinculados do salário.

b) do salário-maternidade.

c) das importâncias recebidas a título de incentivo à demissão.

d) das importâncias relativas à indenização por tempo de serviço, anterior a 5 de outubro de 1988, do empregado não optante pelo Fundo de Garantia do Tempo de Serviço-FGTS.

278. (Ieses/TJ/MS/Cartórios/Remoção/2014) A seguridade social compreende um conjunto integrado de ações de iniciativa dos Poderes Públicos e da sociedade, destinadas a assegurar os direitos relativos à saúde, à previdência e à assistência social. Segundo a Constituição Federal de 1988, compete ao Poder Público, organizar a seguridade social, com base nos seguintes objetivos:

I. seletividade e distributividade na prestação dos benefícios e serviços.

II. diversidade na forma de participação no custeio.

III. irredutibilidade do valor dos benefícios.

IV. caráter democrático e descentralizado da administração, mediante gestão bipartite, com participação dos trabalhadores, e do Governo nos órgãos colegiados.

A sequência correta é:

a) apenas a assertiva III está correta.

b) as assertivas I, II, III e IV estão corretas.

c) apenas as assertivas I e II estão corretas.

d) apenas as assertivas II e IV estão incorretas.

279. (Ieses/TJ/PB/Cartórios/Remoção/2014) Ao cidadão, que na data do recolhimento à prisão, possua qualidade de segurado do INSS, será devido o benefício de auxílio-reclusão, enquanto permanecer recolhido à prisão:

a) em regime fechado, semiaberto ou aberto, ainda que não prolatada a sentença condenatória.

b) em regime fechado ou semiaberto, ainda que não prolatada a sentença condenatória.

c) em regime fechado, semiaberto ou aberto, desde que prolatada a sentença condenatória.

d) em regime fechado ou semiaberto, desde que prolatada a sentença condenatória.

280. (Cespe/TJ/DFT/Cartórios/Ingresso/2014) No que se refere à previdência social, assinale a opção correta:

a) é segurado obrigatório da previdência social, como empregado, o exercente de mandato eletivo estadual, desde que não vinculado a regime próprio de previdência social.

b) consideram-se dependentes do segurado da previdência social os avós, na ausência de esposa ou marido inválido com direito às prestações.

c) a previdência social constitui a política social que visa atender necessidades básicas da população, traduzidas em proteção à família, à maternidade, à infância, à velhice e a riscos sociais, independentemente de contribuição à seguridade social.

d) a descentralização político-administrativa, conforme determinação legal, constitui diretriz a ser observada na organização da previdência social.

e) os municípios estão dispensados de aportar recursos à previdência social.

281. (Cespe/TJ/DFT/Cartórios/Remoção/2014) Considerando o disposto na CF, assinale a opção correta acerca de previdência social:

a) é vedada a contagem recíproca do tempo de contribuição na administração pública e na atividade privada para efeito de aposentadoria voluntária.

b) é de filiação facultativa a previdência social organizada sob a forma de regime geral.

c) é deferida à pessoa participante de regime próprio de previdência a filiação ao regime geral de previdência social na qualidade de segurado facultativo.

d) a gratificação natalina dos aposentados e pensionistas terá por base o valor de um salário-mínimo.

e) em relação ao regime geral de previdência social, o regime de previdência privada de caráter complementar é organizado de forma autônoma.

282. (Cespe/TJ/SE/Cartórios/Remoção/2014) A respeito da previdência social, assinale a opção correta:

a) em regra, o notário, ou tabelião, e o oficial de registros não estão submetidos ao Regime Geral de Previdência Social.

b) ao município é permitida a instituição de contribuição social destinada a custear o serviço local de saúde, respeitado o interregno de noventa dias entre a instituição e a cobrança.

c) o custeio da seguridade social é caracterizado pelo princípio da solidariedade, podendo todos os integrantes da sociedade ser chamados a contribuir, independentemente de pertencerem ou não a determinado grupo diretamente relacionado com a atuação estatal.

d) não se achando no gozo de benefício, aquele que deixar de contribuir por mais de dois meses consecutivos perderá a qualidade de segurado.

e) há variados fatos geradores, contribuintes e bases de cálculo para as contribuições destinadas ao financiamento da seguridade social, vedada a instituição de novas fontes diversas das estabelecidas no texto constitucional.

283. **(Ieses/TJ/MS/Cartórios/Remoção/2014)** Em relação à Seguridade Sócial, o notários, oficiais de registro, escreventes e auxiliares são:

a) vinculados à previdência social, de âmbito estadual, e têm assegurada a contagem recíproca de tempo de serviço em sistemas diversos.

b) vinculados à previdência social, de âmbito federal, e têm assegurada a contagem recíproca de tempo de serviço em sistemas diversos.

c) vinculados à previdência social, de âmbito estadual, não tendo assegurada a contagem recíproca de tempo de serviço em sistemas diversos.

d) vinculados à previdência social, de âmbito federal, não tendo assegurada a contagem recíproca de tempo de serviço em sistemas diversos.

284. **(Ieses/TJ/RO/Cartórios/Remoção/2017)** As ações e serviços públicos de saúde integram uma rede regionalizada e hierarquizada e constituem um sistema único, organizado de acordo com as seguintes diretrizes, exceto:

a) vedação à iniciativa privada de atuar na assistência à saúde.

b) participação da comunidade.

c) atendimento integral, com prioridade para as atividades preventivas, sem prejuízo dos serviços assistenciais.

d) descentralização, com direção única em cada esfera de governo.

285. **(Ieses/TJ/CE/Cartórios/Ingresso/2018)** A seguridade social compreende um conjunto integrado de ações de iniciativa dos Poderes Públicos e da sociedade, destinadas a assegurar os direitos relativos à saúde, à previdência e à assistência social. Sobre a seguridade e de acordo com a Constituição da República Federativa do Brasil de 1988, analise as afirmações a seguir.

I. a assistência à saúde é livre à iniciativa privada.

II. a proposta de orçamento da seguridade social será elaborada de forma integrada pelos órgãos responsáveis pela saúde, previdência social e assistência social, tendo em vista as metas e prioridades estabelecidas na lei de diretrizes orçamentárias, assegurada a cada área a gestão de seus recursos.

III. a seguridade social será financiada por toda a sociedade, de forma direta e indireta, nos termos da lei, mediante recursos provenientes dos orçamentos da União, dos Estados, do Distrito Federal e dos Municípios e de contribuições sociais.

IV. as receitas dos Estados, do Distrito Federal e dos Municípios destinadas à seguridade social constarão dos respectivos orçamentos, integrando, contudo, o orçamento da União.

V. a pessoa jurídica em débito com o sistema da seguridade social, poderá contratar com o Poder Público, mas não poderá dele receber benefícios ou incentivos fiscais ou creditícios.

Estão corretas apenas as afirmações:

a) I, II e III estão corretas.

b) II, III e IV estão corretas.

c) I, III, IV e V estão corretas.

d) todas as afirmativas estão corretas.

286. **(Ieses/TJ/AM/Cartórios/Ingresso/2018)** Conforme o disposto na Constituição Federal no Título VIII "Da Ordem Social", é correto afirmar:

a) são reconhecidos aos índios sua organização social, costumes, línguas, crenças e tradições, e os direitos originários sobre as terras que tradicionalmente ocupam, competindo aos Estados demarcá-las, proteger e fazer respeitar todos os seus bens, ouvidas as populações dos Municípios envolvidos, nos termos e limites fixados em lei específica da União.

b) a família, base da sociedade, tem especial proteção do Estado, sendo que os direitos e deveres referentes à sociedade conjugal são exercidos prioritariamente pela mulher.

c) dentre os objetivos com base nos quais compete ao Poder Público, nos termos da lei, organizar a seguridade social, estão a universalidade da cobertura e do atendimento; seletividade e distributividade na prestação dos benefícios e serviços; irredutibilidade do valor dos benefícios.

d) as usinas que operem com reator nuclear deverão ter sua localização definida em lei estadual complementar específica, sem o que não poderão ser instaladas.

8.2. Da Educação, da Cultura e do Desporto

✱ INFORMATIVOS

STF ADI: colégio militar e contribuições dos alunos. A quota mensal escolar nos colégios militares não representa ofensa à regra constitucional de gratuidade do ensino público, uma vez que não há violação concreta ou potencial ao núcleo de intangibilidade do direito fundamental à educação. A Portaria 42/2008, que aprova o regulamento dos colégios militares e dá outras providências, foi editada à luz da própria CF e da Lei 9.394/96 (Lei de Diretrizes e Bases da Educação Nacional). A contribuição dos alunos para o custeio das atividades do Sistema Colégio Militar do Brasil não possui natureza tributária, considerada a facultatividade do ingresso ao Sistema de Ensino do Exército, segundo critérios meritocráticos, assim como a natureza contratual do vínculo jurídico formado. ADI 5082, Rel. Min. Edson Fachin, j. 24.10.2018. Pleno. (Info 921)

✱ QUESTÕES OBJETIVAS

287. (FCC/TJ/PE/Cartórios/Remoção/2013) Segundo a Constituição Federal, constituem o patrimônio público brasileiro:

a) as criações científicas e tecnológicas.

b) somente bens de natureza material e tangíveis.

c) os sítios de valor histórico e arqueológicos, excluídos os paisagísticos.

d) os remanescentes das comunidades dos quilombos, que devem ter a propriedade de terra revertida ao Poder Público, visando a preservação.

e) culturas indígenas e afro-brasileiras, afastando outros grupos participantes do processo civilizatório nacional.

288. (Faurgs/TJ/RS/Cartórios/Ingresso/2015) Levando em consideração o artigo 206, constante sob o Título Da Ordem Social, assinale a alternativa que Não contém princípio que deve pautar o ensino:

a) liberdade de aprender, ensinar, pesquisar e divulgar o pensamento.

b) gratuidade do ensino público em estabelecimentos não oficiais.

c) igualdade de condições para o acesso e permanência na escola.

d) pluralismo de ideias e de concepções pedagógicas.

289. (Ieses/TJ/PB/Cartórios/Remoção/2014) Segundo a Constituição Federal Brasileira vigente, o ensino será ministrado com base nos seguintes princípios:

I. igualdade de condições para o acesso e permanência na escola; liberdade de aprender, ensinar, pesquisar e divulgar o pensamento, a arte e o saber.

II. pluralismo de ideias e de concepções pedagógicas, e coexistência de instituições públicas e privadas de ensino; gratuidade do ensino público em estabelecimentos oficiais.

III. valorização dos profissionais da educação escolar, garantidos, na forma da lei, planos de carreira, com ingresso exclusivamente por concurso público de provas e títulos, aos das redes públicas.

IV. gestão democrática do ensino público, na forma da lei; garantia de padrão de qualidade; piso salarial profissional nacional para os profissionais da educação escolar pública, nos termos de lei federal.

A sequência correta é:

a) apenas as assertivas II, III e IV estão corretas.

b) apenas as assertivas I e II estão corretas.

c) apenas a assertiva IV está correta.

d) as assertivas I, II, III e IV estão corretas.

290. (Cespe/TJ/SE/Cartórios/Remoção/2014) Com base nas normas constitucionais que tratam da ordem econômica e financeira e da ordem social, assinale a opção correta:

a) a CF assegura às empresas públicas prestadoras de serviços públicos a isenção de custas processuais para litigar em juízo.

b) os benefícios da previdência social e a assistência social, organizadas sob a forma de regime geral, destinam-se exclusivamente aos contribuintes da seguridade social.

c) a CF prevê a possibilidade de exploração direta de atividade econômica pelo Estado somente no caso de imprescindibilidade à segurança nacional.

d) a desapropriação, pela União, de imóvel rural que não atenda a sua função social, para a realização de reforma agrária, depende de prévia indenização em dinheiro.

e) de acordo com a CF, as universidades, entes com autonomia didático-científica, patrimonial, administrativa e de gestão financeira, devem tratar como indissociáveis as atividades de ensino, pesquisa e extensão.

291. **(Consulplan/TJ/MG/Cartórios/Remoção/2015)** Quanto às normas constitucionais que regem a educação, a cultura e o desporto, é correto afirmar:

a) os Estados atuarão prioritariamente no ensino fundamental e na educação infantil.

b) os Municípios atuarão prioritariamente no ensino fundamental e médio.

c) o não oferecimento do ensino obrigatório pelo Poder Público, ou sua oferta irregular, importa responsabilidade da autoridade competente.

d) é vedado às Universidades admitir professores, técnicos e cientistas estrangeiros.

8.3. Da Comunicação Social

*** QUESTÕES OBJETIVAS**

292. **(Consulplan/TJ/MG/Cartórios/Ingresso/2015)** Quanto às normas constitucionais que regem a ordem social, é incorreto afirmar:

a) os meios de comunicação social não podem, direta ou indiretamente, ser objeto de monopólio ou oligopólio.

b) a publicação de veículo impresso de comunicação depende de licença de autoridade.

c) são indisponíveis as terras devolutas ou arrecadadas pelos Estados, por ações discriminatórias, necessárias à proteção dos ecossistemas naturais.

d) a assistência social será prestada a quem dela necessitar, independentemente de contribuição à seguridade social.

8.4. Do Meio Ambiente

*** INOVAÇÕES LEGISLATIVAS**

▲ Constituição Federal (CF/88)

▲ Art. 225. § 7º Para fins do disposto na parte final do inciso VII do § 1º deste artigo, não se consideram cruéis as práticas desportivas que utilizem animais, desde que sejam manifestações culturais, conforme o § 1º do art. 215 desta Constituição Federal, registradas como bem de natureza imaterial integrante do patrimônio cultural brasileiro, devendo ser regulamentadas por lei específica que assegure o bem-estar dos animais envolvidos. (Modificações: EC 96/17)

*** REPERCUSSÃO & REPETITIVOS**

STF Repercussão Geral 479. No atual estágio do conhecimento científico, que indica ser incerta a existência de efeitos nocivos da exposição ocupacional e da população em geral a campos elétricos, magnéticos e eletromagnéticos gerados por sistemas de energia elétrica, não existem impedimentos, por ora, a que sejam adotados os parâmetros propostos pela Organização Mundial de Saúde, conforme estabelece a Lei 11.934/09. (RE 627189, 8.6.2016)

*** INFORMATIVOS**

STF Proibição de transporte de animais vivos e competência legislativa. É inconstitucional lei municipal que proíbe o trânsito de veículos, motorizados ou não, que transportem cargas vivas nas áreas urbanas e de expansão urbana do município, por afrontar a competência da União para legislar sobre a matéria, a qual já estabeleceu, à exaustão, diretrizes para a política agropecuária, o que inclui o transporte de animais vivos e sua fiscalização. Sob justificativa de proteção aos animais, foi imposta restrição desproporcional ao direito dos empresários do agronegócio de realizarem sua atividade. ADPF 516 MC-Ref, Rel. Min. Edson Fachin, j. 11.10.2018. Pleno. (Info 919)

STF Proteção do meio ambiente: instrumentos de cooperação e competência do Poder Executivo. É inconstitucional, por violar o princípio da separação dos poderes, a submissão prévia ao Poder Legislativo estadual, para aprovação, dos instrumentos de cooperação firmados pelos órgãos componentes do SISNAMA. A transferência de responsabilidades ou atribuições de órgãos componentes do SISNAMA é, igualmente, competência privativa do

Poder Executivo e, dessa forma, não pode ficar condicionada a aprovação prévia da Assembleia Legislativa. ADI 4348, Rel. Min. Ricardo Lewandowski, j. 10.10.2018. Pleno. (Info 919)

STF Competência concorrente e omissão de ente federado. É inconstitucional lei estadual que remete o regramento do cultivo comercial e das atividades com organismos geneticamente modificados à regência da legislação federal. O ato normativo implica renúncia do ente estadual ao exercício da competência legislativa concorrente prevista no art. 24, V, VIII e XII da CF. Não cabe ao ente federado recusar-se ao implemento das providências pertinentes pelos meios próprios. O descompasso da lei impugnada é ainda maior quando se considera o federalismo cooperativo. A lógica mostra-se intransponível e direciona ao estabelecimento de normas gerais pela União e à atuação dos Estados no atendimento das peculiaridades regionais. ADI 2303, Rel. Min. Marco Aurélio, j. 5.9.2018. Pleno. (Info 914)

STF Competência concorrente e construções em Áreas de Proteção Permanente. É formalmente inconstitucional lei estadual que permite construções destinadas exclusivamente ao lazer em Áreas de Preservação Permanente (APP), com área máxima de 190 m2, por extrapolar os limites da competência suplementar, decorrente da competência concorrente entre União e Estados, ao conferir às APP's proteção deficitária em comparação ao regramento nacional (Código Florestal). Também é materialmente inconstitucional porque não há proporcionalidade e razoabilidade em expor bens jurídicos de máxima importância sem justificativa plausível, especialmente na construção de área de 190 m2 dentro de APP com a mera finalidade de lazer, sem se importar com o tamanho do terreno do condomínio ou com os efeitos nefastos que podem ser gerados. Em áreas de preservações iguais ou menores a 190 m2, por exemplo, a construção acabará com a preservação. Além disso, embora a norma estabeleça que a construção não deva conter fossas sépticas ou outras fontes poluidoras, o simples fato de haver tubulações implica alteração do meio ambiente, fato que gera verdadeira lesão ambiental às APP's. ADI 4988, Rel. Min. Alexandre de Moraes, j. 19.9.2018. Pleno. (Info 916)

* QUESTÕES DISCURSIVAS

02. **(Cespe/TJ/ES/Cartórios/Remoção/2013)** A 19ª Conferência da Organização das Nações Unidas (ONU) sobre Mudança Climática, realizada em Varsóvia, em novembro de 2013, apesar de poder ser vista como uma preparação de terreno para a reunião de Paris, em 2015, que selará as bases para o novo acordo global de redução da emissão de Gases do Efeito Estufa (GEE) que começa a valer em 2019, é estratégica. Isso porque muitos temem que se os principais pontos de embate entre os países não começarem a ser solucionados, em 2015 não haverá tempo suficiente para fechar um texto consensual. O Globo, 12/11/2013, p. 29 (com adaptações). Considerando que o fragmento de texto acima tem caráter unicamente motivador, redija um texto dissertativo acerca do seguinte tema: "O planeta em perigo: o combate às causas do aquecimento global é tarefa de todos". Ao elaborar seu texto, aborde, necessariamente, os seguintes aspectos: (i) as ações humanas que resultam em alterações climáticas; (ii) o modelo de desenvolvimento e o aquecimento global; (iii) a questão ambiental e a agenda política do mundo contemporâneo.

* QUESTÕES OBJETIVAS

293. **(Cespe/TJ/RR/Cartórios/Ingresso/2013)** Assinale a opção em que é apresentada medida adotada pelo governo federal para a proteção do meio ambiente e recursos naturais:

a) veto ao uso de usinas térmicas movidas a óleo diesel ou carvão para a geração de energia elétrica.
b) proibição da construção de novas usinas nucleares.
c) proibição da instalação de geradores de energia eólica no topo de morros e montanhas.
d) limitação a 15% da adição do álcool anidro à gasolina nas cidades com mais de um milhão de habitantes.
e) concessão de R$ 300,00 a cada trimestre à família que preserve florestas nacionais, reservas extrativistas e de desenvolvimento sustentável.

294. **(FCC/TJ/PE/Cartórios/Ingresso/2013)** O Princípio da Precaução no Direito Ambiental:

a) pressupõe que haja informação certa e ausência de dúvida sobre a segurança de determinada decisão.
b) pode ser aplicado de forma direta, dispensando a avaliação de riscos, pois o objetivo é priorizar as incertezas na proteção do meio ambiente e não o processo científico para avaliá-lo.

c) significa tomar uma decisão face aos riscos com a prévia participação popular.

d) significa tomar uma decisão quando a informação científica for insuficiente, não conclusiva ou incerta e haja informações de que os possíveis efeitos sobre o meio ambiente possam ser potencialmente perigosos e incompatíveis com o nível de proteção escolhidos.

e) é o ato de divulgação de informações ambientais que devem ser repassadas pelo Poder Público e a toda coletividade, com a participação de pessoas e organizações não governamentais nos procedimentos de decisões administrativas e nas ações judiciais ambientais.

295. **(Cespe/TJ/DFT/Cartórios/Ingresso/2014)** Consoante a Lei n. 12.651/2012, em uma determinada propriedade onde haja área de preservação permanente, a vegetação nativa:

a) deve ser mantida pelo proprietário, sendo a obrigação de natureza pessoal.

b) pode ser suprimida, ainda que protetora de nascente, em caso de utilidade pública.

c) deve ser preservada, vedada qualquer forma de supressão.

d) deve ser mantida, em caso de transferência de domínio do imóvel, apenas se tal hipótese estiver prevista no contrato de compra e venda.

e) pode ser removida para fins de interesse social, caso seja protetora de dunas.

296. **(Ieses/TJ/PA/Cartórios/Remoção/2016)** A Constituição da República Federativa do Brasil de 1988 representa um marco histórico na legislação ambiental brasileira, sendo responsável pela elevação do meio ambiente à categoria dos bens tutelados pelo ordenamento jurídico, bem como estabeleceu o direito ao meio ambiente sadio como um direito fundamental do indivíduo. Segundo a Constituição Federal de 1988 incumbe ao Poder Público iniciativas para resguardar o meio ambiente, assinale a alternativa incorreta sobre quais são as iniciativas:

a) preservar a diversidade e a integridade do patrimônio genético do País e fiscalizar as entidades dedicadas à pesquisa e manipulação de material genético.

b) preservar e restaurar os processos ecológicos essenciais e prover o manejo ecológico das espécies e ecossistemas.

c) verificar a instalação de obra ou atividade potencialmente causadora de significativa degradação do meio ambiente, sem necessidade de estudo prévio de impacto ambiental, a que se dará publicidade.

d) definir, em todas as unidades da Federação, espaços territoriais e seus componentes a serem especialmente protegidos, sendo a alteração e a supressão permitidas somente através de lei, vedada qualquer utilização que comprometa a integridade dos atributos que justifiquem sua proteção.

297. **(Ieses/TJ/MS/Cartórios/Remoção/2014)** A Constituição Federal de 1988 textualmente considera com patrimônio nacional alguns ecossistemas específicos, sendo que sua utilização far-se-á, na forma da lei, dentro de condições que assegurem a preservação do meio ambiente, inclusive quanto ao uso dos recursos naturais. São esses ecossistemas:

a) a Floresta Amazônica brasileira, a Mata Atlântica, o Serrado, o Pantanal Mato-Grossense e a Planície Litorânea.

b) a Floresta Amazônica brasileira, a Mata Atlântica, a Serra do Mar, o Pantanal Mato-Grossense e a Zona Costeira.

c) a Floresta Amazônica brasileira, a Mata Atlântica, a Chapada da Diamantina, o Pantanal Mato-Grossense e a ilha de Fernando de Noronha.

d) a Floresta Equatorial, a Mata Atlântica, a Chapada dos Veadeiros, o Pantanal Mato-Grossense e a ilha de Fernando de Noronha.

298. **(Ieses/TJ/MS/Cartórios/Remoção/2014)** Em matéria Constitucional referente à proteção ao meio ambiente, o Poder Público está incumbido por força da Carta Magna a:

I. promover a educação ambiental apenas no ensino fundamental ensino e a conscientização pública para a preservação do meio ambiente.

II. exigir, na forma da lei, para instalação de obra ou atividade potencialmente causadora de significativa degradação do meio ambiente, estudo prévio de impacto ambiental, a que se dará publicidade.

III. preservar a diversidade e a integridade do patrimônio genético do país e fiscalizar as entidades dedicadas à pesquisa e manipulação de material genético.

IV. preservar e restaurar os processos ecológicos essenciais e prover o manejo ecológico das espécies e ecossistemas.

A sequência correta é:

a) apenas as assertivas I e IV estão corretas.
b) as assertivas I, II, III e IV estão corretas.
c) apenas as assertivas I e III estão corretas.
d) apenas as assertivas II, III e IV estão corretas.

299. (Ieses/TJ/AM/Cartórios/Remoção/2018) São denominados patrimônio nacional, segundo a Constituição Federal os seguintes ecossistemas, exceto:

a) floresta amazônica brasileira.
b) caatinga.
c) mata atlântica.
d) pantanal mato-grossense.

8.5. Da Família, da Criança, do Adolescente, do Jovem e do Idoso

✱ QUESTÕES OBJETIVAS

300. (Ieses/TJ/PA/Cartórios/Remoção/2016) A família considerada a base da sociedade pode ser considerada o instituto que mais sofreu alterações ao longo dos tempos, e a legislação precisa acompanhar a evolução da sociedade garantindo apoio e resguardando os direitos dos membros familiares. Os princípios constitucionais do Direito de Família trouxeram considerável revolução ao ordenamento jurídico brasileiro, no sentido de reconhecer o pluralismo familiar existente no mundo fático, em virtude das novas espécies de família que se constituíram ao longo do tempo. São princípios constitucionais norteadores do Direito de Família:

a) dignidade da pessoa humana, isonomia, solidariedade social, afetividade.
b) isonomia, afetividade, dignidade da pessoa humana.
c) dignidade da pessoa humana, isonomia, solidariedade social.
d) isonomia, solidariedade social, afetividade.

301. (Cespe/TJ/RR/Cartórios/Ingresso/2013) No que diz respeito à ordem social, assinale a opção correta:

a) o casamento civil pode ser dissolvido pelo divórcio, desde que após prévia separação judicial por mais de um ano nos casos expressos em lei, ou comprovada separação de fato por mais de dois anos.
b) os benefícios da assistência social são deferidos somente àqueles que para ela contribuam durante o lapso temporal fixado em lei ordinária específica.
c) é vedada, em qualquer hipótese, a remoção dos índios de suas terras.
d) a plena aplicabilidade e eficácia da regra constitucional que garante aos idosos a gratuidade do transporte coletivo requer complementação infraconstitucional.
e) é dever constitucional da família, da sociedade e do Estado assegurar à criança e ao adolescente, com absoluta prioridade, o direito à vida, à saúde, à alimentação, à educação, ao lazer, à profissionalização, à cultura, à dignidade, ao respeito, à liberdade e à convivência familiar e comunitária, além de colocá-los a salvo de toda forma de negligência, discriminação, exploração, violência, crueldade e opressão.

302. (FCC/TJ/PE/Cartórios/Remoção/2013) O Estado promoverá programas de assistência integral à saúde da criança, do adolescente e do jovem, admitida a participação de entidades não governamentais, mediante políticas específicas de proteção especial, que não incluem o seguinte preceito:

a) aplicação de percentual dos recursos públicos destinados à saúde na assistência materno-infantil e garantia de acesso do trabalhador adolescente e jovem à escola.
b) garantia de pleno e formal conhecimento da atribuição de ato infracional, igualdade na relação processual e defesa técnica por profissional habilitado, segundo dispuser a legislação tutelar específica.
c) estímulo do Poder Público, através de assistência jurídica, incentivos fiscais e subsídios, nos termos da lei, ao acolhimento, sob a forma de guarda, de criança ou adolescente órfão ou abandonado.
d) fomentar a criação do estatuto da juventude, destinado a regular os direitos dos jovens e gerir políticas públicas através de um plano nacional de juventude, de duração decenal, visando à articulação das várias esferas do poder público para a execução de políticas públicas, com ênfase na garantia de direitos trabalhistas e instituição da garantia de gratuidade dos transportes coletivos urbanos.
e) fixação de programas de prevenção e atendimento especializado à criança, ao adolescente e ao jovem dependente de entorpecentes e drogas afins.

303. (Ieses/TJ/RN/Cartórios/Remoção/2012) De acordo com a Constituição da República Federativa do Brasil de 1988 é incorreto afirmar:

a) para efeito da proteção do Estado, é reconhecida a união estável entre o homem e a mulher como entidade familiar, devendo a lei facilitar sua conversão em casamento.

b) o casamento civil pode ser dissolvido pelo divórcio.

c) aos maiores de sessenta anos é garantida a gratuidade dos transportes coletivos urbanos.

d) o casamento é civil e gratuita a celebração e o casamento religioso tem efeito civil.

304. (Faurgs/TJ/RS/Cartórios/Remoção/2015) Tendo em vista a previsão do caput do artigo 227, assinale a alternativa que contém assertiva incorreta:

a) é dever da família e do Estado assegurar à criança, ao adolescente e ao jovem o direito à vida, à moradia, à saúde e à alimentação.

b) é dever do Estado e da sociedade assegurar à criança, ao adolescente e ao jovem o direito à educação, ao lazer e à profissionalização.

c) é dever da família e da sociedade colocar a salvo de toda a forma de violência, crueldade e opressão a criança, o adolescente e o jovem.

d) é dever da sociedade e do Estado colocar a salvo de toda a forma de negligência, discriminação e exploração a criança, o adolescente e o jovem.

305. (Ieses/TJ/PB/Cartórios/Remoção/2014) Segundo a Constituição Federal de 1988, é dever da família, da sociedade e do Estado assegurar à criança, ao adolescente e ao jovem, com absoluta prioridade, o direito à vida, à saúde, à alimentação, à educação, ao lazer, à profissionalização, à cultura, à dignidade, ao respeito, à liberdade e à convivência familiar e comunitária, além de colocá-los a salvo de toda forma de negligência, discriminação, exploração, violência, crueldade e opressão. Segundo o disposto acima é correto afirmar:

I. o Estado promoverá programas de assistência integral à saúde da criança, do adolescente e do jovem, não sendo admitida a participação de entidades não governamentais.

II. a adoção será assistida pelo Poder Público, na forma da lei, que estabelecerá casos e condições de sua efetivação por parte de estrangeiros.

III. a família, a sociedade e o Estado têm o dever de amparar as pessoas idosas, assegurando sua participação na comunidade, defendendo sua dignidade e bem-estar e garantindo-lhes o direito à vida.

IV. os programas de amparo aos idosos serão executados preferencialmente nos centros de saúde da rede básica.

A sequência correta é:

a) apenas as assertivas II e III estão corretas.

b) as assertivas I, II, III e IV estão corretas.

c) apenas a assertiva IV está correta.

d) apenas as assertivas I e II estão corretas.

306. (Vunesp/TJ/SP/Cartórios/Remoção/2014) O artigo 226 da Constituição Federal, com seus parágrafos, fixa os elementos gerais atinentes à família, considerada base da sociedade e que deve receber especial proteção do Estado. Com relação a essa disposição constitucional, é correto afirmar que:

a) o casamento é civil e gratuita a celebração.

b) o casamento religioso nunca tem efeito civil.

c) para efeito da proteção do Estado, é reconhecida a união estável superior a cinco anos de duração como entidade familiar, devendo a lei facilitar sua conversão em casamento.

d) o casamento civil pode ser dissolvido pelo divórcio, após prévia separação judicial por mais de um ano nos casos expressos em lei, ou comprovada separação de fato por mais de dois anos, exigências expressamente previstas na Constituição Federal.

307. (Vunesp/TJ/SP/Cartórios/Ingresso/2014) Quanto ao atendimento prioritário aos idosos, grávidas e portadores de necessidades especiais, é correto afirmar que:

a) os usuários dos serviços devem ser atendidos por ordem de chegada, assegurada prioridade a idosos, grávidas e portadores de necessidades especiais, exceto no que se refere à prioridade de registro prevista em lei.

b) os usuários dos serviços devem ser atendidos por ordem de chegada, assegurada prioridade a idosos, grávidas, portadores de necessidades especiais e os beneficiários da assistência judiciária gratuita, exceto no que se refere à prioridade de registro prevista em lei.

c) as pessoas portadoras de deficiências, os idosos com idade superior a 60 anos, as gestantes, as lactantes e as acompanhadas por crianças de colo sempre terão atendimento prioritário, nos termos da Lei.

d) os Serviços Notariais e de Registro deverão contar com balcão exclusivo para atendimento de idosos, grávidas e portadores de necessidades especiais. Havendo mais de uma pessoa nas circunstâncias mencionadas, os portadores de necessidades especiais serão atendidos prioritariamente.

308. **(Ieses/TJ/RO/Cartórios/Ingresso/2017)** Sobre a Ordem Social na Constituição Federal, é incorreto afirmar:

a) a família, base da sociedade, tem especial proteção do Estado, sendo que os direitos e deveres referentes à sociedade conjugal são exercidos igualmente pelo homem e pela mulher.

b) o dever da família, da sociedade e do Estado em assegurar à criança, com absoluta prioridade, o direito à vida, à saúde, à alimentação, à educação, ao lazer, à profissionalização, à cultura, à dignidade, ao respeito, à liberdade e à convivência familiar e comunitária, não se estende ao adolescente e ao jovem.

c) a seguridade social compreende um conjunto integrado de ações de iniciativa dos Poderes Públicos e da sociedade, destinadas a assegurar os direitos relativos à saúde, à previdência e à assistência social.

d) as condutas e atividades consideradas lesivas ao meio ambiente sujeitarão os infratores, pessoas físicas ou jurídicas, a sanções penais e administrativas, independentemente da obrigação de reparar os danos causados.

8.6. Dos Índios

✱ SÚMULAS

STF **Súm. 650.** Os incisos I e XI do art. 20 da Constituição Federal não alcançam terras de aldeamentos extintos, ainda que ocupadas por indígenas em passado remoto.

STJ **Súm. 140.** Compete à justiça comum estadual processar e julgar crime em que o indígena figure como autor ou vítima.

✱ QUESTÕES OBJETIVAS

309. **(FMP/TJ/MT/Cartórios/Ingresso/2014)** Assinale a alternativa correta:

a) de acordo com entendimento do STF, o indígena é, em princípio, inimputável.

b) de acordo com entendimento do STF, o indígena é, em princípio, semi-imputável.

c) de acordo com entendimento do STF, o indígena é, em princípio, imputável, sujeitando-se às normas do art. 26 do CP, que regulam a responsabilidade penal, em geral.

d) de acordo com entendimento do STF, o indígena é, em princípio, detentor de retardo mental.

e) de acordo com entendimento do STF, o indígena é, em princípio, oligofrênico.

310. **(Vunesp/TJ/SP/Cartórios/Ingresso/2018)** Sobre os direitos dos índios, dispõe a Constituição da República:

a) é vedada toda e qualquer exploração dos recursos hídricos, incluindo os potenciais energéticos, a pesquisa e a lavra das riquezas minerais em terras indígenas.

b) as terras tradicionalmente ocupadas pelos índios destinam-se à sua posse permanente, cabendo-lhes o usufruto exclusivo das riquezas do solo, das jazidas e dos demais recursos minerais, dos rios e dos lagos nelas existentes.

c) as terras indígenas são inalienáveis e indisponíveis, salvo por deliberação do Congresso Nacional, ouvidas as comunidades locais, ficando-lhes assegurada participação no resultado.

d) é vedada a remoção dos grupos indígenas de suas terras, salvo, ad referendum do Congresso Nacional, em caso de catástrofe ou epidemia que ponha em risco sua população, ou no interesse da soberania do país, após deliberação do Congresso Nacional, garantido, em qualquer hipótese, o retorno imediato logo que cesse o risco.

9. DISPOSIÇÕES CONSTITUCIONAIS GERAIS

✱ SÚMULAS

STF **Súm. 496.** São válidos, porque salvaguardados pelas disposições constitucionais transitórias da Constituição Federal de 1967, os decretos-leis expedidos entre 24 de janeiro e 15 de março de 1967.

✱ REPERCUSSÃO & REPETITIVOS

STF **Repercussão Geral 399.** A expropriação prevista no art. 243 da CF pode ser afastada, desde que o proprietário comprove que não incorreu em culpa, ainda que "in vigilando" ou "in eligendo". (RE 635336, 14.12.2016)

STF **Repercussão Geral 497.** A incidência da estabilidade prevista no art. 10, II, do ADCT, somente exige a anterioridade da gravidez à dispensa sem justa causa. (RE 629053, 10.10.2018)

STF Repercussão Geral 647. É possível o confisco de todo e qualquer bem de valor econômico apreendido em decorrência do tráfico de drogas, sem a necessidade de se perquirir a habitualidade, reiteração do uso do bem para tal finalidade, a sua modificação para dificultar a descoberta do local do acondicionamento da droga ou qualquer outro requisito além daqueles previstos expressamente no art. 243, parágrafo único, da CF. (RE 638491, 17.5.2017)

✱ QUESTÕES OBJETIVAS

311. **(Ieses/TJ/RS/Cartórios/Ingresso/2013)** Assinale a alternativa correta:

a) o ingresso na atividade notarial e de registro depende de concurso público, sendo permitido que a serventia fique vaga, sem ingresso ou remoção, pelo prazo máximo de um ano.

b) os serviços notariais e de registro são exercidos em caráter privado, por delegação do Poder Público.

c) o Poder Executivo, por meio de decreto, disciplinará a responsabilidade civil e criminal dos notários, dos oficiais de registro e de seus prepostos.

d) os emolumentos relativos aos atos praticados pelos serviços notariais e de registro serão fixados mediante normas gerais estabelecidas pelo Poder Judiciário.

312. **(Ieses/TJ/RS/Cartórios/Ingresso/2013)** Assinale a alternativa incorreta quanto aos serviços notariais e de registro:

a) os serviços notariais são exercidos em caráter privado, por delegação do Poder Público. Já os de registro são exercidos unicamente pelo poder público.

b) os serviços notariais e de registro são exercidos em caráter privado, por delegação do poder público.

c) segundo a Constituição, não se permite que qualquer serventia fique vaga, sem abertura de concurso de provimento ou de remoção, por mais de seis meses.

d) o ingresso na atividade notarial e de registro depende de concurso público de provas e títulos.

313. **(FCC/TJ/PE/Cartórios/Ingresso/2013)** Segundo a Constituição Federal, os serviços notariais e de registro têm a seguinte característica:

a) a referida delegação tem caráter peculiar, por ser um instrumento contratual de privatização do exercício dessa atividade material e recair somente sobre a pessoa natural.

b) cuida-se de atividade privada cujo exercício jaz sob a exclusiva fiscalização do Poder Judiciário.

c) apesar do caráter privado, aplica-se o princípio da transparência, devendo as tabelas de emolumentos serem publicadas nos órgãos oficiais das respectivas unidades da Federação, observado o princípio da anterioridade.

d) a delegação em caráter privado permite a responsabilidade civil por danos morais e materiais, excluindo-se a responsabilidade objetiva.

e) as atividades notariais e de registro não se inscrevem no âmbito das remuneráveis por tarifa ou preço público, mas no círculo das que se pautam por uma tabela de emolumentos, jungidos estes a normas gerais que se editam por lei necessariamente estadual.

10. ADCT

✱ QUESTÕES OBJETIVAS

314. **(FCC/TJ/PE/Cartórios/Ingresso/2013)** Sobre a Desvinculação de Receitas da União (DRU) é correto afirmar:

a) a DRU consiste na permissão legal dada ao Poder Judiciário para destinar parte das receitas de impostos e contribuições, obrigatoriamente, a determinado órgão, fundo ou despesa, com o fim de dar cumprimento ao pagamento dos precatórios.

b) excetua-se da desvinculação a arrecadação da contribuição social do salário-educação, recolhida pelas empresas na forma da lei.

c) tem como objetivo dar uma maior flexibilidade à alocação dos recursos públicos, com a elevação das receitas disponíveis para o governo federal utilizar exclusivamente na área da saúde pública.

d) o mecanismo permite ao governo federal usar livremente, desvinculados de órgão, fundo ou despesa, 20% (vinte por cento) da arrecadação da União, Estados e Distrito Federal, impostos, contribuições sociais e de intervenção no domínio econômico.

e) o mecanismo permite aos Estados usar livremente, desvinculados de órgão, fundo ou despesa, 20% (vinte por cento) da arrecadação impostos, contribuições sociais e de intervenção no domínio econômico.

11. AÇÕES CONSTITUCIONAIS

11.1. Ação Civil Pública

✱ INOVAÇÕES LEGISLATIVAS

▲ Lei de Ação Civil Pública (Lei 7.347/85): sem alterações em 2017/2018.

✱ SÚMULAS

STF **Súm. 643.** O Ministério Público tem legitimidade para promover ação civil pública cujo fundamento seja a ilegalidade de reajuste de mensalidades escolares.

STJ **Súm. 489.** Reconhecida a continência, devem ser reunidas na Justiça Federal as ações civis públicas propostas nesta e na Justiça Estadual.

STJ **Súm. 329.** O Ministério Público tem legitimidade para propor ação civil pública em defesa do patrimônio público.

✱ INFORMATIVOS

STJ **Projeto de Lei de Plano Diretor de Município. Ação civil pública. Alegação da falta de asseguramento da efetiva participação popular no processo legislativo. Matéria de interesse local. Atribuição típica do MPE. Ilegitimidade ativa do parquet federal.** O MPF é parte ilegítima para ajuizar ação civil pública que visa à anulação da tramitação de Projeto de Lei do Plano Diretor de município, ao argumento da falta de participação popular nos respectivos trabalhos legislativos. REsp 1.687.821, Rel. Min. Sérgio Kukina, DJ 21.11.2017. 1ª T. (Info 616)

✱ QUESTÕES OBJETIVAS

315. **(Cespe/TJ/PI/Cartórios/Remoção/2013)** Assinale a opção correta no que se refere ao mandado de segurança, à ação popular e à ação civil pública:

a) em ação popular, caberá ao MP assumir a defesa dos autores dos atos impugnados.

b) a inércia da associação autora em promover a execução do julgado em ação civil pública obrigará o cidadão a requerê-la, se decorrido o prazo de sessenta dias do trânsito em julgado da sentença condenatória.

c) reconhecida a continência, as ações civis públicas propostas na justiça estadual e na justiça federal deverão ser reunidas nesta.

d) é admissível a ação de mandado de segurança coletivo para proteger direito líquido e certo, caso haja outra ação específica para impugnar a decisão jurisdicional.

e) o STJ tem competência originária para julgar ação de mandado de segurança contra ato ou decisão do plenário do TCU.

316. **(Cespe/TJ/ES/Cartórios/Remoção/2013)** A respeito de aspectos processuais da ação civil pública, assinale a opção correta:

a) o STF tem competência originária para processar e julgar ações civis públicas em cujo polo passivo figurem autoridades com idêntica prerrogativa de foro em casos de crimes comuns.

b) a ação civil pública poderá ter por objeto a condenação com pagamento de dinheiro ou o cumprimento de obrigação de fazer ou não fazer, sendo inviável cumular os pedidos condenatório e cominatório na mesma ação.

c) a abertura de inquérito civil pelo MP é condição preliminar ao ajuizamento da ação civil pública.

d) o pedido de suspensão da execução da liminar em ação civil pública independe da prévia interposição de agravo e só pode ser formulado pelo MP ou pela pessoa jurídica de direito público interessada.

e) a competência da justiça federal é absoluta, razão pela qual não se admite a prorrogação de processo de ação civil pública, por continência, para abranger ação civil pública em que ente federal não seja parte.

317. **(TJ/SC/Cartórios/Remoção/2012)** Quanto à ação civil pública, assinale a alternativa incorreta:

a) o inquérito civil deve ser arquivado, sem prejuízo de eventuais providências penais, se reparado o dano ambiental e não houver base para a propositura de ação civil pública.

b) a iniciativa do Ministério Público pode ser provocada por qualquer pessoa, que lhe ministrará informações sobre fatos que constituam o objeto da ação civil pública e indicará os elementos de convicção.

c) em caso de desistência infundada ou abandono da ação por associação legitimada, o Ministério Público ou outro legitimado assumirá a titularidade ativa.

d) os juízes e tribunais, se, no exercício de suas funções, tiverem conhecimento de fatos que possam ensejar a propositura da ação civil pública, remeterão peças ao Ministério Público para as providências cabíveis.

e) o juiz não pode conferir efeito suspensivo aos recursos para evitar dano irreparável à parte, providência que somente poderá ser deferida pelo tribunal competente.

318. (FCC/TJ/PE/Cartórios/Ingresso/2013) Na ação civil pública:

a) a competência determina-se pelo local onde ocorreu o dano, podendo, também, ser ajuizada no domicílio do réu.

b) o Poder Público só pode habilitar-se como assistente no polo ativo da relação processual.

c) as associações legitimadas na forma da lei poderão habilitar-se como litisconsortes de qualquer das partes.

d) o inquérito civil preparatório pode ser instaurado no âmbito do Ministério Público ou de quaisquer das associações legalmente legitimadas.

e) o Promotor de Justiça que presidiu o inquérito civil está impedido de ajuizar a correspondente ação civil pública.

319. (Ieses/TJ/PA/Cartórios/Ingresso/2016) Assinale a alternativa correta:

a) de acordo com o disposto na Lei Federal n. 9.784/1999, a competência para a prática de atos administrativos cabe aos órgãos administrativos a que foi inicialmente atribuída, podendo eventualmente ser delegada ou avocada nas hipóteses previstas em regulamento próprio, pois excepcionalmente renunciável.

b) de acordo com o disposto na Lei Federal n. 7.347/1985, na ação que tenha por objeto o cumprimento de obrigação de fazer ou não fazer, o juiz determinará o cumprimento da prestação da atividade devida ou a cessação da atividade nociva, sob pena de execução específica, ou de cominação de multa diária, se esta for suficiente ou compatível, independentemente de requerimento do autor.

c) de acordo com o disposto na Lei Federal n. 12.965/2014, a disciplina do uso da internet no Brasil tem como fundamento a dignidade da pessoa humana, bem como o reconhecimento da escala local e mundial da rede, os direitos sociais, o desenvolvimento da personalidade e o exercício da cidadania em meios digitais, a pluralidade e a diversidade, a abertura e a colaboração, a livre iniciativa, a livre concorrência e a defesa do consumidor, bem com a lucratividade das empresas prestadores de tais serviços.

d) de acordo com o disposto na Lei Federal n. 12.016/2009, será decretada a perempção ou caducidade da medida liminar "ex officio" ou a requerimento do Ministério Público quando, concedida a medida, o impetrante criar obstáculo ao normal andamento do processo ou deixar de promover, por mais de 30 (trinta) dias úteis, os atos e as diligências que lhe cumprirem.

320. (Vunesp/TJ/SP/Cartórios/Remoção/2016) Assinale a alternativa correta relativa à ação civil pública:

a) em caso de desistência infundada ou abandono da ação por associação legitimada, o Ministério Público promoverá a extinção da associação no prazo de 180 dias.

b) a Associação tem legitimidade para propor ação civil pública desde que esteja constituída há dois anos e inclua entre as suas finalidades institucionais, dentre outras, a proteção ao patrimônio público e social, ao meio ambiente e ao consumidor.

c) se o pedido for julgado improcedente por insuficiência de provas, apenas o legitimado que propôs a ação poderá intentar outra com idêntico fundamento, valendo-se de nova prova.

d) admite-se o litisconsórcio facultativo entre os Ministérios Públicos da União, do Distrito Federal e dos Estados na defesa dos interesses e direitos de que cuidam a lei da ação civil pública (Lei n. 7.347/85).

321. (Ieses/TJ/MS/Cartórios/Ingresso/2014) Assinale a alternativa correta:

a) qualquer pessoa poderá e o servidor público deverá provocar a iniciativa do Ministério Público, ministrando-lhe informações sobre fatos que constituam objeto da ação civil e indicando-lhe os elementos de convicção.

b) a ação civil terá por objeto a condenação em dinheiro mas, em hipótese alguma, presta-se ela a compelir o demandado ao cumprimento de obrigação de fazer ou não fazer.

c) não se concederá mandado de segurança quando se tratar de ato do qual caiba recurso administrativo com efeito meramente devolutivo.

d) a prova da cidadania, para ingressar em juízo com Ação Popular, será feita com o título eleitoral ou com documento que a ele corresponda, sendo ainda admitida como prova da cidadania, pelos Tribunais Superiores, a declaração de próprio punho firmada pelo postulante, indicando tratar-se de cidadão brasileiro quites com suas obrigações eleitorais.

322. **(Ieses/TJ/MS/Cartórios/Remoção/2014)** Em relação a ação civil pública a sentença fará coisa julgada "erga omnes", nos limites da competência territorial do órgão prolator, exceto:

a) se o pedido for julgado improcedente por ilegitimidade ativa.

b) se o pedido for julgado improcedente por ilegitimidade passiva.

c) se o pedido for julgado improcedente por insuficiência de provas, hipótese em que qualquer legitimado poderá intentar outra ação com idêntico fundamento, valendo-se de nova prova.

d) se o pedido for julgado improcedente por insuficiência de provas, hipótese em que qualquer legitimado não poderá intentar outra ação com idêntico fundamento, mesmo valendo-se de nova prova.

323. **(Cespe/TJ/SE/Cartórios/Ingresso/2014)** Relativamente à ACP e à execução das ações coletivas, assinale a opção correta:

a) de acordo com a jurisprudência do STJ, caso seja ajuizada ação coletiva atinente a macrolide geradora de processos multitudinários, o juiz poderá suspender o trâmite de todas as ações individuais, mas, para isso, dependerá de requerimento da parte interessada.

b) o MP não possui legitimidade para a liquidação e execução de forma subsidiária, quando se mantiverem inertes os beneficiários da decisão em ACP.

c) o inquérito civil público, por ser peça informativa, não poderá embasar a propositura de ACP contra agente político.

d) se for reconhecido vício na representação processual de associação autora da ACP, o processo deverá ser extinto, não se podendo conferir oportunidade ao MP para que este assuma a titularidade ativa da demanda.

e) segundo o entendimento pacificado do STJ, a competência para processar e julgar ACP é absoluta e se dará em função do local onde ocorrer o dano.

324. **(Ieses/TJ/PB/Cartórios/Ingresso/2014)** A Lei 7.347 de 1985, que disciplina a Ação Civil Pública rege as disposições, sem prejuízo da ação popular, das ações de responsabilidade por danos morais e patrimoniais causados:

I. ao meio-ambiente e ao consumidor.

II. por infrações que envolvam tributos e contribuições previdenciárias.

III. por infração da ordem econômica.

IV. à ordem urbanística:

a) apenas II e IV estão corretas.

b) I, II e III estão corretas.

c) apenas III e IV estão corretas.

d) I, III e IV estão corretas.

11.2. Ação Popular

* INOVAÇÕES LEGISLATIVAS

▲ Lei de Ação Popular (Lei 4.717/65): sem alterações em 2017/2018.

* SÚMULAS

STF **Súm. 101.** O mandado de segurança não substitui a ação popular.

STF **Súm. 365.** Pessoa jurídica não tem legitimidade para propor ação popular.

* QUESTÕES OBJETIVAS

325. **(Consulplan/TJ/MG/Cartórios/Remoção/2018)** Em relação aos instrumentos constitucionais para a proteção dos direitos fundamentais, assinale a alternativa correta:

a) pessoa jurídica não tem legitimidade para propor ação popular.

b) o mandado de segurança pode ser usado como sucedâneo de ação popular.

c) o "habeas corpus" é o meio adequado para impugnação de pronunciamento em processo administrativo que haja implicado a perda de cargo público.

d) é cabível "habeas corpus" contra decisão condenatória a pena de multa, ou relativo a processo em curso por infração penal a que a pena pecuniária seja a única cominada.

326. **(Ieses/TJ/PA/Cartórios/Ingresso/2016)** Assinale a alternativa correta:

a) de acordo com o disposto na Lei Federal n. 8.666/1993, a rescisão do contrato somente poderá se dar por ato unilateral e fundamentado da Administração ou por decisão judicial.

b) de acordo com o disposto na Lei Federal n. 7.347/1985 (ação civil pública), somente os Tribunais (e não o Juiz) poderão conferir efeito suspensivo aos recursos, para evitar dano irreparável à parte.

c) de acordo com o disposto na Lei Federal n. 4.717/1965 (ação popular), o Ministério Público acompanhará a ação, cabendo-lhe apressar a produção da prova e promover a responsabilidade, civil ou criminal, dos que nela incidirem, sendo-lhe vedado, em qualquer hipótese, assumir a defesa do ato impugnado ou dos seus autores.

d) de acordo com o disposto na Lei Federal n. 12.016/2009, o pedido de mandado de segurança não poderá ser renovado dentro do prazo decadencial, se a decisão denegatória não lhe houver apreciado o mérito.

327. **(Ieses/TJ/PB/Cartórios/Remoção/2014)** Na Ação Popular o prazo de contestação é de:

a) quinze dias, prorrogáveis por mais quinze.

b) dez dias, prorrogáveis por mais dez.

c) vinte dias, não cabendo prorrogação em nenhuma hipótese.

d) vinte dias, prorrogáveis por mais vinte.

328. **(Ieses/TJ/PB/Cartórios/Remoção/2014)** A lei que regula a ação popular aponta textualmente que a ação prescreve em:

a) cinco anos.

b) seis meses.

c) três anos.

d) dois anos.

329. **(Consulplan/TJ/MG/Cartórios/Ingresso/2014)** A respeito da ação popular, é incorreto afirmar:

a) a sentença de procedência do pedido tem efeito "erga omnes".

b) são requisitos da ação popular a ilegalidade do ato e a lesividade ao patrimônio público, autarquias, sociedades de economia mista, empresas públicas e pessoas jurídicas subvencionadas com dinheiro público.

c) outro cidadão, diferente do autor popular, é parte ilegítima para promover a execução popular.

d) é cabível para buscar a anulação de concessão irregular de licença de importação e exportação.

330. **(Cetro/TJ/RJ/Cartórios/Ingresso/2017)** Francisco e Clara, juridicamente responsáveis pelo Lar dos Bichos, instituição sem finalidade lucrativa que dá acolhida a animais abandonados, decidiram ajuizar ação popular em face do Presidente da República diante da liberação de verba pública para propaganda de consumo de carne de cavalo pela população. Ao final, quando da confecção da peça processual, depararam-se com questões técnicas relacionadas à referida medida judicial, as quais estão retratadas nas assertivas abaixo. Sobre elas, marque V para verdadeiro ou F para falso e, em seguida, assinale a alternativa que apresenta a sequência correta.

I. de acordo com entendimento do STF, faz-se necessária a menção na Petição Inicial e a prova de prejuízo material aos cofres públicos.

II. da mesma forma que o Mandado de Segurança, a competência para julgar ação popular contra ato proveniente do Presidente da República é do STF.

III. a decisão proferida em sede de ação popular é desprovida de força vinculante, em sentido técnico, não se estendendo, portanto, de forma automática, a outros processos de matéria similar:

a) F, V, F.

b) V, F, F.

c) V, V, F.

d) V, F, V.

e) F, F, V.

11.3. "Habeas Corpus"

✱ SÚMULAS

STF Súm. 208. O assistente do Ministério Público não pode recorrer, extraordinariamente, de decisão concessiva de "habeas corpus".

STF Súm. 299. O recurso ordinário e o extraordinário interpostos no mesmo processo de mandado de segurança, ou de "habeas corpus", serão julgados conjuntamente pelo Tribunal Pleno.

STF Súm. 344. Sentença de primeira instância concessiva de "habeas corpus", em caso de crime praticado em detrimento de bens, serviços ou interesses da União, está sujeita a recurso "ex officio".

STF Súm. 395. Não se conhece de recurso de "habeas corpus" cujo objeto seja resolver sobre o ônus das custas, por não estar mais em causa a liberdade de locomoção.

STF **Súm. 431.** É nulo o julgamento de recurso criminal, na segunda instância, sem prévia intimação, ou publicação da pauta, salvo em "habeas corpus".

STF **Súm. 606.** Não cabe "habeas corpus" originário para o Tribunal Pleno de decisão de turma, ou do plenário, proferida em "habeas corpus" ou no respectivo recurso.

STF **Súm. 691.** Não compete ao Supremo Tribunal Federal conhecer de "habeas corpus" impetrado contra decisão do relator que, em "habeas corpus" requerido a tribunal superior, indefere a liminar.

STF **Súm. 692.** Não se conhece de "habeas corpus" contra omissão de relator de extradição, se fundado em fato ou direito estrangeiro cuja prova não constava dos autos, nem foi ele provocado a respeito.

STF **Súm. 693.** Não cabe "habeas corpus" contra decisão condenatória a pena de multa, ou relativo a processo em curso por infração penal a que a pena pecuniária seja a única cominada.

STF **Súm. 694.** Não cabe "habeas corpus" contra a imposição da pena de exclusão de militar ou de perda de patente ou de função pública.

STF **Súm. 695.** Não cabe "habeas corpus" quando já extinta a pena privativa de liberdade.

* INFORMATIVOS

STF **Decisão judicial transitada em julgado e "habeas corpus".** É cabível habeas corpus em face de decisão transitada em julgado. Via impugnatória mais célere e benéfica ao condenado. RHC 146327, Rel. Min. Gilmar Mendes, j. 27.2.2018. 2ª T. (Info 892)

STF **"Habeas corpus" e medida cautelar de afastamento de cargo público.** O "habeas corpus" pode ser empregado para impugnar medidas cautelares de natureza criminal diversas da prisão. HC 147303, Rel. Min. Gilmar Mendes, j. 18.12.2017. 2ª T. (Info 888)

STJ **Medidas coercitivas atípicas. Retenção do passaporte. Coação à liberdade de locomoção. "Habeas corpus". Cabimento.** Cabe "habeas corpus" para impugnar decisão judicial que determinou a retenção de passaporte. RHC 97.876, Rel. Min. Luis Felipe Salomão, DJ 9.8.2018. 4ª T. (Info 631)

STJ **Medidas coercitivas atípicas. Suspensão da Carteira Nacional de Habilitação. Coação à liberdade de locomoção. Não configuração. Habeas corpus. Não cabimento.** Não cabe "habeas corpus" para impugnar decisão judicial que determinou a suspensão de Carteira Nacional de Habilitação – CNH. RHC 97.876, Rel. Min. Luis Felipe Salomão, DJ 9.8.2018. 4ª T. (Info 631)

* QUESTÕES OBJETIVAS

331. **(Cespe/TJ/PI/Cartórios/Ingresso/2013)** Com relação aos recursos em processo penal e ao "habeas corpus", assinale a opção correta:

a) o recurso "ex officio" viola o princípio da inércia, não tendo sido previsto na CF.

b) a fuga do réu implica o reconhecimento da deserção e a consequente extinção do recurso sem análise do mérito.

c) pela teoria brasileira do "habeas corpus" o remédio constitucional do "habeas corpus" é utilizado sempre que o indivíduo sofrer ou se achar em iminente perigo de sofrer violência, ou coação, por ilegalidade ou abuso de poder.

d) é vedada a conversão de "habeas corpus" impetrado como preventivo em liberatório, em face da sua natureza jurídica.

e) contra a decisão do juiz da execução penal que indeferiu pedido de remição penal cabe apelação.

332. **(Cespe/TJ/PI/Cartórios/Ingresso/2013)** Considerando o que dispõe a CF, assinale a opção correta:

a) cabe impetração de "habeas corpus" sempre que alguém sofrer ou se achar ameaçado de sofrer violência ou coação que afete sua liberdade de locomoção, por ilegalidade ou abuso de poder, independentemente do cargo público ocupado pela autoridade apontada como coatora.

b) o mandado de segurança destina-se à proteção de direito líquido e certo, não amparado por "habeas corpus" ou "habeas data", quando o responsável pela ilegalidade ou o abuso de poder for autoridade ou agente de pessoa jurídica, no exercício, ou não, de atribuições delegadas do Poder Executivo, Legislativo ou Judiciário.

c) organização sindical, entidade de classe ou associação legalmente constituídas poderão impetrar mandado de segurança coletivo, "habeas corpus" ou "habeas data", em defesa de qualquer interesse de seus membros ou associados, desde que esteja em funcionamento há pelo menos dois anos.

d) o mandado de segurança coletivo pode ser impetrado por qualquer partido político, independentemente de representação no Congresso Nacional, bastando, para tanto, que o partido esteja representado em, pelo menos, duas assembleias legislativas.

e) a concessão de "habeas data" destina-se apenas à retificação de dados, independentemente de prévio manejo de ações judiciais ou de requerimentos administrativos.

333. **(Consulplan/TJ/MG/Cartórios/Ingresso/2014)** Acerca do remédio constitucional para tutela da liberdade de locomoção, assinale a alternativa incorreta:

a) é cabível "habeas corpus" tão somente para garantia da liberdade de locomoção, ou ameaça à liberdade de locomoção, inadmitindo-o, porém, quando a matéria versar sobre extinção da punibilidade ou nulidade manifesta do processo.

b) a concessão do "habeas corpus" não obstará, nem porá termo ao processo, desde que este não esteja em conflito com os fundamentos daquela.

c) admite-se "habeas corpus" preventivo quando há iminência de restrição à liberdade de locomoção.

d) o Ministério Público tem legitimidade para impetrá-lo.

11.4. "Habeas Data"

✱ INOVAÇÕES LEGISLATIVAS

▲ Lei do "Habeas Data" (Lei 9.507/97): sem alterações em 2017/2018.

✱ SÚMULAS

STJ **Súm. 2.** Não cabe o "habeas data" (CF, art. 5º, LXXII, letra "a") se não houve recusa de informações por parte da autoridade administrativa.

✱ QUESTÕES OBJETIVAS

334. **(Ieses/TJ/PA/Cartórios/Ingresso/2016)** Conceder-se-á (___) para assegurar o conhecimento de informação relativas à pessoa do impetrante, constantes de registros ou bancos de dados de entidades governamentais ou de caráter público:

a) ação civil pública.

b) "habeas corpus".

c) mandado de injunção.

d) "habeas data".

335. **(Consulplan/TJ/MG/Cartórios/Ingresso/2017)** A Constituição da República Federativa do Brasil/1988 previu diversos remédios constitucionais para a defesa dos direitos fundamentais. Analise as afirmativas abaixo:

I. "habeas data" é o remédio constitucional colocado à disposição da pessoa física ou jurídica com o objetivo de lhe assegurar o conhecimento de registros concernentes ao requerente e constantes de repartições públicas ou particulares acessíveis ao público, para retificação de seus dados pessoais, quando não prefira fazê-lo por processo sigiloso, judicial ou administrativo, bem como para a anotação, nos assentamentos do interessado, de contestação ou explicação sobre dado verdadeiro, mas justificável e que esteja sob pendência judicial ou amigável.

II. o objeto da ação popular é o ato ilegal e lesivo ao patrimônio público e, dessa forma, essa ação se presta a atacar lei em tese e lei de efeitos concretos.

III. órgãos públicos despersonalizados, ainda que dotados de capacidade processual e que possuam prerrogativas ou direitos próprios a defender, não têm legitimidade para impetrar mandado de segurança.

IV. são gratuitas as ações de "habeas corpus" e "habeas data" e o autor da ação popular, salvo comprovada má-fé, ficará isento do pagamento de custas judiciais e do ônus da sucumbência.

Está correto apenas o que se afirmou em:

a) II e III.

b) II e IV.

c) I e II.

d) I e IV.

336. **(Cetro/TJ/RJ/Cartórios/Remoção/2017)** No que se refere à legitimidade ativa para a impetração do "habeas data", assinale a alternativa correta:

a) o fato de configurar-se como uma ação de ordem personalíssima não afasta possibilidade de impetração de "habeas data" na modalidade coletiva.

b) a pessoa jurídica nacional detém, e a estrangeira não, legitimidade para impetrar "habeas data".

c) conforme se verifica na lei do "habeas data" (Lei n. 9.507/1997), é atribuído ao Ministério Público legitimidade ativa para a defesa de terceiro hipossuficiente.

d) às pessoas jurídicas de direito público está afastada a eventual legitimidade para impetrar "habeas data".

e) o cônjuge sobrevivente é parte legítima para impetrar "habeas data" referente a interesse do "de cujus".

11.5. Mandado de Injunção

*** INOVAÇÕES LEGISLATIVAS**

▲ Lei do Mandado de Injunção (Lei 13.300/16): sem alterações em 2017/2018.

*** ENUNCIADOS CJF**

CJF **Proc. Civil 12.** É cabível a intervenção de "amicus curiae" (art. 138 do CPC) no procedimento do Mandado de Injunção (Lei n. 13.300/2016).

*** QUESTÕES OBJETIVAS**

337. (Consulplan/TJ/MG/Cartórios/Remoção/2014) Acerca das ações constitucionais, é incorreto afirmar:

a) não cabe "habeas corpus" contra decisão condenatória a pena pecuniária.

b) a ação civil pública é instrumento adequado para a tutela dos direitos difusos, coletivos e individuais homogêneos.

c) conceder-se-á mandado de injunção sempre que houver omissão legislativa que impeça ou prejudique a fruição de qualquer direito.

d) os partidos políticos têm legitimidade para impetrar mandado de segurança coletivo.

338. (Ieses/TJ/PA/Cartórios/Remoção/2016) Sempre que a falta de norma regulamentadora torne inviável o exercício dos direitos e liberdades constitucionais e das prerrogativas inerentes à nacionalidade, à soberania e à cidadania é possível a concessão de:

a) "habeas corpus".

b) mandado de injunção.

c) "habeas data".

d) mandado de segurança.

339. (Consulplan/TJ/MG/Cartórios/Remoção/2016) Assinale a alternativa correta em relação às Ações Constitucionais:

a) a ação popular, ajuizada por pessoas físicas ou jurídicas, tem por objeto anular ato lesivo ao patrimônio público ou de entidade de que o Estado participe, à moralidade administrativa, ao meio ambiente e ao patrimônio histórico cultural.

b) o mandado de segurança coletivo poderá ser impetrado por partido político com representação no Congresso Nacional, organização sindical, entidade de classe ou associação legalmente constituída há pelo menos três anos, em defesa de seus membros ou associados.

c) o mandado de injunção visa suprir a carência de normas regulamentadoras do exercício dos direitos e garantias constitucionais e das prerrogativas inerentes à nacionalidade, à soberania e à cidadania.

d) o "habeas data" pode ser manejado para assegurar o conhecimento de informações relativas ao impetrante, constantes de registros de entidades de públicas e privadas.

340. (Consulplan/TJ/MG/Cartórios/Remoção/2017) Assinale a opção incorreta:

a) cabe mandado de injunção quando a existência de norma regulamentadora preveja ou possibilite a restrição às liberdades fundamentais e às prerrogativas inerentes à nacionalidade, à soberania e à cidadania.

b) são recorríveis as decisões do Tribunal Superior Eleitoral denegatórias de mandado de segurança.

c) compete ao Tribunal de Justiça do Estado de Minas Gerais processar e julgar originariamente (ressalvada a competência das justiças especializadas) ato praticado por seu Corregedor Geral de Justiça.

d) não cabe mandado de injunção para discutir suposta lacuna normativa quanto a período anterior à edição de norma regulamentadora em vigor.

341. (Ieses/TJ/CE/Cartórios/Remoção/2018) Os mandados de segurança, os "habeas data" e os mandados de injunção decididos em única instância pelos tribunais superiores, quando denegatória a decisão, serão julgados em recurso ordinário pelo:

a) Superior Tribunal de Justiça.

b) Supremo Tribunal Federal.

c) Tribunal Regional Federal.

d) Tribunal de Justiça.

11.6. Mandado de Segurança

✱ INOVAÇÕES LEGISLATIVAS

▲ Lei do Mandado de Segurança (Lei 12.016/09).

▲ Art. 16. Nos casos de competência originária dos tribunais, caberá ao relator a instrução do processo, sendo assegurada a defesa oral na sessão do julgamento do mérito ou do pedido liminar.

✱ SÚMULAS

1) Cabimento

STF **Súm. 101.** O mandado de segurança não substitui a ação popular.

STF **Súm. 266.** Não cabe mandado de segurança contra lei em tese.

STF **Súm. 267.** Não cabe mandado de segurança contra ato judicial passível de recurso ou correição.

STF **Súm. 270.** Não cabe mandado de segurança para impugnar enquadramento da Lei 3.780, de 12 de julho de 1960, que envolva exame de prova ou de situação funcional complexa.

STF **Súm. 429.** A existência de recurso administrativo com efeito suspensivo não impede o uso do mandado de segurança contra omissão da autoridade.

STJ **Súm. 202.** A impetração de segurança por terceiro, contra ato judicial, não se condiciona à interposição de recurso.

STJ **Súm. 213.** O mandado de segurança constitui ação adequada para a declaração do direito à compensação tributária.

STJ **Súm. 333.** Cabe mandado de segurança contra ato praticado em licitação promovida por sociedade de economia mista ou empresa pública.

STJ **Súm. 460.** É incabível o mandado de segurança para convalidar a compensação tributária realizada pelo contribuinte.

TSE **Súm. 22.** Não cabe mandado de segurança contra decisão judicial recorrível, salvo situações de teratologia ou manifestamente ilegais.

TSE **Súm. 23.** Não cabe mandado de segurança contra decisão judicial transitada em julgado.

2) Citação de Litisconsorte

STF **Súm. 631.** Extingue-se o processo de mandado de segurança se o impetrante não promove, no prazo assinado, a citação do litisconsorte passivo necessário.

STF **Súm. 701.** No mandado de segurança impetrado pelo Ministério Público contra decisão proferida em processo penal, é obrigatória a citação do réu como litisconsorte passivo.

3) Coisa Julgada

STF **Súm. 268.** Não cabe mandado de segurança contra decisão judicial com trânsito em julgado.

STF **Súm. 304.** Decisão denegatória de mandado de segurança, não fazendo coisa julgada contra o impetrante, não impede o uso da ação própria.

4) Competência

STF **Súm. 248.** É competente, originariamente, o Supremo Tribunal Federal, para mandado de segurança contra ato do Tribunal de Contas da União.

STF **Súm. 330.** O Supremo Tribunal Federal não é competente para conhecer de mandado de segurança contra atos dos tribunais de justiça dos Estados.

STF **Súm. 433.** É competente o Tribunal Regional do Trabalho para julgar mandado de segurança contra ato de seu presidente em execução de sentença trabalhista.

STF **Súm. 623.** Não gera por si só a competência originária do Supremo Tribunal Federal para conhecer do mandado de segurança com base no art. 102, I, n, da Constituição, dirigir-se o pedido contra deliberação administrativa do tribunal de origem, da qual haja participado a maioria ou a totalidade de seus membros.

STF **Súm. 624.** Não compete ao Supremo Tribunal Federal conhecer originariamente de mandado de segurança contra atos de outros tribunais.

STJ **Súm. 41.** O Superior Tribunal de Justiça não tem competência para processar e julgar, originariamente, mandado de segurança contra ato de outros tribunais ou dos respectivos órgãos.

STJ **Súm. 177.** O Superior Tribunal de Justiça é incompetente para processar e julgar, originariamente, mandado de segurança contra ato de órgão colegiado presidido por ministro de Estado.

STJ **Súm. 376.** Compete à turma recursal processar e julgar o mandado de segurança contra ato de juizado especial.

5) Direito Líquido e Certo

STF **Súm. 625.** Controvérsia sobre matéria de direito não impede concessão de mandado de segurança.

6) Honorários Advocatícios

STF Súm. 512. Não cabe condenação em honorários de advogado na ação de mandado de segurança.

STJ Súm. 105. Na ação de mandado de segurança, não se admite condenação em honorários advocatícios.

7) Legitimidade Ativa

STF Súm. 628. Integrante de lista de candidatos a determinada vaga da composição de tribunal é parte legítima para impugnar a validade da nomeação de concorrente.

8) Legitimidade Passiva

STF Súm. 510. Praticado o ato por autoridade, no exercício de competência delegada, contra ela cabe o mandado de segurança ou a medida judicial.

STF Súm. 627. No mandado de segurança contra a nomeação de magistrado da competência do Presidente da República, este é considerado autoridade coatora, ainda que o fundamento da impetração seja nulidade ocorrida em fase anterior do procedimento.

9) Liminares

STF Súm. 405. Denegado o mandado de segurança pela sentença, ou no julgamento do agravo, dela interposto, fica sem efeito a liminar concedida, retroagindo os efeitos da decisão contrária.

STF Súm. 626. A suspensão da liminar em mandado de segurança, salvo determinação em contrário da decisão que a deferir, vigorará até o trânsito em julgado da decisão definitiva de concessão da segurança ou, havendo recurso, até a sua manutenção pelo Supremo Tribunal Federal, desde que o objeto da liminar deferida coincida, total ou parcialmente, com o da impetração.

10) Mandado de Segurança Coletivo

STF Súm. 629. A impetração de mandado de segurança coletivo por entidade de classe em favor dos associados independe da autorização destes.

STF Súm. 630. A entidade de classe tem legitimação para o mandado de segurança ainda quando a pretensão veiculada interesse apenas a uma parte da respectiva categoria.

11) Prazo Decadencial

STF Súm. 430. Pedido de reconsideração na via administrativa não interrompe o prazo para o mandado de segurança.

STF Súm. 632. É constitucional lei que fixa o prazo de decadência para a impetração de mandado de segurança.

12) Recursos

STF Súm. 272. Não se admite como ordinário recurso extraordinário de decisão denegatória de mandado de segurança.

STF Súm. 299. O recurso ordinário e o extraordinário interpostos no mesmo processo de mandado de segurança, ou de "habeas-corpus", serão julgados conjuntamente pelo Tribunal Pleno.

STF Súm. 392. O prazo para recorrer de acórdão concessivo de segurança conta-se da publicação oficial de suas conclusões, e não da anterior ciência à autoridade para cumprimento da decisão.

STJ Súm. 604. O mandado de segurança não se presta para atribuir efeito suspensivo a recurso criminal interposto pelo Ministério Público.

13) Via Processual Adequada

STF Súm. 269. O mandado de segurança não é substitutivo de ação de cobrança.

STF Súm. 271. Concessão de mandado de segurança não produz efeitos patrimoniais, em relação a período pretérito, os quais devem ser reclamados administrativamente ou pela via judicial própria.

14) Teoria da Encampação

STJ Súm. 628. A teoria da encampação é aplicada no mandado de segurança quando presentes, cumulativamente, os seguintes requisitos: a) existência de vínculo hierárquico entre a autoridade que prestou informações e a que ordenou a prática do ato impugnado; b) manifestação a respeito do mérito nas informações prestadas; e c) ausência de modificação de competência estabelecida na Constituição Federal.

* ENUNCIADOS CJF

CJF Proc. Civil 49. A tutela da evidência pode ser concedida em mandado de segurança.

CJF Proc. Civil 62. Aplica-se a técnica prevista no art. 942 do CPC no julgamento de recurso de apelação interposto em mandado de segurança.

CJF Proc. Civil 123. Aplica-se o art. 339 do CPC à autoridade coatora indicada na inicial do mandado de segurança e à pessoa jurídica que compõe o polo passivo.

* INFORMATIVOS

STF Mandado de segurança e oitiva do Ministério Público. A oitiva do MPF é desnecessária quando se tratar de controvérsia acerca da qual o tribunal já tenha firmado jurisprudência. Inexiste, portanto, qualquer vício na ausência de remessa dos autos ao "parquet" que enseje nulidade processual, se houver posicionamento sólido da Corte. Nessa hipótese, considerou legítima a apreciação de pronto pelo relator. RMS 32.482, Rel. Acd. Min. Edson Fachin, j. 21.8.2018. 2ª T. (Info 912)

STF **Mandado de segurança e legitimidade.** Nos termos da Lei 12.016/09, a legitimidade para impetração do mandado de segurança requer a constatação de interesse na impetração, que se verifica no caso (i) daquele que sofrer, ou possuir justo receio de sofrer, violação de seu direito líquido e certo por ato de autoridade (art. 2º); ou (ii) daquele que, embora não tendo sido atingido pelo ato coator, posiciona-se na mesma condição jurídica daquele que o foi, exigindo-se ainda, para tanto, a inércia do titular do direito originário (art. 3º). A legitimidade para a impetração da via augusta do mandamus se constata sobre relações jurídicas havidas no momento da prolação do ato coator, não havendo que se falar em legitimidade futura por aquisição posterior da titularidade do imóvel. O mero detentor do imóvel, por não possuir título de propriedade, é parte ilegítima para a impetração de mandado de segurança que objetiva atacar deliberação proferida pelo CNJ, voltada à correção dos registros constantes de cartório de imóveis quanto à cadeia dominial de bens no Estado do Tocantins. MS 32096, Rel. Min. Dias Toffoli, j. 3.4.2018. 2ª T. (Info 896)

STJ **NCPC. Decisão interlocutória que examina competência. Dúvida razoável sobre o cabimento de agravo de instrumento. Mandado de Segurança. Cabimento.** Na vigência do NCPC, é possível a impetração de mandado de segurança, em caso de dúvida razoável sobre o cabimento de agravo de instrumento, contra decisão interlocutória que examina competência. RMS 58.578, Rel. Min. Raul Araújo, DJ 25.10.2018. 4ª T. (Info 636)

* QUESTÕES OBJETIVAS

342. **(Faurgs/TJ/RS/Cartórios/Ingresso/2015)** O impetrante, com 50 anos de idade, ajuizou mandado de segurança para obter deferimento de sua inscrição em concurso público para provimento de vaga em cujo edital constava limitação à idade do candidato, que deveria ter, no máximo, 35 anos. Isso posto, assinale a alternativa que contém afirmativa correta:

a) é cabível mandado de segurança, mesmo se a questão do limite de idade para inscrição em concurso público já tiver sido decidida por sentença judicial com trânsito em julgado.

b) não é necessário que o juiz dê ciência do ajuizamento do mandado de segurança à pessoa jurídica de direito público interessada, pois tal providência compete exclusivamente à autoridade apontada como coatora.

c) a autoridade coatora não detém legitimidade para recorrer da sentença que haja deferido a inscrição no mencionado concurso, pois tal legitimidade pertence exclusivamente à pessoa jurídica de direito público responsável pela realização do concurso.

d) caso o juiz entenda que o direito alegado pelo impetrante somente possa ser demonstrado por meio de prova pericial, deverá extinguir o processo, sem resolução do mérito, podendo o impetrante ajuizar ação ordinária para postular a tutela desse direito.

343. **(Consulplan/TJ/MG/Cartórios/Ingresso/2018)** Em relação ao mandado de segurança, assinale a alternativa correta:

a) é cabível mandado de segurança contra decisão judicial com trânsito em julgado.

b) é possível a utilização do mandado de segurança contra ato praticado no exercício de atividade delegada pelo Poder Público.

c) é possível a impetração de mandado de segurança contra ato administrativo de que caiba recurso administrativo com efeito suspensivo, independente de caução.

d) é cabível mandado de segurança contra lei em tese, entendida a lei em sentido material, compreendendo qualquer ato normativo de caráter e efeitos gerais e abstratos.

344. **(Cespe/TJ/ES/Cartórios/Remoção/2013)** Com relação a aspectos processuais do mandado de segurança, assinale a opção correta:

a) o STJ é competente para processar e julgar, originariamente, mandado de segurança contra ato de outros tribunais.

b) para que sejam cabíveis recursos especial e extraordinário contra acórdão não unânime em mandado de segurança, proferido em única instância pelos tribunais, deve haver prévia interposição de embargos infringentes.

c) a impetração de mandado de segurança coletivo por entidade de classe em favor dos associados independe da autorização destes.

d) para o writ preventivo, o prazo de 120 dias para impetração conta do fato que ensejou temor ao impetrante.

e) compete ao STJ processar e julgar mandado de segurança contra ato de ministro de estado na qualidade de presidente de órgão colegiado.

345. **(Cespe/TJ/ES/Cartórios/Ingresso/2013)** Assinale a opção correta acerca dos aspectos processuais do mandado de segurança:

a) a pendência de apreciação de recurso administrativo sem efeito suspensivo represa o prazo decadencial para impetração de mandado de segurança.

b) cabe recurso ordinário das decisões concessivas em mandado de segurança proferidas em única instância pelos tribunais.

c) com exceção de "habeas corpus", os processos de mandado de segurança tramitam com prioridade sobre todos os demais atos judiciais, inclusive os feitos eleitorais.

d) a decisão denegatória de mandado de segurança não faz coisa julgada material, pois não impede que o impetrante busque, mediante via apropriada, novamente, a satisfação do direito.

e) no "writ" coletivo, a liminar só poderá ser concedida após a audiência da autoridade impetrada, que deverá manifestar-se no prazo de setenta e duas horas.

346. **(Cespe/TJ/RR/Cartórios/Ingresso/2013)** A respeito do litisconsórcio, da assistência e da intervenção de terceiros, assinale a opção correta:

a) para o julgamento de ação proposta por litisconsortes ativos voluntários domiciliados em distintos estados da Federação, quando o pedido se originar de natureza comum, são competentes tanto o foro da sede da ré quanto o do domicílio de um dos autores.

b) a recusa pelo autor da nomeação à autoria pleiteada pela ré impede a abertura de novo prazo para que a nomeante apresente contestação, dada a violação do princípio da igualdade de tratamento às partes.

c) de acordo com entendimento do STJ, não há óbice ao chamamento ao processo dos devedores solidários da dívida comum em fase de execução do título executivo extrajudicial cujo crédito tenha sido discutido em processo de conhecimento prévio à execução.

d) no mandado de segurança, somente se admite o litisconsórcio ativo voluntário quando postulado no momento do ajuizamento da ação, sob pena de violação do princípio do juiz natural.

e) o assistente litisconsorcial, embora não seja considerado interveniente secundário e acessório, uma vez que a relação discutida entre o assistido e o seu adversário também lhe pertence, não terá tratamento processual idêntico ao do conferido ao assistido.

347. **(Cespe/TJ/RR/Cartórios/Ingresso/2013)** A respeito do mandado de segurança, da ACP, da ação popular e da ação de improbidade administrativa, assinale a opção correta consoante a jurisprudência do STJ:

a) de acordo com a atual posição do STJ, é possível a formação do litisconsórcio ativo no mandando de segurança, após obtida liminar, em razão da economia processual e harmonização dos julgados.

b) para a caracterização da conduta de negar publicidade aos atos oficiais como ato de improbidade, deve ser comprovada a ocorrência de dano à administração pública.

c) embora a lesão ao patrimônio público possa decorrer de ato omissivo, este não enseja o manejo de ação popular, haja vista a natureza da sentença a ser proferida.

d) o prejuízo pela falta de intimação do MP em ACP é presumido, de forma que a declaração de nulidade independe da comprovação do prejuízo.

e) a multa imposta à contratada, por autoridade administrativa, em decorrência de atraso na execução do contrato, não enseja impetração de mandado de segurança.

348. **(FCC/TJ/PE/Cartórios/Ingresso/2013)** A respeito do mandado de segurança, considere:

I. quando o ato impugnado tiver sido praticado com base em ato normativo, de caráter abstrato e geral, a autoridade coatora é quem executa o comando que emerge do ato normativo e não quem o editou.

II. não cabe mandado de segurança contra ato judicial passível de recurso ou correição.

III. a sentença que concede ou denega mandado de segurança fica sujeita ao duplo grau de jurisdição e, assim, a reexame necessário.

Está correto o que se afirma apenas em:

a) I e II.

b) I e III.

c) II e III.

d) I.

e) III.

349. **(Cespe/TJ/ES/Cartórios/Remoção/2013)** No que se refere aos meios de controle judicial do ato administrativo, assinale a opção correta com base na legislação de regência, na doutrina de referência e na jurisprudência do STJ:

a) o descumprimento das decisões proferidas em mandado de segurança configura crime de desobediência, podendo configurar, ainda, crime de responsabilidade.

b) a fim de garantir maior eficácia à ação popular, pacificou-se o entendimento de que esta pode ser ajuizada com base em notícias de jornal, remetendo-se a produção de prova para a fase de instrução.

c) a reclamação dirigida contra ato de autoridade administrativa por inobservância de súmula vinculante não constitui meio de controle judicial de ato administrativo, uma vez que versa sobre ato jurisdicional.

d) o demandante pode pleitear mediante um mesmo "habeas data" o conhecimento de informações sobre ele existentes em registros governamentais ou acessíveis ao público bem como a retificação de eventuais incorreções constantes desses registros.

e) para que seja cabível mandado de segurança, o ato impetrado deve ser vinculado, haja vista que esse remédio jurídico serve para assegurar direito líquido e certo fundado em prova pré-constituída.

350. **(Ieses/TJ/PA/Cartórios/Ingresso/2016)** Assinale a alternativa correta:

a) de acordo com o disposto na Lei Federal n. 12.016/2009, não cabe mandado de segurança contra os atos de gestão comercial praticados pelos administradores de empresas públicas, de sociedade de economia mista e de concessionárias de serviço público.

b) de acordo com o disposto na Lei Federal n. 8.429/1992, perceber vantagem econômica para intermediar a liberação ou aplicação de verba pública de qualquer natureza constitui ato de improbidade administrativa que causa lesão ao erário.

c) de acordo com o disposto na Lei Federal n. 7.347/1985, em caso de litigância de má-fé, a associação autora e os diretores responsáveis pela propositura da ação serão solidariamente condenados em honorários advocatícios, estes limitados a 10% do valor da causa, e ao dobro das custas, sem prejuízo da responsabilidade por perdas e danos.

d) de acordo com o disposto na Lei Federal n. 4.717/1965 (ação popular), a propositura da ação prevenirá a jurisdição do juízo para todas as ações que forem posteriormente intentadas, desde que idêntico o pedido, mesmo que outras sejam as partes ou os fundamentos.

351. **(Vunesp/TJ/SP/Cartórios/Remoção/2016)** Assinale a alternativa correta sobre o mandado de segurança:

a) é cabível contra atos de gestão comercial praticados pelos administradores de empresas públicas.

b) é cabível contra ato disciplinar.

c) serve para proteger direito líquido e certo, ainda que amparado por "habeas corpus" ou "habeas data".

d) é cabível contra lei ou ato normativo em tese.

352. **(Vunesp/TJ/SP/Cartórios/Remoção/2014)** A respeito do mandado de segurança, assinale a alternativa correta:

a) por serem os serviços notariais e de registro exercidos em caráter privado, nos termos do art. 236 da Constituição Federal, não é possível a impetração de mandado de segurança contra notários e registradores.

b) é possível a sua impetração contra atos de notários e registradores no que se referem às funções públicas delegadas, ainda que exista em trâmite um procedimento administrativo junto ao Corregedor permanente provocado pelo mesmo impetrante.

c) a impetração do mandado de segurança contra o titular de uma serventia extrajudicial tem por pessoa jurídica interessada, e, portanto, apta a ingressar como litisconsorte passivo, o Tribunal de Justiça do Estado de São Paulo.

d) a competência para processar e julgar o mandado de segurança contra atos de registradores e notários é exclusiva, em primeiro grau, do Juiz Corregedor Permanente, e, em grau de recurso, a competência é do Corregedor Geral de Justiça.

353. **(Ieses/TJ/PA/Cartórios/Remoção/2016)** Os mandados de segurança decididos em única instância pelos Tribunais Regionais Federais ou pelos Tribunais dos Estados e do Distrito Federal e Territórios, quando denegatória serão julgados em:

a) recurso de apelação.
b) embargos infringentes.
c) recurso ordinário.
d) recurso especial.

354. **(Consulplan/TJ/MG/Cartórios/Ingresso/2016)** São isentos do pagamento de custas e taxas judiciais, exceto:

a) o "habeas data".
b) o "habeas corpus".
c) a ação popular.
d) o mandado de segurança.

355. **(Vunesp/TJ/SP/Cartórios/Remoção/2016)** Cidadão que pretende obter em repartição pública, certidão para fins de defesa em processo penal, e se vê diante de negativa do referido órgão, deverá ajuizar:

a) mandado de segurança, para defesa de seu direito fundamental a obter certidões em repartições públicas para defesa de direitos e esclarecimento de situação de interesse pessoal.
b) "habeas data", remédio constitucional previsto para conhecimento de informações relativas à pessoa do impetrante, constantes de registros ou bancos de dados de entidades governamentais ou de caráter público.
c) "habeas corpus", já que por se destinar a certidão a surtir efeito em processo penal, poderá eclodir violação à liberdade de locomoção por ilegalidade.
d) mandado de injunção, pois se cuida de omissão que torna inviável o exercício do direito à ampla defesa.

356. **(Faurgs/TJ/RS/Cartórios/Ingresso/2015)** Quanto aos remédios constitucionais previstos no artigo 5º, constante sob o Título Dos Direitos e Garantias Fundamentais, assinale a alternativa que contém assertiva correta:

a) o "habeas corpus" visa a proteger o indivíduo de sofrer violência ou coação em sua liberdade de locomoção, e o "habeas data" visa a proteger o indivíduo impedido de exercer direitos e liberdades constitucionais em razão da falta de norma regulamentadora.
b) a ação popular é cabível para anular ato lesivo ao patrimônio público, e o mandado de segurança é cabível para proteger direito líquido e certo não amparado por mandado de injunção e por "habeas data".
c) o mandado de segurança coletivo pode ser impetrado por organização sindical e por entidade de classe em defesa dos interesses de seus membros ou associados ou, ainda, por partido político com representação no Congresso Nacional.
d) o "habeas data" assegura o exercício de prerrogativas inerentes à nacionalidade, à soberania e à cidadania quando não for possível exercê-las pela falta de norma regulamentadora, e a ação popular permite a anulação de ato lesivo à moralidade administrativa.

357. **(Ieses/TJ/MS/Cartórios/Ingresso/2014)** De acordo com a Lei 12.016 de 2009, que disciplina o Mandado de Segurança individual e coletivo, é correto afirmar:

I. equiparam-se às autoridades, os representantes ou órgãos de partidos políticos e os administradores de entidades autárquicas, bem como os dirigentes de pessoas jurídicas ou as pessoas naturais no exercício de atribuições do poder público, somente no que disser respeito a essas atribuições.
II. não cabe mandado de segurança contra os atos de gestão comercial praticados pelos administradores de empresas públicas, de sociedade de economia mista e de concessionárias de serviço público.
III. quando o direito ameaçado ou violado couber a várias pessoas, todas deverão requerer o mandado de segurança em litisconsórcio ativo necessário.
IV. o titular de direito líquido e certo decorrente de direito, em condições idênticas, de terceiro poderá impetrar mandado de segurança a favor do direito originário, se o seu titular não o fizer, no prazo de 30 (trinta) dias, quando notificado judicialmente:

a) apenas III e IV estão corretas.
b) I, II e IV estão corretas.
c) apenas II, III e IV estão corretas.
d) I, II e III estão corretas.

358. **(Ieses/TJ/MS/Cartórios/Remoção/2014)** Não cabe mandado de segurança contra os atos:

a) de tomada de decisão um Delegado do Departamento Estadual de Trânsito.

b) de gestão educacional de um Reitor de uma Universidade Federal.
c) de gestão administrativa de um Secretário de Saúde de um Município.
d) de gestão comercial praticados pelos administradores de empresas públicas, de sociedade de economia mista e de concessionárias de serviço público.

359. (Ieses/TJ/MS/Cartórios/Remoção/2014) No caso específico do Mandado de Segurança em despacho inicial o juiz ordenará que se notifique o coator do conteúdo da petição inicial, enviando-lhe a segunda via apresentada com as cópias dos documentos, estipulando para que preste informações no prazo de:
a) quinze dias.
b) dez dias.
c) cinco dias úteis.
d) cinco dias.

360. (Ieses/TJ/MS/Cartórios/Remoção/2014) Os processos de mandado de segurança e os respectivos recursos terão prioridade sobre todos os atos judiciais, salvo:
a) alimentos provisionais.
b) "habeas data".
c) relaxamento de prisão em flagrante delito.
d) "habeas corpus".

361. (Cespe/TJ/BA/Cartórios/Remoção/2013) Assinale a opção correta a respeito de remédios constitucionais:
a) caso determinada repartição pública se recuse a fornecer ao requerente certidão a que este teria direito para o esclarecimento de situação pessoal, será cabível a impetração de mandado de segurança.
b) o mandado de injunção será medida adequada quando o objetivo for o de obter do Poder Judiciário interpretação mais justa de legislação infraconstitucional.
c) caso o poder público se recuse a fornecer ao requerente informações de interesse particular ou coletivo, o remédio constitucional adequado para afastar a ilegalidade será o "habeas data".
d) quando o processo penal for manifestamente nulo, o interessado deverá valer-se dos meios ordinários para a sua defesa, mas não da impetração do "habeas corpus", que não será cabível para combater nulidade do processo.
e) no mandado de segurança coletivo impetrado por determinada associação, é indispensável que a demanda objetive tutelar direito coletivo da totalidade dos associados da impetrante.

362. (Cespe/TJ/DFT/Cartórios/Ingresso/2014) No que se refere às ações constitucionais, assinale a opção correta:
a) de acordo com a jurisprudência do STF, a entidade de classe tem legitimidade ativa para impetrar mandado de segurança, mesmo que apenas parte da categoria tenha interesse no objeto da demanda.
b) no rito da ACP, se o MP não intervier como parte, atuará facultativamente como fiscal da lei.
c) segundo entendimento sumulado do STJ, em mandado de segurança, são incabíveis os embargos infringentes, mas os honorários advocatícios serão devidos pela parte sucumbente.
d) as coisas julgadas formadas na ACP e na ação popular têm as mesmas abrangências, com eficácias oponíveis contra todos "erga omnes", nos limites da competência territorial dos respectivos órgãos prolatores, exceto nos casos de julgamento de improcedência por insuficiência de provas.
e) segundo entendimento mais recente do STF, cabe mandado de segurança contra decisões interlocutórias preferidas no âmbito do juizado especial, por inexistir previsão de interposição de agravo de instrumento na Lei n. 9.099/1995.

363. (Cespe/TJ/SE/Cartórios/Ingresso/2014) À luz da jurisprudência do STJ, assinale a opção correta relativamente ao mandado de segurança:
a) admitir-se-á a sucessão de partes nos autos de mandado de segurança.
b) é impossível declarar incidentalmente a inconstitucionalidade de lei ou ato normativo do poder público na via do mandado de segurança.
c) por meio do mandado de segurança é possível rever penalidade imposta em processo administrativo disciplinar, sob o argumento de ofensa ao princípio da proporcionalidade.
d) o governador do estado será parte legítima para figurar como autoridade coatora em mandado de segurança no qual o impetrante busque a atribuição da pontuação referente a questão de prova de concurso público realizado para o provimento de cargos do quadro de pessoal da respectiva unidade federativa.

e) o impetrante poderá desistir de mandado de segurança sem a anuência do impetrado mesmo após a prolação da sentença de mérito.

364. **(IBFC/TJ/PR/Cartórios/Remoção/2014)** Assinale a alternativa correta:

a) cabe mandado de segurança contra os atos de gestão comercial praticados pelos administradores de empresas públicas, de sociedade de economia mista e de concessionárias de serviço público.

b) uma vez analisada e deferida a medida liminar em mandado de segurança, o processo perde prioridade para julgamento.

c) no mandado de segurança, a petição inicial deverá indicar precisamente a autoridade coatora, não havendo necessidade de menção à pessoa jurídica que a mesma integra, se acha vinculada ou exerce atribuições.

d) em se tratando de mandado de segurança, equiparam-se às autoridades os representantes ou órgãos de partidos políticos e os administradores de entidades autárquicas, bem como os dirigentes de pessoas jurídicas ou as pessoas naturais no exercício de atribuições do poder público, somente no que disser respeito a essas atribuições.

365. **(Cetro/TJ/RJ/Cartórios/Remoção/2017)** Maria, substituta que cuida interinamente de uma serventia extrajudicial, impetrou Mandado de Segurança, perante o próprio Tribunal de Justiça, em face de ato do Presidente do Tribunal de Justiça, que trata da limitação do teto remuneratório e prestação de contas a substitutos interinos em serventias consideradas vagas no estado com base em resolução do Conselho Nacional de Justiça. Com base no caso apresentado e na jurisprudência do STJ, assinale a alternativa correta:

a) há legitimidade passiva "ad causam" do Presidente do TJ no caso, dado que deu causa ao ato ilegal como autoridade coatora, sendo, no entanto, a competência para julgar do juiz de primeira instância.

b) Maria detém legitimidade ativa para impetrar MS em face do Presidente do TJ, no entanto, não ocorre ato ilegal, e sim, ato de execução de ordem oriunda do CNJ e ilegitimidade passiva "ad causam" do Presidente do TJ para responder como autoridade coatora.

c) Maria não detém legitimidade ativa para impetrar MS em face do Presidente do TJ, e a competência para julgar o MS é do STJ.

d) Maria detém legitimidade ativa para impetrar MS em face do juiz corregedor responsável pela serventia extrajudicial, e não do Presidente do TJ por ilegitimidade passiva "ad causam" deste último; a competência para julgar o MS de outro juiz de primeira instância é do corregedor.

e) dado que o ato originário da ilegalidade advém do CNJ, verifica-se a ilegitimidade passiva "ad causam" do Presidente do TJ para responder como autoridade coatora, e a competência para julgar o MS é do STF.

12. CONTROLE DE CONSTITUCIONALIDADE

12.1. Controle Concentrado

✱ INOVAÇÕES LEGISLATIVAS

▲ Lei de Procedimentos STF/STJ (Lei 8.038/90): sem alterações em 2017/2018.

▲ Lei da ADPF (Lei 9.882/99): sem alterações em 2017/2018.

▲ Lei da Súmula Vinculante (Lei 11.417/06): sem alterações em 2017/2018.

✱ SÚMULAS

STF **Súm. 360.** Não há prazo de decadência para a representação de inconstitucionalidade prevista no art. 8º, parágrafo único, da Constituição Federal.

STF **Súm. 614.** Somente o Procurador-Geral da Justiça tem legitimidade para propor ação direta interventiva por inconstitucionalidade de lei municipal.

STF **Súm. 642.** Não cabe ação direta de inconstitucionalidade de lei do Distrito Federal derivada da sua competência legislativa municipal.

STF **Súm. 729.** A decisão na Ação Direta de Constitucionalidade n. 4 não se aplica à antecipação de tutela em causa de natureza previdenciária.

✱ REPERCUSSÃO & REPETITIVOS

STF **Repercussão Geral 484.** Tribunais de Justiça podem exercer controle abstrato de constitucionalidade de leis municipais utilizando como parâmetro normas da CF, desde que se trate de normas de reprodução obrigatória pelos Estados. (RE 650898, 1.2.2017)

* INFORMATIVOS

STF Reclamação: liminar em ADPF e proibição de transporte de amianto. Julgada improcedente reclamação contra acórdão do TST em que se alegava afronta à liminar concedida na ADPF 234. O acórdão do TST confirmou decisão proferida em ação civil pública que proibiu, com base em lei estadual, o uso de quaisquer tipos de amianto e determinou à empresa reclamante que se abstivesse de transportar cargas contendo amianto "in natura" e reparasse os danos morais coletivos. Na ADPF, o Plenário, em liminar, suspendeu a eficácia das interdições ao transporte interestadual e internacional de cargas, inclusive as de amianto da variedade crisotila, quando fundamentadas em descumprimento da mencionada norma estadual, haja vista que, à época, a Lei Federal 9.055/95 admitia a comercialização do mineral. Houve perda de objeto, porque, antes do trânsito em julgado da decisão liminar na ADPF (suspensa para aguardar o julgamento da ADI 3937), o STF concluiu, nesta ação direta, pela constitucionalidade da referida lei estadual. Portanto, o parâmetro de controle restou prejudicado. Também, não existe aderência estrita entre a decisão reclamada e a decisão cautelar proferida na ADPF 234. No caso, o TST enfrentou o tema, em exame de agravo de instrumento, exclusivamente pela aplicação da sua Súm. 126, que diz respeito à impossibilidade de revolvimento de fatos e provas. Rcl 26.003, Rel. Acd. Min. Rosa Weber, j. 13.11.2018. 1ª T. (Info 923)

STF ADI: redução do alcance da lei impugnada e prejudicialidade. A jurisprudência é no sentido da prejudicialidade da ADI, por perda superveniente de objeto, quando sobrevém revogação ou alteração substancial da norma questionada. A alteração do texto legal impugnado não se resume a mera redução do âmbito de incidência do ato normativo anterior, consubstanciando alteração substancial, uma vez excluídos os Poderes Legislativo e Judiciário da regra de impedimento de realização de prova oral nos concursos públicos. Cumpre registrar, conquanto não vincule a causa de pedir, que circunscritos os fundamentos jurídicos determinantes da iniciativa de ajuizamento da presente ação direta à violação da autonomia e independência do Poder Judiciário. Não há falar, na espécie, em revogação estratégica do ato normativo inquinado de inconstitucional, com o intuito deliberado e ilegítimo de impedir o exercício da jurisdição constitucional abstrata. A nova disposição normativa, consistente na Emenda à Constituição do Estado do Paraná, não configura réplica idêntica daquele ato, presente alteração substancial do texto normativo. Reafirmação da atual jurisprudência, ante a inexistência de motivos para sua superação. ADI 1080, Rel. p/ ac. Min. Rosa Weber, julgamento 5.4.2018. Pleno. (Info 896)

STF ADI: ITCMD e Procuradoria Geral do Estado. A ADI é meio processual inadequado para o controle de decreto regulamentar de lei estadual. As disposições legais sobre a forma de cobrança do ITCMD pela Procuradoria Geral do Estado e de sua intervenção em processos de inventário, arrolamento e outros de interesse da Fazenda Pública são regras de procedimento que não violam o CPC. ADI 4409, Rel. Min. Alexandre de Moraes, j. 6.6.2018. Pleno. (Info 905)

STF ADPF: manifestações em universidades e normas eleitorais. É adequada a utilização da ADPF, haja vista o respeito ao princípio da subsidiariedade e a viabilidade da impugnação, por meio desse instrumento processual, de decisões judiciais ou de interpretações judiciais de textos normativos. Orientação fixada no julgamento da ADPF 405 e da ADPF 147 no sentido de que um conjunto de reiteradas decisões sobre determinada matéria deve ser considerado ato do poder público passível de controle pela ADPF e de que esta é a via correta para questionar interpretação judicial de normas constitucionais e legais. O posicionamento firmado na ADPF 33, quanto à plausibilidade do conhecimento da ADPF quando o princípio da segurança jurídica seja seriamente ameaçado, sobretudo em razão de conflitos de interpretação ou de incongruências hermenêuticas causadas pelo modelo pluralista de jurisdição constitucional, desde que presentes os demais pressupostos de admissibilidade. ADPF 548 MC-Ref, Rel. Min. Cármen Lúcia, j. 31.10.2018. Pleno. (Info 922)

* QUESTÕES OBJETIVAS

366. **(Cespe/TJ/ES/Cartórios/Remoção/2013)** A respeito do controle concentrado de constitucionalidade no Supremo Tribunal Federal (STF), assinale a opção correta:

a) se o STF apreciar a inconstitucionalidade, em tese, de norma legal ou ato normativo, deverá citar, previamente, o advogado geral da União, que defenderá o ato ou texto impugnado.

b) o presidente da Câmara dos Deputados pode propor ação declaratória de constitucionalidade.

c) declarada a inconstitucionalidade por omissão de medida para tornar efetiva norma constitucional, será dada ciência ao poder competente para a adoção das providências necessárias e, em se tratando de órgão administrativo, para fazê-lo em até noventa dias.

d) cabe ao STF processar e julgar, originariamente, ação declaratória de constitucionalidade de lei ou ato normativo estadual.

e) a arguição de descumprimento de preceito fundamental é o instrumento utilizado para declarar a compatibilidade de tratado internacional com as normas subconstitucionais do ordenamento jurídico doméstico.

367. **(Ieses/TJ/PA/Cartórios/Ingresso/2016)** Podem propor a ação direta de inconstitucionalidade e a ação declaratória de constitucionalidade, exceto:

a) o Presidente do Supremo Tribunal Federal.

b) confederação sindical ou entidade de classe de âmbito nacional.

c) o Presidente da República.

d) o Conselho Federal da Ordem dos Advogados do Brasil.

368. **(Vunesp/TJ/SP/Cartórios/Ingresso/2016)** Sobre o controle de constitucionalidade, é correto afirmar que:

a) na modalidade concentrada, será exercido pelo Supremo Tribunal Federal, por meio de ação direta, em processo de natureza objetiva, cuja decisão é dotada de efeitos "erga omnes".

b) na modalidade preventiva, será exercido exclusivamente pelo Congresso Nacional por meio das Comissões de Constituição e Justiça.

c) na modalidade concentrada, será exercido por qualquer órgão judicial, de modo incidental ao caso concreto que se lhe apresente, por qualquer via processual idônea.

d) na modalidade difusa, será exercido exclusivamente pelo Supremo Tribunal Federal, cuja decisão, entretanto, não terá caráter "erga omnes", o que dependerá de posterior resolução do Senado Federal suspendendo a execução do ato normativo questionado.

369. **(Faurgs/TJ/RS/Cartórios/Remoção/2015)** Levando em consideração a redação dos artigos 102 e 103, sobre Controle de Constitucionalidade, assinale a alternativa que contém assertiva correta:

a) a Ação Direta de Inconstitucionalidade é cabível para questionar exclusivamente a constitucionalidade de lei ou ato normativo federal perante o Supremo Tribunal Federal, tendo como parâmetro de constitucionalidade a Constituição Federal.

b) o efeito vinculante atribuído às decisões definitivas de mérito proferidas pelo Supremo Tribunal Federal abrange os demais órgãos do Poder Judiciário, o Poder Legislativo nas esferas federal, estadual e municipal e a Administração Pública direta e indireta, nas esferas federal, estadual e municipal.

c) podem propor Ação Direta de Inconstitucionalidade e Ação Declaratória de Constitucionalidade perante o Supremo Tribunal Federal a Mesa da Câmara dos Deputados, o Conselho Federal da Ordem dos Advogados do Brasil e partido político com representação no Congresso Nacional.

d) quando o Supremo Tribunal Federal julgar Ação Direta de Inconstitucionalidade e Arguição de Descumprimento de Preceito Fundamental, o Advogado-Geral da União deve ser ouvido previamente, e o Procurador-Geral da República deve ser previamente citado para defender o texto ou ato impugnado.

370. **(FMP/TJ/MT/Cartórios/Remoção/2014)** Na Ação Declaratória de Inconstitucionalidade por Omissão, assinale a afirmativa correta:

a) após a concessão de cautelar, abre-se o prazo de dez dias para os responsáveis pela omissão se manifestarem.

b) declarada a inconstitucionalidade, será dada a ciência ao Poder competente para adoção das medidas necessárias e, em se tratando de órgão administrativo, para fazê-lo em trinta dias.

c) é obrigatória a apresentação de defesa pelo Advogado-Geral da União.

d) o Procurador-Geral da República deve se manifestar em prazo de cinco dias a partir de decisão do relator que o admite no processo.

e) a concessão de cautelar necessita de voto da maioria relativa dos ministros do STF.

371. **(Cespe/TJ/BA/Cartórios/Remoção/2013)** Assinale a opção correta acerca do controle de constitucionalidade no sistema brasileiro:

a) a concessão, pelo STF, de medida liminar em ação declaratória de constitucionalidade tem por finalidade obrigar juízes e tribunais a reconhecerem a constitucionalidade da norma apontada na ação nos casos concretos por eles analisados até que haja o julgamento de mérito de tal ação.

b) embora o rol de objetos da ADPF seja bem amplo, nele não se inclui, por exemplo, declaração bilateral de vontade emitida por particulares com o fim de extinguir direitos patrimoniais.

c) caso um juiz tenha reconhecido a inconstitucionalidade de ato normativo emitido por prefeito de determinado município, os efeitos da sentença serão "ex nunc" e terão eficácia limitada às partes litigantes.

d) o STF admite o controle difuso de constitucionalidade de lei ou de ato normativo federal, estadual ou municipal, em sede de ação civil pública, caso a análise da inconstitucionalidade não seja o objeto principal da ação, sem prejuízo da eficácia "erga omnes" da decisão.

e) lei distrital que disponha sobre parcelamento de solo urbano pode ser objeto de ação direta de inconstitucionalidade perante o STF.

372. (Cespe/TJ/DFT/Cartórios/Remoção/2014) Considerando que determinado partido político, com representação no Congresso Nacional, tenha ajuizado, no STF, ação direta de inconstitucionalidade (ADI) de lei federal, assinale a opção correta:

a) os requisitos para o ajuizamento da ADI incluem representação do partido político por seu diretório nacional e presença do partido político no Congresso Nacional, que é configurada pela existência de pelo menos um parlamentar do partido no Senado Federal ou na Câmara dos Deputados.

b) caso seja julgada procedente a ADI, há possibilidade de modulação dos efeitos da decisão do STF, não sendo possível, contudo, a declaração de inconstitucionalidade com efeitos prospectivos (pro futuro).

c) o reconhecimento da legitimidade ativa do partido político requer a demonstração do vínculo de pertinência temática, ou seja, da relação entre o interesse e a finalidade institucional.

d) é dispensável a subscrição, por advogado, da ADI ajuizada pelo partido político, uma vez que, nesse caso, a capacidade postulatória decorre da própria CF.

e) a perda de representação do partido político no Congresso Nacional após o ajuizamento da ADI implica, necessariamente, a extinção da ação por ilegitimidade ativa.

373. (Consulplan/TJ/MG/Cartórios/Remoção/2016) A Ação Direta de Inconstitucionalidade:

a) quando proposta por cidadão dotado de plenos direitos políticos, nos casos previstos em lei infraconstitucional, poderá ser objeto de desistência, se houver julgamento contrário em caso paradigmático.

b) quando alcançar o deferimento de medida cautelar, produz efeitos "ex tunc", desde a vigência da lei ou ato normativo impugnados.

c) quando por omissão, qualquer seja o autor, não admite desistência, nem cautelar, em razão de sua natureza.

d) quando por omissão, em caso de indeferimento da inicial ao fundamento de ilegitimidade da parte, admite o agravo.

374. (Vunesp/TJ/SP/Cartórios/Ingresso/2014) Assinale a alternativa correta no que tange à ação direta de inconstitucionalidade ou à ação declaratória de constitucionalidade:

a) a ação direta de inconstitucionalidade também é possível por omissão de medida necessária à efetivação de norma constitucional.

b) o Procurador-Geral da República é facultativamente ouvido nas ações de inconstitucionalidade.

c) o Advogado-Geral da União nunca atua nas ações de inconstitucionalidade.

d) a ação direta de inconstitucionalidade e a ação declaratória de constitucionalidade podem ser ajuizadas somente pelo Presidente da República, pela Mesa do Senado Federal, pela Mesa da Câmara dos Deputados, pela Mesa da Assembleia Legislativa ou da Câmara Legislativa do Distrito Federal, pelo Governador de Estado ou do Distrito Federal, pelo Procurador-Geral da República, pelo Conselho Federal da Ordem dos Advogados do Brasil e por confederação sindical ou entidade de classe no âmbito nacional.

375. (Consulplan/TJ/MG/Cartórios/Ingresso/2014) Em relação ao Controle de Constitucionalidade, é correto afirmar:

a) somente podem propor ação direta de inconstitucionalidade o Presidente da República, o Vice-Presidente da República, a Mesa do Senado Federal, a Mesa da Câmara dos Deputados, a Mesa de Assembleia Legislativa ou da Câmara Legislativa Distrital, o Governador de Estado ou do Distrito Federal, Procurador-Geral da República, o Conselho Federal da Ordem dos Advogados do Brasil, partido político com representação no Congresso Nacional e confederação sindical ou entidade de classe de âmbito nacional.

b) o controle concentrado de constitucionalidade é privativo do Supremo Tribunal Federal.

c) quando o Supremo Tribunal Federal apreciar a inconstitucionalidade, em tese, de norma legal ou ato normativo, citará, previamente, o Advogado-Geral da União que defenderá o ato ou texto impugnado.

d) declarada a inconstitucionalidade por omissão de medida para tornar efetiva norma constitucional, será dada ciência ao Poder competente para a adoção das providências necessárias e, em se tratando de órgão administrativo, para fazê-lo em sessenta dias.

376. **(Cespe/TJ/SE/Cartórios/Ingresso/2014)** De acordo com a disciplina constitucional, legal e jurisprudencial do controle de constitucionalidade, assinale a opção correta:

a) o prefeito possui legitimidade para propor, no STF, ação declaratória de constitucionalidade de lei vigente no âmbito municipal.

b) de acordo com o STF, é possível a aplicação do princípio da fungibilidade para o conhecimento de ADI como arguição de descumprimento de preceito fundamental, se coexistentes todos os requisitos de admissibilidade desta, em caso de inadmissibilidade daquela.

c) qualquer um dos legitimados para a propositura de ADI pode impetrar mandado de segurança, no STF, para evitar tramitação de proposta de emenda constitucional que contrarie cláusula pétrea.

d) em se tratando de controle incidental de constitucionalidade, qualquer juiz ou órgão de tribunal pode declarar a inconstitucionalidade de lei federal quando a análise for prejudicial ao exame de causa de sua competência.

e) na hipótese de decisão judicial contrária à firmada em sede de controle abstrato de constitucionalidade, a legitimidade para a reclamação será exclusiva dos que tenham participado do processo objetivo em que se tenha declarado a constitucionalidade ou inconstitucionalidade da norma.

12.2. Controle Difuso

✱ SÚMULAS

STF **Súm. Vinculante 10.** Viola a cláusula de reserva de plenário (CF, art. 97) a decisão de órgão fracionário de tribunal que, embora não declare expressamente a inconstitucionalidade de lei ou ato normativo do Poder Público, afasta a sua incidência no todo ou em parte.

✱ QUESTÕES OBJETIVAS

377. **(Ieses/TJ/RS/Cartórios/Ingresso/2013)** Em relação ao controle da constitucionalidade no sistema jurídico brasileiro, assinale a alternativa correta:

a) o controle de constitucionalidade é exercido exclusivamente por meio de ações específicas, como a Ação Direta de Inconstitucionalidade (ADI) e da Ação Direta de Constitucionalidade (ADC).

b) o controle de constitucionalidade pode ocorrer tanto na forma concentrada, quanto na difusa, e em ambos os casos ele é exercido pelo Poder Judiciário.

c) o controle de constitucionalidade é exercido somente em relação às leis ordinárias, complementares e medidas provisórias.

d) o controle de constitucionalidade concentrado visa analisar unicamente o conteúdo formal das leis infraconstitucionais.

378. **(TJ/SC/Cartórios/Ingresso/2012)** Assinale a alternativa correta:

a) o Conselho de Defesa Nacional é órgão de consulta do Presidente da República nos assuntos relacionados com a soberania nacional e a defesa do Estado democrático, e dele participam como membros natos, entre outros, o Ministro da Justiça e o Presidente do Supremo Tribunal Federal.

b) o Supremo Tribunal Federal poderá, de ofício ou por provocação, mediante decisão de dois terços dos seus membros, após reiteradas decisões sobre matéria constitucional, aprovar súmula que, a partir de sua publicação na imprensa oficial, terá efeito vinculante somente em relação aos demais órgãos do Poder Judiciário, nas esferas federal e estadual, bem como poderá proceder à sua revisão ou cancelamento, na forma estabelecida em lei.

c) o INSS é uma autarquia federal, portanto as causas que tenham por objetivo o pleito de auxílio-acidente oriundo de infortunística devem ser submetidas ao processamento e julgamento perante os juízes federais.

d) somente pelo voto da maioria absoluta de seus membros ou dos membros do respectivo órgão especial poderão os tribunais declarar a inconstitucionalidade de lei ou ato normativo do Poder Público. A essa disposição constitucional se dá o nome de Cláusula de Reserva de Plenário.
e) nos termos da Constituição Federal, os Tribunais e Juízes dos Estados e do Distrito Federal e Territórios não integram o Poder Judiciário Nacional.

379. **(Vunesp/TJ/SP/Cartórios/Remoção/2014)** Com relação às formas de controle de constitucionalidade, é correto afirmar que:

a) o controle concentrado de constitucionalidade é efetuado por qualquer integrante do Poder Judiciário.
b) o controle difuso de constitucionalidade é exercido apenas por uma Corte de cúpula do Poder Judiciário.
c) o controle difuso de constitucionalidade é exercido por todos os componentes do Poder Judiciário.
d) o controle concentrado de constitucionalidade é efetuado em todos os graus de jurisdição, por juízes e Tribunais.

380. **(Ieses/TJ/PB/Cartórios/Ingresso/2014)** Assinale a afirmativa incorreta:

a) pelo voto de maioria relativa de seus membros ou dos membros do respectivo órgão especial poderão os tribunais declarar a inconstitucionalidade de lei ou ato normativo do Poder Público.
b) compete ao Supremo Tribunal Federal, precipuamente, a guarda da Constituição, cabendo-lhe processar e julgar, o "habeas corpus", sendo paciente qualquer das pessoas referidas nas alíneas anteriores; o mandado de segurança e o "habeas data" contra atos do Presidente da República, das Mesas da Câmara dos Deputados e do Senado Federal, do Tribunal de Contas da União, do Procurador-Geral da República e do próprio Supremo Tribunal Federal.
c) compete ao Supremo Tribunal Federal, precipuamente, a guarda da Constituição, cabendo-lhe processar e julgar, o litígio entre Estado estrangeiro ou organismo internacional e a União, o Estado, o Distrito Federal ou o Território.
d) compete ao Supremo Tribunal Federal, precipuamente, a guarda da Constituição, cabendo-lhe processar e julgar, nas infrações penais comuns e nos crimes de responsabilidade, os Ministros de Estado e os Comandantes da Marinha, do Exército e da Aeronáutica.

381. **(Cetro/TJ/RJ/Cartórios/Remoção/2017)** Acerca da chamada cláusula de reserva de plenário aplicada em julgamentos de controle de constitucionalidade, marque V para verdadeiro ou F para falso e, em seguida, assinale a alternativa que apresenta a sequência correta.

I. exige-se a cláusula da reserva de plenário apenas para as hipóteses de declaração da inconstitucionalidade da lei ou do ato normativo.
II. a chamada regra do tribunal completo ("full bench") deve ser observada pelos tribunais em geral, inclusive órgãos fracionários e turmas recursais de juizados especiais, aplicando-se tanto ao controle difuso quanto ao concentrado de constitucionalidade.
III. a inconstitucionalidade pode ser decretada por órgão fracionário do tribunal, sem a necessidade de remessa dos autos ao plenário, naqueles casos em que houver apreciação anterior da mesma lei ou ato do próprio tribunal:

a) F, V, F.
b) F, F, F.
c) F, V, F.
d) V, F, V.
e) F, F, V.

382. **(Vunesp/TJ/SP/Cartórios/Ingresso/2018)** Sobre o controle difuso de constitucionalidade no Brasil, é correto afirmar que:

a) se dá pela arguição de descumprimento de preceito fundamental decorrente da Constituição, de competência do Supremo Tribunal Federal.
b) decorre do ajuizamento da ação direta de constitucionalidade genérica, por qualquer cidadão.
c) o seu exercício se dá por via de exceção, ou seja, qualquer interessado poderá suscitar a inconstitucionalidade, em qualquer processo e em qualquer juízo.
d) se dá pelo veto jurídico de projeto de lei, aprovado no Congresso Nacional, pela Presidência da República.

12.3. Temas Esparsos

✱ QUESTÕES OBJETIVAS

383. **(Cespe/TJ/ES/Cartórios/Ingresso/2013)** Com base na disciplina constitucional, legal e jurisprudencial do controle de constitucionalidade, assinale a opção correta:

a) de acordo com a jurisprudência dominante do STF, não é possível, em sede de ação civil pública, a declaração incidental de inconstitucionalidade de norma, mesmo que seja prejudicial meramente ao pedido inicial.

b) é possível o ajuizamento de ação declaratória de inconstitucionalidade, junto ao STF, contra lei distrital editada no exercício da competência legislativa privativa atribuída pela CF aos municípios e ao Distrito Federal.

c) no ordenamento jurídico brasileiro, é possível a modulação dos efeitos de uma decisão do STF que declara a inconstitucionalidade de uma norma, estabelecendo que sua eficácia somente venha a ocorrer a partir do trânsito em julgado da decisão, ou de outro momento que venha a ser fixado, desde que a decisão tenha sido tomada pela maioria absoluta dos votos dos integrantes do tribunal.

d) lei estadual que dispuser sobre matérias atinentes a trânsito e transporte padecerá inconstitucionalidade formal, por ser essa matéria de competência legislativa privativa da União.

e) a CF, de modo semelhante às modernas constituições europeias, estabeleceu sistema de controle concentrado de constitucionalidade, de competência do STF, mas não adotou o sistema de controle difuso de constitucionalidade.

384. **(Ieses/TJ/PA/Cartórios/Remoção/2016)** Por controle de constitucionalidade, significa dizer que há uma verificação da compatibilidade entre as leis e os atos normativos com a Constituição Federal, tanto do ponto de vista formal, quanto do material. Sobre as formas de controle de constitucionalidade brasileira, assinale a opção incorreta:

a) controle repressivo, utilizado quando a lei já está em vigor, havendo um erro do lado preventivo, pode se desfazer essa lei que escapou dos trâmites legais e passou a ser uma lei inconstitucional.

b) controle preventivo tem por finalidade impedir que um projeto de lei inconstitucional venha a ser uma lei.

c) controle político, ato de bem governar em prol do interesse público.

d) controle jurisdicional, exercido por um órgão do Poder Judiciário, Executivo ou Legislativo.

385. **(Cespe/TJ/DFT/Cartórios/Ingresso/2014)** Com base no disposto na CF e na jurisprudência do STF, assinale a opção correta acerca do controle de constitucionalidade:

a) o reconhecimento, pelo STF, da presença da repercussão geral em determinada matéria exime outros recorrentes do dever de apresentar preliminar sobre a presença da repercussão geral em recursos que tratem da mesma questão afetada.

b) no julgamento de reclamação constitucional, é possível ao STF realizar a reinterpretação e, portanto, a redefinição do conteúdo e do alcance da decisão paradigma apontada pelo reclamante como violada.

c) a cláusula de reserva de plenário deve ser aplicada aos casos em que determinado tribunal reconheça a não recepção de norma anterior pela nova ordem constitucional.

d) é incabível a interposição de recurso extraordinário contra decisão de tribunal de justiça proferida em ADI estadual ou distrital.

e) a concessão de provimento cautelar é incompatível com o rito da ADI por omissão.

386. **(Cespe/TJ/SE/Cartórios/Remoção/2014)** Assinale a opção correta de acordo com a disciplina constitucional, legal e jurisprudencial referente ao controle de constitucionalidade:

a) no processamento de ação direta de inconstitucionalidade, o relator poderá, em despacho irrecorrível, admitir o ingresso de assistente simples que tenha interesse no julgamento da causa.

b) a legitimidade ativa para a propositura de representação interventiva estadual está restrita ao procurador-geral de justiça.

c) de acordo com o STF, o efeito vinculante das decisões proferidas em sede de controle abstrato atinge inclusive o Poder Legislativo, que ficará proibido de legislar em sentido diverso ao precedente fixado pela corte constitucional.

d) conforme a CF, o controle de constitucionalidade das leis é realizado somente de forma repressiva.

e) segundo o STF, a ação direta de inconstitucionalidade pode ser utilizada para questionar lei federal anterior à CF, desde que seja relevante o fundamento da controvérsia.

387. **(Vunesp/TJ/SP/Cartórios/Ingresso/2016)** A Emenda Constitucional n. 45/04 introduziu em nosso sistema constitucional o mecanismo de edição pelo Supremo Tribunal Federal de súmulas vinculantes. A regulamentação constitucional da matéria previu:

a) que o efeito vinculante se estenderá aos demais órgãos do Poder Judiciário e à Administração Pública direta e indireta, nas esferas federal, estadual e municipal.
b) que a aprovação da súmula vinculante depende de decisão de pelo menos um terço dos membros do Tribunal.
c) que o Supremo Tribunal Federal, na aprovação da súmula vinculante, apenas atuará mediante provocação dos legitimados à ação direta de inconstitucionalidade.
d) que do ato administrativo ou decisão judicial que contrariar a súmula aplicável ou que indevidamente a aplicar, caberá mandado de segurança ao Supremo Tribunal Federal, que julgando-o procedente, anulará o ato administrativo ou cassará a decisão judicial.

388. **(IBFC/TJ/PR/Cartórios/Ingresso/2014)** Assinale a alternativa correta:

a) cabe ao Supremo Tribunal Federal o julgamento da ação direta de inconstitucionalidade de lei municipal em face da Constituição Federal.
b) não é possível a declaração de normas constitucionais originárias como inconstitucionais.
c) compete ao Supremo Tribunal Federal processar e julgar originariamente os mandados de segurança contra ato de Ministro de Estado.
d) o nepotismo, segundo o entendimento do Supremo Tribunal Federal é a nomeação de cônjuge, companheiro ou parente em linha reta, colateral ou por afinidade, até o quarto grau, inclusive, da autoridade nomeante ou de servidor da mesma pessoa jurídica investido em cargo de direção, chefia ou assessoramento, para o exercício de cargo em comissão ou de confiança, ou, ainda, de função gratificada.

389. **(Consulplan/TJ/MG/Cartórios/Remoção/2017)** Acerca das súmulas de efeito vinculante, analise as afirmações:

I. o cancelamento de uma súmula vinculante pode se originar por proposição do Tribunal de Justiça do Estado do Minas Gerais.
II. a proposta de edição, revisão ou cancelamento de enunciado de súmula vinculante implica a suspensão dos processos em que se discuta a mesma questão.
III. podem ser editadas pelo Supremo Tribunal Federal, em relação a questões constitucionais, e pelo Superior Tribunal de Justiça, em relação a questões infraconstitucionais.
IV. é possível a edição de sumula vinculante que tenha por objeto matéria de natureza penal

Está correto somente o que se afirma em:

a) I e III.
b) II e IV.
c) I e IV.
d) III e IV.

390. **(Ieses/TJ/CE/Cartórios/Remoção/2018)** O controle constitucional é o mecanismo pelo qual se controlam os atos normativos, verificando sua adequação aos preceitos previstos na Lei Maior. Este controle pode se dar em dois momentos distinto; controle preventivo, antes do projeto de lei virar lei ou controle repressivo, já sobre a lei, geradora de potenciais ou efetivos. São exemplos de controle preventivo, exceto:

a) político.
b) executivo.
c) judiciário.
d) legislativo.

13. TEORIA CONSTITUCIONAL

13.1. Classificação/Conceito de Constituições/Normas

✱ QUESTÕES DISCURSIVAS

03. **(Consulplan/TJ/MG/Cartórios/Remoção/2014)** De acordo com a doutrina, são diversas as classificações das constituições segundo os mais variados critérios. Assim, as constituições podem ser classificadas quanto: (i) à origem; (ii) ao processo de reforma; (iii) à extensão; (iv) à forma. Considerando os critérios acima, classifique a Constituição da República Federativa do Brasil de 1988, apresentando justificativa.

✱ QUESTÕES OBJETIVAS

391. **(Consulplan/TJ/MG/Cartórios/Ingresso/2018)** Em relação à eficácia e aplicabilidade das normas constitucionais, assinale a alternativa incorreta:

a) as normas constitucionais de eficácia plena são suscetíveis de aplicação sem solução de continuidade.

b) as normas definidoras dos direitos e garantias fundamentais têm aplicação diferida, e não aplicação ou execução imediata como as normas programáticas.
c) as normas constitucionais de eficácia limitada não são providas de aplicabilidade direta e imediata, vez que carecem de regulamentação para tornarem-se aplicáveis.
d) as normas constitucionais de eficácia contida não são dotadas de aplicabilidade integral, já que há a possibilidade do alcance do preceito ser reduzido pela legislação ordinária.

392. **(Consulplan/TJ/MG/Cartórios/Ingresso/2018)** A atual Constituição da República Federativa do Brasil pode ser classificada como:
a) escrita, eclética e analítica.
b) escrita, sintética e ortodoxa.
c) escrita, imutável e preceitual.
d) consuetudinária, sintética e rígida.

393. **(Consulplan/TJ/MG/Cartórios/Remoção/2018)** A atual Constituição da República Federativa do Brasil pode ser classificada como:
a) escrita, outorgada e liberal.
b) escrita, semântica e sintética.
c) normativa, sintética e cesarista.
d) promulgada, dogmática e analítica.

394. **(Cespe/TJ/PI/Cartórios/Remoção/2013)** Assinale a opção correta acerca de classificações de Constituição:
a) a Constituição nominal é aquela cujas normas efetivamente dominam o processo político.
b) denomina-se Constituição cesarista a Constituição outorgada submetida a plebiscito ou referendo.
c) as Constituições francesas da época de Napoleão I são classificadas como Constituições imutáveis.
d) a Constituição garantia caracteriza-se por conter normas definidoras de tarefas e programas de ação a serem concretizados pelos poderes públicos.
e) constituições ortodoxas são aquelas que procuram conciliar ideologias opostas.

395. **(Ieses/TJ/RS/Cartórios/Remoção/2013)** Quanto à classificação da Constituição da República Federativa do Brasil é correto afirmar que ela é:
a) histórica, devido ao fato de constituir-se por meio de um lento e contínuo processo de formação.
b) rígida, visto que possui procedimento específico para a alteração de seu conteúdo.
c) promulgada, ou seja, imposta de maneira unilateral, pelos representantes do povo.
d) sintética, visto que traz em seu corpo somente normas referentes à organização política do Estado e princípios de Direitos Fundamentais.

396. **(Ieses/TJ/RS/Cartórios/Ingresso/2013)** A Constituição da República Federativa do Brasil pode ser classificada como:
a) analítica.
b) sintética.
c) flexível.
d) outorgada.

397. **(Cespe/TJ/ES/Cartórios/Ingresso/2013)** Acerca da classificação das constituições, da aplicabilidade das normas constitucionais e do poder constituinte, assinale a opção correta:
a) a Constituição do Estado do Espírito Santo é resultante do exercício do poder constituinte derivado decorrente.
b) o poder constituinte originário é condicionado à ordem constitucional anterior, a qual impõe os limites e parâmetros pelo qual poderá ser exercido.
c) as normas brasileiras definidoras das garantias fundamentais não têm aplicação imediata, conforme expressa previsão constitucional.
d) a CF pode ser classificada como uma constituição escrita, analítica, dogmática e flexível.
e) a constituição, quanto à origem, pode ser promulgada ou outorgada, sendo a constituição outorgada originada do trabalho de uma assembleia nacional constituinte. No Brasil, é exemplo de constituição outorgada a Carta Constitucional de 1824.

398. **(Vunesp/TJ/SP/Cartórios/Remoção/2016)** A Constituição da República Federativa do Brasil de 1988 pode ser considerada:
a) semirrígida, porque algumas matérias, denominadas cláusulas pétreas, são imutáveis.
b) sintética, porque veicula tão somente princípios e normas gerais.

c) rígida, porque sua alteração, quando admissível, depende de processo legislativo mais solene e dificultoso.

d) analítica, porque todas as suas normas têm eficácia plena.

399. (Vunesp/TJ/SP/Cartórios/Ingresso/2014) Assinale a alternativa que define corretamente uma Constituição rígida:

a) constituição rígida é aquela elaborada e outorgada por um determinado governante e sem a participação popular.

b) constituição rígida é aquela alterável somente por procedimentos especiais e solenes, diferentes daqueles exigidos para a elaboração da legislação complementar ou ordinária.

c) constituição rígida é aquela originada de um órgão formado por representantes do povo, especialmente eleitos para a correspondente elaboração.

d) constituição rígida é aquela aperfeiçoada por escrito e por um órgão constituinte específico, a definir os dogmas fundamentais da política e do direito dominantes em determinado momento.

400. (Cespe/TJ/RR/Cartórios/Ingresso/2013) Considerando a supremacia das normas constitucionais, a hermenêutica constitucional e as normas veiculadoras de direitos e garantias fundamentais, sociais e econômicas, assinale a opção correta:

a) as normas constitucionais veiculadoras de um programa de ação revestem-se de eficácia jurídica e dispõem de caráter cogente, vinculando e obrigando os seus destinatários.

b) em regra, a cláusula da reserva do possível não encontra limitação na exigência constitucional de preservação do mínimo existencial, considerando-se que os recursos públicos são escassos e impõem a realização e concretização dos direitos econômicos, sociais e culturais de forma gradativa.

c) a inércia estatal em adimplir as imposições constitucionais traduz, segundo entendimento do STF, um inaceitável gesto de desprezo pela autoridade da Constituição, não sendo, entretanto, permitida a fixação de multa cominatória ao ente público para compeli-lo a cumprir o preceito constitucional.

d) os direitos de segunda geração destinam-se ao gênero humano, como valores supremos de sua existencialidade concreta.

e) a inconstitucionalidade só pode derivar de um comportamento ativo do poder público, ou seja, de ação ou edição de normas em desacordo com o que dispõe a Constituição, ofendendo os preceitos e os princípios nela consignados.

401. (Cespe/TJ/SE/Cartórios/Ingresso/2014) De acordo com o STF, a regra constitucional que assegura a gratuidade nos transportes coletivos urbanos aos maiores de sessenta e cinco anos de idade é norma:

a) de eficácia contida.

b) meramente programática.

c) de eficácia redutível.

d) de eficácia plena e aplicabilidade imediata.

e) de eficácia limitada.

402. (Cetro/TJ/RJ/Cartórios/Ingresso/2017) Acerca da Constituição classificada, quanto à origem, como cesarista, é correto afirmar que:

a) é constituída derivadamente pelo órgão parlamentar, tendo por instrumento a emenda de reforma ou de revisão.

b) é formada por meio de plebiscito popular sobre um projeto já elaborado.

c) é imposta, sem participação popular, por quem não recebeu poder para tanto.

d) é oriunda dos trabalhos de uma Assembleia Constituinte eleita para tanto.

e) advém de um compromisso instável de duas forças políticas rivais e, se converte, mais adiante, numa estipulação unilateral camuflada.

403. (Consulplan/TJ/MG/Cartórios/Ingresso/2017) Em relação ao critério teleológico ou funcional, as constituições podem ser:

a) garantistas, balanço ou dirigentes.

b) sintéticas ou expansivas.

c) normativas, nominais ou semânticas.

d) democráticas, autoritárias ou híbridas.

404. (Consulplan/TJ/MG/Cartórios/Remoção/2017) A Constituição elaborada por um Estado ou organização internacional para ter vigência em outro Estado é denominada:

a) pactuada.

b) popular.
c) heterônoma.
d) dualista.

405. **(Cetro/TJ/RJ/Cartórios/Remoção/2017)** Assinale a alternativa que apresenta, dentre as Constituições brasileiras, aquelas consideradas como outorgadas:

a) Constituição de 1891 e Constituição de 1937.
b) Constituição do Império e Constituição de 1967.
c) Constituição de 1969 e Constituição de 1988.
d) Constituição de 1937 e Constituição de 1946.
e) Constituição de 1891 e Constituição de 1946.

13.2. Evolução/História Constitucional

* QUESTÕES OBJETIVAS

406. **(Ieses/TJ/PA/Cartórios/Remoção/2016)** A Carta Magna que trouxe diversas novidades, dentre estas a constitucionalização dos direitos sociais, a criação da Justiça Eleitoral, o sufrágio feminino, o voto secreto e o mandado de segurança, refere-se a:

a) Constituição da República Federativa de 1988.
b) Carta Constitucional de 1934.
c) Carta Constitucional de 1824.
d) Carta Magna de 1891.

407. **(Ieses/TJ/MS/Cartórios/Remoção/2014)** São características da Constituição Federal de 1891:

a) instituição da forma federativa de Estado e da forma republicana de governo, instituição do "habeas corpus".
b) poder moderador, eleições indiretas e censitárias.
c) eleição indireta para presidente da República, com mandato de seis anos.
d) incorporação da Justiça do Trabalho e do Tribunal Federal de Recursos ao Poder Judiciário.

408. **(Vunesp/TJ/SP/Cartórios/Remoção/2014)** Com relação à Constituição brasileira de 1891, é correto afirmar que:

a) adotou o sistema de governo consubstanciado no parlamentarismo.
b) previa a divisão em quatro poderes, a exemplo do período imperial.
c) adotou a República Federativa como formas de governo e de Estado.
d) foi outorgada pelo Presidente Deodoro da Fonseca, sem prévia aprovação por uma assembleia constituinte.

409. **(Cespe/TJ/SE/Cartórios/Ingresso/2014)** Acerca do conceito de Constituição, da interpretação das normas constitucionais e do poder constituinte, assinale a opção correta:

a) de acordo com o denominado neoconstitucionalismo, os princípios constitucionais devem ser considerados meros textos exortativos, sem qualquer força normativa ou eficácia positiva.
b) o preâmbulo da CF tem eficácia positiva e pode servir de parâmetro para a declaração de inconstitucionalidade de ato normativo.
c) a CF possui cláusulas pétreas implícitas, existindo limitações ao poder de reforma constitucional que não estão expressamente indicadas em seu texto.
d) o princípio da máxima efetividade das normas constitucionais, de caráter interpretativo, estipula que a CF deve ser interpretada de forma a se evitarem contradições, antinomias ou antagonismos.
e) os elementos de estabilização constitucional são encontrados nas normas que estabelecem regras de aplicação das Constituições, como, por exemplo, nas disposições constitucionais transitórias.

410. **(Cetro/TJ/RJ/Cartórios/Ingresso/2017)** No Brasil, os serviços notariais e registrais foram alçados ao texto constitucional, pela primeira vez, por meio de determinada Constituição. Assinale a alternativa que a apresenta:

a) Constituição do Império de 25 de março de 1824.
b) Constituição da República dos Estados Unidos do Brasil de 24 de fevereiro de 1891.
c) Constituição da República dos Estados Unidos do Brasil de 16 de julho de 1934.
d) Constituição dos Estados Unidos do Brasil de 10 de novembro de 1937.
e) Constituição da República Federativa do Brasil de 24 de janeiro de 1967.

411. **(Vunesp/TJ/SP/Cartórios/Ingresso/2018)** A respeito das constituições brasileiras, é correto afirmar:

a) a Constituição Federal de 1937 é classificada como semântica, pois atuou como simples instrumento de estabilização do Poder, sem o escopo de organizá-lo ou limitá-lo.

b) a Constituição Federal de 1946 é classificada como dirigente, pois associada a determinada corrente ideológica.

c) a Constituição Federal de 1824 previa normas de organização social.

d) a Constituição Federal de 1934 não seguiu o modelo de constituição política, econômica e social.

13.3. Hermenêutica Constitucional

* QUESTÕES DISCURSIVAS

04. (FMP/TJ/MT/Cartórios/Remoção/2014) Diferencie princípios e regras, segundo a racionalização da jurisprudência dos valores de Robert Alexy.

* QUESTÕES OBJETIVAS

412. (Cespe/TJ/PI/Cartórios/Remoção/2013) Assinale a opção correta no que tange à interpretação das normas constitucionais:

a) para a corrente interpretativista, o legislador constituinte não tem legitimidade para impor sua visão de Constituição à sociedade atual, pois cada geração tem o direito de vivê-la ao seu modo.

b) o método hermenêutico-concretizador parte do pressuposto de que a interpretação constitucional é concretização, entendida como uma norma preexistente na qual o caso concreto é individualizado.

c) Ernst Forsthoff, com sua obra Topik und Jurisprudenz (1953), foi o grande responsável pela retomada da tópica no campo jurídico, de modo que é considerado por muitos o pai do método tópico-problemático.

d) o método normativo-estruturante, em linhas gerais, parte da premissa de que a Constituição, por ser uma espécie de lei, deve ser interpretada pelos mesmos elementos tradicionais desenvolvidos por Savigny para a interpretação das leis em geral.

e) para o método tópico-problemático, a Constituição deve ser interpretada como um todo (visão sistêmica), considerados os fatores extraconstitucionais, como a realidade social.

413. (Cespe/TJ/RR/Cartórios/Ingresso/2013) Considerando que a existência do escalonamento normativo é pressuposto necessário para a supremacia constitucional, pois, ocupando a Constituição o ápice da hierarquia do sistema normativo, é nela que o legislador encontrará a forma de elaboração legislativa e o seu conteúdo, assinale a opção correta:

a) no caso de normas polissêmicas ou plurissignificativas, deve dar-se preferência à interpretação que lhes dê sentido em conformidade com a Constituição.

b) para garantir a autoridade das decisões proferidas em sede de ação direta de inconstitucionalidade, o STF admite a utilização de reclamação, que pode ser ajuizada por qualquer terceiro interessado.

c) declarada a constitucionalidade de uma lei ou ato normativo federal em ação declaratória de constitucionalidade, há a possibilidade de nova análise contestatória da matéria, sob a alegação da existência de novos argumentos que ensejariam uma nova interpretação com vistas à sua inconstitucionalidade.

d) o controle concentrado de constitucionalidade não permite que o STF assuma a função de legislador negativo, em face do princípio da separação dos poderes.

e) a declaração de inconstitucionalidade por via de exceção tem efeito "erga omnes".

414. (FCC/TJ/PE/Cartórios/Remoção/2013) O principal debate teórico na seara do constitucionalismo, aqui considerado sintética e amplamente como técnica jurídica de tutela de direitos e garantias fundamentais do cidadão através de constituições escritas, reside na discussão se houve ou não a evolução para um novo paradigma denominado neoconstitucionalismo. A interpretação constitucional passou a ter uma gama de técnicas e princípios específicos de exegese. Independentemente da polêmica acadêmica, vem sendo aplicado, reiteradamente, em decisões importantes do Supremo Tribunal Federal, o Princípio da Proporcionalidade, com o seguinte sentido:

a) advém dos princípios gerais do direito e serve de regra de interpretação para todo o ordenamento jurídico. Acolhido na área do Direito Constitucional por estar vinculado a ideia de Estado de Direito e direitos fundamentais, especialmente quando há colisão de bens ou valores igualmente protegidos pela Constituição.

b) um mandato de otimização do querer constitucional, significando que entre diversas exegeses igualmente constitucionais, deve-se escolher a que se orienta para a constituição ou que melhor corresponde às decisões do constituinte.

c) as normas constitucionais devem ser vistas como um sistema integrado de regras e princípios, de modo a permitir ao intérprete a construção de soluções exigidas em cada situação concreta.

d) a opção hermenêutica deve dar preferência a critérios que favoreçam a integração social e a unidade política.

e) cânone da interpretação constitucional que visa dar densidade aos direitos fundamentais diante da possibilidade de interpretações expansivas.

415. **(FCC/TJ/PE/Cartórios/Remoção/2013)** Segundo decisão do Supremo Tribunal Federal: "Os condicionamentos impostos pela Resolução 7/2005, do Conselho Nacional de Justiça, não atentam contra a liberdade de prover e desprover cargos em comissão e funções de confiança. As restrições constantes do ato resolutivo são, no rigor dos termos, as mesmas já impostas pela Constituição de 1988, dedutíveis dos republicanos princípios da impessoalidade, da eficiência, da igualdade e da moralidade. Improcedência das alegações de desrespeito ao princípio da separação dos poderes e ao princípio federativo. O CNJ não é órgão estranho ao Poder Judiciário (art. 92, CF) e não está a submeter esse Poder à autoridade de nenhum dos outros dois. O Poder Judiciário tem uma singular compostura de âmbito nacional, perfeitamente compatibilizada com o caráter estadualizado de uma parte dele. Ademais, o art. 125 da Lei Magna defere aos Estados a competência de organizar a sua própria Justiça, mas não é menos certo que esse mesmo art. 125, caput, junge essa organização aos princípios 'estabelecidos' por ela, Carta Maior, neles incluídos os constantes do art. 37, cabeça. Ação julgada procedente para: (i) emprestar interpretação conforme à Constituição para deduzir a função de chefia do substantivo 'direção' nos incisos II, III, IV, V do art. 2º do ato normativo em foco; (ii) declarar a constitucionalidade da Resolução 7/2005, do CNJ." (ADC 12, Rel. Min. Ayres Britto, julgamento em 20-8-2008, Plenário, DJ de 18-12-2009.) Com base na análise dos fundamentos desta decisão, é correto afirmar, segundo a doutrina, que:

a) a interpretação conforme à Constituição, utilizada no âmbito do controle abstrato das normas, equivale a pronúncia de inconstitucionalidade sem redução de texto, sendo equivalentes as figuras da declaração de inconstitucionalidade sem redução do texto e a interpretação conforme à Constituição. O STF afastou-se da posição inicial que separava estas figuras.

b) a eficiência elevada a padrão de princípio constitucional tem por finalidade mitigar os direitos fundamentais para facilitar a atividade administrativa.

c) a impessoalidade visa coibir o desvio de finalidade da conduta, comissiva ou omissiva, sendo um desdobramento do princípio da igualdade, afastando a incidência da responsabilidade objetiva do Estado.

d) a moralidade administrativa procura evitar que a omissão prejudicial ao exercício de um direito ou o transcurso do tempo, sendo equiparada à improbidade administrativa.

e) a interpretação criativa adotada conforme à Constituição pode levar a construção de decisões manipulativas de efeitos aditivos ou substitutivos.

416. **(FCC/TJ/PE/Cartórios/Ingresso/2013)** No âmbito dos limites da interpretação constitucional, dentre as características abaixo, não se aplica ao conceito de decisões manipuladoras:

a) são decisões aplicadas na esfera do controle de constitucionalidade, na qual a Corte Constitucional não se limita a declarar a inconstitucionalidade das normas, mas acaba por agir como legislador positivo, remodelando diretamente o ordenamento jurídico.

b) declaram a nulidade de determinada norma inconstitucional, no âmbito da fiscalização abstrata da constitucionalidade, em uma perspectiva diacrônica, com a produção dos efeitos previstos na Constituição Federal.

c) inclui o conceito das sentenças aditivas, aquelas nas quais a Corte Constitucional declara a inconstitucionalidade de uma disposição, na parte, em que não expressa determinada norma, que deveria conter para ser compatível com a Constituição.

d) admite-se a produção de norma heterônoma de atos legislativos, ou seja, a sentença substitutiva declara a inconstitucionalidade de um preceito, na parte em que expressa certa norma em lugar de outra, substancialmente distinta, que dele deveria constar para que fosse compatível com a Constituição Federal.

e) determinam a modelação do sentido ou dos efeitos da norma submetida a julgamento.

417. **(FCC/TJ/PE/Cartórios/Ingresso/2013)** Ao julgar a questão do nepotismo, o voto da Ministra Cármen Lúcia, do Supremo Tribunal Federal, afirmou que: Nem precisaria haver princípio expresso – quer da impessoalidade, quer da moralidade administrativa – para que se chegasse ao reconhecimento da constitucionalidade das proibições de contratação de parentes para os cargos públicos. Bastaria que se tivesse em mente a ética democrática e a exigência republicana, contidas no art. 1º, da Constituição, para se impor a proibição de maneira definitiva, direta e imediata a todos os Poderes da República. (STF, ADC 12, Voto Ministra Cármen Lúcia, j. 28.8.2008, Tribunal Pleno). Considerando as linhas mestres do Estado Democrático de Direito brasileiro lançadas na decisão, é correto afirmar:

a) a república é a forma de estado que se opõe à monarquia. A exigência republicana citada no acórdão traduz a concepção clássica do termo, significa "res publica", ou seja, princípios que pertencem ao povo, não como uma multidão reunida de homens, mas sim, a uma sociedade organizada que tem por fundamento a observância da justiça e a comunhão de interesses.

b) dentre os parâmetros da ética democrática encontra-se a ideia da ruptura do poder político encarnado na pessoa do dirigente para a ideia de valorização de instituições privadas como conjunto regulador, controlador e fiscalizador da ação política.

c) a qualidade da democracia pode ser avaliada pelo grau de liberdade, estado de direito, igualdade, grau de participação, responsabilidade vertical para com o eleitorado ou horizontal. Para se estabelecer a igualdade no Estado de Direito, o Princípio da Impessoalidade, previsto genericamente no artigo 37, caput, da Constituição Federal, deve ser preenchido com os valores vigentes na sociedade através de legislação específica, não podendo ser pressuposto de forma genérica, conforme a interpretação livre de cada juiz, diante do significativo espaço de discricionariedade, conforme posição majoritária da doutrina e do STF.

d) a análise do Princípio da Moralidade deve ser centrada na norma que o autoriza e não no ato administrativo. Moralidade não se confunde com legalidade, pois esta é requisito da norma.

e) o Princípio da Impessoalidade visa distinguir a esfera privada, impregnada por paixões e vícios, da esfera pública, impessoal, tendo as leis como campo simbólico da vontade geral e dos direitos.

418. **(IBFC/TJ/PR/Cartórios/Ingresso/2014)** Assinale a alternativa correta sobre a interpretação das normas constitucionais:

a) as normas constitucionais não admitem interpretação.

b) a técnica denominada interpretação conforme somente pode ser utilizada quando a norma infraconstitucional admite, dentre várias interpretações possíveis, uma que seja compatível com a Carta Magna.

c) as normas infraconstitucionais têm presunção de inconstitucionalidade.

d) o Supremo Tribunal Federal não admite a técnica denominada interpretação conforme.

419. **(Cespe/TJ/SE/Cartórios/Remoção/2014)** Assinale a opção correta de acordo com a CF e com o entendimento doutrinário a respeito do poder constituinte, do conceito de constituição, da aplicabilidade e da interpretação das normas constitucionais:

a) conforme a moderna teoria constitucional, postulados normativos são normas metódicas, ou de segundo grau, que devem ser utilizados na interpretação e aplicação de princípios e regras presentes na constituição.

b) no Brasil, somente será possível alterar a forma federativa do Estado se houver aprovação de três quintos dos votos dos membros de cada casa do Congresso Nacional.

c) denomina-se princípio da máxima efetividade o fenômeno constitucional consistente na alteração do sentido de norma constitucional originária, em razão da conjugação do texto da norma com fatores externos, sem que o texto dessa norma tenha sido modificado.

d) a eficácia das normas constitucionais de eficácia contida, cuja aplicabilidade é direta e imediata, somente pode ser reduzida por outra norma constitucional.

e) de acordo com o método jurídico ou hermenêutico clássico de interpretação, constituição é um sistema aberto de regras e princípios, atribuindo-se à interpretação um caráter prático na busca da solução do caso concreto.

420. **(FMP/TJ/MT/Cartórios/Remoção/2014)** Assinale a alternativa correta:

a) nação é um conceito ligado a um agrupamento humano cujos membros, fixados num território, são ligados por laços culturais, históricos, econômicos e linguísticos.

b) cidadão é a pessoa que se vincula a outra por meio de determinada nacionalidade.

c) a nacionalidade primária se adquire por meio de vontade própria.

d) a população está unida ao Estado pelo vínculo jurídico da nacionalidade.

e) o povo é o conjunto de pessoas que se une mediante laços culturais.

421. **(Consulplan/TJ/MG/Cartórios/Remoção/2017)** Considere as assertivas a seguir:

I. quanto à forma de elaboração, a Constituição dita dogmática decorre de um longo processo de construção de ideias e de evolução de valores, tendo por fundamento as tradições de determinada sociedade.

II. pelo princípio da concordância prática (ou harmonização), que se contrapõe à ideia de unidade constitucional, tem-se que, em eventual conflito na proteção de bens jurídicos diversos tutelados pela Constituição, deve-se sempre optar por sacrificar, em sua dimensão prática, aquele com foco apenas na tutela individual em favor de outro com alcance e dimensão coletivos.

III. o método hermenêutico-concretizador de interpretação constitucional caracteriza-se pela praticidade na busca da solução dos problemas, na medida em que considera a Constituição como uma lei comum, em que a solução exegética prioriza elementos objetivos de interpretação e se opera a partir do caso concreto em subsunção ao texto positivado.

IV. no processo de controle de constitucionalidade, a legislação de regência assegura ao "amicus curiae" legitimidade para interpor recurso nas mesmas hipóteses facultadas ao proponente da ação.

Em relação às assertivas acima:

a) todas estão corretas.

b) todas estão incorretas.

c) apenas uma delas está correta.

d) duas delas estão corretas.

422. **(Vunesp/TJ/SP/Cartórios/Ingresso/2018)** Os denominados direitos fundamentais de terceira geração:

a) tutelam a integridade física e moral.

b) consagram o princípio da isonomia.

c) são de titularidade coletiva.

d) correspondem aos direitos econômicos, sociais e culturais.

13.4. Poder Constituinte

✱ QUESTÕES OBJETIVAS

423. **(Consulplan/TJ/MG/Cartórios/Remoção/2018)** Em relação ao Poder Constituinte, assinale a alternativa incorreta:

a) o Poder Constituinte decorrente é inicial, autônomo e incondicionado juridicamente.

b) a Constituição não poderá ser emendada na vigência de intervenção federal, de estado de defesa ou estado de sítio.

c) o Poder Constituinte derivado é subordinado porque se encontra limitado pelas normas expressas e implícitas do texto constitucional.

d) o Poder Constituinte originário estabelece a Constituição de um novo Estado, organizando-o e criando os poderes destinados a reger os interesses de uma comunidade.

424. **(Cespe/TJ/PI/Cartórios/Remoção/2013)** A respeito de poder constituinte, assinale a opção correta:

a) poder constituinte revolucionário é aquele responsável pelo surgimento da primeira Constituição de um Estado.

b) os princípios constitucionais extensíveis consagram normas organizatórias para a União que se estendem aos estados, seja por previsão constitucional expressa ou implícita.

c) o poder constituinte derivado caracteriza-se por ser um poder instituído, ilimitado e incondicionado juridicamente.

d) os direitos e garantias individuais localizados fora do art. 5º da CF não constituem cláusulas pétreas.

e) o poder constituinte decorrente é aquele encarregado da alteração do texto constitucional.

425. **(Ieses/TJ/RS/Cartórios/Ingresso/2013)** Quanto ao poder constituinte, é correto afirmar:

a) ele é sempre originário e nunca derivado.

b) ele se materializa unicamente na Assembleia Nacional Constituinte.

c) ele emana do povo e é exercido primordialmente por meio dos seus representantes democraticamente eleitos.

d) dissolvida a Assembleia Nacional Constituinte, extingue-se o Poder Constituinte.

426. **(Ieses/TJ/PA/Cartórios/Remoção/2016)** Sabe-se que o poder constituinte se refere à manifestação soberana da suprema vontade política de um povo, social e juridicamente organizado. Referido poder teria seu marco histórico através das Constituições escritas, visando à limitação do poder estatal e a preservação dos direitos e das garantias individuais. O Poder Constituinte originário estabelece a Constituição de um novo Estado, organizando-o e criando os poderes destinados a reger os interesses de uma comunidade. São características do Poder Constituinte Originário:

a) inicial, ilimitado, autônomo e incondicionado.
b) inicial, ilimitado, subordinado e incondicionado.
c) derivado, ilimitado, autônomo e incondicionado.
d) derivado, ilimitado, subordinado e incondicionado.

427. **(Vunesp/TJ/SP/Cartórios/Remoção/2016)** Assinale a alternativa correta:

a) o poder constituinte derivado constitui a atribuição aos Estados-membros da competência para auto-organização por via de constituições próprias.
b) a não recepção de uma norma infraconstitucional pela vigente Constituição traduz hipótese de inconstitucionalidade superveniente, inclusive passível de declaração pela via da ação direta.
c) a não recepção de uma norma infraconstitucional pela vigente Constituição traduz hipótese de revogação hierárquica.
d) o poder constituinte decorrente é aquele de cujo exercício resulta a alteração do texto constitucional, revelando-se condicionado e limitado.

428. **(Ieses/TJ/PB/Cartórios/Remoção/2014)** O poder constituinte originário é aquele que instaura uma nova ordem jurídica, rompendo por completo com a ordem jurídica antecessora. Seu objetivo fundamental, portanto, é a criação de novo Estado. São características do poder constituinte originário exceto:

a) condicionado.
b) autônomo.
c) ilimitado juridicamente.
d) soberano na tomada de suas decisões.

429. **(Consulplan/TJ/MG/Cartórios/Ingresso/2014)** Sobre Poder Constituinte Derivado é correto afirmar:

a) encontra limitações apenas nas cláusulas pétreas.
b) a proposta de emenda da Constituição será discutida e votada, em dois turnos, considerando-se aprovada se obtiver, três quintos dos votos dos respectivos membros da Câmara dos Deputados e do Senado Federal.
c) a Constituição pode ser emendada mediante proposta de iniciativa popular subscrita por, no mínimo, um por cento do eleitorado nacional, distribuído pelo menos por cinco Estados, com não menos de três décimos por cento dos eleitores de cada um deles.
d) a Constituição pode ser emendada mediante proposta de mais da metade das Assembleias Legislativas das unidades da Federação, manifestando-se, cada uma delas, pela maioria absoluta de seus membros.

430. **(IBFC/TJ/PR/Cartórios/Remoção/2014)** Assinale a alternativa correta:

a) somente ao Poder Constituinte Derivado é assegurado o direito de alterar as chamadas "cláusulas pétreas".
b) o voto direto, secreto universal e periódico não é considerado "cláusula pétrea".
c) o Poder Constituinte Decorrente ou Complementar é aquele poder constituinte conferido aos Estados-membros da Federação instituído e regulado pelo Poder Constituinte Originário.
d) a Constituição Federal poderá ser emendada na vigência de estado de sítio.

431. **(Ieses/TJ/CE/Cartórios/Remoção/2018)** O poder constituinte que instaura uma nova ordem jurídica, rompendo por completo com a ordem jurídica precedente é denominado de:

a) poder constituinte originário.
b) poder constituinte derivado decorrente.
c) poder constituinte supranacional.
d) poder constituinte difuso.

13.5. Teoria do Estado

✱ QUESTÕES OBJETIVAS

432. **(FMP/TJ/MT/Cartórios/Ingresso/2014)** São características do Estado Brasileiro:

a) sistema de governo democrático e regime de governo presidencialista.
b) forma de governo republicana e sistema de governo democrático.
c) forma de governo republicana e regime de governo democrático.
d) sistema de governo republicano e regime de governo presidencialista.
e) sistema de governo presidencialista e regime de governo republicano.

6. DIREITO PENAL

VOLUME DE QUESTÕES

Médio-Baixo

»» *Vide capítulo Direito Processual Penal (Ação Penal).*

1. DA APLICAÇÃO DA LEI PENAL

✱ SÚMULAS

STF Súm. 611. Transitada em julgado a sentença condenatória, compete ao juízo das execuções a aplicação de lei mais benigna.

STF Súm. 711. A lei penal mais grave aplica-se ao crime continuado ou ao crime permanente, se a sua vigência é anterior à cessação da continuidade ou da permanência.

STJ Súm. 501. É cabível a aplicação retroativa da Lei n. 11.343/2006, desde que o resultado da incidência das suas disposições, na íntegra, seja mais favorável ao réu do que o advindo da aplicação da Lei n. 6.368/1976, sendo vedada a combinação de leis.

✱ QUESTÕES OBJETIVAS

01. **(Consulplan/TJ/MG/Cartórios/Remoção/2018)** Quanto ao tempo do crime, é correto afirmar que o Código Penal brasileiro adotou a teoria do(a):

a) atividade.

b) resultado.

c) ubiquidade.

d) contemporaneidade.

02. **(Cespe/TJ/PI/Cartórios/Ingresso/2013)** Túlio sequestrou Caio com o intuito de obter vantagem pecuniária por meio da exigência de resgate. Durante o período em que a vítima permaneceu presa no cativeiro, entrou em vigor uma nova lei penal que agravou a pena referente ao crime de extorsão mediante sequestro. Alguns meses depois, a vítima foi solta em virtude do pagamento do resgate. Com base nessa situação hipotética e na jurisprudência firmada pelos tribunais superiores, assinale a opção correta:

a) se Túlio for condenado por extorsão mediante sequestro, deve ser aplicada a nova lei penal mais gravosa.

b) se Túlio for condenado por extorsão mediante sequestro, não se deve aplicar a nova lei penal mais gravosa, em razão do princípio da irretroatividade da lei penal mais severa.

c) se Túlio for condenado por extorsão mediante sequestro, aplica-se uma combinação da lei antiga com a lei nova, para que sejam determinadas as disposições mais favoráveis das duas leis.

d) o crime de extorsão mediante sequestro consumou-se com o pagamento do resgate.

e) o crime de extorsão mediante sequestro consumou-se com a exigência do resgate.

03. **(Ieses/TJ/PA/Cartórios/Remoção/2016)** Segundo o Código Penal (Lei 2.848/40) no que se refere à aplicação da lei penal é correto afirmar:

I. ninguém pode ser punido por fato que lei posterior deixa de considerar crime, cessando em virtude dela a execução e os efeitos penais da sentença condenatória.

II. ficam sujeitos à lei brasileira, embora cometidos no estrangeiro contra a administração pública, por quem está ou não a seu serviço.

III. o dia do começo inclui-se no cômputo do prazo. Contam-se os dias, os meses e os anos pelo calendário comum.

IV. considera-se praticado o crime no momento da ação ou omissão, ainda que outro seja o momento do resultado.

A sequência correta é:

a) apenas as assertivas I e IV estão corretas.

b) apenas as assertivas I, III e IV estão corretas.

c) apenas as assertivas I e II estão corretas.

d) apenas a assertiva II está correta.

04. (Ieses/TJ/PA/Cartórios/Ingresso/2016) Atinente à aplicação da lei penal no tempo e no espaço, é correto afirmar:

a) no que tange ao tempo do crime, o código penal adotou a teoria da ubiquidade.

b) leis temporárias e excepcional (art. 3º, CP) são hipóteses excepcional de ultra atividade maléfica.

c) para os efeitos penais, consideram-se como extensão do território nacional as embarcações e aeronaves brasileiras, de natureza pública ou a serviço do governo brasileiro onde quer que se encontrem, bem como as aeronaves e as embarcações brasileiras, mercantes ou de propriedade privada, que se achem, respectivamente, no espaço aéreo correspondente ou em alto-mar. Tal instituto é denominado Extraterritorialidade.

d) de acordo com o princípio da territorialidade, não é possível, por conta de regras internacionais, que um crime cometido no Brasil não sofra as consequências da Lei Brasileira.

05. (Consulplan/TJ/MG/Cartórios/Ingresso/2014) Quanto à aplicação da lei penal, é correto afirmar:

a) em virtude de lei posterior que deixa de considerar determinado fato como crime, cessam a execução e os efeitos penais somente nas hipóteses de sentença condenatória recorrível.

b) ainda que absolvido ou condenado no estrangeiro, o agente, quando está a serviço da administração pública, é punido segundo a lei brasileira por qualquer dos crimes contra a administração em geral.

c) segundo os princípios que regem o direito intertemporal, ninguém poder ser beneficiado por lei posterior mais benéfica quando pratica crime considerado hediondo.

d) em nenhuma hipótese é aplicável a lei brasileira aos crimes praticados a bordo de aeronaves ou embarcações estrangeiras de propriedade privada.

06. (IBFC/TJ/PR/Cartórios/Remoção/2014) Assinale a alternativa incorreta:

a) a lei posterior, que de qualquer modo favorecer o agente, aplica-se aos fatos anteriores, ressalvados os decididos por sentença condenatória transitada em julgado.

b) o resultado, de que depende a existência do crime, somente é imputável a quem lhe deu causa. Considera-se causa a ação ou omissão sem a qual o resultado não teria ocorrido.

c) a superveniência de causa relativamente independente exclui a imputação quando, por si só, produziu o resultado; os fatos anteriores, entretanto, imputam-se a quem os praticou.

d) a omissão é penalmente relevante quando o omitente devia e podia agir para evitar o resultado.

07. (Cespe/TJ/BA/Cartórios/Remoção/2013) Acerca da aplicação da lei penal, assinale a opção correta:

a) não ficarão sujeitos à lei brasileira, quando cometidos no estrangeiro, os delitos praticados contra a administração pública por quem está a seu serviço.

b) consideram-se como extensão do território brasileiro as embarcações e aeronaves brasileiras de natureza pública ou a serviço do governo brasileiro, bem como as aeronaves e as embarcações brasileiras mercantes ou de propriedade privada, onde quer que se encontrem.

c) a lei posterior que, de qualquer modo, favorecer o agente se aplicará aos fatos anteriores, desde que estes não sejam abarcados por sentença condenatória transitada em julgado.

d) no caso do crime de extorsão mediante sequestro, se, durante o período em que a vítima se encontre sob o poder dos sequestradores, passar a viger norma penal que preveja majoração da pena, será aplicada a lei penal anterior, mais favorável aos autores.

e) considerar-se-á praticado o crime no lugar em que ocorrer a ação ou omissão, no todo ou em parte, bem como onde se produzir ou deveria se produzir o resultado.

08. (FMP/TJ/MT/Cartórios/Ingresso/2014) Assinale a alternativa correta:

a) de acordo com entendimento sumulado do STF, o juiz deve combinar leis sucessivas para poder aplicar ao réu a situação mais favorável.

b) de acordo com determinação expressado Código Penal brasileiro, o juiz deve combinar leis sucessivas, aplicando ao réu a situação mais favorável.

c) de acordo com determinação expressa do Código Penal brasileiro, é vedado ao juiz proceder à combinação de leis sucessivas.

d) é vedada a edição de medidas provisórias sobre matéria de direito penal.

e) em caso de relevância e urgência, o Presidente da República poderá adotar medidas provisórias em matéria penal, com força de lei, desde que sejam em benefício do réu.

09. **(Cetro/TJ/RJ/Cartórios/Ingresso/2017)** Acerca da aplicação da lei penal no tempo, em especial, "abolitio criminis", assinale a alternativa correta:

a) a anistia ou cancelamento de infração disciplinar ou criminal de servidor público estadual configura hipótese de aplicação de "abolitio criminis", estando, portanto, sob competência exclusiva da União para efeito de concessão do benefício, de acordo com o entendimento do STF.

b) a Lei n. 11.343/2006, que trata de tráfico de drogas, ao revogar a Lei n. 6.368/1976, anterior, aponta para a existência de "abolitio criminis" ao deixar de prever que a associação eventual de menores de 21 (vinte e um) anos incorra em causa de aumento de pena.

c) a chamada "despenalização" da conduta de porte de drogas, de acordo com o entendimento jurisprudencial do STF, constitui hipótese de "abolitio criminis".

d) "abolitio criminis" tem efeito retroativo, atingindo, inclusive, os processos em fase de execução penal e afastando os efeitos civis de reparação do dano causado.

e) a revogação do artigo do Código Penal que tratava do delito de atentado violento ao pudor configura "abolitio criminis", uma vez que a modificação legal posterior não deteve o condão de unificar este tipo penal com o de estupro.

10. **(Ieses/TJ/CE/Cartórios/Ingresso/2018)** É certo afirmar:

I. para os efeitos penais, consideram-se como extensão do território nacional as embarcações e aeronaves brasileiras, de natureza pública ou a serviço do governo brasileiro onde quer que se encontrem, bem como as aeronaves e as embarcações brasileiras, mercantes ou de propriedade privada, que se achem, respectivamente, no espaço aéreo correspondente ou em alto-mar.

II. não há crime sem lei anterior que o defina; não há pena sem prévia cominação legal; trata-se de princípio geral de que a lei penal nunca retroagirá.

III. considera-se praticado o crime no lugar em que ocorreu a ação ou omissão, no todo ou em parte, bem como onde se produziu ou deveria produzir-se o resultado.

IV. a pena cumprida no estrangeiro agrava a pena imposta no Brasil pelo mesmo crime, quando diversas, ou nela é computada, quando idênticas.

Analisando as proposições, pode-se afirmar:

a) somente as proposições I e III estão corretas.

b) somente as proposições I e IV estão corretas.

c) somente as proposições II e III estão corretas.

d) somente as proposições II e IV estão corretas.

11. **(Ieses/TJ/CE/Cartórios/Remoção/2018)** Em relação a aplicação da lei penal, é correto afirmar:

I. considera-se praticado o crime no momento do resultado.

II. aplica-se a lei brasileira, sem prejuízo de convenções, tratados e regras de direito internacional, ao crime cometido no território nacional.

III. não há crime sem lei anterior que o defina. Não há pena sem prévia cominação legal.

IV. a lei posterior, que de qualquer modo favorecer o agente, aplica-se aos fatos anteriores, desde que, ainda não decididos por sentença condenatória transitada em julgado.

A sequência correta é:

a) as assertivas I, II, III e IV estão corretas.

b) apenas a assertiva I está incorreta.

c) apenas as assertivas I, II e III estão corretas.

d) apenas as assertivas II e III estão corretas.

12. **(FMP/TJ/MT/Cartórios/Remoção/2014)** Assinale a alternativa correta:

a) a lei posterior, que de qualquer modo favorecer o agente, aplica-se aos fatos anteriores, salvo se já tiverem sido decididos por sentença condenatória transitada em julgado.

b) a lei posterior que deixa de considerar o fato como crime faz cessar em virtude dela a execução e os efeitos penais e civis da sentença condenatória.

c) relativamente ao tempo do crime, adotou o Código Penal brasileiro a teoria da atividade.

d) relativamente ao tempo do crime, adotou o Código Penal brasileiro a teoria do resultado.

e) relativamente ao tempo do crime, adotou o Código Penal brasileiro a teoria da ubiquidade.

13. **(IBFC/TJ/PR/Cartórios/Remoção/2014)** Assinale a alternativa correta:

a) a lei excepcional ou temporária, embora decorrido o período de sua duração ou cessadas as circunstâncias que a determinaram, aplica-se ao fato praticado após a sua vigência.

b) considera-se praticado o crime no momento da ação ou omissão, ainda que outro seja o momento do resultado.

c) a pena cumprida no estrangeiro não atenua a pena imposta no Brasil pelo mesmo crime, quando diversas.

d) o agente que, voluntariamente, desiste de prosseguir na execução ou impede que o resultado se produza, não responde pelos atos já praticados.

2. DO CRIME

◉ ATENÇÃO: ESTE TEMA É MUITO EXIGIDO NOS CONCURSOS!

✻ SÚMULAS

STF **Súm. 145.** Não há crime, quando a preparação do flagrante pela polícia torna impossível a sua consumação.

✻ QUESTÕES OBJETIVAS

14. **(Consulplan/TJ/MG/Cartórios/Remoção/2018)** Considerando que o Código Penal brasileiro considera o crime consumado quando nele se reúnem todos os elementos de sua definição legal, assinale a alternativa correta:

a) o crime tentado é considerado contravenção penal.

b) o crime tentado é considerado infração administrativa.

c) ninguém pode ser punido por crime tentado, senão quando o pratica culposamente.

d) o crime tentado é punido com a pena do crime consumado, porém diminuída, salvo disposição em sentido contrário.

15. **(Consulplan/TJ/MG/Cartórios/Remoção/2018)** Sobre o erro que recai sobre a ilicitude do fato, assinale a alternativa correta:

a) o desconhecimento da lei é escusável, ou seja, isento de pena.

b) o desconhecimento da lei, evitável ou inevitável, atenua a pena.

c) equiparam-se, quanto às consequências jurídicas, o erro de tipo e o erro de proibição.

d) equiparam-se, quanto às consequências jurídicas, o erro que recai sobre a ilicitude do fato e a confissão espontânea da autoria do crime.

16. **(Cespe/TJ/ES/Cartórios/Ingresso/2013)** A respeito das causas de exclusão da culpabilidade e de ilicitude, assinale a opção correta:

a) em se tratando de legítima defesa, a agressão é injusta e a repulsa materializa-se em uma ação predominantemente defensiva, com aspectos agressivos, ao passo que, tratando-se de estado de necessidade, inexiste a agressão injusta, sendo a ação predominantemente agressiva, com aspectos defensivos.

b) tanto a coação física vis absoluta quanto a coação moral vis compulsiva, se irresistíveis, excluem a culpabilidade do agente, restando punível apenas o agente coator, figura indispensável na definição de qualquer ocorrência reputada coativa.

c) as causas legais de exclusão da ilicitude, previstas na parte geral do Código Penal, são estado de necessidade, legítima defesa, estrito cumprimento de dever legal, exercício regular de direito e consentimento do ofendido.

d) tanto o estado de necessidade exculpante quanto o estado de necessidade justificante incidem diretamente sobre a ilicitude, excluindo-a.

e) a emoção e a paixão excluem a imputabilidade penal, já que se considera, de regra, que aquele que comete um fato típico ilícito em estado emocional ou mentalmente alterado perde a capacidade de entendimento e de determinação.

17. **(Cespe/TJ/ES/Cartórios/Remoção/2013)** Acerca dos institutos da desistência voluntária, do arrependimento eficaz, do arrependimento posterior e do crime impossível, assinale a opção correta:

a) configura-se a desistência voluntária caso o agente seja induzido a desistir no prosseguimento da execução criminosa por circunstâncias externas, sem as quais teria ele consumado a infração penal.

b) nos termos da teoria subjetiva, para a configuração do crime impossível, é necessário que o meio ou o objeto sejam ineficazes ou impróprios para a configuração da tentativa.

c) conforme a teoria objetiva pura, o agente deve responder pela tentativa se o meio ou o objeto são absolutamente inidôneos para que se alcance o resultado cogitado.

d) nos termos da lei, em se tratando do crime de furto qualificado pela destruição ou rompimento do obstáculo, não é possível a aplicação do instituto do arrependimento posterior.

e) configura-se a tentativa inadequada, nos termos da teoria objetiva matizada, no caso de o agente agir com vontade de praticar a infração penal, não importando se o meio ou o objeto são impróprios.

18. **(Cespe/TJ/ES/Cartórios/Remoção/2013)** No que concerne ao erro sobre os elementos do tipo e ao erro sobre a ilicitude do fato, assinale a opção correta:

a) de acordo com a teoria extremada do dolo, o dolo normativo é constituído de vontade, previsão e consciência atual da ilicitude e o erro jurídico-penal, ainda que evitável, exclui o dolo, diferenciando-se as consequências advindas do erro de tipo e do erro de proibição.

b) a teoria limitada do dolo, que se equipa ao conhecimento atual da ilicitude a conduta incompatível com uma razoável concepção de direito ou de justo, presume o dolo e dá origem ao direito penal de autor.

c) de acordo com a teoria dos elementos negativos do tipo, o erro nas determinantes putativas fáticas, considerado erro de proibição, exclui a culpa.

d) conforme a teoria extremada da culpabilidade, há erro de tipo permissivo quando o objeto do erro for pressuposto fático de uma causa de justificação.

e) conforme a teoria limitada da culpabilidade, recaindo o erro sobre as causas de justificação, a tentativa somente será punível se o erro for invencível.

19. **(Cespe/TJ/RR/Cartórios/Ingresso/2013)** No que se refere às espécies de concurso de crimes, ao erro de tipo e ao erro de proibição, assinale a opção correta:

a) conforme a teoria limitada da culpabilidade, adotada no Código Penal, o erro sobre os pressupostos fáticos de uma causa de exclusão da ilicitude constitui modalidade de erro de proibição.

b) é isento de pena, em razão da ausência de dolo ou culpa, o agente que age mediante erro de tipo acidental, ou seja, o agente que desconhece os dados acessórios ou secundários do crime.

c) o concurso material ou real consiste na prática, mediante uma só ação ou omissão, de dois ou mais crimes, idênticos ou não, ensejando a aplicação da mais grave das penas cabíveis ou, se iguais, somente de uma delas, mas aumentada, em qualquer caso, de um sexto até metade.

d) em se tratando de concurso formal impróprio ou imperfeito, a ação ou omissão é dolosa, e os crimes concorrentes resultam de desígnios autônomos, por isso as penas são aplicadas cumulativamente.

e) configura-se crime continuado no caso de o agente, mediante mais de uma ação ou omissão, praticar dois ou mais crimes da mesma espécie, sendo os crimes subsequentes, por condições como tempo, lugar e maneira de execução, havidos como continuação do primeiro, como ocorre, por exemplo, entre o crime de roubo e o de extorsão.

20. **(Cespe/TJ/RR/Cartórios/Ingresso/2013)** Com relação às causas de exclusão da ilicitude e da culpabilidade, assinale a opção correta:

a) caracterizada a legítima defesa putativa, que ocorre quando o agente tem conhecimento do uso do meio desnecessário ou do uso imoderado do meio necessário, de sorte que deseje o resultado ou assuma o risco de produzi-lo, responde o agente pelo resultado a título de dolo.

b) de acordo com a jurisprudência do STJ, age amparada pelo estrito cumprimento do dever legal a autoridade policial que dispara tiros de revólver ou pistola contra suspeitos da prática crimes graves em fuga, ainda que dessa ação decorra o resultado morte.

c) o fato praticado mediante coação moral irresistível é típico e antijurídico, excluindo-se, entretanto, a culpabilidade do coagido, em virtude da ausência de conduta diversa, um dos elementos da culpabilidade.

d) quando o agente pratica um crime sob o estado de embriaguez completa, voluntária ou culposa, a culpabilidade fica excluída, dada a ausência do elemento subjetivo (dolo ou culpa).

e) em relação ao estado de necessidade, adota-se, no Código Penal brasileiro, a teoria diferenciadora, podendo tal estado ser causa de exclusão da ilicitude ou da culpabilidade.

21. **(TJ/SC/Cartórios/Ingresso/2012)** Acerca do erro sobre elementos do tipo é correto afirmar:

a) não exclui o dolo, mas reduz a pena de um a dois terços.

b) configura circunstância atenuante.

c) exclui a imputabilidade.

d) configura crime impossível por ineficácia absoluta do meio ou por absoluta impropriedade do objeto.

e) exclui o dolo, mas permite a punição por crime culposo, se previsto em lei.

22. **(FCC/TJ/PE/Cartórios/Remoção/2013)** O erro inevitável faz a conduta típica ser inteiramente desculpável quando tiver por objeto a:

a) lei.

b) ilicitude do fato.

c) pessoa da vítima.

d) qualidade subjetiva ou a condição pessoal da vítima.

e) eficácia do meio empregado.

23. **(Cespe/TJ/RR/Cartórios/Ingresso/2013)** Acerca da desistência voluntária, do arrependimento eficaz, do arrependimento posterior, do crime impossível e do crime preterdoloso, assinale a opção correta:

a) o denominado crime impossível ocorre apenas na hipótese de absoluta ineficácia, no que se refere à produção do resultado desejado, do meio de execução utilizado pelo agente.

b) caracteriza-se crime preterdoloso ou preterintencional caso o agente cause um resultado mais grave que o desejado, em virtude da inobservância do cuidado objetivo necessário, inclusive na modalidade tentada.

c) em se tratando de crimes materiais, formais e de mera conduta, é possível a aplicação dos institutos da desistência voluntária e do arrependimento posterior.

d) para que fique caracterizado o arrependimento eficaz ou a desistência, a atitude do agente deve ser espontânea, ou seja, natural, sincera e verdadeira.

e) o arrependimento posterior só pode ser aplicado se crime tiver sido cometido sem violência ou grave ameaça a pessoa, se houver reparação do dano ou restituição do objeto material antes do recebimento da denúncia ou da queixa e se o ato do agente for voluntário.

24. **(FMP/TJ/MT/Cartórios/Ingresso/2014)** Assinale a alternativa correta:

a) o erro de tipo essencial exclui o dolo, somente se for invencível.

b) o erro de tipo essencial sempre exclui o dolo.

c) o erro de tipo essencial sempre exclui a culpabilidade.

d) o erro de proibição exclui o dolo, somente se for invencível.

e) o erro de proibição sempre exclui o dolo.

25. **(FMP/TJ/MT/Cartórios/Remoção/2014)** Assinale a alternativa correta:

a) o erro de tipo acidental exclui o dolo, mas o agente poderá responder por crime culposo.

b) o erro de tipo acidental exclui o dolo e a culpa.

c) o erro de tipo essencial sempre exclui culpabilidade.

d) o erro de tipo essencial exclui culpabilidade somente se for invencível.

e) o erro de proibição, se inevitável, isenta de pena.

26. **(IBFC/TJ/PR/Cartórios/Remoção/2014)** Em relação ao dolo o Código Penal adota as teorias:

a) da vontade e do assentimento.

b) da vontade e da cognição.

c) da representação e do assentimento.

d) da probabilidade e da cognição.

27. **(Cespe/TJ/BA/Cartórios/Ingresso/2013)** Acerca dos institutos constantes da Parte Geral do CP, assinale a opção correta:

a) verifica-se o fenômeno da compensação de culpas no caso em que um motorista desatento atropela um pedestre que imprudente e inopinadamente atravessa via pública em local inadequado, estando afastada, portanto, a culpabilidade do motorista.

b) o agente de crime praticado sem violência ou grave ameaça poderá beneficiar-se com o instituto do arrependimento posterior, o que reduziria sua pena, desde que, voluntariamente, repare o dano ou restitua a coisa até o recebimento da denúncia ou queixa.

c) o crime impossível é causa de isenção de pena, o que afasta a culpabilidade do agente, dada a ineficácia total do meio empregado ou a impropriedade absoluta do objeto.

d) o CP prevê o cúmulo material ou a soma das penas cominadas a cada um dos crimes nas hipóteses de concurso formal perfeito e de crime continuado.

e) o desconhecimento da lei, quando legitimamente escusável, configura hipótese de perdão judicial, não se aplicando por completo a pena.

28. **(Cespe/TJ/BA/Cartórios/Remoção/2013)** Considerando a classificação dos delitos e as normas atinentes à consumação, à tentativa e ao arrependimento posterior, assinale a opção correta:

a) é admissível a tentativa tanto nos crimes plurissubsistentes quanto nos crimes unissubsistentes.

b) são crimes de atentado aqueles em que o tipo penal incriminador não prevê a figura tentada em seu enunciado, razão pela qual, no processamento desses crimes, se faz uso da norma de extensão referente à tentativa, disposta na parte geral do Código Penal.

c) os crimes materiais admitem a figura da tentativa; entretanto, a tentativa é incompatível com os delitos formais, em que se dispensa o resultado naturalístico para a consumação do delito.

d) não há crime quando a preparação do flagrante pela polícia torna impossível sua consumação. Entretanto, quando há a expectativa, por parte da polícia, da prática de delito, sem que o agente tenha sido provocado por autoridade policial a praticar o crime, não há que se falar em delito impossível.

e) nos crimes cometidos sem violência ou grave ameaça à pessoa, reparado o dano ou restituída a coisa até a audiência de instrução e julgamento, por ato voluntário do agente, a pena será reduzida de um a dois terços.

29. **(Cespe/TJ/DFT/Cartórios/Ingresso/2014)** Em relação a tentativa, desistência voluntária, arrependimento eficaz, arrependimento posterior e crime impossível, assinale a opção correta:

a) aquele que, por ato voluntário, porém não espontâneo, devolve a coisa furtada antes do recebimento da denúncia não pode beneficiar-se do arrependimento posterior.

b) no que diz respeito à punibilidade do crime impossível, o autor de uma tentativa inidônea não merece, segundo a teoria subjetiva, sofrer sanção penal, dada a inexistência de qualquer perigo de lesão ao bem jurídico protegido pela norma.

c) admite-se a tentativa nos delitos de imprudência.

d) em se tratando de tentativa branca de crime de homicídio, a fixação da redução da pena pela tentativa deve ocorrer no patamar máximo, isto é, dois terços.

e) a desistência da tentativa inacabada deve ser entendida como arrependimento eficaz.

30. **(Cespe/TJ/DFT/Cartórios/Ingresso/2014)** No que se refere às hipóteses de "aberratio ictus", erro e causas excludentes de ilicitude e de culpabilidade, assinale a opção correta:

a) os elementos subjetivos do tipo, como o próprio dolo e as intenções, tendências e atitudes especiais da ação, podem ser objeto de erro de tipo.

b) o uso imoderado de um meio necessário configura excesso intensivo de legítima defesa.

c) o erro de proibição pode incidir sobre a existência e a validade da lei penal, mas não sobre sua interpretação.

d) segundo a doutrina majoritária, para o reconhecimento da obediência hierárquica, causa excludente da culpabilidade, não é exigida comprovação da relação de direito público entre coator e coato.

e) se A desejando matar B, atinge mortalmente C, A deverá responder, de acordo com a teoria da concretização, por tentativa de homicídio contra B e por homicídio imprudente contra C.

31. **(Cespe/TJ/DFT/Cartórios/Remoção/2014)** Diversas pessoas invadiram um prédio de um órgão público, sem avisar previamente às autoridades competentes, para pedir maior investimento em educação e saúde no país. Chamada pelos servidores do órgão, a polícia militar determinou que os manifestantes desocupassem o local imediatamente. Todavia, a ordem não foi obedecida e todos os manifestantes sentaram-se no chão. Os policiais, utilizando bombas de gás lacrimogênio e projéteis de borracha, retiraram todos à força, o que acabou ferindo gravemente muitos protestantes. Considerando essa situação hipotética, assinale a opção correta:

a) os manifestantes praticaram crime de resistência.

b) os manifestantes não praticaram qualquer crime, dado o acobertamento de suas condutas por causa supralegal de exclusão da culpabilidade.

c) a conduta adotada pelos policiais é típica, porém lícita, haja vista estar amparada pela causa excludente de ilicitude do estrito cumprimento de um dever legal.

d) os manifestantes praticaram crime de desobediência.

e) a conduta dos manifestantes é típica, porém lícita, na medida em que é acobertada pela causa excludente de ilicitude do exercício regular de direito.

32. **(Cespe/TJ/SE/Cartórios/Ingresso/2014)** A respeito da teoria do crime, assinale a opção correta:

a) é causa de exclusão da culpabilidade o fato de a conduta ser praticada por meio de coação física irresistível.

b) a tipicidade conglobante resulta da análise de normas de caráter estritamente penal, dada a exigência da subsunção da conduta à lei penal.

c) no direito penal brasileiro, adota-se a teoria subjetiva para o regramento do crime impossível, o que significa que o agente não responde, inclusive pela tentativa, diante da impossibilidade da consumação do crime em razão da ineficácia absoluta do meio ou da absoluta impropriedade do objeto.

d) em se tratando de crime culposo, se estiver ausente a previsibilidade do resultado devido às aptidões pessoais do agente, ficará excluída a culpabilidade, haja vista a análise subjetiva do dever de cuidado.

e) segundo a teoria da imputação objetiva, é necessário avaliar se o incremento do risco surge como decorrência do dolo do agente – de acordo com os princípios do risco permitido –, o que afasta a responsabilidade pelo resultado produzido pela culpa, se previsto o tipo penal.

33. **(Consulplan/TJ/MG/Cartórios/Ingresso/2015)** Em matéria penal, são causas excludentes da antijuridicidade de conduta, exceto:

a) o estado de necessidade.

b) o erro inevitável sobre a ilicitude do fato.

c) o exercício regular de direito.

d) o estrito cumprimento de dever legal.

34. **(Consulplan/TJ/MG/Cartórios/Remoção/2015)** "Na Praça da Matriz, por volta das 15 hs, Tício, apontando um revólver, subtraiu, para si, o relógio de ouro de Pérsio, o que foi testemunhado pelo pedestre Caio. No dia seguinte, no mesmo horário e na mesma praça, Tício, utilizando o mesmo revólver, agrediu Pérsio, mediante coronhadas, causando-lhe perda da visão do olho esquerdo." Tício responderá pelos crimes:

a) em concurso material.

b) em concurso formal.

c) em concurso de pessoas.

d) em continuidade delitiva.

35. **(Consulplan/TJ/MG/Cartórios/Ingresso/2017)** Durante discussão acontecida na Câmara Municipal de uma cidadezinha do interior, o vereador "A" dispara um tiro contra o vereador "B" com a intenção de matá-lo, porém causa-lhe apenas lesão corporal. Ocorre que o mesmo projétil que atravessou o ombro de "B", atingiu o tórax do presidente da Câmara "C", causando-lhe a morte, resultado não pretendido por "A". É correto afirmar que, nesse caso hipotético, houve:

a) "aberratio ictus", aplicando-se a regra do concurso formal próprio.

b) "aberratio criminis", aplicando-se a regra do concurso formal imperfeito.

c) erro na execução, aplicando-se a regra do concurso formal impróprio.

d) erro "in personae", aplicando-se a regra do concurso formal perfeito.

36. **(Ieses/TJ/RO/Cartórios/Remoção/2017)** Conforme as normas penais brasileiras, não há crime quando o agente pratica o fato:

I. em estrito cumprimento de dever legal.

II. em legítima defesa.

III. no exercício regular de direito.

IV. em estado de necessidade

A sequência correta é:

a) a assertiva III está incorreta.

b) apenas as assertivas I e IV estão corretas.

c) as assertivas I, II, III e IV estão corretas.

d) apenas a assertiva II está correta.

37. **(Ieses/TJ/CE/Cartórios/Remoção/2018)** Segundo o Código Penal Brasileiro, quando o agente der causa ao resultado por imprudência, negligência ou imperícia estará cometendo:

a) crime culposo.

b) crime tentado.

c) crime impossível.

d) crime doloso.

38. **(Ieses/TJ/CE/Cartórios/Remoção/2018)** A prática de fato típico para salvar-se de perigo atual, que não provocou por sua vontade, nem podia de outro modo evitar, direito próprio ou alheio, cujo sacrifício, nas circunstâncias, não era razoável exigir-se, é denominada de:

a) legitima defesa.

b) exercício regular de direito.

c) estado de necessidade.

d) estrito cumprimento de dever legal.

39. **(Ieses/TJ/CE/Cartórios/Ingresso/2018)** É certo afirmar:

I. a finalidade do conceito analítico do crime é a análise dos seus caracteres e elementos, por isso seu foco são os elementos ou requisitos do delito, onde é entendido como conduta típica, antijurídica e culpável (conceito tripartido, teoria clássica ou tridimensional), ou apenas conduta típica e antijurídica, ou ainda, como fato típico, antijurídico e punível abstratamente.

II. trata-se de concurso formal quando o agente, mediante mais de uma ação ou omissão, pratica dois ou mais crimes, idênticos ou não, aplicam-se cumulativamente as penas privativas de liberdade em que haja incorrido. No caso de aplicação cumulativa de penas de reclusão e de detenção, executa-se primeiro aquela.

III. na fixação da pena de multa o juiz deve atender, principalmente, à situação social do réu.

IV. a continuidade temporal e espacial não é um requisito invariável do delito continuado, mas pode ser um indício da continuidade.

Analisando as proposições, pode-se afirmar:

a) somente as proposições I e IV estão corretas.

b) somente as proposições II e III estão corretas.

c) somente as proposições I e III estão corretas.

d) somente as proposições II e IV estão corretas.

40. **(Ieses/TJ/CE/Cartórios/Ingresso/2018)** É certo afirmar:

I. mesmo nos crimes cometidos com violência ou grave ameaça à pessoa, reparado o dano ou restituída a coisa, até o recebimento da denúncia ou da queixa, por ato voluntário do agente, a pena será reduzida de um a dois terços. É o que o Código Penal define como "arrependimento posterior".

II. chama-se "teoria do delito" à parte da ciência do direito penal que se ocupa de explicar o que é o delito em geral, isto é, quais são as características que deve ter qualquer delito.

III. a emoção ou a paixão excluem a imputabilidade penal.

IV. preterdoloso é o crime onde o resultado final é mais grave do que o pretendido pelo agente.

Analisando as proposições, pode-se afirmar:

a) somente as proposições I e II estão corretas.

b) somente as proposições II e IV estão corretas.

c) somente as proposições I e III estão corretas.

d) somente as proposições III e IV estão corretas.

41. **(IBFC/TJ/PR/Cartórios/Remoção/2014)** Quanto à isenção de pena, assinale a alternativa incorreta:

a) é isento de pena quem, por erro plenamente justificado pelas circunstâncias, supõe situação de fato que, se existisse, tornaria a ação legítima.

b) o erro quanto à pessoa contra a qual o crime é praticado não isenta de pena.

c) o erro sobre a ilicitude do fato, se inevitável, isenta de pena; se evitável, poderá diminuí-la de um a dois terços.

d) o desconhecimento da lei é inescusável.

42. **(Ieses/TJ/MS/Cartórios/Remoção/2014)** Não há crime quando o agente pratica o fato:

I. em estado de necessidade.

II. por doença mental ou desenvolvimento mental incompleto ou retardado, ao tempo da ação ou da omissão, sendo inteiramente incapaz de entender o caráter ilícito do fato ou de determinar-se de acordo com esse entendimento.

III. em legítima defesa.

IV. em estrito cumprimento de dever legal ou no exercício regular de direito.

A sequência correta é:

a) apenas a assertiva II está correta.

b) apenas as assertivas I e II estão corretas.

c) apenas as assertivas III e IV estão corretas.

d) apenas as assertivas I, III e IV estão corretas.

3. DA IMPUTABILIDADE PENAL

✱ QUESTÕES OBJETIVAS

43. **(FCC/TJ/PE/Cartórios/Remoção/2013)** A inimputabilidade por peculiaridade mental ou etária exclui da conduta a:

a) tipicidade.

b) tipicidade e a antijuridicidade, respectivamente.

c) antijuridicidade.
d) antijuridicidade e a culpabilidade, respectivamente.
e) culpabilidade.

44. **(Vunesp/TJ/SP/Cartórios/Ingresso/2016)** Assinale a alternativa correta:

a) a embriaguez culposa, por álcool ou substância de efeitos análogos, exclui a imputabilidade penal.
b) o agente que em virtude de perturbação da saúde mental não era, ao tempo da ação, inteiramente capaz de entender o caráter ilícito do fato ou de determinar-se de acordo com este entendimento, é isento de pena.
c) a paixão ou a emoção não excluem a imputabilidade penal.
d) os menores de dezoito anos são semi-imputáveis, pois estão sujeitos às normas do Estatuto da Criança e do Adolescente.

45. **(IBFC/TJ/PR/Cartórios/Ingresso/2014)** Assinale a alternativa incorreta:

a) é isento de pena o agente que, por doença mental ou desenvolvimento mental incompleto ou retardado, era, ao tempo da ação ou da omissão, inteiramente incapaz de entender o caráter ilícito do fato ou de determinar-se de acordo com esse entendimento.
b) os menores de 18 (dezoito) anos são penalmente inimputáveis, ficando sujeitos às normas estabelecidas na legislação especial.
c) a embriaguez, voluntária ou culposa, pelo álcool ou substância de efeitos análogos exclui a imputabilidade penal.
d) a emoção e a paixão não excluem a imputabilidade penal.

46. **(Ieses/TJ/CE/Cartórios/Remoção/2018)** Conforme dispõe o Código Penal brasileiro em seu artigo 27, são penalmente inimputáveis, ficando sujeitos às normas estabelecidas na legislação especial, os menores de:

a) 18 (dezoito) anos.
b) 19 (dezenove) anos.
c) 20 (vinte) anos.
d) 21 (vinte e um) anos.

4. DO CONCURSO DE PESSOAS

✻ SÚMULAS

STF **Súm. 245.** A imunidade parlamentar não se estende ao corréu sem essa prerrogativa.

✻ QUESTÕES OBJETIVAS

47. **(FCC/TJ/PE/Cartórios/Ingresso/2013)** Necessariamente, autores e partícipes recebem:

a) penas idênticas.
b) penas, respectivamente, mais e menos graves.
c) penas, respectivamente, menos e mais graves.
d) penas igualmente graves, mas de espécies distintas.
e) penas igualmente graves, salvo se diversa for sua culpabilidade.

48. **(Cespe/TJ/RR/Cartórios/Ingresso/2013)** Assinale a opção correta em relação ao concurso de pessoas:

a) de acordo com a teoria do domínio do fato, autor é o agente que realiza um dos elementos do tipo, sendo considerado partícipe o agente que somente planeja o crime.
b) o instituto da participação de menor importância aplica-se ao autor, ao coautor ou ao partícipe que contribua para a prática delituosa de forma minorada, ou seja, que não pratique a conduta descrita no tipo penal.
c) em se tratando de crime de roubo praticado mediante o emprego de arma de fogo, respondem pelo resultado morte (latrocínio), situado evidentemente em pleno desdobramento causal da ação delituosa, todos os agentes que, mesmo não tendo agido diretamente na execução da morte, tenham contribído para a execução do tipo fundamental, por terem assumido o risco.
d) o ajuste, a determinação, a instigação e o auxílio à prática de qualquer crime são puníveis, ainda que o fato principal não alcance a fase executória.
e) para a configuração do concurso de pessoas, devem estar presentes os seguintes requisitos: pluralidade de condutas, relevância causal e jurídica de cada uma das ações, prévia combinação entre os agentes e identidade de fato.

49. **(Ieses/TJ/PA/Cartórios/Ingresso/2016)** No que diz respeito à classificação do crime quanto ao concurso de pessoas, é correto afirmar:

a) o crime de furto (art. 155 do CP) é plurissubjetivo de condutas contrapostas.
b) o crime de peculato (art. 312 do CP) é plurissubjetivo de condutas paralelas.

c) o crime de bigamia (art. 235 do CP) é plurissubjetivo de condutas convergentes.

d) o crime de roubo (art. 157 do CP) é plurissubjetivo de condutas paralelas.

50. **(Ieses/TJ/MS/Cartórios/Ingresso/2014)** Quanto ao concurso de pessoas é correto afirmar:

a) as circunstâncias de caráter subjetivo sempre se comunicam.

b) o Código Penal não prevê a cooperação dolosamente distinta.

c) a teoria adotada pelo Código Penal é a chamada Teoria Igualitária.

d) na coautoria os agentes contribuem para a realização do delito. Na participação, os agentes praticam conduta típica descrita no tipo.

51. **(Ieses/TJ/MS/Cartórios/Remoção/2014)** O concurso de pessoas, também denominado de concurso de agentes, ou codelinquência, implica na concorrência de duas ou mais pessoas para o cometimento de um ilícito penal. Segundo o Código Penal é incorreto afirmar que:

a) se a participação for de menor importância, a pena pode ser diminuída de um sexto a um terço.

b) não se comunicam às circunstâncias e as condições de caráter pessoal, salvo quando elementares do crime.

c) se algum dos concorrentes quis participar de crime menos grave, ser-lhe-á aplicada a pena deste; essa pena será aumentada até um sexto, na hipótese de ter sido previsível o resultado mais grave.

d) o ajuste, a determinação ou instigação e o auxílio, salvo disposição expressa em contrário, não são puníveis, se o crime não chega, pelo menos, a ser tentado.

52. **(FMP/TJ/MT/Cartórios/Ingresso/2014)** De acordo com a doutrina brasileira majoritária, em matéria de concurso de pessoas, é correto afirmar que:

a) a punição do partícipe se orienta pela acessoriedade mínima.

b) a punição do partícipe se orienta pela acessoriedade limitada.

c) a punição do partícipe se orienta pela acessoriedade máxima.

d) a punição do partícipe se orienta pela hiperacessoriedade.

e) a punição do partícipe se orienta pela ultra-acessoriedade.

53. **(Consulplan/TJ/MG/Cartórios/Remoção/2017)** Com a enorme divulgação dos crimes consistentes na explosão de caixas eletrônicos para a subtração de dinheiro, quatro indivíduos, sem se conhecerem uns aos outros, coincidentemente, às 14 horas, invadiram a mesma agência bancária de uma cidadezinha do interior e praticaram o referido delito. Na hipótese, trata-se de:

a) continência de ações, em razão do concurso de pessoas.

b) conexão intersubjetiva por reciprocidade.

c) conexão intersubjetiva por simultaneidade.

d) conexão objetiva.

54. **(Cetro/TJ/RJ/Cartórios/Remoção/2017)** O Código Penal brasileiro adota a chamada teoria unitária ou monista para efeito do concurso de pessoas, adotando, no entanto, algumas exceções, tal qual a indicada em uma das alternativas abaixo. Assinale-a:

a) corrupção.

b) falsificação de selo ou sinal público.

c) fraude processual.

d) latrocínio.

e) autoaborto.

5. DAS PENAS

◎ ATENÇÃO: ESTE TEMA É MUITO EXIGIDO NOS CONCURSOS!

✱ INOVAÇÕES LEGISLATIVAS

▲ Código Penal, Título V – Das Penas, Capítulo VI – Dos Efeitos da Condenação

▲ Art. 92. (...). II – a incapacidade para o exercício do poder familiar, da tutela ou da curatela nos crimes dolosos sujeitos à pena de reclusão cometidos contra outrem igualmente titular do mesmo poder familiar, contra filho, filha ou outro descendente ou contra tutelado ou curatelado. (Modificações: Lei 13.715/18)

✱ SÚMULAS

1) Das Espécies de Pena

STF **Súm. Vinculante 26.** Para efeito de progressão de regime no cumprimento de pena por crime hediondo, ou equiparado, o juízo da execução observará a inconstitucionalidade do art. 2º da Lei n. 8.072, de 25 de julho de 1990, sem prejuízo de avaliar se o condenado preenche, ou não, os requisitos objetivos e subjetivos do benefício, podendo determinar, para tal fim, de modo fundamentado, a realização de exame criminológico.

STF **Súm. 716.** Admite-se a progressão de regime de cumprimento da pena ou a aplicação imediata de regime menos severo nela determinada, antes do trânsito em julgado da sentença condenatória.

STF **Súm. 717.** Não impede a progressão de regime de execução da pena, fixada em sentença não transitada em julgado, o fato de o réu se encontrar em prisão especial.

STF **Súm. 718.** A opinião do julgador sobre a gravidade em abstrato do crime não constitui motivação idônea para a imposição de regime mais severo do que o permitido segundo a pena aplicada.

STF **Súm. 719.** A imposição do regime de cumprimento mais severo do que a pena aplicada permitir exige motivação idônea.

STJ **Súm. 269.** É admissível a adoção do regime prisional semiaberto aos reincidentes condenados a pena igual ou inferior a quatro anos se favoráveis as circunstâncias judiciais.

STJ **Súm. 440.** Fixada a pena-base no mínimo legal, é vedado o estabelecimento de regime prisional mais gravoso do que o cabível em razão da sanção imposta, com base apenas na gravidade abstrata do delito.

STJ **Súm. 493.** É inadmissível a fixação de pena substitutiva (art. 44 do CP) como condição especial ao regime aberto.

STJ **Súm. 588.** A prática de crime ou contravenção penal contra a mulher com violência ou grave ameaça no ambiente doméstico impossibilita a substituição da pena privativa de liberdade por restritiva de direitos.

2) Da Aplicação da Pena

2.1) Circunstâncias Agravantes e Atenuantes

STJ **Súm. 231.** A incidência da circunstância atenuante não pode conduzir à redução da pena abaixo do mínimo legal.

STJ **Súm. 241.** A reincidência penal não pode ser considerada como circunstância agravante e, simultaneamente, como circunstância judicial.

STJ **Súm. 442.** É inadmissível aplicar, no furto qualificado, pelo concurso de agentes, a majorante do roubo.

STJ **Súm. 443.** O aumento na terceira fase de aplicação da pena no crime de roubo circunstanciado exige fundamentação concreta, não sendo suficiente para a sua exasperação a mera indicação do número de majorantes.

STJ **Súm. 444.** É vedada a utilização de inquéritos policiais e ações penais em curso para agravar a pena-base.

STJ **Súm. 545.** Quando a confissão for utilizada para a formação do convencimento do julgador, o réu fará jus à atenuante prevista no art. 65, III, d, do Código Penal.

2.2) Regime Prisional

STJ **Súm. 269.** É admissível a adoção do regime prisional semiaberto aos reincidentes condenados a pena igual ou inferior a quatro anos se favoráveis as circunstâncias judiciais.

STJ **Súm. 440.** Fixada a pena-base no mínimo legal, é vedado o estabelecimento de regime prisional mais gravoso do que o cabível em razão da sanção imposta, com base apenas na gravidade abstrata do delito.

2.3) Substituição da Pena

STJ **Súm. 171.** Cominadas cumulativamente, em lei especial, penas privativa de liberdade e pecuniária, é defeso a substituição da prisão por multa.

STJ **Súm. 493.** É inadmissível a fixação de pena substitutiva (art. 44 do CP) como condição especial ao regime aberto.

2.4) Suspensão Condicional do Processo

STJ **Súm. 243.** O benefício da suspensão do processo não é aplicável em relação às infrações penais cometidas em concurso material, concurso formal ou continuidade delitiva, quando a pena mínima cominada, seja pelo somatório, seja pela incidência da majorante, ultrapassar o limite de um (01) ano.

STJ **Súm. 337.** É cabível a suspensão condicional do processo na desclassificação do crime e na procedência parcial da pretensão punitiva.

2.5) Outros Temas

STF **Súm. 715.** A pena unificada para atender ao limite de trinta anos de cumprimento, determinado pelo art. 75 do Código Penal, não é considerada para a concessão de outros benefícios, como o livramento condicional ou regime mais favorável de execução.

STJ **Súm. 74.** Para efeitos penais, o reconhecimento da menoridade do réu requer prova por documento hábil.

STJ **Súm. 501.** É cabível a aplicação retroativa da Lei n. 11.343/2006, desde que o resultado da incidência das suas disposições, na íntegra, seja mais favorável ao réu do que o advindo da aplicação da Lei n. 6.368/1976, sendo vedada a combinação de leis.

3) Do Livramento Condicional

STF **Súm. 715.** A pena unificada para atender ao limite de trinta anos de cumprimento, determinado pelo art. 75 do Código Penal, não é considerada para a concessão de outros benefícios, como o livramento condicional ou regime mais favorável de execução.

STJ **Súm. 441.** A falta grave não interrompe o prazo para obtenção de livramento condicional.

STJ **Súm. 617.** A ausência de suspensão ou revogação do livramento condicional antes do término do período de prova enseja a extinção da punibilidade pelo integral cumprimento da pena.

4) Dos Efeitos da Condenação

TSE **Súm. 9.** A suspensão de direitos políticos decorrente de condenação criminal transitada em julgado cessa com o cumprimento ou a extinção da pena, independendo de reabilitação ou de prova de reparação dos danos.

5) Da Reabilitação

TSE **Súm. 9.** A suspensão de direitos políticos decorrente de condenação criminal transitada em julgado cessa com o cumprimento ou a extinção da pena, independendo de reabilitação ou de prova de reparação dos danos.

* INFORMATIVOS

STF **Fixação de regime menos gravoso: princípio da insignificância e reincidência.** O paciente foi condenado por furto simples a um ano e quatro meses de reclusão, em regime inicial fechado. A defesa postulou a aplicação do regime aberto com base no princípio da insignificância, considerado o objeto furtado ter sido apenas uma garrafa de licor. O regime semiaberto é o mais plausível para o paciente. De um lado, o regime fechado deve ser afastado. Por outro, o aberto não beneficia condenado reincidente, uma vez que esse regime pode se tornar um incentivo à criminalidade, mais ainda em cidades menores, onde o furto é, via de regra, perpetrado no mesmo estabelecimento. A reincidência delitiva do paciente, que praticou o quinto furto em pequeno município, eleva a gravidade subjetiva de sua conduta. HC 136385, Rel. Acd. Min. Alexandre de Moraes, j. 7.8.2018. 1ª T. (Info 910)

STJ **Execução de sentença penal condenatória. Pena substitutiva de prestação pecuniária. Descumprimento. Arresto de bem de família. Descabimento. Reconversão da pena restritiva de direitos em privativa de liberdade.** Havendo expressa previsão legal de reconversão da pena restritiva de direitos em privativa de liberdade, não há falar em arresto para o cumprimento forçado da pena substitutiva. REsp 1.699.665, Rel. Min. Maria Thereza de Assis Moura, DJ 15.8.2018. 6ª T. (Info 631)

* QUESTÕES OBJETIVAS

55. **(Consulplan/TJ/MG/Cartórios/Ingresso/2018)** Sobre a reparação do dano ou a restituição da coisa pelo agente após a prática do crime, assinale a alternativa correta:

a) nos crimes de ação penal privada, funcionam como causa de extinção da punibilidade.
b) até o oferecimento da denúncia, nos crimes de ação penal pública, caracterizam hipótese de arrependimento eficaz.
c) até o recebimento da denúncia, nos crimes patrimoniais não violentos, funcionam como causa geral de diminuição de pena.
d) até o recebimento da denúncia, nos crimes de ação penal pública condicionada à representação, produzem os mesmos efeitos jurídicos que a desistência voluntária.

56. **(TJ/SC/Cartórios/Ingresso/2012)** Sobre as penas privativas de liberdade é correto afirmar:

a) o trabalho do preso será sempre remunerado, sendo-lhe garantidos os benefícios da Previdência Social.
b) as penas de reclusão e detenção devem ser cumpridas em regime fechado, semiaberto ou aberto.
c) o condenado a pena privativa de liberdade em regime fechado poderá frequentar cursos supletivos, profissionalizantes, de instrução de 2º grau ou superior.
d) não se computa, a título de detração, a pena privativa de liberdade cumprida no estrangeiro.
e) o preso conserva todos os direitos, inclusive aqueles atingidos pela perda da liberdade.

57. **(TJ/SC/Cartórios/Remoção/2012)** As penas restritivas de direito são espécie de medidas alternativas, aplicadas nos casos previstos no art. 44 do Código Penal – CP. Não constitui, entretanto, pena restritiva de direito prevista no Código Penal:

a) perda de bens e valores.
b) limitação de fim de semana.
c) interdição temporária de direitos.
d) recolhimento domiciliar.
e) prestação pecuniária.

58. (FCC/TJ/PE/Cartórios/Ingresso/2013) A pena privativa de liberdade é:

a) inicialmente cumprida em regime de isolamento celular, pese progressiva.
b) de reclusão, detenção ou prisão simples, com caráter progressivo.
c) cumprida em regime fechado ou semiaberto, não no aberto.
d) cumprida em regime semiaberto ou aberto, não no fechado.
e) cumprida em regime fechado, não no semiaberto ou aberto.

59. (Ieses/TJ/PA/Cartórios/Remoção/2016) As penas restritivas de direito são:

I. prestação pecuniária, limitação de fim de semana e perda de bens e valores.
II. reclusão e detenção.
III. prestação de serviço à comunidade ou a entidades públicas e interdição temporária de direitos.
IV. multa.

A sequência correta é:

a) apenas as assertivas I e IV estão corretas.
b) apenas a assertiva II está correta.
c) apenas as assertivas I e III estão corretas.
d) apenas as assertivas I, III e IV estão corretas.

60. (Faurgs/TJ/RS/Cartórios/Ingresso/2015) De acordo com o Código Penal, assinale a alternativa que contém afirmação correta sobre penas privativas de liberdade e restritivas de direitos:

a) a pena restritiva de direitos converte-se em privativa de liberdade quando houver o descumprimento injustificado da restrição imposta, sem o desconto do tempo cumprido da pena substitutiva.
b) a reincidência é causa impeditiva para a substituição da pena privativa de liberdade por restritiva de direitos.
c) a substituição da pena privativa de liberdade por prestação de serviços à comunidade ou a entidades públicas somente poderá ocorrer nas condenações superiores a seis meses.
d) se o acusado for condenado a pena de multa e frustrar o pagamento, o juiz, se houver pedido do Ministério Público, poderá convertê-la em pena privativa de liberdade.

61. (Ieses/TJ/MS/Cartórios/Remoção/2014) São penas restritivas de direito:

I. prestação pecuniária e perda de bens e valores.
II. multa.
III. prestação de serviço à comunidade ou a entidades públicas.
IV. interdição temporária de direitos.

A sequência correta é:

a) apenas a assertiva III está correta.
b) apenas as assertivas I, III e IV estão corretas.
c) apenas as assertivas II e IV estão corretas.
d) apenas as assertivas I e II estão corretas.

62. (Consulplan/TJ/MG/Cartórios/Remoção/2015) São penas restritivas de direitos, exceto:

a) a prestação pecuniária.
b) a prestação de serviço a entidades públicas.
c) a monitoração eletrônica.
d) a limitação de fim de semana.

63. (Ieses/TJ/PA/Cartórios/Remoção/2016) Computam-se, na pena privativa de liberdade e na medida de segurança, o tempo de prisão provisória, no Brasil ou no estrangeiro, o de prisão administrativa e o de internação em hospital de custódia e tratamento psiquiátrico. Esse cômputo é denominado pelo Código Penal de:

a) retração.
b) remissão.
c) detração.
d) exação.

64. (Ieses/TJ/MS/Cartórios/Ingresso/2014) A respeito das penas, assinale a assertiva correta:

a) as penas restritivas de direitos são: advertência, prestação pecuniária, perda de bens e valores, prestação de serviço à comunidade, interdição temporária de direitos, limitação de final de semana.
b) se o acusado for condenado à pena de multa e frustrar o pagamento, o juiz, ouvido o Ministério

Público, deverá convertê-la em pena privativa de liberdade.

c) concurso formal é quando o agente, mediante uma só ação ou omissão, pratica dois ou mais crimes, idênticos ou não, aplica-se-lhe a mais grave das penas cabíveis ou, se iguais, somente uma delas, mas aumentada, em qualquer caso de um sexto até metade. As penas aplicam-se, entretanto, cumulativamente, se a ação ou omissão é dolosa e os crimes concorrentes resultam de desígnios autônomos.

d) na sentença condenatória o juiz poderá aplicar penas privativas de liberdade, restritivas de direitos e de multa. A pena privativa de liberdade poderá ser no regime fechado, semiaberto e aberto. Se a condenação for superior a 8 (oito) anos o regime deverá ser o fechado, desde que o acusado seja reincidente em crime doloso.

65. (Cespe/TJ/DFT/Cartórios/Ingresso/2014) Acerca dos princípios do direito penal, do concurso de crimes, da suspensão condicional do processo e da execução da pena, assinale a opção correta:

a) de acordo com o disposto na LEP, não é possível o cumprimento da pena privativa de liberdade em local diverso daquele em que tenham ocorrido a perpetração e a consumação do crime.

b) é vedado ao juiz fixar a mesma pena base aos corréus, sob pena de violação ao princípio da individualização da pena, ainda que as circunstâncias judiciais sejam comuns.

c) suponha que um indivíduo danifique um telefone público, ocasionando à concessionária prejuízo da ordem de R$ 137,00. Nessa situação, segundo a jurisprudência do STF, é materialmente atípica a conduta do agente, dada a mínima ofensividade da infração e do reduzido grau de reprovabilidade do comportamento.

d) segundo a jurisprudência dominante, em se tratando de concurso formal de dois delitos, a pena deve ser aumentada em um sexto

e) considere que João tenha sido condenado por furto privilegiado e, na sentença, o juiz tenha substituído a pena privativa de liberdade por pena de multa. Nessa situação, caso João seja réu em outra ação penal, ele não poderá ser beneficiado com a suspensão condicional da pena.

66. (Cespe/TJ/ES/Cartórios/Remoção/2013) Em relação ao concurso de crimes, assinale a opção correta:

a) nos termos da teoria da realidade jurídica, a continuidade delitiva, dependente da unidade de delitos, constitui uma figura própria e destina-se a fins determinados, constituindo uma realidade jurídica e não uma ficção.

b) nos termos da teoria da unidade jurídica, a unidade delitiva é uma criação da lei, dada a existência de vários delitos.

c) conforme a teoria da unidade real, o instituto do crime continuado está fundado sobre uma ficção jurídica, resultante de uma transação entre a coerência lógica, a utilidade e a equidade.

d) nos termos da teoria objetiva, para a configuração do concurso de crimes, exige-se unidade de desígnios, uma programação inicial, com realização sucessiva, ou seja, unidade de resolução criminosa e homogeneidade de modus operandi.

e) de acordo com a teoria subjetiva, que foi qualificada como absurdo lógico e dogmático, para a caracterização do crime continuado, não importam os aspectos objetivos das diversas ações.

67. (Cespe/TJ/ES/Cartórios/Ingresso/2013) No que concerne aos institutos previstos na parte geral do Código Penal, assinale a opção correta:

a) para se configurar a denominada autoria mediata, basta que o menor de dezoito aos de idade haja, no cometimento do injusto penal, na companhia de um imputável, já que, nesse caso, o menor é sempre considerado instrumento para a execução do delito.

b) sendo o servidor público aposentado condenado, pela prática de crime doloso, a pena privativa de liberdade por período superior a oitos anos de reclusão, sua aposentadoria será cassada, consistindo a cassação efeito secundário específico da condenação, desde que explicitado na sentença.

c) o condenado pela prática de crime culposo, em sentença transitada em julgado, posteriormente condenado, pela prática de crime doloso, a pena de multa, não terá direito à suspensão condicional do processo, caso seja processado, novamente, pela prática de crime doloso, ainda que preenchidos os demais requisitos para a concessão do benefício.

d) tratando-se de concurso de crimes, a legislação brasileira, para efeito de aplicação de pena, adota o critério normativo, segundo o qual o número de resultados típicos materializados não é determinante para a fixação do montante da pena, devendo haver consulta ao texto legal.

e) os crimes omissivos próprios são crimes de resultado, ao passo que os omissivos impróprios, também denominados comissivos por omissão, são crimes de mera atividade, a exemplo da omissão de socorro.

68. **(Cespe/TJ/RR/Cartórios/Ingresso/2013)** A respeito das espécies, da aplicação e da execução de penas, assinale a opção correta:

a) em situações excepcionais, é possível que o juiz determine a progressão do regime de cumprimento de pena "per saltum", ou seja, diretamente do regime fechado para o regime aberto, mesmo que o lapso temporal exigido pela lei não tenha decorrido.

b) somente as condenações criminais transitadas em julgado antes da prática do delito em análise são consideradas para a caracterização da reincidência, podendo, entretanto, inquéritos policiais e ações penais em curso ser considerados maus antecedentes para fins de fixação de pena.

c) ainda que a pena-base seja fixada no mínimo legal, é possível o estabelecimento de regime prisional mais gravoso do que o cabível em razão da sanção imposta, desde que o juiz fundamente sua decisão na gravidade abstrata do delito.

d) tratando-se do crime de roubo circunstanciado, para que o juiz aumente a pena de um terço até a metade na terceira fase de sua aplicação, é suficiente que ele fundamente sua decisão na indicação do número de majorantes.

e) na segunda fase de fixação da pena, o juiz deve compensar integralmente o aumento decorrente da agravante da reincidência por meio da diminuição decorrente da atenuante consistente na confissão espontânea da autoria.

69. **(FCC/TJ/PE/Cartórios/Ingresso/2013)** Entendimento sumular vigente no Superior Tribunal de Justiça dispõe que a existência, em desfavor do réu, de outro processo criminal ainda pendente de julgamento caracteriza:

a) mau antecedente.

b) personalidade antissocial.

c) culpabilidade acentuada.

d) conduta social reprovável.

e) fator irrelevante à pena-base.

70. **(Ieses/TJ/PB/Cartórios/Ingresso/2014)** Pedro Hepaminondas, deputado federal, primário, de bons antecedentes, foi condenado, no mês de março de 2014, por ter praticado, em setembro de 2013, os crimes de Associação Criminosa, (art. 288 do Código Penal) e Corrupção Ativa, (art. 333 do Código Penal). No primeiro crime, restou condenado à pena de 2 (dois) anos e 11 (onze) meses de reclusão; no segundo, à pena foi de 7 (sete) anos e 11 (onze) meses, acrescida da pena de multa, equivalente a 260 dias-multa no valor de 10 salários mínimos. Com relação ao enunciado, assinale a assertiva correta:

a) o acusado somente poderá progredir de regime após cumprir 2/3 (dois terços) da pena, somado ao preenchimento dos requisitos subjetivos.

b) o regime a ser cumprido será o fechado, pois a soma das penas é superior a 8 (oito) anos, segundo as regras do Código Penal.

c) no crime de Corrupção Ativa o bem jurídico protegido é a Administração Pública, especialmente a sua moralidade e probidade administrativa. A conduta típica alternativamente prevista consiste em oferecer, solicitar ou prometer vantagem indevida.

d) para ocorrer o crime de Associação Criminosa basta que mais de três pessoas pratiquem a ação delituosa.

71. **(Cespe/TJ/DFT/Cartórios/Remoção/2014)** Acerca da aplicação da pena e do concurso de crimes, assinale a opção correta:

a) de acordo com o entendimento do STJ, o juiz, ao fixar o regime aberto ao condenado, poderá estipular, como condição especial, o cumprimento cumulativo de pena restritiva de direitos.

b) não se aplica a regra do crime continuado àquele que, após a morte do beneficiário, passa a receber, durante cinco meses, em lugar do falecido, aposentadoria por invalidez paga pelo INSS, mediante a utilização do cartão magnético pertencente ao titular.

c) a existência de ações penais em curso configura maus antecedentes.

d) nos moldes do recente posicionamento exarado pelo STJ, nos casos de crimes praticados com mais de uma causa de aumento de pena, será possível a utilização de uma delas como fundamento para desvalorar quaisquer das circunstâncias judiciais do art. 59 do Código Penal.

e) em razão da aplicação do concurso formal próprio, será aumentada em um quinto a pena do indivíduo que, com uma só ação, praticar crimes de roubo contra três vítimas diferentes.

72. **(Consulplan/TJ/MG/Cartórios/Remoção/2017)** Assinale a alternativa correta:

a) o STJ entende que, para caracterizar o crime previsto no art. 7º, IX, da Lei n. 8.137/1990, delitos contra as relações de consumo, é prescindível a realização de perícia a fim de atestar se as mercadorias apreendidas estavam em condições impróprias para o consumo.

b) é atípica a conduta do agente que desvia e faz circular moeda cuja circulação ainda não estava autorizada, pois constitui elementar do crime de moeda falsa a colocação em circulação de moeda com curso legal no país ou no exterior.

c) nos crimes conexos, a extinção da punibilidade de um deles impede, quanto aos outros, a agravação da pena resultante da conexão.

d) a proibição de exercício de cargo, função ou atividade pública pode ter caráter temporário, com natureza de pena de interdição temporária de direitos, mas pode também ter caráter permanente, se for efeito da condenação.

73. **(Ieses/TJ/RO/Cartórios/Remoção/2017)** Segundo o Código Penal Brasileiro as penas são classificadas em:

I. pena de multa.

II. pena privativas de liberdade.

III. pena de caráter perpétuo.

IV. pena restritivas de direitos.

A sequência correta é:

a) a assertiva III está incorreta.

b) as assertivas I, II, III e IV estão corretas.

c) apenas as assertivas I e IV estão corretas.

d) apenas a assertiva II está correta.

74. **(Consulplan/TJ/MG/Cartórios/Ingresso/2017)** Senhor X está preso e denunciado por crime do art. 157, caput, do Código Penal (roubo simples), cometido em 20.12.2016. Considerando-se que Senhor X possui outras três condenações por crimes praticados anteriormente (Sentença 01, proferida em 07.05.2015 e trânsito em julgado em 21.05.2015, enquanto a Sentença 02, proferida em 22.12.2016, ainda não transitada em julgado, e na terceira condenação, Sentença 03, proferida em 20.06.2016, não transitada em julgado), na data da sentença, em 01.03.2017, será considerado para fins de aplicação da pena, nos termos do art. 61, I do Código Penal:

a) sem antecedentes.

b) reincidente.

c) sem antecedentes e reincidente.

d) com maus antecedentes e reincidente.

75. **(Consulplan/TJ/MG/Cartórios/Remoção/2017)** Senhor X foi denunciado por crime do art. 171, caput, do Código Penal (estelionato), cometido em 21.02.2016. Considerando-se que Senhor X possui outras três condenações (Sentença 01, por crime praticado em 07.05.2015 e trânsito em julgado em 21.05.2015; Sentença 02, por crime praticado em 23.06.2016, sentença proferida em 22.12.2016, ainda não transitada em julgado; Sentença 03, por crime cometido em 15.10.2009, proferida sentença em 24.01.2010, e extinta a punibilidade, pelo cumprimento da pena, em 20.02.2011), na data da sentença, em 01.03.2017, será considerado, para fins de aplicação da pena, nos termos do art. 61, I do Código Penal:

a) com maus antecedentes e reincidente.

b) sem antecedentes e reincidente.

c) reincidente.

d) sem antecedentes.

76. **(Consulplan/TJ/MG/Cartórios/Ingresso/2017)** São circunstâncias atenuantes, a serem consideradas na aplicação da pena, exceto:

a) ser o agente menor de 21 anos e maior de setenta anos na data do fato.

b) circunstância relevante, anterior ou posterior ao crime, embora não prevista expressamente em lei.

c) o desconhecimento da lei.

d) ter o agente cometido o crime sob a influência de multidão em tumulto, se não o provocou.

77. **(Ieses/TJ/CE/Cartórios/Remoção/2018)** São circunstâncias que sempre agravam a pena, quando não constituem ou qualificam o crime:

I. ter o agente cometido o crime em estado de embriaguez preordenada.

II. a reincidência.

III. ter o agente cometido o crime contra criança, maior de 60 (sessenta) anos, enfermo ou mulher grávida.

IV. ter o agente cometido o crime quando o ofendido estava sob a imediata proteção da autoridade.

A sequência correta é:

a) apenas a assertiva I está incorreta.
b) apenas as assertivas II e III estão corretas.
c) apenas as assertivas I, II e III estão corretas.
d) as assertivas I, II, III e IV estão corretas.

78. **(Ieses/TJ/CE/Cartórios/Remoção/2018)** São penas restritivas de direitos, exceto:

a) perda de bens e valores.
b) prestação de serviço à comunidade ou a entidades públicas.
c) limitação de fim de semana.
d) detenção.

79. **(Ieses/TJ/CE/Cartórios/Remoção/2018)** São circunstâncias que sempre atenuam a pena:

I. ter o agente cometido o crime sob coação a que não podia resistir.
II. ser o agente menor de 21 (vinte e um), na data do fato, ou maior de 70 (setenta) anos, na data da sentença.
III. ter o agente cometido o crime sob a influência de multidão em tumulto, se não o provocou.
IV. ter o agente confessado espontaneamente, perante a autoridade, a autoria do crime.

A sequência correta é:

a) as assertivas I, II, III e IV estão corretas.
b) apenas a assertiva III está incorreta.
c) apenas as assertivas II, III e IV estão corretas.
d) apenas as assertivas II e III estão corretas.

80. **(Ieses/TJ/CE/Cartórios/Remoção/2018)** O juiz poderá conceder livramento condicional ao condenado a pena privativa de liberdade igual ou superior a 2 (dois) anos, desde que o condenado não seja reincidente em crime doloso, tenha bons antecedentes e já tenha cumprido mais de:

a) um terço da pena.
b) metade da pena.
c) um quarto da pena.
d) dois terços da pena.

81. **(Cespe/TJ/SE/Cartórios/Ingresso/2014)** No que diz respeito ao concurso de crimes, assinale a opção correta:

a) para a suspensão condicional do processo em caso de crime continuado, considera-se somente a pena referente à infração mais grave, que não pode ser superior a um ano.
b) em decorrência do princípio da irretroatividade, lei penal mais grave superveniente não se aplica na hipótese de crime continuado, independentemente das circunstâncias fáticas.
c) para a caracterização do crime continuado, é suficiente que o crime tenha sido cometido nas mesmas condições de tempo e lugar e tenha sido aplicada a mesma maneira de execução.
d) os desígnios autônomos que caracterizam o concurso formal impróprio referem-se a qualquer forma de dolo, direto ou eventual.
e) em se tratando do crime de roubo, a ação que resulta na lesão ao patrimônio de vítimas diversas configura crime único, e não concurso formal.

82. **(Consulplan/TJ/MG/Cartórios/Remoção/2014)** Quanto às penas e à extinção da punibilidade, assinale a alternativa correta:

a) constitui pena privativa de liberdade a limitação de fim de semana.
b) para efeito de reincidência são considerados os crimes militares próprios e políticos.
c) a sentença que conceder perdão judicial não será considerada para efeitos de reincidência.
d) o fato de receber o ofendido a indenização do dano causado pelo crime importa em renúncia tácita ao direito de queixa.

6. DAS MEDIDAS DE SEGURANÇA

✱ SÚMULAS

STJ **Súm. 527.** O tempo de duração da medida de segurança não deve ultrapassar o limite máximo da pena abstratamente cominada ao delito praticado.

✱ QUESTÕES OBJETIVAS

83. **(Cespe/TJ/PI/Cartórios/Remoção/2013)** Em relação ao direito penal, assinale a opção correta:

a) a pena aplicada aos semi-imputáveis poderá ser substituída por medida de segurança.
b) o tempo de internação em hospital de custódia e tratamento psiquiátrico não pode ser computado, para efeito de detração, no cômputo da pena privativa de liberdade.
c) quanto à aplicação da lei penal no tempo e no espaço, o CP adotou as teorias da atividade e do resultado.
d) os prazos penais são improrrogáveis, não se admitindo a interrupção ou suspensão deles.

e) dada a independência entre a esfera penal e a cível, o valor da pena de prestação pecuniária não poderá ser deduzido em eventual condenação em ação de reparação civil, mesmo que coincidam os beneficiários.

84. **(Cespe/TJ/PI/Cartórios/Ingresso/2013)** No que se refere à medida de segurança e à sua execução, assinale a opção correta:

a) a duração máxima do cumprimento da medida de segurança aplicada por sentença transitada em julgado é de trinta anos.

b) aplicada a medida de segurança, o prazo mínimo de internação deve ser de três anos, devendo a perícia médica realizar-se ao termo do prazo mínimo fixado e repetir-se a cada ano, ou a qualquer tempo, se o determinar o juiz da execução.

c) a medida de segurança que substitui a pena privativa de liberdade aplicada em condenação transitada em julgado, em razão de ser o condenado acometido de doença mental no curso da execução penal, terá como limite de duração a pena máxima prevista em lei para o crime praticado.

d) a prescrição da pretensão punitiva da medida de segurança é calculada com base na pena mínima cominada ao tipo penal atribuído ao agente.

e) a prescrição da pretensão executória da medida de segurança é calculada com base na pena máxima cominada ao tipo penal atribuído ao agente.

85. **(FCC/TJ/PE/Cartórios/Remoção/2013)** Penas e medidas de segurança são aplicáveis:

a) cumulativamente.

b) alternativamente.

c) sucessivamente, para semi-imputáveis.

d) sucessivamente, na habitualidade criminosa.

e) sucessivamente, para os imputáveis reincidentes.

86. **(Faurgs/TJ/RS/Cartórios/Remoção/2015)** Sobre a execução das penas privativas de liberdade e medidas de segurança, assinale a alternativa que contém afirmativa correta:

a) em que pese a ausência de limitação legal, o prazo máximo para cumprimento das medidas de segurança, conforme a jurisprudência do Supremo Tribunal Federal, é de 30 (trinta) anos.

b) no caso de revogação do livramento condicional, independentemente do seu fundamento, o período em que o liberado esteve solto não será computado para fins de cálculo da pena cumprida.

c) o exame de verificação da cessação da periculosidade do agente submetido a medida de segurança deverá ser realizado em intervalos mínimos de 6 (seis) meses.

d) a remição da pena é admitida apenas em decorrência da realização de atividade laboral pelo preso e será computada à razão de 1 (um) dia de pena para cada 3 (três) dias de trabalho.

87. **(FMP/TJ/MT/Cartórios/Remoção/2014)** Assinale a alternativa correta:

a) de acordo com o Código Penal brasileiro, se o agente, em virtude de perturbação de saúde mental não era inteiramente capaz de entender o caráter ilícito do fato, deverá ter sua pena reduzida, não sendo admitida em qualquer hipótese a aplicação da medida de segurança.

b) de acordo com o Código Penal brasileiro, o prazo máximo de cumprimento de medida de segurança é de trinta anos.

c) de acordo com o Código Penal brasileiro, o indígena é considerado inimputável, devendo ser sempre submetido à medida de segurança, caso pratique um fato definido como crime.

d) de acordo com o Código Penal brasileiro, o agente que, por embriaguez completa, não patológica, proveniente de caso fortuito ou força maior, era, ao tempo da ação ou da omissão, inteiramente incapaz de entender o caráter ilícito do fato ou de determinar-se de acordo com esse entendimento, fica isento de pena, não podendo ser aplicada medida de segurança.

e) de acordo com o Código Penal brasileiro, o agente que, por embriaguez completa, não patológica, proveniente de caso fortuito ou força maior, era, ao tempo da ação ou da omissão, inteiramente incapaz de entender o caráter ilícito do fato ou de determinar-se de acordo com esse entendimento, fica isento de pena, devendo ser aplicada medida de segurança.

88. **(Cespe/TJ/BA/Cartórios/Remoção/2013)** À luz do regramento constitucional e legal e da jurisprudência do STF, assinale a opção correta acerca das medidas de segurança:

a) as medidas de segurança estão submetidas aos ditames da prescrição penal, conforme entendimento do STF. A prescrição da pretensão punitiva da medida de segurança será calculada com base na pena máxima cominada ao tipo penal imputado ao agente.

b) no curso do tratamento ambulatorial, o juiz da execução não poderá convertê-lo em internação, ainda que esta seja imprescindível para fins curativos, uma vez que isso corresponderia à imposição de medida mais gravosa do que a estabelecida pela sentença do juízo de conhecimento.

c) conforme a jurisprudência do STF, a contagem do prazo para prescrição da pretensão executória de medida de segurança será calculada com base no período mínimo de internação previsto em lei, ou seja, um ano.

d) se o agente for inimputável, o juiz deverá determinar sua internação, ainda que o fato previsto como crime seja punível com detenção, vedada a imposição de tratamento ambulatorial.

e) a medida de segurança não está submetida à limitação de prazo máximo de trinta anos, por não ter natureza jurídica de pena, conforme entendimento do STF.

89. **(Consulplan/TJ/MG/Cartórios/Ingresso/2015)** "Em 2012, Tício, contando com 20 anos de idade, teve conjunção carnal com Malévola, que contava com 13 anos de idade. Tício foi denunciado e, no curso do processo, confessou os fatos. O auto de corpo de delito comprovou a conjunção carnal. O exame de insanidade mental revelou que Tício, por doença mental, era, ao tempo do ato, inteiramente incapaz de entender o caráter ilícito do fato." A sanção penal, aplicada dois anos após os fatos, foi:

a) pena de reclusão.

b) pena de detenção.

c) medida de segurança consistente em internação em hospital de custódia e tratamento psiquiátrico.

d) medida de segurança consistente em tratamento ambulatorial.

90. **(Cetro/TJ/RJ/Cartórios/Remoção/2017)** No que se refere às medidas de segurança, assinale a alternativa correta:

a) de acordo com o STF, a medida de segurança a inimputável não obedece a período máximo de aplicação, sujeitando-se apenas aos exames obrigatórios temporários para determinar o período de aplicação.

b) a duração da medida de segurança não se vincula ao limite máximo da pena abstratamente cominada ao delito praticado, apenas ao agente.

c) a falta de vaga em instituto de aplicação de medida de segurança é suprimida com manutenção do agente em prisão comum.

d) a fixação da medida de segurança é vinculada à periculosidade do agente e não à gravidade do delito cometido.

e) ainda que seja considerado sanção penal, o período de cumprimento da medida de segurança não repercute no tempo para o indulto.

91. **(Ieses/TJ/RO/Cartórios/Ingresso/2017)** De acordo com o Código Penal, assinale a alternativa correta:

a) não se comunicam as circunstâncias e as condições de caráter pessoal, ainda que elementares do crime.

b) considera-se praticado o crime no momento da ação ou omissão, no todo ou em parte, bem como quando se produziu ou deveria produzir-se o resultado.

c) a extinção da punibilidade de crime que é pressuposto, elemento constitutivo ou circunstância agravante de outro não se estende a este. Nos crimes conexos, a extinção da punibilidade de um deles impede, quanto aos outros, a agravação da pena resultante da conexão.

d) tratando-se de Medida de Segurança, a fixação do período de internação ou tratamento ambulatorial não comportará tempo determinado, perdurando enquanto não for averiguada, mediante perícia médica, a cessação de periculosidade. O prazo mínimo, contudo, deverá ser de 1 (um) a 3 (três) anos.

92. **(Consulplan/TJ/MG/Cartórios/Remoção/2017)** Acerca das medidas de segurança, assinale a alternativa correta:

a) as medidas de segurança aplicam-se no caso de prática de contravenção prevista na Lei n. 3.688/41.

b) o réu deve ser absolvido e aplicada medida de segurança, caso seja constatada a inimputabilidade por doença mental superveniente à prática do fato.

c) as medidas de segurança de internação ou tratamento ambulatorial, quanto aos réus inimputáveis, são aplicáveis por prazo determinado de 01 a 03 anos.

d) após a aplicação de medida de segurança de tratamento ambulatorial poderá ser determinada a internação, no processo de execução, se o acusado praticar novo crime.

93. **(Ieses/TJ/AM/Cartórios/Remoção/2018)** Segundo o Código Penal Brasileiro, no que se refere às medidas de segurança, é correto afirmar:

I. internação em hospital de custódia e tratamento psiquiátrico são consideradas medidas de segurança.

II. a desinternação, ou a liberação, será sempre condicional, devendo ser restabelecida a situação anterior se o agente, antes do decurso de 1 (um) ano, pratica fato indicativo de persistência de sua periculosidade.

III. extinta a punibilidade, não se impõe medida de segurança nem subsiste a que tenha sido imposta.

IV. se o agente for inimputável, o juiz determinará sua internação; se, todavia, o fato previsto como crime for punível com detenção, deverá o juiz submetê-lo a tratamento ambulatorial.

A sequência correta é:

a) as assertivas I, II, III e IV estão corretas.
b) apenas as assertivas II e III estão incorretas.
c) apenas as assertivas II e IV estão corretas.
d) apenas a assertiva IV está incorreta.

7. DA EXTINÇÃO DA PUNIBILIDADE

* SÚMULAS

STF **Súm. 146.** A prescrição da ação penal regula-se pela pena concretizada na sentença, quando não há recurso da acusação.

STF **Súm. 497.** Quando se tratar de crime continuado, a prescrição regula-se pela pena imposta na sentença, não se computando o acréscimo decorrente da continuação.

STF **Súm. 592.** Nos crimes falimentares, aplicam-se as causas interruptivas da prescrição, previstas no Código Penal.

STJ **Súm. 18.** A sentença concessiva do perdão judicial é declaratória da extinção da punibilidade, não subsistindo qualquer efeito condenatório.

STJ **Súm. 74.** Para efeitos penais, o reconhecimento da menoridade do réu requer prova por documento hábil.

STJ **Súm. 191.** A pronúncia é causa interruptiva da prescrição, ainda que o tribunal do júri venha a desclassificar o crime.

STJ **Súm. 220.** A reincidência não influi no prazo da prescrição da pretensão punitiva.

STJ **Súm. 338.** A prescrição penal é aplicável nas medidas socioeducativas.

STJ **Súm. 415.** O período de suspensão do prazo prescricional é regulado pelo máximo da pena cominada.

STJ **Súm. 438.** É inadmissível a extinção da punibilidade pela prescrição da pretensão punitiva com fundamento em pena hipotética, independentemente da existência ou sorte do processo penal.

STJ **Súm. 513.** A "abolitio criminis" temporária prevista na Lei n. 10.826/2003 aplica-se ao crime de posse de arma de fogo de uso permitido com numeração, marca ou qualquer outro sinal de identificação raspado, suprimido ou adulterado, praticado somente até 23.10.2005.

STJ **Súm. 617.** A ausência de suspensão ou revogação do livramento condicional antes do término do período de prova enseja a extinção da punibilidade pelo integral cumprimento da pena.

* INFORMATIVOS

STF **Prescrição da pretensão punitiva e execução imediata da pena.** A prescrição da pretensão executória pressupõe a inércia do titular do direito de punir. Se o seu titular se encontrava impossibilitado de exercê-lo em razão do entendimento anterior do STF, que vedava a execução provisória da pena, não há falar-se em inércia do titular da pretensão executória. O entendimento defensivo de que a prescrição da pretensão executória se inicia com o trânsito em julgado para a acusação viola o direito fundamental à inafastabilidade da jurisdição. A verificação, em concreto, de manobras procrastinatórias, como sucessiva oposição de embargos de declaração e a renúncia do recorrente ao cargo de prefeito que ocupava, apenas reforça a ideia de que é absolutamente desarrazoada a tese de que o início da contagem do prazo prescricional deve se dar a partir do trânsito em julgado para a acusação. Em verdade, tal entendimento apenas fomenta a interposição de recursos com fim meramente procrastinatório, frustrando a efetividade da jurisdição penal. Desse modo, se não houve ainda o trânsito em julgado para ambas as partes, não há falar-se em prescrição da pretensão executória. RE 696533, Rel. Acd. Min. Roberto Barroso, j. 6.2.2018. 1ª T. (Info 890)

STF Internação compulsória e prescrição da pretensão punitiva. O paciente respondeu por homicídio e foi sentenciado a absolvição imprópria com aplicação de medida de segurança (internação). O cumprimento da pena começou no ano de 2010 em HCTP. Em 2015, foi reconhecida a nulidade do processo em face da extinção da pretensão punitiva. Mesmo assim, continuou internado em HCTP. Extinta a punibilidade em decorrência do reconhecimento da prescrição, não há que falar em pena, medida de segurança ou manutenção do paciente em HCTP. HC 151523, Rel. Min. Edson Fachin, j. 27.11.2018. 2ª T. (Info 925)\2018\

STF Lei de Anistia e prescrição de crimes de lesa-humanidade. O crime de sequestro, por ser permanente, não prescreve enquanto não for encontrada a pessoa ou o corpo. Ext 1270, Rel. Acd. Min. Roberto Barroso, j. 12.12.2017. 1ª T. (Info 888)

STJ Furto de energia elétrica. Extinção da punibilidade pelo pagamento do débito antes do recebimento da denúncia. Impossibilidade. Novo entendimento. Não configura causa de extinção de punibilidade o pagamento de débito oriundo de furto de energia elétrica antes do oferecimento da denúncia. HC 412.208, Rel. Min. Felix Fischer, DJ 23.3.2018. 5ª T. (Info 622)

STJ Omissão cartorária. Dúvida em relação ao recebimento da sentença. Art. 389 do CPP. Mero lançamento de movimentação processual na internet. Requisitos não atendidos. Presunção prejudicial ao réu. Extinção da punibilidade pela prescrição retroativa. Ocorrência. Havendo dúvida resultante da omissão cartória em certificar a data de recebimento da sentença conforme o art. 389 do CPP, não se pode presumir a data de publicação com o mero lançamento de movimentação dos autos na internet, a fim de se verificar a ocorrência de prescrição da pretensão punitiva. HC 408.736, Rel. Min. Maria Thereza de Assis Moura, DJ 15.2.2018. 6ª T. (Info 619)

✱ QUESTÕES OBJETIVAS

94. **(Cespe/TJ/PI/Cartórios/Remoção/2013)** Nos termos do CP, antes de transitar em julgado a sentença final, a prescrição começará a correr:

a) da data em que o fato tiver se tornado conhecido, quando se tratar de crime de falsificação ou alteração de assentamento de registro civil.

b) do dia em que se tiver praticado o primeiro ato da empreitada criminosa, em caso de crimes tentados.

c) do dia em que o segundo casamento tiver sido registrado no cartório de registro civil, em caso de crime de bigamia.

d) da data em que se tiver iniciado a privação de liberdade da vítima, no caso do crime de sequestro.

e) do dia em que se tiver consumado o fato criminoso, em caso de crimes contra a dignidade sexual de menor de quatorze anos de idade.

95. **(TJ/SC/Cartórios/Ingresso/2012)** Sobre a prescrição, em Direito Penal, é correto afirmar:

a) depois da sentença condenatória com trânsito em julgado para a acusação ou depois de improvido seu recurso, regula-se pela pena aplicada, não podendo, em nenhuma hipótese, ter por termo inicial a data do crime.

b) depois da sentença condenatória com trânsito em julgado para a acusação ou depois de improvido seu recurso, regula-se pelo máximo da pena prevista para o delito, não podendo, em nenhuma hipótese, ter por termo inicial a data do crime.

c) depois da sentença condenatória com trânsito em julgado para a acusação ou depois de improvido seu recurso, regula-se pelo mínimo da pena prevista para o delito, não podendo, em nenhuma hipótese, ter por termo inicial a data do crime.

d) depois da sentença condenatória com trânsito em julgado para a defesa ou depois de improvido seu recurso, regula-se pela pena aplicada, não podendo, em nenhuma hipótese, ter por termo inicial a data do crime.

e) depois da sentença condenatória com trânsito em julgado para a defesa, ou depois de improvido seu recurso, regula-se pelo mínimo da pena prevista para o delito, não podendo, em nenhuma hipótese, ter por termo inicial a data do crime.

96. **(TJ/SC/Cartórios/Remoção/2012)** A prescrição, antes de transitar em julgado a sentença final, salvo o disposto no § 1º do art. 110 do Código Penal – CP, regula-se pelo máximo da pena privativa de liberdade cominada ao crime, verificando-se:

a) em oito anos, se o máximo da pena é superior a quatro anos e não excede a oito.

b) em dezesseis anos, se o máximo da pena é superior a oito anos e não excede a doze.

c) em quatro anos, se o máximo da pena é superior a dois anos e não excede a quatro.

d) em três anos, se o máximo da pena é superior a um ano ou, sendo superior, não excede a dois.

e) em trinta anos se o máximo da pena é superior a quinze.

97. **(Ieses/TJ/PA/Cartórios/Remoção/2016)** São casos de extinção da punibilidade:

I. renúncia do direito de queixa ou pelo perdão aceito, nos crimes de ação privada.

II. morte do agente.

III. prescrição, decadência ou perempção.

IV. anistia, graça ou indulto.

A sequência correta é:

a) apenas as assertivas I e III estão corretas.

b) apenas a assertiva II está correta.

c) apenas as assertivas I, III e IV estão corretas.

d) as assertivas I, II, III e IV estão corretas.

98. **(Faurgs/TJ/RS/Cartórios/Remoção/2015)** Considere a seguinte situação: "X" e "Z", ambos com dezenove anos de idade, planejaram, em comum acordo, furtar bens dos pais de "X", quando estes estivessem ausentes. Na data combinada, os agentes subtraíram joias e dinheiro, no valor total de R$ 10.000,00, da residência do casal, local onde reside "X". Os pais de "X" contam, cada um, cinquenta e cinco anos de idade. Diante do caso apresentado, é correto afirmar que:

a) "X" e "Z" devem ser condenados pelo crime de furto duplamente qualificado (com abuso de confiança e mediante concurso de duas ou mais pessoas).

b) "X" deverá ser condenado pelo crime de furto duplamente qualificado (com abuso de confiança e mediante concurso de duas ou mais pessoas) e "Z" pelo crime de furto qualificado (mediante concurso de duas ou mais pessoas).

c) em virtude das regras do concurso de pessoas e da comunicabilidade das circunstâncias e condições de caráter pessoal, "X" e "Z" serão beneficiados pela escusa absolutória prevista nas disposições gerais dos crimes patrimoniais.

d) apenas "X" será beneficiado pela escusa absolutória e terá afastada sua punibilidade.

99. **(Faurgs/TJ/RS/Cartórios/Remoção/2015)** Sobre as causas de extinção da punibilidade previstas no Código Penal, assinale a alternativa que contém afirmativa correta:

a) a extinção da punibilidade pela perempção pode ocorrer na ação penal privada exclusiva e na ação penal privada subsidiária da pública.

b) a declaração de extinção da punibilidade pela morte do acusado deverá ser comprovada pela juntada de sua certidão de óbito.

c) a inimputabilidade penal é causa de extinção da punibilidade.

d) a reincidência não interfere na contagem dos prazos de prescrição.

100. **(Ieses/TJ/MS/Cartórios/Ingresso/2014)** Quanto à extinção de punibilidade, prevista no art. 107 do Código Penal é correto afirmar:

a) são reduzidos de metade os prazos da prescrição, quando o criminoso era, na data da sentença, menor de 21 (vinte e um anos) anos, ou, ao tempo do crime, maior de 70 (setenta anos) anos.

b) a perempção é causa de extinção de punibilidade exclusiva da ação penal privada.

c) as causas extintivas de punibilidade estão previstas no art. 107 do Código Penal, sendo tal rol taxativo.

d) a prescrição da pena de multa ocorrerá em 2 (dois) anos, quando a multa for alternativamente ou cumulativamente cominada ou cumulativamente aplicada.

101. **(Consulplan/TJ/MG/Cartórios/Remoção/2015)** "Tício foi condenado a cinco anos de reclusão, em regime inicial semi-aberto, e a 50 dias-multa, fixado o dia-multa no valor mínimo legal, pela prática de crime de falsificação de documento público. A sentença condenatória, na qual foi reconhecida a reincidência de Tício, transitou em julgado." Segundo o Código Penal, para o reconhecimento da extinção da punibilidade, o prazo prescricional da pretensão executória da pena é de:

a) 8 anos.

b) 12 anos.

c) 16 anos.

d) 20 anos.

102. **(Consulplan/TJ/MG/Cartórios/Ingresso/2017)** São causas interruptivas ou suspensivas da prescrição, exceto:

a) a suspensão do processo, nos termos do art. 89 da Lei n. 9.099/95.

b) a transação penal, prevista no art. 76 da Lei n. 9.099/95.

c) a citação por edital, nos termos do art. 366 do CPP.

d) a pronúncia, ainda que o Tribunal do Júri venha a desclassificar o crime.

103. **(Ieses/TJ/CE/Cartórios/Ingresso/2018)** É certo afirmar:

I. a prescrição, depois da sentença condenatória com trânsito em julgado para a acusação ou depois de improvido seu recurso, regula-se pela pena aplicada, não podendo, em nenhuma hipótese, ter por termo inicial data anterior à da denúncia ou queixa.

II. a representação será irretratável antes de oferecida a denúncia.

III. extingue-se a punibilidade pelo casamento do agente com a vítima, nos crimes contra os costumes, assim definidos pelo Código Penal na sua Parte Especial.

IV. a sentença que conceder perdão judicial não será considerada para efeitos de reincidência.

Analisando as proposições, pode-se afirmar:

a) somente as proposições II e III estão corretas.
b) somente as proposições II e IV estão corretas.
c) somente as proposições I e III estão corretas.
d) somente as proposições I e IV estão corretas.

104. **(Cespe/TJ/BA/Cartórios/Remoção/2013)** As causas interruptivas da prescrição incluem o(a)

a) sentença de absolvição sumária.
b) oferecimento de denúncia.
c) recebimento da queixa.
d) indiciamento no inquérito policial.
e) decisão que impronuncia o réu no procedimento do júri.

105. **(FMP/TJ/MT/Cartórios/Ingresso/2014)** De acordo com o art. 117 do Código Penal, o curso da prescrição interrompe-se:

a) pelo oferecimento da denúncia ou da queixa.
b) pela admissão de recurso extraordinário.
c) pela fuga do réu que se encontrava preso.
d) pelo início ou continuação do cumprimento da pena.
e) pela reiteração na prática delituosa.

8. DOS CRIMES CONTRA A PESSOA

* INOVAÇÕES LEGISLATIVAS

▲ CP. Parte Especial, Título I – Dos Crimes contra a Pessoa

▲ Art. 121. (...). § 7º (...). II – contra pessoa menor de 14 (catorze) anos, maior de 60 (sessenta) anos, com deficiência ou portadora de doenças degenerativas que acarretem condição limitante ou de vulnerabilidade física ou mental; III – na presença física ou virtual de descendente ou de ascendente da vítima; IV – em descumprimento das medidas protetivas de urgência previstas nos incisos I, II e III do caput do art. 22 da Lei n. 11.340, de 7 de agosto de 2006. (Modificações: Lei 13.771/18).

* SÚMULAS

STF **Súm. 594.** Os direitos de queixa e de representação podem ser exercidos, independentemente, pelo ofendido ou por seu representante legal.

STF **Súm. 714.** É concorrente a legitimidade do ofendido, mediante queixa, e do Ministério Público, condicionada à representação do ofendido, para a ação penal por crime contra a honra de servidor público em razão do exercício de suas funções.

* QUESTÕES OBJETIVAS

106. **(Cespe/TJ/ES/Cartórios/Remoção/2013)** Considerando o entendimento dos tribunais superiores a respeito dos crimes contra a pessoa, assinale a opção correta:

a) dada sua natureza, o crime de ameaça só se configura se o agente tiver ameaçado explicitamente a vítima.
b) havendo o dolo de matar, considera-se a relação sexual forçada e dirigida à transmissão do vírus da AIDS idônea para a caracterização do crime de periclitação contra a vida.
c) comprovado o "animus laedendi" na conduta do réu e a sua culpa no resultado mais grave, qual seja, a morte da vítima, ainda que esse resultado seja previsível, restará configurado o delito preterdoloso de lesão corporal seguida de morte.
d) aquele que, ao se omitir, provoca, culposamente, a exposição de outrem ao perigo, pratica o crime de omissão de socorro.
e) para a configuração do crime de calúnia, não é necessário que o réu saiba que a imputação por ele feita é falsa.

107. **(Consulplan/TJ/MG/Cartórios/Remoção/2014)** Quanto aos crimes contra a honra, assinale a alternativa incorreta:

a) nos crimes de calúnia e difamação contra funcionário público, em razão de suas funções, a ação penal procede-se mediante representação do ofendido.

b) o conceito desfavorável emitido por funcionário público, em apreciação ou informações que preste no cumprimento de dever do ofício, não constitui injúria ou difamação punível.

c) nos crimes contra a honra, a exceção da verdade somente se admite se o ofendido é funcionário público e a ofensa é relativa ao exercício de suas funções.

d) não constituem injúria ou difamação punível a ofensa irrogada em juízo, na discussão da causa, pela parte ou por seu procurador, e, da mesma forma, quem lhe dá publicidade.

108. **(Cespe/TJ/BA/Cartórios/Ingresso/2013)** Acerca dos crimes contra a pessoa, assinale a opção correta:

a) com as reformas ocorridas em 2009, o CP sofreu alteração relativa à incorporação dos elementos típicos da figura do atentado violento ao pudor ao tipo penal de estupro, caso em que se verifica o fenômeno denominado "abolitio criminis".

b) o homicídio tentado se distingue do delito de lesão corporal dolosa pela gravidade da ofensa à integridade física da vítima.

c) o infanticídio representa hipótese de homicídio privilegiado, contendo o tipo penal um elemento subjetivo personalíssimo, qual seja, a influência do estado puerperal.

d) o ordenamento jurídico penal brasileiro não prevê tipo penal que incrimine o suicídio consumado, já que é impossível punir um morto; todavia, a tentativa de suicídio é punível, com vistas à prevenção e à repressão da conduta.

e) a conduta voluntária, a ausência do dever de cuidado e a previsibilidade do resultado são elementos do homicídio culposo, figura para cuja configuração, diferentemente do que ocorre com o homicídio doloso, dispensa o nexo de causalidade.

109. **(Cespe/TJ/BA/Cartórios/Ingresso/2013)** Em relação aos crimes contra a paz pública e contra a honra, assinale a opção correta:

a) tratando-se do crime de injúria, se o ofendido, de forma reprovável, provocar diretamente a ofensa, dando-lhe causa, será afastada a culpabilidade da conduta, por inexigibilidade de comportamento diverso.

b) para a configuração do crime de quadrilha ou bando, o tipo penal exige que todos os integrantes do grupo sejam imputáveis, não se admitindo na composição a associação entre maiores e menores de dezoito anos de idade.

c) pode o querelado ou réu ingressar com exceção da verdade pretendendo demonstrar a veracidade do que alegou, quando o fato imputado à vítima constitua crime de ação privada e não houve, ainda, condenação definitiva sobre o assunto.

d) o perdão de funcionário público injuriado em razão de sua função funciona como causa de extinção da punibilidade.

e) para a configuração do crime de difamação, é necessário o ataque à honra objetiva do indivíduo, consistente em imputar-lhe, publicamente, fato concreto e determinado, ofensivo a sua reputação, sendo irrelevante qualquer vinculação à falsidade ou veracidade dos mesmos.

110. **(Consulplan/TJ/MG/Cartórios/Remoção/2017)** Determinado indivíduo, sabendo que Dorotéia estava grávida, e assumindo conscientemente qualquer consequência que disso pudesse advir, desferiu nela golpes de faca na nuca, matando-a, e provocando também a morte do feto em face do aborto. Nesse caso, conforme jurisprudência consolidada no STJ, é correto afirmar que a hipótese é de:

a) homicídio e aborto provocado por terceiro, sendo que as penas devem ser aplicadas cumulativamente, em decorrência do concurso formal próprio.

b) duplo homicídio, caracterizando-se o concurso material, sendo que as penas devem ser somadas.

c) homicídio e aborto provocado por terceiro, devendo ser aplicada a pena mais grave, aumentada de 1/6 a 2/3, pela regra da continuidade delitiva.

d) homicídio e aborto provocado por terceiro, aplicando-se a pena nos moldes preconizados para o concurso formal imperfeito.

111. **(Consulplan/TJ/MG/Cartórios/Remoção/2017)** Analise as seguintes assertivas, sobre crimes contra a honra, e assinale a alternativa correta:

I. segundo o que preconiza o Código Penal, as penas cominadas aos crimes de calunia, injúria e difamação aumentam-se em um terço, se qualquer deles é cometido mediante paga ou promessa de recompensa.

II. conforme prevê o Código Penal, responde pelo crime de difamação apenas a pessoa que dá publicidade à ofensa irrogada em juízo, na discussão da causa, pela parte ou por seu procurador.

III. o crime de injúria simples é de natureza privada, e se procede mediante queixa, exceto quando cometido no contexto da Lei Maria da Penha, em que a ação penal é pública condicionada.

IV. no crime de calúnia, a exceção da verdade não é permitida se do crime imputado, embora de ação pública, o ofendido foi absolvido por sentença irrecorrível.

Está correto somente o que se afirma em:

a) I e III.
b) II e IV.
c) II e III.
d) I e IV.

112. **(Consulplan/TJ/MG/Cartórios/Ingresso/2017)** Acerca dos crimes contra a honra, não é correto afirmar:

a) aumenta-se a pena em 1/3 dos crimes contra a honra (calúnia, injúria e difamação) quando é praticado contra pessoa maior de 60 anos ou portadora de deficiência.
b) a ação é pública condicionada quando o crime contra a honra é praticado contra funcionário público, em razão de suas funções.
c) aplica-se a pena em dobro se o crime contra a honra é cometido mediante paga ou promessa de recompensa.
d) a queixa-crime por crime de calúnia pode ser oferecida por cônjuge, ascendente, descendente ou irmão do falecido ofendido.

113. **(Ieses/TJ/CE/Cartórios/Remoção/2018)** O ato de imputar fato ofensivo à reputação de alguém é tipificado como crime de:

a) difamação.
b) injuria racial.
c) calunia.
d) injuria.

114. **(Vunesp/TJ/SP/Cartórios/Ingresso/2016)** Diz o parágrafo 5º do artigo 121 do Código Penal Brasileiro, que: "na hipótese de homicídio culposo, o juiz poderá deixar de aplicar a pena, se as consequências da infração atingirem o próprio agente de forma tão grave que a sanção penal se torne desnecessária". Trata-se de:

a) graça.
b) perdão judicial.
c) anistia.
d) indulto.

9. DOS CRIMES CONTRA O PATRIMÔNIO

✱ INOVAÇÕES LEGISLATIVAS

▲ CP. Título II – Dos Crimes contra o Patrimônio, Capítulo I – Do Furto

▲ Art. 155. (...). § 4º-A A pena é de reclusão de 4 (quatro) a 10 (dez) anos e multa, se houver emprego de explosivo ou de artefato análogo que cause perigo comum. (...). § 7º A pena é de reclusão de 4 (quatro) a 10 (dez) anos e multa, se a subtração for de substâncias explosivas ou de acessórios que, conjunta ou isoladamente, possibilitem sua fabricação, montagem ou emprego. (Modificações: Lei 13.654/18)

▲ Capítulo II – Do Roubo e da Extorsão

▲ Art. 157. (...). § 2º A pena aumenta-se de 1/3 (um terço) até metade: I – (revogado); (...). VI – se a subtração for de substâncias explosivas ou de acessórios que, conjunta ou isoladamente, possibilitem sua fabricação, montagem ou emprego. § 2º-A A pena aumenta-se de 2/3 (dois terços): I – se a violência ou ameaça é exercida com emprego de arma de fogo; II – se há destruição ou rompimento de obstáculo mediante o emprego de explosivo ou de artefato análogo que cause perigo comum. § 3º Se da violência resulta: I – lesão corporal grave, a pena é de reclusão de 7 (sete) a 18 (dezoito) anos, e multa; II – morte, a pena é de reclusão de 20 (vinte) a 30 (trinta) anos, e multa. (Modificações: Lei 13.654/18)

▲ Capítulo V – Da Apropriação Indébita

▲ Art. 168-A. (...). § 4º A faculdade prevista no § 3º deste artigo não se aplica aos casos de parcelamento de contribuições cujo valor, inclusive dos acessórios, seja superior àquele estabelecido, administrativamente, como sendo o mínimo para o ajuizamento de suas execuções fiscais. (Modificações: Lei 13.606/18)

▲ Capítulo VII – Da Receptação

▲ Art. 180. Receptação qualificada. (...). § 6º Tratando-se de bens do patrimônio da União, de Estado, do Distrito Federal, de Município ou de autarquia, fundação pública, empresa pública, sociedade de economia mista ou empresa concessionária de serviços públicos, aplica-se em dobro a pena prevista no caput deste artigo. (Modificações: Lei 13.531/17)

▲ CP. Título II – Dos Crimes contra o Patrimônio, Capítulo IV – Do Dano

▲ Art. 163. (...). Dano qualificado. Parágrafo único. Se o crime é cometido: (...). III – contra o patrimônio da União, de Estado, do Distrito Federal, de Município ou de autarquia, fundação pública, empresa pública, sociedade de economia mista ou empresa concessionária de serviços públicos; (Modificações: Lei 13.531/17)

✱ SÚMULAS

1) Do Furto

STJ **Súm. 442.** É inadmissível aplicar, no furto qualificado, pelo concurso de agentes, a majorante do roubo.

STJ **Súm. 511.** É possível o reconhecimento do privilégio previsto no § 2º do art. 155 do CP nos casos de crime de furto qualificado, se estiverem presentes a primariedade do agente, o pequeno valor da coisa e a qualificadora for de ordem objetiva.

STJ **Súm. 567.** Sistema de vigilância realizado por monitoramento eletrônico ou por existência de segurança no interior de estabelecimento comercial, por si só, não torna impossível a configuração do crime de furto.

2) Do Roubo e da Extorsão

STF **Súm. 603.** A competência para o processo e julgamento de latrocínio é do juiz singular e não do tribunal do júri.

STF **Súm. 610.** Há crime de latrocínio, quando o homicídio se consuma, ainda que não se realize o agente a subtração de bens da vítima.

STJ **Súm. 96.** O crime de extorsão consuma-se independentemente da obtenção da vantagem indevida.

STJ **Súm. 443.** O aumento na terceira fase de aplicação da pena no crime de roubo circunstanciado exige fundamentação concreta, não sendo suficiente para a sua exasperação a mera indicação do número de majorantes.

STJ **Súm. 582.** Consuma-se o crime de roubo com a inversão da posse do bem mediante emprego de violência ou grave ameaça, ainda que por breve tempo e em seguida à perseguição imediata ao agente e recuperação da coisa roubada, sendo prescindível a posse mansa e pacífica ou desvigiada.

3) Do Estelionato e Outras Fraudes

STF **Súm. 246.** Comprovado não ter havido fraude, não se configura o crime de emissão de cheque sem fundos.

STF **Súm. 521.** O foro competente para o processo e julgamento dos crimes de estelionato, sob a modalidade da emissão dolosa de cheque sem provisão de fundos, é o do local onde se deu a recusa do pagamento pelo sacado.

STF **Súm. 554.** O pagamento de cheque emitido sem provisão de fundos, após o recebimento da denúncia, não obsta ao prosseguimento da ação penal.

STJ **Súm. 17.** Quando o falso se exaure no estelionato, sem mais potencialidade lesiva, é por este absorvido.

STJ **Súm. 24.** Aplica-se ao crime de estelionato em que figure como vítima entidade autárquica da Previdência Social a qualificadora do § 3º do art. 171 do Código Penal.

STJ **Súm. 48.** Compete ao juízo do local da obtenção da vantagem ilícita processar e julgar crime de estelionato cometido mediante falsificação de cheque.

STJ **Súm. 73.** A utilização de papel moeda grosseiramente falsificado configura, em tese, o crime de estelionato, da competência da Justiça Estadual.

STJ **Súm. 107.** Compete à justiça comum estadual processar e julgar crime de estelionato praticado mediante falsificação das guias de recolhimento das contribuições previdenciárias, quando não ocorrente lesão à autarquia federal.

STJ **Súm. 244.** Compete ao foro do local da recusa processar e julgar o crime de estelionato mediante cheque sem provisão de fundos.

✱ INFORMATIVOS

STF **Furto e configuração de crime impossível.** A existência de sistema de vigilância em estabelecimento comercial não constitui óbice para a tipificação do crime de furto. HC 111278, Rel. Acd. Min. Luiz Roberto Barroso, j. 10.4.2018. 1ª T. (Info 897)

STF **Roubo e extorsão e a continuidade delitiva.** Por não constituírem delitos da mesma espécie, não é possível reconhecer a continuidade delitiva na prática dos crimes de roubo e extorsão. HC 114667,

Rel. Acd. Min. Roberto Barroso, j. 24.4.2018. 1ª T. (Info 899)

STJ Roubo. Emprego de arma branca. Majorante revogada. "Abolitio Criminis". Lei 13.654/18. "Novatio legis in mellius". Diante da "abolitio criminis" promovida pela Lei 13.654/18, que deixou de considerar o emprego de arma branca como causa de aumento de pena, é de rigor a aplicação da "novatio legis in mellius". 3ª T. REsp 1.519.860, Rel. Min. Jorge Mussi, DJ 25.5.2018. (Info 626)

* QUESTÕES DISCURSIVAS

01. **(Ieses/TJ/AM/Cartórios/2018)** "Doberval", na qualidade de advogado constituído por "Admastor", com escritório na cidade de "Algodão Doce", sacou, por RPV, legalmente na boca do caixa o valor de R$ 800,00 (oitocentos reais), junto a agência do Banco do Brasil localizada na cidade de "Pipoca", decorrente de uma ação civil em face da União – Fazenda Nacional em razão de imposto de renda, que correu perante o juizado especial federal localizado na cidade de "Caramelo". Passados seis (6) meses do saque Doberval não prestou contas deste para o seu cliente e nem lhe fez o devido repasse da importância, mesmo tendo sido no seu escritório, por notificação extrajudicial, dele, questionado por Admastor, apresentando, assim, em face do seu patrono um boletim de ocorrência perante a Polícia Federal. Diante do caso acima narrado, pergunta-se: (i) Há na conduta de Doberval matéria de interesse penal? (ii) Havendo "no caso narrado" matéria de interesse penal, qual o tipo penal infringido, aonde e quando se consumou o delito e, quais os critérios legais deve o magistrado considerar para a aplicação de uma eventual pena? (iii) Considerando os fatos e a existência do boletim de ocorrência ofertado, quem detém legitimidade para a investigação criminal? (iv) Explique as suas respostas de forma fundamentada.

02. **(Consulplan/TJ/MG/Cartórios/Ingresso/2016)** Nos meses de maio, junho e julho de 2013, José e João subtraíram diversos veículos que estavam estacionados em via pública, utilizando uma chave micha, e os repassaram a Joaquim, que era o responsável pelo desmanche. José e João foram presos em 15 agosto de 2013, quando tentavam furtar mais um veículo. Após a prisão, apontaram Joaquim como a pessoa que recebia os veículos furtados pela dupla e que estava aguardando em local combinado, como sempre. Além disso, segundo apurou-se durante o inquérito policial, José, João e Joaquim se conheceram em janeiro de 2013, na Penitenciária, onde estiveram presos, ocasião em que se organizaram e combinaram que, em liberdade, passariam a agir juntos. Como José e João detinham habilidades propícias, seriam responsáveis pelos furtos, enquanto Joaquim, que possuía local apropriado na cidade e detinha conhecimento técnico, seria o responsável pelo desmanche dos veículos, para que fossem revendidas as peças em outra cidade e o lucro partilhado por todos. Os fatos narrados tipificam qual ou quais crimes? Há concurso material com os crimes de "associação criminosa" ou "organização criminosa" e "formação de quadrilha"? Fundamente sua resposta, demonstrando conhecimento acerca dos institutos jurídicos aplicáveis ao caso e indicando os dispositivos legais pertinentes.

* QUESTÕES OBJETIVAS

115. **(Cespe/TJ/ES/Cartórios/Remoção/2013)** A respeito dos crimes contra o patrimônio, assinale a opção correta:

a) conforme a teoria da contrectatio, o crime de furto consuma-se no momento em que o agente toca na coisa com a finalidade de subtraí-la, ainda que ele não consiga removê-la do local em que se encontra.
b) para a configuração do crime de furto, basta a existência do "animus furandi", sendo desnecessário, portanto, o especial fim de agir.
c) dada a natureza do crime de furto, não há crime de furto por omissão.
d) para a configuração do emprego de chave falsa no crime de furto, considera-se a aparência do instrumento usado pelo agente.
e) para a configuração da tentativa de latrocínio, é necessária a comprovação de que a vítima sofreu lesão corporal, leve ou grave.

116. **(TJ/SC/Cartórios/Ingresso/2012)** Maria soltou o animal da propriedade vizinha à sua, fazendo-o desaparecer. A ação praticada por Maria é:

a) crime de dano.
b) atípica.
c) crime de furto.
d) crime de introdução ou abandono de animais em propriedade alheia.
e) apropriação indébita de animal.

117. (Ieses/TJ/PB/Cartórios/Ingresso/2014) Quanto aos crimes capitulados no Código Penal, assinale a questão verdadeira:

a) são crimes contra o patrimônio: Furto, Roubo, Extorsão, Usurpação, Dano, Apropriação Indébita, Estelionato e outras fraudes, Receptação, Instrumento de Emprego Usual na Prática de Furto.
b) é isento de pena quem comete o crime de furto, em prejuízo: do cônjuge, na constância da sociedade conjugal; de ascendente ou descendente, seja o parentesco legítimo ou ilegítimo, seja civil ou natural.
c) as diferenças entre os crimes de Roubo e Extorsão é que neste a ameaça é para neutralizar a vítima; naquele é para obrigá-la a fazer. Na Extorsão não importa a atitude da vítima; o Roubo refere-se apenas a coisa alheia móvel; a Extorsão abrange qualquer proveito econômico.
d) no crime de Prevaricação, o agente deverá facilitar ou deixar de praticar, indevidamente, ato de ofício ou praticá-lo contra disposição expressa de lei, para satisfazer interesse ou sentimento pessoal ou de outrem.

118. (Cespe/TJ/BA/Cartórios/Ingresso/2013) Acerca dos crimes contra a administração pública e dos crimes contra o patrimônio, assinale a opção correta:

a) para os fins de caracterização do furto de uso, exige-se, como um dos requisitos de demonstração da ausência de ânimo de assenhoramento, a rápida devolução da coisa subtraída, em seu estado original.
b) não cometerá crime a testemunha que fizer afirmação falsa no âmbito de processo administrativo.
c) o brasileiro que ingressar no território nacional portando mercadoria proibida, desconhecendo seu conteúdo ilícito, e, expressamente, menciona-a em sua declaração de bagagem, cometerá o crime de contrabando em sua forma culposa.
d) a imunidade penal é causa impeditiva de procedimento criminal incidente sobre crimes patrimoniais não violentos e sem grave ameaça, a exemplo dos delitos de dano em coisa de valor artístico, arqueológico ou histórico protegida por lei.
e) não cometerá o crime de corrupção ativa o preso que oferecer vantagem pecuniária ao guarda penitenciário para que o deixe fugir, uma vez que a fuga de preso, sem uso de violência ou grave ameaça, constitui conduta atípica.

119. (Cespe/TJ/BA/Cartórios/Remoção/2013) Acerca do regime jurídico das penas, assinale a opção correta com base na jurisprudência do STJ:

a) na terceira fase de aplicação da pena do delito de roubo circunstanciado, o aumento da pena pode ser fundamentado com base na indicação do número de majorantes materializadas.
b) é vedada a utilização de inquéritos policiais em curso para agravar a pena-base, mas é possível que o agravamento esteja fundamentado em ações penais pendentes de trânsito em julgado.
c) havendo concurso entre a atenuante da confissão espontânea e a agravante da reincidência, na segunda fase de aplicação da pena, a última será preponderante, de forma a agravar a penabase.
d) é possível a diminuição da pena abaixo do mínimo legal em razão de circunstância atenuante, em atenção ao princípio da proporcionalidade na aplicação da pena.
e) é inadmissível aplicar, no processamento do furto qualificado pelo concurso de agentes, a majorante do roubo.

120. (Ieses/TJ/RS/Cartórios/Remoção/2013) Assinale a alternativa correta:

a) o agente que subtrai coisa móvel alheia, para si ou para outrem, mediante grave ameaça ou violência à pessoa, ou, depois de havê-la, por qualquer meio, reduzido à impossibilidade de resistência, pratica o crime de furto.
b) o agente que subtrai coisa móvel alheia, para si ou para outrem, mediante grave ameaça ou violência à pessoa, ou, depois de havê-la, por qualquer meio, reduzido à impossibilidade de resistência, pratica o crime de extorsão.
c) o agente que subtrai coisa móvel alheia, para si ou para outrem, mediante grave ameaça ou violência à pessoa, ou, depois de havê-la, por qualquer meio, reduzido à impossibilidade de resistência, pratica o crime de extorsão qualificada.
d) o agente que subtrai coisa móvel alheia, para si ou para outrem, mediante grave ameaça ou violência à pessoa, ou, depois de havê-la, por qualquer meio, reduzido à impossibilidade de resistência, pratica o crime de roubo.

121. (Ieses/TJ/MS/Cartórios/Ingresso/2014) Com relação aos crimes contra o patrimônio, assinale a assertiva verdadeira:

a) nos crimes de Furto, Estelionato e Apropriação Indébita, se o criminoso é primário, e é de pequeno valor a coisa furtada, o Juiz pode substituir a pena de reclusão pela de detenção, diminuí-la de um a dois terços, ou aplicar somente a pena de multa.

b) a norma do art. 155, § 1º do Código Penal, conhecida na doutrina como furto noturno, fixou uma causa de aumento de pena nos casos em que o furto seja praticado durante o repouso noturno. A aplicação deste aumento será realizada pelo Juiz na segunda fase da dosimetria penal.

c) é entendimento pacificado no Supremo Tribunal Federal que no crime de roubo e furto pode haver concurso formal, pois ambos são crimes contra o patrimônio.

d) no crime de latrocínio, mesmo não havendo a subtração do bem, mas a vítima vindo a falecer em virtude da violência para a concretização da subtração entende o Supremo Tribunal Federal, baseado na Súmula 610, que há latrocínio consumado.

122. **(Cespe/TJ/SE/Cartórios/Ingresso/2014)** A respeito dos crimes contra a pessoa e o patrimônio, assinale a opção correta:

a) se, após passar horas em poder de assaltantes e sob a mira de uma arma, a vítima fornecer-lhes a senha para saque em caixas eletrônicos, estará caracterizado o roubo circunstanciado pela restrição da liberdade da vítima.

b) em se tratando do crime de extorsão mediante sequestro, será reduzida a pena do corréu que, agindo em concurso de agentes, denunciar o delito à autoridade competente, ainda que a delação não seja meio eficaz de facilitação da libertação da vítima.

c) a incidência da qualificadora consistente em emprego de arma independe da comprovação, por meio de apreensão e perícia, do grau de lesividade da arma utilizada na prática do crime de roubo.

d) se o porte ilegal de arma de fogo funcionar como crime meio para a prática do roubo, aplicar-se-á o princípio da subsidiariedade, respondendo o agente pela prática do crime fim.

e) se, em um jogo de futebol, as torcidas rivais se agredirem mutuamente e um dos contendores atingir, com o bastão de uma bandeira, a boca do adversário, causando-lhe lesões corporais graves, todos os envolvidos responderão pelo resultado mais gravoso, por se tratar do crime de rixa, em que se encontra presente o "animus rixandi", ainda que o agressor seja prontamente identificado e preso em flagrante.

123. **(Cespe/TJ/SE/Cartórios/Remoção/2014)** A respeito dos crimes contra a pessoa e contra o patrimônio, assinale a opção correta:

a) o fato de um agente subtrair de sua vítima o veículo, a carteira, o celular e ainda restringir sua liberdade para realizar saques em caixas eletrônicos configura continuidade delitiva referente a todos os delitos cometidos.

b) considere que Paulo, mediante o emprego de arma de fogo, tenha praticado roubo contra Maria, no momento em que ela descia do carro no estacionamento de um supermercado, pela manhã, e que, depois do almoço, enquanto se dirigia a sua casa, Paulo tenha sido parado em blitz de rotina e, sem que os policiais soubessem do roubo ocorrido, tenha sido preso em flagrante com a arma utilizada no delito da manhã. Nessa situação, Paulo deve responder, em concurso formal, pelo crime de roubo e porte ilegal de arma, afastando-se o princípio da consunção.

c) caso dois agentes, previamente ajustados, tenham praticado crime de roubo, com o uso de arma de fogo, e, em consequência dos disparos feitos com a arma, a vítima faleça, o comparsa que não disparou os tiros somente responde pelos atos que efetivamente tiver praticado, não devendo ser responsabilizado pelos disparos que resultaram no óbito da vítima.

d) em se tratando de roubo circunstanciado duplamente qualificado, o acréscimo da pena na terceira fase da dosimetria não constitui mera decorrência da gravidade do delito.

e) para a incidência da causa de aumento de pena no crime de roubo com emprego de arma de fogo, exige-se a perícia da arma a fim de se comprovar, de fato, o seu grau de lesividade.

124. **(Consulplan/TJ/MG/Cartórios/Ingresso/2015)** "Tício entrou no ônibus, apontou um revólver para o passageiro Caio e disse: 'Passe o dinheiro'. Caio, de imediato, entregou uma nota de 2 (dois) reais a Tício. Em seguida, Tício desceu do ônibus, entrou em um bar e bebeu uma pinga. Pagou a cachaça com a nota de 2 (dois) reais e, em seguida, foi preso pela polícia." A conduta de Tício configura crime:

a) impossível.

b) de extorsão.

c) de roubo.

d) de furto.

125. **(Cespe/TJ/PI/Cartórios/Remoção/2013)** No que se refere aos crimes contra o patrimônio e a fé pública previstos no CP, assinale a opção correta:

a) a emissão de cheque sem fundos caracteriza fraude no pagamento por meio de cheque, caracterizando circunstância atenuante de pena o fato de o criminoso ser primário e o prejuízo ser de pequeno valor.

b) segundo entendimento do STJ, o agente que falsificar procuração pública no intuito de cometer um crime de estelionato responderá pela prática do crime de falsificação de documento público e de estelionato.

c) será típica a conduta de três agentes que invadam terreno particular no intuito de praticar esbulho possessório, ainda que eles não empreguem violência física. Nesse caso, a ação penal será privada.

d) é típica a conduta do agente que emite duplicata que não corresponda à mercadoria vendida, em quantidade ou qualidade, o que configura crime de fraude no comércio.

e) o agente que dá em pagamento ou em garantia coisa própria inalienável ou gravada em ônus, silenciando sobre essas circunstâncias, pratica uma das modalidades do crime de fraude contra credores.

126. **(FMP/TJ/MT/Cartórios/Remoção/2014)** Pratica o crime de dano qualificado o agente que destruir, inutilizar ou deteriorar coisa alheia (art. 163 do CP):

a) com violência a animais.

b) com emprego de qualquer substância perigosa para a saúde.

c) com emprego de chave falsa.

d) com emprego de astúcia.

e) contra o patrimônio de empresa concessionária de serviços públicos.

127. **(FCC/TJ/PE/Cartórios/Remoção/2013)** Para que haja consumação do crime de apropriação indébita, a coisa necessariamente precisa ser:

a) subtraída.

b) utilizada.

c) destruída.

d) perdida.

e) assenhorada.

128. **(FMP/TJ/MT/Cartórios/Remoção/2014)** Relativamente ao crime de apropriação indébita previdenciária (art. 168-A do CP), a jurisprudência majoritária tem entendido que:

a) se trata de crime omissivo próprio.

b) é imprescindível o "animus rem sibi habendi".

c) se a empresa estiver em dificuldades financeiras, deve o sócio-gerente ser absolvido por estado de necessidade.

d) o crime é inconstitucional em face da vedação à prisão por dívida.

e) se trata de crime próprio.

129. **(IBFC/TJ/PR/Cartórios/Remoção/2014)** Em relação ao crime de apropriação indébita previdenciária (art. 168-A do Código Penal), assinale a alternativa incorreta:

a) é extinta a punibilidade se o agente, espontaneamente, declara, confessa e efetua o pagamento das contribuições, importâncias ou valores e presta as informações devidas à previdência social, na forma definida em lei ou regulamento, antes do início da ação fiscal.

b) é facultado ao juiz deixar de aplicar a pena ou aplicar somente a de multa se o agente for primário e de bons antecedentes, desde que tenha promovido, após o início da ação fiscal e antes da sentença, o pagamento da contribuição social previdenciária, inclusive acessórios.

c) incorre nas mesmas penas quem deixar de recolher, no prazo legal, contribuição ou outra importância destinada à previdência social que tenha sido descontada de pagamento efetuado a segurados, a terceiros ou arrecadada do público.

d) é facultado ao juiz deixar de aplicar a pena ou aplicar somente a de multa se o agente for primário e de bons antecedentes, desde que o valor das contribuições devidas, inclusive acessórios, seja igual ou inferior àquele estabelecido pela previdência social, administrativamente, como sendo o mínimo para o ajuizamento de suas execuções fiscais.

130. **(Cespe/TJ/ES/Cartórios/Ingresso/2013)** Acerca dos crimes contra o patrimônio e contra a pessoa, assinale a opção correta:

a) o indivíduo penalmente imputável que, com a intenção de subtrair valores e mediante destreza, coloca as mãos nos bolsos do casaco de um transeunte praticará furto tentado qualificado se ele não encontrar nenhum objeto nos referidos bolsos.
b) para a consumação do crime de calúnia, basta que a vítima tome ciência de que o agente lhe atribuiu, falsamente, a prática de fato definido como crime, sendo prescindível a ciência de terceiro a respeito do fato.
c) o aborto terapêutico, necessário para salvar a vida da gestante, configura causa de atipicidade da conduta por ausência do elemento subjetivo do tipo do injusto.
d) o crime de estelionato na modalidade de fraude no pagamento por meio de cheque consuma-se no momento em que o agente obtém vantagem ilícita em prejuízo alheio, ou seja, no momento em que o sacado recusa o pagamento do título por insuficiência de fundos.
e) apenas o motivo de relevante valor social, como, por exemplo, patriotismo, lealdade, fidelidade ou valor moral, torna privilegiado o homicídio, o que resulta em diminuição da pena.

131. **(TJ/SC/Cartórios/Ingresso/2012)** Comete delito de estelionato o agente que obtém, para si ou para outrem, vantagem ilícita, em prejuízo alheio, induzindo ou mantendo alguém em erro, mediante artifício, ardil, ou qualquer outro meio fraudulento. Nas mesmas penas incorre quem:

a) frauda recebimento de indenização ou valor de seguro e exerce o curandeirismo.
b) frauda a entrega de coisa e pratica o charlatanismo.
c) fornece substância médica em desacordo com receita e frauda no pagamento por meio de cheque.
d) emite duplicata simulada e frauda no pagamento por meio de cheque.
e) defrauda penhor e dispõe de coisa alheia como própria.

132. **(FMP/TJ/MT/Cartórios/Ingresso/2014)** Assinale a alternativa correta:

a) pratica o crime de falsidade de documento público somente o agente que pratica a conduta de falsificar, no todo, documento público.
b) pratica o crime de falsidade de documento público somente o agente que pratica a conduta de falsificar, no todo, documento público, ou alterar documento público verdadeiro.
c) pratica o crime de moeda falsa o agente que falsificar, fabricando-a ou alterando-a, moeda metálica ou papel-moeda de curso legal no país ou no estrangeiro, ainda que a falsificação seja grosseira.
d) pratica concurso material de crimes o agente que falsifica documento com o fim específico de cometer estelionato com o referido documento.
e) pratica apenas o crime de estelionato quando o falso se exaure no crime de estelionato sem mais potencialidade ofensiva, sendo o falso absorvido por aquele crime-fim.

133. **(FCC/TJ/PE/Cartórios/Ingresso/2013)** Admite realização também sob a modalidade estritamente culposa a figura legal de:

a) dano.
b) peculato mediante erro de outrem.
c) furto.
d) receptação.
e) favorecimento pessoal.

134. **(Ieses/TJ/PA/Cartórios/Remoção/2016)** O ato de adquirir, receber, transportar, conduzir ou ocultar, em proveito próprio ou alheio, coisa que sabe ser produto de crime, ou influir para que terceiro, de boa-fé, a adquira, receba ou oculte é tipificado como crime de:

a) receptação.
b) apropriação indébita.
c) induzimento à especulação.
d) estelionato.

135. **(IBFC/TJ/PR/Cartórios/Ingresso/2014)** Assinale a alternativa correta:

a) o crime de fraude à execução se processa mediante ação penal pública condicionada à representação.
b) o crime de receptação não é punível, se desconhecido ou isento de pena o autor do crime de que proveio a coisa.
c) o crime de receptação não admite a modalidade culposa.
d) é isento de pena quem comete o crime de furto em prejuízo de seu cônjuge, na constância da sociedade conjugal, desde que este não tenha idade igual ou superior a 60 (sessenta) anos.

136. **(Ieses/TJ/RO/Cartórios/Ingresso/2017)** De acordo com os tipos penais previstos no Código Penal, é incorreto afirmar:

a) visando conferir maior proteção em razão da vulnerabilidade apresentada, o Código Penal determina que a pena deva ser dobrada, caso o crime de estelionato seja cometido contra idoso.

b) exigir ou receber, como garantia de dívida, abusando da situação de alguém, documento que pode dar causa a procedimento criminal contra a vítima ou contra terceiro caracteriza a prática do crime denominado Extorsão Indireta.

c) destruir, inutilizar ou deteriorar coisa alheia por motivo egoístico ou com prejuízo considerável para a vítima constitui crime processado mediante ação penal privada.

d) repetindo previsão específica contida no crime de furto, o legislador pátrio fez incidir no delito de roubo uma qualificadora caso haja subtração de veículo automotor que venha a ser transportado para outro Estado ou para o exterior.

137. **(Ieses/TJ/AM/Cartórios/Ingresso/2018)** O crime descrito no art. 168-A do Código Penal que trata da apropriação indébita previdenciária é classificado como:

a) comissivo próprio.

b) comissivo impróprio.

c) omissivo impróprio.

d) omissivo próprio.

138. **(Vunesp/TJ/SP/Cartórios/Ingresso/2018)** No roubo, a pena é aumentada:

a) se o agente comete o crime sob coação a que podia resistir.

b) se o agente, ao tempo da ação, se encontrava em estado de embriaguez, voluntária ou culposa, pelo álcool ou substância de efeitos análogos.

c) se o agente mantém a vítima em seu poder, restringindo sua liberdade.

d) durante o repouso noturno.

10. DOS CRIMES CONTRA A PROPRIEDADE IMATERIAL

* SÚMULAS

STJ **Súm. 502.** Presentes a materialidade e a autoria, afigura-se típica, em relação ao crime previsto no artigo 184, § 2º, do CP, a conduta de expor à venda CDs e DVDs piratas.

STJ **Súm. 574.** Para a configuração do delito de violação de direito autoral e a comprovação de sua materialidade, é suficiente a perícia realizada por amostragem do produto apreendido, nos aspectos externos do material, e é desnecessária a identificação dos titulares dos direitos autorais violados ou daqueles que os representem.

* QUESTÕES OBJETIVAS

139. **(TJ/SC/Cartórios/Remoção/2012)** A ação penal para o crime de "violar direitos de autor e os que lhes são conexos", previsto no art. 184, caput, do Código Penal – CP, procede mediante:

a) ação penal pública incondicionada.

b) ação penal pública condicionada à representação.

c) queixa.

d) ação penal subsidiária da pública.

e) ação penal extensiva.

11. DOS CRIMES CONTRA A DIGNIDADE SEXUAL

* INOVAÇÕES LEGISLATIVAS

▲ CP. Título VI – Dos Crimes contra a Dignidade Sexual, Capítulo I – Dos Crimes contra a Liberdade Sexual

▲ Importunação sexual. Art. 215-A. Praticar contra alguém e sem a sua anuência ato libidinoso com o objetivo de satisfazer a própria lascívia ou a de terceiro: Pena – reclusão, de 1 (um) a 5 (cinco) anos, se o ato não constitui crime mais grave. (Modificações: Lei 13.718/18)

▲ Capítulo II – Dos Crimes Sexuais contra Vulnerável

▲ Art. 217-A. (...). § 5º As penas previstas no caput e nos §§ 1º, 3º e 4º deste artigo aplicam-se independentemente do consentimento da vítima ou do fato de ela ter mantido relações sexuais anteriormente ao crime. (Modificações: Lei 13.718/18)

▲ Divulgação de cena de estupro ou de cena de estupro de vulnerável, de cena de sexo ou de pornografia. Art. 218-C. Oferecer, trocar, disponibilizar, transmitir, vender ou expor à venda, distribuir, publicar ou divulgar, por qualquer meio – inclusive por meio de comunicação de massa ou sistema de informática ou telemática –, fotografia, vídeo ou outro registro audiovisual que contenha cena de estupro ou de estupro de vulnerável ou que faça apologia ou induza a sua prática, ou, sem o consentimento da vítima, cena de sexo, nudez ou pornografia: Pena – reclusão, de 1 (um) a 5 (cinco) anos, se o fato não constitui crime mais grave. Aumento de pena. § 1º A pena é aumentada de 1/3 (um terço) a 2/3 (dois terços) se o crime é praticado por agente que mantém ou tenha mantido relação íntima de afeto com a vítima ou com o fim de vingança ou humilhação. Exclusão de ilicitude. § 2º Não há crime quando o agente pratica as condutas descritas no caput deste artigo em publicação de natureza jornalística, científica, cultural ou acadêmica com a adoção de recurso que impossibilite a identificação da vítima, ressalvada sua prévia autorização, caso seja maior de 18 (dezoito) anos. (Modificações: Lei 13.718/18)

▲ Capítulo IV – Disposições Gerais

▲ Art. 225. Nos crimes definidos nos Capítulos I e II deste Título, procede-se mediante ação penal pública incondicionada. Parágrafo único. (Revogado). (Modificações: Lei 13.718/18)

▲ Art. 226. (...). II – de metade, se o agente é ascendente, padrasto ou madrasta, tio, irmão, cônjuge, companheiro, tutor, curador, preceptor ou empregador da vítima ou por qualquer outro título tiver autoridade sobre ela; (...). IV – de 1/3 (um terço) a 2/3 (dois terços), se o crime é praticado: Estupro coletivo. a) mediante concurso de 2 (dois) ou mais agentes; Estupro corretivo. b) para controlar o comportamento social ou sexual da vítima. (Modificações: Lei 13.718/18)

▲ Capítulo V – Do Lenocínio e do Tráfico de Pessoa para Fim de Prostituição ou Outra Forma de Exploração Sexual

▲ Art. 232-A. Promoção de migração ilegal. Promover, por qualquer meio, com o fim de obter vantagem econômica, a entrada ilegal de estrangeiro em território nacional ou de brasileiro em país estrangeiro: Pena – reclusão, de 2 (dois) a 5 (cinco) anos, e multa. § 1º Na mesma pena incorre quem promover, por qualquer meio, com o fim de obter vantagem econômica, a saída de estrangeiro do território nacional para ingressar ilegalmente em país estrangeiro. § 2º A pena é aumentada de 1/6 (um sexto) a 1/3 (um terço) se: I – o crime é cometido com violência; ou II – a vítima é submetida a condição desumana ou degradante. § 3º A pena prevista para o crime será aplicada sem prejuízo das correspondentes às infrações conexas. (Modificações: Lei 13.445/17)

▲ Capítulo VII – Disposições Gerais

▲ Art. 234-A. (...). III – de metade a 2/3 (dois terços), se do crime resulta gravidez; IV – de 1/3 (um terço) a 2/3 (dois terços), se o agente transmite à vítima doença sexualmente transmissível de que sabe ou deveria saber ser portador, ou se a vítima é idosa ou pessoa com deficiência. (Modificações: Lei 13.718/18)

▲ Capítulo I-A – Da Exposição da Intimidade Sexual

▲ Registro não autorizado da intimidade sexual. Art. 216-B. Produzir, fotografar, filmar ou registrar, por qualquer meio, conteúdo com cena de nudez ou ato sexual ou libidinoso de caráter íntimo e privado sem autorização dos participantes: Pena – detenção, de 6 (seis) meses a 1 (um) ano, e multa. Parágrafo único. Na mesma pena incorre quem realiza montagem em fotografia, vídeo, áudio ou qualquer outro registro com o fim de incluir pessoa em cena de nudez ou ato sexual ou libidinoso de caráter íntimo." (Modificações: Lei 13.772/18).

✱ SÚMULAS

STJ **Súm. 593.** O crime de estupro de vulnerável se configura com a conjunção carnal ou prática de ato libidinoso com menor de 14 anos, sendo irrelevante eventual consentimento da vítima para a prática do ato, sua experiência sexual anterior ou existência de relacionamento amoroso com o agente.

✱ INFORMATIVOS

STJ **Casa de prostituição. Tipicidade. Art. 229 do CP. Exploração sexual. Elemento normativo do tipo. Violação à dignidade sexual e tolhimento à liberdade. Inexistência. Fato atípico.** O estabelecimento que não se volta exclusivamente à prática de mercancia sexual, tampouco envolve menores de idade ou do qual se comprove retirada de proveito, auferindo lucros da atividade sexual alheia mediante ameaça, coerção, violência ou qualquer outra forma de violação ou tolhimento à liberdade das pessoas, não dá origem a fato típico a ser punido na seara penal. REsp 1.683.375, Rel. Min. Maria Thereza de Assis Moura, DJ 29.8.2018. 6ª T. (Info 631)

✱ QUESTÕES OBJETIVAS

140. **(Cespe/TJ/PI/Cartórios/Ingresso/2013)** Considere que Joaquim, em meados de março de 2011, tenha constrangido, mediante grave ameaça, sua sobrinha de quinze anos de idade a praticar com ele ato libidinoso diverso da conjunção carnal. Nessa situação:

a) Joaquim praticou, em tese, crime de estupro de vulnerável.

b) a ação penal deve ser pública condicionada à representação.

c) a pena deve ser aumentada de metade por ser Joaquim tio da vítima.

d) a pena deve ser aumentada de um sexto se do crime resultar gravidez da vítima.

e) Joaquim praticou, em tese, crime de atentado violento ao pudor.

141. **(Cespe/TJ/ES/Cartórios/Remoção/2013)** No que se refere aos crimes contra a dignidade sexual, assinale a opção correta:

a) em se tratando do crime de estupro de vulnerável, o consentimento da vítima ou o fato de ela já ter tido outra experiência sexual constituem causa legal de diminuição de pena.

b) ao crime de manutenção de casa de prostituição tem-se aplicado, majoritariamente, a teoria social da ação.

c) a mediação para servir a lascívia de outrem, com o fim de lucro, denomina-se lenocínio questuário.

d) o agente do crime de rufianismo ativo garante o seu sustento mediante a exploração de alguém que exerce a prostituição.

e) os crimes de estupro e atentado violento ao pudor são tratados na lei como crimes hediondos somente se deles resultar lesão corporal de natureza grave ou morte.

12. DOS CRIMES CONTRA A FAMÍLIA

* QUESTÕES OBJETIVAS

142. **(Cespe/TJ/PI/Cartórios/Remoção/2013)** Em relação aos crimes contra a família, assinale a opção correta:

a) aquele que contrair casamento mesmo conhecendo a existência de impedimento que lhe cause nulidade absoluta ou relativa cometerá crime punido com reclusão.

b) será considerado inexistente o crime de registar filho seu como de outrem se o acusado agir imbuído de motivo nobre.

c) embora a conduta consistente em entregar filho menor de dezoito anos de idade a pessoa inidônea seja atípica, poderá o pai que a praticar ser advertido pelo conselho tutelar e, eventualmente, perder o pátrio poder.

d) considerar-se-á inexistente o crime de bigamia se o primeiro ou o segundo casamento for anulado, independentemente do motivo que embasar tal anulação.

e) a ação penal por crime de induzimento a erro essencial no casamento, para a qual é indispensável a queixa do contraente enganado, só poderá ser ajuizada após o trânsito em julgado da sentença que, por motivo de erro, tiver anulado o casamento.

143. **(FCC/TJ/PE/Cartórios/Ingresso/2013)** Registrar como seu o filho de outrem constitui crime cujo bem jurídico precípuo é:

a) a administração da Justiça.

b) o patrimônio.

c) a propriedade imaterial.

d) a família.

e) a Administração Pública em geral.

144. **(Cespe/TJ/BA/Cartórios/Ingresso/2013)** Acerca dos dispositivos da Parte Especial do CP, assinale a opção correta:

a) o crime de bigamia pressupõe existência válida de um primeiro casamento, devidamente legitimado pela lei civil, não se considerando, para a caracterização desse crime, a união estável.

b) o funcionário público que, ao informar seus dados pessoais para a elaboração de compromisso de compra e venda de um imóvel, fornecer declaração falsa de estado civil com vistas a prejudicar direito de cônjuge praticará o crime de falsificação de documento público, cabendo, nesse caso, aumento de pena, pelo fato de ser o agente funcionário público.

c) o testamento particular não se equipara, para fins penais, ao documento público, já que seu conteúdo refere-se a interesses exclusivamente privados.

d) servidor público que divulgue, sem justa causa, conteúdo de processo administrativo com tramitação sigilosa armazenado em banco de dados da administração pública e que, com tal divulgação, atingir a intimidade de particular diretamente envolvido na questão tratada no procedimento responderá por crime contra a honra e crime de violação de segredo profissional em relação à administração pública.

e) aquela que, penalmente responsável, registrar, como seu, filho recém-nascido de outra mulher, alterando formalmente seu estado civil, responderá pelo crime de supressão ou alteração de direito inerente ao estado civil de recém-nascido em concurso formal com o crime de falsidade decorrente da inscrição falsa no registro de nascimento da criança.

13. DOS CRIMES CONTRA A FÉ PÚBLICA

* SÚMULAS

STJ **Súm. 17.** Quando o falso se exaure no estelionato, sem mais potencialidade lesiva, é por este absorvido.

STJ **Súm. 62.** Compete à Justiça Estadual processar e julgar o crime de falsa anotação na Carteira de Trabalho e Previdência Social, atribuído a empresa privada.

STJ **Súm. 73.** A utilização de papel moeda grosseiramente falsificado configura, em tese, o crime de estelionato, da competência da Justiça Estadual.

STJ **Súm. 104.** Compete à Justiça Estadual o processo e julgamento dos crimes de falsificação e uso de documento falso relativo a estabelecimento particular de ensino.

STJ **Súm. 200.** O juízo federal competente para processar e julgar acusado de crime de uso de passaporte falso é o do lugar onde o delito se consumou.

STJ **Súm. 522.** A conduta de atribuir-se falsa identidade perante autoridade policial é típica, ainda que em situação de alegada autodefesa.

STJ **Súm. 546.** A competência para processar e julgar o crime de uso de documento falso é firmada em razão da entidade ou órgão ao qual foi apresentado o documento público, não importando a qualificação do órgão expedidor.

* INFORMATIVOS

STJ **Moeda falsa. Art. 291 do CP. Petrechos para falsificação. Uso exclusivo. Prescindibilidade.** Para tipificar o crime descrito no art. 291 do CP, basta que o agente detenha a posse de petrechos com o propósito de contrafação da moeda, sendo prescindível que o maquinário seja de uso exclusivo para tal fim. REsp 1.758.958, Rel. Min. Sebastião Reis Júnior, DJ 25.9.2018. 6ª T. (Info 633)

* QUESTÕES DISCURSIVAS

03. **(FMP/TJ/MT/Cartórios/Ingresso/2014)** Disserte sobre os crimes de falsidade e o concurso aparente de normas em sua aplicação prática.

04. **(FMP/TJ/MT/Cartórios/Remoção/2014)** "A", responsável pelo setor de reconhecimento de firma do Tabelionato X, reconhece, por descuido no momento da conferência, como verdadeira, firma de um documento a qual depois se demonstrou ser falsa. Disserte sobre o enquadramento típico penal do comportamento de "A" com a respectiva solução jurídica.

* QUESTÕES OBJETIVAS

145. **(Consulplan/TJ/MG/Cartórios/Ingresso/2018)** O Código Penal brasileiro tipifica o crime de falsificação de documento público em seu artigo 297, cominando pena de reclusão, de dois a seis anos, e multa, para a conduta de "falsificar, no todo ou em parte, documento público, ou alterar documento público verdadeiro". Nesse caso, se o agente é funcionário público, e comete o crime prevalecendo-se do cargo, é correto afirmar que o funcionário público responderá:

a) pelo crime de peculato, pela incidência do princípio da especialidade, por se tratar de crime próprio.
b) pelo crime de falsificação de documento público, porém a pena será majorada, na terceira fase de sua aplicação.
c) pela conduta apenas na esfera disciplinar, sem repercussão criminal, tendo em vista que se trata de hipótese legal de foro por prerrogativa de função.
d) pelo crime na medida de sua culpabilidade, sendo hipótese legal de concurso necessário de agentes, com a pena agravada na segunda fase de sua aplicação.

146. **(Ieses/TJ/RS/Cartórios/Remoção/2013)** Assinale a alternativa correta:

a) o agente que falsificar, no todo ou em parte, atestado ou certidão, ou alterar o teor de certidão ou de atestado verdadeiro, para prova de fato ou circunstância que habilite alguém a obter cargo público, isenção de ônus ou de serviço de caráter público, ou qualquer outra vantagem, comete o crime de certidão ou atestado ideologicamente falso.
b) o agente que falsifica, fabricando ou alterando, moeda metálica ou papel moeda de curso legal no país ou no estrangeiro, comete o crime de moeda falsa.
c) o agente que atestar ou certificar falsamente, em razão de função pública, fato ou

circunstância que habilite alguém a obter cargo público, isenção de ônus ou de serviço de caráter público, ou qualquer outra vantagem, comete o crime de falsidade material de atestado ou certidão.

d) o agente que reconhece, como verdadeira, firma ou letra que o não seja, comete o crime de falso reconhecimento de firma ou letra.

147. **(Cespe/TJ/ES/Cartórios/Ingresso/2013)** Em cada uma das opções a seguir, é apresentada uma situação hipotética seguida de uma assertiva a ser julgada, acerca de crimes contra a fé pública, contra a incolumidade pública e contra a paz pública. Assinale a opção em que a assertiva está correta:

a) o veículo de um funcionário de determinada empresa de digitação que havia deixado, em seu interior, material de trabalho sigiloso consistente em cópias de provas e gabaritos a serem utilizados em concurso público para o preenchimento de cargos de determinado município, foi furtado, tendo o agente subtraído, além de objetos de cunho patrimonial, as referidas cópias. Nessa situação, se o conteúdo do material sigiloso for divulgado, o funcionário por ele responsável responderá pela prática de crime de fraude em certame de interesse público, na modalidade culposa.

b) João, penalmente imputável, utilizando a rede mundial de computadores, incitou determinado grupo de pessoas à prática de determinado crime. Dos vários destinatários que receberam a mensagem por ele enviada, um cometeu o delito, tendo os demais restado inertes. Nessa situação, João será considerado partícipe da infração estimulada.

c) Marcos, penalmente imputável, falsificou cartão de crédito e débito fazendo nele constarem dados falsos, de modo a facilitar futuras fraudes. Nessa situação, a falsificação do cartão de crédito equipara-se, para fins penais, à falsificação de nota promissória e de cheque, títulos de crédito equiparados a documento público.

d) Manoel, penalmente imputável, adquiriu e guardou em depósito material explosivo destinado à fabricação de uma bomba, que ele pretendia utilizar para explodir um edifício público. Antes de levar a cabo seu intento, o material foi apreendido pela autoridade policial competente. Nessa situação, a conduta de Manoel caracteriza meros atos preparatórios para o delito de explosão, não podendo Manoel ser punido.

e) Armando, penalmente imputável, visando instruir processo seletivo para determinado cargo público, falsificou diploma de conclusão de curso superior de uma universidade federal, entretanto, na fase de apresentação de documentos, desistiu da seleção e não apresentou o diploma. Nessa situação, ainda que não tenha apresentado o documento, Armando responderá pela prática do crime de falsificação de documento público.

148. **(Cespe/TJ/BA/Cartórios/Ingresso/2013)** Com relação aos crimes contra a fé pública, assinale a opção correta:

a) quando representar crime-meio para a falsificação de papéis públicos, o crime de petrechos de falsificação deverá ser absorvido pelo crime-fim.

b) segundo o entendimento do STF, não comete o crime de uso de documento falso o agente que, abordado por autoridade policial, é impelido a exibir o documento falsificado para se identificar.

c) a falsificação de cartão de crédito, por si só, não configura conduta típica punível, uma vez que esse tipo de cartão não é um documento propriamente dito, mas constitui apenas uma base material destinada a estampar informe ou outros dados creditícios.

d) aquele que constituir formalmente uma empresa, inserindo nomes fictícios no contrato social, praticará crime de falso ideológico e de falso material.

e) a produção de declaração falsa de pobreza para obter os benefícios da justiça gratuita constitui crime de falsidade de documento particular.

149. **(Ieses/TJ/RS/Cartórios/Ingresso/2013)** Assinale a alternativa correta:

a) aquele que dolosamente se atribuir ou atribuir a terceiro falsa identidade para obter vantagem, em proveito próprio ou alheio, ou para causar dano a outrem, pratica o crime de falsidade ideológica.

b) aquele que dolosamente falsifica, fabricando ou alterando bilhete, passe ou conhecimento de empresa de transporte administrada pela União, por Estado ou por Município, pratica o crime de falsidade ideológica.

c) aquele que dolosamente usa, como próprio, passaporte, título de eleitor, caderneta de reservista ou qualquer documento de identidade alheia ou cede a outrem, para que dele se utilize, documento dessa natureza, próprio ou de terceiro, pratica o crime de falsidade ideológica.

d) aquele que dolosamente omite, em documento público ou particular, declaração que dele devia constar, ou nele insere ou faz inserir declaração falsa ou diversa da que devia ser escrita, com o fim de prejudicar direito, criar obrigação ou alterar a verdade sobre fato juridicamente relevante, pratica o crime de falsidade ideológica.

150. **(Cespe/TJ/PI/Cartórios/Remoção/2013)** Considerando que o titular de cartório de notas tenha reconhecido, em determinado documento, firma falsa como verdadeira, assinale a opção correta:

a) conforme a natureza do documento, a conduta do titular do cartório poderá configurar o crime de falsificação de documento público ou privado.

b) seja o documento público ou privado, o titular do cartório estará sujeito à pena prevista para o crime de falsidade ideológica.

c) a conduta, ainda que dolosa, do titular do cartório em apreço é atípica, mas ele poderá ser responsabilizado administrativa e civilmente por qualquer dano causado às partes.

d) a conduta do titular do cartório só será punível se o documento for público.

e) o titular do cartório só será punido se tiver agido dolosamente, sendo atípica a conduta culposa.

151. **(Ieses/TJ/RS/Cartórios/Ingresso/2013)** Assinale a alternativa correta:

a) para a consumação dos crimes contra a ordem tributária, não importa, em nenhuma hipótese, se os tributos foram ou não lançados definitivamente.

b) para os efeitos penais, equipara-se a documento público uma folha de cheque emitida por um banco privado.

c) simular casamento mediante engano de outra pessoa configura o crime de bigamia.

d) o advogado do indiciado não pode ter acesso aos elementos de prova já documentados em autos do inquérito policial, se o procedimento estiver correndo em sigilo.

152. **(Vunesp/TJ/SP/Cartórios/Remoção/2014)** A consumação do crime de falso reconhecimento de firma ou letra se dá quando:

a) o reconhecimento é realizado.

b) o respectivo documento é entregue a quem possa fazer dele o mau uso.

c) o respectivo documento é utilizado por qualquer pessoa.

d) o pagamento do ato de reconhecimento é realizado.

153. **(FMP/TJ/MT/Cartórios/Remoção/2014)** O agente que omite, em documento público, declaração que dele devia constar, com o fim de alterar a verdade sobre fato juridicamente relevante, pratica o crime de:

a) estelionato.

b) falsidade ideológica.

c) falsidade material.

d) falsidade material de documento público.

e) falso testemunho.

154. **(Cespe/TJ/BA/Cartórios/Remoção/2013)** Assinale a opção correta com fundamento nos dispositivos legais pertinentes e na jurisprudência dos tribunais superiores acerca dos delitos contra a fé pública:

a) ainda que sobre o delito de uso de documento público ou particular materialmente falso incidam as mesmas penas cominadas à falsificação, o uso de documento ideologicamente falso ou certidão ideologicamente falsa constitui conduta atípica.

b) é crime próprio, praticado apenas por aquele que exerce função pública, o delito de falso reconhecimento de firma ou letra. Por outro lado, quanto ao delito falsidade ideológica, deve incidir causa de aumento de pena prevista em lei, se o agente ostentar a condição de funcionário público, cometer o crime prevalecendo-se do cargo ou se a falsificação ou alteração for de assentamento de registro civil.

c) em atenção ao princípio da intervenção mínima, a lei penal brasileira não pune o fabrico, a guarda ou a posse de instrumento ou aparelho destinado à falsificação de moeda ou documento público por serem tais condutas meros atos preparatórios de delito.

d) conforme a jurisprudência do STJ, a utilização de papel moeda falsificado, independentemente da qualidade da falsificação, configura o delito de estelionato, cujo processamento constitui competência da justiça estadual.

e) sobre o delito de certidão ou atestado ideologicamente falso praticado com finalidade lucrativa incidirá somente a pena de multa.

155. (IBFC/TJ/PR/Cartórios/Ingresso/2014) Assinale a alternativa incorreta:

a) a pena para o crime de falso reconhecimento de firma ou letra (art. 300 do Código Penal) é a mesma, tenha a falsificação sido realizada em documento público ou particular.

b) para os efeitos penais, equiparam-se a documento público o emanado de entidade paraestatal, o título ao portador ou transmissível por endosso, as ações de sociedade comercial, os livros mercantis e o testamento particular.

c) incorre nas mesmas penas do crime de falsificação de documento público (art. 297 do Código Penal) quem insere ou faz inserir na folha de pagamento ou em documento de informações que seja destinado a fazer prova perante a previdência social, pessoa que não possua a qualidade de segurado obrigatório.

d) para fins do crime de falsificação de documento particular (art. 298 do Código Penal) equipara-se a documento particular o cartão de crédito ou débito.

156. (Cespe/TJ/DFT/Cartórios/Remoção/2014) Com intenção de praticar um crime de estelionato contra uma instituição financeira, Helena entregou para Agnaldo uma folha de papel em branco com sua assinatura para que este lavrasse uma simples declaração. No entanto, ao preencher a folha em branco, Agnaldo lavrou uma procuração e a levou ao Cartório do 1º Ofício de Notas, Registro civil e Protestos do DF para reconhecimento de firma. Muito atarefado, Caio, tabelião substituto, esqueceu-se de conferir se Helena possuía cartão de autógrafos na serventia e reconheceu sua firma, sem a presença da subscritora do documento, e sem que constasse naquele estabelecimento o respectivo cartão de autógrafos. Considerando-se que até o momento a procuração não tenha sido utilizada por Agnaldo, é correto afirmar que:

a) Helena e Caio não praticaram qualquer crime, porém, Agnaldo perpetrou o crime de falsificação de documento particular.

b) Helena e Caio não praticaram qualquer crime, porém, Agnaldo perpetrou o delito de falsidade ideológica.

c) Helena praticou crime de tentativa de estelionato; Agnaldo, de falsidade de documento particular; e Caio, de falso reconhecimento de firma.

d) Helena não praticou crime; Agnaldo praticou falsidade ideológica; e Caio cometeu o delito de falso reconhecimento de firma.

e) Helena não praticou crime; Agnaldo praticou falsificação de documento particular; e Caio cometeu o delito de falso reconhecimento de firma.

157. (Consulplan/TJ/MG/Cartórios/Ingresso/2014) Quanto aos crimes contra a fé pública, marque a alternativa correta:

a) os livros mercantis e o testamento particular não constituem objeto de falsificação de documento público, e, sim, de falsificação de documento particular.

b) o crime de falsificação do selo ou sinal público só pode ser cometido por funcionário público.

c) quem omite, em documento público ou particular, declaração que dele devia constar, ou altera a verdade sobre fato juridicamente relevante, comete crime de falsidade material.

d) constitui causa de aumento de pena cometer crime de falsidade ideológica se a falsificação, ou alteração, é de assentamento de registro civil.

158. (FMP/TJ/MT/Cartórios/Ingresso/2014) De acordo com o entendimento do STF, se o agente coloca uma fita adesiva para alterar a identificação da placa de seu automóvel e assim poder burlar o rodízio de veículos, ele pratica:

a) o crime tipificado no art. 311 do CP.

b) o crime tipificado no art. 311 do CP, somente ante a presença de elemento subjetivo do injusto ou a finalidade específica.

c) o crime de falso previsto no art. 297 do CP.

d) o crime de falso previsto no art. 299 do CP.

e) fato atípico em razão da falsificação grosseira.

159. (Cespe/TJ/DFT/Cartórios/Ingresso/2014) Em relação aos crimes contra a fé pública, assinale a opção correta:

a) funcionário de cartório de notas que reconhecer como verdadeira, em documento particular, firma que não o seja, comete o crime de falsificação de documento público.

b) médico da rede pública que emite atestado médico com conteúdo falso, com o intuito de habilitar paciente seu para o exercício de cargo público, incorre na prática do crime de atestado ideologicamente falso.

c) considere que determinado empregado de empresa pública tenha falsificado sua própria carteira nacional de habilitação com a finalidade de comprovar sua capacidade legal para a condução de motocicleta. Nessa situação, o referido empregado pratica o crime de falsificação de documento público, devendo a pena prevista ser aumentada em razão da função pública ostentada.
d) de acordo com a jurisprudência do STJ, não configura crime de falsificação de documento público a alteração de fotocópia autenticada de documento, visto que o conceito de documento público está restrito à sua versão original.
e) aquele que declara em cartório nascimento inexistente comete o crime de falsidade ideológica.

160. **(Cetro/TJ/RJ/Cartórios/Remoção/2017)** No tocante ao crime de falsificação de sinal público de tabelião de serventia extrajudicial, assinale a alternativa correta:

a) o tipo penal é de mera conduta, admitindo falsificação grosseira de sinal público estrangeiro.
b) o tipo penal é de mera conduta, alcançando apenas o sinal público brasileiro.
c) o tipo penal depende da ocorrência de prejuízo a terceiro, admitindo a ocorrência de culpa.
d) o tipo penal depende da ocorrência de prejuízo a terceiro, alcançando o sinal público brasileiro e o estrangeiro.
e) o tipo penal não depende da ocorrência de prejuízo a terceiro, admitindo falsificação grosseira de sinal público brasileiro.

14. DOS CRIMES CONTRA A ADMINISTRAÇÃO PÚBLICA

⦿ ATENÇÃO: ESTE TEMA É MUITO EXIGIDO NOS CONCURSOS!

✻ SÚMULAS

STJ **Súm. 147.** Compete à Justiça Federal processar e julgar os crimes praticados contra funcionário público federal, quando relacionados com o exercício da função.

STJ **Súm. 151.** A competência para o processo e julgamento por crime de contrabando ou descaminho define-se pela prevenção do juízo federal do lugar da apreensão dos bens.

STJ **Súm. 165.** Compete à Justiça Federal processar e julgar crime de falso testemunho cometido no processo trabalhista.

STJ **Súm. 599.** O princípio da insignificância é inaplicável aos crimes contra a administração pública.

✻ REPERCUSSÃO & REPETITIVOS

STJ **Repetitivo 157.** Incide o princípio da insignificância aos crimes tributários federais e de descaminho quando o débito tributário verificado não ultrapassar o limite de R$ 20 mil, a teor do disposto no art. 20 da Lei 10.522/02, com as atualizações efetivadas pelas Portarias 75 e 130, ambas do Ministério da Fazenda. (REsp 1688878, 4.4.2018)

STJ **Repetitivo 933.** Quando o falso se exaure no descaminho, sem mais potencialidade lesiva, é por este absorvido, como crime-fim, condição que não se altera por ser menor a pena a este cominada. (REsp 1378053, 10.8.2016)

✻ INFORMATIVOS

STF **Entidades paraestatais e extensão do conceito de funcionário público.** Consoante dispõe o art. 327, § 1º, do CP, qualifica-se como funcionário público pessoa que exerce cargo, emprego ou função em entidade paraestatal ou trabalha em empresa prestadora de serviço contratada ou conveniada para a execução de atividade típica da Administração Pública. HC 138484, Rel. Min. Marco Aurélio, j. 11.9.2018. 1ª T. (Info 915)

STF **Descaminho e crédito tributário.** É dispensada a existência de procedimento administrativo fiscal com a posterior constituição do crédito tributário para a configuração do crime de descaminho (CP, art. 334), tendo em conta sua natureza formal. HC 121798, Rel. Min. Marco Aurélio, j. 29.5.2018. 1ª T. (Info 904)

STF **Descaminho e princípio da insignificância.** Aplica-se o princípio da insignificância ao crime de descaminho quando o montante do tributo não recolhido for inferior ao limite de R$ 20 mil – valor estipulado pelo art. 20, Lei 10.522/02, atualizado pelas portarias 75 e 130/2012, do Ministério da Fazenda. HC 155347, Rel. Min. Dias Toffoli, j. 17.4.2018. 2ª T. (Info 898)

STJ **Corrupção ativa. Emissão de guia de recolhimento de imposto em montante menor do que o devido. Pagamento da diferença antes do recebimento da denúncia. Causa de extinção da punibilidade. Aplicação analógica ao delito de corrupção.**

Impossibilidade. O pagamento da diferença do imposto devido, antes do recebimento da denúncia, não extingue a punibilidade pelo crime de corrupção ativa atrelado ao de sonegação fiscal. RHC 95.557, Rel. Min. Maria Thereza de Assis Moura, DJ 1.8.2018. 6ª T. (Info 631)

STJ Corrupção passiva. Art. 317 do CPC. Expressão "em razão dela". Equiparação a "ato de ofício". Inviabilidade. Ações ou omissões indevidas fora das atribuições formais do funcionário público. Condenação. Possibilidade. O crime de corrupção passiva consuma-se ainda que a solicitação ou recebimento de vantagem indevida, ou a aceitação da promessa de tal vantagem, esteja relacionada com atos que formalmente não se inserem nas atribuições do funcionário público, mas que, em razão da função pública, materialmente implicam alguma forma de facilitação da prática da conduta almejada. REsp 1.745.410, Rel. Acd. Min. Laurita Vaz, DJ 23.10.2018. 6ª T. (Info 635)

STJ Depositário judicial que vende os bens em seu poder. Ausência da ocupação de cargo público. Peculato. Atipicidade. O depositário judicial que vende os bens sob sua guarda não comete o crime de peculato. HC 402.949, Rel. Min. Maria Thereza de Assis Moura, DJ 26.3.2018. 6ª T. (Info 623)

* QUESTÕES OBJETIVAS

161. **(FCC/TJ/PE/Cartórios/Ingresso/2013)** Modela-se também pelas ideias de furto e de apropriação indébita a figura legal do crime de:

a) prevaricação.
b) concussão.
c) excesso de exação.
d) favorecimento pessoal.
e) peculato.

162. **(FCC/TJ/PE/Cartórios/Ingresso/2013)** A exigência de vantagem indevida para si, em razão do exercício de função pública, caracteriza crime de:

a) concussão.
b) corrupção passiva.
c) corrupção ativa.
d) excesso de exação.
e) prevaricação.

163. **(Ieses/TJ/RS/Cartórios/Remoção/2013)** Assinale a alternativa correta:

a) o agente que se opõe à execução de ato legal, mediante violência ou ameaça a funcionário competente para executá-lo, ou a quem lhe esteja prestando auxílio, pratica o crime de desacato.
b) o funcionário público que devassa o sigilo de proposta de concorrência pública, ou proporciona a terceiro o ensejo de devassá-lo, pratica o crime de violação de sigilo funcional.
c) o funcionário público que se apropria de dinheiro ou qualquer utilidade que, no exercício do cargo, recebeu por erro de outrem, pratica o crime de peculato mediante erro de outrem.
d) o estrangeiro que usa, para entrar ou permanecer no território nacional, nome que não é o seu, pratica o crime de falsa identidade.

164. **(Ieses/TJ/RS/Cartórios/Remoção/2013)** Assinale a alternativa correta:

a) o funcionário público que exige tributo ou contribuição social que sabe ou deveria saber indevido, ou, quando devido, emprega na cobrança meio vexatório ou gravoso, que a lei não autoriza, pratica o crime de prevaricação.
b) o funcionário público que pratica, deixa de praticar ou retarda ato de ofício, com infração de dever funcional, cedendo a pedido ou influência de outrem, pratica o crime de prevaricação.
c) o funcionário público que deixa, por indulgência, de responsabilizar subordinado que cometeu infração no exercício do cargo ou, quando lhe falte competência, não levar o fato ao conhecimento da autoridade competente, pratica o crime de prevaricação.
d) o funcionário público que retarda ou deixa de praticar, indevidamente, ato de ofício, ou o pratica contra disposição expressa de lei, para satisfazer interesse ou sentimento pessoal, pratica o crime de prevaricação.

165. **(Ieses/TJ/RS/Cartórios/Ingresso/2013)** Assinale a alternativa correta:

a) o funcionário público que dolosamente se apropria de dinheiro, valor ou qualquer outro bem móvel, público ou particular, de que tem a posse em razão do cargo, pratica o crime de concussão.
b) o funcionário público que dolosamente exige, para si ou para outrem, direta ou indiretamente, ainda que fora da função ou antes de assumi-la, mas em razão dela, vantagem indevida, pratica o crime de concussão.
c) o funcionário público que dolosamente solicita ou recebe, para si ou para outrem, direta ou

indiretamente, ainda que fora da função ou antes de assumi-la, mas em razão dela, vantagem indevida, ou aceitar promessa de tal vantagem, pratica o crime de concussão.

d) o funcionário público que dolosamente revele fato de que tem ciência em razão do cargo e que deva permanecer em segredo, ou facilitar-lhe a revelação, pratica o crime de concussão.

166. **(Cespe/TJ/RR/Cartórios/Ingresso/2013)** A respeito dos crimes contra a fé pública e contra a administração pública, assinale a opção correta:

a) em razão do direito à autodefesa, a jurisprudência considera atípica a conduta de atribuir-se falsa identidade para ocultar a condição de foragido, quando da prisão em flagrante pela prática de outro crime.

b) a conduta do agente que utiliza meio fraudulento, tal como a cola eletrônica, para tentar a aprovação em concurso público tipifica o crime de estelionato, uma vez que configura fraude com vistas à vantagem ilícita de tomar posse em cargo público.

c) o crime de falso testemunho ou falsa perícia somente se configura se for praticado em processo judicial criminal.

d) deve ser aumentada em um terço a pena aplicada a funcionário público que pratique crime contra a administração pública no exercício de cargo em comissão ou de função de direção ou assessoramento de órgão da administração direta, sociedade de economia mista, empresa pública ou fundação instituída pelo poder público.

e) comete crime de falsidade de documento público ou particular o agente que imita ou altera a verdade, ainda que a falsificação seja perceptível de todos, a olho nu.

167. **(TJ/SC/Cartórios/Ingresso/2012)** Exigir, para si ou para outrem, direta ou indiretamente, vantagem indevida; oferecer ou prometer vantagem indevida a funcionário público; retardar ou deixar de praticar, indevidamente, ato de ofício; solicitar ou receber, para si ou para outrem, direta ou indiretamente, vantagem indevida, são condutas que constituem, respectivamente, os crimes de:

a) concussão; corrupção passiva; prevaricação e corrupção ativa.

b) corrupção passiva; corrupção ativa; prevaricação e concussão.

c) concussão; corrupção ativa; prevaricação e corrupção passiva.

d) corrupção passiva; concussão; corrupção ativa e prevaricação.

e) prevaricação, corrupção passiva, concussão e corrupção ativa.

168. **(Ieses/TJ/PA/Cartórios/Remoção/2016)** Segundo o Código Penal vigente, exigir, para si ou para outrem, direta ou indiretamente, ainda que fora da função ou antes de assumi-la, mas em razão dela, vantagem indevida, corresponde ao crime de:

a) corrupção passiva.

b) condescendência criminosa.

c) peculato.

d) concussão.

169. **(Ieses/TJ/PA/Cartórios/Ingresso/2016)** Assinale a alternativa correta:

a) o agente que subtrai coisa móvel alheia, para si ou para outrem, depois de havê-la, por qualquer meio, reduzido à impossibilidade de resistência da vítima, pratica o crime de roubo impróprio.

b) os crimes funcionais estão sujeitos à extraterritorialidade condicionada da lei penal brasileira.

c) no caso de Peculato culposo, ocorrendo a reparação do dano até o recebimento da denúncia, extingue-se a punibilidade; se lhe é posterior, reduz de metade a pena imposta.

d) o funcionário público que exige, para si ou para outrem, direta ou indiretamente, ainda que fora da função ou antes de assumi-la, mas em razão dela, vantagem indevida, utilizando-se de violência ou grave ameaça, comete o crime de extorsão.

170. **(Faurgs/TJ/RS/Cartórios/Ingresso/2015)** Acerca dos crimes contra a Administração Pública, assinale a alternativa que contém afirmativa correta:

a) conduzido que oferece ao delegado de polícia determinada quantia em dinheiro para que este deixe de lavrar o auto de prisão em flagrante comete o crime de corrupção passiva.

b) funcionário público que concorreu culposamente para a apropriação de dinheiro proveniente dos cofres públicos, mas restituiu os valores após o trânsito em julgado da sentença penal condenatória, terá sua punibilidade extinta.

c) funcionário público que, tendo constatado que "W" sonegava impostos e, antes de efetivar a autuação, colocou faixas na porta do estabelecimento comercial de "W" com os seguintes escritos: estou sendo autuado por sonegação de impostos, praticou o crime de excesso de exação.

d) comete o crime de corrupção ativa o particular que paga vantagem indevida a funcionário público, para determiná-lo a praticar, omitir ou retardar ato de ofício.

171. **(Faurgs/TJ/RS/Cartórios/Remoção/2015)** Sobre os crimes praticados por funcionários públicos, assinale a alternativa que contém afirmativa correta:

a) o agente que exige, solicita ou recebe, para si ou para outrem, direta ou indiretamente, ainda que fora da função ou antes de iniciar seu exercício, mas em razão dela, vantagem indevida, ou aceita promessa de tal vantagem, para deixar de lançar ou cobrar tributo ou contribuição social, ou cobra-os parcialmente, pratica o crime de corrupção passiva, inscrito no artigo 317 do Código Penal.

b) o peculato, em qualquer uma de suas modalidades, é considerado como crime próprio, razão pela qual não se admite a ocorrência de coautoria ou participação envolvendo particulares.

c) o crime de concussão, de natureza puramente formal, prescinde da obtenção de qualquer vantagem indevida para sua consumação.

d) patrocinar, direta ou indiretamente, interesse privado perante autoridade fazendária, valendo-se da qualidade de funcionário público, configura o crime de advocacia administrativa, previsto no artigo 321 do Código Penal.

172. **(Ieses/TJ/MS/Cartórios/Ingresso/2014)** Quanto aos crimes contra a Administração Pública é correto afirmar:

a) o diretor da penitenciaria que deixar de cumprir seu dever de vedar ao preso o acesso a aparelho telefônico, de rádio ou similar, que permita a comunicação com outros presos, não comete crime, somente infração administrativa.

b) no crime de peculato o funcionário público deve apropriar-se de dinheiro, valor ou qualquer outro bem móvel, público ou particular, de que tem a posse em razão do cargo, ou desviá-lo, em proveito próprio, não admitindo forma culposa.

c) no crime de Corrupção Passiva o agente deve exigir ou receber, para si ou para outrem, direta ou indiretamente, ainda que fora da função ou antes de assumi-la, mas em razão dela, vantagem indevida, ou aceitar promessa de tal vantagem.

d) para praticar o crime de Concussão, o agente deve exigir, para si, ou para outrem, direta ou indiretamente, ainda que fora da função, ou, antes de assumi-la, mas em razão dela, vantagem indevida.

173. **(Ieses/TJ/PB/Cartórios/Remoção/2014)** Exigir, para si ou para outrem, direta ou indiretamente, ainda que fora da função ou antes de assumi-la, mas em razão dela, vantagem indevida. O referido ilícito acima descrito trata do crime de:

a) peculato.
b) corrupção passiva.
c) concussão.
d) corrupção ativa.

174. **(Ieses/TJ/PB/Cartórios/Remoção/2014)** Pratica o crime de violação de sigilo funcional quem revelar fato de que tem ciência em razão do cargo e que deva permanecer em segredo, ou facilitar-lhe a revelação. Incorre no mesmo crime quem:

I. se utiliza, indevidamente, do acesso restrito.

II. devassa o sigilo de proposta de concorrência pública, ou proporcionar a terceiro o ensejo de devassá-lo.

III. solicita ou recebe, para si ou para outrem, direta ou indiretamente, ainda que fora da função ou antes de assumi-la, mas em razão dela, vantagem indevida, ou aceitar promessa de tal vantagem.

IV. permite ou facilita, mediante atribuição, fornecimento e empréstimo de senha ou qualquer outra forma, o acesso de pessoas não autorizadas a sistemas de informações ou banco de dados da Administração Pública.

A sequência correta é:

a) apenas as assertivas I, II e III estão corretas.
b) as assertivas I, II, III e IV estão corretas.
c) apenas a assertiva III está correta.
d) apenas as assertivas I e IV estão corretas.

175. **(Ieses/TJ/PB/Cartórios/Remoção/2014)** Solicitar ou receber, para si ou para outrem, direta ou indiretamente, ainda que fora da função, ou antes, de assumi-la, mas em razão dela, vantagem indevida, ou aceitar promessa de tal vantagem. O ilícito penal acima descrito configura o crime de:

a) concussão.
b) corrupção Ativa.
c) prevaricação.
d) corrupção passiva.

176. **(Consulplan/TJ/MG/Cartórios/Ingresso/2014)** Acerca dos crimes contra a administração pública, assinale a alternativa incorreta:

a) o agente público comete crime de prevaricação quando retarda ou deixa de praticar, indevidamente, ato de ofício, ou o pratica, contra disposição legal, para satisfazer interesse ou sentimento pessoal.
b) a pena do crime de corrupção passiva é aumentada de um terço quando o funcionário público, em razão de vantagem ou promessa, retarda ou deixa de praticar qualquer ato de ofício, ou o pratica infringindo dever funcional.
c) quanto aos crimes praticados por funcionário público contra a administração em geral, é correto afirmar que o crime de concussão pode ser praticado por quem exerce cargo em entidade paraestatal.
d) apenas dinheiro, valores e bens móveis públicos constituem objeto do crime de peculato.

177. **(Vunesp/TJ/SP/Cartórios/Ingresso/2014)** A conduta do notário de desviar, em proveito próprio, importância sabidamente indevida, que exigiu e recebeu a título de tributo, configura:

a) peculato doloso.
b) peculato culposo.
c) apropriação indébita.
d) excesso de exação.

178. **(FMP/TJ/MT/Cartórios/Ingresso/2014)** Relativamente ao crime de peculato, assinale a afirmativa correta:

a) se o agente funcionário público repara o dano antes da sentença irrecorrível e o peculato é culposo, a pena é diminuída.
b) se o agente funcionário público repara o dano após a sentença irrecorrível e o peculato é culposo, a pena permanece inalterada em seu quantum.
c) se o agente funcionário público repara o dano antes da sentença irrecorrível e o peculato é culposo, extingue-se a punibilidade.
d) se o agente funcionário público repara o dano após a sentença irrecorrível e o peculato é culposo, extingue-se a punibilidade.
e) se o agente funcionário público repara o dano antes da sentença irrecorrível e o peculato é doloso, extingue-se a punibilidade.

179. **(FMP/TJ/MT/Cartórios/Remoção/2014)** Relativamente ao crime de peculato, assinale a afirmativa correta:

a) o crime não pode ter por objeto material bem particular.
b) só responde pelo crime o funcionário que tem a posse do bem em razão do cargo.
c) não é possível o particular responder pelo crime como coautor.
d) o crime não pode ter por objeto material bem imóvel.
e) aplica-se o princípio da insignificância sempre que o bem apropriado, desviado ou subtraído for de valor menor do que o salário mínimo.

180. **(FMP/TJ/MT/Cartórios/Remoção/2014)** O agente que solicita, para si, indiretamente, antes de assumir função pública, mas em razão dela, vantagem indevida, pratica:

a) o crime de excesso de exação.
b) o crime de corrupção ativa.
c) o crime de peculato.
d) o crime de corrupção passiva.
e) fato atípico.

181. **(IBFC/TJ/PR/Cartórios/Ingresso/2014)** Apropriar-se o funcionário público de dinheiro, valor ou qualquer outro bem móvel, público ou particular, de que tem a posse em razão do cargo, ou desviá-lo, em proveito próprio ou alheio; exigir, para si ou para outrem, direta ou indiretamente, ainda que fora da função ou antes de assumi-la, mas em razão dela, vantagem indevida; solicitar ou receber, para si ou para outrem, direta ou indiretamente, ainda que fora da função ou antes de assumi-la, mas em razão dela, vantagem indevida, ou aceitar promessa de tal vantagem; e oferecer ou prometer vantagem indevida a funcionário público, para determiná-lo a praticar, omitir ou retardar ato de ofício, caracterizam, respectivamente, os crimes:

a) peculato; corrupção ativa; corrupção passiva; e concussão.

b) peculato; concussão; corrupção ativa; e corrupção passiva.

c) corrupção ativa; peculato; concussão; e corrupção passiva.

d) peculato; concussão; corrupção passiva; e corrupção ativa.

182. (Cespe/TJ/DFT/Cartórios/Remoção/2014) Considere que Mário, tabelião do registro de imóveis de Brasília, tenha exigido de Cláudio o pagamento de custas e emolumentos que deveria saber indevidos, relativos à expedição de uma certidão de ônus reais. Nessa situação hipotética, conforme jurisprudência atual do STJ, Mário:

a) praticou o comportamento típico do peculato, mas sua punibilidade será extinta caso, voluntariamente, devolva o valor indevidamente cobrado até o recebimento da denúncia.

b) praticou conduta atípica.

c) cometeu o crime de excesso de exação.

d) praticou o delito de extorsão.

e) perpetrou a infração penal de concussão.

183. (Cespe/TJ/SE/Cartórios/Ingresso/2014) Em relação aos crimes contra a administração pública, assinale a opção correta:

a) em se tratando de peculato culposo, se a reparação do dano anteceder o recebimento da denúncia, ficará configurada a atipicidade da conduta.

b) o agente que deixa de atender ordem legal de funcionário público pratica o crime de resistência.

c) o funcionário público que retarda ou deixa de praticar, indevidamente, ato de ofício, com infração de dever funcional estabelecido expressamente na lei, cedendo a pedido ou influência de outrem, para satisfazer interesse pessoal, pratica o crime de advocacia administrativa.

d) tratando-se do crime de sonegação previdenciária, se o agente, espontaneamente, declarar e confessar as contribuições, importâncias ou valores sonegados e prestar as informações devidas à previdência social, na forma definida em lei ou regulamento, antes do início da ação fiscal, ficará extinta a punibilidade.

e) o agente que, mesmo antes de assumir determinado cargo ou função, solicitar para si ou para outrem, em razão do cargo, vantagem indevida responderá por estelionato mediante fraude.

184. (Consulplan/TJ/MG/Cartórios/Ingresso/2015) "Mévio, no exercício de sua função no cartório extrajudicial, não cumpriu o mandado judicial de averbação do divórcio no registro de casamento. Mévio assim agiu porque o divórcio era de sua vizinha Cleofa e não queria vê-la divorciada." A conduta de Mévio configura crime de:

a) desacato.

b) desobediência.

c) resistência.

d) prevaricação.

185. (Consulplan/TJ/MG/Cartórios/Remoção/2017) Acerca dos crimes em espécie previstos no CP e na legislação especial, assinale a opção correta:

a) segundo entendimento do STJ em relação ao crime de peculato, configura "bis in idem" a aplicação da circunstância agravante de ter o crime sido praticado com violação inerente a cargo.

b) a lei estabelece, com relação ao sistema de vendas ao consumidor em que o preço do produto seja sugerido pelo fabricante, que, se este praticar crime contra as relações de consumo, responderá por esse ato também o distribuidor ou o revendedor.

c) o agente que falsificar e, em seguida, usar o documento falsificado, responderá pelos crimes de falsificação e uso de documento falso, por se tratar este último de um "post factum" punível.

d) no âmbito da Lei Maria da Penha – Lei n. 11.340/06, a expressão "violência" designa a violência física ou corporal ("vis corporalis"), ou seja, o emprego de força física sobre o corpo da mulher de modo a facilitar a execução de determinado crime, mas não abrange a chamada violência imprópria ("vis compulsiva"), como a grave ameaça.

186. (Consulplan/TJ/MG/Cartórios/Ingresso/2017) Determinado médico particular, contratado por hospital privado, conveniado ao SUS, exigiu honorários de R$ 100,00 (cem reais) de um paciente pela consulta. Nesse sentido, assinale a alternativa correta:

a) a conduta do médico se subsume à do crime de excesso de exação.

b) a conduta em análise é típica do delito de peculato.

c) a narrativa traduz a conduta típica do crime de concussão.

d) o médico cometeu o crime de extorsão.

187. (FCC/TJ/PE/Cartórios/Remoção/2013) Desacato implica:

a) usurpação.
b) aviltamento.
c) resistência.
d) coação.
e) desobediência.

188. (Consulplan/TJ/MG/Cartórios/Ingresso/2016) Segundo o Código Penal, Decreto-Lei n. 2.848/1940, são crimes praticados por particular contra a administração em geral, exceto:

a) corrupção passiva.
b) desobediência.
c) desacato.
d) resistência.

189. (Consulplan/TJ/MG/Cartórios/Remoção/2014) Tícia, na qualidade de ordenadora de despesas de órgão público, emitiu cheques para pagamento de serviços fictícios de empresa particular pertencente a Fraudelina. Atendendo ao prévio ajuste, os valores foram repartidos entre ambas. Segundo as disposições aplicáveis ao concurso de pessoas, é correto afirmar:

a) Tícia responderá por peculato e Fraudelina responderá por corrupção ativa, pois as circunstâncias e as condições de caráter pessoal não se comunicam.
b) Tícia responderá por peculato e Fraudelina responderá por estelionato, pois as circunstâncias e as condições de caráter pessoal não se comunicam.
c) Tícia e Fraudelina responderão, respectivamente, por corrupção passiva e corrupção ativa.
d) Tícia e Fraudelina responderão por peculato.

190. (Consulplan/TJ/MG/Cartórios/Ingresso/2017) O agente da polícia civil denominado "A" dirigiu-se à 32ª Delegacia de Polícia e, valendo-se da sua qualidade de funcionário público, tentou favorecer pessoa acusada de tentativa de homicídio, pedindo ao agente responsável pela oitiva que ajudasse o detido a sair daquela situação. Assim colocada a questão, assinale a alternativa que corresponda ao delito cometido pelo agente "A":

a) condescendência criminosa.
b) tráfico de influência.
c) advocacia administrativa.
d) exploração de prestígio.

191. (Ieses/TJ/RO/Cartórios/Ingresso/2017) Assinale a assertiva correta:

a) a conduta consistente em apropriar-se de dinheiro ou qualquer utilidade que, no exercício do cargo, recebeu por erro de outrem é denominada pela doutrina de peculato estelionato ou peculato mediante erro de outrem.
b) provocar a ação de autoridade, comunicando-lhe a ocorrência de crime ou de contravenção que sabe não se ter verificado constitui crime de denunciação caluniosa.
c) o delito de corrupção ativa (art. 333, do CP) contempla as condutas de oferecer, prometer ou dar vantagem indevida a funcionário público, para determiná-lo a praticar, omitir ou retardar ato de ofício.
d) o crime de exercício arbitrário das próprias razões (art. 345, do CP) somente é processado mediante queixa, ainda que haja o emprego de violência.

192. (Ieses/TJ/CE/Cartórios/Ingresso/2018) É certo afirmar:

I. tem-se para o crime de peculato a ação penal pública incondicionada, sendo relevante a sua natureza dolosa ou culposa, podendo, portanto, trata-se de ação penal pública condicionada.
II. promover no registro civil a inscrição de nascimento inexistente, nos termos do Código Penal se constitui em crime com pena prevista de reclusão com o seu mínimo e máximo fixados entre dois e seis anos.
III. prevaricação é o ato de solicitar ou receber, para si ou para outrem, direta ou indiretamente, ainda que fora da função ou antes de assumi-la, mas em razão dela, vantagem indevida, ou aceitar promessa de tal vantagem.
IV. o crime de peculato, recepcionado pelo Código Penal, apresenta as seguintes figuras típicas: peculato-apropriação; peculato-desvio; peculato-furto; peculato-culposo.

Analisando as proposições, pode-se afirmar:

a) somente as proposições III e IV estão corretas.
b) somente as proposições II e IV estão corretas.
c) somente as proposições I e II estão corretas.
d) somente as proposições I e III estão corretas.

193. (Ieses/TJ/CE/Cartórios/Ingresso/2018) É certo afirmar:

I. a tentativa é inadmissível no crime de desacato em razão de exigir prática efetiva pelo sujeito ativo da ofensa ao proferir palavras injuriosas na presença do ofendido.

II. produzir, reproduzir, dirigir, fotografar, filmar ou registrar, por qualquer meio, cena de sexo explícito ou pornográfica, envolvendo criança ou adolescente se constitui em crime previsto no Código Penal, salvo havendo autorização judicial, em respeito ao direito fundamental à livre expressão da atividade intelectual e artística.

III. o sujeito ativo do crime de inserção de dados falsos em sistema de informações somente pode ser o funcionário público, e especialmente aquele devidamente autorizado a trabalhar com a informatização ou sistema de dados da Administração Pública. O tipo penal, que tipifica crime próprio, tem o especial cuidado de destacar que o sujeito ativo dessa infração penal é o funcionário autorizado, afastando, dessa forma, qualquer outro funcionário que, eventualmente, imiscuir-se indevidamente nos sistemas informatizados ou banco de dados da Administração Pública.

IV. o objeto material do crime de "extravio, sonegação ou inutilização de livro ou documento" é o livro oficial ou qualquer documento público ou privado. Essa documentação pode ser de qualquer natureza, tais como de valor histórico, contábil, patrimonial, registral e protocolar.

Analisando as proposições, pode-se afirmar:

a) somente as proposições II e IV estão corretas.
b) somente as proposições III e IV estão corretas.
c) somente as proposições I e III estão corretas.
d) somente as proposições I e II estão corretas.

194. **(Ieses/TJ/CE/Cartórios/Ingresso/2018)** É certo afirmar:

I. em que pese compreender doutrina e jurisprudência que a liberdade é um direito inerente ao ser humano, constitui-se crime a evasão do sistema prisional, devidamente tipificado na Lei de Execuções Penais, independendo se tratar de preso definitivo ou provisório.

II. a "auto-acusação falsa" pode ser classificada como crime formal (que não exige resultado naturalístico para sua consumação); comum (que não exige qualidade ou condição especial do sujeito); de forma livre (que pode ser praticado por qualquer meio ou forma pelo agente); instantâneo (não há demora entre a ação e o resultado); unissubjetivo (que pode ser praticado por um agente apenas); plurissubsistente (que, em regra, pode ser praticado com mais de um ato, admitindo-se, em consequência, fracionamento em sua execução).

III. além das hipóteses do Código Penal e da legislação especial, dependerá de representação a ação penal relativa aos crimes de lesões corporais leves e lesões culposas.

IV. considera-se "tergiversação", trair, na qualidade de advogado ou procurador, o dever profissional, prejudicando interesse, cujo patrocínio, em juízo, lhe é confiado.

Analisando as proposições, pode-se afirmar:

a) somente as proposições I e III estão corretas.
b) somente as proposições I e IV estão corretas.
c) somente as proposições II e IV estão corretas.
d) somente as proposições II e III estão corretas.

195. **(Ieses/TJ/CE/Cartórios/Ingresso/2018)** É certo afirmar:

I. nos termos do Código Penal, constitui-se em crime de usurpação de nome ou pseudônimo alheio atribuir falsamente a alguém, mediante o uso de nome, pseudônimo ou sinal por ele adotado para designar seus trabalhos, a autoria de obra literária, científica ou artística.

II. o crime de apropriação indébita com abuso de confiança pressupõe a atuação do agente com o "animus rem sibi habendi", consubstanciado no dolo de assenhorear-se da coisa cuja posse ou detenção tenha adquirido anteriormente por vias lícitas, seja em proveito próprio ou de outrem.

III. o perdão do ofendido, nos crimes em que somente se procede mediante representação, obsta ao prosseguimento da ação.

IV. a objetividade jurídica dos crimes contra a Administração Pública é a sua normalidade funcional, probidade, moralidade, eficácia e incolumidade. Segundo a doutrina os crimes funcionais podem ser divididos em "próprios" e "impróprios" ou "mistos".

Analisando as proposições, pode-se afirmar:

a) somente as proposições I e III estão corretas.
b) somente as proposições II e IV estão corretas.
c) somente as proposições III e IV estão corretas.
d) somente as proposições I e II estão corretas.

196. **(Ieses/TJ/AM/Cartórios/Ingresso/2018)** Com base nos crimes contra a administração pública, no processo e julgamento dos crimes de responsabilidade dos funcionários públicos e no

Juizado Especial Criminal (Lei n. 9.099/95) assinale a opção incorreta:

a) em conformidade com o Código Penal, exigir, para si ou para outrem, direta ou indiretamente, ainda que fora da função ou antes de assumi-la, mas em razão dela, vantagem indevida, caracteriza o crime de concussão. Já quando solicita ou recebe, para si ou para outrem, direta ou indiretamente, ainda que fora da função ou antes de assumi-la, mas em razão dela, vantagem indevida, ou aceitar promessa de tal vantagem caracteriza o crime de prevaricação.

b) de acordo com o STJ é pacífica a jurisprudência naquela Corte no sentido de não ser possível a aplicação do princípio da insignificância ao crime de peculato e aos demais delitos contra Administração Pública, pois o bem jurídico tutelado pelo tipo penal incriminador é a moralidade administrativa, insuscetível de valoração econômica.

c) quanto à violação do art. 514 do CPP, o STJ tem entendido no sentido de que é desnecessária a resposta preliminar de que trata o referido artigo, na ação penal instruída por inquérito policial. Aplicando a Súmula n. 330 do STJ.

d) a Lei 9.099/95 orienta-se pelos critérios da oralidade, simplicidade, informalidade, economia processual e celeridade e considera como infrações penais de menor potencial ofensivo, para os seus efeitos, as contravenções penais e os crimes a que a lei comine pena máxima não superior a 2 (dois) anos, cumulada ou não com multa.

197. **(Ieses/TJ/AM/Cartórios/Remoção/2018)** Apropriar-se o funcionário público de dinheiro, valor ou qualquer outro bem móvel, público ou particular, de que tem a posse em razão do cargo, ou desviá-lo, em proveito próprio ou alheio é considerado, segundo o Código Penal vigente crime de:

a) prevaricação.

b) peculato.

c) concussão.

d) corrupção ativa.

198. **(Cespe/TJ/SE/Cartórios/Remoção/2014)** Acerca dos crimes contra a administração pública, assinale a opção correta:

a) em caso de crime de sonegação de contribuição previdenciária, se o agente, espontaneamente, declarar e confessar as contribuições, importâncias ou valores e prestar as informações devidas à previdência social antes do início da ação fiscal, será extinta a punibilidade.

b) caso um servidor público retarde a prática de ato de ofício em razão de vantagem ou promessa de vantagem oferecida, ocorre exaurimento da conduta, a qual deixa de ser relevante para a fixação do quantum da pena.

c) não se considera sujeito ativo do crime de corrupção passiva, caracterizado como crime próprio, o servidor público que ainda não tenha assumido o cargo, visto que tal condição é elementar do tipo.

d) caso a reparação do dano, no peculato culposo, anteceda o recebimento da denúncia, extingue-se a punibilidade; sendo-lhe posterior, a pena imposta deve ser reduzida pela metade.

e) pratica o crime de desobediência o agente que se oponha à execução de ato legal, mediante violência ou ameaça a funcionário competente para executá-lo ou a quem lhe esteja prestando auxílio.

199. **(Ieses/TJ/PB/Cartórios/Remoção/2014)** Dar causa à instauração de investigação policial, de processo judicial, instauração de investigação administrativa, inquérito civil ou ação de improbidade administrativa contra alguém, imputando-lhe crime de que o sabe inocente, é tipificado no Código Penal como crime de:

a) coação no curso do processo.

b) comunicação falsa de crime ou de contravenção.

c) fraude processual.

d) denunciação caluniosa.

15. LEIS ESPECIAIS

15.1. Código de Trânsito Brasileiro (Lei 9.503/97)

✱ INOVAÇÕES LEGISLATIVAS

▲ Código de Trânsito Brasileiro (Lei 9.503/97): Capítulo XIX – Dos Crimes de Trânsito, Seção I – Disposições Gerais

▲ Art. 291. (...). § 4º O juiz fixará a pena-base segundo as diretrizes previstas no art. 59 do Decreto-Lei n. 2.848, de 7 de dezembro de 1940 (Código Penal), dando especial atenção à culpabilidade do agente e às circunstâncias e consequências do crime. (Modificações: 13.546/17)

▲ CTB, Capítulo XIX – Dos Crimes de Trânsito, Seção II – Dos Crimes em Espécie

▲ Art. 302. (...). § 3º Se o agente conduz veículo automotor sob a influência de álcool ou de qualquer outra substância psicoativa que determine dependência: Penas – reclusão, de cinco a oito anos, e suspensão ou proibição do direito de se obter a permissão ou a habilitação para dirigir veículo automotor. (Modificações: 13.546/17)

▲ Art. 303. (...). § 1º Aumenta-se a pena de 1/3 (um terço) à metade, se ocorrer qualquer das hipóteses do § 1º do art. 302. § 2º A pena privativa de liberdade é de reclusão de dois a cinco anos, sem prejuízo das outras penas previstas neste artigo, se o agente conduz o veículo com capacidade psicomotora alterada em razão da influência de álcool ou de outra substância psicoativa que determine dependência, e se do crime resultar lesão corporal de natureza grave ou gravíssima. (Modificações: 13.546/17)

▲ Art. 308. Participar, na direção de veículo automotor, em via pública, de corrida, disputa ou competição automobilística ou ainda de exibição ou demonstração de perícia em manobra de veículo automotor, não autorizada pela autoridade competente, gerando situação de risco à incolumidade pública ou privada: (...). (Modificações: Lei 13.546/17)

✱ SÚMULAS

STF **Súm. 720.** O art. 309 do Código de Trânsito Brasileiro, que reclama decorra do fato perigo de dano, derrogou o art. 32 da Lei das Contravenções Penais no tocante à direção sem habilitação em vias terrestres.

STJ **Súm. 510.** A liberação de veículo retido apenas por transporte irregular de passageiros não está condicionada ao pagamento de multas e despesas.

STJ **Súm. 575.** Constitui crime a conduta de permitir, confiar ou entregar a direção de veículo automotor a pessoa que não seja habilitada, ou que se encontre em qualquer das situações previstas no art. 310 do CTB, independentemente da ocorrência de lesão ou de perigo de dano concreto na condução do veículo.

✱ INFORMATIVOS

STJ **Homicídio. Embriaguez ao volante. Dolo eventual. Ausência de circunstâncias excedentes ao tipo. Desclassificação. Homicídio culposo.** A embriaguez do agente condutor do automóvel, por si só, não pode servir de premissa bastante para a afirmação do dolo eventual em acidente de trânsito com resultado morte. REsp 1.689.173, Rel. Min. Rogério Schietti Cruz, DJ 26.3.2018. 6ª T. (Info 623)

STJ **Homicídio na direção de veículo após suposta ingestão de bebida alcoólica. Dolo eventual versus culpa consciente. Aferição. Juiz togado. Pronúncia. Filtro processual.** Na primeira fase do Tribunal do Júri, ao juiz togado cabe apreciar a existência de dolo eventual ou culpa consciente do condutor do veículo que, após a ingestão de bebida alcoólica, ocasiona acidente de trânsito com resultado morte. REsp 1.689.173, Rel. Min. Rogerio Schietti Cruz, DJ 26.3.2018. 6ª T. (Info 623)

✱ QUESTÕES OBJETIVAS

200. **(Consulplan/TJ/MG/Cartórios/Ingresso/2016)** De acordo com a Lei n. 9.503/1997, no homicídio culposo cometido na direção de veículo automotor, a pena é aumentada de 1/3 (um terço) à metade, se o agente:

a) possuir Carteira de Habilitação.
b) praticá-lo em faixa de pedestres.
c) possuir Permissão para Dirigir.
d) prestar socorro à vítima do acidente.

201. **(Consulplan/TJ/MG/Cartórios/Remoção/2017)** A respeito dos crimes previstos no Código de Trânsito Brasileiro – Lei n. 9.503/1997, assinale a alternativa correta:

a) nos crimes previstos o Código de Trânsito Brasileiro, a suspensão ou a proibição para se obter permissão ou habilitação para dirigir veículo automotor deve ser imposta cumulativamente com outras penalidades, não como pena autônoma.
b) nos termos da Lei n. 9.503/1997 – Código de Trânsito Brasileiro – a pena de suspensão da habilitação para dirigir veículo automotor deve durar duas vezes o período da pena privativa de liberdade aplicada, e não é iniciada enquanto o sentenciado, por efeito de condenação penal, estiver recolhido a estabelecimento prisional.
c) no caso de réu reincidente em crime de trânsito – Lei n. 9.503/1997, é obrigatório que o magistrado, ao julgar a nova infração, fixe a pena prevista no tipo, associada à suspensão da permissão ou habilitação de dirigir veículo automotor.
d) são circunstâncias que sempre agravam as penas no crime de trânsito praticá-lo perto de

faixa de trânsito temporário destinada a pedestre e com a carteira de habilitação vencida.

202. **(Consulplan/TJ/MG/Cartórios/Ingresso/2017)** Quanto aos crimes de lesão corporal culposa no trânsito (Lei n. 9.503/97), é correto afirmar que:

a) cabe a aplicação da transação penal, prevista na Lei n. 9.099/95, quando o agente estava trafegando em velocidade superior a máxima permitida para a via em 50 km/hora.

b) trata-se de ação penal pública condicionada à representação da vítima quando o agente participava de corrida, disputa ou competição.

c) cabe a suspensão do processo, nos termos do art. 89 da Lei n. 9.099/95, quando o agente era inabilitado para condução de veículos automotores.

d) trata-se de ação penal pública incondicionada, quando o agente era inabilitado.

15.2. Estatuto do Desarmamento (Lei 10.826/03)

✱ INOVAÇÕES LEGISLATIVAS

▲ Estatuto do Desarmamento (Lei 10.826/03)

▲ Art. 6º É proibido o porte de arma de fogo em todo o território nacional, salvo para os casos previstos em legislação própria e para: (...). II – os integrantes de órgãos referidos nos incisos I, II, III, IV e V do caput do art. 144 da Constituição Federal e os da Força Nacional de Segurança Pública (FNSP); (Modificações: 13.500/17)

✱ QUESTÕES OBJETIVAS

203. **(Consulplan/TJ/MG/Cartórios/Ingresso/2018)** "O titular do cartório de registro de imóveis de certa localidade mantinha em seu local de trabalho, mais especificamente escondido entre documentos e livros antigos do acervo do estabelecimento extrajudicial, um revólver calibre 22, municiado com apenas um cartucho, com a intenção de se defender, caso surgisse algum cidadão agressivo, por insatisfação com a qualidade do atendimento no cartório. Até porque no cartório só trabalhavam o titular, oficial Substituto (que coincidentemente era o seu próprio pai) e uma faxineira. A arma de fogo, herdada de seu avô, era antiga, mas o titular do cartório periodicamente realizava sua manutenção (limpeza e lubrificação de seus mecanismos). O titular do cartório nunca retirava a arma do interior do estabelecimento, mas nunca se preocupou, também, em registrá-la, porque não tinha autorização para portar arma de fogo e acreditava que, por isso, não conseguiria mesmo registrá-la." Quanto à conduta do titular do cartório, é correto afirmar que constitui:

a) um indiferente penal, porque se trata de legítima defesa preordenada.

b) crime de porte ilegal de arma de fogo, porque se trata de arma de uso proibido.

c) crime de posse irregular de arma de fogo de uso permitido, sendo irrelevante, no caso, a ausência de autorização para o porte de arma de fogo.

d) crime de omissão de cautela na guarda de arma de fogo; porque a arma está custodiada em local acessível a outras pessoas, diversas do responsável legal do estabelecimento.

204. **(Ieses/TJ/PB/Cartórios/Ingresso/2014)** Assinale a alternativa correta:

a) para o Supremo Tribunal Federal é prescindível a perícia na arma de fogo para configurar os crimes descritos nos arts. 12 e 14 da Lei 10.826/03, por serem crimes de mera conduta e de perigo abstrato, não exigindo, assim, a ocorrência de nenhum resultado naturalístico para sua consumação.

b) a pena de multa consiste no pagamento à vítima ou a seus descendentes de quantia fixada na sentença e calculada em dias multa.

c) se o agente for inimputável, o juiz determinará sua internação. Entretanto, se o fato previsto como crime por punível com pena de multa, poderá o juiz, ouvido o Ministério Público, submetê-lo a tratamento ambulatorial.

d) ocorre autoria mediata quando o autor domina a vontade alheia e, desse modo, se serve de várias pessoas para atuar como instrumento para a prática da infração penal. Uma das características fundamentais da autoria mediata é a pluralidade de pessoas, igual à coautoria e a participação, ou seja, há o concurso de pessoas.

205. **(Cespe/TJ/BA/Cartórios/Ingresso/2013)** No que concerne às leis penais extravagantes, assinale a opção correta:

a) o dispositivo referente à extraterritorialidade da denominada Lei de Tortura aplica-se sempre que a vítima for brasileira e o autor, estrangeiro.

b) conforme previsto na denominada Lei de Drogas, o prazo prescricional para os delitos referentes ao usuário ou dependente de drogas, específico, é de quatro anos tanto para a prescrição da pretensão punitiva quanto da pretensão executória.

c) os condenados por crimes hediondos devem iniciar o cumprimento da pena em regime fechado, havendo possibilidade de progressão, em caso de merecimento, após cumprido um sexto da pena.

d) para a configuração da conduta tipificada no Estatuto do Desarmamento como comércio ilegal de arma de fogo, exige-se habitualidade do exercício de atividade comercial, mesmo que em sua forma equiparada.

e) constitui crime de tortura a conduta do penalmente imputável que, mediante o emprego de violência, impõe intenso sofrimento físico a outrem, por sadismo.

206. **(Cespe/TJ/BA/Cartórios/Remoção/2013)** Considerando a jurisprudência dos tribunais superiores acerca dos delitos previstos na Lei n. 10.826/2003 e na Lei n. 11.340/2006, assinale a opção correta:

a) de acordo com a jurisprudência do STJ, o porte de arma de fogo é crime de perigo abstrato, razão pela qual o porte de arma desmuniciada representa conduta típica.

b) o delito de disparo de arma de fogo estará configurado mesmo que seja praticado em local isolado, desabitado e afastado de vias públicas.

c) sobre o delito de tráfico internacional de arma de fogo incidirá causa de aumento de pena se a arma de fogo, acessório ou munição forem de uso restrito, não havendo previsão legal expressa de aplicação dessa majorante para o crime de comércio ilegal de arma de fogo.

d) o delito de posse ou porte ilegal de arma de fogo de uso restrito é insuscetível de liberdade provisória.

e) é possível a aplicação de penas de prestação pecuniária nos delitos de violência doméstica e familiar contra a mulher.

15.4. Lei de Drogas (Lei 11.343/06)

* INOVAÇÕES LEGISLATIVAS

▲ Lei do Tráfico Ilícito de Drogas (Lei 11.343/06): sem alterações em 2017/2018.

* SÚMULAS

STF Súm. 522. Salvo ocorrência de tráfico com o exterior, quando, então, a competência será da Justiça Federal, compete à justiça dos Estados o processo e o julgamento dos crimes relativos a entorpecentes.

STJ Súm. 501. É cabível a aplicação retroativa da Lei n. 11.343/2006, desde que o resultado da incidência das suas disposições, na íntegra, seja mais favorável ao réu do que o advindo da aplicação da Lei n. 6.368/1976, sendo vedada a combinação de leis.

STJ Súm. 513. A "abolitio criminis" temporária prevista na Lei n. 10.826/2003 aplica-se ao crime de posse de arma de fogo de uso permitido com numeração, marca ou qualquer outro sinal de identificação raspado, suprimido ou adulterado, praticado somente até 23.10.2005.

STJ Súm. 528. Compete ao juiz federal do local da apreensão da droga remetida do exterior pela via postal processar e julgar o crime de tráfico internacional.

STJ Súm. 587. Para a incidência da majorante prevista no art. 40, V, da Lei n. 11.343/2006, é desnecessária a efetiva transposição de fronteiras entre estados da Federação, sendo suficiente a demonstração inequívoca da intenção de realizar o tráfico interestadual.

STJ Súm. 607. A majorante do tráfico transnacional de drogas (art. 40, I, da Lei n. 11.343/06) configura-se com a prova da destinação internacional das drogas, ainda que não consumada a transposição de fronteiras.

* REPERCUSSÃO & REPETITIVOS

STF Repercussão Geral 959. É inconstitucional a expressão "e liberdade provisória", constante do caput do art. 44 da Lei 11.343/06. (RE 1038925, 19.8.2017)

STJ Repetitivo 600. O tráfico ilícito de drogas na sua forma privilegiada (art. 33, § 4º, da Lei 11.343/06) não é crime equiparado a hediondo. (Pet 11796, 23.11.2016)

* INFORMATIVOS

STF Sementes de maconha e tipicidade. Ausente a justa causa, rejeita-se denúncia e determina-se trancamento de ação penal proposta contra réu acusado de importar, pela internet, 26 sementes de maconha. A matéria-prima ou insumo deve ter condições e qualidades químicas que permitam, mediante transformação ou adição, por exemplo, a produção da droga ilícita. Não é esse o caso das sementes da planta "cannabis sativa", as quais não possuem a substância psicoativa THC. HC 144161, Rel. Min. Gilmar Mendes, j. 11.9.2018. 2ª T. (Info 915)

STJ Tráfico de entorpecentes. Condenação anterior pelo delito do artigo 28 da Lei de Drogas. Caracterização da reincidência. Desproporcionalidade. Condenações anteriores pelo delito do art. 28 da Lei 11.343/06 não são aptas a gerar reincidência. HC 453.437, Rel. Min. Reynaldo Soares da Fonseca, DJ 15.10.2018. 5ª T. (Info 636)

STJ Tráfico de entorpecentes. Condenação anterior pelo delito do art. 28 da Lei de Drogas. Caracterização da reincidência. Desproporcionalidade. É desproporcional o reconhecimento da reincidência no delito de tráfico de drogas que tenha por fundamento a existência de condenação com trânsito em julgado por crime anterior de posse de droga para uso próprio. REsp 1.672.654, Rel. Min. Maria Thereza de Assis Moura, DJ 30.8.2018. 6ª T. (Info 632)

STJ Tráfico ilícito de drogas. Causa de aumento da pena. Art. 40, III, da Lei 11.343/06. Infração cometida nas imediações de estabelecimento de ensino em uma madrugada de domingo. Ausência de exposição de uma aglomeração de pessoas à atividade criminosa. Interpretação teleológica. Afastamento da majorante. Não incide a causa de aumento de pena prevista no art. 40, inciso III, da Lei 11.343/06, se a prática de narcotraficância ocorrer em dia e horário em que não facilite a prática criminosa e a disseminação de drogas em área de maior aglomeração de pessoas. REsp 1.719.792, Rel. Min. Maria Thereza de Assis Moura, DJ 26.3.2018. 6ª T. (Info 622)

STJ Tráfico de drogas. Causa especial de diminuição de pena. Art. 33, § 4º, da Lei 11.343/06. Reincidência. Reconhecimento equivocado. É inviável o reconhecimento de reincidência com base em único processo anterior em desfavor do réu, no qual – após desclassificar o delito de tráfico para porte de substância entorpecente para consumo próprio – o juízo extinguiu a punibilidade por considerar que o tempo da prisão provisória seria mais que suficiente para compensar eventual condenação. HC 390.038, Rel. Min. Rogerio Schietti Cruz, DJ 15.2.2018. 6ª T. (Info 619)

✱ QUESTÕES OBJETIVAS

207. (Cespe/TJ/PI/Cartórios/Ingresso/2013) Augusto, réu primário, foi condenado, com base no art. 33, caput, da Lei n. 11.343/2006, pela prática do crime de tráfico ilícito de entorpecentes, após ter sido preso em flagrante por portar 10 g de maconha e 20 reais em dinheiro. Durante o interrogatório judicial, Augusto confessou a prática do delito a ele imputado. Ao aplicar a reprimenda, o juiz estabeleceu a pena-base acima do mínimo, em razão da existência de ação penal em curso por crime de roubo qualificado. Depois, diminuiu a pena em razão da confissão. Para o início do cumprimento da pena final aplicada – cinco anos de reclusão –, foi estabelecido o regime semiaberto, tendo sido substituída a pena privativa de liberdade por pena restritiva de direitos. Em face dessa situação hipotética, assinale a opção correta em relação à aplicação da pena acima descrita:

a) a ação penal em curso por crime de roubo qualificado caracteriza os maus antecedentes de Augusto, o que justifica o estabelecimento da pena-base acima do mínimo.
b) o regime inicial de cumprimento de pena deveria ser o fechado, uma vez que o crime de tráfico ilícito de entorpecentes é equiparado a crime hediondo.
c) em se tratando do crime de tráfico ilícito de entorpecentes, em nenhuma hipótese, pode a pena privativa de liberdade ser substituída por pena restritiva de direitos.
d) a pena privativa de liberdade ao final aplicada não poderia ter sido substituída por pena restritiva de direitos.
e) por ter sido preso em flagrante, a confissão de Augusto não poderia ter sido utilizada para diminuir a pena que lhe foi imposta.

208. (Cespe/TJ/RR/Cartórios/Ingresso/2013) Com base nas normas de direito penal previstas na Lei n. 11.343/2006 (Lei Antidrogas) e na jurisprudência dos tribunais superiores, assinale a opção correta:

a) é isento de pena o agente que, em razão de dependência grave e duradoura de droga, mesmo que desenvolvida voluntariamente, era, ao tempo da ação ou da omissão, inteiramente incapaz de entender o caráter ilícito do fato ou de determinar-se de acordo com esse entendimento.
b) na sentença condenatória por crime de tráfico ilícito de entorpecentes, crime hediondo, o juiz deve sempre fixar o regime inicial fechado, sendo vedada a substituição da pena privativa de liberdade por pena restritiva de direitos.
c) conforme previsto na CF, é possível a concessão de indulto aos condenados pelo crime de tráfico ilícito de entorpecentes e drogas afins, independentemente do lapso temporal decorrido da condenação.
d) o crime de associação para o tráfico configura-se mesmo se o ânimo associativo for eventual ou esporádico.

e) para a incidência da causa de aumento de pena consistente no tráfico interestadual de entorpecente, basta que haja evidências de que a substância entorpecente tenha como destino qualquer ponto além das fronteiras estaduais, não sendo necessária, portanto, a efetiva transposição da divisa entre os estados.

209. (Cespe/TJ/RR/Cartórios/Ingresso/2013) À luz do disposto na Lei n. 11.340/2006 (Lei Maria da Penha), assinale a opção correta:

a) a referida lei não prevê, como forma de violência doméstica e familiar contra a mulher, a violência patrimonial.

b) na ação relativa à prática de crimes mediante violência doméstica e familiar contra a mulher, independentemente da pena prevista, é vedado o oferecimento de transação penal, sendo permitida, entretanto, a suspensão condicional do processo.

c) para que seja configurada violência doméstica e familiar contra a mulher, é indispensável que o agressor e a vítima coabitem o mesmo lar.

d) de acordo com o entendimento consolidado do STF e do STJ, o crime de lesão corporal leve ou culposa praticado contra a mulher no âmbito das relações domésticas deve ser processado mediante ação penal pública condicionada à representação da vítima.

e) conforme entendimento do STJ, embora a Lei Maria da Penha vise à proteção da mulher, o aumento da pena nela prevista para a prática do crime de lesão corporal praticada mediante violência doméstica, tipificado no Código Penal, aplica-se também no caso de a vítima ser do sexo masculino.

210. (TJ/SC/Cartórios/Ingresso/2012) João foi denunciado pela prática do delito previsto no art. 37 da Lei n. 11.343/2006 – Lei de Drogas – por utilizar um radiocomunicador para avisar aos traficantes do morro a presença de policiais militares na região. Como era primário, foi-lhe aplicada a seguinte sanção:

a) 2 (dois) anos de reclusão, em regime aberto, tendo a pena sido substituída nos termos do art. 44 do Código Penal.

b) 2 (dois) anos de reclusão, em regime integralmente fechado, sem direito à substituição de pena, por se tratar de crime hediondo.

c) 2 (dois) anos de reclusão, em regime inicialmente fechado, sem direito à substituição de pena, por se tratar de crime hediondo.

d) 2 (dois) anos de reclusão, em regime inicial semiaberto, sem direito à substituição de pena.

e) 2 (dois) anos de detenção, em regime inicial aberto, tendo a pena sido substituída nos termos do art. 44 do Código Penal.

211. (Ieses/TJ/MS/Cartórios/Ingresso/2014) Com relação ao crime de tráfico de drogas, é certo afirmar:

a) o cumprimento da pena no crime de Tráfico de Drogas, por ser crime equiparado a hediondo, deverá iniciar-se no regime fechado, vedada a conversão em penas restritivas de direitos, segundo entendimento majoritário do Supremo Tribunal Federal.

b) João, primário e de bons antecedentes, praticou crime de Tráfico de Drogas, em 27/03/2007, foi condenado a uma pena de 5 (cinco) anos de reclusão, em regime fechado, deverá cumprir 1/6 (um sexto) da pena para progredir para o regime semiaberto.

c) na Lei de Drogas, o Ministério Público, no prazo de 10 (dez) dias, poderá oferecer denúncia e arrolar até 10 (dez) testemunhas para provar o fato descrito na peça vestibular.

d) para ter a pena reduzida de 1/6 (um sexto) a 2/3 (dois terços), (art. 33, § 4º da Lei 11.343/03) o agente que pratica Tráfico de Drogas deverá ser primário, não se dedicar a atividades criminosas, nem integrar organização criminosa e não ser reincidente específico em tráfico de drogas.

212. (Cespe/TJ/SE/Cartórios/Ingresso/2014) Assinale a opção correta à luz das disposições da Lei Antidrogas (Lei n. 11.343/2006):

a) o juiz poderá conceder o perdão judicial ou reduzir a pena pela delação premiada, se o réu colaborar de forma efetiva e voluntária e a relevância da informação prestada contribuir, de fato, com as investigações ou com o processo, por meio da identificação dos corréus e partícipes do crime de tráfico de drogas.

b) a transnacionalidade do delito é circunstância agravante que se aplica ao tráfico de drogas, desde que a substância entorpecente seja proveniente de outro país ou a outro país se destine, sendo irrelevante o fato de ter sido produzida ou não no Brasil.

c) a segregação cautelar do preso acusado da prática dos crimes atinentes ao tráfico ilícito de entorpecentes não pode ser afastada, haja vista o impeditivo legal previsto na referida lei, que veda a liberdade provisória.

d) o agente não poderá ser processado e condenado pela prática de tráfico privilegiado em concurso material com associação para o tráfico, ainda que esses crimes sejam considerados crimes autônomos.

e) em caso de crime de tráfico de drogas, não se admite a substituição da pena privativa de liberdade por restritiva de direitos, ainda que o réu seja primário, com bons antecedentes e não se dedique a atividade criminosa nem integre organização criminosa.

213. **(Cespe/TJ/SE/Cartórios/Remoção/2014)** Com base no que dispõe a Lei Antidrogas (Lei n. 11.343/2006), assinale a opção correta:

a) um agente pode ser processado e condenado por tráfico privilegiado, em concurso material com associação para o tráfico, por serem autônomos os crimes.

b) se uma substância psicotrópica for retirada da lista de uso proscrito da autoridade sanitária competente, o princípio da aplicação da retroatividade da lei penal mais benéfica levaria atipicidade da conduta no caso de crime de porte e tráfico de drogas cometido antes da exclusão da substância da lista mencionada.

c) considere que um traficante de drogas tenha sido preso em flagrante delito e posteriormente tenha confessado espontaneamente seu crime. Suponha ainda que ele tenha sido condenado e recebido a pena base no mínimo legal. Nesse caso, a possibilidade de aplicação da atenuante de confissão espontânea está afastada.

d) em relação ao crime de tráfico de drogas, é necessária a efetiva transposição da fronteira estadual para a incidência da causa de aumento de pena.

e) o porte de entorpecente é crime de perigo real, e sua tipificação visa tutelar a integridade da ordem social no que diz respeito à preservação da saúde pública, razão por que não há que se falar em ausência de periculosidade social da ação.

214. **(Ieses/TJ/PA/Cartórios/Remoção/2016)** O Sistema Nacional de Políticas Públicas sobre Drogas – SISNAD, foi instituído pela Lei 11.343/06 e prescreve medidas para prevenção do uso indevido, atenção e reinserção social de usuários e dependentes de drogas. Sobre os princípios definidos pelo SISNAD pode-se afirmar:

I. promover a construção e a socialização do conhecimento sobre drogas no país.

II. respeito aos direitos fundamentais da pessoa humana, especialmente quanto à sua autonomia e à sua liberdade.

III. reconhecimento da intersetorialidade dos fatores correlacionados com o uso indevido de drogas, com a sua produção não autorizada e o seu tráfico ilícito.

IV. observância às orientações e normas emanadas do Conselho Nacional Antidrogas – CONAD.

A sequência correta é:

a) apenas as assertivas I e III estão corretas.

b) apenas a assertiva II está correta.

c) apenas as assertivas I, III e IV estão corretas.

d) as assertivas I, II, III e IV estão corretas.

215. **(Cespe/TJ/BA/Cartórios/Remoção/2013)** Tendo em vista que a Lei n. 11.343/2006 tipifica as condutas de adquirir, guardar, ter em depósito, transportar ou trazer consigo, para consumo pessoal, drogas sem autorização ou em desacordo com determinação legal ou regulamentar, e que tal norma optou por afastar a pena privativa de liberdade para o usuário de substância entorpecente, alterando o paradigma penal então existente acerca da figura do usuário de drogas, assinale a opção que apresenta pena aplicável ao usuário, após sentença condenatória, nos termos da supracitada norma:

a) prestação de serviços à comunidade.

b) proibição de frequentar determinados lugares.

c) restrição de fim de semana.

d) prisão domiciliar e recolhimento noturno.

216. **(Consulplan/TJ/MG/Cartórios/Ingresso/2017)** Sobre os crimes previstos na Lei Antidrogas – Lei n. 11.343/2006, assinale a alternativa correta:

a) o crime de associação para o tráfico, caracterizado pela associação de duas ou mais pessoas para a prática de alguns dos crimes previstos na Lei Antidrogas, é delito equiparado a crime hediondo.

b) segundo o disposto na Lei Antidrogas e na jurisprudência, o crime de associação para o tráfico se consuma com a mera união dos envolvidos, ainda que de forma individual e ocasional.

c) aquele que colaborar, como informante, com grupo, organização ou associação destinados à prática de qualquer dos crimes previstos nos arts. 33, caput e § 1º, e 34 da Lei de Drogas, deverá responder como partícipe do crime de tráfico de drogas.

d) o redutor de pena previsto no art. 46 da Lei n. 11.343/2006 não possui âmbito de incidência restrito aos crimes previstos na lei antidrogas, podendo ser aplicado inclusive na hipótese de roubo, desde que comprovada a semi-imputabilidade do agente.

217. **(Consulplan/TJ/MG/Cartórios/Ingresso/2015)** "Tício guardou, para consumo pessoal, maconha sem autorização." Tício pode ser submetido às seguintes penas, exceto:

a) advertência sobre os efeitos das drogas.
b) medida educativa de comparecimento a programa ou curso educativo.
c) prisão domiciliar.
d) prestação de serviços à comunidade.

15.5. Lei de Lavagem de Dinheiro (Lei 9.613/98)

✱ INOVAÇÕES LEGISLATIVAS

▲ Lei da Lavagem de Dinheiro (Lei 9.613/98)

▲ Capítulo IX – Do Conselho de Controle de Atividades Financeiras

▲ Art. 16. § 2º Caberá recurso das decisões do Coaf relativas às aplicações de penas administrativas ao Conselho de Recursos do Sistema Financeiro Nacional. (Modificações: Lei 13.506/17)

✱ ENUNCIADOS CNB

CNB **Enunciado 5/2016.** O notariado brasileiro proporá uma regulamentação do seu papel no combate à corrupção e lavagem de dinheiro que necessariamente passará pela criação de um órgão central de prevenção no âmbito do Colégio Notarial do Brasil.

CNB **Enunciado 3/2015.** Os notários devem fornecer as informações para a CENSEC, nos termos do Provimento 18/2012 do CNJ, com a finalidade de contribuir com a prevenção da lavagem de dinheiro e da corrupção.

✱ QUESTÕES DISCURSIVAS

05. **(Consulplan/TJ/MG/Cartórios/Ingresso/2017)** A absolvição do autor do delito precedente, em virtude da comprovação da coação moral irresistível, não impede a condenação pelo delito de lavagem de capitais. Por quê? Fundamente.

✱ QUESTÕES OBJETIVAS

218. **(Cespe/TJ/PI/Cartórios/Remoção/2013)** A realização de operações que revelem indícios dos crimes previstos na Lei de Lavagem de Dinheiro deve ser comunicada pelos cartórios de registro público ao Conselho de Controle de Atividades Financeiras:

a) no prazo de quarenta e oito horas, sendo desnecessário dar ciência de tal ato a qualquer pessoa, inclusive àquela a que se refira a informação.
b) no prazo de dez dias, devendo-se dar ciência de tal ato à pessoa a que se refira a informação.
c) no prazo de vinte e quatro horas, sendo desnecessário dar ciência de tal ato a qualquer pessoa, inclusive àquela a que se refira a informação.
d) no prazo de dez dias, sendo desnecessário dar ciência de tal ato a qualquer pessoa, inclusive àquela a que se refira a informação.
e) no prazo de vinte e quatro horas, devendo-se dar ciência de tal ato à pessoa a que se refira a informação.

219. **(Cespe/TJ/ES/Cartórios/Ingresso/2013)** Acerca dos crimes e dos institutos disciplinados em leis penais extravagantes, assinale a opção correta:

a) são considerados crimes hediondos, entre outros, o homicídio simples e o qualificado, o latrocínio, a falsificação, a corrupção, a adulteração ou a alteração de produto destinado a fins terapêuticos ou medicinais e a extorsão mediante sequestro.
b) configura o crime de lavagem de dinheiro a ocultação de bens, direitos e valores provenientes de qualquer infração penal, seja ela classificada como crime ou como contravenção penal.
c) de acordo com o entendimento pacificado da jurisprudência e com a doutrina majoritária, o princípio da insignificância aplica-se às hipóteses de crimes ambientais, se a conduta caracteriza-se por potencial ofensivo que afeta pouco o bem jurídico tutelado.
d) constitui requisito essencial da delação premiada prevista na Lei Antidrogas a existência de inquérito policial com indiciamento e(ou) processo contra o autor da delação, a qual, caso a colaboração resulte na identificação de coautores e na recuperação total ou parcial do produto do crime, importa perdão judicial se o delator for condenado.

e) àqueles que cometam crimes de trânsito pode ser aplicada, de ofício, pelo juiz criminal, a penalidade de multa reparatória, consistente no pagamento, mediante depósito judicial, em favor da vítima ou de seus sucessores, com a finalidade de reparação civil do dano.

15.6. Lei dos Crimes Ambientais (Lei 9.605/98)

* REPERCUSSÃO & REPETITIVOS

STF **Repercussão Geral 648.** Compete à Justiça Federal processar e julgar o crime ambiental de caráter transnacional que envolva animais silvestres, ameaçados de extinção e espécimes exóticas ou protegidas por compromissos internacionais assumidos pelo Brasil. (RE 835558, 9.2.2017)

STJ **Repetitivo 405.** O art. 2º, § 6º, VIII, do Dec. 3.179/99 (redação original), quando permite a liberação de veículos e embarcações mediante pagamento de multa, não é compatível com o que dispõe o art. 25, § 4º, da Lei 9.605/98; entretanto, não há ilegalidade quando o dispositivo admite a instituição do depositário fiel na figura do proprietário do bem apreendido por ocasião de infração nos casos em que é apresentada defesa administrativa – anote-se que não se está defendendo a simplória liberação do veículo, mas a devolução com a instituição de depósito (e os consectários legais que daí advêm), observado, entretanto, que a liberação só poderá ocorrer caso o veículo ou a embarcação estejam regulares na forma das legislações de regência (CTB, p. ex.). (REsp 1133965, 11.5.2018)

* INFORMATIVOS

STJ **Crime do art. 54 da Lei 9.605/98. Natureza formal do delito. Realização de perícia. Desnecessidade. Potencialidade de dano à saúde.** O delito previsto na primeira parte do artigo 54 da Lei 9.605/98 possui natureza formal, sendo suficiente a potencialidade de dano à saúde humana para configuração da conduta delitiva. EREsp 1.417.279, Rel. Min. Joel Ilan Paciornik, DJ 20.4.2018. 3ª S. (Info 624)

STJ **Crimes ambientais. Termo de ajustamento de conduta. Denúncia. Justa causa. Recebimento.** A assinatura do termo de ajustamento de conduta com órgão ambiental não impede a instauração de ação penal. Corte Especial. APn 888, Rel. Min. Nancy Andrighi, DJ 10.5.2018. (Info 625)

* QUESTÕES OBJETIVAS

220. **(Consulplan/TJ/MG/Cartórios/Remoção/2016)** Segundo a Lei n. 9.605/1998, que dispõe sobre as sanções penais e administrativas derivadas de condutas e atividades lesivas ao meio ambiente, e dá outras providências, são penas restritivas de direito, exceto:

a) interdição permanente de direitos.
b) suspensão parcial de atividades.
c) suspensão total de atividades.
d) recolhimento domiciliar.

221. **(Cespe/TJ/BA/Cartórios/Ingresso/2013)** No que se refere aos crimes de trânsito, de abuso de autoridade, contra o consumidor e contra o meio ambiente, assinale a opção correta:

a) a falta de permissão para dirigir ou de carteira de habilitação torna-se fato penalmente irrelevante no caso de o agente, nessas condições, praticar crime de homicídio culposo no trânsito.
b) as penas aplicáveis às pessoas jurídicas em razão de crime ambiental, assim como as aplicáveis a pessoa física, podem ser fixadas de maneira isolada, cumulativa ou alternativa, conforme a previsão abstrata feita pelo legislador no preceito secundário de cada tipo penal.
c) o particular que, na cobrança de dívida, adote conduta que resulte em constrangimento moral ou qualquer outro procedimento que exponha o devedor a situação vexatória, por equiparação legal, incorrerá em crime previsto no CDC.
d) em se tratando de crime de abuso de autoridade, a representação do ofendido é condição de procedibilidade para a propositura da ação penal.
e) caso a autoridade policial, ao apreender adolescente, não observe as normas legais, sua conduta poderá ser o enquadramento no tipo penal de abuso de autoridade.

222. **(FMP/TJ/MT/Cartórios/Ingresso/2014)** Lavrador foi preso em flagrante por atividade lesiva ao meio ambiente. Realizou abate de animal que consta como espécie ameaçada listada em relatórios oficiais de autoridades competentes. Em razão do fato acima é incorreto afirmar que:

a) a pena é aumentada até o triplo, se o crime é praticado em unidade de conservação.
b) não será considerado crime, se o réu provar que praticou o fato em estado de necessidade para saciar a fome de sua família.

c) uma das formas de prestação de serviço à comunidade poderá consistir em manutenção de espaços públicos.
d) constitui circunstância que agrava a pena, quando não constitui ou qualifica o crime ser este praticado em domingos e feriados.
e) os instrumentos utilizados na prática da infração serão vendidos e descaracterizados por meio da reciclagem.

223. **(Cetro/TJ/RJ/Cartórios/Ingresso/2017)** Em operação conjunta do Ibama com a Polícia Federal, foi identificada uma área de desmate onde, de acordo com o que consta do registro do imóvel rural, seria de preservação permanente. Com vista à responsabilização da pessoa jurídica e física, nos termos da Lei n. 9.605/1998, que dispõe sobre sanções penais e administrativas de condutas e atividades lesivas ao meio ambiente, assinale a alternativa correta:
a) é possível a responsabilização penal da pessoa jurídica por delitos ambientais independentemente da responsabilização concomitante da pessoa física que agiu em nome da empresa.
b) a responsabilização penal da pessoa jurídica somente poderá se impor se simultaneamente houver a responsabilização da pessoa física, dado que se trata de responsabilidade penal objetiva.
c) em havendo responsabilização penal conjunta da pessoa jurídica e física, a penalização desta última deve seguir a da primeira, uma vez que a elas são atribuídas os mesmos riscos.
d) a responsabilização penal da pessoa física, desvinculada da responsabilização da pessoa jurídica, somente poderá ocorrer em caráter comissivo, não se admitindo o caráter omissivo.
e) a responsabilização penal de membro do conselho de administração não concorre com a do preposto que agiu de forma criminosa pela falta de relação entre as funções exercidas em caráter comissivo, não se admitindo o caráter omissivo.

224. **(Consulplan/TJ/MG/Cartórios/Ingresso/2017)** Considerando-se a Lei do Meio Ambiente (Lei n. 9.605/98), analise as seguintes afirmações:
I. a suspensão do processo, nos termos do art. 89 da Lei n. 9.099/95, pode ser aplicada a crimes cuja pena máxima não seja superior a três anos.
II. são penas aplicáveis à pessoa jurídica as penas de multa, restritiva de direitos e prestação de serviços à comunidade.
III. os crimes são de ação penal pública incondicionada e pode ser concedida a transação penal, do art. 76 da Lei n. 9.099/95, independentemente da reparação do dano ambiental.

Está correto o que se afirma em:
a) I, apenas.
b) III, apenas.
c) I, II e III.
d) II, apenas.

225. **(Consulplan/TJ/MG/Cartórios/Remoção/2017)** Considerando-se a Lei do Meio Ambiente (Lei n. 9.605/98) analise as assertivas:
I. nos crimes ambientais, aplica-se a circunstância agravante da reincidência, referente a condenação transitada em julgado por crime de qualquer natureza.
II. nos crimes ambientais, o prazo do benefício da suspensão do processo, nos termos do art. 89 da Lei 9.099/95, pode ser prorrogado por duas vezes.
III. nos crimes ambientais, o baixo grau de instrução ou escolaridade do agente é circunstância atenuante que deve ser considerada na aplicação da pena.

Está correto o que se afirma em:
a) I e II, apenas.
b) I e III, apenas.
c) II e III, apenas.
d) I, II e III.

15.7. Lei dos Crimes contra a Ordem Tributária (Lei 8.137/90)

✱ INOVAÇÕES LEGISLATIVAS

▲ Lei dos Crimes contra a Ordem Tributária (Lei 8.137/90): sem alterações em 2017/2018.

✱ SÚMULAS

STF **Súm. Vinculante 24.** Não se tipifica crime material contra a ordem tributária, previsto no art. 1º, incisos I a IV, da Lei n. 8.137/90, antes do lançamento definitivo do tributo.

STF **Súm. 609.** É pública incondicionada a ação penal por crime de sonegação fiscal.

✱ REPERCUSSÃO & REPETITIVOS

STF **Repercussão Geral 937.** Os crimes previstos na Lei 8.137/90 não violam o disposto no art. 5º, inc. LXVII, da CF. (ARE 999425, 3.3.2017)

✱ INFORMATIVOS

STF **Suspensão do prazo prescricional e parcelamento do débito fiscal.** O prazo prescricional não corre enquanto estiverem sendo cumpridas as condições do parcelamento do débito fiscal. Por estar suspensa a pretensão punitiva durante o período em que estiverem sendo cumpridas as condições do parcelamento do débito, também fica suspenso o prazo prescricional. Permitir que a prescrição siga seu curso normal durante o período de adesão voluntária do contribuinte ao programa de recuperação fiscal serve como estratégia do réu para alcançar a impunidade. ARE 1037087 AgR, Rel. Min. Dias Toffoli, j. 14.8.2018. 2ª T. (Info 911)

STJ **Crime contra a ordem tributária. Dados bancários obtidos legitimamente pela Receita Federal. Esgotamento da via administrativa fiscalizatória. Constatação de possível crime. Compartilhamento com o Ministério Público e a Polícia. Obrigação legal. Legalidade da prova. Ausência de ofensa à reserva de jurisdição.** É lícito o compartilhamento promovido pela Receita Federal dos dados bancários por ela obtidos a partir de permissivo legal, com a Polícia e com o mp, ao término do procedimento administrativo fiscal, quando verificada a prática, em tese, de infração penal. AgRg no REsp 1.601.127, Rel. Acd. Min. Felix Fischer, DJ 26.9.2018. 5ª T. (Info 634)

STJ **Crime tributário. Constituição definitiva do crédito. Justa causa presente. Súm. Vinculante 24. Juntada do procedimento tributário. Desnecessidade. Eventuais irregularidades. Discussão na sede própria.** Para o início da ação penal, basta a prova da constituição definitiva do crédito tributário (Súm. Vinculante 24), sendo desnecessária a juntada integral do procedimento administrativo fiscal correspondente. RHC 94.288, Rel. Min. Reynaldo Soares da Fonseca, DJ 30.5.2018. 5ª T. (Info 627)

STJ **ICMS. Operações próprias. Substituição tributária. Não recolhimento. Apropriação indébita tributária.** A conduta de não recolher ICMS em operações próprias ou em substituição tributária enquadra-se formalmente no tipo previsto no art. 2º, II, da Lei 8.137/90 (apropriação indébita tributária), desde que comprovado o dolo. HC 399.109, Rel. Min. Rogerio Schietti Cruz, DJ 31.8.2018. 3ª S. (Info 633)

STJ **Crime contra a ordem tributária. Dados bancários obtidos pela Receita Federal. Compartilhamento com o Ministério Público. Licitude da prova.** É possível a utilização de dados obtidos pela Secretaria da Receita Federal, em regular procedimento administrativo fiscal, para fins de instrução processual penal. HC 422.473, Rel. Min. Sebastião Reis Júnior, DJ 27.3.2018. 6ª T. (Info 623)

✱ QUESTÕES OBJETIVAS

226. **(Consulplan/TJ/MG/Cartórios/Ingresso/2018)** De acordo com a Lei nº 8.137, de 27 de dezembro de 1990, que prevê crimes contra a ordem tributária, constitui crime, exceto:

a) fazer declaração falsa ou omitir declaração sobre rendas, bens ou fatos, ou empregar outra fraude, para eximir-se, total ou parcialmente, de pagamento de tributo.

b) suprimir ou reduzir tributo, ou contribuição social e qualquer acessório, mediante omissão de informação, ou prestação de declaração falsa às autoridades fazendárias.

c) desatender exigência da autoridade fazendária, no prazo de 10 (dez) dias, que poderá ser convertido em horas em razão da maior ou menor complexidade da matéria ou da dificuldade quanto ao atendimento da exigência.

d) suprimir ou reduzir tributo, ou contribuição social e qualquer acessório, negando ou deixando de fornecer, quando solicitada, nota fiscal ou documento equivalente, relativo à venda de mercadoria ou prestação de serviço não realizada.

227. **(Faurgs/TJ/RS/Cartórios/Ingresso/2015)** Assinale a alternativa que contém afirmação correta sobre o crime de sonegação fiscal, inscrito no artigo 1º da Lei n. 8.137/90:

a) o parcelamento do débito tributário é causa de extinção da pretensão punitiva, desde que realizado em momento anterior ao oferecimento da denúncia.

b) segundo a jurisprudência consolidada do Supremo Tribunal Federal, não se tipifica o crime de sonegação fiscal antes do lançamento definitivo do tributo.

c) segundo entendimento pacificado na jurisprudência do Superior Tribunal de Justiça, considera-se como "grave dano à coletividade", para fins de aplicação da causa majorante de pena inscrita no inciso I do seu artigo 12, apenas as hipóteses em que o valor total da sonegação fiscal for igual ou superior a R$ 10.000.000,00 (dez milhões de reais).

d) em face da natureza formal da conduta, considera-se que a consumação do delito ocorre no momento em que o agente presta declarações inverídicas à autoridade fazendária, ainda que esteja em discussão, na esfera administrativa, a efetiva exigibilidade do tributo.

▲ Art. 2º (...). § 2º A progressão de regime, no caso dos condenados pelos crimes previstos neste artigo, dar-se-á após o cumprimento de 2/5 (dois quintos) da pena, se o apenado for primário, e de 3/5 (três quintos), se reincidente, observado o disposto nos §§ 3º e 4º do art. 112 da Lei nº 7.210, de 11 de julho de 1984 (Lei de Execução Penal). (Modificações: Lei 13.769/18).

15.8. Lei dos Crimes Hediondos (Lei 8.072/90)

✱ INOVAÇÕES LEGISLATIVAS

▲ Lei dos Crimes Hediondos (Lei 8.072/90)

▲ Art. 1º. Parágrafo único. Consideram-se também hediondos o crime de genocídio previsto nos arts. 1º, 2º e 3º da Lei n. 2.889, de 1º de outubro de 1956, e o de posse ou porte ilegal de arma de fogo de uso restrito, previsto no art. 16 da Lei n. 10.826, de 22 de dezembro de 2003, todos tentados ou consumados. (Modificações: Lei 13.497/17)

▲ Art. 2º (...). § 2º A progressão de regime, no caso dos condenados pelos crimes previstos neste artigo, dar-se-á após o cumprimento de 2/5 (dois quintos) da pena, se o apenado for primário, e de 3/5 (três quintos), se reincidente, observado o disposto nos §§ 3º e 4º do art. 112 da Lei nº 7.210, de 11 de julho de 1984 (Lei de Execução Penal). (Modificações: Lei 13.769/18).

✱ SÚMULAS

STF Súm. Vinculante 26. Para efeito de progressão de regime no cumprimento de pena por crime hediondo, ou equiparado, o juízo da execução observará a inconstitucionalidade do art. 2º da Lei n. 8.072, de 25 de julho de 1990, sem prejuízo de avaliar se o condenado preenche, ou não, os requisitos objetivos e subjetivos do benefício, podendo determinar, para tal fim, de modo fundamentado, a realização de exame criminológico.

STJ Súm. 471. Os condenados por crimes hediondos ou assemelhados cometidos antes da vigência da Lei n. 11.464/2007 sujeitam-se ao disposto no art. 112 da Lei n. 7.210/1984 (Lei de Execução Penal) para a progressão de regime prisional.

✱ REPERCUSSÃO & REPETITIVOS

STF Repercussão Geral 972. É inconstitucional a fixação "ex lege", com base no art. 2º, § 1º, da Lei 8.072/90, do regime inicial fechado, devendo o julgador, quando da condenação, ater-se aos parâmetros previstos no art. 33 do CP. (ARE 1052700, 3.11.2017)

STJ Repetitivo 600. O tráfico ilícito de drogas na sua forma privilegiada (art. 33, § 4º, da Lei 11.343/06) não é crime equiparado a hediondo. (Pet 11796, 23.11.2016)

✱ QUESTÕES OBJETIVAS

228. **(TJ/SC/Cartórios/Remoção/2012)** Assinale a alternativa correta:

a) consoante a Lei n. 8.072/1990, os crimes hediondos, a prática da tortura, o tráfico ilícito de entorpecentes e drogas afins e o terrorismo são insuscetíveis de anistia, graça, indulto, fiança e liberdade provisória.

b) nos casos de condenação por crime hediondo, a progressão de regime dar-se-á após o cumprimento de 2/5 (dois quintos) da pena se o apenado for primário, e de 3/5 (três quintos) se reincidente.

c) nos termos da Lei n. 11.343/2006, o indiciado ou acusado que colaborar voluntariamente com a investigação policial e o processo criminal na identificação dos demais coautores ou partícipes do crime e na recuperação total ou parcial do produto do crime, no caso de condenação terá pena reduzida de um sexto a dois terços.

d) segundo a Lei n. 11.343/2006, constitui crime induzir, instigar ou auxiliar alguém a uso indevido de droga, cuja pena será de reclusão de um a quatro anos, além de multa.

e) em consonância com a Lei n. 11.343/2006, terá a pena reduzida à metade o agente que, em razão da dependência, ou sob o efeito, proveniente de caso fortuito ou força maior, de droga, era, ao tempo da ação ou da omissão, qualquer que tenha sido a infração penal praticada, inteiramente incapaz de entender o caráter ilícito do fato ou de determinar-se de acordo com esse entendimento.

229. **(Ieses/TJ/PA/Cartórios/Ingresso/2016)** De acordo com a Lei de Crimes Hediondos (8.072/90), é correto afirmar:

a) o crime de estupro (art. 213, do CP) somente é considerado hediondo caso praticado na sua forma qualificada.

b) ao contrário do que ocorre com o crime de extorsão, que é considerado hediondo apenas se qualificado pelo resultado morte, o delito de extorsão mediante sequestro é etiquetado como hediondo independentemente da modalidade.

c) o crime de roubo, do qual resulta lesão corporal grave na vítima, é etiquetado como sendo crime hediondo.

d) o crime de Genocídio (Lei 2.889/56) é considerado equiparado a hediondo.

230. **(Consulplan/TJ/MG/Cartórios/Ingresso/2016)** De acordo com a Lei n. 8.072/1990, é considerado crime hediondo:

a) estupro de vulnerável tentado.

b) epidemia com resultado lesão corporal de natureza grave.

c) concussão.

d) falsificação de selo público destinado a autenticar atos oficiais da União.

231. **(Consulplan/TJ/MG/Cartórios/Remoção/2017)** Analise as assertivas abaixo, sobre crimes hediondos, e assinale a alternativa correta:

I. a progressão de regime, no caso dos condenados por crimes hediondos, atualmente, dar-se-á após o cumprimento de 2/5 (dois quintos) da pena, se o apenado for primário, ou 3/5 (três quintos), se reincidente em crime da mesma espécie.

II. a liberdade provisória não é permitida nos processos por crimes hediondos, mas o excesso de prazo autoriza o relaxamento da prisão processual.

III. a pena para os crimes hediondos, ou equiparados, será cumprida inicialmente em regime fechado, na hipótese de não cabimento de regimes menos gravosos.

IV. para efeito de progressão de regime no cumprimento de pena por crime hediondo, ou equiparado, não é obrigatório o exame criminológico na avaliação do preenchimento dos requisitos objetivos e subjetivos pelo condenado, mas uma vez exigido, tal decisão deve ser fundamentada.

Está correto somente o que se afirma em:

a) I e IV.

b) II e III.

c) III e IV.

d) I e III.

15.9. Leis Esparsas

✱ QUESTÕES DISCURSIVAS

06. **(Vunesp/TJ/SP/Cartórios/2014)** Comete ilícito criminal o oficial de registro civil que, hipotecando solidariedade no envio de criança ao exterior, lavra assento de nascimento com base em falsa declaração de nascido vivo? Justifique sua resposta.

✱ QUESTÕES OBJETIVAS

232. **(Cetro/TJ/RJ/Cartórios/Remoção/2017)** Acerca da contravenção penal de simulação da qualidade de funcionário público (Decreto-Lei n. 3.688/1941), analise as assertivas abaixo.

I. o tipo penal não exige a intenção de obter vantagem, em proveito próprio ou alheio, ou de causar dano a outrem como ocorre no crime de concussão.

II. agente que apresenta fotocópia de carteira funcional com dados corretos, embora não mais exiba a qualidade de policial militar, incorre em modalidade específica de falsa identidade, e não de contravenção penal de simulação da qualidade de funcionário público.

III. o tipo penal se confunde com o de usurpação de função pública na medida em que exige que o agente, de forma ilegítima, execute ato relacionado à função pública na qual está legalmente investido.

É correto o que se afirma em:

a) I e II, apenas.

b) II e III, apenas.

c) I, apenas.

d) II, apenas.

e) I e III, apenas.

233. **(Consulplan/TJ/MG/Cartórios/Ingresso/2016)** Segundo a Lei n. 4.898/1965, constituem abuso de autoridade, exceto:

a) qualquer atentado ao direito de reunião.

b) deixar a autoridade policial de ordenar o relaxamento de prisão ou detenção ilegal que lhe seja comunicada.

c) qualquer atentado à liberdade de associação.

d) prolongar a execução de prisão temporária, de pena ou de medida de segurança, deixando de expedir em tempo oportuno ou de cumprir imediatamente ordem de liberdade.

234. **(Consulplan/TJ/MG/Cartórios/Ingresso/2016)** São crimes contra as relações de consumo previstas na Lei n. 8.078/1990, exceto:

a) deixar de comunicar à autoridade competente e aos consumidores a nocividade de produtos cujo conhecimento seja posterior à sua colocação no mercado.

b) executar serviço de alto grau de periculosidade, contrariando determinação de autoridade competente.

c) empregar, na reparação de produtos, componentes de reposição usados, com autorização do consumidor.

d) fazer publicidade que sabe ser capaz de induzir o consumidor a se comportar de forma prejudicial a sua segurança.

235. **(Consulplan/TJ/MG/Cartórios/Ingresso/2016)** De acordo com a Lei n. 4.737/1965, Código Eleitoral, verificada a infração penal, o Ministério Público oferecerá a denúncia dentro do prazo de:

a) 5 (cinco) dias.

b) 10 (dez) dias.

c) 15 (quinze) dias.

d) 30 (trinta) dias.

236. **(Consulplan/TJ/MG/Cartórios/Remoção/2016)** De acordo com a Lei n. 7.716/1989, constitui crime:

a) fabricar ornamentos que utilizem a cruz suástica.

b) distribuir distintivos que utilizem a cruz suástica.

c) comercializar emblemas que utilizem a cruz gamada, para fins de divulgação do nazismo.

d) fabricar símbolos que utilizem a cruz gamada, para fins de divulgação do cristianismo.

237. **(Consulplan/TJ/MG/Cartórios/Remoção/2016)** Segundo a Lei n. 9.455/1997, que define os crimes de tortura e dá outras providências, aumenta-se a pena de um sexto até um terço, se o crime é cometido contra maior de:

a) 45 anos.

b) 50 anos.

c) 55 anos.

d) 60 anos.

238. **(Consulplan/TJ/MG/Cartórios/Remoção/2016)** De acordo com a Lei n. 12.984/2014, constitui crime de discriminação dos portadores do vírus da imunodeficiência humana (HIV) e doentes de aids, em razão de sua condição de portador ou de doente:

a) inscrever como aluno em creche.

b) fornecer emprego ou trabalho.

c) segregar no ambiente escolar.

d) manter como aluno em estabelecimento de ensino.

239. **(Vunesp/TJ/SP/Cartórios/Remoção/2016)** Com referência à lei do parcelamento do solo, assinale a alternativa correta:

a) nos crimes previstos na lei do parcelamento do solo podem figurar como sujeitos ativos apenas o proprietário da área, o loteador, seu mandatário, diretor ou gerente de sociedade, e o oficial registrador.

b) os crimes previstos na lei do parcelamento do solo admitem a forma qualificada.

c) fazer afirmação falsa sobre a legalidade de loteamento ou desmembramento do solo para fins urbanos, ou ocultar fraudulentamente fato a ele relativo, é crime contra a fé pública.

d) o oficial de registro de imóveis que, por negligência no cumprimento dos deveres do seu cargo, registrar loteamento não aprovado pelos órgãos competentes, responderá culposamente por crime previsto na lei de parcelamento do solo.

240. **(Consulplan/TJ/MG/Cartórios/Ingresso/2014)** Quanto à legislação penal extravagante, é incorreto afirmar:

a) constitui crime, punido com detenção de 1 a 2 anos, e multa, efetuar registro de contrato de venda de loteamento ou desmembramento não registrado.

b) configura crime previsto no Código de Defesa do Consumidor quando, na reparação de produtos, o fornecedor emprega peça ou componentes de reposição usados, sem autorização do consumidor.

c) extingue-se a punibilidade dos crimes definidos na Lei 8.137/90 (crimes contra a ordem tributária), quando o agente promover o pagamento do tributo ou contribuição social, inclusive acessórios, antes do recebimento da denúncia.

d) não se admite ação penal de iniciativa privada nas hipóteses de crime de abuso de autoridade (Lei 4.898/65)

241. **(Cespe/TJ/BA/Cartórios/Remoção/2013)** As sanções de natureza penal impostas expressamente pela Lei n. 4.898/1965 (Lei de Abuso de Autoridade) incluem o(a)

a) recolhimento noturno.

b) prestação de serviços à comunidade por até seis meses.

c) suspensão do porte de arma de fogo por até dois anos.

d) perda do cargo e inabilitação para o exercício de outra função pública por até três anos.

e) impossibilidade de exercício de funções de natureza policial ou militar em todo o território nacional, por prazo de dois a cinco anos.

242. **(Cespe/TJ/BA/Cartórios/Remoção/2013)** Assinale a opção correta com relação aos delitos tipificados no ECA:

a) os delitos previstos no ECA são todos de menor potencial ofensivo, de forma que seguem o rito sumaríssimo previsto na Lei dos Juizados Especiais, aplicando-se a eles as medidas despenalizadoras nela previstas.

b) os crimes previstos no ECA são de ação penal pública, prevendo-se, para alguns deles, entretanto, a necessidade de representação do ofendido ou de seu representante legal.

c) considerando-se o delito de submeter criança ou adolescente à prostituição ou à exploração sexual, bem como a norma extensiva que dispõe que incorrem nas mesmas penas o proprietário ou o responsável pelo local em que se verifiquem tais práticas, o ECA exige que, como efeito obrigatório da condenação, sejam os autores proibidos de explorar qualquer atividade comercial pelo prazo de cinco anos, a contar do trânsito em julgado da sentença condenatória.

d) por se tratar de delito de perigo abstrato, considera-se típica a conduta de vender, fornecer ou entregar a criança ou adolescente fogos de estampido ou de artifício, ainda que, em razão de baixo potencial ofensivo, sejam tais fogos incapazes de provocar qualquer dano físico quando utilizados indevidamente.

e) segundo o ECA, o médico que, de forma culposa, deixar de identificar corretamente o neonato e sua mãe, por ocasião do parto, praticará conduta típica.

243. **(Consulplan/TJ/MG/Cartórios/Ingresso/2017)** No que diz respeito aos crimes previstos na Lei que define Organizações Criminosas – Lei n. 12.850/2013, é correto afirmar:

a) aquele que impede ou, de qualquer forma, embaraça a investigação de infração penal que envolva organização criminosa terá, além da pena relativa ao crime de promover organização criminosa, uma causa de aumento de pena.

b) o concurso de funcionário público, valendo-se a organização criminosa dessa condição para a prática de infração penal, é circunstância qualificadora do crime de promover, constituir, financiar ou integrar organização criminosa.

c) a condenação com trânsito em julgado de funcionário público por integrar organização criminosa acarretará sua perda do cargo, função, emprego ou mandato eletivo e a interdição para o exercício de função ou cargo público pelo prazo de 8 (oito) anos subsequentes ao trânsito em julgado da condenação.

d) na ação controlada, prevista na Lei n. 12.850/2013, o retardamento da intervenção policial ou administrativa não exige autorização do juiz competente, que será apenas comunicado previamente e, se for o caso, estabelecerá os seus limites e comunicará ao Ministério Público.

244. **(Ieses/TJ/RO/Cartórios/Ingresso/2017)** Acerca das infrações penais previstas na Legislação extravagante, assinale a assertiva correta:

a) os crimes contra as patentes previstos na Lei que regula direitos e obrigações relativos à propriedade industrial (Lei 9.279/96) caracterizam-se ainda que a violação não atinja todas as reivindicações da patente ou se restrinja à utilização de meios equivalentes ao objeto da patente.

b) não há previsão expressa de crime culposo na Lei 8.137/90, a qual define crimes contra a ordem tributária, econômica e contra as relações de consumo, e dá outras providências.

c) constitui Contravenção Penal a representação por ato de improbidade contra agente público ou terceiro beneficiário, quando o autor da denúncia o sabe inocente, conforme previsão constante na Lei de Improbidade Administrativa (Lei 8.429/92).

d) conforme disposto na Lei 11.101/05, que regula a recuperação judicial, a extrajudicial e a falência do empresário e da sociedade empresária, a decretação da falência do devedor suspende a prescrição cuja contagem tenha iniciado com a concessão da recuperação judicial ou com a homologação do plano de recuperação extrajudicial.

245. **(Ieses/TJ/AM/Cartórios/Remoção/2018)** Dispensar ou inexigir licitação fora das hipóteses previstas em lei, ou deixar de observar as formalidades pertinentes à dispensa ou à inexigibilidade:

a) pena – detenção, de 2 (dois) a 4 (quatro) anos, e multa.

b) pena – reclusão, de 2 (dois) a 4 (quatro) anos, e multa.

c) pena – reclusão, de 3 (três) a 5 (cinco) anos, e multa.

d) pena – detenção, de 3 (três) a 5 (cinco) anos, e multa.

246. (Cespe/TJ/SE/Cartórios/Remoção/2014) Em relação ao direito penal, assinale a opção correta:

a) a continuidade delitiva ocorre quando o agente praticar dois ou mais crimes de mesma natureza em condições que possibilitem que os delitos subsequentes sejam tidos como continuação do primeiro.

b) a espécie de dolo envolvido não influencia a classificação dos crimes segundo o resultado, pois crimes materiais ou formais podem ter como móvel tanto o dolo genérico quanto o específico.

c) em se tratando de crime de omissão de socorro, caracteriza arrependimento posterior o fato de a vítima receber tratamento médico custeado pelo autor.

d) de acordo com a teoria da equivalência dos antecedentes, nem todos os antecedentes do resultado podem ser considerados na relação de causalidade, já que as causas relativamente independentes da conduta excluem o nexo de causalidade.

e) segundo a teoria da equivalência dos antecedentes, o agente que esteja diante de causa preexistente absolutamente independente e já a conheça ou, embora não a conheça, possa prevê-la, responde pelo resultado.

16. TEORIA E PRINCÍPIOS

* SÚMULAS

STJ **Súm. 589.** É inaplicável o princípio da insignificância nos crimes ou contravenções penais praticados contra a mulher no âmbito das relações domésticas.

STJ **Súm. 599.** O princípio da insignificância é inaplicável aos crimes contra a administração pública.

STJ **Súm. 606.** Não se aplica o princípio da insignificância a casos de transmissão clandestina de sinal de internet via radiofrequência, que caracteriza o fato típico previsto no art. 183 da Lei n. 9.472/1997.

* INFORMATIVOS

STF **Descaminho e princípio da insignificância.** Descabe, em direito, confundir institutos, vocábulos e expressões. O que previsto na Lei 10.522/02 e em portaria do Ministério da Fazenda não alcança a persecução criminal a cargo do Ministério Público. HC 128063, Rel. Min. Marco Aurélio, j. 10.4.2018. 1ª T. (Info 897)

STF **Furto famélico e princípio da insignificância.** Como regra, a habitualidade delitiva específica é um parâmetro que afasta a análise do valor do bem jurídico tutelado para fins de aplicação do princípio da bagatela. Excepcionalmente, no entanto, as peculiaridades do caso concreto podem justificar a exclusão dessa restrição, com base na ideia da proporcionalidade em sentido concreto. Essa é justamente a situação de furto de 1 galo, 4 galinhas caipiras, 1 galinha garnizé e 3 kg de feijão, bens avaliados em pouco mais de cem reais. O valor dos bens é inexpressivo e não houve emprego de violência. Enfim, é caso de mínima ofensividade, ausência de periculosidade social, reduzido grau de reprovabilidade e inexpressividade da lesão jurídica. Mesmo que conste em desfavor do paciente outra ação penal instaurada por igual conduta, ainda em trâmite, a hipótese é de típico crime famélico. A excepcionalidade também se justifica por se tratar de hipossuficiente. HC 141440 AgR, Rel. Min. Dias Toffoli, j. 14.8.2018. 2ª T. (Info 911)

STJ **Furto. Bem de irrelevante valor pecuniário. Induzimento do próprio filho de nove anos a participar do ato de subtração. Vítima. Associação sem fins lucrativos. Especial reprovabilidade da conduta. Princípio da insignificância. Não incidência.** Não se aplica o princípio da insignificância ao furto de bem de inexpressivo valor pecuniário de associação sem fins lucrativos com o induzimento de filho menor a participar do ato. RHC 93.472, Rel. Min. Maria Thereza de Assis Moura, DJ 27.3.2018. 6ª T. (Info 622)

* QUESTÕES OBJETIVAS

247. (Consulplan/TJ/MG/Cartórios/Ingresso/2018) Leia o texto a seguir para responder à questão. O "sistema clássico" foi responsável pela divisão da ação humana em dois segmentos distintos: de um lado, o querer interno do agente; de outro, "o processo causal" visível, isto é, a conduta corporal do agente e o seu "efeito" ou resultado. Situava-se no injusto o encadeamento causal externo e, na culpabilidade, todos os elementos subjetivos, isto é, os elementos internos (anímicos) do agente. Considerando a tradição germânica da teoria geral do crime, é correto afirmar, quanto a essa concepção e respectiva orientação metodológica, que o texto anterior se refere ao modelo:

a) socialista e à filosofia neokantiana.

b) funcionalista e à teoria de sistemas.

c) causalista e ao positivismo naturalista.

d) finalista e à filosofia ontofenomenológica.

248. **(Consulplan/TJ/MG/Cartórios/Remoção/2018)** Dentre as modernas teorias sobre a imputação penal, cresceu, no Brasil, nos últimos anos, o debate sobre a "teoria da imputação objetiva de Claus Roxin". Quanto às bases do sistema jurídico-penal concebido por Claus Roxin, no panorama da teoria geral do delito, assinale a alternativa correta:

a) a doutrina radical-sistêmica (ou racional-anímica) caracteriza-se pela projeção da tipicidade objetiva como principal elemento da antijuridicidade, no contexto do finalismo.

b) a doutrina teleológico-sistêmica (ou racional-final) caracteriza-se pela projeção da tipicidade subjetiva como principal elemento da culpabilidade, no contexto do neokantismo.

c) a doutrina normativo-teleológica (ou racional-funcional) caracteriza-se pela inserção de elementos político-criminais nas categorias dogmático-penais, no contexto do funcionalismo.

d) a doutrina natural-sistêmica (ou racional-causal) caracteriza-se pela negação de relevância jurídica do erro que incide sobre os pressupostos fáticos do processo causal, no contexto do causalismo.

249. **(Cespe/TJ/PI/Cartórios/Remoção/2013)** Admitido o princípio da adequação social, será reconhecida causa de exclusão supralegal de:

a) antijuridicidade.

b) imputabilidade.

c) tipicidade.

d) culpabilidade.

e) punibilidade.

250. **(Cespe/TJ/ES/Cartórios/Ingresso/2013)** No que se refere aos institutos e às teorias que embasam a parte geral do Código Penal, assinale a opção correta:

a) tratando-se de crimes cometidos sem violência ou grave ameaça à pessoa, o arrependimento posterior, com a efetiva reparação do dano até o recebimento da denúncia, acarreta a extinção da punibilidade.

b) no caso de, apesar de sua vontade não se dirigir à realização de determinado resultado previsto, o agente aceitar e assumir o risco de causá-lo, restará configurado o dolo eventual, espécie de dolo indireto ou indeterminado.

c) o erro de tipo essencial e o acidental produzem as mesmas consequências penais.

d) tratando-se de concurso de pessoas, comunicam-se as circunstâncias e as condições de caráter pessoal, ainda que não sejam elementares do crime.

e) conforme a teoria finalista da ação, só há crime se o fato for, concomitantemente, típico, antijurídico e culpável.

251. **(Cespe/TJ/ES/Cartórios/Ingresso/2013)** Com relação aos princípios e às fontes do direito penal, assinale a opção correta:

a) a fixação de crimes, incluindo-se a criação de figuras típicas e a estipulação de sanções, pode ser realizada por lei ou mediante a interpretação dos princípios gerais de direito.

b) na resolução de desavenças e lides surgidas na comunidade, o legislador deve basear-se, primeiramente, na lei penal.

c) a fragmentariedade de 2º grau refere-se à forma consumada do delito, ou seja, à necessidade de proteção integral do bem jurídico.

d) do princípio da legalidade, enunciado por meio da expressão latina "nullum crimen, nulla poena sine lege", decorre a proibição da fundamentação ou do agravamento da punibilidade considerando-se o direito consuetudinário.

e) a lei penal não retroagirá para abranger situações consolidadas sob a vigência de legislação anterior, ainda que não haja sentença condenatória a elas referente.

252. **(FCC/TJ/PE/Cartórios/Ingresso/2013)** São elementos objetivos da relação de tipicidade:

a) a conduta, o resultado e a relação de causalidade.

b) a antijuridicidade e a culpabilidade.

c) as circunstâncias do fato.

d) o dolo e a culpa.

e) a imputabilidade e o juízo de reprovação.

253. **(FCC/TJ/PE/Cartórios/Remoção/2013)** Na estrutura analítica do crime, o juízo da culpabilidade presta-se para avaliar a:

a) prática da conduta.

b) contrariedade da conduta ao direito.

c) reprovabilidade da conduta.

d) existência do injusto penal.

e) ilicitude da conduta.

254. **(Cespe/TJ/RR/Cartórios/Ingresso/2013)** A respeito dos princípios aplicáveis ao direito penal, assinale a opção correta:

a) o princípio da irrelevância penal do fato diz respeito à teoria da pena, sendo causa de exclusão da punição concreta do fato.

b) de acordo com o entendimento pacificado no STJ e no STF, a venda de CDs e DVDs piratas é conduta atípica, devido à incidência do princípio da adequação social.

c) dado o princípio da fragmentariedade, o direito penal só deve ser utilizado quando insuficientes as outras formas de controle social.

d) decorre do princípio da ofensividade a vedação ao legislador de criminalizar condutas que causem potencial lesão a bem jurídico relevante.

e) de acordo com o entendimento do STF, para a incidência do princípio da insignificância, basta que a conduta do agente tenha mínima ofensividade.

255. **(Cespe/TJ/RR/Cartórios/Ingresso/2013)** No que concerne ao tempo e ao lugar do crime e ao conflito aparente de normas penais, assinale a opção correta:

a) de acordo com o STF, nas hipóteses de crime continuado ou de crime permanente, a lei penal mais grave não pode ser aplicada, ainda que vigente antes da cessação da continuidade ou da permanência.

b) por se ter adotado, no Código Penal, a teoria da atividade, considera-se praticado o crime no lugar em que ocorreu a ação ou omissão, no todo ou em parte.

c) aplica-se o princípio da especificidade aos tipos mistos alternativos, já que, mesmo havendo várias formas de conduta no mesmo tipo, somente um único delito será consumado, independentemente da quantidade de condutas realizadas no mesmo contexto.

d) o princípio da consunção enseja a absorção de um delito por outro, sendo aplicável aos casos que envolvam crime progressivo, crime complexo, progressão criminosa, fato posterior não punível e fato anterior não punível.

e) na definição do tempo do crime, adota-se, no Código Penal, a teoria do resultado, considerando-se praticado o crime no momento do resultado, ainda que outro seja o momento da ação ou omissão.

256. **(Cespe/TJ/RR/Cartórios/Ingresso/2013)** No que se refere às teorias do crime, assinale a opção correta:

a) com base na teoria constitucionalista do delito, seriam inconstitucionais os dispositivos do Código Penal que protegem outros bens jurídicos além dos direitos fundamentais constitucionalmente previstos, únicos bens que merecem proteção na seara criminal, de acordo com essa teoria.

b) conforme a teoria causal-naturalista, ou concepção clássica positivista naturalista, o delito constitui-se apenas de elementos objetivos, que são o fato típico e a ilicitude.

c) de acordo com a teoria causal-valorativa ou neokantista, a tipicidade não deve ser concebida apenas como descrição formal de comportamentos, devendo ser considerada também materialmente, como uma unidade de sentido socialmente danoso, o que implica, em muitos casos, a análise de elementos subjetivos, como a intenção de apropriação no tipo de furto.

d) de acordo com a teoria finalista, a ação típica deve ser concebida como ato de vontade com conteúdo, figurando como elementos da culpabilidade o dolo, a culpa, a potencial consciência da ilicitude, a imputabilidade e a exigibilidade de conduta.

e) conforme o funcionalismo moderado de Roxin, sendo o direito um instrumento de estabilização social, o indivíduo deve ser um centro de imputação e responsabilidade, de modo que a violação da norma é considerada socialmente disfuncional porque questiona a violação do sistema, e não porque viola bem jurídico.

257. **(Cespe/TJ/BA/Cartórios/Remoção/2013)** O direito penal só deve se preocupar com a proteção dos bens jurídicos mais essenciais à vida em sociedade, constituindo a sua intervenção a "ultima ratio", ou seja, tal intervenção somente será exigida quando não se fizer suficiente a proteção proporcionada pelos demais ramos do direito. Tal conceito tem relação com o princípio da:

a) anterioridade.

b) reserva legal.

c) intervenção mínima.

d) proporcionalidade.

e) intranscendência.

258. **(Cespe/TJ/SE/Cartórios/Remoção/2014)** Com base nos princípios aplicáveis ao direito penal, assinale a opção correta:

a) o princípio da insignificância exclui a tipicidade penal formal se o bem jurídico em questão não tiver qualquer expressividade econômica.

b) a aplicação do princípio da proporcionalidade pressupõe a idoneidade da medida adotada, o que afasta a exigibilidade do meio adotado.

c) segundo os princípios observados no atual sistema penal brasileiro, de natureza acusatória, a lei processual penal retroage para beneficiar o réu.

d) dado o caráter funcional do princípio da insignificância, a bagatela imprópria não afasta a tipicidade material da conduta, mas exclui a culpabilidade.

e) na aplicação do princípio da insignificância, deve-se considerar o valor do objeto do crime e desprezar os aspectos objetivos do fato, tidos como irrelevantes.

259. **(Cespe/TJ/SE/Cartórios/Remoção/2014)** Com relação à classificação e às teorias do crime, assinale a opção correta:

a) o dever jurídico de evitar o resultado existente no crime omissivo impróprio deve obrigatoriamente decorrer de uma imposição legal direta que determine cuidado e vigilância em relação à vítima.

b) segundo a teoria do funcionalismo racional teleológico, a função do direito penal é promover a proteção subsidiária de bens jurídicos, de modo que o que é tratado como delito deve corresponder aos anseios sociais.

c) para a vertente do funcionalismo sistêmico, a função do direito penal não se limitaria à reafirmação da autoridade do direito ou o dever de obediência às normas, já que tem viés voltado para a ação em si, e não para o resultado.

d) o crime de porte ilegal de arma de fogo é crime de perigo em que o risco figura como elementar do tipo.

e) para que se caracterize crime omissivo próprio, é necessário que o agente tenha ocasionado o resultado naturalístico em decorrência de um não fazer que figure como elementar do tipo.

260. **(Cespe/TJ/BA/Cartórios/Ingresso/2013)** Considerando os princípios orientadores do direito penal, assinale a opção correta:

a) dado o princípio da limitação das penas, veda-se que a pena passe do condenado para outrem, ainda no que se refira à execução dos sucessores do agente quanto às obrigações decorrentes de eventuais danos.

b) considera-se, em relação aos crimes de conteúdo múltiplo, que, se em um mesmo contexto, o agente realizar ação correspondente a mais de um dos verbos do núcleo do tipo penal, ele só deverá responder por um único delito, em virtude do princípio da alternatividade.

c) dado o princípio da defesa, também denominado princípio real, deve-se aplicar a lei brasileira a nacional brasileiro que cometa crime na Alemanha, ainda que ele seja ali preso, julgado e condenado.

d) no CP brasileiro, no que tange à aplicação da lei no tempo e no espaço, adotam-se, respectivamente, as teorias da ubiquidade e da atividade.

e) o princípio da intervenção mínima baseia-se nas seguintes premissas: mínima ofensividade da conduta, inexistência de periculosidade social do agente e inexpressividade da lesão provocada.

261. **(Cespe/TJ/BA/Cartórios/Ingresso/2013)** Quanto à classificação doutrinária dos crimes e suas consequências jurídicas, assinale a opção correta:

a) o resultado típico dos crimes comissivos por omissão pode ser atribuído a qualquer pessoa, e não apenas aos indivíduos que tenham a obrigação jurídica de evitar o resultado.

b) tratando-se de crime funcional próprio, se o agente não for funcionário público, operará uma atipicidade relativa, enquadrando-se o fato em outro tipo legal.

c) em se tratando de crime plurissubjetivo, não se admite concurso eventual, já que só pode ser praticado por dois ou mais agentes em concurso.

d) considera-se o sequestro um crime instantâneo de efeito permanente, já que seu momento consumativo é instantâneo, mas seus efeitos perduram no tempo.

e) a tentativa de crime preterdoloso é aceitável tanto pela doutrina quanto pela jurisprudência, porquanto, apesar de o agente não desejar o resultado agravador, sua conduta inicial é sempre dolosa.

262. **(Cespe/TJ/DFT/Cartórios/Ingresso/2014)** Assinale a opção correta com base na teoria geral do delito:

a) a lei penal brasileira não considera a independência relativa do novo curso causal como excludente da imputação do resultado.

b) o tipo subjetivo da omissão de ação é assimétrico: na omissão de ação imprópria, há somente dolo; na omissão de ação própria, há dolo e imprudência.

c) nos tipos dolosos de simples atividade, a tarefa de atribuição causal do tipo objetivo se esgota na subsunção da ação ao tipo legal respectivo porque não existe um resultado exterior imputável ao autor do fato.

d) o conhecimento atual das circunstâncias de fato do tipo objetivo deve abranger os elementos presentes – a vítima, a coisa, o documento etc. – e futuros – o curso causal e o resultado – do tipo objetivo, bem como as condições objetivas de punibilidade.

e) o conceito clássico de delito é falho, na medida em que nele não é estabelecido vínculo entre a conduta e o resultado por meio do nexo de causalidade.

263. **(Cespe/TJ/DFT/Cartórios/Remoção/2014)** Com relação às fontes e aos princípios de direito penal, bem como às normas penais e seu conflito aparente, assinale a opção correta:

a) contrair casamento conhecendo a existência de impedimento que lhe cause a nulidade absoluta constitui crime previsto em norma penal em branco em sentido estrito.

b) de acordo com a atual jurisprudência do STJ, a aplicação do princípio da consunção pressupõe a existência de ilícitos penais que funcionem como fase normal de preparação ou de execução de outro crime com evidente vínculo de dependência ou subordinação entre eles.

c) em caso de omissão legal, o uso de analogia não é admitido em direito penal, ainda que seja para favorecer o réu.

d) os costumes não são considerados pela doutrina como fonte formal do direto penal.

e) o Código Penal, ao tipificar o crime de abandono intelectual, não viola o princípio da legalidade ou da reserva legal, uma vez que, para a validade da tipificação penal, é suficiente que esta esteja prevista em lei em sentido estrito.

264. **(Cespe/TJ/SE/Cartórios/Remoção/2014)** Acerca da imunidade parlamentar, assinale a opção correta:

a) constatada a ausência do nexo de causalidade entre a manifestação de opinião e o exercício da atividade parlamentar, o titular do cargo legislativo estará isento de pena em virtude da exclusão da punibilidade.

b) o suplente do detentor de cargo legislativo, enquanto nessa condição, não goza de qualquer tipo de imunidade parlamentar.

c) o benefício da imunidade material se estende ao corréu que pratica crime conexo em conluio com parlamentar federal.

d) a prerrogativa da imunidade material alcança todas as opiniões, palavras e votos relacionados com o exercício do mandato do parlamentar federal, desde que proferidos no interior do Congresso Nacional.

e) a imunidade formal impede que parlamentar federal seja punido em razão da livre manifestação de suas opiniões, desde que no exercício do mandato legislativo.

7. DIREITO PROCESSUAL CIVIL

VOLUME DE QUESTÕES

Médio-Baixo

1. DAS NORMAS PROCESSUAIS CIVIS

✱ ENUNCIADOS CJF

CJF Proc. Civil 1. A verificação da violação à boa-fé objetiva dispensa a comprovação do "animus" do sujeito processual.

✱ QUESTÕES OBJETIVAS

01. (Vunesp/TJ/SP/Cartórios/Ingresso/2018) Analise as afirmações a seguir em relação às normas fundamentais do processo civil.

I. todos os sujeitos do processo devem cooperar entre si para que se obtenha, em tempo razoável, decisão de mérito, justa e efetiva.

II. as partes têm o direito de obter em tempo razoável a solução integral do mérito, excluída a atividade satisfativa.

III. o Juiz não pode decidir, em grau algum de jurisdição, com base em fundamento a respeito do qual não se tenha dado às partes oportunidade de se manifestar, excetuando as matérias sobre as quais deva decidir de ofício.

IV. ao aplicar o ordenamento jurídico, o juiz atenderá aos fins sociais e às exigências do bem comum, resguardando e promovendo a dignidade da pessoa humana e observando a proporcionalidade, a razoabilidade, a legalidade, a publicidade e a eficiência.

Assinale a alternativa que contém as afirmações corretas:

a) II e IV.

b) I e III.

c) I e IV.

d) II e III.

02. (Consulplan/TJ/MG/Cartórios/Ingresso/2017) Não é admissível pensar em uma ordem constitucional democrática sem ter presente o processo, na medida em que é instrumento indispensável à tutela de direitos fundamentais e asseguração da dignidade da pessoa humana. No campo do direito probatório, tal conclusão reflete na medida da existência de um direito fundamental à prova, como corolário do devido processo legal. A esse respeito, analise as afirmativas.

I. no CPC/15, o legislador procurou dar efetividade à premissa contida no art. 1º da Carta Constitucional.

II. tentou traduzir para o processo civil o significado de estado democrático de direito. Tal opção foi inserida, inclusive, na Parte Geral do CPC/15.

III. na busca para harmonizar o modelo constitucional do direito processual civil com o princípio da atipicidade da prova Processual, especialmente o conteúdo que trata do direito probatório.

Está correto o que se afirma em:

a) I e II, apenas.

b) II e III, apenas.

c) I e III, apenas.

d) I, II e III.

03. (FMP/TJ/MT/Cartórios/Remoção/2014) O direito ao processo no estado constitucional:

a) é o direito ao procedimento encartado em lei.

b) é o direito a um procedimento tendencialmente estável, que pode ser alterado sem qualquer prévio aviso pelo juiz.

c) é o direito ao processo justo, constituindo ao mesmo tempo um princípio e uma cláusula geral.

d) é o direito ao processo justo, constituindo uma regra e um conceito jurídico indeterminado.

e) nenhuma das alternativas está correta.

04. (Consulplan/TJ/MG/Cartórios/Ingresso/2017) Os princípios são importantes para qualquer ramo do direito, posto que indicam um caminho para alcançar o real sentido da norma. Analise os princípios que seguem:

I. princípio da legalidade encontra adoção expressa no art. 8º, do CPC/2015, ao atribuir ao juiz o dever de "aplicar o ordenamento jurídico", atendendo aos fins sociais e às exigências do bem comum.

II. pelo princípio da eventualidade ou da preclusão, cada faculdade processual deve ser exercida dentro da fase adequada, sob pena de se perder a oportunidade de praticar o ato respectivo.

III. o princípio da verdade real consiste na obrigação do juiz de perseguir a veracidade das versões apresentadas, por meio de vários deveres e de uma atuação oficial na condução da produção probatória, sem que isso implique qualquer violação da imparcialidade e da independência do Estado-Juiz.

IV. o princípio do duplo grau de jurisdição não admite que o recurso contra sentença proferida por juiz de primeiro grau seja apreciado por órgão recursal formado por grupo de juízes de primeiro grau.

Está correto o que se afirma em:

a) I, II e III, apenas.
b) II, III e IV, apenas.
c) I e IV, apenas.
d) I, II, III e IV.

05. **(Ieses/TJ/RO/Cartórios/Remoção/2017)** É correto afirmar no que tangem as normas fundamentais do novo Código de Processo Civil:

I. a conciliação, a mediação e outros métodos de solução consensual de conflitos deverão ser estimulados por juízes, advogados, defensores públicos e membros do Ministério Público, inclusive no curso do processo judicial.

II. os juízes e os tribunais atenderão, obrigatoriamente à ordem cronológica de conclusão para proferir sentença ou acórdão.

III. o processo começa por iniciativa da parte e se desenvolve por impulso oficial, salvo as exceções previstas em lei.

IV. é assegurada às partes paridade de tratamento em relação ao exercício de direitos e faculdades processuais, aos meios de defesa, aos ônus, aos deveres e à aplicação de sanções processuais, competindo ao juiz zelar pelo efetivo contraditório.

A sequência correta é:

a) as assertivas I, II, III e IV estão corretas.
b) apenas as assertivas I, III, IV estão corretas.
c) apenas as assertivas I e IV estão corretas.
d) apenas a assertiva II está correta.

06. **(MPE/SC/Promotor/2016)** Nos termos do novo Código de Processo Civil, o juiz não pode decidir, em grau algum de jurisdição, com base em fundamento a respeito do qual não se tenha dado às partes oportunidade de se manifestar, salvo se tratar de matéria sobre a qual deva decidir de ofício.

07. **(Vunesp/TJM/SP/Juiz/2016)** Assinale a alternativa correta:

a) a garantia do contraditório participativo impede que se profira decisão ou se conceda tutela antecipada contra uma das partes sem que ela seja previamente ouvida (decisão surpresa).
b) a boa-fé no processo tem a função de estabelecer comportamentos probos e éticos aos diversos personagens do processo e restringir ou proibir a prática de atos atentatórios à dignidade da justiça.
c) o princípio da cooperação atinge somente as partes do processo que devem cooperar entre si para que se obtenha, em tempo razoável, decisão de mérito justa e efetiva.
d) ao aplicar o ordenamento jurídico, o juiz atenderá aos fins sociais e econômicos e às exigências do bem público, resguardando e promovendo a dignidade da pessoa humana.
e) será possível, em qualquer grau de jurisdição, a prolação de decisão sem que se dê às partes oportunidade de se manifestar, se for matéria da qual o juiz deva decidir de ofício.

08. **(Fundatec/PGE/RS/Procurador/2015)** A respeito do princípio do contraditório no processo civil, é incorreto afirmar que:

a) o contraditório consiste em uma garantia de efetiva participação das partes no desenvolvimento de todo o litígio, mediante a possibilidade de influírem, em igualdade de condições, no convencimento do magistrado, contribuindo na descrição dos fatos, na produção de provas e no debate das questões de direito.
b) o contraditório não é necessário apenas para a prolação da sentença de mérito, devendo ser observado ao longo de todo o procedimento, relativamente a todas as questões, sejam de rito ou de mérito.

c) o contraditório guarda estreita relação com o princípio da isonomia, exatamente porque as partes devem dispor da possibilidade de expor suas versões, apresentar suas defesas e participar, enfim, do processo em idênticas oportunidades.
d) o juiz também é sujeito do contraditório, devendo submeter a debate entre as partes as questões jurídicas, aí incluídas as matérias que ele há de apreciar de ofício.
e) em razão das máximas "iura novit curia" e da "mihi factum dabo tibi ius", constitui tarefa privativa do juiz a aplicação do direito, independentemente da sua arguição pelas partes, cabendo a estas últimas apenas a alegação dos fatos. Quer isso dizer que o contraditório somente alcança as questões de fato, não sendo necessário para as questões de direito.

2. DA FUNÇÃO JURISDICIONAL

2.1. Da Jurisdição e da Ação

*** SÚMULAS**

STF Súm. 258. É admissível reconvenção em ação declaratória.

STJ Súm. 181. É admissível ação declaratória, visando a obter certeza quanto à exata interpretação de cláusula contratual.

STJ Súm. 242. Cabe ação declaratória para reconhecimento de tempo de serviço para fins previdenciários.

STJ Súm. 461. O contribuinte pode optar por receber, por meio de precatório ou por compensação, o indébito tributário certificado por sentença declaratória transitada em julgado.

*** QUESTÕES DISCURSIVAS**

01. (Ieses/TJ/RN/Cartórios/2012) É possível uma tutela jurisdicional substitutiva de declaração de vontade da parte? Qual o fundamento jurídico de tal tutela no CPC? Qual a natureza eficacial dessa eventual tutela dentro da classificação quinária das ações?

*** QUESTÕES OBJETIVAS**

09. (Consulplan/TJ/MG/Cartórios/Remoção/2017) Com relação à função jurisdicional (jurisdição e ação), as assertivas abaixo estão corretas, exceto:

a) a impossibilidade jurídica é uma das condições da ação.
b) a jurisdição civil é exercida pelos juízes e tribunais em todo o território nacional.
c) para postular em juízo é necessário ter interesse e legitimidade.
d) ninguém poderá pleitear em nome próprio direito alheio, salvo quando autorizado pelo ordenamento jurídico.

10. (FMP/TJ/MT/Cartórios/Ingresso/2014) A jurisdição no estado constitucional:

a) constitui um poder vinculado tão-somente à lei.
b) constitui um poder vinculado à Constituição e que deve ser exercido na dimensão dos direitos fundamentais e da legislação vigente.
c) constitui uma declaração judicial de uma norma pré-existente, cujo sentido é dado pelo legislador na redação da proposição legal.
d) constitui uma atividade constitutiva da juridicidade do Estado, que está, contudo, totalmente vinculada à legislação infraconstitucional federal, que deve ser respeitada em qualquer caso, mesmo em caso de inconstitucionalidade.
e) nenhuma das alternativas é correta.

11. (FMP/TJ/MT/Cartórios/Ingresso/2014) O direito de ação:

a) constitui direito a uma sentença de mérito favorável.
b) constitui direito ao processo justo e ao reconhecimento do direito material afirmado em juízo.
c) constitui direito à sentença de mérito favorável e à tutela efetiva.
d) constitui direito à tutela adequada, efetiva e tempestiva mediante processo justo.
e) nenhuma das alternativas é correta.

12. (Cespe/TJ/SE/Cartórios/Remoção/2014) A respeito da jurisdição e da ação, assinale a opção correta:

a) segundo a teoria da asserção, as condições da ação devem ser verificadas conforme as afirmações do autor, antes de produzidas as provas.
b) dado o princípio da indeclinabilidade, o juiz não pode delegar a jurisdição a outra pessoa.
c) conforme a doutrina majoritária, a mediação está inserida na atividade jurisdicional.
d) de acordo com a teoria clássica da ação, desenvolvida por Friedrich Savigny, a ação é o direito a uma sentença favorável.

e) na teoria concretista, defendida por Adolf Wach, não se reconhece a autonomia do direito de ação.

13. **(Consulplan/TJ/MG/Cartórios/Ingresso/2016)** Quanto ao exercício da função jurisdicional pelo Estado-Juiz e no que se refere à jurisdição e ação, é incorreto afirmar:

a) para postular em juízo é necessário ter interesse e legitimidade.

b) ninguém poderá pleitear direito alheio em nome próprio, salvo quando autorizado pelo ordenamento jurídico; em havendo substituição processual, o substituído será excluído do feito, não lhe cabendo intervir como assistente litisconsorcial.

c) o interesse do autor pode limitar-se à declaração da existência, da inexistência ou do modo de ser de uma relação jurídica, da autenticidade ou da falsidade de documento.

d) é admissível a ação meramente declaratória, ainda que tenha ocorrido a violação do direito.

14. **(MPE/PR/Promotor/2016)** Sobre as normas fundamentais do Processo Civil e os temas de jurisdição e ação, assinale a alternativa correta:

a) a Constituição da República Federativa do Brasil serve, para o Direito Processual Civil, como critério de validade, sem influenciar a interpretação dos dispositivos legais.

b) a atuação da jurisdição depende da constatação de lesão a direito, sem se cogitar sobre uma atuação preventiva em casos de ameaças a direitos.

c) para o Código de Processo Civil de 2015, o contraditório é garantia de ouvir e ser ouvido, não tendo relação com os ônus processuais, os deveres nem à aplicação de sanções processuais.

d) de acordo com o Código de Processo Civil de 2015, postular em juízo requer interesse de agir, legitimidade de parte e possibilidade jurídica do pedido.

e) o interesse do autor pode ser limitar à declaração do modo de ser relação jurídica, ainda que não exista pedido de condenação ou de reparação de dano.

15. **(Cespe/MPE/RO/Promotor/2013)** Acerca da ação, do processo e da jurisdição, assinale a opção correta:

a) segundo a jurisprudência do STJ, é necessária a intervenção da defensoria pública como curadora especial do menor na ação de destituição de poder familiar ajuizada pelo MP.

b) segundo Giuseppe Chiovenda, a jurisdição se caracteriza pela substitutividade e pela atuação da vontade da lei.

c) a teoria da asserção preceitua que as condições da ação devem ser verificadas conforme as afirmações do autor, mesmo depois de produzidas as provas, ou seja, em cognição exauriente.

d) as ações declaratórias possuem eficácia "ex nunc".

e) o MP tem legitimidade para pleitear, em ACP, a indenização decorrente do DPVAT em benefício do segurado.

16. **(Cespe/MPE/TO/Promotor/2012)** Acerca da ação declaratória, assinale a opção correta:

a) a ação declaratória é apropriada para se obter declaração de falsidade ideológica.

b) o direito subjetivo declarado pela sentença meramente declaratória constitui título executivo judicial.

c) cabe o ajuizamento de ação declaratória para o reconhecimento de relações futuras meramente prováveis.

d) a ação declaratória pode ser extinta pela prescrição.

e) admite-se o ajuizamento da ação declaratória mesmo quando já é possível ao autor ajuizar ação condenatória ou constitutiva.

17. **(FCC/MPE/AL/Promotor/2012)** No que concerne à natureza jurídica da ação, as afirmativas de que "não há ação sem direito", "não há direito sem ação" e de que "a ação segue a natureza do direito" são consequências do conceito formulado pela teoria:

a) do direito subjetivo instrumental.

b) do direito autônomo e concreto.

c) do direito autônomo e abstrato.

d) clássica ou imanentista.

e) do direito de fazer agir o Estado e não do direito de agir.

18. **(FMP/PGE/AC/Procurador/2012)** Sobre a ação, assinale a alternativa correta:

a) em nenhuma hipótese, é possível postular em nome próprio direito alheio.

b) a reconvenção não implica cumulação objetiva de ações.

c) o interesse de agir está vinculado à necessidade da prestação jurisdicional.

d) o sistema do Código de Processo Civil brasileiro vinculou-se, segundo a posição francamente majoritária da doutrina, à teoria da individuação em matéria de causa de pedir.

19. **(PGE/MS/Procurador/2014)** Entre as várias concepções existentes sobre o conceito de ação na ciência processual, a teoria concreta da ação, ou teoria do direito concreto de agir, defende a sua autonomia afirmando ser um direito distinto do direito material, todavia, condicionando a existência desse direito, a um resultado favorável ao autor, pois apenas nos casos em que se reconhecesse a existência do direito material se reconheceria a existência do direito de ação. Defendem seus adeptos que a ação seria o direito de se obter uma sentença favorável. A teoria concreta da ação, ou teoria do direito concreto de agir, teria sido criada por:

a) Giuseppe Chiovenda.

b) Enrico Tulio Liebman.

c) James Goldschmidt.

d) Heinrich Degenkolb e Alexander Plósz.

e) Adolf Wach.

20. **(FMP/PGE/AC/Procurador/2014)** No que pertine ao elemento subjetivo da demanda, pode-se classificar a eficácia em direta, reflexa ou anexa. Diante disso, considere as assertivas:

I. a eficácia anexa é aquela que advém de pedido cumulado e dependente do pedido principal.

II. a eficácia reflexa atinge o sujeito juridicamente desinteressado e é também chamada de eficácia natural.

III. o terceiro juridicamente interessado legitima-se a recorrer porque é atingido diretamente pela sentença. Assinale a alternativa correta:

a) todas as assertivas são verdadeiras.

b) todas as assertivas são falsas.

c) apenas as assertivas I e III são falsas.

d) apenas a assertiva II é falsa.

2.2. Dos Limites da Jurisdição Nacional e da Cooperação Internacional

✱ REPERCUSSÃO & REPETITIVOS

STF **Repercussão Geral 947.** O organismo internacional que tenha garantida a imunidade de jurisdição em tratado firmado pelo Brasil e internalizado na ordem jurídica brasileira não pode ser demandado em juízo, salvo em caso de renúncia expressa a essa imunidade. (RE 1034840, 2.6.2017)

✱ QUESTÕES OBJETIVAS

21. **(MPE/RS/Promotor/2016)** Assinale com V (verdadeiro) ou com F (falso) as seguintes afirmações sobre o tema dos limites da jurisdição nacional, segundo o disposto no Código do Processo Civil.

I. compete à autoridade judiciária brasileira processar e julgar as ações em que o réu, qualquer que seja a sua nacionalidade, estiver domiciliado no Brasil ou no exterior.

II. compete à autoridade judiciária brasileira processar e julgar as ações decorrentes de relações de consumo, quando o consumidor tiver domicílio ou residência no Brasil.

III. compete à autoridade judiciária brasileira, com exclusão de qualquer outra, em matéria de sucessão hereditária, proceder à confirmação de testamento particular e ao inventário e à partilha de bens situados no Brasil, desde que o autor da herança não seja de nacionalidade estrangeira ou não tenha domicílio fora do território nacional.

IV. a ação proposta perante tribunal estrangeiro não induz litispendência e não obsta a que a autoridade judiciária brasileira conheça da mesma causa e das que lhe são conexas, ressalvadas as disposições em contrário de tratados internacionais e acordos bilaterais em vigor no Brasil.

A sequência correta de preenchimento dos parênteses, de cima para baixo, é:

a) F, V, V, F.

b) F, V, F, V.

c) V, V, F, F.

d) F, F, V, V.

e) V, F, V, F.

2.3. Da Competência Interna

✱ SÚMULAS

1) Disposições Gerais

STF **Súm. 335.** É válida a cláusula de eleição do foro para os processos oriundos do contrato.

STF **Súm. 363.** A pessoa jurídica de direito privado pode ser demandada no domicílio da agência, ou estabelecimento, em que se praticou o ato.

STJ **Súm. 224.** Excluído do feito o ente federal cuja presença levara o juiz estadual a declinar da competência, deve o juiz federal restituir os autos e não suscitar conflito.

STJ **Súm. 254.** A decisão do juízo federal que exclui da relação processual ente federal não pode ser reexaminada no juízo estadual.

2) Da Competência da Justiça Estadual

STF **Súm. Vinculante 27.** Compete à Justiça Estadual julgar causas entre consumidor e concessionária de serviço público de telefonia, quando a Anatel não seja litisconsorte passiva necessária, assistente, nem opoente.

STF **Súm. 501.** Compete à justiça ordinária estadual o processo e o julgamento, em ambas as instâncias, das causas de acidente do trabalho, ainda que promovidas contra a União, suas autarquias, empresas públicas ou sociedades de economia mista.

STF **Súm. 508.** Compete à Justiça Estadual, em ambas as instâncias, processar e julgar as causas em que for parte o Banco do Brasil S.A.

STF **Súm. 516.** O Serviço Social da Indústria (Sesi) está sujeito à jurisdição da Justiça Estadual.

STF **Súm. 556.** É competente a justiça comum para julgar as causas em que é parte sociedade de economia mista.

STJ **Súm. 1.** O foro do domicílio ou da residência do alimentando é o competente para a ação de investigação de paternidade, quando cumulada com a de alimentos.

STJ **Súm. 11.** A presença da União ou de qualquer de seus entes, na ação de usucapião especial, não afasta a competência do foro da situação do imóvel.

STJ **Súm. 15.** Compete à justiça estadual processar e julgar os litígios decorrentes de acidente do trabalho.

STJ **Súm. 34.** Compete à justiça estadual processar e julgar causa relativa a mensalidade escolar, cobrada por estabelecimento particular de ensino.

STJ **Súm. 42.** Compete à justiça comum estadual processar e julgar as causas cíveis em que é parte sociedade de economia mista e os crimes praticados em seu detrimento.

STJ **Súm. 206.** A existência de vara privativa, instituída por lei estadual, não altera a competência territorial resultante das leis de processo.

STJ **Súm. 238.** A avaliação da indenização devida ao proprietário do solo, em razão de alvará de pesquisa mineral, é processada no juízo estadual da situação do imóvel.

STJ **Súm. 270.** O protesto pela preferência de crédito, apresentado por ente federal em execução que tramita na justiça estadual, não desloca a competência para a justiça federal.

STJ **Súm. 363.** Compete à justiça estadual processar e julgar a ação de cobrança ajuizada por profissional liberal contra cliente.

STJ **Súm. 368.** Compete à justiça comum estadual processar e julgar os pedidos de retificação de dados cadastrais da justiça eleitoral.

STJ **Súm. 505.** A competência para processar e julgar as demandas que têm por objeto obrigações decorrentes dos contratos de planos de previdência privada firmados com a Fundação Rede Ferroviária de Seguridade Social – Refer é da justiça estadual.

STJ **Súm. 553.** Nos casos de empréstimo compulsório sobre o consumo de energia elétrica, é competente a justiça estadual para o julgamento de demanda proposta exclusivamente contra a Eletrobrás. Requerida a intervenção da União no feito após a prolação de sentença pelo juízo estadual, os autos devem ser remetidos ao tribunal regional federal competente para o julgamento da apelação se deferida a intervenção.

3) Competência da Justiça Federal

STF **Súm. 689.** O segurado pode ajuizar ação contra a instituição previdenciária perante o juízo federal do seu domicílio ou nas varas federais da capital do Estado-membro.

STF **Súm. 517.** As sociedades de economia mista só têm foro na Justiça Federal, quando a União intervém como assistente ou opoente.

STJ **Súm. 32.** Compete à justiça federal processar justificações judiciais destinadas a instruir pedidos perante entidades que nela têm exclusividade de foro, ressalvada a aplicação do art. 15, II, da Lei 5.010/1966.

STJ **Súm. 150.** Compete à justiça federal decidir sobre a existência de interesse jurídico que justifique a presença, no processo, da União, suas autarquias ou empresas públicas.

STJ **Súm. 324.** Compete à justiça federal processar e julgar ações de que participa a Fundação Habitacional do Exército, equiparada à entidade autárquica federal, supervisionada pelo Ministério do Exército.

STJ **Súm. 365.** A intervenção da União como sucessora da Rede Ferroviária Federal S/A (RFFSA) desloca a competência para a justiça federal ainda que a sentença tenha sido proferida por juízo estadual.

4) Da Modificação da Competência

STF **Súm. 335.** É válida a cláusula de eleição do foro para os processos oriundos do contrato.

STJ **Súm. 235.** A conexão não determina a reunião dos processos, se um deles já foi julgado.

STJ **Súm. 489.** Reconhecida a continência, devem ser reunidas na justiça federal as ações civis públicas propostas nesta e na justiça estadual.

5) Da Incompetência

STJ **Súm. 3.** Compete ao tribunal regional federal dirimir conflito de competência verificado, na respectiva região, entre juiz federal e juiz estadual investido de jurisdição federal.

STJ **Súm. 33.** A incompetência relativa não pode ser declarada de ofício.

STJ **Súm. 59.** Não há conflito de competência se já existe sentença com trânsito em julgado, proferida por um dos juízos conflitantes.

STJ **Súm. 428.** Compete ao tribunal regional federal decidir os conflitos de competência entre juizado especial federal e juízo federal da mesma seção judiciária.

* REPERCUSSÃO & REPETITIVOS

STF **Repercussão Geral 258.** Compete à Justiça Federal processar e julgar ações em que a Ordem dos Advogados do Brasil, quer mediante o Conselho Federal, quer seccional, figure na relação processual. (RE 595332, 31.8.2016)

* ENUNCIADOS CJF

CJF **Proc. Civil 108.** A competência prevista nas alíneas do art. 53, I, do CPC não é de foros concorrentes, mas de foros subsidiários.

* INFORMATIVOS

STJ **Competência. Juizado especial cível. Ação de cobrança. Associação de moradores de loteamento urbano. Taxas de manutenção de áreas comuns. Morador não associado.** O juizado especial cível é competente para o processamento e o julgamento de ação proposta por associação de moradores visando à cobrança de taxas de manutenção de loteamento em face de morador não associado. RMS 53.602, Rel. Min. Nancy Andrighi, DJ 7.6.2018. 3ª T. (Info 627)

STJ **Cláusula compromissória. Competência. Juízo arbitral. Aplicação do princípio "kompetenz-kompetenz". Afastamento do juízo estatal.** A previsão contratual de convenção de arbitragem enseja o reconhecimento da competência do Juízo arbitral para decidir com primazia sobre o Poder Judiciário as questões acerca da existência, validade e eficácia da convenção de arbitragem e do contrato que contenha a cláusula compromissória. REsp 1.550.260, Rel. Acd. Min. Ricardo Villas Bôas Cueva, DJ 20.3.2018. 3ª T. (Info 622)

* QUESTÕES OBJETIVAS

22. **(Ieses/TJ/CE/Cartórios/Ingresso/2018)** Quando, entre duas ou mais ações, houver identidade quanto às partes e à causa de pedir, mas o pedido de uma, por ser mais amplo, abrange o das demais, estaremos diante do instituto do Código de Processo Civil denominado de:

a) continência.
b) comoriência.
c) conexão.
d) incompetência.

23. **(Ieses/TJ/CE/Cartórios/Ingresso/2018)** Acerca das regras jurídicas dispostas no Código de Processo Civil e que definem a competência interna, assinale a alternativa incorreta:

a) o foro de domicílio do autor da herança, no Brasil, é o competente para o inventário, a partilha, a arrecadação, o cumprimento de disposições de última vontade, a impugnação ou anulação de partilha extrajudicial e para todas as ações em que o espólio for réu, ainda que o óbito tenha ocorrido no estrangeiro.
b) a ação possessória imobiliária será proposta no foro de situação da coisa, cujo juízo tem competência absoluta.
c) a ação fundada em direito real sobre bens imóveis será proposta, em regra, no foro de domicílio do réu.
d) a ação fundada em direito pessoal será proposta, em regra, no foro de domicílio do réu.

24. **(Ieses/TJ/RO/Cartórios/Remoção/2017)** Compete à autoridade judiciária brasileira processar e julgar as ações em que:

I. o fundamento seja fato ocorrido ou ato praticado no Brasil.

II. no Brasil tiver de ser cumprida a obrigação.

III. o réu, qualquer que seja a sua nacionalidade, estiver domiciliado no Brasil.

IV. no exterior tiver de ser cumprida a obrigação.

A sequência correta é:

a) as assertivas I, II, III e IV estão corretas.

b) apenas a assertiva II está correta.

c) apenas as assertivas I e IV estão corretas.

d) apenas as assertivas I, II, III estão corretas.

25. **(Ieses/TJ/AM/Cartórios/Remoção/2018)** Compete à autoridade judiciária brasileira processar e julgar as ações em que:

I. o réu, qualquer que seja a sua nacionalidade, estiver domiciliado no Brasil.

II. o fundamento seja fato ocorrido ou ato praticado no Brasil.

III. de alimentos, quando o credor tiver domicílio ou residência no Brasil.

IV. decorrentes de relações de consumo, quando o consumidor tiver domicílio ou residência no Brasil.

A sequência correta é:

a) as assertivas I, II, III e IV estão corretas.

b) apenas as assertivas II e IV estão incorretas.

c) apenas a assertiva IV está incorreta.

d) apenas as assertivas I e IV estão corretas.

26. **(MPE/PR/Promotor/2016)** Com relação à exceção de incompetência, assinale a alternativa correta:

a) é cabível o recurso em sentido estrito da decisão que reconhece a incompetência do juízo ou que rejeita a exceção de incompetência oposta.

b) a oposição de exceção de incompetência do juízo, a ser apresentada no prazo da defesa, interromperá o curso do processo, de modo a evitar o prejuízo para as partes pelo proferimento de manifestações judiciais capazes de gerar sucumbência ou decisões que realizem o enfrentamento do mérito.

c) de acordo com o entendimento do Supremo Tribunal Federal e do Superior Tribunal de Justiça, a ratificação é viável tanto em relação a atos instrutórios como decisórios, seja relativa ou absoluta a incompetência verificada, salvo quando se tratar de sentença de mérito.

d) encaminhados os autos para o juízo indicado como competente por força da procedência da exceção de incompetência oposta, e havendo discordância do magistrado quanto à atribuição da competência ao juízo perante o qual atua, deverá remeter imediatamente os autos para o juízo de origem, abstendo-se de praticar qualquer ato instrutório ou decisório.

e) a exceção de incompetência deverá ser necessariamente oposta por escrito, procedendo-se à sua autuação em apartado, dando-se continuidade ao trâmite do processo principal.

27. **(MPE/RS/Promotor/2016)** Assinale com V (verdadeiro) ou com F (falso) as seguintes afirmações sobre o tema da competência, segundo o disposto no Código do Processo Civil.

I. a ação possessória imobiliária será proposta no foro de situação da coisa, cujo juízo tem competência relativa.

II. se Estado ou o Distrito Federal for o demandado, a ação poderá ser proposta no foro de domicílio do autor, no de ocorrência do ato ou fato que originou a demanda, no de situação da coisa ou na capital do respectivo ente federado.

III. quando houver continência e a ação continente tiver sido proposta anteriormente, no processo relativo à ação contida será proferida sentença com resolução de mérito, caso contrário, as ações serão necessariamente reunidas.

IV. há conflito de competência quando entre 2 (dois) ou mais juízes surge controvérsia acerca da reunião ou separação de processos.

A sequência correta de preenchimento dos parênteses, de cima para baixo, é:

a) V, F, V, F.

b) F, V, V, V.

c) V, V, F, F.

d) F, F, V, V.

e) F, V, F, V.

28. **(MPE/SC/Promotor/2016)** O novo Código de Processo Civil não uniformizou o regramento acerca da competência das ações coletivas, mantendo-se as regras conforme o microssistema em que inserida a matéria, de forma que convivem, no atual sistema, as regras da Lei de Ação Civil Pública (competência do local do dano), com as do Código de Defesa do Consumidor (competência do local do dano, se de âmbito local e competência das capitais estaduais ou do Distrito Federal para danos regionais/nacionais), com as do Estatuto da Criança e do Adolescente (competência do local da ação ou omissão).

29. **(MPE/GO/Promotor/2016)** A respeito das regras de competência, é incorreto afirmar:

a) para a ação de divórcio, separação, anulação de casamento e reconhecimento ou dissolução da união estável, é competente o domicílio do guardião do filho incapaz.

b) ainda que não haja conexão entre eles, poderão ser reunidos para julgamento conjunto os processos que possam gerar risco de prolação de decisões conflitantes ou contraditórias.

c) a competência determina-se no momento do registro ou da distribuição da petição inicial, sendo irrelevantes as modificações do estado de fato ou de direito ocorridas posteriormente, salvo quando suprimirem órgão judiciário ou alterarem a competência absoluta.

d) a competência determinada em razão da matéria, da pessoa ou da função poderá ser derrogada por acordo entre as partes, homologado pelo juiz.

30. **(Fapec/MPE/MS/Promotor/2015)** Conforme o entendimento jurisprudencial consolidado, é incorreto afirmar que:

a) compete à justiça estadual julgar as causas em que for parte o Banco do Brasil S.A.

b) a competência para processar e julgar as ações conexas de interesse de menor é, em princípio, do foro do domicílio do detentor de sua guarda.

c) compete à Justiça Federal processar e julgar os pedidos de retificação de dados cadastrais da Justiça Eleitoral.

d) o foro do domicílio ou da residência do alimentando é competente para a ação de investigação de paternidade, quando cumulada com a de alimentos.

e) reconhecida a continência, devem ser reunidas na Justiça Federal as ações civis públicas propostas nesta e na Justiça Estadual.

31. **(MPE/SC/Promotor/2016)** No que se refere à competência, chamam-se absolutos os critérios criados para proteger interesses públicos e critérios relativos são aqueles criados para a tutela de interesses particulares. Nos termos do novo Código de Processo Civil, a incompetência relativa pode ser alegada pelo Ministério Público nas causas em que atuar.

32. **(UFMT/DPE/MT/Defensor/2016)** Sobre a competência no Código de Processo Civil (CPC/2015), assinale a afirmativa incorreta:

a) a ação possessória imobiliária será proposta no foro de situação da coisa, cujo juízo tem competência absoluta.

b) a incompetência, absoluta ou relativa, será alegada como questão preliminar de contestação.

c) o registro ou a distribuição da petição inicial torna prevento o juízo.

d) antes da citação, a cláusula de eleição de foro, se abusiva, pode ser reputada ineficaz de ofício pelo juiz; após a citação, incumbe ao réu alegar a abusividade da cláusula de eleição de foro na contestação, sob pena de preclusão.

e) é competente o foro de domicílio da mulher, para a ação de divórcio, anulação de casamento e reconhecimento ou dissolução de união estável.

33. **(FCC/PGE/MT/Procurador/2016)** A respeito de competência absoluta e relativa, segundo legislação vigente:

a) a incompetência relativa não pode ser conhecida de ofício pelo Magistrado, pois deve ser alegada pelo réu em exceção de incompetência, em peça apartada, no mesmo prazo da contestação.

b) a competência prevista em lei para a execução fiscal, é de natureza funcional e, assim, absoluta, de modo que pode ser declinada de ofício pelo Magistrado.

c) a incompetência, seja absoluta ou relativa, deve ser alegada pelo réu em preliminar de contestação; todavia, caso não o faça no prazo legal, somente esta última se prorroga.

d) o Código prevê que é possível a reunião de duas ações conexas no juízo prevento, ainda que se trate de competência em razão da matéria, desde que haja interesse público que justifique a união das demandas para único julgamento.

e) a incompetência territorial é relativa e, por isso, não pode ser conhecida de ofício pelo Magistrado, razão pela qual se prorroga, caso não seja alegada no momento oportuno.

34. **(TRT/4R/Juiz/2016)** Assinale a assertiva correta sobre incompetência:

a) a incompetência relativa será apresentada em peça apartada, suspendendo o curso do processo.

b) após manifestação da parte contrária, o Juiz decidirá imediatamente a alegação de incompetência.

c) o oferecimento de reconvenção, pelo réu, depende do oferecimento de contestação.

d) reconhecida a incompetência absoluta, são considerados desde logo nulos os atos decisórios já proferidos.

e) reconhecida a incompetência relativa, são considerados desde logo nulos os atos decisórios já proferidos.

35. **(Faurgs/TJ/RS/Juiz/2016)** Na vigência do Novo Código de Processo Civil, instituído pela Lei n. 13.105/2015, assinale a alternativa incorreta a respeito do procedimento comum:

a) no sistema do Novo CPC, todas as defesas do réu, incluindo as alegações de incompetência relativa, impedimento e suspeição, deverão ser apresentadas como preliminares da contestação.

b) a constatação imediata da prescrição da pretensão ou da decadência do direito potestativo, entre outras hipóteses, autoriza o juiz a julgar liminarmente improcedente o pedido, não a indeferir a petição inicial.

c) no caso de o juiz indeferir por completo a petição inicial, o autor poderá apelar; não sendo exercido o juízo de retratação, o réu deverá ser citado para responder ao recurso de apelação.

d) o Novo CPC admite expressamente a extinção parcial do processo sem resolução do mérito, sendo que essa decisão será impugnável por meio do recurso de agravo de instrumento.

e) sendo protocolado, pelo réu, pedido de cancelamento da audiência de conciliação ou de mediação, o prazo para contestação terá como termo inicial a data desse protocolo; se forem vários réus em litisconsórcio passivo, o termo inicial será, para cada um, a data do protocolo do respectivo pedido de cancelamento.

3. DOS SUJEITOS DO PROCESSO

3.1. Das Partes e dos Procuradores

3.1.1. Da Capacidade Processual

✱ SÚMULAS

STJ **Súm. 134.** Embora intimado da penhora em imóvel do casal, o cônjuge do executado pode opor embargos de terceiro para defesa de sua meação.

STJ **Súm. 196.** Ao executado que, citado por edital ou por hora certa, permanecer revel, será nomeado curador especial, com legitimidade para apresentação de embargos.

STJ **Súm. 525.** A Câmara de vereadores não possui personalidade jurídica, apenas personalidade judiciária, somente podendo demandar em juízo para defender os seus direitos institucionais.

✱ INFORMATIVOS

STJ **Ação de divórcio. Natureza personalíssima. Cônjuge alegadamente incapaz. Representação por curador provisório. Excepcionalidade.** A ação de divórcio não pode, em regra, ser ajuizada por curador provisório. REsp 1.645.612, Rel. Min. Nancy Andrighi, DJ 12.11.2018. 3ª T. (Info 637)

✱ QUESTÕES OBJETIVAS

36. **(Consulplan/TJ/MG/Cartórios/Remoção/2016)** No que tange ao consentimento entre cônjuges para efeito de se tratar sobre direito real imobiliário, julgue as afirmações seguintes:

I. o cônjuge necessitará do consentimento do outro para propor ação que verse sobre direito real imobiliário, salvo quando casados sob o regime de separação absoluta de bens.

II. ambos os cônjuges serão necessariamente citados para a ação que verse sobre direito real imobiliário, salvo quando casados sob o regime de separação absoluta de bens; que seja resultante de fato que diga respeito a ambos os cônjuges ou de ato praticado por eles; que seja fundada em dívida contraída por um dos cônjuges a bem da família; e que tenha por objeto o reconhecimento, a constituição ou a extinção de ônus sobre imóvel de um ou de ambos os cônjuges.

III. nas ações possessórias, a participação do cônjuge do autor ou do réu somente é indispensável nas hipóteses de composse ou de ato por ambos praticado.

IV. é dispensável o consentimento quando se tratar de relacionamento identificado e comprovado como união estável.

Está correto apenas o que se afirma em:

a) I, II e III.

b) II, III e IV.

c) I e II.

d) III e IV.

37. **(Ieses/TJ/CE/Cartórios/Remoção/2018)** O cônjuge necessitará do consentimento do outro para propor ação que verse sobre direito real imobiliário, salvo quando casados sob o regime de separação absoluta de bens, assim como, ambos os cônjuges serão necessariamente citados para a ação:

I. que tenha por objeto o reconhecimento, a constituição ou a extinção de ônus sobre imóvel de um ou de ambos os cônjuges.

II. resultante de fato que diga respeito a ambos os cônjuges ou de ato praticado por eles.

III. que verse sobre direito real imobiliário, salvo quando casados sob o regime de separação absoluta de bens.

IV. fundada em dívida contraída por um dos cônjuges a bem da família.

A sequência correta é:

a) apenas as assertivas I, II e IV estão corretas.
b) apenas as assertivas II e III estão corretas.
c) as assertivas I, II, III e IV estão corretas.
d) apenas a assertiva II está incorreta.

38. **(Cetro/TJ/RJ/Cartórios/Ingresso/2017)** Sobre situações correlacionadas com o instituto da capacidade postulatória, assinale a alternativa correta:

a) o menor impúbere outorga procuração "ad judicia" por meio de instrumento público, necessariamente.
b) a interposição de agravo regimental em sindicância apresentada por funcionário público não necessita da participação de advogado no arrazoamento.
c) o advogado que se encontra impedido de advogar contra município no início do processo mantém-se impedido mesmo quando renuncia posteriormente ao cargo público.
d) a dispensa à demonstração da representação processual de município por meio de instrumento de mandato somente é possível quando seus procuradores estiverem investidos na condição de servidores municipais.
e) a capacidade postulatória do advogado inscrito na OAB em outro estado está vinculada à inscrição suplementar naquela seccional, sob pena de nulidade processual.

39. **(MPE/PR/Promotor/2016)** Sobre a disciplina dos sujeitos do processo, de seus direitos e deveres, no Código de Processo Civil de 2015, assinale a alternativa correta:

a) a capacidade para estar em juízo é exclusiva dos maiores de dezoito anos, dos menores cuja incapacidade cessou por conta das hipóteses legais do Código Civil e das pessoas jurídicas.
b) o menor de idade tem capacidade para estar em juízo, mas não possui capacidade processual.
c) a ação reipersecutória de bem imóvel não exige citação do cônjuge casado em comunhão universal, pois não é ação possessória.
d) a parte que age de má-fé, como o autor que altera a verdade dos fatos ao narrá-los na petição inicial, será punida com multa superior a um por cento e inferior a dez por cento do valor corrigido da causa, não se cumulando nenhuma outra consequência jurídica pelo ato praticado.
e) como o benefício da gratuidade da justiça depende da demonstração de prejuízo próprio ou da família, considera-se que essa garantia de acesso à justiça é válida apenas para pessoas físicas.

40. **(TRT/4R/Juiz/2016)** Assinale a assertiva incorreta sobre processo de conhecimento:

a) até o trânsito em julgado da ação, poderá o Juiz conhecer de ofício, em qualquer tempo e grau de jurisdição, a ausência dos pressupostos de constituição e de desenvolvimento válido e regular do processo, a existência de perempção, litispendência ou coisa julgada, a ausência de legitimidade ou interesse processual, bem como a intransmissibilidade da ação, por disposição legal, em caso de morte.
b) a não regularização da representação processual pelo autor, no prazo fixado pelo Juízo de primeiro grau, acarreta a extinção do processo sem resolução do mérito.
c) são condições da ação, conforme previsão expressa, e, portanto, matéria de ordem pública, sobre as quais o Juiz deve se pronunciar de ofício, a legitimidade de parte, o interesse processual e a possibilidade jurídica do pedido.
d) é permitido ao Juiz decidir parcialmente o mérito em julgamento antecipado quando um ou mais pedidos ou parcela deles se mostrarem incontroversos ou em condições de imediato julgamento, podendo a parte liquidar ou executar, desde logo, a obrigação parcialmente reconhecida, ainda que existente recurso interposto.
e) a audiência poderá ser integralmente gravada em imagem e áudio, podendo ser realizada a gravação diretamente por qualquer das partes, ainda que sem autorização judicial.

3.1.2. Dos Deveres das Partes e de seus Procuradores

✱ SÚMULAS

1) Despesas Gerais

STJ **Súm. 190.** Na execução fiscal, processada perante a justiça estadual, cumpre à Fazenda Pública antecipar o numerário destinado ao custeio das despesas com o transporte dos oficiais de justiça.

STJ **Súm. 483.** O INSS não está obrigado a efetuar depósito prévio do preparo por gozar das prerrogativas e privilégios da Fazenda Pública.

2) Gratuidade da Justiça

STF **Súm. 450.** São devidos honorários de advogado sempre que vencedor o beneficiário de justiça gratuita.

STJ **Súm. 481.** Faz jus ao benefício da justiça gratuita a pessoa jurídica com ou sem fins lucrativos que demonstrar sua impossibilidade de arcar com os encargos processuais.

3) Honorários Advocatícios

STF **Súm. Vinculante 47.** Os honorários advocatícios incluídos na condenação ou destacados do montante principal devido ao credor consubstanciam verba de natureza alimentar cuja satisfação ocorrerá com a expedição de precatório ou requisição de pequeno valor, observada ordem especial restrita aos créditos dessa natureza.

STF **Súm. 257.** São cabíveis honorários de advogado na ação regressiva do segurador contra o causador do dano.

STF **Súm. 389.** Salvo limite legal, a fixação de honorários de advogado, em complemento da condenação, depende das circunstâncias da causa, não dando lugar a recurso extraordinário.

STF **Súm. 450.** São devidos honorários de advogado sempre que vencedor o beneficiário de justiça gratuita.

STF **Súm. 616.** É permitida a cumulação da multa contratual com os honorários de advogado, após o advento do Código de Processo Civil vigente.

STJ **Súm. 14.** Arbitrados os honorários advocatícios em percentual sobre o valor da causa, a correção monetária incide a partir do respectivo ajuizamento.

STJ **Súm. 29.** No pagamento em juízo para elidir falência, são devidos correção monetária, juros e honorários de advogado.

STJ **Súm. 105.** Na ação de mandado de segurança, não se admite condenação em honorários advocatícios.

STJ **Súm. 110.** A isenção do pagamento de honorários advocatícios, nas ações acidentárias, é restrita ao segurado.

STJ **Súm. 111.** Os honorários advocatícios, nas ações previdenciárias, não incidem sobre as prestações vencidas após a sentença.

STJ **Súm. 153.** A desistência da execução fiscal, após o oferecimento dos embargos, não exime o exequente dos encargos da sucumbência.

STJ **Súm. 201.** Os honorários advocatícios não podem ser fixados em salários-mínimos.

STJ **Súm. 303.** Em embargos de terceiro, quem deu causa à constrição indevida deve arcar com os honorários advocatícios.

STJ **Súm. 488.** O § 2º do art. 6º da Lei n. 9.469/1997, que obriga à repartição dos honorários advocatícios, é inaplicável a acordos ou transações celebrados em data anterior à sua vigência.

STJ **Súm. 517.** São devidos honorários advocatícios no cumprimento de sentença, haja ou não impugnação, depois de escoado o prazo para pagamento voluntário, que se inicia após a intimação do advogado da parte executada.

4) Honorários Periciais

STJ **Súm. 232.** A Fazenda Pública, quando parte no processo, fica sujeita à exigência do depósito prévio dos honorários do perito.

STJ **Súm. 232.** A Fazenda Pública, quando parte no processo, fica sujeita à exigência do depósito prévio dos honorários do perito.

5) Ônus Sucumbenciais

STJ **Súm. 326.** Na ação de indenização por dano moral, a condenação em montante inferior ao postulado na inicial não implica sucumbência recíproca.

STJ **Súm. 462.** Nas ações em que representa o FGTS, a CEF, quando sucumbente, não está isenta de reembolsar as custas antecipadas pela parte vencedora.

✱ REPERCUSSÃO & REPETITIVOS

STJ **Repetitivo 872.** Nos embargos de terceiro cujo pedido foi acolhido para desconstituir a constrição judicial, os honorários advocatícios serão arbitrados com base no princípio da causalidade, responsabilizando-se o atual proprietário (embargante), se este não atualizou os dados cadastrais. Os encargos de sucumbência serão suportados pela parte embargada, porém, na hipótese em que esta, depois de tomar ciência da transmissão do bem, apresentar ou insistir na impugnação ou recurso para manter a penhora sobre o bem cujo domínio foi transferido para terceiro. (REsp 1452840, 14.9.2016)

STJ **Repetitivo 973.** O art. 85, § 7º, do NCPC não afasta a aplicação do entendimento consolidado na Súm. 345/STJ, de modo que são devidos honorários advocatícios nos procedimentos individuais de cumprimento de sentença decorrente de ação coletiva, ainda que não impugnados e promovidos em litisconsórcio. (REsp 1648238, 27.6.2018)

* ENUNCIADOS CJF

CJF **Proc. Civil 4.** A entrada em vigor de acordo ou tratado internacional que estabeleça dispensa da caução prevista no art. 83, § 1º, inc. I do CPC/2015, implica na liberação da caução previamente imposta.

CJF **Proc. Civil 5.** Ao proferir decisão parcial de mérito ou decisão parcial fundada no art. 485 do CPC, condenar-se-á proporcionalmente o vencido a pagar honorários ao advogado do vencedor, nos termos do art. 85 do CPC.

CJF **Proc. Civil 6.** A fixação dos honorários de sucumbência por apreciação equitativa só é cabível nas hipóteses previstas no § 8º do art. 85 do CPC.

CJF **Proc. Civil 7.** A ausência de resposta ao recurso pela parte contrária, por si só, não tem o condão de afastar a aplicação do disposto no art. 85, § 11, do CPC.

CJF **Proc. Civil 8.** Não cabe majoração de honorários advocatícios em agravo de instrumento, salvo se interposto contra decisão interlocutória que tenha fixado honorários na origem, respeitados os limites estabelecidos no art. 85, §§ 2º, 3º e 8º, do CPC.

CJF **Proc. Civil 9.** Aplica-se o art. 90, § 4º, do CPC ao reconhecimento da procedência do pedido feito pela Fazenda Pública nas ações relativas às prestações de fazer e de não fazer.

CJF **Proc. Civil 10.** O benefício do § 4º do art. 90 do CPC aplica-se apenas à fase de conhecimento.

CJF **Proc. Civil 109.** Na hipótese de cumulação alternativa, acolhido integralmente um dos pedidos, a sucumbência deve ser suportada pelo réu.

CJF **Proc. Civil 118.** É cabível a fixação de honorários advocatícios na ação de produção antecipada de provas na hipótese de resistência da parte requerida na produção da prova.

* INFORMATIVOS

STF **Honorários advocatícios e seu fracionamento.** É válido o fracionamento dos honorários advocatícios em litisconsórcio simples facultativo, por se tratar de cumulação de ações com o mesmo pedido. RE 913536, Rel. Acd. Min. Roberto Barroso, j. 24.6.2018. 1ª T. (Info 907)

STJ **Cumprimento de sentença. Art. 523 do NCPC. Obrigação de pagar quantia certa. Inadimplemento. Honorários advocatícios. Base de cálculo. Valor da dívida. Não inclusão da multa de dez por cento.** A multa de 10% prevista pelo art. 523, § 1º, do NCPC não integra a base de cálculo dos honorários advocatícios. REsp 1.757.033, Rel. Min. Ricardo Villas Bôas Cueva, DJ 15.10.2018. 3ª T. (Info 636)

STJ **Honorários advocatícios de sucumbência. Direito intertemporal. Regime jurídico aplicável. Sentença proferida na vigência do CPC/15. Aplicabilidade do art. 85 da novel legislação. Arbitramento pelo STJ. Supressão de instância.** Configura supressão de grau de jurisdição o arbitramento no STJ de honorários de sucumbência com base no CPC/15, na hipótese em que as instâncias ordinárias utilizaram equivocadamente o CPC/73 para a sua fixação. REsp 1.647.246, Rel. Acd. Min. Regina Helena Costa, DJ 19.12.2017. 1ª T. (Info 617)

* QUESTÕES OBJETIVAS

41. **(Consulplan/TJ/MG/Cartórios/Remoção/2017)** Acerca dos parâmetros de hipossuficiência econômica, marque a alternativa correta:

a) o CPC/15 prevê de maneira expressa o cabimento tanto de caução real quanto de caução fidejussória, o que se torna uma novidade já que não era aceito na vigência do CPC/1973.

b) a hipossuficiência não precisa ser demonstrada nas ações possessórias, uma vez que a simples declaração de hipossuficiência já é suficiente.

c) o CPC/15 inova ao dispensar a parte economicamente hipossuficiente de prestar caução.

d) o CPC/15 também inova ao estabelecer um procedimento diferenciado e adaptado para litígios decorrentes de movimentos sociais, evidenciando a preocupação do legislador quanto às peculiaridades sociais, econômicas e políticas do país. Nesses litígios, dispensa-se a atuação do Ministério Público e da Defensoria Pública.

42. **(Consulplan/TJ/MG/Cartórios/Remoção/2016)** Em se tratando de sentença proferida com fundamento em desistência, em renúncia ou em reconhecimento do pedido, as despesas e os honorários advocatícios serão pagos pela parte que desistiu, renunciou ou reconheceu. Sobre esse tema, não é correto afirmar:

a) sendo parcial a desistência, a renúncia ou o reconhecimento, a responsabilidade pelas despesas e pelos honorários advocatícios será proporcional à parcela reconhecida, à qual se renunciou ou da qual se desistiu.

b) havendo transação e nada tendo as partes disposto quanto às despesas, estas serão divididas igualmente.

c) ainda que a transação ocorra antes da sentença, as partes não serão dispensadas do pagamento das custas processuais remanescentes.

d) se o réu reconhecer a procedência do pedido e, simultaneamente, cumprir de modo integral a prestação reconhecida, os honorários serão reduzidos pela metade.

43. (Consulplan/TJ/MG/Cartórios/Remoção/2016) Em se tratando da gratuidade de justiça, assinale a afirmação incorreta, de acordo com o CPC/2015:

a) se superveniente à primeira manifestação da parte na instância, o pedido de gratuidade judiciária não poderá ser formulado por petição simples nos autos do próprio processo.

b) o juiz somente poderá indeferir o pedido se houver nos autos elementos que evidenciem a falta dos pressupostos legais para a concessão de gratuidade, devendo, antes de indeferir o pedido, determinar à parte a comprovação do preenchimento dos referidos pressupostos.

c) presume-se verdadeira a alegação de insuficiência deduzida exclusivamente por pessoa natural; todavia, a assistência do requerente por advogado particular não impede a concessão de gratuidade da justiça.

d) o recurso que verse exclusivamente sobre valor de honorários de sucumbência fixados em favor do advogado de beneficiário estará sujeito a preparo, salvo se o próprio advogado demonstrar que tem direito à gratuidade.

3.1.3. Dos Procuradores, Da Sucessão das Partes e dos Procuradores

▲ NCPC. Parte Geral, Livro III – Dos Sujeitos do Processo, Título I – Das Partes e dos Procuradores, Capítulo III – Dos Procuradores

▲ Art. 107. (...). § 5º O disposto no inciso I do caput deste artigo aplica-se integralmente a processos eletrônicos. (Modificações: Lei 13.793/19)

✱ SÚMULAS

STF **Súm. 644.** Ao titular do cargo de procurador de autarquia não se exige a apresentação de instrumento de mandato para representá-la em juízo.

STJ **Súm. 375.** O reconhecimento da fraude à execução depende do registro da penhora do bem alienado ou da prova de má-fé do terceiro adquirente.

✱ INFORMATIVOS

STJ **Sociedade empresarial estrangeira. Representação no Brasil. Art. 835 do CPC/73 (art. 83 do NCPC). Prestação de caução. Desnecessidade.** Não é necessária a prestação de caução para o ajuizamento de ação por sociedade empresarial estrangeira devidamente representada no Brasil. REsp 1.584.441, Rel. Min. Moura Ribeiro, DJ 31.8.2018. 3ª T. (Info 632)

✱ QUESTÕES OBJETIVAS

44. (Vunesp/TJ/SP/Cartórios/Ingresso/2018) É correto afirmar que:

a) o adquirente da coisa litigiosa sucede a parte alienante no processo, independentemente do consentimento da parte contrária.

b) o Juiz deve nomear curador especial ao réu preso revel.

c) em ação que verse sobre direito real imobiliário, basta a citação de um dos cônjuges, se casados sob o regime de comunhão parcial de bens.

d) não é cabível requerimento de desconsideração da personalidade jurídica na petição inicial do processo de conhecimento.

3.2. Do Litisconsórcio

✱ SÚMULAS

STF **Súm. 631.** Extingue-se o processo de mandado de segurança se o impetrante não promove, no prazo assinado, a citação do litisconsorte passivo necessário.

STF **Súm. 701.** No mandado de segurança impetrado pelo Ministério Público contra decisão proferida em processo penal, é obrigatória a citação do réu como litisconsorte passivo.

STJ **Súm. 358.** O cancelamento de pensão alimentícia de filho que atingiu a maioridade está sujeito à decisão judicial, mediante contraditório, ainda que nos próprios autos.

3.3. Da Intervenção de Terceiros

* SÚMULAS

STJ **Súm. 553.** Nos casos de empréstimo compulsório sobre o consumo de energia elétrica, é competente a justiça estadual para o julgamento de demanda proposta exclusivamente contra a Eletrobrás. Requerida a intervenção da União no feito após a prolação de sentença pelo juízo estadual, os autos devem ser remetidos ao tribunal regional federal competente para o julgamento da apelação se deferida a intervenção.

STJ **Súm. 537.** Em ação de reparação de danos, a seguradora denunciada, se aceitar a denunciação ou contestar o pedido do autor, pode ser condenada, direta e solidariamente junto com o segurado, ao pagamento da indenização devida à vítima, nos limites contratados na apólice.

* REPERCUSSÃO & REPETITIVOS

STF **Repercussão Geral 359.** É irrecorrível a decisão denegatória de ingresso, no feito, como "amicus curiae". (RE 602584-AgR, 17.10.2018)

* ENUNCIADOS CJF

CJF **Proc. Civil 11.** Aplica-se o disposto nos arts. 133 a 137 do CPC às hipóteses de desconsideração indireta e expansiva da personalidade jurídica.

CJF **Proc. Civil 82.** Quando houver pluralidade de pedidos de admissão de "amicus curiae", o relator deve observar, como critério para definição daqueles que serão admitidos, o equilíbrio na representatividade dos diversos interesses jurídicos contrapostos no litígio, velando, assim, pelo respeito à amplitude do contraditório, paridade de tratamento e isonomia entre todos os potencialmente atingidos pela decisão.

CJF **Proc. Civil 110.** A instauração do incidente de desconsideração da personalidade jurídica não suspenderá a tramitação do processo de execução e do cumprimento de sentença em face dos executados originários.

CJF **Proc. Civil 111.** O incidente de desconsideração da personalidade jurídica pode ser aplicado ao processo falimentar.

* QUESTÕES OBJETIVAS

45. **(Vunesp/TJ/SP/Cartórios/Remoção/2016)** O incidente de desconsideração da personalidade jurídica:

a) não comporta a forma inversa, em que o patrimônio social é atingido por dívidas do sócio.
b) não comporta instauração de ofício pelo magistrado.
c) nunca acarreta a suspensão do processo.
d) será decidido por sentença, que desafia apelação.

46. **(Consulplan/TJ/MG/Cartórios/Ingresso/2017)** Com relação ao incidente de desconsideração da personalidade jurídica, analise as proposições seguintes:

I. o incidente será instaurado a pedido da parte ou do Ministério Público, quando lhe couber intervir no processo.
II. a instauração de incidente suspenderá o processo, salvo se o pedido de desconsideração da personalidade jurídica for formulado na petição inicial.
III. o incidente não se aplica ao processo de competência dos juizados especiais cíveis.
IV. acolhido o pedido, a alienação ou oneração de bens, havida em fraude de execução, será ineficaz em relação à parte que requereu a instauração do incidente.

Está correto o que se afirma em:

a) I e II, apenas.
b) I, II e IV, apenas.
c) III, apenas.
d) I, II, III e IV.

47. **(Consulplan/TJ/MG/Cartórios/Remoção/2016)** Quanto à denunciação da lide requerida pelo réu, assinale a afirmação incorreta:

a) se o denunciado contestar o pedido formulado pelo autor, o processo prosseguirá tendo, na ação principal, em litisconsórcio, denunciante e denunciado.
b) se o denunciado for revel, o denunciante fica dispensado de prosseguir com sua defesa, eventualmente oferecida, encerrando sua intervenção no curso do processo.
c) se o denunciado confessar os fatos alegados pelo autor na ação principal, o denunciante poderá prosseguir com sua defesa ou, aderindo a tal reconhecimento, pedir apenas a

procedência do pedido que formulou na ação de regresso.

d) procedente o pedido da ação principal, pode o autor, se for o caso, requerer o cumprimento da sentença também contra o denunciado, nos limites da condenação deste na ação regressiva.

48. **(Consulplan/TJ/MG/Cartórios/Ingresso/2017)** São formas de intervenção de terceiros previstas no Código de Processo Civil/2015, exceto:

a) assistência.

b) nomeação à autoria.

c) chamamento ao processo.

d) incidente de desconsideração da personalidade jurídica.

49. **(Cetro/TJ/RJ/Cartórios/Ingresso/2017)** No tocante ao instituto da desconsideração da personalidade jurídica ("disregard of legal entity") na modalidade inversa, assinale a alternativa correta:

a) trata-se de modalidade albergada pela teoria maior da desconsideração da personalidade jurídica que corresponde à hipótese de afastar a autonomia patrimonial do sócio e da empresa ao mesmo tempo, atingindo indistintamente o patrimônio e responsabilizando ambos ao mesmo tempo.

b) trata-se de modalidade albergada pela teoria menor da desconsideração da personalidade jurídica quando se afasta a autonomia patrimonial da empresa, e não do sócio, para atingir o ente coletivo e seu patrimônio social, responsabilizando a pessoa jurídica por obrigações do sócio controlador.

c) trata-se de modalidade albergada pela teoria maior da desconsideração da personalidade jurídica quando se afasta a autonomia patrimonial da empresa, e não do sócio, para atingir o ente coletivo e seu patrimônio social, responsabilizando a pessoa jurídica por obrigações do sócio controlador.

d) trata-se de modalidade albergada pela teoria menor em que a extensão da desconsideração da personalidade jurídica fica limitada ao valor das quotas sociais do sócio a ser atingido.

e) trata-se de modalidade albergada pela teoria maior em que a extensão da desconsideração da personalidade jurídica fica limitada ao valor das quotas sociais do sócio a ser atingido.

50. **(Ieses/TJ/AM/Cartórios/Remoção/2018)** Pendendo causa entre 2 (duas) ou mais pessoas, o terceiro juridicamente interessado em que a sentença seja favorável a uma delas poderá intervir no processo para assisti-la. A este instituto do direito civil damos o nome de:

a) denunciação da lide.

b) chamamento ao processo.

c) "amicus curiae".

d) assistência.

51. **(Consulplan/TJ/MG/Cartórios/Ingresso/2017)** Sobre intervenção de terceiros, todas as assertivas abaixo estão corretas, exceto:

a) o terceiro não é parte da lide enquanto não estiver inserido na relação processual.

b) as formas de intervenção de terceiros poderão se dar por provocação ou voluntariamente.

c) nomeação a autoria é a providência cabível ao réu para corrigir o sujeito passivo da lide.

d) "ad excludendum" e "ad coadjuvandum" são formas que o terceiro irá, respectivamente, auxiliar uma das partes e tentar excluir uma ou as duas.

52. **(TRF/4R/Juiz/2016)** Considerando as regras do Código de Processo Civil de 2015:

I. a suspeição e o impedimento devem ser suscitados em preliminar da contestação, e não por petição separada.

II. há suspeição do juiz que for amigo íntimo ou inimigo do advogado de qualquer das partes.

III. o benefício da gratuidade da justiça pode ser concedido apenas parcialmente ou consistir na redução percentual das despesas processuais iniciais ou ainda no parcelamento dessas despesas e não afasta o dever de o beneficiário pagar as multas processuais que lhe sejam impostas.

IV. as espécies de intervenção de terceiros são a assistência, o chamamento ao processo, o incidente de desconsideração de personalidade jurídica e a oposição:

a) estão corretas apenas as assertivas I e IV.

b) estão corretas apenas as assertivas II e III.

c) estão corretas apenas as assertivas I, II e III.

d) estão corretas todas as assertivas.

e) nenhuma assertiva está correta.

53. **(MPE/RS/Promotor/2016)** Assinale a alternativa incorreta sobre os temas do litisconsórcio e da intervenção de terceiros, segundo disposto no Código de Processo Civil:

a) o juiz poderá limitar o litisconsórcio facultativo quanto ao número de litigantes na fase de conhecimento, na liquidação de sentença ou na execução, quando este comprometer a rápida solução do litígio ou dificultar a defesa ou o cumprimento da sentença.

b) é admissível o chamamento ao processo, requerido pelo réu, dos demais devedores solidários, quando o credor exigir de todos o pagamento da dívida comum.

c) pendendo causa entre 2 (duas) ou mais pessoas, o terceiro juridicamente interessado em que a sentença seja favorável a uma delas poderá intervir no processo para assisti-la.

d) o direito regressivo será exercido por ação autônoma quando a denunciação da lide for indeferida, deixar de ser promovida ou não for permitida.

e) considera-se litisconsorte da parte principal o assistente sempre que a sentença influir na relação jurídica entre ele e o adversário do assistido.

54. **(MPE/SC/Promotor/2016)** O novo Código de Processo Civil prevê expressamente que, antecedida de contraditório e produção de provas, haja decisão sobre a desconsideração da pessoa jurídica, com redirecionamento da ação, na dimensão de sua patrimonialidade, e também sobre a consideração dita inversa, nos casos em que se abusa da sociedade, para usá-la indevidamente visando esconder o patrimônio pessoal do sócio.

55. **(MPE/SC/Promotor/2016)** Nos termos do novo Código de Processo Civil, o Ministério Público será intimado para, no prazo de trinta dias, intervir como fiscal da ordem jurídica nos processos que envolvam litígios coletivos pela posse de terra rural ou urbana.

56. **(TRT/4R/Juiz/2016)** Assinale a assertiva incorreta sobre o incidente de desconsideração da personalidade jurídica:

a) pode ser requerido em 1º e 2º graus de jurisdição, em qualquer fase do processo e em qualquer tipo de procedimento, excetuando-se a fase de recurso especial ou extraordinário, em razão dos limites do efeito devolutivo de tais recursos.

b) uma vez requerida a desconsideração na própria petição inicial, fica a parte dispensada da instauração do incidente, hipótese em que o processo não será suspenso, devendo o sócio ou pessoa jurídica ser citado.

c) o incidente de desconsideração da personalidade jurídica não se aplica às hipóteses de desconsideração inversa, que consiste em imputar à pessoa jurídica a responsabilidade por obrigações de seus sócios, ante a existência de pressupostos legais a serem atendidos, a exemplo de fraude e abuso de direito.

d) a decisão que julga o incidente de desconsideração da personalidade jurídica tem natureza interlocutória, a qual pode ser novamente discutida em segunda instância via agravo de instrumento.

e) uma vez acolhido o pedido de desconsideração da personalidade jurídica, a alienação ou oneração de bens considerada em fraude à execução será tida por ineficaz em relação ao requerente.

57. **(MPE/SC/Promotor/2016)** Nos termos do novo Código de Processo Civil, no que se refere a intervenção do "amicus curiae", o juiz ou o relator, considerando a relevância da matéria, a especificidade do tema objeto da demanda ou a repercussão social da controvérsia, poderá, por decisão irrecorrível, de ofício ou a requerimento das partes ou de quem pretenda manifestar-se, solicitar ou admitir a participação de pessoa natural ou jurídica, órgão ou entidade especializada, com representatividade adequada.

58. **(FCC/PGE/MT/Procurador/2016)** Sobre as previsões do novo Código de Processo Civil a respeito da intervenção do "amicus curiae", considere:

I. a intervenção de "amicus curiae" é admitida expressamente tanto no juízo de piso como perante órgãos colegiados.

II. a intervenção de pessoa natural ou jurídica, órgão ou entidade especializada na condição de "amicus curiae" independe de pedido das partes, pois a lei prevê expressamente a possibilidade de ser determinada de ofício pelo magistrado.

III. a intervenção de pessoa jurídica de direito público na condição de "amicus curiae" pode ensejar a modificação da competência e a remessa dos autos ao juízo competente.

IV. da decisão que admite a intervenção de "amicus curiae", cabe recurso pela parte interessada.

Está correto o que se afirma apenas em:

a) I, II e III.

b) I e IV.

c) III e IV.

d) I, II e IV.

e) I e II.

59. **(UFMT/DPE/MT/Defensor/2016)** Sobre o instituto do "amicus curiae" nas ações coletivas, assinale a afirmativa incorreta:

a) um exemplo de situação específica admitida pela doutrina como representativa da atuação do "amicus curiae" é a prevista na Lei n. 10.259/2001, que instituiu os Juizados Especiais no âmbito da Justiça Federal.

b) o reconhecimento da importância do "amicus curiae" se dá pelo caráter fiscalizador sobre determinadas atividades cuja prática indiscriminada possui potencial lesivo à sociedade.

c) somente quanto à violação de norma constitucional é que deverá incidir o instituto do "amicus curiae", já que se trata de instrumento garantidor da participação democrática em assuntos nacionalmente relevantes.

d) o "amicus curiae" pode ser considerado como a própria sociedade representada, legitimada a defender os seus interesses em juízo, sempre que estes forem afetados pela decisão ali proferida, por meio de instituições especializadas no assunto.

e) o "amicus curiae" é considerado um terceiro interveniente especial, ao qual deve ser dispensado um tratamento especial no âmbito de todo o direito processual, considerando a falta de regulamentação legal.

60. **(Vunesp/TJM/SP/Juiz/2016)** A respeito do "amicus curiae", é correto afirmar que:

a) passou a ser modalidade de intervenção de terceiro no processo, com poder de interpor recurso de decisão que julgar o incidente de resolução de demandas repetitivas.

b) é terceiro admitido no processo para fornecer subsídios instrutórios à solução de causa revestida de especial relevância ou complexidade, passando a titularizar posições subjetivas relativas às partes, como o assistente simples.

c) é um auxiliar do juízo, equiparável a terceiros que prestam colaboração instrutória pontual no processo.

d) assume papel de fiscal da lei ou do interesse público no curso do processo, ficando investido das prerrogativas processuais conferidas ao Ministério Público.

e) sua admissibilidade não é pautada por seu interesse jurídico ou extrajurídico na solução da causa, sendo por este motivo vedado o ingresso quando houver interesse no resultado do processo.

61. **(UFMT/DPE/MT/Defensor/2016)** Sobre as intervenções de terceiros no Código de Processo Civil (CPC/2015), assinale a afirmativa incorreta:

a) o incidente de desconsideração da personalidade jurídica aplica-se ao processo de competência dos juizados especiais.

b) o ingresso da Ordem dos Advogados do Brasil, na qualidade de "amicus curiae", em processo em trâmite perante a Justiça Estadual, desloca a competência para a Justiça Federal.

c) formulada denunciação da lide pelo réu e procedente o pedido da ação principal, pode o autor, se for o caso, requerer o cumprimento da sentença também contra o denunciado, nos limites da condenação deste na ação regressiva.

d) é admissível a denunciação da lide, promovida por qualquer das partes.

e) o "amicus curiae" pode recorrer da decisão que julgar o incidente de resolução de demandas repetitivas.

3.4. Do Juiz e dos Auxiliares da Justiça

✱ SÚMULAS

STF **Súm. 72.** No julgamento de questão constitucional, vinculada a decisão do Tribunal Superior Eleitoral, não estão impedidos os ministros do Supremo Tribunal Federal que ali tenham funcionado no mesmo processo, ou no processo originário.

STF **Súm. 252.** Na ação rescisória, não estão impedidos juízes que participaram do julgamento rescindendo.

STJ **Súm. 33.** A incompetência relativa não pode ser declarada de ofício.

STJ **Súm. 121.** Na execução fiscal, o devedor deverá ser intimado, pessoalmente, do dia e hora da realização do leilão.

✱ ENUNCIADOS CJF

CJF **Proc. Civil 13.** O art. 139, VI, do CPC autoriza o deslocamento para o futuro do termo inicial do prazo.

CJF Proc. Civil 14. A ordem cronológica do art. 153 do CPC não será renovada quando houver equívoco atribuível ao Poder Judiciário no cumprimento de despacho ou decisão.

* QUESTÕES OBJETIVAS

62. (Consulplan/TJ/MG/Cartórios/Ingresso/2016) Quanto aos poderes, deveres e responsabilidade do juiz, é incorreto afirmar:

a) o juiz não se exime de decidir sob a alegação de lacuna ou obscuridade do ordenamento jurídico e só decidirá por equidade nos casos previstos em lei.

b) o juiz decidirá o mérito nos limites propostos pelas partes, sendo-lhe vedado conhecer de questões não suscitadas a cujo respeito a lei exige iniciativa da parte.

c) convencendo-se, pelas circunstâncias, de que autor e réu se serviram do processo para praticar ato simulado ou conseguir fim vedado por lei, o juiz proferirá decisão que impeça os objetivos das partes, aplicando, de ofício, as penalidades da litigância de má-fé.

d) o juiz responderá, civil e regressivamente, por perdas e danos quando recusar, omitir ou retardar, sem justo motivo, providência que deva ordenar de ofício ou a requerimento da parte. Tais hipóteses somente serão verificadas depois que a parte requerer ao juiz que determine a providência e o requerimento não for apreciado no prazo de vinte dias.

63. (FMP/TJ/MT/Cartórios/Remoção/2014) Sobre os poderes do juiz, é correto afirmar que:

a) o processo civil brasileiro consagra um modelo de juiz inquisidor do ponto de vista processual e material.

b) o processo civil brasileiro consagra, sem exceção, o princípio dispositivo em sentido formal.

c) o juiz pode prestar tutela específica ao direito, podendo, para tanto, empregar técnicas processuais típicas e atípicas para sua consecução, conforme o caso.

d) o juiz não tem o poder de inverter o ônus da prova no processo civil brasileiro.

e) nenhuma das alternativas é correta.

64. (Consulplan/TJ/MG/Cartórios/Ingresso/2017) Com relação ao incidente de impedimento do juiz, avalie as seguintes proposições:

I. há impedimento do juiz, sendo-lhe vedado exercer suas funções no processo de que conheceu em outro grau de jurisdição, tendo proferido decisão.

II. é vedada a criação de fato superveniente a fim de caracterizar impedimento do juiz.

III. no prazo de 15 (quinze) dias, a contar do conhecimento do fato, a parte alegará o impedimento em petição dirigida ao Presidente do Tribunal ao qual o juiz está vinculado.

IV. aplicam-se os motivos do impedimento aos auxiliares da justiça.

Está correto apenas o que se afirma em:

a) I, II e IV.

b) II, III e IV.

c) I, II e III.

d) I e III.

65. (Consulplan/TJ/MG/Cartórios/Ingresso/2017) Relativamente aos deveres-poderes do juiz e a forma de condução do processo, julgue as afirmações:

I. o juiz pode determinar, a qualquer tempo, o comparecimento pessoal das partes, para inquiri-las sobre os fatos da causa, hipótese em que incidirá a pena de confesso.

II. prevenir ou reprimir qualquer ato contrário à dignidade da justiça e indeferir postulações meramente protelatórias.

III. promover, a qualquer tempo, a autocomposição, preferencialmente com auxílio de conciliadores e mediadores judiciais.

IV. dilatar os prazos processuais, adequando-os às necessidades do conflito de modo a conferir maior efetividade à tutela do direito.

Está correto o que se afirma em:

a) I e II, apenas.

b) II, III e IV, apenas.

c) III e IV, apenas.

d) I, II, III e IV.

66. (MPE/RS/Promotor/2017) Assinale com V (verdadeiro) ou com F (falso) as seguintes afirmações sobre os temas dos impedimentos e da suspeição, segundo o disposto no Código de Processo Civil.

I. há impedimento do juiz, sendo-lhe vedado exercer suas funções no processo em que figure como parte cliente do escritório de advocacia de seu cônjuge, companheiro ou parente, consanguíneo ou afim, em linha reta ou colateral, até o terceiro grau, inclusive, exceto se patrocinado por advogado de outro escritório.

II. há suspeição do juiz que receber presentes de pessoas que tiverem interesse na causa antes ou depois de iniciado o processo, que aconselhar alguma das partes acerca do objeto da causa ou que subministrar meios para atender às despesas do litígio.

III. no prazo de 10 (dez) dias, a contar do conhecimento do fato, a parte alegará o impedimento ou a suspeição, em petição específica dirigida ao juiz do processo, na qual indicará o fundamento da recusa, podendo instruí-la com documentos em que se fundar a alegação e com rol de testemunhas.

IV. considerar-se-á legítima a alegação de suspeição mesmo quando a parte que a alega houver praticado ato que signifique manifesta aceitação do arguido.

A sequência correta de preenchimento dos parênteses, de cima para baixo, é:

a) F, V, F, F.
b) F, V, F, V.
c) V, V, F, F.
d) F, F, V, V.
e) V, F, V, F.

67. **(MPE/SC/Promotor/2016)** O novo Código de Processo Civil prevê a incumbência de o juiz oficiar ao Ministério Público e a outros legitimados a que se referem o art. 5º da Lei da Ação Civil Pública e o art. 82 do Código de Defesa do Consumidor para, se for o caso, promover a propositura de ação coletiva sobre temas de diversas demandas individuais repetitivas.

68. **(MPE/GO/Promotor/2016)** Em relação a formação e a suspensão do processo, é incorreto afirmar:

a) o protocolo da petição inicial é pressuposto de existência do processo, independentemente da citação válida do réu.
b) a morte ou a perda da capacidade processual de qualquer das partes acarreta a suspensão imediata do processo, mesmo que a causa da suspensão seja comunicada ao juízo posteriormente.
c) a arguição de impedimento ou de suspeição, interrompe os prazos processuais, e, com o restabelecimento posterior da marcha processual, são restituídos integralmente os prazos para a prática dos atos do processo.
d) a suspensão do processo por convenção das partes só poderá perdurar por no máximo seis meses e o juiz determinará o prosseguimento do processo assim que esgotar o referido prazo.

69. **(UEPA/PGE/PA/Procurador/2015)** De acordo com o Novo Código de Processo Civil (Lei 13.105/05), julgue as afirmativas abaixo.

I. é suspeito o juiz para atuar em causa que figure como parte instituição de ensino com a qual tenha relação de emprego ou decorrente de contrato de prestação de serviços.

II. é impedido o juiz de atuar em processo no qual figure como parte, cliente da sociedade de advogados da qual seu filho integra, ainda que em processo diverso.

III. a existência de amizade íntima com advogado da parte não caracteriza a existência de suspeição, eis que esta ocorre em relação à parte processual.

IV. o magistrado tem legitimidade recursal para recorrer do incidente que acolher seu impedimento ou manifesta suspeição.

A alternativa que contém todas as afirmativas corretas é:

a) I e II.
b) I e IV.
c) III e IV.
d) II e IV.
e) I e III.

3.5. Do Ministério/Advocacia/Defensoria Públicos

✱ SÚMULAS

STJ **Súm. 116.** A Fazenda Pública e o Ministério Público têm prazo em dobro para interpor agravo regimental no Superior Tribunal de Justiça.

STJ **Súm. 226.** O Ministério Público tem legitimidade para recorrer na ação de acidente do trabalho, ainda que o segurado esteja assistido por advogado.

✱ ENUNCIADOS CJF

CJF **Proc. Civil 15.** Aplicam-se às entidades referidas no § 3º do art. 186 do CPC as regras sobre intimação pessoal das partes e suas testemunhas (art. 186, §

2º; art. 455, § 4º, IV; art. 513, § 2º, II e art. 876, § 1º, II, todos do CPC).

CJF **Proc. Civil 112.** A intervenção do Ministério Público como fiscal da ordem jurídica não inviabiliza a celebração de negócios processuais.

✱ QUESTÕES OBJETIVAS

70. **(MPE/GO/Promotor/2016)** Sobre o Ministério Público, de acordo com as disposições do Código de Processo Civil de 2015, é correto afirmar:

a) nas causas em que atuar, mesmo que na condição de fiscal da ordem jurídica, o Ministério Público somente pode alegar a incompetência absoluta, cabendo-lhe emitir parecer caso a incompetência relativa seja suscitada por uma das partes.

b) o Ministério Público terá prazo em dobro para manifestar-se nos autos, a partir de sua intimação pessoal, mas não gozará do prazo dilatado quando a lei estabelecer, de forma expressa, prazo próprio para o órgão ministerial.

c) como fiscal da ordem jurídica, o Ministério Público será intimado para intervir, além das hipóteses previstas na Constituição Federal ou na lei, nos processos que envolvam interesse público ou social, interesse de incapaz e em todos os processos de interesse das Fazendas Públicas Estadual e Municipal.

d) no incidente de resolução de demandas repetitivas, o Ministério Público intervirá se o incidente versar sobre processos que contenham repetidamente controvérsia relativa a questão inserida no rol das hipóteses legais de intervenção do órgão.

71. **(TRF/4R/Juiz/2016)** Considerando as regras do Código de Processo Civil de 2015:

I. a incompetência, seja relativa, seja absoluta, deve ser alegada em preliminar da contestação.

II. a reconvenção deve ser proposta na contestação e pode ser ofertada pelo réu contra o autor e terceiro, bem como pode ser proposta pelo réu em litisconsórcio com terceiro.

III. não se aplica o benefício da contagem em dobro quando a lei estabelecer, de forma expressa, prazo próprio para o Ministério Público.

IV. os prazos processuais, que se contam apenas em dias úteis, são dobrados em caso de litisconsortes com procuradores diferentes, nos processos em autos físicos ou eletrônicos, exceto no caso de os advogados atuarem no mesmo escritório, quando o prazo será simples:

a) estão corretas apenas as assertivas I e IV.

b) estão corretas apenas as assertivas II e III.

c) estão corretas apenas as assertivas I, II e III.

d) estão corretas todas as assertivas.

e) nenhuma assertiva está correta.

72. **(UEPA/PGE/PA/Procurador/2015)** Sobre o novo Código de Processo Civil (Lei 13.105/05), é correto afirmar que:

a) de acordo com a Lei 13.105/05, é obrigatório o exaurimento da jurisdição local para o manejo do Recuso Especial, sendo imperiosa a interposição de embargos infringentes quando o acórdão tiver reformado em grau de apelação a sentença de mérito, mediante decisão não unânime.

b) a sistemática recursal prevista na Lei 13.105/05 prevê a interposição de agravo retido como regra geral para atacar decisões interlocutórias, contrárias ao interesse de alguma das partes.

c) os Estados, suas autarquias e fundações de direito público gozarão de prazos em dobro para todas as suas manifestações processuais, cuja contagem será iniciada a partir da intimação pessoal.

d) nos termos do seu artigo 190, a nova codificação, em qualquer hipótese, permite que as partes possam estipular mudanças no procedimento processual, de modo à ajustá-lo às especificidades da causa.

e) de acordo com a Lei 13.105/05, os prazos serão computados em dias corridos, sendo suspensos nos dias compreendidos entre 15 de dezembro a 15 de janeiro.

4. DOS ATOS PROCESSUAIS

4.1. Da Forma, do Tempo e do Lugar

✱ SÚMULAS

STF **Súm. 310.** Quando a intimação tiver lugar na sexta-feira, ou a publicação com efeito de intimação for feita nesse dia, o prazo judicial terá início na segunda-feira imediata, salvo se não houver expediente, caso em que começará no primeiro dia útil que se seguir.

STF Súm. 641. Não se conta em dobro o prazo para recorrer, quando só um dos litisconsortes haja sucumbido.

✱ ENUNCIADOS CJF

CJF Proc. Civil 17. A Fazenda Pública pode celebrar convenção processual, nos termos do art. 190 do CPC.

CJF Proc. Civil 18. A convenção processual pode ser celebrada em pacto antenupcial ou em contrato de convivência, nos termos do art. 190 do CPC.

CJF Proc. Civil 20. Aplica-se o art. 219 do CPC na contagem do prazo para oposição de embargos à execução fiscal previsto no art. 16 da Lei n. 6.830/1980.

CJF Proc. Civil 21. A suspensão dos prazos processuais prevista no caput do art. 220 do CPC estende-se ao Ministério Público, à Defensoria Pública e à Advocacia Pública.

CJF Proc. Civil 112. A intervenção do Ministério Público como fiscal da ordem jurídica não inviabiliza a celebração de negócios processuais.

CJF Proc. Civil 113. As disposições previstas nos arts. 190 e 191 do CPC poderão ser aplicadas ao procedimento de recuperação judicial.

CJF Proc. Civil 114. Os entes despersonalizados podem celebrar negócios jurídicos processuais.

CJF Proc. Civil 115. O negócio jurídico processual somente se submeterá à homologação quando expressamente exigido em norma jurídica, admitindo-se, em todo caso, o controle de validade da convenção.

CJF Proc. Civil 116. Aplica-se o art. 219 do CPC na contagem dos prazos processuais previstos na Lei n. 6.830/1980.

CJF Proc. Civil 152. O pacto de impenhorabilidade (arts. 190, 200 e 833, I) produz efeitos entre as partes, não alcançando terceiros.

CJF Proc. Civil 153. A penhorabilidade dos bens, observados os critérios do art. 190 do CPC, pode ser objeto de convenção processual das partes.

✱ QUESTÕES OBJETIVAS

73. (Ieses/TJ/AM/Cartórios/Remoção/2018) Os atos processuais serão realizados em dias úteis:

a) das 8 (oito) às 20 (vinte) horas.

b) das 7 (sete) às 19 (dezenove) horas.

c) das 6 (seis) às 18 (dezoito) horas.

d) das 6 (seis) às 20 (vinte) horas.

74. (Vunesp/TJ/SP/Cartórios/Ingresso/2018) Sobre os atos processuais, é correto afirmar:

a) poderão ser concluídos após as 20 horas os atos iniciados antes, quando o adiamento prejudicar a diligência ou causar grave dano.

b) serão realizados em dias úteis, das 6h às 22h.

c) quando o ato tiver de ser praticado por meio de petição em autos eletrônicos, esse deverá ser protocolado no horário de funcionamento do fórum ou tribunal, conforme o disposto na lei de organização judiciária local.

d) as citações, intimações e penhoras poderão realizar-se, desde que com autorização judicial, no período de férias forenses, onde houver, e nos feriados.

75. (Consulplan/TJ/MG/Cartórios/Ingresso/2016) Relativamente aos advogados públicos ou privados, ao defensor público e ao membro do Ministério Público, constitui dever de ofício promover a restituição dos autos no prazo do ato a ser praticado. A esse respeito, avalie as seguintes proposições:

I. é lícito a qualquer interessado exigir os autos do advogado que exceder prazo legal.

II. se, intimado, o advogado não devolver os autos no prazo de quarenta e oito horas, perderá o direito à vista fora de cartório e incorrerá em multa correspondente à metade do salário-mínimo.

III. verificada a falta, o juiz comunicará o fato à seção local da Ordem dos Advogados do Brasil para procedimento disciplinar e imposição de multa.

IV. se a situação envolver membro do Ministério Público, da Defensoria Pública ou da Advocacia Pública, a multa, se for o caso, será aplicada ao agente público responsável pelo ato.

Está correto o que se afirma em:

a) I, II e III, apenas.

b) I, III e IV, apenas.

c) II e IV, apenas.

d) I, II, III e IV.

76. (Ieses/TJ/RO/Cartórios/Ingresso/2017) Acerca dos atos processuais e sua disciplina no Código de Processo Civil, assinale a alternativa correta:

a) o art. 188 do Código de Processo Civil consagra o sistema de instrumentalidade das formas.

b) a regra em se tratando de atos processuais é que sejam realizados e tramitem em segredo de justiça.

c) o uso da língua portuguesa pode ser dispensado na prática de certos atos e termos do processo.

d) não é lícito às partes estipular mudanças no procedimento para ajustá-lo às especificidades da causa e convencionar sobre os seus ônus, poderes, faculdades e deveres processuais, antes ou durante o processo, ainda que verse exclusivamente sobre direitos que admitam autocomposição.

77. **(Ieses/TJ/RO/Cartórios/Ingresso/2017)** Ainda acerca dos atos processuais e sua disciplina no Código de Processo Civil:

I. os atos das partes consistentes em declarações unilaterais ou bilaterais de vontade produzem imediatamente a constituição, modificação ou extinção de direitos processuais, excetuada a desistência da ação, que só produzirá efeitos após homologação judicial.

II. os atos das partes consistentes em declarações unilaterais ou bilaterais de vontade produzem imediatamente a constituição, modificação ou extinção de direitos processuais, inclusive a desistência da ação, que produz efeitos independentemente de homologação judicial.

III. os atos processuais serão realizados em dias úteis, das 6 (seis) às 20 (vinte) horas.

É correto o que se afirma em:

a) II e III.

b) I e III.

c) I e II.

d) I, II e III.

78. **(Ieses/TJ/RO/Cartórios/Remoção/2017)** Em se tratando do tempo e do lugar dos atos processuais, segundo o Código de Processo Civil vigente pode-se afirmar, exceto:

a) independentemente de autorização judicial, as citações, intimações e penhoras poderão realizar-se no período de férias forenses, onde as houver, e nos feriados ou dias úteis fora do horário estabelecido no Código de processo Civil, observada a Constituição Federal.

b) os atos processuais serão realizados em dias úteis, das 8 (oito) às 20 (vinte) horas.

c) quando o ato tiver de ser praticado por meio de petição em autos não eletrônicos, essa deverá ser protocolada no horário de funcionamento do fórum ou tribunal, conforme o disposto na lei de organização judiciária local.

d) serão concluídos após as 20 (vinte) horas os atos iniciados antes, quando o adiamento prejudicar a diligência ou causar grave dano.

79. **(Ieses/TJ/AM/Cartórios/Remoção/2018)** Os atos processuais são públicos, todavia tramitam em segredo de justiça os processos:

I. em que constem dados protegidos pelo direito constitucional à intimidade.

II. que versem sobre casamento, separação de corpos, divórcio, separação, união estável, filiação, alimentos e guarda de crianças e adolescentes e Usucapião.

III. em que o exija o interesse público ou social.

IV. que versem sobre arbitragem, inclusive sobre cumprimento de carta arbitral, desde que a confidencialidade estipulada na arbitragem seja comprovada perante o juízo.

A sequência correta é:

a) apenas a assertiva IV está incorreta.

b) apenas as assertivas I, III e IV estão corretas.

c) apenas as assertivas II e IV estão incorretas.

d) as assertivas I, II, III e IV estão corretas.

80. **(Ieses/TJ/CE/Cartórios/Ingresso/2018)** Acerca da regras jurídicas dispostas no Código de Processo Civil e que cuidam da disciplina dos Atos Processuais, considere as seguintes afirmações:

I. ainda que tramitem em segredo de justiça os processos, ao terceiro que demonstrar interesse jurídico é lícito requerer ao juiz certidão do dispositivo da sentença, bem como de inventário e de partilha resultantes de divórcio ou separação.

II. de comum acordo, o juiz e as partes podem fixar calendário para a prática dos atos processuais, quando for o caso; esse calendário vincula as partes e o juiz, de modo que os prazos nele previstos somente serão modificados em casos excepcionais, devidamente justificados.

III. à exceção da desistência da ação, que só produzirá efeitos após a homologação judicial, os atos das partes consistentes em declarações unilaterais ou bilaterais de vontade produzem imediatamente a constituição, modificação ou extinção de direitos processuais.

É correto o que se afirma em:

a) I e III.

b) I e II.

c) I, II e III.

d) II e III.

81. **(Consulplan/TJ/MG/Cartórios/Ingresso/2017)** Novidade no estatuto é a expressa previsão de que o ato praticado antes do termo inicial do prazo, vencendo assim controvérsia jurisprudencial sobre o ponto, é considerado tempestivo. Trata-se de disposição que vem ao encontro da efetividade e tempestividade do processo, vetores do novo processo civil. Nessa esteira, todas as opções correspondem à nova tendência do CPC/15, exceto:

a) os prazos podem receber regras próprias de acordo com a fonte de sua origem (legais ou judiciais) ou seus destinatários (juiz, órgãos auxiliares da justiça, partes) com consequências distintas sobre o ato processual a ser praticado.

b) a modificação no trato dado aos prazos processuais estabelece nova forma de contagem do prazo em dias (apenas em dias, não podendo ser considerado para prazos meses ou anos), computando-se os dias corridos. Portanto, serão incluídos sábados, domingos e feriados.

c) quanto à origem, os prazos ou são legais ou judiciais, nesses últimos está presente a recomendação de sua fixação de acordo com a complexidade do ato, permitindo, também, por via de consequência, sua eventual dilação, a ser definida pelo juiz, desde que devidamente justificada a postulação de prorrogação.

d) se houver omissão da lei na fixação de prazo e o juiz deixar de fazê-lo, o prazo para a prática do ato retoma à condição de ser fixado por lei, hipótese em que será de 5 (cinco) dias. No que diz respeito, à exigência de comparecimento em juízo, em sendo omissos a lei e o juiz, a parte só se obriga a tanto, se a intimação for antecedida de 48 (quarenta e oito) horas.

82. **(Consulplan/TJ/MG/Cartórios/Remoção/2017)** O art. 220 do CPC/15 estabelece no seu caput as chamadas férias forenses, que não se confundem com as férias individuais de cada juiz, e os §§ 1º e 2º do dispositivo citado estabelecem que, durante o período entre 20 de dezembro e 20 de janeiro não haja audiências ou sessões, sem prejuízo das demais atividades a serem exercidas pelos juízes, membros do Ministério Público, Defensoria Pública e Advocacia Pública. Destinatários, portanto, da regra os advogados privados. Desta forma, todas as afirmações sobre prazos processuais estão corretas, exceto:

a) o prazo processual em particular pode também restar suspenso ou por obstáculo criado em detrimento da parte ou nos casos de suspensão do processo, quando então o prazo será restituído pelo tempo remanescente, pois não se trata de interrupção, mas, sim, suspensão do prazo, caso em que o tempo já decorrido computa.

b) a dilação do prazo peremptório, em havendo consenso, poderá ser deferida pelo juiz, tudo em favor de um novo modelo de processo que estimula a autocomposição, o negócio jurídico processual, a intervenção mais ativa dos interessados na composição do conflito. Um processo mais participativo e colaborativo em substituição ao processo adversarial.

c) a regra geral para o início e o término da contagem dos prazos foi modificada incluindo-se o dia do começo e excluindo-se o dia do vencimento, desde que dias úteis ou quando o expediente forense for reduzido, hipóteses que autorizam a sua protração para o primeiro dia útil subsequente.

d) mantém-se, também, a regra de que a parte pode renunciar ao prazo que lhe for exclusivo, mas o deverá fazê-lo expressamente.

83. **(MPE/PR/Promotor/2016)** Sobre a disciplina dos atos processuais no Código de Processo Civil de 2015, assinale a alternativa correta:

a) os atos processuais podem ser parcialmente digitais, de forma a permitir que sejam produzidos, comunicados, armazenados e validados por meio eletrônico.

b) os negócios jurídicos processuais e o calendário processual são faculdades que decorrem da negociação exclusiva das partes, devendo o magistrado apenas controlar a validade das convenções previstas.

c) como a movimentação processual é exclusiva de advogado, não há no Código de Processo Civil preocupação com a acessibilidade aos sítios das unidades do Poder Judiciário na rede mundial de computadores.

d) a distinção entre sentença e decisão interlocutória é de conteúdo material, sendo irrelevante o momento e a situação processual em que o ato do juiz foi praticado e seus efeitos para o andamento do processo.

e) toda decisão oriunda dos tribunais é considerada, pelo Código de Processo Civil, como um acórdão.

84. **(MPE/RS/Promotor/2017)** Assinale a alternativa incorreta sobre o tema dos atos processuais, segundo disposto no Código de Processo Civil:

a) o terceiro que demonstrar interesse jurídico pode requerer ao juiz certidão do dispositivo da sentença, bem como de inventário e de partilha resultantes de divórcio ou separação.

b) o registro de ato processual eletrônico deverá ser feito em padrões abertos, que atenderão aos requisitos de autenticidade, integridade, temporalidade, não repúdio, conservação e, nos casos que tramitem em segredo de justiça, confidencialidade, observada a infraestrutura de chaves públicas unificada nacionalmente, nos termos da lei.

c) o juiz proferirá os despachos no prazo de 5 (cinco) dias, as decisões interlocutórias no prazo de 15 (quinze) dias e as sentenças no prazo de 30 (trinta) dias.

d) salvo para evitar o perecimento do direito, não se fará a citação de noivos nos 3 (três) primeiros dias seguintes ao casamento.

e) feita a citação com hora certa, o escrivão ou chefe de secretaria enviará ao réu, executado ou interessado, no prazo de 10 (dez) dias, contado da data da juntada do mandado aos autos, carta, telegrama ou correspondência eletrônica, dando-lhe de tudo ciência.

85. **(TRF/3R/Juiz/2016)** Assinale a alternativa incorreta:

a) o instituto da "Kompetenz Kompetenz" (em vernáculo "Competência Competência") estabelece que todo Juiz, ainda que incompetente, tem competência para analisar sua própria incompetência.

b) na ação civil pública ajuizada por autarquia federal com o objetivo de proteger bem imóvel público, o juízo competente será o juiz de primeiro grau da justiça estadual, se na localidade do imóvel não houver vara federal.

c) atualmente, se o conhecimento da lide depender necessariamente da verificação da existência de fato delituoso, pode o juiz mandar sobrestar no andamento do processo até que se pronuncie a justiça criminal. Se a ação penal não for exercida dentro de trinta dias, contados da intimação do despacho de sobrestamento, cessará o efeito deste, decidindo o juiz cível a questão prejudicial.

d) segundo o Código de Processo Civil em vigor, em contratos de adesão é possível a declaração de ofício da nulidade da cláusula de eleição de foro.

86. **(FCC/PGE/MT/Procurador/2016)** Em 20.6.2016 (segunda-feira), foi enviada à Procuradoria do Estado do Mato Grosso, por meio de portal próprio, intimação eletrônica de sentença de mérito contrária à Fazenda Pública. Diante desta situação hipotética, considerando o prazo para o recurso cabível e as prerrogativas da Fazenda Pública, o prazo recursal é de:

a) quinze dias úteis e terá início apenas depois de dez dias, contados a partir do envio da intimação ao portal, caso o Procurador não tenha consultado o teor da intimação antes deste prazo.

b) quinze dias úteis e somente terá início com a intimação pessoal da Fazenda Pública, por meio de oficial de justiça, uma vez que tal prerrogativa é assegurada pela lei.

c) quinze dias úteis e somente terá início quando o Procurador do Estado consultar o teor da intimação eletrônica, independentemente de qualquer outro prazo.

d) trinta dias úteis e terá início apenas depois de dez dias, contados a partir do envio da intimação ao portal, caso o Procurador não tenha consultado o teor da intimação antes deste prazo.

e) trinta dias úteis e somente terá início depois de vinte dias, contados a partir do envio da intimação ao portal, caso o Procurador não tenha consultado o teor da intimação antes deste prazo.

4.2. Da Comunicação dos Atos Processuais

✱ SÚMULAS

STF Súm. 154. Simples vistoria não interrompe a prescrição.

STJ Súm. 106. Proposta a ação no prazo fixado para o seu exercício, a demora na citação, por motivos inerentes ao mecanismo da Justiça, não justifica o acolhimento da arguição de prescrição ou decadência.

STJ Súm. 106. Proposta a ação no prazo fixado para o seu exercício, a demora na citação, por motivos inerentes ao mecanismo da Justiça, não justifica o acolhimento da arguição de prescrição ou decadência.

STJ Súm. 204. Os juros de mora nas ações relativas a benefícios previdenciários incidem a partir da citação válida.

STJ Súm. 426. Os juros de mora na indenização do seguro DPVAT fluem a partir da citação.

STJ Súm. 429. A citação postal, quando autorizada por lei, exige o aviso de recebimento.

* INFORMATIVOS

STF "Exequatur" de carta rogatória e decisão monocrática. É possível a concessão de "exequatur" de carta rogatória, para fins de citação, por meio de decisão monocrática de relator no STJ, posteriormente confirmada na Corte Especial, em homenagem aos princípios da cooperação e da celeridade processual. RE 634595, Rel. Min. Dias Toffoli, j. 3.4.2018. 2ª T. (Info 896)

* QUESTÕES DISCURSIVAS

02. **(Consulplan/TJ/MG/Cartórios/Ingresso/2017)** Qual a natureza jurídica e a finalidade da interpelação, da notificação e do protesto, segundo o Código de Processo Civil 2015?

03. **(Vunesp/TJ/SP/Cartórios/2014)** O que são e quais são as diferenças entre carta precatória, carta rogatória e carta de ordem?

* QUESTÕES OBJETIVAS

87. **(Cetro/TJ/RJ/Cartórios/Ingresso/2017)** No que se refere à necessidade de intimação de cônjuge e ex-cônjuge quando da penhora de bem imóvel, marque V para verdadeiro ou F para falso e, em seguida, assinale a alternativa que apresenta a sequência correta.

I. é dispensável a intimação de ex-cônjuge que foi casado pelo regime de separação convencional de bens da penhora sobre bem imóvel de propriedade do outro, sobre o qual não detém direito de meação.

II. é dispensável a intimação de ex-cônjuge que foi casado tanto pelo regime de separação convencional de bens quanto pelo regime de comunhão parcial de bens da penhora sobre bem imóvel de propriedade do outro, sobre o qual não detém direito de meação.

III. É obrigatória a intimação de ex-cônjuge que foi casado tanto pelo regime de separação convencional de bens quanto pelo regime de comunhão parcial de bens da penhora sobre bem imóvel de propriedade do outro, ainda que sobre o qual detenha direito de meação.

IV. É dispensável a intimação de ex-cônjuge que foi casado pelos regimes de separação convencional de bens ou comunhão universal da penhora sobre bem imóvel de propriedade do outro, sobre o qual não detém direito de meação:

a) V, F, F, F.
b) F, F, V, F.
c) F, V, F, F.
d) F, F, F, V.
e) F, F, F, F.

88. **(Ieses/TJ/RO/Cartórios/Remoção/2017)** Segundo preconiza o novo Código de Processo Civil, não se fará a citação, salvo para evitar o perecimento do direito:

I. de doente, enquanto grave o seu estado.

II. de cônjuge, de companheiro ou de qualquer parente do morto, consanguíneo ou afim, em linha reta ou na linha colateral em segundo grau, no dia do falecimento e nos 30 (trinta) dias seguintes.

III. de quem estiver participando de ato de culto religioso.

IV. de noivos, nos 15 (quinze) primeiros dias seguintes ao casamento.

A sequência correta é:

a) apenas a assertiva II está correta.
b) apenas as assertivas I e III estão corretas.
c) as assertivas I, II, III e IV estão corretas.
d) apenas as assertivas I, II, III estão corretas.

89. **(Consulplan/TJ/MG/Cartórios/Ingresso/2016)** Para que se proceda à citação por meio de oficial de justiça, nos moldes do que determina o Novo Código de Processo Civil, o mandado, a ser cumprido, deverá conter, obrigatoriamente, os seguintes requisitos formais, exceto:

a) os nomes do autor e do citando e seus respectivos domicílios ou residências; a finalidade da citação, com todas as especificações constantes da petição inicial, bem como a menção do prazo para contestar, sob pena de revelia, ou para embargar a execução; a aplicação de sanção para o caso de descumprimento da ordem, se houver.

b) se for o caso, a intimação do citando para comparecer, acompanhado de advogado ou de defensor público, à audiência de conciliação ou de mediação, com a menção do dia, da hora e do lugar do comparecimento.

c) a cópia da petição inicial, do despacho ou da decisão que deferir tutela provisória, a assinatura do escrivão ou do chefe de secretaria e a declaração de que o subscreve por ordem do juiz.

d) a indicação do lugar e a descrição da pessoa do citando, mencionando, necessariamente, o número de seu documento de identidade e o órgão que o expediu.

90. **(Consulplan/TJ/MG/Cartórios/Ingresso/2017)** Acerca da citação, todas as afirmações estão corretas, exceto:

a) necessária para a validade do processo.

b) é um pressuposto processual de validade.

c) é matéria de ordem pública, no entanto, só poderá ser alegada sua nulidade ou vício na primeira oportunidade, sob pena de preclusão.

d) ato formal que impõe uma série de requisitos, exigida em nome do contraditório, possibilitando ao réu sua participação no processo.

91. **(FMP/TJ/MT/Cartórios/Remoção/2014)** Sobre a publicidade no processo civil brasileiro é correto afirmar que:

a) está prevista, como regra, de forma geral e imediata.

b) está apenas prevista para os casos em que há segredo de justiça.

c) está prevista apenas no Código de Processo Civil.

d) sua consagração denota um regime processual antidemocrático.

e) nenhuma das alternativas é correta.

92. **(Fepese/MPE/SC/Promotor/2016)** A Lei n. 11.419/06 (dispõe sobre a informatização do processo judicial) possibilita aos tribunais criarem Diário da Justiça eletrônico para a publicação de atos judiciais e, nesse caso, a publicação eletrônica, nos casos em que couber, substitui qualquer outro meio de publicação oficial, considerando-se como data da publicação o dia em que foi disponibilizada a informação no Diário da Justiça eletrônico, iniciando os prazos processuais no primeiro dia útil que seguir ao da data da publicação.

93. **(Fundep/MPE/MG/Promotor/2017)** Assinale a alternativa incorreta sobre as normas processuais do CPC/2015:

a) versando o processo sobre direitos que admitam autocomposição, é lícito às partes plenamente capazes estipular mudanças no procedimento para ajustá-lo às especificidades da causa e convencionar sobre os seus ônus, poderes, faculdades e deveres processuais, antes ou durante o processo.

b) de comum acordo, o juiz e as partes podem fixar calendário para a prática de atos processuais, quando for o caso.

c) o calendário vincula as partes e o juiz, e os prazos nele previstos somente serão modificados em casos excepcionais, devidamente justificados.

d) mesmo com a calendarização dos atos processuais, é indispensável a intimação das partes, sob pena de cerceamento de defesa.

94. **(MPE/SC/Promotor/2016)** Nos termos do novo Código de Processo Civil, nas ações de família o mandado de citação conterá apenas os dados necessários à audiência e deverá estar desacompanhado de cópia da petição inicial, assegurado ao réu o direito de examinar seu conteúdo a qualquer tempo.

95. **(UFMT/DPE/MT/Defensor/2016)** Acerca da ação de usucapião no Código de Processo Civil (CPC/2015), analise as afirmativas.

I. sem prejuízo da via jurisdicional, é admitido o pedido de reconhecimento extrajudicial de usucapião, que será processado diretamente perante o cartório do registro de imóveis da comarca em que estiver situado o imóvel usucapiendo, a requerimento do interessado, representado por advogado.

II. na ação de usucapião de imóvel, os confinantes serão citados pessoalmente, exceto quando tiver por objeto unidade autônoma de prédio em condomínio, caso em que tal citação é dispensada.

III. o cônjuge necessitará do consentimento do outro para propor ação que verse sobre direito real imobiliário, mesmo quando casados sob o regime de separação absoluta de bens.

IV. a aquisição de propriedade por meio de usucapião poderá ser arguida em contestação, mesmo nas ações de reintegração de posse.

V. nas ações de usucapião em que a ré e proprietária do imóvel seja falida, a competência deve ser atribuída ao juízo universal, em detrimento do foro de situação da coisa.

Estão corretas as afirmativas:

a) I, II, IV e V, apenas.
b) II, III, IV e V, apenas.
c) I, III e V, apenas.
d) II e IV, apenas.
e) I, II, III, IV e V.

96. **(Cespe/TJ/AM/Juiz/2016)** Acerca da jurisdição e dos princípios informativos do processo civil, assinale a opção correta:

a) no âmbito do processo civil, admite-se a renúncia, expressa ou tácita, do direito atribuído à parte de participar do contraditório.
b) a jurisdição voluntária se apresenta predominantemente como ato substitutivo da vontade das partes.
c) a carta precatória constitui exceção ao princípio da indeclinabilidade da jurisdição.
d) a garantia do devido processo legal se limita à observância das formalidades previstas no CPC.
e) o princípio da adstrição atribui à parte o poder de iniciativa para instaurar o processo civil.

4.3. Das Nulidades

✱ QUESTÕES OBJETIVAS

97. **(Ieses/TJ/AM/Cartórios/Remoção/2018)** Relativamente ao título das nulidades, disposto no Código de Processo Civil – CPC/15, podemos afirmar que:

I. quando a lei prescrever determinada forma sob pena de nulidade, a decretação desta pode ser requerida pela parte que lhe deu causa.
II. a nulidade dos atos deve ser alegada na primeira oportunidade em que couber à parte falar nos autos, sob pena de preclusão.
III. é anulável o processo quando o membro do Ministério Público não for intimado a acompanhar o feito em que deva intervir.
IV. ao pronunciar a nulidade, o juiz declarará que atos são atingidos e ordenará as providências necessárias a fim de que sejam repetidos ou retificados.

A sequência correta é:

a) as assertivas I, II, III e IV estão corretas.
b) apenas as assertivas II e III estão incorretas.
c) apenas a assertiva IV está incorreta.
d) apenas as assertivas II e IV estão corretas.

98. **(Ieses/TJ/RO/Cartórios/Remoção/2017)** No tocante as nulidades processuais, dispostas no ordenamento jurídico brasileiro é correto afirmar:

a) a nulidade dos atos pode ser alegada a qualquer tempo, sempre que couber à parte falar nos autos.
b) é anulável o processo quando o membro do Ministério Público não for intimado a acompanhar o feito em que deva intervir.
c) quando a lei prescrever determinada forma sob pena de nulidade, a decretação desta pode ser requerida também pela parte que lhe deu causa.
d) anulado o ato, consideram-se de nenhum efeito todos os subsequentes que dele dependam, todavia, a nulidade de uma parte do ato não prejudicará as outras que dela sejam independentes.

99. **(Ieses/TJ/CE/Cartórios/Remoção/2018)** No que concerne ao título das nulidades disposto no Código de Processo Civil, é correto afirmar, exceto:

a) a nulidade dos atos deve ser alegada na primeira oportunidade em que couber à parte falar nos autos, sob pena de preclusão.
b) quando a lei prescrever determinada forma sob pena de nulidade, a decretação desta não pode ser requerida pela parte que lhe deu causa.
c) a nulidade dos atos deve ser alegada na primeira oportunidade em que couber à parte falar nos autos, sob pena de preclusão.
d) é anulável o processo quando o membro do Ministério Público não for intimado a acompanhar o feito em que deva intervir.

100. **(Fundep/MPE/MG/Promotor/2017)** Com relação ao sistema de nulidades processuais analise as assertivas abaixo:

I. as nulidades devem ser alegadas na primeira oportunidade em que couber a parte falar nos autos, independente da natureza da nulidade, sob pena de preclusão.
II. é nulo o processo quando o membro do Ministério Público não for intimado a acompanhar o feito em que deva intervir. Se o processo tiver

tramitado sem conhecimento do Ministério Público, o juiz invalidará os atos praticados a partir do momento em que tomar conhecimento.

III. a nulidade só poderá ser decretada após a intimação do Ministério Público, independente de real prejuízo a uma das partes.

IV. anulado o ato, consideram-se de nenhum efeito todos os subsequentes que dele dependam, todavia, a nulidade de uma parte do ato não prejudicará as outras que dela sejam independentes.

Assinale a alternativa correta:

a) todas as afirmativas são falsas.
b) todas as afirmativas são verdadeiras.
c) apenas a assertiva IV é verdadeira.
d) apenas a assertiva III é verdadeira.

5. DA TUTELA PROVISÓRIA

* INOVAÇÕES LEGISLATIVAS

▲ Lei das Cautelares contra o Poder Público (Lei 8.437/92): sem alterações em 2017/2018.

* SÚMULAS

1) Disposições Gerais

STJ Súm. 212. A compensação de créditos tributários não pode ser deferida em ação cautelar ou por medida liminar cautelar ou antecipatória.

2) Da Tutela de Urgência

2.1) Do Procedimento da Tutela Cautelar Requerida em Caráter Antecedente

STJ Súm. 482. A falta de ajuizamento da ação principal no prazo do art. 806 do CPC acarreta a perda da eficácia da liminar deferida e a extinção do processo cautelar.

* ENUNCIADOS CJF

1) Disposições Gerais

CJF Proc. Civil 38. As medidas adequadas para efetivação da tutela provisória independem do trânsito em julgado, inclusive contra o Poder Público (art. 297 do CPC).

CJF Proc. Civil 45. Aplica-se às tutelas provisórias o princípio da fungibilidade, devendo o juiz esclarecer as partes sobre o regime processual a ser observado.

2) Da Tutela de Urgência

2.1) Disposições Gerais

CJF Proc. Civil 39. Cassada ou modificada a tutela de urgência na sentença, a parte poderá, além de interpor recurso, pleitear o respectivo restabelecimento na instância superior, na petição de recurso ou em via autônoma.

CJF Proc. Civil 40. A irreversibilidade dos efeitos da tutela de urgência não impede sua concessão, em se tratando de direito provável, cuja lesão seja irreversível.

CJF Proc. Civil 41. Nos processos sobrestados por força do regime repetitivo, é possível a apreciação e a efetivação de tutela provisória de urgência, cuja competência será do órgão jurisdicional onde estiverem os autos.

CJF Proc. Civil 42. É cabível a concessão de tutela provisória de urgência em incidente de desconsideração da personalidade jurídica.

2.2) Do Procedimento da Tutela Antecipada Requerida em Caráter Antecedente

CJF Proc. Civil 43. Não ocorre a estabilização da tutela antecipada requerida em caráter antecedente, quando deferida em ação rescisória.

CJF Proc. Civil 44. É requisito da petição inicial da tutela cautelar requerida em caráter antecedente a indicação do valor da causa.

CJF Proc. Civil 130. É possível a estabilização de tutela antecipada antecedente em face da Fazenda Pública.

2.3) Do Procedimento da Tutela Cautelar Requerida em Caráter Antecedente

CJF Proc. Civil 46. A cessação da eficácia da tutela cautelar, antecedente ou incidental, pela não efetivação no prazo de 30 dias, só ocorre se caracterizada omissão do requerente.

3) Da Tutela da Evidência

CJF Proc. Civil 47. A probabilidade do direito constitui requisito para concessão da tutela da evidência fundada em abuso do direito de defesa ou em manifesto propósito protelatório da parte contrária.

CJF Proc. Civil 48. É admissível a tutela provisória da evidência, prevista no art. 311, II, do CPC, também em casos de tese firmada em repercussão geral ou em súmulas dos tribunais superiores.

CJF Proc. Civil 135. É admissível a concessão de tutela da evidência fundada em tese firmada em incidente de assunção de competência.

✱ QUESTÕES OBJETIVAS

101. (Ieses/TJ/AM/Cartórios/Ingresso/2018) Em relação a tutela provisória no Código de Processo Civil, é incorreto:

a) na tutela da evidência será exigido conforme norma expressa no Código de Processo Civil, a demonstração de perigo de dano ou de risco ao resultado útil do processo.

b) na tutela de urgência, deferida em caráter antecedente, o réu será citado e intimado para audiência de conciliação ou de mediação, e não havendo autocomposição, o prazo para contestar terá sua fluência da negativa de acordo.

c) na tutela de urgência, independente da natureza da medida, cautelar ou antecipada os requisitos legais para devida concessão são respectivamente, a probabilidade do direito e o risco de dano ou resultado útil do processo, podendo ser dispensada a caução, caso a parte interessada comprove a sua hipossuficiência.

d) as decisões interlocutórias que dizem respeito a tutela provisória serão recorríveis via agravo de instrumento, já as sentenças que confirmam, concedem, ou revogam a tutela provisória serão recorríveis por meio de apelação, a qual será desprovida de efeito suspensivo.

102. (Consulplan/TJ/MG/Cartórios/Remoção/2017) Relativamente à tutela de urgência, dentre as afirmativas abaixo, apenas uma é incorreta. Assinale-a:

a) será concedida quando houver elementos que evidenciem a probabilidade do direito e o perigo de dano ou risco ao resultado útil do processo.

b) poderá ser concedida liminarmente ou após justificação prévia.

c) em hipótese alguma a caução real ou fidejussória poderá ser dispensada.

d) a tutela de urgência de natureza antecipada não será concedida quando houver perigo de irreversibilidade dos efeitos da decisão.

103. (Cetro/TJ/RJ/Cartórios/Ingresso/2017) No que tange à tutela de evidência do NCPC (Novo Código de Processo Civil – Lei n. 13.105/2015), analise as assertivas abaixo.

I. é vedada a utilização da tutela de evidência para tratar a falta de eficácia da sentença decorrente do efeito suspensivo da apelação.

II. o juiz não pode decidir liminarmente acerca de tutela de evidência fulcrado em caracterizado abuso do direito de defesa ou manifesto propósito protelatório da parte.

III. a não irreversibilidade dos efeitos do provimento é requisito tanto da tutela de urgência quanto da tutela de evidência.

É correto o que se afirma em:

a) I, apenas.

b) II, apenas.

c) II e III, apenas.

d) I e II, apenas.

e) III, apenas.

104. (Consulplan/TJ/MG/Cartórios/Ingresso/2017) Acerca das tutelas de urgência e de evidência, não é correto afirmar:

a) a tutela de cognição sumária pode ser de urgência ou da evidência.

b) a tutela da evidência apresenta requisitos ligados ao juízo de verossimilhança, ao passo que as tutelas de urgência exigem, além do juízo de verossimilhança, um juízo ligado à urgência.

c) no CPC/15, a tutela de urgência segue subdividida em tutela cautelar e tutela antecipada (satisfativa), mas os requisitos são individualizados.

d) ambas as tutelas são denominadas tutelas provisórias.

105. (Consulplan/TJ/MG/Cartórios/Remoção/2017) Analise as afirmações abaixo:

I. o termo tutela provisória não é o mais adequado. Pelas diferenças entre a tutela cautelar e a tutela antecipatória, na esteira da doutrina de Ovídio Baptista da Silva, observa-se, por exemplo, que a tutela cautelar é medida temporária e não provisória, haja vista que tem eficácia enquanto perdurar a situação cautelanda.

II. já a medida antecipatória tem natureza provisória, tendo em vista que antecipa o provimento final de mérito (o qual poderá confirmar e tornar definitiva a tutela provisoriamente antecipada; modificá-la; ou, até revogá-la).

III. o caráter de temporariedade da tutela cautelar demonstra que sua eficácia fática está desvinculada ao tempo da necessidade da função acautelatória, enquanto a tutela antecipada (seja ela de urgência ou da evidência – ambas satisfativas) satisfaz definitivamente o direito do autor.

IV. a tutela antecipada tem o objetivo de se manter eficaz no tempo, mesmo após a decisão final de mérito (caso, evidentemente, a decisão proferida após a cognição exauriente confirme os juízos de verossimilhança e de urgência – sumários ao final). Não tem, pois, um caráter temporário.

São verdadeiras as afirmações:

a) I, II e a III apenas.
b) I, II e a IV apenas.
c) IV apenas.
d) I, II, III e IV.

106. **(Consulplan/TJ/MG/Cartórios/Ingresso/2018)** Sobre tutela provisória antecipatória assinale a afirmativa incorreta:

a) no caso de estabilização da tutela antecipatória, a formação da coisa julgada poderá ser questionada através da ação rescisória.
b) a execução fundada na decisão estabilizada poderá ser definitiva, considerando que não existe relação entre a execução ser definitiva e a circunstância de se operar a coisa julgada material.
c) a decisão que concede a tutela provisória, mesmo estabilizada pela inércia do Poder Público não está sujeita ao reexame necessário, em que pese seja proferida contra a União, Estados, Distrito Federal e Municípios.
d) uma vez concedida a tutela antecipada requerida em caráter antecedente, a estabilização depende da postura do autor e do réu. Se o autor não aditar a inicial, o processo será extinto sem resolução do mérito, o que implicará revogação da tutela antecipada concedida, inviabilizando a estabilização.

107. **(Consulplan/TJ/MG/Cartórios/Remoção/2018)** Sobre tutelas provisórias no novo Código de Processo Civil, é incorreto afirmar que:

a) o prazo para aditamento da petição inicial na tutela antecipatória vai depender se a tutela antecipada foi ou não concedida.
b) efetivada a tutela cautelar antecedente, o pedido principal deve ser formulado pelo autor no trintídio legal sob pena de caducidade da medida.
c) não será possível a estabilização da tutela provisória antecipatória ou cautelar caso a parte contrária maneje o respectivo recurso contra a decisão que a concedeu.
d) a tutela provisória da evidência pode ser requerida quando houver tese firmada em julgamento de casos repetitivos ou em súmula vinculante e os fatos possam ser comprovados tão somente por meio de documentos.

108. **(Consulplan/TJ/MG/Cartórios/Ingresso/2016)** Quanto à tutela provisória, é correto afirmar, exceto:

a) a tutela provisória de urgência, cautelar ou antecipada, será concedida em caráter antecedente ou incidental.
b) a tutela provisória requerida em caráter incidental independe do pagamento de custas.
c) a tutela provisória conserva sua eficácia na pendência do processo, mas pode, a qualquer tempo, ser revogada ou modificada; todavia, salvo decisão judicial em contrário, a tutela provisória conservará a eficácia durante o período de suspensão do processo.
d) o juiz poderá determinar as medidas que considerar adequadas para efetivação da tutela provisória, devendo observar as normas referentes ao cumprimento provisório da sentença, no que couber.

109. **(FMP/TJ/MT/Cartórios/Remoção/2014)** Para efeitos de concessão de liminar no processo civil, a expressão "periculum in mora" significa sempre:

a) perigo na demora na prestação da tutela jurisdicional.
b) perigo de dano irreparável ou de difícil reparação.
c) receio da prática de ato ilícito.
d) perigo de infrutuosidade na prestação da tutela jurisdicional.
e) nenhuma das alternativas está correta.

110. **(Vunesp/TJ/SP/Cartórios/Ingresso/2016)** A respeito da tutela provisória no CPC/2015, é correto afirmar que:

a) pode fundar-se em urgência ou evidência, dividindo-se a primeira em cautelar ou antecipada.
b) a tutela provisória de urgência de natureza antecipada somente admite a forma incidental.
c) por emanar do poder jurisdicional, aspecto da própria soberania estatal, não implica responsabilidade do autor pelos eventuais prejuízos que a efetivação da medida ocasionar ao réu.
d) a tutela provisória conserva sua eficácia durante a pendência do processo, exceto em caso de

suspensão deste, quando então terá sustados seus efeitos independentemente de pronunciamento judicial.

111. **(Consulplan/TJ/MG/Cartórios/Ingresso/2017)** Com relação à tutela provisória todas as assertivas abaixo estão corretas, exceto:

a) pode fundamentar-se em urgência ou evidência.

b) cuida-se de medida destinada a acautelar o direito controvertido ou antecipar o direito controvertido.

c) o poder/dever geral de cautela foi extinto no CPC/2015.

d) a efetivação das tutelas provisórias observará as normas referentes ao cumprimento provisório da sentença.

112. **(MPE/RS/Promotor/2016)** Assinale com V (verdadeiro) ou com F (falso) as seguintes afirmações sobre o tema da tutela provisória, segundo o disposto no Código do Processo Civil.

I. a tutela provisória será requerida ao juízo da causa e, quando antecedente, ao juízo competente para conhecer do pedido principal.

II. nos casos em que a urgência for contemporânea à propositura da ação, a petição inicial pode limitar-se ao requerimento da tutela antecipada e à indicação do pedido de tutela final, com a exposição da lide, do direito que se busca realizar e do perigo de dano ou do risco ao resultado útil do processo.

III. efetivada a tutela cautelar requerida em caráter antecedente, o pedido principal terá de ser formulado pelo autor no prazo de 15 (quinze) dias, caso em que será apresentado nos mesmos autos em que deduzido o pedido de tutela cautelar, não dependendo do adiantamento de novas custas processuais.

IV. cessa a eficácia da tutela cautelar concedida em caráter antecedente, se o juiz julgar procedente o pedido principal formulado pelo autor ou extinguir o processo sem resolução de mérito.

A sequência correta de preenchimento dos parênteses, de cima para baixo, é:

a) V, V, F, F.

b) F, V, F, V.

c) V, V, V, F.

d) F, F, V, V.

e) V, F, V, F.

113. **(FCC/PGE/MT/Procurador/2016)** Em processo que tramita na Comarca de Sorriso/MT, o autor ajuizou ação postulando o fornecimento de medicamento de alto custo em face do Estado. Requereu, incidentalmente, a tutela antecipada, alegando que o seu direito era evidente, diante do risco de vida que sofria caso não recebesse o medicamento, comprovado por farta documentação acostada à inicial. O magistrado concedeu a liminar, nos termos em que pleiteada e determinou a intimação do requerido para dar cumprimento à medida. Depois da intimação desta decisão, o requerido cumpriu a liminar nos termos em que determinada e não apresentou qualquer recurso contra a decisão. Diante desta situação, tal decisão:

a) é apta a gerar a estabilização dos seus efeitos, diante da ausência de recurso no prazo oportuno, mas poderá ser revista em ação própria, desde que ajuizada no prazo de dois anos.

b) não é apta a gerar a estabilização dos seus efeitos, ainda que não tenha sido impugnada mediante recurso, uma vez que este fenômeno processual somente foi previsto para a tutela de urgência antecedente, e não para a tutela incidental.

c) não é apta a gerar a estabilização dos seus efeitos, uma vez que a lei ressalva a inaplicabilidade deste fenômeno processual para a Fazenda Pública.

d) é apta a gerar a estabilização dos seus efeitos, por ausência de recurso no prazo oportuno e, assim, fará coisa julgada material, que poderá ser desconstituída por meio de ação rescisória, no prazo de dois anos.

e) é apta a gerar a estabilização dos seus efeitos, desde que não tenha sido impugnada mediante recurso, uma vez que a lei prevê que somente a tutela da evidência tem a aptidão à estabilização dos seus efeitos.

114. **(Faurgs/TJ/RS/Juiz/2016)** Na vigência do Novo Código de Processo Civil, instituído pela Lei n. 13.105/2015, o Ministério Público do Estado do Rio Grande do Sul ingressa com ação alegando que certo medicamento está sendo distribuído às farmácias sem determinado selo, exigido por legislação específica para que o fármaco possa ser vendido. O produto, segundo a inicial, terá sua venda iniciada no dia de amanhã. Nesse caso, partindo do pressuposto de que os fatos alegados estão provados, é correto afirmar que, ao deferir a antecipação de tutela, o juiz estará concedendo:

a) tutela preventiva contra o dano.
b) tutela preventiva contra o ilícito.
c) tutela repressiva contra o dano.
d) tutela repressiva contra o ilícito.
e) tutela preventiva e repressiva contra o ilícito e o dano.

115. **(TRT/4R/Juiz/2016)** Considere as assertivas abaixo sobre tutela provisória.

I. a tutela provisória de urgência pode ser classificada, no tocante ao seu conteúdo, em cautelar e antecipada, podendo ser concedida, em qualquer das hipóteses, em caráter antecedente ou incidental.

II. a tutela provisória, uma vez concedida, mantém sua eficácia até o julgamento final do processo, podendo o julgador, na sentença, mantê-la, revogá-la ou modificá-la, o que não mais é admissível no curso do processo.

III. o Julgador, ao exercer o poder geral de cautela, em tutela provisória, deve observar apenas o quanto pretendido pela parte postulante no que tange às medidas de sua efetivação.

Quais são corretas?

a) apenas I.
b) apenas II.
c) apenas III.
d) apenas I e II.
e) I, II e III.

116. **(Fundep/MPE/MG/Promotor/2017)** Sobre a tutela provisória, é incorreto afirmar:

a) a concessão de tutela provisória antecipada da evidência na sentença não inviabiliza a executividade imediata na sentença.
b) é possível a concessão de tutela antecipada em hipóteses de irreversibilidade recíproca, atendidos os demais requisitos para seu deferimento.
c) a decisão que concede a tutela não fará coisa julgada, mas a estabilidade dos respectivos efeitos só será afastada por decisão que a revir, reformar ou invalidar, proferida em ação ajuizada por uma das partes atingida pelo pronunciamento.
d) efetivada a tutela de urgência e, posteriormente, sendo o processo extinto sem resolução do mérito e sem estabilização da tutela, será possível fase de liquidação para fins de responsabilização civil do requerente da medida e apuração de danos.

117. **(MPE/PR/Promotor/2016)** Sobre o regime legal das tutelas provisórias do Código de Processo Civil, assinale a alternativa correta:

a) todo pedido de tutela provisória exige probabilidade do direito e o perigo de dano ou o risco ao resultado útil do processo.
b) como é norma fundamental do processo civil a impossibilidade de se proferir decisão contrária a uma das partes sem que ela seja previamente ouvida, as tutelas provisórias não podem ser concedidas liminarmente e dependem de justificação prévia.
c) para o Código de Processo Civil de 2015, a tutela de evidência compreende hipóteses de antecipação dos efeitos da tutela pretendida sem os requisitos de perigo de dano ou de risco ao resultado útil do processo.
d) a tutela cautelar do Código de Processo Civil de 2015 se define pela natureza do pedido formulado, considerando-se cautelar apenas os pedidos de arresto, sequestro, arrolamento de bens e registro de protesto contra alienação de bem.
e) a tutela de evidência pode ser concedida, nos termos do Código de Processo Civil, quando as alegações de fato puderem ser comprovadas apenas documentalmente e houver entendimento favorável do juízo em casos idênticos.

118. **(MPE/SC/Promotor/2016)** Nos termos do novo Código de Processo Civil, a tutela da evidência será concedida quando houver elementos que evidenciem a probabilidade do direito e o perigo de dano ou o risco ao resultado útil do processo.

119. **(TRF/4R/Juiz/2016)** Considerando as regras do Código de Processo Civil de 2015:

I. a tutela provisória de evidência será concedida pelo juiz quando, presentes a probabilidade do direito e o perigo de dano, ficar caracterizado o abuso no direito de defesa ou o manifesto propósito protelatório do réu.

II. a estabilização da tutela de urgência antecipada ocorre quando não for interposto o recurso da decisão que a concedeu e implica a extinção do processo, sem formação de coisa julgada, podendo, porém, o juízo alterar a medida de urgência a qualquer tempo.

III. as modalidades de tutela provisória de urgência são cautelar, antecipada e antecedente.

IV. se a tutela de urgência requerida em caráter antecedente for concedida, o autor terá o prazo de 5 dias para emendar sua petição inicial, indicando qual a lide principal que será ajuizada, e de 30 dias para a propositura da ação principal:

a) estão corretas apenas as assertivas I e III.
b) estão corretas apenas as assertivas II e III.
c) estão corretas apenas as assertivas I, II e IV.
d) estão corretas todas as assertivas.
e) nenhuma assertiva está correta.

6. DA FORMAÇÃO, DA SUSPENSÃO E DA EXTINÇÃO DO PROCESSO

* QUESTÕES OBJETIVAS

120. (Ieses/TJ/CE/Cartórios/Ingresso/2018) Acerca da disciplina da Formação, Suspensão e Extinção do Processo no Código de Processo Civil, considere as seguintes afirmações:

I. extingue-se o processo pela morte ou pela perda da capacidade processual de qualquer das partes, de seu representante legal ou de seu procurador.
II. antes de proferir decisão sem resolução de mérito, o juiz deverá conceder à parte oportunidade para, se possível, corrigir o vício.
III. é causa legal para a suspensão do processo o fato de o advogado responsável, sendo o único patrono da causa, tornar-se pai.

Está correto o que se afirma em:

a) I e II.
b) I e III.
c) I, II e III.
d) II e III.

121. (Ieses/TJ/RO/Cartórios/Remoção/2017) Suspende-se o processo, entre outras possibilidades, pela:

I. arguição de impedimento ou de suspeição.
II. morte ou pela perda da capacidade processual de qualquer das partes, de seu representante legal ou de seu procurador.
III. admissão de incidente de resolução de demandas repetitivas.
IV. convenção das partes.

A sequência correta é:

a) apenas as assertivas I, II, III estão corretas.
b) as assertivas I, II, III e IV estão corretas.
c) apenas as assertivas I e III estão corretas.
d) apenas a assertiva II está correta.

7. DO PROCESSO DE CONHECIMENTO E DO CUMPRIMENTO DE SENTENÇA

7.1. Do Procedimento Comum

7.1.1. Das Disposições Gerais, Da Petição Inicial

* SÚMULAS

STJ **Súm. 318.** Formulado pedido certo e determinado, somente o autor tem interesse recursal em arguir o vício da sentença ilíquida.

* ENUNCIADOS CJF

CJF **Proc. Civil 119.** É admissível o ajuizamento de ação de exibição de documentos, de forma autônoma, inclusive pelo procedimento comum do CPC (art. 318 e seguintes).

* QUESTÕES OBJETIVAS

122. (Ieses/TJ/AM/Cartórios/Ingresso/2018) Em relação ao procedimento comum é correto afirmar que:

a) a prescrição e decadência são causas de indeferimento da petição inicial, com base na segurança jurídica.
b) na atual sistemática processual, a formulação pelo autor de pedido indeterminado, independentemente da natureza jurídica da causa, acarretará a inépcia da petição inicial.
c) incumbe ao réu, antes de discutir o mérito, alegar na contestação a incompetência absoluta e relativa, já a indevida concessão do benefício de gratuidade da justiça deverá ser impugnada via peça processual apartada, sob pena de nulidade.
d) caso não disponha o autor dos dados completos do réu, poderá o mesmo na petição inicial, requerer ao juiz as diligências necessárias à sua obtenção, não sendo motivo para seu indeferimento.

123. (Vunesp/TJ/SP/Cartórios/Ingresso/2014) No procedimento sumário, a lei processual prescreve que o autor, na petição inicial, apresentará o rol de testemunhas e, se requerer perícia, formulará quesitos, podendo indicar assistente técnico. Se o autor, porém, não o fizer:

a) sempre lhe será facultado, por ser sumário o procedimento, levar testemunhas à audiência, independentemente de rol e intimação, para serem ouvidas.

b) poderá suprir, a todo tempo, as omissões, até cinco (05) dias antes da data designada para a audiência, em homenagem ao princípio constitucional da ampla defesa e por não ser preclusiva essa oportunidade.

c) ocorrerá a preclusão consumativa, estando o autor impedido de fazê-lo em momento posterior, ainda que o consinta o réu.

d) ocorrerá a preclusão "pro judicato", mas se houver o consentimento do réu, o autor poderá suprir a omissão em momento posterior.

124. **(TRT/4R/Juiz/2016)** Considere as assertivas abaixo sobre os requisitos da petição inicial.

I. se, mesmo após dar ao autor a oportunidade de emendar a petição inicial, persistir vício que determinou a emenda, o Juiz indeferirá a petição inicial sem determinar a citação do réu.

II. é facultado ao autor, até a citação, aditar ou alterar o pedido ou a causa de pedir, independentemente do consentimento do réu, bem como fazê-lo, até o saneamento do processo, com o consentimento do réu, assegurado o devido contraditório. Contudo, situação idêntica não se aplica à hipótese de reconvenção, considerando que já estabelecidos, de antemão, a causa de pedir e o pedido correlato.

III. após a citação do réu, não mais poderá o Juiz indeferir a petição inicial; poderá, contudo, acolher eventual preliminar suscitada pelo réu, ainda que se trate de preliminar sobre tema capaz de ensejar o indeferimento da petição inicial, extinguindo, porém, o processo, sem resolução do mérito.

Quais são corretas?

a) apenas I.
b) apenas II.
c) apenas III.
d) apenas I e III.
e) I, II e III.

7.1.2. *Da Improcedência Liminar do Pedido*

* SÚMULAS

STJ **Súm. 409.** Em execução fiscal, a prescrição ocorrida antes da propositura da ação pode ser decretada de ofício (art. 219, § 5º, do CPC).

* ENUNCIADOS CJF

CJF **Proc. Civil 22.** Em causas que dispensem a fase instrutória, é possível o julgamento de improcedência liminar do pedido que contrariar decisão do Supremo Tribunal Federal em controle concentrado de constitucionalidade ou enunciado de súmula vinculante.

* QUESTÕES OBJETIVAS

125. **(Consulplan/TJ/MG/Cartórios/Remoção/2018)** É incorreto afirmar que o procedimento a ser adotado pelo juiz, segundo as regras do novo Código de Processo Civil no julgamento de improcedência liminar, será:

a) de julgamento de plano da lide independentemente da citação do réu no caso de reconhecer a prescrição e a decadência.

b) de julgamento apenas de parcela da causa liminarmente improcedente, hipótese em que o recurso cabível será o agravo de instrumento.

c) de julgamento de plano de improcedência da lide no caso de aplicação de entendimento firmado em sede de incidente de resolução de demandas repetitivas.

d) de julgamento de plano improcedente a lide, hipótese em que o recurso cabível será a apelação, cujo juízo de retratação será oportunizado, após o estabelecimento do contraditório, com a citação do réu.

126. **(Consulplan/TJ/MG/Cartórios/Ingresso/2016)** Todas as alternativas completam corretamente o enunciado, exceto. Nas causas que dispensem a fase instrutória, o juiz, independentemente da citação do réu, julgará liminarmente improcedente o pedido que contrariar:

a) enunciado de súmula do Supremo Tribunal Federal ou do Superior Tribunal de Justiça.

b) acórdão proferido pelo Supremo Tribunal Federal ou pelo Superior Tribunal de Justiça em julgamento de recursos repetitivos.

c) entendimento firmado em incidente de resolução de demandas repetitivas ou de assunção de competência.

d) entendimento decorrente de julgados proferidos pelo juiz sentenciante, equiparado à condição de precedente pela atual legislação processual.

127. (Consulplan/TJ/MG/Cartórios/Ingresso/2016) "Nas causas que dispensem a fase instrutória, o juiz, independentemente da citação do réu, julgará liminarmente improcedente o pedido que contrariar (___)". Todas as alternativas completam corretamente o enunciado, exceto:

a) enunciado de súmula do Supremo Tribunal Federal ou do Superior Tribunal de Justiça.
b) acórdão proferido pelo Supremo Tribunal Federal ou pelo Superior Tribunal de Justiça em julgamento de recursos repetitivos.
c) entendimento firmado em incidente de resolução de demandas repetitivas ou de assunção de competência.
d) entendimento decorrente de julgados proferidos pelo juiz sentenciante, equiparado à condição de precedente pela atual legislação processual.

128. (MPE/GO/Promotor/2016) Proposta a ação, o juiz, ao analisar a inicial, verifica, desde logo, a ocorrência da decadência do direito do autor. Neste caso e de acordo com o NCPC:

a) cabe ao juiz indeferir liminarmente a petição inicial através de sentença a qual estará sujeita a recurso de apelação, havendo possibilidade do exercício do juízo de retratação.
b) cabe ao juiz indeferir liminarmente a petição inicial através de sentença a qual estará sujeita a recurso de apelação, não havendo possibilidade do exercício do juízo de retratação.
c) cabe ao juiz julgar liminarmente improcedente o pedido através de sentença a qual estará sujeita a recurso de apelação, havendo possibilidade do exercício do juízo de retratação.
d) cabe ao juiz julgar liminarmente improcedente o pedido através de sentença a qual estará sujeita a recurso de apelação, não havendo possibilidade do exercício do juízo de retratação.

129. (TRF/4R/Juiz/2016) Considerando as regras do Código de Processo Civil de 2015:

I. as condições da ação não estão previstas no Código, o que impede o indeferimento da petição inicial por ilegitimidade para a causa ou falta de interesse processual.
II. quando, além do autor, todos os réus manifestarem desinteresse na realização da audiência de conciliação, o prazo de contestação tem início, para todos os litisconsortes passivos, com o despacho judicial que acolhe as manifestações de desinteresse na realização da audiência de conciliação.
III. o juiz pode, independentemente de citação, julgar improcedente o pedido que contrariar súmula, desde que seja vinculante. Se o pedido contrariar enunciado de súmula não vinculante ou julgado em recurso repetitivo, deve ordenar a citação, estando em condições a petição inicial, para só depois decidir a questão, em atenção ao princípio do contraditório.
IV. caso a decisão transitada em julgado seja omissa em relação aos honorários de sucumbência, eles não poderão ser cobrados nem em execução, nem em ação própria:

a) estão corretas apenas as assertivas I e III.
b) estão corretas apenas as assertivas II e III.
c) estão corretas apenas as assertivas I, II e IV.
d) estão corretas todas as assertivas.
e) nenhuma assertiva está correta.

7.1.3. Da Audiência de Conciliação ou de Mediação

✱ ENUNCIADOS CJF

CJF Proc. Civil 23. Na ausência de auxiliares da justiça, o juiz poderá realizar a audiência inaugural do art. 334 do CPC, especialmente se a hipótese for de conciliação.

CJF Proc. Civil 24. Havendo a Fazenda Pública publicizado ampla e previamente as hipóteses em que está autorizada a transigir, pode o juiz dispensar a realização da audiência de mediação e conciliação, com base no art. 334, § 4º, II, do CPC, quando o direito discutido na ação não se enquadrar em tais situações.

CJF Proc. Civil 25. As audiências de conciliação ou mediação, inclusive dos juizados especiais, poderão ser realizadas por videoconferência, áudio, sistemas de troca de mensagens, conversa online, conversa escrita, eletrônica, telefônica e telemática ou outros mecanismos que estejam à disposição dos profissionais da autocomposição para estabelecer a comunicação entre as partes.

CJF Proc. Civil 26. A multa do § 8º do art. 334 do CPC não incide no caso de não comparecimento do réu intimado por edital.

CJF Proc. Civil 121. Não cabe aplicar multa a quem, comparecendo à audiência do art. 334 do CPC, apenas manifesta desinteresse na realização de acordo, salvo se a sessão foi designada unicamente por requerimento seu e não houver justificativa para a alteração de posição.

✱ QUESTÕES OBJETIVAS

130. **(Consulplan/TJ/MG/Cartórios/Ingresso/2016)** A conciliação e a mediação, formas de resolução de conflito, são informadas pelos seguintes princípios, expressamente adotados pelo Novo Código de Processo Civil, exceto:

a) independência e confidencialidade.

b) simplicidade e economia processual.

c) autonomia de vontade e informalidade.

d) imparcialidade, decisão informada e oralidade.

131. **(Consulplan/TJ/MG/Cartórios/Remoção/2017)** Quanto aos institutos da conciliação e mediação, analise as afirmações seguintes:

I. a conciliação e a mediação são informadas pelos princípios da independência, da imparcialidade, da autonomia, da vontade, da oralidade e da informalidade.

II. as partes não podem escolher o conciliador ou o mediador, devendo sempre submeter-se àqueles cadastrados no tribunal.

III. os conciliadores e mediadores judiciais cadastrados nos tribunais, se advogados, estarão impedidos de exercer a advocacia nos juízos em que desempenhem suas funções.

IV. o conciliador e o mediador ficam impedidos, pelo prazo de 1 (um) ano, contado do término da última audiência em que atuaram, de patrocinar qualquer das partes.

Está correto o que se afirma em:

a) I e II, apenas.

b) III e IV, apenas.

c) I, III e IV, apenas.

d) I, II, III e IV.

132. **(MP/DFT/Promotor/2015)** Mauro Cappelletti relaciona a "terceira onda de acesso à justiça" aos métodos alternativos de solução dos conflitos (In Os métodos alternativos de solução de conflitos no quadro do movimento universal de acesso à justiça, RePro 74/82, São Paulo, editora RT). Sobre o tema, julgue os itens a seguir:

I. no procedimento comum ordinário, a audiência de tentativa de conciliação acontece após transcorrido o prazo de contestação do réu e se a causa versar sobre direitos que admitam a transação. Cabe, contudo, ao juiz tentar, a qualquer tempo, conciliar as partes.

II. para as novas regras do Código de Processo Civil de 2015, não é necessária a espera do transcurso do prazo de contestação, para que o juiz designe a primeira audiência de conciliação ou de mediação.

III. coincidem, contudo, os dois diplomas processuais civis, CPC/1973 e CPC/2015, acerca do não comparecimento injustificado da parte, procurador ou preposto, na primeira audiência de conciliação, isto é, ambos os códigos consideram a ausência injustificada como mero desinteresse na conciliação.

IV. nos procedimentos dos juizados especiais cíveis (Lei 9.099/1995) a solução dos conflitos será obtida pela homologação judicial do termo de conciliação ou do laudo do juízo arbitral, bem assim, caso não obtidas tais soluções, pelo julgamento do juiz togado, após audiência de instrução e julgamento.

V. conciliação e mediação são termos intercambiáveis, no novo Código de Processo Civil de 2015, e significam que o conciliador ou mediador podem sugerir soluções para o encerramento do litígio entre as partes.

Assinale a alternativa que contém os itens corretos:

a) III, IV e V.

b) I, II e IV.

c) II, IV e V.

d) II, III e IV.

e) I, III e IV.

7.1.4. Da Contestação, Da Reconvenção, Da Revelia

✱ SÚMULAS

STJ **Súm. 485.** A Lei de Arbitragem aplica-se aos contratos que contenham cláusula arbitral, ainda que celebrados antes da sua edição.

✱ ENUNCIADOS CJF

CJF **Proc. Civil 120.** Deve o juiz determinar a emenda também na reconvenção, possibilitando ao reconvinte, a fim de evitar a sua rejeição prematura, corrigir defeitos e/ou irregularidades.

CJF **Proc. Civil 122.** O prazo de contestação é contado a partir do primeiro dia útil seguinte à realização da audiência de conciliação ou mediação, ou da última sessão de conciliação ou mediação, na hipótese de incidência do art. 335, inc. I, do CPC.

CJF Proc. Civil 123. Aplica-se o art. 339 do CPC à autoridade coatora indicada na inicial do mandado de segurança e à pessoa jurídica que compõe o polo passivo.

CJF Proc. Civil 124. Não há preclusão consumativa do direito de apresentar contestação, se o réu se manifesta, antes da data da audiência de conciliação ou de mediação, quanto à incompetência do juízo.

* QUESTÕES OBJETIVAS

133. (FMP/TJ/MT/Cartórios/Remoção/2014) O direito de defesa, no processo civil:

a) tem de ser necessariamente assimétrico ao direito de ação.
b) é a resposta ao direito de ação e goza do mesmo status na ordem jurídica brasileira.
c) determina, em todo e qualquer caso, direito à cognição plena e exauriente na estruturação do procedimento.
d) determina, em todo e qualquer caso, direito à cognição parcial e exauriente na estruturação do procedimento.
e) nenhuma das alternativas está correta.

134. (Vunesp/TJ/SP/Cartórios/Remoção/2016) Sobre a reconvenção, é correto afirmar que:

a) pode ser proposta contra o autor e terceiro, ou ainda, pelo réu em litisconsórcio com terceiro.
b) pode ser proposta pelo réu em petição própria, para manifestar pretensão própria, haja ou não conexão com a ação principal ou com o fundamento da defesa.
c) dela será o autor intimado pessoalmente, para apresentar resposta no prazo de 15 (quinze) dias.
d) é inadmissível na ação monitória.

135. (MPE/PR/Promotor/2016) Sobre o processo de conhecimento e seu procedimento, previsto pelo Código de Processo Civil de 2015, assinale a alternativa correta:

a) o Código de Processo Civil em vigor prevê duas espécies de procedimentos comuns, quais sejam, o ordinário e o sumário.
b) a inépcia da inicial implica o indeferimento liminar do pedido.
c) a contestação é a via adequada para alegar incompetência relativa e absoluta, incorreção do valor da causa e perempção, dentre outras preliminares.
d) se o autor manifestar desinteresse na audiência de conciliação, a referida audiência não será designada e o réu será citado para responder ao pedido.
e) a alegação de matéria preliminar na contestação, como a existência de litispendência e a inépcia da inicial, não justifica a abertura de prazo para o autor se manifestar sobre a defesa.

136. (MPE/GO/Promotor/2016) Em relação a reconvenção no NCPC, pode-se afirmar que:

a) na reconvenção, o polo ativo deverá ser o réu, não sendo permitido incluir terceiro como reconvinte.
b) a ação e a reconvenção necessariamente deverão ser julgadas na mesma sentença para evitar decisões conflitantes.
c) na reconvenção, o reconvindo deverá ser o autor da ação, não admitindo a existência de litisconsórcio deste com terceiro.
d) o réu poderá propor reconvenção independentemente do oferecimento da contestação.

137. (Vunesp/TJM/SP/Juiz/2016) No tocante ao tema resposta do réu, assinale a alternativa correta:

a) o termo inicial para oferecimento de contestação será sempre a data da audiência de conciliação ou de mediação, ou da última sessão de conciliação, quando qualquer parte não comparecer ou, comparecendo, não houver autocomposição.
b) deve necessariamente ser alegado no bojo da contestação a denunciação da lide, o chamamento do processo, a incompetência relativa, a impugnação ao valor da causa e a arguição de impedimento ou suspeição.
c) os litisconsortes passivos sempre têm o mesmo prazo para apresentar contestação.
d) o réu pode ser condenado a arcar com as despesas processuais e indenizar o autor pelos prejuízos decorrentes da falta de indicação do sujeito passivo, quando alegar sua ilegitimidade e não indicar o sujeito passivo, tendo conhecimento de quem o seja.

e) a existência de convenção de arbitragem pode ser alegada a qualquer tempo pelo réu.

7.1.5. *Das Providências Preliminares e do Saneamento*

✱ SÚMULAS

STF **Súm. 231.** O revel, em processo civil, pode produzir provas, desde que compareça em tempo oportuno.

✱ QUESTÕES OBJETIVAS

138. **(Ieses/TJ/AM/Cartórios/Ingresso/2018)** Em relação às "audiências" no processo de conhecimento, procedimento comum, é correto afirmar que:

a) conforme as regras do código de processo civil, a audiência de conciliação ou de mediação será realizada após a apresentação de defesa do réu, com o escopo do Estado promover, sempre que possível, a solução consensual dos conflitos.

b) o juiz, em decisão de saneamento e de organização do processo, se a causa apresentar complexidade em matéria de fato ou de direito, deverá designar audiência para que o saneamento seja feito em cooperação, oportunidade em que, se for o caso, convidará as partes a integrar ou esclarecer suas alegações.

c) o conciliador, que atuará preferencialmente nos casos em que houver vínculo anterior entre as partes, auxiliará aos interessados a compreender as questões e os interesses em conflito, de modo que eles possam, pelo restabelecimento da comunicação, identificar, por si próprios, soluções consensuais que gerem benefícios mútuos.

d) o mediador, que atuará preferencialmente nos casos em que não houver vínculo anterior entre as partes, poderá sugerir soluções para o litígio, sendo vedada a utilização de qualquer tipo de constrangimento ou intimidação para que as partes conciliem.

7.1.6. *Do Julgamento Conforme o Estado do Processo*

✱ SÚMULAS

STF **Súm. 424.** Transita em julgado o despacho saneador de que não houve recurso, excluídas as questões deixadas, explícita ou implicitamente, para a sentença.

✱ ENUNCIADOS CJF

CJF **Proc. Civil 27.** Não é necessário o anúncio prévio do julgamento do pedido nas situações do art. 355 do CPC.

CJF **Proc. Civil 28.** Os incisos do art. 357 do CPC não exaurem o conteúdo possível da decisão de saneamento e organização do processo.

CJF **Proc. Civil 29.** A estabilidade do saneamento não impede a produção de outras provas, cuja necessidade se origine de circunstâncias ou fatos apurados na instrução.

CJF **Proc. Civil 117.** O art. 356 do CPC pode ser aplicado nos julgamentos dos tribunais.

CJF **Proc. Civil 125.** A decisão parcial de mérito não pode ser modificada senão em decorrência do recurso que a impugna.

CJF **Proc. Civil 126.** O juiz pode resolver parcialmente o mérito, em relação à matéria não afetada para julgamento, nos processos suspensos em razão de recursos repetitivos, repercussão geral, incidente de resolução de demandas repetitivas ou incidente de assunção de competência.

CJF **Proc. Civil 127.** O juiz pode homologar parcialmente a delimitação consensual das questões de fato e de direito, após consulta às partes, na forma do art. 10 do CPC.

✱ QUESTÕES OBJETIVAS

139. **(Consulplan/TJ/MG/Cartórios/Remoção/2017)** Todos os requisitos abaixo se referem ao julgamento conforme o estado do processo, exceto, quando:

a) o processo tenha constituído e desenvolvido regularmente.

b) as questões de fato não reclamem produção de mais provas.

c) a questão de mérito ainda estiver controvertida.

d) a questão de direito e de fato não dependem de provas em audiência.

140. **(MPE/SC/Promotor/2016)** O novo Código de Processo Civil prevê expressamente a possibilidade de julgamento antecipado total e parcial do mérito. Enquanto o provimento judicial de julgamento imediato total de mérito é uma sentença impugnável por apelação, a decisão de julgamento antecipado parcial do mérito tem natureza interlocutória, impugnável por agravo de instrumento.

141. **(MPE/GO/Promotor/2016)** Sobre o julgamento conforme o estado do processo, assinale a alternativa correta:

a) no julgamento antecipado parcial do mérito, por envolver julgamento de pedido que se mostra incontroverso, ainda assim a decisão pode reconhecer a existência de obrigação ilíquida.

b) realizado o saneamento do processo, as partes têm o direito de pedir esclarecimentos ou solicitar ajustes, no prazo sucessivo de cinco dias, findo o qual a decisão se torna estável.

c) a decisão proferida no julgamento antecipado parcial do mérito, por julgar o mérito, desafia o recurso de apelação.

d) a liquidação e o cumprimento de decisão que julgar parcialmente o mérito deverão ser processados em autos suplementares.

142. **(TRF/4R/Juiz/2016)** Considerando as regras do Código de Processo Civil de 2015:

I. é possível sentença de mérito que resolva parcialmente a lide, prosseguindo o processo quanto à parcela não resolvida, sendo a decisão impugnável por agravo de instrumento.

II. o rol de testemunhas deve ser apresentado no prazo de 15 dias da decisão de saneamento, se escrita, ou na própria solenidade, se o saneamento for em audiência.

III. o juiz poderá dispensar a produção das provas requeridas pelo Ministério Público caso seu representante, injustificadamente, não compareça à audiência de instrução.

IV. a distribuição do ônus da prova é dinâmica, fixada em princípio no próprio Código, mas podendo ser alterada pelo juiz diante de peculiaridades da causa relacionadas à excessiva dificuldade de cumprir o encargo segundo a regra geral:

a) estão corretas apenas as assertivas I e III.

b) estão corretas apenas as assertivas II e III.

c) estão corretas apenas as assertivas I, II e IV.

d) estão corretas todas as assertivas.

e) nenhuma assertiva está correta.

143. **(Faurgs/TJ/RS/Juiz/2016)** Confrontando o sistema de audiências previsto pelo Código de Processo Civil de 1973 com aquele previsto pelo Novo Código de Processo Civil, instituído pela Lei n. 13.105/2015, assinale a alternativa correta:

a) a audiência de conciliação ou de mediação prevista pelo Novo Código é idêntica, em sua função e conteúdo, à audiência de conciliação do procedimento sumário disciplinado no Código de 1973, dado que ambas visam à realização da transação e, caso essa não seja obtida, à apresentação da defesa do demandado.

b) a audiência de conciliação ou de mediação prevista pelo Novo Código é idêntica, em sua função e conteúdo, à audiência preliminar disciplinada pelo Código de 1973, já que ambas se destinam apenas à tentativa de resolução consensual do conflito.

c) assim como o Código de 1973 dispunha em relação à audiência preliminar, o Novo Código permite ao juiz dispensar a realização da audiência de conciliação ou de mediação quando as circunstâncias da causa evidenciarem ser improvável a obtenção da transação.

d) de regra, no Novo CPC, o saneamento e a organização da causa, incluindo a delimitação consensual das questões de fato e de direito controvertidas, ocorrerão por meio de decisão judicial escrita, salvo quando a causa apresentar complexidade em matéria de fato ou de direito, quando deverá ser designada audiência.

e) o comparecimento de ambas as partes à audiência de conciliação ou de mediação prevista pelo Novo CPC é obrigatório e, assim como ocorria com a audiência preliminar do CPC de 1973, existe a previsão de aplicação, à parte ausente, da pena de confissão.

7.1.7. Da Audiência de Instrução e Julgamento

✱ QUESTÕES OBJETIVAS

144. **(Vunesp/TJM/SP/Juiz/2016)** Quanto à audiência de instrução e julgamento em procedimento comum, assinale a alternativa correta:

a) será possível a gravação da audiência em imagem e em áudio pelas partes, em meio digital ou analógico, somente se houver autorização judicial.

b) enquanto depuserem o perito, os assistentes técnicos, as partes e as testemunhas, poderão os advogados e o Ministério Púbico intervir ou apartear, independentemente de licença do juiz.

c) o juiz poderá dispensar a produção de provas requerida pelo Ministério Público ou pelo defensor público, se o promotor de justiça ou o defensor público não comparecerem à audiência.

d) nas provas orais produzidas em audiência, devem ser ouvidos, obrigatoriamente, nesta ordem: o perito e os assistentes técnicos; o autor e o réu que prestarem depoimentos pessoais; as testemunhas arroladas pelo autor e, por último, as testemunhas arroladas pelo réu.

e) instalada a audiência, o juiz pode deixar de tentar conciliar as partes se já tiver empregado anteriormente outros métodos de solução consensual de conflitos.

7.1.8. Das Provas

✱ SÚMULAS

1) Disposições Gerais

STJ **Súm. 301.** Em ação investigatória, a recusa do suposto pai a submeter-se ao exame de DNA induz presunção "juris tantum" de paternidade.

2) Da Produção Antecipada da Prova

STJ **Súm. 368.** Compete à justiça comum estadual processar e julgar os pedidos de retificação de dados cadastrais da justiça eleitoral.

3) Da Prova Documental

STF **Súm. 225.** Não é absoluto o valor probatório das anotações da carteira profissional.

STF **Súm. 260.** O exame de livros comerciais, em ação judicial, fica limitado às transações entre os litigantes.

STJ **Súm. 132.** A ausência de registro da transferência não implica a responsabilidade do antigo proprietário por dano resultante de acidente que envolva o veículo alienado.

STJ **Súm. 132.** A ausência de registro da transferência não implica a responsabilidade do antigo proprietário por dano resultante de acidente que envolva o veículo alienado.

4) Da Prova Pericial

STF **Súm. 261.** Para a ação de indenização, em caso de avaria, é dispensável que a vistoria se faça judicialmente.

5) Da Prova Testemunhal

STJ **Súm. 149.** A prova exclusivamente testemunhal não basta à comprovação da atividade rurícola, para efeito da obtenção de benefício previdenciário.

✱ ENUNCIADOS CJF

CJF **Proc. Civil 30.** É admissível a prova emprestada, ainda que não haja identidade de partes, nos termos do art. 372 do CPC.

CJF **Proc. Civil 31.** A compatibilização do disposto nos arts. 378 e 379 do CPC com o art. 5º, LXIII, da CF/1988, assegura à parte, exclusivamente, o direito de não produzir prova contra si quando houver reflexos no ambiente penal.

CJF **Proc. Civil 32.** A vedação à apresentação de defesa prevista no art. 382, § 4º, do CPC, não impede a alegação pelo réu de matérias defensivas conhecíveis de ofício.

CJF **Proc. Civil 33.** No depoimento pessoal, o advogado da contraparte formulará as perguntas diretamente ao depoente.

CJF **Proc. Civil 34.** A qualificação incompleta da testemunha só impede a sua inquirição se houver demonstração de efetivo prejuízo.

CJF **Proc. Civil 35.** Considerando os princípios do acesso à justiça e da segurança jurídica, persiste o interesse de agir na propositura de ação declaratória a respeito da questão prejudicial incidental, a ser distribuída por dependência da ação preexistente, inexistindo litispendência entre ambas as demandas (arts. 329 e 503, § 1º, do CPC).

CJF **Proc. Civil 50.** A eficácia da produção antecipada de provas não está condicionada a prazo para a propositura de outra ação.

CJF **Proc. Civil 118.** É cabível a fixação de honorários advocatícios na ação de produção antecipada de provas na hipótese de resistência da parte requerida na produção da prova.

CJF **Proc. Civil 119.** É admissível o ajuizamento de ação de exibição de documentos, de forma autônoma, inclusive pelo procedimento comum do CPC (art. 318 e seguintes).

CJF **Proc. Civil 128.** Exceto quando reconhecida sua nulidade, a convenção das partes sobre o ônus da prova afasta a redistribuição por parte do juiz.

CJF **Proc. Civil 129.** É admitida a exibição de documentos como objeto de produção antecipada de prova, nos termos do art. 381 do CPC.

✱ INFORMATIVOS

STJ **Código de Processo Civil de 2015. Exibição de documento. Ação autônoma. Possibilidade.** É admissível o ajuizamento da ação de exibição de documentos, de forma autônoma, na vigência do novo CPC. REsp 1.774.987, Rel. Min. Maria Isabel Gallotti, DJ 13.11.2018. 4ª T. (Info 637)

STJ **Ação cautelar de exibição de documentos. Dados coletados pelo IBGE. Repasse sem finalidades estatísticas. Impossibilidade. Sigilo das informações individualizadas. Proteção legal.** O Instituto Brasileiro de Geografia e Estatística está legalmente impedido de fornecer a quem quer que seja as informações individualizadas que coleta, no desempenho de suas atribuições, para que sirvam de prova em quaisquer outros procedimentos administrativos. REsp 1.353.602, Rel. Min. Napoleão Nunes Maia Filho, DJ 7.12.2017. 1ª T. (Info 617)

✱ QUESTÕES OBJETIVAS

145. (Ieses/TJ/AM/Cartórios/Ingresso/2018) Em relação as normas legais do direito probatório, no diploma processual civil, é incorreto:

a) o juiz poderá distribuir de ofício o ônus da prova de forma diversa daquela prevista na regra geral, em qualquer fase do processo, inclusive, durante a fase decisória, pois se trata de norma de juízo e, não prevista em lei.

b) a produção antecipada da prova não torna prevento o juízo para a ação que, eventualmente vier a ser proposta.

c) na prova empresta, observado o contraditório, o juiz poderá admitir a utilização de prova produzida em outro processo, atribuindo-lhe o valor que considerar adequado.

d) a ata notarial é prova típica a qual constata a existência e o modo de existir de algum fato podem ser atestados ou documentados, a requerimento do interessado, mediante ata lavrada por tabelião. Os dados representados por imagem ou som gravados em arquivos eletrônicos poderão constar da ata notarial. Trata-se de documento público.

146. (Consulplan/TJ/MG/Cartórios/Ingresso/2016) Relativamente à arguição de falsidade, dentre as alternativas abaixo, apenas uma é incorreta. Assinale-a:

a) a falsidade deverá ser suscitada na contestação, na réplica ou no prazo de vinte dias, contado a partir da intimação da juntada do documento aos autos; uma vez arguida, a falsidade será resolvida como questão incidental, salvo se a parte requerer que o juiz a decida como questão principal.

b) a parte arguirá a falsidade expondo os motivos em que funda a sua pretensão e os meios com que provará o alegado.

c) depois de ouvida a outra parte no prazo de quinze dias, será realizado o exame pericial; se a parte que produziu o documento concordar em retirá-lo, não se procederá ao exame pericial.

d) a declaração sobre a falsidade do documento, quando suscitada como questão principal, constará da parte dispositiva da sentença e sobre ela incidirá também a autoridade da coisa julgada.

147. (Consulplan/TJ/MG/Cartórios/Remoção/2016) Sabidamente, a prova pericial consiste em exame, vistoria ou avaliação. A esse respeito, é correto afirmar:

a) no corpo do laudo pericial, o perito deverá apresentar sua fundamentação em linguagem simples e com coerência lógica, indicando como alcançou suas conclusões, sendo-lhe vedado ultrapassar os limites de sua designação, bem como emitir opiniões pessoais que excedam o exame técnico ou científico do objeto da perícia.

b) o juiz não poderá, de ofício ou atendendo a requerimento de qualquer das partes, determinar a produção de prova técnica simplificada em substituição à perícia, ainda que se trate de ponto controvertido de menor complexidade, porque não se pode subtrair das partes a amplitude do debate sobre o objeto do litígio.

c) o perito cumprirá escrupulosamente o encargo que lhe foi cometido, mediante aposição de assinatura em termo de compromisso especialmente lavrado para assumir o encargo pericial.

d) ainda que a perícia seja inconclusiva ou deficiente, o juiz não poderá reduzir a remuneração inicialmente arbitrada para o trabalho pericial.

148. (FMP/TJ/MT/Cartórios/Remoção/2014) Sobre o direito probatório no processo civil, é correto afirmar que:

a) não vige, no direito brasileiro, a regra da atipicidade dos meios de prova.

b) não vige, no processo civil, a regra da comunhão da prova.

c) vige, entre nós, a teoria da distribuição fixa do ônus da prova, que pode, contudo, ser invertida e dinamizada, conforme o caso.

d) vige, entre nós, a teoria das normas que distribui o ônus da prova de acordo com a capacidade de provar de cada uma das partes.

e) nenhuma das alternativas está correta.

149. **(Consulplan/TJ/MG/Cartórios/Remoção/2016)** Sabidamente, a prova pericial consiste em exame, vistoria ou avaliação. A esse respeito, é correto afirmar:

a) no corpo do laudo pericial, o perito deverá apresentar sua fundamentação em linguagem simples e com coerência lógica, indicando como alcançou suas conclusões, sendolhe vedado ultrapassar os limites de sua designação, bem como emitir opiniões pessoais que excedam o exame técnico ou científico do objeto da perícia.

b) o juiz não poderá, de ofício ou atendendo a requerimento de qualquer das partes, determinar a produção de prova técnica simplificada em substituição à perícia, ainda que se trate de ponto controvertido de menor complexidade, porque não se pode subtrair das partes a amplitude do debate sobre o objeto do litígio.

c) o perito cumprirá escrupulosamente o encargo que lhe foi cometido, mediante aposição de assinatura em termo de compromisso especialmente lavrado para assumir o encargo pericial.

d) ainda que a perícia seja inconclusiva ou deficiente, o juiz não poderá reduzir a remuneração inicialmente arbitrada para o trabalho pericial.

150. **(Consulplan/TJ/MG/Cartórios/Ingresso/2017)** Para que a sentença declare o direito, faz-se necessário que o magistrado se certifique da verdade dos fatos alegados, o que se dá por meio das provas. Com relação às provas, analise as afirmativas abaixo:

I. em hipótese alguma o magistrado pode modificar a ordem legal da produção das provas, sob pena de ferir o princípio da legalidade.

II. a produção antecipada da prova não previne a competência do juízo para a ação que venha a ser produzida.

III. dados representados por imagem ou som gravados em arquivos eletrônicos poderão constar da ata notarial e servir como meio de prova.

IV. o CPC/2015 extinguiu a exigência das reperguntas às testemunhas, cabendo às partes formularem as perguntas diretamente às testemunhas.

Está correto apenas o que se afirma em:

a) I e II.

b) II, III e IV.

c) III e IV.

d) I e III.

151. **(Ieses/TJ/RO/Cartórios/Ingresso/2017)** Acerca da Prova Documental e sua disciplina no Código de Processo Civil, considere as seguintes afirmações:

I. o documento público faz prova não só da sua formação, mas também dos fatos que o escrivão, o chefe de secretaria, o tabelião ou o servidor declarar que ocorreram em sua presença.

II. as declarações constantes do documento particular escrito e assinado ou somente assinado presumem-se verdadeiras em relação ao signatário, exceto quando contiver declaração de ciência de determinado fato, caso no qual prova a ciência mas não o fato em si, incumbindo o ônus de prová-lo ao interessado em sua veracidade.

III. considera-se autor do documento particular, dentre outras hipóteses, aquele que, mandando compô-lo, não o firmou porque, conforme a experiência comum, não se costuma assinar, como livros empresariais e assentos domésticos.

Está correto o que se afirma em:

a) II e III.

b) I e II.

c) I e III.

d) I, II e III.

152. **(Consulplan/TJ/MG/Cartórios/Ingresso/2016)** No que tange à produção antecipada de prova, julgue as seguintes afirmações:

I. na petição, o requerente apresentará as razões que justifiquem a necessidade de antecipação da prova e mencionará, com precisão, os fatos sobre os quais a prova haverá de recair.

II. o juiz determinará, de ofício ou a requerimento da parte, a citação de interessados na produção da prova ou no fato a ser provado, salvo se inexistente caráter contencioso; todavia, o juiz não se pronunciará sobre a ocorrência ou a inocorrência do fato, nem sobre as respectivas consequências jurídicas.

III. os interessados poderão requerer a produção de qualquer prova no mesmo procedimento, desde que relacionada ao mesmo fato, salvo se a sua produção conjunta acarretar excessiva demora.

IV. neste procedimento, será admitida defesa ou recurso contra decisão que indeferir total ou parcialmente a produção da prova pleiteada pelo requerente originário.

Está correto o que se afirma em:

a) I, II e III, apenas.

b) II, III e IV, apenas.

c) II e IV, apenas.

d) I, II, III e IV.

153. **(Cetro/TJ/RJ/Cartórios/Remoção/2017)** No que se refere à prova, tomando-se por base os dispositivos do NCPC (Novo Código de Processo Civil – Lei n. 13.105/2015) e a jurisprudência dos tribunais superiores, assinale a alternativa correta:

a) a iniciativa probatória do magistrado, em busca da veracidade dos fatos, por meio de provas produzidas de ofício, submete-se à preclusão temporal, somente podendo ser realizada até o momento do saneamento do processo.

b) a utilização da inspeção judicial como meio de prova está condicionada ao esgotamento dos demais meios de prova admitidos.

c) a utilização de prova ilícita é expressamente vedada, não se admitindo qualquer interpretação baseada no princípio da proporcionalidade em favor do requerido.

d) o NCPC inova ao indicar que os fatos notórios preferem a necessidade de produção probatória, ainda que esta última exista e possa ser produzida, em vista da celeridade processual.

e) a utilização da prova emprestada deve observar o contraditório no processo de origem, assim como no processo de destino, considerando-se que, no último, a prova mantenha a natureza originária.

154. **(Consulplan/TJ/MG/Cartórios/Ingresso/2017)** Sobre as provas no processo civil, marque a alternativa correta:

a) as provas são elementos contundentes e indispensáveis à formação da cognição do magistrado que deverá se ater aos elementos objetivos e subjetivos para a formação da persuasão racional.

b) o princípio da persuasão racional é constituído dos elementos de fatos alegados pelas partes na sensibilização do magistrado.

c) o sistema positivo das provas vincula-se ao provimento jurisdicional através da persuasão racional.

d) a convicção pessoal do magistrado deverá ser a condicionante da decisão em virtude do princípio do juízo natural e a imparcialidade do juízo.

155. **(Consulplan/TJ/MG/Cartórios/Remoção/2017)** A respeito das provas de ofício e completude do material probatório, assinale a alternativa correta:

a) o CPC/15 não deixa dúvidas sobre a manutenção da desejável ideia de que o juiz, de ofício, deve determinar a produção de provas necessárias ao julgamento da causa.

b) o juiz não pode determinar a produção de provas de ofício, pelo princípio da inércia da jurisdição.

c) é defeso ao juiz a iniciativa probatória pela imparcialidade a que o magistrado está submetido.

d) a iniciativa probatória do magistrado em busca da veracidade dos fatos alegados, com realização de provas de ofício, se sujeita a preclusão temporal.

156. **(Consulplan/TJ/MG/Cartórios/Remoção/2017)** O Enunciado n. 50 do Fórum Permanente de Processualistas Civis é taxativo: "os destinatários da prova são aqueles que dela poderão fazer uso, sejam juízes, partes ou demais interessados, não sendo a única função influir eficazmente na convicção do juiz". Acerca das provas, é correto afirmar:

a) a extensão dos poderes do juiz e a disponibilidade da prova independem da matéria discutida no processo, sendo dever do órgão judicial, em face da natureza pública do processo.

b) exclui-se no CPC/15 o princípio da liberdade na apresentação das provas.

c) o CPC/15 reproduziu a regra de que são meios de provas somente os dispostos em lei.

d) a obtenção e produção das provas não deve encontrar limite no direito, onde há a permissão da prova obtida por meio ilícito, desde que respeitem os princípios da legalidade e devido processo legal.

157. **(Fundep/MPE/MG/Promotor/2017)** Analise as seguintes assertivas:

I. os litisconsortes que tiverem diferentes procuradores, de escritórios de advocacia distintos, nos processos em autos eletrônicos e não eletrônicos, terão prazos contados em dobro para todas as suas manifestações, em qualquer juízo ou tribunal, independentemente de requerimento.

II. as disposições de direito probatório do CPC/2015 somente se aplicam às provas requeridas ou determinadas de ofício a partir da data de início de sua vigência.

III. as decisões proferidas sob a vigência do CPC/2015 que julgarem questão prejudicial, decidida expressa e incidentemente no processo, têm força de lei, formando coisa julgada material, se dessa resolução depender o julgamento do mérito, se a seu respeito tiver havido contraditório prévio e efetivo, não se aplicando no caso de revelia, e se o juízo tiver competência em razão da matéria e da pessoa para resolvê-la como questão principal, mesmo em processos já em andamento quando de sua entrada em vigor.

Assinale a alternativa correta:

a) somente a assertiva I é verdadeira.
b) somente a assertiva II é verdadeira.
c) somente as assertivas I e II são verdadeiras.
d) somente a assertiva III é verdadeira.

158. **(MPE/RS/Promotor/2016)** Assinale com V (verdadeiro) ou com F (falso) as seguintes afirmações sobre o tema das provas, segundo o disposto no Código do Processo Civil.

I. a produção antecipada da prova é da competência do juízo do foro onde esta deva ser produzida ou do foro de domicílio do autor.

II. nas ações que versarem sobre bens imóveis ou direitos reais sobre imóveis alheios, a confissão de um cônjuge ou companheiro não valerá sem a do outro, salvo se o regime de casamento for o de comunhão universal de bens.

III. o juiz não admitirá a recusa de exibição se o documento, por seu conteúdo, for comum às partes.

IV. fazem a mesma prova que os originais os extratos digitais de bancos de dados públicos e privados, desde que atestado pelo seu emitente, sob as penas da lei, que as informações conferem com o que consta na origem.

A sequência correta de preenchimento dos parênteses, de cima para baixo, é:

a) F, V, V, F.
b) F, V, F, V.
c) V, V, F, F.
d) F, F, V, V.
e) V, F, V, F.

159. **(TRT/4R/Juiz/2016)** Assinale a assertiva correta sobre prova:

a) é possível a inversão do ônus da prova por convenção das partes em qualquer circunstância, devendo o Juiz fundamentar decisão contrária à disposição convencionada.
b) consiste a confissão no reconhecimento do fato em que se funda o direito do autor. A confissão de um fato equivale, em termos de efeitos jurídicos, ao reconhecimento jurídico do pedido, conduzindo necessariamente à procedência da pretensão da parte adversa.
c) para que a confissão extrajudicial gere efeitos no processo, deverá ser renovada em seus termos perante o Juiz da causa.
d) exceto na hipótese de sigilo profissional, é vedado à parte ou a terceiro se escusarem de exibir, em Juízo, documento ou coisa, quando instados a fazê-lo pelo Julgador, hipótese em que este deverá adotar medidas coercitivas para efetivar a exibição, a exemplo de imposição de multa por atraso e busca e apreensão.
e) o Juiz pode determinar, de ofício, ainda que com oposição das partes, a realização das provas que entender necessárias à solução do litígio.

160. **(FCC/PGE/MT/Procurador/2016)** Segundo disposições do novo Código de Processo Civil sobre o direito probatório:

a) as partes podem, independentemente da natureza do direito em disputa, antes ou durante o processo, convencionar a forma de distribuição do ônus da prova de forma diversa da estabelecida pela lei, desde que sejam capazes para a celebração do negócio jurídico processual.
b) a nova legislação abandonou completamente o modelo de distribuição estática do ônus da prova, contemplada pela legislação revogada, que atribuía o ônus da prova ao autor em relação aos fatos constitutivos de seu direito, e ao réu com relação à existência de fato impeditivo, modificativo ou extintivo do direito do autor, passando a existir uma distribuição judicial do ônus da prova para cada demanda.
c) a nova legislação prevê expressamente a possibilidade de produção antecipada da prova ainda que não haja situação de urgência que justifique tal antecipação, desde que a prova seja suscetível de viabilizar a autocomposição ou outro meio adequado de solução do litígio

ou o prévio conhecimento dos fatos possa justificar ou evitar o ajuizamento de ação.

d) a lei não assegura expressamente à parte o direito de não produzir prova contra si própria, mas tal aplicação decorre dos princípios constitucionais da legalidade, da ampla defesa e do devido processo legal.

e) a ata notarial e as declarações prestadas por meio de escritura pública têm eficácia probatória não somente da declaração, como também do fato declarado, que se presume verdadeiro, salvo se existir prova em sentido contrário.

161. **(UFMT/DPE/MT/Defensor/2016)** Em relação às provas no Código de Processo Civil (CPC/2015), assinale a afirmativa correta:

a) o Código de Processo Civil consagrou a posição jurisprudencial, adotada pelo Superior Tribunal de Justiça, segundo a qual o ônus da prova é regra de julgamento.

b) a produção antecipada da prova será admitida nos casos em que o prévio conhecimento dos fatos possa justificar ou evitar o ajuizamento de ação.

c) a prova exclusivamente testemunhal só se admite nos contratos cujo valor não exceda o décuplo do maior salário mínimo vigente no país, ao tempo em que foram celebrados.

d) a produção antecipada da prova previne a competência do juízo para a ação que venha a ser proposta.

e) ao juiz incumbe-lhe determinar, a qualquer tempo, o comparecimento pessoal das partes, para inquiri-las sobre os fatos da causa; havendo silêncio ou recusa em depor, incidirá a pena de confesso.

162. **(Faurgs/TJ/RS/Juiz/2016)** Na vigência do Novo Código de Processo Civil, instituído pela Lei n. 13.105/2015, Gabriel propõe ação de produção antecipada de prova pericial em face da Construtora Macondo S/A. Alega, basicamente, em petição inicial, que preenche os requisitos legais e que a prova, caso produzida, terá o condão de viabilizar a autocomposição das partes. Nesse caso, é correto afirmar que a produção:

a) deverá ser indeferida, uma vez que a justificativa de Gabriel não demonstra perigo de que venha a se tornar impossível a verificação dos fatos.

b) deverá ser indeferida, uma vez que a medida judicial em questão só pode ser utilizada para produção de prova oral.

c) deverá ser deferida, e, caso Gabriel queira propor ação indenizatória posteriormente, o juízo da ação de produção antecipada já estará prevento para julgar a nova ação.

d) deverá ser deferida, e, havendo caráter contencioso, deverá o juiz determinar, inclusive de ofício, a citação de interessados na produção da prova.

e) deverá ser indeferida, uma vez que o direito à prova encontra óbice no direito à livre iniciativa da parte contrária.

163. **(Faurgs/TJ/RS/Juiz/2016)** Na vigência do Novo Código de Processo Civil, instituído pela Lei n. 13.105/2015, Fernando propõe ação de exibição de documentos em face de Álvaro. Álvaro contesta a ação, apresentando justificativa para não exibir. O juiz julga ilegítima a justificativa de Álvaro, por considerar que o réu possui o documento, que tem dever legal de exibi-lo e que o documento em questão é comum às partes e necessário para a instrução do feito. Nesse caso, é correto afirmar que, em tese:

a) o juiz não poderia admitir como verdadeiros os fatos que, por meio do documento, Fernando pretendia provar.

b) o juiz poderia determinar busca e apreensão do documento, mas não poderia utilizar medidas coercitivas, como a multa diária, para constranger Álvaro a exibi-lo.

c) o juiz poderia adotar medidas como multa diária, busca e apreensão e restrição ao exercício de direitos, para fazer com que o documento seja levado a juízo.

d) o juiz só poderia presumir a veracidade de fatos que não pudessem ser provados por outros meios de prova, como a prova pericial, a testemunhal ou a ata notarial.

e) o juiz deveria ter determinado a exibição do documento, ainda que Álvaro tivesse comprovado que a apresentação do documento violasse dever seu de honra.

7.1.9. *Da Sentença e da Coisa Julgada*

✱ SÚMULAS

1) Disposições Gerais

STF **Súm. 216.** Para decretação da absolvição de instância pela paralisação do processo por mais de trinta dias, é necessário que o autor, previamente intimado, não promova o andamento da causa.

STJ Súm. 240. A extinção do processo, por abandono da causa pelo autor, depende de requerimento do réu.

STJ Súm. 409. Em execução fiscal, a prescrição ocorrida antes da propositura da ação pode ser decretada de ofício (art. 219, § 5º, do CPC).

2) Elementos e Efeitos da Sentença

STF Súm. 317. São improcedentes os embargos declaratórios, quando não pedida a declaração do julgado anterior, em que se verificou a omissão.

STJ Súm. 318. Formulado pedido certo e determinado, somente o autor tem interesse recursal em arguir o vício da sentença ilíquida.

STJ Súm. 621. Os efeitos da sentença que reduz, majora ou exonera o alimentante do pagamento retroagem à data da citação, vedadas a compensação e a repetibilidade.

3) Remessa Necessária

STJ Súm. 45. No reexame necessário, é defeso ao tribunal agravar a condenação imposta a Fazenda Pública.

STJ Súm. 325. A remessa oficial devolve ao tribunal o reexame de todas as parcelas da condenação suportadas pela Fazenda Pública, inclusive dos honorários de advogado.

STF Súm. 423. Não transita em julgado a sentença por haver omitido o recurso "ex oficio", que se considera interposto "ex lege".

STJ Súm. 490. A dispensa de reexame necessário, quando o valor da condenação ou do direito controvertido for inferior a sessenta salários mínimos, não se aplica a sentenças ilíquidas.

4) Coisa Julgada

STJ Súm. 401. O prazo decadencial da ação rescisória só se inicia quando não for cabível qualquer recurso do último pronunciamento judicial.

* REPERCUSSÃO & REPETITIVOS

STF Repercussão Geral 499. A eficácia subjetiva da coisa julgada formada a partir de ação coletiva, de rito ordinário, ajuizada por associação civil na defesa de interesses dos associados, somente alcança os filiados, residentes no âmbito da jurisdição do órgão julgador, que o fossem em momento anterior ou até a data da propositura da demanda, constantes da relação jurídica juntada à inicial do processo de conhecimento. (RE 612043, 10.5.2017)

* ENUNCIADOS CJF

CJF Proc. Civil 36. O disposto no art. 506 do CPC não permite que se incluam, dentre os beneficiados pela coisa julgada, litigantes de outras demandas em que se discuta a mesma tese jurídica.

CJF Proc. Civil 59. Não é exigível identidade absoluta entre casos para a aplicação de um precedente, seja ele vinculante ou não, bastando que ambos possam compartilhar os mesmos fundamentos determinantes.

* QUESTÕES DISCURSIVAS

04. (Consulplan/TJ/MG/Cartórios/Remoção/2016) Indique os vícios de sentença proferida em primeiro grau de jurisdição, se inobservado o disposto no artigo 492, do NCPC, e aponte as consequências em face de suas respectivas características e/ou medidas que o Tribunal pode adotar em sede de eventual apreciação recursal, excluída a possibilidade de aplicação da teoria da causa madura.

05. (Vunesp/TJ/SP/Cartórios/2014) Determinada ação de investigação de paternidade recebe regular processamento, seguindo-se julgamento de improcedência em razão da insuficiência de provas, produzidas na ocasião apenas de forma oral, caracterizado o trânsito em julgado. Depois, nova ação de investigação de paternidade é ajuizada com requerimento expresso de realização do exame pelo método do "DNA", de conhecida eficiência. É viável, tendo em vista a garantia constitucional da coisa julgada, a nova ação? Caso a resposta seja positiva, a conclusão seria a mesma se, no processo anterior, a improcedência estivesse lastreada em exame efetuado pelo método do "HLA", cujo resultado excluíra a paternidade, considerando-se que esse método possui precisão inferior ao método do "DNA", à época não disponível? Justifique. Caso a resposta seja negativa, apresente, também, a justificativa.

* QUESTÕES OBJETIVAS

164. (Vunesp/TJ/SP/Cartórios/Remoção/2016) A tutela específica das obrigações de fazer ou não fazer consiste:

a) na vedação a que o juiz profira sentença de natureza diversa da que pedida, ou condene o réu em quantidade superior ou em objeto diverso do que lhe foi demandado.

b) na concessão da tutela liminarmente sempre que relevante o fundamento da demanda e havendo receio de ineficácia do provimento final.

c) na conversão, de plano, em perdas e danos, verificado o descumprimento pelo devedor.

d) no poder atribuído ao juiz para que determine as medidas necessárias, tais como a imposição de multa por tempo de atraso, busca e apreensão, remoção de pessoas e coisas, desfazimento de obras, impedimento de atividade nociva com requisição, sempre que necessário, de força policial.

165. **(Consulplan/TJ/MG/Cartórios/Ingresso/2016)** Em se tratando de coisa julgada, avalie as seguintes afirmações:

I. é vedado à parte discutir no curso do processo as questões já decididas a cujo respeito operou-se a preclusão.

II. a sentença faz coisa julgada às partes entre as quais é dada, não prejudicando terceiros.

III. a verdade dos fatos, estabelecida como fundamento da sentença, faz coisa julgada.

IV. transitada em julgado a decisão de mérito, considerar-se-ão deduzidas e repelidas todas as alegações e as defesas que a parte poderia opor tanto ao acolhimento quanto à rejeição do pedido.

Está correto somente o que se afirma em:

a) I e II.

b) III e IV.

c) I, II e III.

d) I, II e IV.

166. **(Consulplan/TJ/MG/Cartórios/Ingresso/2016)** Em se tratando de coisa julgada, avalie as seguintes afirmações:

I. é vedado à parte discutir no curso do processo as questões já decididas a cujo respeito operou-se a preclusão.

II. a sentença faz coisa julgada às partes entre as quais é dada, não prejudicando terceiros.

III. a verdade dos fatos, estabelecida como fundamento da sentença, faz coisa julgada.

IV. transitada em julgado a decisão de mérito, considerar-seão deduzidas e repelidas todas as alegações e as defesas que a parte poderia opor tanto ao acolhimento quanto à rejeição do pedido.

Está correto somente o que se afirma em:

a) I e II.

b) III e IV.

c) I, II e III.

d) I, II e IV.

167. **(Ieses/TJ/RO/Cartórios/Remoção/2017)** Não haverá resolução do mérito pelo juiz quando:

I. o processo ficar parado durante mais de 6 (seis) meses por negligência das partes.

II. reconhecer a existência de perempção, de litispendência ou de coisa julgada.

III. decidir, de ofício ou a requerimento, sobre a ocorrência de decadência ou prescrição.

IV. ocorrer renúncia à pretensão formulada na ação ou na reconvenção.

A sequência correta é:

a) apenas a assertiva II está correta.

b) apenas as assertivas I, II, III estão corretas.

c) apenas as assertivas I e III estão corretas.

d) as assertivas I, II, III e IV estão corretas.

168. **(Ieses/TJ/CE/Cartórios/Remoção/2018)** A decisão judicial da qual já não caiba recurso é denominada de:

a) atos meramente ordinatórios.

b) ato jurídico perfeito.

c) coisa julgada.

d) decisão interlocutória.

169. **(MPE/PR/Promotor/2016)** Sobre a disciplina das provas e da sentença no Direito Processual Civil, como previsto pelo Código de Processo Civil de 2015, assinale a alternativa correta:

a) os meios de prova admitidos pelo direito processual civil são aqueles previstos expressamente pelo Código de Processo Civil, sem qualquer exceção.

b) o Código de Processo Civil admite a possibilidade de o magistrado distribuir o ônus da prova de modo diverso da regra geral, desde que o magistrado o faça no ato da sentença, de forma fundamentada.

c) quando o documento que se pretende utilizar como prova consistir em reprodução cinematográfica ou fonográfica, a parte deverá trazê-lo aos autos, devidamente degravados e reduzidos ao formato de termo escrito.

d) nos casos considerados de baixa complexidade, o Código de Processo Civil admite que a sentença indique o ato normativo pertinente, sem explicar sua relação com a causa ou a questão decidida.

e) não se considera fundamentada a decisão que se limitar a invocar precedente ou enunciado de súmula, sem identificar seus fundamentos determinantes nem demonstrar que o caso sob julgamento se ajusta àqueles fundamentos.

170. **(MPE/SC/Promotor/2016)** Nos termos do novo Código de Processo Civil, no que diz respeito ao reexame necessário, é possível afirmar que possui as seguintes características: não tem voluntariedade, admite contraditório, não tem prazo de interposição e não se encontra taxado, na lei, como recurso.

171. **(MPE/GO/Promotor/2016)** Assinale a alternativa incorreta:

a) o Ministério Público, quando autor da ação, deverá, na petição inicial, expor todos os fatos e fundamentos jurídicos de seu pedido, demonstrando como os fatos narrados autorizam a produção do efeito jurídico pretendido, bem como formulando pedido ou pedidos, certos, determinados, claros, coerentes e com suas especificações completas.

b) a cumulação de pedidos será lícita, desde que os pedidos sejam compatíveis entre si; seja competente para deles conhecer o mesmo juízo; seja adequado para todos os pedidos o tipo de procedimento.

c) encerrada a fase do saneamento do processo, não será permitido ao autor, ainda que haja concordância do réu, alterar o pedido e a causa de pedir constantes da petição inicial.

d) oferecida a contestação, o autor somente pode desistir do processo, com o consentimento do réu. Na desistência do recurso, a concordância da parte adversa é, de igual forma, exigida, se já ofertadas as contrarrazões.

172. **(MPE/SC/Promotor/2016)** Nos termos do novo Código de Processo Civil, para a concessão da tutela específica destinada a inibir a prática, a reiteração ou a continuação de um ilícito, ou a sua remoção, é irrelevante a demonstração da ocorrência de dano ou da existência de culpa ou dolo.

173. **(TRT/4R/Juiz/2016)** Considere as assertivas abaixo sobre fundamentos das decisões judiciais.

I. no caso de colisão entre normas, o Juiz deve justificar o objeto e os critérios gerais da ponderação efetuada, enunciando as razões que autorizam a interferência na norma afastada e as premissas fáticas que fundamentam a conclusão.

II. não serão consideradas fundamentadas as decisões interlocutórias, caso haja referência apenas à indicação, à reprodução ou à paráfrase de ato normativo, sem explicar sua relação com a causa ou a questão decidida.

III. é fundamentada a sentença que deixar de seguir o enunciado de súmula, jurisprudência ou precedente invocado pela parte, sem demonstrar a existência de distinção no caso em julgamento ou a superação do entendimento.

Quais são corretas?

a) apenas I.

b) apenas II.

c) apenas III.

d) apenas I e II.

e) I, II e III.

174. **(TRT/4R/Juiz/2016)** Considere as assertivas abaixo sobre remessa necessária.

I. não se aplica a remessa necessária quando a sentença estiver fundada em entendimento firmado em incidente de resolução de demandas repetitivas ou de assunção de competência.

II. aplica-se a remessa necessária mesmo que a sentença esteja fundada em entendimento coincidente com orientação vinculante firmada no âmbito administrativo do próprio ente público, consolidada em manifestação, parecer ou súmula administrativa.

III. não se aplica a remessa necessária para a confirmação de sentença proferida contra fundações de direito público estaduais quando a condenação ou o proveito econômico obtido na causa for inferior a 500 (quinhentos) salários-mínimos.

Quais são corretas?

a) apenas I.

b) apenas II.

c) apenas III.

d) apenas I e III.

e) I, II e III.

175. **(Faurgs/TJ/RS/Juiz/2016)** Na vigência do Novo Código de Processo Civil, instituído pela Lei n. 13.105/2015, Antônio propõe ação em face de Ovídio, pedindo ordem para cumprimento de obrigação de fazer cumulada com indenização por danos materiais. Após a regular instrução do feito, passa-se à fase decisória. Nesse caso, quanto à sentença, assinale a alternativa correta:

a) se, após contraditório prévio e efetivo, o juiz absolutamente competente fixar na sentença a liquidação por procedimento comum para os danos materiais, uma vez transitada em julgado a decisão, a forma de liquidação não poderá ser alterada, por estar protegida pela coisa julgada.

b) após contraditório prévio e efetivo e uma vez transitada em julgado a decisão do juiz absolutamente competente, não será possível a Ovídio obter alterações no julgado calcadas em supostas modificações de fato ou de direito supervenientes, mesmo se a obrigação de fazer referir-se à relação jurídica de trato continuado.

c) se, após contraditório prévio e efetivo, o juiz absolutamente competente fixar, na sentença, a técnica da multa diária para o cumprimento da obrigação de fazer, uma vez transitada em julgado a decisão, a técnica executiva não poderá ser alterada, por estar protegida pela coisa julgada.

d) se, após contraditório prévio e efetivo, o juiz absolutamente competente decidir questão prejudicial de cuja solução dependa o mérito da causa, uma vez transitada em julgado a decisão, não será possível a Ovídio rediscutir tal questão em ação futura, por estar protegida pela coisa julgada.

e) se, após contraditório prévio e efetivo, o juiz absolutamente competente reconhecer, em sentença, que o valor da indenização é menor do que 40 salários mínimos nacionais, a motivação poderá ser feita de maneira sucinta, omitindo-se o relatório.

7.1.10. Da Liquidação de Sentença

✱ SÚMULAS

STJ **Súm. 344.** A liquidação por forma diversa da estabelecida na sentença não ofende a coisa julgada.

✱ ENUNCIADOS CJF

CJF **Proc. Civil 145.** O recurso cabível contra a decisão que julga a liquidação de sentença é o agravo de instrumento.

✱ QUESTÕES OBJETIVAS

176. **(Ieses/TJ/AM/Cartórios/Remoção/2018)** Quando a sentença condenar ao pagamento de quantia ilíquida, proceder-se-á à sua liquidação, a requerimento do credor ou do devedor. Acerca da liquidação de sentença é correto afirmar:

I. a liquidação de sentença se dará por arbitramento, quando determinado pela sentença, convencionado pelas partes ou exigido pela natureza do objeto da liquidação.

II. quando na sentença houver uma parte líquida e outra ilíquida, ao credor é lícito promover simultaneamente a execução daquela e, em autos apartados, a liquidação desta.

III. na liquidação é permitido rediscutir a lide ou modificar a sentença que a julgou.

IV. é vetado promover a liquidação na pendência de recurso.

A sequência correta é:

a) apenas as assertivas I e II estão corretas.

b) as assertivas I, II, III e IV estão corretas.

c) apenas a assertiva IV está incorreta.

d) apenas as assertivas II e IV estão incorretas.

177. **(Consulplan/TJ/MG/Cartórios/Ingresso/2018)** Sobre o instituto da liquidação de sentença, assinale a afirmativa incorreta:

a) o ilíquido não prejudica o líquido, podendo se promover simultaneamente a execução desta e a liquidação daquela

b) emitida sentença ilíquida, que deveria ser líquida, há omissão da decisão, cumprindo aclará-lo mediante a oposição de impugnação ao cumprimento da sentença.

c) na liquidação pelo procedimento comum, como há necessidade de demonstrar fato novo, pode-se chegar a uma decisão declarativa negativa, tendo-se a situação de liquidação frustrada.

d) a extinta nomenclatura de liquidação por artigos era adotada por fazer referência ao fato de que a petição inicial era elaborada na forma de artigos, isto é, com itens numerados por assunto que seriam comprovados durante a instrução.

178. **(Consulplan/TJ/MG/Cartórios/Remoção/2017)** Com relação à liquidação e cumprimento de sentença, analise as seguintes assertivas:

I. após o trânsito em julgado e depois de transcorrido o prazo de 15 (quinze) dias para pagamento voluntário, a decisão judicial poderá ser levada a protesto.

II. a requerimento da parte, o juiz pode determinar a inclusão do nome do executado em cadastros de inadimplentes.

III. a multa decorrente do descumprimento de obrigação de fazer ou não fazer depende do requerimento da parte, não podendo ser aplicada de ofício pelo magistrado.

IV. quando na sentença houver uma parte líquida e outra ilíquida, ao credor é vedado promover, simultaneamente, a execução daquela e, em autos apartados, a liquidação desta.

Está correto apenas o que se afirma em:

a) I e II.
b) I, III e IV.
c) II e IV.
d) III e IV.

179. **(MPE/RS/Promotor/2017)** Assinale com V (verdadeiro) ou com F (falso) as seguintes afirmações sobre o tema da liquidação de sentença, segundo o disposto no Código de Processo Civil.

I. quando a sentença condenar ao pagamento de quantia ilíquida, proceder-se-á à sua liquidação, a requerimento do credor ou do devedor: por arbitramento, quando determinado pela sentença, convencionado pelas partes ou exigido pela natureza do objeto da liquidação; ou pelo procedimento comum, quando houver necessidade de alegar e provar fato novo.

II. na liquidação por arbitramento, o juiz intimará as partes para a apresentação de pareceres ou documentos elucidativos, no prazo máximo de 15 (quinze) dias, e, caso não possa decidir de plano, nomeará perito, observando-se, no que couber, o procedimento da prova pericial.

III. a liquidação poderá ser realizada na pendência de recurso, processando-se em autos apartados no juízo de origem, cumprindo ao liquidante instruir o pedido com cópias das peças processuais pertinentes.

IV. quando na sentença houver uma parte líquida e outra ilíquida, não é lícito ao credor promover simultaneamente a execução daquela e a liquidação desta.

A sequência correta de preenchimento dos parênteses, de cima para baixo, é:

a) F, V, F, F.
b) F, V, F, V.
c) V, V, F, F.
d) F, F, V, V.
e) V, F, V, F.

7.2. Do Cumprimento da Sentença

* SÚMULAS

1) Disposições Gerais

STJ Súm. 517. São devidos honorários advocatícios no cumprimento de sentença, haja ou não impugnação, depois de escoado o prazo para pagamento voluntário, que se inicia após a intimação do advogado da parte executada.

2) Do Cumprimento Definitivo da Sentença que Reconhece a Exigibilidade de Obrigação de Pagar Quantia Certa

STJ Súm. 517. São devidos honorários advocatícios no cumprimento de sentença, haja ou não impugnação, depois de escoado o prazo para pagamento voluntário, que se inicia após a intimação do advogado da parte executada.

3) Do Cumprimento de Sentença que Reconheça a Exigibilidade de Obrigação de Prestar Alimentos

STF Súm. 490. A pensão correspondente à indenização oriunda de responsabilidade civil deve ser calculada com base no salário-mínimo vigente ao tempo da sentença e ajustar-se-á às variações ulteriores.

STJ Súm. 54. Os juros moratórios fluem a partir do evento danoso, em caso de responsabilidade extracontratual.

STJ Súm. 246. O valor do seguro obrigatório deve ser deduzido da indenização judicialmente fixada.

STJ Súm. 309. O débito alimentar que autoriza a prisão civil do alimentante é o que compreende as três prestações anteriores ao ajuizamento da execução e as que se vencerem no curso do processo.

STJ Súm. 313. Em ação de indenização, procedente o pedido, é necessária a constituição de capital ou caução fidejussória para a garantia de pagamento da pensão, independentemente da situação financeira do demandado.

4) Do Cumprimento de Sentença que Reconheça a Exigibilidade de Obrigação de Pagar Quantia Certa pela Fazenda Pública

STJ **Súm. 144.** Os créditos de natureza alimentícia gozam de preferência, desvinculados os precatórios da ordem cronológica dos créditos de natureza diversa.

STJ **Súm. 394.** É admissível, em embargos à execução, compensar os valores de imposto de renda retidos indevidamente na fonte com os valores restituídos apurados na declaração anual.

STJ **Súm. 487.** O parágrafo único do art. 741 do CPC não se aplica às sentenças transitadas em julgado em data anterior à da sua vigência.

* REPERCUSSÃO & REPETITIVOS

STF **Repercussão Geral 360.** São constitucionais as disposições normativas do parágrafo único do art. 741 e do § 1º do art. 475-L, do CPC/73, bem como os correspondentes dispositivos do NCPC (art. 525, § 1º, III, e §§ 12 e 14; art. 535, § 5º). São dispositivos que, buscando harmonizar a garantia da coisa julgada com o primado da CF, vieram agregar ao sistema processual brasileiro um mecanismo com eficácia rescisória de sentenças revestidas de vício de inconstitucionalidade qualificado, assim caracterizado nas hipóteses em que (a) a sentença exequenda esteja fundada em norma reconhecidamente inconstitucional, seja por aplicar norma inconstitucional, seja por aplicar norma em situação ou com um sentido inconstitucionais; ou (b) a sentença exequenda tenha deixado de aplicar norma reconhecidamente constitucional; e (c) desde que, em qualquer dos casos, o reconhecimento dessa constitucionalidade ou a inconstitucionalidade tenha decorrido de julgamento do STF realizado em data anterior ao trânsito em julgado da sentença exequenda. (RE 611503, 20.9.2018)

* ENUNCIADOS CJF

1) Disposições Gerais

CJF **Proc. Civil 84.** O comparecimento espontâneo da parte constitui termo inicial dos prazos para pagamento e, sucessivamente, impugnação ao cumprimento de sentença.

CJF **Proc. Civil 85.** Na execução de título extrajudicial ou judicial (art. 515, § 1º, do CPC) é cabível a citação postal.

CJF **Proc. Civil 87.** O acordo de reparação de danos feito durante a suspensão condicional do processo, desde que devidamente homologado por sentença, é título executivo judicial.

2) Do Cumprimento Provisório da Sentença que Reconhece a Exigibilidade de Obrigação de Pagar Quantia Certa

CJF **Proc. Civil 88.** A caução prevista no inc. IV do art. 520 do CPC não pode ser exigida em cumprimento definitivo de sentença. Considera-se como tal o cumprimento de sentença transitada em julgado no processo que deu origem ao crédito executado, ainda que sobre ela penda impugnação destituída de efeito suspensivo.

CJF **Proc. Civil 136.** A caução exigível em cumprimento provisório de sentença poderá ser dispensada se o julgado a ser cumprido estiver em consonância com tese firmada em incidente de assunção de competência.

3) Do Cumprimento Definitivo da Sentença que Reconhece a Exigibilidade de Obrigação de Pagar Quantia Certa

CJF **Proc. Civil 89.** Conta-se em dias úteis o prazo do caput do art. 523 do CPC.

CJF **Proc. Civil 90.** Conta-se em dobro o prazo do art. 525 do CPC nos casos em que o devedor é assistido pela Defensoria Pública.

CJF **Proc. Civil 91.** Interpreta-se o art. 524 do CPC e seus parágrafos no sentido de permitir que a parte patrocinada pela Defensoria Pública continue a valer-se da contadoria judicial para elaborar cálculos para execução ou cumprimento de sentença.

CJF **Proc. Civil 92.** A intimação prevista no caput do art. 523 do CPC deve contemplar, expressamente, o prazo sucessivo para impugnar o cumprimento de sentença.

CJF **Proc. Civil 93.** Da decisão que julga a impugnação ao cumprimento de sentença cabe apelação, se extinguir o processo, ou agravo de instrumento, se não o fizer.

CJF **Proc. Civil 94.** Aplica-se o procedimento do art. 920 do CPC à impugnação ao cumprimento de sentença, com possibilidade de rejeição liminar nas hipóteses dos arts. 525, § 5º, e 918 do CPC.

CJF **Proc. Civil 95.** O juiz, antes de rejeitar liminarmente a impugnação ao cumprimento de sentença (art. 525, § 5º, do CPC), deve intimar o impugnante para sanar eventual vício, em observância ao dever processual de cooperação (art. 6º do CPC).

4) Do Cumprimento de Sentença que Reconheça a Exigibilidade de Obrigação de Prestar Alimentos

CJF **Proc. Civil 146.** O prazo de 3 (três) dias previsto pelo art. 528 do CPC conta-se em dias úteis e na forma dos incisos do art. 231 do CPC, não se aplicando seu § 3º.

CJF **Proc. Civil 147.** Basta o inadimplemento de uma parcela, no todo ou em parte, para decretação da prisão civil prevista no art. 528, § 7º, do CPC.

CJF **Civil 599.** Deve o magistrado, em sede de execução de alimentos avoengos, analisar as condições do(s) devedor(es), podendo aplicar medida coercitiva diversa da prisão civil ou determinar seu cumprimento em modalidade diversa do regime fechado (prisão em regime aberto ou prisão domiciliar), se o executado comprovar situações que contraindiquem o rigor na aplicação desse meio executivo e o torne atentatório à sua dignidade, como corolário do princípio de proteção aos idosos e garantia à vida.

5) Do Cumprimento de Sentença que Reconheça a Exigibilidade de Obrigação de Fazer, de não Fazer ou de Entregar Coisa

CJF **Proc. Civil 96.** Os critérios referidos no caput do art. 537 do CPC devem ser observados no momento da fixação da multa, que não está limitada ao valor da obrigação principal e não pode ter sua exigibilidade postergada para depois do trânsito em julgado.

* INFORMATIVOS

STJ **Cumprimento de sentença. Autos físicos. Prazo para pagamento voluntário. Cômputo em dobro em caso de litisconsortes com procuradores distintos.** O prazo comum para cumprimento voluntário de sentença deverá ser computado em dobro no caso de litisconsortes com procuradores distintos, em autos físicos. REsp 1.693.784, Rel. Min. Luis Felipe Salomão, DJ 5.2.2018. 5ª T. (Info 619)

* QUESTÕES OBJETIVAS

180. **(Consulplan/TJ/MG/Cartórios/Ingresso/2017)** Sobre o cumprimento de sentença que reconheça a exigibilidade de obrigação de prestar alimentos, analise as seguintes assertivas

I. o débito alimentar que autoriza a prisão é o que compreende até as 03 (três) prestações anteriores ao ajuizamento da execução e as que se vencerem no curso do processo.

II. transcorrido o prazo de 03 (três) dias após a intimação do executado, se o mesmo não pagar, não provar que pagou seu débito, ou não justificar a impossibilidade de pagar, o juiz mandará protestar o pronunciamento judicial

III. somente a comprovação de fato que gere a impossibilidade absoluta de pagar justificará o inadimplemento.

IV. o cumprimento da pena exime o executado do pagamento da dívida.

Está correto apenas o que se afirma em:

a) I, II e IV.

b) I e IV.

c) I, II e III.

d) III e IV.

181. **(Consulplan/TJ/MG/Cartórios/Remoção/2016)** É possível o protesto da decisão judicial transitada em julgado, vencido o prazo para o cumprimento voluntário da obrigação pelo devedor. A esse respeito, assinale a única proposição incorreta:

a) para efetivar o protesto, incumbe ao exequente apresentar certidão de teor da decisão.

b) a certidão de teor da decisão deverá ser fornecida no prazo de três dias e indicará o nome e a qualificação do exequente e do executado, o número do processo, o valor da dívida e a data de decurso do prazo para pagamento voluntário.

c) o executado que tiver proposto ação rescisória para impugnar a decisão exequenda pode requerer, a suas expensas e sob sua responsabilidade, a anotação da propositura da ação à margem do título protestado.

d) a requerimento do credor, o protesto será cancelado por determinação do juiz, mediante ofício a ser expedido ao cartório, no prazo de três dias, contado da data de protocolo do requerimento, desde que comprovada a satisfação integral da obrigação.

182. **(Ieses/TJ/AM/Cartórios/Ingresso/2018)** Em relação a tutela executiva ditada pelo Código de Processo Civil é correto afirmar:

a) no cumprimento definitivo da sentença, que delimita condenação em quantia certa, ou já fixada em liquidação, e no caso de decisão sobre parcela incontroversa, a requerimento do exequente, sendo o executado intimado para pagar o débito, no prazo de 10 (dez) dias, acrescido de custas, se houver. Não ocorrendo pagamento voluntário, no referido prazo, o débito será acrescido de multa de quinze por cento e, também, de honorários de advogado de dez por cento.

b) no cumprimento da sentença, a impugnação depende de prévia garantia do juízo sob pena de indeferimento liminar.

c) na fase executiva, é lícito ao réu, antes de ser intimado para o cumprimento da sentença, comparecer em juízo e oferecer em pagamento o valor que entender devido, apresentando memória discriminada do cálculo. Nesse sentido, o autor será ouvido no prazo de 5 (cinco) dias, podendo impugnar o valor depositado, sem prejuízo do levantamento do depósito a título de parcela incontroversa.

d) no cumprimento provisório da sentença condenatória ao pagamento de quantia certa não caberá verba honorária.

183. **(Consulplan/TJ/MG/Cartórios/Remoção/2017)** Sobre cumprimento de sentença, não é correto afirmar:

a) a impugnação ao requerimento de cumprimento de sentença, como regra geral, é atribuída de efeito suspensivo, de forma impedindo a continuação do procedimento.

b) poderá o julgador atribuir efeito suspensivo que atingirá total ou parcialmente o objeto da execução, mediante pedido do devedor, cabendo a este demonstrar que o prosseguimento dos atos executivos é capaz de lhe causar grave dano e de difícil reparação.

c) para a obtenção do efeito suspensivo é indispensável que ocorra a devida garantia do juízo (com penhora, caução ou depósito suficientes).

d) a remição da dívida por iniciativa do devedor ocorre quando este comparece ao juízo para o cumprimento da sentença e reconhece a exigibilidade de obrigação de pagar quantia certa, (oferecendo) o pagamento antes de vir a ser provado para este ato, mediante intimação.

184. **(MPE/RS/Promotor/2016)** Assinale com V (verdadeiro) ou com F (falso) as seguintes afirmações sobre o tema do cumprimento da sentença, segundo o disposto no Código do Processo Civil.

I. a decisão judicial transitada em julgado poderá ser levada a protesto, nos termos da lei, antes mesmo de transcorrido o prazo para pagamento voluntário.

II. no caso de condenação em quantia certa, ou já fixada em liquidação, e no caso de decisão sobre parcela incontroversa, o cumprimento definitivo da sentença far-se-á a requerimento do exequente, sendo o executado intimado para pagar o débito, no prazo de 10 (dez) dias, acrescido de custas, se houver.

III. a execução dos alimentos provisórios, bem como a dos alimentos fixados em sentença ainda não transitada em julgado, se processa em autos apartados.

IV. no cumprimento de sentença que reconheça a exigibilidade de obrigação de fazer ou de não fazer, o juiz poderá, de ofício ou a requerimento, para a efetivação da tutela específica ou a obtenção de tutela pelo resultado prático equivalente, determinar as medidas necessárias à satisfação do exequente.

A sequência correta de preenchimento dos parênteses, de cima para baixo, é:

a) V, F, V, F.
b) F, V, F, V.
c) V, V, F, F.
d) F, F, V, V.
e) F, V, V, V.

185. **(MPE/PR/Promotor/2016)** Assinale a alternativa correta sobre o cumprimento de sentença, do Código de Processo Civil de 2015:

a) quando o cumprimento de sentença se efetuar perante juízo de primeiro grau de jurisdição, o exequente poderá optar pelo juízo do atual domicílio do executado, pelo juízo do local onde se encontrem os bens sujeitos à execução ou pelo juízo do local onde deva ser executada a obrigação de fazer ou de não fazer.

b) a decisão judicial transitada em julgado poderá ser imediatamente levada a protesto.

c) em todas as hipóteses do cumprimento de sentença, a intimação do devedor será realizada na pessoa de seu advogado.

d) de acordo com o Código de Processo Civil de 2015, a decisão interlocutória estrangeira é título executivo extrajudicial.

e) no período entre o trânsito em julgado e o pedido de cumprimento de sentença requerido pelo exequente, o executado não tem qualquer meio disponível para regularizar o pagamento da dívida, salvo o contato direto com a outra parte.

186. **(FCC/PGE/MT/Procurador/2016)** No processo de execução e cumprimento de sentença:

a) a exceção de pré-executividade, embora não prevista expressamente no novo Código de Processo Civil, é aceita pela doutrina e pela jurisprudência para que o executado se defenda mediante a alegação de matérias de ordem pública, cognoscíveis de ofício, de modo que é possível que, em uma execução fiscal, o executado alegue prescrição por meio de exceção de pré-executividade.

b) caso o executado já tenha apresentado embargos ou impugnação à execução, a desistência do exequente de toda a execução ou apenas alguma medida executiva dependerá do consentimento do embargante ou do impugnante.

c) a sentença que determina a inclusão de vantagem pecuniária em folha de pagamento de servidores públicos admite execução provisória, depois de confirmado em duplo grau necessário.

d) diante de uma sentença condenatória contra o Estado transitada em julgado e da superveniência de decisão do Supremo Tribunal Federal que julgou inconstitucional a lei que fundamentou a procedência do pedido nessa demanda, durante o cumprimento desta decisão, cabe ao ente, em sua defesa, ajuizar reclamação constitucional.

e) o cumprimento de sentença proferida contra a Fazenda Pública Estadual tem como única forma de satisfação a expedição de precatório.

187. **(TRT/4R/Juiz/2016)** Assinale a assertiva incorreta sobre impugnação ao cumprimento da sentença:

a) para que o executado apresente impugnação, transcorridos os quinze dias após a intimação para pagamento do débito, é indispensável que proceda à segurança do juízo, a exemplo da penhora prévia.

b) é permitido, nas hipóteses de impugnação na fase de execução da sentença, que não apenas o título executivo, mas também a obrigação, quando inexigíveis, sejam impugnados.

c) a declaração "in abstrato" da inconstitucionalidade, pelo Supremo Tribunal Federal, é matéria capaz de amparar a inexigibilidade da obrigação, podendo fundamentar a impugnação.

d) em se tratando de impugnação à sentença de liquidação, pela Fazenda Pública, esta somente poderá alegar falta ou nulidade da citação, na fase de conhecimento, se o processo tiver corrido à sua revelia.

e) nas hipóteses de cumprimento de sentença que reconheça a exigibilidade de obrigação de entregar coisa, a eventual existência de benfeitorias deve ser alegada quando da contestação, na fase de conhecimento, não sendo admitida na fase de cumprimento da sentença.

188. **(UFMT/DPE/MT/Defensor/2016)** Considerando a execução no Código de Processo Civil (CPC/2015), analise as assertivas abaixo.

I. na execução fundada em título executivo extrajudicial que contenha obrigação alimentar, se o executado não pagar o débito em 3 dias ou se a justificativa apresentada não for aceita, o juiz decretar-lhe-á a prisão pelo prazo de um a três meses.

II. no caso de condenação em quantia certa, o cumprimento definitivo da sentença far-se-á a requerimento do exequente, sendo o executado intimado para pagar o débito, no prazo de quinze dias, acrescido de custas, se houver. Transcorrido o prazo mencionado, sem o pagamento voluntário, será novamente o executado intimado para, no prazo de quinze dias, apresentar, nos próprios autos, sua impugnação, contado do termo de penhora.

III. a decisão judicial transitada em julgado poderá ser levada a protesto, nos termos da lei, depois de transcorrido o prazo para pagamento voluntário. A requerimento do executado, o protesto será cancelado por determinação do juiz, mediante ofício a ser expedido ao cartório, no prazo de três dias, contado da data de protocolo do requerimento, desde que comprovada a satisfação integral da obrigação.

IV. na execução de título extrajudicial, o executado, independentemente de penhora, depósito ou caução, poderá se opor à execução por meio de embargos, cujo prazo para oferecimento é 15 dias úteis.

V. no cumprimento de sentença e na execução de título extrajudicial, no prazo para impugnação ou embargos, reconhecendo o crédito do exequente e comprovando o depósito de trinta por cento do valor em execução, acrescido de custas e de honorários de advogado, o executado poderá requerer que lhe seja permitido pagar o restante em até seis parcelas mensais, acrescidas de correção monetária e de juros de um por cento ao mês.

Estão corretas as assertivas:

a) I, II e III.
b) II, IV e V.
c) I, III e IV.
d) I, II e V.
e) III, IV e V.

189. **(TRF/4R/Juiz/2016)** Acerca do novo Código de Processo Civil de 2015:

I. entre os procedimentos especiais de jurisdição contenciosa extintos pelo novo Código de Processo Civil, estão a ação de depósito; a ação de usucapião de terras particulares; a ação de nunciação de obra nova; o interdito proibitório; e a ação de anulação e substituição de título ao portador.

II. a sentença condenatória para pagamento de quantia certa contra a Fazenda Pública será executada no mesmo processo, em fase de cumprimento de sentença, a exemplo do que ocorre contra os devedores privados, sendo o meio de defesa a impugnação; já a execução de título extrajudicial dar-se-á por meio de processo específico de execução, cuja defesa deverá ser promovida via embargos do devedor.

III. ficou mantida a possibilidade de, no prazo para embargos, o devedor parcelar o débito, com os acréscimos legais previstos na legislação processual, mediante o depósito de 30% do valor, pagando o restante em seis parcelas, inclusive no cumprimento de sentença:

a) está correta apenas a assertiva I.
b) está correta apenas a assertiva II.
c) está correta apenas a assertiva III.
d) estão corretas apenas as assertivas I e III.
e) estão corretas todas as assertivas.

190. **(Faurgs/TJ/RS/Juiz/2016)** Na vigência do Novo Código de Processo Civil, instituído pela Lei n. 13.105/2015, Susan propõe ação pedindo que Frederico se abstenha de produzir ilegalmente ruídos em excesso. Apresenta, ainda, na petição inicial, pedido de antecipação de tutela. O juiz, ao despachar a inicial, concede ordem de não fazer, fixando multa de R$ 5.000,00 para caso de descumprimento. Cerca de 20 dias depois da intimação pessoal de Frederico, Susan verifica que ele está fazendo ingressar, no pátio de sua residência, potentes caixas de som e instrumentos musicais elétricos. Susan peticiona, juntando fotografias, vídeos e uma ata notarial, que dão conta de tais fatos, e afirma que, caso o som seja produzido, sofrerá danos materiais na ordem de R$ 5.000,00. Nesse contexto, é correto afirmar que, em tese:

a) o juiz não pode alterar a técnica executiva para outra mais contundente, uma vez que o comando de não fazer emitido em sede liminar não foi desrespeitado.
b) o juiz não pode aumentar o valor da multa, considerando que R$ 5.000,00 é valor suficiente para indenizar Frederico em caso de descumprimento da ordem.
c) o juiz poderá alterar a técnica executiva para outra mais contundente, mas não poderá utilizar força policial, por não se tratar de direitos indisponíveis.
d) o juiz poderá alterar a técnica executiva para outra mais contundente, como determinar a busca e apreensão dos cabos de ligação dos equipamentos de som à rede elétrica.
e) o juiz poderá alterar a técnica executiva para outra mais contundente, desde que promova a oitiva do Ministério Público na condição de fiscal da lei.

7.3. Dos Procedimentos Especiais

✱ SÚMULAS

1) Da Ação de Exigir Contas

STJ **Súm. 259.** A ação de prestação de contas pode ser proposta pelo titular de conta corrente bancária.

2) Das Ações Possessórias

STJ **Súm. 228.** É inadmissível o interdito proibitório para a proteção do direito autoral.

3) Dos Embargos de Terceiro

STJ **Súm. 84.** É admissível a oposição de embargos de terceiro fundados em alegação de posse advinda do compromisso de compra e venda de imóvel, ainda que desprovido do registro.

STJ **Súm. 134.** Embora intimado da penhora em imóvel do casal, o cônjuge do executado pode opor embargos de terceiro para defesa de sua meação.

STJ **Súm. 195.** Em embargos de terceiro não se anula ato jurídico, por fraude contra credores.

STJ **Súm. 303.** Em embargos de terceiro, quem deu causa à constrição indevida deve arcar com os honorários advocatícios.

4) Da Ação Monitória

STJ **Súm. 247.** O contrato de abertura de crédito em conta corrente, acompanhado do demonstrativo de débito, constitui documento hábil para o ajuizamento da ação monitória.

STJ **Súm. 282.** Cabe a citação por edital em ação monitória.

STJ **Súm. 292.** A reconvenção é cabível na ação monitória, após a conversão do procedimento em ordinário.

STJ **Súm. 299.** É admissível a ação monitória fundada em cheque prescrito.

STJ **Súm. 339.** É cabível ação monitória contra a Fazenda Pública.

STJ **Súm. 384.** Cabe ação monitória para haver saldo remanescente oriundo de venda extrajudicial de bem alienado fiduciariamente em garantia.

STJ **Súm. 475.** Responde pelos danos decorrentes de protesto indevido o endossatário que recebe por endosso translativo título de crédito contendo vício formal extrínseco ou intrínseco, ficando ressalvado seu direito de regresso contra os endossantes e avalistas.

STJ **Súm. 476.** O endossatário de título de crédito por endosso-mandato só responde por danos decorrentes de protesto indevido se extrapolar os poderes de mandatário.

STJ **Súm. 503.** O prazo para ajuizamento de ação monitória em face do emitente de cheque sem força executiva é quinquenal, a contar do dia seguinte à data de emissão estampada na cártula.

STJ **Súm. 504.** O prazo para ajuizamento de ação monitória em face do emitente de nota promissória sem força executiva é quinquenal, a contar do dia seguinte ao vencimento do título.

STJ **Súm. 531.** Em ação monitória fundada em cheque prescrito, ajuizada contra o emitente, é dispensável a menção ao negócio jurídico subjacente à emissão da cártula.

5) Do Inventário e da Partilha

STF **Súm. 542.** Não é inconstitucional a multa instituída pelo Estado-membro, como sanção pelo retardamento do início ou da ultimação do inventário.

* REPERCUSSÃO & REPETITIVOS

STJ **Repetitivo 967.** Em ação consignatória, a insuficiência do depósito realizado pelo devedor conduz ao julgamento de improcedência do pedido, pois o pagamento parcial da dívida não extingue o vínculo obrigacional. (REsp 1108058, 23.10.2018)

* ENUNCIADOS CNB

CNB **Enunciado 1/2014.** É possível o inventário extrajudicial ainda que haja testamento, desde que previamente registrado em juízo ou homologado posteriormente pelo juízo competente.

CNB **Enunciado 4/2014.** Os artigos 982 do CPC e 3º da Resolução 35 do CNJ referem-se inclusive aos bens móveis, de forma que as instituições financeiras devem acatar as escrituras públicas para fins de levantamento de valores, bem como a solicitação dos tabeliães de notas para expedir extrato de contas correntes de titularidade do "de cujus".

CNB **Enunciado 7/2015.** A ata notarial para fins de usucapião extrajudicial, prevista no inciso I do artigo 216-A do Código de Processo Civil, deve conter todas as informações e constatações possíveis para comprovar a existência da posse.

CNB **Enunciado 1/2016.** Na ata notarial para usucapião, o tabelião deve atestar evidências do tempo da posse. Esta ação é requisito legal sacramental e não indica que o tabelião acompanhou a constatação todo o tempo. Por isso, a responsabilidade administrativa, civil e penal só pode ser oriunda da conduta dolosa.

* ENUNCIADOS CJF

1) Das Ações Possessórias

CJF **Civil 569.** No caso do art. 1.242, parágrafo único, a usucapião, como matéria de defesa, prescinde do ajuizamento da ação de usucapião, visto que, nessa hipótese, o usucapiente já é o titular do imóvel no registro.

2) Do Inventário e da Partilha

CJF **Proc. Civil 51.** Havendo registro judicial ou autorização expressa do juízo sucessório competente, nos autos do procedimento de abertura, registro e cumprimento de testamento, sendo todos os interessados capazes e concordes, poderão ser feitos o inventário e a partilha por escritura pública.

CJF **Proc. Civil 52.** Na organização do esboço da partilha tratada pelo art. 651 do CPC, deve-se incluir a meação do companheiro.

CJF **Proc. Civil 131.** A remissão ao art. 672, feita no art. 664, § 4º, do CPC, consiste em erro material decorrente da renumeração de artigos durante a tramitação legislativa. A referência deve ser compreendida como sendo ao art. 662, norma que possui conteúdo integrativo adequado ao comando expresso e finalístico do art. 664, § 4º.

3) Dos Embargos de Terceiro

CJF **Proc. Civil 53.** Para o reconhecimento definitivo do domínio ou da posse do terceiro embargante (art. 681 do CPC), é necessária a presença, no polo passivo dos embargos, do réu ou do executado a quem se impute a titularidade desse domínio ou dessa posse no processo principal.

CJF **Proc. Civil 132.** O prazo para apresentação de embargos de terceiro tem natureza processual e deve ser contado em dias úteis.

CJF **Proc. Civil 133.** É admissível a formulação de reconvenção em resposta aos embargos de terceiro, inclusive para o propósito de veicular pedido típico de ação pauliana, nas hipóteses de fraude contra credores.

4) Da Habilitação

CJF **Proc. Civil 54.** Estando o processo em grau de recurso, o requerimento de habilitação far-se-á de acordo com o Regimento Interno do respectivo tribunal (art. 687 do CPC).

CJF **Proc. Civil 55.** É cabível apelação contra sentença proferida no procedimento especial de habilitação (arts. 687 a 692 do CPC).

5) Da Ação Monitória

CJF **Proc. Civil 101.** É admissível ação monitória, ainda que o autor detenha título executivo extrajudicial.

CJF **Proc. Civil 134.** A apelação contra a sentença que julga improcedentes os embargos ao mandado monitório não é dotada de efeito suspensivo automático (art. 702, § 4º, e 1.012, § 1º, V, CPC).

6) Dos Procedimentos de Jurisdição Voluntária

CJF **Proc. Civil 56.** A legitimidade conferida à Defensoria Pública pelo art. 720 do CPC compreende as hipóteses de jurisdição voluntária previstas na legislação extravagante, notadamente no Estatuto da Criança e do Adolescente.

CJF **Proc. Civil 57.** Todos os legitimados a promover a curatela, cujo rol deve incluir o próprio sujeito a ser curatelado, também o são para realizar o pedido do seu levantamento.

* INFORMATIVOS

STJ **Ação de consignação em pagamento. Banco. Legitimidade. Prevenção de danos indevidos ao consumidor. Quitação de débito para cancelamento de protesto de cliente ensejado por fortuito interno. Viabilidade.** A instituição financeira possui legitimidade para ajuizar ação de consignação em pagamento visando quitar débito de cliente decorrente de título de crédito protestado por falha no serviço bancário. REsp 1.318.747, Rel. Min. Luis Felipe Salomão, DJ 31.10.2018. 4ª T. (Info 636)

STJ **Arrolamento sumário. Art. 659, § 2º, do NCPC. Homologação da partilha. Prévio atendimento das obrigações tributárias principais e acessórias relativas ao ITCMD. Desnecessidade.** A homologação da partilha no procedimento do arrolamento sumário não pressupõe o atendimento das obrigações tributárias principais e tampouco acessórias relativas ao ITCMD. REsp 1.751.332, Rel. Min. Mauro Campbell Marques, DJ 03.10.2018. 2ª T. (Info 636)

STJ **Ação de prestação de contas. Contrato de agência. Promoção de venda de quotas de consórcio. Administração de bens de terceiros. Apuração unilateral da remuneração. Posse de documentos relevantes. Dever de prestar contas.** É cabível a propositura de ação de prestação de contas para apuração de eventual saldo, e sua posterior execução, decorrente de contrato relacional firmado entre administradora de consórcios e empresa responsável pela oferta das quotas consorciais a consumidores. REsp 1.676.623, Rel. Min. Marco Aurélio Bellizze, DJ 26.10.2018. 3ª T. (Info 636)

STJ **Arrolamento sumário. Art. 659, § 2º, do NCPC. Expedição dos formais de partilha ou da carta de adjudicação. Prévio pagamento do ITCMD. Desnecessidade.** No arrolamento sumário, não se condiciona a entrega dos formais de partilha ou da carta de adjudicação à prévia quitação dos tributos concernentes à transmissão patrimonial aos sucessores. REsp 1.704.359, Rel. Min. Gurgel de Faria, DJ 2.10.2018. 1ª T. (Info 634)

STJ **Ação de restauração de autos. Prazo para propositura. Provimento da Corregedoria local. Norma de natureza processual. Usurpação de competência da União. Violação do devido processo**

legal. Tribunal de Justiça não tem competência para, por meio de provimento da respectiva Corregedoria, estabelecer prazo para a propositura de ação de restauração de autos. REsp 1.722.633, Rel. Min. Nancy Andrighi, DJ 10.8.2018. 3ª T. (Info 630)

STJ Ação de exigir contas. Acionista. Pagamento de dividendos, juros sobre capital próprio e outros rendimentos inerentes à titularidade de ações. Prazo prescricional trienal. A pretensão do titular de ações de exigir contas da sociedade anônima referente ao pagamento de dividendos, juros sobre capital próprio e demais rendimentos inerentes às respectivas ações prescreve em três anos. REsp 1.608.048, Rel. Min. Marco Aurélio Bellizze, DJ 1.6.2018. 3ª T. (Info 627)

STJ Ação de usucapião. CPC/73. Cumulação de pretensões: usucapião e delimitatória. Citação do cônjuge do confinante. Não ocorrência. Nulidade relativa do feito. Necessidade de demonstração do prejuízo. A ausência de citação dos confinantes e respectivos cônjuges na ação de usucapião ensejará nulidade relativa, caso se constate o efetivo prejuízo. REsp 1.432.579, Rel. Min. Luis Felipe Salomão, DJ 23.11.2017. 4ª T. (Info 616)

STJ Demanda possessória entre particulares. Oposição pelo ente público. Defesa incidental do domínio e da posse de bem público. Possibilidade. Em ação possessória entre particulares é cabível o oferecimento de oposição pelo ente público, alegando-se incidentalmente o domínio de bem imóvel como meio de demonstração da posse. EREsp 1.134.446, Rel. Min. Benedito Gonçalves, DJ 4.4.2018. Corte Especial. (Info 623)

STJ Inventário. Exame de questões de alta indagação. Juízo universal. Não exclusividade. Ação autônoma. Possibilidade. Celeridade processual. Art. 984 do CPC/73. É cabível o ajuizamento de ação autônoma perante o juízo cível quando se constatar, desde logo, a necessidade de dilação probatória incompatível com o rito especial do inventário. REsp 1.480.810, Rel. Min. Nancy Andrighi, DJ 26.3.2018. 3ª T. (Info 622)

STJ Reintegração de posse. Mandado judicial. Cumprimento. Impossibilidade. Apossamento administrativo e ocupação consolidada. Conversão em ação indenizatória de ofício. Viabilidade. Supremacia do interesse público e social. Julgamento "extra petita". Inexistência. A ação possessória pode ser convertida em indenizatória (desapropriação indireta) – ainda que ausente pedido explícito nesse sentido – a fim de assegurar tutela alternativa equivalente ao particular, quando a invasão coletiva consolidada inviabilizar o cumprimento do mandado reintegratório pelo município. REsp 1.442.440, Rel. Min. Gurgel de Faria, DJ 15.2.2018. 1ª T. (Info 619)

STJ Embargos de terceiro. Reconvenção. Não cabimento. CPC/73. Incompatibilidade de ritos. Não é cabível a reconvenção apresentada em embargos de terceiro, sob a égide do CPC/73. REsp 1.578.848, Rel. Min. Ricardo Villas Bôas Cueva, DJ 25.6.2018. 3ª T. (Info 628)

* QUESTÕES DISCURSIVAS

06. **(Consulplan/TJ/MG/Cartórios/Remoção/2017)** "A Emenda Constitucional ne 66/2010 alterou significativamente o § 6º do art. 226 da Constituição Federal, ao tornar possível o divórcio direto, sem mais condicioná-lo à prévia separação judicial ou a qualquer outro interstício anterior de separação de fato. Com tal modificação, passa a ter vez no Direito de Família a figura da intervenção mínima do Estado, simplificando a ruptura do vínculo matrimonial. Importante ressaltar, outrossim, que o Código Civil de 2002 reconheceu como entidade familiar a união estável entre o homem e a mulher, configurada na convivência pública, contínua e duradoura, estabelecida com o objetivo de constituição de família (art. 1.723). Facilitou, ainda, sua conversão em casamento, mediante simples pedido dos companheiros ao juiz e assento no Registro Civil (art. 1.726). Posteriormente, a união estável e o casamento entre pessoas do mesmo sexo foram reconhecidos pelo STJ e STF (STF, Pleno, ADI 4277, Rel. Min. Ayres Britto, DJ 14.10.2011; STJ, 4ª T., REsp 1.183.378, Rel. Min. Luis Felipe Salomão, DJ 01.02.2012). O STF, ao interpretar o art. 1.723 do Código Civil, afirmou "deve ser excluído qualquer significado que impeça o reconhecimento da união contínua, pública e duradoura entre pessoas do mesmo sexo como família. Reconhecimento que é de ser feito segundo as mesmas regras e com as mesmas consequências da união estável heteroafetiva" (STF, Tribunal Pleno, ADPF 132, Rel. Min. Ayres Britto, DJ 13.10.2011). Nos procedimentos vinculados ao direito de família, as regras aplicáveis aos processos contenciosos se diferem das aplicadas nos processos consensuais. Cite qual(is) o(s) requisito(s) e a(s) diferença(s) acrescentada(s) pelo Código de Processo Civil de 2015 para a realização do procedimento de jurisdição voluntária através da via extrajudicial.

✱ QUESTÕES OBJETIVAS

191. **(Vunesp/TJ/SP/Cartórios/Ingresso/2014)** Assinale a alternativa correta:

a) o acolhimento da exceção de usucapião permite o registro da sentença, nas modalidades constitucional e tabular.

b) a ação possessória julgada improcedente não tem força suficiente para interromper a prescrição em decorrência da citação válida, pois se assim não fosse, qualquer um que intentasse os interditos, mesmo por emulação, conseguiria impedir a procedência do pedido formulado na ação de usucapião.

c) na ação de usucapião, é vedada a apresentação de ata notarial para comprovar os aspectos qualitativos da posse "ad usucapionem", uma vez que o ato extrajudicial produzido unilateralmente vulnera o princípio do contraditório.

d) a sentença de procedência prolatada na ação de usucapião possui natureza constitutiva do direito real de propriedade.

192. **(Cetro/TJ/RJ/Cartórios/Ingresso/2017)** Mário, recém-falecido, era brasileiro domiciliado no exterior, sendo que, no Brasil, teve como seu último domicílio o Rio de Janeiro. Do levantamento dos bens, verificou-se a existência deles no exterior, um apartamento no Rio de Janeiro e imóveis em outros estados, sendo o maior substancial uma grande porção de terra em um estado do Centro-Oeste brasileiro. Isso posto, vale mencionar que deixou a viúva, Sibila, e filhos herdeiros, dentre eles, um incapaz quando da morte do pai e emancipado antes da abertura do inventário. De posse dos documentos necessários, Sibila e filhos comparecem a um tabelião de notas do Rio de Janeiro para tratar do caso. Tomando-se por base as regras do NCPC e aquelas aplicadas aos serviços extrajudiciais do estado do Rio de Janeiro, assinale a alternativa correta:

a) o inventário somente poderá ser judicial dado que, quando da abertura da sucessão, um dos filhos era incapaz, sendo competente o Juízo de onde se encontra o bem mais substancial, alcançando os bens havidos apenas em território nacional, desconsiderando-se qualquer eventual bem no exterior.

b) o inventário somente poderá ser judicial dado que, quando da abertura da sucessão, um dos filhos era incapaz, sendo competente o Juízo do Rio de Janeiro por ser o último domicílio dele no Brasil, alcançando os bens havidos apenas em território nacional, sem desconsiderar o valor dos bens no exterior para equalização de quotas patrimoniais.

c) o inventário consensual poderá ser judicial ou extrajudicial, recaindo a fixação do tabelião de notas pela localidade do bem mais substancial, e alcançando apenas os bens em território nacional, sem desconsiderar o valor dos bens no exterior para equalização de quotas patrimoniais; a escritura pública de inventário não dependerá de homologação judicial e é título válido para o registro civil e imobiliário, apenas; e não há a necessidade de as partes serem acompanhadas de advogado.

d) o inventário consensual poderá ser judicial ou extrajudicial, sendo a fixação do tabelião de notas estipulada pelas regras do NCPC, alcançando os bens em território nacional e no exterior; a escritura pública de inventário não dependerá de homologação judicial e é título válido para o registro civil e imobiliário, e transferência de bens e direitos perante quaisquer instituições, inclusive bancária; e as partes devem ser acompanhadas de advogado, podendo este ser indicado pelo tabelião responsável.

e) o inventário consensual poderá ser judicial ou extrajudicial, sendo livre a escolha do tabelião de notas, alcançando apenas os bens em território nacional, desconsiderando o valor dos bens no exterior para equalização de quotas patrimoniais; a escritura pública de inventário não dependerá de homologação judicial e é título válido para o registro civil e imobiliário, e transferência de bens e direitos perante quaisquer instituições, inclusive bancária; e as partes devem ser acompanhadas de advogado, sendo proibida a indicação deste pelo tabelião responsável.

193. **(Consulplan/TJ/MG/Cartórios/Ingresso/2017)** Sobre os procedimentos especiais, assinale a única afirmativa correta:

a) o CPC/2015 manteve no Título III do Livro I da Parte Especial as ações de exigir e prestar contas.

b) a restauração de autos é um procedimento de jurisdição voluntária.

c) o procedimento comum aplica-se subsidiariamente aos procedimentos especiais.

d) o CPC/2015 extinguiu a divisão entre procedimentos especiais de jurisdição contenciosa e de jurisdição voluntária.

194. **(Ieses/TJ/RO/Cartórios/Ingresso/2017)** Quanto aos Procedimentos Especiais e sua disciplina no Código de Processo Civil, assinale a alternativa correta:

a) a modalidade de consignação em pagamento extrajudicial prevista no parágrafo primeiro do art. 539 do Código de Processo Civil não é obrigatória, constituindo-se em faculdade do devedor fazer uso dessa ferramenta legal.

b) a ação monitória só é cabível para as obrigações que prevejam o pagamento de quantia em dinheiro.

c) o art. 674 do CPC, ao indicar as hipóteses de constrição judicial, encerra rol taxativo.

d) o princípio da fungibilidade das ações possessórias, expresso no art. 554 do CPC, inclui as ações reivindicatória e de imissão na posse.

195. **(Consulplan/TJ/MG/Cartórios/Remoção/2016)** Relativamente à restauração de autos, assinale a afirmação incorreta:

a) os serventuários e os auxiliares da justiça não podem eximir-se de depor como testemunhas a respeito de atos que tenham praticado ou assistido no tramitar dos autos extraviados.

b) não havendo certidão ou cópia do laudo, far-se-á nova perícia, sempre que possível pelo mesmo perito.

c) não havendo certidão de documentos, deverá ser promovida a sua reconstituição mediante cópias ou, na falta dessas, pelos meios ordinários de prova.

d) se a perda dos autos tiver ocorrido depois da produção das provas em audiência, o juiz, se necessário, mandará repeti-las; nessa hipótese, serão reinquiridas as mesmas testemunhas, observando-se que, caso seja impossível por qualquer circunstância, não poderá ocorrer a sua substituição, salvo em caso de falecimento.

196. **(Consulplan/TJ/MG/Cartórios/Remoção/2017)** O procedimento especial de dissolução parcial de sociedade representa uma inovação trazida pelo CPC/15. Mesmo na contramão do ideal da Comissão de Juristas que elaborou o anteprojeto, que objetivava privilegiar o procedimento comum e reduzir os procedimentos especiais, a inclusão foi muito bem-vinda, já que supre lacuna legislativa existente até então. Assim, a única opção correta é:

a) a primeira etapa do procedimento destina-se à apuração e satisfação dos créditos relativos aos haveres do sócio; já a segunda destina-se à desconstituição do vínculo societário.

b) a ação de dissolução parcial de sociedade pode ter por objeto a resolução de qualquer sociedade empresária em relação ao sócio falecido, excluído ou que exerceu o direito de retirada ou recesso.

c) a petição inicial dispensa a instrução do contrato social consolidado.

d) a ação de dissolução parcial de sociedade pode ter por objeto somente a resolução ou a apuração de haveres.

197. **(Consulplan/TJ/MG/Cartórios/Remoção/2017)** Sobre ação possessória, não é correto afirmar:

a) existe possibilidade de cumulação de pretensões de direito material, sem prejuízo do procedimento especial possessório.

b) o CPC/15 possibilita expressamente, também, o ajuizamento de ação de reconhecimento de domínio, na pendência de ação possessória, desde que em face de terceiro.

c) novidade não antes admitida nas ações possessórias, o CPC/15 prevê expressamente a possibilidade de requerimento de medidas necessárias e adequadas para a inibição de nova turbação ou esbulho e para que seja cumprida a tutela provisória ou final.

d) a vedação de exceção de domínio na pendência de ação possessória e a irrelevância da alegação de propriedade foram mantidas, uma vez que as ações possessórias se caracterizam pela cognição sumária, de modo que o juiz está restrito ao exame do fato da posse.

198. **(Consulplan/TJ/MG/Cartórios/Ingresso/2018)** Analise as seguintes afirmativas a partir do novo Código de Processo Civil (Lei nº 13.105/2015).

I. a busca e apreensão passou a ser prevista como medida executiva no cumprimento de sentença das obrigações de fazer, não fazer e entrega de coisa, no inventário e nas execuções de entrega de coisa fundada em título extrajudicial.

II. a posse em nome do nascituro foi absorvida pelo procedimento do inventário.

III. o arresto foi mantido na execução e, para fins acautelatórios, no processo de conhecimento, demanda observância do procedimento próprio para as tutelas provisórias.

IV. a exibição de documento ou coisa passou a ser disciplinada entre os meios de prova.

Estão corretas as afirmativas:

a) I, II, III e IV.
b) I e IV, apenas.
c) I, II e III, apenas.
d) II, III e IV, apenas.

199. **(Consulplan/TJ/MG/Cartórios/Ingresso/2018)** Acerca de lavratura de escritura pública de divórcio ou inventário e partilha, considerando disposições do Código de Processo Civil (Lei nº 13.150/15) e da Resolução nº 35/2007, do Conselho Nacional de Justiça, assinale a alternativa correta:

a) a gratuidade prevista em lei para escritura de divórcio não pode ser aplicada quando as partes comparecem assistidas por advogado (e não por defensor público).
b) para a lavratura de escritura pública de divórcio ou inventário e partilha, é livre a escolha do tabelião de notas, aplicando as regras de competência do Código de Processo Civil.
c) o companheiro que tenha direito à sucessão será parte na escritura pública de inventário e partilha, sendo suficiente para reconhecimento da união estável com o autor da herança (portanto, dispensável ação judicial para tanto) o consenso desse reconhecimento por todos os demais herdeiros do autor da herança.
d) as escrituras públicas de inventário e partilha, separação e divórcio consensuais, apenas quando homologadas judicialmente, são títulos hábeis para o registro civil e o registro imobiliário, para a transferência de bens e direitos, bem como para promoção de todos os atos necessários à materialização das transferências de bens e levantamento de valores (DETRAN, Junta Comercial, Registro Civil de Pessoas Jurídicas, instituições financeiras, companhias telefônicas, etc).

200. **(Consulplan/TJ/MG/Cartórios/Remoção/2017)** O CPC/15 prevê procedimento específico para as ações possessórias coletivas que envolvam propriedade imóvel. Seguirão esse procedimento as ações de força velha ou aquelas nas quais, concedida a liminar, não seja ela executada no prazo de um ano, a contar da data de distribuição. Esse procedimento prevê a possibilidade de solução consensual de conflitos complexos, pois estabelece a necessidade de designação de audiência de mediação, à qual poderão ser intimados para comparecer, também, os representantes dos órgãos responsáveis pelas políticas agrária e urbana dos entes federados quanto à área objeto de litígio. Assim, é correto afirmar:

a) a participação do Ministério Público se torna facultativo em detrimento da participação dos órgãos auxiliares.
b) o Ministério Público se afigura como fiscalizador do ordenamento jurídico e não mais como fiscal da lei.
c) por se tratar de força velha a liminar só poderá ser concedida com audiência de justificação prévia.
d) só irá haver no caso de esbulho possessório a concessão liminar de natureza cautelar, mediante caução real ou fidejussória.

201. **(Fundep/MPE/MG/Promotor/2017)** Analise as seguintes assertivas com relação aos procedimentos especiais:

I. a propositura de uma ação possessória em vez de outra não obstará a que o juiz conheça do pedido e outorgue a proteção legal correspondente àquela cujos pressupostos estejam ou não provados.

II. cabe ao proprietário a ação de divisão, para obrigar o seu confinante a estremar os respectivos prédios, fixando-se novos limites entre eles ou aviventando-se os já apagados.

III. quem, não sendo parte no processo, sofrer constrição ou a ameaça de constrição sobre bens que possua ou sobre os quais tenha direito incompatível com o ato constritivo, poderá requerer seu desfazimento ou sua inibição por meio de embargos de terceiro.

IV. nas ações de família, o mandado de citação conterá os dados necessários à audiência e deverá estar acompanhando da cópia da inicial em respeito ao contraditório e a ampla defesa.

Assinale a alternativa correta:

a) todas as assertivas são falsas.
b) apenas as assertivas II e III são falsas.
c) somente a assertiva III é a verdadeira.
d) todas as assertivas são verdadeiras.

202. **(MPE/RS/Promotor/2016)** Assinale a alternativa incorreta sobre o tema dos procedimentos especiais, segundo disposto no Código de Processo Civil:

a) na pendência de ação possessória é permitido, tanto ao autor quanto ao réu, propor ação de reconhecimento do domínio, exceto se a pretensão for deduzida em face de terceira pessoa.

b) no caso de ação possessória em que figure no polo passivo grande número de pessoas, serão feitas a citação pessoal dos ocupantes que forem encontrados no local e a citação por edital dos demais, determinando-se, ainda, a intimação do Ministério Público e, se envolver pessoas em situação de hipossuficiência econômica, da Defensoria Pública.

c) o processo de inventário e de partilha deve ser instaurado dentro de 2 (dois) meses, a contar da abertura da sucessão, ultimando-se nos 12 (doze) meses subsequentes, podendo o juiz prorrogar esses prazos, de ofício ou a requerimento de parte.

d) nas ações de família, quando o processo envolver discussão sobre fato relacionado a abuso ou a alienação parental, o juiz, ao tomar o depoimento do incapaz, deverá estar acompanhado por especialista.

e) qualquer interessado ou o Ministério Público promoverá em juízo a extinção da fundação quando for impossível a sua manutenção.

203. **(MPE/RS/Promotor/2017)** Assinale a alternativa incorreta sobre o tema da partilha, segundo disposto no Código de Processo Civil:

a) os bens insuscetíveis de divisão cômoda que não couberem na parte do cônjuge ou companheiro supérstite ou no quinhão de um só herdeiro serão licitados entre os interessados ou vendidos judicialmente, partilhando-se o valor apurado, sendo vedado acordo para adjudicação a todos.

b) o juiz poderá, em decisão fundamentada, deferir antecipadamente a qualquer dos herdeiros o exercício dos direitos de usar e de fruir de determinado bem, com a condição de que, ao término do inventário, tal bem integre a cota desse herdeiro, cabendo a este, desde o deferimento, todos os ônus e bônus decorrentes do exercício daqueles direitos.

c) a partilha, mesmo depois de transitada em julgado a sentença, pode ser emendada nos mesmos autos do inventário, convindo todas as partes, quando tenha havido erro de fato na descrição dos bens, podendo o juiz, de ofício ou a requerimento da parte, a qualquer tempo, corrigir-lhe as inexatidões materiais.

d) é rescindível a partilha julgada por sentença se preteriu herdeiro ou incluiu quem não o seja.

e) o formal de partilha poderá ser substituído por certidão de pagamento do quinhão hereditário quando esse não exceder a 5 (cinco) vezes o salário-mínimo, caso em que se transcreverá nela a sentença de partilha transitada em julgado.

204. **(MPE/RS/Promotor/2017)** Assinale a alternativa incorreta sobre o tema das ações possessórias, segundo disposto no Código de Processo Civil:

a) na pendência de ação possessória é vedado, tanto ao autor quanto ao réu, propor ação de reconhecimento do domínio, exceto se a pretensão for deduzida em face de terceira pessoa.

b) a propositura de uma ação possessória em vez de outra não obstará a que o juiz conheça do pedido e outorgue a proteção legal correspondente àquela cujos pressupostos estejam provados.

c) o possuidor direto ou indireto que tenha justo receio de ser molestado na posse poderá requerer ao juiz que o segure da turbação ou esbulho iminente, mediante mandado proibitório em que se comine ao réu determinada pena pecuniária caso transgrida o preceito.

d) se o réu provar, em qualquer tempo, que o autor provisoriamente mantido ou reintegrado na posse carece de idoneidade financeira para, no caso de sucumbência, responder por perdas e danos, o juiz designar-lhe-á o prazo de 15 (quinze) dias para requerer caução, real ou fidejussória, sob pena de ser depositada a coisa litigiosa, ressalvada a impossibilidade da parte economicamente hipossuficiente.

e) concedido ou não o mandado liminar de manutenção ou de reintegração, o autor promoverá, nos 5 (cinco) dias subsequentes, a citação do réu para, querendo, contestar a ação no prazo de 15 (quinze) dias.

205. **(MPE/RS/Promotor/2017)** Assinale com V (verdadeiro) ou com F (falso) as seguintes afirmações sobre o tema das ações de família, segundo o disposto no Código de Processo Civil.

I. nas ações de família, todos os esforços serão empreendidos para a solução consensual da controvérsia, devendo o juiz dispor do auxílio de profissionais de outras áreas de conhecimento para a mediação e conciliação.

II. a citação ocorrerá com antecedência mínima de 30 (trinta) dias da data designada para a audiência.

III. a citação será feita na pessoa do réu ou de seu advogado.

IV. nas ações de família, o Ministério Público somente intervirá quando houver interesse de incapaz e deverá ser ouvido previamente à homologação de acordo.

A sequência correta de preenchimento dos parênteses, de cima para baixo, é:

a) F, V, F, F.

b) V, F, F, V.

c) V, V, F, F.

d) F, F, V, V.

e) V, F, V, F.

206. **(FCC/PGE/MT/Procurador/2016)** A respeito dos procedimentos especiais, em conformidade com as disposições do novo Código de Processo Civil e a jurisprudência dominante dos Tribunais Superiores:

a) a imissão provisória na posse do imóvel objeto de desapropriação, caracterizada pela urgência, não prescinde de avaliação prévia ou de pagamento integral.

b) no litígio coletivo pela posse de imóvel, quando o esbulho afirmado na petição inicial tiver ocorrido há mais de ano e dia, o juiz somente poderá apreciar o pedido de liminar depois de designar audiência de mediação.

c) caso a Fazenda Pública seja ré em ação monitória e não apresente embargos após o mandado monitório, deverá imediatamente seguir o procedimento de execução contra a Fazenda Pública.

d) em ação de usucapião, o possuidor e os confinantes devem ser citados, pessoalmente ou por edital.

e) a ação monitória pode ser proposta com base em prova escrita sem eficácia de título executivo, desde que o documento tenha sido emitido pelo devedor ou nele conste sua assinatura.

207. **(Faurgs/TJ/RS/Juiz/2016)** Quincas, com base em simples prova oral documentada, propôs, em face da Fazenda Pública, ação monitória destinada à tutela específica de obrigação de não fazer, prevista em contrato administrativo. Isso posto, confrontando o sistema do Código de Processo Civil de 1973 com o do Novo Código de Processo Civil, instituído pela Lei n. 13.105/2015, assinale a alternativa incorreta:

a) em ambos os Códigos de Processo Civil, é possível o ajuizamento de ação monitória contra a Fazenda Pública.

b) o Código de 1973 não admite o ajuizamento de ação monitória para tutela de obrigação de fazer ou não fazer, ao passo que o Novo Código o admite expressamente.

c) nenhum dos dois Códigos admite o ajuizamento de ação monitória com base em prova oral documentada, exigindo-se a presença de prova escrita da obrigação.

d) no Código de 1973 e no Novo Código, o mandado liminar expedido pelo juiz tem natureza de tutela provisória antecipada, fundada na evidência do direito subjetivo.

e) no Código de 1973, cumprindo o réu o mandado no prazo legal, ficará isento de custas e honorários advocatícios, ao passo que, no Novo Código, o cumprimento no prazo legal acarreta apenas a isenção de custas.

208. **(UFMT/DPE/MT/Defensor/2016)** Em relação aos procedimentos de jurisdição voluntária no Código de Processo Civil (CPC/2015), assinale a afirmativa correta:

a) contra sentença prolatada em procedimentos de jurisdição voluntária não cabe recurso.

b) no procedimento da notificação e da interpelação, o juiz em qualquer caso irá ouvir o requerido antes do deferimento da notificação, podendo apresentar contestação escrita em quinze dias.

c) na ação de divórcio direto consensual, é obrigatória a realização de audiência de conciliação ou ratificação.

d) o tabelião somente lavrará a escritura pública de divórcio consensual se os interessados estiverem assistidos por advogado ou por Defensor Público, cuja qualificação e assinatura constarão do ato notarial.

e) o CPC/2015 não prevê o cabimento de separação consensual.

8. DO PROCESSO DE EXECUÇÃO

8.1. Da Execução em Geral

✱ SÚMULAS

1) Disposições Gerais

STJ **Súm. 196.** Ao executado que, citado por edital ou por hora certa, permanecer revel, será nomeado curador especial, com legitimidade para apresentação de embargos.

2) Das Partes

STJ Súm. 27. Pode a execução fundar-se em mais de um título extrajudicial relativos ao mesmo negócio.

STJ Súm. 268. O fiador que não integrou a relação processual na ação de despejo não responde pela execução do julgado.

3) Dos Requisitos Necessários para Realizar Qualquer Execução

STJ Súm. 233. O contrato de abertura de crédito, ainda que acompanhado de extrato da conta corrente, não é título executivo.

STJ Súm. 248. Comprovada a prestação dos serviços, a duplicata não aceita, mas protestada, é título hábil para instruir pedido de falência.

STJ Súm. 258. A nota promissória vinculada a contrato de abertura de crédito não goza de autonomia em razão da iliquidez do título que a originou.

STJ Súm. 300. O instrumento de confissão de dívida, ainda que originário de contrato de abertura de crédito, constitui título executivo.

4) Da Responsabilidade Patrimonial

STJ Súm. 375. O reconhecimento da fraude à execução depende do registro da penhora do bem alienado ou da prova de má-fé do terceiro adquirente.

* REPERCUSSÃO & REPETITIVOS

STJ Repetitivo 880. A partir da vigência da Lei 10.444/02, que incluiu o § 1º ao art. 604, dispositivo que foi sucedido, conforme Lei 11.232/05, pelo art. 475-B, §§ 1º e 2º (atual NCPC, art. 524), todos do CPC/73, não é mais imprescindível, para acertamento de cálculos, a juntada de documentos pela parte executada ou por terceiros, reputando-se correta a conta apresentada pelo exequente, quando a requisição judicial de tais documentos deixar de ser atendida, injustificadamente, depois de transcorrido o prazo legal. Assim, sob a égide do diploma legal citado, incide o lapso prescricional, pelo prazo respectivo da demanda de conhecimento (Súm. 150/STF), sem interrupção ou suspensão, não se podendo invocar qualquer demora na diligência para obtenção de fichas financeiras ou outros documentos perante a administração ou junto a terceiros. (REsp 1336026, 28.6.2017)

* ENUNCIADOS CJF

CJF Proc. Civil 86. As prestações vincendas até o efetivo cumprimento da obrigação incluem-se na execução de título executivo extrajudicial (arts. 323 e 318, parágrafo único, do CPC).

CJF Proc. Civil 97. A execução pode ser promovida apenas contra o titular do bem oferecido em garantia real, cabendo, nesse caso, somente a intimação de eventual coproprietário que não tenha outorgado a garantia.

CJF Proc. Civil 98. O art. 782, § 3º, do CPC não veda a possibilidade de o credor, ou mesmo o órgão de proteção ao crédito, fazer a inclusão extrajudicial do nome do executado em cadastros de inadimplentes.

CJF Proc. Civil 99. A inclusão do nome do executado em cadastros de inadimplentes poderá se dar na execução definitiva de título judicial ou extrajudicial.

CJF Proc. Civil 100. Interpreta-se a expressão condomínio edilício do art. 784, X, do CPC de forma a compreender tanto os condomínios verticais, quanto os horizontais de lotes, nos termos do art. 1.358-A do Código Civil.

CJF Proc. Civil 102. A falta de oposição dos embargos de terceiro preventivos no prazo do art. 792, § 4º, do CPC não impede a propositura dos embargos de terceiro repressivos no prazo do art. 675 do mesmo Código.

CJF Proc. Civil 148. A reiteração pelo exequente ou executado de matérias já preclusas pode ensejar a aplicação de multa por conduta contrária à boa-fé.

CJF Proc. Civil 149. A falta de averbação da pendência de processo ou da existência de hipoteca judiciária ou de constrição judicial sobre bem no registro de imóveis não impede que o exequente comprove a má-fé do terceiro que tenha adquirido a propriedade ou qualquer outro direito real sobre o bem.

CJF Proc. Civil 150. Aplicam-se ao direito de laje os arts. 791, 804 e 889, III, do CPC.

* INFORMATIVOS

STJ Anistia. Execução. Mandado de Segurança. Inclusão de correção monetária e juros de mora. Previsão no título executivo. Necessidade. Nos casos de anistia política, em sede de mandado de segurança, só é possível a inclusão de juros de mora e correção monetária na fase executiva quando houver decisão expressa nesse sentido. ExeMS 18.782, Rel. Min. Mauro Campbell Marques, DJ 3.10.2018. 1ª S. (Info 634)

STJ **Embargos à execução. Pequena propriedade rural trabalhada pela entidade familiar. Impenhorabilidade reconhecida. Executado que não reside no imóvel e débito que não se relaciona à atividade produtiva. Circunstâncias irrelevantes.** A impenhorabilidade da pequena propriedade rural não exige que o débito exequendo seja oriundo da atividade produtiva, tampouco que o imóvel sirva de moradia ao executado e à sua família. REsp 1.591.298, Rel. Min. Marco Aurélio Bellizze, DJ 21.11.2017. 3ª T. (Info 616)

STJ **Execução de título extrajudicial. Réu falecido antes do ajuizamento da ação. Habilitação, sucessão ou substituição processual. Desnecessidade. Ausência de citação válida. Emenda à inicial para correção do polo passivo. Faculdade. Pretensão dirigida ao espólio. Arts. 43, 265 e 1.055 do CPC/73.** É admissível a emenda à inicial, antes da citação, para a substituição de executado pelo seu espólio, em execução ajuizada em face de devedor falecido antes do ajuizamento da ação. REsp 1.559.791, Rel. Min. Nancy Andrighi, DJ 31.8.2018. 3ª T. (Info 632)

STJ **Execução de título extrajudicial. Contrato eletrônico de mútuo assinado digitalmente. Executividade. Ausência de testemunhas. Possibilidade.** O contrato eletrônico de mútuo com assinatura digital pode ser considerado título executivo extrajudicial. REsp 1.495.920, Rel. Min. Paulo de Tarso Sanseverino, DJ 7.6.2018. 3ª T. (Info 627)

* QUESTÕES OBJETIVAS

209. **(Cetro/TJ/RJ/Cartórios/Remoção/2017)** No que se refere aos dispositivos do NCPC (Novo Código de Processo Civil – Lei n. 13.105/2015) acerca dos procedimentos de execução, assinale a alternativa correta:

a) assim como no processo de conhecimento, a desistência no processo de execução passou a depender do consentimento do demandado para ser válida, independentemente da necessidade ou não de pagamento das custas e despesas processuais.

b) o exequente deverá ressarcir, nos autos do próprio processo, os danos causados ao executado, quando a sentença, transitada em julgado, declarar inexistente a obrigação que ensejou a execução.

c) depende de consentimento do executado a substituição processual do concessionário quando o direito resultante do título executivo lhe for transferido por ato entre vivos.

d) no NCPC, a eleição de foro prevalece sobre o domicílio do executado e local dos bens para efeito de determinação do local de trâmite do processo de execução.

e) de acordo com o NCPC, em vislumbrando a ocorrência de comportamento reprovável por alguma das partes, o juiz deverá, antes de aplicar sanção, advertir a parte infratora.

210. **(Consulplan/TJ/MG/Cartórios/Ingresso/2017)** Para possibilitar a penhora de dinheiro em depósito ou aplicação financeira, os tribunais dispõem de um sistema eletrônico que possibilita a realização da chamada "penhora on line". Analise as proposições abaixo:

I. a penhora em dinheiro é prioritária.

II. o juiz deverá, no prazo de 24 (vinte e quatro) horas, a contar da resposta quanto à ordem de bloqueio de valores, determinar o cancelamento de eventual indisponibilidade excessiva.

III. constitui ônus do executado comprovar que as quantias tornadas indisponíveis são impenhoráveis.

IV. a conversão da indisponibilidade em penhora somente se completa com a lavratura do correspondente termo de penhora, sem o qual a mesma não se considera realizada.

Está correto apenas o que se afirma em:

a) I, II e IV.

b) II, III e IV.

c) I, II e III.

d) I, III e IV.

211. **(Ieses/TJ/RO/Cartórios/Remoção/2017)** De acordo com as normas processuais vigentes podemos afirmar que são exemplos de títulos executivos judiciais:

I. as sentenças estrangeiras homologadas pelo Superior Tribunal de Justiça.

II. as decisões homologatórias de autocomposição judicial.

III. as sentenças penais condenatórias transitadas em julgado.

IV. as decisões proferidas no processo civil que reconheçam a exigibilidade de obrigação de pagar quantia, de fazer, de não fazer ou de entregar coisa.

A sequência correta é:

a) as assertivas I, II, III e IV estão corretas.

b) apenas as assertivas I e III estão corretas.

c) apenas a assertiva II está correta.

d) apenas as assertivas I, II, III estão corretas.

212. (MPE/RS/Promotor/2017) Assinale a alternativa incorreta sobre o tema da execução, segundo disposto no Código de Processo Civil:

a) considera-se atentatória à dignidade da justiça a conduta comissiva ou omissiva do executado que, intimado, não indica ao juiz quais são e onde estão os bens sujeitos à penhora e os respectivos valores, nem exibe prova de sua propriedade e, se for o caso, certidão negativa de ônus.

b) a execução pode ser promovida contra o responsável titular do bem vinculado por garantia real ao pagamento do débito.

c) se a execução tiver por objeto obrigação de que seja sujeito passivo o proprietário de terreno submetido ao regime do direito de superfície, ou o superficiário, responderá pela dívida, exclusivamente, o direito real do qual é titular o executado, recaindo a penhora ou outros atos de constrição exclusivamente sobre o terreno, no primeiro caso, ou sobre a construção ou a plantação, no segundo caso.

d) na execução de obrigação de fazer ou de não fazer fundada em título extrajudicial, ao despachar a inicial, o juiz fixará multa por período de atraso no cumprimento da obrigação e a data a partir da qual será devida.

e) a cobrança de multas ou de indenizações decorrentes de litigância de má-fé ou de prática de ato atentatório à dignidade da justiça será promovida em autos apartados.

8.2. Das Diversas Espécies de Execução

*** INOVAÇÕES LEGISLATIVAS**

▲ NCPC. Do Processo de Execução, Das Diversas Espécies de Execução, Disposições Gerais

▲ Art. 799. Incumbe ainda ao exequente: (...). X – requerer a intimação do titular da construção-base, bem como, se for o caso, do titular de lajes anteriores, quando a penhora recair sobre o direito real de laje; XI – requerer a intimação do titular das lajes, quando a penhora recair sobre a construção-base. (Modificações: Lei 13.465/17)

*** SÚMULAS**

1) Disposições Gerais

STF **Súm. 150.** Prescreve a execução no mesmo prazo de prescrição da ação.

STJ **Súm. 417.** Na execução civil, a penhora de dinheiro na ordem de nomeação de bens não tem caráter absoluto.

2) Da Execução das Obrigações de Fazer ou de não Fazer

STJ **Súm. 410.** A prévia intimação pessoal do devedor constitui condição necessária para a cobrança de multa pelo descumprimento de obrigação de fazer ou não fazer.

3) Da Execução por Quantia Certa

3.1) Disposições Gerais

STF **Súm. 458.** O processo da execução trabalhista não exclui a remição pelo executado.

3.2) Da Citação do Devedor e do Arresto

STJ **Súm. 375.** O reconhecimento da fraude à execução depende do registro da penhora do bem alienado ou da prova de má-fé do terceiro adquirente.

3.3) Da Penhora, do Depósito e da Avaliação

3.3.1) Do Objeto da Penhora

STJ **Súm. 328.** Na execução contra instituição financeira, é penhorável o numerário disponível, excluídas as reservas bancárias mantidas no Banco Central.

STJ **Súm. 364.** O conceito de impenhorabilidade de bem de família abrange também o imóvel pertencente a pessoas solteiras, separadas e viúvas.

STJ **Súm. 417.** Na execução civil, a penhora de dinheiro na ordem de nomeação de bens não tem caráter absoluto.

STJ **Súm. 449.** A vaga de garagem que possui matrícula própria no registro de imóveis não constitui bem de família para efeito de penhora.

STJ **Súm. 451.** É legítima a penhora da sede do estabelecimento comercial.

STJ **Súm. 486.** É impenhorável o único imóvel residencial do devedor que esteja locado a terceiros, desde que a renda obtida com a locação seja revertida para a subsistência ou a moradia da sua família.

STJ **Súm. 497.** Os créditos das autarquias federais preferem aos créditos da fazenda estadual desde que coexistam penhoras sobre o mesmo bem.

3.3.2) Da Documentação da Penhora, de seu Registro e do Depósito

STJ **Súm. 134.** Embora intimado da penhora em imóvel do casal, o cônjuge do executado pode opor embargos de terceiro para defesa de sua meação.

STJ Súm. 319. O encargo de depositário de bens penhorados pode ser expressamente recusado.

3.3.3) Do Lugar de Realização da Penhora

STJ Súm. 375. O reconhecimento da fraude à execução depende do registro da penhora do bem alienado ou da prova de má-fé do terceiro adquirente.

3.3.4) Da Modificações da Penhora

STJ Súm. 406. A Fazenda Pública pode recusar a substituição do bem penhorado por precatório.

3.4) Da Expropriação de Bens

STJ Súm. 121. Na execução fiscal, o devedor deverá ser intimado, pessoalmente, do dia e hora da realização do leilão.

STJ Súm. 128. Na execução fiscal, haverá segundo leilão se, no primeiro, não houver lanço superior à avaliação.

3.5) Da Satisfação do Crédito

STJ Súm. 270. O protesto pela preferência de crédito, apresentado por ente federal em execução que tramita na justiça estadual, não desloca a competência para a justiça federal.

4) Da Execução contra a Fazenda Pública

STF Súm. Vinculante 17. Durante o período previsto no parágrafo 1º do artigo 100 da Constituição, não incidem juros de mora sobre os precatórios que nele sejam pagos.

STF Súm. Vinculante 47. Os honorários advocatícios incluídos na condenação ou destacados do montante principal devido ao credor consubstanciam verba de natureza alimentar cuja satisfação ocorrerá com a expedição de precatório ou requisição de pequeno valor, observada ordem especial restrita aos créditos dessa natureza.

STF Súm. 655. A exceção prevista no art. 100, caput, da Constituição, em favor dos créditos de natureza alimentícia, não dispensa a expedição de precatório, limitando-se a isentá-los da observância da ordem cronológica dos precatórios decorrentes de condenações de outra natureza.

STJ Súm. 144. Os créditos de natureza alimentícia gozam de preferência, desvinculados os precatórios da ordem cronológica dos créditos de natureza diversa.

STJ Súm. 279. É cabível execução por título extrajudicial contra a Fazenda Pública.

STJ Súm. 311. Os atos do Presidente do Tribunal que disponham sobre processamento e pagamento de precatório não têm caráter jurisdicional.

* REPERCUSSÃO & REPETITIVOS

STF Repercussão Geral 45. A execução provisória de obrigação de fazer em face da Fazenda Pública não atrai o regime constitucional dos precatórios. (RE 573872, 24.5.2017)

STJ Repetitivo 889. A sentença, qualquer que seja sua natureza, de procedência ou improcedência do pedido, constitui título executivo judicial, desde que estabeleça obrigação de pagar quantia, de fazer, não fazer ou entregar coisa, admitida sua prévia liquidação e execução nos próprios autos. (REsp 1324152, 4.5.2016)

STJ Repetitivo 913. I. A cota de fundo de investimento não se subsume à ordem de preferência legal disposta no inciso I do art. 655 do CPC/73 (ou no inciso I do art. 835 do NCPC). II. A recusa da nomeação à penhora de cotas de fundo de investimento, reputada legítima a partir das particularidades de cada caso concreto, não encerra, em si, excessiva onerosidade ao devedor, violação do recolhimento dos depósitos compulsórios e voluntários do Banco Central do Brasil ou afronta à impenhorabilidade das reservas obrigatórias. (REsp 1388642, 3.8.2016)

* ENUNCIADOS CJF

CJF Proc. Civil 103. Pode o exequente – em execução de obrigação de fazer fungível, decorrente do inadimplemento relativo, voluntário e inescusável do executado – requerer a satisfação da obrigação por terceiro, cumuladamente ou não com perdas e danos, considerando que o caput do art. 816 do CPC não derrogou o caput do art. 249 do Código Civil.

CJF Proc. Civil 104. O fornecimento de certidão para fins de averbação premonitória (art. 799, IX, do CPC) independe de prévio despacho ou autorização do juiz.

CJF Proc. Civil 105. As hipóteses de penhora do art. 833, § 2º, do CPC aplicam-se ao cumprimento da sentença ou à execução de título extrajudicial relativo a honorários advocatícios, em razão de sua natureza alimentar.

CJF Proc. Civil 106. Na expropriação, a apropriação de frutos e rendimentos poderá ser priorizada em relação à adjudicação, se não prejudicar o exequente e for mais favorável ao executado.

CJF **Proc. Civil 150.** Aplicam-se ao direito de laje os arts. 791, 804 e 889, III, do CPC.

CJF **Proc. Civil 151.** O legitimado pode remir a execução até a lavratura do auto de adjudicação ou de alienação (CPC, art. 826).

CJF **Proc. Civil 152.** O pacto de impenhorabilidade (arts. 190, 200 e 833, I) produz efeitos entre as partes, não alcançando terceiros.

CJF **Proc. Civil 153.** A penhorabilidade dos bens, observados os critérios do art. 190 do CPC, pode ser objeto de convenção processual das partes.

CJF **Proc. Civil 154.** O exequente deve providenciar a intimação do coproprietário no caso da penhora de bem indivisível ou de direito real sobre bem indivisível.

CJF **Proc. Civil 155.** A penhora a que alude o art. 860 do CPC poderá recair sobre direito litigioso ainda não reconhecido por decisão transitada em julgado.

CJF **Proc. Civil 156.** O decurso de tempo entre a avaliação do bem penhorado e a sua alienação não importa, por si só, nova avaliação, a qual deve ser realizada se houver, nos autos, indícios de que houve majoração ou diminuição no valor.

CJF **Proc. Civil 157.** No leilão eletrônico, a proposta de pagamento parcelado (art. 895 do CPC), observado o valor mínimo fixado pelo juiz, deverá ser apresentada até o início do leilão, nos termos do art. 886, IV, do CPC.

CJF **Proc. Civil 158.** A sentença de rejeição dos embargos à execução opostos pela Fazenda Pública não está sujeita à remessa necessária.

* INFORMATIVOS

STJ **Execução de título extrajudicial. Medidas coercitivas atípicas. NCPC. Retenção de passaporte. Coação à liberdade de locomoção. Ilegalidade.** Revela-se ilegal e arbitrária a medida coercitiva de retenção do passaporte em decisão judicial não fundamentada e que não observou o contraditório, proferida no bojo de execução por título extrajudicial. RHC 97.876, Rel. Min. Luis Felipe Salomão, DJ 9.8.2018. 4ª T. (Info 631)

STJ **Execução. Fazenda Pública credora. Medidas expropriatórias. Arts. 647 e 685-C do CPC/73. Adjudicação do bem. Alienação particular. Desinteresse da parte exequente. Hasta pública. Possibilidade.** Manifestado o desinteresse da parte exequente na adjudicação e na alienação particular do imóvel penhorado (arts. 647, I e II e 685-C do CPC/73), poderá ela, desde logo, requerer sua alienação em hasta pública. REsp 1.312.509, Rel. Min. Sérgio Kukina, DJ 14.12.2017. 1ª T. (Info 617)

STJ **Seguro de vida. Indenização. Natureza alimentar. Impenhorabilidade. 40 salários mínimos. Limitação. Aplicação analógica do art. 649, X, do CPC/73.** A impenhorabilidade dos valores recebidos pelo beneficiário do seguro de vida limita-se ao montante de 40 salários mínimos. REsp 1.361.354, Rel. Min. Ricardo Villas Bôas Cueva, DJ 25.6.2018. 3ª T. (Info 628)

STJ **Bem de família. Garantia real hipotecária. Proprietários do imóvel e únicos sócios da Pessoa Jurídica devedora. Proveito revertido em benefício da entidade familiar. Presunção. Impenhorabilidade. Exceção.** É possível a penhora de bem de família dado em garantia hipotecária pelo casal quando os cônjuges forem os únicos sócios da pessoa jurídica devedora. EAREsp 848.498, Rel. Min. Luis Felipe Salomão, DJ 7.6.2018. 2ª S. (Info 627)

STJ **Execução de título extrajudicial. Mensalidades escolares. Dívidas contraídas em nome dos filhos da executada. Ausência de bens em nome da mãe para a satisfação do débito. Pretensão de inclusão do pai na relação jurídica processual. Possibilidade. Sustento e manutenção do menor matriculado em ensino regular. Responsável solidário. Legitimidade extraordinária.** A execução de título extrajudicial por inadimplemento de mensalidades escolares de filhos do casal pode ser redirecionada ao outro consorte, ainda que não esteja nominado nos instrumentos contratuais que deram origem à dívida. REsp 1.472.316, Rel. Min. Paulo de Tarso Sanseverino, DJ 18.12.2017. 3ª T. (Info 618)

STJ **Execução de alimentos. Obrigação fixada em pecúnia. Abatimento de prestação "in natura". Possibilidade. Princípio da incompensabilidade dos alimentos. Mitigação.** É possível, em sede de execução de alimentos, a dedução na pensão alimentícia fixada exclusivamente em pecúnia das despesas pagas "in natura", com o consentimento do credor, referentes a aluguel, condomínio e IPTU do imóvel onde residia o exequente. REsp 1.501.992, Rel. Min. Paulo de Tarso Sanseverino, DJ 20.4.2018. 3ª T. (Info 624)

STJ **Prisão por dívida de alimentos. Execução iniciada na vigência do CPC/73. Aplicação imediata do art. 528, § 7º, do CPC/15. Possibilidade.** É possível a aplicação imediata do art. 528, § 7º, do CPC/15 em execução de alimentos iniciada e processada, em parte, na vigência do CPC/73. RHC 92.211, Rel. Min. Nancy Andrighi, DJ 2.3.2018. 3ª T. (Info 621)

STJ **Prisão civil por alimentos. Obrigação alimentar avoenga. Natureza complementar e subsidiária. Existência de meios executivos e técnicas mais adequadas. Desnecessidade da medida coativa extrema.** Havendo meios executivos mais adequados e igualmente eficazes para a satisfação da dívida alimentar dos avós, é admissível a conversão da execução para o rito da penhora e da expropriação, a fim de afastar o decreto prisional em desfavor dos executados. HC 416.886, Rel. Min. Nancy Andrighi, DJ 18.12.2017. 3ª T. (Info 617)

✱ QUESTÕES OBJETIVAS

213. (Ieses/TJ/AM/Cartórios/Remoção/2018) São títulos executivos extrajudiciais:

I. a escritura pública ou outro documento público assinado pelo devedor.

II. o contrato de seguro de vida em caso de morte.

III. o crédito decorrente de foro e laudêmio.

IV. a certidão expedida por serventia notarial ou de registro relativa a valores de emolumentos e demais despesas devidas pelos atos por ela praticados, fixados nas tabelas estabelecidas em lei.

A sequência correta é:

a) apenas as assertivas II e III estão incorretas.

b) apenas a assertiva IV está incorreta.

c) as assertivas I, II, III e IV estão corretas.

d) apenas as assertivas II e IV estão corretas.

214. (Consulplan/TJ/MG/Cartórios/Remoção/2018) Sobre a arrematação, de acordo com as regras do novo Código de Processo Civil, é correto afirmar que:

a) o devedor responderá pela evicção ainda que a aquisição se tenha realizado em hasta pública.

b) expedida a carta de arrematação, com a transferência de domínio mediante o registro, torna-se impossibilitado o desfazimento da arrematação pela parte interessada.

c) será declarada ineficaz na hipótese de não ter sido o credor hipotecário intimado do leilão do imóvel dado em garantia, ocasião em que sub-rogará sua preferência no preço pago pelo arrematante.

d) o credor exequente não pode concorrer na arrematação já que, em sendo legitimado para, previamente adjudicar o bem penhorado, tem pelo instituto da "supressio" a preclusão do uso daquela outra forma expropriatória.

215. (Consulplan/TJ/MG/Cartórios/Ingresso/2016) Referentemente à arrematação, assinale a afirmação incorreta:

a) se o arrematante ou seu fiador não pagar o preço no prazo estabelecido, o juiz impor-lhe-á, em favor do exequente, a perda da caução, voltando os bens a novo leilão, do qual não serão admitidos a participar o arrematante e o fiador remissos.

b) o fiador do arrematante que pagar o valor do lance e a multa poderá exercitar a jurisdição para efeito de ver-se restituído do valor que desembolsou em favor do afiançado.

c) será suspensa a arrematação logo que o produto da alienação dos bens for suficiente para o pagamento do credor e para a satisfação das despesas da execução.

d) o leilão prosseguirá no dia útil imediato, à mesma hora em que teve início, independentemente de novo edital, se for ultrapassado o horário de expediente forense.

216. (FMP/TJ/MT/Cartórios/Remoção/2014) Milanor teve decretada contra si a medida assecuratória de arresto de bens móveis de origem lícita, nos termos em que é facultada a hipoteca legal de imóveis, com o fim de dar conta ao ressarcimento patrimonial da vítima de processo crime. Em face desse fato, assinale a afirmativa correta:

a) não alcançado o valor estipulado pela administração judicial no primeiro leilão, um novo leilão será realizado em até dez dias contados da realização do primeiro.

b) o arrematante de veículo ficará livre do pagamento de multas existentes e encargos, devendo apenas saldar tributos anteriormente vencidos.

c) quando se tratar de moeda estrangeira, o juiz determinará a conversão do numerário apreendido em moeda nacional corrente e o depósito provisório das correspondentes quantias em conta pessoal da vítima.

d) o leilão far-se-á preferencialmente na modalidade presencial e apenas de forma excepcional por meio eletrônico.

e) o valor dos títulos da dívida pública terão como cotação a oficial do mês em que se der o leilão.

217. (Vunesp/TJ/SP/Cartórios/Ingresso/2014) Assinale a alternativa correta:

a) a averbação da penhora de bens imóveis não gera presunção absoluta de seu conhecimento por terceiros.

b) em nenhuma hipótese será determinada a alienação antecipada dos bens penhorados.

c) tratando-se de penhora em bem indivisível, a meação do cônjuge alheio à execução recairá sobre o produto da alienação do bem.

d) não se efetuará a penhora quando os bens do devedor se encontrarem sob a posse, detenção ou guarda de terceiros.

218. **(Consulplan/TJ/MG/Cartórios/Ingresso/2017)** A adjudicação é uma forma indireta de satisfação do crédito do exequente, que se realiza pela transferência do bem penhorado para o credor. A esse respeito, analise as afirmações que seguem:

I. requerida a adjudicação, o executado será intimado para manifestar-se.

II. é licito a terceiros, oferecendo preço não inferior ao valor da avaliação, requerer que lhe sejam adjudicados os bens penhorados.

III. se houver mais de um pretendente à adjudicação, proceder-se-á a licitação entre eles.

IV. considera-se perfeita e acabada a adjudicação com a lavratura e assinatura do auto pelo juiz, pelo adjudicatário, pelo escrivão e, se estiver presente, pelo executado.

Está correto o que se afirma em:

a) I, II e III, apenas.

b) I, III e IV, apenas.

c) II, III e IV, apenas.

d) I, II, III e IV.

219. **(Consulplan/TJ/MG/Cartórios/Remoção/2017)** Sobre a penhora de frutos e rendimentos de coisa imóvel, assinale a afirmação correta:

a) ordenada a penhora de frutos e rendimentos, o juiz nomeará administrador-depositário, permanecendo o executado com o direito de gozo do bem.

b) o exequente providenciará a averbação no ofício imobiliário mediante a apresentação de certidão de inteiro teor do ato, independentemente de mandado judicial.

c) a penhora terá eficácia perante terceiros com a simples publicação da decisão que a conceda, sendo desnecessária a averbação no ofício imobiliário.

d) o juiz jamais poderá nomear como administrador-depositário o próprio exequente, sob pena de ferir o princípio da isonomia e do tratamento igualitário das partes.

220. **(Consulplan/TJ/MG/Cartórios/Remoção/2017)** Com relação à alienação em leilão judicial, assinale a única afirmativa correta:

a) a alienação será realizada através de leilão judicial, ainda que o exequente requeira a adjudicação do bem penhorado.

b) havendo necessidade de leilão presencial, o local será indicado pelo exequente.

c) há preferência pela alienação por meio eletrônico.

d) caberá ao juiz a designação do leiloeiro público, que não poderá ser indicado pelo exequente.

221. **(Consulplan/TJ/MG/Cartórios/Remoção/2017)** Relativamente à execução contra a Fazenda Pública, todas as assertivas abaixo estão corretas, exceto:

a) a Fazenda Pública será citada para opor embargos no prazo de 15 (quinze) dias.

b) não opostos embargos ou transitada em julgado a decisão que os rejeitar expedir-se-á precatório ou RPV – Requisição de Pequeno Valor, nos termos do art. 100, da Constituição da República.

c) nos embargos, poderá ser alegada qualquer matéria que seria lícito deduzir como defesa no processo de conhecimento.

d) aplica-se, no que couber, as disposições atinentes ao cumprimento de sentença que reconheça a exigibilidade de obrigação de pagar quantia certa pela Fazenda Pública.

8.3. Dos Embargos à Execução

✱ SÚMULAS

STJ **Súm. 46.** Na execução por carta, os embargos do devedor serão decididos no juízo deprecante, salvo se versarem unicamente vícios ou defeitos da penhora, avaliação ou alienação dos bens.

✱ REPERCUSSÃO & REPETITIVOS

CJF **Proc. Civil 158.** A sentença de rejeição dos embargos à execução opostos pela Fazenda Pública não está sujeita à remessa necessária.

✱ QUESTÕES DISCURSIVAS

07. **(Consulplan/TJ/MG/Cartórios/Ingresso/2015)** À luz do CPC/15, estabeleça a situação em que poderá ser atribuído efeito suspensivo aos embargos à execução pelo juiz de primeiro grau.

✱ QUESTÕES OBJETIVAS

222. **(Consulplan/TJ/MG/Cartórios/Remoção/2017)** Sobre os embargos à execução, analise as seguintes assertivas:

I. quando houver mais de um executado, o prazo para cada um deles embargar conta-se a partir da juntada do respectivo comprovante de citação, salvo no caso de cônjuges ou companheiros, quando será contado a partir da juntada do último.

II. na execução por carta precatória, os embargos somente podem ser oferecidos no juízo deprecado.

III. somente após o juízo estar garantido por penhora, depósito ou caução, o executado poderá opor embargos.

IV. existe a possibilidade do executado pagar seu débito de forma parcelada, devendo o juiz ouvir o exequente antes de decidir.

Está correto apenas o que se afirma em:

a) I, II e IV.

b) I e IV.

c) I, II e III.

d) I e III.

8.4. Da Suspensão e da Extinção do Processo de Execução

✱ QUESTÕES OBJETIVAS

223. **(TRT/4R/Juiz/2016)** Assinale a assertiva correta sobre a suspensão do processo de execução.

I. suspende-se a execução se a alienação dos bens penhorados não se realizar por falta de licitantes e o exequente, em quinze dias, não requerer a adjudicação nem indicar outros bens penhoráveis.

II. o direito subjetivo de o executado pagar parceladamente a dívida, desde que a reconheça e preencha os requisitos legais, não configura hipótese de suspensão do processo de execução.

III. o Juiz suspenderá a execução pelo prazo de um ano quando o executado não possuir bens penhoráveis, hipótese em que ter-se-á igualmente por suspensa a prescrição.

Quais são corretas?

a) apenas I.

b) apenas II.

c) apenas III.

d) apenas I e III.

e) I, II e III.

9. DOS PROCESSOS NOS TRIBUNAIS E DOS MEIOS DE IMPUGNAÇÃO DAS DECISÕES JUDICIAIS

9.1. Da Ordem dos Processos e dos Processos de Competência Originária dos Tribunais

9.1.1. Disposições Gerais

✱ INFORMATIVOS

STJ Incidente de uniformização de jurisprudência. CPC/73. Ausência de previsão no CPC/15. Divergência entre Turmas de Seções diversas. Afetação do feito à Corte Especial. Art. 16 do RISTJ. Em se tratando de incidente de uniformização de jurisprudência suscitado no STJ durante a vigência do CPC/73, para resolver divergência entre Turmas componentes de Seções diversas, torna-se conveniente a afetação do feito à Corte Especial, nos termos do art. 16 do RISTJ. IUJur no CC 144.433, Rel. Min. Marco Aurélio Bellizze, DJ 22.3.2018. 2ª S. (Info 622)

✱ QUESTÕES OBJETIVAS

224. **(TRF/4R/Juiz/2016)** Considerando o Código de Processo Civil de 2015:

I. o Código é marcado pelos princípios do contraditório permanente e obrigatório, da cooperação, do máximo aproveitamento dos atos processuais, da primazia do julgamento de mérito e da excepcionalidade dos recursos intermediários, entre outros.

II. o Código busca a segurança jurídica e a isonomia, reforçando o sistema de precedentes ("stare decisis") e estabelecendo como regra, no plano vertical, a observância dos precedentes e da jurisprudência e, no plano horizontal, a estabilidade, a integridade e a coerência da jurisprudência.

III. a distinção ("distinguishing"), a superação ("overruling") e a superação para a frente, mediante modulação dos efeitos ("prospective overruling"), são técnicas de adequação do sistema de precedentes às alterações interpretativas da norma e às circunstâncias factuais postas sob exame dos juízes e dos tribunais.

IV. paralelamente à proteção da segurança jurídica, a necessidade de evolução da hermenêutica exige que apenas súmulas, vinculantes ou não, sejam consideradas parâmetros para aplicação do sistema de precedentes, sob pena de se imobilizar a exegese das normas:

a) estão corretas apenas as assertivas I e II.
b) estão corretas apenas as assertivas I, II e III.
c) estão corretas apenas as assertivas II, III e IV.
d) estão corretas todas as assertivas.
e) nenhuma assertiva está correta.

9.1.2. Da Ordem dos Processos no Tribunal

*** SÚMULAS**

STJ **Súm. 253.** O art. 557 do CPC, que autoriza o relator a decidir o recurso, alcança o reexame necessário.

*** ENUNCIADOS CJF**

CJF **Proc. Civil 60.** É direito das partes a manifestação por escrito, no prazo de cinco dias, sobre fato superveniente ou questão de ofício na hipótese do art. 933, § 1º, do CPC, ressalvada a concordância expressa com a forma oral em sessão.

CJF **Proc. Civil 61.** Deve ser franqueado às partes sustentar oralmente as suas razões, na forma e pelo prazo previsto no art. 937, caput, do CPC, no agravo de instrumento que impugne decisão de resolução parcial de mérito (art. 356, § 5º, do CPC).

CJF **Proc. Civil 63.** A técnica de que trata o art. 942, § 3º, I, do CPC aplica-se à hipótese de rescisão parcial do julgado.

CJF **Proc. Civil 66.** Admite-se a correção da falta de comprovação do feriado local ou da suspensão do expediente forense, posteriormente à interposição do recurso, com fundamento no art. 932, parágrafo único, do CPC.

CJF **Proc. Civil 137.** Se o recurso do qual se originou a decisão embargada comportou a aplicação da técnica do art. 942 do CPC, os declaratórios eventualmente opostos serão julgados com a composição ampliada.

*** QUESTÕES OBJETIVAS**

225. **(MPE/GO/Promotor/2016)** A técnica de julgamento substitutiva dos embargos infringentes tem aplicação no julgamento não unânime de:

a) incidente de assunção de competência.
b) remessa necessária.
c) ação rescisória, quando o resultado for a manutenção da sentença.
d) agravo de instrumento, quando houver reforma da decisão que julgar parcialmente o mérito.

226. **(Vunesp/TJM/SP/Juiz/2016)** Considere o seguinte caso hipotético. Simprônio, Major da Polícia Militar, moveu ação indenizatória alegando danos morais e perdas e danos por não ter sido promovido ao posto superior no concurso de promoção, alegando que a promoção teria sido impedida em razão da existência de processo de cobrança ajuizada em face do mesmo, quando na realidade tratava-se de homônimo. A ação foi julgada procedente quanto ao pedido de danos morais, tendo sido fixada indenização no montante de R$ 30.000,00. Interposto recurso pela Fazenda do Estado, dois julgadores votaram dando provimento ao recurso do réu para julgar a ação improcedente porque o autor não teria comprovado que a dívida seria de homônimo, enquanto o terceiro desembargador deu provimento ao recurso entendendo que a ação seria improcedente em razão de prescrição da pretensão. Assinale a alternativa correta, nos termos do Código de Processo Civil vigente:

a) os julgadores que já tiverem votado, ocorrendo o novo julgamento na mesma sessão, não poderão rever seus votos, pois como ocorre prosseguimento do julgamento, somente serão colhidos os votos dos novos integrantes convocados para a sessão.
b) o julgamento deve ter prosseguimento em sessão a ser designada com a presença de outros julgadores ou na mesma sessão, colhendo-se os votos de outros julgadores que porventura componham o órgão colegiado, pois o julgamento não foi unânime quanto ao fundamento da improcedência.
c) o julgamento deve ser encerrado, não se aplicando a técnica de prosseguimento do julgamento, pois, embora com fundamentos diversos, foi dado provimento ao recurso da Fazenda do Estado em decisão unânime.
d) se o recurso interposto fosse de agravo de instrumento por decisão parcial de mérito, caberia a aplicação da técnica de prosseguimento do julgamento, pois houve julgamento divergente na fundamentação, fazendo-se necessário o

prosseguimento da sessão para colheita de voto de outros julgadores.

e) seria possível o prosseguimento do julgamento em razão de julgamento não unânime mesmo se o julgamento tivesse sido proferido somente em razão de remessa necessária.

227. (TRT/4R/Juiz/2016) A técnica de julgamento ampliado aplica-se:

a) ao julgamento do recurso de apelação, desde que o resultado não seja unânime, bem como ao julgamento do recurso de agravo de instrumento, quando houver reforma de decisão que julgar parcialmente o mérito, em resultado não unânime.

b) ao julgamento do recurso de apelação, desde que o resultado não seja unânime e reforme a sentença de mérito.

c) ao julgamento do recurso de apelação, desde que o resultado não seja unânime, bem como ao julgamento do recurso de agravo de instrumento, quando houver reforma de decisão que julgar parcialmente o mérito, sem que exista necessidade de julgamento não unânime.

d) apenas ao julgamento do recurso de apelação, desde que o resultado não seja unânime.

e) aos casos de julgamento de remessa necessária.

9.1.3. Dos Incidentes (IAC, IAI, IRDR)

✱ SÚMULAS

STF Súm. Vinculante 10. Viola a cláusula de reserva de plenário (CF, art. 97) a decisão de órgão fracionário de tribunal que, embora não declare expressamente a inconstitucionalidade de lei ou ato normativo do Poder Público, afasta a sua incidência no todo ou em parte.

✱ REPERCUSSÃO & REPETITIVOS

STF Repercussão Geral 739. É nula a decisão de órgão fracionário que se recusa a aplicar o art. 94, II, da Lei 9.472/97, sem observar a cláusula de reserva de Plenário (CF, art. 97), observado o art. 949 do NCPC. (ARE 791932, 11.10.2018)

✱ ENUNCIADOS CJF

1) Do Incidente de Assunção de Competência

CJF Proc. Civil 65. A desistência do recurso pela parte não impede a análise da questão objeto do incidente de assunção de competência.

CJF Proc. Civil 135. É admissível a concessão de tutela da evidência fundada em tese firmada em incidente de assunção de competência.

CJF Proc. Civil 136. A caução exigível em cumprimento provisório de sentença poderá ser dispensada se o julgado a ser cumprido estiver em consonância com tese firmada em incidente de assunção de competência.

CJF Proc. Civil 141. É possível a conversão de Incidente de Assunção de Competência em Incidente de Resolução de Demandas Repetitivas, se demonstrada a efetiva repetição de processos em que se discute a mesma questão de direito.

2) Do Incidente de Resolução de Demandas Repetitivas

CJF Proc. Civil 107. Não se aplica a suspensão do art. 982, I, do CPC ao cumprimento de sentença anteriormente transitada em julgado e que tenha decidido questão objeto de posterior incidente de resolução de demandas repetitivas.

CJF Proc. Civil 140. A suspensão de processos pendentes, individuais ou coletivos, que tramitam no Estado ou na região prevista no art. 982, I, do CPC não é decorrência automática e necessária da admissão do IRDR, competindo ao relator ou ao colegiado decidir acerca da sua conveniência.

CJF Proc. Civil 141. É possível a conversão de Incidente de Assunção de Competência em Incidente de Resolução de Demandas Repetitivas, se demonstrada a efetiva repetição de processos em que se discute a mesma questão de direito.

CJF Proc. Civil 142. Determinada a suspensão decorrente da admissão do IRDR (art. 982, I), a alegação de distinção entre a questão jurídica versada em uma demanda em curso e aquela a ser julgada no incidente será veiculada por meio do requerimento previsto no art. 1.037, §10.

CJF Proc. Civil 143. A revisão da tese jurídica firmada no incidente de resolução de demandas repetitivas pode ser feita pelas partes, nos termos do art. 977, II, do CPC/2015.

✱ QUESTÕES OBJETIVAS

228. (Consulplan/TJ/MG/Cartórios/Ingresso/2017) Uma das mais profundas modificações advindas como CPC/2015 foi o Incidente de Resolução de Demandas Repetitivas – IRDR, que quer viabilizar uma verdadeira concentração de processos que versem sobre uma mesma questão de direito no âmbito dos tribunais e permitir que a decisão nele proferida vincule todos os demais casos que estejam sob a competência territorial do órgão julgador. Sobre o IRDR, só não é correto afirmar:

a) o pedido de instauração do IRDR será dirigido ao Presidente do Tribunal.

b) após a distribuição, o juízo de admissibilidade será exercitado pelo órgão colegiado competente para julgar o IRDR, e não somente pelo relator sorteado.

c) do julgamento do mérito do IRDR caberá recurso extraordinário ou especial, conforme o caso.

d) a desistência ou o abandono do processo impede o exame do mérito do incidente.

229. **(UFMT/DPE/MT/Defensor/2016)** Acerca dos precedentes no Código de Processo Civil (CPC/2015), marque V para as afirmativas verdadeiras e F para as falsas.

I. autorizam o julgamento de improcedência liminar do pedido: os enunciados de súmula do Supremo Tribunal Federal e do Superior Tribunal de Justiça, acórdãos proferidos pelo Superior Tribunal de Justiça e Supremo Tribunal Federal em julgamento de recursos repetitivos, entendimento firmado em incidente de resolução de demandas repetitivas ou de assunção de competência e enunciado de súmula de Tribunal de Justiça sobre direito local.

II. caberá reclamação da parte interessada ou do Ministério Público para garantir a observância de enunciado de súmula vinculante, de decisão do Supremo Tribunal Federal em controle concentrado de constitucionalidade, de acórdão proferido em julgamento de incidente de resolução de demandas repetitivas ou de incidente de assunção de competência.

III. nos Tribunais, poderá o relator negar provimento a recurso que for contrário à súmula do Supremo Tribunal Federal, do Superior Tribunal de Justiça ou do próprio tribunal, acórdão proferido pelo Supremo Tribunal Federal ou pelo Superior Tribunal de Justiça em julgamento de recursos repetitivos e entendimento firmado em incidente de resolução de demandas repetitivas ou de assunção de competência.

IV. os órgãos fracionários dos tribunais não submeterão ao plenário ou ao órgão especial a arguição de inconstitucionalidade quando já houver pronunciamento do Supremo Tribunal Federal, do Superior Tribunal de Justiça, do próprio tribunal ou acórdão proferido em incidente de resolução de demandas repetitivas ou de assunção de competência.

V. a reclamação poderá ter como objeto sentença, quando for destinada a garantir a observância de acórdão proferido em julgamento de recursos extraordinário ou especial repetitivos.

Assinale a sequência correta:

a) F, V, F, V, F.

b) F, F, V, F, F.

c) V, F, V, V, V.

d) V, F, F, V, V.

e) V, V, V, F, F.

230. **(Fundep/MPE/MG/Promotor/2017)** Sobre o incidente de resolução de demandas repetitivas, assinale a alternativa correta:

a) é cabível a instauração do incidente de resolução de demandas repetitivas quando houver, simultaneamente, a efetiva repetição de processos que contenham controvérsia sobre a mesma questão de fato e de direito e ainda risco de ofensa à isonomia e à segurança jurídica.

b) se não for o requerente, o Ministério Público intervirá obrigatoriamente no incidente e deverá assumir a titularidade somente no caso de abandono.

c) é incabível o incidente de resolução de repetitivas quando um dos tribunais superiores, no âmbito de sua respetiva competência, já tiver afetado recurso para definição de tese sobre questão de direito material ou processual repetitiva.

d) são devidas custas processuais no incidente de resolução de demandas repetitivas.

231. **(MPE/PR/Promotor/2016)** Sobre a ordem dos processos nos tribunais, assinale a alternativa correta:

a) quando o resultado da apelação não for unânime e houver alteração da decisão recorrida, haverá ampliação do quórum de julgamento em número suficiente para garantir a possibilidade de inversão do resultado inicial.

b) o incidente de assunção de competência pode ser suscitado quando o próprio tribunal verificar a repetição de causas com grande repercussão econômica.

c) o incidente de assunção de competência é a via adequada para a definição do juízo competente para o julgamento de uma determinada causa.

d) são requisitos para a instauração do incidente de resolução de demandas repetitivas a efetiva repetição de processos que contenham controvérsia sobre a mesma questão unicamente de direito e risco de ofensa à isonomia e à segurança jurídica.

e) a uniformização de jurisprudência, prevista pelo Código de Processo Civil, deve ocorrer apenas nos chamados processos objetivos em que o controle de constitucionalidade é abstrato e concentrado.

232. **(MPE/SC/Promotor/2016)** O novo Código de Processo Civil instituiu o incidente de resolução de demandas repetitivas, que consiste na identificação de processos que contenham a mesma questão de direito, a ser instaurado perante os tribunais de segunda instância, em pedido dirigido ao presidente do respectivo tribunal, que reunirá todos os processos conexos, em legítima supressão de instância, para dar-lhes solução uniforme dentro dos limites da competência territorial do tribunal.

233. **(MPE/SC/Promotor/2016)** No Código de Defesa do Consumidor adotou-se o sistema chamado "opt-in", segundo o qual a suspensão de processos individuais diante de ação coletiva é sempre voluntária, dependendo da avaliação de conveniência e de requerimento do autor da ação individual. Na mesma sistemática, o Novo Código de Processo Civil manteve a autonomia da ação individual em relação à ação coletiva, bastando, apenas, a opção do autor para que o processo individual mantenha seu curso, mesmo em havendo instauração do incidente de resolução de demandas repetitivas ou julgamento de recursos extraordinário e especial repetitivo.

9.1.4. Do Conflito de Competência

✱ SÚMULAS

STJ **Súm. 59.** Não há conflito de competência se já existe sentença com trânsito em julgado, proferida por um dos juízos conflitantes.

9.1.5. Da Homologação de Decisão Estrangeira

✱ SÚMULAS

STF **Súm. 381.** Não se homologa sentença de divórcio obtida por procuração, em país de que os cônjuges não eram nacionais.

STF **Súm. 420.** Não se homologa sentença proferida no estrangeiro sem prova do trânsito em julgado.

✱ INFORMATIVOS

STJ **Acórdão estrangeiro. Homologação. Ausência de jurisdição brasileira e de interesse de agir. Extinção do processo sem resolução do mérito.** A ausência de jurisdição brasileira conduz necessariamente à falta de interesse processual na homologação de provimento estrangeiro. SEC 8.542, Rel. Min. Luis Felipe Salomão, DJ 15.3.2018. Corte Especial. (Info 621)

STJ **Homologação de sentença estrangeira. Requisitos Materiais. Novo regramento. CPC/15. Aplicação apenas supletiva do RISTJ. Eficácia da decisão no país de origem. Necessidade.** Com a entrada em vigor do CPC/15, tornou-se necessário que a sentença estrangeira esteja eficaz no país de origem para sua homologação no Brasil. Corte Especial. SEC 14.812, Rel. Min. Nancy Andrighi, DJ 23.5.2018. (Info 626)

✱ QUESTÕES OBJETIVAS

234. **(Cetro/TJ/RJ/Cartórios/Ingresso/2017)** YZ Ltda., empresa brasileira, negociou, contratou, pagou e teve executado frete entre portos brasileiros por navio da empresa Taking That Ltd. Entrementes, por conta de atraso ocorrido no porto de destino, a Taking That Ltd. cobrou adicionalmente da YZ Ltda. o valor de US$50.000,00. Diante do não pagamento, levou o caso à arbitragem realizada no exterior, que prosseguiu à revelia, tomando-se, por base, minuta de contrato sem justaposição de "ok" ou assinatura. Em saindo vencedor no processo arbitral para receber o valor cobrado e juros moratórios, a Taking That Ltd. decidiu executar a sentença estrangeira no Brasil para recebimento do que entende devido. Com vista do caso e com base no que dispõe a aplicação atual da Lei de Introdução às Normas do Direito Brasileiro e a Lei de Arbitragem, assinale a alternativa correta:

a) dado que o contrato foi celebrado e executado, a ausência de forma escrita de cláusula compromissória não invalida o processo arbitral, uma vez que não há exigência legal brasileira; com isso, a sentença estrangeira foi proferida por autoridade competente, cumprindo requisito indispensável para a sua homologação no Brasil pelo STJ.

b) dado que o contrato foi celebrado e executado, a ausência de forma escrita de cláusula compromissória não invalida o processo arbitral, uma vez que se trata de faculdade legal brasileira; com isso, a sentença estrangeira foi proferida por autoridade competente, cumprindo requisito indispensável para a sua homologação no Brasil pelo STF.

c) ainda que o contrato tenha sido celebrado e executado, a ausência de forma escrita de cláusula compromissória invalida o processo arbitral consoante a teoria da competência-competência criada pela jurisprudência do STF, uma vez que compromete o requisito indispensável de a sentença estrangeira ter de ser proferida por autoridade competente, não impossibilitando, no entanto, a homologação da sentença estrangeira pelo STJ.

d) ainda que o contrato tenha sido celebrado e executado, a ausência de forma escrita de cláusula compromissória, exigência legal brasileira, invalida o processo arbitral, uma vez que compromete o requisito indispensável de a sentença estrangeira ter de ser proferida por autoridade competente, impossibilitando, assim, a homologação da sentença estrangeira pelo STJ.

e) ainda que o contrato tenha sido celebrado e executado, a ausência de forma escrita de cláusula compromissória, exigência legal brasileira, invalida o processo arbitral, uma vez que compromete o requisito indispensável de a sentença estrangeira ter de ser proferida por autoridade competente, impossibilitando, assim, a homologação da sentença estrangeira pelo STF.

9.1.6. Da Ação Rescisória

* SÚMULAS

STF **Súm. 343.** Não cabe ação rescisória por ofensa a literal dispositivo de lei, quando a decisão rescindenda se tiver baseado em texto legal de interpretação controvertida nos tribunais.

STF **Súm. 514.** Admite-se ação rescisória contra sentença transitada em julgado, ainda que contra ela não se tenha esgotado todos os recursos.

STJ **Súm. 33.** A incompetência relativa não pode ser declarada de ofício.

STJ **Súm. 175.** Descabe o depósito prévio nas ações rescisórias propostas pelo INSS.

STJ **Súm. 401.** O prazo decadencial da ação rescisória só se inicia quando não for cabível qualquer recurso do último pronunciamento judicial.

* INFORMATIVOS

STF **Ação rescisória: alteração posterior de jurisprudência e segurança jurídica.** É inadmissível ação rescisória por ofensa a literal dispositivo de lei na hipótese em que a decisão rescindenda tiver por fundamento texto legal de interpretação controvertida nos tribunais (Súm. 343/STF). A ação rescisória é via processual inadequada à mera rediscussão de questões já assentadas pelo Tribunal à época do julgamento do qual decorreu a decisão que se pretende desconstituir. Uma alteração posterior de jurisprudência pelo STF não legitima o pedido rescisório, notadamente em razão de, à época de sua prolação, a interpretação sobre o tema ser controvertida no próprio Tribunal. Em consonância com o instituto da "prospective overruling", a mudança jurisprudencial deve ter eficácia "ex nunc", porque, do contrário, surpreende quem obedecia à jurisprudência daquele momento. Ao lado do prestígio do precedente, há o prestígio da segurança jurídica, princípio segundo o qual a jurisprudência não pode causar uma surpresa ao jurisdicionado a partir de modificação do panorama jurídico. AR 2422, Rel. Min. Luiz Fux, j. 25.10.2018. Pleno. (Info 921)

STF **Cabimento de ação rescisória e decisão homologatória de transação.** A decisão judicial homologatória de acordo entre as partes proferida na vigência do CPC/73 é impugnável por meio de ação anulatória. AR 2440 AgR, Rel. Min. Ricardo Lewandowski, j. 19.9.2018. Pleno. (Info 916)

* QUESTÕES OBJETIVAS

235. (Consulplan/TJ/MG/Cartórios/Remoção/2016) Em se tratando de ação rescisória, assinale a afirmação incorreta:

a) o direito à rescisão extingue-se em dois anos contados do trânsito em julgado da última decisão proferida no processo.

b) não se aplica à ação rescisória a prorrogação de prazo para o primeiro dia útil imediatamente subsequente para efeito do seu ajuizamento pela parte interessada quando se expirar durante as férias forenses, recesso, feriados ou em dia em que não houver expediente forense.

c) se o autor obtiver, posteriormente ao trânsito em julgado, prova nova cuja existência ignorava ou de que não pôde fazer uso, capaz, por si só, de lhe assegurar pronunciamento favorável, o termo inicial do prazo será a data de descoberta da prova nova, observado o prazo máximo de cinco anos, contado do trânsito em julgado da última decisão proferida no processo.

d) nas hipóteses de simulação ou de colusão das partes, o prazo começa a contar, para o terceiro prejudicado e para o Ministério Público, que não interveio no processo, a partir do momento em que tomarem ciência da simulação ou da colusão.

236. **(Consulplan/TJ/MG/Cartórios/Remoção/2016)** Em se tratando de ação rescisória, assinale a afirmação incorreta:

a) o direito à rescisão extingue-se em dois anos contados do trânsito em julgado da última decisão proferida no processo.

b) não se aplica à ação rescisória a prorrogação de prazo para o primeiro dia útil imediatamente subsequente para efeito do seu ajuizamento pela parte interessada quando se expirar durante as férias forenses, recesso, feriados ou em dia em que não houver expediente forense.

c) se o autor obtiver, posteriormente ao trânsito em julgado, prova nova cuja existência ignorava ou de que não pôde fazer uso, capaz, por si só, de lhe assegurar pronunciamento favorável, o termo inicial do prazo será a data de descoberta da prova nova, observado o prazo máximo de cinco anos, contado do trânsito em julgado da última decisão proferida no processo.

d) nas hipóteses de simulação ou de colusão das partes, o prazo começa a contar, para o terceiro prejudicado e para o Ministério Público, que não interveio no processo, a partir do momento em que tomarem ciência da simulação ou da colusão.

237. **(Vunesp/TJM/SP/Juiz/2016)** O carro de Paulo colidiu com a traseira do veículo pertencente a João, ocasionando danos de média monta em ambos os veículos. Em razão disso, entraram em discussão e a esposa de Paulo, Clarisse, adentrou na discussão e acabou desferindo uma paulada na cabeça de João, ocasionando ferimentos leves. João ingressou com ação indenizatória em face de Clarisse em razão da agressão, mas a ação foi julgada extinta por ilegitimidade de parte ao fundamento de que foi seu esposo quem colidiu com o veículo de João. A sentença transitou em julgado. Diante desses fatos hipotéticos, assinale a alternativa correta:

a) deve ser proposta ação anulatória em face da sentença, pois Clarisse tem legitimidade para figurar no polo passivo da ação, tendo ocorrido infração a uma norma de direito material.

b) a ação pode ser reproposta em face de Paulo, embora o questionamento seja de ato praticado por Clarisse.

c) se João tivesse ingressado com ação contra Clarisse e Paulo e a ação tivesse sido julgada extinta somente em face de Clarisse, seria necessário aguardar o julgamento da ação que prossegue contra Paulo para a propositura da ação anulatória.

d) a sentença pode ser objeto de ação rescisória, pois foi fundada em erro de fato verificável do exame dos autos e a decisão transitada em julgado impede a nova propositura da demanda em face de Clarisse.

e) a sentença não pode ser objeto de ação rescisória, pois não houve decisão de mérito.

9.1.7. *Da Reclamação*

✱ SÚMULAS

STF **Súm. 734.** Não cabe reclamação quando já houver transitado em julgado o ato judicial que se alega tenha desrespeitado decisão do Supremo Tribunal Federal.

✱ ENUNCIADOS CJF

CJF **Proc. Civil 64.** Ao despachar a reclamação, deferida a suspensão do ato impugnado, o relator pode conceder tutela provisória satisfativa correspondente à decisão originária cuja autoridade foi violada.

CJF **Proc. Civil 138.** É cabível reclamação contra acórdão que aplicou indevidamente tese jurídica firmada em acórdão proferido em julgamento de recursos extraordinário ou especial repetitivos, após o esgotamento das instâncias ordinárias, por analogia ao quanto previsto no art. 988, § 4º, do CPC.

✱ INFORMATIVOS

STF **Reclamação e Enunciado 10 da Súmula Vinculante.** De acordo com a Súm. Vinculante 10, o afastamento da incidência de lei, mesmo sem declaração expressa de inconstitucionalidade, exige a observância da cláusula de reserva de plenário. Essa regra não é observada quando a decisão do órgão fracionário, sob o fundamento de interpretar dispositivo legal, não deixa qualquer espaço para que ele seja aplicado. Viola a Súm. Vinculante 10 a decisão que, invocando o art. 25, § 1º, da Lei 8.987/95, afasta genericamente o comando que permite a terceirização, pelas concessionárias de serviço público, de atividades inerentes ao serviço concedido. Rcl 27068, Rel. Acd. Min. Luís Roberto, j. 5.3.2018. 1ª T. (Info 896)

STF **Impossibilidade: repercussão geral e reclamação.** É inviável reclamação com fundamento em afronta ao julgado da ADC 16. Rcl 28623 AgR, Rel. Min. Roberto Barroso, j. 12.12.2017. 1ª T. (Info 888)

✱ QUESTÕES OBJETIVAS

238. **(Ieses/TJ/PB/Cartórios/Ingresso/2014)** Assinale a alternativa correta:

a) a chamada "teoria dos motivos determinantes" encontra-se em absoluto desuso no Direito Administrativo brasileiro, por ferir os princípios da razoabilidade e da proporcionalidade estrita, pois determina a vinculação do Administrador Público aos motivos determinantes do edital.

b) a denominada "motivação aliunde", empregada em vários países que utilizam o sistema da "common law", tem sua aplicação expressamente vedada pelo legislador brasileiro, por ferir princípios basilares do Direito Administrativo, especialmente os princípios da legalidade estrita e da impessoalidade, encartados na Constituição da República.

c) do ato administrativo ou decisão judicial que contrariar a súmula aplicável ou que indevidamente a aplicar, caberá reclamação ao Supremo Tribunal Federal, que, julgando-a procedente, anulará o ato administrativo ou cassará a decisão judicial reclamada, e determinará que outra seja proferida com ou sem aplicação da súmula, conforme o caso.

d) pelo princípio da "continuidade das atividades administrativas", expressamente previsto no artigo 37, da Constituição da República, mesmo que inadimplente o Estado com o pagamento devido, deve o prestador de serviço público concedido ou permitido continuar a prestá-lo pelo prazo de até 120 (cento e vinte) dias após a notificação do inadimplente, sob pena de rescisão motivada do contato com imposição das penalidades previstas na lei de licitações.

239. **(Consulplan/TJ/MG/Cartórios/Remoção/2016)** Quanto ao instituto da reclamação, avalie as proposições seguintes:

I. caberá reclamação da parte interessada ou do Ministério Público para o efeito de preservar a competência do tribunal, garantir a autoridade das decisões do tribunal, garantir a observância de decisão do Supremo Tribunal Federal em controle concentrado de constitucionalidade e, finalmente, para garantir a observância de enunciado de súmula vinculante e de precedente proferido em julgamento de casos repetitivos ou em incidente de assunção de competência.

II. a reclamação pode ser proposta perante qualquer tribunal, e seu julgamento compete ao órgão jurisdicional cuja competência se busca preservar ou cuja autoridade se pretenda garantir, devendo ser instruída com prova documental e dirigida ao presidente do respectivo tribunal.

III. assim que recebida, a reclamação será autuada e distribuída ao relator do processo principal, sempre que possível; todavia, a reclamação será admissível mesmo após o trânsito em julgado da decisão, imputando-se-lhe, nessa circunstância, força rescindenda do respectivo julgado.

IV. a inadmissibilidade ou o julgamento do recurso interposto contra a decisão proferida pelo órgão reclamado não prejudica a reclamação.

É correto apenas o que se afirma em:

a) I, II e III.

b) II, III e IV.

c) I, II e IV.

d) III e IV.

240. **(Consulplan/TJ/MG/Cartórios/Ingresso/2017)** O CPC/2015 dedicou o Capítulo IX, do Título I do Livro III (Dos processos nos tribunais e dos meios de impugnação das decisões judiciais) da Parte Especial para tratar da Reclamação. Acerca da Reclamação, todas as afirmações seguintes são verdadeiras, exceto:

a) é admissível a reclamação proposta após o trânsito em julgado da decisão reclamada.

b) caberá reclamação da parte interessada ou do Ministério Público.

c) a reclamação poderá ser proposta perante qualquer tribunal, e não somente perante os tribunais superiores.

d) se não houver formulado a reclamação, o Ministério Público atuará como custos legis.

241. **(FCC/PGE/MT/Procurador/2016)** Segundo o novo Código de Processo Civil, a reclamação:

a) é cabível diante da inobservância de Súmula de qualquer Tribunal.

b) somente pode ser proposta perante os Tribunais Superiores.

c) fica prejudicada diante da inadmissibilidade ou do julgamento do recurso interposto contra a decisão proferida pelo órgão reclamado.

d) pode ser utilizada mesmo após o trânsito em julgado da decisão, por não se tratar de recurso.

e) é cabível para garantir a observância de precedente proferido em julgamentos de casos repetitivos, a fim de dar correta aplicação da tese jurídica.

9.2. Dos Recursos

9.2.1. Disposições Gerais

*** SÚMULAS**

STF Súm. 322. Não terá seguimento pedido ou recurso dirigido ao Supremo Tribunal Federal, quando manifestamente incabível, ou apresentando fora do prazo, ou quando for evidente a incompetência do Tribunal.

STF Súm. 392. O prazo para recorrer de acórdão concessivo de segurança conta-se da publicação oficial de suas conclusões, e não da anterior ciência à autoridade para cumprimento da decisão.

STF Súm. 425. O agravo despachado no prazo legal não fica prejudicado pela demora da juntada, por culpa do cartório; nem o agravo entregue em cartório no prazo legal, embora despachado tardiamente.

STF Súm. 515. A competência para a ação rescisória não é do Supremo Tribunal Federal, quando a questão federal, apreciada no recurso extraordinário ou no agravo de instrumento, seja diversa da que foi suscitada no pedido rescisório.

STJ Súm. 55. Tribunal regional federal não é competente para julgar recurso de decisão proferida por juiz estadual não investido de jurisdição federal.

STJ Súm. 99. O Ministério Público tem legitimidade para recorrer no processo em que oficiou como fiscal da lei, ainda que não haja recurso da parte.

STJ Súm. 202. A impetração de segurança por terceiro, contra ato judicial, não se condiciona à interposição de recurso.

STJ Súm. 226. O Ministério Público tem legitimidade para recorrer na ação de acidente do trabalho, ainda que o segurado esteja assistido por advogado.

STJ Súm. 484. Admite-se que o preparo seja efetuado no primeiro dia útil subsequente, quando a interposição do recurso ocorrer após o encerramento do expediente bancário.

STJ Súm. 568. O relator, monocraticamente e no Superior Tribunal de Justiça, poderá dar ou negar provimento ao recurso quando houver entendimento dominante acerca do tema.

*** REPERCUSSÃO & REPETITIVOS**

STF Repercussão Geral 946. Os Ministérios Públicos dos Estados e do Distrito Federal têm legitimidade para propor e atuar em recursos e meios de impugnação de decisões judiciais em trâmite no STF e no STJ, oriundos de processos de sua atribuição, sem prejuízo da atuação do MPF. (RE 985392, 26.5.2017)

STJ Repetitivo 379. Nos casos de intimação/citação realizadas por correio, oficial de justiça, ou por carta de ordem, precatória ou rogatória, o prazo recursal inicia-se com a juntada aos autos do aviso de recebimento, do mandado cumprido, ou da juntada da carta. (REsp 1632777, 17.5.2017)

STJ Repetitivo 959. O termo inicial da contagem do prazo para impugnar decisão judicial é, para o Ministério Público, a data da entrega dos autos na repartição administrativa do órgão, sendo irrelevante que a intimação pessoal tenha se dado em audiência, em cartório ou por mandado. (REsp 1349935, 23.8.2017)

*** INFORMATIVOS**

STJ NCPC. Autos físicos. Litisconsórcio. Procuradores distintos. Sucumbência de apenas um dos litisconsortes. Prazo em dobro. Inaplicabilidade. Súm. 641/STF. Preservação. É inaplicável a contagem do prazo recursal em dobro quando apenas um dos litisconsortes com procuradores distintos sucumbe em processo com autos físicos na vigência do NCPC. REsp 1.709.562, Rel. Min. Nancy Andrighi, DJ 18.10.2018. 3ª T. (Info 636)

*** QUESTÕES OBJETIVAS**

242. **(FMP/TJ/MT/Cartórios/Remoção/2014)** Sobre o direito recursal é correto afirmar que:

a) o duplo grau de jurisdição é uma regra absoluta no processo civil brasileiro.
b) a desistência constitui requisito extrínseco de admissibilidade recursal.
c) o efeito devolutivo é regido pelo princípio inquisitório.
d) não vige a regra da taxatividade recursal.
e) nenhuma das alternativas é correta.

9.2.2. *Da Apelação*

*** SÚMULAS**

STF **Súm. 320.** A apelação despachada pelo juiz no prazo legal não fica prejudicada pela demora da juntada, por culpa do cartório.

STF **Súm. 428.** Não fica prejudicada a apelação entregue em cartório no prazo legal, embora despachada tardiamente.

STJ **Súm. 277.** Julgada procedente a investigação de paternidade, os alimentos são devidos a partir da citação.

STJ **Súm. 331.** A apelação interposta contra sentença que julga embargos à arrematação tem efeito meramente devolutivo.

*** ENUNCIADOS CJF**

CJF **Proc. Civil 67.** Há interesse recursal no pleito da parte para impugnar a multa do art. 334, § 8º, do CPC por meio de apelação, embora tenha sido vitoriosa na demanda.

CJF **Proc. Civil 68.** A intempestividade da apelação desautoriza o órgão "a quo" a proferir juízo positivo de retratação.

CJF **Proc. Civil 144.** No caso de apelação, o deferimento de tutela provisória em sentença retira-lhe o efeito suspensivo referente ao capítulo atingido pela tutela.

*** INFORMATIVOS**

STJ **NCPC. Decisão que julga procedente impugnação em cumprimento de sentença. Encerramento de fase processual. Recurso cabível. Apelação.** No sistema regido pelo NCPC, o recurso cabível da decisão que acolhe impugnação ao cumprimento de sentença e extingue a execução é a apelação. REsp 1.698.344, Rel. Min. Luis Felipe Salomão, DJ 1.8.2018. 4ª T. (Info 630)

*** QUESTÕES OBJETIVAS**

243. (Consulplan/TJ/MG/Cartórios/Remoção/2017) Qual recurso cabível contra sentença proferida por Juiz Federal nas ações em que figurem como parte Estado Estrangeiro ou organismo internacional, de um lado, e do outro, pessoa domiciliada no País?

a) recurso de apelação para o Tribunal Regional Federal.
b) recurso ordinário para o Supremo Tribunal Federal.
c) recurso ordinário para o Superior Tribunal de Justiça.
d) mandado de segurança para o Tribunal Regional Federal.

244. (Consulplan/TJ/MG/Cartórios/Remoção/2017) Sobre os recursos, assinale a única afirmativa correta:

a) a apelação, como regra, não tem efeito suspensivo.
b) as decisões interlocutórias não recorríveis imediatamente por agravo de instrumento deverão ser questionadas em preliminar de recurso de apelação.
c) os embargos infringentes foram preservados no CPC/2015.
d) o juízo de admissibilidade do recurso de apelação deve ser realizado perante o juízo de primeira instância.

245. (Ieses/TJ/RO/Cartórios/Remoção/2017) O apelado será intimado para apresentar contrarrazões no prazo de:

a) 10 (dez) dias.
b) 05 (cinco) dias.
c) 15 (quinze) dias.
d) 30 (trinta) dias.

246. (MPE/RS/Promotor/2016) Assinale a alternativa incorreta sobre o tema dos recursos, segundo disposto no Código de Processo Civil:

a) o recurso interposto por um dos litisconsortes a todos aproveita, salvo se distintos ou opostos os seus interesses.
b) começa a produzir efeitos imediatamente após a sua publicação a sentença que extingue sem resolução do mérito ou julga improcedentes os embargos do executado.
c) as questões resolvidas na fase de conhecimento, se a decisão a seu respeito comportar

agravo de instrumento, não são cobertas pela preclusão e devem ser suscitadas em preliminar de apelação, eventualmente interposta contra a decisão final, ou nas contrarrazões.

d) cabem embargos de declaração contra qualquer decisão judicial para suprir omissão de ponto ou questão sobre o qual devia se pronunciar o juiz de ofício ou a requerimento; considerando-se omissa a decisão que deixe de se manifestar sobre tese firmada em julgamento de casos repetitivos ou em incidente de assunção de competência aplicável ao caso sob julgamento.

e) cabe agravo de instrumento contra decisões interlocutórias proferidas na fase de liquidação de sentença ou de cumprimento de sentença, no processo de execução e no processo de inventário.

247. **(Fundep/MPE/MG/Promotor/2017)** Sobre os recursos cíveis, é incorreto afirmar:

a) o recurso pode ser interposto pela parte vencida, pelo terceiro prejudicado e pelo Ministério Público, como parte ou como fiscal do ordenamento jurídico.

b) o prazo para interposição do recurso conta-se da data em que os advogados, a sociedade de advogados, a Advocacia Pública, a Defensoria Pública ou o Ministério Público são intimados da decisão.

c) no ato de interposição do recurso, o recorrente comprovará, quando exigido pela legislação pertinente, o respectivo preparo, inclusive porte de remessa e de retorno, sob pena de deserção. A insuficiência no valor do preparo também implicará deserção, se o recorrente, intimado na pessoa do seu advogado, não vier a supri-lo no prazo de 5 (cinco) dias.

d) as questões resolvidas na fase de conhecimento, ainda que a decisão a seu respeito comporte agravo de instrumento, não são cobertas pela preclusão e podem ser suscitadas em preliminar de apelação, eventualmente interposta contra a decisão final, ou nas contrarrazões.

248. **(MPE/SC/Promotor/2016)** Nos termos do novo Código de Processo Civil, não é de competência do juízo de primeira instância exercer juízo de admissibilidade da apelação, já que o exame cabe, originariamente, ao tribunal de segundo grau. Assim, decisão do juízo de primeira instância que declare inadmissível a apelação é ato de usurpação de competência do tribunal, motivo pelo qual a reclamação será a via processual adequada para impugnar-se o ato do juiz de primeira instância.

249. **(UFMT/DPE/MT/Defensor/2016)** Sobre os recursos no Código de Processo Civil (CPC/2015), assinale a afirmativa correta:

a) cabem embargos infringentes quando o acórdão não unânime houver reformado, em grau de apelação, a sentença de mérito.

b) cabe recurso de agravo de instrumento contra a decisão que negar o pleito de produção de prova pericial, formulado na petição inicial.

c) não cabe recurso de agravo de instrumento contra a decisão que inverte o ônus da prova, podendo, todavia, ser impugnada por meio de recurso de apelação, após a prolação de sentença.

d) as questões resolvidas na fase de conhecimento, se a decisão a seu respeito não comportar agravo de instrumento, poderão ser suscitadas pelo apelado em contrarrazões.

e) das decisões interlocutórias proferidas em audiência admitir-se-á interposição oral do agravo retido, a constar do respectivo termo, expostas sucintamente as razões que justifiquem o pedido de nova decisão.

250. **(UEPA/PGE/PA/Procurador/2015)** De acordo com o Novo Código de Processo Civil (Lei 13.105/05), julgue as afirmativas abaixo.

I. o apelado poderá em sede de contrarrazões impugnar questão resolvida na fase de conhecimento, se a decisão a seu respeito não comportar agravo de instrumento.

II. não se considera fundamentado acórdão, que não enfrentar todos os argumentos deduzidos no processo capazes de, em tese, infirmar a conclusão adotada pelos julgadores.

III. é cabível sustentação oral pelo prazo improrrogável de quinze minutos para cada um, sucessivamente, ao recorrente, ao recorrido e, nos casos de sua intervenção, ao membro do Ministério Público, em Agravo de Instrumento interposto contra qualquer decisão interlocutória.

IV. tendo sido o Estado condenado ao pagamento no valor de até 1.000 (hum mil) salários-mínimos não se aplica o instituto da remessa necessária.

A alternativa que contém todas as afirmativas corretas é:

a) II e III.

b) I e IV.

c) III e IV.

d) II e IV.

e) I e II.

251. **(Faurgs/TJ/RS/Juiz/2016)** Confrontando o sistema recursal do Código de Processo Civil de 1973 com o do Novo Código de Processo Civil, instituído pela Lei n. 13.105/2015, assinale a alternativa correta:

a) no Código de 1973, o recurso de apelação interposto contra a sentença de interdição deveria ser recebido no duplo efeito, ao passo que, no Novo Código, passará a ser recebido apenas no efeito devolutivo, não mais obstando a eficácia desse tipo de sentença.

b) no Código de 1973, o juiz de primeiro grau deveria deixar de receber o recurso de apelação, quando a sentença estivesse em conformidade com Súmula do Supremo Tribunal Federal ou do Superior Tribunal de Justiça, ao passo que, no Novo Código, o juiz de primeiro grau não deverá fazer juízo de admissibilidade da apelação, o qual passa a ser de competência exclusiva do Tribunal.

c) no Código de 1973, o acórdão não unânime que, em grau de apelação, houvesse confirmado a sentença de mérito, desafiava recurso de embargos infringentes, ao passo que, sob a égide do Novo CPC, o julgamento dessa apelação não mais enseja embargos infringentes, mas deve prosseguir com a convocação de outros julgadores em número suficiente para garantir a possibilidade de inversão do resultado inicial.

d) na vigência do Código de 1973, todas as decisões interlocutórias proferidas pelo juiz de primeiro grau eram impugnáveis por meio de agravo de instrumento, ao passo que, no Novo Código, somente algumas decisões interlocutórias casuisticamente elencadas na lei o são, devendo as demais ser objeto de protesto específico, cujas razões serão apresentadas posteriormente em sede de apelação ou contrarrazões de apelação.

e) tanto no Código de 1973 quanto no Novo Código, é pacífico que o capítulo da sentença que versar sobre tutela provisória é impugnável por meio do recurso de agravo de instrumento, uma vez que constitui, de forma substancial, uma decisão interlocutória formalmente inserida no texto da sentença.

9.2.3. *Do Agravo Instrumento/Interno*

✱ SÚMULAS

STF **Súm. 315.** Indispensável o traslado das razões da revista, para julgamento, pelo Tribunal Superior do Trabalho, do agravo para sua admissão.

STJ **Súm. 118.** O agravo de instrumento é o recurso cabível da decisão que homologa a atualização do cálculo da liquidação.

STJ **Súm. 182.** É inviável o agravo do art. 545 do CPC que deixa de atacar especificamente os fundamentos da decisão agravada.

STJ **Súm. 223.** A certidão de intimação do acórdão recorrido constitui peça obrigatória do instrumento de agravo.

✱ REPERCUSSÃO & REPETITIVOS

STJ **Repetitivo 651.** Considerando a prerrogativa que possui a Fazenda Nacional de ser intimada das decisões, por meio da concessão de vista pessoal e, em atenção ao princípio da instrumentalidade das formas, pode a certidão de concessão de vistas dos autos ser considerada elemento suficiente à demonstração da tempestividade do agravo de instrumento, substituindo a certidão de intimação legalmente prevista. (REsp 1383500, 17.2.2016)

✱ ENUNCIADOS CJF

1) Do Agravo de Instrumento

CJF **Proc. Civil 69.** A hipótese do art. 1.015, parágrafo único, do CPC abrange os processos concursais, de falência e recuperação.

CJF **Proc. Civil 70.** É agravável o pronunciamento judicial que postergar a análise de pedido de tutela provisória ou condicioná-la a qualquer exigência.

CJF **Proc. Civil 71.** É cabível o recurso de agravo de instrumento contra a decisão que indefere o pedido de atribuição de efeito suspensivo a embargos à execução, nos termos do art. 1.015, X, do CPC.

CJF **Proc. Civil 72.** É admissível a interposição de agravo de instrumento tanto para a decisão interlocutória que rejeita a inversão do ônus da prova, como para a que a defere.

CJF **Proc. Civil 73.** Para efeito de não conhecimento do agravo de instrumento por força da regra prevista no § 3º do art. 1.018 do CPC, deve o juiz, previamente, atender ao art. 932, parágrafo único, e art. 1.017, § 3º, do CPC, intimando o agravante para sanar o vício ou complementar a documentação exigível.

CJF **Proc. Civil 145.** O recurso cabível contra a decisão que julga a liquidação de sentença é o agravo de instrumento.

1) Do Agravo Interno

CJF **Proc. Civil 74.** O termo "manifestamente" previsto no § 4º do art. 1.021 do CPC se refere tanto à improcedência quanto à inadmissibilidade do agravo.

CJF **Proc. Civil 77.** Para impugnar decisão que obsta trânsito a recurso excepcional e que contenha simultaneamente fundamento relacionado à sistemática dos recursos repetitivos ou da repercussão geral (art. 1.030, I, do CPC) e fundamento relacionado à análise dos pressupostos de admissibilidade recursais (art. 1.030, V, do CPC), a parte sucumbente deve interpor, simultaneamente, agravo interno (art. 1.021 do CPC) caso queira impugnar a parte relativa aos recursos repetitivos ou repercussão geral e agravo em recurso especial/extraordinário (art. 1.042 do CPC) caso queira impugnar a parte relativa aos fundamentos de inadmissão por ausência dos pressupostos recursais.

* INFORMATIVOS

STJ **NCPC. Decisão interlocutória que examina competência. Dúvida razoável sobre o cabimento de agravo de instrumento. Mandado de Segurança. Cabimento.** Na vigência do NCPC, é possível a impetração de mandado de segurança, em caso de dúvida razoável sobre o cabimento de agravo de instrumento, contra decisão interlocutória que examina competência. RMS 58.578, Rel. Min. Raul Araújo, DJ 25.10.2018. 4ª T. (Info 636)

STJ **Falência e recuperação judicial. Sistema recursal. Decisão interlocutória. Ausência de previsão específica na Lei 11.101/05. Agravo de instrumento. Cabimento. Art. 1.015, parágrafo único, do NCPC. Interpretação extensiva.** É cabível a interposição de agravo de instrumento contra decisões interlocutórias em processo falimentar e recuperacional, ainda que não haja previsão específica de recurso na Lei 11.101/05. REsp 1.722.866, Rel. Min. Luis Felipe Salomão, DJ 19.10.2018. 4ª T. (Info 635)

STJ **Embargos à execução. Efeito suspensivo. Indeferimento. Agravo de instrumento. Possibilidade. Art. 1.015, X, do CPC/15. Interpretação extensiva. Paralelismo com o art. 1.015, I, do CPC/15. Natureza de tutela provisória.** É admissível a interposição de agravo de instrumento contra decisão que não concede efeito suspensivo aos embargos à execução. REsp 1.694.667, Rel. Min. Herman Benjamin, DJ 18.12.2017. 2ª T. (Info 617)

STJ **Exceção de incompetência. Fundamento. CPC/73. Decisão sob a égide do CPC/15. Agravo de instrumento. Admissão. Art. 1.015, III, do NCPC. Interpretação extensiva.** É cabível a interposição de agravo de instrumento contra decisão relacionada à definição de competência, a despeito de não previsto expressamente no rol do art. 1.015 do CPC/15. REsp 1.679.909, Rel. Min. Luis Felipe Salomão, DJ 1.2.2018. 4ª T. (Info 618)

* QUESTÕES OBJETIVAS

252. **(Ieses/TJ/AM/Cartórios/Remoção/2018)** Consoante as diretrizes do Código de Processo Civil – CPC/15, são cabíveis os seguintes recursos, entre outros, exceto:

a) agravo de instrumento.
b) agravo em recurso especial ou extraordinário.
c) agravo interno.
d) agravo retido.

253. **(Cetro/TJ/RJ/Cartórios/Ingresso/2017)** Com observância dos dispositivos no NCPC (Novo Código de Processo Civil – Lei n. 13.105/2015), no que se refere aos recursos, assinale a alternativa correta:

a) o Agravo Interno manifestadamente improcedente atrai multa de 1% (um por cento) a 5% (cinco por cento) do valor atualizado da causa em caso de votação unânime do órgão colegiado.
b) o NCPC ampliou as possibilidades de cabimento da reclamação à garantia de observância a acórdão proferido em julgamento de incidente de resolução de demandas repetitivas e restringiu as possibilidades de as partes utilizarem o recurso especial.
c) de acordo com o STJ, é inválida a vedação, carreada no NCPC, de o relator se limitar a reproduzir a decisão agravada para julgar improcedente o agravo de instrumento, uma vez que fere o princípio da economia processual.
d) os embargos de declaração opostos contra decisão do relator deverão ser julgados na sessão subsequente, pelo órgão colegiado.
e) o NCPC manteve a regra do juízo de admissibilidade prevista no anterior para o recurso da apelação, sendo que para o caso de o Juízo a

quo não enviar o recurso sob indicação de intempestividade, a decisão deve ser impugnada por meio de mandado de segurança.

254. **(Consulplan/TJ/MG/Cartórios/Ingresso/2016)** Contra decisão proferida pelo relator caberá agravo interno para o respectivo órgão colegiado, observadas, quanto ao processamento, as regras do regimento interno do tribunal. A esse respeito, é correto afirmar:

a) o agravo será dirigido ao relator, que intimará o agravado para manifestar-se sobre o recurso no prazo fixado pelo regimento interno do respectivo tribunal, ao final do qual, não havendo retratação, o relator levá-lo-á a julgamento pelo órgão colegiado, com inclusão em pauta.

b) é assegurado ao relator limitar-se à reprodução dos fundamentos da decisão agravada para julgar improcedente o agravo interno.

c) na petição de agravo interno, o recorrente impugnará especificamente os fundamentos da decisão agravada.

d) quando o agravo interno for declarado manifestamente inadmissível ou improcedente em votação unânime, o órgão colegiado, em decisão fundamentada, condenará o agravante a pagar ao agravado multa fixada entre um e dez por cento do valor atualizado da causa.

255. **(MPE/PR/Promotor/2016)** Sobre os recursos no Código de Processo Civil de 2015, assinale a alternativa correta:

a) a apelação do Código de Processo Civil de 2015 devolve ao tribunal apenas a matéria decidida na sentença, não havendo possibilidade de que o tribunal analise outros assuntos analisados em decisões interlocutórias.

b) no processo eletrônico, a juntada de cópia das razões do agravo de instrumento é uma faculdade da parte recorrente.

c) os embargos de declaração possuem efeito suspensivo e interrompem o prazo para a interposição de recurso.

d) no agravo interno, entendo o relator pela manutenção da decisão monocrática recorrida, poderá o acórdão limitar-se à reprodução dos fundamentos da decisão agravada para julgar improcedente o agravo interno.

e) determina o Código de Processo Civil que os vícios formais ensejam a imediata inadmissibilidade dos recursos extraordinário e especial.

256. **(FCC/PGE/MT/Procurador/2016)** De acordo com a atual legislação, a decisão que determinou a exclusão de um litisconsorte:

a) desafia recurso de agravo de instrumento, no prazo de quinze dias, contados a partir da intimação desta decisão.

b) é irrecorrível, mas pode ser questionada por outros meios de impugnação.

c) desafia recurso de apelação, no prazo de quinze dias, contados a partir da intimação desta decisão.

d) não apresenta recorribilidade imediata, e, por isso, não se submete à preclusão temporal antes da prolação da sentença, pois pode ser alegada quando da apelação, no prazo de quinze dias, contados a partir da intimação da sentença.

e) pode desafiar recurso de agravo de instrumento ou de apelação, conforme o momento do processo em que a decisão for proferida; em ambos os casos, o prazo será de quinze dias, contados a partir intimação da decisão.

9.2.4. *Dos Embargos de Declaração*

✱ SÚMULAS

STF Súm. 317. São improcedentes os embargos declaratórios, quando não pedida a declaração do julgado anterior, em que se verificou a omissão.

STJ Súm. 98. Embargos de declaração manifestados com notório propósito de prequestionamento não têm caráter protelatório.

STJ Súm. 211. Inadmissível recurso especial quanto à questão que, a despeito da oposição de embargos declaratórios, não foi apreciada pelo tribunal "a quo".

STJ Súm. 579. Não é necessário ratificar o recurso especial interposto na pendência do julgamento dos embargos de declaração quando inalterado o julgamento anterior.

✱ ENUNCIADOS CJF

CJF Proc. Civil 75. Cabem embargos declaratórios contra decisão que não admite recurso especial ou extraordinário, no tribunal de origem ou no tribunal superior, com a consequente interrupção do prazo recursal.

CJF Proc. Civil 76. É considerada omissa, para efeitos do cabimento dos embargos de declaração, a decisão que, na superação de precedente, não se manifesta sobre a modulação de efeitos.

* QUESTÕES OBJETIVAS

257. **(Ieses/TJ/AM/Cartórios/Remoção/2018)** Cabem embargos de declaração contra qualquer decisão judicial para esclarecer obscuridade ou eliminar contradição, suprir omissão de ponto ou questão sobre o qual devia se pronunciar o juiz de ofício ou a requerimento e corrigir erro material. De acordo com as novas diretrizes do Código de Processo Civil vigente os embargos de declaração serão opostos em:

a) 15 (quinze) dias.

b) 8 (oito) dias.

c) 5 (cinco) dias.

d) 10 (dez) dias.

258. **(Ieses/TJ/RO/Cartórios/Ingresso/2017)** Quanto aos Embargos de Declaração e sua disciplina no Código de Processo Civil, assinale a alternativa correta:

a) quando manifestamente protelatórios, o juiz ou o tribunal, em decisão fundamentada, condenará o embargante a pagar ao embargado multa não excedente a dez por cento sobre o valor atualizado da causa.

b) quando manifestamente protelatórios, o juiz ou o tribunal, em decisão fundamentada, condenará o embargante a pagar ao embargado multa não excedente a cinco por cento sobre o valor atualizado da causa.

c) quando manifestamente protelatórios, o juiz ou o tribunal, em decisão fundamentada, condenará o embargante a pagar ao embargado multa não excedente a um por cento sobre o valor atualizado da causa.

d) quando manifestamente protelatórios, o juiz ou o tribunal, em decisão fundamentada, condenará o embargante a pagar ao embargado multa não excedente a dois por cento sobre o valor atualizado da causa.

259. **(Ieses/TJ/RO/Cartórios/Remoção/2017)** Contra qualquer decisão judicial que contiver omissão, obscuridade, contradição, ou erro material caberá:

a) agravo de instrumento.

b) embargos de divergência.

c) embargos de declaração.

d) recurso extraordinário.

260. **(Consulplan/TJ/MG/Cartórios/Remoção/2017)** Quando forem opostos embargos de declaração em relação à sentença, é correto afirmar que:

a) permanece suspenso o prazo de interposição de outros recursos.

b) só há suspensão do prazo supra referido se o outro recurso for o agravo.

c) fica interrompido o prazo para interposição de outros recursos.

d) nunca fica interrompido o prazo para interposição de outros recursos.

261. **(MPE/RS/Promotor/2017)** Assinale com V (verdadeiro) ou com F (falso) as seguintes afirmações sobre o tema dos embargos de declaração, segundo o disposto no Código de Processo Civil.

I. os embargos serão opostos, no prazo de 5 (cinco) dias, em petição dirigida ao juiz, com indicação do erro, obscuridade, contradição ou omissão, e não se sujeitam a preparo.

II. caso o acolhimento dos embargos de declaração implique modificação da decisão embargada, o embargado que já tiver interposto outro recurso contra a decisão originária tem o direito de complementar ou alterar suas razões, nos exatos limites da modificação, no prazo de 30 (trinta) dias, contado da intimação da decisão dos embargos de declaração.

III. quando manifestamente protelatórios os embargos de declaração, o juiz ou o tribunal, em decisão fundamentada, condenará o embargante a pagar ao embargado multa não excedente a dez por cento sobre o valor atualizado da causa.

IV. consideram-se incluídos no acórdão os elementos que o embargante suscitou, para fins de prequestionamento, apenas quando os embargos de declaração sejam expressamente admitidos, e o tribunal superior considere existentes erro, omissão, contradição ou obscuridade.

A sequência correta de preenchimento dos parênteses, de cima para baixo, é:

a) F, V, F, F.

b) V, F, F, F.

c) V, V, F, F.

d) F, F, V, V.

e) V, F, V, V.

262. (MPE/SC/Promotor/2016) Nos termos do novo Código de Processo Civil, consideram-se incluídos no acórdão os elementos que o embargante suscitou, para fins de pré-questionamento, ainda que os embargos de declaração sejam inadmitidos ou rejeitados, caso o tribunal superior considere existentes erro, omissão, contradição ou obscuridade.

9.2.5. Dos Recursos para o STF e para o STJ

*** SÚMULAS**

1) Embargos de Divergência no STF

STF **Súm. 247.** O relator não admitirá os embargos da Lei 623, de 19.2.49, nem deles conhecerá o Supremo Tribunal Federal, quando houver jurisprudência firme do Plenário no mesmo sentido da decisão embargada.

STF **Súm. 290.** Nos embargos da Lei 623, de 19.02.1949, a prova de divergência far-se-á por certidão, ou mediante indicação do "Diário da Justiça" ou de repertório de jurisprudência autorizado, que a tenha publicado, com a transcrição do trecho que configure a divergência, mencionadas as circunstâncias que identifiquem ou assemelhem os casos confrontados.

STF **Súm. 300.** São incabíveis os embargos da Lei 623, de 19.02.1949, contra provimento de agravo para subida de recurso extraordinário.

STF **Súm. 598.** Nos embargos de divergência não servem como padrão de discordância os mesmos paradigmas invocados para demonstrá-la mas repelidos como não dissidentes no julgamento do recurso extraordinário.

2) Embargos de Divergência no STJ

STJ **Súm. 158.** Não se presta a justificar embargos de divergência o dissídio com acórdão de turma ou seção que não mais tenha competência para a matéria neles versada.

STJ **Súm. 168.** Não cabem embargos de divergência, quando a jurisprudência do Tribunal se firmou no mesmo sentido do acórdão embargado.

STJ **Súm. 315.** Não cabem embargos de divergência no âmbito do agravo de instrumento que não admite recurso especial.

STJ **Súm. 316.** Cabem embargos de divergência contra acórdão que, em agravo regimental, decide recurso especial.

STJ **Súm. 420.** Incabível, em embargos de divergência, discutir o valor de indenização por danos morais.

3) Recurso Especial

3.1) Hipóteses de Cabimento

STJ **Súm. 5.** A simples interpretação de cláusula contratual não enseja recurso especial.

STJ **Súm. 7.** A pretensão de simples reexame de prova não enseja recurso especial.

STJ **Súm. 86.** Cabe recurso especial contra acórdão proferido no julgamento de agravo de instrumento.

STJ **Súm. 123.** A decisão que admite, ou não, o recurso especial deve ser fundamentada com o exame dos seus pressupostos gerais e constitucionais.

STJ **Súm. 126.** É inadmissível recurso especial, quando o acórdão recorrido assenta em fundamentos constitucional e infraconstitucional, qualquer deles suficiente, por si só, para mantê-lo, e a parte vencida não manifesta recurso extraordinário.

STJ **Súm. 203.** Não cabe recurso especial contra decisão proferida por órgão de segundo grau dos juizados especiais.

STJ **Súm. 518.** Para fins do art. 105, III, a, da Constituição Federal, não é cabível recurso especial fundado em alegada violação de enunciado de súmula.

3.2) Divergência Jurisprudencial

STJ **Súm. 13.** A divergência entre julgados do mesmo tribunal não enseja recurso especial.

STJ **Súm. 83.** Não se conhece do recurso especial pela divergência, quando a orientação do tribunal se firmou no mesmo sentido da decisão recorrida.

3.3) Prequestionamento

STJ **Súm. 98.** Embargos de declaração manifestados com notório propósito de prequestionamento não têm caráter protelatório.

STJ **Súm. 211.** Inadmissível recurso especial quanto à questão que, a despeito da oposição de embargos declaratórios, não foi apreciada pelo tribunal "a quo".

3.4) Ratificação

STJ **Súm. 579.** Não é necessário ratificar o recurso especial interposto na pendência do julgamento dos embargos de declaração quando inalterado o julgamento anterior.

4) Recurso Extraordinário

4.1) Fungibilidade

STF **Súm. 272.** Não se admite como ordinário recurso extraordinário de decisão denegatória de mandado de segurança.

4.2) Hipóteses de Cabimento

STF **Súm. 279.** Para simples reexame de prova não cabe recurso extraordinário.

STF **Súm. 280.** Por ofensa a direito local não cabe recurso extraordinário.

STF **Súm. 281.** É inadmissível o recurso extraordinário, quando couber, na justiça de origem, recurso ordinário da decisão impugnada.

STF **Súm. 283.** É inadmissível o recurso extraordinário, quando a decisão recorrida assenta em mais de um fundamento suficiente e o recurso não abrange todos eles.

STF **Súm. 289.** O provimento do agravo, por uma das turmas do Supremo Tribunal Federal, ainda que sem ressalva, não prejudica a questão do cabimento do recurso extraordinário.

STF **Súm. 292.** Interposto o recurso extraordinário por mais de um dos fundamentos indicados no art. 101, III, da Constituição, a admissão apenas por um deles não prejudica o seu conhecimento por qualquer dos outros.

STF **Súm. 389.** Salvo limite legal, a fixação de honorários de advogado, em complemento da condenação, depende das circunstâncias da causa, não dando lugar a recurso extraordinário.

STF **Súm. 399.** Não cabe recurso extraordinário, por violação de lei federal, quando a ofensa alegada for a regimento de tribunal.

STF **Súm. 400.** Decisão que deu razoável interpretação à lei, ainda que não seja a melhor, não autoriza recurso extraordinário pela letra a do art. 101, III, da Constituição Federal.

STF **Súm. 454.** Simples interpretação de cláusulas contratuais não dá lugar a recurso extraordinário.

STF **Súm. 505.** Salvo quando contrariarem a Constituição, não cabe recurso para o Supremo Tribunal Federal, de quaisquer decisões da Justiça do Trabalho, inclusive dos presidentes de seus tribunais.

STF **Súm. 513.** A decisão que enseja a interposição de recurso ordinário ou extraordinário não é a do plenário, que resolve o incidente de inconstitucionalidade, mas a do órgão (câmaras, grupos ou turmas) que completa o julgamento do feito.

STF **Súm. 636.** Não cabe recurso extraordinário por contrariedade ao princípio constitucional da legalidade, quando a sua verificação pressuponha rever a interpretação dada a normas infraconstitucionais pela decisão recorrida.

STF **Súm. 637.** Não cabe recurso extraordinário contra acórdão de tribunal de justiça que defere pedido de intervenção estadual em município.

STF **Súm. 638.** A controvérsia sobre a incidência, ou não, de correção monetária em operações de crédito rural é de natureza infraconstitucional, não viabilizando recurso extraordinário.

STF **Súm. 640.** É cabível recurso extraordinário contra decisão proferida por juiz de primeiro grau nas causas de alçada, ou por turma recursal de juizado especial cível e criminal.

STF **Súm. 733.** Não cabe recurso extraordinário contra decisão proferida no processamento de precatórios.

STF **Súm. 735.** Não cabe recurso extraordinário contra acórdão que defere medida liminar.

4.3) Medida Cautelar

STF **Súm. 634.** Não compete ao Supremo Tribunal Federal conceder medida cautelar para dar efeito suspensivo a recurso extraordinário que ainda não foi objeto de juízo de admissibilidade na origem.

STF **Súm. 635.** Cabe ao presidente do tribunal de origem decidir o pedido de medida cautelar em recurso extraordinário ainda pendente do seu juízo de admissibilidade.

4.4) Prazo

STF **Súm. 728.** É de três dias o prazo para a interposição de recurso extraordinário contra decisão do Tribunal Superior Eleitoral, contado, quando for o caso, a partir da publicação do acórdão, na própria sessão de julgamento, nos termos do art. 12 da Lei 6.055/74, que não foi revogado pela Lei 8.950/94

4.5) Prequestionamento

STF **Súm. 282.** É inadmissível o recurso extraordinário, quando não ventilada, na decisão recorrida, a questão federal suscitada.

STF **Súm. 356.** O ponto omisso da decisão, sobre o qual não foram opostos embargos declaratórios, não pode ser objeto de recurso extraordinário, por faltar o requisito do prequestionamento.

4.6) Requisitos Formais

STF **Súm. 284.** É inadmissível o recurso extraordinário, quando a deficiência na sua fundamentação não permitir a exata compreensão da controvérsia.

STF **Súm. 287.** Nega-se provimento do agravo quando a deficiência na sua fundamentação, ou na do recurso extraordinário, não permitir a exata compreensão da controvérsia.

4.7) Outros Temas

STF **Súm. 249.** É competente o Supremo Tribunal Federal para a ação rescisória quando, embora não tendo conhecido do recurso extraordinário, ou havendo negado provimento ao agravo, tiver apreciado a questão federal controvertida.

STF **Súm. 299.** O recurso ordinário e o extraordinário interpostos no mesmo processo de mandado de segurança, ou de "habeas corpus", serão julgados conjuntamente pelo Tribunal Pleno.

STF **Súm. 325.** As emendas ao Regimento do Supremo Tribunal Federal, sobre julgamento de questão constitucional, aplicam-se aos pedidos ajuizados e aos recursos interpostos anteriormente à sua aprovação.

STF **Súm. 456.** O Supremo Tribunal Federal, conhecendo do recurso extraordinário, julgará a causa, aplicando o direito à espécie.

STF **Súm. 515.** A competência para a ação rescisória não é do Supremo Tribunal Federal, quando a questão federal, apreciada no recurso extraordinário ou no agravo de instrumento, seja diversa da que foi suscitada no pedido rescisório.

STF **Súm. 528.** Se a decisão contiver partes autônomas, a admissão parcial, pelo presidente do tribunal "a quo", de recurso extraordinário que, sobre qualquer delas se manifestar, não limitará a apreciação de todas pelo Supremo Tribunal Federal, independentemente de interposição de agravo de instrumento.

STF **Súm. 727.** Não pode o magistrado deixar de encaminhar ao Supremo Tribunal Federal o agravo de instrumento interposto da decisão que não admite recurso extraordinário, ainda que referente a causa instaurada no âmbito dos juizados especiais.

* ENUNCIADOS CJF

1) Do Recurso Extraordinário e do Recurso Especial (arts. 1.029 a 1.041)

CJF **Proc. Civil 78.** A suspensão do recurso prevista no art. 1.030, III, do CPC deve se dar apenas em relação ao capítulo da decisão afetada pelo repetitivo, devendo o recurso ter seguimento em relação ao remanescente da controvérsia, salvo se a questão repetitiva for prejudicial à solução das demais matérias.

CJF **Proc. Civil 79.** Na hipótese do art. 1.032 do CPC, cabe ao relator, após possibilitar que o recorrente adite o seu recurso para inclusão de preliminar sustentando a existência de repercussão geral, oportunizar ao recorrido que, igualmente, adite suas contrarrazões para sustentar a inexistência da repercussão.

CJF **Proc. Civil 80.** Quando o Supremo Tribunal Federal considerar como reflexa a ofensa à Constituição afirmada no recurso extraordinário, deverá, antes de remetê-lo ao Superior Tribunal de Justiça para julgamento como recurso especial, conceder prazo de quinze dias para que as partes complementem suas razões e contrarrazões de recurso.

CJF **Proc. Civil 81.** A devolução dos autos pelo Superior Tribunal de Justiça ou Supremo Tribunal Federal ao tribunal de origem depende de decisão fundamentada, contra a qual cabe agravo na forma do art. 1.037, § 13, II, do CPC.

CJF **Proc. Civil 139.** A ausência de retratação do órgão julgador, na hipótese prevista no art. 1030, II, do CPC, dispensa a ratificação expressa para que haja o juízo de admissibilidade e a eventual remessa do recurso extraordinário ou especial ao tribunal superior competente, na forma dos arts. 1.030, V, "c", e 1.041 do CPC.

CJF **Proc. Civil 142.** Determinada a suspensão decorrente da admissão do IRDR (art. 982, I), a alegação de distinção entre a questão jurídica versada em uma demanda em curso e aquela a ser julgada no incidente será veiculada por meio do requerimento previsto no art. 1.037, §10.

2) Dos Embargos de Divergência (arts. 1.043 a 1.044)

CJF **Proc. Civil 83.** Caso os embargos de divergência impliquem alteração das conclusões do julgamento anterior, o recorrido que já tiver interposto o recurso extraordinário terá o direito de complementar ou alterar suas razões, nos exatos limites da modificação, no prazo de quinze dias, contados da intimação da decisão dos embargos de divergência.

* INFORMATIVOS

STF **Recurso extraordinário e acordão proferido em processo administrativo.** Interposição de recurso extraordinário contra acórdão proferido no âmbito de processo administrativo. Impossibilidade. O recurso extraordinário pressupõe a existência de causa, decidida em única ou última instância por órgão do Poder Judiciário, no exercício de função jurisdicional. ARE 958311, Rel. Acd. Min. Gilmar Mendes, j. 27.02.2018. 2ª T. (Info 892)

✱ QUESTÕES OBJETIVAS

263. **(Consulplan/TJ/MG/Cartórios/Ingresso/2017)** A respeito dos recursos nos tribunais superiores, marque a alternativa correta:

a) o recurso extraordinário será recebido no efeito devolutivo e o especial será recebido nos efeitos suspensivo e devolutivo.

b) os recursos extraordinário e especial serão recebidos nos efeitos suspensivo e devolutivo.

c) o recurso especial será recebido no efeito devolutivo e o extraordinário será recebido nos efeitos suspensivo e devolutivo.

d) os recursos extraordinário e especial serão recebidos somente no efeito devolutivo.

264. **(Consulplan/TJ/MG/Cartórios/Ingresso/2017)** Quando em recurso especial ou extraordinário houver diversidade de entendimento pertinente à mesma matéria entre as turmas julgadoras, poderá o interessado interpor:

a) embargos de divergência.

b) agravo interno.

c) embargos de declaração.

d) agravo de instrumento.

265. **(Consulplan/TJ/MG/Cartórios/Ingresso/2018)** De acordo com o sistema normativo processual e entendimento doutrinário e jurisprudencial sobre o tema, considera-se erro grosseiro a afastar a aplicação do princípio da fungibilidade em âmbito recursal, a seguinte hipótese:

a) decisão que julga o incidente de arguição de falsidade documental.

b) conhecimento pelo órgão julgador dos embargos de declaração como agravo interno.

c) rejeição parcial da petição inicial com um dos pedidos sendo repelido e o outro processado.

d) conversão do recurso extraordinário em recurso ordinário contra decisões denegatórias de mandado de segurança.

266. **(Consulplan/TJ/MG/Cartórios/Remoção/2018)** Sobre o instituto da repercussão geral é incorreto afirmar que:

a) há presunção de repercussão geral quando o recurso impugnar acórdão que tenha sido proferido em julgamentos de casos repetitivos.

b) a transcendência da controvérsia constitucional levada ao conhecimento do Supremo Tribunal Federal caracteriza-se por uma perspectiva qualitativa e quantitativa.

c) a interpretação a ser dada ao instituto da repercussão geral no direito brasileiro deve ser a mais extensiva e ampliativa possível, oposta à interpretação restritiva e discricionária do "certiorari" norte-americano.

d) a criação do instituto da repercussão geral veio para evitar o julgamento de casos repetitivos e não uma apreciação discricionária dos casos que possam ser levados a julgamento, tal qual ocorre no "certiorari".

267. **(Fundep/MPE/MG/Promotor/2017)** Analise as seguintes assertivas:

I. contra a decisão que julgar o incidente de distinção entre a questão a ser decidida no processo e aquela a ser julgada no recurso especial ou extraordinário afetado em primeiro grau, é cabível, por determinação legal, o agravo de instrumento.

II. a parte poderá desistir da ação em curso no primeiro grau de jurisdição, antes de proferida a sentença, se a questão nela discutida for idêntica à resolvida pelo recurso representativo da controvérsia.

III. contra a decisão que negar seguimento a recurso extraordinário que discuta questão constitucional à qual o Supremo Tribunal Federal não tenha reconhecido a existência de repercussão geral, ou a recurso extraordinário interposto contra acórdão que esteja em conformidade com entendimento do Supremo Tribunal Federal exarado no regime de repercussão geral, caberá agravo em recurso extraordinário do art. 1.042.

Assinale a alternativa correta:

a) somente a assertiva I é verdadeira.

b) somente a assertiva II é verdadeira.

c) somente as assertivas I e II são verdadeiras.

d) somente a assertiva III é verdadeira.

268. **(Fundep/MPE/MG/Promotor/2017)** Analise as seguintes assertivas em conformidade com as normas do CPC/2015:

I. caberá ação rescisória, cujo prazo bienal será contado do trânsito em julgado da última decisão proferida no processo cujo pronunciamento se busca desconstituir, caso o plenário do Supremo Tribunal Federal considere inconstitucional lei ou ato normativo que serviu de fundamento único para a prolação da decisão.

II. se o relator, no Superior Tribunal de Justiça, entender que o recurso especial versa sobre questão constitucional, deverá conceder prazo de 15 (quinze) dias para que o recorrente demonstre a existência de repercussão geral e se manifeste sobre a questão constitucional.

III. declarada a incompetência absoluta, somente os atos decisórios serão nulos, remetendo-se os autos ao juízo competente.

Assinale a alternativa correta:

a) somente a assertiva I é verdadeira.
b) somente a assertiva II é verdadeira.
c) somente as assertivas I e II são verdadeiras.
d) somente a assertiva III é verdadeira.

269. **(Faurgs/TJ/RS/Juiz/2016)** Considerando o sistema e as normas específicas do Novo Código de Processo Civil, instituído pela Lei n. 13.105/2015, assinale a alternativa correta:

a) o juiz não poderá prestar auxílio a qualquer das partes, nem prevenir a extinção do processo por motivos meramente formais, pois, se assim o fizer, estará violando seu dever de imparcialidade.
b) o juiz não está obrigado a oportunizar a manifestação prévia das partes em relação a questões de direito, apenas em relação às questões de fato que efetivamente integrem o mérito da causa.
c) é lícito ao juiz, independentemente da fase em que se encontra o processo, pronunciar a prescrição ou a decadência sem a oitiva prévia das partes, por se cuidar de matéria que lhe é dado decidir de ofício.
d) basta ao juiz explicitar as justificativas que conduziram à conclusão exposta no dispositivo da sentença, não lhe sendo necessário rebater de forma específica os fundamentos contrários a essa conclusão deduzidos pelas partes.
e) o Novo Código possibilita o saneamento de vício formal que possa impedir a admissibilidade de qualquer recurso, incluindo a desconsideração de vício formal de recurso especial ou extraordinário tempestivo, desde que não seja considerado grave.

270. **(FCC/PGE/MT/Procurador/2016)** Diante de um Acórdão do Tribunal de Justiça do Mato Grosso que condenou o Estado ao pagamento de gratificação a servidor público, o Procurador do Estado opôs embargos de declaração para o fim de prequestionar dispositivos da lei federal que, embora tenham sido alegados nas razões de apelação, não foram enfrentados no Acórdão. Entretanto, os embargos foram rejeitados, sob o fundamento de inexistência de omissão a ser sanada. Após ser intimado desta decisão, o Procurador deve:

a) interpor recurso especial alegando que o Tribunal "a quo" negou vigência aos dispositivos apontados nas razões de apelação, pois o requisito do prequestionamento foi atendido, uma vez que é suficiente a menção dos dispositivos nas razões recursais; o primeiro juízo de admissibilidade deste recurso será feito no Tribunal "ad quem".
b) opor novos embargos de declaração, pois ainda permanece a omissão quanto aos dispositivos da lei federal, sob pena de não ser conhecido eventual recurso especial.
c) interpor recurso especial alegando que o Tribunal "a quo" negou vigência aos dispositivos apontados nos embargos declaratórios, pois o requisito do prequestionamento foi atendido, uma vez que a lei admite expressamente o prequestionamento virtual; o primeiro juízo de admissibilidade deste recurso será feito no Tribunal "a quo".
d) interpor recurso especial alegando que o Tribunal "a quo" negou vigência aos dispositivos do Código que tratam dos embargos de declaração, pois o Acórdão não enfrentou a aplicação dos dispositivos apontados nos embargos declaratórios; o primeiro juízo de admissibilidade deste recurso será feito no Tribunal "a quo".
e) interpor recurso especial alegando que o Tribunal "a quo" negou vigência aos dispositivos apontados nos embargos declaratórios, pois o requisito do prequestionamento foi atendido, uma vez que a lei admite expressamente o prequestionamento virtual; o primeiro juízo de admissibilidade deste recurso será feito pelo relator sorteado no Tribunal "ad quem".

10. DISPOSIÇÕES FINAIS E TRANSITÓRIAS

✱ REPERCUSSÃO & REPETITIVOS

STJ **IAC 1.** 1.1. Incide a prescrição intercorrente, nas causas regidas pelo CPC/73, quando o exequente permanece inerte por prazo superior ao de prescrição do direito material vindicado, conforme interpretação extraída do art. 202, parágrafo único, do Código Civil de 2002. 1.2. O termo inicial do prazo prescricional, na vigência do CPC/1973, conta-se do fim do prazo judicial de suspensão do processo ou, inexistindo prazo fixado, do transcurso de 1 ano (aplicação analógica do art. 40, § 2º, da Lei 6.830/80). 1.3. O termo inicial do art. 1.056 do CPC/2015 tem incidência apenas nas hipóteses em que o processo se encontrava suspenso na data da entrada em vigor da novel lei processual, uma vez que não se pode extrair interpretação que viabilize o reinício ou a reabertura de prazo prescricional ocorridos na vigência do revogado CPC/1973 (aplicação irretroativa da norma processual). 1.4. O contraditório é princípio que deve ser respeitado em todas as manifestações do Poder Judiciário, que deve zelar pela sua observância, inclusive nas hipóteses de declaração de ofício da prescrição intercorrente, devendo o credor ser previamente intimado para opor algum fato impeditivo à incidência da prescrição. (REsp 1604412, 22.8.2018)

✱ ENUNCIADOS CJF

CJF **Proc. Civil 58.** O prazo para interposição do agravo previsto na Lei n. 8.437/92 é de quinze dias, conforme o disposto no art. 1.070 do CPC.

✱ QUESTÕES OBJETIVAS

271. **(MP/DFT/Promotor/2015)** O novo Código de Processo Civil, aprovado pela Lei 13.105/2015 (CPC/2015), entrará em vigor a contar de um ano de sua publicação oficial, em substituição ao CPC/1973. Sobre a aplicação do novo diploma processual, julgue os itens a seguir:

I. a prova requerida no processo antes da vigência do novo código, isto é, sob as regras legislativas do CPC/1973, ao ser produzida na vigência do CPC/2015, regular-se-á pelo novo diploma legal.

II. a contagem de prazos processuais em dias úteis, não mais em dias contínuos, estabelecida pelo CPC/2015, incidirá nos prazos que iniciarão contagem a partir da vigência do CPC/2015.

III. ao entrar em vigor, o CPC/2015 será aplicado aos processos que se iniciarem sob a sua égide, mantendo-se o CPC/1973 para reger todos os processos iniciados em data anterior à vigência do novo código

IV. os atos processuais praticados sob a vigência do CPC/1973, em processos não sentenciados, por exemplo, a citação de empresas públicas e privadas, não serão renovados devido à vigência da nova disciplina processual do CPC/2015.

V. a norma processual do CPC/2015 não retroagirá e será aplicada imediatamente aos processos em curso, respeitados os atos processuais praticados e as situações jurídicas consolidadas sob a vigência do CPC/1973.

Assinale a alternativa que contém os itens corretos:

a) I, II e IV.
b) III, IV e V.
c) I, III e IV.
d) II, IV e V.
e) I, IV e V.

272. **(MPE/GO/Promotor/2016)** Segundo o Código de Processo Civil, assinale a alternativa incorreta:

a) a primeira lista de processos para julgamento em ordem cronológica observará a antiguidade da distribuição entre os já conclusos na data da entrada em vigor do Código de Processo Civil.
b) as disposições de direito probatório adotadas pelo Código de Processo Civil aplicam-se apenas às provas requeridas ou determinadas de ofício a partir da data de início de sua vigência.
c) o incidente de desconsideração da personalidade jurídica não se aplica ao processo de competência dos juizados especiais, tendo em vista o princípio da celeridade processual.
d) havendo mais de um intimado, o prazo para cada um é contado individualmente, ou seja, para cada parte a fluência do prazo ocorre com a juntada de seu aviso de recebimento ou de seu mandado aos autos, ainda que haja mais de um réu.

273. **(FCC/PGE/MT/Procurador/2016)** De acordo com as regras transitórias de direito intertemporal estabelecidas no novo Código de Processo Civil:

a) uma ação de nunciação de obra nova que ainda não tenha sido sentenciada pelo juízo de primeiro grau quando do início da vigência do Novo Código de Processo Civil, seguirá em conformidade com as disposições do Código de Processo Civil de 1973.

b) as ações que foram propostas segundo o rito sumário antes do início da vigência do novo Código de Processo Civil, devem ser adaptadas às exigências da nova lei instrumental, à luz do princípio da imediata aplicação da lei processual nova.

c) as disposições de direito probatório do novo Código de Processo Civil aplicam-se a todas as provas que forem produzidas a partir da data da vigência do novo diploma processual, independentemente da data em que a prova foi requerida ou determinada a sua produção de ofício.

d) caso uma ação tenha sido proposta durante a vigência do Código de Processo Civil de 1973 e sentenciada já sob a égide do novo Código de Processo Civil, resolvendo na sentença questão prejudicial cuja resolução dependa o julgamento do mérito expressa e incidentalmente, tal decisão terá força de lei e formará coisa julgada.

e) o novo Código de Processo Civil autoriza, sem ressalvas, a concessão de tutela provisória contra a Fazenda Pública, derrogando tacitamente as normas que dispõem em sentido contrário.

11. LEI ESPECIAIS

11.1. Lei de Arbitragem (Lei 9.307/96)

✱ ENUNCIADOS CJF

CJF **Comercial 16.** O adquirente de cotas ou ações adere ao contrato social ou estatuto no que se refere à cláusula compromissória (cláusula de arbitragem) nele existente; assim, estará vinculado à previsão da opção da jurisdição arbitral, independentemente de assinatura e/ou manifestação específica a esse respeito.

CJF **Comercial 75.** Havendo convenção de arbitragem, caso uma das partes tenha a falência decretada: (i) eventual procedimento arbitral já em curso não se suspende e novo procedimento arbitral pode ser iniciado, aplicando-se, em ambos os casos, a regra do art. 6º, § 1º, da Lei n. 11.101/2005; e (ii) o administrador judicial não pode recusar a eficácia da cláusula compromissória, dada a autonomia desta em relação ao contrato.

✱ QUESTÕES OBJETIVAS

274. **(Ieses/TJ/CE/Cartórios/Ingresso/2018)** Analise as assertivas abaixo e, de acordo com o que dispõe a legislação vigente sobre arbitragem (Lei 9.307/96), assinale a alternativa correta:

I. as pessoas capazes poderão contratar a arbitragem para dirimir litígios relativos a direitos patrimoniais, disponíveis ou indisponíveis.

II. a administração pública direta poderá contratar a arbitragem para dirimir litígios relativos a direitos patrimoniais disponíveis.

III. a cláusula compromissória arbitral escrita pode estar inserta no próprio contrato ou em documento apartado que a ele se refira.

IV. o árbitro deverá ser capaz e ter concluído curso superior:

a) todas as assertivas estão incorretas.

b) todas as assertivas estão corretas.

c) as assertivas II e III estão corretas.

d) apenas a assertiva I está incorreta.

275. **(Ieses/TJ/CE/Cartórios/Remoção/2018)** Em relação à Lei de Arbitragem, é correto afirmar, exceto:

a) poderão as partes escolher, livremente, as regras de direito que serão aplicadas na arbitragem, desde que não haja violação aos bons costumes e à ordem pública.

b) é vedada a administração pública direta e indireta utilizar-se da arbitragem para dirimir conflitos relativos a direitos patrimoniais disponíveis.

c) a arbitragem poderá ser de direito ou de equidade, a critério das partes.

d) as pessoas capazes de contratar poderão valer-se da arbitragem para dirimir litígios relativos a direitos patrimoniais disponíveis.

276. **(Ieses/TJ/RO/Cartórios/Remoção/2017)** Lei n. 9.307, de 23 de setembro de 1996, que dispõe a sobre arbitragem, elenca em seu texto itens que devem constar, obrigatoriamente, do compromisso arbitral, quais sejam:

I. a matéria que será objeto da arbitragem.

II. o nome, profissão e domicílio do árbitro, ou dos árbitros, ou, se for o caso, a identificação da entidade à qual as partes delegaram a indicação de árbitros.

III. o lugar em que será proferida a sentença arbitral.

IV. o nome, profissão, estado civil e domicílio das partes.

A sequência correta é:

a) apenas as assertivas I e IV estão corretas.
b) apenas a assertiva III está incorreta.
c) as assertivas I, II, III e IV estão corretas.
d) apenas a assertiva II está correta.

277. **(FCC/TJ/PE/Cartórios/Remoção/2013)** Sobre a arbitragem, de acordo com a Lei n. 9.307/96, é correto afirmar:

a) a demanda para a decretação de nulidade da sentença arbitral seguirá o procedimento comum, previsto no Código de Processo Civil, e deverá ser proposta pela parte interessada no prazo de até sessenta dias após o recebimento da notificação da sentença arbitral ou de seu aditamento.
b) sendo nomeados vários árbitros, as partes envolvidas elegerão o presidente do tribunal arbitral e, não havendo consenso entre elas, será designado presidente o mais idoso.
c) no prazo de dez dias, a contar do recebimento da notificação ou da ciência pessoal da sentença arbitral, a parte interessada, mediante comunicação à outra parte, poderá solicitar ao árbitro ou ao tribunal arbitral que corrija qualquer erro material da sentença arbitral.
d) nada tendo sido convencionado pelas partes, o prazo para a apresentação da sentença é de seis meses, contado da instituição da arbitragem ou da substituição do árbitro, podendo ser prorrogado pelas partes e árbitros, havendo comum acordo.
e) no procedimento arbitral, em caso de ausência sem justa causa de testemunha convocada para prestar depoimento poderá o árbitro ou o presidente do tribunal arbitral determinar a condução coercitiva da testemunha faltosa requerendo, se necessário, o auxílio de força policial.

278. **(Ieses/TJ/PA/Cartórios/Remoção/2016)** Julgue as assertivas relacionadas ao instituto da arbitragem:

I. as partes interessadas podem submeter a solução de seus litígios ao juízo arbitral mediante convenção de arbitragem, assim entendida a cláusula compromissória e o compromisso arbitral.
II. a administração pública direta e indireta poderá utilizar-se da arbitragem para dirimir conflitos relativos a direitos patrimoniais indisponíveis.
III. a arbitragem poderá ser de direito ou de equidade, a critério das partes.
IV. a arbitragem que envolva a administração pública será sempre de direito e respeitará o princípio da publicidade.

A sequência correta é:

a) apenas as assertivas I e II estão corretas.
b) apenas a assertiva II está correta.
c) as assertivas I, II, III e IV estão corretas.
d) apenas as assertivas I, III e IV estão corretas.

279. **(Faurgs/TJ/RS/Cartórios/Ingresso/2015)** Assinale a alternativa que contém afirmativa incorreta sobre a arbitragem no direito brasileiro:

a) a decisão arbitral proferida por entidade não eleita pelas partes afigura-se nula de pleno direito, possibilitando a interferência do Poder Judiciário para desconstituí-la, mediante requerimento da parte prejudicada.
b) a convenção de arbitragem é uma das espécies de compromisso arbitral.
c) nos contratos de adesão, a cláusula compromissória terá eficácia somente se o aderente tomar a iniciativa de instituir a arbitragem ou concordar, expressamente, com a sua instituição, desde que por escrito em documento anexo ou em negrito, com a assinatura ou visto especialmente para essa cláusula.
d) é possível a utilização de regulamentos corporativos como direito aplicável em um processo arbitral.

280. **(Faurgs/TJ/RS/Cartórios/Remoção/2015)** Assinale a alternativa que contém afirmativa incorreta sobre a arbitragem no Direito Brasileiro:

a) a arbitragem obedecerá ao procedimento estabelecido pelas partes na convenção de arbitragem, que poderá reportar-se às regras de um órgão arbitral institucional ou entidade especializada, facultando-se, ainda, às partes, delegar ao próprio árbitro, ou ao tribunal arbitral, regular o procedimento.
b) o compromisso arbitral é uma das espécies de convenção de arbitragem.
c) sobrevindo, no curso da arbitragem, controvérsia acerca de direitos indisponíveis, e verificando-se que de sua existência, ou não, dependerá

o julgamento, o árbitro, ou o tribunal arbitral, remeterá as partes à autoridade competente do Poder Judiciário, suspendendo o procedimento arbitral.

d) é possível a aplicação de direito estrangeiro para a solução de um conflito submetido a processo arbitral.

281. (Faurgs/TJ/RS/Cartórios/Remoção/2015) Assinale a alternativa que contém afirmativa correta sobre arbitragem no Direito Brasileiro:

a) as partes, de comum acordo, não poderão afastar a aplicação de dispositivo do regulamento do órgão arbitral institucional ou entidade especializada que limite a escolha do árbitro único, coárbitro ou presidente do tribunal à respectiva lista de árbitros, autorizado o controle da escolha pelos órgãos competentes da instituição, sendo que, nos casos de impasse e arbitragem multiparte, deverá ser observado o que dispuser o regulamento aplicável.

b) o compromisso arbitral não é autônomo em relação ao contrato no qual estiver inserido, de tal sorte que a nulidade deste implicará a nulidade daquele.

c) o árbitro precisa ter formação jurídica, e as partes podem escolhê-lo de acordo com a especialidade técnica que seja mais útil à solução da questão em concreto.

d) reportando-se as partes, na cláusula compromissória, às regras de algum órgão arbitral institucional ou entidade especializada, a arbitragem será instituída e processada de acordo com tais regras, podendo, igualmente, as partes estabelecerem, na própria cláusula ou em outro documento, a forma convencionada para a instituição da arbitragem.

282. (Vunesp/TJ/SP/Cartórios/Ingresso/2016) A arbitragem, como meio para dirimir conflitos relativos a direitos patrimoniais disponíveis, poderá ser utilizada:

a) pelos entes da Administração Pública direta, desde que não envolva matéria de direito.

b) pelos particulares, em geral, sem qualquer restrição, inclusive quanto à capacidade.

c) pelas entidades paraestatais, excluídas as empresas públicas.

d) pela Administração Pública direta e indireta.

283. (Ieses/TJ/PA/Cartórios/Ingresso/2016) De acordo com a Lei 9.307/96, que dispõe sobre a arbitragem, assinale a alternativa correta:

a) a sentença arbitral será proferida no prazo estipulado pelas partes. Nada tendo sido convencionado, o prazo para a apresentação da sentença é de três meses, contado da instituição da arbitragem ou da substituição do árbitro.

b) poderão as partes escolher, livremente, as regras de direito que serão aplicadas na arbitragem, desde que não haja violação aos bons costumes e à ordem pública.

c) considera-se instituída a arbitragem quando aceita a nomeação pelo árbitro, se for único, ou pela maioria absoluta, se forem vários.

d) às partes é vedado estabelecer o processo de escolha dos árbitros, devendo adotar as regras de um órgão arbitral institucional ou entidade especializada.

284. (Ieses/TJ/PA/Cartórios/Remoção/2016) A Política Judiciária Nacional de tratamento dos conflitos de interesses, tendente a assegurar a todos o direito à solução dos conflitos por meios adequados à sua natureza e peculiaridade. O programa será implementado com a participação de rede constituída:

I. por todos os órgãos do Poder Judiciário.

II. por Entidades públicas.

III. pelo Conselho Nacional de Justiça.

IV. por Universidades e instituições de ensino.

A sequência correta é:

a) apenas as assertivas I, III e IV estão corretas.

b) apenas a assertiva II está correta.

c) as assertivas I, II, III e IV estão corretas.

d) apenas as assertivas I e II estão corretas.

11.2. Lei de Execução Fiscal (Lei 6.830/80)

✱ INOVAÇÕES LEGISLATIVAS

▲ Lei de Execução Fiscal (Lei 6.830/80): sem alterações em 2017/2018.

✱ SÚMULAS

1) Competência

STJ **Súm. 58.** Proposta a execução fiscal, a posterior mudança de domicílio do executado não desloca a competência já fixada.

STJ **Súm. 66.** Compete à Justiça Federal processar e julgar execução fiscal promovida por conselho de fiscalização profissional.

STJ **Súm. 349.** Compete à Justiça Federal ou aos juízes com competência delegada o julgamento das execuções fiscais de contribuições devidas pelo empregador ao FGTS.

2) Despesas Processuais

STJ **Súm. 153.** A desistência da execução fiscal, após o oferecimento dos embargos, não exime o exequente dos encargos da sucumbência.

STJ **Súm. 190.** Na execução fiscal, processada perante a Justiça Estadual, cumpre à Fazenda Pública antecipar o numerário destinado ao custeio das despesas com o transporte dos oficiais de justiça.

STJ **Súm. 400.** O encargo de 20% previsto no DL n. 1.025/1969 é exigível na execução fiscal proposta contra a massa falida.

3) Embargos

STJ **Súm. 392.** A Fazenda Pública pode substituir a certidão de dívida ativa (CDA) até a prolação da sentença de embargos, quando se tratar de correção de erro material ou formal, vedada a modificação do sujeito passivo da execução.

STJ **Súm. 394.** É admissível, em embargos à execução, compensar os valores de imposto de renda retidos indevidamente na fonte com os valores restituídos apurados na declaração anual.

4) Legitimidade Ativa

STJ **Súm. 139.** Cabe à Procuradoria da Fazenda Nacional propor execução fiscal para cobrança de crédito relativo ao ITR.

STJ **Súm. 521.** A legitimidade para execução fiscal de multa pendente de pagamento imposta em sentença condenatória é exclusiva da Procuradoria da Fazenda Pública.

5) Leilão

STJ **Súm. 121.** Na execução fiscal, o devedor deverá ser intimado, pessoalmente, do dia e hora da realização do leilão.

STJ **Súm. 128.** Na execução fiscal, haverá segundo leilão se, no primeiro, não houver lanço superior à avaliação.

6) Penhora

STJ **Súm. 406.** A Fazenda Pública pode recusar a substituição do bem penhorado por precatório.

STJ **Súm. 451.** É legítima a penhora da sede do estabelecimento comercial.

7) Petição Inicial

STJ **Súm. 558.** Em ações de execução fiscal, a petição inicial não pode ser indeferida sob o argumento da falta de indicação do CPF e/ou RG ou CNPJ da parte executada.

STJ **Súm. 559.** Em ações de execução fiscal, é desnecessária a instrução da petição inicial com o demonstrativo de cálculo do débito, por tratar-se de requisito não previsto no art. 6º da Lei n. 6.830/1980.

8) Prescrição Intercorrente

STJ **Súm. 314.** Em execução fiscal, não localizados bens penhoráveis, suspende-se o processo por um ano, findo o qual se inicia o prazo da prescrição quinquenal intercorrente.

STJ **Súm. 409.** Em execução fiscal, a prescrição ocorrida antes da propositura da ação pode ser decretada de ofício (art. 219, § 5º, do CPC).

9) Responsabilidade Tributária

STJ **Súm. 251.** A meação só responde pelo ato ilícito quando o credor, na execução fiscal, provar que o enriquecimento dele resultante aproveitou ao casal.

STJ **Súm. 430.** O inadimplemento da obrigação tributária pela sociedade não gera, por si só, a responsabilidade solidária do sócio-gerente.

STJ **Súm. 435.** Presume-se dissolvida irregularmente a empresa que deixar de funcionar no seu domicílio fiscal, sem comunicação aos órgãos competentes, legitimando o redirecionamento da execução fiscal para o sócio-gerente.

STJ **Súm. 554.** Na hipótese de sucessão empresarial, a responsabilidade da sucessora abrange não apenas os tributos devidos pela sucedida, mas também as multas moratórias ou punitivas referentes a fatos geradores ocorridos até a data da sucessão.

10) Outros Temas

STJ **Súm. 189.** É desnecessária a intervenção do Ministério Público nas execuções fiscais.

STJ **Súm. 393.** A exceção de pré-executividade é admissível na execução fiscal relativamente às matérias conhecíveis de ofício que não demandem dilação probatória.

STJ **Súm. 414.** A citação por edital na execução fiscal é cabível quando frustradas as demais modalidades.

STJ **Súm. 515.** A reunião de execuções fiscais contra o mesmo devedor constitui faculdade do Juiz.

STJ **Súm. 583.** O arquivamento provisório previsto no art. 20 da Lei n. 10.522/2002, dirigido aos débitos inscritos como dívida ativa da União pela Procuradoria-Geral da Fazenda Nacional ou por ela cobrados, não se aplica às execuções fiscais movidas pelos conselhos de fiscalização profissional ou pelas autarquias federais.

* REPERCUSSÃO & REPETITIVOS

STJ **Repetitivo 566.** O prazo de 1 ano de suspensão do processo e do respectivo prazo prescricional previsto no art. 40, §§ 1º e 2º da LEF tem início automaticamente na data da ciência da Fazenda Pública a respeito da não localização do devedor ou da inexistência de bens penhoráveis no endereço fornecido, havendo, sem prejuízo dessa contagem automática, o dever de o magistrado declarar ter ocorrido a suspensão da execução. (REsp 1340553, 16.10.2018)

STJ **Repetitivo 568.** A efetiva constrição patrimonial e a efetiva citação (ainda que por edital) são aptas a interromper o curso da prescrição intercorrente, não bastando para tal o mero peticionamento em juízo, requerendo, v. g., a feitura da penhora sobre ativos financeiros ou sobre outros bens. (REsp 1340553, 16.10.2018)

STJ **Repetitivo 569.** Havendo ou não petição da Fazenda Pública e havendo ou não pronunciamento judicial nesse sentido, findo o prazo de 1 ano de suspensão inicia-se automaticamente o prazo prescricional aplicável. (REsp 1340553, 16.10.2018)

STJ **Repetitivo 571.** A Fazenda Pública, em sua primeira oportunidade de falar nos autos (NCPC, art. 278), ao alegar nulidade pela falta de qualquer intimação dentro do procedimento do art. 40 da LEF, deverá demonstrar o prejuízo que sofreu (exceto a falta da intimação que constitui o termo inicial, onde o prejuízo é presumido), por exemplo, deverá demonstrar a ocorrência de qualquer causa interruptiva ou suspensiva da prescrição. (REsp 1340553, 16.10.2018)

STJ **IAC 1.** 1.1. Incide a prescrição intercorrente, nas causas regidas pelo CPC/73, quando o exequente permanece inerte por prazo superior ao de prescrição do direito material vindicado, conforme interpretação extraída do art. 202, parágrafo único, do Código Civil de 2002. 1.2. O termo inicial do prazo prescricional, na vigência do CPC/1973, conta-se do fim do prazo judicial de suspensão do processo ou, inexistindo prazo fixado, do transcurso de 1 ano (aplicação analógica do art. 40, § 2º, da Lei 6.830/80). 1.3. O termo inicial do art. 1.056 do CPC/2015 tem incidência apenas nas hipóteses em que o processo se encontrava suspenso na data da entrada em vigor da novel lei processual, uma vez que não se pode extrair interpretação que viabilize o reinício ou a reabertura de prazo prescricional ocorridos na vigência do revogado CPC/1973 (aplicação irretroativa da norma processual). 1.4. O contraditório é princípio que deve ser respeitado em todas as manifestações do Poder Judiciário, que deve zelar pela sua observância, inclusive nas hipóteses de declaração de ofício da prescrição intercorrente, devendo o credor ser previamente intimado para opor algum fato impeditivo à incidência da prescrição. (REsp 1604412, 22.8.2018)

* ENUNCIADOS CJF

CJF **Proc. Civil 20.** Aplica-se o art. 219 do CPC na contagem do prazo para oposição de embargos à execução fiscal previsto no art. 16 da Lei n. 6.830/1980.

CJF **Proc. Civil 116.** Aplica-se o art. 219 do CPC na contagem dos prazos processuais previstos na Lei n. 6.830/1980.

* QUESTÕES DISCURSIVAS

08. **(Consulplan/TJ/MG/Cartórios/Remoção/2017)** O Estado de Minas Gerais ajuizou ação de execução fiscal contra a sociedade Débito's Ltda., por dívida inscrita de ICMS declarado e não pago. Quando do cumprimento do mandado de citação e penhora, o oficial de justiça certificou que a sociedade não mais funcionava no endereço constante dos cadastros do Fisco e da Junta Comercial. Em seguida, nas buscas realizadas, não foram encontrados bens penhoráveis da sociedade, o que motivou a Fazenda Pública a requerer a inclusão dos sócios-gerentes João e Maria, integrantes do quadro societário na data da diligência do oficial de justiça, no polo passivo da execução. Citados os sócios, foi arguida nos autos da execução fiscal exceção de pré-executividade, tanto pelos sócios quanto pela sociedade, insurgindo-se contra o redirecionamento da pretensão executiva aos coobrigados, sob a alegação de que não agiram com culpa ou dolo. Responda, justificadamente, à luz da jurisprudência dominante do Superior Tribunal de Justiça: (a) a sociedade é parte legítima para arguir a exceção de pré-executividade? (b) situação fática acima retratada, é possível o redirecionamento da execução aos sócios?

✱ QUESTÕES OBJETIVAS

285. **(Consulplan/TJ/MG/Cartórios/Remoção/2017)** À luz do entendimento sumulado pelo Superior Tribunal de Justiça em matéria tributária, assinale a alternativa incorreta:

a) a decretação da indisponibilidade de bens e direitos, na forma do art. 185-A do CTN, pressupõe o exaurimento das diligências na busca por bens penhoráveis, o qual fica caracterizado quando infrutíferos o pedido de constrição sobre ativos financeiros e a expedição de ofícios aos registros públicos do domicílio do executado, ao Denatran ou Detran.

b) em ações de execução fiscal, a petição inicial não pode ser indeferida sob o argumento da falta de indicação do CPF e/ou RG ou CNPJ da parte executada.

c) quando não houver declaração do débito, o prazo decadencial quinquenal para o Fisco constituir o crédito tributário conta-se exclusivamente na forma do art. 173, I, do CTN, nos casos em que a legislação atribui ao sujeito passivo o dever de antecipar o pagamento sem prévio exame da autoridade administrativa.

d) a petição inicial da ação de execução fiscal deve ser instruída com o demonstrativo do cálculo do débito.

286. **(FCC/TJ/PE/Cartórios/Ingresso/2013)** Na execução fiscal:

a) é necessária a intervenção do Ministério Público.

b) a Fazenda Pública não pode substituir a certidão de dívida ativa até a prolação da sentença de embargos, mesmo quando se tratar de correção de erro material ou formal, sem modificação do sujeito passivo da execução.

c) a Fazenda Pública não pode recusar a substituição do bem penhorado por precatório.

d) a citação por edital é cabível quando frustradas as demais modalidades.

e) o inadimplemento de obrigação tributária pela sociedade gera, por si só, a responsabilidade solidária do sócio-gerente.

11.3. Lei de Medição (Lei 13.140/15)

✱ QUESTÕES OBJETIVAS

287. **(Ieses/TJ/CE/Cartórios/Ingresso/2018)** Ainda acerca da mediação e segundo o disposto na Lei n. 13.140/15, é correto afirmar:

a) nenhuma das alternativas.

b) a propositura de ação judicial em que figurem concomitantemente nos polos ativo e passivo órgãos ou entidades de direito público que integrem a administração pública federal deverá ser previamente autorizada pelo Procurador Geral da República.

c) observados os requisitos apontados na própria Lei de Mediação, as controvérsias jurídicas que envolvam a administração pública federal direta, suas autarquias e fundações poderão ser objeto de transação por adesão.

d) é obrigatório aos Estados, ao Distrito Federal e aos Municípios, suas autarquias e fundações públicas, bem como às empresas públicas e sociedades de economia mista federais, submeter seus litígios com órgãos ou entidades da administração pública federal à Advocacia-Geral da União, para fins de composição extrajudicial do conflito.

288. **(Ieses/TJ/CE/Cartórios/Ingresso/2018)** Relativamente à figura jurídica da mediação, segundo o disposto na Lei n. 13.140/15, assinale a alternativa incorreta:

a) aplicam-se ao mediador as mesmas hipóteses legais de impedimento e suspeição do juiz.

b) a Mediação será orientada, dentre outros, pelos princípios da isonomia entre as partes, da informalidade, da confidencialidade e da boa-fé.

c) não podem ser objeto de mediação os conflitos que versem sobre direitos indisponíveis, ainda que admitam transação.

d) na mediação judicial, os mediadores não estarão sujeitos à prévia aceitação das partes.

11.4. Lei dos Juizados Especiais (Lei 9.099/95)

✱ INOVAÇÕES LEGISLATIVAS

▲ Lei dos Juizados Especiais (Lei 9.099/95)

▲ Art. 12-A. Na contagem de prazo em dias, estabelecido por lei ou pelo juiz, para a prática de qualquer ato processual, inclusive para a interposição de recursos, computar-se-ão somente os dias úteis. (Modificações: Lei 13.728/18)

▲ Art. 62. O processo perante o Juizado Especial orientar-se-á pelos critérios da oralidade, simplicidade, informalidade, economia processual e celeridade, objetivando, sempre que possível, a reparação dos danos sofridos pela vítima e a aplicação de pena não privativa de liberdade. (Modificações: Lei 13.603/18)

▲ Lei dos Juizados Especiais da Fazenda Pública (Lei 12.153/09): sem alterações em 2017/2018.

▲ Lei dos Juizados Especiais Federais (Lei 10.259/01): sem alterações em 2017/2018.

✱ SÚMULAS

STF Súm. 640. É cabível recurso extraordinário contra decisão proferida por juiz de primeiro grau nas causas de alçada, ou por turma recursal de juizado especial cível e criminal.

STF Súm. 727. Não pode o magistrado deixar de encaminhar ao Supremo Tribunal Federal o agravo de instrumento interposto da decisão que não admite recurso extraordinário, ainda que referente a causa instaurada no âmbito dos juizados especiais.

STJ Súm. 203. Não cabe recurso especial contra decisão proferida por órgão de segundo grau dos juizados especiais.

STJ Súm. 376. Compete à turma recursal processar e julgar o mandado de segurança contra ato de juizado especial.

STJ Súm. 428. Compete ao tribunal regional federal decidir os conflitos de competência entre juizado especial federal e juízo federal da mesma seção judiciária.

✱ ENUNCIADOS CJF

CJF Proc. Civil 2. As disposições do CPC aplicam-se supletiva e subsidiariamente às Leis n. 9.099/1995, 10.259/2001 e 12.153/2009, desde que não sejam incompatíveis com as regras e princípios dessas leis.

CJF Proc. Civil 16. As disposições previstas nos arts. 190 e 191 do CPC poderão aplicar-se aos procedimentos previstos nas leis que tratam dos juizados especiais, desde que não ofendam os princípios e regras previstos nas Leis n. 9.099/1995, 10.259/2001 e 12.153/2009.

CJF Proc. Civil 19. O prazo em dias úteis previsto no art. 219 do CPC aplica-se também aos procedimentos regidos pelas Leis n. 9.099/1995, 10.259/2001 e 12.153/2009.

CJF Proc. Civil 37. Aplica-se aos juizados especiais o disposto nos parágrafos do art. 489 do CPC.

CJF Comercial 61. Em atenção ao princípio do tratamento favorecido à microempresa e à empresa de pequeno porte, é possível a representação de empresário individual, sociedade empresária ou EIRELI, quando enquadrados nos respectivos regimes tributários, por meio de preposto, perante os juizados especiais cíveis, bastando a comprovação atualizada do seu enquadramento.

✱ QUESTÕES OBJETIVAS

289. **(Faurgs/TJ/RS/Cartórios/Remoção/2015)** Nos Juizados Especiais Cíveis, não poderão, entre outros, ser parte:

a) as pessoas enquadradas como microempresas e empresas de pequeno porte.
b) as sociedades de crédito ao microempreendedor.
c) o incapaz, o preso e o insolvente civil.
d) as pessoas jurídicas qualificadas como Organização da Sociedade Civil de Interesse Público.

290. **(Consulplan/TJ/MG/Cartórios/Ingresso/2017)** Sobre os Juizados Especiais Cíveis, instituídos pela Lei n. 9.099/95, é correto afirmar, exceto:

a) as pessoas jurídicas qualificadas como organização da sociedade civil de interesse público, nos termos da Lei n. 9.790/99, são admitidas a propor ação perante o Juizado Especial.
b) a ação rescisória nas causas sujeitas ao procedimento instituído pela Lei n. 9.099/95 deve ser ajuizada no prazo de 02 (dois) anos a contar do trânsito em julgado da sentença ou acórdão.
c) o réu, sendo pessoa jurídica ou titular de firma individual, poderá ser representado por preposto credenciado, munido de carta de preposição com poderes para transigir, sem haver necessidade de vínculo empregatício.
d) os atos processuais serão públicos e poderão realizar-se em horário noturno, conforme dispuserem as normas de Organização Judiciária.

291. **(TJ/SC/Cartórios/Remoção/2012)** No tocante aos Juizados Especiais Cíveis, assinale a alternativa incorreta:

a) nas causas de valor superior a vinte salários, a assistência por advogado é obrigatória.
b) nas causas de valor até vinte salários mínimos, as partes comparecerão pessoalmente, podendo ser assistidas por advogado.

c) será admitida ação rescisória nas causas sujeitas ao procedimento dos juizados especiais.
d) da sentença proferida caberá recurso com efeito devolutivo. Todavia, o juiz poderá dar-lhe efeito suspensivo para evitar dano irreparável ou de difícil reparação para a parte.
e) da sentença homologatória de conciliação ou laudo arbitral descaberá recurso.

292. (Fadems/MPE/MS/Promotor/2013) Acerca de procedimentos dos juizados especiais, assinale a opção correta:

a) o Juizado Especial Cível tem competência para conciliação, processo e julgamento de ações possessórias sobre bens imóveis de valor não excedente a quarenta vezes o valor do salário mínimo.
b) o Ministério Público, no Juizado Especial Cível, não intervirá.
c) estando o incapaz devidamente representado por seus pais e sendo observada a necessária intervenção do Ministério Público, é viável que se proponha ação perante o Juizado Especial Cível.
d) a decisão de turma recursal que define os juizados especiais como competentes para o processo e julgamento de determinada demanda somente pode ser impugnada por recurso extraordinário.
e) o recurso será interposto no prazo de quinze dias, contados da ciência da sentença e não da juntada do comprovante de intimação.

293. (FCC/MPE/AL/Promotor/2012) No que concerne aos aspectos processuais dos Juizados Especiais Cíveis previstos na Lei n. 9.099/95, é correto afirmar que:

a) nas ações para reparação de dano de qualquer natureza é competente o foro do domicílio do réu ou o do local do ato ou fato, somente.
b) os incapazes podem ser partes no processo se estiverem representados pelos pais ou tutores.
c) admitir-se-á nomeação à autoria, chamamento ao processo e assistência.
d) tratando-se de pedidos cumulativos, a soma poderá ultrapassar o limite de quarenta salários mínimos.
e) não se fará citação por edital, ainda que o réu se encontre em local incerto e não sabido.

294. (Fepese/MPE/SC/Promotor/2016) No âmbito dos juizados especiais cíveis os embargos de declaração são oferecidos no prazo de cinco dias, contados da ciência da decisão e, uma vez recebidos, suspendem o prazo recursal.

12. TEORIA E PRINCÍPIOS

✱ QUESTÕES OBJETIVAS

295. (Consulplan/TJ/MG/Cartórios/Ingresso/2017) "Ação que busca a imposição de uma sanção à pretensão". Quanto ao tipo e provimento, é correto afirmar que essa ação é:

a) constitutiva.
b) declaratória.
c) condenatória.
d) mandamental.

296. (Consulplan/TJ/MG/Cartórios/Ingresso/2018) Considerando a existência das ações heterotópicas como formas de defesa do devedor à atividade jurisdicional satisfativa executória, é correto afirmar sua exemplificação na seguinte hipótese:

a) ação rescisória de sentença; objeção de pré-executividade e embargos do devedor.
b) ação de "querela nullitatis", ação anulatória de ato judicial e impugnação ao cumprimento de sentença.
c) ação rescisória de sentença; ação anulatória de ato judicial; ação declaratória de inexistência da relação jurídica.
d) ação declaratória de inexistência de relação jurídica, ação de consignação em pagamento e embargos à execução fiscal.

297. (Consulplan/TJ/MG/Cartórios/Ingresso/2018) Sobre o sistema de precedentes adotado pelo novo Código de Processo Civil é incorreto afirmar que:

a) o sistema de precedentes no ordenamento processual brasileiro objetiva a eficácia persuasiva que dita a conotação do instituto para todo o Judiciário.
b) o conceito de ratio decidendi mostra que é a tese jurídica suficiente a decidir o caso concreto e não a parte dispositiva da decisão que produz a eficácia vinculante.
c) a primordial justificativa da utilização pragmática dos precedentes é ditada pelo princípio da universalidade ou da justiça formal, para fins de um tratamento isonômico.

d) o obiter dictum não se presta para ser invocado como precedente vinculante em caso análogo, embora possa perfeitamente ser referido como argumento de persuasão.

298. (FMP/TJ/MT/Cartórios/Ingresso/2014) Sobre o direito ao contraditório, é correto afirmar que:

a) se esgota na ideia de bilateralidade da instância.

b) deve ser realizado sempre de forma prévia no processo civil.

c) não pode ser realizado de forma eventual em nenhuma hipótese no processo civil.

d) constitui simplesmente direito de ser informado e de poder reagir em juízo.

e) nenhuma das alternativas está correta.

299. (Consulplan/TJ/MG/Cartórios/Ingresso/2018) Sobre a função nomofilática dos tribunais adotada pelo novo Código de Processo Civil, assinale a afirmativa incorreta:

a) extirpa com a ideia de que o convencimento judicial é absolutamente livre.

b) tem como pressuposto lógico e inafastável a força expansiva ultra partes das decisões dos Tribunais.

c) a opção legislativa processual está diretamente relacionada ao princípio da isonomia de tratamento judicial.

d) estabelece como premissa não ser a lei vocacionada a ter um só entendimento, dentro de uma mesma situação histórica, de sorte que a diversidade de entendimentos proposta pela função nomofilática propicia uma resposta judiciária igualitária, tempestiva e de boa qualidade para todos.

300. (Consulplan/TJ/MG/Cartórios/Ingresso/2018) Acerca do tema relativo à tipicidade na execução é incorreto afirmar que:

a) a preocupação em conter o poder executivo do juiz está intimamente ligada aos valores do estado democrático de direito.

b) o princípio da tipicidade objetiva garantir o jurisdicionado contra a possibilidade de arbítrio na utilização da modalidade executiva.

c) as cláusulas gerais executivas se mostram como um método eficaz para concretizar o direito material utilizando-se do meio executivo mais adequado ao caso.

d) a diversidade das situações de direito material implica a tomada de consciência da imprescindibilidade de um tratamento diferenciado no processo, especialmente em relação aos meios de execução.

301. (Consulplan/TJ/MG/Cartórios/Remoção/2018) Pelo princípio dispositivo há proibição da "reformatio in pejus" que, contudo, é afastado nas seguintes situações:

I. diante da sentença que ao julgar extinto, o processo sem resolução do mérito por ilegitimidade da parte, ocasião em que a parte autora recorre e a instância revisora reconhece a existência da coisa julgada.

II. diante da sentença que, no reexame necessário, ante a translatividade plena à instância revisora eleva a condenação imposta à Fazenda Pública.

III. diante da sentença que rejeita a prescrição e acolhe parcialmente pedido indenizatório, ocasião em que a parte autora, ao apelar para obter a majoração da verba condenatória, tem contra si reconhecida a prescrição pela instância revisora.

IV. diante da sentença que não manifestou sobre a incidência dos juros, situação em que o recorrente poderá ter sua situação piorada independentemente do efeito da apelação.

Estão corretas as afirmativas:

a) I, II, III e IV.

b) II e IV, apenas.

c) I, III e IV, apenas.

d) II, III e IV, apenas.

302. (Consulplan/TJ/MG/Cartórios/Remoção/2018) Sobre o sistema de precedentes do "common law" adotado em certa medida pelo Novo Código de Processo Civil, assinale a afirmativa incorreta:

a) pelo método dedutivo adotado se extraem as generalizações a partir dos casos particulares.

b) não opera com verdades preestabelecidas, de validade universal e inflexível para chegar às conclusões derivadas delas.

c) cada caso novo é uma experiência, e se as regras aceitas, provavelmente aplicáveis, conduzem a resultado que se sente injusto, a regra é reconsiderada.

d) as regras e princípios do direito consuetudinário nunca foram tratadas como verdades finais, mas como hipóteses de trabalho, continuamente reexaminadas nos grandes laboratórios do direito que são os tribunais.

303. **(Consulplan/TJ/MG/Cartórios/Remoção/2018)** Sobre as técnicas processuais e a tutela dos direitos no processo civil, é incorreto afirmar que:

a) a atividade de execução pode ser fundada em cognição sumária ou exauriente.

b) somente se admitem técnicas processuais que sacrifiquem a efetividade da prestação jurisdicional quando isso tiver por intuito a preservação de direitos fundamentais da parte contrária.

c) a tutela de direitos perpassa em primeiro na verificação das técnicas processuais adequadas para sua efetiva proteção, para depois analisar as situações de direito material que se pretende proteger por meio do exercício da ação.

d) o legislador pode, para a tutela dos direitos, prever procedimentos diferenciados, podendo determinar cortes na cognição no plano horizontal para limitação do debate a certas questões, sem que se cogite de cerceamento de defesa.

304. **(FMP/TJ/MT/Cartórios/Ingresso/2014)** Sobre a teoria do procedimento no processo civil, é correto afirmar que:

a) inexiste, no Brasil, qualquer procedimento de cognição "secundum eventum probationis".

b) inexiste, no Brasil, qualquer procedimento de cognição "secundum eventum defensionis".

c) todos os procedimentos regidos pelo Código de Processo Civil são procedimentos de cognição plena e exauriente.

d) o direito brasileiro admite procedimentos formalmente sumários.

e) nenhuma das alternativas está correta.

305. **(Consulplan/TJ/MG/Cartórios/Remoção/2014)** Em relação aos princípios jurídicos, assinale a alternativa correta:

a) princípios são as normas jurídicas de natureza lógica, contemporâneas e equivalentes às regras, impulsionando a criação, aplicação e interpretação do direito.

b) quando os princípios se intercruzam (colidem), o intérprete, ao resolver o conflito, tem de levar em conta a força absoluta de cada um (ponderação), mediante a aplicação das normas de antinomia.

c) os princípios contêm mandados definitivos, permanentes, razão pela qual não podem ser desconsiderados em determinados casos e tidos como decisivos em outro.

d) trata-se do pedestal normativo sobre o qual assenta todo o edifício jurídico dos novos sistemas constitucionais.

306. **(Consulplan/TJ/MG/Cartórios/Remoção/2017)** Com relação às fontes do direito processual civil brasileiro, avalie as seguintes proposições:

I. o processo civil será interpretado conforme os valores e normas fundamentais estabelecidos na Constituição da República Federativa do Brasil.

II. os tratados internacionais em que o Brasil seja parte não são fontes para aplicação do direito processual civil.

III. a lei, os costumes, a doutrina e a jurisprudência são consideradas fontes do direito processual civil.

IV. a doutrina e a jurisprudência são importantes fontes do direito processual civil, seja para a elaboração das normas jurídicas, seja para a solução do litígio que se apresenta ao Poder Judiciário.

Está correto apenas o que se afirma em:

a) I, III e IV.

b) II, III e IV.

c) I, II e III.

d) I e II.

8. DIREITO PROCESSUAL PENAL

VOLUME DE QUESTÕES

Baixo

1. DISPOSIÇÕES PRELIMINARES

* QUESTÕES OBJETIVAS

01. **(Ieses/TJ/RS/Cartórios/Ingresso/2013)** Assinale a alternativa correta, acerca da aplicação da lei processual penal no tempo:

a) em regra, as leis processuais penais aplicar-se-ão 45 (quarenta e cinco) dias após sua publicação.

b) em regra, as leis processuais penais aplicar-se-ão desde logo.

c) em regra, as leis processuais penais aplicar-se-ão 60 (sessenta) dias após sua publicação.

d) em regra, as leis processuais penais aplicar-se-ão 30 (trinta) dias após sua publicação.

02. **(FCC/TJ/PE/Cartórios/Ingresso/2013)** Sobre a aplicação da lei processual penal e a interpretação no processo penal, é incorreto afirmar:

a) a legislação brasileira segue o princípio da territorialidade para a aplicação das normas processuais penais.

b) o princípio da territorialidade na aplicação da lei processual penal brasileira pode ser ressalvado por tratados, convenções e regras de direito internacional.

c) a lei processual penal aplica-se desde logo, sem prejuízo da validade dos atos realizados sob a vigência da lei anterior.

d) a norma processual penal mista constitui exceção à regra da irretroatividade da lei processual penal.

e) no processo penal, assim como no direito penal, é sempre admitida a interpretação extensiva e aplicação analógica das normas.

03. **(Cespe/TJ/BA/Cartórios/Remoção/2013)** Com relação à aplicação da lei processual penal no tempo, ao inquérito policial e à ação penal, assinale a opção correta:

a) no CPP vigente, não é prevista competência para a autoridade policial representar pela prisão preventiva do indiciado ou suspeito.

b) independentemente de sua natureza, o crime praticado em detrimento do patrimônio ou interesse da União, de estado ou de município deve ser processado mediante ação penal pública, condicionada à representação do chefe da procuradoria judicial da referida pessoa jurídica de direito público.

c) é inadmissível a ação penal privada em crimes de ação pública, ainda que decorrente da inércia do órgão ministerial competente para iniciá-la, nos termos expressos do CPP.

d) aplica-se a lei processual penal desde logo, sem prejuízo da validade dos atos realizados sob a égide de lei anterior.

e) caso o delito em apuração seja afiançável, a autoridade policial terá competência para arquivar os autos de inquérito.

04. **(Ieses/TJ/PB/Cartórios/Ingresso/2014)** Relacionado ao Código de Processo Penal é correto afirmar:

a) o inquérito policial deverá terminar no prazo de 10 (dez) dias, se o indiciado estiver sido preso em flagrante, ou estiver preso preventivamente, contado o prazo, nesta hipótese a partir do dia em que se executar a ordem de prisão, ou no prazo de 30 dias quando estiver solto, para todos os crimes.

b) a extinção da punibilidade não poderá ser declarada de ofício pelo juiz.

c) no caso de morte do ofendido ou quando declarado ausente por decisão judicial, o direito de oferecer queixa ou prosseguir na ação penal passará ao cônjuge, ascendente, descendente ou irmão, ou ao Ministério Público, se não houver parentes próximos.

d) em relação ao espaço, a norma processual segue o princípio da territorialidade. Em se tratando da aplicação da lei processual penal no tempo, o Código de Processo Penal adotou, em seu art. 2º, o princípio "tempus regit actum", ou seja, a lei processual penal tem aplicação imediata, sendo o ato processual penal regulado pela lei que estiver em vigor no dia em que ele foi praticado.

2. DO INQUÉRITO POLICIAL

✱ SÚMULAS

STF Súm. Vinculante 14. É direito do defensor, no interesse do representado, ter acesso amplo aos elementos de prova que, já documentados em procedimento investigatório realizado por órgão com competência de polícia judiciária, digam respeito ao exercício do direito de defesa.

STF Súm. 524. Arquivado o inquérito policial, por despacho do juiz, a requerimento do Promotor de Justiça, não pode a ação penal ser iniciada, sem novas provas.

✱ INFORMATIVOS

STF Arquivamento de inquérito e novas diligências instrutórias. Reformada decisão monocrática que arquivou inquérito com fundamento na ausência de indícios mínimos de autoria ou materialidade, e por descumprimento dos prazos para a instrução do inquérito, conforme previsto no art. 231, § 4º, e, do RISTF. É necessário, ao menos, colher-se a posição conclusiva do órgão ministerial acerca do que se contém nos autos, apontando concretamente os novos elementos de prova a serem considerados. O MPF poderá tanto trazer aos autos os documentos obtidos a partir da cooperação internacional, devidamente traduzidos, quanto apresentar suas conclusões. De posse de manifestação mais objetiva da PGR, com provas suficientes para eventual continuidade das investigações, o STF poderá avaliar se é mesmo o caso de arquivamento ou se a investigação deve prosseguir e em que condições. Inq 4244, Rel. Acd. Min. Ricardo Lewandowski, j. 20.11.2018. 2ª T. (Info 924)

STJ Inquérito policial. Descaminho. Venda de cigarros estrangeiros. Importação permitida pela Anvisa. Ausência de nota fiscal. Conduta anterior à Lei 13.008/14. Art. 334, § 1º, "d", do CP. Súm. 151/STJ. Competência da Justiça Federal. Compete à Justiça Federal a condução do inquérito que investiga o cometimento do delito previsto no art. 334, § 1º, IV, do Código Penal, na hipótese de venda de mercadoria estrangeira, permitida pela Anvisa, desacompanhada de nota fiscal e sem comprovação de pagamento de imposto de importação. CC 159.680, Rel. Min. Reynaldo Soares da Fonseca, DJ 20.8.2018. 3ª S. (Info 631)

✱ QUESTÕES OBJETIVAS

05. **(Consulplan/TJ/MG/Cartórios/Remoção/2018)** Quanto ao inquérito policial, assinale a alternativa correta:

a) nos crimes em que a ação pública depender de representação, o inquérito não poderá ser iniciado sem ela.

b) nos crimes de ação privada, a autoridade policial somente poderá proceder a inquérito por requisição do Ministério Público ou a requerimento de quem tenha qualidade para a propositura da ação penal.

c) se o Delegado de Polícia, ao concluir as investigações, não reunir prova da existência do crime ou indícios suficientes de sua autoria, deverá, em homenagem ao princípio constitucional da ampla defesa, promover o arquivamento do inquérito policial.

d) para deflagrar a instauração de inquérito policial, qualquer pessoa do povo que tiver conhecimento da existência de infração penal em que caiba ação pública poderá comunicá-la à autoridade policial, desde que o faça por escrito, tendo em vista a vedação constitucional do anonimato.

06. **(Cespe/TJ/RR/Cartórios/Ingresso/2013)** Acerca das atribuições legais, no inquérito policial, conferidas pelo processo penal brasileiro, assinale a opção correta:

a) no curso do inquérito policial instaurado mediante portaria, caso presentes os requisitos que autorizam a prisão preventiva, o juiz só poderá decretá-la mediante representação da autoridade policial ou de requerimento do MP.

b) o juiz pode requisitar de ofício novas diligências probatórias a despeito de manifestação do promotor de justiça pelo arquivamento do inquérito policial.

c) o sistema acusatório em vigor no processo penal brasileiro não admite que o juiz possa condenar o réu pelo crime de furto em face do pedido de absolvição formulado pelo MP, após regular instrução probatória.

d) nos crimes de ação penal privada, o inquérito policial só poderá ser instaurado a requerimento da vítima ou do MP.

e) na hipótese de comprovada inexistência de crime, a autoridade policial poderá arquivar o inquérito policial.

07. **(Cespe/TJ/ES/Cartórios/Ingresso/2013)** Em relação ao inquérito policial e aos princípios gerais informadores do processo penal, assinale a opção correta:

a) se o indiciado estiver em liberdade, o prazo para a conclusão do inquérito policial será de trinta dias, podendo ser prorrogado por determinação da autoridade judiciária competente.

b) dado o princípio da busca da verdade real, que rege o processo penal, o juiz do processo pode esclarecer pontos obscuros, desde que circunscritos às provas apresentadas pela acusação e pela defesa, à qual se atribui o ônus probatório, não sendo admitida, conforme a jurisprudência dos tribunais superiores, a atividade instrutória do juiz no processo penal.

c) a recusa do acusado em se manifestar durante seu interrogatório poderá gerar presunção do reconhecimento do crime a ele imputado, em face do livre convencimento do juiz.

d) o delegado de polícia somente perderá a disponibilidade da iniciativa para a instauração do inquérito policial em caso de crimes de ação penal privada.

e) não havendo indícios suficientes de autoria para se proceder ao ato de indiciamento nos autos de um inquérito policial, deverá a autoridade policial competente, determinar, de ofício, o sobrestamento do feito, comunicando o procedimento à autoridade judiciária competente.

08. **(FCC/TJ/PE/Cartórios/Remoção/2013)** O inquérito policial é um procedimento:

a) formal, escrito, judicial, contraditório, inquisitório, cautelar, concomitante à ação penal, presidido pela autoridade policial, com o objetivo de apurar infrações penais e sua autoria.

b) informal, escrito, administrativo ou judicial, inquisitório, cautelar, preliminar à ação penal, presidido pela autoridade policial, com o objetivo de apurar infrações penais e a sua autoria.

c) formal, escrito, administrativo ou judicial, inquisitório, cautelar, preliminar à ação penal, presidido pela autoridade policial ou por membro do Ministério Público, com o objetivo de apurar infrações penais e a sua autoria.

d) formal, escrito, administrativo, cautelar, preliminar à ação penal, presidido exclusivamente pela autoridade policial, com o objetivo de apurar infrações penais e a sua autoria.

e) informal, escrito, administrativo, contraditório, cautelar, preliminar à ação penal, presidido exclusivamente pela autoridade policial, com o objetivo de apurar infrações penais e a sua autoria.

09. **(FCC/TJ/PE/Cartórios/Ingresso/2013)** Com relação ao inquérito policial, é correto afirmar que:

a) poderá ser iniciado de ofício, por ordem da autoridade policial, ou mediante requisição da autoridade judiciária ou de membro do Ministério Público, ou, ainda, a requerimento do ofendido ou de quem tiver qualidade para representá-lo.

b) qualquer pessoa do povo que tiver conhecimento da existência de infração penal em que caiba ação de iniciativa pública deverá, verbalmente ou por escrito, comunicá-la à autoridade policial e esta, verificada a procedência das informações, mandará instaurar inquérito.

c) deverá, em regra, terminar no prazo de 10 (dez) dias, se o indiciado estiver preso, ou no prazo de 30 (trinta) dias, se estiver solto, sendo admissível a prorrogação desses prazos, em ambos os casos, quando o fato for de difícil elucidação e houver autorização judicial.

d) o ofendido e o indiciado não podem requerer diligências à autoridade policial.

e) a autoridade policial poderá mandar arquivar os autos do inquérito policial, se não forem encontrados indícios de crime e de sua autoria.

10. **(TJ/SC/Cartórios/Ingresso/2012)** Sobre o inquérito policial é correto afirmar:

a) pode a autoridade policial mandar arquivar autos de inquérito, desde que vislumbre, desde logo, a impossibilidade da deflagração de ação penal.

b) ordenado o arquivamento do inquérito, por falta de base para a denúncia, não poderá mais a autoridade policial proceder a novas pesquisas.

c) não concordando o juiz com a pretensão de arquivamento do inquérito, deverá devolvê-lo ao promotor de justiça.

d) o prazo para a sua conclusão é de 30 dias no caso de réu preso.

e) o despacho que decide pelo arquivamento do inquérito é irrecorrível.

11. **(Faurgs/TJ/RS/Cartórios/Ingresso/2015)** Assinale a alternativa que contém afirmação correta sobre o inquérito policial:

a) após a instauração formal do inquérito, a autoridade policial não poderá determinar o seu arquivamento, sendo essa competência exclusiva do juiz, que poderá assim proceder apenas em caso de solicitação expressa do representante do Ministério Público.

b) no curso do inquérito policial, a legislação atualmente em vigor não reconhece o direito de petição do indiciado, haja vista a natureza inquisitória de tal procedimento.

c) a lei processual penal retroage em benefício do acusado, impondo a invalidação e consequente necessidade de repetição de todos os atos praticados sob a vigência da norma revogada.

d) determinado o arquivamento do inquérito pela autoridade judiciária, a pedido do Ministério Público em face da inexistência de elementos suficientes para o oferecimento da denúncia, a autoridade policial não poderá dar seguimento às investigações, sob pena de violação do princípio do "ne bis in idem".

12. **(Ieses/TJ/MS/Cartórios/Ingresso/2014)** No tocante ao inquérito policial é correto afirmar:

a) para qualquer modalidade criminosa, o inquérito policial deverá terminar no prazo de 10 (dez) dias se o indiciado tiver sido preso em flagrante ou estiver preso preventivamente, ou no prazo de 30 (trinta) dias, quando estiver solto.

b) o inquérito policial pode ser arquivado por determinação da Autoridade Policial se, depois de instaurado, inexistirem provas suficientes da autoria e materialidade do crime em apuração.

c) em razão do princípio da oficiosidade do inquérito policial, a Autoridade Policial tem a obrigação de instaurar tal procedimento de ofício sempre que tiver notícia da prática de qualquer crime.

d) o inquérito policial possui valor probatório relativo, mesmo porque os elementos de informação não são colhidos sob a égide do contraditório e da ampla defesa, nem na presença do Juiz por ser um procedimento investigatório que visa reunir provas da existência (materialidade) e autoria de uma infração penal, sua instauração é dispensável para a propositura da ação penal.

13. **(Ieses/TJ/PA/Cartórios/Ingresso/2016)** Assinale a alternativa correta:

a) a jurisprudência amplamente majoritária considera que o arquivamento do inquérito policial promovido por Juízo absolutamente incompetente acarreta em coisa julgado formal.

b) arquivado o inquérito policial por requerimento do Ministério Público, não é mais cabível a propositura de ação penal privada subsidiária da pública.

c) a Participação de membro do Ministério Público na fase investigatória criminal acarreta o seu impedimento ou suspeição para o oferecimento da denúncia.

d) ocorre o arquivamento indireto do inquérito policial quando o membro do Ministério Público deixa de incluir um crime ou um réu na denúncia, sem fazer qualquer menção quanto ao seu arquivamento.

14. **(Consulplan/TJ/MG/Cartórios/Remoção/2016)** De acordo com o Decreto-Lei n. 3.689/1941, Código de Processo Penal, o inquérito policial:

a) pode ser iniciado de ofício nos crimes de ação privada.

b) pode ser arquivado por ordem da autoridade policial.

c) deverá terminar no prazo de 10 (dias) se o indiciado tiver sido preso em flagrante.

d) não acompanhará a denúncia quando lhe servir de base.

15. **(Ieses/TJ/MS/Cartórios/Remoção/2014)** O inquérito policial, atividade específica da polícia denominada judiciária tem prazo certo para a conclusão das investigações segundo o Código de Processo Penal, devendo encerrar em regra:

a) em 10 dias para indiciado preso ou em 30 dias para indiciado solto.

b) em 5 dias para indiciado preso ou em 15 dias para indiciado solto.

c) em 15 dias independentemente de o indiciado estar preso ou solto.

d) em 15 dias independentemente de o indiciado estar preso ou solto.

16. (Ieses/TJ/MS/Cartórios/Remoção/2014) No que diz respeito ao inquérito policial, são incumbências da autoridade policial, exceto:

a) realizar as diligências requisitadas pelo juiz ou pelo Ministério Público.

b) fornecer às autoridades judiciárias as informações necessárias à instrução e julgamento dos processos.

c) cumprir os mandados de prisão expedidos pelas autoridades judiciárias.

d) mandar arquivar autos de inquérito.

17. (FMP/TJ/MT/Cartórios/Ingresso/2014) Em relação aos prazos para a conclusão da investigação preliminar, assinale a afirmativa incorreta:

a) estando o réu solto, ela deve findar impreterivelmente em trinta dias sob pena de violação de preceito constitucional.

b) sendo necessário e estando o réu solto, poderá ser concluída em mais de noventa dias no caso dos crimes previstos na lei antidrogas.

c) tem a previsão de dez dias estando o réu preso ou solto, no caso de crimes contra a economia popular.

d) nos crimes de competência da Justiça Federal, a regra para o caso de réu solto, é que finde em trinta dias.

e) o inquérito penal militar prevê o prazo de vinte dias estando o réu preso.

18. (IBFC/TJ/PR/Cartórios/Ingresso/2014) Assinale a alternativa incorreta:

a) a lei processual penal admite interpretação extensiva e aplicação analógica, bem como o suplemento dos princípios gerais de direito.

b) nos crimes de ação pública o inquérito policial será iniciado de ofício, mediante requisição da autoridade judiciária ou do Ministério Público, ou a requerimento do ofendido ou de quem tiver qualidade para representá-lo.

c) do despacho que indeferir o requerimento de abertura de inquérito caberá recurso para o chefe de Polícia.

d) no Distrito Federal e nas comarcas em que houver mais de uma circunscrição policial, a autoridade com exercício em uma delas não poderá, nos inquéritos a que esteja procedendo, ordenar diligências em circunscrição de outra, devendo, neste caso, expedir carta precatória.

19. (IBFC/TJ/PR/Cartórios/Ingresso/2014) Assinale a alternativa incorreta:

a) segundo estabelece o Código de Processo Penal o prazo para oferecimento da denúncia, estando o réu preso, será de 5 dias, contado da data em que o órgão do Ministério Público receber os autos do inquérito policial, e de 15 dias, se o réu estiver solto ou afiançado. No último caso, mesmo que haja devolução do inquérito à autoridade policial para novas diligências, imprescindíveis ao oferecimento da denúncia, contar-se-á o prazo da data em que o órgão do Ministério Público recebeu pela primeira vez vista dos autos.

b) a queixa, ainda quando a ação penal for privativa do ofendido, poderá ser aditada pelo Ministério Público, a quem caberá intervir em todos os termos subsequentes do processo.

c) o prazo para o aditamento da queixa será de 3 dias, contado da data em que o órgão do Ministério Público receber os autos, e, se este não se pronunciar dentro do tríduo, entender-se-á que não tem o que aditar, prosseguindo-se nos demais termos do processo.

d) a renúncia ao exercício do direito de queixa, em relação a um dos autores do crime, a todos se estenderá.

20. (Cespe/TJ/SE/Cartórios/Ingresso/2014) No curso da tramitação do inquérito policial, o delegado de polícia:

a) nos crimes em que a pena máxima cominada não extrapole oito anos de reclusão, poderá conceder liberdade provisória, independentemente de fiança.

b) independentemente de pronunciamento do juiz competente, deverá proceder à instauração de incidente de insanidade mental do indiciado, desde que este apresente indícios dessa insanidade.

c) a requerimento de qualquer pessoa, poderá deferir a interceptação das comunicações telefônicas de indiciado.

d) quando verificada a inexistência de indícios de autoria, deverá arquivar os autos do inquérito policial.

e) ao ter conhecimento da infração penal, deverá proceder ao reconhecimento de pessoas e coisas e providenciar a realização de acareações.

21. (Ieses/TJ/RO/Cartórios/Ingresso/2017) Assinale a alternativa que destoa do contido no Código de Processo Penal:

a) atinente às medidas assecuratórias, O juiz, de ofício, a requerimento do Ministério Público ou do ofendido, ou mediante representação da autoridade policial, poderá ordenar o sequestro, em qualquer fase do processo ou ainda antes de oferecida a denúncia ou queixa.
b) depois de ordenado o arquivamento do inquérito pela autoridade judiciária, por falta de base para a denúncia, a autoridade policial poderá proceder a novas pesquisas visando à obtenção de novos indícios, ainda que não tenha notícia de novas provas.
c) instaurado o Inquérito Policial, o ofendido, ou seu representante legal, e o indiciado poderão requerer qualquer diligência, que será realizada, ou não, a juízo da autoridade policial.
d) dentre outras hipóteses, poderá o juiz substituir a prisão preventiva pela domiciliar quando o agente for homem, caso seja o único responsável pelos cuidados do filho de até 12 (doze) anos de idade incompletos.

22. (Cetro/TJ/RJ/Cartórios/Ingresso/2017) No que se refere às questões relacionadas à nulidade no Inquérito Policial, assinale a alternativa correta:

a) a inobservância das formalidades legais impostas por lei ao Inquérito Policial, para reconhecimento pessoal do acusado, implica nulidade do processo.
b) erro de grafia na lavratura do termo de flagrante, ainda que desconsiderado e corrigido quando da apresentação da denúncia, nulifica o Inquérito Policial.
c) o reconhecimento, em Inquérito Policial, realizado sem a descrição da pessoa que deve ser reconhecida, configura hipótese da teoria das árvores dos frutos envenenados, com isso, nulificando o Inquérito Policial.
d) é nulo o Inquérito Policial instaurado a partir da prisão em flagrante do acusado, ainda que a autoridade policial tenha se inteirado previamente dos fatos por meio de denúncia anônima, com vista da presunção de inocência.
e) a juntada, em autos do Inquérito Policial, de documentos confidenciais de empresa obtidos sem conhecimento desta, por ex-empregado, ainda que autorizada por sentença em mandado de segurança impetrado por integrante do Ministério Público, é nula.

23. (Ieses/TJ/CE/Cartórios/Remoção/2018) De acordo com o Código de Processo Penal, se o indiciado tiver sido preso em flagrante, ou estiver preso preventivamente, o inquérito policial deverá terminar no prazo de:

a) 10 (dez) dias.
b) 05 (cinco) dias.
c) 15 (quinze) dias.
d) 30 (trinta) dias.

24. (Ieses/TJ/CE/Cartórios/Ingresso/2018) É certo afirmar:

I. a acareação é prova eminentemente processual não comportando ser utilizada pela Autoridade Policial no curso do inquérito.
II. a peça acusatória é uma exposição narrativa e demonstrativa. Narrativa, porque deve revelar o fato com todas as suas circunstâncias, apontando o seu autor (quis), os meios que empregou (quibus auxiliis), o mal que produziu (quid), os motivos (cur), a maneira como o praticou (quomoto), o lugar (ubi) e o tempo (quando).
III. o inquérito policial tem natureza administrativa. São seus caracteres: ser escrito, sigiloso e inquisitivo, já que nele não há o contraditório.
IV. o inquérito deverá terminar no prazo de 30 dias, se o indiciado tiver sido preso em flagrante, ou estiver preso preventivamente, contado o prazo, nesta hipótese, a partir do dia em que se executar a ordem de prisão, ou no prazo de 90 dias, quando estiver solto, mediante fiança ou sem ela.

Analisando as proposições, pode-se afirmar:

a) somente as proposições II e III estão corretas.
b) somente as proposições II e IV estão corretas.
c) somente as proposições I e III estão corretas.
d) somente as proposições I e IV estão corretas.

25. (FMP/TJ/MT/Cartórios/Remoção/2014) Durante as investigações em relação a uma quadrilha que aplicava golpes em cidades do interior a polícia efetuou a prisão de um de seus membros. O delegado, para impedir que este, ao se comunicar com terceiros, prejudicasse a apuração dos fatos, entendeu pela incomunicabilidade do indiciado. Diante desse fato, assinale a afirmativa incorreta:

a) grande parte da doutrina pátria entende estar tal possibilidade proibida pela nova ordem constitucional que vedou tal hipótese durante o estado de defesa.
b) em que pese o posicionamento majoritário da doutrina, existem posições que defendem a possibilidade da decretação da incomunicabilidade

nas situações normais, estando vedada a hipótese apenas na excepcionalidade do estado de defesa.

c) a incomunicabilidade, em nenhuma hipótese, se aplicará ao defensor legalmente constituído.

d) depende sempre de despacho nos autos, sendo decretado pela autoridade policial por prazo nunca superior a três dias, desde que existente fundada necessidade para o andamento da investigação.

e) uma vez decretada a incomunicabilidade, não poderá haver a prorrogação do prazo legal previsto.

3. DA AÇÃO PENAL/CIVIL

⦿ ATENÇÃO: ESTE TEMA É MUITO EXIGIDO NOS CONCURSOS!

* SÚMULAS

STF **Súm. 524.** Arquivado o inquérito policial, por despacho do juiz, a requerimento do Promotor de Justiça, não pode a ação penal ser iniciada, sem novas provas.

STF **Súm. 554.** O pagamento de cheque emitido sem provisão de fundos, após o recebimento da denúncia, não obsta ao prosseguimento da ação penal.

STF **Súm. 594.** Os direitos de queixa e de representação podem ser exercidos, independentemente, pelo ofendido ou por seu representante legal.

STF **Súm. 609.** É pública incondicionada a ação penal por crime de sonegação fiscal.

STF **Súm. 696.** Reunidos os pressupostos legais permissivos da suspensão condicional do processo, mas se recusando o promotor de justiça a propô-la, o juiz, dissentindo, remeterá a questão ao procurador-geral, aplicando-se por analogia o art. 28 do Código de Processo Penal.

STF **Súm. 709.** Salvo quando nula a decisão de primeiro grau, o acórdão que provê o recurso contra a rejeição da denúncia vale, desde logo, pelo recebimento dela.

STF **Súm. 714.** É concorrente a legitimidade do ofendido, mediante queixa, e do Ministério Público, condicionada à representação do ofendido, para a ação penal por crime contra a honra de servidor público em razão do exercício de suas funções.

STJ **Súm. 234.** A participação de membro do Ministério Público na fase investigatória criminal não acarreta o seu impedimento ou suspeição para o oferecimento da denúncia.

STJ **Súm. 542.** A ação penal relativa ao crime de lesão corporal resultante de violência doméstica contra a mulher é pública incondicionada.

* INFORMATIVOS

STF **Prazo decadencial e direito de representação.** A ação penal nos crimes contra a liberdade sexual praticados mediante violência real, antes ou depois do advento da Lei 12.015/09, tem natureza pública incondicionada. O STF, diante da constatação de que os delitos de estupro, em parcela significativa, são cometidos mediante violência, e procurando amparar, mais ainda, a honra das vítimas desses crimes, aderiu à posição de crime de ação pública incondicionada, que veio a ser cristalizada na Súm. 608/STF, em pleno vigor. Para fins de caracterização de violência real em crimes de estupro, é dispensável a ocorrência de lesões corporais. Pormenorizada na sentença condenatória a caracterização da violência real – física e psicológica – a que foi submetida a vítima, é inviável, no instrumento processual eleito, alterar a conclusão firmada acerca dos fatos e provas. HC 125360, Rel. Acd. Min. Alexandre de Moraes, j. 27.2.2018. 1ª T. (Info 892)

STF **Injúria e legitimidade ativa do cônjuge.** Tem legitimidade ativa "ad causam" mulher de deputado federal para formalizar queixa-crime com imputação do crime de injúria, em tese perpetrada por senador contra a honra de seu marido. Na queixa-crime, a querelante se diz ofendida com a declaração do querelado, no Twitter, na qual insinua que seu marido mantém relação homossexual extraconjugal com outro parlamentar. A afirmação do senador pode configurar injúria contra a honra da mulher do deputado federal, em face da apontada traição, o que lhe confere a legitimidade ativa. Entendimento doutrinário reconhece a legitimidade ativa do homem casado que é chamado de "corno" em relação a conduta desonrosa atribuída a sua mulher. Concluiu que o mesmo tratamento deve ser dado a uma mulher que se sente ofendida, em decorrência de alegada traição. Pet 7417 AgR, Rel. Acd. Min. Marco Aurélio, j. 9.10.2018. 1ª T. (Info 919)

* QUESTÕES DISCURSIVAS

01. **(Consulplan/TJ/MG/Cartórios/Ingresso/2015)** "Caio, sexagenário, e Ester, quinquagenária, eram irmãos, inimigos e viviam às turras sob o mesmo teto, em Belo Horizonte/MG. Em abril de 2016, Caio, irritado com as manias da irmã, subtraiu, para si, o valioso anel de diamante, lesando o patrimônio de Ester. Tício, septuagenário, vizinho de Caio e Ester, tomou conhecimento do fato e noticiou o crime ao Promotor de Justiça, no mês de maio de 2016, para que fosse oferecida denúncia em face de Caio". Nesse caso, a ação penal pública depende ou não de representação da ofendida? Justifique sua resposta.

* QUESTÕES OBJETIVAS

26. **(Consulplan/TJ/MG/Cartórios/Ingresso/2018)** No sistema jurídico brasileiro, considerando-se a modalidade de ação penal e a terminologia adequada dos institutos processuais, é correto afirmar que:

a) nos crimes de ação penal privada, a queixa deve ser apresentada exclusivamente perante a Autoridade Judiciária, mediante assistência técnica de advogado.

b) nos crimes de ação penal pública, a queixa deve ser apresentada pelo ofendido perante o Delegado de Polícia, funcionando como causa de suspensão da prescrição.

c) nos crimes de ação penal privada, a denúncia deve ser apresentada pelo Ministério Público, perante o Juiz de Direito, até 6 (seis) meses após a representação do ofendido.

d) nos crimes de ação penal privada, a queixa deve ser apresentada por advogado perante o Delegado de Polícia, funcionando como causa de interrupção da prescrição.

27. **(Ieses/TJ/RS/Cartórios/Ingresso/2013)** Assinale a alternativa correta:

a) nas ações penais privadas é vetada a possibilidade de acordo entre as partes.

b) as ações penais públicas iniciam mediante queixa-crime.

c) a representação criminal é a peça que inicia a ação penal pública.

d) em regra, as ações penais são públicas.

28. **(Cespe/TJ/RR/Cartórios/Ingresso/2013)** A respeito da ação penal no direito processual brasileiro, assinale a opção correta:

a) a ação penal é indisponível, vedada sua desistência pelo MP.

b) antes de receber a queixa, o juiz deverá designar audiência de conciliação entre as partes para oferecer-lhes a oportunidade reconciliação, quando também poderá ser homologado acordo civil em relação aos danos morais decorrentes do crime imputado ao querelado.

c) oferecida denúncia em ação penal pública condicionada à representação, a retratação só poderá ocorrer antes do recebimento da denúncia.

d) tratando-se de crime de ação penal pública condicionada, a representação poderá ser exercida por escrito, pessoalmente pelo ofendido ou por procurador com poderes especiais, ou oralmente, caso em que se exige ato personalíssimo do ofendido.

e) a capacidade postulatória perante a justiça criminal é exercida exclusivamente pelos membros do MP, pelos defensores públicos e pelos advogados, sejam esses últimos constituídos pela parte interessada ou nomeados pelo juiz.

29. **(Cespe/TJ/PI/Cartórios/Ingresso/2013)** Com relação aos procedimentos e à competência em processo penal, assinale a opção correta:

a) a competência determinada pelo foro por prerrogativa de função, ao afastar a regra do foro pelo lugar da infração, viola a teoria do resultado aplicada ao processo penal.

b) há prorrogação de competência por meio da continência quando as infrações penais investigadas são desdobramentos de fatos ligados a inquérito policial em andamento e as provas obtidas em uma investigação podem influir nos rumos da outra.

c) na sentença penal condenatória, o juiz poderá fixar valor mínimo para reparação dos danos causados pela infração e, ainda, processar e julgar a ação civil "ex delicto".

d) a justa causa deve ser considerada como condição da ação penal, pois sua ausência implica a rejeição da denúncia ou queixa, nos termos da lei processual penal.

e) prefeito municipal, no exercício de suas funções, é sempre julgado pelo tribunal de justiça do estado onde se localiza o município.

30. **(Cespe/TJ/ES/Cartórios/Remoção/2013)** Acerca dos princípios processuais penais e das regras aplicáveis à ação penal, assinale a opção correta:

a) dado o princípio da ampla defesa, em se tratando de crimes funcionais, constitui nulidade absoluta a ausência de intimação do denunciado para oferecimento de resposta preliminar, independentemente de instrução por inquérito policial.

b) o fato de o juiz, quando do interrogatório judicial, não advertir o réu de seu direito constitucional ao silêncio importa nulidade absoluta, por violação aos princípios da não autoincriminação e da ampla defesa.

c) dados os princípios do contraditório e da ampla defesa, constitui nulidade a ausência de intimação do denunciado para oferecer contrarrazões ao recurso interposto à rejeição da denúncia, ainda que lhe seja nomeado defensor dativo.

d) o princípio da indisponibilidade da ação penal aplica-se tanto a ações penais privadas quanto a públicas.

e) a aceitação do perdão fora do âmbito do processo deve constar de declaração assinada pelo querelado, por seu representante legal ou por procurador com poderes especiais, com firma reconhecida ou lavrada por instrumento público.

31. **(FCC/TJ/PE/Cartórios/Remoção/2013)** Não ocorre perempção da ação penal de iniciativa privada:

a) quando o querelado aceitar o perdão.

b) quando, falecendo o querelante, ou sobrevindo sua incapacidade, não comparecer em juízo, para prosseguir no processo, dentro do prazo de 60 (sessenta) dias, qualquer das pessoas a quem couber fazê-lo.

c) quando, iniciada esta, o querelante deixar de promover o andamento do processo durante 30 (trinta) dias seguidos.

d) quando o querelante deixar de comparecer, sem motivo justificado, a qualquer ato do processo a que deva estar presente.

e) quando, sendo o querelante pessoa jurídica, esta se extinguir sem deixar sucessor.

32. **(FCC/TJ/PE/Cartórios/Ingresso/2013)** Sobre a ação penal, é correto afirmar:

a) é inadmissível propor ação penal de iniciativa privada em crime de ação penal pública.

b) o Ministério Público poderá desistir da ação penal, uma vez constatada a falta de prova da autoria e materialidade da infração penal.

c) a ação penal pública é de iniciativa do Ministério Público, mas, em alguns casos, depende de prévia requisição do Ministro da Justiça ou de representação do ofendido, ou de quem tiver qualidade para representá-lo.

d) em caso de ação penal de iniciativa privada, o ofendido pode optar por exercer o direito de queixa contra alguns dos autores já conhecidos do crime.

e) nas infrações de menor potencial ofensivo, a composição civil dos danos, homologada judicialmente, gera a perempção do direito de queixa.

33. **(TJ/SC/Cartórios/Ingresso/2012)** Consoante dispõe do Código de Processo Penal – CPP sobre o direito de representação, manifestação necessária à deflagração de algumas ações penais, é correto afirmar:

a) a representação será irretratável depois de oferecida a denúncia.

b) a representação será irretratável depois de recebida a denúncia.

c) não se admite a retratação da retratação, mesmo que dentro do prazo decadencial.

d) o prazo de representação, salvo disposição em contrário, é de três meses, contados da descoberta da autoria do ilícito.

e) o direito de representação só poderá ser exercido pessoalmente, mediante declaração escrita ou oral, feita ao juiz, ao Ministério Público ou à autoridade policial.

34. **(FCC/TJ/PE/Cartórios/Remoção/2013)** O crime contra a honra de funcionário público em razão de suas funções é de ação penal:

a) pública incondicionada.

b) exclusivamente privada.

c) pública condicionada à representação da vítima concorrente com a privada.

d) pública condicionada à requisição da vítima.

e) pública condicionada à requisição do Ministro da Justiça.

35. **(FCC/TJ/PE/Cartórios/Remoção/2013)** De regra, a ação penal é:

a) pública condicionada à requisição judicial.

b) pública condicionada à representação da vítima.

c) exclusivamente privada.

d) subsidiária da privada.

e) pública incondicionada.

36. **(Ieses/TJ/MS/Cartórios/Ingresso/2014)** A respeito da Ação Penal é correto afirmar:

a) o prazo para oferecimento da denúncia, estando o réu preso será de 5 (cinco) dias, contados da data em que o inquérito chegou à distribuição, e de 15 dias, se o réu estiver solto.

b) a queixa, ainda quando a ação for privativa do ofendido, poderá ser aditada pelo Ministério Público, a quem caberá intervir em todos os termos subsequentes do processo.

c) ação Penal é a atividade que impulsiona a jurisdição penal. A classificação que se encontra sistematizada no Código Penal e Código de Processo Penal, é; ação penal pública, se promovida pelo Ministério Público ou assistente de acusação; privada, quando exercida por qualquer pessoa do povo. A ação privada inicia-se com a queixa crime, protocolizada na delegacia de polícia, dando conhecimento a Autoridade Policial do fato criminoso.

d) o Ministério Público, exercendo a função de órgão acusador e defensor da sociedade, não poderá desistir da ação penal, tampouco requerer a absolvição do acusado, sendo esta tarefa afeta a defesa.

37. **(Ieses/TJ/MS/Cartórios/Remoção/2014)** No caso de morte do ofendido ou quando declarado ausente por decisão judicial, segundo o Código de Processo Penal, o direito de oferecer queixa ou prosseguir na ação passará:

a) ao ministério Público.

b) cônjuge, ascendente, descendente ou irmão.

c) ao descendente, ascendente, irmão, cônjuge.

d) qualquer pessoa interessada.

38. **(Ieses/TJ/MS/Cartórios/Remoção/2014)** Segundo o Código de Processo Penal, salvo disposição em contrário, o ofendido, ou seu representante legal, decairá do direito de queixa ou representação, se não exercer dentro do prazo de:

a) 2 (dois) anos, contados do dia em que vier a saber quem é o autor do crime.

b) 6 (seis) meses, contados do dia em que vier a saber quem é o autor do crime, ou, no caso de ação privada subsidiária da pública, do dia em que se esgotar o prazo para o oferecimento da denúncia.

c) 30 (trinta) dias, contados do dia em que vier a saber quem é o autor do crime, ou, no caso de ação privada subsidiária da pública, do dia em que se esgotar o prazo para o oferecimento da denúncia.

d) 1 (um) ano, contados do dia em que vier a saber quem é o autor do crime.

39. **(Ieses/TJ/MS/Cartórios/Remoção/2014)** No que tange a ação penal pública condicionada, a representação será irretratável quando:

a) não cabe retratação nos casos de crime sujeitos a ação penal pública condicionada.

b) depois de recebida a denúncia.

c) depois de oferecida a denúncia.

d) depois de oferecida a queixa.

40. **(Ieses/TJ/MS/Cartórios/Remoção/2014)** Perdão é o ato pelo qual o ofendido ou seu representante legal desiste do prosseguimento da ação penal. Em relação a este instituto é correto afirmar:

I. o perdão concedido a um dos querelados aproveitará a todos, sem que produza, todavia, efeito em relação ao que o recusar.

II. concedido o perdão, mediante declaração expressa nos autos, o querelado será intimado a dizer, dentro de dez dias, se o aceita, devendo, ao mesmo tempo, ser cientificado de que o seu silêncio importará aceitação.

III. se o querelante for menor de 21 e maior de 18 anos, o direito de perdão poderá ser exercido por ele ou por seu representante legal, mas o perdão concedido por um, havendo oposição do outro, não produzirá efeito.

IV. o silencio do querelado, mediante concessão de perdão do querelante não importará em aceitação.

A sequência correta é:

a) apenas as assertivas II e IV estão corretas.

b) as assertivas I, II, III e IV estão corretas.

c) apenas as assertivas I e III estão corretas.

d) apenas a assertiva III está correta.

41. **(Ieses/TJ/PB/Cartórios/Remoção/2014)** Nos casos em que somente se procede mediante queixa, considerar-se-á perempta a ação penal:

I. quando, iniciada esta, o querelante deixar de promover o andamento do processo durante 30 dias seguidos.

II. quando, falecendo o querelante, ou sobrevindo sua incapacidade, não comparecer em juízo, para prosseguir no processo, dentro do prazo de 90 (noventa) dias, qualquer das pessoas a quem couber fazê-lo.

III. quando o querelante deixar de comparecer, sem motivo justificado, a qualquer ato do processo a que deva estar presente, ou deixar de formular o pedido de condenação nas alegações finais.

IV. quando, sendo o querelante pessoa jurídica, esta se extinguir sem deixar sucessor.

A sequência correta é:

a) apenas a assertiva III está correta.
b) apenas as assertivas I, III e IV estão corretas.
c) apenas as assertivas I e IV estão corretas.
d) as assertivas I, II, III e IV estão corretas.

42. **(Consulplan/TJ/MG/Cartórios/Ingresso/2014)** Acerca dos princípios que regem a ação penal, assinale a alternativa incorreta:

a) em se tratando de ação penal privada, o querelante, ao oferecer a queixa-crime, deve ofertá-la em face de todos os autores do fato, sob pena de extinção da punibilidade pela renúncia.
b) segundo a Lei 9.099/95, o princípio da obrigatoriedade mitigada, ou discricionariedade regrada, possibilita a realização de transação penal.
c) a ação penal, nas contravenções, será iniciada com o auto de prisão em flagrante ou por meio de portaria expedida pela autoridade policial ou judicial.
d) na hipótese de arquivamento de inquérito ou de peças de informação promovido pelo Ministério Público, o Procurador-Geral de Justiça, considerando improcedentes as razões do arquivamento, oferecerá denúncia, designará outro órgão do Ministério Público para oferecê-la, ou ratificará o arquivamento.

43. **(Consulplan/TJ/MG/Cartórios/Remoção/2014)** Quanto à ação penal, assinale a alternativa incorreta:

a) a lei processual penal admitirá interpretação extensiva e aplicação analógica, bem como o suplemento dos princípios gerais de direito.
b) nos crimes de ação privada, a autoridade policial somente poderá proceder a inquérito a requerimento de quem tenha qualidade para intentá-la.
c) o direito de representação poderá ser exercido por procurador do ofendido, independente de mandato com poderes especiais.
d) intentada ação penal subsidiária da pública, o Ministério Público poderá repudiá-la e oferecer denúncia substitutiva.

44. **(FMP/TJ/MT/Cartórios/Ingresso/2014)** Quanto aos princípios que norteiam a ação penal pública incondicionada, assinale a afirmativa correta:

a) a representação dada pelo ofendido afirma o princípio da titularidade.
b) o princípio da oficiosidade obriga o Ministério Público a interpor recurso quando este for oportuno e necessário.
c) o princípio da obrigatoriedade foi substituído pelo da discricionariedade regrada em relação às infrações penais de menor potencial ofensivo.
d) o pedido de absolvição do réu em plenário do júri viola o princípio da indisponibilidade da ação penal.
e) deixar o promotor de oferecer denúncia contra um dos corréus por ter, em relação a este requerido arquivamento, fere o princípio da oficialidade.

45. **(FMP/TJ/MT/Cartórios/Ingresso/2014)** Em se tratando de ação penal privada subsidiária da pública, assinale a afirmativa incorreta:

a) após iniciada a ação, caberá ao Ministério Público aditar a queixa, repudiá-la ou oferecer denúncia substitutiva.
b) não caberá ao ofendido intentá-la, mesmo transcorrido o prazo legal para o oferecimento da denúncia, se o Ministério Público tiver requerido arquivamento.
c) poderá ser interposta pelo ofendido nos crimes de ação pública, se esta não tiver sido intentada no prazo legal e ainda ficar comprovada a total inércia do Ministério Público.
d) tal ação, também conhecida como queixa substitutiva, outorga ao ofendido uma legitimação extraordinária para exercer ação penal em um crime de iniciativa pública incondicionada ou condicionada.
e) a inércia do Ministério Público se configura, assim que se verificar não ter esse órgão oferecido denúncia crime e nem requererido arquivamento do inquérito policial.

46. **(IBFC/TJ/PR/Cartórios/Remoção/2014)** Assinale a alternativa correta:

a) a representação será irretratável, depois de recebida a denúncia.
b) se o órgão do Ministério Público, ao invés de apresentar a denúncia, requerer o arquivamento do inquérito policial ou de quaisquer peças de informação, o juiz, no caso de considerar improcedentes as razões invocadas, fará

remessa do inquérito ou peças de informação ao procurador-geral, e este oferecerá a denúncia ou designará outro órgão do Ministério Público para oferecê-la, ou insistirá no pedido de arquivamento, ao qual não será o juiz obrigado a atender.

c) ao ofendido ou a quem tenha qualidade para representá-lo caberá intentar a ação privada. No caso de morte do ofendido ou quando declarado ausente por decisão judicial, o direito de oferecer queixa ou prosseguir na ação passará ao cônjuge, ascendente, descendente ou irmão.

d) se comparecer mais de uma pessoa com direito de queixa, terá preferência o ascendente, e em seguida, o parente mais próximo na seguinte ordem: cônjuge, descendente e irmão.

47. **(Cespe/TJ/BA/Cartórios/Ingresso/2013)** Assinale a opção correta com base nas disposições do CPP e no entendimento do STF:

a) compete ao STF conhecer de "habeas corpus" impetrado contra decisão do relator que, em "habeas corpus" requerido a tribunal superior, indefira a liminar.

b) no processo penal, contam-se os prazos da data da juntada aos autos do mandado ou da carta precatória ou de ordem.

c) reunidos os pressupostos legais permissivos da suspensão condicional do processo, caso o promotor de justiça se recuse a propô-la, o juiz, se dissentir da conduta, deverá, desde logo, oferecê-la, sendo desnecessária a remessa da questão ao procurador-geral.

d) será admitida ação privada nos crimes de ação pública, se esta não for intentada no prazo legal, cabendo ao MP aditar a queixa, repudiá-la e oferecer denúncia substitutiva, intervir em todos os termos do processo, fornecer elementos de prova, interpor recurso e, a todo tempo, no caso de negligência do querelante, retomar a ação como parte principal.

e) salvo disposição em contrário, o ofendido, ou seu representante legal, decairá no direito de queixa ou de representação, se não o exercer dentro do prazo de seis meses, contados da data do fato, ou, no caso de ação penal privada subsidiária da pública, do dia em que se esgotar o prazo para o oferecimento da denúncia.

48. **(Cespe/TJ/BA/Cartórios/Remoção/2013)** Com referência à ação penal, assinale a opção correta:

a) em caso de falecimento do ofendido, o direito de oferecer queixa não poderá ser exercido pelos cônjuges, ascendentes, descendentes ou colaterais.

b) é de legitimidade exclusiva do MP, condicionada à representação do ofendido, a ação penal por crime contra a honra de servidor público em razão do exercício de suas funções, conforme entendimento sumulado do STF.

c) o direito de queixa não poderá ser exercido quando dele o ofendido tiver renunciado expressa ou tacitamente.

d) na ação penal privada, é admissível o perdão mesmo depois de transitada em julgado a sentença condenatória.

e) mesmo antes do oferecimento da denúncia, a representação do ofendido, nos crimes de ação penal condicionada, não pode ser retratada.

49. **(Cespe/TJ/DFT/Cartórios/Remoção/2014)** Com relação ao inquérito policial e à ação penal, assinale a opção correta:

a) ao interrogatório do indiciado na fase inquisitiva são aplicadas as mesmas regras do interrogatório judicial, sendo obrigatória a presença de defensor com direito a interferência, em atendimento ao princípio da ampla defesa.

b) o decêndio legalmente determinado para o fim das investigações policiais no caso de prisão preventiva poderá ser prorrogado com vistas à realização de diligências complementares necessárias à acusação.

c) em se tratando de ação penal privada, se o ofendido for menor de vinte e um anos de idade e maior de dezoito anos de idade, o direito de queixa poderá ser exercido por ele ou por seu representante legal.

d) oferecida a denúncia, não mais é cabível ao MP a desistência da ação penal.

e) o inquérito policial nos crimes em que a ação pública for condicionada à representação, poderá ser instaurado sem esta, desde que mediante ato de ofício da autoridade policial competente.

50. **(Cespe/TJ/SE/Cartórios/Ingresso/2014)** A respeito da ação penal pública, assinale a opção correta:

a) se for cometido crime contra a administração da justiça, a ação penal pública será condicionada à requisição da autoridade judiciária.

b) nos casos de crimes praticados contra o patrimônio público de estado federado, a ação penal pública será condicionada à representação do procurador do estado.

c) nos casos de delitos praticados por instituição bancária contra a ordem financeira nacional, a ação penal pública será condicionada à requisição do ministro da Fazenda.

d) se o ofendido tiver menos de sessenta anos de idade, no caso de crime de receptação praticado pelo seu irmão, a ação penal pública será condicionada à representação do ofendido.

e) no caso dos delitos previstos na Lei de Crimes Ambientais, a ação penal pública será condicionada à requisição do ministro do Meio Ambiente.

51. **(Cetro/TJ/RJ/Cartórios/Remoção/2017)** Sobre as formas de ação penal admitidas no direito brasileiro, assinale a alternativa correta:

a) O princípio da indivisibilidade da ação penal é aplicado apenas às ações penais privadas, de natureza disponível e facultativa, mas não às ações penais públicas.

b) Para os crimes contra os costumes, uma vez caracterizada a pobreza da vítima, a legitimidade para a representação fica condicionada à Defensoria Pública, não podendo o Ministério Público alçar a ação à modalidade de pública condicionada.

c) O esgotamento de processo disciplinar constitui condição "sine qua non" de procedibilidade para exercício da ação penal pública incondicionada.

d) para que possa prosseguir a ação penal privada, o oferecimento de queixa-crime depende de procuração outorgada pelo querelante ao seu advogado com poderes específicos, inclusive descrição pormenorizada do fato criminoso.

e) tanto para as ações penais públicas quanto para as ações penais privadas, a intervenção de terceiros em sede de "habeas corpus" deve ser avaliada pelo juiz, após oitiva do Ministério Público quanto à sua conveniência.

52. **(Ieses/TJ/CE/Cartórios/Remoção/2018)** A manifestação do ofendido, ou de seu representante legal, indicando que não está mais interessado em continuar com a ação penal privada, após ter dado início a ela, é denominado de:

a) perempção.

b) renúncia.

c) perdão.

d) retratação.

53. **(Cespe/TJ/RR/Cartórios/Ingresso/2013)** A respeito da ação civil "ex delicto", assinale a opção correta:

a) ao oferecer a denúncia, o MP poderá também requerer ao juízo criminal competente que, uma vez julgado procedente o pedido de condenação do acusado pelo crime de roubo, também o condene civilmente a reparar o dano material causado por não ter sido apreendida a coisa subtraída, assegurando-se ao ofendido executar o título executivo no juízo cível competente.

b) a absolvição imprópria impede a propositura da ação cível pelo ofendido.

c) o MP detém legitimidade extraordinária para propor ação cível contra autor de fato que prejudique pessoa pobre.

d) a extinção da punibilidade pela prescrição impede a propositura da ação cível pelo ofendido, visto que a prescrição alcança o fato e a produção de seus efeitos.

e) sentença que absolva o acusado sob o fundamento da incidência de causa excludente de tipicidade impede a propositura da ação cível pelo ofendido.

54. **(Cespe/TJ/PI/Cartórios/Remoção/2013)** Impedirá a propositura de ação civil reparatória a decisão penal que:

a) absolver o réu em decorrência de prova da inexistência material do fato.

b) absolver o réu por ausência de prova suficiente quanto à autoria.

c) absolver o réu por não constituir crime o fato a ele imputado.

d) arquivar o inquérito policial ou as peças de informação.

e) julgar extinta a punibilidade do autor do fato.

55. **(Cespe/TJ/ES/Cartórios/Ingresso/2013)** Considerando o entendimento dos tribunais superiores e o posicionamento doutrinário dominante em relação à ação civil, às nulidades processuais, ao "habeas corpus" e à citação do réu, assinale a opção correta:

a) de acordo com a jurisprudência pacificada do STF, a declaração de nulidade de determinados atos independe da demonstração de prejuízo efetivo para a defesa ou a acusação, podendo a nulidade ser declarada por mera presunção.

b) não se admite o julgamento à revelia do acusado citado por edital, devendo o magistrado suspender o curso do processo, mas não do prazo prescricional, até que se obtenha êxito na citação pessoal do réu, seja com seu comparecimento em juízo, seja mediante a constituição de defensor.

c) a parcela fixada na sentença condenatória estipulando valor mínimo para a reparação dos danos causados pelo réu quando do cometimento da infração constitui título executivo no juízo cível, podendo, em razão da sua liquidez, ser executada imediatamente.

d) entre outras hipóteses, o "habeas corpus" pode ser impetrado contra decisão condenatória a pena de multa e quando da tramitação de processos ou realização de inquéritos policiais relativos a infração penal para a qual a única pena cominada seja a pecuniária.

e) no que se refere à existência do fato e à autoria, a decisão condenatória penal faz coisa julgada no juízo cível; no que concerne às causas de justificação da conduta, entretanto, somente produz efeitos preclusivos na instância cível a sentença na qual se reconheça a ocorrência das excludentes de legítima defesa e(ou) do estado de necessidade.

56. **(Cespe/TJ/BA/Cartórios/Remoção/2013)** Acerca da ação civil "ex delicto" e da competência, assinale a opção correta:

a) nos casos de exclusiva ação privada, quando conhecido o lugar da infração, o querelante não poderá preferir o foro de domicílio ou da residência do réu.

b) a conexão e a continência importarão na unidade de processo e julgamento, mesmo no concurso entre a jurisdição comum e a militar.

c) após o trânsito em julgado de sentença penal condenatória, somente o ofendido poderá executá-la no juízo cível.

d) o arquivamento do inquérito policial impede a propositura da ação civil "ex delicto".

e) faz coisa julgada, na esfera cível, a sentença penal em que seja reconhecida a prática de ato em estado de necessidade, legítima defesa, estrito cumprimento de dever legal ou exercício regular de direito.

57. **(Ieses/TJ/RS/Cartórios/Remoção/2013)** Assinale a alternativa correta acerca da ação penal:

a) será admitida ação penal privada nos crimes de ação penal pública, se esta não for intentada no prazo legal, cabendo ao Ministério Público aditar a queixa, repudiá-la e oferecer denúncia substitutiva, intervir em todos os termos do processo, fornecer elementos de prova, interpor recurso e, a todo tempo, no caso de negligência do querelante, retomar a ação como parte principal.

b) o Ministério Público poderá desistir da ação penal.

c) a representação será retratável em qualquer fase do procedimento.

d) nas ações penais privadas, o perdão concedido a um dos querelados não se estenderá aos demais.

58. **(FCC/TJ/PE/Cartórios/Ingresso/2013)** Tratando-se de crime de ação penal privada, apadrinhar o casamento do ofensor, em princípio, exemplifica uma situação de:

a) decadência.

b) renúncia ou perdão.

c) perempção.

d) prescrição.

e) perdão judicial.

59. **(Vunesp/TJ/SP/Cartórios/Remoção/2016)** No crime de fraude à execução, isto é, do agente que aliena, desvia, destrói ou danifica bens, ou simula dívidas, para safar-se de execução aparelhada, a ação penal é:

a) pública incondicionada.

b) privada subsidiária.

c) pública condicionada.

d) exclusivamente privada.

60. **(Faurgs/TJ/RS/Cartórios/Remoção/2015)** De acordo com as regras legais que tratam da ação penal, assinale a alternativa que contém afirmação correta:

a) em se tratando de crimes procedidos por meio de Ação Penal Pública Incondicionada, a vítima poderá oferecer Ação Penal Privada Subsidiária em face do pedido de arquivamento do inquérito policial firmado pelo representante do órgão acusatório.

b) na Ação Penal Pública Condicionada à Representação, a vítima, ou seu representante legal, decairá do seu direito de representação no prazo de 3 (três) meses, a contar do dia em que tomar ciência da autoria do crime.

c) nos crimes procedidos por Ação Penal Pública Condicionada à Representação, o ofendido poderá retratar-se ou oferecer perdão, contanto que o faça antes da prolação da sentença.

d) se "X" foi vítima do crime de difamação praticado por "Y" e "Z", não se admite que o ofendido, por razões de foro íntimo, ofereça queixa-crime apenas contra "Z", haja vista o reconhecimento do caráter indivisível da Ação Penal Privada.

61. (IBFC/TJ/PR/Cartórios/Ingresso/2014) Em relação às súmulas do Supremo Tribunal Federal, em matéria penal, assinale a incorreta:

a) não há crime quando a preparação do flagrante pela polícia torna impossível a sua consumação.

b) o pagamento de cheque emitido sem provisão de fundos, mesmo após o recebimento da denúncia, obsta o prosseguimento da ação penal.

c) não se admite a continuidade delitiva nos crimes contra a vida.

d) há crime de latrocínio, quando o homicídio se consuma, ainda que não realize o agente a subtração de bens da vítima.

4. DA COMPETÊNCIA

* SÚMULAS

1) Competência por Prerrogativa de Função

STF **Súm. Vinculante 45.** A competência constitucional do tribunal do júri prevalece sobre o foro por prerrogativa de função estabelecido exclusivamente pela constituição estadual.

STF **Súm. 451.** A competência especial por prerrogativa de função não se estende ao crime cometido após a cessação definitiva do exercício funcional.

STF **Súm. 702.** A competência do tribunal de justiça para julgar prefeitos restringe-se aos crimes de competência da justiça comum estadual; nos demais casos, a competência originária caberá ao respectivo tribunal de segundo grau.

STF **Súm. 703.** A extinção do mandato do prefeito não impede a instauração de processo pela prática dos crimes previstos no art. 1º do DL 201/67.

STF **Súm. 704.** Não viola as garantias do juiz natural, da ampla defesa e do devido processo legal a atração por continência ou conexão do processo do co-réu ao foro por prerrogativa de função de um dos denunciados.

STJ **Súm. 164.** O prefeito municipal, após a extinção do mandato, continua sujeito a processo por crime previsto no art. 1º do Decreto-lei n. 201, de 27.2.67.

STJ **Súm. 208.** Compete à Justiça Federal processar e julgar prefeito municipal por desvio de verba sujeita a prestação de contas perante órgão federal.

STJ **Súm. 209.** Compete à Justiça Estadual processar e julgar prefeito por desvio de verba transferida e incorporada ao patrimônio municipal.

2) Conflito de Competência entre Justiça Comum e Justiça Militar

STF **Súm. 555.** É competente o tribunal de justiça para julgar conflito de jurisdição entre juiz de direito do Estado e a justiça militar local.

STJ **Súm. 53.** Compete à justiça comum estadual processar e julgar civil acusado de prática de crime contra instituições militares estaduais.

STJ **Súm. 78.** Compete à justiça militar processar e julgar policial de corporação estadual, ainda que o delito tenha sido praticado em outra unidade federativa.

STJ **Súm. 90.** Compete à Justiça Estadual militar processar e julgar o policial militar pela prática do crime militar, e à comum pela prática do crime comum simultâneo àquele.

3) Conflito de Competência entre Justiça Federal e Justiça Estadual

STF **Súm. Vinculante 36.** Compete à justiça federal comum processar e julgar civil denunciado pelos crimes de falsificação e de uso de documento falso quando se tratar de falsificação da caderneta de inscrição e registro (CIR) ou de carteira de habilitação de amador (CHA), ainda que expedidas pela Marinha do Brasil.

STF **Súm. 498.** Compete à justiça dos Estados, em ambas as instâncias, o processo e o julgamento dos crimes contra a economia popular.

STF **Súm. 522.** Salvo ocorrência de tráfico com o exterior, quando, então, a competência será da Justiça Federal, compete à justiça dos Estados o processo e o julgamento dos crimes relativos a entorpecentes.

STJ **Súm. 38.** Compete à Justiça Estadual comum, na vigência da Constituição de 1988, o processo por contravenção penal, ainda que praticada em detrimento de bens, serviços ou interesse da União ou de suas entidades.

STJ **Súm. 42.** Compete à justiça comum estadual processar e julgar as causas cíveis em que é parte sociedade de economia mista e os crimes praticados em seu detrimento.

STJ **Súm. 62.** Compete à Justiça Estadual processar e julgar o crime de falsa anotação na Carteira de Trabalho e Previdência Social, atribuído a empresa privada.

STJ **Súm. 73.** A utilização de papel moeda grosseiramente falsificado configura, em tese, o crime de estelionato, da competência da Justiça Estadual.

STJ **Súm. 104.** Compete à Justiça Estadual o processo e julgamento dos crimes de falsificação e uso de documento falso relativo a estabelecimento particular de ensino.

STJ **Súm. 107.** Compete à justiça comum estadual processar e julgar crime de estelionato praticado mediante falsificação das guias de recolhimento das contribuições previdenciárias, quando não ocorrente lesão à autarquia federal.

STJ **Súm. 122.** Compete à Justiça Federal o processo e julgamento unificado dos crimes conexos de competência federal e estadual, não se aplicando a regra do art. 78, II, "a", do Código de Processo Penal.

STJ **Súm. 140.** Compete à justiça comum estadual processar e julgar crime em que o indígena figure como autor ou vítima.

STJ **Súm. 147.** Compete à Justiça Federal processar e julgar os crimes praticados contra funcionário público federal, quando relacionados com o exercício da função.

STJ **Súm. 546.** A competência para processar e julgar o crime de uso de documento falso é firmada em razão da entidade ou órgão ao qual foi apresentado o documento público, não importando a qualificação do órgão expedidor.

STJ **Súm. 528.** Compete ao juiz federal do local da apreensão da droga remetida do exterior pela via postal processar e julgar o crime de tráfico internacional.

4) Competência pelo Lugar da Infração

STF **Súm. 521.** O foro competente para o processo e julgamento dos crimes de estelionato, sob a modalidade da emissão dolosa de cheque sem provisão de fundos, é o do local onde se deu a recusa do pagamento pelo sacado.

STJ **Súm. 48.** Compete ao juízo do local da obtenção da vantagem ilícita processar e julgar crime de estelionato cometido mediante falsificação de cheque.

STJ **Súm. 200.** O juízo federal competente para processar e julgar acusado de crime de uso de passaporte falso é o do lugar onde o delito se consumou.

STJ **Súm. 244.** Compete ao foro do local da recusa processar e julgar o crime de estelionato mediante cheque sem provisão de fundos.

STJ **Súm. 528.** Compete ao juiz federal do local da apreensão da droga remetida do exterior pela via postal processar e julgar o crime de tráfico internacional.

5) Outros Temas

STF **Súm. 603.** A competência para o processo e julgamento de latrocínio é do juiz singular e não do tribunal do júri.

STJ **Súm. 59.** Não há conflito de competência se já existe sentença com trânsito em julgado, proferida por um dos juízos conflitantes.

STJ **Súm. 151.** A competência para o processo e julgamento por crime de contrabando ou descaminho define-se pela prevenção do juízo federal do lugar da apreensão dos bens.

STJ **Súm. 165.** Compete à Justiça Federal processar e julgar crime de falso testemunho cometido no processo trabalhista.

* INFORMATIVOS

STF **Prorrogação de competência e prerrogativa de foro.** Finalizada a instrução processual com a publicação do despacho de intimação para serem apresentadas as alegações finais, mantém-se a competência do STF para o julgamento de detentores de foro por prerrogativa de função, ainda que referentemente a crimes não relacionados ao cargo ou função desempenhada. AP 962, Rel. Acd. Min. Roberto Barroso, j. 16.10.2018. 1ª T. (Info 920)

STF **Delitos eleitorais conexos com crimes comuns.** Nos casos de doações eleitorais por meio de caixa 2 – fatos que poderiam constituir o crime eleitoral de falsidade ideológica (art. 350, CE) –, a competência para processar e julgar os fatos é da Justiça Eleitoral. A existência de crimes conexos de competência da Justiça Comum, como corrupção passiva e lavagem de capitais, não afasta a competência da Justiça Eleitoral, por força do art. 35, II, do CE e do art. 78, IV, do CPP. Tratando-se de investigação em fase embrionária e diante da impossibilidade, em sede de cognição sumária, de se verticalizar a análise de todos os aspectos concernentes à declinação de competência, o encaminhamento de termos de colaboração não firmará, em definitivo, a competência do juízo indicado, devendo ser observadas as regras de fixação, de modificação e de concentração de competência, respeitando-se, assim, o princípio do juiz natural. Pet 7319, Rel. Min. Edson Fachin, j. 27.3.2018. 2ª T. (Info 895)

STF Prerrogativa de foro e interpretação restritiva. O foro por prerrogativa de função aplica-se apenas aos crimes cometidos durante o exercício do cargo e relacionados às funções desempenhadas. Após o final da instrução processual, com a publicação do despacho de intimação para apresentação de alegações finais, a competência para processar e julgar ações penais não será mais afetada em razão de o agente público vir a ocupar outro cargo ou deixar o cargo que ocupava, qualquer que seja o motivo. AP 937 QO, Rel. Min. Roberto Barroso, j. 3.5.2018. Pleno. (Info 900)

STJ Ameaças de ex-namorado à mulher via facebook. Crime à distância. Internacionalidade configurada. Pedido de medidas protetivas de urgência ao Poder Judiciário brasileiro. Lei Maria da Penha. Concretude às convenções internacionais firmadas pelo Brasil. Competência da justiça Federal. Compete à Justiça Federal apreciar o pedido de medida protetiva de urgência decorrente de crime de ameaça contra a mulher cometido, por meio de rede social de grande alcance, quando iniciado no estrangeiro e o seu resultado ocorrer no Brasil. CC 150.712, Rel. Min. Joel Ilan Paciornik, DJ 19.10.2018. 3ª S. (Info 636)

STJ Contrabando de cigarros. Indícios de transnacionalidade na conduta do agente. Desnecessidade. Crime que tutela interesse da União. Competência da Justiça Federal. Compete à Justiça Federal o julgamento dos crimes de contrabando e de descaminho, ainda que inexistentes indícios de transnacionalidade na conduta. CC 160.748, Rel. Min. Sebastião Reis Júnior, DJ 4.10.2018. 3ª S. (Info 635)

STJ Competência. Foro por prerrogativa de função perante o STJ. Regra da "kompetenz-kompetenz". Art. 105, I, "a" da CF. Interpretação simétrica àquela conferida, pelo STF, ao art. 102, I, "b" e "c". QO na AP 937. Marco temporal para a prorrogação da competência desta Corte Superior. Publicação do despacho de intimação para apresentação de alegações finais. As hipóteses de foro por prerrogativa de função perante o STJ restringem-se àquelas em que o crime for praticado em razão e durante o exercício do cargo ou função. AgRg na APn 866, Rel. Min. Luis Felipe Salomão, DJ 3.8.2018. Corte Especial. (Info 630)

STJ Prerrogativa de foro. Competência criminal originária do STJ. Art. 105, I, "a", da Constituição Federal. Crime em tese sem relação com o cargo. Desembargador. Instrução não encerrada. QO na APn 937/STF. Iminência da prescrição. Prorrogação da competência. Excepcionalidade. A iminente prescrição do crime praticado por desembargador excepciona o entendimento consolidado na APn 937 – o foro por prerrogativa de função é restrito a crimes cometidos ao tempo do exercício do cargo e que tenham relação com o cargo – e prorroga a competência do Superior Tribunal de Justiça. QO na APn 703, Rel. Min. Benedito Gonçalves, DJ 9.8.2018. Corte especial. (Info 630)

STJ Compartilhamento de sinal de TV por assinatura, via satélite ou cabo. "Card Sharing". Convenção de Berna. Transnacionalidade da conduta. Competência da Justiça Federal. Compete à Justiça Federal processar e julgar os crimes de violação de direito autoral e contra a lei de software decorrentes do compartilhamento ilícito de sinal de TV por assinatura, via satélite ou cabo, por meio de serviços de "card sharing". CC 150.629, Rel. Min. Nefi Cordeiro, DJ 28.2.2018. 3ª S. (Info 620)

STJ Crimes de falsificação de documento e uso de documento falso praticados por brasileiros em território estrangeiro. Cooperação internacional. Relações com estados estrangeiros e cumprimento de tratados firmados (CF/88, artigos 21, I, e 84, VII e VIII). Competência da União. Extradição de Nacional. Inadmissibilidade. Compete à Justiça Federal o processamento e o julgamento da ação penal que versa sobre crime praticado no exterior que tenha sido transferida para a jurisdição brasileira, por negativa de extradição. 3ª S. CC 154.656, Rel. Min. Ribeiro Dantas, DJ 3.5.2018. (Info 625)

STJ Furto nas dependências de local sujeito à administração militar. Militar em serviço. "Res furtiva" sob administração militar. Competência do juízo castrense. Compete à Justiça Militar processar e julgar o crime de furto, praticado por civil, de patrimônio que, sob administração militar, encontra-se nas dependências desta. CC 145.721, Rel. Min. Joel Ilan Paciornik, DJ 2.3.2018. 3ª S. (Info 621)

* QUESTÕES DISCURSIVAS

02. **(Consulplan/TJ/MG/Cartórios/Remoção/2017)** Duas ou mais pessoas, todas maiores e civis, andando pela estrada veem um caminhão tombado. Sua carga: aparelhos de TV e Informática. Sem qualquer entendimento entre elas, cada uma apanha o que pode. Pergunta-se:

Quantos e quais crimes foram cometidos? Qual a modalidade de continência ou conexão ocorreu na hipótese? Qual o efeito prático do reconhecimento da continência ou conexão?

03. **(Consulplan/TJ/MG/Cartórios/Remoção/2017)** João e Maria cometeram um crime de roubo, na comarca de Contagem/MG, em 07.05.2016. Cinco dias depois, em 12.05.2016, cometeram novo roubo em Betim/MG, com as mesmas características. Em 22.05.2016, praticaram novo roubo, nas mesmas condições dos anteriores, na comarca de Vespasiano/MG, quando, então, subtraíram um talão de cheques, com o qual foram a um supermercado em Belo Horizonte, onde emitiram um cheque, falsificando a assinatura, para adquirir uma geladeira duplex para a residência do casal. Instaurado inquérito para apuração do crime praticado em Belo Horizonte, foram determinadas diligências, dentre elas a busca e apreensão no endereço de entrega do bem e, ainda, a interceptação telefônica, através da qual também se apuraram os demais roubos ocorridos na região metropolitana, com relação aos quais tramitavam inquéritos, mas que ainda não estavam concluídos. Qual ou quais os crimes e os foros competentes para julgar a ação da dupla criminosa? Fundamente sua resposta, demonstrando conhecimento acerca dos institutos jurídicos aplicáveis ao caso e indicando os dispositivos legais pertinentes.

✱ QUESTÕES OBJETIVAS

62. **(Consulplan/TJ/MG/Cartórios/Remoção/2018)** De acordo com a Jurisprudência sumulada do Superior Tribunal de Justiça, assinale a alternativa incorreta:

a) o princípio da insignificância é inaplicável aos crimes contra a administração pública.

b) o crime de extorsão consuma-se independentemente da obtenção da vantagem indevida.

c) o mandado de segurança não se presta para atribuir efeito suspensivo a recurso criminal interposto pelo Ministério Público.

d) compete ao juízo do local da falsificação do cheque processar e julgar crime de estelionato nessa modalidade, sendo irrelevante o local da obtenção da vantagem ilícita.

63. **(Cespe/TJ/PI/Cartórios/Remoção/2013)** Considerando o entendimento sumulado dos tribunais superiores a respeito da competência em matéria criminal, assinale a opção correta:

a) será da competência da justiça federal processar e julgar os acusados da prática de crimes em detrimento de sociedade de economia mista.

b) o vereador que praticar crime doloso contra a vida será processado e julgado no tribunal do júri, não se aplicando, nesse caso, o foro especial estabelecido em Constituição estadual.

c) o prefeito que praticar crime eleitoral será processado pelo tribunal de justiça do estado onde se localize o município em que ele exerça sua função, ainda que o fato tenha ocorrido em outro estado.

d) a inobservância da competência pela prevenção será causa de nulidade absoluta.

e) o prefeito que desviar verba pública federal será processado perante o foro especial estadual.

64. **(Cespe/TJ/ES/Cartórios/Remoção/2013)** Com fundamento na jurisprudência dominante nos tribunais superiores, assinale a opção correta em relação à competência:

a) compete à justiça federal processar e julgar o agente acusado da prática de crime de falsificação de documento público emitido pela União, ainda que a pessoa efetivamente lesada com a suposta prática delituosa seja um particular.

b) compete à justiça federal processar e julgar os acusados da prática de delitos contra a propriedade intelectual.

c) compete à justiça estadual o julgamento dos acusados da prática de contravenções penais, ainda que praticadas em desfavor da União, de suas autarquias ou empresas públicas, salvo se houver conexão entre a prática da contravenção penal e a prática de delitos cujo agente deva ser julgado pela justiça federal, a quem caberá o julgamento de ambos os fatos.

d) a competência do tribunal do júri prevista na CF prevalece sobre o foro por prerrogativa de função estabelecido exclusivamente em constituição estadual.

e) compete à justiça militar processar e julgar militar pela prática, em serviço, do crime de abuso de autoridade.

65. **(FCC/TJ/PE/Cartórios/Ingresso/2013)** O Código de Processo Penal brasileiro, ao tratar da competência jurisdicional por conexão ou continência, determina a observância da seguinte regra:

a) no concurso entre a competência do júri e a de outro órgão da jurisdição comum, prevalecerá esta última.

b) no concurso de jurisdições da mesma categoria, preponderará a do lugar da infração à qual for cominada a pena mais grave, exceto no caso de crimes conexos de competência federal e estadual, em que a competência será sempre da Justiça Federal.
c) no concurso entre a jurisdição comum e a especial, prevalecerá aquela.
d) a conexão e continência importam unidade de processo e julgamento, sem exceção.
e) é obrigatória a separação dos processos quando as infrações tiverem sido praticadas em circunstâncias de tempo ou de lugar diferentes.

66. **(Vunesp/TJ/SP/Cartórios/Remoção/2014)** Se o Prefeito Municipal de uma cidade do Estado de São Paulo comete um crime de homicídio na cidade de Recife, Estado de Pernambuco, é competente para o julgamento da causa o:
a) Tribunal do Júri do Foro da Comarca de Recife, Estado de Pernambuco.
b) Tribunal de Justiça do Estado de Pernambuco.
c) Tribunal de Justiça do Estado de São Paulo.
d) Tribunal do Júri do Foro da Comarca da cidade, onde o autor do referido crime figura como Prefeito Municipal.

67. **(FMP/TJ/MT/Cartórios/Remoção/2014)** Cimério é policial civil, e Cimar policial militar estadual. Ambos, em operação conjunta das corporações e com equipamento oficial, em abordagem a uma pessoa exigem para si determinada importância indevida. Após, em outra cidade, ao efetuarem uma prisão, cometem abuso de autoridade. Na continuação, e posteriormente, causam lesão grave em um detido para assegurar a impunidade em relação aos delitos anteriores. Em relação ao caso em tela, assinale a afirmativa correta:
a) houve conexão intersubjetiva concursal e também objetiva.
b) houve conexão instrumental ou probatória.
c) houve conexão intersubjetiva por simultaneidade.
d) houve conexão intersubjetiva por reciprocidade e instrumental.
e) houve conexão objetiva, lógica ou material apenas.

68. **(IBFC/TJ/PR/Cartórios/Remoção/2014)** Assinale a alternativa correta, em relação à competência:
a) quando o último ato de execução for praticado fora do território nacional, será competente o juiz do lugar em que o crime, embora parcialmente, tenha produzido ou devia produzir seu resultado.
b) a competência será, de regra, determinada pelo lugar em que se praticar a infração.
c) se, iniciada a execução no território nacional, a infração se consumar fora dele, a competência será determinada pelo lugar em que tiver sido praticado, no Brasil, o primeiro ato de execução.
d) não sendo conhecido o lugar da infração, a competência regular-se-á pelo domicílio ou residência da(s) vítima(s).

69. **(Cespe/TJ/DFT/Cartórios/Remoção/2014)** A respeito da competência, assinale a opção correta:
a) se um civil comete um crime comum, e um militar pratica um delito militar, sendo as ações conexas, haverá, obrigatoriamente, a junção dos processos perante a jurisdição especializada.
b) considere que Alfredo, no exercício de mandato de senador da República, pratique crime contra a administração pública, tendo o mandato terminado no curso da ação penal perante o STF. Nessa situação, prevalecerá, em relação a Alfredo, a competência especial por prerrogativa de função para a continuidade do processo e o julgamento perante a instância privilegiada, mesmo após cessado o exercício da função pública.
c) tanto em ação penal privada quanto em ação penal pública, adota-se, como regra para a fixação do foro competente, o lugar da infração penal, podendo, todavia, nas ações exclusivamente privadas, o particular/querelante eleger o foro de seu domicílio.
d) para a fixação da competência territorial, adota-se, no Código de Processo Penal (CPP) brasileiro, a teoria da ubiquidade, segundo a qual consideram-se lugar do crime tanto o da ação quanto o do resultado, indiferentemente.
e) na determinação da competência por conexão ou continência e em caso de concurso de jurisdições da mesma categoria, prevalece, de regra, a competência do lugar da infração penal à qual seja cominada a pena mais grave.

70. **(Cespe/TJ/SE/Cartórios/Ingresso/2014)** Com relação ao direito processual penal e considerando a jurisprudência do STJ, assinale a opção correta:

a) ocorre excesso de linguagem na pronúncia, apta a nulificar a decisão interlocutória mista, quando o julgador expõe, com fundamentação adequada, seu convencimento acerca da existência de indícios de autoria, uma vez que isso pode influenciar o veredito dos jurados na sessão plenária.
b) competirá ao foro do local para onde forem destinados os valores desviados de verba pública o processamento e julgamento da ação penal referente ao crime de peculato-desvio.
c) compete à justiça estadual processar e julgar suposta prática de delito de falsidade ideológica praticado contra junta comercial.
d) não é necessário fundamentação concreta para a imposição das medidas cautelares alternativas à prisão, previstas no CPP.
e) o MP, no processo penal, possui prazo em dobro para apresentar recurso.

71. **(Consulplan/TJ/MG/Cartórios/Ingresso/2015)** "O escrivão de polícia civil Tício, residente em Extrema/MG, praticou, em Camanducaia-MG, os crimes de homicídio simples tentado e de concussão, havendo conexão entre eles." A competência para julgar os crimes será do:
a) juiz singular de Extrema/MG para o crime de concussão e do Tribunal do Júri de Camanducaia-MG para o crime de homicídio simples tentado.
b) Tribunal do Júri de Camanducaia-MG para os crimes de homicídio simples tentado e de concussão.
c) juiz singular de Camanducaia-MG para o crime de concussão e do Tribunal do Júri de Camanducaia-MG para o crime de homicídio simples tentado.
d) Tribunal do Júri de Extrema/MG para os crimes de homicídio simples tentado e de concussão.

72. **(Consulplan/TJ/MG/Cartórios/Ingresso/2017)** Assinale a alternativa que demonstra hipótese em que o instituto da prevenção não é utilizado para a fixação do foro competente:
a) quando não houver, mesmo no caso de conexão, foro prevalente, por serem os delitos da mesma categoria de jurisdição e tiverem as mesmas penas.
b) quando houver mais de uma Vara para a qual o inquérito possa ser direcionado, porém antes da distribuição, algum juiz pratica ato relevante relacionado ao delito investigado.
c) quando desconhecido o lugar da infração e o réu tiver duas residências.
d) quando for cometido crime permanente no território de duas ou mais comarcas.

73. **(Consulplan/TJ/MG/Cartórios/Ingresso/2017)** Assinale a alternativa que não corresponda a uma das modalidades em que se dá a conexão intersubjetiva:
a) concursal.
b) ocasional.
c) consequencial.
d) por reciprocidade.

74. **(Cetro/TJ/RJ/Cartórios/Remoção/2017)** Assinale a alternativa que apresenta, duplamente, a competência criminal exclusiva da Justiça Federal:
a) auditor fiscal inativo que apresenta identidade falsa; e Gerente da Petrobras em situação de crime contra a vida de terceiro, envolvendo bens e serviços da empresa.
b) empresário que emite duplicatas simuladas em face do Banco do Brasil; e Gerente da Caixa Econômica Federal que, em meio a processo de renegociação de dívida, por telefone, chama a pessoa de "sem-vergonha", "mau-caráter" e "pilantra".
c) gerente da Caixa Econômica Federal que, em meio a processo de renegociação de dívida, por telefone, chama a pessoa de "sem-vergonha", "mau-caráter" e "pilantra"; e Funcionário da ECT que sofre tentativa de homicídio enquanto dirigia veículo da empresa.
d) empresário que emite duplicatas simuladas em face do Banco do Brasil; e Auditor Fiscal Inativo que apresenta identidade falsa.
e) funcionário da ECT que sofre tentativa de homicídio enquanto dirigia veículo da empresa; e Gerente da Petrobras em situação de crime contra a vida de terceiro, envolvendo bens e serviços da empresa.

75. **(Consulplan/TJ/MG/Cartórios/Ingresso/2017)** Considerando-se as regras de competência sumuladas pelo STJ, é correto afirmar que:
a) a competência para processar e julgar crime de ameaça praticado por funcionário público federal é da Justiça Federal.
b) a competência para a execução de pena aplicada a preso recolhido em estabelecimento prisional estadual é do Juiz da Execução Estadual,

mesmo que a condenação tenha sido imposta pela Justiça Federal, Militar ou Eleitoral.

c) a competência para processar e julgar contravenções praticadas em detrimento de bens, serviços ou interesse da União ou de suas entidades é da Justiça Federal.

d) a competência para processar e julgar o crime de falsa anotação na carteira de trabalho e previdência social, atribuído à empresa privada, é da Justiça Federal.

76. **(Ieses/TJ/RO/Cartórios/Remoção/2017)** Em conformidade com o preconizado pelo Código de Processo Penal, no que se refere à competência jurisdicional podemos afirmar, que entre outras, ela é determinada pelo (a):

I. a prerrogativa de função.

II. a natureza da infração.

III. o lugar da infração.

IV. a conexão ou comoriência.

A sequência correta é:

a) as assertivas I, II, III e IV estão corretas.

b) apenas a assertiva III está correta.

c) apenas as assertivas II e III estão corretas.

d) apenas as assertivas I, II, III estão corretas.

5. DAS QUESTÕES E PROCESSOS INCIDENTES

* QUESTÕES OBJETIVAS

77. **(Cespe/TJ/PI/Cartórios/Remoção/2013)** No que se refere ao sequestro de bens imóveis de acusado da prática de crime de lavagem de dinheiro, assinale a opção correta com base no CPP:

a) o incidente do sequestro correrá nos próprios autos da ação penal, admitindo-se embargos do acusado para o levantamento da medida, que pode ser analisado antes da sentença.

b) o sequestro será levantado se a ação penal não for intentada no prazo de sessenta dias, contado da data em que ficar concluída a diligência.

c) o sequestro de bem adquirido com os proventos da infração transferido a terceiro dependerá do resultado de ação civil relativa à propriedade desse bem.

d) sendo um dos requisitos dessa medida a prova do crime e da autoria do delito, o sequestro somente poderá ser decretado depois do início da ação penal.

e) o levantamento do sequestro e a devolução do bem ao acusado não são efeitos de sentença transitada em julgado que o absolva ou extinga sua punibilidade.

78. **(Cespe/TJ/ES/Cartórios/Ingresso/2013)** A respeito da competência e de questões e processos incidentes, assinale a opção correta de acordo com a legislação processual penal, a jurisprudência e a doutrina majoritária:

a) tanto a hipoteca legal quanto o arresto recaem sobre bens obtidos licitamente pelo autor do crime, diferentemente do que ocorre no caso do sequestro, medida assecuratória que atinge os bens móveis e imóveis do indiciado ou acusado adquiridos com o proveito da infração penal.

b) em se tratando de processo criminal, a exceção de suspeição não pode ser arguida contra membro do MP, porquanto a medida se aplica exclusivamente ao juiz suspeito, por ser ele considerado parcial. Julgada procedente a exceção, o juiz arcará com as custas do processo, nos casos de inescusável erro.

c) não sendo conhecido o local da infração praticada no território nacional, a competência será regulada pelo domicílio ou pela residência da vítima.

d) a norma processual penal condiciona a instauração de incidente de insanidade mental do acusado a prévio requerimento do MP, do defensor, do curador, do ascendente, do descendente, do irmão ou do cônjuge.

e) a competência para o processo de acusado de conduta classificada como contravenção penal contra bens da União é da justiça federal.

79. **(TJ/SC/Cartórios/Ingresso/2012)** Não é possível, em sede de Processo Penal, opor-se exceção de:

a) coisa julgada a qualquer tempo.

b) suspeição após o recebimento da denúncia.

c) suspeição durante o inquérito policial.

d) incompetência do juízo no prazo de defesa.

e) suspeição contra os peritos, os intérpretes e os serventuários ou funcionários da justiça.

80. **(Consulplan/TJ/MG/Cartórios/Ingresso/2015)** A respeito do exame de insanidade mental do acusado é incorreto afirmar:

a) ao determinar o exame, o juiz nomeará curador ao acusado.

b) determinado o exame, ficará suspenso o curso do prazo prescricional.
c) poderá durar mais de 45 (quarenta e cinco) dias, se os peritos demonstrarem a necessidade de maior prazo.
d) será processado em auto apartado e, após a apresentação do laudo, será apenso ao processo principal.

81. **(Cetro/TJ/RJ/Cartórios/Ingresso/2017)** Mandado judicial, oriundo de processo criminal, contempla sequestro como medida cautelar de constrição de bens, que determina: anotação em cartório de registro de imóveis do estado do Rio de Janeiro, bloqueio de ações negociadas em mercado de Bolsa de Valores, bloqueio, via Bacenjud, de contas bancárias e, via Renajud, de veículos em nome de Xisto, casado com Ceres. Com base nos fatos indicados no caso, analise as assertivas abaixo.

I. Ceres pode se valer de embargos de terceiro para defender a sua meação, de boa-fé, havendo de comprovar que os bens em seu nome foram adquiridos a título oneroso, cujo julgamento não está, necessariamente, vinculado ao término da ação penal.
II. o sequestro em face de Xisto correrá nos autos da ação principal, sendo que o mandado judicial referente a imóvel deverá ser encaminhado para o registro de imóveis para registro/averbação sem necessidade de remessa do valor dos emolumentos devidos ao cartório de registro de imóveis.
III. para as ações negociadas em mercado de Bolsa de Valores, o mandado deverá ser encaminhado para a instituição financeira que faz escrituração das ações das companhias emissoras e para a entidade que presta serviço de custódia fungível das ações negociadas em Bolsa para bloqueio/anotação do gravame.

É correto o que se afirma em:

a) I e II, apenas.
b) II, apenas.
c) I e III, apenas.
d) II e III, apenas.
e) I, II e III.

82. **(Consulplan/TJ/MG/Cartórios/Ingresso/2017)** Considerando a medida cautelar de sequestro, que consiste na constrição de bens imóveis, excepcionalmente, de bens móveis, adquiridos com os proventos de uma prática infracional, é correto afirmar:

a) o sequestro de bens imóveis adquiridos com proventos da infração é cabível, desde que recebida a denúncia, ainda que os bens já tenham sido transferidos para terceiros.
b) o julgamento dos embargos interpostos contra o sequestro, opostos pelo acusado ou por terceiros, independe do julgamento da ação penal.
c) as Comissões Parlamentares de Inquérito – CPI podem determinar o sequestro de bens, dentre as medidas assecuratórias possíveis para garantia da eficácia de eventual sentença condenatória.
d) o Juiz poderá determinar o sequestro de bens, de ofício, antes do oferecimento da denúncia ou queixa.

6. DA PROVA

* INOVAÇÕES LEGISLATIVAS

▲ CPP. Livro I – Do Processo em Geral, Título VII – Da Prova, Capítulo II – Do Exame do Corpo de Delito e das Perícias em Geral

▲ Art. 158. (...). Parágrafo único. Dar-se-á prioridade à realização do exame de corpo de delito quando se tratar de crime que envolva: I – violência doméstica e familiar contra mulher; II – violência contra criança, adolescente, idoso ou pessoa com deficiência. (Modificações: Lei 13.721/18)

* SÚMULAS

STF **Súm. Vinculante 14.** É direito do defensor, no interesse do representado, ter acesso amplo aos elementos de prova que, já documentados em procedimento investigatório realizado por órgão com competência de polícia judiciária, digam respeito ao exercício do direito de defesa.

STF **Súm. 361.** No processo penal, é nulo o exame realizado por um só perito, considerando-se impedido o que tiver funcionando anteriormente na diligência de apreensão.

STJ **Súm. 74.** Para efeitos penais, o reconhecimento da menoridade do réu requer prova por documento hábil.

STJ **Súm. 273.** Intimada a defesa da expedição da carta precatória, torna-se desnecessária intimação da data da audiência no juízo deprecado.

STJ **Súm. 455.** A decisão que determina a produção antecipada de provas com base no art. 366 do CPP deve ser concretamente fundamentada, não a justificando unicamente o mero decurso do tempo.

* INFORMATIVOS

STF Colaboração premiada e termo de compartilhamento. Não há óbice ao compartilhamento de delação premiada desde que haja delimitação dos fatos. Pet 7065, Rel. Min. Edson Fachin, j. 30.10.2018. 2ª T. (Info 922)

STF Ação penal originária e momento do interrogatório. Provido agravo regimental em face de decisão monocrática que determinou o interrogatório do réu como ato inaugural do processo-crime, conforme previsão do art. 7º da Lei 8.038/90. A agravante aduziu que, em observância aos princípios do contraditório e da ampla defesa, o interrogatório deve ser realizado após o término da instrução processual. Apesar de não haver uma alteração específica do art. 7º da Lei 8.038/90, com base no CPP, entende-se que o interrogatório é um ato de defesa, mais bem exercido depois de toda a instrução, porque há possibilidade do contraditório mais amplo. Assim, determinou que a instrução processual penal se inicie com a oitiva das testemunhas arroladas pela acusação. AP 1027, Rel. Acd. Min. Luís Roberto Barroso, j. 2.10.2018. 1ª T. (Info 918)

STF Reclamação e diligências em residência de parlamentar. É inválida a busca e apreensão ordenada por juiz de 1ª grau em imóvel funcional ocupado por senadora da República, em desfavor de seu cônjuge porque usurpa a competência do STF (CF, art. 102, I, "b"), para processar e julgar, originariamente, nas infrações penais comuns, os membros do Congresso Nacional. Devem ser inutilizadas e desentranhadas dos autos todas as provas obtidas por meio da referida diligência. Reconhecida, por conseguinte, a ilicitude da prova obtida e de outras diretamente dela derivadas. Rcl 24473, Rel. Min. Dias Toffoli, j. 26.6.2018. 2ª T. (Info 907)

STF Acordo de leniência e compartilhamento de provas. Mantida decisão que deferiu o compartilhamento de provas originalmente produzidas a partir de acordo de leniência, para a instrução de inquérito em trâmite no âmbito do MP estadual. O compartilhamento visa promover a instrução de inquérito civil que investiga possível prática de ato de improbidade e lesão ao erário em razão do recebimento de valores destinados à campanha eleitoral de parlamentar federal. A Turma afirmou que, no acordo de leniência em questão, o MPF se compromete a não propor, contra os aderentes, qualquer ação de natureza cível ou penal em relação aos fatos e condutas nele revelados. Todavia, não há óbice ao compartilhamento das provas, desde que o pedido se mostre adequadamente delimitado e justificado, observadas cautelas especiais quando se tratar de colaboração premiada e acordo de leniência. Dessa forma, é legítimo o compartilhamento com o fim de instrução de inquérito que investiga pessoa a qual não celebrou acordo de leniência, desde que não acarrete eventual prejuízo aos aderentes do instrumento. Inq 4420, Rel. Min. Gilmar Mendes, j. 21.8.2018 2ª T. (Info 913)

STF Quebra de sigilo e divulgação em site oficial. Os dados obtidos por meio da quebra dos sigilos bancário, telefônico e fiscal devem ser mantidos sob reserva. Concedido mandado de segurança para determinar ao Senado Federal que retire de sua página na Internet os dados obtidos por meio da quebra de sigilo determinada por CPI. MS 25940, Rel. Min. Marco Aurélio, j. 26.4.2018. Pleno. (Info 899)

STF Condução coercitiva para interrogatório e recepção pela CF. Declarada a não recepção da expressão "para o interrogatório" constante do art. 260 do CPP, e a incompatibilidade com a CF da condução coercitiva de investigados ou de réus para interrogatório, sob pena de responsabilidade disciplinar, civil e penal do agente ou da autoridade e de ilicitude das provas obtidas, sem prejuízo da responsabilidade civil do Estado. A decisão não desconstitui interrogatórios realizados até a data desse julgamento, ainda que os interrogados tenham sido coercitivamente conduzidos para o referido ato processual. ADPF 444, Rel. Min. Gilmar Mendes, j. 14.6.2018. Pleno. (Info 906)

STJ Tráfico e associação para o tráfico de entorpecentes. Disque Denúncia. Ausência de prévia investigação policial para verificar a veracidade das informações recebidas. Fuga de acusado. Inexistência de elementos idôneos para entrada em domicílio sem ordem judicial. A existência de denúncias anônimas somada à fuga do acusado, por si sós, não configuram fundadas razões a autorizar o ingresso policial no domicílio do acusado sem o seu consentimento ou determinação judicial. RHC 83.501, Rel. Min. Nefi Cordeiro, DJ 5.4.2018. 6ª T. (Info 623)

STJ Dados e conversas registradas no whatsapp. Aparelho de propriedade da vítima falecida. Validade da prova. Autorização judicial. Desnecessidade. Constrangimento ilegal. Inexistência. Não há ilegalidade na perícia de aparelho de telefonia celular pela polícia, sem prévia autorização judicial, na hipótese em que seu proprietário – a vítima – foi morto, tendo o referido telefone sido entregue à autoridade policial por sua esposa. RHC 86.076, Rel. Acd. Min. Rogerio Schietti Cruz, DJ 12.12.2017. 6ª T. (Info 617)

* QUESTÕES OBJETIVAS

83. **(Cespe/TJ/PI/Cartórios/Ingresso/2013)** A respeito de provas e prisões no processo penal, assinale a opção correta:

a) a comunicação relativa aos atos processuais referentes ao ingresso e à saída do acusado da prisão deve ser requerida pelo ofendido ao juiz, a quem caberá analisar e autorizar o requerimento.

b) a prisão preventiva poderá ser decretada em caso de crime que envolva violência doméstica e familiar contra a mulher, desde que punível com pena privativa de liberdade superior a quatro anos, de modo a garantir-se a execução de medidas protetivas de urgência.

c) inadmissível a concessão de liberdade provisória com outras medidas cautelares, quando ausentes os requisitos que autorizam a decretação da prisão preventiva.

d) as provas obtidas por meio de interceptação telefônica durante inquérito policial não violam o princípio do contraditório, uma vez postergado para a ação penal porventura deflagrada.

e) concluídas as investigações, se o inquérito policial carecer dos elementos necessários ao esclarecimento da identidade do indiciado, caberá ao MP representar em favor da decretação de prisão temporária do agente por cinco dias, prorrogáveis por mais cinco.

84. **(Cespe/TJ/ES/Cartórios/Remoção/2013)** No que se refere a provas e questões e processos incidentes, assinale a opção correta:

a) o exame de corpo de delito, assim como as citações e as intimações, só pode ser realizado durante o dia.

b) a hipoteca legal sobre os imóveis do réu somente poderá ser requerida após a audiência de instrução e se restarem confirmadas, nessa audiência, a materialidade e a autoria.

c) para formar sua convicção, o juiz pode apreciar livremente a prova produzida em contraditório judicial, mas não pode embasar-se nos elementos informativos colhidos durante a investigação policial.

d) arguida, por escrito, a falsidade do documento constante dos autos, o juiz deverá mandar autuar em apartado a impugnação e, em seguida, ouvir a parte contrária, que deverá oferecer resposta em até quarenta e oito horas, não podendo o magistrado proceder à verificação da falsidade de ofício, sob pena de suspeição.

e) o exame de corpo de delito e outras perícias devem ser realizados por perito oficial, portador de diploma de curso superior, devendo, na falta de perito oficial, ser realizados por duas pessoas idôneas, portadoras de diploma de curso superior, preferencialmente na área específica, entre as que tiverem habilitação técnica vinculada à natureza do exame.

85. **(FCC/TJ/PE/Cartórios/Remoção/2013)** Não constitui uma das hipóteses previstas na lei processual penal para a realização do interrogatório do réu preso por sistema de videoconferência:

a) prevenir risco à segurança pública, quando exista fundada suspeita de que o preso integre organização criminosa ou de que, por outra razão, possa fugir durante o deslocamento.

b) viabilizar a participação do réu no referido ato processual, quando haja relevante dificuldade para seu comparecimento em juízo, por enfermidade ou outra circunstância pessoal.

c) impedir a influência do réu no ânimo de testemunha ou da vítima, desde que não seja possível colher o depoimento destas por videoconferência.

d) assegurar a integridade física do réu, em caso de infrações penais de grande clamor público.

e) responder à gravíssima questão de ordem pública.

86. **(FCC/TJ/PE/Cartórios/Ingresso/2013)** No tocante à atividade probatória no processo penal, de acordo com o Código de Processo Penal:

a) as provas ilícitas, obtidas em violação a normas legais, são inadmissíveis, sendo facultado seu desentranhamento dos autos do processo.

b) o juiz formará sua convicção pela livre apreciação da prova produzida em contraditório judicial, sendo-lhe vedado utilizar os elementos informativos colhidos na investigação para fundamentar a sua decisão, mesmo tratando-se de provas cautelares.

c) é possível provar o estado das pessoas por qualquer meio de prova admissível no processo penal, independentemente das restrições estabelecidas na lei civil.

d) a prova da alegação incumbirá a quem a fizer, sendo, porém, facultado ao juiz, de ofício, determinar, no curso da instrução, ou antes de proferir sentença, a realização de diligências para dirimir dúvida sobre ponto relevante.

e) quando a infração deixar vestígio, será indispensável o exame de corpo de delito, direto ou indireto, salvo se já houver confissão do acusado.

87. **(TJ/SC/Cartórios/Remoção/2012)** Sobre a prova no Processo Penal é correto afirmar:

a) o juiz formulará sua convicção pela livre apreciação da prova produzida nos autos, podendo fundamentar sua decisão somente nos elementos informativos colhidos durante a investigação.

b) serão observadas, quanto ao estado das pessoas, as restrições estabelecidas pela lei civil.

c) não pode o juiz fundamentar sua decisão nas provas cautelares.

d) não pode o juiz, de ofício, determinar a realização de diligências para dirimir dúvida sobre ponto relevante.

e) quando a infração deixar vestígios, será indispensável o exame de corpo de delito, direto ou indireto, podendo, contudo, supri-lo a confissão do acusado.

88. **(Ieses/TJ/PA/Cartórios/Remoção/2016)** No que se refere aos exames de corpo de delito e das perícias em geral é correto afirmar:

a) o exame de corpo de delito poderá ser feito em qualquer dia e a qualquer hora.

b) o laudo pericial será elaborado no prazo máximo de 30 dias, podendo este prazo ser prorrogado, em casos excepcionais, a requerimento dos peritos.

c) a autópsia será feita pelo menos quatro horas depois do óbito, salvo se os peritos, pela evidência dos sinais de morte, julgarem que possa ser feita antes daquele prazo, o que declararão no auto.

d) o exame de corpo de delito e outras perícias serão realizados por perito oficial, portador de diploma de curso superior. Na falta de perito oficial, o exame será realizado por 3 (três) pessoas idôneas, portadoras de diploma de curso superior preferencialmente na área específica, dentre as que tiverem habilitação técnica relacionada com a natureza do exame.

89. **(Ieses/TJ/PA/Cartórios/Ingresso/2016)** Acerca das provas no processo penal, responda a alternativa correta:

a) com a reforma processual de 2008, o código de processo penal adotou o sistema "cross examination" para inquirição de testemunhas, não vigorando mais o sistema presidencialista.

b) a inobservância da ordem de inquirição das testemunhas, durante a audiência de instrução e julgamento, acarreta em nulidade absoluta, por atentar contra matéria de ordem pública.

c) o princípio do "nemo tenetur se detegere" engloba o direito do acusado de não ser obrigado a praticar qualquer comportamento ativo ou passivo que possa servir de prova para incriminá-lo.

d) a medida cautelar de busca e apreensão não é cabível na fase de execução da pena, eis que seu uso somente é possível no processo de cognição.

90. **(Consulplan/TJ/MG/Cartórios/Remoção/2014)** Quanto à prova, é incorreto afirmar:

a) somente quanto ao estado das pessoas serão observadas as restrições estabelecidas na lei civil.

b) a confissão será divisível e retratável.

c) à fotografia do documento, devidamente autenticada, se dará o mesmo valor do original.

d) admite-se ordem judicial genérica nos mandados de busca.

91. **(Vunesp/TJ/SP/Cartórios/Ingresso/2014)** São sistemas de apreciação de prova vigentes na legislação brasileira:

a) íntima convicção e livre convencimento.

b) livre convencimento e verdade legal ou formal.

c) verdade legal ou formal e étnico.

d) íntima convicção e verdade legal ou formal.

92. **(FMP/TJ/MT/Cartórios/Ingresso/2014)** Em razão de constar como testemunha em processo crime e estar sendo coagida e exposta a grave ameaça, Cinira deseja a prestação do serviço de proteção especial à testemunha. Em razão de tal fato, observe as assertivas abaixo.

I. a suspensão das atividades funcionais sem prejuízo dos respectivos vencimentos ou vantagens quando servidor público é uma das possíveis medidas aplicáveis.

II. pode o pedido ser encaminhado por entidades com atribuições de defesa dos direitos humanos.

III. as hipóteses de ingresso do protegido no programa ou a sua exclusão serão sempre decididas de ofício pelo presidente do conselho deliberativo.

IV. pode o pedido ser encaminhado pelo interessado.

V. a proteção oferecida pelo programa terá a duração máxima de doze meses.

Assinale as afirmativas corretas:

a) apenas II e III.
b) apenas II, III, IV e V.
c) apenas I, II e IV.
d) apenas II e V.
e) apenas I e II.

93. **(FMP/TJ/MT/Cartórios/Remoção/2014)** Em relação às provas ilícitas, assim entendidas as obtidas em violação às normas constitucionais ou legais, assinale a afirmativa correta:

a) a doutrina e a jurisprudência apenas rejeitam a teoria dos frutos da árvore envenenada na decretação da nulidade em razão de provas ilícitas por derivação.
b) preclusa a decisão de desentranhamento da prova declarada inadmissível, esta será inutilizada por decisão judicial, facultado às partes acompanhar o incidente.
c) por força de alteração legal recente, o juiz que conhecer do conteúdo da prova declarada inadmissível não poderá proferir a sentença ou acórdão.
d) são inadmissíveis as provas derivadas das ilícitas ainda que não evidenciado o nexo de causalidade entre umas e outras.
e) não serão admitidas em juízo, salvo em caso de configurar confissão do acusado.

94. **(Cespe/TJ/DFT/Cartórios/Remoção/2014)** Acerca da prova no processo penal brasileiro e dos procedimentos a ela inerentes, assinale a opção correta:

a) denomina-se qualificada a confissão em que o réu admite a prática do fato criminoso, invocando, por exemplo, alguma excludente de ilicitude ou culpabilidade.
b) por não integrar o rol de testemunhas e não ter o compromisso de dizer a verdade, o ofendido, intimado para oitiva em juízo, pode abster-se de comparecer, sendo vedada a sua condução coercitiva.
c) são indispensáveis para a execução da medida de busca domiciliar, entre outros requisitos, ordem judicial escrita e fundamentada, e cumprimento da diligência durante o dia ou à noite, mediante prévia apresentação da ordem judicial ao morador.
d) em regra, não sendo possível o exame de corpo de delito por haverem desaparecido os vestígios, a confissão do réu e a prova testemunhal poderão substituí-lo.
e) o interrogatório judicial deverá ser realizado como primeiro ato instrutório, sendo indispensável que o réu seja acompanhado por defensor, constituído ou dativo.

95. **(Cespe/TJ/SE/Cartórios/Remoção/2014)** Acerca das hipóteses de cabimento do "habeas corpus", das nulidades e das relações jurisdicionais com autoridade estrangeira, assinale a opção correta:

a) a sentença penal condenatória estrangeira será aplicável automaticamente no Brasil, independentemente de homologação ou de qualquer outra formalidade, ainda que imponha sanção penal vedada no ordenamento brasileiro, diante da soberania do Estado estrangeiro.
b) a falta de defesa ou a sua deficiência importam em nulidade absoluta do processo, ainda que não seja comprovado prejuízo para o réu, como no caso de sentença absolutória.
c) é possível a utilização de "habeas corpus" para questionar a condenação do acusado ao pagamento de multa, mesmo que não tenha sido imposta pena privativa de liberdade.
d) o trânsito por via diplomática de documento apresentado pela autoridade estrangeira constituirá prova bastante de sua autenticidade.
e) em caso de empate na votação acerca da concessão da ordem de "habeas corpus" pelo órgão julgador, após a colheita de todos os votos dos seus integrantes presentes, prevalecerá o ato impugnado, mesmo que desfavorável ao paciente.

96. **(Cespe/TJ/BA/Cartórios/Ingresso/2013)** Paula foi denunciada por ter cometido, no município X, crime de latrocínio, para o qual a pena prevista varia de vinte a trinta anos de reclusão, tendo o MP arrolado sete testemunhas em sua denúncia. Ao oferecer resposta à acusação, a defesa da ré arrolou cinco testemunhas, três delas residentes em outro estado da Federação. Ouvidas, apenas, as testemunhas de acusação e as de defesa residentes em sua comarca, e não tendo havido outros requerimentos das partes, o juiz expediu carta precatória para oitiva das testemunhas de defesa residentes fora de sua jurisdição, fixando prazo juridicamente razoável para cumprimento da deprecata. Em face dessa situação hipotética, assinale a opção correta:

a) findo o prazo fixado sem cumprimento da precatória, o juiz deve suspender a instrução criminal e oficiar o juízo deprecado para que esclareça os motivos do não cumprimento da deprecata, sob pena de nulidade.

b) findo o prazo fixado sem cumprimento da precatória, poderá realizar-se o julgamento, mas, a todo tempo, a precatória, uma vez devolvida, será juntada aos autos.

c) como a expedição da precatória não suspende a instrução criminal, o juiz poderá concluir a instrução realizando o interrogatório do réu, mas deverá suspender o processo e o curso do prazo prescricional até a juntada da deprecata, sob pena de nulidade do processo.

d) as partes arrolaram quantidade de testemunhas superior ao previsto em lei, haja vista que o crime de latrocínio, por sua gravidade, deve submeter-se ao procedimento comum sumaríssimo.

e) a quantidade de testemunhas arroladas pelas partes conforma-se com a previsão legal, haja vista que o crime de latrocínio, por sua gravidade, deve submeter-se ao procedimento comum sumário.

7. DOS SUJEITOS DO PROCESSO

✱ SÚMULAS

STF **Súm. 208.** O assistente do Ministério Público não pode recorrer, extraordinariamente, de decisão concessiva de "habeas corpus".

STF **Súm. 210.** O assistente do Ministério Público pode recorrer, inclusive extraordinariamente, na ação penal, nos casos dos arts. 584, § 1º e 598 do Código de Processo Penal.

STF **Súm. 448.** O prazo para o assistente recorrer, supletivamente, começa a correr imediatamente após o transcurso do prazo do Ministério Público.

STJ **Súm. 234.** A participação de membro do Ministério Público na fase investigatória criminal não acarreta o seu impedimento ou suspeição para o oferecimento da denúncia.

✱ QUESTÕES OBJETIVAS

97. **(Cespe/TJ/ES/Cartórios/Ingresso/2013)** Acerca da ação penal, dos sujeitos processuais, de seus assistentes e auxiliares, assinale a opção correta:

a) aplica-se aos indivíduos com idade entre dezoito e vinte e um anos, considerados relativamente incapazes no atual ordenamento jurídico brasileiro, a regra que prevê a participação de curador nos atos processuais a eles inerentes, em especial no interrogatório em juízo.

b) na hipótese de crime cometido por mais de um autor, se a ação penal for privada e condicionada à representação do ofendido, pode ele prestar queixa apenas contra um dos ofensores, ficando os demais dispensados de responder ao processo.

c) em se tratando de ações penais privadas e ações penais privadas subsidiárias das ações públicas, o prazo decadencial para o oferecimento da queixa-crime conta-se a partir do conhecimento da autoria, pelo ofendido ou seu representante legal.

d) a pessoa jurídica, regularmente constituída, não detém legitimidade para figurar no polo ativo da ação em se tratando de crime de ação penal privada.

e) não há impedimento para que mais de um sucessor processual – o ofendido ou o seu representante legal, quando incapaz, ou na sua falta o cônjuge, ascendente, descendente ou irmão – se qualifique como assistente de acusação, desde que a atuação seja em conjunto.

98. **(FCC/TJ/PE/Cartórios/Ingresso/2013)** Dentre as alternativas abaixo, não configura hipótese de suspeição o juiz:

a) ser amigo íntimo ou inimigo capital de qualquer das partes.

b) sustentar demanda ou responder a processo que tenha de ser julgado por qualquer das partes.

c) ter funcionado no mesmo processo como juiz de outra instância, pronunciando-se, de fato ou de direito, sobre a questão.

d) ser credor ou devedor, tutor ou curador, de qualquer das partes.

e) ser sócio, acionista ou administrador de sociedade interessada no processo.

99. **(Consulplan/TJ/MG/Cartórios/Remoção/2014)** Quanto às partes e ao juiz, assinale a alternativa correta:

a) ao órgão do Ministério Público não se estendem as prescrições relativas à suspeição e aos impedimentos dos juízes.

b) a constituição de defensor independerá de instrumento de mandato, se o acusado o indicar por ocasião do interrogatório.

c) o juiz não poderá ordenar, de ofício, produção antecipada de prova antes de iniciada a ação penal.

d) não se exigem poderes especiais do procurador para arguir falsidade de documento.

100. **(FMP/TJ/MT/Cartórios/Ingresso/2014)** Em relação ao assistente de acusação considere as seguintes afirmações.

I. este sujeito processual pode ser encontrado tanto na ação penal privada quanto na ação penal pública.

II. que, embora ingresse no processo visando, sobretudo, buscar a condenação do acusado, nada impede que o assistente de acusação recorra apenas do valor indenizatório fixado na sentença penal.

III. mesmo que o Ministério Público tenha arrolado testemunhas em número inferior ao permitido, não poderá o assistente, quando ingressar na ação, arrolar testemunhas, por estar esta via preclusa.

IV. o assistente não será admitido após a sentença, pois se trata de assistente não habilitado.

V. órgãos ou entidades não poderão ingressar como assistentes de acusação por falta de previsão legal na legislação Pátria.

Quais estão corretas?

a) apenas III e IV.

b) apenas II e III.

c) apenas I , II e V.

d) apenas II e V.

e) apenas III, IV e V.

101. **(IBFC/TJ/PR/Cartórios/Remoção/2014)** Assinale a alternativa incorreta, quanto ao impedimento ou à suspeição do Juiz:

a) o juiz não poderá exercer jurisdição no processo em que tiver funcionado seu cônjuge ou parente, consanguíneo ou afim, em linha reta ou colateral até o terceiro grau, inclusive, como defensor ou advogado, órgão do Ministério Público, autoridade policial, auxiliar da justiça ou perito.

b) o impedimento ou suspeição decorrente de parentesco por afinidade cessará pela dissolução do casamento que lhe tiver dado causa, mesmo sobrevindo descendentes.

c) o juiz dar-se-á por suspeito, e, se não o fizer, poderá ser recusado por qualquer das partes, entre outras hipóteses, se ele, seu cônjuge, ascendente ou descendente, estiver respondendo a processo por fato análogo, sobre cujo caráter criminoso haja controvérsia.

d) a suspeição não poderá ser declarada nem reconhecida, quando a parte injuriar o juiz ou de propósito der motivo para criá-la.

102. **(IBFC/TJ/PR/Cartórios/Ingresso/2014)** Em relação às Súmulas do Superior Tribunal de Justiça, em matéria de direito processual penal, assinale a incorreta:

a) intimada a defesa da expedição da carta precatória, torna-se se desnecessária intimação da data da audiência no juízo deprecado.

b) encerrada a instrução criminal, fica superada a alegação de constrangimento por excesso de prazo.

c) a participação de membro do Ministério Público na fase investigatória criminal acarreta o seu impedimento ou suspeição para o oferecimento da denúncia.

d) compete ao foro do local da recusa processar e julgar o crime de estelionato mediante cheque sem provisão de fundos.

103. **(Cespe/TJ/BA/Cartórios/Ingresso/2013)** No que se refere às disposições do CPP, assinale a opção correta:

a) os órgãos do MP não funcionarão nos processos em que o juiz ou qualquer das partes for seu cônjuge, ou parente, consanguíneo ou afim, em linha reta ou colateral, até o terceiro grau, inclusive, e a eles se estendem, no que lhes for aplicável, as prescrições relativas à suspeição e aos impedimentos dos juízes.

b) a suspeição deve ser declarada ou reconhecida caso a parte injurie o juiz ou, de propósito, dê motivo que a justifique.

c) se o acusado não atender à intimação para o interrogatório, reconhecimento ou qualquer outro ato que, sem ele, não possa ser realizado, a autoridade deverá decretar sua prisão preventiva.

d) ao assistente do MP não é permitido aditar o libelo e os articulados, sendo-lhe autorizado apenas propor meios de prova, requerer perguntas às testemunhas, participar do debate oral e arrazoar os recursos interpostos pelo MP, ou por ele próprio.

e) em todos os termos da ação penal pública, poderão intervir, como assistentes do MP, o ofendido, o corréu no mesmo processo ou seu representante legal, ou, no caso de morte ou declaração de ausência por decisão judicial, o cônjuge, ascendente, descendente ou irmão.

104. (Cespe/TJ/SE/Cartórios/Remoção/2014) Acerca do juiz, do MP, do acusado, do defensor, dos auxiliares e assistentes da justiça, assinale a opção correta:

a) estará impedido de atuar no processo de ação penal privada o juiz que for credor de determinado valor do querelante.

b) o corréu no mesmo processo, caso tenha interesse econômico na condenação do outro réu, poderá intervir como assistente do MP.

c) as hipóteses de suspeição do perito judicial são mais restritas do que aquelas referentes aos juízes: entre as hipóteses previstas de suspeição do magistrado, aplica-se ao perito apenas a vedação de ser credor ou devedor de qualquer das partes.

d) o fato de o juiz A ter servido como testemunha do juízo, em processo cível no qual o acusado B tenha sido parte, não impede que A julgue B em processo penal.

e) o promotor poderá atuar em processo no qual o juiz da causa seja seu cunhado.

105. (Consulplan/TJ/MG/Cartórios/Ingresso/2017) A respeito da legitimidade do assistente do Ministério Público e do recurso em geral, no processo penal, assinale a alternativa correta:

a) o assistente do Ministério Público só poderá interpor recurso extraordinário nos casos de impronúncia e extinção da punibilidade, ou apelação supletiva, e desde que não se trate de decisão concessiva de "habeas corpus".

b) diz-se restrita a legitimidade recursal do assistente porque, mesmo nas hipóteses em que pode se insurgir, fica ele condicionado a que não tenha o Ministério Público recorrido da respectiva decisão, começando a correr o seu prazo na mesma data do órgão ministerial.

c) o recurso de apelação, nos processos afetos ao Tribunal do Júri, tem a devolutividade ampla, de modo que, por essa razão, mesmo as matérias não submetidas ao crivo da Corte Estadual, podem ser conhecidas pelos Tribunais Superiores.

d) a renúncia do réu ao direito de apelação, manifestada sem a assistência do defensor, não impede o conhecimento da apelação por este interposta, mas a desistência, ainda que sem a aquiescência do patrono, torna prejudicado o recurso aviado.

106. (Cespe/TJ/SE/Cartórios/Ingresso/2014) Acerca da produção de provas, dos atores processuais e dos juizados especiais criminais, assinale a opção correta com base nos entendimentos sumulados pelos tribunais superiores:

a) não se admite a suspensão condicional do processo por crime continuado se a soma da pena mínima da infração mais grave com o aumento máximo de dois terços for superior a um ano.

b) a participação de promotor de justiça na investigação criminal não acarreta seu impedimento ou suspeição para oferecer a denúncia.

c) o benefício da suspensão condicional do processo é cabível para os casos de concurso material em que a pena mínima cominada a cada um deles seja inferior a um ano, ainda que a soma das referidas penas mínimas ultrapasse esse patamar.

d) o reconhecimento da menoridade do réu no processo penal pode ser obtido pela simples declaração de alguém que o conheça e ateste verbalmente a sua idade.

e) é direito do defensor, no interesse do representado, ter acesso amplo aos elementos de prova, inclusive interceptações telefônicas em curso e não documentadas no bojo dos autos da investigação.

8. DA PRISÃO, DAS MEDIDAS CAUTELARES E DA LIBERDADE PROVISÓRIA

* INOVAÇÕES LEGISLATIVAS

▲ CPP. Livro I – Do Processo em Geral, Título IX – Da Prisão, das Medidas Cautelares e da Liberdade Provisória, Capítulo I – Disposições Gerais

▲ Art. 292. (...). Parágrafo único. É vedado o uso de algemas em mulheres grávidas durante os atos médico-hospitalares preparatórios para a realização do parto e durante o trabalho de parto, bem como em mulheres durante o período de puerpério imediato. (Modificações: Lei 13.434/17)

▲ Capítulo IV – Da Prisão Domiciliar.

▲ Art. 318-A. A prisão preventiva imposta à mulher gestante ou que for mãe ou responsável por crianças ou pessoas com deficiência será substituída por prisão domiciliar, desde que: I – não tenha cometido crime com violência ou grave ameaça a pessoa; II – não tenha cometido o crime contra seu filho ou dependente. (Modificações: Lei 13.769/18).

▲ Art. 318-B. A substituição de que tratam os arts. 318 e 318-A poderá ser efetuada sem prejuízo da aplicação concomitante das medidas alternativas previstas no art. 319 deste Código. (Modificações: Lei 13.769/18).

✱ SÚMULAS

STF **Súm. 397.** O poder de polícia da Câmara dos Deputados e do Senado Federal, em caso de crime cometido nas suas dependências, compreende, consoante o regimento, a prisão em flagrante do acusado e a realização do inquérito.

STJ **Súm. 21.** Pronunciado o réu, fica superada a alegação do constrangimento ilegal da prisão por excesso de prazo na instrução.

STJ **Súm. 52.** Encerrada a instrução criminal, fica superada a alegação de constrangimento por excesso de prazo.

✱ INFORMATIVOS

STF **Porte de maconha e prisão preventiva.** Concedido "habeas corpus" de ofício em favor de preso preventivamente em razão do porte de 887,89 gramas de maconha e R$ 1.730,00. São genéricas as razões da segregação cautelar do réu, que é primário. É de pouca nocividade a substância entorpecente apreendida (maconha). A prisão de jovens pelo tráfico de pequena quantidade de maconha é mais gravosa do que a eventual permanência em liberdade, pois serão fatalmente cooptados ou contaminados por uma criminalidade mais grave ao ingressarem no ambiente carcerário. HC 140379, Rel. Acd. Min. Roberto Barroso, j. 23.10.2018. 1ª T. (Info 921)

STF **Prisão preventiva e pressupostos.** O art. 312 do CPP exige a prova da existência do crime. O decreto prisional, no entanto, descreve de forma genérica e imprecisa a conduta do paciente e não deixa claro, em nenhum momento, os delitos a ele imputáveis e que justificariam a prisão preventiva. A liberdade de um indivíduo suspeito da prática de infração penal somente pode sofrer restrições se houver decisão judicial devidamente fundamentada, amparada em fatos concretos, e não apenas em hipóteses ou conjecturas, na gravidade do crime ou em razão de seu caráter hediondo. Nos termos da nova redação do art. 319 do CPP, o juiz pode dispor de outras medidas cautelares de natureza pessoal, diversas da prisão, e escolher aquela mais ajustada às peculiaridades da espécie, de modo a tutelar o meio social, mas também dar, mesmo que cautelarmente, resposta justa e proporcional ao mal supostamente causado pelo acusado. Assim, o perigo que a liberdade do paciente representa à ordem pública ou à aplicação da lei penal pode ser mitigado por medidas cautelares menos gravosas do que a prisão. Além disso, os fatos imputados ao paciente são consideravelmente distantes no tempo da decretação da prisão. HC 157.604, Rel. Min. Gilmar Mendes, j. 4.9.2018. 2ª T. (Info 914)

STF **Audiência de custódia e trancamento da ação penal.** A paciente e outros 17 jovens foram presos em flagrante, a caminho de uma manifestação, com base nos arts. 288 do CP e 244-B da Lei 8.069/90. Todos foram submetidos à audiência de custódia no dia seguinte ao fato e o magistrado de plantão decidiu pelo relaxamento da prisão, tendo em vista a atipicidade da conduta. O Ministério Público não interpôs recurso em sentido estrito dessa decisão, mas ofereceu denúncia contra a paciente após o transcurso de mais de três meses. Em face do recebimento da denúncia, a defesa impetrou "habeas corpus" com o objetivo de trancar a ação penal. Sustentou a existência de coisa julgada da decisão proferida na audiência de custódia. A audiência de custódia envolve apenas juízo preliminar acerca da legitimidade da prisão preventiva, da necessidade de sua manutenção, da possibilidade de seu relaxamento ou de sua substituição por medidas alternativas. Portanto, não se equipara à decisão de mérito para efeito de coisa julgada. A atipicidade da conduta apontada pelo juiz plantonista, em sede de audiência de custódia, foi utilizada como fundamento para o relaxamento da prisão. Entretanto, esse magistrado não possui competência para determinar o arquivamento dos autos, já que sua atuação está limitada à regularidade da prisão. HC 157.306, Rel. Min. Luiz Fux, j. 25.9.2018. 1ª T. (Info 917)

STF **Prisão domiciliar humanitária e Súm. 691/STF.** Convertida a custódia preventiva em prisão domiciliar humanitária, na forma do art. 318, II, do CPP. A prisão domiciliar deve ser reavaliada a cada dois meses, enquanto perdurar a necessidade da custódia preventiva. O paciente foi operado de tumor maligno e carece de tratamento pós-operatório adequado. Superação excepcional da Súm. 691 para assegurar ao paciente a prisão domiciliar humanitária. Tendo em vista o alto risco de saúde, a grande possibilidade de desenvolver infecções no cárcere e a impossibilidade de tratamento médico adequado na unidade prisional ou em estabelecimento hospitalar – tudo demostrado satisfatoriamente no laudo pericial –, a concessão do "writ" se faz necessária para preservar a integridade física e moral do paciente, em respeito à dignidade da pessoa humana. HC 153961, Rel. Min. Dias Toffoli, j. 27.3.2018. 2ª T. (Info 895)

STJ **Tráfico de drogas. Associação para o tráfico. Prisão preventiva. Substituição pela domiciliar. Inadequação. Delito praticado na própria residência.** Não é cabível a substituição da prisão preventiva pela domiciliar quando o crime é praticado na própria residência da agente, onde convive com filhos menores de 12 anos. HC 441.781, Rel. Min. Nefi Cordeiro, DJ 19.6.2018. 6ª T. (Info 629)

STJ **Medida cautelar penal diversa da prisão. Diplomata. Imunidade à jurisdição executiva. Proibição de ausentar-se do Brasil sem autorização judicial. Ilegalidade.** A cautelar fixada de proibição para que agente diplomático acusado de homicídio se ausente do país sem autorização judicial não é adequada na hipótese em que o Estado de origem do réu tenha renunciado à imunidade de jurisdição cognitiva, mas mantenha a competência para o cumprimento de eventual pena criminal a ele imposta. RHC 87.825, Rel. Min. Nefi Cordeiro, DJ 14.12.2017. 6ª T. (Info 618)

STJ **Medida cautelar de afastamento das funções públicas de vereador e presidente de câmara municipal. ADI 5.526/DF. Parlamentares municipais. Não incidência.** É possível que o Juiz de primeiro grau, fundamentadamente, imponha a parlamentares municipais as medidas cautelares de afastamento de suas funções legislativas sem necessidade de remessa à Casa respectiva para deliberação. RHC 88.804, Rel. Min. Reynaldo Soares Da Fonseca, DJ 14.11.2017. 5ª T. (Info 617)

* QUESTÕES OBJETIVAS

107. **(Cespe/TJ/RR/Cartórios/Ingresso/2013)** Acerca da prisão, assinale a opção correta:

a) a fiança poderá ser prestada em favor do preso mediante depósito de objetos preciosos.

b) na hipótese de agravamento da classificação jurídica do fato, não se poderá exigir o reforço da fiança concedida anteriormente com base na tipificação inicial, por constituir medida que onera o afiançado sem que este tenha dado causa para tanto.

c) o juiz poderá substituir a prisão preventiva pela domiciliar quando o apenado tiver mais de setenta anos de idade.

d) o juiz não poderá substituir a prisão preventiva pela suspensão de atividade de natureza econômica por força do princípio constitucional da livre iniciativa e do trabalho, mas poderá decretar outra medida cautelar, diversa da prisão, caso preenchidos os requisitos legais.

e) em caso de prisão civil, a fiança poderá ser concedida por analogia, em favor do réu.

108. **(Cespe/TJ/ES/Cartórios/Ingresso/2013)** Acerca da prisão, da liberdade provisória e da custódia cautelar temporária, prevista em legislação extravagante, assinale a opção correta:

a) denomina-se flagrante esperado a possibilidade de a polícia retardar a interdição policial com a finalidade de obter mais dados e informações acerca da ação supostamente praticada por organizações criminosas, deixando de se concretizar a prisão no momento mais adequado do ponto de vista da formação de provas.

b) não será concedida a fiança aos acusados da prática de crimes de racismo, de tortura, de tráfico ilícito de entorpecentes e drogas afins, de terrorismo e daqueles definidos como crimes hediondos nem aos acusados de participarem de grupos armados, civis ou militares, que cometam infrações penais contra a ordem constitucional e o Estado democrático.

c) em se tratando da prática de infração penal de natureza grave, a prisão temporária pode ser decretada de ofício pelo juiz ou mediante representação da autoridade policial ou do MP, com vistas a assegurar uma eficaz investigação policial.

d) poderá o juiz substituir a prisão preventiva pela prisão domiciliar no caso de o agente ser maior de setenta anos de idade, de a presença do agente ser imprescindível aos cuidados especiais de pessoa menor de seis anos de idade ou com deficiência, de a agente estar grávida, se a gestação for de alto risco, ou em caso de debilidade extrema.

e) incorre em erro a autoridade policial que coloca em liberdade, mediante o pagamento de fiança, o acusado preso em flagrante delito e autuado pela prática de infração penal para a qual é prevista pena privativa de liberdade máxima de três anos de reclusão.

109. (Cespe/TJ/ES/Cartórios/Remoção/2013) Com base na Lei n. 12.403/2011 e no entendimento jurisprudencial do STF a respeito de liberdade provisória, assinale a opção correta:

a) as medidas cautelares legalmente previstas incluem, além da prisão, o comparecimento periódico em juízo, no prazo e nas condições fixadas pelo juiz, para informar e justificar atividades e a proibição de contato entre o sentenciado e pessoas que possam levá-lo a delinquir, ainda que essas pessoas não tenham relação com o fato que ensejou a decretação da medida.

b) é possível a concessão de liberdade provisória ao indivíduo preso em flagrante por tráfico ilícito de substâncias entorpecentes, mas não a concessão de fiança.

c) a autoridade policial somente pode conceder fiança se o acusado não tiver empregado, quando da prática do delito, violência ou grave ameaça à pessoa e a pena mínima prevista para o delito por ele praticado não ultrapassar um ano de reclusão.

d) antes de decidir acerca do relaxamento da prisão, da concessão de liberdade provisória ou da conversão da prisão em preventiva, a autoridade judicial deverá dar vista do auto de prisão em flagrante ao MP.

e) não se admite a decretação da prisão preventiva de agente acusado da prática de crime doloso para o qual a pena mínima privativa de liberdade seja inferior a quatro anos.

110. (FCC/TJ/PE/Cartórios/Remoção/2013) É inadmissível a prisão:

a) em flagrante delito de quem é encontrado, logo após a prática da infração penal, com instrumentos, armas, objetos ou papéis que façam presumir ser ele autor da infração.

b) preventiva, em qualquer fase da investigação policial ou do processo penal, decretada pelo juiz, por conveniência da instrução criminal, quando houver prova da existência do crime e indício suficiente de autoria.

c) preventiva, em qualquer fase do processo penal, para assegurar a aplicação da lei penal, quando houver prova da existência do crime e indício suficiente de autoria.

d) temporária, pelo prazo de 5 (cinco) dias, prorrogável por igual período, em caso de extrema e comprovada necessidade, quando o indiciado por roubo não tiver residência fixa.

e) preventiva, decretada de ofício pelo juiz, em qualquer fase da investigação policial, como garantia da ordem pública.

111. (Ieses/TJ/PA/Cartórios/Remoção/2016) A prisão de qualquer pessoa e o local onde se encontre serão comunicados imediatamente ao juiz competente, ao Ministério Público e à família do preso ou à pessoa por ele indicada e:

a) em até 48 (quarenta e oito) horas após a realização da prisão, será encaminhado ao juiz competente o auto de prisão em flagrante e, caso o autuado não informe o nome de seu advogado, cópia integral para a Defensoria Pública.

b) em até 12 (doze) horas após a realização da prisão, será encaminhado ao juiz competente o auto de prisão em flagrante e, caso o autuado não informe o nome de seu advogado, cópia integral para a Defensoria Pública.

c) em até 24 (vinte e quatro) horas após a realização da prisão, será encaminhado ao juiz competente o auto de prisão em flagrante e, caso o autuado não informe o nome de seu advogado, cópia integral para a Defensoria Pública.

d) em até 36 (trinta e seis) horas após a realização da prisão, será encaminhado ao juiz competente o auto de prisão em flagrante e, caso o autuado não informe o nome de seu advogado, cópia integral para a Defensoria Pública.

112. (Ieses/TJ/PA/Cartórios/Ingresso/2016) De acordo com o CPP, entender-se-á perdido, na totalidade, o valor da fiança:

a) se, regularmente intimado para ato do processo, o acusado deixar de comparecer, sem motivo justo.

b) se, condenado, o acusado não se apresentar para o início do cumprimento da pena definitivamente imposta.

c) se, deliberadamente, o acusado praticar ato de obstrução ao andamento do processo.

d) se o acusado praticar nova infração penal dolosa.

113. (Consulplan/TJ/MG/Cartórios/Ingresso/2016) De acordo com o Decreto-Lei n. 3.689/1941, Código de Processo Penal, julgar-se-á quebrada a fiança quando o acusado:

a) resistir justificadamente a ordem judicial.
b) cumprir medida cautelar imposta cumulativamente com a fiança.
c) deliberadamente praticar ato de obstrução ao andamento do processo.
d) praticar nova infração penal culposa.

114. **(Ieses/TJ/MS/Cartórios/Remoção/2014)** A prisão temporária, cuja finalidade é a de acautelamento das investigações do inquérito policial, será provisória e tem sua duração expressamente fixada em lei. Esta duração a que se refere à lei é de:

a) 15 (quinze) dias, prorrogável por igual período em caso de extrema e comprovada necessidade.
b) 30 (trinta) dias, não cabendo prorrogação.
c) tantos dias quantos bastarem para a conclusão do inquérito policial.
d) 5 (cinco) dias, prorrogável por igual período em caso de extrema e comprovada necessidade.

115. **(Consulplan/TJ/MG/Cartórios/Remoção/2014)** Quanto à prisão, é correto afirmar:

a) nas infrações permanentes, entende-se o agente em flagrante delito mesmo quando cessada a permanência.
b) a prisão preventiva poderá ser decretada mesmo se o juiz verificar, pelas provas constantes dos autos, ter o agente praticado o fato em qualquer das condições de exclusão da ilicitude.
c) a fiança não poderá consistir em títulos da dívida pública.
d) ordenada a soltura do paciente em virtude de "habeas corpus", será condenada nas custas a autoridade que, por má-fé ou evidente abuso de poder, tiver determinado a coação.

116. **(FMP/TJ/MT/Cartórios/Remoção/2014)** Após frustrada tentativa de invasão ao mercadinho da região onde mora, o invasor foi capturado no próprio local da infração penal e detido. O condutor apresentou o preso à autoridade competente que então, após as formalidades legais, lavrou o respectivo auto de prisão em flagrante. Em relação aos passos seguintes à lavratura, assinale se são verdadeiras(V) ou falsas (F) as assertivas que seguem.

I. tem a autoridade policial o prazo legal de 24 horas, contados da realização da prisão, para encaminhar o auto de prisão em flagrante ao juiz competente obrigatoriamente acompanhado de cópia integral para a Defensoria Pública.
II. em até 24 horas após a realização da prisão, deve ser entregue ao preso, mediante recibo, a nota de culpa.
III. ao receber o auto de prisão em flagrante deve o juiz: relaxar a prisão ilegal; ou manter a prisão em flagrante se presentes os requisitos para tanto; ou conceder a liberdade provisória.
IV. se o réu se livrar solto, deverá a autoridade policial encaminhar o auto à autoridade judiciária no prazo legal com a solicitação para que seja o preso posto em liberdade.
V. na falta ou no impedimento do escrivão, qualquer pessoa designada pela autoridade lavrará o auto, depois de prestado o compromisso legal:

a) sequência correta do preenchimento dos parênteses, de baixo para cima, é:

a) F, F, F, V, V.
b) F, V, F, V, F.
c) V, V, F, F, V.
d) V, F, V, F, F.
e) V, F, F, V, F.

117. **(Cespe/TJ/BA/Cartórios/Ingresso/2013)** Assinale a opção correta no que diz respeito à prisão provisória e à fiança:

a) segundo a jurisprudência dos tribunais superiores, a gravidade em abstrato do delito constitui fundamentação idônea para a decretação da custódia cautelar.
b) de acordo com o CPP, é expressamente vedada a concessão de fiança pela autoridade policial.
c) o réu afiançado não poderá, sob pena de quebramento da fiança, mudar de residência, sem prévia permissão da autoridade processante, ou ausentar-se por mais de cinco dias de sua residência, sem comunicar àquela autoridade o lugar onde será encontrado.
d) conforme entendimento do STF, a prisão temporária consiste em prisão cautelar de natureza processual que restringe a liberdade de locomoção do indiciado por tempo determinado, a fim de possibilitar as investigações acerca de determinados crimes considerados graves, entre os quais o homicídio doloso.
e) a prisão temporária será decretada pelo juiz, em face da representação da autoridade policial ou de requerimento do MP, e terá o prazo

de dez dias, prorrogável por igual período em caso de extrema e comprovada necessidade.

118. **(Cespe/TJ/SE/Cartórios/Remoção/2014)** A respeito de prisão, liberdade provisória, citação e intimação, assinale a opção correta:

a) a regra geral é que a citação inicial seja feita por meio postal; a citação por mandado será promovida apenas quando for frustrada a citação por meio postal ou quando requerida pelo MP ou pelo querelante.

b) se o réu for condenado, o dinheiro dado como fiança não poderá ser destinado ao pagamento da indenização ao ofendido e das custas judiciais, salvo na hipótese em que tenha ocorrido o quebramento da fiança.

c) o juiz poderá substituir a prisão preventiva pela prisão domiciliar quando o agente for maior de oitenta anos de idade.

d) é possível a citação por edital de réu preso na mesma unidade da Federação em que tramite o referido processo, para evitar constrangimento ilegal decorrente de excesso de prazo.

e) o oficial de justiça, depois de verificar que o réu se oculta para não ser citado, deverá certificar essa situação para que o juízo decida a respeito de citação por edital, já que, no processo penal, é vedada a citação por hora certa, prevista exclusivamente no processo civil.

119. **(Consulplan/TJ/MG/Cartórios/Remoção/2015)** O agente está em flagrante delito nas seguintes situações, exceto:

a) quando o agente está cometendo a infração penal.

b) quando o agente, logo após cometer a infração penal, é perseguido por uma criança, em situação que faça presumir ser autor da infração.

c) quando o agente, uma semana depois de cometer a infração penal, é encontrado com objetos da vítima, que fazem presumir ser ele autor da infração.

d) quando o agente acaba de cometer a infração penal.

120. **(Cetro/TJ/RJ/Cartórios/Ingresso/2017)** De acordo com a jurisprudência do Supremo Tribunal Federal acerca do instituto da prisão preventiva, assinale a alternativa correta:

a) a prisão preventiva daquele que obstaculiza a apuração dos fatos de um Inquérito Policial somente poderá se dar mediante atuação direta do investigado.

b) é permitida a decretação de nova prisão preventiva de réu que deixa de cumprir os compromissos estabelecidos perante o Juízo.

c) as circunstâncias judiciais, tais como gravidade do crime, motivação, frieza, premeditação, emprego de violência, desprezo pelas normas regentes da vida em sociedade conferem, com vista à garantia da ordem pública, a decretação da prisão preventiva independentemente se tais elementos refletirão, ou não, na futura fixação da pena.

d) em respondendo por outros inquéritos policiais, bem como sendo processado por outros crimes, configura hipótese de manutenção da prisão preventiva com vistas da preservação da ordem pública e proteção das testemunhas e vítimas.

e) a recusa da parte em se manifestar é considerada em seu desfavor para efeito de decretação de prisão preventiva, conforme o estabelecido na Convenção Americana sobre Direitos do Homem.

121. **(Ieses/TJ/CE/Cartórios/Remoção/2018)** Considera-se em flagrante delito quem:

I. é encontrado, logo depois, com instrumentos, armas, objetos ou papéis que façam presumir ser ele autor da infração.

II. está cometendo a infração penal.

III. é perseguido, logo após, pela autoridade, pelo ofendido ou por qualquer pessoa, em situação que faça presumir ser autor da infração.

IV. acaba de cometer a infração penal.

A sequência correta é:

a) apenas a assertiva I está incorreta.

b) apenas as assertivas II e III estão corretas.

c) apenas as assertivas I, II e III estão corretas.

d) as assertivas I, II, III e IV estão corretas.

122. **(Ieses/TJ/CE/Cartórios/Remoção/2018)** Segundo dispõe o Código de Processo Civil, são caso de não concessão de fiança, exceto:

a) crimes de racismo.

b) crimes de tortura, tráfico ilícito de entorpecentes e drogas afins, terrorismo e nos definidos como crimes hediondos.

c) crimes de usurpação.

d) crimes cometidos por grupos armados, civis ou militares, contra a ordem constitucional e o Estado Democrático.

123. **(Ieses/TJ/AM/Cartórios/Ingresso/2018)** Em relação as prisões, é correto afirmar:

a) o Código de Processo Penal brasileiro estabeleceu critérios legais de admissibilidade para a imposição da prisão preventiva, os quais devem ser analisados isoladamente. Verificada a existência dos requisitos trazidos pelo art. 312 do Código de Processo Penal – "fumus commissi delicti" e "periculum libertatis" – desnecessário a observância do art. 313 do referido diploma legal.

b) a Lei n. 12.403/2011 estabeleceu a possibilidade de imposição de medidas alternativas à prisão cautelar, possibilitando ao magistrado, perante a singularidade de cada caso concreto, aplicar isolada ou cumulativamente tais medidas, com a necessidade de análise dos critérios de razoabilidade e proporcionalidade.

c) o regime jurídico da prisão domiciliar, especialmente no que pertine à proteção da integridade física e emocional da gestante e dos filhos menores de 12 anos, e as inovações trazidas pela Lei n. 13.257/2016 decorrem, indiscutivelmente, do resgate constitucional do princípio da fraternidade (Constituição Federal: preâmbulo e art. 3º).

d) o STJ vem entendendo que em relação a prisão preventiva o constrangimento ilegal por excesso de prazo resulta de um critério aritmético, levando em conta as peculiaridades do caso concreto.

124. **(Ieses/TJ/AM/Cartórios/Remoção/2018)** Poderá o juiz substituir a prisão preventiva pela domiciliar nos seguintes casos, exceto:

a) quando o agente for imprescindível aos cuidados especiais de pessoa menor de 6 (seis) anos de idade ou com deficiência.

b) quando o agente for maior de 70 (setenta) anos.

c) quando o agente for mulher com filho de até 12 (doze) anos de idade incompletos.

d) quando o agente for gestante.

125. **(Vunesp/TJ/SP/Cartórios/Ingresso/2018)** A prisão preventiva poderá ser decretada:

a) para assegurar a aplicação da lei penal, nos crimes dolosos punidos com pena privativa de liberdade máxima superior a 03 (três) anos.

b) por conveniência da instrução criminal, nos crimes dolosos ou culposos.

c) como garantia da ordem econômica, nos crimes dolosos punidos com pena privativa de liberdade máxima superior a 04 (quatro) anos.

d) como garantia da ordem pública, nos crimes dolosos punidos com pena privativa de liberdade máxima superior a 02 (dois) anos.

126. **(Consulplan/TJ/MG/Cartórios/Remoção/2015)** São medidas cautelares diversas da prisão, exceto:

a) o recolhimento domiciliar no período diurno e nos dias de folga quando o investigado ou acusado tenha residência e trabalho fixos.

b) a proibição de manter contato com pessoa determinada quando, por circunstâncias relacionadas ao fato, deva o indiciado ou acusado dela permanecer distante.

c) a monitoração eletrônica.

d) a suspensão do exercício de atividade de natureza econômica ou financeira quando houver justo receio de sua utilização para a prática de crimes e/ou contravenções penais.

127. **(Cespe/TJ/DFT/Cartórios/Remoção/2014)** Com relação à ação civil, à prisão e a seus institutos, assinale a opção correta:

a) considere que a autoridade policial tenha sido informada de que um ilícito seria praticado em determinado local e tenha preparado uma equipe para, à espreita, aguardar o momento da execução do crime e efetivar a prisão. Nessa situação, é incabível a prisão em flagrante, porquanto a vigilância policial torna impossível a consumação do delito.

b) da mesma forma que a prisão preventiva, a custódia temporária poderá ser decretada de ofício pelo juiz, durante o inquérito policial.

c) após a promulgação da CF e as alterações processuais penais dela decorrentes, qualquer que seja a modalidade da prisão, esta só poderá se efetivada mediante mandado da autoridade judiciária competente.

d) a decisão que julga extinta a punibilidade do agente, bem como aquela que categoricamente reconhece a inexistência material do fato, exclui a propositura da ação civil para ação de reparação de dano, fazendo coisa julgada no juízo cível.

e) no caso de inovação na classificação do delito, não constitui constrangimento ilegal a cassação da fiança concedida em fase de inquérito policial, se a imputação contida na denúncia recebida em juízo a torna inviável.

128. **(Consulplan/TJ/MG/Cartórios/Remoção/2015)** O juiz poderá substituir a prisão preventiva pela domiciliar quando o agente for:

a) gestante a partir do sexto mês de gravidez.
b) menor de 70 anos.
c) debilitado por motivo de doença.
d) imprescindível aos cuidados especiais de pessoa com deficiência.

9. DAS CITAÇÕES E INTIMAÇÕES

* SÚMULAS

1) Das Citações

STF **Súm. 351.** É nula a citação por edital de réu preso na mesma unidade da federação em que o juiz exerce a sua jurisdição.

STF **Súm. 366.** Não é nula a citação por edital que indica o dispositivo da lei penal, embora não transcreva a denúncia ou queixa, ou não resuma os fatos em que se baseia.

STF **Súm. 701.** No mandado de segurança impetrado pelo Ministério Público contra decisão proferida em processo penal, é obrigatória a citação do réu como litisconsorte passivo.

STJ **Súm. 415.** O período de suspensão do prazo prescricional é regulado pelo máximo da pena cominada.

STJ **Súm. 455.** A decisão que determina a produção antecipada de provas com base no art. 366 do CPP deve ser concretamente fundamentada, não a justificando unicamente o mero decurso do tempo.

2) Das Intimações

STF **Súm. 155.** É relativa a nulidade do processo criminal por falta de intimação da expedição de precatória para inquirição de testemunha.

STF **Súm. 431.** É nulo o julgamento de recurso criminal, na segunda instância, sem prévia intimação, ou publicação da pauta, salvo em "habeas corpus".

STF **Súm. 707.** Constitui nulidade a falta de intimação do denunciado para oferecer contrarrazões ao recurso interposto da rejeição da denúncia, não a suprindo a nomeação de defensor dativo.

STF **Súm. 708.** É nulo o julgamento da apelação se, após a manifestação nos autos da renúncia do único defensor, o réu não foi previamente intimado para constituir outro.

STF **Súm. 710.** No processo penal, contam-se os prazos da data da intimação, e não da juntada aos autos do mandado ou da carta precatória ou de ordem.

STJ **Súm. 273.** Intimada a defesa da expedição da carta precatória, torna-se desnecessária intimação da data da audiência no juízo deprecado.

* REPERCUSSÃO & REPETITIVOS

STF **Repercussão Geral 613.** É constitucional a citação por hora certa, prevista no art. 362, do CPP. A ocultação do réu para ser citado infringe cláusulas constitucionais do devido processo legal e viola as garantias constitucionais do acesso à justiça e da razoável duração do processo. (RE 635145, 3.8.2016)

* QUESTÕES OBJETIVAS

129. **(Cetro/TJ/RJ/Cartórios/Ingresso/2017)** No tocante às intimações no processo penal, marque V para verdadeiro ou F para falso e, em seguida, assinale a alternativa que apresenta a sequência correta.

I. a entrega dos autos devidamente formalizada em setor administrativo do Ministério Público não afasta a necessidade da intimação via mandado do Ministério Público, uma vez que esta consta dentre as modalidades de intimação pessoal.

II. o adiamento do julgamento para sessão de julgamento de recurso de apelação, mesmo que não implique retirada de pauta, não dispensa a necessidade de regular intimação da Defensoria Pública, sob risco de ocorrência de vício processual insanável.

III. o fato de o réu ser representado por mais de um advogado, inclusive com domicílio em comarca diversa, faz-se necessária a intimação pessoal de todos os advogados, sob pena de nulidade processual:

a) F, F, F.
b) F, V, F.

c) V, V, V.

d) V, V, F.

e) V, F, V.

10. DA SENTENÇA

✱ SÚMULAS

STF **Súm. 453.** Não se aplicam à segunda instância o art. 384 e parágrafo único do Código de Processo Penal, que possibilitam dar nova definição jurídica ao fato delituoso, em virtude de circunstância elementar não contida, explícita ou implicitamente, na denúncia ou queixa.

STJ **Súm. 337.** É cabível a suspensão condicional do processo na desclassificação do crime e na procedência parcial da pretensão punitiva.

✱ INFORMATIVOS

STF **Recurso exclusivo da defesa e "reformatio in pejus".** O STJ concluiu que não houve, em recurso exclusivo da defesa, "reformatio in pejus" decorrente da condenação dos pacientes, uma vez que a Corte Regional teria tão somente adequado a imputação ao quadro fático dos autos, não transbordando a acusação delineada na denúncia, em típica situação de "emendatio libelli", levada à cabo em segundo grau de jurisdição. O STF possui entendimento quanto à possibilidade de realização de "emendatio libelli" em segunda instância mediante recurso exclusivo da defesa, contanto que não gere "reformatio in pejus", nos termos do art. 617 do CPP. O acórdão do TRF não agravou a situação dos pacientes, já que o "quantum" de pena aplicado em primeiro grau teria sido respeitado. Aliás, a reclassificação jurídica dos fatos a eles imputados para os crimes que foram objeto da denúncia – e a redução que foi operada nas suas reprimendas, deram causa à extinção de punibilidade no tocante a um dos delitos, tendo em vista a consumação da prescrição, reconhecida em sede de embargos. HC 134872, Rel. Min. Dias Tóffoli, j. 27.3.2018. 2ª T. (Info 895)

STJ **Imputação do mesmo fato delituoso em ações penais diversas que tramitaram em juízos diferentes. Ocorrência de coisa julgada. Prevalência da condenação mais favorável ao agente.** Diante do trânsito em julgado de duas sentenças condenatórias por fatos idênticos, deve prevalecer a condenação mais favorável ao réu. HC 281.101, Rel. Min. Sebastião Reis Júnior, DJ 24.11.2017. 6ª T. (Info 616)

✱ QUESTÕES OBJETIVAS

130. **(Cespe/TJ/ES/Cartórios/Remoção/2013)** Em relação à sentença processual penal, assinale a opção correta à luz da legislação de regência e do entendimento jurisprudencial do STJ acerca da matéria:

a) a sentença prolatada em procedimento sumaríssimo dos juizados especiais criminais, diversamente do que ocorre no juízo cível, deve ser precedida de relatório, conforme expressamente previsto na Lei n. 9.099/1995.

b) tratando-se de ação penal pública, o juiz não pode, em sua sentença, reconhecer agravantes que não tenham sido alegadas pelo MP.

c) conforme entendimento pacificado do STJ, por ter natureza de norma de direito material a disposição do Código de Processo Penal que determina ao juiz que fixe valor mínimo para reparação dos danos causados na sentença condenatória, seus efeitos retroagem, abrangendo situações anteriores à sua vigência.

d) se não modificar a descrição do fato contida na denúncia ou queixa, o juiz poderá atribuir-lhe definição jurídica diversa, desde que tal alteração não resulte em majoração da pena.

e) é cabível a suspensão condicional do processo tanto na sentença, caso o juiz desclassifique o delito, como na procedência parcial da pretensão punitiva, se preenchidos os requisitos relativos ao referido instituto.

131. **(FCC/TJ/PE/Cartórios/Remoção/2013)** De acordo com o Código de Processo Penal, é correto afirmar que:

a) o procedimento comum será ordinário, sumário ou especial.

b) o procedimento comum será sumário quando tiver por objeto crime cuja sanção máxima cominada seja igual ou inferior a 4 (quatro) anos de pena privativa de liberdade.

c) não apresentada a resposta no prazo legal, ou se o acusado, citado, não constituir defensor, o juiz desde logo designará dia e hora para audiência.

d) o juiz que presidiu a instrução deverá proferir a sentença.

e) no número máximo de testemunhas que podem ser arroladas no procedimento comum ordinário compreendem-se as que não prestem compromisso e as referidas.

132. **(FCC/TJ/PE/Cartórios/Remoção/2013)** No título relativo à sentença, o Código de Processo Penal estabelece:

a) o juiz poderá, de ofício, modificar a descrição do fato contida na denúncia ou queixa, atribuindo-lhe definição jurídica diversa, desde que não tenha de aplicar pena mais grave.

b) o juiz, sem modificar a descrição do fato contida na denúncia ou queixa, poderá atribuir-lhe definição jurídica diversa, desde que não tenha de aplicar pena mais grave.

c) o juiz, ao proferir sentença condenatória, decidirá, fundamentadamente, sobre a manutenção ou, se for o caso, imposição de prisão preventiva ou de outra medida cautelar, sem prejuízo do conhecimento da apelação que vier a ser interposta.

d) o Ministério Público, se entender cabível nova definição jurídica do fato após o encerramento da instrução probatória, devido à prova existente nos autos de elemento ou circunstância da infração penal não contida na acusação, poderá aditar a denúncia ou queixa, no prazo de 5 (cinco) dias.

e) nos crimes de ação de iniciativa pública, o juiz não poderá proferir sentença condenatória caso o Ministério Público tenha opinado pela absolvição.

133. **(Cespe/TJ/BA/Cartórios/Remoção/2013)** Considerando as disposições legais referentes à sentença, ao procedimento especial do tribunal do júri e ao processo sumário, assinale a opção correta:

a) em atenção ao princípio da congruência, o juiz não poderá reconhecer, em sentença, agravantes que não tenham sido alegadas pelo MP.

b) em se tratando de procedimento especial do tribunal do júri, admite-se a atuação de assistente de acusação que requeira sua habilitação até vinte e quatro horas antes da data da sessão na qual pretenda atuar.

c) ao proferir sentença condenatória, o juiz decidirá fundamentadamente sobre a manutenção ou, caso necessário, a imposição de prisão preventiva ou outra medida cautelar ao réu, sem prejuízo do conhecimento de eventual apelação.

d) no processo sumário, conforme disciplina do CPP, podem ser inquiridas até três testemunhas arroladas pela acusação e três pela defesa.

e) o réu preso deve ser intimado, por edital, de sentença que o tenha condenado a pena de reclusão.

134. **(Cespe/TJ/DFT/Cartórios/Ingresso/2014)** A respeito da coisa julgada no processo penal segundo o STJ, assinale a opção correta:

a) os efeitos da coisa julgada formal têm por objetivo evitar a prolação de decisões conflitantes referentes aos mesmos fatos e sujeitos processuais, observados os princípios da segurança jurídica e da estabilidade das relações de direito material.

b) quando o juízo criminal exclui a autoria do fato típico, a sentença penal absolutória não faz coisa julgada no juízo cível.

c) na esfera penal, os efeitos da coisa julgada material estão previstos expressamente no Código de Processo Penal e atingem a parte dispositiva da sentença, bem como o fato principal, independentemente da qualificação jurídica a ele atribuída, irradiando os seus efeitos para dentro e para fora do processo, vinculado o órgão julgador ao que foi decidido.

d) a sentença proferida por juízo absolutamente incompetente não impede o exame dos mesmos fatos pela justiça constitucionalmente competente.

e) a sentença penal absolutória faz coisa julgada no juízo cível, nos casos em que o juízo criminal afirma a inexistência material do fato típico ou exclui a culpabilidade.

135. **(Consulplan/TJ/MG/Cartórios/Remoção/2015)** "Em 2012, Tício, contando com 20 anos de idade, forneceu cocaína, gratuitamente, sem autorização, a Caio, que contava com 30 anos de idade. Tício foi denunciado e, no curso do processo, confessou os fatos. O exame de insanidade mental revelou que Tício, por doença mental, era, ao tempo do ato, inteiramente incapaz de entender o caráter ilícito do fato." A sentença, proferida dois anos após os fatos, foi:

a) condenatória, com aplicação de pena.

b) condenatória, com aplicação de medida de segurança.

c) absolutória, com aplicação de medida de segurança.

d) extintiva de punibilidade, pelo perdão judicial.

136. **(Consulplan/TJ/MG/Cartórios/Remoção/2017)** Segundo as normas do Código de Processo Penal e jurisprudência dominante, assinale a afirmativa incorreta:

a) é possível o trancamento de inquérito policial através de "habeas corpus" em caso de atipicidade do fato investigado.

b) é obrigatória a citação do réu, como litisconsorte passivo, nos mandados de segurança interpostos pelo Ministério Público.

c) é possível o oferecimento de nova denúncia pelos mesmos fatos narrados em denúncia rejeitada pela inépcia.

d) é efeito da sentença condenatória o lançamento do nome do réu no rol dos culpados.

11. Do Processo Comum

11.1. Da Instrução Criminal

✱ SÚMULAS

STJ **Súm. 21.** Pronunciado o réu, fica superada a alegação do constrangimento ilegal da prisão por excesso de prazo na instrução.

STJ **Súm. 52.** Encerrada a instrução criminal, fica superada a alegação de constrangimento por excesso de prazo.

STJ **Súm. 64.** Não constitui constrangimento ilegal o excesso de prazo na instrução, provocado pela defesa.

✱ QUESTÕES OBJETIVAS

137. **(TJ/SC/Cartórios/Remoção/2012)** Após a apresentação da defesa prevista no art. 396-A do Código de Processo Penal – CPP, deverá o juiz absolver sumariamente o acusado, porém assim não fará quando:

a) existir manifesta causa de excludente da ilicitude do fato.

b) não constituir crime o fato narrado.

c) estiver extinta a punibilidade do agente.

d) existir manifesta causa de excludente da culpabilidade do agente consistente na inimputabilidade.

e) existir manifesta causa de excludente da culpabilidade do agente, como a falta de potencial consciência da ilicitude.

138. **(Ieses/TJ/CE/Cartórios/Ingresso/2018)** É certo afirmar:

I. o procedimento será o sumário para as infrações penais de menor potencial ofensivo, assim consideradas na forma da lei.

II. a ação penal é um direito autônomo, que não se confunde com o direito material que se pretende tutelar.

III. nos procedimentos ordinário e sumário, oferecida a denúncia ou queixa, o juiz, se não a rejeitar liminarmente, recebê-la-á e ordenará a citação do acusado para responder à acusação, por escrito, no prazo de 15 (quinze) dias.

IV. ao tratar das medidas assecuratórias tem-se no Código de Processo Penal que o processo de especialização da hipoteca e do arresto correrão em auto apartado.

Analisando as proposições, pode-se afirmar:

a) somente as proposições I e III estão corretas.

b) somente as proposições II e IV estão corretas.

c) somente as proposições I e II estão corretas.

d) somente as proposições III e IV estão corretas.

139. **(Ieses/TJ/CE/Cartórios/Ingresso/2018)** É certo afirmar:

I. a possibilidade do magistrado em absolver sumariamente ao réu só se observa no procedimento sumário em razão da simplicidade dos delitos da sua competência.

II. os crimes de responsabilidade dos funcionários públicos, cujo processo e julgamento competirão aos juízes de direito, a queixa ou a denúncia será instruída com documentos ou justificação que façam presumir a existência do delito ou com declaração fundamentada da impossibilidade de apresentação de qualquer dessas provas.

III. no rito ordinário, aberta a instrução processual com a designação da necessária audiência, nela, primeiramente se interrogará ao réu, ouvindo a vítima após (caso seja possível ou necessário) e as testemunhas de acusação e defesa.

IV. praticar, antes ou depois da sentença que decretar a falência, conceder a recuperação judicial ou homologar a recuperação extrajudicial, ato fraudulento de que resulte ou possa resultar prejuízo aos credores, com o fim de obter ou assegurar vantagem indevida para si ou para outrem constitui-se em fraude a credores.

Analisando as proposições, pode-se afirmar:

a) somente as proposições I e II estão corretas.

b) somente as proposições II e IV estão corretas.
c) somente as proposições I e III estão corretas.
d) somente as proposições III e IV estão corretas.

140. **(Ieses/TJ/AM/Cartórios/Ingresso/2018)** A respeito dos procedimentos ordinário e sumário, no Processo Penal, e de acordo com o CPP e o STJ, assinale a opção correta:

a) no procedimento ordinário a audiência de instrução e julgamento deve ser realizada no prazo máximo de 90 dias, proceder-se-á à tomada de declarações do ofendido, à inquirição das testemunhas arroladas pela acusação e pela defesa, nesta ordem, ressalvado o disposto no art. 222 deste Código, bem como aos esclarecimentos dos peritos, às acareações e ao reconhecimento de pessoas e coisas, interrogando-se, em seguida, o acusado.
b) a decisão que não absolve o réu sumariamente deve ser fundamentada, a bem do art. 93, IX, da Constituição Federal, mas não há de ser exaustiva, sob pena de antecipar indevidamente juízo de mérito que deve ser realizado ao término da instrução criminal.
c) a quantidade de testemunhas que poderão ser arroladas na instrução do rito comum ordinário corresponde até 8 (oito) para acusação e até 8 (oito) para a defesa conforme art. 401 do CPP. Já na instrução do rito sumário a quantidade de testemunhas é de até 3 (três) para acusação e 3 (três) para a defesa, em consonância com o art. 532 do CPP.
d) no procedimento sumário a audiência de instrução e julgamento, a ser realizada no prazo máximo de 60 dias, proceder-se-á à tomada de declarações do ofendido, se possível, à inquirição das testemunhas arroladas pela acusação e pela defesa, nesta ordem, ressalvado o disposto no art. 222 deste Código, bem como aos esclarecimentos dos peritos, às acareações e ao reconhecimento de pessoas e coisas, interrogando-se, em seguida, o acusado e procedendo-se, finalmente, ao debate.

141. **(Cespe/TJ/BA/Cartórios/Remoção/2013)** No procedimento ordinário, após a apresentação de resposta à acusação, o juiz deverá absolver sumariamente o acusado em face da:

a) inexistência de laudo imprescindível para a condenação.
b) sua incompetência relativa para o processamento da ação penal.
c) prescrição do delito praticado pelo agente.
d) ausência de certeza acerca da autoria do fato.
e) insuficiência de provas a respeito da materialidade delito.

11.2. Do Tribunal do Júri

✱ SÚMULAS

STF **Súm. Vinculante 11.** Só é lícito o uso de algemas em casos de resistência e de fundado receio de fuga ou de perigo à integridade física própria ou alheia, por parte do preso ou de terceiros, justificada a excepcionalidade por escrito, sob pena de responsabilidade disciplinar, civil e penal do agente ou da autoridade e de nulidade da prisão ou do ato processual a que se refere, sem prejuízo da responsabilidade civil do Estado.

STF **Súm. Vinculante 45.** A competência constitucional do tribunal do júri prevalece sobre o foro por prerrogativa de função estabelecido exclusivamente pela constituição estadual.

STF **Súm. 156.** É absoluta a nulidade do julgamento, pelo júri, por falta de quesito obrigatório.

STF **Súm. 206.** É nulo o julgamento ulterior pelo júri com a participação de jurado que funcionou em julgamento anterior do mesmo processo.

STF **Súm. 603.** A competência para o processo e julgamento de latrocínio é do juiz singular e não do tribunal do júri.

STF **Súm. 713.** O efeito devolutivo da apelação contra decisões do júri é adstrito aos fundamentos da sua interposição.

STF **Súm. 712.** É nula a decisão que determina o desaforamento de processo da competência do júri sem audiência da defesa.

STJ **Súm. 21.** Pronunciado o réu, fica superada a alegação do constrangimento ilegal da prisão por excesso de prazo na instrução.

STJ **Súm. 191.** A pronúncia é causa interruptiva da prescrição, ainda que o tribunal do júri venha a desclassificar o crime.

✱ INFORMATIVOS

STF **Condenação pelo tribunal do júri e execução provisória da pena.** Nas condenações pelo tribunal do júri não é necessário aguardar julgamento de recurso em segundo grau de jurisdição para a execução da pena. HC 140449, Rel. Acd. Min. Roberto Barroso, j. 6.11.2018. 1ª T. (Info 922)

STF Pronúncia e devido processo legal. Constando de termo de audiência de instrução o fato de a defesa técnica haver postulado a impronúncia, tem-se diante disso como insubsistente à nulidade por não terem sido apresentadas alegações finais. Havendo correlação entre o que sustentado pelo Estado-acusador em plenário de júri e a pronúncia, impossível é concluir por configuração de ilegalidade. HC 129263, Rel. Min. Marco Aurélio, j. 15.5.2018. 1ª T. (Info 902)

STF Homicídio na direção de veículo automotor e competência do tribunal do júri. Negado HC que pleiteava a reforma da decisão que reconheceu a ocorrência de dolo eventual em relação a homicídio cometido por motorista embriagado na direção de veículo automotor, firmada a competência do tribunal do júri, requerendo desclassificação da conduta para o crime previsto no art. 302 do CTB. É legítima a tipificação da conduta como crime doloso, de competência do tribunal do júri, ante o reconhecimento da evolução jurisprudencial na análise do que vem a ser dolo eventual e culpa consciente. No caso, verifica-se a existência de dolo eventual no ato de dirigir veículo automotor sob a influência de álcool, além de fazê-lo na contramão. Esse é, portanto, um caso específico que evidencia a diferença entre a culpa consciente e o dolo eventual. O condutor assumiu o risco ou, no mínimo, não se preocupou com o risco de, eventualmente, causar lesões ou mesmo a morte de outrem. HC 124687, Rel. Acd. Min. Roberto Barroso, j. 29.5.2018. 1ª T. (Info 904)

STJ Tribunal do Júri. Interrogatório do réu. Conduta do juiz. Firmeza. Quebra da imparcialidade. Ausência. Nulidade. Não ocorrência. A condução do interrogatório do réu de forma firme durante o júri não importa, necessariamente, em quebra da imparcialidade do magistrado e em influência negativa nos jurados. 6ª T. HC 410.161, Rel. Min. Maria Thereza de Assis Moura, j. 17.4.2018, DJ 27.4.2018. (Info 625)

* QUESTÕES OBJETIVAS

142. **(Cespe/TJ/RR/Cartórios/Ingresso/2013)** Em relação aos processos da competência do júri, assinale a opção correta:

a) deverá ser excluído o jurado que tiver integrado o conselho de sentença nos doze meses que antecederem à publicação da lista geral.

b) recebida a denúncia pelo crime de homicídio, o juiz, após regular instrução probatória, caso não se convença da existência de indícios suficientes de autoria ou de participação do acusado, deverá fundamentadamente, absolvê-lo.

c) contra a sentença de impronúncia cabe recurso em sentido estrito perante o tribunal de justiça, admitindo-se o juízo de retratação do juiz sentenciante.

d) se as partes intimadas da decisão de pronúncia não interpuserem qualquer recurso, não poderá o MP aditar a denúncia, ainda que haja circunstância superveniente que altere a classificação do crime.

e) o serviço do júri é obrigatório, e o seu alistamento deve compreender cidadãos maiores de dezoito anos de idade de notória idoneidade, os quais formarão o conselho de sentença, que, por sua vez, será questionado, na sala secreta, sobre matéria de fato e de direito e sobre a possibilidade de absolvição do acusado, devendo as decisões ser tomadas por maioria de votos.

143. **(Cespe/TJ/ES/Cartórios/Ingresso/2013)** Em relação aos processos especiais, aos prazos processuais e aos recursos em geral, assinale a opção correta:

a) a revisão criminal, cujo pressuposto é a existência de sentença condenatória transitada em julgado, não é cabível contra decisão condenatória proferida pelo tribunal do júri, dada a soberania de seus vereditos.

b) em se tratando de processos de competência do tribunal do júri, na audiência de instrução e julgamento, devem-se ouvir, primeiramente, as testemunhas de acusação e, em seguida, as de defesa, sendo possível a inversão da ordem de inquirição mediante concordância das partes.

c) a suspensão condicional do processo prevista na lei que disciplina o procedimento dos juizados especiais criminais pode ocorrer antes do oferecimento da denúncia.

d) tratando-se de recurso em sentido estrito, subirá nos próprios autos o recurso interposto contra a decisão que julgar procedente a exceção de suspeição.

e) diversamente do que ocorre em relação ao prazo penal, na contagem do prazo processual computa-se o dia do começo, excluindo-se o do vencimento.

144. **(Consulplan/TJ/MG/Cartórios/Remoção/2016)** Segundo o Decreto-Lei n. 3.689/1941, Código de Processo Penal, quanto à função do jurado, estão isentos do serviço do júri, exceto:

a) o vice-prefeito municipal.
b) o servidor do Ministério Público.
c) o secretário de estado.
d) o ministro de estado.

145. **(Vunesp/TJ/SP/Cartórios/Remoção/2016)** Assinale a alternativa correta:

a) se na fase da pronúncia o Juiz desclassificar o crime doloso contra a vida, encaminhará o processo ao Juiz singular e, se este discordar da desclassificação, deverá suscitar conflito de competência.
b) se o Tribunal do Júri absolver o réu pela prática do crime doloso contra a vida, a competência para julgar o crime conexo será do Juiz Presidente.
c) se na fase da pronúncia o Juiz desclassificar o crime doloso contra a vida, remeterá o processo ao Ministério Público para aditamento da denúncia.
d) se o Tribunal do Júri desclassificar o crime doloso contra a vida, o Juiz Presidente será competente para julgar o processo e proferir a sentença.

146. **(IBFC/TJ/PR/Cartórios/Ingresso/2014)** Assinale a alternativa incorreta, em relação ao procedimento do Júri:

a) contra a sentença de impronúncia ou de absolvição sumária caberá apelação.
b) se o interesse da ordem pública o reclamar ou houver dúvida sobre a imparcialidade do júri ou a segurança pessoal do acusado, o Tribunal, a requerimento do Ministério Público, do assistente, do querelante ou do acusado ou mediante representação do juiz competente, poderá determinar o desaforamento do julgamento para outra comarca da mesma região, onde não existam aqueles motivos, preferindo-se as mais próximas.
c) o juiz poderá dar ao fato definição jurídica diversa da constante da acusação, embora o acusado fique sujeito a pena mais grave.
d) não se convencendo da materialidade do fato ou da existência de indícios suficientes de autoria ou de participação, o juiz, fundamentadamente, absolverá desde logo o acusado.

147. **(Consulplan/TJ/MG/Cartórios/Remoção/2017)** A respeito das nulidades e da competência nos julgamentos pelo Tribunal do Júri, assinale a alternativa incorreta:

a) é absoluta a nulidade do julgamento, pelo júri, por falta de quesito obrigatório.
b) é absoluta a nulidade do julgamento pelo júri, quando os quesitos da defesa não precedem aos das circunstâncias agravantes.
c) a competência para o processo e julgamento de latrocínio é do juiz singular e não do tribunal do júri.
d) a competência constitucional do tribunal do júri prevalece sobre o foro por prerrogativa de função estabelecido exclusivamente pela constituição estadual.

12. Dos Processos Especiais

✱ SÚMULAS

STJ Súm. 330. É desnecessária a resposta preliminar de que trata o artigo 514 do Código de Processo Penal, na ação penal instruída por inquérito policial.

13. DAS NULIDADES E DOS RECURSOS EM GERAL

13.1. Das Nulidades

✱ SÚMULAS

STF Súm. 155. É relativa a nulidade do processo criminal por falta de intimação da expedição de precatória para inquirição de testemunha.

STF Súm. 160. É nula a decisão do tribunal que acolhe, contra o réu, nulidade não arguida no recurso da acusação, ressalvados os casos de recurso de ofício.

STF Súm. 351. É nula a citação por edital de réu preso na mesma unidade da federação em que o juiz exerce a sua jurisdição.

STF Súm. 361. No processo penal, é nulo o exame realizado por um só perito, considerando-se impedido o que tiver funcionando anteriormente na diligência de apreensão.

STF Súm. 366. Não é nula a citação por edital que indica o dispositivo da lei penal, embora não transcreva a denúncia ou queixa, ou não resuma os fatos em que se baseia.

STF Súm. 523. No processo penal, a falta da defesa constitui nulidade absoluta, mas a sua deficiência só o anulará se houver prova de prejuízo para o réu.

STF Súm. 706. É relativa a nulidade decorrente da inobservância da competência penal por prevenção.

STF Súm. 707. Constitui nulidade a falta de intimação do denunciado para oferecer contrarrazões ao recurso interposto da rejeição da denúncia, não a suprindo a nomeação de defensor dativo.

STF Súm. 708. É nulo o julgamento da apelação se, após a manifestação nos autos da renúncia do único defensor, o réu não foi previamente intimado para constituir outro.

STF Súm. 712. É nula a decisão que determina o desaforamento de processo da competência do júri sem audiência da defesa.

* INFORMATIVOS

STF Cerceamento de defesa e nulidade de intimação. Pleiteada anulação de intimação realizada por meio de publicação da qual constava somente o nome por extenso de advogado já falecido, acompanhado da expressão "e outros". Não houve prejuízo processual, pois havia outro advogado constituído à época da referida intimação, o qual seguiu interpondo recursos, o que afasta a existência de teratologia. Antes da intimação, a defesa não havia informado ao Tribunal acerca do falecimento do advogado intimado, incidindo no art. 565 do CPP, que veda a arguição de nulidade à parte que tenha lhe dado causa. HC 138097, Rel. Acd. Min. Roberto Barroso, j. 23.10.2018. (1ª T. (Info 921)

STJ Tribunal do Júri. Sustentação oral em plenário. Tempo reduzido. Deficiência de defesa. Nulidade. Ausência. Imprescindibilidade de demonstração do prejuízo. A sustentação oral realizada em tempo reduzido no Tribunal do Júri não caracteriza, necessariamente, deficiência de defesa técnica. HC 365.008, Rel. Acd. Min. Rogerio Schietti Cruz, DJ 21.5.2018. 6ª T. (Info 627)

STJ Tribunal do Júri. Quebra da incomunicabilidade entre os jurados. Membro do Conselho de Sentença que afirmou em plena fala da acusação que havia crime. Nulidade. Ocorrência. Deve ser declarado nulo o júri em que membro do conselho de sentença afirma a existência de crime em plena fala da acusação. HC 436.241, Rel. Min. Maria Thereza de Assis Moura, DJ 27.6.2018. 6ª T. (Info 630)

* QUESTÕES OBJETIVAS

148. **(Cespe/TJ/RR/Cartórios/Ingresso/2013)** Assinale a opção correta no que diz respeito às nulidades processuais:

a) cabe recurso de ofício contra decisão que declare a incompetência em razão do lugar.
b) não será declarada a nulidade de ato processual que não houver influído na apuração da verdade substancial ou na decisão da causa.
c) a parte poderá arguir nulidade referente à formalidade cuja observância só à parte contrária interesse.
d) uma vez declarada a incompetência do juízo, anulam-se todos os atos do processo, desde o recebimento da denúncia.
e) é relativa a natureza da incompetência jurisdicional em razão da matéria, podendo ser sanada caso não seja arguida na resposta à acusação.

149. **(FCC/TJ/PE/Cartórios/Ingresso/2013)** Sobre a nulidade do processo penal, é correto afirmar:

a) no processo penal, a falta de defesa constitui nulidade absoluta, mas a sua deficiência só o anulará se houver prova de prejuízo para o réu.
b) as partes poderão arguir nulidade a que tenham dado causa ou de qualquer forma concorrido.
c) configura causa de nulidade a não intimação da defesa da data da audiência no juízo deprecado, ainda que haja sido intimada da expedição da carta precatória.
d) a incompetência do juízo anula os atos instrutórios e decisórios, devendo o processo, quando for declarada a nulidade, ser remetido ao juiz competente.
e) a nulidade por ilegitimidade do representante da parte poderá ser suprida a todo o tempo, antes da sentença final, mediante ratificação dos atos processuais.

150. **(Consulplan/TJ/MG/Cartórios/Ingresso/2014)** Quanto às nulidades, assinale a alternativa correta:

a) a nulidade de ato processual será declarada ainda que não houver influído na apuração da verdade substancial.
b) a nulidade por ilegitimidade do representante da parte não poderá ser sanada em nenhum momento processual.
c) nenhum ato será declarado nulo, se da nulidade não resultar prejuízo para a acusação ou para a defesa.
d) a ausência de intervenção do Ministério Público nos termos da ação intentada pela parte ofendida, nos casos de ação pública, não é causa de nulidade.

151. (FMP/TJ/MT/Cartórios/Remoção/2014) Em relação às nulidades em seara de processo penal observe as assertivas a seguir.

I. as omissões em relação à representação do ofendido poderão ser supridas a qualquer tempo antes do trânsito em julgado da sentença.

II. apenas as nulidades absolutas não precluem e podem ser reconhecidas independentemente de arguição pela outra parte.

III. trata-se de nulidade absoluta a hipótese de uma sentença que não contenha dispositivo ou não seja assinada por quem não é juiz.

IV. as chamadas irregularidades são violações de formalidades incapazes de gerar prejuízo e que não acarretam anulação do processo em hipótese alguma.

Assinale as afirmativas corretas:

a) apenas I, II e III.
b) apenas II e IV.
c) apenas III e IV.
d) apenas II, III e IV.
e) apenas a I e III.

152. (Cespe/TJ/SE/Cartórios/Ingresso/2014) Acerca das nulidades no processo penal, assinale a opção correta:

a) caso haja a nomeação de defensor dativo pelo juízo, não constituirá nulidade a falta de intimação do denunciado para oferecer contrarrazões ao recurso interposto da rejeição da denúncia.
b) a leitura da decisão de pronúncia pelo promotor na sessão plenária do tribunal do júri, em qualquer caso, importa a nulidade do referido julgamento.
c) a ausência de nomeação de curador ao réu menor de vinte e um anos de idade constitui nulidade absoluta.
d) é absoluta a nulidade decorrente da inobservância da competência penal por prevenção.
e) é relativa a nulidade decorrente da inobservância da ordem de inquirição da testemunha pelas partes e pelo juízo.

13.2. Dos Recursos

✱ SÚMULAS

1) Disposições Gerais

STF Súm. 160. É nula a decisão do tribunal que acolhe, contra o réu, nulidade não arguida no recurso da acusação, ressalvados os casos de recurso de ofício.

STJ Súm. 267. A interposição de recurso, sem efeito suspensivo, contra decisão condenatória não obsta a expedição de mandado de prisão.

STF Súm. 344. Sentença de primeira instância concessiva de "habeas corpus", em caso de crime praticado em detrimento de bens, serviços ou interesses da União, está sujeita a recurso "ex officio".

STF Súm. 431. É nulo o julgamento de recurso criminal, na segunda instância, sem prévia intimação, ou publicação da pauta, salvo em "habeas corpus".

STF Súm. 448. O prazo para o assistente recorrer, supletivamente, começa a correr imediatamente após o transcurso do prazo do Ministério Público.

STF Súm. 700. É de cinco dias o prazo para interposição de agravo contra decisão do juiz da execução penal.

STF Súm. 709. Salvo quando nula a decisão de primeiro grau, o acórdão que provê o recurso contra a rejeição da denúncia vale, desde logo, pelo recebimento dela.

STJ Súm. 267. A interposição de recurso, sem efeito suspensivo, contra decisão condenatória não obsta a expedição de mandado de prisão.

STJ Súm. 604. O mandado de segurança não se presta para atribuir efeito suspensivo a recurso criminal interposto pelo Ministério Público.

2) Do Recurso em Sentido Estrito

STF Súm. 210. O assistente do Ministério Público pode recorrer, inclusive extraordinariamente, na ação penal, nos casos dos arts. 584, § 1º e 598 do Código de Processo Penal.

3) Da Apelação

STF Súm. 210. O assistente do Ministério Público pode recorrer, inclusive extraordinariamente, na ação penal, nos casos dos arts. 584, § 1º e 598 do Código de Processo Penal.

STF Súm. 705. A renúncia do réu ao direito de apelação, manifestada sem a assistência do defensor, não impede o conhecimento da apelação por este interposta.

STF Súm. 713. O efeito devolutivo da apelação contra decisões do júri é adstrito aos fundamentos da sua interposição.

STJ Súm. 347. O conhecimento de recurso de apelação do réu independe de sua prisão.

4) Da Revisão

STF Súm. 393. Para requerer revisão criminal, o condenado não é obrigado a recolher-se à prisão.

5) Do Recurso Extraordinário

STF Súm. 208. O assistente do Ministério Público não pode recorrer, extraordinariamente, de decisão concessiva de "habeas corpus".

STF Súm. 210. O assistente do Ministério Público pode recorrer, inclusive extraordinariamente, na ação penal, nos casos dos arts. 584, § 1º e 598 do Código de Processo Penal.

* REPERCUSSÃO & REPETITIVOS

STF Repercussão Geral 946. Os Ministérios Públicos dos Estados e do Distrito Federal têm legitimidade para propor e atuar em recursos e meios de impugnação de decisões judiciais em trâmite no STF e no STJ, oriundos de processos de sua atribuição, sem prejuízo da atuação do Ministério Público Federal. (RE 985392, 26.5.2017)

STJ Repetitivo 959. O termo inicial da contagem do prazo para impugnar decisão judicial é, para o Ministério Público, a data da entrega dos autos na repartição administrativa do órgão, sendo irrelevante que a intimação pessoal tenha se dado em audiência, em cartório ou por mandado. (REsp 1349935, 23.8.2017)

* INFORMATIVOS

STF Apelação: inclusão de circunstâncias judiciais sem incremento da pena e "reformatio in pejus". Não viola o princípio da proibição da "reformatio in pejus" a reavaliação das circunstâncias judiciais em recurso de apelação penal, no âmbito do efeito devolutivo, desde que essa não incorra em aumento de pena. HC 126457, Rel. Acd. Min. Alexandre de Moraes, j. 6.11.2018. 1ª T. (Info 922)

STF Ministério Público e tempestividade de agravo em processo criminal. O prazo para interposição de agravo pelo Estado-acusador em processo criminal é de cinco dias. O Ministério Público não possui, em matéria criminal, ao contrário da Defensoria Pública, a prerrogativa de prazo recursal em dobro. HC 120275, Rel. Min. Marco Aurélio, j. 15.5.2018. 1ª T. (Info 902)

STF Tempestividade e recurso interposto antes da publicação do acórdão. Não é extemporâneo recurso interposto antes da publicação do acórdão. HC 113826, Rel. Min. Marco Aurélio, j. 10.4.2018. 1ª T. (Info 897)

* QUESTÕES OBJETIVAS

153. (Cespe/TJ/BA/Cartórios/Remoção/2013) Constitui ato judicial contra o qual cabe recurso em sentido estrito:

a) a decisão de pronúncia do réu.
b) o despacho de mero expediente, sem conteúdo decisório.
c) a decisão de unificação das penas em sede de execução penal.
d) a decisão de indeferimento da progressão de regime na execução.
e) a sentença de condenação do réu a pena privativa de liberdade.

154. (Consulplan/TJ/MG/Cartórios/Remoção/2015) Caberá recurso em sentido estrito:

a) da sentença definitiva de absolvição proferida por juiz singular.
b) da decisão do Tribunal do Júri, quando ocorrer nulidade posterior à pronúncia.
c) da decisão do Tribunal do Júri, quando houver erro no tocante à aplicação da medida de segurança.
d) da sentença que pronunciar o acusado.

155. (Cespe/TJ/RR/Cartórios/Ingresso/2013) A respeito dos recursos cabíveis no processo penal brasileiro, assinale a opção correta:

a) o efeito extensivo do recurso implica o direito de o condenado apelar por sua absolvição com fundamento em julgamento de caso análogo ao seu, desde que tenha havido absolvição pelo delito da mesma espécie.
b) caberá recurso em sentido estrito da decisão que conceder, negar, revogar ou cassar liberdade provisória, com ou sem fiança.
c) o recurso da pronúncia suspende o julgamento e a ordem de prisão decretada.
d) a lei não admite que o MP desista de recurso de apelação que tenha interposto contra a sentença, mas admite que o sentenciado o faça, desde que assistido por seu defensor.
e) o sentenciado não pode recorrer contra sentença absolutória por lhe faltar interesse de agir.

156. (FCC/TJ/PE/Cartórios/Remoção/2013) De acordo com as normas constantes do Código de Processo Penal, o recurso de apelação:

a) deve ser interposto no prazo de 5 (cinco) dias e arrazoado no prazo de 10 (dez) dias, salvo nos processos de contravenção, em que o prazo será de 3 (três) dias.

b) é cabível contra decisão do Tribunal do Júri, quando houver erro ou injustiça no tocante à aplicação da pena ou da medida de segurança.

c) é cabível contra a decisão de pronúncia do réu.

d) é cabível contra a decisão que revogar a medida de segurança.

e) não permite que o Tribunal "ad quem" proceda a novo interrogatório do acusado, reinquira testemunhas ou determine outras diligências.

157. **(TJ/SC/Cartórios/Ingresso/2012)** João foi denunciado pela prática do delito previsto no art. 121, caput, do Código Penal. Após regular instrução, decidiu-se, tendo em vista ausência de provas de que tinha sido autor do disparo fatal, pela sua impronúncia. Não concordando, o Ministério Público interpôs:

a) recurso em sentido estrito.

b) agravo.

c) recurso inominado.

d) apelação.

e) carta testemunhável.

158. **(FMP/TJ/MT/Cartórios/Ingresso/2014)** Tício responde a processo pela prática do crime de falsificação de documento público capitulado no art. 297 do Código Penal Brasileiro, que possui a seguinte previsão de pena em abstrato: "pena-reclusão de dois a seis anos e multa." Após Tício apresentar sua resposta à acusação, o juiz decidiu pela absolvição sumária do acusado, por entender provada causa que exclui a ilicitude do fato. No caso em tela, caberá ao órgão do Ministério Público a possibilidade de interpor:

a) recurso no sentido estrito por ser decisão interlocutória.

b) correição parcial por não haver mais recurso específico para o caso.

c) recurso no sentido estrito juntamente com recurso oficial.

d) apelação por haver previsão legal.

e) carta testemunhável para provocar o reexame da decisão monocrática.

159. **(IBFC/TJ/PR/Cartórios/Remoção/2014)** Assinale a alternativa incorreta:

a) caberá apelação no prazo de 5 (cinco) dias da sentença que pronunciar o réu.

b) nenhum ato será declarado nulo, se da nulidade não resultar prejuízo para a acusação ou para a defesa.

c) a incompetência do juízo anula somente os atos decisórios, devendo o processo, quando for declarada a nulidade, ser remetido ao juiz competente.

d) a nulidade de um ato, uma vez declarada, causará a dos atos que dele diretamente dependam ou sejam consequência.

160. **(Consulplan/TJ/MG/Cartórios/Ingresso/2015)** "Em uma mesma denúncia, Tício foi acusado de ter praticado os crimes de lesão corporal seguida de morte e de ocultação de cadáver. Tramitado, regularmente, o processo, foi proferida a sentença, na qual o juiz condenou Tício pela prática do crime de lesão corporal seguida de morte e, em relação ao crime de ocultação de cadáver, julgou extinta a punibilidade de Tício, em face da prescrição da pretensão punitiva. O Ministério Público discordou apenas da extinção da punibilidade e interpôs recurso, ao passo que o Defensor de Tício concordou com todo o julgamento." O recurso interposto pelo Ministério Público foi:

a) a carta testemunhável.

b) a apelação.

c) o recurso em sentido estrito.

d) o recurso especial.

161. **(TJ/SC/Cartórios/Remoção/2012)** A revisão criminal, prevista no art. 621 do Código de Processo Penal – CPP, é conhecida como ação de conhecimento de natureza constitutiva. São vários os efeitos de sua acolhida, entretanto não pode ocorrer:

a) absolvição do réu.

b) redução da pena imposta pela decisão revista.

c) anulação do processo.

d) alteração da classificação da infração.

e) agravamento da pena imposta pela decisão revista.

162. **(Consulplan/TJ/MG/Cartórios/Ingresso/2016)** De acordo com o Decreto-Lei n. 3.689/1941, Código de Processo Penal, a revisão dos processos findos será admitida quando:

a) a sentença condenatória se fundar em documentos verdadeiros.

b) a sentença condenatória estiver de acordo com a evidência dos autos.

c) a sentença absolutória se fundar em documentos comprovadamente falsos.

d) após a sentença, se descobrirem novas provas de inocência do condenado.

163. **(FMP/TJ/MT/Cartórios/Remoção/2014)** Sentenciado com trânsito em julgado a 12 anos de reclusão por suposto abuso de suas filhas o apenado, em seu próprio nome, após ter cumprido 5 anos da pena, ingressa com revisão criminal. Assim o fez, porque, após a morte da ex-esposa, sua filha mais velha testemunhou em juízo que tudo não havia passado de um ardil de sua mãe que obrigou as filhas, então menores, a testemunharem falsamente sobre o caso como forma de se "livrar" do ex-cônjuge. Diante desse tema, assinale a afirmativa correta:

a) a possibilidade de o sentenciado postular em nome próprio foi revogada pela norma constitucional que assegura ser o advogado indispensável à administração da justiça, em consonância à posição do STF.

b) a pretensão será rejeitada uma vez que já está transcorrido o prazo para sua interposição.

c) pode o tribunal, entre outras alternativas, alterar a classificação da infração, absolver o réu ou modificar a pena, no entanto a pena imposta pela decisão revista não poderá ser agravada.

d) sendo a decisão do juízo revidendo não unânime ou eivada de contradição poderá ser objeto de embargos infringentes ou embargos de nulidade.

e) falecendo o condenado no curso da revisão, o relator declarará extinta a punibilidade, bem como a ação, sem prejuízo, no entanto, de possível reconhecimento de justa indenização.

164. **(Cetro/TJ/RJ/Cartórios/Remoção/2017)** No que se refere aos recursos no processo penal, marque V para verdadeiro ou F para falso e, em seguida, assinale a alternativa que apresenta a sequência correta.

I. o entendimento do STF é o de que a ausência de razões de apelação não é causa de nulidade por cerceamento de defesa se o defensor constituído foi devidamente intimado para apresentá-las.

II. as hipóteses indicadas no Código de Processo Penal para cabimento do recurso em sentido estrito (RSE) são taxativas, não se admitindo interpretação extensiva nem analógica.

III. descabe ao órgão revisor, em sede de recurso em sentido estrito, absolver o agente e impor medida de segurança para crime doloso contra a vida de competência do tribunal do júri:

a) V, F, F.

b) F, V, V.

c) V, V, F.

d) F, V, F.

e) V, F, V.

165. **(Consulplan/TJ/MG/Cartórios/Remoção/2017)** Caberá recurso em sentido estrito, exceto:

a) da decisão que anular o processo da instrução criminal, no todo ou em parte.

b) da decisão que indeferir o pedido de reconhecimento da prescrição ou de outra causa extintiva da punibilidade da ação penal.

c) da sentença que conceder ou negar a ordem de "habeas corpus".

d) do despacho que receber ou rejeitar a denúncia.

14. DISPOSIÇÕES GERAIS

✱ SÚMULAS

STF **Súm. 710.** No processo penal, contam-se os prazos da data da intimação, e não da juntada aos autos do mandado ou da carta precatória ou de ordem.

✱ ENUNCIADOS CJF

CJF **Proc. Civil 3.** As disposições do CPC aplicam-se supletiva e subsidiariamente ao Código de Processo Penal, no que não forem incompatíveis com esta Lei.

✱ QUESTÕES OBJETIVAS

166. **(Consulplan/TJ/MG/Cartórios/Remoção/2015)** "Tício foi preso, em razão de mandado de prisão, proveniente de sentença condenatória transitada em julgado, no feriado de 01 de maio de 2015, sexta-feira, às 23 horas e 33 minutos." A contagem do prazo de cumprimento da pena teve início:

a) na terça-feira, dia 05 de maio de 2015.

b) na segunda-feira, dia 04 de maio de 2015.

c) no sábado, dia 02 de maio de 2015.

d) na sexta-feira, dia 01 de maio de 2015.

15. TEORIA E PRINCÍPIOS

✱ INFORMATIVOS

STF **Sustentação oral e ampla defesa.** A sustentação oral do representante do Ministério Público que diverge do parecer juntado ao processo, com posterior ratificação, não viola a ampla defesa. HC 140780, Rel. Min. Marco Aurélio, j. 30.10.2018. 1ª T. (Info 922)

✱ QUESTÕES OBJETIVAS

167. (Cespe/TJ/RR/Cartórios/Ingresso/2013) Considerando os princípios do direito processual penal, assinale a opção correta:

a) o princípio da vedação de revisão "pro societate" impede que o inquérito policial ou a ação penal voltem a tramitar caso haja sentença declaratória de extinção da punibilidade pela morte do autor do fato, ainda que posteriormente seja comprovada a falsidade da certidão de óbito.

b) é ilícita a prova de crime obtida por meio de interceptação telefônica judicialmente autorizada nos autos de inquérito policial destinado à apuração de outro crime.

c) pelo princípio constitucional da publicidade, que rege as decisões proferidas pelo Poder Judiciário, os atos processuais deverão ser públicos, sendo absolutamente vedada a restrição de sua ciência por terceiros que não participem da relação processual.

d) ainda que seja nomeado defensor dativo pelo juiz, o denunciado deve ser intimado para oferecer contrarrazões ao recurso interposto pelo MP contra a decisão que tenha rejeitado a denúncia, sob pena de nulidade.

e) o interrogatório do acusado, por constituir exercício do direito de defesa, não pode ser por ele dispensado, sob pena de nulidade.

168. (Cespe/TJ/PI/Cartórios/Ingresso/2013) Acerca de fontes, princípios e aplicação do direito processual penal, assinale a opção correta:

a) o princípio da identidade física do juiz é inaplicável ao processo penal, que, por sua própria natureza, difere do processo civil.

b) o direito de presença, também conhecido como direito de audiência, atende ao princípio da legalidade e, sobretudo, ao princípio da inocência.

c) a lei é fonte imediata do processo penal, e, dado o princípio da reserva legal, aos estados-membros é vedado sobre ele legislar.

d) o princípio do "favor rei" autoriza o juiz a absolver o réu, uma vez configurada a prescrição da pretensão punitiva.

e) a iniciativa do juiz em trazer aos autos, de ofício, elementos para formar seu livre convencimento viola o princípio da imparcialidade e contraria o sistema acusatório.

169. (Vunesp/TJ/SP/Cartórios/Ingresso/2016) Dos princípios constitucionais do processo penal a seguir enumerados, assinale o que admite que a legislação infraconstitucional estabeleça exceções:

a) princípio do contraditório.

b) princípio da publicidade.

c) princípio da presunção da inocência.

d) princípio da imunidade à autoacusação.

170. (Consulplan/TJ/MG/Cartórios/Ingresso/2014) Quanto aos princípios constitucionais explícitos do processo penal, é incorreto afirmar:

a) nas infrações que deixam vestígios, a confissão não supre a ausência de exame de corpo de delito, já que a pessoa não é obrigada a se autoacusar.

b) em atendimento ao princípio da igualdade das partes, a revisão criminal pode ser ajuizada tanto pelo Ministério Público quanto pelo réu.

c) a letra e firma dos documentos particulares serão submetidos a exame pericial, quando contestada a sua autenticidade.

d) segundo o princípio da economia processual, quando houver nulidade, por incompetência do juízo, somente os atos decisórios serão refeitos, mantendo-se os instrutórios.

171. (Cespe/TJ/DFT/Cartórios/Ingresso/2014) Com relação aos princípios e aos recursos no processo penal, assinale a opção correta de acordo com o entendimento do STJ e do STF:

a) segundo o STF, é inadmissível a imediata baixa dos autos para o início da execução da pena, mesmo quando a defesa se utiliza da interposição de recursos manifestamente incabíveis para obstar o trânsito em julgado da condenação, em razão da regra constitucional da presunção de inocência.

b) o recurso especial e o recurso extraordinário são interpostos na corte recorrida, que realiza o juízo de admissibilidade, o qua vincula e restringe a aferição dos pressupostos recursais a ser realizada pelos tribunais superiores.

c) em atenção aos princípios da fungibilidade recursal e da instrumentalidade das formas, o STJ admite a conversão de embargos de declaração em agravo regimental.

d) o trânsito em julgado de uma decisão se afere pelo exaurimento dos recursos cabíveis ou pelo decurso in albis dos prazos para sua interposição. Assim, interposto o recurso, ainda que intempestivamente, ele impedirá o trânsito em julgado.

e) o princípio da unirrecorribilidade, que não comporta exceções, impede a cumulativa interposição de mais de um recurso contra o mesmo decisum.

172. (FCC/TJ/PE/Cartórios/Remoção/2013) De acordo com o disposto no artigo 5º da Constituição da República, é incorreto afirmar que:

a) a pena será cumprida em estabelecimentos distintos, definidos de acordo com a intensidade da sanção.

b) o preso tem direito à identificação dos responsáveis por sua prisão ou por seu interrogatório policial.

c) são assegurados o sigilo das votações do Tribunal do Júri e a soberania dos seus veredictos.

d) o civilmente identificado não será submetido à identificação criminal, salvo nas hipóteses previstas em lei.

e) o racismo, a tortura, o tráfico ilícito de entorpecentes, o terrorismo e os crimes definidos como hediondos constituem crimes inafiançáveis.

173. (FCC/TJ/PE/Cartórios/Ingresso/2013) Não representa direito da pessoa acusada em processo criminal, estatuído no artigo 5º da Constituição da República:

a) a inviolabilidade de domicílio, ninguém nela podendo penetrar sem consentimento do morador, salvo em caso de flagrante delito ou desastre, ou para prestar socorro, ou, durante o dia, por determinação judicial.

b) permanecer calada em seu interrogatório policial ou judicial, sendo que o silêncio poderá ser interpretado em prejuízo de sua defesa.

c) a inadmissibilidade, no processo, das provas obtidas por meios ilícitos.

d) exercer o contraditório e a ampla defesa, com os meios e recursos a ela inerentes.

e) ter a sua prisão comunicada ao juiz competente e à família do preso ou pessoa por ele indicada.

174. (Cetro/TJ/RJ/Cartórios/Ingresso/2017) No que se refere ao instituto da extradição afeita ao Processo Penal, assinale a alternativa correta:

a) uma vez que o extraditando seja casado com brasileira ou tenha filho brasileiro, afastada está a extradição, não importando o crime cometido no estrangeiro.

b) o STF pode autorizar a extradição independentemente de o ordenamento jurídico do Estado estrangeiro conceder ao extraditado garantias relacionadas ao devido processo legal.

c) a prisão cautelar, para efeitos extraditórios, é instituto não recepcionado pelo texto constitucional de 1988.

d) a vedação constitucional de extradição de estrangeiro por crime político ou de opinião não se estende a autor de atos delituosos de natureza terrorista.

e) ao STF cabe, constitucionalmente, interpretar cláusula de Tratado de Extradição vinculada ao cometimento de crime no país de origem, vinculando-a, posteriormente, à decisão política de extraditar ou não do Presidente da República.

175. (Cetro/TJ/RJ/Cartórios/Remoção/2017) No que se refere à aplicação dos princípios constitucionais relacionados ao processo penal, assinale a alternativa correta:

a) No entendimento do STF, o juiz não pode negar a produção de prova pericial que visa a demonstrar realidade diversa daquela já realizada e do conjunto probatório constante do processo, dado que consubstancia violação aos princípios do contraditório e da ampla defesa.

b) O uso de algemas durante audiência de instrução e julgamento é inconstitucional, devendo o magistrado determinar, para qualquer situação, meios alternativos para assegurar a proteção do acusado ou das pessoas presentes ao ato.

c) A audiência de custódia viola a Convenção Americana sobre Direitos do Homem e a Constituição Federal de 1988 ao não permitir a deflagração do procedimento legal de "habeas corpus" em sua plenitude, uma vez que, temporariamente, inviabiliza a apreciação da legalidade da prisão pelo juiz.

d) O princípio constitucional da autodefesa não alcança aquele que atribui falsa identidade perante autoridade policial com o intento de ocultar maus antecedentes.

e) A aplicação do princípio da dignidade humana está focada na pessoa do acusado, e não, necessariamente, da vítima do crime.

176. **(Consulplan/TJ/MG/Cartórios/Remoção/2017)** Analise as afirmativas abaixo, quanto aos princípios do Processo Penal:

I. o princípio da ampla defesa implica em que a defesa técnica seja indisponível e efetiva. Assim, o STF tem entendimento consolidado de que a deficiência da defesa constitui nulidade absoluta, que independe da constatação de prejuízo para o réu.

II. a atração por continência ou conexão do processo do corréu ao foro por prerrogativa de função de um dos denunciados não viola os princípios do juiz natural, da ampla defesa e do contraditório.

III. o princípio nemo tenetur se detegere tem aplicação apenas em relação ao mérito do interrogatório, pois o réu tem o dever de informar seu nome e endereço, não sendo aplicável o direito ao silêncio quanto aos dados de qualificação.

IV. segundo o princípio tempus regt actum os atos processuais praticados sob a égide da lei anterior são considerados válidos e as normas processuais têm aplicação imediata, independentemente da data do fato imputado na denúncia.

Está correto apenas o que se afirma em:

a) I e III.

b) II e IV.

c) I, II e IV.

d) II e III.

177. **(Ieses/TJ/CE/Cartórios/Ingresso/2018)** É certo afirmar:

I. nos crimes em que a pena mínima cominada for igual ou inferior a um ano, abrangidas ou não pela Lei n. 9.099/95, o Ministério Público, ao oferecer a denúncia, poderá/deverá propor a suspensão do processo, por dois a quatro anos, desde que o acusado não esteja sendo processado ou não tenha sido condenado por outro crime, presentes os demais requisitos que autorizariam a suspensão condicional da pena, por se tratar de um direito subjetivo do Acusado.

II. no processo penal não se admite a extinção da punibilidade de ofício, devendo a mesma ser provocada por quem de direito.

III. se o réu, sendo perseguido, passar ao território de outro município ou comarca, o executor não poderá dar prosseguimento a perseguição, salvo se estiver acompanhado da autoridade local a qual efetuará a prisão sob a sua responsabilidade.

IV. justa causa, para a ação penal, pode ser compreendida como sendo a existência de fundamento jurídico e suporte fático autorizadores do constrangimento à liberdade ambulatória.

Analisando as proposições, pode-se afirmar:

a) somente as proposições I e III estão corretas.

b) somente as proposições I e IV estão corretas.

c) somente as proposições II e III estão corretas.

d) somente as proposições II e IV estão corretas.

16. LEIS ESPECIAIS

16.1. Lei de Execução Penal (Lei 7.210/84)

✱ INOVAÇÕES LEGISLATIVAS

▲ LEP. Título III – Dos Órgãos da Execução Penal, Capítulo VI – Dos Departamentos Penitenciários, Seção I – Do Departamento Penitenciário Nacional

▲ Art. 72. (...). VII – acompanhar a execução da pena das mulheres beneficiadas pela progressão especial de que trata o § 3º do art. 112 desta Lei, monitorando sua integração social e a ocorrência de reincidência, específica ou não, mediante a realização de avaliações periódicas e de estatísticas criminais. § 1º (Antigo parágrafo único) (...). § 2º Os resultados obtidos por meio do monitoramento e das avaliações periódicas previstas no inciso VII do caput deste artigo serão utilizados para, em função da efetividade da progressão especial para a ressocialização das mulheres de que trata o § 3º do art. 112 desta Lei, avaliar eventual desnecessidade do regime fechado de cumprimento de pena para essas mulheres nos casos de crimes cometidos sem violência ou grave ameaça. (Modificações: Lei 13.769/18).

▲ Seção II – Do Departamento Penitenciário Local

▲ Art. 74. (...). Parágrafo único. Os órgãos referidos no caput deste artigo realizarão o acompanhamento de que trata o inciso VII do caput do art. 72 desta Lei e encaminharão ao Departamento Penitenciário Nacional os resultados obtidos. (Modificações: Lei 13.769/18).

▲ Título V – Da Execução das Penas em Espécie, Capítulo I – Das Penas Privativas de Liberdade, Seção II – Dos Regimes

▲ Art. 112. (...). § 3º No caso de mulher gestante ou que for mãe ou responsável por crianças ou pessoas com deficiência, os requisitos para progressão de regime são, cumulativamente: I – não ter cometido crime com violência ou grave ameaça a pessoa; II – não ter cometido o crime contra seu filho ou dependente; III – ter cumprido ao menos 1/8 (um oitavo) da pena no regime anterior; IV – ser primária e ter bom comportamento carcerário, comprovado pelo diretor do estabelecimento; V – não ter integrado organização criminosa. § 4º O cometimento de novo crime doloso ou falta grave implicará a revogação do benefício previsto no § 3º deste artigo. (Modificações: Lei 13.769/18).

* SÚMULAS

1) Do Condenado e do Internado

STJ **Súm. 40.** Para obtenção dos benefícios de saída temporária e trabalho externo, considera-se o tempo de cumprimento da pena no regime fechado.

STJ **Súm. 441.** A falta grave não interrompe o prazo para obtenção de livramento condicional.

STJ **Súm. 526.** O reconhecimento de falta grave decorrente do cometimento de fato definido como crime doloso no cumprimento da pena prescinde do trânsito em julgado de sentença penal condenatória no processo penal instaurado para apuração do fato.

STJ **Súm. 533.** Para o reconhecimento da prática de falta disciplinar no âmbito da execução penal, é imprescindível a instauração de procedimento administrativo pelo diretor do estabelecimento prisional, assegurado o direito de defesa, a ser realizado por advogado constituído ou defensor público nomeado.

STJ **Súm. 534.** A prática de falta grave interrompe a contagem do prazo para a progressão de regime de cumprimento de pena, o qual se reinicia a partir do cometimento dessa infração.

STJ **Súm. 535.** A prática de falta grave não interrompe o prazo para fim de comutação de pena ou indulto.

2) Dos Órgãos da Execução Penal

STF **Súm. 611.** Transitada em julgado a sentença condenatória, compete ao juízo das execuções a aplicação de lei mais benigna.

STJ **Súm. 192.** Compete ao juízo das execuções penais do estado a execução das penas impostas a sentenciados pela Justiça Federal, militar ou eleitoral, quando recolhidos a estabelecimentos sujeitos à administração estadual.

3) Da Execução das Penas em Espécie

3.1) Das Penas Privativas de Liberdade

3.1.1) Dos Regimes

STF **Súm. Vinculante 26.** Para efeito de progressão de regime no cumprimento de pena por crime hediondo, ou equiparado, o juízo da execução observará a inconstitucionalidade do art. 2º da Lei n. 8.072, de 25 de julho de 1990, sem prejuízo de avaliar se o condenado preenche, ou não, os requisitos objetivos e subjetivos do benefício, podendo determinar, para tal fim, de modo fundamentado, a realização de exame criminológico.

STF **Súm. Vinculante 56.** A falta de estabelecimento penal adequado não autoriza a manutenção do condenado em regime prisional mais gravoso, devendo-se observar, nesta hipótese, os parâmetros fixados no Recurso Extraordinário (RE) 641320.

STF **Súm. 715.** A pena unificada para atender ao limite de trinta anos de cumprimento, determinado pelo art. 75 do Código Penal, não é considerada para a concessão de outros benefícios, como o livramento condicional ou regime mais favorável de execução.

STF **Súm. 716.** Admite-se a progressão de regime de cumprimento da pena ou a aplicação imediata de regime menos severo nela determinada, antes do trânsito em julgado da sentença condenatória.

STF **Súm. 717.** Não impede a progressão de regime de execução da pena, fixada em sentença não transitada em julgado, o fato de o réu se encontrar em prisão especial.

STJ **Súm. 439.** Admite-se o exame criminológico pelas peculiaridades do caso, desde que em decisão motivada.

STJ **Súm. 471.** Os condenados por crimes hediondos ou assemelhados cometidos antes da vigência da Lei n. 11.464/2007 sujeitam-se ao disposto no art. 112 da Lei n. 7.210/1984 (Lei de Execução Penal) para a progressão de regime prisional.

STJ **Súm. 491.** É inadmissível a chamada progressão "per saltum" de regime prisional.

STJ **Súm. 534.** A prática de falta grave interrompe a contagem do prazo para a progressão de regime de cumprimento de pena, o qual se reinicia a partir do cometimento dessa infração.

3.1.2) Das Autorizações de Saída

STJ **Súm. 40.** Para obtenção dos benefícios de saída temporária e trabalho externo, considera-se o tempo de cumprimento da pena no regime fechado.

STJ **Súm. 520.** O benefício de saída temporária no âmbito da execução penal é ato jurisdicional insuscetível de delegação à autoridade administrativa do estabelecimento prisional.

3.1.3) Da Remição

STF **Súm. Vinculante 9.** O disposto no artigo 127 da Lei n. 7.210/1984 (Lei de Execução Penal) foi recebido pela ordem constitucional vigente, e não se lhe aplica o limite temporal previsto no caput do artigo 58.

STJ **Súm. 341.** A frequência a curso de ensino formal é causa de remição de parte do tempo de execução de pena sob regime fechado ou semiaberto.

STJ **Súm. 562.** É possível a remição de parte do tempo de execução da pena quando o condenado, em regime fechado ou semiaberto, desempenha atividade laborativa, ainda que extramuros.

3.1.4) Do Livramento Condicional

STF **Súm. 715.** A pena unificada para atender ao limite de trinta anos de cumprimento, determinado pelo art. 75 do Código Penal, não é considerada para a concessão de outros benefícios, como o livramento condicional ou regime mais favorável de execução.

STJ **Súm. 441.** A falta grave não interrompe o prazo para obtenção de livramento condicional.

STJ **Súm. 617.** A ausência de suspensão ou revogação do livramento condicional antes do término do período de prova enseja a extinção da punibilidade pelo integral cumprimento da pena.

3.2) Da Suspensão Condicional

STF **Súm. 499.** Não obsta a concessão do "sursis" condenação anterior a pena de multa.

4) Dos Incidentes de Execução

STJ **Súm. 535.** A prática de falta grave não interrompe o prazo para fim de comutação de pena ou indulto.

5) Do Procedimento Judicial

STF **Súm. 695.** Não cabe "habeas corpus" quando já extinta a pena privativa de liberdade.

STF **Súm. 700.** É de cinco dias o prazo para interposição de agravo contra decisão do juiz da execução penal.

* REPERCUSSÃO & REPETITIVOS

STF **Repercussão Geral 423.** I. A falta de estabelecimento penal adequado não autoriza a manutenção do condenado em regime prisional mais gravoso; II. Os juízes da execução penal poderão avaliar os estabelecimentos destinados aos regimes semiaberto e aberto, para qualificação como adequados a tais regimes. São aceitáveis estabelecimentos que não se qualifiquem como colônia agrícola, industrial (regime semiaberto) ou casa de albergado ou estabelecimento adequado (regime aberto) (art. 33, § 1º, alíneas b e c); III. Havendo déficit de vagas, deverá determinar-se: (i) a saída antecipada de sentenciado no regime com falta de vagas; (ii) a liberdade eletronicamente monitorada ao sentenciado que sai antecipadamente ou é posto em prisão domiciliar por falta de vagas; (iii) o cumprimento de penas restritivas de direito e/ou estudo ao sentenciado que progride ao regime aberto. Até que sejam estruturadas as medidas alternativas propostas, poderá ser deferida a prisão domiciliar ao sentenciado. (RE 641320, 11.5.2016)

STF **Repercussão Geral 925.** A execução provisória de acórdão penal condenatório proferido em grau recursal, ainda que sujeito a recurso especial ou extraordinário, não compromete o princípio constitucional da presunção de inocência afirmado pelo art. 5º, LVII, da CF. (ARE 964246, 11.11.2016)

STJ **Repetitivo 445.** I. É recomendável que cada autorização de saída temporária do preso seja precedida de decisão judicial motivada. Entretanto, se a apreciação individual do pedido estiver, por deficiência exclusiva do aparato estatal, a interferir no direito subjetivo do apenado e no escopo ressocializador da pena, deve ser reconhecida, excepcionalmente, a possibilidade de fixação de calendário anual de saídas temporárias por ato judicial único, observadas as hipóteses de revogação automática do art. 125 da LEP. II. O calendário prévio das saídas temporárias deverá ser fixado, obrigatoriamente, pelo Juízo das Execuções, não se lhe permitindo delegar à autoridade prisional a escolha das datas específicas nas quais o apenado irá usufruir os benefícios. Inteligência da Súm. 520/STJ. III. Respeitado o limite anual de 35 dias, estabelecido pelo art. 124 da LEP, é cabível a concessão de maior número de autorizações de curta duração. IV. As autorizações de saída temporária para visita à família e para participação em atividades que concorram para o retorno ao convívio social, se limitadas a cinco vezes durante o ano, deverão observar o prazo mínimo de 45 dias de intervalo entre uma e outra. Na hipótese de maior número de saídas temporárias de curta duração, já intercaladas durante os doze meses do ano e muitas vezes sem pernoite, não se exige o intervalo previsto no art. 124, § 3º, da LEP. (REsp 1544036, 14.9.2016)

STJ Repetitivo 993. A inexistência de estabelecimento penal adequado ao regime prisional determinado para o cumprimento da pena não autoriza a concessão imediata do benefício da prisão domiciliar, porquanto, nos termos da Súm. Vinculante 56, é imprescindível que a adoção de tal medida seja precedida das providências estabelecidas no julgamento do RE 641.320/RS, quais sejam: (i) saída antecipada de outro sentenciado no regime com falta de vagas, abrindo-se, assim, vagas para os reeducandos que acabaram de progredir; (ii) a liberdade eletronicamente monitorada ao sentenciado que sai antecipadamente ou é posto em prisão domiciliar por falta de vagas; e (iii) cumprimento de penas restritivas de direitos e/ou estudo aos sentenciados em regime aberto. (REsp 1710674, 3.9.2018)

* INFORMATIVOS

STF Condenação pelo tribunal do júri e execução provisória da pena. Nas condenações pelo tribunal do júri não é necessário aguardar julgamento de recurso em segundo grau de jurisdição para a execução da pena. HC 140449, Rel. Acd. Min. Roberto Barroso, j. 6.11.2018. 1ª T. (Info 922)

STF Regalias e transferência para outra unidade da federação. Transferência de preso provisório a outra unidade da federação, sob alegação de "tratamento privilegiado" no sistema penitenciário estadual. Reação não fundada no direito. O direito do preso à assistência da família (art. 5º, LXIII, da CF) e ao recolhimento "em local próximo ao seu meio social e familiar" (art. 103 da LEP). Apenas razões excepcionalíssimas e devidamente fundamentadas autorizariam uma transferência para outra unidade da federação. HC 152720, Rel. Min. Gilmar Mendes, j. 10.4.2018. 2ª T. (Info 897)

STF Progressão de regime e Súm. 715/STF. Extorsão mediante sequestro. Cálculo para concessão de benefícios. Incidência da Súm. 715/STF, tendo em vista que "a pena unificada para atender ao limite de trinta anos de cumprimento, determinado pelo art. 75 do Código Penal, não é considerada para a concessão de outros benefícios, como o livramento condicional ou regime mais favorável de execução". HC 112182, Rel. Min. Marco Aurélio, j. 3.4.2018. 1ª T. (Info 896)

STF Execução provisória da pena e trânsito em julgado de sentença condenatória. Não se qualifica como ilegal ou abusivo o ato cujo conteúdo é compatível com a compreensão do STF, sobretudo quando se trata de jurisprudência dominante ao tempo em que proferida a decisão impugnada. Independentemente do caráter vinculante ou não dos precedentes, emanados desta Suprema Corte, que admitem a execução provisória da pena, não configura constrangimento ilegal a decisão que se alinha a esse posicionamento, forte no necessário comprometimento do Estado-Juiz, decorrente de um sistema de precedentes, voltado a conferir cognoscibilidade, estabilidade e uniformidade à jurisprudência. O implemento da execução provisória da pena atua como desdobramento natural da perfectibilização da condenação sedimentada na seara das instâncias ordinárias e do cabimento, em tese, tão somente de recursos despidos de automática eficácia suspensiva, sendo que, assim como ocorre na deflagração da execução definitiva, não se exige motivação particularizada ou de índole cautelar. Não configura reforma prejudicial a determinação de início do cumprimento da pena, mesmo se existente comando sentencial anterior que assegure ao acusado, genericamente, o direito de recorrer em liberdade. HC 152752, Rel. Min. Edson Fachin, j. 4.4.2018. Pleno. (Info 896)

STF Exame criminológico: faculdade do juízo das execuções e fundamentação padronizada. É facultado ao magistrado das execuções criminais requisitar o exame criminológico e utilizá-lo como fundamento da decisão que julga o pedido de progressão. A adoção de textos semelhantes em despachos relacionados a procedimentos idênticos não viola o princípio da individualização da pena nem gera nulidade por falta de fundamentação quando o conteúdo tratar de especificidades do caso concreto sob análise. Desprovido agravo que apontava descumprimento da Súm. Vinculante 26/STF. O reclamante sustentava que o juízo reclamado, como praxe, solicita a realização do exame criminológico antes de examinar os requerimentos de progressão de regime dos presos condenados por crimes graves, e que a utilização, em diversos casos, de texto semelhante para fundamentar a necessidade do exame fere o princípio da individualização da pena e não atende ao comando do citado enunciado. Rcl 27616 AgR, Rel. Min. Ricardo Lewandowski, j. 9.10.2018. 2ª T. (Info 919)

STF **Remição ficta e omissão do Estado.** Negado HC em que se discutia a possibilidade de remição ficta da pena, na hipótese em que o Estado não proporciona atividade laboral ou educacional aos internos do sistema penitenciário a fim de obterem a remição da pena. Embora o Estado tenha o dever de prover trabalho aos internos que desejem laborar, reconhecer a remição ficta da pena, nesse caso, faria com que todas as pessoas do sistema prisional obtivessem o benefício, fato que causaria substancial mudança na política pública do sistema carcerário, além de invadir a esfera do Poder Executivo. Na espécie, não foi realizado trabalho, estudo ou leitura, em razão de o paciente estar submetido ao Regime Disciplinar Diferenciado. Portanto, não há que se falar em direito à remição. HC 124520, Rel. Acd. Min. Roberto Barroso, j. 29.5.2018. 1ª T. (Info 904)

STJ **Execução penal. Unificação das penas. Superveniência do trânsito em julgado de sentença condenatória. Termo "a quo" para concessão de novos benefícios. Ausência de previsão legal para alteração da data-base.** A alteração da data-base para concessão de novos benefícios executórios, em razão da unificação das penas, não encontra respaldo legal. REsp 1.557.461, Rel. Min. Rogerio Schietti Cruz, DJ 15.3.2018. 3ª S. (Info 621)

STJ **Execução penal. Remição. Trabalho em período anterior ao início da execução. Possibilidade se posterior à prática do delito.** É possível a remição do tempo de trabalho realizado antes do início da execução da pena, desde que em data posterior à prática do delito. 6ª T. HC 420.257, Rel. Min. Nefi Cordeiro, DJ 11.5.2018. (Info 625)

STJ **Competência. Marinheiro militar licenciado do serviço ativo. Medida de segurança imposta pela Justiça Militar. Execução. Competência da Justiça Estadual.** Compete à Justiça Estadual a execução de medida de segurança imposta a militar licenciado. 3ª S. CC 149.442, Rel. Min. Joel Ilan Paciornik, DJ 17.5.2018. (Info 626)

* QUESTÕES DISCURSIVAS

04. **(Consulplan/TJ/MG/Cartórios/Remoção/2016)** "Tício foi condenado a uma pena de três anos de detenção, em regime inicial aberto, pela prática do crime previsto no art. 121, § 3º, do Código Penal, bem como foi condenado a uma pena de dois anos e oito meses de reclusão, em regime inicial aberto, pela prática do crime previsto no art. 155, § 5º, c/c art. 14, II, do Código Penal. Os crimes foram praticados em concurso material, o que foi reconhecido na sentença, que transitou em julgado, no dia 16 de maio de 2016". Nos limites do enunciado e, observado o Código Penal Brasileiro (Decreto-Lei n. 2.848, de 7 de dezembro de 1940), indique, entre as penas acima, qual será executada em primeiro lugar. Justifique sua resposta.

* QUESTÕES OBJETIVAS

178. **(Cespe/TJ/PI/Cartórios/Remoção/2013)** Conforme a Lei n. 7.210/1984, o preso em razão de sentença definitiva transitada em julgado poderá obter:

a) autorização para saída temporária do estabelecimento prisional, mediante escolta e autorização do diretor do presídio, para frequentar curso de noivos e participar da cerimônia civil de casamento, se estiver cumprindo pena em regime semiaberto.

b) autorização para saída temporária do estabelecimento prisional, mediante escolta, para ir ao cartório assinar procuração outorgando poderes para seu representante legal, ainda que cumpra pena em regime fechado.

c) permissão do diretor para sair do estabelecimento prisional, mediante escolta, em caso de falecimento ou doença grave de irmão, ainda que cumpra pena em regime fechado.

d) permissão para sair do estabelecimento prisional, sem escolta, para tratamento médico, desde que autorizado pelo juiz, se estiver cumprindo pena em regime semiaberto.

e) permissão para sair do estabelecimento, mediante escolta, para conhecer e registrar o nascimento do filho da companheira, ainda que cumpra pena em regime fechado.

179. **(Cespe/TJ/PI/Cartórios/Ingresso/2013)** A submissão à identificação do perfil genético, mediante exame de DNA por técnica adequada e indolor, é obrigatória para os condenados pela prática dos crimes de:

a) extorsão mediante sequestro e assédio sexual.

b) abuso de incapazes e epidemia com resultado morte.

c) estupro de vulnerável e concussão.
d) latrocínio e homicídio culposo.
e) adulteração de produto destinado a fins terapêuticos e estupro.

180. **(FCC/TJ/PE/Cartórios/Remoção/2013)** Segundo entendimento sumular vigente no Superior Tribunal de Justiça, para a progressão de regime prisional, em princípio, a avaliação técnica do condenado, também conhecida por exame criminológico, é:

a) imprescindível.
b) admissível somente em condenações por crimes hediondos ou assemelhados.
c) admissível somente por decisão fundamentada nas peculiaridades do caso.
d) admissível somente em crimes cometidos com violência ou grave ameaça.
e) admissível somente na reincidência.

181. **(FCC/TJ/PE/Cartórios/Ingresso/2013)** O trabalho do preso definitivamente condenado é:

a) gratuito nos três regimes prisionais.
b) obrigatório no fechado e facultativo nos demais regimes prisionais.
c) remunerado e assistido pela Previdência Social.
d) gratuito, porém excepcionalmente remunerado.
e) remunerado, porém excepcionalmente gratuito.

182. **(FCC/TJ/PE/Cartórios/Remoção/2013)** O livramento condicional pressupõe:

a) a inexistência de reincidência específica em crimes hediondos ou assemelhados.
b) proposta concreta de trabalho honesto.
c) que o condenado esteja em regime prisional semiaberto ou aberto.
d) a inexistência de falta disciplinar.
e) que a pena não tenha sido aplicada por crime doloso cometido com violência ou grave ameaça.

183. **(Cespe/TJ/PI/Cartórios/Ingresso/2013)** Assinale a opção correta em relação ao livramento condicional:

a) falta de natureza grave durante o cumprimento da pena privativa de liberdade interrompe a contagem do lapso temporal necessário para a obtenção do livramento condicional.
b) terminado o período de prova sem a revogação ou suspensão do livramento condicional, não é possível o reconhecimento da extinção da pena caso se descubra que o liberado tenha sido condenado definitivamente por crime cometido durante a vigência do benefício.
c) a não reparação do dano causado pela infração penal, quando possível, impede a concessão do livramento condicional.
d) o juiz detém o poder de determinar a fiscalização do cumprimento dessa medida por meio da monitoração eletrônica.
e) ao reincidente específico em crime hediondo poderá ser concedido esse benefício após o cumprimento de mais de dois terços da pena.

184. **(Ieses/TJ/MS/Cartórios/Ingresso/2014)** Quanto as Leis: Execução Penal (7.210/84), Juizado Especial Criminal (9.099/95), e a que dispõe sobre os Crimes Hediondos (8.072/95, assinale a assertiva verdadeira:

a) o condenado que cumpre pena em regime fechado ou semiaberto, poderá remir pelo trabalho parte do tempo da execução da pena. São atribuições do diretor do presídio, declarar a remição, ouvido o Ministério Público.
b) será de 3 (três) a 6 (seis) anos de reclusão a pena prevista no art. 288, do Código Penal, quando se tratar de crime hediondo. Com o intuito de desmantelar a associação criminosa, o legislador concedeu ao participante e ou associado que denunciar à autoridade a redução da pena de metade.
c) na Lei 9.099/95, da decisão de rejeição da denúncia ou queixa, e da sentença caberá recurso de Apelação, no prazo de cinco dias.
d) quando houver condenação por mais de um crime, no mesmo processo ou em processos distintos, a determinação do regime de cumprimento será feita pelo resultado da soma ou da unificação das penas. Sobrevindo condenação no curso da execução somar-se-á a pena ao restante da que está sendo cumprida, para determinação do regime.

185. **(Consulplan/TJ/MG/Cartórios/Ingresso/2015)** São órgãos da execução penal, exceto:

a) o Conselho da Comunidade.
b) a Defensoria Pública.
c) a Casa do Albergado.
d) o Patronato.

186. **(Ieses/TJ/PA/Cartórios/Remoção/2016)** Em relação ao direito do condenado ao trabalho externo é correto afirmar:

I. o trabalho externo será admissível para os presos em regime fechado somente em serviço ou obras públicas realizadas por órgãos da Administração Direta ou Indireta, ou entidades privadas, desde que tomadas as cautelas contra a fuga e em favor da disciplina.

II. o limite máximo do número de presos será de 20% (vinte por cento) do total de empregados na obra.

III. a prestação de trabalho à entidade privada depende do consentimento expresso do preso.

IV. a prestação de trabalho externo, a ser autorizada pela direção do estabelecimento, dependerá de aptidão, disciplina e responsabilidade, além do cumprimento mínimo de 1/4 (um quarto) da pena.

A sequência correta é:

a) apenas as assertivas I, III e IV estão corretas.
b) apenas a assertiva II está correta.
c) as assertivas I, II, III e IV estão corretas.
d) apenas as assertivas I e III estão corretas.

187. **(Ieses/TJ/PA/Cartórios/Ingresso/2016)** Assinale a alternativa correta:

a) a falta grave interrompe o prazo para obtenção de livramento condicional.
b) a prática de falta grave não interrompe o prazo para fim de comutação de pena ou indulto.
c) o benefício de saída temporária no âmbito da execução penal é ato jurisdicional suscetível de delegação à autoridade administrativa do estabelecimento prisional.
d) o reconhecimento de falta grave decorrente do cometimento de fato definido como crime doloso no cumprimento da pena imprescinde do trânsito em julgado de sentença penal condenatória no processo penal instaurado para apuração do fato.

188. **(Consulplan/TJ/MG/Cartórios/Ingresso/2016)** De acordo com a Lei de Execução Penal, Lei n. 7.210/1984, somente se admitirá o recolhimento do beneficiário de regime aberto em residência particular quando se tratar de:

a) condenado acometido de doença suave.
b) condenada com filho deficiente físico.
c) condenada com filho maior.
d) condenado maior de 60 anos.

189. **(Consulplan/TJ/MG/Cartórios/Remoção/2016)** Segundo a Lei de Execução Penal, Lei n. 7.210/1984, serão sempre impostas ao liberado condicional as obrigações seguintes, exceto:

a) comunicar periodicamente ao juiz sua ocupação.
b) obter ocupação lícita, dentro de prazo razoável se for apto para o trabalho.
c) recolher-se à habitação em hora fixada.
d) não mudar do território da comarca do Juízo da Execução, sem prévia autorização deste.

190. **(Cespe/TJ/BA/Cartórios/Ingresso/2013)** Considerando o entendimento consolidado pelo STF relativamente aos institutos de direito processual penal afetos à Lei de Execuções Penais e a suas alterações, assinale a opção correta:

a) é de dez dias o prazo para a interposição de agravo contra decisão do juiz da execução penal.
b) não se admite a progressão de regime de cumprimento da pena ou a aplicação imediata de regime menos severo nela determinada, antes do trânsito em julgado da sentença condenatória.
c) a pena unificada para atender ao limite de trinta anos de cumprimento da condenação, determinado no CP, deve ser considerada para a concessão de outros benefícios, como o livramento condicional ou regime mais favorável de execução.
d) para efeito de progressão de regime no cumprimento de pena, o juízo da execução deve avaliar se o condenado preenche os requisitos objetivos e subjetivos do benefício, podendo determinar, para tal fim, de modo fundamentado, a realização de exame criminológico.
e) o fato de o réu estar em prisão especial impede a progressão de regime de execução da pena fixada em sentença não transitada em julgado.

191. **(Cespe/TJ/BA/Cartórios/Remoção/2013)** Com base nos dispositivos da Lei de Execução Penal e em suas alterações, assinale a opção correta:

a) o falecimento de irmão de sentenciado em regime fechado não constitui motivo que lhe permita a obtenção de permissão para a saída do estabelecimento.
b) em caso de cometimento de falta grave pelo sentenciado, será revogada a totalidade do tempo remido pelo juiz, recomeçando a

contagem a partir da data da infração disciplinar.

c) o trabalho externo será admissível para os presos em regime fechado somente em serviço ou obras públicas realizadas por órgãos da administração direta ou indireta, ou entidades privadas, desde que adotadas as cautelas necessárias contra a fuga e em favor da disciplina.

d) o juiz pode definir a fiscalização do condenado por meio de monitoração eletrônica em qualquer situação da execução da pena, exceto quando autorizar a saída temporária no regime semiaberto ou determinar a prisão domiciliar.

e) a cadeia pública destina-se ao recolhimento de presos sentenciados em regime semiaberto ou aberto.

192. **(Cespe/TJ/DFT/Cartórios/Ingresso/2014)** Eduardo, que cumpre pena de quinze anos de reclusão, em regime fechado, pela prática de homicídios e delitos patrimoniais, empreendeu fuga em 3.10.2013 e foi recapturado em 4.1.2014. O juiz das execuções, ao homologar a aludida falta grave, determinou a regressão de regime, declarou a perda de um terço dos dias remidos e alterou a data-base para fins de concessão de progressão de regime. Em face dessa situação hipotética, assinale a opção correta com base no disposto na Lei de Execução Penal e na jurisprudência do STJ:

a) eduardo poderá perder a totalidade dos dias remidos, conforme os motivos, as circunstâncias e as consequências da fuga empreendida.

b) em razão da fuga de Eduardo, inicia-se, a partir da data da homologação dessa infração disciplinar, novo período aquisitivo para fins de progressão de regime prisional.

c) é inconstitucional a penalidade consistente na perda de dias remidos pelo cometimento de falta grave.

d) o cometimento de falta grave acarreta o reinício do cômputo do interstício necessário ao preenchimento do requisito objetivo para a concessão do benefício da progressão de regime.

e) o lapso temporal para a concessão dos benefícios da execução mantém-se inalterado mesmo com a fuga de Eduardo.

193. **(Cespe/TJ/SE/Cartórios/Remoção/2014)** Acerca das disposições da Lei de Execuções Penais e da sua interpretação pela jurisprudência dos tribunais superiores, assinale a opção correta:

a) a prática de falta grave interrompe o prazo para a obtenção de livramento condicional.

b) a submissão do apenado a exame criminológico para a finalidade de progressão de pena somente se fará mediante decisão motivada nas peculiaridades do caso.

c) não é autorizada saída especial do reeducando em regime fechado, mediante escolta, em caso de óbito de um irmão seu.

d) para a obtenção do requisito objetivo dos benefícios de saída temporária e trabalho externo, não é considerado o tempo de cumprimento de pena em regime fechado.

e) de acordo com a jurisprudência do STJ, é imprescindível que o apenado que inicie o cumprimento de pena em regime semiaberto resgate um sexto da pena para poder pleitear o benefício do trabalho externo.

194. **(Consulplan/TJ/MG/Cartórios/Remoção/2017)** A respeito da detração penal, analise as seguintes assertivas:

I. o tempo de prisão provisória, de prisão administrativa ou de internação, no Brasil ou no estrangeiro, será computado para fins de determinação do regime inicial de pena privativa de liberdade.

II. admite-se atualmente, tanto na jurisprudência quanto na doutrina, a detração por prisão ocorrida em outro processo, desde que o crime pelo qual o sentenciado cumpre pena tenha sido praticado anteriormente a seu encarceramento, numa espécie de fungibilidade da prisão.

III. à luz do disposto no artigo 42 do CP e artigo 111 da Lei de Execução Penal, somente se admite a detração de prisão processual ordenada em outro processo em que absolvido o sentenciado ou declarada tenha sido a extinção da sua punibilidade, quando a data do cometimento do crime de que trata a execução seja posterior ao período pleiteado.

IV. computa-se, igualmente, o tempo indevidamente cumprido, relativo à condenação por crime posterior, invalidado em decisão judicial recorrível, em favor do réu, como meio de compensar o período de encarceramento decorrente de delito pelo qual restou absolvido.

Está correto somente o que se afirma em:

a) III e IV.

b) I e II.

c) I, III e IV.

d) II e III.

195. **(Consulplan/TJ/MG/Cartórios/Remoção/2017)** Segundo o que preconiza a Lei de Execuções Penais (Lei n. 7.210/1984), o condenado poderá remir, por trabalho ou por estudo, parte do tempo de execução da pena. Nesse sentido, é correto afirmar que:

a) segundo entendimento do STJ, o período de atividade laboral do apenado que exceder o limite máximo da jornada de trabalho (8 horas) deve ser computado para fins de remição, de forma que a cada 6 (seis) horas extras realizadas equivalha a 1 (um) dia remido.

b) o condenado que cumpre a pena em regime fechado poderá remir, por estudo a distância, parte do tempo de execução da pena, fazendo-se a contagem à razão de 1 (um) dia de pena a cada 24 (vinte e quatro) horas de frequência escolar, vedada essa possibilidade apenas ao sentenciado em regime aberto.

c) o preso que cumpre pena em regime aberto ou semiaberto e o que usufrui liberdade condicional poderão remir, pela frequência a trabalho, parte do tempo de execução da pena ou do período de prova, à razão de 1 (um) dia de pena a cada 3 (três) dias de trabalho.

d) o STJ entende que o preso que se acidenta quando está se deslocando para o trabalho, ficando, assim, impossibilitado de prosseguir na atividade, continuará a beneficiar-se com a remição durante todo o período em que estiver afastado do serviço em razão do acidente.

196. **(Cetro/TJ/RJ/Cartórios/Remoção/2017)** Acerca de temas relacionados à aplicação da Lei de Execução Penal (Lei Federal n. 7.210/1984), analise as assertivas abaixo.

I. as autorizações de saída temporária do preso que cumpre pena em regime semiaberto para visitar a família e participar de atividades que concorram para o retorno ao convívio social, se limitadas a 5 (cinco) vezes durante o ano, observam o prazo mínimo de 45 (quarenta e cinco) dias de intervalo entre uma e outra.

II. é constitucional o alojamento conjunto de presos dos regimes semiaberto e aberto com presos do regime fechado na hipótese de inexistir vaga em estabelecimento designado ao regime do condenado.

III. o trabalho extramuros, com vistas à ressocialização do preso, não detém o condão de ilidir o benefício da remição de parte da pena.

É correto o que se afirma em:

a) III, apenas.

b) II e III, apenas.

c) I, apenas.

d) I e II, apenas.

e) I e III, apenas.

197. **(Cetro/TJ/RJ/Cartórios/Ingresso/2017)** Acerca da apuração de conduta do detento preso e da identificação da falta e aplicação de eventual sanção, de acordo com o que dispõe a Lei das Execuções Penais e a jurisprudência acerca do tema, marque V para verdadeiro ou F para falso e, em seguida, assinale a alternativa que apresenta a sequência correta.

I. de acordo com entendimento majoritário do STJ, é prescindível a instauração de procedimento administrativo pelo diretor do estabelecimento prisional para apuração de falta grave quando já instaurado procedimento judicial, com oitiva do preso e a presença do advogado.

II. Com base na Súmula Vinculante n. 5 do STF, a falta de defesa técnica por advogado no processo administrativo disciplinar, inclusive, aqueles referentes à execução penal, não ofende a Constituição.

III. cabe ao diretor do presídio utilizar-se de procedimento administrativo, quando se identificarem tipos de falta leve ou média, comunicando o caso, ato contínuo, ao juiz da Vara das Execuções Penais para decidir acerca da sanção a ser imposta ao detento:

a) V, V, V.

b) F, F, F.

c) V, F, V.

d) F, V, V.

e) V, F, F.

198. **(Ieses/TJ/CE/Cartórios/Remoção/2018)** O abatimento na pena privativa de liberdade e na medida de segurança, do tempo de prisão provisória, no Brasil ou no estrangeiro, o de prisão administrativa e o de internação em hospital de custódia, ou outro estabelecimento adequado é chamado de:

a) remição.

b) retração.

c) redução da pena.

d) detração.

199. (Ieses/TJ/AM/Cartórios/Remoção/2018) Está obrigado ao trabalho na medida de suas aptidões e capacidade, segundo a Lei de Execução Penal, o condenado à:

a) pena alternativa de liberdade.

b) pena de multa.

c) pena restritiva de direitos.

d) pena privativa de liberdade.

16.2. Lei de Falências (Lei 11.101/05)

✱ QUESTÕES OBJETIVAS

200. (Consulplan/TJ/MG/Cartórios/Remoção/2014) Quanto às disposições penais da Lei 11.101, de 09 de fevereiro de 2005, que regula a recuperação judicial, a extrajudicial e a falência do empresário e da sociedade empresária, é incorreto afirmar:

a) a condição objetiva de punibilidade das infrações penais é a sentença que decreta a falência, concede a recuperação judicial ou concede a recuperação extrajudicial.

b) os sócios, diretores, gerentes, administradores e conselheiros, de fato ou de direito, bem como o administrador judicial, equiparam-se ao devedor ou falido para todos os efeitos penais, na medida de sua culpabilidade.

c) admite-se a modalidade culposa.

d) o impedimento para o exercício de cargo ou função em conselho de administração, diretoria ou gerência das sociedades, é efeito da condenação penal.

201. (Consulplan/TJ/MG/Cartórios/Remoção/2014) Quanto à legislação especial, assinale a alternativa incorreta:

a) não se admite ação penal subsidiária da pública nos crimes falimentares previstos na Lei 11.101/2005.

b) os crimes previstos no Estatuto do Idoso são de ação penal pública incondicionada.

c) as infrações penais eleitorais são de ação penal pública incondicionada.

d) quanto aos atos processuais de competência dos Juizados Especiais Criminais (Lei 9.099/95), não se pronunciará qualquer nulidade sem que tenha havido prejuízo.

16.3. Lei de Proteção a Testemunhas (Lei 9.807/99)

✱ QUESTÕES OBJETIVAS

202. (Cetro/TJ/RJ/Cartórios/Remoção/2017) Sobre a Lei n. 9.807/1999, que estabelece sobre a proteção de réus colaboradores, analise as assertivas abaixo.

I. não há óbice para a aplicação dos benefícios legais, por analogia, a outros tipos penais além do crime de extorsão mediante sequestro.

II. é necessário que se cumpram cumulativamente os requisitos requeridos pela lei – identificação de comparsas, localização da vítima e recuperação do produto do crime para concessão do benefício do perdão judicial, no entendimento do STJ.

III. para a concessão do benefício, basta que o delator colabore, independentemente de a condenação ser alcançada por meio de outras provas existentes nos autos da ação penal.

É correto o que se afirma em:

a) I e II, apenas.

b) I e III, apenas.

c) I, apenas.

d) II, apenas.

e) III, apenas.

16.4. Lei dos Juizados Especiais (Lei 9.099/95)

▲ Lei dos Juizados Especiais (Lei 9.099/95)

▲ Art. 12-A. Na contagem de prazo em dias, estabelecido por lei ou pelo juiz, para a prática de qualquer ato processual, inclusive para a interposição de recursos, computar-se-ão somente os dias úteis. (Modificações: Lei 13.728/18)

▲ Art. 62. O processo perante o Juizado Especial orientar-se-á pelos critérios da oralidade, simplicidade, informalidade, economia processual e celeridade, objetivando, sempre que possível, a reparação dos danos sofridos pela vítima e a aplicação de pena não privativa de liberdade. (Modificações: Lei 13.603/18)

✱ SÚMULAS

STF **Súm. Vinculante 35.** A homologação da transação penal prevista no artigo 76 da Lei 9.099/1995 não faz coisa julgada material e, descumpridas suas cláusulas, retoma-se a situação anterior, possibilitando-se ao Ministério Público a continuidade da persecução penal mediante oferecimento de denúncia ou requisição de inquérito policial.

STF Súm. 696. Reunidos os pressupostos legais permissivos da suspensão condicional do processo, mas se recusando o promotor de justiça a propô-la, o juiz, dissentindo, remeterá a questão ao procurador-geral, aplicando-se por analogia o art. 28 do Código de Processo Penal.

STF Súm. 723. Não se admite a suspensão condicional do processo por crime continuado, se a soma da pena mínima da infração mais grave com o aumento mínimo de um sexto for superior a um ano.

STJ Súm. 243. O benefício da suspensão do processo não é aplicável em relação às infrações penais cometidas em concurso material, concurso formal ou continuidade delitiva, quando a pena mínima cominada, seja pelo somatório, seja pela incidência da majorante, ultrapassar o limite de um (01) ano.

STJ Súm. 337. É cabível a suspensão condicional do processo na desclassificação do crime e na procedência parcial da pretensão punitiva.

* QUESTÕES OBJETIVAS

203. **(Consulplan/TJ/MG/Cartórios/Ingresso/2018)** De acordo com a jurisprudência sumulada do Supremo Tribunal Federal, assinale a alternativa correta:

a) é relativa a nulidade de julgamento pelo Júri, por falta de quesito obrigatório.

b) o efeito devolutivo da apelação contra decisões do Júri é amplo, não se restringindo aos fundamentos da sua interposição.

c) não se admite a suspensão condicional do processo por crime continuado, se a soma da pena mínima da infração mais grave com o aumento mínimo de um sexto for superior a um ano.

d) a competência constitucional por prerrogativa de função estabelecida pela Constituição Estadual prevalece sobre a competência do Tribunal do Júri, tendo em vista o princípio federativo e a autonomia dos Estados.

204. **(Cespe/TJ/RR/Cartórios/Ingresso/2013)** Com base nas disposições da Lei n. 9.099/1995, assinale a opção correta:

a) a suspensão condicional do processo está condicionada ao cumprimento obrigatório, pelo autor do fato, de condições legais, tais como o dever de reparação do dano e o comparecimento pessoal em juízo, mensalmente, para informar e justificar suas atividades.

b) tratando-se de crime de lesão corporal de natureza grave, a composição civil entre as partes homologada no juízo criminal não impede a propositura da ação de reparação por danos materiais e morais, conquanto sejam independentes as instâncias cível e criminal.

c) o MP não poderá oferecer transação penal no caso de comprovadamente não indicar a conduta social do agente como necessária e suficiente à adoção da medida.

d) homologada judicialmente a proposta de transação penal oferecida pelo MP e desde que aceita pelo autor do fato, ser-lhe-á aplicada pena restritiva de direitos ou multa, que será registrada em sua certidão de antecedentes criminais para fins de reincidência.

e) se a complexidade ou circunstâncias do caso não permitirem a formulação da denúncia, o MP deverá requerer ao juiz o encaminhamento dos autos à perícia oficial.

205. **(Cespe/TJ/PI/Cartórios/Remoção/2013)** Conforme a Lei n. 9.099/1995, o acordo homologado em ação penal privada acarreta o(a)

a) decadência do direito de queixa.

b) renúncia ao direito de queixa.

c) perempção ao direito de queixa.

d) perdão judicial.

e) perdão, que, se for aceito pela vítima, extinguirá a punibilidade.

206. **(Cespe/TJ/ES/Cartórios/Remoção/2013)** Com base nas Leis 9.099/1995 e 10.259/2001 e na jurisprudência dos tribunais superiores, assinale a opção correta:

a) havendo sentença homologatória referente a composição civil e transação penal, não será possível o prosseguimento da ação penal no caso de o acusado descumprir o acordo, por ter sido extinta a punibilidade.

b) conforme o disposto na Lei n. 10.259/2001, se, devido às regras de conexão e continência, processos tiverem de ser reunidos perante o juízo comum ou o tribunal do júri, não será possível a aplicação, a esses processos, dos institutos despenalizadores do microssistema dos juizados especiais.

c) não sendo cabível recurso da decisão que rejeita a denúncia ou queixa no rito dos juizados especiais criminais, diante do princípio da irrecorribilidade das decisões interlocutórias, resta ao querelante ou o MP, se desejarem discutir tal decisão, interpor mandado de segurança junto a turma recursal dos juizados especiais criminais.

d) em se tratando de ação penal privada submetida ao rito dos juizados especiais criminais, a transação penal deve ser oferecida pelo querelante, não sendo, portanto, um direito subjetivo do querelado, dado o princípio da disponibilidade da ação penal privada.

e) a suspensão condicional do processo não pode ser aplicada se houver inquéritos policias em curso contra o denunciado.

207. (TJ/SC/Cartórios/Remoção/2012) Acerca da Lei n. 9.099/1995 assinale a alternativa correta:

a) o relatório é indispensável na sentença penal condenatória.

b) da decisão de rejeição da denúncia ou queixa e da sentença caberá apelação, que poderá ser julgada por turma composta de cinco juízes em exercício no primeiro grau de jurisdição, reunidos na sede do Juizado.

c) a apelação será interposta no prazo de quinze dias, contados da ciência da sentença pelo Ministério Público, pelo réu e seu defensor, por petição escrita, da qual constarão as razões e o pedido do recorrente.

d) os embargos de declaração serão opostos por escrito ou oralmente, no prazo de cinco dias, contados da ciência da sentença, interrompendo o prazo para o recurso.

e) todas as provas serão produzidas na audiência de instrução e julgamento, podendo o juiz limitar ou excluir as que considerar excessivas, impertinentes ou protelatórias.

208. (Ieses/TJ/PB/Cartórios/Ingresso/2014) A respeito da Lei n. 9.099/95, assinale a assertiva correta:

a) a composição dos danos civis será reduzida a escrito e, homologada pelo juiz mediante sentença irrecorrível, terá eficácia de título a ser executado no Juízo Cível competente. Tratando-se de ação penal pública o acordo homologado acarretará a renúncia ao direito de ação.

b) consideram-se infrações penais de menor potencial ofensivo, as contravenções penais e os crimes a que a lei comine pena máxima não superior a 1 (um) ano, cumulados ou não com pena de multa.

c) nos crimes em que a pena mínima cominada for igual ou inferior a 1 (um) ano, abrangidas ou não por esta Lei, o Ministério Público, ao oferecer a denúncia, poderá propor a suspensão do processo, por 2 (dois) a 4 (quatro) anos, desde que o acusado não esteja sendo processado ou não tenha sido condenado por outro crime, presentes os demais requisitos que autorizariam a suspensão condicional da pena.

d) a competência do Juizado Especial Criminal será determinada pelo lugar onde foi consumada a infração penal.

209. (FMP/TJ/MT/Cartórios/Ingresso/2014) Respondendo a processo de competência do Juizado Especial Criminal (Lei 9.099/95) o réu, por seu defensor, tentou na fase processual juntar documentos que julgava de fundamental importância à tese defensiva. O juiz da causa negou o pedido por não entendê-lo pertinente. Em vista da decisão que lhe negou direito líquido e certo, pode o acusado, consoante ao posicionamento do STJ, interpor:

a) mandado de segurança perante o Tribunal Estadual por ser esta a instância de competência para tanto.

b) "habeas corpus" para trancamento da ação penal por não caber outro instrumento em seara de Juizado Especial Criminal.

c) mandado de segurança perante o órgão colegiado do próprio Juizado Especial Criminal.

d) apelação por ser este o recurso exclusivo nas causas do Juizado Especial Criminal.

e) recurso no sentido estrito, em face da qualidade da decisão, excepcionando a regra para o Juizado Especial Criminal.

210. (IBFC/TJ/PR/Cartórios/Ingresso/2014) Assinale a alternativa correta:

a) segundo estabelece a Lei 9.099/95 (Lei do Juizado Especial Criminal), oferecida a denúncia ou queixa, será reduzida a termo, entregando-se cópia ao acusado, que com ela ficará citado e imediatamente cientificado da designação de dia e hora para a audiência de instrução e julgamento, da qual também tomarão ciência o

Ministério Público, o ofendido, o responsável civil e seus advogados.

b) segundo estabelece a Lei 9.099/95 (Lei do Juizado Especial Criminal), as testemunhas arroladas serão intimadas por correspondência, com aviso de recebimento pessoal ou, tratando-se de pessoa jurídica ou firma individual, mediante entrega ao encarregado da recepção, independentemente de sua identificação, ou, sendo necessário, por oficial de justiça, independentemente de mandado ou carta precatória, ou ainda por qualquer meio idôneo de comunicação.

c) ao processo, ao julgamento e à execução das causas cíveis e criminais decorrentes da prática de violência doméstica e familiar contra a mulher aplicar-se-ão as normas do Código de Processo Penal e da legislação específica relativa à criança, ao adolescente e ao idoso que não conflitarem com o estabelecido na Lei 11.340/2006 (Lei Maria da Penha). O Código de Processo Civil não poderá ser aplicado nem mesmo de forma subsidiária.

d) é vedada a aplicação, nos casos de violência doméstica e familiar contra a mulher, de penas de cesta básica ou outras de prestação pecuniária, sendo admissível, entretanto, a substituição de pena que implique o pagamento isolado de multa.

211. **(Cespe/TJ/BA/Cartórios/Ingresso/2013)** Acerca dos aspectos processuais penais da Lei Federal n. 9.099/1995, assinale a opção correta:

a) nos crimes de menor potencial ofensivo a regra é que, oferecida a denúncia ou queixa, o juiz, se não a rejeitar liminarmente, recebê-la-á e ordenará a citação do autor do fato para responder à acusação, por escrito, no prazo de dez dias.

b) todas as provas devem ser produzidas na audiência de instrução e julgamento, sendo defeso ao juiz limitar ou excluir as que considerar excessivas, impertinentes ou protelatórias.

c) como o processo afeto à competência dos juizados especiais criminais deve orientar-se pelos critérios da oralidade, simplicidade, informalidade, economia processual e celeridade, é prescindível a lavratura de termo que faça breve resumo dos fatos ocorridos na audiência, ainda que não haja gravação em fita magnética ou equivalente.

d) da decisão de rejeição da denúncia ou queixa e da sentença cabe apelação, que deve ser julgada por turma composta de três desembargadores, reunidos na sede do tribunal.

e) em se tratando de crime de ação penal pública incondicionada, não sendo caso de arquivamento, o MP poderá propor a aplicação imediata de pena restritiva de direitos ou multas.

212. **(Cespe/TJ/BA/Cartórios/Remoção/2013)** Com base no que dispõe a Lei n. 9.099/1995, assinale a opção correta:

a) no procedimento sumaríssimo, as intimações devem ser feitas, necessariamente, por oficial de justiça.

b) são crimes de menor potencial ofensivo as contravenções penais e os delitos a que a lei comine pena máxima não superior a três anos, cumulada ou não com multa.

c) durante a suspensão condicional do processo, corre normalmente o prazo prescricional.

d) todas as provas devem ser produzidas na audiência de instrução e julgamento, podendo o juiz limitar ou excluir aquelas que julgar excessivas, impertinentes ou protelatórias.

e) não é prevista, no procedimento sumaríssimo, a possibilidade de interposição de embargos de declaração.

213. **(Cespe/TJ/DFT/Cartórios/Ingresso/2014)** Maria foi denunciada pela prática do delito de lesão corporal. Recebida a inicial acusatória, o juízo processante deferiu a suspensão condicional do processo. Todavia, passados três meses, o magistrado revogou o benefício, ao constatar que Maria estava em local incerto e não sabido e sendo processada por outro crime. Em face dessa situação hipotética, assinale a opção correta acerca da suspensão do processo prevista na Lei n. 9.009/1995, segundo a jurisprudência do STJ:

a) o magistrado agiu corretamente, dado que a inobservância das condições impostas a Maria por ocasião do sursis processual enseja a revogação do benefício.

b) com a revogação do sursis processual, é necessário que Mari seja citada por edital para a continuidade do processo.

c) houve violação aos princípios do contraditório, da ampla defesa e do devido processo legal, pois, para a revogação do sursis processual, seria imprescindível a prévia manifestação da defesa.

d) incabível a revogação automática do sursis processual, por demandar uma audiência de justificação para esse fim.

e) na hipótese descrita, o cancelamento da benesse era facultativo.

214. **(Cespe/TJ/DFT/Cartórios/Remoção/2014)** A respeito do disposto na Lei n. 9.099/1995, das citações e intimações e dos recursos em geral, assinale a opção correta:

a) a apelação criminal interposta pelo MP contra sentença absolutória obstará a soltura do réu até a decisão do recurso, caso seja demonstrada pela acusação a necessidade da custódia para a garantia da ordem pública.

b) considera-se ficta ou presumida a citação feita por edital, somente cabível quando o réu estiver fora do território da jurisdição do juiz processante.

c) o juiz, diante da ocorrência de crime de menor potencialidade ofensiva e da recusa do MP em atuar no processo, poderá, de ofício, propor a suspensão condicional do processo, desde que reunidos os pressupostos legais permissivos.

d) a citação deve ser feita pessoalmente ao acusado, não sendo admitido chamamento ao processo por meio de procurador, admitindo, no entanto, a jurisprudência uma única exceção quando se tratar de réu inimputável, situação em que a citação é feita na pessoa do curador.

e) as decisões das turmas recursais nos juizados especiais ensejam interposição de recurso especial ao STJ.

215. **(Consulplan/TJ/MG/Cartórios/Ingresso/2017)** No que concerne aos Juizados Especiais Criminais – Lei n. 9.099/1995, é correto afirmar que impede a transação penal:

a) a condenação definitiva anterior pela prática de crime, independentemente da pena imposta.

b) a condenação definitiva anterior à pena de multa pela prática de crime.

c) a condenação anterior ainda não definitiva à pena de reclusão.

d) a condenação definitiva anterior à pena de detenção.

216. **(Cetro/TJ/RJ/Cartórios/Remoção/2017)** Acerca da competência dos Juizados Especiais Criminais, assinale a alternativa correta:

a) quando a apreensão de substância entorpecente ocorre em zona de fronteira, ainda que ocorra a desclassificação de delito de tráfico internacional de entorpecentes para delito de posse para consumo próprio, a competência da Justiça Federal não se desloca para o Juizado Especial Criminal.

b) para estabelecer a competência do Juizado Especial Criminal, há de se considerar a soma das penas máximas em abstrato em concurso material, sendo que o resultado da adição não pode ser superior a 2 (dois) anos, conforme jurisprudência do STJ.

c) a determinação de que os delitos, em apuração, são de menor potencial ofensivo desloca, de plano, a competência para o Juizado Especial Criminal.

d) a complexidade da causa não afasta a competência para o Juizado Especial Criminal julgar o caso.

e) a competência para julgar caso envolvendo apreensão de pássaro constante do rol de espécies ameaçadas de extinção, com ou sem interesse do IBAMA na causa, é do Juizado Especial Criminal do local da ocorrência da apreensão, conforme entendimento do STJ.

217. **(Ieses/TJ/RO/Cartórios/Remoção/2017)** De acordo com a Lei n. 9.099 de 26 de setembro de 1995, que dispõe sobre os Juizados Especiais Cíveis e Criminais, no que tange a competência e os atos processuais é correto afirmar, exceto:

a) a prática de atos processuais em outras comarcas poderá ser solicitada por qualquer meio hábil de comunicação.

b) a competência do Juizado será determinada pelo lugar em que foi praticada a infração penal.

c) os atos processuais serão públicos e poderão realizar-se em horário noturno, mas apenas em dia úteis, conforme dispuserem as normas de organização judiciária.

d) serão objeto de registro escrito exclusivamente os atos havidos por essenciais. Os atos realizados em audiência de instrução e julgamento poderão ser gravados em fita magnética ou equivalente.

218. **(Ieses/TJ/CE/Cartórios/Remoção/2018)** Os juizados especiais criminais, são competentes para a conciliação, o julgamento e a execução das infrações penais de menor potencial ofensivo. Segundo a Lei 9.099/95 são consideradas infrações penais de menor potencial ofensivo, as contravenções penais e os crimes a que a lei comine pena máxima não superior a:

a) 3 (três) anos, cumulada ou não com multa.

b) 1 (um) ano, cumulada ou não com multa.

c) 6 (seis) meses, cumulada ou não com multa.
d) 2 (dois) anos, cumulada ou não com multa.

219. (Ieses/TJ/CE/Cartórios/Ingresso/2018) É certo afirmar:

I. dentre o rol de testemunhas legalmente previsto no Código de Processo Penal, em número de oito (8), encontram-se compreendias aquelas que não prestam compromisso legal.
II. a autoridade que ordenar a prisão fará expedir o respectivo mandado.
III. tratando-se de juizado especial criminal o recurso de apelação será interposto por petição escrita no prazo de dez (10) dias do qual constarão as razões e o pedido do recorrente.
IV. nos crimes falimentares o magistrado pode deixar de aplicar a pena constatando que o devedor possui instrução insuficiente e caso explore comércio exíguo.

Analisando as proposições, pode-se afirmar:

a) somente as proposições I e III estão corretas.
b) somente as proposições II e IV estão corretas.
c) somente as proposições II e III estão corretas.
d) somente as proposições I e IV estão corretas.

220. (Ieses/TJ/CE/Cartórios/Ingresso/2018) É certo afirmar:

I. tratando-se de crime falimentar, a ação penal não poderá iniciar-se antes de declarada a falência e extinguir-se-á quando reformada a sentença que a tiver decretado, sendo, inclusive causa de extinção prevista no Código Penal.
II. para a configuração do tipo penal "divulgação de informações falsas" previsto na Lei n. 11.101/2005, faz-se necessário que o agente obtenha vantagem indevida com o "boato" destinado a auxiliar no eventual recebimento de crédito.
III. inepta é a denúncia que não descreve a infração que classifica, deixando de indicar as circunstâncias de fato que iriam caracteriza-la, cerceando, desse modo, a defesa.
IV. o Juizado Especial Criminal, provido por juízes togados ou togados e leigos, tem competência para a conciliação, o julgamento e a execução das infrações penais de menor potencial ofensivo, respeitadas as regras de conexão e continência.

Analisando as proposições, pode-se afirmar:

a) somente as proposições I e III estão corretas.
b) somente as proposições II e IV estão corretas.
c) somente as proposições III e IV estão corretas.
d) somente as proposições I e II estão corretas.

221. (Cespe/TJ/SE/Cartórios/Remoção/2014) No que se refere à ação penal, ao rito do tribunal do júri e ao procedimento previsto na Lei n. 9.099/1995, assinale a opção correta:

a) no tribunal do júri, a condenação do réu dependerá dos votos de dois terços dos jurados. Caso não sejam alcançados os votos necessários, o acusado será absolvido.
b) a denúncia, no procedimento sumaríssimo, poderá ser oferecida oralmente na audiência preliminar, caso não sejam necessárias diligências imprescindíveis.
c) a ação penal privada será promovida pelo MP, desde que haja autorização do ofendido.
d) no caso de morte do ofendido, ainda que durante o curso do prazo decadencial, não será mais possível o ajuizamento da ação penal privada.
e) os jurados não poderão formular perguntas ao ofendido nem às testemunhas, em nenhuma hipótese.

16.5. Lei Maria da Penha (Lei 11.340/06)

* INOVAÇÕES LEGISLATIVAS

▲ Título II – Da Violência Doméstica e Familiar contra a Mulher, Capítulo II – Das Formas de Violência Doméstica e Familiar contra a Mulher

▲ Art. 7º (...). II – a violência psicológica, entendida como qualquer conduta que lhe cause dano emocional e diminuição da autoestima ou que lhe prejudique e perturbe o pleno desenvolvimento ou que vise degradar ou controlar suas ações, comportamentos, crenças e decisões, mediante ameaça, constrangimento, humilhação, manipulação, isolamento, vigilância constante, perseguição contumaz, insulto, chantagem, violação de sua intimidade, ridicularização, exploração e limitação do direito de ir e vir ou qualquer outro meio que lhe cause prejuízo à saúde psicológica e à autodeterminação; (...). (Modificações: Lei 13.772/18).

▲ Título III – Da Assistência à Mulher em Situação de Violência Doméstica e Familiar, Capítulo III – Do Atendimento pela Autoridade Policial

▲ Art. 10-A. É direito da mulher em situação de violência doméstica e familiar o atendimento policial e pericial especializado, ininterrupto e prestado por servidores – preferencialmente do sexo feminino – previamente capacitados. § 1º A inquirição de mulher em situação de violência doméstica e familiar ou de testemunha de violência doméstica, quando se tratar de crime contra a mulher, obedecerá às seguintes diretrizes: I – salvaguarda da integridade física, psíquica e emocional da depoente, considerada a sua condição peculiar de pessoa em situação de violência doméstica e familiar; II – garantia de que, em nenhuma hipótese, a mulher em situação de violência doméstica e familiar, familiares e testemunhas terão contato direto com investigados ou suspeitos e pessoas a eles relacionadas; III – não revitimização da depoente, evitando sucessivas inquirições sobre o mesmo fato nos âmbitos criminal, cível e administrativo, bem como questionamentos sobre a vida privada. § 2º Na inquirição de mulher em situação de violência doméstica e familiar ou de testemunha de delitos de que trata esta Lei, adotar-se-á, preferencialmente, o seguinte procedimento: I – a inquirição será feita em recinto especialmente projetado para esse fim, o qual conterá os equipamentos próprios e adequados à idade da mulher em situação de violência doméstica e familiar ou testemunha e ao tipo e à gravidade da violência sofrida; II – quando for o caso, a inquirição será intermediada por profissional especializado em violência doméstica e familiar designado pela autoridade judiciária ou policial; III – o depoimento será registrado em meio eletrônico ou magnético, devendo a degravação e a mídia integrar o inquérito. (Modificações: Lei 13.505/17)

▲ Art. 12-B. (Vetado). §§ 1º e 2º (Vetados). § 3º A autoridade policial poderá requisitar os serviços públicos necessários à defesa da mulher em situação de violência doméstica e familiar e de seus dependentes. (Modificações: Lei 13.505/17)

▲ Título IV – Dos Procedimentos, Capítulo II – Das Medidas Protetivas de Urgência, Seção IV – Do Crime de Descumprimento de Medidas Protetivas de Urgência

▲ Art. 24-A. Descumprir decisão judicial que defere medidas protetivas de urgência previstas nesta Lei: Pena – detenção, de 3 (três) meses a 2 (dois) anos. § 1º A configuração do crime independe da competência civil ou criminal do juiz que deferiu as medidas. § 2º Na hipótese de prisão em flagrante, apenas a autoridade judicial poderá conceder fiança. § 3º O disposto neste artigo não exclui a aplicação de outras sanções cabíveis.

✱ SÚMULAS

STJ **Súm. 536.** A suspensão condicional do processo e a transação penal não se aplicam na hipótese de delitos sujeitos ao rito da Lei Maria da Penha.

STJ **Súm. 588.** A prática de crime ou contravenção penal contra a mulher com violência ou grave ameaça no ambiente doméstico impossibilita a substituição da pena privativa de liberdade por restritiva de direitos.

STJ **Súm. 600.** Para a configuração da violência doméstica e familiar prevista no artigo 5º da Lei n. 11.340/2006 (Lei Maria da Penha) não se exige a coabitação entre autor e vítima.

✱ REPERCUSSÃO & REPETITIVOS

STJ **Repetitivo 177.** A ação penal nos crimes de lesão corporal leve cometidos em detrimento da mulher, no âmbito doméstico e familiar, é pública incondicionada. (Pet 11805, 10.5.2017)

✱ INFORMATIVOS

STJ **Contravenção penal. Vias de fato. Violência doméstica. Prisão preventiva. Não cabimento.** A prática de contravenção penal, no âmbito de violência doméstica, não é motivo idôneo para justificar a prisão preventiva do réu. HC 437.535, Rel. Acd. Min. Rogerio Schietti Cruz, DJ 2.8.2018. 6ª T. (Info 632)

STJ **Homicídio qualificado. Qualificadoras com naturezas diversas. Subjetiva e objetiva. Possibilidade. Motivo torpe e feminicídio. Bis in idem. Ausência.** Não caracteriza "bis in idem" o reconhecimento das qualificadoras de motivo torpe e de feminicídio no crime de homicídio praticado contra mulher em situação de violência doméstica e familiar. 6ª T. HC 433.898, Rel. Min. Nefi Cordeiro, DJ 11.5.2018. (Info 625)

✱ QUESTÕES OBJETIVAS

222. **(TJ/SC/Cartórios/Remoção/2012)** Assinale a alternativa correta:

a) o procedimento correspondente às situações previstas na Lei de Execução Penal – Lei n. 7.210/1984 será judicial, desenvolvendo-se perante o Juízo da Condenação.

b) apenas na instrução criminal caberá a prisão preventiva do agressor decretada pelo juiz, de ofício, a requerimento do Ministério Público ou mediante representação da autoridade policial.

c) nos termos da Lei n. 9.807/1999, somente a requerimento das partes o juiz poderá conceder o perdão judicial e a consequente extinção da punibilidade ao acusado que, sendo primário, tenha colaborado efetiva e voluntariamente com a investigação e o processo criminal, desde que dessa colaboração tenha resultado a identificação dos demais coautores ou partícipes da ação criminosa, a localização da vítima com a sua integridade física preservada e a recuperação total ou parcial do produto do crime.

d) em consonância com a Lei Maria da Penha – Lei n. 11.340/2006, os Juizados de Violência Doméstica e Familiar contra a Mulher, órgãos da Justiça Ordinária com competência cível e criminal, poderão ser criados pela União, no Distrito Federal e nos Territórios, e pelos Estados, para o processo, o julgamento e a execução das causas decorrentes da prática de violência doméstica e familiar contra a mulher.

e) consoante a Lei n. 9.807/1999, as medidas de proteção requeridas por vítimas ou por testemunhas de crimes que estejam coagidas ou expostas a grave ameaça em razão de colaborarem com a investigação ou processo criminal serão prestadas pelos Estados, Distrito Federal e Municípios, no âmbito das respectivas competências, na forma de programas especiais organizados com base nas disposições dessa lei.

223. **(Consulplan/TJ/MG/Cartórios/Remoção/2017)** Mulher que foi vítima de lesões corporais perpetradas por seu marido, firmou representação perante a autoridade policial e requereu medidas protetivas previstas na Lei 11.340/06. O Juiz, na análise das medidas protetivas requeridas, poderá determinar, exceto:

a) afastamento da ofendida do lar conjugal.

b) revogação das procurações conferidas pela ofendida ao agressor.

c) prestação de caução provisória, mediante depósito judicial.

d) proibição temporária de celebração de atos e contratos de compra, venda e locação de propriedade em comum.

224. **(Consulplan/TJ/MG/Cartórios/Remoção/2016)** De acordo com a Lei n. 11.340/2006, são medidas protetivas de urgência que obrigam o agressor, exceto:

a) proibição de frequentação a determinados lugares a fim de preservar a integridade física do agressor.

b) afastamento do local de convivência com a ofendida.

c) proibição de contato com familiares da ofendida.

d) prestação de alimentos provisórios.

16.6. Leis Esparsas

✱ QUESTÕES OBJETIVAS

225. **(Consulplan/TJ/MG/Cartórios/Remoção/2018)** De acordo com a Lei nº 6.766, de 19 de dezembro de 1979, que disciplina o parcelamento do solo urbano, constitui crime, exceto:

a) registrar loteamento ou desmembramento não aprovado pelos órgãos competentes.

b) registrar o compromisso de compra e venda, a cessão ou promessa de cessão de direitos de loteamento ou desmembramento não registrado.

c) fazer ou veicular em proposta, contrato, prospecto ou comunicação ao público ou a interessados, afirmação falsa sobre a legalidade de loteamento ou desmembramento do solo para fins urbanos, ou ocultar fraudulentamente fato a ele relativo.

d) recusar-se, o loteador ou o seu mandatário, a receber notificação ou a dar recibo, ou se furtar ao recebimento de notificação expedida pelo Município ou pelo cartório de registro de imóveis, quando houver impugnação formal, pelo comprador de parcela de imóvel urbano, do processo de regularização de loteamento.

226. **(Consulplan/TJ/MG/Cartórios/Remoção/2018)** De acordo com a disciplina legal da prisão temporária (Lei nº 7.960, de 21 de dezembro de 1989), assinale a alternativa correta:

a) a prisão temporária somente poderá ser executada depois da expedição do respectivo mandado judicial.

b) a prisão temporária pode ser decretada em qualquer infração penal cuja pena mínima cominada seja superior a 02 (dois) anos.

c) a prisão em flagrante deve ser convertida em prisão temporária quando o autuado não firmar o termo de comparecimento perante os Juizados Especiais Criminais.

d) o juiz pode, na sentença condenatória que reconhece a responsabilidade por crime hediondo, decretar a prisão temporária do condenado, como condição de prelibação para o juízo de admissibilidade do recurso de agravo, ainda que o réu tenha respondido ao processo em liberdade provisória.

227. **(Cespe/TJ/BA/Cartórios/Ingresso/2013)** Com base no que dispõe a Lei de Interceptação das Comunicações Telefônicas, assinale a opção correta:

a) cumprida a diligência, a autoridade policial deve encaminhar o resultado da interceptação telefônica ao MP, acompanhado de auto circunstanciado, que deverá conter o inteiro teor das operações realizadas.

b) a decisão que autoriza a interceptação de comunicações telefônicas deve ser fundamentada, sob pena de nulidade, e indicar a forma de execução da diligência, que não poderá exceder o prazo de trinta dias, renovável, uma única vez, por igual tempo, comprovada a indispensabilidade do meio de prova.

c) a interceptação de comunicação telefônica, de qualquer natureza, ocorrerá nos próprios autos do inquérito policial ou do processo criminal, preservando-se o sigilo das diligências, gravações e transcrições respectivas.

d) excepcionalmente, o juiz poderá admitir que o pedido de interceptação de comunicação telefônica seja formulado verbalmente, desde que estejam presentes os pressupostos que autorizem a interceptação, caso em que a concessão será condicionada à sua redução a termo.

e) a gravação que não interessar à prova deve ser juntada em autos apartados, apensados aos autos principais, podendo ser inutilizada, por decisão judicial, decorrido o prazo de cinco anos do término da instrução processual.

228. (Cespe/TJ/BA/Cartórios/Remoção/2013) Com base nos dispositivos legais atinentes a provas ilícitas, interceptações telefônicas, juízes, citações e intimações, assinale a opção correta:

a) são inadmissíveis, no processo penal, as provas ilícitas, que devem ser desentranhadas dos autos, sendo, entretanto, admissíveis em qualquer situação as provas derivadas das ilícitas.

b) nos juízos coletivos, poderão servir no mesmo processo os juízes que forem parentes, em linha colateral, de segundo grau.

c) no CPP, é prevista, conforme redação dada pela Lei n. 11.719/2008, a intimação por hora certa, mas não a citação por hora certa, de modo que esta somente é cabível no processo civil, e não no processo penal.

d) é possível a autorização judicial de interceptação de comunicações telefônicas, mesmo quando possível a comprovação, por outros meios, dos fatos a elas relacionados.

e) excepcionalmente, o juiz poderá admitir que o pedido de interceptação das comunicações telefônicas, uma vez presentes os pressupostos que o autorizem, seja formulado verbalmente, situação em que a concessão será condicionada à sua redução a termo.

229. (Cespe/TJ/DFT/Cartórios/Ingresso/2014) Assinale a opção correta acerca de interceptação telefônica, segundo o STF, o STJ e a doutrina majoritária:

a) segundo o entendimento do STF, é impossível a prorrogação do prazo de autorização para a interceptação telefônica por períodos sucessivos.

b) o juiz competente para determinar a interceptação é o competente para processar e julgar o crime de cuja prática se suspeita. No entanto, a verificação posterior de que se trata de crime para o qual o juiz seria incompetente não deve acarretar a nulidade absoluta da prova colhida.

c) é válido o deferimento de interceptação telefônica promovido em razão de denúncia anônima desacompanhada de outras diligências.

d) é indispensável prévia instauração de inquérito para a autorização de interceptação telefônica

e) consoante entendimento predominante nos tribunais superiores, faz-se necessária a transcrição integral do conteúdo da quebra do sigilo das comunicações telefônicas.

230. (FMP/TJ/MT/Cartórios/Remoção/2014) Ismália sofreu agressão física e, amparada pela lei que visa coibir a violência doméstica contra mulher, socorreu-se no conselho tutelar. O conselho tutelar deu entrada em termo circunstanciado para ver processado o agressor, momento em que solicitou medida protetiva de urgência. Em relação a esse pedido, observe as assertivas abaixo:

I. poderá a medida ser concedida de imediato independentemente de audiência das partes e de manifestação do Ministério Público.

II. uma vez decretada a medida protetiva, fica impedida a decretação de prisão preventiva do agressor até que a medida seja revogada.

III. recebido o pedido da ofendida, caberá ao juiz conhecer do ofendido e decidir no prazo máximo de 24 horas.

IV. a determinação da medida solicitada não impede a concessão de novas medidas, desde que sejam solicitadas pelo Ministério Público.

V. a ofendida não poderá entregar intimação ou notificação ao agressor.

Assinale as afirmativas incorretas:

a) apenas I e V.

b) apenas II, IV e V.

c) apenas I, IV e V.

d) apenas II, III e IV.

e) apenas I e II.

9. DIREITO TRIBUTÁRIO

⚠ VOLUME DE QUESTÕES

Médio

1. COMPETÊNCIA TRIBUTÁRIA

✱ SÚMULAS

STF **Súm. 503.** A dúvida, suscitada por particular, sobre o direito de tributar, manifestado por dois Estados, não configura litígio da competência originária do Supremo Tribunal Federal.

STJ **Súm. 353.** As disposições do Código Tributário Nacional não se aplicam às contribuições para o FGTS.

✱ QUESTÕES OBJETIVAS

01. (Consulplan/TJ/MG/Cartórios/Ingresso/2018) Sobre os tributos, assinale a afirmativa correta:

a) atribuição de responsabilidade pelo pagamento do tributo decorrente de instrumento particular é oponível à Fazenda Pública.

b) tributo pode ser conceituado como prestação pecuniária, sancionatória de ato ilícito, cobrada mediante atividade vinculada.

c) a Constituição Federal não cria o tributo, mas, sim, outorga competência tributária ao ente federativo para criá-lo com base no princípio da reserva legal.

d) nos tributos vinculados, sua instituição independe de uma prestação estatal relativa ao contribuinte, pois não integra à respectiva hipótese de incidência qualquer prestação do Estado em favor do contribuinte.

02. (Cespe/TJ/ES/Cartórios/Remoção/2013) No que tange às normas constitucionais reguladoras do Sistema Tributário Nacional, assinale a opção correta:

a) compete aos estados instituir impostos sobre transmissão "inter vivos", a qualquer título, por ato oneroso, de bens imóveis, por natureza ou acessão física, e de direitos reais sobre imóveis, exceto os de garantia, bem como cessão de direitos a sua aquisição.

b) cabe a lei ordinária dispor sobre conflitos de competência, em matéria tributária, entre a União, os estados, o Distrito Federal e os municípios.

c) competem à União, em território federal, os impostos estaduais.

d) é facultado ao Poder Executivo, atendidas as condições e os limites estabelecidos em lei, alterar, mediante decreto, a alíquota do imposto de renda e proventos de qualquer natureza.

e) o ouro, quando definido em lei como ativo financeiro ou instrumento cambial, está sujeito exclusivamente à incidência do imposto sobre produtos industrializados.

03. (Ieses/TJ/RS/Cartórios/Ingresso/2013) Assinale a alternativa correta:

a) a competência tributária pode ser delegada à entidade com capacidade de fiscalizar e arrecadar o tributo.

b) a competência tributária para instituir os empréstimos compulsórios é comum entre a União, dos Estados, do Distrito Federal e dos Municípios.

c) a competência para a instituição de taxas e de contribuições de melhoria é privativa da União.

d) a competência tributária é o poder de instituir tributos, sendo privativa da União, dos Estados, do Distrito Federal e dos Municípios.

04. (FCC/TJ/PE/Cartórios/Ingresso/2013) A competência tributária:

a) é delegável por lei, como no caso do Imposto Territorial Rural – ITR, em que a União pode delegar a competência para os Municípios que assim optarem.

b) não pode deixar de ser exercida, razão pela qual, a União tem obrigação constitucional de instituir todos os impostos de sua competência.

c) é renunciável nos casos expressamente autorizados pela Constituição Federal, como no caso do Imposto sobre Grandes Fortunas, que era de competência da União.

d) é exclusiva em relação a todos os tributos, devendo cada ente se limitar a instituir os tributos expressamente previstos na Constituição Federal ou em lei.

e) é indelegável em qualquer situação, não podendo o ente renunciá-la ou transferi-la a outro ainda que por lei.

05. **(TJ/SC/Cartórios/Ingresso/2012)** Assinale a alternativa correta:

a) a competência da União de instituir impostos não é exaustiva àqueles tipos tributários descritos na Constituição Federal, uma vez que, por lei ordinária, poderá também a União instituir impostos não previstos no artigo 153, desde que sejam não cumulativos e não tenham fato gerador ou base de cálculo próprios dos discriminados na Constituição.

b) a instituição do imposto sobre a renda e proventos de qualquer natureza é da competência da União. Contudo, pertence aos Estados, Distrito Federal e Municípios o produto da arrecadação do imposto da União sobre renda e proventos de qualquer natureza, incidente na fonte, sobre rendimentos pagos, a qualquer título, por eles, por suas autarquias e pelas fundações que instituírem e mantiverem.

c) é da competência dos Estados e do Distrito Federal instituir o imposto sobre a propriedade de veículos automotores (IPVA), nos termos constitucionais. O produto da arrecadação de tal imposto, conforme sua especificidade, tem por disposição constitucional a aplicação vinculada na construção e na manutenção do sistema viário terrestre.

d) instituir o Imposto sobre a Propriedade Predial e Territorial Urbana – IPTU é da competência do Município e do Distrito Federal. Esse imposto, conforme desenho constitucional, admite a seletividade na medida em que autoriza o tratamento diferenciado em razão do uso e da localização do bem imóvel. Por outro lado, ele pode ser submetido ao artifício da progressividade da alíquota na medida em que se aumenta a base de cálculo. Porém, a Constituição Federal só autoriza progressividade fiscal quando enuncia que o IPTU poderá ser progressivo em razão do valor do imóvel.

e) em se tratando de importação de produtos estrangeiros, a União está desautorizada a cobrar tributos no mesmo exercício financeiro em que haja sido publicada a lei que os instituiu ou aumentou.

06. **(TJ/SC/Cartórios/Remoção/2012)** No tocante à competência em matéria tributária é correto afirmar:

a) competência para legislar sobre direito tributário difere de competência tributária, haja vista que esta constitui-se em competência genérica para traçar regras sobre o exercício do poder de tributar, enquanto aquela se caracteriza pela competência de editar leis que instituem tributos.

b) competência para legislar sobre direito tributário e competência tributária são expressões sinônimas e indicam a competência genérica para traçar regras sobre o exercício do poder de tributar.

c) competência para legislar sobre direito tributário e competência tributária são expressões sinônimas e indicam a competência de editar leis que instituem tributos.

d) competência para legislar sobre direito tributário difere de competência tributária, haja vista que aquela constitui-se em competência genérica para traçar regras sobre o exercício do poder de tributar, enquanto esta se caracteriza pela competência de editar leis que instituem tributos.

e) competência para legislar sobre direito tributário difere de competência tributária, haja vista que aquela constitui-se em competência para instituir os tributos enquanto esta se caracteriza pela competência de cobrar os tributos.

07. **(TJ/SC/Cartórios/Ingresso/2012)** Quanto à competência tributária, é correto afirmar:

a) a competência tributária ordinária é indelegável, sendo possível, contudo, delegar a capacidade tributária ativa.

b) tanto a competência tributária ordinária quanto a capacidade tributária ativa são passíveis de delegação.

c) a competência tributária ordinária e a capacidade tributária ativa são indelegáveis.

d) a capacidade tributária ativa é indelegável, sendo possível, contudo, delegar a competência tributária ordinária.

e) a Emenda Constitucional n. 42/2003, que altera o Sistema Tributário Nacional, unificou os conceitos de competência e capacidade tributária, tornando ambas insuscetíveis de delegação.

08. **(Ieses/TJ/PA/Cartórios/Remoção/2016)** No que tange a competência tributária, analise as afirmações abaixo e assinale a alternativa correta:

I. a competência tributária é indelegável, salvo atribuição das funções de arrecadar ou fiscalizar tributos, ou de executar leis, serviços, atos ou decisões administrativas em matéria tributária.

II. a atribuição, da competência tributária, compreende as garantias e os privilégios processuais que competem à pessoa jurídica de direito público que a conferir.

III. constitui delegação de competência o cometimento, a pessoas de direito privado, do encargo ou da função de arrecadar tributos.

IV. a atribuição, da competência tributária, é irrevogável, por ato unilateral da pessoa jurídica de direito público que a tenha conferido:

a) apenas os itens I, II e IV estão corretos.

b) apenas os itens II e IV estão corretos.

c) os itens I, II, III e IV estão corretos.

d) apenas os itens I e II estão corretos.

09. **(Ieses/TJ/PA/Cartórios/Ingresso/2016)** A União, os Estados, o Distrito Federal e os Municípios, são pessoas jurídicas de direito público que possuem competência tributária, ou seja, uma parcela do poder tributário. Mas a Constituição Federal brasileira, ao mesmo tempo em que outorga a cada uma dessas entidades a competência para criarem impostos, limita-lhes o poder de tributar, através de seus artigos 150 a 152. Sendo assim, o poder de tributar destes entes não é absoluto. Dentro deste quadro de outorgas de competências e de limitações ao poder tributante a Carta Constitucional atribuiu a cada um desses entes determinadas competências tributárias. Identifique, nos termos do artigo n. 153 da Constituição Federal quais são os impostos de competência da União:

a) importação de produtos estrangeiros; exportação, para o exterior, de produtos nacionais ou nacionalizados; renda e proventos de qualquer natureza; produtos industrializados; operações de crédito, câmbio e seguro, ou relativas a títulos ou valores mobiliários; propriedade territorial rural; grandes fortunas, nos termos de lei complementar.

b) importação de produtos estrangeiros; exportação, para o exterior, de produtos nacionais ou nacionalizados; renda e proventos de qualquer natureza; produtos industrializados; operações de crédito, câmbio e seguro, ou relativas a títulos ou valores mobiliários; propriedade territorial rural; grandes fortunas, nos termos de lei complementar; operações relativas à circulação de mercadorias e sobre prestações de serviços de transporte interestadual e intermunicipal e de comunicação, ainda que as operações e as prestações se iniciem no exterior.

c) importação de produtos estrangeiros; exportação, para o exterior, de produtos nacionais ou nacionalizados; renda e proventos de qualquer natureza; produtos industrializados; operações de crédito, câmbio e seguro, ou relativas a títulos ou valores mobiliários; propriedade territorial rural; propriedade predial e territorial urbana; grandes fortunas, nos termos de lei complementar.

d) importação de produtos estrangeiros; exportação, para o exterior, de produtos nacionais ou nacionalizados; renda e proventos de qualquer natureza; produtos industrializados; operações de crédito, câmbio e seguro, ou relativas a títulos ou valores mobiliários; transmissão "causa mortis" e doação, de quaisquer bens ou direitos; grandes fortunas, nos termos de lei complementar.

10. **(Consulplan/TJ/MG/Cartórios/Ingresso/2016)** A Constituição Federal estabelece regras de competência tributária. São características da competência tributária, exceto:

a) exclusividade.

b) indelegabilidade.

c) cadubilidade.

d) inalterabilidade.

11. **(Consulplan/TJ/MG/Cartórios/Remoção/2014)** Acerca da competência tributária e da capacidade tributária, é correto dizer que:

a) a atribuição de instituir tributos pode ser delegada, desde que mediante lei e apenas para entidades de direito público.

b) de acordo com o Código Tributário Nacional, a capacidade tributária ativa pode ser delegada a entidades privadas.

c) caso tenha sido regularmente delegada a atribuição das funções de executar leis, serviços, atos ou decisões administrativas, tal delegação compreende as garantias e os privilégios processuais que competem à pessoa jurídica de direito público que a conferir.

d) a competência tributária residual é conferida à União, para que, por meio de lei ordinária, possa instituir impostos não-cumulativos e que não tenham fato gerador ou base de cálculo próprios dos impostos já previstos na Constituição Federal.

12. **(Vunesp/TJ/SP/Cartórios/Ingresso/2014)** Em relação à competência residual tributária da União Federal, outorgada pela Constituição, é correto afirmar que:

a) esse direito não está sujeito ao princípio de legalidade e somente pode ser utilizado em caso de guerra ou comoção interna grave.

b) é o direito de instituir taxas e contribuições de melhoria.

c) é direito de a União instituir impostos não previstos no artigo 154, I da Carta Magna, desde que eles sejam não cumulativos e não tenham base de cálculo própria dos demais impostos descritos na Constituição.

d) é o direto de a União instituir impostos e contribuições sociais por lei complementar, desde que não cumulativos.

13. **(Consulplan/TJ/MG/Cartórios/Ingresso/2015)** É permitido à União instituir imposto sobre:

a) patrimônio de fundação instituída e mantida por município vinculado à sua finalidade essencial.

b) patrimônio de instituição de educação sem fins lucrativos vinculado à sua finalidade essencial.

c) patrimônio de entidade sindical de empregadores.

d) livros.

14. **(Consulplan/TJ/MG/Cartórios/Remoção/2015)** É permitido à União instituir isenção de imposto:

a) sobre serviços de qualquer natureza.

b) de transmissão "causa mortis" e doação, de quaisquer bens ou direitos.

c) sobre propriedade de veículos automotores.

d) sobre produtos industrializados.

15. **(Vunesp/TJ/SP/Cartórios/Ingresso/2014)** Dentro da competência da União, estão os impostos:

a) imposto sobre a propriedade territorial rural, imposto sobre transmissão de bens imóveis e direitos a eles relativos, imposto sobre a propriedade territorial urbana.

b) imposto sobre produtos industrializados, imposto sobre a propriedade territorial rural.

c) imposto sobre a renda e proventos de qualquer natureza, imposto sobre a propriedade territorial rural e imposto sobre propriedade de veículos automotores.

d) imposto sobre a renda e proventos de qualquer natureza, imposto sobre a propriedade territorial rural, imposto sobre transmissão de bens imóveis e direitos a eles relativos.

16. **(Consulplan/TJ/MG/Cartórios/Remoção/2016)** Nos termos da Constituição Federal, o Distrito Federal não pode instituir impostos sobre:

a) transmissão "causa mortis" e doação, de quaisquer bens ou direitos.

b) propriedade predial e territorial urbana.

c) propriedade de veículos automotores.

d) propriedade territorial rural.

17. **(Consulplan/TJ/MG/Cartórios/Ingresso/2017)** A partir da classificação doutrinária da competência tributária, é correto afirmar:

a) a competência privativa refere-se, basicamente, ao poder de instituir os tributos discriminados no texto constitucional, sendo privativa justamente porque a Constituição discrimina, em favor de cada entidade tributante, os principais impostos de sua competência.

b) a competência concorrente é aquela com base na qual determinado ente político pode instituir certo imposto que, a princípio, seria da incumbência de outra esfera de governo, sendo assim, determinada entidade tributante acumula, por força da Constituição Federal, uma competência que ordinariamente não seria sua.

c) a competência residual é o poder de a União inovar e instituir imposto novo e contribuição para a seguridade social nova, desde que por meio de lei complementar.

d) a competência extraordinária consiste no poder de a União e os Estados instituírem empréstimo compulsório no caso de guerra externa ou sua iminência.

18. **(Consulplan/TJ/MG/Cartórios/Remoção/2017)** Acerca dos princípios gerais do Sistema Tributário Nacional, previstos na Constituição Federal, é correto afirmar que:

a) competem à União, em Território Federal, os impostos estaduais e, se o Território não for dividido em Municípios, cumulativamente, os impostos municipais; ao Distrito Federal cabem os impostos municipais.

b) a instituição da contribuição de melhoria, decorrente de obras públicas, é privativa dos Municípios.

c) as taxas instituídas pelos Estados e pelo Distrito Federal, relacionadas ao exercício do poder de polícia, poderão ter a mesma base de cálculo própria de impostos, caso haja a autorização do Senado Federal.

d) cabe à lei ordinária estabelecer, em normas gerais, o adequado tratamento tributário ao ato cooperativo praticado pelas sociedades cooperativas.

19. **(Ieses/TJ/RO/Cartórios/Ingresso/2017)** Assinale a alternativa que apresenta exclusivamente impostos cuja instituição é de competência dos Estados:

a) IPVA, ICMS e ITCMD.

b) IPI, IPVA, ICMS, ITBI.

c) IPTU, ITCMD e ICMS.

d) IPVA, ICMS e ISS.

20. **(Ieses/TJ/RO/Cartórios/Remoção/2017)** Compete à União instituir impostos sobre:

a) IPI (imposto sobre produto industrializado).

b) ITBI (imposto sobre a transmissão de bens imóveis e de direitos).

c) ICMS (imposto sobre circulação de mercadorias e prestação de serviços).

d) IPTU (imposto predial e territorial urbano).

21. **(Ieses/TJ/CE/Cartórios/Ingresso/2018)** A Constituição Federal delimitou a competência tributária da União, estabelecendo limites e requisitos para o seu exercício. Assinale a alternativa correta:

a) a União poderá instituir, mediante lei complementar, impostos não previstos na Constituição Federal, respeitando alguns requisitos relativos à questão de não-cumulatividade, fato gerador e base de cálculo.

b) a União poderá instituir, na iminência ou no caso de guerra externa, impostos extraordinários, limitados à sua competência tributária.

c) a União poderá instituir empréstimo compulsório mediante lei ordinária.

d) compete à União, mediante lei ordinária, instituir imposto sobre grandes fortunas.

22. **(Ieses/TJ/CE/Cartórios/Remoção/2018)** Compete à União instituir impostos sobre:

a) transmissão "causa mortis" e doação, de quaisquer bens ou direitos.

b) operações relativas à circulação de mercadorias e sobre prestações de serviços de transporte interestadual e intermunicipal e de comunicação, ainda que as operações e as prestações se iniciem no exterior.

c) operações de crédito, câmbio e seguro, ou relativas a títulos ou valores mobiliários.

d) propriedade de veículos automotores.

23. **(Ieses/TJ/AM/Cartórios/Ingresso/2018)** Analise as sentenças abaixo e assinale a opção correta com relação às regras de competência tributária estabelecidas no Código Tributário Nacional:

I. os tributos cuja receita seja distribuída, no todo ou em parte, a outras pessoas jurídicas de direito público pertencerá à competência legislativa daquela a que tenham sido atribuídos.

II. é vedado aos Estados, ao Distrito Federal e aos Municípios estabelecer diferença tributária entre bens de qualquer natureza, em razão da sua procedência ou do seu destino.

III. é vedado à União, aos Estados, ao Distrito Federal e aos Municípios, estabelecer limitações ao tráfego, no território nacional, de pessoas ou mercadorias, por meio de tributos interestaduais ou intermunicipais:

a) apenas a alternativa I está correta.

b) apenas as alternativas II e III estão corretas.

c) apenas I e III estão corretas.

d) todas as alternativas estão corretas.

2. ESPÉCIES DE TRIBUTO

◎ ATENÇÃO: ESTE TEMA É MUITO EXIGIDO NOS CONCURSOS!

✱ SÚMULAS

1) Contribuições

STF **Súm. Vinculante 40.** A contribuição confederativa de que trata o artigo 8º, IV, da Constituição Federal, só é exigível dos filiados ao sindicato respectivo.

STF **Súm. 659.** É legítima a cobrança da Cofins, do PIS e do Finsocial sobre as operações relativas a energia elétrica, serviços de telecomunicações, derivados de petróleo, combustíveis e minerais do país.

STF **Súm. 732.** É constitucional a cobrança da contribuição do salário-educação, seja sob a Carta de 1969, seja sob a CF/1988, e no regime da Lei 9.424/96.

STJ **Súm. 423.** A Contribuição para Financiamento da Seguridade Social – Cofins incide sobre as receitas provenientes das operações de locação de bens móveis.

STJ **Súm. 468.** A base de cálculo do PIS, até a edição da MP n. 1.212/1995, era o faturamento ocorrido no sexto mês anterior ao do fato gerador.

STJ **Súm. 499.** As empresas prestadoras de serviços estão sujeitas às contribuições ao Sesc e Senac, salvo se integradas noutro serviço social.

STJ **Súm. 508.** A isenção da Cofins concedida pelo art. 6º, II, da LC n. 70/1991 às sociedades civis de prestação de serviços profissionais foi revogada pelo art. 56 da Lei n. 9.430/1996.

STJ **Súm. 584.** As sociedades corretoras de seguros, que não se confundem com as sociedades de valores mobiliários ou com os agentes autônomos de seguro privado, estão fora do rol de entidades constantes do art. 22, § 1º, da Lei n. 8.212/1991, não se sujeitando à majoração da alíquota da Cofins prevista no art. 18 da Lei n. 10.684/2003.

STJ **Súm. 516.** A Contribuição de Intervenção no Domínio Econômico (Cide) para o Incra (Decreto-Lei 1.110/70), devida por empregadores rurais e urbanos, não foi extinta pelas leis 7.787/89, 8.212/91 e 8.213/91, não podendo ser compensada com a contribuição ao INSS.

2) Taxas

STF **Súm. Vinculante 12.** A cobrança de taxa de matrícula nas universidades públicas viola o disposto no art. 206, IV, da Constituição Federal.

STF **Súm. Vinculante 19.** A taxa cobrada exclusivamente em razão dos serviços públicos de coleta, remoção e tratamento ou destinação de lixo ou resíduos provenientes de imóveis, não viola o artigo 145, II, da Constituição Federal.

STF **Súm. Vinculante 29.** É constitucional a adoção, no cálculo do valor de taxa, de um ou mais elementos da base de cálculo própria de determinado imposto, desde que não haja integral identidade entre uma base e outra.

STF **Súm. Vinculante 41.** O serviço de iluminação pública não pode ser remunerado mediante taxa.

STF **Súm. 595.** É inconstitucional a taxa municipal de conservação de estradas de rodagem cuja base de cálculo seja idêntica à do imposto territorial rural.

STF **Súm. 665.** É constitucional a taxa de fiscalização dos mercados de títulos e valores mobiliários instituída pela Lei 7.940/89.

STF **Súm. 667.** Viola a garantia constitucional de acesso à jurisdição a taxa judiciária calculada sem limite sobre o valor da causa.

STJ **Súm. 178.** O INSS não goza de isenção do pagamento de custas e emolumentos, nas ações acidentárias e de benefícios, propostas na Justiça Estadual.

* REPERCUSSÃO & REPETITIVOS

STF **Repercussão Geral 16.** A segurança pública, presentes a prevenção e o combate a incêndios, faz-se, no campo da atividade precípua, pela unidade da Federação, e, porque serviço essencial, tem como a viabilizá-la a arrecadação de impostos, não cabendo ao Município a criação de taxa para tal fim. (RE 643247, 24.5.2017)

STF **Repercussão Geral 540.** É inconstitucional, por ofensa ao princípio da legalidade tributária, lei que delega aos conselhos de fiscalização de profissões regulamentadas a competência de fixar ou majorar, sem parâmetro legal, o valor das contribuições de interesse das categorias profissionais e econômicas, usualmente cobradas sob o título de anuidades, vedada, ademais, a atualização desse valor pelos conselhos em percentual superior aos índices legalmente previstos. (RE 704292, 30.6.2016)

STF **Repercussão Geral 829.** Não viola a legalidade tributária a lei que, prescrevendo o teto, possibilita o ato normativo infralegal fixar o valor de taxa em proporção razoável com os custos da atuação estatal, valor esse que não pode ser atualizado por ato do próprio conselho de fiscalização em percentual superior aos índices de correção monetária legalmente previstos. (RE 838284, 6.10.2016)

* QUESTÕES DISCURSIVAS

01. **(Cespe/TJ/DFT/Cartórios/Remoção/2014)** O tribunal de justiça de determinado estado da Federação editou ato, de caráter normativo, atualizando monetariamente os valores dos emolumentos relativos aos atos praticados pelos respectivos serviços notariais e de registro, tendo-o publicado oficialmente em 10 de novembro de 2013. A atualização foi feita com base na inflação apurada nos doze meses anteriores à publicação do ato, conforme índice de correção indicado em lei estadual. À luz da jurisprudência relativa à matéria, redija um texto dissertativo, com a devida justificação, apontando a natureza jurídica dos emolumentos decorrentes da prática de atos notariais e de registro e o momento a partir do qual os novos valores previstos no ato editado pelo referido tribunal poderão ser cobrados dos interessados e indicando o entendimento do STF a respeito da possibilidade de se utilizar o valor do imóvel apurado na cobrança do IPTU como base de cálculo para o valor dos emolumentos relativos à transferência de imóveis.

* QUESTÕES OBJETIVAS

24. **(Consulplan/TJ/MG/Cartórios/Ingresso/2018)** Em relação às taxas, assinale a alternativa correta:

a) a taxa pode ser instituída em razão de prestação de serviço indivisível, potencial e de existência futura.
b) os emolumentos devidos em contrapartida aos serviços notariais e registrais têm natureza jurídica de taxa.
c) os serviços que se apresentem constitucionalmente como deveres do Estado e direito de todos dão ensejo à instituição de taxas.
d) para a criação da taxa relativa ao poder de polícia é necessária uma atividade privada ou pública dirigida à coletividade que será custeada pelo tributo.

25. **(FCC/TJ/PE/Cartórios/Ingresso/2013)** Não são espécies de tributos:

a) os impostos.
b) as tarifas públicas.
c) as taxas.
d) as contribuições de melhoria.
e) as custas processuais.

26. **(Ieses/TJ/PA/Cartórios/Remoção/2016)** De acordo com a Lei 5.172/66, que dispõe sobre o sistema tributário nacional, identifique a assertiva correta:

I. tributo é toda prestação pecuniária compulsória, em moeda ou cujo valor nela se possa exprimir, que não constitua sanção de ato ilícito, instituída em lei e cobrada mediante atividade administrativa plenamente vinculada.
II. os tributos são impostos, taxas e contribuições de melhoria.
III. a natureza jurídica específica do tributo é determinada pelo fato gerador da respectiva obrigação.
IV. a natureza jurídica específica do tributo é determinada pelo fato gerador da respectiva obrigação, sendo relevantes para qualificá-la a destinação legal do produto da sua arrecadação:

a) apenas os itens II e III estão corretos.
b) apenas os itens II e IV estão corretos.
c) apenas os itens I, II e III estão corretos.
d) os itens I, II, III e IV estão corretos.

27. **(Ieses/TJ/PA/Cartórios/Remoção/2016)** A Lei 5.172 de 1966 dispõe sobre o Sistema Tributário Nacional e institui normas gerais de direito tributário aplicáveis à União, Estados e Municípios. Assinale a alternativa que determina de forma correta o conceito de tributo:

a) tributo é conceituado como sendo uma prestação compulsória em dinheiro feita pelo sujeito passivo da obrigação tributária, em moeda ou cujo valor nela se possa exprimir, decorrente de sanção de ato ilícito, desde que instituído em lei e cobrado mediante uma atividade administrativa plenamente vinculada.
b) tributo é conceituado como sendo uma prestação compulsória em dinheiro feita pelo sujeito ativo da obrigação tributária, apenas em moeda, não decorrente de sanção de ato ilícito, desde que instituído em lei e cobrado mediante uma atividade administrativa plenamente vinculada.
c) tributo é conceituado como sendo uma prestação compulsória em dinheiro feita pelo sujeito ativo da obrigação tributária, em moeda ou cujo valor nela se possa exprimir, não decorrente de sanção de ato ilícito, desde que instituído em lei e cobrado mediante uma atividade administrativa plenamente vinculada.
d) tributo é conceituado como sendo uma prestação compulsória em dinheiro feita pelo sujeito passivo da obrigação tributária, em moeda ou cujo valor nela se possa exprimir, não decorrente de sanção de ato ilícito, desde que instituído em lei e cobrado mediante uma atividade administrativa plenamente vinculada.

28. **(Vunesp/TJ/SP/Cartórios/Remoção/2016)** As alíquotas de um tributo podem ser:

a) fixas e invariáveis.
b) invariáveis desde que diferentes da alíquota zero.
c) fixas e variáveis.
d) variáveis desde que em porcentual máximo de 15% do valor do bem.

29. **(Consulplan/TJ/MG/Cartórios/Remoção/2015)** Assinale a alternativa incorreta:

a) segundo o conceito de tributo do Código Tributário Nacional, este, dentre outros pontos, é compulsório e em moeda ou cujo valor nela se possa exprimir.

b) pelo Código Tributário Nacional, a sanção por ato ilícito é considerado tributo.

c) pelo art. 3º do Código Tributário Nacional, o tributo, dentre outros fatores, é prestação instituída em lei.

d) segundo o Código Tributário Nacional, tributo, dentre outros aspectos, é cobrado mediante atividade administrativa vinculada.

30. **(Ieses/TJ/MS/Cartórios/Ingresso/2014)** Conforme as disposições do Código Tributário Nacional (CTN), em seu Livro Primeiro, é correto dizer que:

a) se uma pessoa jurídica de direito público não exercer sua competência tributária, esta pode ser deferida à outra pessoa jurídica de direito público, diversa daquela a que a Constituição a tenha atribuído.

b) tributo é toda prestação pecuniária compulsória, em moeda ou cujo valor nela se possa exprimir, que não constitua sanção de ato ilícito, instituída em lei e cobrada mediante atividade administrativa plenamente vinculada.

c) compete à União, instituir, nos Territórios e no Distrito Federal, os impostos atribuídos aos Estados e, se aqueles não forem divididos em Municípios, cumulativamente, os atribuídos a estes.

d) a imunidade recíproca significa a não incidência de impostos sobre o patrimônio, a renda ou serviços dos partidos políticos, das entidades sindicais patronais e dos trabalhadores, das instituições de educação e de assistência social, sem fins lucrativos, observados os critérios fixados no art. 14, CTN.

31. **(IBFC/TJ/PR/Cartórios/Remoção/2014)** Nos termos do Código Tributário Nacional, tributo é:

a) toda a prestação pecuniária compulsória, em moeda ou cujo valor nela se possa exprimir, que não constitua sanção de ato ilícito, instituída em lei e cobrada mediante atividade administrativa plenamente vinculada.

b) o imposto, de competência dos Municípios, sobre a propriedade predial e territorial urbana que tem como fato gerador a propriedade, o domínio útil ou a posse de bem imóvel por natureza ou por acessão física, como definido na lei civil, localizado na zona urbana do município.

c) a taxa cobrada pela União, pelos Estados, pelo Distrito Federal ou pelos Municípios, no âmbito de suas respectivas atribuições, tem como fato gerador o exercício regular do poder de polícia, ou a utilização, efetiva ou potencial, de serviço público específico e divisível, prestado ao contribuinte ou posto à sua disposição.

d) imposto cuja obrigação tem por fato gerador uma situação independente de qualquer atividade estatal específica, relativa ao contribuinte.

32. **(Cespe/TJ/BA/Cartórios/Ingresso/2013)** É correto afirmar que tributo é:

a) considerado uma fonte de receita originária por parte do ente tributante.

b) toda prestação pecuniária compulsória cobrada mediante atividade administrativa plenamente vinculada.

c) toda prestação pecuniária cobrada mediante atividade administrativa discricionária instituída em lei.

d) toda prestação pecuniária referente a sanção pela prática de ato ilícito e cobrada mediante atividade administrativa plenamente vinculada.

e) toda prestação pecuniária que o contribuinte faz ao ente tributante de forma facultativa.

33. **(Cespe/TJ/BA/Cartórios/Remoção/2013)** Segundo o CTN, constitui(em) aspecto(s) relevante(s) para a determinação da natureza jurídica específica do tributo:

a) o fato gerador da obrigação tributária.

b) a denominação e as demais características formais estabelecidas pela legislação tributária.

c) a destinação legal do produto da arrecadação e a denominação desse tributo e demais características previstas em lei.

d) a destinação legal do produto da arrecadação desse tributo.

e) o fato gerador e a destinação legal do produto da arrecadação desse tributo.

34. **(Cespe/TJ/SE/Cartórios/Ingresso/2014)** A natureza jurídica específica do tributo é determinada:

a) pelo fato gerador.

b) pela alíquota aplicada.

c) pela base de cálculo.

d) pela destinação legal do produto de sua arrecadação.

e) pela sua denominação.

35. (Consulplan/TJ/MG/Cartórios/Remoção/2017) A partir da definição de tributo, é correto afirmar:

a) o tributo é compulsório, mas essa característica não possui nenhuma relação com a garantia constitucional segundo a qual ninguém é obrigado a fazer ou deixar de fazer algo senão em virtude da lei.

b) a orientação jurisprudencial do Supremo Tribunal Federal firmou-se no sentido da possibilidade de medida provisória ser veículo idôneo para a instituição de tributo.

c) admite-se a edição de medida provisória sobre matéria reservada a lei complementar.

d) medida provisória não pode instituir imposto.

36. (Consulplan/TJ/MG/Cartórios/Ingresso/2017) A partir da definição legal de tributo, considerando-se o art. 3º e outras disposições constantes do Código Tributário Nacional, é correto afirmar:

a) tributo é toda prestação pecuniária, podendo constituir sanção de ato ilícito.

b) tributo é prestação em moeda ou cujo valor nela se possa exprimir, sendo vedado o uso de unidades fiscais para indexação.

c) tributo é pagável em dinheiro, mas também em bens imóveis, nos termos da lei.

d) a característica de ser prestação compulsória denota a natureza de receita originária do tributo.

37. (Consulplan/TJ/MG/Cartórios/Ingresso/2017) De acordo com as características do tributo, é correto afirmar:

a) tributo é cobrado mediante atividade administrativa discricionária, mas vinculada à lei.

b) a lei outorga às autoridades administrativas incumbidas da cobrança margem de opção sobre exigir ou não o tributo, ou, ainda, sobre escolher de quem ou quanto exigir.

c) os emolumentos, em sendo a remuneração da atividade desempenhada pelo titular da serventia extrajudicial, devido à sua natureza tributária, não podem ser dispensados, total ou parcialmente, pelo seu destinatário legal.

d) tributo não constitui sanção de ato ilícito, motivo pelo qual não incide imposto de renda quando o banqueiro de jogo de bicho (autor de contravenção penal) aufere renda oriunda dessa atividade ilícita.

38. (Ieses/TJ/RO/Cartórios/Ingresso/2017) Analise as sentenças abaixo e assinale a opção correta considerando as disposições expressas do Código Tributário Nacional:

I. os tributos são impostos, taxas e contribuições de melhoria.

II. a natureza jurídica específica do tributo é determinada pelo fato gerador da respectiva obrigação.

III. a expressão "legislação tributária" compreende as leis, os tratados e as convenções internacionais, os decretos e as normas complementares que versem, no todo ou em parte, sobre tributos e relações jurídicas a eles pertinentes:

a) todas as alternativas estão corretas.

b) apenas a alternativa III está correta.

c) apenas as alternativas I e II estão corretas.

d) apenas I e III estão corretas.

39. (Ieses/TJ/CE/Cartórios/Remoção/2018) Segundo o Código Tributário Nacional, toda prestação pecuniária compulsória, em moeda ou cujo valor nela se possa exprimir, que não constitua sanção de ato ilícito, instituída em lei e cobrada mediante atividade administrativa plenamente vinculada é denominada de:

a) encargos.

b) emolumentos.

c) subsídios.

d) tributo.

40. (Ieses/TJ/AM/Cartórios/Remoção/2018) Tributo é toda prestação pecuniária compulsória, em moeda ou cujo valor nela se possa exprimir, que não constitua sanção de ato ilícito, instituída em lei e cobrada mediante atividade administrativa plenamente vinculada. São consideradas espécies de tributos, exceto:

a) contribuições de melhoria.

b) tarifa.

c) taxas.

d) impostos.

41. (Consulplan/TJ/MG/Cartórios/Remoção/2015) Avalie as afirmações:

I. os Municípios podem instituir contribuição para o custeio do serviço de iluminação pública, sendo vedado aos Estados e Distrito Federal.

II. os Estados e Distrito Federal não podem instituir empréstimos compulsórios.

III. a contribuição de melhoria pode ser instituída tanto pela União como pelos Estados, Distrito Federal e Municípios.

IV. a União poderá instituir, mediante lei complementar, impostos não previstos no art. 153 da Constituição Federal, desde que sejam não-cumulativos e não tenham fato gerador ou base de cálculo próprios dos discriminados na Constituição Federal.

Está correto o que se afirma em:

a) II, III e IV, apenas.
b) III e IV, apenas.
c) I, II e IV, apenas.
d) I, II, III e IV.

42. (Consulplan/TJ/MG/Cartórios/Remoção/2014) Com relação às contribuições de melhoria, é correto afirmar:

a) são instituídas para fazer face ao custo de obras públicas de que decorra valorização imobiliária, tendo como limite total a despesa realizada e como limite individual o acréscimo de valor que da obra resultar para cada imóvel beneficiado.
b) a lei relativa à contribuição de melhoria observará, dentre outros requisitos mínimos, a publicação prévia dos seguintes elementos: memorial descritivo do projeto, orçamento do custo total da obra, determinação de que o custo total da obra deverá ser financiado pela contribuição, delimitação da zona beneficiada, determinação do fator de absorção do benefício da valorização para toda a zona ou para cada uma das áreas diferenciadas, nela contidas.
c) são tributos largamente utilizados pelos Estados, pelo Distrito Federal e pelos Municípios quando da realização de obras públicas, em decorrência da praticidade e da rápida tramitação dos procedimentos para a definição do montante a ser cobrado a título de contribuição de melhoria.
d) poderão ser instituídas pelos Estados, pelo Distrito Federal ou pelos Municípios, no âmbito de suas respectivas atribuições, não havendo previsão legal para que possam ser cobradas pela União.

43. (Cespe/TJ/BA/Cartórios/Ingresso/2013) No que se refere à contribuição de melhoria, assinale a opção correta:

a) essa contribuição é instituída para fazer face aos custos de obras públicas de que decorra valorização imobiliária.
b) para calcular a contribuição de melhoria, o poder público deve considerar apenas o custo da obra sem a necessidade de verificar a valorização que da obra resultar para cada imóvel beneficiado.
c) a lei que instituir a contribuição de melhoria deve fixar um prazo máximo de dez dias para que os interessados possam impugnar o memorial descritivo do projeto e o orçamento do custo da obra.
d) o limite total da contribuição de melhoria deve ser igual ao valor que da obra resultar para cada imóvel beneficiado.
e) a competência para instituir a contribuição de melhoria é privativa dos municípios.

44. (Consulplan/TJ/MG/Cartórios/Remoção/2017) Sobre as espécies tributárias, é correto afirmar:

a) o dever de pagar tributo decorre de um ajuste contratual entre o Estado e o contribuinte.
b) além do nome, as espécies tributárias são definidas pelas características do fato gerador da respectiva obrigação.
c) as taxas e a contribuição de melhoria são tributos contraprestacionais, na medida em que o fato gerador da obrigação de pagar se relaciona com uma atividade estatal em direção ao contribuinte, sintetizando uma ideia de custo-benefício.
d) o pagamento de imposto dá, em favor de quem os paga, direito a algum tipo de atividade estatal, cuja falha na prestação exime do dever de pagamento.

45. (Ieses/TJ/RO/Cartórios/Remoção/2017) É instituída para fazer face ao custo de obras públicas de que decorra valorização imobiliária, tendo como limite total a despesa realizada e como limite individual o acréscimo de valor que da obra resultar para cada imóvel beneficiado. A sentença acima define:

a) a contribuição de melhoria.
b) taxa.
c) imposto.
d) tarifa.

46. (Ieses/TJ/CE/Cartórios/Ingresso/2018) Sobre a contribuição de melhoria, assinale a alternativa incorreta:

a) é de competência da União, Estados, Distrito Federal e Municípios no âmbito de suas respectivas atribuições.

b) nos termos do CTN, a contribuição de melhoria possui um limite global, correspondente ao valor da despesa realizada na obra e um limite individual, que impede que seja exigido do contribuinte valor maior do que o efetivo acréscimo de valor que seu imóvel sofreu.

c) a contribuição de melhoria é instituída em decorrência de obra pública da qual resulte em valorização imobiliária, sendo que a inexistência desta valorização impediria a cobrança do tributo.

d) a lei relativa à contribuição de melhoria deve conter, dentre outros requisitos, o memorial descritivo do projeto e a delimitação da zona beneficiada, podendo conceder e fixar de prazo para impugnação pelos interessados de qualquer dos requisitos exigidos para a lei.

47. **(Ieses/TJ/AM/Cartórios/Remoção/2018)** O tributo instituído para fazer face ao custo de obras públicas de que decorra valorização imobiliária, tendo como limite total a despesa realizada e como limite individual o acréscimo de valor que da obra resultar para cada imóvel beneficiado é intitulado de:

a) taxa.

b) contribuição de melhoria.

c) imposto sobre serviços de qualquer natureza.

d) imposto extraordinário.

48. **(TJ/SC/Cartórios/Ingresso/2012)** Quanto às espécies tributárias previstas constitucionalmente, é correto afirmar:

a) a par das duas modalidades de tributos a que se refere o artigo 145, há previsão de outras duas modalidades nos artigos 148 e 149, permitindo concluir que são quatro as espécies tributárias estabelecidas pela Constituição Federal.

b) a par das três modalidades de tributos a que se refere o artigo 145, há previsão de outras duas modalidades nos artigos 148 e 149, permitindo concluir que são cinco as espécies tributárias estabelecidas pela Constituição Federal.

c) sem indicar diretamente quais as espécies tributárias inerentes ao ordenamento jurídico, a Constituição Federal estabeleceu quais os fatos geradores possíveis de ser adotados pelas pessoas jurídicas de direito público.

d) de acordo com a Constituição Federal, constituem-se tributos apenas os impostos e as taxas.

e) a par das cinco modalidades de tributos a que se refere o artigo 145, há previsão de outras duas modalidades nos artigos 148 e 149, permitindo concluir que são sete as espécies tributárias estabelecidas pela Constituição Federal.

49. **(Consulplan/TJ/MG/Cartórios/Ingresso/2017)** A propósito das contribuições especiais, assinale a alternativa correta:

a) o Supremo Tribunal Federal já assentou que as contribuições de intervenção no domínio econômico podem ser cobradas de pessoas que não integram o grupo econômico que é objeto de intervenção.

b) as contribuições sociais da seguridade social de natureza residual podem ser instituídas pela União, mediante lei ordinária.

c) segundo o Supremo Tribunal Federal, a contribuição interventiva em favor do INCRA não pode ser exigida das empresas urbanas.

d) a contribuição para custeio do serviço de iluminação pública, de competência dos Municípios e do Distrito Federal, possui natureza jurídica de taxa.

50. **(Consulplan/TJ/MG/Cartórios/Ingresso/2017)** Compete exclusivamente à União instituir contribuições sociais, de intervenção no domínio econômico e de interesse das categorias profissionais ou econômicas, como instrumento de sua atuação nas respectivas áreas. Sobre as contribuições sociais e de intervenção no domínio econômico, é incorreto afirmar que:

a) incidirão sobre a importação de serviços.

b) poderão ter alíquotas específicas, tendo por base a unidade de medida adotada.

c) incidirão sobre a importação de produtos estrangeiros.

d) poderão ter alíquotas "ad valorem", tendo por base o faturamento, a receita bruta ou o valor da operação e, no caso de importação e de exportação, o valor aduaneiro.

51. **(Consulplan/TJ/MG/Cartórios/Ingresso/2017)** À luz do entendimento sumulado pelo Supremo Tribunal Federal, assinale a alternativa incorreta:

a) é ilegítima a incidência da contribuição previdenciária sobre o 13º salário.

b) o serviço de iluminação pública não pode ser remunerado mediante taxa.

c) viola a garantia constitucional de acesso à jurisdição a taxa judiciária calculada sem limite sobre o valor da causa.

d) ainda quando alugado a terceiros, permanece imune ao IPTU o imóvel pertencente a qualquer das entidades referidas pelo art. 150, VI, "c", da Constituição Federal, desde que o valor dos aluguéis seja aplicado nas atividades para as quais tais entidades foram constituídas.

52. **(Ieses/TJ/RN/Cartórios/Ingresso/2012)** Em relação às espécies tributárias, assinale a alternativa correta:

a) as contribuições de melhoria são de competência exclusiva dos Municípios.
b) o valor arrecadado com o empréstimo compulsório deve ser aplicado exclusivamente na despesa que fundamentou sua instituição.
c) as taxas podem ser exigidas em decorrência de serviço público prestado à população em geral, sem a necessidade de individualização do beneficiário.
d) a lei que instituir imposto pode definir o destino dos recursos arrecadados.

53. **(Ieses/TJ/PA/Cartórios/Ingresso/2016)** O artigo n. 148 da Constituição Federal outorgou competência para a criação de Empréstimos Compulsórios que poderão ser exigidos em situações excepcionais. Indique de quem é a competência e quais são as situações excepcionais que autorizam a administração instituir e exigir o sobredito empréstimo, nos termos do artigo n. 15 do Código Tributário Nacional:

a) a competência para instituir empréstimo compulsório poderá ser exercida pelos municípios e pelos estados membros ante a ocorrência de calamidade pública que exija auxílio federal impossível de atender com os recursos orçamentários disponíveis.
b) a competência para instituir empréstimo compulsório é exclusiva da União e o mesmo poderá ser instituído ante guerra externa, ou sua iminência; calamidade pública que exija auxílio federal impossível de atender com os recursos orçamentários disponíveis; conjuntura que exija a absorção temporária de poder aquisitivo.
c) a competência para instituir empréstimo compulsório não é exclusiva da União e o mesmo poderá ser instituído ante guerra externa, ou sua iminência; calamidade pública que exija auxílio federal impossível de atender com os recursos orçamentários disponíveis; conjuntura que exija a absorção temporária de poder aquisitivo.
d) a competência para instituir empréstimo compulsório é concorrente entre a União, os Estados, o Distrito Federal e os Municípios da e o mesmo poderá ser instituído ante guerra externa, ou sua iminência; calamidade pública; conjuntura que exija a absorção temporária de poder aquisitivo.

54. **(Consulplan/TJ/MG/Cartórios/Remoção/2016)** Considerando o disposto na Constituição Federal, no capítulo que trata do Sistema Tributário Nacional, é incorreto afirmar:

a) cabe à lei complementar dispor sobre conflitos de competência, em matéria tributária, entre a União, os Estados, o Distrito Federal e os Municípios.
b) cabe à lei complementar estabelecer normas gerais sobre obrigação e lançamento.
c) através de lei complementar, poderá ser instituído empréstimos compulsórios de competência da União, Estados e Distrito Federal.
d) ao Distrito Federal cabem os impostos municipais.

55. **(Cespe/TJ/BA/Cartórios/Remoção/2013)** Considerando a espécie tributária empréstimo compulsório, assinale a opção correta:

a) é admissível a instituição do empréstimo compulsório em um contexto que exija a absorção temporária do poder aquisitivo.
b) ao se instituir empréstimo compulsório para atender a despesas extraordinárias decorrentes de iminente guerra externa, deve-se respeitar o princípio da anterioridade tributária.
c) além da União, também os estados têm, em razão da chamada competência residual, competência para instituir empréstimos compulsórios.
d) a instituição do empréstimo compulsório, no caso de investimento público urgente e de relevante interesse nacional, não precisa atender ao princípio da anterioridade tributária.
e) estabelece a CF que a aplicação dos recursos provenientes do empréstimo compulsório será vinculada à despesa que fundamentar a instituição desse empréstimo.

56. **(Cespe/TJ/DFT/Cartórios/Remoção/2014)** Considerando o empréstimo compulsório e a contribuição de intervenção no domínio econômico, assinale a opção correta:

a) não há previsão constitucional para a instituição de empréstimos compulsórios no caso de conjuntura que exija a absorção temporária de poder aquisitivo.

b) as contribuições de intervenção no domínio econômico poderão incidir sobre as receitas decorrentes de exportação.

c) é preciso que se decrete estado de calamidade para que o empréstimo compulsório seja cobrado.

d) o DF poderá, mediante lei complementar, instituir empréstimo compulsório nas hipóteses legais.

e) o DF poderá, mediante lei ordinária, instituir contribuição de intervenção no domínio econômico nas hipóteses legais.

57. **(Consulplan/TJ/MG/Cartórios/Remoção/2017)** Relativamente aos empréstimos compulsórios, é certo afirmar:

a) são provisórios, podendo a lei instituidora determinar, ou não, o prazo de duração.

b) no caso de investimento público de caráter urgente e de relevante interesse nacional, o empréstimo compulsório submete-se ao princípio da anterioridade anual.

c) são restituíveis, devendo a lei determinar a forma de devolução em títulos públicos.

d) podem ser instituídos em conjuntura que exija a absorção temporária de poder aquisitivo.

58. **(Consulplan/TJ/MG/Cartórios/Ingresso/2017)** Relativamente aos empréstimos compulsórios, é certo dizer:

a) são de competência da União e do Distrito Federal.

b) são instituídos, via de regra, por lei complementar.

c) a guerra externa ou sua iminência, a calamidade pública ou ainda o investimento público de caráter urgente e de relevante interesse nacional constituem fato gerador do empréstimo compulsório.

d) a aplicação dos recursos arrecadados é vinculada às despesas que fundamentaram sua instituição.

59. **(Consulplan/TJ/MG/Cartórios/Ingresso/2017)** Sobre os empréstimos compulsórios, à luz da disciplina constante da Constituição Federal, é incorreto afirmar:

a) a sua instituição deve ocorrer mediante lei complementar.

b) podem ser instituídos no caso de investimento público de caráter urgente e de relevante interesse nacional, vedada a cobrança no mesmo exercício financeiro em que haja sido publicada a lei que os instituiu.

c) a sua instituição pelos Estados deve ser previamente autorizada pelo Senado Federal.

d) a aplicação dos recursos provenientes de empréstimo compulsório será vinculada à despesa que fundamentou sua instituição.

60. **(Ieses/TJ/CE/Cartórios/Remoção/2018)** A União poderá instituir empréstimos compulsórios mediante:

a) emenda à constituição.

b) lei complementar.

c) resolução.

d) medida provisória.

61. **(Ieses/TJ/CE/Cartórios/Remoção/2018)** Conforme dispõe o Código Tributário Nacional, somente a União, nos seguintes casos excepcionais, pode instituir empréstimos compulsórios:

I. conjuntura que exija a absorção temporária de poder aquisitivo.

II. guerra externa, ou sua iminência.

III. intervenção.

IV. calamidade pública que exija auxílio federal impossível de atender com os recursos orçamentários disponíveis.

A sequência correta é:

a) apenas a assertiva III está incorreta.

b) apenas as assertivas II e IV estão corretas.

c) as assertivas I, II, III e IV estão corretas.

d) apenas as assertivas I, II e III estão corretas.

62. **(Ieses/TJ/RS/Cartórios/Ingresso/2013)** Assinale a alternativa correta:

a) interpreta-se favoravelmente ao sujeito passivo a lei tributária que disponha sobre a outorga de isenção.

b) a interpretação da legislação tributária será definida em ato normativo infralegal do sujeito ativo.

c) a taxa é o tributo que decorre de uma atuação estatal e de um fato a ser realizado pelo sujeito passivo.

d) o imposto é o tributo que decorre de um fato a ser realizado pelo sujeito passivo, independentemente de qualquer atuação estatal.

63. **(Ieses/TJ/PA/Cartórios/Remoção/2016)** Na iminência ou no caso de guerra externa é possível instituir, temporariamente, impostos extraordinários compreendidos ou não entre os referidos na Lei 5.172/66, suprimidos, gradativamente, no prazo máximo de cinco anos, contados da celebração da paz. Referidos impostos são de competência:

a) dos Estados.

b) de todos os entes de forma concorrente.

c) dos Municípios.

d) da União.

64. **(Vunesp/TJ/SP/Cartórios/Remoção/2014)** Por impostos e contribuições sociais, entende-se:

a) impostos são prestações compulsórias desvinculadas de qualquer atividade prestada pelo estado, já as contribuições sociais destinam-se a viabilizar a atuação do ente federativo na área social.

b) os impostos são prestações compulsórias derivadas de serviços gerais prestados pelo estado, já as contribuições sociais não são compulsórias e dependem da variação da dívida pública federal.

c) os impostos estão sujeitos ao princípio da anterioridade, e as contribuições sociais podem ser cobradas trinta dias após a sua criação oficial.

d) os tributos são criados por lei, já as contribuições sociais podem ser criadas por decreto federal.

65. **(Cespe/TJ/BA/Cartórios/Ingresso/2013)** Imposto é um tributo:

a) cujo fato gerador é o exercício regular do poder de polícia pelo Estado.

b) cujo fato gerador é o uso efetivo ou potencial de serviço público específico e divisível.

c) que exige prestação de serviço público específico e divisível aos contribuintes.

d) cujo fato gerador independe de qualquer atividade estatal específica relativa ao contribuinte.

e) que está vinculado a uma contraprestação do ente tributante em relação ao contribuinte.

66. **(Ieses/TJ/PB/Cartórios/Remoção/2014)** De acordo com a Constituição Federal de 1988, a União, os Estados, o Distrito Federal e os Municípios poderão instituir os seguintes tributos:

a) impostos, tarifas e contribuição de melhoria.

b) impostos, taxas, tarifas e contribuição de melhoria.

c) taxas, tarifas e contribuição de melhoria.

d) impostos, taxas e contribuição de melhoria.

67. **(Cespe/TJ/SE/Cartórios/Ingresso/2014)** Conforme a CF, é permitido à União, aos estados, ao DF e aos municípios instituir impostos sobre:

a) patrimônio, renda ou serviços dos partidos políticos.

b) entidades sindicais patronais.

c) livros, jornais e periódicos.

d) fundações instituídas por partidos políticos.

e) templos de qualquer culto.

68. **(Consulplan/TJ/MG/Cartórios/Remoção/2018)** Em relação às taxas, assinale a alternativa correta:

a) os emolumentos por não terem natureza tributária caracterizam-se como preço público.

b) a União não pode conceder isenção da taxa estadual de emolumentos dos serviços extrajudiciais.

c) é imprescindível para a cobrança de taxa decorrente do exercício do poder de polícia a prestação potencial de futuro serviço público.

d) a vinculação das taxas judiciárias e dos emolumentos a entidades privadas ou mesmo a serviços públicos diversos daqueles a que tais recursos se destinam não subverte a finalidade institucional do tributo.

69. **(TJ/SC/Cartórios/Remoção/2012)** Sobre a taxa é correto afirmar:

a) ainda que a atividade administrativa não seja posta à disposição do contribuinte, a taxa poderá ser cobrada, haja vista que sua cobrança independe da disponibilidade do serviço.

b) a Constituição Federal vetou a ignóbil cobrança de taxas sem a efetiva utilização do serviço posto à disposição do contribuinte quando por este não utilizado.

c) as taxas serão sempre cobradas em decorrência de serviços divisíveis, não sendo obrigatória a especificidade desse serviço.

d) nos serviços definidos em lei como de utilização compulsória, postos à disposição do contribuinte mediante atividade administrativa em efetivo funcionamento, a taxa pode ser cobrada mesmo sem a utilização efetiva do serviço pelo sujeito passivo.

e) é inconstitucional a cobrança de taxa cobrada exclusivamente em razão dos serviços públicos de coleta, remoção e tratamento ou destinação de lixo ou resíduos provenientes de imóveis.

70. **(TJ/SC/Cartórios/Ingresso/2012)** Quanto às taxas, é correto afirmar:

a) é exigível do legislador identidade entre o custo real dos serviços e o montante que o contribuinte pode ser compelido a pagar, tendo em vista a base de cálculo estabelecida pela lei e o quantum da alíquota por esta fixado.

b) não se pode exigir do legislador mais do que equivalência razoável entre o custo real dos serviços e o montante que o contribuinte pode ser compelido a pagar, tendo em vista a base de cálculo estabelecida pela lei e o quantum da alíquota por esta fixado.

c) não se pode exigir do legislador qualquer equivalência entre o custo real dos serviços e o montante que o contribuinte pode ser compelido a pagar.

d) em razão dos princípios da virtual impossibilidade de aferição matemática direta do custo de cada atuação do Estado, tornou-se desnecessária qualquer vinculação entre os serviços prestados pelo Estado e os montantes cobrados do contribuinte.

e) as taxas, por sua singularidade, constituem-se em exações cujo montante da contraprestação depende exclusivamente do custo estatal, razão pela qual se torna inconstitucional a cobrança de qualquer valor que não possua a aceitação expressa do contribuinte.

71. **(FCC/TJ/PE/Cartórios/Ingresso/2013)** Relativamente ao serviço público notarial e de registro, os emolumentos são entendidos como:

a) taxas que remuneram o serviço público notarial e de registro.

b) impostos.

c) valores devidos aos oficiais e tabeliães em virtude da prestação do serviço notarial e de registro.

d) custas fixadas em lei e devidas ao Estado em virtude do exercício do serviço notarial e de registro, devidas pelo oficial e pelo tabelião.

e) contribuição social devida à União em virtude do exercício do serviço notarial e de registro prestado pelo titular.

72. **(Ieses/TJ/RN/Cartórios/Remoção/2012)** Tanto os notários quanto os registradores:

a) possuem direito à percepção dos emolumentos integrais pelos atos praticados na serventia, o que evidencia que a remuneração dos cartorários não é paga pelos cofres públicos, mas sim pelos particulares usuários do serviço, através do pagamento desse preço público.

b) possuem direito à percepção dos emolumentos integrais pelos atos praticados na serventia, o que evidencia que a remuneração dos cartorários não é paga pelos cofres públicos, mas sim pelos particulares usuários do serviço, através do pagamento desse imposto.

c) não possuem direito à percepção dos emolumentos integrais pelos atos praticados na serventia, devendo proceder ao repasse de percentual da remuneração dos cartorários aos cofres públicos, por exercerem função delegada do Poder Judiciário.

d) possuem direito à percepção dos emolumentos integrais pelos atos praticados na serventia, o que evidencia que a remuneração dos cartorários não é paga pelos cofres públicos, mas sim pelos particulares usuários do serviço, através do pagamento dessa taxa.

73. **(Cespe/TJ/RR/Cartórios/Ingresso/2013)** De acordo com o CTN, é proibido o estabelecimento e a cobrança de taxas para custear serviços:

a) referentes à higiene de hospitais, prestados pela vigilância epidemiológica.

b) concernentes à segurança pública, realizados pela polícia militar.

c) concernentes à tranquilidade pública.

d) referentes a segurança contra incêndios dos imóveis, prestados pelo corpo de bombeiros.

e) relativos à higiene de alimentos, realizados vigilância sanitária.

74. **(Ieses/TJ/PA/Cartórios/Remoção/2016)** De acordo com o artigo 77º do CTN, taxa é um tributo "que tem como fato gerador o exercício regulador do poder de polícia, ou a utilização efetiva ou potencial, de serviço público específico e divisível, prestado ao contribuinte ou posto à sua disposição", de acordo com a definição citada, assinale a alternativa que não se enquadra como fato gerador apto a cobrança de taxa:

a) prestação de serviço público de coleta de lixo.

b) prestação de serviço inerente à segurança pública.

c) retirada de passaporte.

d) submissão de projeto de engenharia aos órgãos estatais competentes.

75. **(Ieses/TJ/MS/Cartórios/Remoção/2014)** Em matéria tributária consta expresso no texto constitucional, exceto:

a) a aplicação dos recursos provenientes de empréstimo compulsório será vinculada à despesa que fundamentou sua instituição.

b) a União, mediante lei complementar, poderá instituir empréstimos compulsórios para atender a despesas extraordinárias, decorrentes de calamidade pública, de guerra externa ou sua iminência.

c) as taxas poderão ter base de cálculo própria de impostos.

d) a pessoa natural destinatária das operações de importação poderá ser equiparada a pessoa jurídica.

76. **(Consulplan/TJ/MG/Cartórios/Ingresso/2014)** Acerca das taxas, é correto afirmar:

a) têm por fato gerador o exercício efetivo ou potencial do poder de polícia, ou a utilização regular de serviço público específico e divisível, prestado ao contribuinte ou posto à sua disposição.

b) em casos excepcionais, podem ter base de cálculo ou fatos geradores idênticos aos que correspondam a impostos; com efeito, os emolumentos percebidos por notários e registradores são taxas e têm base de cálculo idêntica à do imposto sobre a renda da pessoa física do tabelião ou registrador.

c) consideram-se serviços públicos específicos quando podem ser destacados em unidades autônomas de intervenção, de utilidade, ou de necessidades públicas; e divisíveis, quando suscetíveis de utilização, separadamente, por parte de cada um dos seus usuários.

d) segundo norma constitucional explícita, são assegurados a todos – mediante prévio e regular pagamento de taxas – o direito de petição aos Poderes Públicos em defesa de direitos ou contra ilegalidade ou abuso de poder e a obtenção de certidões em repartições públicas, para defesa de direitos e esclarecimento de situações de interesse pessoal.

77. **(Cespe/TJ/BA/Cartórios/Remoção/2013)** Com relação às taxas, assinale a opção correta:

a) pela prestação do serviço de iluminação pública, os municípios podem instituir taxa de iluminação pública.

b) as taxas são tributos não vinculados a uma contraprestação do ente tributante em relação ao contribuinte.

c) as taxas têm como fato gerador o exercício regular do poder de polícia ou a utilização, efetiva ou potencial, de serviço público específico e divisível prestado ou posto à disposição do contribuinte.

d) devido ao fato de a destinação do produto da arrecadação ser previsto em lei, as taxas são tributos vinculados.

e) as taxas podem ter a mesma base de cálculo dos impostos.

78. **(Cespe/TJ/DFT/Cartórios/Remoção/2014)** No que se refere a taxas e contribuições de melhoria, assinale a opção correta:

a) a instituição de taxas deve sempre observar o princípio da legalidade tributária.

b) as taxas cobradas pelo DF, no âmbito de suas atribuições, podem ter como fato gerador o exercício efetivo ou potencial do poder de polícia.

c) os serviços públicos específicos são suscetíveis de utilização por parte de cada um dos seus usuários de forma separada.

d) a contribuição de melhoria cobrada pelo DF, no âmbito de suas atribuições, pode ser instituída para fazer face ao custo de obras públicas de que decorra ou não valorização imobiliária.

e) apesar de ampla aceitação pela doutrina e jurisprudência, a espécie tributária "contribuição de melhoria" não guarda expressa previsão na CF.

79. **(Consulplan/TJ/MG/Cartórios/Ingresso/2017)** Relativamente às taxas, assinale a alternativa correta:

a) a Constituição Federal menciona quais as taxas que são de competência das entidades tributantes, obedecendo-se ao critério de repartição de atribuição administrativa para a prestação do serviço.

b) a taxa de serviço público específico e divisível possui, como fato gerador, a utilização efetiva ou potencial desse mesmo serviço, podendo ainda ser instituída para repartir os custos de serviço estatal efetivamente existente ou para angariar recursos para a sua implantação.

c) o serviço de iluminação pública pode ser remunerado mediante taxa.

d) a taxa cobrada exclusivamente em razão dos serviços públicos de coleta, remoção e tratamento ou destinação de lixo ou resíduos provenientes de imóveis, não viola o art. 145, II, da Constituição Federal.

80. **(Consulplan/TJ/MG/Cartórios/Remoção/2017)** Em relação às taxas, assinale a alternativa correta:

a) o exercício regular do poder de polícia pelas entidades tributantes, segundo as atribuições administrativas previstas na Constituição Federal, pode, excepcionalmente, acarretar a imposição de taxas, por parte de cada uma delas, considerando a fiscalização de determinada atividade, como é o caso da proteção ao meio ambiente.

b) as taxas de polícia instituídas e cobradas pelas entidades tributantes, tendo como fato gerador a atividade fiscalizadora incidente sobre uma mesma matéria, regulando a prática de ato ou a abstenção de fato, configuram "bis in idem" e destoam das atribuições administrativas inseridas na Constituição Federal.

c) considera-se irregular o poder de polícia quando desempenhado pelo órgão competente nos limites da lei aplicável, com observância do processo legal e, tratando-se de atividade que a lei tenha como discricionária, sem abuso ou desvio de poder.

d) considera-se poder de polícia a atividade da Administração Pública que, limitando ou disciplinando direito, interesse ou liberdade, regula a prática de ato ou abstenção de fato, em razão de interesse particular específico, no que concerne à segurança, à higiene, à ordem, aos costumes, à disciplina da produção e do mercado, ao exercício de atividades econômicas dependentes de concessão ou autorização do Poder Público, à tranquilidade pública ou ao respeito à propriedade e aos direitos individuais ou coletivos.

81. **(Ieses/TJ/RO/Cartórios/Ingresso/2017)** Sobre as taxas, assinale a alternativa incorreta:

a) as taxas têm como fato gerador o exercício regular do poder de polícia, ou a utilização, efetiva ou potencial, de serviço público específico e divisível, prestado ao contribuinte ou posto à sua disposição.

b) considera-se poder de polícia atividade da administração pública que regula a prática de ato ou abstenção de fato, em razão de interesse público concernente à segurança, à higiene, à ordem, aos costumes, à disciplina da produção e do mercado, ao exercício de atividades econômicas dependentes de concessão ou autorização do Poder Público, à tranquilidade pública ou ao respeito à propriedade e aos direitos individuais ou coletivos.

c) a taxa pode ter base de cálculo ou fato gerador idênticos aos que correspondam a imposto e ser calculada em função do capital das empresas.

d) considera-se regular o exercício do poder de polícia quando desempenhado pelo órgão competente nos limites da lei aplicável, com observância do processo legal e, tratando-se de atividade que a lei tenha como discricionária, sem abuso ou desvio de poder.

3. LEGISLAÇÃO TRIBUTÁRIA

✱ QUESTÕES OBJETIVAS

82. **(Ieses/TJ/RS/Cartórios/Remoção/2013)** Assinale a alternativa correta:

a) a isenção não pode ser restrita a determinada região do território da entidade tributante, em função de condições a ela peculiares.

b) a União pode, por meio de lei complementar, instituir isenções de tributos de competência dos Estados, Distrito Federal e dos Municípios.

c) para a apuração do crédito tributário, aplica-se a legislação vigente à época de ocorrência do respectivo fato gerador, mesmo que posteriormente modificada ou revogada.

d) a lei que institui uma isenção produz efeitos a partir do exercício financeiro seguinte ao de sua publicação.

83. **(Cespe/TJ/PI/Cartórios/Remoção/2013)** Considerando que lei tributária específica, que conceda parcelamento de crédito, seja publicada em 12.11.2013, sem a previsão de sua vigência, assinale a opção correta:

a) a vigência e a eficácia da referida lei ocorrerão com a sua publicação.

b) na hipótese em apreço, deve-se aplicar a integração da referida norma, e a sua eficácia somente poderá ocorrer após três meses da sua publicação.

c) a interpretação da referida legislação tributária deverá ser sistemática, uma vez que ela trata de concessão de causa de suspensão de crédito tributário.

d) a vigência da referida lei será imediata, pois ela concede suspensão de crédito tributário.

e) a vigência da lei em questão ocorrerá após quarenta e cinco dias, contados a partir da data da sua publicação.

84. (Cespe/TJ/ES/Cartórios/Remoção/2013) Com a finalidade de colmatar as lacunas normativas, a autoridade administrativa ou judicial competente para aplicar a legislação tributária utilizará:

a) a equidade e a analogia, essa com a finalidade de exigir tributo não previsto em lei.

b) a analogia e a equidade que resulte na dispensa do pagamento de tributo devido.

c) os costumes, a equidade, a analogia e os princípios gerais de direito tributário.

d) os costumes, a equidade, os princípios gerais de direito público e os princípios gerais de direito tributário.

e) a analogia, os princípios gerais de direito tributário, os princípios gerais de direito público e a equidade.

85. (Cespe/TJ/ES/Cartórios/Remoção/2013) Em matéria tributária, são consideradas normas complementares das leis, dos tratados e das convenções internacionais e dos decretos:

a) os decretos do Poder Legislativo.

b) as resoluções do Senado Federal.

c) os atos normativos expedidos pelas autoridades administrativas.

d) as decisões judiciais transitadas em julgado.

e) as leis complementares, as leis ordinárias e as leis delegadas.

86. (Cespe/TJ/RR/Cartórios/Ingresso/2013) Em 2011, determinado contribuinte cometeu ato ilícito consistente em deixar de pagar determinado tributo. A administração tributária, tendo tomado conhecimento do ato, abriu um processo contra esse contribuinte. No início de 2013, foi editada lei que deixou de tratar aquele ato ilícito. O processo ainda não foi definitivamente julgado. Nessa situação, a norma editada em 2013

a) somente se aplicará para desonerar o contribuinte dos efeitos tributários, mas não dos penais.

b) será aplicada para desonerar o contribuinte dos efeitos tributários e penais.

c) não se aplicará, seja para desonerar o contribuinte dos efeitos tributários, seja para desonerá-lo dos efeitos penais.

d) não se aplicará, devendo ser adotado o princípio do direito penal segundo o qual a lei não retroage.

e) somente se aplicará para desonerar o contribuinte dos efeitos penais, mas não dos tributários.

87. (Ieses/TJ/RN/Cartórios/Ingresso/2012) O Município de Justiça publica, em 20.10.2011, lei alterando a alíquota do IPTU de 1% para 2% e prevendo sua imediata entrada em vigor. O texto legal ainda altera a planta de avaliação dos imóveis e o Terreno de Jairo que estava calculado em R$ 10.000,00 passa a receber avaliação compatível com o mercado no valor de R$ 12.000,00. Qual será o valor devido a título de IPTU relativo a 2012, sabendo-se que o fato gerador do imposto ocorre a cada 1º de janeiro e considerando as determinações constitucionais:

a) R$ 100,00

b) R$ 240,00

c) R$ 120,00

d) R$ 200,00.

88. (Ieses/TJ/PB/Cartórios/Ingresso/2014) O Código Tributário Nacional (CTN), em seu Livro II, contem regras próprias referentes às denominadas normas gerais de direito tributário. Nesse sentido, está correto afirmar que:

a) são normas complementares das leis, dos tratados e das convenções internacionais, excluídos os decretos, os atos normativos expedidos pelas autoridades administrativas e judiciais, e as decisões dos órgãos coletivos de jurisdição administrativa, a que a lei atribua eficácia normativa.

b) quanto à responsabilidade por infrações, Salvo disposição de lei em contrário, a responsabilidade por infrações da legislação tributária depende sempre da intenção do agente ou do responsável e da efetividade, natureza e extensão dos efeitos do ato.

c) a expressão "legislação tributária", conforme o art. 96, CTN, compreende os tratados e convenções internacionais, as leis, decretos e as normas complementares que versem, no todo ou em parte, sobre tributos e relações jurídicas a eles pertinentes.

d) nos estritos termos do art. 104, CTN, a revogação de uma norma concessiva de isenção permite a cobrança do tributo imediatamente, sem necessidade de se aguardar o exercício seguinte para fazê-lo.

89. **(Cespe/TJ/BA/Cartórios/Ingresso/2013)** No que se refere a interpretação e integração da legislação tributária, é correto afirmar que:

a) a utilização da analogia e da equidade é admitida pela legislação tributária brasileira para a colmatação de lacunas normativas.

b) a legislação tributária admite, para a colmatação de lacunas normativas, a utilização da analogia e dos costumes.

c) as práticas reiteradamente observadas pelas autoridades administrativas, vistas como costumes da administração tributária, servem para colmatar lacunas normativas.

d) a equidade é fonte não autorizada pela legislação brasileira para a colmatação de lacunas normativas em matéria tributária.

e) a analogia é fonte não autorizada pela legislação brasileira para a colmatação de lacunas normativas, pois pode resultar na exigência de tributo não previsto em lei.

90. **(Cespe/TJ/DFT/Cartórios/Ingresso/2014)** Acerca da legislação tributária, assinale a opção correta:

a) na ausência de disposição expressa, a autoridade competente para aplicar a legislação tributária utilizará, sucessivamente, na ordem indicada: a analogia, os costumes e os princípios gerais de direito.

b) os atos normativos tributários expedidos pelas autoridades administrativas entram em vigor quarenta e cinco dias depois de oficialmente publicados, salvo disposição em contrário.

c) aplica-se, desde logo, a legislação tributária aos fatos geradores futuros e pendentes.

d) excepcionalmente, o emprego da analogia poderá resultar na exigência de tributo não previsto em lei.

e) somente lei complementar federal tributária pode alterar a definição de institutos de direito privado.

91. **(Consulplan/TJ/MG/Cartórios/Ingresso/2015)** Considerando o critério de integração da legislação tributária disposto no Código Tributário Nacional, é correto afirmar que:

a) a analogia pode ser empregada para criar hipótese de incidência de tributo.

b) é possível à autoridade tributária dispensar multas tributárias valendo-se da equidade.

c) para aplicação de penalidade em matéria tributária poderá o administrador se valer da analogia.

d) a analogia, os princípios gerais de direito tributário e de direito público, bem como a equidade, estabelecidos pelo Código Tributário Nacional como critérios de integração da legislação tributária, podem ser aplicados pelo contribuinte.

92. **(Faurgs/TJ/RS/Cartórios/Ingresso/2015)** No que se refere à legislação tributária, assinale a alternativa que contém afirmativa correta:

a) leis expressamente interpretativas não podem ser aplicadas a atos ou fatos pretéritos se contrariarem orientação favorável aos contribuintes já firmada pelos Tribunais Superiores.

b) os conceitos utilizados pela Constituição da República para outorgar competência impositiva podem ser alterados pelo legislador do ente político que a titularizar, dada a sua autonomia tributária e financeira.

c) o Código Tributário Nacional admite a utilização da analogia para a aplicação das hipóteses de incidência tributária a fatos juridicamente semelhantes àqueles por elas previstos, com vistas à promoção da igualdade.

d) o legislador ordinário pode estabelecer que multa tributária menos gravosa somente se aplique a fatos futuros.

93. **(Consulplan/TJ/MG/Cartórios/Ingresso/2017)** À luz do sistema das normas tributárias, indique a assertiva verdadeira:

a) o texto constitucional estabelece princípios e regras que garantem aos contribuintes proteções mínimas, e, ao definir a competência tributária dos entes políticos integrantes da federação, institui os tributos.

b) a lei complementar da União, no que tange ao sistema tributário, regula temas iniciados na Constituição Federal, tratando de matéria afeta a todos os entes tributantes, com eficácia no âmbito federal.

c) a função que sintetiza o papel das leis ordinárias federal, estadual, distrital ou municipal, no Direito Tributário, é a instituição dos tributos.

d) compete à lei ordinária dispor sobre a incidência de ITCD, quando o doador tiver domicílio ou residência no exterior.

94. **(Consulplan/TJ/MG/Cartórios/Ingresso/2017)** Sobre a interpretação e integração da legislação tributária, assinale a afirmativa correta:

a) interpreta-se analogicamente a legislação tributária que disponha sobre a suspensão ou exclusão do crédito tributário, a outorga de isenção e a dispensa do cumprimento de obrigações tributárias acessórias.

b) relativamente às normas tributárias que definem infrações e penalidades não se aplica o princípio da retroatividade benigna.

c) na integração da legislação tributária, a autoridade competente pode eleger, dentre as modalidades de integração, aquela que se mostre mais adequada para a solução dos casos concretos para os quais não haja disposição reguladora expressa.

d) a lei tributária pode alterar determinado conceito oriundo do direito privado, dando-lhe certa peculiaridade, restringindo-lhe ou ampliando-lhe o alcance, desde que não tenha sido adotado pela Constituição Federal para delimitar a competência tributária.

95. **(Ieses/TJ/RO/Cartórios/Ingresso/2017)** Considerando as normas gerais de direito tributário estabelecidas pelo Código Tributário Nacional, pode-se afirmar o seguinte sobre a "legislação tributária", exceto que:

a) na ausência de disposição expressa, a autoridade competente para aplicar a legislação tributária utilizará, sucessivamente, a analogia, os princípios gerais de direito tributário, os princípios gerais de direito público e a equidade.

b) a legislação tributária aplica-se imediatamente aos fatos geradores futuros, passados (cuja ocorrência já esteja completa) e aos pendentes, cuja ocorrência tenha tido início mas não esteja completa.

c) a vigência, no espaço e no tempo, da legislação tributária rege-se pelas disposições legais aplicáveis às normas jurídicas em geral, ressalvado o previsto no Código Tributário Nacional.

d) o emprego da analogia não poderá resultar na exigência de tributo não previsto em lei.

96. **(Ieses/TJ/AM/Cartórios/Ingresso/2018)** Com relação à Administração Tributária e seu mecanismo de fiscalização, assinale a alternativa incorreta com relação ao previsto no Código Tributário Nacional:

a) os tabeliães, escrivães e demais serventuários de ofício, quando intimados por escrito, são obrigados a prestar à autoridade administrativa todas as informações de que disponham com relação aos bens, negócios ou atividades de terceiros, ressalvadas hipóteses de segredo em razão de seu ofício.

b) os livros obrigatórios de escrituração comercial e fiscal e os comprovantes dos lançamentos neles efetuados serão conservados até que ocorra a prescrição dos créditos tributários decorrentes das operações a que se refiram.

c) a legislação tributária aplica-se às pessoas naturais ou jurídicas, contribuintes ou não, exceto às que gozem de imunidade tributária ou de isenção de caráter pessoal.

d) a Fazenda Pública da União, na forma estabelecida em tratados, acordos ou convênios, poderá permutar informações com Estados estrangeiros no interesse da arrecadação e da fiscalização de tributos.

4. OBRIGAÇÃO TRIBUTÁRIA

◉ ATENÇÃO: ESTE TEMA É MUITO EXIGIDO NOS CONCURSOS!

✱ SÚMULAS

STJ Súm. 251. A meação só responde pelo ato ilícito quando o credor, na execução fiscal, provar que o enriquecimento dele resultante aproveitou ao casal.

STJ Súm. 360. O benefício da denúncia espontânea não se aplica aos tributos sujeitos a lançamento por homologação regularmente declarados, mas pagos a destempo.

STJ Súm. 430. O inadimplemento da obrigação tributária pela sociedade não gera, por si só, a responsabilidade solidária do sócio-gerente.

STJ Súm. 435. Presume-se dissolvida irregularmente a empresa que deixar de funcionar no seu domicílio fiscal, sem comunicação aos órgãos competentes, legitimando o redirecionamento da execução fiscal para o sócio-gerente.

STJ Súm. 554. Na hipótese de sucessão empresarial, a responsabilidade da sucessora abrange não apenas os tributos devidos pela sucedida, mas também as multas moratórias ou punitivas referentes a fatos geradores ocorridos até a data da sucessão.

* QUESTÕES DISCURSIVAS

02. **(Ieses/TJ/CE/Cartórios/2018)** Determinado distribuidor, contribuinte do ICMS, é o responsável pelo recolhimento antecipado do tributo estadual relativo a toda a cadeia subsequente a sua fase. Conforme a legislação aplicável, o distribuidor recolhe o tributo com uma base de cálculo presumida. Realizada a operação em toda sua cadeia, constatou-se que a base de cálculo real do valor da venda foi inferior ao valor da base de cálculo presumida, utilizado para o pagamento do tributo. Assim, o distribuidor, após tentativas administrativas, ajuizou a competente medida judicial visando a devolução do valor pago a mais na apuração presumida da base de cálculo. Com base nas informações acima narradas e com subsídio nas prescrições da Constituição Federal, Código Tributário Nacional e o entendimento firmado pelos tribunais superiores, responda, em um único texto, aos seguintes questionamentos: (i) Conforme a construção doutrinária, a responsabilidade tributária pode ser dividida em duas grandes categorias, considerando a relação entre a consumação do fato gerador e o momento em que determinado responsável tributário assume tal posição. Defina estas duas categorias de responsabilidade, apresentando as diferenças entre elas. (ii) Na hipótese descrita no enunciado, trata-se de qual categoria de responsabilidade? (iii) É devida a restituição da diferença do Imposto sobre Circulação de Mercadorias e Serviços – ICMS pago a mais, conforme requerido pelo distribuidor?

03. **(Ieses/TJ/AM/Cartórios/2018)** A empresa Y presta serviços no Município Z, local no qual instalou sua sede no ano de 2015. A motivação para instalação da sede no Município Z foi a possibilidade de beneficiar-se de isenção temporária concedida com relação aos tributos municipais. A empresa Y requereu a mencionada isenção, a qual foi deferida ainda no ano de 2015. Em 2017, a empresa Y foi surpreendida com uma autuação e imposição de multa, fundamentada no descumprimento da obrigação de apresentação da documentação contábil da empresa no ano de 2016, nos termos da legislação municipal. Insurgiu-se então a empresa Y apresentando defesa administrativa, a qual aguarda julgamento, afirmando que a isenção concedida afasta a obrigação de apresentação de sua documentação contábil, vez que não há tributos a recolher no Município Z. Com base nas informações acima narradas e com subsídio nas prescrições do Código Tributário Nacional, responda, em um único texto, aos seguintes questionamentos: (i) Qual a definição e diferenças entre obrigação tributária principal e obrigação tributária acessória? Aponte as definições legais, bem como indique o tipo de obrigação que foi descumprida pela empresa Y; (ii) Está correto o entendimento do contribuinte no sentido de que a isenção concedida afasta o dever de cumprimento da obrigação de apresentar a documentação objeto da autuação? Justifique, indicando o dispositivo do Código Tributário Nacional que fundamenta sua resposta; (iii) Discorra sobre a natureza da multa aplicada à empresa Z em relação a teoria das obrigações tributárias, considerando a redação expressa do Código Tributário Nacional.

* QUESTÕES OBJETIVAS

97. **(Consulplan/TJ/MG/Cartórios/Ingresso/2018)** Sobre os tributos, assinale a afirmativa correta:

a) um ato ilícito pode estar descrito na hipótese de incidência de um imposto ou contribuição.

b) o sujeito passivo da obrigação tributária é a pessoa jurídica de direito público, titular da competência para exigir o seu cumprimento.

c) o fato de a pessoa jurídica gozar de imunidade tributária não afasta a necessidade de cumprimento por ela das obrigações acessórias definidas por lei.

d) cabe a restituição do tributo pago indevidamente, quando reconhecido por decisão, que o contribuinte de fato (de facto) não recuperou do contribuinte de direito (de jure) o quantum respectivo.

98. **(Cespe/TJ/RR/Cartórios/Ingresso/2013)** Pedro, condenado pela prática de crime tributário, ingressou com ação pleiteando a anulação de lançamentos tributários relativos ao IPTU de imóvel de sua propriedade, sob a alegação de que, por estar preso e, em razão disso, não poder usufruir do imóvel, não detém capacidade tributária. Por sua vez, Jorge, interditado judicialmente por apresentar problemas mentais, ingressou com ação pleiteando a anulação de lançamentos tributários relativos ao IPTU de imóvel de sua propriedade, sob a alegação de que não possui capacidade tributária por ser absolutamente incapaz. Com base na situação hipotética acima, assinale a opção correta à luz do CTN:

a) nenhum dos dois tem direito à anulação do crédito.

b) ambos têm direito à anulação.

c) por ter sido condenado pela prática de crime tributário, Pedro não tem direito à anulação pleiteada.

d) Jorge tem direito à anulação, mas Pedro não, independentemente da razão de sua prisão.

e) Pedro tem direito à anulação, mas o juiz deve julgar improcedente a ação de Jorge.

99. **(Ieses/TJ/RN/Cartórios/Remoção/2012)** Assinale a alternativa que indica uma obrigação tributária acessória:

a) pagamento de ICMS realizado pelo responsável tributário.

b) multa decorrente da não entrega de declaração de imposto de renda.

c) emissão de nota fiscal.

d) pagamento de ICMS realizado pelo contribuinte em relação à circulação de mercadoria.

100. **(Cespe/TJ/RR/Cartórios/Ingresso/2013)** Acerca do poder de tributar, assinale a opção correta:

a) se a lei institui imposto sem alíquota, pode a administração integrá-la.

b) os particulares são os destinatários dos princípios jurídicos da tributação.

c) a imediatidade das medidas provisórias é incompatível com as normas tributárias, de maneira que entende o STF que tal instrumento normativo não pode veicular quaisquer regulações tributárias colocadas sob a égide da reserva legal.

d) a imunidade tributária, no Brasil, pode alcançar os impostos, as taxas, as contribuições de melhoria, os empréstimos compulsórios e as contribuições especiais.

e) do contribuinte só podem ser exigidos tributos quando se verificarem, no mundo fenomênico, os pressupostos de fato descritos em uma norma legal.

101. **(Consulplan/TJ/MG/Cartórios/Ingresso/2016)** De acordo com as disposições relativas ao Sujeito Ativo e Sujeito Passivo do Código Tributário Nacional, assinale a alternativa incorreta:

a) sujeito ativo da obrigação é a pessoa jurídica de direito público titular da competência para exigir seu cumprimento.

b) o sujeito passivo da obrigação principal é a pessoa obrigada ao pagamento de tributo ou penalidade tributária.

c) o sujeito passivo da obrigação principal, de pagar um tributo ou penalidade, pode ser o contribuinte ou o responsável, por terem relação pessoal e direta com a situação que constitua o respectivo fato gerador.

d) havendo previsão expressa em lei, as disposições particulares relativas à responsabilidade pelo pagamento de tributos podem ser opostas à Fazenda Pública para modificar a definição legal do sujeito passivo das obrigações tributárias correspondentes.

102. **(Consulplan/TJ/MG/Cartórios/Ingresso/2016)** Considerando disposições do Código Tributário Nacional, assinale a afirmação incorreta:

a) a capacidade tributária passiva depende da capacidade civil das pessoas naturais.

b) a capacidade tributária passiva independe de estar a pessoa jurídica regularmente constituída.

c) o domicílio tributário, na falta de eleição pelo contribuinte ou responsável, considera-se o da residência habitual quanto às pessoas naturais.

d) o domicílio tributário, na falta de eleição pelo contribuinte ou responsável, quanto à pessoa jurídica de direito privado, com um único estabelecimento, considera-se o lugar de sua sede.

103. **(Ieses/TJ/MS/Cartórios/Ingresso/2014)** Em seu Livro Segundo, o CTN dispõe sobre o fato gerador da obrigação tributária, regras sobre a responsabilidade tributária e sobre o crédito tributário (pagamento, prescrição e decadência). Quanto à esta matéria é possível afirmar que:

a) a obrigação acessória decorre da legislação tributária e tem por objeto as prestações, positivas ou negativas, nela previstas no interesse da arrecadação ou da fiscalização dos tributos.

b) nos casos de impossibilidade de exigência do cumprimento da obrigação principal pelo contribuinte, o sujeito ativo pode exigir do contribuinte ou do tabelião responsável, os tributos devidos sobre os atos praticados por este, em razão do seu ofício.

c) a ação para a cobrança do crédito tributário prescreve em cinco anos, contados da data da sua constituição definitiva, sendo que a prescrição se interrompe pela citação pessoal feita ao devedor.

d) em caso de propositura de Ação de Consignação em Pagamento, julgada procedente a consignação, o pagamento se reputa efetuado e a importância consignada é convertida em renda; julgada improcedente, o crédito deixa de ser exigível, sendo apenas impostas as penalidades legais.

104. **(Ieses/TJ/PB/Cartórios/Remoção/2014)** Sobre a obrigação tributária é correto afirmar:

I. a obrigação principal surge com a ocorrência do fato gerador, tem por objeto o pagamento de tributo ou penalidade pecuniária e extingue-se juntamente com o crédito dela decorrente.

II. a obrigação acessória, por sua natureza jurídica, não se converte em obrigação principal.

III. a obrigação acessória decorre da legislação tributária e tem por objeto as prestações, positivas ou negativas, nela previstas no interesse da arrecadação ou da fiscalização dos tributos.

IV. a obrigação acessória, pelo simples fato da sua inobservância, converte-se em obrigação principal relativamente à penalidade pecuniária.

A sequência correta é:

a) apenas a assertiva II está correta.
b) as assertivas I, II, III e IV estão corretas.
c) apenas as assertivas I, III e IV estão corretas.
d) apenas as assertivas I e II estão corretas.

105. **(Consulplan/TJ/MG/Cartórios/Remoção/2014)** Sobre a obrigação tributária, está correta a assertiva:

a) os fatos geradores das obrigações tributárias – principais ou acessórias – devem estar previstos em lei.
b) caso a autoridade administrativa constate a existência de atos ou negócios jurídicos praticados com a finalidade de dissimular a ocorrência do fato gerador do tributo ou a natureza dos elementos constitutivos da obrigação tributária, ela pode desconsiderar tais atos, desde que observados os procedimentos previstos em lei ordinária.
c) os juros, correção monetária e multa de um determinado tributo são considerados obrigações acessórias a serem pagas pelo contribuinte.
d) na hipótese de isenção de pagamento da obrigação principal, o sujeito passivo fica liberado do cumprimento da obrigação acessória relacionada àquele tributo ou penalidade pecuniária.

106. **(FMP/TJ/MT/Cartórios/Ingresso/2014)** Obrigação tributária acessória significa:

a) a obrigação que a lei faz de um fato tributário que, se ocorrer, dará ensejo à obrigação tributária.
b) é o mesmo que equidade.
c) é a atribuição da lei de modo expresso para que terceira pessoa seja responsabilizada pelo pagamento do tributo.
d) é a obrigação que decorre da lei e que diz respeito a prestações, positivas ou negativas, nela previstas no interesse da arrecadação ou fiscalização dos tributos.
e) é a obrigação que surge com a ocorrência do fato gerador e tem por objeto o pagamento de tributo.

107. **(Consulplan/TJ/MG/Cartórios/Remoção/2016)** Considerando as disposições relativas à solidariedade, do Código Tributário Nacional, é correto afirmar que:

a) o pagamento efetuado por um dos obrigados não aproveita aos demais.
b) a remissão de crédito exonera todos os obrigados, ainda que outorgada pessoalmente a um deles.
c) a interrupção da prescrição contra um dos obrigados não prejudica os demais.
d) são solidariamente obrigadas as pessoas que tenham interesse comum na situação que constitua o fato gerador da obrigação principal.

108. **(Consulplan/TJ/MG/Cartórios/Ingresso/2014)** Um tio doou legitimamente um imóvel (loja comercial em Belo Horizonte/MG) ao sobrinho de 10 anos, Henrique. A criança, também legitimamente, firmou contrato de locação da loja com pessoa maior e capaz; constou no contrato cláusula de que o locatário seria responsável pelo pagamento do IPTU. O locatário exerceu no imóvel atividade proibida de casa de apostas. Passados dois anos, Polícia e Administração Pública mandaram encerrar as atividades e fecharam o estabelecimento. O município de Belo Horizonte iniciou processo executivo de cobrança do IPTU incidente sobre a propriedade do imóvel, que fora devidamente lançado e inscrito em dívida ativa. Por sua vez, a Fazenda Pública Federal apurou administrativamente o imposto e respectivas penalidades e procedeu ao lançamento de ofício do Imposto sobre a Renda – IR, fazendo-o incidir sobre os ganhos auferidos e não declarados pelo locatário na atividade ilegal. Assim:

a) Henrique, absolutamente incapaz, é sujeito passivo do IPTU, e não deverá ser provida sua oposição ao pagamento sob alegação de que a responsabilidade pelo pagamento fora transferida ao locatário.

b) Henrique, proprietário do imóvel, mesmo sendo incapaz, é devedor do IPTU, mas o imposto não pode ser cobrado dele, em razão da existência da cláusula contratual que prevê responsabilidade do locatário.

c) o imposto de renda não é devido pela casa de apostas ou por seu titular ou responsável, pois o fato gerador, no caso, é percepção de renda auferida em atividade ilegal.

d) o imposto de renda é devido pela casa de apostas ou por seu titular ou responsável, independentemente de a atividade ser lícita ou ilícita; todavia o lançamento de ofício realizado pela Fazenda Pública está incorreto, pois deveria ser feito lançamento por homologação.

109. **(Cespe/TJ/BA/Cartórios/Remoção/2013)** Com referência à sujeição passiva na relação jurídica tributária, assinale a opção correta:

a) na obrigação principal, denomina-se responsável o sujeito passivo que tenha relação pessoal e direta com a situação que constitua o respectivo fato gerador.

b) o sujeito passivo, na obrigação acessória, é a pessoa obrigada ao pagamento do tributo ou penalidade tributária.

c) é sujeito passivo da obrigação principal a pessoa obrigada às prestações que constituam o seu objeto.

d) as convenções particulares relativas à responsabilidade pelo pagamento de tributos podem ser opostas à fazenda pública com o intuito de modificar a definição legal do sujeito passivo das obrigações tributárias.

e) é considerada sujeito passivo da obrigação principal a pessoa obrigada ao pagamento de tributo ou penalidade tributária.

110. **(Cespe/TJ/DFT/Cartórios/Remoção/2014)** Considere que Hilário tenha locado um apartamento de Alfredo, mediante contrato escrito em que foi pactuada a obrigação do locatário de honrar com as despesas de imposto sobre propriedade predial e territorial urbana (IPTU) do referido imóvel. Nessa situação, o fisco:

a) não poderá cobrar de Alfredo o IPTU atrasado.

b) só poderá cobrar de Alfredo o IPTU atrasado se o contrato de locação estiver registrado em Cartório de Títulos e Documentos.

c) não poderá cobrar de Hilário o IPTU atrasado.

d) poderá cobrar de Hilário ou de Alfredo o IPTU atrasado.

e) só poderá cobrar de Hilário o IPTU atrasado se o contrato de locação estiver registrado em Cartório de Títulos e Documentos.

111. **(Cespe/TJ/SE/Cartórios/Remoção/2014)** No que se refere a fato gerador e obrigação tributária, assinale a opção correta:

a) o fato gerador da obrigação acessória deve estar previsto em lei específica.

b) fato gerador é a situação prevista em lei e cuja ocorrência faça surgir o crédito tributário.

c) a transmissão de bem imóvel, por ato oneroso, configura fato gerador do ITBI, iniciando-se nesse momento a contagem do prazo prescricional da obrigação.

d) a obrigação tributária origina-se com o lançamento.

e) a obtenção de renda decorrente de negócio, ainda que ilícito, constitui fato gerador do imposto sobre a renda.

112. **(Consulplan/TJ/MG/Cartórios/Remoção/2017)** Acerca da competência tributária, capacidade tributária ativa e competência para legislar sobre Direito Tributário, indique a alternativa correta:

a) a competência tributária é o poder delegável, atribuído pela Constituição e suas Emendas, sem possibilidade de alteração por meio de legislação infraconstitucional, em favor da União, Estados, Distrito Federal e Municípios, para instituir determinado tributo.

b) a capacidade tributária ativa é o poder de cobrar, exigir e fiscalizar o tributo, de maneira que o sujeito ativo da obrigação tributária, credor do tributo, detém capacidade tributária ativa.

c) a competência para legislar sobre Direito Tributário consiste no poder de estabelecer normas gerais em matéria tributária, estabelecendo conceitos básicos que norteiam o sistema tributário e complementam o texto constitucional, sendo, portanto, competência privativa da União.

d) dá-se a parafiscalidade quando houver delegação da capacidade tributária ativa, ressalvando-se que a entidade delegatária não disporá dos recursos arrecadados para a sustentação de suas finalidades institucionais.

113. **(Consulplan/TJ/MG/Cartórios/Remoção/2017)** Relativamente à obrigação tributária, fato gerador e sujeito passivo, é correto afirmar:

a) na obrigação acessória, o termo "acessória" sugere uma impropriedade, pois a existência de tal obrigação não pressupõe a principal; por exemplo, há situações em que o cumprimento da obrigação acessória é pressuposto para a inexistência da obrigação principal; assim, a doutrina costuma denominá-la de dever instrumental ou formal, dada a autonomia dos respectivos fatos geradores.

b) fato gerador complexivo consiste num estado de direito ou situação de fato que tende a permanecer no tempo; esse tipo de fato gerador não se constitui por um evento instantâneo ou por um conjunto de eventos, mas por um estado de coisas com potencialidade de permanência; utilizado, em geral, nos impostos sobre a propriedade.

c) uma pessoa jurídica paga salário mensal a seu empregado; em relação ao imposto de renda, o empregado e sua empregadora são contribuintes; aquele porque auferiu renda e essa última porque, como fonte pagadora, está obrigada, por lei, a reter e a pagar o imposto, cujo fato gerador tem relação pessoal e direta com o empregado.

d) o proprietário de imóvel, sujeito passivo do IPTU, na qualidade de contribuinte, ao celebrar contrato de locação desse bem e estipular cláusula contratual, segundo a qual ao locatário compete pagar aquele imposto, transforma esse último em responsável tributário e, portanto, em sujeito passivo perante o Fisco.

114. **(Consulplan/TJ/MG/Cartórios/Ingresso/2017)** Dado que o fato gerador significa um evento e a base de cálculo, a grandeza que o dimensiona numericamente, considerando-se os impostos e as taxas, é correto afirmar:

a) a base de cálculo dos impostos deve ser a grandeza que dimensiona a manifestação de riqueza, sendo também totalmente idônea para regular a taxa, que guarda relação com a contraprestação estatal.

b) é constitucional a adoção, no cálculo do valor de taxa, de um ou mais elementos da base de cálculo própria de determinado imposto, desde que não haja integral identidade entre uma base e outra.

c) não viola a garantia constitucional de acesso à jurisdição a taxa judiciária calculada sem limite sobre o valor da causa.

d) o Supremo Tribunal Federal entendeu pela inconstitucionalidade da taxa de fiscalização dos mercados de títulos e valores mobiliários, cobrada pela Comissão de Valores Mobiliários, cujos montantes, em moeda corrente, são determinados em faixas que variam de acordo com o patrimônio líquido da sociedade ou fundo de investimento sujeito à fiscalização.

115. **(Consulplan/TJ/MG/Cartórios/Remoção/2017)** À luz das previsões do Código Tributário Nacional, assinale a alternativa correta:

a) a capacidade tributária passiva independe de achar-se a pessoa natural sujeita a medidas que importem privação ou limitação do exercício de atividades civis, comerciais ou profissionais, ou da administração direta de seus bens ou negócios.

b) a solidariedade comporta o benefício de ordem.

c) a interrupção da prescrição, em favor ou contra um dos obrigados, não favorece ou prejudica aos demais.

d) a autoridade administrativa não pode recusar o domicílio tributário eleito pelo contribuinte.

116. **(Ieses/TJ/RO/Cartórios/Ingresso/2017)** Sobre o sujeito passivo da obrigação tributária, assinale a alternativa incorreta:

a) a capacidade tributária passiva possui como condição a existência de capacidade civil do sujeito, nos termos da legislação civil.

b) a capacidade tributária passiva independe de estar a pessoa jurídica regularmente constituída, bastando que configure uma unidade econômica ou profissional.

c) sujeito passivo da obrigação principal é a pessoa obrigada ao pagamento de tributo ou penalidade pecuniária.

d) sujeito passivo da obrigação acessória é a pessoa obrigada às prestações que constituam o seu objeto.

117. **(Consulplan/TJ/MG/Cartórios/Ingresso/2017)** O fato gerador da obrigação principal é a situação definida em lei como necessária e suficiente à sua ocorrência. Sobre o fato gerador disciplinado no Código Tributário Nacional, analise as afirmações que seguem:

I. inclui-se na interpretação da definição legal do fato gerador a validade jurídica dos atos efetivamente praticados pelos contribuintes, responsáveis, ou terceiros, bem como a natureza do seu objeto ou dos seus efeitos.

II. fato gerador da obrigação acessória é qualquer situação que, na forma da legislação aplicável, impõe a prática ou a abstenção de ato que não configure obrigação principal.

III. a autoridade administrativa poderá desconsiderar atos ou negócios jurídicos praticados com a finalidade de dissimular a ocorrência do fato gerador do tributo ou a natureza dos elementos constitutivos da obrigação tributária, observados os procedimentos a serem estabelecidos em lei ordinária.

IV. tratando-se de situação de fato, salvo disposição de lei em contrário, considera-se ocorrido o fato gerador e existentes os seus efeitos desde o momento em que o se verifiquem as circunstâncias materiais necessárias a que produza os efeitos que normalmente lhe são próprios.

Está correto o que se afirma em:

a) I e II, apenas.

b) II e III, apenas.

c) II, III e IV, apenas.

d) I, II, III e IV.

118. **(Ieses/TJ/RO/Cartórios/Remoção/2017)** No que tange a obrigação tributária é correto afirmar:

I. a obrigação tributária é principal ou acessória.

II. a obrigação principal decorre da legislação tributária e tem por objeto as prestações, positivas ou negativas, nela previstas no interesse da arrecadação ou da fiscalização dos tributos.

III. a obrigação acessória, pelo simples fato da sua inobservância, converte-se em obrigação principal relativamente à penalidade pecuniária.

IV. a obrigação acessória surge com a ocorrência do fato gerador, tem por objeto o pagamento de tributo ou penalidade pecuniária e extingue-se juntamente com o crédito dela decorrente.

A sequência correta é:

a) as assertivas I, II, III e IV estão corretas.

b) apenas a assertiva IV está correta.

c) apenas as assertivas I, III, IV estão corretas.

d) apenas as assertivas I e III estão corretas.

119. **(Vunesp/TJ/SP/Cartórios/Ingresso/2018)** De acordo com o Código Tributário Nacional:

a) os princípios gerais de direito privado são utilizados para pesquisa da definição, do conteúdo e do alcance de seus institutos, conceitos e formas, inclusive para a definição dos respectivos efeitos tributários.

b) a obrigação acessória, pelo simples fato de sua inobservância, converte-se em obrigação principal relativamente à penalidade pecuniária.

c) está em conformidade com o conceito de tributo a noção de prestação pecuniária que constitua sanção de ato ilícito.

d) a lei tributária nova pode retroagir, quando for expressamente interpretativa, inclusive para aplicação de penalidade.

120. **(Ieses/TJ/RS/Cartórios/Ingresso/2013)** Assinale a alternativa correta:

a) os tabeliães, escrivães e demais serventuários de ofício são responsáveis solidários pelos tributos devidos sobre os atos praticados por eles, ou perante eles, em razão do seu ofício ou por suas omissões, caso não seja possível exigir o cumprimento da obrigação principal do contribuinte.

b) o espólio não é responsável pelos tributos devidos pelo "de cujus" até a data da abertura da sucessão.

c) a responsabilidade tributária por infrações não se exclui, mesmo em caso de denúncia espontânea realizada com os recolhimentos devidos.

d) salvo disposição legal em contrário, a responsabilidade tributária por infrações depende da demonstração da intenção do sujeito passivo.

121. **(Cespe/TJ/PI/Cartórios/Ingresso/2013)** Suponha que determinado notário tenha deixado de exigir o pagamento do ITBI no ato da lavratura de escritura de compra e venda, conforme prevê a legislação local, para garantir a celeridade do negócio jurídico. Nesse caso:

a) o notário enquadra-se na responsabilidade de terceiros, que é do tipo exclusiva ou integral, sem o benefício de ordem.

b) o notário será solidariamente responsável, sem o benefício de ordem, após a tentativa frustrada do fisco em fazer que o adquirente do imóvel cumprisse a sua obrigação principal.

c) o notário, nesse caso, estará isento de responsabilidade, pois somente poderia responder por omissões, e nunca por tentar dar celeridade ao negócio jurídico.

d) a responsabilidade do notário é pessoal, devendo dele ser exigido o pagamento do tributo em primeiro plano, já que ele, tendo de cobrar o pagamento, deixou de fazê-lo.

e) o notário responderá pelo pagamento do tributo juntamente com o devedor principal, desde o começo da exigência do cumprimento da obrigação principal, por tratar-se de caso de responsabilidade de terceiros.

122. (FCC/TJ/PE/Cartórios/Remoção/2013) Quando da realização do negócio jurídico de compra e venda de bem imóvel o alienante declarou ao tabelião que não possuía débitos para com as fazendas públicas municipal, estadual e federal. Esta declaração foi consignada na Escritura Pública que ainda constou a assunção pelo alienante de qualquer obrigação tributária por fato gerador anterior à lavratura da Escritura. A responsabilidade tributária neste caso:

a) é do alienante, pelos tributos cujos fatos geradores sejam anteriores ao negócio.

b) é do adquirente, ainda que tenham sido apresentadas as certidões negativas de débito pelo alienante.

c) é solidária do alienante e do adquirente.

d) pode ser solidária do tabelião ou do oficial do registro de imóveis com o adquirente quando não efetivamente fiscalizado o recolhimento do tributo devido na operação.

e) somente será atribuída ao tabelião ou ao oficial do registro de imóveis em caráter exclusivo, pela omissão na fiscalização desta obrigação tributária por parte do alienante.

123. (FCC/TJ/PE/Cartórios/Ingresso/2013) É legalmente considerado responsável solidário pelos tributos gerados por atos em que intervém:

a) o filho menor, em relação aos tributos devidos por seus pais.

b) a sociedade de pessoa, em relação aos tributos devidos por seus sócios.

c) o inventariante, pelos tributos devidos pelo espólio.

d) o usuário do serviço notarial e de registro, pelos tributos decorrentes da prática de atos na serventia.

e) o proprietário mandante, pelos tributos devidos por atos do administrador.

124. (Ieses/TJ/RN/Cartórios/Ingresso/2012) Ayrton adquire em 31.12.2011 um terreno urbano de Jairo sob o qual existem débitos tributários relativos aos períodos anteriores à data da compra. Os tributos em aberto limitam-se: aos que têm como fato gerador a propriedade do imóvel, às taxas pela prestação de serviços referentes ao mesmo e às contribuições de melhoria. Segundo o CTN, Ayrton:

a) será responsável pelos tributos cujo fato gerador ocorra em 2012.

b) não será o responsável tributário pelos débitos caso o vendedor assuma contratualmente que suportará o ônus.

c) não será o responsável tributário pelos débitos caso o vendedor assuma em escritura pública que suportará o ônus.

d) não será o responsável tributário pelos débitos caso tenha arrematado o bem em hasta pública.

125. (Ieses/TJ/PA/Cartórios/Remoção/2016) De acordo com a Lei 5.172/66, nos casos de impossibilidade de exigência do cumprimento da obrigação principal pelo contribuinte, respondem solidariamente com este nos atos em que intervierem ou pelas omissões de que forem responsáveis, assinale a alternativa correta:

I. os pais, pelos tributos devidos por seus filhos menores.

II. o locador e o comissário, pelos tributos devidos pela massa falida ou pelo concordatário.

III. os tutores e curadores, pelos tributos devidos por seus tutelados ou curatelados.

IV. os tabeliães, escrivães e demais serventuários de ofício, pelos tributos devidos sobre os atos praticados por eles, ou perante eles, em razão do seu ofício:

a) apenas os itens I, II e IV estão corretos.

b) apenas os itens II e IV estão corretos.

c) os itens I, II, III e IV estão corretos.

d) apenas os itens I, III e IV estão corretos.

126. (Faurgs/TJ/RS/Cartórios/Ingresso/2015) No que se refere à responsabilidade tributária, assinale a alternativa que contém afirmativa correta:

a) os créditos relativos ao IPTU sub-rogam-se na pessoa dos adquirentes e arrematantes, salvo quando conste do título a prova da sua quitação.

b) empresa que adquirir estabelecimento comercial de outra e continuar a respectiva exploração responde pelos tributos relativos ao estabelecimento adquirido, devidos até a data do ato, mas não por aqueles que, malgrado sejam pertinentes a obrigações surgidas até então, somente tenham sido constituídos posteriormente.

c) de acordo com a legislação pertinente, as empresas integrantes de grupos econômicos respondem entre si, solidariamente, pelas obrigações previdenciárias.

d) o mero encerramento de fato das atividades da empresa, sem a baixa formal, não autoriza a responsabilização tributária dos sócios que a administraram tanto no período dos fatos geradores quanto no período da dissolução.

127. **(Consulplan/TJ/MG/Cartórios/Remoção/2015)** Considerando o disposto sobre responsabilidade tributária no Código Tributário Nacional, avalie as seguintes afirmativas:

I. os créditos tributários relativos ao IPTU sub-rogam-se na pessoa dos respectivos adquirentes, salvo quando conste do título a prova de sua quitação.

II. o espólio é pessoalmente responsável por tributo devido pelo "de cujus" até a data da abertura de sucessão.

III. os tabeliães respondem solidariamente pelos tributos devidos sobre atos praticados por eles, em razão de seu ofício, nos atos em que intervierem, no caso de impossibilidade de exigência do cumprimento da obrigação principal pelo contribuinte.

IV. a responsabilidade por infrações da legislação tributária depende da intenção do agente ou do responsável.

Está correto o que se afirma em:

a) I, II, III e IV.

b) II, III e IV, apenas.

c) I e IV, apenas.

d) I, II e III, apenas.

128. **(Consulplan/TJ/MG/Cartórios/Remoção/2014)** A respeito da responsabilidade tributária, é correto afirmar que:

a) o espólio é pessoalmente responsável pelo pagamento dos tributos devidos pelo de cujos até a data da abertura da sucessão.

b) os créditos tributários relativos a impostos cujo fato gerador seja a propriedade, o domínio útil ou a posse de bens imóveis sub-rogam-se na pessoa dos respectivos adquirentes, ainda que conste do título a prova de sua quitação.

c) há responsabilidade pessoal dos sucessores a qualquer título pelos tributos devidos pelo de cujos até a data da partilha, a qual não está limitada ao montante do quinhão do legado.

d) de acordo com previsão expressa do Código Tributário Nacional, a lei pode atribuir a responsabilidade pelo crédito tributário a terceira pessoa, ainda que não vinculada ao fato gerador da obrigação.

129. **(IBFC/TJ/PR/Cartórios/Remoção/2014)** São pessoalmente responsáveis, em matéria de responsabilidade tributária, por sucessão:

a) o adquirente, em hasta pública, de estabelecimento comercial ou fundo de comércio, em processo de falência, por tributos devidos até a data da aquisição.

b) o sucessor, a qualquer título, e o cônjuge meeiro, pelos tributos devidos pelo "de cujus" até a data da partilha ou adjudicação, limitada a responsabilidade ao montante do quinhão, do legado ou meação.

c) o alienante de bem imóvel, no caso de ter assumido em escritura pública a obrigação por tributo relativo a fato gerador acontecido antes da transmissão, quando não houver prova de quitação de tributos.

d) o arrematante de bem imóvel, no caso de arrematação em hasta pública, pelos tributos devidos por fatos geradores anteriores à arrematação.

130. **(IBFC/TJ/PR/Cartórios/Ingresso/2014)** A responsabilidade por infrações da legislação tributária:

a) depende sempre da intenção do agente ou do responsável, mas não da efetividade, natureza e extensão dos efeitos do ato.

b) independe, salvo indisposição em contrário, da intenção do agente ou do responsável, mas depende sempre da efetividade, natureza e extensão dos efeitos do ato.

c) independe sempre da intenção do agente ou do responsável e da efetividade, natureza e extensão dos efeitos do ato.

d) independe, salvo disposição em contrário, da intenção do agente ou do responsável e da efetividade, natureza e extensão dos efeitos do ato.

131. **(Cespe/TJ/BA/Cartórios/Remoção/2013)** Acerca da responsabilidade tributária, assinale a opção correta:

a) o sucessor a qualquer título e o cônjuge meeiro serão responsáveis pelos tributos devidos pelo "de cujus" até a data da partilha ou adjudicação, limitando-se essa responsabilidade ao montante do quinhão do legado ou da meação.

b) são pessoalmente responsáveis os tutores e curadores pelos tributos devidos por seus tutelados ou curatelados.

c) os tabeliães, escrivães e demais serventuários de ofício não são solidariamente responsáveis pelos tributos devidos sobre os atos praticados por eles, ou perante eles em razão de seu ofício.

d) são pessoalmente responsáveis os pais pelos tributos devidos por seus filhos menores.

e) é solidariamente responsável o adquirente ou remitente pelos tributos relativos aos bens adquiridos ou remidos.

132. **(Cespe/TJ/DFT/Cartórios/Ingresso/2014)** Assinale a opção correta acerca de responsabilidade tributária:

a) a massa falida é pessoalmente responsável pelos tributos devidos pelo "de cujus" até a data da abertura da sucessão.

b) o produto da alienação judicial de empresa em processo da falência permanecerá em conta de depósito à disposição do juízo competente, pelo prazo um ano, contado da data de alienação.

c) como regra geral, a responsabilidade por infrações da legislação tributária depende do dolo do agente ou do responsável.

d) a pessoa jurídica que resultar de fusão de outra é responsável pelas pessoas jurídicas fusionadas e pelos tributos devidos pelo prazo de seis meses, contado da data do ato

e) no caso de arrematação em hasta pública, é vedada em sub-rogação de impostos custo o fator gerador seja a propriedade de bens imóveis.

133. **(Cespe/TJ/SE/Cartórios/Remoção/2014)** Com relação à responsabilidade tributária do notário, do tabelião e do registrador, assinale a opção correta:

a) o Estado só pode exigir o ITBI de um tabelião se não tiver como recebê-lo do contribuinte.

b) segundo o CTN, a responsabilidade dos tabeliães, escrivães e demais serventuários de ofício é subsidiária.

c) admite-se, em relação à responsabilidade tributária solidária, o benefício de ordem.

d) a atribuição da responsabilidade por determinado tributo, por lei, a um terceiro que não tenha relação com seu fato gerador caracteriza a responsabilidade tributária em sentido estrito.

e) a responsabilidade tributária dos tabeliães, escrivães e demais serventuários de ofício pode ser caracterizada como responsabilidade por substituição.

134. **(Cespe/TJ/SE/Cartórios/Ingresso/2014)** Acerca da responsabilidade tributária, assinale a opção correta:

a) os diretores, gerentes ou representantes de pessoas jurídicas de direito privado são pessoalmente responsáveis pelos créditos correspondentes às obrigações tributárias resultantes de atos que impliquem infração de lei, mas não por aqueles que infrinjam o contrato social ou o estatuto.

b) a denúncia espontânea, acompanhada do pagamento da obrigação, pode ser apresentada a qualquer tempo, mesmo após o início de processo administrativo ou de medida de fiscalização.

c) as hipóteses de responsabilidade tributária previstas no CTN são de três tipos: dos sucessores, de terceiros e por infrações.

d) conforme expressamente previsto na CF, a responsabilidade por substituição classifica-se em progressiva e regressiva.

e) nos termos do CTN, é subsidiária a responsabilidade dos administradores de bens de terceiros pelos tributos por estes devidos, nos casos de impossibilidade de exigência do cumprimento da obrigação principal pelo contribuinte.

135. **(Consulplan/TJ/MG/Cartórios/Ingresso/2017)** Acerca da responsabilidade tributária por infrações, é correto afirmar:

a) de acordo como o princípio da responsabilidade objetiva, a responsabilidade por infração à legislação tributária, via de regra, independe da intenção do agente, porém a extensão dos efeitos do ato interfere naquela responsabilidade.

b) certa pessoa jurídica é obrigada a entregar a declaração anual de imposto de renda, mas seu respectivo diretor descumpriu tal obrigação tributária acessória e, por ser o agente da infração, responde pessoalmente perante o Fisco.

c) a entrega de declaração pelo contribuinte, reconhecendo o débito fiscal constitui o crédito tributário, todavia não dispensa outras providências por parte do Fisco.

d) o benefício da denúncia espontânea não se aplica aos tributos sujeitos a lançamento por homologação regularmente declarados, mas pagos a destempo.

136. **(Consulplan/TJ/MG/Cartórios/Ingresso/2017)** À luz do entendimento sumulado pelo Superior Tribunal de Justiça em matéria tributária, assinale a alternativa incorreta:

a) na hipótese de sucessão empresarial, a responsabilidade da sucessora abrange os tributos devidos pela sucedida, excluídas as multas moratórias ou punitivas referentes a fatos geradores ocorridos até a data da sucessão.

b) a taxa de juros de mora incidente na repetição de indébito de tributos estaduais deve corresponder à utilizada para cobrança do tributo pago em atraso, sendo legítima a incidência da taxa Selic, em ambas as hipóteses, quando prevista na legislação local, vedada sua cumulação com quaisquer outros índices.

c) é lícito ao comerciante de boa-fé aproveitar os créditos de ICMS decorrentes de nota fiscal posteriormente declarada inidônea, quando demonstrada a veracidade da compra e venda.

d) os créditos das autarquias federais preferem aos créditos da Fazenda estadual, desde que coexistam penhoras sobre o mesmo bem.

137. **(Consulplan/TJ/MG/Cartórios/Ingresso/2017)** Sobre a responsabilidade tributária dos sucessores, disciplinada no Código Tributário Nacional, analise as afirmações que seguem:

I. são pessoalmente responsáveis o sucessor a qualquer título e o cônjuge meeiro, pelos tributos devidos pelo "de cujus" até a data da abertura da sucessão, limitada esta responsabilidade ao montante do quinhão do legado ou da meação.

II. os créditos tributários relativos a impostos cujo fato gerador seja a propriedade, o domínio útil ou a posse de bens imóveis, e bem assim os relativos a taxas pela prestação de serviços referentes a tais bens, ou a contribuições de melhoria, sub-rogam-se na pessoa dos respectivos adquirentes, salvo quando conste do título a prova de sua quitação.

III. a pessoa jurídica de direito privado que resultar de fusão, transformação ou incorporação de outra ou em outra é responsável pelos tributos devidos até à data do ato pelas pessoas jurídicas de direito privado fusionadas, transformadas ou incorporadas.

IV. a pessoa natural ou jurídica de direito privado que adquirir de outra, por qualquer título, fundo de comércio ou estabelecimento comercial, industrial ou profissional, e continuar a respectiva exploração, sob a mesma ou outra razão social ou sob firma ou nome individual, responde pelos tributos, relativos ao fundo ou estabelecimento adquirido, devidos até à data do ato, subsidiariamente com o alienante, se este prosseguir na exploração ou iniciar dentro de seis meses a contar da data da alienação, nova atividade no mesmo ou em outro ramo de comércio, indústria ou profissão.

Está correto apenas o que se afirma em:

a) I e II.

b) II, III e IV.

c) I e III.

d) II e IV.

138. **(Vunesp/TJ/SP/Cartórios/Ingresso/2016)** Em relação à responsabilidade tributária dos notários e registradores pelos tributos devidos sobre os atos praticados por eles, ou perante eles, em razão de seu ofício, é correto afirmar que:

a) é solidária em relação aos contribuintes diretos desses tributos.

b) é subsidiária entre notários e registradores.

c) é subsidiária em relação aos contribuintes diretos desses tributos.

d) independe da responsabilidade dos contribuintes diretos desses tributos.

139. **(Consulplan/TJ/MG/Cartórios/Remoção/2018)** Assinale a alternativa correta:

a) não é possível a tributação de renda obtida em razão de atividade ilícita.

b) a imunidade tributária autoriza a exoneração de cumprimento das obrigações acessórias.

c) as hipóteses de responsabilidade tributária regulada pelo Código Tributário Nacional podem ser alteradas pelo legislador ordinário.

d) a responsabilidade tributária pressupõe duas normas autônomas: a regra matriz de incidência tributária e a regra matriz de responsabilidade tributária, cada uma com seu pressuposto de fato e seus sujeitos próprios.

5. CRÉDITO TRIBUTÁRIO

5.1. Constituição

✱ SÚMULAS

STJ **Súm. 360.** O benefício da denúncia espontânea não se aplica aos tributos sujeitos a lançamento por homologação regularmente declarados, mas pagos a destempo.

STJ **Súm. 436.** A entrega de declaração pelo contribuinte reconhecendo débito fiscal constitui o crédito tributário, dispensada qualquer outra providência por parte do fisco.

STJ **Súm. 446.** Declarado e não pago o débito tributário pelo contribuinte, é legítima a recusa de expedição de certidão negativa ou positiva com efeito de negativa.

STJ **Súm. 555.** Quando não houver declaração do débito, o prazo decadencial quinquenal para o Fisco constituir o crédito tributário conta-se exclusivamente na forma do art. 173, I, do CTN, nos casos em que a legislação atribui ao sujeito passivo o dever de antecipar o pagamento sem prévio exame da autoridade administrativa.

✱ QUESTÕES OBJETIVAS

140. (TJ/SC/Cartórios/Remoção/2012) Assinale a alternativa correta:

a) compete privativamente à autoridade administrativa constituir o crédito tributário pelo lançamento, assim entendido o procedimento administrativo tendente a verificar a ocorrência do fato gerador da obrigação correspondente, determinar a matéria tributável, calcular o montante do tributo devido, identificar o sujeito passivo e, sendo o caso, propor a aplicação da penalidade cabível.

b) o depósito parcial do montante devido suspende a exigibilidade do crédito tributário.

c) o parcelamento será concedido na forma e condição estabelecidas em lei específica; salvo disposição de lei em contrário, o parcelamento do crédito tributário exclui a incidência de juros e multas.

d) a anistia é efetivada por despacho da autoridade administrativa, em requerimento com a qual o interessado faça prova do preenchimento das condições e do cumprimento dos requisitos previstos em lei para sua concessão.

e) a isenção, ainda quando prevista em contrato, é sempre decorrente de lei que especifique as condições e requisitos exigidos para a sua concessão, sendo extensiva às taxas e às contribuições de melhoria.

141. (Ieses/TJ/RN/Cartórios/Ingresso/2012) Em relação ao lançamento tributário assinale a alternativa correta:

a) a definição do lançamento tributário é restrita à Lei Complementar.

b) o lançamento tributário antecede a obrigação tributária e sucede o crédito tributário.

c) são três as modalidades de lançamento tributário: de ofício, auto lançamento e por homologação.

d) o lançamento regularmente notificado ao sujeito passivo só pode ser alterado de ofício pela autoridade administrativa.

142. (Ieses/TJ/RN/Cartórios/Remoção/2012) Em relação à constituição do crédito tributário, assinale a alternativa correta:

a) o lançamento por declaração não pode ser fundamentado em informações apresentadas por terceiros.

b) o lançamento de ofício depende da participação do sujeito passivo.

c) no lançamento por homologação o pagamento ocorre após a respectiva conferência e concordância da Fazenda Pública.

d) caso o contribuinte não preste as informações necessárias ao lançamento por declaração, a autoridade fiscal deverá constituir o crédito tributário através do lançamento de ofício.

143. (Consulplan/TJ/MG/Cartórios/Ingresso/2014) É correto afirmar que o lançamento, disciplinado pelo Código Tributário Nacional:

a) não é ato privativo da autoridade administrativa e pode, portanto, ser delegado ao contribuinte.

b) é um procedimento administrativo facultativo.

c) é um procedimento administrativo discricionário.

d) é um procedimento administrativo por meio do qual a autoridade fiscal pode aplicar penalidade.

144. (FMP/TJ/MT/Cartórios/Ingresso/2014) As modalidades de lançamento, segundo o Código Tributário Nacional, são:

a) por homologação, de ofício e por declaração.

b) por homologação, de ofício e por moratória.
c) de ofício, por declaração e por remissão.
d) de ofício, por homologação e por transação.
e) por declaração, por homologação e por remissão.

145. **(FMP/TJ/MT/Cartórios/Ingresso/2014)** Em relação ao lançamento por homologação, assinale a afirmativa correta:

a) ocorre quando o contribuinte apresenta declaração de tributo devido e procede na sua homologação.
b) quando o lançamento é efetuado pela autoridade administrativa, com base nos dados que possui em seus registros.
c) quando o contribuinte efetua o depósito do montante integral do tributo devido em processo judicial.
d) quando o contribuinte termina de pagar o parcelamento do tributo.
e) quando a legislação atribui ao sujeito passivo o dever de antecipar o pagamento do tributo, sem prévio exame da autoridade administrativa que posteriormente revisa e homologa.

146. **(Consulplan/TJ/MG/Cartórios/Remoção/2016)** Segundo disposições do Código Tributário Nacional sobre o Lançamento, é incorreto afirmar:

a) compete privativamente à autoridade administrativa constituir o crédito tributário pelo lançamento, sendo esta atividade vinculada e obrigatória, sob pena de responsabilidade funcional.
b) não havendo lei em contrário, quando o valor tributário estiver expresso em moeda estrangeira, no lançamento far-se-á sua conversão em moeda nacional ao câmbio do dia da ocorrência do fato gerador.
c) em regra, o lançamento reporta-se à data da ocorrência do fato gerador da obrigação tributária e rege-se pela lei em vigor na data do lançamento, ainda que tal lei tenha modificado a lei então vigente na data da ocorrência do fato gerador.
d) o lançamento regularmente notificado ao sujeito passivo pode ser alterado por iniciativa de ofício da autoridade administrativa.

147. **(Consulplan/TJ/MG/Cartórios/Remoção/2015)** A respeito do lançamento do crédito tributário disposto no Código Tributário Nacional, assinale a alternativa incorreta:

a) tem a finalidade de calcular o montante do tributo devido, identificar o sujeito passivo e, sendo o caso, propor a aplicação da penalidade cabível.
b) tem a finalidade de verificar a ocorrência do fato gerador da obrigação correspondente.
c) salvo disposição de lei em contrário, quando o valor tributário esteja expresso em moeda estrangeira, no lançamento far-se-á sua conversão em moeda nacional ao câmbio do dia do ato de lançamento.
d) é atividade vinculada e obrigatória da autoridade administrativa tributante.

148. **(Ieses/TJ/PA/Cartórios/Ingresso/2016)** O artigo n. 146 do CTN estabelece que a modificação introduzida, de ofício ou em consequência de decisão administrativa ou judicial, nos critérios jurídicos adotados pela autoridade no exercício do lançamento pode ser efetivada, em relação a um mesmo sujeito passivo, quanto a fato gerador ocorrido posteriormente à sua introdução. Trata-se de princípio de segurança jurídica que retira do âmbito da administração a possibilidade de:

a) aplicar o novo critério jurídico para os fatos geradores futuros, eis que já assentado critério que assegura ao contribuinte o direito não haver modificação interpretativa sobre fato tributário certo.
b) uma vez assentado um critério jurídico em relação a um dato fato tributário, aplicar retroativamente, respeitados os limites e prazos decadenciais, o novo critério jurídico.
c) promover a constituição de credito tributário contra determinado sujeito passivo, a qualquer tempo, porque fixado um critério jurídico que lhe assegura um dado direito.
d) estender a sujeitos passivos diversos, que não tenham em suas operações a fixação de um dado jurídico com efeitos retroativos decorrentes.

149. **(Consulplan/TJ/MG/Cartórios/Ingresso/2016)** Segundo disposições do Código Tributário Nacional, são situações que autorizam a autoridade administrativa, de ofício, a efetivação e revisão do lançamento, exceto:

a) quando se comprove omissão do sujeito passivo ou de terceiro legalmente obrigado, que dê lugar à aplicação de penalidade pecuniária.
b) quando se alterar a interpretação jurídica dada à norma tributária.

c) quando deva ser apreciado fato não conhecido ou não provado por ocasião do lançamento anterior.

d) quando a declaração não seja prestada, por quem de direito, no prazo e na forma da legislação tributária.

150. **(Cetro/TJ/RJ/Cartórios/Ingresso/2017)** A Miradouro Ltda. deve declarar o valor de R$5.000,00 a título de Imposto de Renda (IR) em sua Declaração de Débitos e Créditos Tributários Federais (DCTF), o que não ocorre. Analise as situações expostas nas assertivas abaixo, com vista dos institutos da prescrição e decadência tributária.

I. em a Miradouro declarando, sem fidelidade, R$3.000,00, recolhe-se, integralmente, este valor e o crédito tributário estará extinto com relação a este montante, havendo, no entanto, a possibilidade de o Fisco constituir o crédito tributário por meio de lançamento suplementar referente ao valor residual, subsistindo decadência para o lançamento deste último.

II. em a Miradouro declarando R$5.000,00, recolhe-se R$3.000,00 e discute-se a legalidade do resíduo, R$2.000,00, em processo administrativo; o Fisco poderá constituir crédito tributário de todo o valor antes mesmo da decisão definitiva desse processo administrativo, de modo a evitar a ocorrência da prescrição tributária que concorre com o prazo decadencial, no caso.

III. em a Miradouro declarando, sem fidelidade, R$3.000,00, e nada se recolhendo quanto a este valor, o Fisco pode imediatamente inscrever o valor declarado em dívida ativa, iniciando-se o prazo prescricional para cobrança judicial deste montante; e, quanto ao valor residual, há a possibilidade de o Fisco constituir o crédito tributário por meio de lançamento suplementar referente ao valor residual, subsistindo decadência para o lançamento deste último.

É correto o que se afirma em:

a) III, apenas.

b) I, apenas.

c) I, II e III.

d) II, apenas.

e) I e III, apenas.

151. **(Consulplan/TJ/MG/Cartórios/Remoção/2017)** Acerca da constituição do crédito tributário, à luz das disposições do Código Tributário Nacional, é incorreto afirmar que:

a) a atividade administrativa de lançamento é vinculada e obrigatória, sob pena de responsabilidade funcional.

b) o lançamento regularmente notificado pode ser alterado em virtude de impugnação do sujeito passivo.

c) o lançamento rege-se pela lei vigente na data de sua efetivação.

d) a modificação introduzida, de ofício ou em consequência de decisão administrativa ou judicial, nos critérios jurídicos adotados pela autoridade administrativa no exercício do lançamento somente pode ser efetivada, em relação a um mesmo sujeito passivo, quanto a fato gerador ocorrido posteriormente à sua introdução.

152. **(Ieses/TJ/RO/Cartórios/Ingresso/2017)** Com base no Código Tributário Nacional, assinala a alternativa correta sobre o crédito tributário e sua constituição:

a) o crédito tributário decorre da obrigação principal e tem a mesma natureza desta.

b) o lançamento reporta-se à data da ocorrência do fato gerador da obrigação e rege-se pela lei vigente na data do lançamento.

c) o lançamento regularmente notificado ao sujeito passivo não pode ser alterado em hipótese alguma por iniciativa de ofício da autoridade administrativa.

d) a constituição do crédito tributário pelo lançamento, não é de competência privativa da autoridade administrativa.

153. **(Consulplan/TJ/MG/Cartórios/Ingresso/2017)** Sobre as modalidades de lançamento disciplinadas no Código Tributário Nacional, analise as afirmações seguintes:

I. o lançamento é efetuado com base na declaração do sujeito passivo ou de terceiro, quando um ou outro, na forma da legislação tributária, presta à autoridade administrativa informações sobre matéria de fato, indispensáveis à sua efetivação. A retificação da declaração por iniciativa do próprio declarante, quando vise a reduzir ou a excluir tributo, só é admissível mediante comprovação do erro em que se funde, e antes da efetivação do lançamento pela autoridade administrativa.

II. quando o cálculo do tributo tenha por base, ou tome em consideração, o valor ou o preço de bens, direitos, serviços ou atos jurídicos, a autoridade lançadora, mediante processo regular, arbitrará aquele valor ou preço, sempre que sejam omissos ou não mereçam fé as declarações ou os esclarecimentos prestados, ou os documentos expedidos pelo sujeito passivo ou pelo terceiro legalmente obrigado, ressalvada, em caso de contestação, avaliação contraditória, administrativa ou judicial.

III. o lançamento é efetuado e revisto de ofício pela autoridade administrativa quando deva ser apreciado fato não conhecido ou não provado por ocasião do lançamento anterior.

IV. o lançamento por homologação, que ocorre quanto aos tributos cuja legislação atribua ao sujeito passivo o dever de antecipar o pagamento sem prévio exame da autoridade administrativa, opera-se pelo ato em que a referida autoridade, tomando conhecimento da atividade assim exercida pelo obrigado, expressamente a homologa. Nessa modalidade de lançamento, não influem sobre a obrigação tributária quaisquer atos anteriores à homologação, praticados pelo sujeito passivo ou por terceiro, visando à extinção total ou parcial do crédito, mas esses atos serão considerados na apuração do saldo porventura devido e, sendo o caso, na imposição de penalidade, ou sua graduação.

Está correto o que se afirma em:

a) I, II e III, apenas.
b) II, III e IV, apenas.
c) II e IV, apenas.
d) I, II, III e IV.

5.2. Suspensão

✱ SÚMULAS

STJ **Súm. 112.** O depósito somente suspende a exigibilidade do crédito tributário se for integral e em dinheiro.

STJ **Súm. 373.** É ilegítima a exigência de depósito prévio para admissibilidade de recurso administrativo.

✱ INFORMATIVOS

STJ **Parcelamento. Limite financeiro máximo. Ausência de previsão na Lei 10.522/02. Regulamentação por meio da portaria conjunta PGFN/RFB 15/09. Ilegalidade.** As condições para a concessão de parcelamento tributário devem estrita observância ao princípio da legalidade e não há autorização para que atos infralegais tratem de condições não previstas na lei de regência do benefício. REsp 1.739.641, Rel. Min. Gurgel de Faria, DJ 29.6.2018. 1ª T. (Info 629)

STJ **Parcelamento tributário. Art. 1º, § 2º, da Lei 11.941/09. Inclusão de percentual de débito isolado. Impossibilidade. Respeito ao período de apuração ou competência do tributo.** O contribuinte pode optar pelo parcelamento de débitos considerados isoladamente, nos termos do art. 1º, § 2º, da Lei 11.941/09, ainda que relativos a uma mesma CDA, não sendo possível o parcelamento de uma fração de competência ou período de apuração. REsp 1.382.317, Rel. Min. Benedito Gonçalves, DJ 14.12.2017. 1ª T. (Info 617)

✱ QUESTÕES OBJETIVAS

154. **(Cespe/TJ/RR/Cartórios/Ingresso/2013)** Caso o contribuinte notificado para pagar determinado tributo apresente, em tempo hábil, recurso administrativo pela extinção do crédito:

a) a exigibilidade do crédito será suspensa se houver depósito do montante integral do crédito tributário, independentemente do recurso.
b) a exigibilidade do crédito tributário será suspensa pelo recurso se, concomitantemente, for realizado o depósito do montante integral do crédito tributário.
c) a exigibilidade do crédito será suspensa somente se o recurso for acatado.
d) a exigibilidade do crédito tributário não será suspensa.
e) a exigibilidade do crédito tributário será suspensa apenas durante os 30 dias seguintes à protocolação do recurso.

155. **(Ieses/TJ/RN/Cartórios/Ingresso/2012)** A empresa X recebeu em junho de 2012 um auto de infração constituindo crédito tributário relativo ao ICMS com período de apuração de março de 2011. Tempestivamente apresenta a reclamação fiscal que aguarda julgamento do órgão competente. Em face do narrado, assinale a alternativa correta:

a) o crédito tributário é exigível administrativamente e judicialmente.
b) o crédito tributário é exigível judicialmente, mas não o é administrativamente.
c) o crédito tributário está com a exigibilidade suspensa.
d) o crédito tributário está extinto.

156. **(FMP/TJ/MT/Cartórios/Ingresso/2014)** Segundo o Código Tributário Nacional, são hipóteses de suspensão do crédito tributário:

a) depósito do montante integral, parcelamento e pagamento.
b) moratória, parcelamento e depósito do montante integral.
c) concessão de medida liminar em mandado de segurança, parcelamento e compensação.
d) parcelamento, moratória e transação.
e) a concessão de medida liminar ou de tutela antecipada em outras espécies de ação judicial, moratória e a transação.

157. **(Consulplan/TJ/MG/Cartórios/Ingresso/2015)** Segundo o Código Tributário Nacional, é causa de suspensão de exigibilidade do crédito tributário:

a) o parcelamento.
b) a consignação em pagamento.
c) a dação em pagamento em bens imóveis, na forma e condições estabelecidas em lei.
d) a transação autorizada por lei, nas condições que estabeleça, aos sujeitos ativos e passivos da obrigação tributária, mediante concessões mútuas.

158. **(Consulplan/TJ/MG/Cartórios/Ingresso/2017)** A propósito do crédito tributário, indique a alternativa correta:

a) extinguem o crédito tributário o pagamento, a compensação, a conversão do depósito em renda, o parcelamento, a transação e a remissão.
b) a moratória concedida em caráter individual gera direito adquirido e, caso o beneficiado deixe de satisfazer os requisitos para a concessão, não serão cobrados juros de mora.
c) a lei concessiva da moratória pode circunscrever sua aplicabilidade a determinada região do território, ou determinada classe ou categoria de sujeitos passivos.
d) suspende a exigibilidade do crédito tributário o depósito do montante que o sujeito passivo considere devido, desde que acrescido dos juros de mora e eventuais multas.

159. **(Consulplan/TJ/MG/Cartórios/Ingresso/2017)** Acerca da disciplina da moratória no Código Tributário Nacional, é correto afirmar:

a) mediante a expressa previsão na lei que a concede em caráter geral ou autorize a sua concessão em caráter individual, a moratória poderá aproveitar aos casos de dolo, fraude ou simulação do sujeito passivo ou do terceiro em benefício daquele.
b) a lei concessiva de moratória não pode circunscrever a sua aplicabilidade a determinada classe de sujeitos passivos.
c) salvo disposição de lei em contrário, o parcelamento do crédito tributário exclui a incidência de juros e multas.
d) a moratória pode ser concedida em caráter geral pela União, quanto a tributos de competência dos Estados, do Distrito Federal ou dos Municípios, quando simultaneamente concedida quanto aos tributos de competência federal e às obrigações de direito privado.

160. **(Consulplan/TJ/MG/Cartórios/Ingresso/2017)** Nos termos das previsões do Código Tributário Nacional, a exigibilidade do crédito tributário apenas não é suspensa em caso de:

a) reclamações e recursos, nos termos das leis reguladoras do processo tributário administrativo.
b) concessão de medida liminar em mandado de segurança.
c) consignação em pagamento.
d) parcelamento.

161. **(Ieses/TJ/RO/Cartórios/Ingresso/2017)** Analise as sentenças abaixo e assinale a opção correta considerando as disposições expressas do Código Tributário Nacional acerca das hipóteses que suspendem a exigibilidade do crédito tributário:

I. a moratória e a concessão de medida liminar em mandado de segurança.
II. o depósito parcial do montante e o parcelamento.
III. a concessão de medida liminar ou tutela antecipada em ação judicial:

a) todas as alternativas estão corretas.
b) apenas as alternativas II e III estão corretas.
c) apenas a alternativa II está correta.
d) apenas as alternativas I e III estão corretas.

162. **(Ieses/TJ/RO/Cartórios/Remoção/2017)** Suspendem a exigibilidade do crédito tributário, exceto:

a) a prescrição e a decadência.
b) o parcelamento.

c) a concessão de medida liminar em mandado de segurança.
d) a moratória.

163. **(Ieses/TJ/CE/Cartórios/Ingresso/2018)** Determinado contribuinte, ao receber uma notificação de lançamento na qual identificou dúvida sobre a sua real legitimidade passiva, considerando a legislação aplicável, resolve formular consulta no âmbito administrativo para que a fazenda pública apresente o devido esclarecimento. Sobre o instituto da consulta tributária administrativa, assinale a alternativa incorreta:

a) enquanto pendente a consulta formulada pelo contribuinte ao sujeito passivo não poderão ser impostos os efeitos da mora.
b) a formulação de consulta é hipótese de suspensão do crédito tributário, conforme rol taxativo constante no Código Tributário Nacional.
c) para que seja afastada a imposição da mora no período em que resta pendente a solução da consulta, esta deve ser formulada dentro do prazo para pagamento do tributo.
d) a consulta administrativa é cabível nas hipóteses onde há dúvida razoável, decorrente de omissão, obscuridade ou contradição na legislação tributária.

164. **(Ieses/TJ/AM/Cartórios/Ingresso/2018)** Sobre o crédito tributário, assinale a alternativa incorreta com relação ao previsto no Código Tributário Nacional:

a) a suspensão do crédito tributário dispensa o cumprimento das obrigações assessórias dependentes da obrigação principal cujo crédito seja suspenso.
b) a anistia é modalidade de exclusão do crédito tributário.
c) são modalidades de extinção do crédito tributário o pagamento, a decadência, a conversão do depósito em renda e a compensação.
d) a moratória é modalidade de suspensão da exigibilidade do crédito tributário.

165. **(Ieses/TJ/AM/Cartórios/Remoção/2018)** Suspendem a exigibilidade do crédito tributário:

I. a concessão de medida liminar em mandado de segurança.
II. a transação.
III. o pagamento.
IV. a prescrição e a decadência.

A sequência correta é:

a) apenas as assertivas I, II e III estão corretas.
b) apenas a assertiva I está correta.
c) apenas as assertivas II e IV estão incorretas.
d) as assertivas I, II, III e IV estão corretas.

5.3. Extinção

* SÚMULAS

1) Compensação

STJ **Súm. 212.** A compensação de créditos tributários não pode ser deferida em ação cautelar ou por medida liminar cautelar ou antecipatória.

STJ **Súm. 213.** O mandado de segurança constitui ação adequada para a declaração do direito à compensação tributária.

STJ **Súm. 460.** É incabível o mandado de segurança para convalidar a compensação tributária realizada pelo contribuinte.

STJ **Súm. 461.** O contribuinte pode optar por receber, por meio de precatório ou por compensação, o indébito tributário certificado por sentença declaratória transitada em julgado.

STJ **Súm. 464.** A regra de imputação de pagamentos estabelecida no art. 354 do Código Civil não se aplica às hipóteses de compensação tributária.

2) Prescrição e Decadência

STF **Súm. Vinculante 8.** São inconstitucionais o parágrafo único do artigo 5º do Decreto-lei n. 1.569/1977 e os artigos 45 e 46 da Lei n. 8.212/1991, que tratam de prescrição e decadência de crédito tributário.

STJ **Súm. 622.** A notificação do auto de infração faz cessar a contagem da decadência para a constituição do crédito tributário; exaurida a instância administrativa com o decurso do prazo para a impugnação ou com a notificação de seu julgamento definitivo e esgotado o prazo concedido pela Administração para o pagamento voluntário, inicia-se o prazo prescricional para a cobrança judicial.

2) Repetição de Indébito

STF **Súm. 546.** Cabe a restituição do tributo pago indevidamente, quando reconhecido por decisão, que o contribuinte "de jure" não recuperou do contribuinte "de facto" o "quantum" respectivo.

STJ **Súm. 162.** Na repetição de indébito tributário, a correção monetária incide a partir do pagamento indevido.

STJ **Súm. 188.** Os juros moratórios, na repetição do indébito tributário, são devidos a partir do trânsito em julgado da sentença.

STJ **Súm. 447.** Os Estados e o Distrito Federal são partes legítimas na ação de restituição de imposto de renda retido na fonte proposta por seus servidores.

STJ **Súm. 523.** A taxa de juros de mora incidente na repetição de indébito de tributos estaduais deve corresponder à utilizada para cobrança do tributo pago em atraso, sendo legítima a incidência da taxa Selic, em ambas as hipóteses, quando prevista na legislação local, vedada sua cumulação com quaisquer outros índices.

STJ **Súm 625.** O pedido administrativo de compensação ou de restituição não interrompe o prazo prescricional para a ação de repetição de indébito tributário de que trata o art. 168 do CTN nem o da execução de título judicial contra a Fazenda Pública.

* REPERCUSSÃO & REPETITIVOS

STJ **Repetitivo 903.** A notificação do contribuinte para o recolhimento do IPVA perfectibiliza a constituição definitiva do crédito tributário, iniciando-se o prazo prescricional para a execução fiscal no dia seguinte à data estipulada para o vencimento da exação. (REsp 1320825, 10.8.2016)

* INFORMATIVOS

STF **Prazo prescricional e tributo declarado inconstitucional.** Quando do ajuizamento da ação, o STJ entendia que o prazo prescricional tinha início a partir da data da declaração de inconstitucionalidade da exação pelo STF no controle concentrado, ou de resolução do Senado Federal, no controle difuso. Depois, o STJ reviu sua jurisprudência para considerar que, nos tributos sujeitos a lançamento por homologação, o transcurso do prazo prescricional ocorre a partir do recolhimento indevido (REsp 435835). A modificação na jurisprudência em matéria de prescrição não pode retroagir para considerar prescrita pretensão que não o era à época do ajuizamento da ação, em respeito ao posicionamento anteriormente consolidado. ARE 951533, Rel. Acd. Min. Dias Toffoli, j. 12.6.2018. 2ª T. (Info 906)

STJ **Crédito Proveniente do Adicional de Indenização do Trabalhador Portuário Avulso – AITP. Compensação Tributária com créditos administrados pela Secretaria da Receita Federal – SRF. Possibilidade.** É possível compensar créditos tributários administrados pela Secretaria da Receita Federal com o crédito proveniente do Adicional de Indenização do Trabalhador Portuário Avulso – AITP. REsp 1.738.282, Rel. Acd. Min. Napoleão Nunes Maia Filho, DJ 28.8.2018. 1ª T. (Info 631)

* QUESTÕES DISCURSIVAS

04. **(Consulplan/TJ/MG/Cartórios/Remoção/2017)** Indique a regra geral e a correspondente previsão legislativa para a contagem do prazo decadencial em Direito Tributário. Suponha-se que o fato gerador de um tributo tenha ocorrido em maio de determinado ano e que a notificação preparatória do lançamento tributário tenha sido feita ao sujeito passivo em março do ano seguinte. Qual o termo inicial para a contagem do prazo decadencial? Explique.

05. **(Consulplan/TJ/MG/Cartórios/Ingresso/2017)** Haveria hipótese(s) de suspensão do prazo prescricional no Código Tributário Nacional? Justifique. Indique 4 (quatro) hipóteses de suspensão do prazo prescricional. A má-fé interfere no prazo de suspensão da prescrição? Justifique.

06. **(Consulplan/TJ/MG/Cartórios/Ingresso/2016)** Tício, proprietário de imóvel urbano, recebeu a guia do IPTU do ano 2000, no dia 1º de janeiro de 2000. Por se encontrar em dificuldade financeira, não pagou o imposto. Em 30 de setembro de 2004, persistindo a inadimplência, o Fisco Municipal inscreveu o débito em Dívida Ativa e, em 20 de outubro de 2004, ajuizou a execução fiscal. A inicial foi despachada, com a prolação da ordem de citação, em 22 de outubro de 2004. A carta de citação foi prontamente expedida, em 24 de outubro de 2004, mas não se mostrou possível a citação pelo correio, por não ter sido Tício encontrado pelo carteiro em sua residência. Intimada imediatamente após a diligência infrutífera, a Procuradoria Municipal recebeu os autos em carga no dia 10 de novembro de 2004 e devolveu o processo em 2 de agosto de 2005, com pedido de citação por oficial de justiça. Deferido o pleito pelo juiz, o mandado foi expedido em 4 de agosto de 2005 e Tício foi citado em 10 de agosto de 2005. O advogado contratado por Tício arguiu nos autos da execução fiscal a exceção de pré-executividade, alegando a ocorrência de decadência e prescrição. Responda, justificadamente, à luz da jurisprudência dominante do Superior Tribunal de Justiça: (a) ocorreu a decadência? (b) ocorreu a prescrição?

* QUESTÕES OBJETIVAS

166. **(Consulplan/TJ/MG/Cartórios/Ingresso/2018)** O art. 174, parágrafo único, do Código Tributário Nacional, enumera como causa interruptiva do prazo prescricional, exceto:

a) inscrição do crédito tributário em dívida ativa.

b) qualquer ato judicial que constitua em mora o devedor.

c) despacho do juiz que ordenar a citação em execução fiscal.

d) qualquer ato inequívoco, ainda que extrajudicial, que importe reconhecimento do débito pelo devedor.

167. **(Consulplan/TJ/MG/Cartórios/Ingresso/2018)** Em relação ao crédito tributário, assinale a alternativa correta:

a) a moratória e a remissão suspendem a exigibilidade do crédito tributário.

b) compensação e conversão de depósito em renda são modalidades de extinção do crédito tributário.

c) pagamento e depósito do montante integral estão entre as hipóteses de extinção do crédito tributário.

d) decisão administrativa irreformável e concessão de medida liminar em mandado de segurança suspendem a exigibilidade do crédito tributário.

168. **(Consulplan/TJ/MG/Cartórios/Remoção/2018)** São hipóteses de extinção do crédito tributário, exceto:

a) compensação e remissão.

b) conversão do depósito em renda e transação.

c) decisão administrativa irreformável e pagamento.

d) pagamento seguido de homologação no caso dos tributos sujeitos a lançamento por declaração e dação em pagamento de bens móveis.

169. **(Ieses/TJ/RS/Cartórios/Remoção/2013)** Assinale a alternativa correta:

a) no caso de tributo sujeito a lançamento de ofício, o prazo de decadência é de 5 (cinco) anos, contados a partir do primeiro dia do exercício seguinte àquele em que o lançamento poderia ter sido efetuado.

b) o pagamento indevido exige o prévio protesto, para ensejar a repetição do indébito tributário.

c) o pagamento do tributo exclui o crédito tributário.

d) o prazo de prescrição para a ação de cobrança do tributo se interrompe com a citação válida do sujeito passivo.

170. **(TJ/SC/Cartórios/Ingresso/2012)** No que tange ao crédito tributário, é correto afirmar:

a) podem ser extintos pelo pagamento; pela compensação; pela transação; pela remissão; pela prescrição; pela decadência; pela anistia e pela isenção.

b) podem ser extintos apenas pela anistia e pela isenção.

c) somente podem ser excluídos pela compensação; pela remissão; pela prescrição; pela decadência e pela anistia.

d) somente podem ser extintos pelo pagamento; pela compensação; pela transação; pela remissão; pela prescrição; pela decadência; pela anistia e pela isenção.

e) podem ser extintos pelo pagamento; pela compensação; pela transação; pela remissão; pela prescrição e pela decadência.

171. **(Ieses/TJ/RN/Cartórios/Remoção/2012)** Assinale a alternativa em que não está prevista uma forma de extinção do crédito tributário:

a) remissão.

b) conversão de depósito em renda.

c) remição.

d) parcelamento.

172. **(Ieses/TJ/RN/Cartórios/Remoção/2012)** Ayrton e Léa casaram-se em 20.10.2005 em regime de comunhão universal de bens. As declarações de rendimentos sempre foram entregues em separado e cada um aufere rendimentos decorrentes de seu próprio trabalho. No ano de 2011 Ayrton não realizou o pagamento do imposto de renda pessoa física – IRPF, apesar de ter reconhecido na declaração de imposto de renda – DIRPF o valor como devido. Qual o efeito do débito em relação a Léa?

a) a Fazenda Pública não poderá exigir o tributo devido de Léa.

b) léa é credora quirografária.

c) caso Ayrton pague metade da dívida tributária o saldo só poderá ser exigido dele.

d) eventual interrupção da prescrição em favor de Ayrton favorece ou prejudica Léa.

173. **(Ieses/TJ/PA/Cartórios/Ingresso/2016)** Constituído o crédito tributário ou nascida a obrigação tributária, diversas são as formas através das quais tal obrigação poderá ser extinta, seja por previsão legal, seja por conduta ativa do sujeito passivo. O legislador previu essas modalidades de forma taxativa no artigo 156 do CTN. Identifique a opção que contenha todas as hipóteses legais através das quais poderá ser extinta a obrigação:

a) o pagamento; a compensação; a prescrição e a decadência; a conversão de depósito em renda; o pagamento antecipado; a decisão administrativa irreformável, assim entendida a definitiva na órbita administrativa, que não mais possa ser objeto de ação anulatória; a decisão judicial passada em julgado; a dação em pagamento em bens imóveis, na forma e condições estabelecidas em lei.

b) o pagamento; a compensação; a transação; remissão; a prescrição e a decadência; a conversão de depósito em renda; o pagamento antecipado e a homologação do lançamento nos termos do disposto no artigo 150 e seus §§ 1º e 4º; a consignação em pagamento, nos termos do disposto no § 2º do artigo 164; a decisão administrativa irreformável, assim entendida a definitiva na órbita administrativa, que não mais possa ser objeto de ação anulatória; a decisão judicial passada em julgado; a dação em pagamento em bens imóveis, na forma e condições estabelecidas em lei.

c) o pagamento; a compensação; a transação; a prescrição e a decadência; o pagamento antecipado e a homologação do lançamento nos termos do disposto no artigo 150 e seus §§ 1º e 4º; a decisão administrativa irreformável, assim entendida a definitiva na órbita administrativa, que não mais possa ser objeto de ação anulatória; a decisão judicial passada em julgado; a dação em pagamento em bens imóveis, na forma e condições estabelecidas em lei.

d) o pagamento; o perdão; a compensação; a transação; remissão; a prescrição e a decadência; a conversão de depósito em renda; o pagamento antecipado e a homologação do lançamento nos termos do disposto no artigo 150 e seus §§ 1º e 4º; a consignação em pagamento, nos termos do disposto no § 2º do artigo 164; a decisão judicial passada em julgado; a dação em pagamento em bens imóveis, na forma e condições estabelecidas em lei.

174. **(Consulplan/TJ/MG/Cartórios/Ingresso/2016)** Considerando normas do Código Tributário Nacional, a prescrição da ação para a cobrança do crédito tributário:

a) se interrompe pela distribuição da ação judicial.

b) se interrompe por qualquer ato judicial praticado pelo fisco, ainda que não constitua o devedor em mora.

c) se interrompe pela entrega do fisco de certidão positiva ao devedor, a seu pedido, constando a dívida tributária.

d) prescreve em cinco anos contados da data em que não cabe mais qualquer impugnação ou recurso administrativo do contribuinte contra o lançamento.

175. **(Vunesp/TJ/SP/Cartórios/Remoção/2016)** No tocante à extinção de tributos, é correto afirmar que:

a) se dá pela conversão de penhora judicial em pagamento.

b) é possível a compensação de tributos federais com estaduais.

c) se dá pela entrega de títulos da dívida pública após avaliação judicial.

d) ela pode ocorrer por dação em pagamento de bens imóveis.

176. **(Faurgs/TJ/RS/Cartórios/Ingresso/2015)** No que se refere à decadência e à prescrição do crédito tributário, assinale a alternativa que contém afirmativa correta:

a) a decadência, diversamente da prescrição, implica a extinção do crédito tributário.

b) o parcelamento interrompe o prazo prescricional para a cobrança do crédito tributário, que, segundo o entendimento prevalecente no Superior Tribunal de Justiça, recomeça a correr a partir da data do inadimplemento do acordo.

c) quando se verifica declaração a menor, com pagamento integral do valor declarado, em tributos sujeitos a lançamento por homologação, a decadência do direito de o Fisco proceder ao lançamento de ofício da diferença ocorre cinco anos após a data do pagamento antecipado.

d) anulado, por vício material, o lançamento anteriormente efetuado, reabre-se novo prazo quinquenal para a realização do lançamento.

177. (Consulplan/TJ/MG/Cartórios/Remoção/2015) São causas de extinção do crédito tributário previstos no Código Tributário Nacional, exceto:

a) compensação.

b) depósito do seu montante integral.

c) remissão.

d) conversão do depósito em renda.

178. (Consulplan/TJ/MG/Cartórios/Ingresso/2014) Quanto ao crédito tributário e às correspondentes hipóteses de suspensão e extinção, é correta a assertiva:

a) o crédito tributário pode ter sua exigibilidade suspensa, entre outras hipóteses, mediante concessão de moratória, parcelamento ou transação.

b) o parcelamento tributário pode ser instituído e disciplinado por meio de ato infralegal da Fazenda Pública.

c) o crédito tributário pode ser extinto por meio de dação em pagamento de bens imóveis, desde que observadas a forma e as condições estabelecidas em lei.

d) quando o pagamento é realizado em cotas periódicas, a quitação da última parcela gera a presunção relativa do pagamento das parcelas anteriores.

179. (Vunesp/TJ/SP/Cartórios/Ingresso/2014) São modalidades de extinção do crédito tributário, entre outras:

a) pagamento, compensação, anistia e isenção.

b) remissão, pagamento, compensação e isenção.

c) pagamento, remissão, compensação e transação.

d) remissão, anistia, compensação e prescrição.

180. (FMP/TJ/MT/Cartórios/Ingresso/2014) Segundo o Código Tributário Nacional, são hipóteses de extinção do crédito tributário:

a) compensação, transação e moratória.

b) conversão do depósito em renda, pagamento e concessão de medida liminar em Mandado de Segurança.

c) parcelamento, decadência e remissão.

d) compensação, pagamento e prescrição.

e) prescrição, decadência e depósito do montante integral.

181. (Consulplan/TJ/MG/Cartórios/Ingresso/2015) A teor dos institutos da decadência e prescrição previstos no Código Tributário Nacional, assinale a alternativa incorreta:

a) a decadência pode ser definida com a perda do direito da fazenda pública efetuar o lançamento e, por consequência, de exigir o cumprimento da obrigação por parte do sujeito passivo.

b) após anulação por vício formal do lançamento anteriormente efetuado, o prazo decadencial se inicia da data da decisão que o anulou.

c) o parcelamento do crédito tributário interrompe a prescrição.

d) pedido do contribuinte de compensação do crédito tributário perante a fazenda pública tem o condão de interromper a prescrição.

182. (Consulplan/TJ/MG/Cartórios/Ingresso/2014) A respeito da prescrição e da decadência no direito tributário, é correta a afirmação:

a) assim como no Direito Civil, o pagamento de crédito prescrito não gera direito à restituição do valor pago, tendo em vista que a prescrição não atinge o direito material.

b) caso tenha havido pagamento parcial de tributo sujeito a lançamento por homologação, o direito de a Fazenda Pública constituir o crédito tributário conta-se a partir da data da ocorrência do fato gerador, ainda que tenha havido dolo, fraude ou simulação.

c) a realização de protesto judicial suspende a prescrição da cobrança do crédito tributário.

d) em regra, no caso de lançamento por homologação, caso não haja pagamento do tributo na data devida, o direito de a Fazenda Pública constituir o crédito tributário extingue-se após cinco anos, contados do primeiro dia do exercício seguinte àquele em que o lançamento poderia ter sido efetuado.

183. (Cespe/TJ/SE/Cartórios/Remoção/2014) No que se refere à prescrição e à decadência em matéria tributária, assinale a opção correta:

a) à fazenda pública será concedido o prazo de cinco anos para constituir o crédito tributário, a partir da data em que se tornar definitiva a decisão que anular, por vício formal, lançamento anteriormente efetuado.

b) a prescrição pode ser definida como a perda do direito de lançar, ou seja, de constituir o crédito tributário.

c) a decadência pode ocorrer antes ou após a constituição definitiva do crédito tributário.

d) ocorre a decadência, em regra, após cinco anos contados da data do pagamento do tributo pelo contribuinte.

e) não é legalmente admissível a interrupção da prescrição nem da decadência, podendo, entretanto, ambas ser suspensas nas hipóteses legais.

184. **(Faurgs/TJ/RS/Cartórios/Remoção/2015)** Para pleitear a restituição do pagamento indevido de IPTU, é necessária:

a) a prova de haver assumido o referido encargo ou, no caso de tê-lo transferido a terceiro, estar por este expressamente autorizado a recebê-la.

b) apenas a prova de estar autorizado expressamente pelo terceiro que assumiu o referido encargo.

c) apenas a prova de haver assumido o referido encargo.

d) apenas a prova do pagamento indevido.

185. **(Consulplan/TJ/MG/Cartórios/Remoção/2017)** Sobre a extinção do crédito tributário disciplinada no Código Tributário Nacional, assinale a assertiva correta:

a) a lei pode autorizar a autoridade administrativa a conceder, por despacho fundamentado, remissão total ou parcial do crédito tributário, atendendo à sua diminuta importância.

b) a lei pode autorizar a compensação de créditos tributários com créditos ilíquidos do sujeito passivo contra a Fazenda pública.

c) é vedada a celebração de transação entre os sujeitos ativo e passivo da obrigação tributária que, mediante concessões mútuas, importe em extinção de crédito tributário.

d) a prescrição se interrompe pela citação do devedor em execução fiscal.

186. **(Consulplan/TJ/MG/Cartórios/Ingresso/2017)** O pagamento é modalidade de extinção do crédito tributário. Sobre a sua regulamentação e a do pagamento indevido presentes no Código Tributário Nacional, analise:

I. existindo simultaneamente dois ou mais débitos vencidos do mesmo sujeito passivo para com a mesma pessoa jurídica de direito público, relativos ao mesmo ou a diferentes tributos ou provenientes de penalidade pecuniária ou juros de mora, a autoridade administrativa competente para receber o pagamento determinará a respectiva imputação. No que toca às espécies de tributos, o pagamento considerar-se-á realizado, primeiramente, em relação aos impostos, depois às taxas e, por fim, às contribuições de melhoria.

II. quando a legislação tributária não fixar o tempo do pagamento, o vencimento do crédito ocorre trinta dias depois da data em que se considera o sujeito passivo notificado do lançamento.

III. prescreve em dois anos a ação anulatória da decisão administrativa que denegar a restituição de tributo pago indevidamente.

IV. a restituição de tributos que comportem, por sua natureza, transferência do respectivo encargo financeiro somente será feita a quem prove haver assumido o referido encargo, ou, no caso de tê-lo transferido a terceiro, estar por este expressamente autorizado a recebê-la.

Está correto apenas o que se afirma em:

a) I e II.

b) II e III.

c) IV.

d) II, III e IV.

187. **(Ieses/TJ/CE/Cartórios/Ingresso/2018)** Determinada empresa deixou de recolher, no ano de 2010, valores declarados com relação ao Imposto sobre a Circulação de Mercadorias e Serviços (ICMS). Diante da omissão no pagamento, o débito foi inscrito em dívida ativa no anos de 2013, sendo ajuizada a competente execução fiscal no ano de 2017. Considerando a situação apresentada e o momento do ajuizamento da execução fiscal, é possível afirmar, com relação ao crédito tributário, que:

a) o prazo decadencial deve ser contado nos termos do art. 173, I do CTN.

b) restava consumada a decadência do crédito tributário.

c) o crédito tributário executado era plenamente exigível no momento do ajuizamento da execução fiscal.

d) já havia ocorrido a prescrição da pretensão de cobrar o crédito tributário.

5.4. Exclusão

✱ SÚMULAS

STF **Súm. 539.** É constitucional a lei do Município que reduz o imposto predial urbano sobre imóvel ocupado pela residência do proprietário, que não possua outro.

STF Súm. 544. Isenções tributárias concedidas, sob condição onerosa, não podem ser livremente suprimidas.

STF Súm. 581. A exigência de transporte em navio de bandeira brasileira, para efeito de isenção tributária, legitimou-se com o advento do Decreto-lei 666, de 2.7.69.

* QUESTÕES DISCURSIVAS

07. (Ieses/TJ/RO/Cartórios/2017) O Município X instituiu, por meio de decreto, isenção do pagamento de ISS (Imposto sobre Serviço) para um determinado grupo de empresas de tecnologia que tem se desenvolvido na região municipal. No mesmo ato também concedeu anistia total em relação à cobrança do crédito tributário, juros e multa para os devedores de IPTU nos últimos 2 (dois) anos. Com base nas informações acima narradas e com subsídio na Constituição Federal e nas prescrições do Código Tributário Nacional, responda, em um único texto, aos seguintes questionamentos: (a) Quais as diferenças fundamentais entre isenção e anistia? (b) Qual o erro cometido pelo Município X que poderá invalidar a isenção concedida? Indique o dispositivo constitucional e legal que fundamentam sua resposta. (c) Qual a abrangência de uma anistia? O Município X respeitou a limitação legal com relação ao objeto da anistia concedida? Fundamente com o respectivo dispositivo legal.

* QUESTÕES OBJETIVAS

188. (Cespe/TJ/PI/Cartórios/Remoção/2013) Supondo que três pessoas sejam proprietárias de um imóvel em partes iguais; que uma delas tenha direito a isenção, em caráter pessoal, do IPTU; e que o valor total desse IPTU é de R$ 600,00, assinale a opção correta:

a) os proprietários que não possuem o benefício fiscal continuarão devedores solidários no valor de R$ 400,00.

b) a isenção concedida a um dos proprietários aproveita aos demais e, portanto, a dívida integral será isenta do pagamento.

c) o valor total do imposto continuará sendo devido, mas, agora, somente por aqueles que não têm o benefício.

d) o tratamento dado à isenção, prevista na hipótese, deve ser idêntico ao aplicado no caso de haver o pagamento integral do tributo por parte de um dos proprietários.

e) a isenção, em caráter pessoal, não se aplica no caso de imóvel em copropriedade, não se podendo afastar o débito integral de R$ 600,00, que continuará a ser devido.

189. (TJ/SC/Cartórios/Remoção/2012) No tocante à isenção é correto afirmar:

a) a isenção é a dispensa contratual do pagamento do tributo devido e se constitui em causa de não incidência tributária.

b) a isenção é a dispensa contratual do pagamento do tributo devido e não se constitui em causa de não incidência tributária.

c) a isenção é a dispensa legal do pagamento do tributo devido e se constitui em causa de não incidência tributária.

d) a isenção não dispensa o pagamento do tributo devido; ela desconstitui o próprio fato gerador da exação.

e) a isenção é a dispensa legal do pagamento do tributo devido e não se constitui em causa de não incidência tributária.

190. (Vunesp/TJ/SP/Cartórios/Remoção/2014) No tocante às isenções tributárias, é correto afirmar:

a) as isenções incondicionais podem ser revogadas, mas as condicionais, se por prazo certo, não podem.

b) elas podem ser revogadas a qualquer momento, observado o princípio da anualidade.

c) elas somente podem ser revogadas em caso de calamidade pública ou guerra.

d) as isenções condicionais e incondicionais não podem ser revogadas antes de, pelo menos, noventa dias.

191. (Consulplan/TJ/MG/Cartórios/Remoção/2016) Considerando estrutura e disposições do Código Tributário Nacional, avalie as afirmações a seguir:

I. o depósito do seu montante integral, a concessão de medida liminar em Mandado de Segurança e o parcelamento são previstos como causas de suspensão do crédito tributário.

II. a isenção é extensiva às taxas, salvo disposição em lei em contrário.

III. a anistia e isenção são tratadas como hipóteses de exclusão do crédito tributário.

IV. a compensação, moratória e remissão são dispostas como causas de extinção do crédito tributário.

É correto apenas o que se afirma em:

a) I e II.

b) I e III.

c) III e IV.

d) II e IV.

192. (Faurgs/TJ/RS/Cartórios/Remoção/2015) Assinale a alternativa que contém afirmativa correta em relação à isenção de imposto:

a) a isenção é instrumento de política fiscal; por essa razão, jamais poderá gerar direito adquirido.

b) a não incidência de imposto sobre a propriedade territorial rural de imóvel pertencente a determinado munícipio decorre das isenções gerais específicas ao patrimônio dos entes públicos.

c) a isenção pode ser restrita a determinada região do território da entidade tributante, em função de condições a ela peculiares, sem que com isso ocorra a violação do princípio da isonomia.

d) a outorga de isenção de imposto sobre a propriedade predial e territorial urbana implica a isenção da taxa de coleta de lixo correspondente.

193. (Faurgs/TJ/RS/Cartórios/Remoção/2015) Assinale a alternativa que contém afirmativa correta em relação à anistia:

a) a anistia abrange as infrações cometidas em qualquer tempo em relação à vigência da lei que a concede.

b) é possível a concessão de anistia através de despacho da autoridade administrativa, em requerimento com o qual o interessado faça prova do preenchimento das condições e do cumprimento dos requisitos previstos em lei para sua concessão.

c) a multa tributária não está incluída no crédito tributário, razão pela qual o seu perdão se dá através da anistia e não através da remissão.

d) a anistia se aplica apenas aos atos qualificados em lei como crimes.

194. (Consulplan/TJ/MG/Cartórios/Remoção/2015) Considerando o direito tributário e suas definições, assinale a alternativa incorreta:

a) a anistia é exclusão do crédito tributário relativo ao tributo e as penas pecuniárias, abrangendo, portanto, todo o crédito tributário.

b) os fatos não abrangidos pelas hipóteses de incidência de crédito tributário são definidos como não incidência.

c) isenção é exclusão do crédito tributário, através de lei, em que esta retira parte das hipóteses de incidência do crédito tributário.

d) imunidade é de índole constitucional e impede, dentre outras coisas, que lei ordinária tribute determinados fatos ou pessoas.

195. (FMP/TJ/MT/Cartórios/Remoção/2014) Qual o significado de isenção?

a) é a situação em que um tributo é devido por ter ocorrido o fato gerador.

b) é a situação que o tributo não é devido por não ter ocorrido fato gerador.

c) é quando a lei prevê alíquota zero.

d) o mesmo que imunidade.

e) é um favor fiscal concedido pela lei que dispensa o pagamento de um tributo devido.

196. (Cespe/TJ/BA/Cartórios/Ingresso/2013) A exclusão do crédito tributário:

a) é causada pela compensação, pela transação e pela remissão.

b) acontece como consequência da moratória e da anistia.

c) dispensa o cumprimento das obrigações acessórias dependentes da obrigação principal.

d) ocorre com a isenção e com a anistia.

e) ocorre devido ao pagamento do tributo e à anistia.

197. (Cespe/TJ/BA/Cartórios/Remoção/2013) A anistia implica a:

a) exclusão do crédito tributário.

b) extinção do crédito tributário.

c) suspensão da exigibilidade do crédito tributário.

d) extinção do crédito tributário, mas, nesse caso, não se dispensa o cumprimento das obrigações acessórias dependentes da obrigação principal cujo crédito seja extinto ou dela consequente.

e) isenção do crédito tributário.

198. (Cespe/TJ/DFT/Cartórios/Ingresso/2014) Considere que um estado da Federação tenha concedido, mediante lei complementar, isenção do imposto sobre importação de determinados produtos estrangeiros destinados a hospitais públicos. Nessa situação hipotética, a isenção:

a) é irrevogável e deve perdurar pelo prazo mínimo de um ano.
b) deveria ser restrita a determinada região do território do estado da Federação.
c) é inconstitucional.
d) poderia ter sido concedida mediante decreto do governador do estado, tendo sido desnecessária a edição de lei complementar.
e) poderia ter sido concedida mediante lei ordinária estadual, sem necessidade da edição de lei complementar.

199. **(Cespe/TJ/SE/Cartórios/Ingresso/2014)** Considera-se causa de exclusão do crédito tributário a:

a) anistia.
b) compensação.
c) transação.
d) prescrição.
e) conversão do depósito em renda.

200. **(Consulplan/TJ/MG/Cartórios/Ingresso/2015)** Considerando o Código Tributário Nacional, assinale a alternativa incorreta:

a) a isenção depende de lei e alcança situações posteriores à sua vigência, impedindo o lançamento do tributo.
b) a isenção pode ter caráter específico para atingir determinadas situações, desde que preenchidas condições previstas em lei, sendo efetivada por despacho da autoridade administrativa.
c) a anistia equivale ao perdão legal da infração tributária e pode atingir infrações anteriores e posteriores à vigência da lei que a concede.
d) a remissão visa liberar o sujeito passivo do pagamento do crédito tributário após o respectivo lançamento, em regra, e deve atender, dentre outros aspectos, a diminuta importância do crédito tributário.

201. **(Vunesp/TJ/SP/Cartórios/Ingresso/2014)** Assinale a alternativa correta com a diferença entre isenção e imunidade:

a) isenção e não incidência são iguais, já a imunidade assemelha-se à chamada alíquota zero.
b) a isenção é criada por decreto do chefe do Executivo, já a imunidade é criada por decreto legislativo.
c) isenção somente se refere a taxas e contribuições, já a imunidade abrange todos os tipos de tributos.
d) isenção é prevista em lei, já a imunidade é constitucionalmente estipulada.

202. **(Consulplan/TJ/MG/Cartórios/Remoção/2017)** Relativamente à imunidade tributária, isenção e não incidência, marque a alternativa correta:

a) as imunidades tributárias estão previstas na Constituição Federal em prol da liberdade de expressão, da liberdade de crença religiosa, da liberdade de convicção ideológica e pluralismo político, entre outros valores, razão pela qual a doutrina adota somente o critério material para a identificação das imunidades tributárias.
b) a Constituição Federal, ao tratar das imunidades tributárias, emprega linguagem precisa e técnica, para bem identificar todas as situações protegidas pelo texto constitucional.
c) as situações que a legislação poderia atingir com a instituição de determinado tributo, na esteira da competência definida na Constituição Federal, mas que, por deliberação do próprio Legislador, ficam à margem do campo de incidência do tributo instituído, constituem hipóteses de não incidência.
d) as imunidades tributárias estão previstas na Constituição Federal de modo exaustivo e tratam de todas as hipóteses de restrição da competência tributária, não sendo necessária qualquer complementação de seu alcance ou sentido, por meio da legislação infraconstitucional.

203. **(Consulplan/TJ/MG/Cartórios/Remoção/2017)** Excluem o crédito tributário a anistia e a isenção. Sobre a exclusão do crédito tributário prevista no Código Tributário Nacional, analise:

I. a anistia abrange exclusivamente as infrações cometidas anteriormente à vigência da lei que a concede, aplicando-se aos atos qualificados em lei como contravenções.
II. a exclusão do crédito tributário não dispensa o cumprimento das obrigações acessórias dependentes da obrigação principal cujo crédito seja excluído, ou dela consequente.
III. salvo disposição de lei em contrário, a isenção não é extensiva às taxas e às contribuições de melhoria.

IV. a anistia pode ser concedida limitadamente às infrações punidas com penalidades pecuniárias até determinado montante, conjugadas ou não com penalidades de outra natureza.

Está correto apenas o que se afirma em:

a) I e II.
b) II, III e IV.
c) I, III e IV.
d) III e IV.

5.5. Garantias e Privilégios

∗ SÚMULAS

STF **Súm. 563.** O concurso de preferência a que se refere o parágrafo único, do art. 187, do Código Tributário Nacional, é compatível com o disposto no art. 9º, inciso I, da Constituição Federal.

STJ **Súm. 497.** Os créditos das autarquias federais preferem aos créditos da fazenda estadual desde que coexistam penhoras sobre o mesmo bem.

STJ **Súm. 560.** A decretação da indisponibilidade de bens e direitos, na forma do art. 185-A do CTN, pressupõe o exaurimento das diligências na busca por bens penhoráveis, o qual fica caracterizado quando infrutíferos o pedido de constrição sobre ativos financeiros e a expedição de ofícios aos registros públicos do domicílio do executado, ao Denatran ou Detran.

∗ INFORMATIVOS

STJ **Falência. DL 7.661/45. Encargos da massa. Ordem de preferência. Redação original dos arts. 186 a 188 do CTN. Preferência dos créditos fiscais vencidos antes da falência.** Os encargos da massa não preferem os créditos tributários nas falências processadas sob a égide do DL 7.661/45. EREsp 1.162.964, Rel. Min. Humberto Martins, DJ 13.11.2018. Corte Especial. (Info 637)

∗ QUESTÕES OBJETIVAS

204. **(IBFC/TJ/PR/Cartórios/Ingresso/2014)** A presunção de fraude à execução fiscal, por alienação ou oneração de bens ou rendas, ou o seu começo, por sujeito passivo em débito para com a Fazenda Pública, ocorre a partir:

a) da inscrição do crédito tributário em dívida ativa.
b) da constituição do crédito tributário.
c) do despacho do juiz que ordena a citação.
d) da citação válida feita ao executado.

6. ADMINISTRAÇÃO TRIBUTÁRIA

∗ SÚMULAS

1) Fiscalização

STF **Súm. 70.** É inadmissível a interdição de estabelecimento como meio coercitivo para cobrança de tributo.

STF **Súm. 323.** É inadmissível a apreensão de mercadorias como meio coercitivo para pagamento de tributos.

STF **Súm. 439.** Estão sujeitos à fiscalização tributária ou previdenciária quaisquer livros comerciais, limitado o exame aos pontos objeto da investigação.

STF **Súm. 547.** Não é lícito à autoridade proibir que o contribuinte em débito adquira estampilhas, despache mercadorias nas alfândegas e exerça suas atividades profissionais.

STJ **Súm. 352.** A obtenção ou a renovação do Certificado de Entidade Beneficente de Assistência Social (Cebas) não exime a entidade do cumprimento dos requisitos legais supervenientes.

2) Dívida Ativa

STJ **Súm. 392.** A Fazenda Pública pode substituir a certidão de dívida ativa (CDA) até a prolação da sentença de embargos, quando se tratar de correção de erro material ou formal, vedada a modificação do sujeito passivo da execução.

3) Certidões Negativas

STJ **Súm. 446.** Declarado e não pago o débito tributário pelo contribuinte, é legítima a recusa de expedição de certidão negativa ou positiva com efeito de negativa.

∗ REPERCUSSÃO & REPETITIVOS

STF **Repercussão Geral 225.** O art. 6º da LC 105/01 não ofende o direito ao sigilo bancário, pois realiza a igualdade em relação aos cidadãos, por meio do princípio da capacidade contributiva, bem como estabelece requisitos objetivos e o translado do dever de sigilo da esfera bancária para a fiscal. (RE 601314, 24.2.2016)

∗ INFORMATIVOS

STJ **Importação. Despacho aduaneiro. Pagamento dos direitos antidumping. Requisito imprescindível. Retenção de mercadoria importada. Súmula**

n. 323/STF. **Inaplicabilidade.** A retenção de mercadoria importada até o pagamento dos direitos antidumping não viola o enunciado da Súm. 323/STF. REsp 1.728.921, Rel. Min. Regina Helena Costa, DJ 24.10.2018. 1ª T. (Info 636)

STJ **Contribuinte inadimplente. Enquadramento na condição de "inapto". Sanção política. Impossibilidade.** O Estado não pode adotar sanções políticas para constranger o contribuinte ao pagamento de tributos em atraso. 1ª T. RMS 53.989, Rel. Min. Gurgel de Faria, DJ 23.5.2018. (Info 626)

* QUESTÕES OBJETIVAS

205. **(Consulplan/TJ/MG/Cartórios/Remoção/2018)** Assinale a alternativa incorreta:

a) a entrega de declaração pelo contribuinte reconhecendo débito fiscal constitui o crédito tributário, dispensada qualquer outra providência por parte do fisco.

b) os sujeitos passivos de obrigações tributárias e de deveres formais, relativos a tributos, devem manter seus livros, documentos e efeitos fiscais durante o prazo de 3 (três) anos.

c) os tabeliães, escrivães e demais serventuários de ofício, mediante intimação escrita, são obrigados a prestar à autoridade administrativa todas as informações de que disponham com relação aos bens, negócios ou atividades de terceiros.

d) para o Código Tributário constitui dívida ativa tributária a proveniente de crédito dessa natureza, regularmente inscrita na repartição administrativa competente, depois de esgotado o prazo fixado, para pagamento, pela lei ou por decisão final proferida em processo regular.

206. **(Cespe/TJ/ES/Cartórios/Ingresso/2013)** Conforme disposto no CTN, os tabeliães, escrivães e demais serventuários de ofício são obrigados a prestar à autoridade administrativa todas as informações de que disponham com relação aos bens, negócios ou atividades de terceiros, mediante:

a) citação.

b) intimação escrita, independentemente de ordem judicial.

c) intimação escrita ou oral.

d) ordem judicial, exclusivamente.

e) intimação escrita condicionada à ordem judicial.

207. **(Cespe/TJ/ES/Cartórios/Remoção/2013)** O crédito tributário regularmente inscrito na repartição administrativa competente, depois de esgotado o prazo fixado para o pagamento, é denominado:

a) indébito tributário.

b) parcela restituível.

c) restos a pagar.

d) dívida ativa.

e) juros de mora.

208. **(Cespe/TJ/RR/Cartórios/Ingresso/2013)** No que se refere à inscrição de crédito tributário na dívida ativa, assinale a opção correta:

a) a inscrição do crédito na dívida ativa pode ser feita em seguida à abertura do processo.

b) a inscrição do crédito na dívida ativa pode ser feita em seguida à deliberação na primeira instância, ainda que haja possibilidade de recurso a segunda instância administrativa.

c) a inscrição do crédito na dívida ativa pode ser feita em seguida à conclusão do processo administrativo, ainda que não tenha transcorrido o prazo de vencimento do tributo estabelecido no processo.

d) a inscrição do crédito na dívida ativa somente pode ser feita em seguida à conclusão do processo administrativo em segunda instância e após o transcurso do prazo de vencimento do tributo estabelecido no processo, se o respectivo pagamento não tiver sido realizado.

e) após a notificação do contribuinte, pode-se inscrever a dívida vincenda na dívida ativa, ainda que o processo tributário não tenha sido iniciado.

209. **(Ieses/TJ/RN/Cartórios/Remoção/2012)** Em relação ao termo de inscrição em dívida ativa, assinale a alternativa correta:

a) o dever de provar o seu conteúdo é da Fazenda Pública.

b) tem presunção absoluta.

c) deve constar obrigatoriamente em seu teor a origem e natureza do crédito.

d) deve ser acompanhado do processo administrativo tributário para que tenha presunção relativa.

210. **(FCC/TJ/PE/Cartórios/Ingresso/2013)** Segundo o Código Tributário Nacional, tem o mesmo efeito de certidão negativa uma certidão positiva cujo débito esteja com a exigibilidade suspensa. Neste caso, haveria suspensão da exigibilidade do crédito tributário a admitir uma certidão positiva de efeitos negativos a:

a) consignação em pagamento de crédito tributário, diante da exigência de crédito tributário por mais de um ente, relativamente ao mesmo fato gerador.
b) isenção em caráter específico, uma vez concedida pela autoridade administrativa competente.
c) anistia concedida em caráter específico, relativamente aos ilícitos tributários cometidos antes do lançamento.
d) citação do executado em sede de execução fiscal.
e) liminar concedida em mandado de segurança que tenha por objeto ilegalidade na constituição do crédito tributário.

211. **(Consulplan/TJ/MG/Cartórios/Remoção/2016)** Avalie as afirmações a seguir, considerando posicionamentos sumulados pelo Superior Tribunal de Justiça:

I. apresenta-se legítima a recusa pelo órgão fazendário de expedição de certidão negativa ou positiva com efeito de negativa, quando declarado e não pago o débito tributário respectivo pelo contribuinte.
II. a entrega de declaração pelo contribuinte reconhecendo débito fiscal constitui o crédito tributário, dispensada qualquer outra providência por parte do fisco.
III. é legítima a exigência de depósito prévio para admissibilidade de recurso administrativo tributário.
IV. incide imposto de renda sobre a indenização por danos morais.

É correto apenas o que se afirma em:

a) I e II.
b) II e III.
c) III e IV.
d) I e IV.

212. **(Consulplan/TJ/MG/Cartórios/Ingresso/2016)** No que toca às disposições do Código Tributário Nacional sobre garantias e privilégios do credito tributário e administração tributária, é correto afirmar que:

a) a cobrança judicial do crédito tributário é sujeita à habilitação em inventário.
b) é presumida fraudulenta a alienação de bens por sujeito passivo em débito com a Fazenda Pública por crédito tributário regularmente inscrito como dívida ativa em fase de execução, ainda que o devedor tenha reservado bem suficiente para pagamento da dívida.
c) é vedada a divulgação por parte da fazenda pública de informações relativas a representações fiscais para fins penais.
d) as Fazendas Públicas da União, dos Estados, do Distrito Federal e dos Municípios têm o dever de prestar mútua assistência para a fiscalização dos tributos respectivos e permuta de informações, na forma estabelecida em lei ou em convênio.

213. **(Consulplan/TJ/MG/Cartórios/Ingresso/2015)** São requisitos do termo de inscrição da dívida ativa previstos no Código Tributário Nacional, exceto:

a) nome do devedor e corresponsáveis, se for a hipótese, e o domicílio, sempre que possível.
b) a quantia devida, incluindo juros de mora acrescidos, dispensando menção da maneira de cálculo.
c) a data da inscrição e o número do processo administrativo de que se originar o crédito, em sendo o caso.
d) a origem e natureza do crédito, com menção da disposição de lei em que seja fundado.

214. **(Consulplan/TJ/MG/Cartórios/Remoção/2014)** Ajuizada uma execução fiscal e tendo sido constatada pela Fazenda Pública a existência de um erro material na Certidão de Dívida Ativa – CDA, de acordo com entendimento consolidado do STJ:

a) tendo em vista que o erro não é meramente formal, não se admite a substituição da CDA.
b) é admissível a substituição da CDA por parte da Fazenda Pública, mas desde que os embargos à execução não tenham sido julgados em primeira instância.
c) caso não tenham sido propostos embargos à execução, é facultada à Fazenda Pública a substituição da CDA para alterar o sujeito passivo, desde que o prazo para embargos à execução seja reaberto.
d) a Fazenda Pública pode substituir a CDA apenas até a interposição dos embargos à execução.

7. IMPOSTOS FEDERAIS

◉ ATENÇÃO: ESTE TEMA É MUITO EXIGIDO NOS CONCURSOS!

* SÚMULAS

1) II/IE

STJ Súm. 95. A redução da alíquota do imposto sobre produtos industrializados ou do imposto de importação não implica redução do ICMS.

2) IOF

STF Súm. 664. É inconstitucional o inciso V do art. 1º da Lei 8.033/90, que instituiu a incidência do imposto nas operações de crédito, câmbio e seguros – IOF sobre saques efetuados em caderneta de poupança.

STJ Súm. 185. Nos depósitos judiciais, não incide o imposto sobre operações financeiras.

STJ Súm. 569. Na importação, é indevida a exigência de nova certidão negativa de débito no desembaraço aduaneiro, se já apresentada a comprovação da quitação de tributos federais quando da concessão do benefício relativo ao regime de "drawback".

3) IPI

STF Súm. 591. A imunidade ou a isenção tributária do comprador não se estende ao produtor, contribuinte do imposto sobre produtos industrializados.

STJ Súm. 95. A redução da alíquota do imposto sobre produtos industrializados ou do imposto de importação não implica redução do ICMS.

STJ Súm. 411. É devida a correção monetária ao creditamento do IPI quando há oposição ao seu aproveitamento decorrentes de resistência ilegítima do Fisco.

STJ Súm. 494. O benefício fiscal do ressarcimento do crédito presumido do IPI relativo às exportações incide mesmo quando as matérias-primas ou os insumos sejam adquiridos de pessoa física ou jurídica não contribuinte do PIS/Pasep.

STJ Súm. 495. A aquisição de bens integrantes do ativo permanente da empresa não gera direito a creditamento de IPI.

4) IRPJ/IRPF

STF Súm. 93. Não está isenta do imposto de renda a atividade profissional do arquiteto.

STF Súm. 584. Ao imposto de renda calculado sobre os rendimentos do ano-base, aplica-se a lei vigente no exercício financeiro em que deve ser apresentada a declaração.

STF Súm. 586. Incide imposto de renda sobre os juros remetidos para o exterior, com base em contrato de mútuo.

STF Súm. 587. Incide imposto de renda sobre o pagamento de serviços técnicos contratados no exterior e prestados no Brasil.

STJ Súm. 125. O pagamento de férias não gozadas por necessidade do serviço não está sujeito à incidência do imposto de renda.

STJ Súm. 136. O pagamento de licença-prêmio não gozada por necessidade do serviço não está sujeito ao imposto de renda.

STJ Súm. 215. A indenização recebida pela adesão a programa de incentivo à demissão voluntária não está sujeita à incidência do imposto de renda.

STJ Súm. 262. Incide o imposto de renda sobre o resultado das aplicações financeiras realizadas pelas cooperativas.

STJ Súm. 386. São isentas de imposto de renda as indenizações de férias proporcionais e o respectivo adicional.

STJ Súm. 447. Os Estados e o Distrito Federal são partes legítimas na ação de restituição de imposto de renda retido na fonte proposta por seus servidores.

STJ Súm. 463. Incide imposto de renda sobre os valores percebidos a título de indenização por horas extraordinárias trabalhadas, ainda que decorrentes de acordo coletivo.

STJ Súm. 498. Não incide imposto de renda sobre a indenização por danos morais.

STJ Súm. 556. É indevida a incidência de imposto de renda sobre o valor da complementação de aposentadoria pago por entidade de previdência privada e em relação ao resgate de contribuições recolhidas para referidas entidades patrocinadoras no período de 1º.1.1989 a 31.12.1995, em razão da isenção concedida pelo art. 6º, VII, b, da Lei n. 7.713/1988, na redação anterior à que lhe foi dada pela Lei n. 9.250/1995.

STJ Súm. 590. Constitui acréscimo patrimonial a atrair a incidência do imposto de renda, em caso de liquidação de entidade de previdência privada, a quantia que couber a cada participante, por rateio do patrimônio, superior ao valor das respectivas contribuições à entidade em liquidação, devidamente atualizadas e corrigidas.

STJ Súm. 598. É desnecessária a apresentação de laudo médico oficial para o reconhecimento judicial da isenção do imposto de renda, desde que o magistrado entenda suficientemente demonstrada a doença grave por outros meios de prova.

STJ **Súm. 627.** O contribuinte faz jus à concessão ou à manutenção da isenção do imposto de renda, não se lhe exigindo a demonstração da contemporaneidade dos sintomas da doença nem da recidiva da enfermidade.

* REPERCUSSÃO & REPETITIVOS

STF **Repercussão Geral 102.** É constitucional o art. 1º, IV, da Lei 8.033/90, uma vez que a incidência de IOF sobre o negócio jurídico de transmissão de títulos e valores mobiliários, tais como ações de companhias abertas e respectivas bonificações, encontra respaldo no art. 153, V, da CF, sem ofender os princípios tributários da anterioridade e da irretroatividade, nem demandar a reserva de lei complementar. (RE 583712, 4.2.2016)

STF **Repercussão Geral 643.** Incide o IPI na importação de veículo automotor por pessoa natural, ainda que não desempenhe atividade empresarial e o faça para uso próprio. (RE 723651, 3.2.2016)

STF **Repercussão Geral 653.** É constitucional a concessão regular de incentivos, benefícios e isenções fiscais relativos ao IR e IPI por parte da União em relação ao Fundo de Participação de Municípios e respectivas quotas devidas às municipalidades. (RE 705423, 17.11.2016)

STF **Repercussão Geral 653.** É constitucional a concessão regular de incentivos, benefícios e isenções fiscais relativos ao IR e IPI por parte da União em relação ao Fundo de Participação de Municípios e respectivas quotas devidas às Municipalidades. (RE 705423, 17.11.2016)

* INFORMATIVOS

STJ **Cessão de crédito de título judicial. Crédito-prêmio de IPI. Compensação tributária. Art. 74 da Lei n. 9.430/1996. Inaplicabilidade. Sucessão processual. Impossibilidade.** Não é possível a sucessão processual em razão de cessão de crédito de título judicial, referente a crédito-prêmio de IPI, com a finalidade de oportunizar a compensação tributária pela cessionária. EREsp 1.390.228, Rel. Min. Gurgel de Faria, DJ 25.10.2018. 1ª S. (Info 636)

STJ **Contratos de compra e venda de imóveis a prazo. Valores decorrentes do INCC. Classificação. Receita bruta. Lucro presumido. IRPJ. Incidência.** A parcela decorrente do INCC integra a receita bruta decorrente da venda do bem imóvel, sendo possível o seu acréscimo à base de cálculo do lucro presumido para fins de incidência do imposto de renda. REsp 1.298.441, Rel. Min. Gurgel de Faria, DJ 13.9.2018. 1ª T. (Info 633)

STJ **IR. Remessa de juros ao exterior. Art. 11 do DL 401/68. Responsabilidade por substituição. Imunidade do substituto. Condição que não o exonera do dever de reter o imposto na fonte.** A imunidade de entidade beneficente de assistência social não a exonera do dever de, na condição de responsável por substituição, reter o imposto de renda sobre juros remetidos ao exterior na compra de bens a prazo, na forma do art. 11 do DL 401/68. REsp 1.480.918, Rel. Acd. Min. Herman Benjamin, DJ 1.2.2018. 2ª T. (Info 618)

STJ **IRPF. Alienação de imóvel residencial. Ganho de capital. Lei 11.196/05 ("Lei do bem"). Valores parcialmente destinados à quitação de financiamento imobiliário de outro imóvel residencial. Direito à isenção. Restrição imposta por instrução normativa. Ilegalidade.** A isenção prevista no art. 39, § 2º, da Lei 11.196/05, alcança as hipóteses nas quais o produto da venda de imóvel por pessoa física seja destinado, total ou parcialmente, à quitação ou amortização de financiamento de outro imóvel residencial que o alienante já possui. REsp 1.668.268, Rel. Min. Regina Helena Costa, DJ 22.3.2018. 1ª T. (Info 622)

STJ **IRPF. Direito de Arena. Art. 42, caput e § 1º, da Lei 9.615/98 ("Lei Pelé"). Natureza indenizatória da parcela. Não configuração. Acréscimo patrimonial. Hipótese de incidência.** A remuneração percebida pelos atletas profissionais a título de direito de arena sujeita-se à incidência do IRPF. 1ª T. REsp 1.679.649, Rel. Min. Regina Helena Costa, DJ 23.5.2018. (Info 626)

STF **Progressividade das alíquotas de ITR e Território Rural.** Mostra-se alinhada com a redação originária do § 4º do art. 153 da CF a progressividade das alíquotas do ITR a qual se refere à Lei 9.393/96, progressividade essa que leva em conta, de maneira conjugada, o grau de utilização e a área do imóvel. RE 1038357 A, Rel. Min Dias Toffoli, j. 6.2.2018. 2ª T. (Info 890)

* QUESTÕES OBJETIVAS

215. (**Consulplan/TJ/MG/Cartórios/Ingresso/2015**) Avalie as afirmações a seguir:

I. a irretroatividade prevista no art. 150, III, "a" da Constituição Federal comporta exceção para situação de guerra externa.

II. a teor do art. 148 da Constituição Federal, poderá a União, mediante lei complementar, instituir empréstimos compulsórios para atender despesas ordinárias em período de guerra externa.

III. o imposto sobre importação de produtos estrangeiros não se submete a prazo de anterioridade tributária.

IV. deve ser observada a anterioridade de exercício e a nonagesimal para aumento de taxas e contribuição de melhoria.

É correto apenas o que se afirma em:

a) I e II.
b) II e IV.
c) III e IV.
d) I e III.

216. (Ieses/TJ/MS/Cartórios/Remoção/2014) Compete à União instituir impostos sobre:

I. exportação, para o exterior, de produtos nacionais ou nacionalizados.

II. operações relativas à circulação de mercadorias e sobre prestações de serviços de transporte interestadual e intermunicipal e de comunicação, ainda que as operações e as prestações se iniciem no exterior.

III. operações de crédito, câmbio e seguro, ou relativas a títulos ou valores mobiliários.

IV. propriedade territorial rural e sobre a renda e proventos de qualquer natureza.

A sequência correta é:

a) as assertivas I, II, III e IV estão corretas.
b) apenas as assertivas II e IV estão corretas.
c) apenas as assertivas I, III e IV estão corretas.
d) apenas as assertivas I e II estão corretas.

217. (Consulplan/TJ/MG/Cartórios/Ingresso/2016) Em análise de aspectos dos fatos geradores e contribuintes de impostos, não é correto afirmar:

a) o imposto sobre a propriedade territorial rural tem como fato gerador a propriedade, o domínio útil ou a posse de imóvel por natureza, como definido na lei civil, localizado fora da zona urbana do Município.

b) o fato gerador do imposto de exportação é a saída, do território nacional, do produto nacional ou nacionalizado, ainda que não esteja indicado em lista aprovada pelo Poder Executivo.

c) o contribuinte do imposto de exportação é o exportador ou quem a lei a ele equiparar.

d) o imposto sobre a propriedade territorial rural tem como contribuinte o proprietário do imóvel a ser tributado, o titular de seu domínio, ou o seu possuidor a qualquer título.

218. (Ieses/TJ/RS/Cartórios/Remoção/2013) Assinale a alternativa correta:

a) o Imposto de Renda decorre da disponibilidade jurídica ou econômica de renda ou provento de qualquer natureza, pelo sujeito passivo.

b) a base de cálculo do Imposto de Renda é o total das rendas ou proventos de qualquer natureza auferidos no período, não sendo permitidas deduções.

c) apenas as rendas de capital ensejam a incidência do Imposto de Renda.

d) é vedada a utilização de alíquotas progressivas no Imposto de Renda.

219. (Cespe/TJ/PI/Cartórios/Ingresso/2013) Acerca da instituição e cobrança de tributos, assinale a opção correta:

a) incumbe ao DF instituir e cobrar IPTU sobre a propriedade de imóvel em que funcione igreja devidamente reconhecida e que neste imóvel se cumpra suas formalidades essenciais.

b) cabe à União instituir e cobrar imposto sobre a renda auferida por instituição de educação apenas e tão somente porque gera faturamento bilionário.

c) a instituição de imposto sobre venda de revista de circulação semanal é de competência dos estados, não havendo qualquer vedação constitucional.

d) à União cabe instituir e cobrar imposto sobre a renda auferida por instituição de educação que aplique parcela de sua receita em país estrangeiro.

e) não compete ao município a instituição e a cobrança de taxas pelo exercício do poder de polícia cobradas de autarquia federal.

220. (Cespe/TJ/ES/Cartórios/Ingresso/2013) O imposto incidente sobre a renda e proventos de qualquer natureza:

a) deve ser instituído pela União e, subsidiariamente, pelos estados.

b) é tipicamente regressivo.

c) deve ser informado pelos critérios da não cumulatividade, universalidade e da progressividade.

d) tem caráter real.

e) deve ser informado pelos critérios da generalidade, da universalidade e da progressividade.

221. **(Faurgs/TJ/RS/Cartórios/Remoção/2015)** No que se refere ao imposto sobre a renda e proventos de qualquer natureza, assinale a alternativa que contém afirmação correta:

a) sobre o valor recebido por pessoa física de seu empregador a título de auxilio pré-escolar (ou auxílio-creche) para os seus filhos e dependentes, desde o nascimento até 5 (cinco) anos de idade, incide imposto sobre a renda e proventos de qualquer natureza.

b) os juros incidentes na devolução dos depósitos judiciais possuem natureza remuneratória e não escapam à tributação pelo imposto sobre a renda e proventos de qualquer natureza da pessoa jurídica.

c) o princípio da progressividade do imposto sobre a renda e proventos de qualquer natureza determina que esse tributo deve incidir sobre todas as exteriorizações de riqueza.

d) segundo o Código Tributário Nacional (CTN), renda é apenas o produto do trabalho, os demais casos de incidência enquadram-se em proventos de qualquer natureza.

222. **(Ieses/TJ/MS/Cartórios/Remoção/2014)** As despesas com aquisição de esfíncter urinário artificial, de uso interno, somente são dedutíveis da base de cálculo do Imposto sobre a Renda quando:

a) quando o valor do mesmo integrar a conta emitida pelo estabelecimento hospitalar relativamente a uma despesa médica dedutível.

b) quando o valor do mesmo for inferior a meio salário mínimo e o montante for passível de dedução pelo contribuinte.

c) quando o valor do mesmo integrar uma nota fiscal única do produto, com o detalhamento das funções do equipamento.

d) quando o valor do mesmo for inferior a cem reais e o montante for passível de dedução pelo contribuinte.

223. **(IBFC/TJ/PR/Cartórios/Remoção/2014)** Obedece ao princípio da anterioridade anual, mas não o nonagesimal, o imposto sobre:

a) a renda (IR).

b) importação (II).

c) serviços de qualquer natureza (ISS).

d) produtos industrializados (IPI).

224. **(Ieses/TJ/PB/Cartórios/Remoção/2014)** Os portadores de doenças graves são isentos do Imposto de Renda desde que se enquadrem nas condições determinadas pela Receita Federal. São exemplos de doenças que darão ensejo ao pedido de isenção:

I. contaminação por radiação.

II. alienação mental.

III. cardiopatia grave.

IV. cegueira.

A sequência correta é:

a) as assertivas I, II, III e IV estão corretas.

b) apenas as assertivas II e IV estão corretas.

c) apenas as assertivas II e III estão corretas.

d) apenas a assertiva I está correta.

225. **(Cetro/TJ/RJ/Cartórios/Ingresso/2017)** Acerca do tributo, espécie imposto, incidente sobre a atividade notarial, marque V para verdadeiro ou F para falso e, em seguida, assinale a alternativa que apresenta a sequência correta.

I. incide ISSQN (Imposto sobre Serviços de Qualquer Natureza) sobre atividades públicas delegadas, tais como os serviços notariais, uma vez que estes não estão albergados pela regra de imunidade recíproca.

II. da base de cálculo do imposto de renda de serviços notariais não se deduzem as chamadas certidões gratuitas, dado que se trata de ônus a ser arcado por aquele que exerce atividade notarial.

III. os emolumentos e custas referentes aos serviços notariais sujeitam-se à retenção na fonte nos casos em que a fonte pagadora for pessoa jurídica:

a) F, F, F.

b) V, F, F.

c) F, V, F.

d) V, V, V.

e) F, V, V.

226. **(Ieses/TJ/CE/Cartórios/Ingresso/2018)** Em relação à matéria tributária sumulada pelos tribunais superiores, assinale a alternativa que representa entendimento sumular já superado, entendendo-se para tanto, o entendimento firmado em súmula cancelada:

a) é inconstitucional a incidência do Imposto sobre Serviços de Qualquer Natureza – ISS sobre operações de locação de bens móveis.
b) as sociedades civis de prestação de serviços profissionais são isentas da Cofins, irrelevante o regime tributário adotado.
c) constitui acréscimo patrimonial a atrair a incidência do Imposto de Renda, em caso de liquidação de entidade de previdência privada, a quantia que couber a cada participante, por rateio do patrimônio, superior ao valor das respectivas contribuições à entidade em liquidação, devidamente atualizadas e corrigidas.
d) é constitucional a adoção, no cálculo do valor de taxa, de um ou mais elementos da base de cálculo própria de determinado imposto, desde que não haja integral identidade entre uma base e outra.

227. (Ieses/TJ/CE/Cartórios/Ingresso/2018) Acerca do IPI – Imposto sobre Produtos Industrializados e sua previsão na Constituição Federal é possível afirmar, exceto que:
a) terá reduzido seu impacto sobre a aquisição de bens de capital pelo contribuinte do imposto, na forma da lei.
b) incidirá sobre produtos industrializados destinados ao exterior.
c) será não-cumulativo, compensando-se o que for devido em cada operação com o montante cobrado nas anteriores.
d) será seletivo, em função da essencialidade do produto.

228. (Ieses/TJ/PA/Cartórios/Remoção/2016) Assinale a opção incorreta quanto ao imposto, de competência da União, sobre operações de crédito, câmbio e seguro, e sobre operações relativas a títulos e valores mobiliários, referente ao motivo ensejador do fato gerador:
a) quanto às operações de crédito, a sua efetivação pela entrega total ou parcial do montante ou do valor que constitua o objeto da obrigação, ou sua colocação à disposição do interessado.
b) quanto às operações de seguro, apenas quando houver o recebimento do prêmio, na forma da lei aplicável.
c) quanto às operações relativas a títulos e valores mobiliários, a emissão, transmissão, pagamento ou resgate destes, na forma da lei aplicável.
d) quanto às operações de câmbio, a sua efetivação pela entrega de moeda nacional ou estrangeira, ou de documento que a represente, ou sua colocação à disposição do interessado em montante equivalente à moeda estrangeira ou nacional entregue ou posta à disposição por este.

229. (Cespe/TJ/BA/Cartórios/Ingresso/2013) Assinale a opção que indica a forma em que deve ser partilhado o produto da arrecadação do IOF incidente sobre o ouro, quando esse for definido em lei como ativo financeiro ou instrumento cambial:
a) 50% para o estado, o Distrito Federal ou o território, conforme a origem e 50% para o município de origem.
b) 70% para o estado, o Distrito Federal ou o território, conforme a origem e 30% para o município de origem.
c) 30% para o estado, o Distrito Federal ou o território, conforme a origem e 70% para o município de origem.
d) 20% para o estado, o Distrito Federal ou o território, conforme a origem e 80% para o município de origem E 40% para o estado, o Distrito Federal ou o território, conforme a origem e 60% para o município de origem.

230. (Cespe/TJ/ES/Cartórios/Remoção/2013) Em relação ao imposto incidente sobre a propriedade territorial rural (ITR), assinale a opção correta:
a) o ITR incidirá sobre pequenas glebas rurais quando as explore o proprietário que não possua outro imóvel, mas com alíquotas reduzidas.
b) as alíquotas do ITR serão progressivas, com o objetivo de desestimular a manutenção de propriedades improdutivas.
c) o total do produto da arrecadação do ITR não é partilhado.
d) os municípios ficarão com 50% do produto da arrecadação quando fiscalizarem e cobrarem o ITR.
e) a competência para a instituição do ITR é da União e dos municípios.

231. (Ieses/TJ/RS/Cartórios/Ingresso/2013) Assinale a alternativa correta:
a) o Imposto sobre a Propriedade Territorial Rural – ITR decorre da propriedade, do domínio útil

ou da posse de imóvel por natureza, localizado fora da zona urbana dos municípios.

b) o domicílio tributário, para fins do Imposto sobre a Propriedade Territorial Rural – ITR, é o do município da situação do imóvel, podendo outro ser eleito, a critério do sujeito passivo.

c) os sítios de recreio, ainda que localizados na zona urbana dos municípios, sujeitam-se à incidência do Imposto sobre a Propriedade Territorial Rural – ITR.

d) é possível a delegação da competência tributária do Imposto sobre a Propriedade Territorial Rural – ITR para o município onde se situa o imóvel rural, desde que efetue a fiscalização e cobrança do tributo.

232. (TJ/SC/Cartórios/Remoção/2012) No que tange ao Imposto Territorial Rural – ITR, é correto afirmar:

a) será progressivo e não poderá ter suas alíquotas fixadas de forma a desestimular a manutenção de qualquer propriedade rural.

b) não poderá incidir sobre pequenas glebas rurais.

c) compete aos municípios instituí-lo.

d) cinquenta por cento do produto da arrecadação pertence ao Estado no qual se situa o imóvel.

e) será fiscalizado e cobrado pelos Municípios que assim optarem, na forma da lei, desde que não implique redução do imposto ou qualquer outra forma de renúncia fiscal.

233. (Ieses/TJ/RN/Cartórios/Remoção/2012) Em relação ao ITR, assinale a alternativa correta:

a) será fiscalizado e cobrado pelos Municípios que assim optarem, na forma da lei.

b) a competência para instituir o tributo é da União, mas pode ser delegada aos Municípios.

c) a alíquota pode ser majorada por ato do Poder Executivo.

d) pertence aos Municípios trinta por cento do produto da arrecadação do imposto da União sobre a propriedade territorial rural.

234. (Faurgs/TJ/RS/Cartórios/Ingresso/2015) No que se refere aos impostos sobre o patrimônio imobiliário, assinale a alternativa que contém afirmativa correta:

a) não se sujeita ao IPTU, mas ao ITR, o imóvel que, embora situado na zona urbana, comprovadamente seja utilizado em exploração extrativa vegetal, agrícola, pecuária ou agroindustrial.

b) o lançamento do ITR não ocorre por homologação, mas de ofício.

c) a base de cálculo do ITR compreende as construções e as pastagens cultivadas.

d) as alíquotas do ITR variam entre 1% e 25%, conforme a área total e o grau de utilização do imóvel.

235. (Faurgs/TJ/RS/Cartórios/Remoção/2015) O imposto sobre a propriedade territorial rural (ITR) é:

a) de competência da União e do Município onde está localizado o imóvel.

b) de competência da União; é possível ao Município onde está localizado o imóvel somente fiscalizar a cobrança do imposto.

c) de competência da União; é possível ao Município onde está localizado o imóvel somente cobrar o imposto.

d) de competência da União, porém é possível ao Município onde está localizado o imóvel fiscalizar e cobrar o imposto.

236. (Ieses/TJ/PB/Cartórios/Ingresso/2014) Com relação ao Impostos sobre a Propriedade Territorial Rural (ITR), ao Imposto de Transmissão Inter Vivos e o IPTU, a Constituição Federal dispõe que:

a) o ITR será fiscalizado e cobrado pelos Municípios que assim optarem, na forma da lei, desde que não implique redução do imposto ou qualquer outra forma de renúncia fiscal.

b) o Imposto Inter Vivos não incide sobre a transmissão de bens ou direitos incorporados ao patrimônio de pessoa jurídica em realização de capital, incidindo porém sobre a transmissão de bens ou direitos decorrente de fusão, incorporação, cisão ou extinção de pessoa jurídica.

c) o ITR não incide sobre pequenas glebas rurais, definidas em lei, quando as explore, só ou com sua família, o proprietário que não possua outro imóvel.

d) sem prejuízo da progressividade no tempo a que se refere o art. 182, § 4º, inciso II, CF, o IPTU poderá ser progressivo em razão do valor do imóvel, mas não poderá ter alíquotas diferentes em função da localização e o uso do imóvel.

237. **(Ieses/TJ/PB/Cartórios/Remoção/2014)** São imunes do Importo Territorial Rural, desde que atendidos os requisitos constitucionais e legais:

I. os imóveis rurais de instituições de educação e de assistência social, sem fins lucrativos.

II. a pequena gleba rural.

III. os imóveis rurais de autarquias e fundações instituídas e mantidas pelo poder público.

IV. a propriedade rural desapropriada por utilidade ou necessidade pública, ou por interesse social, inclusive para fins de reforma agrária até a data da perda da posse pela imissão prévia ou provisória do Poder Público na posse.

A sequência correta é:

a) apenas as assertivas II e IV estão corretas.

b) apenas a assertiva IV está correta.

c) as assertivas I, II, III e IV estão corretas.

d) apenas as assertivas I, II e III estão corretas.

238. **(Cespe/TJ/DFT/Cartórios/Remoção/2014)** Com referência ao imposto sobre propriedade territorial rural (ITR), assinale a opção correta:

a) o ITR não incide sobre o imóvel declarado como de interesse social para fins de reforma agrária.

b) não há previsão constitucional para a progressividade do ITR.

c) o enfiteuta não pode ser sujeito passivo do ITR.

d) não há fato gerador do ITR em relação ao imóvel rural por acessão física.

e) a base de cálculo do ITR corresponde ao valor da terra nua, incluindo os valores de mercado relativos a construções, instalações e benfeitorias.

239. **(Cespe/TJ/SE/Cartórios/Remoção/2014)** Em relação ao IPTU e ao ITR, assinale a opção correta:

a) o enfiteuta não pode ser sujeito passivo do ITR, pois não detém o domínio útil do imóvel rural.

b) a progressividade é característica do IPTU, não sendo, entretanto, admitida para o ITR, por ausência de previsão constitucional expressa.

c) o IPTU é exemplo de imposto sujeito a lançamento por homologação.

d) o município poderá fiscalizar e cobrar o ITR, imposto de competência da União, se assim optar, apropriando-se, nesse caso, do valor total arrecadado.

e) incide IPTU sobre o imóvel sede da prefeitura municipal, de propriedade do município.

240. **(Cetro/TJ/RJ/Cartórios/Remoção/2017)** Xerxes comparece ao cartório de registro de imóveis e, munido de documentação, solicita que seja efetuada a transferência de propriedade rural em seu nome para a empresa XY Agropecuária Ltda., dado que esse imóvel seria sua parte como parte integrante do capital social da referida empresa. Com base no caso e sabendo da eventual necessidade de apresentação de quitação do Imposto sobre a Propriedade Territorial Rural (ITR) na documentação de transferência de titularidade, marque V para verdadeiro ou F para falso e, em seguida, assinale a alternativa que apresenta a sequência correta.

I. a apresentação de Certidão Positiva de Débitos do Imóvel Rural, com Efeito de Negativa, expedida pela Secretaria da Receita Federal (SRF), pode ser feita em substituição de comprovação de recolhimento do ITR, aceitando-se, apenas, certidão emitida 1 (um) mês antes do pedido de registro.

II. é obrigatória a apresentação do pagamento do ITR referente aos 5 (cinco) últimos exercícios, sendo aceita a apresentação de cópia original ou autenticada da guia DARF com o recolhimento do imposto.

III. o cartório de registro de imóveis deve exigir a comprovação do pagamento do ITR até o momento do pagamento final dos emolumentos devidos pelo ato registral de transferência de titularidade:

a) V, F, V.

b) F, V, F.

c) V, V, F.

d) V, V, V.

e) F, F, V.

241. **(Vunesp/TJ/SP/Cartórios/Ingresso/2018)** A respeito do imposto sobre propriedade territorial rural (ITR), assinale alternativa correta:

a) não há previsão constitucional para a progressividade do ITR.

b) a base de cálculo do ITR é o valor da terra nua.

c) o ITR será fiscalizado e cobrado pelos municípios que assim optarem, na forma da lei, desde que não implique redução do imposto ou qualquer outra forma de renúncia fiscal.

d) o ITR não incide sobre o imóvel declarado como de interesse social para fins de reforma agrária.

242. (Cespe/TJ/RR/Cartórios/Ingresso/2013) No que se refere ao imposto sobre grandes fortunas, assinale a opção correta:

a) esse imposto não incide sobre as fortunas de propriedade de pessoas jurídicas.

b) a instituição de normas relativas a esse imposto é de competência estadual.

c) a criação desse tributo deve ser feita por meio de edição de lei complementar.

d) parte da receita advinda desse imposto deve ser distribuída entre os municípios, em conformidade com o domicílio dos contribuintes.

e) cabe ao Senado Federal o estabelecimento das alíquotas máximas desse tributo.

243. (Consulplan/TJ/MG/Cartórios/Ingresso/2016) Nos termos da Constituição Federal, é de competência da União, em não existindo Território Federal, instituir impostos sobre:

a) transmissão "causa mortis" e doação, de quaisquer bens ou direitos.

b) propriedade de veículos automotores.

c) propriedade predial e territorial urbana.

d) grandes fortunas, nos termos de lei complementar.

8. IMPOSTOS ESTADUAIS

⊙ ATENÇÃO: ESTE TEMA É MUITO EXIGIDO NOS CONCURSOS!

✱ INOVAÇÕES LEGISLATIVAS

▲ Lei dos Convênios de Remissão de Créditos (LC 160/17): nova lei.

▲ Lei Kandir (LC 87/96): sem alterações em 2017/2018.

✱ SÚMULAS

1) *ICMS*

STF **Súm. Vinculante 32.** O ICMS não incide sobre alienação de salvados de sinistro pelas seguradoras.

STF **Súm. Vinculante 48.** Na entrada de mercadoria importada do exterior, é legítima a cobrança do ICMS por ocasião do desembaraço aduaneiro.

STF **Súm. 573.** Não constitui fato gerador do imposto de circulação de mercadorias a saída física de máquinas, utensílios e implementos a título de comodato.

STF **Súm. 575.** À mercadoria importada de país signatário do GATT, ou membro da ALALC, estende-se a isenção do imposto sobre circulação de mercadorias concedida a similar nacional.

STF **Súm. 662.** É legítima a incidência do ICMS na comercialização de exemplares de obras cinematográficas, gravados em fitas de videocassete.

STJ **Súm. 20.** A mercadoria importada de país signatário do GATT é isenta do ICM, quando contemplado com esse favor o similar nacional.

STJ **Súm. 95.** A redução da alíquota do imposto sobre produtos industrializados ou do imposto de importação não implica redução do ICMS.

STJ **Súm. 135.** O ICMS não incide na gravação e distribuição de filmes e videoteipes.

STJ **Súm. 155.** O ICMS incide na importação de aeronave, por pessoa física, para uso próprio.

STJ **Súm. 163.** O fornecimento de mercadorias com a simultânea prestação de serviços em bares, restaurantes e estabelecimentos similares constitui fato gerador do ICMS a incidir sobre o valor total da operação.

STJ **Súm. 166.** Não constitui fato gerador do ICMS o simples deslocamento de mercadoria de um para outro estabelecimento do mesmo contribuinte.

STJ **Súm. 198.** Na importação de veículo por pessoa física, destinado a uso próprio, incide o ICMS.

STJ **Súm. 237.** Nas operações com cartão de crédito, os encargos relativos ao financiamento não são considerados no cálculo do ICMS.

STJ **Súm. 334.** O ICMS não incide no serviço dos provedores de acesso à internet.

STJ **Súm. 350.** O ICMS não incide sobre o serviço de habilitação de telefone celular.

STJ **Súm. 391.** O ICMS incide sobre o valor da tarifa de energia elétrica correspondente à demanda de potência efetivamente utilizada.

STJ **Súm. 395.** O ICMS incide sobre o valor da venda a prazo constante da nota fiscal.

STJ **Súm. 431.** É ilegal a cobrança de ICMS com base no valor da mercadoria submetido ao regime de pauta fiscal.

STJ **Súm. 432.** As empresas de construção civil não estão obrigadas a pagar ICMS sobre mercadorias adquiridas como insumos em operações interestaduais.

STJ **Súm. 433.** O produto semielaborado, para fins de incidência de ICMS, é aquele que preenche cumulativamente os três requisitos do art. 1º da Lei Complementar n. 65/1991.

STJ **Súm. 457.** Os descontos incondicionais nas operações mercantis não se incluem na base de cálculo do ICMS.

STJ **Súm. 509.** É lícito ao comerciante de boa-fé aproveitar os créditos de ICMS decorrentes de nota fiscal posteriormente declarada inidônea, quando demonstrada a veracidade da compra e venda.

2) IPVA

STJ **Súm. 585.** A responsabilidade solidária do ex-proprietário, prevista no art. 134 do Código de Trânsito Brasileiro CTB, não abrange o IPVA incidente sobre o veículo automotor, no que se refere ao período posterior à sua alienação.

2) ITCMD

STF **Súm. 112.** O imposto de transmissão "causa mortis" é devido pela alíquota vigente ao tempo da abertura da sucessão.

STF **Súm. 114.** O imposto de transmissão "causa mortis" não é exigível antes da homologação do cálculo.

STF **Súm. 115.** Sobre os honorários do advogado contratado pelo inventariante, com a homologação do juiz, não incide o imposto de transmissão "causa mortis".

STF **Súm. 331.** É legítima a incidência do imposto de transmissão "causa mortis" no inventário por morte presumida.

STF **Súm. 542.** Não é inconstitucional a multa instituída pelo Estado-membro, como sanção pelo retardamento do início ou da ultimação do inventário.

STF **Súm. 590.** Calcula-se o imposto de transmissão "causa mortis" sobre o saldo credor da promessa de compra e venda de imóvel, no momento da abertura da sucessão do promitente vendedor.

* REPERCUSSÃO & REPETITIVOS

STF **Repercussão Geral 201.** É devida a restituição da diferença do Imposto sobre Circulação de Mercadorias e Serviços (ICMS) pago a mais no regime de substituição tributária para a frente se a base de cálculo efetiva da operação for inferior à presumida. (RE 593849, 19.10.2016)

STF **Repercussão Geral 69.** O ICMS não compõe a base de cálculo para a incidência do PIS e da Cofins. (RE 574706, 15.3.2017)

STF **Repercussão Geral 827.** O Imposto sobre Circulação de Mercadorias e Serviços (ICMS) incide sobre a tarifa de assinatura básica mensal cobrada pelas prestadoras de serviços de telefonia, independentemente da franquia de minutos concedida ou não ao usuário. (RE 912888, 13.10.2016)

STJ **Repetitivo 313.** O valor do ICMS, destacado na nota, devido e recolhido pela empresa compõe seu faturamento, submetendo-se à tributação pelas contribuições ao PIS/Pasep e Cofins, sendo integrante também do conceito maior de receita bruta, base de cálculo das referidas exações. (REsp 1144469, 10.8.2016)

STJ **Repetitivo 903.** A notificação do contribuinte para o recolhimento do IPVA perfectibiliza a constituição definitiva do crédito tributário, iniciando-se o prazo prescricional para a execução fiscal no dia seguinte à data estipulada para o vencimento da exação. (REsp 1320825, 10.8.2016)

* INFORMATIVOS

STJ **ICMS. Créditos presumidos concedidos a título de incentivo fiscal. Inclusão nas bases de cálculo do Imposto sobre a Renda da Pessoa Jurídica – IRPJ e da Contribuição Social sobre o Lucro Líquido – CSLL. Inviabilidade. Interferência da União na política fiscal adotada por Estado-membro. Ofensa ao princípio federativo e à segurança jurídica.** Crédito presumido de ICMS não integra a base de cálculo do IRPJ e da CSLL. EREsp 1.517.492, Rel. Acd. Min. Regina Helena Costa, DJ 1.2.2018. 1ª S. (Info 618)

STJ **ICMS. Energia elétrica. Aquisição no mercado de curto prazo. Câmara de Comercialização de Energia Elétrica – CCEE. Natureza jurídica da operação. Cessão de direitos.** Não incide ICMS sobre as operações financeiras realizadas no Mercado de Curto Prazo da Câmara de Comercialização de Energia Elétrica (CCEE). REsp 1.615.790, Rel. Min. Gurgel de Faria, DJ 9.4.2018. 1ª T. (Info 623)

STJ **ICMS. Operação interestadual. Diferencial de alíquota. Cláusula FOB ("free on board"). Tredestinação da mercadoria. Responsabilidade do vendedor. Boa-fé. Verificação. Necessidade.** A empresa vendedora de boa-fé que evidencie a regularidade da operação interestadual realizada com cláusula

FOB ("free on board") não pode ser objetivamente responsabilizada pelo pagamento do diferencial de alíquota de ICMS em razão de a mercadoria não ter chegado ao destino declarado na nota fiscal. EREsp 1.657.359, Rel. Min. Gurgel de Faria, DJ 19.3.2018. 1ª S. (Info 622)

STJ **ICMS. Substituição tributária progressiva ou para frente. Cláusula de restituição do excesso. Base de cálculo presumida. Base de cálculo real. Restituição da diferença. Juízo de retratação.** Em adequação ao entendimento do STF, é devida a restituição da diferença do Imposto sobre Circulação de Mercadorias e Serviços – ICMS pago a mais no regime de substituição tributária para frente se a base de cálculo efetiva da operação for inferior à presumida. REsp 687.113, Rel. Min. Napoleão Nunes Maia Filho, DJ 18.4.2018. 1ª T. (Info 623)

STJ **Não incidência do ICMS na base de cálculo do PIS e da Cofins. Julgamento pelo STF.** Em adequação ao entendimento do STF, o ICMS não compõe a base de cálculo para a incidência do PIS e da Cofins. REsp 1.100.739, Rel. Min. Sérgio Kukina, DJ 8.3.2018. 1ª T. (Info 621)

* QUESTÕES OBJETIVAS

244. **(Consulplan/TJ/MG/Cartórios/Remoção/2018)** Em relação aos impostos em espécie, assinale a alternativa correta:

a) o fato gerador do imposto sobre transmissão "causa mortis" ocorre no momento do óbito.

b) não é legítima a incidência do imposto sobre transmissão "causa mortis" no inventário por morte presumida.

c) o locatário, o arrendante e o comodatário de bens imóveis são também sujeitos passivos tributários, na qualidade de contribuintes, do IPTU.

d) a previsão de que o Imposto sobre a Propriedade Territorial Rural (ITR) não incidirá sobre pequenas glebas rurais (art. 153, § 4º, II, da CF) é regra de isenção.

245. **(Cespe/TJ/RR/Cartórios/Ingresso/2013)** No que concerne às normas relativas ao ICMS, assinale a opção correta:

a) é de competência da Câmara dos Deputados estabelecer alíquotas máximas de ICMS nas operações internas.

b) cabe privativamente ao Congresso Nacional estabelecer alíquotas interestaduais de ICMS nas operações externas.

c) cabe privativamente ao Senado Federal estabelecer alíquotas mínimas de ICMS nas operações de exportação.

d) o estabelecimento de alíquotas máximas de ICMS nas operações de importação é da competência privativa da Câmara dos Deputados.

e) é facultado ao Senado Federal estabelecer alíquotas mínimas de ICMS nas operações internas.

246. **(Cespe/TJ/BA/Cartórios/Remoção/2013)** Assinale a opção correta com referência ao ICMS:

a) a essencialidade das mercadorias e dos serviços que recebem o gravame do ICMS determina a cumulatividade ou não cumulatividade desse tributo.

b) o ICMS, de acordo com o estabelecido na CF, será não cumulativo e poderá ser seletivo em função da essencialidade das mercadorias e dos serviços.

c) quando se compensa o que for devido em cada operação relativa à circulação de mercadoria ou à prestação de serviços com o montante cobrado nas operações anteriores, tem-se, no ICMS, atendido o requisito constitucional da seletividade do imposto.

d) conforme a CF, o ICMS deve ser cumulativo e, em razão da essencialidade das mercadorias e dos serviços, seletivo.

e) a CF estabelece que o ICMS deve ser cumulativo e, em razão da essencialidade das mercadorias e dos serviços, não seletivo.

247. **(Cespe/TJ/ES/Cartórios/Ingresso/2013)** No que concerne à competência tributária, assinale a opção correta:

a) os estados e o DF têm competência para instituir o IPVA.

b) a União tem competência para instituir o imposto sobre a propriedade de veículos automotores (IPVA) de veículos localizados no DF.

c) os estados e o DF têm competência para instituir o ITBI, a qualquer título, por ato oneroso, de bens imóveis, por natureza ou acessão física, e de direitos reais sobre imóveis, exceto os de garantia, bem como a cessão de direitos a sua aquisição.

d) mediante lei ordinária, a União tem competência para instituir os impostos residuais.

e) a competência para instituir o imposto sobre a propriedade territorial rural é dos municípios, desde que haja convênio entre esses e a União.

248. (Vunesp/TJ/SP/Cartórios/Remoção/2014) Consoante a Constituição Federal, entre os impostos cuja competência tributária é dos Estados-membros, estão:

a) imposto sobre transmissão "causa mortis" e doação de quaisquer bens ou direitos, impostos extraordinários, e o imposto sobre a circulação de mercadorias e prestação de serviços de transporte e de comunicação.

b) imposto sobre transmissão "causa mortis" e doação de quaisquer bens ou direitos, imposto de renda estadual, e o imposto sobre a circulação de mercadorias e prestação de serviços de transporte e de comunicação.

c) imposto sobre transmissão "causa mortis" e doação de quaisquer bens ou direitos, impostos extraordinários, imposto sobre a circulação de mercadorias e prestação de serviços de transporte e de comunicação, e imposto sobre a propriedade de veículos automotores.

d) imposto sobre propriedade de veículos automotores, imposto sobre a circulação de mercadorias e prestação de serviços de transporte e de comunicação, e o imposto sobre transmissão "causa mortis" e doação de quaisquer bens ou direitos.

249. (Ieses/TJ/RS/Cartórios/Ingresso/2013) Assinale a alternativa correta:

a) em caso de ato gratuito, o sujeito passivo do Imposto sobre a Transmissão "causa mortis" e doações de quaisquer bens ou direitos – ITCMD será sempre o donatário.

b) no caso dos bens localizados no Distrito Federal, o Imposto sobre a Transmissão "causa mortis" e doações de quaisquer bens ou direitos – ITCMD será de competência da União.

c) o Imposto sobre a Transmissão "causa mortis" e doações de quaisquer bens ou direitos – ITCMD tem suas alíquotas máximas fixadas pela Câmara dos Deputados.

d) o Imposto sobre a Transmissão "causa mortis" e doações de quaisquer bens ou direitos – ITCMD pode ser exigido em função de morte presumida pela ausência.

250. (Cespe/TJ/ES/Cartórios/Remoção/2013) Em relação ao imposto sobre heranças e doações, assinale a opção correta conforme o disposto na CF e o entendimento do STF:

a) em caso de bens móveis, esse imposto pode ser cobrado pelo estado no qual o inventário esteja sendo processado, ainda que os bens estejam situados em outro estado da Federação.

b) para a cobrança desse imposto, é indispensável a existência de lei complementar federal que defina seus fatos geradores.

c) em razão da competência para a instituição desse imposto, é necessária a edição de lei complementar estadual que defina seus fatos geradores.

d) dada a competência para a instituição desse imposto, é necessária a edição de lei municipal que defina seus fatos geradores.

e) em se tratando de imóvel, a cobrança desse imposto compete ao município em que estiver situado o bem.

251. (Cespe/TJ/PI/Cartórios/Ingresso/2013) Determinada pessoa, domiciliada em Timon/MA, proprietária de imóvel rural localizado em Teresina/PI, recebeu, em 8.11.2013, notificação para pagar, até 8.12.2013, o ITR relativo ao exercício de 2013. Na data do recebimento da notificação, essa pessoa já tinha acertado informalmente a venda do imóvel, tendo marcado a lavratura da escritura do imóvel em cartório em 11.11.2013. Na situação hipotética apresentada, o imposto sobre a transmissão "causa mortis" e doação de quaisquer bens ou direitos:

a) será devido ao estado onde se localizar a serventia de notas em que for lavrada a escritura.

b) será devido ao estado do Piauí, em razão da localização da terra.

c) não será devido ao estado do Maranhão, por ser o imposto de competência municipal.

d) não será cobrado, por se tratar de transmissão onerosa.

e) será devido a qualquer dos dois estados, cabendo ao tabelião decidir a esse respeito.

252. (Cespe/TJ/RR/Cartórios/Ingresso/2013) No caso de um contribuinte nascido em Roraima falecer no estado Rio de Janeiro e deixar, como única herança, ações preferenciais de empresas sediadas na Bahia negociadas na Bolsa de Valores de São Paulo, a cobrança do imposto sobre transmissão "causa mortis" e doação, de quaisquer bens ou direitos, incidente sobre a herança por ele deixada caberá:

a) ao estado do Rio de Janeiro, local de falecimento do contribuinte.

b) ao estado em que o contribuinte declarava seu imposto de renda.

c) ao estado da Bahia, sede das empresas.

d) ao estado de São Paulo, em razão de as ações estarem nesse estado custodiadas.

e) ao estado em que se processar o inventário ou arrolamento.

253. **(Cespe/TJ/ES/Cartórios/Ingresso/2013)** Assinale a opção correta acerca do imposto de transmissão "causa mortis" e doação de quaisquer bens ou direitos (ITCMD):

a) por ser tributo real, o ITCMD não pode ser progressivo.

b) a competência para a instituição do ITCMD é da União no território do DF.

c) a competência para a instituição do ITCMD é dos municípios e do DF.

d) a instituição do ITCMD relativo a bens imóveis e respectivos direitos compete ao município da situação do bem e ao DF.

e) a instituição do ITCMD relativo a bens móveis, títulos e créditos compete ao estado onde se processa o inventário ou o arrolamento, ou onde tiver domicílio o doador, ou ao DF.

254. **(Ieses/TJ/RS/Cartórios/Remoção/2013)** Assinale a alternativa correta:

a) o imposto sobre a transmissão "causa mortis" e doações de quaisquer bens ou direitos – ITCMD é calculado sobre o valor dos bens na data da avaliação.

b) nas doações, o sujeito passivo do imposto sobre a transmissão "causa mortis" e doações de quaisquer bens ou direitos – ITCMD será o herdeiro ou o legatário.

c) o imposto sobre a transmissão "causa mortis" e doações de quaisquer bens ou direitos – ITCMD pode ser exigido em razão da transmissão onerosa de propriedade imóvel.

d) o imposto sobre a transmissão "causa mortis" e doações de quaisquer bens ou direitos – ITCMD é devido pela alíquota vigente ao tempo da avaliação.

255. **(FCC/TJ/PE/Cartórios/Remoção/2013)** Quando do registro da promessa de compra e venda como forma de assegurar o direito real à aquisição do imóvel, deve o oficial do registro de imóveis observar:

a) o recolhimento de taxa de fiscalização judiciária.

b) a incidência de Imposto sobre Transmissão "Causa Mortis" e Doação – ITCMD.

c) a incidência de Imposto sobre Transmissão de Bem Imóvel por ato entre vivos a título oneroso – ITBI.

d) a imunidade em relação ao Imposto sobre Transmissão "Causa Mortis" e Doação – ITCMD por previsão expressa no Código Tributário Nacional.

e) a não incidência de Imposto sobre Transmissão de Bem Imóvel por ato entre vivos a título oneroso – ITBI por não restar caracterizado o seu fato gerador.

256. **(FCC/TJ/PE/Cartórios/Ingresso/2013)** O Imposto de Transmissão "Causa Mortis" e Doação incidente sobre bens e direitos – ITCMD tem por fato gerador a:

a) abertura da sucessão, que se dá com a morte.

b) partilha ou adjudicação do bens deixados pelo "de cujus" em inventário ou arrolamento.

c) aceitação da herança pelos sucessores a qualquer título.

d) lavratura da escritura de doação, quando se concretiza a transferência do domínio ao donatário.

e) partilha de bens comuns, ou seja, quando é atribuído ao cônjuge supérstite sua meação.

257. **(Ieses/TJ/PA/Cartórios/Remoção/2016)** Analise a seguinte situação hipotética: João é casado com Maria pelo regime de comunhão universal de bens desde 1979, regime adotado através de pacto antenupcial. Na constância do casamento adveio o nascimento de quatro filhos: Arnaldo, Antônio, Alceu e Alice, todos atualmente maiores e capazes. João adquiriu durante sua vida vasto patrimônio de móveis e imóveis. João falece quando de uma viagem de trabalho. Aberta a sucessão, Arnaldo renuncia ao patrimônio deixado por seu pai. Alceu, por sua vez, cede seu quinhão hereditário em favor de sua irmã Alice. Diante do caso apresentado, assinale a opção que representa com precisão o imposto a ser pago:

a) imposto de transmissão "causa mortis" e doação.

b) imposto de renda.

c) imposto de doação.

d) imposto de transmissão "causa mortis".

258. **(Vunesp/TJ/SP/Cartórios/Ingresso/2016)** Em se tratando de inventário extrajudicial, o imposto incidente sobre a transmissão "causa mortis" dos bens imóveis que compuserem o patrimônio do "de cujus" é devido ao Estado:

a) em que for lavrada a escritura de inventário.
b) do último domicílio do "de cujus".
c) do domicílio do herdeiro que receber o imóvel na partilha.
d) em que situados os bens.

259. **(Vunesp/TJ/SP/Cartórios/Ingresso/2016)** Em relação ao imposto sobre transmissão "causa mortis" e de doação de quaisquer bens ou direitos – ITCMD, é correto afirmar que:

a) ocorrem tantos fatos geradores distintos quantos forem os herdeiros e donatários.
b) incide na renúncia pura e simples de herança ou legado.
c) é isento quando a legítima do herdeiro necessário estiver gravada com cláusula restritiva e na doação com encargo.
d) incide sobre os bens que na partilha forem atribuídos a qualquer herdeiro acima de seu quinhão mediante contraprestação pecuniária.

260. **(Consulplan/TJ/MG/Cartórios/Remoção/2015)** Avalie as afirmações a seguir:

I. o imposto de transmissão "causa mortis" e doação, de quaisquer bens ou direitos (ITCD) tem a função extrafiscal de desestimular a acumulação de renda.
II. o imposto de transmissão "causa mortis" e doação, de quaisquer bens ou direitos (ITCD) tem a função fiscal de gerar recursos para o poder público.
III. a transmissão de propriedade por ato entre vivos pode ser fato gerador do imposto de transmissão "causa mortis" e doação, de quaisquer bens ou direitos.
IV. a cessão onerosa de direitos hereditários é fato gerador do imposto de transmissão "causa mortis" e doação, de quaisquer bens ou direitos.
V. quando casado o autor da herança, a meação do cônjuge sobrevivente será tributada pelo imposto de transmissão "causa mortis" e doação, de quaisquer bens ou direitos É correto somente o que se afirma em:

a) I, II e III.
b) I, II e IV.
c) II, III e V.
d) III, IV e V.

261. **(Consulplan/TJ/MG/Cartórios/Ingresso/2014)** Com relação ao entendimento sumulado no STF a respeito do ITCMD e da multa pelo retardamento do inventário, é correto afirmar que:

a) o imposto de transmissão "causa mortis" é devido pela alíquota vigente ao tempo da abertura da sucessão e pode ser exigível antes da homologação do cálculo.
b) sobre os honorários do advogado contratado pelo inventariante, com a homologação do juiz, incide o imposto de transmissão "causa mortis".
c) não é legítima a incidência do imposto de transmissão "causa mortis" no inventário por morte presumida e não é inconstitucional a multa instituída pelo estado-membro, como sanção pelo retardamento do início ou da ultimação do inventário.
d) o imposto de transmissão "causa mortis" é calculado sobre o valor dos bens na data da avaliação, mas calcula-se o ITCMD sobre o saldo credor da promessa de compra e venda de imóvel no momento da abertura da sucessão do promitente vendedor.

262. **(FMP/TJ/MT/Cartórios/Remoção/2014)** O imposto sobre transmissão "causa mortis" e doação (ITCD), é tributo de competência:

a) da União, dos Estados, do Distrito Federal, dos Municípios, podendo cada um instituí-lo de acordo com a competência concorrente.
b) da União.
c) dos Estados e do Distrito Federal.
d) dos Municípios.
e) nenhuma das respostas anteriores.

263. **(FMP/TJ/MT/Cartórios/Remoção/2014)** Em relação ao imposto de transmissão "causa mortis" e doação (ITCD), observe as seguintes afirmativas.

I. terá suas alíquotas máximas fixadas pelo Senado Federal.
II. a União terá competência para sua instituição, se o credor tiver domicílio ou residência no exterior.
III. compete ao Estado onde o bem imóvel estiver situado, mesmo que o inventário seja processado em outro Estado.

Está(ão) correta(s) apenas a(s) afirmativa(s):

a) I.
b) II.
c) I e II.
d) II e III.
e) I e III.

264. (FMP/TJ/MT/Cartórios/Remoção/2014) A doação de dinheiro, quanto ao imposto de transmissão "causa mortis" e doação – ITCD:

a) não está sujeito à tributação, porque não se trata de bem imóvel.
b) se o doador, ao auferir renda, já ofereceu à tributação o Imposto de Renda sobre o valor que doou, não há tributação do ITCD.
c) se doador e donatário têm domicílio no mesmo município, não há incidência do ITCD.
d) está sujeito à tributação do ITCD, porque o tributo incide sobre bens imóveis e móveis.
e) nenhuma das respostas anteriores.

265. (FMP/TJ/MT/Cartórios/Remoção/2014) Para fins de se obter a base de cálculo do Imposto sobre transmissão "causa mortis", ITCD, em caso de inventário judicial, utiliza-se:

a) o custo de aquisição, quando da compra do bem pelo "de cujus".
b) o custo de aquisição, quando da compra do bem pelo "de cujus", corrigido até o mês do recolhimento do tributo.
c) o valor apontado pela avaliação no inventário.
d) o valor médio dos imóveis, em condições semelhantes, à data da compra, corrigido até o mês do recolhimento do tributo.
e) nenhuma das respostas anteriores.

266. (FMP/TJ/MT/Cartórios/Remoção/2014) Quando não for possível exigir a obrigação principal do contribuinte, responde solidariamente com o mesmo, em relação ao ITCD:

I. o tabelião, o escrivão e demais serventuários de ofício, em relação aos atos tributáveis praticados por eles ou perante eles, em relação ao seu ofício.
II. o filho, em relação ao tributo devido pelo pai.
III. os empregados, em relação ao tributo devido pela empresa.

Está(ão) correta(s) apenas a(s) afirmativa(s):

a) I.
b) II.
c) III.
d) II e III.
e) I e III.

267. (IBFC/TJ/PR/Cartórios/Remoção/2014) Compete aos Estados e ao Distrito Federal, constitucionalmente, instituir imposto sobre:

a) transmissão "inter vivos", a qualquer título, por ato oneroso, de bens imóveis, por natureza ou acessão física, e de direitos reais sobre imóveis, exceto os de garantia, bem como cessão de direitos a sua aquisição.
b) produtos industrializados.
c) operações de crédito, câmbio e seguro, ou relativa a títulos e valores mobiliários.
d) transmissão "causa mortis" e doação de quaisquer bens ou direitos.

268. (Cespe/TJ/BA/Cartórios/Ingresso/2013) Compete aos estados e ao Distrito Federal instituir ITCMD. Nesse sentido, é correto afirmar que o ITCMD:

a) deve ter suas alíquotas máximas do imposto fixadas pela Câmara dos Deputados.
b) compete ao estado da situação do bem, ou ao Distrito Federal, quando se tratar de bens imóveis e respectivos direitos.
c) compete ao estado da situação do bem, ou ao Distrito Federal, quando se tratar de bens imóveis, móveis, títulos e créditos.
d) compete ao estado onde se processar o inventário ou arrolamento, ou tiver domicílio o doador, ou ao Distrito Federal, quando se tratar de bens imóveis.
e) deve ter suas alíquotas máximas fixadas por decreto presidencial.

269. (Cespe/TJ/BA/Cartórios/Remoção/2013) A respeito do ITCMD, assinale a opção correta:

a) o ITCMD é considerado um tributo pessoal e, portanto, pode ser progressivo.
b) a competência para a instituição do ITCMD é dos municípios, dos estados e do DF.
c) a competência para a instituição do ITCMD é dos municípios e do DF.
d) o STF decidiu pela constitucionalidade da alíquota progressiva do ITCMD, o qual é considerado tributo real.
e) as alíquotas máximas do ITCMD são fixadas pelas assembleias legislativas dos estados.

270. (Cespe/TJ/DFT/Cartórios/Remoção/2014) A respeito do imposto sobre transmissão "causa mortis" e da doação, assinale a opção correta:

a) caso o doador tenha domicílio ou residência no exterior, a instituição do imposto será regulada por decreto legislativo.
b) as alíquotas mínimas referentes aos impostos em questão serão fixadas pelo Congresso Nacional.
c) a instituição desse imposto implica crédito para compensação com o montante devido nas operações ou prestações seguintes.
d) em função da essencialidade dos bens, o imposto deverá ser seletivo.
e) no que diz respeito a títulos e créditos, o referido imposto compete ao estado onde se processar o inventário ou arrolamento, ou tiver domicílio o doador, ou ao DF.

271. **(Consulplan/TJ/MG/Cartórios/Ingresso/2015)** Assinale a alternativa incorreta:

a) o imposto sobre a propriedade predial e territorial urbana tem a função fiscal de angariar recursos financeiros para o município.
b) sendo imóvel localizado em zona urbana, existindo meio-fio ou calçamento com canalização de águas pluviais e abastecimento de água, ainda que não haja sistema de esgoto sanitário e rede de iluminação pública, é possível a incidência do imposto sobre a propriedade predial e territorial urbana sobre referido imóvel.
c) as prestações onerosas de serviços de comunicação geram imposto de competência do Estado e Distrito Federal.
d) a cessão onerosa de direitos hereditários gera imposto de competência do Estado e Distrito Federal.

272. **(Faurgs/TJ/RS/Cartórios/Ingresso/2015)** No que se refere aos impostos sobre a transmissão de bens e direitos, assinale a alternativa que contém afirmativa correta:

a) aplica-se a alíquota do ITCD vigente no momento da avaliação dos bens deixados pelo "de cujus".
b) o STF declarou a inconstitucionalidade da progressividade do ITCD, dado o seu caráter real, na esteira da jurisprudência firmada quanto à progressividade do IPTU e do ITBI.
c) quando houver desigualdade nos valores partilhados, afigura-se legítima a cobrança do cognominado "imposto de reposição".
d) no Estado do Rio Grande do Sul, débitos do "de cujus" não podem ser abatidos na determinação da base de cálculo do ITCD.

273. **(Vunesp/TJ/SP/Cartórios/Remoção/2016)** Em se tratando de escritura de doação de bens móveis, o imposto de transmissão é devido ao Estado:

a) do domicílio do doador.
b) em que for lavrada a escritura de doação.
c) do domicílio do donatário.
d) em que estiverem situados os bens doados.

274. **(Ieses/TJ/AM/Cartórios/Remoção/2018)** Compete aos Estados e ao Distrito Federal instituir impostos sobre:

a) produtos industrializados.
b) operações de crédito, câmbio e seguro, ou relativas a títulos ou valores mobiliários.
c) transmissão "causa mortis" e doação, de quaisquer bens ou direitos.
d) propriedade predial e territorial urbana.

275. **(Vunesp/TJ/SP/Cartórios/Ingresso/2018)** Em relação à competência para exigir o pagamento do imposto "causa mortis" e doação, é correto afirmar:

a) tratando-se de bens móveis, títulos e créditos, compete ao Estado onde se processar o inventário ou arrolamento, ou tiver domícilio o doador, ou ao Distrito Federal.
b) terá a competência regulada por lei estadual se o doador tiver domicílio ou residência no exterior.
c) tratando-se de bens móveis, a competência, no caso de doação, é do domicílio do donatário, mesmo se residente no exterior.
d) terá suas alíquotas máximas fixadas por lei complementar estadual.

9. IMPOSTOS MUNICIPAIS

◉ ATENÇÃO: ESTE TEMA É MUITO EXIGIDO NOS CONCURSOS!

✱ INOVAÇÕES LEGISLATIVAS

▲ Lei Complementar do ISSQN (LC 116/17): sem alterações em 2017/2018.

* SÚMULAS

1) IPTU

STF **Súm. Vinculante 52.** Ainda quando alugado a terceiros, permanece imune ao IPTU o imóvel pertencente a qualquer das entidades referidas pelo artigo 150, inciso VI, alínea "c", da Constituição Federal, desde que o valor dos aluguéis seja aplicado nas atividades para as quais tais entidades foram constituídas.

STF **Súm. 539.** É constitucional a lei do município que reduz o imposto predial urbano sobre imóvel ocupado pela residência do proprietário, que não possua outro.

STF **Súm. 583.** Promitente-comprador de imóvel residencial transcrito em nome de autarquia é contribuinte do imposto predial territorial urbano.

STF **Súm. 589.** É inconstitucional a fixação de adicional progressivo do imposto predial e territorial urbano em função do número de imóveis do contribuinte.

STF **Súm. 668.** É inconstitucional a lei municipal que tenha estabelecido, antes da Emenda Constitucional 29/2000, alíquotas progressivas para o IPTU, salvo se destinada a assegurar o cumprimento da função social da propriedade urbana.

STJ **Súm. 160.** É defeso, ao Município, atualizar o IPTU, mediante decreto, em percentual superior ao índice oficial de correção monetária.

STJ **Súm. 397.** O contribuinte do IPTU é notificado do lançamento pelo envio do carnê ao seu endereço.

STJ **Súm. 399.** Cabe à legislação municipal estabelecer o sujeito passivo do IPTU.

STJ **Súm. 614.** O locatário não possui legitimidade ativa para discutir a relação jurídico-tributária de IPTU e de taxas referentes ao imóvel alugado nem para repetir indébito desses tributos.

STJ **Súm. 626.** A incidência do IPTU sobre imóvel situado em área considerada pela lei local como urbanizável ou de expansão urbana não está condicionada à existência dos melhoramentos elencados no art. 32, § 1º, do CTN.

2) ISSQN

STF **Súm. Vinculante 31.** É inconstitucional a incidência do Imposto sobre Serviços de Qualquer Natureza – ISS sobre operações de locação de bens móveis.

STF **Súm. 588.** O imposto sobre serviços não incide sobre os depósitos, as comissões e taxas de desconto, cobrados pelos estabelecimentos bancários.

STF **Súm. 663.** Os §§ 1º e 3º do art. 9º do DL 406/68 foram recebidos pela Constituição.

STJ **Súm. 138.** O ISS incide na operação de arrendamento mercantil de coisas móveis.

STJ **Súm. 156.** A prestação de serviço de composição gráfica, personalizada e sob encomenda, ainda que envolva fornecimento de mercadorias, está sujeita, apenas, ao ISS.

STJ **Súm. 167.** O fornecimento de concreto, por empreitada, para construção civil, preparado no trajeto até a obra em betoneiras acopladas a caminhões, é prestação de serviço, sujeitando-se apenas à incidência do ISS.

STJ **Súm. 274.** O ISS incide sobre o valor dos serviços de assistência médica, incluindo-se neles as refeições, os medicamentos e as diárias hospitalares.

STJ **Súm. 424.** É legítima a incidência de ISS sobre os serviços bancários congêneres da lista anexa ao DL n. 406/1968 e à LC n. 56/1987.

STJ **Súm. 524.** No tocante à base de cálculo, o ISSQN incide apenas sobre a taxa de agenciamento quando o serviço prestado por sociedade empresária de trabalho temporário for de intermediação, devendo, entretanto, englobar também os valores dos salários e encargos sociais dos trabalhadores por ela contratados nas hipóteses de fornecimento de mão de obra.

3) ITBI

STF **Súm. 75.** Sendo vendedora uma autarquia, a sua imunidade fiscal não compreende o imposto de transmissão "inter vivos", que é encargo do comprador.

STF **Súm. 110.** O imposto de transmissão "inter vivos" não incide sobre a construção, ou parte dela, realizada pelo adquirente, mas sobre o que tiver sido construído ao tempo da alienação do terreno.

STF **Súm. 470.** O imposto de transmissão "inter vivos" não incide sobre a construção, ou parte dela, realizada, inequivocamente, pelo promitente comprador, mas sobre o valor do que tiver sido construído antes da promessa de venda.

STF **Súm. 656.** É inconstitucional a lei que estabelece alíquotas progressivas para o imposto de transmissão "inter vivos" de bens imóveis – ITBI com base no valor venal do imóvel.

✱ REPERCUSSÃO & REPETITIVOS

STF **Repercussão Geral 385.** A imunidade recíproca, prevista no art. 150, VI, a, da CF não se estende a empresa privada arrendatária de imóvel público, quando seja ela exploradora de atividade econômica com fins lucrativos. Nessa hipótese é constitucional a cobrança do IPTU pelo Município. (RE 594015, 6.4.2017)

STF **Repercussão Geral 437.** Incide o IPTU, considerado imóvel de pessoa jurídica de direito público cedido a pessoa jurídica de direito privado, devedora do tributo. (RE 601720, 6.4.2017)

STF **Repercussão Geral 581.** As operadoras de planos privados de assistência à saúde (plano de saúde e seguro-saúde) realizam prestação de serviço sujeita ao ISSQN, previsto no art. 156, III, da CRFB/88. (RE 651703, 29.9.2016)

✱ QUESTÕES DISCURSIVAS

08. **(Consulplan/TJ/MG/Cartórios/Remoção/2014)** Para que seja cobrado um tributo é necessário, além da competência para fazê-lo, o atendimento às normas limitadoras que lhe são impostas. Na data de 30 de dezembro de 2003, o Prefeito do Município XYZ, seguindo as diretrizes traçadas por Lei Complementar Federal que dispõe sobre o Imposto sobre Serviços de Qualquer Natureza (ISSQN), LC 116/2003 e lista de serviços anexa, baixou Decreto acrescentando à lista de serviços sujeita a cobrança do ISSQN o item 21.1, autorizando a tributação dos "serviços de registros cartorários e notariais". Fez constar o Prefeito que a eficácia do decreto é imediata, a partir da data da publicação, já sendo válida a cobrança para o ano de 2003. Inconformados com a situação, alguns Notários e Registradores ingressaram judicialmente sob o argumento de que o Decreto violava preceitos Constitucionais, além disso, alegaram que os serviços prestados pelo Cartório são de natureza pública e, portanto, não poderiam ser incluídos no rol de serviços tributáveis, pois estavam imunizados pela denominada imunidade recíproca. Considerando os fatos relatados, responda: (i) os Notários e Registradores deverão ter êxito quanto a alegação de que os serviços cartorários e notariais estão sujeitos à imunidade recíproca? Explique o instituto da imunidade recíproca e discorra sobre a submissão, ou não, conforme posição do STF, dos serviços de registros cartorários e notariais a esta limitação do poder de tributar; (ii) quanto à instituição do tributo, houve ofensa a preceito constitucional?

09. **(Faurgs/TJ/RS/Cartórios/2015)** O oficial de registro público, titular de ofício do registro civil das pessoas naturais de determinada comarca do Estado do Rio Grande do Sul, foi autuado pela fiscalização do município em face do inadimplemento do imposto sobre a prestação de serviços de qualquer natureza (ISS) dos últimos dois anos relativo à sua atividade. Diante desse contexto, responda as questões abaixo, justificando-as e indicando os dispositivos pertinentes constantes na ordem jurídica. a) O imposto é ou não é devido? b) Trata-se de um caso de imunidade?

10. **(Ieses/TJ/PB/Cartórios/2014)** Dentre os impostos de competência dos municípios, destaca-se o previsto no artigo 156, inciso II da Constituição Federal ("transmissão 'inter vivos', a qualquer título, por ato oneroso, de bens imóveis, por natureza ou acessão física, e de direitos reais sobre imóveis, exceto os de garantia, bem como cessão de direitos a sua aquisição"). Este imposto possui seu contorno delineado nos artigos 35 e seguintes do Código Tributário Nacional. Pergunta-se, portanto, em relação à base de cálculo deste tributo: (i) Havendo arrematação de bem imóvel, a base de cálculo do ITBI será: (i.1) o valor alcançado pelo bem na arrematação? (i.2) o valor da avaliação judicial? ou (i.3) o valor venal de venda no mercado? (ii) Pode Provimento da eg. Corregedoria Geral de Justiça determinar que a autoridade cartorária exija a complementação do ITBI quando o valor do imóvel declarado no contrato apresentar-se superior ao valor de mercado?

11. **(FMP/TJ/MT/Cartórios/Remoção/2014)** Explique a imunidade tributária do imposto sobre transmissão de bens imóveis (ITBI) sobre a transmissão de bem imóvel incorporado ao patrimônio da pessoa jurídica em realização do capital.

12. **(Cespe/TJ/RR/Cartórios/Ingresso/2013)** Determinado tabelião, proprietário de um imóvel residencial que aluga a pessoa física e de um imóvel comercial alugado a pessoa jurídica, reside em imóvel alugado, pelo qual paga, mensalmente, valor que corresponde exatamente à soma dos valores que recebe de aluguel dos dois imóveis de sua propriedade. Com base na situação hipotética acima apresentada e no disposto no Código Tributário Nacional, na Lei Complementar n. 116/2003, bem como no entendimento jurisprudencial dos tribunais superiores, responda, de forma justificada, aos seguintes questionamentos: (i) qual é a base de cálculo do imposto sobre serviços de qualquer natureza (ISS) a ser pago pelo tabelião pelos serviços que realiza no exercício de sua função? (ii) o tabelião deve pagar ISS relativo aos aluguéis que recebe? (iii) incide imposto de renda sobre as receitas de aluguel que o tabelião aufere?

* QUESTÕES OBJETIVAS

276. **(Consulplan/TJ/MG/Cartórios/Ingresso/2018)** Em relação aos impostos em espécie, assinale a alternativa incorreta:

a) o imposto de transmissão "causa mortis" é devido pela alíquota vigente ao tempo da abertura da sucessão.

b) o legislador tributário municipal pode eleger o sujeito passivo do IPTU, contemplando as situações previstas no Código Tributário Nacional.

c) na determinação da base de cálculo do imposto sobre a propriedade predial e territorial urbana, IPTU, se considera o valor dos bens móveis mantidos, em caráter permanente ou temporário, no imóvel.

d) não incide IPTU, mas imposto sobre a propriedade territorial rural (ITR), sobre imóvel localizado na área urbana do Município, desde que comprovadamente utilizado em exploração extrativa, vegetal, agrícola, pecuária ou agroindustrial.

277. **(Cespe/TJ/ES/Cartórios/Remoção/2013)** Acerca do imposto sobre a propriedade predial e territorial urbana (IPTU), assinale a opção correta:

a) a CF limita a progressividade do IPTU ao valor do imóvel.

b) o IPTU é considerado um tributo real, motivo por que não poderá ser progressivo.

c) o fato gerador do IPTU é a propriedade, o domínio útil ou a posse de bem imóvel urbano.

d) a competência para a instituição do IPTU é dos municípios e da União no espaço territorial do Distrito Federal.

e) as alíquotas do IPTU não poderão ser diferentes em razão da localização e do uso do imóvel.

278. **(Ieses/TJ/RS/Cartórios/Ingresso/2013)** Assinale a alternativa correta:

a) é permitido aos Municípios atualizar o valor do Imposto sobre a Propriedade Predial e Territorial Urbana – IPTU, mediante decreto, em percentual superior ao índice oficial de correção monetária.

b) a base de cálculo do Imposto sobre a Propriedade Predial e Territorial Urbana – IPTU será o valor arbitrado pelo ente competente.

c) as alíquotas do Imposto sobre a Propriedade Predial e Territorial Urbana – IPTU não poderão ser progressivas, por se tratar de um tributo real.

d) o Imposto sobre a Propriedade Predial e Territorial Urbana – IPTU incide sobre imóveis localizados em áreas urbanizáveis ou de expansão urbana, atendidas as exigências legais.

279. **(FCC/TJ/PE/Cartórios/Ingresso/2013)** Relativamente aos aspectos da hipótese de incidência do IPTU, é correto afirmar que:

a) o aspecto temporal é observado quando do registro do título aquisitivo no Registro Imobiliário, quando se prova a propriedade.

b) a base de cálculo é o valor venal do imóvel, que, por sua vez, também é a base de cálculo do Imposto sobre a Transmissão de Bens Imóveis por ato "inter vivos" a título oneroso – ITBI.

c) o aspecto material é a propriedade de imóvel localizado na zona urbana do Município, excluídos os imóveis rurais e aqueles inseridos em área de expansão urbana constantes de loteamento em zona rural.

d) o enfiteuta é responsável tributário pelo Imposto Sobre a Propriedade Territorial Urbana – IPTU incidente sobre o imóvel sobre o qual exerce a enfiteuse.

e) não pode ter alíquotas progressivas em razão do valor venal do imóvel, assim como acontece também com o Imposto sobre a Transmissão de Bens Imóveis por ato "inter vivos" a título oneroso – ITBI, conforme posicionamento já sumulado pelo STJ.

280. **(Consulplan/TJ/MG/Cartórios/Remoção/2016)** Considerando disposições do Código Tributário Nacional, não é correto afirmar:

a) a modificação da base de cálculo do Imposto Predial e Territorial Urbano, tornando-o mais oneroso depende de lei.

b) a atualização do valor monetário da base de cálculo do tributo não constitui majoração do tributo.

c) município pode atualizar o Imposto Predial e Territorial Urbano, mediante decreto, em percentual superior ao índice oficial de correção monetária.

d) depende de lei a previsão de hipóteses de suspensão do crédito tributário.

281. **(Faurgs/TJ/RS/Cartórios/Remoção/2015)** Assinale a alternativa que contém afirmativa correta em relação ao imposto sobre a propriedade predial e territorial urbana:

a) somente os municípios têm a competência para instituir o imposto sobre a propriedade predial e territorial urbana.

b) a progressividade do imposto sobre a propriedade predial e territorial urbana, prevista no § 4º do inc. II do art. 182 da Constituição Federal, tem função preponderantemente extrafiscal.

c) o imposto só poderá ter alíquotas diferenciadas em função da localização do imóvel.

d) o imposto sobre a propriedade predial e territorial urbana não poderá ter alíquotas progressivas atendendo a função preponderantemente arrecadatória.

282. **(Cespe/TJ/BA/Cartórios/Remoção/2013)** Assinale a opção correta em relação à progressividade e à regressividade dos tributos:

a) o imposto incidente sobre renda e proventos de qualquer natureza será informado pelo critério da regressividade.

b) o IPTU é um tributo real e, por essa característica, não poderá ser progressivo.

c) o ITR é um tributo real e só poderá ser progressivo no tempo.

d) a progressividade é uma característica exclusiva dos tributos pessoais.

e) o IPTU poderá ser progressivo em razão do valor do imóvel.

283. **(Cespe/TJ/SE/Cartórios/Ingresso/2014)** Assinale a opção correta com relação ao IPTU:

a) na determinação da base de cálculo do IPTU, computa-se o valor dos bens móveis mantidos em caráter permanente no imóvel para efeito de sua utilização, exploração, aformoseamento ou comodidade.

b) conforme previsão do CTN, apenas o proprietário do imóvel é considerado contribuinte do IPTU.

c) para os efeitos do IPTU, considera-se zona urbana aquela definida como tal em lei municipal e que conte com sistema de abastecimento de água, requisito mínimo expressamente previsto no CTN.

d) conforme entendimento do STF, a utilização de índices superiores aos índices oficiais de correção monetária para a majoração do valor venal de imóveis para efeito de cobrança do IPTU será inconstitucional se não tiver sido prevista em lei em sentido formal.

e) considera-se fato gerador do IPTU, imposto de competência dos estados, a propriedade, o domínio útil ou a posse de bem imóvel por natureza ou por acessão física, como definido na lei civil, localizado na zona urbana de município.

284. **(Cetro/TJ/RJ/Cartórios/Ingresso/2017)** Um procurador autárquico comparece ao cartório de registro de imóveis requerendo cópias atualizadas das matrículas dos imóveis de titularidade da autarquia, quais sejam: imóvel da sede, imóveis locados e lotes não edificados. Segundo o procurador, as matrículas seriam utilizadas em uma defesa administrativa referente a eventual lançamento de IPTU. Tomando-se por base esses dados, assinale a alternativa correta:

a) incide IPTU sobre todos os imóveis em nome da autarquia, e o ônus da prova de não afetação do bem imóvel é do ente tributante.

b) incide IPTU sobre os imóveis locados em nome da autarquia ainda que a renda esteja relacionada à finalidade essencial dela, e o ônus da prova de não afetação do bem imóvel é da autarquia.

c) incide IPTU sobre os imóveis locados que não atendem à finalidade essencial da autarquia e lotes não edificados em nome da autarquia, e o ônus da prova de não afetação do bem imóvel é do ente tributante.

d) incide IPTU sobre os imóveis locados e os lotes não edificados em nome da autarquia em qualquer circunstância, e o ônus da prova de não afetação do bem imóvel é da autarquia.

e) incide IPTU apenas sobre o imóvel sede da autarquia, e o ônus da prova de não afetação do bem imóvel é do ente tributante.

285. **(Cetro/TJ/RJ/Cartórios/Remoção/2017)** Acerca do sujeito passivo do IPTU, analise os casos apresentados nas alternativas abaixo e, em seguida, assinale a correta:

a) o enfiteuta de um bem dado em aforamento pela União aproveita a imunidade tributária concedida à última.

b) aquele que detém posse "ad usucapionem" ilegítima não alcança a cobrança de IPTU.

c) tanto o promitente-comprador quanto o promitente-vendedor são contribuintes responsáveis pelo pagamento do IPTU.

d) a mera posse exercida pelo concessionário, com base em contrato de concessão de uso de imóvel, já o transforma em contribuinte principal do IPTU.

e) somente o promitente-vendedor que consta do registro do imóvel pode ser considerado contribuinte do IPTU.

286. **(Ieses/TJ/RO/Cartórios/Ingresso/2017)** Sobre o fato gerador dos tributos, assinale a alternativa que apresenta a definição incorreta:

a) o imposto, de competência da União, sobre a renda e proventos de qualquer natureza tem como fato gerador a aquisição da disponibilidade econômica ou jurídica.

b) o imposto, de competência da União, sobre a importação de produtos estrangeiros tem como fato gerador a entrada destes no território nacional.

c) o imposto, de competência da União, sobre a exportação, para o estrangeiro, de produtos nacionais ou nacionalizados tem como fato gerador a saída destes do território nacional.

d) o imposto, de competência dos Municípios, sobre a propriedade predial e territorial urbana tem como fato gerador a propriedade, o domínio útil ou a posse de bem imóvel por natureza ou por acessão física, como definido na lei civil, localizado na zona urbana e rural do Município.

287. **(Ieses/TJ/CE/Cartórios/Ingresso/2018)** Nos termos do Código Tributário Nacional, assinale a alternativa correta sobre o Imposto sobre a Propriedade Predial e Territorial Urbana – IPTU:

a) não poderá ter alíquotas diferentes de acordo com a localização e o uso do imóvel.

b) a base do cálculo do imposto é o valor de mercado do imóvel.

c) contribuinte do imposto é sempre o proprietário do imóvel.

d) tem como fato gerador a propriedade, o domínio útil ou a posse de bem imóvel localizado na zona urbana do Município.

288. **(Vunesp/TJ/SP/Cartórios/Ingresso/2018)** Para fins de instituição e cobrança do imposto sobre a propriedade predial e territorial urbana – IPTU, o Código Tributário Nacional exige a implementação por parte do Poder Público Municipal de, pelo menos, dois melhoramentos ali elencados. Assinale a alternativa que contém 02 (dois) melhoramentos previstos no CTN:

a) meio-fio ou calçamento, com ou sem canalização de águas pluviais, e abastecimento de água.

b) sistemas de esgotos sanitários e rede de iluminação pública, com ou sem posteamento para distribuição familiar.

c) sistema de esgotos sanitários e escola primária a uma distância mínima de 05 (cinco) quilômetros do imóvel considerado.

d) abastecimento de água e posto de saúde a uma distância mínima de 10 (dez) quilômetros do imóvel considerado.

289. **(FCC/TJ/PE/Cartórios/Remoção/2013)** Pelo exercício da atividade notarial e de registro cabe a incidência de Imposto sobre:

a) a Renda – Pessoa Jurídica.

b) a Circulação de Mercadorias e Serviços.

c) serviços de Qualquer Natureza.

d) a Transmissão de Bens Imóveis.

e) a Propriedade Predial e Territorial Urbana e sobre a Propriedade Territorial Rural.

290. **(Consulplan/TJ/MG/Cartórios/Ingresso/2014)** Acerca de incidência do Imposto sobre Serviços de Qualquer Natureza – ISSQN sobre serviços de registros públicos, cartorários e notariais, em julgamento de ação direta de inconstitucionalidade – ADI, o Supremo Tribunal Federal decidiu:

a) pela constitucionalidade dos dispositivos de lei federal que permitem a incidência do Imposto.

b) que os dispositivos de lei federal que permitem a incidência do Imposto são inconstitucionais, e fundamentou a decisão em entendimento consolidado na Corte de que emolumentos extrajudiciais têm natureza jurídica de taxa e há vedação constitucional de que haja incidência de imposto sobre taxa (espécie tributária).

c) que os dispositivos de lei federal que permitem a incidência do Imposto são inconstitucionais e fundamentou a decisão no princípio da imunidade tributária recíproca, consagrado no art. 150 da Constituição Federal: Sem prejuízo de outras garantias asseguradas ao contribuinte, é vedado à União, aos Estados, ao Distrito Federal e aos Municípios: VI – instituir impostos sobre: a) patrimônio, renda ou serviços, uns dos outros...

d) que os dispositivos de lei federal que permitem a incidência do Imposto são inconstitucionais por violação a norma da Constituição Federal, porquanto a matriz constitucional do Imposto sobre Serviços de Qualquer Natureza permitiria a incidência do tributo tão-somente sobre a prestação de serviços de índole privada.

291. (Cetro/TJ/RJ/Cartórios/Remoção/2017) No que se refere à competência tributária, analise as situações apresentadas nas alternativas abaixo e, em seguida, assinale a correta:

a) conforme entendimento do Superior Tribunal de Justiça, a competência para cobrar ISSQN (Imposto sobre Serviços de Qualquer Natureza) referente a serviço de informática é da sede da empresa, sendo a cobrança no local da prestação de serviço utilizada para casos excepcionais, como serviços vinculados à construção civil.

b) tanto os limites objetivos quanto os aspectos formais ou subjetivos de definição de poder de tributar da União devem ser instituídos por Lei Complementar.

c) para os serviços de televisão por assinatura, a competência tributária do estado que pode cobrar o ICMS (Imposto sobre Circulação de Mercadorias e Serviços) é definida pelo tempo de utilização do serviço.

d) a competência para instituir base de cálculo referente à contribuição previdenciária de servidor estadual é fixada com base em Lei Federal.

e) o fornecimento de medicamentos manipulados, embora configure operação que envolva mercadoria e serviço, submete-se à competência do município para efeito de cobrança do ISSQN (Imposto Sobre Serviços de Qualquer Natureza), e não do ICMS (Imposto sobre Circulação de Mercadorias e Serviços) pelo estado.

292. (Ieses/TJ/RO/Cartórios/Ingresso/2017) Sobre o Imposto sobre Serviço – ISS, assinale a alternativa incorreta:

a) o imposto incide sobre as exportações de serviços para o exterior do país.

b) a base de cálculo do imposto é o preço do serviço.

c) a alíquota máxima do ISS é 5% (cinco por cento).

d) o ISS tem como fato gerador a prestação de serviços constantes da lista anexa, ainda que esses não se constituam como atividade preponderante do prestador.

293. (Ieses/TJ/CE/Cartórios/Ingresso/2018) Considerando a legislação complementar acerca do Imposto Sobre Serviços – ISS, especialmente a Lei Complementar n. 116/2003, assinale a alternativa incorreta:

a) a base de cálculo do imposto é o preço do serviço, sendo que na execução por empreitada de obras de construção civil considera-se na base de cálculo inclusive o valor dos materiais fornecidos pelo prestador de serviços.

b) não incide sobre as exportações de serviços para o exterior do País.

c) o serviço considera-se prestado, e o imposto, devido, no local do estabelecimento prestador ou, na falta do estabelecimento, no local do domicílio do prestador, exceto nas hipóteses previstas nos incisos do art. 3º da LC n. 116/2003.

d) a alíquota mínima do Imposto sobre Serviços é de 2% (dois por cento).

294. (Cespe/TJ/ES/Cartórios/Ingresso/2013) No que se refere ao imposto sobre a transmissão onerosa de bens imóveis (ITBI), assinale a opção correta:

a) o ITBI não incide sobre a transmissão de bens ou direitos incorporados ao patrimônio de empresa industrial como realização do capital.

b) não constitui fato gerador do ITBI a transmissão de imóveis por acessão física.

c) todos os direitos reais sobre bens imóveis constituem fato gerador do ITBI.

d) o ITBI não incide sobre a cessão do direito de aquisição de um bem imóvel.

e) a receita advinda do ITBI cabe ao estado onde o bem esteja situado.

295. (Ieses/TJ/RS/Cartórios/Ingresso/2013) Assinale a alternativa correta:

a) o Imposto sobre a Transmissão "inter vivos" a qualquer título, por ato oneroso, de bens imóveis – ITBI incide, via de regra, sobre a incorporação de bens ao patrimônio de pessoa jurídica, para realização de capital.

b) o Imposto sobre a Transmissão "inter vivos" a qualquer título, por ato oneroso, de bens imóveis – ITBI pode ser exigido da propriedade adquirida por usucapião.

c) o Imposto sobre a Transmissão "inter vivos" a qualquer título, por ato oneroso, de bens imóveis – ITBI é de competência do Município da situação do bem.

d) o Imposto sobre a Transmissão "inter vivos" a qualquer título, por ato oneroso, de bens imóveis – ITBI poderá ter alíquotas progressivas.

296. (Cespe/TJ/PI/Cartórios/Remoção/2013) Acerca do ITBI, assinale a opção correta:

a) o referido imposto não pode incidir sobre pessoa jurídica que tenha como atividade preponderante a locação de imóveis, ainda que no objeto social dessa pessoa jurídica exista a previsão de venda de imóveis.

b) o disposto no Código Tributário Nacional acerca do ITBI foi parcialmente revogado pela CF, inclusive o dispositivo que estabelecia a base de cálculo do referido tributo.

c) a alíquota do referido imposto não pode ser livremente estabelecida pelo município, ficando adstrita a norma federal infraconstitucional.

d) esse imposto pode ser instituído com progressividade nas suas alíquotas, nos moldes do IPTU, por ser imposto real.

e) esse imposto constitui tributo que incide sobre patrimônio imobiliário, sendo, portanto, um imposto real e não pessoal. Dessa forma, ele não pode incidir sobre bens ou direitos incorporados ao patrimônio da pessoa jurídica em realização de capital.

297. (Cespe/TJ/RR/Cartórios/Ingresso/2013) Determinada pessoa decidiu criar três empresas, uma prestadora de serviço público de transporte urbano, uma empresa de arredamento mercantil e uma imobiliária. Na integralização de capital, transferiu, para cada uma das três empresas, um imóvel onde vão funcionar as respectivas atividades e que servirá de sede a cada delas. Nessa situação, o ITBI:

a) incidirá nas três operações de transferência.

b) não incidirá apenas na operação de transferência do imóvel para a primeira empresa.

c) não incidirá apenas na operação de transferência do imóvel para a segunda empresa.

d) não incidirá apenas na operação de transferência do imóvel para a terceira empresa.

e) não incidirá em nenhuma das operações de transferência.

298. (Cespe/TJ/ES/Cartórios/Ingresso/2013) Assinale a opção correta no que se refere ao imposto sobre transmissão de bens imóveis (ITBI):

a) a competência para instituir o ITBI é dos municípios e do DF, e da União, em território federal que não seja dividido em municípios.

b) o ITBI incide sobre a transmissão de bens ou direitos incorporados ao patrimônio de pessoa jurídica, em geral, em realização de capital.

c) o ITBI incide sobre a transmissão de bens ou direitos decorrentes de fusão, incorporação, cisão ou extinção de pessoa jurídica em geral.

d) a instituição do ITBI compete ao estado da situação do bem.

e) a competência para instituir o ITBI é privativa dos estados e do DF.

299. (Ieses/TJ/RS/Cartórios/Remoção/2013) Assinale a alternativa correta:

a) o imposto sobre a transmissão "inter vivos" a qualquer título, por ato oneroso, de bens imóveis – ITBI não incide sobre enfiteuse, servidão e usufruto.

b) a base de cálculo do imposto sobre a transmissão "inter vivos" a qualquer título, por ato oneroso, de bens imóveis – ITBI é o valor venal dos bens imóveis transmitidos.

c) o imposto sobre a transmissão "inter vivos" a qualquer título, por ato oneroso, de bens imóveis – ITBI incide sobre anticrese, hipoteca e penhor.

d) o imposto sobre a transmissão "inter vivos" a qualquer título, por ato oneroso, de bens imóveis – ITBI pode ser exigido em razão de promessa de compra e venda.

300. (FCC/TJ/PE/Cartórios/Remoção/2013) Quando da realização de transmissão de bens imóveis e direitos a ele referentes com a finalidade de integralização de capital social pelo sócio de empresa haverá:

a) incidência de Imposto sobre Transmissão "Causa Mortis" e Doação – ITCMD, tal como acontece no caso de incorporação de empresa, relativamente aos bens imóveis.

b) imunidade em relação ao Imposto sobre Transmissão de Bem Imóvel por ato entre vivos a título oneroso – ITBI, tal como acontece quando na transmissão de bens imóveis na incorporação, fusão, extinção e cisão de pessoa jurídica.

c) isenção em relação ao Imposto sobre Transmissão de Bem Imóvel por ato entre vivos a título oneroso – ITBI, tal como acontece no caso de incorporação imobiliária.

d) imunidade em relação ao Imposto sobre Transmissão "Causa Mortis" e Doação – ITCMD, tal como acontece no caso de Imposto sobre

Transmissão de Bem Imóvel por ato entre vivos a título oneroso – ITBI no caso de cessão de direitos reais.

e) incidência de Imposto sobre Transmissão de Bem Imóvel por ato entre vivos a título oneroso – ITBI, tal como acontece no caso de incorporação imobiliária.

301. (Cespe/TJ/BA/Cartórios/Remoção/2013) No que se refere ao Sistema Tributário Nacional e à repartição de receitas tributárias, assinale a opção correta:

a) compete exclusivamente ao estado-membro a instituição de contribuição, por meio de lei, para o custeio do serviço de iluminação pública.

b) no que se refere à repartição de receitas, a CF não admite que a União condicione a entrega de receitas tributárias ao pagamento, pelos entes federativos, de valores que lhe sejam devidos.

c) o imposto sobre transmissão "inter vivos", de competência do município, não incide sobre direitos reais de garantia.

d) a imunidade relativa ao patrimônio, à renda ou aos serviços das pessoas políticas não se estende às fundações instituídas e mantidas pelo poder público em relação ao patrimônio, às rendas e aos serviços vinculados a suas finalidades essenciais.

e) o IPI, de competência da União, é seletivo em função da essencialidade do produto, sendo vedada a compensação do que for devido desse imposto em cada operação com o montante cobrado nas operações anteriores.

302. (Ieses/TJ/PA/Cartórios/Remoção/2016) Relativo ao Imposto sobre a Transmissão de Bens Imóveis e de Direitos a eles relativos, assinale a alternativa correta:

I. o imposto, de competência dos Estados, sobre a transmissão de bens imóveis e de direitos a eles relativos tem como fato gerador a transmissão, a qualquer título, da propriedade ou do domínio útil de bens imóveis por natureza ou por acessão física, como definidos na lei civil.

II. o imposto, de competência dos Estados, sobre a transmissão de bens imóveis e de direitos a eles relativos tem como fato gerador a transmissão, a qualquer título, de direitos reais sobre imóveis, exceto os direitos reais de garantia.

III. nas transmissões "causa mortis", ocorre um único fato gerador independente de quantos sejam os herdeiros ou legatários.

IV. o imposto de competência dos Estados, sobre a transmissão de bens imóveis e de direitos a eles relativos, não incide sobre a transmissão dos bens ou direitos: quando decorrente da incorporação ou da fusão de uma pessoa jurídica por outra ou com outra:

a) os itens I, II, III e IV estão corretos.

b) apenas os itens II e IV estão corretos.

c) apenas os itens I, II e IV estão corretos.

d) apenas os itens I, II e III estão corretos.

303. (Vunesp/TJ/SP/Cartórios/Ingresso/2016) O imposto sobre a transmissão "inter vivos" de bens imóveis, de competência dos Municípios, deve ser recolhido quando da lavratura de escritura de:

a) alienação fiduciária de bem imóvel.

b) constituição de garantia hipotecária.

c) desincorporação de capital social em pagamento das cotas de sócio que se retira da sociedade.

d) doação de bem imóvel.

304. (Faurgs/TJ/RS/Cartórios/Ingresso/2015) No que se refere ao ITBI, assinale a alternativa que contém afirmativa correta:

a) de competência dos Municípios, o imposto incide sobre todas as transmissões "inter vivos", a qualquer título, de bens imóveis, por natureza ou acessão física, e de direitos reais sobre imóveis, exceto os de garantia, bem como sobre cessão de direitos a sua aquisição.

b) incide sobre o valor venal do imóvel, no momento da lavratura da escritura de compra e venda, inclusive sobre as benfeitorias porventura realizadas até tal momento pelo adquirente.

c) não incide sobre a transmissão de bens imóveis para integralização de capital subscrito em empresas dedicadas à venda e à locação da propriedade imobiliária.

d) não pode ter alíquotas variáveis em função do valor venal do imóvel.

305. (Faurgs/TJ/RS/Cartórios/Remoção/2015) O imposto sobre a transmissão "inter vivos" (ITIV/ITBI) não incide sobre a transmissão de bens ou direitos:

a) incorporados ao patrimônio de pessoa jurídica em realização de capital, nos termos da Constituição Federal.

b) decorrentes de fusão, incorporação, cisão ou extinção de pessoa jurídica, salvo se, nesses casos, a atividade preponderante do adquirente for apenas a compra e venda desses bens ou direitos e a locação de bens imóveis.

c) decorrentes de fusão, incorporação, cisão ou extinção de pessoa jurídica, salvo se, nesses casos, a atividade preponderante do adquirente for apenas a compra e venda desses bens.

d) decorrentes de fusão, incorporação, cisão ou extinção de pessoa jurídica, salvo se, nesses casos, a atividade preponderante do adquirente for apenas a locação de bens imóveis.

306. **(Consulplan/TJ/MG/Cartórios/Ingresso/2014)** Sobre atos jurídicos contidos em uma escritura pública por meio da qual um pai doa ao filho recursos financeiros e ele, com esses recursos, compra um imóvel, no município de Belo Horizonte:

a) pode haver incidência de ITBI, mas não de ITCMD, já que os recursos financeiros são considerados bem móvel e, tal como ocorre com o ITBI, o ITCMD somente incide sobre transmissão de bens imóveis (esse, nos negócios gratuitos, a exemplo de doação; aquele, nos negócios onerosos, a exemplo de compra e venda).

b) incidirão ITBI e ITCMD, não sendo sequer possível que haja ato declaratório de isenção de algum desses impostos, vez que jamais se poderá vislumbrar ato de isenção quando o contribuinte for pessoa natural.

c) poderá incidir, tão-somente, ITCMD, vez que na compra e venda com recursos doados há uma sub-rogação do imóvel no lugar do dinheiro objeto de doação e, por conseguinte, a incidência de ITBI configuraria "bis in idem", técnica de tributação vedada pela Constituição Federal.

d) incidirão ITBI (imposto de competência municipal ou do Distrito Federal) e ITCMD (imposto de competência estadual ou do Distrito Federal), salvo hipótese de isenção.

307. **(Consulplan/TJ/MG/Cartórios/Remoção/2014)** No negócio jurídico constituído por: 1. mútuo bancário para compra de imóvel, 2. compra e venda de imóvel com o produto do mútuo bancário e 3. alienação fiduciária do imóvel em favor do banco mutuante (em garantia do mútuo), pode haver incidência de ITBI (art. 156, II da Constituição Federal), tendo como fato(s) gerador(es)

a) somente a compra e venda do imóvel e a alienação fiduciária em garantia.

b) somente a compra e venda do imóvel.

c) o mútuo, a compra e venda do imóvel e a alienação fiduciária em garantia.

d) somente a compra e venda do imóvel e o mútuo.

308. **(Consulplan/TJ/MG/Cartórios/Remoção/2014)** A modalidade de lançamento adotada no ITBI é:

a) lançamento de ofício.

b) lançamento por declaração.

c) lançamento por homologação.

d) tanto lançamento por declaração quanto lançamento por homologação.

309. **(FMP/TJ/MT/Cartórios/Ingresso/2014)** O imposto sobre a transmissão "inter vivos" por ato oneroso de bens imóveis (ITBI), é tributo de competência:

a) da União, dos Estados, do Distrito Federal, dos Municípios, podendo cada um instituí-lo de acordo com a competência concorrente.

b) da União.

c) dos Estados e do Distrito Federal.

d) dos Municípios.

e) nenhuma das respostas anteriores.

310. **(FMP/TJ/MT/Cartórios/Ingresso/2014)** Em relação ao imposto sobre transmissão "inter vivos" (ITBI), assinale a afirmativa correta:

a) incide sobre transmissões "inter vivos", a qualquer título, de bens imóveis por ato não oneroso.

b) incide sobre venda e doação de bens imóveis, a qualquer título.

c) é tributo de competência dos Estados e do Distrito Federal.

d) incide sobre transmissão "inter vivos", a qualquer título, por ato oneroso, de bens imóveis ou de direitos reais sobre imóveis, exceto os de garantia.

e) é tributo de competência da União.

311. **(FMP/TJ/MT/Cartórios/Remoção/2014)** A partilha de um único imóvel de um casal, pelo regime da comunhão universal de bens, quanto ao ITBI – Imposto de Transmissão de Bens Imóveis:

a) sofre incidência do ITBI sobre o valor de 100% da avaliação do imóvel partilhado.
b) sofre incidência do ITBI sobre 50% da avaliação do imóvel.
c) não sofre incidência, pois cada cônjuge já era proprietário de sua metade, não havendo nenhuma transferência de patrimônio.
d) sofre incidência do ITBI sobre 25% do valor da avaliação do imóvel.
e) nenhuma das respostas anteriores.

312. **(FMP/TJ/MT/Cartórios/Remoção/2014)** O imóvel transferido pelo "de cujus" antes do seu falecimento, através de instrumento particular de compra e venda não registrada, estará sujeito ao:
a) imposto de Transmissão Causa e Mortis e Doação, ITCD, pois o imóvel permanece no nome do falecido e deverá ser inventariado.
b) imposto sobre Transmissão de Bens Imóveis, ITBI, eis que o imóvel foi transferido em vida.
c) não incide nenhum dos dois tributos referidos anteriormente.
d) incidem os dois tributos referidos anteriormente.
e) nenhuma das respostas anteriores.

313. **(Cespe/TJ/DFT/Cartórios/Ingresso/2014)** O imposto de transmissão:
a) tem lançamento do tipo misto, por declaração ou, em determinadas hipóteses, de ofício.
b) é imposto progressivo.
c) incide sempre sobre a transmissão de bens incorporados ao patrimônio da pessoa jurídica.
d) incide sobre hipoteca.
e) não incide sobre bens imóveis por acessão física.

314. **(Cespe/TJ/SE/Cartórios/Ingresso/2014)** De acordo com a CF, compete aos municípios instituir impostos sobre:
a) operações de crédito, câmbio e seguro, ou relativas a títulos ou valores mobiliários.
b) transmissão "causa mortis" e doação de quaisquer bens ou direitos.
c) propriedade territorial rural.
d) transmissão "inter vivos", a qualquer título, por ato oneroso, de bens imóveis, por natureza ou acessão física.
e) grandes fortunas.

315. **(Ieses/TJ/AM/Cartórios/Remoção/2018)** O tributo, de competência dos Estados, que incide sobre a transmissão de bens imóveis e de direitos a eles relativos é denominado de:
a) ITBI.
b) IPI.
c) IPVA.
d) IPTU.

316. **(Vunesp/TJ/SP/Cartórios/Ingresso/2018)** A respeito do imposto sobre transmissão "inter vivos" de bens imóveis – ITBI, é correto afirmar que:
a) não incide sobre a transmissão de bens ou direitos decorrentes de fusão, incorporação, cisão ou extinção de pessoa jurídica, mesmo que a atividade preponderante do adquirente seja a compra e venda desses bens ou direitos, locação de bens imóveis ou arrendamento mercantil.
b) sua instituição compete ao Município onde se realiza a transmissão.
c) sua instituição compete ao Estado da situação do bem.
d) não incide sobre a transmissão de bens ou direitos incorporados ao patrimônio de pessoa jurídica em realização de capital.

10. NORMAS CONSTITUCIONAIS

10.1. Imunidades

✻ SÚMULAS

STF Súm. Vinculante 52. Ainda quando alugado a terceiros, permanece imune ao IPTU o imóvel pertencente a qualquer das entidades referidas pelo artigo 150, inciso VI, alínea "c", da Constituição Federal, desde que o valor dos aluguéis seja aplicado nas atividades para as quais tais entidades foram constituídas.

STF Súm. 75. Sendo vendedora uma autarquia, a sua imunidade fiscal não compreende o imposto de transmissão "inter vivos", que é encargo do comprador.

STF Súm. 336. A imunidade da autarquia financiadora, quanto ao contrato de financiamento, não se estende à compra e venda entre particulares, embora constantes os dois atos de um só instrumento.

STF Súm. 591. A imunidade ou a isenção tributária do comprador não se estende ao produtor, contribuinte do imposto sobre produtos industrializados.

STF **Súm. 657.** A imunidade prevista no art. 150, VI, "d", da CF abrange os filmes e papéis fotográficos necessários à publicação de jornais e periódicos.

STF **Súm. 730.** A imunidade tributária conferida a instituições de assistência social sem fins lucrativos pelo art. 150, VI, "c", da Constituição, somente alcança as entidades fechadas de previdência social privada se não houver contribuição dos beneficiários.

STJ **Súm. 612.** O certificado de entidade beneficente de assistência social (Cebas), no prazo de sua validade, possui natureza declaratória para fins tributários, retroagindo seus efeitos à data em que demonstrado o cumprimento dos requisitos estabelecidos por lei complementar para a fruição da imunidade.

* REPERCUSSÃO & REPETITIVOS

STF **Repercussão Geral 259.** A imunidade da alín. "d" do inc. VI do art. 150 da CF alcança componentes eletrônicos destinados, exclusivamente, a integrar unidade didática com fascículos. (RE 595676, 8.3.2017)

STF **Repercussão Geral 32.** Os requisitos para o gozo de imunidade hão de estar previstos em lei complementar. (RE 566622, 23.2.2017)

STF **Repercussão Geral 342.** A imunidade tributária subjetiva aplica-se a seus beneficiários na posição de contribuinte de direito, mas não na de simples contribuinte de fato, sendo irrelevante para a verificação da existência do beneplácito constitucional a repercussão econômica do tributo envolvido. (RE 608872, 23.2.2017)

STF **Repercussão Geral 385.** A imunidade recíproca, prevista no art. 150, VI, a, da CF não se estende a empresa privada arrendatária de imóvel público, quando seja ela exploradora de atividade econômica com fins lucrativos. Nessa hipótese é constitucional a cobrança do IPTU pelo Município. (RE 594015, 6.4.2017)

STF **Repercussão Geral 593.** A imunidade tributária constante do art. 150, VI, d, da CF/88 aplica-se ao livro eletrônico (e-book), inclusive aos suportes exclusivamente utilizados para fixá-lo. (RE 330817, 8.3.2017)

STF **Repercussão Geral 884.** Os bens e direitos que integram o patrimônio do fundo vinculado ao Programa de Arrendamento Residencial – PAR, criado pela Lei 10.188/01, beneficiam-se da imunidade tributária prevista no art. 150, VI, a, da CF. (RE 928902, 17.10.2018)

* INFORMATIVOS

STF **Caixas de Assistência de Advogados e imunidade recíproca.** As Caixas de Assistência de Advogados encontram-se tuteladas pela imunidade recíproca prevista no art. 150, VI, "a", da CF. RE 405267, Rel. Min. Edson Fachin, j. 6.9.2018. Pleno. (Info 914)

STF **Imunidade tributária e maquinário para impressão de livros.** A imunidade tributária prevista no art. 150, VI, "d", da CF, não abarca o maquinário utilizado no processo de produção de livros, jornais e periódicos. ARE 1100204, Rel. Acd. Min. Alexandre de Moraes, j. 29.5.2018. 1ª T. (Info 904)

STJ **Imunidade tributária. Entidade beneficente de assistência social. Relatório circunstanciado anual. Não apresentação. Obrigação acessória. Descumprimento. Impedimento ao reconhecimento do favor constitucional. Inocorrência.** A apresentação anual de relatório circunstanciado das atividades exercidas por entidades beneficentes de assistência social ao INSS, prevista no art. 55 da Lei 8.212/91, não configura requisito legal para a fruição da imunidade tributária prevista no art. 195, § 7º, da CF. REsp 1.345.462, Rel. Min. Gurgel de Faria, DJ 20.2.2018. 1ª T. (Info 619)

* QUESTÕES DISCURSIVAS

13. **(Ieses/TJ/PA/Cartórios/2016)** O estado-membro X deseja criar, por meio de uma emenda a constituição estadual, uma nova hipótese de imunidade tributária, não prevista na Constituição Federal, para os impostos estaduais. A referida emenda também prevê que os beneficiários da nova imunidade não poderão ser fiscalizados pela autoridade fazendária, em razão da criação desta nova imunidade. Com base no enunciado responda o que significa a imunidade tributária, abordando na resposta se é possível um Estado Membro criar uma nova hipótese de imunidade e se a imunidade tributária pode afetar as obrigações tributárias acessórias.

14. **(Consulplan/TJ/MG/Cartórios/Remoção/2016)** Determinada entidade fechada de previdência social privada pretende se enquadrar no conceito de instituição de assistência social para se valer da imunidade prevista no art. 150, VI, "c" da Constituição Federal. Para tanto, declara não ter fins lucrativos, ser mantida por uma sociedade anônima e também receber contribuição anual dos beneficiários. A referida entidade terá direito à imunidade prevista no art. 150, VI, "C" da Constituição Federal?

* QUESTÕES OBJETIVAS

317. **(Consulplan/TJ/MG/Cartórios/Ingresso/2018)** Sobre as imunidades tributárias, assinale a afirmativa correta:

a) a imunidade recíproca alcança outras espécies tributárias, como as taxas e contribuições.

b) a imunidade tributária recíproca, prevista no art. 150, VI, a, da Constituição Federal, não é extensiva às autarquias e fundações públicas.

c) apenas a Constituição Federal estabelece imunidades tributárias, em rol taxativo ("numerus clausus"), moldando a própria competência tributária.

d) a imunidade de que trata o art. 150, VI, 'd', da Constituição Federal (livros, jornais, periódicos e o papel destinado a sua impressão) não alcança o livro digital (e-book).

318. **(Consulplan/TJ/MG/Cartórios/Remoção/2018)** Sobre as imunidades tributárias, é correto afirmar que:

a) as imunidades do art. 150, VI, da Constituição Federal, negam a competência para a instituição de impostos, taxas e contribuições.

b) o § 5º do art. 184 da Constituição ("são isentas de impostos federais, estaduais e municipais as operações de transferência de imóveis desapropriados para fins de reforma agrária") concede isenção, não imunidade.

c) a imunidade prevista no art. 150, VI, alínea c, da Constituição Federal, aplica-se aos bens imóveis, mesmo que temporariamente ociosos, de propriedade das instituições de educação e de assistência social sem fins lucrativos que atendam aos requisitos legais.

d) a imunidade prevista no art. 150, inciso VI, alínea c, da Constituição Federal, a impedir a instituição de impostos sobre patrimônio, renda ou serviços das entidades sindicais dos trabalhadores, das instituições de educação e de assistência social, sem fins lucrativos, beneficia o contribuinte de fato, não alcançando o de direito.

319. **(Ieses/TJ/RS/Cartórios/Remoção/2013)** Assinale a alternativa correta:

a) a imunidade recíproca veda a instituição de impostos sobre livros, jornais, periódicos e o papel destinado à sua impressão.

b) a imunidade recíproca veda a instituição do Imposto sobre a Propriedade Predial e Territorial Urbana – IPTU sobre imóvel de propriedade da União.

c) a imunidade recíproca veda os Municípios de instituírem taxas pelos serviços de coleta de lixo da União e dos Estados.

d) a imunidade recíproca veda a instituição do Imposto sobre Produtos Industrializados – IPI sobre os automóveis adquiridos por instituições de assistência social, sem fins lucrativos.

320. **(Cespe/TJ/PI/Cartórios/Ingresso/2013)** Considere que uma autarquia federal que não pratique atividade econômica regida por normas aplicadas a empreendimentos privados e não cobre pagamento de preços ou tarifas do usuário do serviço tenha adquirido imóvel com a finalidade de instalar a sede de sua administração em determinado município. Com base nessa situação hipotética, assinale a opção correta:

a) caso a autarquia federal venda, posteriormente, o imóvel para pessoa física, a imunidade relativa ao ITBI será transferida ao comprador, que estará isento desse imposto.

b) para que a autarquia goze da imunidade recíproca, é necessária a prova de que não há pagamento de altos salários aos seus diretores.

c) no caso de o referido imóvel passar a servir, exclusivamente, de residência oficial do diretor-presidente da autarquia, persistirá a imunidade relativa ao IPTU, uma vez que o imóvel continuará a ser patrimônio da autarquia federal.

d) a imunidade recíproca somente pode ser aplicada aos impostos federais, como o imposto de renda.

e) por ser utilizado para as finalidades essenciais da entidade pública, o referido imóvel é imune ao pagamento do IPTU.

321. **(FCC/TJ/PE/Cartórios/Ingresso/2013)** A imunidade tributária:

a) pode vir definida em lei ou na Constituição Federal, mas nunca em decreto.

b) para ser concedida depende de requerimento do interessado à autoridade administrativa competente.

c) pode ser criada por lei do ente competente para instituir o tributo, podendo ser em caráter geral ou em caráter específico.

d) é prevista na Constituição Federal, que fixa as hipóteses de incompetência para o ente instituir o tributo nas situações por ela definidas.

e) é prevista na Constituição Federal, mas sua aplicação depende sempre de despacho de autoridade administrativa fiscal competente que reconheça a não incidência.

322. **(Ieses/TJ/RN/Cartórios/Remoção/2012)** Segundo o Supremo Tribunal Federal, as atividades notariais:

a) estão imunes de tributação porque têm manifesto interesse público.

b) estão imunes de tributação porque delegadas do Poder Judiciário.

c) não estão imunes de tributação porque possuem a natureza de serviços públicos "uti universi".

d) não estão imunes à tributação, já que são exercidas com intuito lucrativo e possuem capacidade contributiva.

323. **(Cespe/TJ/RR/Cartórios/Ingresso/2013)** De acordo com a CF, os partidos políticos têm direito à:

a) imunidade de determinados impostos e isenção de contribuições sociais.

b) imunidade de determinados impostos, mas não à imunidade de contribuições sociais.

c) isenção de todos os impostos, mas não à imunidade de contribuições sociais.

d) isenção das contribuições sociais, mas não à imunidade de impostos.

e) imunidade de determinados impostos e de determinadas contribuições sociais.

324. **(Vunesp/TJ/SP/Cartórios/Ingresso/2016)** É correto dizer que a imunidade tributária:

a) é outorgada a Municípios, Estados, Distrito Federal e União, excetuando impostos indiretos como ICMS.

b) é outorgada a templos de qualquer culto, livros, periódicos e papel destinado à sua impressão.

c) é outorgada às fundações, desde que estas não distribuam lucros.

d) é assegurada às entidades públicas e privadas sem fins lucrativos.

325. **(Faurgs/TJ/RS/Cartórios/Ingresso/2015)** No que se refere à imunidade tributária, assinale a alternativa que contém afirmativa correta, considerando a orientação jurisprudencial do Supremo Tribunal Federal:

a) a imunidade dos livros, jornais e periódicos possui dimensão subjetiva, afastando a incidência de impostos sobre o patrimônio, a renda e os serviços da pessoa, física ou jurídica, que produzi-los ou comercializá-los.

b) a imunidade tributária recíproca se aplica aos tributos em geral, evidenciando que um ente político não pode exigir tributos de outro.

c) as entidades educacionais imunes não têm de comprovar, no momento da aquisição de terreno, que destinarão o imóvel para a promoção das suas finalidades essenciais, a fim de que seja dispensada a cobrança do ITBI.

d) a alienação de produtos industrializados a entes imunes não pode sofrer a incidência de impostos.

326. **(Ieses/TJ/PB/Cartórios/Ingresso/2014)** As imunidades tributárias consistem em normas nas quais fica proibida a tributação sobre situações ou pessoas expressamente indicadas na Constituição Federal. Conclui-se, neste sentido, que:

a) a imunidade recíproca veda a instituição de impostos sobre o patrimônio, renda ou serviços de União, Estados e Municípios, excluído o Distrito Federal.

b) as imunidades tributárias estão todas previstas no artigo 150, VI, CF, com a única exceção prevista no art. 5º, LXXVI, CF, o qual estabelece a gratuidade, para os reconhecidamente pobres, do registro civil de nascimento e da certidão de óbito.

c) considerando que a CF refere-se à isenções e não incidência, quando trata de imunidades, a doutrina brasileira pondera que tais expressões são sinônimas, abarcando o mesmo fenômeno tributário.

d) as fundações mantidas pelos partidos políticos e os sindicatos de trabalhadores são imunes tão somente aos impostos, de acordo com o texto constitucional, devendo tais entidades, portanto, recolher os demais tributos do sistema.

327. **(Consulplan/TJ/MG/Cartórios/Ingresso/2014)** Sobre o tema das imunidades tributárias, é incorreto afirmar:

a) as pessoas beneficiadas pela imunidade tributária não podem ser fiscalizadas pela autoridade administrativa.

b) a norma tributária infraconstitucional que desobedece uma imunidade tributária é uma norma inconstitucional.

c) imunidade tributária outorga a seu beneficiário o direito subjetivo de não ser tributado pelo Poder Público.

d) a imunidade tributária limita o exercício da competência tributária outorgada pela Constituição Federal.

328. **(Consulplan/TJ/MG/Cartórios/Remoção/2014)** Quanto à imunidade tributária e à isenção tributária, é correto afirmar que:

a) é vedado à União, aos Estados, ao Distrito Federal e aos Municípios utilizar tributo com efeito de confisco; todavia, os entes estatais estão autorizados pela Constituição Federal a estabelecerem limitações ao tráfego de pessoas ou bens, por meio de tributos interestaduais ou intermunicipais, inclusive por meio da cobrança de pedágio pela utilização de vias conservadas pelo Poder Público.

b) a imunidade referente à vedação de a União, os Estados, o Distrito Federal e os Municípios instituírem impostos sobre livros, jornais, periódicos e o papel destinado a sua impressão abrange os filmes e papéis fotográficos necessários à publicação de jornais e periódicos.

c) a imunidade ou a isenção tributária do comprador se estende ao produtor, contribuinte do imposto sobre produtos industrializados.

d) sendo vendedora uma autarquia, sua imunidade fiscal compreende o imposto de transmissão "inter vivos", que é encargo do comprador.

329. **(IBFC/TJ/PR/Cartórios/Remoção/2014)** A imunidade distingue-se da isenção, considerando-se que:

a) não libera o contribuinte do cumprimento de obrigações acessórias, diversamente do que ocorre com a isenção, que possui natureza mais abrangente.

b) constitui uma limitação constitucional ao poder de tributar, enquanto a isenção pode ser concedida por lei ordinária ou complementar.

c) é sempre de caráter subjetivo, ao contrário da isenção que é exclusivamente objetiva.

d) existe somente em relação a pessoas jurídicas de direito público, ao passo que a isenção também pode beneficiar pessoas de direito privado.

330. **(IBFC/TJ/PR/Cartórios/Ingresso/2014)** A denominada imunidade recíproca, que veda à União, aos Estados, ao Distrito Federal e aos Municípios instituir impostos sobre o patrimônio, renda ou serviços, uns dos outros, é extensiva às:

a) autarquias e às fundações instituídas e mantidas pelo Poder Público, no que se refere ao patrimônio, à renda e aos serviços, vinculados a suas finalidades essenciais ou às delas decorrentes.

b) sociedades de economia mista e às empresas públicas em qualquer hipótese de serviço praticado.

c) pessoas que compõem a Administração Pública Indireta no que se refere exclusivamente ao patrimônio, à renda e aos serviços relacionados com a exploração de atividades econômicas regidas pelas normas aplicáveis a empreendimentos privados.

d) fundações mantidas pela iniciativa privada, sem fins lucrativos, abrangendo não só o seu patrimônio, renda ou serviços, mas também todos os fatos que não estejam vinculados a sua atividade fim.

331. **(Cetro/TJ/RJ/Cartórios/Remoção/2017)** Sobre situações que possam ser visualizadas no dia a dia de uma repartição notarial, concernentes aos institutos da imunidade e isenção tributária, marque V para verdadeiro ou F para falso e, em seguida, assinale a alternativa que apresenta a sequência correta.

I. em sede de execução fiscal, os emolumentos referentes aos serviços notariais são considerados despesas processuais, portanto, alcançados pela isenção de que goza a Fazenda Pública acerca de taxas judiciárias em geral.

II. quando da anotação no registro de uma propriedade rural que foi objeto de desapropriação para fins de reforma agrária, o cartório deve exigir a comprovação de recolhimento do imposto de transferência de imóveis.

III. aos filmes usados para dar resistência às capas dos livros de registro de nascimento e óbitos de pessoas naturais nos cartórios de registro civil estende-se a imunidade que alcança o papel utilizado nesses mesmos livros:

a) F, F, F.

b) V, F, V.

c) V, V, F.

d) V, V, V.

e) F, F, V.

332. **(Ieses/TJ/RO/Cartórios/Remoção/2017)** Sem prejuízo de outras garantias asseguradas ao contribuinte, é vedado à União, aos Estados, ao Distrito Federal e aos Municípios instituir impostos sobre:

I. patrimônio, renda ou serviços, uns dos outros.

II. templos de qualquer culto, condomínios edilícios.

III. fonogramas e videofonogramas musicais produzidos no Brasil contendo obras musicais ou literomusicais de autores brasileiros.

IV. patrimônio, renda ou serviços dos partidos políticos; livros, jornais, periódicos e o papel destinado à sua impressão.

A sequência correta é:

a) apenas as assertivas I, III, IV estão corretas.

b) apenas as assertivas II e IV estão corretas.

c) as assertivas I, II, III e IV estão corretas.

d) apenas a assertiva IV está correta.

10.2. Lei Complementar

✱ QUESTÕES OBJETIVAS

333. **(Cespe/TJ/ES/Cartórios/Remoção/2013)** No processo legislativo, para a aprovação de lei complementar exige-se maioria absoluta. É exigida lei complementar:

a) na instituição de normas especiais em matéria de legislação tributária.

b) na instituição da alíquota do imposto sobre a propriedade territorial rural.

c) na regulação das limitações constitucionais ao poder de tributar.

d) na instituição da alíquota do imposto sobre transmissão "causa mortis" e doação de quaisquer bens ou direitos.

e) na instituição da alíquota do imposto sobre a renda e proventos de qualquer natureza.

334. **(Cetro/TJ/RJ/Cartórios/Remoção/2017)** Em um simpósio sobre Direito Notarial, em mesa redonda sobre modelagem econômica do setor, foi lançada uma discussão sobre a possível aprovação de norma que facilita as condições para concessão e revogação de benefícios fiscais de ISSQN (Imposto sobre Serviços de Qualquer Natureza) em favor dos notariais. É correto afirmar que o referido benefício deve ser revogado por meio de:

a) portaria.

b) decreto.

c) lei ordinária.

d) lei complementar.

e) emenda constitucional.

10.3. Limitações e Princípios

⊙ ATENÇÃO: ESTE TEMA É MUITO EXIGIDO NOS CONCURSOS!

✱ SÚMULAS

STF **Súm. Vinculante 50.** Norma legal que altera o prazo de recolhimento da obrigação tributária não se sujeita ao princípio da anterioridade.

STF **Súm. Vinculante 52.** Ainda quando alugado a terceiros, permanece imune ao IPTU o imóvel pertencente a qualquer das entidades referidas pelo artigo 150, inciso VI, alínea "c", da Constituição Federal, desde que o valor dos aluguéis seja aplicado nas atividades para as quais tais entidades foram constituídas.

STF **Súm. 69.** A Constituição Estadual não pode estabelecer limite para o aumento de tributos municipais.

STF **Súm. 239.** Decisão que declara indevida a cobrança do imposto em determinado exercício não faz coisa julgada em relação aos posteriores.

STF **Súm. 667.** Viola a garantia constitucional de acesso à jurisdição a taxa judiciária calculada sem limite sobre o valor da causa.

✱ REPERCUSSÃO & REPETITIVOS

STF **Repercussão Geral 540.** É inconstitucional, por ofensa ao princípio da legalidade tributária, lei que delega aos conselhos de fiscalização de profissões regulamentadas a competência de fixar ou majorar, sem parâmetro legal, o valor das contribuições de interesse das categorias profissionais e econômicas, usualmente cobradas sob o título de anuidades, vedada, ademais, a atualização desse valor pelos conselhos em percentual superior aos índices legalmente previstos. (RE 704292, 30.6.2016)

STF **Repercussão Geral 573.** Não viola o princípio da isonomia e o livre acesso à jurisdição a restrição de ingresso no parcelamento de dívida relativa à Cofins, instituída pela Portaria 655/93, dos contribuintes que questionaram o tributo em juízo com depósito judicial dos débitos tributários. (RE 640905, 16.12.2016)

STF **Repercussão Geral 829.** Não viola a legalidade tributária a lei que, prescrevendo o teto, possibilita o ato normativo infralegal fixar o valor de taxa em proporção razoável com os custos da atuação estatal, valor esse que não pode ser atualizado por ato do próprio conselho de fiscalização em percentual superior aos índices de correção monetária legalmente previstos. (RE 838284, 6.10.2016)

* QUESTÕES OBJETIVAS

335. **(Consulplan/TJ/MG/Cartórios/Remoção/2018)** Relativamente ao crédito tributário, assinale a alternativa incorreta:

a) a concessão de isenções tributárias heterônomas é autorizada pelo art. 151, III, da Constituição Federal, de modo a preservar o pacto federativo.

b) declarado e não pago o débito tributário pelo contribuinte, é legítima a recusa de expedição de certidão negativa ou positiva com efeito de negativa.

c) o benefício da denúncia espontânea não se aplica aos tributos sujeitos a lançamento por homologação regularmente declarados, mas pagos a destempo.

d) a entrega de declaração pelo contribuinte reconhecendo débito fiscal constitui o crédito tributário, dispensada qualquer outra providência por parte do fisco.

336. **(Ieses/TJ/RS/Cartórios/Remoção/2013)** Assinale a alternativa correta:

a) as contribuições para financiamento da seguridade social não incidem sobre o importador de bens ou serviços do exterior.

b) as contribuições para financiamento da seguridade social poderão ser exigidas após 90 (noventa) dias da sua criação, ainda que no mesmo exercício financeiro.

c) as entidades beneficentes de assistência social que atendam às exigências previstas em lei, sujeitam-se às contribuições para financiamento da seguridade social.

d) as contribuições para financiamento da seguridade social incidem sobre as receitas decorrentes de exportação.

337. **(Cespe/TJ/PI/Cartórios/Ingresso/2013)** No que se refere à limitação do poder de tributar, assinale a opção correta:

a) é vedado aos estados, ao DF e aos municípios estabelecer diferença tributária entre bens e serviços de qualquer natureza, em razão de sua procedência ou destino.

b) é vedado aos estados e municípios estabelecer, sem qualquer ressalva, limitações ao tráfego de pessoas ou de bens por meio de tributos interestaduais ou intermunicipais.

c) é vedada à União a instituição de impostos sobre templos de qualquer culto, especialmente no que diz respeito ao patrimônio, à renda e aos serviços dessas entidades, independentemente de suas finalidades essenciais.

d) é vedado à União instituir isenção de tributos da competência dos estados, do DF ou dos municípios, salvo se compensá-los com transferências correntes no mesmo exercício fiscal.

e) compete à União instituir, por meio de legislação ordinária, impostos e contribuições sociais sobre produtos industrializados, grandes fortunas e a importação de produtos estrangeiros, fixando-lhes as respectivas alíquotas.

338. **(TJ/SC/Cartórios/Remoção/2012)** Em razão do limite constitucional do poder de tributar, é vedado à União, aos Estados, ao Distrito Federal e aos Municípios:

a) exigir ou aumentar tributo.

b) cobrar tributos em relação a fatos geradores ocorridos depois do início da vigência da lei que os houver instituído ou aumentado.

c) instituir tratamento desigual entre contribuintes que se encontrem em situação equivalente, proibida qualquer distinção em razão de ocupação profissional ou função por eles exercida, independentemente da denominação jurídica dos rendimentos, títulos ou direitos.

d) cobrar tributo no exercício financeiro seguinte àquele em que haja sido publicada a lei que os instituiu ou aumentou.

e) estabelecer quaisquer limitações ao tráfego de pessoas ou bens, por meio de tributos interestaduais ou intermunicipais ou de cobrança de pedágio pela utilização de vias conservadas pelo Poder Público.

339. **(Ieses/TJ/RN/Cartórios/Ingresso/2012)** Em relação às limitações constitucionais ao poder de tributar assinale a alternativa correta:

a) quando alugado a terceiros o imóvel de propriedade do partido político perde a imunidade e passa a sujeitar-se ao IPTU.

b) o ICMS incidente sobre a comercialização de livros, mesmo por empresa com fins lucrativos, está abrangido pela imunidade tributária.

c) o prédio da Receita Federal de propriedade da União é imune ao pagamento da taxa de coleta de lixo.

d) os rendimentos oriundos das aplicações financeiras realizadas pelos Municípios não são imunes ao imposto de renda.

340. **(Consulplan/TJ/MG/Cartórios/Ingresso/2016)** Acerca das limitações do poder de tributar, avalie as afirmações a seguir:

I. é vedado à União tributar a renda das obrigações da dívida pública dos Estados em nível superior aos que fixar para suas obrigações.

II. é vedado aos Estados cobrarem impostos de transmissão "causa mortis" e doação, de quaisquer bens e direitos, em relação a fatos geradores ocorridos no período de vacância da lei que o aumentou.

III. é vedado à União cobrar Imposto de Importação de Produtos Estrangeiros no mesmo exercício financeiro em que haja sido publicada a lei que o aumentou.

IV. é vedado a Município estabelecer diferença tributária entre bens e serviços, de qualquer natureza, em razão de sua procedência.

É correto apenas o que se afirma em:

a) I, II e III.
b) I, II e IV.
c) II, III e IV.
d) I, III e IV.

341. **(FMP/TJ/MT/Cartórios/Ingresso/2014)** Segundo o artigo n. 150, I, da Constituição Federal, é vedado à União, Estados, Distrito Federal e aos Municípios exigir ou aumentar tributo sem lei que o estabeleça – a palavra "lei", significa:

a) qualquer tipo de legislação prevista no sistema jurídico brasileiro.
b) leis ordinárias, decretos e instruções normativas.
c) medidas provisórias, atos normativos e leis complementares.
d) decretos, atos normativos e instruções normativas.
e) nenhuma das respostas anteriores.

342. **(IBFC/TJ/PR/Cartórios/Ingresso/2014)** Relativamente às limitações do poder de tributar, estabelecidas pela Constituição Federal, é correto afirmar que:

a) os Estados poderão estabelecer limitações ao tráfego, no território nacional, de mercadorias e de pessoas, por meio de tributos interestaduais.
b) é vedado à União cobrar tributos no mesmo exercício financeiro em que haja sido publicada a lei que aumentou o imposto sobre importação de produtos estrangeiros e o imposto sobre exportação, para o exterior, de produtos nacionais.
c) os Municípios poderão estabelecer limitações ao tráfego, no território nacional, de mercadorias, por meio de tributos intermunicipais.
d) os Estados, o Distrito Federal e os Municípios não poderão estabelecer diferença tributária entre bens de qualquer natureza, em razão da sua procedência ou do seu destino.

343. **(Cespe/TJ/BA/Cartórios/Ingresso/2013)** No que se refere ao sistema tributário nacional, há no texto constitucional uma seção específica dedicada às limitações impostas ao poder de tributação da União, dos estados, do Distrito Federal e dos municípios. Essas limitações incluem:

a) as isenções e a anistia.
b) as imunidades tributárias e os princípios de direito tributário.
c) a moratória e a concessão de medida liminar em mandado de segurança.
d) a prescrição e a decadência.
e) as imunidades tributárias e as isenções tributárias.

344. **(Ieses/TJ/PA/Cartórios/Remoção/2016)** Referente à limitação da competência tributária da União, Estados, Distrito Federal e Municípios, são vedados aos mesmos:

I. papel destinado exclusivamente à impressão de jornais, periódicos e livros.

II. cobrar imposto sobre o patrimônio e a renda com base em lei posterior à data inicial do exercício financeiro a que corresponda.

III. cobrar imposto sobre o patrimônio, a renda ou os serviços uns dos outros.

IV. templos de qualquer culto:

a) apenas os itens I e II estão corretos.
b) apenas os itens II e IV estão corretos.
c) apenas os itens II, III e IV estão corretos.
d) os itens I, II, III e IV estão corretos.

345. **(Consulplan/TJ/MG/Cartórios/Remoção/2017)** Sobre as limitações constitucionais ao poder de tributar reguladas na Constituição Federal, analise as afirmações seguintes:

I. é vedado à União cobrar tributos no mesmo exercício financeiro em que haja sido publicada a lei que os instituiu ou aumentou, salvo em relação aos impostos sobre a importação de produtos estrangeiros, a exportação, para o exterior, de produtos nacionais ou nacionalizados, a renda e proventos de qualquer natureza, os produtos industrializados e as operações de crédito, câmbio e seguro, ou relativas a títulos ou valores mobiliários

II. é vedado à União tributar a renda das obrigações da dívida pública dos Estados, do Distrito Federal e dos Municípios, bem como a remuneração e os proventos dos respectivos agentes públicos, em níveis superiores aos que fixar para suas obrigações e para seus agentes.

III. é vedado aos Estados instituir impostos sobre fonogramas e videofonogramas musicais produzidos no Brasil contendo obras musicais ou literomusicais de autores brasileiros e/ou obras em geral interpretadas por artistas brasileiros bem como os suportes materiais ou arquivos digitais que os contenham, salvo na etapa de replicação industrial de mídias ópticas de leitura a laser.

IV. a lei poderá atribuir a sujeito passivo de obrigação tributária a condição de responsável pelo pagamento de imposto ou contribuição, cujo fato gerador deva ocorrer posteriormente, assegurada a imediata e preferencial restituição da quantia paga, caso não se realize o fato gerador presumido.

Está correto o que se afirma em:

a) I, apenas.
b) II e III, apenas.
c) II, III e IV, apenas.
d) I, II, III e IV.

346. **(Ieses/TJ/RO/Cartórios/Ingresso/2017)** Nos termos da Constituição Federal, é vedado à União, exceto:

a) utilizar tributo com efeito de confisco.
b) instituir, na iminência ou no caso de guerra externa, impostos extraordinários, compreendidos ou não em sua competência tributária.
c) exigir ou aumentar tributo sem lei que o estabeleça.
d) instituir impostos sobre patrimônio, renda ou serviços dos Estados e Municípios.

347. **(Ieses/TJ/CE/Cartórios/Remoção/2018)** Sem prejuízo de outras garantias asseguradas ao contribuinte, é vedado à União, aos Estados, ao Distrito Federal e aos Municípios:

I. instituir impostos sobre livros, jornais, periódicos e o papel destinado a sua impressão.

II. exigir ou aumentar tributo sem lei que o estabeleça.

III. instituir impostos sobre templos de qualquer culto.

IV. utilizar tributo com efeito de confisco.

A sequência correta é:

a) apenas as assertivas II e IV estão corretas.
b) apenas as assertivas I, II e III estão corretas.
c) as assertivas I, II, III e IV estão corretas.
d) apenas a assertiva II está incorreta.

348. **(Consulplan/TJ/MG/Cartórios/Ingresso/2018)** Relativamente ao sistema constitucional tributário, é correto afirmar que:

a) conforme previsto no art. 150, I, da Constituição, somente lei complementar é instrumento hábil para a criação e majoração de tributos.
b) a isonomia tributária (CF, art. 150, II) não torna inválidas as distinções arbitrárias entre contribuintes em razão de ocupação profissional ou função por eles exercida.
c) é aplicável a proibição constitucional do confisco em matéria tributária, ainda que se trate de multa fiscal resultante do inadimplemento pelo contribuinte de suas obrigações tributárias.
d) pela garantia constitucional da anterioridade tributária (CF, art. 150, III, b) nenhum tributo será cobrado em cada exercício sem prévia autorização orçamentária, ressalvados, porém, a tarifa aduaneira e o imposto lançado por motivo de guerra.

349. **(Consulplan/TJ/MG/Cartórios/Remoção/2018)** Relativamente ao sistema constitucional tributário, é correto afirmar que:

a) norma legal que altera o prazo de recolhimento de obrigação tributária não se sujeita ao princípio da anterioridade tributária.
b) a garantia da irretroatividade tributária (art. 150, III, a, da CF) sempre alcança os temas relativos às prerrogativas da administração tributária, como o acesso a dados com quebra de sigilo bancário.
c) o pedágio cobrado pela efetiva utilização de rodovias conservadas pelo Poder Público, cuja cobrança está autorizada pelo inciso V, parte final, do art. 150 da Constituição de 1988, tem natureza jurídico-tributária de contribuição.

d) a isonomia tributária (art. 150, II, da CF) não impede que haja diferenciação tributária arbitrária entre contribuintes que estejam em situação equivalente.

350. (Ieses/TJ/RN/Cartórios/Remoção/2012) No dia 29/08/2012 o Estado do Rio Grande do Norte publica lei majorando a taxa para "Emissão da Carteira Nacional de Habilitação (CNH)" de R$ 30,00 para R$ 35,00. No último artigo do texto legal fica estabelecido que a lei "entra em vigor na data de sua publicação". A Fazenda Estadual, com base no que determina a lei, inicia a cobrança a partir de 29.8.2012. Segundo o atualmente previsto na Constituição e no CTN, a cobrança da Fazenda do Rio Grande do Norte está:

a) equivocada em virtude do princípio da anterioridade nonagesimal, bastando que a referida cobrança fosse realizada após decorridos noventa dias da data da publicação da lei que a instituiu.

b) equivocada, vez que tais recursos não foram contemplados no orçamento fiscal do período.

c) equivocada, vez que a anterioridade normal e nonagesimal não foram observadas.

d) correta, vez que o princípio da anterioridade não é aplicável às taxas.

351. (TJ/SC/Cartórios/Ingresso/2012) Quanto ao princípio da legalidade, é correto afirmar:

a) a atualização do valor monetário da base de cálculo do tributo e a fixação do prazo para recolhimento sujeitam-se ao princípio da legalidade.

b) a atualização do valor monetário da base de cálculo do tributo está sujeita ao princípio da legalidade; a fixação do prazo para recolhimento não se sujeita ao princípio da legalidade.

c) a atualização do valor monetário da base de cálculo do tributo não está sujeita ao princípio da legalidade; a fixação do prazo para recolhimento está sujeita ao princípio da legalidade.

d) a atualização do valor monetário da base de cálculo do tributo e a fixação do prazo para o recolhimento não estão sujeitas ao princípio da legalidade.

e) a atualização do valor monetário da base de cálculo do tributo e a fixação do prazo para o recolhimento estão sujeitas ao princípio da legalidade apenas no que concerne às taxas e aos empréstimos compulsórios.

352. (Ieses/TJ/MS/Cartórios/Ingresso/2014) Com relação ao princípio constitucional da imunidade recíproca, previsto na Constituição Federal, art. 150, VI, podemos afirmar que:

a) os Municípios estão impedidos de cobrar, da União e dos Estados, taxas pelo serviço de coleta de lixo bem como quaisquer outras taxas de polícia.

b) é defeso à União, Estados, Distrito Federal e Municípios exigir impostos sobre o patrimônio, renda ou serviços uns dos outros, bem como das autarquias ou fundações por eles mantidas, no que se refere ao patrimônio, à renda e aos serviços, vinculados a suas finalidades essenciais ou às delas decorrentes.

c) não incide Imposto sobre a Propriedade Predial e Territorial Urbana sobre os imóveis pertencentes à União, mas o imposto pode ser cobrado dos Estados, em relação aos imóveis de que são proprietários.

d) fica vedada a instituição de impostos e de contribuições sociais, sobre livros, jornais e periódicos e o papel destinado a sua impressão.

353. (Ieses/TJ/MS/Cartórios/Ingresso/2014) A Constituição Federal promulgada em 1988 consagra vários princípios tributários, entre eles o da anterioridade da lei tributária. Conforme o Texto Magno, devem observar este princípio, entre outros, os seguintes tributos:

a) imposto sobre Operações relativas a Circulação de Mercadorias e Prestação de Serviços de transporte interestadual e intermunicipal e de comunicação, e o Imposto sobre Transmissão "causa mortis" e doação, de quaisquer bens ou direitos.

b) imposto sobre a exportação para o exterior, de produtos nacionais ou nacionalizados e Imposto sobre a Propriedade Predial e Territorial Urbana (IPTU).

c) imposto sobre produtos industrializados e Imposto sobre Importação de produtos estrangeiros.

d) empréstimo compulsório instituído para atender despesas decorrentes de calamidade pública e Imposto sobre Serviços de qualquer natureza.

354. (Ieses/TJ/PB/Cartórios/Ingresso/2014) A Constituição Federal (CF), no capítulo sobre o Sistema Tributário Nacional, consagra vários princípios tributários. Quanto a esta matéria, pode-se afirmar que:

a) é vedado à União e aos Estados, exceto aos Municípios, estabelecer limitações ao tráfego de pessoas ou bens, por meio de tributos interestaduais ou intermunicipais, ressalvada a cobrança de pedágio pela utilização de vias conservadas pelo Poder Público.

b) os casos previstos para aplicação da chamada "anterioridade nonagesimal", noventena, ou anterioridade especial, conforme disposto no art. 150, III, c, CF, dispensa a observância do princípio da anterioridade geral, previsto no art. 150, III, alínea b, CF.

c) nos expressos termos do art. 150, IV, CF, o princípio da proibição de utilização do tributo com efeito de confisco aplica-se apenas aos tributos, nada dispondo o Texto constitucional acerca das multas de natureza tributária.

d) o princípio da capacidade contributiva, conforme dispõe o art. 145, § 1º, CF, aplica-se, sempre que possível, apenas aos impostos, às taxas e às contribuições de melhoria.

355. (Consulplan/TJ/MG/Cartórios/Remoção/2014) Sobre o Sistema Tributário Nacional, é incorreta a assertiva:

a) as limitações constitucionais ao poder de tributar devem ser reguladas por meio de lei complementar.

b) ofende o princípio da legalidade a atualização monetária da base de cálculo do tributo por meio de decreto.

c) é defeso ao Estado e ao Distrito Federal a instituição de contribuição de intervenção no domínio econômico.

d) os Municípios e o Distrito Federal não podem instituir taxa para remunerar o serviço de iluminação pública.

356. (FMP/TJ/MT/Cartórios/Remoção/2014) Segundo o princípio da irretroatividade das leis, assinale a afirmativa correta:

a) um tributo pode ser cobrado para atingir fatos geradores ocorridos até o último dia do exercício anterior ao da publicação da lei.

b) é vedado cobrar tributos em relação a fatos geradores ocorridos antes do último dia do exercício seguinte ao da publicação da lei.

c) é vedado cobrar tributos em relação a fatos geradores ocorridos antes do início da vigência da lei que os houver instituído ou aumentado.

d) é vedado instituir ou cobrar tributos no mesmo exercício financeiro em que haja sido publicada a lei que os instituiu ou aumentou.

e) é vedado instituir ou aumentar tributos noventa dias antes da vigência da lei.

357. (Cespe/TJ/BA/Cartórios/Ingresso/2013) Assinale a opção correta acerca das limitações do poder de tributar:

a) aplica-se o princípio da anterioridade nonagesimal tributária ao imposto sobre operações de crédito, câmbio e seguro, ou relativas a títulos ou valores mobiliários.

b) o princípio da anterioridade anual tributária não se aplica ao imposto sobre propriedade predial e territorial urbana.

c) o princípio da anterioridade anual tributária não se aplica ao imposto sobre a renda e proventos de qualquer natureza.

d) o princípio da anterioridade nonagesimal tributária não se aplica ao imposto sobre produtos industrializados.

e) aplica-se o princípio da anterioridade anual tributária ao empréstimo compulsório para investimento público de caráter urgente.

358. (Consulplan/TJ/MG/Cartórios/Remoção/2017) À luz do princípio da não afetação, marque a alternativa correta:

a) o regime constitucional atual adota o princípio da não afetação, proibindo a vinculação de receita de impostos a órgão, fundo ou despesa, ressalvadas algumas situações.

b) a Constituição Federal atual veda a afetação da receita, relativamente às taxas e contribuição de melhoria.

c) o Supremo Tribunal Federal não reconhece a possibilidade de a lei estabelecer a afetação de receita de taxa a determinado órgão, fundo ou despesa públicos.

d) o regime constitucional atual veda a vinculação do produto da arrecadação de qualquer tributo a determinado órgão, fundo ou despesa.

359. (Consulplan/TJ/MG/Cartórios/Remoção/2017) Relativamente aos princípios constitucionais tributários, é correto afirmar:

a) o princípio da legalidade tributária, segundo o qual a instituição e majoração de tributos só podem ser realizadas mediante lei, não admite exceções e guarda relação com o princípio constitucional geral de que ninguém é obrigado a fazer ou deixar de fazer algo senão em virtude de lei.

b) são exceções ao princípio da legalidade tributária o II, IE, IOF, IPI e COFINS, na medida em que se faculta ao Poder Executivo, atendidas as condições e os limites estabelecidos em lei, alterar as respectivas alíquotas.

c) o princípio da irretroatividade tributária consubstancia, de modo rígido, a regra de que o tempo rege o fato, estabelecendo a proibição de cobrança de tributo em relação a fato gerador ocorrido antes da vigência da lei que o institui ou majora.

d) o princípio da irretroatividade da lei tributária impera de forma relativa, pois, mesmo não sendo o tributo sanção de ato ilícito, sofre influência da lei tributária posterior mais benéfica em relação ao contribuinte.

360. **(Consulplan/TJ/MG/Cartórios/Ingresso/2017)** Relativamente aos princípios constitucionais tributários, é correto afirmar:

a) o princípio da anterioridade, também conhecido como princípio da não surpresa, aplica-se aos casos em que o tributo é instituído, majorado ou reduzido.

b) o princípio da anterioridade anual, que impede a cobrança de tributo no mesmo exercício financeiro em que haja sido publicada a lei que o instituiu ou aumentou, aplica-se ao imposto extraordinário de guerra.

c) o princípio da anterioridade nonagesimal, segundo o qual é proibida a cobrança de tributos antes de decorridos noventa dias da data em que haja sido publicada a lei que os instituiu ou aumentou, aplica-se ao imposto extraordinário de guerra e ao IOF.

d) em geral, os tributos submetem-se tanto à anterioridade anual quanto à nonagesimal.

361. **(Consulplan/TJ/MG/Cartórios/Remoção/2017)** À luz do entendimento sumulado pelo Supremo Tribunal Federal, assinale a alternativa incorreta:

a) na entrada de mercadoria importada do exterior, é legítima a cobrança do ICMS por ocasião do desembaraço aduaneiro.

b) a norma legal que altera o prazo de recolhimento da obrigação tributária se sujeita ao princípio da anterioridade.

c) é inconstitucional a incidência do Imposto sobre Serviços de Qualquer Natureza sobre operações de locação de bens móveis.

d) é inconstitucional a exigência de depósito prévio como requisito de admissibilidade de ação judicial na qual se pretenda discutir a exigibilidade de crédito tributário.

362. **(Ieses/TJ/CE/Cartórios/Ingresso/2018)** Determinada prestação de serviços não declarada pelo contribuinte foi objeto de fiscalização, com a competente lavratura de notificação de lançamento de ISS, apurando-se o valor histórico do tributo em R$ 6.250,00 e aplicando-se multa de 500% sobre o valor do tributo. Considerando a situação exposta e que a base de cálculo utilizado foi de R$ 125.000,00, assinale a alternativa correta:

a) a não declaração do imposto a recolher por parte do contribuinte impediu o início da contagem do prazo decadencial para constituição do crédito tributário.

b) o ISS é tributo sujeito ao lançamento por declaração.

c) a alíquota aplicada para apuração do tributo desrespeita o limite máximo expresso no CTN.

d) o princípio do não-confisco, em que pese previsto apenas em relação aos tributos, pode ser utilizado como argumento para afastar judicialmente a multa aplicada.

363. **(Vunesp/TJ/SP/Cartórios/Ingresso/2018)** A Constituição Federal veda que determinados tributos sejam cobrados no mesmo exercício financeiro em que tenha sido publicada a lei que os instituiu ou aumentou. Trata-se de limitação constitucional ao poder de tributar, conhecida por princípio da anterioridade. Assinale a alternativa na qual consta um tributo que excepciona tal princípio:

a) empréstimo compulsório instituído no caso de investimento público de caráter urgente e de relevante interesse nacional.

b) imposto sobre operações de crédito, câmbio e seguro, ou relativas a títulos e valores mobiliários.

c) contribuição social no interesse das categorias profissionais ou econômicas.

d) imposto sobre a propriedade rural.

10.4. Repartição de Receitas

*** INOVAÇÕES LEGISLATIVAS**

▲ Lei dos Critérios de Rateio de Impostos Estaduais aos Municípios (LC 63/90)

▲ Art. 3º. § 14. O valor da produção de energia proveniente de usina hidrelétrica, para fins da apuração do valor mencionado no inciso I do § 10, corresponderá à quantidade de energia produzida, multiplicada pelo preço médio da energia hidráulica comprada das geradoras pelas distribuidoras, calculado pela Agência Nacional de Energia Elétrica (Aneel). (Modificações: LC 158/17)

* SÚMULAS

STF **Súm. Vinculante 30.** É inconstitucional lei estadual que, a título de incentivo fiscal, retém parcela do ICMS pertencente aos municípios.

* REPERCUSSÃO & REPETITIVOS

STF **Repercussão Geral 653.** É constitucional a concessão regular de incentivos, benefícios e isenções fiscais relativos ao IR e IPI por parte da União em relação ao Fundo de Participação de Municípios e respectivas quotas devidas às Municipalidades. (RE 705423, 17.11.2016)

* INFORMATIVOS

STF **ADI: constituição estadual, iniciativa popular para emendas e repasse do ICMS.** Sobre a homologação dos cálculos das quotas do ICMS devidas aos municípios, sujeitar o ato de repasse de recursos públicos à homologação de TCE representa ofensa ao princípio da separação e da independência dos Poderes. Inclusive porque o percentual que pertence ao município terá sua destinação condicionada a ato do TCE que, ao fim e ao cabo, será da Assembleia Legislativa. Noutro passo, não há semelhança entre a atividade de gerenciamento dos Fundos de Participação dos Estados (FPE) e dos Municípios (FPM), exercida pelo TCU, e a de homologação dos cálculos de quotas do ICMS, pelo TCE. Inexiste simetria entre fundos e quotas. No caso do FPE e do FPM, o próprio TCU efetua os cálculos das quotas-partes cabíveis aos entes federados à luz de estimativas demográficas fornecidas pelo Instituto Brasileiro de Geografia e Estatística. Os fundos de participação são de natureza contábil, desprovidos de personalidade jurídica e de gerenciamento do TCU por força da CF. Situação diversa diz respeito ao repasse obrigatório às municipalidades das verbas arrecadadas pelo estado-membro referente ao ICMS, uma vez que não é fundo financeiro e possui relativa liberdade de conformação. De acordo com o art. 158, IV, da CF, pertence aos municípios 25% do produto da arrecadação do imposto. Nesses termos, o TCE é completamente alheio ao processo alocativo das quotas, da mesma forma que o TCU não participa de repasses na arrecadação de outros tributos, como o IPI. ADI 825, Rel. Min. Alexandre de Moraes, j. 25.10.2018. Pleno. (Info 921)

* QUESTÕES OBJETIVAS

364. **(Cespe/TJ/BA/Cartórios/Ingresso/2013)** Considerando o disposto na CF a respeito da repartição das receitas tributárias, assinale a opção correta:

a) não existe previsão constitucional para que a União repasse aos municípios parcela da arrecadação do imposto sobre a propriedade territorial rural.

b) pertence aos estados o produto da arrecadação do imposto da União sobre a renda e proventos de qualquer natureza, incidente na fonte, sobre rendimentos pagos, a qualquer título, por eles, suas autarquias e pelas fundações que instituírem e mantiverem.

c) pertence aos municípios 75% do produto da arrecadação do imposto do estado sobre operações relativas à circulação de mercadorias e sobre prestações de serviços de transporte interestadual e intermunicipal e de comunicação.

d) pertence à União 25% do produto da arrecadação do imposto do estado sobre a propriedade de veículos automotores.

e) pertence ao DF 5% do produto da arrecadação do imposto da União sobre produtos industrializados.

365. **(Consulplan/TJ/MG/Cartórios/Remoção/2016)** Considerando o disposto na Constituição Federal sobre a repartição das receitas tributárias, avalie as afirmações a seguir:

I. pertencem aos Estados e ao Distrito Federal cinquenta por cento do produto da arrecadação do imposto que a União instituir no exercício da competência residual que lhe é atribuída pelo art. 154, I da Constituição Federal.

II. pertencem aos Municípios vinte e cinco por cento do produto da arrecadação do imposto do Estado sobre operações relativas à circulação de mercadorias e sobre prestações de serviços de transporte interestadual e intermunicipal e de comunicação.

III. pertencem aos Municípios o produto da arrecadação do imposto da União sobre renda e proventos de qualquer natureza, incidente na fonte, sobre rendimentos pagos, a qualquer título, pelos Estados, suas autarquias e pelas fundações que instituírem e mantiverem.

IV. pertencem aos Municípios cinquenta por cento do produto da arrecadação do imposto do Estado sobre a propriedade de veículos automotores licenciados em seu território.

É correto apenas o que se afirma em:

a) I, II e IV.

b) II e IV.

c) III e IV.

d) I e III.

366. **(Consulplan/TJ/MG/Cartórios/Ingresso/2014)** Acerca da repartição de receitas tributárias, é correto afirmar:

a) quando o município recebe vinte e cinco por cento da arrecadação do Estado sobre as operações relativas à circulação de mercadorias e sobre prestações de serviços de transporte interestadual e intermunicipal e de comunicação ocorre repartição indireta de receita tributária.

b) somente os impostos submetem-se à regra da repartição de receitas tributárias.

c) as taxas instituídas e cobradas pela União devem ter um percentual repartido com os Estados.

d) os valores recebidos a partir da arrecadação do imposto sobre produtos industrializados sujeitam-se a repartição indireta para os Estados, Distrito Federal e Municípios.

367. **(Cespe/TJ/BA/Cartórios/Ingresso/2013)** No que tange à repartição das receitas tributárias, o tributo cujo produto da arrecadação não sofre nenhum tipo de divisão é o imposto:

a) sobre operações relativas à circulação de mercadorias e sobre prestações de serviços de transporte interestadual e intermunicipal e de comunicação.

b) de renda e proventos de qualquer natureza.

c) sobre produtos industrializados.

d) sobre a propriedade predial e territorial urbana.

e) sobre a propriedade de veículos automotores.

368. **(Cespe/TJ/BA/Cartórios/Remoção/2013)** De acordo com a partilha constitucional das rendas tributárias, do produto da arrecadação do IR e do IPI:

a) 23,5% serão destinados ao Fundo de Participação dos Estados, dos Municípios e do DF.

b) 21,5% serão destinados para o Fundo de Participação dos Estados e do DF.

c) 5% serão destinados para aplicação em programas de financiamento ao setor produtivo das regiões Norte, Nordeste e Centro-Oeste.

d) 23% serão destinados ao Fundo de Participação dos Municípios.

e) 1% será destinado ao Fundo de Participação dos Municípios, devendo ser entregue no primeiro decêndio do mês de janeiro a cada ano.

369. **(Consulplan/TJ/MG/Cartórios/Ingresso/2015)** É correto afirmar que:

a) a União entregará do produto da arrecadação do imposto sobre produtos industrializados, 10% (dez por cento) aos Estados e Distrito Federal, proporcionalmente ao valor das respectivas exportações de produtos industrializados.

b) o produto da arrecadação do imposto da União sobre renda e proventos de qualquer natureza, incidente na fonte, sobre rendimentos pagos por Estado, a qualquer título, pertence à União.

c) em regra, 60% (sessenta por cento) do produto da arrecadação do imposto da União sobre a propriedade territorial rural, relativamente aos imóveis neles situados, pertence ao Município respectivo.

d) 60% (sessenta por cento) do produto da arrecadação do imposto do Estado sobre a propriedade de veículos automotores licenciados em seu território pertence ao Município respectivo.

370. **(Ieses/TJ/AM/Cartórios/Ingresso/2018)** Considerando as regras da repartição da receita tributária, contidas na Constituição Federal, assinale a alternativa correta:

a) o ouro, quando definido em lei como ativo financeiro ou instrumento cambial, sujeita-se à incidência de IOF, sendo a receita gerada integralmente dividida entre os Estados, conforme origem, os quais ficam com 70% e os Municípios, conforme origem, os quais ficam com 30% do fruto da arrecadação.

b) os Estados devem entregar aos Municípios 25% do produto da arrecadação do imposto sobre operações relativas à circulação de mercadorias e sobre prestações de serviços de transporte interestadual e intermunicipal e de comunicação.

c) ao semiárido do Nordeste dever ser destinado um terço dos recursos destinados à Região por meio das aplicações em programas de financiamento ao setor produtivo das Regiões Norte, Nordeste e Centro-Oeste.

d) a vedação da retenção ou qualquer restrição à entrega e ao emprego dos recursos atribuídos na seção da repartição das receitas tributárias da Constituição Federal não impede à União ou Estados a condicionarem a entrega dos recursos ao cumprimento das regras constitucionais de aplicação de recursos mínimos na área de educação.

10. CONHECIMENTOS GERAIS

VOLUME DE QUESTÕES

Muito Baixo

1. ARTES

✱ QUESTÕES OBJETIVAS

01. (Ieses/TJ/RS/Cartórios/Ingresso/2013) O documentário "Lixo Extraordinário", que teve a codireção da inglesa Lucy Walker, com os brasileiros João Jardim e Karen Harley, mostra o trabalho de um artista brasileiro, internacionalmente conhecido pelas suas obras, no maior lixão da América Latina, em Gramacho, no Rio de Janeiro. Apesar desse documentário não ter sido o vencedor em sua categoria, na 83ª edição do Oscar, perdendo para "Trabalho interno", do diretor Charles Ferguson, o mundo pode conhecer mais sobre como essa triste realidade brasileira é transformada em arte. Qual o nome do artista em questão?

a) Os gêmeos: Otavio e Gustavo Pandolfo.

b) Romero Britto.

c) Vik Muniz.

d) Tião Santos.

02. (TJ/SC/Cartórios/Remoção/2012) O escritor peruano Mario Vargas Llosa, ganhador do Prêmio Nobel de Literatura de 2010, não escreveu o seguinte romance:

a) Os cadernos de Dom Rigoberto.

b) Pantaleão e as visitadoras.

c) Cem anos de solidão.

d) Tia Julia e o escrevinhador.

e) Conversa na catedral.

03. (Ieses/TJ/RS/Cartórios/Ingresso/2013) Em sua última edição de 2011, a Revista Veja divulgou uma lista com 50 personalidades que marcaram o Brasil. Quem foi apontado por Ronaldo Vainfas, como um grande historiador brasileiro – autor do livro "Raízes do Brasil" (1936), uma crítica à herança ibérica na formação da cultura nacional?

a) Anísio Teixeira.

b) Miguel Reale.

c) Sergio Buarque de Holanda.

d) Gilberto Freire.

04. (Ieses/TJ/PA/Cartórios/Ingresso/2016) No ano de 2014 a literatura brasileira perdeu, por falecimento, dois expoentes que se caracterizaram principalmente pelo seu brasilianismo: Ariano Suassuna e João Ubaldo Ribeiro. Ambos eram acadêmicos da Academia Brasileira de letras. Dentre seus trabalhos incluem-se romances, crônicas e peças teatrais. Assinale a alternativa correta:

a) Ariano Suassuna, embora paulista, dedicou-se basicamente a escrever sobre o nordeste brasileiro. Dentre suas obras destaca-se o livro Sargento Getúlio, que trata do coronelismo no Nordeste.

b) João Ubaldo Ribeiro é autor do livro São Jorge dos Ilhéus, em que narra a luta pelas terras do sul da Bahia e do regime de trabalho semiescravo do caboclo nordestino em prol dos donos da terra.

c) o gaúcho João Ubaldo Ribeiro tem toda sua obra circunscrita a temas brasileiros, sendo essa sua principal característica, jamais tratando de temas que fugissem ao estrito brasilianismo.

d) a obra mais marcante de ariano Suassuna foi O auto da Compadecida, que trata da vida no sertão nordestino e do cangaço.

05. (Consulplan/TJ/MG/Cartórios/Ingresso/2016) Diante dos recentes fatos políticos brasileiros, inexoravelmente nos lembramos do poema José, de que se extrai esta estrofe: E agora , José? A festa acabou, A luz apagou, o povo sumiu, a noite esfriou, e agora, José? O(A) autor(a) desse poema José é:

a) Carlos Drummond de Andrade.

b) Vinicius de Moraes.

c) Manuel Bandeira.

d) Cecília Meireles.

06. (IBFC/TJ/PR/Cartórios/Remoção/2014) A obra literária conhecida no Brasil por A Revolução dos Bichos (Animal Farm) é uma sátira feita à União Soviética comunista. O livro publicado em 1945 narra uma história de corrupção e traição e recorre a figuras de animais para retratar as fraquezas humanas e demolir o "paraíso comunista" proposto pela Rússia, na época de Stalin. A revolta dos animais da quinta contra os humanos é liderada pelos porcos Bola de Neve (Snowball) e Napoleão (Napoleon). Os animais tentam criar uma sociedade utópica, porém Napoleão, seduzido pelo poder, afasta Bola de Neve e estabelece uma ditadura tão corrupta quanto à sociedade de humanos. Assinale a alternativa correta, quanto ao autor do livro:

a) Aldous Huxley.

b) James Joyce.

c) George Orwell.

d) Henry James.

07. (Ieses/TJ/PB/Cartórios/Ingresso/2014) O nordestino Francisco Brennand, pernambucano de 86 anos, é um dos mais importantes e premiados escultores do Brasil e considerado pela Folha de São Paulo como "um dos maiores escultores vivos do país". E Brennand não para de produzir. A antiga fábrica de tijolos e telhas, herdada de seu pai, foi transformada em local de trabalho ao ar livre e se tornou um museu vivo. Lugar único no mundo, a Oficina Brennand em Recife constitui-se num conjunto arquitetônico monumental de grande originalidade. A presença do artista num trabalho contínuo de criação confere à Oficina um caráter inusitado, identificando-a como uma instituição intrinsecamente viva e com uma dinâmica que torna imprevisíveis os rumos da arquitetura e da obra. A "vida" é o principal tema das obras de Brennand. Com relação ao artista, assinale a opção correta:

a) esculturas fálicas estão entre as esculturas esculpidas por Brennand.

b) suas obras em cerâmica vitrificada são conhecidas como "Muranos do Brasil" por utilizar fornos de alta temperatura, mesma técnica utilizada em Murano na Itália.

c) além de escultor, é chargista cativo do jornal "Diário de Pernambuco".

d) o ar é o elemento mais forte utilizado pelo artista por representar a vida.

08. (Ieses/TJ/MS/Cartórios/Ingresso/2014) Surgiu uma polêmica no Brasil em 2013 sobre o tema "biografias e biografados". Há cantores, medalhões da MPB – Música Popular Brasileira como Roberto Carlos, Caetano Veloso, Gilberto Gil, Chico Buarque e Milton Nascimento que se manifestaram e produziram controvérsias sobre o tema. Do outro lado da discussão está a ANEL (Associação Nacional dos Editores de Livros). Com relação ao tema, analise as afirmativas a seguir:

I. a polêmica trata da necessidade de autorização para a publicação das biografias.

II. a ANEL move no Supremo Tribunal Federal uma Ação Direta de Inconstitucionalidade questionando os dois artigos do Código Civil que impedem a publicação sem a anuência prévia dos biografados ou de seus herdeiros.

III. para a ANEL as normas atuais violam a liberdade de expressão e o direito à informação.

IV. a polêmica começou após reportagem da Folha de S. Paulo noticiar que o cantor Roberto Carlos, que é contrário à publicação de biografias não autorizadas e já tirou de circulação obras sobre sua vida, conseguiu o apoio de músicos da MPB em seu posicionamento.

V. um manifesto divulgado na Bienal do Rio, assinado por autores como Boris Fausto e Ruy Castro, diz que a proibição às biografias não autorizadas é um "monopólio da história, típico de regimes totalitários".

Considerando as afirmativas I, II, III, IV e V, assinale a opção correta:

a) somente as afirmativas I, III, IV e V estão corretas.

b) somente as afirmativas I, III e V estão corretas.

c) somente as afirmativas I, II e III estão corretas.

d) todas as afirmativas estão corretas.

09. (IBFC/TJ/PR/Cartórios/Ingresso/2014) A obra clássica da literatura brasileira, "Vidas Secas", que retrata a luta pela sobrevivência daqueles que sofreram com a seca no nordeste, foi escrita por:

a) Manuel Bandeira.

b) Mário de Andrade.

c) Graciliano Ramos.

d) Euclides da Cunha.

10. (FMP/TJ/MT/Cartórios/Ingresso/2014) Observe as seguintes afirmativas.

I. o realismo consolidou a nacionalização da língua portuguesa falada no Brasil.

II. o romantismo brasileiro não se traduziu numa forma peculiar de indianismo.

III. na época do arcadismo, os membros da Arcádia denominavam-se pastores e adotavam nomes pastoris gregos ou latinos.

Está(ão) correta(s) apenas as afirmativas:

a) I.

b) II.

c) II e III.

d) I e II.

e) I e III.

11. (Consulplan/TJ/MG/Cartórios/Remoção/2017) Ziraldo Alves Pinto, conhecido simplesmente por Ziraldo, é cartunista, jornalista, escritor e humorista. Dentre suas várias obras, ganhou fama nacional o seguinte livro:

a) Macunaíma.

b) O Coronel e o Lobisomem.

c) O Menino Maluquinho.

d) O Ateneu.

12. (Consulplan/TJ/MG/Cartórios/Ingresso/2017) O livro "A Escrava Isaura" conta a história de Isaura, escrava de pele branca, que foi criada como filha na família em que servia. Foi durante muito tempo a protegida da matriarca, que prometeu que após a sua morte a moça deveria ser liberta. Entretanto, esse último desejo não foi satisfeito e Isaura se tornou propriedade de Leôncio, um jovem sem caráter que por ela se interessou, apesar de casado. Assinale a alternativa que corresponde ao nome do autor do livro mencionado:

a) Jorge Amado.

b) Manuel Antonio de Almeida.

c) Bernardo Guimarães.

d) Machado de Assis.

13. (Consulplan/TJ/MG/Cartórios/Remoção/2017) Acerca da literatura brasileira e portuguesa, marque a opção que corretamente relaciona autor e obra:

a) Os Lusíadas, Fernando Pessoa.

b) Grande Sertão Veredas, Mário de Andrade.

c) Vidas Secas, Machado de Assis.

d) Memórias Póstumas de Brás Cubas, Machado de Assis.

14. (Ieses/TJ/CE/Cartórios/Ingresso/2018) As principais premiações da indústria cinematográfica em 2018, o Globo de Ouro e o Oscar, foram marcadas por manifestações contra o assédio sexual e a favor da igualdade de gênero e da diversidade. A respeito desses dois eventos, é correto afirmar:

a) o filme "Coco", cujo título em português é "Viva – A Vida É uma Festa", novo filme da Pixar ambientado em Cuba e com um elenco totalmente latino, foi o vencedor do Oscar de melhor animação do ano.

b) a atriz Daniela Vega, transexual, ganhou o Oscar de melhor atriz por sua atuação no filme "Uma mulher fantástica". Este foi o primeiro filme estrelado por uma pessoa transexual a levar um Oscar.

c) em uma noite dominada por mulheres e com fortes manifestações contra o assédio sexual e a favor da igualdade de gênero em Hollywood, a minissérie "Big little lies" e o filme "Três anúncios para um crime", com quatro prêmios cada, foram os principais ganhadores do Globo de Ouro 2018.

d) o ator Gary Oldman, que fez um trabalho magnífico interpretando Winston Churchill, levou o Oscar de melhor ator por sua atuação no filme "Dunkirk".

15. (Ieses/TJ/CE/Cartórios/Remoção/2018) Em um evento em Estocolmo, na Suécia foi anunciado o ganhador do Prêmio Nobel de Literatura 2016. A opção foi por um músico e não por um escritor de ofício, o que soou incomum. O ganhador do Prêmio Nobel de Literatura 2016 foi:

a) o cantor e compositor Jamaicano Bob Marley.

b) o cantor e compositor inglês Elton John.

c) o cantor e compositor inglês Mick Jagger.

d) o cantor e compositor americano Bob Dylan.

16. (Ieses/TJ/AM/Cartórios/Ingresso/2018) É certo afirmar:

I. Kazuo Ishiguro foi laureado com o Prêmio Nobel de Artes Cênicas no ano de 2016, pela produção de peças como "Não me abandone jamais" e "Vestígios do dia".

II. a todo, 13 pessoas, crianças e adultos, morreram em decorrência da tragédia causada por um segurança que jogou álcool no próprio corpo e no corpo das crianças de uma creche em Janaúba (MG), em outubro de 2017. A professora Heley de Abreu Silva Batista, faleceu como heroína depois de enfrentar o homem e tentar salvar o maior número de crianças.

III. no Grammy de 2017 a cuiabana Bruna Viola levou o prêmio Grammy Latino na categoria Melhor Álbum de Música de Raízes Brasileiras, com "Melodias do Sertão".

IV. através da exposição "Queermuseu" ocorrida no Santander Cultural de Porto Alegra, após a interação de uma criança com o corpo nu de um homem durante a apresentação, reacendeu-se no Brasil as discussões sobre censura e sobre o que é arte?

Analisando as proposições, pode-se afirmar:

a) somente as proposições I e III estão corretas.
b) somente as proposições II e III estão corretas.
c) somente as proposições I e IV estão corretas.
d) somente as proposições II e IV estão corretas.

2. ATUALIDADES

⊙ ATENÇÃO: ESTE TEMA É MUITO EXIGIDO NOS CONCURSOS!

* QUESTÕES OBJETIVAS

17. **(Cespe/TJ/PI/Cartórios/Remoção/2013)** Segundo os críticos, ainda não se conhecem todas as consequências para a saúde humana e para o ambiente advindas do uso de alimentos transgênicos. Para seus defensores, essa tecnologia torna as plantações mais resistentes a pragas e a condições ambientais adversas, aumentando a produtividade das lavouras. Sinteticamente, alimentos transgênicos caracterizam-se por serem:

a) produzidos com organismos geneticamente modificados.
b) aprovados por governos e por instituições científicas.
c) elaborados a partir de sementes nativas de desertos.
d) consumidos em grande escala no continente africano.
e) resultantes de plantio monitorado pela ONU.

18. **(Cespe/TJ/PI/Cartórios/Remoção/2013)** Na ONU, o setor voltado para a proteção de pessoas que buscam refúgio fora de seu país, nas diversas regiões do planeta, é denominado:

a) Corte Internacional de Justiça.
b) Conselho Econômico e Social.
c) Fundo das Nações Unidas para a Agricultura e Alimentação.
d) Alto Comissariado da ONU para Refugiados.
e) Tribunal Penal Internacional.

19. **(Cespe/TJ/PI/Cartórios/Ingresso/2013)** Nos centros urbanos densamente povoados, o cidadão despende cada vez mais tempo no trânsito de casa ao trabalho e vice-versa, o que requer investimentos públicos que garantam:

a) o pleno emprego.
b) a segurança da população.
c) a mobilidade urbana.
d) sistemas de saúde de qualidade.
e) educação escolar voltada para a consciência crítica.

20. **(Cespe/TJ/PI/Cartórios/Ingresso/2013)** O comitê responsável pelo Prêmio Nobel da Paz de 2013, frustrando expectativas generalizadas concentradas na adolescente paquistanesa Malala Yousafzai, atingida por tiro na cabeça ao defender a inclusão feminina no sistema educacional paquistanês, confere o prêmio à:

a) Organização para a Proibição de Armas Químicas.
b) Organização para a Libertação da Palestina.
c) Cruz Vermelha Internacional.
d) Organização das Nações Unidas.
e) União Europeia.

21. **(Cespe/TJ/PI/Cartórios/Ingresso/2013)** Acidentes recentes com barcos de imigrantes clandestinos africanos que se dirigiam à Europa em busca de melhores condições de vida foram noticiados em todo o mundo. Com centenas de vítimas fatais, episódios como esse trazem à tona um problema de grande proporção, qual seja, o modo como, nos dias de hoje, países desenvolvidos tratam a questão da imigração. Acerca desse tema, assinale a opção correta:

a) o Estatuto Geral da União Europeia impede que qualquer integrante do bloco faça uso de medidas radicais contra imigrantes que vivam em suas fronteiras, a exemplo da deportação sumária.
b) no cenário de globalização que caracteriza o mundo contemporâneo, tecnologicamente cada vez mais avançado, não há limites à circulação de produtos, pessoas e capitais.
c) o governo inglês enviou recentemente ao parlamento proposta de legislação que dificulta aos imigrantes ilegais acesso à saúde, aos serviços públicos e à moradia, entre outros.
d) por ser importante parceiro econômico do Reino Unido e da Espanha, o Brasil ficou imune às restrições impostas por esses países à imigração, legalizada ou não.

e) pátria da revolução cujo lema era liberdade, igualdade e fraternidade, a França é o país europeu que mais oportunidades de acesso ao seu território oferece a imigrantes africanos.

22. **(Cespe/TJ/ES/Cartórios/Ingresso/2013)** Suscitando posições a favor e contra a iniciativa, os primeiros médicos cubanos chegaram ao Brasil, em agosto de 2013, para participar do Programa Mais Médicos do governo federal. Entre as críticas à contratação desses profissionais, uma refere-se à forma pela qual eles serão remunerados. Considerando essa informação, assinale a opção correta:

a) os médicos participantes desse programa receberão salário inferior ao dos outros profissionais da saúde.

b) de acordo com a Carta da ONU, médicos fora do seu país de origem só podem realizar trabalho não remunerado.

c) os médicos cubanos receberão salários maiores que os pagos a profissionais de outras nacionalidades.

d) os salários dos médicos cubanos serão repassados ao governo cubano e não diretamente aos profissionais.

e) a intermediação da Organização Pan-americana de Saúde (OPAS) no processo foi vetada pelo governo de Cuba.

23. **(Cespe/TJ/ES/Cartórios/Remoção/2013)** Globalização é o termo normalmente utilizado para denominar o atual estágio da economia mundial, resultado de um longo processo histórico que, nascido no início da Idade Moderna, com a expansão comercial e marítima europeia, consolidou-se com a universalização da Revolução Industrial. As principais características da ordem global contemporânea incluem:

a) a abundante circulação de capitais não especulativos pelos mercados financeiros, o que protege as economias emergentes.

b) o desenvolvimento científico e as incessantes inovações tecnológicas, os quais aumentam a capacidade de produção dos países.

c) o protecionismo, defendido enfaticamente pelos agentes econômicos mundiais, de economistas a empresários.

d) o uso crescente de mão de obra não especializada e de baixa qualificação como forma de redução dos custos.

e) a ausência do poder público nas negociações de fundo comercial e financeiro que envolvem os diversos países.

24. **(Cespe/TJ/ES/Cartórios/Remoção/2013)** Uma guerra civil que se estende no tempo, marcada por extrema brutalidade e denúncia de utilização de armas químicas, torna ainda mais instável e dramático o atual cenário do Oriente Médio, até mesmo pelos interesses de grandes potências em jogo na região. Essa guerra, que coloca em campos opostos opositores e defensores do governo de Bashar al-Assad, torna ainda mais difícil a vida na:

a) Síria.

b) Palestina.

c) Turquia.

d) Jordânia.

e) Faixa de Gaza.

25. **(Ieses/TJ/RS/Cartórios/Remoção/2013)** A Organização Mundial do Comércio (OMC) pela primeira vez na história, elegeu um latino-americano para ser o seu Diretor-Geral. Durante os últimos 15 anos esse brasileiro trabalhou de forma contínua como embaixador do Brasil perante a OMC, sendo um dos poucos que teve a coragem para contestar os subsídios agrícolas americanos e europeus, fato que proporcionou ao Brasil e aos países em desenvolvimento vitórias legais de grande significado. Como se chama o novo Diretor-Geral da OMC?

a) Celso Amorim.

b) Antônio de Aguiar Patriota.

c) Pascal Lamy.

d) Roberto Azevêdo.

26. **(Cespe/TJ/RR/Cartórios/Ingresso/2013)** No ano de 2012, uma série de eventos lembrou a morte do Barão do Rio Branco, ministro brasileiro das Relações Exteriores entre 1902 e 1912, que:

a) propôs e executou a partilha com a Argentina do território litigioso de Palmas, evitando a guerra.

b) propôs e assinou o Tratado de Cooperação Amazônica, por meio do qual liberou o rio Amazonas à navegação internacional, estimulando o comércio entre o Brasil e os demais países da região.

c) representou a causa brasileira vitoriosa na arbitragem sobre litígio territorial entre o atual estado do Amapá e a Guiana Francesa.

d) assinou tratado de livre comércio com a Grã-Bretanha, ação que ampliou o mercado para produtos primários brasileiros.

e) assinou o Tratado de Amizade e Cooperação entre Argentina, Brasil e Chile.

27. **(Ieses/TJ/RS/Cartórios/Remoção/2013)** Em 2012 quem recebeu o Prêmio Nobel da Paz?

a) Barack H. Obama.
b) Ellen Johnson Sirleaf, LeymahGbowee, Tawakkol Karman.
c) União Europeia.
d) Liu Xiaobo.

28. **(TJ/SC/Cartórios/Remoção/2012)** Segundo a denúncia formulada pelo Ministério Público Federal, o escândalo do "mensalão" consistiu:

a) na compra de parlamentares para comporem a base de apoio ao governo do presidente Fernando Henrique Cardoso.
b) na compra de deputados federais e senadores para votarem a favor da emenda constitucional que possibilitou a reeleição do presidente Luiz Inácio Lula da Silva.
c) na compra de deputados federais e senadores para votarem a favor da emenda constitucional que possibilitou a reeleição do presidente Fernando Henrique Cardoso.
d) no suborno regular de membros dos três Poderes da República, efetuado pelo contraventor Carlinhos Cachoeira, visando obter benefícios e proteção para as suas atividades ilegais.
e) na compra de parlamentares para comporem a base de apoio ao governo do presidente Luiz Inácio Lula da Silva.

29. **(Cespe/TJ/RR/Cartórios/Ingresso/2013)** Com relação à política externa brasileira, assinale a opção correta:

a) o Brasil votou a favor da expulsão do Paraguai do Mercosul, em decorrência do afastamento do presidente Fernando Lugo.
b) o Brasil ingressou na Aliança para o Pacífico, que visa criar uma área de livre comércio entre países da América do Sul e da América Central.
c) o Ministério da Defesa anunciou o fim da missão militar de pacificação no Haiti.
d) o Brasil assinou tratado de livre comércio com a Alemanha.
e) a presidenta do Brasil representou o país na III Cúpula América do Sul-África, realizada na Guiné Equatorial.

30. **(Consulplan/TJ/MG/Cartórios/Ingresso/2014)** O ano de 2014 foi marcado pela perda de muitas celebridades, no Brasil e no exterior. Marque a alternativa em que ambas as celebridades faleceram nesse referido ano:

a) Roberto Gomes Bolaños e Samuel L. Jackson.
b) João Ubaldo Ribeiro e José Wilker.
c) Calvin Klein e Ariano Suassuna.
d) Eduardo Campos e Nelson Mandela.

31. **(Consulplan/TJ/MG/Cartórios/Ingresso/2014)** A dentista Patrícia Moreira e outros torcedores foram flagrados por imagens de transmissão do confronto da Copa do Brasil de 2014 entre Grêmio e Santos, proferindo insultos racistas a qual jogador do time santista?

a) Arouca.
b) Ganso.
c) Aranha.
d) Robinho.

32. **(Consulplan/TJ/MG/Cartórios/Remoção/2015)** A queda, em março de 2015, no sul da França, do avião da "Germanwings", companhia aérea alemã conhecida por vender passagens de baixo valor, foi causada:

a) por ataque terrorista por membros do Estado Islâmico.
b) por falha técnica por falta de manutenção na aeronave.
c) intencionalmente por um membro da tripulação do voo.
d) por condições climáticas desfavoráveis, por estar a aeronave sobrevoando os Alpes franceses.

33. **(Consulplan/TJ/MG/Cartórios/Ingresso/2015)** No Brasil, são presidentes da Câmara dos Deputados e do Senado Federal, com seus respectivos partidos políticos:

a) Henrique Eduardo Alves (PSDB) e Romero Jucá (PMDB), respectivamente.
b) Henrique Eduardo Alves (PSDB) e José Sarney (PMDB), respectivamente.
c) Eduardo Cunha (PMDB) e Renan Calheiros (PMDB), respectivamente.
d) Michel Temer (PMDB) e Romero Jucá (PMDB), respectivamente.

34. **(Ieses/TJ/PA/Cartórios/Remoção/2016)** O ano de 2016 será de inovações no cenário brasileiro no que tange a política, tendo em vista a criação de novos partidos políticos que solicitaram seu registro junto ao Tribunal Superior Eleitoral. Os novos partidos que solicitaram seu registro dizem respeito a diversidades ideológicas, folclóricas e até mesmo de reforço aos partidos já existentes, são eles:

a) Sustentabilidade e Ecologia, Mundo Novo, Partido Militar, Partido da Mulher, Partido Liberal e Muda Brasil.
b) Sustentabilidade e Ecologia, Mundo Novo, Partido Militar, Partido da Mulher, Partido Liberal e Brasil Melhor.
c) Rede Sustentabilidade, Novo, Partido Militar, Partido da Mulher, Partido Liberal e Muda Brasil.
d) Rede Sustentabilidade, Mundo Novo, Partido Militar, Partido da Mulher, Partido Liberal e Muda Brasil.

35. **(Ieses/TJ/PA/Cartórios/Remoção/2016)** O cenário internacional tem sido marcado por atos de intolerância religiosa, algumas religiões têm sido marcadas por perseguições e atos contrários a própria profissão de sua fé, assinale a alternativa correta:

a) não houve aumento de atos contra muçulmanos neste ano de 2015 na França, demonstrando assim o crescimento da tolerância e respeito à diversidade de religião.
b) não há registros de atos contra muçulmanos na França em decorrência de sua religião, ante a existência da diversidade religiosa.
c) os atos contra os muçulmanos em razão de sua religião triplicaram na França ao superar a marca dos 400, frente aos 133 que tinham sido registrados oficialmente em 2014, publicou o "Le Paresien" em 30 de dezembro de 2015.
d) os atos contra os muçulmanos em razão de sua religião reduziram na França, frente aos 133 que tinham sido registrados oficialmente em 2014, publicou o "Le Paresien" em 30 de dezembro de 2015.

36. **(Ieses/TJ/PA/Cartórios/Remoção/2016)** Sabe que três são as medidas existentes no Brasil para excluir um estrangeiro do território nacional, sendo elas, deportação, expulsão e extradição. A deportação se refere à retirada do estrangeiro que esteja em território nacional de forma irregular, por entrada ou estada irregular. A expulsão opera-se ao estrangeiro que atentar contra a ordem ou a segurança nacional; por sua vez a extradição aplica-se ao estrangeiro que seja solicitado por outro país para nele responder a processo penal ou cumprir sentença transitada em julgado. Com relação à extradição de Pizzolato da Itália para o Brasil assinale a alternativa correta:

a) o procurador-geral da República, Rodrigo Janot, informou em entrevista que o Ministério Público Federal não tem interesse em cobrar os R$ 170 mil do ex-diretor do Banco do Brasil Henrique Pizzolato, condenado no julgamento do mensalão, pelos gastos do órgão com a extradição dele da Itália para o Brasil.
b) o Ministério Público Federal quer apresentar denúncia contra Pizzolato junto à Justiça brasileira pelos crimes de lavagem de dinheiro, no Rio de Janeiro, e uso de documento falso em Santa Catarina. Tratam-se de dois delitos supostamente cometidos pelo ex-diretor do BB antes de fugir do Brasil, em setembro de 2013. A ação em Santa Catarina já foi aberta, mas estava paralisada em função do processo de extradição. Já a ação por lavagem no Rio encontra-se em segredo de Justiça. Porém para acusar formalmente o ex-diretor do BB no Brasil, será necessário pedir autorização da Itália, já que o país aceitou extraditá-lo, como cidadão italiano, somente para cumprir a pena referente ao mensalão.
c) o Ministério Público Federal quer apresentar denúncia contra Pizzolato junto à Justiça brasileira pelos crimes de lavagem de dinheiro, no Rio de Janeiro, e uso de documento falso em Santa Catarina. Tratam-se de dois delitos supostamente cometidos pelo ex-diretor do BB antes de fugir do Brasil, em setembro de 2013. A ação em Santa Catarina já foi aberta, mas estava paralisada em função do processo de extradição. Já a ação por lavagem no Rio encontra-se em segredo de Justiça. Porém para acusar formalmente o ex-diretor do BB no Brasil, não será necessário pedir autorização da Itália, já que o país aceitou extraditá-lo, como cidadão brasileiro, somente para cumprir a pena referente ao mensalão.
d) o Ministério Público Federal quer apresentar denúncia contra Pizzolato junto à Justiça brasileira pelos crimes de lavagem de dinheiro, no Rio de Janeiro, e uso de documento falso em Santa Catarina. Tratam-se de dois delitos supostamente cometidos pelo ex-diretor do BB antes de fugir do Brasil, em setembro de 2013. A ação em Santa Catarina já foi aberta, mas estava paralisada em função do processo de extradição. Já a ação por lavagem no Rio encontra-se em segredo de Justiça. Não há nenhum óbice para que haja a denúncia, pois Pizzolato encontra-se em território brasileiro, estando subordinado a esta jurisdição.

37. **(Ieses/TJ/PA/Cartórios/Ingresso/2016)** O Prêmio Nobel é uma das mais prestigiadas premiações do mundo. Conhecer anualmente os vencedores e seus feitos é acompanhar avanços culturais e científicos que marcam o desenvolvimento humano. Sobre ele é correto afirmar que:

a) Satoshi Nakamoto, criador da moeda eletrônica Bitcoin, que permite usuários realizarem transações pela internet sem dinheiro vivo ou cartões de crédito e débito, foi condecorado na categoria economia no último ano.

b) a escritora e jornalista bielorrussa Svetlana Alexievich foi a vencedora em 2015 na categoria Literatura. Segundo o comitê da premiação, Alexievich foi escolhida por sua "obra polifônica, um monumento do sofrimento e da coragem em nosso tempo". Seu livro mais famoso é: "Voices from Chernobyl", que reúne entrevistas com testemunhas da maior catástrofe nuclear da história.

c) o prêmio de física do ano de 2015 foi concedido postumamente ao físico teórico Albert Einstein, como reconhecimento pelo desenvolvimento da teoria da relatividade geral, ao lado da mecânica quântica, um dos pilares da física moderna.

d) a chanceler (primeira-ministra) alemã, Angela Merkel, foi a última agraciada com o Nobel da Paz, merecendo tal honraria por seu destacado papel na recente crise migratória na Europa.

38. **(Faurgs/TJ/RS/Cartórios/Ingresso/2015)** Autoridades ocidentais têm manifestado preocupação com a brutalidade com que o Estado Islâmico trata supostos "infiéis", suas pretensões de estabelecer um califado, ignorando as fronteiras nacionais estabelecidas após a Primeira Guerra Mundial, e seus tentáculos de recrutamento em países como Reino Unido, Espanha, Itália e EUA. Quais dos países abaixo têm territórios atualmente ocupados pelo Estado Islâmico?

a) Irã e Arábia Saudita.

b) Síria e Turquia.

c) Síria e Iraque.

d) Iêmen e Turquia.

39. **(Faurgs/TJ/RS/Cartórios/Ingresso/2015)** O incêndio na boate Kiss, em Santa Maria, na região central do estado do Rio Grande do Sul, começou na madrugada de 27 de janeiro de 2013, quando uma das bandas da noite teria usado recursos pirotécnicos durante a apresentação. O fogo teria iniciado no teto da casa noturna. Sem conseguir sair do estabelecimento, mais de 200 jovens morreram e outros 100 ficaram feridos. O inquérito instaurado constatou que:

a) a espuma empregada no isolamento acústico da casa noturna estava em consonância com as normas de segurança do município.

b) o acesso dos bombeiros foi dificultado em função de a boate estar localizada em prédio com vários andares.

c) a ausência de seguranças na boate dificultou a abertura das portas e a evacuação do recinto.

d) o alvará do Plano de Prevenção de Combate a Incêndio estava vencido.

40. **(Faurgs/TJ/RS/Cartórios/Ingresso/2015)** O complexo nuclear central de Fukushima, no Japão, foi atingido, em 11 de março de 2011, por um tsunami, que devastou quatro de seus seis reatores, dispersando na natureza grandes quantidades de substâncias radioativas. Assinale a alternativa que apresenta repercussão ambiental e sanitária desse acidente:

a) em 2013, um peixe capturado próximo da central nuclear apresentou nível de contaminação radioativa quase 2.500 vezes superior ao limite fixado pelas normas sanitárias japonesas.

b) em Tóquio, ocorreram vários casos de malformações genéticas em bebês nascidos após a catástrofe.

c) um mês após o acidente, foi constatada a sanidade do entorno da usina e, consequentemente, revogou-se a decisão de realocação da população local.

d) em agosto de 2015, o governo japonês determinou o enclausuramento e desativação definitiva da usina.

41. **(Faurgs/TJ/RS/Cartórios/Remoção/2015)** Em edição recente, o Jornal O Globo noticiou que o planeta perdeu uma área florestal de 129 milhões de hectares, ao longo de 25 anos. Assinale a alternativa com afirmação correta sobre o desmatamento:

a) houve uma clara desaceleração no ritmo do desmatamento mundial, indicando um alento futuro.

b) houve um processo de aceleração do desmatamento evidente ao longo dos anos e que segue em curso.

c) manteve-se o padrão do desmatamento praticado em áreas florestais.

d) nunca houve tanto desmatamento em tão pouco tempo.

42. **(Ieses/TJ/MS/Cartórios/Ingresso/2014)** O Escândalo do Mensalão, considerado o maior escândalo de corrupção da história do Brasil, incluiu parlamentares e dirigentes de partidos políticos que passaram a ser chamados de "mensaleiros". O julgamento do Mensalão pelo Supremo Tribunal Federal levou à condenação de 24 mensaleiros. As penas, somadas, chegam a 250 anos de prisão. No que diz respeito à origem do termo "mensaleiros", assinale a opção correta:

a) alguns parlamentares superfaturavam as cestas básicas todo final de mês.
b) alguns parlamentares utilizavam ao final de cada mês o dinheiro público para suas despesas pessoais.
c) alguns parlamentares recebiam pagamentos mensais em troca de apoio político ao Governo.
d) alguns parlamentares desviavam a cada mês dinheiro público para o caixa eleitoral.

43. **(Ieses/TJ/MS/Cartórios/Ingresso/2014)** O ano de 2013 foi marcado por cenas de baderna e arruaças no Brasil, ilustradas por lojas quebradas, ônibus incendiados e prédios públicos invadidos, como têm sido amplamente divulgado nos principais meios de comunicação. À frente, os "black blocs" de máscaras e objetos em punho tais como marretas, canivetes e rojões. Não bastasse a presença física em danos ao patrimônio público, as redes sociais estão repletas de ameaças deles. Com relação aos "black blocs" não é correto afirmar que:

a) são vistos com benevolência por alguns partidos políticos.
b) a maioria dos manifestantes são políticos a favor do anarquismo e, por isto, usam máscaras para não serem reconhecidos.
c) há uma preocupação das autoridades públicas com relação às próximas ações dos "black blocs", em especial durante a Copa do Mundo de Futebol no Brasil em 2014.
d) a violência dos "black blocs" provocou, recentemente, a morte de um cinegrafista.

44. **(Ieses/TJ/MS/Cartórios/Ingresso/2014)** A Argentina presidida por Cristina Kirchner está bailando ao som de um tango tristonho. O país sofreu no último mês de dezembro com a greve das polícias provinciais, por saques em massa e por apagões de energia elétrica. A fragilidade da gestão atual tem sido demonstrada pela aprovação da presidente que caiu de 42,5%, em novembro, para 28%, em dezembro de 2013. Não bastassem as acusações de enriquecimento ilícito com o "golpe das diárias-fantasma", uma das políticas econômicas que foi colocada em prática e tem sido considerada um fracasso é:

a) o "corralito" do Ministro Cavallo para conter a inflação.
b) controle de câmbio rigoroso para evitar a fuga de dólares do país.
c) o controle do preço do papel de jornal para evitar a divulgação de notícias econômicas pelo grupo do jornal Clarín.
d) a imposição de direitos "antidumping" às importações de frango brasileiro, que provocou o desabastecimento do produto e a alta do preço da carne de frango no mercado argentino.

45. **(Ieses/TJ/MS/Cartórios/Remoção/2014)** Muitos foram os protestos e manifestações ocorridas no Brasil durante o ano de 2013. Em muitos destes os populares se apresentavam anonimamente utilizado uma máscara igual à apresentada no modelo abaixo. Esta máscara refere-se a:

a) Loki, cuja popularidade veio com o filme The Mask.
b) Guy Fawkes, cuja popularidade veio com o filme V for Vendetta.
c) George Sidney, cuja popularidade veio com o filme Scaramouche.
d) Hannibal Lecter, cuja popularidade veio com o filme O Silêncio dos Inocentes.

46. **(Ieses/TJ/MS/Cartórios/Remoção/2014)** A BBC Brasil elaborou e publicou em 31 de dezembro de 2013 uma lista com dez desses personagens Brasileiros que fizeram história em 2013 e que puseram o Brasil nos holofotes do mundo com suas conquistas, tragédias e polêmicas. Dentre estes personagens do ano de 2013 para a BBC-Brasil não se encontram:

a) Tiririca, Luiz Inácio Lula da Silva e José Sarney.
b) Fernanda Lima, Roberto Azevêdo e Pedreiro Amarildo.
c) Eike Batista, Joaquim Barbosa e Roberto Azevedo.
d) Eike Batista, David Miranda e Joaquim Barbosa.

47. **(Ieses/TJ/MS/Cartórios/Remoção/2014)** Em novembro de 2013 o supertufão "Haiyan", de categoria 5, deixou 5.500 mortos, 26.136 feridos, 1.757 desaparecidos e 9,9 milhões de afetados. Em que país ocorreu tal tragédia:

a) Estados Unidos.
b) Moçambique.
c) Somália.
d) Filipinas.

48. **(Ieses/TJ/MS/Cartórios/Remoção/2014)** Apontado por muitos como o ano do fim do mundo, 2012 foi mesmo um ano de muitos acontecimentos improváveis. No Brasil, uma série de 36 fotos de uma pessoa pública do meio artístico em poses sensuais vazaram em sites de compartilhamento na Internet. Em exatamente dez dias depois da divulgação, os autores do crime foram descobertos. Tal fato acabou gerando a aprovação de uma nova lei federal no País que passou a instituiu o crime de invasão de dispositivo informático. Essa nova lei ficou conhecida como:

a) Lei Carolina Dieckmann.
b) Lei de Cyber Crimes.
c) Lei de Direitos Autorais.
d) Lei Maria da Penha.

49. **(Ieses/TJ/PB/Cartórios/Remoção/2014)** No ano de 2014 a Venezuela vem sendo cenário de manifestações diárias contra o governo, algumas pacíficas e outras que terminam em episódios violentos. Atualmente o governo Venezuelano está a cargo de:

a) Evo Morales.
b) Nicolás Maduro.
c) Jorge Rodríguez.
d) Hugo Chávez.

50. **(Consulplan/TJ/MG/Cartórios/Remoção/2014)** No último ano a Organização Mundial de Saúde declarou estado de emergência internacional devido ao alastramento do ebola na África Ocidental. Em qual dos seguintes países, desde o início da epidemia, foi identificado o maior número de contágios decorrentes da doença?

a) Senegal.
b) Mali.
c) Congo.
d) Libéria.

51. **(Consulplan/TJ/MG/Cartórios/Remoção/2014)** Iniciado em 8 de Julho de 2014, o último confronto armado entre israelenses e palestinos deixou mais de 2.000 mortos. Qual dos seguintes países foi encarregado pela ONU para conduzir a mediação entre os representantes de Israel e da Faixa de Gaza em busca de um cessar-fogo?

a) Egito.
b) Irã.
c) Emirados Árabes Unidos.
d) Marrocos.

52. **(Vunesp/TJ/SP/Cartórios/Ingresso/2014)** Assinale a alternativa com a personalidade que não foi galardoada com o Prêmio Nobel da Paz:

a) Tawakel Karman.
b) Shirin Ebadi.
c) Malala Yousafzai.
d) Ellen Johnson-Sirleaf.

53. **(FMP/TJ/MT/Cartórios/Ingresso/2014)** O ex-espião Edward Snowden fez uma série de revelações sobre espionagem que os EUA realizavam em países aliados e que abalaram as relações entre muitos países. Ele trabalhava diretamente na:

a) CIA.
b) CBI.
c) CSA.
d) ABIN.
e) KGB.

54. **(Cespe/TJ/BA/Cartórios/Ingresso/2013)** Um episódio, ocorrido em agosto de 2013, ocasionou mal-estar diplomático entre o Brasil e um país vizinho, além de ter sido o pivô para a substituição do ministro Antonio Patriota, que estava à frente do Itamaraty desde o início do governo Dilma Rousseff. Com base nessas informações, assinale a opção que identifica corretamente esse acontecimento:

a) Nicolás Maduro, presidente da Venezuela e maior adversário de seu antecessor, o falecido líder bolivariano Hugo Chávez, acusou pecuaristas e mineradores brasileiros de invadirem o território de seu país com o apoio velado de autoridades brasileiras.
b) o governo da Argentina ameaçou abandonar o Mercosul, levando consigo o eterno parceiro Uruguai, caso a chancelaria brasileira insistisse na tese de que as Malvinas pertencem, por direito histórico, ao Reino Unido.
c) o senador boliviano Roger Pinto Molina, que estava asilado na embaixada brasileira em La Paz havia mais de um ano, foi trazido para o Brasil sem salvo-conduto, documento que o governo da Bolívia se recusou a fornecer-lhe.
d) o presidente boliviano Evo Morales foi apeado do poder em mais um golpe de Estado, fato que

tão bem caracteriza a história política de seu país, tendo atribuído ao Brasil responsabilidade direta no ato de força de que foi vítima.

e) o governo colombiano denunciou, na Assembleia Geral da Organização dos Estados Americanos (OEA), o que classificou de ultrajante e inaceitável apoio do governo brasileiro às Forças Armadas Revolucionárias da Colômbia (FARC).

55. (Cespe/TJ/BA/Cartórios/Remoção/2013) Na atualidade, um país do Oriente Médio vive sangrenta guerra civil, de grande repercussão internacional, o que torna ainda mais conturbado o panorama da região. Aproxima-se de dois milhões o número de refugiados que buscam desesperadamente abrigo fora desse país, que é governado pelo ditador Bashar al-Assad. Essas informações referem-se:

a) à Síria.
b) à Palestina.
c) ao Irã.
d) ao Iraque.
e) à Jordânia.

56. (Cespe/TJ/DFT/Cartórios/Ingresso/2014) No início de 2014, multidões foram às ruas na Venezuela e na Ucrânia, em protesto contra os respectivos governos. Em relação a esses acontecimentos, assinale a opção correta:

a) na Ucrânia, a onda de protesto contra o governo, pacífica na maior parte do tempo, tornou-se violenta à medida que a intervenção soviética se tornou acintosa, com o governo de Moscou enviando tropas para apoiar seu aliado ucraniano.

b) durante as manifestações na Venezuela, violentas desde o início, ocorreram centenas de mortes, principalmente de integrantes das milícias armadas contratadas pelas principais lideranças oposicionistas.

c) os países membros do Mercosul foram reticentes em relação ao governo venezuelano: ainda que não o condenassem claramente, deixaram transparecer certa simpatia pelas teses dos manifestantes de oposição.

d) na Ucrânia, duas posições antagônicas se defrontaram: uma, pró-Ocidente, defendia a aproximação do país com a União Europeia, enquanto a outra, defendida pelo grupo que estava no poder, era favorável ao estreitamento das relações com a Rússia.

e) na Venezuela, a maioria absoluta dos manifestantes rechaça a presença de Nicolas Maduro na presidência da República, exigindo a volta do líder que introduziu o bolivarismo, ou seja, o "socialismo do século XXI" no país.

57. (Cespe/TJ/DFT/Cartórios/Ingresso/2014) Não são poucos os casos nos quais, neste princípio de século XXI, regimes ditatoriais se sentem ameaçados pelo sentimento oposicionista e libertário que ecoa nas praças públicas. Uma novidade é que essas manifestações, em número crescente, tendem a ser estimuladas e divulgadas pela rede mundial de computadores. Em geral, governos que se sentem acuados pela própria população buscam cercear ou censurar a navegação no ambiente virtual. Considerando esse contexto, assinale a opção correta:

a) na atual ordem mundial globalizada, informação gera mais conhecimento, e conhecimento é poder.

b) apesar do cenário de guerra civil, a Síria é o país do Oriente Médio com o mais elevado grau de liberdade de acesso à Internet.

c) para ampliar sua inserção internacional, a China promove ampla abertura política e libera a Internet em seu território.

d) no movimento denominado Primavera Árabe, as redes sociais funcionaram a favor dos governos contestados pela opinião pública.

e) países como Irã, Coreia do Norte e Cuba viram-se impelidos a abandonar práticas limitadoras do acesso à informação.

58. (Cespe/TJ/DFT/Cartórios/Remoção/2014) No início de fevereiro de 2014, durante a tentativa de fuga em massa do Marrocos a Ceuta, morreram nove imigrantes. Em um só dia, na Itália, foram resgatadas 1123 pessoas que tentavam penetrar em território europeu. Em relação a esse cenário de migrações, assinale a opção correta:

a) o atual dinamismo econômico da África Subsaariana reduz a emigração de sua população em direção à Europa e à América.

b) a redução do número de acidentes com imigrantes no Mediterrâneo decorre da ação preventiva desenvolvida pelas Nações Unidas na área.

c) hoje, a imigração ilegal é determinada, também, pela guerra e pela violência, fatores que levam os imigrantes a viajarem em condições desumanas em busca da proteção internacional.

d) a sensível redução das desigualdades trazidas pela globalização econômica mundial sugere que a imigração ilegal tende a diminuir significativamente.

e) a busca de trabalhadores qualificados explica a política da União Europeia de incentivo à imigração africana e da antiga Cortina de Ferro.

59. (Cespe/TJ/SE/Cartórios/Remoção/2014) Assinale a opção em que é apresentado o nome da organização sul-americana que, apontada como o mais ativo grupo terrorista do ocidente por recente relatório do Departamento de Estado dos Estados Unidos da América, iniciou negociações de paz com o governo de seu país:

a) Tupamaros.

b) Sendero Luminoso.

c) Exército de Libertação Nacional da Venezuela (ELN)

d) Núcleo da Al-Qaeda na Tríplice Fronteira e Forças Armadas Revolucionárias da Colômbia (FARC)

60. (Cespe/TJ/SE/Cartórios/Remoção/2014) Ao descascar e comer uma banana durante uma partida de futebol, o brasileiro Daniel Alves, atleta do clube espanhol Barcelona e da seleção brasileira, protagonizou um caso que gerou repercussão mundial e que se soma a muitos outros episódios que traduzem:

a) manifestações de preconceito no futebol ao redor do mundo.

b) violência homofóbica nas modernas arenas de futebol.

c) nova forma de antissemitismo e de intolerância religiosa.

d) exacerbação de nacionalismo em competições esportivas.

e) expressão de totalitarismo político absorvida pelo esporte.

61. (Cespe/TJ/SE/Cartórios/Ingresso/2014) Durante décadas, a televisão foi o mais popular e influente meio de comunicação de massa, tendo esse quadro mudado, nos últimos anos: entre 2011 e 2012, por exemplo, de acordo com pesquisas, as emissoras abertas de televisão perderam 7% de sua audiência. Essa queda configura tendência mundial devida, entre outros fatores:

a) a boicotes de grupos políticos e religiosos contra determinados programas e emissoras específicas.

b) à concorrência de outras formas de entretenimento eletrônico, como a Internet, os videogames, os smartphones e os tablets.

c) ao investimento governamental em teatros, salas de concerto e outros tipos de entretenimento cultural.

d) à falta de renovação dos formatos televisivos, que se mantêm iguais desde a década de cinquenta do século passado, com seriados, telenovelas, jornalismo e programas de jogos.

e) à competição das rádios de frequência modulada (FM).

62. (Cespe/TJ/BA/Cartórios/Remoção/2013) Contando com a presença da presidenta Dilma Rousseff, o Congresso Nacional promoveu sessão solene, em agosto de 2013, para celebrar os sete anos de vigência daquela que ficou conhecida como Lei Maria da Penha, que visa:

a) eliminar gradativamente os centros de reeducação de jovens infratores.

b) normatizar a interrupção da gravidez nos casos permitidos judicialmente.

c) coibir o tráfico de mulheres brasileiras para o exterior.

d) proteger as mulheres contra a violência doméstica.

e) impedir a adoção de crianças por estrangeiros.

63. (Consulplan/TJ/MG/Cartórios/Remoção/2017) A denominada "Operação Lava Jato" trata, segundo o Ministério Público Federal, do maior caso de corrupção e lavagem de dinheiro já apurado no Brasil, envolvendo um grande número de políticos, empreiteiros e empresas, como a Petrobras, a Odebrecht, entre outras. O nome do magistrado encarregado do julgamento em primeira instância, dos crimes apurados na mencionada operação é:

a) Sérgio Moro.

b) Rodrigo Janot.

c) Odilon de Oliveira.

d) Gilmar Mendes.

64. (Consulplan/TJ/MG/Cartórios/Ingresso/2017) As cenas da morte do ditador Muammar Kadafi chocaram o mundo, se tornando um dos principais assuntos nas redes sociais na época. Estimulada pela Primavera Árabe, a população foi às ruas iniciando um combate contra Kadafi, ao mesmo tempo em que o ditador usava a violência para calar a voz do próprio povo. Assinale a alternativa que corresponde ao nome do país então governado pelo ditador Kadafi:

a) Líbia.

b) Tunísia.

c) Iêmen.

d) Chipre.

65. **(Consulplan/TJ/MG/Cartórios/Remoção/2017)** Acerca das atualidades mundiais, assinale a alternativa correta:

a) no início do ano de 2016, a Coreia do Norte realizou um teste com um míssil balístico de médio alcance que chegou a atingir uma ilha do extremo norte das Filipinas.

b) após o falecimento de Fidel Castro, seu irmão, Raúl Castro, assumiu pela primeira vez o cargo de Presidente do Conselho de Estado, posto mais alto no país.

c) os vazamentos de documentos confidenciais do escritório de advocacia Mossack Fonseca revelaram dados que afetaram diversos países do mundo e dezenas de ex-chefes de Estado, estes documentos ficaram conhecidos como Panama Papers.

d) no conflito Sírio, a Rússia manifestou-se abertamente a favor do Presidente Bashar Al Assad dando-lhe suporte financeiro e logístico, mas não enviou tropas ou armamentos ao país árabe.

66. **(Ieses/TJ/RO/Cartórios/Ingresso/2017)** Nas últimas eleições presidenciais na França, foi eleito um candidato dito "centrista", estamos falando de:

a) Emmanuel Macron.

b) François Hollande.

c) François Mitterrand.

d) Nicolas Sarkozy.

67. **(Ieses/TJ/RO/Cartórios/Ingresso/2017)** Em agosto de 2014, morre de acidente aéreo um político que estava pleiteando a vaga de Presidente da República no Brasil. Estamos falando de:

a) Aécio Neves.

b) Eduardo Campos.

c) Ulisses Guimarães.

d) Tancredo Neves.

68. **(Ieses/TJ/RO/Cartórios/Remoção/2017)** O(A) atual Presidente(a) do Supremo Tribunal Federal é o(a) Ministro(a):

a) Rosa Weber.

b) Gilmar Mendes.

c) Dias Toffoli.

d) Cármen Lúcia.

69. **(Ieses/TJ/RO/Cartórios/Remoção/2017)** Se for seguido o atual rito legal, as próximas eleições para Presidência da República serão realizadas no ano de:

a) 2020

b) 2019

c) 2018

d) 2017

70. **(Ieses/TJ/RO/Cartórios/Remoção/2017)** Foi escolhido como relator na Comissão de Constituição e Justiça (CCJ) da denúncia contra o presidente da República, Michel Temer, o Deputado:

a) Rodrigo Janot.

b) Rodrigo Pacheco.

c) Sergio Zveiter.

d) Rodrigo Maia.

71. **(Ieses/TJ/RO/Cartórios/Ingresso/2017)** Assinale a alternativa que apresenta o nome da maior investigação de corrupção e lavagem de dinheiro que o Brasil já teve. A investigação trata dos recursos desviados dos cofres da Petrobras, maior estatal do país:

a) Operação Carne Fraca.

b) Operação Óleo Sujo.

c) Operação Moeda Verde.

d) Operação Lava Jato.

72. **(Consulplan/TJ/MG/Cartórios/Ingresso/2017)** Acerca das atualidades mundiais, assinale a alternativa correta:

a) a península da Crimeia é atualmente disputada pela Rússia e Bielo-Rússia.

b) a Coreia do Sul, recentemente, envolveu-se em vultosos episódios de corrupção, inclusive envolvendo a Presidente Park Geun-hye.

c) a disputa eleitoral pela presidência dos Estados Unidos ganhou a atenção mundial, especialmente após a vitória do democrata Donald Trump.

d) após referendo popular ter indicado o desejo da maioria dos cidadãos britânicos se retirarem da zona do euro, o Reino Unido voltará a adotar moeda própria.

73. **(Ieses/TJ/CE/Cartórios/Ingresso/2018)** A crise humanitária envolvendo o povo Rohingya, considerada por muitos como a de maior gravidade hoje no planeta, recentemente foi denunciada pela ONU como uma "limpeza étnica", tendo o Alto

Comissariado para os Direitos Humanos utilizado o termo "genocídio" para qualificá-la. Sobre essa crise, é correto afirmar:

a) o povo Rohingya, uma minoria católica dentro do Estado de Mianmar, vem sendo massacrado pelo exército daquele país. Tal situação provocou, inclusive, um encontro do Papa Francisco com a ativista birmanesa, a nobel da paz, Augn San Suu Kyi.

b) a presidente Augn San Suu Kyi, renomada ativista pela democracia em Mianmar, Nobel da paz em 1991, vem sendo alvo de várias críticas lançadas inclusive por outros agraciados pelo prêmio Nobel da paz, entre os quais o arcebispo sul-africano Desmond Tutu e a ativista paquistanesa Malala Yousafzai, diante da inação do seu governo frente à "limpeza étnica e os crimes contra a humanidade" sofridos pelos Rohingyas.

c) desde o início da nova onda de repressão ao povo Rohingya, em meados de 2017, a ONU calcula que ao menos 655 mil Rohingya tenham buscado refúgio no Laos, país vizinho.

d) os Rohingyas, povo muçulmano, diferem da maioria budista em sua cultura e religião. Habitam predominantemente o Estado de Rakhine, em Mianmar, antiga Birmânia. Porém, não são reconhecidos pelo governo como cidadãos nem, tampouco, como um dos mais de cem grupos étnicos que compõem o país.

74. **(Ieses/TJ/CE/Cartórios/Ingresso/2018)** A Cúpula das Américas, criada pelo ex-presidente Bill Clinton em 1994, reúne os chefes de Estado do continente americano e tem como principais objetivos o debate sobre os desafios mais urgentes dos países participantes, fixando uma agenda comum. Sobre esse evento é correto afirmar:

a) a renúncia do presidente peruano, Pedro Pablo Kuczynski, cujas notícias de envolvimento em escândalos de corrupção foram divulgadas há apenas alguns dias do início da reunião, não tirou o brilho e importância do evento, que contou com a presença e participação do presidente norte-americano, Donald Trump.

b) o presidente Michel Temer preferiu não comparecer ao encontro, em função da atual crise política brasileira.

c) a VIII Cúpula das Américas, ocorrida em Lima, Peru, em abril de 2018, adotou como tema principal a "governabilidade democrática frente à corrupção".

d) apesar de ter sido "desconvidado" pelo atual presidente peruano, Martín Vizcarra, o presidente venezuelano, Nicolás Maduro, fez questão de comparecer ao encontro.

75. **(Ieses/TJ/CE/Cartórios/Remoção/2018)** Um caminhão invadiu uma feira de Natal na segunda-feira, dia 19/12/2016, em Berlim, na Alemanha. Segundo o balanço da polícia, 12 pessoas morreram e 48 ficaram seriamente feridos. O episódio foi tratado como atentado terrorista. A atual chanceler alemã é:

a) Michelle Bachelet.

b) Theresa Mary May.

c) Erna Solberg.

d) Angela Merkel.

76. **(Ieses/TJ/CE/Cartórios/Remoção/2018)** O fenômeno, criado a partir de 2017, para descrever o ato das pessoas trazem a público acusações de abuso sexual perpetrados por homens famosos ou poderosos ficou conhecido mundialmente como:

a) Weinstein Effect (efeito Weinstein).

b) Oscar Effect (efeito Oscar).

c) Lost-and-found (achados e perdidos).

d) Hollywood Effect (efeito Hollywood).

77. **(Ieses/TJ/CE/Cartórios/Remoção/2018)** No ano de 2017, morreu aos 68 anos de idade, o ministro do STF (Supremo Tribunal Federal) Teori Zavascki, a época relator da Operação Lava Jato, após a queda de uma aeronave. O acidente fatal ocorreu em:

a) Búzios, litoral do Rio de Janeiro.

b) Porto de Galinhas, litoral de Pernambuco.

c) Paraty, litoral do Rio de Janeiro.

d) Angra dos Reis, litoral do Rio de Janeiro.

78. **(Ieses/TJ/AM/Cartórios/Ingresso/2018)** É certo afirmar:

I. no ano de 2017, com a instabilidade na Síria e em outros países de maioria muçulmana, iniciou-se a imigração de sírios e curdos na pior crise de refugiados desde a II Guerra Mundial.

II. vitorioso nas eleições presidenciais norteamericanas, Donald Trump desafia a ordem globalizada com um discurso contra o livre-comércio, a cooperação entre nações e os imigrantes.

III. antes da vitória de Donald Trump nas eleições presidenciais norte-americanas, os alicerces da globalização já haviam sofrido os primeiros abalos na Europa. Em plebiscito realizado em junho de 2016, os britânicos votaram pela saída do Reino Unido da União Europeia (EU), o maior e mais importante bloco econômico do planeta.

IV. uma das primeiras ações de Donald Trump como presidente norte-americano foi a assinatura de um decreto que retirou o país do Tratado NorteAmericano de Livre Comércio (NAFTA, na sigla em inglês).

Analisando as proposições, pode-se afirmar:

a) somente as proposições I e IV estão corretas.
b) somente as proposições II e IV estão corretas.
c) somente as proposições I e III estão corretas.
d) somente as proposições II e III estão corretas.

79. **(Ieses/TJ/AM/Cartórios/Ingresso/2018)** É certo afirmar:

I. com o falecimento de Fidel Castro em 25 de novembro de 2016, sucedeu-lhe no governo de Cuba o seu irmão Raúl Castro, adotando o regime algumas reformas de perfil liberalizante, flexibilizando o comunismo que há mais de cinco décadas vigora no país.

II. a Rússia, o Irã e a milícia libanesa Hezbollah são os principais aliados do governo comandado por Bashar al-Assad na guerra civil que assola a Síria.

III. em 2017 completou-se trinta anos do processo que culminou como o fim do apartheid na África do Norte, a política segregacionista que restringiu direitos sociais, políticos e econômicos dos negros e que vigorou por quarenta e quatro anos no país.

IV. a Venezuela enfrenta a pior crise econômica de sua história, com inflação galopante, recessão e aumento da pobreza. Faltam itens básicos nos supermercados, como alimentos, produtos de higiene e remédios. A dependência do petróleo e o controle do Estado sobre os preços e o câmbio são algumas das razões da crise.

Analisando as proposições, pode-se afirmar:

a) somente as proposições I e II estão corretas.
b) somente as proposições II e IV estão corretas.
c) somente as proposições I e III estão corretas.
d) somente as proposições III e IV estão corretas.

80. **(Ieses/TJ/AM/Cartórios/Ingresso/2018)** É certo afirmar:

I. o Conselho de Segurança da ONU é composto de cinco membros permanentes e dez rotativos, com mandato de dois anos. Os países atuais para o biênio 2017/2018 são Japão, Egito, Senegal, Brasil e Ucrânia.

II. a delação premiada, difundida através da Operação Lava Jato, é uma técnica de investigação consistente na oferta de benefícios pelo Estado àquele que confessar e prestar informações úteis ao esclarecimento do fato delituoso. Um desses benefícios pode ser a redução da pena.

III. desde que alçado à presidência após o impeachment de Dilma Rousseff, Michel Temer tenta implementar um pacote de reformas em meio a pressões econômicas e escândalos políticos, alcançando sucesso na reforma trabalhista e previdenciária.

IV. nos primeiros nove meses de governo, Michel Temer perdeu seis ministros envolvidos em escândalos políticos.

Analisando as proposições, pode-se afirmar:

a) somente as proposições I e IV estão corretas.
b) somente as proposições I e III estão corretas.
c) somente as proposições II e IV estão corretas.
d) somente as proposições II e III estão corretas.

81. **(Ieses/TJ/AM/Cartórios/Ingresso/2018)** É certo afirmar:

I. a crise na Petrobras levou a criação de uma lei que retirou da empresa e exclusividade de explorar o petróleo do pré-sal e levantou discussões sobre a perda da soberania nacional no setor.

II. propiciada pelo desenvolvimento tecnológico, a economia colaborativa tem revolucionado a forma de consumo, mas, por ser insipiente ela ainda não afetou setores tradicionais e as relações de trabalho.

III. ainda que o agronegócio tenha apresentado retração em 2016, ele é um dos motores da economia do Brasil, tendo batido recorde na safra de grãos no ano de 2017 ajudando a diminuir a inflação.

IV. a grande razão da superlotação dos presídios no Brasil é a eficiência do seu sistema jurídico condenatório que se vê desacompanhado do sistema executivo em criar novas vagas para os presos assim condenados.

Analisando as proposições, pode-se afirmar:

a) somente as proposições II e III estão corretas.
b) somente as proposições I e IV estão corretas.
c) somente as proposições I e III estão corretas.
d) somente as proposições II e IV estão corretas.

82. **(Ieses/TJ/AM/Cartórios/Remoção/2018)** Em março de 2017, a Polícia Federal deflagrou sua maior operação da história – ao todo, foram expedidos 27 mandados judiciais de prisão preventiva, 11 de prisão temporária, 77 de condução coercitiva e 194 de busca e apreensão. Além disso, o Ministério da Agricultura afastou 33 fiscais de suas atividades. O alvo foram 21 frigoríficos suspeitos de burlar normas de segurança alimentar, inclusive alguns das maiores empresas de carne do país, como BRF. Isso fez com que vários países suspendessem temporariamente a importação de carne brasileira. O nome dado a essa megaoperação foi:

a) Carne Fraca.

b) Carne Presa.

c) Navalha na Carne.

d) Frio Boi.

83. **(Ieses/TJ/AM/Cartórios/Remoção/2018)** Os primeiros dias de 2016 foram tumultuados para Joaquim Guzmán Loera, conhecido como "El Chapo". Após diversas fugas da prisão, o traficante mais procurado do século XXI e líder do cartel de Sinaloa foi preso pela terceira vez em 8 de janeiro, na cidade de:

a) Puerto Nariño na Colômbia.

b) Los Mochis, no México.

c) Los Angeles, nos EUA.

d) Belford Roxo, no Brasil.

3. ECONOMIA

* QUESTÕES OBJETIVAS

84. **(Cespe/TJ/PI/Cartórios/Remoção/2013)** O sistema produtivo do mundo contemporâneo está assentado no domínio do conhecimento, gerando incessantemente novas tecnologias e ampliando de modo extraordinário os mercados e os fluxos de bens, serviços e de capitais. Esse sistema é conhecido como:

a) mercantilização.

b) capitalismo industrial.

c) capitalismo de Estado.

d) globalização.

e) socialismo real.

85. **(Cespe/TJ/PI/Cartórios/Remoção/2013)** Há cinco anos, eclodiu a crise financeira internacional que, para muitos, não está totalmente debelada. Essa crise, iniciada nos EUA em 2008, teve origem na:

a) decisão norte-americana de abandonar o Conselho de Segurança da ONU.

b) falência das grandes montadoras de automóveis dos EUA, como a GM e a Ford.

c) ação terrorista que redundou na destruição das torres gêmeas do World Trade Center.

d) bolha no mercado hipotecário norte-americano, que se disseminou pela economia mundial globalizada.

e) decisão do governo Bush de invadir o Iraque, ampliando a tensão no Oriente Médio.

86. **(Cespe/TJ/RR/Cartórios/Ingresso/2013)** Assinale a opção correta acerca da economia brasileira no ano de 2012:

a) houve, nesse período, redução da taxa de juros referencial do sistema especial de liquidação e custódia (SELIC).

b) do total das exportações brasileiras realizadas nesse ano, mais de 50% representavam produtos manufaturados.

c) o crescimento do produto interno bruto no ano de 2012 foi o maior deste século.

d) o programa federal de privatização dos portos marítimos resultou na redução das tarifas portuárias pelos novos concessionários.

e) de acordo com dados do Instituto Brasileiro de Geografia e Estatística, houve, nesse período, aumento do emprego no setor industrial.

87. **(Cespe/TJ/RR/Cartórios/Ingresso/2013)** Acerca da realidade socioeconômica da região amazônica, assinale a opção correta:

a) a Amazônia caracteriza-se pela homogeneidade econômica e social.

b) no século XXI, tem-se verificado aumento crescente da população nessa região.

c) os resultados de recentes pesquisas geográficas resultaram na incorporação do noroeste do estado de Goiás à Amazônia Legal.

d) o Banco da Amazônia foi criado pelo governo federal em 2003, como instrumento de crédito para o desenvolvimento regional.

e) tem-se verificado, nessa região, no último decênio, a crescente decadência do padrão econômico primário-exportador, em decorrência do crescimento sustentado do setor secundário.

88. **(Ieses/TJ/RS/Cartórios/Remoção/2013)** Para realizarem suas análises comparativas entre as nações, os economistas utilizam alguns indicadores econômicos. Um dos indicadores mais acompanhados nesse cenário é o Produto Interno Bruto (PIB). Como cada país possui uma moeda diferente em valor nominal, no intuito de equipará-las convencionou-se utilizar o dólar americano para a conversão dos valores. Segundo esse critério, quais são os três países considerados as maiores potências mundiais em relação ao PIB atualmente?

a) Estados Unidos da América, China e Japão.
b) Estados Unidos da América, Brasil e China.
c) Estados Unidos da América, Japão e França.
d) Estados Unidos da América, Japão e Alemanha.

89. **(TJ/SC/Cartórios/Remoção/2012)** De acordo com o Ministério das Relações Exteriores, "a idéia dos BRICS foi formulada pelo economista-chefe da Goldman Sachs, Jim O´Neil, em estudo de 2001, intitulado 'Building Better Global Economic BRICs'. Fixou-se como categoria da análise nos meios econômico-financeiros, empresariais, acadêmicos e de comunicação." Em 2006, o conceito deu origem a um agrupamento de quatro países incorporado à política externa, e em 2011 um quinto país passou a fazer parte do agrupamento, que adotou a sigla BRICS. Assinale quais os cinco países que compõem este agrupamento:

a) Brasil, Romênia, Índia, China e Singapura.
b) Brasil, Rússia, Indonésia, Canadá e África do Sul.
c) Brasil, Rússia, Indonésia, Colômbia e Singapura.
d) Brasil, Romênia, Índia, Colômbia e República Centro-Africana.
e) Brasil, Rússia, Índia, China e República da África do Sul.

90. **(Consulplan/TJ/MG/Cartórios/Remoção/2015)** O economista francês Thomas Piketty é autor de "O Capital no século XXI". Obra que coloca o tema da desigualdade como "uma das questões mais vivas e polêmicas da atualidade", considerando que a desigualdade, segundo o autor, voltou a aumentar nos países ricos, principalmente nos Estados Unidos. (Piketty, T. O capital no século XXI. Rio de Janeiro: Intrínseca, 2014). A respeito da desigualdade social brasileira, é correto afirmar:

I. a economia brasileira é uma das 10 (dez) maiores do mundo, e, por conta disso, o Brasil apresenta um baixo índice de desigualdade social.
II. a desigualdade social no Brasil, segundo dados do Programa das Nações Unidas para o Desenvolvimento – PNUD, vem decrescendo nas últimas duas décadas.
III. ações afirmativas representam esforço governamental de tentativa de mitigação da desigualdade social.

A respeito das assertivas, assinale a opção correta:

a) todas as assertivas são corretas.
b) apenas as assertivas I e II são corretas.
c) apenas as assertivas I e III são corretas.
d) apenas as assertivas II e III são corretas.

91. **(Ieses/TJ/PA/Cartórios/Ingresso/2016)** A busca crescente por energia, principal motor da sociedade moderna, é um dos grandes desafios das nações emergentes, podendo, inclusive, comprometer o desenvolvimento econômico destes países. Sobre esta missão, no Brasil, assinale a afirmativa verdadeira:

a) o vazamento de material nuclear ocorrido na usina de Fukushima, Japão, reacendeu o debate sobre os riscos de tal atividade. O Brasil, em consonância com a postura adotada por outras nações, como, por exemplo, a Alemanha, anunciou para o ano de 2016 o fechamento das usinas Angra 1, 2 e 3. Esta medida é considerada por muitos como o fim da política brasileira de geração de energia a partir de combustível nuclear.
b) o elevado preço da gasolina ao consumidor final, que temos observado recentemente em nosso país, se deve a alta do valor do barril de petróleo, que atingiu, nestes últimos tempos no mercado internacional, um valor recorde, por conta da diminuição da oferta mundial deste combustível não renovável.
c) a descoberta pela Petrobras do pré-sal representou uma guinada estratégica na matriz energética nacional. Para 2016, estima-se que mais de 40% da energia elétrica do nosso pais será oriunda do petróleo, processado em termelétricas, uma vez que o Brasil agora dispõe deste recurso em abundância.
d) a crise hídrica que se instalou no Brasil tem sido responsável não só pelo aumento na tarifa de água, mas, também, na de energia, uma vez que com os reservatórios das usinas hidrelétricas em baixa, tem sido necessário recorrer ao uso de termoelétricas, uma matriz bem mais cara.

92. **(Ieses/TJ/PB/Cartórios/Ingresso/2014)** A eleição de Dilma Rousseff para a Presidência da República em 2010 ocorreu em um momento excepcional para a economia. Naquele ano, o PIB teve alta de 7,5%, o ritmo mais acelerado em 25 anos, o que demonstrava um clima de otimismo. As projeções para o quadriênio seguinte eram ambiciosas. Estimavam um crescimento médio anual de 6% entre 2011 e 2014, capaz de fazer o Brasil consolidar-se como a quinta maior economia do mundo, deixando para trás potências como a França e a Inglaterra. Com relação ao PIB do Brasil, analise as afirmativas a seguir:

I. em 2013, segundo o IBGE, o crescimento do PIB brasileiro ficou em 2,3%, aquém das expectativas pelo terceiro ano consecutivo.

II. o ritmo médio de crescimento do PIB do país dos três primeiros anos do Governo Dilma foi de 2%.

III. de acordo com as consultorias econômicas, em 2014 o avanço, mais uma vez, ficará ao redor de 2%. Com isso, a taxa média nos anos Dilma será um terço da estimada originalmente pelo Governo, em razão de baixos investimentos e pouca produtividade.

IV. o ritmo lento do crescimento do PIB do Brasil e a desvalorização do real farão o Brasil perder posições no ranking do PIB global.

V. em 2014, a economia brasileira tem que enfrentar alguns fatores adversos, como o agravamento da crise na Argentina, o principal destino das exportações de produtos manufaturados.

Considerando as afirmativas I, II, III, IV e V, assinale a opção correta:

a) todas as afirmativas estão corretas.
b) as afirmativas I, II e III estão corretas.
c) as afirmativas I, III, IV e V estão corretas.
d) as afirmativas I, III e V estão corretas.

93. **(Ieses/TJ/PB/Cartórios/Ingresso/2014)** O Índice de Desenvolvimento Humano (IDH) de 2012 divulgado pelo Programa das Nações Unidas para o Desenvolvimento – PNUD demonstra que o Brasil ficou com IDH de 0,730, 85ª posição – no meio do caminho entre a Bélgica com IDH de 0,897 e a Índia com IDH de 0,554. O objetivo da criação do Índice de Desenvolvimento Humano foi o de oferecer um contraponto a outro indicador muito utilizado, o Produto Interno Bruto (PIB) per capita, que considera apenas a dimensão econômica do desenvolvimento. Com relação ao Índice de Desenvolvimento Humano é incorreto afirmar que:

a) o Índice de Desenvolvimento Humano varia de 0 a 1 e a qualidade de vida é maior quanto mais alto o número dessa escala.
b) considerando o IDH de 2012, o Brasil obteve melhor posição que todos os demais países que compõem o BRICS (Brasil na 85ª posição, Federação Russa na 95ª posição, República Popular da China na 101ª posição, África do Sul na 121ª posição e Índia na 136ª posição).
c) os países são classificados no ranking geral como IDH muito alto, IDH alto, IDH médio e IDH baixo e, no ranking de 2012, o Brasil está entre os países com IDH alto.
d) os três fatores-chave que constituem o IDH são: saúde, educação e renda.

94. **(Ieses/TJ/PB/Cartórios/Ingresso/2014)** O verão de 2014 no Brasil foi o terceiro verão seguido de chuvas abaixo da média histórica. Em um período no qual as usinas termelétricas movidas a gás e a óleo deveriam estar desligadas, elas operam a todo vapor e o abastecimento de energia elétrica opera no limite. Os brasileiros, obviamente, não podem ser responsabilizados por terem melhorado seu padrão de consumo de energia elétrica. Se faz calor, as pessoas têm todo direito de ligar os seus aparelhos de ar condicionado. Na prática ainda não foi criada a cultura do consumo consciente a fim de evitar o desperdício de energia. Com relação ao tema "energia" é correto afirmar que:

a) devido à intensidade de ventos no nordeste, a energia eólica é considerada um sucesso no Brasil.
b) em 2013, o desperdício de energia elétrica em todo o Brasil chegou a 10% de tudo o que foi produzido.
c) na busca por mais eficiência energética, a solução seria substituir o gás natural por madeira, desde que não possua o selo verde emitido pelos órgãos ambientais, uma vez que o selo na cor "verde" indica que a madeira pertence à natureza e, portanto, seu uso deve ser preservado.
d) o Brasil possui a matriz elétrica mais renovável do mundo industrializado com até 50% de sua eletricidade originada de fontes renováveis.

95. **(Ieses/TJ/PB/Cartórios/Remoção/2014)** Em janeiro de 2014, pela primeira vez na história a presidenta Dilma Rousseff participou do Fórum Econômico Mundial, evento esse que recebe chefes de Estado e líderes empresariais das principais economias mundiais. Dilma Rousseff afirmou em seu discurso que os países emergentes continuarão a ter papel estratégico na economia global, liderando em capacidade de investimento e consumo. O Fórum Econômico Mundial de 2014 ocorreu em:

a) Estocolmo (Suécia).
b) Davos (Suíça).
c) Lisboa (Portugal).
d) Genebra (Suíça).

96. (Ieses/TJ/PB/Cartórios/Remoção/2014) No Brasil atividade econômica foi marcada em 2013 por uma alteração na composição das demandas, com aumento dos investimentos e moderação do consumo das famílias. O que fez com que no último ano, segundo o Banco Central, o PIB (Produção de Bens e Serviços) do Brasil avançasse:

a) 4,3%
b) 2,9%.
c) 1,9%.
d) 2,3%

97. (Cespe/TJ/BA/Cartórios/Ingresso/2013) A tendência à formação de blocos de países é uma das mais definidoras características da globalização. Ao criar a União Europeia, o Velho Mundo deu mostras de vitalidade e de compreensão acerca da realidade. Relativamente a esse bloco europeu, assinale a opção correta:

a) o euro é a moeda única do bloco, adotada pelo conjunto de seus integrantes.
b) os antigos países socialistas do Leste foram impedidos de se filiar ao bloco.
c) o vigor econômico do bloco tornou-o imune a crises financeiras.
d) a integração europeia é processo que se circunscreve à economia.
e) o cenário econômico apresentado pela União Europeia é de assimetria.

98. (Cespe/TJ/BA/Cartórios/Remoção/2013) Alguns dos aspectos mais marcantes do atual estágio da economia global contemporânea são as incessantes inovações tecnológicas e a notável ampliação da capacidade produtiva. Nesse cenário, as transações envolvendo bens e produtos pelos mercados mundiais devem obedecer a determinadas normas, cujo trabalho de elaboração é desenvolvido pelo(a)

a) Organização Internacional do Trabalho.
b) Organização Mundial do Comércio.
c) Corte Internacional de Justiça.
d) Tribunal Penal Internacional.
e) Conselho de Segurança das Nações Unidas.

99. (Cespe/TJ/BA/Cartórios/Remoção/2013) A sobrevivência das empresas, a preservação dos recursos naturais e dos ecossistemas para as atuais e futuras gerações e a elevação dos padrões de vida do conjunto da sociedade são objetivos do tipo de desenvolvimento chamado:

a) informal.
b) ecológico.
c) global.
d) sustentável.
e) estratégico.

100. (Cespe/TJ/DFT/Cartórios/Ingresso/2014) Nos meses iniciais de 2014, advogados, engenheiros e economistas da Agência de Proteção Ambiental dos EUA passaram a se reunir com objetivo de criar uma nova regulamentação para determinar o corte de emissões de carbono em cerca de mil e quinhentas usinas norte-americanas. Com isso, o governo de Barack Obama pretende:

a) possibilitar, em escala verdadeiramente global, a plena execução das determinações aprovadas no Protocolo de Kyoto.
b) interromper o processo de derretimento das geleiras situadas no Polo Norte e forçar a internacionalização da Antártida.
c) ganhar apoio político junto à opinião pública mundial para seus projetos militares no Oriente Médio e no Afeganistão.
d) reduzir a maior fonte de gases do efeito estufa no país, um dos principais responsáveis pelo aquecimento global.
e) permitir que os EUA sejam novamente admitidos na Organização das Nações Unidas para a Educação, a Ciência e a Cultura.

101. (Cespe/TJ/DFT/Cartórios/Remoção/2014) Transformar ciência em tecnologia é o grande desafio do mundo contemporâneo. Afinal, a atual ordem mundial globalizada assenta-se no domínio do conhecimento, entendido como condição essencial para o aumento da capacidade produtiva e para uma inserção vantajosa no competitivo mercado global. Após o advento da Revolução Industrial, sucessivas ondas de crescimento acompanharam a evolução da economia. Hoje, por exemplo, pode-se afirmar que, depois da fase de expansão digital, a indústria prepara-se para a etapa da biotecnologia. No que se refere a esse assunto, assinale a opção que identifica o atual cenário econômico mundial:

a) contrariamente ao esperado, a criação de blocos econômicos, como a União Europeia e o Mercosul, promoveu retração industrial entre seus membros.

b) como os demais países-membros do BRICs, o Brasil destaca-se mundialmente na capacidade de inovar, na qualidade dos centros de pesquisa, no registro de patentes e nos gastos empresariais em pesquisa e desenvolvimento.

c) na atualidade, o acesso ao conhecimento científico é de tal ordem que torna irrelevante o investimento da iniciativa privada na educação formal, que fica restrita ao poder público.

d) o fortalecimento do conhecimento científico e de sua aplicação é o que move a economia da Ásia e das Américas desde os primórdios da industrialização contemporânea.

e) a agenda econômica do século XXI é essencialmente inovadora, e a razão principal para se investir em inovação é o ganho de produtividade, que assegura o crescimento da economia.

102. **(Cespe/TJ/SE/Cartórios/Remoção/2014)** As transformações econômicas que deram à China poderosa presença no cenário global contemporâneo derivam de inúmeros fatores, entre os quais se inclui a decisão de:

a) abrir-se aos investimentos privados, mantendo o controle estatal.

b) privatizar o conjunto de empresas estatais do país.

c) voltar-se para as exportações de produtos sofisticados e caros.

d) promover ampla abertura política para a democratização do regime comunista.

e) aprofundar o modelo socialista ortodoxo.

103. **(Cespe/TJ/SE/Cartórios/Ingresso/2014)** A respeito do projeto de exploração de minas de carnalita, minério do qual se extrai o cloreto de potássio, material usado na fabricação de fertilizantes, assinale a opção correta:

a) depois do início do referido projeto, foram gerados, no estado de Sergipe, mais de dez mil empregos diretos.

b) o projeto em apreço, que prevê investimentos da ordem de quatro bilhões de reais, está paralisado desde 2009, devido à disputa pela divisão do ICMS entre as cidades de Capela, onde se localiza a maior parte da jazida, e Japaratuba, onde serão instaladas as unidades de extração e processamento do minério.

c) desde o início da extração do minério, a arrecadação de impostos na região beneficiada com o projeto aumentou sete vezes.

d) atualmente, o aumento da produção de carnalita e, consequentemente de cloreto de potássio, contribui para o aumento do custo da importação da maior parte dos fertilizantes utilizados na agricultura, o que encarece o custo dos alimentos.

e) o estado de Sergipe é responsável por toda a produção de carnalita no Brasil, suprindo toda a demanda nacional por esse minério.

104. **(Cespe/TJ/SE/Cartórios/Ingresso/2014)** Assinale a opção em que é apresentado o nome do instrumento sancionado em junho de 2014, após longa e difícil tramitação no Congresso Nacional, que oficializou, entre muitas outras determinações, a obrigatoriedade de o poder público investir o equivalente a 10% de sua receita na educação, em um prazo de até dez anos:

a) Plano Nacional de Educação.

b) Fundo Nacional de Desenvolvimento da Educação.

c) Lei de Diretrizes e Bases da Educação Nacional.

d) Sistema Nacional de Avaliação da Educação Básica.

e) Prova Brasil.

105. **(Ieses/TJ/RO/Cartórios/Remoção/2017)** Tendo por base os Produtos Internos Brutos de 2016 em dólares, a maior economia do mundo é a:

a) da China.

b) da Alemanha.

c) dos Estados Unidos da América.

d) do Brasil.

4. GEOGRAFIA

✱ QUESTÕES OBJETIVAS

106. **(Cespe/TJ/ES/Cartórios/Ingresso/2013)** Dados publicados pelo IBGE em 2013 mostram que a expectativa de vida dos brasileiros passou de 62,5 anos, em 1980, para 73,8, em 2010. Assinale a opção que corresponde ao fator ao qual se relaciona esse aumento:

a) prática generalizada do desporto nas escolas da rede pública de ensino.

b) efetiva universalização do saneamento básico nas regiões brasileiras.

c) universalização do acesso a todas as etapas da educação básica.

d) melhoria da captação de esgoto, da coleta de lixo e da oferta de água potável.

e) redução dos índices de obesidade nos diversos grupos sociais.

107. **(Ieses/TJ/RS/Cartórios/Ingresso/2013)** A população mundial alcançou em 2011 a marca dos 7 bilhões de pessoas; lamentavelmente, 67% delas são consideradas pobres, 28% de classe média e apenas 5% ricas. Desde 1950 até hoje em dia, constata-se que as três nações mais populosas do mundo não perderam suas posições neste ranking. Quais são elas?

a) China, Índia e Estados Unidos da América.

b) China, Índia e Brasil.

c) China, Índia e Nigéria.

d) China, Índia e Indonésia.

108. **(Ieses/TJ/PB/Cartórios/Remoção/2014)** A anexação da Crimeia à Federação Russa foi a mais suave invasão dos tempos modernos. Ela terminou antes mesmo que o mundo se desse conta de que havia começado. A Crimeia é uma península situada na costa setentrional do Mar Negro, e foi palco de disputa entre a Federação Russa e a Ucrânia. A capital da Crimeia é cidade de:

a) Eupatória.

b) São Petersburgo.

c) Sebastopol.

d) Simferopol.

109. **(FMP/TJ/MT/Cartórios/Ingresso/2014)** Indique a opção que contém a relação completa de estados e/ou países que fazem fronteira com o Mato Grosso:

a) Mato Grosso do Sul, Goiás, Pará, Minas Gerais, Rondônia, Tocantins além da Bolívia.

b) Mato Grosso do Sul, Pará, Amazonas, Rondônia, Tocantins além da Bolívia.

c) Pará, Mato Grosso do Sul, Rondônia, Tocantins, além da Bolívia e do Paraguai.

d) Mato Grosso do Sul, Pará, Amazonas, Rondônia, Tocantins além do Paraguai.

e) Mato Grosso do Sul, Goiás, Pará, Amazonas, Rondônia, Tocantins além da Bolívia.

110. **(FMP/TJ/MT/Cartórios/Remoção/2014)** Observe as seguintes afirmativas:

I. o tufão Haiyan transformou-se num supertufão, atingindo as Filipinas com ventos de até 315 km/h, arrasando o solo e deixando mais de 5 mil mortos.

II. com ventos de mais de 118 km/h, o tufão ocorre devido a variações de temperatura e direção dos ventos.

III. o tornado não pode atingir a velocidade dos ventos do tufão.

Está(ão) correta(s) apenas a(s) afirmativa(s):

a) I e II.

b) II e III.

c) I e III.

d) I.

e) II.

111. **(IBFC/TJ/PR/Cartórios/Remoção/2014)** O Rio Paraná (que significa "como o mar" ou "parecido com o mar", em Tupi) é o principal formador da Bacia do Prata, sendo considerado o oitavo maior rio do mundo, levando em conta a sua extensão total, até a foz do Rio da Prata, em Buenos Aires, e o segundo maior da América do Sul, após o Rio Amazonas. Sobre essa maravilha da natureza, assinale a proposição incorreta:

a) no Rio Paraná, na altura do município de Guaíra, havia o Salto de Sete Quedas, que era a maior cachoeira do mundo em volume de água, mas que foi submersa no ano de 1982 com a construção do lago da Usina de Itaipu.

b) nasce entre os estados de Minas Gerais, São Paulo, Mato Grosso do Sul e Goiás.

c) a sua bacia hidrográfica compreende o Brasil, Paraguai, Argentina e Bolívia.

d) represam o seu curso em território brasileiro quatro usinas hidrelétricas: Jupiá, Ilha Solteira, Porto Primavera e Itaipu.

112. **(IBFC/TJ/PR/Cartórios/Remoção/2014)** Acerca dos tipos climáticos do Brasil, assinale a opção incorreta:

a) são eles: clima equatorial, tropical, tropical litorâneo, tropical de altitude, tropical semiárido e subtropical.

b) o clima equatorial é encontrado em altas latitudes, nas proximidades da linha do Equador, na região amazônica e se caracteriza pelas elevadas temperaturas e alta amplitude térmica.

c) friagem é a diminuição atípica da temperatura, oriunda de Massa Polar Atlântica, fria e úmida, que se desloca pela depressão do Chaco, entre a Cordilheira dos Andes e o Planalto Central do Brasil, alcançando a região Norte do Brasil.

d) o clima subtropical ou temperado ocorre ao sul do Trópico de Capricórnio e sofre influência da massa Polar Atlântica, com as quatro estações do ano bem definidas.

113. **(IBFC/TJ/PR/Cartórios/Ingresso/2014)** Sobre o relevo do território do Estado do Paraná e hidrografia, assinale a opção correta:

a) as bacias hidrográficas do Paraná são: do Rio Paraná, do Rio Paranapanema, do Rio Iguaçu, do Rio Iguarapé, do Litoral Paranaense e do Rio Tibagi.

b) as unidades de relevo são: a baixada litorânea, a Serra do Mar, o 1º Planalto, o 2º Planalto, o 3º Planalto e a Planície do Rio Paraná.

c) o Planalto basáltico, ou Planalto de Guarapuava, é constituído por rochas ígneas eruptivas que deram origem às 'terras roxas'.

d) os arenitos de Vila Velha e Furnas situam-se na região dos Campos Gerais, no Planalto paleozóico, a mais extensa das unidades de relevo do Paraná.

114. **(IBFC/TJ/PR/Cartórios/Ingresso/2014)** O Rio Iguaçu (nome originário da língua Tupi – Y=água; Guassú=grande) é famoso, internacionalmente, por ter em suas corredeiras quedas que formam as Cataratas do Iguaçu, com 275 saltos, em forma de ferradura, sendo uma das Sete Maravilhas da Natureza. Acerca do tema, assinale a proposição incorreta:

a) o Rio Iguaçu mede, aproximadamente, 1200 metros de largura acima das Cataratas; abaixo, estreita-se e forma um canal de até 65 metros de largura.

b) os cinco saltos principais do lado brasileiro denominam-se: Floriano, Deodoro, Benjamin Constant, Santa Maria e União.

c) o Rio Iguaçu é formado pela junção dos rios Irai e Atuba.

d) a nascente do Rio Iguaçu localiza-se no Município de Piraquara (PR).

115. **(Cespe/TJ/DFT/Cartórios/Remoção/2014)** Calor extremo e seca em determinada região, cheias incomuns em certos lugares, neve em demasia onde isso não era comum, incêndios florestais. Tudo acontecendo ao mesmo tempo como se houvesse conexões em um sistema global. Entre os fatores determinantes à ocorrência do definido como crise climática global destaca(m)-se:

a) a extração de petróleo em águas profundas, que modifica o fluxo das marés.

b) o aumento da radiação solar resultante da corrida espacial.

c) o acúmulo de gases do efeito estufa lançados pelo homem na atmosfera.

d) o desmatamento, que extinguiu as florestas tropicais do planeta.

e) as pesquisas realizadas por cientistas na Antártica, que alteraram o clima original dessa região.

116. **(Cespe/TJ/SE/Cartórios/Ingresso/2014)** No primeiro semestre de 2014, o mapa europeu foi alterado com a divisão da Ucrânia e a posterior incorporação da Crimeia à federação russa. Até o fim do ano, estão previstas mais duas consultas populares que poderão declarar a independência de:

a) Sicília e Sardenha.

b) Escócia e Espanha.

c) Quebec e Córsega.

d) Escócia e Catalunha.

e) Córsega e Catalunha.

117. **(Consulplan/TJ/MG/Cartórios/Remoção/2017)** Acerca da geografia mundial, assinale a alternativa correta:

a) são todos desertos: Saara, Gobi, Atacama, Saara e Kalahri.

b) Andorra, Montenegro, Letônia, Lesoto e Ucrânia são países Europeus.

c) a Guiana Francesa pertence à França; as ilhas Falkland ou Malvinas, ao Reino Unido; ilha de Páscoa, ao Chile; Gibraltar, à Espanha; e, Cabo Verde, a Portugal.

d) são nações soberanas e independentes: Vaticano, Andorra e Groelândia.

118. **(Ieses/TJ/CE/Cartórios/Ingresso/2018)** A União Europeia é uma união econômica e política que conta atualmente com 28 Estados-membros, entre eles Alemanha, França e o Reino Unido. A respeito da União Europeia e o que se convencionou chamar de "Brexit", é correto afirmar:

a) em junho de 2016, por meio de uma consulta popular, o povo Europeu aprovou o que se denomina "Brexit", ou seja, a divisão da União Europeia em dois blocos, um composto pelos países do norte europeu e outro, por sua vez, composto pelos países do sul europeu, incluindo a Turquia.

b) o acordo "Brexit", o qual trata das cotas de imigrantes africanos que cada país do bloco europeu deverá receber nos próximos 5 anos, terá seus termos definidos por todos os estados-membros da União Europeia.

c) o termo "Brexit", na verdade, define o fechamento das fronteiras da União Europeia aos imigrantes de países que não fazem parte do bloco Europeu.

d) o "Brexit", que significa a saída do Reino Unido da União Europeia, deverá ser precedido de um amplo acordo com os demais integrantes do bloco Europeu, onde inúmeras questões envolvendo tal transição haverão de ser debatidas. Um dos principais pontos em discussão será o direito de permanência dos cidadãos europeus que hoje residem no Reino Unido.

119. **(Ieses/TJ/CE/Cartórios/Ingresso/2018)** Segundo relatório da Agência da ONU para Refugiados (ACNUR), ao final de 2016, cerca de 65,6 milhões de pessoas, ou uma em cada 113 em todo mundo, foram forçadas a deixar seus locais de origem por diferentes tipos de conflitos. Desses, cerca de 22,5 milhões são refugiados e 2,8 milhões são solicitantes de reconhecimento da condição de refugiado. O documento mostrou que 55% dos refugiados no mundo vieram dos seguintes países:

I. Líbano.

II. Síria.

III. Afeganistão.

IV. Sudão do Sul.

A sequência correta é:

a) apenas as assertivas II e III estão corretas.

b) apenas as assertivas I e IV estão corretas.

c) as assertivas I, II, III e IV estão corretas.

d) apenas a assertiva I está incorreta.

120. **(Ieses/TJ/AM/Cartórios/Remoção/2018)** O fluxo migratório recente de venezuelanos ao Brasil em busca de refúgio ou de oportunidades de sobrevivência vem gerando tensão na recepção e acolhimento em cidades do estado fronteiriço de Roraima e leva seus gestores a cobrar medidas do Governo Federal, entre as quais a redistribuição geográfica desses migrantes para outras partes do país. Os venezuelanos acabaram trazendo ao nosso território nacional uma doença que havia sido erradicada no Brasil em 2001. A doença em questão é:

a) a malária.

b) a febre amarela.

c) a dengue.

d) o sarampo.

121. **(Consulplan/TJ/MG/Cartórios/Remoção/2018)** A presidência do Conselho da União Europeia é exercida em regime rotativo pelos Estados-Membros da UE por períodos de seis meses. Durante cada semestre, a presidência dirige as reuniões a todos os níveis no Conselho, contribuindo assim para garantir a continuidade dos trabalhos da UE no Conselho. Os Estados-Membros que exercem a presidência trabalham em estreita cooperação em grupos de três, chamados "trios". Este sistema foi instituído pelo Tratado de Lisboa em 2009. O trio fixa os objetivos a longo prazo e prepara uma agenda comum que estabelece os temas e as principais questões que o Conselho irá tratar ao longo de um período de 18 (dezoito) meses. Com base nesse programa, cada um dos 3 (três) países prepara o seu próprio programa semestral mais detalhado. O trio atual é constituído pelas presidências da:

a) Itália, da França e da Áustria.

b) Estônia, da Bulgária e da Áustria.

c) Sérvia, da Bulgária e da Alemanha.

d) Alemanha, da Áustria e da Estónia.

5. HISTÓRIA

◉ ATENÇÃO: ESTE TEMA É MUITO EXIGIDO NOS CONCURSOS!

✱ QUESTÕES OBJETIVAS

122. **(Consulplan/TJ/MG/Cartórios/Ingresso/2018)** "A cerimônia de posse foi uma cena teatral, de caráter jurídico: uma cerimônia com a intenção cartorial de ser ato de Direito Internacional.(...) participa dessa ficção jurídica: ato cartorial de declaração de propriedade, num lugar onde não havia cartório algum. Declarava-se a propriedade sobre uma ilha, e não havia ilha; não só havia ficção quanto ao objeto, mas se inventava uma repartição pública, para cumprir a ficção de uma partilha papal do planeta, com a ficção de um desvio de rota, pela ficção da vontade divina. O direito de propriedade pretendia basear-se numa posse – o uti possidetis – o 'como possuis' do que não se possuía nem se sabia o que era. A posse do território era uma ficção (...) O sistema de propriedade rural brasileiro constrói-se à base dessa ficção: e com ele o sistema de poder e de organização social." (Fonte: Kothe, Flávio R. O Cânone Colonial. Editora UnB, 1997.) Do trecho transcrito, depreende-se que o autor discorre sobre o documento (omitido na transcrição):

a) a Carta de Pero Vaz de Caminha.

b) a Carta de Doação da Capitania Hereditária do Espírito Santo, cujo território estendia-se do litoral do hoje estado do Espírito Santo até a atual região do Triângulo Mineiro, no estado de Minas Gerais.

c) uma específica Carta de Sesmaria tendo por objeto uma gleba de terras, inicialmente tida por uma ilha, que, mais tarde, adquiriu natureza jurídica de terreno de marinha, localizado no atual estado do Espírito Santo.

d) o Tratado de Tordesilhas, assinado na povoação castelhana de Tordesilhas em 7 de junho de 1494, celebrado entre o Reino de Portugal e a Coroa de Castela para dividir as terras "descobertas e por descobrir" por ambas as Coroas fora da Europa.

123. **(Cespe/TJ/PI/Cartórios/Ingresso/2013)** Em 5/10/2013, a CF completou vinte e cinco anos. Elaborada para ser o instrumento jurídico-político da nova ordem democrática brasileira, após duas décadas de regime autoritário, a CF tem, particularmente no artigo 5º, que trata dos direitos e garantias individuais e coletivos, sua marca registrada. Essa característica levou o presidente da constituinte, o deputado Ulysses Guimarães, a chamá-la de:

a) carta magna.

b) constituição liberal.

c) constituição viva.

d) constituição cidadã.

e) carta parlamentar.

124. **(Cespe/TJ/ES/Cartórios/Ingresso/2013)** Sete anos após sua promulgação, a lei voltada para a proteção das mulheres, especialmente no que se refere à violência doméstica, apresenta falhas em sua execução, como aponta o relatório final da Comissão Parlamentar de Inquérito da Violência contra a Mulher, entregue à presidenta da República em agosto de 2013. Esse instrumento legal ficou conhecido como:

a) Lei de Emancipação Feminina.

b) Lei de Defesa da Família.

c) PEC do Trabalho Escravo.

d) Lei Maria da Penha.

e) PEC das Domésticas.

125. **(Cespe/TJ/ES/Cartórios/Remoção/2013)** Sua criação significou a superação de históricas divergências e animosidades entre países. Apesar das inúmeras dificuldades ao longo do processo de sua formação, o número de seus integrantes ampliou consideravelmente e a moeda adotada pela maioria de seus membros mantém-se de pé. Em 2012, ganhou o prêmio Nobel da Paz. Trata-se da:

a) União Sul-Africana.

b) Organização Mundial do Comércio.

c) Organização das Nações Unidas.

d) União dos países exportadores de petróleo.

e) União Europeia.

126. **(TJ/SC/Cartórios/Ingresso/2012)** A Semana de Arte Moderna completou 90 anos em 2012 e representou um marco, verdadeiro ponto de inflexão no modo de ver o Brasil. Desse modo, assinale a afirmação incorreta:

a) atribui-se como um dos eventos que desencadearam a Semana de Arte Moderna de 1922 as duras críticas do escritor Monteiro Lobato a exposição da artista plástica Anita Malfatti em 1917.

b) a Semana de Arte Moderna de 1922, realizada em São Paulo, no Teatro Municipal, teve como propósito renovar, transformar o contexto artístico e cultural urbano, tanto na literatura quanto nas artes plásticas, na arquitetura e na música. Mudar, subverter uma produção artística, criar uma arte essencialmente brasileira, embora em sintonia com as novas tendências europeias, essa era basicamente a intenção dos modernistas.

c) apesar de pregar ideias e conceitos novos, a Semana de Arte Moderna obteve apoio imediato de público e crítica por contar com a participação de escritores consagrados como Mário de Andrade, Graça Aranha e Álvares de Azevedo.

d) paulo Menotti Del Picchia foi um poeta, jornalista, tabelião, advogado, político, romancista, cronista, pintor e ensaísta brasileiro. Ele teve destacada atuação no movimento modernista e uma de suas principais obras foi o poema "Juca Mulato".

e) a Semana de Arte Moderna, realizada em São Paulo no ano de 1922, declara o rompimento com o tradicionalismo cultural associado às correntes literárias e artísticas anteriores: o parnasianismo, o simbolismo e a arte acadêmica.

127. **(TJ/SC/Cartórios/Remoção/2012)** O reconhecimento da existência do Estado da Palestina, tendo por território as fronteiras de 4 de junho de 1967, ou seja, anteriores à Guerra dos Seis

Dias entre árabes e israelenses, e por capital Jerusalém, é uma antiga reivindicação do povo palestino que não é implementada devido à discordância de um dos países ou organizações abaixo:

a) Autoridade Nacional Palestina – ANP.
b) Hamas.
c) Egito.
d) Israel.
e) Liga Árabe.

128. **(Consulplan/TJ/MG/Cartórios/Ingresso/2015)** Leia as assertivas abaixo a respeito de história do Brasil, literatura brasileira e atualidades mundiais.

I. foram presidentes do Brasil: João Café Filho, Carlos Frederico Werneck de Lacerda e João Belchior Marques Goulart.

II. João Guimarães Rosa, consagrado escritor mineiro, é autor de Grande Sertão: Veredas, seu único romance.

III. a Inglaterra, apesar de participar do bloco econômico denominado União Europeia, ainda mantém sua moeda nacional, a libra esterlina.

A respeito das assertivas, está correto o que se afirma em:

a) I e II, apenas.
b) I e III, apenas.
c) II e III, apenas.
d) I, II e III.

129. **(Ieses/TJ/PA/Cartórios/Remoção/2016)** Os telejornais têm sido preenchidos há anos todos os dias com imagens de violência e histórias de tragédias humanas vindas da Síria. Um dos fatores por trás dessa crise é a guerra civil que começou ali em março de 2011. O conflito fratricida foi estimulado, entre outras causas, por uma luta étnica e política entre a oposição sunita e o regime do presidente Bashar al-Assad. Assinale a alternativa correta:

a) a crise na Síria é o único motivo da atual migração em massa de pessoas do Oriente Médio para a Europa. E nem a Europa é o único destino dos refugiados no mundo, embora seja, atualmente, um dos mais visados. É o caso de pessoas de diversas nacionalidades que cruzam diariamente o Mar Mediterrâneo com o objetivo de chegar à costa de algum país europeu (em especial, a Grécia e a Itália). Elas fazem isso usando botes sem nenhuma segurança, fornecidos por traficantes o que costuma levar a naufrágios com dezenas de mortes.

b) a crise na Síria é o único motivo da atual migração em massa de pessoas do Oriente Médio para a Europa. E a Europa é o único destino dos refugiados no mundo. É o caso de pessoas de diversas nacionalidades que cruzam diariamente o Mar Mediterrâneo com o objetivo de chegar à costa de algum país europeu (em especial, a Grécia e a Itália). Elas fazem isso usando botes sem nenhuma segurança, fornecidos por traficantes o que costuma levar a naufrágios com dezenas de mortes.

c) a crise na Síria não é motor da atual migração em massa de pessoas do Oriente Médio para a Europa. E a Europa é o único destino dos refugiados no mundo. É o caso de pessoas de diversas nacionalidades que cruzam diariamente o Mar Mediterrâneo com o objetivo de chegar à costa de algum país europeu (em especial, a Grécia e a Itália). Elas fazem isso usando botes sem nenhuma segurança, fornecidos por traficantes o que costuma levar a naufrágios com dezenas de mortes.

d) a crise na Síria é um dos principais motores da atual migração em massa de pessoas do Oriente Médio para a Europa. Mas não é o único. E nem a Europa é o único destino dos refugiados no mundo, embora seja, atualmente, um dos mais visados. É o caso de pessoas de diversas nacionalidades que cruzam diariamente o Mar Mediterrâneo com o objetivo de chegar à costa de algum país europeu (em especial, a Grécia e a Itália). Elas fazem isso usando botes sem nenhuma segurança, fornecidos por traficantes o que costuma levar a naufrágios com dezenas de mortes.

130. **(Ieses/TJ/PA/Cartórios/Ingresso/2016)** Um dos conflitos que mais gera tensões e preocupações em todo o mundo, ocupando de forma recorrente as manchetes de jornais há décadas, é o que envolve judeus e muçulmanos no território de enclave entre Israel e Palestina. Sobre o tema é falso afirmar que:

a) o grupo Hamas é um movimento de resistência islâmica que surgiu após a primeira intifada (revolta palestina) contra a ocupação israelense na Cisjordânia e Faixa de Gaza. Ele luta pela formação do Estado Independente da Palestina e se opõe à existência do Estado de Israel.

b) a Faixa de Gaza é composta por uma estreita faixa de terra localizada na costa oriental do Mar Mediterrâneo, no Oriente Médio, que faz fronteira com o Egito e com Israel. O território tem pouco mais de quarenta quilômetros de comprimento.

c) atualmente a Faixa de Gaza é governada por Israel, que nomeia seu governador geral.

d) o sionismo – ou movimento sionista – refere-se à luta histórica dos judeus em busca da Terra Prometida, consolidada com a construção do Estado de Israel.

131. **(Ieses/TJ/PA/Cartórios/Ingresso/2016)** Leia o texto abaixo e responda a questão. "Fuzileiros que baixaram bandeira dos EUA em Havana regressam à ilha. Por volta do meio-dia do dia 4 de janeiro de 1961, depois de passar a manhã queimando documentos do governo em um incinerador, três fuzileiros navais que faziam parte do destacamento de segurança da embaixada dos Estados Unidos em Havana voltaram sua atenção a uma tarefa solene: baixar a bandeira norte americana. (...). Tracy saudou a bandeira enquanto Larry Morris operava o cabo para baixá-la. Assim que ela chegou ao alcance dos fuzileiros, Mike East apanhou as pontas da bandeira e seus dois camaradas se aproximaram para ajudar a dobrá-la. 'Sempre que você baixa a bandeira pela última vez, é simbólico', disse Tracy, 78. (...). Os três fuzileiros navais realizarão agora um velho sonho ao voltar a Havana com o secretário de Estado Jonh Kerry, que visitará Cuba para marcar o restabelecimento de relações diplomáticas entre o país e os Estados Unidos. O governo norte-americano convidou os três militares para que hasteiem a bandeira uma vez mais. 'Estamos fazendo algo que não muitos fuzileiros navais fizeram', disse Morris, 75. 'É emocionante'." Folha de São Paulo on-line, 13.08.2015. Acessado em 8.01.2016 às 14h. Adaptado:

a) notícia acima, veiculada no ano que passou, relata um momento histórico na relação entre Cuba e EUA, marcada por décadas de impasses diplomáticos. Sobre a conturbada relação entre os dois países, é incorreto afirmar que:

a) o presidente dos EUA Barack Obama e o presidente de Cuba Raúl Castro anunciaram o restabelecimento total das relações diplomáticas entre os dois países, assim como a reabertura da embaixada norte-americana em Havana – e sua contrapartida em Washington.

b) cuba não consta mais da lista norte-americana de Estados que financiam e apoiam o terrorismo.

c) o reatamento das relações diplomáticas entre os dois países foi celebrado pelo secretário-geral das Nações Unidas, Ban ki-Moon e também por líderes de vários outros países. Quem não se surpreendeu com o anúncio foi o primeiro-ministro do Canadá, que trabalhou secretamente neste acordo entre cubanos e americanos por um ano e meio. Outra peça importante foi o Papa Francisco, que trocou mensagens com os presidentes de Cuba e dos Estados Unidos. O Vaticano, inclusive, foi sede de um encontro de emissários dos dois países.

d) com as relações diplomáticas restauradas, estão finalmente reestabelecidas as relações comerciais entre os dois países, tendo fim o embargo estadunidense em relação a Cuba, conhecido neste país como "el bloqueo", que consistiu em uma interdição de caráter econômico, financeiro e comercial imposta pelos EUA ao governo cubano há mais de cinquenta anos.

132. **(Faurgs/TJ/RS/Cartórios/Remoção/2015)** O reatamento recente das relações diplomáticas entre Cuba e Estados Unidos é um dos fatos históricos mais marcantes do ano. A respeito disso, pode-se afirmar que:

a) foi encerrado, com essa aproximação, o embargo econômico imposto, em 1962, por John Kennedy.

b) a maioria republicana do Congresso norte-americano aprova as relações bilaterais EUA-Cuba.

c) a reaproximação em andamento significa sintonia diplomática.

d) john Kerry foi o primeiro secretário de estado americano em missão oficial a visitar Cuba desde 1945.

133. **(Ieses/TJ/MS/Cartórios/Remoção/2014)** Prêmio Nobel da Paz por sua luta contra a violência racial na África do Sul, Nelson Mandela, Madiba, como era chamado na sua terra natal, foi o grande líder e defensor do movimento Anti Apartheid, passou 27 anos preso e se tornou o primeiro presidente negro daquele país. Quanto ao Apartheid, sistema de organização política implantado na África do Sul a partir de 1948 é correto afirmar:

I. proibia o casamento entre brancos e negros.

II. proibia a livre circulação de negros, sendo necessária a obtenção de um documento que autorizava o deslocamento.

III. determinava que todos os registros (certidão de nascimento, identidade, entre outros) deveriam conter expressa a raça, ou seja, branco ou negro.

IV. proibia negros no uso de determinadas instalações públicas (bebedouros, banheiros públicos).

A sequência correta é:

a) apenas os itens I e II estão corretos.
b) apenas os itens II e IV estão corretos.
c) apenas os itens II e III estão corretos.
d) os itens I, II, III e IV estão corretos.

134. **(Ieses/TJ/PB/Cartórios/Remoção/2014)** Sobre a Renúncia do Papa Bento XVI, ocorrida no ano de 2013, podemos afirmar:

I. a renúncia ocorreu no meio de uma reunião de cardeais, com alegações pessoais por parte do renunciante.

II. a renúncia do Papa Bento XVI foi fundamental para o início da solução da crise na União Europeia; tanto que após a renúncia o mesmo passou a viver na Ásia.

III. o Papa Bento XVI foi o primeiro pontífice em 600 anos a abrir mão do trono de São Pedro.

IV. dentre os motivos da renúncia estão vazamentos, intrigas e até uma crise econômica na Santa Sé.

A sequência correta é:

a) apenas a assertiva II está correta.
b) apenas as assertivas II e IV estão corretas.
c) as assertivas I, II, III e IV estão corretas.
d) apenas as assertivas I, III e IV estão corretas.

135. **(FMP/TJ/MT/Cartórios/Ingresso/2014)** Analise as seguintes afirmativas.

I. o primeiro europeu a desbravar a área que viria a constituir o estado do Mato Grosso foi o português Aleixo Garcia.

II. às margens do Coxipó e do Cuiabá, Cabral Leme descobriu abundante jazida de ouro, cuja notícia ocasionou a corrida do ouro.

III. um alvará de Dom Pedro I criou a Capitania de Cuiabá, com privilégios e isenções para aqueles que lá quisessem fixar-se, com o objetivo de fortalecer a colônia do Mato Grosso.

Está(ão) correta(s) apenas a(s) afirmativa(s):

a) I e II.
b) II e III.
c) I e III.
d) I.
e) II.

136. **(FMP/TJ/MT/Cartórios/Remoção/2014)** Analise as seguintes afirmativas.

I. em 8 de abril de 1719, foi lavrado o termo de fundação do Arraial de Cuiabá.

II. o Tratado de Madri, de 1750, não reconheceu as conquistas bandeirantes na região do Mato Grosso, para dirimir questões de limites entre Portugal e Espanha.

III. em 1977, a parte sul do estado foi legalmente desmembrada, formando, assim, um novo estado, o Mato Grosso do Sul – o que na prática só se daria em 1979.

Está(ão) correta(s) apenas a(s) afirmativa(s):

a) I e II.
b) II e III.
c) I e III.
d) I.
e) II.

137. **(IBFC/TJ/PR/Cartórios/Remoção/2014)** A Convenção Americana sobre Direitos Humanos (Pacto de San José da Costa Rica) estabelece no seu art. 1º, que "os Estados-partes nesta Convenção comprometem-se a respeitar os direitos e liberdades nela reconhecidos e a garantir seu livre e pleno exercício a toda pessoa que esteja sujeita à sua jurisdição, sem discriminação alguma, por motivo de raça, cor, sexo, idioma, religião, opiniões políticas ou de qualquer outra natureza, origem nacional ou social, posição econômica, nascimento ou qualquer outra condição social". Assinale a resposta incorreta:

a) a proteção da Convenção Americana independe da nacionalidade da vítima.
b) a vítima de violação de direitos humanos deve residir no Estado-parte para estar sujeita à sua jurisdição.
c) nacionais e estrangeiros que sofram violação a direitos humanos no território de um Estado-parte estão protegidos pela Convenção.
d) apátridas que sofram violação a direitos humanos no território de um Estado-parte estão protegidos pela Convenção.

138. **(IBFC/TJ/PR/Cartórios/Ingresso/2014)** "O dia 29 de novembro de 1807 amanheceu ensolarado em Lisboa. Uma brisa leve soprava do leste. (...). Às 7h da manhã, a nau Príncipe Real inflou as velas e começou a deslizar em direção ao Atlântico. Levava a bordo o príncipe regente, D. João, sua mãe, a rainha louca D. Maria I, e os dois herdeiros do trono, os príncipes D. Pedro e D. Miguel.(...)" (Gomes, Laurentino. '1.808 (...)', Ed. Planeta, São

Paulo, 2007, p. 67). O excerto acima narra a fuga de Portugal rumo ao Brasil, pela família real portuguesa. Acerca do episódio que alterou os rumos da história de nosso País e os seus desdobramentos, assinale a alternativa incorreta:

a) o agente da fuga foi Napoleão, que dera um ultimato a D. João VI para que rompesse relações com a Inglaterra e, diante da inércia deste último, invadiu Portugal.

b) chegando ao Brasil, em 1.808, D. João VI mandou abrir os portos do País às nações amigas, dentre elas Inglaterra e Espanha.

c) ainda em 1.808, foi fundado o Banco do Brasil que, no entanto, acabou sendo liquidado em 1829.

d) durante a estadia da corte portuguesa além-mar, o Brasil foi elevado a Reino Unido a Portugal e Algarves.

139. **(IBFC/TJ/PR/Cartórios/Ingresso/2014)** Sobre a Segunda Guerra Mundial (1939/1945), assinale a alternativa incorreta:

a) uma de suas causas foram as severas sanções pecuniárias impostas pelo Tratado de Versalhes à Alemanha e seus aliados, comprometendo a sua economia, elevando a inflação a índices astronômicos e gerando um arraigado sentimento de humilhação nos alemães e a exacerbação do nacionalismo, possibilitando a ascensão de Hitler e do Partido Nazista ao poder.

b) o evento que deflagrou o conflito foi o ataque japonês à base americana de Pearl Harbor, situada no Oceano Pacífico.

c) o conflito envolveu basicamente dois grupos: o Eixo (integrado por Alemanha, Itália e Japão) e os Aliados (entre eles: Inglaterra, Estados Unidos, França e União Soviética).

d) com a vitória aliada, foi dissolvido o Terceiro Reich e dividida a Alemanha (Oriental e Ocidental), criada a ONU-Organização das Nações Unidas e iniciada a Guerra Fria, diante do estabelecimento dos Estados Unidos e da União Soviética como superpotências.

140. **(Cespe/TJ/BA/Cartórios/Ingresso/2013)** É um dos mais isolados países da atualidade. Extremamente pobre, mas dono de arsenal atômico, divide a península em que está localizado com o vizinho próspero e democrático. Sua capital é Pyongyang, e o poder ditatorial, que passa de pai para filho, é hoje exercido por Kim Jong-um. Esse país chama-se:

a) Coreia do Norte.

b) Indonésia.

c) Coreia do Sul.

d) Vietnam.

e) Laos.

141. **(Cespe/TJ/BA/Cartórios/Ingresso/2013)** Uma infecção pulmonar levou-o a ficar internado em hospital por cerca de três meses em 2013. Ele chega aos noventa e cinco anos de idade tendo se transformado numa das personalidades mais conhecidas e admiradas no mundo. Referência na luta contra a segregação racial, ficou preso por quase três décadas e chegou à presidência de seu país, na extremidade meridional do continente africano. Essas informações dizem respeito a:

a) Desmond Tutu.

b) Agostinho Neto.

c) Nelson Mandela.

d) Gamal Abdel Nasser.

e) Yasser Arafat.

142. **(Cespe/TJ/BA/Cartórios/Remoção/2013)** Em agosto de 2013, o presidente Barack Obama presidiu a cerimônia de comemoração dos cinquenta anos da Marcha sobre Washington, marco da luta pela igualdade dos direitos civis em seu país. Na ocasião da marcha, em discurso que eletrizou a multidão, um pastor religioso, defensor da não violência como caminho para a vitória da causa que defendia, falava do sonho de ver uma América cujos filhos conviveriam em harmonia, independentemente da cor da pele. Esse pastor chamava-se:

a) Martin Luther King.

b) D. Eisenhower.

c) Franklin D. Roosevelt.

d) Nelson Mandela.

e) Mahatma Gandhi.

143. **(Cespe/TJ/SE/Cartórios/Remoção/2014)** Terremoto, epidemia de cólera e avanços muito limitados marcam os dez anos da atuação da missão da Organização das Nações Unidas no país com o menor índice de desenvolvimento humano das Américas, de onde têm partido inúmeros migrantes em direção ao Brasil, que fazem do Acre sua porta de entrada. O país a que esse texto se refere é:

a) Venezuela.

b) Cuba.

c) Nicarágua.

d) República Dominicana.

e) Haiti.

144. **(Ieses/TJ/PB/Cartórios/Ingresso/2014)** De 1999 a 2013, Hugo Chávez presidiu a Venezuela, país vizinho. Chávez, que se pretendia comandante vitalício do país, subjugou as instituições, expropriou empresas e demonizou o capitalismo. Tudo em nome da "revolução bolivariana", do "socialismo do século XXI". A morte de Chávez acelerou um processo de autodestruição e a Venezuela, sob o Governo do novo Presidente Nicolás Maduro, tem sido palco de barbaridades, onde os embates entre as forças governamentais e civis já registraram mortes e as organizações de direitos humanos contabilizaram centenas de detenções e dezenas de torturados. Em relação à situação da Venezuela não é correto afirmar que:

a) as manifestações foram iniciadas por chavistas que eram contra o Governo de Nicolás Maduro.

b) para exaltar o Presidente Maduro, a Presidente Dilma Rousseff disse que se deveria levar em conta o que ela chamou de ganhos em saúde e educação.

c) ao se pronunciar sobre a Venezuela, a Presidente Dilma Rousseff, que foi torturada pelo regime militar brasileiro no início da década de 70, ignorou a própria história e disse que não cabe ao Brasil discutir a história da Venezuela.

d) nas ruas, os civis pedem democracia, paz e liberdade de expressão.

145. **(Consulplan/TJ/MG/Cartórios/Ingresso/2017)** Acerca da História Mundial, marque a alternativa que contém todas as associações corretas:

a) união ibérica foi união política e econômica da península ibérica de 1580 a 1640, resultado da união dinástica entre as monarquias de Portugal e da Espanha.

b) na década de 30 eram líderes de seus países: no Brasil, Getúlio Vargas; Alemanha, Adolf Hitler; União Soviética, Lenin; Itália, Benito Mussolini.

c) na época dos grandes descobrimentos, Vasco da Gama descobriu uma rota marítima para as Índias; e Bartolomeu Dias organizou a primeira viagem de circum-navegação do globo.

d) após a Revolução Francesa, a Monarquia Francesa foi deposta e nunca mais regressou ao poder.

146. **(Consulplan/TJ/MG/Cartórios/Remoção/2017)** Acerca da História Mundial, assinale a alternativa correta:

a) foi durante o reinado de Alexandre, o Grande, que o Império Romano alcançou o seu apogeu.

b) durante a primeira Guerra Mundial, a chamada tríplice entente compreendia o Reino Unido, a França e o Império Russo.

c) durante a segunda Guerra Mundial, as Potências do Eixo eram a Alemanha, a Itália e a Rússia.

d) atualmente, diversos países que integraram a União Soviética fazem parte da Organização do Tratado do Atlântico Norte – OTAN, inclusive a própria Rússia.

147. **(Ieses/TJ/CE/Cartórios/Ingresso/2018)** A criação do Estado de Israel, oriunda da partição da palestina britânica, completou 70 anos em 2018. O nome do diplomata brasileiro, considerado fundamental na criação do Estado de Israel e que, inclusive, possui uma praça com seu nome no centro de Jerusalém, é:

a) Rui Barbosa de Oliveira.

b) João Augusto de Araújo Castro.

c) Oswaldo Aranha.

d) Antônio Francisco Azeredo da Silveira.

148. **(Ieses/TJ/AM/Cartórios/Remoção/2018)** Barack Obama, enquanto presidente dos Estados Unidos, viajou para Cuba, consolidando um novo momento na relação diplomática entre os países. Já havia decorrido 88 anos que um líder americano não pisava na ilha, devido aos embargos econômicos e diplomáticos estabelecidos após a revolução comunista de 1959. A visita de Obama a Cuba ocorreu:

a) no primeiro semestre o ano de 2017.

b) no segundo semestre do ano 2015.

c) no primeiro semestre o ano de 2016.

d) no primeiro semestre do ano 2015.

149. **(Ieses/TJ/AM/Cartórios/Remoção/2018)** O segundo maior poluidor do planeta, os EUA, abandonaram em junho de 2017, o acordo climático que estabelece metas de redução das emissões de gases do efeito estufa. O texto acima se refere a que acordo climático:

a) Acordo Climático de Paris.

b) Acordo Climático de Berlin.

c) Protocolo de Kyoto.

d) Declaração de Copenhague.

150. **(Vunesp/TJ/SP/Cartórios/Ingresso/2018)** Dentre as minorias étnico-religiosas perseguidas e massacradas mais recentemente ao redor do mundo, destacam-se os rohingyas. Esse conflito ocorre:

a) no Brunei, e os rohingyas fogem para a Indonésia.

b) na Indonésia, e os rohingyas fogem para a Malásia.

c) em Mianmar, e os rohingyas fogem para Bangladesh.

d) na Somália, e os rohingyas fogem para a Etiópia.

151. **(Consulplan/TJ/MG/Cartórios/Remoção/2018)** A política do café com leite foi um acordo firmado entre as oligarquias estaduais e o governo federal:

a) durante a República Velha para que os presidentes da República fossem escolhidos entre os políticos de São Paulo e Minas Gerais. Portanto, ora o presidente seria paulista, ora mineiro. O nome desse acordo era uma alusão à economia de São Paulo e Minas, grandes produtores, respectivamente, de café e leite.

b) durante a Nova República para que os presidentes da República fossem escolhidos entre os políticos de São Paulo e Minas Gerais. Portanto, ora o presidente seria paulista, ora mineiro. O nome desse acordo era uma alusão à economia de São Paulo e Minas, grandes produtores, respectivamente, de café e leite.

c) durante a República Velha para que os presidentes da República fossem escolhidos entre os políticos de São Paulo e Minas Gerais. Portanto, ora o presidente seria paulista, ora mineiro. O nome desse acordo era uma alusão à economia de São Paulo e Minas, grandes produtores, respectivamente, de leite e café.

d) durante a Nova República para que os presidentes da República fossem escolhidos entre os políticos de São Paulo e Minas Gerais. Portanto, ora o presidente seria paulista, ora mineiro. O nome desse acordo era uma alusão à economia de São Paulo e Minas, grandes produtores, respectivamente, de leite e café.

6. INFORMÁTICA

✱ QUESTÕES OBJETIVAS

152. **(FCC/TJ/PE/Cartórios/Ingresso/2013)** De acordo com as "Recomendações para digitalização de documentos arquivísticos permanentes", publicadas pelo Conselho Nacional de Arquivos em abril de 2010, a qualidade da imagem obtida depende das características dos equipamentos e dos procedimentos utilizados, e também:

a) da resolução óptica adotada no escaneamento, da profundidade de bits, dos processos de interpolação e dos níveis de compressão.

b) do valor que um documento possui em razão de seu conteúdo, das circunstâncias de sua produção e da presença de assinaturas e selo.

c) do conjunto de medidas legais destinadas a impedir a destruição, deterioração e distorção dos documentos em suporte-papel.

d) do uso de recursos computacionais para fazer com que a tecnologia atual possa aceitar as características de uma tecnologia obsoleta.

e) da criação de chave secreta para que somente os usuários autorizados possam ter acesso ao documento em sua forma integral.

153. **(FCC/TJ/PE/Cartórios/Ingresso/2013)** Em meio eletrônico, a atividade que estabelece relação única, exclusiva e intransferível entre uma chave de criptografia, de um lado, e uma pessoa física, jurídica, máquina ou aplicação, de outro, é conhecida como:

a) conversão.

b) chave pública.

c) identificador único.

d) trilha de auditoria.

e) certificação digital.

154. **(FCC/TJ/PE/Cartórios/Ingresso/2013)** O ciclo de vida de uma assinatura digital compreende as seguintes etapas:

a) produção, reprodução, compatibilização e anulação.

b) corrente, intermediária e permanente.

c) emissão, autenticação, microfilmagem e digitalização.

d) criação, verificação, armazenamento e revalidação.

e) transcrição, cópia, criptografia e arquivamento.

155. **(FCC/TJ/PE/Cartórios/Remoção/2013)** Na terminologia adotada pela Infraestrutura de Chaves Públicas Brasileira, entende-se por documento eletrônico a unidade de registro de informações:

a) em suporte diferente do papel.

b) codificada por meio de dígitos binários.

c) acessível por meio de equipamento eletrônico.

d) cujas cifras se tornaram inteligíveis.

e) de teor confidencial e acesso limitado.

156. (FCC/TJ/PE/Cartórios/Remoção/2013) Um dos atributos da assinatura digital é o fato de:

a) dispensar algoritmos de criptografia.

b) ser única para cada documento.

c) impedir a verificação da integridade do documento.

d) não comprovar a origem do documento.

e) admitir múltiplos emitentes.

157. (FCC/TJ/PE/Cartórios/Remoção/2013) A fim de permitir a precisa localização dos documentos armazenados em meio eletrônico, óptico ou equivalente, os órgãos da administração pública e as empresas privadas deverão adotar, conforme a Lei n. 12.682, de 9 de julho de 2012, que dispõe sobre a elaboração e o arquivamento de documentos em meios eletromagnéticos, sistema de:

a) indexação.

b) preservação.

c) conversão.

d) exportação.

e) hipertexto.

7. TEMAS LABORAIS

* QUESTÕES OBJETIVAS

158. (Ieses/TJ/PA/Cartórios/Remoção/2016) A Comissão de Assuntos Sociais (CAS) aprovou, em agosto de 2015, a regulamentação da profissão de detetive particular, através do PLC 106/2014. Pelo texto, o detetive particular deverá concluir curso de profissionalização em "atividade de coleta de dados e informações de interesse privado", com carga de 600 horas, em nível médio ou equivalente. Conhecimentos de direito penal, processual penal, constitucional, civil e direitos humanos devem integrar o currículo. O detetive particular:

a) poderá atuar em situações de busca de informações sobre infrações administrativas ou quebras de contrato; suspeita de conduta lesiva à saúde e integridade física; que investigue a idoneidade de empregados e violação de obrigações trabalhistas; relacionadas a questões familiares, conjugais e de filiação; e de desaparecimento e localização de pessoas ou animais.

b) poderá atuar apenas em situações de busca de informações sobre infrações administrativas ou quebras de contrato; que investigue a idoneidade de empregados e violação de obrigações trabalhistas.

c) poderá atuar apenas em situações relacionadas a questões familiares, conjugais e de filiação; e de desaparecimento e localização de pessoas ou animais.

d) poderá atuar apenas em situações de suspeita de conduta lesiva à saúde e integridade física relacionadas a questões familiares, conjugais e de filiação.

159. (Ieses/TJ/MS/Cartórios/Ingresso/2014) A Proposta de Emenda Constitucional n. 66/2012, conhecida como "PEC das Domésticas", foi bastante celebrada e debatida em razão do seu conteúdo, que, em linhas gerais, é o reconhecimento de direitos trabalhistas aos(às) empregados(as) domésticos(as). A resultante Emenda à Constituição de número 72 depende de regulamentação para plena vigência daquilo previsto pela PEC das Domésticas aprovada. Tal regulamentação está prevista para 2014. Mas a efetividade de alguns direitos já passou a valer em 2013, imediatamente após a conversão da PEC em Emenda. As novas regras, que não dependem de regulamentação, já valem:

a) apenas para os(as) empregados(as) e diaristas que trabalham, no mínimo, três dias por semana na mesma residência.

b) somente para os(as) empregados(as) que dormem no emprego.

c) para os(as) empregados(as) exclusivamente, independente se dormem ou não no emprego.

d) para todos os profissionais de serviços domiciliares habituais, exemplos: babás, cuidadores(as) de idosos, jardineiros(as), empregados(as) e motoristas particulares} e de finalidade não lucrativa à pessoa ou à família, no âmbito residencial destas.

GABARITOS

1. REGISTROS PÚBLICOS									
1-B	2-C	3-D	4-C	5-C	6-E	7-C	8-C	9-C	10-B
11-B	12-D	13-B	14-A	15-C	16-B	17-A	18-D	19-C	20-A
21-E	22-D	23-B	24-D	25-B	26-A	27-B	28-D	29-D	30-D
31-A	32-C	33-B	34-D	35-A	36-B	37-C	38-B	39-B	40-A
41-C	42-D	43-E	44-B	45-D	46-B	47-D	48-B	49-C	50-C
51-C	52-D	53-A	54-C	55-B	56-D	57-C	58-B	59-C	60-B
61-A	62-B	63-B	64-A	65-D	66-A	67-D	68-C	69-C	70-A
71-D	72-C	73-C	74-B	75-C	76-C	77-D	78-B	79-C	80-D
81-B	82-D	83-C	84-B	85-B	86-E	87-A	88-B	89-A	90-B
91-A	92-A	93-A	94-A	95-A	96-A	97-B	98-B	99-B	100-E
101-D	102-C	103-C	104-A	105-D	106-C	107-B	108-D	109-A	110-C
111-B	112-A	113-B	114-D	115-C	116-B	117-C	118-B	119-C	120-C
121-E	122-A	123-D	124-A	125-B	126-C	127-C	128-A	129-C	130-C
131-D	132-A	133-C	134-B	135-B	136-A	137-E	138-E	139-A	140-B
141-A	142-B	143-B	144-D	145-A	146-C	147-B	148-A	149-D	150-C
151-C	152-C	153-C	154-A	155-B	156-B	157-B	158-C	159-D	160-D
161-C	162-B	163-D	164-D	165-A	166-C	167-C	168-D	169-A	170-B
171-C	172-A	173-B	174-C	175-A	176-B	177-B	178-D	179-A	180-A
181-C	182-A	183-D	184-C	185-B	186-E	187-D	188-B	189-B	190-A
191-B	192-B	193-D	194-A	195-D	196-B	197-B	198-E	199-C	200-D
201-C	202-D	203-B	204-A	205-C	206-D	207-C	208-A	209-C	210-D
211-D	212-B	213-E	214-B	215-C	216-C	217-E	218-A	219-C	220-C
221-A	222-B	223-B	224-C	225-A	226-B	227-D	228-A	229-C	230-A
231-B	232-C	233-D	234-B	235-C	236-B	237-B	238-A	239-B	240-D
241-A	242-B	243-D	244-A	245-A	246-D	247-A	248-D	249-C	250-A
251-B	252-D	253-B	254-D	255-B	256-C	257-B	258-D	259-D	260-D
261-A	262-E	263-B	264-D	265-B	266-D	267-A	268-A	269-B	270-A
271-B	272-A	273-C	274-D	275-A	276-B	277-B	278-B	279-B	280-B
281-A	282-E	283-B	284-D	285-D	286-A	287-C	288-D	289-D	290-C
291-C	292-D	293-C	294-B	295-C	296-D	297-A	298-D	299-C	300-B
301-D	302-B	303-C	304-A	305-E	306-D	307-B	308-E	309-A	310-E
311-B	312-E	313-D	314-B	315-D	316-D	317-B	318-B	319-D	320-C
321-B	322-A	323-D	324-A	325-D	326-B	327-D	328-D	329-C	330-D
331-C	332-B	333-C	334-C	335-A	336-B	337-E	338-A	339-C	340-D
341-D	342-A	343-D	344-D	345-B	346-C	347-A	348-C	349-D	350-B
351-D	352-D	353-C	354-E	355-C	356-B	357-C	358-B	359-E	360-A
361-D	362-C	363-D	364-C	365-C	366-D	367-A	368-C	369-B	370-D

371-C	372-D	373-C	374-A	375-D	376-D	377-B	378-D	379-A	380-D
381-E	382-C	383-E	384-A	385-A	386-E	387-D	388-A	389-B	390-C
391-D	392-B	393-E	394-B	395-E	396-B	397-A	398-B	399-D	400-A
401-D	402-B	403-C	404-A	405-E	406-A	407-A	408-C	409-A	410-D
411-D	412-B	413-D	414-C	415-C	416-B	417-C	418-D	419-C	420-B
421-D	422-B	423-C	424-A	425-C	426-A	427-C	428-D	429-C	430-B
431-C	432-C	433-D	434-B	435-C	436-A	437-E	438-B	439-D	440-D
441-B	442-A	443-B	444-A	445-B	446-A	447-A	448-C	449-A	450-B
451-D	452-C	453-A	454-C	455-A	456-B	457-C	458-C	459-B	460-D
461-C	462-A	463-A	464-B	465-D	466-B	467-C	468-A	469-A	470-D
471-A	472-E	473-C	474-E	475-D	476-B	477-B	478-C	479-B	480-A
481-C	482-C	483-A	484-B	485-A	486-A	487-D	488-B	489-B	490-C
491-D	492-D	493-C	494-D	495-C	496-B	497-B	498-D	499-B	500-B
501-A	502-B	503-A	504-D	505-C	506-A	507-C	508-B	509-D	510-D
511-B	512-A	513-B	514-E	515-E	516-B	517-A	518-C	519-A	520-A
521-C	522-D	523-A	524-A	525-C	526-D	527-D	528-B	529-B	530-B
531-C	532-D	533-D	534-B	535-C	536-D	537-B	538-C	539-E	540-E
541-E	542-D	543-C	544-C	545-C	546-C	547-B	548-A	549-D	550-A
551-D	552-C	553-B	554-D	555-E	556-C	557-D	558-D	559-E	560-C
561-A	562-C	563-C	564-A	565-D	566-C	567-C	568-B	569-C	570-A
571-A	572-E	573-D	574-C	575-E	576-C	577-C	578-C	579-C	580-E
581-D	582-D	583-C	584-B	585-A	586-B	587-B	588-E	589-A	590-B
591-A	592-E	593-C	594-D	595-B	596-B	597-A	598-C	599-D	600-B
601-C	602-D	603-C	604-C	605-A	606-E	607-A	608-A	609-B	610-D
611-C	612-D	613-A	614-E	615-C	616-A	617-D	618-B	619-A	620-D
621-D	622-A	623-C	624-C	625-A	626-D	627-A	628-E	629-B	630-D
631-C	632-B	633-D	634-C	635-C	636-A	637-A	638-C	639-A	640-A
641-B	642-C	643-D	644-D	645-C	646-D	647-B	648-C	649-A	650-C
651-D	652-D	653-D	654-D	655-C	656-A	657-E	658-A	659-C	660-B
661-E	662-B	663-A	664-D	665-D	666-E	667-A	668-A	669-B	670-D
671-A	672-B	673-A	674-B	675-A	676-D	677-A	678-D	679-B	680-A
681-E	682-B	683-A	684-A	685-D	686-D	687-B	688-D	689-E	690-D
691-B	692-D	693-B	694-D	695-C	696-C	697-A	698-E	699-C	700-A
701-C	702-C	703-C	704-D	705-B	706-D	707-A	708-D	709-A	710-B
711-C	712-C	713-A	714-B	715-B	716-A	717-B	718-B	719-B	720-B
721-D	722-B	723-C	724-E	725-B	726-A	727-B	728-A	729-A	730-D
731-C	732-D	733-A	734-C	735-D	736-B	737-A	738-B	739-D	740-D
741-D	742-D	743-D	744-C	745-B	746-B	747-C	748-B	749-B	750-C
751-A	752-D	753-D	754-C	755-B	756-C	757-C	758-D	759-A	760-B
761-B	762-D	763-D	764-B	765-C	766-B	767-D	768-D	769-A	770-D
771-C	772-B	773-C	774-D	775-D	776-C	777-A	778-D	779-A	780-D

781-B	782-C	783-D	784-D	785-D	786-C	787-C	788-B	789-A	790-A
791-A	792-A	793-C	794-B	795-A	796-C	797-C	798-C	799-A	800-C
801-C	802-B	803-B	804-B	805-E	806-B	807-C	808-A	809-A	810-D
811-A	812-C	813-A	814-B	815-E	816-E	817-A	818-B	819-A	820-C
821-C	822-A	823-B	824-C	825-A	826-A	827-B	828-B	829-B	830-C
831-C	832-C	833-B	834-B	835-E	836-A	837-D	838-B	839-B	840-A
841-C	842-D	843-E	844-D	845-D	846-B	847-A	848-A	849-E	850-B
851-A	852-C	853-A	854-C	855-A	856-B	857-A	858-D	859-B	860-C
861-B	862-D	863-A	864-B	865-B	866-A	867-C	868-C	869-D	870-A
871-D	872-B	873-A	874-B	875-D	876-C	877-B	878-E	879-B	880-D
881-B	882-D	883-C	884-D	885-A	886-A	887-B	888-D	889-B	890-A
891-A	892-E	893-E	894-B	895-C	896-C	897-B	898-A	899-C	900-D
901-A	902-A	903-A	904-E	905-B	906-B	907-B	908-C	909-B	910-A
911-A	912-C	913-A	914-D	915-B	916-D	917-D	918-C	919-A	920-D
921-A	922-B	923-B	924-A	925-D	926-A	927-B	928-E	929-C	930-C
931-D	932-D	933-A	934-B	935-A	936-A	937-A	938-A	939-C	940-D
941-A	942-D	943-A	944-B	945-E	946-A	947-A	948-C	949-A	950-A
951-E	952-A	953-A	954-B	955-C	956-A	957-D	958-B	959-A	960-D
961-A	962-B	963-B	964-A	965-A	966-B	967-D	968-D	969-C	970-C
971-D	972-B	973-A	974-B	975-A	976-D	977-A	978-B	979-A	980-A
981-D	982-A	983-C	984-E	985-D	986-D	987-D	988-C	989-A	990-C
991-C	992-B	993-A	994-C	995-C	996-A	997-D	998-A	999-B	1000-A
1001-A	1002-D	1003-A	1004-B	1005-D	1006-D	1007-B	1008-D	1009-A	1010-D
1011-B	1012-A	1013-D	1014-A	1015-D	1016-D	1017-C	1018-C	1019-A	1020-E
1021-B	1022-B	1023-D	1024-B	1025-B	1026-C	1027-E	1028-A	1029-C	1030-C
1031-A	1032-A	1033-E	1034-B	1035-D	1036-E	1037-C	1038-D	1039-C	1040-D
1041-E	1042-A	1043-B	1044-B	1045-A	1046-D	1047-A	1048-A	1049-A	1050-C
1051-A	1052-D	1053-B	1054-D	1055-D	1056-A	1057-D	1058-D	1059-A	1060-D
1061-A	1062-D	1063-D	1064-B	1065-C	1066-D	1067-B	1068-C	1069-D	1070-D
1071-C	1072-B	1073-A	1074-A	1075-C	1076-B	1077-A	1078-B	1079-B	1080-A
1081-B	1082-A	1083-C							

2. DIREITO ADMINISTRATIVO									
1-A	2-D	3-E	4-C	5-E	6-B	7-D	8-A	9-B	10-B
11-A	12-B	13-D	14-A	15-C	16-C	17-C	18-A	19-B	20-D
21-D	22-B	23-C	24-D	25-A	26-D	27-C	28-D	29-D	30-A
31-B	32-B	33-A	34-B	35-A	36-D	37-D	38-C	39-B	40-D
41-D	42-B	43-C	44-D	45-B	46-D	47-A	48-C	49-A	50-A
51-B	52-D	53-A	54-C	55-B	56-C	57-C	58-B	59-D	60-A
61-E	62-B	63-A	64-A	65-B	66-C	67-C	68-C	69-D	70-C
71-C	72-B	73-D	74-C	75-D	76-C	77-B	78-A	79-D	80-C
81-A	82-B	83-E	84-E	85-C	86-B	87-B	88-C	89-A	90-C
91-B	92-B	93-B	94-C	95-C	96-B	97-B	98-C	99-A	100-A
101-D	102-A	103-A	104-E	105-D	106-C	107-A	108-D	109-B	110-D
111-A	112-A	113-B	114-E	115-A	116-A	117-E	118-D	119-D	120-C
121-A	122-B	123-B	124-C	125-D	126-C	127-A	128-B	129-B	130-B
131-D	132-A	133-D	134-D	135-A	136-C	137-D	138-C	139-A	140-C
141-D	142-B	143-D	144-E	145-A	146-C	147-A	148-E	149-B	150-D
151-C	152-D	153-E	154-D	155-B	156-C	157-A	158-A	159-D	160-A
161-D	162-B	163-A	164-B	165-C	166-D	167-B	168-E	169-E	170-B
171-D	172-C	173-D	174-E	175-E	176-A	177-B	178-A	179-C	180-A
181-B	182-C	183-D	184-E	185-C	186-E	187-D	188-B	189-D	190-D
191-D	192-B	193-C	194-A	195-C	196-B	197-A	198-A	199-E	200-B
201-C	202-A	203-A	204-A	205-C	206-C	207-A	208-A	209-C	210-D
211-D	212-A	213-A	214-C	215-A	216-B	217-C	218-D	219-D	220-B
221-B	222-B	223-A	224-C	225-C	226-A	227-A	228-D	229-E	230-B
231-E	232-D	233-A	234-A	235-B	236-C	237-D	238-D	239-B	240-B
241-B	242-C	243-B	244-D	245-A	246-D	247-D	248-D	249-E	250-E
251-C	252-D	253-A	254-A	255-C	256-B	257-B	258-A	259-B	260-C
261-D	262-C	263-D	264-C	265-E	266-E	267-A	268-B	269-A	270-A
271-C	272-D	273-D	274-B	275-A	276-E	277-B	278-C	279-B	280-A
281-A	282-B	283-A	284-E	285-A	286-C	287-A	288-B	289-D	290-A
291-B	292-A	293-B	294-B	295-D	296-D	297-D	298-C	299-B	300-C
301-E	302-A	303-D	304-A	305-B	306-C	307-E	308-A	309-C	310-E
311-A	312-B	313-E	314-A	315-B	316-C	317-A	318-D	319-D	320-D
321-A	322-E	323-D	324-E	325-D	326-B	327-B	328-B	329-C	330-A
331-D	332-C	333-A	334-E	335-B	336-C	337-A	338-D	339-D	340-A
341-A	342-D	343-B	344-B	345-A	346-A	347-B	348-C	349-C	350-A
351-C	352-E	353-C	354-B	355-A	356-E	357-E	358-D	359-D	360-C
361-B	362-E	363-B	364-B	365-B	366-B	367-C	368-B	369-D	370-D

3. DIREITO CIVIL									
1-C	2-A	3-D	4-A	5-E	6-B	7-D	8-B	9-B	10-D
11-C	12-C	13-D	14-A	15-E	16-C	17-A	18-C	19-B	20-D
21-B	22-A	23-D	24-B	25-D	26-B	27-A	28-D	29-A	30-A
31-B	32-C	33-C	34-D	35-D	36-D	37-A	38-C	39-D	40-D
41-B	42-C	43-C	44-B	45-E	46-E	47-A	48-A	49-D	50-D
51-E	52-D	53-B	54-B	55-B	56-C	57-B	58-C	59-C	60-B
61-B	62-B	63-B	64-C	65-D	66-A	67-B	68-C	69-B	70-D
71-B	72-C	73-A	74-B	75-A	76-A	77-E	78-D	79-D	80-D
81-C	82-C	83-A	84-D	85-B	86-A	87-B	88-D	89-A	90-C
91-A	92-B	93-C	94-B	95-A	96-D	97-D	98-A	99-A	100-D
101-C	102-C	103-C	104-A	105-B	106-D	107-C	108-C	109-C	110-A
111-C	112-C	113-D	114-A	115-D	116-A	117-B	118-D	119-A	120-A
121-B	122-C	123-D	124-C	125-B	126-D	127-C	128-C	129-E	130-D
131-D	132-B	133-D	134-C	135-B	136-B	137-B	138-D	139-C	140-D
141-C	142-C	143-B	144-C	145-C	146-C	147-C	148-D	149-D	150-B
151-B	152-A	153-D	154-D	155-B	156-D	157-C	158-C	159-A	160-D
161-A	162-C	163-D	164-A	165-C	166-C	167-B	168-B	169-D	170-C
171-A	172-C	173-C	174-C	175-A	176-A	177-C	178-C	179-C	180-B
181-D	182-A	183-D	184-A	185-A	186-B	187-D	188-C	189-D	190-E
191-C	192-C	193-C	194-A	195-C	196-A	197-C	198-D	199-E	200-A
201-A	202-C	203-C	204-C	205-D	206-A	207-B	208-C	209-E	210-C
211-C	212-C	213-B	214-E	215-C	216-B	217-A	218-A	219-B	220-E
221-A	222-D	223-C	224-D	225-D	226-D	227-A	228-D	229-C	230-B
231-C	232-E	233-B	234-A	235-B	236-B	237-C	238-A	239-C	240-B
241-A	242-E	243-A	244-A	245-A	246-D	247-B	248-A	249-A	250-C
251-A	252-C	253-A	254-B	255-D	256-B	257-B	258-D	259-B	260-C
261-C	262-A	263-D	264-A	265-B	266-A	267-B	268-C	269-D	270-C
271-A	272-B	273-A	274-B	275-D	276-D	277-D	278-D	279-C	280-A
281-D	282-A	283-C	284-C	285-B	286-A	287-C	288-A	289-C	290-C
291-B	292-A	293-C	294-B	295-B	296-B	297-A	298-B	299-D	300-B
301-A	302-B	303-E	304-A	305-D	306-C	307-B	308-B	309-D	310-D
311-A	312-B	313-D	314-A	315-B	316-C	317-B	318-A	319-C	320-B
321-D	322-D	323-C	324-C	325-C	326-B	327-A	328-D	329-B	330-A
331-D	332-C	333-A	334-D	335-D	336-B	337-A	338-D	339-C	340-D
341-E	342-C	343-D	344-A	345-B	346-C	347-B	348-A	349-B	350-A
351-A	352-C	353-A	354-C	355-B	356-A	357-B	358-B	359-A	360-D
361-D	362-D	363-D	364-C	365-D	366-C	367-B	368-A	369-B	370-C

371-C	372-C	373-C	374-C	375-D	376-A	377-A	378-D	379-C	380-D
381-C	382-E	383-C	384-D	385-C	386-D	387-D	388-E	389-B	390-A
391-A	392-C	393-C	394-B	395-B	396-B	397-B	398-D	399-C	400-E
401-C	402-C	403-D	404-C	405-B	406-C	407-D	408-B	409-D	410-C
411-A	412-B	413-B	414-B	415-E	416-A	417-C	418-D	419-C	420-B
421-B	422-B	423-C	424-C	425-D	426-B	427-D	428-C	429-B	430-B
431-A	432-A	433-B	434-A	435-A	436-C	437-C	438-D	439-C	440-A
441-C	442-D	443-D	444-D	445-B	446-D	447-B	448-D	449-A	450-B
451-A	452-C	453-B	454-A	455-B	456-B	457-C	458-C	459-B	460-B
461-C	462-A	463-A:	464-C	465-C	466-D	467-B	468-D	469-C	470-D
471-D	472-D	473-C	474-B	475-B	476-C	477-B	478-A	479-A	480-A
481-B	482-A	483-D	484-A	485-A	486-C	487-D	488-A	489-A	490-B
491-C	492-A	493-B	494-A	495-C	496-B	497-B	498-B	499-C	500-B
501-A	502-C	503-C	504-E	505-A	506-C	507-E	508-D	509-D	510-C
511-B	512-C	513-D	514-C	515-A	516-C	517-E	518-C	519-D	520-A
521-A	522-A	523-B	524-A	525-B	526-B	527-A	528-B	529-B	530-A
531-C	532-D	533-C	534-D	535-D	536-D	537-C	538-D	539-A	540-A
541-D	542-B	543-D	544-B	545-A	546-B	547-A	548-D	549-B	550-C
551-C	552-C	553-C	554-C	555-A	556-A	557-A	558-A	559-D	560-A
561-C	562-B	563-B	564-D	565-D	566-C	567-A	568-D	569-D	570-A
571-B	572-D	573-D	574-B	575-B	576-B	577-C	578-C	579-A	580-B
581-B	582-A	583-E	584-E	585-E	586-D	587-B	588-C	589-B	590-D
591-E	592-C	593-D	594-A	595-C	596-D	597-E	598-C	599-B	600-E
601-A	602-C	603-D	604-C	605-D	606-C	607-E	608-B	609-D	610-A
611-A	612-E	613-D	614-A	615-C	616-C	617-C	618-A	619-D	620-A
621-C	622-B	623-A	624-D	625-A	626-B	627-A	628-D	629-A	630-B
631-C	632-D	633-A	634-C	635-A	636-C	637-B	638-C	639-C	640-D
641-C	642-C	643-B	644-E	645-B	646-D	647-B	648-C	649-B	650-A
651-D	652-D	653-D	654-C	655-D	656-A	657-C	658-D	659-A	660-C
661-D	662-B	663-C	664-D	665-D	666-C	667-A	668-A	669-D	670-C
671-B	672-B	673-D	674-B	675-D	676-A	677-C	678-B	679-A	680-A
681-A	682-E	683-C	684-E	685-A	686-B	687-A	688-C	689-D	690-C
691-D	692-D	693-C	694-A	695-B	696-B	697-B	698-B	699-A	700-E
701-B	702-C	703-E	704-D	705-C	706-D	707-D	708-C	709-B	710-D

4. DIREITO COMERCIAL									
1-A	2-D	3-C	4-C	5-A	6-D	7-C	8-B	9-A	10-D
11-B	12-D	13-D	14-A	15-A	16-B	17-C	18-A	19-B	20-A
21-A	22-B	23-B	24-B	25-B	26-D	27-C	28-D	29-C	30-D
31-C	32-D	33-C	34-D	35-A	36-B	37-C	38-C	39-C	40-D
41-C	42-C	43-A	44-A	45-B	46-A	47-C	48-C	49-B	50-B
51-C	52-C	53-B	54-D	55-C	56-B	57-B	58-D	59-B	60-C
61-E	62-C	63-D	64-D	65-A	66-A	67-A	68-C	69-D	70-A
71-B	72-B	73-B	74-D	75-C	76-B	77-B	78-D	79-C	80-A
81-A	82-B	83-C	84-C	85-C	86-B	87-C	88-D	89-D	90-D
91-B	92-C	93-A	94-A	95-E	96-B	97-B	98-B	99-D	100-A
101-A	102-C	103-D	104-D	105-D	106-A	107-D	108-A	109-D	110-A
111-A	112-A	113-D	114-B	115-A	116-B	117-A	118-C	119-C	120-D
121-D	122-E	123-E	124-E	125-A	126-D	127-B	128-D	129-A	130-E
131-D	132-C	133-D	134-C	135-B	136-B	137-C	138-D	139-D	140-D
141-B	142-C	143-C	144-D	145-D	146-B	147-A	148-D	149-C	150-B
151-A	152-C	153-B	154-A	155-A	156-B	157-C	158-D	159-B	160-A
161-D	162-A	163-C	164-B	165-B	166-D	167-D	168-E	169-C	170-D
171-C	172-D	173-A	174-D	175-B	176-E	177-D	178-C	179-D	180-C
181-D	182-B	183-C	184-D	185-A	186-D	187-E	188-E	189-C	190-B
191-A	192-B	193-B	194-C	195-A	196-C	197-C	198-C	199-A	200-A
201-D	202-B	203-B	204-C	205-B	206-B	207-B	208-A	209-B	210-A
211-A	212-C	213-A	214-A	215-D	216-B	217-B	218-A	219-A	220-B
221-C	222-D	223-C	224-C	225-A	226-B	227-C	228-B	229-E	230-A
231-E	232-D	233-B	234-D	235-D	236-D	237-E	238-D	239-D	240-E
241-D	242-D	243-D	244-E	245-B	246-A	247-D	248-A	249-A	250-B
251-C	252-A	253-D	254-E	255-E	256-E	257-A	258-A	259-B	260-D
261-C	262-B	263-D	264-B	265-D	266-A	267-A	268-A	269-B	270-D
271-A	272-B	273-B	274-B	275-A	276-A	277-A	278-B	279-C	280-A
281-A	282-D	283-E	284-E	285-E	286-C	287-B	288-C	289-E	290-C
291-C	292-B	293-C	294-A	295-C	296-B	297-B	298-D	299-B	300-B
301-C	302-B	303-D	304-A	305-C	306-B	307-A	308-B	309-D	310-B
311-B	312-C	313-B	314-D	315-B	316-B	317-B	318-C	319-A	320-E
321-D	322-A	323-D	324-E	325-D	326-D	327-A	328-A	329-D	330-C
331-E	332-A	333-D	334-B	335-C	336-B	337-D	338-D	339-C	340-B
341-E	342-C	343-C	344-D	345-C	346-B	347-B	348-C	349-D	350-C
351-A	352-D	353-D	354-D	355-A	356-A	357-C	358-E	359-E	360-D
361-C	362-A	363-A	364-B	365-A	366-A	367-A	368-D	369-C	370-D
371-A	372-D	373-B	374-D	375-A	376-D	377-D	378-B	379-A	380-C
381-B	382-B	383-B	384-D	385-B	386-D	387-D	388-E	389-A	390-A
391-D	392-D	393-C	394-B	395-B	396-B	397-D	398-A	399-B	400-E
401-B	402-A	403-C	404-B	405-A	406-C				

5. DIREITO CONSTITUCIONAL									
1-B	2-A	3-A	4-D	5-D	6-A	7-A	8-A	9-D	10-D
11-B	12-B	13-D	14-C	15-C	16-D	17-D	18-C	19-A	20-E
21-C	22-A	23-D	24-C	25-A	26-B	27-D	28-A	29-B	30-C
31-E	32-B	33-D	34-D	35-D	36-C	37-C	38-A	39-B	40-D
41-D	42-C	43-B	44-C	45-C	46-A	47-A	48-A	49-E	50-D
51-B	52-B	53-E	54-B	55-C	56-A	57-D	58-C	59-D	60-B
61-D	62-C	63-C	64-B	65-D	66-D	67-B	68-C	69-C	70-E
71-A	72-D	73-D	74-C	75-C	76-D	77-A	78-E	79-B	80-A
81-B	82-B	83-D	84-E	85-B	86-E	87-D	88-C	89-D	90-D
91-C	92-A	93-A	94-A	95-A	96-B	97-A	98-B	99-C	100-D
101-A	102-C	103-B	104-A	105-D	106-D	107-D	108-C	109-B	110-C
111-D	112-D	113-A	114-A	115-D	116-A	117-D	118-D	119-E	120-A
121-B	122-C	123-B	124-E	125-E	126-D	127-C	128-C	129-A	130-D
131-C	132-C	133-C	134-C	135-C	136-D	137-A	138-A	139-D	140-B
141-C	142-D	143-A	144-C	145-C	146-B	147-A	148-C	149-B	150-D
151-D	152-D	153-E	154-A	155-A	156-B	157-C	158-C	159-D	160-C
161-C	162-C	163-A	164-C	165-A	166-B	167-B	168-D	169-D	170-C
171-D	172-C	173-B	174-D	175-A	176-A	177-D	178-B	179-C	180-B
181-C	182-A	183-A	184-B	185-B	186-C	187-C	188-A	189-A	190-A
191-D	192-D	193-B	194-B	195-D	196-C	197-D	198-E	199-C	200-E
201-C	202-A	203-C	204-A	205-A	206-C	207-C	208-C	209-E	210-A
211-B	212-E	213-A	214-D	215-D	216-D	217-A	218-B	219-C	220-D
221-B	222-A	223-C	224-B	225-C	226-B	227-B	228-A	229-D	230-A
231-D	232-C	233-D	234-C	235-B	236-A	237-C	238-B	239-D	240-A
241-B	242-B	243-D	244-C	245-B	246-D	247-E	248-D	249-C	250-C
251-D	252-C	253-E	254-B	255-D	256-A	257-A	258-D	259-B	260-C
261-A	262-D	263-A	264-C	265-C	266-C	267-A	268-D	269-A	270-B
271-A	272-B	273-B	274-C	275-B	276-C	277-B	278-D	279-B	280-A
281-E	282-C	283-B	284-A	285-A	286-C	287-A	288-B	289-D	290-E
291-C	292-B	293-E	294-D	295-B	296-C	297-B	298-D	299-B	300-A
301-E	302-D	303-C	304-A	305-A	306-A	307-A	308-B	309-C	310-D
311-B	312-A	313-C	314-B	315-C	316-D	317-E	318-C	319-B	320-D
321-A	322-C	323-E	324-D	325-A	326-C	327-D	328-A	329-C	330-E
331-C	332-A	333-A	334-D	335-D	336-E	337-C	338-B	339-C	340-A
341-B	342-D	343-B	344-C	345-C	346-D	347-E	348-A	349-A	350-A
351-B	352-B	353-C	354-D	355-A	356-C	357-B	358-D	359-B	360-D
361-A	362-A	363-E	364-D	365-B	366-A	367-A	368-A	369-C	370-B
371-B	372-A	373-D	374-A	375-C	376-B	377-B	378-D	379-C	380-A
381-D	382-C	383-D	384-D	385-B	386-B	387-A	388-B	389-C	390-A
391-B	392-A	393-D	394-B	395-B	396-A	397-A	398-C	399-B	400-A
401-D	402-B	403-A	404-C	405-B	406-B	407-A	408-C	409-C	410-C
411-A	412-B	413-A	414-A	415-E	416-B	417-E	418-B	419-A	420-A
421-B	422-C	423-A	424-B	425-C	426-A	427-C	428-A	429-B	430-C
431-A	432-C								

6. DIREITO PENAL									
1-A	2-A	3-B	4-B	5-B	6-A	7-E	8-D	9-C	10-A
11-D	12-C	13-B	14-D	15-B	16-A	17-A	18-B	19-D	20-C
21-E	22-B	23-E	24-B	25-E	26-A	27-B	28-D	29-D	30-E
31-B	32-D	33-B	34-A	35-A	36-C	37-A	38-C	39-A	40-B
41-C	42-D	43-E	44-C	45-C	46-A	47-E	48-C	49-C	50-C
51-C	52-B	53-C	54-A	55-C	56-A	57-D	58-B	59-C	60-C
61-B	62-C	63-C	64-C	65-D	66-E	67-D	68-E	69-E	70-B
71-E	72-D	73-A	74-C	75-A	76-A	77-D	78-D	79-C	80-A
81-D	82-C	83-A	84-A	85-B	86-A	87-D	88-A	89-C	90-D
91-D	92-A	93-D	94-A	95-A	96-B	97-D	98-D	99-B	100-B
101-C	102-B	103-D	104-C	105-D	106-C	107-D	108-C	109-E	110-D
111-B	112-A	113-A	114-B	115-A	116-B	117-B	118-A	119-E	120-D
121-D	122-C	123-D	124-B	125-C	126-E	127-E	128-A	129-B	130-D
131-E	132-E	133-D	134-A	135-D	136-D	137-D	138-C	139-C	140-C
141-C	142-E	143-D	144-A	145-B	146-B	147-E	148-A	149-D	150-E
151-B	152-A	153-B	154-B	155-A	156-B	157-D	158-A	159-B	160-B
161-E	162-A	163-C	164-D	165-B	166-D	167-C	168-D	169-D	170-C
171-C	172-D	173-C	174-D	175-D	176-D	177-D	178-C	179-D	180-D
181-D	182-C	183-D	184-D	185-A	186-C	187-B	188-A	189-D	190-C
191-A	192-B	193-B	194-D	195-B	196-A	197-B	198-A	199-D	200-B
201-C	202-C	203-C	204-A	205-D	206-A	207-D	208-E	209-E	210-A
211-B	212-D	213-C	214-D	215-A	216-D	217-C	218-C	219-B	220-A
221-B	222-A	223-A	224-D	225-C	226-D	227-B	228-B	229-B	230-A
231-C	232-C	233-B	234-C	235-B	236-C	237-D	238-C	239-B	240-D
241-D	242-E	243-D	244-A	245-D	246-B	247-C	248-C	249-C	250-B
251-D	252-A	253-C	254-A	255-D	256-C	257-C	258-D	259-B	260-B
261-C	262-C	263-B	264-B						

7. DIREITO PROCESSUAL CIVIL									
1-C	2-D	3-C	4-A	5-B	6-E	7-B	8-E	9-A	10-B
11-D	12-A	13-B	14-E	15-B	16-E	17-D	18-C	19-E	20-B
21-B	22-A	23-C	24-D	25-A	26-C	27-E	28-C	29-D	30-C
31-C	32-E	33-C	34-B	35-A	36-A	37-C	38-D	39-B	40-C
41-A	42-C	43-A	44-B	45-B	46-B	47-B	48-B	49-C	50-D
51-D	52-B	53-B	54-C	55-C	56-C	57-C	58-E	59-C	60-A
61-B	62-A	63-C	64-A	65-B	66-A	67-C	68-C	69-D	70-B
71-C	72-C	73-D	74-A	75-B	76-A	77-B	78-B	79-B	80-C
81-B	82-C	83-A	84-C	85-B	86-D	87-A	88-B	89-D	90-C
91-A	92-E	93-D	94-C	95-A	96-A	97-D	98-D	99-D	100-D
101-A	102-C	103-B	104-D	105-B	106-A	107-C	108-A	109-A	110-A
111-C	112-A	113-B	114-B	115-A	116-A	117-C	118-E	119-E	120-D
121-B	122-D	123-C	124-D	125-D	126-D	127-D	128-C	129-E	130-B
131-C	132-B	133-B	134-A	135-C	136-D	137-D	138-B	139-C	140-C
141-A	142-D	143-D	144-C	145-A	146-A	147-A	148-C	149-A	150-B
151-D	152-A	153-E	154-A	155-A	156-A	157-B	158-D	159-E	160-C
161-B	162-D	163-C	164-D	165-D	166-D	167-A	168-C	169-E	170-E
171-D	172-C	173-D	174-D	175-D	176-A	177-B	178-A	179-E	180-C
181-D	182-C	183-A	184-D	185-A	186-A	187-A	188-C	189-B	190-D
191-B	192-E	193-C	194-A	195-D	196-A	197-D	198-A	199-C	200-B
201-C	202-A	203-A	204-D	205-B	206-B	207-C	208-D	209-D	210-C
211-A	212-E	213-C	214-A	215-B	216-A	217-C	218-D	219-B	220-C
221-A	222-B	223-D	224-B	225-D	226-C	227-A	228-D	229-E	230-C
231-D	232-E	233-E	234-D	235-B	236-B	237-D	238-C	239-C	240-A
241-E	242-E	243-A	244-B	245-C	246-C	247-D	248-C	249-D	250-E
251-B	252-D	253-A	254-C	255-B	256-E	257-C	258-D	259-C	260-C
261-B	262-C	263-D	264-A	265-D	266-A	267-C	268-B	269-E	270-C
271-D	272-C	273-A	274-C	275-B	276-C	277-D	278-D	279-B	280-C
281-D	282-D	283-B	284-C	285-D	286-D	287-C	288-C	289-C	290-B
291-C	292-A	293-E	294-E	295-C	296-C	297-A	298-E	299-D	300-A
301-C	302-A	303-C	304-D	305-D	306-A				

8. DIREITO PROCESSUAL PENAL									
1-B	2-E	3-D	4-D	5-A	6-A	7-A	8-D	9-A	10-E
11-A	12-D	13-B	14-C	15-A	16-D	17-A	18-D	19-A	20-E
21-B	22-E	23-A	24-A	25-D	26-A	27-D	28-B	29-D	30-C
31-A	32-C	33-A	34-C	35-E	36-B	37-B	38-B	39-C	40-C
41-B	42-C	43-C	44-C	45-E	46-C	47-D	48-C	49-D	50-D
51-A	52-C	53-A	54-A	55-C	56-E	57-A	58-B	59-D	60-D
61-B	62-D	63-B	64-D	65-B	66-C	67-A	68-A	69-E	70-C
71-B	72-B	73-C	74-C	75-B	76-D	77-B	78-A	79-C	80-B
81-C	82-D	83-D	84-E	85-D	86-D	87-B	88-A	89-A	90-D
91-A	92-C	93-B	94-A	95-D	96-B	97-E	98-C	99-B	100-B
101-B	102-C	103-A	104-D	105-A	106-B	107-A	108-B	109-B	110-E
111-C	112-B	113-C	114-D	115-D	116-E	117-D	118-C	119-C	120-B
121-D	122-C	123-C	124-B	125-C	126-A	127-E	128-D	129-A	130-E
131-D	132-C	133-C	134-C	135-C	136-D	137-D	138-B	139-B	140-B
141-C	142-A	143-B	144-A	145-D	146-D	147-C	148-B	149-A	150-C
151-B	152-E	153-A	154-D	155-D	156-B	157-D	158-D	159-A	160-B
161-E	162-D	163-C	164-E	165-D	166-D	167-D	168-D	169-B	170-B
171-C	172-A	173-B	174-D	175-D	176-B	177-B	178-C	179-E	180-C
181-C	182-A	183-C	184-D	185-C	186-D	187-B	188-B	189-C	190-D
191-C	192-D	193-B	194-B	195-D	196-E	197-B	198-D	199-D	200-C
201-A	202-C	203-C	204-C	205-B	206-D	207-E	208-C	209-C	210-A
211-E	212-D	213-A	214-D	215-D	216-B	217-C	218-D	219-C	220-C
221-B	222-D	223-B	224-A	225-D	226-A	227-D	228-E	229-B	230-D

9. DIREITO TRIBUTÁRIO									
1-C	2-C	3-D	4-E	5-B	6-D	7-A	8-D	9-A	10-C
11-C	12-C	13-C	14-D	15-B	16-D	17-C	18-A	19-A	20-A
21-A	22-C	23-D	24-B	25-B	26-C	27-D	28-C	29-B	30-B
31-A	32-B	33-A	34-A	35-B	36-C	37-C	38-A	39-D	40-B
41-A	42-A	43-A	44-C	45-A	46-D	47-B	48-B	49-A	50-D
51-A	52-B	53-B	54-C	55-E	56-A	57-B	58-D	59-C	60-B
61-A	62-D	63-D	64-A	65-D	66-D	67-B	68-B	69-D	70-B
71-C	72-A	73-B	74-B	75-C	76-C	77-C	78-A	79-D	80-A
81-C	82-C	83-E	84-E	85-C	86-E	87-C	88-C	89-A	90-C
91-B	92-A	93-C	94-D	95-B	96-C	97-C	98-A	99-C	100-E
101-C	102-A	103-A	104-C	105-B	106-D	107-D	108-A	109-E	110-D
111-E	112-B	113-A	114-B	115-A	116-A	117-C	118-D	119-B	120-A
121-B	122-D	123-C	124-D	125-D	126-C	127-D	128-A	129-B	130-D
131-A	132-B	133-A	134-C	135-D	136-A	137-B	138-C	139-D	140-A
141-A	142-D	143-D	144-A	145-E	146-C	147-C	148-B	149-B	150-E
151-C	152-A	153-B	154-A	155-C	156-B	157-A	158-C	159-D	160-C
161-D	162-A	163-B	164-A	165-B	166-A	167-B	168-D	169-A	170-E
171-D	172-D	173-B	174-D	175-D	176-B	177-B	178-C	179-C	180-D
181-B	182-D	183-A	184-D	185-A	186-D	187-D	188-A	189-E	190-A
191-B	192-C	193-B	194-A	195-E	196-D	197-A	198-C	199-A	200-C
201-D	202-C	203-B	204-A	205-B	206-B	207-D	208-D	209-C	210-E
211-A	212-D	213-B	214-B	215-C	216-C	217-B	218-A	219-D	220-E
221-B	222-A	223-A	224-A	225-B	226-B	227-B	228-B	229-C	230-B
231-A	232-E	233-A	234-A	235-D	236-A	237-D	238-D	239-D	240-B
241-C	242-C	243-D	244-A	245-E	246-B	247-A	248-D	249-D	250-A
251-D	252-E	253-E	254-A	255-E	256-A	257-A	258-D	259-A	260-A
261-D	262-C	263-E	264-D	265-C	266-A	267-D	268-B	269-D	270-E
271-D	272-C	273-A	274-C	275-A	276-C	277-C	278-D	279-B	280-C
281-B	282-E	283-D	284-C	285-C	286-D	287-D	288-B	289-C	290-A
291-E	292-A	293-A	294-A	295-C	296-E	297-B	298-A	299-B	300-B
301-C	302-C	303-C	304-D	305-A	306-D	307-B	308-B	309-D	310-D
311-C	312-B	313-A	314-D	315-A	316-D	317-C	318-C	319-B	320-E
321-D	322-D	323-B	324-B	325-C	326-D	327-A	328-B	329-B	330-A
331-A	332-A	333-C	334-D	335-A	336-B	337-A	338-C	339-B	340-B
341-E	342-D	343-B	344-D	345-C	346-B	347-C	348-C	349-A	350-C
351-D	352-B	353-A	354-C	355-B	356-C	357-E	358-A	359-C	360-D
361-B	362-D	363-B	364-B	365-B	366-D	367-D	368-B	369-A	370-B

10. CONHECIMENTOS GERAIS									
1-C	2-C	3-C	4-D	5-A	6-C	7-A	8-D	9-C	10-E
11-C	12-C	13-D	14-C	15-D	16-B	17-A	18-D	19-C	20-A
21-C	22-D	23-B	24-A	25-D	26-C	27-C	28-E	29-E	30-B
31-C	32-C	33-C	34-C	35-C	36-B	37-B	38-C	39-D	40-A
41-A	42-C	43-B	44-B	45-B	46-D	47-D	48-A	49-B	50-D
51-A	52-C	53-C	54-C	55-A	56-D	57-A	58-C	59-E	60-A
61-B	62-D	63-A	64-A	65-C	66-A	67-B	68-D	69-C	70-C
71-D	72-B	73-D	74-C	75-D	76-A	77-C	78-D	79-B	80-C
81-C	82-A	83-B	84-D	85-D	86-A	87-B	88-A	89-E	90-D
91-D	92-A	93-B	94-B	95-B	96-D	97-E	98-B	99-D	100-D
101-E	102-A	103-B	104-A	105-C	106-D	107-A	108-D	109-E	110-A
111-B	112-B	113-C	114-D	115-C	116-D	117-A	118-D	119-D	120-D
121-B	122-A	123-D	124-D	125-E	126-C	127-D	128-C	129-D	130-C
131-D	132-D	133-D	134-D	135-A	136-C	137-B	138-B	139-B	140-A
141-C	142-A	143-E	144-A	145-A	146-B	147-C	148-C	149-A	150-C
151-A	152-A	153-E	154-D	155-C	156-B	157-A	158-A	159-D	

ANOTAÇÕES

ANOTAÇÕES

ANOTAÇÕES

ANOTAÇÕES

ANOTAÇÕES

ANOTAÇÕES

EDITORA
JusPODIVM
www.editorajuspodivm.com.br